Lange · Personengesellschaften im Steuerrecht

Online-Version inklusive!

Stellen Sie dieses Buch jetzt in Ihre „digitale Bibliothek" in der NWB Datenbank und nutzen Sie Ihre Vorteile:

- Ob am Arbeitsplatz, zu Hause oder unterwegs: Die Online-Version dieses Buches können Sie jederzeit und überall da nutzen, wo Sie Zugang zu einem mit dem Internet verbundenen PC haben.
- Die praktischen Recherchefunktionen der NWB Datenbank erleichtern Ihnen die gezielte Suche nach bestimmten Inhalten und Fragestellungen.
- Die Anlage Ihrer persönlichen „digitalen Bibliothek" und deren Nutzung in der NWB Datenbank online ist kostenlos. Sie müssen dazu nicht Abonnent der Datenbank sein.

Ihr Freischaltcode: JUDWADSSMCKTBEQYLV

Lange, Personengesellschaften im Steuerrecht

So einfach geht's:

1. Rufen Sie im Internet die Seite **www.nwb.de/go/online-buch** auf.
2. Geben Sie Ihren Freischaltcode ein und folgen Sie dem Anmeldedialog.
3. Fertig!

Die NWB Datenbank – alle digitalen Inhalte aus unserem Verlagsprogramm in einem System.

www.nwb.de

Personengesellschaften im Steuerrecht

Begründet von

Dr. Joachim Lange †, Rechtsanwalt und Steuerberater

Völlig neu überarbeitet von

Steuerberater Dipl.-Kfm. (BDO)
Frank Biermann

Wirtschaftsprüferin Steuerberaterin
Dipl.-Kffr. (BDO)
Andrea Bilitewski

Steuerberaterin Dipl.-Kffr. (BDO)
Katrin Driesch

Rechtsanwalt Steuerberater
Fachanwalt für Steuerrecht
Dipl.-Finanzwirt (BDO)
Dr. Hellmut Götz

Rechtsanwalt Steuerberater
Dr. Ulrich Grünwald

Steuerberater Dipl.-Finanzwirt
Dieter Grützner

Rechtsanwalt Steuerberater (BDO)
Heinz-Gerd Hunfeld

Rechtsanwalt Steuerberater
Dipl.-Finanzwirt (BDO)
Peter Klumpp

Rechtsanwältin Steuerberaterin (BDO)
Martina Elisabeth Lütticken

Wirtschaftsprüfer Steuerberater
Dipl.-Finanzwirt (BDO)
Christian Nagel

Abteilungsdirektor a. D.
Alexander v. Wedelstädt

8., völlig überarbeitete und aktualisierte Auflage

nwb

ISBN 978-3-482-**55023**-2 (online)
ISBN 978-3-482-**41258**-5 (print)
8. Auflage 2012

Satz: Griebsch & Rochol Druck GmbH & Co. KG, Hamm
Druck: Bercker Graphischer Betrieb GmbH & Co. KG, Kevelaer

VORWORT

Seit Anfang 2008, dem Erscheinen der 7. Auflage des von Dr. Joachim Lange in 1967 begründeten Handbuchs, hat das Ertragsteuerrecht einer „langjährigen Tradition" entsprechend wiederum zahlreiche Änderungen erfahren, die naturgemäß auch die Besteuerung der Personengesellschaft und ihrer Gesellschafter berühren. Von nicht zu unterschätzender Bedeutung ist die weitere Entkoppelung der Steuerbilanz von der Handelsbilanz durch das Bilanzrechtsmodernisierungsgesetz vom 25. 5. 2009 (BGBl 2009 I 1102 – BilMoG). Leider ist weiterhin zu konstatieren, dass durch einen Teil der Änderungsgesetze Korrekturen zuvor beschlossener Regelungen erfolgten, die durch Entscheidungen des Bundesverfassungsgerichts, durch EU-rechtliche Vorgaben oder aufgrund zwischenzeitlicher besserer Erkenntnisse erforderlich wurden. Wenn diese Änderungen auch – bezogen auf ihren jeweiligen Anwendungsbereich – nicht gleichermaßen von weitreichender Bedeutung sind, darf nicht übersehen werden, dass sie im Einzelfall von ganz erheblicher Bedeutung sein können. So sei in diesem Zusammenhang nur auf die Änderungen des § 13a ErbStG durch das Wachstumsbeschleunigungsgesetz vom 22. 12. 2009 (BGBl 2009 I 3950) hingewiesen.

Die bereits länger erwartete Stellungnahme der FinVerw zur Anwendung der Doppelbesteuerungsabkommen bei Personengesellschaften ist mit dem BMF-Schreiben vom 16. 4. 2010 (BStBl 2010 I 354) erschienen. Leider zeigt sich, dass sie in Teilbereichen im Gegensatz zur Rechtsprechung des BFH steht. Die für den Bereich der Umstrukturierung von Unternehmen bereits als überfällig angesehene Neufassung des sog. Umwandlungsteuererlasses wurde im Zeitpunkt der Drucklegung noch für dieses Jahr angekündigt. Die Diskussionen um dessen veröffentlichten Entwurf lassen befürchten, dass sie zu wesentlichen Aspekten nicht die wünschenswerte Klarstellung bringen und damit für die Unternehmen nicht zur Planungssicherheit beitragen wird.

Ungeachtet dieser Ausgangslage soll mit der nunmehr vorliegenden 8. Auflage das Bemühen der Vorauflagen fortgesetzt werden, den Lesern aktuelle Entscheidungshilfen zu den vielfältigen steuerlichen Problemen „rund um die Personengesellschaft" zu bieten. Dies gilt nicht nur für die Fragen im Zusammenhang mit der laufenden Besteuerung der Gesellschaft und ihrer Gesellschafter. Auch zu den steuerlichen Folgen der Umstrukturierung, sei es aus wirtschaftlichen oder aus steuerlichen Gründen, wird umfassend Stellung genommen; angesichts der in Teilbereichen nicht abschließend geklärten Rechtsfragen wird auf bestehende Planungsrisiken hingewiesen.

Den Autoren ist im Übrigen bewusst, dass nicht zuletzt angesichts widerstreitender politischer Interessen keine zuverlässige Prognose über die Geltungsdauer der gegenwärtig maßgebenden Regelungen gestellt werden kann. So bleibt z. B. abzuwarten, welche Änderungen die gegenwärtig diskutierten Gesetzgebungsvorhaben – z. B. Entwurf eines Gesetzes zur Umsetzung der Beitreibungsrichtlinie sowie zur Änderung steuerlicher Vorschriften und der wiederbelebten Debatte über Steuersenkungen – bringen werden.

Die Frage, ob die vielfältigen Neuregelungen den Betroffenen Vorteile bringen oder zum Nachteil gereichen, lässt sich regelmäßig nur nach den Verhältnissen des Einzelfalles beurteilen. So kann die Analyse einer bei abstrakter Betrachtung vom Gesetzgeber als vorteilhaft angesehenen Maßnahme im Einzelfall dazu führen, dass sich deren Inanspruchnahme als nachteilig erweist.

Die regelmäßig beschworene Vereinfachung des Steuerrechts ist wieder nicht verwirklicht worden. Das Bemühen um eine perfektionierte Einzelfallgerechtigkeit, die nach den bisherigen Erfahrungen ohnehin nicht erreichbar ist, wird – wie bisher – weiterhin zu Detailregelungen führen, deren Vollzug an alle Beteiligten höchste Anforderungen stellt. Bei einzelnen Regelungen muss deren Umsetzbarkeit gar bezweifelt werden. Auf diese Probleme wird hingewiesen.

Autoren und Verlag hoffen, mit der gründlich überarbeiteten und ergänzten Neuauflage, wiederum ein zuverlässiges Kompendium der Fragen rund um die Besteuerung von Personengesellschaften vorgelegt zu haben. Für Anregungen und Kritik sind wir jederzeit dankbar.

Herne, im Oktober 2011

Verfasser

Verlag

BEARBEITERVERZEICHNIS

Frank Biermann, Steuerberater und Dipl.-Kaufmann, ist Leiter der Steuerabteilung der BDO* AG in Hamburg. Er hat mehr als 15 Jahre Erfahrung in der steuerlichen Beratung und betreut heute internationale und mittelständische Unternehmen sowie Privatpersonen.

Bearbeitete Teile: D IV.

Andrea Bilitewski, Wirtschaftsprüferin, Steuerberaterin und Dipl.-Kauffrau, ist als Leiterin des zentralen Fachbereichs Umwandlungs- und Transaktionsberatung der BDO* AG in Hamburg tätig und berät Kapital- und Personengesellschaften in allen handels- und steuerrechtlichen Fragestellungen im Rahmen von nationalen u. grenzüberschreitenden Umstrukturierungen.

Bearbeitete Teile: B VIII., C X., XI., XII.

Katrin Driesch, Steuerberaterin und Dipl.-Kauffrau, ist seit 18 Jahren steuerberatend tätig. Sie berät in der Grundsatzabteilung Steuern und Recht der BDO* AG in Fragen des allgemeinen Steuerrechts. Ihre Spezialgebiete sind das Körperschaftsteuerrecht und das Gewerbesteuerrecht.

Bearbeitete Teile: E I. – VIII.

Dr. Hellmut Götz, Rechtsanwalt, Steuerberater, Fachanwalt für Steuerrecht und Dipl. Finanzwirt, ist Leiter des Fachbereichs Vermögens- und Unternehmensnachfolge der BDO* AG in Freiburg i. Br. und berät seit mehr als 15 Jahren bundesweit vermögende Privatpersonen und Unternehmer.

Bearbeitete Teile: D I. – II., G I. – VIII.

Dr. Ulrich Grünwald, Rechtsanwalt und Steuerberater, ist ein ausgewiesener Experte des Umsatzsteuerrechts und Mitautor eines etablierten Umsatzsteuerkommentars.

Bearbeitete Teile: F I. – X.

Dieter Grützner, Steuerberater und Dipl. Finanzwirt, ist nach langjähriger Tätigkeit in unterschiedlichen Fachbereichen der Finanzverwaltung, zuletzt Sachgebietsleiter im Bereich der Großbetriebsprüfung, nunmehr für TKK Wirtschaftsprüfungs- und Steuerberatungsgesellschaft, Münster und Warendorf tätig.

Bearbeitete Teile: B IV. – VII. und B IX. – XIV.

Heinz-Gerd Hunfeld, Rechtsanwalt, Steuerberater, ist im zentralen Fachbereich Umwandlungs- und Transaktionsberatung der BDO* AG in Hamburg tätig. Er hat sich auf die wirtschafts- und steuerrechtliche Gestaltungsberatung spezialisiert.

Bearbeitete Teile: C I. – IX.

Peter Klumpp, Rechtsanwalt, Steuerberater und Dipl. Finanzwirt ist im zentralen Fachbereich Umwandlungs- und Transaktionsberatung der BDO* AG in Hamburg tätig. Er berät Personen- und Kapitalgesellschaften und ihre Gesellschafter bei Unstrukturierungen und Unternehmenskäufen.

Bearbeitete Teile: A I. – III.; B I. – III.

Martina Elisabeth Lütticken, Rechtsanwältin und Steuerberaterin, ist im zentralen Fachbereich Umwandlungs- und Transaktionsberatung der BDO* AG in Hamburg tätig und berät seit mehr als 15 Jahren schwerpunktmäßig bei Umstrukturierungen.

Bearbeitete Teile: H I. – VIII.

---

* Bei der vorliegenden völlig überarbeiteten und aktualisierten Neuauflage konnten zahlreiche Autoren aus unterschiedlichen Kompetenzzentren und Standorten der BDO gewonnen werden. BDO AG ist eine der führenden Gesellschaften für Wirtschaftsprüfung, Steuern und wirtschaftsrechtliche Beratung und Unternehmensberatung mit 27 Standorten in Deutschland. Weltweit ist BDO International mit einem Netzwerk voneinander unabhängiger und rechtlich selbständiger Gesellschaften in 100 Ländern mit über 600 Büros vertreten.

Christian Nagel, Wirtschaftsprüfer, Steuerberater und Diplom-Finanzwirt, ist Leiter der Steuerabteilung der BDO* AG in Essen. Er verfügt über langjährige Erfahrung in der steuerlichen Beratung international ausgerichteter Konzerne und mittelständischer Unternehmen sowie ihrer Gesellschafter.

Bearbeitete Teile: D III.

Alexander v. Wedelstädt, Abteilungsdirektor a. D., war in der OFD Düsseldorf als Gruppen- bzw. Referatsleiter in den Bereichen steuerliches und finanzgerichtliches Verfahrensrecht, Betriebsprüfung, Steuerstrafrecht, Steuerfahndung und Umsatzsteuer tätig.

Bearbeitete Teile: I I. – VI.

INHALTSÜBERSICHT

INHALTSVERZEICHNIS

F. Umsatzsteuer 913

H. Grunderwerbsteuer **1007**

LITERATURVERZEICHNIS

In diesem Literaturverzeichnis sind Kommentare, Lehrbücher und Monographien, insbesondere solche mit allgemeinem Charakter aufgeführt, Spezialliteratur ist vor den einzelnen Abschnitten angegeben.

A

Antweiler/Henseler/Kümpel, Körperschaftsteuer-/Gewerbesteuer-/Umsatzsteuer-Erklärung Jahrbuch 2009, 4. Aufl., Bonn 2010

B

Baumbach/Hopt, Handelsgesetzbuch, 34. Aufl., München 2010

Baranowski, Besteuerung von Auslandsbeziehungen, 2. Aufl., Herne/Berlin 1996

Bartone/von Wedelstädt, Korrektur von Steuerverwaltungsakten, Stuttgart 2006

Becker/Höppner/Grotherr/Kroppen, DBA-Kommentar, Loseblatt, Herne/Berlin 2004

Beck'scher Bilanzkommentar, 7. Aufl., München 2010

Beck'sches Handbuch der Personengesellschaft, 3. Aufl., München 2009

Beermann/Gosch, AO/FGO, Loseblatt, Bonn 1995

Behrens, Umsatzsteuerbarkeit von Zuwendungen zwischen Gesellschaft und Gesellschafter, München 1992

Binz/Sorg/Mayer, Die GmbH & Co KG, 11. Aufl., München 2010

Birkenfeld, Mehrwertsteuer der EU, 5. Aufl., Bielefeld 2003

Blaurock, Handbuch der Stillen Gesellschaft, 7. Aufl., Köln 2010

ders., Unterbeteiligung und Treuhand an Gesellschaftsanteilen, Habil. Freiburg 1981

Blümich, Kommentar zum EStG, KStG, GewStG und Nebengesetzen, Loseblatt, München 2004

Bordewin/Söffing/Brandenberg, Verlustverrechnung bei negativem Kapitalkonto, 2. Aufl., Herne/Berlin 1986

Boruttau, Grunderwerbsteuergesetz Kommentar, 17. Aufl., München 2011

Brandmüller, Die Betriebsaufspaltung nach Handels- und Steuerrecht, 7. Aufl., Heidelberg 1997

Brönner, Besteuerung der Gesellschaften, 18. Aufl., Stuttgart 2007

Budde/Förschle/Winkeljohann, Sonderbilanzen, 4. Aufl., München 2008

Bunjes/Geist, Umsatzsteuergesetz, 10. Aufl., München 2011

Burchardt/Pfülb, Kommentar zum ARGE- und Dach-ARGE-Vertrag, 3. Aufl., Hamburg 1998

C

Castan/Wehrheim, Die Partnerschaftsgesellschaft, 3. Aufl., Berlin 2005

D

Debatin/Wassermeyer, Doppelbesteuerung, Loseblatt, München 2004

Dötsch/Jost/Pung/Witt, Die Körperschaftsteuer, Loseblatt, Stuttgart 2004

Dötsch/Patt/Pung/Möhlenbrock, Umstrukturierung von Unternehmen, Verschmelzung, Spaltung, Formwechsel, Einbringung, 6. Aufl., Stuttgart 2007

Donath, Die Betriebsaufspaltung, Heidelberg 1991

Dostert, Die gesonderte Feststellung von Besteuerungsgrundlagen, Bielefeld 1988

E

Ebenroth/Boujong/Joost, HGB, München 2001

Eggesieker, Die Partnerschaftsgesellschaft für Freie Berufe, Bonn 1996

Eikmeier, Die Rechtsprechung zur Betriebsaufspaltung unter dem Blickwinkel des § 42 AO 1977, Publishing Group P. Lang, 1995

Ellrott/Brendt, Beck'scher Bilanzkommentar, 7. Aufl., München 2010

Engel, Vermögensverwaltende Personengesellschaften im Ertragsteuerrecht, Herne 2012

F

Färber, Das Familienunternehmen, Wiesbaden 1993

Feddersen/Meyer-Landrut, Partnerschaftsgesellschaftsgesetz, Neuwied 1995

Fichtelmann, Die GmbH & Co KG im Steuerrecht, 8. Aufl., Heidelberg 1998

ders., Betriebsaufspaltung im Steuerrecht, 10. Aufl., Heidelberg 1999

Forchhammer, Gesellschafterbeiträge im Umsatzsteuerrecht, München 1991

Frost, Betriebsaufspaltung, Freiburg 1993

Frotscher, Steuern im Konkurs, 4. Aufl., Heidelberg 1997

G

Gebel, Betriebsvermögensnachfolge, 2. Aufl., München 2002

Glanegger, GewStG Kommentar, 7. Aufl., München 2009

Gottwald, Grunderwerbsteuer, 3. Aufl., Neuwied 2009

Gräber, Finanzgerichtsordnung, Kommentar, 7. Aufl., München 2010

Grotherr (Hrsg.), Handbuch der internationalen Steuerplanung, 3. Aufl., Herne/Berlin 2011

Grützner, Auslandsbeziehungen eines Steuerinländers, Herne/Berlin 1997

H

Habersack, Europäisches Gesellschaftsrecht, 3. Aufl., München 2006

Hahn/Kortschak, Lehrbuch der Umsatzsteuer, 13. Aufl., Herne 2011

Halaczinsky/Obermeier/Obermeier/Teß, Grundstücksbewertung, Erbschaft- und Schenkungsteuer, 2. Aufl., Herne/Berlin 2003

Harle/Kulemann, Aktuelle Besteuerung der Kapital- und Personengesellschaften, 2. Auflage, Herne/Berlin 2002

Haritz/Menner, Umwandlungssteuergesetz – Kommentar, 3. Aufl., München 2010

Herrmann/Heuer/Raupach, Einkommen- und Körperschaftsteuergesetz mit Nebengesetzen, Loseblatt, Köln 2004

Herrmann/Heuer/Raupach, Kurzkommentar Unternehmensteuerreform, Jahresband 2008, Köln 2008

Hesselmann/Tillmann, Handbuch der GmbH & Co, 20. Aufl., Köln 2009

Heyel, Die Betriebsaufspaltung, Steuerrechtliche Grundlagen, Chancen und Risiken, Wiesbaden 1989

Hock, Personengesellschaften mit internationalem Gesellschafterkreis, Wiesbaden 1994

Hofmann/Hofmann, Grunderwerbsteuergesetz – Kommentar, 9. Aufl., Herne 2010

Hörger/Stephan/Pohl, Unternehmens- und Vermögensnachfolge, 2. Aufl., Stuttgart 2002

Hübschmann/Hepp/Spitaler, Kommentar zur Abgabenordnung und Finanzgerichtsordnung, Loseblatt, Köln 2004

I

IDW – Prüfungsstandards zur Rechnungslegung, Loseblatt, Düsseldorf 2004

J

Jacobs, Internationale Unternehmensbesteuerung, 6. Aufl., München 2007

Janssen, Verdeckte Gewinnausschüttungen, 10. Aufl., Herne 2010

Jansen/Jansen, Der Nießbrauch im Zivil- und Steuerrecht, 8. Aufl., Herne 2009

Jansen/Myßen/Killat-Risthaus, Renten, Raten, Dauernde Lasten, 14. Aufl., Herne 2010

K

Kaligin, Die Betriebsaufspaltung, 7. Aufl., Berlin 2011

Katterbe, Die BGB-Gesellschaft im Steuerrecht, 2. Aufl., Köln 1999

Kilger, Insolvenzgesetze KO/VglO/GesO, 18. Aufl., München 2007

Kirchhof, EStG Kompaktkommentar, 9. Aufl., Heidelberg 2010

Kirchhof/Söhn, EStG Kommentar, Loseblatt, München 2003

Klein, Abgabenordnung, Kommentar, 10. Aufl., München 2009

Knobbe-Keuk, Bilanz- und Unternehmenssteuerrecht, 9. Aufl., Köln 1993

Koch/Scholtz, Abgabenordnung, 5. Aufl., Köln/Berlin/Bonn/München 1996

Korn/Carlé/Stahl/Stahl, EStG Kommentar, Loseblatt, Bonn 2003

Kuhn/Uhlenbrock, Konkursordnung, 11. Aufl., München 1994

Kühn/von Wedelstädt, Abgabenordnung und Finanzgerichtsordnung, Kommentar, 19. Aufl., Stuttgart 2008

Küting/Pfitzer/Weber, Handbuch der Rechnungslegung, 5. Aufl., Stuttgart 2010

L

Lange, Personengesellschaften im Steuerrecht, 7. Aufl., Herne 2008

Langenfeld/Gail, Handbuch der Familienunternehmen, Loseblatt, Köln 2003

Lenski/Steinberg, Kommentar zum Gewerbesteuergesetz, Loseblatt, 9. Auflage, Köln 2004

Limmer, Handbuch der Unternehmensumwandlung, 3. Aufl., Recklinghausen 2007

Lippross, Umsatzsteuer, 22. Aufl., Achim 2007

Littmann/Bitz/Pust, Kommentar zum EStG, Loseblatt, Stuttgart 2003

Löffler/Schiffer, Gesellschaftsverhältnisse und sonstige Vertragsverhältnisse zwischen Familienangehörigen – Gefahren und Anforderungen – in Unternehmenshandbuch Familiengesellschaften, hrsg. v. Prof. Dr. Brun-Hagen Hennerkes, 2. Aufl., Köln 1997

Lüdemann, Verluste bei beschränkter Haftung, Berlin 1998

Lutterbach, Steuerorientierte Planung der Unternehmensnachfolge, Düsseldorf 2003

M

Maus, Steuerliche Probleme des Insolvenzverfahrens, 2. Aufl., München 1995

Meincke, Erbschaftsteuer- und Schenkungsteuergesetz – Kommentar, 15. Aufl., München 2009

Mellinghoff/Schön/Viskorf, Festschrift für Wolfgang Spindler, Köln 2011

Michalski/Römermann, Vertrag der Partnerschaftsgesellschaft, 3. Aufl., Köln 2002

Moench/Weinmann, Erbschaftsteuer- und Schenkungsteuergesetz – Kommentar, Loseblatt, Neuwied 2003

Mössner (Hrsg.), Steuerrecht international tätiger Unternehmen, 2. Aufl., Köln 1998

Mössner/Seeger, Körperschaftsteuergesetz Kommentar, Loseblatt, Herne 2011

Münchener Handbuch des Gesellschaftsrechts Band 2, 3. Aufl., München 2009

N

Nawroth, Die steuerliche Anerkennung von Familienpersonengesellschaften bei fehlerhaftem Gesellschaftsvertrag, Frankfurt 1999

Niehus/Wilke, Die Besteuerung der Personengesellschaften, 5. Aufl., Stuttgart 2008

P

Pahlke/Franz, Grunderwerbsteuergesetz – Kommentar, 4. Aufl., München 2010

Palandt, Kommentar zum BGB, 70. Aufl., München 2011

Peter/Burhoff/Stöcker, Umsatzsteuer – Kommentar, Loseblatt, Herne 2011

Petersen, Unternehmenssteuerrecht und bewegliches System, Betriebsaufspaltung, Mitunternehmerschaft und verdeckte Gewinnausschüttung, Berlin 1999

Plückebaum/Malitzky/Widmann, Umsatzsteuer – Mehrwertsteuer, Loseblatt, Köln 2004

PricewaterhouseCoopers AG, Reform des Umwandlungssteuerrechts, Stuttgart 2007

Pyszka/Brauer, Ausländische Personengesellschaften im Unternehmenssteuerrecht, Herne/Berlin 2004

R

Rieger/Weipert in Münchener Handbuch des Gesellschaftsrechts, Bd. 2 Kommanditgesellschaft, GmbH & Co. KG, Publikums-KG, Stille Gesellschaft, 3. Aufl., München 2009

Rödder/Herlinghaus/van Lishaut, Umwandlungssteuergesetz, Köln 2008

Rössler/Troll, Bewertungsgesetz, Loseblatt, München 2004

Rose, Umsatzsteuer, 15. Aufl., Bielefeld 2002

S

Sagasser/Bula/Brünger, Umwandlungen, 4. Aufl., München 2011

Schaumburg, Internationales Steuerrecht, 3. Aufl., Köln 2011

Scherer, Münchener Anwalts-Handbuch Erbrecht, 3. Aufl. München 2010

Schmidt, EStG, 30. Aufl., München 2011

Schmidt, A., Einkommensteuerrechtliche Behandlung mittelbarer Leistungsbeziehungen bei Personengesellschaften, Düsseldorf 1990

Schmidt, K., Gesellschaftsrecht, 4. Aufl., Köln 2002

Schmitt/Hörtnagl/Stratz, Umwandlungsgesetz; Umwandlungssteuergesetz, 5. Aufl., München 2009

Schulze zur Wiesche, Vereinbarungen unter Familienangehörigen und ihre steuerlichen Folgen, 9. Aufl., Heidelberg 2006

Schwarz, Abgabenordnung – Kommentar, Loseblatt, 11. Aufl., Freiburg 1998 ff.

Schwarz, Finanzgerichtsordnung – Kommentar, Loseblatt, 2. Aufl., Freiburg 1997

Selbherr/Manz, Kommentar zur Europäischen Wirtschaftlichen Interessenvereinigung, Baden-Baden 1995

Semler/Stengel, Umwandlungsgesetz, 2. Aufl., München 2007

Sölch/Ringleb, Umsatzsteuergesetz – Kommentar, Loseblatt, München 2004

Söffing/Micker, Die Betriebsaufspaltung, 4. Aufl., Herne 2010

Söffing/Söffing/Hallerbach/Zugmaier, Die GmbH & Co. KG, Herne 2009

Strutz, Kommentar zum Einkommensteuergesetz 1925, Berlin 1927

T

Tipke/Lang, Steuerrecht, 20. Aufl., Köln 2009

Tipke/Kruse, AO – FGO Kommentar, Loseblatt, 16. Auflage, Köln 2004

Troll/Gebel/Jülicher, Erbschaftsteuer- und Schenkungsteuergesetz – Kommentar, Loseblatt, München 2004

U

Ulmer, Gesellschaft bürgerlichen Rechts und Partnerschaftsgesellschaft, 4. Aufl., München 2004

ders., HGB – Bilanzrecht, Großkommentar, 4. Aufl., Berlin 2002

V

Viskorf/Knobel/Schuck, Erbschaftsteuer- und Schenkungsteuergesetz, Bewertungsgesetz Kommentar, 3. Aufl., Herne 2009

Vogel/Lehner, Doppelbesteuerungsabkommen, 4. Aufl., München 2003

Völkel/Karg, Umsatzsteuer, 15. Aufl., Stuttgart 2009

von der Heyst/von Rechenberg, Die europäische wirtschaftliche Interessenvereinigung, Stuttgart 1991

von Falkenhorst/Schneider in Münchener Handbuch des Gesellschaftsrechts, Bd. 2, 2. Aufl., München 2004

von Staudinger/Großfeld, Internationales Gesellschaftsrecht, Berlin 1998

von Wallis/Brandmüller/Schulze zur Wiesche, Besteuerung der Personen- und Kapitalgesellschaften, 5. Aufl., Heidelberg 2002

W

Wahl, Festschrift für Heinrich Beisse, Düsseldorf 1997

Westermann, Handbuch der Personengesellschaften, Loseblatt, Köln 2007

Widmann/Mayer, Umwandlungsrecht, Loseblatt, Bonn 2004

Wilms/Jochum, Erbschaft- und Schenkungsteuergesetz, Kommentar, Bonn 2004

Winkeljohann/Fuhrmann, Handbuch Umwandlungssteuerrecht Kommentar, 1. Aufl., Düsseldorf 2007

Z

Zacharias/Hebig/Rinnewitz, Die atypisch stille Gesellschaft, 2. Aufl., Bielefeld 2000

Zimmermann/Hottmann/Hübner/Schaeberle/Völkel, Die Personengesellschaft im Steuerrecht, 10. Aufl., Achim 2009

ABKÜRZUNGSVERZEICHNIS

A

a. A.	anderer Ansicht
a. a. O.	am angegebenen Ort
ABl.	Amtsblatt
Abs.	Absatz
Abschn.	Abschnitt
AE	Anwendungserlass
AEAO	Anwendungserlass zur AO
AEBewAntBV	Gleich lautende Erlasse der obersten Finanzbehörden der Länder v. 25. 6. 2009, Anwendung der §§ 11, 95 bis 109 und 199 ff. BewG i. d. F. durch das ErbStRG (BStBl 2009 I 698)
AEBewGrV	Gleich lautende Erlasse der obersten Finanzbehörden der Länder v. 5. 5. 2009, Bewertung des Grundvermögens nach dem Sechsten Abschnitt des Zweiten Teils des Bewertungsgesetzes (BStBl 2009 I 590)
AEErbSt	Gleich lautende Erlasse der obersten Finanzbehörden der Länder v. 25. 6. 2009, Anwendung der geänderten Vorschriften des Erbschaftsteuer- und Schenkungsteuergesetzes (BStBl 2009 I 713)
a. F.	alte Fassung
AfA	Absetzung für Abnutzung
AG	Die Aktiengesellschaft (Zs.); Aktiengesellschaft
AK	Anschaffungskosten
AktG	Aktiengesetz
Alt.	Alternative
Anm.	Anmerkung
AO	Abgabenordnung
AO-StB	Der AO-Steuerberater (Zs.)
Art.	Artikel
AStG	Außensteuergesetz
Aufl.	Auflage
AVG	Arbeitsvertragsgesetz
Az.	Aktenzeichen

B

BB	Betriebs-Berater (Zs.)
BBEV	BeraterBrief Erben und Vermögen (Zs.)
BBK	Buchführung, Bilanz, Kostenrechnung (Zs.)
Bd.	Band
Beschl.	Beschluss
betr.	betreffend
BetrVG	Betriebsverfassungsgesetz
BewG	Bewertungsgesetz

BFH	Bundesfinanzhof
BFHE	Entscheidungen des Bundesfinanzhofes
BFH/NV	Sammlung amtlich nicht veröffentlichter Entscheidungen des BFH (Zs.)
BgA	Betrieb gewerblicher Art
BGB	Bürgerliches Gesetzbuch
BGBl (I, II, III)	Bundesgesetzblatt (Teil I, II, III)
BGH	Bundesgerichtshof
BilMoG	Bilanzrechtsmodernisierungsgesetz
BiRiLiG	Gesetz zur Durchführung der Vierten, Siebenten und Achten Richtlinie des Rates der Europäischen Gemeinschaften zur Koordinierung des Gesellschaftsrechts
BMF	Bundesministerium der Finanzen
BRAO	Bundesrechtsanwaltsordnung
BStBl (I, II, III)	Bundessteuerblatt (Teil I, II, III)
BT-Drucks.	Drucksachen des Deutschen Bundestages
BuW	Betrieb und Wirtschaft (Zs.)
BVerfG	Bundesverfassungsgericht
bzw.	beziehungsweise

D

DB	Der Betrieb (Zs.)
DBA	Doppelbesteuerungsabkommen
ders.	derselbe
dgl.	dergleichen
d. h.	das heißt
dies.	dieselbe(n)
DStR	Deutsche Steuerrecht (Zs.)
DStZ (A, B)	Deutsche Steuerzeitung (Ausgabe A, B) – (Zs.)

E

EFG	Entscheidungen der Finanzgerichte
ErbBstG	Erbfolgebesteuerung (Zs.)
ErbStB	Erbschaftsteuerberater (Zs.)
ErbStG	Erbschaft- und Schenkungsteuergesetz
ESt	Einkommensteuer
EStB	Der Ertrag-Steuer-Berater (Zs.)
ESt(DV)	Einkommensteuer(-Durchführungsverordnung)
EStG	Einkommensteuergesetz
EStH	Amtliches Einkommensteuer-Handbuch
EStR	Einkommensteuer-Richtlinien
etc.	et cetera
EuZW	Europäische Zeitschrift für Wirtschaftsrecht (Zs.)
EWIV	Europäische Wirtschaftliche Interessengemeinschaft

F

f. (ff.)	folgend(e)
F.	Fach
FA	Finanzamt
FG	Finanzgericht
FGG	Gesetz über die Angelegenheit der freiwilligen Gerichtsbarkeit
FGO	Finanzgerichtsordnung
FinBeh	Finanzbehörde
FinMin	Finanzminister(ium)
FinVerw	Finanzverwaltung
FN	Fußnote
FR	Finanz-Rundschau (Zs.)

G

GbR	Gesellschaft bürgerlichen Rechts
gem.	gemäß
GewSt(DV)	Gewerbesteuer(-Durchführungsverordnung)
GewStG	Gewerbesteuergesetz
GG	Grundgesetz für die Bundesrepublik Deutschland
ggf.	gegebenenfalls
gl. A.	gleicher Ansicht
GmbH	Gesellschaft mit beschränkter Haftung
GmbH-StB	Der GmbH-Steuer-Berater (Zs.)
GmbHR	GmbH-Rundschau (Zs.)
grds.	grundsätzlich
GrESt(G)	Grunderwerbsteuer(gesetz)
GrS	Großer Senat
GrStG	Grundsteuergesetz
GStB	Gestaltende Steuerberatung (Zs.)

H

H	Hinweis
HB	Handbuch
HFR	Höchstrichterliche Finanzrechtsprechung (Zs.)
HGB	Handelsgesetzbuch
h. M.	herrschende Meinung
HK	Herstellungskosten
Hrsg.	Herausgeber

I

i. d. F.	in der Fassung
i. d. R.	in der Regel
IHK	Industrie- und Handelskammer

i. H.v.	in Höhe von
INF	Die Information (Zs.)
insbes.	insbesondere
i. S. d.	im Sinne des, der
i. S.v.	im Sinne von
IStR	Internationales Steuerrecht (Zs.)
i.V. m.	in Verbindung mit
IWB	Internationale Wirtschafts-Briefe (Zs.)

J

JbDStJG	Jahrbuch der Deutschen Steuerjuristischen Gesellschaft
JbFfSt.	Jahrbuch der Fachanwälte für Steuerrecht
JStG	Jahressteuergesetz

K

KapGes	Kapitalgesellschaft
KFR	Kommentierte Finanzrechtsprechung (Zs.)
KG	Kommanditgesellschaft
KraftStG	Kraftfahrzeugsteuergesetz
KredWG	Kreditwesengesetz
KO	Kostenordnung
KSt(DV)	Körperschaftsteuer(-Durchführungsverordnung)
KStG	Körperschaftsteuergesetz
KStR	Körperschaftsteuer-Richtlinien
KÖSDI	Kölner Steuerdialog (Zs.)

L

LPartG	Lebenspartnerschaftsgesetz
lt.	laut

M

m. E.	meines Erachtens
Mio.	Million
MoMiG	Gesetz zur Modernisierung des GmbH-Rechts und zur bekämpfung von Missbräuchen
MwStSystRL	Mehrwertsteuersystem.Richtlinie
m.w. N.	mit weiteren Nachweisen

N

n. F.	neue Fassung
NJW	Neue Juristische Wochenschrift (Zs.)
Nr.	Nummer
nrkr.	nicht rechtskräftig

n.v.	nicht veröffentlicht
NWB	Neue Wirtschafts-Briefe (Zs.)
NWB DokID	NWB Dokumentidentifikationsnummer (www.Steuerxpert.de)
NWB DokSt	NWB Dokumentation Steuerrecht
NZB	Nichtzulassungsbeschwerde

O

o. Ä.	oder Ähnliches
OECD-MA	OECD-Musterabkommen
OFD	Oberfinanzdirektion
OFH	Oberster Finanzgerichtshof
OHG	Offene Handelsgesellschaft
OLG	Oberlandesgericht

P

PartGG	Partnerschaftsgesellschaftsgesetz
PersGes	Personengesellschaft

R

R	Richtlinie
RAO	Reichsabgabenordnung
RAP	Rechnungsabgrenzungsposten
rd.	rund
RdF	(früherer) Reichsminister der Finanzen
Rn.	Randnummer
RFH	Reichsfinanzhof
RGBl (I, II)	Reichsgesetzblatt (Teil I, II)
RStBl	Reichssteuerblatt
RWP	Rechts- und Wirtschaftspraxis (Zs.)
Rz.	Randziffer

S

S.	Seite
s. (a.)	siehe (auch)
SEStEG	Gesetz über steuerliche Begleitmaßnahmen zur Einführung der Europäischen Gesellschaft und zur Änderung weiterer steuerrechtlicher Vorschriften
sog.	so genannt(e/n)
StB	Der Steuerberater (Zs.)
StBereinG	Steuerbereinigungsgesetz
Stbg	Die Steuerberatung (Zs.)
StBp	Steuerliche Betriebsprüfung (Zs.)
StbJb.	Steuerberater-Jahrbuch

St(B)KongrRep	Steuerberaterkongress-Report
StEntlG	Steuerentlastungsgesetz
SteuerStud	Steuer und Studium (Zs.)
StRK	Steuerrechtsprechung in Karteiform
st. Rspr.	ständige Rechtsprechung
StuB	Steuern und Bilanzen (Zs.)
StSenkG	Steuersenkungsgesetz
StuW	Steuer und Wirtschaft (Zs.)
StVergAbG	Steuervergünstigungsabbaugesetz
StWa	Steuer-Warte (Zs.)

T

Tz.	Textziffer

U

u. a. m.	und anderes mehr
u. Ä.	und Ähnliches
Ubg	Die Unternehmensbesteuerung (Zs.)
UmwG	Umwandlungsgesetz
UmwStG	Umwandlungssteuergesetz
UntStFG	Unternehmenssteuerfortentwicklungsgesetz
UntStRefG	Unternehmensteuerreformgesetz
UR	Umsatzsteuer-Rundschau (Zs.)
USt(DV)	Umsatzsteuer(-Durchführungsverordnung)
UStAE	Umsatzsteuer-Anwendungserlass v. 1. 10. 2010, BStBl 2010 I 846
UStG	Umsatzsteuergesetz
UStR	Umsatzsteuer-Richtlinien/bis einschließlich 1984 Umsatzsteuer-Rundschau (Zs.)
usw.	und so weiter
u. U.	unter Umständen
UVR	Umsatzsteuer- und Verkehrsteuerrecht (Zs.)

V

v.	vom
vGA	verdeckte Gewinnausschüttung
vgl.	vergleiche
Vfg.	Verfügung
v. H.	vom Hundert
VO	Verordnung
VSt(G)	Vermögensteuer(Gesetz)
VwZG	Verwaltungszustellungsgesetz
VZ	Veranlagungszeitraum

W

WEG	Wohnungseigentumsgesetz
Wj	Wirtschaftsjahr
WM	Wertpapier-Mitteilung (Zs.)
WPg	Die Wirtschaftsprüfung (Zs.)

Z

z. B.	zum Beispiel
ZEV	Zeitschrift für Erbrecht und Vermögensfragen (Zs.)
Zerb	Zeitschrift für die Steuer- und Erbrechtspraxis (Zs.)
ZGR	Zeitschrift für Unternehmens- und Gesellschaftsrecht
Ziff.	Ziffer
Zs.	Zeitschrift
z.T.	zum Teil
zz.	zurzeit
zzgl.	zuzüglich

A. Die Stellung der Personengesellschaften im Steuerrecht

I. Allgemeines

Der Terminus Personengesellschaft ist dem Gesellschaftsrecht entlehnt. Insoweit wird er z. B. im Umwandlungsgesetz als Sammelbegriff für bestimmte Personenzusammenschlüsse verwendet, die wiederum von solchen abgegrenzt werden, die unter den Sammelbegriff Kapitalgesellschaft zusammengefasst werden. Auch die Steuergesetze verwenden vielfach den Begriff der Personengesellschaft (z. B. § 15 Abs. 1 Nr. 2 Satz 2 EStG) und knüpfen die Erfüllung von steuerlichen Tatbeständen an die gesellschaftsrechtliche Einordnung als Personengesellschaft. Unabhängig davon kennt das Steuerrecht auch die in § 15 Abs. 1 Nr. 2 Satz 1 EStG verankerten originär steuerrechtlichen Begriffe des Mitunternehmers bzw. der Mitunternehmerschaft. Letztere werden im steuerlichen Kontext zwar oftmals synonym mit den Begriffen Gesellschafter einer Personengesellschaft bzw. Personengesellschaft verwendet. Allerdings sind die Begriffe nicht deckungsgleich, da es Personengesellschaften gibt, die den Tatbestand einer Mitunternehmerschaft nicht erfüllen (z. B. vermögensverwaltende Personengesellschaften ohne gewerbliche Prägung oder Infizierung) und andererseits Mitunternehmerschaften existieren, die gesellschaftsrechtlich nicht als Personengesellschaft (z. B. atypisch gestaltetes partiarisches Darlehen) einzuordnen sind. 1

Die rechtlichen Rahmenbedingungen für Personengesellschaften ergeben sich aus §§ 705 ff. BGB für die Gesellschaft bürgerlichen Rechts – die GbR, aus §§ 105 ff. HGB für die Personengesellschaften des Handelsrechts, aus dem PartGG für die Partnerschaftsgesellschaften. Die Begründung eines Gesellschaftsverhältnis setzt die Leistung einer Einlage in das Gesellschaftsvermögen nicht zwingend in allen Konstellationen voraus. Insbesondere die Regelungen in §§ 705 ff. BGB ermöglichen es den Beteiligten, die Verhältnisse der von ihnen begründeten Gesellschaft in unterschiedlicher Weise auch ohne Leistung einer Einlage auszugestalten. 2

Eine Gesellschaft kommt regelmäßig durch die Vereinbarung zwischen den Beteiligten zustande, in denen die Einzelheiten zur Verwirklichung des gemeinsamen Vorhabens festgelegt werden (Abschluss des Gesellschaftsvertrages). Gesellschaftsverträge sind nur dann formbedürftig, wenn dies vom Gesetzgeber ausdrücklich vorgegeben wird oder mit dem Abschluss des Gesellschaftsvertrags ein formbedürftiges Geschäft, z. B. die Übertragung eines Grundstücks, verbunden ist. Gesetzliche Regelungen gehen den vertraglichen Vereinbarungen nur insoweit vor, als erstere als zwingendes Recht anzusehen ist. Soweit der Gesetzgeber demgegenüber für die gewählte Form des Zusammenschlusses abdingbare Regelungen (dispositives Recht) getroffen hat, gelten diese nur dann und insoweit, als der Gesellschaftsvertrag keine davon abweichenden Vereinbarungen enthält. 3

In der Praxis sind bereits im Interesse der Rechtssicherheit zwischen den Beteiligten weitgehend schriftlich abgefasste Gesellschaftsverträge auch dann anzutreffen, wenn angesichts der bestehenden Formfreiheit ein mündlich abgeschlossener Vertrag ausreichend wäre. Wird der Finanzverwaltung das Bestehen eines Gesellschaftsvertrags nach- 4 gewiesen, ist dieser für Zwecke der Besteuerung zu würdigen. Dabei ist zu beachten, dass die Unwirksamkeit eines Rechtsgeschäfts für die Besteuerung nach § 41 Abs. 1 AO dann unerheblich ist, soweit und solange die Beteiligten das wirtschaftliche Ergebnis dieses Rechtsgeschäfts gleichwohl eintreten und bestehen lassen. Dieser Grundsatz gilt indessen nur dann uneingeschränkt, wenn davon ausgegangen werden kann, dass zwischen den Beteiligten natürliche Interessengegensätze bestehen, wie dies bei fremden Dritten regelmäßig der Fall ist. Eine andere Beurteilung greift dann ein, wenn Vereinbarungen zwischen sich nahe stehenden Personen zu beurteilen sind, bei denen aufgrund der bestehenden persönlichen oder gesellschaftsrechtlichen Beziehungen gleichlautende Interessen nicht auszuschließen sind, wie dies bei Vereinbarungen zwischen Angehörigen i. S. d. § 15 AO oder zwischen gesellschaftsrechtlich miteinander verflochtenen Unternehmen der Fall ist.

5 Die Beteiligten sehen nicht selten vor, dass der von ihnen getroffenen Vereinbarung Wirkung ab einem von ihnen bestimmten Zeitpunkt beizulegen ist. Das Steuerrecht hat nur tatsächlich verwirklichte Sachverhalte zu würdigen. Deswegen kann auch Vereinbarungen zwischen fremden Dritten grundsätzlich keine Rückwirkung beigelegt werden.[1] Kein Fall der Rückwirkung liegt vor, wenn mit dem zu einem späteren Zeitpunkt formulierten schriftlichen Gesellschaftsvertrag eine bereits zu einem früheren Zeitpunkt getroffene und seitdem auch tatsächlich durchgeführte Vereinbarung nur noch dokumentiert wird. Sofern sich die Beteiligten im Besteuerungsverfahren darauf berufen, ist dies von ihnen in geeigneter Weise nachzuweisen oder zumindest hinreichend glaubhaft zu machen. Bei der Beurteilung von Gesellschaftsverhältnissen ist im Übrigen im Einzelfall nicht auszuschließen, dass die Beziehungen zwischen den Beteiligten bereits zuvor in einer Weise ausgestaltet waren, dass von einem verdeckten Gesellschaftsverhältnis auszugehen ist.[2]

6 Abweichend von diesen Grundsätzen wird bei der Umstrukturierung von Unternehmen nach Maßgabe des UmwStG eine steuerliche Rückwirkung zugelassen. Dies gilt nach § 2 UmwStG für die Fälle der Umwandlung (z. B. einer Körperschaft in ein Personenunternehmen), durch § 20 Abs. 6 UmwStG für den Fall der Einbringung eines Betriebs, Teilbetriebs oder Mitunternehmeranteils in eine Kapitalgesellschaft gegen Gewährung neuer Gesellschaftsrechte, sowie durch § 24 Abs. 4 UmwStG in bestimmten Fällen der Einbringung von Betriebsvermögen in eine Personengesellschaft.

7–20 *(Einstweilen frei)*

1 Z. B. BFH 22. 8. 2002 IV R 6/01, BFH/NV 2003, 36, unter Hinweis auf BFH 18. 9. 1984 VIII R 119/81, BStBl 1985 II 55; 25. 11. 1992 X R 148/90, BFH/NV 1993, 586; 15. 3. 2000 IV B 35/99, BFH/NV 2000, 1185.

2 Z. B. BFH 22. 8. 2002 IV R 6/01, BFH/NV 2003, 36, unter Bezugnahme auf BFH 22. 10. 1987 IV R 17/84, BStBl 1988 II 62; 16. 12. 1997 VIII R 32/90, BStBl 1998 II 480; 18. 6. 1998 IV R 94/96, BFH/NV 1999, 295; 7. 7. 1998 IV B 62/97, BFH/NV 1999, 167.

II. Die unterschiedlichen Gesellschaftsformen

1. Gesellschaft bürgerlichen Rechts

Die nach §§ 705 ff. BGB errichtete Gesellschaft bürgerlichen Rechts – GbR – wird als Grundform der PersGes angesehen. Sie ist dadurch gekennzeichnet, dass sich die Gesellschafter durch den nicht formbedürftigen Gesellschaftsvertrag gegenseitig verpflichten, die Erreichung eines gemeinsamen Zwecks in der durch den Vertrag bestimmten Weise zu fördern, insbesondere die vereinbarten Beiträge zu leisten. Der Zweck ist in das Belieben der Gesellschafter gestellt. Angesichts der möglichen unterschiedlichen Gesellschaftszwecke kann die Dauer der Gesellschaft zeitlich begrenzt oder unbegrenzt oder auf die Erreichung eines bestimmten Zwecks, z. B. die Fertigstellung eines bestimmten Bauwerks, beschränkt sein. In der weiteren Ausgestaltung der Verhältnisse untereinander sind die Beteiligten weitgehend frei. Gesellschafter können sowohl natürliche als auch juristische Personen sein. Auch Personenvereinigungen, z. B. Personenhandelsgesellschaften, können ihrerseits Gesellschafter einer GbR sein. 21

Nach § 706 Abs. 1 BGB haben die Gesellschafter „in Ermangelung einer anderen Vereinbarung gleiche Beiträge zu leisten". Der Beitrag kann nach § 706 Abs. 3 BGB auch in der Leistung von Diensten bestehen. Die Beitragspflicht kann im Rahmen einer anderweitigen Vereinbarung allerdings auch gänzlich abbedungen werden. Beiträge der Gesellschafter und von der Gesellschaft erworbene Gegenstände werden nach § 718 Abs. 1 BGB gemeinschaftliches Vermögen der Gesellschafter (Gesellschaftsvermögen). Das Gesellschaftsvermögen unterliegt nach § 719 Abs. 1 BGB der „gesamthänderischen Bindung", d. h., der einzelne Gesellschafter kann nicht über seinen Anteil an dem Gesellschaftsvermögen und an den einzelnen dazu gehörenden Gegenständen verfügen und ist nicht berechtigt Teilung zu verlangen. 22

Die Führung der Geschäfte der Gesellschaft steht den Gesellschaftern gem. § 709 Abs. 1 BGB gemeinschaftlich zu, sofern keine davon abweichenden Bestimmungen getroffen werden.[1] Ist die Gesellschaft von längerer Dauer, so haben der Rechnungsabschluss und die Gewinnverteilung nach § 721 Abs. 2 BGB im Zweifel am Schluss jedes Geschäftsjahrs zu erfolgen. Dagegen sieht § 721 Abs. 1 BGB bei Gesellschaften von nur kurzer Dauer einen Rechnungsabschluss und die Verteilung des Gewinns und Verlusts erst nach der Auflösung der Gesellschaft vor. Der Gesetzgeber knüpft bei der Bestimmung des Stimmrechts der Gesellschafter und des Anteils am Gewinn und Verlust an die Kopfzahl der Gesellschafter an. Den Gesellschaftern steht es frei, davon abweichende Regelungen zu vereinbaren. 23

Die Gesellschafter haften für die Verbindlichkeiten der Gesellschaft unbeschränkt, wie §§ 735, 736 und 739 BGB zu entnehmen ist. Den Gesellschaftern ist es nicht möglich, ihre Haftung gegenüber den Gesellschaftsgläubigern durch einseitige Regelungen im Gesellschaftsvertrag und/oder durch Auftreten als „GbR mbH" zu beschränken.[2] Dies ist nur durch individualrechtliche Vereinbarungen gegenüber einzelnen Gläubigern 24

1 Vgl. § 712 BGB.

2 BGH 27. 9. 1999 II ZR 371/98, DB 1999, 2205.

möglich. Die FinVerw hat in der Vergangenheit derartige Haftungsbeschränkungen als wirksam angesehen und daraus die danach gebotenen steuerlichen Folgen gezogen; wegen weiterer Einzelheiten dazu und die insoweit getroffenen Übergangsregelungen wird auf Rn. 401 ff. hingewiesen.

25 Ist die Gesellschaft nicht für eine bestimmte Zeit gebildet worden, kann sie jeder Gesellschafter nach § 723 Abs. 1 BGB jederzeit kündigen. Ist eine Zeitdauer bestimmt, ist eine vorzeitige Kündigung bei Vorliegen eines wichtigen Grundes zulässig.[1] Nach § 726 BGB endet die Gesellschaft, wenn der vereinbarte Zweck erreicht oder dessen Erreichung unmöglich geworden ist. Verstirbt ein Gesellschafter, endet die Gesellschaft vorbehaltlich abweichender Bestimmungen des Gesellschaftsvertrags gem. § 727 BGB mit dem Tod des Gesellschafters. Die Insolvenz der Gesellschaft oder eines Gesellschafters führt nach § 728 BGB für den Regelfall zur Auflösung der Gesellschaft. Abgesehen von den Fällen der Insolvenz setzen sich die Gesellschafter aus Anlass der Auflösung gem. § 730 BGB über das Vermögen der Gesellschaft auseinander. Aus dem nach Tilgung der Verbindlichkeiten ggf. verbleibenden Vermögen steht ihnen zunächst die Rückgewähr ihrer Einlagen zu. Reicht das Vermögen zur Tilgung der Verbindlichkeiten nicht aus, besteht nach § 735 BGB eine Nachschusspflicht. Verbleibt hingegen nach Tilgung der Verbindlichkeiten und Rückgewähr der Einlagen ein Überschuss, steht dieser den bisherigen Gesellschaftern im Verhältnis ihres Gewinnanteils zu.[2]

26 Sieht der Gesellschaftsvertrag für den Fall der Kündigung durch einen Gesellschafter, des Todes eines Gesellschafters oder der Eröffnung des Insolvenzverfahrens über das Vermögen eines Gesellschafters die Fortführung der Gesellschaft durch die übrigen Gesellschafter vor, scheidet dieser Gesellschafter nach § 736 Abs. 1 BGB aus der Gesellschaft aus. In diesen Fällen haftet er gem. § 736 Abs. 1 BGB in entsprechender Anwendung des § 160 HGB für die bis zu seinem Ausscheiden begründeten Verbindlichkeiten der Gesellschaft. Ferner kann ein Gesellschafter infolge Ausschlusses nach § 737 BGB aus der Gesellschaft ausscheiden.

27 Die Rechtsfolgen des Ausscheidens eines Gesellschafters ergeben sich aus § 738 BGB. Danach wächst sein Anteil am Gesellschaftsvermögen den übrigen Gesellschaftern zu. Dem Ausscheidenden sind die Gegenstände, die er der Gesellschaft zur Benutzung überlassen hat, nach Maßgabe des § 732 BGB zurückzugeben. Er ist von den gemeinschaftlichen Schulden freizustellen. Ihm steht eine Abfindung in dem Umfang zu, in dem ihm bei Auflösung der Gesellschaft zum Zeitpunkt seines Ausscheidens ein Anteil am Liquidationsüberschuss entsprechend Rn. 25 zustehen würde; u. U. kann dies zu einer Nachschussverpflichtung führen.

28 Nimmt die Gesellschaft am allgemeinen Geschäftsverkehr teil, handelt es sich um eine sog. Außengesellschaft. Tritt die Gesellschaft als solche hingegen nach außen nicht in Erscheinung, liegt eine Innengesellschaft vor; in einem derartigen Fall tritt regelmäßig einer der Gesellschafter nach außen auf, ohne dass daraus die Existenz der Gesellschaft erkennbar wird.

---

1 Vgl. im Übrigen § 724 BGB.

2 § 734 BGB.

Nach dem Urteil des BGH vom 29. 1. 2001[1] besitzt die als Außengesellschaft auftretende GbR Rechtsfähigkeit. Sie ist daher selbst Trägerin von Rechten und Pflichten und folglich im Zivilprozess aktiv und passiv parteifähig, d. h., die GbR kann als GbR klagen und verklagt werden, ohne dass sämtliche Gesellschafter der GbR namentlich benannt werden müssen. 29

Die Frage der Grundbuchfähigkeit der GbR war in der Folgezeit allerdings umstritten, d. h. in der Literatur wurden unterschiedliche Ansichten vertreten, die Rechtsprechung der OLG war uneinheitlich. Der V. Zivilsenat des BGH erklärte in seiner Entscheidung vom 4. 12. 2008 die GbR für formell grundbuchfähig, womit die GbR als solche ohne Hinweis auf die Gesellschafter im Grundbuch als Inhaberin von Rechten eintragungsfähig sein sollte.[2] 30

Der Gesetzgeber reagierte auf die Rechtsprechung des BGH mit dem „Gesetz zur Einführung des elektronischen Rechtsverkehrs und der elektronische Akte im Grundbuchverfahren sowie zur Änderung weiterer grundbuch-, register- und kostenrechtlicher Vorschriften" (ERVGBG) vom 11. 8. 2009[3]. Dabei sind u. A. § 47 Abs. 2 GBO geändert und § 899a BGB eingefügt worden. Inhaltlich hat sich der Gesetzgeber insoweit allerdings wissentlich von der Rechtsprechung des BGH abgesetzt, nach welcher eine Eintragung einer GbR in der Regel mit ihrer im Gesellschaftsvertrag erfolgten Bezeichnung vorzunehmen war und einzig für den Fall ihrer Namenlosigkeit durch die Nennung ihrer Gesellschafter konkretisiert werden sollte.[4] Die für den Grundfall vonseiten des BGH postulierte isolierte Eintragung der BGB-Gesellschaft ohne Nennung der Gesellschafter war jedoch auf Kritik gestoßen – vor dem Hintergrund des Risikos, dass mehrere namensidentische Gesellschaften bestehen ohne eine Unterscheidungsmöglichkeit aus dem Grundbuch heraus.[5] Die gesetzliche Neuregelung ermöglicht somit die Unterscheidbarkeit im Falle der Grundbucheintragung namensidentischer GbRs und fördert damit die Transparenz des Grundbucheintrags.[6]

Nunmehr hat ein Grundbucheintrag daher wie folgt zu lauten:

„ABC Gesellschaft bürgerlichen Rechts bestehend aus A, B und C."[7]

Zu beachten ist hierbei, dass nunmehr **alle** Gesellschafter einzutragen sind –- nicht nur die zur Vertretung der GbR befugten.[8]

In der Form der GbR sind anzutreffen: 31

- Zusammenschlüsse von Kleingewerbetreibenden, z. B. von Handwerkern zur gemeinschaftlichen Ausübung des Gewerbes,
- Zusammenschlüsse zum gemeinschaftlichen Betrieb eines land- und forstwirtschaftlichen Betriebs,

1 II ZR 331/00, DB 2001, 423; vgl. ferner BGH 18. 2. 2002 II ZR 331/00, NJW 2002 1207.
2 V ZB 74/08, DStR 2009, 284; *Miras*, DStR 2010, 604.
3 BGBl 2009 I2713; *Haack*, NWB 5/2010, 356.
4 BGH 4. 12. 2008 V ZB 74/08, DStR 2009, 284; *Miras*, DStR 2010, 604, 605.
5 *Miras*, DStR 2010, 604, 605, m. w. N.
6 *Miras*, DStR 2010, 604, 605.
7 *Haack*, NWB 5/2010, 356, 359.
8 *Haack*, NWB 5/2010, 356, 359.

- Arbeitsgemeinschaften im Baugewerbe,
- Zusammenschlüsse zur Nutzung gemeinschaftlicher Anlagen (z. B. Laborgemeinschaften, Nutzung von Gleisanschlüssen, Pipelines),
- stille Gesellschaften,
- Unterbeteiligungen,
- Grundstücksgemeinschaften,
- Joint Ventures,
- Pools,
- Konsortien z. B. von Banken zur Emission von Wertpapieren,
- Vorgründungsgesellschaften zu Kapitalgesellschaften.[1]

Freiberufler (z. B. Ärzte, Rechtsanwälte, Steuerberater oder dgl.) schließen sich vielfach in einer Partnerschaftsgesellschaft nach Maßgabe des PartGG zur gemeinschaftlichen Berufsausübung zusammen. Die Rechtsform der GbR hat insoweit an Bedeutung verloren.

Vor dem Hintergrund der durch die Handelsrechtsform 1998 geänderten Vorschriften der §§ 1, 2 HGB wird die Frage diskutiert, ob es sich bei Arbeitsgemeinschaften im Baugewerbe mit einem beträchtlichen Auftragsvolumen entgegen der bisher einhelligen Auffassung im Einzelfall um eine OHG handeln kann.[2]

32 Angesichts der danach recht unterschiedlichen Gesellschaftszwecke wird deutlich, dass nicht jeder Zusammenschluss in Form einer GbR auf die Bildung gemeinschaftlichen, d. h. gesamthänderisch gebundenen Vermögens und die gemeinschaftliche Erzielung von Einkünften gerichtet ist.

33–40 *(Einstweilen frei)*

2. Offene Handelsgesellschaft

41 Eine Gesellschaft, deren Zweck auf den Betrieb eines Handelsgewerbes i. S. d. § 1 Abs. 2 HGB unter gemeinschaftlicher Firma gerichtet ist, ist nach § 105 Abs. 1 HGB eine offene Handelsgesellschaft (OHG), wenn bei keinem der Gesellschafter die Haftung gegenüber den Gesellschaftsgläubigern beschränkt ist. Dies gilt unabhängig davon, ob die Gesellschaft in das Handelsregister eingetragen ist. Betreibt eine in dieser Weise strukturierte Gesellschaft einen Gewerbebetrieb, der nicht als Handelsgewerbe i. S. d. § 1 Abs. 2 HGB gilt, handelt es sich nach § 105 Abs. 2 HGB dann um eine OHG, wenn sie auf ihren Antrag hin in das Handelsregister eingetragen ist. Entsprechendes gilt für eine Gesellschaft, die nur eigenes Vermögen verwaltet. Nach § 105 Abs. 3 HGB sind für die OHG die Vorschriften in §§ 705 ff. BGB über die GbR vorbehaltlich abweichender Regelungen in §§ 105 – 160 HGB entsprechend anwendbar.

1 BFH 8. 11. 1989 I R 174/86, BStBl 1990 II 91.

2 OLG Dresden 20. 11. 2001 2 U 1982/01, nrkr., DB 2003, 713; *K. Schmidt*, Die Arbeitsgemeinschaft im Baugewerbe: als OHG eintragungspflichtig oder eintragungsfähig?, DB 2003, 703.

Durch § 128 HGB wird ausdrücklich bestimmt, dass die Gesellschafter den Gläubigern der Gesellschaft persönlich als Gesamtschuldner haften. Eintretende Gesellschafter haften nach § 130 HGB für vor ihrem Eintritt begründete Verbindlichkeiten. Die Haftung für austretende Gesellschafter für während ihrer Zugehörigkeit zur Gesellschaft begründete Verbindlichkeiten ergibt sich aus § 160 HGB. 42

Nach § 109 HGB finden die Vorschriften der §§ 110 – 122 HGB auf die rechtlichen Beziehungen nur insoweit Anwendung, als durch den Gesellschaftsvertrag nichts anderes bestimmt wird. Abgesehen von den Regelungen zur Geschäftsführung und Vertretung der OHG in §§ 114 – 118 HGB dürfte den Regelungen in §§ 119 – 122 HGB besondere Bedeutung zukommen. 43

Vorbehaltlich abweichender Vereinbarungen im Gesellschaftsvertrag steht bei Beschlussfassungen jedem Gesellschafter nach § 119 Abs. 2 HGB eine Stimme zu. Diese Regelung wird nach den Erfahrungen der Praxis in der Regel dahin gehend abbedungen, dass sich das Stimmrecht nach dem Umfang der Beteiligung bestimmt. 44

Der dem einzelnen Gesellschafter zustehende Anteil am Gewinn oder Verlust wird nach § 120 Abs. 1 HGB auf der Grundlage der auf den Schluss des Geschäftsjahres aufgestellten Bilanz ermittelt. Dies wird allgemein praktiziert. 45

Den Gesellschaftern steht nach § 121 Abs. 1 HGB zunächst ein Gewinnanteil i. H.v. bis zu 4 % seines Kapitalanteils zu. Bei nicht ausreichendem Gewinn ermäßigt sich dieser Prozentsatz entsprechend. Der danach verbleibende Gewinn steht den Gesellschaftern gem. § 121 Abs. 2 HGB nach Köpfen zu. Entsprechendes gilt für Verluste. Die Gewinnanteile sollen nach § 120 Abs. 2 HGB dem Kapitalanteil des einzelnen Gesellschafters gutgeschrieben werden. Verluste mindern dementsprechend die Kapitalanteile der einzelnen Gesellschafter. In der Praxis sind weitgehend von § 121 HGB abweichende Gewinnverteilungsabreden anzutreffen; vgl. Rn. 1266 ff. 46

In § 122 Abs. 1 HGB wird den Gesellschaftern ein Entnahmerecht bis zur Höhe von 4 % des für das letzte Geschäftsjahr festgestellten Kapitalanteils zugestanden. Darüber hinaus kann unter Beachtung der Belange der Gesellschaft die Auszahlung des darüber hinausgehenden Gewinnanteils des Vorjahres verlangt werden. Auch insoweit sind in der Praxis vielfach abweichende oder ergänzende Vereinbarungen anzutreffen. Nicht selten wird vereinbart, einen bestimmten Teil des Gewinns einer Rücklage zuzuweisen, so dass dieser damit insoweit nicht entnahmefähig ist. Vereinbarungen, wonach Entnahmen zumindest in einem Umfang zulässig sind, der es gestattet, die auf die bezogenen Gewinnanteile entfallenden Ertragsteuern abzuführen, sind nicht selten. 47

Nach § 131 Abs. 1 HGB wird die OHG aufgelöst 48

- durch den Ablauf der Zeit, für welche sie gebildet worden ist,
- durch Gesellschafterbeschluss,
- durch die Eröffnung des Insolvenzverfahrens über das Vermögen der Gesellschaft oder
- durch gerichtliche Entscheidung.

Ist keiner der Gesellschafter der OHG eine natürliche Person oder eine OHG oder eine KG, bei der ein persönlich haftender Gesellschafter eine natürliche Person ist, wird die Gesellschaft aufgelöst.

- mit der Rechtskraft des Beschlusses, durch den die Eröffnung des Insolvenzverfahrens mangels Masse abgelehnt worden ist oder
- durch die Löschung wegen Vermögenslosigkeit nach § 394 des Gesetzes über das Verfahren in Familiensachen und in Angelegenheiten der freiwilligen Gerichtsbarkeit.

Die Kündigung eines Gesellschafters führt vorbehaltlich abweichender Bestimmungen des Gesellschaftsvertrages nicht zur Auflösung der OHG.

49 Der Auflösung der OHG schließt sich – abgesehen von den Fällen der Insolvenz – die Liquidation nach §§ 145 – 158 HGB an. Das nach Tilgung der Schulden verbleibende Vermögen steht den Gesellschaftern gem. § 155 Abs. 1 HGB nach dem sich aus der Schlussbilanz ergebenden Verhältnis ihrer Kapitalanteile zu. Die Gesellschaftsverträge sehen teilweise davon abweichende Regelungen vor.

50 Sofern der Gesellschaftsvertrag keine abweichenden Regelungen enthält, führen folgende Gründe nach § 131 Abs. 3 HGB zum Ausscheiden des Gesellschafters (mit dem Eintritt des betreffenden Ereignisses, bei Kündigung nicht vor Ablauf der Kündigungsfrist):

- Tod des Gesellschafters,
- Eröffnung des Insolvenzverfahrens über das Vermögen des Gesellschafters,
- Kündigung des Gesellschafters,
- Kündigung durch einen Privatgläubiger des Gesellschafters,
- Eintritt von weiteren im Gesellschaftsvertrag vorgesehenen Fällen,
- Beschluss der Gesellschafter.

Dem ausscheidenden Gesellschafter – bei Tod des Gesellschafters den Erben – steht eine Abfindung zu, die vorbehaltlich abweichender Regelungen im Gesellschaftsvertrag nach den Grundsätzen des § 738 BGB zu bestimmen ist. Die Gesellschaft wird von den verbleibenden Gesellschaftern fortgeführt.

51 Der Gesellschaftsvertrag kann vorsehen, dass im Falle des Todes eines Gesellschafters die Gesellschaft mit den Erben fortgesetzt werden soll. Für diesen Fall kann der jeweilige Erbe nach § 139 Abs. 1 HGB innerhalb der sich aus Abs. 3 dieser Vorschrift ergebenden Frist verlangen, dass ihm unter Belassung des bisherigen Gewinnanteils die Stellung eines Kommanditisten eingeräumt und der auf ihn entfallende Teil der Einlage des Erblassers seine Kommanditeinlage wird. Diese Regelungen können nach § 139 Abs. 5 HGB nicht abbedungen werden, jedoch besteht die Möglichkeit, die Gewinnbeteiligung der veränderten Gesellschafterstellung anzupassen. Stimmen die übrigen Gesellschafter dem Antrag des Erben nicht zu, ist er zur Kündigung ohne Einhaltung einer Frist berechtigt. Er scheidet damit aus der Gesellschaft aus.

52 In der Praxis sind verschiedentlich Regelungen anzutreffen, wonach bei mehreren Erben nicht sämtliche Erben, sondern u. U. nur ein Erbe, berechtigt ist, die Nachfolge des

Erblassers als Gesellschafter anzutreten. Die in diesen Fällen ggf. erforderliche Auseinandersetzung der Erben berührt den Bestand der Gesellschaft nicht.

(Einstweilen frei) 53–60

3. Kommanditgesellschaft

Bei der KG handelt es sich nach § 161 Abs. 1 HGB um eine Gesellschaft, die auf den Betrieb eines Handelsgewerbes unter gemeinschaftlicher Firma gerichtet ist, bei der mindestens ein Gesellschafter den Gesellschaftsgläubigern beschränkt auf den Betrag einer bestimmten Vermögenseinlage (Kommanditist) haftet, während der oder die übrigen Gesellschafter unbeschränkt haften (Komplementär). Soweit sich aus §§ 161 – 177a HGB nichts anderes ergibt, gelten gem. § 161 Abs. 2 HGB die Vorschriften in §§ 105 – 160 HGB über die OHG. 61

Nach § 171 Abs. 1 HGB haftet der Kommanditist den Gläubigern der Gesellschaft bis zur Höhe seiner Einlage unmittelbar, soweit die Einlage noch nicht geleistet wurde; dies gilt nach § 173 auch für Verbindlichkeiten der Gesellschaft, die vor dem Eintritt als Kommanditist begründet worden sind. Mit der Leistung der Einlage entfällt die unmittelbare Haftung gegenüber den Gesellschaftsgläubigern. Der Umfang der Haftung bestimmt sich gem. § 172 Abs. 1 HGB grundsätzlich nach den insoweit erfolgten Eintragungen in das Handelsregister. Aus diesem Grunde muss die Anmeldung zum Handelsregister nach § 162 Abs. 1 HGB die einzelnen Kommanditisten mit dem Betrag der von ihnen jeweils übernommenen Einlage enthalten. Bei Ein- und Austritt von Kommanditisten ist entsprechend zu verfahren. Auf eine nicht eingetragene Erhöhung der aus dem Handelsregister ersichtlichen Einlage können sich die Gläubiger nur berufen, wenn die Erhöhung in handelsüblicher Weise kundgemacht oder ihnen in anderer Weise von der Gesellschaft mitgeteilt worden ist (§ 172 Abs. 2 HGB). Vereinbarungen der Gesellschafter über einen Erlass oder die Stundung der Einlage des Kommanditisten sind gegenüber den Gläubigern unwirksam (§ 172 Abs. 3 HGB). 62

Da in vielen Fällen das Bestreben der Gesellschafter dahin geht, die Haftung der Gesellschafter auf das in der Gesellschaft eingesetzte Vermögen zu beschränken, ist die KG im Geschäftsverkehr zu weiter Verbreitung gelangt. Eine weitergehende Minimierung der Haftungsrisiken kann dadurch erreicht werden, dass die Funktion der unbeschränkt haftenden Gesellschafterin von einer Kapitalgesellschaft ausgeübt wird. Auch wenn diese als Komplementärin unbeschränkt haftet, ist diese Haftung bei einer Kapitalgesellschaft naturgemäß auf das Gesellschaftsvermögen begrenzt. Insoweit wird die Funktion der alleinigen Komplementärin einer Kapitalgesellschaft – im Regelfall einer GmbH – übertragen, die lediglich mit dem Mindestbetrag des Grund- oder Stammkapitals ausgestattet ist, und die in vielen Fällen auch keine Kapitaleinlage in das Vermögen der KG zu leisten hat. Unabhängig davon liegt sowohl zivilrechtlich[1] als auch steuerrechtlich[2] eine KG vor. Im Ergebnis wird die Haftung gegenüber den Gesellschaftsgläubigern auf das Eigenkapital der Komplementärin zzgl. der von den Kommanditisten zu 63

1 BGH 12. 7. 1956 VI ZR 28/53, GmbHR 1957, 41, in Anknüpfung an die Rechtsprechung des Reichsgerichts; 10. 5. 1971 II ZR 177/68, NJW 1971, 1698.

2 BFH 16. 9. 1958 I 351/56 U, BStBl 1958 III 462; 25. 6. 1984 GrS 4/82, BStBl 1984 II 751.

leistenden Einlagen beschränkt. Unter anderem deswegen erfreut sich die Rechtsform der PersGes der Kapitalgesellschaft & Co. KG – im Regelfall GmbH & Co. KG – besonderer Beliebtheit.

Seit Einführung der. „Unternehmergesellschaft (haftungsbeschränkt)" durch § 5a GmbG im Rahmen des MoMiG ist auch eine Unternehmergesellschaft (haftungsbeschränkt) & Co. KG möglich. Insofern könnte eine Haftungsbeschränkung erreicht werden, ohne dass das Stammkapital i. H. v. 25 000 € erbracht werden muss. In der Literatur wird allerdings teilweise vertreten, dass dies eine Beteiligung der Unternehmergesellschaft (haftungsbeschränkt) am Kapital und am Gewinn der Gesellschaft voraussetzt, da die Unternehmergesellschaft (haftungsbeschränkt) ansonsten nicht ihre Verpflichtung zur Bildung einer gesetzlichen Rücklage erfüllen könne.[1]

64 Die Entwicklung des Steuerrechts verbunden mit dem Streben nach der Inanspruchnahme von Steuervergünstigungen außerhalb der persönlichen Erwerbstätigkeit hat zur Gründung von KGs mit einer Vielzahl von Kommanditisten geführt, so dass insoweit verschiedentlich von sog. Publikumsgesellschaften – genauer Publikumspersonengesellschaften – die Rede ist.[2] Verschiedentlich sind die Kapitalanleger nicht unmittelbar als Kommanditisten beteiligt; die Funktion des Kommanditisten wird in diesen Fällen für alle Kapitalanleger gemeinsam von einem Treuhänder wahrgenommen. Im Bereich des Steuerrechts werden diese Gesellschaften teilweise auch als sog. Publikums-GmbH & Co. KG oder Verlustzuweisungsgesellschaften[3] bezeichnet. Dieser Begriff wurde auch vom Gesetzgeber in der inzwischen durch § 15b EStG abgelösten Vorschrift des § 2b EStG verwendet, ohne dass damit auf eine bestimmte Gesellschaftsform verwiesen wird.[4] In § 15b EStG wird auf diesen Begriff verzichtet. Unter Beibehaltung der Zielrichtung des bisherigen § 2b EStG beziehen sich die Einschränkungen des Ausgleichs und des Abzugs nunmehr auf Verluste im Zusammenhang mit sog. Steuerstundungsmodellen.

65 Die Kommanditisten sind nach § 164 HGB von der Geschäftsführung ausgeschlossen. Ihnen steht nach § 166 Abs. 1 HGB das Recht zu, eine abschriftliche Mitteilung des Jahresabschlusses zu verlangen und dessen Richtigkeit unter Einsicht in die Bücher und Papiere der Gesellschaft zu prüfen. Weitergehende Kontrollrechte, wie sie den von der Geschäftsführung einer OHG ausgeschlossenen Gesellschaftern nach § 118 HGB zustehen, sind durch § 166 Abs. 2 HGB ausdrücklich ausgeschlossen. Bei Vorliegen wichtiger Gründe besteht lediglich die Möglichkeit, bei Gericht eine Anordnung zu beantragen, dass dem Kommanditisten eine Bilanz oder ein Jahresabschluss zu überlassen ist, sonstige Aufklärungen zu geben sowie Bücher und Unterlagen vorzulegen sind (§ 166 Abs. 3 HGB).

66 Der Gewinnanteil des einzelnen Kommanditisten ist nach § 167 i. V. m. § 120 HGB auf der Grundlage der Bilanz für das jeweilige Geschäftsjahr zu ermitteln. Er ist dem Kapi-

1 *Veil*, GmbHR 2007, 1080 (1084); a. A. *Heeg*, DB 2009, 719 (721); *Heckschen*, DStR 2009, 166 (171), m. w. N.

2 *Watermeyer* in Müller/Hoffmann, § 16 Rz. 1, m. w. N.

3 Z. B. BFH 25. 6. 1984 GrS 4/82, BStBl 1984 II 751.

4 In § 2b Abs. 1 Satz 1 EStG ist in diesem Zusammenhang u. a. von Gesellschaften die Rede, wenn bei der Begründung der Beteiligung daran die Erzielung eines steuerlichen Vorteils im Vordergrund steht.

talanteil des einzelnen Kommanditisten nur so lange zuzuschreiben, als dieser den Betrag der bedungenen Einlage nicht erreicht. An Verlusten nimmt der Kommanditist nach § 167 Abs. 3 HGB nur bis zum Betrag seines Kapitalanteils und seiner noch rückständigen Einlage teil. Die Regelung schließt allerdings nicht aus, dem Kommanditisten auch über seine Kommanditeinlage hinaus Verluste zuzuweisen. Ein durch Verlust entstandener negativer Kapitalanteil ist nach der gesetzlichen Regelung allerdings durch spätere Gewinne auszugleichen.

Durch § 168 Abs. 1 HGB wird dem Kommanditisten wie dem Gesellschafter der OHG 67
als Gewinnanteil eine Verzinsung seines Kapitalanteils mit max. 4 % zugestanden. Der Gesetzgeber geht dann weiter davon aus, dass die Gesellschafter über die Verteilung des danach verbleibenden Gewinns eine Vereinbarung treffen werden. Sofern dies nicht der Fall ist, steht jedem der Gesellschafter ein den Umständen angemessener Anteil zu. Im Hinblick auf diese unpraktikable Regelung sehen Gesellschaftsverträge im Regelfall konkretere Vereinbarungen zur Gewinnverteilung vor.

Der Kommanditist kann nach § 169 HGB grundsätzlich die Auszahlung seines Gewinn- 68
anteils verlangen, sofern und soweit nicht zuvor zugewiesene Verluste auszugleichen sind. Er ist aber nicht verpflichtet, rechtmäßig bezogene Gewinne wegen späterer Verluste zurückzuzahlen. Soweit Gewinne unberechtigt entnommen werden, gilt die Einlage des Kommanditisten nach § 171 Abs. 4 HGB als nicht geleistet. Damit lebt insoweit die unmittelbare Haftung gegenüber den Gesellschaftsgläubigern wieder auf. Entsprechendes gilt, soweit die Einlage des Kommanditisten zurückgezahlt wird.

Zur Beendigung der Gesellschaft und zum Ausscheiden einzelner Kommanditisten hat 69
der Gesetzgeber keine besonderen Regelungen getroffen. Aus § 177 HGB ergibt sich lediglich, dass der Tod eines Kommanditisten nicht die Auflösung der Gesellschaft zur Folge hat. Die Ausführungen unter Rn. 48 ff. gelten entsprechend.

(Einstweilen frei) 70–75

4. Stille Gesellschaft und partiarisches Darlehen

Die stille Gesellschaft i. S. v. §§ 230 – 236 HGB ist dadurch gekennzeichnet, dass durch 76
die Leistung einer Vermögenseinlage in das Vermögen des Inhabers des Handelsgeschäfts eine Beteiligung an diesem Handelsgeschäft erworben wird. Gleichwohl bleibt der Inhaber des Handelsgeschäfts aus den in dem Betrieb geschlossenen Geschäften allein berechtigt und verpflichtet. Es handelt sich dabei um eine Innengesellschaft. Für den Gesellschaftsvertrag ist keine besondere Form vorgeschrieben. Eine stille Beteiligung ist am Handelsgeschäft eines Einzelunternehmers, einer PersGes, einer Erbengemeinschaft[1] oder aber auch an einer Kapitalgesellschaft[2] möglich.

Weitere wesentliche Merkmale der stillen Gesellschaft i. S. v. §§ 230 – 236 HGB, der sog. 77
typischen stillen Gesellschaft sind:

- Die Beteiligung an Gewinn und Verlust des vom Dritten betriebenen Handelsgeschäftes auf der Grundlage der für die einzelnen Geschäftsjahre aufgestellten Bi-

1 BFH 9. 7. 1987 IV R 95/85, BStBl 1988 II 245.

2 Z. B. GmbH & Still oder AG & Still, vgl. z. B. BFH 15. 12. 1992 VIII R 42/90, BStBl 1994 II 702, m. w. N.

lanzen,[1] in dem regelmäßig zwischen den Beteiligten vereinbarten Umfang;[2] eine Beteiligung am Verlust kann nach § 231 Abs. 2 HGB ausgeschlossen werden.

- Die Gewinnanteile sind dem Gesellschafter grundsätzlich auszuzahlen, sie erhöhen vorbehaltlich abweichender Vereinbarungen nach § 232 Abs. 3 HGB nicht die Einlage des stillen Gesellschafters.
- Eine etwaige Beteiligung am Verlust ist auf die Höhe der Einlage beschränkt. Wurde die Einlage durch Verluste gemindert, sind spätere Gewinne zur Auffüllung der Einlage zu verwenden.[3]
- Die dem stillen Gesellschafter durch § 233 HGB zugebilligten Kontrollrechte entsprechen weitgehend denen eines Kommanditisten.
- Die Gesellschaft wird gem. § 234 Abs. 2 HGB durch den Tod des stillen Gesellschafters nicht aufgelöst.
- Dem stillen Gesellschafter steht nach Beendigung der Gesellschaft gem. § 325 HGB seine Einlage zzgl. eines etwaigen Gewinns, ggf. vermindert um den auf ihn entfallenden anteiligen Verlust zu. Dabei sind die Ergebnisse schwebender Geschäfte zu berücksichtigen.
- Im Falle der Insolvenz des Inhabers des Handelsgeschäfts kann der stille Gesellschafter als Insolvenzgläubiger eine Forderung in Höhe seiner ggf. um den auf ihn entfallenden Verlustanteil gekürzten Einlage gem. § 326 HGB geltend machen.

Daraus wird deutlich, dass kein Gesamthandsvermögen gebildet wird, die Beziehungen zwischen dem Inhaber des Handelsgeschäfts und dem stillen Gesellschafter eher schuldrechtlich geprägt sind.

78 Den Beteiligten steht es frei, ihre Beziehungen in Teilbereichen unter den verschiedenen Gesichtspunkten abweichend von den §§ 230 ff. HGB zu gestalten. In diesen Fällen wird handelsrechtlich allgemein von atypisch stillen Gesellschaften gesprochen.[4] Steuerlich liegt eine atypisch stille Gesellschaft dann vor, wenn dem stillen Gesellschafter eine Beteiligung am Handelsgewerbe vermittelt wird, indem er auch an den stillen Reserven des Gesellschaftsvermögens beteiligt wird und nach Art eines Kommanditisten Einfluss auf das Geschick des Unternehmens nehmen kann und damit eine Mitunternehmerschaft i. S. d. § 15 Abs. 1 Satz 1 Nr. 2 EStG vorliegt;[5] wegen weiterer Einzelheiten wird auf Rn. 473 ff. hingewiesen.

79 Während die stille Gesellschaft rechtlich als Personengesellschaft einzuordnen ist, gilt dies nicht für das sog. partiarische Darlehen. Hierbei handelt es sich um eine besonders gestaltetet Form des Darlehens (§ 488 BGB), bei dem der Darlehensgeber anstelle einer festen Verzinsung eine gewinnabhängige Verzinsung erhält. Auch wenn somit das partiarische Darlehen eine andere „Rechtsnatur“ als die stille Gesellschaft hat, ist es wirt-

1 § 232 Abs. 1 HGB.
2 Für den Fall des Fehlens einer derartigen Vereinbarung sieht § 231 Abs. 1 HGB einen den Umständen nach angemessenen Anteil vor.
3 § 232 Abs. 2 HGB.
4 Vgl. die Nachweise bei *Neu* in Müller/Hoffmann, § 13 Rz. 5, 6.
5 Vgl. z. B. BFH 6. 7. 1995 IV R 79/94, BStBl 1996 II 269, m. w. N.

schaftlich mit der stillen Gesellschaft vergleichbar. Das Steuerrecht behandelt partiarische Darlehen und stille Gesellschaft vielfach gleich (z. B. § 20 Abs. 1 Nr. 4 EStG).

(Einstweilen frei) 80–85

5. Partenreederei

Verwenden mehrere Personen ein ihnen gemeinschaftlich zustehendes Schiff für ge- 86
meinschaftliche Rechnung zum Erwerb durch die Seefahrt, besteht nach § 489 Abs. 1 HGB eine Reederei. Bei dem Anteil des einzelnen Mitreeders am Schiff handelt es sich um seinen Schiffspart, der sich nach einem Bruchteil oder einem bestimmten Nennbetrag bestimmen kann. Zugleich ist der Mitreeder in entsprechendem Umfang am übrigen Vermögen der Reederei beteiligt. Bei der Partenreederei handelt es sich um eine Gesellschaft, deren rechtliche Ausgestaltung sich nach §§ 489 – 510 HGB, erforderlichenfalls ergänzend nach §§ 705 ff. BGB, richtet.[1] Gegenstand einer Partenreederei ist jeweils nur ein Schiff. Ein Wechsel in der Person der Mitreeder berührt nach § 505 HGB den Bestand der Partenreederei nicht. Ihre Auflösung kann mit Stimmenmehrheit beschlossen werden. Die Veräußerung des Schiffs kommt nach § 506 Abs. 1 HGB einem Auflösungsbeschluss gleich.

Die einzelnen Mitreeder haften nach § 507 Abs. 1 HGB für die Verbindlichkeiten der 87
Reederei persönlich, jedoch nur anteilig für den Teil der Verbindlichkeiten, der ihrem Schiffspart entspricht. Für den Fall der Veräußerung des Schiffsparts kann sich aus § 507 Abs. 2 HGB eine Haftung des Veräußerers für innerhalb eines bestimmten Zeitraums nach der Veräußerung begründete Verbindlichkeiten ergeben. Dies schließt im Einzelfall nicht aus, dass die Haftung der Mitreeder durch besondere Vereinbarungen weiter begrenzt wird.

(Einstweilen frei) 88–95

6. Partnerschaftsgesellschaft

Mit der Partnerschaftsgesellschaft ist durch das Gesetz über die Partnerschaftsgesell- 96
schaften Angehöriger Freier Berufe vom 25. 7. 1994 (PartGG)[2] eine auf die Bedürfnisse der Freien Berufe zugeschnittene Gesellschaftsform geschaffen worden. Nach § 1 Abs. 1 PartGG ist die Partnergesellschaft eine Gesellschaft, in der sich Angehörige Freier Berufe zur Ausübung ihrer Berufe zusammenschließen. Sie übt kein Handelsgewerbe aus. Angehörige einer Partnerschaft können nur natürliche Personen sein. Der Katalog der Freien Berufe in § 1 Abs. 2 PartGG entspricht weitgehend § 18 Abs. 1 Nr. 1 EStG. Der Zusammenschluss von Angehörigen unterschiedlicher Fachrichtungen der Freien Berufe wird grundsätzlich nicht ausgeschlossen. Nach § 1 Abs. 3 PartGG kann jedoch die Berufsausübung in der Partnerschaft durch Vorschriften über einzelne Berufe ausgeschlossen oder von weiteren Voraussetzungen abhängig gemacht werden. Durch § 1

1 BFH 10. 7. 1980 IV R 12/80, BStBl 1981 II 90.

2 BGBl 1994 I 1744, zuletzt geändert durch das Gesetz über elektronische Handelsregister und Genossenschaftsregister sowie das Unternehmensregister (EHUG) v. 10. 11. 2006, BGBl 2006 I 2553.

Abs. 4 PartGG werden die Vorschriften in §§ 705 ff. zur GbR vorbehaltlich abweichender Regelungen für anwendbar erklärt.

97 Der Partnerschaftsvertrag bedarf nach § 3 PartGG der Schriftform. Er muss den Namen und den Sitz der Partnerschaft, den Namen und den Vornamen sowie den in der Partnerschaft ausgeübten Beruf und den Wohnort jedes Partners sowie den Gegenstand der Partnerschaft enthalten. Die Partnerschaft ist nach Anmeldung in das von einem Gericht zu führende Partnerschaftsregister einzutragen (§ 4 PartGG).

98 Die Partner haften den Gläubigern der Partnerschaft nach § 8 Abs. 1 PartGG grundsätzlich als Gesamtschuldner. Eine Ausnahme davon sieht § 8 Abs. 2 PartGG für berufliche Fehler in Fällen von einzelnen Partnern vor, sofern sie nicht von untergeordneter Bedeutung sind.

99 Auf das Ausscheiden eines Partners und die Auflösung der Partnerschaft sind nach § 9 Abs. 1 PartGG grundsätzlich die für die OHG geltenden Vorschriften in §§ 131 – 144 HGB anzuwenden. Dabei ist zu beachten, dass ein Partner nach § 9 Abs. 3 PartGG immer dann aus der Partnerschaft ausscheidet, wenn er die Berechtigung zur Berufsausübung verliert. Die Beteiligung ist nach § 9 Abs. 4 PartGG grundsätzlich nicht vererblich. Ein über die für die Ausübung des Berufs erforderliche Qualifikation verfügender Erbe kann nur dann die Beteiligung des Rechtsvorgängers übernehmen, wenn dies im Partnerschaftsvertrag vorgesehen ist. Die Liquidation hat gem. § 10 PartGG nach den für die OHG geltenden Vorschriften zu erfolgen.

100–105 *(Einstweilen frei)*

7. Unterbeteiligung und mehrstöckige Personengesellschaft

106 Eine Unterbeteiligung kommt dadurch zustande, dass der Gesellschafter einer Gesellschaft – der Hauptbeteiligte – einem Dritten durch Gesellschaftsvertrag eine Beteiligung an der von ihm gehaltenen Beteiligung an der Gesellschaft einräumt; die Anordnung einer Unterbeteiligung in einem Testament ersetzt den Vertragsabschluss nicht, sondern begründet lediglich einen Anspruch auf Abschluss eines entsprechenden Vertrags.[1] Gegenstand der Unterbeteiligung kann die Beteiligung an einer Kapitalgesellschaft oder aber auch an einer Personengesellschaft sein. Gesellschaftszweck ist das gemeinsame Halten der Hauptbeteiligung. Es handelt sich dabei um eine Innengesellschaft, bei der kein Gesamthandsvermögen gebildet wird.[2] Zwischen dem Hauptbeteiligten und dem Unterbeteiligten bestehen lediglich schuldrechtliche Beziehungen.[3] Die Unterbeteiligungsgesellschaft ist nicht rechtsfähig. Unterbeteiligter kann sein, wer Träger von Rechten und Pflichten ist. Ihm stehen gegenüber der Hauptgesellschaft keinerlei Gesellschaftsrechte zu. Diese werden allein vom Hauptbeteiligten wahrgenommen. Informations- und Kontrollrechte des Unterbeteiligten richten sich nicht gegen die Hauptgesellschaft, sondern gegen den Hauptbeteiligten.[4]

1 BGH 11. 7. 1968 II ZR 179/66, BGHZ 50, 316, 320.

2 Z. B. BGH 26. 6. 1989 II ZR 128/88, NJW 1990, 573.

3 BFH 1. 7. 1982 IV R 152/79, BStBl 1982 II 646, m. w. N.

4 BGH 11. 7. 1968 II ZR 179/66, BGHZ 50, 316, 323 ff.

Die Einräumung einer Unterbeteiligung kann die unterschiedlichsten Gründe haben. Gesellschafter von Personengesellschaften räumen nicht selten ihren potenziellen Erben im Rahmen vorweggenommener Erbfolgeregelungen Unterbeteiligungen ein. Verschiedentlich wird dieses Institut auch genutzt, um den Gesellschafterbestand bei der Hauptgesellschaft in einem überschaubaren Rahmen zu halten und damit die Führung der Hauptgesellschaft nicht zu erschweren. 107

Unterbeteiligungen werden aber auch eingegangen, um z. B. die Finanzierung der Hauptbeteiligung zu ermöglichen, die Beteiligung gegenüber der Hauptgesellschaft nicht offen legen zu müssen, die Übertragung von Vermögenswerten zu erreichen, die auf einem anderen Wege nur unter erheblichen Schwierigkeiten oder u. U. überhaupt nicht erreichbar wäre, z. B. Berechtigung oder Mitberechtigung an der Beteiligung an der Hauptgesellschaft. In diesen Fällen kommt der Unterbeteiligung eine Funktion zu, die wirtschaftlich der Einräumung eines Treuhandverhältnisses ähnlich ist. Für den Fall der Unterbeteiligung an einer Kommanditbeteiligung unterscheiden sich Treuhandkommanditist und Unterbeteiligter nach dem Urteil des BFH vom 19. 4. 2007[1] dadurch, dass bei einem Treuhandverhältnis der Treuhänder als Gesellschafter ausschließlich für Rechnung eines Dritten (Nichtgesellschafters) handelt, wohingegen bei einem atypisch stillen Unterbeteiligungsverhältnis der Hauptbeteiligte teilweise für eigene Rechnung tätig ist. Der Hauptbeteiligte ist Mitunternehmer der KG und außerdem der Gesellschaft mit dem Unterbeteiligten. 108

Angesichts der in der Praxis anzutreffenden unterschiedlichen Ausgestaltungen von Unterbeteiligungen kann es sich dabei um eine typische oder auch um eine atypisch stille Beteiligung handeln.[2] Denkbar ist aber auch, dass die Unterbeteiligungsgesellschaft derart ausgestaltet wird, dass der Unterbeteiligte im Innenverhältnis eine Rechtsstellung wie ein Kommanditist erlangt.[3] 109

Hat sich eine PersGes (Obergesellschaft) als Gesellschafterin an einer anderen PersGes (Untergesellschaft) beteiligt, liegt aus Sicht der Gesellschafter der Obergesellschaft eine mittelbare Beteiligung an der Untergesellschaft, nach dem steuerrechtlichen Sprachgebrauch eine sog. doppelstöckige PersGes vor. Bei mehreren Beteiligungsebenen spricht am von einer mehrstöckigen Personengesellschaft. 110

(Einstweilen frei) 111–115

8. Metagesellschaft

Schließen sich mehrere Personen mit dem Ziel zusammen, gemeinschaftlich eine unbestimmte Zahl von Geschäften mit der Maßgabe abzuwickeln, dass sie gemeinschaftlich die Risiken dieser Geschäfte tragen und dementsprechend auch an den aus diesen Geschäften erzielten Gewinnen beteiligt sind, liegt eine GbR als Innengesellschaft – eine sog. Metagesellschaft[4] – vor. Dies gilt auch dann, wenn bei der Abwicklung der Ge- 116

1 IV R 70/04, BStBl 2007 II 868.

2 BFH 19. 4. 2007 IV R 70/04, BStBl 2007 II 868, m. w. N.

3 BFH 18. 3. 1982 I R 127/78, BStBl 1982 II 546, m. w. N.

4 BFH 18. 12. 2002 I R 92/01, BFH/NV 2003, 964.

schäfte nur einer der Partner – Metisten – nach außen auftritt, die Geschäfte im Innenverhältnis jedoch jeweils für gemeinschaftliche Rechnung abgewickelt werden. Dabei ist es nicht ungewöhnlich, dass die Geschäfte nicht ausnahmslos nur von einem der Metisten abgewickelt werden.

117–120 *(Einstweilen frei)*

9. Joint Venture

121 Unter einem Joint Venture wird eine projektbezogene Unternehmenskooperation verstanden, bei der es den Partnern auf eine aktive unternehmerische Zusammenarbeit ankommt.[1] Nach deutschem Recht ist dafür keine besondere Rechtsform vorgesehen. Den Partnern steht es deswegen frei, in welcher Weise die vorgesehene Zusammenarbeit erfolgen soll. Denkbar sind die Vereinbarung einer GbR als Innengesellschaft, die Errichtung einer gemeinsam betriebenen PersGes oder aber auch einer KapGes. Dies gilt weitgehend auch für grenzüberschreitende Kooperationen. Deswegen ist auf der Grundlage der Verhältnisse des Einzelfalls jeweils zu prüfen, ob zwischen den Partnern eine PersGes begründet wurde.

122–125 *(Einstweilen frei)*

10. Venture Capital und Private Equity Fonds

Literatur: *Hohaus/Inhester*, Besteuerung von Wagniskapitalgesellschaften – Quo Vadis?, DB 2003, 1080; *Rodin/Veith/Bärenz*, Einkommensteuerliche Behandlung von Private Equity und Venture Capital Fonds – Abgrenzung der privaten Vermögensverwaltung vom Gewerbebetrieb, DB 2004, 103; *Wiese/Klass*, Einkommensteuerliche Behandlung von Private Equity und Venture Capital Fonds, FR 2004, 324; *Bauer/Gemmeke*, Zur einkommensteuerlichen Behandlung von Venture Capital und Private Equity Fonds nach dem BMF-Schreiben vom 16. 12. 2003, DStR 2004, 580; *Friederichs/Köhler*, Die drei Fassungen des BMF-Schreibens vom 16. 12. 2003 und offene Fragen bei der Besteuerung von Private Equity-Fonds, DB 2006, 1396.

126 Bei den Venture Capital und Private Equity Fonds, die verschiedentlich auch als Wagniskapitalgesellschaften[2] bezeichnet werden, handelt es sich nach dem BMF-Schreiben vom 16. 12. 2003[3] um einen durch einen oder mehrere Initiatoren gegründeten Zusammenschluss von Kapitalanlegern, insbesondere zum Zweck der Finanzierung junger Unternehmen, des Wachstums mittelständischer Unternehmen, der Ausgliederung von Unternehmensteilen oder der Nachfolge in Unternehmen – den sog. Portfolio-Gesellschaften. Regelmäßig wird eine Beteiligung am Eigenkapital oder eine eigenkapitalähnliche Beteiligung an der Portfolio-Gesellschaft erworben, die nach Zielerreichung – erfahrungsgemäß nach einem Zeitraum von 3 – 5 Jahren veräußert werden. Die Aktivitäten eines Fonds erstrecken sich jeweils auf mehrere Portfolio-Gesellschaften. Nach einer Laufzeit von 8 – 12 Jahren werden die Fonds üblicherweise liquidiert. Die Fonds

1 Vgl. *Stengel* in Müller/Hoffmann, § 21 Rz. 1 ff., m. w. N.

2 Vgl. z. B. *Hohaus/Inhester*, DB 2003, 1080, m. w. N.

3 BStBl 2004 I 40, weitgehend zustimmend *Rodin/Veith/Bärenz*, DB 2004, 103.

werden weitgehend als PersGes in der Form einer GmbH & Co. KG betrieben, bei der die Komplementär-GmbH regelmäßig nicht am Vermögen beteiligt ist. Kommanditisten sind die Kapitalanleger sowie die Initiatoren, die neben ihrer Kapitalanlage auch immaterielle Beiträge erbringen. Von den Aktivitäten des Fonds sowie der weiteren Ausgestaltung der Gesellschaftsverhältnisse hängt es ab, ob insgesamt ein Gewerbebetrieb unterhalten wird, oder ob es sich um eine vermögensverwaltende PersGes handelt, aus der zumindest die Kapitalanleger Einkünfte i. S. v. §§ 17, 20 ggf. auch § 23 EStG erzielen. Dies gilt nach dem BMF-Schreiben vom 16. 12. 2003[1] nicht für den den Initiatoren darüber hinaus zustehenden erhöhten Gewinnanteil (carried interest), der danach je nach Sachverhaltsgestaltung zu Einkünften i. S. d. § 15 EStG oder des § 18 Abs. 1 Nr. 3 EStG, führt. Nach § 18 Abs. 1 Nr. 4 EStG i. d. F. des Gesetzes zur Förderung des Wagniskapitals v. 30. 7. 2004[2] handelt es sich dabei um Einkünfte aus selbständiger Arbeit, die gem. § 3 Nr. 40a EStG i. H. v. 60 % der Besteuerung unterliegen.

(Einstweilen frei) 127–130

11. Erbengemeinschaft

Wird ein Einzelunternehmer von mehreren Personen beerbt, geht der Nachlass gem. 131
§§ 1922, 2032 ff. BGB einschließlich des Gewerbebetriebs zivilrechtlich als Ganzes auf die Miterben zur gesamten Hand über. Sie bilden eine Erbengemeinschaft, die das Unternehmen gem. § 27 HGB ohne zeitliche Begrenzung fortführen kann.[3] Soll das Unternehmen als OHG fortgeführt werden, bedarf es dazu des Abschlusses eines gesonderten Gesellschaftsvertrags und insbesondere der Übertragung der Unternehmensgüter von der Erbengemeinschaft auf die PersGes; bei der Erbengemeinschaft und der PersGes würde es sich jeweils um ein gesondertes Gesamthandsvermögen und einen eigenständigen Unternehmensträger handeln.[4] Haben sich die Erben bereits hinsichtlich des Privatvermögens auseinandergesetzt, können sie ihre Erbteile nach § 2033 BGB in die neu gegründete Handelsgesellschaft einlegen. Die Erbengemeinschaft erlischt dann durch Konfusion aller Erbteile.

Wesentlich ist, dass die Erbengemeinschaft anders als eine PersGes nach der Rechtspre- 132
chung des BGH nicht rechtsfähig ist.[5] Der Umstand, dass auch das Vermögen der Erbengemeinschaft gesamthänderisch gebunden ist, rechtfertigt danach gleichwohl keine Gleichstellung mit der GbR; als maßgebend dafür wird angesehen, dass es sich bei der Erbengemeinschaft um eine gesetzlich begründete, nicht werbende Gemeinschaft handelt, die auf Auseinandersetzung gerichtet ist. Im Übrigen sei sie in ihrer Handlungsorganisation auch nicht auf die Erfordernisse der Führung und Vertretung einer auf Dauer tätigen Außengesellschaft abgestellt. Dagegen werde die GbR rechts-

1 BStBl 2004 I 40.

2 BGBl 2004 I 2013.

3 BGH 21. 5. 1955 IV ZR 7/55, BGHZ 17, 299; 10. 2. 1960 V ZR 39/58, BGHZ 32, 60; 8. 10. 1984 II ZR 233/83, BGHZ 92, 259, aus anderen Gründen aufgehoben durch Beschluss des BVerfG 13. 5. 1986 1 BvR 1542/84, BVerfGE 72, 155.

4 BGH 8. 10. 1984 II ZR 233/83, BGHZ 92, 259, aus anderen Gründen aufgehoben durch Beschluss des BVerfG 13. 5. 1986 1 BvR 1542/84, BVerfGE 72, 155.

5 BGH 17. 10. 2006 VIII ZB 94/05, NJW 2006, 3715, m. w. N.; BGH 11. 9. 2002 XII ZR 187/00, DB 2002, 2527.

geschäftlich zur Erreichung eines bestimmten Zwecks zumindest für eine gewisse Dauer errichtet und verfüge aufgrund der gesetzlichen Vorschriften und den ggf. ergänzenden Regelungen des Gesellschaftsvertrags über eine für die Führung der Geschäfte und Vertretung erforderliche Handlungsorganisation.

133 Für die Begründung einer stillen Beteiligung am Unternehmen der Erbengemeinschaft ist die Mitwirkung sämtlicher Miterben erforderlich.[1] Veräußern Miterben ihre Anteile an dem von der ungeteilten Erbengemeinschaft geführten Unternehmen, liegt bei Fortsetzung der unternehmerischen Aktivitäten insoweit keine Fortführung der ungeteilten Erbengemeinschaft vor.[2] Eine formwechselnde Umwandlung eines von einer Erbengemeinschaft betriebenen Unternehmens in eine Personenhandelsgesellschaft hat der Gesetzgeber im Umwandlungsgesetz nicht vorgesehen.

134–140 *(Einstweilen frei)*

12. Europäische Wirtschaftliche Interessenvereinigung

Literatur: *Neye*, Die Europäische wirtschaftliche Interessenvereinigung – eine Zwischenbilanz, DB 1997, 861.

141 Mit der Verordnung (VO) Nr. 2137/85 vom 25. 7. 1985 über die Schaffung einer Europäischen Wirtschaftlichen Interessenvereinigung (EWIV)[3] wollte der Rat der EG im Rahmen der Schaffung eines gemeinsamen Marktes für natürliche Personen, Gesellschaften und andere juristische Einheiten die Möglichkeit eröffnen, über die Grenzen der Mitgliedsländer hinaus innerhalb eines auf Gemeinschaftsrecht und nicht auf nationalem Recht beruhenden Rechtsinstruments zusammenarbeiten zu können.[4] Mit dem EWIV-Ausführungsgesetz vom 14. 4. 1988[5] wurden die Rahmenbedingungen für die Gründung einer EWIV mit Sitz im Gebiet der Bundesrepublik geschaffen.

142 Das Ausführungsgesetz EWIV ist Bestandteil des deutschen Gesellschaftsrechts. In vergleichbarer Weise sind die Regelungen zur EWIV Bestandteil des Gesellschaftsrechts der anderen EU-Staaten. Die EWIV ist damit keine Gesellschaft, die ihre Existenz unmittelbar aus dem Gemeinschaftsrecht ableitet; es handelt sich lediglich um eine grenzüberschreitend harmonisierte Gesellschaftsform, die in Teilbereichen durch das jeweilige nationale Recht unterschiedlich ausgestaltet werden kann. Deutlich wird dies aus Art. 1 Abs. 3 der VO Nr. 2137/85,[6] wonach die einzelnen Mitgliedstaaten ermächtigt werden, der EWIV die Rechtspersönlichkeit zu verleihen. Darauf hat der deutsche Gesetzgeber verzichtet. Bei der mit Sitz in der Bundesrepublik errichteten EWIV handelt es sich gem. § 1 des Ausführungsgesetzes um eine als Handelsgesellschaft i. S. d. HGB geltende PersGes. Bei den mit Sitz in anderen EG-Staaten errichteten EWIV handelt es sich danach um Gesellschaften nach Maßgabe des Rechts des jeweiligen Staates. Der ei-

1 Vgl. BFH 9. 7. 1987 IV R 95/85, BStBl 1988 II 245, m. w. N.

2 Beschluss des Kammergerichts 29. 9. 1998 1 W 4007/97, DB 1998, 2591.

3 ABl. EG Nr. L 199 v. 31. 7. 1985.

4 BR-Drucks. 256/86, 11.

5 BGBl 1988 I 514.

6 ABl. EG Nr. L 199 v. 31. 7. 1985.

gentliche Sinn, eine für alle Mitgliedstaaten einheitliche Gesellschaftsform zur Verfügung zu stellen, wurde danach verfehlt.

Die EWIV kommt nach Art. 1 Abs. 1 der VO durch Abschluss eines Vertrags der Mitglieder und die Eintragung ist das Register des Sitzstaates, in der Bundesrepublik in das Handelsregister, zustande. Ab Eintragung hat sie die Fähigkeit, im eigenen Namen Träger von Rechten und Pflichten jeder Art zu sein, Verträge zu schließen und andere Rechtshandlungen vorzunehmen sowie vor Gericht zu stehen.[1] Nach § 1 des Ausführungsgesetzes EWIV sind die für die OHG geltenden Vorschriften entsprechend anzuwenden. 143

Zweck der EWIV ist es, die wirtschaftlichen Tätigkeiten ihrer Mitglieder zu erleichtern oder zu entwickeln sowie die Ergebnisse dieser Tätigkeiten zu verbessern oder zu steigern, nicht jedoch einen Gewinn für sich selbst zu erzielen. Die Tätigkeit der EWIV darf danach nur in einer Hilfstätigkeit zur wirtschaftlichen Tätigkeit ihrer Mitglieder bestehen. Sie darf weder unmittelbar noch mittelbar Leitungs- und Kontrollrecht über die Tätigkeit ihrer Mitglieder oder die Tätigkeit eines anderen Unternehmens ausüben.[2] Damit ist ein eigenwirtschaftliches Handeln weitgehend ausgeschlossen. Mitglieder können danach nur Personen sein, die einer wie auch immer gearteten Erwerbstätigkeit nachgehen, wie im Übrigen Art. 4 Abs. 1 der VO zu entnehmen ist. Voraussetzung ist, dass zumindest ein Mitglied in einem anderen EU-Staat als die übrigen Mitglieder ansässig ist. Die Mitgliedschaft von nicht in einem EU-Staat ansässigen Personen ist ausgeschlossen. Danach können weder Privatpersonen noch außerhalb der EG ansässige Personen und Gesellschaften Mitglieder einer EWIV sein. 144

Nach Art. 40 der VO ist das Ergebnis der Tätigkeit der EWIV bei ihren Mitgliedern zu besteuern. Die EWIV ist danach bereits nach Gemeinschaftsrecht für die Einkommensbesteuerung kein Steuersubjekt. Da die gesellschaftsrechtlichen Verhältnisse entsprechend den für die OHG geltenden Vorschriften ausgestaltet sind, liegt nach den Wertungen des deutschen Steuerrechts eine PersGes vor, deren Gewinne anteilig bei den Gesellschaftern der Besteuerung vom Einkommen unterliegen; auf das BMF-Schreiben vom 15. 11. 1988[3] wird hingewiesen. 145

Bislang hat die EWIV keine wesentliche Bedeutung erlangt. Nach Erhebungen der EU[4] bestanden Anfang 1997 insgesamt 741 EWIV mit 1 820 Mitgliedern; auf Deutschland entfielen danach 65 EWIV. Nach *Wilke*[5] werden EWIV überwiegend von Angehörigen beratender Berufe im weitesten Sinne betrieben. Die EWIV wird danach von den beteiligten Wirtschaftskreisen nicht als eine Gesellschaftsform angesehen, die in besonderem Maße geeignet ist, für gemeinschaftliche gewerbliche Aktivitäten genutzt zu werden. Die Gründe dafür dürften darin liegen, dass es sich nicht um eine auf Gemein- 146

1 Art. 1 Abs. 2 der VO v. 25. 7. 1985, a. a. O.

2 Art. 3 der VO v. 25. 7. 1985, a. a. O.

3 DB 1989, 354.

4 Vgl. die Nachweise bei *Neye*, DB 1997, 861.

5 In Gosch/Kroppen/Grotherr, DBA-Kommentar, Art. 1 OECD-MA Rn. 51; in diesem Sinne auch *Bärwaldt* in Müller/Hoffmann, § 19 Rz. 4, m. w. N.

schaftsrecht beruhende Gesellschaftsform handelt und ihr anders als z. B der OHG umfassende gewerbliche Aktivitäten verwehrt sind.

147–150 *(Einstweilen frei)*

13. Eheliche Gütergemeinschaft, Vermögensgemeinschaft eingetragener Lebenspartnerschaften

151 Vereinbaren Ehegatten gem. § 1415 BGB die Gütergemeinschaft, werden das Vermögen des Mannes und der Frau gem. § 1416 Abs. 1 Satz 1 BGB Gesamtgut. Dazu gehört nach § 1416 Abs. 1 Satz 2 BGB das von beiden Ehegatten während der Ehe erworbene Vermögen. Abweichend davon können bestimmte Vermögensgegenstände als Vorbehalts- oder Sondergut einem Ehegatten allein zustehen. Zivilrechtlich wird durch die Gütergemeinschaft keine Gesellschaft begründet, die rechtsfähig ist; dementsprechend kann eine eheliche Gütergemeinschaft z. B. nicht die Stellung einer Kommanditistin erlangen.[1] Demgegenüber wird nach der Rechtsprechung des BFH[2] steuerrechtlich im Regelfall von einem wirtschaftlich mit einer Personengesellschaft vergleichbaren Gemeinschaftsverhältnis ausgegangen. Dies kann auch bei einem der Gütergemeinschaft i. S. v. § 1415 BGB vergleichbaren Güterstandsvereinbarung nach ausländischem Recht der Fall sein.[3] Wird die Gütergemeinschaft nach dem Tod eines Ehegatten von dem überlebenden Ehegatten mit den Erben fortgesetzt, sind die Einkünfte, die in das Gesamtgut fallen, gem. § 28 EStG allein dem überlebenden Ehegatten zuzurechnen, wenn dieser unbeschränkt steuerpflichtig ist. Ein aus Anlass der Auseinandersetzung der fortgesetzten Gütergemeinschaft anfallender Veräußerungs- oder Aufgabegewinn ist hingegen anteilig den Kindern zuzurechnen.[4] Zur Beurteilung von Güterrechtsvereinbarungen zwischen Ehegatten, die nach dem Recht der ehemaligen DDR getroffen wurden, wird auf das BMF-Schreiben vom 15. 9. 1992[5] hingewiesen.

152 Vereinbaren Partner einer eingetragenen Lebenspartnerschaft in einem Lebenspartnerschaftsvertrag i. S. d. § 7 LPartG eine der ehelichen Gütergemeinschaft entsprechende Vermögensgemeinschaft, dürften die vorstehend dargestellten Grundsätze entsprechend gelten.[6]

153–160 *(Einstweilen frei)*

14. Ausländische Gesellschaften und internationales Gesellschaftsrecht

161 Für die Besteuerung nach Maßgabe des deutschen Steuerrechts ist darüber zu entscheiden, ob eine nach ausländischem Recht errichtete Gesellschaft – eine ausländische Gesellschaft – für Zwecke der inländischen Besteuerung als PersGes oder als

1 BayObLG 22. 1. 2003 3Z BR 238/2, 239/02 und 240/02, DB 2003, 715.

2 Beschluss des GrS des BFH 25. 6. 1984 GrS 4/82, BStBl 1984 II 751; Urteile 1. 10. 1992 IV R 130/90, BStBl 1993 II 574; 4. 11. 1997 VIII R 18/95, BStBl 1999 II 384; 18. 8. 2005 IV R 37/04, BStBl 2006 II 165.

3 BFH 4. 11. 1997 VIII R 18/95, BStBl 1999 II 384.

4 BFH 12. 11. 1992 IV R 41/91, BStBl 1993 II 430.

5 BStBl 1992 I 542.

6 Vgl. auch *Wacker* in Schmidt, EStG § 15 Rz. 382.

KapGes zu beurteilen ist. Dies ist immer dann erforderlich, wenn die ausländische Gesellschaft inländische Aktivitäten entfaltet, die den Tatbestand eines Steuergesetzes erfüllen oder aber sich ein inländischer Steuerpflichtiger – eine nach § 1 Abs. 1 EStG unbeschränkt steuerpflichtige natürliche Person, eine nach § 1 Abs. 1 KStG unbeschränkt steuerpflichtige Körperschaft – an einer ausländischen Gesellschaft beteiligt hat und deswegen zu prüfen ist, ob sich daraus Sachverhalte ergeben, die für die inländische Besteuerung bedeutsam sind.

Geht man davon aus, dass das Steuerrecht grundsätzlich dem Zivilrecht folgt, stellt 162
sich danach die Frage, nach welchen Gesichtspunkten zu beurteilen ist, ob eine nach ausländischem Recht errichtete Gesellschaft eine PersGes oder aber eine KapGes ist.

Im Falle eines Auslandsbezugs (etwa bei der Sitzverlegung), kommt es zuvorderst auf die kollisionsrechtliche Lösung der Fragestellung an, das Recht welchen Staates hinsichtlich der betroffenen Gesellschaft Anwendung findet (sog. Gesellschaftsstatut).[1] Aufgrund dessen, dass das deutsche Kollisionsrecht (sog. internationales Privatrecht, kurz: IPR (Art. 3 ff. EGBG)) hierfür keine Lösung bereithält, haben sich in Rechtsprechung und Literatur die Sitztheorie und die Gründungstheorie herauskristallisiert.[2]

Nach der bisherigen Rechtsprechung des BGH[3] sind nach ausländischem Recht errichtete juristische Personen im Inland rechtsfähig, wenn sie nach dem Recht des Staates errichtet wurden, in dem sie ihren tatsächlichen Verwaltungssitz haben – Sitztheorie. Dabei wird der tatsächliche Verwaltungssitz als der Ort verstanden, an dem die grundlegenden Entscheidungen der Unternehmensleitung in Geschäftsführungsakte umgesetzt werden; es besteht danach eine gewisse Deckungsgleichheit mit dem tatsächlichen Ort der Geschäftsleitung i. S. d. § 10 AO. Im Gegensatz dazu steht die sog. Gründungstheorie. Danach ist für die Frage der Rechtsfähigkeit einer ausländischen Gesellschaft allein auf das Recht des Staates abzustellen, in dem sie errichtet wurde, ohne Rücksicht darauf, wo sich der tatsächliche Verwaltungssitz befindet.

Die Sitztheorie führt dazu, dass die Gesellschaft mit Verlegung ihres tatsächlichen Sit- 163
zes vom Gründungsstaat in einen anderen Staat ihre Rechtsfähigkeit verliert. Verlegt z. B. eine nach dem Recht des Gründungsstaates errichtete KapGes ihren tatsächlichen Sitz in die Bundesrepublik Deutschland, käme ihr in Deutschland keine Rechtsfähigkeit als KapGes zu. Diese könnte nur durch die Errichtung einer KapGes nach Maßgabe des deutschen Rechts erreicht werden.

Die Frage nach dem einschlägigen Gesellschaftsstatut ist doppelt klärungsbedürftig, 164
sofern eine wirksam nach dem Recht eines Staates gegründete Gesellschaft mit ihrem Sitz in einen anderen Staat umzieht – für das Wegzugsland einerseits und das Zuzugsland andererseits.[4]

1 Die Einordnung des Gesellschaftsstatuts entscheidet, nach welcher Rechtsordnung sich die Rechtsfähigkeit einer Gesellschaft, ihre Organisationsstruktur, ihre Finanzverfassung, die Haftung der Gesellschafter und Geschäftsführer sowie ihre Liquidation und Auflösung regelt. Siehe *Kessler* in Saenger/Aderhold/Lenkaitis/Speckmann, Handels- und Gesellschaftsrecht, § 8 Rn. 50, S. 913, Rn. 409, S. 1007.

2 *Kessler* in Saenger/Aderhold/Lenkaitis/Speckmann, Handels- und Gesellschaftsrecht, § 8 Rn. 50, S. 913.

3 Vgl. die Entscheidungen 21. 3. 1986 V ZR 10/85, BGHZ 97, 269; 17. 11. 1994 III ZR 70/93, BGHZ 128, 41 sowie den Beschluss 30. 3. 2000 VII ZR 370/98, DB 2000, 1114, jeweils m. w. N.

4 *Kessler* in Saenger/Aderhold/Lenkaitis/Speckmann, Handels- und Gesellschaftsrecht, § 8 Rn. 50, S. 913.

a) Daily Mail-Entscheidung

165 In der *Daily-Mail*-Entscheidung hatte sich der EuGH mit der Frage beschäftigt, inwiefern es einem Mitgliedsland durch Art. 43, 48 EGV untersagt ist, einer juristischen Person mit Geschäftsleitung in diesem Mitgliedsland zu verwehren, die Geschäftsleitung ohne vorherige Zustimmung des Mitgliedslandes in ein anderes Mitgliedsland zu transferieren.[1] Er befand die mitgliedstaatliche Einschränkung für rechtmäßig, da Art. 43, 48 EGV „beim derzeitigen Stand des Gemeinschaftsrechts" einer Gesellschaft kein Recht auf Transferierung des Geschäftsleitungssitzes zuspreche.[2]

In der Folge hat der EuGH diese Rechtsprechung im Hinblick auf Zuzugsbeschränkungen abgemildert.[3]

b) Überseering-Entscheidung

166 Nach der *Überseering*-Entscheidung des EuGH vom 5. 11. 2002[4] – ergangen auf den Vorlagebeschluss des BGH vom 30. 3. 2000[5] – ist es mit EU-Recht nicht mehr vereinbar, wenn einer nach dem Recht eines Mitgliedstaates errichteten Gesellschaft nach Verlegung ihres tatsächlichen Verwaltungssitzes in einen anderen Mitgliedstaat – unter Hinweis auf die Grundsätze der Sitztheorie – die Rechtsfähigkeit versagt wird.

c) Cartesio

167 Am 16. 12. 2008 bestätigte der EuGH im *Cartesio*-Fall allerdings seine *Daily Mail*-Rechtsprechung für den Wegzugsfall. Während im Zuzugsfall der Zuzugsstaat eine vom Wegzugsstaat zugelassene Sitzverlegung unter Berufung auf die Sitztheorie nicht vereiteln darf, ist es andererseits zulässig, dass der Wegzugsstaat eine Sitzverlegung verbietet. Demnach sind die Art. 43 EG und 48 EG beim gegenwärtigen Stand des Gemeinschaftsrechts dahin auszulegen, dass sie Rechtsvorschriften eines Mitgliedstaats nicht entgegenstehen, die es einer nach dem nationalen Recht dieses Mitgliedstaats gegründeten Gesellschaft verwehren, ihren Sitz in einen anderen Mitgliedstaat zu verlegen und dabei ihre Eigenschaft als Gesellschaft des nationalen Rechts des Mitgliedstaats zu behalten, nach dessen Recht sie gegründet wurde.[6]

d) Neuere Rechtsprechung des BGH

168 Auf die Überseering-Entscheidung hin hat der BGH mit Urteil vom 13. 3. 2003[7] eine nach dem Recht eines EU-Staates errichtete Gesellschaft auch dann als rechtsfähig angesehen, wenn sie ihren tatsächlichen Verwaltungssitz in einen anderen Mitgliedstaat verlegt hat und dadurch nach dem Recht des Staates, in dem sie errichtet wurde, ihre

1 EuGH 27. 9. 1988 Rs. C-81/87; *Kessler* in Saenger/Aderhold/Lenkaitis/Speckmann, Handels- und Gesellschaftsrecht, § 8 Rn. 52, S. 914.

2 EuGH 27. 9. 1988 Rs. C-81/87; *Kessler* in Saenger/Aderhold/Lenkaitis/Speckmann, Handels- und Gesellschaftsrecht, § 8 Rn. 52, S. 914.

3 *Kessler* in Saenger/Aderhold/Lenkaitis/Speckmann, Handels- und Gesellschaftsrecht, § 8 Rn. 53, S. 914.

4 Rs. C-208/00, *Überseering* BV/NCC, DB 2002, 2425.

5 VII ZR 370/98, DB 2000, 1114.

6 EuGH 16. 12. 2008 Rs. C-210/06 (*Cartesio*), Leitsatz 4.

7 VII ZR 370/98, DB 2003, 986.

Rechtsfähigkeit nicht verloren hat. Damit dürfte zumindest im Verhältnis zu Gesellschaften, die nach dem Recht eines anderen EU-Staates errichtet worden sind, für die Bestimmung der Rechtsfähigkeit die Sitztheorie nicht mehr anwendbar sein.[1]

Am 27.10.2008 entschied der BGH jedoch im Hinblick auf eine schweizerische Aktien- 169
gesellschaft, dass die Sitztheorie gelte.[2] Demnach gelte für eine in der Schweiz gegründete Aktiengesellschaft – mit unterstelltem Verwaltungssitz in Deutschland, dass sie in Deutschland als aufgelöst anzusehen und als rechtsfähige Personengesellschaft zu behandeln sei. Es sei der Tatsache Rechnung zu tragen, dass die Schweiz als einziger Mitgliedstaat der EFTA das Abkommen über den EWR nicht unterzeichnet habe, wonach die Niederlassungsfreiheit auch für die Unterzeichnerstaaten der EFTA gelte.

Am 8.1.2009 bekräftigte der BGH die Geltung der Sitztheorie für Gesellschaften aus 170
EU-Drittstaaten.[3] Darin ging es um eine aus Singapur stammende *limited* mit Sitz in Deutschland. Der BGH stellte klar, dass er die Sitztheorie nur in den Bereichen aufgegeben habe, in welchen nach ausländischem Recht gegründete Kapitalgesellschaften im Inland der Niederlassungsfreiheit unterfallen. Auch wenn die in Singapur gegründete Ltd. der Rechtsform nach einer britischen Ltd. gleichstehen mag, unterfällt sie nicht der Niederlassungsfreiheit in der BRD, denn völkerrechtlich gelten im Verhältnis BRD-Singapur nur für den gegenseitigen Schutz von Kapitalanlagen Inländergleichbehandlung und Meistbegünstigung (vgl. Art. 3 und Art. 4 Abs. 3 des Vertrages zwischen der Bundesrepublik Deutschland und der Republik Singapur über die Förderung und den gegenseitigen Schutz von Kapitalanlagen vom 3.10.1973, BGBl 1975 II 49). Demgegenüber sei die im internationalen Gesellschaftsrecht zur ungehinderten Anwendung des Gründungsstatuts erforderliche Niederlassungsfreiheit vertraglich zwischen diesen Völkerrechtssubjekten nicht vereinbart.

(Einstweilen frei) 171–180

15. Verdeckte Gesellschaftsverhältnisse

Stehen Personen zu einem Unternehmen in einem Verhältnis, das auf den Austausch 181
von Leistungen gerichtet ist, wird dadurch im Regelfall kein Gesellschaftsverhältnis begründet. Dies schließt im Einzelfall nicht aus, dass die Parteien ihr Rechtsverhältnis entgegen der formalen Bezeichnung als Gesellschaftsverhältnis i. S. v. §§ 705 ff. ausgestaltet haben. Unter Berücksichtigung der besonderen Umstände des Einzelfalles kann bei formal als Dienst-, Darlehens- oder Pachtvertrag ausgestalteten Rechtsbeziehungen die Begründung eines verdeckten Gesellschaftsverhältnisses – einer Innengesellschaft – nicht ausgeschlossen werden.[4] Davon ist auszugehen, wenn Inhalt oder Durchführung der Austauschverträge nicht dem zwischen Fremden Üblichen entsprechen und eine offene oder verdeckte Beteiligung am Gewinn hinzukommt. So ist bei formaler Vereinbarung entgeltlicher Dienstleistungen zu prüfen, ob sie im Rahmen eines persönlichen

1 Vgl. dazu z. B. *Forsthoff*, Internationales Gesellschaftsrecht im Umbruch, DB 2003, 979.

2 BGH v. 27.10.2008 II ZR 158/06, BGHZ 178, 192, DB 2008, 2825.

3 BGH v. 8.10.2009 IX ZR 227/06, HFR 2010, 660.

4 Vgl. BFH 7.7.1998 IV B 62/97, BFH/NV 1999, 167; 1.8.1996 VIII R 12/94, BStBl 1997 II 272, unter Bezugnahme auf *Priester* in FS für L. Schmidt, 331 ff., m. w. N.

Abhängigkeitsverhältnisses oder einer partnerschaftlichen Gleichberechtigung erbracht werden sollen. Neben einer unangemessen hohen Vergütung als Indiz für eine tatsächlich gewollte Gewinnbeteiligung kann die Inanspruchnahme der Befugnisse eines Gesellschafters für die Annahme eines verdeckten Gesellschaftsverhältnisses sprechen. Dazu gehören die Einflussnahme auf die Geschicke der Gesellschaft, ggf. auch die Befugnis zu Entnahmen, die über angemessene Vergütungen hinausgehen.[1] Andererseits kann es aber auch für eine gesellschaftsrechtliche Teilhabe am Unternehmen sprechen, wenn Darlehenszinsen oder Tätigkeitsvergütungen nicht geltend gemacht werden, falls ein fremder Dritter zu einem solchen Verzicht nicht bereit gewesen wäre. Eine faktische wirtschaftliche Machtposition innerhalb der Gesellschaft, die zur Durchsetzung eigener Ansprüche zu Lasten der Gesellschafter eingesetzt wird, spricht gegen das Vorliegen eines verdeckten Gesellschaftsverhältnisses.[2]

182 Die Frage, ob ein verdecktes Gesellschaftsverhältnis vorliegt, stellt sich nach den Erfahrungen der Praxis vielfach bei Vereinbarungen zwischen nahen Angehörigen, bei den sog. Familienpersonengesellschaften.

183–184 *(Einstweilen frei)*

16. Öffentlich Private Partnerschaften (Public Private Partnerships)

185 Für den Bau und die Unterhaltung öffentlicher Straßen können Private (Konzessionsnehmer) eingesetzt werden.

Aufgrund der rechtlichen Ausgestaltung nach dem „A-Modell" werden von den Konzessionsnehmern Autobahnstreckenabschnitte errichtet und auch im verkehrsrechtlichen Sinne betrieben. Die Bundesrepublik als Konzessionsgeber bleibt jedoch Eigentümer des Autobahnstreckenabschnitts und allein berechtigt, für die Benutzung Mautgebühren zu erheben. Durch die zwischen dem Bundesministerium für Verkehr, Bau und Wohnungswesen und den Konzessionsnehmern zu schließende Verträge wird nach dem BMF-Schreiben vom 4.10.2005[3] zwischen den Vertragspartnern keine Mitunternehmerschaft begründet.

186–190 *(Einstweilen frei)*

III. Die Personengesellschaft (Mitunternehmerschaft) als Steuersubjekt

1. Inländische Personengesellschaften

191 Personengesellschaften verwirklichen in Ausübung der ihnen zivilrechtlich zustehenden Rechte und Pflichten Tatbestände, an die Steuergesetze eine Steuerpflicht knüpfen. Dabei handelt es sich zum einen um die Fälle, in denen die PersGes selbst den Tatbestand eines Steuergesetzes erfüllt, sie also zu einer in ihrer Person entstandenen Steuer he-

1 BFH 16.12.1997 VIII R 32/90, BStBl 1998 II 480, m.w.N.
2 BFH 1.7.2003 VIII R 2/03, BFH/NV 2003, 1564.
3 IV B 2 – S 2134a – 37/05, BStBl 2005 I 916.

rangezogen wird. In diesen Fällen besteht regelmäßig die Verpflichtung zur Abgabe der in Betracht kommenden Steuererklärungen und zur fristgerechten Entrichtung der Steuern. Ergänzend dazu können dann Aufzeichnungspflichten über die für die Besteuerung bedeutsamen Sachverhalte sowie die Verpflichtung zur Aufbewahrung dieser Unterlagen treten. Diese Voraussetzungen treffen bei der USt für die als Unternehmerin i. S. d. § 2 UStG tätige PersGes, bei der GewSt für die einen Gewerbebetrieb i. S. d. § 2 GewStG betreibende PersGes zu. Ferner kann die PersGes in ihrer Person die Voraussetzungen für eine Besteuerung nach Maßgabe der unterschiedlichen Verkehrssteuergesetze oder auch Verbrauchsteuergesetze erfüllen.

Die Personengesellschaften unterliegen hingegen nicht der Besteuerung vom Einkommen. Sie gehören nicht zu den nach § 1 Abs. 1 KStG unterliegenden Körperschaften, Personenvereinigungen und Vermögensmassen.[1] Der Besteuerung nach Maßgabe des EStG unterliegen nach § 1 EStG nur natürliche Personen. Daraus folgt, dass Einkünfte, die durch die Aktivitäten einer PersGes erzielt werden, bei den einzelnen Gesellschaftern der Besteuerung vom Einkommen unterliegen. Deutlich wird dies bei einer gewerbetreibenden PersGes aus § 15 Abs. 1 Satz 1 Nr. 2 EStG, wonach die Gesellschafter einer PersGes, die Mitunternehmer, mit ihrem Gewinnanteil an der Mitunternehmerschaft Einkünfte aus Gewerbebetrieb beziehen; diese Regelung gilt bei den Einkünften aus Land- und Forstwirtschaft[2] und bei den Einkünften aus selbständiger Arbeit[3] entsprechend. Die Mitunternehmerschaft ist nach dem Verständnis des BFH[4] ein selbständiges „Subjekt der Gewinnerzielung, Gewinnermittlung und Einkünftequalifikation". Nach dem Beschluss des GrS des BFH vom 3. 7. 1995[5] ist die PersGes insoweit Steuerrechtssubjekt, als sie in der Einheit der Gesellschaft Merkmale eines Besteuerungstatbestands verwirklicht, welche den Gesellschaftern für deren Besteuerung zuzurechnen sind. Solche Merkmale sind insbesondere die Verwirklichung oder Nichtverwirklichung des Tatbestands einer bestimmten Einkunftsart und das Erzielen von Gewinn oder Überschuss im Rahmen dieser Einkunftsart. Das Ergebnis dieser Tätigkeit wird den Gesellschaftern als Anteil am Gewinn oder Überschuss zugerechnet. Dazu bedarf es keiner Zurechnung der einzelnen Geschäftsvorfälle der Gesellschaft an die Gesellschafter. Deswegen wird die Gesellschaft, die Mitunternehmerschaft, bei Betreiben eines gewerblichen Unternehmens als „Subjekt der Gewinnerzielung" bezeichnet. Sie ist Steuerrechtssubjekt bei der Feststellung der Einkunftsart und der Einkünfteermittlung und kann ihrerseits Mitunternehmerin eines Gewerbebetriebs sein.[6] 192

Mit dieser (eingeschränkten) Eigenschaft der PersGes und Gemeinschaften als Steuerrechtssubjekt ist vereinbar, dass die erwirtschafteten Gewinne/Verluste bei den Mitunternehmern als Träger des auf ihre Rechnung und Gefahr geführten Betriebs der Be- 193

1 Vgl. dazu § 3 Abs. 1 KStG.
2 Vgl. § 13 Abs. 7 EStG.
3 Vgl. § 18 Abs. 4 EStG.
4 BFH 26. 11. 1996 VIII R 42/94, BStBl 1998 II 328, m. w. N.
5 GrS 1/93, BStBl 1995 II 617; vgl. unter C IV.2.b aa der Gründe, m. w. N.
6 Beschluss des GrS 25. 2. 1991 GrS 7/89, BFHE 163, 1, BStBl 1991 II 691.

steuerung vom Einkommen unterliegen,[1] die damit insoweit selbständiges Steuersubjekt sind.

194 Werden keine Einkünfte aus Land- und Forstwirtschaft, aus Gewerbebetrieb oder aus selbständiger Arbeit bezogen, beschränken sich die Aktivitäten der PersGes oder Gemeinschaft dementsprechend auf die Verwaltung von Grundbesitz und/oder Kapitalvermögen und liegt auch kein Fall von § 15 Abs. 3 EStG vor, handelt es sich nicht um eine Mitunternehmerschaft sondern umeine vermögensverwaltende PersGes. Es fallen Einkünfte aus Vermietung und Verpachtung i. S. d. § 21 EStG, aus Kapitalvermögen i. S. d. § 20 EStG sowie ggf. Einkünfte aus § 23 EStG oder § 17 EStG an. Für die Prüfung der Frage, ob aus der Veräußerung einer zum Gesamthandsvermögen gehörenden Beteiligung ein nach § 17 EStG zu besteuernder Gewinn erzielt wurde, ist nach der ständigen Rechtsprechung des BFH[2] nicht auf den Umfang der Gesamtbeteiligung, sondern den dem einzelnen Gesellschafter zuzurechnenden Bruchteil daran abzustellen – sog. Bruchteilsbetrachtung.

195 Die für die Besteuerung der Gesellschafter vom Einkommen der Mitunternehmer bedeutsamen Sachverhalte sind gem. § 180 Abs. 1 Nr. 2 Buchst. a AO gesondert und einheitlich mit Wirkung für und gegen alle Beteiligten festzustellen.

Die dafür erforderliche Feststellungserklärung ist nach § 181 Abs. 2 Nr. 1 AO nicht von der PersGes, der Mitunternehmerschaft, sondern den Mitunternehmern abzugeben. Buchführungs- und Aufzeichnungspflichten sind hingegen von der PersGes, der Mitunternehmerschaft, zu erfüllen. Danach obliegen der PersGes im Interesse der Besteuerung vom Einkommen ihrer Gesellschafter lediglich Hilfspflichten.

196 Steuerliche Pflichten sind den PersGes im Übrigen im Rahmen von Steuerabzugsverfahren auferlegt worden.

- Als inländischer Arbeitgeber i. S. d. § 38 Abs. 1 EStG besteht nach §§ 38 – 42f EStG die Verpflichtung zum Steuerabzug vom Arbeitslohn der beschäftigten Arbeitnehmer.
- Von geschuldeten Kapitalerträgen i. S. d. § 43 Abs. 1 EStG ist nach §§ 43 – 45e EStG Kapitalertragsteuer einzubehalten und abzuführen.
- Von Vergütungen für empfangene Bauleistungen ist Bauabzugsteuer nach §§ 48 – 48d EStG einzubehalten und abzuführen.
- Für die beschränkt Steuerpflichtigen geschuldeten Vergütungen i. S. d. § 50a Abs. 5 EStG besteht die Verpflichtung zur Durchführung eines Steuerabzugsverfahrens.
- Auf Anordnung des Finanzamts ist bei Vergütungen an einen bestimmten beschränkt steuerpflichtigen Gläubiger eine Abzugsteuer nach § 50a Abs. 7 EStG einzubehalten und abzuführen.

---

1 Beschluss des GrS 3. 5. 1993 GrS 3/92, BFHE 171, 246, BStBl 1993 II 616, unter C. III. 6.a aa der Entscheidungsgründe.

2 Urteil 9. 5. 2000 VII R 41/99, BStBl 2000 II 686; EStH 2009; H 17 (2) „Gesamthandsvermögen".

Ferner kann die Abführung einer Pauschsteuer für Zuwendungen an Dritte nach

- § 37a EStG für Sachprämien i. S. d. § 3 Nr. 38 EStG aufgrund sog. Kundenbindungsprogramme,
- § 37b EStG für Sachzuwendungen aus betrieblichem Anlass einschl. Geschenken i. S. d. § 4 Abs. 5 Satz 1 Nr. 1 EStG an Dritte sowie an Arbeitnehmer

in Betracht kommen.

Verschiedentlich werden bestimmte Investitionen durch die Gewährung von Investitionszulagen gefördert. Soweit als anspruchsberechtigte Personen Steuerpflichtige i. S. d. EStG und des KStG in Betracht kommen, stellt sich die Frage, ob bei Investitionen durch eine PersGes die Investitionszulage von der Gesellschaft oder nur von den Gesellschaftern beansprucht werden kann. Dazu wird in § 1 Abs. 1 Satz 3 InvZulG 2010 ausdrücklich bestimmt, dass in den Fällen der begünstigten Investition durch eine PersGes oder Gemeinschaft an die Stelle des Steuerpflichtigen die PersGes oder Gemeinschaft tritt. 197

(Einstweilen frei) 198–210

2. Ausländische Mitunternehmerschaften

Entfaltet eine ausländische Mitunternehmerschaft inländische Aktivitäten, kann sie damit in ihrer Person eine inländische Steuerpflicht oder die Verpflichtung zur Vornahme des Steuerabzugs von an Dritte gezahlten Vergütungen begründen. 211

Die an einer ausländischen Mitunternehmerschaft beteiligten, nicht im Inland ansässigen Mitunternehmer sind beschränkt steuerpflichtig nach § 1 Abs. 4 EStG oder nach § 2 Nr. 1 KStG und unterliegen deswegen der Besteuerung vom Einkommen nur insoweit, als sie aus ihrer Beteiligung inländische Einkünfte i. S. d. § 49 EStG beziehen. Die insoweit bestehenden Steuererklärungs- und Mitwirkungspflichten treffen wie bei inländischen Mitunternehmerschaften die Mitunternehmer. 212

Entfaltet eine ausländische Mitunternehmerschaft keine Inlandsaktivitäten, ergeben sich regelmäßig keine Anknüpfungspunkte für eine Steuerpflicht oder steuerliche Hilfspflichten dieser Mitunternehmerschaft. Für die inländische Besteuerung sind die Verhältnisse derartiger Mitunternehmerschaften nur bedeutsam, soweit sie für die Besteuerung ihrer im Inland ansässigen Mitunternehmer bedeutsam sind. Die insoweit bedeutsamen Steuererklärungs- und Mitwirkungspflichten obliegen den Mitunternehmern. 213

(Einstweilen frei) 214–230

B. Die Personengesellschaft als Subjekt der Einkunftserzielung

I. Überblick

Nach § 15 Abs. 1 Satz 1 Nr. 2 EStG sind Einkünfte aus Gewerbebetrieb die Gewinnanteile der Gesellschafter einer OHG, einer KG und einer anderen Gesellschaft, bei der die Gesellschafter als Unternehmer (Mitunternehmer) anzusehen sind. In der Vergangenheit ist daraus gefolgert worden, dass die PersGes, die Mitunternehmerschaft, gedanklich als eine Zusammenfassung der von den Gesellschaftern jeweils geführten Betriebe zu verstehen sei, der einzelne Gesellschafter den Betrieb der Gesellschaft in dem seinem Anteil entsprechenden Umfang als eigenen Betrieb führt.[1] Dementsprechend wurde die Bilanz der Gesellschaft als das Bündel der Bilanzen der von den Gesellschaftern geführten einzelnen Betriebe verstanden. Dieses Verständnis des Charakters der Mitunternehmerschaft – die Bilanzbündeltheorie – hat der BFH mit einer Neuorientierung seiner Rechtsprechung beginnend wohl mit dem Urteil vom BFH 14. 1. 1958[2] inzwischen aufgegeben.[3] 231

Nach der nunmehr maßgebenden Auffassung wird die PersGes, die Mitunternehmerschaft, als ein Zusammenschluss mehrerer Personen zur gemeinschaftlichen Einkunftserzielung verstanden, bei der die gemeinschaftlich erzielten Einkünfte den Beteiligten ihrem Beteiligungsverhältnis entsprechend anteilig zuzurechnen sind und bei diesen der Besteuerung vom Einkommen unterliegen. Wesentlich ist, dass die Gesellschaft in ihrer gesellschaftsrechtlichen Verbundenheit die Voraussetzungen für das Vorliegen von der Einkommensbesteuerung unterliegenden Einkünften erfüllt. Die Begründung eines Gesellschaftsverhältnisses ist nicht von der Leistung einer Einlage in das Gesellschaftsvermögen abhängig.[4] 232

Die Personengesellschaft ist danach zwar nicht Subjekt der Einkommensbesteuerung, aber „insoweit Steuerrechtssubjekt, als sie in der Einheit der Gesellschaft Merkmale eines Besteuerungstatbestands verwirklicht, welche den Gesellschaftern für deren Besteuerung zuzurechnen sind. Solche Merkmale sind insbesondere die Verwirklichung oder Nichtverwirklichung des Tatbestands einer bestimmten Einkunftsart und das Erzielen von Gewinn oder Überschuss im Rahmen dieser Einkunftsart." 233

In § 15 Abs. 1 Satz 1 Nr. 2 EStG wird diese gesellschaftsrechtliche Verbundenheit zur gemeinschaftlichen Einkunftserzielung der Gesellschafter in § 15 Abs. 1 Satz 1 Nr. 2 EStG derart umschrieben, dass es sich um Gesellschaften handeln muss, bei denen die Gesellschafter als Unternehmer (Mitunternehmer) des Betriebs anzusehen sind; dies gilt gem. § 13 Abs. 7 EStG für die Einkünfte aus Land- und Forstwirtschaft und gem. § 18 Abs. 4 Satz 2 EStG für die Einkünfte aus selbständiger Arbeit entsprechend. Der Gesetz- 234

---

1 Vgl. *Wacker* in Schmidt, EStG § 15 Rz. 162, unter Bezugnahme auf *Becker*, Die Grundlagen der ESt, 94.

2 I 159/57 U, BStBl 1958 III 75.

3 So ausdrücklich BFH 25. 6. 1984 GrS 4/82, BStBl 1984 II 751.

4 BFH 25. 4. 2006 VIII R 74/03, BStBl 2006 II 595, m. w. N.; So BFH 3. 7. 1995 GrS 1/93, BStBl 1995 II 617, unter Bezugnahme auf den weiteren Beschluss des GrS des BFH 25. 6. 1984 GrS 4/82, BStBl 1984 II 751, m. w. N.

geber hat den Begriff des Mitunternehmers und damit auch den daraus folgenden Begriff der Mitunternehmerschaft nicht definiert. Die Auslegung dieser Begriffe blieb damit der höchstrichterlichen Rechtsprechung vorbehalten.

235 Die Prüfung der Frage des Bezugs von Einkünften aus der Beteiligung an einer PersGes hat jeweils auf der Ebene der PersGes zu erfolgen. Im Ergebnis ist darauf abzustellen, ob in ihrer Person mit Wirkung für die Beteiligten die für den Bezug von Einkünften i. S. d. § 2 Abs. 1 EStG erforderlichen Tatbestandsmerkmale erfüllt sind. Liegen diese Voraussetzungen vor, sieht § 180 Abs. 1 Nr. 2a ggf. i.V. m. Abs. 5 AO die gesonderte und einheitliche Feststellung der Einkünfte – sowie erforderlichenfalls weiterer in diesem Zusammenhang bedeutsamer Besteuerungsmerkmale – vor.

236 Ist ein Personenzusammenschluss – eine PersGes – nicht auf den gemeinschaftlichen Bezug von Einkünften durch die Gesellschafter gerichtet, schließt dies nicht aus, dass jeder der Beteiligten für sich allein die Tatbestandsmerkmale der Einkunftserzielung erfüllt, oder ihm aus der Beteiligung Besteuerungsmerkmale zuzurechnen sind, die bei der Ermittlung von ihm erzielter Einkünfte zu berücksichtigen sind. Liegt danach keine Gesellschaft zur gemeinschaftlichen Einkunftserzielung der Gesellschafter vor, kann nach § 180 Abs. 2 AO i.V. m. der dazu ergangenen VO gleichwohl eine gesonderte und einheitliche Feststellung der bei der Besteuerung des einzelnen Beteiligten zu berücksichtigenden Besteuerungsmerkmale in Betracht kommen.

237–245 *(Einstweilen frei)*

II. Die gewerblich tätige Personengesellschaft

1. Die Mitunternehmerschaft i. S. d. § 15 Abs. 1 Satz 1 Nr. 2 EStG

a) Allgemeine Grundsätze

246 Nach § 15 Abs. 1 Satz 1 Nr. 1 EStG sind Einkünfte aus Gewerbebetrieb die Einkünfte aus gewerblichen Unternehmen. Der dafür maßgebende Begriff des Gewerbebetriebs ergibt sich aus § 15 Abs. 2 EStG. In § 15 Abs. 1 Satz 1 Nr. 2 EStG wird dann weiter bestimmt, dass die Gewinnanteile der Gesellschafter einer Offenen Handelsgesellschaft, einer Kommanditgesellschaft und einer anderen Gesellschaft, bei der der Gesellschafter als Unternehmer (Mitunternehmer) des Betriebs anzusehen ist, als Einkünfte aus Gewerbebetrieb zu besteuern sind. Dieser Gewinnanteil umfasst nach der ausdrücklichen gesetzlichen Bestimmung auch die Vergütungen, die der Gesellschafter von der Gesellschaft für seine Tätigkeit im Dienst der Gesellschaft oder für die Hingabe von Darlehen oder für die Überlassung von Wirtschaftsgütern bezogen hat. Aus diesem Sachzusammenhang wird deutlich, dass sich die Regelung des § 15 Abs. 1 Satz 1 Nr. 2 EStG auf die Beteiligung an einer PersGes bezieht, die einen Gewerbebetrieb i. S. d. § 15 Abs. 2 EStG betreibt. Ergänzend dazu sind die Regelungen des § 15 Abs. 3 EStG zu beachten. Danach gilt als Gewerbebetrieb in vollem Umfang auch

- die mit Einkunftserzielung unternommene Tätigkeit einer PersGes, wenn diese auch eine gewerbliche Tätigkeit i. S. d. § 15 Abs. 1 Satz 1 Nr. 1 EStG ausübt oder gewerbliche Einkünfte i. S. d. § 15 Abs. 1 Satz 1 Nr. 2 EStG bezieht – sog. Abfärberegelung i. S. d. § 15 Abs. 3 Nr. 1 EStG,

- die mit Einkunftserzielung unternommene Tätigkeit einer PersGes, die keine gewerbliche Tätigkeit i. S. d. § 15 Abs. 3 Nr. 1 EStG ausübt, bei der ausschließlich eine oder mehrere Kapitalgesellschaften persönlich haftende Gesellschafter sind und nur diese oder Personen, die nicht Gesellschafter sind, zur Geschäftsführung befugt sind – gewerblich geprägte PersGes i. S. d. § 15 Abs. 3 Nr. 2 EStG. Dies gilt auch, wenn eine danach gewerblich geprägte PersGes ihrerseits allein oder ausschließlich mit weiteren gewerblich geprägten PersGes und/oder KapGes zur Geschäftsführung befugt ist.

Eine Personengesellschaft unterhält nach § 15 Abs. 2 EStG einen Gewerbebetrieb, wenn 247
in gesellschaftsrechtlicher Verbundenheit Aktivitäten entfaltet werden, die sich als eine selbständige Tätigkeit darstellen, die mit Gewinnerzielungsabsicht unter Beteiligung am allgemeinen wirtschaftlichen Verkehr unternommen werden, sofern es sich dabei nicht um die Ausübung von Land- und Forstwirtschaft oder die Ausübung eines freien Berufs bzw. einer anderen selbständigen Arbeit i. S. d. § 18 EStG handelt. Danach sind insoweit die Grundsätze maßgebend, die bei der Qualifikation der von einer Einzelperson aus unterschiedlichen Aktivitäten erzielten Einkünfte zu beachten sind. Es ist deswegen nicht zwingend, dass es sich bei den in gesellschaftsrechtlicher Verbundenheit erzielten Einkünften einer Personengesellschaft um Einkünfte aus Gewerbebetrieb handelt. Beschränken sich die Aktivitäten einer nicht die Voraussetzungen des § 15 Abs. 3 EStG erfüllenden PersGes auf die Vermögensverwaltung, beziehen auch die Gesellschafter einer Personenhandelsgesellschaft aus ihrer Beteiligung vorbehaltlich des § 15 Abs. 3 EStG keine Einkünfte aus Gewerbebetrieb, sondern aus Kapitalvermögen i. S. d. § 20 EStG und/oder Vermietung und Verpachtung i. S. d. § 21 EStG. Allerdings kann es auch in diesem Fall zu einer Umqualifizierung der Einkünfte auf der Ebene des Gesellschafters kommen, wenn die Beteiligung des Gesellschafters zu einem Betriebsvermögen gehört („sog. „Zebragesellschaft).[1]

Bei der Umschreibung des Begriffs des Mitunternehmers knüpft der Gesetzgeber an 248
den Gesellschafter einer Personenhandelsgesellschaft, einer OHG, einer KG, an. Er hat sich dabei offensichtlich davon leiten lassen, dass diese Gesellschaften für den Regelfall einen Gewerbebetrieb unterhalten, der angesichts der gesamthänderischen Bindung des Gesellschaftsvermögens von den Gesellschaftern gemeinschaftlich betrieben wird, so dass es gerechtfertigt ist, diese als Unternehmer – Mitunternehmer – zu bezeichnen. Zugleich wird daraus deutlich, dass in wesentlichen Bereichen eine Gleichstellung mit dem gewerblichen Einzelunternehmer erreicht werden soll, soweit die Regelungen des Gesellschaftsrechts nicht entgegenstehen.[2]

Zu beachten ist, dass zu den Einkünften aus Gewerbebetrieb i. S. d. § 15 Abs. 1 Satz 1 249
Nr. 2 EStG auch die Vergütungen i. S. d. Sätze 1 und 2 dieser Regelung gehören, die als nachträgliche Einkünfte i. S. d. § 24 Nr. 2 EStG bezogen werden. Im Wesentlichen handelt es sich um Versorgungsbezüge für ehemals tätige Gesellschafter und deren Hinterbliebene. Dabei ist es unerheblich, ob der in der Vergangenheit tätige Gesellschafter

1 Z. B. BFH 11. 4. 2005 GrS 2/02, BStBl 2005 II 679, m. w. N.

2 BFH 24. 8. 2000 IV R 51/98, BFHE 192, 534; 12. 4. 2000 XI R 35/99, BStBl 2001 II 26; 6. 12. 2000 VIII R 21/00, BStBl 2003 II 194, jeweils m. w. N.

oder dessen bezugsberechtigte Hinterbliebene im Zeitpunkt des Bezugs der Vergütungen (noch) Gesellschafter der verpflichteten Gesellschaft sind. Wegen weiterer Einzelheiten wird auf Rn. 1371 ff. hingewiesen.

250–255 *(Einstweilen frei)*

b) Bezug gewerblicher Einkünfte nach § 15 Abs. 2 EStG

256 Die für die Annahme gewerblicher Einkünfte erforderlichen, in gesellschaftsrechtlicher Verbundenheit zu erfüllenden vier Voraussetzungen der Selbständigkeit, der Nachhaltigkeit, der Gewinnerzielungsabsicht und der Beteiligung am allgemeinen wirtschaftlichen Verkehr lassen sich bei den nach außen auftretenden Gesellschaften anhand der von ihnen entfalteten wirtschaftlichen Aktivitäten unmittelbar beurteilen. Anders ist dies bei einer Innengesellschaft. In den Fällen einer stillen Gesellschaft werden diese Voraussetzungen unmittelbar nur von dem Inhaber des Handelsgeschäftes, in den Fällen einer Unterbeteiligung von dem Hauptbeteiligten, nach außen erkennbar verwirklicht. Dementsprechend kann ein stiller Gesellschafter oder ein Unterbeteiligter nur dann Einkünfte aus Gewerbebetrieb beziehen, wenn es sich bei den Unternehmen, an dem die stille Beteiligung begründet wurde, um einen Gewerbebetrieb, bei der Hauptbeteiligung um die Beteiligung an einer Mitunternehmerschaft handelt, aus der Einkünfte aus Gewerbebetrieb bezogen werden. Weiter ist dann erforderlich, dass dem stillen Gesellschafter, dem Unterbeteiligten, entsprechend seinem Anteil die Beteiligung an einem Geschäftswert und an den stillen Reserven im Betriebsvermögen des Unternehmens, der Hauptgesellschaft, durch das eingegangene Gesellschaftsverhältnis vermittelt wird. Ferner müssen dem Beteiligten an der Innengesellschaft Gesellschaftsrechte zustehen, wie sie dem Mitunternehmer einer Außengesellschaft üblicherweise eingeräumt werden.[1]

257 Personengesellschaften üben ihre Tätigkeiten regelmäßig selbständig i. S. d. § 15 Abs. 2 EStG aus. Von einer nichtselbständigen Tätigkeit wird nur unter den Voraussetzungen des § 19 EStG ausgegangen, wenn die tätige Person also in einem Arbeitsverhältnis steht.[2] Diese Voraussetzungen können begrifflich nur von einer Einzelperson erfüllt werden.

258 Der Begriff der Nachhaltigkeit i. S. d. § 15 Abs. 2 EStG ist nach den insoweit von der Rechtsprechung des BFH entwickelten Kriterien zu beurteilen.[3] Wesentlich ist, dass sich die Gesellschafter zu einer in diesem Sinne nachhaltigen Tätigkeit zusammengeschlossen haben. So kann sich die Tätigkeit eines Konsortiums, das nur für eine vorübergehende, auf die Erreichung eines bestimmten Zwecks vereinbarte Zusammenarbeit begründet wurde, durchaus nachhaltig sein, so dass es sich dabei um eine gewerbliche Mitunternehmerschaft handelt.[4]

1 BFH 6.7.1995 IV R 79/94, BStBl 1996 II 269; 16.12.2003 VIII R 6/93, BFH/NV 2004, 1080, jeweils m.w.N.

2 Vgl. z. B. R 15.1 EStR, in H 15.1 EStH zitierte Rechtsprechung des BFH sowie die Nachweise bei *Wacker* in Schmidt, EStG § 15 Rz. 11 ff.

3 Vgl. dazu z. B. H 15.2 EStH sowie die Nachweise bei *Wacker* in Schmidt, EStG § 15 Rz. 17 ff.

4 BFH 2.4.1971 VI R 149/67, BStBl 1971 II 620; nach *Bärwaldt* in Müller/Hoffmann, § 20 Rz. 123, FN 138, soll es sich bei dem diesem Urteil zugrunde liegenden Sachverhalt um einen Ausnahmefall handeln.

Das Erfordernis der in gesellschaftsrechtlicher Verbundenheit bestehenden Gewinnerzielungsabsicht ist ebenfalls nach den dazu von der Rechtsprechung des BFH entwickelten, allgemein zu beachtenden Grundsätzen zu beurteilen.[1] Ausgehend von § 15 Abs. 3 Nr. 1 EStG, wonach die Tätigkeit einer PersGes in vollem Umfang als gewerblich gilt, wenn zumindest eine ihrer Tätigkeiten gewerblich ist, gilt dies nach Auffassung des BFH in seinem Urteil vom 25. 6. 1996[2] nur, soweit und solange sie in der Absicht tätig ist, einen Totalgewinn zu erzielen. Danach sind Tätigkeiten einer PersGes, die ohne Gewinnerzielungsabsicht erfolgen und mithin nicht betrieblich veranlasst sind, steuerrechtlich auch nicht in die Gewinnermittlung der PersGes einzubeziehen. Handelt es sich um selbständige Tätigkeitsbereiche, die nicht lediglich im Verhältnis bloßer Hilfs- oder Nebentätigkeiten zu einer dem Gewerbebetrieb dienenden Haupttätigkeit stehen, ist ihre jeweilige betriebliche Veranlassung gesondert zu untersuchen. Abzugrenzen ist nach dem Förderungs- und Sachzusammenhang, in dem die jeweiligen Einzeltätigkeiten zu der betrieblichen Haupttätigkeit oder der privat veranlassten Tätigkeit stehen. Diese Abgrenzung nach dem Förderungs- und Sachzusammenhang schließt aus, dass durch eine weitreichende Segmentierung etwa eine Vielzahl isoliert betrachteter, verlustbringender Tätigkeiten aus dem einkünfterelevanten Bereich ausscheidet. In dem vom BFH zu entscheidenden Fall hatte eine im Rahmen einer Betriebsaufspaltung als Besitzunternehmen tätige PersGes daneben die Vermietung eines Hubschraubers betrieben; diese Tätigkeit stellte sich als verlustträchtig dar. Wegen der Zuordnung ertragsloser Wirtschaftsgüter zum steuerlichen Betriebsvermögen der PersGes wird auf die Ausführungen unter Rn. 719 ff. hingewiesen. Diese Grundsätze gelten auch für Innengesellschaften (z. B. stille Gesellschaften).[3] 259

Bei einer lediglich vermögensverwaltenden PersGes ist bei Prüfung der gewerblichen Prägung (§ 15 Abs. 3 Nr. 2 EStG) erforderlich, dass die Absicht zur Erzielung eines Totalgewinns einschließlich etwaiger steuerpflichtiger Veräußerungs- oder Aufgabegewinne besteht. Werden in der Zeit, in der die rechtsformabhängigen Merkmale der gewerblichen Prägung erfüllt sind, lediglich Vorlaufverluste erzielt, liegt keine gewerblich geprägte Personengesellschaft i. S. v. § 15 Abs. 3 Nr. 2 EStG vor.[4] 260

Die Frage der Gewinnerzielungsabsicht bei PersGes ist allgemein bei sog. Verlustzuweisungsgesellschaften problematisiert worden. Dabei handelt es sich nach der Rechtsprechung des BFH[5] um eine Gesellschaft, deren Initiatoren selbst oder durch Dritte – meist durch Prospekt – interessierte Kapitalanleger mit dem Versprechen von Einkommensteuerminderungen durch Verlustzuweisungen werben und nach deren Ergebnisvorschau die Kapitaleinlagen regelmäßig ganz oder teilweise durch zu erwartende Steu- 261

1 Vgl. dazu z. B. H 15.3 EStH sowie die Nachweise bei *Wacker* in Schmidt, EStG § 15 Rz. 25 ff.

2 VIII R 28/94, BStBl 1997 II 202, in diesem Sinne bereits BFH 28. 11. 1985 IV R 178/83, BStBl 1986 II 293, zur Ausgliederung einer defizitären Pferdezucht aus einem im Übrigen mit positiven Ergebnissen betriebenen landwirtschaftlichen Betrieb eines Einzelunternehmers sowie BFH 13. 12. 1990 IV R 1/89, BStBl 1991 II 452, zur getrennten Beurteilung von nebeneinander betriebener Landwirtschaft einerseits und Forstwirtschaft andererseits bei einem Einzelunternehmer.

3 BFH 14. 7. 1998 VIII B 112/97, BFH/NV 1999, 169.

4 BFH 25. 9. 2008 IV R 80/05, BStBl 2009 II 266.

5 Z. B. Urteile 12. 12. 1995 VIII R 59/92, BStBl 1996 II 219; 21. 11. 2000 IX R 2/96, BStBl 2001 II 789; 5. 7. 2002 IV B 42/02 (NV), BFH/NV 2002 1447.

erersparnisse finanziert werden, so dass das Streben nach einem Totalüberschuss von persönlichen Gründen, nämlich der Absicht der Erzielung von Einkommensteuerersparnissen, verdrängt wird. Bei der Absicht der Erzielung derartiger Steuerersparnisse handelt es sich um ein der privaten Lebensführung zuzurechnendes Motiv.[1] Dies hat zur Folge, dass der durch die Steuerersparnis zu erwartende Vermögensvorteil bei der Ermittlung eines möglichen Totalgewinns[2] nicht zu berücksichtigen ist. Bei einer Personengesellschaft muss danach die Gewinnerzielungsabsicht auf eine Mehrung des Betriebsvermögens der Gesellschaft gerichtet sein. Ein Tätigwerden der Gesellschaft lediglich in der Absicht, ihren Gesellschaftern eine Minderung der Steuern vom Einkommen dergestalt zu vermitteln, dass durch die Zuweisung von Verlustanteilen andere, an sich tariflich zu versteuernde Einkünfte nicht versteuert werden, reicht nicht aus. Kann danach kein Totalgewinn prognostiziert werden, liegt keine in Gewinnerzielungsabsicht ausgeübte Tätigkeit und damit kein Gewerbebetrieb vor. Nach dem Urteil des BFH vom 12.12.1995[3] soll bei Verlustzuweisungsgesellschaften widerlegbar zu vermuten sein, dass sie bei ihrer Gründung keine Gewinnerzielungsabsicht haben, sondern nur die Möglichkeit einer späteren Gewinnerzielung in Kauf nehmen.

262 Ist danach auf der Ebene der PersGes die Gewinnerzielungsabsicht zu bejahen, ist unabhängig davon zu prüfen, ob der Gesellschafter seine Beteiligung in Gewinnerzielungsabsicht eingegangen ist.[4] Dies kann dann fraglich sein, wenn nach den Gesamtumständen davon auszugehen ist, dass die Beteiligung nur für einen bestimmten Zeitraum eingegangen wurde, für den mit einem Gesamtgewinn nicht gerechnet werden kann, die Inanspruchnahme von steuerlichen Vorteilen mithin im Vordergrund steht.[5]

263 Hinsichtlich der weiteren Voraussetzung des § 15 Abs. 2 EStG für das Vorliegen eines Gewerbebetriebes, der Beteiligung am allgemeinen wirtschaftlichen Verkehr, ergeben sich gegenüber den allgemein dazu von der Rechtsprechung entwickelten Kriterien im Verhältnis zu den Personengesellschaften grundsätzlich keine Besonderheiten.[6]

264–270 *(Einstweilen frei)*

c) Begriff des Mitunternehmers

aa) Überblick

271 Nach § 15 Abs. 1 Satz 1 Nr. 2 EStG sind Einkünfte aus Gewerbebetrieb die Gewinnanteile der Gesellschafter einer OHG, einer KG und einer anderen Gesellschaft, bei der die Gesellschafter als Unternehmer (Mitunternehmer) anzusehen sind. Daraus wird deutlich, dass nicht jeder Gesellschafter zugleich Mitunternehmer ist. Andererseits kann da-

1 BFH 21.8.1990 VIII R 25/86, BStBl 1991 II 564; 10.9.1991 VIII R 39/86, BStBl 1992 II 328; 12.12.1995 VIII R 59/92, BStBl 1996 II 219.

2 Vgl. dazu BFH 25.6.1984 GrS 4/82, BStBl 1984 II 751; 17.6.1998 XI R 64/97, BStBl 1998 II 727.

3 VIII R 59/92, BStBl 1996 II 219.

4 BFH 10.12.1992 XI R 45/88, BStBl 1993 II 538; 8.12.1998 IX R 49/95, BStBl 1999 II 468, für den Fall der Einkunftserzielungsabsicht bei den Einkünften aus Vermietung und Verpachtung bei der Beteiligung an einem Immobilienfonds.

5 BFH 10.11.1977 IV B 33-34/76, BStBl 1978 II 15; 8.12.1998 IX R 49/95, BStBl 1999 II 468; 21.11.2000 IX R 2/96, BStBl 2001 II 789, m.w.N.

6 Vgl. dazu z.B. H 15.4 EStH sowie die Nachweise bei *Weber-Grellet* in Schmidt, EStG § 15 Rz. 17 ff.

nach Mitunternehmer nur sein, wer Gesellschafter ist. Gesellschafter können natürliche Personen oder juristische Personen, z. B. Kapitalgesellschaften, sein. Dabei ist es unerheblich, ob diese Personen unbeschränkt oder beschränkt steuerpflichtig sind. Dies gilt für natürliche Personen unabhängig davon, ob sie minderjährig oder volljährig sind. Personengesellschaften können ihrerseits Gesellschafter einer Personengesellschaft sein, wie aus § 15 Abs. 1 Satz 1 Nr. 2 Satz 2 EStG deutlich wird.

Der Gesetzgeber hat den Begriff des Mitunternehmers nicht definiert. Er ist von der 272
höchstrichterlichen Rechtsprechung entwickelt worden.[1] Danach sind die Gesellschafter einer OHG, einer KG oder einer anderen Gesellschaft Mitunternehmer, sofern sie Mitunternehmerrisiko tragen und Mitunternehmerinitiative entfalten können.[2] Voraussetzung ist, dass beide Voraussetzungen nebeneinander erfüllt werden. Besteht zwar die Möglichkeit der Entfaltung von Mitunternehmerinitiative, wurde jedoch zugleich kein Mitunternehmerrisiko übernommen, wird keine Mitunternehmerschaft begründet.[3] Nach diesem Verständnis der Rechtsprechung sind die Begriffe „Unternehmer" und „Mitunternehmer" gleichrangig. Auch der Mitunternehmer ist ein Unternehmer des Betriebs. Der Mitunternehmer unterscheidet sich vom Einzelunternehmer dadurch, dass er seine unternehmerische Tätigkeit nicht allein, sondern zusammen mit anderen (Mit-)Unternehmern in gesellschaftlicher Verbundenheit ausübt. Der Betrieb der Gesellschaft wird danach auf ihre Rechnung und auf ihre Gefahr geführt, so dass ihnen die Ergebnisse, Gewinn und Verlust, der gemeinschaftlichen Tätigkeit anteilig als originäre eigene Einkünfte zuzurechnen sind.

Der Prüfung der Frage der Mitunternehmerschaft hat danach die Feststellung voraus- 273
zugehen, ob die betreffende Person Gesellschafter der PersGes ist. Dies ist nach den maßgebenden zivilrechtlichen Grundsätzen zu beurteilen. Entscheidend ist danach zunächst, ob tatsächlich ein Gesellschaftsverhältnis besteht; Hinweise auf die insoweit maßgebenden zivilrechtlichen Regelungen ergeben sich aus Rn. 21 ff. Danach wird weder das Bestehen einer Mindestbeteiligung noch die Leistung einer Einlage in das Vermögen der Gesellschaft vorausgesetzt. Auch durch eine nur geringfügige Beteiligung wird regelmäßig ein Gesellschaftsverhältnis und damit eine Mitunternehmerschaft begründet.[4] Weiter ist zu beachten, dass ein Gesellschaftsverhältnis im Einzelfall durch ein Rechtsverhältnis, das formal auf den Austausch von Leistungen gerichtet ist, verdeckt sein kann – sog. verdecktes oder faktisches Gesellschaftsverhältnis. Ein Gesellschaftsverhältnis kann auch durch schlüssiges Verhalten begründet werden. Dies hat z. B. das FG Düsseldorf[5] bei Ehegatten für den Fall angenommen, in dem die Ehefrau,

---

1 Vgl. z. B. BFH 3. 5. 1993 GrS 3/92, BStBl 1993 II 616, m. w. N.

2 BFH 8. 2. 1979 IV R 163/76, BStBl 1979 II 405; 25. 6. 1984 GrS 4/82, BStBl 1984 II 751; 14. 8. 1986 IV R 131/84, BStBl 1987 II 60.

3 BFH 28. 10. 1999 VIII R 66-70/97, BStBl 2000 II 183; 18. 4. 2000 VIII R 68/98, BStBl 2001 II 359, jeweils m. w. N.

4 Z. B. für den Fall einer atypisch stillen Beteiligung von 5 000 DM einer bisherigen Arbeitnehmerin, die ihre bisherige Tätigkeit fortführt, BFH vom 30. 8. 2007 IV R 14/06, BStBl 2007 II 942, für den Fall eines mit einer Einlage von 1 000 DM beteiligten Kommanditisten, der im Übrigen die Aktivitäten der gewerblich geprägten KG durch Darlehenshingaben maßgeblich finanziert hat, FG Düsseldorf 18. 6. 2007 17 K 923/05 F, rkr., EFG 2007, 1696.

5 Urteil v. 6. 7. 2006 11 K 1681/04 F, rkr., EFG 2006, 1423.

nachdem dem Ehemann die Konzession zum Betreiben einer Gastwirtschaft entzogen wurde, selbst ein Gewerbe anmeldet, dem Pachtvertrag durch Übernahme aller Rechte und Pflichten beitritt und die Unternehmererklärung gegenüber dem Finanzamt abgibt, um dadurch den Weiterbetrieb der vom Ehemann im Übrigen allein geführten Gaststätte zu ermöglichen und das Familieneinkommen zu sichern.

274 Die Mitunternehmerschaft setzt ein Gesellschaftsverhältnis zwischen mindestens zwei Personen voraus. Die Beteiligung einer Vielzahl von Personen bei sog. Publikums-Personengesellschaften, wie sie z. B. im Bereich der sog. Verlustzuweisungsgesellschaften verschiedentlich anzutreffen ist, schließt die Annahme einer Mitunternehmerschaft im Verhältnis zu jedem einzelnen Gesellschafter nicht aus.[1] Entscheidend ist allein, ob der einzelne Beteiligte aufgrund eines Gesellschaftsvertrags oder eines damit wirtschaftlich vergleichbaren Gemeinschaftsverhältnisses Mitunternehmerinitiative entfalten kann und Mitunternehmerrisiko trägt. Bestehen diese beiden Hauptmerkmale der Mitunternehmerschaft nebeneinander, ist es unschädlich, dass sie u. U. unterschiedlich stark ausgeprägt sind.

275 Voraussetzung für das Vorliegen einer Mitunternehmerschaft ist grundsätzlich das Bestehen einer unmittelbaren Beteiligung. Eine nur mittelbar bestehende gesellschaftsrechtliche Verbindung begründet grundsätzlich keine Mitunternehmerschaft.[2] Dies gilt insbesondere für den Gesellschafter einer GmbH im Verhältnis zu einer Mitunternehmerschaft, an der die GmbH als Mitunternehmerin beteiligt ist. Handelt es sich hingegen um den Gesellschafter und Mitunternehmer einer PersGes (Obergesellschaft), die ihrerseits Mitunternehmerin einer anderen PersGes (Untergesellschaft) ist, gilt der Mitunternehmer der Obergesellschaft unter den Voraussetzungen des § 15 Abs. 1 Satz 1 Nr. 2 Satz 2 EStG auch als Mitunternehmer der Untergesellschaft; wegen weiterer Einzelheiten zu den Fällen der sog. doppelstöckigen PersGes wird auf Rn. 416, 909 ff. hingewiesen.

276 Von dem verdeckten oder faktischen Gesellschaftsverhältnis sind die Fälle zu unterscheiden, in denen die Beteiligung an einer PersGes treuhänderisch für einen Dritten gehalten wird. In diesen Fällen stellt sich die Frage, ob der Treuhänder oder der Treugeber Mitunternehmer ist. Bei der Bestellung eines Nießbrauchsrechts an einem Gesellschaftsanteil ist darüber zu entscheiden, ob und ggf. in welchem Umfang die Mitunternehmerschaft des Nießbrauchsbestellers beeinträchtigt wird und ob der Nießbraucher damit in die Stellung eines Mitunternehmers einrückt.

277 Die Annahme einer Mitunternehmerschaft setzt sowohl das Vorliegen von Mitunternehmerinitiative als auch die Übernahme von Mitunternehmerrisiko voraus. Beide Merkmale sind für das Gesellschaftsverhältnis konstitutiv und müssen kumulativ in mehr oder weniger ausgeprägter Form gegeben sein.[3] Welches dieser beiden Merkmale

1 BFH 25. 6. 1984 GrS 4/82, 441, BStBl 1984 II 751; 21. 4. 1988 IV R 47/85, BStBl 1989 II 722.

2 BFH 28. 10. 1999 VIII R 66-70/97, BStBl 2000 II 183, unter 2., m. w. N.

3 BFH 25. 4. 2006 VIII R 74/03, BStBl 2006 II 595; 17. 5. 2006 VIII R 21/04, BFH/NV 2006 1839; 4. 4. 2007 IV B 143/05, BFH/NV 2007, 1848, jeweils m. w. N.

für die Beurteilung der Frage des Vorliegens einer Mitunternehmerschaft letztlich den Ausschlag gibt, hängt regelmäßig von den besonderen Umständen des Einzelfalls ab.[1]

Die Begründung einer Mitunternehmerschaft setzt nicht das Vorhandensein eines einheitlichen (stehenden) Gewerbebetriebs voraus, der für die Rechnung der Mitunternehmerschaft betrieben wird. Haben sich mehrere Personen zur gemeinschaftlichen Abwicklung einer unbestimmten Anzahl von Umsatzgeschäften in einer Innengesellschaft, einer Metagesellschaft, zusammengeschlossen, sind die Metisten dann Mitunternehmer, wenn sie zusammen Unternehmerinitiative entfalten und gemeinschaftlich das Unternehmerrisiko tragen. Dabei ist es unerheblich, dass jeweils nur einer der Metisten gegenüber den Geschäftspartnern auftritt und diesen gegenüber u.U. sogar der Eindruck vermittelt wird, dass es sich um einen Geschäftsabschluss im Rahmen des von dem betreffenden Metisten geführten Gewerbebetriebs handelt.[2] 278

Mit der Entscheidung über die Frage der Mitunternehmerschaft wird darüber entschieden, welcher Art die aus dem betreffenden Rechtsverhältnis bezogenen Einkünfte sind. Ist z. B. ein stilles Gesellschaftsverhältnis derart ausgestaltet, dass damit eine Mitunternehmerschaft vorliegt, bezieht der Gesellschafter daraus Einkünfte aus Gewerbebetrieb i. S. d. § 15 Abs. 1 Satz 1 Nr. 2 EStG, handelt es sich hingegen um keine Mitunternehmerschaft, bezieht der Gesellschafter Einkünfte aus Kapitalvermögen i. S. d. § 20 Abs. 1 Nr. 4 EStG. 279

(Einstweilen frei) 280–285

bb) Mitunternehmerinitiative

Nach der ständigen Rechtsprechung des BFH[3] bedeutet Mitunternehmerinitiative vor allem Teilhabe an unternehmerischen Entscheidungen. Dazu genügt die Möglichkeit zur Ausübung von Rechten, die den Stimm-, Kontroll- und Widerspruchsrechten angenähert sind, die einem Kommanditisten nach dem HGB zustehen oder die dem gesellschaftsrechtlichen Kontrollrecht nach § 716 Abs. 1 BGB entsprechen. Daraus folgt, dass der unterschiedlich starken Ausprägung dieser Rechte bei den einzelnen Gesellschaftstypen Rechnung zu tragen ist. Dabei orientiert sich der BFH regelmäßig an den den Kommanditisten nach § 166 HGB zustehenden Kontrollrechten, die nach § 233 HGB auch einem stillen Gesellschafter eingeräumt werden.[4] Danach steht es diesem von der Geschäftsführung grundsätzlich ausgeschlossenen Personenkreis lediglich zu, die abschriftliche Mitteilung des Jahresabschlusses zu verlangen und dessen Richtigkeit unter Einsicht in die Bücher und Papiere zu prüfen. Ein Kommanditist kann einer Handlung der zur Geschäftsführung berufenen persönlich haftenden Gesellschafter nach § 164 HGB nur dann widersprechen, wenn sie über den gewöhnlichen Betrieb des Handelsgewerbes der Gesellschaft hinausgeht. Im Übrigen können Kommanditisten nach § 166 Abs. 3 HGB, stille Gesellschafter nach § 233 Abs. 3 HGB, lediglich bei Vorliegen wichtiger Gründe eine Anordnung des Gerichts zur Mitteilung einer Bilanz und eines Jahres- 286

1 Vgl. z. B. BFH 4. 11. 1997 VIII R 18/95, BStBl 1999 II 384.
2 BFH 18. 12. 2002 I R 92/01, BFH/NV 2003, 964.
3 BFH 25. 6. 1984 GrS 4/82, BStBl 1984 II 751; 25. 4. 2006 VIII R 74/03, BStBl 2006 II 595, jeweils m. w. N.
4 BFH 27. 1. 1994 IV R 114/91, BStBl 1994 II 635.

abschlusses oder sonstiger Aufklärungen sowie die Vorlegung der Bücher und Papiere erreichen.

287 Die Frage, ob ein Gesellschafter Mitunternehmerinitiative entfalten kann, ist nicht allein nach der rechtlichen Ausgestaltung des Gesellschaftsverhältnisses, sondern nach den im konkreten Einzelfall bestehenden tatsächlichen Initiativmöglichkeiten zu beurteilen. Nach dem Urteil des BFH vom 15.12.1992[1] kann ein stiller Gesellschafter einer GmbH der zugleich mehrheitlich beteiligter Gesellschafter-Geschäftsführer der GmbH ist, Mitunternehmerinitiative in einem Umfang entfalten, der zur Annahme einer atypischen stillen Gesellschaft und damit einer Mitunternehmerschaft führt. Andererseits kann ein weder am Gewinn und Verlust noch am Vermögen beteiligter, persönlich haftender Gesellschafter (Komplementär) aufgrund einer besonders starken Ausprägung der Initiativrechte als Mitunternehmer anzusehen sein.[2] Dabei ist es unerheblich, dass im Innenverhältnis eine Bindung an die Beschlüsse und Weisungen der Gesellschafterversammlung sowie an die von dieser erlassenen Geschäftsordnung besteht.[3] Wesentlich ist, dass der Gesellschafter wie ein Unternehmer das Schicksal des Unternehmens beeinflussen kann: es genügt nicht, dass seine Dienstleistungen für das Unternehmen von wirtschaftlichem Gewicht sind.[4]

288 Für den Fall, dass im Falle der ehelichen Gütergemeinschaft der Ehemann den zum Gesamtgut gehörenden Gewerbebetrieb handelsrechtlich allein führt, ergibt sich die eigene Unternehmerinitiative der Ehefrau nach Auffassung des BFH[5] aus ihren Mitwirkungsrechten, die ihr nach §§ 1423 – 1425 BGB i.V.m. den Kontrollrechten nach § 1435 BGB zustehen. Nach dieser Vorschrift ist der das Gesamtgut verwaltende Ehegatte verpflichtet, den anderen über die Verwaltung zu unterrichten und ihm auf Verlangen über den Stand der Verwaltung Auskunft zu erteilen. Eine solche Unternehmerinitiative sei nicht schwächer als die eines atypischen Unterbeteiligten, der nach den Grundsätzen des BFH-Beschlusses vom 5.11.1973[6] ebenfalls als Mitunternehmer anzusehen ist.

289–295 *(Einstweilen frei)*

cc) Mitunternehmerrisiko

296 Nach der ständigen Rechtsprechung des BFH[7] bedeutet Mitunternehmerrisiko die gesellschaftsrechtliche Teilhabe am Erfolg oder Misserfolg eines Unternehmens. Dieses Risiko wird regelmäßig durch die Beteiligung an Gewinn und Verlust sowie an den stillen Reserven des Gesellschaftsvermögens einschließlich des Geschäftswerts vermittelt. Besteht keine Beteiligung am laufenden Gewinn oder (zumindest) am Gesamtgewinn,

1 VIII R 42/90, BStBl 1994 II 702, unter Bezugnahme auf BFH 12.11.1985 VIII R 364/83, BStBl 1986 II 311 und 11.12.1990 VIII R 122/86, BFHE 163, 346.

2 BFH 25.4.2006, VIII R 74/03 BStBl 2006 II 595.

3 Vgl. dazu auch BFH 14.8.1986 IV R 131/84, BStBl 1987 II 60; 11.12.1986 IV R 222/84, BStBl 1987 II 553, hinsichtlich der Komplementär-GmbH einer GmbH & Co. KG; 20.11.1990 VIII R 10/87, BFHE 163, 336.

4 BFH 16.12.2003 VIII R 6/93, BFH/NV 2004, 1080.

5 BFH 4.11.1997 VIII R 18/95, BStBl 1999 II 384, m.w.N.

6 GrS 3/72, BStBl 1974 II 414; vgl. ferner BFH 22.6.1977 I R 185/75, BStBl 1997 II 836.

7 Vom 25.6.1984 GrS 4/82, BStBl 1984 II 751; 28.10.1999 VIII R 66-70/97, BStBl 2000 II 183 und 18.4.2000 VIII R 68/98, BStBl 2001 II 359, jeweils m.w.N.

wird dann keine Mitunternehmerschaft begründet, wenn – wie bei einer typisch stillen Beteiligung – die Möglichkeit für die Entfaltung von Mitunternehmerinitiative praktisch nicht besteht.[1] Abzustellen ist dabei jeweils auf das Ergebnis der PersGes, das den einzelnen Gesellschaftern aufgrund der gesellschaftsrechtlichen Vereinbarungen anteilig zusteht.[2] Maßgebend ist, ob die Erzielung des Gewinns als gemeinsamer Zweck angestrebt wird oder jeder der Beteiligten – wie bei einem erfolgsabhängigen Austauschvertrag – für eigene Rechnung tätig wird.[3] Dementsprechend trägt ein leitender Angestellter bei eingeräumter Gewinnbeteiligung unter Ausschluss der Teilnahme an Verlusten regelmäßig kein Mitunternehmerrisiko, so dass er deswegen Arbeitnehmer der Gesellschaft und nicht ihr Mitunternehmer ist.[4] Die bloße Bündelung von Risiken aus Leistungsaustauschverhältnissen bei Vereinbarung angemessener leistungsbezogener Entgelte führt noch nicht zu einem gesellschaftsrechtlichen Risiko.[5] Danach trägt ein aufgrund eines Arbeitsvertrages tätiger Geschäftsführer, dem neben laufenden Bezügen eine Tantieme zusteht, nicht bereits dadurch Mitunternehmerrisiko, dass er dem Unternehmen ein Darlehen gewährt und ein Grundstück zu fremdüblichen Bedingungen überlassen hat.

Die Vereinbarung einer Vergütung in Höhe eines bestimmten Vomhundertsatzes des 297
zur Verfügung gestellten Kapitals unabhängig von der Ertragslage des Unternehmens beinhaltet für sich allein kein Mitunternehmerrisiko, im Regelfall wird ein Darlehensverhältnis vorliegen.[6] Dies gilt auch für den Fall, dass nach dem zwischen den Beteiligten geschlossenen Gesellschaftsvertrag über die Errichtung einer KG dem Kommanditisten nur eine übliche Verzinsung seiner Kommanditeinlage zugestanden wird und er an den stillen Reserven des Anlagevermögens einschließlich des Geschäftswerts nicht beteiligt ist. Dabei ist es unerheblich, dass ihm die gesellschaftsrechtlichen Mitwirkungsrechte zugestanden wurden, die Kommanditisten üblicherweise eingeräumt werden.[7] In diesen Fällen ist zu prüfen, ob ein Darlehensverhältnis[8] oder eine typisch stille Gesellschaft[9] begründet wurde.

Wie bereits in Rn. 277 ausgeführt, sind die beiden Merkmale der Mitunternehmerinitia- 298
tive und des Mitunternehmerrisikos für das Vorliegen einer Mitunternehmerschaft, eines Gesellschaftsverhältnisses, konstitutiv und müssen kumulativ in mehr oder weniger ausgeprägter Form vorliegen.[10] So wird z. B. eine mitunternehmerschaftliche Beteiligung dann nicht ausgeschlossen, wenn eine fehlende Teilnahme an den stillen Reserven einschließlich eines Geschäftswerts durch eine besonders stark ausgebildete Mitunternehmerinitiative kompensiert wird. Dies wird regelmäßig für die Komplementär-

1 BFH 1. 8. 1996 VIII R 12/94, BStBl 1997 II 272; 27. 5. 1993 IV R 1/92, BStBl 1994 II 700, jeweils m. w. N.
2 BFH 25. 6. 1984 GrS 4/82, BStBl 1984 II 751, 763.
3 BFH 22. 10. 1987 IV R 17/84, BStBl 1988 II 62; 1. 7. 2003 VIII R 2/03, BFH/NV 2003 1564.
4 BFH 13. 7. 1993 VIII R 50/92, BStBl 1994 II 282.
5 BFH 1. 8. 1996 VIII R 12/94, BStBl 1997 II 272, unter Hinweis auf BFH 13. 7. 1993 VIII R 50/92, BStBl 1994 II 282.
6 BFH 27. 5. 1993 IV R 1/92, BFHE 171, 510, BStBl 1994 II 700.
7 BFH 28. 10. 1999 VIII R 66-70/97, BStBl 2000 II 183.
8 Vgl. z. B. BFH 29. 4. 1981 IV R 131/78, BStBl 1981 II 663; 9. 10. 1986 IV R 259/84, BFH/NV 1987, 567.
9 BFH 6. 7. 1995 IV R 79/94, BStBl 1996 II 269.
10 BFH 15. 12. 1992 VIII R 42/90, BStBl 1994 II 702; 1. 8. 1996 VIII R 12/94, BStBl 1997 II 272.

GmbH einer GmbH & Co. KG zu gelten haben, die als alleinige persönlich haftende Gesellschafterin die Aufgaben des Geschäftsführers wahrnimmt ohne eine eigene Vermögenseinlage geleistet zu haben und dafür neben dem Ersatz ihrer Aufwendungen lediglich eine angemessene Vergütung für das von ihr übernommene Haftungsrisiko[1] erhält, ohne am laufenden Gewinn und Verlust und damit auch an den stillen Reserven beteiligt zu sein. Bereits der Umstand, dass die GmbH infolge des von ihr zu tragenden unbeschränkten Haftungsrisikos ihr gesamtes Vermögen verlieren kann, begründet angesichts der unzweifelhaft bestehenden gesellschaftsrechtlichen Verbundenheit ein beträchtliches, nicht zu vernachlässigendes Unternehmerrisiko, das die Annahme einer Mitunternehmerschaft rechtfertigt. Unter diesen Gesichtspunkten hat der BFH in seinem Urteil vom 16. 12. 1997[2] den alleinigen Gesellschafter-Geschäftsführer der Komplementär-GmbH einer aus Familienangehörigen bestehenden GmbH & Co. KG, dem gewinnabhängige Bezüge zustanden, als Mitunternehmer angesehen, obwohl er nicht am Verlust beteiligt war und ihm kein Anteil an den stillen Reserven zustand; maßgebend war das tatsächliche Herrschaftsverhältnis, das dadurch zum Ausdruck kam, dass er in erheblichem Umfang Entnahmen und Einlagen bei der KG tätigte und die von ihm mit der KG abgeschlossenen Austauschverträge – im Urteilsfalle Pacht- und Darlehensverträge – ganz oder teilweise tatsächlich nicht durchgeführt wurden. Daraus wird deutlich, dass von einer verdeckten Mitunternehmerschaft nur in besonders gelagerten Ausnahmefällen ausgegangen werden kann.

299–305 *(Einstweilen frei)*

2. Abgrenzung des Gewerbebetriebs gegenüber anderen Einkunftsarten

a) Allgemeine Grundsätze

306 Die Gesellschafter einer Personengesellschaft beziehen aus ihrer Beteiligung dann Einkünfte aus Gewerbebetrieb, wenn

- die Gesellschaft insgesamt einen Gewerbebetrieb i. S. d. § 15 Abs. 2 EStG unterhält,
- die Gesellschaft neben gewerblichen Aktivitäten i. S. d. § 15 Abs. 2 EStG auch andere Aktivitäten entfaltet und die Einkünfte deswegen nach § 15 Abs. 3 Nr. 1 EStG insgesamt als Einkünfte aus Gewerbebetrieb gelten – sog. Abfärbe- oder Infektionstheorie – oder
- bei der Gesellschaft ausschließlich eine oder mehrere Kapitalgesellschaften persönlich haftende Gesellschafter sind und nur diese oder Personen, die nicht Gesellschafter sind, zur Geschäftsführung befugt sind – gewerblich geprägte PersGes i. S. d. § 15 Abs. 3 Nr. 2 EStG. Ist eine gewerblich geprägte PersGes als persönlich haftender Gesellschafter an einer anderen PersGes beteiligt, so steht für die Beurteilung, ob die Tätigkeit dieser PersGes als Gewerbebetrieb gilt, die gewerblich geprägte PersGes einer KapGes gleich.

1 BFH 3. 2. 1977 IV R 122/73, BStBl 1977 II 346; vgl. ferner BFH 11. 12. 1986 IV R 222/84, BStBl 1987 II 553.

2 VIII R 32/90, BStBl 1998 II 480; vgl. ferner BFH 25. 4. 2006 VIII R 74/03, BStBl 2006 II 595.

Unter diesen Voraussetzungen liegt jeweils ein einheitlicher Gewerbebetrieb vor, so dass sämtliche Gesellschafter als Mitunternehmer Einkünfte aus Gewerbebetrieb i. S. d. § 15 Abs. 1 Satz 1 Nr. 2 EStG beziehen.

Geht eine Gesellschaft hingegen Aktivitäten nach, die nach den vorstehend dargestellten Grundsätzen nicht zu Einkünften aus Gewerbebetrieb führen, ist zu prüfen, ob die Gesellschafter damit aus ihrer Beteiligung Einkünfte beziehen, die einer anderen Einkunftsart zuzuordnen sind. Sind diese Einkünfte als solche aus Land- und Forstwirtschaft i. S. v. §§ 13 – 14a EStG oder aus selbständiger Arbeit i. S. d. § 18 EStG zu qualifizieren, sind die Regelungen des § 15 Abs. 1 Satz 1 Nr. 2 EStG im Rahmen dieser Einkunftsarten entsprechend anzuwenden, wie sich aus § 13 Abs. 7 und § 18 Abs. 4 Satz 2 EStG ergibt. 307

Ausgehend von der Rechtsprechung des BFH zum sog. gewerblichen Wertpapierhandel geht die FinVerw im BMF-Schreiben vom 16. 12. 2003[1] zu den Venture Capital und Private Equitiy Fonds davon aus, dass folgende Gesichtspunkte für eine insgesamt gewerbliche Tätigkeit sprechen: 308

- Einsatz von Fremdkapital statt der Anlage von Eigenkapital,
- Unterhaltung eines Büros oder einer vergleichbaren Organisation zur Durchführung von Geschäften,
- Ausnutzung eines Markts unter Einsatz beruflicher Erfahrungen,
- Anbieten von Wertpapiergeschäften gegenüber einer breiten Öffentlichkeit oder Durchführung von Wertpapiergeschäften auch auf Rechnung Dritter,
- eigenes unternehmerisches Tätigwerden in den Portfolio-Gesellschaften.

Eine abschließende Beurteilung ist – wie auch aus den weiteren Ausführungen des vorbezeichneten BMF-Schreibens entnommen werden kann – nur nach den Gesamtumständen des Einzelfalles möglich.

Werden danach keine Einkünfte aus Land- und Forstwirtschaft, aus Gewerbebetrieb i. S. v. §§ 15, 16 EStG oder aus selbständiger Arbeit i. S. d. § 18 EStG bezogen, bleibt zu prüfen, ob die Gesellschafter in ihrer gemeinschaftlichen Verbundenheit Einkünfte aus Kapitalvermögen i. S. d. § 20 EStG oder aus Vermietung und Verpachtung i. S. d. § 21 EStG beziehen. Bei den Einkünften aus Kapitalvermögen stellt sich ab Veranlagungszeitraum 2009 die Frage der Anwendung der Regelungen zur Abgeltungssteuer nach § 32d EStG. Die zur Erzielung dieser Einkünfte eingesetzten Vermögenswerte werden außerhalb eines Betriebsvermögens und damit im Privatvermögen gehalten. Dies hat zur Folge, dass im Falle der Veräußerung zu prüfen ist, ob damit ein nach § 17 oder § 23 EStG zu besteuernder Sachverhalt verwirklicht wurde, soweit dadurch nicht bereits eine Steuerpflicht nach § 20 EStG ausgelöst wurde. Werden Anteile an einer Kapitalgesellschaft im Gesamthandsvermögen einer vermögensverwaltenden Gesellschaft gehalten, ist nach der ständigen Rechtsprechung des BFH für die Prüfung der Frage, ob die für die Besteuerung eines etwaigen Gewinns nach § 17 EStG erforderliche Mindestbeteiligung vorliegt, darauf abzustellen, ob der einzelne Gesellschafter mit der ihm an- 309

1 BStBl 2004 I 40, vgl. Tz. 6–16.

teilig zuzurechnenden Beteiligung in seiner Person den Tatbestand dieser Vorschrift erfüllt (sog. Bruchteilsbetrachtung).[1]

310 Die Frage der Abgrenzung zwischen einer gewerblichen Tätigkeit und privater Vermögensverwaltung stellt sich in den Fällen der Verwaltung umfangreichen Wertpapierbesitzes verbunden mit einem häufigeren Umschlag der Wertpapierbestände. Eine gewerbliche Tätigkeit wird regelmäßig von Finanzunternehmen i. S.v. § 1 Abs. 3 KredWG und von Wertpapierhandelsunternehmen i. S.v. § 1 Abs. 3d Satz 2 KredWG entfaltet, die Geschäfte werden also gewerbsmäßig oder in einem Umfang betrieben, der einen in kaufmännischer Weise eingerichteten Geschäftsbetrieb erfordert. Dabei ist zu beachten, das Wertpapierhandelsunternehmen der staatlichen Aufsicht unterliegen. Eine private Vermögensverwaltung liegt hingegen immer dann vor, wenn es sich bei diesen Aktivitäten nicht um den händlertypischen marktmäßigen Umschlag von Wertpapieren handelt. Wegen weiterer Einzelheiten wird auf das Urteil des BFH vom 30. 7. 2003[2] hingewiesen.

311 Werden Anteile an einer vermögensverwaltenden PersGes in einem gewerblichen Betriebsvermögen gehalten, sind die daraus bezogenen Einkünfte als solche aus Gewerbebetrieb zu besteuern. Dies ist z. B. der Fall, wenn ein Einzelunternehmer die Beteiligung in seinem gewerblichen Betriebsvermögen hält oder ein aufgrund einer anderweitigen Beteiligung als Mitunternehmer anzusehender Gesellschafter der vermögensverwaltenden Personengesellschaft die Beteiligung in seinem gewerblichen Sonderbetriebsvermögen hält. Entsprechendes gilt, wenn der Gesellschafter eine Kapitalgesellschaft oder eine PersGes ist, die gem. § 8 Abs. 2 KStG bzw. gem. § 15 Abs. 3 EStG ebenfalls insgesamt Einkünfte aus Gewerbebetrieb erzielen. Dabei ist es unerheblich, ob sich die Aktivitäten auf die reine Vermögensverwaltung beschränken und nur aufgrund der Zuordnung zu einem Betriebsvermögen Einkünfte aus Gewerbebetrieb bezogen werden oder aber u. a. unter Einbeziehung der Beteiligung an der PersGes – wie in den Fällen des sog. gewerblichen Grundstückshandels[3] – eine gewerbliche Tätigkeit begründet wird. Bei einer Beteiligung an einer vermögensverwaltenden PersGes ist auf der Ebene der Gesellschaft davon auszugehen, dass alle Gesellschafter Einkünfte i. S.v. §§ 20, 21 EStG erzielen. Ergibt sich im Besteuerungsverfahren der einzelnen Gesellschafter, dass die Einkünfte in einem gewerblichen Betriebsvermögen erzielt werden, hat das für die Besteuerung dieses Gesellschafters zuständige Finanzamt daraus die erforderlichen Folgerungen zu ziehen,[4] so bereits BMF-Schreiben vom 8. 6. 1999.[5] Damit sind die Einkünfte auf der Ebene des Gesellschafters in solche aus Gewerbebetrieb umzuqualifizieren.[6]

---

1 BFH 9. 5. 2000 VIII R 40/99, BFH/NV 2001, 17; 9. 5. 2000 VIII R 41/99, BStBl 2000 II 686; 25. 1. 2001 VIII B 46/00, BFH/NV 2001, 779, jeweils m. w. N.

2 X R 7/99, BStBl 2004 II 408; vgl. auch BFH 10. 4. 2006 X B 209/05, BFH/NV 2006, 1461.

3 Vgl. dazu BFH 28. 11. 2002 III R 1/01, BStBl 2003 II 250; BMF 26. 3. 2004, BStBl 2004 I 434.

4 BFH 11. 4. 2005 GrS 2/02, BStBl 2005 II 679; 12. 7. 2007, X R 4/04, BStBl 2007 II 885.

5 BStBl 1999 I 592, unter Bezugnahme auf BMF 29. 4. 1994, BStBl 1994 I 282 und 27. 12. 1996, BStBl 1996 I 152.

6 BFH 15. 9. 2005 III R 18/03, BFH/NV 2006, 235; 21. 2. 2006 IX R 80/98, BFH/NV 2006, 1247.

Diese Problematik dürfte sich auch bei Venture Capital und Private Equity Fonds, die nach den vorstehend in Rn. 308 dargestellten Grundsätzen als vermögensverwaltende Personengesellschaften zu qualifizieren sind, stellen.[1] Hierfür hat der Gesetzgeber mit der durch das Gesetz zur Förderung von Wagniskapital v. 30. 7. 2004[2] eingefügten Regelung des § 18 Abs. 1 Nr. 4 EStG eine Sonderregelung getroffen. Danach beziehen Beteiligte an einer vermögensverwaltenden Gesellschaft, deren Zweck im Erwerb, Halten und in der Veräußerung von Anteilen an Kapitalgesellschaften besteht – auch Venture Capital und Private Equity Fonds – mit ihren Vergütungen für Leistungen zur Förderung des Gesellschafts- oder Gemeinschaftszwecks keine Einnahmen i. S. d. §§ 17, 20 oder 23 EStG, sondern im Rahmen einer selbständigen Tätigkeit, sofern diese Vergütung unter der Voraussetzung eingeräumt wird, dass die Gesellschafter/Gemeinschafter ihr eingezahltes Kapital zurückerhalten haben. Die Anwendung der Regelung des § 15 Abs. 3 EStG wird ausdrücklich ausgeschlossen. Diese Vergütungen unterliegen als Einkünfte i. S. d. § 18 Abs. 1 Nr. 4 EStG nach § 3 Nr. 40a EStG nur zu 60 % der Besteuerung. 312

(Einstweilen frei) 313–320

b) Einkünfte aus Land- und Forstwirtschaft

Einkünfte aus Land- und Forstwirtschaft werden aus einer selbständigen, nachhaltigen, in Gewinnerzielungsabsicht unter Beteiligung am allgemeinen wirtschaftlichen Verkehr ausgeübten Tätigkeit bezogen, die auf die planmäßige Nutzung der natürlichen Kräfte des Bodens einschließlich Substraten und Wasser zur Erzeugung von Pflanzen und Tieren gerichtet ist.[3] Einzelheiten dazu ergeben sich insbesondere aus § 13 Abs. 1 und 2 EStG.[4] Werden im Zusammenhang mit einem land- und forstwirtschaftlichen Betrieb Aktivitäten entfaltet, die für sich allein betrachtet, zur Annahme eines Gewerbebetriebs führen, ist bei Einzelunternehmen nach R 15.5 Abs. 1 Satz 4 EStR zu prüfen, ob zwei getrennte Betriebe vorliegen, weil zwischen ihnen eine zufällige, vorübergehende wirtschaftliche Verbindung besteht, die ohne Nachteil für beide Betriebe gelöst werden kann. In den verbleibenden Fällen soll insgesamt ein land- und forstwirtschaftlicher Betrieb vorliegen, wenn die Land- und Forstwirtschaft dem Unternehmen das Gepräge gibt. Wird das Unternehmen hingegen von einer PersGes geführt, ist zu prüfen, ob entsprechend § 15 Abs. 3 Nr. 1 EStG ein einheitlicher Gewerbebetrieb vorliegt.[5] Hat sich eine Land- und Forstwirtschaft betreibende PersGes ihrerseits als Mitunternehmerin an einer gewerblich tätigen PersGes beteiligt, werden aufgrund der ausdrücklichen Regelung des § 15 Abs. 3 Nr. 1 EStG insgesamt Einkünfte aus Gewerbebetrieb bezogen wie bereits dem Urteil des BFH vom 8. 12. 1994 IV R 7/92[6] entnommen werden kann. 321

Die FinVerw geht in R 15.5 EStR bei bestimmten Aktivitäten, die im Rahmen eines land- und forstwirtschaftlichen Betriebs ausgeübt werden und für sich allein betrachtet zu 322

1 BMF 16. 12. 2003, BStBl 2004 I 40, Tz. 24, 25; OFD Frankfurt 1. 12. 2006, DB 2007, 22; OFD Rheinland 8. 1. 2007, DB 2007, 135.

2 BGBl 2004 I 2013.

3 Vgl. z. B. R 15.5 Abs. 1 EStR.

4 Vgl. ferner R 15.5 Abs. 2 – 12 EStR sowie die Nachweise in H 15.5 EStH.

5 Vgl. R 15.5 Abs. 1 Satz 7 EStR.

6 BStBl 1996 II 264, wegen weiterer Einzelheiten vgl. BMF 13. 5. 1996, BStBl 1996 I 621.

Einkünften aus Gewerbebetrieb führen, auch insoweit dann noch von Einkünften aus Land- und Forstwirtschaft aus, wenn sie einen bestimmten Umfang nicht überschreiten; als beispielhaft wird auf die Regelung in R 15.5 Abs. 5 EStR zum unschädlichen Zukauf fremder Erzeugnisse sowie in R 15.5 Abs. 9 EStR zum Einsatz von landwirtschaftlichen Maschinen außerhalb des Betriebs hingewiesen. Werden die danach maßgebenden Kriterien für die Abgrenzung gegenüber dem Gewerbebetrieb nicht überschritten, gelten die aus diesen Aktivitäten erzielten Einkünfte nach R 15.5 Abs. 1 Satz 7 EStR auch für die Anwendung des § 15 Abs. 3 Nr. 1 EStG als Einkünfte aus Land- und Forstwirtschaft. Werden z. B. zum landwirtschaftlichen Betriebsvermögen einer Mitunternehmerschaft gehörende Maschinen auch außerhalb des Betriebs eingesetzt, liegt nach R 15.5 Abs. 9 EStR insoweit eine gewerbliche Tätigkeit dann nicht vor, wenn die daraus erzielten Umsätze nicht mehr als ein Drittel des Gesamtumsatzes und im Wirtschaftsjahr nicht mehr als 51 500 € betragen.

323 Schließen sich mehrere Land- und Forstwirte zur Anschaffung und gemeinschaftlichen Nutzung von Großgeräten, z. B. von Erntemaschinen, in einer Maschinengemeinschaft[1] zusammen, wird dann regelmäßig keine Mitunternehmerschaft zum gemeinschaftlichen Bezug von Einkünften aus Land- und Forstwirtschaft oder auch aus Gewerbebetrieb begründet. Die Maschinen dienen vielmehr jeweils der Erzielung der Einkünfte aus Land- und Forstwirtschaft des einzelnen Mitglieds. Die danach gemeinschaftlich entstandenen Aufwendungen werden dem vereinbarten Schlüssel entsprechend auf die einzelnen Mitglieder aufgeteilt und sind bei der Ermittlung des Gewinns des einzelnen Mitglieds aus seinem land- und forstwirtschaftlichen Betrieb als Betriebsausgaben abziehbar. Diese der Gemeinschaft entstandenen Aufwendungen sind nach § 1 Abs. 1 Satz 1 Nr. 1 der Verordnung zu § 180 Abs. 2 AO i. V. m. § 180 Abs. 2 AO gesondert und einheitlich festzustellen.[2]

324 Als Einkünfte aus Land- und Forstwirtschaft sind nach § 2 Abs. 1 Nr. 1 EStG die nach §§ 4 – 7k EStG ermittelten Gewinne zu versteuern. Gewinnermittlungszeitraum ist das Wirtschaftsjahr, das sich nach § 4a Abs. 1 Nr. 1 EStG für den Regelfall über den Zeitraum vom 1. 7. bis zum 30. 6. des nachfolgenden Kalenderjahrs erstreckt; für bestimmte Betriebsarten ergeben sich aus § 8c EStDV davon abweichende Zeiträume. Der Gewinn des jeweiligen Wirtschaftsjahrs ist gem. § 4a Abs. 2 Nr. 1 EStG jeweils zeitanteilig dem Kalenderjahr, in dem das Wirtschaftsjahr beginnt, und dem Kalenderjahr, in dem das Wirtschaftsjahr endet, zuzuordnen.

325 Zur Ermittlung des Gewinns nach § 4 Abs. 1 EStG durch Bestandsvergleich sind die PersGes verpflichtet, die nach Handelsrecht zur Führung von Büchern verpflichtet sind und diese Verpflichtung gem. § 140 AO auch im Interesse der Besteuerung zu erfüllen haben. Hierbei wird es sich u. a. um PersGes des Handelsrechts handeln, die ausnahmsweise Land- und Forstwirtschaft betreiben. Für den Regelfall ergibt sich für land- und forstwirtschaftliche Betriebe der Buchführungspflicht aus § 141 Abs. 1 AO bei Über-

1 Vgl. dazu BFH 1. 10. 1998 V R 31/98, BStBl 2008 II 497.

2 BFH 10. 6. 1999 IV R 25/98, BStBl 1999 II 545, zum vergleichbaren Fall einer Praxisgemeinschaft von Freiberuflern.

schreiten einer der dort bezeichneten Grenzen.[1] Ungeachtet dessen kann der Gewinn freiwillig nach § 4 Abs. 1 EStG ermittelt werden. Für nicht buchführungspflichtige Betriebe, die eine bestimmte Größenordnung nicht überschreiten, kann der Gewinn gem. § 13a EStG nach Durchschnittssätzen ermittelt werden. Liegen bei nicht bestehender Buchführungspflicht die Voraussetzungen für die Anwendung des § 13a EStG nicht vor, kann der Gewinn nach § 4 Abs. 3 EStG durch Gegenüberstellung der Betriebseinnahmen mit den Betriebsausgaben ermittelt werden.

Werden land- und forstwirtschaftliche Betriebe von einer PersGes geführt, sind gem. 326
§ 13 Abs. 7 EStG die Vorschriften des § 15 Abs. 1 Satz 1 Nr. 2, Abs. 1 a, Abs. 2 Satz 2 und 3 sowie § 15a und § 15b EStG entsprechend anzuwenden. Dies hat zur Folge, dass die Gesellschafter einer derartigen PersGes dann Einkünfte aus Land- und Forstwirtschaft beziehen, wenn sie Mitunternehmer sind. Angesichts der Besonderheiten bei den Eigentumsstrukturen land- und forstwirtschaftlichen Grundbesitzes und der besonderen, teilweise auf Traditionen beruhenden Verfahrensweisen beim Vermögensübergang auf die nachfolgende Generation stellt sich die Frage der Mitunternehmerschaft bei im Familienverband geführten Betrieben – Familienpersonengesellschaften – in besonderem Maße.[2]

(Einstweilen frei) 327–330

c) Einkünfte aus selbständiger Arbeit

Literatur: *Rupp*, Gewerbliche Infektion von (Freiberufler-)Personengesellschaften, EStB 2006, 461; *Söffing*, Freiberuflich tätige Personengesellschaft – Betriebsaufspaltung, Abfärbevorschrift, Sonderbetriebsvermögen, DB 2006, 2479; *Kempermann*, Probleme der Freiberufler-Personengesellschaft in der neueren Rechtsprechung, FR 2007, 577; *Siegmund/Ungemach*, Gewerbliche Infektion freiberuflicher Tätigkeiten von Personengesellschaften, DStZ 2009, 133; *Schlegel/Tillmanns*, Das Ausgliederungsmodell zur Vermeidung gewerblicher Einkünfte von medizinischen Praxisgemeinschaften, DStZ 2010, 287.

Einkünfte aus selbständiger Arbeit i. S. d. § 18 EStG werden aus selbständigen, nachhal- 331
tigen, in Gewinnerzielungsabsicht unter Teilnahme am allgemeinen wirtschaftlichen Verkehr ausgeübten in § 18 Abs. 1 EStG im Einzelnen aufgeführten Tätigkeiten bezogen. Der Gesetzgeber knüpft dabei – sieht man von dem Sonderfall des § 18 Abs. 1 Nr. 4 EStG ab – an die Ausübung dieser Tätigkeiten durch eine Einzelperson an. Dies schließt indessen nicht aus, dass derartige Tätigkeiten von mehreren Personen in gesellschaftsrechtlicher Verbundenheit ausgeübt werden und steuerlich gem. § 18 Abs. 4 Satz 2 EStG von einer Mitunternehmerschaft i. S. d. § 15 Abs. 1 Satz 1 Nr. 2 EStG auszugehen ist.[3] Allerdings muss die Tätigkeit auch auf der Ebene der Personengesellschaft selbst entfaltet werden. Hieran fehlt es z. B. dann, wenn eine Personengesellschaft deren Gesellschafter zwar eine in § 18 Abs. 1 Nr. 1 EStG genannte Qualifikation verfügen, als Holdinggesellschaft lediglich geschäftsleitende Funktionen innerhalb einer Unternehmensgruppe ausübt, die Ingenieurbüros unterhält.[4]

1 Vgl. dazu auch AEAO zu § 141 AO.
2 Vgl. z. B. *Kolusar* in Schmidt, EStG § 13 Rz. 105 ff., m. w. N.
3 Vgl. BFH 23. 11. 2000 IV R 48/99, BStBl 2001 II 241, m. w. N.
4 BFH 28. 10. 2008 VIII R 73/06, BStBl 2009 II 647.

332 Entscheidend für die Frage, ob Einkünfte aus selbständiger Arbeit als Mitunternehmer aus einem Personenzusammenschluss bezogen worden sind, ist danach, ob die Beteiligten sich zur gemeinschaftlichen Tätigkeit i. S. d. § 18 Abs. 1 Nr. 1 EStG in einer Weise zusammengeschlossen haben, die nach den in Rn. 271 ff. dargelegten Grundsätzen als Mitunternehmerschaft zu beurteilen ist. Dabei wird es sich für den Regelfall um Außengesellschaften in der Rechtsform der Gesellschaft des bürgerlichen Rechts oder der Partnerschaftsgesellschaft handeln. Dies schließt im Einzelfall nicht aus, dass auch die Gesellschafter einer PersGes des Handelsrechts aus ihrer Beteiligung Einkünfte aus selbständiger Arbeit beziehen können. Dies hat der BFH für in der Rechtsform einer KG betriebene Wirtschaftsprüfungs- und Steuerberatungsgesellschaften entschieden. Die Eintragung einer PersGes in das Handelsregister begründet danach lediglich die widerlegbare Vermutung für das Vorliegen eines Gewerbebetriebs. Voraussetzung ist allerdings, dass sämtliche Gesellschafter einer selbständigen, im Regelfall einer freiberuflichen Tätigkeit nachgehen. Dementsprechend muss z. B. auch der Kommanditist in einer Steuerberatungs-KG als Steuerberater tätig sein, der die persönlichen Voraussetzungen des § 18 Abs. 1 Nr. 1 EStG erfüllt.[1] Eine lediglich kapitalistische Beteiligung, wie sie bei einer gewerblich tätigen KG durchaus üblich ist, würde dazu führen, dass selbst dann insgesamt Einkünfte aus Gewerbebetrieb bezogen werden, wenn alle übrigen Gesellschafter die persönlichen Voraussetzungen des § 18 Abs. 1 Nr. 1 EStG erfüllen.

333 Voraussetzung ist danach, dass sämtliche Mitunternehmer die persönlichen Voraussetzungen des § 18 Abs. 1 EStG erfüllen. Für den Regelfall wird es sich dabei um die Ausübung einer freiberuflichen Tätigkeit i. S. d. § 18 Abs. 1 Nr. 1 EStG handeln. Bei der Prüfung dieser Frage wird regelmäßig die zu diesem Problemkreis umfangreiche Rechtsprechung des BFH[2] zu berücksichtigen sein. Dabei ist zu beachten, dass bestimmte Tätigkeiten nur nach vorheriger Zulassung ausgeübt werden können, so dass in diesen Fällen jeder der Gesellschafter auch zur Ausübung der freiberuflichen Tätigkeit zugelassen sein muss, wie dies z. B. bei Steuerberatern der Fall ist.[3] Nicht erforderlich ist, dass sämtliche Gesellschafter Angehörige desselben freien Berufes sind, so beziehen z. B. die Gesellschafter einer aus Steuerberatern, Rechtsanwälten und Wirtschaftsprüfern bestehenden Gesellschaft gemeinschaftlich Einkünfte aus selbständiger Arbeit;[4] bezogen auf die persönlichen Voraussetzungen der einzelnen Gesellschafter ist lediglich erforderlich, dass sie Angehörige eines freien Berufes sind. Die einzelnen Berufsträger müssen die mit einem übernommenen Auftrag verbundenen Aufgaben untereinander aufteilen und jeder den ihm zugewiesenen Aufgabenbereich aufgrund seiner Sachkenntnis eigenverantwortlich leiten.[5] Dabei ist es ausreichend, dass jeder der Gesellschafter nur auf dem Gebiet (leitend) tätig ist, für das er seine fachliche Qualifikation nachgewiesen hat und für das er erforderlichenfalls eine entsprechende Zulassung besitzt. Die

1 BFH 26. 11. 1970 IV 60/65, BStBl 1971 II 249.

2 Vgl. z. B. die Nachweise in H 15.6 EStH.

3 Vgl. BFH 9. 10. 1986 IV R 235/84, BStBl 1987 II 124; 15. 5. 1997 IV R 33/95 (NV), BFH/NV 1997, 751.

4 BFH 23. 11. 2000 IV R 48/99, BStBl 2001 II 241, m. w. N.

5 BFH 20. 4. 1989 IV R 299/83, BStBl 1989 II 727.

FinVerw[1] hat in Anknüpfung an das Urteil des FG Düsseldorf vom 13. 1. 2005,[2] inzwischen ihre bisherige Auffassung aufgegeben, wonach Partnerschaftsgesellschaften, an der Steuerberater, Rechtsanwälte und Wirtschaftsprüfer beteiligt und die nicht als Steuerberatungsgesellschaften anerkannt sind, bis zum 30. 6. 2000 in jedem Fall eine gewerbliche Tätigkeit ausgeübt haben und erst aufgrund einer ab 1. 7. 2000 wirksam gewordenen Änderung des StBerG insgesamt einer freiberuflichen Tätigkeit nachgehen. Insgesamt gewerbliche Einkünfte werden danach nur dann bezogen, wenn ein freiberuflicher Berufsträger ohne eigenen Tätigkeitsbeitrag lediglich kapitalmäßig beteiligt ist.

Schließen sich Freiberufler mit sog. Berufsfremden zu einer Gesellschaft zusammen, 334 beziehen nach ständiger Rechtsprechung des BFH[3] sämtliche Gesellschafter aus ihrer Beteiligung Einkünfte aus Gewerbebetrieb. Unter einem Berufsfremden wird im Regelfall eine Person verstanden, die kein Freiberufler ist. Nach der Entscheidung des BFH vom 25. 6. 1984[4] wird die Art der Einkünfte der Gesellschafter einer Personengesellschaft in erster Linie durch die Tätigkeit der Gesellschafter in ihrer gesamthänderischen Verbundenheit, mithin durch die Tätigkeit der Gesellschaft, selbst bestimmt. Eine Ausnahme davon ist dann geboten, wenn zum gesetzlichen Tatbestand einer Einkunftsart Merkmale gehören, die weniger im Bereich der Tätigkeit eines Steuerrechtssubjekts liegen als in persönlichen Eigenschaften, die nur eine natürliche Person haben kann, wie dies bei Einkünften aus selbständiger Arbeit i. S. d. § 18 Abs. 1 Nr. 1 EStG der Fall ist. Alle in dieser Vorschrift aufgezählten Berufe erfordern persönliche Eigenschaften, z. B. eine wissenschaftliche Vorbildung, die nur eine natürliche Person, nicht aber die Gesellschaft selbst haben kann. Danach sieht es der BFH als gerechtfertigt an, dass die Gesellschafter einer Personengesellschaft in ihrer gesellschaftsrechtlichen Verbundenheit Einkünfte aus selbständiger Arbeit i. S. d. § 18 EStG beziehen, wenn sämtliche Gesellschafter die Voraussetzungen einer freiberuflichen Tätigkeit nach § 18 Abs. 1 Nr. 1 EStG erfüllen. Das Handeln der Gesellschafter in ihrer gesamthänderischen Verbundenheit und damit das Handeln der Gesellschaft darf kein Element einer nichtfreiberuflichen Tätigkeit enthalten.[5] Dementsprechend ist von einer gewerblich tätigen Mitunternehmerschaft auch dann auszugehen, wenn neben den freiberuflich tätigen Mitunternehmern eine Kapitalgesellschaft beteiligt ist, deren Gesellschafter und auch deren Geschäftsführer wiederum sämtlich freiberuflich tätig sind.[6]

Sofern bei einer interprofessionellen Freiberufler-Personengesellschaft ein Gesellschaf- 335 ter einer der Gesellschafter zwar als Dipl.-Kaufmann oder Dipl.-Volkswirt die Qualifikation eines Freiberuflers hat, aber nicht beratend gegenüber Dritten tätig ist, sondern beratende Aufgaben oder Managementaufgaben innerhalb der Mitunternehmerschaft erbringt, führt dies insgesamt zur Gewerblichkeit der Personengesellschaft. Bei einer

1 OFD Hannover 1. 7. 2007, DStR 2007, 1628.

2 16 K 4282/02 F, EFG 2005, 1350.

3 BFH 26. 11. 1970 IV 60/65, BStBl 1971 II 249; 11. 6. 1985 VIII R 254/80, BStBl 1985 II 584; 9. 10. 1986 IV R 235/84, BStBl 1987 II 124; 7. 11. 1991 IV R 17/90, BStBl 1993 II 324; 15. 5. 1997 IV R 33/95, BFH/NV 1997, 751.

4 GrS 4/82, BStBl 1984 II 751.

5 Vgl. insbesondere BFH 11. 6. 1985 VIII R 254/80, BStBl 1985 II 584, m. w. N.

6 BFH 3. 12. 2003 IV B 192/03, BStBl 2004 II 303.

doppelstöckigen Personengesellschaft kann die Untergesellschaft nur dann eine freiberufliche Tätigkeit entfalten, wenn neben den unmittelbar beteiligten Gesellschaftern auch sämtliche mittelbar beteiligten Gesellschafter der Obergesellschaft die Merkmale eines freien Berufes erfüllen.[1]

336 Verstirbt ein Freiberufler, sind seine Erben dann nicht in der Lage, dessen Tätigkeit fortzuführen, wenn sie berufsfremd sind. Die in diesen Fällen erfolgende Abwicklung der Praxis oder der Beteiligung des Erblassers an einer freiberuflich tätigen Mitunternehmerschaft führt damit zur Realisierung der noch vom freiberuflichen Erblasser geschaffenen Werte. Die Erben beziehen daraus als dessen Rechtsnachfolger nachträgliche Einkünfte aus selbständiger Arbeit.[2] Wird die Tätigkeit hingegen mit berufsfremden Erben fortgesetzt, werden diese damit Mitunternehmer der bisher freiberuflich tätigen Mitunternehmerschaft, die dann insgesamt Einkünfte aus Gewerbebetrieb bezieht.[3] Dies gilt selbst dann, wenn die Erbengemeinschaft die bisherige freiberufliche Praxis an einen Berufsträger zur Fortführung verpachtet. Setzt sich die Erbengemeinschaft innerhalb eines kurzen Zeitraums nach Eintritt des Erbfalls – im Regelfall innerhalb von 6 Monaten – derart auseinander, dass die Tätigkeit des Erblassers von dem/der zur Erbengemeinschaft gehörenden Berufsträger(n) fortgeführt wird, wirkt die Erbauseinandersetzung auf den Zeitpunkt des Eintritts des Erbfalls zurück.[4] Dementsprechend wird die Tätigkeit des freiberuflich tätig gewesenen Erblassers ausschließlich von dem/den Berufsträger(n) fortgeführt, die damit aus dieser Tätigkeit Einkünfte aus selbständiger Arbeit beziehen.

337 Haben sich Erfinder, die aufgrund ihrer Tätigkeit Einkünfte aus selbständiger Arbeit i. S. d. § 18 EStG beziehen, zu einer GbR zusammengeschlossen und überlassen sie ihre Erfindung einer von ihnen gegründeten Kapitalgesellschaft zur Auswertung, begründen sie damit im Regelfall eine Betriebsaufspaltung. Damit handelt es sich bei der GbR um ein Besitzunternehmen, das gewerblich tätig ist, so dass die Gesellschafter aus der GbR keine Einkünfte aus selbständiger Arbeit, sondern aus Gewerbebetrieb beziehen.

338 Werden von einer freiberuflich tätigen Mitunternehmerschaft auch gewerbliche Aktivitäten entfaltet, führt dies regelmäßig dazu, dass insgesamt Einkünfte aus Gewerbebetrieb erzielt werden. Dies ist z. B. dann der Fall, wenn eine Wirtschaftsprüfungs- und Steuerberatungsgesellschaft auch Treuhandaufgaben,[5] z. B. für Bauherrengemeinschaften[6] wahrnimmt. Dabei ist es unerheblich, ob diese Aufgaben nur von einem nicht berufsfremden Gesellschafter[7] oder mehreren oder allen Gesellschaftern wahrgenommen werden. Anders als bei einem einzigen Berufsträger, der nur aus den neben seinen freiberuflichen Tätigkeit wahrgenommenen Treuhandaufgaben Einkünfte aus Gewerbe-

1 BFH 28. 10. 2008 VIII R69/06, BStBl 2009 II 642.

2 BFH 14. 12. 1993 VIII R 13/93, BStBl 1994 II 922, unter Bezugnahme auf BFH 29. 4. 1993 IV R 16/92, BStBl 1993 II 716, und 30. 3. 1989 IV R 45/87, BStBl 1989 II 509.

3 BFH 14. 12. 1993 VIII R 13/93, BStBl 1994 II 922; vgl. auch BMF 14. 3. 2006, BStBl 2006 I 253, Tz. 5.

4 Vgl. BMF 14. 3. 2006, BStBl 2006 I 253, Tz 8, 9.

5 BFH 9. 7. 1964 IV 427/62 U, BStBl 1964 III 530; zur Treuhandtätigkeit von Rechtsanwälten vgl. BFH 1. 2. 1990 IV R 42/89, BStBl 1990 II 534.

6 BFH 10. 8. 1994 I R 133/93, BStBl 1995 II 171.

7 BFH 11. 5. 1989 IV R 43/88, BStBl 1989 II 797.

betrieb bezieht,[1] führt die im Rahmen der im übrigen freiberuflich tätigen Mitunternehmerschaft ausgeübte gewerbliche Tätigkeit gem. § 15 Abs. 3 Nr. 1 EStG dazu, dass die Mitunternehmerschaft insgesamt als Gewerbetreibende anzusehen ist und damit die Mitunternehmer insgesamt Einkünfte aus Gewerbebetrieb beziehen.[2] Eine entsprechende Problematik kann sich bei bestimmten Arztpraxen stellen, von denen im Übrigen Medikamente, Impfstoffe oder medizinische Hilfsmittel abgegeben werden.[3] Das Niedersächsische FG hatte mit Beschluss vom 21. 4. 2004[4] ergänzt durch weitere Beschlüsse vom 13. 7. 2005 und 14. 4. 2005[5], dem BVerfG die Frage vorgelegt, ob die sog. Abfärberegelung des § 15 Abs. 3 Nr. 1 EStG verfassungsmäßig ist. Das BVerfG hat dies mit Beschluss vom 15. 1. 2008 bejaht.[6]

Die Rechtsfolge des § 15 Abs. 3 Nr. 1 EStG, die Infektion der Einkünfte aus selbständigen 339
Tätigkeiten durch im Vergleich dazu u. U. nur verhältnismäßig geringfügigen gewerblichen Aktivitäten, kann dadurch vermieden werden, dass die Gesellschafter die gewerblichen Aktivitäten einer weiteren, von ihnen gegründeten personenidentischen Personengesellschaft (Schwestergesellschaft) übertragen (sog. Ausgliederungsmodell).[7] Dies setzt jedoch voraus, dass der Rechtsfolgewille der Gesellschafter auf die Begründung von zwei Gesellschaftsverhältnissen mit unterschiedlichen Zwecken gerichtet ist, für diese beiden Personengesellschaften unterschiedliches Gesellschaftsvermögen gebildet wird, von beiden Gesellschaften auch die voneinander abgrenzbaren Tätigkeiten von jeweils nur einer Gesellschaft ausgeübt wird, so dass nach außen deutlich erkennbar wird, dass jede der beiden Gesellschaften ihre Leistung getrennt von der anderen Gesellschaft erbringt,[8] der jeweilige Leistungsempfänger deswegen ggf. zu jeder der beiden Gesellschaften ein gesondertes Rechtsverhältnis begründet. Nach dem die Abfärbetheorie bestätigenden Beschluss des BVerfG vom 15. 1. 2008 muss die Schwestergesellschaft wirtschaftlich, organisatorisch und finanziell von der Gemeinschaftspraxis unabhängig sein. [9] Es kommt danach auf eine sorgfältige Planung einer derartigen Gestaltung und dann anschließend auf die tatsächlich getrennte Abwicklung der Leistungen durch die beiden Gesellschaften an.

Zur ertragsteuerlichen Behandlung der Erbringung von Laborleistungen durch eine Laborgemeinschaft ist auf das BMF-Schreiben vom 12. 2. 2009 zu verweisen.[10] Werden die Leistungen lediglich kostendeckend an Mitglieder erbracht, entsteht keine Mitunternehmerschaft. In diesem Fall sind lediglich die Betriebsausgaben gesondert festzustellen. Werden Gewinne erzielt, liegt eine Mitunternehmerschaft nach § 15 Abs. 1 Satz 1 Nr. 2 i. V. m. § 18 Abs. 4 Satz 2 EStG vor. Diese kann freiberufliche Einkünfte nach § 18 EStG oder gewerbliche Einkünfte nach § 15 EStG (auch durch Abfärbung) erzielen.

1 Vgl. z. B. BFH 21. 4. 1994 IV R 99/93, BStBl 1994 II 650.
2 BFH 10. 8. 1994 I R 133/93, BStBl 1995 II 171.
3 Wegen Einzelheiten dazu vgl. BMF 14. 5. 1997, BStBl 1997 I 566.
4 4 K 317/91, FR 2004, 907.
5 4 K 317/91, EFG 2005, 1417.
6 1 BvL 2/04, DStRE 2008, 1003.
7 BFH 19. 2. 1998 IV R 11/97, BStBl 1998 II 603; 17. 1. 2007 XI R 19/05, BFH/NV 2007, 1315.
8 BFH 12. 6. 2002 XI R 21/99, BFH/NV 2002, 1554.
9 1 BvL 2/04, DStRE 2008, 1003.
10 BStBl 2009 I 398.

Bei gewerblichen Einkünften der Laborgemeinschaft werden an ihnen beteiligte freiberufliche Praxisgemeinschaften infolge der Abfärbungsregelung ebenfalls zwingend gewerblich infiziert. Eine Abfärbung tritt allerdings nicht ein, wenn die Ärzte in Einzelpraxen tätig sind.

340 Schließen sich Angehörige freier Berufe zu einer Büro- oder Praxisgemeinschaft zusammen, wird damit nicht ohne weiteres eine Mitunternehmerschaft begründet.[1] Dies ist dann nicht der Fall, wenn lediglich bezweckt wird, den Beruf in gemeinsamen Praxisräumen auszuüben und bestimmte Kosten von der Praxisgemeinschaft tragen zu lassen und umzulegen. Ein einheitliches Auftreten nach außen genügt nicht, um eine Mitunternehmerschaft zu begründen. Derartige Zusammenschlüsse sind dadurch gekennzeichnet, dass jedes Mitglied unabhängig von den übrigen Mitgliedern seiner selbständigen Tätigkeit nachgeht, die Gemeinsamkeit sich auf die Nutzung der gemeinsam begründeten Ressourcen beschränkt. Die Mitglieder tragen kein gemeinschaftliches Risiko und sind nicht im Interesse einer gemeinschaftlichen Gewinnerzielung tätig.[2]

341 Als Einkünfte aus selbständiger Arbeit ist der nach § 2 Abs. 1 Nr. 1 EStG und nach §§ 4 – 7k EStG ermittelte Gewinn zu versteuern. Gewinnermittlungszeitraum ist mangels besonderer Regelungen in § 4a EStG das Kalenderjahr. Dementsprechend ist es freiberuflich tätigen Mitunternehmerschaften auch dann nicht möglich, einen vom Kalenderjahr abweichenden Gewinnermittlungszeitraum zu wählen, wenn sie als Personenhandelsgesellschaft errichtet wurden.[3]

342 Zur Ermittlung des Gewinns nach § 4 Abs. 1 EStG durch Bestandsvergleich sind die Personengesellschaften verpflichtet, die nach Handelsrecht zur Führung von Büchern verpflichtet sind und diese Verpflichtung gem. § 140 HGB auch im Interesse der Besteuerung zu erfüllen haben. Hierbei wird es sich u. a. um Personengesellschaften des Handelsrechts handeln, z. B. Wirtschaftsprüfungs- und Steuerberatungsgesellschaften in der Rechtsform der OHG oder der KG. Den nach Maßgabe des Partnerschaftsgesetzes errichteten Partnerschaftsgesellschaften hat der Gesetzgeber keine Buchführungspflichten auferlegt. Für die Bezieher von Einkünften aus selbständiger Arbeit i. S. d. § 18 EStG sieht auch § 141 AO keine Verpflichtung zur Führung von Büchern vor. Danach besteht für freiberuflich tätige Mitunternehmerschaften – abgesehen von dem eingangs bezeichneten Ausnahmefall – keine Verpflichtung zur Ermittlung des Gewinns durch Bestandsvergleich nach § 4 Abs. 1 EStG. Der Gewinn kann deswegen nach § 4 Abs. 3 EStG durch Gegenüberstellung der Betriebseinnahmen mit den Betriebsausgaben ermittelt werden. Es ist auch zulässig, den Gewinn freiwillig durch Bestandsvergleich nach § 4 Abs. 1 EStG zu ermitteln.

343 Werden im Rahmen einer Mitunternehmerschaft Einkünfte aus selbständiger Arbeit bezogen, sind gem. § 18 Abs. 4 Satz 2 EStG die Vorschriften des § 15 Abs. 1 Satz 1 Nr. 2 und des § 15a EStG entsprechend anzuwenden.

344–350 *(Einstweilen frei)*

1 BFH 14. 4. 2005 XI R 82/03, BStBl 2005 II 752.

2 BFH 6. 2. 1986 IV R 133/85, BStBl 1986 II 666; 24. 2. 1999 IV B 6/98, BFH/NV 1999, 1080; 28. 10. 1999 III R 42/97, BFH/NV 2000, 747.

3 BFH 18. 5. 2000 IV R 26/99, BStBl 2000 II 498.

d) Einkünfte aus Vermögensverwaltung, insbesondere aus Vermietung und Verpachtung

Die FinVerw geht in R 15.7 Abs. 1 EStR auf der Grundlage der von der Rechtsprechung des BFH entwickelten Grundsätze davon aus, dass die Verwaltung eigenen Vermögens regelmäßig keine gewerbliche Tätigkeit ist. Dies ist dann der Fall, wenn es sich um die Nutzung von Vermögen i. S. einer Fruchtziehung aus zu erhaltenden Substanzwerten handelt, bei der die Ausnutzung substanzieller Vermögenswerte durch Umschichtung nicht entscheidend in den Vordergrund tritt. Davon ist regelmäßig auszugehen, wenn Kapitalvermögen verzinslich angelegt oder unbewegliches Vermögen vermietet oder verpachtet wird.[1] Gehen die Aktivitäten darüber hinaus, ist regelmäßig zu prüfen, ob diese selbständig und nachhaltig in Gewinnerzielungsabsicht unter Beteiligung am allgemeinen wirtschaftlichen Verkehr unternommen werden und damit Einkünfte aus Gewerbebetrieb begründen. Dabei kann es sich um die durch besondere Merkmale geprägte Nutzungsüberlassung von Wirtschaftsgütern oder aber auch um auf die Veräußerung der Wirtschaftsgüter gerichtete Maßnahmen handeln. Bei Nutzungsüberlassungen ist das Vorliegen einer gewerblichen Betätigung regelmäßig dann zu prüfen, wenn Leistungen erbracht werden, die über die eigentliche Nutzungsüberlassung hinausgehen.[2] Dementsprechend führt auch die langfristige Vermietung eines in die Flugzeugrolle eingetragenen Flugzeugs ohne Sonderleistungen für sich allein nicht zu Einkünften aus Gewerbebetrieb.[3] Etwas anderes gilt nach dem Urteil des BFH vom 26. 6. 2007,[4] für den Fall, dass die Vermietung mit dem An- und Verkauf der Flugzeuge aufgrund eines einheitlichen Geschäftskonzepts verklammert ist. Nach Ansicht der Finanzverwaltung sind diese Grundsätze auch auf sog. Einzelobjekt- oder auch Ein-Objekt-Gesellschaften anzuwenden. Ein einheitliches Geschäftskonzept soll insoweit vorliegen, wenn von vornherein ein Verkauf des vermieteten Wirtschaftsgutes vor Ablauf von dessen gewöhnlicher oder tatsächlicher Nutzungsdauer geplant ist und die Erzielung eines Totalgewinns diesen Verkauf notwendig macht. Somit besteht die Tätigkeit nach Ansicht der Finanzverwaltung in ihrer Gesamtheit nicht mehr allein aus dem Vermietung, sondern aus dem Ankauf, der Vermietung und dem Verkauf des einzelnen Wirtschaftsgutes.[5] 351

Bei Miteigentümern ist regelmäßig zu prüfen, ob sie das in Betracht kommende Wirtschaftsgut, z. B. ein Gebäude oder Gebäudeteil, gemeinschaftlich vermietet und damit den Tatbestand der Erzielung von Einkünften i. S. d. § 21 Abs. 1 EStG gemeinschaftlich verwirklicht haben. Wurde z. B. das Grundstück nur einem der Miteigentümer mit der Berechtigung zur alleinigen Vermietung überlassen, erzielt nur dieser Einkünfte aus Vermietung und Verpachtung.[6] Wird das Grundstück einem der Miteigentümer zur Eigennutzung überlassen, beziehen nur die anderen Miteigentümer mit der ihnen vom 352

1 Vgl. § 14 Satz 3 AO.

2 Vgl. z. B. die in H 15.7 (2) EStH aufgeführte Rechtsprechung des BFH.

3 BFH 2. 5. 2000 IX R 71/96, BStBl 2000 II 467.

4 IV R 49/04, BStBl II 2009, 289.

5 BMF-Schreiben 14. 10. 2009 BStBl 2009 I 515.

6 BFH 30. 6. 1999 IX R 83/95, BFH/NV 2000, 118.

Nutzenden zustehenden Vergütung Einkünfte aus Vermietung und Verpachtung.[1] Nutzt einer der Miteigentümer das Grundstück für eigene betriebliche Zwecke, gehört der ihm zuzurechnende Grundstücksteil zu seinem Betriebsvermögen,[2] die übrigen Miteigentümer erzielen mit der vereinnahmten Nutzungsvergütung in gemeinschaftlicher Verbundenheit Einkünfte aus Vermietung und Verpachtung. Wird das Grundstück einer Mitunternehmerschaft überlassen, an der ein Miteigentümer beteiligt ist, gehört der ihm zuzurechnende Anteil am Grundstück zu seinem Sonderbetriebsvermögen bei der Mitunternehmerschaft. Daraus folgt, dass durch die Eigennutzung eines Miteigentümers insoweit eine gemeinschaftliche Einkunftserzielung ausgeschlossen wird. Liegt hingegen eine gemeinschaftliche Vermietung vor und werden dementsprechend gemeinschaftlich Einkünfte aus Vermietung und Verpachtung bezogen, sind diese den Miteigentümern nach Maßgabe der insoweit zu beachtenden Vereinbarungen, im Regelfall nach dem Verhältnis der Miteigentumsanteile, zuzurechnen.[3]

353 Verpachtet eine Gesellschaft, z. B. eine Grundstücks-GbR, die ihr gehörenden Grundstücke an ein von ihren Gesellschaftern betriebenes Unternehmen ohne zusätzliche Leistungen, liegt eine Vermögensnutzung vor, die für sich allein betrachtet sich auf die reine Nutzungsüberlassung beschränkt und nach den vorstehend dargestellten Grundsätzen zur Annahme von Einkünften aus Vermietung und Verpachtung führen würde. Handelt es sich dabei um die gemeinschaftliche Überlassung von wesentlichen Betriebsgrundlagen[4] durch die Gesellschafter der von ihnen beherrschten Kapitalgesellschaft,[5] unterhalten die überlassenden Gesellschafter der Kapitalgesellschaft nach ständiger Rechtsprechung des BFH[6] mit den überlassenen Wirtschaftsgütern als Besitzgesellschaft einen Gewerbebetrieb, dem auch die Beteiligung an der Betriebs-Kapitalgesellschaft[7] ggf. auch dieser gegebene Darlehen[8] zuzurechnen sind. Dies hat zur Folge, dass die Gesellschafter der Besitzgesellschaft aus der Überlassung der Wirtschaftsgüter, den Gewinnausschüttungen der Betriebsgesellschaft und der Verzinsung der Darlehen keine Einkünfte aus Vermietung und Verpachtung bzw. aus Kapitalvermögen, sondern insgesamt aus Gewerbebetrieb beziehen. Wegen weiterer Einzelheiten zur Problematik der Betriebsaufspaltung wird auf Rn. 3796 ff. hingewiesen.

354 Handelt es sich bei dem gewerblichen Unternehmen hingegen um eine gesellschafteridentische Personengesellschaft, ist zu prüfen, ob eine sog. mitunternehmerische Betriebsaufspaltung vorliegt. Dies ist nach der Rechtsprechung des BFH[9] dann der Fall, wenn das vermietete Unternehmen (Besitzunternehmen) mit dem mietenden Unter-

1 BFH 7. 6. 2006 IX R 14/04, BFH/NV 2006, 2053.

2 BFH 11. 4. 2005 GrS 2/02, BStBl 2005 II 679.

3 BFH 26. 1. 1999 IX R 17/95, BStBl 1999 II 360; zu den Voraussetzungen unter denen eine disquotale Zurechnung der Einkünfte steuerlich beachtlich ist, vgl. BFH 23. 11. 2004 IX R 12/04, BFH/NV 2005, 851, m. w. N.

4 Vgl. dazu z. B. die in H 15.7 (5) EStH zitierte Rechtsprechung des BFH.

5 Vgl. zu dem Erfordernis der sog. personellen Verflechtung die in H 15.7 (6) EStH zitierte Rechtsprechung des BFH.

6 So bereits BFH 8. 11. 1971 GrS 2/71, BStBl 1972 II 63; vgl. im Übrigen die Nachweise zur Rechtsprechung des BFH in H 15.7 (4) – (8) EStH.

7 Z. B. BFH v. 14. 9. 1999 III R 47/98, BStBl 2000 II 255.

8 BFH 19. 10. 2000 IV R 73/99, BStBl 2001 II 335.

9 8. 11. 1971 GrS 2/71, BStBl 1972 II 63; 13. 11. 1997 IV R 67/96, BStBl 1998 II 254; 24. 2. 2000 IV R 62/98, BStBl 2000 II 417; 18. 8. 2005 IV R 59/04, BStBl 2005 II 830.

nehmen (Betriebsunternehmen) sachlich und personell verflochten ist. In diesen Fällen ist auch das Besitzunternehmen gewerblich tätig. Die dafür erforderliche sachliche Verflechtung ist gegeben, wenn es sich bei dem vermieteten Wirtschaftsgut für das Betriebsunternehmen um eine wesentliche Betriebsgrundlage handelt. Bei einem Grundstück ist das der Fall, wenn es für die Betriebsführung der Betriebsgesellschaft von nicht nur geringer Bedeutung ist.[1] Von der erforderlichen persönlichen Verflechtung ist dann auszugehen, wenn die hinter beiden Unternehmen stehenden Personen einen einheitlichen geschäftlichen Betätigungswillen haben. Dies ist regelmäßig der Fall, wenn an beiden Unternehmen dieselben Personen im gleichen Verhältnis beteiligt sind (sog. Beteiligungsidentität). Es genügt aber auch, dass die Person oder die Personen, die das Besitzunternehmen tatsächlich beherrschen, in der Lage sind, im Betriebsunternehmen ihren Willen durchzusetzen, also eine sog. Beherrschungsidentität vorliegt; auf das BMF-Schreiben v. 28. 4. 1996[2] wird hingewiesen.

Als besonders problematisch erweist sich unter dem Gesichtspunkt der Abgrenzung 355
zwischen Vermögensverwaltung und gewerblicher Tätigkeit der sich innerhalb eines gewissen Zeitraums wiederholende An- und Verkauf von Grundstücken. Nach der zu dem Problemkreis des gewerblichen Grundstückshandels ergangenen umfangreichen Rechtsprechung des BFH[3] besteht die widerlegbare Vermutung für eine gewerbliche Tätigkeit, wenn in engem zeitlichen Zusammenhang, im Regelfall innerhalb von nicht mehr als 5 Jahren, mehr als 3 Objekte veräußert werden, bei denen ein enger zeitlicher Zusammenhang mit auf die Veräußerung gezielten Maßnahmen besteht. Die FinVerw folgt mit dem BMF-Schreiben vom 26. 3. 2004[4] weitgehend diesen Grundsätzen. Nach dem Beschluss des BFH vom 10. 12. 2001 GrS 1/98[5] kann auch die Veräußerung von weniger als 4 Objekten unter besonderen Umständen zur Annahme eines gewerblichen Grundstückshandels führen. So kann z. B. dann auf eine gewerbliche Betätigung geschlossen werden, wenn das im zeitlichen Zusammenhang mit der Bebauung und Veräußerung (ggf. auch durch Schenkung) erworbene Grundstück schon vor seiner Bebauung verkauft worden ist,[6] oder wenn ein solches Grundstück von vornherein auf Rechnung oder nach Wünschen des Erwerbers bebaut wird. Bei derartigen Gestaltungen kann die Wertung gerechtfertigt sein, dass es sich unabhängig von der Anzahl der Verkäufe um eine gewerbliche Tätigkeit handelt. Wegen der sich in diesem Zusammenhang bei der Veräußerung sog. Großobjekte ergebenden Fragen wird auf Tz. 29 des vorbezeichneten BMF-Schreibens vom 26. 3. 2004[7] hingewiesen. Für die Anwendung dieser Grundsätze gilt auch die Einbringung von Grundstücken in das Gesamthandsvermögen einer Personengesellschaft gegen Gewährung von Gesellschaftsrechten als Veräußerung.[8]

1 BFH 23. 5. 2000 VIII R 11/99, BStBl 2000 II 621, m. w. N.; 23. 1. 2001 VIII R 71/98, BFH/NV 2001, 894.

2 BStBl 1998 I 583.

3 Vgl. dazu insbesondere die Beschlüsse des GrS des BFH 3. 7. 1995 GrS 1/93, BStBl 1995 II 617, und 10. 12. 2001 GrS 1/98, BStBl 2002 II 291, m. w. N., sowie die Nachweise in H 15.7 (1) EStH – Gewerblicher Grundstückshandel.

4 BStBl 2004 I 434.

5 BStBl 2002 II 291, unter C III. 5 der Entscheidungsgründe.

6 BFH 28. 4. 2005 IV R 17/04, BStBl 2005 II 606; 15. 9. 2006 IV B 96/05, BFH/NV 2007, 30, m. w. N.

7 BStBl 2004 I 434.

8 BMF 26. 3. 2004, BStBl 2004 I 434, Tz. 7; vgl. dazu BFH 19. 10. 1998 VIII R 69/95, BStBl 2000 II 230 sowie BMF 29. 3. 2000, BStBl 2000 I 462.

356 Diese Grundsätze gelten nicht nur für Einzelpersonen, sondern auch für Mitunternehmerschaften, die nicht bereits aus anderen Gründen Einkünfte aus Gewerbebetrieb erzielen. Danach betreibt eine Gesellschaft oder Gemeinschaft, die mit ihren Aktivitäten in der gesamthänderischen Verbundenheit ihrer Gesellschafter oder im Rahmen einer Bruchteilsgemeinschaft die Kriterien für die Annahme eines gewerblichen Grundstückshandels erfüllt, ein gewerbliches Unternehmen, so dass damit eine Mitunternehmerschaft i. S. d. § 15 Abs. 1 Satz 1 Nr. 2 EStG vorliegt.[1] Allerdings sind bei der Prüfung der Frage, ob eine Personengesellschaft wegen Überschreiten der sog. Drei-Objekt-Grenze den Bereich der privaten Vermögensverwaltung verlassen hat solche Grundstücksaktivitäten nicht mitzuzählen, die die jeweiligen Gesellschafter allein veräußert haben oder die von einer beteiligungsidentischen Schwestergesellschaft veräußert worden sind. [2]

357 Wird die Gesellschaft allerdings im Rahmen eines gewerblichen Grundstückshandels tätig, sind Grundstücksveräußerungen der Gesellschaft bei der Prüfung, ob auch auf der Ebene des Gesellschafters ein – weiterer – gewerblicher Grundstückshandel besteht, als Zählobjekt i. S. d. Drei-Objekt-Grenze mitzuzählen.[3] Nach Ansicht der Finanzverwaltung ist hierfür jedoch weitere Voraussetzung, dass der Gesellschafter an der jeweiligen Gesellschaft zu mindestens 10 % beteiligt ist oder das der Verkehrswert des Gesellschaftsanteils oder des Anteils an dem veräußerten Grundstück bei einer Beteiligung von weniger als 10 % mehr als 250 000 € beträgt.[4] Gleiches gilt nach Ansicht der Finanzverwaltung auch die von einer vermögensverwaltenden Personengesellschaft veräußerten Objekte, so dass auch dies zu einem gewerblichen Grundstückshandel beim Gesellschafter führen kann.[5]

358 Liegt bei isolierter Betrachtung eine Beteiligung an einer lediglich vermögensverwaltenden Gesellschaft/Gemeinschaft und damit keine gewerblich tätige Mitunternehmerschaft vor, weil die Drei-Objekt-Grenze nicht überschritten wird, können aus dieser Beteiligung gleichwohl Einkünfte aus Gewerbebetrieb bezogen werden. wenn die Beteiligung in einem gewerblichen Betriebsvermögen gehalten wird.[6]

359 Nach dem Beschluss des GrS des BFH vom 10. 12. 2001 GrS 1/98,[7] ist trotz Überschreitens der Drei-Objekt-Grenze ein gewerblicher Grundstückshandel nicht anzunehmen, wenn eindeutige Anhaltspunkte gegen eine von Anfang an bestehende Veräußerungsabsicht sprechen. Jedoch sind die konkreten Anlässe und Beweggründe für die Veräußerungen, wie z. B. plötzliche Erkrankungen, Finanzierungsschwierigkeiten oder unvorhergesehene Notlagen, im Regelfall für sich allein nicht geeignet, die aufgrund der Zahl der veräußerten Objekte und dem zeitlichen Abstand der maßgebenden Tätigkeiten vermutete (bedingte) Veräußerungsabsicht im Zeitpunkt der Anschaffung oder Er-

1 BMF 20. 12. 1990, BStBl 1990 I 884, Tz. 12, unter Bezugnahme auf BFH 25. 6. 1984 GrS 4/82, BStBl 1984 II 751, ferner z. B. BFH 15. 6. 2004 VIII R 7/02, BStBl 2004 II 914.

2 BFH 17. 12. 2008 IV R 85/06, BStBl 2009 II 795.

3 BFH 3. 7. 1995, BStBl 1995 II 617; 28. 11. 2002, BStBl 2003 II 250.

4 BMF 26. 3. 2004, BStBl 2004 I 434, Tz. 14.

5 BMF 26. 3. 2004, BStBl 2004 I 434, Tz. 17.

6 BMF 26. 3. 2004, BStBl 2004 I 434, Tz. 16.

7 BStBl 2002 II 291, unter C III. 5.

richtung auszuschließen.[1] Danach werden die Umstände im Einzelfall wohl nur ausnahmsweise derart gewichtig erscheinen, dass einer im Grunde stets bestehenden bedingten Veräußerungsabsicht keine Bedeutung zukommt. Nicht als Veräußerung gelten in diesem Zusammenhang die Übertragung von Grundstücken von einer vermögensverwaltenden Personengesellschaft auf ihre Gesellschafter im Rahmen einer Realteilung.[2]

(Einstweilen frei) 360–370

3. Umfassend gewerblich tätige Mitunternehmerschaft

Literatur: *Drüen*, Über Zweck und Grenzen der Abfärberegelung des § 15 Abs. 3 Nr. 1 EStG – Trendwende durch das Urteil des XI. Senats des BFH vom 11. 8. 1999, FR 2000, 177; *Lüdemann/Wildfeuer*, Einkünftequalifizierung bei Laborarztpraxen – Der Laborarzt im Spannungsfeld zwischen gewerblichen und freiberuflichen Einkünften, BB 2000, 589; *Schild*, Die Abfärberegelung des § 15 Abs. 3 Nr. 1 EStG unter dem Blickwinkel des BFH-Urteils vom 11. 8. 1999, DStR 2000, 576; *Schoor*, Gewerbegefahr bei Angehörigen freier Berufe, INF 2000, 225; *Seer/Drüen*, Ausgliederung gewerblicher Tätigkeiten zur Vermeidung der Gewerbesteuerpflicht freiberuflicher Sozietäten, BB 2000, 2176; *Höck*, Ist die Abfärberegelung des § 15 Abs. 3 Nr. 1 EStG im Hinblick auf das StBereinG wirklich so nachteilig?, FR 2001, 683; *Hötten/Herold/Rönning*, Das Ausgliederungsmodell zur Vermeidung der gewerblichen Infizierung. Checkliste und Mustervertrag, GStB 2001, 403; *Kempermann*, Bestandsaufnahme der jüngeren BFH-Rechtsprechung zur „Abfärberegelung des § 15 Abs. 3 Nr. 1 EStG, DStR 2002, 664; *Niehues*, Zur (Nicht)Anwendbarkeit des § 15 Abs. 3 Nr. 1 EStG bei vermögensverwaltenden Personengesellschaften, FR 2002, 977; *Wehrheim/Brodhage*, Die Abfärbetheorie bei teilweise gewerblich tätigen Personengesellschaften, DStR 2003, 485; *Rupp*, Gewerbliche Infektion von (Freiberufler-)Personengesellschaften, EStB 2006, 461; *Siegmund/Ungemach*, Gewerbliche Infektion freiberuflicher Tätigkeiten von Personengesellschaften, DStZ 2009, 133; *Schlegel/Tillmanns*, Das Ausgliederungsmodell zur Vermeidung gewerblicher Einkünfte von medizinischen Praxisgemeinschaften, DStZ 2010, 287.

Nach § 15 Abs. 3 Nr. 1 EStG gilt als Gewerbebetrieb in vollem Umfang die mit Ein- 371
kunftserzielungsabsicht unternommene Tätigkeit einer OHG, einer KG oder einer anderen Personengesellschaft, wenn die Gesellschaft neben anderen Tätigkeiten auch eine gewerblichen Tätigkeit i. S. d. § 15 Abs. 1 Nr. 1 EStG ausübt oder gewerbliche Einkünfte i. S. d. Absatzes 1 Satz 1 Nr. 2 bezieht – sog. Abfärberegelung oder auch Infektionsfolge. Das Niedersächsische FG hatte mit Beschluss vom 21. 4. 2004[3] ergänzt durch weitere Beschlüsse vom 13. 7. 2005 und 14. 4. 2005[4], dem BVerfG die Frage vorgelegt, ob die sog. Abfärberegelung des § 15 Abs. 3 Nr. 1 EStG verfassungsmäßig ist. Das BVerfG hat dies mit Beschluss vom 15. 1. 2008 bejaht.[5]

Mit der durch das Steuerbereinigungsgesetz (StBereinG 1986) vom 19. 12. 1985[6] in das 372
EStG eingefügten Vorschrift des § 15 Abs. 3 Nr. 1 EStG wurde eine langjährige Recht-

1 BMF 26. 3. 2004, BStBl 2004 I 434, Tz. 30, unter Bezugnahme auf BFH 20. 2. 2003 III R 10/01, BStBl 2003 II 510.

2 BMF 26. 3. 2004, BStBl 2004 I 434, Tz. 13, unter Bezugnahme auf BFH 9. 5. 1996 IV R 74/95, BStBl 1996 II 599.

3 4 K 317/91, FR 2004, 907.

4 4 K 317/91, EFG 2005, 1417.

5 1 BvL 2/04, DStRE 2008, 1003.

6 BGBl 1985 I 2436, BStBl 1985 I 735.

sprechung des RFH und des BFH gesetzlich verankert.[1] Durch die auf § 2 Abs. 2 Nr. 1 GewStG a. F. gestützte Rechtsprechung des BFH sollten die erheblichen Schwierigkeiten vermieden werden, die sich bei der Ermittlung der Einkünfte ergeben würden, wenn von einer Gesellschaft Einkünfte unterschiedlicher Einkunftsarten bezogen würden.[2] Dieser nach Auffassung des BFH[3] weiterhin maßgebende Gesichtspunkt hat zur Folge, dass jede Art der gewerblichen Einkunftserzielung eine Umqualifizierung der übrigen Einkünfte zur Folge haben muss. Dies galt bis zum Urteil des BFH vom 6. 10. 2004,[4] ausnahmslos auch dann, wenn sich die Aktivitäten der PersGes auf die Beteiligung an anderen PersGes beschränkt, die ihrerseits Einkünfte aus Gewerbebetrieb beziehen. Mit dem vorbezeichneten Urteil gab der BFH die langjährige Rechtsprechung beschränkt auf den Fall auf, dass eine vermögensverwaltende PersGes (Obergesellschaft) mit Einkünften aus Vermietung und Verpachtung an einer gewerblich tätigen anderen Personengesellschaft (Untergesellschaft) beteiligt war.[5] Die Gesellschafter der Obergesellschaft bezogen danach aus den originären Aktivitäten anteilig Einkünfte aus Vermietung und Verpachtung und aus der Beteiligung der Obergesellschaft an der Untergesellschaft anteilig Einkünfte aus Gewerbebetrieb, Die FinVerw wendete dieses Urteil über den entschiedenen Einzelfall hinaus nicht an.[6] Durch das Jahressteuergesetz 2007[7] wurde § 15 Abs. 3 Nr. 1 EStG auch mit Wirkung für die Vergangenheit[8] dahin gehend ergänzt, dass eine PersGes auch dann insgesamt gewerbliche Einkünfte bezieht, wenn sie aus einer Beteiligung als Mitunternehmerin Einkünfte aus Gewerbebetrieb bezieht. Gegen die rückwirkende Anwendung dieser gesetzlichen Regelung werden deswegen keine Einwendungen erhoben, weil im Hinblick auf die bisherige Rechtsprechung des BFH kein schutzwürdiges Vertrauen verletzt wird.[9]

373 Beziehen einzelne Gesellschafter einer freiberuflich tätigen Mitunternehmerschaft als gewerblich zu qualifizierende Sondervergütungen oder Sonderbetriebseinnahmen, rechtfertigt dies nicht die Umqualifizierung der Einkünfte der Gesellschaft nach § 15 Abs. 3 Nr. 1 EStG.[10] Die Rechtsfolge dieser Vorschrift tritt nur dann ein, wenn die Mitunternehmerschaft selbst u. a. Einkünfte aus Gewerbebetrieb bezieht. Entsprechendes gilt, wenn z. B. ein Gesellschafter einer vermögensverwaltenden Gesellschaft von dieser Vergütungen bezieht, die bei ihm als Einkünfte aus Gewerbebetrieb zu besteuern sind.

374 Bei § 15 Abs. 3 Nr. 1 EStG handelt es sich um eine Regelung, die lediglich für Mitunternehmerschaften gilt, die u. a. eine gewerbliche Tätigkeit ausüben bzw. an einer gewerblichen Mitunternehmerschaft unmittelbar oder mittelbar beteiligt sind. Weder § 13 EStG noch § 18 EStG enthalten eine § 15 Abs. 3 Nr. 1 EStG entsprechende Regelung.

1 Vgl. BT-Drucks. 10/3663, 8.
2 BFH 30. 8. 2001 IV R 43/00, BStBl 2002 II 152, unter Bezugnahme auf BFH 10. 11. 1983 IV R 86/80, BStBl 1984 II 152, mit Hinweis auf *Strutz*, Kommentar zum Einkommensteuergesetz 1925, § 29 Anm. 30.
3 BFH 13. 11. 1997 IV R 67/96, BStBl 1998 II 254; vgl. dazu auch *Wacker* in Schmidt, EStG § 18 Rz. 44.
4 IX R 53/01, BStBl 2005 II 383.
5 Vgl. dazu auch BFH 6. 11. 2003 IV ER -S- 3/03, BStBl 2005 II 376.
6 BMF 18. 5. 2005, BStBl 2005 I 698.
7 Vom 13. 12. 2006, BGBl 2006 I 2878.
8 Vgl. § 52 Abs. 32a EStG.
9 Vgl. *Wacker* in Schmidt, § 15 EStG Rz. 189.
10 BFH 28. 6. 2006 XI R 31/05, BStBl 2007 II 378, m. w. N.

Eine Mitunternehmerschaft, die einen land- und forstwirtschaftlichen Betrieb führt oder einer freiberuflichen Tätigkeit nachgeht, kann danach daneben durchaus Einkünfte aus vermögensverwaltenden Tätigkeiten i. S. v. §§ 20, 21 EStG beziehen.[1]

Als weiterer Zweck des § 15 Abs. 3 Nr. 1 EStG wird die Sicherung des GewSt-Aufkommens gesehen und als eine kodifizierte Missbrauchsabwehr und Spezialnorm gegenüber § 42 AO verstanden.[2] Angesichts der zunächst mit Wirkung ab Veranlagungszeitraum 1994 eingeführten Regelung des § 32c EStG, der Tarifbegrenzung bei gewerblichen Einkünften und der Ablösung dieser Vorschrift ab Veranlagungszeitraum 2001 durch § 35 EStG, der die Anrechnung einer pauschalierten GewSt auf die ESt vorsieht, ist eine wesentliche nachteilige steuerliche Folge, die zusätzliche Belastung nicht gewerblicher Einkünfte mit GewSt, zumindest weitgehend ausgeräumt worden. 375

Eine Ausnahme von dem Grundsatz des § 15 Abs. 3 Nr. 1 EStG hat der Gesetzgeber in der durch das Gesetz zur Förderung von Wagniskapital v. 30. 7. 2004[3] eingefügten Regelung des § 18 Abs. 1 Nr. 4 EStG vorgesehen. Danach beziehen Beteiligte an einer vermögensverwaltenden Gesellschaft, deren Zweck im Erwerb, Halten und in der Veräußerung von Anteilen an Kapitalgesellschaften besteht – auch Venture Capital und Private Equity Fonds – mit ihren Vergütungen für Leistungen zur Förderung des Gesellschafts- oder Gemeinschaftszwecks Einkünfte aus selbständiger Arbeit. Dabei ist Voraussetzung, dass die Gesellschafter oder Gemeinschafter ihr eingezahltes Kapital zurückerhalten haben. Die Anwendung der Regelung des § 15 Abs. 3 EStG wird ausdrücklich ausgeschlossen. 376

Nach § 15 Abs. 3 Nr. 1 EStG – ist von der Ausnahme in § 18 Abs. 1 Nr. 4 EStG abgesehen – immer dann zu verfahren, wenn die Gesellschaft neben anderen Tätigkeiten einer gewerblichen Tätigkeit i. S. d. § 15 Abs. 2 EStG nachgeht. Die Umqualifizierung der übrigen Einkünfte ist danach auch dann erforderlich, wenn die gewerbliche Tätigkeit nicht der GewSt unterliegt;[4] sind es in einem derartigen Fall Einkünfte aus einer freiberuflichen Tätigkeit, die in gewerbliche Einkünfte umqualifiziert werden, erstreckt sich die GewSt-Befreiung auch auf diese Einkünfte, so dass sich anders als im Regelfall des § 15 Abs. 3 Nr. 1 EStG keine Belastung mit GewSt ergibt. Besteht für die Gesellschaft nach außersteuerlichen Vorschriften keine Buchführungspflicht, die nach § 140 AO auch im Interesse der Besteuerung zu erfüllen wäre, kann die Anwendung des § 15 Abs. 3 Nr. 1 EStG im Einzelfall dazu führen, dass eine Buchführungspflicht nach § 141 Abs. 1 Nr. 4 AO begründet wird. 377

Ist eine vermögensverwaltende PersGes (Obergesellschaft) an einer anderen PersGes als Mitunternehmerin (Untergesellschaft) beteiligt, bezieht sie gem. § 15 Abs. 3 Nr. 1 EStG nicht nur dann insgesamt Einkünfte aus Gewerbebetrieb, wenn die Untergesellschaft einer gewerblichen Tätigkeit nachgeht, sondern auch dann, wenn diese vermögensverwaltend tätig und lediglich nach § 15 Abs. 3 Nr. 2 EStG gewerblich geprägt ist. Weiter ist zu beachten, dass die Rechtsfolgen des § 15 Abs. 3 Nr. 1 EStG bei der 378

1 BFH 28. 6. 2006 XI R 31/05, BStBl 2007 II 378, m. w. N.

2 *Seer/Drüen*, BB 2000, 2176.

3 BGBl 2004 I 2013.

4 BFH 30. 8. 2001 IV R 43/00, BStBl 2002 II 152.

Obergesellschaft auch dann eintreten, wenn die Untergesellschaft ihrerseits vermögensverwaltend tätig ist und nur deswegen insgesamt Einkünfte aus Gewerbebetrieb bezieht, weil sie gewerbliche Einkünfte aus einer Beteiligung an einer anderen Mitunternehmerschaft erzielt.

379 Sind an einer vermögensverwaltenden PersGes und an einer gewerblichen tätigen PersGes dieselben Personen mit identischen Beteiligungsverhältnissen beteiligt, liegt kein Anwendungsfall des § 15 Abs. 3 Nr. 1 EStG vor;[1] bei Überlassung wesentlicher Betriebsgrundlagen durch die vermögensverwaltende an die gewerblich tätige PersGes liegt eine mitunternehmerische Betriebsaufspaltung vor, so dass die vermögensverwaltende Gesellschaft dann aus diesem Grunde gewerblich tätig ist.[2]

380 Gegen § 15 Abs. 3 Nr. 1 EStG wird eingewandt, dass bereits ein nur verhältnismäßig geringer Umfang einer gewerblichen Tätigkeit zur Umqualifizierung der übrigen, u. U. weitaus überwiegenden Einkünfte aus anderen Einkunftsarten in Einkünfte aus Gewerbebetrieb führt.[3] Der BFH[4] hat es bisher ausnahmsweise bei im Verhältnis zur Gesamttätigkeit der Gesellschaft zu vernachlässigenden gewerblichen Aktivitäten für vertretbar angesehen, die Rechtsfolgen des § 15 Abs. 3 Nr. 1 EStG nicht zu ziehen. Diese Ausnahme wird mit dem Grundsatz der Verhältnismäßigkeit gerechtfertigt, der sich unmittelbar aus dem Wesen der Grundrechte ergibt, der für grundrechtseinschränkende Gesetze und damit auch für Steuergesetze gilt. Das sich daraus ergebende Gebot der Proportionalität bedeutet nach Auffassung des BFH, dass Mittel und Zweck in einem angemessenen Verhältnis zueinander stehen müssen. Dieser Grundsatz würde dann nicht gewahrt, wenn eine Tätigkeit von ganz untergeordneter Bedeutung ist, die kaum in Erscheinung tritt, eine umqualifizierende Wirkung entfalten würde; in diesem Fall würde die „schädliche" Tätigkeit eine unverhältnismäßige Rechtsfolge auslösen und damit eine Bedeutung erlangen, die ihr von ihrem Gewicht her nicht zukommt. Danach sah es der BFH nicht als gerechtfertigt an, bei einer freiberuflichen Gemeinschaftspraxis für Krankengymnastik mit Einnahmen aus dieser Tätigkeit i. H. v. rd. 510 000 DM im Hinblick auf Einnahmen aus Handelswaren i. H. v. rd. 6 400 DM gem. § 15 Abs. 3 Nr. 1 EStG, von einem Gewerbebetrieb auszugehen. In dem Beschluss vom 8. 3. 2004[5] hat es der BFH im Rahmen des vorläufigen Rechtsschutzes für zweifelhaft angesehen, ob es die Erbringung gewerblicher Leistungen im Umfang von max. 2,81 % des Gesamtumsatzes rechtfertigt, die von einer GbR bezogenen Einkünfte gem. § 15 Abs. 3 Nr. 1 EStG in Einkünfte aus Gewerbebetrieb umzuqualifizieren. Im Schrifttum[6] werden recht unterschiedliche Bagatellgrenzen für vertretbar gehalten. Sie schwanken zwischen einem Umsatzanteil von max. 2 % bis zu max. 10 %. Nicht geklärt ist die Frage, ob eine Bagatellgrenze auch bei Beteiligung an einer gewerblichen Untergesellschaft zu beachten ist; *Wacker*[7] verneint dies.

1 BMF 13. 5. 1996, BStBl 1996 I 621.

2 BFH 30. 10. 2002 IV R 33/01, BStBl 2003 II 272.

3 Vgl. z. B. die Nachweise bei *Wacker* in Schmidt, EStG § 15 Rz. 185 ff.

4 Urteil 11. 8. 1999 XI R 12/98, BStBl 2000 II 229.

5 IV B 212/03 , BFH/NV 2004, 954.

6 Vgl. *Wehrheim/Brodthage*, DStR 2003, 485 sowie die Nachweise bei *Wacker* in Schmidt, EStG § 15 Rz. 188.

7 *Wacker* in Schmidt, § 15 EStG Rz. 188.

Voraussetzung für die Anwendung des § 15 Abs. 3 Nr. 1 EStG ist, dass die Gesellschaft unter Einbeziehung der von ihr gehaltenen mitunternehmerschaftlichen Beteiligungen unterschiedlichen Aktivitäten nachgeht, die nicht ausnahmslos zu Einkünften aus Gewerbebetrieb führen. Dies ist dann nicht der Fall, wenn sich die gemeinschaftliche Einkunftserzielung der Gesellschafter auf nicht gewerbliche Einkünfte beschränkt und nur einer der Gesellschafter im Zusammenhang damit gewerblichen Aktivitäten nachgeht.[1] Die gewerblichen Aktivitäten eines Mitunternehmers rechtfertigen es danach nicht, die Einkünfte der Gesellschaft nach § 15 Abs. 3 Nr. 1 EStG umzuqualifizieren. Eine gemeinschaftliche Erzielung gewerblicher Einkünfte liegt hingegen bei einer mitunternehmerischen Betriebsaufspaltung vor, wenn die Besitzpersonengesellschaft im Übrigen Grundstücke an fremde Dritte unter Umständen vermietet, die für sich betrachtet zum Bezug von Einkünften aus Vermietung und Verpachtung i. S. d. § 21 EStG führen würden, so dass auch insoweit gem. § 15 Abs. 3 Nr. 1 EStG Einkünfte aus Gewerbebetrieb bezogen werden.[2] 381

Ist eine Gesellschaft insgesamt vermögensverwaltend in einer Weise tätig, dass daraus Einkünfte aus Vermietung und Verpachtung und/oder Kapitalvermögen bezogen werden, ist es unerheblich, dass u. U. einzelne Gesellschafter ihre Beteiligung in einem gewerblichen Betriebsvermögen halten und die Einkünfte daraus als Einkünfte aus Gewerbebetrieb zu besteuern sind. In diesen Fällen ist auf der Ebene der Gesellschaft davon auszugehen, dass alle Gesellschafter Einkünfte i. S. v. §§ 20, 21 EStG erzielen. Ergibt sich im Besteuerungsverfahren der einzelnen Gesellschafter, dass die Einkünfte in einem gewerblichen Betriebsvermögen erzielt werden, weil die Beteiligung zu einem Betriebsvermögen des Gesellschafters gehört, sind die Einkünfte auf der Ebene des Gesellschafters in solche aus Gewerbebetrieb umzuqualifizieren. 382

Die Frage der Anwendung des § 15 Abs. 3 Nr. 1 EStG kann sich nur bei einer Gesellschaft stellen, bei der die Gesellschafter Mitunternehmer sind. Ist ein Einzelunternehmer von mehreren Personen beerbt worden und führen die Erben den Betrieb fort, werden sie insoweit Mitunternehmer.[3] Das Privatvermögen des Erblassers verbleibt – vorbehaltlich abweichender Verfügungen – auch bei der Erbengemeinschaft in deren Privatvermögen.[4] Dementsprechend beziehen die Mitglieder der Erbengemeinschaft in einem derartigen Fall neben den Einkünften aus Gewerbebetrieb auch Einkünfte aus Kapitalvermögen und/oder Vermietung und Verpachtung. Eine Umqualifizierung nach § 15 Abs. 3 Nr. 1 EStG kommt insoweit nicht in Betracht.[5] Maßgebend hierfür ist, dass die Erbengemeinschaft anders als die Personengesellschaft nicht rechtsfähig ist[6] und damit keine umfassende Mitunternehmerschaft begründet wird. Entsprechendes gilt in den Fällen, in denen Ehegatten aufgrund der vereinbarten Gütergemeinschaft hinsichtlich des Gewerbebetriebs eines Ehegatten eine Mitunternehmerschaft begründet ha- 383

1 BFH 28. 6. 2006 XI R 31/05, BStBl 2007 II 378.

2 BMF 28. 4. 1998, BStBl 1998 I 583, Ziff. 2 Buchst. b; BFH 13. 11. 1997 IV R 67/96, BStBl 1998 II 254.

3 BFH 5. 7. 1990 GrS 2/89, BStBl 1990 II 837.

4 BMF 14. 3. 2006, BStBl 2006 I 253, Tz. 6.

5 BMF 14. 3. 2006, BStBl 2006 I 253, Tz. 4.

6 BGH 11. 9. 2002 II ZR 187/00, DB 2002, 2527.

ben.[1] Auch in diesen Fällen ist das außerhalb des Betriebsvermögens gehaltene, zum Gesamtgut gehörende Privatvermögen nicht gem. § 15 Abs. 3 Nr. 1 EStG in die Ermittlung der Einkünfte aus Gewerbebetrieb einzubeziehen.[2]

384 Die für natürliche Personen bestehende Möglichkeit, als Einzelunternehmer mehrere Betriebe nebeneinander zu unterhalten,[3] steht Mitunternehmerschaften nicht zu. Ein entsprechender Erfolg lässt sich nur dadurch erreichen, dass die Mitunternehmer einzelne Aktivitäten auf eine weitere von ihnen errichtete beteiligungsidentische Mitunternehmerschaft übertragen. Dies folgt daraus, dass die nebeneinander bestehenden Gesellschaften steuerlich als selbständige Subjekte zu beurteilen sind.[4]

385 Stellt sich die Überlassung von Wirtschaftsgütern durch eine Mitunternehmerschaft an ein von ihr oder von den Mitunternehmern gemeinschaftlich beherrschtes Unternehmen als die Ausübung einer gewerblichen Tätigkeit dar, weil es sich um eine Betriebsaufspaltung handelt,[5] führt dies dazu, dass sämtliche Einkünfte der ansonsten nicht gewerblich tätigen Besitzpersonengesellschaft gem. § 15 Abs. 3 Nr. 1 EStG als solche aus Gewerbebetrieb zu behandeln sind.[6] Dies hat zur Folge, dass z. B. die Anteile an der Betriebskapitalgesellschaft dem Betriebsvermögen der Besitzgesellschaft zuzurechnen sind, die von der Betriebskapitalgesellschaft bezogenen Gewinnausschüttungen Betriebseinnahmen der Besitzgesellschaft sind. Entsprechendes gilt für die Zinsen für ein der Betriebsgesellschaft gegebenes Darlehen.

386 Werden der Betriebskapitalgesellschaft Wirtschaftsgüter von ihren Gesellschaftern, die zugleich Gesellschafter der Besitzgesellschaft sind, überlassen, ist regelmäßig zu prüfen, ob diese Wirtschaftsgüter zum Sonderbetriebsvermögen II bei der Besitzpersonengesellschaft gehören.[7] Für diesen Fall beziehen die Gesellschafter im Rahmen ihrer Beteiligung an der Besitzgesellschaft mit den Nutzungsvergütungen Einnahmen aus Gewerbebetrieb i. S. d. § 15 Abs. 1 Satz 1 Nr. 2 EStG.

387–395 *(Einstweilen frei)*

4. Gewerblich geprägte Personengesellschaft

Literatur: *Farnschläder/Kahl*, Anwendung des § 15 Abs. 3 Nr. 2 EStG bei ausländischen Personengesellschaften, IWB F. 3 Gr. 3, 1179; *von Gronau/Konold*, Die „GmbH & Co. GbR mbH" – Ende einer Rechtsform?, DStR 1999, 1965; *Eggert*, Umwandlung der GmbH & Co. GbR in eine KG, DStR 2000, 230; *von Gronau/Konold*, Die „GmbH & Co. GbR mbH" – Ende einer Rechtsform?, DStR 2000, 1860; *Limmer*, Die identitätswahrende Umwandlung einer BGB-Gesellschaft in eine GmbH & Co. KG, DStR 2000, 1230; *Wengel*, Die steuerliche Behandlung der gewerblichen bzw. nicht gewerblich geprägten Personengesellschaft, StuB 2000 450; *Peter/Rohenfußler*, Die GbR mbH im System des Ge-

1 Beschluss des GrS des BFH 25. 6. 1984 GrS 4/82, BStBl 1984 II 751; Urteile 1. 10. 1992 IV R 130/90, BStBl 1993 II 574; BFH 4. 11. 1997 VIII R 18/95, BStBl 1999 II 384.

2 R 15.8 Abs. 5 Satz 3 EStR.

3 Vgl. dazu z. B. BFH 9. 8. 1989 X R 130/87, BStBl 1989 II 901.

4 BFH 21. 2. 1980 I R 95/76, BStBl 1980 II 465; 31. 7. 1991 VIII R 23/89, BStBl 1992 II 375.

5 Beschluss 8. 11. 1971 GrS 2/71, BStBl 1972 II 63; Urteile 24. 11. 1998 VIII R 61/97, BStBl 1999 II 483; 24. 2. 2000 IV R 62/98, BStBl 2000 II 417; 29. 8. 2001 VIII R 34/00, BFH/NV 2002, 185.

6 BFH 13. 11. 1997 IV R 67/96, BStBl 1998 II 254, unter Bezugnahme auf die herrschende Auffassung im Schrifttum, BMF 8. 6. 1999, BStBl 1999 I 592.

7 BFH 1. 10. 1996 VIII R 44/95, BStBl 1997 II 530.

sellschafts- und Steuerrechts, GmbHR 2000, 801; *Wellkamp*, Die GbR mbH – Gestaltungshinweise nach dem Ende einer Rechtsform, FR 2000, 1123; *Carle*, Ist die Stimmrechtsausübung der Kommanditisten in der Gesellschafterversammlung der Komplementär-GmbH einer Einheits-GmbH & Co. KG geprägeschädlich?, GmbHR 2001, 100; *Harle/Kulemann*, Mitunternehmerschaft einer zweigliedrigen kapitalistischen OHG bei fehlender Mitunternehmerschaft einer Gesellschafterin, StuB 2001, 21; *dies.*, Liegt bei einer gewerblich geprägten Personengesellschaft immer eine Mitunternehmerschaft vor?, StBp 2001, 110; *Paus*, Die GmbH & Co. GbR – eine unendliche Geschichte?, DStZ 2002, 66; *Spilker/Früchtl*, Kapitalgesellschaften als Gesellschafter einer Kommanditgesellschaft im Rahmen von § 15 Abs. 3 Nr 2 EStG, DStR 2010, 1007.

a) Überblick

Der BFH hat mit dem Beschluss des GrS vom 25. 6. 1984[1] die bis dahin vertretene Auffassung aufgegeben, dass bei einer KG, deren alleiniger persönlich haftender und geschäftsführender Gesellschafter eine GmbH ist, allein wegen dieser Rechtsform die Einkünfte mit Wirkung für alle Gesellschafter (Mitunternehmer) als Einkünfte aus Gewerbebetrieb zu qualifizieren sind – sog. Geprägerechtsprechung. Danach sollte auch in diesen Fällen von dem Bezug von Einkünften aus Gewerbebetrieb nur dann ausgegangen werden, wenn die Gesellschaft tatsächlich gewerblich tätig ist. Darauf reagierte der Gesetzgeber mit der Einfügung des § 15 Abs. 3 Satz 2 EStG auch mit Wirkung für die Vergangenheit durch das Steuerbereinigungsgesetz vom 19. 12. 1985.[2] Diese Rückwirkung ist nach Auffassung des BFH[3] rechtmäßig. 396

Nach § 15 Abs. 3 Nr. 2 EStG gilt als Gewerbebetrieb in vollem Umfang die mit Einkünfteerzielungsabsicht unternommene Tätigkeit einer PersGes, die keine Tätigkeit i. S. d. § 15 Abs. 1 Satz 1 Nr. 1 EStG ausübt und bei der ausschließlich eine oder mehrere Kapitalgesellschaften persönlich haftende Gesellschafter sind und nur diese oder Personen, die nicht Gesellschafter sind, zur Geschäftsführung befugt sind – gewerblich geprägte PersGes. 397

Diese Voraussetzungen liegen dann nicht vor, wenn neben der persönlich haftenden Kapitalgesellschaft natürliche Personen zur Geschäftsführung der Personengesellschaft berufen sind; dabei kann es sich auch um Kommanditisten der KG handeln.[4] Übt eine PersGes originär eine gewerbliche Tätigkeit aus, stellt sich die Frage der Anwendung des § 15 Abs. 3 Nr. 2 EStG nicht,[5] z. B. bei einer GmbH & Co. KG oder einer GmbH & atypisch Still,[6] die einen Herstellungsbetrieb betreibt. Der klassische Anwendungsfall ist danach die vermögensverwaltende PersGes, die keinerlei gewerblichen Aktivitäten nachgeht und deren Gesellschafter damit aus der Beteiligung im Regelfall Einkünfte aus Vermietung und Verpachtung sowie/oder Kapitalvermögen beziehen würden. In diesen Fällen wird die Unternehmensform der GmbH & Co. KG gewählt, wenn sich die

1 GrS 4/82, BStBl 1984 II 751.

2 BGBl 1985 I 2436, BStBl 1985 I 735.

3 Urteile 8. 6. 2000 IV R 37/99, BStBl 2001 II 162; 8. 10. 2001 VIII B 22/01, BFH/NV 2002, 333, m. w. N.

4 BFH 23. 5. 1996 IV R 87/93, BStBl 1996 II 523.

5 BFH 20. 11. 2003 IV R 5/02, BStBl 2004 II 464.

6 BFH 14. 7. 1998 VIII B 112/97, BFH/NV 1999, 169.

Beteiligten daraus nicht zuletzt auch steuerliche Vorteile versprechen. Dies kann z. B. der Fall sein, wenn bisher in einem Betriebsvermögen gehaltener Grundbesitz nach Einstellung der gewerblichen Tätigkeit weiterhin der Einkunftserzielung dienen soll und damit die an sich gebotene Überführung in das Privatvermögen unter Aufdeckung nicht unbeträchtlicher stiller Reserven vermieden werden kann. Soweit die Unternehmensform der GmbH & Co. KG anderen Gesellschaftsstrukturen vorgezogen wird, besteht nur in Teilbereichen ein Zusammenhang mit der nach § 15 Abs. 3 Nr. 2 EStG erfolgenden gewerblichen Prägung.

398 § 15 Abs. 3 Nr. 2 Satz 2 erweitert den Anwendungsbereich der Vorschrift auf doppelstöckige Personengesellschaften. Beteiligt sich eine gewerblich geprägte PersGes (Obergesellschaft) als persönlich haftender Gesellschafter an einer anderen PersGes (Untergesellschaft), so steht für die Beurteilung, ob die Tätigkeit der Untergesellschaft als Gewerbebetrieb gilt, die gewerblich geprägte Obergesellschaft einer Kapitalgesellschaft gleich. Auch wenn die Obergesellschaft somit selber keine Kapitalgesellschaft ist, kann auch die Beteiligung einer gewerblich geprägten Personengesellschaft an einer vermögensverwaltenden Personengesellschaft zur gewerblichen Prägung der vermögensverwaltenden Gesellschaft führen, sofern ausschließlich die Obergesellschaft oder Nichtgesellschafter zur Geschäftsführung berufen sind.

b) Voraussetzungen für die gewerbliche Prägung im Einzelnen im Regelfall

399 Die Anwendung des § 15 Abs. 3 Nr. 2 Satz 1 EStG setzt eine PersGes voraus, bei der ausschließlich eine oder mehrere Kapitalgesellschaften persönlich haftende Gesellschafter sind. Entsprechend § 1 Abs. 1 Nr. 1 KStG sind KapGes die AG, die KGaA und die GmbH. Ferner gehören dazu ausländische KapGes.[1] Mit dem Begriff des persönlich haftenden Gesellschafters wird an die diesbezüglichen Regelungen des HGB, wie z. B. in § 128 HGB für die OHG, § 161 Abs. 2 HGB für das Recht der KG, angeknüpft. Es handelt sich dabei um die Personen, deren Haftung gegenüber den Gesellschaftsgläubigern nicht beschränkt ist, wie sich dies aus den §§ 128, 130 HGB ergibt, die gem. § 161 Abs. 2 HGB auch im Verhältnis zu den persönlich haftenden Gesellschaftern einer KG anwendbar sind. Danach kann eine PersGes, bei der sämtliche Gesellschafter unbeschränkt haften, nur dann gewerblich geprägt sein, wenn es sich dabei ausnahmslos um KapGes handelt,[2] oder neben KapGes nur ihrerseits gewerblich tätige oder gewerblich geprägte PersGes beteiligt sind.[3]

400 Sind an der PersGes neben KapGes auch natürliche Personen beteiligt, tritt danach die gewerbliche Prägung nur dann ein, wenn die natürlichen Personen nur beschränkt gegenüber den Gesellschaftsgläubigern haften, wie dies allgemein bei den Kommanditisten einer KG der Fall ist. Der Umstand, dass die Kommanditisten aufgrund besonderer Vereinbarungen, z. B. von eingegangenen Bürgschaften, den Gesellschaftsgläubigern über ihre Einlage hinaus haften, steht dem nicht entgegen. Abzustellen ist danach da-

1 BFH 17. 12. 1997 I R 34/97, BStBl 1998 II 296; 14. 3. 2007 XI R 15/05, BStBl 2007 II 924, m. w. N.

2 BFH 22. 11. 1994 VIII R 63/93, BStBl 1996 II 93.

3 BFH 8. 6. 2000 IV R 37/99, BStBl 2001 II 162.

rauf, ob die in Betracht kommenden Gesellschafter allgemein, d. h. aufgrund des Gesellschaftsstatuts, den Gläubigern der Gesellschaft nur beschränkt haften.

Nach dem Urteil des BGH vom 27. 9. 1999[1] können – entgegen einer bis dahin praktizierten Übung – die Gesellschafter einer GbR ihre Haftung nicht allgemein durch einseitige Erklärung, sondern nur durch individuelle Abrede bei jedem von der GbR abgeschlossenen Vertrag beschränken. Es wurde bis dahin für zulässig erachtet, an einer GbR z. B. allein eine GmbH als vollumfänglich haftende Gesellschafterin, die übrigen Gesellschafter nur beschränkt haftend zu beteiligen. Steuerlich wurde eine derartige GbR als gewerblich geprägt i. S. d. § 15 Abs. 3 Nr. 2 EStG angesehen Diese Beurteilung ist nach dem BMF-Schreiben vom 18. 7. 2000[2] nicht mehr zulässig. Zugleich wurde eine inzwischen ausgelaufene Übergangsregelung getroffen. 401

Erzielt eine atypisch stille Gesellschaft nicht bereits aufgrund der von ihr ausgeübten Tätigkeiten Einkünfte aus Gewerbebetrieb,[3] können von einer nichtgewerblich tätigen GmbH & atypisch Still Einkünfte aus Gewerbebetrieb nur gem. § 15 Abs. 3 Nr. 2 EStG als gewerblich geprägte PersGes bezogen werden.[4] 402

Neben der Beteiligung von Kapitalgesellschaften als persönlich haftende Gesellschafter wird vorausgesetzt, dass nur diese oder Personen, die nicht Gesellschafter sind, zur Geschäftsführung befugt sind. Nach der Rechtsprechung des BFH[5] ist der Begriff der Geschäftsführung in § 15 Abs. 3 Nr. 2 EStG gesellschaftsrechtlich i. S. v. §§ 114 – 117, 164 HGB sowie von §§ 709 – 713 BGB zu verstehen. Dies ergebe sich aus der Wertung des Gesetzgebers, nach der eine KapGes einer PersGes wegen ihrer Stellung als alleinige persönlich haftende und geschäftsführende Gesellschafterin das Gepräge gibt. Die zur Bestimmung dieser Prägewirkung umschriebenen Begriffe müssten daher gesellschaftsrechtlich interpretiert werden, so dass die gesetzliche oder gesellschaftsvertragliche organschaftliche Befugnis im Innenverhältnis der Gesellschafter zueinander zu einer auf Verwirklichung des Gesellschaftszwecks gerichteten Tätigkeit maßgeblich ist. Ist bei einer GmbH & Co. KG ein Kommanditist zur Geschäftsführung berufen, sind die Voraussetzungen des § 15 Abs. 3 Nr. 2 EStG nur dann erfüllt, wenn er diese Funktion als Geschäftsführer der Komplementär-GmbH wahrnimmt. Ist hingegen ein Kommanditist zum Geschäftsführer der KG bestellt worden, ohne dass er zugleich Geschäftsführer der Komplementär-GmbH ist, wird die Gesellschaft dadurch nicht gewerblich geprägt.[6] Dies gilt selbst für den Fall, dass neben ihm der Geschäftsführer der Komplementär-GmbH zum Geschäftsführer berufen ist. Eine andere Beurteilung greift dann ein, wenn neben dem Geschäftsführer der Komplementär-GmbH Personen zu Geschäftsführern berufen sind, die nicht zugleich Gesellschafter sind; dabei kann es sich auch um Ehegatten der Gesellschafter handeln. 403

1 II ZR 371/98, DB 1999, 2205.

2 BStBl 2000 I 1198.

3 BFH 26. 11. 1996 VIII R 42/94, BStBl 1998 II 328, m. w. N.

4 BFH 14. 7. 1998 VIII B 112/97, BFH/NV 1999 169.

5 BFH 23. 5. 1996 IV R 87/93, BStBl 1996 II 523, unter Bezugnahme auf BFH 11. 12. 1986 IV R 222/84, BStBl 1987 II 553.

6 BFH 23. 5. 1996 IV R 87/93, BStBl 1996 II 523.

404 Eine PersGes ist danach dann nicht gewerblich geprägt, wenn KapGes und natürliche Personen sich zu einer OHG oder einer GbR zusammengeschlossen haben.[1] Eine derartige Gesellschaft bezieht nur unter den Voraussetzungen des § 15 Abs. 3 Nr. 1 EStG insgesamt Einkünfte aus Gewerbebetrieb. Handelt es sich um eine vermögensverwaltende Gesellschaft, liegt eine Zebragesellschaft vor. Entsprechendes gilt, wenn Kapitalgesellschaften und natürliche Personen nebeneinander Komplementäre einer KG sind. Sind die Gesellschafter einer Personengesellschaft ausschließlich Kapitalgesellschaften ist umstritten, ob diese gewerblich geprägt ist.[2]

c) Gewerbliche Prägung durch eine andere gewerblich geprägte Personengesellschaft

405 Nach § 15 Abs. 3 Nr. 2 Satz 2 EStG führt die Beteiligung einer gewerblich geprägten Personengesellschaft (Obergesellschaft) als persönlich haftender Gesellschafter an einer nicht gewerblichen tätigen Personengesellschaft (Untergesellschaft) zu deren gewerblicher Prägung, wenn sie zugleich deren alleiniger Geschäftsführer ist oder neben ihr nur Personen zur Geschäftsführung berufen sind, die nicht zugleich Gesellschafter sind. Dabei ist es unerheblich, ob die Obergesellschaft nach § 15 Abs. 3 Nr. 2 Satz 1 oder Satz 2 EStG gewerblich geprägt wurde.[3]

BEISPIEL: An der vermögensverwaltend tätigen A-GmbH & Co. KG sind beteiligt die A-GmbH, der die alleinige Geschäftsführung obliegt und die natürliche Person A als Kommanditist. Es handelt sich damit um eine nach § 15 Abs. 3 Nr. 2 Satz 1 EStG gewerblich geprägte PersGes.

Die A-GmbH & Co. KG beteiligt sich ihrerseits als alleinige persönlich haftende Gesellschafterin, die zugleich zur alleinigen Geschäftsführerin berufen ist, an der ebenfalls vermögensverwaltend tätigen X-KG. Kommanditisten sind ausschließlich natürliche Personen. Die X-KG ist eine nach § 15 Abs. 3 Nr. 2 Satz 2 EStG gewerblich geprägte PersGes.

Beteiligt sich die X-KG ihrerseits als alleinige persönlich haftende Gesellschafterin und alleinige Geschäftsführerin an der ebenfalls vermögensverwaltend tätigen Y-KG, wird auch diese gem. § 15 Abs. 3 Nr. 2 Satz 2 EStG durch die X-KG gewerblich geprägt.

406 Die Regelung des § 15 Abs. 3 Nr. 2 Satz 2 EStG gilt auch dann, wenn die Obergesellschaft eine originäre gewerbliche Tätigkeit entfaltet, während die Untergesellschaft lediglich vermögensverwaltend tätig ist.

BEISPIEL: Die X-GmbH & Co. KG unterhält einen Fabrikationsbetrieb und ist deswegen eine PersGes, die bereits nach § 15 Abs. 1 Nr. 2 Satz 1 EStG gewerbliche Einkünfte erzielt, mithin nicht gewerblich geprägt ist. Sie ist zugleich alleinige Komplementärin und Geschäftsführerin der ausschließlich vermögensverwaltend tätigen Y-KG.

Nach dem Urteil des BFH vom 8. 6. 2000[4] entspricht es Sinn und Zweck der Regelung des § 15 Abs. 3 Nr. 2 Satz 2 EStG, dass die gewerbliche Prägung nicht nur durch eine gewerblich geprägte, sondern bei Vorliegen der weiteren Voraussetzungen auch durch eine originär gewerblich tätige Personengesellschaft erfolge. Dabei gelangt der BFH un-

1 Vgl. auch *Wacker* in Schmidt, § 15 EStG Rz. 230.

2 Vgl. *Wacker* in Schmidt, EStG § 15 Rz. 229, der eine gewerbliche Prägung bejaht; a. A. *Spilker/Früchtl*, DStR 2010, 1007.

3 Vgl. auch *Wacker* in Schmidt, EStG § 15 Rz. 217.

4 IV R 37/99, BStBl 2001 II 162, m. w. N.

ter Bezugnahme auf die wohl h. M. im Schrifttum[1] zu dem Ergebnis, dass die Beschränkung der Rechtsfolgen des § 15 Abs. 3 Nr. 2 Satz 2 EStG auf die durch den Wortlaut dieser Vorschriften gedeckten Fälle nach dem Gesamtzusammenhang und der historischen Entwicklung zu einem widersinnigen Ergebnis führen würde, so dass damit die Auslegung über den Wortlaut hinaus zulässig sei; nach allgemeinem Verständnis liege ein Redaktionsversehen des Gesetzgebers vor.

(Einstweilen frei) 407–415

5. Besonderheiten bei doppelstöckiger Mitunternehmerschaft i. S. d. § 15 Abs. 1 Satz 1 Nr. 2 Satz 2 EStG

Literatur: *Ley,* Besteuerungsfragen bei doppelstöckigen Personengesellschaften, KÖSDI 1996, 10923; *Schmid,* Steuerbilanzielle Fragestellungen Sonderbetriebsvermögen im Verhältnis von Obergesellschaft zu Untergesellschaft bei doppelstöckigen Personengesellschaften, DStR 1997, 941; *Ley,* Gesellschafterkonten bei Doppelstock- und Schwestermitunternehmerschaften, KÖSDI 2003, 13573; *Roser,* Die Gewinnermittlung bei mehrstöckigen Personengesellschaften, EStB 2006, 149; *Schmidt/Heinz/Jung,* Steuerliche Ergebnismitteilung bei doppel- und mehrstöckigen Personengesellschaften, GmbHR 2007, 628.

Gesellschafter einer Personengesellschaft, Mitunternehmer, kann eine natürliche Person, eine juristische Person – z. B. eine Kapitalgesellschaft – oder aber auch eine weitere PersGes sein. Die Besteuerung der von einer PersGes (Obergesellschaft) aus ihrer Beteiligung an einer anderen PersGes (Untergesellschaft) erzielten Gewinne ist nur bei den Gesellschaftern der Obergesellschaft möglich. Die Gesellschafter der Obergesellschaft werden nicht Gesellschafter der Untergesellschaft. Eine dem Gesellschafter der Obergesellschaft vermittelte mittelbare Beteiligung an der Untergesellschaft begründet nach der ständigen Rechtsprechung des BFH[2] für sich allein nicht dessen mitunternehmerschaftliche Beteiligung an der Untergesellschaft. Nach dem Beschluss vom 25. 2. 1991[3] können Personenhandelsgesellschaften und mitunternehmerisch tätige Gesellschaften bürgerlichen Rechts Gesellschafter und Mitunternehmer einer Personenhandelsgesellschaft i. S. d. § 15 Abs. 1 Satz 1 Nr. 2 EStG sein. Die Gesellschafter der Obergesellschaft werden damit aber nicht zugleich Mitunternehmer der Untergesellschaft. Diese Auffassung führte dazu, dass Vergütungen der Untergesellschaft an Gesellschafter der Obergesellschaft (Obergesellschafter) nicht als Vergütungen i. S. d. § 15 Abs. 1 Nr. 2 Satz 1 EStG besteuert werden konnten. 416

Auf diese Rechtsprechung reagierte der Gesetzgeber mit der Regelung des § 15 Abs. 1 Satz 1 Nr. 2 Satz 2 EStG. Danach steht der mittelbar über eine oder mehrere PersGes beteiligte Gesellschafter dem unmittelbar beteiligten Gesellschafter gleich; er ist als Mitunternehmer des Betriebs der Gesellschaft anzusehen, an der er mittelbar beteiligt ist, wenn er und die PersGes, die seine Beteiligung vermitteln, jeweils als Mitunternehmer der Betriebe der Personengesellschaften anzusehen sind, an denen sie unmittelbar beteiligt sind. Diese Vorschrift ist dahin gehend zu verstehen, dass zwischen dem Ge- 417

1 A. A. *Söffing,* DB 2003, 905, der in der Entscheidung des BFH eine extensive Auslegung gegen den Wortlaut der Vorschrift des § 15 Abs. 3 Nr. 2 Satz 2 EStG sieht.

2 So bereits BFH 17. 11. 1964 VI 319/63 U, BStBl 1965 III 260; 23. 1. 1974 I R 206/69, BStBl 1974 II 480.

3 GrS 7/89, BStBl 1991 II 691.

sellschafter der Obergesellschaft und der Untergesellschaft eine Mitunternehmerschaft nur dann und insoweit begründet wird, als Vergütungen i. S. d. § 15 Abs. 1 Satz 1 Nr. 2 Satz 1 EStG verrechnet werden,[1] vgl. dazu Rn. 422.

418 Bei der Untergesellschaft muss es sich um eine PersGes/Mitunternehmerschaft handeln, die Einkünfte aus Gewerbebetrieb bezieht. Dabei ist es unerheblich, ob sie gewerbliche Aktivitäten entfaltet oder nach § 15 Abs. 3 Nr. 2 EStG – u. U. auch durch die Obergesellschaft – gewerblich geprägt wurde. Bei der Obergesellschaft kann es sich um eine Außengesellschaft oder aber um eine Innengesellschaft, z. B. eine atypisch stille Gesellschaft[2] oder um eine mitunternehmerisch ausgestaltete Unterbeteiligung handeln. Geht die Obergesellschaft keiner eigenständigen gewerblichen Tätigkeit nach, wird sie allein aufgrund ihrer Beteiligung[3] an der Untergesellschaft gem. § 15 Abs. 3 Nr. 1 EStG steuerlich insgesamt Gewerbetreibende.

419 Der Gewinnanteil aus der Beteiligung an der Untergesellschaft ist damit im Rahmen der Gewinnermittlung der Obergesellschaft zu erfassen und geht damit in deren Gesamtgewinn ein, der den einzelnen Gesellschaftern – Mitunternehmern – der Obergesellschafter dann anteilig zuzurechnen ist.

BEISPIEL: Die A & Co. OHG (Wirtschaftsjahr 01. 02. – 31. 01.) ist Kommanditistin der X-GmbH & Co. KG (Wirtschaftsjahr 01. 03. – 28. 02.). Die A & Co OHG bezieht den Gewinnanteil aus ihrer Beteiligung an der X-GmbH & Co. KG aus dem am 28. 2. 2003 endenden Wirtschaftsjahr 2002/2003 gem. § 4a Abs. 2 Nr. 2 EStG im Laufe ihres am 31. 1. 2004 endenden Wirtschaftsjahres 2003/2004. Er geht damit in den Gewinn dieses Wirtschaftsjahres ein, der von den Gesellschaftern mit Ablauf des 31. 1. 2004 anteilig bezogen wird; beachte dazu BFH vom 9. 11. 2006.[4]

420 Der von der Obergesellschaft bezogene Gewinnanteil ist auf der Ebene der Untergesellschaft zu ermitteln und ihr im Rahmen der für die Untergesellschaft nach § 180 Abs. 1 Nr. 2 Buchst. b AO durchzuführenden einheitlichen und gesonderten Gewinnfeststellung mit Wirkung für die für sie durchzuführende Gewinnfeststellung zuzurechnen. Dies hat zur Folge, dass aus dem Ergebnis der Steuerbilanz der Obergesellschaft die Geschäftsvorfälle auszugliedern sind, die im Rahmen der Gewinnfeststellung der Untergesellschaft berücksichtigt worden sind. Dies gilt z. B. für als Beteiligungserträge von der Untergesellschaft vereinnahmte Gewinne, für Bezüge von der Untergesellschaft, die als Vergütungen i. S. d. § 15 Abs. 1 Satz 1 Nr. 2 Satz 1 EStG der Obergesellschaft zugerechnet worden sind, z. B. Zinsen für ein der Untergesellschaft von der Obergesellschaft gewährtes Darlehen. Hat die Obergesellschaft ihre Beteiligung an der Untergesellschaft mit einem Darlehen refinanziert, das nur und insoweit zurückzuzahlen ist, als der Obergesellschaft künftig Einnahmen oder Gewinne aus der Beteiligung zustehen, ist über den Ausweis dieses Darlehens im Sonderbetriebsvermögen bei der Untergesellschaft

1 BFH 31. 8. 1999 VIII B 74/99, BStBl 1999 II 794, unter 2b der Entscheidungsgründe; 6. 9. 2000 IV R 69/99, BStBl 2001 II 731, unter 2c der Entscheidungsgründe.

2 BFH 2. 10. 1997 IV R 75/96, BStBl 1998 II 137.

3 BFH 8. 12. 1994 IV R 7/92, BStBl 1996 II 264.

4 IV R 21/05, BStBl 2010 II 230.

unter Beachtung von § 5 Abs. 2a EStG und damit ihm Rahmen des Gewinnfeststellungsverfahrens der Untergesellschaft zu entscheiden.[1]

Nimmt die Obergesellschaft auf die mit den Anschaffungskosten bilanzierte Beteiligung an der Untergesellschaft wegen nachhaltig schlechter Ertragslage eine Teilwertabschreibung vor, werden damit im Ergebnis Verluste berücksichtigt, die ihr im Rahmen des Feststellungsverfahrens der Untergesellschaft anteilig bereits zugerechnet worden sind oder künftig noch zuzurechnen sind. Die Gewinnminderung aus einer derartigen Teilwertabschreibung ist deswegen aus dem Ergebnis der Steuerbilanz auszuscheiden.[2] Der Beteiligung an einer Personengesellschaft kommt für die steuerliche Gewinnermittlung keine eigenständige Bedeutung als Wirtschaftsgut zu.[3] Die vom BFH in seinem Urteil vom 24. 3. 1999[4] gemachten Aussagen zur Beteiligung an einer ausländischen Personengesellschaft gelten für die Beteiligung an inländischen Personengesellschaften/Mitunternehmerschaften entsprechend. Sie gelten auch für Forderungen der Obergesellschaft an die Untergesellschaft, die infolge der Zuordnung zum Sonderbetriebsvermögen der Obergesellschaft bei der Untergesellschaft als Eigenkapital zu behandeln sind.[5] 421

Durch die Regelung des § 15 Abs. 1 Nr. 2 Satz 2 wird eine Mitunternehmerschaft des Gesellschafters der Obergesellschaft bei der Untergesellschaft nur insoweit fingiert, als dieser von der Untergesellschaft Vergütungen i. S. d. § 15 Abs. 1 Nr. 2 Satz 1 EStG bezieht. Der den Gesellschaftern der Obergesellschaft aufgrund der Beteiligung der Obergesellschaft an der Untergesellschaft mittelbar zustehende Anteil am Gewinn der Untergesellschaft wird hingegen als Teil des Gewinnanteils an der Obergesellschaft bezogen.[6] Insoweit wird keine Mitunternehmerschaft zwischen der Untergesellschaft und den einzelnen Gesellschaftern der Obergesellschaft begründet. 422

BEISPIEL: A ist Gesellschafter der A & Co. OHG, die ihrerseits an der X-GmbH & Co. KG als Kommanditistin beteiligt ist. Er bezieht von der X-GmbH & Co. KG als Leiter der Entwicklungsabteilung ein Gehalt. Steuerlich handelt es sich dabei um eine von A bezogene Vergütung i. S. d. § 15 Abs. 1 Satz 1 Nr. 2 Satz 1 EStG, die ihm als von der X-GmbH & Co. KG bezogener Gewinnanteil gem. § 15 Abs. 1 Satz 1 Nr. 2 Satz 2 EStG zuzurechnen ist; insoweit gilt er als Mitunternehmer der X-GmbH & Co. KG. Der der A & Co. OHG zustehende Anteil am Gewinn der X-GmbH & Co. KG ist hingegen dieser insgesamt zuzurechnen. Auch A bezieht den ihm daran aufgrund seiner Beteiligung an der A & Co. OHG mittelbar zustehenden Anteil am Gewinn der X-GmbH & Co. KG als Teil seines Gewinnanteils an der A & Co. OHG.

Überlässt ein Gesellschafter der Obergesellschaft der Untergesellschaft Wirtschaftsgüter zur Nutzung, führen die dafür bezogene Nutzungsvergütungen zu Einkünften i. S. d. § 15 Abs. 1 Satz 1 Nr. 2 Satz 1 EStG, die er als Mitunternehmer der Untergesell- 423

---

1 BFH 20. 9. 2007 IV R 68/05, BStBl 2008 II 483.

2 BFH 20. 6. 1985 IV R 36/83, BStBl 1985 II 654, unter Bezugnahme auf die Urteile 23. 7. 1975 I R 165/73, BStBl 1976 II 73; 29. 9. 1976 I R 171/75, BStBl 1977 II 259; 22. 1. 1981 IV R 160/76, BStBl 1981 II 427; vgl. auch *Wacker* in Schmidt, § 15 EStG Rz. 690 ff., m. w. N.

3 BFH 30. 10. 2002 IV R 33/01, BStBl 2003 II 272, unter Bezugnahme auf BFH 6. 11. 1985 I R 242/81, BStBl 1986 II 333; 10. 12. 1991 VIII R 69/86, BStBl 1992 II 385.

4 I R 114/97, BStBl 2000 II 399.

5 Vgl. dazu auch BFH 19. 5. 1993 I R 60/92, BStBl 1993 II 714, und 28. 3. 2000 VIII R 28/98, BStBl 2000 II 347.

6 BFH 26. 1. 1995 IV R 23/93, BStBl 1995 II 467, unter IV.3. der Entscheidungsgründe; vgl. auch OFD Chemnitz 5. 2. 1998, DB 1998, 903, *Wacker* in Schmidt, EStG § 15 Rz. 619, m. w. N.

schaft bezieht. Dementsprechend bildet er mit diesen Wirtschaftsgütern Sonderbetriebsvermögen bei der Untergesellschaft.[1] Sofern und soweit diese Wirtschaftsgüter fremdfinanziert wurden, sind die Verbindlichkeiten ebenfalls dem Sonderbetriebsvermögen bei der Untergesellschaft zuzuordnen. Die dafür verausgabten Zinsen und Gebühren sind dementsprechend Sonderbetriebsausgaben.

424 Im Übrigen ist nicht auszuschließen, dass der Gesetzgeber für die Fälle der sog. doppelstöckigen Personengesellschaften Sonderregelungen trifft. So wird für die Inanspruchnahme von Ansparabschreibungen durch Existenzgründer in § 7g Abs. 7 Satz 2 Nr. 2 EStG a. F. bestimmt, dass die Untergesellschaft dazu nur dann berechtigt ist, wenn auch die Mitunternehmer der Obergesellschaft Existenzgründer i. S. d. § 7g Abs. 7 Satz 2 Nr. 1 EStG a. F. sind. Die Anspruchsberechtigung der Untergesellschaft setzt danach bestimmte persönliche Eigenschaften auch der Mitunternehmer der Obergesellschaft voraus.

425–435 *(Einstweilen frei)*

6. Sonderformen inländischer Mitunternehmerschaften

a) Allgemeines

436 Der Begriff der Mitunternehmerschaft i. S. d. § 15 Abs. 1 Satz 1 Nr. 2 Satz 1 EStG orientiert sich – wie aus dieser Vorschrift deutlich wird – an der gewerblich tätigen PersGes des Handelsrechts. In der Praxis hat die Führung von Unternehmen in der Rechtsform der GmbH & Co. KG, bei der üblicherweise eine von den Kommanditisten beherrschte GmbH alleinige Komplementärin ist, ohne zur Leistung einer Vermögenseinlage verpflichtet zu sein, eine besondere Bedeutung erlangt. Bei originär gewerblichen Aktivitäten der Gesellschaft wird diese Rechtsform insbesondere im Hinblick auf die für alle Beteiligten dadurch erreichbaren Haftungsbeschränkungen gewählt. Verschiedentlich wurde der Rechtsform der GmbH & Co. KG bis zum Inkrafttreten des Kapitalgesellschaften- und Co-Richtlinie-Gesetzes gegenüber der Rechtsform der Kapitalgesellschaft der Vorzug gegeben, um der Verpflichtung zur Offenlegung der Jahresabschlüsse auszuweichen. Weiteres Motiv für die Wahl dieser Rechtsform ist bei ausschließlich vermögensverwaltenden Aktivitäten die gewerbliche Prägung durch § 15 Abs. 3 Nr. 2 EStG. Wegen weiterer Einzelheiten zu den sich bei einer GmbH & Co. KG ergebenden Problemen wird auf Rn. 4151 ff. hingewiesen.

437 Weitere Problemkreise bei der Beurteilung der Beteiligung an Personenhandelsgesellschaften können sich dadurch ergeben, dass diese treuhänderisch für einen Dritten gehalten wird, an dieser einem Dritten eine Unterbeteiligung eingeräumt wird oder die Beteiligung Gegenstand einer Nießbrauchsbestellung ist. In diesen Fällen stellt sich regelmäßig die Frage, wer steuerlich als Gesellschafter, Mitunternehmer, anzusehen ist und wem dementsprechend die Gewinnanteile zuzurechnen sind. Eine entsprechende Fragestellung ergibt sich bei durch eine Erbengemeinschaft oder im Rahmen einer ehelichen Gütergemeinschaft geführten Gewerbebetrieben.

1 So auch *Wacker* in Schmidt, EStG § 15 Rz. 616, m. w. N.

Zu den anderen Gesellschaften i. S. d. § 15 Abs. 1 Satz 1 Nr. 2 Satz 1 EStG, bei denen durch eine Beteiligung eine Mitunternehmerschaft begründet werden kann, gehören ferner insbesondere die Gesellschaft bürgerlichen Rechts i. S. v. §§ 705 ff. BGB, die Partenreederei i. S. v. §§ 489 ff. HGB, die stille Gesellschaft i. S. v. §§ 230 ff. HGB und die Partnerschaftsgesellschaft i. S. d. PartGG. Beschränkt sich der Zweck einer GbR auf die Förderung der Aktivitäten der einzelnen Gesellschafter, ist er also nicht auf die gemeinschaftliche Einkunftserzielung gerichtet, liegt regelmäßig keine Mitunternehmerschaft vor. Bei einer Partenreederei wird es sich regelmäßig um eine Mitunternehmerschaft handeln. Im Einzelfall ist zu prüfen, ob die Haftung einzelner Mitreeder in einer für Kommanditisten vergleichbaren Weise beschränkt ist, so dass der Ausgleich und der Abzug der diesen Mitreedern zuzurechnenden Anteile am Verlust gem. § 15a Abs. 5 EStG beschränkt ist. Die Partnerschaftsgesellschaft ist regelmäßig eine Mitunternehmerschaft. Dagegen hängt es bei den Gesellschaften bürgerlichen Rechts sowie bei den stillen Gesellschaften von der Ausgestaltung des Gesellschaftsverhältnisses im Einzelnen ab, ob zugleich eine Mitunternehmerschaft begründet wird. 438

(Einstweilen frei) 439–445

b) Treuhandverhältnisse

Literatur: *Ritzrow,* Gesellschaftsanteil an einer Personengesellschaft als Gegenstand eines Treuhandverhältnisses – Überblick über die Rechtsprechung des BFH –, StBp 2002, 273; *Berg/Trompeter,* Ausgliederung im Treuhandmodell, FR 2003, 903, *Stegemann,* Treuhandmodell: Ertragsteuerliche Irrelevanz der zivilrechtlich existenten Personengesellschaft als ertragsteuerliches Gestaltungsinstrument, INF 2003, 629; *Benz/Goß,* Die gewerbesteuerliche Anerkennung des Treuhandmodells, DStR 2010, 743; *Wacker,* Treuhandmodell - Keine Gewerbesteuerpflicht der Treuhand-KG, NWB 2010, 2133.

Wird die Beteiligung an einer PersGes treuhänderisch gehalten, wird damit regelmäßig der Treuhänder Gesellschafter,[1] während der Treugeber selbst nicht Gesellschafter wird; wird das Treuhandverhältnis an einer bereits vom künftigen Treugeber gehaltenen Beteiligung bestellt, scheidet dieser damit aus der Gesellschaft aus. Aus der Gesellschafterstellung des Treuhänders kann jedoch nicht gefolgert werden, dass damit zugleich dessen Mitunternehmerschaft begründet wird. Nach der ständigen Rechtsprechung des BFH[2] wird bei einer fremdnützigen Treuhand über den Kommanditanteil an einer gewerblichen KG nur der Treugeber Mitunternehmer; der Treuhänder übt die Gesellschafterrechte zwar im eigenen Namen, im Innenverhältnis aber gem. §§ 665, 676 BGB nach Weisung des Treugebers und ausschließlich auf dessen Rechnung aus, so dass sich auf diese Weise allein in der Person des Treugebers Mitunternehmerrisiko und Mitunternehmerinitiative verwirklichen. In der Person des Treuhänders wird danach keines derjenigen Merkmale erfüllt, die kumulativ zu der Gesellschafterstellung vorliegen müssen, um die Mitunternehmereigenschaft bejahen zu können. Dabei ist es 446

1 BFH 16. 5. 1995 VIII R 18/93, BStBl 1995 II 714, unter Bezugnahme auf BFH 21. 4. 1988 IV R 47/85, BStBl 1989 II 722; OLG Düsseldorf 28. 3. 1991 6 U 163/90, ZIP 1991, 1494; *K. Schmidt* in Schlegelberger, Vorbem. § 335 (§ 230 n. F.) Anm. 41 ff., 45 ff., m. w. N.

2 BFH 12. 10. 1999 VIII R 67/98, BFH/NV 2000, 427, unter Bezugnahme auf BFH 25. 2. 1991 GrS 7/89, BStBl 1991 II 691; 11. 10. 1992 IV R 130/90, BStBl 1993 II 574; 10. 12. 1992 XI R 45/88, BStBl 1993 II 538; 16. 5. 1995 VIII R 18/93, BStBl 1995 II 714.

unerheblich, dass der Gewinnanteil verfahrensrechtlich zunächst dem Treuhänder und dann in einem weiteren Verfahren dem Treugeber zuzurechnen ist.[1]

447 Diese Grundsätze gelten unabhängig davon, ob das Treuhandverhältnis durch den Treugeber originär oder im Fall des Erwerbs des Gesellschaftsanteils im Rahmen eines Erbfalls durch die vom Erblasser angeordnete Testamentsvollstreckung begründet wird.[2] Aus dem Urteil des BFH vom 21. 4. 1988,[3] wird deutlich, dass auch in den Fällen, in denen der sog. Treuhand-Kommanditist – wie z. B. bei sog. Verlustzuweisungsgesellschaften – für eine Vielzahl von Beteiligten die Funktion des Treuhänders übernommen hat, die Stellung der Treugeber als Mitunternehmer nicht beeinträchtigt wird. Lediglich in den Fällen der eigennützigen Treuhand, bei der der Treuhänder aus eigenem Interesse handelt, wird der Treugeber nicht als Mitunternehmer anzusehen sein.[4]

448 Treuhandverhältnisse, umgangssprachlich auch Einschaltung eines Strohmannes, werden u. a. auch begründet, weil dem Treugeber die Ausübung der unternehmerischen Aktivitäten aus den unterschiedlichsten Gründen verwehrt ist, In diesen Fällen kann sich die Frage stellen, ob die wirtschaftlichen Aktivitäten allein dem Treugeber zuzurechnen sind oder zwischen Treugeber und Treuhänder eine Mitunternehmerschaft begründet wird. Nach dem Urteil des BFH vom 4. 11. 2004[5] ist in diesen Fällen zu prüfen, ob der Treuhänder auch dann als Unternehmer oder gemeinschaftlich mit dem Treugeber als Mitunternehmer tätig geworden ist, wenn das Unternehmen für Rechnung des Treugebers geführt wird und der Treuhänder im Innenverhältnis von jeglicher Haftung freigestellt ist, Für den Regelfall spricht die bestehende persönliche Haftung im Außenverhältnis für eine (mit)unternehmerische Tätigkeit (auch) des Treuhänders. Eine davon abweichende Beurteilung kann ausnahmsweise dann in Betracht kommen, wenn das Unternehmen – wie bei einer Handelsvertretung – wesentlich durch die persönliche Arbeitsleistung geprägt wird, ein nur geringer Kapitaleinsatz erforderlich ist und die Geschäftsabschlüsse kein nennenswertes wirtschaftliches Risiko bergen.

449 Die Beteiligung unter Einschaltung eines Treuhänders ist – abgesehen von derartigen Sachverhaltsgestaltungen – dann anzutreffen, wenn eine Vielzahl von Gesellschaftern zur Durchführung größerer Investitionen zusammengeführt werden soll, wie dies bei geschlossenen Immobilienfonds, Schiff-Charter-Fonds, Betreiberfonds für Energieanlagen (Windkraftanlagen, Kraftwerke), Leasingfonds, Medienfonds, oder Venture Capital-Fonds der Fall ist. Dabei hängt es von der weiteren Ausgestaltung des Sachverhalts ab, ob eine mitunternehmerschaftliche Beteiligung oder eine Beteiligung an einer vermögensverwaltenden PersGes begründet wird, aus der Einkünfte i. S. v. §§ 20, 21 ggf. auch § 23 EStG bezogen werden.

450 Treuhandverhältnisse können auch mit dem Ziel eingesetzt werden, bei gewerblichen Personengesellschaften die Rechtsfolge einer Mitunternehmerschaft zu verhindern. Beim sog. „Treuhandmodell" wird an einer Kommanditgesellschaft eine Kapitalgesell-

1 Vgl. dazu BFH 13. 12. 2000 X R 42/96, BStBl 2001 II 471.
2 BFH 16. 5. 1995 VIII R 18/93, BStBl 1995 II 714.
3 IV R 47/85, BStBl 1989 II 722.
4 *Schulze zur Wiesche*, FR 1999, 281.
5 III R 21/02, BStBl 2005 II 168.

schaft oder GmbH & Co. KG als Komplementärin mit einem hohen Kapitalanteil beteiligt. Einzige weitere Gesellschafterin ist eine GmbH als Kommanditistin, deren Anteile zu 100 % von der Komplementärin gehalten werden. Die Kommanditistin hält ihre kapitalmäßig geringe Beteiligung aufgrund einer entsprechenden Vereinbarung lediglich treuhänderisch für den Komplementär. Dabei darf die Kommanditistin im Innenverhältnis ihre Gesellschafterrechte lediglich nach Weisung der Komplementärin und für deren Rechnung ausüben. Zivilrechtlich liegt in dieser Konstellation zwar eine rechtlich selbständige Kommanditgesellschaft vor. Da die Kommanditistin jedoch kein Mitunternehmerrisiko trägt und keine Mitunternehmerinitiative entfaltet, ist sie keine Mitunternehmerin. Mangels eines zweiten Mitunternehmers besteht daher keine Mitunternehmerschaft i. S. d. § 15 Abs. 1 Nr. 2 EStG, einkommensteuerlich werden die Einkünfte des Kommanditisten dem Komplementär zugerechnet. Eine einheitliche und gesonderte Gewinnfeststellung auf der Ebene der Personengesellschaft ist nicht durchzuführen. Die Personengesellschaft ist im Ergebnis eine Betriebsstätte der Komplementärin. Gewerbesteuerlich ermöglicht dies eine Verrechnung des Ergebnisses der Personengesellschaft direkt bei der Komplementärin, was z. B. zur Verrechnung von Anlaufverlusten der Personengesellschaft genutzt werden kann. Weiterer Vorteil ist, dass Vermögensgegenstände zwischen Komplementärin und der Gesellschaft zu Buchwerten übertragen werden können, ohne dass die Voraussetzungen von § 24 UmwStG oder § 6 Abs. 5 EStG erfüllt sein müssen.

Obwohl die Finanzverwaltung anfangs zahlreiche Anträge auf verbindliche Auskunft 451
positiv beschieden hatte, wurde dem Treuhandmodell im Jahr 2005 seitens der Finanzverwaltung die Anerkennung versagt[1] und die Personengesellschaft als eigenständiges gewerbliches Unternehmen behandelt. Nachdem diese Rechtsansicht vom Finanzgericht Düsseldorf[2] bestätigt worden war, hat der BFH mit Entscheidung vom 3. 2. 2010[3] das Urteil des Finanzgerichts Düsseldorf aufgehoben und die seit 2005 geltende Auffassung der Finanzverwaltung verworfen. Die Finanzverwaltung hat sich nunmehr der Auffassung des BFH angeschlossen und das Urteil im BStBl veröffentlicht. Das Treuhandmodell könnte daher zukünftig als Gestaltungsinstrument eingesetzt werden.

(Einstweilen frei) 452–460

c) Nießbrauch

Literatur: *Schulze zur Wiesche,* Die ertragsteuerliche Behandlung von Nießbrauch und Treuhand am Mitunternehmeranteil, FR 1999, 281; *Carlé/Bauschatz,* Nießbrauch bei Betriebsvermögen – zivil- und steuerrechtliche Probleme und Lösungen, KÖSDI 2001, 12873.

Zivilrechtlich wird die Beteiligung an einer PersGes als ein Recht verstanden, an dem 461
nach § 1068 Abs. 1 BGB ein Nießbrauch bestellt werden kann.[4] Voraussetzung ist nach § 1069 Abs. 2 BGB, dass dies nach dem Gesellschaftsvertrag oder aufgrund eines besonderen Gesellschafterbeschlusses zulässig ist. Der BFH hat unter Bezugnahme auf das

1 OFD Magdeburg 4. 4. 2005, DStR 2005, 867.
2 FG Düsseldorf 19. 4. 2007, EFG 2007, 1097.
3 IV 26/07, BStBl 2010 I 751.
4 Vgl. z. B. BGH 20. 4. 1972 II ZR 143/69, BGHZ 58, 316; 12. 12. 1974 II ZR 166/72, BB 1975, 295; 3. 7. 1989 II ZB 1/89, ZIP 1989, 1186, unter 4. b, cc der Gründe.

handelsrechtliche Schrifttum darauf hingewiesen, dass die Frage, wie und mit welchen Rechtsfolgen zivilrechtlich ein Nießbrauch am Gesellschaftsanteil an einer PersGes bestellt werden kann, noch nicht abschließend geklärt sei.[1] Ungeachtet dessen geht er dann weiter davon aus, dass durch die Stellung des Nießbrauchsverpflichteten als Mitunternehmer die Nießbrauchsbestellung regelmäßig nicht beeinträchtigt werde.[2] Maßgebend dafür ist, dass er Gesellschafter der PersGes bleibe, er damit weiterhin ein Unternehmerrisiko trage und auch weiterhin Unternehmerinitiative ausüben könne. Das fortbestehende Unternehmerrisiko wird daraus deutlich, dass sich der Anspruch des Nießbrauchers auf den gesellschaftsrechtlich entnahmefähigen Ertrag beschränkt, die Beteiligung am Geschäftswert des Unternehmens und am Auseinandersetzungsguthaben sowie am Verlust fortbesteht. Die für den Nießbrauchsbesteller fortbestehende Möglichkeit der Ausübung von Unternehmerinitiative wird daraus deutlich, dass ihm – ungeachtet der dem Nießbraucher zustehenden Mitwirkungsrechte – weiterhin die Mitwirkungs- und Kontrollrechte hinsichtlich etwaiger Änderungen des Gesellschaftsvertrags und für sonstige Grundlagengeschäfte und außergewöhnliche Geschäfte verbleiben.

462 Angesichts der unterschiedlichen Möglichkeiten zur Ausgestaltung des Nießbrauchsrechts ist hingegen keine allgemeine Aussage darüber möglich, dass der Nießbraucher die Stellung eines Mitunternehmers erlangt. Ist der Anspruch des Nießbrauchers auf den durch Gesetz, Gesellschaftsvertrag oder Beschluss der Gesellschafter zur Entnahme freigegebenen Gewinnanteil beschränkt und stehen ihm keinerlei Verwaltungsrechte zu, mangelt es an dem für die Annahme einer Mitunternehmerschaft erforderlichen Mitunternehmerrisiko sowie der insoweit erforderlichen Mitunternehmerinitiative. Der Nießbraucher erlangt damit nicht die Stellung eines Mitunternehmers und bezieht damit in Ausübung des Nießbrauchsrechts auch keine Einkünfte aus Gewerbebetrieb.[3]

463 Der Nießbraucher erlangt die Stellung eines Mitunternehmers dann, wenn ihm neben dem Gewinnanteil im vorstehenden Sinne ein Teil der mit dem Gesellschaftsanteil verbundenen Verwaltungsrechte zusteht.[4] Dabei ist nicht ausgeschlossen, dass nach den mit dem Nießbrauchsbesteller getroffenen Vereinbarungen u.U. die Verpflichtung zur Übernahme von Verlusten oder zur Mithaftung für Schulden der Gesellschaft eingegangen wurde.

464 Die Bestellung von Nießbrauchsrechten erfolgt nach den Erfahrungen der Praxis im Allgemeinen unentgeltlich im Zusammenhang mit Regelungen zur vorweggenommenen Erbfolge oder aber auch aus Anlass eines Erbfalles. Auf weitere Einzelheiten wird deswegen in Rn. 3301 ff. im Zusammenhang mit den sich bei Familienpersonengesellschaften ergebenden Problemen eingegangen.

465–470 *(Einstweilen frei)*

1 Vgl. BFH 9. 4. 1991 IX R 78/88, BStBl 1991 II 809; 1. 3. 1994 VIII R 35/92, BStBl 1995 II 241.

2 Vgl. auch *Wacker* in Schmidt, EStG § 15 Rz. 309, m. w. N.

3 Vgl. auch *Wacker* in Schmidt, EStG § 15 Rz. 308, m. w. N.

4 Vgl. *Wacker* in Schmidt, EStG § 15 Rz. 306, m. w. N.

d) Stille Gesellschaft

Literatur: *Müller,* Die atypisch ausgestaltete stille Gesellschaft im Abkommensrecht, IStR 1996, 266; *Carlé,* GmbH & atypisch Still im Steuer- und Gesellschaftsrecht, KÖSDI 1999, 1568; *Gerdey,* Rechtsprechungsübersicht zur atypisch stillen Gesellschaft, StBp 1999, 95, 120; *Schnieder,* Die atypisch stille Gesellschaft im Recht der deutschen DBA, IStR 1999, 392; *Schulze zur Wiesche,* Die GmbH & atypisch Still, GmbHR, 1999, 902; *Weigl,* Anwendungs- und Problemfehler der stillen Gesellschaft, DStR 1999, 1568; *Horn,* Abgrenzung des stillen Gesellschafters von der Stellung des atypisch stillen Gesellschafters, insbesondere aufgrund der Ausweitung der Informations- sowie Kontrollrechte gem. § 716 BGB, GmbHR 2000, 711; *Sterzenbach,* GmbH & Still: Vorzüge einer beliebten Rechtsform und ihre steuerlichen Besonderheiten, DStR 2000, 1669; *Häger/Forst,* Die GmbH & Still im Lichte des StSenkG – Eine Alternative zum gescheiterten Optionsmodell, StB 2001, 67; *Horn,* Die GmbH & atypisch Still als Verfahrensbeteiligte im Steuerrecht, GmbHR 2001, 138; *Haase,* Eckpfeiler der GmbH & Still im Steuerrecht, GmbHR 2002, 787.

Bei der stillen Gesellschaft i. S. d. § 230 Abs. 1 HGB handelt es sich um eine Innengesell- 471 schaft zwischen dem Inhaber eines Handelsgeschäfts und einem Dritten, der sich mit einer Vermögenseinlage an diesem Handelsgeschäft beteiligt hat. Dabei ist es unerheblich, ob das Handelsgeschäft von einem Einzelunternehmer, einer PersGes oder einer KapGes betrieben wird. Im Übrigen ist es möglich, die Beteiligung auf einen Teil des Handelsgewerbes, z. B. auf einzelne Niederlassungen oder Geschäftszweige,[1] nicht jedoch auf die Beteiligung an einzelnen Geschäften oder Geschäftswerten, zu beschränken.[2] In den letztgenannten Fällen kann es sich um eine Gelegenheitsgesellschaft handeln, deren Rechtsverhältnisse nach den für eine GbR maßgebenden Grundsätzen zu beurteilen sind, so dass unter diesen Gesichtspunkten das Vorliegen einer Mitunternehmerschaft zu prüfen wäre.

Haben sich die Beteiligten bei der Ausgestaltung des Gesellschaftsverhältnisses an den 472 Regelungen von §§ 230 ff. HGB orientiert, wird der stille Gesellschafter regelmäßig kein Mitunternehmer.[3] Die nach § 233 HGB bestehenden Kontrollrechte beinhalten keine Teilhabe an unternehmerischen Entscheidungen, wie dies z. B. bei den dem Kommanditisten nach § 166 HGB zustehenden Kontrollrechten der Fall ist. Damit ist der stille Gesellschafter nicht in der Lage, Mitunternehmerinitiative zu entfalten. Er nimmt lediglich an den Gewinnen, u. U. auch an den Verlusten des Unternehmens teil, die Beteiligung an den stillen Reserven und damit auch an einem etwaigen Geschäfts- oder Firmenwert ist ausgeschlossen. Damit wird auch kein Mitunternehmerrisiko getragen. Der typisch stille Gesellschafter bezieht Einkünfte aus Kapitalvermögen i. S. d. § 20 Abs. 1 Nr. 4 EStG, die nach § 43 Abs. 1 Nr. 3 EStG dem Steuerabzug vom Kapitalertrag unterliegen.

Weichen die Vereinbarungen zwischen dem Betreiber, der Betreiberin des Handels- 473 gewerbes und dem stillen Gesellschafter von den in §§ 230 ff. HGB vorgegebenen Regelungen teilweise ab, ist allgemein von einer **atypisch stillen Gesellschaft** die Rede.[4] Werden dem Gesellschafter Mitwirkungsrechte eingeräumt, die ihm die Entfaltung von

---

1 BFH 6. 12. 1995 I R 109/94, BFHE 179, 427.

2 BFH 13. 5. 1998 VIII R 81/96, BFH/NV 1999, 355, unter Hinweis auf Beschluss v. 23. 7. 1982 IV B 95/81, n. v.

3 BFH 12. 9. 2005 VIII B 54/05, BFH/NV 2006, 277, unter Bezugnahme auf BFH 15. 12. 1998 VIII R 62/97, BFH/NV 1999, 773; 31. 8. 1999 VIII R 22/98, BFH/NV 2000, 420; 31. 8. 1999 VIII R 21/98, BFH/NV 2000, 554; 28. 3. 2003 VIII B 194/01, BFH/NV 2003, 1308.

4 Vgl. z. B. *Neu* in Müller/Hoffmann, § 13 Rz. 5 ff., m. w. N.

Mitunternehmerinitiative ermöglichen und übernimmt er zugleich Mitunternehmerrisiko, ist er steuerlich Mitunternehmer und bezieht damit aus seiner Beteiligung Einkünfte aus Gewerbebetrieb i. S. d. § 15 Abs. 1 Satz 1 Nr. 2 EStG. Erforderlich ist, dass diese beiden die Mitunternehmerschaft begründenden Merkmale nebeneinander erfüllt werden. Dies schließt jedoch nicht aus, dass sie unterschiedlich stark ausgeprägt sind. Ist das Mitunternehmerrisiko in signifikantem Umfang beschränkt, z. B. durch Ausschluss der Beteiligung an den stillen Reserven oder am Verlust der Gesellschaft, wird eine mitunternehmerschaftliche Beteiligung regelmäßig nur bei besonders ausgeprägten Initiativbefugnissen durch Übernahme von Aufgaben der Geschäftsführung mit nicht unerheblichen Entscheidungsspielräumen[1] vorliegen. Die Einräumung umfassenderer Kontrollbefugnisse reicht für sich allein nicht aus. Obwohl in den Fällen der atypisch stillen Gesellschaft kein Gesamthandsvermögen begründet wird, handelt es sich bei dieser Mitunternehmerschaft nach der Rechtsprechung des BFH[2] um ein Subjekt der Gewinnerzielung, der Gewinnermittlung und der Einkünftequalifizierung.

474 Entsprechend der Grundform der stillen Beteiligung handelt es sich auch bei der atypisch stillen Beteiligung jeweils um ein mitunternehmerschaftliches Verhältnis, das zwischen dem Betreiber des Unternehmens und dem stillen Gesellschafter begründet wird. Haben sich mehrere Personen an diesem Unternehmen nebeneinander atypisch still beteiligt, wird von allen Beteiligten dann eine einheitliche Mitunternehmerschaft begründet, wenn sich die atypisch stillen Gesellschafter am gesamten Betrieb des Inhabers des Handelsgeschäfts und nicht nur an einzelnen Betriebszweigen oder Geschäftsbereichen beteiligt haben.[3]

475 Das Instrument sowohl der typischen als auch der atypischen stillen Beteiligung wird in der Praxis häufig bei der Gestaltung von Rechtsbeziehungen zwischen nahe stehenden Personen genutzt. Nicht selten handelt es sich um Gestaltungen im Bereich von Familiengesellschaften, vgl. dazu Rn. 3521 ff. Verschiedentlich sind derartig gestaltete Gesellschaftsverhältnisse aber auch zwischen Kapitalgesellschaften und ihren Gesellschaftern anzutreffen.

476 Im Allgemeinen bleibt der Vermögenseinsatz des atypisch stillen Gesellschafters und damit im Ergebnis seine Haftung vergleichbar einem Kommanditisten auf die vereinbarte Einlage beschränkt. Dies kann dazu führen, dass Verlustanteile beim atypisch stillen Gesellschafter nur in dem sich aus § 15a EStG ergebenden Rahmen ausgleichs- und abzugsfähig sind, vgl. dazu Rn. 1671 ff.

477–480 *(Einstweilen frei)*

e) Unterbeteiligung

481 Vermittelt die Beteiligung an einer Mitunternehmerschaft (Obergesellschaft) die Beteiligung an einer anderen Mitunternehmerschaft (Untergesellschaft), ist der Mitunternehmer der Obergesellschaft mittelbar an der Untergesellschaft beteiligt. Handelt es

1 BFH 7. 11. 2006 VIII R 5/04, BFH/NV 2007, 906, m. w. N.
2 BFH 26. 11. 1996 VIII R 42/94, BStBl 1998 II 328; 14. 7. 1998 VIII B 112/97, BFH/NV 1999, 169.
3 BFH 5. 7. 2002 IV B 42/02, BFH/NV 2002, 1447.

sich bei der Obergesellschaft um eine nach außen auftretende PersGes, ist regelmäßig von einer sog. doppelstöckigen PersGes die Rede. Die mittelbare Beteiligung des Gesellschafters an der Untergesellschaft wird nicht als eine Unterbeteiligung bezeichnet. Dieser Begriff wird vielmehr für die Fälle verwendet, in denen ein Mitunternehmer einem Dritten eine Beteiligung an seinem Mitunternehmeranteil im Rahmen einer Innengesellschaft einräumt.[1] Dabei ist es unerheblich, ob dieses Unterbeteiligungsverhältnis gegenüber den übrigen Mitunternehmern und damit auch gegenüber Dritten offen gelegt oder geheim gehalten wird. Ein derartiges Unterbeteiligungsverhältnis kann entgeltlich oder unentgeltlich eingeräumt werden. Unentgeltlich werden Unterbeteiligungen im Allgemeinen nur im Verhältnis zu Familienangehörigen begründet; wegen Einzelheiten dazu vgl. Rn. 3551 ff.

Zivilrechtlich handelt es sich ungeachtet der weiteren Ausgestaltung bei der Unterbe- 482
teiligungsgesellschaft um eine Innengesellschaft, eine GbR, die der stillen Gesellschaft nahe steht.[2] Ein Gesellschaftsverhältnis zwischen der Hauptgesellschaft und dem Unterbeteiligten wird nicht begründet. Es steht im Belieben des Hauptbeteiligten und des Unterbeteiligten, das Unterbeteiligungsverhältnis in einer Weise auszugestalten, dass es sich bei der Unterbeteiligungsgesellschaft ebenfalls um eine Mitunternehmerschaft handelt, der Unterbeteiligte also wie der Hauptbeteiligte Einkünfte aus Gewerbebetrieb bezieht. Das dafür erforderliche Mitunternehmerrisiko trägt der Unterbeteiligte, wenn er entsprechend seinem Anteil am Gesellschaftsanteil des Hauptbeteiligten nicht nur an den laufenden Gewinnen und Verlusten, sondern mittelbar auch an einem Geschäftswert und an den stillen Reserven im Betriebsvermögen der Hauptgesellschaft beteiligt ist, soweit diese Werte anteilig entsprechend seiner Beteiligung an der Hauptgesellschaft dem Hauptgesellschafter zustehen. Ein derartiger Anspruch des Unterbeteiligten muss auch bei Beendigung nur der Unterbeteiligung und Fortbestand der Hauptgesellschaft bestehen.[3] Erforderlich ist, dass der Unterbeteiligte schuldrechtlich so gestellt wird, als wäre er gleich einem Gesellschafter auch an der Vermögenssubstanz der Hauptgesellschaft beteiligt.[4]

Die für die Annahme einer Mitunternehmerschaft erforderliche Mitunternehmerinitia- 483
tive kann der Unterbeteiligte dann entfalten, wenn ihm gegenüber dem Hauptbeteiligten mindestens die Kontrollrechte eingeräumt werden, die nach § 233 HGB einen stillen Gesellschafter gewährt und die denen des Kommanditisten nach § 166 HGB entsprechen.[5]

Für den Regelfall ist der Unterbeteiligte dann nicht Mitunternehmer der Hauptgesell- 484
schaft. Auf der Ebene der Hauptgesellschaft ist dementsprechend dem Hauptgesellschafter der ihm nach den maßgebenden gesellschaftsvertraglichen Regelungen zustehende Anteil am Gewinn oder Verlust insgesamt zuzuweisen. Die Aufteilung im Rah-

1 Vgl. *Bärwaldt* in Müller/Hoffmann, § 14 Rz. 1 ff.
2 BFH 27.1.1994 IV R 114/91, BStBl 1994 II 635; 6.7.1995 IV R 79/94, BStBl 1996 II 269.
3 BFH 6.7.1995 IV R 79/94, BStBl 1996 II 269.
4 In diesem Sinne BFH 2.10.1997 IV R 75/96, BStBl 1998 II 137. Vgl. dazu ferner BFH 19.4.2007 IV R 70/04, BStBl 2007 II 868, zur Anwendung des § 15a EStG bei der Unterbeteiligung an einer Kommanditbeteiligung.
5 BFH 27.1.1994 IV R 114/91, BStBl II 1994 635; 2.10.1997 IV R 75/96, BStBl 1998 II 137.

men der Unterbeteiligungsgesellschaft erfolgt dann in einem zweiten Schritt, steuerlich im Regelfall in einem weiteren gesonderten und einheitlichen Gewinnfeststellungsverfahren. Eine andere Beurteilung greift dann ein, wenn der Unterbeteiligte von der Hauptgesellschaft Vergütungen i. S. d. § 15 Abs. 1 Satz 1 Nr. 2 Satz 1 EStG bezieht, er also zu der Hauptgesellschaft zivilrechtlich z. B. in einem Arbeitsverhältnis steht. In diesen Fällen ist er nach Auffassung des BFH[1] in entsprechender Anwendung des § 15 Abs. 1 Satz 1 Nr. 2 Satz 2 EStG insoweit auch Mitunternehmer der Hauptgesellschaft. Der BFH rechtfertigt diese Rechtsfolge damit, dass dieser Sachverhalt mit dem in dieser Vorschrift geregelten Fall der mittelbaren Mitunternehmerschaft vergleichbar sei, so dass keine vernünftigen Gründe ersichtlich seien, die einer entsprechenden Anwendung der Grundsätze des § 15 Abs. 1 Satz 1 Nr. 2 Satz 2 EStG zur sog. doppelstöckigen Personengesellschaft entgegenstehen könnten.

485 Ist bei im Güterstand der Gütergemeinschaft lebenden Ehegatten einer der Ehegatten Gesellschafter einer PersGes, gehört diese Beteiligung grundsätzlich zum Sondergut, das gem. § 1417 Abs. 1 Satz 1 BGB vom Gesamtgut ausgeschlossen ist. Etwas anderes gilt nach dem Urteil des BFH vom 1. 10. 1992[2] dann, wenn die Übertragung der Beteiligung in das Gesamtgut im Gesellschaftsvertrag zugelassen ist oder die anderen Gesellschafter der Übertragung zugestimmt haben. Für diesen Fall wird auch der andere Ehegatte Gesellschafter der PersGes, es liegt also keine Unterbeteiligung vor.

486 Liegt auch mit steuerlicher Wirkung ein Unterbeteiligungsverhältnis vor, ist der Unterbeteiligte jedoch nicht Mitunternehmer der Unterbeteiligungsgesellschaft, werden im Regelfall Einnahmen i. S. d. § 20 Abs. 1 Nr. 4 EStG bezogen,[3] die gem. § 43 Abs. 1 Nr. 3 EStG dem Kapitalertragsteuerabzug unterliegen, zu dem dann der Hauptbeteiligte verpflichtet ist. Für den Hauptbeteiligten handelt es sich um Sonderbetriebsausgaben, die bei der Ermittlung seines Gewinnanteils an der Hauptgesellschaft zu berücksichtigen sind.

487 Eine Übertragung der Grundsätze zur steuerlichen Beurteilung von Unterbeteiligungen an gewerbetreibenden PersGes auf andere Gesellschaften, bei denen die Beteiligten Einkünfte aus Vermietung und Verpachtung beziehen, ist nach der Rechtsprechung des BFH[4] nicht möglich. Eine Unterbeteiligung an der Beteiligung an einer Kapitalgesellschaft ist hingegen denkbar.[5]

488–495 *(Einstweilen frei)*

f) Arbeitsgemeinschaften

496 Nach dem allgemeinen Sprachgebrauch kommt dem Begriff der Arbeitsgemeinschaft eine vielfältige Bedeutung zu. Als Bezeichnung für den Zusammenschluss mehrerer Unternehmen zur gemeinschaftlichen Ausführung eines Auftrags hat dieser Begriff unter

1 Urteil 2. 10. 1997 IV R 75/96, BStBl 1998 II 137; in diesem Sinne auch FG Baden-Württemberg 11. 7. 2006 4 K 369/01, EFG 2006, 1829.

2 IV R 130/90, BStBl 1993 II 574.

3 Nach BFH 28. 11. 1990 I R 111/88, BStBl 1991 II 313.

4 Urteil 17. 12. 1996 IX R 30/94, BStBl 1997 II 406, m. w. N.

5 BFH 18. 5. 2005 VIII R 34/01, BStBl 2005 II 857.

der Kurzbezeichnung ARGE im Bereich der Bauwirtschaft eine eigenständige Bedeutung erlangt. Für den Regelfall handelt es sich dabei um eine GbR, die sich in der Ausgestaltung des Gesellschaftsvertrags an dem von den Fachverbänden der Bauwirtschaft herausgegebenen Mustervertrag orientiert.[1] Wesentliches Merkmal der ARGE ist, dass der Zusammenschluss auf die gemeinschaftliche Ausführung eines Auftrages, bei Großaufträgen der öffentlichen Hand, die abschnittsweise nacheinander vergeben werden, gerichtet ist.

497 Angesichts des Zusammenschlusses zur Erreichung eines gemeinsamen Zwecks handelt es sich bei der ARGE regelmäßig um eine Mitunternehmerschaft i. S. d. § 15 Abs. 1 Satz 1 Nr. 2 EStG. Die einzelnen Mitglieder tragen angesichts ihrer Beteiligung am Gewinn und Verlust das Mitunternehmerrisiko und entfalten im Rahmen der gemeinschaftlichen Durchführung des Auftrags regelmäßig auch Mitunternehmerinitiative. Dies gilt auch dann, wenn nach § 180 Abs. 4 AO von einer gesonderten und einheitlichen Gewinnfeststellung deswegen abzusehen ist, weil der alleinige Zweck der Arbeitsgemeinschaft in der Erfüllung eines einzigen Werkvertrages oder Werklieferungsvertrages besteht und die Arbeitsgemeinschaft deswegen gem. § 2a GewStG nicht als Gewerbebetrieb i. S. d. GewStG gilt.[2] Im Interesse einer zutreffenden Besteuerung ist danach auch für diese ARGEN eine selbständige Gewinnermittlung, die den Anforderungen von § 4 Abs. 1, § 5 EStG entspricht, erforderlich, deren Ergebnis jeweils anteilig bei den einzelnen Mitgliedern zu berücksichtigen ist.

498 Die FinVerw[3] geht in den Fällen des § 180 Abs. 4 AO davon aus, dass die Leistungen der einzelnen Mitglieder gegenüber der Arbeitsgemeinschaft steuerlich wie Fremdleistungen gegenüber einer außenstehenden Gesamthandsgemeinschaft nach den allgemeinen ertragsteuerlichen Grundsätzen zu behandeln sind. Dementsprechend soll die Realisierung des Gewinns bei dem einzelnen Mitglied bereits bei Erbringung der Leistung und nicht erst bei Abnahme des Werks durch den Auftragnehmer eintreten. Bei dieser Betrachtung ist es dann konsequent, dass es auch nicht zulässig sein soll, Wirtschaftsgüter in Anwendung der Grundsätze des BMF-Schreibens vom 20. 12. 1977[4] gewinnneutral aus dem Vermögen eines Mitglieds in das Gesamthandsvermögen der ARGE zu übertragen. Angesichts der zwischenzeitlichen Rechtsentwicklung müsste dann wohl auch weiter davon ausgegangen werden, dass nach Auffassung der FinVerw in den in Betracht kommenden Fällen auch nicht nach § 6 Abs. 5 EStG von der Aufdeckung stiller Reserven abgesehen werden kann.

499 Der danach mit der Rechtsprechung des BFH wohl nicht in Übereinstimmung stehenden Auffassung der FinVerw dürfte allenfalls unter dem Gesichtspunkt der Praktikabilität der Vorzug zu geben sein; die zutreffende Ermittlung des Gewinnanteils außerhalb eines gesondert und einheitlich durchzuführenden Gewinnfeststellungsverfahrens bei jedem einzelnen Beteiligten ist erfahrungsgemäß nur unter Schwierigkeiten möglich. Hinsichtlich der Beurteilung der Überführung von Wirtschaftsgütern in das Vermögen

1 Wegen weiterer Einzelheiten dazu vgl. *Bärwaldt* in Müller/Hoffmann, § 17 Rz. 6 ff.

2 BFH 13. 10. 1998 VIII R 61/96, BFH/NV 1999, 463.

3 BMF 27. 1. 1998, BStBl 1998 I 251.

4 BStBl 1978 I 8 – sog. Mitunternehmererlass.

der ARGE dürfte im Übrigen davon auszugehen sein, dass die Aufdeckung stiller Reserven im Interesse einer zutreffenden Bewertung der Beiträge der einzelnen Mitglieder durchaus im Interesse der Beteiligten liegen dürfte.

500 Liegt hingegen kein Anwendungsfall des § 180 Abs. 4 AO vor und sind dementsprechend gesonderte und einheitliche Gewinnfeststellungen durchzuführen, erfordert dies auch nach Auffassung der FinVerw eine eigenständige Gewinnermittlung. Im Verhältnis zu den einzelnen Mitgliedern, den Mitunternehmern, ergeben sich damit die Probleme, wie sie sich allgemein bei der Beteiligung an einer anderen Mitunternehmerschaft ergeben.

501–510 *(Einstweilen frei)*

g) Tierhaltungsgemeinschaften

511 Schließen sich Landwirte für eine gemeinschaftliche Tierhaltung oder Tierzucht zusammen, wird nach der OFD Koblenz[1] unter den nachstehenden Voraussetzungen in Anlehnung an § 51a BewG eine Mitunternehmerschaft i. S. d. § 13 Abs. 1 Nr. 1 Satz 5 EStG begründet, aus der die Beteiligten Einkünfte aus Land- und Forstwirtschaft i. S. d. § 13 EStG beziehen.

- Sämtliche Beteiligten bewirtschaften selbst einen landwirtschaftlichen Betrieb als Eigentümer oder als Pächter hauptberuflich und sind nachweislich Landwirte i. S. d. § 1 Abs. 2 des Gesetzes über die Alterssicherung.
- Jeder Beteiligte muss Vieheinheiten auf die Gemeinschaft übertragen, so dass sie dem Betrieb des Beteiligten nicht mehr zugerechnet werden können. Eine Übertragung eines Teils der frei verfügbaren Vieheinheiten ist ausreichend. Die Gemeinschaft darf nachhaltig nicht mehr Vieheinheiten halten oder erzeugen als ihr von den Mitgliedern übertragen wurden bzw. als sich auf der Grundlage der Summe der von den Beteiligten regelmäßig landwirtschaftlich genutzten Flächen (Pacht- und Eigentumsflächen) ergeben.
- Eine Übertragung der landwirtschaftlichen Flächen von den Beteiligten auf die Gemeinschaft ist nicht erforderlich. Sie bleiben im Eigentum jedes einzelnen Beteiligten.
- Die Betriebe der Beteiligten dürfen nicht mehr als 40 km von der Produktionsstätte der Gemeinschaft entfernt liegen.

Die Voraussetzungen des § 51a Abs. 1 Nr. 1d und Nr. 2 BewG sind regelmäßig durch von der Tierhaltungsgemeinschaft zu führende laufende Verzeichnisse nachzuweisen, die dem Finanzamt vorzulegen sind.

512–515 *(Einstweilen frei)*

h) Pools, Konsortien

516 Schließen sich mehrere Personen vorübergehend zu dem Zweck zusammen, im Wirtschaftsleben ein gemeinsames Vorgehen hinsichtlich bestimmter Geschäfte oder

1 Vom 24. 10. 2005 S 2234 A, DB 2005 2554.

gleichlaufender Interessen durchzusetzen, ist je nach Ausgestaltung von einem Pool oder einem Konsortium die Rede. Von einem Pool wird im Allgemeinen bei der Bündelung von gleichartigen Rechten, z. B. von Stimmrechten, Lizenzen, Sicherheiten, ausgegangen. Zweck des Pools ist es, diese Rechte im gegenseitigen Interesse gemeinschaftlich durch die einheitliche Ausübung von Stimmrechten, die einheitliche Verwertung von Sicherheiten, durchzusetzen. Konsortien sind dadurch gekennzeichnet, dass von den einzelnen Mitgliedern übernommene Risiken oder Verpflichtungen auf die Beteiligten verteilt werden, wie dies z. B. bei der Übernahme der Emission von Wertpapieren oder der Ausreichung von Krediten durch mehrere Kreditinstitute der Fall ist.[1]

517 Die Mitglieder eines Pools oder eines Konsortiums werden ihre Beziehungen regelmäßig in Anlehnung an die Vorschriften über die GbR gem. §§ 705 ff. BGB regeln. Wesentlich dabei ist aber, dass sie ungeachtet dieser vertraglichen Bindungen jeweils eigenverantwortlich und auf eigenes Risiko handeln. Gemeinschaftliches Vermögen wird nicht gebildet. Das zwischen den Beteiligten verabredete einvernehmliche Handeln stellt sich nicht als ein gemeinschaftliches gesamthänderisch gebundenes Handeln dar. Deswegen handelt es sich bei Pools und Konsortien regelmäßig nicht um Mitunternehmerschaften i. S. d. § 15 Abs. 1 Satz 1 Nr. 2 EStG. Unter diesen Gesichtspunkten ist einem Vertrag über die Poolung der Gewinne/Verluste von drei Personengesellschaften, an denen Mitglieder eines Familienverbandes jeweils in unterschiedlicher Zusammensetzung als Mitunternehmer beteiligt waren, die steuerliche Anerkennung versagt worden.[2]

518 Wesentlich ist aber auch hier, dass für die steuerliche Beurteilung eines Personenzusammenschlusses nicht auf die nach außen gewählte Bezeichnung, sondern den tatsächlich verwirklichten Sachverhalt abzustellen ist. So hat der BFH in seinem Urteil vom 2. 4. 1971[3] einen Zusammenschluss mehrerer Personen, der sich als Konsortium bezeichnete und sich unter Einschaltung einer Bank am Wertpapierhandel beteiligte, als eine gewerblich tätige Mitunternehmerschaft angesehen.

519–525 *(Einstweilen frei)*

i) Erbengemeinschaften

526 Ist ein Einzelunternehmer von mehreren Personen beerbt worden und führen die Erben den Betrieb fort, werden sie insoweit Mitunternehmer.[4] Das Privatvermögen des Erblassers verbleibt – vorbehaltlich abweichender Verfügungen – auch bei der Erbengemeinschaft in deren Privatvermögen.[5] Maßgebend hierfür ist, dass die Erbengemeinschaft anders als die PersGes nicht rechtsfähig ist[6] und damit keine umfassende Mitunternehmerschaft begründet werden kann.[7]

527–530 *(Einstweilen frei)*

1 Wegen weiterer Einzelheiten zur zivilrechtlichen Organisation von Pools und Konsortien vgl. z. B. *Bärwaldt* in Müller/Hoffmann, § 20, m. w. N.

2 BFH 9. 10. 1964 VI 317/62 U, BStBl 1965 III 71.

3 VI R 149/67, BStBl 1971 II 620.

4 BFH 5. 7. 1990 GrS 2/89, BStBl 1990 II 837.

5 BMF 14. 3. 2006, BStBl 2006 I 253, Tz. 6.

6 BGH 11. 9. 2002 XII ZR 187/00, DB 2002, 2527.

7 Vgl. auch BFH 23. 10. 1986 IV R 214/84, BStBl 1987 II 120.

j) Eheliche Güterstände, gleichgeschlechtliche Lebenspartnerschaften

Literatur: *Fleischmann,* Der eheliche Güterstand und dessen Auswirkungen auf die Besteuerung der Eheleute sowie deren Nachfolgeplanung, NWB F. 10, 1357.

531 Leben Ehegatten in Gütergemeinschaft i. S. v. §§ 1415 ff. BGB und gehört zum Gesamtgut eines Ehegatten ein Gewerbebetrieb, ist zu prüfen, ob damit zwischen den beiden Ehegatten hinsichtlich dieses Gewerbebetriebs eine Mitunternehmerschaft begründet wurde. Nach der ständigen Rechtsprechung des BFH führt die Gütergemeinschaft zwar nicht zwangsläufig, jedoch vielfach zur Begründung einer Mitunternehmerschaft.[1] Danach ergeben sich aus dem Regelungstypus der Gütergemeinschaft Folgewirkungen auch für das Steuerrecht in der Weise, dass – losgelöst vom Bestehen der Ehe – zwischen den Ehegatten eine Gemeinschaft besteht, wie sie auch zwischen Fremden möglich sein würde. Die die Gütergemeinschaft prägenden Merkmale erfüllen dabei regelmäßig auch die für eine Mitunternehmerschaft konstituierenden Voraussetzungen des Mitunternehmerrisikos und der Mitunternehmerinitiative. Das Vorliegen dieser Voraussetzungen ist jeweils im Einzelfall zu prüfen. Nach dem Urteil des BFH vom 4. 11. 1997[2] ist in eine entsprechende Prüfung auch dann einzutreten, wenn die Ehegatten in einem der Gütergemeinschaft vergleichbarem Güterstand nach Maßgabe eines anderen Staates – im Urteilsfalle der Niederlande – leben.

532 Eine Mitunternehmerschaft zwischen den Ehegatten wird bei einem zum Gesamtgut eines Ehegatten gehörenden Gewerbebetrieb mit ins Gewicht fallendem Betriebskapital begründet.[3] Diese Voraussetzungen sind nach dem Urteil des BFH vom 2. 10. 1980[4] regelmäßig dann erfüllt, wenn nicht unbeträchtliches Anlage- und Umlaufvermögen vorhanden ist. Im Falle des Urteils vom 4. 11. 1997[5] wurde dies für einen Spielhallenbetrieb bejaht, bei dem für das einzelne Spielgerät Anschaffungskosten von 20 000 bis 25 000 DM aufzuwenden waren. Keine Mitunternehmerschaft wird hingegen begründet, wenn kein nennenswerter Kapitaleinsatz erforderlich ist, sondern der Gewinn im Wesentlichen von der persönlichen Leistung des handelsrechtlichen Inhabers des Gewerbebetriebes abhängt.[6]

533 Wird die Gütergemeinschaft nach dem Tod eines Ehegatten von dem überlebenden Ehegatten mit den Erben fortgesetzt, sind die in das Gesamtgut fallenden Einkünfte gem. § 28 EStG allein dem überlebenden Ehegatten zuzurechnen, wenn dieser unbeschränkt steuerpflichtig ist. Ein aus Anlass der Auseinandersetzung der fortgesetzten Gütergemeinschaft anfallender Veräußerungs- oder Aufgabegewinn ist hingegen anteilig den Kindern zuzurechnen.[7]

534–545 *(Einstweilen frei)*

---

1 BFH 18. 2. 1959 VI D 1/58 S, BStBl 1959 III 263; 2. 10. 1980 IV R 42/79, BStBl 1981 II 63; 7. 10. 1976 IV R 50/72, BStBl 1977 II 201; 25. 6. 1984 GrS 4/82, BStBl 1984 II 751; 1. 10. 1992 IV R 130/90, BStBl 1993 II 574; 4. 11. 1997 VIII R 18/95, BStBl 1999 II 384; 18. 8. 2005 IV R 37/04, BStBl 2006 II 165.

2 VIII R 18/95, BStBl 1999 II 384.

3 BFH 1. 10. 1992 IV R 130/90, BStBl 1993 II 574.

4 IV R 42/79, BStBl 1981 II 63.

5 VIII R 18/95, BStBl 1999 II 384.

6 7. 10. 1976 IV R 50/72, BStBl 1977 II 201; 20. 3. 1980 IV R 53/76, BStBl 1980 II 634; 18. 10. 1989 I R 126/88, BStBl 1990 II 377, für einen Erfinder.

7 BFH 12. 11. 1992 IV R 41/91, BStBl 1993 II 430.

III. Personengesellschaften in grenzüberschreitenden Konstellationen

Literatur: *Brähler/Mayer*, Abkommensberechtigung von Personengesellschaften, IStR 2010, 678; *Lemaitre/Schnittker/Siegel*, Die steuerliche Einordnung der US-amerikanischen Limited Liability Company (LLC) auf der Grundlage des BMF-Schreibens vom 19. 3. 2004, GmbHR 2004, 619; *Strunk/Kaminski*, Steuerliche Behandlung von in den USA gegründeten Limited Liability Companies, Stbg 2004, 276; *Wassermeyer*, Nochmal: Das Darlehen des ausländischen Mitunternehmers an seine deutsche Personengesellschaft und § 50d Abs. 10 EStG, IStR 2010, 241; *ders.*, Abkommensberechtigung von Personengesellschaften, IStR 2010, 683; *ders.*, Grundfragen internationaler Personengesellschaften im Abkommensrecht, FR 2010, 2010; *Lieber*, Personengesellschaften mit grenzüberschreitenden Rechtsbeziehungen, IWB 2010, 351.; *Feldgen*, Die Anwendung der DBA auf Personengesellschaften, IWG 2010, 232; *Schmidt*, Anwendung der Doppelbesteuerungsabkommen (DBA) auf Personengesellschaften, IStR 2010, 413; *Schmidt*, Sondervergütungen auf Abkommensebene - Was nun, Finanzverwaltung und Gesetzgeber?, DStR 2010, 2436; *Goebel/Ungemach/Schmidt*, Gewerblich geprägte Personengesellschaften abkommensrechtlich kein Unternehmen, DStZ 2010, 257; *Vees*, Die Anwendung der DBA auf Personengesellschaften, DB 2010, 1422; *Richter*, Einzelfragen internationaler Personengesellschaften im Abkommensrecht, FR 2010, 544; *Blumers/Zillmer*, Das neue BMF-Schreiben zur Anwendung der DBA auf Personengesellschaften, BB 2010, 1375; *Hruschka*, Das BMF-Schreiben zur Anwendung der Doppelbesteuerungsabkommen (DBA) auf Personengesellschaften vom 16. 4. 2010, DStR 2010, 1357; *Schmitt-Homann*, Das BMF-Schreiben vom 16. 4. 2010 zur Anwendung der DBA auf Personengesellschaften, DStR 2010, 2545; *Haun/Reiser/Mödinger*, Zweifelsfragen bei der Anwendung von Doppelbesteuerungsabkommen auf Personengesellschaften, GmbHR 2010, 637; *Kramer*, Nochmal: Das Darlehen des ausländischen Mitunternehmers an seine deutsche Personengesellschaft und § 50d Abs. 10 EStG, IStR 2010, 239; *Schmidt*, (Weitere) Infragestellung des BMF-Schreibens vom 16. 4. 2010 „Anwendung des Doppelbesteuerungsabkommens (DBA) auf Personengesellschaften" durch zwei neue Entscheidungen des BFH, IStR 2010, 520; *Salzmann*, Keine Rechtsprechungsdurchbrechung durch § 50d Abs. 10 EStG - das BFH-Urteil vom 8. 9. 2010 - I R 74/09; *Häck*, Zur Auslegung des § 50 Abs. 10 EStG durch den BFH IStR 2011, 71.

1. Allgemeines

Personengesellschaften sind in Deutschland eine klassische Rechtsform für kleinere und mittlere, oftmals im Familienverbund geführte Unternehmen. Daneben werden sie auch in größeren Konzernstrukturen gezielt als Gestaltungsinstrument eingesetzt, insbesondere da sie in vielen Konstellationen eine steuerneutrale bzw. steuergünstige Übertragung einzelner Wirtschaftsgüter zulassen. Angesichts fortschreitender globaler Verflechtungen der Wirtschaft werden Personengesellschaften allerdings vermehrt auch in grenzüberschreitenden Gestaltungen eingesetzt, sowohl bei „Inboundfällen" (im Ausland ansässige Person beteiligt sich an einer deutschen Personengesellschaft oder ausländischen Personengesellschaft mit Betriebstätte im Inland) als auch bei „Outbound-Fällen" (Steuerinländer beteiligt sich an einer ausländischen Personengesellschaft). 546

Festzuhalten ist dabei allerdings, dass die steuerliche Behandlung von Personengesellschaften in anderen Ländern vielfach nach anderen Grundsätzen als in Deutschland erfolgt. Zwar sehen manche Länder Personengesellschaften ebenfalls steuerlich als transparent an und rechnen das Einkommen lediglich dem Gesellschafter zu. Bestimmte deutsche Besonderheiten wie die gewerblich geprägte Personengesellschaft sind international allerdings unbekannt. Andere Länder wiederum behandeln Personengesell- 547 schaften als eigenständiges Steuersubjekt[1] und damit im Ergebnis wie eine Körperschaft.

548 Anstelle einer festen steuerlichen Einordnung kann das jeweilige nationale Steuerrecht auch ein unter bestimmten Voraussetzungen gegebenes Wahlrecht vorsehen, eine Personengesellschaft entweder als transparent oder als eigenständiges Steuersubjekt zu behandeln. Seit 1997 können z. B. die Gesellschafter der nach dem Recht der Bundesstaaten der USA gegründeten Limited Liability Company im Rahmen des sog. „Check-the-box-Verfahrens" wählen, ob die Gesellschaft für Zwecke der US-Besteuerung als Personengesellschaft oder als Körperschaft behandelt werden soll.[2]

549 Wichtige Verwaltungsvorschriften zur Beurteilung grenzüberschreitender Fälle sind das BMF-Schreiben betreffend Grundsätze der Verwaltung für die Prüfung der Aufteilung der Einkünfte bei Betriebsstätten international tätiger Unternehmen (Betriebsstätten-Verwaltungsgrundsätze) vom 24. 12. 1999[3] , das BMF-Schreiben vom 19. 3. 2004[4] sowie das jüngst ergangene BMF-Schreiben zur Anwendung der Doppelbesteuerungsabkommen (DBA) auf Personengesellschaften vom 16. 4. 2010.[5]

550 Die Betriebsstätten-Verwaltungsgrundsätze beinhalten dabei insbesondere die wichtige Aussage, dass die mitunternehmerische Beteiligung an einer Personengesellschaft durch einen unbeschränkt Steuerpflichtigen an einer im Inland ansässigen (inländischen) Personengesellschaft, die eine Betriebsstätte unterhält, dazu führt, dass die Betriebsstätte jeweils – anteilig – dem Gesellschafter zuzurechnen ist.

551 Für grenzüberschreitende Sachverhalte bedeutet dies weitergehend, dass die Beteiligung eines unbeschränkt Steuerpflichtigem an einer im Ausland bestehenden (ausländischen) Personengesellschaft, die eine Betriebsstätte im Inland unterhält dazu führt, dass die Betriebsstätte anteilig dem Gesellschafter zuzurechnen ist. Entsprechendes gilt auch für den umgekehrten Fall, dass ein beschränkt Steuerpflichtiger an einer inländischen Personengesellschaft beteiligt ist, die im Inland eine Betriebsstätte unterhält.[6] Die Grundsätze zur durch die Personengesellschaft vermittelten Betriebsstätte des Gesellschafters gelten allerdings nicht, sofern die Personengesellschaft ausschließlich vermögensverwaltend, selbständig oder land- und forstwirtschaftlich tätig ist und keine gewerbliche Prägung vorliegt.[7]

1 *Piltz/Wassermeyer*, Art. 7 OECD-MA Rn. 67; *Oepen/Münch*, IStR 2009, 55 (Indien); *Sliwka/Schmidt*, IStR 2007, 694 (Polen).

2 BMF 19. 3. 2004, BStBl 2004 I 411.

3 BMF 24. 12. 1999, BStBl 1999 I 1076, geändert durch BMF 20. 11. 2000, BStBl 2000 I 1509 und BMF 25. 8. 2009, BStBl 2009 I 888.

4 BMF 19. 3. 2004, a. a. O.

5 BMF 16. 4. 2010, BStBl 2010 I 354.

6 26. 2. 1992 I R 85/91, BStBl 1992 II 937.

7 24. 12. 1999, BStBl 1999 I 1076, geändert durch BMF 20. 11. 2000, BStBl 2000 I 1509 und BMF 25. 8. 2009, BStBl 2009 I 888, Tz. 1.1.5.1.

2. Prinzipielle Behandlung grenzüberschreitender Gestaltungen aus Sicht des deutschen Steuerrechts

a) Beteiligung an ausländischer Personengesellschaft (Outbound)

Beteiligt sich eine unbeschränkt steuerpflichtige Person an einem im Ausland errichteten Unternehmen, ist zu prüfen, ob es sich dabei um eine juristische Person handelt, die nach innerstaatlichem Rechtsverständnis für die Einkommensbesteuerung als selbständiges Steuersubjekt anzusehen oder aber eine Gesellschaft ist, bei der die Einkünfte unmittelbar den Gesellschaftern zugerechnet werden, bei Führung eines Gewerbebetriebs also eine Mitunternehmerschaft vorliegt. 552

Die Frage, ob eine ausländische Gesellschaft als Personengesellschaft oder als Körperschaft zu behandeln ist, bestimmt sich für Zwecke der deutschen Besteuerung nach ständiger höchstrichterlicher Rechtsprechung nach dem sog. Rechtstypenvergleich.[1] Insoweit ist zu prüfen, ob die ausländische Gesellschaft einer inländischen Körperschaft i. S. d. § 1 Abs. 1 Nr. 1 KStG oder einer sonstigen juristischen Person i. S. d. § 1 Abs. 1 Nr. 4 KStG entspricht und damit der Besteuerung nach Maßgabe des KStG unterliegt, oder ob danach von einer PersGes, einer Mitunternehmerschaft i. S. d. § 15 Abs. 1 Satz 1 Nr. 2 EStG auszugehen ist, deren Gewinne anteilig unmittelbar bei den Gesellschaftern, den Mitunternehmern, der Besteuerung vom Einkommen unterliegen – also eine sog. transparente Gesellschaft vorliegt. Eine Qualifizierung der ausländischen Gesellschaft als Körperschaft tritt danach ein, sofern eine Gesamtwürdigung der relevanten ausländischen Regelungen bezüglich der Organisation und Struktur der Gesellschaft zum Ergebnis hat, dass diese in rechtlicher und wirtschaftlicher Hinsicht mit einer inländischen Kapitalgesellschaft oder sonstigen juristischen Person des Privatrechts vergleichbar erscheint.[2] Wichtig ist im Einzelfall, ob die ausländische Gesellschaft neben dem Typ auch der Handhabung einer deutschen Kapitalgesellschaft bzw. juristischen Person entspricht.[3] 553

Durch das insoweit maßgebliche BMF-Schreiben vom 19. 3. 2004 [4] zur Beurteilung einer nach dem Recht eines Bundesstaates der USA gegründeten Limited Liability Company wird deutlich, dass es dabei auf die Ausgestaltung der Verhältnisse im Einzelfall ankommen kann und damit u. U. eine allgemein gültige Aussage zu einer bestimmten Gesellschaftsform nicht möglich ist. 554

Bei der LLC (Limited Liability Company) handelt es sich um eine in den USA seit Mitte der 90er Jahre beliebte Rechtsform, welche die Charakteristika einer Kapitalgesellschaft – etwa die Beschränkung der gesellschaftsrechtlichen Haftung auf das Gesellschaftsvermögen – mit gesellschafts- und steuerrechtlichen Vorteilen der Personengesellschaft kombiniert.[5] Aufgrund der dispositiven Natur der amerikanischen LLC-Gesetze 555

1 RFH 12. 2. 1930 VI A 899/27, RStBl 1930, 444 – Leitsatz („Venezuela-Urteil"); BFH 23. 6. 1992 IX R 182/87, BStBl 1992 II 972; 4. 4. 2007 I R 110/05, BStBl 2007 II 521.

2 BFH 20. 8. 2008 I R 34/08, BStBl 2009 II 263, Tz. 19; vgl. *Strunk/Kaminski*, Stbg 2004, 276.

3 BFH 20. 8. 2008 I R 34/08, BStBl 2009 II 263, Tz. 19.

4 BMF 19. 3. 2004, a. a. O.

5 Vgl. *Lemaitre/Schnittker/Siegel*, GmbHR 2004, 618.

erweist sie sich als höchst flexible Gesellschaftsform, weswegen das BMF sie auch nicht einheitlich unter eine bestimmte deutsche Rechtsform fassen konnte, sondern ein gesondertes Verwaltungsschreiben erließ, das wegen seiner grundlegenden Strukturanalyse auch für die Einstufung anderer ausländischer hybrider Rechtsformen relevant ist.[1] Es kommt dabei auf eine individuell-konkrete Betrachtungsweise an, d. h. die Einordnung der LLC soll unter Berücksichtigung der konkreten Ausgestaltung der LLC im jeweiligen Gesellschaftsvertrag (opening statement) erfolgen, da die LLC-Gesetze der 50 Bundesstaaten und Washington, D.C.s zwar vereinheitlicht, aber weitgehend dispositiv ausgestaltet sind.[2]

556 Das BMF-Schreiben enthält grundlegende Regelungen zur Einordnung der amerikanischen LLC, bei welchen im Rahmen des Check-the-box-Verfahrens die Möglichkeit besteht, sich der Besteuerung als Personen- oder als Kapitalgesellschaft zu unterwerfen mit einer Bindung für 5 Jahre.[3] Inwiefern eine ausländische Gesellschaft als Personengesellschaft oder Körperschaft einzuordnen ist, ergibt sich für Zwecke der deutschen Besteuerung allein aus dem deutschen Steuerrecht, wobei die allgemeinen Grundsätze des Rechtstypenvergleichs Anwendung finden.[4] Keine Rolle spielt damit für die deutsche Beurteilung, wie das steuerliche Wahlrecht in den USA ausgeübt wurde.[5]

557 Im Hinblick auf die Gewichtung der Einzelmerkmale ist anzumerken, dass keines der Merkmale alleinausschlaggebende Bedeutung hat.[6] Daher kann die Bejahung des Merkmals „beschränkte Haftung“ für sich alleine nicht zur Einordnung als Körperschaft führen.[7] Sofern die Einzelfallprüfung kein klares Gesamtbild ergibt, wird die Gesellschaft im Zweifel als Körperschaft eingeordnet, wenn bei Ihr die Mehrzahl der Kriterien a – e i. S. einer Körperschaft erfüllt ist, wohingegen die Lebensdauer nur in Ausnahmefällen Bedeutung haben kann.[8]

Die Beurteilungskriterien, die für eine Körperschaft charakteristisch sind, sind danach:

a) Zentralisierte Geschäftsführung und Vertretung

b) Beschränkte Haftung

c) Freie Übertragbarkeit der Anteile

d) Gewinnzuteilung

---

1 Vgl. *Lemaitre/Schnittker/Siegel*, GmbHR 2004, 618 f.

2 BMF 19. 3. 2004, a. a. O.

3 BMF 19. 3. 2004, a. a. O.; vgl. *Strunk/Kaminski*, Stbg 2004, 276 (Bei der Wahl der Personengesellschaftsform kann die wirtschaftliche Doppelbelastung ausgeschütteter Gewinne verhindert werden. Zudem können Verluste der Gesellschaft auf Ebene der Gesellschafter mit deren anderen positiven Einkünften verrechnet werden).

4 Vgl. Abschnitt IV des BMF 19. 3. 2004, BStBl 2004 I 411; bestätigt durch BFH 20. 8. 2008 R 34/08, BStBl 2009 II 263, Leitsatz 3; kritisch: *Strunk/Kaminski*, Stbg 2004, 276, die auf Widersprüche unter VI.2.B des BMF-Schreibens insofern hinweisen, als demnach „eine Abkommensberechtigung der LLC voraussetz[e], dass es sich um eine in den USA ansässige Person handelt, wobei dies unabhängig von der Bewertung nach deutschem Steuerrecht dann nicht der Fall sein soll, wenn die USA sie als Personengesellschaft eingeordnet hat.“

5 BMF 19. 3. 2004, a. a. O.

6 BMF 19. 3. 2004, a. a. O.

7 BMF 19. 3. 2004, a. a. O.

8 BMF 19. 3. 2004, a. a. O.; vgl. *Lemaitre/Schnittker/Siegel*, GmbHR 2004, 618, 630.

e) Kapitalaufbringung

f) Unbegrenzte Lebensdauer der Gesellschaft

g) Sonstige Kriterien (Gewinnverteilung; formale Gründungsvoraussetzungen)

Ist danach für Zwecke der inländischen Besteuerung von der Beteiligung an einer PersGes auszugehen, ist weiter zu prüfen, ob eine Mitunternehmerschaft i. S. d. § 15 Abs. 1 Satz 1 Nr. 2 EStG oder eine vermögensverwaltende Personengesellschaft vorliegt. Im letzteren Fall erzielt der Beteiligte Einkünfte aus Kapitalvermögen und/oder Vermietung oder Verpachtung. Einkünfte aus Kapitalvermögen wären auch anzunehmen, wenn die zu beurteilende ausländische Gesellschaft aufgrund des Typenvergleichs als Kapitalgesellschaft einzustufen wäre.

Besteht mit dem Staat, in dem die ausländische Gesellschaft den Ort der Geschäftslei- 558
tung hat und aus dem sie ihre Einkünfte bezieht, kein DBA, hat die steuerliche Beurteilung der Rechtsbeziehungen zwischen inländischem Gesellschafter und ausländischer Gesellschaft allein nach innerstaatlichen Grundsätzen zu erfolgen. Damit ist die steuerliche Behandlung der Gesellschaft und der Gesellschafter im Ausland unerheblich. Im Ergebnis sind danach die Grundsätze maßgebend, die sich auch bei der Beteiligung an einer inländischen Gesellschaft mit entsprechenden inländischen Aktivitäten ergeben würden. Ergänzend sind die für die Fälle des Bezugs von ausländischen Einkünften getroffenen Sonderregelungen zu beachten.[1]

(Einstweilen frei) 559

b) Beteiligung eines beschränkt Steuerpflichtigen an einer deutschen Personengesellschaft oder ausländischen Personengesellschaft mit Betriebsstätte im Inland (Inbound)

Liegt ein Inboundfall vor, ist im Falle der Beteiligung des Steuerausländers an einer aus- 560
ländischen Personengesellschaft zunächst der o. g. Rechtstypenvergleich durchzuführen. Sofern die zu beurteilende ausländische Personengesellschaft nach dem Rechtstypenvergleich als Personengesellschaft einzuordnen ist und im Falle der Beteiligung des Steuerausländers an einer deutschen Personengesellschaft, stellt sich die steuerliche Behandlung wie folgt dar:

Eine natürliche Person, die im Inland weder einen Wohnsitz (§ 8 AO) noch ihren ge- 561
wöhnlichen Aufenthalt (§ 9 AO) hat, unterliegt nach § 1 Abs. 4 EStG mit ihren inländischen Einkünften i. S. d. § 49 EStG der beschränkten inländischen Besteuerung. Entsprechendes gilt nach § 2 Nr. 1 KStG für nicht natürliche, mithin juristische Personen (Körperschaften), die im Inland weder ihren Sitz (§ 11 AO) noch den Ort der Geschäftsleitung (§ 10 AO) haben.

Zu den inländischen Einkünften gehören nach § 49 Abs. 1 Nr. 2 Buchst. a EStG die Ein- 562
künfte aus Gewerbebetrieb, für den im Inland eine Betriebsstätte unterhalten wird,

1 Z. B. §§ 2a, 34c, 34d EStG.

wobei die von einer Mitunternehmerschaft im Inland unterhaltene Betriebsstätte zugleich als Betriebsstätte des einzelnen Mitunternehmers gilt.[1] Danach bezieht ein z. B. beschränkt steuerpflichtiger Mitunternehmer aus seiner Beteiligung an einer inländischen Personengesellschaft mit ausschließlich Inlandsaktivitäten auch in einem Anwendungsfall des § 15 Abs. 3 Nr. 1 EStG – bei Vorliegen einer Betriebsstätte[2] – insgesamt inländische Einkünfte aus Gewerbebetrieb i. S. d. § 49 Abs. 1 Nr. 2 Buchst. a Alt. 1 EStG.

563 Bei der Beteiligung an einer rein vermögensverwaltenden Personengesellschaft (ohne originär oder fiktiv gewerbliche Tätigkeit (Prägung bzw. Infektion)) scheiden gewerbliche Einkünfte gem. § 49 Abs. 1 Nr. 2 Buchst. a Var. 1 EStG – aufgrund der lediglich vermögensverwaltenden Tätigkeit der Personengesellschaft und dem Nichtvorliegen einer Betriebsstätte aus.

3. Behandlung grenzüberschreitender Gestaltungen unter Beachtung von Doppelbesteuerungsabkommen

564 Sofern in der zu beurteilenden Konstellation ein Doppelbesteuerungsabkommen zwischen Deutschland und einem ausländischen Staat zu beachten ist, sind die bei der Anwendung von Doppelbesteuerungsabkommen üblicherweise auftretenden prinzipiellen Einordnungs- und Abgrenzungsfragen zu klären. Dies gestaltet sich angesichts der jeweiligen nationalen Besonderheiten, insbesondere auch der deutschen „Sonderwege" bei Personengesellschaften äußerst schwierig. Darüber hinaus wird die Klärung dieser Fragestellungen auch dadurch erschwert, dass Literatur, Verwaltung und Rechtsprechung oftmals unterschiedliche Lösungsansätze favorisieren. Vereinfacht gesagt geht es hierbei neben der prinzipiellen Thematik der Abkommensberechtigung der in Frage stehenden rechtlichen Entitäten zunächst wiederum um die zutreffende rechtliche Einordnung der in Frage stehenden rechtlichen Entität und der anschließenden Qualifizierung der Einkünfte, wobei diese Fragen hier von zwei Rechtsordnungen beantwortet werden müssen, so dass die Ergebnisse oft nicht deckungsgleich sind. Hieraus können sich in vielen Konstellationen sog. Qualifikationskonflikte (vgl. Rn. 572) ergeben.

4. Behandlung nach dem BMF-Schreiben vom 16. 4. 2010

a) Prinzipielles

565 Am 16. 4. 2010 veröffentlichte das BMF nach mehr als drei Jahren ohne grundlegende Änderungen sein zwischen Bund und Ländern abgestimmtes Schreiben zur Anwendung der Doppelbesteuerungsabkommen auf Personengesellschaften, nachdem der 1. Entwurf vom 10. 5. 2007 datierte, aber unter dem Eindruck der Rechtsprechung des I. Se-

1 BMF 24. 12. 1999, BStBl 1999 I 1509, Tz. 1.1.5.1.

2 BMF 16. 4. 2010, a. a. O., Tz. 2.2.3: das Bestehen einer gewerblich tätigen oder gewerblich geprägten Personengesellschaft bedeutet nicht automatisch das Vorliegen einer Betriebsstätte.

nats des BFH[1] nicht realisiert wurde, und die letzte öffentlich bekannt gemachte Fassung vom 26. 10. 2009 stammte.[2]

Ursprünglich hatte das BMF den 1. Entwurf auf seine Homepage gestellt – mit der Auf- 566
forderung an die Fachwelt, Stellung zu beziehen, wohl auch aufgrund von Widersprüchen zur Rechtsprechung des BFH.[3]

Zwischenzeitlich legte das BMF dies jedoch im Hinblick darauf auf Eis, dass der BFH 567
(I. Senat) per Gerichtsbescheid zum nachfolgenden Urteil vom 17. 10. 2007[4] herausstellte, dass DBAs in erster Linie autonom auszulegen sind und im DBA-Zusammenhang die internationale Entscheidungsharmonie Vorrang genießt.[5]

Die Finanzverwaltung unterließ die Veröffentlichung des BFH-Urteils vom 17. 10. 2007 568
zunächst und ergänzte das JStG 2009 um § 50d Abs. 10 EStG.[6] Dabei liegt § 50d Abs. 10 EStG die Ratio zugrunde, mit Rückwirkung sämtliche ungelösten Inbound-Varianten nach der Verwaltungsauffassung zu klären (§ 52 Abs. 59a Satz 8 EStG).[7] Bemerkenswert ist, dass es schließlich doch zur Veröffentlichung des Urteils vom 17. 10. 2007 kam, nachdem § 50d Abs. 10 EStG inkraftgetreten war.[8]

b) Allgemeine Grundsätze: Abkommensberechtigung

Der Erlass stellt hier zunächst klar, dass die allgemeinen Grundsätze des Typenver- 569
gleichs maßgeblich sind und verweist auf das BMF-Schreiben vom 19. 3. 2004 (LLC) und auf die Betriebsstätten-Verwaltungsgrundsätze (Rn. 549 ff.).

Weiterhin führt der Erlass aus, dass Personengesellschaften als transparent anzusehen 570
sind, d. h., sie sind nach deutschem Steuerrecht weder einkommen- noch körperschaftsteuerpflichtig. Die von der Personengesellschaft erzielten Einkünfte werden den Gesellschaftern anteilig zugerechnet. Personengesellschaften können insoweit zwar Personen i. S. d. DBA sein (Art. 3 Abs. 1 Buchst. a OECD-MA), jedoch aufgrund fehlender eigener persönlicher Steuerpflicht keine ansässigen Personen (Art. 4 Abs. 1 OECD-MA). Ansässige und folglich abkommensberechtigte Personen sind die Gesellschafter, soweit sie nicht selbst Personengesellschaften sind. Allerdings kann das konkrete DBA Rege-

1 Vgl. BFH 17. 10. 2007 I R 5/06, BStBl 2009 II 356 (DBAs sind demnach primär autonom auszulegen. Im DBA-Kontext hat die internationale Entscheidungsharmonie Vorrang. Es kommt zu einer Verdrängung deutscher Sonderentwicklungen (etwa gewerbliche Prägung, Sonderbetriebsregeln) bei Personengesellschaften, sogar in Inbound-Fällen; vgl. *Blumers/Zillmer*, BB 2010, 1375.

2 Vgl. *Wassermeyer*, FR 2010, 537; *Blumers/Zillmer*, BB 2010, 1375.

3 BFH 17. 10. 2007 I R 5/06, BStBl 2009 II 356; 20. 12. 2006 I B 47/05, IStR 2007, 330 = BStBl 2009 II 766 (DBA-UK); 9. 8. 2006 II R 59/05, DStRE 2007, 28; vgl. *Wassermeyer*, IStR 2007, 413; *Blumers/Zillmer*, BB 2010, 1375.

4 BFH 10. 5. 2007 I R 5/06, BStBl 2009 II 356, II.1.aa, bb; *Blumers/Zillmer*, BB 2010, 1375.

5 *Knebel/Heidemann*, EuZW 2008, 681 (autonome Auslegung); *Reimer*, IStR 2008, 551 (Entscheidungsharmonie); *Blumers/Zillmer*, BB 2010, 1375.

6 *Blumers/Zillmer*, BB 2010, 1375 f.

7 *Meretzki*, IStR 2009, 217; *Hils*, DStR 2009, 888; *Lange*, GmbH-StB 2009, 128; *Boller/Schmidt*, IStR 2009, 852; *Blumers/Zillmer*, BB 2010, 1375, 1376.

8 *Blumers/Zillmer*, BB 2010, 1376.

lungen vorsehen, die Personengesellschaften generell oder im Einzelfall als ansässige Personen definieren.[1]

571 Ungeachtet dessen und trotz des Grundsatzes, dass sich die Einordnung ausländischer Gesellschaften als Personen- oder Kapitalgesellschaft ausschließlich nach deutschem Recht bestimmt, gewährt die Finanzverwaltung allerdings „systemwidrig aber pragmatisch“[2] Gesellschaften die Entlastung von Abzugssteuern unter der Voraussetzung, dass die Einkünfte der ausländischen Gesellschaft nach dem Recht des betreffenden Vertragsstaates dort als Einkünfte einer ansässigen Person steuerpflichtig sind, d. h. einer Besteuerung als juristische Person unterliegen. Diese Regelung wird in der Literatur kritisiert.[3]

c) Qualifikationskonflikte

572 Da bei grenzüberschreitenden Fällen die Finanzbehörden zweier Staaten das zwischen den Staaten vereinbarte Doppelbesteuerungsabkommen anwenden müssen, kann es zu sog. Qualifikationskonflikten kommen. Ursache kann eine unterschiedliche Beurteilung des Sachverhaltes oder die Anwendung unterschiedlicher Abkommensbestimmungen sein, insbesondere aufgrund divergierender Auslegung von Abkommensbestimmungen.

573 Dies können Zurechnungskonflikte sein, sofern die Anwenderstaaten Einkünfte unterschiedlichen Personen als Empfänger zuordnen. Insoweit könnte ein Staat z. B. Einkünfte einer Gesellschaft zuordnen, während der andere Staat sie dem Gesellschafter zuordnet.

574 Objektive Qualifikationskonflikte sind anzunehmen, wenn die Anwenderstaaten die Einkünfte zwar derselben Person zuordnen, jedoch unterschiedliche Verteilungsnormen des DBAs anwenden. Auch wenn im Grundfall einer gewerblich tätigen PersGes primär die Annahme von Unternehmensgewinnen i. S. d. Art. 7 OECD-MA naheliegt, kann sich die Frage der Besteuerung von Einkünften nach Maßgabe von Regelungen ergeben, die den nachfolgend aufgeführten Regelungen des OECD-MA nachgebildet sind. Dabei wird entsprechend dem OECD-MA 2003 davon ausgegangen, dass die nach dem bisherigen Art. 14 OECD-MA zu beurteilenden Einkünfte aus selbständiger Arbeit nunmehr als Einkünfte aus Unternehmensgewinnen i. S. d. Art. 7 OECD-MA zu beurteilen sind.

- Art. 6 OECD-MA – Einkünfte aus unbeweglichem Vermögen,
- Art. 10 OECD-MA – Dividenden,
- Art. 11 OECD-MA – Zinsen,
- Art. 12 OECD-MA – Lizenzgebühren,
- Art. 13 OECD-MA – Veräußerungsgewinne,
- Art. 15 OECD-MA – Unselbständige Arbeit,
- Art. 17 OECD-MA – Künstler und Sportler.

1 BMF 16. 4. 2010, a. a. O., 354, Anlage Besonderheiten einzelner DBA zur Abkommensberechtigung von Personengesellschaften und Hinweise zu einzelnen Gesellschaftsformen.

2 *Hruschka*, DStR 2010, 1357, 1358.

3 *Schmitt-Homann*, DStR 2010, 2545; *Brähler/Mayer*, IStR 2010, 678; *Wassermeyer*, IStR 2010, 683.

Insofern könnte z. B. bezüglich Sondervergütungen folgendes Ergebnis eintreten:

Ein Staat behandelt Sondervergütungen, die ein Gesellschafter einer Personengesellschaft von der Gesellschaft bezieht als Unternehmenseinkünfte, der andere als Zinsen.

Qualifikationskonflikte können im Ergebnis zu einer Doppelbesteuerung oder einer Doppelfreistellung führen. 575

Bei positiven Qualifikationskonflikten reklamieren im Ergebnis beide Anwenderstaaten 576 eines DBA das Besteuerungsrecht für sich. Folglich droht eine Doppelbesteuerung. Die Beseitigung von Doppelbesteuerungen erfolgt nach den Regelungen des Methodenartikels des jeweiligen DBA ggf. nach Durchführung eines Verständigungsverfahrens technisch durch Anrechnung ausländischer Steuern bzw. Freistellung.

Demgegenüber beansprucht beim negativen Qualifikationskonflikt keiner der Anwen- 577 derstaaten ein Besteuerungsrecht, so dass somit im Ergebnis eine Doppelfreistellung („weiße Einkünfte") die Konsequenz wäre. Bei Doppelfreistellung infolge Nichtbesteuerung (oder begrenzter Besteuerung) in einem Staat kann korrespondierend hierzu die Freistellung im anderen Staat entfallen. Insoweit sehen einzelne DBA entsprechende Rückfallklauseln[1] („Subject-to-tax"-Klausel) vor. Soweit das DBA keine Rückfallklausel enthält, kann die Freistellungsverpflichtung in Deutschland im Rahmen von § 50d Abs. 9 EStG entfallen.

d) Unternehmensgewinne und Gewinne gewerblich tätiger und gewerblich geprägter Personengesellschaften

Die Finanzverwaltung interpretiert den Begriff Unternehmensgewinne dahin gehend, 578 dass für Deutschland als Anwenderstaat eines DBA die Ausdrücke „Gewinne eines Unternehmens" und „gewerbliche Gewinne" die Gewinne gewerblich tätiger, gewerblich geprägter (§ 15 Absatz 3 Nummer 2 EStG) sowie gewerblich infizierter (§ 15 Abs. 3 Nr. 1 EStG) Personengesellschaften umfassen[2] sollen. Darüber hinaus gehören zu den Unternehmensgewinnen nach Ansicht der Finanzverwaltung auch die Gewinnanteile aus atypisch stiller Beteiligung[3] und aus selbständiger Arbeit (Letzteres nur soweit das DBA keine entsprechende Sonderregelung für Gewinne aus selbständiger Arbeit enthält)[4] sowie die in einem separaten Abschnitt des BMF-Schreibens[5] geregelten Sondervergütungen (Rn. 596).

Zwar definierten die DBA regelmäßig nicht, was „Gewinne eines Unternehmens" sind. 579 Dies gelte auch für Abkommen, die, dem OECD-MA folgend, den Ausdruck „Unternehmen" als eine „Geschäftstätigkeit" definieren. Ob eine Tätigkeit im Rahmen eines Unternehmens ausgeübt wird oder an sich schon ein Unternehmen darstellt, soll sich da-

1 Rückfallklauseln enthalten gegenwärtig die DBA mit Italien, USA, Dänemark, Neuseeland, Norwegen und Schweden vgl. BMF 16. 4. 2010, a. a. O., Tz. 4.1.1.2.3. Zu Einzelfragen der Rückfallklauseln soll ein gesondertes BMF-Schreiben Stellung nehmen.

2 BMF 16. 4. 2010, a. a. O., Tz. 2.2.1.

3 BMF 16. 4. 2010, a. a. O., Tz. 2.2.1.2.

4 BMF 16. 4. 2010, a. a. O., Tz. 2.2.1.1.

5 BMF 16. 4. 2010, a. a. O., Tz. 5.

her nach Ansicht der Finanzverwaltung nach dem innerstaatlichen Recht des Anwenderstaates (Art. 3 Abs. 2 OECD-MA; OECD-MK Nr. 4 zu Art. 3) richten. Auch aus Art. 7 Abs. 7 OECD-MA ergebe sich nach Ansicht der Finanzverwaltung nichts anderes hinsichtlich der Formulierungen „Gewinne eines Unternehmens" und „gewerbliche Gewinne".[1] Denn die Ratio der Norm solle das Besteuerungsrecht des Quellenstaates für Unternehmenseinkünfte, die auch in anderen Artikeln angesprochen werden (z. B. Zinsen in Art. 11 OECD-MA), auch in dem Fall sicherstellen, dass dort keine Betriebsstätte existiert oder keine Zuordnung zu dieser Betriebsstätte erfolgen kann.[2]

580 Als **Beispiel** führt das BMF folgenden Fall an:

> Im Rahmen einer Darlehensgewährung erhält eine inländische gewerblich tätige Personengesellschaft (mit inländischen Gesellschaftern) Zinsen von einer in Kanada ansässigen Person. Die Gesellschaft betreibt keine Betriebsstätte in Kanada.[3]
>
> Die Zinsen sind Teil des Unternehmensgewinns der Gesellschaft (§ 15 Abs. 1 Satz 1 Nr. 1 i.V. m. § 20 Abs. 8 EStG, Art. 7 DBA-Kanada). Wenn das Darlehen nicht einer kanadischen Betriebsstätte zuzurechnen ist, hat Kanada auch kein aus Art. 7 DBA-Kanada resultierendes Besteuerungsrecht. Allerdings kann Kanada die Zinsen gem. Art. 11 Abs. 2 DBA-Kanada mit maximal 10 Prozent besteuern. Wegen Art. 7 Abs. 7 DBA-Kanada wird dieses Quellenbesteuerungsrecht nicht angetastet, was einem anderweitig drohenden Qualifikationskonflikt entgegenwirkt. Letztlich erfolgt aber eine Anrechnung der kanadischen Steuer durch Deutschland als Ansässigkeitsstaat, vgl. Art. 23 Abs. 2 Buchst. b, bb DBA-Kanada.[4]

Die Einbeziehung gewerblich geprägter und gewerblich infizierter Personengesellschaften durch die Finanzverwaltung widerspricht allerdings der herrschenden Meinung in der Literatur[5], die insoweit einen Vorrang der übrigen Verteilungsnormen vor Art. 7 OECD-MA vertritt.

581 Auch der BFH hat mit Urteil vom 28. 4. 2010 die Einschlägigkeit von Art. 7 OECD-MA für gewerblich geprägte Personengesellschaften abgelehnt. Im Urteilsfall ging es um Zinserträge, welche von einer i. S. d. § 15 Abs. 3 Nr. 2 EStG 1990 gewerblich geprägten, aber vermögensverwaltend tätigen US-amerikanischen Personengesellschaft erzielt werden, an der unmittelbar oder mittelbar in Deutschland unbeschränkt steuerpflichtige Personen beteiligt waren.[6]

582 Nach Ansicht des BFH umfasst der Begriff „Unternehmensgewinne" jedenfalls keine Einkünfte aus vermögensverwaltenden Tätigkeit, die nur aufgrund der Rechtsform der die Einkünfte erzielenden Gesellschaft gewerblich geprägt werden. Die DBA-Formulierung „gewerbliche Gewinne eines Unternehmens" verlange Einkünfte aus einer der Art nach „unternehmerischen Tätigkeit". Dies erfasse keine Vermögensverwaltung, die im innerstaatlichen Recht erst durch eine Fiktion dem Bereich der Gewerblichkeit zugeordnet werden kann. Erforderlich sei aufgrund des in Art. 3 Abs. 2 DBA-USA 1989 a. F. er-

1 Vgl. BMF 16. 4. 2010, a. a. O., Tz. 2.2.1.
2 Vgl. BMF 16. 4. 2010, a. a. O., Tz. 2.2.1.
3 Vgl. BMF 16. 4. 2010, a. a. O., Tz. 2.2.1.
4 Vgl. BMF 16. 4. 2010, a. a. O., Tz. 2.2.1.
5 *Hruschka*, DStR 2010, 1357, 1358, Fn. 20, m. w. N.; *Schmitt-Homann*, DStR 2010, 2545, 2546, Tz. 3.1.
6 BFH 28. 4. 2010 I R 81/09, NWB DokID: HAAAD-44648, Leitsatz 2.

wähnten abkommensspezifischen Zusammenhangs eine vom nationalen Recht losgelöste Einordnung.[1]

Seine Auffassung bestätigte der BFH in seiner Entscheidung vom 19. 5. 2010 im Zusammenhang mit Veräußerungsgewinnen aus beweglichem Vermögen, welche von einer gewerblich geprägten spanischen Personengesellschaft erzielt wurden, an der in Deutschland unbeschränkt Steuerpflichtige beteiligt waren. Diese unterfallen nach Ansicht des BFH nach Art. 13 Abs. 3 DBA-Spanien der deutschen Besteuerung und nicht nach Art. 13 Abs. 2 DBA-Spanien als Betriebsstättengewinne der spanischen Besteuerung.[2] Für den Anwendungsvorrang von Art. 13 Abs. 2 DBA-Spanien sei erforderlich, dass bei den Veräußerungsgewinnen aus beweglichem Vermögen nicht nur nach innerstaatlicher, sondern auch nach abkommensrechtlicher Betrachtung eine Veräußerung von Betriebsvermögen vorliegt. Daran fehlt es jedoch im Falle einer schlicht vermögensverwaltenden und damit nicht originär i. S. v. § 15 Abs. 2 EStG gewerblich tätigen Personengesellschaft, da diese aus Abkommensperspektive lediglich (bewegliches) Privatvermögen veräußert. Die innerstaatliche gewerbliche Prägung schlage auf die Abkommensrechtslage nicht durch.[3] 583

e) Betriebsstättenproblematik

Das BMF-Schreiben verweist zu begrifflichen Einzelheiten auf die Betriebsstätten-Verwaltungsgrundsätze.[4] Dabei hält es zunächst den allgemeinen Grundsatz fest, dass Gewinne eines Unternehmens eines Vertragsstaates nur dann im anderen Vertragsstaat besteuert werden können, wenn das Unternehmen seine Geschäftstätigkeit im anderen Vertragsstaat durch eine dort gelegene Betriebsstätte ausübt (Art. 7 Abs. 1 OECD-MA). Dementsprechend kann Deutschland im Inboundfall den Gewinnanteil eines im Ausland ansässigen Gesellschafter nur dann besteuern, wenn die Personengesellschaft im Inland über eine Betriebsstätte verfügt. Im Outboundfall hat der ausländische Betriebsstättenstaat ein Quellenstaatsbesteuerungsrecht für die der Betriebsstätte zuzurechnenden Gewinne, sofern ein im Inland Ansässiger an einer inländischen oder ausländischen Personengesellschaft beteiligt ist, die im Ausland über eine Betriebsstätte verfügt. In beiden Konstellationen gilt dabei die Betriebstätte der Personengesellschaft als anteilige Betriebsstätte des inländischen bzw. ausländischen Gesellschafters.[5] 584

Rein vermögensverwaltend tätige Personengesellschaften (ohne gewerbliche Prägung oder Infizierung), die keiner originär unternehmerischen Tätigkeit nachgehen, unterfallen nicht Art. 7, so dass die Frage der Existenz einer Betriebsstätte obsolet ist.[6] Aller-

1 BFH 28. 4. 2010 I R 81/09, Tz. 23.

2 BFH 19. 5. 2010 I B 191/09, Leitsatz 1; entgegen BMF 24. 12. 1999, BStBl I 1999, 1076, Tz. 1.1.5.1., jetzt BMF 16. 4. 2010, a. a. O., Tz. 4.2.1 i. V. m. Tz. 4.1.3.3.2.

3 BFH 19. 5. 2010 I B 191/09, Tz. 15.

4 BMF 24. 12. 1999, BStBl 1999 I 1076, geändert durch BMF 20. 11. 2000, BStBl 2000 I 1509 und 25. 8. 2009, BStBl 2009 I 888.

5 BMF 16. 4. 2010, a. a. O., Tz. 2.2.3.

6 *Blumers/Zillmer*, BB 2010, 1375, 1377 2d.

dings verfügen Unternehmen i. S. d. Artikels 7 OECD-MA nicht per se über eine Betriebsstätte. Insbesondere soll nach Ansicht der Finanzverwaltung allein aufgrund der Existenz einer gewerblich tätigen oder gewerblich geprägten Personengesellschaft nicht automatisch vom Vorliegen einer Betriebsstätte ausgegangen werden können. Als nicht ausreichend wird dabei exemplarisch die Verwaltung einer einzigen Beteiligung ohne sonstige unternehmerische Tätigkeit genannt.[1]

BEISPIEL: Die gewerblich geprägte A-GmbH & Co. KG mit Sitz in Deutschland hält die Anteile an der B-GmbH. Die Tätigkeit der KG besteht ausschließlich in der Verwaltung der Anteile an der B-GmbH. Kommanditisten der KG und zugleich Geschäftsführer der A-GmbH (Komplementärin der KG), die im Inland nicht über Geschäftsräume verfügt, sind die natürlichen Personen D und E mit Wohnsitz in Staat C. Auch die KG verfügt im Inland über keine eigenen Geschäftsräume. Ihr Sitz befindet sich an der Adresse einer Wirtschaftsprüfungsgesellschaft. Die Gesellschafter der KG sind nicht an der Geschäftsführung der B-GmbH beteiligt.

Mit Staat C besteht ein DBA, das dem OECD-MA entspricht. Die Besteuerung der Gewinne der KG bestimmt sich nach Ansicht der Finanzverwaltung nach Art. 7 (Unternehmensgewinne) des DBA mit dem Staat C. D und E sollen demnach im Inland über keine Betriebsstätte verfügen, denn es mangelt an einer festen Geschäftseinrichtung, in der die Tätigkeit tatsächlich ausgeübt wird und zu der die der Tätigkeit zugrunde liegenden Wirtschaftsgüter gehören.

Nach deutschem Handelsrecht ist die nach inländischem Recht gegründete A-GmbH zur Geschäftsführung der KG berufen. Die bloße rechtliche Existenz der A-GmbH führe jedoch nicht zu einer inländischen Geschäftsleitungsbetriebsstätte der KG i. S.d. Art. 5 Abs. 2 Buchst. a OECD-MA , da es für die Beurteilung der Betriebsstätteneigenschaft auf die tatsächlichen Verhältnisse ankommt. Im konkreten Fall soll die Geschäftsführung von D und E im Ausland wahrgenommen werden.

Am Ergebnis ändert sich nach Absicht der Finanzverwaltung selbst dann nichts, wenn ein Vertreter der Wirtschaftsprüfungsgesellschaft zur Geschäftsführung für die KG befugt wäre. Die Verwaltung einer einzigen Beteiligung ohne sonstige unternehmerische Tätigkeit beinhaltet kein Tagesgeschäft, das als geschäftsleitende Tätigkeit gelten könnte (vgl. BFH-Urteile vom 9. 12. 1980, BStBl 1981 II 339 und vom 7. 12. 1994 , BStBl 1995 II 175).

585 Auch wenn somit nach Ansicht der Finanzverwaltung – entgegen der Rechtsprechung des BFH – auch bei lediglich gewerblicher Prägung oder Infizierung Unternehmensgewinne i. S.v. Art. 7 OECD-MA angenommen werden können, besteht möglicherweise keine Betriebstätte was im Inboundfall dazu führt, dass kein Besteuerungsrecht Deutschlands für Unternehmensgewinne[2] („keine dort gelegene Betriebsstätte") besteht, d. h., die Unternehmensgewinne sind prinzipiell im anderen Staat zu besteuern.

586 Dies führt weiterhin dazu, dass die bloße Einlage einer Beteiligung in eine inländische gewerblich geprägte Personengesellschaft nicht dazu dienen kann, eine ansonsten drohende Wegzugsbesteuerung nach § 6 AStG oder eine Entstrickung nach § 4 Abs. 1 Satz 3 EStG abzuwenden.[3]

1 BMF 16. 4. 2010, a. a. O., Tz. 2.2.3, S. 10, Beispiel.

2 Allerdings unterliegen auch ohne inländische Betriebsstätte (bzw. ständigen Vertreter) inländische Einkünfte aus Vermietung und Verpachtung und Veräußerungsgewinne per Fiktion gem. § 49 Abs. 1 Nr. 2 f. aa und bb EStG i. d. F. des JStG 2009 als gewerbliche Einkünfte der beschränkten Steuerpflicht. Für diese besteht nach Art. 6 Abs. 4 und 13 Abs. 1 OECD-MA ein inländisches Besteuerungsrecht. Dies gilt für „betriebsstättenlose" gewerblich tätige, geprägte und infizierte Personengesellschaften, *Blumers/Zillmer*, BB 2010, 1375, 1379 2 f.

3 *Schmidt-Homann*, DStR 2010, 2545, 2547.

Aber auch bei einer unstreitig bestehenden Betriebsstätte ist die Zuordnungsfreiheit des Steuerpflichtigen nach Ansicht der Finanzverwaltung insoweit eingeschränkt, als es nicht möglich ist, Wirtschaftsgüter „willkürlich" einer Betriebsstätte zuzuordnen, um dadurch ggf. bestimmte gewünschte Rechtsfolgen herbeizuführen. 587

Nach den Betriebsstättenvorbehalten der DBA (Art. 10 Abs. 4, 11 Abs. 4, 12 Abs. 3, 13 Abs. 2 und 21 Abs. 2 OECD-MA) gelten zwar die Begrenzungen der Besteuerungsrechte des Quellenstaates (Art. 10 Abs. 2 , 11 Abs. 2, 12 Abs. 1, 13 Abs. 1 und 21 Abs. 1 OECD-MA) nicht, wenn die den Einkünften zugrunde liegenden Wirtschaftsgüter (Beteiligungen, Forderungen, Rechte oder Vermögenswerte) tatsächlich zu einer Betriebsstätte gehören, durch die ein Unternehmen eines Vertragsstaates seine Tätigkeit im anderen Vertragsstaat ausübt.

Die tatsächliche Zugehörigkeit eines Wirtschaftsgutes zu einer Betriebsstätte ist allerdings nach Ansicht der Finanzverwaltung nur gegeben, wenn das Wirtschaftsgut in einem funktionalen Zusammenhang mit der Tätigkeit der Betriebsstätte steht. Die Zuordnung zum Betriebsvermögen der Betriebsstätte durch den Steuerpflichtigen kann zwar ein Indiz für den funktionalen Zusammenhang sein. Das setzt aber voraus, dass das Wirtschaftsgut von der Betriebsstätte tatsächlich genutzt wird und zu ihrem Betriebsergebnis beiträgt. Daraus ergibt sich auch, dass eine bestehende funktionale Zuordnung einer Beteiligung nicht allein durch eine anderweitige Zuweisung der Beteiligung durch den Steuerpflichtigen geändert werden kann, auch wenn diese zivilrechtlich auf eine Personengesellschaft übertragen wurde.[1] Wie in einem Beispielsfall ausgeführt, soll es daher nicht möglich sein, ein Wirtschaftsgut einer Betriebsstätte ohne tatsächlich-funktionale Bedeutung zu derselben zuzuordnen.[2] 588

BEISPIEL: Die inländische, aktiv tätige A-GmbH hält Anteile an aktiv tätigen Kapitalgesellschaften im Staat C. Daneben ist die A-GmbH Mitunternehmerin einer Personengesellschaft im Staat C, die Managementaufgaben wahrnimmt. Zur Erzielung von Synergieeffekten überträgt die A-GmbH die Beteiligungen an den Kapitalgesellschaften auf die Personengesellschaft. Es bestehen keine Leistungsbeziehungen zwischen der Personengesellschaft und den Kapitalgesellschaften.

Für die nach der Übertragung der Beteiligungen von der Personengesellschaft bezogenen Dividenden und die ggf. anfallenden Gewinne aus der Weiterveräußerung der Beteiligungen an den Kapitalgesellschaften kann die Freistellung nach dem Methodenartikel des DBA mit Staat C nach Ansicht der Finanzverwaltung nicht beansprucht werden. Die Beteiligungen sollen nicht i. S. d. Betriebsstättenvorbehalte zu der anteiligen Betriebsstätte der A-GmbH aufgrund der Mitunternehmerschaft gehören. Denn die Beteiligungen hätten keine tatsächlich-funktionale Bedeutung oder sonstige positive Auswirkung für die Personengesellschaft, die eine entsprechende Zuordnung ermöglichen. Entsprechendes soll gelten, wenn die Personengesellschaft zwar geschäftsleitende Funktionen hinsichtlich der Kapitalgesellschaften wahrnimmt, der wesentliche funktionale Zusammenhang jedoch zwischen den Aktivitäten der A-GmbH und den ausländischen Kapitalgesellschaften besteht.

1 BFH 19. 12. 2007, BStBl 2008 II 510.

2 BMF 16. 4. 2010, a. a. O., Tz. 2.2.4.1, S. 12, Beispiel.

f) Deutschland als Betriebsstättenstaat (Inboundkonstellationen)

589 Nach Ansicht der Finanzverwaltung unterliegt eine im Ausland ansässige natürliche oder juristische Person mit ihrem Gewinnanteil aus der Beteiligung sowohl

- an einer in- oder ausländischen gewerblich tätigen oder gewerblich geprägten Personengesellschaft
- als auch als atypisch stille Gesellschafterin eines in- oder ausländischen Unternehmens

der beschränkten Steuerpflicht (§ 1 Abs. 4 EStG, § 2 Nr. 1 KStG, § 49 Abs. 1 Nr. 2 Buchst. a EStG), wenn insoweit eine inländische Betriebsstätte i. S. d. § 12 AO besteht bzw. ein ständiger Vertreter nach § 13 AO bestellt ist und die Betriebsstätte bzw. der ständige Vertreter dem beschränkt Steuerpflichtigen aufgrund seiner Beteiligung anteilig zuzurechnen sind.[1] Der auf die Betriebsstätte des beschränkt Steuerpflichtigen entfallende Gewinn darf demnach von Deutschland nach dem Abkommensartikel über die Unternehmensgewinne in vollem Umfang besteuert werden.

590 Ordnet der Ansässigkeitsstaat des Gesellschafters Einkünfte anderen Abkommensbestimmungen zu, kann dies zu einer vollen oder partiellen Doppelbesteuerung führen. Kann die Doppelbesteuerung in einem Verständigungsverfahren nicht ausgeräumt werden, ist es grundsätzlich Sache des Ansässigkeitsstaates, die Doppelbesteuerung zu vermeiden.

Die beschränkte Steuerpflicht (§ 1 Abs. 4 EStG, § 2 Nr. 1 KStG, § 49 Abs. 1 Nr. 2 Buchst. a EStG) erstreckt sich auch auf Gewinne aus

- der Veräußerung beweglichen oder unbeweglichen Vermögens einer Betriebsstätte,
- der Veräußerung oder Aufgabe der Betriebsstätte selbst sowie
- der Veräußerung des Anteils an einer Personengesellschaft, soweit er auf die inländische Betriebsstätte entfällt.

Eine Betriebsaufgabe (Aufgabe der Betriebsstätte) soll dabei nach auch vorliegen, wenn die Voraussetzungen für die gewerbliche Prägung einer Personengesellschaft wegfallen oder eine Personengesellschaft keine gewerbliche Tätigkeit mehr ausübt.[2]

591 Die DBA weisen dem Betriebsstättenstaat im Regelfall das Besteuerungsrecht für das bewegliche Vermögen der Betriebsstätte zu (Art. 13 Abs. 2 OECD-MA). Soweit zum Betriebsstättenvermögen unbewegliches Vermögen gehört, ergibt sich das Besteuerungsrecht (auch) aus Art. 13 Abs. 1 OECD-MA. Die Veräußerung eines Anteils an der Personengesellschaft gilt als Veräußerung der (anteiligen) einzelnen Wirtschaftsgüter der Gesellschaft.

Voraussetzung einer Gewerbesteuerpflicht der Gewinne einer ausländischen gewerblich tätigen oder gewerblich geprägten Personengesellschaft ist, dass die Personengesellschaft im Inland eine Betriebsstätte unterhält, der die Gewinne zuzurechnen sind.[3]

1 BMF 16. 4. 2010, a. a. O., Tz. 3.1.
2 BMF 16. 4. 2010, a. a. O., Tz. 3.2.
3 BMF 16. 4. 2010, a. a. O., Tz. 3.3.

g) Deutschland als Ansässigkeitsstaat (Outboundfall)

aa) Gewerblich tätige und gewerblich geprägte Personengesellschaften

Sofern eine im Inland ansässige natürliche oder juristische Person an einer 592

- in- oder ausländischen gewerblich tätigen,
- gewerblich geprägten oder
- gewerblich infizierten Personengesellschaft

beteiligt ist, die eine ausländische Betriebsstätte betreibt, so hat i. d. R. nach dem Methodenartikel des einschlägigen DBAs eine Steuerbefreiung von der inländischen Besteuerung, ggf. unter Progressionsvorbehalt, hinsichtlich des anteiligen Unternehmensgewinns (Betriebsstättengewinn) zu erfolgen (sog. Freistellungsmethode).[1]

Allerdings ist die Freistellungsmethode in folgenden Konstellationen ausgeschlossen: 593

- Aktivitätsklauseln der DBA (nach dem jeweils einschlägigen DBA zufolge kommt es auf die Art der Tätigkeit der ausländischen Betriebsstätte (Personengesellschaft) an, mit welcher die Betriebsstätte ihre Einkünfte erwirtschaftet.[2]
- Vorliegen von Zwischeneinkünften einer Betriebsstätte § 20 Abs. 2 AStG.[3]
- Ausschluss der Freistellung durch Rückfallklausel („subject-to-tax") im jeweiligen DBA oder aufgrund nationalem Rechts (§ 50d Abs. 9 EStG),[4] z. B. bei Vorliegen eines (negativen) Qualifikationskonflikts, bei dem der Quellenstaat von seinem Besteuerungsrecht keinen oder nur eingeschränkten Gebrauch macht.[5]

Falls es zu keiner Freistellung kommt, unterfällt der anteilige Gewinn der Steuerpflicht, wobei dann die ggf. gezahlten ausländischen Steuern entsprechend § 34c Abs. 1 oder Abs. 2 i. V. m. Abs. 6 EStG zu berücksichtigen sind.[6]

bb) Vermögensverwaltende Personengesellschaften

Eine im Inland ansässige Person erzielt bei Beteiligung an einer ausländischen vermögensverwaltenden Personengesellschaft prinzipiell Einkünfte aus Vermietung und Verpachtung und/oder Kapitalvermögen.[7] Anderes gilt nur, wenn Beteiligte eine Körperschaft ist, bei der nach § 8 Abs. 2 KStG alle Einkünfte gewerblich sind oder die Einkünfte auf der Ebene des Gesellschafters aus sonstigen Gründen (z. B. bei sog. Zebragesellschaften) als gewerblich zu behandeln sind. 594

Einkünfte aus unbeweglichem Vermögen dürften dabei (Art. 6 OECD-MA) nach dem jeweils anzuwendenden DBA in dem Staat, in dem das Vermögen belegen ist zu versteu- 595

1 BMF 16. 4. 2010, a. a. O., Tz. 4.1.1.1.1.
2 BMF 16. 4. 2010, a. a. O., Tz. 4.1.1.2.1.
3 BMF 16. 4. 2010, a. a. O., Tz. 4.1.1.2.2.
4 BMF 16. 4. 2010, a. a. O., Tz. 4.1.1.2.3.
5 BMF 16. 4. 2010, a. a. O., Tz. 4.1.1.2.5.
6 BMF 16. 4. 2010, a. a. O., Tz. 4.1.1.2.1.
7 BMF 16. 4. 2010, a. a. O., Tz. 4.1.2; Für unbeschränkt Steuerpflichtige existiert keine § 49 Abs. 1 Nr. 2 Buchst. f entsprechende Vorschrift.

ern sein, während Deutschland als Ansässigkeitsstaat die Einkünfte regelmäßig von der Besteuerung (ggf. unter Progressionsvorbehalt) nach dem Methodenartikel ausnimmt.[1] Im Verlustfall ist § 2a Abs. 1 EStG zu beachten. Einkünfte aus Zinsen, Dividenden und Lizenzgebühren sowie aus der Überlassung von Rechten dürfen in der Regel vom ausländischen Quellenstaat nicht oder nur in begrenztem Umfang besteuert werden. Deutschland als Ansässigkeitsstaat ist insoweit in seinem Besteuerungsrecht nicht eingeschränkt. Vom Quellenstaat nach den DBA zulässigerweise erhobene Steuer ist entsprechend § 34c Abs. 1 oder Abs. 2 i. V. m. Abs. 6 zu berücksichtigen.

h) Sondervergütungen

596 Nach Ansicht des BMF unterfallen (Sonder-)Vergütungen, die ein Gesellschafter (Mitunternehmer) einer gewerblich tätigen, gewerblich geprägten oder gewerblich infizierten Personengesellschaft bezieht, den Unternehmenseinkünften. Dies gilt unabhängig davon, ob die Sondervergütungen ein inländischer Mitunternehmer von einer ausländischen Personengesellschaft erhält oder ein ausländischer Gesellschafter von einer inländischen Personengesellschaft. Die Vergütungen seien wegen Art. 3 Abs. 2 OECD-MA und Nr. 4 zu Art. 3 OECD-MA nach innerstaatlichem Recht zu beurteilen, d. h., es erfolgt eine Orientierung an § 15 Abs. 1 Satz 1 Nr. 2 Satz 1 Halbsatz 2 und Nr. 3 Halbsatz 2 EStG, während § 50d Abs. 10 EStG die Qualifizierung nach anderen DBA-Artikeln ausschließe. Dies habe auch Gültigkeit ohne Rücksicht darauf, ob das DBA eine explizite Normierung zur Einordnung von Sondervergütungen bereithalte.[2] Falls ein Gesellschafter einer Personengesellschaft dieser Wirtschaftsgüter[3] gegen Entgelt zur Nutzung überlasse (etwa Darlehen), seien diese Wirtschaftsgüter der Personengesellschaft zuzurechnen, nicht einer Geschäftsleitungsbetriebsstätte des gewährenden Gesellschafters, da das Ergebnis der Personengesellschaft (Betriebsstätte) schließlich mithilfe dieser Wirtschaftsgüter erreicht werde. Die Tatsache, dass die Betriebsstätte Aufwendungen in Form der Sondervergütungen für die gewährten Wirtschaftsgüter tätige, könne schließlich parallel dazu wegen des innerstaatlichen Rechts zu keiner Gewinnminderung der Personengesellschaft (Betriebsstätte) führen.[4] Das BMF fühlt sich durch den OECD-Partnership-Bericht bestätigt.[5] Sofern Deutschland der Ansässigkeitsstaat ist, seien die Sondervergütungen daher in der Regel als Betriebsstättengewinne von der deutschen Besteuerung auszunehmen.[6]

BEISPIEL 1: A ist im Inland ansässig und an einer Personengesellschaft im Staat B beteiligt, welche dort eine Betriebsstätte betreibt. Er stellt der Gesellschaft ein Darlehen zur Verfügung, wofür er angemessene Zinsen erhält.

In den Augen von Staat B stellen die Zinsen einen Teil des gewerblichen Gewinns dar (Sondervergütung, die zum Betriebsstättengewinn zählt), woraus sich ein Besteuerungsrecht des Staa-

1 Ausnahme sind u. a. DBA-Schweiz und Spanien oder soweit die Freistellung wegen § 50d Abs. 9 Satz 1 Nr. 2 EStG entfällt.

2 BMF 16. 4. 2010, a. a. O., Tz. 2.2.1. und 5.1.

3 Dies ist unabhängig davon, ob es sich um materielle oder immaterielle Wirtschaftsgüter handelt.

4 BMF 16. 4. 2010, a. a. O., Tz. 5.1.

5 BMF 16. 4. 2010, a. a. O., Tz. 4.1.3.3. und 5.1.

6 BMF 16. 4. 2010, a. a. O., Tz. 5.1.

tes B für Zinsen nach Art. 7 OECD-MA ergibt. Korrespondierend kommt es in Deutschland zu einer Steuerfreistellung des anteiligen Betriebsstättengewinns unter Progressionsvorbehalt.

In den meisten Staaten unterfallen Sondervergütungen jedoch anderen Abkommensbestimmungen nach dem dortigen innerstaatlichen Recht, woraus Qualifikationskonflikte mit einer anschließenden Doppelbesteuerung oder Doppelfreistellung resultieren können.[1] 597

BEISPIEL 2: Staat B erlaubt für die Darlehenszinsen den Betriebsausgabenabzug und stuft die Zinseinkünfte auf Gesellschafterebene nach Art. 11 OECD-MA ein – statt Art. 7, wodurch ihm als Quellenstaat die Besteuerung versperrt ist.[2] Aus Sicht Deutschlands sind die Zinsen gem. § 50d Abs. 10 Satz 1 EStG Teil des Betriebsstättengewinns.[3] Um einer etwaigen Nichtbesteuerung entgegenzuwirken, wird die grundsätzliche Freistellung entweder per Switch-over-Klausel im DBA oder gem. § 50d Abs. 9 Satz 1 Nr. 1 EStG i. V. m. § 50d Abs. 10 Satz 2 EStG vermieden – wenn es an einer DBA-Switch-over-Norm fehlt.[4]

Ist Deutschland der Quellenstaat, sind Sondervergütungen als Teil des Betriebsstättengewinns zu qualifizieren.[5] 598

BEISPIEL 3: A ist im Ausland ansässig und an einer inländischen Personengesellschaft beteiligt. Dieser stellt der A ein Darlehen gegen Entgelt zur Verfügung.[6]

Die Zinsen unterfallen in Deutschland als Sondervergütung dem beschränkt steuerpflichtigen Betriebsstättengewinn nach § 49 Abs. 1 Nr. 2a i. V. m. § 15 Abs. 1 Satz 1 Nr. 2 Satz 1 Halbsatz 2 EStG, für welchen Deutschland nach Art. 7 OECD-MA das Besteuerungsrecht zukommt (s. auch § 50d Abs. 10 Satz 1 EStG).[7] Wenn der ausländische Staat aber die Zinsen nach Art. 11 OECD-MA qualifiziert, hat er Maßnahmen zu ergreifen, der Doppelbesteuerung entgegenzuwirken.[8]

Die oben dargestellte Rechtsansicht der Finanzverwaltung zu Sondervergütungen wird in der Literatur allerdings aus diversen Gründen als problematisch angesehen, insbesondere da sie mit der ständigen Rechtsprechung des BFH nicht in Einklang zu bringen ist. Darüber hinaus weist die „rechtsprechungsdurchbrechende" Vorschrift des § 50d Abs. 10 EStG handwerkliche Mängel auf, die zu deren Wirkungslosigkeit führen, wie der BFH mit Entscheidung vom 8. 9. 2010 festgestellt hat. 599

Bereits mit Urteil vom 27. 2. 1991[9] hatte der BFH eine grundlegende Entscheidung zu Sondervergütungen, allerdings für einen „Outbound-Fall", getroffen. Demnach sollen Sondervergütungen, die ein unbeschränkt steuerpflichtiger Mitunternehmer von einer ausländischen Personengesellschaft erhält, abkommensrechtlich nicht als Unternehmensgewinne zu qualifizieren, sondern den speziellen Verteilungsartikeln zuzuordnen sein. Im Ergebnis führt dies zu einer Steuerpflicht dieser Vergütungen im Inland führt. 600

1 BMF 16. 4. 2010, a. a. O., Tz. 4.1.3 und 5.1.
2 BMF 16. 4. 2010, a. a. O., Tz. 5.1.
3 BMF 16. 4. 2010, a. a. O., Tz. 5.1.
4 BMF 16. 4. 2010, a. a. O., Tz. 4.1.3 .2 bzw. 4.1.3.3.2 und 5.1.
5 BMF 16. 4. 2010, a. a. O., Tz. 3.1 und 5.1
6 BMF 16. 4. 2010, a. a. O., Tz. 5.1.
7 BMF 16. 4. 2010, a. a. O., Tz. 5.1.
8 BMF 16. 4. 2010, a. a. O. , Tz. 3.1 und 4.1.3.3.1 und 5.1.
9 I R 15/89, BStBl 1991 II 444.

601 Über einen „Inbound-Fall" musste der BFH erstmals mit Urteil vom 17.10.2007[1] entscheiden. Konsequenterweise hat er den Fall spiegelbildlich zu seiner bisherigen Rechtsprechung in den „Outbound-Fällen" entschieden. Demnach dürfen Sondervergütungen (im Urteilsfall Darlehenszinsen), die ein beschränkt Steuerpflichtiger von einer inländischen Personengesellschaft gezahlt bekommt, in Deutschland nicht besteuert werden, da sie abkommensrechtlich keine Unternehmensgewinne darstellen. Der BFH hat dabei insbesondere darauf abgestellt, dass die Rückverweisungen in den sog. „Betriebsstättenvorbehalten" (z. B. Art. 11 Abs. 4 OECD-MA) nicht eingreifen können, weil sie eine tatsächliche und nicht nur eine von § 15 Abs. 1 Satz 1 Nr. 2 Halbsatz 2 EStG angeordnete rechtliche Zugehörigkeit der entsprechenden Darlehensforderung zur Betriebsstätte der Gesellschaft (welche als Betriebsstätte des Mitunternehmers gilt) voraussetzen würde, die allerdings i. d. R. nicht vorliegt.

602 Um die von der Finanzverwaltung gewünschte Rechtsfolge (Behandlung als Unternehmensgewinne) festzuschreiben, wurde § 50d Abs. 10 EStG mit dem JStG 2009 ins EStG aufgenommen. Die Regelung sollte gemäß § 52 Abs. 59a Satz 8 EStG rückwirkend auf alle noch offenen Verfahren angewendet werden. § 50d Abs. 10 EStG bildet auch eine „tragende Säule" für das BMF-Schreiben vom 16. 4. 2010. Gegen § 50d EStG wurden in der Literatur allerdings erhebliche Bedenken geäußert. Dabei wurde u. a. neben der Unzulässigkeit der Rückwirkung und der Frage ob ein verfassungswidriges „Treaty override" vorliegt, insbesondere vorgebracht, dass die Vorschrift handwerklich verunglückt und als unzureichender gesetzlicher Tatbestand nicht in der Lage sei, die gewünschte Rechtslage herbeizuführen.[2]

603 Im gleichen Sinne hat auch der BFH mit Urteil vom 8. 9. 2010[3] entschieden, dass über § 50d Abs. 10 EStG kein Besteuerungsrecht Deutschlands für Sondervergütungen im „Inbound-Fall" begründet werden kann. Der BFH stützt sich hierbei im wesentlichen auf die tatbestandliche Unzulänglichkeit der Vorschrift. Die gesetzliche Fiktion greife zu kurz, da § 50d Abs. 10 EStG lediglich eine abkommensrechtliche Einkommensart fingiert. Es sei zusätzlich erforderlich, dass die den Sondervergütungen zugrunde liegenden Wirtschaftsgüter (im Streitfall immaterielle Wirtschaftsgüter) aus Sicht der Betriebsstätte einen Aktivposten bilden. Die Vorschrift hätte folglich weitergehend auch von den Anforderungen der Existenz einer Betriebsstätte (Art. 5 OECD-MA) sowie der Betriebsstättenzurechnung befreien müssen um die gewünschte Rechtswirkung herbeiführen zu können.[4] Somit laufe die Regelung in ihrer derzeitigen Fassung ins Leere. Der BFH musste sich folglich mit der weitergehenden Problematik der Verfassungs- bzw. Völkerrechtswidrigkeit der Vorschrift (Rückwirkung, „Treaty override") nicht befassen.

604 Wie Verwaltung und Gesetzgeber auf die Entscheidung des BFH reagieren werden, stand zum Zeitpunkt der Überarbeitung des Buches noch nicht fest. Zu befürchten ist, dass der Gesetzgeber auf die Entscheidung des BFH mit einer „Nachjustierung" von

1 I R 5/06, BStBl 2009 II 356.
2 *Schmidt*, DStR 2010, 2436, m. w. N.
3 I R 74/09, DStR 2010, 2450.
4 BFH 8. 9. 2010 I R 74/09, Tz. 17b.

§ 50 Abs. 10 EStG reagieren wird.[1] Allerdings bleibt festzuhalten, dass in diesem Fall verschiedenerlei Bedenken Rechnung getragen müsste, so dass im Ergebnis auch möglich ist, dass Finanzverwaltung und Gesetzgeber die Rechtsprechung des BFH akzeptieren.

(Einstweilen frei) 605–620

IV. Ermittlung der Einkünfte der Mitunternehmer

1. Gewinnermittlung – Allgemeine Grundsätze

Die Gesellschafter einer Personengesellschaft, die Mitunternehmer einer Mitunternehmerschaft, beziehen mit ihren Gewinnanteilen i. S. d. § 15 Abs. 1 Satz 1 Nr. 2 EStG Einkünfte aus Gewerbebetrieb. Dabei handelt es sich gem. § 2 Abs. 2 Nr. 1 EStG um nach §§ 4–7k EStG ermittelte Gewinne. Entsprechendes gilt bei Bezug von Einkünften aus Land- und Forstwirtschaft i. S. d. § 13 EStG und aus selbständiger Arbeit i. S. d. § 18 EStG aus einer Mitunternehmerschaft. Danach ist der Gewinn und damit auch der Gewinnanteil für den Regelfall nach § 4 Abs. 1 EStG, bei Gewerbetreibenden i. V. m. § 5 EStG durch Bestandsvergleich auf der Grundlage der von der Mitunternehmerschaft aufgestellten Bilanzen zu ermitteln. In die Ermittlung des Gewinns der Mitunternehmerschaft und damit auch der Gewinnanteile der einzelnen Mitunternehmer sind die Ergebnisse der ggf. für einzelne Gesellschafter geführten Ergänzungsbilanzen[2] und Sonderbilanzen[3] einzubeziehen. 621

Abweichend davon ist es auf Antrag möglich, bei einem Gewerbebetrieb mit Geschäftsleitung im Inland den Gewinn aus dem Betrieb von Handelsschiffen im internationalen Verkehr nach § 5a EStG zu ermitteln – sog. Tonnagebesteuerung. Liegt ein Anwendungsfall des § 15a EStG vor, ist gem. § 5a Abs. 5 Satz 4 EStG daneben eine Gewinnermittlung nach § 4 Abs. 1, § 5 EStG erforderlich. 622

Besteht für die Mitunternehmerschaft keine Buchführungspflicht, kann der Gewinn gem. § 4 Abs. 3 EStG durch Gegenüberstellung der Betriebseinnahmen mit den Betriebsausgaben ermittelt werden, sofern bei Land- und Forstwirten die Gewinne nicht gem. § 13a EStG nach Durchschnittssätzen zu ermitteln sind. 623

Bei der Ermittlung der Gewinnanteile der Mitunternehmer ist nach § 15 Abs. 1 Satz 1 Nr. 2 Satz 1 EStG zu berücksichtigen, dass sich diese aus dem Anteil an dem von der Gesellschaft in ihrer gesamthänderischen Verbundenheit erzielten Gewinn und den Vergütungen, die der einzelne Mitunternehmer von der Gesellschaft für Tätigkeiten in deren Dienst, für die Hingabe von Darlehen oder die Überlassung von Wirtschaftsgütern bezogen hat, zusammen setzt. Diese Vergütungen werden bei der Gewinnermittlung der Gesellschaft als Aufwand berücksichtigt. Dies hat zur Folge, dass der insgesamt der Besteuerung zu unterwerfende Gewinn einer Mitunternehmerschaft und damit auch die Gewinnanteile der Mitunternehmer in diesen Fällen regelmäßig vom 624

1 *Häck*, IStR 2011, 71 (73); *Salzmann*, IWB 2010, 902 (906).

2 Rn. 786 ff.

3 Rn. 821 ff.

entsprechenden Bilanzausweis abweichen. Deswegen ist insoweit auch von einer zweistufigen Gewinnermittlung die Rede, vgl. Rn. 666 ff.

625 Der Gewinn ist jeweils für das Wirtschaftsjahr zu ermitteln. Einzelheiten zur Bestimmung des Wirtschaftsjahres und dem Zeitpunkt des Bezugs der Einkünfte ergeben sich aus § 4a EStG, vgl. dazu Rn. 651 ff.

626 In die Gewinnermittlung sind auch die Erträge aus Kapitalvermögen i. S. d. § 20 Abs. 1, 2 und 3 EStG einzubeziehen, die infolge Zugehörigkeit zum Betriebsvermögen gem. § 20 Abs. 8 EStG nicht als Einkünfte aus Kapitalvermögen zu besteuern sind und deswegen nicht der Abgeltungsteuer nach § 32d EStG unterliegen. Von der Einbehaltung der Abgeltungsteuer ist bei Kapitalerträgen i. S. d. § 43 Abs. 1 Satz 1 Nr. 6 und 8 – 12 sowie Satz 2 EStG gem. § 43 Abs. 2 EStG aufgrund einer entsprechenden Erklärung der Personengesellschaft nach amtlichem Muster gegenüber der zum Steuerabzug verpflichteten Stelle abzusehen.[1] Es ist darauf zu achten, dass in dieses Verfahren auch die im Sonderbetriebsvermögen[2] anfallenden Kapitalerträge einbezogen werden. Soweit danach von den übrigen Kapitalerträgen eine KapESt einzubehalten ist, wird darüber eine Steuerbescheinigung nach Muster III i. S. d. BMF-Schreibens vom 18. 12. 2009[3] erteilt. Zur weiteren steuerlichen Behandlung der einbehaltenen KapESt wird auf Rn. 1121 hingewiesen.

627–630 *(Einstweilen frei)*

2. Buchführungspflicht

Literatur: *Westerfelhaus,* Buchführungspflicht für Sonderbetriebsvermögen einer Personengesellschaft, DB 1991, 1340; *Wichmann,* Das Sonderbetriebsvermögen in Buchführung und Bilanz, BB 1991, 2117; *Ley,* Zur Buchführungs- und Abschlusserstellungspflicht sowie zur Ausübung von Bilanzierungswahlrechten in der Sonderbilanz eines Mitunternehmers, WPg 2006, 904.

631 Personenhandelsgesellschaften, d. h. OHG und KG, haben für den Schluss eines jeden Geschäftsjahres eine Bilanz und eine GuV aufzustellen, wie sich aus § 6 Abs. 1 i. V. m. § 242 Abs. 1 Satz 1 und Abs. 2 HGB ergibt. Dabei haben sie die Vorschriften der §§ 243 – 256a HGB zu beachten. Handelt es sich um PersGes, bei denen nicht wenigstens ein persönlich haftender Gesellschafter eine natürliche Person oder eine OHG, KG oder andere PersGes mit einer natürlichen Person als persönlich haftendem Gesellschafter ist, also PersGes i. S. d. § 264a HGB, sind zusätzlich die Vorschriften in §§ 264 – 330 HGB zu beachten. Es handelt sich dabei weitgehend um Regelungen zur Offenlegung der Jahresabschlüsse dieser Gesellschaften sowie zur Aufstellung von Konzernabschlüssen. Diese Regelungen sind für die Ermittlung des für die Besteuerung der einzelnen PersGes bedeutsamen Gewinns und des Gewinnanteils des einzelnen Gesellschafters unbeachtlich. Die IDW-Stellungnahme zur Rechnungslegung bei Personenhandelsgesellschaften IDW RS HFA 7[4] wird an die Regelungen des BilMoG angepasst.[5]

---

1 Vgl BMF 22. 12. 2009, BStBl 2010 I 94, Tz. 176, 177.

2 Vgl. Rn. 821 ff.

3 BStBl 2010 I 79.

4 FN-IDW 2008, 370 ff.

5 Entwurf v. 11. 3. 2011, FN-IDW 5/2011, 308 ff.

Darin wird auf den Inhalt und die Gliederung des Jahresabschlusses, die Verpflichtung zur Offenlegung der Jahresabschlüsse sowie die bei der Aufstellung von Konzernabschlüssen zu beachtenden Besonderheiten eingegangen. Ferner wird eine Neufassung der IDW-Stellungnahme zur Bilanzierung von Anteilen an Personenhandelsgesellschaften im handelsrechtlichen Jahresabschluss – IDW ERS HFA 18 – vorbereitet.[1]

Sind Mitunternehmerschaften weder nach den Regelungen des HGB noch nach anderen außersteuerlichen Vorschriften[2] zur Buchführung und zur Aufstellung von Jahresabschlüssen verpflichtet, ergibt sich für Gewerbebetriebe eine entsprechende Verpflichtung aus § 141 Abs. 1 AO, sofern die Umsätze einschließlich der steuerfreien Umsätze, jedoch ausschließlich der Umsätze i. S. d. § 4 Nr. 8 – 10 UStG mehr als 500 000 € im Kalenderjahr betragen haben oder ein Gewinn von mehr als 50 000 € erzielt wurde. Dabei gelten vorbehaltlich abweichender steuerlicher Regelungen die Vorschriften in §§ 238, 240, 241 242 Abs. 1 und §§ 243 – 256 HGB entsprechend. 632

Danach dürfte die Regelung des § 141 Abs. 1 AO insbesondere für die in unterschiedlichster Ausprägung gewerblich tätigen GbR bedeutsam sein, soweit es sich dabei um Mitunternehmerschaften handelt. Fraglich kann sein, ob dies auch für die Unterbeteiligungsgesellschaft an einer PersGes[3] gilt, bei der zumindest steuerlich lediglich der für den Hauptbeteiligten festgestellte Gewinnanteil aufzuteilen ist. Dabei darf jedoch nicht übersehen werden, dass es im Interesse der Beteiligten liegen dürfte, fortlaufende Aufzeichnungen über ihre gegenseitigen Ansprüche zu führen.[4] 633

Buchführungspflichtig ist die jeweilige Personengesellschaft, Mitunternehmerschaft. Dies gilt bei Ort der Geschäftsleitung im Inland auch dann, wenn die Gesellschafter nicht im Inland ansässig und damit lediglich beschränkt steuerpflichtig i. S. d. § 1 Abs. 4 EStG, § 2 Nr. 1 KStG sind.[5] 634

Die nach inländischem Recht begründete Buchführungspflicht erstreckt sich auf das gesamte Unternehmen und ist grundsätzlich auch dann insgesamt im Inland zu befolgen, soweit es sich um die Geschäftsvorfälle von im Ausland unterhaltenen Betriebsstätten handelt, deren Ergebnisse nach Maßgabe eines DBA von der inländischen Besteuerung freizustellen sind.[6] Etwas anderes gilt nach § 146 Abs. 2 AO dann, wenn die ausländische Betriebsstätte im Betriebsstättenstaat in Erfüllung der ihr nach dem Recht dieses Staats obliegenden Pflichten Bücher oder Aufzeichnungen geführt hat. In diesen Fällen ist es ausreichend, dass deren Ergebnisse unter Anpassung an die deutschen Gewinnermittlungsvorschriften in die inländische Buchführung übernommen werden. 635

Unterhalten ausländische Personengesellschaften im Inland eine Zweigniederlassung i. S. d. § 13d HGB, begründen sie damit bereits nach Handelsrecht Buchführungspflicht.[7] Liegen diese Voraussetzungen nicht vor, besteht Buchführungspflicht nach § 141 Abs. 1 636

1 Entwurf 11. 3. 2011, FN-IDW 5/2011, 319 ff.
2 Vgl. AEAO zu § 140 AO.
3 Vgl. Rn. 481 ff.
4 Vgl. auch Beck PersGes-HB/*Bärwaldt*, § 14 Rz. 39, m. w. N.
5 Vgl. auch BMF 24. 12. 1999, BStBl 1999 I 1076, Tz. 1.1.5.5 – sog. Betriebsstätten-Verwaltungsgrundsätze.
6 BMF 24. 12. 1999, BStBl 1999 I 1076, Tz. 1.1.3.2 – sog. Betriebsstätten-Verwaltungsgrundsätze.
7 BMF 24. 12. 1999, BStBl 1999 I 1076, Tz. 1.1.3.2 – sog. Betriebsstätten-Verwaltungsgrundsätze.

AO, sofern eine im Inland unterhaltene Betriebsstätte die in diesen Vorschriften genannten Grenzen überschreitet.[1] Dabei ist grundsätzlich der sich aus § 12 AO ergebende Betriebsstättenbegriff maßgebend. Ergibt sich ein inländisches Besteuerungsrecht hingegen nur dann, wenn auch nach Maßgabe des im Einzelfall in Betracht kommenden anzuwendenden DBA im Inland eine Betriebsstätte begründet wurde und dementsprechend die Betriebsstätteneinkünfte auch im Inland besteuert werden dürfen, so ergibt sich eine Buchführungspflicht nur für diesen Fall.

BEISPIEL: Die X-KG, Linz, Österreich, deren Gesellschafter ausschließlich in Österreich ansässig sind, führt in 08 in Passau eine Bauausführung durch, die sich über einen Zeitraum von 9 Monaten erstreckt.

Mitte 09 errichtet sie in Regensburg eine Niederlassung, von der aus eine Vielzahl von Bauvorhaben im Inland durchgeführt werden, die sich im Einzelfall regelmäßig über einen Zeitraum von weniger als einem Jahr erstrecken.

Für das Jahr 08 wird eine inländische Betriebsstätte i. S. d. § 12 Nr. 8 AO, nicht jedoch i. S. d. Art. 5 Abs. 3 DBA-Österreich begründet. Für die X-KG besteht danach insoweit bereits dem Grunde nach keine Buchführungspflicht. Bei der Mitte 09 errichteten Niederlassung handelt es sich hingegen um eine feste Einrichtung im Inland, mit er auch eine inländische Betriebsstätte i. S. v. Art. 5 Abs. 1, 2 DBA-Österreich begründet wird. Damit besteht insoweit bei Vorliegen der weiteren Voraussetzungen i. S. d. § 141 AO Buchführungspflicht.

637 Für den Fall, dass sich im Ausland ansässige Unternehmen an einer inländischen ARGE[2] beteiligen, wird in Tz. 1.1.3.2 der Betriebsstätten-Verwaltungsgrundsätze[3] darauf hingewiesen, dass sich in diesen Fällen auch dann eine Buchführungspflicht ergeben kann, wenn nach § 180 Abs. 4 AO keine gesonderte und einheitliche Gewinnfeststellung in Betracht kommt. Nach den in Rn. 551 dargestellten Grundsätzen bezieht das ausländische Mitglied der ARGE bei Vorliegen der weiteren Voraussetzungen inländische Einkünfte aus Gewerbebetrieb i. S. d. § 49 Abs. 1 Nr. 2 Buchst. a EStG.

638 Sofern Buchführungspflicht nicht bereits nach Handelsrecht mit Aufnahme des Handelsgewerbes besteht, ergibt sich eine Buchführungspflicht bei Überschreiten der sich aus § 141 Abs. 1 AO ergebenden Grenzen gem. Abs. 2 dieser Vorschrift erst mit Beginn des Wirtschaftsjahres, das auf die Bekanntgabe der Mitteilung durch das Finanzamt erfolgt, mit dem auf die bestehende Buchführungspflicht hingewiesen wurde; wegen weiterer Einzelheiten dazu wird auf Nr. 2 ff. AEAO zu § 141 AO hingewiesen.

639 Die danach bestehende Buchführungspflicht erstreckt sich auf das Vermögen der Mitunternehmerschaft und die von ihr bewirkten Geschäftsvorfälle. Nach § 15 Abs. 1 Satz 1 Nr. 2 EStG sind die steuerliche Gewinnermittlung auch die Vermögenswerte und die Geschäftsvorfälle einzubeziehen, die mit den in die Ermittlung des steuerlichen Gewinns der Mitunternehmerschaft und damit des Gewinnanteils der einzelnen Gesellschafter einzubeziehenden Sondervergütungen zusammenhängen; wegen weiterer Einzelheiten dazu vgl. Rn. 1331 ff. Danach gehören z. B. die von dem einzelnen Mitunternehmer der Mitunternehmerschaft überlassenen Wirtschaftsgüter zu deren Sonderbetriebsvermögen bei der Mitunternehmerschaft. Die insoweit bestehenden Auf-

1 BFH 14. 9. 1994 I R 116/93, BStBl 1995 II 238.

2 Vgl. Rn. 496.

3 BMF 24. 12. 1999, BStBl 1999 I 1076.

zeichnungs- und Buchführungspflichten obliegen nach der nicht unbestrittenen Auffassung des BFH[1] der Mitunternehmerschaft und nicht den jeweiligen Mitunternehmern. Danach besteht die Notwendigkeit, dass die einzelnen Mitunternehmer der Mitunternehmerschaft die insoweit bedeutsamen Unterlagen und Informationen zugänglich machen. Dies dürfte nicht immer im Interesse der betroffenen Mitunternehmer liegen und wird deswegen als problematisch angesehen.

Unterliegen unbeschränkt Steuerpflichtige mit ihrem Gewinnanteil aus der Beteiligung 640 an einer ausländischen Personengesellschaft der inländischen Besteuerung, kann für deren Ermittlung nicht auf in Erfüllung inländischer Vorschriften geführte Bücher und erstellte Jahresabschlüsse zurückgegriffen werden. Gleichwohl ist auch in diesen Fällen der im Inland zu besteuernde Gewinn aus Gewerbebetrieb nach §§ 4 ff. EStG zu ermitteln. Für den Regelfall kommt eine Gewinnermittlung nach § 4 Abs. 1 EStG in Betracht, die aus der von der ausländischen Personengesellschaft aufgestellten Bilanz abzuleiten oder auf der Grundlage der von der Gesellschaft geführten Aufzeichnungen aufzustellen ist.[2] Dabei sind die Gewinnermittlungsvorschriften des EStG zugrunde zu legen. Die Übernahme des in der nach dem Recht des Ansässigkeitsstaats aufgestellten Bilanz für den inländischen Gesellschafter ausgewiesenen Gewinnanteils ist dann und insoweit nicht zulässig, als sich dieser unter Anwendung von den deutschen Gewinnermittlungsvorschriften zuwiderlaufenden Regelungen einschließlich den dabei zu beachtenden Regelungen für die Umrechnung aus der Fremdwährung ergeben hat.[3] Diese Grundsätze gelten auch dann, wenn die ausländischen Einkünfte nach Maßgabe des in Betracht kommenden DBA nicht der inländischen Besteuerung unterliegen, sondern lediglich für die Anwendung des Progressionsvorbehalts nach § 32b Abs. 1 Nr. 3 EStG zu berücksichtigen sind.

Die nach Handelsrecht buchführungspflichtigen Personengesellschaften sind nach 641 § 243 Abs. 3 HGB verpflichtet, den Jahresabschluss innerhalb einer dem ordnungsgemäßen Geschäftsgang entsprechenden Zeit aufzustellen. Dabei ist zu beachten, dass die offenlegungspflichtigen Personengesellschaften & Co. gem. § 264a HGB die sich aus § 264 Abs. 1 HGB ergebenden Fristen zu beachten haben. Große und mittelgroße Gesellschaften sind danach zur Aufstellung des Jahresabschlusses innerhalb von 3 Monaten nach Ende des Geschäftsjahres verpflichtet, Entsprechendes gilt für die dem PublG unterfallenden Personenunternehmen. Kleine Gesellschaften dürfen den Jahresabschluss auch später – jedoch innerhalb von 6 Monaten – aufstellen. Angesichts des Umstandes, dass die Kreditinstitute regelmäßig die Vorlage zeitnaher Bilanzen verlangen und die allgemeine Frist zur Abgabe von Jahressteuererklärungen, denen der Jahresabschluss beizufügen ist, alljährlich zum 31. 5. endet, dürfte es allgemein einem ordnungsgemäßen Geschäftsgang entsprechen, wenn die Handelsbilanz innerhalb dieser Fristen aufgestellt wird. Dies schließt nicht aus, dass die daraus abgeleitete Steuerbilanz zu einem späteren Zeitpunkt aufgestellt wird.

1 Urteil 11. 3. 1992 XI R 38/89, BStBl 1992 II 797, m. w. N.; 25. 1. 2006 IV R 14/04, BStBl 2006 II 418; vgl. im Übrigen z. B. *Wacker* in Schmidt, EStG § 15 Rz. 508, m. w. N.

2 BFH 13. 9. 1989 I R 117/87, BStBl 1990 II 57.

3 BFH 22. 5. 1991 I R 32/90, BStBl 1992 II 94.

642 Bei Auslandsbeziehungen sind die sich aus § 90 Abs. 2 und 3 AO und dem Steuerhinterziehungsbekämpfungsgesetz vom. 29. 7. 2009[1] ergebenden Mitwirkungs- und Aufzeichnungspflichten zu beachten. Die besonderen Aufzeichnungspflichten bei Geschäftsbeziehungen zu im Ausland ansässigen nahe stehenden Personen i. S. d. § 1 Abs. 2 AStG – dabei kann es sich um Tochtergesellschaften, Unternehmen eines Mitunternehmers, Schwesterpersonengesellschaften handeln – sowie bei Verrechnungen zwischen inländischem bzw. ausländischem Stammhaus und ausländischer bzw. inländischer Betriebsstätte ergeben sich aus der Gewinnabgrenzungsaufzeichnungsverordnung.[2] Wegen weiterer Einzelheiten wird auf das dazu ergangene BMF-Schreiben vom 12. 4. 2005[3] hingewiesen. Bei Verletzung dieser Aufzeichnungs- und Dokumentationspflichten ist die FinVerw berechtigt, die insoweit bedeutsamen Besteuerungsmerkmale gem. § 162 Abs. 1 – 3 AO zu schätzen. Außerdem sieht § 162 Abs. 4 AO für diese Fälle die Festsetzung nicht unbeträchtlicher Zuschläge vor, die bei Mitunternehmerschaften gegenüber den Mitunternehmern anfallen dürften. Die Regelungen des Steuerhinterziehungsbekämpfungsgesetzes sind durch die Steuerhinterziehungsbekämpfungsverordnung vom 18. 9. 2009[4] konkretisiert worden. Nach dem BMF-Schreiben vom 5. 1. 2010[5] liegen die Voraussetzungen, die die Anwendung der Regelungen von § 1 SteuerHBekV zu rechtfertigen vermöchten, zum 1. 1. 2010 nicht vor. Sollte sich künftig herausstellen, dass bei Geschäftsbeziehungen zu bestimmten Ländern und Gebieten die danach erforderlichen besonderen Aufzeichnungs- und Mitwirkungspflichten in Betracht kommen, wird das BMF zum jeweils gegebenen Zeitpunkt darauf hinweisen.

643 Für Land- und Forstwirte besteht nach § 141 Abs. 1 AO Buchführungspflicht, wenn die Umsätze einschließlich der steuerfreien Umsätze, jedoch ausschließlich der Umsätze i. S. v. § 4 Nr. 8 – 10 UStG mehr als 500 000 € im Kalenderjahr, von 2004 bis 2007 350 000 €, der Wirtschaftswert i. S. d. § 46 BewG der selbst bewirtschafteten land- und forstwirtschaftlichen Flächen ab 2004 mehr als 25 000 €, beträgt oder im Wirtschaftsjahr ein Gewinn von mehr als 50 000 €, von 2004 bis 2007 von mehr 30 000 €, erzielt wurde. Bei danach bestehender Buchführungspflicht ist der Gewinn nach § 4 Abs. 1 EStG zu ermitteln. In den verbleibenden Fällen ist der Gewinn vorbehaltlich des § 13a EStG – Gewinnermittlung nach Durchschnittssätzen – durch Gegenüberstellung der Betriebseinnahmen mit den Betriebsausgaben nach § 4 Abs. 3 EStG zu ermitteln.

644 Steuerpflichtigen, die Einkünfte aus selbständiger Arbeit beziehen, sind keine Buchführungspflichten auferlegt worden. Dementsprechend können auch die betreffenden Mitunternehmerschaften ihre Gewinne ausnahmslos durch Gegenüberstellung der Betriebseinnahmen mit den Betriebsausgaben nach § 4 Abs. 3 EStG ermitteln.

645 Soweit danach keine Buchführungspflicht besteht, steht es den Mitunternehmerschaften frei, sich gleichwohl für die Gewinnermittlung durch Bestandsvergleich bei Bezug von Einkünften aus Land- und Forstwirtschaft oder aus selbständiger Arbeit nach § 4

1 BGBl 2009 I 2302.

2 GAufzV v. 13. 11. 2003, BGBl 2003 I 2296, i. d. F. von Art. 5 des Gesetzes v. 14. 8. 2007, BGBl 2007 I 1912.

3 BStBl 2005 I 570 – Verwaltungsgrundsätze Verfahren.

4 SteuerHBekV - BGBl 2009 I 3046.

5 BStBl 2010 I 19.

Abs. 1 EStG, bei Bezug von Einkünften aus Gewerbebetrieb nach § 4 Abs. 1, § 5 EStG, zu entscheiden. Dabei ist lediglich zu beachten, dass ein wiederholter Wechsel der Gewinnermittlungsart innerhalb eines Zeitraums von 3 Jahren nicht ohne weiteres zulässig ist.[1]

(Einstweilen frei) 646–650

3. Gewinnermittlungszeitraum

Die Personengesellschaften des Handelsrechts haben zum Schluss eines jeden Geschäftsjahrs, dessen Dauer nach § 240 Abs. 2 HGB 12 Monate nicht übersteigen darf, einen Jahresabschluss zu erstellen. Dieser Zeitraum kann vom Kalenderjahr abweichen. Daran knüpft das Steuerrecht an. Nach § 4a Abs. 1 EStG ist der Gewinn bei Gewerbetreibenden nach dem Wirtschaftsjahr zu ermitteln. Dies ist nach Nr. 2 dieser Vorschrift bei Gewerbetreibenden, deren Firma im Handelsregister eingetragen ist, das Geschäftsjahr. Danach können in das Handelsregister eingetragene Personengesellschaften dementsprechend ein vom Kalenderjahr abweichendes Wirtschaftsjahr haben. 651

Bei Gewerbetreibenden, deren Firma nicht in das Handelsregister eingetragen ist, d. h. insbesondere bei den Mitunternehmerschaften in der Rechtsform der GbR, ist Gewinnermittlungszeitraum nach § 4a Abs. 1 Nr. 3 EStG das Kalenderjahr. Ein davon abweichender Zeitraum ist – abgesehen von den Fällen des Rumpfwirtschaftsjahres in den Fällen des Beginns oder der Beendigung der gewerblichen Tätigkeit im Laufe eines Kalenderjahres[2] – nicht zulässig. 652

Die Mitunternehmer unterliegen mit den im Laufe des Kalenderjahres – dem Veranlagungszeitraum – bezogenen Einkünften der Besteuerung. Einkünfte aus Gewerbebetrieb werden gem. § 4a Abs. 2 Nr. 2 EStG in dem Kalenderjahr bezogen, in dem das Wirtschaftsjahr endet. Danach besteht für in das Handelsregister eingetragene Personengesellschaften die Möglichkeit, den Zeitpunkt der Besteuerung der Gewinnanteile ihrer Gesellschafter durch die Wahl des Wirtschaftsjahres zu beeinflussen. 653

BEISPIEL: Die X-GmbH & Co. KG nimmt am 1. 2. 08 ihre Tätigkeit auf. Sie wählt als Geschäftsjahr

a) das Kalenderjahr,

b) den Zeitraum vom 1. 2. – 31. 1. des folgenden Jahres.

a) Die Gesellschafter beziehen ihren Gewinnanteil aus dem Rumpfwirtschaftsjahr vom 1. 2. – 31. 12. 08 noch im Kalenderjahr 08.

b) Das erste, vom 1. 2. 08 – 31. 1. 09 andauernde Wirtschaftsjahr endet in 09. Damit beziehen die Gesellschafter diesen Gewinnanteil erst in 09, so dass er auch erst in die ESt-Veranlagung dieses Jahres einzubeziehen ist.

Geht man davon aus, dass die X-GmbH & Co. KG in ihrem ersten Wirtschaftsjahr einen Verlust erzielt, dürfte die Wahl des dem Kalenderjahr entsprechenden Wirtschaftsjahres aus der Sicht der Gesellschafter dann günstiger sein, wenn diese Verluste mit positiven Einkünften ausgeglichen oder im Wege des Verlustrücktrags berücksichtigt wer-

1 BFH 9. 11. 2000 IV R 18/00, BStBl 2001 II 102.

2 Vgl. insoweit auch § 8b Nr. 1 EStDV.

den können. Ist hingegen bereits für das erste Wirtschaftsjahr mit einem nicht unbeträchtlichen Gewinn zu rechnen, ergibt sich für die Gesellschafter durch die Besteuerung erst für den Veranlagungszeitraum 09 ein Liquiditätsvorteil.

654 Einer in das Handelsregister eingetragenen Personengesellschaft steht die freie Wahl des Wirtschaftsjahres nur bei Aufnahme ihrer werbenden Tätigkeit zu. Hat sie sich zunächst für ein dem Kalenderjahr entsprechendes Wirtschaftsjahr entschieden, ist die Umstellung des Wirtschaftsjahres auf einen vom Kalenderjahr abweichenden Zeitraum gem. § 4a Abs. 1 Nr. 2 EStG steuerlich nur wirksam, wenn sie im Einvernehmen mit dem Finanzamt erfolgt. Dies wäre z. B. der Fall, wenn sich die X-GmbH & Co. in der Sachverhaltsvariante a des Beispiels in Rn. 653 nach Beendigung der Verlustphase im Jahre 12 zu einer Umstellung des Wirtschaftsjahres auf den Zeitraum vom 1. 2. – 31. 1. des folgenden Jahres entschließen würde, bei den Gesellschaftern für 12 also nur der Gewinn des Rumpfwirtschaftsjahres vom 1. 1. – 31. 1. 12, das Ergebnis des Wirtschaftsjahres vom 1. 2. 12 – 31. 1. 13 erst für das Kalenderjahr 13 zu besteuern wäre. Das Finanzamt wäre nach der ständigen Rechtsprechung des BFH[1] zur Erteilung seines Einvernehmens zu der Umstellung des Wirtschaftsjahres dann verpflichtet, wenn dafür gewichtige, in der Organisation des Betriebs gelegene Gründe angeführt werden können, ohne dass diese Umstellung betriebsnotwendig wäre. Die Erlangung steuerlicher Vorteile, wie z. B. der liquiditätsmäßigen Entlastung durch die in einen späteren Zeitraum verlagerte Besteuerung – auch als Steuerpause bezeichnet – stellt regelmäßig keinen derartigen Grund dar.[2]

655 In diesem Zusammenhang stellt sich dann weiter die Frage, ob die freie Wahl eines vom Kalenderjahr abweichenden Wirtschaftsjahres auch einer Personengesellschaft zusteht, die z. B. das Einzelunternehmen ihres mehrheitlich beteiligten Gesellschafters fortführt, z. B. in Abwandlung des Beispiels in Rn. 653 die X-GmbH & Co. KG das Einzelunternehmen ihres alleinigen Kommanditisten fortführen würde. Für einen derartigen Fall ist die neu errichtete Personengesellschaft nach Auffassung des BFH[3] nur im Einvernehmen mit dem Finanzamt zur Wahl eines vom Kalenderjahr abweichenden Wirtschaftsjahres berechtigt. Als wesentlich wird angesehen, dass sich die insoweit maßgebenden Verhältnisse im Wesentlichen nur unter formalen Gesichtspunkten verändert haben.

656 Die Verlagerung der Besteuerung von Einkünften in einen späteren Veranlagungszeitraum lässt sich auch durch die Zwischenschaltung von weiteren Personengesellschaften erreichen.

BEISPIEL: Kommanditistin der X-GmbH & Co. KG, deren Wirtschaftsjahr dem Kalenderjahr entspricht, ist u. a. die Y-GmbH & Co. KG mit dem Wirtschaftsjahr vom 1. 12. – zum 30. 11. des nachfolgenden Jahres. An der Y-GmbH & Co. KG ist u. a. wiederum die A-GmbH & Co. KG mit

1 Vgl. Urteile BFH 24. 1. 1963 IV 46/62 S, BStBl 1963 III 142; 9. 11. 1966 VI 303/65, BStBl 1967 III 111; 8. 10. 1969 I R 167/66, BStBl 1970 II 85; 9. 1. 1974 I R 141/72, BStBl 1974 II 238, m. w. N.

2 BFH 24. 4. 1980 IV R 149/76, BStBl 1981 II 50; 15. 6. 1983 I R 76/82, BStBl 1983 II 672, m. w. N.

3 Urteil 3. 8. 1967 IV 236/64, BStBl 1967 III 753.

dem Wirtschaftsjahr vom 1. 11. – 31. 10. des nachfolgenden Jahres beteiligt. Kommanditisten der A-GmbH & Co. KG sind natürliche Personen.

Die Y-GmbH & Co. KG bezieht ihren Gewinn aus der Beteiligung an der X-GmbH & Co. KG aus dem Wirtschaftsjahr 09 am 31. 12. 09 und damit in ihrem Wirtschaftsjahr 09/10. Der der A-GmbH & Co. KG aus diesem Wirtschaftsjahr zustehende Gewinnanteil wird von ihr am 30. 11. 10 und damit im Laufe des am 31. 10. 11 endenden Wirtschaftsjahres 10/11 bezogen. Die Kommanditisten beziehen ihren Gewinnanteil aus dem Wirtschaftsjahr 10/11 am 31. 10.11, der damit in die für sie für den Veranlagungszeitraum 11 durchzuführende ESt-Veranlagung einzubeziehen ist. Damit unterliegt der von der X-GmbH & Co. KG im Wirtschaftsjahr 09 erwirtschaftete Gewinn, soweit er letztlich den Kommanditisten der A-GmbH zusteht, bei diesen erst für den Veranlagungszeitraum 11 der ESt.

Bei derartigen Sachverhaltsgestaltungen ist nach dem Urteil des BFH vom 18. 12. 1991[1] zu prüfen, ob die zwischengeschalteten Personengesellschaften rechtsmissbräuchlich jeweils unterschiedliche, vom Kalenderjahr abweichende Wirtschaftsjahre gewählt haben. Dies gilt auch dann, wenn es sich bei den zwischengeschalteten Gesellschaften um Neugründungen handelt, die in der Wahl ihres Wirtschaftsjahres grundsätzlich frei sind. Ein Rechtsmissbrauch ist danach insbesondere dann nicht auszuschließen, wenn die betroffenen Gesellschaften einem Firmenverbund, einem Konzern, angehören und keinen eigenen wirtschaftlichen Aktivitäten nachgehen. Eine andere Beurteilung wird dann eingreifen, wenn die zwischengeschalteten Gesellschaften einen eigenen Geschäftsbetrieb unterhalten und für die unterschiedliche Wahl der Wirtschaftsjahre branchenspezifische oder sonst plausible Gründe vorgetragen werden können. 657

Nach dem Urteil des BFH vom 16. 12. 2003[2] ist es rechtsmissbräuchlich i. S. d. § 42 AO, wenn eine GmbH & Co. KG, die im Rahmen einer Betriebsaufspaltung Grundbesitz an eine Schwesterpersonengesellschaft (Betriebsgesellschaft) vermietet, ohne außersteuerliche Gründe ihr Wirtschaftsjahr abweichend von dem Wirtschaftsjahr der Betriebsgesellschaft wählt. 658

BEISPIEL: Das Wirtschaftsjahr der Betriebspersonengesellschaft entspricht dem Kalenderjahr, die Besitzpersonengesellschaft wählt als Wirtschaftsjahr den Zeitraum vom 1. 2. bis zum 31. 1. des Folgejahres. Die von der Besitzpersonengesellschaft zu zahlenden Pachten für das Wirtschaftsjahr 08 mindern den Gewinn dieses Jahres, der bei den Gesellschaftern für dieses Jahr der Einkommensbesteuerung unterliegt. Dagegen gehören $^{11}/_{12}$ dieser Pachten zu den Betriebseinnahmen des Wirtschaftsjahres 08/09 der Besitzpersonengesellschaft, dessen Ergebnis bei den Gesellschaftern erst für das Jahr 09 der Einkommensbesteuerung unterliegt.

Nach Auffassung des BFH ist wesentlich, dass angesichts der Beschränkung der Aktivitäten der Besitzgesellschaft auf die Überlassung des Grundbesitzes über die Erreichung der Steuerpause hinaus keine für die Wahl des vom Kalenderjahr abweichenden Wirtschaftsjahrs sprechenden anderweitigen gewichtigen Gründe ersichtlich sind. Dabei dürfte bedeutsam gewesen sein, dass im Urteilsfalle eine Steuerpause für einen Gewinn i. H. v. rd. 1,5 Mio. DM erreicht werden sollte. Offen ist deswegen die Frage, ob ein Anwendungsfall des § 42 AO auch dann vorliegt, wenn sich im Zeitpunkt der Wahl des Wirtschaftsjahres bei der Besitzpersonengesellschaft im Hinblick auf die zu berücksichtigenden AfA und etwaiger Finanzierungskosten kein wesentlicher steuerlicher Vorteil

1 XI R 40/89, BStBl 1992 II 486.

2 VIII R 89/02, BFH/NV 2004, 936.

für die Gesellschafter ergibt. In diesen Fällen ist nicht ersichtlich, worin eine Steuerumgehung gesehen werden sollte, so dass auch kein Anwendungsfall des § 42 AO vorliegen dürfte. Sofern sich diese Gestaltung im Laufe der Zeit, z. B. nach Ablauf der betriebsgewöhnlichen Nutzungsdauer der Wirtschaftsgüter, nach Tilgung der Fremdmittel steuerlich als vorteilhaft erweisen sollte, muss dies seitens der FinVerw hingenommen werden; eine Verpflichtung für die Besitzpersonengesellschaft zur Umstellung ihres Wirtschaftsjahres auf das Kalenderjahr ab dem Zeitpunkt, ab dem sich eine nicht missbräuchlich gewählte Verfahrensweise als steuerlich vorteilhaft erweist, kann aus § 42 AO nicht abgeleitet werden.

659 Die Besonderheiten des vorbezeichneten Urteils des BFH vom 16. 12. 2003[1] bestehen u. a. darin, dass das FA für die in 1980 errichtete Besitzpersonengesellschaft für die Jahre 1980 – 1983 einheitliche und gesonderte Gewinnfeststellungen unter Berücksichtigung des vom Kalenderjahr abweichenden Wirtschaftsjahrs durchgeführt hatte, für die Jahre 1984 – 1987 jedoch davon ausging, dass die von der Besitzpersonengesellschaft der Betriebspersonengesellschaft überlassenen Grundstücke als Sonderbetriebsvermögen bei der Betriebsgesellschaft zu behandeln seien und damit kein Raum für die Feststellung von durch die Besitzgesellschaft bezogenen Einkünften war. Ab Veranlagungszeitraum 1988 wurden für die Besitzgesellschaft wieder Einkünfte aus der Überlassung des Grundbesitzes festgestellt.[2] Dabei folgte das FA mit den unter Vorbehalt der Nachprüfung stehenden Feststellungsbescheiden den Angaben der Besitzgesellschaft. Nach einer Außenprüfung ging das FA ab Veranlagungszeitraum 1988 von einer rechtsmissbräuchlichen Wahl des Wirtschaftsjahrs aus. Der BFH sieht darin keine Entscheidung des FA, mit der es der Wahl des Wirtschaftsjahrs zugestimmt habe. Auf die historische Entwicklung, insbesondere die abschließende Beurteilung für Veranlagungszeiträume 1981 – 1983 ist der BFH nicht ausdrücklich eingegangen.

660 Von *Rose/Glorius-Rose*[3] wird das Urteil des BFH vom 16. 12. 2003[4] im Hinblick auf die steuerliche Anerkennung des gewählten Wirtschaftsjahres für die Jahre 1981 – 1983 scharf kritisiert. Dabei wird jedoch auf den Umstand, dass für die Jahre 1984 – 1987 angesichts der Erfassung der Miet- und Pachteinnahmen als Sonderbetriebseinnahmen der Gesellschafter der Betriebsgesellschaft keine Steuerpause eingetreten ist, nicht eingegangen; die Frage einer zeitlich versetzten Erfassung der Einkünfte bei der Besitzgesellschaft konnte sich nicht stellen. Für die Praxis dürfte wesentlich sein, dass der BFH dem Grunde nach an seiner bisherigen Rechtsprechung[5] festhält, wonach die Wahl unterschiedlicher Wirtschaftsjahre innerhalb eines Firmenverbundes/Konzerns, dann rechtsmissbräuchlich sein kann, wenn dadurch eine Steuerpause eintritt und dafür keine anderen, wirtschaftlich vernünftigen Gründe vorliegen. Darüber hinaus dürfte dem vorbezeichneten Urteil vom 16. 12. 2003 angesichts der Besonderheiten des Sachverhalts keine über den entschiedenen Einzelfall hinausgehende Bedeutung zukommen.

1 VIII R 89/02, BFH/NV 2004, 936.
2 Vgl. dazu Rn. 354.
3 DB 2004, 2174.
4 VIII R 89/02, BFH/NV 2004, 936.
5 BFH 18. 12. 1991 XI R 40/89, BStBl 1992 II 486, m. w. N.

Die Problematik der Anwendung des § 42 AO wird durch das weitere Urteil des BFH vom 9. 11. 2006[1] verdeutlicht. In dem zu entscheidenden Einzelfall war Anfang Februar eine GmbH & Co. KG errichtet worden, die zum Geschäftsjahr die Zeit vom 1. 2. bis zum 31. 1. des Folgejahres bestimmte. Die wesentliche Funktion der GmbH & Co. KG war das Halten von Beteiligungen an anderen PersGes, die ihnen von ihren Gesellschaftern übertragen worden waren. Die Wirtschaftsjahre dieser PersGes entsprachen dem Kalenderjahr, so dass sich für die einbringenden Gesellschafter eine Steuerpause ergab. Unter Hinweis auf den Grundsatz, dass eine neu errichtete PersGes ihr Geschäftsjahr frei wählen kann und durch die Wahl des vom Kalenderjahr abweichenden Geschäftsjahres die Bildung eines Rumpfwirtschaftsjahres vermieden wurde, sah der BFH keinen Rechtsmissbrauch i. S. d. § 42 AO. Bei der neu errichteten Gesellschaft handelte es sich um eine Holding mit keinen wesentlichen eigenen Aktivitäten, bei der keine wesentlichen Buchführungs- und Abschlussarbeiten anfielen. Es ist deswegen nicht ohne weiteres nachvollziehbar, weswegen der Vermeidung eines Rumpfwirtschaftsjahres erhebliches Gewicht beigemessen wurde, Danach dürfte nicht auszuschließen sein, dass zwischen dem IV. und dem XI. Senat des BFH insoweit unterschiedliche Auffassungen bestehen, auf diese Weise jedoch eine Divergenz vermieden werden sollte. 661

In den Fällen des Ausscheidens eines Gesellschafters aus einer zweigliedrigen Personengesellschaft ist zu beachten, dass für das vom verbleibenden Gesellschafter fortgeführte Einzelunternehmen nach Auffassung des BFH,[2] die Wahl eines vom Kalenderjahr abweichenden Wirtschaftsjahrs nur im Einvernehmen mit dem Finanzamt möglich ist. 662

Scheidet ein Mitunternehmer während eines vom Kalenderjahr abweichenden Wirtschaftsjahres aus der Gesellschaft aus, bezieht er den ihm bis dahin zustehenden Gewinn einschließlich eines etwaigen Veräußerungsgewinns in dem Kalenderjahr des Ausscheidens.[3] Dies gilt auch dann, wenn das Wirtschaftsjahr der Gesellschaft erst in dem auf das Ausscheiden des Gesellschafters folgenden Kalenderjahr endet. Bei einem Ausscheiden z. B. zum 30. 6. 2011 aus einer Gesellschaft mit dem Wirtschaftsjahr vom 1. 2. 2011 bis zum 31. 1. 2012 ist der ausscheidende Gesellschafter mit ihm bis zum 30. 6. 2011 zustehenden Gewinnanteil für 2011 zu veranlagen. 663

(Einstweilen frei) 664–665

4. Zweistufige steuerliche Gewinnermittlung

Nach den in Rn. 221 dargestellten Grundsätzen kommt den Personengesellschaften des Handelsrechts und anderen Gesellschaften, bei denen die Gesellschafter als Mitunternehmer anzusehen sind, nach der gegenwärtig maßgebenden Rechtsauffassung für die Besteuerung vom Einkommen insoweit die Qualität eines Steuersubjekts zu, als sie in der Einheit ihrer Gesellschafter/Mitunternehmer Merkmale eines Besteuerungstatbestands verwirklicht, welche den Gesellschaftern/Mitunternehmern für deren Besteu- 666

1 IV R 21/05, HFR 2007, 661, auch NWB DokID: IAAAC-41541.

2 Urteile 18. 3. 1964 IV 284/63 U, BStBl 1964 III 304; 11. 10. 1966 I 47/64, BStBl 1967 III 86.

3 BFH 18. 8. 2010 X R 8/07, BStBl 2010 II 1043.

erung zuzurechnen sind – sog. Einheitstheorie.[1] Ausgangspunkt für die steuerliche Gewinnermittlung und die Ermittlung der den Gesellschaftern zustehenden und bei diesen zu besteuernden Gewinnanteilen kann danach nur die Bilanz der Mitunternehmerschaft, bei den Personenhandelsgesellschaften deren Handelsbilanz, sein.

667 Konsequenz dieser Einheitstheorie ist, dass Rechtsbeziehungen zwischen der Gesellschaft und ihren Gesellschaftern außerhalb des Gesellschaftsverhältnisses nicht anders zu beurteilen sind, als wenn sie zwischen fremden Dritten zustande gekommen wären. Danach würde ein zwischen Gesellschaft und Gesellschafter zivilrechtlich wirksam begründetes Arbeitsverhältnis bei der Gesellschaft zu Betriebsausgaben, beim Gesellschafter zu Einkünften aus nichtselbständiger Arbeit führen. Aus der Verpachtung eines im Privatvermögen gehaltenen Grundstücks würde der Gesellschafter Einkünfte aus Vermietung und Verpachtung beziehen. Dies würde zu einer steuerlichen Besserstellung eines Mitunternehmers gegenüber einem Einzelunternehmer führen, dem eine derartige Trennung zwischen betrieblicher und außerbetrieblicher Sphäre nicht möglich ist. Aus diesem Grunde werden nach § 15 Abs. 1 Satz 1 Nr. 2 Satz 1 EStG in den Gewinn der Personengesellschaft und in die Gewinnanteile der einzelnen Gesellschafter auch die Vergütungen einbezogen, die der Gesellschafter von der Gesellschaft für seine Tätigkeit im Dienst der Gesellschaft oder für die Hingabe von Darlehen oder für die Überlassung von Wirtschaftsgütern bezogen hat. Der Grundsatz der möglichst weitgehenden Gleichstellung von Einzelunternehmer und Mitunternehmer hinsichtlich der steuerlichen Konsequenzen ist nicht zuletzt in jüngerer Zeit vom BFH besonders herausgestellt und zur Grundlage seiner Entscheidungen gemacht worden.[2]

668 Der danach für die Besteuerung bedeutsame Gesamtgewinn ist im Rahmen einer zweistufigen Gewinnermittlung durch die additive Zusammenführung des Ergebnisses der Steuerbilanz der Gesellschaft und der im Sonderbetriebsvermögen zu erfassenden Vergütungen des Gesellschafters zu ermitteln.[3] Bei den Personenhandelsgesellschaften handelt es sich danach um die aus der Handelsbilanz abgeleitete Steuerbilanz der Gesellschaft, bei den übrigen Mitunternehmerschaften um die unter Beachtung der steuerlichen Gewinnermittlungsvorschriften aufgestellte Bilanz. Das Ergebnis dieser Bilanz ist ggf. um die Ergebnisse der im Hinblick auf die für einzelne Mitunternehmer zu berücksichtigenden Besonderheiten – z. B. aus Anlass des Erwerbs der Beteiligung – geführte Ergänzungsbilanzen[4] zu korrigieren. Dem so ermittelten Steuerbilanzergebnis sind dann die im Sonderbetriebsvermögen der einzelnen Gesellschafter[5] angefallenen Erträge, ggf. vermindert um die damit zusammenhängenden Aufwendungen, die Sonderbetriebsausgaben, hinzuzurechnen.[6] Die Ermittlung des Gewinns (Ergebnisses) der

1 Z. B. BFH 30. 4. 1991 VIII R 68/86, BStBl 1991 II 873, unter Bezugnahme auf BFH 25. 6. 1984 GrS 4/82, BStBl 1984 II 751, unter III. 3. a.

2 Vgl. z. B. BFH 6. 12. 2000 VIII R 21/00, BStBl 2003 II 194; 10. 5. 2007 IV R 69/04, BFH/NV 2007, 2023, jeweils m. w. N.

3 Z. B. BFH 13. 10. 1998 VIII R 78/97, BStBl 1999 II 163, unter Bezugnahme auf BFH 10. 11. 1980 GrS 1/79, BStBl 1981 II 164.

4 Vgl. Rn. 786.

5 Vgl. Rn. 821.

6 BFH 2. 12. 1997 VIII R 15/96, BStBl 2008 II 174.

Mitunternehmerschaft i. S. d. § 15 Abs. 1 Satz 1 Nr. 2 Satz 1 EStG lässt sich danach wie folgt schematisieren:

Ergebnis lt. Steuerbilanz der Mitunternehmerschaft
+/./. Ergebnisse etwaiger Ergänzungsbilanzen einzelner Mitunternehmer
Steuerbilanzergebnis der Mitunternehmerschaft (1. Stufe)
+/./. Ergebnisse des Sonderbetriebsvermögens der Mitunternehmer

Ergebnis (Gewinn) der Mitunternehmerschaft (2. Stufe)

Bei diesem Schema wird außer Betracht gelassen, dass zur Ermittlung des der Besteuerung unterliegenden Gewinns sowohl bei der Steuerbilanz der Mitunternehmerschaft als auch den Sonderbilanzen der Mitunternehmer noch außerbilanzielle Korrekturen erforderlich sein können, insbesondere zur Berücksichtigung steuerfreier Einnahmen als auch nicht abzugsfähiger Betriebsausgaben; wegen Einzelheiten vgl. Rn. 1061 ff.

Werden von einer Mitunternehmerschaft keine Erklärungen zur einheitlichen und ge- 669
sonderten Gewinnfeststellung abgegeben und ist das Finanzamt deswegen genötigt, die Besteuerungsgrundlagen nach § 162 Abs. 2 Satz 1 AO zu schätzen, hat es dabei die für die Mitunternehmerschaft maßgeblichen Gewinnermittlungsvorschriften zu beachten. Dementsprechend darf sich die Schätzung nicht auf das Ergebnis der Gesamtbilanz beschränken. Einzubeziehen sind auch die Vorgänge, die das Sonderbetriebsvermögen der einzelnen Mitunternehmer betreffen.[1] Wird z. B. im Fall der Insolvenz einer Mitunternehmerschaft der Gewinnanteil eines Mitunternehmers i. S. d. § 15 Abs. 1 Satz 1 Nr. 2 EStG auf 0 € geschätzt, bedeutet dies, dass es sich dabei um den Saldo aus seinem Anteil am Gesamthandsergebnis und dem von ihm im Sonderbetriebsvermögen erzielten Ergebnis handelt. Muss nach den Gesamtumständen davon ausgegangen werden, dass im Gesamthandsvermögen kein positives Ergebnis erzielt wurde und ist dem Mitunternehmer im Sonderbetriebsvermögen z. B. ein Verlust dadurch entstanden, dass er von Gläubigern der Mitunternehmerschaft in Anspruch genommen wurde und der ihm infolge Wertlosigkeit seiner Ausgleichsforderung gegenüber der Mitunternehmerschaft entstandene Verlust für das betreffende Wirtschaftsjahr berücksichtigungsfähig ist, weil seine Stellung als Mitunternehmer beendet wurde,[2] erweist sich die Schätzung des Gewinnanteils i. S. d. § 15 Abs. 1 Satz 1 Nr. 2 EStG auf insgesamt 0 € als unzutreffend.

(Einstweilen frei) 670–675

5. Handelsbilanz der Mitunternehmerschaft

Soweit Rechnungslegungspflicht nach Handelsrecht besteht, sind für die Aufstellung 676
der Jahresabschlüsse die Regelungen in §§ 238 ff. HGB zu beachten. Dies ist bei Personenhandelsgesellschaften regelmäßig und bei Unternehmen, an denen atypisch stille Unterbeteiligungen bestehen, weitgehend der Fall. Im Hinblick auf die Regelungen des § 15 Abs. 1 Satz 1 Nr. 2 Satz 1 EStG ist von besonderem Interesse, in welcher Weise die gesellschaftsrechtlichen Beziehungen und die daneben ggf. bestehenden schuld-

1 BFH 5. 6. 2003 IV R 36/02, BStBl 2003 II 871.
2 Vgl. dazu BFH 26. 9. 1996 IV R 105/94, BStBl 1997 II 277.

rechtlichen Beziehungen zwischen Gesellschaft und Gesellschafter abzubilden sind. Hinweise zu der danach zutreffenden Bilanzierung ergeben sich aus der IDW-Stellungnahme zur Rechnungslegung IDW RS HFA 7.[1]

677 Danach hat die Personengesellschaft die Vermögensgegenstände auszuweisen, die bei wirtschaftlicher Betrachtung Gesellschaftsvermögen, d. h. Gesamthandsvermögen, sind. Dazu gehören auch solche Vermögensgegenstände, die nicht betrieblich genutzt werden, z. B. das im Eigentum der Gesellschaft stehende Einfamilienhaus, das einem der Gesellschafter unentgeltlich zur privaten Nutzung überlassen wird.

678 Nicht im zivilrechtlichen Eigentum der Mitunternehmerschaft stehende Vermögensgegenstände sind dann dem Gesellschaftsvermögen zuzurechnen, wenn sie zur Nutzung und dem Werte nach der Gesellschaft überlassen werden, ohne dass die dingliche Stellung des Gesellschafters als zivilrechtlichem Eigentümer berührt wird. Im Innenverhältnis müssen die Gesellschafter jedoch an Wertsteigerungen und -minderungen sowie an den Aufwendungen und Erträgen insgesamt beteiligt sein, ohne dass ein Anspruch auf Übertragung in das Gesellschaftsvermögen besteht.[2]

679 Sieht man von dieser Ausnahmesituation ab, ist es nicht zulässig, den Gesellschaftern gehörende Vermögensgegenstände als Gesellschaftsvermögen auszuweisen.[3] Dies gilt auch dann, wenn sie aufgrund schuldrechtlicher oder gesellschaftsrechtlicher Vereinbarungen zur Nutzung überlassen worden sind.[4] In diesen Fällen wird regelmäßig Sonderbetriebsvermögen der überlassenden Gesellschafter[5] vorliegen.

680 Diesen Grundsätzen entsprechend hat die Gesellschaft auch nur die gesamthänderisch begründeten Schulden auszuweisen. Dazu gehören die gegenüber Gesellschaftern außerhalb des Gesellschaftsverhältnisses begründeten Verbindlichkeiten. Dies gilt gleichermaßen für Rückstellungen, z. B. für eine Pensionszusage.[6] In Nr. 35 IDW RS HFA 7[7] wird ausdrücklich darauf hingewiesen, dass Gesellschafterkonten, die Fremdkapitalcharakter haben, nicht als Rücklagen und damit nicht als Eigenkapital ausgewiesen werden dürfen. Dazu gehört nach Nr. 36, a. a. O., auch das sog. Privatkonto des Kommanditisten, auf dem die Gewinnanteile gutgeschrieben werden, soweit sie nicht seinem Kapitalanteil gutzuschreiben sind, weil dies bisher noch nicht den Betrag der bedungenen Einlage erreicht hatte.

681 Aufwendungen und Erträge aus Rechtsbeziehungen zwischen Gesellschaft und Gesellschafter sind in der GuV erfolgswirksam auszuweisen, soweit sie nicht bei der Ergebnis-

1 Vgl. Loseblattausgabe IDW-Prüfungsstandards/IDW-Stellungnahmen zur Rechnungslegung sowie WPg 2005, 669.

2 Vgl. IDW RS HFA 7 Nr. 11, a. a. O.; BFH 21. 12. 1978 III R 20/77, BStBl 1979 II 466, m. w. N., *Wacker* in Schmidt, EStG § 15 Rz. 483.

3 Z. B. § 264c Abs. 3 Satz 1 HGB

4 *Hoffmann/Lüdenbach*, NWB Kommentar Bilanzierung, § 264c HGB Rz 44 ff.

5 Vgl. Rn. 856 ff.

6 Vgl. IDW RS HFA 7 Nr. 19 ff., a. a. O.; vgl. auch BFH 14. 2. 2006 VIII R 40/03 BStBl 2008 II 182, m. w. N. sowie Tz. 1 BMF-Schreiben 29. 1. 2008, BStBl 2008 I 317.

7 IDW RS HFA 7.

verteilung zu berücksichtigen sind, den Gesellschaftern also nicht aufgrund der Gewinnverteilungsabrede[1] zustehen. Bei den von Kapitalgesellschaften vereinnahmten Gewinnausschüttungen ist die einbehaltene Kapitalertragsteuer zzgl. des Solidaritätszuschlags erfolgswirksam auszuweisen, die zugleich als Entnahme der Gesellschafter zu behandeln ist; bei ausländischen Kapitalerträgen dürfte hinsichtlich der im Ausland einbehaltenen Quellensteuern entsprechend zu verfahren sein.

(Einstweilen frei) 682

Bei der nach §§ 48 ff. EStG ggf. von den Gegenleistungen für von der Gesellschaft erbrachte Bauleistungen einbehaltenen Bauabzugsteuer handelt es sich im Ergebnis um einen Teil des von der Gesellschaft für diese Leistung erbrachten Entgelts, das von der Gesellschaft zu vereinnahmen ist. Gem. § 48c Abs. 1 Nr. 1 EStG ist diese Bauabzugsteuer vorrangig auf von der Gesellschaft einbehaltene und angemeldete LSt anzurechnen. Sofern und soweit danach eine Anrechnung nicht in Betracht kommt, sieht § 48c Abs. 1 Nr. 2 und 3 EStG die Anrechnung auf die ESt oder die KSt vor, die bei Personengesellschaften nur im Verhältnis zu den Gesellschaftern möglich ist. Diese Anrechnung erfolgt gem. Tz. 90 des BMF-Schreibens vom 27. 12. 2002,[2] wenn der zur Vertretung der Gesellschaft Berechtigte dem Finanzamt mitteilt, in welchem Verhältnis die Anrechnung zu erfolgen hat. Danach kann es sich nur um Entnahmen der Gesellschafter handeln.[3] Soweit eine Anrechnung auch nach § 48a Abs. 1 Nr. 4 EStG auf von der Gesellschaft einzubehaltende Bauabzugsteuer nicht in Betracht kommt, ist die zugunsten der Gesellschaft einbehaltene Bauabzugsteuer dieser als derjenigen, die die Bauleistung erbracht hat, zu erstatten.[4] 683

Ein Ausweis der von Gesellschaftern auf den Gewinnanteil geschuldeten persönlichen Steuern als Aufwand der Gesellschaft kommt nicht in Betracht. Personengesellschaften & Co. wird jedoch durch § 264c Abs. 3 Satz 2 HGB der Ausweis eines fiktiven Steueraufwands auf die Gewinnanteile der Gesellschafter nach dem Posten „Jahresüberschuss/Jahresfehlbetrag" ermöglicht. Wegen weiterer Einzelheiten wird auf Nr. 22 IDW RS HFA 7[5] hingewiesen. 684

Zum Ausweis des Eigenkapitals und damit der Kapitalkonten der Gesellschafter[6] wird allgemein darauf hingewiesen, dass für die Darstellung in der Bilanz, der Ausweis der Kapitalkonten für jeden einzelnen Gesellschafter nicht erforderlich ist. Bei KGs können die Kapitalanteile der Komplementäre und der Kommanditisten zu jeweils einem Betrag zusammengefasst werden. Dabei ist eine Saldierung von positiven Anteilen einzelner Gesellschafter mit negativen Anteilen anderer Gesellschafter grundsätzlich zulässig. Übersteigen die Verluste die Kapitaleinlagen der Gesellschafter, ist ein entsprechender Fehlbetrag auf der Aktivseite der Bilanz auszuweisen. Eine differenziertere Darstellung ist bei den Personengesellschaften & Co. gem. § 264c Abs. 2 HGB erforderlich. 685

1 Vgl. dazu Rn. 1266 ff.
2 BStBl 2002 I 1399.
3 In diesem Sinne auch *Wacker* in Schmidt, EStG § 15 Rz. 505.
4 Vgl. auch BMF 27. 12. 2002, a. a. O., Tz. 92.
5 Vgl. Loseblattausgabe IDW-Prüfungsstandards/IDW-Stellungnahmen zur Rechnungslegung.
6 Vgl. IDW RS HFA 7 Nr. 31 ff. Vgl. Loseblattausgabe IDW-Prüfungsstandards/IDW-Stellungnahmen zur Rechnungslegung.

In diesen Fällen ist eine Saldierung von positiven und negativen Kapitalkonten auch innerhalb derselben Gesellschaftergruppe nicht zulässig. Unabhängig von den danach unterschiedlichen Darstellungsmöglichkeiten in der Handelsbilanz ist die Führung von Einzelkonten für jeden Gesellschafter unabdingbar.

686 Zum Ausweis des Jahresergebnisses wird in Nr. 36 ff. IDW RS HFA 7[1] allgemein darauf hingewiesen, dass vorbehaltlich abweichender Vereinbarungen im Gesellschaftsvertrag Gewinne den Kapitalanteilen, bei Kommanditisten im Regelfall den Privatkonten zuzuschreiben, Verluste von den Kapitalanteilen abzuschreiben sind und dass Verluste nicht zu Forderungen der Gesellschaft gegenüber dem Gesellschafter führen. Verluste mindern vorbehaltlich abweichender gesellschaftsvertraglicher Vereinbarungen vorrangig gesamthänderisch gebundene Rücklagen, erst übersteigende Beträge mindern die Kapitalanteile der Gesellschafter. Insgesamt wird aus den Ausführungen des IDW deutlich, dass den Beteiligten unter Beachtung der vom Gesetzgeber aufgestellten Mindestanforderungen für die Darstellung des Eigenkapitals Gestaltungsmöglichkeiten durch Aufgliederung in mehrere Einzelposten bestehen. Dabei sollte jedoch darauf geachtet werden, dass die insoweit getroffenen gesellschaftsvertraglichen Vereinbarungen eine eindeutige Trennung zwischen Kapitalanteilen und Fremdkapital zulassen und auch diesen Vereinbarungen entsprechend verfahren wird. Diesen Anforderungen wird nach den Erfahrungen der Praxis[2] offensichtlich häufiger nicht genügt.

687 Für die Darstellung des Jahresergebnisses in der GuV wird in Nr. 22 IDW RS HFA 7[3] folgendes Schema vorgeschlagen

Jahresüberschuss/Jahresfehlbetrag

(–/+) Gutschrift/Belastung auf Rücklagenkonten
(–/+) Gutschrift/Belastung auf Kapitalkonten
(–/+) Gutschrift/Belastung auf Verbindlichkeitenkonten
Ergebnis nach Verwendungsrechnung/Bilanzgewinn

688 Für den Fall, dass ausscheidende Gesellschafter von der Gesellschaft abgefunden werden, sieht Nr. 48 IDW RS HFA 7[4] vor, dass die im Rahmen der Abfindung vergüteten stillen Reserven bei den in Betracht kommenden Vermögensgegenständen zu aktivieren sind. Dementsprechend ist insoweit auch die anteilige Aktivierung der selbst geschaffenen immateriellen Vermögensgegenstände einschl. des etwaigen Geschäftswerts zulässig als im Übrigen das Bilanzierungsverbot des § 248 Abs. 2 Satz 2 HGB zu beachten ist. In Nr. 49, a. a. O., wird ausdrücklich darauf hingewiesen, dass derartige Aktivierungen bei Veräußerung eines Gesellschaftsanteils, der Anteil also durch eine andere Person, einen bisherigen Gesellschafter oder einen Dritten erworben wird, nicht zulässig sind.

689–695 *(Einstweilen frei)*

---

1 Loseblattausgabe IDW-Prüfungsstandards/IDW-Stellungnahmen zur Rechnungslegung.

2 Vgl. z. B. Beck PersGes-HB/*Hoffmann*/*Weidenhammer*, § 5 Rz. 65 ff.

3 IDW RS HFA 7, a. a. O.

4 IDW RS HFA 7, a. a. O.

6. Steuerbilanz der Mitunternehmerschaft

a) Überblick

Bei den inländischen Personengesellschaften des Handelsrechts kann das Ergebnis der Handelsbilanz erst nach Anpassung an die steuerlichen Gewinnermittlungsvorschriften der Ermittlung des Gewinns der Gesellschaft i. S. d. § 15 Abs. 1 Satz 1 Nr. 2 EStG und damit auch der Gewinnanteile der Gesellschafter zugrunde gelegt werden. Nach Änderung der handelsrechtlichen Rechnungslegungsvorschriften durch das Gesetz zur Modernisierung des Bilanzrechts vom 25. 5. 2009[1] – BilMoG – ist ein Ausweis in der Handelsbilanz unter Beachtung von steuerrechtlichen Bilanzierungs- und Bewertungsvorschriften, die von den handelsrechtlichen Rechnungslegungsvorschriften abweichen, nicht mehr zulässig.[2] Danach wird mit der erstmaligen Anwendung der geänderten handelsrechtlichen Rechnungslegungsvorschriften, für den Regelfall für das nach dem 31. 12. 2009 beginnende Geschäftsjahr,[3] die Steuerbilanz von der Handelsbilanz abweichen. Ein weiterer Grund für die Abweichung der Steuerbilanz von der Handelsbilanz kann sich mit Wirkung für nach dem 31. 12. 2008 endende Wirtschaftsjahre[4] dadurch ergeben, dass es nach § 5 Abs. 1 Satz 1 Halbsatz 2 EStG im Gegensatz zu der bis dahin maßgebenden Rechtslage möglich ist, steuerliche Wahlrechte unabhängig von der Verfahrensweise in der Handelsbilanz auszuüben. Abgesehen von den sich für diese Fälle aus § 5 Abs. 1 Satz 2 ff. EStG ergebenden besonderen Aufzeichnungspflichten[5] ist gem. § 60 Abs. 2 EStDV der Erklärung zur einheitlichen und gesonderten Gewinnfeststellung[6] die Handelsbilanz beizufügen, in der durch Anmerkungen oder Zusätze auf die steuerrechtlich erforderlichen Abweichungen hingewiesen wird, sofern keine gesondert erstellte Steuerbilanz vorgelegt wird. Für nach dem 31. 12. 2011 beginnende Wirtschaftsjahre haben Steuerpflichtige, die ihren Gewinn nach § 4 Abs. 1 EStG, § 5 EStG oder § 5a EStG ermitteln, gem. § 5b EStG den Inhalt der Bilanz sowie der Gewinn- und Verlustrechnung nach amtlich vorgeschriebenem Datensatz durch Datenfernübertragung zu übermitteln.[7] 696

Für den Regelfall kann davon ausgegangen werden, dass die von den handelsrechtlichen Regelungen abweichenden steuerlichen Bilanzierungs- und Bewertungsvorschriften unabhängig von der Rechtsform des Unternehmens anzuwenden sind. Aus diesem Grunde wird nachfolgend auf Einzelprobleme nur insoweit eingegangen, als sich diese bei der Besteuerung von Mitunternehmerschaften stellen. Wesentliche, die steuerliche Gewinnermittlung von Mitunternehmerschaften berührende Problemkreise sind insbesondere: 697

- Umfang des gesamthänderisch gebundenen Betriebsvermögens,

1 BGBl 2009 I 11.02
2 Aufhebung der bisherigen Regelungen von §§ 254, 279 – 283 HGB.
3 Art. 66 Abs. 3 Satz 1 EHGB; Art. 66 Abs. 3 Satz 6 EHGB eröffnet den Übergang auf die neuen Rechnungslegungsvorschriften auf Antrag für das nach dem 31. 12. 2008 beginnende Geschäftsjahr.
4 BMF 12. 3. 2010, BStBl 2010 I 239, Tz. 24.
5 Vgl. BMF 12. 3. 2010, BStBl 2010 I 239, Tz. 19–23.
6 Vgl. Rn. 6021 ff.
7 Vgl. Anwendungszeitpunktverschiebungsverordnung v. 22. 12. 2010, BGBl 2010 I 2135.

- Inanspruchnahme von Bewertungsfreiheiten, Sonderabschreibungen und erhöhten Absetzungen,
- Verfahrensweise bei Erwerb von Anteilen an der Mitunternehmerschaft durch einen bereits beteiligten oder neu hinzutretenden Gesellschafter zu einem nicht dem Buchwert entsprechenden Preis,
- Besonderheiten hinsichtlich Beteiligungen an Kapitalgesellschaften und der Erfassung der Erträge aus diesen Beteiligungen im Hinblick auf das sog. Teileinkünfteverfahren (bisher Halbeinkünfteverfahren),
- Beteiligung einer Kapitalgesellschaft als Mitunternehmer,
- Beurteilung von Rechtsbeziehungen zu den Mitunternehmern nahe stehenden Personen,
- Besonderheiten bei Aktivitäten im Ausland.

698 Bei Mitunternehmerschaften, die über kein Gesamthandsvermögen verfügen, wie dies z. B. bei der atypisch stillen Gesellschaft[1] der Fall ist, bestimmt sich der Umfang des in die Gewinnermittlung einzubeziehenden Vermögens nach den für die Rechtsform des Unternehmens, an dem die Beteiligung begründet wurde, maßgebenden Grundsätzen unter Berücksichtigung der bei Mitunternehmerschaften allgemein zu beachtenden Besonderheiten.

699 Im Bereich der nach § 15 Abs. 1 Satz 1 Nr. 2 Satz 1 EStG in die Ermittlung des Gewinns der Mitunternehmerschaft und der Gewinnanteile der Gesellschafter einzubeziehenden Vergütungen lassen sich die wesentlichen Fragestellungen wie folgt beschreiben:

- Abgrenzung der nach § 15 Abs. 1 Satz 1 Nr. 2 Satz 1 EStG zu beurteilenden Leistungen gegenüber anderen Leistungsaustauschen zwischen Mitunternehmerschaft und Mitunternehmer,
- Umfang des vom Mitunternehmer im Zusammenhang mit den Vergütungen i. S. d. § 15 Abs. 1 Satz 1 Nr. 2 Satz 1 EStG eingesetzten Betriebsvermögens – seines Sonderbetriebsvermögens,
- Besonderheiten bei doppel- und mehrstöckigen Personengesellschaften.

700 Geht die Mitunternehmerschaft ihren Aktivitäten insgesamt ohne Einkunftserzielungsabsicht nach, liegt also eine sog. Liebhaberei vor,[2] stellt sich die Frage nach der Ermittlung eines zu besteuernden Gewinns oder Verlustes und damit auch nach dem Vorhandensein einer Steuerbilanz nicht.

701–705 *(Einstweilen frei)*

b) Gesamthänderisch gebundenes Betriebsvermögen

aa) Allgemeine Grundsätze

706 Nach § 247 Abs. 1 HGB haben die Kaufleute und damit auch die Personenhandelsgesellschaften das Anlage- und das Umlaufvermögen, das Eigenkapital, die Schulden sowie

---

1 Vgl. Rn. 471 ff.

2 Vgl. Rn. 281 ff.

Rechnungsabgrenzungsposten (RAP) gesondert auszuweisen und hinreichend aufzugliedern. Bei dem Eigenkapital handelt es sich mithin um den Saldo zwischen den auf der Aktivseite auszuweisenden Vermögenswerten einschließlich der RAP und den auf der Passivseite auszuweisenden Schulden einschließlich der RAP.

Ist eine KG zugleich Gesellschafterin ihrer Komplementär-Gesellschaft, z. B. einer GmbH, ist in Höhe des auf der Aktivseite der Bilanz ausgewiesenen Betrags für die Beteiligung gem. § 264c Abs. 4 Satz 2 HGB nach dem Posten „Eigenkapital", ein Sonderposten „Ausgleichsposten für aktivierte eigene Anteile" auszuweisen, der aus dem (zuvor) vorhandenen Eigenkapital zu bilden ist.[1] 707

Danach haben Personenhandelsgesellschaften in ihrer Handelsbilanz die in ihrem Eigentum stehenden Vermögenswerte, das Gesamthandsvermögen, auszuweisen. Dazu gehören die Wirtschaftsgüter, die im zivilrechtlichen Eigentum der Mitunternehmerschaft, im Gesamthandsvermögen, stehen, ferner die Wirtschaftsgüter, die zur Nutzung und dem Werte nach (quoad sortem) eingebracht wurden[2] sowie die Wirtschaftsgüter, die der Gesellschaft unter anderen Gesichtspunkten als wirtschaftlicher Eigentümer i. S. d. § 39 Abs. 2 AO zuzurechnen sind.[3] Für den Fall, dass nach dem erkennbaren Willen Gesamthandsvermögen der Gesellschaft erworben werden sollte, dies jedoch formal zweifelhaft sein kann, wird nach dem Urteil des BFH vom 16. 3. 1983[4] im Regelfall zumindest wirtschaftlich Gesamthandseigentum begründet worden sein. 708

Setzt eine gewerblich tätige Mitunternehmerschaft ihr Vermögen insgesamt zur Einkunftserzielung ein, werden nach § 15 Abs. 3 Nr. 1 EStG im Regelfall ausschließlich Einkünfte aus Gewerbebetrieb bezogen.[5] Aus dem sich aus § 5 Abs. 1 EStG ergebenden Grundsatz der Maßgeblichkeit der Handelsbilanz für die Steuerbilanz folgt, dass das Gesamthandsvermögen auch insgesamt in der Steuerbilanz auszuweisen ist.[6] Nach dem Urteil des BFH vom 13. 10. 1998[7] gehört auch das Gesamthandsvermögen einer GbR grundsätzlich insgesamt zum steuerlichen Betriebsvermögen. In diesem Zusammenhang wird unter Bezugnahme auf das Urteil vom 9. 5. 1996[8] ausdrücklich darauf hingewiesen, dass eine Personengesellschaft gewillkürtes Betriebsvermögen nicht haben könne,[9] wohl aber in Ausnahmefällen notwendiges Privatvermögen.[10] Ein Darlehen, das im Falle einer Betriebsaufspaltung von der Besitzgesellschaft einer Kapitalgesellschaft gewährt wird, die Geschäftspartner der Betriebs-GmbH ist, gehört grundsätz- 709

1 Vgl. dazu IDW RS HFA 7 Nr. 11, a. a. O.

2 Vgl. Rn. 678, unter Hinweis auf IDW RS HFA 7 Nr. 11, a. a. O.; BFH 21. 12. 1978 III R 20/77, BStBl 1979 II 466; 21. 6. 1994 VIII R 5/92, BStBl 1994 II 856; 25. 11. 2004 IV R 7/03, BStBl 2005 II 354, m. w. N.; *Wacker* in Schmidt, EStG § 15 Rz. 483.

3 BFH 21. 6. 1994 VIII R 5/92, BStBl 1994 II 856, m. w. N.

4 IV R 36/79, BStBl 1983 II 459.

5 Vgl. Rn. 371 ff.

6 BFH 30. 6. 1987 VIII R 353/82, BStBl 1988 II 418.

7 VIII R 61/96, BFH/NV 1999, 463.

8 IV R 64/93, BStBl 1996 II 642.

9 Vgl. BFH 27. 4. 1990 X B 11/89, BFH/NV 1990, 769; 20. 5. 1994 VIII B 115/93, BFH/NV 1995, 101; *Wacker* in Schmidt, § 15 EStG Rz. 481.

10 Vgl. auch BFH 9. 1. 2009 IV B 25/08, BFH/NV 2009, 754.

lich zum notwendigen Betriebsvermögen der Besitzgesellschaft.[1] Etwas anderes gilt nur dann, wenn zwischen Besitzgesellschafter und dem Geschäftspartner der Betriebs-GmbH persönliche Beziehungen bestehen, ein wirtschaftlicher Nutzen des Darlehens für die Betriebs-GmbH nicht zu erkennen ist und das Darlehen unter Bedingungen gewährt wurde, unter denen einem fremden Dritten keine finanziellen Mittel zur Verfügung gestellt worden wären. Es steht damit nicht im Belieben der Mitunternehmer, einzelne Wirtschaftsgüter aus dem Gesamthandsvermögen zu entnehmen und anschließend zu verwerten.

710 Dagegen kann ein Einzelunternehmer nach der ständigen Rechtsprechung des BFH[2] und wohl auch der h. M. im Schrifttum[3] solche Wirtschaftsgüter seinem Betriebsvermögen zuordnen, die nicht zum notwendigen Betriebsvermögen gehören, jedoch in einem gewissen objektiven Zusammenhang mit dem Betrieb stehen und ihn zu fördern oder geeignet sind; im Falle der Zuordnung zum Privatvermögen würden daraus im Regelfall – wie z. B. bei einem fremden Wohnzwecken dienenden Grundstücksteil – Einkünfte aus einer anderen Einkunftsart als der aus Gewerbebetrieb erzielt. Dem Einzelunternehmer steht es grundsätzlich frei, Wirtschaftsgüter des gewillkürten Betriebsvermögens später (wieder) in sein Privatvermögen zu überführen. Diese Gestaltungsmöglichkeiten stehen danach einer Mitunternehmerschaft nicht zu.

711 Zweifel daran könnten aufgrund des Urteils des BFH vom 20. 4. 1999[4] entstehen. In diesem, ein gutes halbes Jahr nach der vorbezeichneten Entscheidung des VIII. Senat erlassenen Urteil vom 13. 10. 1998 führt derselbe Senat in der einheitlichen und gesonderten Gewinnfeststellungssache einer GmbH & Co. KG aus: *„Die Zuordnung von (Devisen-)Termingeschäften zum gewillkürten Betriebsvermögen setzt neben einem eindeutigen, nach außen manifestierten Widmungsakt des Unternehmers voraus, dass die Geschäfte im Zeitpunkt ihrer Widmung zu betrieblichen Zwecken objektiv geeignet sind, das Betriebskapital zu verstärken. ...“*

712 Für den BFH war ersichtlich entscheidungserheblich, dass die Devisentermingeschäfte nach den Feststellungen des FG geeignet waren, den Unternehmenszweck zu fördern und es sich danach nicht um Geschäfte handelte, die von vornherein nicht im Interesse der Gesellschaft, sondern ausschließlich des Gesellschafters durchgeführt wurden. Dies hat der BFH in seinem Urteil vom 23. 4. 2009[5] bestätigt. Danach sind Verluste aus dem Handel mit DAX-Optionsscheinen und aus Devisentermingeschäften einer Personengesellschaft betrieblich veranlasst, wenn die Geschäfte von vornherein über betriebliche Bank- und Wertpapierkonten abgewickelt sowie in der laufenden Buchführung erfasst worden sind und die getätigten Geschäfte dem Grunde nach geeignet sind, den Betrieb durch Stärkung des Betriebskapitals zu fördern. Wesentlich ist danach, dass diese Geschäfte von der Personengesellschaft für ihre Rechnung abgewickelt werden. Eine Zuordnung zum steuerlichen Privatvermögen kommt nur dann in Betracht, wenn die Ge-

1 BFH 25. 11. 2004 IV R 7/03, BStBl 2005 II 354.
2 Vgl. z. B. die Nachweise in H 4.2 (1) EStH, Gewillkürtes Betriebsvermögen.
3 Vgl. z. B. *Heinicke* in Schmidt, EStG § 4 Rz. 104 ff., m. w. N.
4 VIII R 63/96, BStBl 1999 II 466.
5 IV R 87/05, BFH/NV 2009, 1650.

schäfte im Zeitpunkt ihrer Vornahme bzw. Durchführung nicht objektiv geeignet sind, den Betrieb der Personengesellschaft durch Verstärkung dessen Kapitals zu fördern.[1] Es ist danach ausgeschlossen, diese Geschäfte wahlweise dem steuerlichen Betriebvermögen zuzuordnen.

(Einstweilen frei) 713

Betriebsvermögen liegt im Übrigen nur dann vor, wenn nach den Gesamtumständen feststeht, dass tatsächlich Gesamthandsvermögen geschaffen werden sollte, das zur gemeinschaftlichen Einkunftserzielung im Rahmen der Mitunternehmerschaft bestimmt ist. Diese Voraussetzungen sah der BFH in seinem Urteil vom 15. 11. 1978[2] bei Erwerb von Wertpapieren in spekulativer Absicht aus Mitteln der Gesellschafter als nicht erfüllt an, die nicht bei Anschaffung, sondern erst nach Ablauf des Wirtschaftsjahres zu einem Zeitpunkt eingebucht wurden, als sich bereits beträchtliche Verluste abzeichneten. Die Entscheidung wird im Übrigen davon getragen, dass offenbar nicht eindeutig festgestellt werden konnte, ob die Wertpapiere tatsächlich von der Mitunternehmerschaft angeschafft wurden und diese Wertpapiergeschäfte in keinem angemessenen Verhältnis zum Geschäftsumfang der Mitunternehmerschaft standen. Der BFH schloss deswegen auf ein privates Engagement der Mitunternehmer. 714

Führen die Erben das Einzelunternehmen des Erblassers gemeinschaftlich fort, begründen sie insoweit eine Mitunternehmerschaft.[3] Das Privatvermögen des Erblassers verbleibt – vorbehaltlich abweichender Verfügungen – auch bei der Erbengemeinschaft in deren Privatvermögen.[4] Dies hat zur Folge, dass vom Erblasser begründetes gewillkürtes Betriebsvermögen bei der das Einzelunternehmen fortführenden Erbengemeinschaft Betriebsvermögen bleibt. Es steht ihr aber frei, diese Wirtschaftsgüter in das Privatvermögen zu überführen.[5] Entsprechendes dürfte für eine zwischen Ehegatten im Rahmen einer Gütergemeinschaft begründete Mitunternehmerschaft[6] an dem zum Gesamtgut eines der beiden Ehegatten gehörenden Gewerbebetrieb zu gelten haben. 715

Die bei Einzelunternehmen erforderliche Trennung zwischen Betriebsvermögen und Privatvermögen[7] soll dazu führen, dass entsprechend den Vorgaben des Gesetzgebers z. B. in § 4 Abs. 4 und § 12 Nr. 1 EStG in die Gewinnermittlung nur die betrieblich veranlassten Lebenssachverhalte einzubeziehen sind, die der Privatsphäre des Unternehmers zuzuordnenden Sachverhalte hingegen nicht berücksichtigungsfähig sind. Diese Problematik stellt sich auch im Verhältnis zwischen einer Mitunternehmerschaft und ihren Mitunternehmern, sofern es sich dabei um natürliche Personen handelt. Dagegen wird den Körperschaften i. S. d. KStG, die nach Handelsrecht buchführungspflichtig sind, insbesondere also Kapitalgesellschaften, keine Privatsphäre zugebilligt; sie beziehen nach § 8 Abs. 2 KStG insgesamt Einkünfte aus Gewerbebetrieb. Gleichwohl ist nicht aus- 716

1 BFH 19. 2. 1997 XI R 1/96, BStBl 1997 II 399.
2 I R 57/76, BStBl 1979 II 257.
3 BFH 5. 7. 1990 GrS 2/89, BStBl 1990 II 837.
4 BMF 14. 3. 2006, BStBl 2006 I 253, Tz. 6.
5 BFH 23. 10. 1986 IV R 214/84, BStBl 1987 II 120.
6 Vgl. Rn. 516 f.
7 Vgl. z. B. R 4.2 Abs. 1 EStR und die Nachweise in H 4.2 Abs. 1 EStH.

zuschließen, dass Kapitalgesellschaften Aufwendungen übernehmen, die im ausschließlichen Interesse ihrer Gesellschafter liegen. In diesen Fällen ist dann zu prüfen, ob deswegen verdeckte Gewinnausschüttungen i. S. d. § 8 Abs. 3 Satz 2 KStG vorliegen.[1]

717 Handelt es sich bei den Mitunternehmern um natürliche Personen, berühren den Privatbereich der Mitunternehmer betreffende Rechtsbeziehungen das steuerliche Betriebsvermögen der Mitunternehmerschaft nicht. Die dadurch verursachten Aufwendungen führen nicht zu Betriebsausgaben, dementsprechend nicht zu in der Steuerbilanz zu aktivierenden Vermögenswerten und damit auch nicht zu Betriebseinnahmen.[2] Unter diesen Gesichtspunkten ist die auf das Leben eines Gesellschafters abgeschlossene Risikolebensversicherung,[3] eine auf einen Gesellschafter abgeschlossene Lebensversicherung[4] nicht dem Betriebsvermögen der Mitunternehmerschaft zuzurechnen. Dies gilt selbst dann, wenn vorgesehen ist, die Versicherungssumme für betriebliche Zwecke zu verwenden, wie z. B. die Finanzierung betrieblicher Investitionen oder die Sicherstellung der Versorgungsleistungen an Hinterbliebene eines verstorbenen Gesellschafters. Die Versicherungsprämien sind dementsprechend keine Betriebsausgaben, mit ihnen wird kein in der Steuerbilanz auszuweisender Anspruch gegenüber der Versicherungsgesellschaft erworben, die Versicherungssumme ist keine Betriebseinnahme.

718 Der BFH geht davon aus, dass die Versicherung des Lebens eines Gesellschafters dessen Privatsphäre berührt und damit nicht als betrieblicher Vorgang behandelt werden kann. Etwas anderes gilt nach Urteil des BFH vom 14. 3. 1996,[5] wenn ein Unternehmen einen Lebensversicherungsvertrag auf das Leben oder den Tod eines fremden Dritten, z. B. eines Angestellten oder eines Geschäftspartners abschließt und Bezugsberechtigter nicht der fremde Dritte, sondern das Unternehmen ist und die persönlichen Umstände der versicherten Person lediglich zur Bemessung der Höhe der Versicherungsprämie und für den Eintritt des Versicherungsfalls maßgebend sind. Es handelt sich damit nicht mehr um die Absicherung eines privaten Risikos. Dementsprechend ist der durch die Prämienzahlungen begründete Anspruch auch in der Steuerbilanz der Mitunternehmerschaft auszuweisen.

719 Zivilrechtlich zum Gesellschaftsvermögen, dem Gesamthandsvermögen, gehörende Wirtschaftsgüter können im Übrigen nur dann dem steuerlichen Betriebsvermögen zugerechnet werden, wenn sie dem Betrieb anderweitige Vorteile verschaffen, die den Nachteil der Ertraglosigkeit oder sich abzeichnender Verluste ausgleichen und deshalb den Erwerb als betrieblich veranlasst erscheinen lassen können.[6] Liegen diese Voraussetzungen nicht vor, dienen die Wirtschaftsgüter also nicht der Einkunftserzielung, ge-

1 Vgl. dazu BFH 22. 8. 2007 I R 32/06, BStBl 2007 II 961.

2 BFH 5. 3. 1981 IV R 94/78, BStBl 1981 II 658.

3 BFH 11. 5. 1989 IV R 56/87, BStBl 1989 II 657; 11. 12. 2006 VIII B 5/06, BFH/NV 2007, 689.

4 BFH 10. 4. 1990 VIII R 63/88, BStBl 1990 II 1017; 6. 2. 1992 IV R 30/91, BStBl 1992 II 653; 11. 12. 2006 VIII B 5/06 (NV), BFH/NV 2007, 689; beachte jedoch Rn. 1065 „Lebensversicherungsbeiträge".

5 IV R 14/95, BStBl 1997 II 343; vgl. auch OFD Magdeburg 20. 8. 1997, FR 1997, 963.

6 BFH 30. 11. 2000 IV B 47/00, BFH/NV 2001, 597, unter Bezugnahme auf BFH 22. 5. 1975 IV R 193/71, BStBl 1975 II 804; 9. 5. 1996 IV R 64/93, BStBl 1996 II 642.

hören sie nicht zum Betriebsvermögen der Mitunternehmerschaft.[1] Insoweit liegt steuerlich Privatvermögen vor, das in der Steuerbilanz nicht auszuweisen ist. Dabei handelt es sich um eine in den Wertungen des Steuerrechts begründete Abweichung von der Handelsbilanz und damit nicht um einen Verstoß gegen den Maßgeblichkeitsgrundsatz des § 5 Abs. 1 EStG.[2] Es gelten die Grundsätze, nach denen bei einem Einzelunternehmer von notwendigem Privatvermögen auszugehen, der Ausweis des betreffenden Wirtschaftsguts als Betriebsvermögen also ausgeschlossen ist. Nach R 4.2 Abs. 1 Satz 5 EStR ist dies bei Wirtschaftsgütern der Fall, die zu mehr als 90 % privat genutzt werden, die Wirtschaftsgüter also der privaten Lebensführung dienen und damit keine betriebliche Veranlassung für die Anschaffung oder Herstellung des Wirtschaftsguts vorliegt.[3] Ferner ist eine Zuordnung zum Betriebsvermögen dann ausgeschlossen, wenn bereits bei der vom Unternehmer veranlassten Zuführung absehbar ist, dass dem Betrieb daraus Verluste entstehen werden.[4]

In Anknüpfung an die bei einem Einzelunternehmen zu beachtenden Grundsätze hat 720
der BFH bereits mit Urteil vom 15. 11. 1978[5] den Ausweis von zum Gesamthandsvermögen gehörenden Wirtschaftsgütern als Betriebsvermögen immer dann ausgeschlossen, wenn

- bei Erwerb erkennbar ist, dass diese für die Gesellschaft nicht von Nutzen, sondern Verluste bringen werden oder
- die buchmäßige Behandlung der Geschäfte in der Buchführung auf die private Veranlassung durch die Gesellschafter schließen lässt.

Soweit danach gesamthänderisch gebundenes Privatvermögen geschaffen wird, liegen steuerlich den Gesellschaftern anteilig zuzurechnende Entnahmen vor.[6]

Bei nachteiligen Geschäften, an deren Einleitung einzelne Mitunternehmer beteiligt 721
sind, kann sich die Frage nach der steuerlichen Berücksichtigung der später tatsächlich eingetretenen Verluste nur dann stellen, wenn sie auch eindeutig der Mitunternehmerschaft zugerechnet werden können. Werden von einer Mitunternehmerschaft zunächst benötigte liquide Mittel ihren Mitunternehmern zu deren Verwendung überlassen, liegen insoweit Entnahmen der Mitunternehmer vor. Die Mittel scheiden damit aus dem Gesamthandsvermögen aus. Sind die Mitunternehmer zu der später beabsichtigten Rückführung der Mittel deswegen nicht in der Lage, weil deren Zwischenanlage zu Verlusten führte, sind diese Verluste nicht im Gesellschaftsvermögen, sondern im Privatvermögen der Gesellschafter entstanden.[7] Für den Fall, dass entgegen dem äußeren Geschehensablauf geltend gemacht wird, dass die risikobehaftete Geldanlage im Gesamthandsvermögen erfolgte, trifft die Mitunternehmerschaft die Nachweispflicht. Die Ent-

1 BFH 23. 11. 2000 IV R 82/99, BStBl 2001 II 232, m. w. N.

2 BFH 11. 5. 1989 IV R 56/87, BStBl 1989 II 657; 3. 10. 1989 VIII R 184/85, BStBl 1990 II 319; 6. 2. 1992 IV R 30/91, BStBl 1992 II 653; 9. 5. 1996 IV R 64/93, BStBl 1996 II 642.

3 Vgl. auch *Heinicke* in Schmidt, EStG § 4 Rz. 156.

4 Vgl. z. B. BFH 26. 10. 1999 X B 40/99, BFH/NV 2000 563, unter Hinweis auf BFH 25. 2. 1982 IV R 25/78, BStBl 1982 II 461; ferner *Heinicke* in Schmidt, EStG § 4 Rz. 157, m. w. N.

5 I R 57/76, BStBl 1979 II 257; BFH 9. 1. 2009 IV B 25/08, BFH/NV 2009, 754, m. w. N.

6 BFH 9. 5. 1996 IV R 64/93, BStBl 1996 II 642.

7 BFH 13. 10. 1998 VIII R 61/96, BFH/NV 1999, 463.

scheidung im weiteren Urteil vom 20.4.1999,[1] wonach beträchtliche Verluste aus Devisentermingeschäften bei der Ermittlung des Gewinns der Gesellschaft nicht zum Abzug zugelassen wurden, wird ersichtlich u.a. auch von der Erwägung getragen, dass nicht eindeutig geklärt werden konnte, ob die Geschäfte tatsächlich von der Gesellschaft oder jeweils von ihren Gesellschaftern für deren Rechnung abgeschlossen wurden.

722 Das danach bestehende Erfordernis der Ausgliederung von Wirtschaftsgütern aus dem steuerlichen Betriebsvermögen braucht sich nicht auf Einzelwirtschaftsgüter zu beschränken, sie kann sich auch auf eine Mehrheit von Wirtschaftsgütern erstrecken, die einer bestimmten Tätigkeit innerhalb der von der Gesellschaft ausgeübten insgesamt Aktivitäten, einem Segment der Gesamttätigkeit zuzuordnen sind. Nach dem Urteil vom 25.6.1996[2] muss es sich dabei um selbständige Tätigkeitsbereiche handeln, die nicht lediglich im Verhältnis bloßer Hilfs- oder Nebentätigkeiten zu einer dem Gewerbebetrieb dienenden Haupttätigkeit stehen. Abzugrenzen ist nach dem Förderungs- und Sachzusammenhang, in dem die jeweiligen Einzeltätigkeiten zu der betrieblichen Haupttätigkeit oder der privat veranlassten Tätigkeit stehen. Unter Beachtung dieser Gesichtspunkte hielt es der BFH in Übereinstimmung mit einem Teil des Schrifttums für gerechtfertigt, die verlustträchtige Vermietung eines Hubschraubers durch eine im Übrigen im Rahmen einer Betriebsaufspaltung als Besitzunternehmen tätige Personengesellschaft als nicht der Einkunftserzielung dienend auszugliedern. Im Ergebnis handelt es sich in den Fällen einer derartigen Segmentierung um die Ausgliederung nicht in Gewinnerzielungsabsicht ausgeübter Tätigkeiten, sog. Liebhaberei; vgl. Rn. 259 ff.

723 Bei den Geschäftsvorfällen, die der Gesellschaft von vornherein erkennbar keinen Nutzen bringen werden, wird es sich weitgehend um solche handeln, die im privaten Interesse eines oder mehrerer Gesellschafter abgewickelt werden. Dies ist nicht nur dann der Fall, wenn die Gesellschafter unmittelbar betroffen sind, sondern auch dann, wenn dem Gesellschafter persönlich nahe stehende Personen, z.B. Familienangehörige, sowie gesellschaftsrechtlich verbundene Unternehmen, z.B. eine vom Gesellschafter beherrschte Kapitalgesellschaft oder Personengesellschaft, betroffen sind. Bei diesen Rechtsbeziehungen ist im Einzelfall nicht auszuschließen, dass sie nicht zu Bedingungen durchgeführt werden, wie dies zwischen fremden Dritten allgemein üblich ist, sie also einem Fremdvergleich nicht standhalten. Nach dem Urteil des BFH vom 9.5.1996[3] ist das z.B. dann der Fall, wenn eine Personengesellschaft einem Gesellschafter oder der einem Gesellschafter nahe stehenden Person ein zinsloses und ungesichertes Darlehen, gewährt. Der bei einer etwaigen Uneinbringlichkeit eintretende Verlust kann sich dementsprechend auf die Höhe des zu besteuernden Gewinns nicht auswirken. Ferner handelt es sich um die Fälle, in denen zum Gesamthandsvermögen gehörende Wirtschaftsgüter einzelnen Gesellschafter unentgeltlich zur Nutzung überlassen werden, z.B. Wohnungen oder Wohngebäude. So kann z.B. ein Wohngebäude, das einem Gesellschafter zur Nutzung überlassen werden soll, nicht in das Betriebsvermögen der

1 VIII R 63/96, BStBl 1999 II 466.

2 VIII R 28/94, BStBl 1997 II 202.

3 IV R 64/93, BStBl 1996 II 642, m.w.N.

Mitunternehmerschaft eingelegt werden, wenn absehbar ist, dass der Mitunternehmerschaft dadurch laufend Verluste entstehen werden.[1]

Werden zum Betriebsvermögen gehörende Grundstücke nicht nur vorübergehend einem Gesellschafter unentgeltlich zur Nutzung überlassen, liegt in dieser Nutzungsänderung regelmäßig eine Entnahme.[2] In einem derartigen Fall wird die Verknüpfung des Wirtschaftsguts mit dem Betriebsvermögen unmissverständlich derart gelöst, dass es zwingend dem Privatvermögen zuzurechnen ist. Dies ist z. B. der Fall, wenn das Wirtschaftsgut insgesamt der unentgeltlichen privaten Nutzung eines oder mehrerer Mitunternehmer zugeführt wird, z. B. eine bisher als Lagerplatz genutzte Grundstücksfläche einem Gesellschafter unentgeltlich zur Errichtung eines eigengenutzten Einfamilienhauses überlassen wird.[3] Diese tatsächliche Veränderung der Beziehungen des Wirtschaftsguts zu den gewerblichen Aktivitäten der Gesellschaft ist eine Entnahme und löst die Rechtsfolge des § 6 Abs. 1 Nr. 4 EStG aus. Das betreffende Wirtschaftsgut scheidet mit dem Teilwert aus dem Betriebsvermögen der Gesellschaft aus und wird damit deren gesamthänderisch gebundenes Privatvermögen. 724

Dient ein Wirtschaftsgut hingegen betrieblichen Zwecken und wird es auch für private Zwecke eines Mitunternehmers mit genutzt, wird dadurch die Zugehörigkeit zum Betriebsvermögen dann nicht berührt, wenn die betriebliche Nutzung nicht von völlig untergeordneter Bedeutung[4] ist. Die Wertabgabe aus dem Betriebsvermögen ist in derartigen Fällen durch die Entnahme der laufenden Nutzungen, sog. Nutzungsentnahmen, zu berücksichtigen.[5] Wird ein zum Betriebsvermögen gehörendes Wirtschaftsgut zugleich für Zwecke eines anderen Betriebes genutzt, liegt insoweit ebenfalls eine Nutzung für betriebsfremde Zwecke und damit eine Nutzungsentnahme vor.[6] 725

Wird ein Gebäude, das im Hinblick auf die Nutzung zu Wohnzwecken eines Gesellschafters dem gesamthänderischen Privatvermögen zuzurechnen ist, in geringem Umfange auch für betriebliche Zwecke genutzt, kann auf die Behandlung des verbleibenden Gebäudeteils dann als Betriebsvermögen verzichtet werden, wenn diesem eine untergeordnete Bedeutung i. S. v. § 8 EStDV zukommt, d. h., dass dessen Wert nicht mehr als Fünftel des gemeinen Werts des Grundstücksteils und nicht mehr 20 500 € ausmacht.[7] Der Mitunternehmerschaft steht insoweit ein Wahlrecht zu. Gilt ein Grundstück infolge der Überlassung an einen Gesellschafter als entnommen, kann die Gesellschaft den ihren gewerblichen Zwecken dienenden, an sich geringfügigen Grundstücksteil weiterhin als Betriebsvermögen ausweisen. Andererseits wäre aber auch die Entnahme dieses Grundstücksteils zulässig. Wurde eine Entnahmebuchung versäumt, wird davon auszugehen sein, dass sich damit die Mitunternehmerschaft hinsichtlich des weiterhin ihren gewerblichen Zwecken dienenden Grundstücksteils von minderer 726

---

1 BFH 30. 11. 2000 IV B 47/00, BFH/NV 2001, 597.

2 BFH 6. 6. 1973 I R 194/71, BStBl 1973 II 705; 11. 5. 1989 IV R 56/87, BStBl II 1989 II 657; 3. 10. 1989 VIII R 184/85, BStBl 1990 II 319; 21. 9. 1995 IV R 50/93, BFH/NV 1996, 460.

3 BFH 30. 6. 1987 VIII R 353/82, BStBl 1988 II 418; 9. 8. 1989 X R 20/86, BStBl 1990 II 128.

4 D. h. zu weniger als 10 %, vgl. R 4.2 Abs. 1 Satz 6 EStR.

5 BFH 29. 4. 1999 IV R 49/97, BStBl 1999 II 652.

6 BFH 19. 3. 2009 IV R 59/06, BFH/NV 2009, 1617.

7 R 4.2 Abs. 11 Satz 3 EStR.

Bedeutung für die unveränderte Zugehörigkeit zum Betriebsvermögen entschieden hat.

727 Zu beachten ist, dass ein einheitliches Gebäude, das nebeneinander für unterschiedliche Zwecke genutzt wird, nach den von der Rechtsprechung des BFH entwickelten Grundsätzen[1] aus einer Mehrzahl selbständiger Wirtschaftsgüter besteht. Wird z. B. die im Bürogebäude belegene Belegschaftswohnung einem Gesellschafter nicht nur vorübergehend unentgeltlich zur Nutzung überlassen, scheidet diese Wohnung aus dem bisher einheitlichen Wirtschaftsgut „eigenbetrieblichen Zwecken dienendes Wirtschaftsgut“[2] aus. Es entsteht ein Wirtschaftsgut „fremden Wohnzwecken dienender Gebäudeteil“, das nach den vorstehend dargestellten Grundsätzen mit der Nutzungsänderung entnommen wird. Die Entnahme erstreckt sich auch auf den diesem Gebäudeteil anteilig zuzurechnenden Grund und Boden.[3]

728 Die danach erfolgende Entnahme – die Überführung in das gesamthänderisch gebundene Privatvermögen – gilt für die Anwendung des § 23 EStG gem. § 23 Abs. 1 Satz 2 EStG als Anschaffung. Bei einer Veräußerung eines Grundstücks aus dem Privatvermögen innerhalb eines Zeitraums von 10 Jahren nach der Entnahme stellt sich danach die Frage der Besteuerung eines privaten Veräußerungsgewinns.

729 Ist Gegenstand der Entnahme ein unbebautes Grundstück, auf dem eine von einem Mitunternehmer eigengenutzte Wohnung errichtet wird, unterliegt der Entnahmegewinn nach § 15 Abs. 1 Satz 3 i.V.m. § 13 Abs. 5 EStG dann nicht der Besteuerung, wenn das Grundstück bereits am 31. 12. 1986 zum Betriebsvermögen gehörte.[4] Die Steuerbefreiung kann nur für die Entnahme eines Grundstücks beansprucht werden; bei Mitunternehmerschaften soll diese Vergünstigung jedem der Mitunternehmer zustehen.[5]

730 Das Wirtschaftsgut scheidet infolge der Nutzung zu den außerbetrieblichen Zwecken aus dem Betriebsvermögen der Mitunternehmerschaft auch dann aus, wenn eine Entnahmebuchung unterbleibt.[6] Die danach fehlerhafte Steuerbilanz ist nach § 4 Abs. 2 Satz 1 EStG zu berichtigen. Erfolgte die Entnahme in einem Wirtschaftsjahr, für das die gesonderte und einheitliche Gewinnfeststellung noch änderbar ist, hat die Bilanzberichtigung für dieses Wirtschaftsjahr zu erfolgen, so dass die Besteuerung eines etwaigen Entnahmegewinns nachgeholt wird. Ist die Gewinnfeststellung für dieses Wirtschaftsjahr verfahrensrechtlich nicht mehr änderbar, ist das Wirtschaftsgut in dem ersten noch einer Änderung zugänglichen Wirtschaftsjahr erfolgsneutral auszubuchen.[7]

1 Vgl. BFH 26. 11. 1973 GrS 5/71, BStBl 1974 II 132; 13. 7. 1977 I R 217/75, BStBl 1978 II 6; vgl. auch R 4.2 Abs. 4 EStR.

2 BFH 1. 12. 1976 I R 73/74, BStBl 1977 II 315.

3 BFH 24. 11. 1982 I R 51/82, BStBl 1983 II 365.

4 Vgl. dazu z. B. *Kulosa* in Schmidt, EStG § 13 Rz. 153, m. w. N.

5 So *Wacker* in Schmidt EStG § 15 Rz. 499, unter Bezugnahme auf *Korn*, Ertragsteuerfreie Grundstücksentnahmen durch Bau einer Eigen- oder Altenteilerwohnung nach dem Steuerreformgesetz 1990, KÖSDI 1989, 7633, 7638.

6 BFH 9. 8. 1989 X R 20/86, BStBl 1990 II 128.

7 BFH 21. 10. 1976 IV R 222/72, BStBl 1977 II 148; 21. 9. 1995 IV R 50/93, BFH/NV 1996, 460.

Es ist nicht zulässig, die Besteuerung eines in einem vorangegangenen Wirtschaftsjahr realisierten Entnahmegewinns für ein späteres Wirtschaftsjahr nachzuholen.

(Einstweilen frei) 731–735

bb) Entgeltliche Nutzung von Wirtschaftsgütern durch Mitunternehmer

Keine Entnahme des Grundstücks oder eines Grundstücksteils liegt hingegen vor, wenn dieser von der Mitunternehmerschaft dem Mitunternehmer zu einer fremdüblichen Miete überlassen wird. Die Mitunternehmerschaft bezieht auch insoweit gem. § 15 Abs. 3 Nr. 1 EStG Einkünfte aus Gewerbebetrieb. Bei einer verbilligten Vermietung aus außerbetrieblichen Gründen an einen Mitunternehmer oder eine diesem nahe stehende Person wird das ordnungsgemäß zustande gekommene Mietverhältnis dem Grunde nach anzuerkennen sein. Die Wohnung scheidet nicht aus dem Betriebsvermögen aus. Die verbilligte Vermietung stellt lediglich eine Nutzungsentnahme dar,[1] die mit den anteiligen Selbstkosten,[2] mit der Verbilligung gegenüber der Marktmiete zu bewerten ist.[3] 736

Die Bestellung eines Erbbaurechts an einem zum Gesamthandsvermögen gehörenden Grundstück zugunsten eines Mitunternehmers führt nach dem Urteil des BFH vom 10. 4. 1990[4] auch dann nicht zur Entnahme des Grundstücks, wenn der Mitunternehmer das Erbbaurecht zur Errichtung eines eigenen Wohnzwecken dienenden Gebäudes nutzt. Bei dem durch die Bestellung des Erbbaurechts begründeten Anspruch auf Zahlung der Erbbauzinsen handelt es sich um den Ausfluss einer zwischen Gesellschaft und Gesellschafter bestehenden reallastartigen dinglichen und obligatorischen Verpflichtung, die nichts mit dem Gesellschaftsverhältnis zu tun hat. Im Ergebnis sieht der BFH danach grundsätzlich keinen Unterschied zwischen der Begründung eines Erbbaurechts zugunsten eines Dritten oder eines Gesellschafters. Etwas anderes dürfte nur dann zu gelten haben, wenn das Erbbaurecht dem Mitunternehmer unentgeltlich eingeräumt wird, also kein Erbbauzins zu entrichten ist.[5] 737

(Einstweilen frei) 738–740

cc) Überführung, Rückführung in das steuerliche Betriebsvermögen

Werden danach zum Gesamthandsvermögen gehörende, zutreffenderweise dem Privatvermögen zugerechnete Wirtschaftsgüter einer betrieblichen Nutzung zugeführt, liegt eine nach § 6 Abs. 1 Nr. 5 EStG zu bewertende Einlage vor. 741

BEISPIEL: Zum Gesamthandsvermögen der X-GmbH & Co. KG gehört ein dem Betriebsgelände benachbartes Villengrundstück, das bisher einem der Gesellschafter unentgeltlich zur Nutzung

1 BFH 29. 4. 1999 IV R 49/97, BStBl 1999 II 652.

2 BFH 26. 10. 1987 GrS 2/86, BStBl II 1988 348; 24. 5. 1989 I R 213/85, BStBl II 1990 8; 18. 12. 1992 VIII R 9/87, BFH/NV 1992, 590; 14. 1. 1998, X R 57/93 BFHE 185, 230.

3 Vgl. auch BFH 19. 12. 2002 IV R 46/00, BFH/NV 2003, 979.

4 VIII R 133/86, BStBl 1990 II 961.

5 OFD Düsseldorf 17. 3. 1995, DB 1995, 900, ergänzt durch OFD Berlin 7. 9. 1995, DB 1995, 2448.

überlassen worden war. Nach dessen Tod wird es nach entsprechenden baulichen Veränderungen als Verwaltungsgebäude genutzt.

Dies gilt auch dann, wenn auf die Aufstellung einer besonderen Steuerbilanz verzichtet wurde, das Grundstück dementsprechend in der dem Finanzamt eingereichten Handelsbilanz mit den historischen Anschaffungs- und Herstellungskosten unter Berücksichtigung der AfA ausgewiesen wurde und eine Anpassung an die steuerlichen Gewinnermittlungsgrundsätze lediglich durch außerhalb dieser Bilanz vorgenommene Hinzu- und Abrechnungen erfolgte. Dementsprechend sind ab dem Zeitpunkt der Einlage bei der Ermittlung des zu besteuernden Gewinns, auch die nach § 6 Abs. 1 Nr. 5 EStG maßgebenden Werte zu berücksichtigen.

742 Wandelt man das vorstehende Beispiel dahin gehend ab, dass das Grundstück mit Beendigung der Nutzung veräußert wird, handelt es sich um die Veräußerung eines zum Privatvermögen gehörenden Wirtschaftsguts. Geht man davon aus, dass an dem Vermögen der Gesellschaft ausschließlich natürliche Personen beteiligt sind, kommt eine Besteuerung des Veräußerungsgewinns nur dann und insoweit in Betracht, als die Voraussetzungen des § 23 EStG erfüllt sind. Dabei ist zu beachten, dass als Anschaffung gem. § 23 Abs. 1 Satz 2 EStG ggf. die in der Vergangenheit nach den vorstehenden Grundsätzen erfolgte Überführung aus dem steuerlichen Betriebsvermögen in das gesamthänderisch gebundene Privatvermögen, die Entnahme, gilt. In entsprechender Anwendung der in Tz. 24 des BMF-Schreibens vom 5. 10. 2000[1] vertretenen Auffassung wird von der Veräußerung eines eigenen Wohnzwecken dienenden Grundstücks in dem Umfang ausgegangen, in dem das Grundstück dem zuvor Nutzenden im Rahmen seiner Beteiligung an der Mitunternehmerschaft anteilig zustand. Bei einer Beteiligung des ursprünglichen nutzenden Mitunternehmers von 25 % an der Mitunternehmerschaft würde bei Vorliegen der weiteren Voraussetzungen von einem privaten Veräußerungsgeschäft auszugehen sein, das sich auf 75 % des Grundstücks erstreckt. Führt die Veräußerung eines zum gesamthänderisch gebundenen Privatvermögen gehörenden Grundstücks nicht zu einem nach § 23 EStG zu besteuernden privaten Veräußerungsgeschäft, handelt es sich bei einem etwaigen Gewinn um eine nicht steuerbare Vermögensmehrung bei den Mitunternehmern.[2] Ein etwaiger Verlust wäre deswegen ebenfalls steuerlich nicht berücksichtigungsfähig.

743 Würde das von einem Mitunternehmer für eigene Wohnzwecke genutzte Grundstück nach Beendigung dieser Nutzung dem steuerlichen Betriebsvermögen zugeführt, wäre ein privater Veräußerungsgewinn nach § 23 Abs. 1 Satz 5 Nr. 1 EStG dann zu besteuern, wenn das Grundstück innerhalb eines Zeitraums von 10 Jahren seit Anschaffung (im Privatvermögen) aus dem Betriebsvermögen veräußert würde.[3]

744–745 *(Einstweilen frei)*

1 BStBl 2000 I 1383.

2 BFH 3. 10. 1989 VIII R 184/85, BStBl 1990 II 319.

3 Vgl. dazu BMF 5. 10. 2000, BStBl 2000 I 1383, Tz. 2 – 8, 35 ff.

dd) Ausweis von Verbindlichkeiten

Für die Zuordnung von Verbindlichkeiten zum Betriebsvermögen gelten die vorstehend dargestellten Grundsätze entsprechend. Die gesamthänderisch begründeten Verbindlichkeiten sind in der Handelsbilanz auszuweisen. In der Steuerbilanz ist ein Ausweis insoweit zulässig, als nach objektiven Kriterien ein wirtschaftlicher Zusammenhang mit dem Betrieb der Mitunternehmerschaft besteht, die Verbindlichkeit also betrieblich veranlasst ist.[1] Dies ist immer dann der Fall, wenn die Verbindlichkeiten zur Finanzierung der Anschaffungs- oder Herstellungskosten von Wirtschaftsgütern des Betriebsvermögens begründet wurden, dies gilt auch dann, wenn die Verbindlichkeit durch im Eigentum von Gesellschaftern stehende Vermögenswerte abgesichert werden, z. B. durch eine Hypothek auf einem Privatgrundstück. Nicht zu prüfen ist die Notwendigkeit, die Üblichkeit und die Zweckmäßigkeit der Kreditaufnahme.[2] Ein Fremdvergleich ist insoweit nicht anzustellen.[3] 746

Gehen Wirtschaftsgüter in das gesamthänderische Privatvermögen über, können die damit in wirtschaftlichem Zusammenhang stehenden Verbindlichkeiten nicht mehr als Betriebsschuld ausgewiesen werden, sie gehören damit ebenfalls zum gesamthänderischen Privatvermögen.[4] Soweit Schulden danach dem gesamthänderischen Privatvermögen zuzuordnen sind, handelt es sich bei den dafür zu entrichtenden Zinsen und Gebühren nicht (mehr) um Betriebsausgaben. 747

Betrieblich veranlasst ist ferner die Aufnahme von Verbindlichkeiten zur Bestreitung des laufenden Aufwandes des Unternehmens. Auf die Probleme die sich ergeben, wenn die Entnahmen der Mitunternehmer durch von der Mitunternehmerschaft beanspruchte Kredite finanziert werden, wird unter Rn. 1091 ff. eingegangen. 748

(Einstweilen frei) 749–750

c) Eigenkapital, Forderungen und Verbindlichkeiten gegenüber Gesellschaftern

Die Beziehungen zwischen der Personengesellschaft und ihren Gesellschaftern sind dadurch gekennzeichnet, dass sie zunächst ihre Ursache im Gesellschaftsverhältnis haben. Die auf dieser Grundlage eingebrachten Vermögenswerte bilden das Gesellschaftsvermögen, das als Eigenkapital auszuweisen ist. Daneben können Beziehungen schuldrechtlicher Art bestehen, so dass dadurch Forderungen und Verbindlichkeiten zwischen Gesellschaft und Gesellschafter wie zwischen fremden Dritten begründet werden und diese Schuldverhältnisse in der Handelsbilanz entsprechend darzustellen sind. 751

Die Regelungen zum Ausweis des Eigenkapitals bei der Personenhandelsgesellschaften in §§ 120, 167 und 264c HGB sind teilweise abdingbar. Dies gilt auch für die Gewinnverwendung. So kann z. B. vertraglich vereinbart werden, dass Gewinne in einem bestimmten Umfang der Gesellschaft als Rücklage verbleiben, im Übrigen den Gesell- 752

1 BFH 5. 3. 1991 VIII R 93/84, BStBl 1991 II 516.
2 BFH 29. 10. 1991 VIII R 148/85, BStBl 1992 II 647.
3 BFH 1. 3. 2005 VIII R 5/03, BFH/NV 2005, 1523.
4 R 4.2 Abs. 15 Satz 4 EStR.

schaftern zustehen, die diese der Gesellschaft dann darlehensweise überlassen oder darüber anderweitig verfügen können. Im Übrigen ist es insbesondere bei kleineren Unternehmen gängige Übung, dass der unbare private Zahlungsverkehr der Gesellschafter weitgehend über die Gesellschaft abgewickelt wird, insoweit also laufend Zahlungsvorgänge zu Lasten oder zugunsten der einzelnen Gesellschafter erfolgen. Diese Vorgänge werden dann auf für die einzelnen Gesellschafter unter den unterschiedlichsten Bezeichnungen geführten Konten gebucht, ohne dass daraus und den dazu getroffenen Vereinbarungen zuverlässig entnommen werden könnte, ob auf dem betreffenden Konto ein Teil des Eigenkapitals des Gesellschafters oder schuldrechtliche Beziehungen zwischen Gesellschaft und Gesellschafter dargestellt werden.[1] Ungeachtet dessen besteht die Verpflichtung der Gesellschaft, einerseits ihr Eigenkapital und andererseits die gegenüber Gesellschaftern schuldrechtlich begründeten Forderungen und Verbindlichkeiten auszuweisen.

753 Nach Nr. 14 IDW RS HFA 7[2] ist Eigenkapital bei Personenhandelsgesellschaften nur dann gegeben, wenn die von den Gesellschaftern bereitgestellten Mittel als Verlustdeckungspotenzial zur Verfügung stehend. Dies ist dann der Fall, wenn

- diese Mittel bis zur vollen Höhe zur Verrechnung mit künftigen Verlusten zur Verfügung stehen,
- im Fall der Insolvenz der Gesellschaft insoweit eine Insolvenzforderung nicht geltend gemacht werden kann,
- bei Liquidation der Gesellschaft Ansprüche erst nach Befriedigung aller Gesellschaftsgläubiger mit dem sonstigen Eigenkapital auszugleichen sind.

Nicht erforderlich ist, dass die Gesellschafter diese Mittel auf Dauer zur Verfügung gestellt haben. In das Gesamthandsvermögen geleistete Gesellschaftereinlagen sind danach auch dann am Bilanzstichtag als Teil des Eigenkapitals auszuweisen, wenn sie alsbald danach entnommen werden (sollen).

754 Ungeachtet der praktischen Notwendigkeit zur Führung von Kapitalkonten für jeden einzelnen Gesellschafter besteht grundsätzlich keine Verpflichtung, in der Handelsbilanz die Kapitalkonten für die Gesellschafter einzeln auszuweisen. Für GmbH & Co. KG und vergleichbare Gesellschaften sieht § 264c Abs. 2 Satz 2 und 6 HGB lediglich den getrennten Ausweis des Eigenkapitals der persönlich haftenden Gesellschafter und der Kommanditisten vor.[3] Sind Gesellschafter ihren ausbedungenen Einlageverpflichtungen noch nicht in vollem Umfang nachgekommen, ist das Eigenkapital nach Nr. 34 IDW RS HFA 7[4] gleichwohl in der vereinbarten Höhe auszuweisen. Die noch ausstehenden Einlagen sind als solche auf der Aktivseite der Bilanz auszuweisen oder auf der Passivseite offen von den Kapitalanteilen abzusetzen. Bereits eingeforderte Beträge sind kenntlich zu machen.

---

1 Vgl. dazu auch Beck PersGes-HB/*Hoffmann/Weidenhammer*, § 5 Rz. 67; ferner *Lüdenbach/Hoffmann*, NWB-Kommentar Bilanzierung, § 264c HGB Rz. 13 ff.

2 Vgl. IDW-Prüfungsstandards/IDW-Stellungnahmen zur Rechnungslegung.

3 Wegen Einzelheiten dazu vgl. *Lüdenbach/Hoffmann*, NWB-Kommentar Bilanzierung, § 264c HGB Rz. 20 ff.

4 IDW RS HFA 7, a. a. O.

Den Gesellschaften steht es frei, das Eigenkapital unter Berücksichtigung der Mindestanforderungen des HGB in anderer Weise darzustellen. Nicht selten werden feste Kapitalanteile und daneben ggf. auch noch gesonderte Rücklagen ausgewiesen. In diesen Fällen werden dann Entnahmen und Einlagen sowie die Gewinnanteile, soweit sie die Rücklagendotierung übersteigen, und die Anteile am Verlust für die jeweiligen Gesellschafter vereinbarungsgemäß auf einem oder u.U. sogar auf mehreren besonderen Konten dargestellt. Es hängt dann weiter von den getroffenen Vereinbarungen ab, ob und in welchem Umfang es sich dabei noch um den Ausweis von Teilbeträgen des Eigenkapitals oder aber von Forderungen oder Verbindlichkeiten gegenüber den Gesellschaftern handelt.[1] 755

Insbesondere bei kleineren Personengesellschaften mit nur wenigen Gesellschaftern ist verschiedentlich zu beobachten, dass die Kapitalkonten für die einzelnen Gesellschafter getrennt ausgewiesen werden. Dabei ist zu beachten, dass jeder Gesellschafter jeweils nur einen Kapitalanteil an einer Gesellschaft halten kann. Sind z. B. Vater und Sohn Gesellschafter einer OHG und tritt der Sohn nach dem Tod seines Vaters dessen Rechtsnachfolge in der Gesellschaft an, umfasst der Anteil des Sohnes nach dem Erbfall seinen bisherigen Anteil zzgl. des infolge des Erbfalls übernommenen Anteils seines Vaters. 756

Soweit der Gesellschaftsvertrag keine abweichenden Regelungen vorsieht, dürften für die Frage der Zuordnung des für einen Gesellschafter geführten Kontos zu seinem Eigenkapitalanteil die einschlägigen Regelungen des HGB heranzuziehen sein.[2] Der Kapitalanteil des Gesellschafters einer OHG ist variabel, seine Höhe ändert sich nach § 120 Abs. 2 HGB durch Einlagen und Entnahmen sowie durch Gewinne und Verluste. Ein durch die Abbuchung von Verlusten entstandener negativer Kapitalanteil begründet ungeachtet der gegenüber den Gesellschaftsgläubigern bestehenden Haftung keine Forderung der Gesellschaft gegenüber dem Gesellschafter.[3] Dies gilt auch dann, wenn der negative Saldo des Kapitalkontos vom Gesellschafter zu verzinsen ist. Bei den insoweit verrechneten Zinsen handelt es sich nicht um einen Ertrag der Gesellschaft, sondern um eine besondere Gewinnverteilungsabrede. Nach der Rechtsprechung des BFH[4] ist darauf abzustellen, ob die Zu- und Abgänge auf den für die Gesellschafter geführten Konten gesellschafts- oder schuldrechtlicher Natur sind. 757

Gewinnanteile von Kommanditisten sind ihrem Kapitalanteil nach § 167 Abs. 2 HGB nur insoweit zuzuschreiben, soweit dieser den Betrag der bedungenen Einlage nicht erreicht. Dies ist der Fall, wenn die Einlage nicht voll erbracht oder durch zwischenzeitlich zugerechnete Verluste vermindert wurde. Die übersteigenden Gewinnanteile sind dem Darlehenskonto des Kommanditisten gutzuschreiben. Insoweit wird eine Verbindlichkeit der Gesellschaft gegenüber dem Kommanditisten begründet. Der Bestand dieses Darlehenskontos steht damit nicht zur Auffüllung eines durch Verluste nachfolgender Jahre geminderten Kapitalanteils zur Verfügung. 758

1 Vgl. dazu auch BFH 16. 10. 2008 IV R 98/06, BStBl 2009 II 272.
2 Nr. 36 IDW RS HFA 7, a. a. O.
3 Nr. 38 IDW RS HFA 7, a. a. O; vgl. auch BFH 4. 5. 2000 IV R 16/99, BStBl 2001 II 171.
4 Vom 16. 10. 2008 IV R 98/06, BStBl 2009 II 272, m. w. N.

759 Sieht man von den Kapitalgesellschaften & Co. nach § 264c Abs. 2 HGB zu beachtenden Regelungen ab, ist in der Praxis vielfach festzustellen, dass die gesellschaftsvertraglichen Vereinbarungen von den Vorgaben des HGB für die Darstellung des Eigenkapitals abweichen. Wird z. B. vorgesehen, dass die geleisteten Kapitaleinlagen unverändert ausgewiesen werden, Gewinne in einem bestimmten Umfang in eine Rücklage einzustellen sind, bedarf es für die Zuweisung von Gewinnen und Verlusten sowie die Verbuchung von Entnahmen und Einlagen im Verhältnis zu jedem Gesellschafter zumindest eines weiteren Kontos. Auf diesem Konto, das in der Praxis nicht selten als Darlehenskonto bezeichnet wird, werden dementsprechend auch die Verlustanteile verbucht. Damit handelt es sich bei diesem Konto um einen Teil des dem betreffenden Gesellschafter zuzurechnenden Kapitalanteils[1] und nicht um ein Konto auf dem schuldrechtliche Beziehungen zwischen Gesellschaft und Gesellschafter dargestellt werden. In den Fällen des sog. Vier-Konten-Modells gehört das Darlehenskonto dem die nicht auf dem Rücklagenkonto verbuchten Gewinnanteile zugewiesen werden, auch dann zum Eigenkapital, wenn es gewinnunabhängig zu verzinsen ist, sofern auf diesem Konto die Verlustanteile verbucht werden oder das Konto im Fall der Liquidation der Gesellschaft oder des Ausscheidens des Gesellschafters mit einem etwa bestehenden negativen Kapitalkonto zu verrechnen ist.[2]

760 Werden hingegen auf einem Konto ausschließlich Verluste sowie bis zum Ausgleich dieser Verluste auch Gewinne und auf einem weiteren Konto die darüber hinausgehenden Gewinnanteile, Entnahmen und Einlagen verbucht, spricht dies dafür, dass lediglich das Konto auf dem die Verluste geführt werden, dem Kapitalanteil des Gesellschafters zuzuordnen ist. Bei dem weiteren Konto wird es sich im Regelfall hingegen um ein Darlehenskonto handeln, auf dem Verbindlichkeiten gegenüber dem Gesellschafter ausgewiesen werden.[3]

761 Wird ein für einen Gesellschafter geführtes Darlehenskonto negativ, d. h. die Gesellschaft weist einen entsprechenden Anspruch gegenüber dem Gesellschafter aus, ist zu prüfen, ob damit ein schuldrechtlicher Anspruch gegenüber dem Gesellschafter begründet wurde oder ob dieses Konto Bestandteil seines Kapitalkontos ist.[4] Die Beurteilung dieser Frage wird regelmäßig nur unter Würdigung aller Umstände, nicht zuletzt der Vereinbarungen im Gesellschaftsvertrag, möglich sein.

762 Weicht die Steuerbilanz von der Handelsbilanz der Gesellschaft ab, schlagen sich diese Abweichungen automatisch in der Entwicklung des Eigenkapitals nieder. Führen z. B. abweichende Bewertungsvorschriften zu einem gegenüber der Handelsbilanz höheren Gewinn, ergibt sich dadurch ein entsprechend höheres Betriebsvermögen, das im Rahmen der steuerlichen Gewinnverteilung den steuerlichen Kapitalkonten der Gesellschafter jeweils anteilig zugewiesen wird. Ab 2009 kann die Ausübung nur steuerrecht-

1 BFH 27. 6. 1996 IV R 80/95, BStBl 1997 II 36; vgl. auch BMF 30. 5. 1997, BStBl 1997 I 627.

2 BFH 15. 5. 2008 IV R 46/05, BStBl 2008 II 812.

3 BFH 5. 6. 2002 I R 81/00, BStBl 2004 II 344.

4 BFH 16. 10. 2008 IV R 98/06, BStBl 2009 II 272.

licher Wahlrechte zu einem niedrigeren Gewinn und damit zu einem niedrigeren Betriebsvermögen gegenüber der Handelsbilanz führen.[1]

Abweichungen gegenüber dem Ausweis in der Handelsbilanz können sich jedoch auch bezogen auf nur einzelne Gesellschafter ergeben. Dies ist z. B. der Fall, wenn der Gesellschaftsanteil zu einer über dem anteiligen Buchwert liegenden Gegenleistung erworben wurde. 763

BEISPIEL: Der Gesellschafter E hat Ende 09 den Anteil des bisherigen Gesellschafters A an der X-GmbH & Co. KG für 500 000 € erworben. Das Kapitalkonto des A weist zu diesem Zeitpunkt einen Stand von 200 000 € aus. Damit hat E Anschaffungskosten für seine Beteiligung aufgewendet, die um 300 000 € über dem Buchwert seiner Beteiligung in der Bilanz der X-GmbH & Co. KG liegen. Dieser Mehrwert ist nicht in der Gesamthandsbilanz, sondern in einer für E zu führenden Ergänzungsbilanz[2] auszuweisen. Das steuerliche Eigenkapital der X-GmbH & Co. KG und damit auch die steuerlichen Kapitalkonten der Gesellschafter ergeben sich danach aus der Summe des Kapitalkontos bzw. der Kapitalkonten der Gesellschafter in der Gesamthandsbilanz und des in der (den) Ergänzungsbilanz(en) ausgewiesenen Kapitals.

Entsprechende, auf nur einzelne Gesellschafter bezogene Abweichungen vom Kapitalkonto der Gesamthandsbilanz ergeben sich ferner bei der Inanspruchnahme bestimmter steuerlicher Bewertungsfreiheiten.[3] Dabei kann es sich anders als im vorstehenden Beispiel auch um den Ausweis von Minderwerten gegenüber der Gesamthandsbilanz handeln; in diesen Fällen ergeben die steuerlichen Kapitalkonten aus den jeweiligen Salden zwischen den entsprechenden Werten in der Gesamthandsbilanz und in der Ergänzungsbilanz.

Vergütungen i. S. d. § 15 Abs. 1 Satz 1 Nr. 2 EStG, die der Gesellschafter von der Gesellschafter bezieht, sind steuerlich in die Gewinnermittlung der Gesellschaft und die Ermittlung des Gewinnanteils des Gesellschafters einzubeziehen. Insoweit bestehen zivilrechtlich schuldrechtliche Vereinbarungen, die in der Handelsbilanz und damit auch in der Steuerbilanz der Gesellschaft entsprechend darzustellen sind. Die Kapitalkonten in der Gesamthandsbilanz werden dadurch nicht berührt. Zusätzlich ist jedoch eine entsprechende Darstellung in einer für den betreffenden Gesellschafter zu führenden Sonderbilanz[4] erforderlich. 764

BEISPIEL: Der Kommanditist A stellt den ihm gutgeschriebenen Gewinnanteil des Geschäftsjahres 09 darlehensweise verzinslich der A-GmbH & Co. KG zur Verfügung. Die A-GmbH & Co. KG weist eine entsprechende Verbindlichkeit gegenüber A aus. Die A gegenüber der A-GmbH & Co. KG zustehende Darlehensforderung ist in die für ihn zu führende Sonderbilanz als Sonderbetriebsvermögen einzustellen. Die gezahlten Zinsen sind Betriebsausgaben der Gesellschaft und Ertrag in der Sonderbilanz des A.

Durch den Ausweis in der Sonderbilanz wird damit die in der Handelsbilanz ausgewiesene Verbindlichkeit steuerlich neutralisiert. Entsprechendes gilt für die für dieses Darlehen verrechneten Zinsen.

Entsprechendes gilt auch für Darlehen, die der Gesellschaft vom Gesellschafter aus anderweitig beschafften Mitteln gewährt werden, selbst dann, wenn es sich dabei um ei- 765

1 Vgl. Rn. 696.

2 Wegen Einzelheiten vgl. Rn. 786 ff.

3 Vgl. dazu Rn. 981 ff.

4 Wegen Einzelheiten vgl. Rn. 821 ff.

genkapitalersetzende Darlehen handelt.[1] Sie sind nach den allgemeinen bilanzrechtlichen Grundsätzen als Fremdkapital auszuweisen.[2] Ein sog. Finanzplandarlehen ist dann dem Eigenkapital zuzuordnen, wenn es nach den vertraglichen Bestimmungen während des Bestehens der Gesellschaft vom Kommanditisten nicht gekündigt werden kann und das Guthaben im Falle seines Ausscheidens oder der Liquidation der Gesellschaft mit einem eventuell bestehenden negativen Kapitalkonto verrechnet wird.[3]

766 Bei Mittelzuführungen durch einen Gesellschafter ist danach zu prüfen, ob diese auf einer schuldrechtlichen Vereinbarung beruhen oder ob damit eine gesellschaftsrechtliche Einlageverpflichtung erfüllt wird, der Betrag also den gesellschaftsrechtlichen Rücklagen zugeführt und/oder zur Gutschrift auf dem Verlustvortragskonto des Gesellschafters verwendet wird.[4]

BEISPIEL: A ist als Kommanditist mit einer Kommandit-Einlage von 150 000 € zu 10 % an Gewinn und Verlust der X-GmbH & Co. KG beteiligt, von dem vereinbarungsgemäß ein Anteil von 15 % einer Rücklage zuzuweisen ist. Zum 31. 12. 09 wird für ihn neben dem Kommanditkapital von 150 000 € ein Verlustvortagskonto von 70 000 € geführt. Vom Gewinn des Wirtschaftsjahres 10 entfällt auf A ein Anteil von 120 000 €. Davon wird das Verlustvortragskonto getilgt, 18 000 € werden der Rücklage zugeführt, der verbleibende Betrag von 32 000 € wird der X-GmbH & Co. KG als verzinsliches Darlehen belassen. Die entsprechend erhöhte Rücklage ist als Teil des Eigenkapitals der X-GmbH & Co. KG auszuweisen. Das Darlehen ist eine Verbindlichkeit der KG gegenüber A.

767 Diese Grundsätze gelten auch dann, wenn sich die schuldrechtliche Verpflichtung der Gesellschaft gegenüber dem Gesellschafter noch nicht in einer Weise konkretisiert hat, dass noch keine Verbindlichkeit, sondern eine Rückstellung auszuweisen ist. So geht der BFH in ständiger Rechtsprechung[5] davon aus, dass Personengesellschaften für ihren Gesellschaftern gegebene Versorgungszusagen eine Pensionsrückstellung auszuweisen haben. In die Sonderbilanzen der begünstigten Gesellschafter sind entsprechende Aktivposten einzustellen. Die FinVerw folgt inzwischen dieser Auffassung.[6]

768 Etwas anderes soll nach dem Urteil des BFH vom 28. 3. 2000[7] dann gelten, wenn eine Personenhandelsgesellschaft als Pächterin zur Entfernung oder zum Abbruch des von ihr errichteten Bauwerks gegenüber einer Gesellschafterin als der Verpächterin verpflichtet ist. Die aus diesem Anlass in der Steuerbilanz der Personenhandelsgesellschaft zu bildende Rückstellung ist nicht durch einen korrespondierenden Aktivposten in der Sonderbilanz ihrer Gesellschafterin zu neutralisieren. Maßgebend dafür ist, dass die Gesellschaft ihrer Gesellschafterin keine Vergütung für die Nutzung der von ihr errichteten Anlage schuldete, insoweit liegt also kein nach § 15 Abs. 1 Satz 1 Nr. 2 EStG zu beurteilender Leistungsaustausch vor.

1 BFH 26. 9. 1996 IV R 105/94, BStBl 1997 II 277; 28. 3. 2000 VIII R 28/98, BStBl 2000 II 347.
2 BFH 5. 2. 1992 I R 127/90, BStBl 1992 II 532, m. w. N.; 30. 3. 1993 IV R 57/91, BStBl 1993 II 502, 504.
3 BFH 7. 4. 2005 IV R 24/03, BStBl 2005 II S. 598; 16. 8. 2005 IV B 198/04, BFH/NV 2006, 47; OFD Koblenz 15. 1. 2007, DB 2007, 546.
4 BFH 26. 6. 2007 IV R 29/06, BStBl 2008 II 103, m. w. N.; *Wacker* in Schmidt, EStG § 15a Rz. 86 ff., m. w. N.
5 Urteil 14. 2. 2006 VIII R 40/03, BStBl 2008 II 182, m. w. N.
6 BMF 29. 1. 2008, BStBl 2008 I 317; vgl. auch Rn. 1371 ff.
7 VIII R 13/99, BStBl 2000 II 612.

Sofern die Regelungen des § 15 Abs. 1 Satz 1 Nr. 2 EStG[1] nicht eingreifen, ist auch steuerlich von einer schuldrechtlichen Vereinbarung auszugehen, soweit es sich um Geschäfte handelt, die zu fremdüblichen Bedingungen abgeschlossen wurden. Die durch derartige Geschäfte begründeten Forderungen und Verbindlichkeiten sind wie in der Handelsbilanz auch in der Steuerbilanz als Teile des Gesamthandsvermögens auszuweisen. 769

BEISPIEL: A stellt als Einzelunternehmer Werkzeuge her, die er u. a. an die X-GmbH & Co. KG, an der er als Kommanditist beteiligt ist, veräußert. Diese Geschäfte werden zu fremdüblichen Bedingungen abgewickelt. Die bezogenen Werkzeuge sind mit den berechneten Preisen als Anschaffungskosten von der X-GmbH & Co. KG einzubuchen. Die insoweit begründeten Verbindlichkeiten sind auch in der Steuerbilanz als Verbindlichkeiten aus Lieferungen und Leistungen gegenüber A auszuweisen.

Gewährt die Personengesellschaft einem ihrer Gesellschafter ein Darlehen, ist dies auch mit steuerlicher Wirkung anzuerkennen, wenn die Hingabe betrieblich veranlasst ist. Dies ist der Fall, wenn es zu Bedingungen hingegeben wurde, wie sie zwischen fremden Dritten üblich sind, oder aber die Darlehensvaluta vom Schuldner für Zwecke der Gesellschaft verwendet[2] wird. Davon ist z. B. auch dann auszugehen, wenn die Darlehensvaluta zur Anschaffung eines Wirtschaftsguts verwendet wird, das der Gesellschaft vom Gesellschafter zur Nutzung überlassen wird.[3] Bei einer Verschlechterung der wirtschaftlichen Verhältnisse des Schuldners, des Mitunternehmers, wird eine Teilwertabschreibung auf die Forderung nur dann und insoweit in Betracht kommen, als dessen Kapitalkonto nach Aufdeckung sämtlicher stiller Reserven die Darlehensvaluta unterschreitet. Entsprechendes gilt für Darlehensverhältnisse gegenüber der Gesellschaft bzw. den Gesellschaftern nahe stehenden Personen, z. B. eine Schwestergesellschaft.[4] 770

(Einstweilen frei) 771–775

d) Behandlung von Sanierungsgewinnen

Werden einem Unternehmen aus betrieblichen Gründen Schulden erlassen, um es vor dem finanziellen Zusammenbruch zu bewahren und wieder ertragsfähig zu machen, ist von einer unternehmensbezogenen Sanierung die Rede. Mit dieser Maßnahme können Veränderungen in der gesellschaftsrechtlichen Struktur verbunden sein.[5] Ermöglichen bei einem Gesellschafterwechsel die Neugesellschafter einen Forderungsverzicht der Gläubiger, kann der dadurch entstehende Sanierungsgewinn den Neugesellschaftern und nicht den Altgesellschaftern zuzurechnen sein.[6] Der durch den Schuldenerlass sich ergebende Gewinn unterliegt nach gegenwärtig maßgebender Rechtslage unge- 776

1 Wegen Einzelheiten vgl. Rn. 1321 ff.
2 BFH 9. 5. 1996 IV R 64/93, BStBl 1996 II 642.
3 BFH 28. 10. 1999 VIII R 42/98, BStBl 2000 II 390.
4 BFH 11. 12. 1997 IV R 92/96, BFH/NV 1998, 1222.
5 Vgl. dazu auch BMF 27. 3. 2003, BStBl 2003 I 240, Tz. 1.
6 FG Münster v. 14. 7. 2010 7 K 2168/07 F, EFG 2010, 1984; Rev. Az. des BFH: IV R 38/10.

mildert der Besteuerung.[1] Dies kann nach dem BMF-Schreiben vom 27. 3. 2003[2] dann zu einer sachlichen Unbilligkeit führen, wenn und soweit der Sanierungsgewinn nach Ausschöpfen der Verlustverrechnungsmöglichkeiten (endgültig) der Besteuerung vom Einkommen unterliegt. Eine abschließende Beurteilung dieser Frage ist erst dann möglich, wenn die vom Gesetzgeber vorgesehenen Verlustausgleich- und Abzugsmöglichkeiten, die sich teilweise über mehrere Veranlagungszeiträume erstrecken,[3] voll wirksam geworden sind. Deswegen ist eine sich auf den Sanierungsgewinn ergebende Steuer auf Antrag zunächst zu stunden. Stellt sich später heraus, dass der Sanierungsgewinn ganz oder teilweise definitiv zu besteuern ist, ist diese Steuer aus sachlichen Billigkeitsgründen zu erlassen. Dies gilt nicht, soweit der Forderungsverzicht gegen Besserungsscheine erfolgt und die Forderungen deswegen in späteren Zeiträumen ganz oder teilweise wieder aufleben. Wegen der Einzelheiten wird auf das vorbezeichnete BMF-Schreiben vom 27. 3. 2003 hingewiesen, dessen Grundsätze auch für die Fälle der Planinsolvenz nach §§ 217 ff. InsO anwendbar sind.[4]

777 Erfolgt der Schuldenerlass im Zusammenhang mit der Einstellung des Unternehmens soll eine Billigkeitsmaßnahme dann nicht in Betracht kommen, wenn den Beteiligten durch diese Maßnahme der schuldenfreie Übergang in das Privatleben oder aber der Aufbau einer anderen Existenz ermöglicht werden soll. Soll hingegen unter Einstellung des Betriebes die Aufstellung eines Sozialplanes für die Arbeitnehmer oder aber die Errichtung einer Auffanggesellschaft ermöglicht werden, liegt nach Tz. 2 des BMF-Schreibens vom 27. 3. 2003[5] ebenfalls eine die vorgesehenen Billigkeitsmaßnahmen rechtfertigende Sanierung vor.

778 Handelt es sich bei dem sanierten Unternehmen um eine Mitunternehmerschaft, geht der Sanierungsgewinn in den dem einzelnen Mitunternehmer zuzuweisenden Anteil an Gewinn oder Verlust des Wirtschaftsjahres ein, in dem die Gläubiger auf ihnen zustehende Forderungen verzichtet haben. Dem einzelnen Mitunternehmer steht es dann frei, im Rahmen seines Besteuerungsverfahrens die von der FinVerw vorgesehenen Billigkeitsmaßnahmen zu beantragen. In Tz. 8 des BMF-Schreibens vom 27. 3. 2003[6] wird es dem Feststellungsfinanzamt auferlegt, den für die Besteuerung der einzelnen Mitunternehmer im festgestellten Gewinnanteil enthaltenen Sanierungsgewinn sowie ggf. weitere für die Bearbeitung des Antrags auf Gewährung der Billigkeitsmaßnahme bedeutsame Merkmale nachrichtlich mitzuteilen, z. B. bei Forderungsverzicht gegen Besserungsschein der Eintritt des Besserungsfalles. Damit handelt es sich lediglich um eine verwaltungsinterne Maßnahme und nicht um einen Bestandteil des nach § 180 Abs. 1 Nr. 2 Buchst. a AO durchzuführenden Feststellungsverfahrens.

779–780 *(Einstweilen frei)*

1 Abweichend davon sah § 3 Nr. 66 EStG in der bis einschließlich VZ 1997 geltenden Fassung die Steuerbefreiung für Sanierungsgewinne vor.

2 BStBl 2003 I 240.

3 Wie z. B. §§ 10d und 15a EStG.

4 Ziff. 3 BMF 22. 12. 2009, BStBl 2010 I 18.

5 BStBl 2003 I 240.

6 BStBl 2003 I 240.

e) Besonderheiten bei steuerlich unbeachtlichen Tätigkeiten – sog. Liebhaberei

Geht eine Mitunternehmerschaft einer Tätigkeit ohne Gewinnerzielungsabsicht nach, 781
handelt es sich um eine steuerlich unbeachtliche Liebhaberei,[1] wie dies nach Auffassung des BFH z. B. bei sog. Verlustzuweisungsgesellschaften der Fall sein kann.[2] Liegen diese Voraussetzungen von Beginn der Tätigkeit an vor, wird kein Betriebsvermögen gebildet. Entfällt hingegen bei einem über längere Zeit geführten Betrieb zu einem späteren Zeitpunkt die Gewinnerzielungsabsicht, stellt sich die Frage, ob damit zugleich die diesem Betrieb dienenden Wirtschaftsgüter entsprechend den in Rn. 716 ff. dargestellten Grundsätzen in das Privatvermögen übergehen.

BEISPIEL: Die X-GmbH & Co. KG unterhält als Herstellerin von Gemüsekonserven u. a. auch einen landwirtschaftlichen Betrieb. Infolge Veränderung der Verbrauchergewohnheiten sind die dort produzierten Produkte nicht mehr absetzbar. Der Gemüseanbau wird in 04 eingestellt. Die Gesellschaft betreibt anschließend in dem bisherigen landwirtschaftlichen Betrieb eine Traberzucht, aus der bei objektiver Beurteilung von vornherein keine Gewinne erzielt werden können. Ab Wj 05 ist nach den vorstehend dargestellten Grundsätzen von einer ertragsteuerlich unbeachtlichen Liebhaberei auszugehen.

Mit dem Übergang von Erwerbsbetrieb zur Liebhaberei wird der Betrieb nicht aufgege- 782
ben, so dass keine Entnahme vorliegt.[3] Die bisher der Einkunftserzielung dienenden Wirtschaftsgüter bleiben weiterhin Betriebsvermögen. Der Besteuerung unterliegen nur die stillen Reserven, die in der Zeit gebildet wurden, in der der Betrieb mit Gewinnerzielungsabsicht betrieben wurde. Sie sind jedoch erst dann zu versteuern, wenn sie durch Ausscheiden der Wirtschaftsgüter aus dem Betriebsvermögen der Gesellschaft realisiert werden. Zu diesem Zweck sind die in den betreffenden Wirtschaftsgütern ruhenden stillen Reserven auf den Zeitpunkt des Übergangs zur Liebhaberei zu ermitteln und gem. § 8 der VO zu § 180 Abs. 2 AO gesondert und einheitlich festzustellen. Im Beispiel in Rn. 781 wären dies zum Schluss des Wirtschaftsjahres 04 erforderlich. Würde im Wirtschaftsjahr 10 ein Teil des Grund und Bodens veräußert, wären für dieses Wirtschaftsjahr die auf den Beginn der Liebhaberei insoweit festgestellten stillen Reserven zu versteuern.

(Einstweilen frei) 783–785

f) Ergänzungsbilanzen

Literatur: *Geschwendtner*, Ergänzungsbilanz und Sonderbilanz II in der Rechtsprechung des Bundesfinanzhofs, DStR 1993, 817; *ders.*, Veräußerung eines Kommanditanteils und negatives Kapitalkonto in der Gesamthandbilanz der Mitunternehmerschaft, DStR 1995; 699; *Heurung*, Der negative Geschäftswert im Bilanzrecht, DB 1995, 385; *Ossadnik*, Zur Diskussion um den „negativen" Geschäftswert", BB 1995, 1527; *Pfalzgraf/Meyer*, Eintritt neuer Gesellschafter in eine Personengesellschaft – steueroptimale Gestaltung im Spannungsfeld zwischen Umwandlungssteuerrecht und Anteilsveräußerung, DStR 1995, 1289; *Söffing*, Einbringung in eine Personengesellschaft unter Zu-

1 BFH 19. 7. 1990 IV R 82/89, BStBl 1991 II 333; 2. 8. 1994 VIII R 55/93, BFH/NV 1995, 866; 19. 3. 2009 IV R 40/06, BFH/NV 2009, 1115, m. w. N.; vgl. auch Rn. 259 ff.

2 BFH 21. 8. 1990 VIII R 25/86, BStBl 1991 II 564; 10. 9. 1991 VIII R 39/86, BStBl 1992 II 328; 12. 12. 1995 VIII R 59/92, BStBl 1996 II 219; 21. 11. 2001 IX R 2/96, BStBl 2001 II 789; 5. 7. 2002 IV B 42/02, BFH/NV 2002, 1447, m. w. N.

3 BFH 29. 10. 1981 IV R 138/78, BStBl 1982 II 381; vgl. auch 7. 10. 1974 GrS 1/73, BStBl 1975 II 168.

zahlung ins Privatvermögen, DStZ 1995, 648; *Kellermann*, Korrespondierende Fortschreibung von Ergänzungsbilanzen nach der Einbringung in eine Personengesellschaft?, DB 1997, 2047; *Ernsting*, Zur Bilanzierung eines negativen Geschäfts- oder Firmenwerts nach Handels- und Steuerrecht, WPg 1998, 405; *Kempf/Obermann*, Offene Fragen zur Abstockung beim Kauf von Anteilen an Personengesellschaften, DB 1998, 545; *Strahl*, Abzustockende Wirtschaftsgüter bei Abfindung von Mitunternehmern unter Buchwert, DStR 1998, 515; *Hübsch*, Steuerliche Behandlung einer negativen Ergänzungsbilanz bei der Inanspruchnahme von Sonderabschreibungen durch eine Personengesellschaft, DStR 2001, 11; *Ley*, Ergänzungsbilanzen beim Erwerb von Personengesellschaftsanteilen, bei Einbringungen nach § 24 UmwStG und bei Übertragungen nach § 6 Abs. 5 Satz 3 EStG, KÖDSDI 2001, 12982; *Niehues*, Fortführung von Ergänzungsbilanzen, StuW 2002, 115; *Söffing*, Ergänzungsbilanz und negativer Geschäftswert, StB 2002, 330; *Welker/Hucht*, Die Ergänzungsbilanz als Mittel zur Zuordnung stiller Reserven, StuB 2002, 422; *Paus*, Die neuen Ergänzungsbilanzen bei Übertragung einzelne Wirtschaftsgüter zwischen Personengesellschaft und Gesellschafter, FR 2003, 59; *Schoor*, Aufstellung und Fortentwicklung von Ergänzungsbilanzen, StBp 2006, 212, 255; *Ley*, Ausgewählte Neuerungen der Besteuerung der Mitunternehmerschaften, KÖSDI 2008, 16204; *Schoor*, Ergänzungsbilanz bei Personengesellschaften, LSW 2009, Gruppe 13, 271.

786 In der aus der Handelsbilanz abgeleiteten Steuerbilanz werden die der Gesellschaft gehörenden Wirtschaftsgüter und Schulden der Gesellschaft mit den Werten ausgewiesen, die ihnen nach den in der Person der Gesellschaft verwirklichten Merkmalen unter Beachtung der von ihr zu beachtenden Bilanzierungs- und Bewertungsvorschriften beizulegen ist. Sind in der Person eines Gesellschafters zusätzliche Merkmale zu berücksichtigen, ist diesem Umstand durch die Führung einer Ergänzungsbilanz zur Gesamthands-Steuerbilanz für den jeweils betroffenen Gesellschafter Rechnung zu tragen. In diesen Ergänzungsbilanzen werden im Verhältnis zu einzelnen Gesellschaftern steuerlich bedeutsame Korrekturen gegenüber den Ansätzen in der Gesamthandsbilanz dargestellt.[1] Dementsprechend sind bei der Ermittlung des steuerlichen Kapitalkontos eines Gesellschafters bezogen auf das Gesamthandsvermögen die Werte der für ihn ggf. geführten Ergänzungsbilanz einzubeziehen.[2] Für jeden Gesellschafter ist jeweils nur eine Ergänzungsbilanz zu führen; dies gilt auch dann, wenn verschiedene Anlässe, z. B. der Erwerb mehrerer Gesellschaftsanteile jeweils für sich allein bereits eine Ergänzungsbilanz erfordern würde.[3]

787 Die für die Aufstellung von Ergänzungsbilanzen in der Rechtsprechung entwickelten Grundsätze sind entsprechend anzuwenden, wenn die Personengesellschaft ihren Gewinn nach § 4 Abs. 3 EStG durch Einnahmen-Überschussrechnung ermittelt.[4] Die Anschaffungskosten für einen entgeltlich erworbenen Mitunternehmeranteil sind dann in einer steuerlichen Ergänzungsrechnung zu erfassen, soweit sie in der Überschussrechnung der Gesamthand nicht berücksichtigt werden können. An die Stelle des Kapitalkontos treten die anteilig im Umfang der erworbenen Beteiligung auf den Gesellschafter entfallenden Buchwerte derjenigen Wirtschaftsgüter, die nach den auch für die Einnahmen-Überschussrechnung geltenden Vorschriften über die AfA oder die AfS[5] von der Gesellschaft zu erfassen sind.

1 BFH 28. 9. 1995 IV R 57/94, BStBl 1996 II 68; 6. 7. 1999 VIII R 17/95, BFH/NV 2000, 34; 25. 4. 2006 VIII R 52/04, BStBl 2006 II 847.
2 BFH 30. 3. 1993 VIII R 63/91, BStBl 1993 II 706; vgl. auch BMF 30. 5. 1997, BStBl 1997 I 627.
3 BFH 21. 4. 1994 IV R 70/92, BStBl 1994 II 745.
4 BFH 24. 6. 2009 VIII R 13/07, BStBl 2009 II 993.
5 Vgl. § 4 Abs. 3 Satz 3 EStG i. V. m. §§ 7 ff. EStG.

Die Führung einer Ergänzungsbilanz kann in Betracht kommen 788

- nach Eintritt eines Gesellschafters in eine Gesellschaft,[1]
- nach Erwerb eines Mitunternehmeranteils,
- nach einseitiger Kapitalerhöhung bei einem einzelnen Mitunternehmeranteil,[2]
- nach Übertragung von Wirtschaftsgütern in eine Mitunternehmerschaft gem. § 6 Abs. 5 EStG,[3]
- nach Übertragung eines Betriebs oder Teilbetriebs in eine Mitunternehmerschaft gem. § 24 UmwStG,[4]
- bei Inanspruchnahme nur dem einzelnen Mitunternehmer zustehender Steuervergünstigungen, insbesondere erhöhte Absetzungen und Sonderabschreibungen[5] sowie nach § 6b EStG,[6]
- in den Fällen der doppelstöckigen Personengesellschaft[7] bei der Veräußerung der Beteiligung an der Obergesellschaft hinsichtlich der dadurch bei der Untergesellschaft aufgedeckten stillen Reserven bei der Untergesellschaft.[8]

Die Ergänzungsbilanzen sind alljährlich fortzuschreiben. Soweit sie danach nicht bereits während des bestehenden Gesellschaftsverhältnisses aufgelöst werden, hat dies bei Veräußerung des Anteils oder bei der Liquidation der Gesellschaft zu erfolgen, so dass dadurch der Veräußerung- oder Aufgabegewinn beeinflusst wird.

Angesichts der unterschiedlichen Sachverhalte, die zur Führung einer Ergänzungsbilanz führen, ergeben sich für den betroffenen Mitunternehmer daraus die unterschiedlichsten Rechtsfolgen. Als „klassischer" Fall der Führung einer Ergänzungsbilanz dürfte die Verfahrensweise nach Erwerb eines Mitunternehmeranteils zu einem über dem Buchwert liegenden Preis anzusehen sein. 789

BEISPIEL: D erwirbt Ende 09 von dem bisherigen Kommanditisten C der X-GmbH & Co. KG dessen Kommanditanteil für 500 000 €. Das steuerliche Kapitalkonto des C beträgt auf den Zeitpunkt der Veräußerung 100 000 €. Mit dem Mehrbetrag von 400 000 € werden die anteiligen stillen Reserven abgegolten. Da in der Steuerbilanz der X-GmbH & Co. KG das nunmehr D zustehende Kapitalkonto mit dem Ausgangswert von 100 000 € fortzuführen ist, ist der Mehrwert von 400 000 € in einer für D zu führenden Ergänzungsbilanz auszuweisen.

Der danach auszuweisende Mehrwert entspricht dem Anteil der stillen Reserven der Gesellschaft, der anteilig auf den erworbenen Anteil entfällt. Er ist dementsprechend den einzelnen Wirtschaftsgütern anteilig zuzuordnen, so dass in der Ergänzungsbilanz im Ergebnis die auf den erwerbenden Gesellschafter entfallenden anteiligen stillen Reserven für jedes der in Betracht kommenden Wirtschaftsgüter gesondert auszuweisen 790

1 Vgl. dazu Rn. 2011 ff.
2 BFH 25. 4. 2006 VIII R 52/04, BStBl 2006 II 847.
3 Vgl. dazu Rn. 1146 ff.
4 Vgl. dazu Rn. 1876 ff.
5 Vgl. dazu Rn. 981 ff.
6 Vgl. dazu Rn. 996 ff.
7 Rn. 416.
8 BFH 1. 7. 2004 IV R 67/00, BFHE 206, 557, auch NWB DokID: JAAAB-27814.

ist. Nach der ständigen Rechtsprechung des BFH,[1] handelt es sich bei dem Erwerb eines Mitunternehmeranteils einkommensteuerrechtlich um die entgeltliche Anschaffung von Anteilen an den einzelnen zum Gesellschaftsvermögen gehörenden Wirtschaftsgütern. Dies gilt auch für in der Gesamthandsbilanz nicht bilanzierungsfähige von der Gesellschaft selbst geschaffene immaterielle Wirtschaftsgüter einschließlich eines etwaigen Geschäfts- oder Firmenwerts. Soweit diese Anschaffungskosten den dem erwerbenden Gesellschafter anteilig zuzurechnenden Buchwert des jeweiligen Wirtschaftsguts übersteigen, ist dieser Mehrwert für jedes in Betracht kommende Wirtschaftsgut in einer Ergänzungsbilanz auszuweisen. Die danach auszuweisenden Mehrwerte unterliegen den Bewertungsvorschriften für die jeweils in Betracht kommenden Wirtschaftsgüter.

BEISPIEL: Fortsetzung des Beispiels in Rn. 789 mit der Maßgabe, dass die danach aufgedeckten stillen Reserven von insgesamt 400 000 € den folgenden Wirtschaftsgütern zuzuordnen sind:

Grund und Boden des Betriebsgrundstücks	50 000 €
Betriebsgebäude	60 000 €
Diverse bewegliche abnutzbare Anlagegüter	70 000 €
Vorräte	50 000 €
Halbfertige Arbeiten	30 000 €
Geschäfts- oder Firmenwert	140 000 €
Summe	400 000 €

Die Vorräte werden insgesamt in 10 umgeschlagen. Die halbfertige Arbeit wird erst in 11 fertig gestellt.

Danach ergibt sich für die Fortführung der Ergänzungsbilanzen in den nachfolgenden Jahren Folgendes:

- Der Wert für das unbebaute Grundstück ist bis zum Ausscheiden aus dem Gesamthandsvermögen fortzuführen, sofern sich zuvor nicht herausstellen sollte, dass der Teilwert aufgrund einer dauerhaften Wertminderung gegenüber dem Teilwert im Zeitpunkt des Erwerbs des Anteils durch D gesunken ist und damit nach § 6 Abs. 1 Nr. 2 EStG eine Teilwertabschreibung zu erfolgen hat; für diesen Fall wäre von D dann aber auch für die nachfolgenden Bilanzstichtage das insoweit bestehende Wertaufholungsgebot zu beachten.
- Die auf das Gebäude und die abnutzbaren beweglichen abnutzbaren Anlagegüter entfallenden zusätzlichen Anschaffungskosten unterliegen der AfA nach § 7 EStG in Anlehnung an die in der Gesamthandsbilanz auf die betreffenden Wirtschaftsgüter jeweils vorgenommene AfA.[2]
- Der auf die Vorräte entfallende Mehrwert ist infolge Veräußerung dieser Wirtschaftsgüter in 10 zu Lasten dieses Wj erfolgswirksam aufzulösen.
- Der Gewinn aus den halbfertigen Arbeiten ist infolge der Fertigstellung erst in 11 in der Gesamthandsbilanz für dieses Wj zu realisieren. Dementsprechend ist der diesbezügliche Mehrwert in der Ergänzungsbilanz auch erst für dieses Wj erfolgswirksam aufzulösen.
- Der anteilige Geschäfts- oder Firmenwert ist vorbehaltlich des § 6 Abs. 1 Nr. 1 EStG nach § 7 Abs. 1 Satz 3 EStG über einen Zeitraum vor 15 Jahren linear abzuschreiben.

---

1 BFH 28. 9. 1993 VIII R 67/92, BStBl 1994 II 449; 6. 7. 1995 IV R 30/93, BStBl 1995 II 831, jeweils m. w. N.

2 FG Niedersachsen 20. 10. 2009 8 K 323/05, EFG 2010, 558, NZB, Az. des BFH: IV B 149/09. Für den Fall, dass zuvor Sonderabschreibungen nach dem FördG beansprucht wurden, wird auf FinBeh Berlin 11. 11. 2005, DB 2005, 2719 hingewiesen.

Die danach infolge der Fortschreibung der Einzelwerte der Ergänzungsbilanz sich ergebenden Aufwendungen mindern den sich aus der Gesamthandsbilanz ergebenden Gewinnanteil des D und damit zugleich den Gewinn der X-GmbH & Co. KG.

Wegen der Besonderheiten bei Ausweis geringwertiger Wirtschaftsgüter in einem Sammelposten nach § 6 Abs. 2a EStG wird auf Tz. 25 des BMF-Schreibens vom 30. 9. 2010[1] hingewiesen.

In Einzelfällen ist nicht auszuschließen, dass der Kaufpreis der Beteiligung den Wert des erworbenen Betriebsvermögens übersteigt. Dabei kann das Kapitalkonto des Veräußerers positiv[2] oder negativ sein.[3] Liegen die Anschaffungskosten der Beteiligung über dem Buchwert des Veräußerers, aber unter dem sich nach Aufdeckung der anteiligen stillen Reserven einschl. eines Geschäfts- oder Firmenwerts ergebenden Wert der Beteiligung, sind nach dem Urteil des BFH vom 21. 4. 1994[4] die aufgedeckten stillen Reserven nach den in Rn. 790 dargestellten Grundsätzen in eine Ergänzungsbilanz des Erwerbers einzustellen und in den folgenden Wirtschaftsjahren entsprechend fortzuschreiben. Der danach verbleibende Unterschiedsbetrag zwischen den Anschaffungskosten und dem Wert des anteilig übernommenen Betriebsvermögens stellt keinen Erwerbsverlust dar. Er ist als Ausgleichsposten in der Ergänzungsbilanz des Erwerbers zu aktivieren und gegen künftige Gewinnanteile des Gesellschafters erfolgsmindernd abzuschreiben. Dabei wird davon ausgegangen, dass sich für den Erwerber nach Einbeziehung der in der Ergänzungsbilanz auszuweisenden stillen Reserven ein positives Kapitalkonto ergibt, vgl. im Übrigen Rn. 793. 791

BEISPIEL: Abwandlung des Beispiels in Rn. 789 dahin gehend, dass dem erworbenen Kommanditanteil nur ein Wert 400 000 € beizulegen ist. Hinsichtlich der danach i. H. v. 300 000 € aufgedeckten stillen Reserven ist nach den in Rn. 790 dargestellten Grundsätzen zu verfahren. Der danach verbleibende Betrag von 100 000 € ist als Merkposten ebenfalls in die Ergänzungsbilanz einzustellen und kürzt die D ab 10 zuzurechnenden Gewinnanteile.

Eine Verrechnung dieses Merkpostens ist nur mit den Anteilen am Gewinn der Gesellschaft, nicht hingegen mit etwaigen Sondervergütungen i. S. d. § 15 Abs. 1 Satz 2 Nr. 1 Satz 1 EStG zulässig.

Eine andere Beurteilung greift dann ein, wenn ein Gesellschafter, der sich als für die Fortführung der Gesellschaft nicht zumutbar erweist, aus der Gesellschaft ausscheidet und dafür von den verbleibenden Gesellschaftern oder einem dieser Gesellschafter eine Abfindung erhält, die den Wert seiner Beteiligung übersteigt. Nach der Rechtsprechung des BFH[5] führt der Teil der Abfindung für den lästigen Gesellschafter, der den Teilwert der anteilig übernommenen Wirtschaftsgüter einschl. des anteiligen Geschäfts- oder Firmenwerts übersteigt, zu sofort abziehbaren Betriebsausgaben. 792

BEISPIEL: Abwandlung des Beispiels in Rn. 790 dahin gehend, dass C infolge unüberbrückbarer Differenzen mit den Mitgesellschaftern aus der X-GmbH & Co. KG gegen eine Abfindung von 600 000 € ausscheidet. Ihm wird damit von seinen Mitgesellschaftern A und B ein Betrag ver-

1 BStBl 2010 I 755.

2 BFH 21. 4. 1994 IV R 70/92, BStBl 1994 II 745.

3 BFH 14. 6. 1994 VIII R 37/93, BStBl 1995 II 246; für den Fall einer vermögensverwaltenden KG vgl. BFH 28. 3. 2007 IX R 53/04, BFH/NV 2007, 1845.

4 IV R 70/92, BStBl 1994 II 745.

5 BFH 7. 6. 1984 IV R 79/82, BStBl 1984 II 584; 30. 3. 1993 VIII R 63/91, BStBl 1993 II 706; 18. 2. 1993 IV R 40/92, BStBl 1994 II 224.

gütet, der um 100 000 € über dem Wert seiner Beteiligung liegt. Hinsichtlich der aufgedeckten stillen Reserven i. H.v. 400 000 € ist wie in Rn. 790 dargestellt zu verfahren. Angesichts des zerrütteten Verhältnisses zu den bisherigen Mitgesellschaftern handelt es sich bei C um einen lästigen Gesellschafter. Dementsprechend handelt es sich bei dem verbleibenden Betrag von 100 000 € um eine sofort abziehbare Betriebsausgabe.

Entsprechendes gilt, wenn es sich bei dem Erwerb der Beteiligung um eine Fehlmaßnahme handelt.[1]

793 Wird das negative Kapitalkonto eines Kommanditisten mit der Verpflichtung übernommen, es mit den zukünftig zu erwartenden Gewinnen wieder aufzufüllen, handelt es sich für den Erwerber um eine aus künftigen Gewinnen zu tilgende Verbindlichkeit, die nach der älteren Rechtsprechung des BFH[2] und nach § 5 Abs. 2a EStG nicht bilanzierungsfähig ist. Ein Ausweis dieser Verpflichtung in der Sonderbilanz als durch den Erwerb der Beteiligung begründete Verbindlichkeit[3] ist danach nicht zulässig. Dementsprechend entsteht dem Erwerber im Zeitpunkt des Erwerbs des Gesellschaftsanteils noch kein Aufwand. Dies ist erst dann und insoweit der Fall, wenn ihm ein Gewinnanteil zugewiesen wird, der zur Abdeckung des nach Aufdeckung der stillen Reserven verbliebenen negativen Kapitalkontos zu verwenden ist. Der danach nicht durch stille Reserven gedeckte Teil des negativen Kapitalkontos des Veräußerers der Beteiligung ist nach Auffassung des BFH im Urteil vom 14. 6. 1994[4] nicht in die für den Erwerber zu führende Ergänzungsbilanz einzustellen. Die Verrechnung mit künftigen Gewinnen soll anhand eines gesondert zu führenden Merkpostens, der nicht Gegenstand eines gesonderten Feststellungsverfahrens ist, überwacht werden. Unter praktischen Gesichtspunkten dürfte es zweckmäßig sein, die insoweit erforderlichen Aufzeichnungen im Zusammenhang mit der jährlich fortzuschreibenden Ergänzungsbilanz zu führen.

794 Ferner ist nicht auszuschließen, dass eine Beteiligung zu einem Preis erworben wird, der den Wert des Kapitalkontos unterschreitet.

BEISPIEL: D erwirbt Ende 09 von dem bisherigen Kommanditisten C der X-GmbH & Co. KG dessen Kommanditanteil für 300 000 €. Das steuerliche Kapitalkonto des C beträgt zu dem Zeitpunkt der Veräußerung 500 000 €.

Es stellt sich danach die Frage, welche steuerlichen Folgen sich für den Erwerber hinsichtlich dieses Minderwerts von 200 000 € ergeben.

Dem Veräußerungsverlust des bisherigen Gesellschafters steht kein entsprechender Gewinn des Erwerbers gegenüber; dieser muss den Minderpreis vielmehr in einer Ergänzungsbilanz für Abstockungen auf die Wirtschaftsgüter der Gesellschaft verwenden, damit sich für ihn in Zukunft die Aufwendungen bei Verbrauch oder Veräußerung der Wirtschaftsgüter durch die Gesellschaft entsprechend mindern.[5]

Fraglich ist, bei welchen Wirtschaftsgütern eine Abstockung in Betracht kommt. Dabei ist zu beachten, dass die Abstockung von Posten der Aktivseite einer Aufstockung von

1 BFH 21. 4. 1994 IV R 70/92, BStBl 1994 II 745.

2 BFH 10. 11. 1980 GrS 1/79, BStBl 1981 II 164, unter C.I.5. der Gründe.

3 Vgl. Rn. 839.

4 VIII R 37/93, BStBl 1995 II 246.

5 BFH 6. 7. 1995 IV R 30/93, BStBl 1995 II 831; 7. 2. 1995 VIII R 36/93, BStBl 1995 II 770; 24. 10. 1996 IV R 90/94, BStBl 1997 II 241; 12. 12. 1996 IV R 77/93, BStBl 1998 II 180; 26. 6. 2002 IV R 3/01, BStBl 2003 II 112.

Posten der Passivseite entspricht. Die vorbezeichnete Rechtsprechung des BFH wird dahin gehend verstanden, dass die anteiligen Buchwerte der Wirtschaftsgüter der Gesamthandsbilanz mit Ausnahme der Geldbestände anteilig abzustocken sind, erforderlichenfalls bis auf 1 €.[1] Dabei ist zu berücksichtigen, dass nach Auffassung des BFH der Ausweis eines negativen Geschäfts- oder Firmenwerts entgegen wiederholt geäußerter Kritik nicht in Betracht kommt.[2] Ein nach Abstockung der Buchwerte noch verbleibender Wert ist als passiver Ausgleichsposten in die Ergänzungsbilanz des Erwerbers einzustellen und mit ihm in nachfolgenden Jahren zuzuweisenden Verlustanteilen zu verrechnen. Danach wäre der sich im Beispiel ergebende Minderwert von 200 000 € anteilig den einzelnen Wirtschaftsgütern zuzuordnen und spiegelbildlich nach den in Rn. 790 dargestellten Grundsätzen fortzuschreiben. Soweit in den Folgejahren danach Einzelposten aufzulösen sind, ergeben sich für D insoweit zusätzliche Gewinne.

Der sich aus dem Unterschied zwischen den Anschaffungskosten und dem Buchwert 795
der erworbenen Beteiligung ergebende Minderwert kann u. U. darauf zurückzuführen sein, dass sich für die Beteiligung nach der Steuerbilanz ein höherer Wert als nach der Handelsbilanz ergibt. Dies kann unterschiedliche Gründe haben, z. B.

- überhöhter Ausweis von Wirtschaftsgütern infolge in der Steuerbilanz nicht zulässiger planmäßiger oder außerplanmäßiger Abschreibungen,
- Nichtausweis von Rückstellungen gem. § 5 Abs. 2 – 4b EStG.

Spiegelbildlich könnte man insoweit von „negativen stillen Reserven" ausgehen. Danach ist fraglich, ob die von der Rechtsprechung bisher entwickelten, in Rn. 794 dargestellten Grundsätze den tatsächlichen Verhältnissen gerecht werden. Angesichts des Grundsatzes der Berücksichtigung der Leistungsfähigkeit bei der Besteuerung erscheint es gerechtfertigt, die in gewisser Weise pauschalierende Auffassung des BFH zu modifizieren.

Es sprechen danach wesentliche Gesichtspunkte dafür, den Minderwert anteilig den 796
Einzelposten zuzuordnen, auf die nachweislich der Minderwert zurückzuführen ist.

BEISPIEL: Der Minderwert im Beispiel in Rn. 794 ist darauf zurückzuführen, dass in der Steuerbilanz ein immaterielles Wirtschaftsgut ausgewiesen wird auf dessen Ansatz in der Handelsbilanz entsprechend den bisher maßgebenden handelsrechtlichen Rechnungslegungsvorschriften in Übereinstimmung mit Art. 66, 67 EHGB verzichtet wurde; der auf die Beteiligung entfallende anteilige Wert beträgt 75 000 €, die Restnutzungsdauer 5 Jahre. Ferner wird in der Handelsbilanz eine Rückstellung wegen drohender Verluste aus schwebenden Geschäften ausgewiesen, die der Beteiligung mit anteilig 50 000 € zuzuordnen ist. Weitere Abweichungen zwischen Handels- und Steuerbilanz bestehen nicht.

Danach sind C und D ersichtlich davon ausgegangen, dass der Minderwert gegenüber dem Ausweis in der Steuerbilanz i. H. v. 125 000 € auf den unterschiedlichen Ausweis dieser beiden Bilanzposten zurückzuführen ist. In spiegelbildlicher Anwendung der in Rn. 790 dargestellten Grundsätze sind diese beiden Posten auf der Passivseite der für D zu führenden Ergänzungsbilanz einzustellen. Geht man davon aus, dass der drohende Verlust im nachfolgenden Wirtschaftsjahr eingetreten ist, hat sich dadurch in der Steu-

1 Vgl. *Wacker* in Schmidt, EStG § 16 Rz. 511, m. w. N.

2 Vgl. auch BFH 25. 1. 1984 I R 7/80, BStBl 1984 II 344; 25. 8. 1989 III R 95/87, BStBl 1989 II 893.

erbilanz eine entsprechende Gewinnminderung ergeben. Dieser Verlust wurde im Ergebnis bereits von C in Gestalt des niedrigeren Veräußerungserlöses getragen. Er wird jedoch D im Rahmen der Gewinnverteilung für 10 mit steuerlicher Wirkung zugewiesen, der ihn wirtschaftlich nicht trägt. Deswegen ist diese Gewinnminderung durch die erfolgswirksame Auflösung des diesbezüglichen Passivpostens der Ergänzungsbilanz zu neutralisieren. Entsprechend ist hinsichtlich der anteiligen AfA i. H.v. 25 000 € für das immaterielle Wirtschaftsgut zu verfahren. Geht man dann weiter davon aus, dass im Übrigen keine Divergenz zwischen Handels- und Steuerbilanz besteht, sprechen wesentliche Gesichtspunkte dafür, dass der im Beispielsfall verbleibende Minderwert von 125 000 € keinem in der Steuerbilanz ausgewiesenen Posten zugeordnet werden kann, so dass er als passiver Korrekturposten in die Ergänzungsbilanz einzustellen und mit späteren Verlustanteilen zu verrechnen ist.

797 Scheidet ein Gesellschafter gegen Abfindung mit der Maßgabe aus, dass bei den verbleibenden Gesellschaftern ein Erwerb durch Anwachsung i. S.v. § 738 Abs. 1 BGB vorliegt, kann nach Auffassung des BFH[1] auf die Aufstellung von Ergänzungsbilanzen verzichtet werden. Die erforderlichen Ab- oder Aufstockungen haben dann in der Steuerbilanz der Gesellschaft, der Gesamthandsbilanz, zu erfolgen. Dies ist unproblematisch, weil davon die verbleibenden Gesellschafter – ihrem Anteil entsprechend – jeweils gleichermaßen betroffen sind.

798–820 *(Einstweilen frei)*

V. Sonderbetriebsvermögen, Sonderbilanzen

Literatur: *Kusterer*, Imparitätsprinzip in der Sonderbilanz des Mitunternehmers, DStR 1993, 185; *Schön*, Zum Stand der Lehre vom Sonderbetriebsvermögen, DStR 1993, 185; *Hollatz*, Die Abgrenzung von Gesamthandsvermögen und Sonderbetriebsvermögen bei der Kapitalüberlassung eines Personengesellschafters, DStR 1994, 1673; *Groh*, Der ungetreue Gesellschafter im Ertragsteuerrecht, DB 1995, 844; *Patt/Rasche*, Zur Frage des Sonderbetriebsvermögens bei Vermietungen zwischen Schwester-Personengesellschaften, DStR 1995, 401; *Rose*, Gelungene Klärung des Bilanzkonkurrenz-Problems bei Schwester-Personengesellschaften, FR 1995, 763; *Ley*, Besteuerungsfragen bei doppelstöckigen Personengesellschaften, KÖSDI 1996, 10923; *Bordewin*, Bilanzierungskonkurrenz bei Beteiligung an einer Personengesellschaft, DStZ 1997, 98; *Brandenberg*, Neue Entwicklungen beim Sonderbetriebsvermögen, StbJb 1996/97, 297; *Märkle*, Der Fluch des Sonder-Betriebsvermögens – Wie entgeht man ihm?, DStZ 1997, 233; *Schiffers*, Sonderbetriebsvermögen, Gestaltungsmöglichkeiten und Risiken für mittelständische Unternehmensgruppen, GmbH-StB 1997, 274; *Schmidt*, Steuerbilanzielle Fragestellungen bei Sonderbetriebsvermögen im Verhältnis von Obergesellschaft zur Untergesellschaft bei doppelstöckigen Personengesellschaften, DStR 1997, 941; *Neu*, Nutzungsüberlassung zwischen Schwester-Personengesellschaften, DStR 1998, 1250; *Schulze zur Wiesche*, Qualifizierte Nachfolgeklausel und Sonderbetriebsvermögen im Ertragsteuerrecht, DB 1998, 695; *Schulze zur Wiesche*, Die steuerliche Behandlung der Rechtsbeziehungen zwischen Schwestergesellschaften – Erlass vom 28. 4. 1999, StBp 1998, 314; *Steinhauff*, Nicht wesentliche Beteiligung an Kapitalgesellschaften als notwendiges Sonderbetriebsvermögen II eines Kommanditisten, NWB F. 3, 10561 (1998); *Daraganz/Zacher-Röder*, Qualifizierte Nachfolge und Sonderbetriebsvermögen, DStR 1999, 89; *Kusterer*, Gewerbliche Prägung von Sonderbetriebsvermögen, DStR 1999, 1181; *Lutterbach*, Sonderbetriebsvermögen II bei Betriebsaufspaltungen, DB 1999, 2332; *Patt/Rasche*, Über die neuere BFH-Rechtsprechung zwischen Sonderbetriebsvermögen und

1 Urteil 12. 12. 1996 IV R 77/93, BStBl 1998 II 180, m. w. N.

unmittelbarer mitunternehmerischer Betriebsaufspaltung, DStZ 1999, 127; *Reiß*, Grundprobleme der Besteuerung von Personengesellschaften, Stbg 1999, 345, 417; *Schulze zur Wiesche*, Sonderbetriebsvermögen II einer Mitunternehmerschaft, FR 1999, 14; *Graf Kerssenbrock*, Bilanzierungskonkurrenz: Sonderbetriebsvermögen infolge formwechselnder Umwandlung?, BB 2000, 763; *Lutterbach*, Sonderbetriebsvermögen II und Betriebsaufspaltung, DStZ 2000, 42; *Kloster/Kloster*, Einkünfte- und Vermögenszuordnung bei der mitunternehmerischen Betriebsaufspaltung – die Sicht des Rechtsanwenders, BB 2001, 1449; *Paus*, Der Fluch des Sonderbetriebsvermögens bei Teilanteilsübertragung, INF 2001, 109; *ders.*, Forderungsverzicht zugunsten der Personengesellschaft, FR 2001, 113; *Carlé/Bauschatz*, Die durch Kapitalkonten abgebildete Beteiligung an einer Personengesellschaft im Gesellschafts- und Steuerrecht, Fr 2002, 1153; *Höhmann*, Inanspruchnahme eines Kommanditisten aus einer Bürgschaftserklärung, NWB F. 3, 11875; *Ley*, Zur steuerlichen Behandlung der Gesellschafterkonten sowie der Forderungen und Verbindlichkeiten zwischen einer gewerblichen Personengesellschaft und ihren Gesellschaftern, KÖSDI 2002, 1359; *Grützner*, Bilanzberichtigung i. S. des § 4 Abs. 2 EStG als rückwirkendes Ereignis i. S. des § 175 Abs. 1 Nr. 2 AO; StuB 2003, 403; *Ley*, Rechtsnatur und Abgrenzung aktivistischer Gesellschafterkonten, DStR 2003, 958; *dies.*, Gesellschafterkonten bei Doppelstock- und Schwestermitunternehmerschaften im Ertragsteuerrecht, KÖSDI 2003, 13575; *Schoor*, Bilanzierungswahlrecht bei Grundstücks- und Gebäudeteilen von untergeordnetem Wert, DStZ 2003, 227; *Söffing*, Überlegungen zum Sonderbetriebsvermögen II, BB 2003, 616; *Ley*, Zur Buchführungs- und Abschlusserstellungspflicht sowie zur Ausübung von Bilanzierungswahlrechten in der Sonderbilanz eines Mitunternehmers, WPg 2006, 904; *Walter/Stümper*, Steuerliche Qualifizierung der einbringungsgeborenen Anteile eines Kommanditisten an der Kommanditisten-GmbH: Sonderbetriebsvermögen oder steuerliches Privatvermögen?, GmbHR 2006, 1187; *Söffing*, Für die Anwendung der Subsidiaritätsthese in Fällen der Bilanzierungskonkurrenz – Zur Auslegung des § 15 Abs. 1 Satz 1 Nr. 2 EStG, DB 2007, 1994; *Schießl*, Beteiligung an Kapitalgesellschaften als Sonderbetriebsvermögen II durch intensive Geschäftsbeziehung – Sonderbetriebsvermögen II bei einer Besitzpersonengesellschaft im Rahmen einer Betriebsaufspaltung, StuB 2008, 428; *Pohl*, Abgrenzung von Kapital- und Darlehenskosten – Anmerkung zum BFH-Urteil v. 15. 5. 2008 – IV R 46/05, NWB 2008, F. 3, 15237; *Mückl*, Passives Sonderbetriebsvermögen bei Sicherheiten für Verbindlichkeiten Dritter, DStR 2008, 2137; *Ley*, Gesellschafterkonten im Lichte der grundlegenden BFH-Entscheidung vom 16. 10. 2008, IV R 98/06, DStR 2009, 613; *Altendorf*, Aktuelle Tendenzen zur steuerlichen Behandlung von Gesellschafterkonten bei Personengesellschaften – Zugleich Anmerkungen zum BFH-Urteil vom 16. 10. 2008 – IV R 98/06, GmbH-StB 2009, 101; *Wenzel*, Grundlagen des Rechtsinstituts – Sonderbetriebsvermögen, NWB 2009, 1070; *Schulze zur Wiesche*, Die Doppelstöckige Personengesellschaft – Steuerliche Behandlung des Sonderbetriebsvermögens bei der Untergesellschaft in Veräußerungsfällen –, StBp 2010, 37; *Schmitz*, Bilanzierungskonkurrenzen bei Sonderbetriebsvermögen – Grundprinzipien der Zuordnung, NWB 2010, 425; *Wendt*, Gesellschafterkonten bei Personengesellschaften und ihre Bedeutung in der Krise, Stbg 2010, 145; *Prinz*, Neuakzentuierung der BFH-Rspr. zur Sonderbetriebsvermögenseigenschaft von Kapitalgesellschaftsanteilen und Mitunternehmeranteilen?, DB 2010, 972.

1. Allgemeine Grundsätze

Die Regelung des § 15 Abs. 1 Satz 1 Nr. 2 Satz 1 EStG, wonach zu den Gewinnanteilen 821
der Gesellschafter einer PersGes, der Mitunternehmerschaft auch die darin bezeichneten Vergütungen gehören, die von der Gesellschaft, Mitunternehmerschaft bezogen werden, dient der möglichst weitgehenden steuerlichen Gleichstellung von Einzelunternehmer und Mitunternehmer. Daraus wird abgeleitet, dass auch die Wirtschaftsgüter, die nicht zum Vermögen der Mitunternehmerschaft gehören, sondern im Eigentum eines Mitunternehmers stehen und von diesem für die Erzielung der Einkünfte aus

der Beteiligung eingesetzt werden, in die Gewinnermittlung einzubeziehen sind.[1] Dies gilt auch dann, wenn der überlassende Mitunternehmer selbst Gewerbetreibender ist und das Wirtschaftsgut deswegen an sich zum Betriebsvermögen dieses Gewerbebetriebs gehören würde, wie dies z. B. bei der Überlassung eines Wirtschaftsguts durch eine Kapitalgesellschaft oder eine Personengesellschaft an eine Personengesellschaft, an der sie als Mitunternehmerin beteiligt ist, der Fall ist. Entsprechend den aus § 4 Abs. 1, § 5 EStG abzuleitenden allgemeinen Bilanzierungsgrundsätzen ist es unerheblich, ob die der Einkunftserzielung im Rahmen der mitunternehmerschaftlichen Beteiligung dienenden Wirtschaftsgüter gegen eine Vergütung i. S. d. § 15 Abs. 1 Satz 1 Nr. 2 Satz 1 EStG überlassen wurden oder davon abgesehen wurde.[2] Entscheidend ist allein die Nutzungsüberlassung; unerheblich ist, welcher Art die Vereinbarungen sind, durch die das Nutzungsverhältnis begründet wurde.[3] Der Umfang der Zuordnung von Wirtschaftsgütern zum Sonderbetriebsvermögen eines Mitunternehmers wird nicht durch dessen Beteiligungsquote an der Mitunternehmerschaft begrenzt.[4] In das Sonderbetriebsvermögen sind auch die Schulden einzubeziehen, die im Interesse der Einkunftserzielung im Rahmen der Mitunternehmerschaft durch den einzelnen Mitunternehmer begründet wurden.[5] Diese außerhalb der Steuerbilanz der Mitunternehmerschaft in für die einzelnen Gesellschafter zu führenden Sonderbilanzen[6] auszuweisenden Vermögenswerte und Schulden werden seit dem Urteil des BFH vom 5. 7. 1972[7] allgemein als Sonderbetriebsvermögen bezeichnet.

822 Aufgrund der Beziehungen des Wirtschaftsguts zu den Aktivitäten der Mitunternehmerschaft wird zwischen dem Sonderbetriebsvermögen I und dem Sonderbetriebs vermögen II unterschieden.[8] Dem Sonderbetriebsvermögen I werden die Wirtschaftsgüter zugerechnet, die dazu geeignet und bestimmt sind, dem Betrieb der Mitunternehmerschaft zu dienen; dazu gehören insbesondere solche Wirtschaftsgüter, die ein Gesellschafter der PersGes zur betrieblichen Nutzung überlässt und die von ihr für ihre eigengewerbliche Tätigkeit eingesetzt werden.[9] Zum Sonderbetriebsvermögens II gehören die Wirtschaftsgüter, die unmittelbar zur Begründung oder Stärkung der mitunternehmerschaftlichen Beteiligung zu dienen bestimmt sind.[10] Diese Voraussetzungen liegen dann vor, wenn durch das Wirtschaftsgut besonderer Einfluss auf die Mitunternehmerschaft ausgeübt werden kann und damit unmittelbar die Stellung des Mitunternehmers in die Mitunternehmerschaft gestärkt wird oder der Besitz des Wirtschaftsguts für das Unternehmen der Personengesellschaft wirtschaftlich vorteilhaft ist und damit die Stellung des Mitunternehmers stärkt.

1 BFH 12. 4. 2000 XI R 35/99, BStBl 2001 II 26, m. w. N.
2 BFH 12. 2. 1982 IV R 72/79, BStBl 1983 II 215; *Wacker* in Schmidt, EStG § 15 Rz. 506, m. w. N.
3 BFH 1. 3. 1994 VIII R 35/92, BStBl 1995 II 241; 6. 11. 2008 IV R 79/06, BFH/NV 2009, 730.
4 BFH 11. 7. 2008 IV B 121/07, BFH/NV 2008, 2002.
5 Z. B. BFH 28. 10. 1999 VIII R 42/98, BStBl 2000 II 390; 27. 6. 2006 VIII R 31/04, BStBl 2006 II 874, m. w. N.
6 Wegen der insoweit bestehenden Buchführungspflichten wird auf Rn. 639 hingewiesen.
7 I R 230/70, BStBl 1972 II 928.
8 Vgl. R 4.2 Abs. 2 EStR.
9 Z. B. BFH 7. 12. 2000 III R 35/98, BStBl 2001 II 316, in ständiger Rechtsprechung, m. w. N.
10 BFH 23. 1. 1992 XI R 36/88, BStBl 1992 II 721; 1. 2. 2001 IV R 3/00, BStBl 2001 II 520, m. w. N.

In die Gewinnermittlung sind die Wirtschaftsgüter einzubeziehen, die dem notwendigen Sonderbetriebsvermögen zuzuordnen sind. Daneben ist es dem Mitunternehmer möglich, gewillkürtes Sonderbetriebsvermögen zu bilden, sofern die Wirtschaftsgüter objektiv geeignet und subjektiv dazu bestimmt sind, den Betrieb der Mitunternehmerschaft oder die Beteiligung des Mitunternehmers zu fördern.[1] 823

Als Sonderbetriebsvermögen sind bei Vorliegen der Voraussetzungen im Übrigen nur die Wirtschaftsgüter auszuweisen, die dem Mitunternehmer als Eigentümer, zumindest aber als wirtschaftlicher Eigentümer zuzurechnen sind. Bei Gebäuden ist zu beachten, dass sie bei teilweise unterschiedlicher Nutzung aus mehreren, maximal vier Wirtschaftsgütern bestehen können.[2] Dementsprechend ist in diesen Fällen bei der Prüfung der Frage der Zuordnung zum Sonderbetriebsvermögen auf den jeweiligen Grundstücksteil abzustellen, der danach ein selbständiges Wirtschaftsgut ist. Steht ein Gebäude mehreren Eigentümern zu, handelt es sich bei dem Anteil jedes Miteigentümers um ein selbständiges Wirtschaftsgut. Dient das Gebäude z. B. fremdgewerblichen Zwecken und im Übrigen fremden Wohnzwecken sind jedem der Miteigentümer zwei Wirtschaftsgüter zuzurechnen, der ihm jeweils zustehende Teil des fremdgewerblichen Zwecke sowie des fremden Wohnzwecken dienenden Gebäudeteils.[3] 824

BEISPIEL: A hat gemeinschaftlich mit seiner Ehefrau, die keinerlei gewerblichen Tätigkeiten nachgeht, ein Gebäude errichtet. Die Herstellungskosten haben beide Ehegatten ihrem Anteil entsprechend je zur Hälfte getragen. Zwei Geschosse sind an die X-GmbH & Co. KG, an der A als Kommanditist beteiligt ist, vermietet. Die beiden weiteren Geschosse sind zu Wohnzwecken vermietet. Das Gebäude besteht danach aus vier selbständigen Wirtschaftsgütern, von denen je zwei A und seiner Ehefrau zuzurechnen sind. Der A zustehende Teil an dem der X-GmbH & Co. KG vermieteten Teil gehört einschließlich des anteiligen Grund und Bodens zu seinem notwendigen Sonderbetriebsvermögen, hinsichtlich des ihm zuzurechnenden fremden Wohnzwecken dienenden Teils besteht keine Notwendigkeit für den Ausweis als Sonderbetriebsvermögen.

Etwas anderes gilt nach dem Beschluss des GrS des BFH vom 30. 1. 1995,[4] wenn ein Mitunternehmer Herstellungskosten für ein im Miteigentum stehendes Gebäude getragen hat, das er insgesamt unentgeltlich nutzen darf und es deswegen insgesamt der Mitunternehmerschaft zur Nutzung überlassen hat. Nach dem Urteil des BFH vom 25. 2. 2010[5] hat der Mitunternehmer die von ihm getragenen Herstellungskosten bilanztechnisch „wie ein materielles Wirtschaftsgut" zu behandeln und nach den für Gebäude geltenden AfA-Regeln abzuschreiben, so dass auch insoweit Sonderbetriebsausgaben abzuziehen sind. 825

BEISPIEL: Abwandlung des Beispiels in Rn. 824 dahin gehend, dass A das Gebäude ausschließlich mit eigenen Mitteln auf dem ihm und seiner Ehefrau gemeinschaftlich gehörenden Grundstück errichtet hat. Die Ehefrau hat ihm die alleinige Nutzung unentgeltlich gestattet. Die vermieteten Wohnungen werden von A im Privatvermögen gehalten.

---

1 Vgl. R 4.2 Abs. 2 Sätze 3 und 4 EStR.

2 Vgl. R 4.2 Abs. 4 EStR sowie BFH 26. 11. 1973 GrS 5/71, BStBl 1974 II 132.

3 BFH 9. 7. 1992 IV R 115/90, BStBl 1992 II 948; 26. 1. 1978 IV R 160/73, BStBl 1978 II 299.

4 GrS 4/92, BStBl 1995 II 281.

5 IV R 2/07, BStBl 2010 II 670.

Die Herstellungskosten des an die X-GmbH & Co. KG vermieteten Gebäudeteils sind insgesamt in der Sonderbilanz des A auszuweisen. Dabei handelt es sich zur Hälfte bei der Zuordnung dieses Gebäudeteils um Sonderbetriebsvermögen. Hinsichtlich der zweiten Hälfte handelt es sich hingegen „lediglich" um den zu verrechnenden selbst getragenen Aufwand, ohne dass A dadurch einen weiter gehenden Vermögensvorteil erlangt.

Der anteilige Grund und Boden ist hingegen nur insoweit in der Sonderbilanz auszuweisen, als es sich um Sonderbetriebsvermögen des A handelt, mithin 50 % des dem überlassenen Gebäudeteil anteilig zuzurechnenden Teils des Grund und Bodens. Gegenüber dem Beispiel in Rn. 824 ergeben sich insoweit keine Abweichungen.

Für diese Behandlung ist es nach dem vorbezeichneten Urteil des BFH vom 25. 2. 2010 unerheblich, ob

- die Nutzungsbefugnis des Steuerpflichtigen auf einem unentgeltlichen oder auf einem entgeltlichen Rechtsverhältnis beruht,
- dem Steuerpflichtigen zivilrechtliche Ersatzansprüche gegen den Eigentümer des Grundstücks zustehen oder ob er von vornherein auf solche Ansprüche verzichtet, und
- die Übernahme der Herstellungskosten durch den Steuerpflichtigen eine unentgeltliche Zuwendung an den Eigentümer des Grundstücks oder Entgelt für die Nutzungsüberlassung des Grundstücks ist.

Wegen der sich in diesen Fällen im Übrigen ergebenden Probleme wird auf BMF vom 5. 11. 1996.[1] und BFH vom 17. 3. 1989[2] hingewiesen.

826 Wird das die Voraussetzungen für das Vorliegen von Sonderbetriebsvermögen erfüllende Wirtschaftsgut aus einem Betriebsvermögen überlassen, stellt sich die Frage, ob es aus diesem Anlass aus dem anderen Betriebsvermögen in das Sonderbetriebsvermögen zu überführen ist. Nach Auffassung des BFH[3] ist der Ausweis als Sonderbetriebsvermögen zwingend. Überlässt z. B. ein Mitunternehmer ein im Betriebsvermögen seines Einzelunternehmens gehaltenes Grundstück zur Nutzung, wird es mit der Nutzungsüberlassung aus dem Betriebsvermögen des Einzelunternehmens unter Fortführung des Buchwerts[4] in das Sonderbetriebsvermögen überführt. Dies gilt auch dann, wenn es sich bei der Mitunternehmerin um eine Kapitalgesellschaft handelt. Maßgebend dafür ist, dass das Wirtschaftsgut im Rahmen der mitunternehmerschaftlichen Beteiligung und nicht des Gewerbebetriebs des Mitunternehmers der Erzielung von Einkünften aus Gewerbebetrieb dient.

827 Vermietet im Falle der Betriebsaufspaltung ein Gesellschafter der Besitzpersonengesellschaft ein Wirtschaftsgut an die Besitzpersonengesellschaft zur Überlassung an die Betriebskapitalgesellschaft, wird damit Sonderbetriebsvermögen I bei der Besitzgesellschaft begründet. Erfolgt die Überlassung hingegen unmittelbar an die Betriebskapitalgesellschaft, gehört das Wirtschaftsgut dann zum Sonderbetriebsvermögen II bei der Besitzgesellschaft, wenn die Nutzungsüberlassung primär durch die betrieblichen Inte-

1 BStBl 1996 I 1257.

2 III R 58/87, BStBl 1999 II 6, m. w. N.

3 Bereits Urteil 18. 7. 1979 I R 199/75, BStBl 1979 II 750; aus jüngster Zeit Urteile 7. 12. 2000 III R 35/98, BStBl 2001 II 316, und 6. 3. 2002 XI R 9/01, BStBl 2002 II 737, jeweils m. w. N.

4 Vgl. dazu § 6 Abs. 5 EStG, wegen Einzelheiten dazu Hinweis auf Rn. 1146 ff.

ressen der Besitzpersonengesellschaft oder der Betriebskapitalgesellschaft und somit gesellschaftlich veranlasst ist.[1]

Eine andere Beurteilung gilt für die Fälle, in denen eine gewerblich tätige oder eine gewerblich geprägte Personengesellschaft Wirtschaftsgüter einer ganz oder teilweisen personenidentischen Personengesellschaft – einer Schwestergesellschaft – zur Nutzung überlässt.[2] Dabei ist es unerheblich, ob es sich dabei um wesentliche Betriebsgrundlagen für den Betrieb der nutzenden Schwestergesellschaft handelt und damit eine mitunternehmerische Betriebsaufspaltung vorliegt[3] oder das überlassene Wirtschaftsgut für die nutzende Gesellschaft nicht von derart überragender Bedeutung ist. 828

BEISPIEL: A, B und C sind zu je $^1/_3$ Kommanditisten sowohl der X-GmbH & Co. KG als auch der Y-GmbH & Co. KG. Die X-GmbH & Co. KG vermietet eine ihr gehörende Lagerhalle an die Y-GmbH & Co. KG. Die Y-GmbH & Co. KG stellt ihrerseits der X-GmbH & Co. KG ein verzinsliches Darlehen zur Verfügung. Beide Verträge sind zu fremdüblichen Bedingungen abgeschlossen worden und werden auch tatsächlich durchgeführt.

Die Mieten sind Betriebsausgaben der Y-GmbH & Co. KG und Betriebseinnahmen der X-GmbH & Co. KG. Die Halle ist als Betriebsvermögen der X-GmbH & Co. KG auszuweisen. Die Zinsen sind Betriebsausgaben der X-GmbH & Co. KG und Betriebseinnahmen der Y-GmbH & Co. KG auszuweisen.

Die vorstehend dargestellten Grundsätze zur einkommensteuerrechtlichen Behandlung von Schwester-Personengesellschaften gelten nach dem Urteil des BFH vom 26. 11. 1996[4] auch dann, wenn leistende Gesellschaft eine gewerblich geprägte atypisch stille Gesellschaft ist. 829

Vermieten die Miteigentümer einer Bruchteilsgemeinschaft ein Grundstück als wesentliche Betriebsgrundlage an eine von ihnen beherrschte Betriebsgesellschaft, so ist nach dem Urteil des BFH 18. 8. 2005[5] regelmäßig davon auszugehen, dass sich die Miteigentümer zumindest konkludent zu einer GbR zusammengeschlossen haben. Damit liegt in einem derartigen Fall eine mitunternehmerische Betriebsaufspaltung vor. Die GbR bezieht als Besitzgesellschaft Einkünfte aus Gewerbetrieb.[6] 830

Vermietet der Gesellschafter einer Besitzpersonengesellschaft ein ihm gehörendes Wirtschaftsgut an eine Betriebspersonengesellschaft, an der er ebenfalls beteiligt ist, so stellt das überlassene Wirtschaftsgut Sonderbetriebsvermögen I bei der Betriebspersonengesellschaft dar. Ein Ausweis als Sonderbetriebsvermögen II bei der Besitzpersonengesellschaft kommt nicht in Betracht.[7] 831

1 Vgl. BFH 13. 10. 1998 VIII R 46/95, BStBl 1999 II 357; 10. 6. 1999 IV R 21/98, BStBl II 1999 II 715; 18. 8. 2005 IV R 59/04, BStBl 2005 II 830; *Wacker* in Schmidt, EStG § 15 Rz. 874, m. w. N.

2 BMF 28. 4. 1998, BStBl 1998 I 583; BFH 24. 11. 1998 VIII R 61/97, BStBl 1999 II 483; 24. 11. 1998 VIII R 30/97, BFH/NV 1999, 771, jeweils m. w. N.

3 Vgl. Rn. 3826 ff.

4 VIII R 42/94, BStBl 1998 II 328.

5 IV R 59/04, BStBl 2005 II 830.

6 Vgl. auch BMF 7. 12. 2006, BStBl 2006 I 766.

7 BFH 18. 8. 2005 IV R 59/04, BStBl 2005 II 830; vgl. auch BMF 7. 12. 2006, BStBl 2006 I 766.

832 Die Eigenschaft als Sonderbetriebsvermögen wird auch durch eine nur mittelbare Nutzungsüberlassung begründet. Nach dem Urteil des BFH 9. 9. 1993[1] gehört ein Grundstück, das ein Mitunternehmer einen Dritten vermietet, der es an die Mitunternehmerschaft untervermietet, zum notwendigen Sonderbetriebsvermögen. Wurde das Grundstück zu einem Zeitpunkt erworben und an den Dritten vermietet, in dem der Grundstückseigentümer noch nicht Mitunternehmer war, wird es in dem Zeitpunkt Sonderbetriebsvermögen, in dem der Grundstückseigentümer der Mitunternehmerschaft beitritt.

833 Nach § 15 Abs. 1 Nr. 2 Satz 2 EStG ist der Mitunternehmer einer PersGes (Obergesellschaft), die Mitunternehmerin einer anderen PersGes (Untergesellschaft) ist,[2] für die Anwendung des Satzes 1 dieser Vorschrift zugleich Mitunternehmer der Untergesellschaft. Damit treten insoweit die Rechtsfolgen ein, als wenn eine unmittelbare Beteiligung bestehen würde. Zweck dieser Vorschrift ist es, die Regelungen über Sonderbetriebsvermögen und Sondervergütungen in § 15 Abs. 1 Nr. 2 Satz 1 Halbsatz 2 EStG auch bei mittelbar beteiligten Gesellschaftern anwendbar zu machen.[3]

BEISPIEL: B ist Gesellschafter der A & Co. OHG, die ihrerseits an der X-GmbH & Co. KG als Kommanditistin beteiligt ist. Er hat der X-GmbH & Co. KG ein ihm gehörendes Grundstück mietweise überlassen. B ist damit insoweit Mitunternehmer der X-GmbH & Co. KG. Das Grundstück gehört zu seinem Sonderbetriebsvermögen bei dieser Gesellschaft.

Geht man davon aus, dass es sich bei der X-GmbH & Co. um einen aus der A & Co. OHG ausgegliederten Betrieb handelt, der bereits vor Ausgliederung das B gehörende Grundstück nutzte, wurde dieses Grundstück mit der Ausgliederung aus dem Sonderbetriebsvermögen bei der A & Co. OHG in das Sonderbetriebsvermögen bei der X-GmbH & Co. KG überführt, so dass nach § 6 Abs. 5 EStG[4] zu verfahren war.

834 Erlangt ein Wirtschaftsgut die Eigenschaft als Sonderbetriebsvermögen, ist es in der für den betreffenden Mitunternehmer zu führenden Sonderbilanz[5] auszuweisen. Der diesbezügliche Zugang kann aus einem anderen Betriebsvermögen des Mitunternehmers erfolgen. In einem derartigen Fall handelt es sich um eine nach § 6 Abs. 5 EStG zu beurteilende Überführung aus einem Betriebsvermögen in ein anderes Betriebsvermögen.[6] Entsprechendes gilt, wenn ein Wirtschaftsgut unentgeltlich aus dem Sonderbetriebsvermögen eines Mitunternehmers in das Sonderbetriebsvermögen eines anderen Mitunternehmers übertragen wird. Wird das Wirtschaftsgut hingegen aus dem Privatvermögen des Mitunternehmers in sein Sonderbetriebsvermögen überführt, handelt es sich um eine Einlage, bei deren Bewertung die Vorschriften des § 6 Abs. 1 Nr. 5 EStG zu beachten sind. Für den Regelfall ist der Teilwert der Bewertungsmaßstab. Höchstwert sind die ggf. um die AfA gekürzten Anschaffungs- oder Herstellungskosten, wenn das zugeführte Wirtschaftsgut innerhalb der letzten drei Jahre vor der Einlage ange-

1 IV R 14/91, BStBl 1994 II 250; 7. 4. 1994 IV R 11/92, BStBl 1994 II 796; 31. 3. 2008 IV B 120/07, BFH/NV 2008, 1320.

2 Sog. doppelstöckige Personengesellschaft, vgl. dazu Rn. 416 ff.

3 BFH 6. 9. 2000 IV R 69/99, BStBl 2001 II 731, unter Bezugnahme auf BFH 31. 8. 1999 VIII B 74/99, BStBl 1999 II 794, sowie BT-Drucks. 12/1108, 58 f.; *Wacker* in Schmidt, EStG § 15 Rz. 616.

4 Vgl. dazu Rn. 1146 ff.

5 Zu den insoweit bestehenden Buchführungs- und Aufzeichnungspflichten vgl. Rn. 639.

6 Vgl. dazu Rn. 1146 ff.

schafft oder hergestellt wurde, oder es sich um eine Beteiligung an einer Kapitalgesellschaft i. S. d. § 17 EStG oder Kapitalanlagen i. S. d. § 20 Abs. 2 EStG handelt. Bei der Einlage von abnutzbaren Wirtschaftsgütern, die zuvor im Privatvermögen der Einkunftserzielung gedient haben, ist nach § 7 Abs. 1 Satz 5 EStG ungeachtet der Regelungen in § 6 Abs. 1 Nr. 5 EStG eine AfA von den historischen Anschaffungskosten nur noch insoweit zulässig, als sie nicht bereits während der Zugehörigkeit zum Privatvermögen um die AfA, etwaige Sonderabschreibungen oder erhöhte Absetzungen gemindert wurden; vgl. dazu auch R 7.3 Abs. 6 EStR sowie das diesbezügliche Beispiel in H 7.3 EStH.

Die bloße Nutzung eines fremden Wirtschaftsguts führt nach der ständigen Rechtspre- 835
chung des BFH zu keinem einlagefähigen Wirtschaftsgut.[1] Dadurch soll vermieden werden, dass Aufwand, der dem Nutzenden nicht entstanden ist, bei diesem als Betriebsausgaben abgezogen werden kann. Einlagefähig sind hingegen immaterielle Wirtschaftsgüter und damit auch Nutzungsrechte.[2] Ein im eigenen Grund und Boden entdeckter und damit unentgeltlich und originär im Privatvermögen eines Mitunternehmers erworbener Bodenschatz, den er der Mitunternehmerschaft zur Ausbeutung überlässt, ist mit dem Teilwert in sein Sonderbetriebsvermögen einzulegen. Darauf ist jedoch eine AfS nicht zulässig.[3]

Ist eine Person zugleich Mitunternehmer mehrerer Mitunternehmerschaften und be- 836
stehen hinsichtlich eines Wirtschaftsguts oder eines bestimmten Lebenssachverhalts Beziehungen zu mehr als einer Mitunternehmerschaft, die jeweils für sich betrachtet die Voraussetzungen für die Zugehörigkeit zum Sonderbetriebsvermögen bei nicht nur einer Mitunternehmerschaft erfüllen, fragt es sich, bei welcher dieser Mitunternehmerschaften der Ausweis tatsächlich zu erfolgen hat oder ob dem Mitunternehmer insoweit ggf. ein Wahlrecht zusteht.

BEISPIEL: ▸ A ist Kommanditist der A-KG, einer Polstermöbelfabrik, sowie der Z-GmbH & Co. KG, einer Möbelhandlung, die auch Produkte der A-KG absetzt. Infolge wirtschaftlicher Schwierigkeiten der Z-GmbH & Co. KG übernahm A für diese Bürgschaften, aus denen er dann auch in Anspruch genommen wurde. Die Übernahme der Bürgschaft und damit auch deren Erfüllung hat ihre Ursache in der Gesellschafterstellung bei der Z-GmbH & Co. KG. Es besteht danach ein unmittelbarer Zusammenhang mit dieser Beteiligung. Der gegenüber der Z-GmbH & Co. KG bestehende Rückgewähranspruch erfüllt die Voraussetzungen für die Zuordnung zum Sonderbetriebsvermögen I bei dieser Gesellschaft. Zugleich wird mit Stützungsmaßnahme für die Z-GmbH & Co. KG auch der Bestand der A-KG als Lieferantin der Z-GmbH & Co. KG gesichert, so dass sich unter diesem Gesichtspunkt die Frage des Ausweises im Sonderbetriebsvermögen II bei der A-KG stellen könnte.

Nach Auffassung des BFH in seinem Urteil vom 6. 10. 1987[4] gebührt in derartigen Fäl- 837
len dem Ausweis als Sonderbetriebsvermögen I Vorrang. Diese Auffassung wird im Ergebnis damit begründet, dass auf den unmittelbaren Bezug des zu beurteilenden Vor-

1 BFH 26. 10. 1987 GrS 2/86, BStBl 1988 II 348; wegen der Besonderheiten bei der Nutzung eines Gebäudes, das auf Kosten des Mitunternehmers auf dem Grundstück eines Dritten errichtet wurde, vgl. Rn. 825.

2 *Kulosa* in Schmidt, EStG § 6 Rz. 553, 569, m. w. N.

3 BFH 4. 12. 2006 GrS 1/05, BStBl 2007 II 508; 22. 8. 2007 III R 8/98, BFH/NV 2008, 33; LFSt Bayern 20. 1. 2009, NWB DokID: TAAAD- 05579.

4 VIII R 137/84, BStBl 1988 II 679; zum Vorrang von Sonderbetriebsvermögen I vgl. auch BFH 18. 8. 2005 IV R 59/04, BStBl 2005 II 830.

gangs zu der in Betracht kommenden Mitunternehmerschaft abzustellen ist. Die dadurch ggf. mittelbar eintretenden Folgewirkungen bei einer weiteren Mitunternehmerschaft sind damit unbeachtlich. Der BFH leitet dies aus dem sich aus § 15 Abs. 1 Nr. 2 Satz 1 EStG ergebenden Vorrang der Gewinnermittlung für die Personengesellschaft vor der für die betroffenen Gesellschafter ab und sieht in dem von ihm gefundenen Ergebnis eine konsequente Fortsetzung dieses Grundsatzes.

838 Zum Sonderbetriebsvermögen gehören nicht nur auf der Aktivseite auszuweisende Vermögenswerte, Wirtschaftsgüter, sondern auch die Verbindlichkeiten, die in wirtschaftlichem Zusammenhang mit der Beteiligung des Mitunternehmers begründet wurden. Der BFH[1] neigt der Auffassung zu, dass für Gesellschafter der Obergesellschaft unter bestimmten Voraussetzungen auch negatives Sonderbetriebsvermögen bei der Untergesellschaft auszuweisen ist. Die vom Großen Senats des BFH in seinem Beschluss vom 4. 7. 1990[2] entwickelten Grundsätze, wonach eine betriebliche Verbindlichkeit dann vorliegt, wenn sie aus betrieblichem Anlass entstanden ist oder im Falle der Kreditaufnahme die erlangten Mittel für betriebliche Zwecke eingesetzt wurden, gilt auch im Verhältnis zu dem einzelnen Mitunternehmer. Verbindlichkeiten, die in unmittelbarem wirtschaftlichem Zusammenhang mit Wirtschaftsgütern des Sonderbetriebsvermögens stehen, teilen deren rechtliches Schicksal; diese Verbindlichkeiten sind notwendiges (negatives) Sonderbetriebsvermögen,[3] z. B. Verbindlichkeiten, die im Zusammenhang mit der Anschaffung oder Herstellung von der Mitunternehmerschaft überlassenen Wirtschaftsgütern, mit der Anschaffung der Anteile an der Komplementär-GmbH einer GmbH & Co. KG stehen;[4] für den Ausweis gelten die allgemeinen Grundsätze.[5] Dabei ist es unerheblich, ob das Darlehen von einem Außenstehenden oder von der Mitunternehmerschaft gegeben wurde. Wird eine derartige Verbindlichkeit später umgeschuldet, handelt es sich wie bei der ursprünglichen Schuld um eine betrieblich veranlasste Verbindlichkeit, die als negatives Sonderbetriebsvermögen fortzuführen ist.[6]

BEISPIEL: Die X-GmbH & Co. KG gibt ihrem Kommanditisten A in 03 ein Darlehen zu fremdüblichen Bedingungen, mit dem dieser die Anschaffung eines Grundstücks finanziert, das er der KG zur Nutzung überlässt. In 08 löst A das Darlehen durch einen Bankkredit ab.

Das Grundstück gehört zum notwendigen Sonderbetriebsvermögen des A bei der X-GmbH & Co. KG. Entsprechendes gilt für die Darlehensverpflichtung gegenüber der X-GmbH & Co. KG. An deren Stelle tritt mit der Ablösung in 08 der dafür aufgenommene Bankkredit.

839 Die Kreditaufnahme durch einen Mitunternehmer ist durch seine Beteiligung und damit betrieblich veranlasst, wenn mit dem Kredit die Einlage in das Vermögen der Mitunternehmerschaft oder der Erwerb der Beteiligung refinanziert wird.[7] Dazu gehören

1 Beschluss v. 28. 3. 2007 IV B 137/06, BFH/NV 2007, 1489.
2 GrS 2 – 3/88, BStBl 1990 II 817.
3 BFH 18. 12. 1991 XI R 42, 43/88, BStBl 1992 II 585, m. w. N.
4 BFH 30. 3. 1993 VIII R 63/91, BStBl 1993 II 706.
5 Zur Anwendung des § 5 Abs. 2a EStG BFH 20. 9. 2007 IV R 68/05, BStBl 2008 II 483.
6 BFH 28. 10. 1999 VIII R 42/98, BStBl 2000 II 390.
7 BFH 1. 6. 1989 IV R 19/88, BStBl 1989 II 1018; 28. 10. 1999 VIII R 42/98, BStBl 2000 II 390.

auch Abfindungszahlungen für einen „lästigen Gesellschafter".[1] Ferner zählen dazu Verpflichtungen, die im Interesse der Mitunternehmerschaft eingegangen worden sind, z. B. im Falle einer Betriebsaufspaltung die Bürgschaftsverpflichtung eines Mitunternehmers der Besitzgesellschaft zugunsten der Betriebskapitalgesellschaft,[2] im Falle der Einbringung eines Einzelunternehmens in eine Mitunternehmerschaft gegenüber dem bisherigen Einzelunternehmer, dem nunmehrigen Mitunternehmer, erhobene Schadensersatzforderungen[3] gegenüber dem Einzelunternehmen. Darlehen von nahe stehenden Personen können als Verbindlichkeiten des Sonderbetriebsvermögens im Übrigen nur dann ausgewiesen werden, wenn die getroffenen Vereinbarungen dem Fremdvergleich entsprechen und tatsächlich entsprechend verfahren wird.[4]

Der notwendige enge wirtschaftliche Zusammenhang mit der Beteiligung wird nicht 840 dadurch hergestellt, dass ein Mitunternehmer einen Kredit aufnimmt, die erlangten Mittel auf ein Bankkonto der Mitunternehmerschaft einzahlt und von diesem Konto dann private Verbindlichkeiten des Mitunternehmers getilgt werden.[5] Etwas anderes gilt nach dem Urteil des BFH vom 4. 3. 1998[6] für den Fall, dass der Mitunternehmer die Kreditmittel zur Rückführung eines Schuldsaldos eines Bankkontos der Mitunternehmerschaft verwendet, von dem ausschließlich die Betriebsausgaben der Mitunternehmerschaft bestritten werden. Die betriebliche Veranlassung der Kreditaufnahme durch den Mitunternehmer wird nicht dadurch beeinträchtigt, dass in zeitlichem Zusammenhang mit der Zuführung der Darlehensvaluta in das Vermögen der Mitunternehmerschaft von einem anderen Bankkonto der Mitunternehmerschaft, auf dem ausschließlich Betriebseinnahmen vereinnahmt werden und das dementsprechend durchgängig Guthaben ausweist, von dem Mitunternehmer ein gleich hoher Betrag zur Finanzierung privater Investitionen entnommen wird. Die in dieser Weise begründete Darlehensverbindlichkeit gehört damit zum negativen Sonderbetriebsvermögen.

Überlässt die Mitunternehmerschaft hingegen einem Mitunternehmer Mittel zur pri- 841 vaten Verwendung in einem Umfang, der sich aufgrund der nachfolgenden Umsatzentwicklung als überhöht erweist und deswegen eine Rückzahlungsverpflichtung des Mitunternehmers begründet, geht der Mitunternehmer mit der Aufnahme des Kredits zur Erfüllung dieser Verpflichtung kein betrieblich veranlasstes Schuldverhältnis ein, so dass diese Verbindlichkeit nicht als negatives Sonderbetriebsvermögen ausgewiesen werden kann.[7] Bei dieser Sachverhaltskonstellation handelt es sich im Ergebnis um die Rückgewähr von zu Unrecht entnommenen Beiträgen. Dementsprechend geht der BFH in seinem Urteil vom 8. 6. 2000[8] davon aus, dass es sich bei der Schadensersatzverpflichtung eines Mitunternehmers für unberechtigt aus dem Gesamthandsvermögen entnommene (unterschlagene) Beiträge um eine aus privaten Gründen begründete

1 BFH 30. 3. 1993 VIII R 63/91, BStBl 1993 II 706.
2 BFH 18. 12. 2001 VIII R 27/00, BStBl 2002 II 733.
3 BFH 28. 1. 1993 IV R 131/91, BStBl 1993 II 509.
4 BFH 23. 4. 2009 IV R 24/08, BFH/NV 2009, 1427; BMF 23. 12. 2010, BStBl 2011 I 37.
5 BFH 15. 11. 1990 IV R 63/88, BStBl 1991 II 238.
6 XI R 64/95, BStBl 1998 II 511.
7 BFH 16. 12. 1998 IV B 94/98, BFH/NV 1999, 774.
8 IV R 39/99, BStBl 2000 II 670.

Schuld handelt, so dass die zur Refinanzierung aufgenommene Verbindlichkeit mangels betrieblicher Veranlassung nicht dem (passiven) Sonderbetriebsvermögen zugeordnet werden kann. Nach dem weiteren Urteil des BFH vom 14. 12. 2000[1] handelt es sich dabei um die Rückgewähr unberechtigter Entnahmen. Etwas anderes gilt für den Fall, dass der ungetreue Mitunternehmer die der Mitunternehmerschaft zustehenden Einnahmen unmittelbar selbst vereinnahmt hat und ihm diese Einnahmen als Sonderbetriebseinnahmen i. S. d. § 15 Abs. 1 Satz 1 Nr. 2 EStG zuzurechnen sind.[2] Die dadurch gegenüber seinen Mitunternehmern entstandenen Ausgleichsverpflichtungen sind durch das mitunternehmerschaftliche Verhältnis und damit betrieblich veranlasst, so dass eine im Sonderbetriebsvermögen auszuweisende Verbindlichkeit dann vorliegt, wenn die Mitgesellschafter von der Veruntreuung Kenntnis erlangt haben und dementsprechend mit einer entsprechenden Verpflichtung zu rechnen ist.[3] Entsprechendes gilt für einen zu deren Ablösung aufgenommenen Kredit.

842 Diese Grundsätze zum Ausweis von Schulden im Sonderbetriebsvermögen sind unabhängig davon maßgebend. ob im Übrigen nach § 4 Abs. 4a EStG zu verfahren ist, wie Tz. 2 des BMF-Schreibens vom 17. 11. 2005[4] zu entnehmen ist; wegen weiterer Einzelheiten zur Anwendung des § 4 Abs. 4a EStG wird auf Rn. 1091 ff. hingewiesen.

843 Gehen Beteiligungen an einer Mitunternehmerschaft aus Anlass eines Erbfalles oder einer vorweggenommenen Erbregelung über, sind aus diesem Anlass nicht selten Zahlungen an Dritte zu leisten. Nach der Rechtsprechung des BFH liegen bei

- Pflichtteilsverbindlichkeiten,[5]
- Vermächtnisschulden,[6]
- Erbersatzverbindlichkeiten,[7]
- Zugewinnausgleichsschulden,[8]
- Abfindungsschulden nach der Höfeordnung,[9]
- Abfindungsschulden im Zusammenhang mit der Vererbung eines Anteils an einer Personengesellschaft im Wege der qualifizierten Nachfolgeklausel oder im Wege der qualifizierten Eintrittsklausel,[10]

regelmäßig keine betrieblich veranlassten Verbindlichkeiten vor, so dass ein Ausweis als negatives Sonderbetriebsvermögen nicht in Betracht kommt.[11]

844 Mit dem Ausscheiden des Mitunternehmers aus der Mitunternehmerschaft endet die Zugehörigkeit von Wirtschaftsgütern zum Sonderbetriebsvermögen; wegen der Beson-

1 IV R 16/00, BStBl 2001 II 238.
2 Hinweis auf *Wacker* in Schmidt, EStG § 15 Rz. 648; *Groh*, DB 1995, 844.
3 BFH 22. 6. 2006 IV R 56/04, BStBl 2006 II 838.
4 BStBl 2005 I 1019; vgl. dazu im Einzelnen auch *Heinicke* in Schmidt, EStG § 4 Rz. 243.
5 BFH 29. 3. 2000 XI B 147/99, BFH/NV 2000, 952; 17. 12. 2008 IX R 11/08, BFH/NV 2009, 1100.
6 BFH 14. 4. 1992 VIII R 6/87, BStBl 1993 II 275.
7 BFH 17. 10. 1991 IV R 97/89, BStBl 1992 II 392.
8 BFH 11. 5. 1993 IX R 25/89, BStBl 1993 II 751; 21. 6. 1994 VIII R 37/91, BFH/NV 1994, 859.
9 BFH 25. 11. 1993 IV R 66/93, BStBl 1994 II 623.
10 BFH 27. 7. 1993 VIII R 72/90, BStBl 1994 II 625.
11 Vgl. dazu ferner BMF 14. 3. 2006, BStBl 2006 I 253.

derheiten bei einem bestehenden Anspruch auf Versorgungsbezüge wird auf Rn. 1371 ff. hingewiesen. Dies ist z. B. dann der Fall, wenn die Beteiligung veräußert oder unentgeltlich übertragen, der Betrieb aufgegeben[1] oder die Beteiligung gegen Gewährung von Gesellschaftsrechten in eine Kapitalgesellschaft eingebracht[2] wird. Für die steuerliche Beurteilung dieser Vorgänge ist von wesentlicher Bedeutung, ob das Sonderbetriebsvermögen mit übertragen wird oder beim bisherigen Mitunternehmer verbleibt; wegen weiterer Einzelheiten im Fall der Veräußerung wird auf Rn. 2056 ff., der Einbringung in eine Kapitalgesellschaft wird auf Rn. 2861 ff. hingewiesen. Vergleichbare Probleme ergeben sich bei Auflösung der Mitunternehmerschaft.

Ferner kann die Voraussetzung für den Ausweis dadurch entfallen, dass der Mitunter- 845
nehmer seine Beteiligung unentgeltlich z. B. im Rahmen einer vorweggenommenen Erbfolgeregelung auf eines seiner Kinder überträgt, das Wirtschaftsgut des Sonderbetriebsvermögens jedoch zurückbehält oder auf ein anderes Kind überträgt, das nicht Mitunternehmer ist.[3] Für den Regelfall liegt eine Entnahme vor, die nach § 6 Abs. 1 Nr. 4 Satz 1 EStG mit dem Teilwert zu bewerten ist, es sei denn, das Wirtschaftsgut wird in ein anderes Betriebsvermögen des bisherigen Mitunternehmers unter den Voraussetzungen des § 6 Abs. 5 EStG[4] überführt.

Schließlich kann die Eigenschaft eines Wirtschaftsguts als Sonderbetriebsvermögen da- 846
durch beendet werden, dass es infolge einer Nutzungsänderung dem notwendigen Privatvermögen des Mitunternehmers zuzuordnen ist.

BEISPIEL: A ist alleiniger Kommanditist der A-GmbH & Co. KG. Er hat der KG die im Erdgeschoss belegenen Büroräume eines Gebäudes, das er im Übrigen für eigene Wohnzwecke nutzt, zur Nutzung überlassen. Dieses Nutzungsverhältnis endet mit dem Bezug eines eigenen Bürogebäudes durch die A-GmbH & Co. KG. A gestaltet die bisherigen Büroräume um und nutzt sie nunmehr für eigene Wohnzwecke. Eigenen Wohnzwecken dienende Räume gehören regelmäßig zum notwendigen Privatvermögen.[5] Mit der Nutzungsänderung erfolgt die Überführung in das Privatvermögen, die nach § 6 Abs. 1 Nr. 4 Satz 1 EStG mit dem Teilwert zu bewertende Entnahme.[6] Diese Rechtsfolge tritt unabhängig davon ein, ob bei Aufstellung der Sonderbilanz entsprechend verfahren wird.

Diese Grundsätze zum Ausweis von Sonderbetriebsvermögen sind nicht beschränkt auf 847
die Einkünfte aus Gewerbebetrieb anwendbar. Sie sind gleichermaßen bei der Ermittlung des Gewinns aus Land- und Forstwirtschaft oder aus selbständiger Arbeit zu berücksichtigen, sofern es sich um Gesellschaften oder Gemeinschaften handelt, bei denen die Beteiligten als Mitunternehmer anzusehen sind.[7]

Eine Sonderbilanz ist ausschließlich für steuerliche Zwecke aufzustellen. Die Frage der 848
Maßgeblichkeit der Handelsbilanz für die Steuerbilanz gem. § 5 Abs. 1 Satz 1 EStG stellt sich deswegen nicht. Es gelten die allgemeinen steuerlichen Bilanzierungs- und Bewer-

1 BFH 22. 1. 2003 X R 60/99, BFH/NV 2003, 900; 28. 3. 2007 X R 15/04, BStBl 2007 II 642.
2 BFH 16. 2. 1996 I R 183/94, BStBl 1996 II 342.
3 BFH 27. 8. 1992 IV R 89/90, BStBl 1993 II 225; 24. 6. 2009 IV R 47/06, BFH/NV 2010, 181.
4 Vgl. dazu Rn. 1146 ff.
5 Vgl. R 4.2 Abs. 9 und 10 EStR; BFH 11. 3. 1980 VIII R 151/76, BStBl 1980 II 740.
6 BFH 31. 1. 1985 IV R 130/82, BStBl 1985 II 395; 30. 6. 1987 VIII R 353/82, BStBl 1988 II 418.
7 So bereits BFH 2. 12. 1982 IV R 72/79, BStBl 1983 II 215, m. w. N.

tungsvorschriften. Bei Ausübung steuerlicher Wahlrechte ist die Führung besonderer Aufzeichnungen i. S. d. § 5 Abs. 1 Satz 3 EStG nicht erforderlich.[1]

849–855 *(Einstweilen frei)*

2. Sonderbetriebsvermögen I

a) Überlassung von Wirtschaftsgütern

856 Zum Sonderbetriebsvermögen I gehören die Wirtschaftsgüter eines Mitunternehmers, die objektiv erkennbar zum unmittelbaren Einsatz im Betrieb der Personengesellschaft bestimmt sind.[2] Dies gilt zunächst für die Wirtschaftsgüter, die der Mitunternehmerschaft vom Mitunternehmer zur Nutzung und damit für deren eigengewerbliche Tätigkeit überlassen werden.[3] Weitgehend wird es sich um Wirtschaftsgüter handeln, die dem Anlagevermögen zuzuordnen sind, insbesondere Grundstücke mit ggf. aufstehenden Gebäuden, Maschinen, immaterielle Wirtschaftsgüter wie z. B. Patente. Es stellt sich die Frage, ob bei einer nur vorübergehenden Nutzungsüberlassung bereits von Sonderbetriebsvermögen auszugehen ist.

BEISPIEL: A begründet mit B und C durch deren Aufnahme in sein bisheriges Einzelunternehmen eine Mitunternehmerschaft. Die Tätigkeit der Gesellschaft wird zunächst auf einem von A überlassenen Grundstück ausgeübt, das zuvor in gleicher Weise dem Einzelunternehmen diente. Die Mitunternehmerschaft erwirbt alsbald ein Grundstück, in das nach entsprechenden Umbaumaßnahmen der Betrieb der Mitunternehmerschaft ca. zwei Jahre nach Errichtung der Mitunternehmerschaft verlegt wird. Damit endet die Nutzungsüberlassung durch A an die Mitunternehmerschaft.

Der BFH geht davon aus, dass auch eine nur verhältnismäßig kurzfristige Überlassung eines Wirtschaftsguts an die Mitunternehmerschaft der Annahme von Sonderbetriebsvermögen nicht entgegensteht. In seinem Urteil vom 5. 4. 1979[4] sah er bei einer von vornherein auf ein Jahr und neun Monate befristeten Nutzungsüberlassung, im weiteren Urteil vom 2. 12. 1982[5] bei einer Nutzungsüberlassung über 2 Jahre und 6 Monate den Ausweis der überlassenen Grundstücke als notwendiges Betriebsvermögen als unverzichtbar an. *Wacker*[6] geht bei einer Nutzungsüberlassung über einen Zeitraum von mehr als einem Jahr von Sonderbetriebsvermögen aus. Danach gehört das im vorliegenden Beispiel von A der Mitunternehmerschaft überlassene Grundstück zu seinem Sonderbetriebsvermögen. Ob nach Beendigung der Nutzung durch die Mitunternehmerschaft ein weiterer Ausweis als gewillkürtes Sonderbetriebsvermögen nach den nachfolgend in Rn. 901 dargestellten Grundsätzen möglich ist, oder eine Entnahme vorliegt,[7] hängt von der weiteren Nutzung dieses Grundstücks ab.

---

1 Tz. 19 BMF-Schreiben v. 12. 3. 2010, BStBl 2010 I 239.

2 BFH 6. 11. 2008 IV R 51/07, BStBl 2009 II 303; 3. 9. 2009 IV R 61/06, BFH/NV 2010, 404.

3 BFH 8. 3. 1990 IV R 60/89, BStBl 1994 II 559; 7. 4. 1994 IV R 11/92, BStBl 1994 II 796; vgl. auch *Wacker* in Schmidt, EStG § 15 Rz. 513, 514.

4 IV R 48/77, BStBl 1979 II 554.

5 IV R 72/79, BStBl 1983 II 215.

6 In Schmidt, EStG § 15 Rz. 514.

7 Vgl. Rn. 906.

In der Praxis sind ferner Fälle anzutreffen, in denen Grundstücke und Gebäude zur Mitbenutzung oder aber in einem dem jeweiligen Bedarf angepassten und damit in schwankendem Umfang zur Nutzung überlassen werden. 857

BEISPIEL: Das Produktionsunternehmen A-AG hat die Bewirtschaftung der Materialvorräte und den Versand der Produkte auf eine mit einem außenstehenden Logistikunternehmen gegründete X-GmbH & Co. KG übertragen, an der es als Kommanditistin beteiligt ist. Die Aktivitäten der X-GmbH & Co. KG werden ausschließlich in und auf den der A-AG gehörenden Betriebsgrundstücken ausgeübt. Im Einzelnen sind der X-GmbH & Co. KG die folgenden Aufgaben übertragen worden.

Sie hat die eingehenden Materiallieferungen auf ihre Vollständigkeit zu überprüfen. Daneben erfolgt zugleich eine Qualitätskontrolle durch Arbeitnehmer der A-AG. Anschließend werden Materialien in dem der A-AG gehörenden Hochregallager durch Arbeitnehmer der X-GmbH & Co. KG eingelagert, die dann auch für die Zuführung dieser Materialien zum Produktionsprozess zuständig sind.

Die Endprodukte werden mit Beendigung des Herstellungsvorgangs von der X-GmbH & Co. KG übernommen, verpackt und versandfertig gemacht. Soweit ein sofortiger Versand nicht in Betracht kommt, werden die verpackten Waren in der A-AG gehörenden Räumen eingelagert. Der Umfang der benötigten Lagerräume schwankt saisonal und konjunkturbedingt beträchtlich. Da die A-AG über diese Räume teilweise auch anderweitig verfügt, sind jeweils kurzfristig zu treffende Absprachen zwischen A-AG und X-GmbH & Co. KG erforderlich. Dementsprechend werden X-GmbH & Co. KG die jeweils verfügbaren Räume und damit von Fall zu Fall unterschiedliche Räume zur Nutzung überlassen.

Dieser Sachverhalt ist dadurch gekennzeichnet, dass die Grundstücke und Gebäude der X-GmbH & Co. KG jeweils nur zur Mitbenutzung neben der Nutzung durch die Eigentümerin zur Verfügung stehen. Sie dienen damit nicht ausschließlich der Einkunftserzielung im Rahmen der X-GmbH & Co. KG. Geht man weiter davon aus, dass ein Wirtschaftsgut, das mehreren Betrieben eines Steuerpflichtigen dient, nicht aufzuteilen sondern insgesamt einem dieser Betriebe zuzuordnen ist,[1] erscheint es sachlich gerechtfertigt, von dem Ausweis als Sonderbetriebsvermögen abzusehen und die Grundstücke insgesamt dem steuerlichen Betriebsvermögen der A-AG zuzuordnen. 858

Nach der Rechtsprechung des BFH[2] erstreckt sich das Sonderbetriebsvermögen auf alle dem Gesellschafter gehörenden Wirtschaftsgüter, die objektiv erkennbar zum unmittelbaren Einsatz im Betrieb der Gesellschaft bestimmt sind, wie dies z. B. auch bei einer Kiesgrube der Fall ist, die der Mitunternehmerschaft zur Ausbeutung überlassen wird.[3] Diese Rechtsfolge ist nicht auf Wirtschaftsgüter des Anlagevermögens beschränkt. Handelt es sich um Grundstücke des Mitunternehmers, die nach dem Willen der Beteiligten unter Mitwirkung der Mitunternehmerschaft bebaut und vermarktet werden sollen, hängt es von den getroffenen Vereinbarungen ab, ob es sich um Wirtschaftsgüter des Sonderbetriebsvermögens oder aber das Betriebsvermögen des Unternehmens des Gesellschafters handelt. Nach dem Urteil des BFH vom 9. 2. 1991[4] wird Sonderbetriebsvermögen dann begründet, wenn der Mitunternehmerschaft, deren Gesellschaftszweck in der Errichtung und Vermarktung von Eigentumswohnungen im Bau- 859

1 BFH 29. 9. 1994 III R 80/92, BStBl 1995 II 72.

2 Urteile 13. 9. 1988 VIII R 236/81, BStBl 1989 II 37; 9. 2. 1991 VIII R 65/89, BStBl 1991 II 789.

3 BFH 19. 7. 1994 VIII R 75/91, BStBl 1994 II 846; beachte Rn. 835.

4 VIII R 65/89, BStBl 1991 II 789.

herrenmodell besteht, zur Erreichung dieses Zwecks vom Mitunternehmer ein ihm gehörendes Grundstück zur Verfügung gestellt wird und Einvernehmen darüber besteht, dass künftige Bauinteressenten mit der Mitunternehmerschaft Baubetreuungsverträge abzuschließen haben. Unter diesen Umständen steht das Grundstück nach Auffassung des BFH nicht nur in der „Planungsphase des Objekts" der Gesellschaft praktisch uneingeschränkt zur Verfügung, sondern ist auch zur Realisierung des Bauherrenmodells unentbehrlich.[1] Eine andere Beurteilung greift dann ein, wenn die Mitunternehmerschaft im Rahmen ihres Geschäftsbetriebs gegen angemessenes Entgelt eine Leistung an den Mitunternehmer selbst erbringt. Errichtet beispielsweise eine KG, die ein Bauunternehmen betreibt, aufgrund eines Werkvertrages mit ihrem Kommanditisten auf dessen Grundstück ein Gebäude, das dieser vermarktet, so wird das Grundstück deshalb nicht Sonderbetriebsvermögen bei der KG. Es dient nicht unmittelbar den betrieblichen Zwecken der KG, sondern den eigenbetrieblichen Zwecken des Einzelunternehmens des Kommanditisten.

860 Ein Mitunternehmer kann nach § 8 EStDV auf die Behandlung eines der Mitunternehmerschaft überlassenen Grundstücksteils als Sonderbetriebsvermögen dann verzichten, wenn sein Wert nicht mehr als ein Fünftel des Werts des Gesamtgrundstücks und nicht mehr als 20 500 € ausmacht.[2] Steht das Grundstück im Eigentum mehrerer Mitunternehmer, kann nach R 4.2 Abs. 12 Satz 4 EStR jeder der Beteiligten für sich allein dieses Wahlrecht ausüben.

861 Wie bei einem Einzelunternehmen ergibt sich die Zugehörigkeit eines Wirtschaftsguts zum notwendigen Sonderbetriebsvermögen I aus seiner funktionalen Bedeutung für das Unternehmen der Mitunternehmerschaft. Es ist also unerheblich, ob das Wirtschaftsgut in einer für den betreffenden Mitunternehmer geführten Sonderbilanz auch tatsächlich ausgewiesen wird.[3] Sofern und soweit ein entsprechender Ausweis unterblieben ist, sind entsprechende Korrekturen erforderlich. Es handelt sich dabei um Bilanzberichtigungen i. S. d. § 4 Abs. 2 Satz 1 EStG.[4]

862–865 *(Einstweilen frei)*

b) Gesellschafter-Darlehen

866 Die Beziehungen zwischen Mitunternehmerschaft und Mitunternehmer können vielfältiger Art sein. Nach den in Rn. 751 dargestellten Grundsätzen ist bei Mittelzuführungen durch einen Mitunternehmer zu prüfen, ob diese auf einer schuldrechtlichen Vereinbarung beruhen oder ob damit gesellschaftsrechtliche Einlageverpflichtungen erfüllt werden. Handelt es sich um den Vollzug schuldrechtlicher Vereinbarungen, ist in der Bilanz der Mitunternehmerschaft eine entsprechende Verbindlichkeit gegenüber dem Mitunternehmer auszuweisen. Weiter ist dann zu prüfen, ob diese Forderung des Mitunternehmers seinem Sonderbetriebsvermögen oder einem anderen Betriebsvermögen

1 Vgl. auch BFH 15. 6. 2004 VIII R 7/02, BStBl 2004 II 914.

2 Vgl. auch R 4.2 Abs. 12 Satz 3 EStR.

3 Vgl. auch *Heinicke* in Schmidt, EStG § 4 Rz. 104, m. w. N.

4 Vgl. dazu R 4.4 Abs. 1 EStR und die in H 4.4 EStH zitierte Rechtsprechung des BFH; ferner *Grützner*, BBK F. 13, 5055, *Kolbe*, BBK F. 13, 5311; *Grützner*, StuB 2010, 220, jeweils m. w. N.

zuzuordnen ist. Ist die Forderung im Rahmen eines laufenden Geschäftsverkehrs mit einem anderen Unternehmen des Mitunternehmers entstanden, der wie zwischen Fremden ausgestaltet ist und nicht zu Vergütungen i. S. d. § 15 Abs. 1 Satz 1 Nr. 2 Satz 1 EStG führt, handelt es sich nach der Rechtsprechung des BFH[1] um Forderungen, die zum Betriebsvermögen des anderen Unternehmens und damit nicht zum Sonderbetriebsvermögen gehören. Dies ist z. B. der Fall bei Warenlieferungen oder Bauleistungen zu fremdüblichen Bedingungen, sofern auch der Zahlungsverkehr wie fremdüblich abgewickelt wird.[2] Ist Mitunternehmer eine Kapitalgesellschaft und wurde der Mitunternehmerschaft Fremdkapital durch den oder die Gesellschafter der Kapitalgesellschaft überlassen, sind für vor dem 1. 1. 2008 endende Wirtschaftsjahre die sich aus § 8a KStG in der bis dahin maßgebenden Fassung ergebenden Besonderheiten zu beachten, wegen Einzelheiten dazu vgl. Rn. 916 ff.

Wird durch nicht entnommene Gewinne[3] oder durch die Hingabe liquider Mittel ein Darlehensverhältnis zwischen Mitunternehmer und Mitunternehmerschaft begründet, handelt es sich bei dieser Forderung um notwendiges Sonderbetriebsvermögen I des betreffenden Mitunternehmers.[4] Dies gilt auch für Darlehen, die anstelle einer an sich gebotenen Zuführung von Eigenkapital gegeben werden – sog. eigenkapitalersetzende Darlehen, die nach der ständigen Rechtsprechung des BFH steuerlich als Fremdkapital auszuweisen sind.[5] Ein sog. Finanzplandarlehen begründet dann kein Fremdkapital, sondern ist Bestandteil des Kapitalkontos des Gesellschafters, wenn es nach den vertraglichen Bestimmungen während des Bestehens der Gesellschaft vom Gesellschafter nicht gekündigt werden kann und wenn das Guthaben im Falle des Ausscheidens des Gesellschafters oder der Liquidation der Gesellschaft mit einem eventuell bestehenden negativen Kapitalkonto zu verrechnen ist.[6] Unerheblich ist, ob die darlehensweise Überlassung zu fremdüblichen Bedingungen erfolgt, auch unverzinsliche, niedrig verzinsliche oder ungesicherte Darlehen führen zu Sonderbetriebsvermögen.[7] Eine zum Sonderbetriebsvermögen gehörende Darlehensforderung kann auch dadurch begründet werden, dass die zu einem anderen Betriebsvermögen des Mitunternehmers gehörende Forderung aus Lieferungen und Leistungen gegenüber der Mitunternehmerschaft in ein Darlehen umgewandelt wird;[8] mit der Umwandlung in eine Darlehensforderung werden die Forderungen aus Lieferungen oder Leistungen des anderen Unternehmens des Mitunternehmers beglichen, die nunmehrige Darlehensforderung wird von dort in das Sonderbetriebsvermögen überführt. 867

Gerät die Mitunternehmerschaft in wirtschaftliche Schwierigkeiten und ist deswegen die im Sonderbetriebsvermögen ausgewiesene Darlehensforderung nicht mehr werthaltig, stellt sich die Frage, ob – wie im Verhältnis zu einem fremden Dritten – eine 868

1 Urteile 6. 11. 1980 IV R 5/77, BStBl 1981 II 307; 24. 3. 1983 IV R 123/80, BStBl 1983 II 598.
2 BFH 18. 7. 1979 I R 38/76, BStBl 1979 II 673.
3 Vgl. Rn. 757 ff.
4 BFH 28. 3. 2000 VIII R 28/98, BStBl 2000 II 347, m. w. N.; 1. 10. 2002 IV B 91/01, BFH/NV 2003, 304.
5 BFH 26. 9. 1996 IV R 105/94, BStBl 1997 II 277, m. w. N.
6 BFH 7. 4. 2005 IV R 24/03 BStBl 2005 II 598; 15. 5. 2008 IV R 46/05, BStBl 2008 II 812 ; vgl. auch OFD Koblenz 15. 1. 2007, DB 2007, 546.
7 BFH 1. 3. 2005 VIII R 5/03, BFH/NV 2005, 1523; *Wacker* in Schmidt, EStG § 15 Rz. 540, m. w. N.
8 BFH 18. 12. 1991 XI R 42, 43/88, BStBl 1992 II 585.

Teilwertabschreibung nach § 6 Abs. 1 Nr. 2 EStG gerechtfertigt ist. Dabei ist zu beachten, dass in einer Gesamthandsbilanz die entsprechende Verbindlichkeit ungeachtet einer etwaigen Teilwertabschreibung in der Sonderbilanz des Mitunternehmers unverändert und mit dem Nennwert auszuweisen ist. Der BFH geht in ständiger Rechtsprechung[1] davon aus, dass derartige Wertminderungen erst bei Beendigung der Mitunternehmerschaft berücksichtigt werden können, wenn im Ergebnis also feststeht, dass die eingesetzten Mittel endgültig verloren sind.[2]

869 Eine ähnliche Problematik ergibt sich, wenn ein Mitunternehmer für die Mitunternehmerschaft eine Bürgschaft übernimmt. Droht die Inanspruchnahme daraus, ist es dem Mitunternehmer nach der ständigen Rechtsprechung des BFH[3] während des Bestehens der Mitunternehmerschaft nicht möglich, in seine Sonderbilanz mit steuerlicher Wirkung eine entsprechende Rückstellung einzustellen. Erfolgt dann zu einem späteren Zeitpunkt die Inanspruchnahme aus der Bürgschaftsverpflichtung, handelt es sich nach Auffassung des BFH, unabhängig davon, ob dadurch ein Aufwendungsersatzanspruch gegen die Gesellschaft entsteht, steuerrechtlich um eine Einlage.[4] Wird die Leistung als Beitrag zum Gesellschaftszweck geschuldet, handelt es sich um eine Einlage in das Gesellschaftsvermögen. Erwirbt der Mitunternehmer hingegen einen Aufwendungsersatzanspruch, ist dieser als Mehrkapital zum Kapitalkonto der Gesellschaftsbilanz und in der Sonderbilanz des Mitunternehmers auszuweisen. Die Inanspruchnahme aus einer Bürgschaftsverpflichtung erfolgt im Allgemeinen erst dann, wenn aus der Sicht des Gläubigers die Durchsetzung seiner Ansprüche gegenüber dem Schuldner bereits erfolglos war oder sich voraussichtlich als erfolglos erweisen wird. Damit wird zugleich deutlich, dass der dem Bürgen aus der Inanspruchnahme entstehende Rückgriffsanspruch zumindest gefährdet u. U. sogar von vornherein wertlos ist. Gleichwohl kann nach Auffassung des BFH in ständiger Rechtsprechung[5] der danach absehbare Verlust nicht bereits bei Erfüllung der Bürgschaftsverpflichtung, sondern erst bei Beendigung der Gesellschaft, des Gesellschaftsverhältnisses berücksichtigt werden. Bestehen bei Beendigung des Gesellschaftsverhältnisses noch derartige Rückgriffsansprüche, sind diese in der auf diesen Zeitpunkt aufzustellenden Sonderbilanz mit den ihnen beizulegenden Werten einzustellen. Sie gehen damit in die Ermittlung des Veräußerungs- oder Aufgabegewinns ein. Sollten sich diese Ansprüche nachträglich als nicht realisierbar erweisen, führt dies zu einer entsprechenden Korrektur des Veräußerungs- oder Aufgabegewinns.

870 Wird der Kommanditist aus Anlass seines Ausscheidens oder der Auflösung der Gesellschaft aus eingegangenen Bürgschaftsverpflichtungen nicht entlassen und muss er mit der Inanspruchnahme daraus rechnen, ist eine entsprechende Rückstellung unter Berücksichtigung der gegenüber der Gesellschaft und/oder den Mitgesellschaftern be-

1 BFH 28. 3. 2000 VIII R 28/98, BStBl 2000 II 347; 9. 12. 2009 IV B 129/08, BFH/NV 2010, 640, jeweils m. w. N.

2 BFH 27. 6. 2006 VIII R 31/04, BStBl 2006 II 874, m. w. N.

3 BFH 12. 7. 1990 IV R 37/89, BStBl 1991 II 64, m. w. N.; 5. 2. 2002 VIII R 31/01, BStBl 2002 II 464, m. w. N.; vgl. auch OFD Düsseldorf 31. 7. 1995, BB 1995, 2001, Ziff. 1.

4 BFH 4. 7. 1974 IV R 166/70, BStBl 1974 II 677; 19. 1. 1993 VIII R 128/84, BStBl 1993 II 594.

5 BFH 14. 12. 1995 IV R 106/94, BStBl 1996 II 226, unter III. 4 der Entscheidungsgründe, m. w. N.; 5. 2. 2002 VIII R 31/01, BStBl 2002 II 464; 27. 6. 2006 VIII R 31/04, BStBl 2006 II 874, m. w. N.

stehenden Rückgriffsforderungen auszuweisen.[1] Damit wirkt sich dieser Vorgang auf die Höhe eines etwaigen Veräußerungs- oder Aufgabegewinns aus. Sollten entgegen der ursprünglichen Annahme höhere Forderungen aufgrund der eingegangenen Bürgschaft geltend gemacht werden, auf die Inanspruchnahme aus der Bürgschaft verzichtet werden oder sich die Werthaltigkeit der Rückgriffsforderungen anders als prognostiziert entwickeln, wirkt dies auf den Zeitpunkt der Beendigung des Gesellschaftsverhältnisses zurück und beeinflusst damit die Höhe des zu besteuernden Veräußerungs- und Aufgabegewinns.[2] Dabei ist zu beachten, dass die Eröffnung des Insolvenzverfahrens zwar die Auflösung der KG gem. § 131 Nr. 3, § 161 Abs. 2 HGB zur Folge hat, damit jedoch der Betrieb der Mitunternehmerschaft, der Gesellschaft, weder aufgegeben noch veräußert wird. Die Gesellschaft tritt vielmehr in das Abwicklungsstadium ein. Sie betreibt in dieser Phase der Verwertung des Gesellschaftsvermögens ein gewerbliches Unternehmen i. S. d. § 15 EStG. Das gilt auch dann, wenn sie jede werbende Tätigkeit eingestellt hat.[3] Zur Betriebsaufgabe kommt es dann, wenn der Insolvenzverwalter alle wesentlichen Betriebsgrundlagen veräußert. Die Zurückbehaltung von Wirtschaftsgütern, die nicht zu den wesentlichen Betriebsgrundlagen gehören, steht der Beendigung der Betriebsaufgabe nicht entgegen.[4]

Zu den in der Sonderbilanz auszuweisenden Verpflichtungen gehören ferner Rück- 871
erstattungsverpflichtungen gegenüber der Gesellschaft, z. B. für überhöhte Entnahmen.[5]

Diese vornehmlich für Bürgschaftsverpflichtungen eines Kommanditisten entwickelten 872
Grundsätze gelten nach der Rechtsprechung des BFH[6] auch für Innengesellschaften, bei denen die Rechtsverhältnisse nach außen zu den Gesellschaftsgläubigern schuldrechtlich, unter den Gesellschaftern aber gesellschaftsrechtlich gestaltet sind, z. B. bei der atypisch stillen Gesellschaft. Sie gelten entsprechend auch für andere im Interesse der Gesellschaft eingegangene Verpflichtungen, z. B. für Schuldübernahmen, für Nachschuss-, Ausgleichs- oder Freistellungsverpflichtungen und Darlehen.

Vom BFH wird diese Auffassung damit gerechtfertigt, dass der Mitunternehmer einer 873
Innengesellschaft nicht anders behandelt werden kann, als der Mitunternehmer einer Gesamthandsgesellschaft, der eine Einlage in das Gesellschaftsvermögen erbringt, damit die Mitunternehmerschaft ihre Gläubiger selbst befriedigen kann. Daran hat sich durch die stärkere Betonung der Einheit der Personengesellschaft in der jüngeren Rechtsprechung des BFH nichts geändert. In diesem Zusammenhang ist nach Auffassung des BFH zu beachten, dass der Mitunternehmer im Bereich der Sondervergütungen dem Einzelunternehmer gleichzustellen ist.[7] Dies gelte u. a. auch für die der Gesellschaft unentgeltlich zur Nutzung überlassenen Wirtschaftsgütern. Der Überlassung von Wirtschaftsgütern an die Gesellschaft zur Nutzung stehe die Erfüllung von Ver-

1 BFH 23. 1. 1986 IV R 335/84, BStBl 1986 II 623.
2 BFH 19. 7. 1993 GrS 2/92, BStBl 1993 II 897; OFD Düsseldorf 31. 7. 1995, DB 1995, 2001.
3 BFH 27. 4. 1978 IV R 187/74, BStBl 1979 II 89; 11. 2. 1988 IV R 19/87, BStBl 1988 II 825.
4 BFH 19. 1. 1993 VIII R 128/84, BStBl 1993 II 594.
5 BFH 3. 9. 2009 IV R 17/07, BStBl 2010 II 631.
6 Vgl. die Nachweise in BFH 5. 2. 2002 VIII R 31/01, BStBl 2002 II 464.
7 Vgl. dazu z. B. BFH 28. 3. 2000 VIII R 13/99, BStBl 2000 II 612, m. w. N.

pflichtungen gleich, die der Gesellschafter im Hinblick auf seine Zugehörigkeit zur Gesellschaft in deren Interesse eingegangen ist.

874 Fraglich ist dann weiter, welche Folgen sich ergeben, wenn der Mitunternehmer auf eine ihm zustehende Forderung ganz oder teilweise verzichtet.

BEISPIEL: A, Kommanditist der X-GmbH & Co. KG, verzichtet auf einen Teil seiner Forderungen aus Warenlieferungen seines Einzelunternehmens zu fremdüblichen Bedingungen an die KG i. H. v. insgesamt 100 000 €. Dieser Forderung war im Zeitpunkt des Verzichts noch ein Wert von 40 000 € beizulegen. Der Forderungsverzicht erfolgt nachweislich im ausschließlichen betrieblichen Interesse des Einzelunternehmens.

Die Forderung gehört nach den in Rn. 1325 dargestellten Grundsätzen nicht zu seinem Sonderbetriebsvermögen bei der KG. In entsprechender Anwendung der Grundsätze, die der GrS des BFH in seinem Beschluss vom 9. 6. 1997[1] für den Fall des Verzichts des Gesellschafters einer Kapitalgesellschaft auf eine ihm gegenüber der Gesellschaft zustehende Forderung entwickelt hat, erleidet A in seinem Einzelunternehmen i. H. des nicht werthaltigen Teils der Forderung von 60 000 € einen Verlust, die KG hat die Verbindlichkeit in entsprechender Höhe erfolgswirksam auszubuchen. In Höhe des werthaltigen Teils der Forderung von 40 000 € leistet A eine Einlage in das Vermögen der KG, die nach der wohl überwiegend im Schrifttum vertretenen Auffassung[2] dem verzichtenden Gesellschafter zuzurechnen ist. Bei dem Einzelunternehmen handelt es sich insoweit um eine Entnahme.

875 Handelt es sich hingegen um eine zum Sonderbetriebsvermögen gehörende Darlehensforderung, wird in dem Forderungsverzicht eine Einlage des Gesellschafters in das Gesamthandsvermögen gesehen, die sein Kapitalkonto bei der Gesellschaft erhöht.[3] Damit liegt ein erfolgsneutraler Vorgang vor. Der dem Mitunternehmer entstandene Verlust wirkt sich im Ergebnis bei Beendigung des mitunternehmerschaftlichen Verhältnisses, d. h. bei Ausscheiden aus der Mitunternehmerschaft oder bei deren Liquidation aus. *Wacker*[4] weist in diesem Zusammenhang darauf hin, dass es sich bei einem derartigen durch das Gesellschaftsverhältnis begründeten Forderungsverzicht um die nach § 6 Abs. 5 Satz 3 EStG zu beurteilende Überführung eines Wirtschaftsguts in das Gesamthandsvermögen handele, die nach der ab 1. 1. 2001 maßgebenden Fassung[5] zum Buchwert zu erfolgen habe.

876–880 *(Einstweilen frei)*

3. Sonderbetriebsvermögen II

881 Zum Sonderbetriebsvermögen II zählen nach der ständigen Rechtsprechung des BFH[6] die dem Mitunternehmer gehörenden Wirtschaftsgüter die in einem unmittelbaren wirtschaftlichen Zusammenhang mit seiner Beteiligung stehen, die unmittelbar der Be-

1 GrS 1/94, BStBl 1998 II 307.
2 *Wacker* in Schmidt, EStG § 15 Rz. 550, m. w. N.
3 BFH 8. 12. 1982 I R 9/79, BStBl 1983 II 570; 19. 1. 1993 VIII R 128/84, BStBl 1993 II 594.
4 In Schmidt, EStG § 15, Rz. 550.
5 Vgl. § 52 Abs. 16a EStG i. d. F. des Gesetzes v. 20. 12. 2001, BGBl 2001 I 3858.
6 Vgl. z. B. Urteile 24. 2. 2005 IV R 12/03, BStBl 2006 II 361; 13. 2. 2008 I R 63/06, BStBl 2009 II 414, m. w. N.

gründung oder Verstärkung seiner Rechtsstellung in der Mitunternehmerschaft zu dienen bestimmt sind. Dies ist dann der Fall, wenn das betreffende Wirtschaftsgut ein Mittel darstellt, um besonderen Einfluss auf die Mitunternehmerschaft auszuüben und damit unmittelbar die Stellung des Mitunternehmers in der Personengesellschaft zu stärken. Eine Stärkung der Beteiligung kann sich dadurch ergeben, dass der Besitz des Wirtschaftsguts für das Unternehmen der Mitunternehmerschaft wirtschaftlich vorteilhaft ist, als auch dadurch, dass es der Mitunternehmerstellung selbst dient. Unter welchen Voraussetzungen danach notwendiges Sonderbetriebsvermögen II vorliegt, lässt sich jeweils nur nach den besonderen Umständen des Einzelfalles beurteilen. So kann z. B. ein Grundstück, das die Gesellschafter einer Personengesellschaft an einen Dritten vermieten, damit dieser es der Gesellschaft im Rahmen eines Pachtvertrages zur Nutzung überlässt, auch dann zu deren Sonderbetriebsvermögen II gehören, wenn der Mietvertrag langfristig, der Pachtvertrag jedoch auf unbestimmte Dauer abgeschlossen worden ist.[1]

Für den Regelfall wird die Beteiligung eines Kommanditisten an der Komplementär-GmbH seinen Einfluss auf die KG stärken, so dass sie seinem Sonderbetriebsvermögen II zuzurechnen ist.[2] Notwendiges Sonderbetriebsvermögen II liegt indessen nur dann vor, wenn sich die GmbH auf die Geschäftsführung für die KG beschränkt oder wenn ein daneben bestehender eigener Geschäftsbetrieb von ganz untergeordneter Bedeutung ist.[3] Dagegen gehören die Anteile an der GmbH dann zum notwendigen Sonderbetriebsvermögen II, wenn die GmbH im Rahmen ihres Geschäftsbetriebs Geschäftsbeziehungen zu der GmbH & Co. KG in einem nicht zu vernachlässigenden Umfang unterhält, wenn sie im Falle einer sog. umgekehrten Betriebsaufspaltung der GmbH & Co. KG wesentliche Betriebsgrundlagen verpachtet hat.[4] Dies wird mit der aus der Gesellschaftereigenschaft bei der GmbH folgenden Einflussnahme der Mitunternehmer auf die Verpachtung der Wirtschaftsgüter an die GmbH & Co. KG gerechtfertigt. Ferner werden die GmbH-Anteile dann zum notwendigen Sonderbetriebsvermögen II gehören, wenn die im Übrigen eigenwirtschaftlich tätige Komplementär-GmbH den Alleinvertrieb für die Produkte der GmbH & Co. KG übernommen hat.[5] Die Zugehörigkeit zum notwendigen Sonderbetriebsvermögen II bedeutet nicht, dass es sich bei der Beteiligung für die Anwendung des § 20 UmwStG zugleich um eine wesentliche Betriebsgrundlage handelt.[6] 882

Beschränkt sich die Tätigkeit einer GmbH zunächst auf die Funktion des Komplementärs bei einer GmbH & Co. KG und übernimmt sie im Laufe der Zeit diese Funktion bei weiteren GmbH & Co. KG, verbleibt es bei dem Ausweis des Sonderbetriebsvermögens 883

1 BFH 24. 2. 2005 IV R 23/03, BStBl 2005 II 578; 31. 3. 2008 IV B 120/07, BFH/NV 2008 1320.

2 BFH 15. 10. 1998 IV R 18/98, BStBl 1999 II 286, m. w. N.

3 BFH 11. 12. 1990 VIII R 14/87, BStBl 1991 II 510; 23. 1. 2001 VIII R 12/99, BStBl 2001 II 825.

4 BFH 15. 10. 1975 I R 16/73, BStBl 1976 II 188.

5 Vgl. z. B. OFD Frankfurt 22. 11. 2000, StuB 2001, 137, Ziff. 1; dabei handelt es sich offenbar um eine bundeseinheitlich abgestimmte Verwaltungsregelung, so liegen z. B. unter dem Datum v. 2. 4. 2001 gleich lautende Äußerungen der OFDen München und Nürnberg vor.

6 BFH 25. 11. 2009 I R 72/08, BStBl 2010 II 471; beachte dazu OFD Münster 6. 11. 2008, aktualisiert 23. 3. 2011, DB 2011, 1302.

bei der GmbH & Co. KG, bei der diese Funktion zuerst wahrgenommen wurde.[1] Entsprechendes wird für die Fälle zu gelten haben, in denen die GmbH neben den der Komplementärstellung bei mehreren GmbH & Co. KG einer eigenen Geschäftstätigkeit in einem nicht unbeträchtlichem Umfang nachgeht und nicht zu vernachlässigende Geschäftsbeziehungen zu diesen Mitunternehmerschaften unterhält.

884 Beteiligt sich der Gesellschafter einer GmbH an dieser atypisch, so gehört der Anteil an der GmbH nach dem Urteil des BFH vom 15. 10. 1998[2] bei der atypisch stillen Gesellschaft zu seinem Sonderbetriebsvermögen II, sofern sich die Tätigkeit der GmbH im Wesentlichen auf den Bereich beschränkt, der Gegenstand der stillen Gesellschaft ist. Maßgebend ist, dass der Inhaber des Handelsgeschäfts – im vorliegenden Fall die GmbH – soweit seine Tätigkeit der Erreichung des im Vertrag über die stille Gesellschaft vereinbarten Gesellschaftszweck dient, für die stille Gesellschaft tätig wird, sein Auftreten der Gesellschaft zuzurechnen ist und zur gemeinschaftlichen Verwirklichung der Tatbestandsmerkmale einer Einkunftsart führt. Die atypisch stille Gesellschaft ist folglich selbständiges „Subjekt der Gewinnerzielung, Gewinnermittlung und Einkünftequalifikation".[3] Der Inhaber des Handelsgeschäfts, die GmbH, erbringt, soweit sie zur Erreichung des Gesellschaftszwecks der stillen Gesellschaft tätig wird, einen im Gesellschaftsinteresse liegenden Beitrag, der der Geschäftsführung einer Komplementär-GmbH einer GmbH & Co. KG vergleichbar ist. Sie ist zwar – anders als der Komplementär der KG – gesellschaftsrechtlich kein Organ der stillen Gesellschaft. Dies ändert aber nichts daran, dass auch ihr Auftreten im Interesse der Gesellschaft liegt und daher als solches der Gesellschaft zugerechnet wird, aus der sie gemeinschaftlich mit dem atypisch stillen Gesellschafter Einkünfte aus Gewerbebetrieb bezieht. Die GmbH als Inhaberin des Handelsgeschäfts wird danach wie ein Organ für die Gesellschaft tätig. Dies gebietet es nach Auffassung des BFH, den Anteil des Kommanditisten einer GmbH & Co. KG an der Komplementär-GmbH und den Anteil des stillen Gesellschafters einer GmbH und atypisch stillen Gesellschaft an der GmbH hinsichtlich der Eigenschaft als Sonderbetriebsvermögen gleich zu behandeln. Dementsprechend gehört der Anteil des atypisch stillen Gesellschafters nur dann nicht zum notwendigen Sonderbetriebsvermögen II, wenn die GmbH außerhalb des vereinbarten stillen Gesellschaftsverhältnisses einer Geschäftstätigkeit von nicht ganz untergeordneter Bedeutung i. S. d. in Rn. 822 dargestellten Grundsätze nachgeht.

885 Im Übrigen gehören von Mitunternehmern gehaltene Anteile an Kapitalgesellschaften immer dann zum notwendigen Sonderbetriebsvermögen II, wenn sie entweder unmittelbar dem Betrieb der Mitunternehmerschaft oder der Stellung des Mitunternehmers zu dienen bestimmt sind. Dies ist dann der Fall, wenn eine besonders enge wirtschaftliche Verflechtung zwischen Mitunternehmerschaft und KapGes derart besteht, dass die eine Gesellschaft eine wesentliche wirtschaftliche Funktion der anderen erfüllt.[4] Bei einer Betriebsaufspaltung kann dies auch bei der Beteiligung eines Gesellschafters der

1 OFD Frankfurt 22. 11. 2000, StuB 2001, 137, Ziff. 2.

2 IV R 18/98, BStBl 1999 II 286.

3 BFH 26. 11. 1996 VIII R 42/94, BStBl 1998 II 328.

4 BFH 31. 1. 1991 IV R 2/90, BStBl 1991 II 786; 24. 2. 2005 IV R 12/03, BStBl 2006 II, 361; 13. 2. 2008 I R 63/06, BStBl 2009 II 414.

Besitzpersonengesellschaft an einer Kapitalgesellschaft der Fall sein, die mit der Betriebsgesellschaft in einer für diese vorteilhaften und nicht nur kurzfristigen Geschäftsbeziehung steht.[1]

Ist eine PersGes Organträgerin i. S. v. §§ 14 ff. KStG, ist es nach dem Urteil des BFH vom 886
28. 8. 2003[2] nicht zwingend, dass von einzelnen Mitunternehmern gehaltene weitere Anteile an der Organgesellschaft zu deren notwendigen Sonderbetriebsvermögen II gehören. Dies ist bei einer geringfügigen Beteiligung nur dann der Fall, wenn die Organgesellschaft nahezu ausschließlich für den Organträger tätig ist. Entfaltet sie hingegen in nicht unerheblichem Umfang eine eigenständige Geschäftstätigkeit, gehören die von einzelnen Mitunternehmern gehaltenen weiteren Anteile an der Organgesellschaft nur dann zu deren notwendigem Sonderbetriebsvermögen II, wenn sie geeignet sind, deren Stellung als Mitunternehmer zu stärken. Davon ist bei nur geringfügigen Beteiligungen – im Urteilsfall weniger als 1 % – regelmäßig nicht auszugehen.

Entsprechendes gilt, wenn der Mitunternehmerschaft der Vertrieb der Produkte einer 887
GmbH obliegt, deren Anteile von den Mitunternehmern gehalten werden.[3] Vertreibt eine KapGes Produkte der Mitunternehmerschaft, gehören Anteile an der KapGes nur dann zum notwendigen Sonderbetriebsvermögen II der Mitunternehmer, wenn die Aktivitäten der KapGes für die Mitunternehmerschaft von erheblicher Bedeutung sind und die KapGes neben dem Vertrieb der Produkte der Mitunternehmerschaft nicht noch in wesentlichem Umfang anderweitig tätig ist.[4] Geschäftsbeziehungen, wie sie üblicherweise auch mit anderen Unternehmen bestehen, reichen grundsätzlich nicht aus, um notwendiges Sonderbetriebsvermögen zu begründen; dies gilt selbst dann nicht, wenn diese Geschäftsbeziehungen besonders intensiv sind.[5]

Der Geschäftsanteil des Gesellschafters einer GmbH kann notwendiges Sonder- 888
betriebsvermögen II dieses Gesellschafters bei einer Kommanditgesellschaft allerdings auch dann sein, wenn beide Gesellschaften trotz verschiedenen Geschäftsbereichs nach einem einheitlichen wirtschaftlichen Gesamtkonzept geführt werden. Dies ist denkbar, wenn die Arbeitsteilung zwischen den Gesellschaften technische, kaufmännische und marktstrategische Faktoren betrifft,[6] wie z. B. im Bereich der Herstellung von Bekleidung für unterschiedliche Personenkreise, die zentral geleitete Kollektions-, Mode- und Produktentwicklung, der gemeinsame Außendienst, die Kooperation im Bereich der Buchhaltung und der elektronischen Datenverarbeitung, der Durchführung gemeinsamer Werbe- und Messeveranstaltungen und dgl. Dabei braucht es sich nicht unbedingt um eine Arbeitsteilung innerhalb des Beschaffungs- und Absatzmarktes oder der Leistungserstellung oder -verwertung handeln. Wesentlich ist, dass die Unternehmen zusammengefasst werden, um einen Risikoausgleich oder andere Vorteile einer dezentralisierten Unternehmensführung zu erreichen. Als nicht ausreichend wird

1 BFH 25. 11. 2004 IV R 7/03, BStBl 2005 II 354; 20. 4. 2005 X R 2/03, BStBl 2005 II 694; 26. 8. 2005 X B 98/05, BStBl 2005 II 833.
2 BFH 28. 8. 2003 IV R 46/02, BStBl 2004 II 216.
3 BFH 6. 7. 1989 IV R 62/86, BStBl 1989 II 890.
4 BFH 31. 10. 1989 VIII R 374/83, BStBl 1990 II 677.
5 BFH 31. 1. 1991 IV R 2/90, BStBl 1991 II 786.
6 BFH 24. 2. 2005 IV R 12/03, BStBl 2006 II 361.

es jedoch angesehen, wenn die verschiedenen Beziehungen zwischen den beiden Gesellschaften dem Unternehmen der Personengesellschaft nur mittelbar über die wirtschaftlichen Interessen eines beide Gesellschaften umfassenden Familien(gesamt-)unternehmens dienen.[1]

889 Geschäftsbeziehungen zwischen der Mitunternehmerschaft und einer Kapitalgesellschaft, an der Mitunternehmer beteiligt sind, wie sie auch zu fremden dritten Unternehmen unterhalten werden, rechtfertigen danach für sich allein noch nicht die Zurechnung der Beteiligung an der Kapitalgesellschaft zum notwendigen Sonderbetriebsvermögen II.[2] In diesen Fällen wird für den Regelfall zwischen beiden Gesellschaften keine derart enge Verflechtung bestehen, dass die Kapitalgesellschaft nicht nur vorübergehend eine wesentliche Funktion für die Mitunternehmerschaft erfüllt. Halten z. B. Mitunternehmer Aktien einer AG, die im Rahmen ihrer umfangreichen Geschäftstätigkeit u. a. auch Produkte der Mitunternehmerschaft vertreibt, gehören diesen Aktien dann nicht zum notwendigen Sonderbetriebsvermögen II, wenn die Aktivitäten der AG für den Absatz der Produkte der Mitunternehmerschaft von untergeordneter Bedeutung sind.[3] Danach zählt z. B. auch die Beteiligung an einer GmbH, die zu einem Bankhaus in üblichen Geschäftsbeziehungen steht, nicht zum notwendigen Sonderbetriebsvermögen des Gesellschafters des Bankhauses.[4] Entsprechendes gilt für die Beteiligung des Mitunternehmers eines Bauunternehmens an verschiedenen GmbH, die dem Bauunternehmen bedeutende Aufträge erteilt haben, sich die Geschäftsbeziehungen jedoch auf diese Bauaufträge beschränkten.[5] Nach dem Urteil des BFH vom 3. 8. 1993,[6] liegen die Voraussetzungen für die Annahme notwendigen Sonderbetriebsvermögens ferner dann nicht vor, wenn zwischen Mitunternehmerschaft und Kapitalgesellschaft zwar Geschäftsbeziehungen nicht nur von untergeordneter Bedeutung bestehen, der Mitunternehmer jedoch nicht in der Lage ist, über seine Beteiligung an der Kapitalgesellschaft seinen Willen im Interesse der Personengesellschaft durchzusetzen. Im Urteilsfalle war der Mitunternehmer zu 33 $^1/_3$ % an der GmbH beteiligt, die übrigen Anteile wurden von Personen gehalten, die nicht zugleich Mitunternehmer waren.

890 Die Beteiligung eines Mitunternehmers an einer GmbH gehört auch dann zum notwendigen Sonderbetriebsvermögen II, wenn der GmbH besondere Funktionen für die Personengesellschaft übertragen worden sind. Dies ist nach dem Urteil des BFH vom 14. 1. 2010[7] z. B. dann der Fall, wenn ihre Aufgabe darin besteht, die ihr gehörenden Mietwohnungen den Arbeitnehmern der Personengesellschaft als Werkswohnungen zu überlassen.

891 Ist bei einer Betriebsaufspaltung eine GmbH an der Besitzgesellschaft als Kommanditistin beteiligt, gehören die Anteile der übrigen Mitunternehmer an dieser GmbH deswegen zu ihrem notwendigen Sonderbetriebsvermögen II, wenn sie der Durchsetzung

1 BFH 7. 7. 1992 VIII R 2/87, BStBl 1993 II 328; vgl. ferner BFH 3. 8. 1993 VIII R 37/92, BStBl 1994 II 444.
2 BFH 28. 6. 2006 XI R 31/05, BStBl 2007 II 378, m. w. N.
3 BFH 31. 10. 1989 VIII R 374/83, BStBl 1990 II 677.
4 BFH 31. 1. 1991 IV R 2/90, BStBl 1991 II 786.
5 BFH 23. 1. 1992 XI R 36/88, BStBl 1992 II 721.
6 VIII R 37/92, BStBl 1994 II 444.
7 IV R 86/06, BFH/NV 2010, 1096.

des einheitlichen Betätigungswillens in der Betriebs-Personengesellschaft dienen.[1] Entscheidend ist also, ob der Beteiligung an der Kapitalgesellschaft für die Beteiligung an der Mitunternehmerschaft eine nicht zu vernachlässigende Bedeutung zukommt. Dies ist dann nicht der Fall, wenn sich die Mitunternehmerstellung ihres Gesellschafters für die GmbH als vorteilhaft erweist, die Beteiligung an der GmbH also nicht im Interesse der Mitunternehmerschaft eingegangen wurde. In dem vom BFH mit Urteil vom 13. 5. 1976[2] entschiedenen Falle hatte der alleinige Kommanditist einer Fliesenverlegungsarbeiten durchführenden GmbH & Co. KG mit den Inhabern gleichartiger Unternehmen eine GmbH errichtet, die den Handel mit Fliesen betreiben sollte. Dabei verpflichteten sich die Gesellschafter der GmbH im Rahmen ihrer Verlegebetriebe auf den Fliesenhandel zu verzichten. Dieser Sachverhalt ist dadurch geprägt, dass auf mögliche Geschäftschancen im Betrieb der GmbH & Co. KG zugunsten der GmbH verzichtet wurde und insoweit offensichtlich Verpflichtungen im Verhältnis zu Konkurrenzunternehmen der GmbH & Co. KG eingegangen wurden.

Darlehensforderungen eines Mitunternehmers gegenüber einer Kapitalgesellschaft, an 892
der er nicht beteiligt ist, die jedoch in Geschäftsbeziehungen zu der Mitunternehmerschaft steht, gehören regelmäßig nicht zu seinem notwendigen Sonderbetriebsvermögen II.[3] Eine andere Beurteilung greift nach dem Urteil des BFH vom 10. 11. 1994[4] dann ein, wenn im Falle einer Betriebsaufspaltung die Mitunternehmer der Besitzgesellschaft der Betriebsgesellschaft bei deren Gründung Darlehen gegeben haben, deren Laufzeit an die Dauer ihrer Beteiligung an der Betriebsgesellschaft gebunden ist. In einem derartigen Fall ist davon auszugehen, dass die Darlehen dazu dienen, die Vermögens- und Ertragslage der Betriebsgesellschaft zu verbessern und damit den Wert der Beteiligung des Besitzunternehmens an der Betriebsgesellschaft zu erhalten oder zu erhöhen.[5] Etwas anderes wird dann zu gelten haben, wenn die Darlehensaufnahme durch die Betriebsgesellschaft zur Verbesserung ihrer Vermögens- und Ertragslage weder notwendig noch zweckmäßig war, sondern festgestellt werden kann, dass für die Darlehenshingabe lediglich private Erwägungen der Gesellschafter, z. B. der Wunsch nach einer günstigen Kapitalanlage, maßgebend waren.

Verpachtet der Gesellschafter einer Besitzpersonengesellschaft ein ihm gehörendes 893
Wirtschaftsgut unmittelbar an die Betriebskapitalgesellschaft, ist damit nicht zwingend, dass damit Sonderbetriebsvermögen II bei der Besitzpersonengesellschaft begründet wird. Dies ist nur dann der Fall, wenn die Überlassung an die Betriebskapitalgesellschaft letztlich durch den Betrieb der Besitz-Personengesellschaft veranlasst ist. Davon kann nach der Rechtsprechung des BFH[6] dann ausgegangen werden,

1 BFH 23. 7. 1981 IV R 103/78, BStBl 1982 II 60.
2 IV R 4/75, BStBl 1976 II 61.
3 BFH 30. 3. 1993 VIII R 8/91, BStBl 1993 II 864.
4 IV R 15/93, BStBl 1995 II 452.
5 Vgl. auch BFH 10. 11. 2005 IV R 13/04, BStBl 2006 II 618; zur Problematik von kapitalersetzenden Darlehen vgl. BMF 8. 9. 2006, BStBl 2006 I 497.
6 Urteile 13. 10. 1998 VIII R 46/95, BStBl 1999 II 357; 17. 12. 2008 IV R 65/07, BStBl 2009 II 371, jeweils m. w. N.

- wenn das Grundstück zu nicht fremdüblichen Bedingungen überlassen wird,
- wenn die Nutzungsüberlassung von der Dauer der Beteiligung an der Betriebs-GmbH abhängig ist,
- wenn das Grundstück schon vor der Betriebsaufspaltung an den bisherigen Betriebsinhaber für die betrieblichen Zwecke des Unternehmens vermietet worden war und nach seiner Zweckbestimmung auch nur an den jeweiligen Betriebsinhaber vermietet werden konnte oder,
- wenn ein enger zeitlicher Zusammenhang zwischen dem Abschluss des Pachtvertrags über das Grundstück und der Begründung der Betriebsaufspaltung besteht.

894 Dabei ist es unerheblich, welcher Wert dem Grundstück beizulegen ist und welche Bedeutung das Grundstück für die nutzende Kapitalgesellschaft hat. Für eine private Veranlassung der Grundstücksüberlassung, durch die die Zugehörigkeit zum notwendigen Sonderbetriebsvermögen II ausgeschlossen wird, kann sprechen, dass die Überlassung erst längere Zeit nach Begründung der Betriebsaufspaltung erfolgt, oder wenn bei Überlassung eines Grundstücks durch eine Eigentümergemeinschaft die Gesellschafter der Besitzgesellschaft durch die Verwaltung des Grundstücks nicht in die Lage versetzt werden, zivilrechtlich Einfluss auf die Beschlüsse der Grundstücksgemeinschaft nehmen zu können.[1] Dies gilt gleichermaßen bei der Überlassung eines Grundstücks durch den Mitunternehmer einer Mitunternehmerschaft an eine Kapitalgesellschaft, an der die Mitunternehmerschaft nicht mehrheitlich beteiligt ist.[2]

895 Sind die Gesellschafter einer GbR Bruchteilseigentümer eines Grundstücks, das sie im Rahmen einer Betriebsaufspaltung teilweise der von ihnen beherrschten Betriebskapitalgesellschaft, im Übrigen Dritten zu Wohnzwecken vermietet haben, besteht der den einzelnen Gesellschaftern zustehende Anteil am Grundstück aus zwei Wirtschaftsgütern, dem zu gewerblichen Zwecken und dem zu Wohnzwecken vermieteten Grundstücksteil.[3] Der der Betriebsgesellschaft überlassene Grundstücksteil gehört nach den vorstehend dargestellten Grundsätzen zum notwendigen Sonderbetriebsvermögen. Der zu Wohnzwecken vermietete Grundstücksteil ist für jeden der Gesellschafter ein gesondertes Wirtschaftsgut, das in keinerlei Beziehung zu den Aktivitäten der Betriebskapitalgesellschaft steht. Damit handelt es sich dabei nicht um ein Wirtschaftsgut des notwendigen Sonderbetriebsvermögens der im Rahmen der bestehenden Betriebsaufspaltung als Besitzgesellschaft fungierenden GbR.[4]

896 Etwas anderes gilt in den Fällen der mitunternehmerischen Betriebsaufspaltung. Vermietet der Gesellschafter der Besitzpersonengesellschaft ein ihm gehörendes Wirtschaftsgut an die Betriebspersonengesellschaft, an der er ebenfalls (ggf. beherrschend) beteiligt ist, so stellt das überlassene Wirtschaftsgut Sonderbetriebsvermögen I des Ge-

1 BFH 1.10.1996 VIII R 44/95, BStBl 1997 II 530.
2 BFH 10.6.1999 IV R 21/98, BStBl 1999 II 715.
3 Vgl. R 4.2 Abs. 4 EStR, in Anlehnung an BFH 26.11.1973 GrS 5/71, BStBl 1974 II 132.
4 BFH 27.8.1998 IV R 77/97, BStBl 1999 II 279.

sellschafters bei der Betriebspersonengesellschaft dar. Diese Zuordnung geht der als Sonderbetriebsvermögen II bei der Besitzpersonengesellschaft vor.[1]

(Einstweilen frei) 897–900

4. Gewillkürtes Sonderbetriebsvermögen

Dem einzelnen Mitunternehmer ist es – wie dem Einzelunternehmer – grundsätzlich möglich, gewillkürtes Sonderbetriebsvermögen zu bilden.[2] Ein Einzelunternehmer kann die Wirtschaftsgüter als gewillkürtes Betriebsvermögen in die Gewinnermittlung durch Bestandsvergleich einbeziehen, die in einem gewissen objektiven Zusammenhang mit dem Betrieb stehen und ihn zu fördern bestimmt und geeignet sind.[3] Dies entspricht der ständigen Rechtsprechung des BFH.[4] Danach ist es einem Einzelunternehmer zweifelsfrei möglich, z. B. durch die Zuführung von vermieteten Grundstücken oder Wertpapieren das Vermögen und die Ertragskraft seines Betriebes zu stärken. Würde ein Mitunternehmer derartige Wirtschaftsgüter seinem Sonderbetriebsvermögen zuführen, wird allein dadurch der Betrieb der Mitunternehmerschaft noch nicht gefördert. Auch wird deren Ertragskraft nicht gesteigert; die Erträge stehen allein dem Mitunternehmer zu. Einem Mitunternehmer ist deswegen die Bildung gewillkürten Sonderbetriebsvermögens nur möglich, wenn die Wirtschaftsgüter objektiv geeignet und subjektiv dazu bestimmt sind, dem Betrieb der Personengesellschaft oder der Beteiligung des Mitunternehmers zu dienen und diese zu fördern.[5] Dies ist zweifelsfrei dann nicht der Fall, wenn bereits im Zeitpunkt der Zuführung zu erwarten ist, dass das Wirtschaftsgut keinen Nutzen bringen, sondern zu Verlusten führen wird.[6] Die subjektive Bestimmung als Betriebsvermögen ist regelmäßig anzunehmen, wenn das Wirtschaftsgut in der Sonderbilanz als Betriebsvermögen ausgewiesen wird und wenn die dadurch verursachten Aufwendungen als Sonderbetriebsausgaben behandelt werden. 901

Die Zuordnung zum Sonderbetriebsvermögen muss durch eine unmissverständliche Bekundung der Zuordnungsentscheidung dokumentiert werden.[7] 902

BEISPIEL: A schafft am 20. 5. 03 ein Grundstück an, das nach seiner Beschaffenheit auch von der X-GmbH & Co. KG, an der er als Kommanditist beteiligt ist, genutzt werden könnte. Ob eine derartige Nutzung tatsächlich in Betracht kommt, ist offen. Der Anschaffungsvorgang wird nicht in der laufenden Buchführung des Sonderbetriebsvermögens erfasst. Nach dem 31. 12. 03 stellt sich heraus, dass das Grundstück nicht für gewerbliche Zwecke genutzt werden darf. Die Anschaffung erweist sich damit als Fehlmaßnahme. A veranlasst im Rahmen der Abschlussarbeiten für das Wirtschaftsjahr 03 im Mai 04 die Einbuchung des Anschaffungsvorganges.

Erst durch die Einbuchung im Mai 04 wird deutlich, dass das Grundstück dem Sonderbetriebsvermögen des A zugeordnet werden soll. Damit erfolgte die Widmung als gewillkürtes Sonderbetriebsvermögen erst für 04 und nicht bereits für 03. Zu diesem Zeitpunkt zeichnete sich die

1 BFH 18. 8. 2005 IV R 59/04, BStBl 2005 II 830.
2 Vgl. R 4.2 Abs. 2 Sätze 3 und 4 EStR.
3 R 4.2 Abs. 1 Satz 3 EStR.
4 BFH 24. 2. 2000 IV R 6/99, BStBl 2000 II 297; 29. 1. 2009 III B 123/07, BFH/NV 2009, 916, m. w. N.
5 BFH 23. 1. 1992 XI R 36/88, BStBl 1992 II 721; 21. 4. 2008 IV B 105/07, BFH/NV 2008, 1470, m. w. N.
6 BFH 23. 1. 1992 XI R 36/88, BStBl 1992 II 721.
7 BFH 27. 8. 1998 IV R 77/97, BStBl 1999 II 279, m. w. N.

Fehlmaßnahme und damit ein zu erwartender Verlust bereits ab. Das Grundstück kann danach nicht als gewillkürtes Sonderbetriebsvermögen des A behandelt werden.

903 Die nach den Ausführungen in Rn. 901 von der Rechtsprechung des BFH aufgestellten Voraussetzungen für die Bildung gewillkürten Sonderbetriebsvermögens, rechtfertigen es ohne weiteres, ein einem Mitunternehmer gehörendes Grundstück, das der Sicherung von der Mitunternehmerschaft gewährten Krediten dient, als gewillkürtes Sonderbetriebsvermögen zu behandeln.[1] Dies könnte hingegen bei einem Mietwohngrundstück, bei dem keinerlei Beziehungen zur Mitunternehmerschaft bestehen und sich nach den objektiven Gegebenheiten auch in der Zukunft nicht herstellen lassen werden, fraglich erscheinen. In seinem Urteil vom 7. 4. 1992[2] ist der BFH gleichwohl davon ausgegangen, dass zumindest für die Zukunft eine Nutzung im betrieblichen Interesse, z. B. als Sicherheit für der Mitunternehmerschaft gewährte Kredite, nicht ausgeschlossen werden kann, so dass damit dem Ausweis als Sonderbetriebsvermögen nichts entgegenstand. Der Sachverhalt war in diesem Fall im Übrigen dadurch gekennzeichnet, dass der Mitunternehmer sein Einzelunternehmen zu Buchwerten in die Mitunternehmerschaft eingebracht hatte und das in Rede stehende Mietwohngrundstück bereits gewillkürtes Betriebsvermögen im Einzelunternehmen war. Dazu weist der BFH darauf hin, dass es dem bisherigen Einzelunternehmer möglich sein müsse, an seiner Zuordnung zum gewillkürten Betriebsvermögen festzuhalten. Die Annahme einer Zwangsentnahme aus Anlass der Einbringung des Einzelunternehmens hält der BFH nicht für gerechtfertigt.

904 In dem Urteil vom 8. 3. 1990[3] hatte ein Mitunternehmer einen Teil seines Grundstücks der Mitunternehmerschaft überlassen, der zu seinem Sonderbetriebsvermögen I gehörte. Ein weiterer Teil dieses Grundstücks war an einen Dritten für gewerbliche Zwecke vermietet. In dem Umstand, dass auch dieser Grundstücksteil bei Bedarf der Mitunternehmerschaft überlassen werden könnte, sah der BFH die objektive Eignung für Zwecke der Mitunternehmerschaft, die die Annahme gewillkürten Sonderbetriebsvermögens rechtfertigte. Unter diesen Gesichtspunkten wurden die Voraussetzungen für die Annahme gewillkürten Sonderbetriebsvermögens ferner bejaht bei einem unbebauten Grundstück, das als Vorratsgelände für die Mitunternehmerschaft in Betracht kam;[4] bei einem Einfamilienhaus, das u. U. als Werkswohnung für Betriebsleiter genutzt werden sollte,[5] bei einem mit einem Nießbrauchsrecht belasteten Grundstück, das nach Wegfall der Belastung voraussichtlich der Mitunternehmerschaft dienen wird,[6] bei einem dem Grundbesitz der Mitunternehmerschaft benachbartem unbebauten Grundstück.[7] In seinem Urteil vom 27. 8. 1998[8] geht der BFH in einem Fall der Betriebsaufspaltung ganz allgemein davon aus, dass fremdvermieteter Grundbesitz bei

1 BFH 17. 5. 1990 IV R 27/89, BStBl 1991 II 216.
2 VIII R 86/87, BStBl 1993 II 21.
3 IV R 60/89, BStBl 1994 II 559.
4 BFH 21. 10. 1976 IV R 71/73, BStBl 1977 II 150.
5 BFH 11. 10. 1979 IV R 125/76, BStBl 1980 II 40.
6 BFH 16. 1. 1980 I R 1/77, BStBl 1980 II 381.
7 BFH 19. 3. 1981 IV R 39/78, BStBl 1981 II 732.
8 IV R 77/97, BStBl 1999 II 279, unter Bezugnahme auf BFH 23. 10. 1986 IV R 214/84, BStBl 1987 II 120.

der Besitzpersonengesellschaft als gewillkürtes Sonderbetriebsvermögen behandelt werden kann, sofern er als Betriebsvermögen ausgewiesen ist.

Auf der Grundlage dieser Rechtsprechung hat es das Niedersächsische FG in seinem Urteil vom 6.11.2002[1] abgelehnt, bei der Beteiligung eines Kommanditisten von rd. 17,8 % an einer vermögensverwaltenden GbR von dessen Sonderbetriebsvermögen auszugehen. Die GbR beabsichtigte, für rd. 110 Mio. DM die zur Vermietung bestimmten Gebäude mit Wohnungen, Läden, Büroräumen und einer Probenbühne sowie einer Tiefgarage herzustellen. Maßgebend dafür war, dass die Grundstücke in keiner Weise im Interesse der KG oder der Beteiligung an der KG nutzbar gemacht werden konnten. Die Eignung als Sicherheit für der KG gewährte Kredite schied bereits im Hinblick auf beträchtliche Fremdfinanzierung der Investitionen durch die GbR aus. Im Übrigen hätte der Kommanditist einen derartigen Einsatz der Grundstücke in der GbR auch nicht durchsetzen können. Schließlich war nach der Ergebnisvorschau über einen Zeitraum von insgesamt 20 Jahren nicht mit Gewinnen zu rechnen, die der KG hätten zur Stärkung zugeführt werden können. 905

Ist ein Mitunternehmer zugleich Miteigentümer eines Grundstücks, das teilweise der Mitunternehmerschaft überlassen wurde, stellt sich die Frage, welche Auswirkungen sich für den Ausweis des Sonderbetriebsvermögens für den Fall ergeben, dass er z. B. infolge eines Erbfalls Alleineigentümer dieses Grundstücks wird. 906

BEISPIEL: A ist zu 50 % an einer Grundstücksgemeinschaft beteiligt, die 60 % des Grundstücks an die A-GmbH & Co. KG vermietet hat, deren Kommanditist A ist. Die weitere Beteiligte an der Grundstücksgemeinschaft, die Mutter des A, ist nicht an der KG beteiligt und hält den ihr zustehenden Grundstücksteil im Privatvermögen. 40 % des Grundstücks sind zu fremden Wohnzwecken vermietet.

A weist den ihm gehörenden Grundstücksteil insgesamt als Sonderbetriebsvermögen aus. Dabei handelt es sich hinsichtlich des der KG überlassenen Teils um notwendiges Sonderbetriebsvermögen, im Übrigen um gewillkürtes Sonderbetriebsvermögen.

A beerbt seine Mutter in 03 als Alleinerbe. Es stellt sich danach die Frage, ob damit der bisher der Mutter zustehende Grundstücksteil insgesamt dem Sonderbetriebsvermögen des A zuzuführen ist.

Mit Eintritt des Erbfalls wird der bisher der Erblasserin, nunmehr A zustehende Teil des der KG überlassenen Grundstücksteils notwendiges Sonderbetriebsvermögen. Insoweit liegt eine nach § 6 Abs. 1 Nr. 5 EStG zu bewertende Einlage vor. A steht es weiter frei, den bisher seiner Mutter gehörenden fremden Wohnzwecken dienenden Grundstücksteil seinem Sonderbetriebsvermögen zuzuführen. Entschließt sich A hingegen, diesen Grundstücksteil im Privatvermögen zu halten, führt dies nicht dazu, dass damit der bisher zu seinem gewillkürten Sonderbetriebsvermögen gehörende entsprechende Grundstücksteil als entnommen gilt. Der BFH hat in seinem Urteil vorn 8. 3. 1990[2] entschieden, dass das bisher zum Sonderbetriebsvermögen gehörende Wirtschaftsgut, der fremden Wohnzwecken dienende Gebäudeteil, nur dann in das Privatvermögen überführt wird, wenn dazu eine ausdrückliche Entnahmeerklärung abgegeben wird oder eine Nutzungsänderung vorliegt, die zur Zuordnung zum notwendigen Privatvermögen

1 12 K 265/98, EFG 2003, 627.

2 IV R 60/89, BStBl 1994 II 559.

führt. Im Ergebnis wird es in diesem Sonderfall zugelassen, dass das einheitliche Wirtschaftgut, der fremden Wohnzwecken dienender Gebäudeteil, teilweise in einem Betriebsvermögen und im Übrigen im Privatvermögen gehalten wird.

5. Ausscheiden aus dem Sonderbetriebsvermögen

907 Entfallen die Voraussetzungen für die Zugehörigkeit eines Wirtschaftsguts zum notwendigen Sonderbetriebsvermögen, liegt dann eine Entnahme vor, wenn dieses Wirtschaftsgut notwendiges Privatvermögen wird[1] oder vom Mitunternehmer ausdrücklich entnommen wird. Wirtschaftsgüter des notwendigen Sonderbetriebsvermögens sind nicht entnahmefähig.[2] Dient das Wirtschaftsgut nach einer Nutzungsänderung weiterhin der Einkunftserzielung, stellt sich die Frage, ob es damit als gewillkürtes Sonderbetriebsvermögen fortgeführt werden kann.

BEISPIEL: A hat als Kommanditist der A-GmbH & Co. KG die Hälfte des Erdgeschosses eines in der Innenstadt belegenen Grundstücks zur betrieblichen Nutzung überlassen. Dieser Grundstücksteil, der bereits zuvor zum notwendigen Betriebsvermögen des von A betriebenen Einzelunternehmens gehörte, wurde zutreffenderweise als notwendiges Sonderbetriebsvermögen I behandelt. Der Betrieb wird in ein neu erschlossenes Gewerbegebiet am Stadtrand verlegt. Daraufhin wird der von der A-GmbH & Co. KG geräumte Grundstücksteil an einen fremden Gewerbebetrieb vermietet.

Die weitere Hälfte des Erdgeschosses dieses Grundstücks war bereits an einen anderen Gewerbetreibenden vermietet. Diesen Grundstücksteil wie auch die Obergeschosse des Gebäudes hat A zulässigerweise seinem Privatvermögen zugeordnet.

908 Geht man von dem allgemein maßgebenden Grundsatz aus, wonach ein Wirtschaftsgut seine Eigenschaft als Betriebsvermögen durch eine Nutzungsänderung nur dann verliert, wenn es dadurch notwendiges Privatvermögen geworden ist,[3] und knüpft man weiter an das Urteil des BFH vom 8. 3. 1990[4] an, kann A den bisher an die A-GmbH & Co. KG vermieteten und nunmehr an einen anderen Gewerbetreibenden vermieteten Grundstücksteil in seinem Sonderbetriebsvermögen belassen, obwohl es sich dabei nur um einen Teil des einheitlichen Wirtschaftsguts „fremdgewerblichen Zwecken dienender Grundstücksteil" handelt, das im Übrigen im Privatvermögen gehalten wird.

6. Sonderbetriebsvermögen bei mittelbarer Beteiligung

909 Ist eine Mitunternehmerschaft (Obergesellschaft) ihrerseits Mitunternehmerin einer anderen Mitunternehmerschaft (Untergesellschaft) sind auch im Verhältnis zwischen Ober- und Untergesellschaft die Regelungen des § 15 Abs. 1 Satz 1 Nr. 2 Satz 1 EStG zu beachten. Damit stellt sich auch in diesen Fällen die Frage des Ausweises von Sonderbetriebsvermögen der Obergesellschaft bei der Untergesellschaft. Überlässt die Obergesellschaft z. B. ein zum Gesamthandsvermögen gehörendes Grundstück der Unterge-

---

1 BFH 8. 3. 1990 IV R 60/89, BStBl 1994 II 559; 14. 1. 2010 IV R 33/07, BStBl 2010 II 586; *Wacker* in Schmidt, EStG § 15 Rz. 538.

2 BFH 3. 9. 2009 IV R 61/06, BFH/NV 2010, 404.

3 Vgl. R 4.3 Abs. 3 Satz 5 EStR, z. B. BFH 7. 2. 2002 IV R 32/01, BFH/NV 2002, 1135, m. w. N.

4 IV R 60/89, BStBl 1994 II 559; vgl. auch BFH 21. 4. 2005 III R 4/04, BStBl 2005 II 604.

sellschaft mietweise zur Nutzung, gehört dieses Grundstück damit zum notwendigen Sonderbetriebsvermögen I bei der Untergesellschaft.[1] Bei Beginn der Nutzung wird es deswegen gem. § 6 Abs. 5 EStG zum Buchwert[2] aus dem Betriebsvermögen der Obergesellschaft in deren Sonderbetriebsvermögen bei der Untergesellschaft überführt. Endet die Nutzungsüberlassung, dient das Wirtschaftsgut nicht mehr im Rahmen der Beteiligung an der Untergesellschaft, sondern im Rahmen der übrigen Aktivitäten der Obergesellschaft der Einkunftserzielung. Es scheidet deswegen mit Beendigung der Nutzungsüberlassung zum Buchwert aus dem Sonderbetriebsvermögen bei der Untergesellschaft aus und wird damit wieder Bestandteil des (übrigen) Betriebsvermögens der Obergesellschaft.

Nach den in Rn. 581 ff. dargestellten Grundsätzen ist in den Fällen der sog. doppelstöckigen oder auch mehrstöckigen Personengesellschaft der Mitunternehmer der Obergesellschaft gem. § 15 Abs. 1 Satz 1 Nr. 2 Satz 2 EStG insoweit zugleich Mitunternehmer der Untergesellschaft, als er von der Untergesellschaft Vergütungen i. S. d. Satzes 1 dieser Regelung bezieht. Dementsprechend bildet der Mitunternehmer der Obergesellschaft in diesem Rahmen auch Sonderbetriebsvermögen bei der Untergesellschaft.[3] Für den Regelfall wird es sich dabei um notwendiges Sonderbetriebsvermögen I handeln. Denkbar ist aber auch die Bildung von notwendigem Sonderbetriebsvermögen II. 910

BEISPIEL: A ist Kommanditist der X-GmbH & Co. KG, die ihrerseits als Mitunternehmerin an der Y-KG beteiligt ist. Er steht zivilrechtlich als Reisender in einem Arbeitsverhältnis zu der Y-KG: Für seine Reisetätigkeit benutzt er einen eigenen Pkw.

Gem. § 15 Abs. 1 Satz 1 Nr. 2 Satz 2 EStG ist A nicht Arbeitnehmer, sondern Mitunternehmer der Y-KG und bezieht damit insoweit Einkünfte aus Gewerbebetrieb. Der für seine Reisetätigkeit benutzte eigene Pkw steht damit in unmittelbarem Zusammenhang mit der die Mitunternehmerschaft begründenden Tätigkeit, so dass es zum Sonderbetriebsvermögen bei der Y-KG gehört.

Dem Mitunternehmer einer Obergesellschaft ist danach außerhalb des sich aus § 15 Abs. 1 Satz 1 Nr. 2 Satz 2 EStG ergebenden Rahmens die Bildung von Sonderbetriebsvermögen bei der Untergesellschaft nicht möglich, so dass insbesondere die Bildung gewillkürten Sonderbetriebsvermögens ausgeschlossen ist. Fraglich ist, wie zu verfahren ist, wenn infolge Nutzungsänderung, die Voraussetzungen für die Zugehörigkeit zum notwendigen Sonderbetriebsvermögen entfallen. 911

BEISPIEL: B ist Kommanditist der X-GmbH & Co. KG, die ihrerseits als Mitunternehmerin an der Y-KG beteiligt ist. Er überlässt der Y-KG mietweise ein ihm gehörendes Bürogebäude. Nach Jahren endet dieses Mietverhältnis, weil die Y-KG ihre Verwaltung in ein eigenes Gebäude verlegt. B vermietet das Gebäude nunmehr an ein fremdes Unternehmen.

Geht man davon aus, dass infolge Wegfalls von Vergütungen i. S. d. § 15 Abs. 1 Satz 1 Nr. 2 EStG zwischen B und der Y-KG keine unmittelbare Mitunternehmerschaft mehr besteht, entfällt damit die Voraussetzung für die Zugehörigkeit zum notwendige Sonderbetriebsvermögen bei der Y-KG. Das Grundstück gehört nach der Nutzungsänderung nicht zum notwendigen Privatvermögen des B. Dementsprechend dürfte es B unbenommen sein, das Gebäude gem. § 6

---

1 BFH 24. 3. 1999 I R 114/97, BStBl 2000 II, 399; vgl. auch *Wacker* in Schmidt, EStG § 15 Rz. 618.

2 Wegen Einzelheiten vgl. Rn. 1146 ff.

3 BFH 31. 8. 1999 VIII B 74/99, BStBl 1999 II 794; 6. 9. 2000 IV R 69/99, BStBl 2001 II 731, m. w. N.

Abs. 5 EStG erfolgsneutral in sein gewillkürtes Sonderbetriebsvermögen bei der X-GmbH & Co. KG zu überführen.

912 Veräußert die Obergesellschaft ihre Beteiligung an der Untergesellschaft, entfallen damit die Voraussetzungen für die Anwendung des § 15 Abs. 1 Satz 1 Nr. 2 Satz 2 EStG bei der Untergesellschaft im Verhältnis zu den Mitunternehmern der Obergesellschaft. Damit endet zugleich die Zugehörigkeit der in diesem Zusammenhang eingesetzten Wirtschaftsgüter zum Sonderbetriebsvermögen bei der Untergesellschaft. Entsprechendes gilt, wenn der betreffende Mitunternehmer aus der Obergesellschaft ausscheidet. Geht man in dem Beispiel in Rn. 910 davon aus, dass A seine Tätigkeit als Reisender für die Y-KG fortsetzt, bezieht er insoweit nunmehr Einkünfte aus nichtselbständiger Arbeit i. S. d. § 19 EStG. Die Aufwendungen für den Pkw sind nach § 9 EStG als Werbungskosten bei Ermittlung dieser Einkünfte berücksichtigungsfähig. Der Pkw wird damit aus dem Sonderbetriebsvermögen in das Privatvermögen überführt. Unterstellt man im Fall des Beispiels in Rn. 911, dass der Mietvertrag zwischen B und der Y-KG fortgesetzt wird, dürfte es B ebenfalls möglich sein, das Grundstück in sein Sonderbetriebsvermögen bei der X-GmbH & Co. KG gem. § 6 Abs. 5 EStG erfolgsneutral zu überführen.

913–915 *(Einstweilen frei)*

7. Besonderheiten bei Kapitalgesellschaften als Mitunternehmer im Zusammenhang mit § 8a KStG

Literatur: *Prinz zu Hohenlohe/Heurung,* Neufassung der Gesellschafterfremdfinanzierung i. S. von § 8a KStG-E und Personengesellschaften, DB 2003, 2568; *Behrens,* Die Anwendung von § 8a KStG n. F. auf fremdfinanzierte Personengesellschaften, DStR 2004, 398; *Briese,* Die neuen Regelungen zur Gesellschafter-Fremdfinanzierung nach § 8a KStG, StuB 2004, 57; *Dötsch/Pung,* Die Neuregelungen bei der Körperschaftsteuer und der Gewerbesteuer durch das Steuergesetzgebungspaket vom Dezember 2003 – Die Änderungen insbesondere des § 8a KStG, DB 2004, 91; *dies.,* Gesellschafter-Fremdfinanzierung: Das Einführungsschreiben, DB 2004, 1683; *Endres/Kroninger,* Die Anwendung von § 8a KStG n. F. bei nachgeschalteten Personengesellschaften, FR 2004, 377; *Frotscher,* Die rechtlichen Wirkungen des § 8a KStG n. F., DStR 2004, 377; *Grützner,* Einzelfragen zur Gesellschafter-Fremdfinanzierung, BBK F. 10, 837 (2004); *Hinder/Köhler,* Überblick zum BMF-Schreiben zu § 8a KStG, StuB 2004, 665; *Mensching,* Stille Beteiligung und § 8a KStG n. F., DStR 2004, 408; *Rödder,* u. a., Das BMF-Schreiben zu § 8a KStG, DStR 2004, 1853; *Schmidt/Grabbe,* § 8a KStG n. F.: Fremdvergleich bei gesellschafterbesicherten Darlehen, DStR 2004, 403; *Stalinski,* Neuregelung der Gesellschafter-Fremdfinanzierung nach § 8a KStG, NWB F. 4, 4771 (2004). *Silber,* Gesellschafter-Fremdfinanzierung – Neues BMF-Schreiben vom 22. 7. 2005 zum Rückgriffsfall des § 8a KStG, NWB F. 4, 5019; *Prinz/Hick,* Schädliche Darlehnsgewährung gemäß § 8a KStG durch rückgriffsgesicherte Dritte – Erste Anmerkungen zum BMF-Schreiben vom 22. 7. 2005, FR 2005, 924; *Stadler/Elser,* Das neue BMF-Schreiben zu Drittdarlehen mit Rückgriffsmöglichkeit (§ 8a Abs. 1 Satz 2 KStG) BB 2005, 1824; *Pung,* Gesellschafterfremdfinanzierung – Das BMF-Schreiben vom 22. 7. 2005 zu den Rückgriffsfällen des § 8a KStG, DB 2005, 1756; *Hahne,* Rückgriffsfinanzierung gem. § 8a KStG: Verbleibende Zweifelsfragen nach dem BMF-Schreiben vom 22. 7. 2005, DB 2005, 2484; *Dörr/Geibel/Geißelmeier,* Fremdfinanzierter konzerninterner Erwerb einer Kapitalgesellschaftsbeteiligung – Anmerkungen zum BMF-Schreiben vom 19. 9. 2006, NWB F. 4, 5121; *Thill/Puls,* Fremdfinanzierter konzerninterner Beteiligungserwerb nach § 8a Abs. 6 KStG – Allgemeine Planlosigkeit bei Gesamtplan?, FR 2006, 962; *Grotherr,* Analyse des neuen BMF-Schreibens vom 19. 9. 2006 zum Finanzierungskostenabzugsverbot beim fremdfinanzierten konzerninternen Anteilserwerb (§ 8a Abs. 6 KStG), IWB F. 3 Deutschland Gr. 4, 503; *Kessler/Groß,* Konzerninterne Anteilsübertragung – Anmerkungen zum BMF-Schreiben vom 19. 9. 2006 § 8a Abs. 6 KStG, WPg 2006,

1548; *Breuninger/Schade*, Fremdfinanzierter konzerninterner Beteiligungserwerb – Kritische Würdigung des BMF-Schreibens vom 19. 9. 2006, DStR 2007, 221.

a) Überblick

Nach Auffassung des steuerlichen Gesetzgebers sind KapGes von ihren Gesellschaftern in einem bestimmten Mindestumfang mit Eigenkapital auszustatten. Die bis einschl. 2003 geltende Fassung des § 8a KStG sah lediglich Regelungen für die Fälle vor, in denen inländische KapGes von ihren nicht unbeschränkt steuerpflichtigen Gesellschaftern oder von ihren von der KSt persönlich befreiten Gesellschaftern in nach den Wertungen dieser Vorschrift unzureichendem Maße mit Eigenkapital ausgestattet wurden. Diese Regelung hat der EuGH mit Urteil vom 12. 12. 2002[1] als nicht mit Art. 43 des EG-Vertrags vereinbar angesehen. Deswegen wird sie im Verhältnis zu EU-Ausländern nicht mehr angewandt.[2] Der Gesetzgeber hielt einen allgemeinen Verzicht auf Regelungen für Fälle der nach seinen Wertungen unzureichenden Ausstattung von KapGes mit Eigenkapital dann nicht für vertretbar, wenn der KapGes von ihren Gesellschaftern Fremdkapital zugeführt wird. Nach § 8a Abs. 1 KStG in der ab VZ 2004 geltenden Fassung[3] ist deswegen bei Vergütungen für Fremdkapital, das eine KapGes nicht nur kurzfristig von einem wesentlich beteiligten Anteilseigner erhalten hat und die Vergütungen dafür insgesamt mehr als 250 000 € jährlich betragen, zu prüfen, ob es sich dabei um verdeckte Gewinnausschüttungen handelt. 916

Die Regelung des § 8a KStG ist mit Wirkung für Wirtschaftsjahre, die nach dem 25. 5. 2007 beginnen und nicht vor dem 1. 1. 2008 enden,[4] auf eine neue Grundlage gestellt worden. Durch § 8a Abs. 1 KStG n. F. werden die Regelungen des § 4h EStG über die Zinsschranke[5] für entsprechend anwendbar erklärt. Die nachfolgenden Absätze 2 und 3 sehen Sonderregelungen für die Fälle der Gesellschafterfremdfinanzierung bei Körperschaften vor. 917

b) Die Regelungen des § 8a KStG a. F.

Die Regelungen des § 8a KStG in der bis 2007 geltenden Fassung sind dadurch gekennzeichnet, dass die Vergütungen für Fremdkapital, das der Kapitalgesellschaft von wesentlich beteiligten Gesellschaftern zur Verfügung gestellt wird, unter bestimmten Voraussetzungen nicht als Betriebsausgaben abziehbar, sondern als verdeckte Gewinnausschüttungen zu behandeln sind. Beteiligte sich eine Kapitalgesellschaft als Mitunternehmerin an einer Personengesellschaft, konnte sich die Frage der Anwendung des § 8a KStG a. F. bei der steuerlichen Gewinnermittlung der Personengesellschaft stellen. 918

BEISPIEL: Die X-GmbH hat sich als Mitunternehmerin an der Y-GmbH & Co. KG beteiligt. Neben ihrer Kommanditeinlage hat sie der KG ein verzinsliches Darlehen überlassen. Die dafür erfor-

1 Rs. C-324/00, i. S. *Lankhorst-Hohorst*, StuB 2003, 88.

2 FinMin Nordrhein-Westfalen 26. 5. 2003, StuB 2003, 521.

3 Eingefügt durch Art. 3 des Gesetzes zur Umsetzung der Protokollerklärung der Bundesregierung zur Vermittlungsempfehlung zum Steuervergünstigungsabbaugesetz v. 22. 12. 2003, BGBl 2003 I 2840.

4 Vgl. § 34 Abs. 6a Satz 3 ff. KStG.

5 Vgl. Rn. 1101 ff.

derlichen Mittel sind der X-GmbH von ihrer wesentlich beteiligten Gesellschafterin, der A-AG bzw. einer dieser nahe stehenden Person verzinslich zur Verfügung gestellt worden. Die insoweit begründeten Verbindlichkeiten werden im Sonderbetriebsvermögen[1] ausgewiesen, der Zinsaufwand wird dementsprechend als Sonderbetriebsausgabe abgezogen.

Erfolgte die Zuführung des Fremdkapitals der X-GmbH unter Umständen, die die Anwendung des § 8a KStG a. F. rechtfertigen, handelt es sich bei den von der X-GmbH an die Gläubiger gezahlten Zinsen um verdeckte Gewinnausschüttungen. Damit liegen insoweit keine Sonderbetriebsausgaben bei der Y-GmbH & Co. KG vor. Dies gilt unabhängig davon, ob es sich bei der A-AG um eine inländische oder eine ausländische KapGes handelt. Entsprechende Rechtsfolgen würden auch dann eintreten, wenn es sich bei den Gesellschaftern der X-GmbH um im Inland oder im Ausland ansässige natürliche Personen handeln würde.

919 Zur Vermeidung von Umgehungen sieht § 8a Abs. 5 KStG a. F. entsprechende Rechtsfolgen für die Fälle vor, in denen der an einer KapGes beteiligte Gesellschafter das Fremdkapital einer Personengesellschaft überlässt, an der die KapGes allein oder zusammen mit ihr nahe stehenden Personen i. S. d. § 1 Abs. 2 AStG unmittelbar oder mittelbar zu mehr als einem Viertel beteiligt ist. In diesen Fällen gilt das Fremdkapital gem. § 8a Abs. 5 Satz 2 KStG als der KapGes überlassen.

920 Die Rechtsfolgen des § 8a KStG a. F. treten bei nach einem Bruchteil des überlassenen Kapitals bemessenen Vergütungen, d. h. insbesondere bei verzinslichen Darlehen, dann nicht ein, wenn nachgewiesen werden kann, dass dieses Fremdkapital bei sonst gleichen Umständen von einem fremden Dritten zur Verfügung gestellt worden wäre. Wird die Vergütung für das Fremdkapital hingegen nicht nach einem Bruchteil des Kapitals, sondern z. B. nach einem bestimmten Verhältnis zu Umsatz oder Gewinn bestimmt, liegt unter Beachtung der Freigrenze von 250 000 € ein Anwendungsfall des § 8a KStG vor.

921 Zu den komplexen Regelungen des § 8a KStG a. F. hat die FinVerw mit den BMF-Schreiben vom 15. 7. 2004,[2] vom 22. 7. 2005[3] und vom 19. 9. 2006,[4] Stellung genommen.

922–932 *(Einstweilen frei)*

c) Die Regelungen des § 8a KStG n. F.

Literatur: *Rödder/Stangl*, Zur geplanten Zinsschranke, DB 2007, 479; *Hallerbach*, Problemfelder der neuen Zinsschrankenregelung des § 4h EStG, StuB 2007, 487; *Dörr/Geibel/Fehling*, Die neue Zinsschranke, NWB F. 4, 5199: *Hahne*, Reichweite steuerschädlicher Gesellschafter-Fremdfinanzierungen bei der Zinsschranke, StuB 2007, 808: *Herzig/Liekenbrock*, Zinsschranke Im Organkreis, DB 2007, 2387; *Möhlenbrock*, Detailfragen der Zinsschranke aus der Sicht der Finanzverwaltung, Ubg 2008, 1.

1 Vgl. Rn. 839.

2 BStBl 2004 I 593.

3 BStBl 2005 I 829.

4 BStBl 2006 I 559; beachte Berichtigung in BStBl 2006 I 632.

Durch § 8a Abs. 1 KStG in der für Wirtschaftsjahre, die nach dem 25. 5. 2007 beginnen und nicht vor dem 1. 1. 2008 enden,[1] geltenden Fassung werden die Regelungen des § 4h EStG über die Zinsschranke[2] für die Besteuerung nach Maßgabe des KStG für entsprechend anwendbar erklärt. Der Anwendungsbereich dieser Vorschrift ist damit nicht auf die Fälle der Gesellschafterfremdfinanzierung beschränkt. Danach nicht berücksichtigungsfähiger Finanzierungsaufwand ist für das Wirtschaftsjahr des Anfalls als nicht abzugsfähige Betriebsausgabe zu behandeln, jedoch als Zinsvortrag im Rahmen der zu beachtenden Einschränkungen für nachfolgende Wirtschaftsjahre abzugsfähig. Dabei ist es unerheblich, ob die Fremdfinanzierung durch außenstehende Dritte oder aber durch die Gesellschafter sowie denen nahe stehende Personen erfolgt. Im Gegensatz zu § 8a KStG a. F. ist angesichts dieser Grundkonzeption für die Annahme von verdeckten Gewinnausschüttungen kein Raum mehr. Zusätzlich zu beachtende Sonderregelungen wurden in § 8a Abs. 2 und 3 KStG für die Fälle der Gesellschafterfremdfinanzierung getroffen; auch die danach zunächst nicht abziehbaren Finanzierungsaufwendungen gehen in den Zinsvortrag ein und können deswegen für nachfolgende Wirtschaftsjahre abziehbar sein. 933

Eine nicht zu einem Konzern gehörende Körperschaft, deren Nettozinsaufwand 3 Mio. € im Wirtschaftsjahr nicht übersteigt, unterliegt nach § 4h Abs. 2 Satz 1 Buchst. b EStG grundsätzlich nicht der Zinsschranke. Dies gilt nach § 8a Abs. 2 KStG nur dann, wenn die Vergütungen für Fremdkapital an einen zu mehr als einem Viertel unmittelbar oder mittelbar beteiligten Anteilseigner (wesentlich beteiligter Anteilseigner), eine diesem nahe stehende Person i. S. d. § 1 Abs. 2 AStG[3] oder einen Dritten, der auf den wesentlich beteiligten Anteilseigner oder eine diesem nahe stehende Person zurückgreifen kann, nicht mehr als 10 % der die Zinserträge übersteigenden Zinsaufwendungen der Körperschaft betragen und die Körperschaft dies nachweist. 934

Konzernangehörige Körperschaften unterliegen nach § 4h Abs. 2 Satz 1 Buchst. c EStG dann nicht der Zinsschranke, wenn ihre Eigenkapitalquote am Schluss des vorangegangenen Abschlussstichtages gleich hoch oder höher ist als die des Konzerns; dabei ist ein Unterschreiten der Eigenkapitalquote des Konzerns um bis zu einen Prozentpunkt, ab 2010 zwei Prozentpunkte unschädlich. Nach § 8a Abs. 3 KStG ist es weiter erforderlich, dass die Vergütungen für Fremdkapital der Körperschaft oder eines anderen demselben Konzern zugehörenden Rechtsträgers an einen wesentlich beteiligten Gesellschafter einer konzernzugehörigen Gesellschaft, eine diesem nahe stehende Person i. S. d. § 1 Abs. 2 AStG oder einen Dritten, der auf den wesentlich beteiligten Gesellschafter oder eine diesem nahe stehende Person zurückgreifen kann, nicht mehr als 10 % der die Zinserträge übersteigenden Zinsaufwendungen betragen und die Körperschaft dies nachweist. Diese Einschränkung gilt nur für Zinsaufwendungen aus Verbindlichkeiten, die in dem voll konsolidierten Konzernabschluss ausgewiesen sind und bei Finanzierung durch einen Dritten einen Rückgriff gegen einen nicht zum Konzern gehörenden Gesellschafter oder eine diesem nahe stehende Person auslösen. Nicht zu 935

1 Vgl. § 34 Abs. 6a Satz 3 ff. KStG.

2 Vgl. Rn. 1101 ff.

3 Vgl. Rn. 919.

berücksichtigen ist also der Zinsaufwand aus Kreditgewährungen innerhalb des Konzerns. Liegen danach die Voraussetzungen für die Anwendung der Zinsschranke bei einem Konzernunternehmen vor, führt dies auch bei den übrigen Konzernunternehmen zur Beschränkung des Schuldzinsenabzugs.

936 Eine PersGes kann danach lediglich als ein zu einem Konzern gehörendes Unternehmen von den Regelungen des § 8a Abs. 2 KStG betroffen sein, als eine Körperschaft Mitunternehmerin ist, deren mitunternehmerschaftliches Engagement fremdfinanziert wurde, die Verbindlichkeiten dementsprechend zum Sonderbetriebsvermögen gehören und die Zinsen Sonderbetriebsausgaben sind.[1]

937 Soweit in den Zinsaufwand Vergütungen einzubeziehen sind, die einem Dritten zustehen, dem ein Rückgriff gegen einen wesentlich beteiligten Gesellschafter oder eine diesem nahe stehende Person zusteht, knüpft der Gesetzgeber an die Regelung des § 8a Abs. 1 Satz 2 KStG a. F. an.[2]

938–945 *(Einstweilen frei)*

8. Beteiligung eines beschränkt Steuerpflichtigen an einer inländischen Mitunternehmerschaft

946 Beschränkt Steuerpflichtige i. S. d. § 1 Abs. 4 EStG, die sich als Mitunternehmer an einer inländischen Mitunternehmerschaft mit Betriebsstätte im Inland beteiligt haben, beziehen aus dieser Beteiligung gem. § 49 Abs. 1 Nr. 2 Buchst. a EStG inländische Einkünfte aus Gewerbebetrieb i. S. d. § 15 EStG. Dazu gehören auch Vergütungen i. S. d. § 15 Abs. 1 Satz 1 Nr. 2 EStG, z. B. die Zinsen für ein der Mitunternehmerschaft gewährtes Darlehen. Daraus folgt, dass der Umfang des Sonderbetriebsvermögens des beschränkt steuerpflichtigen Mitunternehmers ebenfalls nach den für unbeschränkt steuerpflichtige Mitunternehmer vorstehend in Rn. 821 ff. dargestellten Grundsätzen zu bestimmen ist. Für die Fälle, in denen der Mitunternehmer in einem Staat ansässig ist, mit dem ein DBA besteht, wurde bisher auf der Grundlage der Rechtsprechung des BFH die Auffassung vertreten, dass der Deutschland als Betriebsstättenstaat zur Besteuerung überlassene Unternehmensgewinn i. S. d. Art. 7 OECD-MA entsprechenden Regelung nicht zwingend die Sondervergütungen i. S. d. § 15 Abs. 1 Satz 1 Nr. 2 EStG umfasst. Soweit aufgrund von Sonderregelungen des in Betracht kommenden DBA oder Besonderheiten des betreffenden Einzelfalles eine Zuordnung dieser Vergütungen zum Unternehmensgewinn nicht möglich ist, richtet sich das Besteuerungsrecht nach den übrigen Einzelregelungen des in Betracht kommenden DBA. Dies hat dann zur Folge, dass das Besteuerungsrecht an den Zinsen für ein der Mitunternehmerschaft gewährtes Darlehen nach der Art. 11 OECD-MA entsprechenden Regelung Deutschland insgesamt genommen oder auf einen bestimmten Prozentsatz der Zinseinnahmen beschränkt wird. Entsprechendes hätte für die aus zum Sonderbetriebsvermögen gehörenden Beteiligungen an inländischen Kapitalgesellschaften bezogenen Gewinnausschüttungen (Dividenden) aufgrund der Art. 10 OECD-MA entsprechenden Regelung zu gelten. Ferner kann sich

1 Vgl. *Dörr/Geibel/Fehling*, NWB F. 4, 5199, 5209; *Wienbergen* in Mössner/Seeger, § 8a KStG n. F. Rn. 125.

2 Vgl. dazu BMF 15. 7. 2004, BStBl 2004 I 593, Tz 19.

diese Frage bei dem Bezug von Lizenzgebühren i. S. d. Art. 12 OECD-MA stellen. Soweit inländischer Grundbesitz zum Sonderbetriebsvermögen des ausländischen Mitunternehmers gehört, verbleibt das Besteuerungsrecht an den daraus bezogenen Vergütungen nach der Art. 6 OECD-MA entsprechenden Regelung bei Deutschland als Belegenheitsstaat unabhängig davon, ob diese Einkünfte als Unternehmensgewinn i. S. d. Art. 7 OECD getroffenen Regelung zu qualifizieren sind.

Zu beachten ist jedoch, dass durch die vorerörterten Regelungen lediglich das Besteue- 947
rungsrecht an den laufenden Einkünften bestimmt wird. Zu dem Besteuerungsrecht an den durch die Veräußerung der diese Einkünfte begründenden Vermögenswerte erzielten Einkünften wird durch die Art. 13 OECD-MA entsprechenden Regelungen Stellung genommen. Danach ist regelmäßig wie folgt zu differenzieren:

- Gewinne aus der Veräußerung unbeweglichen Vermögens i. S. d. Art. 6 OECD-MA können vom Belegenheitsstaat besteuert werden – Art. 13 Abs. 1 OECD-MA,
- Gewinne aus der Veräußerung beweglichen Vermögens, das Betriebsvermögen einer Betriebsstätte ist, können vom Betriebsstättenstaat besteuert werden – Art. 13 Abs. 2 OECD-MA,
- Gewinne aus der Veräußerung von Seeschiffen oder Luftfahrzeugen, die im internationalen Verkehr betrieben werden, von Binnenschiffen, die der Binnenschifffahrt dienen, und von beweglichem Vermögen, das dem Betrieb dieser Schiffe oder Luftfahrzeuge dient, können nur von dem Staat besteuert werden, in dem sich der Ort der tatsächlichen Geschäftsleitung des Unternehmens befindet – Art. 13 Abs. 3 OECD-MA,
- Gewinne der Veräußerung von Anteilen an Kapitalgesellschaften, deren Wert zu mehr als 50 % unmittelbar oder mittelbar auf unbeweglichem Vermögen beruht, das im anderen Vertragsstaat liegt, können vom Belegenheitsstaat besteuert werden – Art. 13 Abs. 4 OECD-MA,
- Gewinne aus der Veräußerung des vorstehend nicht genannten Vermögens können nur vom Ansässigkeitsstaat besteuert werden – Art. 13 Abs. 5 OECD-MA.

Soweit es sich danach nicht um unbewegliches Vermögen und nicht um bewegliches Betriebsstättenvermögen handelt, steht das ausschließliche Besteuerungsrecht nach der Art. 13 Abs. 5 OECD-MA nachempfundenen Regelung weitgehend dem Ansässigkeitsstaat zu. Damit ergibt sich insoweit dieselbe Problematik, wie bei der Beurteilung des Besteuerungsrechts an den entsprechenden laufenden Einkünften.[1]

Das Besteuerungsrecht Deutschlands als Betriebsstättenstaat wird danach nicht beein- 948
trächtigt hinsichtlich der Gewinne aus der Veräußerung von zum Sonderbetriebsvermögen gehörendem inländischen Grundbesitzes und von nach den Wertungen des in Betracht kommenden DBA zum inländischen Betriebsstättenvermögen gehörenden Wirtschaftsgütern des Sonderbetriebsvermögens. Für Veräußerungsgewinne aus den verbleibenden Wirtschaftsgütern des Sonderbetriebsvermögens verbleibt das Besteuerungsrecht hingegen bei dem Ansässigkeitsstaat des Mitunternehmers. In Tz 5.1 des

1 Vgl. *Fischer-Zernin* in Gosch/Kroppen/Grotherr, Art. 13 OECD-MA Rn. 26.

BMF-Schreibens vom 16. 4. 2010[1] wird die Auffassung vertreten, dass von den Mitunternehmern der Mitunternehmerschaft zur Nutzung überlassene Wirtschaftsgüter der Betriebsstätte der Mitunternehmerschaft zuzuordnen sind. Damit werden bei deren Veräußerung Gewinne i. S. d. Art. 13 Abs. 4 OECD-MA entsprechenden Regelung bezogen, für die Deutschland als Betriebsstättenstaat das Besteuerungsrecht hat. Für den Fall, dass auch der Ansässigkeitsstaat ein Besteuerungsrecht beansprucht, soll dieser Konflikt in einem Verständigungsverfahren gelöst werden. Scheitert dies, ist es nach Tz 3.1 des BMF-Schreibens vom 16. 4. 2010[2] Sache des Ansässigkeitsstaates, die Doppelbesteuerung auszuräumen.

949 Mit Urteil vom 13. 2. 2008[3] hat der BFH zu Art. 13 Abs. 2 DBA Schweiz darauf hingewiesen, dass die Beteiligung an einer Kapitalgesellschaft, die nach deutschem Steuerrecht zum Sonderbetriebsvermögen eines Gesellschafters gehöre, aus abkommensrechtlicher Sicht der durch die Personengesellschaft vermittelten Betriebsstätte zuzuordnen sei. Etwas anderes habe nur dann zu gelten, wenn das in Betracht kommende DBA eine abweichende Regelung treffe. Durch Urteil vom 8. 9. 2010[4] hat der BFH entschieden, dass Lizenzgebühren, die ein in den USA ansässiger Mitunternehmer, von der in Deutschland aktiven Mitunternehmerschaft bezieht, nicht als Teil des Betriebsstättengewinns aus dem Inland bezogen werden. Dies steht nach ausdrücklichem Hinweis nicht im Widerspruch zu dem vorbezeichneten Urteil vom 13. 2. 2008. Der BFH geht danach für die Anwendung des Art. 13 Abs. 2 OECD-MA einerseits und des Art. 7 Abs. 1 Satz 2 OECD-MA von unterschiedlichen Zuordnungskriterien aus. Weiter weist er darauf hin, dass sich § 50d Abs. 10 Satz 1 EStG lediglich auf Sondervergütungen, nicht hingegen auf Sonderbetriebsvermögen beziehe. Es bleibt abzuwarten, wie sich die Rechtsprechung des BFH weiter entwickeln wird.

950–955 *(Einstweilen frei)*

9. Beteiligung an einer ausländischen Mitunternehmerschaft

956 Beteiligt sich eine unbeschränkt steuerpflichtige Person an einer ausländischen Mitunternehmerschaft[5] wird der inländische Steueranspruch auf die aus dieser Beteiligung bezogenen Einkünfte nach Maßgabe der Vorschriften des EStG und damit auch des § 15 EStG geltend gemacht. Dementsprechend ist in die Ermittlung der Einkünfte entsprechend den vorstehend in Rn. 821 ff. dargestellten Grundsätzen auch das Sonderbetriebsvermögen einzubeziehen. Besteht mit dem Staat, in dem die Mitunternehmerschaft durch eine Betriebsstätte tätig ist, ein DBA, stellt sich die Frage, ob dadurch das inländische Besteuerungsrecht an den Einkünften aus der Beteiligung beeinträchtigt wird. Bei dem Bezug von Unternehmensgewinnen i. S. d. Art. 7 OECD-MA entsprechenden Regelung wird regelmäßig dem Betriebsstättenstaat das Besteuerungsrecht zugewiesen. Deutschland wird als Ansässigkeitsstaat weitgehend zur Freistellung dieser

1 BStBl 2010 I 354.
2 BStBl 2010 I 354.
3 I R 63/06, BStBl 2009 II 414.
4 I R 74/09, NWB DokID: BAAAD-56609.
5 Vgl. dazu Rn. 552 ff.

Einkünfte von der Besteuerung verpflichtet, bleibt dann jedoch zur Anwendung des Progressionsvorbehalts berechtigt. Soweit Deutschland ein Besteuerungsrecht eingeräumt wird, hat es die vom Betriebsstättenstaat erhobenen Steuern auf die ESt bzw. KSt anzurechnen. Dabei ist zu beachten, dass damit lediglich das Besteuerungsrecht an den Einkünften aus der laufenden Tätigkeit geregelt wird. Zum Besteuerungsrecht an Veräußerungsgewinnen wird regelmäßig gesondert in der Art. 13 OECD-MA entsprechenden Regelung Stellung genommen. Danach ist regelmäßig wie folgt zu differenzieren:

- Gewinne aus der Veräußerung unbeweglichen Vermögens i. S. d. Art. 6 OECD-MA können vom Belegenheitsstaat besteuert werden – Art. 13 Abs. 1 OECD-MA,
- Gewinne aus der Veräußerung beweglichen Vermögens, das Betriebsvermögen einer Betriebsstätte ist, können vom Betriebsstättenstaat besteuert werden – Art. 13 Abs. 2 OECD-MA,
- Gewinne aus der Veräußerung von Seeschiffen oder Luftfahrzeugen, die im internationalen Verkehr betrieben werden, von Binnenschiffen, die der Binnenschifffahrt dienen, und von beweglichem Vermögen, das dem Betrieb dieser Schiffe oder Luftfahrzeuge dient, können nur von dem Staat besteuert werden, in dem sich der Ort der tatsächlichen Geschäftsleitung des Unternehmens befindet – Art. 13 Abs. 3 OECD-MA,
- Gewinne der Veräußerung von Anteilen an Kapitalgesellschaften, deren Wert zu mehr als 50 % unmittelbar oder mittelbar auf unbeweglichem Vermögen beruht, das im anderen Vertragsstaat liegt, können vom Belegenheitsstaat besteuert werden – Art. 13 Abs. 4 OECD-MA,
- Gewinne aus der Veräußerung des vorstehend nicht genannten Vermögens können nur vom Ansässigkeitsstaat besteuert werden – Art. 13 Abs. 5 OECD-MA.

Diese Regelungen des OECD-MA sehen für die aus der Sicht des deutschen Steuerrechts bei Personengesellschaften zu berücksichtigenden Besonderheiten keine Regelungen vor. Bei den von Deutschland geschlossenen DBA ist dies nur ausnahmsweise der Fall.[1] Sieht man von der Frage des Besteuerungsrechts an den Sondervergütungen i. S. d. § 15 Abs. 1 Satz 1 Nr. 2 EStG ab,[2] ist fraglich, welchem Staat das Besteuerungsrecht an im Sonderbetriebsvermögen erzielten Veräußerungsgewinnen zusteht, die ggf. auch zur Berücksichtigung etwaiger Veräußerungsverluste führt. Eindeutig lässt sich diese Frage für zum Sonderbetriebsvermögen gehörendes unbewegliches Vermögen beantworten. Nach der § 13 Abs. 1 OECD-MA entsprechenden Regelung ergibt sich dafür aufgrund der ausdrücklichen Bestimmung in Art. 6 Abs. 4 MDBA ein Besteuerungsrecht für den Belegenheitsstaat.

Geht die ausländische Mitunternehmerschaft hingegen einer gewerblichen Tätigkeit nach und werden daraus dementsprechend Unternehmensgewinne i. S. d. Art. 7 OECD-MA entsprechenden Regelung erzielt, ist zu prüfen, ob die betreffenden Vermögens- 957

1 Vgl. die Aufzählung in Tz 5.2 BMF-Schreiben v. 16. 4. 2010, BStBl 2010 I 354.

2 Vgl. dazu Rn. 1416 ff.

werte der in dem anderen Staat unterhaltenen Betriebsstätte zuzuordnen sind.[1] Dafür könnte das Urteil des BFH vom 13. 2. 2008[2] sprechen, nach dem die Beteiligung an einer Kapitalgesellschaft eines in der Schweiz ansässigen Mitunternehmers seinem Sonderbetriebsvermögen der in Deutschland unterhaltenen einzigen Betriebsstätte der Mitunternehmerschaft zuzurechnen war. Weiter ist bemerkenswert, dass der BFH in seinem weiteren Urteil vom 8. 9. 2010[3] offenbar zwischen der Zuordnung von Sondervergütungen und Sonderbetriebsvermögen für abkommensrechtliche Zwecke differenziert.

958 Die FinVerw geht davon aus, dass Wirtschaftsgüter des Sonderbetriebsvermögens regelmäßig der durch die mitunternehmerschaftliche Beteiligung vermittelten Betriebsstätte zuzuordnen sind, so dass etwaige Veräußerungsgewinne vom Betriebsstättenstaat besteuert werden können; dies gilt im Gegensatz zu der vom BFH vertretenen Rechtsauffassung[4] auch bei gewerblich geprägten vermögensverwaltenden Mitunternehmerschaften. Für den Regelfall folgt daraus an sich die Freistellung von der inländischen Besteuerung. Für die Fälle, dass der Betriebsstättenstaat das ihm nach deutschen Verständnis zustehende Besteuerungsrecht nicht ausübt, sieht § 50d Abs. 9 Satz 1 Nr. 1 EStG die Besteuerung im Inland vor. Diese durch das JStG 2007 vom 13. 12. 2006[5] eingefügte Regelung soll nach § 52 Abs. 59a Satz 6 EStG für alle Veranlagungszeiträume anwendbar sein, soweit Steuerbescheide noch nicht bestandskräftig sind. Nach dem Beschluss des BFH vom 19. 5. 2010[6] ist es ernstlich zweifelhaft, ob die hiernach vorgesehene Anwendung für zurückliegende Veranlagungszeiträume rechtmäßig ist.

959–980 *(Einstweilen frei)*

VI. Inanspruchnahme von Bewertungsfreiheiten, Sonderabschreibungen und erhöhten Absetzungen

1. Allgemeine Grundsätze

981 Ausgangspunkt für die Ermittlung des Gewinns der Gesellschaft und damit der in § 15 Abs. 1 Satz 1 Nr. 2 EStG genannten Gewinnanteile der Gesellschafter ist die Handelsbilanz der Gesellschaft, aus der gem. § 5 EStG unter Berücksichtigung der steuerrechtlichen Bilanzierungs- und Bewertungsvorschriften die Steuerbilanz abzuleiten ist.[7] Die Personengesellschaft ist insoweit Steuerrechtssubjekt, als sie in der Einheit ihrer Gesellschafter Merkmale eines Besteuerungstatbestandes verwirklicht, welche den Gesellschaftern für deren Besteuerung zuzurechnen sind, d. h. auch für die Qualifikation der Einkünfte und für die Gewinnermittlung.[8] Daraus folgt, dass die PersGes grundsätzlich

1 BFH v. 19. 5. 2010 I B 191/09, NWB DokID: XAAAD-44647.
2 I R 63/06, BStBl 2009 II 414.
3 I R 74/09, NWB DokID: BAAAD-56609.
4 Urteil v. 28. 4. 2010 I R 81/09, NWB DokID: HAAAD-44648, Beschluss v. 19. 5. 2010 I B 191/09, NWB DokID: XAAAD-44647.
5 BGBl 2006 I 2878.
6 I B 191/06, NWB DokID: XAAAD-44647.
7 BFH 7. 8. 1986 IV R 137/83, BStBl 1986 II 910.
8 BFH 3. 7. 1995 GrS 1/93, BStBl 1995 II 617; vgl. dazu auch Rn. 231 ff.

einheitlich zu bilanzieren hat. Ansatz- und Bewertungswahlrechte können deswegen grundsätzlich nur einheitlich ausgeübt werden, d. h. die Mitunternehmerschaft hat für das Gesamthandsvermögen zu entscheiden, ob z. B. für Zugänge nach dem 31. 12. 2008 und vor dem 1. 1. 2011 die degressive AfA für bewegliche abnutzbare Anlagegüter nach § 7 Abs. 2 EStG vorgenommen oder ob für Zugänge nach dem 31. 12. 2009 die Bewertungsfreiheit für geringwertige Wirtschaftsgüter nach § 6 Abs. 2 oder 2a EStG. beansprucht werden soll.. Den einzelnen Mitunternehmern steht insoweit kein eigenständiges Wahlrecht zu. Etwas anderes gilt für die Fälle, in denen die Inanspruchnahme einer steuerlichen Vergünstigung an in der Person des einzelnen Gesellschafters zu erfüllende Voraussetzungen geknüpft ist. Unter den persönlichen Voraussetzungen sind die Zugehörigkeit zu einem bestimmten Personenkreis, die Anschaffung oder Herstellung des begünstigten Wirtschaftsguts für eine Betriebsstätte des betreffenden Steuerpflichtigen, das Verbleiben des begünstigten Wirtschaftsguts über einen bestimmten Zeitraum in einer Betriebsstätte des betreffenden Steuerpflichtigen zu verstehen. Wegen Einzelheiten zur Inanspruchnahme der AfA für ein Wirtschaftsgebäude gem. § 52 Abs. 21b EStG i. V. m. § 7 Abs. 4 Nr. 1 EStG 1999 mit 4 % der Anschaffungs- oder Herstellungskosten wird auf das BMF-Schreiben vom 5. 8. 2002[1] hingewiesen. Auf die bei Inanspruchnahme der Vergünstigung nach § 6b EStG zu beachtenden Regelungen wird in Rn. 1001 ff. eingegangen.

In den jeweils in Betracht kommenden Vorschriften wird als Anspruchsberechtigter re- 982
gelmäßig der Steuerpflichtige bezeichnet. Teilweise wird dann ausdrücklich bestimmt, ob es sich dabei um die einzelne Person oder die PersGes handelt. So ergibt sich z. B. aus § 7g Abs. 7 EStG, dass auch PersGes und Gemeinschaften Steuerpflichtige i. S. d. vorhergehenden Abs. 1 – 6 sind. Nach § 7g Abs. 7 Satz 2 Nr. 2 EStG a. F. waren PersGes zur Inanspruchnahme der Vergünstigungen für Existenzgründer nur dann berechtigt, wenn alle Mitunternehmer Existenzgründer i. S. v. Nr. 1 dieser Vorschrift waren; bei doppelstöckigen PersGes[2] ist erforderlich, dass auch die Gesellschafter der Obergesellschaft Existenzgründer i. S. d. § 7g Abs. 7 Satz 2 Nr. 1 EStG a. F. waren. Wegen weiterer Einzelheiten wird auf Tz. 2, 46 – 48 des BMF-Schreibens vom 25. 2. 2004[3] hingewiesen. Zur Inanspruchnahme der Vergünstigungen nach §§ 4 – 6 FördG für die nach §§ 2, 3 FördG begünstigten Investitionen waren gem. § 1 Abs. 1 Satz 2 FördG PersGes und Gemeinschaften berechtigt.

In den verbleibenden Fällen ergibt sich aus dem Sachzusammenhang, ob die PersGes in 983
ihrer Gesamtheit oder der einzelne Gesellschafter als Steuerpflichtiger zur Inanspruchnahme der Vergünstigung befugt ist. So wird z. B. in § 7g EStG a. F. an die Größenmerkmale des Betriebs angeknüpft, in dem die Investitionen erfolgen sollen. Daraus folgt, dass die Vergünstigungen nur von dem jeweiligen Betreiber des Betriebs beansprucht werden können.[4] Ergeben sich hingegen aus der in Betracht kommenden gesetzlichen

1 BStBl 2002 I 710.
2 Vgl. Rn. 416.
3 BStBl 2004 I 337.
4 BMF 25. 2. 2004, BStBl 2004 I 337, Tz 2.

Regelung keine diesbezüglichen Bestimmungen, ist nach der Rechtsprechung des BFH[1] nicht die Personengesellschaft, sondern der einzelne Gesellschafter als Steuerpflichtiger bei Vorliegen der weiteren Voraussetzungen zur Inanspruchnahme der Vergünstigung berechtigt. Unproblematisch ist die Handhabung, wenn im Zeitpunkt der begünstigten Investitionen sämtliche Gesellschafter/Mitunternehmer die persönlichen Voraussetzungen für die Inanspruchnahme der Vergünstigung erfüllen und dementsprechend die Inanspruchnahme der Vergünstigung bereits in der Gesamthandsbilanz zu berücksichtigen ist; wegen der sich bei einem späteren Gesellschafterwechsel ergebenden Folgen wird auf Rn. 986 hingewiesen. Sind hingegen nicht sämtliche Gesellschafter berechtigt, die Vergünstigung zu beanspruchen, ist eine entsprechende Bilanzierung in der Gesamthandsbilanz nicht möglich. Insoweit wird ein Ausweis in den für die in Betracht kommenden Gesellschafter/Mitunternehmer jeweils zu führenden Ergänzungsbilanzen[2] erforderlich.

BEISPIEL: Die A & B-OHG, Gesellschafter A und B zu je 50 %, schafft zu Beginn des Jahres 03 ein bewegliches abnutzbares Wirtschaftsgut des Anlagevermögens für 100 000 € an. Die betriebsgewöhnliche Nutzungsdauer beträgt 10 Jahre. Die AfA wird nach der linearen Methode beansprucht. Lediglich B erfüllt die persönlichen Voraussetzungen für die Inanspruchnahme erhöhter Absetzungen i. H. v. 50 % im Jahr der Anschaffung. Dabei ist zu beachten, dass gem. § 7a Abs. 3 EStG mindestens die AfA nach § 7 Abs. 1 EStG vorzunehmen ist. B entschließt sich zur Inanspruchnahme der erhöhten Absetzungen.

Für das Jahr 03 wird in der Gesamthandsbilanz die AfA i. H. v. 10 000 € verrechnet. Davon entfallen 5 000 € auf B. Die erhöhten Absetzungen kann B nur anstelle der AfA beanspruchen. Insgesamt ist damit für 03 ein Absetzungsbetrag i. H. v. 25 000 € berücksichtigungsfähig. Davon wurden bereits 5 000 € in der Gesamthandsbilanz berücksichtigt, so dass durch die Einstellung eines Passivpostens i. H. v. 20 000 € in die Ergänzungsbilanz insgesamt ein Aufwand von 25 000 € zu Lasten von B berücksichtigt wird. Der Passivposten ist über die verbleibende Nutzungsdauer des Wirtschaftsguts von 9 Jahren gleichmäßig verteilt erfolgswirksam aufzulösen. Damit wird sichergestellt, dass auch zugunsten von B lediglich die ihm anteilig zuzurechnenden Anschaffungskosten als Aufwand verrechnet werden.

984 Wird ein Mitunternehmeranteil unentgeltlich übertragen, tritt der Rechtsnachfolger gem. § 6 Abs. 3 EStG[3] in die Rechtsstellung seines Rechtsvorgängers ein. Dies hat grundsätzlich zur Folge, dass sich hinsichtlich der Anspruchsberechtigung für die Inanspruchnahme von Abschreibungsvergünstigungen und anderen Bewertungsfreiheiten für den Rechtsnachfolger keinerlei Einschränkungen gegenüber der Rechtsposition des Rechtsvorgängers ergeben, wenn dieser unverändert Gesellschafter geblieben wäre.

985 Hat eine Personengesellschaft eine begünstigte Investition durchgeführt und sind sämtliche Gesellschafter gleichermaßen zur Inanspruchnahme der Abschreibungsvergünstigung berechtigt, können diese nach § 7a Abs. 7 Satz 2 EStG nur einheitlich beansprucht werden. Nach der im Schrifttum wohl überwiegend vertretenen Auffassung[4] bezieht sich dies auch auf die Inanspruchnahme der Höhe nach. Danach ist es nicht möglich, die erhöhten Absetzungen innerhalb des Begünstigungszeitraums im Verhält-

1 BFH 13. 7. 1993 VIII R 85/91, BStBl 1994 II 243; 7. 11. 2006 VIII R 13/04, BStBl 2008 II 545; 20. 9. 2007 IV R 70/05, BStBl 2008 II 265, jeweils m. w. N.

2 Vgl. dazu auch Rn. 786 ff.

3 In der Vergangenheit § 7 Abs. 1 EStDV.

4 Vgl. *Kulosa* in Schmidt, EStG § 7a Rz. 14, m. w. N.

nis zu den einzelnen Gesellschaftern in den einzelnen Wirtschaftsjahren in unterschiedlichem Umfang zu beanspruchen. Dementsprechend werden die Abschreibungsvergünstigungen in diesen Fällen regelmäßig bereits bei Aufstellung der Gesamthandsbilanz in Anspruch genommen.

Scheidet ein Gesellschafter nach Anschaffung oder Herstellung eines begünstigten Wirtschaftsguts aus, ergeben sich für ihn daraus dann keine steuerlichen Folgen, wenn die Gesellschaft zur Inanspruchnahme der Vergünstigung persönlich berechtigt ist, wie dies z. B. bei den nach §§ 2 und 3 FördG begünstigten Investitionen der Fall ist.[1] In einem derartigen Fall sind bei der Ermittlung der ihm für die Zeit bis zu seinem Ausscheiden zuzurechnenden Einkünfte die von der Gesellschaft beanspruchten erhöhten Absetzungen/Sonderabschreibungen anteilig zu berücksichtigen. Sein Rechtsnachfolger nimmt daran ab dem Zeitpunkt des Übergangs des Anteils auf ihn teil. Die von dem Rechtsnachfolger aufgewendeten Anschaffungskosten berühren die Bemessungsgrundlage für die Abschreibungsvergünstigung nicht; auf die in die Ergänzungsbilanz[2] einzustellenden, über den anteiligen Buchwert des begünstigten Wirtschaftsguts hinausgehenden Anschaffungskosten der Erwerbers des Gesellschaftsanteils kann lediglich die AfA nach § 7 EStG beansprucht werden. 986

Eine andere Beurteilung greift dann ein, wenn die Inanspruchnahme der Abschreibungsvergünstigung auch daran geknüpft ist, dass das Wirtschaftsgut über einen Mindestzeitraum im Betrieb, in einer Betriebsstätte des Steuerpflichtigen, begünstigten Zwecken zu dienen hat – sog. Verbleibensfrist. In einem derartigen Fall ist erforderlich, dass der Betrieb, die Betriebsstätte für diesen Zeitraum auch dem jeweiligen Steuerpflichtigen zuzurechnen ist. Dies ist nach dem Urteil des BFH vom 13. 7. 1993[3] bei dem Gesellschafter einer Personengesellschaft, einem Mitunternehmer, dann nicht der Fall, wenn er seine Beteiligung vor Ablauf der Verbleibensfrist veräußert. Für diesen Gesellschafter entfällt dann mit Wirkung für die Vergangenheit die Berechtigung zur Inanspruchnahme der Abschreibungsvergünstigung. Bereits durchgeführte Gewinnfeststellungen sind gem. § 175 Abs. 1 Nr. 2 und Abs. 2 AO zu ändern. 987

Der BFH hat in seinem vorbezeichneten Urteil vom 13. 7. 1993 darauf hingewiesen, dass im Fall des Erwerbs der Beteiligung durch im Zeitpunkt der begünstigten Investition bereits beteiligte Gesellschafter die an den ausscheidenden Gesellschafter geleistete Abfindung anteilig zu nachträglichen Anschaffungskosten des begünstigten Wirtschaftsguts führt, die im Jahr des Erwerbs der Beteiligung die Bemessungsgrundlage für die Abschreibungsvergünstigung erhöht. Sofern die begünstigende Regelung eine Abschreibungsvergünstigung auch auf Anschaffungskosten vorsieht, können die erwerbenden Gesellschafter bei Vorliegen der weiteren Voraussetzungen, ab dem Zeitraum des Anfalls der nachträglichen Anschaffungskosten, die Vergünstigung auch darauf beanspruchen. 988

Hat der Gesetzgeber hingegen lediglich den Herstellungsvorgang begünstigt, verbleibt es in den Fällen des Gesellschafterwechsels bei den verbleibenden Gesellschaftern bei 989

1 Vgl. BMF 29. 3. 1993, BStBl 1993 I 279, Tz. 1.
2 Vgl. Rn. 786 ff.
3 VIII R 85/91, BStBl 1994 II 243.

der Berechtigung zur Inanspruchnahme der Vergünstigung in dem bisherigen Umfang. Sofern die bisherigen Gesellschafter den Anteil des Ausscheidenden gegen Abfindung übernehmen, entstehen ihnen nicht begünstigte Anschaffungskosten.[1] Entsprechendes gilt für einen neu hinzutretenden Gesellschafter, der den Anteil entgeltlich erwirbt.[2]

990–995 *(Einstweilen frei)*

2. Übertragung stiller Reserven nach § 6b EStG

Literatur: *Korten*, Umgekehrte Maßgeblichkeit bei Übertragung von Rücklagen aus dem Betriebsvermögen eines Gesellschafters einer Personengesellschaft auf Wirtschaftsgüter des Gesamthandsvermögens, DB 1994, 692; *Soethe*, Übertragung nach § 6b und der Maßgeblichkeitsgrundsatz bei Personengesellschaften, DStR 1994, 1101; *Handzik*, Die Behandlung der Rücklage nach § 6b bei der sog. Zebra-Gesellschaft, StBp 1995, 202; *Maus*, Praxisprobleme im Zusammenhang mit der Neufassung des § 6b EStG, StBp 2001, 39; *Förster*, Die steuerneutrale Übertragung von Gewinnen aus der Veräußerung von Anteilen an Kapitalgesellschaften durch Personenunternehmen, DStR 2001, 1913; *Brandenberg*, Personengesellschaftsbesteuerung nach dem UntStFG, DStZ 2002, 501, 551; *Heinemann*, Die Neufassung des § 6b EStG durch das dem UntStFG, NWB F. 3, 12145 (2002); *Jachmann*, § 6b – Quo vadis?, DStZ 2002, 203; *Kanzler*, Die Reinvestitionsvergünstigung des § 6b EStG i. d. F. des UntStFG, FR 2002, 117; *Kölpin*, Übertragung stiller Reserven bei der Veräußerung von Anteilen an Kapitalgesellschaften – Neuregelungen durch das UntStFG, StuB 2002, 380; *Korn/Strahl*, Reinvestitionsrücklage nach § 6b EStG als Gestaltungsproblem bei Umstrukturierungen, Stbg 2002, 300; *Strunk/Kamphaus*, Aktuelle Steuerrechtsänderungen und ihre Auswirkungen auf die Personengesellschaften, BB 2002, 2153; *Cordes*, Veräußerung von Kapitalgesellschaftsanteil durch Personengesellschaften und § 6b EStG, StBp 2003, 113.

a) Überblick

996 Die 1964 in das EStG eingefügte Regelung des § 6b EStG zur Übertragung stiller Reserven bei der Veräußerung bestimmter Anlagegüter ist seitdem wiederholt geändert worden. Dabei wurde die ursprüngliche Intention des Gesetzgebers, die Investition der Unternehmen durch die Möglichkeit der Übertragung langfristig gebildeter stiller Reserven auf die Anschaffungs- oder Herstellungskosten bestimmter Reinvestitionen dem Grunde nach beibehalten, im Laufe der Zeit jedoch wiederholt modifiziert. Die Möglichkeiten der Übertragung stiller Reserven im Bereich der Personengesellschaften wurde durch das Steuerentlastungsgesetz 1999/2000/2002 vom 24. 3. 1999[3] mit Wirkung für nach dem 31. 12. 1998 erfolgte Veräußerungen erheblich eingeschränkt. Diese Einschränkungen wurden im Ergebnis durch das Gesetz zur Fortführung der Unternehmensteuerreform vom 20. 12. 2001[4] mit Wirkung für nach dem 31. 12. 2001 erfolgende Veräußerungen wieder zurückgenommen.

997 Steuerpflichtigen wird es ermöglicht, die infolge Veräußerung bestimmter Wirtschaftsgüter aufgedeckten stillen Reserven nach § 6b Abs. 1 EStG unmittelbar auf bestimmte Reinvestitionsgüter zu übertragen oder aber nach § 6b Abs. 3 EStG in eine den steuerlichen Gewinn mindernde Rücklage einzustellen ist, die innerhalb bestimmter Fristen

1 BFH 17. 7. 2001 IX R 50/98, BStBl 2001 II 760; 7. 11. 2006 VIII R 13/04, BStBl 2008 II 545; 20. 9. 2007 IV R 70/05, BStBl 2008 II 265.

2 Vgl. auch FinBeh Berlin 29. 8. 2001, FR 2002, 48.

3 BGBl 1999 I 402.

4 BGBl 2001 I 3858.

auf begünstigte Reinvestitionsgüter übertragen werden kann oder zugunsten des Gewinns aufzulösen ist. Steuerpflichtiger i. S. dieser Vorschrift ist die nach § 1 EStG, §§ 1, 2 KStG der Einkommensbesteuerung unterliegende Person, bei einer Personengesellschaft also der Gesellschafter. Danach handelt es sich bei der Regelung des § 6b EStG um eine personenbezogene Steuervergünstigung, die Tatbestandsmerkmale dieser Vorschrift müssen danach jeweils in der Person der Gesellschafter und nicht von der Personengesellschaft erfüllt sein.[1] Abweichend davon wird durch § 6b Abs. 10 EStG in der für nach dem 31. 12. 1998 und vor dem 1. 1. 2002 erfolgte Veräußerungen bestimmt, dass bei Personengesellschaften und Gemeinschaften an die Stelle des Steuerpflichtigen die Gesellschaft oder die Gemeinschaft tritt, soweit die Wirtschaftsgüter zum Gesamthandsvermögen der Gesellschaft oder Gemeinschaft gehören. Nachfolgend wird zunächst auf die bis zum 31. 12. 1998 und dann wieder ab 1. 1. 2002 maßgebende Rechtslage eingegangen. Die für die Zwischenzeit zu beachtenden Besonderheiten werden anschließend in Rn. 1021 ff. dargestellt.

Für die vor dem 1. 1. 2009 endenden Wirtschaftsjahre konnte die Vergünstigung nach § 6b EStG gem. § 5 Abs. 1 Satz 2 EStG a. F. nur beansprucht werden, wenn in der Handelsbilanz entsprechend verfahren wurde. Diesem Grundsatz der sog. umgekehrten Maßgeblichkeit kommt nur insoweit Bedeutung zu, als eine Verpflichtung zur Aufstellung einer Handelsbilanz besteht. Sonderbilanzen[2] sind nicht aufgrund handelsrechtlicher Rechnungslegungsvorschriften zu führen, so dass die Regelung des § 5 Abs. 1 Satz 2 EStG a. F. insoweit gegenstandslos war.[3] Steuerliche Wahlrechte in der Gesamthandsbilanz können gem. § 5 Abs. 1 Satz 1 Halbsatz 2 EStG erstmals für nach dem 31. 12. 2008 endende Wirtschaftsjahre unabhängig von der Verfahrensweise in der Handelsbilanz ausgeübt werden.[4] Nach § 5 Abs. 1 Satz 2 EStG sind die Wirtschaftsgüter, die nicht mit dem handelsrechtlich maßgeblichen Wert in der steuerlichen Gewinnermittlung ausgewiesen werden, in besondere, laufend zu führende Verzeichnisse aufzunehmen. Sie müssen nach § 5 Abs. 1 Satz 3 EStG den Tag der Anschaffung oder Herstellung, die Anschaffungs- oder Herstellungskosten, die Vorschrift des ausgeübten steuerlichen Wahlrechtes und die vorgenommenen Abschreibungen enthalten. Bei der Ausübung steuerlicher Wahlrechte für Wirtschaftsgüter des Sonderbetriebsvermögens ist eine gesonderte Aufzeichnung nach § 5 Abs. 1 Satz 2 EStG nicht erforderlich. 998

(Einstweilen frei) 999–1000

b) Rechtslage bis zum 31. 12. 1998 sowie ab 1. 1. 2002

Die in der Person des Steuerpflichtigen, damit bei Veräußerungen in der Zeit vor dem 1. 1. 1999 und nach dem 31. 12. 2001 des Gesellschafters, des Mitunternehmers zu erfüllenden Voraussetzungen ergeben sich wie folgt aus § 6b Abs. 4 EStG in der jeweils maßgebenden Fassung. 1001

1 BFH 26. 2. 1992 I R 7/91, BStBl 1992 II 988; 24. 3. 1992 VIII R 48/90, BStBl 1993 II 93; 26. 5. 1994 IV R 77/92, BFH/NV 1995, 214; 7. 11. 2000 VIII R 27/98, BFHE 193, 549, BFH/NV 2001, 263.

2 Rn. 696 ff.

3 BFH 7. 3. 1996 IV R 34/95, BStBl 1996 II 568.

4 BMF-Schreiben 12. 3. 2010. BStBl 2010 I 239, Tz. 24.

- Gewinnermittlung nach § 4 Abs. 1, § 5 EStG,
- über 6 Jahre ununterbrochene Zugehörigkeit des veräußerten Wirtschaftsguts zum Anlagevermögen einer inländischen Betriebsstätte,
- Zugehörigkeit der Reinvestitionsgüter zum Anlagevermögen einer inländischen Betriebsstätte,
- Sicherstellung der Besteuerung der stiller Reserven im Inland,
- Möglichkeit der Verfolgung der Aufdeckung und Übertragung der stillen Reserven, ggf. auch von Bildung und Auflösung der Rücklage in der Buchführung.

1002 Für die Inanspruchnahme der Vergünstigungen nach § 6b EStG wird danach nicht die unbeschränkte Steuerpflicht vorausgesetzt. Bei Vorliegen der weiteren Voraussetzungen sind dazu auch beschränkt Steuerpflichtige i. S. d. § 1 Abs. 4 EStG, des § 2 Nr. 1 KStG berechtigt, z. B. also im Ausland ansässige Gesellschafter einer inländischen Personengesellschaft.

1003 Die Anwendung der Regelungen des § 6b EStG im Zusammenhang mit Investitionen eines unbeschränkt Steuerpflichtigen im Ausland ist allgemein ausgeschlossen. Da sowohl die veräußerten Wirtschaftsgüter als auch die Reinvestitionsgüter Wirtschaftsgüter des Anlagevermögens einer inländischen Betriebsstätte sein müssen, ist die Übertragung stiller Reserven weder aus dem Ausland noch in das Ausland zulässig.

1004 Der Gesellschafter einer inländischen Personengesellschaft kann danach bei der Veräußerung eines zu deren Gesamthandsvermögen gehörenden Wirtschaftsguts aufgedeckte stille Reserven bei dem erforderlichen Inlandsbezug auf ein begünstigtes Reinvestitionsgut

- im Gesamthandsvermögen der veräußernden Mitunternehmerschaft,
- im Gesamthandsvermögen einer anderen Mitunternehmerschaft, an der er ebenfalls als Mitunternehmer beteiligt ist,
- in seinem Sonderbetriebsvermögen bei der veräußernden oder einer anderen Mitunternehmerschaft,
- eines Einzelunternehmens

übertragen. Daraus folgt, dass es einem Mitunternehmer auch möglich ist, ihm zuzurechnende begünstigte stille Reserven aus einem anderen Betriebsvermögen in eine Mitunternehmerschaft zu überführen, an der er als Mitunternehmer beteiligt ist; die vorstehend dargestellten Übertragungsmöglichkeiten gelten spiegelbildlich.

1005 Sofern und soweit die aufgedeckten stillen Reserven nicht auf ein Reinvestitionsgut übertragen werden können, stellt sich die Frage, in welcher Bilanz die danach gem. § 6b Abs. 3 EStG zu bildende, den steuerlichen Gewinn mindernde Rücklage auszuweisen ist. Der Umstand, dass es sich um eine personenbezogene Steuervergünstigung handelt, könnte dafür sprechen, dass insoweit für einen Ausweis in der Bilanz der Gesellschaft kein Raum ist. Der BFH geht jedoch in seinem Urteil vom 30. 3. 1989[1] davon aus, dass die Mitunternehmerschaft eine Rücklage nach § 6b EStG auch dann in ihrer Bilanz auszuweisen hat, wenn ein Teil der Mitunternehmer die auf sie entfallenden stillen Reser-

1 IV R 81/87, BStBl 1989 II 558.

ven auf Reinvestitionsgüter außerhalb des Gesamthandsvermögens übertragen haben, die Rücklage also nur noch die den übrigen Gesellschaftern zuzurechnenden stillen Reserven umfasst, die nicht auf Reinvestitionsgüter übertragen wurden.

Die Frage, ob ein von einer Personengesellschaft aus dem Gesamthandsvermögen ver- 1006
äußertes Wirtschaftsgut mindestens 6 Jahre ununterbrochen zum Anlagevermögen einer inländischen Betriebsstätte i. S. d. § 6b Abs. 4 Nr. 2 EStG gehört hat, ist danach nicht im Verhältnis zur Gesellschaft, sondern zum einzelnen Gesellschafter zu prüfen.

BEISPIEL: A & B-OHG veräußert ein im Jahre 01 von ihr erworbenes unbebautes Grundstück im Jahre 08 mit einem Gewinn von 300 000 €. Die Gründungsgesellschafter A und B waren mit 50 % beteiligt. Im Jahre 05 haben A und B je $^1/_3$ ihres Gesellschaftsanteils entgeltlich auf C übertragen, so dass danach A, B und C zu je einem Drittel an der OHG beteiligt sind. In der aus diesem Anlass für C geführten Ergänzungsbilanz wird für das veräußerte Grundstück ein Mehrwert von 50 000 € ausgewiesen. Der danach verbliebene Anteil des B ist in 06 infolge Erbfalls auf dessen Sohn SB unentgeltlich übergegangen.

Von dem im Jahresabschluss 08 der OHG berücksichtigten Veräußerungsgewinn von 300 000 € entfallen danach je 100 000 € auf die Gesellschafter A, C und SB. A gehörte der OHG bereits seit mehr als 6 Jahren an. Damit sind die Voraussetzungen des § 6b Abs. 4 Nr. 2 EStG im Verhältnis zu ihm erfüllt, so dass er seinen Anteil am Veräußerungsgewinn begünstigt verwenden kann.

C hat seine Beteiligung entgeltlich innerhalb eines Zeitraums von weniger als 6 Jahren erworben. Er hat damit keinen nach § 6b EStG begünstigten Gewinn bezogen. Im weiteren Besteuerungsverfahren ist jedoch zu berücksichtigen, dass der C aus der Gesamthandsbilanz insoweit zustehende anteilige Veräußerungsgewinn von 100 000 €, um den für dieses Grundstück in der Ergänzungsbilanz ausgewiesenen Mehrwert von 50 000 € zu mindern ist, so dass bei ihm nur der verbleibende Betrag der Besteuerung unterliegt. Der für die Besteuerung zu ermittelnde Gewinn der OHG ist ebenfalls entsprechend zu kürzen.

SB war zwar wie C weniger als 6 Jahre Gesellschafter der OHG, ihm ist jedoch als Gesamtrechtsnachfolger seines Vaters B dessen Zugehörigkeit zur Gesellschaft zuzurechnen.[1] Er kann deswegen die Vergünstigung nach § 6b EStG beanspruchen.

A und SB steht es jeweils frei, ob und in welcher Weise die Vergünstigung nach § 6b 1007
EStG beansprucht werden soll. Jeder der beiden kann die ihm danach zustehenden Gestaltungsmöglichkeiten unabhängig von der Entscheidung des anderen nutzen.

BEISPIEL: Fortführung des Beispiels in Rn. 1006 mit der Maßgabe, dass sich A und SB mangels begünstigter Reinvestitionsmöglichkeiten in 08 jeweils zur Einstellung der aufgedeckten stillen Reserven in eine Rücklage entscheiden. Diese Rücklage ist nach den vorstehend in Rn. 1005 dargestellten Grundsätzen sowohl in der Handelsbilanz als auch in der Steuerbilanz der A & B-OHG auszuweisen, so dass damit bereits ein entsprechend gekürzter Gewinn ausgewiesen wird.

In 09 schafft A für 400 000 € ein unbebautes Grundstück an, das er der A-OHG mietweise als Lagerplatz überlässt. Die für ihn nach § 6b gebildete Rücklage soll auf die Anschaffungskosten dieses Wirtschaftsguts übertragen werden. Dementsprechend sind die in der für A zu führenden Sonderbilanz[2] auszuweisenden Anschaffungskosten des unbebauten Grundstücks unter Auflösung der in der Gesamthandsbilanz geführten Rücklage um 100 000 € zu kürzen.

Da sich für SB keine anderen Reinvestitionsmöglichkeiten eröffnen, entschließt er sich, die Rücklage auf die Herstellungskosten eines im Jahr 10 im Gesamthandsvermögen der A-OHG

1 R 6b.3 Abs. 5 EStR; vgl. auch *Loschelder* in Schmidt, EStG § 6b Rz. 11.

2 Vgl. Rn. 821 ff.

für 600 000 € fertig gestellten Betriebsgebäudes zu übertragen. Die anteilig auf SB entfallenden Herstellungskosten dieses Gebäudes betragen 200 000 €, so dass die Rücklage in vollem Umfang darauf übertragen werden kann. Die für SB ausgewiesene Rücklage ist in der für SB zu führenden Ergänzungsbilanz[1] als Minderwert zu dem in der Gesamthandsbilanz mit den ungekürzten Herstellungskosten ausgewiesenen Grundstück fortzuführen. Dieser Minderwert ist erfolgswirksam in dem Umfang aufzulösen, in dem die in der Gesamthandsbilanz vorgenommene AfA auf einen Teilbetrag von 100 000 € entfällt. Insoweit entsteht SB alljährlich ein Gewinn, der zugleich den steuerlichen Gesamtgewinn der Gesellschaft erhöht.

1008 Werden Wirtschaftsgüter des Sonderbetriebsvermögens eines Mitunternehmers unentgeltlich in das Sonderbetriebsvermögen eines anderen Mitunternehmers übertragen, so dass dieser den Buchwert seines Rechtsvorgängers nach § 6 Abs. 5 Satz 3 Nr. 3 EStG fortzuführen hat, ist für die Prüfung der Voraussetzungen des § 6b Abs. 4 Nr. 2 EStG die Dauer der Zugehörigkeit zum Anlagevermögen einer inländischen Betriebsstätte des Rechtsvorgängers dem Rechtsnachfolger zuzurechnen.[2]

1009 In § 6b Abs. 4 Nr. 2 EStG wird eine ununterbrochene sechsjährige Zugehörigkeit zum Anlagevermögen einer inländischen Betriebsstätte des Steuerpflichtigen gefordert. Damit ist es nicht zwingend, dass das Wirtschaftsgut über den gesamten Sechsjahreszeitraum zum Betriebsvermögen derselben Betriebsstätte gehörte.

BEISPIEL: A schafft für sein Einzelunternehmen in 01 ein unbebautes Grundstück für das Anlagevermögen an. Ab 05 führt er dieses Unternehmen als alleiniger Kommanditist unter Aufnahme der von ihm als alleinigem Gesellschafter gegründeten A-GmbH als nicht am Vermögen beteiligte Komplementärin als A-GmbH & Co. KG unter Beibehaltung der bisherigen Buchwerte fort. Die A-GmbH & Co. KG veräußert das unbebaute Grundstück in 08.

Das unbebaute Grundstück hat danach mehr als 6 Jahre ununterbrochen zum Anlagevermögen von inländischen Betriebsstätten gehört, die A zuzurechnen sind.[3] Für den entstandenen Veräußerungsgewinn kann A die Vergünstigung des § 6b EStG beanspruchen.

1010 Wird ein zum Gesamthandsvermögen einer Personengesellschaft gehörendes begünstigtes Anlagegut veräußert, bei dem im Verhältnis zu allen Gesellschaftern die Voraussetzungen des § 6b Abs. 4 Nr. 2 EStG erfüllt sind, stellt sich die Frage, ob die einzelnen Gesellschafter jeweils für sich berechtigt sind, über die Anwendung des § 6b EStG bezogen auf den jeweils ihnen zustehenden Anteil selbständig zu entscheiden.

BEISPIEL: Abwandlung des Beispiels in Rn. 1006 mit der Maßgabe, dass A, B und C bereits seit Gründung an der A & B OHG beteiligt waren, so dass bei Veräußerung des Grundstücks in 08 im Verhältnis zu allen drei Gesellschaftern die Voraussetzungen des § 6b Abs. 4 Nr. 2 EStG erfüllt sind. Von der A & B OHG wird ein begünstigtes Reinvestitionsgut angeschafft. A möchte auf die Anwendung der Regelung des § 6b EStG insgesamt verzichten, B würde sich für die Übertragung auf das Reinvestitionsgut entscheiden, während C eine Übertragung auf ein Reinvestitionsgut in seinem Einzelunternehmen vorziehen würde.

1011 Gesichtspunkte, die dieser unterschiedlichen Ausübung des Wahlrechts durch die drei Mitunternehmer entgegenstehen könnten, sind aus § 6b EStG nicht ersichtlich.[4] Für diesen Fall hätte die OHG das Reinvestitionsgut mit den ungekürzten Anschaffungs-

1 Vgl. Rn. 786.

2 BFH 24. 3. 1992 VIII R 48/90, BStBl 1993 II 93.

3 R 6b.3 Abs. 1 Satz 3 EStR; BFH 9. 9. 2010 IV R 22/07, BFH/NV 2011, 31.

4 BFH 25. 4. 1985 IV R 83/83 BStBl 1986 II 350; 30. 3. 1989 IV R 81/87, BStBl 1989 II 558.

oder Herstellungskosten auszuweisen.[1] Für den Mitunternehmer B wäre in Höhe der auf ihn entfallenden stillen Reserven eine negative Ergänzungsbilanz zu führen.[2] Für C wäre der auf ihn entfallende Teil des begünstigten Veräußerungsgewinns des Grundstücks ebenfalls zu neutralisieren und die Übertragung auf das Reinvestitionsgut in seinem Einzelunternehmen sicherzustellen. Für B würde sich ein entsprechend höherer zu besteuernder Gewinnanteil ergeben.

Die Entscheidung zur Inanspruchnahme der Vergünstigung des § 6b EStG verändert das Verhältnis der einzelnen Gesellschafter zueinander nur dann nicht, wenn im Gesamthandsvermögen aufgedeckte stille Reserven insgesamt auf Reinvestitionsgüter des Gesamthandsvermögens übertragen werden. 1012

BEISPIEL: Fortführung des Beispiels in Rn. 1007 mit der Maßgabe, dass A das Grundstück in 12 mit einem 100 000 € übersteigenden Gewinn veräußert.

Die Übertragung der stillen Reserven durch B auf das im Gesamthandsvermögen stehende Betriebsgebäude führt zu einer Verminderung der AfA-Bemessungsgrundlage und damit zu einer Erhöhung des Gewerbeertrags der OHG. Die daraus entstehende GewSt-Belastung wird von allen drei Mitunternehmern entsprechend ihrem Gewinnverteilungsschlüssel getragen, obwohl die Ursache dafür allein in der Entscheidung des B liegt. Entsprechendes gilt für die durch die Veräußerung des Grundstücks aus dem Sonderbetriebsvermögen des A im Jahre 12 erfolgende Aufdeckung der stillen Reserven und der entsprechenden Erhöhung des Gewerbeertrags der OHG.

Abwandlung des Beispiels dahin gehend, dass A auf das im Sonderbetriebsvermögen gehaltene Grundstücke weitere stille Reserven aus einem anderen Betriebsvermögen übertragen hat. Auch der insoweit sich ergebende Veräußerungsgewinn unterliegt im Rahmen des für die OHG zu ermittelnden Gewerbeertrags der GewSt, so dass auch die darauf entfallende GewSt anteilig von den Gesellschaftern mit getragen wird. Im Ergebnis ist A insoweit von der GewSt entlastet worden, die bei Verbleib der stillen Reserven in einem Einzelunternehmen von ihm allein zu tragen gewesen wäre. Etwas anderes gilt nur dann, wenn die Gesellschafter im Rahmen des Gesellschaftsvertrags, der Gewinnverteilungsabrede, für derartige Fälle insoweit eine anderweitige Zuordnung des Steueraufwands vorsehen.

Hat ein Mitunternehmer einen nach § 6b EStG begünstigten Gewinn in seinem Sonderbetriebsvermögen erzielt, der in eine Rücklage eingestellt werden soll, ist diese in der von der Mitunternehmerschaft für den Mitunternehmer zu erstellenden Sonderbilanz auszuweisen.[3] 1013

Einem Mitunternehmer ist es auch gestattet, stille Reserven aus seinem Einzelunternehmen auf ein Reinvestitionsgut im Gesamthandsvermögen der Mitunternehmerschaft zu übertragen. Dies gilt unabhängig davon, ob der Mitunternehmer eine natürliche oder eine nichtnatürliche Person, z. B. eine Kapitalgesellschaft ist.[4] 1014

BEISPIEL:

a) A erzielt in seinem Einzelunternehmen in 07 einen nach § 6b Abs. 1 EStG begünstigten Veräußerungsgewinn. Diese stillen Reserven sollen auf ein von der X-GmbH & Co. KG, an der A

---

1 Aufgrund des BMF-Schreibens vom 29. 2. 2008 BStBl 2008 I 495 ist nicht auszuschließen, dass die FinVerw für vor dem 1. 1. 2009 endende Wirtschaftsjahre (vgl. Rn. 998) aus nicht nachvollziehbaren Gründen die Kürzung der Anschaffungskosten des Reinvestitionsguts in der Handelsbilanz für erforderlich hält.

2 BFH 25. 4. 1985 IV R 83/83 BStBl 1986 II 350; vgl. auch *Loschelder* in Schmidt, EStG § 6b Rz. 12.

3 BFH 25. 1. 2006 IV R 14/04, BStBl 2006 II 418.

4 Vgl. BMF 29. 2. 2008, BStBl 2008 I 495.

und B zu je 50 % beteiligt sind, für 500 000 € in 08 anzuschaffendes unbebautes Grundstück übertragen werden. Das Wirtschaftsjahr beider Unternehmen entspricht dem Kalenderjahr. A hat die Beteiligung an der X-GmbH & Co. KG nicht bilanziert.

b) Die A-GmbH erzielt in 07 einen nach § 6b Abs. 1 EStG begünstigten Veräußerungsgewinn. Diese stillen Reserven sollen auf ein von der X-GmbH & Co. KG, an der die A-GmbH sowie die natürliche Person B zu je 50 % beteiligt sind, für 500 000 € in 08 anzuschaffendes unbebautes Grundstück übertragen werden. Das Wirtschaftsjahr beider Unternehmen entspricht dem Kalenderjahr.

Die Übertragung der stillen Reserven ist in beiden Fällen erst in 08 möglich. Sowohl A als auch die A-GmbH stellen die stillen Reserven deswegen gem. § 6b Abs. 3 EStG in eine den steuerlichen Gewinn mindernde Rücklage ein.

Bei Sachverhalten, die in vor dem 1. 1. 2009 endenden Wirtschaftsjahren realisiert wurden, ist zu beachten, dass gem. § 5 Abs. 1 Satz 2 EStG a. F. in der Handelsbilanz entsprechend zu verfahren war – Grundsatz der sog. umgekehrten Maßgeblichkeit, vgl. auch Rn. 998.

1015 Die Auflösung der Rücklage hat in Verfolg der Übertragung auf das Reinvestitionsgut bei der X-GmbH & Co. KG in beiden Fällen erfolgsneutral zu erfolgen. Bei dem Einzelunternehmen des A hat die Ausbuchung über das Kapitalkonto des A zu erfolgen. Die Beteiligung an der X-GmbH & Co. KG wird im Einzelunternehmen nicht bilanziert, so dass sich bereits unter diesem Gesichtspunkt die Frage eines qualifizierten Ausweises im Hinblick auf den Grundsatz der sog. umgekehrten Maßgeblichkeit nicht stellen kann. Zur Verfahrensweise bei der A-GmbH bei Verwirklichung des Sachverhalts in einem vor dem 1. 1. 2009 endenden Wirtschaftsjahr wird in Abschn. II.1 des BMF-Schreibens vom 29. 2. 2008[1] Stellung genommen. Für nach dem 31. 12. 2008 beginnende Wirtschaftsjahre, für die steuerliche Wahlrechte unabhängig von der Verfahrensweise in der Handelsbilanz ausgeübt werden können,[2] ergibt sich die vom BMF insoweit behandelte Problematik nicht mehr.

1016–1020 *(Einstweilen frei)*

c) Rechtslage bei Veräußerungen in der Zeit nach dem 31. 12. 1998 und vor dem 1. 1. 2002

1021 Aufgrund der bei Veräußerungen in der Zeit nach dem 31. 12. 1998 und vor dem 1. 1. 2002 zu beachtenden Regelung des § 6b Abs. 10 EStG[3] war bei der Aufdeckung stiller Reserven von zum Gesamthandsvermögen einer Personengesellschaft oder Gemeinschaft gehörenden Anlagegütern nur die Gesamthand zur Inanspruchnahme der Vergünstigungen nach § 6b EStG berechtigt. Dies hatte zunächst zur Folge, dass für die Bemessung der Mindestdauer der Zugehörigkeit zum Anlagevermögen einer inländischen Betriebsstätte gem. § 6 Abs. 4 Nr. 2 EStG auf die Dauer der Zugehörigkeit zum Gesamthandsvermögen abzustellen ist. Wandelt man das Beispiel in Rn. 1006 dahin gehend ab, dass das unbebaute Grundstück in 1992 erworben und in 1999 veräußert wurde und während dieses Zeitraums die Änderungen in dem Gesellschafterbestand eintraten, wäre der gesamte Gewinn gleichwohl nach § 6b EStG begünstigt.

1 BStBl 2008 I 495.

2 Vgl. Rn. 998.

3 Vgl. Rn. 996.

Die weitere Konsequenz besteht darin, dass die aufgedeckten stillen Reserven nur auf begünstigte Reinvestitionsgüter des Gesamthandsvermögens übertragen werden können. Ist die Gesellschaft, Gemeinschaft, ihrerseits Mitunternehmerin einer anderen Mitunternehmerschaft, kommt als Reinvestitionsgut auch ein Wirtschaftsgut im Sonderbetriebsvermögen bei dieser anderen Mitunternehmerschaft in Betracht. 1022

BEISPIEL: ► Die X-GmbH & Co. KG erzielt in 1999 einen nach § 6b EStG begünstigten Veräußerungsgewinn. Sie schafft noch in 1999 ein unbebautes Grundstück an, das sie der Y-GmbH & Co. KG, an der sie als Kommanditistin beteiligt ist, mietweise zur Verfügung stellt. Es handelt sich damit um Sonderbetriebsvermögen.

Sind die stillen Reserven zunächst gem. § 6b Abs. 3 EStG in eine den steuerlichen Gewinn mindernde Rücklage eingestellt worden, kommt eine spätere Übertragung ebenfalls nur auf Reinvestitionsgüter des Gesamthandsvermögens in Betracht. Dies gilt auch dann, wenn die Reinvestitionsgüter innerhalb der nach § 6b Abs. 3, 8 EStG maßgebenden Fristen erst nach dem 31. 12. 2001 angeschafft oder hergestellt werden. 1023

Veräußert ein Mitunternehmer nach § 6b EStG begünstigte Wirtschaftsgüter seines Sonderbetriebsvermögens können die dadurch aufgedeckten stillen Reserven übertragen werden auf 1024

- ► Reinvestitionsgüter in seinem Sonderbetriebsvermögen bei derselben Mitunternehmerschaft,
- ► Reinvestitionsgüter in seinem Sonderbetriebsvermögen bei einer anderen Mitunternehmerschaft,
- ► Reinvestitionsgüter in einem von ihm geführten Einzelunternehmen.

Andererseits ist es ihm auch möglich, von ihm in anderen Betriebsvermögen aufgedeckten stille Reserven auf Reinvestitionsgüter in seinem Sonderbetriebsvermögen zu übertragen.[1] Es ist ihm jedoch nicht möglich, die stillen Reserven auf Wirtschaftsgüter des Gesamthandsvermögens der Mitunternehmerschaft zu übertragen.[2] Das gilt auch dann, wenn der Mitunternehmer vermögensmäßig allein an der Mitunternehmerschaft beteiligt ist.

(Einstweilen frei) 1025–1030

d) Besonderheiten bei Aufdeckung stiller Reserven von Beteiligungen an Kapitalgesellschaften

Durch § 6b Abs. 10 EStG wird es zugelassen, dass nicht der Besteuerung nach Maßgabe des KStG unterliegende Steuerpflichtige Gewinne aus der Veräußerung von Anteilen an Kapitalgesellschaften, die im Zeitpunkt der Veräußerung mehr als 6 Jahre ununterbrochen zum Anlagevermögen einer inländischen Betriebsstätte gehört haben, bis zu einem Betrag von 500 000 € im Wirtschaftsjahr auf bestimmte Reinvestitionsgüter übertragen können. Dies gilt nach Satz 10 dieser Vorschrift für die zum Gesamthandsvermögen von Personengesellschaften oder Gemeinschaften gehörenden Anteile an Kapi- 1031

1 Vgl. R 6b.2 Abs. 6 und 7 EStR.

2 BFH 9. 2. 2006 IV R 23/04, BStBl 2006 II 538.

talgesellschaften nur, soweit an den Personengesellschaften und Gemeinschaften keine Körperschaften, Personenvereinigungen oder Vermögensmassen beteiligt sind.

BEISPIEL: Die A-GmbH & Co. KG hat in 03 die Beteiligung an einer Kapitalgesellschaft, die sie über einen Zeitraum von 10 Jahren in ihrem Anlagevermögen gehalten hat, mit einem Gewinn von 100 000 € veräußert. Die A-GmbH als Komplementärin ist am Gewinn und Verlust sowie am Vermögen nicht beteiligt. Kommanditisten sind die natürlichen Personen A und B mit einer Beteiligung von je 40 % sowie die zu 20 % beteiligte X-GmbH. Danach wurde ein nach § 6b Abs. 10 EStG begünstigter Gewinn i. H. v. 80 % v. 100 000 € = 80 000 € erzielt, der A und B je zur Hälfte zusteht.

1032 Die Einbeziehung von Körperschaften, die der Besteuerung nach Maßgabe des KStG unterliegen, in den Kreis der nach § 6b Abs. 10 EStG begünstigten Personen hielt der Gesetzgeber deswegen nicht für erforderlich, weil bei diesem Personenkreis die Gewinne aus der Veräußerung von Anteilen aus Kapitalgesellschaften nach § 8b Abs. 2 i.V. m. Abs. 6 KStG[1] von der Besteuerung ausgenommen sind.

1033 Die Anwendung der Grundsätze des § 6b Abs. 10 EStG bei Mitunternehmerschaften, an denen auch Körperschaften vermögensmäßig beteiligt sind, führt also dazu, dass der Veräußerungsgewinn im Gesamthandsvermögen insgesamt auszuweisen ist, die sich aus der Übertragung der stillen Reserven auf Reinvestitionsgüter ergebenden Folgen in Ergänzungsbilanzen für die betroffenen natürlichen Personen darzustellen sind.

BEISPIEL: Fortsetzung des Beispiels in Rn. 1031 mit der Maßgabe, dass die auf A und B entfallenden stillen Reserven auf eine in 03 für das Gesamthandsvermögen für 30 000 € angeschaffte Beteiligung an der Z-GmbH und im Übrigen auf ein für 100 000 € angeschafftes abnutzbares bewegliches Wirtschaftsgut übertragen werden sollen.

Die zugegangenen Anlagegüter sind in der Gesamthandsbilanz jeweils mit den tatsächlich aufgewendeten Anschaffungskosten einzubuchen.

Von den Anschaffungskosten der Beteiligung an der Z-GmbH entfallen auf A und B je 12 000 €. In den für diese beiden Mitunternehmer zu führenden Ergänzungsbilanzen ist dementsprechend aus dem auf sie entfallenden Veräußerungsgewinn der Beteiligung an der Kapitalgesellschaft einen Teilbetrag von 12 000 € auszuweisen.

Die danach für A und B jeweils verbleibenden aufgedeckten stillen Reserven i. H. v. 18 000 € stehen damit zur Übertragung auf das abnutzbare bewegliche Wirtschaftsgut zur Verfügung. Dabei ist zu beachten, dass dieser (anteilige) Veräußerungsgewinn nach § 3 Nr. 40 Satz 1 Buchst. a i. V. m. § 3c Abs. 2 EStG nur zur Hälfte der Besteuerung unterliegt. Deswegen können für das begünstigte Reinvestitionsgut gem. § 6b Abs. 10 Satz 2 EStG jeweils nur 9 000 € als Minderwert ausgewiesen werden, der entsprechend der in der Gesamthandsbilanz vorzunehmenden AfA erfolgswirksam aufzulösen ist.

Ab 1. 1. 2009 ist zu beachten, dass die Veräußerungsgewinne nach der dann maßgebenden Fassung von § 3 Nr. 40, § 3c Abs. 2 EStG nur noch zu 40 % von der Besteuerung freizustellen sind.[2]

1034 Kommt die unmittelbare Übertragung der aufgedeckten stillen Reserven nicht in Betracht, steht es den begünstigten natürlichen Personen auch in den Fällen des § 6b

1 Wegen Einzelheiten dazu vgl. Rn. 1126 ff.

2 § 52a Abs. 3 und 4 EStG eingefügt durch das Unternehmensteuerreformgesetz 2008 vom 14. 8. 2007, BGBl 2007 I 1912.

Abs. 10 EStG frei, diese zunächst in eine den steuerlichen Gewinn mindernde Rücklage einzustellen. Diese wäre im Falle des Beispiels in Rn. 1031 mit 80 000 € auszuweisen.

(Einstweilen frei) 1035–1040

e) Weitere Einzelheiten zur Inanspruchnahme der Vergünstigung

Die Anwendung der Regelung des § 6b EStG steht im Belieben der jeweils begünstigten Person. Die diesbezügliche Wahl wird jeweils durch den entsprechenden Ausweis in der dem Finanzamt eingereichten Steuerbilanz ausgeübt. Für die vor dem 1. 1. 2009 endenden Wirtschaftsjahre konnte die Vergünstigung gem. § 5 Abs. 1 Satz 2 EStG a. F. nur beansprucht werden, wenn in der Handelsbilanz entsprechend verfahren wurde. Dabei ist zu beachten, dass nach Auffassung des BFH[1] eine Personengesellschaft verpflichtet ist, eine im Interesse ihrer Gesellschafter gebildete Rücklage nach § 6b EStG auch in ihrer Handelsbilanz auszuweisen. Die entsprechende Verfahrensweise in einer Handelsbilanz kann dann und insoweit nicht verlangt werden, als keine Handelsbilanz aufzustellen ist. Dies ist unbestritten der Fall, wenn die Vorgänge in für den betreffenden Mitunternehmer zu führenden Sonder- und Ergänzungsbilanzen darzustellen sind und der Mitunternehmer seine Beteiligung nicht in einem anderen Betriebsvermögen zu bilanzieren hat.[2] 1041

Erstmals für nach dem 31. 12. 2008 endende Wirtschaftsjahre können steuerliche Wahlrechte unabhängig von der Verfahrensweise in der Handelsbilanz ausgeübt werden.[3] Nach § 5 Abs. 1 Satz 2 EStG sind die Wirtschaftsgüter, die nicht mit dem handelsrechtlich maßgeblichen Wert in der steuerlichen Gewinnermittlung ausgewiesen werden, in besondere, laufend zu führende Verzeichnisse aufzunehmen. Sie müssen nach § 5 Abs. 1 Satz 3 EStG den Tag der Anschaffung oder Herstellung, die Anschaffungs- oder Herstellungskosten, die Vorschrift des ausgeübten steuerlichen Wahlrechtes und die vorgenommenen Abschreibungen enthalten. Bei der Ausübung steuerlicher Wahlrechte für Wirtschaftsgüter des Sonderbetriebsvermögens ist eine gesonderte Aufzeichnung nach § 5 Abs. 1 Satz 2 EStG nicht erforderlich. 1042

Sollen stille Reserven aus einem Betriebsvermögen in ein anderes Betriebsvermögen verlagert werden, ist nach Auffassung der FinVerw[4] bei dem Betrieb, in dem die stillen Reserven aufgedeckt wurden, ein erfolgsneutraler Zugang auf dem Kapitalkonto zu buchen. Bei dem Betrieb, in dem die Reinvestition erfolgt, ist das in Betracht kommende Wirtschaftsgut mit den um die übertragenen stillen Reserven geminderten Anschaffungs- oder Herstellungskosten auszuweisen, gleichzeitig ist auf dem Kapitalkonto erfolgsneutral ein entsprechender Abgang zu buchen. Die von der FinVerw bei dem veräußernden Betrieb vorgesehene Verfahrensweise ist nicht nachvollziehbar. 1043

1 Urteile 30. 3. 1989 IV R 81/87, BStBl 1989 II 558 und 25. 1. 2006 IV R 14/04, BStBl 2006 II 418.
2 Vgl. *Glanegger* in Schmidt, EStG § 6b Rz. 8, m. w. N.
3 BMF-Schreiben 12. 3. 2010, BStBl 2010 I 239, Tz. 24.
4 Vgl. R 6b.2 Abs. 8 EStR, so bereits aber auch R 41b Abs. 9 EStR 1995.

BEISPIEL: A hat im Jahr 09 in seinem Sonderbetriebsvermögen bei der A-GmbH & Co. KG einen nach § 6b EStG begünstigten Gewinn i. H.v. 100 000 € erzielt, den er auf ein für ein Einzelunternehmen für 300 000 € angeschafftes begünstigtes Wirtschaftgut übertragen will.

Aus Anlass der Veräußerung des Wirtschaftsguts des Sonderbetriebsvermögens ist dieses Wirtschaftsgut auszubuchen. Zugleich ist der Veräußerungserlös einzubuchen. Dadurch ergibt sich vorliegend ein Gewinn, der damit in das Ergebnis der Sonderbilanz eingeht und damit auch das Eigenkapital der Sonderbilanz um 100 000 € erhöht. Der Umstand, dass dieser Gewinn gem. § 6b EStG von der Besteuerung freizustellen ist, berührt das Ergebnis der Sonderbilanz nicht. Insoweit ist eine Korrektur außerhalb der Bilanz erforderlich. Für eine (weitere) Zuschreibung des nach § 6b EStG begünstigten Gewinns zum Kapitalkonto ist danach kein Raum. Da sich die aufgedeckten stillen Reserven zweifelsfrei aus der Buchführung für das Sonderbetriebsvermögen ergeben, werden in § 6b Abs. 4 Nr. 5 EStG insoweit keine weiteren Aufzeichnungen oder Nachweise verlangt.

In dem Einzelunternehmen wird das Reinvestitionsgut mit den tatsächlich entstandenen Anschaffungs- oder Herstellungskosten eingebucht. In Höhe der zu übertragenden stillen Reserven von 100 000 € ist dann ein Abgang zu Lasten des Kapitalkontos zu buchen. Damit wird den Nachweiserfordernissen des § 6b Abs. 4 Nr. 5 EStG genügt.

1044 Fraglich ist dann weiter, welche weiteren Konsequenzen in den Fällen zu ziehen sind, in denen die stillen Reserven aus dem Betrieb des Mitunternehmers auf ein Wirtschaftsgut im Gesamthandsvermögen der Mitunternehmerschaft übertragen werden und die Beteiligung an dieser Mitunternehmerschaft als Beteiligung im übertragenden Betrieb gehalten wird.

BEISPIEL: Die X-GmbH erzielt einen nach § 6b EStG begünstigten Veräußerungsgewinn. Sie ist u. a. auch Kommanditistin der A-GmbH & Co. KG. Mangels anderer Übertragungsmöglichkeiten sollen die aufgedeckten stillen Reserven auf ein Reinvestitionsgut im Gesamthandsvermögen der A-GmbH & Co. KG übertragen werden. Dies hat bei der A-GmbH & Co. KG nach den unter Rn. 786 dargestellten Grundsätzen in einer für die X-GmbH zu führenden Ergänzungsbilanz zu erfolgen. Fraglich ist dann weiter, ob und welche Auswirkungen sich daraus auf die Bilanzierung bei der X-GmbH ergeben.

1045 Zu der entsprechenden Verfahrensweise in der Handelsbilanz der Kapitalgesellschaft für die vor dem 1. 1. 2009 endenden Wirtschaftsjahre wurde im Hinblick auf § 5 Abs. 1 Satz 2 EStG a. F. durch die BMF-Schreiben vom 26. 10. 1993[1] und vom 29. 2. 2008[2] Stellung genommen. Für die nach dem 31. 12. 2008 beginnenden Wirtschaftsjahre können gem. § 5 Abs. 1 Satz 1 Halbsatz 2 EStG steuerliche Vergünstigungen unabhängig von der Verfahrensweise in der Handelsbilanz ausgeübt werden, so dass damit die vorbezeichneten BMF-Schreiben insoweit gegenstandslos geworden sind. Die X-GmbH hat den erzielten Veräußerungsgewinn auch in ihrer Steuerbilanz auszuweisen. Die Übertragung der stillen Reserven auf die A-GmbH & Co. KG ist innerhalb der Steuerbilanz der X-GmbH nicht darstellbar; die Beteiligung an der A-GmbH & Co. KG hat nicht die Qualität eines in der Steuerbilanz bilanzierungsfähigen Wirtschaftsguts.[3] Es verbleibt danach lediglich die Möglichkeit, das Ergebnis der Steuerbilanz um den nach § 6b EStG begünstigten Veräußerungsgewinn zu kürzen. Eine entsprechende Problematik stellt sich, wenn bei einer doppelstöckigen Personengesellschaft bei der Obergesellschaft

1 IV B 2 – S 2139 – 37/93; vgl. auch FinSen. Berlin 6. 12. 1993, FR 1994, 164.
2 BStBl 2008 I 495.
3 Vgl. *Wacker* in Schmidt, EStG § 15 Rz. 690, m. w. N.

aufgedeckte stille Reserven auf Reinvestitionsgüter im Gesamthandsvermögen der Untergesellschaft übertragen werden sollen.

Die Vergünstigung nach § 6b EStG kann bei Vorliegen der weiteren Voraussetzungen auch aus Anlass der Veräußerung eines Mitunternehmeranteils oder der Aufgabe des Mitunternehmeranteils in Verfolg der Aufgabe des Betriebs der Mitunternehmerschaft[1] beansprucht werden, vgl. dazu auch R 6b.3 Abs. 10 EStR. In diesen Fällen wird die Inanspruchnahme der Tarifermäßigungen nach § 34 Abs. 1 und 3 EStG auf die verbleibenden Veräußerungsgewinne durch diese Vorschriften ausdrücklich ausgeschlossen. 1046

Die zur Inanspruchnahme der Steuervergünstigungen nach § 6b EStG einmal getroffene Wahl kann zu einem späteren Zeitpunkt nur dann anderweitig ausgeübt werden, wenn die Voraussetzungen für eine Bilanzänderung nach § 4 Abs. 2 Satz 2 EStG vorliegen. Dies ist auch für Veranlagungszeiträume vor 1999[2] nur noch dann und insoweit möglich, als dadurch für den in Betracht kommenden Zeitraum ein sich infolge einer Bilanzberichtigung ergebender Mehrgewinn ausgeglichen werden soll.[3] 1047

3. Förderung von Investitionen kleinerer und mittlerer Betriebe nach § 7g EStG

Literatur: *Pitzke*, Der neue Investitionsabzugsbetrag nach § 7g EStG, NWB 2007, 2830.

Die Förderung von Investitionen kleiner und mittlerer Betriebe gem. § 7g EStG ist durch das Unternehmensteuerreformgesetz 2008 vom 14. 8. 2008[4] auf eine neue Grundlage gestellt und durch das Gesetz zur Umsetzung steuerlicher Regelungen des Maßnahmenpakets „Beschäftigungssicherung durch Wachstumsstärkung“ vom 21. 12. 2008[5] ergänzt worden. Als kleine oder mittlere Betriebe gelten 1048

	§ 7g a. F.	§ 7g n. F.
Gewerbebetriebe oder der selbständigen Arbeit dienende Betriebe bei Gewinnermittlung nach § 4 Abs. 1, § 5 EStG Betriebsvermögen nicht mehr als	204.517 €	235 000 €
für nach dem 31. 12. 2008 und vor dem 1. 1. 2011 endende Wirtschaftsjahre nicht mehr als		335 000 €

1 BFH 30. 3. 1989 IV R 81/87, BStBl 1989 II 558.

2 Vgl. dazu § 52 Abs. 9 EStG.

3 Wegen Einzelheiten dazu vgl. BMF 18. 5. 2000, BStBl 2000 I 587; vgl. auch *Grützner*, Die eingeschränkte Möglichkeit der Bilanzänderung nach § 4 Abs. 2 Satz 2 EStG, BBK F. 13, 4355 ff.

4 BGBl 2008 I 1912.

5 BGBl 2008 I 2896.

	§ 7g a. F.	§ 7g n. F.
land- und forstwirtschaftliche Betriebe mit einem Wirtschaftswert oder Ersatzwirtschaftswert von nicht mehr als	122 710 €	125 000 €
für nach dem 31. 12. 2008 und vor dem 1. 1. 2011 endende Wirtschaftsjahre nicht mehr als		175 000 €
Betriebe mit Gewinnermittlung nach § 4 Abs. 3 EStG	Keine Begrenzung	Gewinn nicht mehr als 100 000 € vor Investitionsabzugsbetrag
für nach dem 31. 12. 2008 und vor dem 1. 1. 2011 endende Wirtschaftsjahre		Gewinn nicht mehr als 200 000 € vor Investitionsabzugsbetrag

Wegen der Problematik beim Übergang von der Gewinnermittlung nach § 4 Abs. 3 EStG zu der durch Bestandsvergleich nach § 4 Abs. 1 ggf. i. V. m. § 5 EStG wird auf das Urteil des BFH vom 16. 9. 2004[1] hingewiesen.

1049 Nach § 7g a. F. können folgende Vergünstigungen beansprucht werden:

- Sonderabschreibungen i. H. v. 20 % der Anschaffungs- oder Herstellungskosten neuer abnutzbarer beweglicher Wirtschaftsgüter des Anlagevermögens innerhalb eines fünfjährigen Begünstigungszeitraumes. Unter bestimmten Voraussetzungen können die Sonderabschreibungen nur vorgenommen werden, wenn zuvor eine Ansparabschreibung erfolgte. Weitere Voraussetzung ist, dass es sich zum Schluss des der Anschaffung oder Herstellung vorhergehenden Wirtschaftsjahres um einen kleinen oder mittleren Betrieb i. S. v. Rn. 1048 handelte. Diese Regelungen gelten für vor dem 1. 1. 2008 angeschaffte oder hergestellte Wirtschaftsgüter.
- Im Vorgriff auf die Sonderabschreibungen kann eine Ansparabschreibung i. H. v. 40 % der prognostizierten Anschaffungskosten bis zur Höhe von 154 000 €, bei Existenzgründern bis zur Höhe von 307 000 € vorgenommen werden. Voraussetzung ist, dass es sich zum Schluss des der Vornahme der Ansparabschreibung vorhergehenden Wirtschaftsjahres um einen kleinen oder mittleren Betrieb i. S. v. Rn. 1048 handelte. Dies gilt für Wirtschaftsjahre, die vor dem 18. 8. 2007 endeten.

Bei buchführenden Betrieben ist die Ansparabschreibung durch Bildung einer den steuerlichen Gewinn mindernden Rücklage vorzunehmen. Diese Rücklage ist im Wirtschaftsjahr der Durchführung der vorgesehenen Investition, spätestens jedoch zum Ende des zweiten, bei Existenzgründern zum Ende des fünften auf ihre Bildung folgenden Wirtschaftsjahres erfolgswirksam aufzulösen. Bei Auflösung der Rücklage ohne

1 X R 5/02, BStBl 2005 II 43.

dass die beabsichtigte Investition durchgeführt wurde, kommt nach § 7g Abs. 5 EStG a. F. ein Gewinnzuschlag von 6 % des Rücklagenbetrags für jedes volle Wirtschaftsjahr, in dem die Rücklage bestanden hat, in Betracht. Wegen Einzelheiten wird auf das BMF-Schreiben vom 25. 2. 2004[1] geändert und ergänzt durch das weitere BMF-Schreiben vom 30. 10. 2007[2] hingewiesen.

§ 7g EStG n. F. sieht folgende Vergünstigungen vor: 1050

- Inanspruchnahme eines Investitionsabzugsbetrags i. H. v. 40 % der prognostizierten Anschaffungs- oder Herstellungskosten für in den nachfolgenden 3 Wirtschaftsjahren anzuschaffende oder herzustellende abnutzbare bewegliche Wirtschaftsgütern des Anlagevermögens für nach dem 17. 8. 2007 endende Wirtschaftsjahre bis zur Höhe von 200 000 €; Voraussetzung ist, dass es sich zum Schluss des Wirtschaftsjahres, für das der Abzug vorgenommen werden soll, um einen kleinen oder mittleren Betrieb i. S. v. Rn. 1048 handelt.
- Sonderabschreibungen i. H. v. 20 % der Anschaffungs- oder Herstellungskosten abnutzbarer beweglicher Wirtschaftsgüter des Anlagevermögens innerhalb eines 5-jährigen Begünstigungszeitraumes bei Anschaffung oder Herstellung nach dem 31. 12. 2007. Die vorherige Inanspruchnahme eines Investitionsabzugsbetrags ist nicht erforderlich. Voraussetzung ist, dass es sich zum Schluss des der Anschaffung oder Herstellung vorhergehenden Wirtschaftsjahres um einen kleinen oder mittleren Betrieb i. S. v. Rn. 1048 handelt.

Die Vergünstigungen sind danach nicht mehr auf die Anschaffung oder Herstellung neuer abnutzbarer beweglicher Wirtschaftsgüter des Anlagevermögens beschränkt.

Der Investitionsabzugsbetrag ist außerhalb der Bilanz zu berücksichtigen und darf zur 1051
Entstehung oder Erhöhung eines Verlustes führen. Er ist dem Ergebnis des Jahres wieder hinzuzurechnen, in dem die entsprechende Investition durchgeführt wird. Soweit der Investitionsabzugsbetrag nicht bis zum Ende des dritten auf das Wirtschaftsjahr des Abzugs folgenden Wirtschaftsjahres hinzugerechnet wurde, also keine entsprechenden Investitionen erfolgten, ist der Abzug rückgängig zu machen. Ein für das Abzugsjahr bereits erlassener Gewinnfeststellungsbescheid ist nach § 7g Abs. 3 EStG entsprechend zu ändern. Daraus folgt eine entsprechende Änderung des GewSt-Messbescheids sowie der ESt-Bescheide der Mitunternehmer mit den sich aus § 233a AO ergebenden Folgen.

Der Höchstbetrag für den für das maßgebende Wirtschaftsjahr berücksichtigungsfähi- 1052
gen Investitionsabzugsbetrag von max. 200 000 € ist gem. § 7g Abs. 1 Satz 4 EStG wie folgt zu ermitteln

Summe der in den drei vorangegangenen berücksichtigten Abzugsbeträge
+ vorgesehener Abzugsbetrag für das maßgebende Wirtschaftsjahr
./. wegen durchgeführter Investitionen hinzugerechnete Abzugsbeträge
./. wegen nicht durchgeführter Investition rückgängig gemachte Abzugsbeträge
Berücksichtigungsfähiger Abzugsbetrag für das maßgebende Wirtschaftsjahr max. 200 000 €.

1 BStBl 2004 I 337.
2 BStBl 2007 I 790.

Noch nicht ausgelöste Ansparabschreibungen stehen gem. § 52 Abs. 23 EStG noch nicht zugerechneten Investitionsabzugsbeträgen gleich.

1053 Die Kürzung des Gewinns um den Investitionsabzugsbetrag ist für das Abzugsjahr rückgängig zu machen, wenn und soweit keine entsprechende Investition innerhalb des dreijährigen Investitionszeitraums erfolgt ist[1] oder das begünstigte Wirtschaftsgut nicht bis zum Ende des auf die Anschaffung/Herstellung folgenden Wirtschaftsjahres in einer inländischen Betriebsstätte nicht ausschließlich oder fast ausschließlich betrieblich genutzt wird.[2] In diesen Fällen ist die für das Abzugsjahr durchgeführte einheitliche und gesonderte Gewinnfeststellung zu ändern. Für diese Fälle endet die Festsetzungsfrist für das Abzugsjahr nicht vor Ablauf der Festsetzungsfrist für das Jahr, in dem der Grund für die Versagung des Abzugs eingetreten ist.

1054 Zu Zweifelsfragen zum Investitionsabzugsbetrag nach § 7g Abs. 1 bis 4 und 7 EStG hat das BMF durch Schreiben vom 8. 5. 2009[3] Stellung genommen. Zur Prognose der voraussichtlich nahezu ausschließlichen betrieblichen Nutzung eines Pkw hat der BFH durch Beschluss vom 26. 11. 2009[4] Stellung genommen.

1055 Bemessungsgrundlage für die Sonderabschreibungen sind die Anschaffungs- oder Herstellungskosten der begünstigten Wirtschaftsgüter. Wurde zuvor ein Investitionsabzugsbetrag beansprucht, steht es der Mitunternehmerschaft frei, die Anschaffungs- oder Herstellungskosten gem. § 7g Abs. 2 EStG erfolgswirksam um den Investitionsabzugsbetrag zu kürzen. Der insoweit gekürzte Betrag ist dann Bemessungsgrundlage für die Sonderabschreibungen und die AfA.

1056 Voraussetzung für die Inanspruchnahme der Sonderabschreibungen ist, dass zum Schluss des der Anschaffung oder Herstellung der begünstigten Wirtschaftsgüter vorausgehenden Wirtschaftsjahres ein kleiner oder mittlerer Betrieb i. S. v. Rn. 1048 vorliegt. Dies eröffnet für neu zu errichtende Mitunternehmerschaften die Möglichkeit, auch für umfangreiche Investitionen die Sonderabschreibungen zu beanspruchen.

BEISPIEL: Die X-GmbH & Co. KG wird in 07 mit einem Kommanditkapital von 1 000 000 € errichtet. Sie nimmt ihre Tätigkeit umgehend auf. Für 08 ist die Anschaffung von beweglichen abnutzbaren Anlagegütern für rd. 2 000 000 € geplant, die auch bereits in 07 bestellt werden. Für 07 wird ein Verlust von 300 000 € erzielt.

- Die Kommanditisten erbringen ihre Einlage insgesamt noch in 07. Danach ergibt sich zum 31. 12. 07 nach Berücksichtigung des Verlustes ein Betriebsvermögen von 700 000 €. Die X-GmbH & Co. KG ist danach kein kleiner oder mittlerer Betrieb i. S. d. § 7g EStG. Für die Investitionen 08 können dementsprechend keine Sonderabschreibungen nach Maßgabe dieser Vorschrift beansprucht werden.
- Die Kommanditisten leisten in 07 vereinbarungsgemäß nur einen Teilbetrag von 500 000 € ihrer Einlage. Der Restbetrag ist erst in 08 zur Finanzierung der vorgesehenen Investitionen zu erbringen. In der Steuerbilanz zum 31. 12. 07 ergibt sich nach Verminderung der geleisteten Einlagen um den Verlust ein Betriebsvermögen von 200 000 €. Die X-GmbH & Co. KG ist damit ein kleiner oder mittlerer Betrieb i. S. d. § 7g EStG, der für die in 2008 erfolgenden

---

1 § 7g Abs. 3 EStG.

2 § 7g Abs. 4 EStG.

3 BStBl 2009 I 633.

4 VIII B 190/09, BFH/NV 2010, 331.

Investitionen bei Vorliegen der weiteren Voraussetzungen die Sonderabschreibungen nach § 7g Abs. 5 und 6 EStG beanspruchen kann. Dabei ist zu beachten, dass diese nach Wahl der Gesellschaft innerhalb des 5-jährigen Begünstigungszeitraums vorgenommen werden können, die Vornahme für 2008 also nicht zwingend ist.

(Einstweilen frei) 1057–1060

VII. Weitere Besonderheiten bei der steuerlichen Gewinnermittlung

1. Aufwendungen, die keine Betriebsausgaben sind

Nach § 12 EStG dürfen u. a. nicht als Betriebsausgaben abgezogen werden, 1061

- Aufwendungen für die Lebensführung des Steuerpflichtigen und seiner Angehörigen auch dann und insoweit, als sie die wirtschaftliche oder gesellschaftliche Stellung des Steuerpflichtigen mit sich bringt, und sie zur Förderung des Berufs oder der Tätigkeit des Steuerpflichtigen erfolgen;
- Zuwendungen an gegenüber dem Steuerpflichtigen und seinem Ehegatten unterhaltsberechtigte Personen oder deren Ehegatten;
- die Steuern vom Einkommen und sonstige Personensteuern sowie die USt für Umsätze, die Entnahmen sind, und die Vorsteuerbeträge auf die vorstehend bezeichneten Aufwendungen für die Lebensführung oder für die das Abzugsverbot nach § 4 Abs. 5 Satz 1 Nr. 1 – 5, 7 oder Abs. 7 EStG gilt;
- in einem Strafverfahren festgesetzte Geldstrafen, sonstige Rechtsfolgen vermögensrechtlicher Art, bei denen der Strafcharakter überwiegt, und Leistungen zur Erfüllung von Auflagen oder Weisungen, soweit die Auflagen oder Weisungen nicht lediglich der Wiedergutmachung des durch die Tat verursachten Schadens dienen.

Der Große Senat des BFH hat durch Beschluss vom 21. 9. 2009,[1] entgegen der bisher langjährig vertretenen Auffassung entschieden, dass § 12 Nr. 1 Satz 2 EStG einer Aufteilung von Aufwendungen, die teilweise betrieblich (beruflich) und im Übrigen privat veranlasst sind, in als Betriebsausgaben (Werbungskosten) abziehbare und nicht nichtabziehbare Aufwendungen nicht entgegensteht. Das BMF hat dazu mit Schreiben vom 6. 7. 2010[2] Stellung genommen.

Das KStG enthält mit § 10 KStG eine § 12 EStG vergleichbare, den Verhältnissen der Körperschaften angepasste Regelung.

Nach § 9c EStG – für die Veranlagungszeiträume 2006 bis 2009 nach § 4f EStG – können abweichend von § 12 Nr. 1 EStG 2/3 der erwerbsbedingten Kinderbetreuungskosten, höchstens jedoch 4 000 € jährlich wie Betriebsausgaben abgezogen werden. Begünstigt sind Aufwendungen für Kinder, die das 14. Lebensjahr noch nicht vollendet haben, sowie für Kinder, die wegen vor Vollendung des 25. Lebensjahres eingetretenen 1062

1 GrS 1/06, BStBl 2010 II 672.

2 IV C 3 – S 2227/07/10003:002, BStBl 2010 I 614.

körperlichen, geistigen oder seelischen Behinderungen außerstande sind, sich selbst zu unterhalten. Wegen weiterer Einzelheiten wird auf das BMF-Schreiben vom 19. 1. 2007[1] hingewiesen. Es handelt sich um Aufwendungen, die den einzelnen Mitunternehmern veranlasst durch ihre Mitunternehmerschaft entstehen, so dass sie den Sonderbetriebsausgaben gleichzustellen sind und damit den Gewinnanteil des jeweils betroffenen Mitunternehmers mindern.[2]

1063 Nach der ständigen Rechtsprechung des BFH[3] sind die von ihm zur Anwendung des § 12 EStG im Verhältnis zu Einzelunternehmen entwickelten Grundsätze auch maßgebend, wenn es um die Anerkennung von Aufwendungen als Betriebsausgaben bei einer Mitunternehmerschaft geht. Danach sind die Aufwendungen nicht als Betriebsausgaben abzugsfähig, sondern als Entnahme[4] zu behandeln, die nicht weitaus überwiegend durch den Betrieb der Mitunternehmerschaft, sondern in nicht bloß untergeordneter Weise durch die private Lebensführung eines oder mehrerer Mitunternehmer oder diesen nahe stehenden Personen veranlasst sind. Das kann auch dann gelten, wenn an der Mitunternehmerschaft mehrheitlich Mitunternehmer beteiligt sind, die nicht Angehörige der begünstigten Personen sind.[5] Die Beteiligung familienfremder Mitunternehmer ist danach kein zwingendes Indiz für die betriebliche Veranlassung der von der Mitunternehmerschaft insoweit verausgabten Zahlungen.

1064 Entsprechend den allgemeinen Gewinnermittlungsgrundsätzen gehören zu den Entnahmen sämtliche Wertabgaben der Mitunternehmerschaft für außerbetriebliche Zwecke der Mitunternehmer,[6] also nicht nur die Überführung von Geld oder von Wirtschaftsgütern in das Privatvermögen, sondern auch die Inanspruchnahme von Dienstleistungen sowie die Nutzung von zum Gesamthandsvermögen gehörenden Wirtschaftsgütern durch die Mitunternehmer oder ihnen nahe stehende Personen. Zu den außerbetrieblichen Zwecken gehört auch die Verwendung zur Einkunftserzielung durch die Mitunternehmer außerhalb der mitunternehmerschaftlichen Beteiligung. Wegen der bei der Überführung von Wirtschaftsgütern in ein anderes Betriebsvermögen zu beachtenden Besonderheiten wird auf die Ausführungen unter Rn. 1146 ff. hingewiesen. Nimmt ein Mitunternehmer Leistungen der Mitunternehmerschaft in Anspruch, die ihm nicht oder nur unvollständig berechnet werden, z. B. Bauleistungen für im Privatvermögen gehaltene Mietwohngrundstücke, liegen insoweit Entnahmen vor; die für Einzelunternehmen maßgebenden Grundsätze gelten entsprechend.[7]

1065 Die Finanzgerichtsbarkeit hat im Laufe der Zeit im Verhältnis zu Mitunternehmerschaften u. a. zu den nachfolgend aufgeführten Sachverhalten Stellung genommen.

---

1 BStBl 2007 I 184.

2 Vgl. auch Tz 28 BMF 19. 1. 2007, BStBl 2007 I 184.

3 Z. B. Urteil 29. 10. 1991 VIII R 148/85, BStBl 1992 II 647; 5. 2. 2010 IV B 57/09, BFH/NV 2010, 880, m. w. N.

4 Wegen der sich in diesem Zusammenhang stellenden Frage der Zuordnung des sich insoweit ergebenden Gewinns vgl. Rn. 720 ff.

5 BFH 28. 4. 1983 IV R 131/79, BStBl 1983 II 668.

6 BFH 28. 4. 1983 IV R 131/79, BStBl 1983 II 668; 23. 3. 1995 IV R 94/93, BStBl 1995 II 637; 29. 7. 1997 VIII R 57/94, BStBl 1998 II 652.

7 Vgl. z. B. *Wacker* in Schmidt, EStG § 15 Rz. 435, m. w. N.

Ausbildungskosten für Angehörige als potenzielle Rechtsnachfolger

Das FG Münster hat mit Urteil vom 20. 4. 2010[1] die von einem Gesellschafter einer ärztlichen Gemeinschaftspraxis getragenen Aufwendungen für die Erlangung der Qualifikation als Facharzt durch seinen Sohn als nach § 12 Nr. 1 EStG nicht als Sonderbetriebsausgaben abziehbare Lebenshaltungskosten des Gesellschafters beurteilt. Dem Sohn war unter Zwischenschaltung eines Treuhänders durch die Zuwendung von Drittmitteln die für den Erwerb der angestrebten Qualifikation erforderliche Tätigkeit als Assistenzarzt an einem Universitätsklinikum ermöglicht worden. Fest stand, dass der Gesellschafter alsbald nach dem voraussichtlichen Abschluss der Facharztausbildung seines Sohnes seine ärztliche Zulassung aus Altersgründen zurückgeben musste. Das FG versagte den Abzug als Sonderbetriebsausgaben unter Hinweis auf das Urteil des BFH vom 14. 12. 1990,[2] weil die Aufwendungen im Interesse der Übertragung der Praxis auf den Sohn aus außerbetrieblichen Gründen getragen worden seien. Es seien keine Gesichtspunkte dafür vorgetragen worden, die die Annahme zu rechtfertigen vermochten, dass einem fremden Dritten unter entsprechenden Bedingungen, die Möglichkeit zur Erlangung der Qualifikation als Facharzt eröffnet worden wäre.

Fachtagung

Nimmt ein Mitunternehmer an einer von einem Geschäftspartner der Mitunternehmerschaft veranstalteten „Fachtagung" teil, die den üblichen Rahmen geschäftlicher Gespräche überschreitet – z. B. 4-tägige Schiffsreise mit Ausflugsfahrten, ist der Wert des zugewendeten Vorteils bei der Personengesellschaft als Betriebseinnahme und zugleich als Entnahme zu erfassen.[3] Ein ggf. betrieblich veranlasster Teil der Aufwendungen ist grundsätzlich als Betriebsausgaben abziehbar. Zur Aufteilung von gemischten Aufwendungen, z. B. der Fahrtkosten, wird auf den Beschluss vom 21. 9. 2009 GrS 1/06[4] und das BMF-Schreiben vom 6. 7. 2010[5] hingewiesen.

Forderungsverzicht

Verzichtet eine Mitunternehmerschaft aus außerbetrieblichen Gründen auf ihr gegenüber einem Mitunternehmer und oder einer gegenüber ihr oder ihren Mitunternehmern nahe stehenden Personen zustehende Forderungen, liegt in Höhe des sich für die Mitunternehmerschaft dadurch ergebenden Verlustes eine Entnahme vor.[6]

Geburtstagsfeier

Aufwendungen für die Bewirtung von Geschäftsfreunden aus Anlass eines Geburtstages eines Mitunternehmers haben der BFH und auch die FG bisher die Anerkennung als Betriebsausgaben versagt.[7] Diese Entscheidungen sind u. a. damit begründet wor-

1 15 K 2184/07 F, NWB DokID: GAAAD-61226.

2 III R 92/88, BStBl 1991 II 305.

3 BFH 26. 9. 1995 VIII R 35/93, BStBl 1996 II 273; vgl. auch BMF 14. 10. 1996, BStBl 1996 I 1192.

4 BStBl 2010 II 672.

5 BStBl 2010 I 614.

6 BFH 31. 7. 1991 VIII R 23/89, BStBl 1992 II 375; 26. 1. 1995 IV R 73/93, BStBl 1995 II 589; 29. 7. 1997 VIII R 57/94, BStBl 1998 II 652.

7 BFH 15. 5. 1986 IV R 184/83, BFH/NV 1986, 657; 27. 2. 1997 IV R 60/96, BFH/NV 1997, 560; FG Rheinland-Pfalz 16. 9. 2008 2 K 2606/06, NWB DokID: HAAAC-94982.

den, dass derartige gemischten Aufwendungen nach der seinerzeit als zutreffend angesehenen Rechtsauffassung nicht aufteilbar und deswegen insgesamt nicht abzugsfähig seien. Mit dem Beschluss vom 21. 9. 2009 GrS 1/06[1] wurde diese Auffassung aufgegeben. Das BMF geht in Rn 15 seines Schreibens vom 6. 7. 2010[2] davon aus, dass die Aufwendungen für die Feier eines Firmenjubiläums zu der auch Gäste aus außerbetrieblichen (privaten) Gründen geladen wurden, teils betrieblich, teils privat veranlasst sind. Deswegen sind die betrieblich veranlassten Aufwendungen als Betriebsausgaben abziehbar. Als vertretbarer Aufteilungsmaßstab für die Gesamtkosten wird die Anzahl der Teilnehmer angesehen. Handelt es sich bei den Gästen einer Geburtstagsfeier im Wesentlichen um Geschäftsfreunde, zu denen keine weitergehenden persönlichen Beziehungen bestehen, dürfte auf der Grundlage der geänderten Rechtsprechung der anteilige Betriebsausgabenabzug nunmehr gerechtfertigt sein.

Geldstrafen

Übernimmt eine Mitunternehmerschaft die Bezahlung einer gegen einen ihrer Mitunternehmer verhängten Geldstrafe, ist das sich aus § 12 Nr. 4 EStG ergebende Abzugsverbot auch dann zu beachten, wenn die Straftat im Zusammenhang mit dem Gewerbebetrieb der Gesellschaft steht. Danach sind von deutschen Gerichten verhängte Geldstrafen allgemein, von ausländischen Gerichten verhängte Geldstrafen dann nicht abzugsfähig, wenn diese auch dem deutschen ordre public entsprechen. Die Zahlung der Geldstrafe ist dann durch die Lebensführung des Gesellschafters veranlasst, so dass es sich um eine Entnahme handelt.[3]

Gewinnfeststellungserklärung

Die Kosten für die Erstellung der Erklärung zur nach § 180 Abs. 1 Nr. 2 Buchst. b AO durchzuführenden einheitlichen und gesonderten Gewinnfeststellung sind anders als die Aufwendungen für die Aufstellung des Jahresabschlusses keine Betriebsausgaben.[4] Es handelt sich um Privatentnahmen, die bei den Mitunternehmern bis einschl. Veranlagungszeitraum 2005 als Steuerberatungskosten i. S. d. § 10 Abs. 1 Nr. 6 EStG als Sonderausgaben abzugsfähig sind. Ab 2006 liegen nicht abziehbare Aufwendungen der Lebensführung vor.[5]

Insassenunfallversicherung

Die Prämie für eine Insassenunfallversicherung für einen zum Betriebsvermögen einer Mitunternehmerschaft gehörenden Pkw ist auch dann in vollem Umfang Betriebsausgabe, wenn der Pkw von Mitunternehmern für private Zwecke genutzt wird. Der Anspruch auf die Versicherungssumme gehört dann nicht zum Betriebsvermögen, wenn er durch einen Unfall während der Privatfahrt eines Mitunternehmers ausgelöst wurde.[6]

1 BStBl 2010 II 672.

2 BStBl 2010 I 614.

3 BFH 31. 7. 1991 VIII R 89/86, BStBl 1992 II 85.

4 BFH 24. 11. 1983 IV R 22/81, BStBl 1984 II 301; 21. 5. 1987 IV R 134/83, BStBl 1987 II 764.

5 BMF 21. 12. 2007, BStBl 2008 I 256; vgl. auch *Grützner*, BBK F. 13, 5175.

6 BFH 15. 12. 1977 IV R 78/74, BStBl 1978 II 212.

Jagd

Eine Personengesellschaft, die u. a. Handel mit Jagdwaffen und Jagdmunition betreibt, kann die Kosten einer von ihr zur Erprobung der Waffen und Munition gepachteten Jagd nicht als Betriebsausgaben absetzen, wenn die Jagd auch zwei Gesellschaftern zur Durchführung privater Jagdveranstaltungen dient. Dies gilt auch, wenn die beiden Gesellschafter mit weniger als 50 % am Gesellschaftskapital beteiligt sind.[1]

Kongressteilnahme

Nimmt der Kommanditist und Prokurist einer KG an dem Kongress eines internationalen Berufsverbandes im Ausland teil, dessen Mitglied sowohl er als auch die KG sind, und wirkt er als Funktionär an dem Kongress aktiv mit, dann sind seine Reisekosten Betriebsausgaben der KG, sofern die Reise weitaus überwiegend betrieblichen Zwecken der KG diente.[2]

Krankentagegeldversicherung

Beiträge zu einer Krankentagegeldversicherung sind regelmäßig nicht als Betriebsausgaben abzugsfähig. Diese gilt auch dann, wenn sich die Mitunternehmer im Gesellschaftsvertrag gegenseitig zum Abschluss eines derartigen Versicherungsvertrages verpflichten und die Versicherungsleistungen den Betriebseinnahmen zugerechnet werden sollen.[3] Etwas anderes kann dann gelten, wenn durch die Versicherung lediglich die Risiken einer typischen Berufskrankheit abgesichert werden sollen.

Lebensversicherungsbeiträge

Beiträge für Lebensversicherungsverträge, die auf das Leben eines Mitunternehmers abgeschlossen worden sind, sind auch dann keine Betriebsausgaben, wenn die Versicherungsverträge der Absicherung von der Mitunternehmerschaft gewährten Krediten dienen. Unerheblich ist auch, ob es sich dabei um eine Risikolebensversicherung oder um eine Kapitallebensversicherung handelt und der Vertrag von der Mitunternehmerschaft oder von Mitunternehmern abgeschlossen wurde.[4] Die Auszahlung der Versicherungssumme führt deswegen zu keinen Betriebseinnahmen.[5] Etwas anderes gilt dann, wenn der Versicherungsvertrag auf das Leben oder den Tod eines fremden Dritten abgeschlossen wurde und Bezugsberechtigter nicht der Dritte, sondern die Mitunternehmerschaft ist.[6] Ausnahmsweise können Lebensversicherungsbeiträge ferner dann Betriebsausgaben sein, wenn der Versicherungsvertrag über einen überdurchschnittlich langen Zeitraum auf das Leben einer Person abgeschlossen wurde, die für den Fortbestand des Unternehmens nicht wichtig ist, sofern die Versicherungssumme zur Tilgung einer langfristigen Verbindlichkeit bestimmt ist, die in zeitlichem Zusammenhang mit dem Abschluss des Versicherungsvertrages begründet wurde. Diese Vo-

1 BFH 28. 4. 1983 IV R 131/79, BStBl 1983 II 668.

2 BFH 13. 12. 1984 VIII R 296/81, BStBl 1985 II 325.

3 BFH 7. 10. 1982 IV R 32/80, BStBl 1983 II 101.

4 FG Baden-Württemberg 13. 7. 2009 9 K 289/06, NWB DokID: EAAAD-39825; Rev. Az. des BFH: VIII R 4/10.

5 BFH 11. 5. 1989 IV R 56/87, BStBl 1989 II 657; 10. 4. 1990 VIII R 63/88, BStBl 1990 II 1017; 6. 2. 1992 IV R 30/91, BStBl 1992 II 653.

6 BFH 14. 3. 1996 IV R 14/95, BStBl 1997 II 343.

raussetzungen lagen nach dem Urteil des BFH vom 3. 3. 2011[1] bei einer GmbH & Co. KG vor, die Verträge auf das Leben von minderjährigen Kindern von Minderheitsgesellschaftern über eine Vertragsdauer von mehr als 40 Jahren geschlossen hatte. Der Anspruch gegenüber der Versicherungsgesellschaft ist jeweils mit dem geschäftsplanmäßigen Deckungskapital der Versicherung zu aktivieren. Der Ansatz des niedrigeren Rückkaufwertes kommt erst bei (drohender) Kündigung der Versicherung in Betracht.

Nachzahlungszinsen

Vereinnahmt eine Mitunternehmerschaft einen ihr abgetretenen ESt-Erstattungsanspruch eines Mitunternehmers und werden diese Steuern zu einem späteren Zeitpunkt aufgrund eines geänderten Steuerbescheids zurückgefordert, sind die aus diesem Anlass nach § 233a AO anfallenden Nachzahlungszinsen nicht als Betriebsausgaben abziehbar.[2]

Pensions-Sicherungs-Verein a. G. (PSVaG)

Die von den nicht mehrheitlich beteiligten Kommanditisten einer KG entrichteten Beiträge an den PSVaG mindern den steuerlichen Gesamtgewinn der KG nicht und sind daher nicht als Sonderbetriebsausgaben abzugsfähig. Sie sind – sofern sie den Gewinn der KG gemindert haben – dem Gewinnanteil der Mitunternehmer hinzuzurechnen.[3]

Repräsentationsaufwand

Lädt eine GmbH & Co. KG, die Kfz-Handel und eine Vertragswerkstätte betreibt, führende Mitarbeiter des von ihr vertretenen Unternehmens zu Karnevalsveranstaltungen eines Vereins ein, dem der Gesellschafter-Geschäftsführer ihrer Komplementär-GmbH und Kommanditist als Mitglied angehört, so handelt es sich gem. § 12 Nr. 1 Satz 2 EStG um nicht abziehbare Repräsentationsaufwendungen.[4]

Rückdeckungsversicherung

Hat die Mitunternehmerschaft für die einem Mitunternehmer gegebene Versorgungszusage[5] eine Rückdeckungsversicherung abgeschlossen, können die Prämienzahlungen nicht als Betriebsausgaben abgezogen werden.[6] Es handelt sich um Entnahmen, die allen Gesellschaftern nach Maßgabe ihrer Beteiligung zuzurechnen sind. Der in der Handelsbilanz auszuweisende Rückdeckungsanspruch gegenüber der Versicherungsgesellschaft ist danach als Wirtschaftsgut des steuerlichen Privatvermögens nicht in die Steuerbilanz der Mitunternehmerschaft zu übernehmen. Die Versicherungsleistungen werden deswegen im steuerlichen Privatvermögen vereinnahmt und sind bei Zahlung an den Versorgungsberechtigten Einlagen.

---

1 IV R 15/09, NWB DokID: ZAAAD-84128.

2 BFH 21. 10. 2010 IV R 6/08, NWB DokID: GAAAD-59503.

3 FG Baden-Württemberg 17. 3. 2005 14 K 172/00, EFG 2005, 949.

4 BFH 29. 3. 1994 VIII R 7/92, BStBl 1994 II 843.

5 Vgl. Rn. 1371 ff.

6 BFH 28. 6. 2001 IV R 41/00 BStBl 2002 II 724; vgl. auch Tz. 19 BMF 29. 1. 2008, BStBl 2008 I 317.

Schuldübernahme

Übernimmt eine Mitunternehmerschaft Verbindlichkeiten einer ihren Mitunternehmern nahe stehenden Person, ist der dadurch entstehende Aufwand auch dann nicht betrieblich veranlasst, wenn der Gesellschaftsvertrag eine diesbezügliche Verpflichtung ausdrücklich vorsieht.[1]

Einschränkungen des steuerlich wirksamen Betriebsausgabenabzugs ergeben sich fer- 1066
ner aus § 4 Abs. 5 EStG, dessen Regelungen bei der steuerlichen Gewinnermittlung von Mitunternehmerschaften gleichermaßen zu beachten sind. Dies gilt ferner für § 4 Abs. 5b EStG, wonach die Gewerbesteuer ab 2008 zu den nicht abzugsfähigen Betriebsausgaben gehört. Soweit danach Aufwendungen steuerlich nicht abzugsfähig sind, handelt es sich begrifflich um keine Entnahmen der Mitunternehmer, die Ergebniskorrekturen sind außerhalb der Steuerbilanz vorzunehmen.

Ausgaben für steuerbegünstigte Zwecke i. S. d. § 10b EStG – Spenden –, die aus dem 1067
Gesamthandsvermögen geleistet werden, sind nicht als Betriebsausgaben, sondern bei der Besteuerung der Mitunternehmer nach Maßgabe von § 10b EStG bzw. § 9 Abs. 1 Nr. 2 KStG abzugsfähig.[2] Sie sind den Mitunternehmern grundsätzlich jeweils entsprechend dem allgemeinen Gewinnverteilungsschlüssel zuzurechnen. Derartige Zuwendungen sind gem. § 10b Abs. 1 EStG nur im Rahmen bestimmter Höchstbeträge abzugsfähig. Soll die Summe der Umsätze und der im Kalenderjahr gezahlten Löhne, Gehälter, als Bemessungsgrundlage dieses Höchstbetrags zugrunde gelegt werden, sind diese dem einzelnen Mitunternehmer nach R 10b.3 Abs. 1 Satz 2 EStR anteilig entsprechend seinem Anteil am Gewinn der Gesellschaft zuzurechnen.

(Einstweilen frei) 1068–1070

2. Besonderheiten bei Fondsgesellschaften

Beteiligen sich Anleger eines sog. Bauherrenmodells aufgrund eines vom Projektanbie- 1071
ter vorformulierten Vertragswerks zur Erzielung von Einkünften aus Vermietung und Verpachtung, führen alle Aufwendungen der Anleger aus diesem Anlass zu Anschaffungskosten der Immobilie und nicht teilweise zu sofort abziehbaren Werbungskosten.[3] Zu den danach nicht sofort abzugsfähigen Aufwendungen gehören die Vergütungen für von dem Fonds beitretenden Investoren mit dem Initiator und diesem in unterschiedlicher Weise verbundenen Unternehmen geschlossenen verschiedenen Verwaltungs- oder Geschäftsbesorgungsverträge, z. B. über die Geschäftsbesorgung während der „Investitionsphase", über die Erbringung einer wirtschaftlichen Konzeption, über die Finanzierungsvermittlung, über Geschäftsbesorgung, über den Vertrieb der Beteiligungen, über eine Platzierungsgarantie, über die Mittelfreigabe. Diese Rechtsfolge tritt auch bei einem Zusammenschluss der Investoren in der Rechtsform einer KG ein.[4] Nach dem weiteren Urteil des BFH vom 28. 6. 2001[5] gelten diese Grundsätze auch für

1 BFH 29. 10. 1991 VIII R 148/85, BStBl 1992 II 647.
2 BFH 8. 8. 1990 X R 149/88, BStBl 1991 II 70.
3 BFH 14. 11. 1989 IX R 197/84, BStBl 1990 II 299.
4 BFH 11. 1. 1994 IX R 82/91, BStBl 1995 II 166.
5 IV R 40/97, BStBl 2001 II 717.

Immobilienfonds in der Rechtsform einer gewerblich geprägten KG, von den Investoren aus der Beteiligung also gem. § 15 Abs. 3 Nr. 2 EStG Einkünfte aus Gewerbebetrieb bezogen werden.[1] Die FinVerw hat zu dieser Problematik mit dem umfangreichen BMF-Schreiben vom 20. 10. 2003[2] Stellung genommen.

1072 Der BFH weist in seinem Urteil vom 28. 6. 2001[3] zunächst darauf hin, dass nach den für die KG maßgebenden handelsrechtlichen Grundsätze die Qualifikation einzelner Aufwendungen als Anschaffungskosten eines ihr zuzurechnenden Wirtschaftsguts nur aus der Sicht der KG und nicht der einzelnen Gesellschafter zu erfolgen habe. Dies gelte nach § 5 Abs. 1 EStG grundsätzlich auch für den Ausweis in der Steuerbilanz. Etwas anderes gelte allerdings dann, wenn von einer wirtschaftlich unangemessenen Gestaltung der Rechtsverhältnisse ausgegangen werden müsse und nach § 42 AO der Besteuerung diejenige Rechtsgestaltung zu unterwerfen sei, die den wirtschaftlichen Vorgängen angemessen gewesen wäre. Davon war nach Auffassung des BFH in dem zu entscheidenden Fall, einer Immobilien GmbH & Co., auszugehen. Die angemessene Gestaltung hätte in der Vereinbarung eines Gesamtkaufpreises für die Immobilie bestanden, so dass die im Zusammenhang mit der Abwicklung des Projekts vereinbarten Provisionen oder „Gebühren" wie Anschaffungskosten der Immobilie zu werten seien. Das wirtschaftliche Ziel der Fonds-Gesellschaft und ihrer Gesellschafter habe darin bestanden, in gesamthänderischer Verbundenheit ein Grundstück zu erwerben, zu bebauen und zu verwalten und dabei aus wohnungsbaupolitischen Gründen eingeräumte Vergünstigungen in Anspruch zu nehmen, und solle nur in der Zusammenfassung der verschiedenen Teile des Vertragswerks erreicht werden. Den einzelnen Teilverträgen komme keine selbständige Bedeutung zu, sie ließen sich nur aus der gewünschten Schaffung steuerlich sofort abziehbarer Ausgaben erklären. Diese Grundsätze sind nicht beschränkt auf Immobilien-Fonds-Gesellschaften anwendbar. Sie sind nach zwei Urteilen des BFH vom 14. 4. 2011 bei Windkraftfonds GmbH & Co. KG[4] und Schiffsfonds-GmbH & Co. KG[5] gleichermaßen zu beachten. Damit wird spätestens seit Vorliegen dieser Urteile von allgemein zu beachtenden Grundsätzen auszugehen sein.

1073 Danach ergeben sich bei Anwendung dieser Grundsätze in der Steuerbilanz von der Handelsbilanz abweichende Ansätze. Sie beruhen im Ergebnis auf den mit den beitretenden Gesellschaftern getroffenen Vereinbarungen, nach denen zusätzliche in der Handelsbilanz nicht auszuweisende Aufwendungen getragen werden sollen. Es dürfte deswegen nahe liegen, diese Aufwendungen in Ergänzungsbilanzen[6] ausweisen. Auf die Führung von Ergänzungsbilanzen könnte dann verzichtet werden, wenn die Abweichungen von der Handelsbilanz alle Gesellschafter ihrem Anteil entsprechend gleichermaßen treffen.

1074–1075 *(Einstweilen frei)*

---

1 Vgl. Rn. 396 ff.
2 BStBl 2003 I 546.
3 IV R 40/97, BStBl 2001 II 717.
4 IV R 15/09, NWB DokID: ZAAAD-84128
5 IV R 8/10, NWB DokID: QAAAD-84131.
6 Vgl. Rn. 786 ff.

3. Vereinbarungen mit den Mitunternehmern nahe stehenden Personen

Literatur: *Groh*, Darlehensgewähr aus Auflagenschenkung im Ertragsteuerrecht, DStR 2000, 753; *Schoor*, Darlehensverträge zwischen Personengesellschaften und Angehörigen der Gesellschafter, INF 2000, 10; *Heuermann*, Irritationen über einen alten Rechtsgrundsatz – Verträge zwischen nahe stehenden Personen ohne zivilrechtliche Wirksamkeit?, DB 2007, 1267; *Tiedtke/Möllmann*, Zivilrechtliche Wirksamkeit als Voraussetzung der steuerlichen Anerkennung von Verträgen zwischen nahen Angehörigen, DStR 2007, 1940; *Becker*, Ehegattenarbeitsverhältnisse – Aktuelle Rechtsfragen bei familiärer Mitarbeit, NWB 2010, 3122.

Beschränken sich die Beziehungen zwischen Personen auf den Austausch von am Markt 1076
angebotenen Leistungen, kann allgemein davon ausgegangen werden, dass sich Leistung und Gegenleistung gemessen an den Bedingungen des Marktes ausgewogen gegenüberstehen; jeder der Beteiligten ist bestrebt, aus dem Geschäft das für ihn günstigste Ergebnis zu erzielen. Bestehen hingegen zwischen den Beteiligten daneben persönliche Beziehungen, ist nicht auszuschließen, dass der natürliche Widerstreit der Interessen durch die bestehenden persönlichen Interessen überlagert wird, u.U. sich sogar ein Gleichklang von Interessen ergibt, der dazu führt, dass der Austausch der Leistungen in einer Weise ausgestaltet wird, wie dies zwischen fremden Dritten nicht üblich ist. Um zu vermeiden, dass dadurch Aufwendungen, die nicht betrieblich veranlasst sind, und im Übrigen auch gem. § 12 EStG vom Betriebsausgabenabzug ausgeschlossen sind, gewinnmindernd berücksichtigt werden, können nach der ständigen Rechtsprechung des BFH[1] Vereinbarungen zwischen sich persönlich nahe stehenden Personen nur dann erkannt werden, wenn die Vereinbarung in der gesetzlich vorgeschriebenen Form zustande gekommen ist[2] und sowohl die Gestaltung als auch die Durchführung des Vereinbarten dem zwischen Fremden Üblichen entsprechen. Dies gilt auch für Rechtsbeziehungen zwischen einer Mitunternehmerschaft und außenstehenden Personen, wenn ein naher Angehöriger oder ein Ehegatte der außenstehenden Person beherrschender Mitunternehmer[3] ist. Beherrscht ein Angehöriger die Personengesellschaft nicht allein, reicht eine gemeinsame Beherrschung durch mehrere Familienangehörige dann aus, wenn sie einen Gegenstand von gemeinsamem Interesse in gegenseitiger Abstimmung regeln.[4]

Nahe stehende Personen i. S. d. vorerörterten Rechtsprechung sind regelmäßig Ehegat- 1077
ten, bei denen allgemein gleichlaufende Interessen unterstellt werden. Bei getrennt lebenden[5] und bei geschiedenen[6] Ehegatten kann dies ausnahmsweise der Fall sein. Die FinVerw geht bei gleichgeschlechtlichen Lebensgemeinschaften von einer mit der Ehe

1 Vgl. z. B. BFH 13. 7. 1999 VIII R 29/97, BStBl 2000 II 386; 22. 2. 2007 IX R 45/06, BFH/NV 2007, 1400; 16. 12. 2008 VIII R 83/05, BFH/NV 2009, 1118; 23. 4. 2009 IV R 24/08, BFH/NV 2009, 1427.

2 Wegen der bei Verträgen mit minderjährigen Kindern ggf. erforderlichen Einschaltung eines Ergänzungspflegers vgl. BFH 13. 7. 1999 VIII R 29/97, BStBl 2000 II 386; beachte BFH 7. 6. 2006 IX R 4/04, BStBl 2007 II 294 sowie BMF 23. 12. 3010, BStBl 2011 I 37.

3 BFH 25. 7. 1995 VIII R 38/93, BStBl 1996 II 153; 15. 6. 2000 XI B 123/99, BFH/NV 2000, 1467, jeweils m. w. N.; FG München 8. 11. 2006 9 K 3137/02, EFG 2007, 338.

4 BFH 15. 12. 1988 IV R 29/86, BStBl 1989 II 500.

5 BFH 1. 12. 2004 X R 4/03, BFH/NV 2005, 549.

6 BFH 20. 11. 2002 X B 6/02, BFH/NV 2003, 318.

vergleichbaren Partnerschaft aus,[1] so dass insoweit die zur Beurteilung von Vereinbarungen zwischen Ehegatten entwickelten Grundsätze maßgebend sind. Dagegen werden diese Voraussetzungen bei Partnern eheähnlicher Gemeinschaften nur ausnahmsweise vorliegen.[2] Im Verhältnis zwischen Eltern und Kindern wird allgemein voneinander nahe stehenden Personen ausgegangen. Weiter hat der BFH im Verhältnis zwischen Großeltern und Enkeln[3] und zwischen Schwiegereltern und Schwiegerkindern[4] einander nahe stehende Personen angenommen. Vereinbarungen zwischen nahe stehenden Personen liegen auch dann vor, wenn zwei einander nahe stehende Mitunternehmer gemeinschaftlich über eine Mehrheitsbeteiligung bei der Mitunternehmerschaft verfügen und zwischen der Mitunternehmerschaft und einer Person, die einem der beiden Mitunternehmer nahe steht, eine Vereinbarung getroffen wird.[5]

1078 Nach R 4.8 Abs. 2 EStR ist eine Überprüfung des zwischen einer Mitunternehmerschaft und dem Ehegatten eines Mitunternehmers bestehenden Arbeitsvertrags unter den hier erörterten Gesichtspunkten regelmäßig nur dann erforderlich, wenn der Mitunternehmer-Ehegatte die Mitunternehmerschaft aufgrund seiner wirtschaftlichen Machtstellung – im Regelfall durch Innehaben einer Mehrheitsbeteiligung – beherrscht. Etwas anderes hat dann zu gelten, wenn mit den anderen Mitunternehmern insoweit ein Interessengleichklang besteht, z. B. Arbeitsverhältnisse mit den Ehegatten zweier insgesamt mehrheitlich beteiligter Mitunternehmer zu beurteilen sind. Wegen der von der Rechtsprechung des BFH zur Anerkennung von Ehegattenarbeitsverhältnissen entwickelten Grundsätze wird auf die diesbezüglichen Nachweise in H 19 EStH hingewiesen. Einzelheiten zu den Voraussetzungen für die steuerliche Anerkennung von Arbeitsverhältnissen mit Kindern können R 4.8 Abs. 3 EStR und den diesbezüglichen Hinweisen in H 4.8 EStH entnommen werden.

1079 Im Rahmen der Übertragung von Vermögenswerten von der älteren auf die jüngere Generation spielt neben der Abtretung von Gesellschaftsanteilen[6] die schenkweise Begründung von Darlehensforderungen eine nicht zu vernachlässigende Rolle, wie der zu diesem Problemkreis ergangenen Rechtsprechung des BFH zu entnehmen ist. Dabei sind die zur Begründung von Darlehensverhältnissen zwischen Eltern und Kindern entwickelten Grundsätze auch auf das Verhältnis zwischen Kindern nicht nur unwesentlich beteiligter Mitunternehmer und der Mitunternehmerschaft anzuwenden.[7] Die zivilrechtliche Unwirksamkeit des Darlehensvertrages ist ein Indiz gegen den vertraglichen Bindungswillen der Vertragsbeteiligten, das zur Versagung der steuerrechtlichen Anerkennung führen kann.[8] Nach Tz. 5 des BMF-Schreibens vom 23. 12. 2010[9] setzt die steu-

1 BMF 5. 12. 2002, IV A 6 – S 2176 – 28/02.
2 Beachte dazu BFH 14. 4. 1988 IV R 225/85, BStBl 1988 II 670.
3 BFH 18. 12. 1990 VIII R 290/82, BStBl 1991 II 391.
4 BFH 5. 2. 1988 III R 234/84, BFH/NV 1988, 628.
5 BFH 13. 7. 1999 VIII R 29/97, BStBl 2000 II 386.
6 Wegen Einzelheiten dazu vgl. Rn. 3347 ff.
7 BFH 15. 4. 1999 IV R 60/98, BStBl 1999 II 524; Tz. 7 BMF 23. 12. 2010, BStBl 2011 I 37.
8 BFH 22. 2. 2007 IX R 45/06, BStBl 2011 II 20; 12. 5. 2009 IX R 46/08, BStBl 2011 II 24.
9 BStBl 2011 I 37.

erliche Anerkennung eines derartigen Darlehensverhältnisses entsprechend der Rechtsprechung des BFH[1] voraus, dass

- eine Vereinbarung über die Laufzeit und über Art und Zeit der Rückzahlung des Darlehens getroffen worden ist,
- die Zinsen zu den Fälligkeitszeitpunkten entrichtet werden und
- der Rückzahlungsanspruch ausreichend besichert ist.

Werden Angehörigen Geldbeträge unentgeltlich zugewendet, die sie dann der Mitunternehmerschaft darlehensweise überlassen, kann nach Tz. 10 ff., des vorbezeichneten BMF-Schreibens[2] u. U. eine der nachfolgend aufgeführten Vereinbarungen zur steuerlichen Nichtanerkennung des Darlehensverhältnisses führen, 1080

- Vereinbarung von Schenkung und Darlehen in ein und derselben Urkunde,
- Schenkung unter der Auflage der Rückgabe des Darlehens,
- Schenkungsversprechen unter der aufschiebenden Bedingung der Rückgabe des Darlehens,
- Vereinbarungsdarlehen nach § 607 Abs. 2 BGB,
- Darlehenskündigung nur mit Zustimmung des Schenkers,
- Zulässigkeit von Entnahmen durch den Beschenkten zu Lasten des Darlehenskontos nur mit Zustimmung des Schenkers oder
- mit Zustimmung des Schenkers.

Eine vergleichbare Problematik ergibt sich bei der schenkweisen Begründung einer stillen Beteiligung. Nach dem Urteil des BFH vom 21. 10. 1992[3] kann der Ausschluss der Beteiligung der Kinder an Verlusten der steuerlichen Anerkennung des stillen Gesellschaftsverhältnisses entgegenstehen. 1081

Nach dem Urteil des BFH vom 13. 7. 1999[4] sind die laufenden Pachtzahlungen für ein der Mitunternehmerschaft von den Mitunternehmern nahe stehenden Personen überlassenes Grundstück auch dann als Betriebsausgaben abziehbar, wenn der Pachtvertrag inhaltlich einem Fremdvergleich insoweit nicht standhält, als die Mitunternehmerschaft auf ihren Anspruch auf Wertausgleich für von ihr vorgenommene Baumaßnahmen gem. §§ 812, 951 BGB bei Beendigung des Pachtverhältnisses verzichtet hat. Dies steht der steuerlichen Anerkennung der angemessenen laufenden Pachtzahlung als Betriebsausgaben nicht entgegen. Über die Frage, ob der Verzicht auf den Wertausgleich nicht betrieblich veranlasst ist und damit eine als Entnahme der Mitunternehmer zu beurteilende private Zuwendung vorliegt, ist erst bei Beendigung des Pachtverhältnisses zu entscheiden. Der BFH leitet dies aus seiner Rechtsprechung zur Beurteilung von Arbeitsverhältnissen mit nahe stehenden Personen ab, die neben den laufenden Ver- 1082

1 BFH 7. 11. 1990 X R 126/87, BStBl 1991 II 291; 18. 12. 1990 VIII R 290/82, BStBl 1991 II 391; 12. 2. 1992 X R 121/88, BStBl 1992 II 468.

2 Vgl. dazu auch BFH 18. 1. 2001 IV R 58/99, BStBl 2001 II 393; 22. 1. 2002 VIII R 46/00, BStBl 2002 II 685, m. w. N.

3 X R 99/88, BStBl 1993 II 289, m. w. N.; vgl. auch BMF 1. 12. 1992, BStBl 1992 I 729, ergänzt durch BMF 16. 8. 1993, DB 1993, 1899.

4 VIII R 29/97, BStBl 2000 II 386.

gütungen auch Versorgungsleistungen vorsehen[1] und hinsichtlich der unterschiedlichen Bestandteile der Vergütung einer getrennten Beurteilung zugänglich sind.

1083 Handelt es sich bei dem Mitunternehmer um eine nach Maßgabe des KStG zu besteuernde Körperschaft, z. B. um eine Kapitalgesellschaft, ist der Begriff der nahe stehenden Person nach den für die Anwendung des KStG maßgebenden Grundsätzen zu bestimmen.[2] Bei einer als Mitunternehmerin beteiligten GmbH ist danach der Gesellschafter der GmbH eine dieser und damit auch der Mitunternehmerschaft nahe stehende Person. Weiter sind in diesen Kreis die natürlichen und juristischen Personen, u.U, auch Personenhandelsgesellschaften, einzubeziehen, denen aufgrund ihrer Beziehung zum Gesellschafter im Ergebnis ein Vorteil eingeräumt wurde, der einem fremden Dritten nicht eingeräumt worden wäre. Die ein Nahestehen begründenden Umstände können familienrechtlicher, gesellschaftsrechtlicher, schuldrechtlicher oder auch rein tatsächlicher Art sein. Bei Auslandsbeziehungen ist für die Bestimmung des Begriffs der nahe stehenden Person § 1 Abs. 2 AStG zu beachten.

1084 Stellt sich heraus, dass dem Gesellschafter der als Mitunternehmerin beteiligten Kapitalgesellschaft von der Mitunternehmerschaft ein Vorteil zu Lasten der Kapitalgesellschaft gewährt wurde, ist für den Regelfall der der Kapitalgesellschaft zuzurechnende Gewinnanteil entsprechend zu korrigieren. Dem Gesellschafter der Kapitalgesellschaft fließt der ihm von der Mitunternehmerschaft gewährte Vorteil als verdeckte Gewinnausschüttung zu;[3] die Kapitalgesellschaft hat also den insoweit erhöhten Gewinnanteil zu versteuern. Dies gilt auch dann, wenn der Vorteil einer dem Gesellschafter seinerseits nahe stehenden Person gewährt wird. Ist der Gesellschafter der Kapitalgesellschaft ebenfalls Mitunternehmer der den Vorteil gewährenden Mitunternehmerschaft und gehört die Beteiligung zu seinem Sonderbetriebsvermögen,[4] vereinnahmt er die ihm zuzurechnende verdeckte Gewinnausschüttung als Sonderbetriebseinnahme.[5]

1085–1090 *(Einstweilen frei)*

4. Abzug von Schuldzinsen

a) Überblick

1091 Schuldzinsen für betrieblich veranlasste Verbindlichkeiten sind als Betriebsausgaben abzugsfähig. Dies gilt für Verbindlichkeiten im Gesamthandsvermögen[6] und im Sonderbetriebsvermögen[7] gleichermaßen. Die danach erforderliche Abgrenzung zwischen betrieblich und privat veranlassten Schuldzinsen auf der Grundlage der Rechtspre-

1 Z. B. BFH 10. 3. 1993 I R 118/91, BStBl 1993 II 604; 10. 12. 1992 IV R 118/90, BStBl 1994 II 381.

2 Vgl. dazu H 36 Nahestehende Person KStH.

3 Hinweis auf *Janssen* in Mössner/Seeger, § 8 KStG Rn. 696 ff, 948 ff.; ferner *Wassermeyer* in Beck PersGes-HB, § 12 Rz 94 ff.

4 Vgl. Rn. 882 ff.

5 Vgl. *Wacker* in Schmidt, EStG § 15 Rz. 724, m. w. N.

6 Vgl. Rn. 746 ff.

7 Vgl. Rn. 838 ff.; BFH 28. 10. 1999 VIII R 42/98, BStBl 2000 II 390.

chung des BFH[1] führte nach Auffassung des Gesetzgebers zu keinen hinnehmbaren Ergebnissen. Deswegen wird mit Wirkung für nach dem 31.12.1998 endende Wirtschaftsjahre in § 4 Abs. 4a EStG bestimmt, dass Schuldzinsen insoweit nicht als Betriebsausgaben abgezogen werden können, als sie durch Überentnahmen verursacht worden sind. Bei der Überentnahme handelt es sich um den Betrag, um den die Entnahmen die Summe des Gewinns und der Einlagen des betreffenden Wirtschaftsjahres übersteigen. Diese Regelung ist durch das StBereinG 1999[2] modifiziert worden. Die damit getroffene Anwendungsregelung des § 52 Abs. 11 Satz 2 EStG beinhaltet nach dem Urteil des BFH vom 21. 9. 2005[3] insoweit eine unzulässige Rückwirkung, als danach die Kürzung von Überentnahmen der Jahre 1999 und 2000 um Unterentnahmen der Jahre bis einschl. 1998 ausgeschlossen wird. Die FinVerw folgt dieser Auffassung.[4] Eine Klärung der weiteren Frage, ob es entsprechend § 52 Abs. 11 Satz 2 EStG zulässig ist, Überentnahmen der Veranlagungszeiträume ab 2001 von der Kürzung um Unterentnahmen der Jahre bis einschl. 1998 auszuschließen, ist in dem beim BFH unter dem Az. X R 30/06 anhängigen Revisionsverfahren zu erwarten.[5] Wegen weiterer Einzelheiten zu § 4 Abs. 4a EStG wird auf Rn. 1093 ff. hingewiesen.

Mit Wirkung für nach dem 25. 5. 2007 beginnende aber nicht vor dem 1. 1. 2008 enden- 1092
de Wirtschaftsjahre ergeben sich weitere Einschränkungen des Schuldzinsenabzugs aus § 4h EStG. Danach sind Zinsaufwendungen eines Betriebs abziehbar in Höhe des Zinsertrags, darüber hinaus nur bis zur Höhe von 30 % des um die Zinsaufwendungen, die Abschreibungen für geringwertige Wirtschaftsgüter nach § 6 Abs. 2 und 2a EStG und um die AfA nach § 7 EStG erhöhten sowie um die Zinserträge verminderten maßgeblichen Gewinns – sog. steuerliches EBITDA. Soweit das verrechenbare EBITDA hingegen die um die Zinserträge geminderten Zinsaufwendungen des Betriebs übersteigt, ist es für den Regelfall mit Wirkung für nach dem 31. 12. 2009 endende Wirtschaftsjahre[6] in die folgenden fünf Wirtschaftsjahre vorzutragen – EBITDA-Vortrag. Diese Vorträge mindern in zeitlicher Reihenfolge die nicht abzugsfähigen Zinsaufwendungen dieser Wirtschaftsjahre. Zinsaufwendungen, die danach nicht abgezogen werden dürfen, sind in die folgenden Wirtschaftsjahre vorzutragen (Zinsvortrag). Sie erhöhen die Zinsaufwendungen dieser Wirtschaftsjahre, nicht aber den maßgeblichen Gewinn. Diese Einschränkungen greifen dann nicht, wenn der die Zinserträge übersteigende Betrag der Zinsaufwendungen, weniger als 3 Mio. € beträgt oder es sich um ein konzernangehöriges Unternehmen handelt, sofern bestimmte Voraussetzungen erfüllt werden. Zinsaufwendungen sind nach § 4h Abs. 3 Satz 2 EStG die Vergütungen für Fremdkapital, die den nach Maßgabe der Vorschriften des EStG ermittelten Gewinn gemindert haben. Damit greifen die Einschränkungen des § 4h EStG auf den ggf. gem. § 4 Abs. 4a geminderten Zinsaufwand. Auf weitere Einzelheiten wird unter Rn. 1099 ff. eingegangen.

1 Vgl. dazu BMF 10. 11. 1993, BStBl 1993 I 930, und die dort zitierte Rechtsprechung. Dabei ist zu beachten, dass Tz. 8 – 10 durch das BMF-Schreiben v. 22. 5. 2000, BStBl 2005 I 588 aufgehoben wurde.

2 Vom 22. 12. 1999, BGBl 1999 I 2601.

3 X R 47/03, BStBl 2006 II 504.

4 BMF 12. 6. 2006, BStBl 2006 I 416.

5 Vgl. im Übrigen *Heinicke* in Schmidt, EStG § 4 Rz. 530.

6 § 52 Abs. 12d Satz 4 und 5 EStG.

b) Die Abzugsbeschränkungen nach § 4 Abs. 4a EStG

Literatur: *Bauer/Eggers*, Beschränkung des Schuldzinsenabzugs durch § 4 Abs. 4a EStG i. d. F. des StBereinG 1999, StuB 2000, 225; *Bauer/Eggers*, Nochmals: Beschränkung des Schuldzinsenabzugs gemäß § 4 Abs. 4a EStG – Kritische Würdigung des BMF-Schreibens vom 22. 5. 2000, StuB 2000, 225; *Ley*, Die nicht abziehbaren Schuldzinsen nach § 4 Abs. 4a EStG, NWB F. 3, 11167; *Korn*, Einschränkung des betrieblichen Schuldzinsenabzugs nach § 4 Abs. 4a EStG – Konsequenzen für die Praxis, KÖSDI 2000, 12548; *Meyer/Ball*, Beratungsempfehlungen zum Schuldzinsenabzug unter Berücksichtigung des BMF-Schreibens vom 22. 5. 2000, INF 2000, 459; *Neufang*, Betrieblicher Schuldzinsenabzug im Lichte des § 4 Abs. 4a EStG, BB 2000, 1702; *Schulze zur Wiesche*, Steuerliche Behandlung der durch Überentnahme bedingten Schuldzinsen unter besonderer Berücksichtigung der Personengesellschaft, DB 2000, 2189; *Söffing*, Zum Begriff der Entnahmen i. S. des § 4 Abs. 4a EStG i. d. F. des Steuerbereinigungsgesetzes 1999, DStZ 2000, 203; *Paus*, Praxisfragen des betrieblichen Schuldzinsenabzugs, FR 2000, 957; *Wendt*, Mehrkontenmodelle – Zweiter Versuch einer gesetzlichen Regelung in § 4 Abs. 4a EStG, FR 2000, 417; *Ley*, Ermittlung von Über- und Unterentnahmen i. S. d. § 4 Abs. 4a EStG bei Mitunternehmerschaften, DStR 2001, 1005; *Stegemann*, Die Begrenzung des Schuldzinsenabzugs nach § 4 Abs. 4a EStG bei Mitunternehmerschaften, StB 2001, 370; *Kohlhaas*, Die Neuregelungen des Schuldzinsenabzugs nach § 4 Abs. 4a EStG, DStR 2002, 298; *Grützner*, Aktuelle Entwicklungen zur Beschränkung des Schuldzinsenabzugs gem. § 4 Abs. 4a EStG, StuB 2006, 49; *Schulz/Keisinger*, Der Abzug betrieblicher Schuldzinsen, NWB F. 3, 13749; *Söffing*, Schuldzinsenabzug, NWB F. 3, 14211; *Wacker*, Schuldzinsenkürzung bei Mitunternehmerschaften nach § 4 Abs. 4a EStG – Anm. zum BFH-Urteil vom 29. 3. 2007 IV R 72/02, NWB F. 3, 14725; Schulz, Betrieblicher Schuldzinsenabzug nach § 4 Abs. 4a EStG – Finanzverwaltung ermittelt Überentnahmen nun ebenfalls gesellschafterbezogen, NWB 2008, F. 3, 15189; Ley, Behandlung des Transfers von Wirtschaftsgütern zwischen Betrieben im Rahmen des § 4 Abs. 4a EStG, KÖSDI 2009, 16333; *Maus*, Übergang zur gesellschafterbezogenen Ermittlung der Überentnahmen – Beschränkung des Schuldzinsenabzugs bei Personengesellschaften, BBK 2009, 627; *Rüping*, Anwendung des § 4 Abs. 4a EStG in Fällen der Einbringung eines Einzelunternehmens in eine Personengesellschaft, DStR 2010, 1560.

1093 Kann eine Mitunternehmerschaft die für Entnahmen ihrer Mitunternehmer erforderliche Liquidität nur durch die Aufnahme eines Kredits, z. B. im Rahmen eines banküblichen Kontokorrentkredits bereit stellen, stellt sich die Frage, ob dieser Kredit betrieblich veranlasst ist und die insoweit entstandenen Schuldzinsen als Betriebsausgaben abziehbar sind. Nach der ständigen Rechtsprechung des BFH[1] sind die durch kreditfinanzierte Entnahmen verursachten Schuldzinsen nicht als Betriebsausgaben abziehbar. Dies gilt auch für Gewinnausschüttungen einer sog. Publikums-GmbH & Co KG.[2] Wird die Entnahme durch die Inanspruchnahme eines Kontokorrentkredits finanziert, ist danach davon auszugehen, dass die auf diesem Konto erfolgenden Gutschriften vorrangig der Tilgung des durch die Entnahme entstandenen Schuldsaldos zu verwenden sind; wegen Einzelheiten dazu wird auf Tz. 11 ff. des BMF-Schreibens vom 10. 11. 1993[3] hingewiesen. Die Anwendung dieser Grundsätze bei Mitunternehmerschaften führt dann weiter dazu, dass es unter Nutzung des sog. Zweikontenmodells auch einem Mitunternehmer möglich ist, private Investitionen mittelbar durch die Inanspruchnahme von betrieblichen Krediten zu finanzieren.

BEISPIEL: Die X-GmbH & Co. KG führt ihre Betriebseinnahmen einem Konto bei einem Kreditinstitut zu, das dadurch ständig Guthaben ausweist. Die Betriebsausgaben werden von einem

1 Beschluss 8. 12. 1997 GrS 1-2/95, BStBl 1998 II 193, m. w. N.
2 BFH 5. 2. 2002 VIII B 73/01, BFH/NV 2002, 908.
3 BStBl 1993 I 930; Tz. 8 – 10 wurden durch das BMF-Schreiben v. 22. 5. 2000, BStBl 2005 I 588, aufgehoben.

anderen Konto bestritten, das damit regelmäßig einen Schuldsaldo ausweist. Der Kommanditist A nimmt einen Kredit auf, mit dem der Schuldsaldo des Betriebsausgabenkontos zurückgeführt wird. Er begründet damit eine Forderung gegenüber der KG, die in seiner Sonderbilanz auszuweisen ist. Der zur Refinanzierung aufgenommene Kredit ist damit eine in seinem Sonderbetriebsvermögen auszuweisende Verbindlichkeit. Die dafür zu entrichtenden Schuldzinsen sind dementsprechend Sonderbetriebsausgaben. An dieser Beurteilung ändert sich nach dem Urteil des BFH vom 4. 3. 1998[1] auch dann nichts, wenn A in zeitlichem Zusammenhang mit der Kreditaufnahme gleich hohe Beträge zur Verwendung für private Zwecke entnimmt, die vom Guthabenkonto der KG abgebucht werden, die sonst zur Rückführung des Schuldsaldos auf dem Verbindlichkeitenkonto der KG zur Verfügung gestanden hätten.

Weitergehende Einschränkungen bei dem Abzug von Schuldzinsen als Betriebsausgaben ergeben sich aus § 4 Abs. 4a EStG. Die dazu von der FinVerw vertretene Auffassung ergibt sich aktuell aus dem durch die weiteren Schreiben vom 12. 6. 2006[2] und vom 7. 5. 2008[3] ergänzten BMF-Schreiben vom 17. 11. 2005.[4] Danach sind in einem pauschalierten Verfahren ermittelte Schuldzinsen, die auf Überentnahmen entfallen, nicht als Betriebsausgaben abziehbar. Unbestritten ist, dass diese Regelung auch bei Mitunternehmerschaften anwendbar ist. Bisher wurde die Auffassung vertreten, dass die Regelung gesellschaftsbezogen anzuwenden sei. Danach wurde für die Ermittlung der Überentnahmen und damit im Ergebnis der nicht abziehbaren Schuldzinsen auf den steuerlichen Gesamtgewinn unter Einbeziehung der Ergebnisse von Ergänzungs- und Sonderbilanzen sowie die Entnahmen und Einlagen aller Mitunterunternehmer insgesamt abgestellt. Der sich danach ggf. ergebende Betrag der nicht abzugsfähigen Schuldzinsen sollte dann vorbehaltlich abweichender Vereinbarungen entsprechend dem Gewinnverteilungsschlüssel entgegen der überwiegenden Auffassung im Schrifttum[5] auf die Mitunternehmer verteilt werden. 1094

BEISPIEL: (in Anlehnung an Tz. 31 des BMF-Schreibens v. 17. 11. 2005) Die X-OHG, Gesellschafter A, B und C, die zu je $^1/_3$ an Gewinn und Verlust beteiligt sind, weist für 03 einen Gewinn von 120 000 € aus. Als Betriebsausgaben wurden 10 000 € Schuldzinsen abgezogen, die durch die Finanzierung laufender Aufwendungen verursacht wurden. Entnommen wurden in 03 von A 20 000 €, von B und C je 80 000 €, insgesamt also 180 000 €, so dass die Überentnahmen 60 000 € betragen. Die nicht abzugsfähigen Schuldzinsen betragen danach 6 % von 60 000 € = 3 600 €, so dass sich der steuerpflichtige Gewinn auf 123 600 € erhöht, der zu je 41 200 € auf die drei Gesellschafter entfällt. Daraus wird deutlich, dass auch die Mitunternehmer, die keine Überentnahmen getätigt haben, im Ergebnis mit nicht abziehbaren Betriebsausgaben belastet werden.

Nach dem Urteil des BFH vom 29. 3. 2007[6] ist diese Regelung zunächst betriebsbezogen anzuwenden. Daraus ergeben sich die folgenden Konsequenzen:

- Bei der Bestimmung der Überentnahmen sind die Ergebnisse der Gesellschaftsbilanz, die Veränderungen der Ergänzungsbilanzen[7] sowie die im Sonderbetriebsvermögen erzielten Ergebnisse (Sonderbetriebseinnahmen abzüglich Sonderbetriebs-

1 XI R 64/95, BStBl 1998 II 511.
2 BStBl 2006 I 416.
3 BStBl 2008 I 588.
4 BStBl 2005 I 1019.
5 Vgl. z. B. die Nachweise bei *Wacker* in Schmidt, EStG § 15 Rz. 430; ferner *Grützner*, StuB 2006, 49.
6 IV R 72/02, BStBl 2008 II 420.
7 FG Düsseldorf 8. 4. 2010 11 K 3720/08 F, NWB DokID: YAAAD-44852; Rev. Az. des BFH: IV R 20/10.

ausgaben) sowie die diese Vermögensbereiche betreffenden Einlagen und Entnahmen zu berücksichtigen.

- Ist ein Steuerpflichtiger an mehreren Mitunternehmerschaften beteiligt, ist die Begrenzung des Schuldzinsenabzugs für den Betrieb der jeweiligen Mitunternehmerschaft eigenständig zu bestimmen.
- Bezieht ein Steuerpflichtiger Einkünfte aus mehreren selbständig geführten Betrieben, sind die Regelungen des § 4 Abs. 4a EStG ebenfalls für jeden dieser Betriebe getrennt anzuwenden.

Die Zugehörigkeit einer Personengesellschaft zu einem Konzern rechtfertigt es nach Auffassung des FG Düsseldorf[1] nicht, hinsichtlich der im Rahmen eines Cash-Pools an eine andere Konzerngesellschaft entrichteten Schuldzinsen und der Entnahmen durch die Konzernspitze insoweit von der Anwendung des § 4 Abs. 4a EStG abzusehen.

1095 Ausgehend von dem Grundverständnis, nach dem der Mitunternehmer einerseits dem mitunternehmerischen Verbund angehört, andererseits aber in eigener Person als Subjekt der Gewinnerzielung anzusehen ist, hält es der BFH dann weiter für zutreffend, die Gewinnhinzurechnung nach § 4 Abs. 4a EStG gesellschafterbezogen zu ermitteln. Maßgebend dafür ist, dass der Mitunternehmer den Finanzierungsaufwand des Betriebs der Mitunternehmerschaft nur anteilig, für sein Sonderbetriebsvermögen hingegen insgesamt zu tragen hat. Der einzelne Mitunternehmer beeinflusst durch sein Entnahmeverhalten die Höhe des Finanzierungsaufwandes und damit den Eintritt der Rechtsfolgen des § 4 Abs. 4a EStG. Es kommt darauf an, die Schuldzinsenkürzung verursachungsgerecht zuzuordnen. Die Hinzurechnung nach § 4 Abs. 4a EStG darf nicht den Betrag der Schuldzinsen überschreiten, der auf den einzelnen Mitunternehmer entfällt und damit seinen Gewinnanteil belastet.

1096 Aus dem Grundsatz der gesellschafterbezogenen Bestimmung der Gewinnhinzurechnung ist nicht abzuleiten, dass auch der Sockelbetrag nach § 4 Abs. 4a Satz 4 EStG von gegenwärtig 2 050 € jedem Mitunternehmer in voller Höhe zusteht. Insoweit ist angesichts der im Übrigen betriebsbezogenen Anwendung des § 4 Abs. 4a EStG dieser Betrag einer Mitunternehmerschaft nur einmal zu gewähren. Die Aufteilung hat nach dem Verhältnis der auf die betroffenen Mitunternehmer entfallenden Schuldzinsen zu erfolgen; vgl. auch die Neufassung von Tz. 25 sowie Tz. 30 bis 32d des BMF-Schreibens vom 17. 11. 2005[2] durch das BMF-Schreiben vom 7. 5. 2008[3] und die in Tz. 40 getroffene Übergangsregelung . Danach ergibt sich in dem Beispiel in Rn. 1093 Folgendes:

BEISPIEL: B und C haben Überentnahmen von jeweils 40 000 € getätigt. Die Schuldzinsen von insgesamt 10 000 € entfallen entsprechend dem allgemeinen Gewinnverteilungsschlüssel zu je $^1/_3$ = 3 333 € auf A, B und C.[4] Auf die Überentnahmen von B und C entfallen Schuldzinsen i. H. v. jeweils 2 400 €, insgesamt also 4 800 €. Der Mindestabzugsbetrag von 2 050 € ist den Gesellschaftern zu je einem Drittel zuzuordnen. Nach Kürzung der jeweils anteilig zuzurechnenden Zinsen von 3 333 € um 683 € ergibt sich ein Höchstbetrag für die Hinzurechnung von

1 Urteil 8. 4. 2010 11 K 3720/08 F, NWB DokID: YAAAD-44852; Rev. Az. des BFH: IV R 20/10.
2 BStBl 2005 I 1019.
3 BStBl 2008 I 588.
4 So z. B. *Schulze zur Wiesche*, DB 2000, 2189, ferner *Wacker*, NWB F. 3, 14725.

je 2 650 €, so dass für B und C damit ein Hinzurechnungsbetrag von jeweils 2 400 € zu berücksichtigen ist.

	Gesamt	A	B	C
Gewinn lt. Steuerbilanz	120 000 €	40 000 €	40 000 €	40 000 €
Hinzurechnung nach § 4 Abs. 4a EStG	4 800 €	0 €	2 400 €	2 400 €
Zu besteuernder Gewinn	124 800 €	40 000 €	42 400 €	42 400 €

Den Einschränkungen des § 4 Abs. 4a EStG unterliegen auch die zu Lasten des Sonderbetriebsvermögens angefallenen Schuldzinsen. Dies gilt gem. § 4 Abs. 4a Satz 5 EStG nicht, soweit sie auf die Anschaffung oder Herstellung von Anlagegütern des Sonderbetriebsvermögens oder aber auch des Gesellschaftsvermögens[1] entfallen. Wurde der Erwerb des Mitunternehmeranteils fremdfinanziert, sind die insoweit angefallenen Schuldzinsen ebenfalls gem. § 4 Abs. 4a Satz 5 EStG außer Betracht zu lassen, als sie der anteiligen Anschaffung von Wirtschaftsgütern des Anlagevermögens zugeordnet werden können.[2] 1097

Daraus folgt dann weiter, dass für die Anwendung des § 4 Abs. 4a EStG auch die Entnahmen und Einlagen der einzelnen Mitunternehmer bezogen auf das Sonderbetriebsvermögen zu berücksichtigen sind. Bei den Vergütungen i. S. d. § 15 Abs. 1 Satz 1 Nr. 2 EStG handelt es sich um Entgelte für Leistungen, die als Aufwand verrechnet worden sind. Die entsprechenden Erträge fallen im Sonderbetriebsvermögen an. Eine Entnahme liegt nur dann und insoweit vor, als eine Überführung in den Bereich außerhalb der Mitunternehmerschaft erfolgt. Wird z. B. eine Tätigkeitsvergütung ausgezahlt, liegt damit eine Entnahme vor. Erfolgt hingegen eine Gutschrift auf dem für den Mitunternehmer geführten Darlehenskonto, liegt eine Entnahme erst vor, wenn und soweit dieser Betrag ausgezahlt wird, also eine Darlehensrückzahlung erfolgt. Weiter ist zu berücksichtigen, dass die den Mitunternehmern für ihre Darlehensforderungen vergüteten Zinsen, denen entsprechende Erträge im Sonderbetriebsvermögen gegenüberstehen, für die Anwendung des § 4 Abs. 4a EStG nicht als Zinsaufwand berücksichtigt werden können.[3] Gewährt die Mitunternehmerschaft einem Mitunternehmer ein Darlehen zu fremdüblichen Bedingungen, führt die Auszahlung der Darlehensvaluta zu keiner Entnahme, die Darlehensrückzahlung zu keiner Einlage.[4] 1098

Aus der im Übrigen maßgebenden betriebsbezogenen Betrachtung[5] folgt, dass die Überführung von Vermögenswerten aus einem Betrieb in einen anderen Betrieb desselben Steuerpflichtigen für die Anwendung des § 4 Abs. 4a EStG beim abgebenden Betrieb als Entnahme und beim aufnehmenden Betrieb als Einlage zu behandeln ist.[6] 1099

BEISPIEL: A ist Kommanditist der A-GmbH & Co. KG. Er betreibt daneben ein gewerbliches Einzelunternehmen. Er entnimmt der KG im Januar 08 einen Betrag von 100 000 €, von dem er 50 000 € seinem Einzelunternehmen zuführt. Für die Anwendung des § 4 Abs. 4a EStG liegt da-

1 Tz. 32a BMF 17. 11. 2005, BStBl 2005 I 1019.
2 Tz. 32c BMF 17. 11. 2005, BStBl 2005 I 1019.
3 Tz. 32 BMF 17. 11. 2005, BStBl 2005 I 1019.
4 BFH 4. 5. 2000 IV R 16/99, BStBl 2001 II 171.
5 Vgl. Rn. 1094.
6 *Wacker*, NWB F. 3, 14725; auch Tz. 10 BMF 17. 11. 2005, BStBl 2005 I 1019.

nach bei der KG eine Entnahme von 100 000 €, bei dem Einzelunternehmen eine Einlage von 50 000 € vor.

Ab Februar 08 vermietet A eine bisher zum Betriebsvermögen des Einzelunternehmens gehörende Maschine, deren Buchwert 75 000 € beträgt, langfristig an die KG. Er überführt damit diese Maschine zum Buchwert[1] aus seinem Einzelunternehmen in sein Sonderbetriebsvermögen[2] bei der A-GmbH & Co. KG. Für die Anwendung des § 4 Abs. 4a EStG liegt danach bei dem Einzelunternehmen eine Entnahme, bei dem Sonderbetriebsvermögen und damit bei der KG eine Einlage von jeweils 75 000 € vor.

1100 Ist eine PersGes (Obergesellschaft) an einer anderen Personengesellschaft (Untergesellschaft) als Mitunternehmerin beteiligt, ist danach die Frage der Anwendung des § 4 Abs. 4a EStG für beide Gesellschaften jeweils getrennt zu prüfen.[3] Entnahmen und Einlagen der Obergesellschaft liegen ebenfalls nur insoweit vor, als bei der Untergesellschaft entsprechende Vermögensminderungen oder Vermögensmehrungen erfolgten.[4]

c) Die Zinsschranke nach § 4h EStG

Literatur: *Herzig/Bohn*, Modifizierte Zinsschranke und Unternehmensfinanzierung, DB 2007, 1; *Rödder/Stangl*, Zur geplanten Zinsschranke, DB 2007, 479; *Grotherr*, Funktionsweise und Zweifelsfragen der neuen Zinsschranke 2008, IWB F. 3 Gr. 3, 1489 *Heintges/Kamphaus/Loitz*, Jahresabschluss nach IFRS und Zinsschranke, DB 2007, 1261; *Hennrichs*, Zinsschranke, Eigenkapitalvergleich und IFRS, DB 2007, 2101; *Hallerbach*, Problemfelder der neuen Zinsschrankenregelung des § 4h EStG, StuB 2007, 487; *Töben*, Die Zinsschranke – Befund und Kritik, FR 2007, 739; *Forst/Schaaf*, Die Thesaurierungsbegünstigung für Personengesellschaften: EStB 2007, 263; *Wagner/Hardy*, Anwendung der Zinsschranke bei Personengesellschaften, BB 2007, 1811; *Dörr/Geibel/Fehling*, Die neue Zinsschranke, NWB F. 4, 5199; *Herzig/Liekenbrock*, Zinsschranke Im Organkreis, DB 2007, 2387; *Hahne*, Reichweite steuerschädlicher Fremdfinanzierungen bei der Zinsschranke, StuB 2007, 808; *Möhlenbrock*, Detailfragen der Zinsschranke aus der Sicht der Finanzverwaltung, Ubg 2008, 1; *Hoffmann*, Die einer Körperschaft nachgeordnete Mitunternehmerschaft bei der Zinsschranke, GmbHR 2008, 183; *Kußmaul/Ruiner/Schappe*, Problemfelder bei der Anwendung der Zinsschranke auf Personengesellschaften, DStR 2008, 904; *Hallerbach*, Das BMF-Anwendungsschreiben zur Zinsschranke, StuB 2008, 592, 629; *Hoffmann*, Das BMF zur Zinsschranke bei Mitunternehmerschaften, GmbHR 2008, 927; *Kraft/Mayer-Theobald*, Zinsschranke und atypisch stille Gesellschaft, DB 2008, 2325; *von Lishaut/Schumacher/Heinemann*, Besonderheiten der Zinsschranke bei Personengesellschaften, DStR 2008, 2341; *Kollruss/Erl/Seitz/Gruebner/Niedental*, Zur Rechtsformabhängigkeit der Zinsschranke, DStZ 2009, 117; *Dorenkamp*, Anwendung der Zinsschranke bei der gewerblichen Publikums GmbH & Co. KG, FR 2008, 1129; *Feldgen*, Offene Fragestellungen trotz Anwendungsschreiben des BMF – Die Zinsschranke bei Mitunternehmerschaften, NWB 2009, 998; *Schaaf/Engler*, Die Steuerklausel im Gesellschaftsvertrag der Personengesellschaft – Ausgestaltung vor dem Hintergrund der Zinsschrankenregelung, EStB 2009, 173; *Feldgen*, Die Auswirkungen von Umstrukturierungen auf den Zinsvortrag – Der Zinsvortrag nach § 4h EStG bei Umstrukturierungen, NWB 2009, 3574; *Lenz/Dörfler/Adrian*, Änderungen bei der Zinsschranke durch das Wachstumsbeschleunigungsgesetz, Ubg 2010, 1; *Rätke*, Zinsschranke – Was bringt der neue EBITDA-Vortrag? Wachstumsbeschleunigungsgesetz, BBK 2010, 317; *Kessler/Lindemer*, Die Zinsschranke nach dem Wachstumsbeschleunigungsgesetz – Neues Prüfschema, fiktiver EBITDA-Vortrag und DEBITDA-Puffer –, DB 2010, 472; *Gemmel/Loose*, Wachstumsbeschleunigungsgesetz – Erleichterungen bei der Zinsschranke, NWB 2010, 262.

1 Vgl. dazu Rn. 1146 ff.

2 Vgl. dazu Rn. 856 ff.

3 FG Düsseldorf 8. 4. 2010 11 K 3720/08 F, NWB DokID: YAAAD-44852; Rev. Az. des BFH: IV R 20/10.

4 BMF 17. 11. 2005, BStBl 2005 I 1019, Tz 8.

Durch § 4h EStG wird der Abzug von Zinsaufwendungen als Betriebsausgaben derart beschränkt, dass die eine bestimmte Grenze – die sog. Zinsschranke – überschreitenden Aufwendungen nicht für das Jahr der Entstehung, sondern erst in nachfolgenden Wirtschaftsjahren als Betriebsausgaben abgezogen werden können – sog. Zinsvortrag. Insoweit liegen also zunächst nicht abziehbare Betriebsausgaben vor, die zu einer außerbilanziellen Korrektur des Ergebnisses der Steuerbilanz führen. Unterschreiten die Zinsaufwendungen in den nachfolgenden Wirtschaftsjahren die Zinsschranke, sind in deren Rahmen bis zur Höhe des Zinsvortrags zusätzliche Betriebsausgaben zu berücksichtigen. Auch diese Korrekturen haben außerbilanziell zu erfolgen. Nach den Vorstellungen des Gesetzgebers führt die Regelung des § 4h EStG danach „lediglich" zur Verlagerung tatsächlich entstandenen Aufwands in nachfolgende Wirtschaftsjahre. 1101

Gemäß § 8a KStG gelten die Vorschriften des § 4h EStG ergänzt um Sonderregelungen für die Gesellschafterfremdfinanzierung für die Besteuerung nach Maßgabe des KStG entsprechend; die bisherigen Regelungen des § 8a KStG zur Gesellschafterfremdfinanzierung entfallen. In den Fällen einer Organschaft sind die Regelungen des § 15 Nr. 3 KStG zu beachten. Danach liegen nunmehr auch bei Anwendung des § 8a KStG zunächst nichtabziehbare Betriebsausgaben vor, die in nachfolgenden Wirtschaftsjahren abzugsfähig werden können. Die Anwendung des § 8a KStG a. F. führte hingegen zu verdeckten Gewinnausschüttungen. 1102

Diese Neuregelungen gelten gem. § 52 Abs. 12d EStG, § 34 Abs. 6a KStG erstmals für Wirtschaftsjahre, die nach dem 25. 5. 2007 beginnen und nicht vor dem 1. 1. 2008 enden, mithin für ein nach dem 25. 5. 2007 beginnendes Wirtschaftsjahr 2007/2008, für das Wirtschaftsjahr 2008. Zu diesen Neuregelungen hat das BMF durch Schreiben vom 4. 7. 2008[1] Stellung genommen. Mit Wirkung für nach dem 31. 12. 2009 endende Wirtschaftsjahre[2] kann das verrechenbare EBITDA,[3] das die um die Zinserträge geminderten Zinsaufwendungen des Betriebs übersteigt, für den Regelfall in den folgenden fünf Wirtschaftsjahren in zeitlicher Reihenfolge die nicht abzugsfähigen Zinsaufwendungen dieser Wirtschaftsjahre mindern. 1103

Durch § 4h Abs. 1 EStG werden Abzugsbeschränkungen für die einem Betrieb entstandenen Zinsaufwendungen angeordnet. Die Vorschrift ist danach betriebsbezogen anzuwenden. Mitunternehmerschaften führen regelmäßig einen einheitlichen Betrieb, so dass bei Anwendung des § 4h EStG auf die Verhältnisse der jeweiligen Mitunternehmerschaft insgesamt, d. h. die Gesamthandsbilanz unter Berücksichtigung etwaiger Ergänzungsbilanzen und Einbeziehung etwaiger Sonderbilanzen, abzustellen ist.[4] Ist eine PersGes Organträger i. S. d. § 14 KStG, gelten Organträger und Organgesellschaft gem. § 15 Nr. 3 KStG für die Anwendung des § 4h EStG als ein Betrieb;[5] bei der Organgesellschaft ist § 4h EStG nicht anzuwenden. Die insoweit bedeutsamen Besteuerungsgrundlagen der Organgesellschaft sind dem Organträger zuzurechnen. 1104

1 BStBl 2008 I 718.

2 § 52 Abs. 12d Satz 4 und 5 EStG.

3 Vgl. Rn. 1111.

4 BMF 4. 7. 2008, BStBl 2008 I 718, Tz. 6.

5 BMF 4. 7. 2008, BStBl 2008 I 718, Tz. 10.

1105 Mit der Regelung des § 4h EStG will der Gesetzgeber verhindern, dass allein aus Gründen der Steueroptimierung, insbesondere von den Kapitalgesellschaften, eine hohe Fremdkapitalquote angestrebt wird.[1] Diese Gefahr wird insbesondere bei grenzüberschreitend strukturierten Unternehmensgruppen gesehen. Der Gesetzgeber hat deswegen eine abgestufte Ausnahmeregelung getroffen.

- Nach § 4h Abs. 2 Satz 1 Buchst. a EStG unterliegen Betriebe, bei denen der Betrag der Zinsaufwendungen, soweit er den Betrag der Zinserträge übersteigt, weniger als 3 Mio. € beträgt, nicht der Zinsschranke.
- Wird diese Freigrenze überschritten, greift die Zinsschranke nach § 4h Abs. 2 Satz 1 Buchst. b EStG dann nicht, wenn der Betrieb nicht oder nur anteilmäßig zu einem Konzern gehört. Nach § 4h Abs. 3 EStG gehört ein Betrieb zu einem Konzern,[2] wenn er nach dem maßgebenden Rechnungslegungsstandard mit einem oder mehreren anderen Betrieben konsolidiert wird oder werden könnte oder wenn seine Finanz- und Geschäftspolitik mit einem oder mehreren anderen Betrieben einheitlich bestimmt werden kann. Die Regelung des § 4h Abs. 2 Satz 1 Buchst. b EStG ist dann nicht anwendbar, wenn eine Gesellschafterfremdfinanzierung i. S. d. § 8a Abs. 2 KStG vorliegt. Dies ist der Fall bei einer Fremdfinanzierung, an der unmittelbar oder mittelbar ein zu mehr als 25 % beteiligter Anteilseigener der Kapitalgesellschaft beteiligt ist.
- Handelt es sich hingegen um ein konzernangehöriges Unternehmen, greift die Zinsschranke gem. § 4h Abs. 2 Satz 1 Buchst. c EStG dann nicht, wenn seine Eigenkapitalquote am Schluss des vorangegangenen Abschlussstichtags gleich hoch oder höher ist als die des Konzerns war – sog. Eigenkapitalvergleich. Ein Unterschreiten der Eigenkapitalquote des Konzerns bis zu einem Prozentpunkt, mit Wirkung für nach dem 31. 12. 2009 endende Wirtschaftsjahre bis zu zwei Prozentpunkten, ist unschädlich. Einzelheiten zu dem dafür maßgebenden Konzernabschluss und dem in Betracht kommenden Einzelabschluss der jeweiligen Gesellschaft und damit zur Ermittlung der Eigenkapitalquote ergeben sich aus § 4h Abs. 2 Satz 2 ff. EStG.[3] Liegt bei einem zu einem Konzern gehörenden Rechtsträger eine Gesellschafterfremdfinanzierung vor, wird die Anwendung des § 4h Abs. 2 Satz 1 Buchst. c EStG durch § 8a Abs. 3 KStG ausgeschlossen; es greifen also die Abzugsbeschränkungen des § 4h Abs. 1 EStG.

1106 Zinsaufwendungen sind nach § 4h Abs. 3 EStG die Vergütungen für Fremdkapital, die den nach den Gewinnermittlungsvorschriften des EStG ermittelten steuerpflichtigen Gewinn gemindert haben. Daraus folgt, dass Zinsen, die den Gewinn einer ausländischen Betriebsstätte gemindert haben, der nach Maßgabe eines DBA von der inländischen Besteuerung freizustellen ist, bei der Berechnung des Zinsaufwandes i. S. d. § 4h EStG nicht zu berücksichtigen sind. Der Begriff des Fremdkapitals wird vom Gesetzgeber nicht näher erläutert, Hinweise dazu ergeben sich aus Tz. 11 – 14 des BMF-Schrei-

1 Vgl. z. B. BT-Drucks. 16/4841, 31.
2 Vgl. dazu Tz. 59 ff. BMF4. 7. 2008, BStBl 2008 I 718.
3 Vgl. dazu Tz. 69 ff. BMF. 4. 7. 2008, BStBl 2008 I 718.

bens vom 4. 7. 2008.[1] Es handelt sich um die liquiden Mittel, die dem Betrieb nicht als Eigenkapital überlassen worden sind. Dazu gehören z. B. Darlehen, partiarische Darlehen, typisch stille Beteiligungen. Damit gehören z. B. auch die Gewinnanteile des stillen Gesellschafters zu den Zinsaufwendungen i. S. d. § 4h EStG. Auf die Dauer der Kapitalüberlassung kommt es nicht an, so dass z. B. auch der Aufwand für Kontokorrentschulden einzubeziehen ist. Darlehen, die einer PersGes von Gesellschaftern überlassen werden, gehören zu deren Sonderbetriebsvermögen,[2] so dass dem Zinsaufwand der Gesellschaft bei den Gesellschaftern die als Gewinnanteil i. S. d. § 15 Abs. 1 Satz 1 Nr. 2 EStG zu vereinnahmenden Zinsen gegenüberstehen, der steuerliche Gewinn der PersGes also nicht gemindert wird.

In § 4h Abs. 3 EStG wird ausdrücklich bestimmt, dass die Auf- und Abzinsung[3] unver- 1107
zinslicher oder niedrig verzinslicher Verbindlichkeiten oder Kapitalforderungen zu Zinserträgen oder Zinsaufwendungen führt. Begründet z. B. eine PersGes eine unverzinsliche Verbindlichkeit, die nach Ablauf von 5 Jahren i. H. v. 1 000 000 € zurückzuzahlen ist, ist diese bei Anwendung der als Anlage dem BMF-Schreiben vom 26. 5. 2005[4] beigefügten Tabelle 2 mit 765 000 € einzubuchen. Im folgenden Jahr ist diese Verbindlichkeit 807 000 € auszuweisen, so dass sich ein Aufwand von 42 000 € ergibt, der für die Anwendung des § 4h EStG als Zinsaufwand zu berücksichtigen ist. Der Gläubiger wird dementsprechend eine Forderung von 765 000 € einbuchen und nach Ablauf eines Jahres einen Zinsertrag von 42 000 € realisieren.

Übersteigt der Zinsaufwand den Zinsertrag um mindestens 3 000 000 €, liegt nach 1108
§ 4h Abs. 2 Satz 1 Buchst. b EStG ein Anwendungsfall der Zinsschranke dann nicht vor, wenn der Betrieb nicht oder nur anteilmäßig zu einem Konzern gehört. Dabei ist zu beachten, dass nach § 4h Abs. 3 Satz 6 EStG ein Betrieb auch dann zu einem Konzern gehört, wenn seine Finanz- und Geschäftspolitik mit einem oder mehreren anderen Betrieben einheitlich bestimmt werden kann. Nach den Vorstellungen des Gesetzgebers soll einerseits in Fällen der Betriebsaufspaltung kein Konzern vorliegen;[5] andererseits soll von einem Konzern auch dann auszugehen sein, wenn eine natürliche Person aufgrund der bestehenden Beteiligungen zwei Kapitalgesellschaften beherrscht oder ein Einzelunternehmen betreibt und aufgrund der bestehenden Beteiligung eine GmbH beherrscht.[6] Nach Tz. 63 des BMF-Schreibens vom 4. 7. 2008[7] ist bei einer Betriebsaufspaltung dann kein Konzern anzunehmen, wenn die Gewerblichkeit des Besitzunternehmens allein durch die personelle und sachliche Verflechtung mit dem Betriebsunternehmen begründet wird, das Besitzunternehmen ohne diese Verflechtung also Vermögensverwaltung betreiben würde. Bei einer GmbH & Co. KG liegt im Hinblick auf die

1 BStBl 2008 I 718.
2 Rn. 866 ff.
3 Tz. 27 BMF 4. 7. 2008, BStBl 2008 I 718.
4 BStBl 2005 I 699.
5 BT-Drucks. 16/4841, 31, 50.
6 BT-Drucks. 16/4841, 50.
7 BStBl 2008 I 718.

Komplementär-GmbH kein Konzern vor, wenn ihr keine Zinsaufwendungen zuzuordnen sind und sich ihre Tätigkeit in der Geschäftsführung für die KG erschöpft.[1]

1109 Bei einer PersGes stellt sich danach die Frage der Zugehörigkeit zu einem Konzern in den Fällen, in denen beherrschende Beteiligungen an anderen Unternehmen zum Betriebsvermögen gehören. Dies dürfte zweifelsfrei der Fall sein, wenn diese Beteiligungen im Gesamthandsvermögen gehalten werden. Handelt es sich dagegen um Beteiligungen, die den einzelnen Mitunternehmern zustehen und zu deren Sonderbetriebsvermögen gehören,[2] dürfte im Regelfall kein Konzern vorliegen.

1110 Eine PersGes wird dann zu einem Konzern gehören, wenn ihre Gesellschafter demselben Konzern angehören, also Tochter- oder auch Enkelgesellschaften eines Konzernmutterunternehmens eine Mitunternehmerschaft begründet haben.

1111 Kann danach die Anwendung des § 4h EStG nicht ausgeschlossen werden, ist zu prüfen, ob und in welchem Umfang Zinsaufwendungen für das betreffende Wirtschaftsjahr vom Abzug ausgeschlossen sind. Abzugsfähig sind danach in jedem Fall die Zinsaufwendungen in Höhe der Zinserträge. Die übersteigenden Zinsaufwendungen sind gem. § 4h Abs. 1 EStG i. H. v. 30 % des steuerlichen Gewinns vor Zinsen, Steuern und Abschreibungen – sog. steuerlicher auch EBITDA – abzugsfähig, Danach ergibt sich folgendes Schema:

Nach Maßgabe der Gewinnermittlungsvorschriften des EStG ermittelter Gewinn vor Anwendung des § 4h EStG
+ Zinsaufwendungen
./. Zinsertrag
+ Abschreibungen für geringwertige Wirtschaftsgüter (§ 6 Abs. 2 Satz 1, Abs. 2a Satz 2 EStG)
+ AfA nach § 7 EStG

Verrechenbares auch steuerliches EBITDA = Bemessungsgrundlage für die Ermittlung des Teils der berücksichtigungsfähigen Zinsaufwendungen, die über die Höhe des Zinsertrags hinausgehen.[3]

1112 Ausgangsgröße ist danach der Gewinn, der sich nach Korrektur um die nicht abzugsfähigen Betriebsausgaben ergibt, d. h. u. a. nach Hinzurechnung der GewSt sowie etwaiger nach § 4 Abs. 4a EStG nicht abziehbarer Zinsen. Die nach § 4 Abs. 4a EStG nicht abzugsfähigen Zinsen können deswegen nicht als Zinsaufwand berücksichtigt werden. Bei PersGes ist der steuerliche Gewinn maßgebend, der sich gem. § 15 Abs. 1 Satz 1 Nr. 2 EStG unter Einbeziehung von etwaigen Ergänzungs- und Sonderbilanzen ergibt.[4] Dementsprechend sind die Zinsaufwendungen und die Zinserträge der Gesellschafter im Sonderbetriebsvermögen einzubeziehen.

1113 Übersteigen die Zinsaufwendungen 30 % des sich danach ergebende Saldos, ist dieser übersteigende Betrag ggf. nach Kürzung um einen EBITDA-Vortrag für das betreffende

1 Tz. 66 BMF 4. 7. 2008, BStBl 2008 I 718.
2 Vgl. Rn. 881 ff.
3 Tz. 40 BMF 4. 7. 2008, BStBl 2008 I 718.
4 Tz. 50 ff. BMF 4. 7. 2008, BStBl 2008 I 718.

Wirtschaftsjahr nicht als Betriebsausgabe abzugsfähig. Insoweit erhöhen sich anteilig die den Gesellschaftern zuzurechnenden Gewinnanteile. Fraglich ist, nach welchem Maßstab die danach nicht abzugsfähigen Betriebsausgaben zuzurechnen sind. Ein Hinweis ergibt sich lediglich aus § 4h Abs. 5 Satz 2 EStG. Danach führt das Ausscheiden eines Mitunternehmers zum anteiligen Untergang des Zinsvortrags mit der Quote, mit der der ausgeschiedene Gesellschafter an der Gesellschaft beteiligt war. Die FinVerw geht in Tz. 51 des BMF-Schreibens vom 4. 7. 2008[1] davon aus, dass die nicht abziehbaren Aufwendungen den Gesellschaftern in jedem Fall nach dem allgemeinen Gewinnverteilungsschlüssel zuzuweisen sind. Dieses Ergebnis wird sicherlich den tatsächlichen Verhältnissen gerecht, wenn der Zinsaufwand insgesamt im Gesamthandsvermögen angefallen ist.

Fraglich ist jedoch, ob dieses Ergebnis auch dann den wirtschaftlichen Verhältnissen und den unterschiedlichen Interessen der Gesellschafter gerecht wird, wenn im Sonderbetriebsvermögen eines Gesellschafters nicht unbeträchtliche Finanzierungsaufwendungen entstanden sind. 1114

BEISPIEL: An der X-GmbH & Co. KG sind A und C als Kommanditisten zu je 50 % beteiligt. C hat seinen Anteil in 07 erworben und weitgehend fremdfinanziert. Die um die Zinserträge gekürzten Zinsaufwendungen haben in 08 im Gesamthandsvermögen 1 500 000 €, im Sonderbetriebsvermögen C 500 000 €, insgesamt also 2 000 000 € betragen. Davon sollen insgesamt 800 000 € gem. § 4h EStG für 2008 nicht abzugsfähig sein, so dass sich in dieser Höhe ein Zinsvortrag ergibt.

Bei Anwendung des allgemeinen Gewinnverteilungsschlüssels sind A und C jeweils 400 000 € nicht abziehbare Zinsaufwendungen gewinnerhöhend zuzurechnen. Aus der Sicht des A wird deutlich, dass ein nicht unwesentlicher Teil des von ihm gem. § 4h EStG zusätzlich zu versteuernden Betrags durch die Fremdfinanzierung des Anteilserwerbs durch C ausgelöst worden ist.

Es stellt sich die Frage, ob es gerechtfertigt ist, einem Mitunternehmer eine zusätzliche Steuerbelastung für einen Sachverhalt aufzuerlegen, dessen Gestaltung außerhalb seines Einflussbereichs liegt. Objektiv wird A zwar die Chance eingeräumt, dass künftig von ihm zu versteuernde Gewinnanteile um von ihm nicht getragenen Zinsaufwand zu kürzen sind. Ob und in welchem Umfang dies jedoch tatsächlich der Fall sein wird, hängt nicht zuletzt von C ab, ob und wann dieser seine Verbindlichkeiten im Sonderbetriebsvermögen tilgt; auch dies liegt außerhalb der Einflussmöglichkeiten des A. Andererseits wird C die Möglichkeit entzogen, die ihm entstandenen Betriebsausgaben vollumfänglich abzuziehen. *Loschelder*[2] hält offenbar eine verursachungsgerechte Zuordnung für erforderlich.

Geht man davon aus, dass aus der Regelung des § 4h Abs. 5 Satz 2 EStG zwingend zu entnehmen ist, dass die Zuweisung der nicht abziehbaren Zinsaufwendungen nach dem allgemeinen Gewinnverteilungsschlüssel zu erfolgen hat, ist eine den tatsächlichen Verhältnissen gerecht werdende verursachungsgerechte Berücksichtigung bei den Mitunternehmern ausgeschlossen. Für die betroffenen Gesellschafter stellt sich deswegen die Frage, ob diese Verschiebungen in der steuerlichen Belastung zwischen 1115

1 BStBl 2008 I 718.

2 In Schmidt, EStG § 4h Rz. 10, m. w. N.

den einzelnen Gesellschaftern entsprechende Ausgleichsansprüche auslösen und diesbezügliche Vereinbarungen sinnvoll sind.[1]

1116 Die danach nicht abzugsfähigen Zinsen sind gem. § 4h Abs. 1 EStG in die folgenden Wirtschaftsjahre vorzutragen. Dieser Zinsvortrag ist gem. § 4h Abs. 4 EStG von dem für die gesonderte und einheitliche Feststellung zuständigen Finanzamt gesondert festzustellen und dann jährlich fortzuschreiben.[2] Der Zinsvortrag erhöht die Zinsaufwendungen des jeweils folgenden Wirtschaftsjahres, nicht aber den maßgeblichen Gewinn. Nach dem Wortlaut des Gesetzes ist eine Feststellung des auf die einzelnen Gesellschafter entfallenden anteiligen Zinsvortrags nicht vorgesehen, offenbar nach den Vorstellungen des Gesetzgebers – wie vorstehend dargelegt – auch nicht erforderlich. Entsprechendes gilt für den EBITDA-Vortrag.

1117 Durch § 4h Abs. 5 Satz 2 EStG wird bestimmt, dass ein nicht verbrauchter EBITDA-Vortrag und ein nicht verbrauchter Zinsvortrag bei Ausscheiden eines Mitunternehmers anteilig mit der Quote untergehen, mit der der ausgeschiedene Gesellschafter an der Gesellschaft beteiligt war.[3] Ist eine Kapitalgesellschaft unmittelbar oder mittelbar als Mitunternehmerin beteiligt, führt ein Gesellschafterwechsel bei der Kapitalgesellschaft i. S. d. § 8c KStG nach § 4h Abs. 5 Satz 2 EStG zum anteiligen Untergang eines nicht verbrauchten EBITDA-Vortrags und eines nicht verbrauchten Zinsvortrags, soweit sie anteilig auf die Kapitalgesellschaft entfallen, in dem sich aus § 8c KStG ergebenden Umfang. Ist ein eine Kapitalgesellschaft zu 50 % an einer Mitunternehmerschaft beteiligt, führt dementsprechend ein Gesellschafterwechsel, der nach § 8c KStG bei der Kapitalgesellschaft zu einem Untergang des Verlustabzugs von

- 40 % führen würde, zum Untergang von 20 %,
- 100 % führen würde, zum Untergang von 50 %

der entsprechenden Vorträge. Dies gilt, wenn die Beteiligungserwerbe bei der als Mitunternehmerin beteiligten Kapitalgesellschaft nach dem 28. 11. 2008 erfolgen.[4]

1118–1120 *(Einstweilen frei)*

5. Behandlung von Abzugsteuern

1121 Betriebseinnahmen fließen der Mitunternehmerschaft teilweise gekürzt um Steuerabzugsbeträge zu. Dabei kann es sich handeln um von inländischen Kapitalerträgen einbehaltene Kapitalertragsteuer, um von Entgelten für erbrachte Bauleistungen einbehaltene Bauabzugsteuer, um von aus dem Ausland bezogenen Einnahmen, insbesondere von Dividenden, Zinsen und Lizenzgebühren, einbehaltene Quellensteuern. In einem Betriebsvermögen erzielte Kapitalerträge führen gem. § 20 Abs. 8 EStG nicht zu Einkünften aus Kapitalvermögen und unterliegen deswegen gem. § 32d Abs. 1 EStG nicht der Abgeltungsteuer; sie sind wie bisher als Teil des Gewinnanteils der Gesell-

1 In diesem Sinne auch *Friedrich* in Beck PersGes-HB, § 6 Rz. 109.
2 Tz. 49 BMF 4. 7. 2008, BStBl 2008 I 718.
3 Vgl. dazu Tz. 49 BMF 4. 7. 2008, BStBl 2008 I 718.
4 § 52 Abs. 12d Satz 2 EStG.

schafter bei deren Besteuerung vom Einkommen nach allgemeinen Grundsätzen zu berücksichtigen.[1] Bei der Kapitalertragsteuer und den ausländischen Quellensteuern handelt es sich um Steuern vom Einkommen, für die nicht die Mitunternehmerschaft, sondern der einzelne Mitunternehmer Steuersubjekt ist und die deswegen den einzelnen Mitunternehmern jeweils anteilig zuzurechnen und in deren Besteuerungsverfahren zu berücksichtigen sind. Im Übrigen sind diese Aufwendungen nach § 12 Nr. 3 EStG, § 10 Nr. 2 KStG nicht als Betriebsausgaben abziehbar. Nach Nr. 24 der IDW-Stellungnahme RS HFA 7[2] gehören zu den Erträgen aus der Beteiligung an Kapitalgesellschaften auch die für Rechnung der Mitunternehmer einbehaltene Kapitalertragsteuer, die mit der Einbuchung zugleich als entnommen gilt. Es sind keine Gesichtspunkte ersichtlich, die eine abweichende Handhabung bei einbehaltener Kapitalertragsteuer von anderen Kapitalerträgen oder bei als Steuern vom Einkommen erhobenen ausländischen Quellensteuern zu rechtfertigen vermöchten. Wird entsprechend verfahren, entspricht das Ergebnis der Buchführung den Anforderungen von § 12 Nr. 3 EStG, § 10 Nr. 2 KStG, so dass insoweit keine Korrektur im Interesse der Besteuerung erforderlich wird.

Bei der zugunsten einer Mitunternehmerschaft einbehaltenen Bauabzugsteuer handelt 1122
sich um die Vereinnahmung eines Teils der der Mitunternehmerschaft für erbrachte Bauleistungen zustehenden Vergütungen. Sie ist damit als Betriebseinnahme zu erfassen. Rechnet das Finanzamt entsprechend § 48c Abs. 1 Nr. 1 oder 4 EStG diese Abzugsbeträge auf von der Mitunternehmerschaft einbehaltene und angemeldete LSt oder auf ihrerseits geschuldete Bauabzugsteuern an, werden damit Verbindlichkeiten der Mitunternehmerschaft getilgt. Erfolgt hingegen nach § 48c Abs. 1 Nr. 2 oder 3 EStG eine Anrechnung auf von den Mitunternehmern geschuldete ESt oder KSt,[3] liegen insoweit Entnahmen der Mitunternehmer vor. Danach berührt die einbehaltene Bauabzugsteuer das Ergebnis der die Bauleistungen erbringenden Mitunternehmerschaft nicht.

(Einstweilen frei) 1123–1125

6. Beteiligungen an Kapitalgesellschaften

Literatur: *Crezelius*, Finanzierungsaufwendungen in der Betriebsaufspaltung, DB 2002, 1124; *Herzig*, Aktuelle Entwicklungen bei § 8b KStG und § 3c EStG, DB 2003, 1459; *Buchna/Sombrowski*, Aufwendungen mit Eigenkapitalersatzcharakter als nicht zu berücksichtigende Gewinnminderungen nach § 8b Abs. 3 KStG, DB 2004, 1956; *Dötsch/Pung*, Neuerungen bei der Körperschaftsteuer und bei der Gewerbesteuer durch das Steuergesetzgebungspaket vom Dezember 2003 – Teil II: die Änderungen insbes. bei der Verlustnutzung und bei § 8b KStG, DB 2004, 151; *Grützner*, Probleme bei der Gestaltung von Rechtsbeziehungen zwischen einer GmbH und ihren Gesellschaftern im Hinblick auf § 3c Abs. 1 EStG und § 8b Abs. 3 KStG, StuB 2005, 105; *Dötsch/Pung*, JStG 2008: Die Änderungen des KStG, des UmwStG und des GewStG, DB 2007, 2669; *Watermeyer*, Gewinnminderungen im Zusammenhang mit Darlehensforderungen – Hinweise zur Neuregelung in § 8b Abs. 3 KStG durch das JStG 2008, GmbH-StB 2008, 81; *Altrichter-Herzberg*, Gewinnminderungen im Zusammenhang mit Darlehen wesentlich beteiligter Gesellschafter – Die Neufassung des § 8b Abs. 3

1 Vgl. Rn. 626.

2 Vgl. Loseblattausgabe IDW-Prüfungsstandards/IDW-Stellungnahmen zur Rechnungslegung sowie WPg 2005, 669.

3 Wegen Einzelheiten dazu vgl. BMF 27. 12. 2002, BStBl 2002 I 1399, Tz. 90.

KStG durch das JStG 2008, GmbHR 2008, 337; *Hahne,* Vermeidung des Abzugsverbots für Verluste aus Gesellschafter-Fremdfinanzierungen bei Risikodarlehen – Überlegungen zur praktischen Durchführung eines Fremdvergleichs gem. § 8b Abs. 3 Satz 6 KStG n. F., StuB 2008, 299; *Ernsting,* Abschreibungen auf Gesellschafterdarlehen: Aktuelle Entwicklung und Gestaltungshinweise, GStB 2008, 203; *Urbahns,* Zur Auswirkung der Bezugsnahme auf den Begriff „nahestehende Person" in § 8b Abs. 3 Satz 5 KStG durch das JStG 2008 – Darstellung des Anwendungsumfangs des Ausschlusses von Gewinnminderungen auf Gesellschafter-Darlehen im Konzern anhand von Beispielen, StuB 2008, 561; *Prinz,* Körperschaftsteuerliche Sonderregelungen für Gesellschafterdarlehen und Finanzunternehmen auf dem „BFH-Prüfstand" – Wichtige neue Rechtsprechungserkenntnisse zu § 8b KStG, StuB 2009, 350; *Lorenz,* Die Suspendierung von § 8b Abs. 5 KStG durch EG- und DBA-Günstigerprüfung – Zur Entwicklung des Betriebsausgabenabzugs beim Dividendenbezug von Kapitalgesellschaften, IStR 2009, 437; *Eberhard,* Steuerwirksame Abschreibungen auf Gesellschafterdarlehen – Mögliche Folgen aus dem BFH-Urteil IR 52/08 vom 14. 1. 2009, DStR 2009 2226.

1126 Beteiligt sich eine Mitunternehmerschaft an einer Körperschaft, deren Ausschüttungen bei den Anteilseignern zu Einnahmen i. S. d. § 20 Abs. 1 Nr. 1 EStG führen, unterliegen sowohl die bilanzmäßige Behandlung der Beteiligung als auch die vereinnahmten Gewinnausschüttungen den allgemeinen Regelungen über die steuerliche Gewinnermittlung. Die Beteiligung ist in der Handelsbilanz und damit auch in der Steuerbilanz bei Zugang im Regelfall mit den Anschaffungskosten auszuweisen, ggf. später auf den beizulegenden niedrigeren Wert bzw. den niedrigeren Teilwert vorgenommene Abschreibungen begründen zumindest für die Steuerbilanz die Verpflichtung zur späteren Wertaufholung. Diese Wertänderungen wirken sich ebenso wie die Aufdeckung der stillen Reserven oder die Realisierung eines Verlustes aus Anlass des Ausscheidens der Beteiligung aus dem Betriebsvermögen auf das Bilanzergebnis aus. Entsprechendes gilt für vereinnahmte Gewinnausschüttungen. Diese Vermögensmehrungen und Vermögensminderungen sind mit der Einführung des sog. Halbeinkünfteverfahrens durch das StSenkG vom 19. 12. 2000[1] bei der Besteuerung der Mitunternehmer nur noch zur Hälfte oder überhaupt nicht mehr berücksichtigungsfähig. Der Gesetzgeber hat sich im Verhältnis zu natürlichen Personen in § 3 Nr. 40 i. V. m. § 3c Abs. 2 EStG für eine hälftige Steuerbefreiung, im Verhältnis zu der Besteuerung des KStG unterliegenden nicht natürlichen Personen durch § 8b KStG für die völlige Freistellung von der Besteuerung entschieden. Mit Wirkung ab Veranlagungszeitraum 2009[2] sehen diese Regelungen für natürliche Personen im Ergebnis nur noch eine Steuerbefreiung zu 40 % vor, wenn es sich um Vorgänge innerhalb eines Betriebsvermögens handelt, die Gewinnausschüttungen also Betriebseinnahmen sind weil die Beteiligung an der Kapitalgesellschaften im Betriebsvermögen gehalten wird. Ferner sind diese Regelungen noch bei Veräußerungsgewinnen i. S. d. § 17 EStG zu beachten. Eine weitergehende Übergangsregelung ist für bestimmte private Veräußerungsgeschäfte vorgesehen.

1127 Für die Besteuerung nach Maßgabe des KStG ist die Freistellung nach § 8b KStG mit Wirkung ab 2004 im Ergebnis allgemein auf 95 % zurückgeführt worden, indem nach § 8b Abs. 5 KStG 5 % der nach § 8b Abs. 1 KStG von der Besteuerung freizustellenden Einnahmen als nichtabzugsfähige Betriebsausgaben gelten. Zugleich wird die Anwendung des § 3c Abs. 1 EStG für diese Fälle ausdrücklich ausgeschlossen. Gewinnmin-

1 BGBl 2000 I 1812.

2 Vgl. § 52a Abs. 3 und 4 EStG.

derungen bei den in Betracht kommenden Beteiligungen sind nach § 8b Abs. 3 Satz 3 KStG steuerlich nicht berücksichtigungsfähig. Entsprechendes gilt nach Satz 4 ff. dieser Vorschrift mit Wirkung ab 2008 unter bestimmten Voraussetzungen für Gewinnminderungen im Zusammenhang mit einer Darlehensforderung oder aus der Inanspruchnahme von Sicherheiten, die für ein Darlehen hingegeben wurden, wenn das Darlehen oder die Sicherheit von einem Gesellschafter oder einer diesem nahe stehenden Person gewährt wird, der zu mehr als einem Viertel unmittelbar oder mittelbar am Grund- oder Stammkapital der Körperschaft, der das Darlehen gewährt wurde, beteiligt ist oder war. Bis einschließlich 2007 waren die entsprechenden Teilwertabschreibungen erfolgswirksam zu berücksichtigen.[1] Die Regelungen des § 8b Abs. 1 – 5 KStG sind nach dessen Abs. 6 Satz 1 auch auf Körperschaften anwendbar, die als Mitunternehmer an einer Mitunternehmerschaft beteiligt sind, soweit ihnen die diesbezüglichen Erträge, Gewinne, Verluste ihrer Beteiligung an der Mitunternehmerschaft entsprechend zuzurechnen sind. Von diesen Grundsätzen sind im Laufe der Zeit folgende Ausnahmeregelungen getroffen worden

- für Anteile, die bei Kreditinstituten und Finanzdienstleistungsinstituten nach § 1a KWG dem Handelsbuch zuzurechnen sind. – § 8b Abs. 7, 9 KStG,
- für Anteile, die bei Lebens- und Krankenversicherungsunternehmen den Kapitalanlagen zuzurechnen sind – § 8b Abs. 8, 9 KStG,
- für die Anteile, die Gegenstand bestimmter Wertpapier-Pensionsgeschäfte sind – § 8b Abs. 10 KStG.

Sind ausschließlich natürliche Personen an der Mitunternehmerschaft beteiligt, ist bei 1128 der Ermittlung des zu besteuernden Gewinns insgesamt nach § 3 Nr. 40, § 3c Abs. 2 EStG zu verfahren. Soweit hingegen Körperschaften als Mitunternehmer beteiligt sind, sind bei der Ermittlung des zu besteuernden Gewinns und Gewinnanteils der Körperschaften die Regelungen des § 8b KStG zu beachten.

Die Regelungen in § 3 Nr. 40, § 3c Abs. 2 EStG und in § 8b KStG sind im Ergebnis da- 1129 durch gekennzeichnet, dass sie sich – wenn auch in unterschiedlicher Reihenfolge – auf gleichartige Einnahmen, Vermögensmehrungen und Vermögensminderungen beziehen, die sich wie folgt strukturieren lassen,

- Gewinnausschüttungen i. S. d. § 20 Abs. 1 Nr. 1 und 2 EStG inländischer und ausländischer Körperschaften einschließlich der diesen Ausschüttungen gleichgestellte Einnahmen,
- Gewinnausschüttungen der in § 20 Abs. 1 Nr. 9 und 10 EStG bezeichneten Art, von inländischen Körperschaften, die keine Kapitalgesellschaften sind,
- Gewinne und Verluste aus der Veräußerung von Beteiligungen, die zu Einnahmen i. S. d. § 20 Abs. 1 Nr. 1 EStG führen; eine Ausnahmeregelung gilt gem. § 52 Abs. 4b Satz 2 EStG für sog. einbringungsgeborene Anteile i. S. v. § 21 UmwStG a. F.,[2] sofern diese Anteile aufgrund eines Vorgangs erworben wurden, der bis zum 12. 12. 2006

1 BFH 14. 1. 2009 I R 52/08, BStBl 2009 II 674.

2 Vgl. Rn. 2996 ff.

zur Eintragung in das maßgebende öffentliche Register erworben und innerhalb eines Zeitraums von weniger als 7 Jahren veräußert wurden,

- sonstige Vermögensmehrungen und Vermögensminderungen bei den vorstehend bezeichneten Beteiligungen infolge der Entnahme aus einem Betriebsvermögen, von Teilwertabschreibungen und nachfolgenden Wertaufholungen bei den vorbezeichneten Beteiligungen.

1130 Den Regelungen in § 3 Nr. 40, § 3c Abs. 2 EStG und in § 8b KStG ist gemeinsam, dass sie vom Grundsatz her identische Sachverhalte ansprechen. Der Konzeption des EStG folgend werden in § 3 Nr. 40 EStG lediglich die Tatbestände angesprochen, die zu Vermögensmehrungen führen. Zur Abzugsfähigkeit der damit im Zusammenhang stehenden Aufwendungen und sonstigen Vermögensminderungen wird in § 3c Abs. 2 EStG Stellung genommen. Diese Regelung ist dadurch gekennzeichnet, dass das teilweise Abzugsverbot für die Vermögensminderungen und Aufwendungen gilt, die in wirtschaftlichem Zusammenhang mit den entsprechenden Einnahmen und Betriebsvermögensmehrungen in wirtschaftlichem Zusammenhang stehen. Dies gilt unabhängig vom Zeitpunkt des Entstehens. Dagegen werden durch § 8b Abs. 1 EStG Einnahmen von der Besteuerung freigestellt, für die gem. § 8b Abs. 5 KStG ein Betrag von 5 % dieser Einnahmen als nichtabzugsfähige Betriebsausgabe zu berücksichtigen ist. § 3c Abs. 1 EStG ist nicht anzuwenden. Die im Verhältnis zu natürlichen Personen zu beachtenden Abzugsbeschränkungen des § 3c Abs. 2 EStG sind bereits bei einem mittelbaren wirtschaftlichen Zusammenhang mit den begünstigten Einnahmen und Vermögensmehrungen zu beachten.

1131 Zur Anwendung des § 8b Abs. 1 – 6 KStG liegt eine umfangreichere Stellungnahme mit dem BMF-Schreiben vom 28. 4. 2003[1] vor, das durch die weiteren Schreiben vom 21. 3. 2007[2] und vom 30. 9. 2008,[3] modifiziert worden ist.

1132 Nach § 3c Abs. 2 Satz 1 EStG dürfen u. a. Betriebsvermögensminderungen, die mit den in § 3 Nr. 40 EStG bezeichneten Betriebsvermögensmehrungen oder Einnahmen in wirtschaftlichem Zusammenhang stehen, bei der Ermittlung der Einkünfte nur zur Hälfte, ab 2009 nur zu 60 %, abgezogen werden. Im Zusammenhang mit dieser Vorschrift wird darauf hingewiesen, dass z. B. im Falle der Betriebsaufspaltung[4] der Finanzierungsaufwand der Besitzpersonengesellschaft für die Betriebskapitalgesellschaft gem. § 3c Abs. 2 Satz 1 EStG bei der steuerlichen Gewinnermittlung nur zur Hälfte, ab 2009 zu 60 % berücksichtigungsfähig sei.[5] Danach gilt gem. § 3c Abs. 2 EStG von vornherein auch insoweit ein (anteiliges) Abzugsverbot, als sich aus § 8b Abs. 3 KStG erst ab 2008 ein völlliges Abzugsverbot ergibt.[6]. Dies ist umstritten. Eine Klärung dieser Frage wird durch die beim BFH anhängigen Revisionsverfahren X R 5/10 und X R 7/10 erwartet.[7]

---

1 BStBl 2003 I 292.
2 BStBl 2007 I 302.
3 BStBl 2008 I 940.
4 Vgl. Rn. 3796 ff.
5 *Crezelius*, DB 2002, 1124; in diesem Sinne auch *Herzig*, DB 2003, 1459, 1465 f.
6 Vgl. Rn. 1127.
7 OFD Rheinland 6. 7. 2919, DB 2010, 1560.

Der BFH hat für die Ermittlung der Einkünfte gem. § 17 Abs. 1 oder 4 EStG entschieden, dass die Abzugsbeschränkungen des § 3c Abs. 2 EStG dann nicht greifen, wenn keinerlei durch die Beteiligung vermittelten Einnahmen bezogen wurden.[1] Die FinVerw folgt dieser Auffassung.[2] Die Frage, ob dies auch bei in einem Betriebsvermögen gehaltenen Beteiligungen gilt, ist Gegenstand des beim BFH anhängigen Revisionsverfahrens IV R 14/10.[3] Im Übrigen ist jedoch zu beachten, dass nach § 3c Abs. 2 EStG i. d. F. des Jahressteuergesetzes 2010[4] das anteilige Abzugsverbot ab Veranlagungszeitraum 2011[5] immer dann greift, wenn die betreffende Beteiligung in der Absicht gehalten wird, dadurch Betriebsvermögensmehrungen oder Einnahmen zu erzielen, 1133

Bei der Beteiligung an einer Zwischengesellschaft i. S.v. §§ 7 – 14 AStG, d. h. an einer niedrig besteuerten ausländischen Kapitalgesellschaft mit passiven Einkünften, unterliegen die inländischen Gesellschafter mit den auf der Grundlage der von der Zwischengesellschaft erzielten Gewinnen ermittelten Hinzurechnungsbeträgen der inländischen Besteuerung. Darauf sind die Regelungen in § 3 Nr. 40, § 3c Abs. 2 EStG und in § 8b KStG nicht anwendbar. Sofern diese Zwischengesellschaften Gewinne ausschütten, würde deren Besteuerung bei natürlichen Personen auch unter Beachtung der Regelungen von § 3 Nr. 40, § 3c Abs. 2 EStG wirtschaftlich zu einer nicht gerechtfertigten steuerlichen Doppelbelastung führen. Deswegen sind diese Gewinnausschüttungen bei natürlichen Personen unter den sich aus § 3 Nr. 41 EStG ergebenden Voraussetzungen steuerfrei zu belassen. Bei der Besteuerung nach Maßgabe des KStG greift auch insoweit die Regelung des § 8b Abs. 1 KStG. 1134

Bei den Regelungen in § 3 Nr. 40, § 3c Abs. 2 EStG und § 8b KStG handelt es sich nicht um Gewinnermittlungsvorschriften. Die danach erforderlichen Korrekturen für die Ermittlung der Besteuerungsgrundlagen der Mitunternehmer und der Mitunternehmerschaft haben danach außerhalb der Steuerbilanz zu erfolgen. Dies ist dann unproblematisch, wenn nach diesen Vorschriften zu beurteilende Sachverhalte sich ausschließlich im Bereich des Gesamthandsvermögens ergeben haben und es sich bei den Mitunternehmern ausschließlich um natürliche Personen handelt, so dass im Verhältnis zu allen Beteiligten nach § 3 Nr. 40, § 3c Abs. 2 EStG zu verfahren ist, oder es sich ausschließlich um Körperschaften i. S. d. KStG handelt, die nicht den Sonderregelungen für Kreditinstitute, Finanzdienstleistungsinstitute und Versicherungsunternehmen nach § 8b Abs. 7 und 8 KStG unterfallen. Sind sowohl natürliche Personen als auch Körperschaften i. S. d. KStG als Mitunternehmer beteiligt, ist dagegen entsprechend zu differenzieren. 1135

BEISPIEL: An der X-GmbH & Co. sind beteiligt die X-GmbH als Komplementärin, der lediglich der Ersatz der Aufwendungen für die Geschäftsführung und eine Haftungsvergütung zusteht, sowie A und die Y-GmbH als Kommanditisten, die zu je 50 % an Gewinn und Verlust beteiligt sind. Die X-GmbH weist für 03 in ihrer Steuerbilanz einen Gewinn von 300 000 € aus. Dabei sind die Haftungsvergütung für die X-GmbH i. H.v. 5 000 € sowie die Geschaftsführerbezüge

1 Urteil 25. 6. 2009 IX R 42/08, BStBl 2010 II 220; Beschluss 18. 3. 2010 IX B 227/09, BStBl 2010 II 627.
2 BMF 28. 6. 2010, BStBl 2010 I 599.
3 OFD Rheinland 6. 7. 2919, DB 2010, 1560.
4 Vom 8. 12. 2010, BGBl 2010 I 1768.
5 Vgl. § 52 Abs. 8a EStG.

des A i. H.v. 75 000 €, die dieser von der X-GmbH bezogen hat, als Aufwand verrechnet. Als Erträge sind Gewinnausschüttungen inländischer Kapitalgesellschaften i. H.v. 40 000 € brutto, Einnahmen i. S. d. § 20 Abs. 1 Nr. 1 EStG, behandelt worden. Aus Vereinfachungsgründen wird davon ausgegangen, dass der X-GmbH & Co. KG in unmittelbarem Zusammenhang damit Betriebsausgaben i. H.v. 4 000 € entstanden sind.

Danach ergibt sich auf der Grundlage der für 2004 bis 2008 geltenden Rechtslage folgende steuerliche Gewinnverteilung:

	Gesamt	X-GmbH	A	Y-GmbH
	€	€	€	€
Bilanzgewinn	300 000	./.	150 000	150 000
Haftungsvergütung	5 000	5 000	./.	./.
Tätigkeitsvergütung	75 000	./.	75 000	./.
Steuerfrei § 8b Abs. 1 KStG	./. 20 000	./.	./.	./. 20 000
Kürzung § 8 Abs. 5 KStG	1 000	./.	./.	1 000
Steuerfrei § 3 Nr. 40 EStG	./. 10 000	./.	./. 10 000	./.
Kürzung Betriebsausgaben	1 000	./.	1 000	./.
Steuerpflichtiger Gewinn	352 000	5 000	216 000	131 000

Übertragen auf die ab 1. 1. 2009 geltende Rechtslage ergibt sich davon abweichend Folgendes:

	Gesamt	X-GmbH	A	Y
	€	€	€	€
Bilanzgewinn	300 000	./.	150 000	150 000
Haftungsvergütung	5 000	5 000	./.	./.
Tätigkeitsvergütung	75 000	./.	75 000	./.
Steuerfrei § 8b Abs. 1 KStG	./. 20 000	./.	./.	./. 20 000
Kürzung § 8 Abs. 5 KStG	1 000	./.	./.	1 000
Steuerfrei § 3 Nr. 40 EStG	./. 8 000	./.	./. 8.000	./.
Kürzung Betriebsausgaben	800	./.	800	./.
Steuerpflichtiger Gewinn	353 800	5 000	217 800	131 000

1136 In dem Revisionsverfahren X R 28/10[1] hat der BFH darüber zu entscheiden, ob die sich aus § 3 Nr. 40, § 3c Abs. 2 EStG, § 8b KStG ergebenden Besonderheiten – wie vorstehend – bereits bei Ermittlung der Gewinnanteile der einzelnen Gesellschafter zu berücksichtigen sind. In dem betreffenden Einzelfall wurden die Besteuerungsgrundlagen vor Berücksichtigung dieser Besonderheiten ermittelt und dann ergänzend auf deren noch erforderliche Berücksichtigung hingewiesen, die diesbezügliche Korrektur erfolgt dann also erst im Besteuerungsverfahren des jeweiligen Gesellschafters.

1137 Weitergehende Probleme ergeben sich in den Fällen der sog. doppelstöckigen Personengesellschaft[2] bei der Untergesellschaft. In diesen Fällen kann bei Ermittlung des auf die Obergesellschaft entfallenden Gewinnanteils den Regelungen in § 3 Nr. 40, § 3c Abs. 2 EStG, § 8b KStG nur dann Rechnung getragen werden, wenn der Untergesellschaft die Beteiligungsverhältnisse an der Obergesellschaft in dem danach erforderli-

1 Vorinstanz FG München 29. 7. 2010 15 K 3158/08, EFG 2010, 1887.

2 Vgl. Rn. 416 ff.

chen Umfang bekannt sind. Weitergehende praktische Probleme ergeben sich in dieser Hinsicht bei mehrstufigen Beteiligungsverhältnissen, wenn also an der Obergesellschaft wiederum eine Mitunternehmerschaft beteiligt ist.

Im Übrigen ist darauf zu achten, dass sich die Frage der Anwendung von § 3 Nr. 40, § 3c Abs. 2 EStG, § 8b KStG auch im Rahmen des Sonderbetriebsvermögens stellen kann, z. B. bei einer GmbH & Co. KG, wenn die Komplementär-GmbH Gewinne ausgeschüttet hat, die bei den Kommanditisten im Hinblick auf die Zugehörigkeit der Anteile zum Sonderbetriebsvermögen Sonderbetriebseinnahmen sind. 1138

(Einstweilen frei) 1139–1145

VIII. Überführung von Einzelwirtschaftsgütern – § 6 Abs. 5 EStG

Literatur: *Korn*, Vermeidbare Gewinnrealisierungen bei Übertragung oder Zurückbehaltung von Sonderbetriebsvermögen, KÖSDI 1997, 11219; *Patt*, Übertragung von Grundstücken mit dazugehörigen Schulden aus dem Gesamthandsvermögen einer Personengesellschaft auf eine mitunternehmerisch tätige Schwesterpersonengesellschaft, GmbHR 1998, 970; *Reiß*, Die Revitalisierung der Mitunternehmererlasses – keine gesetzestechnische Meisterleistung, BB 2000, 1965; *van Lishaut*, Einzelübertragung bei Mitunternehmerschaften, DB 2001, 1519; *Brandenberg*, Personengesellschaftsbesteuerung nach dem Unternehmensteuerfortentwicklungsgesetz – Teil II –, DStZ 2002, 551; *Groh*, Die Vermögensübertragung auf Schwesterpersonengesellschaften als Lehrstück der Mitunternehmerbesteuerung, DB 2002, 1904; *Hoffmann*, Der GmbHR-Kommentar, GmbHR 2002, 290; *Schulze zur Wiesche*, Die Übertragung von Einzelwirtschaftsgütern nach dem UntStFG, DStZ 2002, 740; *Wendt*, Übertragung von Wirtschaftsgütern zwischen Mitunternehmerschaft und Mitunternehmer, FR 2002, 53; *Böhme/Forster*, Anwendbarkeit der Trennungstheorie im Rahmen von Übertragungen i. S. d. § 6 Abs. 5 EStG i. d. F. des Unternehmensteuerfortentwicklungsgesetzes, BB 2003, 1979; *Mayer*, Notwendiges Zusammentreffen von § 24 UmwStG und § 6 Abs. 5 EStG, DStR 2003, 1553; *Schroer/Starke*, § 6 Abs. 5 Satz 4 EStG bei Veräußerung von Wirtschaftsgütern nach Rückübertragung, FR 2003, 836; *von Campenhausen*, Steuersubjekt- und -objektgebundene stille Reserven bei Ergänzungsbilanzen nach § 6 Abs. 5 Satz 3 EStG und § 24 UmwStG, DB 2004, 1282; *Crezelius*, Gewährung von Gesellschaftsrechten bei § 6 Abs. 5 EStG, §§ 20, 24 UmwStG, DB 2004, 397; *Winkeljohann/Stegemann*, Anwendbarkeit des § 6 Abs. 5 Satz 3 EStG bei Neugründung von Mitunternehmerschaften und bei Gesellschafterbeitritt, DB 2003, 2033; *Schulze zur Wiesche*, Die Übernahme von Verbindlichkeiten bei der Übertragung von Einzelwirtschaftsgütern zwischen dem Betriebs- und dem Gesamthandsvermögen, DB 2004, 1388; *Schulze zur Wiesche*, Sonderbetriebsvermögen und Anteilsübertragungen nach dem UntStFG, StBP 2004, 63; *Mayer*, Zusammentreffen von verdeckter Gewinnausschüttung oder verdeckter Einlage mit steuerlichen Bewertungsvorschriften im Einkommen- und Umwandlungssteuerrecht, GmbHR 2005, 1033; *Niehus/Wilke*, Maß und Ausmaß von Gewinnrealisierungen bei Übertragungen gegen Teil- oder Mischentgelt im Anwendungsbereich des § 6 Abs. 5 Satz 3 EStG, FR 2005, 1012; *Wehrheim*, Überführungs- und Übertragungsmöglichkeiten nach § 6 Abs. 5 EStG – eine steuersystematische Einordnung; *Röhrig/Doege*, Das Kapital der Personengesellschaften im Handels- und Ertragsteuerrecht, DStR 2006, 489; *Förster*, SEStEG: Rechtsänderungen im EStG, DB 2007, 72; *Hoffmann*, Der Ausgleichsposten nach § 4g EStG i. d. F. des SEStEG, DB 2007, 652.

1. Überblick über die Rechtsentwicklung und den Inhalt der Vorschrift

a) Rechtsentwicklung

1146 Bis zum Jahr 1999 waren die steuerlichen Konsequenzen einer unentgeltlichen oder gegen Gewährung von Gesellschaftsrechten erfolgenden **Übertragung von Einzelwirtschaftsgütern** aus einem anderen Betriebsvermögen in das Betriebsvermögen einer PersGes sowie zwischen verschiedenen PersGes nicht gesetzlich geregelt. Es galten vielmehr die Regelungen des sog. **Mitunternehmererlasses**,[1] der für derartige Vorgänge i. d. R. ein Wahlrecht zwischen der Fortführung der Buchwerte und einem Ansatz von Zwischen- oder Teilwerten vorsah.

1147 Durch das **Steuerentlastungsgesetz 1999/2000/2001**[2] wurde der Mitunternehmererlass jedoch abgeschafft und durch die gesetzliche Regelung des § 6 Abs. 5 Satz 3 EStG ersetzt, wonach die **Überführung von Wirtschaftsgütern** zwischen verschiedenen Betriebsvermögen desselben Steuerpflichtigen (z. B. von einem Einzelunternehmen eines Mitunternehmers in sein Sonderbetriebsvermögen bei einer PersGes) zwingend zu Buchwerten zu erfolgen hat, während die **Übertragung von Wirtschaftsgütern** auf andere Steuerrechtssubjekte (z. B. von einem Einzelunternehmen in das Gesamthandsvermögen einer Personengesellschaft) nur noch zu Teilwerten zulässig war. Diese Neuregelung war erstmals anzuwenden auf den Erwerb von Wirtschaftsgütern, bei denen der Erwerb aufgrund eines nach dem 31. 12. 1998 rechtswirksam abgeschlossenen obligatorischen Vertrags oder gleichstellenden Rechtsakts erfolgte.[3]

1148 Durch das **Steuersenkungsgesetz**[4] wurde § 6 Abs. 5 Satz 3 EStG neu gefasst und es wurden die Sätze 4 und 5 angefügt. Der neue Satz 3 ermöglichte nunmehr unter bestimmten Voraussetzungen wieder – entsprechend der Regelungen des früheren Mitunternehmererlasses – die Übertragung von Wirtschaftsgütern zu Buchwerten zwischen verschiedenen Steuerrechtssubjekten, also insbesondere von einem Betriebsvermögen oder einem Sonderbetriebsvermögen in das Gesamthandsvermögen einer PersGes und umgekehrt. In den Sätzen 4 und 5 sind jedoch gleichzeitig einschränkende Voraussetzungen und bestimmte Fristen eingeführt worden, die verhindern sollten, dass durch eine Anwendung des Satzes 3 Einzelwirtschaftsgüter zu Buchwerten anteilig in das Vermögen einer KapGes gelangen können, wobei auch solche Fälle erfasst werden, in denen der Anteil einer Körperschaft an dem zu Buchwerten übertragenen Wirtschaftsgut erst zu einem unbestimmten Zeitpunkt nach der Buchwertübertragung begründet wird (§ 6 Abs. 5 Satz 5 EStG i. d. F. des StSenkG). Die Neuregelungen des **Steuersenkungsgesetzes** waren **erstmals anwendbar** auf Übertragungsvorgänge nach dem 31. 12. 2000.[5] Unklar war nach dem Wortlaut der derzeitigen Gesetzesfassung, ob nur unentgeltliche Vorgänge oder auch solche, die gegen Gewährung von Gesellschaftsrechten erfolgen, unter die Vorschrift fallen sollten. Dies wurde durch BMF-Schreiben

1 BMF 20. 12. 1977, BStBl 1978 I 8.
2 StEntlG 1999/2000/2002 v. 24. 3. 1999, BGBl 1999 I 402.
3 § 52 Abs. 16 Satz 13 EStG.
4 StSenkG v. 23. 10. 2000, BGBl 2000 I 1433.
5 § 52 Abs. 16a Satz 1 EStG.

v. 7. 6. 2001[1] dahin gehend klargestellt, dass beide Fälle von der Regelung erfasst werden. Nach dieser erneuten Gesetzesänderung hin zur alten Rechtslage haben sich viele die Frage gestellt, ob es denn im Nachhinein verfassungsrechtlich unbedenklich gewesen sei, dass bestimmte Übertragungsvorgänge, die bis Ende 1999 und ab Beginn des VZ 2002 dann wieder steuerneutral zu Buchwerten möglich waren, in den beiden Jahren 2000 und 2001 der Besteuerung zu unterwerfen waren. Der BFH hat sich mit dieser Frage beschäftigt und entschieden, dass diese Ungleichbehandlung „in der Zeit" nicht als verfassungswidrig anzusehen war.[2]

Im Rahmen des **Gesetzes zur Fortentwicklung des Unternehmenssteuerrechts**[3] wurde 1149
der Anwendungsbereich des Satzes 3 sowohl auf unentgeltliche als auch auf gegen Gewährung von Gesellschaftsrechten erfolgende Übertragungsvorgänge durch eine entsprechende Neuformulierung gesetzlich klargestellt. Außerdem wurde der Satz 3 in drei Nummern untergliedert, was aber lediglich eine redaktionelle Änderung war.[4] In einem neuen Satz 4 wurde jedoch eine neue **Fristenregelung** zur **Missbrauchsvermeidung** des Satzes 3 eingeführt, wonach für solche Übertragungen, die nicht unter Bildung einer **negativen Ergänzungsbilanz** zugunsten des Einbringenden erfolgten, rückwirkend der Teilwert anzusetzen ist, wenn das Wirtschaftsgut innerhalb von 3 Jahren nach Abgabe der Steuererklärung veräußert oder entnommen wird. Der bisherige Satz 4 wurde hierdurch nunmehr zu Satz 5. Der bisherige Satz 5 wurde in einem neuen Satz 6 dahin gehend konkretisiert, dass nur dann rückwirkend der Teilwert anzusetzen ist, wenn der Anteil einer Körperschaft an dem übertragenen Wirtschaftsgut innerhalb von 7 Jahren begründet wird oder sich erhöht. Die Neuregelungen der Sätze 3 – 5 sind erstmals anzuwenden auf Übertragungsvorgänge, die nach dem 31. 12. 2000 erfolgen.[5] Dieser Zeitpunkt deckt sich mit dem Inkrafttreten des StSenkG. In Bezug auf Satz 3 ist diese **Rückwirkung** als problemlos anzusehen, da die Änderungen weitgehend klarstellender Natur waren. Der neue Satz 6 ist erstmals auf Anteilsbegründungen und Anteilserhöhungen anzuwenden, die nach dem 31. 12. 2000 durchgeführt werden.[6]

b) Regelungszweck der Vorschrift

§ 6 Abs. 5 EStG regelt ausschließlich die Bewertung in Fällen der Überführung/Übertra- 1150
gung von Einzelwirtschaftsgütern **zwischen verschiedenen steuerlichen Betriebsvermögen**, nicht jedoch von einem Privatvermögen in ein Betriebsvermögen oder umgekehrt. Zweck der Regelung ist, die Aufdeckung stiller Reserven anlässlich derartiger Übertragungsvorgänge zu vermeiden. Als mittelbare Folge davon können insbesondere die Abschreibung und eventuell einzuhaltende Besitzzeiten wie bisher fortgeführt werden.

1 BStBl 2002 I 367.
2 BFH 20. 5. 2010 IV R 42/08, BStBl 2010 II 820.
3 UntStFG v. 20. 12. 2001, BGBl 2001 I 3858.
4 BT-Drucks. 14/7344.
5 § 52 Abs. 16a Satz 1 EStG.
6 § 52 Abs. 16a Satz 2 EStG.

1151 In diesem Zusammenhang ist die ausdrückliche gesetzliche Regelung einer **Buchwertfortführung** in Fällen der Überführung einzelner Wirtschaftsgüter zwischen Betriebsvermögen desselben Steuerpflichtigen (hierzu gehören sowohl Betriebsvermögen von Einzelunternehmen als auch Sonderbetriebsvermögen eines Steuerpflichtigen bei einer Personengesellschaft) eigentlich nur klarstellender Art, denn hier gilt ohnehin der sog. finale **Entnahmebegriff.** Grundsätzlich kommt es zu einer Realisierung stiller Reserven im Ertragsteuerrecht nur dann, wenn ein Realisierungstatbestand gegeben ist. Dies ist immer dann der Fall, wenn ein Wirtschaftsgut aus einem Betriebsvermögen ausscheidet, sei es durch Übertragung auf einen anderen Rechtsträger (Veräußerung), sei es durch Lösung des betrieblichen Zusammenhangs (Entnahme, Betriebsaufgabe).[1] Nach der ständigen Rechtsprechung des BFH[2] ist eine „Entnahme i. S. d. § 4 Abs. 1 Satz 2 EStG nur dann gegeben, wenn ein Wirtschaftsgut aus dem betrieblichen Bereich in den privaten Bereich übergeht oder wenn es innerhalb des betrieblichen Bereichs von einem Betrieb oder Betriebsteil in einen anderen übergeht und dabei eine spätere steuerliche Erfassung der im Buchwertansatz für dieses Wirtschaftsgut enthaltenen stillen Reserven nicht gewährleistet ist." Da die Sicherstellung der späteren Besteuerung auch eine Voraussetzung des § 6 Abs. 5 EStG ist, kann daher festgestellt werden, dass diese Regelung insofern nur die bisher bereits geltende Rechtslage gesetzlich verankert.

1152 Konstitutiv ist die Regelung des § 6 Abs. 5 EStG jedoch in all den Fällen, in denen sich durch die Übertragung des Wirtschaftsguts dessen Zurechnung zu einem bestimmten Steuersubjekt verändert, wie dies z. B. bei der Überführung eines Wirtschaftsgutes aus dem Gesamthandsvermögen einer PersGes in das Sonderbetriebsvermögen eines der Mitunternehmer der Fall ist. Da in diesen Fällen stille Reserven anteilig auf andere Steuerrechtssubjekte übergehen, wäre ohne eine ausdrückliche gesetzliche Regelung ein Realisierungstatbestand gegeben.

1153 Bereits der abgeschaffte Mitunternehmererlass bot in derartigen Fällen ein Wahlrecht zur Buchwertfortführung. Das Steuerentlastungsgesetz 1999/2000/2002 stellte jedoch klar, dass derartige Übertragungsvorgänge steuerlich zu einer Realisierung der stillen Reserven führen. Bei der Wiedereinführung der Buchwertübertragungsmöglichkeit in diesen Fällen durch das StSenkG hat der Gesetzgeber eine (teilweise) Wiedereinführung des Mitunternehmererlasses angestrebt. Aus diesem Grund kann bezüglich bestimmter Auslegungsfragen legitimerweise auf den Mitunternehmererlass und die hierzu ergangene Rechtsprechung zurückgegriffen werden.

1154–1160 *(Einstweilen frei)*

2. Anwendungsbereich

a) Subjektiver Anwendungsbereich

1161 § 6 Abs. 5 Satz 1 EStG regelt die **Überführung von Einzelwirtschaftsgütern** zwischen verschiedenen Betriebsvermögen **eines Einzelunternehmers.** Hierbei kann es sich sowohl

1 *Heinicke* in Schmidt, EStG § 4 Rz. 50.

2 BFH 7. 10. 1974 GrS 1/73, BStBl 1975 II 168, m. w. N.

um die Betriebsvermögen von zwei gewerblichen Tätigkeiten als auch um die Betriebsvermögen selbständiger Tätigkeiten handeln.

Die Sätze 2 – 6 des § 6 Abs. 5 EStG betreffen demgegenüber ausschließlich solche Fälle, 1162
bei denen durch den Überführungs-/Übertragungsvorgang eines Einzelwirtschaftsguts das steuerliche Betriebsvermögen einer Mitunternehmerschaft tangiert ist. § 6 Abs. 5 Satz 2 EStG setzt voraus, dass das Einzelwirtschaftsgut von einem eigenen Betriebsvermögen (gewerbliches oder freiberufliches Einzelunternehmen) in das Sonderbetriebsvermögen bei einer „Mitunternehmerschaft" übertragen wird oder umgekehrt. Damit ist gefordert, dass an dem Übertragungsvorgang eine Mitunternehmerschaft beteiligt ist, die steuerliches Sonderbetriebsvermögen haben kann. Unter den steuerlichen Begriff der Mitunternehmerschaft fallen sowohl Außengesellschaften mit Gesamthandsvermögen (OHG, KG, GbR, PartG, Erbengemeinschaft) als auch reine Innengesellschaften (z. B. atypisch stille Gesellschaft) und ggf. auch Personengesellschaften, die in einem dem zivilrechtlichen Gesellschaftsverhältnis wirtschaftlich vergleichbaren Gemeinschaftsverhältnis zueinander stehen[1] (z. B. Bruchteilsgemeinschaften), sofern die Mitgesellschafter die von der Rechtsprechung für die Anerkennung einer Mitunternehmerstellung geforderten Mindestkriterien, nämlich das Innehaben eines Mitunternehmerrisikos und einer gewissen Mitunternehmerinitiative, erfüllen.[2]

Demgegenüber muss es sich bei den Sätzen 3 – 6 des § 6 Abs. 5 EStG um eine solche 1163
Mitunternehmerschaft handeln, die über **Gesamthandsvermögen** verfügt. Legt man diesen Gesetzeswortlaut eng aus, dann sind die **Bruchteilsgemeinschaft** sowie die **atypisch stille Gesellschaft** von dem Anwendungsbereich ausgeschlossen, da diese nicht über Gesamthandsvermögen verfügen. Die Folge wäre, dass eine Überführung von Einzelwirtschaftsgütern in das Betriebsvermögen dieser Gesellschaften und umgekehrt nicht zu Buchwerten vorgenommen werden könnte, sondern stets zu Teilwerten zu erfolgen hätte. Fraglich ist, ob es sich hier um ein gesetzgeberisches Versehen handelt oder ob diese beiden Gesellschaftsformen in diesem Bereich tatsächlich – ohne erkennbare steuersystematische Gründe – benachteiligt werden sollen. Gegen ein gesetzgeberisches Versehen argumentieren *Reiß*[3] und *van Lishaut*[4], dass das Problem bereits zum Steuersenkungsgesetz in der Literatur kritisch diskutiert und trotzdem nicht vom Gesetzgeber klargestellt worden sei. Es sei daher davon auszugehen, dass die Voraussetzung des Gesamthandsvermögens vom Gesetzgeber bewusst geregelt worden ist[5]. Andererseits plädiert die wohl h. M.[6] für eine weite Auslegung, die zu einer Einbeziehung dieser Gesellschaftsformen in den Anwendungsbereich der § 6 Abs. 5 Satz 3 – 6 EStG führt. M. E. gibt es keinen ersichtlichen Grund, warum diese beiden Personengesellschaftsformen aus dem Anwendungsbereich der § 6 Abs. 5 Satz 3 – 6 EStG ausgeschlossen sein sollten. Die FinVerw hat sich dieser Rechtsauffassung in ihrem neuen Entwurf

1 Vgl. *Bitz* in Littmann, § 15 EStG Rn. 23.

2 BFH 3. 5. 1993 GrS 3/92, BStBl 1993 II 616/621; 25. 6. 1984 GrS 4/82, BStBl 1984 II 751, 769.

3 BB 2000, 1965, 1966 und 2001, 1225, 1228.

4 DB 2001, 1519.

5 So i. E. auch *Brandenberg*, DStZ 2002, 551, 555.

6 Z. B. *Wendt*, FR 2002, 53, 58; *Schulze zur Wiesche*, DStZ 2002, 740, 743, mit Hinweis auf BFH-Rspr. sowie StBp 2004, 63, 65; *Reiß* in Kirchhof, § 15 EStG Rn. 454.

eines BMF-Schreibens zu § 6 Abs. 5 EStG in Bezug auf die Anwendbarkeit der Regelungen des § 6 Abs. 5 Satz 3 Nrn. 1 – 2 EStG ebenfalls angeschlossen.[1]

1164 Der Steuerpflichtige, der das Einzelwirtschaftsgut überträgt bzw. erhält, muss **Mitunternehmer** der Mitunternehmerschaft sein. Als Mitunternehmer kommen sowohl natürliche Personen als auch KapGes oder andere PersGes in Betracht. Darüber hinaus kommen auch **juristische Personen des öffentlichen Rechts** als Mitunternehmer in Frage. Bei ihnen gilt die Beteiligung an einer gewerblichen PersGes immer als **Betrieb gewerblicher Art** (BgA).[2] Dabei kann die Beteiligung einen eigenständigen BgA bilden oder sie kann vermögensmäßig einem im Übrigen bestehenden BgA zuzuordnen sein.[3] Zumindest im letzteren Fall müssen die Regelungen des § 6 Abs. 5 EStG daher anwendbar sein bei der Übertragung von Einzelwirtschaftsgütern aus dem BgA der juristischen Person des öffentlichen Rechts in das Gesamthandsvermögen der Mitunternehmerschaft bzw. in das Sonderbetriebsvermögen. Vorsicht ist demgegenüber dann geboten, wenn die Körperschaft des öffentlichen Rechts zwar sowohl einen „normalen" BgA betreibt und daneben auch eine Beteiligung an einer Mitunternehmerschaft hält, die Beteiligung und der BgA aber nicht zu einer Einheit zusammengehören oder zulässigerweise zusammengefasst worden sind, sondern als zwei selbständige BgA der juristischen Person des öffentlichen Rechts nebeneinander stehen. Bei einer solchen Konstellation ist zu berücksichtigen, dass die Finanzverwaltung sich dazu entschieden hat, die Übertragung von Einzelwirtschaftsgütern zwischen zwei verschiedenen BgA genauso zu behandeln wie die Übertragung zwischen zwei Körperschaften.[4] Es könnte daher sein, dass die Finanzverwaltung in einem solchen Fall die Ansicht vertreten wird, dass § 6 Abs. 5 EStG bei einer Übertragung einzelner Wirtschaftsgüter aus dem „normalen" BgA in das Gesamthandsvermögen der Mitunternehmerschaft keine Anwendung finde. Gegebenenfalls wäre diese Frage vorab durch Einholung einer verbindlichen Auskunft abzuklären.

1165 Im Fall der Übertragung von Einzelwirtschaftsgütern aus einem eigenen Betriebsvermögen in das Gesamthandsvermögen einer Mitunternehmerschaft (§ 6 Abs. 5 Satz 3 Nr. 1 EStG) stellt sich die Frage, ob die **Mitunternehmerstellung** des Einbringenden **vor der Übertragung schon bestanden** haben muss oder ob sie auch durch die Übertragung des Einzelwirtschaftsguts gegen Gewährung von Gesellschaftsrechten **erstmalig begründet** werden kann (Beitritt eines weiteren Gesellschafters zu einer bereits bestehenden Mitunternehmerschaft). Nach Ansicht von *Schulze zur Wiesche*[5] soll notwendig sein, dass die Mitunternehmerstellung bereits vor der Übertragung der Einzelwirtschaftsgüter bestand. Vom Wortlaut des Gesetzes her ist *Schulze zur Wiesche* wohl Recht zu geben. Sinn und Zweck des § 6 Abs. 5 Satz 3 Nr. 1 EStG ist jedoch, die Aufdeckung stiller Reserven bei Überführung von Wirtschaftsgütern zwischen verschiede-

1 Vgl. Entwurf eines BMF-Schreibens „Zweifelsfragen zur Überführung und Übertragung von einzelnen Wirtschaftsgütern nach § 6 Abs. 5 EStG, IV C 6 – S 2241/10/10002 v. 24. 5. 2011, Tz. 9.

2 R 6 Abs. 2 Satz 7 KStR.

3 BFH 9. 5. 1984 I R 25/81, BStBl 1984 II 726 (727).

4 Hessisches FinMin (koordinierter Ländererlass) 17. 4. 1997, KStK § 4 KStG, Karte A 20; ebenso BFH 1. 9. 1982 IV R 170/80, BStBl 1983 II 137; 31. 7. 1990 I R 171/87, BStBl 1991 II 315.

5 DStZ 2002, 740 (743).

nen Betriebsvermögen zu vermeiden. Eine Entnahme aus dem Betriebsvermögen findet in dem beschriebenen Fall nicht statt. Es ist daher sachgerecht, den Wortlaut der Vorschrift diesbezüglich erweiternd auszulegen und diesen Vorgang als einen solchen des § 6 Abs. 5 Satz 3 Nr. 1 EStG anzusehen. Dieser für den Steuerpflichtigen günstigen Ansicht schließt sich wohl in Kürze auch die FinVerw offiziell an.[1]

Im umgekehrten Fall – also der Übertragung von Einzelwirtschaftsgütern aus einem Gesamthandsvermögen in das Sonderbetriebsvermögen oder ein anderes Betriebsvermögen eines Mitunternehmers stellt sich diese Frage nicht, da durch diesen Vorgang eine Mitunternehmerstellung nicht erstmals begründet werden kann. Die Mitunternehmerstellung muss daher in diesem Fall zwingend schon vor dem Übertragungsakt bestanden haben, so dass § 6 Abs. 5 EStG unzweifelhaft Anwendung findet. 1166

b) Objektiver Anwendungsbereich

Gegenstand der Überführung/Übertragung müssen Einzelwirtschaftsgüter sein, die bereits vorher Bestandteil eines Betriebsvermögens waren. 1167

Die Beschränkung der Vorschrift auf die Übertragung von Einzelwirtschaftsgütern stellt klar, dass die Übertragung von Betrieben, Teilbetrieben oder Mitunternehmeranteilen nicht unter den Anwendungsbereich des § 6 Abs. 5 EStG fällt. Hier ist vielmehr auf die Regelungen der §§ 6 Abs. 3, 16 EStG, §§ 16, 24 UmwStG zurückzugreifen. 1168

Unter den Begriff des Betriebsvermögens fällt sowohl das Betriebsvermögen eines Einzelunternehmens als auch Sonderbetriebsvermögen (I und II) sowie Gesellschaftsvermögen von Mitunternehmerschaften. 1169

(Einstweilen frei) 1170–1175

3. Fallgestaltungen der Buchwertüberführung/-übertragung nach § 6 Abs. 5 EStG

a) Überblick über die Systematik des § 6 Abs. 5 EStG

§ 6 Abs. 5 EStG regelt sowohl Fälle der Überführung als auch der Übertragung von Einzelwirtschaftsgütern. 1176

Eine **Überführung** liegt dann vor, wenn ein Einzelwirtschaftsgut von einem Betriebsvermögen eines Steuerpflichtigen **in ein anderes Betriebsvermögen desselben Steuerpflichtigen** überführt wird. Hierbei kann es sich sowohl um Betriebsvermögen von Einzelunternehmen als auch um Sonderbetriebsvermögen dieses Steuerpflichtigen bei einer PersGes handeln. Wichtig ist nur, dass sowohl das übertragende als auch das übernehmende Betriebsvermögen ausschließlich diesem Steuerpflichtigen zuzurechnen ist. Bei einer Überführung ändert sich somit nicht das Steuerrechtssubjekt. Das übergehende Wirtschaftsgut geht nicht – auch nicht anteilig – auf andere Steuerrechtssubjekte über. Überführungen einzelner Wirtschaftsgüter sind geregelt in § 6 Abs. 5 Satz 1 und 2 EStG. 1177

1 Vgl. Entwurf eines BMF-Schreibens „Zweifelsfragen zur Überführung und Übertragung von einzelnen Wirtschaftsgütern nach § 6 Abs. 5 EStG, IV C 6 – S 2241/10/10002 v. 24. 5. 2011, Tz. 5.

1178 Demgegenüber wechselt das Wirtschaftsgut bei einer **Übertragung** sehr wohl das Steuerrechtssubjekt. Übertragungen liegen also vor bei dem Übergang von einem anderen Betriebsvermögen oder von einem Sonderbetriebsvermögen in ein Gesamthandsvermögen einer PersGes oder in das Sonderbetriebsvermögen eines anderen Mitunternehmers und umgekehrt. Die Buchwertübertragung führt daher in diesen Fällen dazu, dass das Wirtschaftsgut inklusive der darin enthaltenen stillen Reserven zumindest anteilig auf andere Steuerrechtssubjekte übergeht, ohne dass eine Besteuerung stattfindet. Die gesetzliche Regelung dieser Fallgestaltungen ist in § 6 Abs. 5 Satz 3 – 6 EStG geregelt, wobei die eigentlichen Grundvoraussetzungen in Satz 3 enthalten sind, während die Sätze 4 – 6 Missbrauchsvorschriften enthalten, die eine Buchwertübertragung – auch im Nachhinein – zunichte machen können. Diese Regelungen sind daher besonders zu beachten.

1179 Den Übertragungsvorgängen nach § 6 Abs. 5 Satz 3 – 6 EStG liegen mit dem Wechsel des Steuerrechtssubjekts steuersystematisch (partielle) Entnahmevorgänge zugrunde, die nach einer Entscheidung des Gesetzgebers allerdings steuerbegünstigt, d. h. steuerneutral vorgenommen werden sollen. Soweit durch eine Übertragung von Wirtschaftsgütern jedoch kein Entnahmetatbestand ausgelöst wird, tritt die Buchwertfortführung ohnehin ein, ohne dass es der Sonderregelung des § 6 Abs. 5 Satz 3 EStG bedarf. Dies hat dann aber zur Folge, dass auch die **Missbrauchsvorschriften** des § 6 Abs. 5 Satz 4 – 6 EStG **nicht anwendbar** sind. Keine Entnahme eines Wirtschaftsgutes liegt z. B. vor, wenn nur ein einziger Mitunternehmer an dem Gesamthandsvermögen beteiligt ist. Dies ist häufig bei GmbH & Co. KGs der Fall, bei denen eine natürliche Person als einziger Kommanditist allein und die Komplementär-GmbH nicht am Gesamthandsvermögen beteiligt sind. Die Übertragung eines Wirtschaftsgutes aus dem Gesamthandsvermögen der GmbH & Co. KG in das Sonderbetriebsvermögen des Kommanditisten führt hier nicht zu einer Entnahme, da es den betrieblichen Bereich des Mitunternehmers nicht verlässt, sondern demselben Betriebsvermögen vor und nach der Übertragung zuzurechnen ist.[1]

1180–1185 *(Einstweilen frei)*

b) Überführungen nach § 6 Abs. 5 Satz 1 und 2 EStG

1186 § 6 Abs. 5 Satz 1 und 2 EStG ordnen für alle Fälle der Überführung von Einzelwirtschaftsgütern zwischen Betriebsvermögen von Einzelunternehmen bzw. Sonderbetriebsvermögen desselben Steuerpflichtigen **zwingend die Buchwertfortführung** an. Ob die Überführung entgeltlich oder unentgeltlich erfolgt, ist unbeachtlich. Einzige Voraussetzung ist, dass die Besteuerung der stillen Reserven auch nach der Überführung sichergestellt ist.

1187 Damit ist auch klargestellt, dass Entnahmen aus dem betrieblichen Bereich in das Privatvermögen des Steuerpflichtigen nicht unter die Begünstigungsvorschrift fallen, sondern zwingend zu Teilwerten vorzunehmen sind.

1 Vgl. *Wehrheim*, BB 2006, 1361 ff.; *Schroer/Starke*, FR 2003, 836, 837.

In ihrem Entwurf für ein BMF-Schreiben zu § 6 Abs. 5 EStG führt die FinVerw an, dass unter die Regelung des § 6 Abs. 5 Satz 1 und 2 EStG auch die Fälle der Überführung von Betrieben, Teilbetrieben oder Mitunternehmeranteilen fallen sollen.[1] 1188

Bis zum Veranlagungszeitraum 2006 wurde auch in den Fällen der Überführung von Wirtschaftsgütern von einem inländischen Stammhaus in eine **ausländische Betriebsstätte** nach diesen Regelungen verfahren. Grundsätzlich waren diese Vorgänge zu Buchwerten durchzuführen. Lediglich dann, wenn es nach der Überführung die Besteuerung der stillen Reserven nicht mehr sicher gestellt war, kam es zu einer Besteuerung. Das bedeutete: 1189

- Handelte es sich um eine sog. **Anrechnungsbetriebsstätte**, deren Gewinne auch in Deutschland der Besteuerung unterliegen unter Anrechnung der im Ausland erhobenen Steuer, so war die Überführung zu Buchwerten vorzunehmen.
- Handelte es sich um eine sog. **Freistellungsbetriebsstätte**, für deren Erträge Deutschland aufgrund der Regelungen eines entsprechenden Doppelbesteuerungsabkommens kein Besteuerungsrecht hat, war die Überführung zu Teilwerten unter Aufdeckung stiller Reserven vorzunehmen. Allerdings gestattete der sog. **Betriebsstättenerlass**[2] in diesen Fällen, eine Sofortbesteuerung der aufgedeckten stillen Reserven durch Neutralisation des entstandenen Gewinns mittels Bildung eines **Ausgleichspostens** zu vermeiden. Der Besteuerungszeitpunkt wurde so auf den Zeitpunkt der Veräußerung des Wirtschaftsguts verschoben. Spätestens nach Ablauf von 10 Jahren war der Ausgleichsposten jedoch steuerwirksam aufzulösen.

Seit Ende 2006 soll nach dem Willen des Gesetzgebers mit der Überführung von Wirtschaftsgütern in einen ausländischen Betrieb oder eine ausländische Betriebsstätte jedoch der durch das SEStEG[3] neu eingeführte **Entstrickungstatbestand** des § 4 Abs. 1 Satz 3 EStG verwirklicht werden. Die FinVerw vertritt ebenfalls die Ansicht, dass § 6 Abs. 5 EStG in diesen Fällen der Überführung in eine ausländische PersGes nicht anwendbar ist, sondern die Entstrickungsregelungen des § 4 Abs. 1 Satz 3 EStG vorgehen.[4] Demgegenüber verneinen namhafte Vertreter der Literatur einen Entstrickungstatbestand und befürworten demgemäß eine Anwendbarkeit des § 6 Abs. 5 EStG in derartigen grenzüberschreitenden Fällen.[5] 1190

Nach § 4 Abs. 1 Satz 3 EStG steht der Ausschluss oder die Beschränkung des Besteuerungsrechts der Bundesrepublik Deutschland hinsichtlich des Gewinns aus der Veräußerung oder der Nutzung eines Wirtschaftsguts seiner Entnahme aus dem Betriebsvermögen gleich. Da eine Entnahme nach § 6 Abs. 1 Nr. 4 EStG mit dem gemeinen Wert anzusetzen ist, führt die Überführung, unabhängig davon, ob mit dem Betriebsstätten- 1191

1 Vgl. Entwurf eines BMF-Schreibens „Zweifelsfragen zur Überführung und Übertragung von einzelnen Wirtschaftsgütern" nach § 6 Abs. 5 EStG, IV C 6 – S 2241/10/10002 v. 24. 5. 2011, Tz. 6.

2 BMF 24. 12. 1999, BStBl 1999 I 1076, Tz. 2.6.1; soweit Regelungen des Betriebsstättenerlasses mit dem SEStEG in das Gesetz aufgenommen oder durch solche ersetzt wurden, dürfte der Betriebsstättenerlass nicht mehr anwendbar sein.

3 Gesetz v. 12. 12. 2006, BGBl 2006 I 2782.

4 Vgl. Entwurf eines BMF-Schreibens „Zweifelsfragen zur Überführung und Übertragung von einzelnen Wirtschaftsgütern" nach § 6 Abs. 5 EStG, IV C 6 – S 2241/10/10002 v. 24. 5. 2011, Tz. 7.

5 So z. B. *Körner*, IStR 2009 741 (746).

staat ein Doppelbesteuerungsabkommen besteht oder nicht, nach dieser Regelung stets zu einer Aufdeckung stiller Reserven.[1] In der Literatur wird allerdings sehr kontrovers diskutiert, ob dieser Entstrickungstatbestand die Fälle der Überführung einzelner Wirtschaftsgüter tatsächlich erfasst, denn der BFH hat mit Urteil vom 17. 7. 2008[2] entschieden, dass es zumindest in DBA-Fällen gemäß Art. 7 OECD-MA bei Überführung eines Einzelwirtschaftsguts in eine ausländische Freistellungsbetriebsstätte gerade nicht zu einem Ausschluss oder einer Beschränkung des deutschen Besteuerungsrechts kommt. Vielmehr behält der deutsche Staat dieses Besteuerungsrecht bis zum Ausscheiden des Wirtschaftsguts aus dem Betriebsvermögen der Betriebsstätte. Zur Klarstellung der angestrebten Gewinnverwirklichung hat der Gesetzgeber mit dem Jahressteuergesetz 2010[3] ein sog. „Regelbeispiel" in § 4 Abs. 1 Satz 4 EStG eingeführt, wonach ein Ausschluss oder eine Beschränkung des deutschen Besteuerungsrechts hinsichtlich des Gewinns aus der Veräußerung eines Wirtschaftsguts insbesondere dann vorliegt, wenn ein bisher einer inländischen Betriebsstätte zuzuordnendes Wirtschaftsgut einer ausländischen Betriebsstätte dieses Steuerpflichtigen zuzuordnen ist. Darüber hinaus wurde in § 6 Abs. 5 Satz 1 EStG ein Verweis auf § 4 Abs. 1 Satz 4 EStG eingeführt. Damit hat der Gesetzgeber nun klargestellt, dass er diesen Vorgang der Überführung von Wirtschaftsgütern in ausländische Betriebsstätten nach § 4 Abs. 1 EStG besteuern möchte und die Buchwertfortführung des § 6 Abs. 5 EStG für diese Fälle nicht gilt. Allerdings wird in der Literatur bereits kritisch diskutiert, ob es dem Gesetzgeber mit der Einführung dieses Regelbeispiels wirklich gelungen ist, die besagten Fälle tatsächlich auch zu erfassen.[4]

1192 Unabhängig von dieser gesetzlichen Neuerung führt die FinVerw in ihrem Entwurf eines BMF-Schreibens zu § 6 Abs. 5 EStG aus, was sie unter einer „Sicherstellung der Besteuerung stiller Reserven" versteht.[5] Eine solche soll nur dann gegeben sein, wenn der deutsche Fiskus im Zeitpunkt der späteren Veräußerung auch diejenigen stillen Reserven besteuern kann, die sich in dem überführten Wirtschaftsgut zeitlich erst nach der Überführung gebildet haben (also Besteuerung auch der künftigen stillen Reserven). Da dies natürlich bei Überführung von Einzelwirtschaftsgütern in ausländische Freistellungsbetriebsstätten nicht gegeben ist, soll sich aus dieser Definition ergeben, dass eine Sicherstellung der stillen Reserven in eben diesen Fällen nicht gegeben ist. Diese Sichtweise erscheint abwegig. Nach den allgemein anerkannten Grundsätzen der Betriebsstättengewinnermittlung hat ein Staat nur ein Besteuerungsrecht für die stillen Reserven, die sich in dem Zeitraum angesammelt haben, in dem das Wirtschaftsgut einer in seinem Hoheitsgebiet belegenen Betriebsstätten zuzuordnen war. „Sicherstellen" kann man nur die Besteuerung von stillen Reserven, deren Besteuerungsrecht diesem Staat auch zusteht.[6]

1 Zum damit möglicherweise verbundenen Verstoß gegen die Niederlassungsfreiheit - für Überführungen innerhalb Deutschlands ist keine Versteuerung vorgesehen - vgl. *Förster*, DB 2007, 72, 75 (Fn 43).

2 I R 77/06, BFH/NV 2008, 1941.

3 JStG 2010 v. 8. 12. 2010, BGBl 2010 I 1768.

4 *Gosch* in Mellinghoff/Schön/Viskorf, S. 379 (397).

5 Vgl. Entwurf eines BMF-Schreibens „Zweifelsfragen zur Überführung und Übertragung von einzelnen Wirtschaftsgütern nach § 6 Abs. 5 EStG, IV C 6 – S 2241/10/10002 v. 24. 5. 2011, Tz. 7.

6 So auch *Körner*, IStR 2009, 741 (744).

Sofern ein Wirtschaftsgut des Anlagevermögens in eine EU-Betriebsstätte überführt wird, besteht nach **§ 4g EStG** unverändert die Möglichkeit, die Sofortversteuerung durch Bildung eines **Ausgleichspostens** zu vermeiden. Zumindest innerhalb der EU wird dadurch weiterhin die Besteuerung der stillen Reserven für überführte Wirtschaftsgüter des Anlagevermögens zeitlich gestreckt. Dieser auf unwiderruflichen Antrag zu bildende Ausgleichsposten ist für jedes Wirtschaftsgut getrennt auszuweisen. Das Wahlrecht kann jedoch je Wirtschaftsjahr nur einheitlich für sämtliche Wirtschaftsgüter ausgeübt werden. Im Jahr der Bildung sowie in den vier folgenden Wirtschaftsjahren ist der Ausgleichsposten zu jeweils einem Fünftel gewinnerhöhend aufzulösen. Es kommt somit zu einer ratierlichen Besteuerung der stillen Reserven der überführten Wirtschaftsgüter. Die Bildung eines Ausgleichspostens soll aber nach den Gesetzesmaterialien[1] nicht möglich sein für Wirtschaftsgüter, die in eine ausländische PersGes oder in das Sonderbetriebsvermögen des Mitunternehmers bei einer ausländische PersGes überführt werden.[2] 1193

Die Voraussetzung der **Sicherstellung der Besteuerung** bezieht sich ausschließlich auf die Einkommensteuer/Körperschaftsteuer, nicht jedoch auf die **Gewerbesteuer.** Daher fällt auch die Übertragung von Einzelwirtschaftsgütern von einem gewerblichen Betriebsvermögen in ein selbständiges Betriebsvermögen unter § 6 Abs. 5 Satz 1 EStG und ist damit zwingend zu Buchwerten durchzuführen. Die Tatsache, dass das Wirtschaftsgut nach dieser Übertragung nicht mehr der Gewerbesteuer unterliegt und die in dem Wirtschaftsgut ruhenden stillen Reserven damit endgültig der Gewerbebesteuerung entzogen werden, spricht nicht gegen die Anwendbarkeit des § 6 Abs. 5 Satz 1 EStG, denn das **Gewerbesteuerrecht** kennt **keinen eigenständigen Realisierungstatbestand.**[3] Dieser Grundsatz gilt natürlich ebenso für die Fälle der § 6 Abs. 5 Satz 2 – 6 EStG, wenn also z. B. ein Einzelwirtschaftsgut aus dem Gesamthandsvermögen einer gewerblichen Personengesellschaft in das zu einer freiberuflichen Tätigkeit des Mitunternehmers gehörende Betriebsvermögen übergeht. 1194

(Einstweilen frei) 1195–1200

c) Übertragungen nach § 6 Abs. 5 Satz 3 Nr. 1 – 3 EStG

aa) Fallgestaltungen und Voraussetzungen

§ 6 Abs. 5 Satz 3 EStG ordnet für folgende Fallgestaltungen der Übertragung von Einzelwirtschaftsgütern zwingend die Buchwertfortführung an: 1201

- Unentgeltliche oder gegen Gewährung/Minderung von Gesellschaftsrechten erfolgende Übertragung aus einem Betriebsvermögen des Mitunternehmers in das Gesamthandsvermögen einer Mitunternehmerschaft oder umgekehrt,
- Unentgeltliche oder gegen Gewährung/Minderung von Gesellschaftsrechten erfolgende Übertragung aus dem Sonderbetriebsvermögen eines Mitunternehmers in

1 BT-Drucks. 16/2710, 57; BT-Drucks. 16/3369, 11.
2 Zustimmend wohl *Crezelius* in Kirchhof, § 4g EStG, Rn 8; differenzierend *Hoffmann*, DB 2007, 652, 653.
3 BFH 19. 10. 1998 VIII R 69/95, BStBl 2000 II 230.

das Gesamthandsvermögen derselben Mitunternehmerschaft oder einer anderen Mitunternehmerschaft, an der er beteiligt ist, und umgekehrt,

- Unentgeltliche Übertragung zwischen den jeweiligen Sonderbetriebsvermögen verschiedener Mitunternehmer derselben Mitunternehmerschaft.

1202 Die Fallgestaltungen der ersten beiden Punkte des § 6 Abs. 5 Satz 3 EStG enthalten die zusätzliche Voraussetzung, dass die Übertragung des Einzelwirtschaftsguts entweder unentgeltlich oder gegen Gewährung oder Minderung von Gesellschaftsrechten erfolgen muss. Demgegenüber ist im dritten Fall nur eine unentgeltliche Übertragung denkbar.

1203 Hierdurch wird klargestellt, dass eine **entgeltliche Übertragung,** bei der die Gegenleistung **nicht nur in Gesellschaftsrechten**, sondern auch oder ausschließlich in anderen Geld- oder Sachleistungen besteht, nicht unter die Begünstigungsvorschrift des § 6 Abs. 5 EStG fallen, sondern – zumindest **anteilig – zu Zeitwerten** vorzunehmen sind.[1]

1204 Völlig unwichtig ist der Anlass der Übertragung. Er kann daher nicht nur betrieblicher, sondern auch privater Natur sein, da der Gesetzeswortlaut keinen betrieblichen Übertragungsgrund fordert.

1205 Da § 6 Abs. 5 Satz 3 Nr. 2 EStG sowohl die Übertragung aus dem Sonderbetriebsvermögen eines Mitunternehmers in das Gesamthandsvermögen derselben Mitunternehmerschaft wie auch einer anderen Mitunternehmerschaft, an der er beteiligt ist (und jeweils umgekehrt) zulässt, müsste nach überwiegender Meinung in der Literatur auch eine unmittelbare Übertragung von Wirtschaftsgütern **zwischen den Gesamthandsvermögen** dieser beiden Mitunternehmerschaften zu Buchwerten möglich sein.[2] Nach den Ausführungen des Finanzausschusses zum Unternehmensteuerfortentwicklungsgesetz[3] sollte dieser Fall allerdings nicht von § 6 Abs. 5 Satz 3 Nr. 2 EStG erfasst werden[4] und diese restriktive Auffassung wird auch von der FinVerw geteilt.[5] Wie problematisch diese Rechtsfrage ist, zeigt sich auch daran, dass selbst der BFH sich in dieser Frage nicht einig ist. So hat der IV. Senat mit Beschluss vom 15. 4. 2010[6] entschieden, dass eine Übertragung von Einzelwirtschaftsgütern zwischen den Gesamthandsvermögen beteiligungsidentischer PersGes steuerneutral nach § 6 Abs. 5 EStG möglich ist, weil das Transparenzprinzip bei der Besteuerung von PersGes ohnehin zu einer anteiligen Zurechnung der Einkünfte zu den einzelnen Gesellschaftern führt. Demgegenüber stellt der I. Senat in seinem Urteil vom 25. 11. 2009[7] den strengen Wortlaut des § 6 Abs. 5 EStG in den Vordergrund, der diesen Fall gerade nicht abdeckt, und lehnt eine Analogie mangels einer planwidrigen Gesetzeslücke ab. Es bleibt abzuwarten, für welche Richtung sich der Große Senat des BFH entscheiden wird.

1 Vgl. auch Rn. 1186 ff.

2 H. M. vgl. *Glanegger* in Schmidt, EStG, 26. Aufl. 2007, § 6 Rz. 536, m. w. N.; *Reiß* in Kirchhof, § 15 EStG Rn. 388.

3 BT-Drucks. 14/7343 v. 7. 11. 2001.

4 Vgl. auch gl. A. *Brandenberg*, DStZ 2002, 551 (555).

5 Entwurf eines BMF-Schreibens „Zweifelsfragen zur Überführung und Übertragung von einzelnen Wirtschaftsgütern“ nach § 6 Abs. 5 EStG, IV C 6 – S 2241/10/10002 v. 24. 5. 2011, Tz. 18.

6 IV B 105/09, BB 2010, 1465.

7 I R 72/08, BStBl 2010 II 471.

Versucht man der restriktiven Auffassung der FinVerw dadurch zu entgehen, dass das besagte Wirtschaftsgut zunächst von dem Gesamthandsvermögen in ein Sonderbetriebsvermögen und von dort in das Gesamthandsvermögen der anderen PersGes übertragen wird (sog. Kettenübertragung), weist die FinVerw in dem Entwurf eines BMF-Schreibens zu § 6 Abs. 5 EStG darauf hin, dass in diesen Fällen die sog. „Gesamtplanrechtsprechung" bzw. steuerlicher Gestaltungsmissbrauch nach § 42 AO zu prüfen ist.[1] 1206

bb) Unentgeltliche Übertragung

Unentgeltlichkeit liegt vor, wenn der übertragende Mitunternehmer keinerlei Gegenleistung für die Übertragung erhält. 1207

Dies ist z. B. gegeben im Fall der verdeckten Sacheinlage, denn hier erfolgt keine Buchung auf einem Kapitalkonto der Personengesellschaft. 1208

Nicht einheitlich gesehen wird die Frage, ob die Verbuchung des Buchwerts der Sacheinlage auf dem Konto einer **gesamthänderisch gebundenen Rücklage** als unentgeltliche Übertragung anzusehen ist oder als eine solche gegen Gewährung von Gesellschaftsrechten.[2] Im Ergebnis dürfte diese Frage jedoch rein akademischer Natur sein, da beide Fälle unter § 6 Abs. 5 Satz 3 EStG fallen und daher zwingend zu Buchwerten durchzuführen sind. 1209

Keine Unentgeltlichkeit liegt nach Ansicht der FinVerw vor, wenn Verbindlichkeiten mit übertragen werden.[3] 1210

Eine unentgeltliche Übertragung nach § 6 Abs. 5 Satz 3 EStG zwischen einem nur einer Person zuzurechnenden Betriebsvermögen und einem Gesamthandsvermögen, an dem mehrere Personen beteiligt sind, führt regelmäßig zu einem anteiligen oder vollständigen Übergang stiller Reserven auf Mitgesellschafter. 1211

BEISPIEL: A und B sind je zur Hälfte Mitunternehmer der AB-OHG. Im Veranlagungszeitraum 2002 übertrug A ein Grundstück, das bisher zu seinem Sonderbetriebsvermögen gehörte, unentgeltlich auf die AB-OHG.

Während A vor der Übertragung Alleineigentümer des Grundstücks war, ist das Wirtschaftsgut ihm nach der Übertragung nur noch hälftig zuzurechnen. Die andere Hälfte – und damit auch die Hälfte der in dem Grundstück ruhenden stillen Reserven – steht nach der Übertragung dem B zu.

Unentgeltliche Übertragungen von Einzelwirtschaftsgütern kommen i. d. R. nicht vor, wenn es sich bei den Mitunternehmern um **fremde Dritte** handelt. In den meisten Fäl- 1212

1 Entwurf eines BMF-Schreibens „Zweifelsfragen zur Überführung und Übertragung von einzelnen Wirtschaftsgütern nach § 6 Abs. 5 EStG, IV C 6 – S 2241/10/10002 v. 24. 5. 2011, Tz. 19.

2 So vertritt z. B. *Reiß* (in Kirchhof, § 15 EStG Rn. 455) die Auffassung, dass auch die sog. „gesamthänderisch gebundene Rücklage" Gesellschaftsrechte repräsentiert. *Patt* (in Dötsch u. a. KStG, 55. ErgL, § 24 UmwStG, Rz. 99) lässt für eine Mitunternehmerstellung zu, dass das eingebrachte Betriebsvermögen nur teilweise auf dem Kapitalkonto I und im Übrigen auf einem gesamthänderisch gebundenen Rücklagenkonto verbucht wird. Demgegenüber meint *Brandenberg* (DStZ 2002, 551, 558), dass es sich in einem solchen Fall um einen unentgeltlichen Vorgang handelt. Offen gelassen wird es von *Schulze zur Wiesche*, StBp 2004, 63, 65 und *Röhrig/Doege*, DStR 2006, 489, 497.

3 Vgl. hierzu auch Rn. 1232.

len der unentgeltlichen Übertragung handelt es sich vielmehr um **Familiengesellschaften**, z. B. um Vorgänge im Rahmen der **vorweggenommenen Erbfolge**. Die Tatsache, dass in diesen Fällen oftmals der Grund der unentgeltlichen Übertragung ein außerbetrieblicher ist, ist jedoch seit der Geltung des § 6 Abs. 5 Satz 3 EStG in der Fassung des StSenkG nicht mehr schädlich, denn der Gesetzeswortlaut fordert keinen betrieblichen Übertragungsgrund.[1]

1213 Fraglich ist jedoch, ob möglicherweise anfallende **Übertragungskosten** steuerlich abzugsfähig sind, wenn der Übertragung ein privater Anlass zugrunde liegt. Dies ist wohl zu verneinen, denn privat veranlasste Aufwendungen können generell nicht steuerlich verwertet werden, und zwar auch dann nicht, wenn die eigentliche Übertragung aufgrund der Begünstigungsnorm des § 6 Abs. 5 EStG ertragsteuerneutral durchgeführt werden kann. Die Aufwendungen führen weder zu sofort abzugsfähigen Betriebsausgaben noch zu Anschaffungskosten, sondern sind als Entnahme zu behandeln, wenn sie aus dem Betriebsvermögen entrichtet worden sind.[2]

1214 Völlig unabhängig von der Möglichkeit einer ertragsteuerneutralen Übertragung stellt sich in diesen Fällen jedoch die Frage, ob bei einer unentgeltlichen Übertragung von Einzelwirtschaftsgütern auf nahe stehende Personen nicht ein **schenkungsteuerlicher Tatbestand** realisiert wird. Dies wird bei einer unentgeltlichen Übertragung auf ein Gesamthandsvermögen zumindest dann zu bejahen sein, wenn es sich bei den anderen Mitunternehmern um **nahe stehende Personen** handelt und der unentgeltlichen Übertragung keine betrieblichen, sondern vorwiegend **private Gründe** zugrunde liegen. Dasselbe gilt bei einer unentgeltlichen Übertragung zwischen zwei Sonderbetriebsvermögen derselben Mitunternehmerschaft.

1215 Nach dem Wortlaut des Gesetzes gilt die Buchwertfortführung auch, wenn die „unentgeltliche Übertragung" durch eine **Kapitalgesellschaft als Mitunternehmer** zugunsten der übrigen Mitunternehmer erfolgt, die ihrerseits Gesellschafter der Kapitalgesellschaft sind. Allerdings sind in einem solchen Fall auch die Regelungen der **verdeckten Gewinnausschüttung** (vGA) nach § 8 Abs. 3 KStG zu beachten. Soweit eine vGA vorliegt, geht diese der Bewertungsvorschrift des § 6 Abs. 5 Satz 3 EStG vor.[3] Diese Vorgänge sind daher m. E. aufzuteilen. Soweit die übertragende KapGes selbst beteiligt ist, kommt es zu einer Wertsteigerung ihres eigenen Mitunternehmeranteils. Insoweit ist § 6 Abs. 5 Satz 3 EStG anwendbar und es ist der Buchwert anzusetzen. Soweit jedoch durch die unentgeltliche Übertragung Werte **auf die anderen Mitunternehmer** übergehen, die **gleichzeitig auch Gesellschafter der übertragenden KapGes** sind, liegt eine **vGA**

---

1 Das war nach alter Rechtslage noch anders. So hat der BFH (25. 7. 2000 VIII R 46/99, BFH/NV 2000, 1549) entschieden, dass bei einer unentgeltlichen Übertragung von Einzelwirtschaftsgütern von einer Ehegatten-Personengesellschaft in ein anderes Betriebsvermögen des Ehegatten in dem Verzicht der Ehefrau auf ihren Anteil an den stillen Reserven eine Schenkung durch mittelbare Zuwendung an den Ehemann zu sehen ist, der eine entsprechende Entnahme vorausgehen muss, da Schenkungen aus dem versteuerten Vermögen zu bestreiten sind.

2 So im Ergebnis auch bereits BMF 9. 7. 1993, NWB EN-Nr. 1064/93, zur Rechtslage, unter der Geltung des Mitunternehmererlasses.

3 Analog BFH 15. 9. 2004 I R 7/02, BStBl 2005 II 867; ebenso Entwurf eines BMF-Schreibens „Zweifelsfragen zur Überführung und Übertragung von einzelnen Wirtschaftsgütern" nach § 6 Abs. 5 EStG, IV C 6 – S 2241/10/10002 v. 24. 5. 2011, Tz. 9.

vor. Insoweit ist eine Buchwertfortführung somit nicht möglich, sondern es kommt zu einer Aufdeckung der stillen Reserven auf Ebene der KapGes.[1]

Zur Vermeidung von vGA sollte daher in vergleichbaren Fällen eine unentgeltliche Übertragung – wenn möglich – vermieden werden. Stattdessen können diese Übertragungen gegen Gewährung von Gesellschaftsrechten durchgeführt werden, denn diese sind nicht unentgeltlich, so dass eine verdeckte Gewinnausschüttung nicht angenommen werden kann. 1216

cc) Übertragung gegen Gewährung/Minderung von Gesellschaftsrechten

Grundsätzlich handelt es sich bei der Übertragung von Wirtschaftsgütern von einem Betriebsvermögen in das Gesamthandsvermögen einer PersGes **gegen Gewährung von Gesellschaftsrechten** um einen **tauschähnlichen Umsatz**[2] und damit um ein vollentgeltliches Geschäft. § 6 Abs. 6 EStG sieht für diese Fälle die Aufdeckung der stillen Reserven vor. § 6 Abs. 6 Satz 4 EStG stellt jedoch den Vorrang des § 6 Abs. 5 Satz 3 EStG und damit eine ertragsteuerneutrale Buchwertübertragung klar. 1217

Auch im umgekehrten Fall – einer Übertragung von Wirtschaftsgütern aus einem Gesamthandsvermögen in ein Sonderbetriebsvermögen oder ein anderes Betriebsvermögen gegen **Minderung von Gesellschaftsrechten** – liegt ein tauschähnlicher Umsatz vor, der unter § 6 Abs. 5 Satz 3 EStG fällt. 1218

Fraglich ist, wann eine Gewährung von Gesellschaftsrechten i. S. d. § 6 Abs. 5 Satz 3 EStG gegeben ist. Eine gesetzliche Definition des Begriffs „Gesellschaftsrecht" enthält die Vorschrift nicht. 1219

Grundsätzlich fallen unter den Begriff des Gesellschaftsrechts die sog. **Vermögensrechte** (Gewinnbezugsrecht, Beteiligung am Liquidationserlös) und die sog. **Teilhaberrechte** (z. B. Stimmrecht, Informationsrecht).[3] In Bezug auf die Regelung des § 6 Abs. 5 Satz 3 EStG ist jedoch streitig, ob auch die Teilhaberrechte als „Gesellschaftsrechte" i. S. dieser Vorschrift anzusehen sind oder ob hier nicht vielmehr nur auf die Vermögensrechte abzustellen ist. 1220

Nach Ansicht von *Wendt*[4] ist eine Gewährung von Gesellschaftsrechten immer dann gegeben, wenn sich die Stimm- und/oder Gewinnbezugsrechte – also die Vermögensrechte – des einbringenden Gesellschafters in der Gesellschaft erhöhen.[5] *Reiß*[6] sieht demgegenüber schon immer dann eine Gewährung von Gesellschaftsrechten als gegeben an, wenn eine Wertsteigerung des Gesellschaftsvermögens durch kostenlose Zuführung eines Wirtschaftsguts gegeben ist. 1221

Demgegenüber geht die Finanzverwaltung davon aus, dass eine Gewährung von Gesellschaftsrechten dann vorliegt, wenn der Gegenwert der Einlage **auf dem Kapitalkon-** 1222

1 Vgl. z. B. *Reiß* in Kirchhof, § 15 EStG Rn. 458 und 463; *Mayer*, GmbHR 2005, 1033.
2 BFH 11. 12. 2001 VIII R 58/98, BStBl 2002 II 420.
3 *Karsten Schmidt*, S. 557 f.
4 FR 2002, 53, 59.
5 Gl. A. BFH 6. 11. 1991 XI R 41/88, BStBl 1992 II 335 f.
6 BB 2000, 1965, 1973.

to verbucht wird, „das für die Beteiligung des Mitunternehmers am Gesellschaftsvermögen maßgebend ist".[1]

1223 Zu klären ist daher die Frage, welches Kapitalkonto „für die Beteiligung des Mitunternehmers am Gesellschaftsvermögen maßgebend" ist. Als gesichert ist in diesem Zusammenhang anzusehen, dass die Bebuchung des **festen Kapitalkontos I**, das für den Ausweis der Einlage eines Gesellschafters maßgeblich ist, als Gesellschaftsrecht anzusehen ist.

1224 Zweifelhaft ist, ob das sog. **variable Kapitalkonto II**, auf dem Gewinne, Verluste, Entnahmen und Einlagen verbucht werden, ein Konto darstellt, welches für die Beteiligung des Mitunternehmers am Gesellschaftsvermögen maßgebend ist.[2]

1225 Als nicht ausreichend dürfte die Verbuchung auf dem jederzeit kündbaren **Rücklagenkonto** eines Gesellschafters, auf einem **Darlehenskonto, Privatkonto** bzw. dem sog. **variablen Kapitalkonto III** anzusehen sein.

1226 Als ungeklärt ist auch die Frage anzusehen, ob die alleinige Veränderung der **Stimm-, Kontroll- und sonstigen Mitwirkungsrechte** ohne Veränderung der Kapitalbeteiligung und der Gewinnverteilung eine Gewährung/Minderung von Gesellschaftsrechten i. S. dieser Vorschrift darstellt.[3] Allerdings ist in diesem Zusammenhang zu beachten, dass eine Übertragung von Einzelwirtschaftsgütern gegen alleinige Einräumung zusätzlicher Stimm-, Kontroll- und sonstiger Mitwirkungsrechte im Regelfall auch dann zu Buchwerten vorzunehmen ist, wenn dies nicht als Gewährung von Gesellschaftsrechten qualifiziert werden sollte, denn dann ist der Vorgang wohl als unentgeltlich zu werten.

1227 Nach hier bisher vertretener Ansicht ist die **Minderung der Gesellschaftsrechte** von einer Beendigung oder Aufgabe der Gesellschaftsrechte zu unterscheiden. Bei einer Minderung scheidet der Mitunternehmer nicht vollständig aus der Gesellschaft aus, sondern führt seine Beteiligung mit verminderten, aber in einem gewissen Umfang noch bestehenden Gesellschafterrechten fort. Wird der Gesellschaftsanteil ganz aufgegeben und in diesem Zusammenhang ein Wirtschaftsgut an den ausscheidenden Gesellschafter übertragen, scheidet deshalb die Anwendung des § 6 Abs. 5 EStG aus. Vielmehr liegt eine Veräußerung des Mitunternehmeranteils gegen Sachwertabfindung nach § 16 Abs. 1 Nr. 2 EStG vor, ggf. kann eine Realteilung nach § 16 Abs. 3 Satz 2 EStG in Betracht kommen. Zu beachten ist allerdings, dass die FinVerw in diesem Punkt in ihrem Entwurf eines BMF-Schreibens zu § 6 Abs. 5 EStG eine für die Steuerpflichtigen günstigere Rechtsauffassung zu vertreten scheint. Dies ergibt sich aus einem Beispiel in Tz. 17 dieses Entwurfs, in dem es zu einer Auflösung einer PersGes kommt und die FinVerw gleichwohl die Anwendung des § 6 Abs. 5 EStG befürwortet, wobei allerdings zu beachten ist, dass eine Sachwertabfindung in diesem Beispiel auch nicht vorliegt, weil einer

1 Vgl. Entwurf eines BMF-Schreibens „Zweifelsfragen zur Überführung und Übertragung von einzelnen Wirtschaftsgütern" nach § 6 Abs. 5 EStG, IV C 6 – S 2241/10/10002 v. 24. 5. 2011, Tz. 16, unter Hinweis auf das BFH-Urteil v. 16. 10. 2008, BStBl 2009 II 272 sowie auf das BMF-Schreiben v. 30. 5. 1997, BStBl 1997 I 627.

2 Ablehnend *Schulze zur Wiesche*, DStZ 2002, 740, 742, m.w. N und StBp 2004, 63 ,65; zustimmend *Crezelius*, BB 2004, 397, 400.

3 Der BFH hat diese Frage im Urteil v. 6. 11. 1991 XI R 41/88, BStBl 1992 II 335 f., ausdrücklich dahinstehen lassen.

der beiden Mitunternehmer nur sein Sonderbetriebsvermögen behält, während der andere das gesamte Gesamthandsvermögen als Einzelunternehmen fortführt.

dd) Teilentgeltliche Vorgänge

Soweit der tatsächliche Wert der gewährten Gesellschaftsrechte unter dem Verkehrswert des eingebrachten Wirtschaftsguts liegt, ist der Vorgang als **teilentgeltlicher Vorgang** anzusehen, der zum Teil unentgeltlich und zum Teil gegen Gewährung von Gesellschaftsrechten erfolgt. Auch dieser Vorgang fällt vollständig unter § 6 Abs. 5 Satz 3 EStG mit der Folge, dass zwingend die Buchwerte fortzuführen sind. 1228

Ein teilentgeltlicher Vorgang kann allerdings auch dergestalt zustande kommen, dass ein unentgeltlicher Vorgang mit der Gewährung einer **sonstigen Gegenleistung** verbunden wird oder dass das Einzelwirtschaftsgut zum **Buchwert** an die PersGes **veräußert** wird. 1229

In einem solchen Fall ist kein reiner Fall des § 6 Abs. 5 Satz 3 EStG gegeben. Vielmehr gilt hier die sog. **Trennungstheorie**, die von der Rechtsprechung[1] und der Finanzverwaltung[2] im Fall der Übertragung von Einzelwirtschaftsgütern gegen ein unter dem Teilwert liegendes Entgelt angewendet wird. Der Vorgang ist daher in einen voll entgeltlichen und einen voll unentgeltlichen Teil aufzuteilen. Bezüglich des voll entgeltlichen Teils sind die stillen Reserven aufzudecken, während bei dem voll unentgeltlichen Teil zwingend die Buchwerte fortzuführen sind. Hierbei bestimmt sich der Umfang der Entgeltlichkeit nach dem Verhältnis des Kaufpreises zum Verkehrswert des übertragenen Wirtschaftsguts.[3] 1230

Dieselbe Situation ist auch gegeben im Fall der Übertragung eines Einzelwirtschaftsguts gegen Gewährung von Gesellschaftsrechten und weitere Gegenleistungen. Dies ist zwar kein teilentgeltlicher, sondern ein vollentgeltlicher Vorgang. Gleichwohl findet hier eine analoge Aufteilung statt, weil der Vorgang auch zum Teil – nämlich soweit Gesellschaftsrechte gewährt werden – unter § 6 Abs. 5 Satz 3 EStG fällt. 1231

Streitig ist die Einordnung der Übertragung eines Einzelwirtschaftsguts bei **gleichzeitiger Übertragung von Verbindlichkeiten**. So wird von verschiedenen Autoren[4] die Auffassung vertreten, dass auch dieser Fall unter § 6 Abs. 5 Satz 3 EStG fällt und daher nicht zur Aufdeckung stiller Reserven führt, wobei als ein wichtiges Argument angeführt wird, dass § 6 Abs. 5 EStG nicht auf Wirtschaftsgüter des Aktivvermögens beschränkt ist, sondern auch die Übertragung von Verbindlichkeiten mit umfasst. Die Finanzverwaltung,[5] der BFH[6] und andere Literaturstimmen[7] sehen allerdings die zeitglei- 1232

1 BFH 11. 12. 2001 VIII R 58/98, BStBl 2002 II 420.

2 BMF 7. 6. 2001, BStBl 2001 I 367.

3 Vgl. H 140 Abs. 4 EStH.

4 Z. B. *Schulze zur Wiesche*, DStZ 2002, 740, 745; *Patt*, GmbHR 1998, 970, 973; *Korn*, KÖSDI 1997, 11219, 11222; *Groh*, DB 2002, 1904.

5 BMF 7. 6. 2001, BStBl 2001 I 367 sowie Entwurf eines BMF-Schreibens „Zweifelsfragen zur Überführung und Übertragung von einzelnen Wirtschaftsgütern" nach § 6 Abs. 5 EStG, IV C 6 – S 2241/10/10002 v. 24. 5. 2011, Tz. 15.

6 Urteil 11. 12. 2001 VIII R 58/98, BStBl 2000 II 420.

7 *Brandenberg*, DStZ 2002, 551, 557; *Niehus/Wilke*, FR 2005, 1012, 1014; *Reiß* in Kirchhof, § 15 EStG, Rn. 449, mit Verweis auf BFH 1. 3. 2002 VI R 171/98, BStBl 2002 II 440 und BMF 28. 4. 1998, BStBl 1998 I 583.

che Übernahme von Verbindlichkeiten **als zusätzliches Entgelt** an, welches zu einer **Teilentgeltlichkeit** des Vorgangs führt. Das gilt auch dann, wenn die Verbindlichkeit in einem wirtschaftlichen Zusammenhang zu dem übergehenden Einzelwirtschaftsgut steht.[1] Dem „Übernehmer" entstehen somit i. H. der übernommenen Verbindlichkeiten Anschaffungskosten. Eine Ausnahme von dieser Betrachtungsweise gibt es nach der BFH-Rechtsprechung nur, wenn Sachgesamtheiten wie Betriebe oder Teilbetriebe übertragen werden (z. B. nach den Grundsätzen der Realteilung oder der Einbringung in eine PersGes nach § 24 UmwStG), nicht jedoch bei der Übertragung einzelner Wirtschaftsgüter und zugehöriger Verbindlichkeiten.

1233 Hier stellt sich die Frage nach einer Gestaltungsmöglichkeit. *Hoffmann*[2] regt an, das Einzelwirtschaftsgut in das Gesamthandsvermögen zu übertragen und die zugehörige Verbindlichkeit **in das Sonderbetriebsvermögen** des einbringenden Mitunternehmers bei der übernehmenden Personengesellschaft zu überführen. Gegebenenfalls könnte diese Gestaltung kombiniert werden mit einer **gesonderten Gewinnverteilungsabrede** betreffend der in dem eingebrachten Grundstück ruhenden stillen Reserven. *Böhme/Forster*[3] bauen eine Gestaltung auf eine Einbringung in eine PersGes nach § 24 UmwStG auf. Wegen der engeren Voraussetzungen hinsichtlich Teilbetrieb oder Mitunternehmeranteil kann dieser Weg nur in geeigneten Fällen, aber dann durchaus in Betracht kommen.

1234 Ebenfalls ein teilentgeltlicher Vorgang liegt vor, wenn anlässlich der Übertragung von Einzelwirtschaftsgütern eine **Gutschrift auf dem Rücklagenkonto** des Gesellschafters erfolgt.

1235 Ein weiterer Fall mit derselben steuerlichen Konsequenz ist gegeben, wenn ein Mitunternehmer einen Anteil an einer Grundstücks-GbR aus einem anderen Betriebsvermögen in das Gesamthandsvermögen der Mitunternehmerschaft überträgt. Die Grundstücks-GbR ist in einem solchen Fall eine **Zebra-Gesellschaft**, deren Einkünfte auf der Ebene der GbR als Überschuss-Einkünfte ermittelt und bei dem Gesellschafter in gewerbliche Einkünfte umqualifiziert werden.[4] Der Anteil an einer solchen GbR ist kein Mitunternehmeranteil. Vielmehr repräsentiert dieser Anteil sowohl einen Anteil an den Grundstücken der Gesellschaft als auch eine entsprechende Beteiligung an den Verbindlichkeiten der GbR. Wird ein solcher Anteil übertragen, so handelt es sich aus steuerlicher Sicht um die (anteilige) Übertragung von Wirtschaftsgütern und die (anteilige) Übertragung von Verbindlichkeiten. Damit müsste auch dieser Vorgang nach Auffassung der Finanzverwaltung als teilentgeltlich einzustufen sein mit der Folge, dass die in den Grundstücken ruhenden **stillen Reserven anteilig aufzudecken** sind.

1236 Im Fall der Übertragung gegen Gewährung von Gesellschaftsrechten und Übernahme/Einräumung von Verbindlichkeiten ist allerdings zu prüfen, ob der Wert der Gesellschaftsrechte und der Verbindlichkeiten den Zeitwert des übertragenen Wirtschafts-

---

1 A. A. *Schulze zur Wiesche*, DB 2004, 1388; *Böhme/Forster*, BB 2003, 1979.

2 GmbHR 2002, 290.

3 BB 2003, 1979, 1985.

4 BMF 29. 4. 1994, BStBl 1994 I 282, Tz. 2.

guts erreichen. Ist dies nicht der Fall, hat der Übertragungsvorgang auch noch eine unentgeltliche Komponente und ist insoweit wiederum zu Buchwerten durchzuführen.

ee) Dreijährige Sperrfrist nach § 6 Abs. 5 Satz 4 EStG

Die Übertragung von Einzelwirtschaftsgütern zu Buchwerten nach einer der in § 6 1237
Abs. 5 Satz 3 Nrn. 1 – 3 EStG genannten Fallvarianten löst eine **Sperrfrist** aus, innerhalb derer das betreffende Wirtschaftsgut **nicht veräußert oder entnommen** werden darf. Wird hiergegen verstoßen, so ist grundsätzlich rückwirkend auf den Zeitpunkt der Übertragung der Teilwert anzusetzen. Das bedeutet, dass rückwirkend sämtliche in dem Wirtschaftsgut ruhenden stillen Reserven aufzudecken und der Besteuerung zu unterwerfen sind. Aus dieser Regelung wird deutlich, dass der Gesetzgeber nur solche Übertragungsvorgänge mit einer Sperrfrist sanktionieren will, bei denen stille Reserven durch die Übertragung von einem Steuerrechtssubjekt auf ein anderes übergegangen sind, z. B. durch Übertragung von einem anderen Betriebsvermögen oder einem Sonderbetriebsvermögen in ein Gesamthandsvermögen. Während die stillen Reserven vor der Übertragung ausschließlich dem übertragenden Mitunternehmer zuzurechnen waren, stehen sie nach der Übertragung allen Mitunternehmern zu. Durch eine **Veräußerung** oder **Entnahme** des Wirtschaftsguts nach der Übertragung können diese stillen Reserven mit Wirkung für die übrigen Mitunternehmer realisiert werden. Die Möglichkeit einer Buchwertübertragung nach § 6 Abs. 5 Satz 3 EStG könnte daher in sehr vielen Fällen als Steuergestaltungsmöglichkeit genutzt werden, die ansonsten bestehende Verpflichtung zur Aufdeckung stiller Reserven bei Übertragung von Einzelwirtschaftsgütern zwischen verschiedenen Steuerrechtssubjekten zu umgehen. Dies soll durch die **3-jährige Sperrfrist** vermieden werden.

Mit diesem gesetzgeberischen Ziel korrespondiert auch die im zweiten Halbsatz gere- 1238
gelte Ausnahme von der Sperrfrist. Die genannte 3-Jahres-Frist greift nämlich dann nicht ein, wenn die bis zur Übertragung entstandenen stillen Reserven durch **Erstellung einer Ergänzungsbilanz** dem übertragenden Gesellschafter zugeordnet worden sind.

Die Zuordnung stiller Reserven zu dem übertragenden Gesellschafter erfolgt dadurch, dass das übergehende Wirtschaftsgut im Gesamthandsvermögen der übernehmenden PersGes zu Zeitwerten ausgewiesen und gleichzeitig für den Gesellschafter eine **negative Ergänzungsbilanz** erstellt wird, in der die „aufgedeckten" stillen Reserven vollständig wieder „zugedeckt" werden.[1] Nach *Meyer*[2] ist es für eine zutreffende Zuordnung aller stillen Reserven allerdings erforderlich, dass in Ergänzungsbilanzen nicht nur Mehr- oder Minderwerte für die eingebrachten Einzelwirtschaftsgüter gebildet werden. Auch für das bisherige Gesamthandsvermögen sind entsprechende Ergänzungsbilanzen erforderlich, da sich der Mitunternehmeranteil an diesem und somit auch der Anteil an dessen stillen Reserven durch die Verschiebung der Beteiligungsverhältnisse ändert.

1 *Reiß* (in Kirchhof, § 15 EStG Rn. 454) weist darauf hin, dass es auf die Technik der Zuordnung der stillen Reserven – entgegen dem Wortlaut des § 6 Abs. 5 Satz 4 EStG – nicht ankommen könne; zustimmend *Röhrig/Doege*, DStR 2006, 489, 469, FN 70 und *von Campenhausen*, DB 2004, 1282, 1285.

2 DStR 2003, 1553.

1239 In diesem Zusammenhang ist allerdings auch noch eine Aussage der FinVerw zu beachten, die diese in dem neuen Entwurf eines BMF-Schreibens[1] tätigt. In Tz. 26 wird ausgeführt, dass die 3-jährige Sperrfrist trotz Aufstellung einer negativen Ergänzungsbilanz trotzdem gelten soll, wenn durch die Übertragung des Wirtschaftsguts auf eine PersGes keine Änderung des Anteils des übertragenden Gesellschafters an dem übertragenen Wirtschaftsgut eingetreten ist. Das ist insbesondere der Fall bei Übertragung auf eine GmbH & Co KG, deren 100%iger Mitunternehmer der Übertragende ist. Hierzu wird dann auch ein Beispiel gebildet. Die Folge ist, dass bei einer schädlichen Veräußerung des Wirtschaftsguts innerhalb der 3-Jahres-Frist trotz der Existenz negativer Ergänzungsbilanzen rückwirkend der Teilwert anzusetzen ist. Die negativen Ergänzungsbilanzen sind also rückwirkend wieder aufzulösen. Ob diese Rechtsansicht auch anteilig gelten soll, soweit der übertragende Mitunternehmer am Kapital der übernehmenden PersGes beteiligt ist, sagt der BMF-Entwurf nicht.

1240 Zu beachten ist, dass Ergänzungsbilanzen grundsätzlich nur gebildet werden können bei der Übertragung von Wirtschaftsgütern auf eine Mitunternehmerschaft, nicht jedoch bei dem umgekehrten Vorgang oder bei der Übertragung zwischen verschiedenen Mitunternehmern.

1241 Im Fall der Aufstellung einer negativen Ergänzungsbilanz ist jedoch nicht erforderlich, dass i. H. des gesamten Zeitwertes des übergegangenen Wirtschaftsguts in der Gesamthandsbilanz eine Gutschrift auf dem Kapitalkonto des einbringenden Gesellschafters erfolgt. Vielmehr kann eine anteilige Gutschrift auf den Konten aller Mitunternehmer erfolgen oder auch eine Einstellung in die gesamthänderisch gebundene Rücklage.

1242 Fraglich ist, ob eine rückwirkende Aufdeckung der stillen Reserven auch dann notwendig ist, wenn das Wirtschaftsgut innerhalb der Sperrfrist von demselben Mitunternehmer nach einer Rückübertragung veräußert oder entnommen wird, der es auch eingebracht hat. Grundsätzlich erscheint es angebracht, diesen Fall von der Anwendung der Pflicht zur Aufdeckung der stillen Reserven auszunehmen. Nach Ansicht von *Schroer/Starke*[2] ist diese Auffassung auch mit dem Gesetzeswortlaut vereinbar, denn nach einer Rückübertragung auf den derzeitigen übertragenden Mitunternehmer liegt kein „übertragenes Wirtschaftsgut" i. S. d. § 6 Abs. 5 Satz 4 EStG mehr vor und es sind im Ergebnis auch keine stillen Reserven auf andere Rechtsträger übergegangen.

1243 Nach Tz. 23 des Entwurfs eines BMF-Schreibens zu § 6 Abs. 5 EStG sieht die FinVerw keinen schädlichen Veräußerungs- oder Entnahmetatbestand als gegeben an, wenn ein Wirtschaftsgut innerhalb der 3-jährigen Sperrfrist wiederum zu Buchwerten nach § 6 Abs. 5 EStG weiter übertragen wird oder aufgrund höherer Gewalt aus dem Betriebsvermögen ausscheidet. Klargestellt wird allerdings auch, dass im Fall einer Weiterübertragung eine erneute dreijährige Sperrfrist ausgelöst wird. Etwas missverständlich ist die Anordnung, dass im Fall einer Veräußerung oder Entnahme innerhalb der Sperrfrist der Teilwert rückwirkend auf den Zeitpunkt der letzten Übertragung anzusetzen ist. Wenn z. B. ein Einzelwirtschaftsgut in einem mehrstöckigen Personengesellschaftskon-

1 Entwurf eines BMF-Schreibens „Zweifelsfragen zur Überführung und Übertragung von einzelnen Wirtschaftsgütern" nach § 6 Abs. 5 EStG, IV C 6 – S 2241/10/10002 v. 24. 5. 2011.

2 FR 2003, 838.

zern zunächst nach § 6 Abs. 5 EStG zu Buchwerten auf eine PersGes und von dieser dann anschließend wiederum zu Buchwerten nach § 6 Abs. 5 EStG eine Weiterübertragung auf eine nachgeordnete PersGes erfolgt, dann laufen also zwei verschiedene 3-Jahres-Sperrfristen. Veräußert nun die letzte PersGes das Wirtschaftsgut zu einem Zeitpunkt, zu dem beide Sperrfristen noch laufen, so sind beide Übertragungsvorgänge rückwirkend zu Teilwerten vorzunehmen, und zwar grds. zu dem zum jeweiligen Übertragungsstichtag maßgeblichen Teilwert. Die Anordnung, dass in einem solchen Fall lediglich der Teilwert rückwirkend auf den Zeitpunkt der letzten Übertragung anzusetzen ist, muss dann wohl als eine Vereinfachungsvorschrift zu sehen sein.

In Tz. 23 des genannten BMF-Entwurfs wird weiter klargestellt, dass eine „fiktive" Ent- 1244
nahme i. S. v. § 4 Abs. 1 Satz 3 EStG oder eine „fiktive" Veräußerung i. S. v. § 12 Abs. 1 KStG innerhalb der Sperrfrist kein schädliches Ereignis i. S. v. § 6 Abs. 5 Satz 4 EStG darstellt, so dann nicht rückwirkend der Teilwert anzusetzen ist. vielmehr ist die Entnahme nach § 6 Abs. 1 Nr. 4 Satz 1 Halbsatz 2 EStG mit dem gemeinen Wert des Wirtschaftsguts zu bewerten.

Schädlich ist jedoch nach Ansicht der FinVerw[1] wenn es innerhalb der Frist zu einer 1245
Umwandlung der übernehmenden PersGes kommt und diese das übernommene Wirtschaftsgut entweder im Rahmen einer Betriebseinbringung nach §§ 20, 24 UmwStG in eine KapGes. oder PersGes einbringt oder selbst nach § 25 UmwStG in eine KapGes formgewechselt wird, und zwar unabhängig davon, ob die Umwandlung zu Buchwerten, Zwischenwerten oder gemeinen Werten erfolgt. Verständlich und systemgerecht ist diese Rechtsauffassung, soweit es sich um Umwandlungen nach § 20 oder § 25 UmwStG handelt, zumal diese Vorgänge auch noch explizit die Voraussetzungen der Missbrauchsvorschrift des § 6 Abs. 5 Satz 6 EStG erfüllen, weil sich hierdurch zwingend der Anteil einer Körperschaft an dem Wirtschaftsgut erhöht. Ob es aber auch sachgerecht ist, die Weiterübertragung des Wirtschaftsguts nach § 24 UmwStG zu Buchwerten in eine andere PersGes als schädlichen Vorgang zu definieren, ist fraglich. Korrekt ist natürlich, dass durch eine solche Betriebseinbringung nach § 24 UmwStG keine weitere 3-jährige Sperrfrist i. S. d. § 6 Abs. 5 Satz 4 EStG ausgelöst wird. Andererseits ist aber in Fällen der Betriebseinbringung nach § 24 UmwStG von § 24 Abs. 4 i. V. m. § 23 UmwStG eine umfangreiche steuerliche Rechtsnachfolge angeordnet, nach der die übernehmende PersGes vollumfänglich in die steuerliche Rechtsstellung des Einbringenden eintritt. Eine Sperrfrist nach § 6 Abs. 5 Satz 4 oder 6 EStG würde somit weiterlaufen. Insofern besteht für die Einordnung einer Betriebseinbringung nach § 24 UmwStG kein begründbarer Anlass.

Eine Besonderheit ist die **Berechnung der Frist.** Der Fristlauf beginnt mit Abgabe der 1246
Steuererklärung des Übertragenden für den Veranlagungszeitraum, in dem die Übertragung des Wirtschaftsguts erfolgt ist und dauert von diesem Tage an 3 Jahre. Als problematisch wird von vielen Stimmen in der Literatur an dieser Fristbestimmung angesehen, dass der Übertragungsempfänger, der diese Frist zu beachten hat, den Fristbeginn nicht selbst bestimmen kann. Den genauen Termin für den Fristbeginn kennt

1 Entwurf eines BMF-Schreibens „Zweifelsfragen zur Überführung und Übertragung von einzelnen Wirtschaftsgütern nach § 6 Abs. 5 EStG, IV C 6 – S 2241/10/10002 v. 24. 5. 2011, Tz. 33.

vielmehr nur der Übertragende. Darüber hinaus stellt sich in diesem Zusammenhang die Frage, ab wann denn eine Steuererklärung als abgegeben gilt bzw. wie richtig und vollständig sie sein muss. So könnte z. B. sofort nach Ablauf des betreffenden Veranlagungszeitraums eine Steuererklärung mit weitgehend geschätzten Angaben eingereicht werden. Fraglich ist jedoch, ob eine derartige Steuererklärung den Fristlauf auslösen kann. Sofern die Übertragung einzelner Wirtschaftsgüter Gegenstand gesonderter Verträge ist, könnte vor diesem Hintergrund von den Vertragsparteien eine Regelung vereinbart werden, wonach der Übertragende verpflichtet ist, die Steuererklärung bis zu einem bestimmten Zeitpunkt beim Finanzamt einzureichen.

1247 Der **rückwirkende Ansatz des Teilwerts** hat nicht nur Auswirkungen auf den Veranlagungszeitraum der Übertragung, sondern kann auch Änderungen für die folgenden Veranlagungszeiträume mit sich bringen. Das gilt insbesondere dann, wenn es sich bei der Übertragung um abnutzbare Wirtschaftsgüter handelt, deren Abschreibungen sich durch die rückwirkende Aufdeckung der stillen Reserven ändern. Darüber hinaus sind die Rechtsfolgen vergleichsweise kompliziert, wenn ein Wirtschaftsgut innerhalb der Sperrfrist mehrfach zu Buchwerten übertragen worden ist. Zwar kommt es rückwirkend nur zu einer Aufdeckung der stillen Reserven für die erste Übertragung,[1] allerdings ändert sich hierdurch auch der Buchwert für die durchgeführten Folgeübertragungen.

1248 Die 3-Jahres-Frist findet erstmals Anwendung für Übertragungen, die nach dem 31. 12. 2000 stattfinden.[2]

ff) Übertragung auf eine Körperschaft

1249 Gemäß § 6 Abs. 5 Satz 5 EStG ist der Teilwert auch anzusetzen, soweit in den Fällen des Satzes 3 der Anteil einer Körperschaft, Personenvereinigung oder Vermögensmasse an dem Wirtschaftsgut unmittelbar oder mittelbar begründet wird oder dieser sich erhöht. Diese Regelung ist vor dem Hintergrund verständlich, dass die Übertragung von Einzelwirtschaftsgütern auf eine KapGes grundsätzlich immer zu Teilwerten zu erfolgen hat. Dieser Grundsatz soll durch „Zwischenschaltung" einer PersGes nicht umgangen werden können.

BEISPIEL: A und die B-GmbH sind zu je 50 % an einer OHG beteiligt. A überträgt ein Grundstück aus seinem Sonderbetriebsvermögen in das Gesamthandsvermögen der OHG.

RECHTSFOLGE: In dem Umfang, in dem die B-GmbH an der OHG beteiligt ist, erfolgt nach § 6 Abs. 5 Satz 5 EStG eine (anteilige) Aufdeckung der stillen Reserven. Insoweit entsteht daher bei A ein Übertragungsgewinn, der der Besteuerung unterliegt. In dem Umfang, in dem A selbst an der OHG beteiligt ist, erfolgt hingegen zwingend eine Buchwertfortführung gemäß § 6 Abs. 5 Satz 3 Nr. 1 EStG.

1250 Eine **mittelbare Beteiligung** wäre in dem Fallbeispiel dann gegeben, wenn die B-GmbH nicht direkt an der OHG beteiligt wäre, sondern z. B. alleinige Kommanditistin einer GmbH & Co. KG wäre, die ihrerseits die 50%ige Beteiligung an der das Wirtschaftsgut übernehmenden OHG hielte.

1 *Wendt*, FR 2002, 53, 60.

2 § 52 Abs. 16a Satz 1 EStG.

Zu beachten ist, dass diese Pflicht zur anteiligen Aufdeckung der stillen Reserven **nicht** dadurch umgangen werden kann, dass sich der einbringende Mitunternehmer anlässlich der Einbringung die stillen Reserven durch Aufstellung einer Ergänzungsbilanz zuordnet. 1251

Noch weitergehend als der Satz 5 ist die Regelung in Satz 6, der wiederum eine **7-jährige Missbrauchsfrist** enthält. Hiernach ist ebenfalls rückwirkend der Teilwert anzusetzen, soweit innerhalb von 7 Jahren nach der Übertragung des Wirtschaftsguts nach Satz 3 der Anteil einer Körperschaft, Personenvereinigung oder Vermögensmasse an dem übertragenen Wirtschaftsgut aus einem anderen Grund unmittelbar oder mittelbar begründet wird oder dieser sich erhöht. Diese Missbrauchsvorschrift ist für alle Beteiligten schwer zu überwachen. Sie bedeutet in der Praxis, dass immer dann, wenn eine KapGes sich an einer PersGes beteiligen oder eine vorhandene Beteiligung ausbauen will, eine Untersuchung dahin gehend zu erfolgen hat, ob es innerhalb der letzten 7 Jahre Buchwertübertragungen gegeben hat. 1252

Fraglich ist, ob es auch dann zu einer rückwirkenden Aufdeckung der stillen Reserven kommt, wenn die PersGes, auf die einzelne Wirtschaftsgüter zu Buchwerten übertragen worden sind, innerhalb der 7-Jahres-Frist **in eine KapGes formgewechselt** wird. Es kann grundsätzlich davon ausgegangen werden, dass auch dieser Fall von Satz 6 mit erfasst wird. Allerdings vertreten sogar Vertreter der Finanzverwaltung[1] die Auffassung, dass die Rechtsfolge einer rückwirkenden Aufdeckung der stillen Reserven nicht gezogen werden dürften. Als Begründung wird hier zur Rechtslage vor Einführung des SEStEG angeführt, dass die Missbrauchsvorschrift des § 6 Abs. 5 Satz 6 EStG kollidiert mit der gleichfalls 7-jährigen Missbrauchsvorschrift des § 3 Nr. 40 Satz 3 EStG a. F., wonach die Anteile an der entstehenden KapGes während der ersten 7 Jahre nach dem Formwechsel einbringungsgeboren sind und damit der vollen Besteuerung und nicht dem Halbeinkünfteverfahren unterliegen. Ein Missbrauch des Teileinkünfteverfahrens dergestalt, dass Wirtschaftsgüter zunächst nach § 6 Abs. 5 EStG zu Buchwerten auf eine PersGes übertragen werden, diese PersGes dann anschließend in eine KapGes formgewechselt wird, um wiederum im Anschluss die Anteile an dieser Gesellschaft unter Inanspruchnahme des Teileinkünfteverfahrens zu veräußern, ist also schon aufgrund der Regelung des § 3 Nr. 40 Satz 3 EStG a. F. nicht möglich. Die Missbrauchsregelung ist daher für diesen speziellen Fall nicht notwendig. Allerdings stellt sich die Frage, ob die Finanzverwaltung den § 6 Abs. 5 Satz 6 EStG für diese Fälle ebenfalls so einschränkend auslegt, wie dies in der Literatur vertreten wird. Dieselbe Argumentation ist allerdings auch zu der Rechtslage nach Einführung des SEStEG angebracht. Auch nach der neuen Systematik des § 22 UmwStG kommt es zu einer Steuerverhaftung der anlässlich des Formwechsels auf die KapGes übergegangenen stillen Reserven und eine rückwirkende Besteuerung der Einbringung, wenn die erhaltenen Anteile innerhalb einer Frist von 7 Jahren von dem Einbringenden veräußert werden. Aus Vorsichtsgesichtspunkten ist gleichwohl die Einholung einer verbindlichen Auskunft vor der Durchführung eines Formwechsels ratsam. 1253

(Einstweilen frei) 1254–1265

1 So z. B. *Brandenberg*, DStZ 2002, 551, 559.

IX. Gewinnverteilung

Literatur: *Carlé*, Gesellschafterwechsel bei Personengesellschaften im Zivil- und Steuerrecht, KÖSDI 1992, 8868; *Bordewin*, Gewinnverteilung bei gewerblichen Personengesellschaften, NWB F. 18, 3237; *Wüllenkemper*, Zurechnung von Einkünften bei Verteilungsstreitigkeiten zwischen Gemeinschaftern und Gesellschafter, FR 1993, 389; *Loritz*, Die steuerliche wirksame Verlusttragung bei Gesellschafterbeitritt und Begründung von stillen Gesellschaften im Verlauf eines Wirtschaftsjahres, DStR 1994, 87; *Bormann/Hellberg*, Ausgewählte Probleme der Gewinnverteilung in der Personengesellschaft, DB 1997, 2415; *Ritzrow*, Änderung der Gewinnverteilung bei Personengesellschaften, StBp 1999, 29; *Tulloch/Wellisch*, Die Bedeutung von Ergebnisverteilungsabreden für die Gesellschafter von vermögensverwaltenden Personengesellschaften, DStR 1999, 1093; *Groh*, Sondervergütung oder Gewinnvorab?, DStZ 2001, 358; *Paus*, Forderungsverzicht zugunsten der Personengesellschaft: Auswirkungen auf Gewinnverteilung und verrechenbare Verluste, FR 2001, 113; *Roemer*, Gesellschaftsvertragliche Sonderregelungen für die Gewinnverteilung bei Personengesellschaften, INF 2001, 556; *Rose*, Zur steuerlichen Beurteilung einvernehmlicher inkongruenter Gewinnverteilungen in Personen- und Kapitalgesellschaften, FR 2002, 1; *Steger*, Private Pkw-Nutzung bei Gesellschaftern von Personengesellschaften, INF 2007, 427; *Westerfelhaus*, Die Zurechnung der verdeckten Gewinnausschüttung bzw. verdeckten Entnahme an Gesellschafter, DB 2007, 876; *Schumm*, Gestaltungsüberlegungen für Gesellschaftsverträge – Anpassungsbedarf infolge der Unternehmenssteuerreform 2008, NWB 2009, 1266.

1. Allgemeines

1266 Den Gesellschaftern einer Personengesellschaft gebührt ein angemessener Anteil am Gewinn der Gesellschaft. Der Gesetzgeber hat für die Bestimmung dieses Anteils unterschiedliche Maßstäbe vorgesehen.

- Die Gesellschafter einer GbR nehmen nach § 722 Abs. 1 BGB vorbehaltlich abweichender Regelungen unabhängig von der Höhe der geleisteten Einlage am Gewinn und Verlust nach Köpfen teil.
- Den Gesellschaftern einer OHG steht nach § 121 Abs. 1 HGB aus dem Gewinn der Gesellschaft zunächst eine Verzinsung von 4 % ihres Kapitalanteils zu; bei nicht ausreichendem Gewinn ermäßigt sich dieser Prozentsatz entsprechend. Dieser Gewinnanteil ist nach § 121 Abs. 2 HGB unter Berücksichtigung der im Laufe des Geschäftsjahres erfolgten Entnahmen und Einlagen zu ermitteln. Der danach verbleibende Restgewinn steht den Gesellschaftern gem. § 121 Abs. 3 HGB nach Köpfen zu. Verluste sind ebenfalls nach Köpfen zu verteilen.
- Für die KG wird in § 168 Abs. 1 HGB für die Komplementäre und die Kommanditisten entsprechend den Regelungen in § 121 Abs. 1 und 2 HGB vorab eine Verzinsung ihrer Kapitalanteile vorgesehen. Der danach verbleibenden Gewinn sowie ein etwaiger Verlust sind nach § 168 Abs. 2 HGB in einem den Umständen nach angemessenen Verhältnis zu verteilen. Dabei werden u. a. die persönliche Haftung der Komplementäre, die Tätigkeit einzelner Gesellschafter, für die KG zu berücksichtigen sein.
- Für die stille Gesellschaft geht der Gesetzgeber davon aus, dass die Beteiligten im Regelfall eine Vereinbarung über den dem stillen Gesellschafter zustehenden Gewinnanteil treffen. Lediglich bei Fehlen einer derartigen Vereinbarung soll nach § 231 Abs. 1 HGB ein angemessener Anteil als ausbedungen gelten. Aus § 231 Abs. 2 HGB ergibt sich weiter, dass der stille Gesellschafter auch am Verlust beteiligt werden kann, seine Beteiligung am Gewinn aber nicht ausgeschlossen werden kann.

Diese Regelungen sind nur dann maßgebend, wenn und soweit der Gesellschaftsvertrag keine davon abweichende Vereinbarung enthält. Die gesetzlich vorgegebenen Regelungen zur Gewinnverteilung dürften nur in Ausnahmefällen den u.U. recht unterschiedlichen Beiträgen der einzelnen Gesellschafter zur Erreichung des Gesellschaftszwecks gerecht werden. Für den Regelfall kann deswegen davon ausgegangen werden, dass der Gesellschaftsvertrag eine mehr oder minder detaillierte Gewinnverteilungsabrede enthält, die u.U. Elemente der gesetzlichen Regelung übernommen hat, aber auch völlig anders konzipiert sein kann. 1267

Die im Gesellschaftsvertrag getroffene Gewinnverteilungsabrede bezieht sich regelmäßig auf das Ergebnis der Handelsbilanz. Sie ist nach der ständigen Rechtsprechung des BFH[1] grundsätzlich auch für die Zurechnung des steuerrechtlichen Gewinns einer Personengesellschaft maßgebend, sofern und soweit besondere einkommensteuerrechtliche Bestimmungen nicht entgegenstehen. Anlässlich einer steuerlichen Außenprüfung festgestellte Mehrgewinne einer PersGes sind im Regelfall allen Gesellschaftern nach dem vereinbarten Gewinnverteilungsschlüssel zuzurechnen.[2] Eine vom vereinbarten Gewinnverteilungsschlüssel abweichende Zurechnung kommt in Betracht 1268

- bei rückbezüglichen Gewinnverteilungsabreden,[3]
- bei Verstößen gegen das sich aus § 12 EStG ergebende Verbot des Abzugs privat veranlasster Aufwendungen, z. B. bei unangemessenen Gewinnverteilungsabreden bei Familienpersonengesellschaften,[4] bei Beziehungen zu Schwesterpersonengesellschaften,[5]
- bei anlässlich einer steuerlichen Außenprüfung festgestellten Mehrgewinnen, die ausschließlich einem Mitunternehmer zugute gekommen sind und weder die Gesellschaft noch die anderen Gesellschafter in der Lage sind, etwa bestehende Erstattungsansprüche durchzusetzen,[6]
- bei der Zurechnung von Verlusten an Kommanditisten bei bestehendem negativem Kapitalkonto,[7]
- bei der Berücksichtigung von außerhalb der jeweiligen Einkunftsart entstandenen Aufwendungen.[8]

Für den Regelfall kann davon ausgegangen werden, dass Mitunternehmer, die sich nicht aufgrund der bestehenden persönlichen oder gesellschaftsrechtlichen Beziehungen nahe stehen, darauf bedacht sein werden, dass den jeweils zu erbringenden Leistungen auch eine angemessene Gegenleistung gegenüberstehen wird. Deswegen wird sich in diesen Fällen die Frage nach der Angemessenheit der bezogenen Gegenleistun- 1269

1 Urteil 29.5.2001 VIII R 10/00, BStBl 2001 II 747, unter Bezugnahme auf 10.11.1980 GrS 1/79, BStBl 1981 II 164, 168; 25.2.1991 GrS 7/89, BStBl 1991 II 691, 698.

2 BFH 27.11.1956 I 260/56 U, BStBl 1957 III 35; 1.8.1968 IV R 177/66, BStBl 1968 II 740; 2.8.1968 VI R 219/67, BStBl 1968 II 746.

3 Vgl. Rn. 1296.

4 Vgl. Rn. 3571.

5 23.8.1990 IV R 71/89, BStBl 1991 II 172; 21.9.2000 IV R 50/99, BStBl 2001 II 299.

6 BFH 22.6.2006 IV R 56/04, BStBl 2006 II 838; vgl. auch Rn. 1306 ff.

7 Vgl. Rn. 1431 ff.

8 Vgl. auch BFH 23.2.2000 VIII R 40/98, BStBl 2001 II 24; 20.6.2000 VIII R 37/99, BFH/NV 2000, 1342.

gen und damit im Ergebnis auch der Gewinnanteile dem Grund nach nicht stellen. Dies schließt steuerliche Korrekturen im Einzelfall nicht aus, die zu einer anderweitigen steuerlichen Qualifikation des erlangten Vorteils, z. B. eine anderweitige Abgrenzung zwischen laufendem Gewinn und Veräußerungsgewinn[1] oder aber zur Versagung des Betriebsausgabenabzugs bei nach steuerlicher Wertung privater Veranlassung bestimmter einzelner Aufwendungen,[2] führen.

1270 Aufgrund der von den handelsrechtlichen Rechnungslegungsvorschriften abweichenden steuerlichen Gewinnermittlungsvorschriften wird das Ergebnis der Steuerbilanz vielfach vom Ergebnis der Handelsbilanz abweichen. Gleichwohl ist es für den Regelfall gerechtfertigt, den vereinbarten Gewinnverteilungsschlüssel auf das Ergebnis der Steuerbilanz anzuwenden. Die vom Handelsrecht abweichenden steuerlichen Bilanzierungs- und Bewertungsvorschriften gelten für Personenunternehmer und Körperschaften gleichermaßen, so dass bereits das Gebot der Gleichbehandlung die Anwendung des Gewinnverteilungsschlüssels auf das Ergebnis der Steuerbilanz gebietet.

1271 Weiter ist zu berücksichtigen, dass steuerrechtliche Vorschriften Korrekturen außerhalb der Steuerbilanz erfordern können, wie z. B. bei der Berücksichtigung der sich im Zusammenhang mit Beteiligungen an Kapitalgesellschaften aus § 3 Nr. 40, § 3c Abs. 2 EStG oder aus § 8b KStG ergebenden Besonderheiten,[3] bei nicht abziehbaren Betriebsausgaben i. S. d. § 4 Abs. 5 – 5b EStG oder bei Einkunftskorrekturen nach § 1 AStG im Verhältnis zu im Ausland ansässigen nahe stehenden Personen. In diesen Fällen kann den insoweit zu beachtenden Besonderheiten nicht in jedem Fall durch die unterschiedslose Anwendung des Gewinnverteilungsschlüssels Rechnung getragen werden, so dass im Einzelfall nicht auszuschließen ist, dass eine davon abweichende Zuordnung bei den einzelnen Gesellschaftern zu erfolgen hat.

1272 Bei nur für einen bestimmten einzelnen Zweck und damit auch für einen befristeten Zeitraum errichteten Gesellschaften, wie dies z. B. bei ARGEn[4] und Metagesellschaften[5] der Fall ist, orientieren sich die Gewinnverteilungsabreden regelmäßig an den von den einzelnen Gesellschaftern zu erbringenden Leistungen.

1273 Da Steuersubjekt für die Einkommensbesteuerung nicht die Personengesellschaft, die Mitunternehmerschaft, sondern der einzelne Gesellschafter, Mitunternehmer, ist, sind die im Zusammenhang mit den Aktivitäten der Gesellschaft begründeten, jedoch bei der Besteuerung der Gesellschafter zu berücksichtigenden Besteuerungsmerkmale diesen ebenfalls anteilig zuzuordnen. Als derartige Besteuerungsmerkmale kommen in Betracht:

- außerordentliche Einkünfte i. S. d. § 34 Abs. 2 EStG, z. B. Veräußerungs- und Aufgabegewinne i. S. d. § 16 EStG, Entschädigungen und Vergütungen i. S. v. § 24 Nr. 1 und 3 EStG,

1 Vgl. Rn. 2192 ff.
2 Vgl. Rn. 1061.
3 Vgl. Rn. 1126.
4 Vgl. Rn. 496 ff.
5 Vgl. Rn. 116; BFH 18. 12. 2002 I R 92/01, BFH/NV 2003, 964.

- die für die Inanspruchnahme der Steuervergünstigung für den nicht entnommenen Gewinn i. S. d. § 34a EStG sowie die nach Inanspruchnahme dieser Vergünstigung die für eine etwaige Nachversteuerung bedeutsamen Besteuerungsmerkmale,[1]
- zu besteuernde ausländische Einkünfte i. S. d. § 34d EStG sowie die darauf entfallenden ausländischen Steuern i. S. d. § 34c EStG ggf. i.V. m. § 26 KStG,
- positive und negative Einkünfte, bei denen Verluste nur beschränkt ausgleichs- und abzugsfähig sind, wie z. B. nach § 2a Abs. 1, § 15 Abs. 4, § 15b EStG,
- von der inländischen Besteuerung freizustellende jedoch ggf. für die Anwendung des Progressionsvorbehalts nach § 32b Abs. 1 Nr. 3 EStG zu berücksichtigende ausländische Einkünfte,
- der für die Ermittlung der Steuerermäßigung nach § 35 EStG erforderliche Anteil am GewSt-Messbetrag und ab 2008 auch der tatsächlich zu zahlenden GewSt,[2]
- Kapitalertragsteuer und SolZ auf von der Gesellschaft vereinnahmte Kapitalerträge,
- Bauabzugsteuer i. S.v. §§ 48 ff. EStG auf von der Gesellschaft vereinnahmte Entgelte für erbrachte Bauleistungen,
- von der Gesellschaft verausgabte Spenden i. S. d. § 10b EStG.

Ob auch diese Besteuerungsmerkmale, die im Übrigen jeweils im Rahmen des nach 1274
§ 180 Abs. 1 Nr. 2 Buchst. b AO durchzuführenden gesonderten und einheitlichen Feststellungsverfahrens[3] zu berücksichtigen sind, den einzelnen Gesellschaftern nach Maßgabe des Gewinnverteilungsschlüssels zuzuordnen sind, wie dies bei der Kapitalertragsteuer[4] und ausländischen Quellensteuern regelmäßig der Fall ist, hängt von dem jeweiligen Einzelfall ab.

(Einstweilen frei) 1275–1280

2. Verteilung des Gewinns nach dem vereinbarten Gewinnverteilungsschlüssel

Unproblematisch ist die Verteilung des sich aus der Handelsbilanz und damit auch aus 1281
der daraus abgeleiteten Steuerbilanz ergebenden Gewinns, wenn daran sämtliche Mitunternehmer nach einem unveränderlichen Schlüssel beteiligt sind. Abgesehen von der in der Praxis nur selten anzutreffenden Gewinnverteilung nach Köpfen, kommt als Maßstab das Verhältnis der sog. Festkapitalkonten in Betracht. Dabei handelt es sich regelmäßig um die von den Mitunternehmern erbrachten Einlagen, die in den Bilanzen der Mitunternehmerschaft vorbehaltlich nachfolgender Vereinbarungen der Mitunternehmer ungeachtet erzielter Gewinne, zugewiesener Verluste und der getätigten Entnahmen unverändert ausgewiesen werden. Angesichts der unterschiedlichen Beiträge der Gesellschafter ist jedoch eine ausschließlich quotale Gewinnverteilungsabrede nur ausnahmsweise anzutreffen.

1 Vgl. Rn. 1746 ff.
2 Vgl. Rn. 1786 ff.
3 Vgl. Rn. 6106 ff.
4 BFH 22. 11. 1995 I R 114/94, BStBl 1996 II 531.

1282 In Anlehnung an die handelsrechtlichen Regelungen wird nicht selten eine Verzinsung des eingesetzten Kapitals unabhängig davon vorgesehen, ob es sich dabei um die Kapitalanteile der Gesellschafter oder entsprechend der zivilrechtlichen Ausgestaltung um Fremdkapital handelt. Ergibt sich für einen Gesellschafter ein negatives Kapitalkonto und ist dieses nach den getroffenen Vereinbarungen zu verzinsen, handelt es sich nach dem Urteil des BFH vom 4. 5. 2000[1] nicht um einen Zinsertrag der Gesellschaft, sondern um eine negative Vorabvergütung, dem betroffenen Mitunternehmer entsteht insoweit ein Verlust, so dass sich für die Verteilung des Gewinns nach dem allgemeinen Schlüssel ein Gewinn ergibt, der den Bilanzgewinn übersteigt.

BEISPIEL: Gesellschafter der A & Co. OHG sind A und B, die zu je 50 % an Gewinn und Verlust beteiligt sind. Nach der getroffenen Gewinnverteilungsabrede sind die Kapitalkonten der Gesellschafter mit jeweils 5 % zu verzinsen, unabhängig davon, ob sie positiv oder negativ sind. Zum 31. 12. 01 wird ein Gewinn von 100 000 € ausgewiesen. Das Kapitalkonto des A ist positiv, ihm steht eine Vorabverzinsung i. H.v. 10 000 € zu. Für B wird ein negatives Kapitalkonto ausgewiesen. Er wird deswegen mit Zinsen i. H.v. 20 000 € belastet.

Danach ergibt sich für 01 folgende Gewinnverteilung:

	Gesamt	A	B
	€	€	€
Bilanzgewinn	**100 000**	./.	./.
./. Vorabzinsung A	10 000	10 000	./.
+ Vorabzinsung B	20 000	./.	./. 20 000
Verbleibender Gewinn	110 000	55 000	55 000
Gewinnanteile	./.	**65 000**	**35 000**

Diese Rechtsfolge tritt nur dann ein, wenn es sich nach den in Rn. 1496 ff. dargestellten Grundsätzen tatsächlich um ein negatives Kapitalkonto und nicht um eine Darlehensforderung der Mitunternehmerschaft an den Mitunternehmer handelt.

1283 Von den einzelnen Mitunternehmern ausgeübte Tätigkeiten werden nicht selten gesondert vergütet; dabei sind sowohl feste Vergütungen als auch ausschließlich erfolgsabhängige Vergütungen sowie die Kombination beider Vergütungsarten anzutreffen. Ferner wird vielfach die Überlassung materieller oder immaterieller Wirtschaftsgüter entgolten. Den Komplementären einer KG wird ihr gegenüber den Kommanditisten höheres Haftungsrisiko u. U. durch eine besondere Haftungsprämie vergütet. Verschiedentlich ist vereinbart, dass diese Vergütungen von der Mitunternehmerschaft aus dem erzielten Gewinn zu bestreiten sind, den Mitunternehmern also nur dann und insoweit zustehen, als sie aus dem Gewinn bestritten werden können und nach den getroffenen Vereinbarungen die Behandlung als Unkosten der Gesellschaft ausgeschlossen ist.[2]

BEISPIEL: Der Gesellschaftsvertrag der A & Co. OHG sieht vor, dass aus dem Gewinn zunächst eine Verzinsung der Kapitalkonten mit 2 % über dem Diskontsatz der EZB zu erfolgen hat. Dem

1 IV R 16/99, BStBl 2001 II 171.

2 BFH 10. 11. 1980 GrS 1/79, BStBl 1981 II 164, 169; 14. 11. 1985 IV R 63/83, BStBl 1986 II 58, 59; 13. 10. 1998 VIII R 4/98, BStBl 1999 II 284; 23. 1. 2001 VIII R 30/99, BStBl 2001 II 621; 20. 5. 2005 VIII B 161/04, BFH/NV 2005, 1785.

Gesellschafter A soll dann eine Tätigkeitsvergütung von max. 100 000 € zustehen. Der danach verbleibende Gewinn steht den drei Gesellschaftern im Verhältnis 40:30:30 zu. Die Verzinsung der Kapitalkonten würde für 03 für A 12 000 € und für B und C je 9 000 € erfordern.

Für das Jahr 03 werden folgende zur Verteilung anstehenden Ergebnisse ausgewiesen:

a) Gewinn 200 000 €, b) Gewinn 100 000 €, c) Gewinn 20 000 €, d) Verlust 60 000 €.

Danach ergibt im sich Einzelnen Folgendes:

	Gesamt	A	B	C
	€	€	€	€
Variante a)				
Gesamtergebnis	**200 000**	./.	./.	./.
Verzinsung	30 000	12 000	9 000	9 000
Tätigkeitsvergütung A	100 000	100 000	./.	./.
Restgewinn	70 000	28 000	21 000	21 000
Gewinnanteile		**140 000**	**30 000**	**30 000**
Variante b)				
Gesamtergebnis	**100 000**	./.	./.	./.
Verzinsung	30 000	12 000	9 000	9 000
Tätigkeitsvergütung A	70 000	./.	./.	./.
Gewinnanteile		**82 000**	**9 000**	**9 000**
Variante c)				
Gesamtergebnis	**20 000**	./.	./.	./.
Verzinsung	20 000	8 000	6 000	6 000
Gewinnanteile		**8 000**	**6 000**	**6 000**
Variante d)				
Gesamtverlust	**60 000**	./.	./.	./.
Verlustanteile		**24 000**	**18 000**	**18 000**

Der Umstand, dass die Kapitalverzinsung und die Tätigkeitsvergütung aus dem erwirtschafteten Gewinn zu bestreiten sind, führt dazu, dass allen Beteiligten nur in der Sachverhaltsvariante a ein Anteil am laufenden Gewinn zuzuweisen ist. In der Sachverhaltsvariante b reicht der Gewinn nicht aus, um A die Tätigkeitsvergütung im höchstmöglichen Umfang zuzuweisen. Das bescheidene Ergebnis in der Variante c erlaubt eine Verzinsung des eingesetzten Kapitals nur in eingeschränktem Umfang, während im Verlustfall keinerlei Vorabgewinne vergütet werden können. Der Verlust ist insgesamt nach dem für die Verteilung des Restgewinns maßgebenden Schlüssel zu verteilen.

Grundlage für die Verteilung des Gewinns nach den vorstehenden Grundsätzen ist die für alle Mitunternehmer gleichermaßen verbindliche Bilanz, die Gesamthandsbilanz. Wird für einzelne Mitunternehmer nach den in Rn. 786 dargestellten Grundsätzen eine steuerliche Ergänzungsbilanz geführt, ist deren Ergebnis erst nach der Verteilung des Ergebnisses der Gesamthandsbilanz zu berücksichtigen. 1284

BEISPIEL: Geht man in dem Beispiel in Rn. 1283 davon aus, dass bei dem Gesellschafter C aus einer für ihn geführten Ergänzungsbilanz noch ein Aufwand von 20 000 € zu berücksichtigten ist, hat dies zur Folge, dass sich das steuerliche Ergebnis der A & Co. OHG sowie sein Anteil an diesem Ergebnis jeweils entsprechend mindert.

1285 Die Verteilung des Ergebnisses nach den in Rn. 1283 dargestellten Grundsätzen wird von den Beteiligten nicht immer als den tatsächlichen Verhältnissen gerecht werdend empfunden. Deswegen wird vielfach vereinbart, dass diese die Vergütungen im Verhältnis zwischen Mitunternehmer und Mitunternehmerschaft und damit auch im Verhältnis der Mitunternehmer untereinander als Aufwand zu verrechnen sind. Diese Vergütungen gehören bei den einzelnen Mitunternehmern gem. § 15 Abs. 1 Satz 1 Nr. 2 EStG gleichwohl zu ihrem Gewinnanteil aus der Beteiligung an der Mitunternehmerschaft und sind damit zugleich Bestandteil des steuerlichen Gewinns der Mitunternehmerschaft, wegen der Einzelheiten dazu vgl. Rn. 1331 ff.

BEISPIEL: Abwandlung des Beispiels in vorstehender Rn. 1283 dahin gehend, dass die dort im Rahmen der Gewinnverteilung vorab zu berücksichtigenden Beträge den Mitunternehmern in jedem Fall zustehen sollen und dass diese Vergütungen als Aufwand zu verrechnen sind. Ferner soll davon ausgegangen werden, dass die in den Varianten a–d angenommenen Ergebnisse vor Berücksichtigung dieser Vergütungen erzielt wurden. Nach Berücksichtigung dieser Vergütungen als Aufwand werden dementsprechend folgende Ergebnisse ausgewiesen:

a) Gewinn 70 000 €,

b) Verlust 30 000 €,

c) Verlust 110 000 €,

d) Verlust 190 000 €.

Dies führt unter Berücksichtigung des § 15 Abs. 1 Satz 1 Nr. 2 EStG zu folgenden bei der Besteuerung zu berücksichtigenden Anteilen an Gewinn bzw. Verlust:

	Gesamt	A	B	C
	€	€	€	€
Variante a)				
Bilanzgewinn	70 000	28 000	21 000	21 000
Verzinsung	30 000	12 000	9 000	9 000
Tätigkeitsvergütung A	100 000	100 000	./.	./.
Steuerlicher Gewinn	**200 000**	**140 000**	**30 000**	**30 000**
Variante b)				
Bilanzverlust	./. 30 000	./. 12 000	./. 9 000	./. 9 000
Verzinsung	30 000	12 000	9 000	9 000
Tätigkeitsvergütung A	100 000	100 000	./.	./.
Steuerlicher Gewinn	**100 000**	**100 000**	**0**	**0**
Variante c)				
Bilanzverlust	./. 110 000	./. 44 000	./. 33 000	./. 33 000
Verzinsung	30 000	12 000	9 000	9 000
Tätigkeitsvergütung A	100 000	100 000	./.	./.
Steuerlicher Gewinn	**20 000**	**68 000**	**./. 24 000**	**./. 24 000**
Variante d)				
Bilanzverlust	./. 190 000	./. 76 000	./. 57 000	./. 57 000
Verzinsung	30 000	12 000	9 000	9 000
Tätigkeitsvergütung A	100 000	100 000	./.	./.
Steuerliches Ergebnis	**./. 60 000**	**36 000**	**./. 48 000**	**./. 48 000**

Vergleicht man die Ergebnisse der beiden Beispiele in Rn. 1283 und 1285, wird daraus deutlich, dass die Höhe des von der Mitunternehmerschaft erwirtschafteten steuerlichen Gewinns nicht dadurch beeinflusst wird, ob den Mitunternehmern Vergütungen im Rahmen der handelsrechtlich maßgebenden Gewinnbeteiligung oder aber aufgrund von schuldrechtlich getroffenen Vereinbarungen zustehen, die als Aufwand verrechnet werden. Die Verrechnung dieser Vergütungen als Aufwendungen führt aber dazu, dass sich dadurch die Anteile der Mitunternehmer am Ergebnis der Mitunternehmerschaft gegeneinander verschieben. Die wesentlichen Auswirkungen ergeben sich danach auf der Ebene der gesellschaftsrechtlichen Beziehungen, die bei den einzelnen Mitunternehmern entsprechend unterschiedliche steuerliche Folgen haben. Diese Gesichtspunkte sollten bedacht werden, wenn im Hinblick auf die Vermeidung nicht erwünschter steuerlichen Folgen z. B. bei Anwendung des § 15a EStG[1] oder aber des § 35 EStG[2] erwogen werden sollte, Vergütungen i. S. d. § 15 Abs. 1 Satz 1 Nr. 2 EStG durch im Rahmen der Gewinnverteilung zu berücksichtigende Vorabvergütungen zu ersetzen. 1286

Die im Einzelfall anzutreffenden Vereinbarungen zur Gewinnverteilung und der Vergütung der von den Mitunternehmern über ihre Kapitaleinlage hinaus erbrachten Leistungen sind recht unterschiedlich. Nicht selten handelt es sich um eine Kombination zwischen der Verteilung von Vorabgewinnen i. S. d. Beispiels in Rn. 1283 und von Vergütungen, die als Unkosten der Mitunternehmerschaft verrechnet werden und deswegen gem. § 15 Abs. 1 Satz 1 Nr. 2 EStG in die Ermittlung des steuerlichen Gewinns einzubeziehen sind. Bei den Vergütungen für die Überlassung von Kapital kann es deswegen auch unter dem Gesichtspunkt der zutreffenden Gewinnverteilung erforderlich sein, bei den von den Mitunternehmern überlassenen Mitteln nach den in Rn. 751 ff. dargestellten Grundsätzen zu unterschieden, ob sie in das Eigenkapital der Gesellschaft geleistet und damit Teil des Kapitalanteils des Mitunternehmers wurden, oder es sich dabei um Fremdkapital handelt. Sind Vergütungen i. S. d. § 15 Abs. 1 Satz 1 Nr. 2 EStG in die steuerliche Gewinnermittlung einzubeziehen, erfordert dies die Berücksichtigung des Ergebnisses der aus diesem Anlass geführten Sonderbilanz,[3] die zusätzlich gewillkürtes Sonderbetriebsvermögen enthalten kann. 1287

Hat eine Mitunternehmerschaft ihren Gewinn (ausnahmsweise) durch Gegenüberstellung der Betriebseinnahmen nach § 4 Abs. 3 EStG ermittelt und geht sie zu der durch Bestandsvergleich nach § 4 Abs. 1, § 5 EStG über, ist nach den sich aus R 4.6 EStR ergebenden Grundsätzen eine Gewinnkorrektur erforderlich, durch die auch Geschäftsvorfälle erfolgswirksam werden, die sich bei der Einnahme-Überschussrechnung nicht auswirken konnten. Diese Korrektur ist den jeweiligen Mitunternehmern auch dann anteilig zuzurechnen, wenn Anlass dieses Übergangs das Ausscheiden eines der Mitunternehmer ist.[4] Dies ist dadurch gerechtfertigt, dass der Korrekturbetrag im Ergebnis Vermögenswerte repräsentiert, die dem Mitunternehmer anteilig zustehen und ihm aus Anlass des Ausscheidens vergütet werden. Der Korrekturbetrag ist als Teil des laufen- 1288

1 Vgl. dazu Rn. 1456 ff.
2 Vgl. dazu Rn. 1786 ff.
3 Vgl. dazu Rn. 821 ff.
4 BFH 13. 11. 1997 IV R 18/97, BStBl 1998 II 290.

den Gewinns zu versteuern. Insoweit kann dementsprechend kein Veräußerungsgewinn i. S. d. § 16 Abs. 1 Nr. 2 EStG mehr entstehen.

1289–1295 *(Einstweilen frei)*

3. Zeitlicher Rückbezug von Gewinnverteilungsabreden

1296 Eine Änderung des ursprünglichen Gewinnverteilungsschlüssels kann bei Veränderung im Bestand der Mitunternehmer erforderlich werden. Ferner kann die Veränderung der tatsächlichen Verhältnisse dies notwendig machen, z. B. Rückzug älterer Gesellschafter aus dem aktiven Geschäft. Auch in diesen Fällen kann dem allgemein für das Steuerrecht maßgebenden Grundsatz folgend diese Vereinbarung nur mit Wirkung für die Zukunft, nicht hingegen bereits für die Vergangenheit mit steuerlicher Wirkung anerkannt werden.[1] Dies gilt unabhängig davon, ob es sich um eine Vereinbarung zwischen nahe stehenden Personen oder zwischen fremden Dritten handelt. Der BFH[2] rechtfertigt dies damit, dass ein in der Personengesellschaft entstandener Gewinn (oder Verlust) einkommensteuerrechtlich ohne weiteres nach Maßgabe des zu diesem Zeitpunkt gültigen Gewinn- oder Verlustverteilungsschlüssels aufzuteilen ist, weil die Höhe des Jahresgewinnes oder -verlustes in erster Linie durch die einzelnen Geschäftsvorfälle bestimmt wird, die nicht rückwirkend herbeigeführt oder ungeschehen gemacht oder in ihrem Inhalt verändert werden können. Deswegen ist es auch nicht zulässig, beim Eintritt eines Gesellschafters in eine Personengesellschaft während eines Wirtschaftsjahres, den bis zum Eintrittszeitpunkt entstandenen (d. h. durch die Geschäftsvorfälle bis zu diesem Zeitpunkt verwirklichten) Gewinn oder Verlust durch eine schuldrechtliche Rückbeziehung der Eintrittsvereinbarung als laufenden Gewinn oder Verlust einkommensteuerrechtlich von den bisherigen Gesellschaftern ganz oder teilweise auf den neu eingetretenen Gesellschafter zu verlagern. Entsprechendes gilt für rückwirkende Abreden über die Gewährung von Sondervergütungen.[3]

1297 Sieht der Gesellschaftsvertrag einer neu zu errichtenden KG von vornherein vor, dass der innerhalb eines bestimmten Zeitraums entstehende Verlust, alle Kommanditisten nach Ablauf dieses Zeitraums ihrem Beteiligungsverhältnis entsprechend jeweils gleichmäßig am Verlust beteiligt werden sollen, handelt es sich nach dem Urteil des BFH vom 17. 3. 1987[4] auch dann um keine Vereinbarung, der Wirkung für die Vergangenheit beizulegen ist, wenn die einzelnen Kommanditisten innerhalb dieses Zeitraums bezogen auf die einzelnen Wirtschaftsjahre in unterschiedlichem Verhältnis an den Verlusten des jeweiligen Wirtschaftsjahres teilnehmen.

BEISPIEL: Der Gesellschaftsvertrag der in 01 errichteten X-KG sieht vor, dass die Kommanditisten an den für die Jahre 01 – 03 zu erwartenden Verlusten mit jeweils mindestens 90 % ihrer Einlage beteiligt sein sollen. Die Kommanditisten treten zu unterschiedlichen Zeitpunkten bei. Der in 01 eingetretene Verlust kann ausschließlich den 01 beigetretenen Kommanditisten zu-

1 BFH 22. 8. 2002 IV R 6/01, BFH/NV 2003, 36, m. w. N.

2 BFH 17. 3. 1987 VIII R 293/82, BStBl 1987 II 558; 15. 3. 2000 IV B 35/99, BFH/NV 2000, 1185, m. w. N.

3 BFH 3. 4. 2008 IV B 65/07, BFH/NV 2008, 1469.

4 VIII R 293/82, BStBl 1987 II 558; vgl. auch BFH 27. 7. 2004 IX R 20/03, BStBl 2005 II 33.

gerechnet werden. Bei der Verteilung der Verluste 02 und 03 sind die erzielten Verluste vorrangig den in dem jeweiligen Wirtschaftsjahr beigetretenen Kommanditisten zuzurechnen.

Entsprechendes gilt, wenn den Gesellschaftern, die weitere Kapitaleinlagen leisten, vorrangig Verluste zugerechnet werden sollen.[1] Diese Grundsätze sind aber nicht auf die Fälle der entgeltlichen Übertragung von Mitunternehmeranteilen anwendbar.[2]

Keine rückwirkende Änderung der Gewinnverteilung liegt vor, wenn der Gewinnverteilungsmaßstab zwischen den Gesellschaftern streitig geworden ist und sich aufgrund der Beilegung dieses Streits, z. B. durch einen Vergleich, Änderungen bei der ursprünglich vorgenommenen Gewinnverteilung ergeben.[3] Steuerlich kann sich eine derartig geänderte Gewinnverteilung für den jeweils in Betracht kommenden Feststellungszeitraum nur dann auswirken, wenn der betreffende Feststellungsbescheid nach den zu beachtenden verfahrensrechtlichen Vorschriften noch änderbar ist. Ist dies nicht mehr möglich, hat die bisher unzutreffend vorgenommene Gewinnverteilung zu fehlerhaften Kapitalkonten der betroffenen Gesellschafter geführt. Der BFH[4] geht davon aus, dass die erforderliche Korrektur im Wege der Bilanzberichtigung zu erfolgen habe. Nach seiner Auffassung wird in einem derartigen Fall die Beteiligung der einzelnen Gesellschafter am Gesellschaftsvermögen und damit das Betriebsvermögen i. S. d. § 4 Abs. 1 EStG fehlerhaft ausgewiesen. Dieser Fehler ist im ersten einer Änderung noch zugänglichen Feststellungszeitraum außerhalb der Gewinnverteilung für das betreffende Wirtschaftsjahr zu korrigieren. Bei den Mitunternehmern, denen in der Vergangenheit ein zu hoher Gewinn zugerechnet wurde, ist ein Abgang beim Kapitalkonto zu berücksichtigen, der zu einem entsprechenden Verlust führt. Dazu korrespondierend sind bei den bisher benachteiligten Mitunternehmern Zugänge bei den Kapitalkonten zu berücksichtigen, die zu zusätzlich zu besteuernden Gewinnen führen. Das Jahresergebnis der Mitunternehmerschaft wird durch diese Korrekturen nicht berührt. Die Kapitalkonten der betroffenen Mitunternehmer weisen nach Durchführung dieser Korrekturen jeweils den Stand aus, der sich bei von vornherein zutreffender Gewinnverteilung ergeben würde. 1298

(Einstweilen frei) 1299–1305

4. Besonderheiten bei Korrekturen gegenüber der ursprünglichen buchmäßigen Behandlung

Literatur: *Groh*, Der ungetreue Gesellschafter im Ertragsteuerrecht, DB 1995, 844.

Führen die Feststellungen einer steuerlichen Außenprüfung zu von den aufgestellten Bilanzen abweichenden Ergebnissen, ist die Anwendung der maßgebenden Gewinnverteilungsabreden dann unproblematisch, wenn die Abweichungen auf der abweichenden Anwendung von Bewertungsvorschriften beruht, es sich im Ergebnis um Gewinn- 1306

1 BFH 7. 7. 1983 IV R 209/80, BStBl 1984 II 53. Die OFD Münster will dies offenbar nur in den Fällen der Inanspruchnahme von Sonderabschreibungen und erhöhten Absetzungen zulassen, Info v. 16. 11. 2007, StuB 2008, 72.

2 BFH 7. 11. 2006 VIII R 13/04, BStBl 2008 II 545.

3 BFH 23. 4. 1975 I R 234/74, BStBl 1975 II 603; 18. 1. 1990 IV R 97/88, BFH/NV 1991, 21.

4 BFH 10. 12. 1991 VIII R 17/87, BStBl 1992 II 650; 28. 1. 1992 VIII R 28/90, BStBl 1992 II 881, m. w. N.

verlagerungen handelt, die letztlich die Verhältnisse der Gesellschafter zueinander nicht berühren. Etwas anderes gilt dann, wenn Sachverhalte offenbar werden, aus denen einzelnen Mitunternehmern ein Vorteil in einem Umfang entstanden ist, der über den ihnen an sich zustehenden Anteil am Gewinn der Mitunternehmerschaft hinausgeht. Dies kann z. B. der Fall sein, wenn einen Mitunternehmer betreffende Aufwendungen steuerlich nicht als Betriebsausgaben abzugsfähig sind, der Mitunternehmer Nutzungen oder Leistungen von der Mitunternehmerschaft bezieht ohne in angemessenem Umfang damit belastet zu werden, der Mitunternehmer Einnahmen bezieht und verwendet, die an sich der Mitunternehmerschaft zustehen.

1307 Der BFH geht in ständiger Rechtsprechung davon aus, dass Mehr- oder Mindergewinne, die sich aufgrund abweichender Berechnungen der Finanzbehörde gegenüber der von den Mitunternehmern beschlossenen Bilanz ergeben, grundsätzlich nach dem bestehenden Gewinnverteilungsschlüssel auf die Mitunternehmer zu verteilen sind.[1] Diese Grundsätze gelten auch im Falle des zwischenzeitlichen Ausscheidens eines Mitunternehmers. Die Feststellung von nicht durch Entnahmen begründeten Mehrgewinnen führt zu einer Erhöhung des steuerlichen Kapitalkontos. Da sich der aus Anlass des Ausscheidens zu besteuernde Veräußerungsgewinn aus der Gegenüberstellung der Abfindung mit dem Stand des Kapitalkontos ergibt, steht der Erhöhung der laufende Gewinne eine entsprechende Minderung des Veräußerungsgewinns gegenüber.

BEISPIEL: Der Mitunternehmer X scheidet zum 31. 12. 03 gegen eine Abfindung von 500 000 € aus der A & Co. OHG aus. Zu diesem Stichtag wird für X ein steuerliches Kapitalkonto von 250 000 € ausgewiesen, so dass sich auf dieser Grundlage für ihn ein Veräußerungsgewinn von 250 000 € ergibt. Nach den getroffenen Vereinbarungen soll ihm diese Abfindung ungeachtet späterer Feststellungen einer steuerlichen Außenprüfung zustehen.

Eine später durchgeführte steuerliche Außenprüfung für die Jahre 01 – 03 führt zu Mehrgewinnen, von denen nach dem maßgebenden Gewinnverteilungsschlüssel auf X insgesamt 60 000 € entfallen. Davon sind 10 000 € durch X zuzurechnende Mehrentnahmen entstanden. Damit hat sich das steuerliche Kapitalkonto des X zum 31. 12. 03 um 50 000 € auf 300 000 € erhöht. Aus Anlass der steuerlichen Außenprüfung sind danach bei X für Jahre 01 – 03 Mehrgewinne von insgesamt 60 000 € als laufende Gewinne zu besteuern, während der nach § 16 Abs. 1 Nr. 2 EStG zu besteuernde Veräußerungsgewinn von 250 000 € auf 200 000 € zu ermäßigen ist.

Den Beteiligten steht es frei, Vereinbarungen für den Fall des Ausscheidens aus der Mitunternehmerschaft zu treffen, so dass nachträgliche Erkenntnisse z. B. aufgrund des Ergebnisses von anhängigen Prozessen oder aber auch von Feststellungen anlässlich einer steuerlichen Außenprüfung, zu einer abweichenden Bestimmung des Abfindungsguthabens führen. Entsprechendes gilt für Vereinbarungen aus Anlass der Veräußerung eines Anteils an einer Mitunternehmerschaft.

1308 Eine vom allgemeinen Gewinnverteilungsschlüssel abweichende Zurechnung von Mehrgewinnen kann dann in Betracht kommen, wenn nur einzelnen Mitunternehmern ein Vorteil aus dem in Betracht kommenden Sachverhalt verbleibt. So sind z. B. Mehrgewinne aufgrund von zu Unrecht als Betriebsausgaben abgezogenen Aufwendungen, die nur einem Mitunternehmer zugute gekommen sind, nur diesem Mitunternehmer

1 BFH 24. 10. 1996 IV R 90/94, BStBl 1997 II 241, unter Bezugnahme auf 10. 11. 1980 GrS 1/79, BStBl 1981 II 164, 168; 10. 10. 1985 IV B 30/85, BStBl 1986 II 68, 70; 7. 5. 1987 IV R 33/85, BFH/NV 1987, 775.

zuzurechnen.[1] Hat ein Mitunternehmer der Mitunternehmerschaft zustehende Einnahmen veruntreut, vereinnahmt er diese Beträge nach dem Urteil des BFH vom 22. 6. 2006[2] in seinem Sonderbetriebsvermögen. Für den bestehenden Ersatzanspruch der Gesellschaft bzw. der übrigen Gesellschafter kann der Schädiger in seiner Sonderbilanz solange keine Rückstellung bilden, als die geschädigten Gesellschafter von der Veruntreuung keine Kenntnis haben. Die Gesellschaft kann diesen Anspruch nicht aktivieren, wenn er bestritten wird, er nicht werthaltig ist oder auf ihn verzichtet wird. Dabei ist vorbehaltlich abweichender Feststellungen nach der Lebenserfahrung davon auszugehen, dass der ungetreue Mitunternehmer das Bestehen des Anspruchs solange wie möglich bestreiten wird. Dieser Auffassung liegt die Erwägung zugrunde, dass die mitunternehmerischen Einkünfte i. S. d. § 15 Abs. 1 Nr. 2 EStG sich nicht auf den Gewinnanteil und die Vergütungen beschränken, sondern dass dazu alle Einnahmen und Betriebsausgaben, die ihre Veranlassung in der Beteiligung des Steuerpflichtigen an der unternehmerisch tätigen Personengesellschaft haben, gehören. Deswegen rechnen zu den Sonderbetriebseinnahmen auch Einnahmen, die an sich der Gesellschaft zustehen, die ein Gesellschafter jedoch seinem eigenen Vermögen zuführt. Mit der Erfassung dieser Einnahme korrespondiert der der Mitunternehmerschaft zustehende Ausgleichsanspruch. Etwas anderes gilt, wenn der Mitunternehmer bereits von der Mitunternehmerschaft vereinnahmte und damit allen Mitunternehmern zugerechnete Beträge widerrechtlich entnimmt. Insoweit liegen Entnahmen, bei der Rückgewähr Einlagen vor.[3]

Für den Fall, dass einem Mitunternehmer ein privater Vorteil von dritter Seite aus be- 1309
trieblichen Gründen zugewendet wird, z. B. eine Auslandsreise, handelt es sich um eine Betriebseinnahme der Mitunternehmerschaft[4] und zugleich um eine Entnahme des begünstigten Mitunternehmers.[5] Nach dem weiteren Urteil des BFH vom 28. 9. 1995[6] ist mit der einhellig im Schrifttum vertretenen Auffassung davon auszugehen, dass bei der Entnahme von Wirtschaftsgütern durch einen Mitunternehmer der Entnahmegewinn jedenfalls dann ausschließlich dem begünstigten Mitunternehmer zuzurechnen ist, wenn die Umstände ergeben, dass die Mitunternehmer die gesellschaftsvertragliche Gewinnverteilungsabrede insoweit ändern wollten. Als Indiz für eine etwaige stillschweigende Änderung der Gewinnverteilungsabrede insoweit, wird eine entsprechende Darstellung in der Buchführung der Mitunternehmerschaft gewertet. Für den Fall, dass ein Wirtschaftsgut aus dem Gesamthandsvermögen einer Mitunternehmerschaft mit Zustimmung aller Mitunternehmer derart entnommen wird, dass es Eigentum nur eines Mitunternehmers wird, ist der Entnahmegewinn allen Mitunternehmern jedenfalls dann zuzurechnen, wenn die stillen Reserven dem begünstigten Mitunternehmer geschenkt worden sind; eine derartige Konstellation dürfte nur bei Familienpersonengesellschaften anzutreffen sein.

(Einstweilen frei) 1310–1320

1 BFH 23. 6. 1999 IV B 13/99, BFH/NV 2000, 29.
2 IV R 56/04, BStBl 2006 II 838, m. w. N.
3 BFH 8. 6. 2000 IV R 39/99, BStBl 2000 II 670.
4 BFH 26. 9. 1995 VIII R 35/93, BStBl 1996 II 273.
5 BFH 20. 4. 1989 IV R 106/87, BStBl 1989 II 641.
6 IV R 39/94, BStBl 1996 II 276.

X. Vergütungen an Gesellschafter

1. Allgemeine Grundsätze

1321 Die Beziehungen zwischen Personengesellschaft und Gesellschafter haben ihre Ursache in dem bestehenden Gesellschaftsverhältnis. Daneben werden zwischen Gesellschaft und Gesellschafter vielfach schuldrechtliche Beziehungen begründet, die in der Rechnungslegung der Gesellschaft wie derartige Rechtsbeziehungen zu unbeteiligten Dritten ihren Niederschlag finden. Das Steuerrecht folgt diesen schuldrechtlich ausgestatteten Beziehungen zwischen Gesellschaft und Gesellschafter weitgehend dem Grunde nach, würdigt diese Sachverhalte für Zwecke der Besteuerung jedoch teilweise anderweitig. Derartige Abweichungen ergeben sich regelmäßig unter dem Gesichtspunkt des § 15 Abs. 1 Satz 1 Nr. 2 EStG sowie unter dem Gesichtspunkt der Fremdüblichkeit.

1322 Nach § 15 Abs. 1 Satz 1 Nr. 2 Satz 1 EStG gehören zu den Einkünften aus Gewerbebetrieb die Gewinnanteile der Gesellschafter einer OHG, einer KG und einer anderen Gesellschaft, bei der der Gesellschafter als Unternehmer (Mitunternehmer) des Betriebs anzusehen ist, und die Vergütungen, die der Gesellschafter von der Gesellschaft für seine Tätigkeit im Dienst der Gesellschaft oder für die Hingabe von Darlehen oder für die Überlassung von Wirtschaftsgütern bezogen hat. Diese Vergütungen werden von der Gesellschaft regelmäßig auf der Grundlage schuldrechtlicher Vereinbarungen für von dem Mitunternehmer erbrachte Leistungen[1] geschuldet. Dabei ist es unerheblich, ob sich diese bereits aus dem Gesellschaftsvertrag ergibt oder losgelöst davon getroffen wird. Wesentlich ist, dass sie als Aufwand zu behandeln, insbesondere im Gegensatz zu einem Gewinnvoraus auch dann zu zahlen sind, wenn kein Gewinn erwirtschaftet wird.[2] Fehlt es an einer hierauf gerichteten unmissverständlichen Vereinbarung, so handelt es sich – im Zweifel – um eine bloße Gewinnverteilungsabrede.[3] Eine Hinzurechnung nach § 15 Abs. 1 Satz 1 Nr. 2 EStG kommt danach nur dann in Betracht, wenn die Vergütung nicht Ausfluss von gesellschaftsvertraglichen Gewinnverteilungsabreden[4] ist. Davon ist der BFH im Urteil vom 24. 1. 2008[5] für den Fall ausgegangen, dass die beiden Mitglieder einer ARGE eine Sondervergütung vereinbarten, der keine Gegenleistung gegenüberstand, mit der im Ergebnis ein Teilgewinn aus einem langfristigen Auftrag vorzeitig realisiert werden sollte, Mit § 15 Abs. 1 Satz 1 Nr. 2 Satz 1 EStG werden die Mitunternehmer einer Mitunternehmerschaft für die Besteuerung ihrer Einkünfte insoweit einem Einzelunternehmer gleichgestellt, dem es nicht möglich ist, zwischen seinem Einzelunternehmen und sich selbst als Privatmann auch mit steuerlicher Wirkung Vereinbarungen mit der Folge zu treffen, dass die daraus bezogenen Vergütungen als Einkünfte einer anderen Einkunftsart zu besteuern sind.

1323 Die Regelung des § 15 Abs. 1 Satz 1 Nr. 2 EStG bezieht sich nur auf Vergütungen, die für Leistungen während des Bestehens des mitunternehmerschaftlichen Verhältnisses er-

1 BFH 28. 3. 2000 VIII R 13/99, BStBl 2000 II 612.

2 BFH 10. 11. 1980 GrS 1/79, BStBl 1981 II 164, 169; 14. 11. 1985 IV R 63/83, BStBl 1986 II 58, 59; 13. 10. 1998 VIII R 4/98, BStBl 1999 II 284; 20. 5. 2005 VIII B 161/04, BFH/NV 2005, 1785.

3 BFH 23. 1. 2001 VIII R 30/99, BStBl 2001 II 621.

4 Vgl. dazu Rn. 1281 ff.

5 IV R 87/06. BStBl 2008 II 428.

bracht werden. Dies wird z. B. daraus deutlich, dass ein der Mitunternehmerschaft überlassenes Grundstück erst ab dem Zeitpunkt des Beitritts des Überlassenden zur Mitunternehmerschaft dessen Sonderbetriebsvermögen wird[1] und mit Beendigung dieses Verhältnisses aus dem Sonderbetriebsvermögen wieder ausscheidet.[2] Weiter ist jedoch zu beachten, dass gem. § 15 Abs. 1 Satz 2 EStG auch für Vergütungen i. S. d. § 15 Abs. 1 Satz 1 Nr. 2 EStG gilt, die als nachträgliche Einkünfte i. S. d. § 24 Nr. 2 EStG bezogen werden. Es handelt sich um Vergütungen, die von einer Person, die nicht (mehr) Mitunternehmerin ist, im Hinblick auf ein zuvor beendetes mitunternehmerschaftliches Verhältnis bezogen werden. Bedeutsam ist diese Regelung insbesondere für die Fälle, in denen Versorgungsleistungen an ausgeschiedene Mitunternehmer oder deren Angehörige zu erbringen sind.[3] Diese Regelung gilt nicht für Fälle der Veräußerung eines Mitunternehmeranteils gegen einen gewinn- oder umsatzabhängigen Kaufpreis.[4]

Weiter ist zu beachten, dass Zahlungen von dritter Seite, die Vergütungen für eine Tä- 1324
tigkeit des Mitunternehmers sind, die im wirtschaftlichen Zusammenhang mit der gewerblichen Betätigung der Mitunternehmerschaft steht, zu deren Gewinn und dem Gewinnanteil des Mitunternehmers gehören. Sonderbetriebseinnahmen des Mitunternehmers liegen dann vor, wenn diese Tätigkeit – z. B. die Vermittlung von Leistungen eines Dritten – nur im Interesse der Mitunternehmerschaft ausgeübt wird. Tritt der Mitunternehmer dagegen hinsichtlich derartiger Leistungen nachhaltig auch mit anderen Geschäftspartnern in Kontakt, ist er auch insoweit als Einzelunternehmer tätig, als die Vergütungen für die entsprechende Tätigkeit im Zusammenhang mit der Betätigung der Mitunternehmerschaft gezahlt werden.[5]

Schuldrechtliche Vereinbarungen zwischen Mitunternehmerschaft und Mitunterneh- 1325
mer, die nicht den Regelungen des § 15 Abs. 1 Satz 1 Nr. 2 EStG unterfallen, sind steuerlich hingegen grundsätzlich ebenso zu behandeln, als wären sie zwischen fremden Dritten geschlossen worden. Dies gilt für die entgeltliche Übertragung von Wirtschaftsgütern vom Mitunternehmer auf die Mitunternehmerschaft ebenso wie von der Mitunternehmerschaft auf den Mitunternehmer sowie für Leistungen jeglicher Art, die die Mitunternehmerschaft für den Mitunternehmer erbringt. Wesentlich ist in diesem Zusammenhang, dass Leistung und Gegenleistung einem Fremdvergleich standhalten. Ist dies nicht der Fall, ist regelmäßig davon auszugehen, dass die formal schuldrechtlich getroffene Vereinbarung ihre Ursache im Gesellschaftsverhältnis hat, so dass ggf. das in der Handelsbilanz ausgewiesene Ergebnis für steuerliche Zwecke zu korrigieren ist. Wird z. B. dem Mitunternehmer ein Vorteil zugewandt, der einem fremden Dritten nicht zugewandt worden wäre, ist zu prüfen, ob eine nach § 6 Abs. 1 Nr. 4 EStG zu bewertenden Entnahme vorliegt, sofern bei Übertragung in ein anderes Betriebsvermögen nicht nach § 6 Abs. 5 EStG auf die Aufdeckung der stillen Reserven verzichtet

1 BFH 9. 9. 1993 IV R 14/91, BStBl 1994 II 250.

2 BFH 31. 8. 1995 VIII B 21/93, BStBl 1995 II 890.

3 Vgl. BFH 25. 1. 1994 VIII B 111/93, BStBl 1994 II 455, sowie die Nachweise in BFH 14. 5. 2002 VIII R 8/01, BStBl 2002 II 532, unter II 1.b. der Entscheidungsgründe; wegen Einzelheiten vgl. Rn. 1371 ff.

4 BFH 14. 5. 2002 VIII R 8/01, BStBl 2002 II 532.

5 BFH 9. 2. 1978 IV R 85/77, BStBl 1979 II 111.

werden kann.[1] Bei Anschaffung von Wirtschaftsgütern im privaten Interesse von Mitunternehmern ist zu prüfen, ob diese steuerlich dem Privatvermögen zuzurechnen sind[2] und damit aus der steuerlichen Gewinnermittlung ausscheiden.

1326 Entsprechend den für die Besteuerung allgemein geltenden Grundsätzen sind auch die Beziehungen zwischen der Mitunternehmerschaft und den Personen, die der Mitunternehmerschaft oder einzelnen Mitunternehmern nahe stehen, darauf zu untersuchen, ob sie einem Fremdvergleich standhalten. Dabei handelt es sich z. B. um Angehörige i. S. d. § 15 AO einzelner Mitunternehmer, um Gesellschaften, an denen die Mitunternehmerschaft oder Mitunternehmer nicht nur unwesentlich beteiligt sind. Soweit danach den nahe stehenden Personen ein Vermögensvorteil eingeräumt wird, ist zu prüfen, ob nach § 6 Abs. 1 Nr. 4 EStG zu bewertende Entnahmen vorliegen; im Verhältnis zu im Ausland ansässigen Gesellschaften kann auch zu prüfen sein, ob eine Einkunftsberichtigung nach § 1 AStG erforderlich ist. Wegen Einzelheiten zur Beurteilung von Beziehungen zu nahe stehenden Personen wird auf Rn. 1076 ff. hingewiesen.

1327–1330 *(Einstweilen frei)*

2. Vergütungen i. S. d. § 15 Abs. 1 Satz 1 Nr. 2 EStG

Literatur: *Bordewin*, Pensionszusagen für tätige Mitunternehmer, FR 1990, 526; *Heubeck/ Schmauck*, Rückstellungen für Pensionszusagen an Gesellschafter-Geschäftsführer von Personengesellschaften, BB 1991, 1903; *Korn*, Pensionszusagen und betriebliche Versorgungsrenten an tätige Mitunternehmer, KÖSDI 1991, 8507; *Tischer*, Pensionszusagen an geschäftsführende Mitunternehmer im System der stufenweisen Gewinnermittlung, FR 1991, 157; *Wuttke*, Die Pensionsrückstellung für den Gesellschafter und § 15 Abs. 1 Nr. 2 EStG, FR 1991, 309; *Scheiterle*, Versorgungsleistungen an ausgeschiedene Mitunternehmer, BB 1992, 2112; *Groh*, Der ungetreue Gesellschafter im Ertragsteuerrecht, DB 1995, 844; *Paus*, Behandlung von Pensionszusagen an Gesellschafter-Geschäftsführer bei Umwandlung einer GmbH in eine Personengesellschaft oder ein Einzelunternehmen, FR 1995, 533; *Paus*, Aktivierungspflichtige Tätigkeitsvergütungen i. S. d. § 15 Abs. 1 Nr. 2 EStG, FR 1996, 698; *Schulze zur Wiesche*, Die ertragsteuerliche Behandlung von Pensionszusagen an Gesellschafter-Geschäftsführer bei der Umwandlung von Gesellschaften, DStR 1996, 2000; *Stützel*, Fallstricke bei Tätigkeitsvergütungen von Kommanditisten auf gesellschaftsrechtlicher Grundlage?, DStR 1996, 1596; *Götz*, Rückgedeckte Pensionszusagen an Gesellschafter-Geschäftsführer bei Umwandlung einer Kapitalgesellschaft in eine Personengesellschaft, DStR 1998, 1946; *Preuschoff*, Die Besteuerung von Abfindungen an Arbeitnehmer-Kommanditisten, BB 1999, 1964; *Söffing*, Pensionsrückstellung für Personengesellschafter, BB 1999, 40, 96; *Grützner*, Leistungsbeziehungen zwischen Personengesellschaft und Gesellschafter, StuB 2000, 498; *Groh*, Sondervergütung oder Gewinnvorab?, DStZ 2001, 358; *Neumann*, Pensionszusagen an Gesellschafter-Geschäftsführer bei Umwandlung einer GmbH in eine Personengesellschaft, GmbHR 2002, 996; *Paus*, Rückdeckungsversicherung für Pensionszusagen an den Gesellschafter-Geschäftsführer einer Personengesellschaft – Anmerkungen zum BFH-Urteil v. 28. 6. 2001 IV R 41/00, FR 2002, 75; *Rose*, Zur steuerlichen Beurteilung einvernehmlicher inkongruenter Gewinnverteilungen in Personen- und Kapitalgesellschaften, FR 2002, 1.

1 Vgl. dazu Rn. 1146 ff.
2 Vgl. dazu Rn. 720 ff.

a) Überblick

In § 15 Abs. 1 Satz 1 Nr. 2 Satz 1 EStG wird für den Mitunternehmer einer Mitunternehmerschaft bestimmt, dass zu den aus seiner Beteiligung an der Mitunternehmerschaft bezogenen Einkünften aus Gewerbebetrieb nicht nur sein Anteil am Gewinn der Mitunternehmerschaft, sondern auch die von der Mitunternehmerschaft bezogenen Vergütungen 1331

- für seine Tätigkeit im Dienst der Gesellschaft,
- für die Hingabe von Darlehen oder
- für die Überlassung von Wirtschaftsgütern

gehören. Dies gilt nach § 15 Abs. 1 Satz 2 EStG auch für Vergütungen, die als nachträgliche Einkünfte i. S. d. § 24 Nr. 2 EStG bezogen werden, z. B. Versorgungsbezüge an Mitunternehmer und deren Hinterbliebene im Hinblick in der Vergangenheit erbrachte Leistungen. Bei diesen Regelungen handelt es sich um eine abschließende Aufzählung. Die Grundsätze dieser Vorschrift können nicht erweiternd auf andere Sachverhalte übertragen werden, z. B. Veräußerungsgeschäfte,[1] Leistungen, der in § 15 Abs. 1 Satz 1 Nr. 1 Satz 2 EStG bezeichneten Art, die die Mitunternehmerschaft ihrerseits gegenüber dem Mitunternehmer erbringt[2] oder auf die Rechtsbeziehungen zwischen einzelnen Mitunternehmern.[3]

Ergänzend dazu wird in § 15 Abs. 1 Satz 1 Nr. 2 Satz 2 EStG bestimmt, dass der mittelbar über eine oder mehrere Personengesellschaften beteiligte Gesellschafter dem unmittelbar beteiligten Gesellschafter gleichsteht. Er ist danach als Mitunternehmer des Betriebs der Gesellschaft anzusehen, an der er mittelbar beteiligt ist, wenn er und die PersGes, die seine Beteiligung vermitteln, jeweils als Mitunternehmer der Betriebe der PersGes anzusehen sind, an denen sie unmittelbar beteiligt sind. Diese Sonderregelung für die sog. doppelstöckige PersGes bewirkt, dass ein Mitunternehmer der Obergesellschaft dann und insoweit zugleich Mitunternehmer der Untergesellschaft ist, als er von dieser Vergütungen i. S. d. § 15 Abs. 1 Satz 1 Nr. 2 Satz 1 EStG bezieht. Den ihm aufgrund seiner Beteiligung an der Obergesellschaft zustehenden Anteil am Gewinn der Untergesellschaft bezieht er hingegen als Teil seines Gewinnanteils an der Obergesellschaft. Wegen weiterer Einzelheiten zu den Besonderheiten bei doppelstöckigen PersGes wird auf Rn. 416 ff. hingewiesen. 1332

Diese Vergütungen sind ohne Rücksicht auf handelsrechtliche Grundsätze ordnungsmäßiger Buchführung in dem Wirtschaftsjahr oder in den Wirtschaftsjahren und in der Höhe als Sonderbetriebseinnahmen zu erfassen, in dem oder in denen sie den Gesamtgewinn der Gesellschaft gemindert haben.[4] Maßgebend sind also insoweit die steuerlichen Gewinnermittlungsvorschriften. Bei Gewinnermittlung nach § 4 Abs. 1, § 5 EStG kommt es deswegen auf den Abfluss bei der Gesellschaft und den ggf. korrespondierenden Zufluss beim Gesellschafter nicht an. 1333

1 BFH 28. 10. 1999 VIII R 41/98, BStBl 2000 II 339.
2 BFH 9. 5. 1996 IV R 64/93, BStBl 1996 II 642.
3 BFH 12. 10. 1977 I R 248/74, BStBl 1978 II 191, unter 2.a der Entscheidungsgründe.
4 BFH 28. 3. 2000 VIII R 13/99, BStBl 2000 II 612; 11. 12. 2003 IV R 42/02, BStBl 2004 II 353, m. w. N.

1334 Die Regelungen des § 15 Abs. 1 Satz 1 Nr. 2 EStG werden damit gerechtfertigt, dass

- die Stellung des Mitunternehmers steuerlich so weitgehend wie möglich der eines Einzelunternehmers angenähert sein soll,[1]
- das Ergebnis der Besteuerung davon unabhängig zu machen ist, ob die Leistungen des Gesellschafters durch einen Vorabgewinn oder durch eine besondere Vergütung abgegolten werden.[2]

Es handelt sich damit um eine Vorschrift, die im Ergebnis dazu führen soll, dass im Bereich der Personenunternehmen, d. h. bei Einzelunternehmen und Mitunternehmerschaften vergleichbare Sachverhalte steuerlich gleich behandelt werden. Weitere Folge ist, dass die zur Erzielung dieser Einkünfte eingesetzten Wirtschaftsgüter als Sonderbetriebsvermögen[3] in die steuerliche Gewinnermittlung für den Mitunternehmer, damit aber auch für die Mitunternehmerschaft einzubeziehen sind.

1335 Mit dem Bezug der hier in Rede stehenden Vergütungen würde der betreffende Mitunternehmer auch losgelöst von der Beteiligung an der Mitunternehmerschaft Einkünfte aus einer anderen Einkunftsart, z. B. bei Tätigkeitsvergütungen aus nichtselbständiger Arbeit i. S. d. § 19 EStG, bei Darlehensgewährungen aus Kapitalvermögen i. S. d. § 20 EStG beziehen. Die Regelung des § 15 Abs. 1 Satz 1 Nr. 2 EStG führt danach zu einer zwingenden Umqualifikation dieser Einkünfte in Einkünfte aus Gewerbebetrieb. Der Zuordnung der Vergütungen zu den im Rahmen der Mitunternehmerschaft bezogenen Einkünften aus Gewerbebetrieb ist selbst dann der Vorzug zu geben, wenn die Vergütungen vom Mitunternehmen in einem eigenen Gewerbebetrieb vereinnahmt werden, z. B. für die Überlassung eines zum eigenen Unternehmen gehörenden Wirtschaftsguts an die Mitunternehmerschaft.[4]

1336 Für die Behandlung als Vorabvergütung i. S. d. § 15 Abs. 1 Satz 1 Nr. 2 EStG ist es unerheblich, ob die Vergütung von der Gesellschaft als sofort abziehbarer Aufwand verrechnet worden oder den Herstellungskosten eines Wirtschaftsguts zuzuordnen ist. So gehört z. B. die Vergütung für Baubetreuungsleistungen, die ein Mitunternehmer gegenüber der Mitunternehmerschaft für von dieser errichtete Gebäude erbringt, zu den Herstellungskosten der Gebäude.[5]

1337 Erfolgen Nutzungsüberlassungen oder Darlehensgewährungen durch Gesellschaften, an denen Mitunternehmer der nutzenden Mitunternehmerschaft beteiligt sind, ist zu unterscheiden, ob die überlassende Gesellschaft lediglich vermögensverwaltend tätig ist und die Gesellschafter dementsprechend grundsätzliche Einkünfte aus Vermietung und Verpachtung i. S. d. § 21 EStG bzw. aus Kapitalvermögen i. S. d. § 20 EStG beziehen. Bei einer lediglich vermögensverwaltend tätigen Gesellschaft werden gegenüber den

1 BFH 28. 10. 1999 VIII R 41/98, BStBl 2000 II 339, m. w. N.

2 BFH 28. 3. 2000 VIII R 13/99, BStBl 2000 II 612, m. w. N.

3 Vgl. dazu Rn. 821 ff.

4 BFH 7. 12. 2000 III R 35/98, BStBl 2001 II 316; 6. 3. 2002 XI R 9/01, BStBl 2002 II 737; 18. 8. 2005 IV R 59/04, BStBl 2005 II 830, jeweils m. w. N.; vgl. auch Rn. 826 ff.

5 BFH 11. 12. 1986 IV R 222/84, BStBl 1987 II 553.

Mitunternehmern der nutzenden Mitunternehmerschaft die Tatbestandsmerkmale des § 15 Abs. 1 Satz 1 Nr. 2 EStG verwirklicht.[1]

BEISPIEL: A, B und C sind Kommanditisten der A-GmbH & Co. KG, die von einer GbR, an der sie zu je 20 % beteiligt sind, ein Grundstück gemietet hat. Die GbR ist vermögensverwaltend tätig. Die von der A-GmbH & Co. KG gezahlten Mieten sind soweit sie ihren Kommanditisten zustehen, d. h. bezogen auf den einzelnen Kommanditisten zu 20 % und insgesamt zu 60 % als Vergütungen i. S. d. § 15 Abs. 1 Satz 1 Nr. 2 EStG zu behandeln; wegen der Zugehörigkeit dieser Grundstücksteile zum Sonderbetriebsvermögen vgl. Rn. 824.

Der BFH sieht die Rechtfertigung für diese Handhabung darin, dass nur damit dem mit 1338 § 15 Abs. 1 Satz 1 Nr. 2 Halbsatz 2 EStG verfolgten Zweck, im Bereich der Sondervergütungen Mitunternehmer wie einen Einzelunternehmer zu behandeln und die Vergütungen den Einkünften aus Gewerbebetrieb zuzuweisen, Rechnung getragen werden könne. Dieser Zweck würde vereitelt, wenn es einem Gesellschafter, der seiner Gesellschaft Wirtschaftsgüter zur Nutzung überlassen will, möglich wäre, diese Leistungen dadurch aus dem Anwendungsbereich des § 15 Abs. 1 Satz 1 Nr. 2 Halbsatz 2 EStG und damit den gewerblichen Einkünften auszuklammern, dass er sie (teilweise) zusammen mit anderen Gesellschaftern oder Nichtgesellschaftern erbringt. Die mittelbare Leistung über einen nicht gewerblich tätigen Personenzusammenschluss – gleichgültig in welcher Rechtsform dieser organisiert ist – steht hier der unmittelbaren Leistung gleich.

Eine andere Beurteilung greift dann ein, wenn eine ganz oder teilweise personeniden- 1339 tische gewerbliche Mitunternehmerschaft Leistungen i. S. d. § 15 Abs. 1 Satz 1 Nr. 2 Satz 1 EStG erbringt.[2] Dabei ist es unerheblich, ob diese Mitunternehmerschaft im Übrigen einer gewerblichen Tätigkeit nachgeht oder nach § 15 Abs. 3 Nr. 1 EStG gewerblich geprägt ist.[3] Überlässt z. B. eine PersGes an eine personenidentische PersGes, eine Schwestergesellschaft, ein Grundstück, sind die Einkünfte daraus der überlassenden PersGes zuzurechnen; die Gesellschafter der nutzenden PersGes, die zugleich Gesellschafter der überlassenden PersGes sind, beziehen insoweit keine Vergütungen i. S. d. § 15 Abs. 1 Satz 1 Nr. 2 EStG von der nutzenden PersGes. Der BFH begründet diese Auffassung im Ergebnis damit, dass die leistende Mitunternehmerschaft auch insoweit gewerblich tätig sei, so dass die Besteuerung als gewerblicher Einkünfte sichergestellt und es damit nicht erforderlich sei, auf die Regelung des § 15 Abs. 1 Satz 1 Nr. 2 Satz 1 EStG zurückzugreifen.[4] Dementsprechend sind nach dem Urteil des FG Münster vom 15. 7. 2008[5] Leistungen einer nicht gewerblich tätigen Schwestergesellschaft, soweit zwischen den Gesellschaftern Personenidentität besteht, gem. § 15 Abs. 1 Satz 1 Nr. 2 Satz 1 Halbsatz 2 EStG als Sondervergütungen bei der die Leistung empfangenden Personengesellschaft zu erfassen.

1 BFH 1. 3. 1994 VIII R 35/92, BStBl II 1995 II 241; 22. 11. 1994 VIII R 63/93, BStBl 1996 II 93, jeweils m. w. N.

2 BFH 22. 11. 1994 VIII R 63/93, BStBl 1996 II 93; 26. 11. 1996 VIII R 42/94, BStBl 1998 II 328; BMF 28. 4. 1998, BStBl 1998 I 583; BFH 21. 9. 2000 IV R 50/99, BStBl 2001 II 299.

3 Vgl. dazu Rn. 396 ff.

4 BFH 23. 4. 1996 VIII R 13/95, BStBl 1998 II 325, unter ausdrücklicher Bezugnahme auf BFH 22. 11. 1994 VIII R 63/93, BStBl 1996 II 93.

5 1 K 2405/04 F, NWB DokID: CAAAC-96115.

1340 Im Regelfall wird die Leistung von dem Mitunternehmer gegenüber der Mitunternehmerschaft für eine von der Mitunternehmerschaft an den Mitunternehmer gezahlte Vergütung erbracht. Nach der Rechtsprechung des BFH kann die Rechtsfolge des § 15 Abs. 1 Satz 1 Nr. 2 EStG nicht dadurch vermieden werden, dass in den Leistungsfluss ein Dritter eingeschaltet wird. Vermietet ein Mitunternehmer ein Grundstück an einen Dritten mit der Auflage, es an die Mitunternehmerschaft weiterzuvermieten, handelt es sich bei den durch den Mitunternehmer vom Dritten vereinnahmenden Mieten um Vergütungen i. S. d. § 15 Abs. 1 Satz 1 Nr. 2 EStG.[1] Ein Komplementär bezieht für seine Geschäftsführertätigkeit bei der KG auch dann eine Vergütung i. S. d. § 15 Abs. 1 Satz 1 Nr. 2 EStG, wenn ihm diese von einer Kommanditistin gezahlt wird, der dieser Aufwand von der KG ersetzt wird.[2]

1341 Nach dem Urteil des BFH vom 6. 7. 1999[3] gehören Vergütungen, die ein Kommanditist, der zugleich Alleingesellschafter und Geschäftsführer der Komplementär-GmbH ist, die über eine Schwester-Kapitalgesellschaft der GmbH & Co. KG für erbrachte Verwaltungs- und Managementleistungen bezieht, zu seinen Sonderbetriebseinnahmen bei der KG. Ausgehend von der sich aus § 114 Abs. 1, § 161 Abs. 2, § 164 HGB ergebenden Verpflichtung des persönlich haftenden Gesellschafters der KG zur Geschäftsführung, sah der BFH die zivilrechtlich zulässige Einschaltung der Schwester-Kapitalgesellschaft[4] einkommensteuerrechtlich als unbeachtlich an, weil der Kommanditist und Alleingesellschafter-Geschäftsführer der Komplementär-GmbH sowie der Schwester-Kapitalgesellschaft beide Unternehmen beherrschte. Er war rechtlich und tatsächlich in der Lage, die unternehmerischen Entscheidungen in der Schwester-Kapitalgesellschaft und der KG zu bestimmen und hat in eigener Person die geschuldete Leistung erbracht, ihm kam der wirtschaftliche Erfolg zugute. Bei dieser Sachlage ging der BFH lediglich von einer formalen Zwischenschaltung der Schwester-Kapitalgesellschaft aus, die im Ergebnis keine eigene Leistung erbrachte. Dementsprechend sind nach dem weiteren Urteil des BFH vom 10. 7. 2002[5] Vergütungen für Managementleistungen, die zwei Gesellschafter einer Personengesellschaft unter Zwischenschaltung einer von ihnen beherrschten Kapitalgesellschaft beziehen, gleichwohl als Vergütungen i. S. d. § 15 Abs. 1 Satz 1 Nr. 2 EStG zu berücksichtigen. Ist der Gesellschafter einer PersGes zugleich der Geschäftsführer einer Tochter-GmbH, der die Geschäftsführung der PersGes obliegt, ist zu prüfen, ob der Gesellschafter der PersGes aus diesem Anlass Vergütungen i. S. d. § 15 Abs. 1 Satz 1 Nr. 2 EStG bezieht. Dies ist dann der Fall, wenn er die Geschäftsführungsaufgaben für die OHG wahrnimmt und die PersGes. der GmbH die Vergütungen für den Geschäftsführer ersetzt.[6] Insoweit ist ggf. eine Abgrenzung zu der Wahrnehmung von Aufgaben für andere Geschäftsbereiche der GmbH erforderlich.

1 BFH 9. 9. 1993 IV R 14/92, BStBl 1994 II 250; 7. 4. 1994 IV R 11/92, BStBl 1994 II 796; 24. 2. 2005 IV R 23/03, BStBl 2005 II 578; 31. 3. 2008 IV B 120/07, BFH/NV 2008, 1320.

2 BFH 9. 2. 1999 VIII R 43/98, BFH/NV 1999, 1196.

3 VIII R 46/94, BStBl 1999 II 720.

4 BGH 22. 1. 1962 II ZR 11/61, BGHZ 36, 292; 16. 11. 1981 II ZR 213/80, NJW 1982, 877; 5. 10. 1981 II ZR 203/80, NJW 1982, 1817.

5 I R 71/01, BStBl 2001 II 191.

6 BFH 14. 2. 2006 VIII R 40/03, BFH/NV 2006, 1198.

Der BFH weist in seinen Entscheidungen verschiedentlich darauf hin, dass Sondervergütungen lediglich im Rahmen des Angemessenen vorliegen.[1] Wird eine dem Fremdvergleich nicht standhaltende, überhöhte Vergütung gezahlt, kann dem Mitunternehmer nur der angemessene Teil der Vergütung nach § 15 Abs. 1 Satz 1 Nr. 2 EStG zugerechnet werden. Der überschießende unangemessene Teil der Vergütung darf den Steuerbilanzgewinn nicht mindern, er nimmt an der Gewinnverteilung nach allgemeinen Grundsätzen teil. Deutlich wird dies aus dem Urteil des BFH vom 24. 1. 2008.[2] Danach kann eine von den Gesellschaftern vereinbarte Vergütung dann nicht als Vergütung i. S. d. § 15 Abs. 1 Satz 1 Nr. 2 EStG behandelt werden, wenn ihr keine angemessene Leistung gegenüber steht. Der nicht angemessene Teil der Vergütung ist nicht dem empfangenden Gesellschafter zuzurechnen, er ist Teil des nach dem allgemeinen Schlüssel zu verteilenden Gewinns. Die Entnahme ist hingegen insgesamt dem empfangenden Gesellschafter zuzurechnen. Die nicht sehr unfangreiche Rechtsprechung zu diesem Problemkreis deutet darauf hin, dass diese Frage offenbar nur selten problematisiert wird. Sofern es sich bei den Mitunternehmern um unbeschränkt steuerpflichtige natürliche Personen handelt, dürfte ihr dann keine wesentliche Bedeutung zukommen, wenn damit keine Einkunftsverlagerung zwischen nahe stehenden Personen, wie bei sog. Familienpersonengesellschaften,[3] verbunden ist. Das Erfordernis der Überprüfung der Angemessenheit könnte bei Vergütungen gesehen werden, die Kapitalgesellschaften als Mitunternehmer zustehen, sofern die übrigen Mitunternehmer deren Gesellschafter sind; bei dieser Konstellation lässt sich angesichts der gegenwärtigen Tarifgestaltung bei Thesaurierung der Einkünfte durch die Kapitalgesellschaft eine Minimierung der Steuerbelastung erreichen. Auf die sich im Verhältnis zu beschränkt steuerpflichtigen Mitunternehmern ergebenden Fragen und die sich daraus ergebende Interessenlage wird in Rn. 1406 ff. eingegangen. 1342

Die unmittelbaren Folgen der Anwendung des § 15 Abs. 1 Satz 1 Nr. 2 EStG bestehen darin, dass die Vergütungen damit auch in die Ermittlung des nach § 7 GewStG der GewSt unterliegenden Gewerbeertrags[4] einzubeziehen sind. Die zu besteuernden Vergütungen sind infolge der Einbeziehung in die Gewinnermittlung für die Mitunternehmerschaft unter Beachtung der dafür maßgebenden Gewinnermittlungsvorschriften von §§ 4, 5 EStG zu berücksichtigen. Dementsprechend führen z. B. Tätigkeitsvergütungen in dem Wirtschaftsjahr zu nach § 15 Abs. 1 Satz 1 Nr. 2 EStG zuzurechnenden Vergütungen, in dem sie bei der Mitunternehmerschaft als Aufwand verrechnet wurden. Unerheblich ist, ob und in welchem Umfang der Mitunternehmer über diese Vergütungen in diesem Wirtschaftsjahr tatsächlich verfügt hat, sie ihm also letztlich zugeflossen sind.[5] Sind die entsprechenden Vergütungen im Wirtschaftsjahr der wirtschaftlichen Verursachung noch nicht abgeflossen, ist in der Bilanz der Mitunternehmerschaft auf der Passivseite eine entsprechende Verpflichtung, ggf. eine Rückstellung, in der Sonder- 1343

1 Vgl. z. B. BFH 13. 10. 1998 VIII R 4/98, BStBl 1999 II 284.

2 IV R 87/06, BStBl 2008 II 428.

3 Vgl. dazu Rn. 3571 ff.

4 BFH 24. 3. 1999 I R 114/97, BStBl 2000 II 399, unter Bezugnahme auf BFH 3. 5. 1993 GrS 3/92, BStBl 1993 II 616; vgl. dazu auch Rn. 4411 ff.

5 BFH 28. 3. 2000 VIII R 13/99, BStBl 2000 II 612.

bilanz des betreffenden Mitunternehmers ein korrespondierender Aktivposten, eine Forderung, auszuweisen.[1]

1344 Weitergehende Folgen können sich für Mitunternehmer ergeben, die im Inland weder einen Wohnsitz noch ihren gewöhnlichen Aufenthalt haben, also beschränkt steuerpflichtig i. S. d. § 1 Abs. 4 EStG sind. Der von einer inländischen Mitunternehmerschaft bezogene Gewinnanteil i. S. d. § 15 Abs. 1 Satz 1 Nr. 2 EStG führt bei beschränkt Steuerpflichtigen zu inländischen Einkünften i. S. d. § 49 Abs. 1 Nr. 2 Buchst. a EStG.[2] Dazu gehören u. a. auch die Zinsen für ein der Mitunternehmerschaft hingegebenes ungesichertes Darlehen. Wäre in einem derartigen Fall die Regelung des § 15 Abs. 1 Satz 1 Nr. 2 EStG nicht anwendbar, würde der beschränkt steuerpflichtige Darlehensgläubiger keine inländischen Einkünfte i. S. d. § 20 Abs. 1 Nr. 5 EStG beziehen und die Zinsen damit unbelastet von inländischer ESt vereinnahmen. Unter diesen Voraussetzungen führt die Regelung des § 15 Abs. 1 Satz 1 Nr. 2 EStG zu einer Erweiterung des Besteuerungsanspruchs. Für nach § 2 Nr. 1 KStG beschränkt steuerpflichtige Körperschaften ergeben sich entsprechende Rechtsfolgen. Auf die sich bei der Anwendung von DBA insoweit ergebenden Probleme wird unter Rn. 1406 ff. eingegangen.

1345 Die Regelung des § 15 Abs. 1 Satz 1 Nr. 2 EStG bezieht sich allgemein auf Mitunternehmerschaften, so dass es unerheblich ist, ob die Vergütungen dem Mitunternehmer einer Außengesellschaft, z. B. OHG oder KG, oder einer Innengesellschaft, z. B. dem atypisch stillen Beteiligten zustehen.[3]

1346 Weiter folgt daraus, dass allein auf das Bestehen einer mitunternehmerschaftlichen Beteiligung abzustellen ist. Auch nur geringfügige Beteiligung führen danach zu einer Anwendung der Grundsätze des § 15 Abs. 1 Satz 1 Nr. 2 EStG. In dem Urteil vom 1. 2. 2001[4] hat der BFH auf diesen Grundsatz im Zusammenhang mit einer mitunternehmerschaftlichen Beteiligung von weniger als 1 % ausdrücklich hingewiesen. In ständiger Rechtsprechung[5] hat der BFH Tätigkeitsvergütungen bei bestehender Mitunternehmerschaft unabhängig von Art und Umfang der Beteiligung den Vergütungen i. S. d. § 15 Abs. 1 Satz 1 Nr. 2 EStG zugeordnet. Erforderlich ist danach, dass ein Zusammenhang zwischen der Leistung des Mitunternehmers und der Betätigung der Mitunternehmerschaft besteht. Dies ist dann der Fall, wenn die Vergütung für Leistungen gewährt wird, die wirtschaftlich durch das Gesellschaftsverhältnis veranlasst sind; Ziff. 4 der Entscheidungsgründe des Urteils des BFH vom 23. 5. 1979[6] ist zu entnehmen, dass diese Voraussetzungen bereits dann vorliegen, wenn der Leistende Mitunternehmer ist und die Leistung zur Verwirklichung des Gesellschaftszwecks beiträgt, im Urteilsfalle freiberufliche Architektenleistungen des im Übrigen als Architekt tätigen Kommanditisten eines Bauunternehmens.

1 BFH 16. 12. 1992 I R 105/91, BStBl 1993 II 792; 25. 1. 1994 VIII B 111/93, BStBl 1994 II 455, unter 1.c aa der Gründe; 12. 12. 1995 VIII R 59/92, BStBl 1996 II 219; 9. 12. 2009 IV B 129/08, BFH/NV 2010, 640; vgl. ferner Rn. 624.

2 Vgl. Rn. 1406.

3 BFH 30. 8. 2007 IV R 14/06, BStBl 2007 II 942.

4 IV R 3/00, BStBl 2001 II 520.

5 BFH 9. 2. 1999 VIII R 43/98, BFH/NV 1999, 1196.

6 I R 85/77, BStBl 1979 II 767.

Kein Anwendungsfall des § 15 Abs. 1 Satz 1 Nr. 2 EStG liegt bei Vergütungen für Leistungen vor, bei denen ein wirtschaftlicher Zusammenhang zwischen der Leistung und der Mitunternehmerschaft ausgeschlossen erscheint, diese also nur zufällig zusammentreffen.[1] Von einem derartigen Ausnahmefall soll dann auszugehen sein, wenn ein Arbeitnehmer einen Kommanditanteil erbt und das Arbeitsverhältnis alsbald nach dem Erbfall beendet wird,[2] ein an einer Publikums-KG nur geringfügig beteiligter Rechtsanwalt von dieser einen einmaligen Auftrag zur Führung eines Prozesses erhält,[3] ein Kommanditist einer Privatbank einen Dritten beerbt, der bei dieser ein Sparguthaben unterhalten hat, und der Kommanditist dieses Guthaben alsbald nach dem Erbfall auflöst.[4] Bemerkenswert ist, dass der BFH diese Beispiele entwickelte, um in den Urteilsfällen zu verdeutlichen, dass jeweils ein derartiger Ausnahmefall nicht vorliege. 1347

Nach Auffassung des BFH im Urteil vom BFH 14. 12. 2000,[5] gehören zu den mitunternehmerischen Einkünften i. S. d. § 15 Abs. 1 Nr. 2 EStG nicht nur der Gewinnanteil und die Vergütungen, sondern auch alle Einnahmen und Betriebsausgaben, die ihre Veranlassung in der Beteiligung des Steuerpflichtigen an der unternehmerisch tätigen Personengesellschaft haben. Deswegen gehören danach zu den Sonderbetriebseinnahmen auch Einnahmen, die an sich der Gesellschaft zustehen, die ein Gesellschafter jedoch seinem eigenen Vermögen zuführt. Mit der Erfassung dieser Einnahme korrespondiert der der Mitunternehmerschaft in diesen Fällen zustehende Ausgleichsanspruch, der zu gegebener Zeit als Verbindlichkeit in der Sonderbilanz auszuweisen ist. 1348

(Einstweilen frei) 1349–1355

b) Tätigkeitsvergütungen

aa) Vergütungen für die Ausübung einer Tätigkeit

Von einer Vergütung für eine Tätigkeit im Dienst der Gesellschaft i. S. d. § 15 Abs. 2 Satz 1 Nr. 2 EStG ist nicht nur dann auszugehen, wenn es sich um Tätigkeiten handelt, die üblicherweise Gegenstand eines Dienstverhältnisses sind.[6] Dazu können auch Leistungen gehören, die im Rahmen eines Werkvertrags oder eines Geschäftsbesorgungsvertrags i. S. d. §§ 631, 675 BGB erbracht werden,[7] nicht jedoch die Veräußerung von Wirtschaftsgütern.[8] Eine Tätigkeitsvergütung liegt auch dann vor, wenn der Gesellschafter die Arbeiten nicht höchstpersönlich ausführt, sondern sich dazu einer eigenen Organisation mit Hilfskräften bedient.[9] 1356

Das Tatbestandsmerkmal „Tätigkeit" i. S. d. § 15 Abs. 1 Satz 1 Nr. 2 EStG ist jedoch dann nicht mehr erfüllt, wenn der Gesellschafter zur Herbeiführung des der Gesellschaft ge- 1357

1 BFH 1. 2. 2001 IV R 3/00, BStBl 2001 II 520.
2 BFH 24. 1. 1980 IV R 156 – 157/78, BStBl 1980 II 271.
3 BFH 24. 1. 1980 IV R 154 – 155/77, BStBl 1980 II 269.
4 BFH 25. 1. 1980 IV R 159/78, BStBl 1980 II 275.
5 IV R 16/00, BStBl 2001 II 238; 22. 6. 2006 IV R 56/04, BStBl 2006 II 838; vgl. auch Rn. 1308.
6 BFH 28. 10. 1964 IV 155/63, HFR 1965, 159.
7 BFH 23. 5. 1979 I R 56/77, BStBl 1979 II 763; 11. 12. 1986 IV R 222/84, BStBl 1987 II 553.
8 Z. B. BFH 18. 9. 1969 IV 338/64, BStBl 1970 II 43; 3. 5. 1993 GrS 3/92, BStBl 1993 II 616, 622.
9 Z. B. BFH 23. 5. 1979 I R 56/77, BStBl 1979 II 763.

schuldeten Erfolgs nicht nur Arbeit zu leisten, sondern auch Waren zu liefern hat, deren Wert nicht mehr von nur untergeordneter Bedeutung ist. In einem derartigen Fall wird der Mitunternehmer seinerseits als Gewerbetreibender tätig. In dem zwischen ihm und der Mitunternehmerschaft vereinbarten, dem Fremdvergleich standhaltenden Preis ist auch ein angemessener Unternehmerlohn eingegangen, der damit in die vom Mitunternehmer aus seinen eigengewerblichen Aktivitäten bezogenen Einkünften eingeht. Die steuerlichen Folgen sind damit insoweit nicht anders, als wenn die Leistung von dem Mitunternehmer als Einzelunternehmer gegenüber einem fremden Dritten erbracht worden wäre. Damit entfällt die Rechtfertigung für die Anwendung der Grundsätze des § 15 Abs. 1 Satz 1 Nr. 2 EStG insoweit.[1] Der BFH[2] hat es dementsprechend abgelehnt, den Festpreis, den eine Personengesellschaft ihrem Gesellschafter für die schlüsselfertige Erstellung von Gebäuden auf gesellschaftseigenen Grundstücken zahlt, ganz oder teilweise als Tätigkeitsvergütung i. S. dieser Vorschrift zu behandeln.

1358 Es ist danach auch unerheblich, welcher Einkunftsart die bezogenen Vergütungen, wären sie von einem fremder Dritter bezogen worden, beim Bezieher zuzuordnen wären.

1359 Nach ständiger Rechtsprechung des BFH[3] ist das Entgelt, das der Kommanditist einer GmbH & Co. KG für seine Tätigkeit als Geschäftsführer der Komplementär-GmbH bezieht, eine Vergütung i. S. d. § 15 Abs. 1 Nr. 2 EStG auch dann, wenn der Anstellungsvertrag des Gesellschafter-Geschäftsführers nicht mit der KG, sondern der Komplementär-GmbH abgeschlossen wurde. Die Erfassung der Tätigkeitsvergütung bei den Einkünften des Gesellschafters aus Gewerbebetrieb ist in diesem Fall gerechtfertigt, weil der Kommanditist einer GmbH & Co. KG, der nach §§ 6, 35, 37 GmbHG zugleich Geschäftsführer – Organ – der Komplementär-GmbH ist, in dieser Funktion selbst „im Dienst der Personengesellschaft" tätig wird. Der Geschäftsführer der Komplementär-GmbH erfüllt nicht nur eine Verpflichtung der GmbH nach § 114 Abs. 1, § 161 Abs. 2, § 164 Satz 1 HGB, sondern zugleich eine persönliche Verpflichtung gegenüber der KG. Dabei kann es nach Auffassung des BFH dahinstehen, ob diese Verpflichtung des Kommanditisten zivilrechtlich aus dem Dienstvertrag mit der GmbH[4] oder nach im handelsrechtlichen Schrifttum vertretenen Auffassungen[5] aus dem Gesellschaftszweck der Komplementär-GmbH oder aus einem durch die Interessenlage gebotenen „Durchgriff" durch die GmbH herzuleiten ist. Für die einkommensteuerrechtliche Beurteilung der Tätigkeitsvergütung ist es danach gleichgültig, auf welcher schuldrechtlichen oder gesellschaftsrechtlichen Grundlage der Gesellschafter seine Tätigkeit erbringt; entscheidend ist, dass er – wie der Kommanditist, der als Organ der Komplementär-GmbH die Geschäfte der KG führt – damit letztlich „im Dienst der Personengesellschaft" tätig wird und wirtschaftlich gesehen einen Beitrag zur Verwirklichung ihres Gesellschaftszwecks leistet.[6]

1 Vgl. dazu Rn. 1334.

2 Urteil 28. 10. 1999 VIII R 41/98, BStBl 2000 II 339.

3 Vgl. z. B. die Nachweise in BFH 6. 7. 1999 VIII R 46/94, BStBl 1999 II 720 sowie 14. 2. 2006 VIII R 40/03, BFH/NV 2006, 1198.

4 Vgl. dazu BGH 12. 11. 1979 II ZR 174/77, BGHZ 75, 321; 24. 3. 1980 II ZR 213/77, BGHZ 76, 326; 10. 2. 1992 II ZR 23/91, WM 1992, 691.

5 Vgl. dazu *Hüffer*, Organpflichten und Haftung in der Publikums-Personengesellschaft, ZGR 1981, 348, 356 ff.; *Martens* in Schlegelberger, HGB, § 164 Rz. 12.

6 Vgl. auch BFH 23. 5. 1979 I R 56/77, BStBl 1979 II 763.

Wegen der Beurteilung der Fälle, in denen die Geschäftsführung der Mitunternehmerschaft durch eine andere nahe stehende Kapitalgesellgesellschaft wahrgenommen wird, deren Geschäftsführer Mitunternehmer sind, wird auf Rn. 1341 hingewiesen.

1360 Die Finanzgerichtsbarkeit hat in der Vergangenheit wiederholt zu den Voraussetzungen Stellung genommen, unter denen von einer Tätigkeitsvergütung i. S. d. § 15 Abs. 1 Satz 1 Nr. 2 EStG auszugehen ist.

Abfindung

Zahlt eine KG einem angestellten Kommanditisten aus Anlass der Auflösung seines Dienstverhältnisses eine Abfindung, gehört diese zu den Sondervergütungen i. S. d. § 15 Abs. 1 Nr. 2 EStG, für die nicht die Steuerbefreiung nach § 3 Nr. 9 EStG beansprucht werden konnte.[1] Entsprechendes gilt für die Abfindung für den Verzicht auf die von der Mitunternehmerschaft zugesagte Altersversorgung.[2] Bei einem minderheitsbeteiligten Mitunternehmer kann es sich um eine tarifbegünstigte Entschädigung i. S. d. § 24 Nr. 1 Buchst. a EStG handeln.[3]

Arbeitgeberanteil

Besteht mit einem Mitunternehmer arbeitsrechtlich ein Arbeitsverhältnis, gehört nicht nur der zivilrechtlich geschuldete Arbeitslohn, sondern auch der aus diesem Anlass abgeführte Arbeitgeberanteil zur Sozialversicherung zu den Vergütungen i. S. d. § 15 Abs. 1 Satz 1 Nr. 2 EStG. Die Steuerfreiheit nach § 3 Nr. 62 EStG kann insoweit nicht beansprucht werden.[4] Dem Mitunternehmer entstehen insoweit Vorsorgeaufwendungen.

Arbeitnehmererfindung

Bezieht ein Mitunternehmer, der zuvor Arbeitnehmer der Mitunternehmerschaft war, noch eine Vergütung für die Inanspruchnahme einer Diensterfindung, die er als Arbeitnehmer gemacht hatte, handelt es sich dabei um eine Vergütung aus dem inzwischen erloschenen Arbeitsverhältnis und demzufolge um keine Vergütung i. S. d. § 15 Abs. 1 Satz 1 Nr. 2 EStG.[5]

Architekten

Honorare, die einem Mitunternehmer für von ihm der Mitunternehmerschaft erbrachte Architektenleistungen gezahlt werden, gehören zu den Vergütungen des § 15 Abs. 1 Satz 1 Nr. 2 EStG.[6] Dies gilt auch dann, wenn diese Honorare bei der Mitunternehmerschaft als Herstellungskosten zu aktivieren sind.[7]

1 BFH 23. 4. 1996 VIII R 53/94, BStBl 1996 II 515.
2 BFH 4. 5. 2000 IV R 10/99, BStBl 2002 II 850; 20. 1. 2005 IV R 22/03, BStBl 2005 II 559.
3 BFH 24. 6. 2009 IV R 94/06, BFH/NV 2009, 1877.
4 BFH 19. 10. 1970 GrS 1/70, BStBl 1971 II 177; 8. 4. 1992 XI R 37/88, BStBl 1992 II 812; 30. 8. 2007 IV R 14/06, BStBl 2007 II 942.
5 28. 1. 1976 I R 103/75, BStBl 1976 II 746.
6 BFH 23. 5. 1979 I R 56/77, BStBl 1979 II 763; 23. 5. 1979 I R 85/77, BStBl 1979 II 767.
7 BFH 8. 2. 1996 III R 35/93, BStBl 1996 II 427.

ARGE

Vereinbaren die Partner einer ARGE die Zahlung einer besonderen Vergütung, der keine Leistung gegenüber steht, handelt es sich nach dem Urteil des BFH vom 24. 1. 2008[1] dabei nicht um eine Vergütung i. S. d. § 15 Abs. 1 Satz 1 Nr. 2 EStG, sondern um eine Entnahme.

Autoren

Mitunternehmer eines Buch- und Zeitschriftenverlags beziehen mit den ihnen aufgrund besonderer Verlagsverträge zustehenden Honoraren Vergütungen i. S. d. § 15 Abs. 1 Satz 1 Nr. 2 EStG.[2]

Baubetreuungskosten

Die Vergütung, die eine Mitunternehmerschaft an einen ihrer Mitunternehmer für erbrachte Baubetreuungsleistungen an von ihr errichteten Gebäuden zahlt, gehört zu den Vergütungen i. S. d. § 15 Abs. 1 Satz 1 Nr. 2 EStG.[3]

Beiratsvergütungen

Vergütungen an Mitunternehmer, die sie für ihre Tätigkeit in einem Beirat der Mitunternehmerschaft zur Überwachung und Unterstützung der Geschäftsführung beziehen, sind Sondervergütungen i. S. d. § 15 Abs. 1 Satz 1 Nr. 2 EStG.[4]

Beratungsleistungen

Vergütungen für Beratungsleistungen, die ein Steuerberater und Wirtschaftsprüfer gegenüber einer Mitunternehmerschaft, an der als Mitunternehmer beteiligt ist, erbringt, gehören zu den Sondervergütungen i. S. d. § 15 Abs. 1 Satz 1 Nr. 2 EStG.[5]

Buchführungsarbeiten

Vergütungen für die Erledigung von Buchführungsarbeiten durch einen Mitunternehmer im Rahmen seiner daneben als Steuerberater ausgeübten freiberuflichen Tätigkeit führen zu Vergütungen i. S. d. § 15 Abs. 1 Satz 1 Nr. 2 EStG.[6]

GbR als Leistende

Ist ein Kommanditist eines als KG geführten Bauunternehmens zugleich Gesellschafter einer aus Architekten bestehenden GbR, die für die KG entgeltlich Architektenleistungen erbringt, gehört das dafür von der KG gezahlte Entgelt, soweit es der Beteiligung des Kommanditisten an der GbR entspricht, zu den dem Kommanditisten zuzurechnenden Vergütungen i. S. d. § 15 Abs. 1 Satz 1 Nr. 2 EStG.[7]

---

1 IV R 87/06, BStBl 2008 II 428.

2 BFH 30. 11. 1978 IV R 15/73, BStBl 1979 II 236; I R 163/77, BStBl 1979 II 757; vgl. auch BFH 30. 11. 1978 IV R 15/73, BStBl 1979 II 236.

3 BFH 11. 12. 1986 IV R 222/84, BStBl 1987 II 553.

4 BFH 26. 1. 1968 VI R 129/66, BStBl 1968 II 369.

5 BFH 21. 7. 1999 I R 71/98, BStBl 2000 II 336.

6 BFH 30. 11. 1978 IV R 15/73, BStBl 1979 II 236.

7 BFH 21. 11. 1989 VIII R 145/85, BFH/NV 1990, 428.

Leistende GmbH als nicht beteiligte Dritte

Wird die Geschäftsführung für eine OHG durch eine an dieser nicht selbst beteiligten GmbH erledigt, so sind die Zahlungen der OHG an die GmbH für diese Tätigkeit Sondervergütungen des Gesellschafters der OHG, wenn dieser als Geschäftsführer der GmbH die Geschäftsführungsaufgaben für die OHG wahrnimmt. Hat die GmbH neben der Geschäftsführung für die Personengesellschaft einen weiteren Tätigkeitsbereich, gilt dies nur dann, wenn die Tätigkeit des Gesellschafters für die OHG hinreichend von seiner Tätigkeit für den übrigen Geschäftsbereich der GmbH abgrenzbar ist. Diese Voraussetzung ist erfüllt, wenn die OHG der GmbH die Aufwendungen ersetzt, die dieser für die im Interesse der OHG erbrachten Tätigkeiten des Gesellschafters entstanden sind.[1]

Managementleistungen

Von einem Mitunternehmer bezogene Vergütungen für Managementleistungen führen auch dann zu Vergütungen i. S. d. § 15 Abs. 1 Satz 1 Nr. 2 EStG, wenn sie unter Zwischenschaltung einer von dem Mitunternehmer beherrschten ausländischen Kapitalgesellschaft bezogen werden.[2]

Provisionen

Provisionen, die eine KG für die Vermittlung des Eintritts von weiteren Kommanditisten an andere Gesellschafter leistet sind Sondervergütungen i. S. d. § 15 Abs. 1 Satz 1 Nr. 2 EStG an diese Gesellschafter.[3]

Vergütungen, die der Mitunternehmer einer Versicherungsagentur für seine Tätigkeit in dieser Agentur unmittelbar von Versicherungsgesellschaften bezieht, sind Betriebseinnahmen der Versicherungsagentur und zugleich dem betreffenden Mitunternehmer zuzurechnende Sondervergütungen i. S. d. § 15 Abs. 1 Satz 1 Nr. 2 EStG.[4]

Schwesterpersonengesellschaft

Entgelte für Leistungen einer nicht gewerblich tätigen Schwestergesellschaft sind, soweit zwischen den Gesellschaftern Personenidentität besteht, gem. § 15 Abs. 1 Satz 1 Nr. 2 Satz 1Halbsatz 2 EStG als Sondervergütungen bei der die Leistung empfangenden gewerblich tätigen Personengesellschaft zu erfassen.[5]

Rechtsanwälte

Beziehen Rechtsanwälte als Mitunternehmer eines Repetitoriums Vergütungen für von ihnen verfasste Skripten, handelt es sich dabei um Vergütungen i. S. d. § 15 Abs. 1 Satz 1 Nr. 2 EStG.[6]

1 BFH 14. 2. 2006 VIII R 40/03, BStBl 2008 II 182.
2 BFH 10. 7. 2002 I R 71/01, BStBl 2003 II 191.
3 BFH 23. 10. 1986 IV R 352/84, BStBl 1988 II 128; BMF 12. 2. 1988, BStBl 1988 I 98.
4 BFH 12. 3. 1964 IV 399/62 U, BStBl 1964 III 500.
5 FG Münster 15. 7. 2008 1 K 2405/04 F, NWB DokID: QAAAC-97947.
6 BFH 30. 11. 1978 IV R 15/73, BStBl 1979 II 236.

Steuerberater

Bei der Ausführung von Buchführungs- und Abschlussarbeiten, die ein Steuerberater als Mitunternehmer für die Mitunternehmerschaft erbringt, handelt es sich auch dann um eine Tätigkeit i. S. d. § 15 Abs. 1 Satz 1 Nr. 2 EStG, wenn die Arbeiten durch seine Kanzlei erledigt werden.[1]

1361–1370 *(Einstweilen frei)*

bb) Versorgungszusagen, Versorgungsbezüge

Literatur: *Hüttemann/Klatt*, Pensionszusage an tätige Mitunternehmer – Gravierende Folgen der neuen BFH-Rechtsprechung, NWB F. 17, 2089; *Weber-Grellet*, Sondervergütungen bei mittelbarem Leistungsaustausch – Pensionsrückstellung für Mitunternehmer, StuB 2006, 670; *Lempenau/Schiller*, Zur Umsetzung des BFH-Urteils vom 2. 12. 1997 – VIII R 15/96 zu Pensionszusagen an Mitunternehmer, DB 2007, 1045; *Paus*, Pensionszusagen bei Personengesellschaften, FR 2007, 463; *Kolbe*, Von KG übernommener Aufwand für eine Pensionsrückstellung zugunsten des Kommanditisten und Geschäftsführers der Komplementär-GmbH, StuB 2007, 109; *Schoor*, Pensionszusagen an Mitunternehmer – Anmerkung zum BMF-Schreiben v. 29. 1. 2008, BBK 2008, F. 13, 5199; *Grützner*, Bilanzierung von Versorgungszusagen von Personengesellschaften an ihre Gesellschafter, StuB 2008,178; *Wacker*, Pensionszusagen an Mitunternehmer - Rechtsprechung des BFH und BMF-Schreiben v. 29. 1. 2008, BStBl 2008 I 317, FR 2008, 801; *Groh*, Pensionszusagen an Gesellschafter von Personengesellschaften, DB 2008, 2391; *Ley*, Ausgewählte Neuerungen der Besteuerung der Mitunternehmerschaften, KÖSDI 2008, 16204.

1371 Die steuerliche Beurteilung von Versorgungszusagen einer Mitunternehmerschaft für als Arbeitnehmer tätige Mitunternehmer ist in der Vergangenheit umstritten gewesen. Nachdem aufgrund der Urteile des BFH vom 14. 2. 2006[2] und vom 30. 3. 2006[3] von einer in ihren Grundsätzen gefestigten Rechtsprechung des BFH ausgegangen werden konnte, hat das BMF mit Schreiben vom 29. 1. 2008[4] anknüpfend an diese Rechtsprechung zu diesem Problemkreis umfangreich Stellung genommen und im Hinblick auf in der Vergangenheit abweichende Handhabungen Übergangsregelungen getroffen. Danach ist nunmehr davon auszugehen, dass die Mitunternehmerschaft für nach dem 31. 12. 1986 gegebene Versorgungszusagen handelsrechtlich zum Ausweis einer Rückstellung verpflichtet ist; für die Vorzeit bestand ein Bilanzierungswahlrecht. das für laufende Pensionszahlungen oder eine Anwartschaft auf eine Pension und ihre Erhöhung fortbesteht.[5] Bei dem Ausweis der entsprechenden Rückstellungen durch die Mitunternehmerschaft ist nach § 6a EStG zu verfahren.

1372 Bei der Versorgungszusage, der Pensionszusage, handelt es sich um einen Bestandteil der Abrede über Vergütungen, die nach § 15 Abs. 1 Satz 1 Nr. 2 EStG zum Gewinnanteil des betreffenden Mitunternehmers gehören und damit auch den steuerlichen Gewinn der Mitunternehmerschaft nicht mindern dürfen. Deswegen ist nach Auffassung des

1 BFH 14. 1. 1980 IV R 154 – 155/77, BStBl 1980 II 269.

2 VIII R 40/03, BStBl 2008 II 182.

3 IV R 25/04, BStBl 2008 II 171.

4 BStBl 2008 I 317.

5 Vgl. Art. 23 Abs. 1, Art. 28 Abs. 1 Satz 1 EGHGB; wegen weiterer Einzelheiten vgl. *Weber-Grellet* in Schmidt, EStG § 6a Rz. 2, m. w. N.

BFH[1] der Aufwand in der Gesellschaftsbilanz durch einen entsprechenden Aktivposten in der Sonderbilanz zu neutralisieren. Dabei weist der BFH darauf hin, dass es für die Anwendung des § 15 Abs. 1 Satz 1 Nr. 2 EStG nicht auf den Abfluss der Vergütung bei der Mitunternehmerschaft und deren Zufluss bei dem Mitunternehmer ankomme. Entscheidend sei allein, dass das steuerliche Ergebnis nicht mit einem Aufwand belastet werde, der auch bei der Gewinnermittlung eines Einzelunternehmers nicht berücksichtigungsfähig sei; einem Einzelunternehmer ist es nicht möglich, Aufwendungen für seine Alterssicherung als Betriebsausgaben abzuziehen.

Der BFH geht weiter davon aus, dass dieser Aktivposten vollständig in der Sonderbilanz 1373
des begünstigten Gesellschafters auszuweisen ist.[2] In der Vergangenheit ist in der Praxis unterschiedlich verfahren worden. Deutlich wird dies aus dem Urteil des BFH vom 30. 3. 2006.[3] Danach sind ein unterlassener Ansatz des Aktivpostens in der Sonderbilanz des Gesellschafters und die entsprechende Erhöhung des laufenden Gewinns der Mitunternehmerschaft nach den Grundsätzen des Bilanzenzusammenhangs in der Schlussbilanz des ersten Jahres, dessen Veranlagung noch geändert werden kann, nachzuholen; es sind also die Grundsätze zu einer Bilanzberichtigung nach § 4 Abs. 2 Satz 1 EStG zu beachten.

Steht der Gesellschafter einer Personengesellschaft (Obergesellschaft) in einem Dienst- 1374
verhältnis zu einer anderen Personengesellschaft, an der die Obergesellschaft als Mitunternehmerin beteiligt ist (Untergesellschaft), handelt es sich bei den dafür von dem Gesellschafter der Obergesellschaft von der Untergesellschaft bezogenen Vergütungen um Bezüge i. S. d. § 15 Abs. 1 Satz 1 Nr. 2 EStG von der Untergesellschaft; nach Satz 2 dieser Vorschrift wird insoweit ein mitunternehmerschaftliches Verhältnis begründet.[4] Wird in einem derartigen Fall dem Gesellschafter der Obergesellschaft von der Untergesellschaft eine Versorgungszusage gegeben, ist bei der Untergesellschaft ebenfalls nach den unter Rn. 1372 f. dargestellten Grundsätzen zu verfahren. Wegen der Besonderheiten, die bei einer Versorgungszusage zu beachten sind, die die Komplementär GmbH einer GmbH & Co. KG ihrem Gesellschafter-Geschäftsführer gegeben hat, der zugleich Kommanditist der GmbH & Co. KG ist, wird auf Rn. 4236 ff. hingewiesen.

Die Einstellung des Aktivpostens in die Sonderbilanz des durch die Versorgungszusage 1375
begünstigten Gesellschafters führt danach dazu, dass er Einkünfte zu versteuern hat, bei denen nicht feststeht, ob er jemals den Gegenwert dafür erlangen wird. Den durch die Versorgungszusage belasteten Gesellschaftern entsteht demgegenüber ein entsprechender, steuerwirksam werdender Aufwand. Entfällt der Anspruch vor Eintritt des Versorgungsfalles, z. B. aus Anlass des Todes des Berechtigten oder aber der Liquidation der Mitunternehmerschaft, ergibt sich bei der Mitunternehmerschaft durch Wegfall des Passivpostens ein Ertrag, im Sonderbetriebsvermögen des begünstigten Mitunternehmers durch den Wegfall des Aktivpostens ein entsprechender Aufwand.

---

1 Vgl. die Nachweise in BFH 2. 12. 1997 VIII R 15/96, BStBl 2008 II 174; 16. 10. 2008 IV R 82/06 (NV), BFH/NV 2009, 581.

2 BFH 30. 3. 2006 IV R 25/04, BStBl 2008 II 171, m. w. N.

3 IV R 25/04, BStBl 2008 II 171.

4 Vgl. Rn. 422 ff.

1376 Hat die Mitunternehmerschaft für die einem Mitunternehmer gegebene Versorgungszusage eine Rückdeckungsversicherung abgeschlossen, können die Prämienzahlungen nicht als Betriebsausgaben abgezogen werden.[1] Es handelt sich um Entnahmen, die allen Gesellschaftern nach Maßgabe ihrer Beteiligung zuzurechnen sind. Der in der Handelsbilanz auszuweisende Rückdeckungsanspruch gegenüber der Versicherungsgesellschaft ist danach als Wirtschaftsgut des steuerlichen Privatvermögens nicht in die Steuerbilanz der Mitunternehmerschaft zu übernehmen. Die nach Eintritt des Versorgungsfalles anfallenden Versicherungsleistungen sind dementsprechend keine Betriebseinnahmen, ggf. liegen Einlagen vor. Für den Fall, dass für Gesellschaftern gegebene Versorgungszusagen Beiträge an den Pensionssicherungsverein zu leisten sind, liegen nach dem Urteil des FG Baden-Württemberg vom 17. 3. 2005[2] ebenfalls keine Betriebsausgaben, sondern privat veranlasste Aufwendungen vor.

1377 Nach Eintritt des Versorgungsfalles entsteht der Mitunternehmerschaft ein Aufwand in Höhe der zu leistenden Versorgungsbezüge. Zugleich ist die Pensionsrückstellung nach den insoweit maßgebenden Regelungen des § 6a EStG anteilig erfolgswirksam aufzulösen. Spiegelbildlich vereinnahmt der Versorgungsempfänger in Höhe der Versorgungsbezüge eine Vergütung i. S. d. § 15 Abs. 1 Satz 1 Nr. 2 EStG. Zugleich ist der in der Sonderbilanz ausgewiesene Aktivposten entsprechend den sich aus § 6a EStG ergebenden Grundsätzen anteilig erfolgswirksam aufzulösen, so dass im Ergebnis der sich danach ergebende Saldo zu zu besteuernden Einkünften führt. Diese Rechtsfolgen sind nachvollziehbar, wenn der Versorgungsempfänger auch nach Eintritt des Versorgungsfalles Mitunternehmer der verpflichteten Mitunternehmerschaft bleibt.

1378 Ist der Versorgungsempfänger nicht (mehr) Gesellschafter, weil er die Beteiligung zwischenzeitlich veräußert oder unentgeltlich übertragen hat, oder bezieht er Versorgungsleistungen als Hinterbliebener eines früheren Gesellschafters, ist nach § 15 Abs. 1 Satz 2 EStG zu verfahren. Danach ist § 15 Abs. 1 Satz 1 Nr. 2 EStG auch anwendbar auf Vergütungen, die als nachträgliche Einkünfte i. S. d. § 24 Nr. 2 EStG bezogen werden. Diese Regelung wurde eingeführt, nachdem der BFH[3] entschieden hatte, dass Versorgungsbezüge an Hinterbliebene ausgeschiedener Mitunternehmer bei der Mitunternehmerschaft als Betriebsausgaben abziehbar sind und Einkünfte i. S. d. § 15 Abs. 1 Satz 2 EStG beziehen.[4] Danach führen Versorgungsbezüge auch dann zu Einnahmen i. S. d. § 15 Abs. 1 Satz 2 EStG, wenn der Berechtigte zu keiner Zeit Mitunternehmer der verpflichteten Mitunternehmerschaft war, wie dies bei Hinterbliebenen nicht selten der Fall ist.[5] Wegen der besonderen Problematik in den Fällen, in denen Versorgungsbezüge bereits vor dem 1. 1. 1986 gezahlt wurden, wird auf das BMF-Schreiben vom 10. 3. 1992[6] sowie die Urteile des BFH vom 2. 12. 1997[7] und vom 30. 3. 1999[8] hingewiesen.

1 BFH 28. 6. 2001 IV R 41/00 BStBl 2002 II 724.

2 14 K 172/00, EFG 2005, 949.

3 Urteile 24. 11. 1983 IV R 14/83, BStBl 1984 II 431; 25. 10. 1984 IV R 165/82, BStBl 1985 II 212.

4 Art. 7 Nr. 6a StBereinG v. 19. 12. 1985, BGBl 1985 I 1493.

5 BFH 25. 1. 1994 VIII B 111/93, BStBl 1994 II 455.

6 BStBl 1992 I 190.

7 VIII R 42/96, BFHE 185, 1.

8 VIII R 8/97, BFH/NV 1999, 1324.

Nach dem BMF-Schreiben vom 29. 1. 2008[1] gelten die vorstehend dargestellten Grundsätze uneingeschränkt für die Fälle, in denen die Versorgungszusage in nach dem 31. 12. 2007 endenden Wirtschaftsjahren, d. h. erstmalig im Laufe des Wirtschaftsjahres 2007/2008 oder des Wirtschaftsjahres 2008, erteilt wurde. Für die zuvor erteilten Zusagen wurden Übergangsregelungen getroffen. Sofern nicht bereits nach den nunmehr maßgebenden Grundsätzen verfahren wurde, wird unter bestimmten Voraussetzungen die Möglichkeit eröffnet, 1379

- die Versorgungszusage weiterhin als Gewinnverteilungsabrede zu behandeln,
- bei Ausweis der Pensionsrückstellung in der Gesamthandsbilanz und Einstellung des entsprechenden Aktivpostens in die Sonderbilanz des betroffenen Mitunternehmers in diese Sonderbilanz i. H.v. 14/15 des dem betroffenen Mitunternehmer entstandenen Mehrgewinns eine den steuerlichen Gewinn mindernde, in den nachfolgenden 14 Jahren aufzulösende Rücklage einzustellen oder
- bei Ausweis der Pensionsrückstellung in der Gesamthandsbilanz Aktivposten in die Sonderbilanzen sämtlicher Mitunternehmer nach Maßgabe des allgemeinen Gewinnverteilungsschlüssels einzustellen.

Für die Inanspruchnahme einer dieser Übergangsregelungen musste sich die PersGes spätestens bei Abgabe der Erklärung zur einheitlichen und gesonderten Feststellung des Gewinns für 2008 entscheiden. Dies schließt nicht aus, dass diese Entscheidung im Rahmen der verfahrensrechtlichen Möglichkeiten bereits für einen früheren Feststellungszeitraum getroffen wird. Wurde bisher nicht nach den nunmehr maßgebenden Grundsätzen verfahren und wird kein Antrag auf Berücksichtigung einer Übergangsregelung gestellt, dürfte die FinVerw diesbezügliche Korrekturen bei der Gewinnfeststellung 2008 in Anlehnung an die Grundsätze des Urteils des BFH vom 30. 3. 2006[2] vornehmen.

Sind PersGes und Gesellschafter bisher davon ausgegangen, dass die Versorgungszusage eine Gewinnverteilungsabrede darstellt und soll diese Verfahrensweise beibehalten werden, wird dadurch die Gewinnverteilung bis zum Eintritt des Versorgungsfalles nicht berührt. Die PersGes hat keine Pensionsrückstellung zu bilden; dies gilt auch für die Zeit ab Eintritt des Versorgungsfalles. Der begünstigte Gesellschafter bezieht ab Eintritt des Versorgungsfalles die Versorgungsleistungen als Vergütungen i. S. d. § 15 Abs. 1 Satz 1 Nr. 2 EStG. Aus der Sicht der Mitgesellschafter handelt es sich danach um Aufwand, der jeweils bei Leistung steuerlich wirksam wird. Demzufolge ergibt sich für den begünstigten Gesellschafter eine steuerliche Belastung erst bei Bezug der Versorgungsleistungen. Die Mitgesellschafter tragen den ihnen dann entstehenden Aufwand im Ergebnis aus bereits versteuerten Gewinnen. Nach Tz. 20 des BMF-Schreibens vom 29. 1. 2008[3] ist dazu eine übereinstimmende Erklärung aller Gesellschafter gegenüber dem für die Durchführung der einheitlichen und gesonderten Gewinnfeststellung zuständigen Finanzamt erforderlich. Diese Erklärung kann nur mit Wirkung für die Zukunft von allen Gesellschaftern gemeinschaftlich zurückgenommen werden. 1380

1 BStBl 2008 I 317.
2 IV R 25/04, BStBl 2008 II 171.
3 BStBl 2008 I 317.

1381 Die spätere Rücknahme eines derartigen Antrags führt dazu, dass die PersGes ab dem Zeitpunkt der Wirksamkeit der Rücknahme zumindest in ihrer Steuerbilanz eine Pensionsrückstellung unter Beachtung des § 6a EStG auszuweisen hat. Dabei dürfte sich die Frage stellen, ob das Nachholverbot des § 6a Abs. 4 EStG greift, so dass bis zum Eintritt des Versorgungsfalles Zuführungen zur Rückstellung nur in dem Umfang zulässig sind, der sich auch ergeben würde, wenn bereits nach Erteilung der Versorgungszusage zum frühest möglichen Zeitpunkt mit der Rückstellungsbildung in dem jeweils zulässigen Umfang begonnen worden wäre. Zum vollständigen Ausweis der Pensionsrückstellung würde es dann erst zum Zeitpunkt des Eintritts des Versorgungsfalles kommen, ggf. gleichmäßig verteilt auf dieses und die beiden folgenden Wirtschaftsjahre. In der Sonderbilanz des begünstigten Gesellschafters ergäben sich korrespondierend Zugänge bei dem insoweit auszuweisenden Aktivposten.

1382 Wurde bisher keine Pensionsrückstellung ausgewiesen, beruht dies nach Rn. 1371 auf einer von BFH und FinVerw inzwischen als überholt angesehenen Rechtsauffassung. Für diesen Fall, greift nach H 6a (20) Nachholverbot EStH unter Bezugnahme auf das Urteil des BFH vom 7. 4. 1994[1] das Nachholverbot des § 6a Abs. 4 EStG nicht, so dass die Pensionsrückstellung in vollem Umfang nachgeholt werden kann. Dies erfordert dann aber auch korrespondierend den Ausweis eines entsprechenden Aktivpostens in der Sonderbilanz des durch die Versorgungszusage begünstigten Gesellschafters. Der erstmalige Ausweis der Pensionsrückstellung in der Gesamthandsbilanz führt zu einer Gewinnminderung, die sich anteilig bei den Gesellschaftern auswirkt. Diese Gewinnminderung wird eliminiert durch den korrespondierenden Ausweis des Aktivpostens in der Sonderbilanz des begünstigten Gesellschafters. Saldiert ändert sich damit der Gesamtgewinn der Gesellschaft nicht, so dass die Höhe des Gewerbeertrags nicht berührt wird. Mit einer zusätzlichen steuerlichen Belastung muss der durch die Versorgungszusage begünstigte Gesellschafter nur insoweit rechnen, als der in seiner Sonderbilanz aus diesem Anlass einzustellende Aktivposten die Minderung seines Gewinnanteils infolge des Ausweises der Pensionsrückstellung übersteigt. Insoweit wurde in Tz. 5 des BMF-Schreibens vom 29. 1. 2008[2] eine Milderungsregelung dahin gehend getroffen, dass in die Sonderbilanz i. H. v. 14/15 dieses Mehrgewinns lediglich mit Wirkung für die Einkommensbesteuerung des betreffenden Gesellschafters eine den Gewinn mindernde Rücklage eingestellt werden kann, die ab dem Folgejahr mit mindestens 1/15 des Ausgangsbetrags erfolgswirksam aufzulösen ist,

BEISPIEL: Die A-OHG hat ihrem Gesellschafter M in 1990 eine Versorgungszusage gegeben. Eine Pensionsrückstellung ist deswegen bisher nicht gebildet worden. M ist wie seine vier Mitgesellschafter mit 20 % am Gewinn der A-OHG beteiligt. Die einheitlichen und gesonderten Gewinnfeststellungsbescheide ab 2003 stehen noch gem. § 164 AO unter dem Vorbehalt der Nachprüfung und sind dementsprechend noch änderbar. Für 2003 wurde bisher ein Gewinn von 1 000 000 € festgestellt, davon entfallen 100 000 € auf die M zustehende Tätigkeitsvergütung ausschließlich des Werts der Pensionszusage, der danach verbleibende Gewinn ist den fünf Gesellschaftern mit jeweils 180 000 € zugerechnet worden.

1 IV R 56/92, BStBl 1994 II 740.

2 BStBl 2008 I 317.

Die Bilanz zum 31. 12. 2003 wird dahin gehend berichtigt, dass für die gegenüber M bestehende Versorgungspflichtung in Übereinstimmung mit § 6a EStG eine Rückstellung von 210 000 € ausgewiesen wird, Der Bilanzgewinn beträgt danach 690 000 € (900 000 € ./. 210 000 €), so dass auf jeden der Gesellschafter ein Gewinnanteil von 138 000 € entfällt. Gegenüber dem ursprünglich festgestellten Gewinn ergibt sich also für jeden Gesellschafter eine Gewinnminderung um 42 000 €. Für die vier Mitgesellschafter des M tritt eine Entlastung bei der ESt ein.

Entsprechend dem Urteil des BFH vom 30. 3. 2006[1] ist in die für M zu führende Ergänzungsbilanz ein Aktivposten i. H. v. 210 000 € einzustellen. Danach wäre M mit folgendem Gewinn aus seiner Beteiligung an der A-OHG zu besteuern:

Gewinnanteil	138 000 €
+ Tätigkeitsvergütung	100 000 €
+ Aktivposten Sonderbilanz	210 000 €
Summe	448 000 €

Dies führt nach Auffassung der FinVerw zu einer unangemessenen steuerlichen Belastung. Die nach Tz. 5 des BMF-Schreibens vom 29. 1. 2008[2] zugelassene, den steuerlichen Gewinn mindernde Rücklage ist wie folgt zu ermitteln:

Zugang Sonderbilanz	210 000 €
./. Gewinnminderung durch Pensionsrückstellung	42 000 €
Bemessungsgrundlage für Rücklage	168 000 €
Rücklage 14/15	156 800 €
Mindestbetrag für jährliche Auflösung	11 200 €

Danach unterliegt folgender Gewinn für 2003 bei M der Besteuerung

Gewinnanteil	138 000 €
+ Tätigkeitsvergütung	100 000 €
+ Aktivposten Sonderbilanz	210 000 €
./. Rücklage	156 800 €
zu besteuernder Gewinnanteil insgesamt	**281 200 €**

Für die Ermittlung des Gewerbeertrags war bisher von einem Gewinn von 1 000 000 € auszugehen. Daran ändert sich nichts. Die Kürzung des Bilanzgewinns um die Pensionsrückstellung wird durch die Aktivierung dieses Betrags in der Sonderbilanz des M ausgeglichen. Die steuerfreie Rücklage darf für Zwecke der GewSt nicht berücksichtigt werden. Bei den GewSt-Veranlagungen der folgenden 14 Erhebungszeiträume ist zu beachten, dass die Auflösungsbeträge der Rücklage in der Sonderbilanz des M nicht zum Gewerbeertrag gehören.

Die Rücklage ist bei Wegfall der Versorgungsverpflichtung aufzulösen. Gleichzeitig ist der Aktivposten erfolgswirksam auszubuchen.

Wandelt man das Beispiel in Rn. 1382 dahin gehend ab, dass die A-OHG neben M auch 1383
dem Mitunternehmer P eine Versorgungszusage gegeben hat, für die zum 31. 12. 2003 eine Rückstellung von 150 000 € ausgewiesen wird, ist auch im Verhältnis zu P entsprechend den vorstehend dargestellten Grundsätzen zu verfahren. Dabei ist jedoch zu beachten, dass sich infolge der Einstellung der Pensionsrückstellung für P eine weitere Gewinnminderung in der Gesamthandsbilanz von 150 000 € ergibt, die zu je 20 % = 30 000 € auf den einzelnen Gesellschafter entfällt. Dies wirkt sich für M wie folgt aus:

1 IV R 25/04, BStBl 2008 II 171.

2 BStBl 2008 I 317.

Zugang Sonderbilanz	210 000 €
./. Gewinnminderung durch Pensionsrückstellung für M	42 000 €
./. Gewinnminderung durch Pensionsrückstellung für P	30 000 €
Bemessungsgrundlage für Rücklage	138 000 €
Rücklage 14/15	128 800 €
Mindestbetrag für jährliche Auflösung	9 200 €
Danach unterliegt folgender Gewinn für 2003 bei M der Besteuerung	
Gewinnanteil 20 % von 540 000 €	108 000 €
+ Tätigkeitsvergütung	100 000 €
+ Aktivposten Sonderbilanz	210 000 €
./. Rücklage	128 800 €
zu besteuernder Gewinnanteil insgesamt	**289 200 €**

1384 Tritt ein Arbeitnehmer, dem eine Versorgungszusage erteilt wurde, seiner bisherigen Arbeitgeberin als Mitunternehmer bei, führt dies bereits nach dem Urteil des BFH vom 8. 1. 1975[1] nicht zur Auflösung der insoweit gebildeten Pensionsrückstellung. Wird eine GmbH, die einem als Arbeitnehmer beschäftigten Gesellschafter eine Versorgungszusage gegeben hat, in eine Personengesellschaft umgewandelt, ist die dafür gebildete Pensionsrückstellung nach dem Urteil des BFH vom 22. 6. 1977[2] mit dem Anwartschaftsbarwert i. S. d. § 6a Abs. 3 Nr. 2 EStG unter Berücksichtigung der rechnungsmäßigen Verzinsung auch dann fortzuführen,[3] wenn der bisherige Arbeitnehmer Mitunternehmer geworden ist. Wird das ursprünglich mit der Kapitalgesellschaft vereinbarte Arbeitsverhältnis unter Beibehaltung der Versorgungszusage fortgeführt, handelt es sich bei den aus diesem Anlass erforderlichen weiteren Zuführungen zur Pensionsrückstellung und den späteren laufenden Leistungen um Vergütungen i. S. d. § 15 Abs. 1 Satz 1 Nr. 2 EStG an den nunmehrigen Mitunternehmer;[4] die insoweit erforderlichen Zuführungen zur Pensionsrückstellung in der Gesamthandsbilanz der Mitunternehmerschaft führen nach den unter Rn. 1372 dargestellten Grundsätzen zum Ausweis eines Aktivpostens in der Sonderbilanz des betreffenden Mitunternehmers; ggf. sind die Übergangsregelungen des BMF-Schreibens vom 29. 1. 2008[5] zu beachten. Bei Eintritt des Versorgungsfalles ist darauf zu achten, dass die Versorgungsleistungen teilweise als Arbeitnehmer der GmbH und im Übrigen als Mitunternehmer erworben wurden. Dementsprechend ist nur der Teil der Versorgungsleistungen nach den vorstehend dargestellten Grundsätzen zu behandeln, den der Berechtigte bzw. der Rechtsvorgänger der Hinterbliebenen als Mitunternehmer erworben hat. Nur insoweit wird eine Vergütung i. S. d. § 15 Abs. 1 Satz 1 Nr. 2 EStG bezogen. Der verbleibende Teil der Versorgungsbezüge ist bei der Mitunternehmerschaft nach den Grundsätzen zu beurteilen, die bei Versorgungsleistungen an Arbeitnehmer allgemein zu beachten sind. Der Ver-

1 I R 142/72, BStBl 1975 II 437.
2 I R 8/75, BStBl 1977 II 798.
3 Vgl. dazu auch *Weber-Grellet* in Schmidt, EStG § 6a Rz. 30.
4 Vgl. auch Tz. 06.03 BMF 25. 3. 1998, BStBl 1990 I 258 – sog. UmwStErl.
5 BStBl 2008 I 371; Rn. 1379 ff.

sorgungsberechtigte bezieht dementsprechend insoweit Einkünfte i. S. d. § 19 Abs. 1 Nr. 2 EStG. Entsprechendes gilt für Hinterbliebenenbezüge.[1]

Scheidet ein Mitunternehmer vor Eintritt des Versorgungsfalles unter Fortbestehen des zivilrechtlichen Arbeitsverhältnisses und damit auch unter Beibehaltung der zuvor gegebenen Versorgungszusage aus der Mitunternehmerschaft aus, ändert sich insoweit an den Beziehungen zwischen den Beteiligten nichts. Aus der Sicht der Mitunternehmerschaft liegt nach wie vor eine Versorgungszusage vor, die zum Ausweis einer Pensionsrückstellung berechtigt und verpflichtet. Der BFH hat mit Urteil vom 9. 4. 1997[2] zu dem insoweit vergleichbaren Fall der Umwandlung einer KG in eine GmbH Stellung genommen. In dem zu beurteilenden Sachverhalt war dem Gesellschafter-Geschäftsführer mit Beginn der GmbH eine Versorgungszusage erteilt worden. Dabei handelte es sich um den Mehrheitsgesellschafter und alleinigen Geschäftsführer der umgewandelten KG, der für seine Geschäftsführertätigkeit eine Tätigkeitsvergütung i. S. d. § 15 Abs. 1 Satz 1 Nr. 2 EStG bezog. Vor seinem Beitritt zur KG war er bereits deren Arbeitnehmer. Der BFH lehnte es bei dieser Konstellation ab, für die Berechnung der Pensionsrückstellung als Beginn des Dienstverhältnisses einen Zeitpunkt vor der Erteilung der Versorgungszusage durch die GmbH anzunehmen. Die FinVerw[3] nimmt für diesen Fall im Ergebnis zwei Versorgungszusagen an. Mit der Begründung des Arbeitsverhältnisses zum Zeitpunkt der Einbringung sei steuerlich von einer „neuen" Pensionszusage auszugehen.[4] Bei Eintritt des Versorgungsfalles bezieht der Berechtigte dementsprechend teilweise Vergütungen aus seiner früheren Stellung als Mitunternehmer i. S. d. § 15 Abs. 1 Satz 1 Nr. 2 EStG und im Übrigen Versorgungsbezüge als früherer Arbeitnehmer i. S. d. § 19 EStG. 1385

(Einstweilen frei) 1386–1390

c) Vergütungen für die Hingabe von Darlehen

Nach § 15 Abs. 1 Satz 1 Nr. 2 Satz 1 EStG gehören zu den Einkünften aus Gewerbebetrieb eines Mitunternehmers auch die Vergütungen für die Hingabe eines Darlehens an die Mitunternehmerschaft. In den Fällen der doppelstöckigen Personengesellschaft[5] führen gem. § 15 Abs. 1 Satz 1 Nr. 2 Satz 2 EStG auch Darlehensgewährungen eines Mitunternehmers der Obergesellschaft an die Untergesellschaft zu derartigen Sondervergütungen; der Mitunternehmer der Obergesellschaft wird insoweit Mitunternehmer der Untergesellschaft.[6] Allgemein beziehen sich diese Regelungen auf die Überlassung von Fremdkapital durch die Mitunternehmer an die Mitunternehmerschaft. Dabei ist es unerheblich, ob das Fremdkapital aufgrund einer besonderen schuldrechtlichen Vereinbarung oder einer gesellschaftsvertraglich übernommenen Verpflichtung überlas- 1391

1 So im Ergebnis auch FG Nürnberg 11. 7. 2006 I 402/2005, NWB DokID: MAAAC-19441, bestätigt durch BFH 12. 10. 2007 VI B 161/06, BFH/NV 2008, 45.

2 I R 124/95, BStBl 1997 II 799.

3 Vgl. Tz. 6 20.44 ff. BMF 25. 3. 1998, BStBl 1990 I 258 – sog. UmwStErl.

4 Vgl. dazu auch *Weber-Grellet* in Schmidt, EStG § 6a Rz. 31.

5 Vgl. Rn. 416.

6 Vgl. Rn. 416 ff.

sen wird.[1] Wesentlich ist, dass es sich nicht um die Überlassung von Eigenkapital handelt; wegen der insoweit erforderlichen Abgrenzung wird auf Rn. 751 ff. hingewiesen. Dementsprechend führt die im Rahmen der Gewinnverteilung u.U. vorab zu berücksichtigende Verzinsung der Kapitalkonten[2] zu keinen Vergütungen i. S. d. § 15 Abs. 1 Satz 1 Nr. 2 EStG.

1392 Hat ein Mitunternehmer neben seiner Einlage in das Gesamthandvermögen der Mitunternehmerschaft ein Darlehen oder weiteres Kapital in der Form einer typisch stillen Beteiligung zur Verfügung zu stellen, gehören die dafür vereinnahmten Vergütungen zu seinem Gewinnanteil i. S. d. § 15 Abs. 1 Satz 1 Nr. 2 EStG.[3] Unterhalten die Mitunternehmer eines Bankhauses bei diesem Guthabenkonten, handelt es sich bei den darauf gutgeschriebenen Zinsen im Regelfall ebenfalls um Vergütungen i. S. d. § 15 Abs. 1 Satz 1 Nr. 2 EStG.[4]

1393 Unerheblich ist auch, in welcher Weise die Forderung gegenüber der Mitunternehmerschaft begründet wurde. Deswegen können auch Zinsen für durch den Mitunternehmer von einem Dritten erworbene Forderungen gegenüber der Mitunternehmerschaft zu Vergütungen i. S. d. § 15 Abs. 1 Satz 1 Nr. 2 EStG führen.[5] Entsprechendes gilt, wenn z. B. ein vor Begründung der Mitunternehmerschaft entstandener Anspruch verzinst wird[6] oder einem Mitunternehmer für ihm zustehende Ansprüche eine Verzinsung nach Art von Verzugszinsen zugestanden wird;[7] die Begründung eines Darlehensverhältnisses ist nicht Voraussetzung. Dementsprechend erfüllen auch andere für die Überlassung von Fremdkapital üblicherweise gezahlte Vergütungen, wie z. B. Avalprovisionen, Vergütungen für partiarische Darlehen die Voraussetzungen des § 15 Abs. 1 Satz 1 Nr. 2 EStG.

1394–1395 *(Einstweilen frei)*

d) Vergütungen für die Überlassung von Wirtschaftsgütern

1396 Die nach § 15 Abs. 1 Satz 1 Nr. 2 Satz 1 EStG zu den Einkünften des Mitunternehmers führenden, von der Mitunternehmerschaft bezogenen Vergütungen für die Überlassung von Wirtschaftsgütern setzt die Nutzungsüberlassung dieser Wirtschaftsgüter durch den Mitunternehmer voraus. Dabei ist es unerheblich, ob ihm diese Wirtschaftsgüter als Eigentümer zuzurechnen sind oder er ein ihm seinerseits zustehendes Nutzungsrecht der Mitunternehmerschaft überlässt,[8] z. B. die Weitervermietung eines angemieteten Grundstücks, Überlassung eines dem Mitunternehmer aufgrund eines Nießbrauchs, eines Erbbaurechts,[9] zustehenden Nutzungsrechts an einem Grundstück. Steht das überlassene Wirtschaftsgut im Eigentum des überlassenden Mitunterneh-

1 BFH 12. 12. 1996 IV R 77/93, BStBl 1998 II 180; 13. 10. 1998 VIII R 78/97, BStBl 1999 II 163.
2 Vgl. Rn. 1282.
3 BFH 10. 11. 1983 IV R 62/82, BStBl 1984 II 605; 21. 9. 2000 IV R 50/99, BStBl 2001 II 299.
4 BFH 25. 1. 1980 IV R 159/78, BStBl 1980 II 275.
5 BFH 18. 12. 1991 XI R 42, 43/88, BStBl 1992 II 585.
6 BFH 8. 1. 1975 I R 142/72, BStBl 1975 II 437.
7 BFH 18. 12. 1991 XI R 42, 43/88, BStBl 1992 II 585.
8 BFH 31. 7. 1985 VIII R 261/81, BStBl 1986 II 304.
9 BFH 6. 11. 2008 IV R 79/06, BFH/NV 2009 730.

mers, wird es nach den in Rn. 821 ff. dargestellten Grundsätzen regelmäßig seinem Sonderbetriebsvermögen zuzuordnen sein. Steht ein von der Mitunternehmerschaft angemietetes Grundstück nur zum Teil im Eigentum eines oder mehrerer Mitunternehmer, führt dementsprechend auch nur der dem/den Mitunternehmer(n) zustehende Teil der Vergütungen zu Sondervergütungen i. S. d. § 15 Abs. 1 Satz 1 Nr. 2 Satz 1 EStG.

Überlässt im Fall einer doppelstöckigen Personengesellschaft[1] ein Mitunternehmer der 1397
Obergesellschaft der Untergesellschaft ein Wirtschaftsgut zur Nutzung, bezieht der Mitunternehmer der Obergesellschaft mit der Nutzungsvergütung nach § 15 Abs. 1 Satz 1 Nr. 2 Satz 2 EStG insoweit als Mitunternehmer der Untergesellschaft Einkünfte aus Gewerbetrieb.

Bei den überlassenen Wirtschaftsgütern kann es sich um materielle oder immaterielle 1398
Wirtschaftsgüter handeln. Nach den Erfahrungen der Praxis kommen als überlassene immaterielle Wirtschaftsgüter insbesondere Patente, Urheberrechte und andere gewerbliche Schutzrechte sowie Know-how in Betracht.

In welcher Weise die Nutzungsüberlassung begründet wird, ist für die Anwendung des 1399
§ 15 Abs. 1 Satz 1 Nr. 2 EStG wie auch bei den anderen Vergütungen i. S. dieser Regelung grundsätzlich unerheblich. Sie kann durch schuldrechtlichen Vertrag oder eine Vereinbarung im Gesellschaftsvertrag begründet werden; dabei sind ggf. bestehende Formvorschriften, wie z. B. bei der Bestellung eines Erbbaurechts, zu beachten.

Den Regelungen des § 15 Abs. 1 Satz 1 Nr. 2 EStG unterfallen nur die laufenden Nut- 1400
zungsvergütungen. Wird z. B. ein unbebautes Grundstück gegen eine laufende Pachtzahlung überlassen und der pachtenden Mitunternehmerschaft die Errichtung einer Anlage, eines Bauwerks auf diesem Grundstück mit der Maßgabe des Abrisses bei Beendigung des Pachtvertrags gestattet, schuldet die Mitunternehmerschaft für die Nutzung der von ihr errichteten Anlage dem das Grundstück überlassenden Mitunternehmer keine Vergütung. Dementsprechend handelt es sich bei den Aufwendungen der Mitunternehmerschaft für den Abbruch dieser Anlage nicht um eine dem Mitunternehmer zusätzlich zustehende Vergütung i. S. d. § 15 Abs. 1 Satz 1 Nr. 2 EStG,[2] so dass die Bildung einer Rückstellung durch die Mitunternehmerschaft für den insoweit in der Zukunft entstehenden Aufwand nicht zugleich den Ausweis eines entsprechenden Aktivpostens in der Sonderbilanz des überlassenden Mitunternehmers zur Folge hat. Dies wäre wohl dann der Fall, wenn die Anlage vom Mitunternehmer zur Nutzung überlassen worden wäre und die Mitunternehmerschaft neben der Zahlung der laufenden Nutzungsvergütung sich zugleich zur Entfernung der Anlage bei Beendigung der Nutzung verpflichtet hätte.

Hat eine Mitunternehmerschaft aufgrund eines ihr von einem Mitunternehmer bestell- 1401
ten Erbbaurechts ein Gebäude errichtet und geht dieses Gebäude nach Beendigung des Erbbaurechts entsprechend den Bestimmungen der Erbbaurechtsvertrags entschädigungslos auf den Erbbauverpflichteten über, bezieht der erbbauverpflichtete Mitunter-

1 Vgl. Rn. 416 ff.
2 BFH 28. 3. 2000 VIII R 13/99, BStBl 2000 II 612.

nehmer nach dem Urteil des BFH vom 11.12.2003[1] insoweit ein zusätzliches Nutzungsentgelt und damit auch insoweit eine Vergütung i. S. d. § 15 Abs. 1 Satz 1 Nr. 2 EStG. Zu der Frage des Zeitpunkts der Erfassung dieser Vergütung hat der BFH nicht abschließend Stellung genommen. Er schließt lediglich eine Erfassung bereits zum Zeitpunkt der Herstellung des Gebäudes aus und weist dann drauf hin, dass die Erfassung einer Sondervergütung jeweils für das Wirtschaftsjahr in Betracht komme, in der die entsprechenden Aufwendungen den Gesamtgewinn der Gesellschaft gemindert hätten. Schreibt die Mitunternehmerschaft das Gebäude über die Dauer des Erbbaurechts ab, die kürzer als die nach § 7 Abs. 4 EStG zugrunde zu legende Nutzungsdauer ist, würde sich danach die Frage der Erfassung einer Vergütung i. S. d. § 15 Abs. 1 Satz 1 Nr. 2 EStG ab Fertigstellung des Gebäudes jeweils in Höhe des Unterschiedsbetrags zwischen dem tatsächlichen Abschreibungsbetrag und dem Betrag der AfA stellen, der sich bei Zugrundelegung der nach § 7 Abs. 4 EStG maßgebenden Nutzungsdauer ergeben würde. Insoweit wäre in der Sonderbilanz des Mitunternehmers ein Aktivposten auszuweisen, der damit jährlich zu erhöhen wäre. Im Zeitpunkt der Beendigung des Erbbaurechts wäre dieser Wert mit dem gemeinen Wert des auf den Mitunternehmer übergegangenen Gebäudes abzugleichen. Liegt der gemeine Wert über der Summe der bisher aktivierten Sondervergütungen, vereinnahmt der Mitunternehmer in Höhe des Unterschiedsbetrags eine weitere Sondervergütung i. S. d. § 15 Abs. 1 Satz 1 Nr. 2 EStG, die als weitere Anschaffungskosten des nunmehr ihm zustehenden Gebäudes zu aktivieren sind. Stellt sich hingegen heraus, dass der bisher aktivierte Betrag den gemeinen Wert unterschreitet, erleidet der Mitunternehmer insoweit einen Verlust in seinem Sonderbetriebsvermögen. Das auf ihn übergegangene Gebäude ist dann in der Sonderbilanz mit dem gemeinen Wert als Anschaffungskosten zu bilanzieren.

1402–1405 *(Einstweilen frei)*

e) Besonderheiten bei der Beteiligung ausländischer Mitunternehmer an inländischen Mitunternehmerschaften

Literatur: *Pyszka*, Lizenz- und Zinszahlungen einer Personengesellschaft an ihren ausländischen Mitunternehmer, IStR 1998, 745; *Günkel/Lieber*, Abkommensrechtliche Qualifikation von Sondervergütungen, FR 2000, 853; *Lang*, Qualifikationskonflikte bei Personengesellschaften, IStR 2000, 129; *Spensberger*, Lizenzzahlungen einer Personengesellschaft an ihren ausländischen Mitunternehmer, IStR 2000, 50; *Krabbe*, Abkommensrechtliche Behandlung von Sondervergütungen, FR 2001, 129; *Weggemann*, Die Empfehlungen der OECD an den Ansässigkeitsstaat zur Lösung von Einordnungskonflikten in Bezug auf Sondervergütungen, IStR, 2002, 621; *Grützner*, Mittelbare Vergütungen i. S. des § 15 Abs. 1 Satz 1 Nr. 2 EStG an beschränkt steuerpflichtige Mitunternehmer – Anmerkungen zum BFH-Urteil vom 10. 7. 2002 – I R 71/01, StuB 2003, 310; *Hölscher*, Weiterentwicklung der Rechtsprechung zur abkommensrechtlichen Behandlung von Sondervergütungen, IWB F. 3 G. 2, 1361; *Frotscher*, Treaty Override und § 50d Abs. 10 EStG, IStR 2009, 593; *Boller/Schmidt*, § 50d Abs. 10 EStG ist doch ein zahnloser Tiger – Replik zu Frotscher (IStR 2009, 593), IStR 2009, 852; *Goebel/Liedtke/Schmidt*, Besteuerung grenzüberschreitender Sondervergütungen – FG München: Anwendung des § 50d Abs. 10 EStG im Inboundfall, IWB 2010, 7; *Mitschke*, Streitpunkt § 50d Abs. 10 EStG – ein Tiger mit scharfen Zähnen, DB 2010, 303; *Kramer*, Nochmal: Das Darlehen des ausländischen Mitunternehmers an seine deutsche Personengesellschaft und § 50d Abs. 10 EStG, IStR 2010, 239; *Wassermeyer*, Nochmal: Das Darlehen des ausländischen Mitunternehmers

1 IV R 42/02, BStBl 2004 II 353.

an seine deutsche Personengesellschaft und § 50d Abs. 10 EStG – Kritik an den Ausführungen von Kramer, IStR 2010, 241; *Haun/Reiser/Mödinger,* Zweifelsfragen bei der Anwendung von Doppelbesteuerungsabkommen auf Personengesellschaften, GmbHR 2010, 637; *Lieber,* Personengesellschaften mit grenzüberschreitenden Rechtsbeziehungen – Neues BMF-Schreiben v. 16. 4. 2010, IWB 2010, 351; *Wassermeyer,* Grundfragen internationaler Personengesellschaften im Abkommensrecht, FR 2010, 537; *Richter,* Einzelfragen internationaler Personengesellschaften im Abkommensrecht, FR 2010, 544; *Vees,* Die Anwendung des DBA auf Personengesellschaft – Zugleich Anmerkung zum BMF-Schreiben v. 16. 4. 2010, DB 2010, 1422; *Hruschka,* Das BMF-Schreiben zur Anwendung der Doppelbesteuerungsabkommen (DBA) auf Personengesellschaften v. 16. 4. 2010, DStR 2010, 1357; *Blumers/Zillmer* Das neue BMF-Schreiben zur Anwendung der DBA auf Personengesellschaften, BB 2010, 1375; *Schmidt,* Anwendung des Doppelbesteuerungsabkommens (DBA) auf Personengesellschaften – Eine Analyse des BMF-Schreibens v. 16. 4. 2010, IV B 2 - S 1300/09/10003, BStBl 2010 I 354, IStR 2010, 413; *Lange,* Anwendung der Doppelbesteuerungsabkommen auf Personengesellschaften – Wie sind die Aussagen des BMF einzuordnen?, EStB 2010, 226; *Schmidt,* (Weitere) Infragestellung des BMF-Schreibens v. 16. 4. 2010 „Anwendung der Doppelbesteuerungsabkommen (DBA) auf Personengesellschaften" durch zwei neue Entscheidungen des BFH (BFH-Urt. v. 28. 4. 2010, I R 81/09, BFH-Beschl. v. 19. 5. 2010, I B 191/09), IStR 2010, 520.

Beteiligt sich eine im Ausland ansässige Person als Mitunternehmer an einer gewerblichen Mitunternehmerschaft, deren Ort der Geschäftsleitung sich im Inland befindet und die ausschließlich im Inland tätig ist, einer inländischen Mitunternehmerschaft, bezieht der ausländische Mitunternehmer inländische Einkünfte aus Gewerbebetrieb i. S. d. § 49 Abs. 1 Nr. 2 Buchst. a EStG. Angesicht der umfassenden Bezugnahme auf § 15 EStG gehören damit auch die Vergütungen i. S. d. § 15 Abs. 1 Satz 1 Nr. 2 EStG zu diesen der inländischen Beteuerung unterliegenden Einkünften. Besteht mit dem Ansässigkeitsstaat des Mitunternehmers kein DBA, ergeben sich bezogen auf die Ermittlung des der inländischen Besteuerung unterliegenden Gewinnanteils keine Unterschiede gegenüber einem unbeschränkt steuerpflichtigen Mitunternehmer. Ist hingegen ein DBA zu beachten, stellt sich die Frage, ob das durch § 49 Abs. 1 Nr. 2 Buchst. a EStG beanspruchte umfassende Besteuerungsrecht ggf. beeinträchtigt wird. 1406

Problematisch ist dies hinsichtlich der Sondervergütungen i. S. d. § 15 Abs. 1 Satz 1 Nr. 2 EStG. Die DBA billigen Deutschland regelmäßig das Besteuerungsrecht an dem Unternehmensgewinn i. S. d. Art. 7 OECD-MA entsprechenden Regelung zu, der der inländischen Betriebsstätte des Unternehmens, der Mitunternehmerschaft, zuzuordnen ist. Die FinVerw ist bereits bisher davon ausgegangen, dass Sondervergütungen, die ein ausländischer Mitunternehmer von der inländischen Mitunternehmerschaft bezieht, zu den Unternehmensgewinnen i. S. d. Art. 7 OECD-MA entsprechenden Regelung gehören[1] und sich damit für Deutschland als Betriebsstättenstaat auch insoweit ein umfassendes Besteuerungsrecht ergibt. Demgegenüber hat der BFH bereits in der Vergangenheit die Vergütungen i. S. d. § 15 Abs. 1 Satz 1 Nr. 2 EStG im Regelfall nicht als Bestandteile des Unternehmensgewinns i. S. d. Art. 7 OECD-MA entsprechenden Regelung[2] angesehen, so dass das Besteuerungsrecht daran nach den übrigen Vorschriften des DBA zu beurteilen ist. Dabei wird es sich insbesondere um die zu Dividenden entsprechend Art. 10 OECD-MA, zu Zinsen entsprechend Art. 11 OECD-MA und zu Lizenzgebühren 1407

1 Tz. 1.2.3 BMF 24. 12. 1999, BStBl 1999 I 1076 – sog. Betriebsstätten-Verwaltungsgrundsätze.
2 Urteil 17. 10. 2007 I R 5/06, BStBl 2009 II 356, m. w. N.

entsprechend Art. 12 OECD-MA getroffenen Vereinbarungen handeln. Ein inländisches Besteuerungsrecht ergibt sich in diesen Fällen nur dann, wenn der die Einnahmen begründende Vermögenswert, z. B. die Beteiligung an der ausschüttenden Kapitalgesellschaft, tatsächlich zum inländischen Betriebsstättenvermögen gehört und die Einnahmen deswegen zum Unternehmensgewinn i. S. d. Art. 7 OECD-MA entsprechenden Regelung gehören – sog. Betriebsstättenvorbehalt im Beispielsfall entsprechend Art. 10 Abs. 4 OECD-MA.[1] Einzelne DBA sehen abweichend davon ausdrückliche Regelungen für die Zuweisung des Besteuerungsrechts an Einkünften aus der Beteiligung an Personengesellschaften vor, auf die in Tz. 5.2 des BMF-Schreibens vom 16. 4. 2010[2] hingewiesen wird.

1408 Nach der vorstehend dargestellten Auffassung des BFH wird das inländische Besteuerungsrecht an von beschränkt steuerpflichtigen Mitunternehmern bezogenen Vergütungen i. S. d. § 15 Abs. 1 Satz 1 Nr. 2 EStG wesentlich beeinträchtigt. Durch § 50d Abs. 10 EStG, eingefügt durch das JStG 2009,[3] wird nunmehr bestimmt, dass Vergütungen i. S. d. § 15 Abs. 1 Satz 1 Nr. 2 Satz 1 Halbsatz 2 und Nr. 3 Halbsatz 2 EStG auch dann zum Unternehmensgewinn i. S. d. Art. 7 OECD-MA entsprechenden Regelung gehören, wenn dies in dem in Betracht kommenden DBA nicht ausdrücklich vorgesehen ist. Diese Vorschrift wird mit der gebotenen Wahrung der Einheitlichkeit der Besteuerung inländischer und ausländischer Gesellschafter von Personengesellschaften begründet.[4] Weiter wird darauf hingewiesen, dass damit dem Personengesellschaftsbericht 1999 der OECD[5] Rechnung getragen werde. Wegen weiterer Einzelheiten zu der Neuregelung wird auf Tz. 5 des BMF-Schreibens vom 16. 4. 2010[6] hingewiesen.

1409 § 50d Abs. 10 EStG ist nach § 52 Abs. 59a EStG in allen noch offenen Fällen anwendbar, damit also auch für zurückliegende Veranlagungszeiträume. Begründet wird dies mit der sich aus Tz. 1.2.3 des BMF- Schreibens vom 24. 12. 1999[7] ergebenden bisherigen Verwaltungspraxis.[8] Die gegen die Regelung des § 50d Abs. 10 EStG und deren rückwirkenden Anwendung erhobenen Bedenken[9] teilt das FG Baden-Württemberg[10], a. A, FG München[11] und FG Düsseldorf.[12] Für eine unzulässige Rückwirkung bei der Anwendung des § 50d Abs. 10 EStG sprechen die Zweifel des BFH in seinem Beschluss vom 19. 5. 2010 I B 191/09[13] zur rückwirkenden Anwendung des § 50d Abs. 9 EStG.

1 Vgl. dazu BFH 26. 2. 1992 I R 85/91, BStBl 1992 II 937.
2 BStBl 2010 I 354.
3 Vom 19. 12. 2008, BGBl 2008 I 2794.
4 BT-Drucks. 11/1008, 23.
5 The Applikation of the OECD Model Tax Convention to Partnerships, 1999.
6 BStBl 2010 I 354.
7 BStBl 1999 I 1076 – Betriebsstätten-Verwaltungsgrundsätze.
8 BT-Drucks. 11/1008, 24.
9 Vgl. z. B. auch die Nachweise bei *Loschelder* in Schmidt, EStG § 50d Rz. 60.
10 Urteil v. 9. 10. 2009 10 K 3312/08; in dem daraufhin erlassenen Urteil v. 8. 11. 2010 I R 106/09, NWB DokID: VAAAD-59093, brauchte der BFH darauf nicht einzugehen, vgl. Rn. 1410.
11 Urteil v. 30. 7. 2009 1 K 1816/09, EFG 2009, 1954; in dem daraufhin erlassenen Urteil v. 8. 9. 2010 I R 74/09, NWB DokID: BAAAD-56609, brauchte der BFH darauf nicht einzugehen, vgl. Rn. 1410.
12 Urteil 7. 12. 2010 13 K 1214/06 E, NWB DokID: VAAAD-60826.
13 BFH/NV 2010, 1554.

Der BFH hat in seinem Urteil vom 8. 9. 2010 I R 74/09[1] und in seinem Beschluss vom 8. 11. 2010 I R 106/09[2] an der in Rn. 1357 erörterten Rechtsprechung festgehalten. In dem Urteil vom 8. 9. 2010 ist er für den Fall des Bezugs von Lizenzgebühren durch einen in den USA ansässigen Gesellschafter einer deutschen Personengesellschaft, der die Rechte dort verwaltete und von dort aus weltweit vermarktete, zu dem Ergebnis gekommen, dass die Zuordnung von Sondervergütungen i. S. d. § 15 Abs. 1 Satz 1 Nr. 2 Satz 1 EStG durch § 50d Abs. 10 Satz 1 EStG zu den Unternehmensgewinnen i. S. d. Art. 7 OECD-MA entsprechenden Regelung kein inländisches Besteuerungsrecht begründe. Die dabei zu beachtende Art. 7 Abs. 7 OECD-MA entsprechende Regelung führe im Urteilsfall jedoch zur Anwendung der Art. 12 OECD-MA entsprechenden Regelung und damit zum Besteuerungsrecht des Wohnsitzstaates, während dem Quellenstaat das Besteuerungsrecht genommen werde. Diese Rechtsfolge würde auch dann eintreten, wenn für die Zuordnung der Vergütungen entsprechend Art. 7 Abs. 1 OECD-MA auf die allgemeinen Verursachungs- und Veranlassungsgesichtspunkte abzustellen wäre. Nach dem Beschluss vom 8. 11. 2010 kann die inländische Besteuerung eines durch von einen in den USA ansässigen ehemaligen Gesellschafter einer deutschen Personengesellschaft bezogenen Ruhegehalts nicht durch § 50d Abs. 10 EStG gerechtfertigt werden. Es handelt sich dabei um eine Vergütung i. S. d. § 15 Abs. 1 Satz 2 EStG. § 50d Abs. 10 EStG sieht jedoch die Einbeziehung derartiger Vergütungen in die Unternehmensgewinne i. S. d. Art. 7 OECD-MA nicht vor. Demgegenüber ist das FG Düsseldorf[3]der Auffassung, dass die Ruhegeldzahlungen einer inländischen KGaA an ihren in den USA ansässigen ehemaligen persönlich haftenden Gesellschafter gem. § 50d Abs. 10 EStG im Inland zu besteuern sind. Die weitere Entwicklung bleibt abzuwarten. 1410

Handelt es sich bei der inländischen Mitunternehmerschaft um eine nach § 15 Abs. 3 Nr. 2 EStG gewerblich geprägte Personengesellschaft, die ausschließlich vermögensverwaltend tätig ist, stellt sich die Frage der inländischen Besteuerung von Unternehmensgewinnen nur dann, wenn im Inland eine Betriebsstätte i. S. d. Art. 5 OECD-MA entsprechenden Regelung unterhalten wird. Davon ist nach Tz 2.2.3 des BMF-Schreibens vom 16. 4. 2010[4] regelmäßig nicht auszugehen. Dementsprechend ist das inländische Besteuerungsrecht an den im Rahmen dieser Beteiligung bezogenen Einkünften nach den übrigen diesbezüglichen Regelungen des in Betracht kommenden DBA zu beurteilen. 1411

(Einstweilen frei) 1412–1415

f) Beteiligung von Inländern an ausländischen Mitunternehmerschaften

Literatur: *Günkel/Lieber*, Abkommensrechtliche Qualifikation von Sondervergütungen, FR 2000, 853; *Krabbe*, Abkommensrechtliche Behandlung von Sondervergütungen, FR 2001, 129; *Weggemann*, Sondervergütungen unbeschränkt steuerpflichtiger Mitunternehmer einer ausländischen Mitunternehmerschaft in der Rechtsprechung des BFH und aus Sicht der OECD, IStR 2002, 1; *Weggemann*, Die Empfehlungen der OECD an den Ansässigkeitsstaat zur Lösung von Einordnungskon-

1 NWB DokID: BAAAD-56609.

2 NWB DokID: VAAAD-59093.

3 Urteil 7. 12. 2010 13 K 1214/06 E, NWB DokID: VAAAD-60826.

4 BStBl 2010 I 354.

flikten in Bezug auf Sondervergütungen, IStR, 2002, 621; *Müller/Wangler*, Qualifikationskonflikte bei der Beteiligung inländischer Investoren an ausländischen Personengesellschaften, IStR 2003, 145; *Hölscher*, Weiterentwicklung der Rechtsprechung zur abkommensrechtlichen Behandlung von Sondervergütungen, IWB F. 3 G. 2, 1361; *Frotscher*, Treaty Override und § 50d Abs. 10 EStG, IStR 2009, 593; *Boller/Schmidt*, § 50d Abs. 10 EStG ist doch ein zahnloser Tiger – Replik zu Frotscher (IStR 2009, 593), IStR 2009, 852; *Goebel/Liedtke/Schmidt*, Besteuerung grenzüberschreitender Sondervergütungen – FG München: Anwendung des § 50d Abs. 10 EStG im Inboundfall, IWB 2010, 7; *Mitschke*, Streitpunkt § 50d Abs. 10 EStG – ein Tiger mit scharfen Zähnen, DB 2010, 303; *Kramer*, Nochmal: Das Darlehen des ausländischen Mitunternehmers an seine deutsche Personengesellschaft und § 50d Abs. 10 EStG, IStR 2010, 239; *Wassermeyer*, Nochmal: Das Darlehen des ausländischen Mitunternehmers an seine deutsche Personengesellschaft und § 50d Abs. 10 EStG – Kritik an den Ausführungen von Kramer, IStR 2010, 241; *Haun/Reiser/Mödinger*, Zweifelsfragen bei der Anwendung von Doppelbesteuerungsabkommen auf Personengesellschaften, GmbHR 2010, 637; *Lieber*, Personengesellschaften mit grenzüberschreitenden Rechtsbeziehungen – Neues BMF-Schreiben v. 16. 4. 2010, IWB 2010, 351; *Wassermeyer*, Grundfragen internationaler Personengesellschaften im Abkommensrecht, FR 2010, 537; *Richter*, Einzelfragen internationaler Personengesellschaften im Abkommensrecht, FR 2010, 544; *Vees*, Die Anwendung des DBA auf Personengesellschaft – Zugleich Anmerkung zum BMF-Schreiben v. 16. 4. 2010, DB 2010, 1422; *Hruschka*, Das BMF-Schreiben zur Anwendung der Doppelbesteuerungsabkommen (DBA) auf Personengesellschaften v. 16. 4. 2010, DStR 2010, 1357; *Blumers/Zillmer* Das neue BMF-Schreiben zur Anwendung der DBA auf Personengesellschaften, BB 2010, 1375; *Schmidt*, Anwendung des Doppelbesteuerungsabkommen (DBA) auf Personengesellschaften – Eine Analyse des BMF-Schreibens v. 16. 4. 2010, IV B 2 - S 1300/09/10003, BStBl 2010 I 354, IStR 2010, 413; *Lange*, Anwendung der Doppelbesteuerungsabkommen auf Personengesellschaften – Wie sind die Aussagen des BMF einzuordnen?, EStB 2010, 226.

1416 Hat sich ein unbeschränkt Steuerpflichtiger an einer ausländischen Gesellschaft derart beteiligt, dass dadurch nach deutschem Verständnis eine Mitunternehmerschaft begründet wird,[1] wird der inländische Steueranspruch auf die aus dieser Beteiligung bezogenen Einkünfte nach Maßgabe der Vorschriften des EStG und damit auch des § 15 EStG geltend gemacht. Der danach zu besteuernde Gewinnanteil umfasst deswegen auch die Vergütungen i. S. d. § 15 Abs. 1 Satz 1 Nr. 2 EStG. Besteht mit dem Staat, in dem die Mitunternehmerschaft durch eine Betriebsstätte tätig ist, ein DBA, stellt sich die Frage, ob dadurch das inländische Besteuerungsrecht an den Einkünften aus der Beteiligung beeinträchtigt wird. Dies ist nach der Rechtsprechung des BFH dann der Fall, wenn die Vergütungen für die Überlassung von Vermögenswerten des Sonderbetriebsvermögens dem Unternehmensgewinn i. S. d. Art. 7 OECD-MA entsprechenden Regelung zuzurechnen sind[2] und der Betriebstättengewinn von der inländischen Besteuerung freizustellen ist. Liegen diese Voraussetzungen nicht vor, ist zu prüfen, ob die nach den Wertungen des DBA nicht als Betriebsstätteneinkünfte zu besteuernden Einkünfte für die Anwendung des DBA einer anderen Einkunftsart zuzuordnen sind und sich deswegen ein inländisches Besteuerungsrecht ergibt, das nach Maßgabe der Vorschriften des EStG auszuüben ist. Dies kann z. B. bei Zinsen für ein Darlehen, das der inländische Mitunternehmer der ausländischen Mitunternehmerschaft gewährt hat, der Fall sein. Sofern – wie im Regelfall – das in Betracht kommende DBA keine Sonderregelung für Beteiligungen an Mitunternehmerschaften vorsieht, kann sich nach der

1 Vgl. dazu Rn. 552 ff.

2 BFH 20. 12. 2006 I B 47/05, BStBl 2009 II 766; 10. 8. 2006 II R 59/05, BStBl 2009 II 758; 17. 10. 2007 I R 5/06, BStBl 2009 II 356.

Art. 11 OECD-MA entsprechenden Regelung – vorbehaltlich des sog. Betriebsstättenvorbehalts – ein Besteuerungsrecht Deutschlands als Ansässigkeitsstaat ergeben und dem Quellenstaat ggf. die Berechtigung zu einem beschränkten Quellensteuerabzug verbleiben. Etwaige ausländische Quellensteuern sind nach Maßgabe des DBA unter Beachtung des § 34c EStG auf die ESt, nach § 26 KStG auf die KSt anzurechnen. Bei Nutzungsvergütungen für im Betriebsstättenstaat belegenen Grundbesitz wird diesem Staat als Belegenheitsstaat durch die Art. 6 OECD-MA entsprechende Regelung regelmäßig das Besteuerungsrecht eingeräumt. Deutschland wird durch die meisten DBA zur Freistellung dieser Einkünfte von der inländischen Besteuerung verpflichtet.

Bei der Beteiligung an einer ausländischen Mitunternehmerschaft, die nach § 15 Abs. 3 1417
Nr. 2 EStG als gewerblich geprägt gilt,[1] jedoch ausschließlich vermögensverwaltend tätig ist, stellt sich die Frage, ob für die Anwendung des in Betracht kommenden DBA insoweit überhaupt gewerbliche Gewinne i. S. d. Art. 7 OECD-MA entsprechenden Regelung bezogen werden. Dies hat der BFH mit Urteil vom 28. 4. 2010[2] im Gegensatz zu Tz. 2.2.1 des BMF-Schreibens vom 16. 4. 2010[3] verneint. Es werden also keine Einkünfte bezogen, die einer gewerblichen Betriebsstätte zuzurechnen sind, so dass sich die Frage der Anwendbarkeit des Betriebsstättenvorbehalts i. S. d. Art. 10, 11 und 12 OECD-MA entsprechenden Regelungen nicht stellt.

Die FinVerw geht in Tz. 5 des BMF-Schreibens vom 16. 4. 2010[4] gem. § 50d Abs. 10 Satz 1 1418
EStG davon aus, dass Vergütungen i. S. d. § 15 Abs. 1 Satz 1 Nr. 2 Satz 1 Halbsatz 2 und Nr. 3 Halbsatz 2 EStG auch dann zum Unternehmensgewinn i. S. d. Art. 7 OECD-MA gehören, wenn dies in dem in Betracht kommenden DBA nicht ausdrücklich vorgesehen ist. Für den Fall, dass diese Vergütungen vom Betriebsstättenstaat als Quellenstaat nicht besteuert werden und das DBA unter diesem Gesichtspunkt kein Besteuerungsrecht für Deutschland begründet, sind die Vergütungen nach § 50d Abs. 10 Satz 2 i. V. m. Abs. 9 Nr. 1 EStG zu besteuern. Angesichts der Entscheidungen des BFH vom 8. 9. 2010 I R 74/09[5] und vom 8. 11. 2010 I R 106/09[6] zu Vergütungen an ausländische Mitunternehmer durch inländische Mitunternehmerschaften bleibt abzuwarten, ob der BFH der Auffassung der FinVerw folgen wird.

§ 50d Abs. 10 EStG ist nach § 52 Abs. 59a EStG in allen noch offenen Fällen, damit also 1419
auch für zurückliegende Veranlagungszeiträume anwendbar. Begründet wird dies mit der sich aus Tz. 1.2.3 des BMF-Schreibens vom 24. 12. 1999,[7] ergebenden bisherigen Verwaltungspraxis.[8] Die gegen die Regelung des § 50d Abs. 10 EStG und deren rückwirkenden Anwendung erhobenen Bedenken[9] teilt das FG Baden-Württemberg[10], a. A. FG

1 Rn. 405 ff.

2 I R 81/09, BFH/NV 2010, 1550.

3 BStBl 2010 I 354.

4 BStBl 2010 I 354.

5 NWB DokID: BAAAD-56609.

6 NWB DokID: VAAAD-59093.

7 BStBl 1999 I 1076 – Betriebsstätten-Verwaltungsgrundsätze.

8 BT-Drucks. 11/1008, 24.

9 Vgl. z. B. auch die Nachweise bei *Loschelder* in Schmidt, EStG § 50d Rz. 60.

10 Urteil v. 9. 10. 2009 10 K 3312/08; in dem daraufhin erlassenen Urteil v. 8. 11. 2010 I R 106/09, NWB DokID: VAAAD-59093, brauchte der BFH darauf nicht einzugehen, vgl. Rn. 1410.

München.[1] Für eine unzulässige Rückwirkung bei der Anwendung des § 50d Abs. 10 EStG sprechen die Zweifel des BFH in seinem Beschluss vom 19. 5. 2010 I B 191/09[2] zur rückwirkenden Anwendung des § 50d Abs. 9 EStG.

1420 Danach ist im Einzelfall nicht auszuschließen, dass ein inländischer Mitunternehmer mit von ihm bezogenen Sondervergütungen i. S. d. § 15 Abs. 1 Satz 1 Nr. 2 EStG der inländischen Besteuerung unterliegt, während ihm aus der Beteiligung an der Mitunternehmerschaft ein Verlustanteil zugerechnet wurde, der für den Regelfall mit den der inländischen Besteuerung unterliegenden Einkünften nicht ausgeglichen werden kann und allenfalls bei der Anwendung des Progressionsvorbehalts nach § 32b Abs. 1 Nr. 3 EStG berücksichtigungsfähig ist. Wegen der Problematik der Berücksichtigung ausländischer Betriebsstättenverluste wird auf die Urteile des BFH vom 9. 6. 2010 I R 100/09[3] und I R 107/09[4] hingewiesen.

1421–1430 *(Einstweilen frei)*

XI. Negatives Kapitalkonto – § 15a EStG

Literatur: *Winkeljohann/Mense,* Das Steuerbereinigungsgesetz 1999 im Überblick, StuB 2000, 1; *Carlé,* Ausgleichsfähige und verrechenbare Verluste, FR 2001, 829; *Heißenberg,* Verluste bei beschränkter Haftung – Neues zu § 15a EStG, KÖSDI 2001, 12948; *Paus,* Forderungsverzicht zugunsten der Personengesellschaft: Auswirkungen auf Gewinnverteilung und verrechenbare Verluste, FR 2001, 113; *Paus,* Verrechenbaren Verluste bei einer BGB-Innengesellschaft, DStZ 2002, 644; *Höhmann,* Inanspruchnahme eines Kommanditisten aus einer Bürgschaftserklärung, NWB F. 3, 11875; *Ley,* Rechtsnatur und Abgrenzung aktivistischer Gesellschafterkonten, DStR 2003, 958; *Nickel/Bodden,* Verlustausgleich und Verlustverrechnung nach § 15a EStG bei doppelstöckigen Personengesellschaften, FR 2003, 391; *Wacker,* Vorgezogene Einlagen nach § 15a EStG – Erste Anmerkungen zum BFH-Urteil vom 14. 10. 2003 VIII R 32/01, DB 2004, 11; *Brandenberg,* Aktuelle Entwicklung zu § 15a EStG: Mindestbesteuerung, Wechsel im Gesellschafterstatus, vorgezogene Einlagen, DB 2004, 1632; *Claudy* u. a., Einlagen und § 15a EStG – Zur Notwendigkeit eines außerbilanziellen Korrekturpostens, DStR 1004, 1503; *Hempe/Siebels/Obermeier,* Präzisierung der § 15a EStG – Abzugsbeschränkung durch den BFH, DB 2004, 1460; *Ley,* Die Anwendung des § 15a EStG auf doppelstöckige Personengesellschaften, DStR 2004, 1498; *Pickhardt-Poremba,* Ermittlung des fiktiven Gewinns bei Einlagenminderung gem. § 15a Abs. 3 EStG – Anmerkungen zum BFH-Urteil vom 20. 3. 2003 IV R 42/00, StuB 2004, 126; *ders.,* Einlagen zum Ausgleich eines negativen Kapitalkontos – Anmerkungen zum BFH-Urteil vom 14. 10. 2003 VIII R 32/01, StuB 2004, 366; *Strotmeier,* Schließung von Regelungslücken im Bereich des § 15a EStG, NWB F. 3, 13023; *Ley,* Die Anwendung des § 15a EStG auf doppelstöckige Personengesellschaften, DStR 2004, 1498; *Höck,* Verlustausgleichsbeschränkung – § 15a EStG oder die Verfehlung eines hohen Zieles, Stbg 2006, 261; *Grantz,* Die Verlustausgleichsbeschränkung nach § 15a EStG – weitere Praxishinweise, GStB 2006, 202; *Rautenstrauch/Adrian,* § 15a EStG bei Anwachsung auf eine Kapitalgesellschaft, DStR 2006, 359; *Röhrig/Doege,* Das Kapital der Personengesellschaften im Handels- und Ertragsteuerrecht, DStR 2006, 489; *Steger,* Überhöhte Entnahmen eines Kommanditisten im Anwendungsbereich des § 15a EStG, DB 2006, 2086; *Jahndorf/Reis,* § 15a EStG und Verlustübernahmen ohne Bareinzahlung, FR 2007, 424; *Rödel,* Steuerliche Abgrenzung von Kapital- und Darlehenskonten bei Personengesellschaften, INF 2007, 456; *Meyer/Verfürth,* Einkommensteuer- und insolvenzrechtliche

1 Urteil v. 30. 7. 2009 1 K 1816/09, EFG 2009, 1954; in dem daraufhin erlassenen Urteil v. 8. 9. 2010 I R 74/09, NWB DokID: BAAAD-56609, brauchte der BFH darauf nicht einzugehen, vgl. Rn. 1410.

2 BFH/NV 2010, 1554.

3 BStBl 2010 II 1065.

4 BFH/NV 2010, 1744.

Behandlung von Aufgabegewinnen in der Insolvenz des Personengesellschafters, BB 2007, 862; *Söffing*, Rechtsform- und Statuswechsel bei Anwendung des § 15a EStG – Bemerkungen zu den BFH-Urteilen vom 14.10.2003 – VIII R 38/02 und VIII R 81/02, sowie vom 12.2.2004 – IV R 70/02, DStZ 2008, 175; *Kempermann*, Nicht gezahlte Einlagen, zurückgezahlte Aufgelder und falsch bezeichnete Kapitalkonten – Die neuere Rechtsprechung zu § 15a EStG, DStR 2008, 1917; *Wendt*, Thesaurierungsbegünstigung/Verlustabzugsbeschränkung – Personengesellschaften – Verluste und Gewinne, Stbg 2009, 1; *Butz-Seidl*, Verlustausgleich: Einlage als Gestaltungsmittel, GStB 2009, 50; *Prinz*, Neue Rechtserkenntnisse des BFH zur Verlustverrechnungsbeschränkung nach § 15a EStG – Negative Tilgungsbestimmung bei zusätzlicher Einlage und „aktivisches" Darlehenskonto, StuB 2009, 129; *Grützner*, JStG 2009: Weitere Beschränkungen bei der Berücksichtigung von Verlusten nach § 15a EStG, StuB 2009, 251; *Alterndorf*, Aktuelle Tendenzen zur steuerlichen Behandlung von Gesellschafterkonten bei Personengesellschaften, GmbH-StB 2009, 101; *Ley*, Gesellschafterkonten im Lichte der grundlegenden BFH-Entscheidung vom 16.10.2008 – IV R 98/06, DStR 2009,613; *Wacker*, Vorgezogene Einlagen und JStG 2009 – Ganzschluss, Halbschluss oder Trugschluss?, DStR 2009, 403; *Hüttemann/Meyer*, Verlustausgleich nach § 15a Abs. 1 EStG, negative Tilgungsbestimmung und Disponibilität des § 171 Abs. 1 Hs. 2 HGB, DB 2009, 1613; *Strahl*, Neues zur Kapitalkontenstruktur bei Personengesellschaften, KÖSDI 2009, 16531; *Forst*, Vermeidung der Beschränkungen gemäß § 3c Abs. 2 Satz 1 EStG und § 15a EStG bei Personengesellschaften, Ubg 2010, 194; *Schäfers*, Gestaltungen zur Sicherstellung des Verlustausgleichs – Verlustabzugs- und Verlustverrechnungsregelungen des § 15a EStG –, GmbH-StB 2010, 15; *Ritzrow*, Verluste bei beschränkter Haftung – Rechtsprechung des BFH zu § 15a EStG, StBp 2010, 109, 135, 176; *Gunsenheimer*, Verlustverrechnung nach § 15a EStG – Verluste bei beschränkter Haftung, SteuStud 2010, 305; *Wacker*, Auflösung des negativen Kapitalkontos bei Betriebsaufgabe, NWB 2010, 1590; *Kahle*, Das Kapitalkonto i. S. d. § 15a EStG, FR 2010, 773.

1. Verlustzurechnung bei Kommanditgesellschaften

Nach § 167 Abs. 3 HGB nimmt der Kommanditist am Verlust der KG nur bis zum Betrag seines Kapitalanteils und seiner noch rückständigen Einlage teil. Gegenüber den Gesellschaftsgläubigern haftet er gem. § 171 Abs. 1 HGB bis zur Höhe seiner Einlage unmittelbar; diese Haftung wird ausgeschlossen, soweit die Einlage geleistet ist. Nach § 172 Abs. 4 HGB entspricht die Rückgewähr von Einlagen der Nichtleistung von Einlagen, so dass insoweit eine Haftung gegenüber den Gesellschaftsgläubigern begründet wird. Dies kann auch bei der unberechtigten Entnahme von Gewinnanteilen der Fall sein. Sind einem Kommanditisten nach dem maßgebenden Verteilungsschlüssel Verlustanteile zuzurechnen, die über die geleistete Einlage hinausgehen, entsteht ein negatives Kapitalkonto, das nach § 169 HGB mit Gewinnen nachfolgender Geschäftsjahre wieder auszugleichen ist. Eine Verpflichtung zum Ausgleich des so entstandenen negativen Kapitalkontos besteht vorbehaltlich abweichend getroffener Vereinbarungen nicht. Diese Grundsätze sind handelsrechtlich unbestritten.[1] 1431

Das Steuerrecht folgt dieser handelsrechtlichen Beurteilung. Nach dem Beschluss des GrS des BFH vom 10.11.1980[2] ist einem Kommanditisten i. S. d. vorstehend bezeichneten handelsrechtlichen Regelungen ein auf ihn nach dem allgemeinen Gewinn- und Verlustverteilungsschlüssel entfallender Anteil am Verlust der KG einkommensteuerlich auch insoweit zuzurechnen, als dieser in der Steuerbilanz der KG zu einem negativen Kapitalkonto für den Kommanditisten führt. Voraussetzung ist, dass nach den Ge- 1432

1 BGH 23.10.1985 IVb ZR 62/84, BB 1986, 91, HFR 1987, 36.

2 GrS 1/79, BStBl 1981 II 164.

samtumständen die Möglichkeit besteht, dass dieses negative Kapitalkonto aus künftigen Gewinnanteilen wieder ausgeglichen werden kann. Dabei ist es unerheblich, ob dazu laufende Gewinne oder aus Anlass des Ausscheidens aus der KG oder der Liquidation der KG aufgedeckte stille Reserven herangezogen werden können. Steht hingegen bei Aufstellung der Bilanz nach den Verhältnissen am Bilanzstichtag fest, dass ein Ausgleich des negativen Kapitalkontos nicht mehr möglich sein wird, kann dem Kommanditisten steuerlich insoweit kein Verlustanteil mehr zugewiesen werden. Diese Verluste sind steuerlich dem (den) Komplementär(en), ggf. auch anderen Kommanditisten zuzurechnen. Wegen der in Fällen der Insolvenz im Besteuerungsverfahren zu beachtenden Besonderheiten wird auf die BMF-Schreiben vom 27. 3. 2003[1] und vom 22. 12. 2009[2] hingewiesen.

1433 Diese Grundsätze beziehen sich lediglich auf die Beteiligung am Gewinn und Verlust der Gesellschaft. Davon unberührt bleibt die steuerliche Berücksichtigung etwaiger Gewinne und Verluste im Sonderbetriebsvermögen einschließlich der Vergütungen i. S. d. § 15 Abs. 1 Satz 1 Nr. 2 Satz 1 EStG des einzelnen Kommanditisten.[3]

1434 Bei der Prüfung der Frage, ob das Kapitalkonto eines Kommanditisten negativ ist, ist auf sein Kapitalkonto in der Steuerbilanz der KG einschließlich etwaiger, für ihn geführter Ergänzungsbilanzen abzustellen.[4] Sonderbetriebsvermögen des Kommanditisten bleibt dabei außer Betracht.[5] Dies gilt auch für Darlehensforderungen des Kommanditisten, die als eigenkapitalersetzende Darlehen anzusehen sind,[6] ferner für Ersatzansprüche aus der Inanspruchnahme von Bürgschaften.[7] Als künftige Gewinne kommen nur die Anteile am Gewinn aus der Gesellschaftsbilanz einschließlich etwaiger Ergänzungsbilanzen, d. h. die Gewinnanteile i. S. d. § 15 Abs. 1 Satz 1 Nr. 2 Halbsatz 1 EStG, in Betracht. Dabei ist es unerheblich, ob diese Gewinne zu steuerpflichtigen Einkünften führen oder von der Besteuerung freizustellen sind.[8] Vergütungen i. S. d. § 15 Abs. 1 Satz 1 Nr. 2 Halbsatz 2 EStG sowie Gewinne des Sonderbetriebsvermögens sind nicht einzubeziehen.[9]

1435 Entsteht bei der KG durch Gläubigerverzicht ein Sanierungsgewinn, ist dieser anteilig auch den Kommanditisten zuzurechnen.[10] Nach Auffassung des BFH handelt es sich dabei um eine Vermögensmehrung, die allen Gesellschaftern nach Maßgabe des Gewinnverteilungsschlüssels zusteht und deswegen ihren Kapitalkonten nach § 120 Abs. 2 i.V. m. § 161 Abs. 2 HGB anteilig gutzuschreiben ist. Dabei ist es unerheblich, ob die Kapitalkonten der Kommanditisten positiv oder negativ sind. Es sei kein Gesichtspunkt ersichtlich, wonach die Vermögensmehrung aus dem Gläubigerverzicht handelsrecht-

1 BStBl 2003 I 240.
2 BStBl 2010 I 18.
3 BFH 10. 11. 1980 GrS 1/79, BStBl 1981 II 164.
4 BFH 14. 11. 1985 IV R 63/83, BStBl 1986 II 58; *Wacker* in Schmidt, EStG § 15a Rz. 11.
5 R 15a Abs. 2 EStR; BFH 14. 5. 2002 VIII R 30/98, BStBl 2002 II 741, m. w. N.; FG Münster 22. 1. 2009 3 K 3173/05 F, EFG 2009, 1024, Rev. unzulässig; BFH v. 17. 2. 2010 I R 38/09, NWB DokID: BAAAD-43759.
6 BFH 26. 9. 1996 IV R 105/94, BStBl 1997 II 277; 28. 3. 2000 VIII R 28/98, BStBl 2000 II 347.
7 Ziff 3.1 OFD München 7. 5. 2004, FR 2004, 731; Hinweis auch auf Rn. 869.
8 BFH 17. 9. 1992 IV R 110/90, BFH/NV 1993, 476; 21. 10. 1997 VIII R 65/96, BStBl 1998 II 437.
9 BFH 10. 11. 1980 GrS 1/79, BStBl 1981 II 164.
10 BFH 18. 4. 1996 IV R 48/95, BStBl 1996 II 574; 12. 9. 1996 IV R 19/95 BStBl 1997 II 234.

lich allein dem Komplementär zustehe. Dies gilt auch in den Fällen, in denen die Kommanditisten zum Zwecke der Sanierung aus der KG ausscheiden.[1] Vom handelsrechtlich maßgebenden Gewinnverteilungsschlüssel ist steuerlich nur in Ausnahmefällen[2] abzuweichen. Dementsprechend haben die Kommanditisten in diesen Fällen bis einschließlich VZ 1997 nach § 3 Nr. 66 EStG steuerfrei zu belassende Sanierungsgewinne bezogen.

Ein Verlustanteil, der bei einem Kommanditisten zu einem negativen Kapitalkonto oder dessen Erhöhung führt, kann diesem nicht mehr zugerechnet werden, wenn bei Aufstellung der Bilanz der KG nach den Verhältnissen am Bilanzstichtag feststeht, dass das negative Kapitalkonto aus künftigen Gewinnen nicht mehr ausgeglichen werden kann.[3] Diese Frage ist nach Auffassung der FinVerw[4] vorrangig vor der Anwendung des § 15a EStG zu prüfen. Ob diese Voraussetzungen vorliegen ist nach vernünftiger kaufmännischer Beurteilung unter Würdigung der Umstände des Einzelfalles nach den Verhältnissen zum jeweiligen Bilanzstichtag zu beurteilen, auf den Zeitpunkt der Bilanzaufstellung kommt es dabei nicht an.[5] Als Indizien kommen in Betracht,[6] 1436

- erhebliche Überschuldung der KG,
- die KG verfügt über keine, oder nur unzureichende stille Reserven, ein Geschäftswert ist nicht (mehr) vorhanden,[7]
- die KG tätigt keine nennenswerten Umsätze mehr,
- Einstellung der werbenden Tätigkeit,
- Antrag auf Eröffnung des Insolvenzverfahrens
- Eröffnung des Insolvenzverfahrens,
- Ablehnung der Eröffnung des Insolvenzverfahrens,
- trotz erheblicher Überschuldung einer GmbH & Co. KG hat der Geschäftsführer pflichtwidrig keinen Antrag auf Eröffnung des Insolvenzverfahrens gestellt (§ 161 Abs. 2 i. V. m. § 130a Abs. 1 HGB).

Ist aus Anlass der Liquidation mit der Aufdeckung nicht unbeträchtlicher stiller Reserven zu rechnen, die anteilig dem Kommanditisten zustehen und damit zum Ausgleich des negativen Kapitalkontos zur Verfügung stehen, ist die Zurechnung von (weiteren) Verlusten beim Kommanditisten nicht ausgeschlossen.[8] Unter diesen Voraussetzungen können auch bei einem drohenden Insolvenzverfahren Kommanditisten noch weitere Verluste zuzurechnen sein.[9] 1437

Kommt eine weitere Verlustzurechnung nicht in Betracht, können dem Kommanditisten zunächst auch deswegen keine Verluste zugerechnet werden. Wird ein Kommandi- 1438

1 BFH 21. 10. 1997 VIII R 65/96, BStBl 1998 II 437; 21. 10. 1997 VIII R 20/96, BFH/NV 1998, 1973.
2 Z. B. bei Familienpersonengesellschaften, vgl. dazu Rn. 3301 ff.
3 BFH 16. 12. 1981 I R 93/77, BStBl 1982 II 474 (476).
4 OFD München 7. 5. 2004, FR 2004, 731, Abschn. 1.1.
5 BFH 12. 10. 1993 VIII R 86/90, BStBl 1994 II 174.
6 OFD München 7. 5. 2004, FR 2004, 731, Abschn. 1.1.
7 BFH 26. 5. 1981 IV R 17/81, BStBl 1981 II 668.
8 BFH 26. 5. 1981 IV R 17/81, BStBl 1981 II 668.
9 16. 12. 1981 I R 93/77, BStBl 1982 II 474.

tist aufgrund einer Bürgschaft für Verbindlichkeiten der Gesellschaft in Anspruch genommen, stellt sich die Frage des Ausweises eines entsprechenden Ersatzanspruches im Sonderbetriebsvermögen;[1] ihm wird damit kein Anteil am Verlust der Gesellschaft zugerechnet. Ferner kann eine überschießende Außenhaftung des Kommanditisten i. S. d. § 15a Abs. 1 Satz 2 EStG,[2] nicht berücksichtigt werden.[3] Die einem Kommanditisten danach nicht mehr zuzurechnenden Verlustanteile sind dem (den) Komplementär(en) und ggf. den Kommanditisten, deren Kapitalkonto (noch) nicht negativ ist, bis zur Höhe ihrer Kapitalkonten zuzuweisen.[4]

1439 Ist einem Kommanditisten entgegen den vorstehend dargestellten Grundsätzen noch ein Verlustanteil zugerechnet worden, handelt es sich um eine fehlerhafte Gewinnverteilung, die zum Ausweis unzutreffender Kapitalkonten für die einzelnen Mitunternehmer geführt hat. Ist die gesonderte und einheitliche Gewinnfeststellung für das in Betracht kommende Wirtschaftsjahr nicht mehr änderbar, liegen die Voraussetzungen für eine **Bilanzberichtigung** nach § 4 Abs. 2 EStG vor.[5] Mit Wirkung für den nächsten, einer Berichtigung noch zugänglichen Feststellungszeitraum ist dem Kommanditisten ein Gewinn in der Höhe zuzurechnen, in dem ihm in den Vorjahren unzulässigerweise Verluste zugerechnet worden sind. Mit der Gutschrift dieses Gewinnes wird das negative Kapitalkonto entsprechend zurückgeführt. Dem Komplementär, ggf. auch den anderen Kommanditisten, deren Kapitalkonto noch nicht negativ ist, ist ein entsprechender Verlust zuzurechnen. Damit wird im Ergebnis – wenn auch zeitlich versetzt – die in der Vergangenheit fehlerhafte steuerliche Gewinnerteilung für alle Beteiligten steuerlich wirksam korrigiert.

BEISPIEL: An der X-GmbH & Co. KG sind A, B und C als Kommanditisten beteiligt. Den Kommanditisten ist für 02 noch je ein Verlustanteil von 100 000 € zugerechnet worden. Für A entstand dadurch ein negatives Kapitalkonto i. H.v. 90 000 €. Dagegen ergab sich für B noch ein positives Kapitalkonto 40 000 € und für C noch von 20 000 €. Unter Beachtung der vorstehend dargestellten Grundsätze hätte A kein Verlustanteil mehr zugewiesen werden dürfen. Der entsprechend erlassene Feststellungsbescheid für 02 wird bestandskräftig und ist nach den verfahrensrechtlichen Vorschriften nicht mehr änderbar. Für 02 ergibt sich infolge Einstellung der gewerblichen Aktivitäten nur noch ein geringer Verlust.

Im gesonderten und einheitlichen Gewinnfeststellungsverfahren 03 ist die fehlerhafte Gewinnverteilung 02 wie folgt zu korrigieren:

A ist i. H. des zu Unrecht zugewiesen Verlustanteils von 90 000 € ein entsprechender Gewinn, B ein Verlust von 40 000 €, C ein Verlust von 20 000 €, der Komplementärin der Restbetrag von 30 000 € zuzuweisen.

Weitergehende Verluste würden bei sämtlichen Kommanditisten zur Entstehung von negativen Kapitalkonten führen. Deswegen ist der Verlust des Jahres 03 insgesamt der Komplementärin zuzuweisen.

1 Vgl. dazu Rn. 869.

2 Rn. 834 f.

3 BFH 26. 9. 1996 IV R 105/94, BStBl 1997 II 277.

4 BFH 9. 2. 1993 VIII R 29/91, BStBl 1993 II 747; *Wacker* in Schmidt, EStG § 15a Rz. 10, m. w. N.

5 BFH 11. 2. 1988 IV R 19/87, BStBl 1988 II 825; 10. 12. 1991 VIII R 17/87, BStBl 1992 II 650; 26. 1. 1995 IV R 54/93, BStBl 1995 II 473; 30. 6. 2005 IV R 11/04, BStBl 2005 II 809.

Wacker[1] weist darauf hin, dass eine vorzeitige Auflösung des negativen Kapitalkontos nur insoweit in Betracht komme, als es durch ausgleichsfähige Verluste entstanden sei. Verluste, die nach § 15a EStG lediglich verrechenbar sind, seien bislang nicht steuerwirksam geworden, so dass insoweit eine Korrektur durch eine Gewinnzurechnung nicht gerechtfertigt sei. Weitergehende Rechtsfolgen ergeben sich danach erst zum Zeitpunkt der Beendigung der mitunternehmerschaftlichen Beteiligung, also bei Ausscheiden aus der KG oder bei Auflösung der KG.[2]

Voraussetzung für diese Verfahrensweise ist, dass eine Schlussbilanz für den voran- 1440
gegangenen Feststellungszeitraum vorliegt, die auch der nicht mehr änderbaren gesonderten und einheitlichen Gewinnfeststellung für diesen Feststellungszeitraum zugrunde gelegen hat.[3] Sind Feststellungsverfahren für eine Zwischenzeit unterblieben und können diese infolge Eintritts der Festsetzungsverjährung nicht mehr nachgeholt werden, kommt eine Korrektur im Rahmen des Feststellungsverfahrens für einen nachfolgenden Feststellungszeitraum nicht mehr in Betracht.

BEISPIEL: Abwandlung des Beispiels in Rn. 1439 mit der Maßgabe, dass auch für den Zeitraum 03 allen Kommanditisten noch weitere Verluste zugerechnet werden. Infolge Eröffnung des Insolvenzverfahrens Anfang 04 werden keine Feststellungserklärungen mehr abgegeben und dementsprechend auch keine Feststellungsbescheide erlassen. Das Insolvenzverfahren wird in 07 beendet. Die X-GmbH & Co. KG ist damit aufgelöst. Im Rahmen des Feststellungsverfahrens für 07 korrigiert das Finanzamt die in 03 und 04 fehlerhaft vorgenommenen Verlustzuweisungen. Für 06 ist kein Feststellungsverfahren durchgeführt worden, deswegen kann auch nicht von einer fehlerhaften Schlussbilanz des Jahres 06 ausgegangen werden, die als Eröffnungsbilanz des Jahres 07 dem Feststellungsverfahren zugrunde zu legen ist. Die vom Finanzamt vorgesehene Korrektur der in 03 und 04 fehlerhaften Verlustzuweisung ist damit im Rahmen des Feststellungsverfahrens 07 nicht zulässig.

Sind einem Kommanditisten zunächst zutreffend Verluste in einem Umfang zugerech- 1441
net worden, dass dadurch ein negatives Kapitalkonto entstanden ist, kann die weitere Entwicklung dazu führen, dass bereits vor Ausscheiden des Kommanditisten, vor Auflösung der KG oder vor der Betriebsaufgabe ein Ausgleich durch künftige Gewinne nicht mehr möglich sein wird. In einem derartigen Fall ist das negative Kapitalkonto nicht mehr bilanzierungsfähig und bereits zu diesem Zeitpunkt aufzulösen. Die Frage der Besteuerung eines Veräußerungs- oder Aufgabegewinns i. S. d. § 16 EStG stellt sich in diesen Fällen nicht, so dass der Gewinn nach allgemeinen Grundsätzen zu besteuern ist. Die entsprechenden Verluste sind dem/den Komplementären sowie ggf. den Kommanditisten mit noch positiven Kapitalkonten zuzurechnen.[4]

Eine Nachversteuerung des negativen Kapitalkontos kommt indessen insoweit nicht in 1442
Betracht, als es durch Entnahmen entstanden ist. Insoweit besteht eine Ausgleichspflicht des Kommanditisten. Steuerliche Folgen ergeben sich erst bei Ausscheiden aus der Gesellschaft, wenn auch auf eine entsprechende Ausgleichszahlung durch den Kommanditisten verzichtet wird.[5]

1 In Schmidt, EStG § 15a Rz. 15.
2 BFH 3. 9. 2009 IV R 17/07, BStBl 2010 II 631.
3 BFH 28. 1. 1992 VIII R 28/90, BStBl 1992 II 881.
4 Vgl. Rn. 1438, ferner OFD München 7. 5. 2004, FR 2004, 731, Ziff. 1.2.
5 BFH 3 .9. 2009 IV R 17/07, BStBl 2010 II 631; *Wacker* in Schmidt, EStG § 16 Rz. 472.

1443 Fällt aus Anlass des Ausscheidens aus der KG oder der Auflösung der KG das durch Verluste entstandene negative Kapitalkonto weg, erzielt der Kommanditist insoweit einen Veräußerungs- oder Aufgabegewinn i. S. d. § 16 EStG begünstigten Gewinn.[1] Als Auflösung gilt auch die Eröffnung des Insolvenzverfahrens über das Vermögen der KG.[2] Wegen der sich in diesem Zusammenhang ergebenden Besonderheiten im Zusammenhang mit für die Gesellschaft eingegangenen Bürgschaftsverpflichtungen wird auf Rn. 869 f. hingewiesen.

1444 Wird das negative Kapitalkonto eines ausscheidenden Kommanditisten auf die übrigen Gesellschafter entschädigungslos übertragen, sind diesen nach § 52 Abs. 33 Satz 4 EStG[3] entsprechende Verlustanteile insoweit zuzurechnen, als das Kapitalkonto durch ausgleichs- und abzugsfähige Verluste negativ geworden ist. Die FinVerw[4] vertritt dazu die Auffassung, dass die übernehmenden Gesellschafter die bei ihnen angewachsenen stillen Reserven aufzudecken und damit in eine Ergänzungsbilanz[5] einzustellen haben. Danach kommt die Berücksichtigung eines Verlusts nur insoweit in Betracht, als der Stand des übernommenen negativen Kapitalkontos die anteiligen stillen Reserven übersteigt. Nur insoweit haben die verbleibenden Gesellschafter tatsächlich einen Verlust getragen.[6]

1445 Wird das negative Kapitalkonto entgeltlich von einem neu hinzutretenden oder aber auch von einem bisherigen Gesellschafter übernommen, entstehen diesem Anschaffungskosten auf seine Beteiligung.[7] Die anteilig erworbenen stillen Reserven sind in eine für den Erwerber zu führende Ergänzungsbilanz einzustellen. Überschreiten die aufgewendeten Anschaffungskosten, d. h. den Betrag des negativen Kapitalkontos zzgl. einer etwaigen zusätzlichen Leistung, die stillen Reserven, entsteht dem Erwerber insoweit kein sofort zu realisierender Verlust. Der Erwerber hat die Verpflichtung des Veräußerers zur Auffüllung des negativen Kapitalkontos übernommen. Dieser Verpflichtung kommt er erst dann und insoweit nach, als ihm in Folgejahren Gewinne zustehen. Dementsprechend sind diese Gewinnanteile für Zwecke der Besteuerung des Erwerbers zu kürzen; wegen weiterer Einzelheiten dazu vgl. Rn. 792 ff.

1446 Wird die Kommanditbeteiligung aus Anlass eines Erbfalls unentgeltlich übertragen, tritt der Rechtsnachfolger nach § 6 Abs. 3 EStG in die Rechtsstellung des Rechtsvorgängers ein. Er hat dementsprechend ein etwaiges negatives Kapitalkonto des Erblassers fortzuführen. In der Person des Erblassers entsteht kein Veräußerungsgewinn.[8] Für den Rechtsnachfolger ergeben sich die steuerlichen Folgen, die sich beim Erblasser ergeben haben würden, wenn der Erbfall nicht eingetreten wäre. Entsprechendes wird nach

1 BFH 11. 8. 1994 IV R 124/92, BStBl 1995 II 253; 1. 8. 1996 VIII R 36/95, BFH/NV 1997, 216; 30. 3. 1999 VIII R 86/96, BFH/NV 2000, 15; 3. 9. 2009 IV R 17/07, BStBl 2010 II 631.

2 BFH 11. 8. 1994 IV R 124/92, BStBl 1995 II 253.

3 Ursprünglich § 52 Abs. 19 Satz 5 EStG.

4 Vgl. R 15a Abs. 6 Satz 3 f. EStR.

5 Vgl. Rn. 786 ff.

6 So auch *Wacker* in Schmidt, EStG § 15a Rz. 222.

7 BFH 14. 6. 1994 VIII R 37/93, BStBl 1995 II 246.

8 BFH 10. 3. 1998 VIII R 76/96, BStBl 1999 II 269.

wohl h. M.[1] für den Fall zu gelten haben, in denen eine Beteiligung schenkweise übertragen wird, deren tatsächlicher Wert höher ist als das negative Kapitalkonto. Übersteigt das negative Kapitalkonto den Wert der stillen Reserven soll allenfalls in Höhe der anteiligen stillen Reserven ein unentgeltlicher Erwerb vorliegen. Dem Übertragenden soll dann in Höhe des nicht durch die stillen Reserven gedeckten Teils des negativen Kapitalkontos ein Veräußerungs- oder Aufgabegewinn entstehen. Beim Übernehmenden soll hinsichtlich dieses Betrags nach den vorstehend in Rn. 1445 dargestellten Grundsätzen zu verfahren sein.[2]

Wird ein wertloser Mitunternehmeranteil übertragen, kann der Rechtsnachfolger des 1447
Übertragenden nicht mit ihm zuzurechnenden Gewinnen rechnen. Der Erwerber wird danach nicht Mitunternehmer. Der Übertragende gibt dementsprechend mit der Übertragung seinen Mitunternehmeranteil auf und erzielt mit dem Wegfall des negativen Kapitalkontos einen Aufgabegewinn i. S. d. § 16 EStG.[3]

(Einstweilen frei) 1448–1455

2. Regelungen des § 15a EStG im Überblick

Die nach Auffassung des Gesetzgebers nicht hinzunehmende Entwicklung bei sog. Ver- 1456
lustzuweisungsgesellschaften in der Rechtsform der GmbH & Co. KG führten zur Einführung des § 15a EStG durch das Gesetz zur Änderung des EStG, des KStG und anderer Gesetze vom 20. 8. 1980.[4] Mit dieser Regelung sollte verhindert werden, dass sich bei den Kommanditisten bei erheblicher Fremdfinanzierung und mit geringem Eigenkapitaleinsatz unter Nutzung steuerlicher Bewertungsfreiheiten steuerlich wirksame Verluste ergeben, die ein Vielfaches des Eigenkapitaleinsatzes übersteigen. Zur Vermeidung von Umgehungsmöglichkeiten erstreckt sich der Anwendungsbereich dieser Vorschrift nach § 15a Abs. 5 EStG auch auf andere Unternehmer, deren Haftung für Verbindlichkeiten des Unternehmens vergleichbar Kommanditisten beschränkt ist. Ferner wurden die Regelungen des § 15a EStG bei den Einkünften aus

- Land- und Forstwirtschaft gem. § 13 Abs. 5 EStG,
- selbständiger Arbeit gem. § 18 Abs. 4 EStG,
- der Beteiligung als stiller Gesellschafter an einem Handelsgewerbe i. S. d. § 20 Abs. 1 Nr. 4 EStG,
- aus Vermietung und Verpachtung gem. § 21 Abs. 1 Satz 2 EStG

für sinngemäß anwendbar erklärt.

Zugleich wurden umfangreiche Inkrafttretens- und Übergangsregelungen getroffen. 1457
Grundsätzlich war die Neuregelung auf Verluste anwendbar, die in nach dem 31. 12. 1979 endenden Wirtschaftsjahren entstehen. Von den differenzierenden Inkrafttretensregelungen sind offenbar noch die in § 52 Abs. 33 Satz 1 und 2 EStG getroffenen Bestimmungen bedeutsam, die für Reedereien getroffen wurden, die neue Schiffe auf-

1 *Wacker* in Schmidt, EStG § 15a Rz. 230, m. w. N.
2 *Wacker* in Schmidt, EStG § 15a Rz. 232, m. w. N.
3 BFH 10. 3. 1998 VIII R 76/96, BStBl 1999 II 269, m. w. N.
4 BGBl 1980 I 1545.

grund eines vor dem 25. 4. 1996 geschlossenen Schiffsbauvertrages herstellen ließen. In diesen Fällen sind die Regelungen des § 15a EStG unter bestimmten Voraussetzungen erstmals für das nach dem 31. 12. 1999 beginnende Wirtschaftsjahr anwendbar.

1458 Durch das JStG 2009[1] ist in § 15a EStG mit Wirkung für nach dem 24. 12. 2008 geleistete Einlagen[2] die Regelung des Abs. 1a eingefügt worden. Danach führen nachträgliche Einlagen weder zu einer nachträglichen Ausgleichs- oder Abzugsfähigkeit eines vorhandenen verrechenbaren Verlustes noch zu einer Ausgleichs- oder Abzugsfähigkeit des dem Kommanditisten zuzurechnenden Anteils am Verlust eines zukünftigen Wirtschaftsjahres, soweit durch den Verlust ein negatives Kapitalkonto des Kommanditisten entsteht oder sich erhöht. Dabei handelt es sich um Einlagen, die nach Ablauf eines Wirtschaftsjahres geleistet werden, in dem ein nicht ausgleichs- oder abzugsfähiger Verlust i. S. d. § 15a Abs. 1 EStG entstanden oder ein Gewinn i. S. d. § 15a Abs. 3 Satz 1 EStG zugerechnet worden ist. § 15a Abs. 2 und 5 EStG wurden entsprechend angepasst. Ferner wurde in § 15a Abs. 2 EStG ergänzend bestimmt, dass der verrechenbare Verlust, der nach Abzug von einem Veräußerungs- oder Aufgabegewinn verbleibt, im Zeitpunkt der Veräußerung oder Aufgabe des gesamten Mitunternehmeranteils oder der Betriebsveräußerung oder -aufgabe bis zur Höhe der nachträglichen Einlagen i. S. d. § 15a Abs. 1a EStG ausgleichs- oder abzugsfähig ist.

1459 Der Vollzug der Regelungen des § 15a EStG ist in den Fällen der Gewinnermittlung nach § 4 Abs. 1, § 5 EStG dem Grunde nach noch nachvollziehbar. Schwierigkeiten ergeben sich insoweit in den Fällen, in denen die Gewinne/Verluste nach § 4 Abs. 3 EStG durch Gegenüberstellung der Betriebseinnahmen und der Betriebsausgaben oder die Einkünfte durch Gegenüberstellung der Einnahmen und der Werbungskosten zu ermitteln sind. Die unterschiedslose Anwendung der Vorschrift des § 15a EStG auf sämtliche in Betracht kommenden Unternehmen und Aktivitäten im Bereich der anderen Einkunftsarten sowie die komplexe Ausgestaltung der Einzelregelungen hat zu einer recht massiven Kritik geführt, die sich wie folgt zusammenfassen lässt.[3]

- Kompliziertheit der Vorschrift einschließlich der Inkrafttretensregelungen,
- Ungereimtheiten und Unklarheiten, die zumindest teilweise erst durch die Rechtsprechung des BFH ausgeräumt werden konnten,
- Verstoß gegen das Prinzip der wirtschaftlichen Leistungsfähigkeit,
- Verstoß gegen das Prinzip der Abschnittsbesteuerung,
- Verstoß gegen das Übermaßverbot.

Der Gesetzgeber hat bisher keine Notwendigkeit zu wie auch immer gearteten Änderungen gesehen. Er hat vielmehr mit teilweise recht komplexen, im Einzelfall nicht praktizierbaren Vorschriften[4] die Möglichkeiten zum Ausgleich und zum Abzug von Verlusten in Teilbereichen weiter eingeschränkt, wie aus den Regelungen des § 2a Abs. 1 EStG zu ausländischen Einkünften, dem verschiedentlich geänderten § 10d EStG

1 Vom 19. 12. 2008, BGBl 2008 I 2794.
2 § 52 Abs. 33 Satz 6 EStG.
3 Vgl. z. B. *Littmann/Bitz/Pust*, § 15a EStG Anm. 6; *Wacker* in Schmidt, EStG § 15a Rz. 30 ff., jeweils m. w. N.
4 Zu der für die VZ 1999 – 2003 geltenden Vorschrift über den Verlustausgleich nach § 2 Abs. 3 EStG vgl. den Vorlagebeschluss des BFH 6. 9. 2006 XI R 26/04, BStBl 2007 II 167.

zum Verlustabzug, der inzwischen durch § 15b EStG abgelösten Vorschrift des § 2b EStG bezüglich Verlusten aus sog. Verlustzuweisungsmodellen, inzwischen Steuerstundungsmodellen, die mehrfachen Ergänzungen des § 15 Abs. 4 EStG sowie die Regelungen im Bereich der privaten Veräußerungsgeschäfte i. S. d. § 23 EStG deutlich wird. Diese Einschränkungen haben – abgesehen von den Auswirkungen für die betroffenen Steuerpflichtigen – zu weiteren Schwierigkeiten bei der Umsetzung der in Konkurrenz zueinander stehenden Regelungen geführt.

Nach der ständigen Rechtsprechung des BFH,[1] die vom BVerfG bestätigt wurde,[2] sind die Regelungen des § 15a EStG verfassungsgemäß. Der Kritik an Sinn und Zweck der Vorschrift kann nicht durch deren einschränkende Auslegung, z. B. Anwendung ausschließlich bei sog. Verlustzuweisungsgesellschaften, Nichtanwendung hingegen bei allen übrigen Gesellschaften, Rechnung getragen werden.[3] 1460

Der Gesetzgeber hat danach durch verschiedene Regelungen unter den unterschiedlichsten Gesichtspunkten die Ausgleichs- und Abzugsfähigkeit von Verlusten eingeschränkt, so dass sich bei diesen Einzelregelungen im Verhältnis zu § 15a EStG die Frage stellt, welche dieser Regelungen jeweils vorrangig anzuwenden ist. Die Vorschriften des § 2 Abs. 3 EStG zum Verlustausgleich sowie des § 10d EStG zum Verlustabzug sind auf die Einkünfte anzuwenden, die sich nach Anwendung des § 15a EStG ergeben. In den verbleibenden Fällen kann allgemein davon ausgegangen werden, dass die Vorschriften in der Reihenfolge anzuwenden sind, die zur weitestgehenden Einschränkung der Ausgleichs- und Abzugsmöglichkeiten führen. Sie wirken damit kumulativ. 1461

Sind Verluste aus einer ausländischen Einkunftsquelle i. S. d. § 2a Abs. 1 EStG[4] bereits nach § 15a EStG nicht ausgleichs- und abzugsfähig, stellt sich die Frage der Anwendung der erstgenannten Vorschrift nicht mehr. Sind hingegen Verluste unter Beachtung des § 15a EStG ausgleichs- und abzugsfähig, ist weiter zu prüfen, ob die sich aus § 2a Abs. 1 EStG ergebenden Ausgleichs- und Abzugsbeschränkungen greifen.[5] 1462

Negative Einkünfte aus der Beteiligung an Verlustzuweisungsgesellschaften und ähnlichen Modellen dürfen nach § 2b Satz 1 EStG bei Vorliegen weiterer Voraussetzungen nicht mit anderen Einkünften ausgeglichen und nach Satz 2 dieser Vorschrift auch nicht nach § 10d EStG abgezogen werden. Diese Regelung ist durch die mit Wirkung ab 11. 11. 2005[6] in Kraft getretene Vorschrift des § 15b EStG zur Einschränkung des Verlustausgleichs und des Verlustabzugs im Zusammenhang mit sog. Steuerstundungsmodellen abgelöst worden. Während § 2b EStG den Ausgleich und Abzug von Verlusten nur im Verhältnis zu positiven Einkünften aus der Beteiligung an Verlustzuweisungsgesellschaften und ähnlichen Modellen zulässig ist, ist in § 15b EStG der Verlustausgleich ausgeschlossen, der Verlustabzug nur mit positiven Einkünften aus derselben 1463

1 BFH 19. 5. 1987 VIII B 104/85, BStBl 1988 II 5; 17. 12. 1992 IX R 7/91, BStBl 1994 II 492; 30. 11. 1993 IX R 60/91, BStBl 1994 II 496; 14. 12. 1999 IX R 7/95, BStBl 2000 II 265, jeweils m. w. N.

2 Vom 14. 7. 2006 2 BvR 375/00, HFR 2007, 274.

3 BFH 9. 5. 1996 IV R 75/93, BStBl 1996 II 474.

4 Wegen der Nichtvereinbarkeit mit Europarecht Hinweis auf BFH 20. 9. 2006 I R 13/02, BFH/NV 2007, 410.

5 Vgl. auch R 15a Abs. 5 EStR.

6 Vgl. § 52 Abs. 33a EStG.

Einkunftsquelle der Folgejahre möglich.[1] Bei Ermittlung der insoweit ausgleichs- und abzugsfähigen Verluste nach § 2b EStG sind dann zusätzlich die Einschränkungen des § 15a EStG zu beachten; in § 15b Abs. 1 EStG wird die Anwendung des § 15a EStG insoweit ausgeschlossen.[2]

1464 Nach § 15 Abs. 4 EStG dürfen Verluste aus den nachstehend bezeichneten Einkunftsquellen weder mit anderen Einkünften ausgeglichen noch nach § 10d EStG abgezogen werden. Diese Verluste mindern jedoch nach Maßgabe des § 10d EStG Gewinne, die der Steuerpflichtige in einem vorangegangenen oder in einem späteren Wirtschaftsjahr aus der jeweils entsprechenden Aktivität erzielt hat oder erzielt,

- Verluste aus gewerblicher Tierzucht oder gewerblicher Tierhaltung,
- Verluste aus den in § 15 Abs. 4 Satz 3 – 5 EStG bezeichneten Termingeschäften,
- Verluste, die eine Kapitalgesellschaft als Mitunternehmerin aus stillen Gesellschaften, Unterbeteiligungen oder sonstigen Innengesellschaften mit einer anderen Kapitalgesellschaft bezieht i. S. d. § 15 Abs. 4 Satz 6 EStG.

Angesichts des im Verhältnis zu den anderen Einkünften vorrangig zu beachtenden Ausgleichs- und Abzugsverbots stellt sich die Frage der Anwendung des § 15a EStG nur bei der Verlustverrechnung innerhalb der gleichartigen Einkunftsquellen im Rahmen des § 15 Abs. 4 EStG.[3]

1465 Diese Grundsätze gelten entsprechend bei Verlusten i. S. d. § 20 Abs. 1 Nr. 4 EStG aus der Beteiligung einer Kapitalgesellschaft als stille Gesellschafterin an dem Handelsgewerbe einer anderen Kapitalgesellschaft.

1466 Bei entgeltlichem Übergang von Einkunftsquellen, deren Verluste nur eingeschränkt ausgleichs- und abzugsfähig sind, ist ein Übergang bisher nicht abgezogener Verluste auf den Rechtsnachfolger ausgeschlossen. Bisher wurde es für zulässig erachtet, dass vom Erblasser nicht nach § 10d EStG abgezogene Verluste vom Erben abgezogen werden können. Dies wird durch den Beschluss des GrS des BFH v. 17. 12. 2007[4] mit Wirkung für nach der Veröffentlichung dieses Beschlusses am 12. 3. 2008[5] eingetretene Erbfälle ausgeschlossen. Der Übergang eines verrechenbaren Verlustes i. S. d. § 15a Abs. 2 EStG bei unentgeltlichem Übergang der in Betracht kommenden Kommanditbeteiligung auf den unentgeltlichen Erwerber wird dadurch nicht berührt.[6] Bei Änderung der Unternehmensform des Kommanditisten nach Maßgabe des UmwStG geht ein verrechenbarer Verlust im Regelfall nicht auf den übernehmenden Rechtsträger über.[7]

1467–1470 *(Einstweilen frei)*

1 Vgl. dazu BMF 17. 7. 2007, BStBl 2007 I 542; 29. 1. 2008, DStR 2008, 561.
2 Vgl. auch *Wacker* in Schmidt, EStG § 15a Rz. 35, m. w. N., sowie *Seeger* in Schmidt, § 15b EStG Rz. 3.
3 *Grützner*, StuB 1999, 961.
4 GrS 2/04, BStBl 2008 II 608.
5 BMF 24. 7. 2008, BStBl 2008 I 809.
6 Vgl. Rn. 1629 ff.
7 § 4 Abs. 2 Satz 2, § 9, § 12 Abs. 1 Satz 2. § 15 Abs. 1 UmwStG; beachte jedoch Rn. 1649 f.

3. Grundtatbestand des § 15a EStG

Nach § 15a Abs. 1 Satz 1 EStG darf der einem Kommanditisten zuzurechnende Anteil am Verlust der KG weder mit anderen Einkünften aus Gewerbebetrieb noch mit Einkünften aus anderen Einkunftsarten ausgeglichen werden, soweit ein negatives Kapitalkonto des Kommanditisten entsteht oder sich erhöht, der Verlustanteil darf insoweit auch nicht nach § 10d EStG abgezogen werden. Für die Prüfung der Frage, ob die persönlichen Voraussetzungen für die Anwendung dieser Regelung vorliegen ist danach darauf abzustellen, ob eine Beteiligung als Kommanditist an einer KG i. S. d. §§ 161 ff. HGB vorliegt; maßgebend sind die handelsrechtlichen Kriterien, zum Begriff der KG vgl. Rn. 61 ff. 1471

Danach ist grundsätzlich Voraussetzung, dass die KG als solche und damit auch die Haftungsbeschränkungen der Kommanditisten in das Handelsregister eingetragen sind; erst mit der Eintragung werden diese Haftungsbeschränkungen gem. § 172 Abs. 1 HGB wirksam. Bei einer neu errichteten KG greifen danach die Beschränkungen des § 15a Abs. 1 Satz 1 EStG grundsätzlich erst mit deren Eintragung in das Handelsregister, sofern bis dahin kein Anwendungsfall des § 15a Abs. 5 EStG[1] vorliegt. Der Entscheidung des BFH vom 18. 5. 1987[2] ist jedoch zu entnehmen, dass auf den einer bereits bestehenden KG beigetretenen Kommanditisten die Regelung des § 15a Abs. 1 Satz 1 EStG auch dann anwendbar sein kann, wenn er zum maßgebenden Bilanzstichtag noch nicht im Handelsregister eingetragen ist.[3] 1472

Diese Frage kann nach Auffassung des BFH letztlich nur nach den besonderen Umständen des Einzelfalles entschieden werden; im zu beurteilenden Fall war den Gesellschaftsgläubigern bekannt, dass die hinzutretenden Gesellschafter lediglich beschränkt mit ihrer Einlage haften sollten. Wechselt ein Komplementär während des Wirtschaftsjahrs in die Rechtsstellung eines Kommanditisten, so ist die Verlustverwertungsbeschränkung des § 15a EStG für das gesamte Wirtschaftsjahr und damit für den dem Gesellschafter insgesamt zuzurechnenden Anteil am Ergebnis der KG zu beachten.[4]

Wird die Kommanditbeteiligung durch einen Treuhänder aufgrund eines steuerlich anzuerkennenden Treuhandverhältnisses gehalten, unterliegen die dem Treugeber zuzurechnenden Verlustanteile den Ausgleichs- und Abzugsbeschränkungen des § 15a Abs. 1 EStG.[5] Wegen der sich bei Änderung der Gesellschaftsform ergebenden Besonderheiten wird auf Rn. 1646 ff. hingewiesen. 1473

§ 15a Abs. 1 EStG setzt voraus, dass es sich bei der KG eine um gewerbliche Mitunternehmerschaft handelt, die Kommanditisten also Mitunternehmer sind. Damit erstreckt sich der Anwendungsbereich dieser Vorschrift auch auf die gewerblich geprägte GmbH & Co. KG, die ausschließlich einer vermögensverwaltenden Tätigkeit nachgeht. Unerheblich ist, ob der Kommanditist eine natürliche Person, ein Steuersubjekt i. S. d. 1474

1 Vgl. Rn. 1671 ff.
2 VIII B 104/85, BStBl 1988 II 5.
3 So auch Senator für Finanzen Berlin, FR 1993, 276.
4 BFH 14. 10. 2003 VIII R 81/02, BStBl 2004 II 118.
5 BFH 3. 12. 2002 IX R 24/00, BFH/NV 2003, 894; *Wacker* in Schmidt, EStG § 15a Rz. 60.

§ 1 Abs. 1 KStG oder seinerseits eine Mitunternehmerschaft[1] ist. Es macht auch keinen Unterschied, ob der Kommanditist nach § 1 Abs. 1 EStG, § 1 Abs. 1 KStG unbeschränkt oder nach § 1 Abs. 4 EStG, § 2 Nr. 1 KStG beschränkt steuerpflichtig ist. Beschränkt Steuerpflichtige beziehen aus der Beteiligung an einer inländischen KG regelmäßig inländische Einkünfte i. S. d. § 49 Abs. 1 Nr. 2 EStG.

1475 Wurde an einem Kommanditanteil eine mitunternehmerschaftliche Unterbeteiligung begründet, ist nach dem Urteil des BFH vom 19. 4. 2007[2] dem Unterbeteiligten infolge seiner Mitunternehmerstellung der Kommanditanteil in Höhe seiner Mitunternehmerstellung und damit auch der darauf entfallende Anteil am Verlust zuzurechnen, so dass in diesem Umfang eine Zurechnung beim Hauptbeteiligten nicht in Betracht kommt.

1476 Ist eine Personengesellschaft (Obergesellschaft) als Kommanditist an eine KG (Untergesellschaft) beteiligt – sog. **doppelstöckige Personengesellschaft**,[3] unterliegt der Anteil der Obergesellschaft am Verlust der Untergesellschaft bei Vorliegen der weiteren Voraussetzungen den Einschränkungen des § 15a EStG. Die von der Obergesellschaft bezogenen Einkünfte sind grundsätzlich bei deren Gesellschaftern der Einkommensbesteuerung zu unterwerfen. Damit ergeben sich die Auswirkungen aus der Anwendung des § 15a EStG bezogen auf die Beteiligung an der Untergesellschaft erst im Besteuerungsverfahren der Gesellschafter der Obergesellschaft. Die für die Obergesellschaft bei der Untergesellschaft gem. § 15a Abs. 4 EStG festgestellten Besteuerungsmerkmale[4] sind im Rahmen der dadurch bei der Obergesellschaft ebenfalls erforderlich werdenden Feststellungen nach § 15a Abs. 4 EStG deren Gesellschaftern anteilig zuzurechnen. Der BFH ist in seinem Beschluss vom 18. 12. 2003[5] unter Bezugnahme auf sein Urteil vom 26. 1. 1995 IV R 23/93[6] ausdrücklich der im Schrifttum[7] vertretenen Auffassung entgegengetreten, dass § 15a EStG auf der Ebene der Untergesellschaft überhaupt nicht anwendbar sei. Nur durch die Anwendung des § 15a EStG bereits auf der Ebene der Untergesellschaft, könne dem Zweck des § 15a EStG entsprechend sichergestellt werden, dass z. B. ein unbeschränkt haftender Gesellschafter der Obergesellschaft Verluste, durch die die Obergesellschaft und damit auch er wirtschaftlich (noch) nicht belastet wurde, mit positiven Einkünften ausgleichen kann. Handelt es sich bei der Obergesellschaft ebenfalls um eine KG, ist darauf zu achten, dass infolge der Einbeziehung der Ergebnisse der Untergesellschaft bei der Obergesellschaft z. B. keine weiteren verrechenbaren Verluste entstehen und damit die Rechtsfolgen des § 15a EStG in unzulässiger Weise kumulieren; wegen weiterer Einzelheiten vgl. die Vfg. der OFD Chemnitz vom 5. 2. 1998.[8]

1477 Erstrecken sich die Aktivitäten einer inländischen KG auch auf das **Ausland**, sind die daraus erzielten Einkünfte regelmäßig auch für die Besteuerung der inländischen Kom-

1 Vgl. dazu BFH 25. 2. 1991 GrS 7/89, BStBl 1991 II 691; 26. 1. 1995 IV R 23/93, BStBl 1995 II 467.
2 IV R 70/04, BStBl 2007 II 868.
3 Vgl. dazu Rn. 416 ff.
4 BFH 26. 1. 1995 IV R 23/93, BStBl 1995 II 467; vgl. ferner Rn. 1661 ff.
5 IV B 201/03, BStBl 2004 II 231; vgl. auch BFH 7. 10. 2004 IV R 50/02, BFH/NV 2005, 533.
6 BStBl 1995 II 467.
7 Vgl. *Autenrieth*, DStZ 1987, 121, 124; *Seibold*, DStR 1998, 438, 440; *Nickel/Bodden*, FR 2003, 391, 392.
8 DB 1998, 903.

manditisten bedeutsam. Dabei sind auch die Regelungen des § 15a EStG zu beachten; wegen Einzelheiten vgl. Rn. 1706 ff. Dabei ist es unerheblich, ob die Anteile am Ergebnis der Mitunternehmerschaft bei den inländischen Mitunternehmern unmittelbar der inländischen Besteuerung unterliegen oder ggf. ganz bzw. teilweise nach Maßgabe eines DBA von der inländischen Besteuerung freizustellen und für die Anwendung des Progressionsvorbehalts zu berücksichtigen sind.[1]

Nach § 15a Abs. 5 EStG sind die Grundsätze des § 15a Abs. 1 – 4 EStG sinngemäß anzu- 1478
wenden bei der Beteiligung an inländischen Unternehmen, sofern die Haftung des Beteiligten vergleichbar der eines Kommanditisten beschränkt ist. Entsprechendes gilt für die Beteiligung an ausländischen Mitunternehmerschaften, bei denen die Gesellschafter in beschränktem Umfang haften.[2] Dabei ist es unerheblich, ob die Anteile am Ergebnis der ausländischen Mitunternehmerschaft bei den inländischen Mitunternehmern unmittelbar der inländischen Besteuerung unterliegen oder nach Maßgabe eines DBA von der inländischen Besteuerung freizustellen und ggf. für die Anwendung des Progressionsvorbehalts zu berücksichtigen sind.[3]

Die Regelung des § 15a Abs. 1 Satz 1 EStG bezieht sich auf den einem Kommanditisten 1479
zuzurechnenden Anteil am Verlust der KG. Sie greift nicht in die gesellschaftsrechtlichen Vereinbarungen und Regelungen zur Verteilung von Gewinn und Verlust der KG ein. Die Frage nach der Anwendung des § 15a Abs. 1 EStG stellt sich erst nach Verteilung des Ergebnisses der Gesellschaft.[4] Ist einem Kommanditisten nach den unter Rn. 1431 ff. dargestellten Grundsätzen ein Anteil am Verlust der Gesellschaft nicht (mehr) zuzurechnen, liegt insoweit auch kein Anwendungsfall des § 15a EStG vor.

Auswirkungen aus der Anwendung des § 15a EStG ergeben sich nur bei der Einkom- 1480
mensbesteuerung des Kommanditisten durch die Beschränkung des Verlustausgleichs und des Verlustabzugs nach § 10d EStG. Damit wird jedoch die steuerliche Berücksichtigung des Verlusts nicht insgesamt ausgeschlossen. Durch § 15a Abs. 2 EStG wird der Abzug der bisher nicht berücksichtigungsfähigen, der verrechenbaren Verluste von den Gewinnanteilen späterer Wirtschaftsjahre zugelassen. Damit wird die steuerliche Berücksichtigung der Verluste in spätere Veranlagungszeiträume verlagert. Nach den Vorstellungen des Gesetzgebers werden damit die Verluste in den Veranlagungszeiträumen berücksichtigt, in denen sie auch tatsächlich von den Kommanditisten getragen werden. Unter diesen Gesichtspunkten ist es konsequent, einen Gewinnanteil, mit dem ein durch Verluste entstandenes negatives Kapitalkonto gemindert oder ausgeglichen wird, gem. § 15a Abs. 2 EStG nicht zu besteuern.

Die Regelung des § 15a EStG berührt nicht die Ermittlung des Gewerbeertrages der KG 1481
nach § 7 GewStG.

(Einstweilen frei) 1482–1485

1 R 15a Abs. 5 EStR.
2 Rn. 1691 ff.
3 R 15a Abs. 5 EStR.
4 H 15a (Allgemeines) EStH und die dort zitierte Rechtsprechung des BFH.

4. Anteil am Verlust der KG

1486 Nach § 15 Abs. 1 Satz 1 Nr. 2 Satz 1 EStG gehören zu den Einkünften aus Gewerbebetrieb u. a. die Gewinnanteile eines Kommanditisten einer KG und die Vergütungen, die er von dieser für seine Tätigkeit im Dienst der KG oder für die Hingabe von Darlehen oder die Überlassung von Wirtschaftsgütern bezogen hat. Vergleicht man diese Regelung mit der Formulierung in § 15a Abs. 1 Satz 1 EStG, wonach auf den Anteil am Verlust der KG abzustellen ist, wird deutlich, dass sich diese Vorschrift nur auf einen Teil der in § 15 Abs. 1 Satz 1 Nr. 2 Satz 1 EStG umfassend definierten Einkünfte aus der Beteiligung an einer Mitunternehmerschaft bezieht. Der Begriff des zuzurechnenden Anteils am Verlust der KG in § 15a Abs. 1 Satz 1 EStG entspricht dem Anteil am Gewinn der Gesellschaft i. S. d. ersten Halbsatzes des § 15 Abs. 1 Satz 1 Nr. 2 Satz 1 EStG;[1] dabei ist unbestritten, dass diese Definition Verluste einschließt.[2]

1487 Grundlage für die Ermittlung des Verlustanteils des Kommanditisten ist danach die Steuerbilanz der KG, in der ausschließlich das Gesamthandsvermögen ausgewiesen wird und auf deren Ergebnis der maßgebende Schlüssel für die Gewinn- und Verlustverteilung anzuwenden ist. Dabei sind die Ergebnisse der für einzelne Kommanditisten ggf. geführten Ergänzungsbilanzen[3] einzubeziehen.[4] Dies hat zur Folge, dass die Wirtschaftsgüter des Gesamthandsvermögens, die steuerlich Privatvermögen sind,[5] unberücksichtigt bleiben.

1488 Verluste, die ein Kommanditist im Bereich seines Sonderbetriebsvermögens erleidet, sind danach unbeschränkt ausgleichs- und abzugsfähig. Andererseits können die im Sonderbetriebsvermögen erzielten Gewinne einschließlich der Vergütungen i. S. d. § 15 Abs. 1 Satz 1 Nr. 2 Satz 1 Halbsatz 2 EStG nicht als den Verlustanteil i. S. d. § 15a Abs. 1 Satz 1 EStG mindernd berücksichtigt werden. Dazu gehören im Regelfall auch die einem Kommanditisten gutgeschriebenen Tätigkeitsvergütungen, die im Hinblick auf § 164 HGB mangels anderweitiger Vereinbarungen auf einer schuldrechtlichen Vereinbarung beruhen, wenn sie handelsrechtlich nach den Bestimmungen des Gesellschaftsvertrags als Unkosten zu behandeln, insbesondere im Gegensatz zu einem Gewinnvoraus auch dann zu zahlen sind, wenn kein Gewinn erwirtschaftet wird.[6] Wird die Tätigkeit ausnahmsweise auf gesellschaftsrechtlicher Basis, d. h. gegen ein Gewinnvoraus geleistet, gehört die Vergütung zum Anteil am Gewinn der Gesellschaft.[7]

1489 Danach ist im Einzelfall nicht auszuschließen, dass dem Kommanditisten gem. § 15 Abs. 1 Satz 1 Nr. 2 EStG insgesamt ein Gewinnanteil aus der Beteiligung an der KG zuzurechnen ist, der sich aus einem Anteil am Verlust der KG i. S. d. § 15a Abs. 1 EStG, Vergütungen i. S. d. § 15 Abs. 1 Satz 1 Nr. 2 Halbsatz 2 EStG und ggf. weiterer Gewinne aus dem Sonderbetriebsvermögen zusammensetzt. Dies kann dazu führen, dass der Anteil

1 Vgl. dazu Rn. 1281 ff.
2 BFH 10. 11. 1980 GrS 1/79, BStBl 1981 II 164.
3 Vgl. dazu Rn. 786 ff.
4 BFH 14. 5. 1991 VIII R 31/88, BStBl 1992 II 167; BMF 30. 5. 1997, BStBl 1997 I 627.
5 Vgl. Rn. 710.
6 BFH 14. 11. 1985 IV R 63/83, BStBl 1986 II 58, 59, mit Hinweis auf BFH 10. 11. 1980 GrS 1/79, BStBl 1981 II 164, 169; 20. 5. 2005 VIII B 161/04, BFH/NV 2005, 1785.
7 BFH 13. 10. 1998 VIII R 4/98, BStBl 1999 II 284, m. w. N.; vgl. auch Rn. 1281 ff.

am Verlust der KG den Beschränkungen des § 15a Abs. 1 EStG unterliegt, während die übrigen Teile des gesamten Gewinnanteils zu besteuern sind.[1].

BEISPIEL: A ist Kommanditist der X-GmbH & Co. KG. Seine Kommandit-Einlage ist nach dem Stand vom 1. 1. 09 durch die Zurechnung von Verlusten aufgezehrt worden. Für das Wirtschaftsjahr 09 ergibt sich folgender Gewinnanteil:

Anteil am Verlust der KG	50 000 €
Tätigkeitsvergütung i. S. d. § 15 Abs. 1 Satz 1 Nr. 2 Halbsatz 2 EStG	100 000 €
Steuerlicher Gewinnanteil	50 000 €

Der Anteil am laufenden Verlust führt zur Entstehung/Erhöhung eines negativen Kapitalkontos und ist deswegen nach § 15a Abs. 1 EStG nicht ausgleichs- und abzugsfähig. A unterliegt für 09 mit Einkünften aus seiner Beteiligung an der X-GmbH & Co. KG i. H. v. 100 000 € der Besteuerung.

Das Ergebnis der Steuerbilanz entspricht häufig nicht dem auch tatsächlich der Besteu- 1490
erung unterliegenden Gewinn. Dies ist z. B. dann der Fall, wenn nicht abzugsfähige Betriebsausgaben z. B. i. S. d. § 4 Abs. 5 und 5b EStG und/oder steuerfreie Einnahmen angefallen sind, sich bei Verschmelzung oder Umwandlung einer Kapitalgesellschaft auf eine Personengesellschaft ein nach § 4 Abs. 6 ggf. i. V. m. § 9 UmwStG nicht berücksichtigungsfähiger Übernahmeverlust ergeben hat oder bei Auslandsbeziehungen Gewinnkorrekturen nach § 1 AStG erforderlich sind. Diese Korrekturen wirken sich auf die Höhe des für die Anwendung des § 15a EStG maßgebenden Anteils am Verlust bzw. Gewinn der Gesellschaft aus.[2]

BEISPIEL: Die A-GmbH & Co. KG weist in ihrer Steuerbilanz zum 31. 12. 09 einen Verlust von 100 000 € aus, der sich nach Vereinnahmung der Gewinnausschüttungen von inländischen Kapitalgesellschaften von 100 000 € ergeben hat. Aus Vereinfachungsgründen wird davon ausgegangen, dass in wirtschaftlichem Zusammenhang mit diesen Einnahmen keine Aufwendungen entstanden sind. Eine Gewerbesteuerschuld ergibt sich nicht. An Gewinn und Verlust sind ausschließlich die zehn Kommanditisten mit je 10 % beteiligt. Deren Kapitalkonten sind bereits vor Berücksichtigung des Ergebnisses 09 negativ.

a) Sämtliche Kommanditisten sind natürliche Personen. Gem. § 3 Nr. 40 EStG[3] handelt es sich bei den Gewinnausschüttungen um zu 40 % steuerfrei zu belassende Einnahmen. Dies hat zur Folge, dass der Verlust der A-GmbH & Co. KG für steuerliche Zwecke außerhalb der Bilanz um 40 000 € zu erhöhen ist.

   Danach wird jeder der Kommanditisten bei der Entwicklung seiner Kapitalkonten mit einem Verlust von 10 000 € belastet, der zur Erhöhung des für die Anwendung des § 15a EStG maßgebenden Kapitalkontos führt. Für Zwecke der Besteuerung ist ihnen hingegen im Hinblick auf § 3 Nr. 40 EStG ein Verlustanteil von 14 000 € zuzurechnen. Danach ist ein Teilbetrag dieses Verlustes i. H. v. 4 000 € gem. § 15a Abs. 1 Satz 1 EStG abzugs- und ausgleichsfähig.

b) Sämtliche Kommanditisten sind inländische Kapitalgesellschaften. Gem. § 8b Abs. 6 i. V. m. Abs. 1 und 5 KStG[4] sind die Gewinnausschüttungen insgesamt steuerfrei zu belassen. Dies hat zur Folge, dass der Verlust der A-GmbH & Co. KG für steuerliche Zwecke außerhalb der Bilanz um 95 % von 100 000 € = 95 000 € zu erhöhen ist.

---

1 FG Münster 23. 11. 2010 1 K 639/07 F, EFG 2011, 793.

2 BFH 3. 9. 2009 IV R 17/07, BStBl 2010 II 631.

3 Vgl. Rn. 1126 ff.

4 Vgl. Rn. 1126 ff.

Danach wird jeder der Kommanditisten bei der Entwicklung seiner Kapitalkonten mit einem Verlust von 10 000 € belastet, der zur Erhöhung des für die Anwendung des § 15a EStG maßgebenden Kapitalkontos führt. Für Zwecke der Besteuerung ist ihnen hingegen im Hinblick auf § 8b Abs. 1 und 6 KStG ein Verlustanteil von 19 500 € zuzurechnen. Danach ist ein Teilbetrag dieses Verlustes i. H. v. 9 500 € gem. § 15a Abs. 1 Satz 1 EStG abzugs- und ausgleichsfähig.

Die Regelungen von § 3 Nr. 40 EStG, § 8b KStG sind für jeden in Betracht kommenden Gesellschafter jeweils entsprechend seinem Personalstatut zu berücksichtigen.[1]

Danach verbleibt den Gesellschaftern der ihnen vom Gesetzgeber aus dem Bezug von ganz oder teilweise steuerbefreiten Einnahmen eingeräumte Vorteil, wie dies der BFH für die Fälle des in der Vergangenheit nach § 3 Nr. 66 EStG steuerfrei zu belassenden Veräußerungsgewinn entschieden hat.[2]

Die OFD Frankfurt geht in ihrer Verfügung vom 4. 4. 2007[3] davon aus, dass steuerfreie Einnahmen das Ergebnis der Steuerbilanz nicht berühren, sieht darin jedoch gleichwohl auch für die Anwendung des § 15a EStG beachtliche Zugänge auf den Kapitalkonten der Kommanditisten. Die Rückgewähr steuerfreier Einnahmen wird dementsprechend Entnahmen gleichgesetzt. Gründe für diese systemwidrige Beurteilung sind nicht ersichtlich. Allerdings führt diese Betrachtung zu keinen anderen Ergebnissen als bei zutreffender Einbeziehung dieser Vorgänge in die Ermittlung der Ergebnisse der Steuerbilanz.

1491 Ist der Bilanzverlust hingegen aufgrund steuerlicher Vorschriften außerhalb der Bilanz zu mindern, führt dies für die betroffenen Gesellschafter zu einem niedrigeren steuerlichen Verlustanteil.

BEISPIEL: Die X-GmbH & Co. KG weist in ihrer Steuerbilanz zum 31. 12. 09 einen Verlust von 500 000 € aus. Bei dessen Ermittlung wurden nach § 4 Abs. 5 EStG nicht abziehbare Betriebsausgaben i. H. v. 20 000 € und GewSt i. S. d. § 4 Abs. 5b EStG i. H. v. 80 000 € mindernd berücksichtigt. Außerdem ist nach Auffassung des FA eine Gewinnberichtigung nach § 1 AStG i. H. v. 50 000 € zu berücksichtigen. Geht man davon aus, dass die Kapitalkonten der Kommanditisten vor Berücksichtigung der Verlustanteile für 09 bereits negativ waren, haben diese sich danach um insgesamt 500 000 € erhöht.

Den Kommanditisten sind jedoch Verluste nur i. H. v. insgesamt 350 000 € zuzurechnen (Bilanzverlust 500 000 € korrigiert um 100 000 € nichtabzugsfähige Betriebsausgaben sowie einen Berichtigungsbetrag nach § 1 AStG i. H. v. 50 000 €), so dass damit auch nur insoweit die Ausgleichs- und Abzugsbeschränkungen nach § 15a Abs. 1 Satz 1 EStG eingreifen.

1492 Geht man in Fortführung des vorstehenden Beispiels davon aus, dass die X-GmbH & Co. KG für 10 noch einen Verlust von 50 000 € ausweist, der u. a. dadurch beeinflusst wurde, dass im Hinblick auf die Berichtigung nach § 1 AStG für die Vorjahre aufgrund einer Gegenberichtigung bei der ausländischen nahe stehenden Person ein Ertrag von 50 000 € vereinnahmt wurde, ist das Ergebnis des Jahres 10 außerhalb der Bilanz um diesen Betrag zu kürzen.[4] Unterstellt man dann weiter, dass bei Ermittlung des Verlustes nicht abzugsfähige Betriebsausgaben von 80 000 € mindernd berücksichtigt wurden, sind den Kommanditisten steuerlich Verlustanteile i. H. v. insgesamt 20 000 € zu-

1 Vgl. Rn. 1134.

2 BFH 16. 5. 2002 IV R 58/00, BStBl 2002 II 748; 6. 6. 2002 VIII B 129/01, BFH/NV 2002, 1553, jeweils m. w. N.

3 S 2241a A – 11 – St 213, NWB DokID: UAAAC-47444.

4 Vgl. dazu BMF 23. 2. 1983, BStBl 1983 I 218, Tz. 8.3.1 Buchst. c, sog. Verwaltungsgrundsätze für die Prüfung der Einkunftsabgrenzung bei international verbundenen Unternehmen.

zurechnen, die aber zu einer Erhöhung der negativen Kapitalkonten um 50 000 € geführt haben, so dass die Verlustanteile von insgesamt nur 20 000 € nach § 15a Abs. 1 Satz 1 EStG nicht ausgleichs- und abzugsfähig sind. Saldiert man die sich danach für die Jahre 09 und 10 ergebenden steuerlichen Folgen, ergibt sich zum 31. 12. 10 der Stand, der sich ergeben haben würde, wenn zwischen den Beteiligten zutreffend abgerechnet worden und damit eine Berichtigung nach § 1 AStG nicht erforderlich gewesen wäre.

(Einstweilen frei) 1493–1495

5. Begriff des Kapitalkontos

a) Allgemeine Grundsätze

Der Gesetzgeber hat den Begriff des Kapitalkontos des Kommanditisten i. S. d. § 15a Abs. 1 EStG nicht definiert. In Übereinstimmung mit der Rechtsprechung des BFH geht die FinVerw im BMF-Schreiben vom 30. 5. 1997[1] davon aus, dass sich dieses Kapitalkonto aus dem Kapitalkonto des Kommanditisten in der Steuerbilanz der Gesellschaft und dem Mehr- oder Minderkapital aus einer etwaigen Ergänzungsbilanz zusammensetzt. 1496

Nach den in Rn. 821 dargestellten Grundsätzen gehört ein zum Gesellschaftsvermögen gehörendes Wirtschaftsgut, das den Gesellschaftern unentgeltlich zur Nutzung überlassen wird, steuerlich nicht zum Betriebsvermögen, sondern zum Privatvermögen der Gesellschaft. Wird danach z. B. ein Wohngebäude infolge einer Nutzungsänderung notwendiges Privatvermögen der Gesellschaft, liegt damit eine Entnahme vor, die zu einer Minderung des in der Steuerbilanz ausgewiesenen Gesellschaftsvermögens und damit auch der steuerlichen Kapitalkonten der Kommanditisten führt. Dem allgemeinen Grundsatz folgend, dass sich das für die Anwendung des § 15a EStG maßgebende Kapitalkonto aus der Steuerbilanz ergibt, scheidet das steuerliche Privatvermögen der KG aus der Grundlage für die Ermittlung der nach § 15a Abs. 1 Satz 1 EStG uneingeschränkt ausgleichs- und abzugsfähigen Verluste aus.[2] Bei einer Veräußerung derartiger Vermögenswerte würden die Einnahmen im Gesellschaftsvermögen erzielt ohne jedoch den steuerlichen Gewinn zu beeinflussen. Sofern und soweit diese Beträge nicht an die Gesellschafter ausgekehrt werden, verbleiben sie im Gesellschaftsvermögen und damit im steuerlichen Betriebsvermögen,[3] so dass damit auch die Höhe der Kapitalkonten der Gesellschafter beeinflusst wird. Gegen die Ausgliederung der zum Gesamthandsvermögen gehörenden Wirtschaftsgüter des steuerlichen Privatvermögens könnte eingewandt werden, dass auch diese Vermögenswerte zur Bedienung der Schulden der KG zur Verfügung stehen. 1497

Das Kapitalkonto des Kommanditisten in der Steuerbilanz ist aus der Handelsbilanz[4] abzuleiten. Nach § 167 i. V. m. § 120 Abs. 2 HGB umfasst das Kapitalkonto des Kommanditisten die erbrachte Kapitaleinlage. Dazu gehören auch über die Hafteinlage hinaus 1498

---

1 BStBl 1997 I 627, mit zahlreichen Hinweisen auf die Rechtsprechung des BFH.

2 In diesem Sinne auch *Wacker* in Schmidt, EStG § 15a Rz. 154.

3 Vgl. Rn 709 ff.

4 Vgl. dazu Rn. 751 ff.

erbrachte Leistungen, wie z. B. weitergehende Pflichteinlagen, Zuschüsse zum Ausgleich von Verlusten. Gewinnanteile sind nach § 167 Abs. 2 HGB dem Kapitalkonto nur solange gutzuschreiben, bis es den Betrag der ausbedungenen Einlage erreicht. Verluste sind vom Kapitalanteil abzuschreiben. Nicht abgerufene Gewinnanteile, sind – soweit sie die ausbedungene Einlage überschreiten – nach § 169 HGB außerhalb des Kapitalanteils gutzuschreiben. Es handelt sich dabei um eine zum Sonderbetriebsvermögen des Kommanditisten gehörende Forderung gegenüber der Gesellschaft, die nicht Bestandteil des Kapitalkontos ist.

1499 Von den Kapitalgesellschaften & Co. KG, und damit insbesondere von den GmbH & Co. KG sind die Regelungen des § 264c Abs. 2 HGB zu beachten, die den Ausweis des Eigenkapitals in folgender Weise vorsehen:

I. Kapitalanteile

II. Rücklagen

III. Gewinnvortrag/Verlustvortrag

IV. Jahresüberschuss/Jahresfehlbetrag.

Weiter wird dazu bestimmt, dass die Kapitalanteile der persönlich haftenden Gesellschafter und der Kommanditisten getrennt auszuweisen sind. Verluste sind von den jeweiligen Kapitalanteilen abzuschreiben. Sind Kapitalanteile durch Verluste aufgezehrt, dürfen entsprechende Einzahlungsverpflichtungen nur dann ausgewiesen werden, soweit eine Zahlungsverpflichtung besteht. Besteht keine Zahlungsverpflichtung, handelt es sich um nicht durch Vermögenseinlagen gedeckte Verluste. Als Rücklagen sind nur solche Beträge auszuweisen, die aufgrund einer gesellschaftsrechtlichen Vereinbarung gebildet worden sind. Wegen weiterer Einzelheiten vgl. die Erläuterungen zu § 264c HGB bei *Hoffmann/Lüdenbach.*[1]

1500 In der Praxis sind unter Berücksichtigung von § 264c Abs. 2 HGB die unterschiedlichsten Vereinbarungen zur Darstellung des Eigenkapitals und zur Regelung der Beziehungen zwischen KG und Kommanditist anzutreffen. Es ist nicht ungewöhnlich, dass die Pflichteinlagen, die regelmäßig für den Umfang des Stimmrechts sowie die Beteiligung am Gewinn und Verlust maßgebend sind, unverändert ausgewiesen und als Kapitalkonto I bezeichnet werden. Verluste werden auf für die einzelnen Gesellschafter geführten Verlustvortragskonten gebucht. In einem derartigen Fall ist das Kapitalkonto der Saldo zwischen Kapitaleinlage und Verlustvortragskonto. Dies gilt nach dem BMF-Schreiben vom 30. 5. 1997[2] auch, wenn § 167 Abs. 3 HGB abbedungen wurde und den Kommanditisten damit eine Nachschusspflicht trifft, dieser Anspruch der KG ist nicht bilanzierungsfähig, erst die tatsächliche Leistung des Nachschusses berührt die Höhe des Kapitalkontos;[3] damit mindert auch in einem derartigen Fall der dem Kommanditisten zugewiesene Verlust sein Kapitalkonto.

1 NWB Kommentar Bilanzierung.

2 BStBl 1997 I 627.

3 BFH 11. 12. 1990 VIII R 8/87, BStBl 1992 II 232; 14. 12. 1995 IV R 106/94, BStBl 1996 II 226; 20 .9. 2007 IV R 10/07, BStBl 2008 II 118, m. w. N.

BEISPIEL: Zum Ende des Geschäftsjahres 09 zeichnet sich ab, dass die Y-GmbH & Co. KG mit einem beträchtlichen Verlust abschließen wird, durch den sich für die Kommanditisten negative Kapitalkonten ergeben werden. Daraufhin verpflichten sich die Kommanditisten noch in 09 zur Leistung von Nachschüssen, die Anfang 10 in das Vermögen der Y-GmbH & Co. KG geleistet werden.

Der Verlust des Jahres 09 führt bereits zum Ende dieses Wirtschaftsjahres bei den Kommanditisten zu negativen Kapitalkonten. Damit treten für 09 insoweit die Rechtsfolgen des § 15a Abs. 1 EStG ein. Diese negativen Salden werden erst durch die im jeweils nachfolgenden Wirtschaftsjahr geleisteten Nachschüsse zurückgeführt und sind danach erst für dieses Wirtschaftsjahr für die Anwendung des § 15a Abs. 1 EStG berücksichtigungsfähig. Das angestrebte Ziel, die steuerliche Berücksichtigung der Verluste für 09 zu ermöglichen, wurde also nicht erreicht. Erforderlich wäre gewesen, dass die Nachschüsse noch in 09 in das Vermögen der Y-GmbH & Co. KG geleistet worden wären.

Gewinnanteile und Entnahmen werden weitgehend auf einem weiteren Konto, das 1501 nicht selten als Darlehenskonto bezeichnet wird, ausgewiesen, auf dem damit die schuldrechtlichen Beziehungen zwischen KG und Kommanditisten dargestellt werden. Es gehört deswegen nicht zum steuerlichen Kapitalkonto.

Soweit Einlagen über die Hafteinlage hinaus zu leisten sind, werden diese vielfach ge- 1502 sondert als Kapitalrücklage ausgewiesen. Nach dem Gesellschaftsvertrag nicht entnahmefähige Gewinnanteile werden einer gesondert ausgewiesenen Gewinnrücklage zugeführt. Dabei handelt es sich um gesamthänderisch gebundenes Eigenkapital, das den einzelnen Gesellschaftern anteilig zusteht und deswegen bei der Ermittlung der Kapitalkonten der Kommanditisten anteilig zu berücksichtigen ist.

Wird hingegen neben dem „festen" Kapitalkonto und etwaigen Rücklagekonten nur 1503 noch ein variables Gesellschafterkonto geführt, über das Entnahmen, Gewinn- und Verlustanteile und ggf. auch weitere Einlagen gebucht werden, handelt es sich bei einem Guthaben des Kommanditisten regelmäßig um ein Teil seines Kapitalkontos.[1] Dabei ist es unerheblich, unter welcher Bezeichnung dieses Konto geführt wird. Vgl. auch Rn. 759 ff. Entscheidendes Kriterium für die Zuordnung zum Kapitalkonto ist danach die Frage der Verbuchung der Verlustanteile. Dies hat zur Folge, dass die gutgeschriebenen Gewinne zugleich wieder in das Gesellschaftsvermögen eingelegt worden sind. Im Zweifelsfall wird danach auf die insoweit getroffenen Vereinbarungen und die tatsächliche Verfahrensweise der Gesellschaft abzustellen sein. Anhand der sonstigen Umstände des Falles ist zu untersuchen, ob es sich bei den durch die KG von den Kommanditisten vereinnahmten Beträgen um Einlagen oder um Darlehen handelt. Ist z. B. der Gesellschaftsvertrag dahin gehend zu verstehen, dass den Kommanditisten eine Nachschusspflicht trifft, die durch Aufrechnung mit Gesellschafterforderungen zu tilgen ist, steht diese Forderung bis zu einer etwaigen Aufrechnung dem Kommanditisten als Sonderbetriebsvermögen zu; sie gehört deswegen nicht zu seinem Kapitalkonto i. S. d. § 15a Abs. 1 Satz 1 EStG.[2] Werden auf einem sog. Privatkonto für den Kommanditisten allein jederzeit fällige Forderungen des Gesellschafters ausgewiesen, handelt es sich nur dann um einen Teil des Kapitalkontos des Kommanditisten, wenn es aufgrund ausdrücklicher und eindeutiger Regelungen im Gesellschaftsvertrag im Fall der Liquidation

1 BMF 30. 5. 1997, BStBl 1997 I 627, Ziff. 4; BFH 27. 6. 1996 IV R 80/95, BStBl 1997 II 36.

2 BMF 30. 5. 1997, BStBl 1997 I 627, Ziff. 4.

oder des Ausscheidens des Gesellschafters zur Deckung eines negativen Kapitalkontos herangezogen werden soll.[1] Dies kann auch für ein als „Darlehenskonto" bezeichnetes Konto eines Kommanditisten gelten, das dazu bestimmt ist, die nicht auf dem Rücklagenkonto verbuchten Gewinnanteile aufzunehmen, wenn es gewinnunabhängig zu verzinsen ist. Weitere Voraussetzung ist, dass entweder auf diesem Konto die Verluste der Gesellschaft verbucht werden oder dass das Konto im Fall der Liquidation der Gesellschaft oder des Ausscheidens des Gesellschafters mit einem etwa bestehenden negativen Kapitalkonto zu verrechnen ist.[2] Wird dieses „Darlehenskonto" eines Gesellschafters infolge von gesellschaftsvertraglich nicht vorgesehenen Auszahlungen negativ, so weist das nunmehr aktivische „Darlehenskonto" eine Forderung der Gesellschaft gegenüber dem Gesellschafter aus, die nicht in die Ermittlung des Kapitalkontos des Kommanditisten nach § 15a Abs. 1 EStG einzubeziehen ist.[3]

1504 Darlehen, die der Kommanditist der KG gegeben hat, sind Verbindlichkeiten der KG und damit nicht Bestandteil des Kapitalkontos des Kommanditisten. Es stellt sich die Frage, ob dieser Grundsatz auch gilt für Darlehen, die von den Kommanditisten einer KG, bei der kein persönlich haftender Gesellschafter eine natürliche Person ist, gegeben wurden und nach den inzwischen aufgehobenen Vorschriften von § 172a Satz 1 HGB i. V. m. §§ 32a, 32b GmbHG als sog. kapitalersetzende Darlehen galten; d. h. Darlehen in der Krise gewährt wurden und damit in einem Zeitpunkt, in dem die Gesellschafter als ordentliche Kaufleute anstelle der Darlehensgewährung Eigenkapital zugeführt hätten. Nach der als gesichert anzusehenden Rechtsprechung des BFH[4] und der wohl überwiegenden Auffassung im Schrifttum[5] handelt es sich auch bei diesen Darlehen in Übereinstimmung mit der handelsrechtlichen Beurteilung[6] um Fremdkapital, so dass sie damit nicht dem Kapitalkonto des Kommanditisten zugerechnet werden können, vgl. auch Rn. 751 ff. Fällt der Kommanditist mit einem derartigen Darlehen aus, ergeben sich die in Rn. 868 dargestellten Folgen.

1505 Nach dem Urteil des BFH vom 7. 4. 2005[7] erhöht ein von einem Kommanditisten der KG gewährtes Darlehen dessen Kapitalkonto i. S. d. § 15a Abs. 1 Satz 1 EStG, wenn es den vertraglichen Bestimmungen zufolge während des Bestehens der Gesellschaft vom Kommanditisten nicht gekündigt werden kann und wenn das Guthaben im Falle seines Ausscheidens oder der Liquidation der Gesellschaft mit einem eventuell bestehenden negativen Kapitalkonto verrechnet wird; der BFH verwendet für diese Art der Ausstattung der Gesellschaft mit Eigenkapital den Begriff des Finanzplandarlehens. Dies schließt nicht aus, dass dieser Begriff in Anlehnung an die Rechtsprechung des BGH[8] auch für die Hingabe von Mitteln an eine Gesellschaft verwendet wird, die den besonderen Anforderungen des BFH nicht entsprechen. In diesen Fällen wird regelmäßig von

1 BFH 26. 6. 2007 IV R 29/06, BStBl 2007 II 934.
2 BFH 15. 5. 2008 IV R 46/05, BStBl 2008 II 812; wegen weiterer Einzelheiten vgl. z. B. OFD Hannover 7. 2. 2008, DB 2008, 1350.
3 BFH 16. 10. 2008 IV R 98/06, BStBl 2009 II 272.
4 BFH 28. 3. 2000 VIII R 28/98, BStBl 2000 II 347, m. w. N.
5 *Littmann/Bitz/Pust*, § 15a EStG Anm. 28b; *Wacker* in Schmidt, EStG § 15a Rz. 88.
6 Z. B. BGH 6. 12. 1993 II ZR 102/93, BB 1994, 392.
7 IV R 24/03 BStBl 2005 II 598; ferner BFH 16. 8. 2005 IV B 198/04, BFH/NV 2006, 47.
8 21. 3. 1988 II ZR 238/87, BGHZ 104, 33 ff., 38; und 14. 12. 1992 II ZR 298/91, BGHZ 121, 31, 41 ff.

Darlehensforderungen des Gesellschafters auszugehen sein, die nicht Bestandteil des Kapitalkontos i. S. d. § 15a Abs. 1 Satz 1 EStG sind.[1]

Wegen der steuerlichen Folgen, die sich bei einer Uneinbringlichkeit der danach insgesamt als Fremdkapital anzusehenden Gesellschafterdarlehen oder aber bei einem völligen oder teilweisen Verzicht durch den Kommanditisten ergeben, wird auf die Ausführungen in Rn. 868 ff. hingewiesen. 1506

Unabhängig von der Frage, aus welchen bilanziellen Einzelposten sich das für die Anwendung des § 15a EStG maßgebende Kapitalkonto zusammensetzt, ergeben sich für die Steuerbilanz gegenüber den Werten der Handelsbilanz aufgrund der zu beachtenden steuerlichen Vorschriften Unterschiede. Dazu gehört auch die Einbeziehung der Ergänzungsbilanz in das steuerlich maßgebende Kapitalkonto. 1507

(Einstweilen frei) 1508–1510

b) Einbeziehung von Ergänzungsbilanzen

Nach den in Rn. 786 dargestellten Grundsätzen sind etwaige für den einzelnen Mitunternehmer steuerlich bedeutsame Korrekturen gegenüber den Ansätzen in der Gesamthandsbilanz in einer für den jeweiligen Gesellschafter zu führenden Ergänzungsbilanz darzustellen. Dabei kann es sich, wie z. B. bei dem vorangegangenen Erwerb des Anteils um Mehrwerte, bei der Inanspruchnahme bestimmter personenbezogener Steuervergünstigungen um Minderwerte gegenüber den (anteiligen) Wertansätzen in der Gesamthandsbilanz handeln. Der Steuerbilanzwert des dem einzelnen Kommanditisten anteilig zustehenden Vermögens der KG, des Gesamthandsvermögens, ergibt sich danach aus dem auf ihn entfallenden Anteil aus der Gesellschaftsbilanz, korrigiert um die sich aus der für ihn geführten Ergänzungsbilanz ergebenden Werte. Aus diesem Grunde ist die Ergänzungsbilanz in die Ermittlung des für die Anwendung des § 15a Abs. 1 EStG maßgebenden Kapitalkontos einzubeziehen.[2] 1511

Es hängt von den Umständen des Einzelfalles ab, ob die danach gebotene Einbeziehung der Ergänzungsbilanz in die Ermittlung des Kapitalkontos zu einem höheren oder niedrigeren Wert gegenüber dem in Gesellschaftsbilanz ausgewiesenen Kapitalkonto führt. 1512

BEISPIEL: A und C sind Kommanditisten der X-GmbH & Co. KG. Zum 31. 12. 09 wird in der Steuerbilanz der KG für jeden der beiden Kommanditisten ein nach den vorstehend dargestellten Grundsätzen ermitteltes Kapitalkonto von jeweils 100 000 € ausgewiesen.

Die KG hat in 09 ein unbebautes Grundstück angeschafft. Auf dessen anteilige Anschaffungskosten hat A in 09 eine in seinem daneben geführten Einzelunternehmen gebildete Rücklage i. S. d. § 6b EStG i. H.v. 200 000 € übertragen.[3] Der sich dadurch im Verhältnis zu A ergebende Minderwert des Grundstücks ist in einer negativen Ergänzungsbilanz auszuweisen. Unter deren Einbeziehung ergibt sich danach für A zum 31. 12. 09 ein negatives Kapitalkonto von 100 000 €.

C hat den Gesellschaftsanteil in 09 entgeltlich von B erworben. Der gegenüber dem Buchwert der Beteiligung gezahlte Mehrwert wird in einer Ergänzungsbilanz zum 31. 12. 09 mit

1 Vgl. dazu z. B. OFD Koblenz 15. 1. 2007, DB 2007, 546; ferner *Wacker* in Schmidt, EStG § 15a Rz. 91.

2 BMF 30. 5. 1997, BStBl 1997 I 627; BFH 30. 3. 1993 VIII R 63/91, BStBl 1993 II 706.

3 Vgl. Rn. 996 ff.

500 000 € ausgewiesen. Danach ergibt sich für C zu diesem Stichtag ein Kapitalkonto i. S. d. § 15a Abs. 1 EStG i. H. v. insgesamt 600 000 €.

Geht man davon aus, dass die X-GmbH & Co. KG für 09 einen Verlust erwirtschaftet hat, führt der A zuzurechnende Anteil zur Erhöhung seines negativen Kapitalkontos und ist damit gem. § 15a Abs. 1 EStG nicht ausgleichs- und abzugsfähig. A hat mithin den Verzicht auf die Besteuerung des Veräußerungsgewinns in seinem Einzelunternehmen mit den sich bei seinem Anteil am Verlust der X-GmbH & Co. KG ergebenden Ausgleichs- und Abzugsbeschränkungen „erkauft". Demgegenüber ist der C zuzurechnende Verlust im Rahmen seines positiven Kapitalkontos gem. § 15a Abs. 1 EStG ausgleichs- und abzugsfähig.

1513–1515 *(Einstweilen frei)*

c) Keine Einbeziehung des Sonderbetriebsvermögens

1516 Das von den Kommanditisten in ihren Sonderbilanzen ausgewiesene Betriebsvermögen steht ihnen ungeachtet der Beziehungen dieser Vermögenswerte und Schulden zum Betrieb der KG allein zu. Damit handelt es sich insoweit um keinen Anteil am Vermögen der KG. Im Schrifttum wurde deswegen seit Einführung des § 15a EStG im Gegensatz zur FinVerw überwiegend die Auffassung vertreten, dass das Sonderbetriebsvermögen in die Ermittlung des für die Anwendung des § 15a EStG maßgebenden Kapitalkontos nicht einzubeziehen sei. Die Finanzverwaltung hat ihre ursprünglich vor dem Hintergrund der Gesetzesmaterialien[1] vertretene Auffassung, dass in die Ermittlung des für die Anwendung des § 15a EStG maßgebenden Kapitalkontos auch das Sonderbetriebsvermögen des Kommanditisten einzubeziehen ist, veranlasst durch die Rechtsprechung des BFH[2] mit BMF-Schreiben vom 20. 2. 1992,[3] aufgegeben. Die Regelung des § 15a Abs. 1 Satz 1 EStG bezieht sich danach ausschließlich auf das sich für den einzelnen Kommanditisten für seine Beteiligung am Gesellschaftsvermögen nach den vorstehend dargestellten Grundsätzen ergebende Kapitalkonto unter Einbeziehung der Werte der Ergänzungsbilanz.[4] Dies gilt auch dann, wenn das Sonderbetriebsvermögen negativ ist, weil z. B. die Beteiligung fremdfinanziert wurde.[5]

1517–1520 *(Einstweilen frei)*

d) Maßgebendes Kapitalkonto

1521 Für die Beantwortung der Frage, ob durch einen Verlust ein negatives Kapitalkonto entsteht oder sich erhöht, ist dessen Stand zum Schluss des Wirtschaftsjahres maßgebend. Dies ergibt sich aus § 15a Abs. 1 Satz 2 EStG, in dem auf die Haftung des Kommanditisten zum Schluss des Wirtschaftsjahres abgestellt wird.[6] Es handelt sich danach um den

1 BT-Drucks. 8/3648, 8/4157, 2.

2 Urteile 1. 6. 1989 IV R 19/99, BStBl 1989 II 1018, und 14. 5. 1991 VIII R 31/88, BStBl 1992 II 167.

3 BStBl 1992 I 123.

4 BFH 13. 10. 1998 VIII R 78/97, BStBl 1999 II 163.

5 BFH 14. 5. 1991 VIII R 31/88, BStBl 1992 II 167; FG Münster 22. 1. 2009 3 K 3173/05 F, EFG 2009, 1024. Rev. unzulässig; BFH v. 17 .2. 2010 I R 38/09, NWB DokID: BAAAD-43759.

6 BFH 18. 4. 2000 VIII R 11/98, BStBl 2001 II 166, m. w. N.

Stand des Kapitalkontos i. S.v. Rn. 751 ff. nach Berücksichtigung getätigter Entnahmen und Einlagen in das Gesamthandsvermögen, z. B. in die Kapitalrücklage oder zur Tilgung eines etwaigen Verlustvortrages, sowie nach Einbeziehung der Ergänzungsbilanz. Wird zusätzlich zu der im Handelsregister eingetragenen nicht voll eingezahlten Hafteinlage eine weitere Bareinlage geleistet, so kann der Kommanditist bestimmen, dass sie nicht mit der eingetragenen Haftsumme zu verrechnen ist, sondern die Entstehung oder Erhöhung eines negativen Kapitalkontos verhindert und damit zu nach § 15a Abs. 1 Satz 1 EStG ausgleichs- und abzugsfähigen Verlusten führt.[1] Einlagen in das Sonderbetriebsvermögen oder die darlehensweise Überlassung von Mitteln berühren den Bestand des Kapitalkontos nicht. Nicht abschließend geklärt ist die Frage, ob lediglich die Einlage eines Vermögensgegenstandes berücksichtigungsfähig ist. Der BFH hat in seinem Urteil vom 10. 7. 2001[2] bei einer BGB-Innengesellschaft i. S. d. § 15a Abs. 5 Nr. 2 EStG nicht berechnete Dienstleistungen als nicht einlagefähig angesehen. Entnahmen sind nur dann zu berücksichtigen, sofern und soweit sie aus dem Gesellschaftsvermögen erfolgen. Die laufenden „Entnahmen" von einem Darlehenskonto oder einem Verrechnungskonto, das nach den unter Rn. 1496 ff. dargestellten Grundsätzen nicht Bestandteil des Kapitalkontos ist, berühren damit den Bestand des Kapitalkontos nicht.

Einlagen müssen der KG zum Schluss des Wirtschaftsjahres als Teil des Gesamthands- 1522
vermögens tatsächlich zur Verfügung stehen, bei Überweisung auf ein Bankkonto der KG ist eine Gutschrift auf diesem Konto vor Ablauf des Wirtschaftsjahres erforderlich.[3] Nach der ständigen Rechtsprechung des BFH[4] genügt eine lediglich im Innenverhältnis gegenüber der KG bestehende Einlageverpflichtung oder eine Verlustübernahmeerklärung[5] diesen Anforderungen nicht. Entsprechendes gilt für eine Verpflichtung, zur Abdeckung entstehender Verluste weitere Einlagen zu leisten.[6] Der Umstand, dass die KG in derartigen Fällen u. U. eine entsprechende Einlagenforderung der KG ausweisen kann, ist nicht ausreichend. Voraussetzung ist vielmehr, dass etwas von außen zugeflossen ist, das den bilanziellen Unternehmenswert mehrt, also die Aktiva des Unternehmens erhöht oder die Passiva mindert und so Einfluss auf das „Kapitalkonto" nimmt. Soll die Einlage z. B. dadurch geleistet werden, dass der Kommanditist eine Verbindlichkeit der KG übernimmt, muss die KG zum maßgebenden Bilanzstichtag von dieser Verbindlichkeit endgültig freigestellt sein, so dass sie von ihr nicht mehr als solche auszuweisen ist.[7] Hätte der Gesetzgeber die Verpflichtung zur Leistung weiterer Einlagen allein aufgrund von Vereinbarungen zwischen Gesellschaft und Gesellschafter für ausreichend erachtet, hätte es der Regelungen in § 15a Abs. 1 Satz 2 EStG[8] nicht bedurft.

---

1 BFH 16.10.2008 IV R 98/06, BStBl 2009 II 272.

2 VIII R 45/98, BStBl 2002 II 339.

3 BFH 11. 12. 90 VIII R 8/87, BStBl 1992 II 232.

4 BFH 14. 12. 1995 IV R 106/94, BStBl 1996 II 226; vgl. ferner 28. 5. 1993 VIII B 11/92, BStBl 1993 II 665; 29. 8. 1996 VIII B 44/96, BFHE 182, 26, DB 1997, 655; 6. 3. 2007 IV B 147/05, BFH/NV 2007, 1130.

5 BFH 18. 12. 2003 IV B 201/03, BStBl 2004 II 231; 7. 10. 2004 IV R 50/02, BFH/NV 2005, 533.

6 BFH 18. 12. 2003 IV B 201/03, BFH/NV 2004, 424, unter Bezugnahme auf BFH 7. 8. 2002 VIII B 90/02, BFH/NV 2002, 1577; 10. 7. 2001 VIII R 45/98, BStBl 2002 II 339, und 3. 12. 2002 IX R 24/00, BFH/NV 2003, 894.

7 BFH 7. 8. 2002 VIII B 90/02, BFH/NV 2002, 1577.

8 Vgl. Rn. 1531 ff.

1523 Voraussetzung ist, dass die Einlage in das Gesamthandsvermögen der Gesellschaft erfolgte. Nicht gefordert wird ein gleichzeitiger Abfluss aus dem Vermögen des Kommanditisten.[1] Es ist danach unerheblich, ob der Kommanditist die Einlage aus eigenem Vermögen oder aber aus einem ihm persönlich gewährten Kredit leistet. Dementsprechend ist es auch möglich, dass die Gesellschaft ihre Einlageforderung an einen Dritten abtritt oder veräußert und ihr dafür ein Gegenwert zufließt, der objektiv der Einlageforderung entspricht.[2] Dem Kommanditisten ist es danach grundsätzlich auch möglich, eine Einlage durch Verzicht auf eine ihm gegenüber der KG bestehende Darlehensforderung zu leisten. Wegen der Leistung der Einlage durch Abtretung einer Darlehensforderung gegenüber einem Dritten an die Gesellschaft wird auf das Urteil des FG München vom 4. 3. 2010[3] hingewiesen.

1524 Dem für zu erwartende Verluste nach § 15a Abs. 1 Satz 1 EStG drohenden Abzugs- und Ausgleichsverbot kann durch die rechtzeitige Leistung von Einlagen in das Gesamthandsvermögen, d. h. vor Ablauf des maßgebenden Wirtschaftsjahres, entgegengewirkt werden.

BEISPIEL: Im November 09 zeichnet sich ab, dass die X-GmbH & Co. KG zum 31. 12. 09 einen Verlust ausweisen wird, der bei den Kommanditisten jeweils zu beträchtlichen negativen Kapitalkonten führen wird. Die Gesellschafter kommen deswegen Anfang Dezember 09 überein, jeweils eine Einlage von 100 000 € in die Kapitalrücklage zu leisten. Die Einlage wird teilweise durch die Umbuchung von vollwertigen Darlehensforderungen der Gesellschafter, im Übrigen durch Einzahlungen vor dem 1. 1. 10 erbracht.

In derartigen Fällen ist darauf zu achten, dass die erforderliche tatsächliche Zuführung in das Gesellschaftsvermögen rechtzeitig, d. h. vor Ablauf des maßgebenden Wirtschaftsjahres erfolgt. In dem vorstehenden Beispiel würde der angestrebte Zweck z. B. für einzelne Kommanditisten dann nicht erreicht, wenn ihre durch Banküberweisung geleistete Einlage erst an einem der ersten Tage des Jahres 10 auf einem Bankkonto der KG gutgeschrieben würde. Sofern und soweit die Einlagen durch Forderungsverzichte oder Abtretungen erbracht werden sollen, ist darauf zu achten, dass diese zum maßgebenden Stichtag rechtswirksam vollzogen worden sind und dass dies auch zeitnah dokumentiert wird, so dass der Vorgang auch in der laufenden Buchführung für den betreffenden Zeitraum seinen Niederschlag findet. Wandelt man das vorstehende Beispiel dahin gehend ab, dass sich die Gesellschafter Anfang Dezember 09 geeinigt haben, den Verlust 09 zu Lasten ihrer Verrechnungskonten zu übernehmen und diese nach Aufstellung der Bilanz zum 31. 12. 09 im Laufe des Jahres 10 mit Wertstellung 31. 12. 09 erfolgt, liegt keine bereits zum 31. 12. 09 berücksichtigungsfähige Einlage vor.[4]

1525 Wandelt man das Beispiel in Rn. 1524 dahin gehend ab, dass die Einlagen tatsächlich erst in 10 geleistet werden und in diesem Wirtschaftsjahr keine Entnahmen erfolgen, wird insoweit die Voraussetzung für die Abzugs- und Ausgleichsfähigkeit von Verlusten

1 BFH 29. 8. 1996 VIII B 44/96, BFHE 182, 26, DB 1997, 655.

2 BFH 29. 8. 1996 VIII B 44/96, BFHE 182, 26, DB 1997, 655, unter Bezugnahme auf BGH 19. 12. 1974 II ZR 27/73, BGHZ 63, 338, 341; 28. 9. 1981 II ZR 109/80, NJW 1982; 19. 12. 1974 II ZR 27/73, BGHZ 63, 338, 341.

3 5 K 3989/07, NWB DokID: NAAAD-43635; Rev. Az. des BFH: IV R 18/10.

4 BFH 19. 10. 2007 IV B 157/06, BFH/NV 2008, 211.

dieses Wirtschaftsjahres geschaffen. Für den Fall, dass für dieses Wirtschaftsjahr ein Gewinn erzielt wird, in nachfolgenden Wirtschaftsjahren aber wieder Verluste anfallen, wurde es durch die Rechtsprechung des BFH[1] zugelassen, dass eine Einlage, soweit sie im Jahr ihrer Leistung nicht durch Verluste verbraucht wird und nur insoweit zu ausgleichsfähigen Verlusten führt, zum Ausgleich von Verlusten, soweit sie in nachfolgenden Jahren zu einem negativen Kapitalkonto führen, zur Verfügung stehen. Diese Möglichkeit besteht aufgrund des durch das JStG 2009[2] eingefügten § 15a Abs. 1a EStG mit Wirkung für nach dem 24. 12. 2008 geleistete Einlagen[3] nicht mehr; wegen weiterer Einzelheiten wird auf Rn. 1597 ff. hingewiesen.

Die Regelungen des § 15a Abs. 1 Satz 1 EStG beziehen sich auf die vom Kommanditisten tatsächlich erbrachte Einlage. 1526

BEISPIEL: A ist Kommanditist der am 4. 6. 09 gegründeten X-GmbH & Co. KG. Auf seine Kommanditeinlage von 100 000 € leistet er in 09 vereinbarungsgemäß einen Betrag von 75 000 €. A ist am 31. 12. 09 mit einer Hafteinlage von 100 000 € in das Handelsregister eingetragen. Auf ihn entfällt für 09 ein Verlustanteil von 125 000 €, so dass sich für ihn zum 31. 12. 09 ein negatives Kapitalkonto von 50 000 € ergibt.

Die sich bei nicht vollständiger Leistung der Hafteinlage ergebenden steuerlichen Folgen sind aus § 15a Abs. 1 Satz 2 und 3 EStG zu entnehmen.

(Einstweilen frei) 1527–1530

6. Erweiterter Verlustausgleich nach § 15a Abs. 1 Satz 2 EStG

Nach § 171 Abs. 1 HGB haftet ein Kommanditist den Gesellschaftsgläubigern unmittelbar bis zur Höhe seiner Einlage. Diese Haftung wird jedoch insoweit ausgeschlossen, als die Einlage geleistet ist. In einem derartigen Fall können nach § 15a Abs. 1 Satz 2 EStG Verlustanteile des Kommanditisten bis zu dem Betrag ausgeglichen und abgezogen werden, um den die im Handelsregister eingetragene Kommandit-Einlage die tatsächlich geleistete Einlage übersteigt, soweit dadurch ein negatives Kapitalkonto entsteht oder sich erhöht. Danach haftet A in dem Beispiel von Rn. 1480 den Gesellschaftsgläubigern noch mit 25 000 €. 1531

Aus dem vom Gesetzgeber dabei verwendeten Wort „können" wird nach nicht unbestrittener Auffassung gefolgert, dass dem Kommanditisten ein Wahlrecht zustehe, ob er diesen erweiterten Verlustausgleich beanspruchen möchte.[4] Danach müsste sich A in dem vorbezeichneten Beispiel in der Erklärung zur Feststellung des verrechenbaren Verlustes[5] entscheiden, ob lediglich ein ausgleichs- und abzugsfähiger Verlust i. H. v. 75 000 € beansprucht werden soll und damit ein verrechenbarer Verlust von 50 000 € oder unter Nutzung der Möglichkeit des § 15a Abs. 1 Satz 2 EStG ein ausgleichs- und abzugsfähiger Verlust i. H. v. 100 000 € berücksichtigt werden soll, so dass ein verrechenbarer Verlust von nur 25 000 € verbleibt. 1532

1 Urteile VIII R 32/01, BStBl 2004 II 359; 26. 6. 2007 IV R 2806, BStBl 2007 II 934; 20. 9. 2007 IV R 10/07, BStBl 2008 II 118; vgl. auch BMF 19. 11. 2007, BStBl 2007 I 823.

2 Vom 19. 12. 2008, BGBl 2008 I 2794.

3 § 52 Abs. 33 Satz 6 EStG.

4 *Wacker* in Schmidt, EStG § 15a Rz. 123, m. w. N.

5 Vgl. dazu Rn. 1661 ff.

1533 Entscheidet sich A für die letztgenannte Alternative und erbringt er in 10 die noch ausstehende Einlage von 25 000 €, erlischt damit die bis dahin bestehende Haftung gegenüber den Gesellschaftsgläubigern. Zugleich wird damit das negative Kapitalkonto auf 25 000 € zurückgeführt. Damit sind entsprechend den Intentionen des Gesetzgebers Verluste i. H. der geleisteten Kommanditeinlage steuerlich berücksichtigt worden. Geht man dann weiter davon aus, dass auf A für 10 ein weiterer Verlustanteil entfällt, ist dieser insgesamt nur nach § 15a Abs. 2 EStG verrechenbar. Durch § 15a Abs. 1 Satz 2 EStG wird keine zusätzliche Ausgleichs- und Abzugsfähigkeit von Verlusten eröffnet. Es wird lediglich bewirkt, dass Verluste bis zur Höhe der in das Handelsregister eingetragenen Hafteinlage auch dann bereits ausgleichs- und abzugsfähig sind, soweit diese Einlage noch nicht geleistet wurde. Deswegen kann in derartigen Fällen nicht von einer Haftungsminderung i. S. d. § 15a Abs. 3 Satz 3 und 4 EStG[1] ausgegangen werden, im Übrigen wird auf Rn. 1605 hingewiesen.[2]

1534 Hat ein Kommanditist die in das Handelsregister eingetragene Einlage noch nicht erbracht und leistet er eine Einlage in das Gesellschaftsvermögen mit der Maßgabe, dass seine Verpflichtung zur Erbringung der Kommanditeinlage unverändert fortbesteht, stellt sich die Frage, ob auch seine Außenhaftung nach § 171 Abs. 1 HGB fortbesteht.

BEISPIEL: A ist Kommanditist der X-GmbH & Co. Seine in das Handelsregister eingetragene Hafteinlage beträgt 100 000 €. A leistet in 09 eine Einlage i. H. v. 200 000 € zur Abdeckung des zu erwartenden Verlusts. Vereinbarungsgemäß erbringt er damit nicht seine Hafteinlage. Die X-GmbH & Co. KG weist dementsprechend in ihrer Bilanz zum 31. 12. 09 noch eine Forderung aus der ausstehenden Kommanditeinlage des A i. H. v. 100 000 € aus. Auf A entfällt für 09 ein Anteil am Verlust i. H. v. 320 000 €.

Der BFH hat dazu mit Urteil vom 11. 10. 2007[3] entschieden, dass ein Kommanditist im Wege einer negativen Tilgungsbestimmung die Rechtsfolge herbeiführen kann, dass die Haftungsbefreiung nach § 171 Abs. 1 Halbsatz 2 HGB nicht eintritt. Das führt dazu, dass die Einlage nicht mit der eingetragenen Pflichteinlage zu verrechnen ist, sondern im Umfang ihres Wertes die Entstehung oder Erhöhung eines negativen Kapitalkontos verhindert und auf diese Weise nach § 15a Abs. 1 Satz 1 EStG zur Ausgleichs- und Abzugsfähigkeit von Verlusten führt. Diese Auffassung hat der BFH mit seinem Urteil vom 16. 10. 2008[4] bestätigt. Im vorstehenden Beispiel ist danach ungeachtet des sich für A ergebenden negativen Kapitalkontos von 120 000 € angesichts der fortbestehenden Außenhaftung i. H. v. 100 000 € ein Verlust i. H. v. insgesamt 300 000 € ausgleichs- und abzugsfähig, so dass ein verrechenbarer Verlust von lediglich 20 000 € verbleibt. Es sind lediglich – wie allgemein bei ausstehenden Kommanditeinlagen – die Einschränkungen des § 15a Abs. 1 Satz 3 EStG zu beachten.[5]

1535 Der Gesetzgeber knüpft in § 15a Abs. 1 Satz 2 EStG ausdrücklich an die in das Handelsregister eingetragene Kommanditeinlage an. Daraus folgt, dass bei noch ausstehenden Einlagen über diesen Betrag hinaus kein erweiterter Verlustausgleich beansprucht wer-

1 Vgl. dazu Rn. 1586 ff.
2 BFH 1. 6. 1989 IV R 19/88, BStBl 1989 II 1018.
3 IV R 38/05, BStBl 2009 II 135.
4 IV R 98/06, BStBl 2009 II 272.
5 Vgl. Rn 1551 ff.

den kann.[1] Dies ergibt sich im Übrigen auch daraus, dass nach den in Rn. 1521 ff. dargestellten Grundsätzen die Gewährung von Gesellschafterdarlehen, die Inanspruchnahme aus für die KG eingegangenen Bürgschaften die Höhe des für die Anwendung des § 15a EStG maßgebenden Kapitalkontos ebenso wenig beeinflussen, wie noch nicht erfüllte Verpflichtungen zur Leistung von Nachschüssen.

BEISPIEL: ▸ A hat sich als Kommanditist an der im Juni 09 gegründeten X-GmbH & Co. KG beteiligt. Seine Kommanditeinlage, die Hafteinlage beträgt 100 000 €. Die Eintragung in das Handelsregister erfolgt in 09.

Die Kommanditisten sind zu einer Einlage i. H. v. insgesamt 200 % ihrer Kommanditeinlage verpflichtet. Der die Hafteinlage übersteigende Betrag soll in die Rücklagen geleistet werden. Nach den getroffenen Vereinbarungen sind bei Eintritt in die Gesellschaft 50 % der Kommanditeinlage und ein gleich hoher Betrag in die Rücklagen zu leisten. Die weiteren Einlagen sind im März 10 zu leisten. Die Kommanditisten sind ihren Verpflichtungen in 09 nachgekommen. Die X-GmbH & Co. KG weist dementsprechend in ihrer Bilanz zum 31. 12. 09 die geleisteten Hafteinlagen und Rücklagen in der geleisteten Höhe sowie den Jahresfehlbetrag aus.

Die von A in 09 geleistete Einlage wird damit zu 50 % als geleistete Kommanditeinlage und zu 50 % als Rücklage ausgewiesen. A ist am Verlust 09 der KG mit 180 000 € beteiligt.

Der Umstand, dass eine über die Höhe der Hafteinlage hinausgehende Pflichteinlage 1536
zu leisten ist, eröffnet danach nicht die Möglichkeit einer Verlustberücksichtigung bis zur Höhe der noch bestehenden Einlageverpflichtung. Danach ist es ausgeschlossen, dass der dem A für 09 zugerechnete Verlust in vollem Umfang gem. § 15a Abs. 1 Sätze 1 und 2 EStG abzugs- und ausgleichsfähig ist. Nach Auffassung des BFH[2] kann ein Kommanditist im Wege einer negativen Tilgungsbestimmung die Rechtsfolge herbeiführen, dass die Haftungsbefreiung nach § 171 Abs. 1 Halbsatz 2 HGB nicht eintritt. Danach hat A in 09 nur 50 000 € seiner Hafteinlage erbracht, so dass noch eine Außenhaftung von 50 000 € besteht. Unter Berücksichtigung der erbrachten Einlagen ist danach ein Verlust von insgesamt 150 000 € ausgleichs- und abzugsfähig. Es verbleibt ein verrechenbarer Verlust von 30 000 €.

Besteht die Außenhaftung eines Kommanditisten nach § 15a Abs. 1 Satz 2 EStG über 1537
mehr als einen Bilanzstichtag, können Verluste in dem sich danach ergebenden Umfang nur einmal berücksichtigt werden.[3] Wandelt man das Beispiel in Rn. 1535 dahin gehend ab, dass die weiteren Einlagen erst in 11 zu leisten sind und auf A für das Jahr 10 ein weiterer Verlustanteil von 30 000 € entfällt, ergibt sich in dieser Höhe ein weiterer verrechenbarer Verlust; er beträgt danach zum 31. 12. 10 insgesamt 60 000 €.

Die Regelung des § 15a Abs. 1 Satz 2 EStG knüpft an handelsrechtliche Regelungen an.[4] 1538
Daraus folgt, dass insoweit allein auf den Ausweis in der Handelsbilanz abzustellen ist. Eine Einbeziehung der Werte der Ergänzungsbilanz[5] ist für die Feststellung, ob eine Außenhaftung i. S. d. § 171 Abs. 1 HGB vorliegt, nicht möglich.

1 Vgl. dazu R 15a Abs. 3 Satz 6 EStR.

2 Urteil 11. 10. 2007 IV R 38/05, BStBl 2009 II 135; 16. 10. 2008 IV R 98/06, BStBl 2009 II 272.

3 R 15a Abs. 3 Satz 7 ff. EStR.

4 BFH 6. 3. 2008 IV R 35/07, BStBl 2008 II 676, m. w. N.

5 Vgl. Rn. 786.

1539 In § 15a Abs. 1 Satz 2 EStG wird ausdrücklich gefordert, dass der in das Handelsregister eingetragene Kommanditist den Gläubigern der Gesellschaft aufgrund des § 171 Abs. 1 HGB haftet. Ist der in das Handelsregister eingetragene Kommanditist Treuhänder, haftet der Treugeber nicht persönlich und unmittelbar gegenüber den Gesellschaftsgläubigern. Deswegen kommt weder beim Treuhänder noch beim Treugeber die Berücksichtigung eines Verlustes aufgrund bestehender Außenhaftung in Betracht.[1] Die Berücksichtigung beim Treuhänder scheidet deswegen aus, weil ihm die Kommanditbeteiligung gem. § 39 Abs. 2 Nr. 1 AO nicht zuzurechnen ist. Ferner ist es danach nicht möglich, bei einem der KG beigetretenen, in das Handelsregister aber noch nicht eingetragenen Kommanditisten[2] bereits den erweiterten Verlustausgleich zuzulassen. Dies gilt ferner für die Fälle, in denen der Kommanditist den Gläubigern der Gesellschaft nach § 172 Abs. 2 HGB deswegen haftet, weil eine nicht eingetragene Erhöhung der aus dem Handelsregister ersichtlichen Einlage in handelsüblicher Weise kundgemacht oder ihnen in anderer Weise mitgeteilt worden ist.[3]

1540 Hat ein Kommanditist einem Dritten an seiner Beteiligung eine mitunternehmerisch ausgestaltete Unterbeteiligung eingeräumt, ist bei nicht voll eingezahlter Kommanditeinlage auf der Ebene der KG in vollem Umfang die Regelung des § 15a Abs. 1 Satz 2 EStG zu berücksichtigen. Auf der Ebene der Unterbeteiligung ist die erweiterte Verlustberücksichtigung auf den Anteil des Hauptbeteiligten zu beschränken. Der Unterbeteiligte kann die erweiterte Verlustberücksichtigung nicht beanspruchen, weil er nicht als Kommanditist der KG im Handelsregister eingetragen ist.[4]

BEISPIEL: VA ist an der X-GmbH & Co. KG mit einer auch in das Handelsregister eingetragenen Kommanditeinlage von 500 000 € beteiligt, von der bisher 100 000 € erbracht sind. Für 09 entfällt auf ihn ein Verlust von 300 000 €, der zu einem negativen Kapitalkonto von 200 000 € führt. VA hat SA eine mitunternehmerische Unterbeteiligung an der Kommanditbeteiligung von 40 % eingeräumt. Das Unterbeteiligungsverhältnis wurde gegenüber der KG nicht offen gelegt.

Auf der Ebene der X-GmbH & Co. KG ist davon auszugehen, dass der auf VA entfallende Verlustanteil i. H. v. 100 000 € gem. § 15a Abs. 1 Satz 1 EStG, im Übrigen nach § 15a Abs. 1 Satz 2 EStG ausgleichs- und abzugsfähig ist.

Diese Ergebnisse sind dann auf der Ebene der Unterbeteiligungsgesellschaft mit Wirkung für die ESt-Veranlagungen der Beteiligten wie folgt umzusetzen:

	Verlustanteil	§ 15a Abs. 1 Satz 1 EStG	§ 15a Abs. 1 Satz 2 EStG	Berücksichtigungsfähiger Verlust	Verrechenbarer Verlust
VA	180 000 €	60 000 €	120 000 €	180 000 €	0 €
SA	120 000 €	40 000 €	0 €	40 000 €	80 000 €

Wurde das Unterbeteiligungsverhältnis hingegen gegenüber der X-GmbH & Co. KG offen gelegt und wird dementsprechend der Unterbeteiligte in die gesonderte und einheitliche Gewinnfeststellung der KG einbezogen, ist bereits auf dieser Ebene entsprechend zu verfahren.

1 Vgl. R 15a Abs. 3 Sätze 4, 5 EStR; *Wacker* in Schmidt, EStG § 15a Rz. 131.
2 Vgl. BFH 19. 5. 1987 VIII B 104/85, BStBl 1988 II 5.
3 BFH 28. 5. 1993 VIII B 11/92, BStBl 1993 II 665.
4 BFH 19. 4. 2007 IV R 70/04, BStBl 2007 II 868.

Wird einem Kommanditisten die erbrachte Einlage ganz oder teilweise zurückgezahlt, gilt sie nach § 172 Abs. 4 Satz 1 HGB gegenüber den Gesellschaftsgläubigern als nicht geleistet. Damit lebt insoweit die Haftung nach § 171 Abs. 1 HGB wieder auf. Dies gilt nach § 172 Abs. 4 Satz 2 HGB für die Fälle, in denen Gewinne entnommen werden, obwohl ein negatives Kapitalkonto zuvor durch Verluste entstanden ist oder durch die Entnahme entsteht. Für die Beurteilung dieser Sachverhalte sind allein handelsrechtliche Grundsätze maßgebend. Die Haftung des Kommanditisten lebt deswegen auch dann wieder auf, wenn die Verluste durch die Inanspruchnahme steuerlicher Bewertungsfreiheiten, z. B. Sonderabschreibungen, entstanden sind.[1] 1541

Angemessene Vergütungen i. S. d. § 15 Abs. 1 Satz 1 Nr. 2 EStG, die handelsrechtlich Aufwand darstellen, führen nicht zu Entnahmen i. S. d. § 172 Abs. 4 HGB. Eine Entnahme i. S. dieser Regelung liegt nur vor, soweit diese Vergütungen unangemessen sind.[2] Etwas anderes gilt für die Fälle, in denen die Vergütungen nicht als Aufwand der Gesellschafter verrechnet werden, sondern Bestandteil der Gewinnverteilungsabrede sind. In einem derartigen Fall berühren die Entnahmen dieser Vergütungen den Bestand des Kapitalkontos, so dass sich insoweit dann auch die Frage der Rückgewähr der Hafteinlage stellen kann. Die Haftung des Kommanditisten lebt nur insoweit auf, als die Hafteinlage durch die Entnahme nicht mehr als erbracht gilt. Darüber hinausgehende Entnahmen berühren die Haftung der Kommanditisten gegenüber den Gläubigern der Gesellschaft nicht.[3] Besteht die durch eine Entnahme begründete Außenhaftung über einen weiteren Bilanzstichtag fort, führt dies zu keinem weiteren Verlustausgleichsvolumen.[4] 1542

Wird der Kommanditist von einem Gesellschaftsgläubiger im Hinblick auf die bestehende Außenhaftung in Anspruch genommen, leistet er insoweit eine Einlage durch die sein negatives Kapitalkonto zurückgeführt wird, so dass die Voraussetzungen für eine weitere Außenhaftung entfallen. Übersteigt die Leistung den Betrag der bestehenden Außenhaftung, handelt es sich bei dem übersteigenden Betrag um die Inanspruchnahme für eine Verbindlichkeit der Gesellschaft, die nach den in Rn. 751 ff. dargestellten Grundsätzen zu beurteilen ist, d. h. Ausweis eines entsprechenden Ersatzanspruches in der Sonderbilanz. 1543

Fraglich ist, ob bei einem Kommanditisten wiederholt die Voraussetzungen des § 15a Abs. 1 Satz 2 EStG eintreten können. 1544

BEISPIEL: A ist der X-GmbH & Co. KG in 07 als Kommanditist mit einer Hafteinlage i. H. v. 100 000 € beigetreten. Vereinbarungsgemäß leistet er in 07 eine Einlage von 50 000 €. Für 07 entfällt auf ihn ein Verlustanteil von 110 000 €. Nach § 15a Abs. 1 Sätze 1 – 3 EStG ergibt sich ein ausgleichs- und abzugsfähiger Verlust von 100 000 € sowie ein verrechenbarer Verlust von 10 000 €. In 08 wird die ausstehende Einlage geleistet. Für das Wirtschaftsjahr 08 ergibt sich für A ein weiterer Verlustanteil von 20 000 €, der zu einem weiteren verrechenbaren Verlust

1 BFH 9. 5. 1996 IV R 75/93, BStBl 1996 II 474.
2 BFH 23. 1. 2001 VIII R 30/99, BStBl 2001 II 621.
3 *Littmann/Bitz/Pust*, § 15a EStG Anm. 25.
4 R 15a Abs. 3 Satz 9 EStR.

führt. In 09 entnimmt A die in 08 geleistete Einlage von 50 000 €. Auch für 09 ergibt sich für A ein weiterer Verlustanteil von 30 000 €.

Von den auf A für die Wirtschaftsjahr 07 und 08 entfallenden Verlustanteilen von insgesamt 130 000 € sind 100 000 € ausgleichs- und abzugsfähig. Der verrechenbare Verlust beträgt 30 000 €. Die Entnahme in 09 führt zwar zum Wiederaufleben der Außenhaftung des A. Zugleich werden A damit von der KG die Mittel zur Verfügung gestellt, die er bei Inanspruchnahme der Gesellschaftsgläubiger aus der Außenhaftung benötigen würde. Das Risiko des A bleibt damit auf 100 000 € beschränkt. In diesem Umfang sind ihm bereits ausgleichs- und abzugsfähige Verluste zugerechnet worden, so dass durch die Entnahme kein weiteres Verlustausgleichsvolumen geschaffen wird.[1]

1545 Sind Verluste, die zu einem negativen Kapitalkonto geführt haben, gem. § 15a Abs. 1 Satz 2 EStG ausgleichs- und abzugsfähig, wird dann das negative Kapitalkonto durch Gewinne des Folgejahres positiv und anschließend bei unverändert fortbestehender Außenhaftung wieder negativ, stellt sich die Frage, ob auch dieser (zweite) Verlust in dem sich aus § 15a Abs. 1 Satz 2 EStG ergebenden Umfang wiederum ausgleichs- und abzugsfähig ist.

BEISPIEL: A ist der X-GmbH & Co. KG in 07 als Kommanditist mit einer Hafteinlage i. H. v. 100 000 € beigetreten. Vereinbarungsgemäß leistet er in 07 eine Einlage von 50 000 €. Für 7 entfällt auf ihn ein Verlustanteil von 110 000 €. Nach § 15a Abs. 1 Sätze 1 – 3 EStG ergibt sich ein ausgleichs- und abzugsfähiger Verlust von 100 000 € sowie ein verrechenbarer Verlust von 10 000 €. Für 08 entfällt auf A ein Gewinnanteil von 70 000 €, sein Anteil am Verlust für 09 beträgt 60 000 €. Abgesehen von der in 07 erbrachten Einlage erfolgen bis einschließlich 09 keine Entnahmen und auch keine weiteren Einlagen. Danach entwickelt sich das Kapitalkonto des A wie folgt:

	€
Einlage 07	50 000
./. Verlustanteil 07	110 000
31. 12. 07	./. 60 000
+ Gewinnanteil 08	70 000
31. 12. 08	10 000
./. Verlustanteil 09	60 000
31. 12. 09	./. 50 000

Für 07 ist gem. § 15a Abs. 1–3 EStG ein Verlust von 100 000 € ausgleichs- und abzugsfähig. Der verbleibende Verlust ist gem. § 15a Abs. 2 EStG verrechenbar. Der verrechenbare Verlust von 10 000 € kürzt den Gewinnanteil 08, so dass er bei A mit 60 000 € der Besteuerung unterliegt. Der dann für 09 zu berücksichtigende Verlustanteil führt zu einem negativen Kapitalkonto i. H. v. 50 000 €. Dies entspricht der unverändert nicht erbrachten Einlage. *Wacker*[2] weist unter Bezugnahme auf das handelsrechtliche Schrifttum[3] darauf hin, dass die zwischenzeitliche Gutschrift des Gewinnanteils nicht zum Erlöschen der Außenhaftung des A geführt hat. In seinem Urteil vom 11. 10. 2007[4] weist der BFH unter Bezugnahme auf das handelsrechtliche Schrifttum darauf hin, dass nach

1 R 15a Abs. 3 Satz 9 EStR.

2 DB 2004, 11, 14.

3 *K. Schmidt* in Schlegelberger, HGB RR 171, 172 Rn. 56, sowie *Strohn* in Ebenroth/Boujong/Joost, HGB 2001, § 171 Rn. 44.

4 IV R 38/05, BStBl 2009 II 135.

der inzwischen wohl herrschenden Auffassung für die Haftungsbefreiung zwei kumulative Mindesterfordernisse notwendig sind, zum einen die Leistung auf die Einlage und zum anderen die Wertdeckung.[1] Geht man davon aus, dass der Zweck des § 15a EStG darin besteht, den steuerrechtlichen Verlustausgleich des Kommanditisten mit positiven Einkünften aus anderen Einkunftsquellen auf den Haftungsbetrag am jeweiligen Bilanzstichtag – als Ausdruck seiner (aktuellen) wirtschaftlichen Belastung – zu begrenzen,[2] sind keine Gesichtspunkte ersichtlich, die im vorstehenden Beispiel gegen die Ausgleichs- und Abzugsfähigkeit des Verlustanteils 09 sprechen könnten.

(Einstweilen frei) 1546–1550

7. Weitere Voraussetzungen für den erweiterten Verlustausgleich gem. § 15a Abs. 1 Satz 3 EStG

Der erweiterte Verlustausgleich nach § 15a Abs. 1 Satz 2 EStG ist gem. Satz 3 dieser Vorschrift nur zulässig, wenn derjenige, dem der Anteil zuzurechnen ist, als Kommanditist im Handelsregister eingetragen ist. Die Eintragung in das Handelsregister muss zum maßgebenden Bilanzstichtag erfolgt sein.[3] Ein noch nicht in das Handelsregister eingetragener Kommanditist kann danach nicht den erweiterten Verlustausgleich nach § 15a Abs. 1 Satz 2 EStG beanspruchen.[4] Entsprechendes gilt für die Fälle der Erhöhung der Hafteinlage.[5] Kann die rechtzeitige Eintragung der Erhöhung der Hafteinlage nicht sichergestellt werden, kann der angestrebte höhere Verlustausgleich und -abzug nur dadurch erreicht werden, dass die ohnehin vorgesehenen Einlagen noch vor dem maßgebenden Bilanzstichtag geleistet werden.[6] 1551

Wird die Beteiligung durch die in das Handelsregister als Kommanditist eingetragene Person nur treuhänderisch gehalten, ist die Beteiligung nach § 39 Abs. 1 AO dem Treugeber zuzurechnen. Der Treugeber kann dementsprechend den erweiterten Verlustausgleich und -abzug nach § 15a Abs. 1 Satz 2 EStG nicht beanspruchen. Entsprechendes gilt für Unterbeteiligte an einer Kommanditbeteiligung.[7] 1552

Weiter ist es nach § 15a Abs. 1 Satz 3 EStG erforderlich, dass das Bestehen der Haftung nachgewiesen wird und eine Vermögensminderung aufgrund der Haftung nicht durch Vertrag ausgeschlossen ist. Ein derartiger Haftungsausschluss wird nur ausnahmsweise in Betracht kommen und soll nach Auffassungen im Schrifttum.[8] z. B. durch einen Versicherungsvertrag, der das Risiko der Inanspruchnahme abdeckt, Einräumung eines 1553

1 Vgl. z. B. MünchKommHGB/*K. Schmidt*, 2. Aufl., §§ 171, 172 Rz 46; *K. Schmidt*, Gesellschaftsrecht, 4. Aufl., § 54 I, 3.c; *Kirsch*, Einlageleistung und Einlagerückgewähr im System der Kommanditistenhaftung, 1995, 25, m. w. N.

2 BFH 14. 10. 2003 VIII R 32/01, BStBl 2004 II 359, unter Bezugnahme auf BT-Drucks. 8/3648, 16; 8/4157, 3; BFH 14. 12. 1995 IV R 106/94, BStBl 1996 II 226, 230.

3 BFH 19. 5. 1987 VIII B 104/85, BStBl 1988 II 5; 28. 5. 1993 VIII B 11/92, BStBl 1993 II 665; R 15a Abs. 3 Satz 1 EStR.

4 BFH 19. 5. 1987 VIII B 104/85, BStBl 1988 II 5.

5 BFH 28. 5. 1993 VIII B 11/92, BStBl 1993 II 665.

6 Vgl. auch Rn. 1522 ff.

7 BFH 19. 4. 2007 IV R 70/04, BStBl 2007 II 868; R 15a Abs. 3 Satz 4 EStR; *Wacker* in Schmidt, EStG § 15a Rz. 131, 132, m. w. N.

8 Vgl. z. B. die Nachweise bei *Wacker* in Schmidt, EStG § 15a Rz. 134.

verbürgten Regressanspruches gegenüber der KG, anderen Gesellschaftern oder Dritten, oder durch Vereinbarungen mit den Gläubigern der KG erreichbar sein. Angesichts des Umstandes, dass sich durch derartige Vereinbarungen kein vollständiger Haftungsausschluss erreichen lässt, z. B. nicht hinsichtlich öffentlich-rechtlicher Schuldverhältnisse sowie etwaiger Ansprüche nach § 110 HGB wird es andererseits bezweifelt, ob ein umfassender, der Verlustberücksichtigung entgegenstehender Haftungsausschluss überhaupt erreichbar ist.[1]

1554 Ferner wird die Verlustberücksichtigung dann ausgeschlossen, wenn eine Vermögensminderung aufgrund der Haftung nach Art und Weise des Geschäftsbetriebs i. S. d. § 15a Abs. 1 Satz 3 EStG unwahrscheinlich ist. Diese Voraussetzungen werden nach Auffassung des BFH,[2] der sich die FinVerw unter Aufgabe ihrer in der Vergangenheit vertretenen gegenteiligen Meinung angeschlossen hat,[3] nur in Ausnahmefällen vorliegen. Mit der Eintragung der Haftsumme in das Handelsregister ist danach ein echtes wirtschaftliches und nicht nur ein formaljuristisches Risiko verbunden, das ausnahmsweise nur dann verneint werden kann, wenn die finanzielle Ausstattung der KG und deren gegenwärtige sowie die zu erwartende Liquidität im Verhältnis zu dem nach dem Gesellschaftsvertrag festgelegten Gesellschaftszweck und dessen Umfang so außergewöhnlich günstig sind, dass – nicht nur nach den Verhältnissen zum Bilanzstichtag – die finanzielle Inanspruchnahme des einzelnen Kommanditisten nicht zu erwarten ist. Dabei ist Art und Weise des Geschäftsbetriebs in besonderem Maße Rechnung zu tragen. Das wirtschaftliche Risiko, aus der Kommanditistenhaftung in Anspruch genommen zu werden, stellt insbesondere bei neu gegründeten KG, deren wirtschaftliche Entwicklung noch schwer abschätzbar ist, den Normalfall dar. Nur in besonders gelagerten Fällen, z. B. bei einer bereits länger bestehenden KG mit bisherigen guten Geschäftserfolgen und entsprechender Geschäftsführung wird ein objektiver Betrachter nach Auffassung des BFH die Prognose wagen können, die wirtschaftliche Lage der KG sei so günstig, dass eine Inanspruchnahme der Kommanditisten aus ihrer Haftsumme unwahrscheinlich ist. Dabei sind vereinbarte und zu erwartende Einlagen der Kommanditisten nach dem Bilanzstichtag außer Betracht zu lassen. Das Ersetzen der Hafteinlage durch die tatsächliche Einlage vermindert das Risiko der Kommanditisten nicht, die Einlage zu verlieren. Deswegen kann die Erwartung oder Vorhersehbarkeit dieses Vorgangs nicht als eine den erweiterten Verlustausgleich hindernde Komponente angesehen werden.

1555 Wenn danach allein auf das Risiko aus der eingegangenen Beteiligung abzustellen ist, wird damit zugleich zum Ausdruck gebracht, dass für den Regelfall eine Vermögensminderung bereits dann vorliegt, wenn die Inanspruchnahme aus der bestehenden Außenhaftung erfolgt. Eine Prüfung der Frage, ob und in welchem Umfang dem in Anspruch genommenen Kommanditisten seinerseits ein Ersatzanspruch gegenüber der Gesellschaft und/oder seinen Mitgesellschaftern zusteht, wird danach offensichtlich nicht für erforderlich gehalten.[4]

1556–1560 *(Einstweilen frei)*

1 Vgl. *Littmann/Bitz/Pust*, § 15a EStG Anm. 31, m. w. N.

2 Urteil 14. 5. 1991 VIII R 111/86, BStBl 1992 II 164.

3 BMF 20. 2. 1992, BStBl 1992 II 123, Tz. 2.

4 In diesem Sinne auch *Littmann/Bitz/Pust*, § 15a EStG Rn. 31.

8. Nach § 15a Abs. 2 EStG verrechenbare Verluste

Soweit ein Verlust nach § 15a Abs. 1 EStG nicht ausgeglichen oder abgezogen werden kann, mindert er gem. § 15a Abs. 2 Satz 1 EStG die Gewinne, die dem Kommanditisten in späteren Wirtschaftsjahren aus seiner Beteiligung an der KG zuzurechnen sind. Damit werden diese nach § 169 Abs. 1 HGB zur Auffüllung des negativen Kapitalkontos zu verwendenden und damit nicht entnahmefähigen Gewinne beim Gesellschafter steuerlich nicht belastet. Die Verlustverrechnung ist weder zeitlich noch der Höhe nach begrenzt. Die Frage der Anwendung von § 2 Abs. 3 und § 10d EStG stellt sich in diesem Zusammenhang nicht. Diese Regelungen sind auf die Verluste anwendbar, die nach § 15a Abs. 1 EStG ausgleichs- und abzugsfähig sind. 1561

Fraglich ist, ob sich die Verrechnung nach § 15a Abs. 2 Satz 1 EStG auf den Gewinnanteil i. S. d. § 15 Abs. 1 Satz 1 Nr. 2 EStG insgesamt zu erstrecken hat, oder auf den Gewinnanteil zu beschränken ist, der auf die Kommandit-Beteiligung entfällt, d. h. ausschließlich Sondervergütungen und andere Sonderbetriebseinnahmen und -ausgaben. 1562

BEISPIEL: Für A, Kommanditist der X-GmbH & Co. KG, ist zum 31. 12. 09 ein verrechenbarer Verlust i. S. d. § 15a Abs. 2 Satz 1 EStG i. H.v. 100 000 € festgestellt worden. Für das Wirtschaftsjahr 10 ergibt sich folgender Gewinnanteil i. S. d. § 15 Abs. 1 Satz 1 Nr. 2 EStG. Für 10 ergibt sich keine GewSt-Schuld.

Anteil am Gewinn	40 000 €
Gewinn aus teilweiser Auflösung der Ergänzungsbilanz	10 000 €
Tätigkeitsvergütung	100 000 €
Andere Sonderbetriebseinnahmen	50 000 €
Sonderbetriebsausgaben	70 000 €
Gewinnanteil i. S. d. § 15 Abs. 1 Satz 1 Nr. 2 EStG	130 000 €

Bei einer Verrechnung mit dem Gewinnanteil insgesamt wäre A für 10 mit einem Gewinn aus seiner Beteiligung an der X-GmbH & Co. KG von 30 000 € zu veranlagen. Zum 31. 12. 10 wäre kein verrechenbarer Verlust mehr festzustellen.

Hält man hingegen nur eine Verrechnung mit dem Gewinn der KG für zulässig, kommt eine Verrechnung nur mit dem Gewinnanteil von 40 000 € zzgl. des Gewinns aus der Auflösung der Ergänzungsbilanz von 10 000 € i. H.v. insgesamt 50 000 € in Betracht, so dass zum 31. 12. 10 noch ein weiterer verrechenbarer Verlust von 50 000 € verbleibt und A für 04 mit einem Gewinn aus seiner Beteiligung an der X-GmbH & Co. KG von 80 000 € der ESt unterliegt.

In Rn. 1486 ist unter Hinweis auf die Rechtsprechung des BFH dargelegt worden, dass sich die Ermittlung des nach § 15a Abs. 1 EStG nicht ausgleichs- und abzugsfähigen Verlustes auf die Verluste aus der Beteiligung an der KG zu beschränken hat, Vergütungen i. S. d. § 15 Abs. 1 Satz 1 Nr. 2 EStG sowie etwaige weitere Sonderbetriebseinnahmen und Sonderbetriebsausgaben nicht einzubeziehen sind. In Fortführung dieser Grundsätze hat der BFH dann weiter entschieden, dass der verrechenbare Verlust i. S. d. § 15a Abs. 2 Satz 1 EStG nur mit dem Anteil des Kommanditisten am Gewinn der KG verrechnet werden darf, die Sondervergütungen und ein etwaiges weiteres Ergebnis aus dem Sonderbetriebsvermögen damit aber nicht zu berücksichtigen sind.[1] Maß- 1563

1 BFH 13. 10. 1998 VIII R 78/97, BStBl 1999 II 163; 23. 2. 1999 VIII R 29/98, BStBl 1999 II 592.

gebend dafür ist, dass § 15a Abs. 2 Satz 1 EStG erkennbar nicht die Verknüpfung von Haftungsumfang und steuerrechtlichem Verlustausgleich lösen will, sondern die handelsrechtliche Verpflichtung des Kommanditisten, zukünftige Gewinnanteile zur Deckung seines negativen Kapitalkonto zu verwenden (§ 169 Abs. 1 Satz 2 HGB), in das Regelungsgefüge des § 15a EStG einbinden will. Demgemäß muss nach Auffassung des BFH der systematische Zusammenhang zwischen dem Anteil am Gesellschaftsverlust und dem hierdurch veränderten Anteil am Gesellschaftskapital auch den Gewinnbegriff in § 15a Abs. 2 Satz 1 EStG mit der Folge erfassen, dass ebenso wie das Sonderbetriebsvermögen aus dem Tatbestandsmerkmal des Kapitalkontos i. S. d. § 15a Abs. 1 Satz 1 EStG auch die Sonderbetriebsausgaben und Sonderbetriebseinnahmen aus den in § 15a Abs. 2 Satz 1 EStG genannten Gewinnen auszuklammern sind. Sie sind nicht geeignet, die Haftung des Kommanditisten für Verluste der Gesellschaft zu beeinflussen. Die dem Kommanditisten zustehenden Vergütungen i. S. d. § 15 Abs. 1 Satz 1 Nr. 2 EStG werden erst durch diese Vorschrift als Einkünfte aus Gewerbebetrieb qualifiziert. Sie stehen ihm nicht als Teil des Gewinnes der KG i. S. d. §§ 167, 168 HGB zu. Der BFH hat damit die von der FinVerw vertretene Auffassung[1] bestätigt. Wegen der Abgrenzung zwischen Vergütungen i. S. d. § 15 Abs. 1 Satz 1 Nr. 2 EStG und im Rahmen der Gewinnverteilung zu berücksichtigende Vorausgewinne wird auf Rn. 1322 ff. hingewiesen.

1564 Die Rechtsfolgen des § 15a Abs. 2 Satz 1 EStG beziehen sich auf die der Besteuerung unterliegenden Gewinne. Eine Verrechnung mit steuerfrei zu belassenden Einnahmen oder Vermögensmehrungen kommt nicht in Betracht. Nicht abziehbare Betriebsausgaben mindern den verrechenbaren Verlust. Dies folgt aus den in Rn. 1486 dargestellten Grundsätzen zur Ermittlung des für die Anwendung des § 15a Abs. 1 EStG maßgebenden Verlustes.

BEISPIEL: Für A, den zu 20 % beteiligten Kommanditisten der X-GmbH & Co. KG, ist auf den 31. 12. 09 ein verrechenbarer Verlust von 50 000 € festgestellt worden. Die X-GmbH & Co. KG, an der ausschließlich natürliche Personen beteiligt sind, weist in ihrer Steuerbilanz zum 31. 12. 09 einen Gewinn von 160 000 € aus. Dabei sind Einnahmen i. S. d. § 20 Abs. 1 Nr. 1 EStG i. H. v. 30 000 € erfolgswirksam berücksichtigt worden. Die damit wirtschaftlich zusammenhängenden Aufwendungen i. H. v. 10 000 € wurden als Betriebsausgaben abgezogen. Dies gilt ferner für nach § 4 Abs. 5 und 5b EStG nicht abzugsfähige Betriebsausgaben i. H. v. 56 000 €.

Danach ergibt sich für die X-GmbH & Co. KG folgender steuerlicher Gewinn für 10:

Bilanzgewinn	160 000 €
./. nach § 3 Nr. 40 EStG steuerfreie Einnahmen	12 000 €
+ nach § 3c Abs. 2 EStG nicht abzugsfähige Betriebsausgaben	6 000 €
+ nach § 4 Abs. 5 EStG nicht abzugsfähige Betriebsausgaben	56 000 €
Steuerlicher Gewinn	210 000 €

An diesem Gewinn ist A zu 20 % und dementsprechend mit einem Betrag von 42 000 € beteiligt. Nach Verrechnung gem. § 15a Abs. 2 Satz 1 EStG verbleibt danach noch ein verrechenbarer Verlust von 8 000 €.

1 BMF 15. 12. 1993, BStBl 1993 I 976.

Zum Gewinn der Kommanditisten aus der Beteiligung an der KG gehört auch der Gewinn aus der Veräußerung oder Aufgabe dieses Anteils i. S. d. § 16 EStG.[1] Sofern und soweit ein Ausgleich mit dem Veräußerungs- oder Aufgabegewinn nicht möglich ist, ist der danach verbleibende verrechenbare Verlust in einen ausgleichsfähigen Verlust umzuqualifizieren.[2] Dies gilt nach dem durch das JStG 2009[3] eingefügten § 15a Abs. 2 Satz 2 EStG auch für die nachträglichen Einlagen i. S. d. § 15a Abs. 1a EStG,[4] die zu keinen ausgleichs- und abzugsfähigen Verlusten geführt haben; bisher wurde diese Rechtsauffassung in R 15a Abs. 4 EStR vertreten. Damit wird sichergestellt, dass die dem Kommanditisten aus seiner Beteiligung entstandenen Verluste in vollem Umfang steuerlich berücksichtigt werden. Ein Übergang des verrechenbaren Verlustes auf den Erwerber der Beteiligung ist danach ausgeschlossen. Wegen weiterer Einzelheiten in den Fällen des Ausscheidens aus der KG sowie in den Fällen der Änderung der Rechtsform der Gesellschaft wird auf Rn. 1626 ff. hingewiesen. 1565

(Einstweilen frei) 1566–1570

9. Einlagenminderung

Nach den Vorstellungen des Gesetzgebers ist nicht auszuschließen, dass die Einschränkungen der Verlustberücksichtigung nach § 15a Abs. 1 EStG durch die vorübergehende Leistung von Einlagen umgangen wird. Aus diesem Grund wird in § 15a Abs. 3 Satz 1 EStG bestimmt, dass bei Entstehen oder Erhöhung eines negativen Kapitalkontos durch Entnahmen – einer Einlagenminderung – dem Kommanditisten der Betrag diese Einlagenminderung als Gewinn zuzurechnen ist, soweit nicht aufgrund dieser Entnahmen eine Haftung nach § 171 Abs. 1 HGB i. S. d. § 15a Abs. 1 Satz 2 EStG[5] besteht oder entsteht. 1571

BEISPIEL: A, Kommanditist der X-GmbH & Co. KG, hat seine Kommanditeinlage von 100 000 € voll eingezahlt. Zum 31. 12. 01 hat sich ein negatives Kapitalkonto von 10 000 € ergeben, der verrechenbare Verlust wurde auf 10 000 € festgestellt.

Im Laufe des Jahres 02 entnimmt A 75 000 €. Am Verlust des Jahres 02 ist A mit 30 000 € beteiligt. Danach ergibt sich zum 31. 12. 02 folgendes Kapitalkonto:

Vortrag 1. 1. 02	./. 10 000 €
Entnahme	75 000 €
Verlustanteil 02	30 000 €
Stand 31. 12. 02	./. 115 000 €

Der Verlustanteil 02 führt zu einer Erhöhung des negativen Kapitalkontos und ist nach § 15a Abs. 1 Satz 1 EStG nicht abzugs- und ausgleichsfähig. Er erhöht den verrechenbaren Verlust auf nunmehr 40 000 €.

Die das negative Kapitalkonto erhöhende Entnahme führt nach den unter Rn. 1541 dargestellten Grundsätzen zu einem Wiederaufleben der Außenhaftung nach § 171 Abs. 1 HGB. Damit

1 BFH 26. 1. 1995 IV R 23/93, BStBl 1995 II 467.
2 BFH 16. 5. 2002 IV R 58/00, BStBl 2002 II 748.
3 Vom 19. 12. 2008, BGBl 2008 I 2794.
4 Vgl. dazu Rn. 1597 ff.
5 Vgl. dazu Rn. 1531.

ist es nach wie vor gerechtfertigt, dass Verluste aus der Beteiligung des A i. H. v. insgesamt 100 000 € ausgleichs- und abzugsfähig behandelt wurden.

1572 Eine andere Beurteilung greift dann ein, wenn und soweit sich durch spätere Entnahmen die bisherige Ausgleichs- und Abzugsfähigkeit des Verlustes nach den Grundsätzen des § 15a Abs. 1 EStG nachträglich nicht mehr rechtfertigen lässt.

BEISPIEL: Abwandlung des Beispiels in vorstehender Rn. 1571 dahin gehend, dass A lediglich eine Einlage von 50 000 € auf seine Kommanditeinlage geleistet hat. Im Hinblick auf die bestehende Außenhaftung wurde dementsprechend für die Jahre bis einschließlich 01 ein Verlust i. H. v. 100 000 € als ausgleichs- und abzugsfähig behandelt und der verrechenbare Verlust auf 10 000 € festgestellt. Zum 31. 12. 01 wird dementsprechend ein negatives Kapitalkonto von 60 000 € ausgewiesen

Vortrag 1. 1. 02	./. 60 000 €
Entnahme	75 000 €
Verlustanteil 02	30 000 €
Stand 31. 12. 02	./. 165 000 €

Durch die Entnahme wird bewirkt, dass A insgesamt seine Einlage nicht erbracht hat, insoweit also eine Außenhaftung i. S. d. § 171 Abs. 1 HGB entsteht. Darüber hinaus hat A der KG Mittel i. H. v. 25 000 € entnommen, so dass ihm insoweit ein Gewinn nach § 15a Abs. 3 Satz 1 EStG zuzurechnen ist. Um diesen Betrag erhöht sich der verrechenbare Verlust.

1573 Die Regelung in § 15 Abs. 3 Satz 1 EStG ist auch dann zu beachten, wenn die Pflichteinlage die in das Handelsregister eingetragene Hafteinlage überschreitet.

BEISPIEL: A hat in 01 als Kommanditist der X-GmbH & Co. KG über die in das Handelsregister eingetragene Hafteinlage von 100 000 € hinaus eine weitere Einlage von 150 000 € geleistet. Er ist am Verlust für 01 mit 250 000 € beteiligt, der gem. § 15a Abs. 1 Satz 1 EStG in vollem Umfang ausgleichs- und abzugsfähig ist. In 02 entnimmt A insgesamt 200 000 €. Sein Anteil am Verlust 02 beträgt 40 000 €. Danach ergibt sich folgendes Kapitalkonto:

Einlagen 01	250 000 €
Verlust 01	250 000 €
Stand 31. 12. 01/Vortrag 1. 1. 02	0 €
Entnahme	200 000 €
Verlustanteil 02	40 000 €
Stand 31. 12. 02	./. 240 000 €

Der Verlust 02 führt zur Entstehung/Erhöhung eines negativen Kapitalkontos und ist insgesamt nur nach § 15a Abs. 2 EStG verrechenbar. Aufgrund der Entnahme von 200 000 € hat A im Ergebnis lediglich eine Einlage von 50 000 € erbracht. Dies hat zum Wiederaufleben einer Außenhaftung i. S. d. § 171 Abs. 1 HGB von 50 000 € geführt. Dementsprechend führt die Entnahme gem. § 15 Abs. 3 Satz 1 EStG zu einer Gewinnhinzurechnung von 150 000 €,[1] so dass sich zum 31. 12. 02 ein verrechenbarer Verlust von insgesamt 190 000 € ergibt.

1574 Die Hinzurechnung nach § 15a Abs. 3 Satz 1 EStG wird durch den nachfolgenden Satz 2 auf den Betrag der Anteile am Verlust der KG beschränkt, der im Wirtschaftsjahr der Einlagenminderung und in den zehn vorangegangenen Wirtschaftsjahren ausgleichs- und abzugsfähig gewesen ist. Nach dem Urteil des BFH vom 20. 3. 2003[2] sind in Abwei-

1 BFH 6. 3. 2008 IV R 35/07, BStBl 2008 II 676.

2 IV R 42/00, BStBl 2003 II 798.

chung von der Wortfassung des § 15a Abs. 3 Satz 1 EStG die bisher ausgleichsfähigen Verlustanteile zuvor mit den Gewinnanteilen zu saldieren, mit denen sie hätten verrechnet werden können, wenn sie mangels eines ausreichenden Kapitalkontos nicht ausgleichsfähig, sondern lediglich verrechenbar i. S. d. § 15a Abs. 2 EStG gewesen wären. Der BFH rechtfertigt dies unter Hinweis auf die Gesetzesbegründung[1] damit, dass durch die Regelung des § 15a Abs. 3 EStG Umgehungsmöglichkeiten entgegengewirkt werden soll, die darin bestehen könnten, dass durch die kurzfristig in der Gesellschaft belassenen Einlagen nicht gerechtfertigte Verlustverrechnungsmöglichkeiten geschaffen werden. Es soll danach das Ergebnis herbeigeführt werden, dass sich ergeben haben würde, wenn von vornherein eine geringere Einlage geleistet worden wäre und der Verlustanteil im Entstehungsjahr nicht ausgleichsfähig, sondern lediglich verrechenbar gewesen wäre.[2] Die Notwendigkeit für eine Korrektur entfällt in einem derartigen Fall aber dann und insoweit, als sich ein verrechenbarer Verlust ergeben haben würde, der mit Gewinnanteilen nachfolgender Jahre hätte verrechnet werden können; insoweit trägt der Kommanditist entsprechend der Grundkonzeption des § 15a EStG die ihm zugerechneten Verlustanteile tatsächlich.

BEISPIEL: A hat als Kommanditist der X-GmbH & Co. KG eine Kommanditeinlage von 100 000 € übernommen, die er auch vereinbarungsgemäß in 01 erbracht hat. Sein Anteil am Verlust 01 beträgt 200 000 €. Für die Jahre 02 – 05 werden ihm Gewinnanteile von insgesamt 500 000 € gutgeschrieben, von denen er 300 000 € vereinbarungsgemäß entnimmt. Im Januar 06 entnimmt er einen Betrag von 400 000 €. Für 06 wird ihm

(1) ein Verlustanteil von 150 000 €,

(2) ein Gewinnanteil von 100 000 €

zugewiesen.

Danach entwickelt sich das Kapitalkonto von A wie folgt:

Einlage 01	100 000 €
./. Verlustanteil 01	200 000 €
31. 12. 01	./. 100 000 €
+ Gewinnanteile 02–05	500 000 €
./. Entnahmen 02–05	300 000€
31. 12. 05	100 000 €
./. Entnahme Januar 06	./. 400 000 €
Saldo Ende 06	/. 300 000 €

Der Verlust des Jahres 01 ist i. H. v. 100 000 € ausgleichs- und abzugsfähig. Der weitere Betrag von 100 000 € führt zu einem verrechenbaren Verlust, der mit den Gewinnanteilen der nachfolgenden Jahre verrechenbar ist. Danach unterliegt A für die Jahre 02–05 mit Gewinnanteilen i. H. v. insgesamt 400 000 € der Besteuerung.

Die Entnahme Anfang 06 führt zu einem negativen Kapitalkonto von 300 000 €. Nach Abzug des für 01 ausgleichsfähigen Verlustes von 100 000 € verbleibt ein Betrag von 200 000 €. Danach liegt grundsätzlich ein Anwendungsfall des § 15a Abs. 3 Satz 1 EStG vor. Von den Gewinnanteilen von 500 000 € sind nach Berücksichtigung des verrechenbaren Verlustes aus 01 von 100 000 € bei A insgesamt 400 000 € besteuert worden. Geht man entsprechend der vom BFH

1 BT-Drucks. 8/3648, 17.

2 So auch *Wacker* in Schmidt, EStG § 15a Rz. 150; *v. Beckerath* in Kirchhof/Söhn/Mellinghoff, § 15a Rdnr. D 29.

aufgestellten Fiktion davon aus, dass der Verlust des Jahres 01 nur verrechenbar gewesen wäre, hätte dieser vollumfänglich mit diesen Gewinnen verrechnet werden können. Damit stellt sich die Frage einer Hinzurechnung nach § 15a Abs. 3 Satz 1 EStG nicht.

(1) Der Anteil am Verlust 06 führt zu einer weiteren Erhöhung des negativen Kapitalkontos, so dass er nach § 15a Abs. 1 Satz 1 EStG nicht ausgleichs- und abzugsfähig ist. Zu berücksichtigen ist weiter, dass durch die vorangegangene Entnahme die Haftung des A gem. § 171 Abs. 1 HGB i. H. v. 100 000 € wieder aufgelebt ist, so dass ein Teilbetrag des Verlustes gem. § 15a Abs. 1 Satz 2 EStG ausgleichs- und abzugsfähig ist und lediglich hinsichtlich des verbleibenden Betrags von 50 000 € ein verrechenbarer Verlust entsteht.

(2) Der Gewinnanteil unterliegt in vollem Umfang der Besteuerung, da kein verrechenbarer Verlust mehr zu berücksichtigen ist.

1575 A hat die ihm zustehenden Gewinne aus einer Beteiligung an der X-GmbH & Co. KG nach Saldierung mit den ihm zugerechneten Verlusten vereinnahmt. Besteuert wurden bei ihm im Ergebnis ebenfalls nur die um die Verluste gekürzte Summe der Gewinne. Ein Überhang von steuerlich berücksichtigten Verlusten hat sich insoweit nicht ergeben. Damit wird deutlich, dass eine wie auch immer geartete Umgehung der Regelung des § 15a Abs. 1 EStG nicht vorliegt.

1576 Eine andere Beurteilung greift danach nur in den Fällen ein, in denen – wie vorstehend in Rn. 1571 – 1573 – in der Zwischenzeit keine Gewinne erzielt wurden, mit denen die zugerechneten Verluste nach den vorstehend dargestellten Grundsätzen verrechnet werden können. Die dabei zu beachtende Beschränkung auf die Höhe der im Jahr der Einlagenminderung und in den zehn vorangegangenen Wirtschaftsjahren als ausgleichs- und abzugsfähig behandelten Verluste erfolgte aus praktischen Erwägungen.

1577 In § 52 Abs. 33 EStG wurde es zugelassen, entstandene Verluste infolge der Inanspruchnahme der Sonderabschreibungen für Seeschiffe nach § 82f EStDV abweichend von § 15a Abs. 1 EStG auch insoweit als ausgleichs- und abzugsfähig zu behandeln, als sie einen bestimmten Umfang nicht überschritten. Zu den sich in einem derartigen Fall ergebenden Folgen bei einer Einlagenminderung i. S. d. § 15a Abs. 3 EStG hat der BFH mit Urteil vom 13. 7. 2006,[1] Stellung genommen. Auch in diesen Fällen ist die Zurechnung gem. § 15a Abs. 3 Satz 1 EStG auf den Entnahmebetrag zu beschränken.

1578 Maßgebend für die Anwendung des § 15a Abs. 3 EStG ist das nach den in Rn. 1521 ff. dargestellten Grundsätzen ermittelte Kapitalkonto. Dementsprechend bleibt das Sonderbetriebsvermögen unberücksichtigt. Entnahmen aus dem Sonderbetriebsvermögen und Einlagen in das Sonderbetriebsvermögen beeinflussen deswegen die Anwendung der Grundsätze des § 15a Abs. 3 EStG nicht. Daraus wird deutlich, dass es auch unter diesem Gesichtspunkt von Bedeutung ist, ob ein für einen Kommanditisten unter der Bezeichnung „Darlehenskonto" geführtes Konto Bestandteil seines Kapitalkontos ist oder aber eine Verbindlichkeit der KG darstellt, die vom Kommanditisten als Forderung im Sonderbetriebsvermögen auszuweisen ist. Vergütungen i. S. d. § 15 Abs. 1 Satz 1 Nr. 2 EStG führen dementsprechend grundsätzlich zu keinen Entnahmen aus dem Gesellschaftsvermögen.[2] Dies gilt allerdings nur insoweit, als sie angemessen sind, d. h.

1 IV R 67/04, BStBl 2006 II 878.

2 Vgl. dazu im Einzelnen Rn. 1563.

einem Fremdvergleich standhalten. In Höhe des danach als unangemessen anzusehenden Teils liegen hingegen Entnahmen vor.[1]

Sieht man von dem in Rn. 724 behandelten Sonderfall der Überführung eines Wirtschaftsguts aus dem Betriebsvermögen in des Privatvermögen der KG ab, sind Entnahmen Minderungen des Gesellschaftsvermögens, die zum Übergang von Vermögenswerten oder entsprechenden Vorteilen in das Vermögen des Kommanditisten führen, ohne dass der KG dafür ein Gegenwert zu gewähren ist. Es handelt sich danach nicht nur um Abgaben aus dem Vermögen der KG, dem Gesamthandsvermögen der Gesellschaft, in das Privatvermögen des Kommanditisten, sondern auch in ein anderes Betriebsvermögen des Kommanditisten. Dabei ist es unerheblich, ob z. B. ein Wirtschaftsgut aus dem Vermögen der KG in das Sonderbetriebsvermögen des Kommanditisten bei der KG oder aber ein anderes Betriebsvermögen des Kommanditisten unter Verzicht auf die Aufdeckung der stillen Reserven nach § 6 Abs. 5 EStG[2] überführt wird. Wesentlich ist, dass ein Vermögensübergang von der KG auf den Kommanditisten erfolgt. Dementsprechend sind als Einlagen in das Vermögen der KG nicht nur die Überführung von Vermögenswerten aus dem Privatvermögen, sondern auch aus einem anderen Betriebsvermögen des Kommanditisten in das Vermögen der KG zu berücksichtigen. 1579

Entnahmen und Einlagen innerhalb desselben Wirtschaftsjahres sind zu saldieren. In nachfolgenden Wirtschaftsjahren erbrachte Einlagen berühren die Rechtsfolgen des § 15a Abs. 3 Satz 1 EStG nicht.[3] 1580

(Einstweilen frei) 1581–1585

10. Haftungsminderung

Eine weitere Möglichkeit der Umgehung der Regelungen des § 15a Abs. 1 EStG hat der Gesetzgeber darin gesehen, dass die Kommanditeinlage zunächst nicht voll eingezahlt wird, nach Berücksichtigung eines Verlustes bis zu deren Höhe die Kommanditeinlage auf den tatsächlich erbrachten Betrag herabgesetzt und damit der Kommanditist aus seiner Außenhaftung entlassen wird. 1586

BEISPIEL: C übernimmt bei der in 09 gegründeten Y-GmbH & Co. KG eine Kommanditeinlage von 100 000 €, auf die er in 09 vereinbarungsgemäß 50 000 € einzahlt. Für 09 entfällt auf ihn ein Anteil am Verlust der KG i. H. v. 110 000 €. Für ihn ergibt sich damit zum 31. 12. 09 ein negatives Kapitalkonto von 60 000 €. Für 09 ist gem. § 15a Abs. 1 EStG ein Verlust von 100 000 € ausgleichs- und abzugsfähig, so dass ein verrechenbarer Verlust i. S. d. § 15a Abs. 2 EStG i. H. v. 10 000 € verbleibt.

In 10 wird die Kommanditeinlage des C wirksam[4] auf 50 000 € herabgesetzt. Damit entfallen seine Einzahlungsverpflichtungen und grundsätzlich auch seine Außenhaftung. Tatsächlich ist C aus diesem Grund auch nicht in Anspruch genommen worden. Sein negatives Kapitalkonto i. H. v. 60 000 € wird dadurch nicht berührt. Für 10 ergibt sich für C ein weiterer Verlustanteil von 20 000 €.

1 Rn. 1342; vgl. auch *Wacker* in Schmidt, EStG § 15a Rz. 154.
2 Vgl. dazu Rn. 1146 ff.
3 BFH 14. 12. 1995 IV R 106/94, BStBl 1996 II 226; vgl. auch nachfolgend Rn. 1596 ff.
4 Vgl. dazu § 174 i. V. m. § 15 HGB.

In § 15a Abs. 3 Satz 3 EStG wird für derartige Fälle bestimmt, dass bei Verlusten, die im Wirtschaftsjahr der Herabsetzung des Haftungsbetrages – der Haftungsminderung – und in den zehn vorangegangenen Wirtschaftsjahren ausgleichs- oder abzugsfähig gewesen sind, dem Kommanditisten der Betrag der Haftungsminderung vermindert um aufgrund der Haftung tatsächlich geleistete Beträge als Gewinn zuzurechnen sind. Danach ist C für 10 ein Gewinn von 50 000 € zuzurechnen, der den verrechenbaren Verlust erhöht. Der Verlust des Jahres 10 erhöht das negative Kapitalkonto und ist deswegen ebenfalls nur verrechenbar, so dass sich zum 31. 12. 10 ein verrechenbarer Verlust von insgesamt 80 000 € ergibt. Damit wird das Ergebnis herbeigeführt, das sich ergeben haben würde, wenn sich C von vornherein nur mit einer Kommanditeinlage von 50 000 € beteiligt hätte.

1587 Die Haftungsminderung wirkt nach § 174 HGB nicht gegenüber den Gläubigern, deren Forderungen vor der Eintragung der Herabsetzung der Kommanditbeteiligung begründet wurden.[1] Wird der Gesellschafter von derartigen Gesellschaftsgläubigern – Altgläubigern – in Anspruch genommen, tritt tatsächlich keine Haftungsminderung ein. Damit ist die Berücksichtigung von Verlusten in diesem Umfang gerechtfertigt, der Kommanditist hat insoweit Verluste tatsächlich getragen. Im Übrigen gelten die Ausführungen zur Einlagenminderung in Rn. 1571 entsprechend.

1588 Keine Haftungsminderung liegt vor, wenn die Kommanditeinlage nach zunächst vollständiger Leistung herabgesetzt wird.

BEISPIEL: Abwandlung des Beispiels in Rn. 1586 dahin gehend, dass C die Einlage in 09 in vollem Umfang erbracht hat. In 10 wird die Kommanditeinlage wirksam auf 50 000 € herabgesetzt.

Danach ist für 09 ein Verlust i. H. v. 100 000 € gem. § 15a Abs. 1 Satz 1 EStG ausgleichs- und abzugsfähig. Der verrechenbare Verlust und das negative Kapitalkonto betragen zum 31. 12. 09 jeweils 10 000 €. Die Herabsetzung der Kommanditeinlage in 09 beeinflusst für sich allein die Höhe des Kapitalkontos nicht. Der Verlust 10 führt zu einer Erhöhung des negativen Kapitalkontos, so dass sich zum 31. 12. 10 ein verrechenbarer Verlust von 30 000 € ergibt.

1589 Würde C hingegen aufgrund der Herabsetzung der Kommanditeinlage der Betrag von 50 000 € zurückgezahlt, läge eine Einlagenminderungen i. S. d. § 15a Abs. 3 Satz 1 EStG vor. Infolge der vorangegangenen Herabsetzung der Kommanditeinlage entsteht durch die Rückzahlung der Einlage keine Außenhaftung i. S. d. § 171 Abs. 1 HGB. C ist deswegen nach den unter Rn. 1571 ff. dargestellten Grundsätzen ein Gewinn von 50 000 € zuzurechnen, der zu einer entsprechenden Erhöhung des verrechenbaren Verlustes führt. Unter Einbeziehung der sich für 10 ergebenden steuerlichen Folgen ist danach bei C saldiert ein Verlust von 50 000 € als ausgleichs- und abzugsfähig behandelt worden, der sich auch ergeben haben würde, wenn C sich von vornherein nur mit einer Kommanditeinlage von 50 000 € beteiligt hätte.

1590–1595 *(Einstweilen frei)*

1 BT-Drucks. 8/4157; *Wacker* in Schmidt, EStG § 15a Rz. 168.

11. Erhöhung der Einlage oder der Haftung

Gleicht ein Kommanditist sein negatives Kapitalkonto durch eine Einlage aus, stellt sich die Frage, ob dadurch erreicht werden kann, dass zuvor nur verrechenbare Verluste die Qualität eines ausgleichs- und abzugsfähigen Verlustes erhalten. Die Vorschrift des § 15a EStG enthielt zunächst keine ausdrückliche Regelung dazu. Der BFH geht gegen einen Teil des Schrifttums davon aus, dass mangels einer ausdrücklichen gesetzlichen Regelung verrechenbare Verluste durch die Leistung von Einlagen nicht in ausgleichs- und abzugsfähige Verluste umgewandelt werden können.[1] Unter Hinweis auf die Gesetzesmaterialien[2] wird dargelegt, dass insoweit keine planwidrige Gesetzeslücke vorliege, die durch die analoge Anwendung des § 15a Abs. 3 EStG zu schließen sei. Im Schrifttum wird die Auffassung vertreten, dass dies gleichwohl in entsprechender Anwendung der Grundsätze des § 15a Abs. 3 EStG zugelassen werden müsse.[3] 1596

Unstreitig ist, dass die Einlagen dazu führen, dass ein vorhandenes negatives Kapitalkonto zurückgeführt wird und damit anfallende weitere Verluste in diesem Wirtschaftsjahr insoweit nicht zur Erhöhung des bereits vorhandenen negativen Kapitalkontos führen und in diesem Umfange nach § 15a Abs. 1 Satz 1 EStG ausgleichs- und abzugsfähig sind.[4] 1597

BEISPIEL: A ist an der X-KG mit einer Hafteinlage von 100 000 € beteiligt, die er auch voll erbracht hat. Nach dem Stand vom 31. 12. 03 hat sich für ihn infolge der Zurechnung von Verlusten ein negatives Kapitalkonto von 100 000 € und damit auch ein verrechenbarer Verlust in dieser Höhe ergeben. Aufgrund eines Gesellschafterbeschlusses vom 20. 12. 03 leistet A am 10. 1. 04 eine weitere Einlage i. H. v. 100 000 €, ohne dass damit eine Erhöhung der Hafteinlage verbunden wäre. Für 04 und 05 ergibt sich für A ein Verlustanteil von jeweils 40 000 €.

Aus den in Rn. 1522 dargestellten Gründen kann die Einlage erst im Zeitpunkt der Leistung und nicht bereits zum Zeitpunkt der Begründung der Einlageverpflichtung berücksichtigt werden. Danach ergibt sich folgende Entwicklung des Kapitalkontos:

Stand 31. 12. 03/Vortrag 1. 1. 04	./. 100 000 €
Einlage 04	100 000 €
Verlust 04	40 000 €
Stand 31. 12. 04/Vortrag 1. 1. 05	./. 40 000 €
Verlust 05	40 000 €
Stand 31. 12. 05	./. 80 000 €

Die Einlage in 04 führt dazu, dass das negative Kapitalkonto ausgeglichen wird. Der Verlust 04 erhöht danach nicht das zum Beginn des Jahres bestehende negative Kapitalkonto und ist deswegen nach § 15a Abs. 1 Satz 1 EStG ausgleichs- und abzugsfähig, wie sich nunmehr ausdrücklich aus § 15a Abs. 1a EStG ergibt. Der verrechenbare Verlust beträgt danach zum 31. 12. 04 unverändert 100 000 €. Nach der Auffassung der FinVerw[5] war dann weiter davon auszugehen, dass das sich danach zum 31. 12. 04 er-

1 14. 12. 1995 IV R 106/94, BStBl 1996 II 226.
2 BT-Drucks. 8/1457, 3.
3 *Sieker*, FR 1988, 453; *Groh*, DB 1990, 13; *Knobbe-Keuk*, Bilanz- und Unternehmenssteuerrecht, 381 f.
4 BFH 10. 6. 1999 IV B 126/98, BFH/NV 1999, 1461.
5 Vgl. z. B. OFD Frankfurt/Main 17. 1. 2002, StuB 2002, 445.

gebende negative Kapitalkonto durch den Verlust 05 weiter erhöht wird, der damit lediglich nach § 15a Abs. 2 EStG verrechenbar ist, so dass sich zum 31. 12. 05 ein verrechenbarer Verlust von 140 000 € ergibt. Dies führte dazu, dass bei Einlagen von insgesamt 200 000 € Verluste i. H. v. nur 140 000 € nach § 15a Abs. 1 Satz 1 ausgeglichen und abgezogen werden konnten.

1598 Der BFH hält das vorstehend dargestellte Ergebnis in seinen Urteilen vom 14. 10. 2003,[1] vom 26. 6. 2007[2] und vom 20. 9. 2007[3] nicht mit Sinn und Zweck der Regelungen des § 15a EStG für vereinbar. Er gelangt unter Bezugnahme auf die von der Rechtsprechung entwickelten Grundsätze[4] zu der Auffassung, dass die Vorschrift des § 15a Abs. 1 Satz 1 EStG für diese Fallkonstellation teleologisch zu reduzieren und die dadurch entstehende (verdeckte) Regelungslücke im Wege eines Analogieschlusses entsprechend dem Regelungsplan und der Entstehungsgeschichte des § 15a EStG zu schließen sei. Danach führt eine Einlage, soweit sie im Jahr ihrer Leistung nicht durch Verluste verbraucht wird und nur insoweit zu ausgleichsfähigen Verlusten führt, zum Ausgleich von Verlusten, soweit sie in nachfolgenden Jahren zu einem negativen Kapitalkonto führt. Daraus ergeben sich in dem vorstehend in Rn. 1557 dargestellten Beispiel folgende Konsequenzen:

BEISPIEL: Die in 04 geleistete Einlage von 100 000 € hat für 04 zu einem ausgleichs- und abzugsfähigen Verlustanteil von 40 000 € geführt, so dass für einen Ausgleich mit Verlusten nachfolgender Jahre noch ein Teilbetrag der Einlage von 60 000 € zur Verfügung steht. Dementsprechend ist auch der Verlustanteil des Jahres 05 ausgleichs- und abzugsfähig. Danach verbleibt aus der in 04 geleisteten Einlage noch ein Teilbetrag von 20 000 €, der dazu führt, dass Verlustanteile der nachfolgenden Jahre zumindest in diesem Umfang ausgleichs- und abzugsfähig sind.

Es wird danach erreicht, dass Verluste bis zur Höhe der vom Kommanditisten geleisteten Einlagen zumindest insoweit steuerlich berücksichtigungsfähig sind, als eine Verrechnung mit Verlusten in den der Leistung folgenden Wirtschaftsjahren möglich ist. Die FinVerw folgt nunmehr nach dem vorhergehenden Nichtanwendungsschreiben des BMF vom 14. 4. 2004[5] mit dem BMF-Schreiben vom 19. 11. 2007[6] der Auffassung des BFH. Weitergehende Hinweise zur praktischen Durchführung enthält dieses Schreiben nicht.

1599 Dieser Rechtsauffassung wurde durch die mit der durch das JStG 2009[7] eingefügten Regelung des § 15a Abs. 1a EStG die Grundlage entzogen. Danach führen nach dem 24. 12. 2008 geleistete nachträgliche Einlagen[8] weder zu einer nachträglichen Ausgleichs- oder Abzugsfähigkeit eines vorhandenen verrechenbaren Verlustes noch zu einer Ausgleichs- oder Abzugsfähigkeit des dem Kommanditisten zuzurechnenden Anteils am Verlust eines zukünftigen Wirtschaftsjahres, soweit durch den Verlust ein ne-

1 VIII R 32/01, BStBl 2004 II 359.

2 IV R 2806, BStBl 2007 II 934.

3 IV R 10/07, BStBl 2008 II 118.

4 BVerfG 7. 4. 1997 1 BvL 11/96, NJW 1997, 2230; 30. 3. 1993 1 BvR 1045/89, 1 BvR 1381/90, 1 BvL 11/90, BVerfGE 88, 145, 166; BFH 30. 3. 1993 VIII R 44/90, BFH/NV 1993, 597; 17. 2. 1994 VIII R 30/92, BStBl II 1994, 938, 940; 28. 10. 1983 III R 129/79, BStBl II 1984, 91, 93.

5 BStBl 2004 I 463.

6 IV B 2 – S 2241-a/07/0004, BStBl 2007 I 823.

7 Vom 19. 12. 2008, BGBl 2008 I 2794.

8 § 52 Abs. 33 Satz 6 EStG.

gatives Kapitalkonto des Kommanditisten entsteht oder sich erhöht. Die Einschränkung bezieht sich danach auf Einlagen, die nach Ablauf eines Wirtschaftsjahres geleistet werden, in dem ein nicht ausgleichs- oder abzugsfähiger Verlust i. S. d. § 15a Abs. 1 EStG entstanden oder ein Gewinn i. S. d. § 15a Abs. 3 Satz 1 EStG zugerechnet worden ist. § 15a Abs. 2 und 5 EStG wurden entsprechend angepasst. Ferner wurde in § 15a Abs. 2 EStG ergänzend bestimmt, dass der verrechenbare Verlust, der nach Abzug von einem Veräußerungs- oder Aufgabegewinn verbleibt, im Zeitpunkt der Veräußerung oder Aufgabe des gesamten Mitunternehmeranteils oder der Betriebsveräußerung oder -aufgabe bis zur Höhe der nachträglichen Einlagen i. S. d. § 15a Abs. 1a EStG ausgleichs- oder abzugsfähig ist. Danach wurde mit Wirkung für nach dem 24. 12. 2008 geleistete Einlagen die Rechtslage hergestellt, die die in der Vergangenheit von der FinVerw als zutreffend angesehenen Rechtsfolgen[1] nunmehr rechtfertigt. Die Rechtmäßigkeit dieser Regelung wird angezweifelt.[2]

Vor dem 25. 12. 2008 erbrachte Einlagen führen danach in nach dem 24. 12. 2008 en- 1600
denden Wirtschaftsjahren unter den in Rn. 1598 dargestellten Voraussetzungen zu ausgleichs- und abzugsfähigen Verlusten, obwohl sie zu einem negativen Kapitalkonto führten oder es erhöhten. Das dort gebildete Beispiel macht deutlich, dass die zutreffende Berücksichtigung der Einlage nur durch sachgerechte Maßnahmen sichergestellt werden kann. Angesichts des eindeutigen Wortlauts des § 15a Abs. 4 EStG[3] ist es nicht möglich, auch diesen Sachverhalt in das danach vorgesehene Feststellungsverfahren einzubeziehen. Der BFH hält es deswegen für sachgerecht, insoweit einen fortzuschreibenden Korrekturposten zu bilden, der jedoch lediglich den Charakter eines Merkpostens hat, dem verfahrensrechtlich keine bindende Wirkung für die Besteuerungsverfahren der einzelnen Jahre zukommt.

In diesem Zusammenhang stellt sich die Frage, wie mit einem Korrekturposten im vor- 1601
stehenden Sinne zu verfahren ist, wenn das negative Kapitalkonto zwischenzeitlich durch Gewinne zurückgeführt wird und sich in nachfolgenden Jahren wieder ein negatives Kapitalkonto ergibt.

BEISPIEL: A beteiligt sich Anfang 01 an der X-GmbH & Co. KG mit einer Kommanditeinlage von 100 000 €, die er in diesem Jahr leistet. Wegen des sich abzeichnenden Verlustes verpflichtet er sich Ende 01, eine weitere Einlage von 100 000 € zu erbringen, ohne dass die Kommanditeinlage erhöht wird. Tatsächlich wird diese Einlage erst Anfang 02 geleistet. Es ergeben sich folgende Anteile des A am Ergebnis der X-GmbH & Co. KG:

01	./. 200 000 €,
02	40 000 €,
03	/. 80 000 €,
04	./. 50 000 €.

Weitere Entnahmen und Einlagen erfolgten nicht. Die Anfang 02 aufgrund der noch in 2001 eingegangenen Verpflichtung geleistete Einlage wirkt nicht nach 01 zurück.[4] Danach ergibt sich folgende Entwicklung des Kapitalkontos von A:

1 Vgl. Rn. 1597.
2 *Wacker* in Schmidt § 15a EStG Rz. 184, m. w. N.
3 Vgl. Rn. 1661 ff.
4 Vgl. BFH 18. 12. 2003 IV B 201/03, BStBl 2004 II 231 sowie Rn. 1522 ff.

	€
Einlage 01	100 000
./. Verlustanteil 01	200 000
31. 12. 01	./. 100 000
+ Einlage 02	100 000
+ Gewinnanteil 02	40 000
31. 12. 02	40 000
./. Verlustanteil 03	80 000
31. 12. 03	./. 40 000
./. Verlustanteil 04	50 000
31. 12. 04	./. 90 000

Danach ist der Verlust 01 i. H. v. 100 000 € gem. § 15a Abs. 1 Satz 1 ausgleichs- und abzugsfähig. Weiter ergibt sich zum 31. 12. 01 ein verrechenbarer Verlust von 100 000 €. Der Gewinn des Jahres von 40 000 € mindert den verrechenbaren Verlust, der zum 31. 12. 02 auf 60 000 € festzustellen ist. Der Gewinnanteil 02 unterliegt damit bei A nicht der Besteuerung. Der positive Bestand des Kapitalkontos zum 31. 12. 02 ist im Ergebnis i. H. v. 40 000 € auf die zuvor erfolgte Einlage zurückzuführen. Es steht damit insoweit zur Verrechnung mit Verlusten nachfolgender Wirtschaftsjahre zur Verfügung. Dementsprechend ist ein Korrekturposten i. S. d. Urteils des BFH vom 14. 10. 2003[1] zum 31. 12. 02 i. H. v. 60 000 € zu bilden. Der Verlust 03 führt zu einem negativen Kapitalkonto i. H. v. 40 000 €. Er ist damit i. H. v. 40 000 € gem. § 15a Abs. 1 Satz 1 EStG ausgleichs- und abzugsfähig. Um diesen Betrag ist der Korrekturposten zu kürzen, der danach zum 31. 12. 03 noch 20 000 € beträgt. Bei A ist danach der Verlust 03 i. H. v. 80 000 € ausgleichs- und abzugsfähig. Der verrechenbare Verlust ist unverändert auf 60 000 € festzusetzen. Durch den Verlust 04 wird das negative Kapitalkonto erhöht. In Höhe des Auflösungsauftrags des Korrekturpostens von 20 000 € bezieht A danach einen ausgleichs- und abzugsfähigen Verlustanteil. Der verbleibende Teil des Verlusts von 30 000 € ist nur verrechenbar, so dass der verrechenbare Verlust zum 31. 12. 04 auf 90 000 € festzustellen ist.

Danach ist als Ergebnis festzuhalten, dass den von A geleisteten Einlagen von 200 000 € steuerlich wirksam gewordene Verluste i. H. v. 200 000 € gegenüberstehen, der in 02 erzielte Gewinn infolge Verrechnung mit dem verrechenbaren Verlust i. H. v. 40 000 € unbesteuert blieb und ein verrechenbarer Verlust von 90 000 € verbleibt; dies entspricht der Summe der A gesellschaftsrechtlich zugerechneten Verluste.

1602 Weiter stellt sich dann die Frage, welche Konsequenzen sich auf den Korrekturposten i. S. d. Urteils des BFH vom 14. 10. 2003[2] ergeben, wenn zu einem späteren Zeitpunkt Entnahmen erfolgen. Geht man davon aus, dass Entnahmen und Einlagen innerhalb eines Wirtschaftsjahres im Ergebnis saldiert werden, beschränkt sich dieses Problem auf die Fälle, in denen Entnahmen in späteren Wirtschaftsjahren erfolgen.

BEISPIEL: A beteiligt sich Anfang 01 an der X-GmbH & Co. KG mit einer Kommanditeinlage von 100 000 €, die er in diesem Jahr leistet. Wegen des sich abzeichnenden Verlustes verpflichtet er sich Ende 01 eine weitere Einlage von 100 000 € zu erbringen, ohne dass die Kommanditeinlage erhöht wird. Tatsächlich wird diese Einlage erst Anfang 02 geleistet. Es ergeben sich folgende Anteile des A am Ergebnis der X-GmbH & Co. KG:

1 VIII R 32/01, BStBl 2004 II 359.
2 VIII R 32/01, BStBl 2004 II 359.

01	./. 200 000 €,
02	40 000 €,
03	80 000 €,
04	50 000 €,
05	80 000 €.

Soweit die Gewinne nicht zur Auffüllung des Kapitalkontos bis zur Höhe der Kommanditeinlage benötigt werden, werden sie dem Darlehenskonto des A bei der X-GmbH & Co. KG gutgeschrieben. Dabei handelt es sich aus Sicht der Gesellschaft um Fremdkapital. Dieses Darlehenskonto gehört damit nicht zum Kapitalkonto des A i. S. d. § 15a EStG.[1] Zum Ende des Jahres 05 scheidet A aus der Gesellschaft aus. Aus Vereinfachungsgründen wird unterstellt, dass er lediglich Anspruch auf Auszahlung seines Kapitalkontos hat. Auf die Verzinsung des Darlehenskontos wird ebenfalls aus Vereinfachungsgründen verzichtet.

Die Anfang 02 aufgrund der noch in 2001 eingegangenen Verpflichtung geleistete Einlage wirkt nicht nach 01 zurück.[2] Danach ergibt sich folgende Entwicklung des Kapitalkontos von A:

	€
Einlage 01	100 000
./. Verlustanteil 01	200 000
31. 12. 01	./. 100 000
+ Einlage 02	100 000
+ Gewinnanteil 02	40 000
31. 12. 02	40 000
+ Gewinnanteil 03	80 000
./. Umbuchung auf Darlehenskonto	20 000
31. 12. 03	100 000

Die Gewinne der nachfolgenden Jahre werden unmittelbar dem Darlehenskonto gutgeschrieben, so dass das Kapitalkonto unverändert bleibt. Das Darlehenskonto des A hat sich danach wie folgt entwickelt.

	€
Teilbetrag Gewinnanteil 03	20 000
+ Gewinnanteil 04	50 000
+ Gewinnanteil 05	80 000
Stand 31. 12. 05	150 000

Unter Einschluss des Darlehenskontos hat A danach zum 31. 12. 2005 gegenüber der X-GmbH & Co. KG einen Anspruch von 250 000 €.

Folgende Besteuerungsgrundlagen wurden bei A berücksichtigt:

	€
01 Verlust 200 000 € ./. nur verrechenbarer Verlust 100 000 €	./. 100 000
02 Gewinn 40 000 € ./. verrechenbarer Verlust 40 000 €	0
03 Gewinn 80 000 € ./. verrechenbarer Verlust 60 000 €	20 000
04 Gewinn	50 000
05 Gewinn	80 000
Insgesamt erzielte Gewinne	50 000

1 Vgl. dazu Rn. 1503 ff.

2 Vgl. BFH 18. 12. 2003 IV B 201/03, BStBl 2004 II 231 sowie Rn. 1522 ff.

Danach entspricht der Anspruch des A gegenüber X-GmbH & Co. KG zum 31.12.05 i.H.v. insgesamt 250 000 € der Summe der von ihm insgesamt geleistete Einlagen und des Saldos der bei ihm steuerlich berücksichtigten Verlust- und Gewinnanteile.

Daraus wird deutlich, dass dem Korrekturposten bei einer derartigen Sachverhaltskonstellation keine Bedeutung zukommt.

1603 Würde die Einlage im vorstehenden Beispiel in 03 an A wieder zurückgewährt werden, würde dies zu folgender Kapitalkontenentwicklung führen:

BEISPIEL:

	€
31.12.02	40 000
./. Entnahme	100 000
+ Gewinn 03	80 000
31.12.03	20 000
+ Gewinnanteil 04	50 000
31.12.04	70 000
+ Gewinnanteil 05	80 000
Umbuchung Darlehenskonto	50 000
31.12.05	100 000

Die Entnahme in 03 führt saldiert mit dem Gewinnanteil 03 zu keinem negativen Kapitalkonto, so dass keine Einlagenminderung i. S. d. § 15a Abs. 3 EStG vorliegt. Danach ergibt sich steuerlich gegenüber dem vorstehend in Rn. 1602 behandelten Sachverhalt kein abweichendes Ergebnis. Im Zeitpunkt des Ausscheidens hätte A zwar nur einen Anspruch aus dem Darlehenskonto von nur 50 000 €. Dabei ist jedoch zu berücksichtigen, dass ihm bereits in 03 die Einlage von 100 000 € zurückgewährt wurde. Auch für diesen Fall besteht danach keine Notwendigkeit für die Fortführung des Korrekturpostens.

1604 Den vorstehenden Beispielen ist gemeinsam, dass im Zeitpunkt des Ausscheidens des Gesellschafters kein verrechenbarer Verlust mehr vorhanden ist. Es stellt sich die Frage, welche Auswirkungen sich bei einem noch nicht berücksichtigten verrechenbaren Verlust ergeben.

BEISPIEL: A beteiligt sich Anfang 01 an der X-GmbH & Co. KG mit einer Kommanditeinlage von 100 000 €, die er in diesem Jahr leistet. Wegen des sich abzeichnenden Verlustes verpflichtet er sich Ende 01 eine weitere Einlage von 100 000 € zu erbringen, ohne dass die Kommanditeinlage erhöht wird. Tatsächlich wird diese Einlage erst Anfang 02 geleistet. Es ergeben sich folgende Anteile des A am Ergebnis der X-GmbH & Co. KG:

01	./. 200 000 €,
02	40 000 €,
03	10 000 €,
04	./. 10 000 €.

A scheidet zum 31. 12. 04 zum Buchwert aus. Danach ergibt sich Folgendes:

	€
Einlage 01	100 000
./. Verlustanteil 01	200 000
31. 12. 01	./. 100 000
+ Einlage 02	100 000
+ Gewinnanteil 02	40 000
31. 12. 02	40 000
+ Gewinnanteil 03	10 000
31. 12. 03	50 000
./. Verlustanteil 04	10 000
31. 12. 04	40 000

Danach ist der Verlust 01 i. H. v. 100 000 € gem. § 15a Abs. 1 Satz 1 ausgleichs- und abzugsfähig. Weiter ergibt sich zum 31. 12. 01 ein verrechenbarer Verlust von 100 000 €. Der Gewinn des Jahres von 40 000 € mindert den verrechenbaren Verlust, der damit zum 31. 12. 02 auf 60 000 € festzustellen ist. Der Gewinnanteil 02 unterliegt deswegen bei A nicht der Besteuerung. Der positive Bestand des Kapitalkontos zum 31. 12. 02 ist im Ergebnis i. H. v. 40 000 € auf die zuvor erfolgte Einlage zurückzuführen. Es steht damit insoweit zur Verrechnung mit Verlusten nachfolgender Wirtschaftsjahre zur Verfügung. Dementsprechend ist ein Korrekturposten i. S. d. Urteils des BFH vom 14. 10. 2003[1] zum 31. 12. 02 i. H. v. 60 000 € zu bilden. Der Gewinnanteil 03 kürzt den verrechenbaren Verlust, der zum 31. 12. 03 auf 50 000 € festzustellen ist, so dass dieser Gewinnanteil bei A nicht der Besteuerung unterliegt. Der Verlustanteil 04 mindert das danach positiv bleibende Kapitalkonto. Er ist deswegen nach § 15a Abs. 1 Satz 1 EStG ausgleichs- und abzugsfähig.

Bei A haben sich danach aus einer Beteiligung an der X-GmbH & Co. KG folgende Besteuerungsgrundlagen ergeben:

	€
01 Verlust 200 000 € ./. nur verrechenbarer Verlust 100 000 €	./. 100 000
02 Gewinn 40 000 € ./. verrechenbarer Verlust 40 000 €	0
03 Gewinn 10 000 € ./. verrechenbarer Verlust 10 000 €	0
04 Verlust	./. 10 000
Verlust insgesamt	110 000

Dem steht folgender Aufwand des A gegenüber:

Einlagen insgesamt	200 000 €
./. Abfindung Buchwert	40 000 €
Aufwand insgesamt	160 000 €

Der danach bisher nicht berücksichtigte Verlust beträgt 50 000 € und entspricht dem festgestellten verrechenbaren Verlust, der nach den in Rn. 1618 dargestellten Grundsätzen im Zeitpunkt des Ausscheidens zu realisieren ist. Daraus wird zugleich deutlich, dass auch bei dieser Sachverhaltskonstellation dem Korrekturposten i. S. d. Urteils des BFH vom 14. 10. 2003[2] keine Bedeutung zukommt.

1 VIII R 32/01, BStBl 2004 II 359.

2 VIII R 32/01, BStBl 2004 II 359.

1605 Weiter stellt sich dann die Frage, welche Konsequenzen sich in Fällen ergeben, in denen Verlust im Hinblick auf die bestehende Außenhaftung gem. § 15a Abs. 1 Sätze 2 und 3 abzugs- und ausgleichsfähig gewesen sind.

BEISPIEL: A hat sich in 01 an der der X-GmbH & Co. KG als Kommanditist mit einer Hafteinlage von 100 000 € beteiligt, auf der er 50 000 € eingezahlt hat. Am Verlust des Jahres 01 ist er mit 110 000 € beteiligt. Im Laufe des Jahres 02 entnimmt A 75 000 €. Am Verlust des Jahres 02 ist er mit 30 000 € beteiligt. Im Jahr 03 leistet A eine Einlage von 100 000 €. Sein Anteil am Verlust dieses Jahres beträgt 50 000 €. Für 04 ergibt sich für A ein weiterer Verlustanteil von 30 000 €.

Danach hat sich das Kapitalkonto des A wie folgt entwickelt.

	€
Einlage 01	50 000
./. Verlustanteil 01	110 000
31. 12. 01	./. 60 000
./. Entnahme 02	75 000
./. Verlustanteil 02	30 000
31. 12. 02	./. 165 000
+ Einlage 03	100 000
./. Verlustanteil 03	50 000
31. 12. 03	./. 115 000
./. Verlustanteil 04	30 000
31. 12. 04	./. 145 000

Für die Beurteilung ist weiter wesentlich, in welchem Umfang A tatsächlich seiner Einlageverpflichtung nachgekommen ist und dementsprechend u. U. eine Außenhaftung besteht.

	Erbrachte Einlage €	Außenhaftung €
01	50 000	50 000
02 Entnahme 75 000 €	0	100 000
03 Einlage 100 000 €	75 000	25 000
04	75 000	25 000

Der Verlust 01 ist bei A im Hinblick auf die bestehende Außenhaftung gem. § 15a Abs. 1 Satz 2 EStG i. H. v. 100 000 € ausgleichs- und abzugsfähig. Der verrechenbare Verlust wird auf 10 000 € festgestellt.

Der Verlustanteil 02 führt zu einer Erhöhung eines negativen Kapitalkontos und ist nach § 15a Abs. 1 Satz 1 EStG nicht abzugs- und ausgleichsfähig. Er erhöht den verrechenbaren Verlust auf nunmehr 40 000 €. Durch die Entnahme in 02 wird bewirkt, dass A insgesamt seine Einlage nicht erbracht hat, insoweit also eine Außenhaftung i. S. d. § 171 Abs. 1 HGB entsteht. Damit bleibt die Ausgleichs- und Abzugsfähigkeit des Verlustes 01 i. H. v. 100 000 € weiterhin gerechtfertigt. In Höhe der die geleistete Einlage übersteigenden Entnahmen von 25 000 € ist A gem. § 15 Abs. 3 Satz 1 nach den in Rn. 1588 ff. dargestellten Grundsätzen ein Gewinn zuzurechnen. Der verrechenbare Verlust zum 31. 12. 02 beträgt danach 65 000 €.

Der Verlust des Jahres 03 führt zu keiner Erhöhung des negativen Kapitalkontos. Dabei ist jedoch zu beachten, dass mit der Einlage lediglich die bestehende Außenhaftung auf 25 000 € zurückgeführt wurde. Der Verlust ist deswegen nach den Ausführungen in Rn. 1531 ff. insoweit ausgleichs- und abzugsfähig, als er auf die noch bestehende Außenhaftung entfällt, d. h. i. H. v. 25 000 €. Der verrechenbare Verlust zum 31. 12. 03 erhöht sich dementsprechend auf 90 000 €. Dagegen führt der weitere Verlust des Jahres 04 zur Erhöhung des negativen Kapitalkontos, so dass er nicht ausgleichs- und abzugsfähig ist und damit den verrechenbarer Verlust auf 120 000 € erhöht.

Damit sind bei A für die Jahre 01 – 04 saldiert folgende Verluste als ausgleichs- und abzugsfähig behandelt worden:

	€
Verlust 01	./. 100 000
02	0
03 Hinzurechnung nach § 15a Abs. 3	25 000
04	./. 25 000
Saldo	100 000

Dieser Betrag entspricht dem nach § 15a Abs. 1 EStG insgesamt ausgleichs- und abzugsfähigen Verlust, so dass für die Bildung eines Korrekturpostens i. S. d. Urteils des BFH vom 14. 10. 2003[1] kein Raum ist.

Weiter stellt sich die Frage, wie zu verfahren ist, wenn bei Bestehen eines negativen Kapitalkontos die Kommanditeinlage erhöht wird. 1606

BEISPIEL: B hat seine Kommanditeinlage i. H. v. 100 000 € bei der Y-GmbH & Co. KG 01 voll eingezahlt. Auf ihn entfällt für 01 ein Verlust von 150 000 €. In 02 wird die Kommanditeinlage wirksam auf 200 000 € erhöht. B leistet die entsprechende Einlage in 02. Am Verlust des Jahres 02 ist B mit 100 000 € beteiligt. Danach entwickelt sich das Kapitalkonto wie folgt:

Einlage 01	100 000 €
Verlustanteil 01	150 000 €
Stand 31. 12. 01/Vortrag 1. 1. 02	./. 50 000 €
Einlage 02	100 000 €
Saldo	50 000 €
Verlustanteil 02	100 000 €
Stand 31. 12. 02	./. 50 000 €

Für das Wirtschaftsjahr 01 ergibt sich danach gem. § 15a Abs. 1 Satz 1 EStG ein ausgleichs- und abzugsfähiger Verlust i. H. v. 100 000 € sowie ein nach § 15a Abs. 2 EStG verrechenbarer Verlust von 50 000 €. Das negative Kapitalkonto zum 31. 12. 01/1. 1. 02 wird durch die Einlage ausgeglichen, es entsteht ein positiver Saldo von 50 000 €. Der Verlust des Wirtschaftsjahres 02 führt dann wiederum zu einem negativen Kapitalkonto von 50 000 €. Da jedoch der Verlustausgleich und -abzug nach § 15a Abs. 1 Satz 1 EStG nur insoweit ausgeschlossen ist, als sich ein negatives Kapitalkonto durch einen Verlust erhöht, ist der Verlust 02 mit insgesamt 100 000 € abzugs- und ausgleichsfähig. Eine entsprechende Rechtsfolge würde sich auch dann ergeben, wenn B in 02 eine entsprechende Einlage geleistet hätte, ohne dass eine Erhöhung der Hafteinlage erfolgte.

Wandelt man das vorstehende Beispiel dahin gehend ab, dass B die in 02 erhöhte Kommanditeinlage, die noch in 02 in das Handelsregister eingetragen wird, erst in 03 leistet, besteht zum 31. 12. 02 eine Außenhaftung i. S. d. § 15a Abs. 1 Satz 2 EStG i. H. v. 100 000 €. Damit würden die Ausgleichs- und Abzugsbeschränkungen nach § 15a 1607

1 VIII R 32/01, BStBl 2004 II 359.

Abs. 1 EStG deswegen nicht eingreifen, obwohl sich das negative Kapitalkonto um 100 000 € erhöhen würde.[1] Diese Lösung entspricht den Grundvorstellungen des Gesetzgebers, wonach Verluste insoweit steuerlich berücksichtigt werden sollen, als der Kommanditist damit wirtschaftlich auch tatsächlich belastet worden ist.[2]

1608–1615 *(Einstweilen frei)*

12. Wegfall des negativen Kapitalkontos

1616 Nach den in Rn. 1436 dargestellten Grundsätzen entfällt ein negatives Kapitalkonto, wenn bei Fortbestehen der KG nicht mehr mit einem Ausgleich durch künftige Gewinne gerechnet werden kann. Dem sich dadurch ergebenden Gewinn ist der verrechenbare Verlust gegenüber zu stellen, so dass sich insoweit kein zu besteuernder Gewinn ergibt. Verbleibt nach Berücksichtigung des verrechenbaren Verlustes ein zu besteuernder Gewinn, ist es erforderlich, den Grund dafür festzustellen. Soweit das negative Kapitalkonto vor der erstmaligen Anwendung des § 15a EStG entstanden ist, entspricht die Besteuerung des den verrechenbaren Verlust übersteigenden Gewinns den Vorstellungen des Gesetzgebers; insoweit wurde in der Vergangenheit ein Verlust steuerlich berücksichtigt, der vom Kommanditisten steuerlich nicht getragen wurde.

1617 Ist das negative Kapitalkonto hingegen in der Zeit nach Inkrafttreten des § 15a EStG entstanden, kann es sich bei dem durch den Wegfall des negativen Kapitalkontos ergebenden Gewinn, der niedriger als der nach § 15a Abs. 2 EStG verrechenbare Verlust ist, vielfach um eine Einlage handeln, die aus den unter Rn. 1596 ff. dargestellten Gründen die Höhe der zu berücksichtigenden Besteuerungsgrundlagen bisher nicht beeinflusst hat.

BEISPIEL: A hat als Kommanditist der X-GmbH & Co. KG in 01 seine Kommanditeinlage von 100 000 € voll erbracht. Ihm sind für die Jahre 01–03 Verlustanteile von insgesamt 250 000 €, zugerechnet worden, die zu einem negativen Kapitalkonto 150 000 € und einem verrechenbaren Verlust i. S. d. § 15a Abs. 2 EStG in gleicher Höhe führten.

In 04 stellt die X-GmbH & Co. KG ihre werbende Tätigkeit ein, ohne dass es zu einer Vollbeendigung kommt. Aus der Verwertung des Anlagevermögens ergibt sich ein Gewinn, von dem A ein Anteil von 10 000 € zusteht. A hat in 04 noch eine Einlage von 30 000 € geleistet. Nach den Gesamtumständen kann nach den Verhältnissen zum 31. 12. 04 nicht mehr damit gerechnet werden, dass das negative Kapitalkonto des A durch künftige Gewinne noch ganz oder teilweise ausgeglichen werden kann. Nach den unter Rn. 1436 dargestellten Grundsätzen entfällt das negative Kapitalkonto des A zum 31. 12. 04.

Danach ergibt sich Folgendes:

Geleistete Kommanditeinlage	100 000 €
./. Verluste 01–03	250 000 €
Kapitalkonto 31. 12. 03	./. 150 000 €
+ Einlage 04	30 000 €
+ Gewinnanteil 04	10 000 €
Kapitalkonto 31. 12. 04	./. 110 000 €

1 Vgl. auch Rn. 1531 ff.

2 Vgl. Rn. 1456, m. w. N.

Der Gewinn des Jahres 04 kürzt den verrechenbaren Verlust auf 140 000 €. Damit unterliegt er bei A nicht der Besteuerung. Durch den Wegfall des negativen Kapitalkontos ergibt sich für A ein Gewinn von 110 000 €, der ebenfalls um den verrechenbaren Verlust zu kürzen ist, so dass sich auch daraus für A keine Steuerbelastung ergibt. Ohne steuerliche Auswirkung zugunsten des A verbleibt ein Teilbetrag des verrechenbaren Verlustes von 30 000 €. Nach den Gesamtumständen ist nicht zu erwarten, dass A aus seiner Beteiligung noch einen Gewinn erzielen wird, der zum Ausgleich dieses verrechenbaren Verlustes verwendet werden könnte. A trägt danach aus seiner Beteiligung an der X-GmbH & Co. KG einen Verlust, der über die Summe der bisher in seinem Besteuerungsverfahren berücksichtigten Verluste um 30 000 € hinausgeht.

Es sind keine Gesichtspunkte ersichtlich, nach denen der Gesetzgeber mit § 15a EStG die Verlustberücksichtigung in der Weise einschränken wollte, dass auch tatsächlich getragene Verluste steuerlich unberücksichtigt bleiben sollen. Deswegen wurde bereits in der Vergangenheit in R 15a Abs. 4 Satz 3 EStR bestimmt, dass verrechenbare Verluste, die nach Abzug von einem etwaigen Veräußerungsgewinn verbleiben, im Zeitpunkt der gänzlichen Veräußerung des Mitunternehmeranteiles bzw. der Betriebsaufgabe bis zur Höhe der nachträglichen Einlagen als ausgleichs- oder abzugsfähige Verluste zu behandeln sind. Nunmehr ergibt sich dies bezogen auf nachträgliche Einlagen aus § 15a Abs. 2 Satz 2 EStG. Danach ist bei der Besteuerung des A noch ein Verlust i. H. v. 30 000 € zu berücksichtigen. Fraglich ist, ob dieser Verlust bereits für das Wirtschaftsjahr zu berücksichtigen ist, für das das negative Kapitalkonto des A aufgelöst wird, im vorstehenden Beispiel also für das Jahr 04, oder erst bei Ausscheiden des A aus der KG oder aber bei Auflösung der KG. Der Wegfall des negativen Kapitalkontos eines Kommanditisten führt nicht zur Beendigung seiner mitunternehmerschaftlichen Beteiligung.[1] Es dürfte danach nicht gerechtfertigt sein, die sich nunmehr aus § 15a Abs. 2 EStG für den Fall der Beendigung der mitunternehmerschaftlichen Beteiligung vorgesehene Rechtsfolge vorzuziehen. Entsprechend den Hinweisen im Urteil des BFH vom 3. 9. 2009[2] wird bei dem vorstehenden Beispiel ähnlichen Sachverhalten zu prüfen sein, zu welchem Zeitpunkt von der Betriebsaufgabe auszugehen ist, der u. U. mit dem Zeitpunkt der Auflösung des negativen Kapitalkontos zusammentrifft. 1618

Eine vergleichbare Problematik ergibt sich, wenn in der Vergangenheit steuerfreie Einnahmen angefallen sind, die nach den in Rn. 1490 dargestellten Grundsätzen den verrechenbaren Verlust nicht gemindert haben. Nach dem Beschluss des BFH vom 6. 6. 2002[3] führt der das negative Kapitalkonto übersteigende Betrag des nach § 15a Abs. 2 EStG verrechenbaren Verlustes bei Ausscheiden des Kommanditisten bzw. bei Auflösung der KG zu einem für den Kommanditisten ausgleichs- und abzugsfähigen Verlust. Damit bleiben im Ergebnis die steuerfrei vereinnahmten Einnahmen auch tatsächlich unbesteuert. 1619

(Einstweilen frei) 1620–1625

1 *Wacker* in Schmidt, EStG § 15a Rz. 11.
2 IV R 17/07, BStBl 2010 II 631.
3 VIII B 129/01, BFH/NV 2002, 1553.

13. Ausscheiden des Kommanditisten, Beendigung der KG

a) Übertragung auf einen anderen Rechtsträger, Auflösung der KG

1626 Scheidet ein Kommanditist mit negativem Kapitalkonto aus der Gesellschaft aus und hat er aus diesem Anlass sein negatives Kapitalkonto ganz oder teilweise aufzufüllen, sind verrechenbare Verluste i. S. d. § 15a Abs. 2 EStG in dem Umfang als ausgleichs- und abzugsfähige Verluste zu behandeln, als er Einlagen erbringt und damit insoweit die Verluste auch wirtschaftlich trägt.[1] Braucht er hingegen sein negatives Kapitalkonto nach den getroffenen Vereinbarungen nicht auszugleichen, erzielt er nach den in Rn. 1443 dargestellten Grundsätzen insoweit einen Veräußerungsgewinn i. S. d. § 16 Abs. 1 Nr. 2 EStG, der durch den verrechenbaren Verlust i. S. d. § 15a Abs. 2 EStG vermindert wird. Entspricht das negative Kapitalkonto dem verrechenbaren Verlust, stellt sich danach die Frage der Besteuerung eines Veräußerungsgewinns i. S. d. § 16 Abs. 1 EStG nicht. Entfällt aus Anlass des Ausscheidens aus der Gesellschaft ein negatives Kapitalkonto, das niedriger als der nach § 15a Abs. 2 EStG verrechenbare Verlust ist, ist in Höhe dieses Unterschiedsbetrages nach Rn. 1618 ein Verlust zu berücksichtigen.[2] Waren in der Vergangenheit nicht abziehbare Betriebsausgaben zu berücksichtigen, ist ein höheres negatives Kapitalkonto als der verrechenbare Verlust entstanden.[3] Auch insoweit entsteht dem Ausscheidenden ein Veräußerungsgewinn[4]; erst dadurch wird auch ihm gegenüber das zu beachtende Abzugsverbot, z. B. nach § 3c Abs. 2, § 4 Abs. 5 und 5b EStG, letztlich wirksam.

1627 Veräußert eine Personengesellschaft (Obergesellschaft) eine Kommanditbeteiligung, ergeben sich bei der Obergesellschaft die vorstehend dargestellten Rechtsfolgen. Dies hat zur Folge, dass ein aus diesem Anlass erzielter Veräußerungsgewinn i. S. d. § 16 Abs. 1 Nr. 2 EStG vorrangig mit einem ggf. bei der Untergesellschaft für die Obergesellschaft festgestellten verrechenbaren Verlust auszugleichen ist.[5] Wird die Beteiligung an einer Obergesellschaft veräußert, die ihrerseits an einer KG als Untergesellschaft beteiligt ist, steht der anteilig für die Beteiligung an der Untergesellschaft erzielte Veräußerungsgewinn für die anteilige Verrechnung mit einem für diese Beteiligung festgestellten verrechenbaren Verlust bei der Untergesellschaft zur Verfügung.[6]

BEISPIEL: A ist als Kommanditist zu 20 % an der X-KG beteiligt, die ihrerseits eine Kommanditbeteiligung von 10 % an der Y-GmbH & Co. KG hält. Für die X-KG wird bei der Y-GmbH & Co. KG ein negatives Kapitalkonto geführt. Ferner wurde für die X-KG ein verrechenbarer Verlust i. S. d. § 15a Abs. 2 EStG festgestellt. A veräußert seinen Anteil der X-KG an P.

Der erzielte Veräußerungserlös entfällt damit anteilig auf die A zu 20 % mittelbar zustehende Kommanditbeteiligung der X-KG an der Y-GmbH & Co. KG. Der Unterschiedsbetrag zu dem negativen Kapitalkonto – soweit er A (mittelbar) zuzurechnen ist – führt damit zu einem Gewinn, der mit dem verrechenbaren Verlust zu verrechnen ist. P entstehen insoweit (mittelbar) Anschaffungskosten für die nunmehr ihm zustehende mittelbare Beteiligung an der Y-KG, die in

1 R 15a Abs. 4 Sätze 2 und 3 EStR.

2 Vgl. auch R 15a Abs. 4 Satz 3 EStR.

3 Vgl. Rn. 1491.

4 BFH 3. 9. 2009 IV R 17/07, BStBl 2010 II 631.

5 BFH 26. 1. 1995 IV R 23/93, BStBl 1995 II 467.

6 BFH 1. 7. 2004 IV R 67/00, BStBl 2010 II S. 157; *Wacker* in Schmidt, EStG § 15a Rz. 235.

einer Ergänzungsbilanz darzustellen sind, so dass sie auf diese Weise im Besteuerungsverfahren des P wirksam werden. Die Darstellung dieser Auswirkungen wird in der Praxis dadurch erschwert, dass durch die Anteilsveräußerung des A die Beziehungen zwischen der Y-GmbH & Co. KG und deren Kommanditistin, der X-KG, nicht berührt werden.

Wird eine KG aufgelöst, sind die bei der Veräußerung eines Kommanditanteils zu beachtenden Grundsätze entsprechend anzuwenden.[1] Dies hat zur Folge, dass in Höhe eines nicht auszugleichenden negativen Kapitalkontos nach den in Rn. 1626 dargestellten Grundsätzen ein Aufgabegewinn entsteht. Wurde der Kommanditist bereits vor Auflösung der Gesellschaft für Verbindlichkeiten der Gesellschaft in Anspruch genommen und erweist sich der ihm deswegen zustehende Ausgleichsanspruch gegen die Gesellschaft und seine Mitgesellschafter als wertlos, entsteht ihm mit Beendigung der Gesellschaft ein nicht den Beschränkungen des § 15a EStG unterliegender Verlust.[2] Dies ist regelmäßig der Zeitpunkt, in dem nach Einstellung der werbenden Tätigkeit auch die Abwicklung im Wesentlichen abgeschlossen worden ist. In den Fällen der Insolvenz ist deswegen auf den Zeitpunkt abzustellen, zu dem der Insolvenzverwalter die wesentlichen Betriebsgrundlagen veräußert hat. Wird die Eröffnung des Insolvenzverfahrens mangels Masse abgelehnt und die Gesellschaft zu diesem Zeitpunkt aufgelöst, wird darauf abzustellen sein. 1628

Wird ein Mitunternehmeranteil unentgeltlich übertragen und führt der Rechtnachfolger gem. § 6 Abs. 3 EStG die Buchwerte seines Rechtsvorgängers fort, geht damit ein etwaiges negatives Kapitalkonto auf den Rechtnachfolger über.[3] Es stellt sich die Frage, ob damit zugleich der für den Rechtsvorgänger festgestellte verrechenbare Verlust auf den Rechtsnachfolger übertragen wird, so dass dem Rechtsnachfolger zuzurechnende Gewinne bei diesem insoweit nicht der Besteuerung unterliegen. 1629

BEISPIEL: VA, Kommanditist der X-GmbH & Co. KG, verstirbt am 1. 7. 2008. Alleinige Erbin ist TA, die deswegen Kommanditistin der X-GmbH & Co. KG wird. Für VA wird ein negatives Kapitalkonto i. S. d. § 15a EStG geführt. Dementsprechend hat sich bezogen auf den Todestag ein verrechenbarer Verlust von 100 000 € ergeben. Die bisherigen Buchwerte der Beteiligung des VA werden in Übereinstimmung mit § 6 Abs. 3 EStG im Verhältnis zu TA fortgeführt. TA werden in der Folgezeit Gewinne zugerechnet, die bei Bezug noch durch VA bis zur Höhe des festgestellten verrechenbaren Verlustes nicht der ESt unterlegen hätten.

Der GrS des BFH hat mit Beschluss v. 17. 12. 2007[4] im Gegensatz zu der bisher weitgehend als zutreffend angesehenen Rechtsauffassung entschieden, dass der Erbe einen vom Erblasser nicht ausgenutzten Verlustabzug nach § 10d EStG nicht bei seiner eigenen Veranlagung zur Einkommensteuer geltend machen kann. Diese Entscheidung wird im Wesentlichen von der Erwägung getragen, dass Erblasser und Erbe zwei jeweils selbständig der Einkommensbesteuerung unterliegende Personen sind und die steuerliche Leistungsfähigkeit des Erben durch vom Erblasser erlittene Verluste nicht beeinträchtigt wird. Eine Ausnahme von diesem, das EStG beherrschenden Grundsatz der In- 1630

1 BFH 11. 8. 1994 IV R 124/92, BStBl 1995 II 456; 30. 3. 1999 VIII R 86/96, BFH/NV 2000, 15; 3. 9. 2009 IV R 17/07, BStBl 2010 II 631.

2 BFH 5. 6. 2003 IV R 36/02, BStBl 2003 II 871, m. w. N.

3 Vgl. Rn. 1446.

4 GrS 2/04, BStBl 2008 II 608.

dividualbesteuerung wird u. a. in der Regelung des § 6 Abs. 3 EStG gesehen.[1] Durch diese Regelung wird es in den Fällen der unentgeltlichen Übertragung von Betrieben, Teilbetrieben und Mitunternehmeranteilen unter den dort genannten Voraussetzungen ausnahmsweise gestattet, stille Reserven unter Verzicht auf die Besteuerung beim Übertragenden auf dessen Rechtsnachfolger zu übertragen.

1631 Der Beschränkung der Ausgleichs- und Abzugsfähigkeit von Verlusten durch § 15a EStG liegt im Ergebnis die Erwägung zugrunde, dass eine steuerliche Entlastung des Kommanditisten nur insoweit gerechtfertigt ist, als die Verluste von ihm auch tatsächlich getragen werden.[2] Dies ist grundsätzlich dann und insoweit nicht der Fall, als dem Kommanditisten Verluste zugerechnet werden, die seine Einlage überschreiten, das Kapitalkonto also negativ wird. Stehen dem Kommanditisten für nachfolgende Wirtschaftsjahre Gewinne zu, sind diese zunächst zur Tilgung des negativen Kapitalkontos zu verwenden. Damit trägt er wirtschaftlich auch den Verlust, der in vorhergehenden Wirtschaftsjahren zur Entstehung bzw. Erhöhung des negativen Kapitalkontos geführt hat. Daraus wird deutlich, dass VA in dem vorstehenden Beispiel die ihm zugerechneten Verluste insoweit nicht getragen hat, als sie zu einem negativen Kapitalkonto bzw. dessen Erhöhung geführt haben. Dieses negative Kapitalkonto geht gem. § 6 Abs. 3 EStG auf TA über. Die ihr zuzurechnenden Gewinnanteile sind zunächst zu dessen Tilgung zu verwenden. Damit trägt TA wirtschaftlich die bereits VA insoweit zugerechneten Verlustanteile. Daraus folgt, dass der Beschluss des GrS des BFH v. 17. 12. 2007[3] dem Übergang des verrechenbaren Verlustes in den Fällen des unentgeltlichen Übergangs i. S. d. § 6 Abs. 3 EStG einer Kommanditbeteiligung auf den Rechtsnachfolger nicht entgegensteht. Dies gilt sowohl für den Erbfall als auch die schenkweise Übertragung.[4]

1632 Verluste aus gewerblicher Tierzucht oder Tierhaltung, aus bestimmten Termingeschäften sowie Verluste, die eine Kapitalgesellschaft als Mitunternehmerin aus stillen Gesellschaften, Unterbeteiligungen oder sonstigen Innengesellschaften mit einer anderen Kapitalgesellschaft erzielt, dürfen gem. § 15 Abs. 4 EStG nach Maßgabe des § 10d EStG nur Gewinne mindern, die der Steuerpflichtige im vorangegangenen und in späteren Wirtschaftsjahren aus Einkunftsquellen der jeweils selben Art erzielt hat oder erzielt. Fällt ein durch Verluste i. S. d. § 15 Abs. 4 EStG entstandenes negatives Kapitalkonto weg, mindert der dadurch entstehende Gewinn die bisher bei dem Gesellschafter nicht ausgeglichenen und abgezogenen Verluste i. S. d. § 15 Abs. 4 EStG.[5] Der sich insoweit ergebende Gewinn ist deswegen als ein Gewinn i. S. d. § 15 Abs. 4 EStG festzustellen. Ist das negative Kapitalkonto u. a. durch in vor 1985 liegenden Veranlagungszeiträumen angefallene Verluste entstanden, ist nicht auszuschließen, dass diese Verluste infolge der sich aus der entsprechenden Anwendung des § 10d EStG nur zeitlich beschränkten Abzugsfähigkeit steuerlich nicht auswirken konnten, so dass insoweit im Besteue-

1 Vgl. C.III.6 des Beschlusses v. 17. 12. 2007 GrS 2/04, BStBl 2008 II 608.

2 Vgl. Rn. 1456 ff.

3 GrS 2/04 BStBl 2008 II 608.

4 In diesem Sinne auch *Wacker* in Schmidt, EStG § 15a Rz. 234.

5 BFH 25. 1. 1996 IV R 91/94, BStBl 1996 II 289.

rungsverfahren des betroffenen Kommanditisten eine Billigkeitsmaßnahme nach § 163 AO in Betracht kommen kann.

Eine entsprechende Problematik kann sich bei Wegfall eines negativen Kapitalkontos ergeben, soweit es durch vor 1992 angefallene negative ausländische Einkünfte i. S. d. § 2a Abs. 1 EStG entstanden ist. 1633

Wird eine Kapitalgesellschaft, die Kommanditistin einer KG ist, auf eine Personengesellschaft oder ein Einzelunternehmen verschmolzen, führt dieser Vorgang bei der Kapitalgesellschaft unter den Voraussetzungen des § 3 UmwStG[1] zu einer Aufdeckung von stillen Reserven. Soweit danach stille Reserven bei der Kommanditbeteiligung aufgedeckt werden, führt dies zu einem Gewinn, der einen etwaigen verrechenbaren Verlust mindert. Eine weitergehende Verminderung des verrechenbaren Verlustes ist nicht vorgesehen. Der danach verbleibende Verlust i. S. d. § 15a Abs. 2 EStG geht nach § 4 Abs. 2 Satz 2 UmwStG nicht auf den übernehmenden Rechtsträger über.[2] Er geht damit aus Anlass der Verschmelzung unter. Entsprechendes gilt nach § 14 UmwStG für den Fall des Formwechsels einer Kapitalgesellschaft in eine Personengesellschaft sowie nach § 16 UmwStG für die Fälle, in denen eine Kommanditbeteiligung durch Aufspaltung oder Abspaltung auf eine Personengesellschaft übergeht. 1634

Für die Fälle der Verschmelzung einer Körperschaft auf eine andere Körperschaft sieht § 11 Abs. 1 UmwStG für den Regelfall die Aufdeckung der stillen Reserven bei der übertragenden Körperschaft vor. Nach § 12 Abs. 3 UmwStG gelten für die Besteuerung des übernehmenden Rechtsträgers die Regelungen in § 4 Abs. 2 und 3 UmwStG entsprechend. Danach gehen u. a. der verbleibende Verlustvortrag i. S. d. § 10d EStG und ein etwaiger verrechenbarer Verlust i. S. d. § 15a Abs. 2 EStG nicht auf den übernehmenden Rechtsträger über. Diese Grundsätze gelten gem. § 15 UmwStG für den Übergang einer Kommanditbeteiligung im Rahmen einer Aufspaltung, Abspaltung oder Teilübertragung von einer Körperschaft auf eine andere Körperschaft entsprechend. 1635

Wird eine KG oder ein Kommanditanteil in eine Kapitalgesellschaft gegen Gewährung neuer Gesellschaftsrechte eingebracht, liegt ein Anwendungsfall des § 20 UmwStG[3] vor. Den Gesellschaftern werden für ihre bisherige mitunternehmerschaftliche Beteiligung Anteile an einer Kapitalgesellschaft gewährt. Dabei gilt der Wert, mit dem die aufnehmende Kapitalgesellschaft das eingebrachte Betriebsvermögen ansetzt, gem. § 20 Abs. 4 UmwStG für den Einbringenden als Veräußerungserlös und zugleich als Anschaffungskosten für die erlangten Anteile an der Kapitalgesellschaft. Daraus wird deutlich, dass es sich für die bisherigen Gesellschafter um eine Veräußerung ihrer Kommanditbeteiligung handelt.[4] Dementsprechend kann – wie bei anderen Veräußerungen – ein etwaiger verrechenbarer Verlust nicht auf die Kapitalgesellschaft übergehen. Entsprechendes gilt für den Fall des Formwechsels nach § 25 UmwStG. 1636

1 Vgl. dazu Rn. 3111 ff.

2 Vgl. auch BMF 28. 4. 1998, BStBl 1998 I 583, Tz. 04.38 – sog. UmwStErl.

3 Vgl. Rn. 2861 ff.

4 BFH 28. 4. 1988 IV R 52/87, BStBl 1988 II 829.

1637 Setzt die Kapitalgesellschaft das übernommene Betriebsvermögen in Ausübung des ihr nach § 20 UmwStG zustehenden Wahlrechts mit einem über dem Buchwert des einbringenden Gesellschafters liegenden Wert, höchstens jedoch mit dem Teilwert, bei Einbringungen aufgrund von Vorgängen, die nach dem 12. 12. 2006 zur Eintragung in das Handelsregister angemeldet wurden,[1] höchstens mit dem gemeinen Wert an, ergibt sich für den Einbringenden insoweit ein Gewinn, der mit verrechenbaren Verlusten zu verrechnen ist. Werden danach sämtliche stillen Reserven einschließlich eines etwaigen Geschäfts- oder Firmenwerts aufgedeckt, wird für den Regelfall nach Saldierung mit dem sich dadurch ergebenden Veräußerungsgewinn kein verrechenbarer Verlust verbleiben. Sollte dies hingegen der Fall sein, erleidet der Einbringende insoweit nach den in Rn. 1626 dargestellten Grundsätzen einen steuerlich berücksichtigungsfähigen Verlust.

1638 Fraglich ist, wie zu verfahren ist, wenn infolge der Fortführung der Buchwerte oder nur teilweiser Aufdeckung der stillen Reserven ein verrechenbarer Verlust nicht oder nicht in vollem Umfang ausgeglichen werden kann. Erfolgte die Einbringung aufgrund eines vor dem 13. 12. 2006 zur Eintragung in das Handelsregister angemeldeten Vorgangs, sind noch die Regelungen des bis dahin maßgebenden UmwStG zu beachten. In diesen Fällen erzielt der Einbringende bei einer späteren Veräußerung der infolge der Einbringung erlangten Anteile – den sog. einbringungsgeborenen Anteilen – nach § 21 Abs. 1 UmwStG a. F. einen Veräußerungsgewinn i. S. d. § 16 EStG. Geht man davon aus, dass nach den in Rn. 1626 ff. dargelegten Gründen verrechenbare Verluste bei Beendigung der Beteiligung im Regelfall mit etwaigen Veräußerungs- oder Aufgabegewinnen auszugleichen sind, sprechen wesentliche Gesichtspunkte dafür, dies auch bei nach § 21 UmwStG a. F. zu besteuernden Veräußerungsgewinnen i. S. d. § 16 EStG zuzulassen. In diesem Zusammenhang ist zu beachten, dass die einbringungsgeborenen Anteile nach Ablauf von 7 Jahren nach Erwerb gem. § 3 Nr. 40 EStG, § 8b Abs. 4 KStG nicht mehr den Regelungen des § 21 UmwSt a. F., sondern denen des sog. Halbeinkünfteverfahrens bzw. Teileinkünfteverfahrens unterliegen, Veräußerungsgewinne bei natürlichen Personen nur zur Hälfte, ab 2009 nur zu 60 %, der Besteuerung unterliegen, bei Körperschaften von der Körperschaftsteuer befreit sind. Kann danach aber nach § 21 UmwStG a. F. kein Veräußerungsgewinn i. S. d. § 16 EStG mehr besteuert werden, liegen nach den Wertungen des Gesetzgebers insoweit keine gewerblichen Einkünfte (mehr) vor, so dass damit auch für die Berücksichtigung eines verrechenbaren Verlustes i. S. d. § 15a Abs. 2 EStG kein Raum mehr sein dürfte. Bei dieser Auffassung wäre danach entgegen der Auffassung von *Wacker*[2] ein verrechenbarer Verlust immer dann noch zu berücksichtigen, wenn nach § 21 UmwStG a. F., ein Veräußerungsgewinn i. S. d. § 16 EStG zu besteuern ist.

1639 Bei Einbringungen aufgrund eines nach dem 12. 12. 2006 zur Eintragung in das Handelsregister angemeldeten Vorgangs ist bei Aufdeckung nicht sämtlicher stiller Reserven von dem Einbringenden ein Veräußerungsgewinn i. S. d. § 16 EStG als sog. Einbringungsgewinn I gem. § 22 Abs. 1 UmwStG dann zu versteuern, wenn er die durch die

1 Vgl. § 27 i. V. m. § 20 UmwStG n. F.

2 In Schmidt, EStG § 15a Rz. 236 gegen *Lüdemann*, Verluste bei beschränkter Haftung, 161.

Einbringung erlangten Anteile innerhalb eines Zeitraums von 7 Jahren nach dem Einbringungszeitpunkt veräußert. Entsprechendes gilt, wenn innerhalb dieses Siebenjahreszeitraumes einer der in § 22 Abs. 1 Satz 6 UmwStG aufgeführten Ersatztatbestände eintritt. Danach haben sich gegenüber der in Rn. 1636 dargestellten Situation keine grundsätzlichen Änderungen ergeben.[1]

(einstweilen frei) 1640–1645

b) Veränderungen des Gesellschaftsverhältnisses

Wird eine KG in eine OHG, eine GbR oder ein Einzelunternehmen umgewandelt, können verrechenbare Verluste über den Wortlaut des § 15a Abs. 2 EStG hinaus mit späteren Gewinnen aus dem in neuer Rechtsform fortgeführten Unternehmen verrechnet werden Danach können bereits festgestellte verrechenbare Verluste aus Anlass des Wechsels der Gesellschafterstellung nicht in einen ausgleichsfähigen Verlust umqualifiziert werden.[2] Diese Entscheidungen beruhen auf den Erwägungen des Urteils vom 14. 12. 1995,[3] wonach eine nachträgliche Haftungserweiterung die Umqualifizierung verrechenbarer Verluste in ausgleichs- und abzugsfähige Verluste nicht rechtfertigt. Erfolgt der Wechsel in der Rechtsstellung des Gesellschafters innerhalb des Wirtschaftsjahres, so ist § 15a EStG für das gesamte Wirtschaftsjahr nicht mehr anzuwenden.[4] Dabei ist auf das Wirksamwerden der insoweit bedeutsamen Änderungen bzw. der Aufhebung des Gesellschaftsvertrags abzustellen, so dass es insoweit nicht auf die Eintragung dieser Änderung in das Handelsregister ankommt. Es ist deswegen darauf zu achten, dass die Änderung des Gesellschaftsvertrags so eindeutig dokumentiert wird, dass damit auch der Zeitpunkt der Beschlussfassung nachgewiesen werden kann. 1646

Wechselt der Komplementär einer KG während des Wirtschaftsjahrs in die Rechtsstellung eines Kommanditisten, so sind Beschränkungen des Verlustausgleichs und Verlustabzugs nach § 15a EStG nach dem Urteil des BFH vom 14. 10. 2003[5] für das gesamte Wirtschaftsjahr und damit für den dem Gesellschafter insgesamt zuzurechnenden Anteil am Verlust der KG zu beachten. Maßgebend dafür ist, dass bei Anwendung der Regelungen des § 15a EStG aufgrund einer verfassungsrechtlich unbedenklichen Typisierung an die Verhältnisse zum Schluss des jeweiligen Wirtschaftsjahres anzuknüpfen ist.[6] Dementsprechend ist es unerheblich, dass der Kommanditist unter bestimmten Voraussetzungen unbeschränkt für Verbindlichkeiten haftet, die vor Begründung seiner Haftungsbeschränkung eingegangen wurden. 1647

Scheidet ein Kommanditist infolge einer Realteilung i. S. d. § 16 Abs. 3 Satz 2 EStG aus der KG aus, ohne dass stille Reserven aufzudecken sind, ergeben sich daraus für die verbleibenden Gesellschafter keine besonderen Folgen hinsichtlich der für sie ggf. geführten negativen Kapitalkonten und etwaiger verrechenbarer Verluste. Der ausscheidende 1648

1 Vgl. dazu *Wacker* in Schmidt, § 15a Rz. 236.
2 Vgl. auch BFH 11. 5. 1995 IV R 44/93, BFHE 177, 466, DB 1995 1690.
3 IV R 106/94, BStBl 1996 II 226.
4 BFH 12. 2. 2004 IV R 70/02, BStBl 2004 II 423.
5 VIII R 81/02, BStBl 2004 II 118.
6 Vgl. dazu BFH 14. 12. 1995 IV R 106/94, BStBl 1996 II 226; 18. 4. 2000 VIII R 11/98, BStBl 2001 II 166.

Gesellschafter führt in diesen Fällen ebenfalls einen Gewerbebetrieb, für den Regelfall ein Einzelunternehmen fort, so dass bei ihm nach den vorstehend dargestellten Grundsätzen zu verfahren ist.[1]

1649 Wird ein Kommanditanteil in eine KG eingebracht, entsteht dadurch eine doppelstöckige Personengesellschaft. Werden aus diesem Anlass sämtliche stillen Reserven aufgedeckt, liegt eine Veräußerung vor. Nach den vorstehend in Rn. 1626 ff. dargestellten Grundsätzen ist der Veräußerungsgewinn um den verrechenbaren Verlust zu kürzen. Übersteigt der verrechenbare Verlust den Veräußerungsgewinn, ist beim Einbringenden ein entsprechender Verlust zu berücksichtigen. Wird jedoch in Anwendung der Grundsätze des § 24 UmwStG auf die Aufdeckung der stillen Reserven verzichtet[2] stellt sich die Frage nach dem weiteren Schicksal des für den Einbringenden bei der nunmehrigen Untergesellschaft festgestellten verrechenbaren Verlustes. Für diesen Fall besteht im Schrifttum[3] weitgehend Einvernehmen darüber, dass der verrechenbare Verlust aus diesem Anlass nicht untergeht. Verschiedentlich wird die Auffassung vertreten, dass der verrechenbare Verlust lediglich um die Gewinnanteile an der Untergesellschaft zu vermindern sei, die dem Einbringenden anteilig aus der Beteiligung an der Untergesellschaft zustehen.[4] Nach anderer Auffassung[5] soll der verrechenbare Verlust um die Gewinnanteile des Einbringenden bei der Obergesellschaft gekürzt werden. Geht man davon aus, dass der Erbringende in einem derartigen Fall für die eingebrachte Beteiligung an der nunmehrigen Untergesellschaft eine Beteiligung an der Obergesellschaft erhalten hat, dürfte wirtschaftlich eine unveränderte Fortsetzung der bisherigen gewerblichen Engagements vorliegen. Bezieht man in die Betrachtung dann weiter die Rechtsfolgen ein, die nach Rn. 1646 in den Fällen der Fortführung der KG durch einen Kommanditisten als Einzelunternehmer eintreten, erscheint die Verrechnung des Gewinnanteils aus der Obergesellschaft mit dem verrechenbaren Verlust gerechtfertigt.

1650 Eine vergleichbare Problematik kann sich bei der Verschmelzung von zwei KGs hinsichtlich der für die Kommanditisten der jeweiligen Gesellschaften festgestellten verrechenbaren Verluste ergeben. Auch hier stellt sich die Frage der Fortführung des verrechenbaren Verlustes für die einzelnen Kommanditisten, sofern gem. § 24 UmwStG auf die Aufdeckung sämtlicher stiller Reserven verzichtet wurde und deswegen die verrechenbaren Verluste nicht ausgeglichen werden konnten. Aus den vorstehend in Rn. 1649 angestellten Erwägungen wird es auch für diese Fälle als sachgerecht angesehen, die Gewinnanteile der einzelnen Kommanditisten der übernehmenden KG jeweils in vollem Umfang um die verrechenbaren Verluste zu kürzen.

1651 Geht eine bisher gewerblich tätige KG nur noch vermögensverwaltenden Aktivitäten nach, die zu Einkünften aus Vermietung und Verpachtung i. S. d. § 21 EStG führen, besteht sie zivilrechtlich fort. Steuerlich liegt hingegen mit Einstellung der gewerblichen Tätigkeit im Hinblick auf die nunmehr fehlende gewerbliche Infektion i. S. d. § 15 Abs. 3

1 Vgl. auch *Wacker* in Schmidt, EStG § 15a Rz. 239, m. w. N.

2 Vgl. dazu Rn. 1876 ff.

3 Vgl. die Nachweise bei *Wacker* in Schmidt, EStG § 15a Rz. 238.

4 Vgl. z. B. *Widmann/Mayer*, § 24 UmwStG Rz. 407.

5 Vgl. z. B. *Rödder/Schumacher*, DB 1998, 99.

Nr. 1 EStG eine Betriebaufgabe i. S. d. § 16 Abs. 3 EStG vor. Die Wirtschaftsgüter des Betriebsvermögens werden danach unter Aufdeckung der stillen Reserven steuerlich in das Privatvermögen überführt. Der sich danach ergebende Aufgabegewinn ist entsprechend Rn. 1626 ff. um die verrechenbaren Verluste zu kürzen. Verbleibt danach noch ein verrechenbarer Verlust, ist dieser bei der Ermittlung der nunmehr zu besteuernden Einkünfte aus Vermietung und Verpachtung zu berücksichtigen;[1] § 21 Abs. 1 Satz 2 EStG sieht die entsprechende Anwendung des § 15a EStG vor. Besteht das zu verwaltende Vermögen hingegen aus Kapitalvermögen, aus dem Einkünfte i. S. d. § 20 EStG erzielt werden, kommt eine weitere entsprechende Anwendung des § 15a EStG nicht in Betracht. Für einen derartigen Fall wäre der den Aufgabegewinn übersteigende verrechenbare Verlust für den Veranlagungszeitraum der Einstellung der gewerblichen Tätigkeit zu berücksichtigen.

Für den Fall, dass eine vermögensverwaltende KG im Laufe eines Veranlagungszeitraumes durch Eintritt einer GmbH als Komplementärin eine gewerblich geprägte PersGes wird, ist nach dem Urteil des FG Rheinland-Pfalz vom 11. 4. 2005[2] für die Zeit bis zum Eintritt der GmbH ein verrechenbarer Verlust bei den Einkünften aus Vermietung und Verpachtung i. S. d. § 21 EStG, für die Zeit danach ein verrechenbarer Verlust bei den Einkünften aus Gewerbebetrieb festzustellen. Eine Umqualifizierung verrechenbarer Verluste in ausgleichsfähige Verluste kommt auch dann nicht in Betracht, wenn die gewerblich geprägte PersGes den Grundbesitz in ihrer Eröffnungsbilanz mit höheren Werten als den fortgeführten Anschaffungs- oder Herstellungskosten ausweist. 1652

(Einstweilen frei) 1653–1655

14. Besteuerung der Gewinne aus dem Betrieb von Handelsschiffen im internationalen Verkehr nach § 5a EStG

Bei einem Gewerbetrieb mit Geschäftsleitung im Inland ist es abweichend von § 4 Abs. 1, § 5 EStG auf Antrag möglich, den Gewinn aus dem Betrieb von Handelsschiffen im internationalen Verkehr nach § 5a EStG zu ermitteln – sog. Tonnagebesteuerung. Nach § 5a Abs. 5 Satz 4 EStG sind jedoch unabhängig davon die Vorschriften des § 15a EStG anzuwenden. Für diese Zwecke ist zusätzlich eine Gewinnermittlung nach § 4 Abs. 1, § 5 EStG erforderlich.[3] Wegen weiterer Einzelheiten wird auf Tz. 31, 32 des BMF-Schreibens vom 12. 6. 2002[4] hingewiesen. 1656

Wegen der Frage, in welcher Reihenfolge verrechenbare Verluste nach § 15a EStG mit Steuerbilanzgewinnen bzw. aufgelösten Unterschiedsbeträgen gem. § 5a Abs. 4 EStG zu verrechnen sind, wird auf das Urteil des FG Schleswig-Holstein vom 25. 2. 2009[5] hingewiesen, gegen das Revision anhängig ist.[6] 1657

(Einstweilen frei) 1658–1660

1 Vgl. auch *Wacker* in Schmidt, EStG § 15a Rz. 248.

2 5 K 2844/02 EFG 2005, 1038; Nichtzulassungsbeschwerde erfolglos s. BFH 3. 4. 2006 VIII B 87/05, BFH/NV 2006, 1328.

3 BFH 20. 11. 2006 VIII R 33/05, BStBl 2007 II 261.

4 BStBl 2002 I 614.

5 5 K 242/05, EFG 2009, 919.

6 Az. des BFH: IV R 14/09.

15. Verfahrensrechtliche Besonderheiten

1661 Die nicht ausgleichs- und abzugsfähigen Verluste sind zeitlich unbefristet mit Gewinnen späterer Wirtschaftsjahre verrechenbar. Angesichts des danach nicht absehbaren Zeitraums für den der verrechenbare Verlust bedeutsam bleibt, hat der Gesetzgeber in § 15a Abs. 4 EStG die gesonderte Feststellung dieser Besteuerungsgrundlage angeordnet. Sie baut auf das Ergebnis des nach § 180 Abs. 1 Nr. 2a AO durchzuführenden gesonderten und einheitlichen Gewinnfeststellungsverfahrens[1] auf, in dem darüber zu entscheiden ist, ob und ggf. in welchem Umfang dem einzelnen Kommanditisten ein Verlust zuzurechnen ist.[2] In dem daran anschließenden nach § 15a Abs. 4 EStG gegenüber jedem einzelnen Kommanditist durchzuführenden Feststellungsverfahren wird bindend für dessen Besteuerungsverfahren festgestellt, in welchem Umfang dieser Verlustanteil sofort ausgleichs- und abzugsfähig ist oder zu einem verrechenbaren Verlust führt. Der Feststellungsbescheid nach § 15a Abs. 4 EStG ist Folgebescheid des gesonderten und einheitlichen Gewinnfeststellungsbescheides des betreffenden Veranlagungszeitraums.[3] Für die Durchführung des gesonderten Feststellungsverfahrens gelten die allgemeinen Grundsätze der §§ 179 ff. AO; vgl. dazu Rn. 5941 ff.

1662 Angesichts der Verknüpfung der Feststellung nach § 15 Abs. 4 EStG mit dem gesonderten und einheitlichen Gewinnfeststellungsverfahren, wird die gesonderte Feststellung des verrechenbaren Verlustes in § 15a Abs. 4 Satz 3 EStG dem für dieses Verfahren zuständigen Finanzamt, dem Feststellungs-Finanzamt,[4] übertragen. Sie kann gem. § 15a Abs. 4 Satz 5 EStG mit der gesonderten und einheitlichen Feststellung der Einkünfte verbunden werden; dies entspricht allgemeiner Praxis, wie den von der FinVerw verwendeten Vordruckmustern entnommen werden kann. Enthält der erlassene gesondert und einheitliche Gewinnfeststellungsbescheid in der Rubrik „Korrekturbetrag nach § 15a Abs. 1, 2 oder 3 EStG“ keine Eintragungen, kann darin nach dem Urteil des BFH vom 11. 7. 2006,[5] für den Regelfall kein negativer Feststellungsbescheid i. S. d. § 15a Abs. 4 EStG gesehen werden. Danach liegen keine verrechenbare Verluste vor und damit sind die für die einzelnen Mitunternehmer festgestellten Verlustanteile in vollem Umfang ausgleichs- und abzugsfähig. Der BFH hat damit das entgegenstehende Urteil des FG München vom 21. 10. 2003[6] aufgehoben.

1663 Gegenstand des Feststellungsverfahrens nach § 15a Abs. 4 EStG ist ausschließlich die Höhe des auf den jeweiligen Kommanditisten entfallenden verrechenbaren Verlustes auf der Grundlage des Ergebnisses des für die Gesellschaft einheitlich und gesondert durchgeführten Gewinnfeststellungsverfahrens.[7] Die Höhe des dem Kommanditisten zuzurechnenden Anteils am Verlust der KG ist danach nicht Gegenstand des Feststellungsverfahrens nach § 15a Abs. 4 EStG. Gemäß § 15a Abs. 4 Satz 1 und 2 EStG ergibt sich für die Feststellung des verrechenbaren Verlustes folgendes Schema:

1 Wegen Einzelheiten vgl. Rn. 6021 ff.
2 BFH 11. 5. 1995 IV R 44/93, BFHE 177, 466, DB 1995 6021.
3 BFH 30. 3. 1993 VIII R 63/91, BStBl 1993 II 706.
4 Rn. 6187 f.
5 VIII R 10/05, BStBl 2007 II 96.
6 6 K 1333/03, DStR 2004, 253.
7 BFH 23. 1. 2001 VIII R 30/99, BStBl 2001 II 621; 20. 3. 2001 VIII R 44/99, BFH/NV 2001, 1133.

Gesondert festgestellter verrechenbarer Verlust des Vorjahres
./. nach § 15a Abs. 2, Abs. 3 Satz 4 zu verrechnender Gewinn des laufenden Jahres
+ nach § 15a Abs. 1 EStG nicht ausgleichs- und abzugsfähiger Verlust des laufenden Jahres
+ Gewinnzurechnung nach § 15a Abs. 3 EStG wegen Einlage- und Haftungsminderung
./. Verrechnung gem. § 15a Abs. 3 Satz 4 EStG mit dem Gewinn des laufenden Jahres
Verrechenbarer Verlust zum Schluss des Jahres (Vortrag für das Folgejahr).

Wird dem Steuerpflichtigen allein der Vordruck Anlage ESt 1, 2, 3 B (V) übermittelt, der sich auf die bloße rechnerische Ermittlung des verrechenbaren Verlustes beschränkt, erfolgt damit nach dem Urteil des BFH vom 22. 6. 2006[1] keine Feststellung des verrechenbaren Verlustes. Es liegt kein hinreichend bestimmter Feststellungsbescheid vor.

Ist ein Kommanditist unbeschränkt haftender Gesellschafter geworden, kürzen die für ihn für die Vergangenheit festgestellten verrechenbaren Verluste nach dem Urteil des BFH vom 14. 10. 2003,[2] die von ihm als unbeschränkt Haftenden bezogenen Gewinnanteile. Dementsprechend ist das Feststellungsverfahren nach § 15a Abs. 4 EStG gegenüber einem persönlich haftenden Gesellschafter solange fortzuführen, bis sich ein verrechenbarer Verlust von 0 € ergibt. Entsprechendes gilt gegenüber einem Gesellschafter, der ein bisher als Mitunternehmerschaft geführtes Unternehmen als Einzelunternehmer fortführt, sofern für ihn während des Bestehens der Mitunternehmerschaft ein verrechenbarer Verlust festgestellt worden oder ein verrechenbarer Verlust auf ihn übergegangen ist.[3] 1664

Ist ein Inländer, eine inländische PersGes an einer ausländischen Personengesellschaft beteiligt, aus der den Abzugsbeschränkungen des § 15a EStG unterliegende Einkünfte bezogen werden, ist eine gesonderte Feststellung des verrechenbaren Verlustes auch dann erforderlich, wenn an der ausländischen Gesellschaft keine weiteren Steuerinländer beteiligt sind.[4] 1665

(Einstweilen frei) 1666–1670

16. Sinngemäße Anwendung der Grundsätze des § 15a Abs. 1 – 4 EStG auf der KG vergleichbare Unternehmen

a) Allgemeines

Die Regelungen des § 15a Abs. 1 – 4 EStG gelten ausschließlich für Kommanditisten von nach Maßgabe der §§ 161 ff. HGB errichteten KGs. Zur Vermeidung von Umgehungsmöglichkeiten schreibt der Gesetzgeber in § 15a Abs. 5 EStG die sinngemäße Anwendung der Vorschriften des § 15a Abs. 1 Satz 1, Abs. 1a, 2 und 3 Satz 1, 2 und 4 sowie Abs. 4 EStG für andere Unternehmer (Mitunternehmer) vor, wenn deren Haftung der eines Kommanditisten vergleichbar beschränkt ist.[5] Als beispielhaft werden fünf Gruppen von Unternehmen aufgeführt, bei denen derartige Haftungsbeschränkungen nicht 1671

1 IV R 31, 32/05, BStBl 2007 II 687.
2 VIII R 38/02, BStBl 2004 II 115.
3 BFH 11. 5. 1995 IV R 44/93, BFHE 177, 466, DB 1995, 1690.
4 BFH 15. 9. 2004 I R 30/04, BFH/NV 2005, 842.
5 BFH 30. 11. 1993 IX R 60/91, BStBl 1994 II 496.

auszuschließen sind. Im Schrifttum wird weitgehend davon ausgegangen, dass der Gesetzgeber nach gegenwärtigem Sachstand damit wohl alle in Betracht kommenden Sachverhalte angesprochen haben dürfte.[1] *Niehus*,[2] der für Gesellschafter einer Zebragesellschaft,[3] die Einkünfte aus Gewerbebetrieb beziehen, die Einbeziehung in den Anwendungsbereich des § 15a EStG zwar für gerechtfertigt hält, eine diesbezügliche ausdrückliche Regelung jedoch vermisst, hat die Anwendung der Generalklausel des § 15a Abs. 5 EStG offensichtlich nicht in Erwägung gezogen. Die Vorschriften in § 15a Abs. 1 – 4 EStG orientieren sich ausdrücklich an der Gesellschaftsform der KG. Deren entsprechende Anwendung auf andere Unternehmen wird durch § 15a Abs. 5 Satz 1 EStG auf die Sachverhalte beschränkt, die sich aufgrund der unterschiedlichen gesetzlichen Regelungen sowohl bei der KG als auch bei den vergleichbaren Unternehmen ergeben können. Deswegen wird die sinngemäße Anwendung von § 15a Abs. 1 Satz 2 und damit auch von Satz 3 EStG über die erweiterte Außenhaftung sowie der Regelungen über die Gewinnzurechnung nach Haftungsminderung in § 15a Abs. 3 EStG ausdrücklich ausgeschlossen, vgl. dazu auch BFH vom 14. 12. 1995.[4]

1672–1675 *(Einstweilen frei)*

b) Atypisch stille Gesellschaft

1676 Beteiligt sich ein Dritter an einem Handelsgewerbe nach Maßgabe von §§ 230 ff. HGB als stiller Gesellschafter, bezieht er für den Regelfall aus dieser Beteiligung Einnahmen aus Kapitalvermögen i. S. d. § 20 Abs. 1 Nr. 4 EStG. Verluste, die bei den Einkünften aus Kapitalvermögen zu berücksichtigen sind, sind bereits nach dieser Vorschrift in sinngemäßer Anwendung des § 15a EStG nur beschränkt ausgleichs- und abzugsfähig. Handelt es sich um die stille Beteiligung einer Kapitalgesellschaft an einer anderen Kapitalgesellschaft, sind mit Wirkung ab Veranlagungszeitraum 2003 Verluste aus einer derartigen Beteiligung unter den Voraussetzungen des § 10d EStG nur mit Gewinnen verrechenbar, die die Kapitalgesellschaft aus derselben Beteiligung bezieht.[5]

1677 Wird der Gesellschaftsvertrag in einer Weise ausgestattet, dass der stille Gesellschafter Mitunternehmer ist, bezieht er gem. § 15 Abs. 1 Satz 2 Nr. 2 EStG Einkünfte aus Gewerbebetrieb.[6] Bei der stillen Gesellschaft und damit auch bei der atypisch stillen Gesellschaft handelt es sich um eine Innengesellschaft. Deswegen haftet im Außenverhältnis nur der Inhaber des Handelsgeschäftes, nicht hingegen der atypisch stille Gesellschafter. Nach dem Urteil des BFH vom 23. 7. 2002[7] ist die Stellung eines stillen Gesellschafters mit der eines Kommanditisten im Hinblick auf die Anwendung des § 15a EStG dann vergleichbar, wenn der stille Gesellschafter auch über seine Einlage hinaus an Verlusten teilnimmt und das dadurch entstehende negative Kapitalkonto durch Gewinne nachfolgender Jahre wieder ausgeglichen werden soll. Sind hingegen Gewinne un-

1 *Littmann/Bitz/Pust*, § 15 EStG Rn. 43, m. w. N.
2 DStZ 2004, 143.
3 Vgl. dazu Rn. 381.
4 IV R 106/94, BStBl 1996 II 226.
5 § 20 Abs. 1 Nr. 4 i. V. m. § 52 Abs. 1 EStG i. d. F. des Gesetzes v. 22. 12. 2003, BGBl 2003 I 2840.
6 Vgl. dazu Rn. 473 ff.
7 VIII R 36/01, BStBl 2002 II 858.

eingeschränkt entnahmefähig, kommt eine Zurechnung von Verlusten über den Betrag der geleisteten Einlage hinaus nicht in Betracht;[1] mithin kann sich die Frage der Anwendung der Grundsätze des § 15a EStG nicht stellen. Der Umstand, dass zum Ausgleich des negativen Kapitalkontos u. U. Nachschüsse zu leisten sind, führt nicht zu einer Erweiterung des Verlustausgleichs- und -abzugspotenzials; die Regelungen des § 15a Abs. 1 Satz 2 und 3 EStG zur überschießenden Außenhaftung sind nicht anwendbar.[2] Das gilt auch für die Verpflichtung eines atypisch stillen Gesellschafters, gegenüber Gläubigern für Verbindlichkeiten des Unternehmens einzustehen. Die Inanspruchnahme aus solchen Verpflichtungen ist als Einlage zu behandeln, durch die für frühere Jahre festgestellte verrechenbare Verluste nicht ausgleichsfähig werden.[3] Soweit die Einlagen vor dem 25. 12. 2008 geleistet wurden und sie im Jahr ihrer Leistung nicht durch Verluste verbraucht wurden und nur insoweit zu ausgleichsfähigen Verlusten führten, stehen sie zum Ausgleich von Verlusten in nachfolgenden Jahren zur Verfügung, die zu einem negativen Kapitalkonto führen.[4] Für nach dem 24. 12. 2008 geleistete Einlagen wird diese Möglichkeit durch § 15a Abs. 1 EStG ausgeschlossen; wegen Einzelheiten vgl. Rn. 1597 ff. Wird ein atypisch stiller Gesellschafter für Schulden der Gesellschaft in Anspruch genommen, gelten die in Rn. 868 dargestellten Grundsätze entsprechend.[5]

Mit Wirkung ab Veranlagungszeitraum 2003 ist zu beachten, dass Verluste, die eine Kapitalgesellschaft aus einer atypisch stillen Beteiligung an einer anderen Kapitalgesellschaft bezieht, nach § 15 Abs. 4 Satz 6 EStG unter Beachtung der Regelungen des § 15a EStG unter den Voraussetzungen des § 10d EStG nur mit Gewinnen verrechenbar sind, die die Kapitalgesellschaft aus derselben Beteiligung bezieht.[6] Entsprechendes gilt bei Unterbeteiligungen und anderen Innengesellschaften, bei denen die Kapitalgesellschaft mit der anderen Kapitalgesellschaft ein mitunternehmerschaftliches Verhältnis begründet hat. 1678

(Einstweilen frei) 1679–1680

c) Gesellschafter einer GbR

Durch § 15a Abs. 5 Nr. 2 EStG wird die sinngemäße Anwendung der Vorschriften in § 15a Abs. 1 Satz 1, Abs. 1a, 2 und 3 Satz 1, 2 und 4 sowie Abs. 4 EStG[7] angeordnet für die Gesellschafter einer GbR, bei der der Gesellschafter als Unternehmer (Mitunternehmer) anzusehen ist, soweit die Inanspruchnahme des Gesellschafters für Schulden in Zusammenhang mit dem Betrieb durch Vertrag ausgeschlossen oder nach Art und Weise des Geschäftsbetriebs unwahrscheinlich ist. Handelt es sich bei der GbR um eine Außengesellschaft, liegen diese Voraussetzungen regelmäßig nicht vor. Die als Mitunternehmer anzusehenden Gesellschafter haften den Gläubigern der Gesellschaft grund- 1681

1 *Wacker* in Schmidt, EStG § 15a Rz. 200.
2 BFH 7. 10. 1997 VIII R 22/94, BFH/NV 1998, 823, m. w. N.
3 BFH 11. 3. 2003 VIII R 33/01, BStBl 2003 II 705.
4 BFH 20. 9. 2007 IV R 10/07, BStBl 2008 II 118.
5 BFH 5. 2. 2002 VIII R 31/01, BStBl 2002 II 464.
6 § 52 Abs. 1 EStG i. d. F. des Gesetzes v. 22. 12. 2003, BGBl 2003 I 2840.
7 Vgl. Rn. 1471 ff.

sätzlich unbeschränkt auch dann mit ihrem gesamten Vermögen, wenn der im Gesellschaftsvertrag vereinbarte Betrag[1] geleistet wurde.

1682 Eine Haftungsbeschränkung der Gesellschafter kann nur durch eine individuelle Abrede mit den Gesellschaftsgläubigern erreicht werden.[2] In der Vergangenheit ist abweichend davon die Auffassung vertreten worden, dass eine Beschränkung der Gesellschafterhaftung auf einen absoluten Betrag durch eine nach außen erkennbare Begrenzung der Vertretungsmacht der vertretungsberechtigten Gesellschafter erreicht werden konnte. Die FinVerw hat deswegen eine Übergangsregelung dahin gehend getroffen, dass auf Antrag auch mit Wirkung für die Vergangenheit dann von einer beschränkten Haftung der Gesellschafter auszugehen ist, wenn die Gesellschaft bis zum 31.12.2001 in eine GmbH & Co. KG umgewandelt wurde.[3] Wegen der weiteren Verfahrensweise bei Inanspruchnahme dieser Übergangsregelung wird auf die Vfg. der OFD Berlin vom 27.5.2002[4] hingewiesen.

1683–1685 *(Einstweilen frei)*

1686 Handelt es sich bei der GbR um eine Innengesellschaft – wie dies bei einer Unterbeteiligung[5] an einer mitunternehmerschaftlichen Beteiligung regelmäßig der Fall ist –, geht der BFH davon aus, dass eine Haftungsbeschränkung i. S. d. § 15a Abs. 5 Nr. 2 EStG vorliegt.[6] An dieser Beurteilung ändert sich danach auch dann nichts, wenn vom Gesellschafter der Innengesellschaft Außenverpflichtungen übernommen wurden. Zivilrechtlich handelt es sich dabei um eine schuldrechtliche Vereinbarung des Gesellschafters mit dem außenstehenden Gläubiger und nicht um eine gesellschaftsrechtliche Verpflichtung. Unter Hinweis auf die Gesetzesmaterialien[7] und die weitere Rechtsprechung[8] wird dargelegt, dass eine derartige schuldrechtliche Verpflichtung der umfassenden gesellschaftsrechtlichen Außenhaftung des Gesellschafters weder rechtlich noch wirtschaftlich gleichgestellt werden könne. Deswegen sei bei einer Innengesellschaft bei Vorliegen schuldrechtlicher Verpflichtungen des Gesellschafters davon auszugehen, dass eine Haftung i.S.v. § 15a Abs. 5 Nr. 2 EStG stets durch Vertrag ausgeschlossen sei. Dies gelte auch dann, wenn sich der Gesellschafter gegenüber dem tätigen Gesellschafter zum Verlustausgleich verpflichtet habe.[9] Wegen der Unterbeteiligung an einer Kommanditbeteiligung wird im Übrigen auf Rn. 1540 hingewiesen.

1687 Bestehen keine derartigen Haftungsbeschränkungen, kommt die sinngemäße Anwendung der Grundsätze des § 15a Abs. 1 Satz 1, Abs. 1a, 2 und 3 Satz 1, 2 und 4 sowie Abs. 4 EStG bei den Gesellschaftern einer GbR jedoch dann in Betracht, wenn die Inanspruchnahme für Schulden der Gesellschaft nach Art und Weise des Geschäftsbetriebs unwahrscheinlich ist. Die Regelung § 15a Abs. 5 Nr. 2 EStG unterscheidet sich danach

1 Vgl. § 706 Abs. 1 BGB; vgl. auch Rn. 24.
2 BGH 27.9.1999 II ZR 371/98, BGHZ 142, 315; BFH 10.7.2001 VIII R 45/98, BStBl 2002 II 339.
3 BMF 18.7.2000, BStBl 2000 I 1198; 28.8.2001, BStBl 2001 I 614; vgl. auch Rn. 399.
4 DB 2002, 2080, unter Bezugnahme auf eine Entscheidung der obersten FinBeh des Bundes und der Länder.
5 Vgl. Rn. 481 ff.
6 BFH 5.2.2002 VIII R 31/01, BStBl 2002 II 464, m. w. N.
7 BT-Drucks. 8/3648, 17; BT-Drucks. 8/4157, 2.
8 BFH 13.11.1997 IV B 119/96, BStBl 1998 II 109; 16.12.1997 VIII R 76/93, BFH/NV 1998, 576.
9 BFH 10.7.2001 VIII R 45/98, BStBl 2002 II 339.

gegenüber § 15a Abs. 1 Satz 3 EStG[1] dahin gehend, dass nach dieser Vorschrift eine Vermögensminderung aufgrund der Haftung nicht ausgeschlossen und nicht unwahrscheinlich sein darf. Dies hat der BFH in seinen Urteilen vom 17. 12. 1992[2] und vom 30. 11. 1993[3] für den Fall der Beteiligung an einer Bauherrengemeinschaft und damit für den Bereich der Einkünfte aus Vermietung und Verpachtung nur dann angenommen, wenn der kalkulierte Gesamtaufwand durch Eigenkapital und dinglich gesichertes Fremdkapital gedeckt, Kostenerhöhungen bei normalem Lauf der Dinge nicht zu erwarten sind und weitergehende Risiken für den Gesellschafter nicht dargelegt worden sind. Demgegenüber vertritt die FinVerw[4] zur Anwendung der vom BFH insoweit entwickelten Grundsätze bezogen auf die im Bereich der Immobilien-Investitionen anzutreffenden Gestaltungen die Auffassung, dass auch insoweit die für die Anwendung des § 15a Abs. 1 Satz 3 EStG maßgebenden Grundsätze[5] anwendbar seien. Weiter werden dann bestimmte Sachverhaltsmerkmale aufgeführt, bei deren Zusammentreffen von der Unwahrscheinlichkeit der Inanspruchnahme für Schulden der Gesellschaft ausgegangen werden soll.

(Einstweilen frei) 1688–1690

d) Mitunternehmer ausländischer Personengesellschaften

Beteiligt sich ein Inländer an einer nach ausländischem Recht errichteten Gesellschaft 1691
und begründet er damit eine Mitunternehmerschaft, aus der er Einkünfte aus Gewerbebetrieb i. S. d. § 15 Abs. 1 Satz 1 Nr. 2 EStG bezieht, stellt sich die Frage nach der entsprechenden Anwendung der Grundsätze des § 15a EStG gem. Abs. 5 Nr. 3 EStG dann, wenn seine Haftung für Schulden im Zusammenhang mit dem Betrieb der Gesellschaft der eines Kommanditisten oder eines stillen Gesellschafters entspricht oder soweit seine Inanspruchnahme für Schulden im Zusammenhang mit dem Betrieb der Gesellschaft durch Vertrag ausgeschlossen oder nach Art und Weise des Geschäftsbetriebs unwahrscheinlich ist. Soweit diese Einkünfte nicht im Rahmen einer inländischen Betriebsstätte erzielt werden, handelt es sich um ausländische Einkünfte, die der inländischen Besteuerung unterliegen, sofern das mit dem ausländischen Staat geschlossene DBA keine Freistellung von der inländischen Besteuerung und das nationale Steuerrecht keine davon abweichende Regelung vorsieht. In Fällen der Freistellung von der inländischen Besteuerung sind diese ausländischen Einkünfte, sofern die Mitunternehmer natürliche Personen sind, regelmäßig für die Anwendung des Progressionsvorbehalts zu berücksichtigen. Sofern bis einschließlich Veranlagungszeitraum 1998 Verluste bei der Ermittlung des Gesamtbetrags der Einkünfte nach § 2a Abs. 3 EStG abgezogen wurden, stellt sich gem. § 52 Abs. 3 EStG weiterhin die Frage der Hinzurechnung etwaiger Betriebsstättengewinne aus dem Staat, aus dem die zuvor abgezogenen Verluste stammen.

1 Vgl. Rn. 1551 ff.
2 IX R 7/91, BStBl 1994 II 492.
3 IX R 60/91, BStBl 1994 II 496.
4 BMF 30. 6. 1994, BStBl 1994 I 355.
5 Vgl. dazu Rn. 1553 ff.

1692 Die Regelung des § 15a Abs. 5 Nr. 3 EStG ist nach Auffassung des Gesetzgebers aus Gründen der Gleichbehandlung geboten.[1] Wegen weiterer Einzelheiten zu der in diesen Fällen vorgesehenen entsprechenden Anwendung von § 15a Abs. 1 Satz 1, Abs. 1a, 2 und 3 Satz 1, 2 und 4 sowie Abs. 4 EStG wird auf Rn. 1671 hingewiesen.

1693 Die Frage, bei welchen ausländischen Personengesellschaften die Gesellschafter in ihrer Haftung beschränkt sind, ist jeweils im Einzelfall zu prüfen. Die weitere Frage, ob und ggf. in welchem Umfang bei den auf den inländischen Mitunternehmer entfallenden Verlusten die Ausgleichs- und Abzugsbeschränkungen des § 15a EStG zu beachten sind, ist dann nach den für Inlandsbeteiligungen maßgebenden Grundsätzen, wie sie vorstehend dargestellt sind, zu beurteilen.[2]

1694 Durch § 15a Abs. 5 Satz 1 EStG wird die sinngemäße Anwendung von Abs. 1 Satz 2 und 3 EStG ausdrücklich ausgeschlossen. Dies hat zur Folge, dass sich der inländische Gesellschafter, der sich vergleichbar einem Kommanditisten an einer ausländischen Personengesellschaft beteiligt hat, bei nicht vollständig geleisteter Einlage nicht auf eine erweiterte Außenhaftung vergleichbar § 171 Abs. 1 HGB berufen kann.[3] Andererseits sind die Regelungen des § 15a Abs. 3 Sätze 1 und 2 EStG[4] sinngemäß anzuwenden. Danach ist in den Fällen, in denen ein negatives Kapitalkonto durch Entnahmen entsteht, oder sich erhöht, dem Kommanditisten der Betrag der Einlagenminderung grundsätzlich als Gewinn hinzuzurechnen, beschränkt auf den Betrag der Verluste, die im Wirtschaftsjahr der Einlageminderung und den 10 vorangegangenen Wirtschaftsjahren ausgleichs- und abzugsfähig waren. Eine Hinzurechnung wird insoweit ausgeschlossen, als durch die Entnahme eine Haftung i. S. d. § 171 Abs. 1 HGB entsteht, die in diesem Rahmen nach § 15a Abs. 1 Satz 2 EStG berücksichtigungsfähig sind. Diese Regelung ist jedoch in den Fällen des § 15a Abs. 5 Nr. 3 EStG nicht anwendbar, so dass damit in den Fällen der Einlagenminderung i. S. d. § 15a Abs. 3 Satz 1 EStG ein etwaiges Wiederaufleben der Haftung nicht berücksichtigt werden kann.[5]

1695 Ist ein Inländer, eine inländische PersGes, an einer ausländischen PersGes beteiligt, aus der den Abzugsbeschränkungen des § 15a EStG unterliegende Einkünfte bezogen werden, so ist eine gesonderte Feststellung des verrechenbaren Verlustes auch dann erforderlich, wenn an der ausländischen Gesellschaft keine weiteren Steuerinländer beteiligt sind.[6]

e) Haftungslose Verbindlichkeiten

1696 Der Anwendungsbereich der Regelung des § 15a Abs. 5 Nr. 4 EStG, wonach eine die sinngemäße Anwendung des § 15a Abs. 1 Satz 1, Abs. 1a, 2 und 3 Satz 1, 2 und 4 sowie

1 BT-Drucks. 8/3648, 17.

2 Für den Fall einer atypischen stillen Beteiligung an einer österreichischen Personengesellschaft vgl. FG München 9. 3. 2006 13 K 5062/01, EFG 2006, 1309.

3 FG Düsseldorf 3. 11. 2003 7 K 6498/99 F, EFG 2004, 495; aufgehoben aus verfahrensrechtlichen Gründen durch BFH 15. 9. 2004 I R 30/04, BFH/NV 2005, 842.

4 Vgl. Rn. 1571 ff.

5 So auch *Naumann*, DB 1998, 80; a. A. *Eisenach/Weiske*, DB 1987, 1655.

6 BFH 15. 9. 2004 I R 30/04, BFH/NV 2005, 842.

Abs. 4 EStG rechtfertigende Haftungsminderung vorliegt, soweit Verbindlichkeiten nur in Abhängigkeit von Erlösen oder Gewinnen aus der Nutzung, Veräußerung oder sonstigen Verwertung von Wirtschaftsgütern zu tilgen sind, beschränkt sich nicht auf Personengesellschaften, sondern erstreckt sich auf alle Unternehmen, bei denen diese Tatbestandsmerkmale erfüllt sind. Materiell ist diese Vorschrift mit der Einfügung des § 5 Abs. 2a EStG mit Wirkung für nach dem 31. 12. 1998 endende Wirtschaftsjahre[1] gegenstandslos geworden.[2]

(Einstweilen frei) 1697–1700

f) Beschränkt haftende Mitreeder einer Partenreederei

Bei der Partenreederei handelt es sich um eine Mitunternehmerschaft i. S. d. § 15 Abs. 1 1701
Satz 1 Nr. 2 EStG,[3] bei der nach Auffassung des Gesetzgebers[4] nach § 507 Abs. 1 HGB die Stellung der Mitreeder unter bestimmten Voraussetzungen der eines Kommanditisten, entsprechend gestaltet werden kann.[5] Für diese Fälle werden durch § 15a Abs. 5 Nr. 5 EStG die Grundsätze von § 15a Abs. 1 Satz 1, Abs. 1a, 2 und 3 Satz 1, 2 und 4 sowie Abs. 4 EStG für entsprechend anwendbar erklärt. Demgegenüber weist *Wacker*[6] darauf hin, dass der Mitreeder für Schulden der Partenreederei als Teilschuldner nach dem Verhältnis der Größe seines Schiffsparts hafte. Damit seien weder die persönliche Haftung des Mitreeders ausgeschlossen, noch die Inanspruchnahme für Verbindlichkeiten der Reederei unwahrscheinlich. Deswegen könne eine sinngemäße Anwendung von § 15a Abs. 1 – 4 EStG allenfalls nach den Regelungen des § 15a Abs. 5 Nr. 2 EStG für eine GbR[7] in Betracht kommen. In diesem Sinne auch *Bitz*,[8] der der Vorschrift des § 15a Abs. 5 Nr. 5 EStG deswegen nur eine klarstellende Bedeutung beilegt.

(Einstweilen frei) 1702–1705

17. Anwendung des § 15a EStG bei Auslandsaktivitäten inländischer Unternehmen

Entfaltet eine inländische Mitunternehmerschaft gewerbliche Aktivitäten auch im Rah- 1706
men von im Ausland unterhaltenen Betriebsstätten, sind die daraus erzielten Einkünfte nach den in Rn. 1431 ff. dargestellten Grundsätzen unter den unterschiedlichsten Gesichtspunkten auch für die inländische Besteuerung bedeutsam. Allen denkbaren Konstellationen ist gemeinsam, dass die zutreffende Besteuerung der Mitunternehmer nur dann gewährleistet ist, wenn das von der Mitunternehmerschaft für das einzelne Wirt-

1 § 52 Abs. 12a EStG i. d. F. des StBereinG 1999 v. 22. 12. 1999, BGBl 1999 I 2601.
2 *Wacker* in Schmidt, EStG § 15a Rz. 208, m. w. N.
3 Vgl. Rn. 438.
4 BT-Drucks. 10/2370, 11; vgl. dazu auch BFH 10. 7. 1980 IV R 12/80, BStBl 1981 II 90; 5. 11. 1985 VIII R 257/80, BStBl 1986 II 53.
5 Vgl. auch *Bordewin/Söffing/Brandenberg*, a. a. O., Rn. 241 – 244.
6 *Wacker* in Schmidt, EStG § 15a Rz. 209.
7 Vgl. Rn. 21 ff.
8 *Littmann/Bitz/Pust*, § 15a EStG Rn. 47a.

schaftsjahr erzielte Ergebnis anteilig dem inländischen Stammhaus und der ausländischen Betriebsstätte zugeordnet wird. Werden Betriebsstätten in mehreren Staaten unterhalten, sind die Betriebsstättenergebnisse für die jeweiligen Staaten gesondert zu ermitteln. Dabei ist es unerheblich, ob

- die Betriebsstättenergebnisse der inländischen Besteuerung unter Anrechnung der im Betriebsstättenstaat erhobenen Steuern der inländischen Besteuerung unterliegen, weil mit dem Betriebsstättenstaat kein DBA besteht oder das anzuwendende DBA Deutschland als Ansässigkeitsstaat insoweit das Besteuerungsrecht belässt oder
- die Betriebsstättenergebnisse nach Maßgabe des maßgebenden DBA von der inländischen Besteuerung freizustellen und bei natürlichen Personen für die Anwendung des Progressionsvorbehalts zu berücksichtigen sind; bei Betriebsstättengewinnen kann sich für die Veranlagungszeiträume ab 1999 die Frage einer Hinzurechnung nach § 52 Abs. 3 EStG bei der Ermittlung des Gesamtbetrags der Einkünfte stellen, sofern in Vorjahren Betriebsstättenverluste nach § 2 Abs. 3 EStG abgezogen wurden.

Angesichts der unterschiedlichsten steuerlichen Folgen, die sich für das vom inländischen Stammhaus anteilig erzielte Ergebnis einerseits und den in den ausländischen Betriebsstätten erzielten Anteilen am Gesamtergebnis andererseits ergeben, ist auch zu prüfen, welche Auswirkungen sich aufgrund des § 15a EStG ergeben. Bei den nachfolgenden Beispielen ist zu beachten, dass die nach Maßgabe des DBA-Spanien von der inländischen Besteuerung freizustellenden positiven und negativen Betriebsstätteneinkünfte auch nach Änderung des § 32b durch das JStG 2009[1] dem Progressionsvorbehalt unterliegen. Weiter wird davon ausgegangen, dass es sich bei den ausländischen Betriebsstättenverlusten nicht um „finale" Betriebsstättenverluste i. S. d. Urteile des BFH vom 9.6.2010[2] handelt.

1707 Die FinVerw geht in Tz. 2.5 des BMF-Schreibens vom 24. 12. 1999[3] davon aus, dass eine Betriebsstätte für Zwecke der Gewinnermittlung mit einem angemessenen Eigenkapital, dem sog. Dotationskapital, auszustatten sei. Damit werden die beiden Betriebsteile – inländisches Stammhaus und ausländische Betriebsstätte – insoweit praktisch verselbständigt. Diese Regelung gilt jedoch nicht für die Anwendung des § 15a EStG. Nach R 15a Abs. 5 Satz 1 EStR ist auf den Anteil am Verlust aus ausländischen Betriebsstätten § 15a EStG auf der Ebene der Gesellschaft anzuwenden; eine isolierte Betrachtung auf der Ebene der Betriebsstätte wird damit ausgeschlossen. Danach können sich Einschränkungen bei dem Verlustausgleich und -abzug nach § 15a EStG nur dann ergeben, wenn der dem Mitunternehmer zuzurechnende Anteil am Verlust der Mitunternehmerschaft insgesamt zu einem negativen Kapitalkonto geführt oder ein solches erhöht hat.[4]

1 Vom 24. 12. 2008, BGBl 2008 I 2794; vgl. dazu Grotherr, IWB 2009, Fach 3 Deutschland Gr. 1, S. 2373.
2 I R 100/09, BStBl 2010 II 1065 und I R 107/09, BFH/NV 2010, 1744.
3 BStBl 1999 I 1976 – sog. Betriebsstätten-Verwaltungsgrundsätze; die hier zitierten Ausführungen sind nach Tz. 7 des BMF-Schreibens v. 16. 4. 2010, BStBl 2010 I 354, weiterhin zu beachten.
4 Vgl. *Grützner*, IWB F. 3. Gr. 3, 1059, 1066 f.; *Klass*, StBp 1992, 127; *Krabbe*, FR 1980, 532.

BEISPIEL: A ist Kommanditist der inländischen X-GmbH & Co. KG, die in Spanien eine Betriebsstätte unterhält, die einer aktiven Tätigkeit i. S. d. § 2a Abs. 2 Satz 1 EStG nachgeht. Sein Kapitalkonto i. S. d. § 15a EStG beträgt zu Beginn des Wirtschaftsjahres 01 insgesamt 100 000 €. Davon entfallen 80 000 € auf das inländische Stammhaus und 20 000 € auf die spanische Betriebsstätte. Insgesamt gesehen entfällt auf ihn für das Wirtschaftsjahr 01 ein Gewinnanteil von 30 000 €. Davon wurden 60 000 € im Inland erwirtschaftet, während ihm aus der spanischen Betriebsstätten ein anteiliger Verlust von 30 000 € zuzurechnen ist. Entnahmen und Einlangen erfolgten im Wirtschaftsjahr 01 nicht.

Für A ist danach insgesamt kein negatives Kapitalkonto entstanden, so dass die Beschränkungen des § 15a EStG nicht eingreifen. Im Inland ist der Gewinnanteil von 60 000 € zu besteuern, der Betriebsstättenverlust ist aufgrund des Art. 23 Abs. 1 DBA-Spanien nicht berücksichtigungsfähig, jedoch ggf. bei der Anwendung des Progressionsvorbehalts zu berücksichtigen.

Wollte man Stammhaus und Betriebsstätte auch für die Anwendung des § 15a EStG verselbständigen, würde dies in der Betriebsstätte zu einem negativen Kapitalkonto von 10 000 € und zu einem verrechenbaren Verlust in dieser Höhe führen, obwohl das Kapitalkonto des A insgesamt noch positiv ist und er den Verlust damit tatsächlich getragen hat.

Nach der hier vertretenen Auffassung stellt sich die Frage der Anwendung des § 15a EStG nur dann, wenn das Kapitalkonto des einzelnen Kommanditisten in der Bilanz der Gesellschaft durch die Zuweisung eines Verlustes insgesamt negativ wird oder sich dadurch ein bereits vorhandenes negatives Kapitalkonto erhöht. Ist dieser Verlust in der Betriebsstätte entstanden, ist der verrechenbare Verlust der Betriebsstätte, ist er hingegen im Stammhaus erwirtschaftet worden, ist er dem Stammhaus zuzuordnen. 1708

BEISPIEL: Sachverhalt wie Beispiel in Rn. 1707 mit der Maßgabe, dass auf A für das Wirtschaftsjahr 01 ein Verlustanteil von insgesamt 110 000 € entfällt, der sich nach einem anteiligen Verlust des Stammhauses i. H. v. 120 000 € und einem anteiligen Gewinn aus der spanischen Betriebsstätte von 10 000 € ergeben hat.

Dieser Verlust führt bei A zum 31. 12. 01 zu einem negativen Kapitalkonto von 10 000 €. Dies hat zur Folge, dass der auf das Stammhaus entfallende Verlustanteil von 120 000 € nach Verrechnung mit dem Gewinnanteil aus der spanischen Betriebsstätte zu einem negativen Kapitalkonto von 10 000 € geführt hat. Für das Wirtschaftsjahr 01 ergibt sich danach für A ein unter Beachtung des § 15a EStG berücksichtigungsfähiger Verlust von 110 000 € sowie ein nach § 15a Abs. 2 EStG verrechenbarer Verlust von 10 000 €. Der Gewinnanteil aus der spanischen Betriebsstätte ist nach Art. 23 Abs. 1 DBA-Spanien von der inländischen Besteuerung mit der Maßgabe freizustellen, dass er für die Anwendung des Progressionsvorbehalts zu berücksichtigen ist.

Für die hier vertretene Auffassung spricht die vom BFH in den Fällen des Bezugs inländischer steuerfreier Einkünfte gebilligte Verfahrensweise, vgl. dazu Rn. 1490. Es sind deswegen keine Gesichtspunkte ersichtlich, die es rechtfertigen könnten, bei Bezug von nach DBA freizustellenden Einkünften nach anderen Grundsätzen zu verfahren.

Wird der Verlust bei positivem Ergebnis des Stammhauses ausschließlich in der ausländischen Betriebsstätte erwirtschaftet, stellt sich die Frage der Anwendung des § 15a EStG dementsprechend ausschließlich im Verhältnis zum Betriebsstättenergebnis. 1709

BEISPIEL: Sachverhalt wie in Rn. 1708 mit der Abweichung, dass der Verlustanteil von 110 000 € sich dadurch ergeben hat, dass aus dem Stammhaus ein Gewinnanteil von 10 000 €, aus der spanischen Betriebsstätte ein Verlustanteil von 120 000 € zu berücksichtigen ist. Das negative Kapitalkonto von 10 000 € ist danach ausschließlich durch den Verlustanteil aus der spanischen Betriebsstätte entstanden.

A ist mit dem Gewinnanteil aus dem inländischen Stammhaus i. H. v. 10 000 € zu veranlagen. Der Verlustanteil aus der spanischen Betriebsstätte i. H. v. 120 000 € ist nach Art. 23 Abs. 1 DBA-Spanien nicht berücksichtigungsfähig. Er ist jedoch unter Beachtung des § 15a EStG für das Wirtschaftsjahr 01 i. H. v. 110 000 € ggf. für die Anwendung des Progressionsvorbehalts zu berücksichtigen, hinsichtlich des verbleibenden Verlustbetrages von 10 000 € ergibt sich ein nach § 15a Abs. 2 EStG verrechenbarer Verlust.

1710 Ist dagegen der Verlust, durch den ein negatives Kapitalkonto entsteht oder sich erhöht, sowohl durch das Stammhaus als auch durch die Betriebsstätte erwirtschaftet worden, fragt sich, ob die Beschränkungen des § 15a EStG im Verhältnis zu dem einen oder anderen Betriebsteil vorrangig anzuwenden ist. Folgt man der hier vertretenen Auffassung, dass das Unternehmen und damit die Beteiligung für die Anwendung des § 15a EStG als eine Einheit anzusehen ist, erscheint es sachgerecht, wenn die Rechtsfolgen für beide Betriebsteile anteilig gezogen werden. Dabei dürfte es den tatsächlichen Verhältnissen am nächsten kommen, wenn auf das Verhältnis der Verlustanteile zueinander abgestellt wird.

BEISPIEL: Sachverhalt wie in Rn. 1709 mit der Maßgabe, dass der Verlustanteil von insgesamt 110 000 mit 27 500 € im Inland und 82 500 € in der spanischen Betriebsstätte entstanden ist. Das negative Kapitalkonto von 10 000 € ist damit i. H. v. 2 500 € durch den in dem inländischen Stammhaus erwirtschafteten Verlust i. H. v. 7 500 € durch den in der spanischen Betriebsstätte angefallenen Verlust entstanden. Danach sind für das Wirtschaftsjahr 01 bei A folgende Besteuerungsgrundlagen zu berücksichtigen:

Inland	
Berücksichtigungsfähiger Verlust	25 000 €
nach § 15a Abs. 2 EStG verrechenbarer Verlust	2 500 €
Spanien	
nach § 23 Abs. 1 DBA-Spanien nicht berücksichtigungsfähig insgesamt	82 500 €
Davon für Progressionsvorbehalt berücksichtigungsfähig	75 000 €
nach § 15a Abs. 2 EStG verrechenbarer Verlust	7 500 €

1711 Nach § 15a Abs. 1 EStG nicht ausgeglichene und nicht abgezogene Verluste mindern nach § 15a Abs. 2 EStG die Gewinne, die dem beschränkt haftenden Mitunternehmer in späteren Wirtschaftsjahren aus seiner Beteiligung an der Mitunternehmerschaft zuzurechnen sind. Unproblematisch ist dies, wenn sich sowohl für das Stammhaus als auch die Betriebsstätte verrechenbare Verluste i. S. d. § 15a Abs. 2 EStG ergeben haben, im nachfolgenden Wirtschaftsjahr beide Unternehmensteile Gewinn in einem Umfang erzielt haben, die eine Verrechnung mit den bisher nicht berücksichtigten Verluste nach § 15a Abs. 2 EStG möglich ist.

BEISPIEL: Fortsetzung des Beispiels in Rn. 1710 mit der Maßgabe, dass sich für das nachfolgende Wirtschaftsjahr für A ein Gewinnanteil von insgesamt 25 000 € ergeben hat, der zu 10 000 € im inländischen Stammhaus, zu 15 000 € in der spanischen Betriebsstätte erwirtschaftet wurde.

A hat danach im Inland nach Berücksichtigung des verrechenbaren Verlustes von 2 500 € einen Gewinnanteil von 7 500 € zu versteuern. Der Betriebsstättengewinn von 15 000 € ist um den anteiligen verrechenbaren Verlust von 7 500 € zu kürzen. Der verbleibende Betrag von 7 500 €

ist gem. Art. 23 Abs. 1 DBA-Spanien von der inländischen Besteuerung freizustellen, jedoch für die Anwendung des Progressionsvorbehalts zu berücksichtigen. Zum 31. 12. 02 ist kein verrechenbarer Verlust mehr festzustellen.

Sollte für A noch eine Hinzurechnungsverpflichtung nach § 52 Abs. 3 EStG im Hinblick auf in Veranlagungszeiträumen vor 1999 nach § 2a Abs. 3 EStG bei der Ermittlung des Gesamtbetrags der Einkünfte abgezogene Betriebsstättenverluste aus Spanien bestehen, wäre der nach Berücksichtigung des verrechenbaren Verlustes verbleibende Teil des Betriebsstättengewinns von 7 500 € insoweit bei der Ermittlung des Gesamtbetrags der Einkünfte hinzuzurechnen; eine Berücksichtigung für die Anwendung des Progressionsvorbehalts käme dann nicht in Betracht. 1712

Fraglich ist, wie zu verfahren ist, wenn das Gesamtergebnis durchaus eine Verrechnung nach § 15a Abs. 2 EStG insgesamt zulassen würde, jedoch aufgrund der unterschiedlichen Entwicklung der anteiligen Ergebnisse von Stammhaus und Betriebsstätte bei Berücksichtigung der anteiligen verrechenbaren Verluste keine vollständige Verrechnung möglich ist. 1713

BEISPIEL: Abwandlung des Beispiels in Rn. 1711 mit der Maßgabe, dass sich für A für das Wirtschaftsjahr 02 ein Gewinnanteil von insgesamt 25 000 € ergeben hat, der zu 30 000 € im inländischen Stammhaus erwirtschaftet wurde, während sich in der spanischen Betriebsstätte ein Verlust von 5 000 € ergab.

Folgt man der hier vertretenen Auffassung, dass für die Anwendung des § 15a EStG auf die Beteiligung des Kommanditisten insgesamt abzustellen ist, ist der verrechenbare Verlust insgesamt mit dem im Stammhaus erzielten Gewinn zu verrechnen, so dass A mit einem Gewinnanteil von 20 000 € der Besteuerung unterliegt. Der Betriebsstättenverlust von 5 000 € ist nach Art. 23 Abs. 1 DBA bei der Ermittlung des zu versteuernden Einkommens nicht abzugsfähig, jedoch für die Anwendung des Progressionsvorbehalts zu berücksichtigen. Zum 31. 12. 02 ist kein verrechenbarer Verlust mehr festzustellen.

Würde man hingegen den verrechenbaren Verlust für beide Unternehmensteile getrennt fortführen, würde sich bei Kürzung des Gewinnanteils aus dem Stammhaus um den anteiligen verrechenbaren Verlust von 2 500 € ein im Inland zu besteuernder Gewinnanteil von 27 500 € ergeben. Für die Anwendung des Progressionsvorbehalts wäre ein Betriebsstättenverlust von 5 000 € zu berücksichtigen, zugleich verbliebe es bei dem verrechenbaren Verlust von 7 500 €. 1714

Danach ergibt sich bei einheitlicher Behandlung des verrechenbaren Verlustes grundsätzlich eine für den Mitunternehmer günstigere steuerliche Auswirkung als bei getrennter Fortführung der verrechenbaren Verluste. Ein anderes Ergebnis tritt ein, wenn im Folgejahr Verluste ausschließlich im Stammhaus anfallen, während in der ausländischen Betriebsstätte ein Gewinn erzielt wird. 1715

BEISPIEL: Abwandlung des Beispiels in Rn. 1713 dahin gehend, dass sich für A für das Wirtschaftsjahr 02 ein Gewinnanteil von insgesamt 25 000 € ergeben hat, der sich aus einem im Stammhaus erzielten Verlust von 5 000 € und einem in der Betriebsstätte erzielten Gewinn von 30 000 € zusammensetzt.

Bei der inländischen Besteuerung ist der Verlust des Stammhauses mit 5 000 € zu berücksichtigen. Der von der inländischen Besteuerung freizustellende ggf. für die Anwendung des Progressionsvorbehalts zu berücksichtigende Betriebsstättengewinn von 30 000 € ist um den verrechenbaren Verlust von 10 000 € zu kürzen, so dass insoweit noch ein Betrag von 20 000 € zu berücksichtigen ist. Dieser Betrag wäre alternativ nach den in Rn. 1712 dargestellten Grundsätzen bei Vorliegen der weiteren Voraussetzungen auch bei einer Hinzurechnung nach § 52 Abs. 3 EStG zu berücksichtigen.

Bei einer getrennten Fortführung des verrechenbaren Verlustes bei Besteuerung im Inland ebenfalls der Verlustanteil aus dem Stammhaus mit 5 000 € zu berücksichtigen. Es verbleibt bei dem verrechenbaren Verlust von 2 500 €, der damit zur Verrechnung mit künftigen Gewinnanteilen aus dem Stammhaus zur Verfügung steht. Der von der inländischen Besteuerung freizustellende, für die Anwendung des Progressionsvorbehalts, ggf. für eine Hinzurechnung nach § 52 Abs. 3 EStG zu berücksichtigende Betriebsstättengewinn ist um 7 500 € zu kürzen, so dass dafür 22 500 € verbleiben.

1716 Durch die hier für zutreffend erachtete Vorgehensweise wird erreicht, dass der Grundkonzeption des § 15a EStG entsprechend Verluste in dem Umfang steuerlich berücksichtigt werden, in dem sie der Mitunternehmer nach den Vorstellungen des Gesetzgebers auch getragen hat. Die alternativ vorgestellte Lösungsmöglichkeit führt jedoch dazu, dass Verluste in einem größeren Umfang steuerlich unberücksichtigt bleiben, als dies nach dem gesetzgeberischen Plan vorgesehen ist. Danach ist nach § 15a Abs. 4 EStG[1] jeweils der verrechenbare Verlust insgesamt festzustellen. Eine Aufteilung dieses Betrags auf das inländische Stammhaus und die ausländische Betriebsstätte kommt nicht in Betracht.

1717 Nach § 15a Abs. 3 Satz 1 EStG führen Einlagenminderungen in den Fällen, in denen ein negatives Kapitalkonto dadurch entsteht oder erhöht wird, dass Teile der Einlage zurückgezahlt oder Entnahmen getätigt werden, zu der Hinzurechnung eines Gewinns. Ein derartiger Gewinn mindert die dem Mitunternehmer in nachfolgenden Wirtschaftsjahren aus seiner Beteiligung zuzurechnenden Gewinne.[2] Auch in diesen Fällen stellt sich die Frage, ob und nach welchen Grundsätzen dieser Gewinn auf das inländische Stammhaus und die ausländische Betriebsstätte aufzuteilen ist. Die Einlagenrückgewähr, die Entnahmen, berühren das Haftungspotenzial des einzelnen Mitunternehmers insgesamt und sind nicht beschränkt auf das Stammhaus oder die Betriebsstätte. Danach ist eine Aufteilung erforderlich. Als Aufteilungsmaßstab dürfte das Verhältnis zwischen anteiligem Stammhausvermögen und anteiligem Betriebsvermögen im Zeitpunkt der Einlagenminderung in Betracht kommen. Sofern und soweit in einem derartigen Fall nicht auf die Hinzurechnung eines Gewinns infolge Wiederauflebens der Außenhaftung nach § 171 Abs. 1 HGB verzichtet werden kann, entsteht in diesem Verhältnis ein im Inland zu besteuernder Gewinn und ein nach Maßgabe des DBA freizustellender, für die Anwendung des Progressionsvorbehalts, ggf. für eine Hinzurechnung nach § 52 Abs. 3 EStG zu berücksichtigender Betriebsstättengewinn. Damit dürfte unter dem hier maßgebenden Gesichtspunkt der Einheitlichkeit der Beteiligung den Vorstellungen des Gesetzgebers am ehesten entsprochen werden. Bei der Feststellung des verrechenbaren Verlustes ist es aus den in Rn. 1716 dargelegten Gründen nicht erforderlich, zwischen Stammhausgewinn und Betriebsstättengewinn zu unterscheiden.

1 Vgl. Rn. 1661 ff.
2 Vgl. Rn. 1571 ff.

In den Fällen der Haftungsminderung nach § 15a Abs. 3 Satz 3 EStG[1] ist entsprechend zu verfahren. 1718

(Einstweilen frei) 1719–1730

XII. Eingeschränkte Verlustberücksichtigung bei atypisch stillen Gesellschaften nach § 15 Abs. 4 EStG

Literatur: *Wißborn*, Verlustabzugsbeschränkung für Verluste aus atypisch stillen Beteiligungen – Anwendungsschreiben des BMF vom 19. 11. 2008, NWB 2009, 199; *Grützner*, Verlustabzugsbeschränkungen bei atypisch oder typisch stiller Beteiligung einer Kapitalgesellschaft an einer anderen Kapitalgesellschaft – Anmerkungen zum BMF-Schreiben vom 19. 11. 2008, BStBl 2008 I 970, StuB 2009, 132; *Götz/Bindl*, Die Verlustabzugsbeschränkung nach § 15 Abs. 4 Satz 6 – 8 EStG – Anmerkungen zum BMF-Schreiben vom 19. 11. 2008, GmbHR 2009, 584.

In der Vergangenheit wurde es für zulässig erachtet, Verluste einer Kapitalgesellschaft 1731
unter bestimmten Voraussetzungen auch unmittelbar bei Minderheitsgesellschaftern zu berücksichtigen, sofern sich die Minderheitsgesellschafter zur gemeinschaftlichen Verwaltung ihrer betreffenden Beteiligungen zusammengeschlossen hatten – sog. Mehrmütterorganschaft. Dies ist nach §§ 14 ff. KStG i. d. F. des Steuervergünstigungsabbaugesetzes vom 16. 5. 2003[2] ab Veranlagungszeitraum 2003 nicht mehr möglich. Mit der gleichzeitigen Einführung der Regelung in § 15 Abs. 4 Satz 6 – 8 EStG, die durch das Gesetz zur Umsetzung der Protokollerklärung der Bundesregierung zur Vermittlungsempfehlung zum Steuervergünstigungsabbaugesetz vom 22. 12. 2003[3] modifiziert wurde, sollte Umgehungen der Aufhebung des Instituts der Mehrmütterorganschaft entgegengewirkt werden. Die Rechtmäßigkeit dieser Regelungen ist nicht unumstritten.[4]

Nach § 15 Abs. 4 Satz 6 EStG[5] dürfen Verluste aus stillen Gesellschaften, Unterbetei- 1732
ligungen oder sonstigen Innengesellschaften an Kapitalgesellschaften, bei denen der Gesellschafter oder Beteiligte als Mitunternehmer anzusehen ist, weder mit Einkünften aus Gewerbebetrieb noch aus anderen Einkunftsarten ausgeglichen werden; weiter wird der Abzug nach § 10d EStG ausgeschlossen. Die Verluste mindern jedoch nach Maßgabe des § 10d EStG die Gewinne, die der Gesellschafter oder Beteiligte in dem vorangegangenen Wirtschaftsjahr oder in folgenden Wirtschaftsjahren aus derselben stillen Gesellschaft, Unterbeteiligung oder sonstigen Innengesellschaft bezieht. Die Beschränkungen des Verlustausgleichs und des Verlustabzugs gelten nicht, soweit der Verlust auf eine natürliche Person als unmittelbar oder mittelbar beteiligtem Mitunternehmer entfällt. Für typisch stille Beteiligungen wird im Übrigen die sinngemäße Anwendung von § 15 Abs. 4 Satz 6 bis 8 EStG durch § 20 Abs. 1 Nr. 4 EStG angeordnet. Der Anwendungsbereich von § 15 Abs. 4 Satz 6 – 8 EStG beschränkt sich danach auf die Berücksichtigung von Verlusten aus typisch und aus atypisch stillen Beteiligungen und

1 Vgl. Rn. 1586 ff.

2 BGBl 2003 I 660.

3 BGBl 2003 I 2840.

4 Vgl. z. B. die Nachweise bei *Intemann* in Herrmann/Heuer/Raupach, § 15 EStG Anm. 1581.

5 I. d. F. des Gesetzes zur Umsetzung der Protokollerklärung der Bundesregierung zur Vermittlungsempfehlung zum Steuervergünstigungsabbaugesetz v. 22. 12. 2003, BGBl 2003 I 2840.

vergleichbaren Innengesellschaften an Kapitalgesellschaften an denen unmittelbar oder mittelbar Kapitalgesellschaften beteiligt sind.[1] Werden zwei derartige Beteiligungen gehalten, darf ein Verlust aus einer Beteiligung auch nicht mit einem Gewinn aus der anderen Beteiligung ausgeglichen werden. Er darf ferner im Rahmen des § 10d EStG Gewinne aus der anderen Beteiligung nicht mindern.

1733 Bereits mit Beschluss vom 3. 2. 2005[2] hielt es der BFH für ernstlich zweifelhaft, ob der Ausschluss des Ausgleichs von Verlusten aus stillen Beteiligungen an Kapitalgesellschaften gem. § 15 Abs. 4 Satz 6 EStG insoweit rechtmäßig ist, als er sich ohne Einschränkung auch auf Verluste bezieht, die auf vor dem Jahr 2003 begründeten Verpflichtungen beruhen. Nunmehr hat der BFH in dem Verfahren I R 62/08 in der Hauptsache zu entscheiden. Er hat mit Beschluss vom 20. 10. 2010[3] das BMF zum Beitritt aufgefordert und um Stellungnahme zu den folgenden Fragen gebeten:

1. Schließt § 15 Abs. 4 Satz 6 und 7 i. V. m. § 20 Abs. 1 Nr. 4 Satz 2 EStG 2002 i. d. F. des StVergAbG[4] den Abzug eines Verlustes aus, der darauf beruht, dass eine Kapitalgesellschaft eine stille Beteiligung am Unternehmen einer anderen Kapitalgesellschaft in ihrer Bilanz gemäß § 6 Abs. 1 Nr. 2 Satz 2 EStG 2002 mit dem niedrigeren Teilwert bewertet?

2. Ist es mit Art. 3 Abs. 1 GG vereinbar, dass § 15 Abs. 4 Satz 6 und 7 i. V. m. § 20 Abs. 1 Nr. 4 Satz 2 EStG 2002 i. d. F. des StVergAbG einen Abzug von Verlusten nur für die Beteiligung einer Kapitalgesellschaft ausschließen?

3. Ist es mit den Regeln zum verfassungsrechtlichen Vertrauensschutz vereinbar, § 15 Abs. 4 Satz 6 und 7 i. V. m. § 20 Abs. 1 Nr. 4 Satz 2 EStG 2002 i. d. F. des StVergAbG auf Verluste anzuwenden, die auf einer im Februar 2002 vereinbarten stillen Beteiligung beruhen und im Veranlagungszeitraum 2003 entstanden sind?

Danach steht die Frage der Rechtmäßigkeit der Regelungen in § 15 Abs. 4 Satz 6 und 7 EStG nunmehr umfassend auf dem Prüfstand.

1734 Besondere verfahrensrechtliche Vorschriften zur Anwendung von § 15 Abs. 4 Satz 6 – 8 EStG wurden nicht getroffen. Für den Fall einer mitunternehmerschaftlichen Beteiligung soll nach Tz. 11, 12 des BMF-Schreibens vom 29. 11. 2008[5] darüber im Besteuerungsverfahren des betroffenen Mitunternehmers entschieden werden. Die Höhe des den Ausgleichs- und Abzugsbeschränkungen unterliegenden Verlusts soll dem für die Besteuerung des Mitunternehmers zuständigen Finanzamt von dem für die Mitunternehmerschaft zuständigen Feststellungsfinanzamt nachrichtlich mitgeteilt werden. Es ist zweifelhaft, ob die Entscheidung über die Anwendung des § 15 Abs. 4 Satz 6 – 8 EStG durch das für die Besteuerung des Mitunternehmers zuständige Finanzamt zulässig ist, sie ist zumindest nicht sachgerecht.[6] Etwas anderes hat für den Fall einer unmittelbaren typischen stillen Beteiligung zu gelten. Wird die typisch stille Beteiligung hin-

1 Tz. 1 BMF 19. 11. 2008, BStBl 2008 I 970.
2 I B 208/04, BStBl 2005 II 351.
3 I R 62/08, DStR 2010, 2619.
4 Gesetz zum Abbau von Steuervergünstigungen und Ausnahmeregelungen (Steuervergünstigungsabbaugesetz) v. 16. 5. 2003, BGBl 2003 I 660.
5 BStBl 2008 I 970.
6 *Grützner*, StuB 2009, 132.

gegen durch eine Mitunternehmerschaft vermittelt, ist für diese eine gesonderte und einheitliche Feststellung nach § 180 Abs. 1 Nr. 2 Buchst. a AO durchzuführen.

Die ursprüngliche Regelung des § 15 Abs. 4 Satz 6 EStG führte nur dann zum eingeschränkten Verlustausgleich und Verlustabzug, wenn die mitunternehmerschaftliche Beteiligung von einer Kapitalgesellschaft unmittelbar an einer anderen Kapitalgesellschaft begründet wurde. Keine Einschränkungen ergaben sich hingegen, wenn die Beteiligung durch eine weitere Mitunternehmerschaft vermittelt wurde. Die ab 2004 maßgebende Fassung[1] sieht den eingeschränkten Verlustausgleich und -abzug auch bei mittelbarer Beteiligung vor. 1735

BEISPIEL: Gesellschafter der X-GmbH sind zu je 50 % die A-GmbH und die B-GmbH & Co. KG, an deren Vermögen und damit an deren Ergebnissen ausschließlich natürliche Personen beteiligt sind. Zwischen den Gesellschaftern der A-GmbH und der B-GmbH & Co. bestehen keine gesellschaftsrechtlichen Beziehungen. An der X-GmbH werden atypisch stille Beteiligungen begründet

a) durch die A-GmbH und die B-GmbH & Co. KG,

b) durch die Y-GmbH & Co. KG, an deren Ergebnissen zu 100 % die A-GmbH beteiligt ist, und durch die B-GmbH & Co. KG.

Verluste, die auf die atypisch stille Beteiligung der B-GmbH & Co. KG entfallen, unterliegen keinen Abzugs- und Ausgleichsbeschränkungen nach § 15 Abs. 4 Satz 6 – 8 EStG; derartige Beschränkungen können sich lediglich aus § 15a Abs. 5 Nr. 1 EStG[2] ergeben.

Dagegen unterfällt in der Sachverhaltsvariante a die atypisch stille Beteiligung der A-GmbH ab 2003, in der Sachverhaltsvariante b die atypisch stille Beteiligung der Y-GmbH & Co. KG ab 2004 den Regelungen von § 15 Abs. 4 Satz 6 – 8 EStG.

Nach Tz. 2 des BMF-Schreibens vom 19. 11. 2008[3] ist § 15 Abs. 4 Satz 6 ff. EStG auf den nach den einkommensteuerrechtlichen Vorschriften ermittelten und nach Anwendung des § 15a EStG ausgleichsfähigen Verlust anzuwenden. Die in Tz. 9 dieses Schreibens enthaltenen Beispiele gehen jeweils von Verlustanteilen aus, die auch den Regelungen des § 15a EStG unterfallen. Nach Tz. 3 dieses Schreibens sollen den Ausgleichs- und Abzugsbeschränkungen lediglich der laufende Verlust aus der Beteiligung, nicht hingegen der Verlust der Beteiligung oder ein etwaiger Veräußerungsverlust unterliegen. Daraus lässt sich für den Fall einer mitunternehmerschaftlichen Beteiligung folgern, dass die Ergebnisse einer etwaigen Ergänzungsbilanz[4] einzubeziehen sind, andererseits aber die Ergebnisse etwaigen Sonderbetriebsvermögens unberücksichtigt bleiben.[5] Offen ist bei einer mitunternehmerschaftlichen Beteiligung im Übrigen nach welchen Gesichtspunkten zwischen einem laufenden Verlust und dem „Verlust der Beteiligung" zu unterscheiden ist.[6] 1736

1 Gesetz zum Abbau von Steuervergünstigungen und Ausnahmeregelungen (Steuervergünstigungsabbaugesetz) v. 16. 5. 2003, BGBl 2003 I 660.

2 Vgl. Rn. 1676 ff.

3 BStBl 2008 I 970.

4 Vgl. Rn. 1511 ff.

5 *Grützner*, StuB 2009, 132; vgl. auch *Wacker* in Schmidt, EStG § 15 Rz. 909, m. w. N.

6 Vgl. auch Rn. 1740.

1737 Verluste eines atypisch stillen Gesellschafters unterliegen den Ausgleichs- und Abzugsbeschränkungen des § 15a Abs. 5 Nr. 1 EStG.[1] Bei Unterbeteiligungen und sonstigen Innengesellschaften ist zu prüfen, ob ein Anwendungsfall des § 15a Abs. 5 Nr. 2 EStG vorliegt.[2] Danach ergibt sich in den Fällen des § 15 Abs. 4 Satz 6 – 8 EStG regelmäßig eine zweifache Beschränkung des Verlustausgleichs und Verlustabzugs. Soweit die Verluste bei dem Mitunternehmer zu einem negativen Kapitalkonto führen oder dieses erhöhen, greifen die Ausgleichs- und Abzugsbeschränkungen des § 15a EStG, so dass für die Anwendung von § 15 Abs. 4 Satz 6 – 8 EStG kein Raum ist.

BEISPIEL: Die A-GmbH beteiligt sich in 07 an der X-GmbH als atypisch stille Gesellschafterin mit einer noch in 07 geleisteten Einlage von 200 000 €. Ihr Anteil am Verlust beträgt 250 000 €.

Danach führt der Verlust zum 31. 12. 07 zu einem negativen Kapitalkonto von 50 000 €. Nach § 15a Abs. 5 Nr. 1 i. V. m. Abs. 1 EStG ist der Verlust i. H. v. 200 000 € abzugs- und ausgleichsfähig. Er darf jedoch bei der KSt-Veranlagung der A-GmbH für 07 gem. § 15 Abs. 4 Satz 6 – 8 EStG nicht abgezogen werden. Ein Verlustrücktrag entsprechend § 10d EStG kommt bereits deswegen nicht in Betracht, weil in 06 noch keine atypisch stille Beteiligung an der Y-GmbH bestand. In entsprechender Anwendung des § 10d Abs. 4 EStG ist zum 31. 12. 07 ein verbleibender Verlustvortrag von 200 000 € festzustellen.

Der verbleibende Verlust von 50 000 € ist gem. § 15a Abs. 5 Nr. 1 i. V. m. Abs. 1 EStG nicht ausgleichs- und abzugsfähig. Insoweit ist für die A-GmbH ein verrechenbarer Verlust i. S. d. § 15a Abs. 2 EStG festzustellen. Damit stellt sich insoweit die Frage der Anwendung des § 15 Abs. 4 Satz 6 - 8 EStG nicht.

1738 Führt man das vorstehende Beispiel dahin gehend fort, dass die Gewinnanteile der A-GmbH für 08 70 000 € und für 09 100 000 € betragen und keine Entnahmen erfolgten, ergibt sich Folgendes:

08:

Der verrechenbare Verlust von 50 000 € entfällt. Es verbleibt auf der Ebene der Mitunternehmerschaft ein zu besteuernder Gewinn i. S. d. § 15 Abs. 4 Satz 6 – 8 EStG von 20 000 €. Dieser Gewinn kürzt den festgestellten verbleibenden Verlustvortrag i. S. d. § 15 Abs. 4 Satz 6 – 8 EStG von 200 000 €, so dass er zum 31. 12. 08 auf 180 000 € festzustellen ist.

09:

Der Gewinnanteil 09 führt auf der Ebene der Mitunternehmerschaft insgesamt zu einem zu besteuernden Gewinn i. S. d. § 15 Abs. 4 Satz 6 – 8 EStG. Dieser Gewinn kürzt den festgestellten verbleibenden Verlustvortrag i. S. d. § 15 Abs. 4 Satz 6 – 8 EStG von 180 000 €, so dass er zum 31. 12. 09 auf 80 000 € festzustellen ist.

1739 Erweist sich die Beteiligung als eine Fehlmaßnahme, führt die vom Gesetzgeber vorgesehene Beschränkung der Verrechnung der Verluste mit Gewinnen aus derselben Beteiligung dazu, dass tatsächlich erlittene Verluste steuerlich unberücksichtigt bleiben.

BEISPIEL: Die A-AG begründet in 03 mit einer Einlage von 1 Mio. € mit der X-GmbH eine atypisch stille Gesellschaft. Die Aktivitäten der X-GmbH erweisen sich als eine Fehlmaßnahme.

1 Vgl. dazu Rn. 1676 ff.

2 Vgl. dazu Rn. 1686.

Sie stellt deswegen in 06 ihre Tätigkeit ein und wird anschließend liquidiert. Die Verlustanteile der A-AG betragen für 03 600 000 €, für 04 700 000 €, für 05 300 000 € und für 06 200 000 €. Eine Rückgewähr der Einlage der A-AG ist ausgeschlossen.

Danach ergibt sich für die A-AG als atypisch stille Beteiligte folgendes steuerliches Kapitalkonto:

	€
Einlage 03	1 000 000
./. Verlustanteil 03	600 000
31. 12. 03	400 000
./. Verlustanteil 04	700 000
31. 12. 04	./. 300 000
./. Verlustanteil 05	300 000
31. 12. 05	./. 600 000
./. Verlustanteil 06	200 000
+ Auflösung des Kapitalkontos	./. 800 000
Endstand	0

Daraus ergeben sich folgende steuerliche Folgen:

Der Verlustanteil 03 ist der A-AG im Rahmen der durch die atypisch stille Beteiligung begründeten Mitunternehmerschaft i. H. v. 600 000 € zuzurechnen und als Verlust i. S. d. § 15 Abs. 4 Satz 6 ff. EStG festzustellen. Dieser Verlust darf dementsprechend bei der KSt-Veranlagung 03 der A-AG nicht berücksichtigt werden. Ein Verlustrücktrag kommt nicht in Betracht, weil in 02 kein Gewinn aus der atypisch stillen Beteiligung an der X-GmbH bezogen wurde. Danach ist der Verlust nach § 10d Abs. 4 EStG als verbleibender Verlustvortrag i. S. d. § 15 Abs. 4 Satz 6 ff. EStG festzustellen.

Der der A-AG zuzurechnende Verlustanteil 04 von 700 000 € führt zu einem negativen Kapitalkonto i. H. v. 300 000 €. Insoweit ist für die A-AG nach § 15a Abs. 4 EStG ein verrechenbarer Verlust i. S. d. § 15a Abs. 2 EStG festzustellen. Der Teilbetrag des Verlustes von 400 000 € steht grundsätzlich für einen Verlustrücktrag nach § 10d EStG zu Verfügung, der mangels eines Gewinnanteils aus der Beteiligung an der X-GmbH in 03 nicht in Betracht kommt. Danach ist zum 31. 12. 04 ein nach § 10d Abs. 4 EStG verbleibender Verlustvortrag i. S. d. § 15 Abs. 4 Satz 6 ff. EStG i. H. v. 1 000 000 € festzustellen.

Die Verlustanteile der Jahre 05 und 06 erhöhen das bereits bestehende negative Kapitalkonto, so dass sich insoweit grundsätzlich nach § 15a Abs. 4 EStG festzustellende verrechenbare Verluste i. S. d. § 15a Abs. 2 EStG ergeben. Der nach § 10d Abs. 2 EStG vortragsfähige Verlust i. S. d. § 15 Abs. 4 Satz 6 ff. EStG i. H. v. 1 000 000 € ist fortzuschreiben. Aus Anlass der Liquidation der X-GmbH wird die atypisch stille Gesellschaft beendet. Eine Verpflichtung zur Auffüllung des negativen Kapitalkontos besteht nicht, so dass der durch dessen Wegfall entstehende Gewinn mit den verrechenbaren Verlusten auszugleichen ist; für die A-AG ergeben sich dementsprechend daraus keine weitergehenden steuerlichen Folgen.

Die A-AG erzielt aus der mit der X-GmbH begründeten atypisch stillen Beteiligung keine weiteren Gewinne, die nach Maßgabe der Grundsätze des § 10d Abs. 4 EStG um den festgestellten verbleibenden Verlustvortrag i. S. d. § 15 Abs. 4 Satz 6 ff. EStG i. H. v. 1 000 000 € gemindert werden könnten. Dieser Verlust bleibt danach steuerlich unberücksichtigt. Über die Rechtmäßigkeit dieser Rechtsfolge hat der BFH in dem Revisionsverfahren I R 62/08[1] zu entscheiden.

1 Vgl. Rn. 1733.

1740 In Tz. 3 des BMF-Schreibens vom 19. 11. 2008 [1] wird ausgeführt: *„Bei dem Verlust i. S. v. § 15 Abs. 4 Satz 6 bis 8 EStG handelt es sich lediglich um den laufenden Verlust aus der Beteiligung, jedoch nicht um den Verlust der Beteiligung selbst. Somit stehen alle anderen Verluste, z. B. aus der Veräußerung, für einen...... unbeschränkten Verlustausgleich zur Verfügung."* Im vorstehenden Beispiel wird das Gesellschaftsverhältnis mit der Liquidation der X-GmbH beendet. Zu diesem Zeitpunkt war die Einlage durch laufende Verluste bereits aufgezehrt, so dass durch die Beendigung des Gesellschaftsverhältnisses kein weiterer „Verlust der Beteiligung selbst" entstehen konnte. Geht man davon aus, dass der Verlust einer Beteiligung sich für den Regelfall durch die Teilnahme an laufenden Verlusten konkretisiert, ist nicht erkennbar, unter welchen Voraussetzungen ein berücksichtigungsfähiger „Verlust der Beteiligung selbst" anfallen kann. In gewisser Weise verständlich und im Ergebnis sachlich gerechtfertigt wäre die diesbezügliche Formulierung im BMF-Schreiben, wenn sie dahin zu verstehen wäre, dass endgültig eingetretene Verluste bei Beendigung des Gesellschaftsverhältnisses steuerwirksam werden, im vorstehenden Beispiel bei der A-AG für 06 ein Verlust von 1 000 000 € zu berücksichtigen wäre. Dafür ist indessen keine Rechtsgrundlage erkennbar.

1741 Die Ausgleichs- und Abzugsbeschränkungen des § 15 Abs. 4 Satz 6 ff. EStG greifen auch bei mittelbaren Beteiligungen.

BEISPIEL: Die A-AG ist alleinige Kommanditistin der Y-GmbH & Co. KG, die einer eigenen gewerblichen Tätigkeit nachgeht und daraus beträchtliche Gewinne erzielt. Die Komplementärin ist nicht an Gewinn und Verlust beteiligt. In 04 beteiligt sich die Y-GmbH & Co. KG an der X-GmbH als atypisch stille Gesellschafterin. Für die Jahre 04–06 werden aus dieser Beteiligung Verluste erzielt. Anfang 07 wird die atypisch stille Beteiligung veräußert. Es ergibt sich ein Veräußerungsgewinn i. S. d. § 16 EStG.

Für die Jahre 04–06 sind für die Y-GmbH & Co. im Rahmen der für die atypisch stille Gesellschaft durchzuführenden Feststellungsverfahren[2] Verlustanteile i. S. d. § 15 Abs. 4 Satz 6 EStG festzustellen. Diese Verlustanteile sind dann im Rahmen der Gewinnfeststellungsverfahren der Y-GmbH & Co. der A-AG als Verluste i. S. d. § 15 Abs. 4 Satz 6 ff. zuzurechnen. Ein Ausgleich mit den aus dem aktiven Geschäft der Y-GmbH & Co. erzielten Gewinnanteilen ist nicht zulässig. Diese Verluste sind auch bei den KSt-Veranlagungen der A-AG nicht berücksichtigungsfähig; es sind entsprechende verbleibende Verlustvorträge i. S. d. § 15 Abs. 4 Satz 6 – 8 EStG entsprechend § 10d Abs. 4 EStG festzustellen.

Für 07 ist im Rahmen des Feststellungsverfahrens der atypisch stillen Gesellschaft für die Y-GmbH & Co. KG ein Veräußerungsgewinn i. S. d. § 16 EStG festzustellen. Dabei ist darauf hinzuweisen, dass er aus einer Beteiligung i. S. d. § 15 Abs. 4 Satz 6 ff. EStG erzielt wurde. Dieser Veräußerungsgewinn ist dann entsprechend gekennzeichnet bei der Y-GmbH & Co. KG für die A-AG festzustellen. Im Besteuerungsverfahren der A-AG ist dieser Veräußerungsgewinn mit den Verlusten der Vorjahre zu saldieren.[3] Ergibt sich danach ein negativer Saldo ist dieser nach § 15 Abs. 4 Satz 6 ff. EStG nicht ausgleichs-

1 BStBl 2008 I 970.

2 Vgl. Rn. 6047.

3 BFH 1. 7. 2004 IV R 67/00, BFH/NV 2004, 1707, für den Fall von Einkünften aus gewerblicher Tierzucht i. S. d. § 15 Abs. 4 Satz 1 und 2 EStG.

und abzugsfähig, insoweit stellt sich die in Rn. 1690 erörterte Frage. Ein etwaiger positiver Saldo unterliegt der Besteuerung nach allgemeinen Grundsätzen.

Für den Fall einer typisch stillen Beteiligung soll ebenfalls nach den Grundsätzen des BMF-Schreibens vom 19. 11. 2009[1] verfahren werden. Die sinngemäße Anwendung des § 15a EStG wird für diese Fälle durch § 20 Abs. 1 Nr. 4 EStG angeordnet. 1742

(Einstweilen frei) 1743–1745

XIII. Begünstigung des nicht entnommenen Gewinns

Literatur: *Bäumer,* Die Thesaurierungsbegünstigung nach § 34a EStG – einzelne Anwendungsprobleme mit Lösungsansätzen, DStR 2007, 2089; *Gragert/Wissborn,* Die Thesaurierungsbegünstigung nach § 34a EStG, NWB 2007, 2551; *Grützner,* Steuerliche Entlastung thesaurierter Gewinne von Personenunternehmen durch § 34a EStG, StuB 2007, 445; *Gragert/Wissborn,* Die Thesaurierungsbegünstigung nach § 34a EStG, NWB F. 3, 14621; *Schultes-Schnitzlein/Keese,* Steuersatzermäßigung für Personengesellschaften, NWB 2007, 2841; *Thiel/Sterner,* Entlastung der Personenunternehmen durch Begünstigung des nicht entnommenen Gewinns, DB 2007, 1095; *Schulze zur Wiesche,* Folgen der Entlastung des nicht entnommenen Gewinns für die Ertragsbesteuerung der Personengesellschaft, DB 2007, 1515; *Bäumer,* Die Thesaurierungsbegünstigung nach § 34a EStG – einzelne Anwendungsprobleme mit Lösungsansätzen, DStR 2007, 2089; *Knief/Nienaber,* Gewinnthesaurierung bei Personengesellschaften im Rahmen der Unternehmensteuerreform 2008 – ein Belastungsvergleich mit Fokus auf den Mittelstand, BB 2007, 1309; *Pohl,* Thesaurierungsbegünstigung nach § 34a EStG in Organschaftsfällen DB 2008, 84; *Rogall,* Thesaurierungsbegünstigung – Regelungslücken bei der Organschaft und der doppelstöckigen Personengesellschaft, DStR 2008, 429; *Rohler,* Wechselwirkung der neuen Thesaurierungsbegünstigung (§ 34a EStG) mit der Steuerermäßigung nach § 35 EStG, GmbH-StB 2008, 238; *Schiffers,* Anmerkungen zum Anwendungsschreiben zur Begünstigung der nicht entnommenen Gewinne nach § 34a EStG, DStR 2008, 1805; *Fellinger,* Tarifbegünstigung nicht entnommener Gewinne: Das Anwendungsschreiben zu § 34a EStG, DB 2008, 1877; *Schumm,* Gestaltungsüberlegungen für Gesellschaftsverträge – Anpassungsbedarf infolge der Unternehmenssteuerreform 2008, NWB 2009, 1266; *Schiffers,* Anmerkungen zum Anwendungsschreiben zur Begünstigung der nicht entnommenen Gewinne nach § 34a EStG, DStR 2008, 1805; *Houben/Maiterth,* Optimale Nutzung und Wirkungen von § 34a EStG, StuW 2008, 228; *Paus,* Gewinnthesaurierung: Einzelunternehmen/Personengesellschaft oder GmbH? Einflussfaktoren, Gestaltungsmöglichkeiten und Gefahrenquellen, EStB 2008, 403; *Wendt,* Thesaurierungsbegünstigung/Verlustabzugsbeschränkung – Personengesellschaften – Verluste und Gewinne, Stbg 2009, 1; *Harle/Geiger,* § 34a EStG: Begünstigung der nicht entnommenen Gewinne – Gefahr der Zwangsnachversteuerung durch Prüfungsfeststellungen, StBp 2009, 1, 39; *Gragert/Wissborn,* Begünstigung der nicht entnommenen Gewinne nach § 34a EStG – Erläuterungen zum Anwendungsschreiben vom 11. 8. 2008, NWB Fach 3, 15251; *Fellinger,* Tarifbegünstigung nicht entnommener Gewinne: Das Anwendungsschreiben des BMF vom 11. 8. 2008, DB 2008, 1877; *Grützner,* Die Begünstigung nicht entnommener Gewinne nach § 34a EStG – Anmerkungen zum BMF-Anwendungsschreiben vom 11. 8. 2008 StuB 2008, 745; *Schiffers,* Anmerkungen zum BMF-Anwendungsschreiben vom 11. 8. 2008 zur Begünstigung der nicht entnommenen Gewinne nach § 34a EStG, DStR 2008, 1805; *Wendt,* Thesaurierungsbegünstigung/Verlustabzugsbeschränkung – Personengesellschaften – Verluste und Gewinne, Stbg 2009, 1; *Niehus/Wilke,* Anmerkungen zur Thesaurierungsbegünstigung in Umstrukturierungsfällen unter Berücksichtigung des Anwendungsschreibens vom 11. 8. 2008 (BStBl I S. 838) zu § 34a EStG, DStZ 2009, 14; *Söffing/Worgulla,* Gewinnbegriff des § 34a EStG, NWB 2009, 841; *Harle/Geiger,* Die Auswirkung betrieblicher Übertragungsvorgänge und Überentnahmen auf die Nachversteuerung nach § 34a EStG, BB 2009, 587; *Grützner,*

1 BStBl 2009 I 970, Tz. 13.

Neuregelungen zur Steuerermäßigung nicht entnommener Gewinne durch das JStG 2009, StuB 2009, 182; *Wendt*, "Meistbegünstigung" des nicht entnommenen Gewinns nach § 34a EStG?, DStR 2009, 406; *Söffing/Worgulla*, Probleme der Thesaurierungsbegünstigung – Doppelstöckige Mitunternehmerschaft und nachversteuerungspflichtiger Betrag, NWB 2009, 916; *Schumm*, Gestaltungsüberlegungen für Gesellschaftsverträge, NWB 2009, 1266; *Wrede/Friedrich*, Die Thesaurierungsbesteuerung nach § 34a EStG – Begünstigung der nicht entnommenen Gewinne, Stbg 2010, 57.

1. Allgemeine Grundsätze

1746 Nach den Vorstellungen des Gesetzgebers sollte durch dass Unternehmensteuerreformgesetz 2008[1] die steuerliche Standortattraktivität Deutschlands für Investitionen erweitert werden. Aus diesem Grunde wurde mit Wirkung ab 2008 die KSt auf 15 % abgesenkt. Um auch den ertragstarken, im internationalen Wettbewerb stehenden Personenunternehmen ähnlich günstige Thesaurierungsbedingungen wie Kapitalgesellschaften zu eröffnen, sieht § 34a EStG die Begünstigung des nicht entnommenen Gewinns vor. Die Grundvorstellung des Gesetzgebers geht davon aus, dass sich die Belastung thesaurierter Gewinne mit Ertragsteuern bei Kapitalgesellschaften und bei Personenunternehmen unter Einbeziehung dieser Regelung nahezu entsprechen sollte. Dementsprechend war bei der Ausgestaltung des § 34a EStG die Belastung mit GewSt zu berücksichtigen. Im Übrigen orientierte sich der Gesetzgeber am Spitzensteuersatz des ESt-Tarifs. Die bereits in der ursprünglichen Fassung des § 34a EStG enthaltenen verfahrensrechtlichen Regelungen wurden durch das Jahressteuergesetz 2009[2] ergänzt. Nach § 52 Abs. 48 EStG ist die sich danach ergebende Fassung des § 34a EStG erstmals für den Veranlagungszeitraum 2008 anzuwenden. Das BMF hat zur Anwendung des § 34a EStG mit dem Schreiben vom 11. 8. 2008[3] Stellung genommen. Gewerbetreibende können sich erstmals bei der Besteuerung des Gewinns des Wirtschaftsjahres 2007/2008 bzw. des dem Kalenderjahr entsprechenden Wirtschaftsjahres 2008 für die Anwendung des § 34a EStG entscheiden. Bei Bezug von Einkünften aus selbständiger Arbeit i. S. d. § 18 EStG ist dies erstmals für den Gewinn des Wirtschaftsjahres 2008 möglich. Für Landwirte, deren Gewinn nach einem vom Kalenderjahr abweichenden Wirtschaftsjahr ermittelt wird, kommt die erstmalige Anwendung des § 34a EStG nur für den Teil des Wirtschaftsjahres 2007/2008 in Betracht, der für 2008 der Besteuerung unterliegt.[4]

1747 Die Einkommensteuer auf in dem zu versteuernden Einkommen enthaltene nicht entnommene Gewinne aus Land- und Forstwirtschaft, Gewerbebetrieb oder selbständiger Arbeit wird gem. § 34a Abs. 1 EStG auf Antrag mit einem Steuersatz von 28,25 % erhoben. Voraussetzung ist jeweils eine Gewinnermittlung nach § 4 Abs. 1, § 5 EStG. Der nicht entnommene Gewinn ist nach § 34a Abs. 2 EStG wie folgt zu ermitteln:

1 Vom 14. 8. 2007, BGBl 2007 I 1912.
2 Vom 19. 12. 2008, BGBl 2008 I 2794.
3 BStBl 2008 I 838.
4 *Grützner*, StuB 2007, 445, 448; Tz. 19 BMF 11. 8. 2008, BStBl 2008 I 838.

Gewinn lt. Steuerbilanz
+ Einlagen
./. Entnahmen

begünstigter nicht entnommener Gewinn.

Dieser Begünstigungsbetrag ist zur Ermittlung des nach § 34a Abs. 4 EStG der Nachversteuerung unterliegenden Betrags gem. § 34a Abs. 3 EStG wie folgt zu mindern:

Begünstigter nicht entnommener Gewinn
./. ESt auf den nicht entnommenen Gewinn
./. SolZ auf den nicht entnommenen Gewinn
Der Nachversteuerung unterliegender Betrag

Auf diesen Betrag ist nach § 34a Abs. 4 EStG dann und insoweit eine Einkommensteuer i. H.v. 25 % zu erheben, als in den der Thesaurierung folgenden Wirtschaftsjahren Mehrentnahmen erfolgen. Dies ist insoweit der Fall, als im maßgebenden Wirtschaftsjahr die Entnahmen den Gewinn lt. Steuerbilanz zzgl. etwaiger Einlagen übersteigen.

Danach muss bei Inanspruchnahme der Vergünstigung nach § 34a EStG insgesamt mit folgender Steuerbelastung gerechnet werden.

Nicht entnommener Gewinn	100,00	
ESt auf nicht entnommenen Gewinn	./. 28,25	28,25
Hierzu 5,5 % SolZ	./. 1,55	1,55
Nachversteuerungspflichtiger Betrag	70,20	
Hierauf 25 % ESt		17,55
Zzgl. 5,5 % SolZ		0,97
Summe		48,32

Bei Gewerbetreibenden ist zu berücksichtigen, dass die sich unter Einbeziehung der Steuer auf den nicht entnommenen Gewinn ergebende Einkommensteuerschuld durch die Anrechnung der GewSt nach § 35 EStG[1] zu ermäßigen ist. Nach § 34a Abs. 4 EStG nachzuversteuernde nicht entnommene Gewinne sind nicht nach § 35 EStG begünstigt.[2]

Nach § 34a Abs. 4 Satz 3 EStG ist der Nachversteuerungsbetrag um die Beträge, die für die Erbschaftsteuer (Schenkungsteuer) anlässlich der Übertragung des Betriebs oder Mitunternehmeranteils entnommen wurden, zu vermindern. Wegen weiterer Einzelheiten vgl. Tz. 30, 31 BMF-Schreiben vom 11. 8. 2008.[3] Danach kommt eine Kürzung des Nachversteuerungsbetrages nur dann und insoweit in Betracht, als die auf den Erwerb des Betriebs (Mitunternehmeranteils) anteilig entfallende ErbSt tatsächlich aus diesem Betrieb (dieser Mitunternehmerschaft) entnommen wurde. 1748

1 Vgl. Rn. 1801 ff.
2 Tz. 15 BMF 24. 2. 2009, BStBl 2009 I 440.
3 BStBl 2008 I 838.

1749 Die Vergünstigung steht nur natürlichen Personen auf Antrag zu. Dies gilt sowohl für unbeschränkt als auch für beschränkt Steuerpflichtige,[1] z. B. für einen im Ausland ansässigen Gesellschafter einer inländischen Personengesellschaft. Der Antrag auf Gewährung der Tarifvergünstigung ist im Rahmen der ESt-Veranlagung zu stellen. Gesellschafter einer Personengesellschaft können die Vergünstigung danach unabhängig voneinander beanspruchen. Die für die Anwendung des § 34a EStG bedeutsamen Besteuerungsmerkmale[2] können in das gesonderte und einheitliche Gewinnfeststellungsverfahren einbezogen werden.

1750 Bezieht ein Steuerpflichtiger Einkünfte aus mehreren begünstigten Einkunftsquellen z. B. aus einem Einzelunternehmen, aus der Beteiligung an einer gewerblich tätigen und an einer landwirtschaftlich tätigen Personengesellschaft, steht es in seinem Belieben, die Vergünstigung für die Gewinne aus nur einer oder aus mehreren dieser Einkunftsquellen zu beanspruchen. Die Anspruchsberechtigung von Mitunternehmern wird durch § 34a Abs. 1 Satz 3 EStG auf die Fälle beschränkt, in denen der Anteil am Gewinn der Mitunternehmerschaft mehr als 10 % beträgt oder 10 000 € übersteigt. Nach Auffassung der FinVerw[3] beziehen sich diese Grenzen auf den Anteil am Gewinn lt. Steuerbilanz unter Einbeziehung der Ergebnisse etwaiger Sonder- und Ergänzungsbilanzen; außerbilanzielle Korrekturen bleiben dabei außer Betracht.

BEISPIEL (IN ANLEHNUNG AN TZ. 9 BMF-SCHREIBEN VOM 11. 8. 2008): ► Die AB-OHG – Gewinnverteilungsschlüssel A 90 %, B 10 % - weist in ihrer Steuerbilanz zum 31. 12. 2008 einen Gewinn von 200 000 € aus. Die nichtabzugsfähigen Betriebsausgaben betragen 30 000 €. Die für B geführte Sonderbilanz weist einen Verlust von 12 000 € aus. Danach ergibt sich Folgendes:

	Gesamt	A	B
	€	€	€
Ergebnis lt. Steuerbilanz	200 000	180 000	20 000
Sonderbilanz B	./. 12 000	../,	./. 12 000
Summe/Saldo	188 000	180 000	8 000
Prozentsatz	100 %	95,74 %	4,26 %

B ist damit nicht berechtigt, für seinen Anteil am Gewinn der AB-OHG für 2008 die Vergünstigung nach § 34a EStG zu beanspruchen, obwohl sich nach Berücksichtigung seines Anteils an den nichtabzugsfähigen Betriebsausgaben von 3 000 € ein zu besteuernder Gewinnanteil von 11 000 € ergibt.

1751 Durch § 34a Abs. 1 Satz 1 EStG sind folgende durch Bestandsvergleich ermittelten Gewinne von der Begünstigung ausgeschlossen,

- Veräußerungsgewinne, für die der Freibetrag für Veräußerungsgewinne nach § 16 Abs. 4 EStG in Anspruch genommen wird; dieser Freibetrag kann auch bei Veräußerungsgewinnen i. S. d. § 14 EStG und des § 18 Abs. 3 EStG beansprucht werden,
- Veräußerungsgewinne i. S. d. §§ 14, 14a Abs. 1, der §§ 16 und 18 Abs. 3 EStG, für die die Steuerermäßigung nach § 34 Abs. 3 EStG beansprucht wird; dies soll auch für die im Rahmen dieses Veräußerungsvorgangs angefallenen Gewinne aus der Ver-

1 *Grützner*, StuB 2007, 445, 446; Tz. 2 BMF 11 .8. 2008, BStBl 2008 I 838.

2 Vgl. Rn. 1770 ff.

3 Tz. 9 BMF 11. 8. 2008, BStBl 2008 I 838.

äußerung von Anteilen an Kapitalgesellschaften i. S. d. § 3 Nr. 40 Satz 1 Buchst. b EStG gelten, die nicht zu den begünstigten außerordentlichen Einkünften gehören,

- Einkünfte i. S. d. § 18 Abs. 1 Nr. 4 EStG, die ein Beteiligter an einer vermögensverwaltenden Gesellschaft oder Gemeinschaft, deren Zweck im Erwerb, Halten und in der Veräußerung von Anteilen an Kapitalgesellschaften besteht, als Vergütung für Leistungen zur Förderung des Gesellschafts- oder Gemeinschaftszwecks erzielt hat; diese Einkünfte unterliegen nach § 3 Nr. 40a EStG nur zur Hälfte der Besteuerung.

Für Veräußerungsgewinne, für die die Vergünstigungen nach § 16 Abs. 4 oder § 34 Abs. 3 EStG nicht beansprucht werden, ist dementsprechend bei Vorliegen der weiteren Voraussetzungen die Begünstigung nach § 34a EStG nicht ausgeschlossen. Danach kann z. B. der Gewinn aus der Veräußerung eines Teilbetriebs begünstigt sein. Ferner ist dies denkbar bei Beteiligungen an mehrstöckigen Personengesellschaften, die ihre Beteiligung an einer nachgeschalteten Personengesellschaft veräußert haben. Bei Veräußerungsgewinnen i. S. d. §§ 14, 14a Abs. 1, der §§ 16 und 18 Abs. 3 EStG, die nach § 34 Abs. 1 EStG begünstigt sind, kann sich der Steuerpflichtige ebenso wie bei nach § 34b EStG begünstigten Einkünften entscheiden, ob er stattdessen die Vergünstigung nach § 34a EStG beanspruchen will.[1]

Ausgangspunkt für die Ermittlung des nicht entnommenen Gewinns ist der nach § 4 1752
Abs. 1 Satz 1 oder § 5 EStG ermittelte Gewinn. Dies ist der Unterschiedsbetrag zwischen dem Betriebsvermögen am Schluss des Wirtschaftsjahres und dem Betriebsvermögen am Schluss des vorangegangenen Wirtschaftsjahres, vermehrt um den Wert der Entnahmen und vermindert um den Wert der Einlagen. Korrekturen, die außerhalb der Bilanz zu erfolgen haben, sind danach nicht zu berücksichtigen. Dies gilt einmal für die außerhalb der Bilanz erforderlichen Hinzurechnungen,[2] z. B.

- für nach § 3c Abs. 1 und 2 EStG nicht berücksichtigungsfähige Betriebsausgaben,
- für Schuldzinsen i. S. v. 4 Abs. 4a EStG,
- für Aufwendungen i. S. d. § 4h EStG (sog. Zinsschranke),
- für Aufwendungen i. S. d. § 4 Abs. 5 EStG,
- für die GewSt nach § 4 Abs. 5b EStG,
- für nach § 15 Abs. 4 EStG nicht ausgleichsfähige Verluste,
- für das Einkommen einer Organgesellschaft nach § 14 KStG,
- für Einkunftskorrekturen nach § 1 AStG.

Anderseits bleiben aber auch Kürzungen unberücksichtigt, z. B.

- für nach § 3 Nr. 40 EStG teilweise steuerbefreite Einnahmen und Vermögensmehrungen,
- für Kinderbetreuungskosten i. S. d. § 4f EStG, ab 2009 i. S. d. § 9c EStG,
- für nach § 15 Abs. 4 EStG mit bisher nicht abzugsfähigen Verlusten zu verrechnende Gewinne,

1 Tz. 4-6 BMF 11. 8. 2008, BStBl 2008 I 838.
2 Tz. 16 BMF 11. 8. 2008, BStBl 2008 I 838.

- für den von einer Organgesellschaft abgeführten Gewinn,
- für steuerfreie Einkünfte nach Maßgabe eines DBA,
- für nach § 12 InvZulG 2007, § 13 InvZulG 2010 steuerbefreite InvZul.

Insoweit wird kein zu besteuernder Gewinn erzielt, so dass sich insoweit auch nicht die Frage der Anwendung des § 34a EStG stellen kann. Diese Beträge stehen jedoch vorrangig für die Verrechnung mit Entnahmen zur Verfügung.[1]

1753 Der Übernahmegewinn i. S. d. § 4 Abs. 4 UmwStG wird im Rahmen der Rechnungslegung des übernehmenden Rechtsträgers ermittelt. Er ist damit Bestandteil des nach § 4 Abs. 1, § 5 EStG ermittelten Gewinns. Es handelt sich um eine Teilgröße des Ergebnisses des Wirtschaftsjahres in dem die Vermögensübertragung erfolgte. Danach liegt auch insoweit ein grundsätzlich nach § 34a EStG begünstigter Gewinn vor. Ergibt sich unter Anwendung der Grundsätze des § 4 Abs. 4 UmwStG ein Verlust, bleibt dieser unter den Voraussetzungen des § 4 Abs. 6 UmwStG außer Ansatz. Dies ändert nichts daran, dass er das Ergebnis der Steuerbilanz beeinflusst hat. Fest steht, dass lediglich das nach Berücksichtigung dieses Verlustes verbleibende Betriebsvermögen im Betrieb verbleibt, also thesauriert wird. Es sprechen danach wesentliche Gesichtspunkte dafür, dass auch der Übernahmeverlust i. S. d. § 4 Abs. 6 UmwStG die Höhe des nach § 34a EStG begünstigten Gewinns negativ beeinflusst.[2] Bei der durch § 7 UmwStG angeordneten Besteuerung der offenen Rücklagen der übertragenden Körperschaft handelt es sich hingegen um keine Regelung, die als eine § 4 Abs. 1, § 5 EStG ergänzende Gewinnermittlungsvorschrift angesehen werden könnte. Die danach zu berücksichtigenden Einkünfte können deswegen nicht zu nach § 34a EStG begünstigten nicht entnommenen Gewinnen führen.[3]

1754 Wurde der Gewinn bisher nach § 4 Abs. 3 EStG ermittelt und erfolgt der Übergang zur Gewinnermittlung nach § 4 Abs. 1, ggf. § 5 EStG, ist aus diesem Anlass eine Übergangsrechnung zur Erfassung der Betriebsvorgänge erforderlich, die bei der bisherigen Gewinnermittlung nach § 4 Abs. 3 EStG nicht zu berücksichtigen waren, sich infolge der Berücksichtigung in der Eröffnungsbilanz steuerlich aber nicht mehr auswirken können; auf die Übersicht in der Anlage zu R 4.6 EStR wird hingewiesen. Diese Korrekturbeträge sind danach nicht Bestandteil des nach § 4 Abs. 1 Satz 1, ggf. § 5 EStG ermittelten Gewinns Sie gehören deswegen nicht zu dem nach § 34a EStG begünstigten nicht entnommenen Gewinn.

1755 Die Begriffe Entnahmen und Einlagen sind mangels eigenständiger Begriffsbestimmungen in § 34a EStG nach § 4 Abs. 1 EStG zu bestimmen. Entnahmen sind nach § 4 Abs. 1 Satz 2 EStG alle Wirtschaftsgüter (Barentnahmen, Waren, Erzeugnisse, Nutzungen und Leistungen), die der Steuerpflichtige dem Betrieb für sich, für seinen Haushalt oder für andere betriebsfremde Zwecke im Laufe des Wirtschaftsjahres entnommen hat; wegen der Berücksichtigung von Entnahmen zur Tilgung von Erbschaftsteuer (Schenkungsteuer) aus Anlass der unentgeltlichen Übertragung des Betriebs, des Mit-

---

1 Vgl. dazu Tz. 17 BMF 11. 8. 2008, BStBl 2008 I 838.

2 A. A. *Ley*, Ubg 2008, 13, 17.

3 Vgl. dazu jedoch *Ley*, Ubg 2008, 13, 17.

unternehmeranteils wird auf § 34a Abs. 4 Satz 3 EStG hingewiesen.[1] Überführungen in ein anderes Betriebsvermögen desselben Steuerpflichtigen sind einer Entnahme gleichzustellen, wie sich aus § 34a Abs. 5 Satz 1 EStG ergibt. Nur auf diese Weise wird die betriebsbezogene Ermittlung des nicht entnommenen Gewinns ermöglicht. Bei dem aufnehmenden Betrieb liegt dementsprechend eine Einlage vor.

BEISPIEL: A, Kommanditist der A-GmbH & Co. KG, vermietet im Januar 2008 ein Grundstück, das bisher zum Betriebsvermögen seines gewerblichen Einzelunternehmens gehörte, an die A-GmbH & Co. KG. Es scheidet damit zum Buchwert aus seinem Einzelunternehmen aus und wird mit diesem Wert sein Sonderbetriebsvermögen bei der A-GmbH & Co. KG.[2] Bei Prüfung der Frage, ob im Einzelunternehmen und bei der Kommanditbeteiligung für 2008 ein nicht entnommener Gewinn vorliegt, ist bei dem Einzelunternehmen von einer Entnahme, bei der Kommanditbeteiligung von einer Einlage auszugehen.

Wandelt man dieses Beispiel dahin gehend ab, dass die Überführung erst Anfang 2009 erfolgt und A die Vergünstigung nach § 34a EStG für 2008 für den nicht entnommenen Gewinn seines Einzelunternehmens beansprucht hat, ist zu prüfen, ob diese Überführung in das Sonderbetriebsvermögen zu einer Mehrentnahme führt. Wegen der Möglichkeit der Vermeidung der sofortigen Nachversteuerung wird auf Rn. 1765 hingewiesen.

Nach § 4 Abs. 1 Satz 3 EStG steht der Ausschluss oder die Beschränkung des Besteuerungsrechts der Bundesrepublik Deutschland hinsichtlich des Gewinns aus der Veräußerung oder der Nutzung eines Wirtschaftsguts einer Entnahme gleich. Dies ist regelmäßig der Fall, wenn stille Reserven infolge der Überführung eines Wirtschaftsguts aus einem inländischen Betriebsvermögen in ein ausländisches Betriebsvermögen verlagert werden. 1756

BEISPIEL: Die A-GmbH & Co. KG, deren Gesellschafter jeweils unbeschränkt einkommensteuerpflichtig sind, betreibt in Münster (Westf.) ein Bauunternehmen. Dieses Bauunternehmen unterhält in Hengelo (NL) eine Betriebsstätte. Die Einkünfte aus dieser Betriebsstätte sind nach Maßgabe des DBA Niederlande von der inländischen Besteuerung freizustellen und lediglich für die Anwendung des Progressionsvorbehalts zu berücksichtigen. Es werden verschiedene Baumaschinen aus dem inländischen Stammhaus in die Betriebsstätte zum dauerhaften Verbleib überführt.

In der Handelsbilanz und damit auch in der Steuerbilanz der A-GmbH & Co. KG ist das gesamte Vermögen, d. h. des inländischen Stammhauses und der niederländischen Betriebsstätte auszuweisen. Der danach erzielte Gewinn unterliegt bei den Gesellschaftern nur insoweit der inländischen Besteuerung, als er auf das Stammhaus entfällt. Im Übrigen beziehen die Gesellschafter von der inländischen Besteuerung freizustellende Gewinne. Bei der Ermittlung des der inländischen Besteuerung unterliegenden Gewinns steht die Überführung der Baumaschinen in die niederländische Betriebsstätte gem. § 4 Abs. 1 Satz 3 EStG einer Entnahme gleich und damit ist aus diesem Anlass ein etwaiger Entnahmegewinn oder -verlust zu berücksichtigen.

Dazu wird in Tz. 35 des BMF-Schreibens vom 11. 8. 2008[3] die Auffassung vertreten, dass sich dieser Vorgang auf den Gewinn des Gesamtunternehmens nicht auswirke, „da der Entnahme aus der inländischen Betriebsstätte eine korrespondierende Einlage in die ausländische Betriebsstätte“ gegenüberstehe. Die FinVerw geht danach davon aus, dass für die Anwendung

1 Vgl. dazu auch Tz. 30 BMF 11. 8. 2008, BStBl 2008 I 838.

2 Vgl. Rn. 1146 ff.

3 BStBl 2008 I 838.

des § 34a EStG ein etwaiger Überführungsgewinn oder -verlust i. S. d. § 4 Abs. 1 Satz 3 ggf. i. V. m. § 4g EStG außer Betracht zu lassen ist. Andererseits umfasst danach der den einzelnen Gesellschaftern zuzurechnende Gewinnanteil auch den steuerfrei zu belassenden anteiligen Betriebsstättengewinn, der damit entnahmefähig ist, ohne die Begünstigung des zu besteuernden Gewinnanteils nach § 34a EStG nachteilig zu beeinflussen.[1]

Dieses Ergebnis ist nicht nachvollziehbar. Der nach § 4 Abs. 1 Satz 3 EStG einer Entnahme gleichzustellende Entstrickungsvorgang führt im Regelfall zu einer Korrektur des Gewinns des inländischen Stammhauses und damit auch des Gesamtunternehmens.[2] Die einer Einlage gleichzusetzende Überführung in die ausländische Betriebsstätte berührt hingegen für sich allein weder das Ergebnis der Betriebsstätte noch des Gesamtunternehmens. Auswirkungen auf das Ergebnis der Betriebsstätte und damit auch auf das Ergebnis des Gesamtunternehmens ergeben sich im hier erörterten Beispiel infolge der veränderten AfA-Bemessungsgrundlage für die überführten Maschinen.

1757 Die Gleichstellung der Überführung von Wirtschaftsgütern in eine ausländische Betriebsstätte mit einer Entnahme[3] durch § 4 Abs. 1 Satz 3 EStG könnte es für die Anwendung des § 34a EStG als nahe liegend erscheinen lassen, die ausländische Betriebsstätte auch dann als selbständigen Betrieb zu beurteilen,[4] wenn es sich – wie im vorstehenden Beispiel – um den unselbständigen Teil einer inländischen Personengesellschaft handelt. Für die Anwendung des § 34a EStG wäre danach der auf das Stammhaus entfallende Gewinnanteil um die Entnahmen aus dem Stammhaus einschl. der Überführung der Wirtschaftsgüter in die Betriebsstätte und etwaiger Einlagen in das Stammhaus zu korrigieren. Das Ergebnis der Betriebsstätte sowie die dafür gesondert zu ermittelnden Entnahmen und Einlagen wären danach für die Anwendung des § 34a EStG irrelevant.

1758 Geht man hingegen davon aus, dass es sich bei der A-GmbH & Co. KG in dem vorstehenden Beispiel auch für die Anwendung des § 34a EStG um einen einheitlichen Betrieb handelt, für den der nicht entnommene Gewinn auch nur insgesamt zu ermitteln ist, dürfte es sachgerecht sein, aus den Regelungen des § 4 Abs. 1 Satz 3 EStG nicht auf zwei selbständig nebeneinander bestehender Betriebe zu schließen. Sieht man in dieser Regelung eine besondere steuerliche Gewinnermittlungsvorschrift für den aus dem inländischem Stammhaus und aus der ausländsicher Betriebsstätte bestehenden einheitlichen Betrieb, führt dies dazu, dass der steuerliche Gesamtgewinn um einen etwaigen Überführungsgewinn oder -verlust sowie um die gegenüber dem Ansatz in der handelsrechtliche Rechnungslegung veränderten Abschreibungen zu korrigieren ist. Die Korrektur um den Überführungsgewinn oder -verlust bezieht sich auf das der inländischen Besteuerung unterliegende Ergebnis des inländischen Stammhauses. Dagegen beeinflussen die nach der Überführung veränderten Abschreibungen das nicht der inländischen Besteuerung unterliegende Betriebsstättenergebnis.

BEISPIEL, FORTSETZUNG AUS RN 1756: Die A GmbH & Co weist ohne Berücksichtigung der Regelung des § 4 Abs. 1 Satz 3 EStG einen Gewinn von insgesamt 100 000 € aus, der zu 80 000 € auf das Stammhaus und zu 20 000 € auf die Betriebstätte entfällt. Entnahmen und Einlagen sind nicht erfolgt. Der Buchwert der überführten Maschinen beträgt 10 000 €, der gemeine Wert

1 Vgl. Tz. 26 BMF 11. 8. 2008, BStBl 2008 I 838.

2 Vgl. Tz 2.6.1 BMF 24. 12. 1999, BStBl 1999 I 1076, i. d. F. des BMF-Schreibens 25. 8. 2009, BStBl 2009 I 888.

3 Vgl. z. B. *Benecke*, StuB 2007, 3.

4 Vgl. auch *Thiel/Sterner*, DB 2007, 1099, 1102.

20 000 €. Dies führt für das Überführungsjahr zu einer zusätzlichen AfA von 2 000 € zu Lasten der Betriebsstätte. Danach ergibt sich folgender Gesamtgewinn:

Bisheriger Gewinn 100 000 € + Überführungsgewinn 10 000 € ./. zusätzliche AfA 2 000 = 108 000 €

Davon entfällt auf das Stammhaus 80 000 € + Überführungsgewinn 10 000 € = 90 000 €,

auf die Betriebsstätte 20 000 € ./. zusätzliche AfA 2 000 € = 18 000 €.

Entnahmen und Einlagen sind nicht angefallen, so dass die Gesellschafter für den im Inland zu besteuernden Gewinnanteil von insgesamt 90 000 € die Vergünstigung nach § 34a EStG beanspruchen können.

Für den Fall, dass in dem in Rn. 1756 aufgeführten Beispiel Kommanditisten der A-GmbH & Co. KG beschränkt einkommensteuerpflichtig sind, ist beachten, dass sich die Anwendung des § 34a EStG auf ihren Anteil am Gewinn des inländischen Stammhauses beschränkt.[1] 1759

Einlagen sind nach § 4 Abs. 1 Satz 7 EStG alle Wirtschaftsgüter (Bareinzahlungen und sonstige Wirtschaftsgüter), die der Steuerpflichtige dem Betrieb im Laufe des Wirtschaftsjahres zugeführt hat; einer Einlage steht die Begründung des Besteuerungsrechts der Bundesrepublik Deutschland hinsichtlich des Gewinns aus der Veräußerung eines Wirtschaftsguts gleich. Danach sind Zuführungen aus einem anderen, auch aus einem ausländischen Betriebsvermögen Einlagen. Bei der Überführung von Wirtschaftsgütern aus der ausländischen Betriebsstätte in das inländische Stammhaus stellt sich die zu den Entnahmen dargestellte Problematik spiegelbildlich. 1760

Die Steuerbilanz einer Mitunternehmerschaft umfasst die Gesamthandsbilanz unter Einbeziehung der ggf. für einzelne Mitunternehmer geführten Sonder- und Ergänzungsbilanzen.[2] Der nicht entnommene Gewinn des einzelnen Mitunternehmers ist danach unter Einbeziehung der für den jeweiligen Mitunternehmer geführten Sonder- und Ergänzungsbilanzen zu ermitteln.[3] 1761

BEISPIEL: An der A & B-OHG, Wirtschaftsjahr = Kalenderjahr, sind A, C und D beteiligt. Sie unterhält keine ausländischen Betriebsstätten. An den Gewinnen und Verlusten sind beteiligt A zu 50 %, C zu 40 % und D zu 10 %. Die Steuerbilanz zum 31. 12. 2009 weist einen Gewinn von 500 000 € aus, der aufgrund unterschiedlichster Regelungen i. H.v. 400 000 € von der inländischen Besteuerung freizustellen ist. Ferner wurde das Ergebnis der Steuerbilanz um nicht abziehbare Betriebsausgaben einschl. GewSt i. H.v. 200 000 € gemindert. Zu Lasten dieses Gewinns sind ferner Tätigkeitsvergütungen an C und D i. H.v. je 100 000 € sowie Pachten für ein von A überlassenes Grundstück i. H.v. 100 000 € gebucht worden, die den Berechtigten jeweils überwiesen wurden. Weitergehende Mittel haben die Gesellschafter nicht entnommen.

Für A wird eine Ergänzungsbilanz mit einem Passivposten geführt, der um jährlich 20 000 € zu mindern ist. Die für A hinsichtlich des überlassenen Grundstücks geführte Sonderbilanz weist nach Saldierung mit den Aufwendungen einen Gewinn von 60 000 € aus.

C hat seinen Anteil in 2007 von B erworben. Aus der aus diesem Anlass geführten Ergänzungsbilanz ist für 2008 ein Aufwand von 80 000 € zu berücksichtigen. Weiter wird für C eine Sonderbilanz geführt, in der lediglich eine Bankverbindlichkeit ausgewiesen wird, die aus Anlass des Anteilserwerbs begründet wurde. Es wird ein Verlust von 30 000 € ausgewiesen.

---

1 Tz. 36 BMF 11. 8. 2008, BStBl 2008 I 838.

2 Vgl Rn. 786 f., 856 ff.

3 Vgl. Tz. 2 BMF 11. 8. 2008, BStBl 2008 I 838.

Danach unterliegen A, C und D für 2009 mit folgenden Gewinnanteilen der Besteuerung:

	Gesamt	A	C	D
Gewinn lt. Steuerbilanz	500 000 €	250 000 €	200 000 €	50 000 €
./. steuerfrei zu belassender Gewinn	./. 400 000 €	./. 200 000 €	./. 160 000 €	40 000 €
+ nichtabziehbare Betriebsausgaben	200 000 €	100 000 €	80 000 €	20 000 €
+ Korrektur aus Ergänzungsbilanz A	20 000 €	20 000 €	./.	./.
./. Korrektur aus Ergänzungsbilanz C	./. 80 000 €	./.	./. 80 000 €	./.
+ Tätigkeitsvergütung C und D	200 000 €	./.	100 000 €	100 000 €
+ Gewinn Sonderbilanz A	60 000 €	60 000 €	./.	./.
./. Verlust Sonderbilanz C	./.30 000 €	./.	./. 30 000 €	./.
Zu versteuernder Gewinn	470 000 €	230 000 €	110 000 €	130 000 €

Für A, C und D ergeben sich danach folgende nicht entnommene Gewinne:

	A	C	D
Gewinnanteil lt. Steuerbilanz OHG	250 000 €	250 000 €	50 000 €
+ Ergänzungsbilanz A	20 000 €	./.	./.
./. Ergänzungsbilanz C	./.	./. 80 000 €	./.
+ Sonderbilanz A	60 000 €	./.	./.
./. Sonderbilanz C	./.	./. 30 000 €	./.
+ Tätigkeitsvergütung C und D	./.	100 000 €	100 000 €
Gewinnanteil lt Steuerbilanz insgesamt	330 000 €	240 000 €	150 000 €
./. Entnahme Pacht A	./. 100 000 €	./.	
./. Entnahme Tätigkeitsvergütung C und D	./.	./. 100 000 €	./. 100 000 €
Nicht entnommener Gewinn	230 000 €	140 000 €	50 000 €

Anspruchsberechtigt sind die einzelnen Gesellschafter unabhängig voneinander. Danach liegt es bei jedem der drei Gesellschafter, losgelöst von der Entscheidung seiner Mitgesellschafter, die Vergünstigung nach § 34a EStG zu beanspruchen. Dies würde auch dann gelten, wenn sich bei den übrigen Gesellschaftern Mehrentnahmen ergeben haben. A kann danach für den insgesamt bezogenen steuerpflichtigen Gewinnanteil die Vergünstigung nach § 34a EStG beantragen. Bei C übersteigt der nicht entnommene Gewinn den steuerpflichtigen Gewinn, so dass auch hier der der Besteuerung unterliegende Gewinn von 110 000 € insgesamt nach § 34a EStG begünstigt ist, während bei D ein Teilbetrag von 80 000 € für die Regelbesteuerung verbleibt.

1762 Ist eine Mitunternehmerschaft (Obergesellschaft) als Mitunternehmerin an einer weiteren Mitunternehmerschaft (Untergesellschaft) beteiligt, beziehen die Mitunternehmer der Obergesellschaft den ihnen mittelbar zustehenden Gewinnanteil an der Untergesellschaft als Mitunternehmer der Obergesellschaft.[1] Dementsprechend stellt sich die Frage eines nicht entnommenen Gewinns auch nur im Verhältnis zwischen Mitunternehmer und Obergesellschaft. Vermögensverlagerungen zwischen Ober- und Untergesellschaft berühren danach ein mögliches Begünstigungsvolumen i. S. d. § 34a EStG nicht.

1 Vgl. auch Rn. 419, 420.

Bezieht ein Mitunternehmer der Obergesellschaft von der Untergesellschaft Vergütungen i. S. d. § 15 Abs. 1 Satz 1 Nr. 2 EStG gilt er insoweit auch als Mitunternehmer der Untergesellschaft. Die insoweit bezogenen Vergütungen, z. B. für eine Tätigkeit oder die Überlassung von Wirtschaftsgütern, sind ihm dementsprechend als unmittelbar von der Untergesellschaft bezogene Gewinnanteile zuzurechnen.[1] Damit werden Einkünfte aus zwei nach § 34a EStG begünstigten Einkunftsquellen bezogen.[2] Demgegenüber vertritt die FinVerw[3] die Auffassung, dass die von der Untergesellschaft bezogene Vergütung als Bestandteil des Gewinnanteils an der Obergesellschaft zu erfassen sei. 1763

BEISPIEL (IN ANLEHNUNG AN TZ. 21 BMF-SCHREIBEN VOM 11. 8. 2008): A ist am Gewinn der X-KG (Obergesellschaft) zu 50 % beteiligt, die ihrerseits an der Y-OHG (Untergesellschaft) beteiligt ist. Die X-KG erzielt für 09 unter Einbeziehung des Gewinnanteils von der Y-OHG einen Gewinn von insgesamt 80 000 €. A hat aus der X-KG 15 000 € entnommen.

Die von der Y-OHG vereinnahmten Grundstückmieten i. H. v. 20 000 € hat A für private Zwecke verwendet. Das Grundstück gehört zu seinem Sonderbetriebsvermögen bei der Y-OHG. Die Sonderbilanz zum 31. 12. 09 weist einen Gewinn von 5 000 € aus.

Nach der hier vertretenen Auffassung hat A aus einer Beteiligung an der X-KG einen Gewinnanteil von 40 000 € zu versteuern. Der nicht entnommene Gewinn beträgt 25 000 €. Ferner ist A sein Gewinn aus dem Sonderbetriebsvermögen bei der Y-OHG i. H. v. 5 000 € als deren Mitunternehmer zuzurechnen. Insoweit liegen Mehrentnahmen vor, so dass sich die Frage der Anwendung des § 34a EStG nicht stellt.

Nach Auffassung der FinVerw hat A einen Gewinnanteil von insgesamt 45 000 € bezogen. Die Entnahmen betragen insgesamt 35 000 €, so dass sich ein nicht entnommener Gewinn von 10 000 € ergibt.

Räumt der Mitunternehmer an seinem Anteil eine mitunternehmerschaftliche Unterbeteiligung ein, ist der dem Hauptbeteiligten zuzurechnende Gewinnanteil im Ergebnis der Unterbeteiligungsgesellschaft zuzurechnen, der dann den Beteiligten an dieser Gesellschaft anteilig zusteht.[4] Bei der Unterbeteiligungsgesellschaft handelt es sich im Ergebnis um die Obergesellschaft einer mehrstöckigen Personengesellschaft. Dies hat zur Folge, dass Einkunftsquelle i. S. d. § 34a EStG in diesen Fällen die Unterbeteiligungsgesellschaft ist. Damit kommt es für die Anwendung des § 34a EStG auf die Entnahmen und Einlagen bei der Unterbeteiligungsgesellschaft an. 1764

BEISPIEL: Vater VA hat seinen Sohn SA an seiner Beteiligung an der A-GmbH & Co. KG eine Unterbeteiligung in einer Weise eingeräumt, dass zwischen Vater und Sohn als Mitunternehmerschaft begründet wurde.[5] Der Gewinnanteil des VA an der A-GmbH & Co. KG ist damit anteilig VA und SA zuzurechnen. Weiter ist dann zu prüfen, ob und welche Entnahmen und Einlagen jeweils Vater und Sohn zuzurechnen sind.

Eine Nachversteuerung des nicht entnommenen Gewinns hat nach § 34a Abs. 4 EStG dann und insoweit zu erfolgen, als die Entnahmen aus dem in Betracht kommenden Betrieb, der betreffenden Mitunternehmerschaft eines nachfolgenden Wirtschaftsjahres den Gewinn zzgl. Einlagen übersteigen. Wird die Nachversteuerung ganz oder teil- 1765

1 Vgl. Rn. 422 sowie *Wacker* in Schmidt, EStG § 15 Rz. 619, m. w. N.
2 Vgl. auch *Ley*, Ubg 2008, 13, 10, ferner *Wacker* in Schmidt, EStG § 34a Rz. 32.
3 Vgl. Tz. 21 BMF 11. 8. 2008, BStBl 2008 I 838.
4 Vgl. Rn. 3606 ff.
5 Vgl. Rn. 481 ff.

weise durch die Überführung oder Übertragung eines Wirtschaftsguts zu Buchwerten in ein anderes Betriebsvermögen[1] ausgelöst, kann der sich dadurch ergebende nachversteuerungspflichtige Betrag nach § 34a Abs. 5 EStG auf Antrag auf den das Wirtschaftsgut übernehmenden Betrieb oder Mitunternehmeranteil übertragen werden.[2]

BEISPIEL: A ist als Mitunternehmer sowohl an der A-GmbH & Co. KG als auch an der X-GmbH & Co. KG beteiligt. Er hat die Vergünstigung nach § 34a EStG für 08 und 09 ausschließlich für nicht entnommene Gewinne aus der A-GmbH & Co. KG beansprucht. Ab 10 wird ein Grundstück, das A bisher der A-GmbH & Co. KG überlassen hatte, ausschließlich von der X-GmbH & Co. KG genutzt. Es wird damit zum Buchwert aus dem Sonderbetriebsvermögen bei der A-GmbH & Co. KG in das Sonderbetriebsvermögen bei der X-GmbH & Co. KG überführt. Diese Überführung würde bei dem nicht entnommenen Gewinn aus der A-GmbH & Co. KG zu einem nachversteuerungspflichtigen Betrag von 100 000 € führen. A steht es frei, statt der Nachversteuerung die Übertragung dieses nachversteuerungspflichtigen Betrags auf die Beteiligung an der X-GmbH & Co. KG zu übertragen. Dies hat dann zur Folge, dass Mehrentnahmen aus der Beteiligung an der X-GmbH & Co. KG ab 11 die Nachversteuerung auslösen.

1766 Nach § 34a Abs. 6 EStG ist die Nachversteuerung auch ohne dass Mehrentnahmen vorliegen durchzuführen

1. in den Fällen der Betriebsveräußerung oder -aufgabe i. S. d. §§ 14, 16 Abs. 1 und Abs. 3 EStG sowie des § 18 Abs. 3 EStG,
2. in den Fällen der Einbringung eines Betriebs oder Mitunternehmeranteils in eine Kapitalgesellschaft nach § 20 UmwStG,
3. wenn der Gewinn nicht mehr nach § 4 Abs. 1 Satz 1 oder § 5 EStG ermittelt wird, oder
4. wenn der Steuerpflichtige dies beantragt.

Die bei einer Nachversteuerung nach Nr. 1 und 2 geschuldete ESt kann auf Antrag in regelmäßigen Teilbeträgen für einen Zeitraum von höchstens 10 Jahren seit Eintritt der ersten Fälligkeit ratierlich zinslos gestundet werden, wenn ihre alsbaldige Einziehung mit erheblichen Härten verbunden ist. Wegen Einzelheiten wird auf Tz. 41 – 46 des BMF-Schreibens vom 11. 8. 2008[3] hingewiesen.

1767 Geht ein Betrieb, ein Mitunternehmeranteil schenkweise oder aus Anlass eines Erbfalles und damit unentgeltlich auf einen Dritten über, hat der Übernehmende die Buchwerte seines Rechtsvorgängers gem. § 6 Abs. 3 EStG fortzuführen. Er übernimmt damit gem. § 34a Abs. 7 EStG die Verpflichtung zur Nachversteuerung der nicht entnommenen Gewinne des Rechtsvorgängers. Diese Rechtsfolge kann nach Tz. 47 des BMF-Schreibens vom 11. 8. 2008[4] dadurch vermieden werden, dass der Rechtsvorgänger vor der Übertragung die Nachversteuerung nach § 34a Abs. 6 Nr. 4 EStG beantragt. Sind bei einem Erbfall mehrere Erben vorhanden, wird der nachversteuerungspflichtige Betrag des Erblassers dem oder den Erben zuzurechnen sein, die den Betrieb, den Mitunter-

1 Vgl. Rn. 1755.
2 Vgl. auch Tz. 32, 33 BMF 11. 8. 2008, BStBl 2008 I 838.
3 BStBl 2008 I 838.
4 BStBl 2008 I 838.

nehmeranteil nach den Grundsätzen des BMF-Schreibens vom 14. 3. 2006[1] unentgeltlich erwerben. Werden die Mitglieder einer Erbengemeinschaft danach Mitunternehmer eines auf sie übergegangenen Betriebs, geht der nachversteuerungspflichtige Betrag damit auf die in Betracht kommenden Erben anteilig über. Setzen sich die Erben später dahingehend auseinander, dass einzelne Erben ihren Mitunternehmeranteil an den oder die verbleibenden Miterben übertragen, wird regelmäßig die Veräußerung eines Mitunternehmeranteils vorliegen, so dass bei diesen Miterben die Nachversteuerung nach § 34a Abs. 6 EStG in Betracht kommen dürfte.

Wird ein Betrieb oder ein Mitunternehmeranteil insgesamt zu Buchwerten in eine Per- 1768
sonengesellschaft gem. § 24 UmwStG eingebracht, ist der für den Einbringenden festgestellte nachversteuerungspflichtige Betrag für diesen gem. § 34a Abs. 7 EStG bezogen auf den durch die Einbringung erlangten Mitunternehmeranteil fortzuführen.

Nimmt ein Einzelunternehmer potenzielle Erben unentgeltlich als Mitunternehmer 1769
auf, stellt sich die Frage, ob der nachversteuerungspflichtige Betrag anteilmäßig übergeht oder aber insgesamt bei dem Übertragenden verbleibt. Die entsprechende Problematik stellt sich, wenn ein Mitunternehmer einen Teil seines Mitunternehmeranteils unentgeltlich überträgt. Schließlich kann fraglich sein, ob mit der unentgeltlichen Einräumung einer Unterbeteiligung an einer mitunternehmerschaftlichen Beteiligung ein teilweiser Übergang des nachversteuerungspflichtigen Betrags auf den Unterbeteiligten verbunden ist. Für den anteiligen Übergang des nachversteuerungspflichtigen Betrags könnte sprechen, dass der Übertragsnehmer die anteiligen Buchwerte seines Rechtsvorgängers gem. § 6 Abs. 3 EStG fortführt. Die FinVerw geht hingegen davon aus, dass der nachversteuerungspflichtige Betrag insgesamt bei dem Übertragenden verbleibt.[2]

2. Verfahrensrechtliche Fragen

Durch § 34a Abs. 10 EStG wird es zugelassen, mit der für Mitunternehmerschaften 1770
nach § 180 Abs. 1 Nr. 2a AO durchzuführenden gesonderten und einheitlichen Gewinnfeststellung[3] die Feststellung der für die Anwendung des § 34a Abs. 1 - 7 EStG bedeutsamen Besteuerungsgrundlagen bezogen auf die einzelnen Mitunternehmer zu verbinden. Welche Besteuerungsgrundlagen zusätzlich zu den nach § 180 Abs. 1 Nr. 2a AO ohnehin festzustellenden Besteuerungsgrundlagen festzustellen sind, hängt von den Umständen des Einzelfalles ab. Dabei kann es sich handeln um

- den Anteil am Gewinn lt. Steuerbilanz,
- die darin enthaltenen steuerfreien Einkünfte,
- die Entnahmen des betreffenden Wirtschaftsjahres, ggf. gesondert Entnahme von Erbschaftsteuer bzw. Schenkungsteuer i. S. d. § 34a Abs. 4 Satz 3 EStG,
- die anteiligen nicht abzugsfähigen Betriebsausgaben,
- die Einlagen des betreffenden Wirtschaftsjahres,

1 BStBl 2006 I 253.
2 Tz. 47 BMF-Schreiben 1. 8. 2008, BStBl 2008 I 838.
3 Vgl. Rn. 6021 ff.

- die Buchwerte von in ein anderes Betriebsvermögen überführten Wirtschaftsgütern,
- den Buchwert des insgesamt übertragenen Mitunternehmeranteils.

Die Festsetzungsfrist für diese gesonderte Feststellung endet nach § 34a Abs. 10 Satz 4 EStG nicht vor Ablauf der Feststellungsfrist für die nach § 180 Abs. 1 Nr. 2a AO durchzuführende Feststellung.[1]

1771 Erforderlichenfalls sind dem Wohnsitzfinanzamt des Mitunternehmers noch weitere Angaben zu machen, insbesondere über

- den Wechsel von der Gewinnermittlung nach § 4 Abs. 1, § 5 EStG zu der nach § 4 Abs. 3, § 5a oder § 13a EStG,
- die Einbringung des Mitunternehmeranteils in eine Kapitalgesellschaft oder Genossenschaft,
- den Formwechsel der Mitunternehmerschaft in eine Kapitalgesellschaft oder Genossenschaft,
- die Einbringung des Mitunternehmeranteils in eine Personengesellschaft nach § 24 UmwStG,
- den Betrieb, den Mitunternehmeranteil in den Wirtschaftsgüter zu Buchwerten übertragen wurden.

1772 Dem Wohnsitzfinanzamt des Mitunternehmers obliegt es dann, bei der durchzuführenden ESt-Veranlagung auf der Grundlage dieser Besteuerungsgrundlagen dem Antrag entsprechend die Vergünstigung nach § 34a EStG zu gewähren, die für die Sicherstellung der Nachversteuerung in § 34a Abs. 9 EStG angeordnete Feststellung des nachversteuerungspflichtigen Betrags und dessen Fortschreibung sowie erforderlichenfalls für nachfolgende Veranlagungszeiträume die Nachversteuerung durchzuführen. Ergänzende Regelungen wurden in § 34a Abs. 11 EStG getroffen.

1773–1775 *(Einstweilen frei)*

XIV. Entlastung der Mitunternehmer von der Belastung mit Gewerbesteuer

Literatur: *Thiel*, Die Ermäßigung der Einkommensteuer für gewerbliche Einkünfte – Das Basismodell des StSenkG zur Entlastung der Personenunternehmen, StuW 2000, 413; *Breidenbach*, Steueroptimale Gewinnthesaurierung im Rahmen einer mittelständischen GmbH & Co. KG nach der Unternehmenssteuerreform, DB 2001, 2066; *Kohlruss*, Anrechnung der Gewerbesteuer auf die Einkommensteuer bei gewerblich beteiligten Gesellschaftern einer Zebragesellschaft, INF 2001, 715; *Grützner*, Die Steuerermäßigung nach § 35 EStG bei Mitunternehmern i. S. des § 15 Abs. 1 Satz 1 Nr. 2 EStG, StuB 2002, 994; *Koerezkij*, Steuerermäßigung bei Einkünften aus Gewerbebetrieb: Die Brennpunkte des Anwendungsschreibens zu § 35 EStG, BB 2002, 2099; *Neu*, Aktuelles Beratungs-Know-how Personengesellschaftsbesteuerung, DStR 2002, 1078; *Ritzer/Stangel*, Das Anwendungsschreiben zu § 35 EStG – grundlegende Aussagen und Auswirkungen auf Einzelunternehmen, DStR 2002, 1068; *Förster*, Anrechnung der Gewerbesteuer auf die Einkommensteuer nach der Unternehmensteuerreform 2008, DB 2007 760; *Grützner*, Die Steuerermäßigung bei Einkünften aus Gewer-

1 Rn. 6196 ff.

bebetrieb nach § 35 EStG, StuB 2007, 170; *Wichert*, Steuerermäßigung bei Einkünften aus Gewerbebetrieb, NWB F. 3, 14413; *Herzig/Lochmann*, Unternehmensteuerreform 2008 – Wirkung des neuen Systems zur Entlastung gewerblicher Personenunternehmen an der Gewerbesteuer, DB 2007, 1037; *Konezkij*, BMF-Schreiben vom 19.9.2007 zu § 35 EStG: Neues zur Steuerermäßigung bei Einkünften aus Gewerbebetrieb, DStR 2007, 2103; *Grützner*, Neuregelungen zur Anrechnung der Gewerbesteuer nach § 35 EStG, StuB 2007, 902; *Wichert*, Steuerermäßigung bei Einkünften aus Gewerbebetrieb, NWB 2007, 1039; *Schmidt/Schwind*, Gewerbesteueranrechnung nach dem JStG 2008 bei bestehenden Verlusten, NWB 2008, 329; *Wichert*, „Fehler" in § 35 EStG i. d. F. des JStG 2008 ?, NWB 2008, 921; *Gragert*, Steuerermäßigung bei Einkünften aus Gewerbebetrieb nach § 35 EStG – Änderungen im Anwendungsschreiben (BMF v. 24. 2. 2009, BStBl 2009 I S. 440), 2009, 1980; *Hallerbach*, Anwendungsschreiben (BMF v. 24. 2. 2009, IV C 6 - S 2296 a/08/10002) zur Gewerbesteueranrechnung nach § 35 EStG, StuB 2009, 390; *Hechtner*, Kritische Anmerkungen zum BMF-Schreiben v. 24. 2. 2009 - Steuerermäßigung bei Einkünften aus Gewerbebetrieb gemäß § 35 EStG - Gesetzesänderung per Verwaltungsanweisung?, BB 2009, 1556; *Roser*, Gesellschafterbezogene Anwendungsfragen des § 35 EStG - Fälle des Gesellschafterwechsels, EStB 2010, 191; *Kortendiek/Peters*, Die Steuerermäßigung nach § 35 EStG bei negativen Einkünften, DB 2011, 76.

1. Rechtsentwicklung

Durch Art. 1 des Standortsicherungsgesetzes vom 13. 9. 1993[1] ist mit Wirkung ab Veranlagungszeitraum 1994 die Vorschrift des § 32c EStG – Tarifbegrenzung bei gewerblichen Einkünften – in das EStG eingefügt worden, die nach § 52 Abs. 44 EStG i. d. F. des StÄndG 2001[2] letztmalig für den Veranlagungszeitraum 2000 anzuwenden ist. Mit dieser Regelung sollten Gewerbetreibende, soweit es sich dabei um natürliche Personen handelte, im Ergebnis zumindest teilweise von der GewSt entlastet werden. Begünstigt waren deswegen auch Mitunternehmer von gewerblichen Mitunternehmerschaften. Nach dem Urteil des BVerfG vom 21. 6. 2006 2 BvL 2/99[3] ist § 32c EStG in der bis einschl. Veranlagungszeitraum 2000 geltenden Fassung rechtmäßig. Diese Regelung ist dadurch gekennzeichnet, dass eine Ermäßigung der ESt nur dann beansprucht werden konnte, wenn bestimmte, tatsächlich der GewSt unterliegende Einkünfte einen bestimmten Mindestbetrag überstiegen und die auf diese Einkünfte entfallende ESt auf einen bestimmten Prozentsatz begrenzt war. Dabei war es unerheblich, ob die begünstigten Einkünfte aus einer oder aus mehreren Einkunftsquellen bezogen wurden. 1776

Ab Veranlagungszeitraum 2001 kommt die Gewährung einer Steuerermäßigung bei Einkünften aus Gewerbebetrieb nach § 35 EStG in Betracht. Diese Steuerermäßigung kann nach § 5a Abs. 5 EStG nicht beansprucht werden für nach den Grundsätzen des § 5a EStG ermittelte Einkünfte aus dem Betrieb von Handelsschiffen im internationalen Verkehr, die der sog. Tonnagebesteuerung unterliegen. Für den Veranlagungszeitraum 2003 wurde eine Steuerermäßigung für die Fälle ausgeschlossen, in denen GewSt nach einem 200 % unterschreitenden Hebesatz zu entrichten war.[4] Die Sonderregelungen für die Fälle der gewerbesteuerlichen Organschaft wurden mit Wirkung ab Veranlagungszeitraum 2004 als gegenstandslos aufgehoben.[5] Unterliegt der Gewinn aus der 1777

1 BGBl 1993 I 1569.
2 20. 12. 2001, BGBl 2001 I 3794.
3 HFR 2006, 915.
4 Vgl. § 52 Abs. 50a EStG i. d. F. des GewStRefG v. 23. 12. 2003, BGBl 2003 I 2922.
5 Vgl. § 52 Abs. 50a EStG i. d. F. des GewStRefG v. 23. 12. 2003, BGBl 2003 I 2922.

Veräußerung oder Aufgabe einer Personengesellschaft, die durch Umwandlung einer Kapitalgesellschaft entstanden ist, gem. § 18 Abs. 3 UmwStG der GewStG, kann insoweit die Vergünstigung nach § 35 EStG nicht beansprucht werden.[1]

1778 Nach der durch das Unternehmensteuerreformgesetz 2008[2] mit Wirkung ab 2008 eingefügten Vorschrift des § 4 Abs. 5b EStG gehört die GewSt zu den nicht abzugsfähigen Betriebsausgaben. Deswegen wurde ab diesem Veranlagungszeitraum der Abzug der GewSt nach § 35 EStG mit dem 3,8fachen des GewSt-Messbetrags, jedoch begrenzt auf den Betrag der tatsächlich zu zahlenden GewSt, zugelassen. Durch das JStG 2008[3] wurde ebenfalls mit Wirkung ab 2008 die Ermittlung des Ermäßigungshöchstbetrags bei Bezug von sowohl positiven als auch negativen Einkünften aus anderen Einkunftsarten anderweitig geregelt. Ferner wird mit der Bestimmung des Begriffs der geminderten tariflichen Steuer der ESt-Betrag festgelegt, der anteilig den begünstigten und den nicht begünstigten Einkünften zuzuordnen ist.

1779–1785 *(Einstweilen frei)*

2. Steuerermäßigung bei Einkünften aus Gewerbebetrieb nach § 35 EStG

a) Die Rechtslage bis einschl. Veranlagungszeitraum 2007

1786 Durch das Steuersenkungsgesetz vom 23. 10. 2000[4] wurde anstelle der aufgehobenen Regelung des § 32c EStG die Vorschrift des § 35 EStG zur Gewährung einer Steuerermäßigung bei Bezug von Einkünften aus Gewerbebetrieb eingefügt. Diese Neuregelung ist nach § 52 Abs. 50a EStG i. d. F. des StÄndG 2001[5] erstmals für den Veranlagungszeitraum 2001 anwendbar. In den Fällen von Gewerbebetrieben mit einem vom Kalenderjahr abweichenden Wirtschaftsjahr kommt danach eine Steuerermäßigung nach § 35 EStG bereits für die aus dem Wirtschaftsjahr 2000/2001 bezogenen gewerblichen Einkünfte in Betracht.[6] In der Zwischenzeit wurde § 35 EStG verschiedentlich, zuletzt mit Wirkung ab Veranlagungszeitraum 2004 (vgl. § 52 Abs. 50a EStG) durch das Gewerbesteuerreformgesetz vom 23. 12. 2003[7] geändert.

1787 Die Vorschrift des § 35 EStG ist wie bereits die Regelung des § 32c EStG nur im Verhältnis zu natürlichen Personen anwendbar. Dabei ist es unerheblich, ob es sich um unbeschränkt oder beschränkt Steuerpflichtige handelt.[8] Körperschaften i. S. d. KStG können hingegen die Steuerermäßigung nicht beanspruchen.[9]

1 Vgl. Rn. 1791.
2 Vom 14. 8. 2007, BGBl 2007 I 1912.
3 Vom 20. 12. 2007, BGBl 2007 I 3150.
4 BGBl 2000 I 1433.
5 20. 12. 2001, BGBl 2001 I 3794.
6 FinMin Nordrhein-Westfalen 11. 6. 2002, DB 2002, 1349.
7 BGBl 2003 I 2922.
8 BMF 19. 9. 2007, BStBl 2007 I 701, Tz. 1.
9 *Glanegger* in Schmidt, EStG § 35 Rz. 1.

Nach § 35 Abs. 1 Nr. 1 EStG wird die tarifliche Einkommensteuer bei Bezug von Einkünften aus gewerblichen Einzelunternehmen um maximal des 1,8fachen des jeweils für den dem Veranlagungszeitraum entsprechenden Erhebungszeitraum nach § 14 GewStG für das Unternehmen festgesetzten Gewerbesteuermessbetrag ermäßigt, soweit sie anteilig auf die im zu versteuernden Einkommen enthaltenen gewerblichen Einkünfte entfällt. 1788

Mitunternehmern einschließlich den persönlich haftenden Gesellschaftern einer KGaA steht gem. § 35 Abs. 1 Nr. 2 EStG ein Ermäßigungsanspruch i. H.v. maximal des 1,8fachen des auf sie entfallenden Anteils an dem gegenüber der Mitunternehmerschaft festgesetzten Gewerbesteuermessbetrag zu. Nach § 35 Abs. 3 Satz 2 EStG richtet sich der Anteil eines Mitunternehmers am Gewerbesteuermessbetrag nach seinem Anteil am Gewinn der Mitunternehmerschaft nach Maßgabe des allgemeinen Gewinnverteilungsschlüssels, Vorabgewinnanteile sind nicht zu berücksichtigen. Dazu wurde in Rz. 21 des BMF-Schreibens vom 19. 9. 2007[1] bestimmt, dass gewinnabhängige Vorabgewinnanteile sowie gewinnabhängige Sondervergütungen i. S. d. § 15 Abs. 1 Satz 1 Nr. 2 EStG Bestandteil des allgemeinen Gewinnverteilungsschlüssels i. S. d. § 35 Abs. 2 Satz 2 EStG sind. Demgegenüber berühren nach dem Beschluss des BFH vom 7. 4. 2009 IV B 109/08[2] sämtliche Vorabgewinne den allgemeinen Gewinnverteilungsschlüssel i. S. d. § 35 Abs. 2 Satz 2 EStG nicht. Es handelt sich dabei um eine rechtmäßige Typisierung, weil eine punktgenaue Aufteilung des Ermäßigungsanspruchs auf die einzelnen Mitunternehmer ohnehin nicht möglich ist.[3] Nach dem BMF-Schreiben vom 22. 12. 2009[4] kann dessen ungeachtet weiterhin nach Rz. 21 des BMF-Schreibens vom 19. 9. 2007 verfahren werden; es sei denn, dass sich mindestens ein Mitunternehmer dagegen ausspricht. Sind an einer Personengesellschaft Körperschaften als Mitunternehmer beteiligt, tritt damit eine Entlastung von der Gewerbesteuer insoweit nicht ein, als der Gewerbesteuermessbetrag anteilig auf die als Mitunternehmer beteiligten Körperschaften entfällt. 1789

Nach § 35 Abs. 1 Sätze 2 und 3 EStG i. d. F. des Steuervergünstigungsabbaugesetzes vom 16. 5. 2003[5] kann die Steuerermäßigung für die Einkünfte aus Gewerbebetrieb nicht beansprucht werden, die aus einer Gemeinde bezogen werden, die die Gewerbesteuer nach einem 200 % unterschreitenden Hebesatz erhebt. Nachdem die Gemeinden die Gewerbesteuer gem. § 16 GewStG nach einem Hebesatz von mindestens 200 % zu erheben haben, wurde diese Vorschrift ab Veranlagungszeitraum 2004 aufgehoben.[6] 1790

Ist der Betrieb einer Körperschaft auf eine Personengesellschaft oder eine natürliche Person übergegangen und wird dieser Betrieb innerhalb von 5 Jahren nach der Umwandlung veräußert, unterliegt ein etwaiger Veräußerungs- oder Aufgabegewinn nach § 18 Abs. 4 UmwStG a. F., § 18 Abs. 3 UmwStG n. F. der Gewerbesteuer. Entsprechendes gilt ferner für die Veräußerung eines diesbezüglichen Teilbetriebs oder Mitunterneh- 1791

1 BStBl 2007 I 701.
2 BStBl 2010 II 116.
3 BFH 9. 2. 2011 IV R 37/08, BStBl 2011 II 617.
4 BStBl 2010 I 43.
5 BGBl 2003 I 660.
6 Vgl. § 52 Abs. 50a EStG i. d. F. des GewStRefG v. 23. 12. 2003, BGBl 2003 I 2922.

meranteils. Der auf diesen Veräußerungs- oder Aufgabegewinnen beruhende Teil des Gewerbesteuermessbetrags ist von der Vergünstigung nach § 35 EStG ausgeschlossen.

1792 Zur Sicherung des Besteuerungsverfahrens ist über die auf die einzelnen Mitunternehmer entfallenden Anteile an dem gegenüber der Mitunternehmerschaft festgesetzten Gewerbesteuermessbetrag gem. § 35 Abs. 2 (bisher Abs. 3) Satz 1 EStG in einem gesonderten und einheitlichen Feststellungsverfahren zu entscheiden. Ist die Mitunternehmerschaft (Obergesellschaft) ihrerseits an anderen Gesellschaften (Untergesellschaften) als Mitunternehmerin beteiligt, liegt also eine mehrstöckige Personengesellschaft vor, sind die auf die Obergesellschaft entfallenden Anteile an den Gewerbesteuermessbeträgen der Untergesellschaften in die für die Obergesellschaft durchzuführende Feststellung einzubeziehen.

1793 Ist das Unternehmen Organträger i. S. d. § 2 Abs. 2 Satz 2 und 3 GewStG, kann die natürliche Person als Einzelunternehmer oder als Mitunternehmer eine Steuerermäßigung auf den auf die Organgesellschaft entfallenden Teil des Gewerbesteuermessbetrags nach der bis einschließlich Veranlagungszeitraum 2003 geltenden Vorschrift des § 35 Abs. 2 Satz 4 EStG nur dann beanspruchen, wenn bei ihm das Einkommen der Organgesellschaft aufgrund eines bestehenden Gewinnabführungsvertrags i. S. d. § 14 ggf. i. V. m. § 17 KStG (anteilig) zu besteuern ist. Die bisherige Regelung des § 35 Abs. 2 EStG wurde mit Wirkung ab Veranlagungszeitraum 2004[1] gestrichen.

1794 Bis einschl. 2003 setzte die steuerliche Anerkennung eines gewerbesteuerlichen Organschaftsverhältnisses nach § 2 Abs. 2 Satz 2 GewStG keinen Gewinnabführungsvertrag zwischen Organgesellschaft und Organträger voraus. Eine Entlastung von der Gewerbesteuer nach § 35 GewStG ist nach Auffassung des Gesetzgebers jedoch nur insoweit gerechtfertigt, als das Einkommen der Organgesellschaft aufgrund eines Gewinnabführungsvertrags bei dem Organträger (vgl. §§ 14, 17, 18 KStG), den Gesellschaftern einer Personengesellschaft, auch tatsächlich der Einkommensteuer unterliegt. Deswegen sah § 35 Abs. 2 EStG a. F. eine Beschränkung des begünstigten Gewerbesteuermessbetrags des Organträgers auf den Teil vor, der auf dessen eigene gewerbliche Tätigkeit und den Gewerbeertrag der Organgesellschaft entfällt, mit der ein Gewinnabführungsvertrag besteht. Aus diesem Grund wurde angeordnet, dass der gegenüber dem Organträger, dem Einzelunternehmen, der Personengesellschaft, für den Organkreis einheitlich festgesetzte Gewerbesteuermessbetrag aufzuteilen ist. Für den Regelfall hat die Aufteilung nach dem Verhältnis des Gewerbeertrags des Organträgers zur Summe der Gewerbeerträge des gesamten Organkreises zu erfolgen. Dabei sind negative Gewerbeerträge jeweils mit 0 DM zu berücksichtigen. Der danach in einem Prozentsatz mit zwei Nachkommastellen ermittelte Anteil des Gewerbeertrags des Organträgers vor Hinzurechnung der Gewerbeerträge der Organgesellschaften am Gewerbeertrag des Organkreises ist gesondert festzustellen. Anschließend ist durch Anwendung dieses Prozentsatz es auf den für den Organkreis festgesetzten Gewerbesteuermessbetrag, der nach § 35 EStG begünstigte Teil dieses Messbetrags zu ermitteln. Nachdem aufgrund der Änderung des § 2 Abs. 2 GewStG auch gewerbesteuerlich eine Organschaft nur bei Bestehen eines Ergebnisabführungsvertrages vorliegt, ist ab Veranlagungszeitraum 2004 auch

1 Vgl. § 52 Abs. 50a EStG i. d. F. des GewStRefG v. 23. 12. 2003, BGBl 2003 I 2922.

der gegenüber einer Personengesellschaft als Organträger festgesetzte Gewerbesteuermessbetrag nach den allgemeinen Grundsätzen den einzelnen Mitunternehmern anteilig zuzuordnen. Für den Fall, dass die Organgesellschaft ihrerseits an einer Mitunternehmerschaft beteiligt ist, wird auf das Urteil des FG Düsseldorf vom 22. 1. 2009 16 K 126707 F[1] hingewiesen.

Unterhält der betreffende Steuerpflichtige mehrere Gewerbebetriebe und/oder ist er 1795
Mitunternehmer mehrerer Mitunternehmerschaften, erstreckt sich sein Ermäßigungsanspruch auf die Summe/den Saldo seiner gewerblichen Einkünfte, der auf das 1,8fache der Summe der ihm daraus zuzurechnenden Gewerbesteuermessbeträge begrenzt ist.

Eine Steuerermäßigung nach § 35 EStG kommt nur dann und insoweit in Betracht, als 1796
auf die bezogenen Einkünfte aus Gewerbebetrieb tatsächlich eine anteilige Einkommensteuer entfällt. Dies ist dann nicht der Fall, wenn sich aufgrund der übrigen Besteuerungsmerkmale insgesamt keine Einkommensteuerschuld ergibt oder bei Bezug von Einkünften aus mehreren Gewerbebetrieben infolge des Verlustausgleichs keine positiven Einkünfte aus Gewerbebetrieb verbleiben. Sind bei der Ermittlung des zu versteuernden Einkommens Verluste aus nicht begünstigten Einkunftsarten zu berücksichtigen, sind diese Verluste vorrangig von den nicht begünstigten Einkünften abzuziehen.[2]

Zu ermäßigen ist die tarifliche Einkommensteuer, die nach Berücksichtigung der sonsti- 1797
gen Steuerermäßigungen mit Ausnahme der nach §§ 34f und 34g EStG anteilig auf die gewerblichen Einkünfte entfällt, zur Reihenfolge der Berücksichtigung von Steuerermäßigungen wird auf das Berechnungsschema in R 2 EStR hingewiesen. Unterschreitet diese anteilige Einkommensteuer das 1,8fache des dem Steuerpflichtigen zuzurechnenden Gewerbesteuermessbetrags, wird dadurch kein Erstattungsanspruch begründet. Durch § 35 EStG kann danach allenfalls erreicht werden, dass auf die der Gewerbesteuer unterliegenden Einkünfte aus Gewerbebetrieb keine Einkommensteuer zu erheben ist. Die Anrechnung der GewSt führt lediglich zu einer entsprechenden Verminderung der ESt-Schuld, max. auf 0 €. Der darüber hinausgehende Betrag, ein sog. Anrechnungsüberhang, führt weder zu einer Erstattung noch zur Minderung der ESt-Schuld eines anderen Veranlagungszeitraums.[3]

Nach § 35 Abs. 2 (bisher 3) Satz 1 EStG ist bei Mitunternehmerschaften i. S. d. § 15 1798
Abs. 1 Satz 1 Nr. 2 und 3 EStG der Betrag des Gewerbesteuermessbetrags und der auf die einzelnen Mitunternehmer entfallende Anteil gesondert und einheitlich festzustellen. Dafür ist das Finanzamt zuständig, das auch die gesonderte und einheitliche Gewinnfeststellung für die betreffende Mitunternehmerschaft durchzuführen hat. Der auf den einzelnen Mitunternehmer entfallende anteilige Gewerbesteuermessbetrag ist gem. § 35 Abs. 2 (bisher 3) Satz 3 GewStG als Prozentsatz mit zwei Nachkommastellen

1 EFG 2009, 756, Rev. Az. des BFH: IV R 8/09.

2 BFH 17. 9. 2006 X R 25/04, BStBl 2007 II 694, Tz. 12 ff.; BMF 19. 9. 2007, BStBl 2007 I 701.

3 BFH 23. 4. 2008 X R 32/06, BStBl 2009 II 7; die dagegen erhobene Verfassungsbeschwerde wurde nicht zur Entscheidung angenommen, BVerfG 29. 6. 2009 2 BvR 1540/08, NWB DokID: UAAAD-13884; vgl. ferner BFH 11. 11. 2008 X R 55/06, BFH/NV 2009, 379.

zu ermitteln. Für den einzelnen Mitunternehmer ist danach lediglich dieser Prozentsatz, nicht hingegen der anteilig auf ihn entfallende Gewerbesteuermessbetrag festzustellen. Der für die Ermäßigung zugrunde zu legende anteilige Gewerbesteuermessbetrag ist danach durch Anwendung des für den einzelnen Mitunternehmer festgestellten Prozentsatzes auf den ebenfalls festgestellten Gewerbesteuermessbetrag im Besteuerungsverfahren des einzelnen Mitunternehmers zu ermitteln. In den Fällen der sog. doppelstöckigen Personengesellschaften[1] ist die Summe aus dem Gewerbesteuermessbetrag der Obergesellschaft und dem auf die Obergesellschaft entfallenden Anteil am Gewerbesteuermessbetrag der Untergesellschaft Gegenstand der für die Obergesellschaft durchzuführenden Feststellung.[2]

1799 Der Gewerbesteuermessbescheid ist Grundlagenbescheid für den Feststellungsbescheid nach § 35 Abs. 2 (bisher 3) Satz 1 EStG. Dies hat zur Folge, dass jede Änderung des Gewerbesteuermessbescheides gem. § 175 Abs. 1 Nr. 1 AO zur Änderung eines bereits erlassenen Feststellungsbescheids i. S. d. § 35 Abs. 3 Satz 1 EStG führt. In einem Rechtsbehelfsverfahren gegen diesen Feststellungsbescheid können danach lediglich Einwendungen gegen den Umfang des Anteils des einzelnen Mitunternehmers am Gewerbesteuermessbetrag erhoben werden.

1800 Angesichts der ausdrücklichen Regelungen in § 35 Abs. 2 und 3 (bisher 3 und 4) EStG handelt es sich um ein Feststellungsverfahren, das unabhängig von dem nach § 180 Abs. 1 Nr. 2b AO durchzuführenden einheitlichen und gesonderten Gewinnfeststellungsverfahren zu erfolgen hat. Sofern es mit diesem Gewinnfeststellungsverfahren verbunden wird, liegen gleichwohl zwei getrennt anfechtbare Bescheide vor.[3]

b) Die Rechtslage ab Veranlagungszeitraum 2008

1801 Nach § 35 Abs. 1 EStG i. d. F. des Jahressteuergesetzes 2009[4] ermäßigt sich die tarifliche ESt vermindert um die sonstigen Steuermäßigungen mit Ausnahme der §§ 34f, 34g und § 35a EStG um das 3,8fache des in Betracht kommenden GewSt-Messbetrags, höchstens jedoch um die tatsächlich zu zahlende GewSt. GewSt-Messbeträge, die vor dem 1. 1. 2008 endenden Erhebungszeiträumen zuzuordnen sind, sind gem. § 52 Abs. 50a Satz 2 EStG nur mit dem 1,8-fachen zu berücksichtigen. Es handelt sich um eine Sonderregelung für die Fälle, in denen bei der Beteiligung an mehrstufigen Personengesellschaften für 2008 Gewinnanteile zu besteuern sind, die bei der nachgeschalteten Gesellschaft bereits im vorangegangenen Veranlagungszeitraum angefallen sind;[5] auf Rz. 2, 3 des BMF-Schreibens vom 24. 2. 2009[6] wird hingewiesen. Hinsichtlich der dem Grunde nach begünstigten Einkünfte ist gegenüber der bis 2007 geltenden Rechtslage keine Änderung eingetreten. Mit der Erhöhung des Abzugsbetrages soll berücksichtigt werden, dass die GewSt gem. § 4 Abs. 5b EStG zu den nicht abziehbaren Betriebsausgaben gehört. Außerdem soll den Personenunternehmen eine weitergehen-

1 Vgl. Rn. 416.
2 Vgl. Tz. 25 BMF 19. 7. 2007, BStBl 2007 I 701.
3 BFH 23. 2. 1999 VIII R 29/98, BStBl 1999 II 592, m. w. N.
4 Vom 19. 12. 2008, BGBl 2008 I 2794.
5 Vgl. Rn. 656.
6 BStBl 2009 I 440.

de steuerliche Entlastung zuteil werden. Für den Fall der Inanspruchnahme der Steuervergünstigung für den nicht entnommenen Gewinn nach § 34a EStG[1] wird in Tz. 15 des BMF-Schreibens vom 24. 2. 2009[2] darauf hingewiesen, dass die nicht entnommenen Gewinne im Veranlagungszeitraum ihrer begünstigten Besteuerung bei der Steuerermäßigung nach § 35 EStG einzubeziehen sind. Dementsprechend gehören im Veranlagungszeitraum der Nachversteuerung nach § 34a Abs. 4 EStG die Nachversteuerungsbeträge nicht zu den begünstigten gewerblichen Einkünften; die ESt auf den Nachversteuerungsbetrag gehört zur tariflichen ESt.

Nach dem durch das Jahressteuergesetz 2008[3] in § 35 Abs. 1 EStG eingefügten Satz 2 ist der Ermäßigungshöchstbetrag nach folgender Formel zu bestimmen:[4] 1802

$$\frac{\text{Summe der positiven gewerblichen Einkünfte x geminderte tarifliche Steuer}}{\text{Summe aller positiven Einkünfte}}$$

Dadurch wird entgegen der bis einschl. Veranlagungszeitraum 2007 geltenden Regelung[5] erreicht, dass Verluste aus anderen als den begünstigten Einkunftsarten auch dann zu einer Kürzung des Ermäßigungsanspruchs führen, wenn diese Verluste die positiven nicht begünstigten Einkünfte nicht übersteigen. Weiter wird nunmehr ausdrücklich bestimmt, dass zu den begünstigten gewerblichen Einkünften die der GewSt unterliegenden Gewinne und Gewinnanteile gehören, soweit die Vergünstigung nicht durch andere Vorschriften ausgeschlossen wird, wie dies in § 5a Abs. 5 EStG und § 18 Abs. 3 UmwStG ausdrücklich bestimmt wird. Die der Ermittlung des Anrechnungshöchstbetrags geminderte tarifliche Steuer ist die tarifliche Steuer vermindert um die ausländischen Steuern, die aufgrund zwischenstaatlicher Abkommen, nach § 34c Abs. 1 und 6 EStG sowie nach § 12 AStG anrechenbar sind.

Werden Einkünfte aus mehreren Gewerbebetrieben und/oder mitunternehmerschaftlichen Beteiligungen bezogen, sind nach Rz. 10 des BMF-Schreibens vom 24. 2. 2009[6] die jeweiligen GewSt-Messbeträge für jede dieser Einkunftsquellen getrennt zu ermitteln, mit dem Faktor 3,8 zu vervielfältigen und auf die zu zahlende Gewerbesteuer zu begrenzen. Der Höchstbetrag der anrechenbaren GewSt ist danach für jeden Betrieb und jede Beteiligung gesondert zu ermitteln. Gewerbliche Verluste sind danach bei der Ermittlung des Ermäßigungshöchstbetrags nicht zu berücksichtigen. Wird in Verlustfällen infolge § 8 GewStG[7] gleichwohl ein GewSt-Messbetrag festgesetzt, soll dieser zu keiner Steuerermäßigung führen. 1803

Im Übrigen haben sich gegenüber der bis einschl. Veranlagungszeitraum 2007 geltenden Rechtslage keine Änderungen ergeben. Insoweit gelten die Ausführungen unter Rn. 1786 – 1800 entsprechend. 1804

---

1 Vgl. dazu Rn. 1746 ff.

2 BStBl 2009 I 440.

3 Vom 20. 12. 2007, BGBl 2007 I 3150.

4 Vgl. dazu auch Rz. 16 – 18 BMF 24. 2. 2009, BStBl 2009 I 440.

5 Vgl. Rn. 1796.

6 BStBl 2009 I 440.

7 Vgl. Rn. 4426 ff.

c) Besonderheiten bei der Beteiligung an Mitunternehmerschaften

aa) Begünstigte Mitunternehmer

1805 Natürliche Personen, die als Mitunternehmer Einkünfte aus Gewerbebetrieb i. S. d. § 15 Abs. 1 Satz 1 Nr. 2 EStG beziehen, sind nach § 35 Abs. 1 Nr. 2 EStG zur Inanspruchnahme der Steuervergünstigung berechtigt. Der Begriff des Mitunternehmers ist angesichts der ausdrücklichen Bezugnahme durch den Gesetzgeber nach i. S. d. § 15 Abs. 1 Satz 1 Nr. 2 EStG zu bestimmen. Wegen Einzelheiten wird auf Rn. 231 ff. hingewiesen. Unterliegt der am gesonderten und einheitlichen Gewinnfeststellungsverfahren Beteiligte mit dem für ihn festgestellten Gewinnanteil der Besteuerung, wird damit zugleich auch über seine Berechtigung zur Inanspruchnahme der Steuerermäßigung nach § 35 EStG dem Grunde nach entschieden.

1806 Wird eine mitunternehmerische Beteiligung treuhänderisch gehalten, ist ungeachtet der zivilrechtlichen Stellung des Treuhänders als Gesellschafter regelmäßig der Treugeber Mitunternehmer. Dabei ist es unerheblich, dass der Gewinnanteil verfahrensrechtlich zunächst dem Treuhänder und dann in einem weiteren Feststellungsverfahren dem Treugeber zuzurechnen ist.[1] Danach ist allein der Treugeber zur Inanspruchnahme der Steuervergünstigung nach § 35 EStG berechtigt.

1807 Ist eine Mitunternehmerschaft (Obergesellschaft) als Mitunternehmerin an einer anderen Mitunternehmerschaft (Untergesellschaft) beteiligt, liegt also eine doppelstöckige Personengesellschaft vor, sieht § 35 Abs. 2 Satz 5 EStG vor, dass der auf die Obergesellschaft entfallende anteilige Gewerbesteuermessbetrag der Untergesellschaft in die für die Mitunternehmer der der Obergesellschaft durchzuführende gesonderte und einheitliche Feststellung des Gewerbesteuermessbetrags einzubeziehen ist. Den Gesellschaftern der Obergesellschaft ist danach der anteilige GewSt-Messbetrag der Untergesellschaft auch dann zuzurechnen, wenn für die Obergesellschaft ein GewSt-Messbetrag von 0 € festgesetzt worden ist, Das BMF weist in der Neufassung der Rz. 27, 28 seines Schreibens vom 24. 2. 2009[2] durch das weitere Schreiben vom 25. 11. 2010[3] darauf hin, dass beim Gesellschafter der Obergesellschaft sein Anteil am Ergebnis der Obergesellschaft der Besteuerung unterliegt. Dieser Gewinnanteil ist für die Ermittlung des Ermäßigungshöchstbetrages maßgebend. Das aus der Beteiligung an der Untergesellschaft resultierende Ermäßigungsvolumen wird danach zwar den an der Untergesellschaft nur mittelbar beteiligten Mitunternehmern der Obergesellschaft vermittelt, es kann jedoch nur dann wirksam werden, wenn und soweit ein Gewinnanteil aus der Obergesellschaft bezogen wird.

1808 Räumt ein Mitunternehmer einem Dritten an seiner mitunternehmerischen Beteiligung eine Unterbeteiligung ein, wird der Unterbeteiligte im Verhältnis zum Hauptbeteiligten Mitunternehmer, sofern das Verhältnis des Unterbeteiligten zum Hauptbeteiligten so ausgestaltet ist, dass es seinerseits den an die Anerkennung einer Mit-

1 Vgl. Rn. 446, m. w. N.
2 BStBl 2009 I 440..
3 BStBl 2010 I 1312.

unternehmerschaft zu stellenden Anforderungen genügt.[1] Es liegt danach eine Konstellation vor, die einer doppelstöckigen Personengesellschaft ähnlich ist; der zwischen dem Hauptbeteiligten und dem Unterbeteiligten begründeten Mitunternehmerschaft käme die Funktion der Obergesellschaft zu. Der Unterschied zur „klassischen" doppelstöckigen Personengesellschaft besteht darin, dass die Unterbeteiligungsgesellschaft als Innengesellschaft keinen eigenen Gewerbebetrieb unterhält und damit auch nicht der Gewerbesteuer unterliegt. Gleichwohl erscheint es gerechtfertigt, dem Unterbeteiligten in entsprechender Anwendung des § 35 Abs. 2 Satz 5 EStG den auf seinen Anteil an der Hauptbeteiligung entsprechenden Anteil am Gewerbesteuermessbetrag zuzurechnen und damit insoweit die Inanspruchnahme der Steuervergünstigung nach § 35 EStG zu ermöglichen.[2]

Etwas anderes gilt nur dann, wenn der Unterbeteiligte im Verhältnis zum Hauptbeteiligten nicht Mitunternehmer ist, es sich z. B. um eine sog. typische stille Unterbeteiligung handelt und de Unterbeteiligte daraus Einkünfte i. S. d. § 20 Abs. 1 Nr. 4 EStG bezieht.[3] In einem derartigen Fall verbleibt der Ermäßigungsanspruch aufgrund der Beteiligung an der Mitunternehmerschaft ungeschmälert beim Hauptbeteiligten auch dann, wenn die Vergütung an den Unterbeteiligten – wie im Fall der typisch stillen Unterbeteiligung – bei ihm als Sonderbetriebsausgabe abzugsfähig ist.[4] 1809

bb) Begünstigte Einkünfte aus Gewerbebetrieb

Nach § 35 Abs. 1 Satz 1 EStG ist die auf die im zu versteuernden Einkommen enthaltenen gewerblichen Einkünfte entfallende Einkommensteuer zu ermäßigen. Die danach zu beanspruchende Steuerermäßigung wird bei Einkünften aus gewerblichen Einzelunternehmen für den Regelfall[5] auf das 3,8fache des Gewerbesteuermessbetrags begrenzt, der für den dem Veranlagungszeitraum entsprechenden Erhebungszeitraum für dieses Unternehmen festgesetzt wurde. Bei Einkünften aus der Beteiligung aus einer gewerblichen Mitunternehmerschaft erfolgt danach die Begrenzung auf das 1,8fache bzw. auf das 3,8fache des anteiligen Gewerbesteuermessbetrags der betreffenden Mitunternehmerschaft. In die Ermittlung der zu ermäßigenden Einkommensteuer sind nur die gewerblichen Einkünfte einzubeziehen sind, die der Gewerbesteuer unterliegen.[6] 1810

Nach Rz. 14 des BMF-Schreibens vom 24. 2. 2009[7] umfassen die gewerblichen Einkünfte i. S. d. § 35 EStG die Einkünfte aus Gewerbebetrieb i. S. d. § 15 EStG, wenn sie gewerbesteuerpflichtig sind und nicht von der Begünstigung ausdrücklich ausgeschlossen sind. Einkünfte i. S. d. § 17 EStG gehören unter keinen Umständen dazu. Veräußerungs- und Aufgabegewinne i. S. d. § 16 EStG gehören danach – vorbehaltlich des § 18 Abs. 4 1811

1 Vgl. Rn. 481, m. w. N.; BFH 6. 7. 1995 IV R 79/94, BStBl 1996 II 269.
2 Vgl. auch *Wacker* in Schmidt, EStG § 35 Rz. 31.
3 BFH 28. 11. 1990 I R 111/88, BStBl 1991 II 313.
4 BFH 9. 11. 1988 I R 191/84, BStBl 1989 II 343.
5 Beachte § 52 Abs. 50a Satz 2 EStG, Hinweis auf Rn. 1801.
6 Vgl. auch *Wacker* in Schmidt, EStG § 35 Rz. 6.
7 BStBl 2009 I 440.

UmwStG a. F., § 18 Abs. 3 UmwStG n. F. – zu den gewerblichen Einkünften i. S. d. § 35 EStG, soweit sie der Gewerbesteuer unterliegen. Nicht der Gewerbesteuer unterliegende Einkünfte i. S. d. § 15 EStG, z. B. aus nach § 3 GewStG steuerbefreiten Gewerbebetrieben, aus verpachteten Gewerbebetrieben i. S. v. R 16 Abs. 5 EStR oder im Ausland belegenen Betriebsstätten, gehören danach nicht zu den begünstigten gewerblichen Einkünften. Diese Auffassung wird im Schrifttum weitgehend geteilt.[1]

1812 Eine vermögensverwaltend tätige, nicht gewerblich geprägte Personengesellschaft, unterliegt auch dann nicht der GewSt, wenn einzelne Gesellschafter die Beteiligung im gewerblichen Betriebsvermögen halten, also eine sog. Zebra-Gesellschaft[2] vorliegt. Über die GewSt-Pflicht der von den einzelnen Gesellschaftern bezogenen Gewinnanteile ist danach in deren Besteuerungsverfahren zu entscheiden, so dass sich auch erst auf dieser Ebene die Frage nach der Anwendung der Regelungen des § 35 EStG stellen kann.[3]

cc) Anteile der einzelnen Mitunternehmer am Gewerbesteuermessbetrag sowie der tatsächlich zu zahlenden Gewerbesteuer

(1) Regelfall

1813 Die Begrenzung der Anrechnungsanspruchs in § 35 Abs. 1 Satz 5 EStG auf die tatsächlich zu zahlende GewSt macht es erforderlich, nicht nur den für eine Mitunternehmerschaft festgesetzten GewSt-Messbetrag, sondern auch die von der Mitunternehmerschaft tatsächlich zu zahlende GewSt anteilig den einzelnen Mitunternehmern zuzurechnen. Dazu wird in § 35 Abs. 4 EStG bestimmt, dass die Regelungen zur Aufteilung des GewSt-Messbetrags in § 35 Abs. 2 und 3 EStG entsprechend anwendbar sind. GewSt-Messbetrag und tatsächlich zu zahlende GewSt sind danach nach einheitlichen Grundsätzen aufzuteilen und gleichermaßen Gegenstand eines gesonderten Feststellungsverfahrens. Die nachfolgenden Ausführungen zur Aufteilung des GewSt-Messbetrags gelten deswegen für die Aufteilung des Betrags der tatsächlich zu zahlenden GewSt entsprechend.

1814 Der Anteil des einzelnen Mitunternehmers an dem für die Mitunternehmerschaft festgesetzten Gewerbesteuermessbetrag richtet sich gem. § 35 Abs. 2 Satz 2 EStG nach seinem Anteil am Gewinn der Mitunternehmerschaft nach Maßgabe des allgemeinen Gewinnverteilungsschlüssels, der auf den der Gewerbesteuer unterliegenden Gewinn anzuwenden ist; Gewinne aus Anlass der Veräußerung oder Aufgabe des Mitunternehmeranteils sind nur dann einzubeziehen, wenn sie gem. § 16 Abs. 1 Satz 2 EStG als laufender Gewinn zu besteuern sind und damit auch der GewSt unterliegen.[4]. Die Anwendung des allgemeinen Gewinnverteilungsschlüssels führt dazu, dass der anteilige Gewerbesteuer-Messbetrag, der auf nicht nach § 35 EStG berechtigte Mitunternehmer

1 *Wacker* in Schmidt, EStG § 35 Rz. 6, 7, m. w. N.

2 Vgl. Rn. 4189.

3 Vgl. auch *Wacker* in Schmidt, EStG § 35 Rz. 30.

4 Rz. 14 BMF 24. 2. 2009, BStBl 2009 I 440.

entfällt, z. B. Kapitalgesellschaften, auch tatsächlich nicht zu einer Steuerermäßigung führt.[1] Nach Rz. 21 des BMF-Schreibens vom 24. 2. 2009[2] ist der handelsrechtliche Gewinnverteilungsschlüssel nur dann maßgebend, wenn er auch steuerlich anerkannt wird. Wird z. B. bei einer Familienpersonengesellschaft die vereinbarte Gewinnverteilung nicht anerkannt,[3] ist der steuerlich maßgebende Verteilungsschlüssel anzuwenden.[4] Entsprechendes hat zu gelten, wenn der Gewinnverteilungsschlüssel unzulässigerweise rückwirkend geändert wird.[5]

Vorabgewinnanteile sind bei der Ermittlung des Aufteilungsmaßstabs für den Gewerbesteuer-Messbetrag ausdrücklich nicht zu berücksichtigen. Dazu gehören die Vergütungen i. S. d. § 15 Abs. 1 Satz 1 Nr. 2 EStG sowie die Ergebnisse aus den für die einzelnen Gesellschafter geführten Ergänzungsbilanzen[6] und Sonderbilanzen.[7] Nach Rz. 22 des BMF-Schreibens vom 24. 2. 2009[8] sollten lediglich die Sondervergütungen nicht berücksichtigt werden, die in ihrer Höhe nicht vom Gewinn abhängig sind. In der nachfolgenden Rz. 23 wurden gewinnabhängige Vorabgewinnanteile als Bestandteil des allgemeinen Gewinnverteilungsschlüssels i. S. d. § 35 Abs. 2 Satz 2 EStG angesehen. Nach dem Beschluss des BFH vom 7. 4. 2009 IV B 109/08[9] sind Vorabgewinnanteile für die Bemessung des Anteils eines Mitunternehmers am Gewerbesteuermessbetrag in jedem Fall nicht zu berücksichtigen. Bei diesem Aufteilungsmaßstab handelt es sich um eine rechtmäßige Typisierung, weil eine punktgenaue Aufteilung des Ermäßigungsanspruchs auf die einzelnen Mitunternehmer ohnehin nicht möglich ist.[10] Die FinVerw passte ihre Auffassung mit dem BMF- Schreiben vom 24. 2. 2009[11] entsprechend an. Maßgebend soll danach der Schlüssel sein, nach dem die laufenden Gewinne zu verteilen sind. Einflüsse auf den Gewinnanteil des Gesellschafters und damit auch auf den steuerlichen Gewinn der Gesellschaft durch für einzelne Mitunternehmer geführte Ergänzungsbilanzen sind ebensowenig zu berücksichtigen. Zugleich wurde eine Übergangsregelung getroffen. Danach können für vor dem 1. 7. 2010 endende Wirtschaftsjahre gewinnabhängige Vorabgewinnanteile und gewinnabhängige Sondervergütungen i. S. d. § 15 Abs. 1 Satz 1 Nr. 2 EStG weiterhin als Bestandteil des allgemeinen Gewinnverteilungsschlüssels i. S. d. § 35 Abs. 2 Satz 2 EStG behandelt werden, sofern kein Mitunternehmer widerspricht. Mit dieser Übergangsregelung wurde die Möglichkeit eröffnet, Gewinnverteilungsabreden der nunmehr auch nach Auffassung der FinVerw maßgebenden Rechtsauffassung anzupassen. 1815

Maßgebend soll danach der Schlüssel sein, nach dem die laufenden Gewinne zu verteilen sind. Einflüsse auf den Gewinnanteil des Gesellschafters und damit auch auf den

1 Rz. 26 BMF 24 .2. 2009, BStBl 2009 I 440.
2 BStBl 2009 I 440.
3 Vgl. dazu Rn. 3571 ff.
4 So wohl auch *Wacker* in Schmidt, EStG § 35 Rz. 23.
5 Vgl. dazu Rn. 1296 ff.
6 vgl. Rn. 786 ff.
7 Vgl. Rn. 821.
8 BStBl 2009 I 440.
9 BStBl 2010 II 116.
10 BFH 9. 2. 2011 IV R 37/08, BStBl 2011 II 617.
11 BStBl 2010 I 43.

steuerlichen Gewinn der Gesellschaft durch für einzelne Mitunternehmer geführte Ergänzungsbilanzen sind ebenso wenig zu berücksichtigen.

1816 Es entspricht einer weitgehenden Praxis, dass einzelnen Mitunternehmern für gegenüber der Mitunternehmerschaft erbrachte Leistungen Vergütungen zugestanden werden, die im Verhältnis zur Gesellschaft als Aufwand verrechnet werden. Sie mindern damit den nach dem vereinbarten Schlüssel zu verteilenden Gewinn. Diese Vergütungen gehören jedoch steuerlich gem. § 15 Abs. 1 Satz 1 Nr. 2 EStG zum Gewinn der Mitunternehmerschaft und zu dem Gewinnanteil des einzelnen Gesellschafters. Derartige Vergütungen berühren danach den für die Bestimmung des Anteils des Mitunternehmers am Gewerbesteuermessbetrag der Mitunternehmerschaft nach § 35 Abs. 2 Satz 2 EStG maßgebenden allgemeinen Gewinnverteilungsschlüssel nicht.

BEISPIEL: An der X-GmbH & Co. KG sind die X-GmbH als Komplementärin sowie A, B und C als Kommanditisten beteiligt. Die Handelsbilanz zum 31. 12. 09 weist nach Berücksichtigung der GewSt i. H. v. 100 000 € einen Gewinn von 500 000 € aus. Der X-GmbH ist am laufenden Ergebnis nicht beteiligt, ihr steht lediglich eine Haftungsvergütung i. H. v. 2 000 € zu, die als Aufwand verrechnet wird. Die Kommanditisten sind zu jeweils einem Drittel am Bilanzgewinn beteiligt. A bezieht eine als Aufwand verrechnete Tätigkeitsvergütung von 300 000 €. B hat der Gesellschaft gegen eine Miete von 100 000 € ein Grundstück überlassen. In diesem Zusammenhang sind ihm Aufwendungen (einschließlich AfA) i. H. v. 50 000 € entstanden, die in einer für ihn erstellten Sonderbilanz berücksichtigt wurden. Für C wird aus Anlass des Erwerbs der Beteiligung eine Ergänzungsbilanz geführt, aus der für 09 ein Aufwand von 100 000 € zu berücksichtigen ist. Die Steuerbilanz zum 31. 12. 09 weist danach unter Einbeziehung von Sonder- und Ergänzungsbilanzen einen Gewinn von 852 000 € aus. Für 09 beträgt der Gewerbesteuermessbetrag 45 000 €. Zu beachten ist ferner, dass für C zum 31. 12. 2008 ein verrechenbarer Verlust i. S. d. § 15a Abs. 4 EStG i. H. v. 100 000 € festgestellt worden ist. Danach ergibt sich folgende steuerliche Gewinnverteilung für 09:

	Gesamt €	X-GmbH €	A €	B €	C €
Haftungsvergütung	2 000	2 000			
Tätigkeitsvergütung	300 000		300 000		
Miete	100 000			100 000	
Sonderbilanz	./. 50 000			./. 50 000	
Ergänzungsbilanz	./. 100 000				./. 100 000
Restgewinn (einschl. nicht abziehbarer GewSt)	600 000	./.	200 000	200 000	200 000
Summe	852 000	2 000	500 000	250 000	100 000

Der zugunsten C zu berücksichtigende verrechenbare Verlust berührt den Gewinn und damit die Gewinnverteilung der X-GmbH & Co. KG nicht. Er mindert jedoch den von C für 09 zu versteuernden Gewinnanteil von 100 000 €, so dass C im Ergebnis aus seiner Beteiligung für 09 keinen Gewinn zu versteuern hat.

Für die drei Kommanditisten ist damit ungeachtet des Ergebnisses der steuerlichen Gewinnverteilung ein Anteil von je $^1/_3$ an dem gegenüber der X-GmbH & Co. KG festgesetzten Gewerbesteuermessbetrag festzustellen. Weder die Sondervergütungen

i. S. d. § 15 Abs. 1 Satz 1 Nr. 2 EStG noch die aus den Sonder- und Ergänzungsbilanzen zu berücksichtigenden weiteren Besteuerungsgrundlagen berühren den Aufteilungsmaßstab des Gewerbesteuermessbetrags für die Anwendung des § 35 EStG. Jeder der drei Kommanditisten hat danach einen Einkommensteuerermäßigungsanspruch für 09 um 27 000 €. Dies würde z. B. auch dann zu gelten haben, wenn für B zum 1. 1. 09 ein verrechenbarer Verlust i. S. d. § 15a Abs. 2 EStG von 200 000 € festgestellt wurde, der mit dem Anteil am Gewinn der KG zu verrechnen ist,[1] so dass für 09 ein von ihm zu versteuernder Gewinn von 50 000 € verbleibt.

Die Ermäßigung ist nach § 35 Abs. 1 EStG nur auf die Einkommensteuer zu gewähren, 1817
die anteilig auf im zu versteuernden Einkommen enthaltene begünstigte gewerbliche Einkünfte entfällt.[2] Geht man im vorstehenden Beispiel davon aus, dass die drei Kommanditisten im Wesentlichen nur Einkünfte aus der Beteiligung an der X-GmbH & Co. KG beziehen, kann sich die Steuermäßigung nach § 35 EStG bei C überhaupt nicht auswirken. Eine Übertragung des Ermäßigungsanspruchs in einen anderen Veranlagungszeitraum hat der Gesetzgeber nicht vorgesehen, anders als bei ausländischen Steuern[3] kann auch nicht der Abzug des Ermäßigungsvolumens bei der Ermittlung der Besteuerungsgrundlagen beantragt werden. Bei A und B dürfte die Steuerermäßigung hingegen dann in vollem Umfang wirksam werden, wenn das zu versteuernde Einkommen nicht wesentlich durch den Ausgleich mit und den Abzug von Verlusten gemindert wird.

Das Beispiel in Rn. 1816 macht weiter deutlich, dass der nach § 35 Abs. 2 Satz 2 EStG 1818
maßgebende Schlüssel für die Aufteilung des Gewerbesteuerbetrags nicht dazu führt, dass den einzelnen Mitunternehmern ein Ermäßigungsanspruch in dem Umfang vermittelt wird, der der Gewerbesteuerbelastung des jeweils von ihnen insgesamt versteuerten Gewinnanteils i. S. d. § 15 Abs. 1 Satz 1 Nr. 2 EStG entspricht.

Wandelt man das Beispiel in Rn. 1816 dahin ab, dass es sich bei dem Kommanditisten 1819
B um die B-GmbH, eine inländische Kapitalgesellschaft, handelt, verbleibt es für A und C bei dem Ermäßigungsvolumen von je $^1/_3$ des Gewerbesteuermessbetrags. Der auf B entfallende Anteil begründet keinen Ermäßigungsanspruch nach § 35 EStG.

Nicht auszuschließen ist, dass sich bei einem Verlust in der Handelsbilanz gleichwohl 1820
ein zu besteuernder Gewinn und damit ein Gewerbesteuermessbetrag ergibt, weil z. B. den Handelsbilanzverlust übersteigende Vergütungen i. S. d. § 15 Abs. 1 Satz 1 Nr. 2 EStG zu berücksichtigen sind.

BEISPIEL: Abwandlung des Beispiels in Rn. 1816 dahin gehend, dass sich nach Berücksichtigung von 36 000 € Gewerbesteuer ein Bilanzverlust von 96 000 € ergeben hat. Der Gewerbesteuermessbetrag beträgt 9 000 €. Danach ergibt sich Folgendes:

1 Vgl. dazu Rn. 1561 ff.

2 Tz. 14 BMF 24. 2. 2009, BStBl 2009 I 440; vgl. auch Rn. 1801.

3 Vgl. dazu § 34c Abs. 2 EStG.

	Gesamt €	X-GmbH €	A €	B €	C €
Haftungsvergütung	2 000	2 000			
Tätigkeitsvergütung	300 000		300 000		
Miete	100 000			100 000	
Sonderbilanz	./. 50 000			./. 50 000	
Ergänzungsbilanz	./. 100 000				./. 100 000
Verlust (nach Kürzung um GewSt)	./. 60 000	./.	./. 20 000	./. 20 000	./. 20 000
Steuerlicher Gewinn	192 000	2 000	280 000	30 000	./. 120 000

Angesichts des eindeutigen Wortlauts in § 35 Abs. 2 Satz 2 EStG ist für die Zuordnung des anteiligen Gewerbesteuermessbetrags auch in diesen Fällen der allgemeine Gewinnverteilungsschlüssel maßgebend. Auf jeden der drei Mitunternehmer entfällt danach ein Anteil von 33 $^1/_3$ % am Gewerbesteuermessbetrag von 9 000 €. Danach ist Mitunternehmern, die aus ihrer Beteiligung insgesamt einen Verlust erzielt haben, im vorliegenden Falle C, ein Ermäßigungsvolumen i. S. d. § 35 EStG zuzuweisen; ein Anwendungsfall von Rz. 10 des BMF-Schreibens vom 24. 2. 2009[1] liegt nicht vor, weil sich der GewSt-Messbetrag nicht erst bereits aufgrund der Hinzurechnungsvorschriften des § 8 GewStG ergeben hat. Auch dieses Beispiel verdeutlicht die Fragwürdigkeit der Regelung zur Zuordnung des Ermäßigungsvolumens bei Mitunternehmerschaften.

(2) Sondervergütungen als Vorabgewinnanteile

1821 In Rz. 23 des BMF-Schreibens vom 24. 2. 2009[2] wurde die Auffassung vertreten, dass gewinnabhängige Vorabgewinnanteile sowie gewinnabhängige Sondervergütungen i. S. d. § 15 Abs. 1 Satz 1 Nr. 2 EStG Bestandteil des allgemeinen Gewinnverteilungsschlüssels i. S. d. § 35 Abs. 2 Satz 2 EStG sind. An dieser Auffassung wird aufgrund des Beschlusses des BFH vom 7. 4. 2009 IV B 109/08[3] nicht mehr festgehalten. Danach berühren – auch im Gegensatz zu der im Schrifttum vielfach vertretenen Auffassung[4] – sämtliche Vorabgewinne den allgemeinen Gewinnverteilungsschlüssel i. S. d. § 35 Abs. 2 Satz 2 EStG nicht. Nach dem BMF-Schreiben vom 22. 12. 2009[5] kann dessen ungeachtet für Wirtschaftsjahre, die vor dem 1. 7. 2010 beginnen, nach Rz. 23, 24 des vorbezeichneten BMF-Schreibens verfahren werden; es sei denn, dass sich mindestens ein Mitunternehmer dagegen ausspricht. Für Wirtschaftsjahre, die nach dem 30. 6. 2010 beginnen, ist uneingeschränkt nach den Grundsätzen des Beschlusses des BFH vom 7. 4. 2009 zu verfahren.

Der nach bisheriger Verwaltungsauffassung für die Aufteilung des GewSt-Anrechnungsvolumens anzuwendende Maßstab führte nach den Vorstellungen der Beteilig-

1 BStBl 2009 I 440; vgl. auch Rn. 1801.
2 BStBl 2009 I 440.
3 BStBl 2010 II 116.
4 Vgl. u. a. die Nachweise bei *Wacker* in Schmidt, EStG § 35 Rz. 23, 24.
5 BStBl 2010 I 43.

ten teilweise zu sachlich nicht gerechtfertigten Ergebnissen, so dass aus diesem Grunde die Regelungen zur Gewinnverteilung modifiziert wurden. Durch die getroffene Übergangsregelung sollte den Beteiligten die Möglichkeit zu einer entsprechenden Anpassung ihrer diesbezüglichen Vereinbarungen eröffnet werden. Bei einem dem Kalenderjahr entsprechenden Wirtschaftsjahr sollten deswegen die entsprechenden Vereinbarungen bis zum 31. 12. 2010 getroffen werden.

Die danach nur noch aus Vertrauensschutzgründen für eine Übergangszeit anwendbare Regelung bezieht sich auf die Fälle, in denen einzelnen Mitunternehmern – für der Mitunternehmerschaft erbrachte Leistungen – eine Vergütung zusteht, die vorab aus dem Gewinn zuzuweisen ist und erst der danach verbleibende Gewinn nach dem im Übrigen maßgebenden Schlüssel (quotal) aufgeteilt wird. Derartige Vergütungen stehen dem Gesellschafter nur insoweit zu, als der ausgewiesene Gewinn überhaupt diese Vorabvergütungen zulässt.[1] Denkbar ist aber auch, dass diese Vergütung dem leistenden Gesellschafter unabhängig von der Höhe des Gesamtergebnisses zustehen soll, so dass sich für die Mitgesellschafter ggf. ein entsprechend höherer Verlustanteil ergibt. Diese Vergütungen mindern nicht das Ergebnis der Handelsbilanz. 1822

(*Einstweilen frei*) 1823–1830

dd) Sonderfälle

Die Regelung in § 35 Abs. 2 Satz 3 EStG bezieht sich auf Fälle, in denen aufgrund von Sonderregelungen in einem DBA[2] die Gewinnanteile einzelner Mitunternehmer nicht der inländischen Besteuerung und damit auch nicht der GewSt unterliegen. In diesen Fällen ist nur der aus den im Inland zu besteuernden Mitunternehmern zuzurechnenden Gewinnanteilen abzuleitende Gewerbeertrag zur GewSt heranzuziehen. Dementsprechend ist der sich danach ergebende GewSt-Messbetrag auch nur den der inländischen Besteuerung unterliegenden Mitunternehmern anteilig zuzurechnen. 1831

Ist die Mitunternehmerschaft (Obergesellschaft) ihrerseits als Mitunternehmerin an einer anderen Mitunternehmerschaft (Untergesellschaft) beteiligt, kann das sich für die Obergesellschaft bei der Untergesellschaft ergebende Ermäßigungsvolumen i. S. d. § 35 Abs. 1 EStG im Ergebnis nur bei den Mitunternehmern der Obergesellschaft wirksam werden. Deswegen wird in § 35 Abs. 2 Satz 5 EStG für die Ermittlung des den einzelnen Mitunternehmern für Zwecke des § 35 EStG zuzurechnenden Anteils am Gewerbesteuermessbetrag bestimmt, dass zusätzlich der anteilige Gewerbesteuermessbetrag der Untergesellschaft einzubeziehen ist. In einem ersten Schritt ist danach der Anteil der Obergesellschaft am Gewerbesteuermessbetrag der Untergesellschaft auf der Grundlage des insoweit durchgeführten Feststellungsverfahrens[3] zu ermitteln. Hat die Obergesellschaft selbst einen der GewSt unterliegenden Gewinn erzielt, ist der sich danach ergebende GewSt-Messbetrag mit dem anteiligen GewSt-Messbetrag der Untergesell- 1832

1 Vgl. auch Rn. 1281 ff.
2 Vgl. Art. 5 Abs. 4 DBA Niederlande i. d. F. des Dritten Zusatzprotokolls v. 4. 6. 2004, BGBl 2004 II 1653.
3 Vgl. Rn. 1798 ff.

schaft zusammenzurechnen.[1] Der Anteil der einzelnen Mitunternehmer der Obergesellschaft an dem zusammengefassten Gewerbesteuermessbetrag bestimmt sich nach den Regelungen zur Gewinnverteilung bei der Obergesellschaft.

BEISPIEL: Sachverhalt wie das Beispiel in Rn. 1816 mit der Maßgabe, dass die X-GmbH & Co. KG ihrerseits an der Y-GmbH & Co. KG als Mitunternehmerin beteiligt ist. Ferner ist C Arbeitnehmer der Y-GmbH & Co. KG gegen eine Vergütung von 100 000 € tätig gewesen. C ist nach § 15 Abs. 1 Satz 1 Nr. 2 Satz 2 EStG nur insoweit Mitunternehmer der Y-GmbH & Co. KG.[2] Ihm steht danach unmittelbar kein Anteil an dem nach dem allgemeinen Verteilungsschlüssel i. S. d. § 35 Abs. 3 Satz 2 EStG zu verteilenden Gewinn zu. Deswegen kann ihm auch kein Anteil am Gewerbesteuermessbetrag der Y-GmbH & Co. KG als Ermäßigungsvolumen i. S. d. § 35 EStG zugerechnet werden. C partizipiert danach an dem sich aus dem Gewerbesteuermessbetrag der Y-GmbH & Co. ergebenden Ermäßigungsvolumen nur insoweit, als ihm der auf den Gewinnanteil der X-GmbH & Co. KG entfallende Teil des Gewerbesteuermessbetrags im Rahmen seiner Beteiligung an der X-GmbH & Co. KG gem. § 35 Abs. 3 Satz 4 EStG anteilig zugerechnet wird.

1833 Aus Anlass des Eintritts oder des Austritts von Mitunternehmern werden verschiedentlich Vereinbarungen getroffen, nach denen der Hinzutretende am Ergebnis der Mitunternehmerschaft bereits ab einem Zeitpunkt teilnehmen soll, der vor seinem Beitritt liegt oder nach denen dem Austritt Rückwirkung beigelegt werden soll. Nach dem Urteil des BFH vom 17. 3. 1987[3] ist eine Änderung des Gewinn- und Verlustverteilungsschlüssels einer KG während eines Wirtschaftsjahrs mit Rückbeziehung auf ein vorangegangenes Wirtschaftsjahr oder auf den Beginn des Wirtschaftsjahrs steuerrechtlich grundsätzlich nicht anzuerkennen. Eine Ausnahme soll unter bestimmten Voraussetzungen lediglich für die Fälle gelten, in denen die insgesamt beigetretenen Gesellschafter an den in der Gründungsphase entstandenen Verlusten aus betrieblicher Veranlassung heraus jeweils ihrem Anteil entsprechend in gleichem Umfang teilnehmen sollen.[4] Wegen weiterer Einzelheiten wird auf Rn. 1266 ff. hingewiesen.

1834 Die FinVerw[5] geht davon aus, dass der steuerlich maßgebende Schlüssel auch für die Zuweisung des anteiligen Ermäßigungsanspruchs anzuwenden ist. Dies dürfte dem Grunde nach auch sachlich gerechtfertigt sein, weil die Mitunternehmer für den Regelfall auch einen mit Gewerbesteuer belasteten Gewinnanteil zu versteuern haben. In den Fällen des mit steuerlicher Rückwirkung nicht anzuerkennenden Ausscheidens eines Mitunternehmers kann dies dazu führen, dass entgegen der Auffassung der Beteiligten statt insgesamt eines Veräußerungsgewinns, teilweise noch ein laufender Gewinn zu versteuern ist[6] und dem Ausscheidenden damit auch noch ein Ermäßigungsanspruch nach § 35 EStG zusteht.

BEISPIEL: E war als Kommanditist an der X-GmbH & Co. KG (Wirtschaftsjahr = Kalenderjahr) beteiligt. Weitere Kommanditisten sind A, B, C und D. Die Komplementärin erhält lediglich eine als Aufwand verrechnete Haftungsvergütung. Den Kommanditisten steht ein Anteil von je 20 % am Gewinn und Verlust zu. Aufgrund einer im zweiten Halbjahr 02 getroffenen Verein-

1 Vgl. Rz. 27, 28 BMF 24. 2. 2009, BStBl 2009 I 440, i. d. F. des BMF-Schreibens v. 25. 11. 2010, BStBl 2010 I 1312; vgl. auch Rn. 1807.

2 Vgl. Rn. 909 ff.

3 VIII R 293/82, BStBl 1987 II 558.

4 In diesem Sinne auch BFH 22. 5. 1990 VIII R 41/87, BStBl 1990 II 965.

5 Rz. 30 BMF 24. 2. 2009, BStBl 2009 I 440.

6 Vgl. dazu Rn. 1296 ff.

barung ist E mit Wirkung zum 31.12.01 aus der KG gegen eine Abfindung ausgeschieden, mit der sämtliche Ansprüche abgegolten sind. Seine Beteiligung wird je zur Hälfte von A und B übernommen. Nach den steuerrechtlich maßgebenden Wertungen ist E noch bis zum 30.6.02 Mitunternehmer gewesen. Er nimmt damit steuerlich noch an der Gewinnverteilung des Jahres 02 für die Zeit bis zum 30.6.02 teil. Der bis dahin erzielte Gewinn steht den fünf Kommanditisten zu je 20 %, der Gewinn des zweiten Halbjahres den verbleibenden Kommanditisten A und B mit nunmehr je 30 % den unverändert beteiligten C und D mit je 20 % zu. Geht man davon aus, dass die KG im ersten Halbjahr die Hälfte ihres Gewinns erwirtschaftet hat, ist bezogen auf das Jahresergebnis E ein Gewinnanteil von 10 %, den verbleibenden Kommanditisten A und B ein Gewinnanteil von je 25 % sowie C und D von je 20 % zuzurechnen. Dieser Maßstab ist auch für die Zuweisung des Ermäßigungsanspruchs nach § 35 EStG anzuwenden.[1] Eine weitergehende Veränderung des Gewinnverteilungsschlüssels tritt nicht ein. Die Kommanditisten A und B übernehmen jeweils die Hälfte des Anteils von E. Die über den Buchwert der anteiligen Beteiligung hinausgehenden Anschaffungskosten sind in Ergänzungsbilanzen auszuweisen. Deren Ergebnisse beeinflussen den Gewinnverteilungsschlüssel nicht.[2] E hat damit zugleich einen laufenden Gewinn i. H. dieses Gewinnanteils zu versteuern, den er mit der vereinbarten Abfindung vereinnahmt. Der für die Ermittlung des Veräußerungsgewinns i. S. d. § 16 EStG maßgebende Veräußerungserlös entspricht der um den laufenden Gewinn geminderten Abfindung.

Abweichungen von dem vereinbarten Gewinnverteilungsschlüssel bei der steuerlichen 1835
Gewinnverteilung ergeben sich im Übrigen dann, wenn bei Gesellschaftsverträgen mit nahe stehenden Personen, insbesondere Familienangehörigen, eine mitunternehmerschaftliche Beteiligung dem Grunde nach oder die vereinbarte Gewinnbeteiligung der Höhe nach nicht anerkannt wird.[3] Auch in diesen Fällen ist bei der Zuweisung des Ermäßigungsanspruchs nach § 35 EStG der steuerlich maßgebenden Gewinnverteilung zu folgen.[4] Kann z. B. die Abtretung eines Teils eines Mitunternehmeranteils durch den bisherigen Mitunternehmer an eines seiner Kinder mit steuerlicher Wirkung nicht anerkannt werden, ist ihm der Gewinnteil steuerlich weiterhin in vollem Umfang zuzurechnen, so dass auch ihm allein der Ermäßigungsanspruch nach § 35 EStG zusteht. Ist die Abtretung hingegen dem Grunde nach steuerlich anzuerkennen, erweist sich hingegen der dem Kind zugebilligte Gewinnanteil nach den steuerlich maßgebenden Wertungen als überhöht, kann dem Kind ein Ermäßigungsanspruch nach § 35 EStG nur in dem Umfang zugebilligt werden, der dem steuerlich anerkannten Gewinnverteilungsschlüssel entspricht.

Bei Bestellung des Nießbrauchs an einer mitunternehmerschaftlichen Beteiligung kann 1836
die Steuerermäßigung nach § 35 EStG von demjenigen beansprucht werden, der nach den getroffenen Vereinbarungen die Stellung eines Mitunternehmers erlangt hat; wegen Einzelheiten dazu vgl. Rn. 311 ff. Sind danach sowohl Nießbraucher als auch Nießbrauchsverpflichteter Mitunternehmer, sind beide dem Grunde nach zur Inanspruchnahme der Steuerermäßigung nach § 35 EStG berechtigt. Der dem Nießbraucher zustehende Gewinnanteil wird regelmäßig nach dem allgemeinen Gewinnverteilungsschlüssel zu bestimmen sein, so dass danach auch die ihm anteilig zustehende Bemessungsgrundlage für seinen Ermäßigungsanspruch zusteht. Entsprechendes wird für den als

1 *Wacker* in Schmidt, EStG § 35 Rz. 52.
2 Vgl. dazu Rn. 1816.
3 Wegen Einzelheiten vgl. Rn. 3571 ff.
4 Rz. 21 BMF-Schreiben v. 24. 2. 2009, BStBl 2009 I 440.

Mitunternehmer beteiligten Nießbrauchsverpflichteten zu gelten haben. Zu beachten ist dabei, dass der Nießbraucher einen Gewinnanteil grundsätzlich nur insoweit beanspruchen kann, als Gewinne von den Gesellschaftern nach den getroffenen gesellschaftsrechtlichen Vereinbarungen auch tatsächlich entnommen werden dürfen. Die nicht entnahmefähigen Gewinne stehen dann dem Nießbrauchsverpflichteten zu; wegen weiterer Einzelheiten vgl. Rn. 3681 ff.

BEISPIEL: A und B sind Kommanditisten der X-GmbH & Co. KG, denen jeweils ein Anteil am Gewinn und Verlust von 50 % zusteht. Weiter wird im Gesellschaftsvertrag bestimmt, dass 20 % der erwirtschafteten Gewinne bis zur Höhe von 1 Mio. € in die Kapitalrücklage einzustellen und damit nicht entnahmefähig sind. A bestellt AV steuerlich wirksam ein Nießbrauchsrecht, das sich auf 50 % seiner Kommanditbeteiligung erstreckt. Die Kapitalrücklage hat zum 1. 1. 02 den Betrag von 900 000 € erreicht. Für 02 wird ein Gewinn von 1,5 Mio. € erwirtschaftet. Davon sind noch 100 000 € in die Kapitalrücklage einzustellen.

B ist an dem Gewinn mit 50 % beteiligt, so dass ihm ein Anteil von 50 % am Gewerbesteuermessbetrag für seinen Ermäßigungsanspruch nach § 35 EStG zusteht. Der Nießbrauch des AV bezieht sich auf eine Kommanditbeteiligung von 25 %, so dass ihm an sich ein Gewinnanteil von 25 % von 1,5 Mio. € = 375 000 € zustehen würde. Davon sind jedoch noch 25 000 € in die Kapitalrücklage einzustellen, so dass für AV ein Gewinnanteil von 350 000 € verbleibt. Der in die Gewinnrücklagen einzustellende Teilbetrag von 25 000 € ist A als Gewinnanteil zuzurechnen, dem damit insgesamt ein Gewinnanteil von 400 000 € zusteht. Danach ergibt sich für A ein Anteil vom Gewerbesteuermessbetrag von 26,67 %, für AV von 23,33 %.

Ab 03 erstreckt sich der Anspruch des Nießbrauchers AV auf den ungeschmälerten Gewinnanteil von 25 %, so dass ihm auch in diesem Umfang die Steuerermäßigung nach § 35 EStG zusteht.

1837–1850 *(Einstweilen frei)*

C. Gründung – Umwandlung – Auflösung von Personengesellschaften

Literatur: *Schmidt,* Personengesellschaften im Spannungsfeld von Zivilrecht und Ertragsteuerrecht, FR 1980, 482; *Biergans,* Steuergestaltung bei der Übertragung von Familienpersonengesellschaften gegen wiederkehrende Zahlungen im Bereich der Einkommensteuer, DStR 1981, 455; *Sterner,* Steuerfragen beim Ausscheiden eines typischen stillen Gesellschafters, DB 1985, 2316; *Groh,* Die Erbauseinandersetzung im Einkommensteuerrecht, DB 1990, 2135; *Schulze zur Wiesche,* Qualifizierte Nachfolgeklausel und Sonderbetriebsvermögen im Ertragsteuerrecht, DB 1998, 695; *Düll/Fuhrmann/Eberhard,* Unternehmenssteuerreform 2001: Die Neuregelung des § 6 Abs. 5 Satz 3 EStG – sog. Wiedereinführung des Mitunternehmererlasses, DStR 2000, 1713; *Haritz,* Unternehmenssteuerreform 2001: Begünstigte Veräußerungsgewinne bei einbringungsgeborenen Anteilen, DStR 2000, 1537; *Schwer,* Betriebliche Veräußerungsrente, StBp 2000, 103; *Geissler,* Aufnahme einer natürlichen Person in ein Einzelunternehmen, FR 2001, 1029; *Groh,* Aufnahme eines Gesellschafters in ein Einzelunternehmen: Ende der Ungewissheit?, DB 2001, 2162; *Kröller/Fischer/Dürr,* Steht die vorweggenommene Erbfolge bei Mitunternehmeranteilen an Personengesellschaften vor dem Ende?, BB 2001, 1707; *Märkle,* Die Übertragung eines Bruchteils eines Gesellschaftsanteils bei vorhandenem Sonderbetriebsvermögen, DStR 2001, 685; *Geck,* Die Auswirkungen des Gesetzes zur Fortentwicklung des Unternehmenssteuerrechts auf die vorweggenommene Erbfolge und die Erbauseinandersetzung, ZEV 2002, 41; *Weber-Grellet,* Kommentar zu BFH 30. 1. 2002 X R 56/99, BStBl 2002 II 387, FR 2002, 723; *Kempermann,* Versorgungsleistungen bei Vermögensübergabe zur Vorwegnahme der Erbfolge, DStR 2003, 1736; *Neu/Lühn,* Aktuelles Beratungs-Know-how Personengesellschaftsbesteuerung, DStR 2003, 61; *Schoor,* Vermögensübertragungen gegen Rente oder dauernde Last nach der Neufassung des Rentenerlasses, INF 2003, 228 und INF 2003, 271; *Wachter,* Steuerliche Sperrfristen bei vorweggenommener Erbfolge, ErbStB 2003, 67; *Schäfer,* Die Vererbung von Personengesellschaftsanteilen durch Nachfolgeklauseln, BB-Special 5/2004, 14; *Schoor,* Freibetrag für Betriebsveräußerungs- und -aufgabegewinne, DStZ 2004, 627; *Emmerich/Kloster,* Unentgeltliche Übertragung von Mitunternehmeranteilen mit Sonderbetriebsvermögen, GmbHR 2005, 448; *Geck,* Praktische Folgen des BMF-Schreibens vom 3. 3. 2005 zu Zweifelsfragen im Zusammenhang mit § 6 Abs. 5 EStG, ZEV 2005, 196; *Geck,* Probleme des Rentenerlasses III aus Sicht der Beratungspraxis, DStR 2005, 85; *Klümpen-Neusel,* Fortsetzungs-, Nachfolge-, Eintritts- und Abtretungsklauseln, ErbBstg 2005, 262; *Korn,* Das BMF-Schreiben zu § 6 Abs. 3 EStG; Analyse und Gestaltungshinweise, KÖSDI 2005, 14633; *Neufang,* Die unentgeltliche Betriebsübertragung, BB 2005,1595; *Neumann,* Das neue BMF-Schreiben zu § 6 Abs. 3 EStG, EStB 2005, 140; *Neumayer/Bader,* Gewerbesteuerfragen bei Anteilsveräußerungen, EStB 2005, 386; *Pickhardt-Poremba,* Veräußerung von Betriebsvermögen gegen wiederkehrende Bezüge, StuB 2005, 145; *Rogall,* Ertragsteuerlche Implikationen der nicht verhältniswahrenden Teilung von Personengesellschaften, DStR 2005, 992; *Rogall/Stangl,* Die unentgeltliche Übertragung von Mitunternehmeranteilen und Teilmitunternehmeranteilen mit Sonderbetriebsvermögen, DStR 2005,475; *Kölpin,* Gebäude als wesentliche Betriebsgrundlage im Rahmen der Veräußerung eines Mitunternehmeranteils, StuB 2006, 191; *Rogall,* Steuerneutrale Bar- und Sachwertabfindung beim Ausscheiden aus Personengesellschaften, DStR 2006, 731; *Röhrig/Doege,* Ausgewählte Aspekte der ertragsteuerlichen Behandlung der Erbengemeinschaft und Erbauseinandersetzung, DStR 2006, 969; *Schulze zur Wiesche,* Die Einbringung in eine Personengesellschaft als gemischte Schenkung, DStZ 2006, 406; *Schulze zur Wiesche,* Die ertragsteuerliche Behandlung der Erbengemeinschaft und ihrer Auseinandersetzung, StBp 2006, 260; *Stahl,* Betriebsaufgabe und -unterbrechung, KÖSDI 2006, 15125; *Korn,* Einbringungen in Personengesellschaften nach § 24 UmwStG, NWB 2007, 1141; *Kratzsch,* Geänderte Regelung des Sonderausgabenabzugs im Zusammenhang mit Vermögensübertragungen gegen Versorgungsleistungen, StB 2008, 157; *Wälzholz,* Versorgungsleistungen nach dem Jahressteuergesetz 2008, DStR 2008, 273, *Oertzen/Stein,* Sonderausgabenabzug bei Übertragung von Mitunternehmeranteilen gegen Versorgungsleistungen, DStR 2009, 1117; *Hoffman,* Von der Einlage über die Einbringung oder Übertragung und den Transfer zur Veräußerung, StuB 2009, 127; *Ley,* Die Übertragung von Einzelwirtschaftsgütern zwischen einer gewerblichen Personengesellschaft und ihren

Gesellschaftern gegen Gutschrift/Belastung auf den Kapitalkonten, KÖSDI 2009, 16678; *Mutscher*, Risiko der Entgeltlichkeit bei der Übertragung von Wirtschaftsgütern auf eine Personengesellschaft im Wege der Einlage, DStR 2009, 1625; *Geck*, Der Rentenerlass IV zur Vermögensübergabe gegen Versorgungsleistungen – Schwerpunkte aus Sicht der Beratungspraxis, ZEV 2010, 161; *Fürwentsches/Schulz*, Vermögensübertragung gegen Versorgungsleistungen, NWB 2010, 3563; *Kratzsch*, Vermögensübertragungen gegen wiederkehrende Leistungen, NWB 2010, 1964.

I. Gründung einer Personengesellschaft

1. Allgemeines

1851 Eine PersGes kann auf verschiedenen Wegen gegründet werden. Neben der vollständigen Neugründung durch Einbringung einzelner Wirtschaftsgüter entsteht eine PersGes auch durch Zusammenschluss von Einzelunternehmen unter Einbringung der Gewerbebetriebe, durch Aufnahme von Gesellschaftern in ein Einzelunternehmen oder durch Verschmelzung mehrerer Gesellschaften zu einer PersGes. In jedem Fall ist eine **Eröffnungsbilanz** aufzustellen, um am Schluss des Wirtschaftsjahres das Ergebnis zutreffend ermitteln zu können.

1852 Steuerlich sind die genannten Fälle jeweils unterschiedlich zu behandeln. Die Aufnahme eines Gesellschafters in ein bisheriges Einzelunternehmen, der Zusammenschluss mehrerer Einzelunternehmen sowie die Verschmelzung von Gesellschaften zu einer PersGes sind Vorgänge, die nach § 24 UmwStG zu beurteilen sind.[1] Sofern die Einbringung eines Betriebes (teilweise) als Schenkung erfolgt, ist insoweit § 6 Abs. 3 EStG anwendbar.[2]

Demgegenüber unterliegt die Neugründung durch Bareinlage oder Einlage einzelner Wirtschaftsgüter, die keinen Betrieb oder Teilbetrieb bilden, den allgemeinen – im Folgenden dargelegten – Grundsätzen.

1853–1855 *(Einstweilen frei)*

2. Bargründung

1856 Damit die Gesellschaft zum einen eine wirtschaftliche Grundlage hat und zum anderen eine Befreiung von der persönlichen Haftung gem. § 175 Abs. 1 HGB eintritt, verpflichten sich die Gesellschafter zur Erbringung von Beiträgen (vgl. §§ 705 ff. BGB). Diese Beiträge können in wiederholten oder einmaligen Leistungen von Geld, von Sachwerten oder von Diensten bestehen.

1857 Bei Kommanditgesellschaften ist hinsichtlich dieser Beiträge zwischen der **Pflichteinlage** und der **Hafteinlage** zu differenzieren. Dabei wird der Betrag des Kommanditisten zu dem er im Innenverhältnis aufgrund des Gesellschaftsvertrags verpflichtet ist, als

1 *Korn*, NWB 2007, 1142 ff.; *Bilitewski* in Limmer, Rn. 3681.

2 BFH 12.10.2005 X R 35/04, BFH/NV 2006, 521; Zur gemischten Schenkung: *Schulze zur Wiesche*, DStZ 2006, 406; hierzu eingehend Rn. 1951 ff.

Pflichteinlage bezeichnet. Die Hafteinlage hingegen ist der Betrag, bis zu dessen Höhe der Kommanditist den Gläubigern im Außenverhältnis haftet.[1]

(Einstweilen frei) 1858–1860

3. Einlage einzelner Wirtschaftsgüter

Im Fall der **Sachgründung** ist zu beachten, dass aus steuerlicher Sicht nur Wirtschafts- 1861
güter eingelegt werden können, da nur sie bilanzierungsfähig sind.[2] Dienstleistungen können daher nicht eingelegt werden, wohl aber immaterielle Wirtschaftsgüter und Nutzungsrechte am Eigentum Dritter.[3] Wirtschaftsgüter, die vom Gesellschafter der Gesellschaft zur Nutzung überlassen werden, gehören zum Sonderbetriebsvermögen und sind in einer Sonderbilanz des einbringenden Gesellschafters auszuweisen. Sie werden steuerlich wie eine Einlage behandelt, sofern sie zuvor dem Privatvermögen zuzurechnen waren.

Wie auf eine PersGes übertragene Wirtschaftsgüter zu bilanzieren sind, hängt davon 1862
ab, ob sie aus dem Privatvermögen oder aus einem anderen Betriebsvermögen des Einlegenden stammen.

a) Wirtschaftsgüter aus dem Privatvermögen

Bei der Einbringung von Wirtschaftsgütern aus dem Privatvermögen in das Betriebsver- 1863
mögen einer PersGes ist danach zu unterscheiden, ob die Übertragung unentgeltlich oder gegen Gewährung von Gesellschaftsrechten erfolgt. Die Einbringung erfolgt dabei entgeltlich, wenn eine Gegenbuchung auf einem individuellen Kapitalkonto oder dem Darlehenskonto erfolgt. Erfolgt hingegen die Gegenbuchung auf dem – in der Praxis eher selten gebildeten – gesamthänderisch gebundenen Rücklagenkonto, so liegt Unentgeltlichkeit vor.[4] Diese Differenzierung birgt Steuergestaltungspotenzial.[5]

Erfolgt eine Übertragung von Wirtschaftsgütern aus dem Privatvermögen ohne jegliche 1864
Gegenleistung seitens der PersGes,[6] handelt es sich um eine Einlage gem. § 6 Abs. 1 Nr. 5 EStG, die bei der PersGes grundsätzlich mit dem Teilwert zu bilanzieren ist. Ausnahmen von dieser Regelung gelten nach dem Gesetzeswortlaut lediglich dann,

- wenn das zugeführte Wirtschaftsgut innerhalb der letzten 3 Jahre vor dem Zeitpunkt der Zuführung angeschafft oder hergestellt worden ist. Der Ansatz erfolgt dann mit den Anschaffungs- oder Herstellungskosten (§ 6 Abs. 1 Nr. 5 Buchst. a EStG). Diese sind bei abnutzbaren Wirtschaftsgütern um die auf die Nutzung im Privatvermögen entfallenden Abschreibungen einschließlich Sonderabschreibungen zu kürzen (§ 6 Abs. 1 Nr. 5 Satz 2 EStG). Ist das Wirtschaftsgut innerhalb der 3-Jahres-

1 *Von Falkenhausen/Henning/C. Schneider* in Münchener Handbuch des Gesellschaftsrechts, § 17 Rn. 6.
2 BFH 26. 10. 1987 GrS 2/86, BStBl 1988 II 348.
3 *Hoffmann* in Littmann/Bitz/Pust, § 6 EStG Rn. 753.
4 *Mutscher*, DStR 2009, 1625, 1626; *Ley*, KÖSDI 2009, 16678, 16683.
5 *Hoffmann*, StuB 2009, 127, 128.
6 Zum Tatbestand der Unentgeltlichkeit s. Rn. 1207 ff.

Frist aus einem Betriebsvermögen entnommen worden, tritt der Entnahmewert an die Stelle der Anschaffungs-/Herstellungskosten (§ 6 Abs. 1 Nr. 5 Satz 3 EStG);

- wenn es sich bei dem eingebrachten Wirtschaftsgut um einen Anteil an einer Kapitalgesellschaft handelt und der Steuerpflichtige an der Gesellschaft i. S. d. § 17 Abs. 1 oder 6 EStG beteiligt ist, die Beteiligung am Kapital der Gesellschaft also mittelbar oder unmittelbar mehr als 1 % beträgt (§ 6 Abs. 1 Nr. 5 Buchst. b EStG). Der Ansatz erfolgt in diesem Fall mit den Anschaffungskosten der Beteiligung.
- wenn es sich um ein nach dem 31. 12. 2008 eingelegtes Wirtschaftsgut i. S. d. § 20 Abs. 2 EStG handelt. Diese neu eingefügte Regelung betrifft vor allem Anteile an Kapitalgesellschaften, deren Veräußerung ab 2009 der Abgeltungssteuer unterliegt. Der Ansatz erfolgt in diesem Fall mit den Anschaffungskosten.

1865 Bei der Einbringung von Einzelwirtschaftsgütern aus dem Privatvermögen anlässlich der Gründung einer PersGes erfolgt die Einbringung allerdings i. d. R. nicht unentgeltlich, sondern gegen Gewährung von Gesellschaftsrechten.[1] In diesem Fall handelt es sich – entgegen der früheren Verwaltungsauffassung – nicht um eine Einlage gem. § 6 Abs. 1 Nr. 5 i.V. m. Nr. 6 EStG, sondern um einen **tauschähnlichen Vorgang**.[2] Dies führt dazu, dass gem. § 6 Abs. 6 Satz 1 EStG das eingebrachte Wirtschaftsgut zum gemeinen Wert anzusetzen ist. Ist der Wert des übertragenen Wirtschaftsguts höher als der Wert der im Gegenzug eingeräumten Gesellschaftsrechte, ist der gesamte Einbringungsvorgang aufzuteilen in einen tauschähnlichen Vorgang und eine Einlage gem. § 6 Abs. 1 Nr. 5 i.V. m. Nr. 6 EStG.[3] Im Falle einer Neugründung wird der Wert der Gesellschaftsrechte jedoch vor allem durch den Wert der eingebrachten Wirtschaftsgüter bestimmt, sodass eine Wertabweichung i. d. R. ausscheiden wird.

1866 Von Bedeutung ist diese geänderte Rechtslage vor allem bei der Einbringung von Anteilen an einer Kapitalgesellschaft i. S. d. § 17 EStG und bei der Einbringung von Wirtschaftsgütern, die in den letzten 3 Jahren vor der Einbringung angeschafft worden sind, gegen Gewährung von Gesellschaftsrechten. Diese waren nach § 6 Abs. 1 Nr. 5 EStG bis zu der Rechtsprechungsänderung durch den BFH nur mit ihren Anschaffungskosten zu aktivieren, während nunmehr unter Anwendung des § 6 Abs. 6 EStG stets der gemeine Wert anzusetzen ist.

1867 Für den Gesellschafter handelt es sich bei der Einlage gegen Gewährung von Gesellschaftsrechten um ein Veräußerungsgeschäft.[4] In Höhe der aufgelösten stillen Reserven, also der Differenz zwischen dem Buchwert und dem anzusetzenden gemeinen Wert, entsteht ihm ein Veräußerungsgewinn, der unter den Voraussetzungen der §§ 17, 20 Abs. 2, 23 EStG der Besteuerung unterliegt.[5] Umstritten ist, ob es dadurch auch zu einer Besteuerung von einbringungsgeborenen Anteilen nach § 21 UmwStG

1 Zur Frage, wann eine Gewährung von Gesellschaftsrechten gegeben ist, s. Rn. 1217 ff.

2 BFH 19. 10. 1998 VIII R 69/95, BStBl 2000 II 230; BMF 29. 3. 2000, BStBl 2000 I 462.

3 BMF 29. 3. 2000, BStBl 2000 I 462, Anwendbarkeit bestätigt durch BMF 23. 4. 2010, BStBl 2010 I 391.

4 BFH 19. 10. 1998 VIII R 69/95, BStBl 2000 II 230; BMF 29. 3. 2000, BStBl 2000 I 462.

5 *Schulze zur Wiesche* in von Wallis/Brandmüller/Schulze zur Wiesche, Rn. 144; *Hottmann* in Zimmermann/Hottmann/Kiebele/Schaeberle/Völkel, C Rn. 7.

a. F. kommen kann.[1] Es ist allerdings zu befürchten, dass die Finanzverwaltung auch diese Fälle steuerpflichtig behandeln wird.

(Einstweilen frei) 1868–1870

b) Wirtschaftsgüter aus einem anderen (Sonder-)Betriebsvermögen

Überführt der Gesellschafter das einzulegende Wirtschaftsgut aus seinem (Sonder-)Betriebsvermögen in das Gesellschaftsvermögen, verpflichtet § 6 Abs. 5 EStG zum Buchwertansatz, sofern die Besteuerung der stillen Reserven zu einem späteren Zeitpunkt sichergestellt ist. Ein Veräußerungsgewinn entsteht daher nicht, sofern der Einlegende bestimmte Behaltefristen einhält. Bezüglich weiterer Ausführungen zu § 6 Abs. 5 EStG siehe das Kapitel „Überführung von Einzelwirtschaftsgütern".[2] 1871

(Einstweilen frei) 1872–1875

4. Einbringung von Betrieben, Teilbetrieben oder Mitunternehmeranteilen gegen Gewährung von Gesellschaftsrechten

Die Einlage gegen Gewährung von Gesellschaftsrechten eines Gesellschafters kann auch in der Einbringung eines Betriebs, Teilbetriebs oder Mitunternehmeranteils liegen. In diesem Fall bestimmen sich die Rechtsfolgen nach § 24 UmwStG.[3] Danach ist zwar grundsätzlich der gemeine Wert anzusetzen, doch kann auf Antrag der Buchwert oder ein Zwischenwert angesetzt werden, soweit das Recht der Bundesrepublik Deutschland hinsichtlich der Besteuerung des eingebrachten Betriebsvermögens nicht ausgeschlossen oder beschränkt wird. Der Antrag ist spätestens bis zur erstmaligen Abgabe der steuerlichen Schlussbilanz zu stellen. Der gemeine Wert entspricht dem Verkehrswert und umfasst auch den Firmenwert.[4] Auch die **Gründung einer atypischen stillen Gesellschaft** stellt eine Einbringung i. S. d. § 24 UmwStG dar.[5] 1876

Ein **Betrieb** i. S. d. UmwStG ist eine Sachgesamtheit in der sie verbindenden Organisation. Daher müssen alle wesentlichen Betriebsgrundlagen in einem einheitlichen Vorgang eingebracht werden.[6] Die Gewerblichkeit ist keine Voraussetzung, vielmehr kann auch eine freiberufliche Praxis Gegenstand der Einbringung sein.[7] Ein **Teilbetrieb** ist ein mit einer gewissen Selbständigkeit ausgestatteter, organisatorisch geschlossener, für sich allein lebensfähiger Teil des Gesamtbetriebs.[8] Der Begriff des Teilbetriebs setzt voraus, dass das Unternehmen zumindest über einen weiteren Teilbetrieb verfügt. Gerade 1877

1 *Hoffmann* in Littmann/Bitz/Pust, § 6 EStG Rn. 756; dafür *Düll/Fuhrmann/Eberhard*, DStR 2000, 1713, 1717; dagegen *Haritz*, DStR 2000, 1537.
2 Siehe Rn. 1146 ff., 1176 ff.
3 I. d. F. des Gesetzes über steuerliche Begleitmaßnahmen zur Einführung der Europäischen Gesellschaft und zur Änderung weiterer steuerrechtlicher Vorschriften (SEStEG) v. 7. 12. 2006, BGBl I 2006, 2782.
4 *Korn*, NWB 2007, 1155; *Bilitewski* in Limmer, Rn. 3256.
5 BFH 28. 11. 1989 VIII R 40/84, BStBl 1990 II 561.
6 *Schmitt* in Schmitt/Hörtnagl/Stratz, § 20 UmwStG Rn. 13.
7 BFH 18. 10. 1999 XI R 96/96, BStBl 2000 II 123.
8 BFH 4. 2. 2007 X R 44/03, BFH/NV 2007, 2093; ausführlich zur Definition des Teilbetriebs vgl. Rn. 2506 ff.

die Abgrenzung des Teilbetriebs von einer Übertragung mehrerer Wirtschaftsgüter ist wegen der unterschiedlichen Rechtsfolgen bedeutsam und u.U. schwierig. Als Mitunternehmeranteil i. S. d. § 24 UmwStG gilt auch ein Teil eines Mitunternehmeranteils.[1] Als Teilbetrieb galt in der Vergangenheit auch eine im Betriebsvermögen gehaltene 100 %ige Beteiligung an einer Kapitalgesellschaft.[2] Der BFH ist dieser Auffassung entgegengetreten, da es an einer gesetzlichen Grundlage fehle.[3] Nach einem Nichtanwendungserlass in 2009,[4] hat sich die Finanzverwaltung dann im Umwandlungssteuererlass 2011 der Auffassung des BFHs angeschlossen,[5] so dass seither eine 100-%-Beteiligung an einer Kapitalgesellschaft bei § 24 UmwStG nicht mehr als Teilbetrieb gilt.

1878 Der Begriff **„wesentliche Betriebsgrundlagen"** wird je nach Rechtsnorm teils funktional, teils jedoch auch quantitativ definiert.[6] Grundsätzlich ist im Rahmen des § 24 UmwStG das funktionale Verständnis entscheidend.[7] Das Zurückbehalten funktional unbedeutender Wirtschaftsgüter mit hohen stillen Reserven steht der Qualifizierung als Einbringung eines Betriebs bzw. Teilbetriebs in diesem Fall daher nicht entgegen.[8] Dies gilt jedoch nicht, sofern ein Teilwertansatz erfolgt und die Steuerbegünstigungen der §§ 16, 34 EStG in Anspruch genommen werden sollen. Insoweit ist ein funktional-quantitatives Verständnis maßgeblich.[9]

1879 Die Einbringung aller wesentlichen Betriebsgrundlagen erfordert nicht, dass das Eigentum daran vollständig auf die Personengesellschaft übergeht. Vielmehr ist es im Rahmen des § 24 UmwStG unschädlich, wenn einige wesentliche Betriebsgrundlagen in das Sonderbetriebsvermögen eingebracht werden.[10] Dies ist z. B. der Fall, wenn der Einzelunternehmer ein Betriebsgrundstück an die Personengesellschaft vermietet oder es dieser unentgeltlich zur Nutzung überlässt.[11] Jedoch liegt keine Einbringung i. S. d. § 24 UmwStG vor, wenn alle wesentlichen Betriebsgrundlagen ausschließlich in das Sonderbetriebsvermögen und gar keine in das Gesamthandsvermögen überführt werden.[12]

1880 Die Zurückhaltung nicht wesentlicher Betriebsgrundlagen ist – unabhängig davon, ob diese Betriebsvermögen bleiben oder in das Privatvermögen überführt werden – für die Anwendung des § 24 UmwStG unschädlich. Bei einer Überführung in das Privatver-

---

1 Umwandlungssteuererlass, v. 25. 3. 1998, BStBl 1998 I 268, Rn. 20.13; Umwandlungssteuererlass 2011, Stand: 2. 5. 2011, Tz. 20.10.

2 Umwandlungssteuererlass, v. 25. 3. 1998, BStBl 1998 I 268, Rn. 24.03; Begründung der Bundesregierung zum Gesetzesentwurf (SEStEG), BT-Drucks. 16/2710.

3 BFH 17. 7. 2008 I R 77/06, BStBl 2009 II 464.

4 BMF 20. 5. 2009, BStBl 2009 I 671.

5 Umwandlungssteuererlass 2011, Tz. 24.02.

6 Die funktionale Betrachtung ist z. B. bei § 6 Abs. 3 EStG anzuwenden. Dazu mehr ab Rn. 1951 ff. Die quantitative Betrachtung ist hingegen bei § 16 EStG entscheidend. Dazu mehr s. Rn. 2041.

7 BMF 16. 8. 2000, BStBl 2000 I 1253; so auch BFH 2. 10. 1997 IV R 84/96, BStBl 1998 II 104, in einem obiter dictum.

8 *Schlößer* in Haritz/Menner, § 24 Rn. 29.

9 So zu § 20 UmwStG, BMF 16. 8. 2000, BStBl 2000 I 1253.

10 Umwandlungssteuererlass 2011, Tz. 24.05; Umwandlungssteuererlass, v. 25. 3. 1998, BStBl 1998 I 268, Rn. 24.06; BFH 26. 1. 1994 III R 39/91, BStBl 1994 II 458.

11 BFH 21. 7. 1982 I R 97/78, BStBl 1983 II 288; 11. 10. 1979 IV R 125/76, BStBl 1980 II 40; 31. 8. 1994 VIII R 5/92, BStBl 1994 II 856.

12 FG Düsseldorf 30. 4. 2003 16 K 2934/01, EFG 2003, 1180; *Schmitt* in Schmitt/Hörtnagl/Stratz, § 24 UmwStG, Rn. 110.

mögen liegt eine steuerbare Entnahme vor. Diese ist nur gem. §§ 16, 34 EStG tarifbegünstigt, wenn für den gesamten Einbringungsvorgang der Ansatz zum gemeinen Wert gewählt wird.

Unter Einbringung ist jeder Übertragungsvorgang in das Betriebsvermögen einer Mit- 1881
unternehmerschaft zu verstehen, durch den der Einbringende Mitunternehmer wird.[1] Bringen mehrere Gesellschafter ihre Betriebe ein, so liegen unterschiedliche Einbringungsvorgänge vor.[2] Daher kann der eine Einbringende den Ansatz des gemeinen Wertes, der andere den Buchwertansatz wählen. Der gewählte Ansatz gilt dabei auch für das Sonderbetriebsvermögen.[3]

Die Einbringung nach § 24 UmwStG hat zudem zur Voraussetzung, dass auf den **Ein-** 1882
bringungszeitpunkt eine Bilanz aufgestellt wird. Dies gilt im Falle der Gewinnermittlung nach § 4 Abs. 3 EStG selbst dann, wenn nach der Einbringung die Gewinnermittlung nach § 4 Abs. 3 EStG beibehalten werden soll.[4] Nach der Rechtsprechung kann allerdings bei Buchwertfortführung auf die Erstellung einer Einbringungsbilanz verzichtet werden.[5] Die Verwaltung hat sich dem jedoch nicht angeschlossen und verlangt auch bei Buchwertfortführung eine Einbringungsbilanz.[6]

Einbringungszeitpunkt ist der Übergang des wirtschaftlichen Eigentums.[7] Nur bei einer 1883
Einbringung im Wege der Gesamtrechtsnachfolge, also z. B. durch Verschmelzung oder Ausgliederung auf eine Personenhandelsgesellschaft, sieht § 24 Abs. 4 i. V. m. § 20 Abs. 6 UmwStG die Möglichkeit der Rückbeziehung auf einen früheren Zeitpunkt bis zu 8 Monate vor Anmeldung zur Eintragung in das Handelsregister vor. Stellt sich die Einbringung als Kombination von Gesamtrechtsnachfolge und Einzelrechtsnachfolge dar, so nimmt auch die Einzelrechtsnachfolge an der Rückbeziehung teil.[8] Bei einer Anwachsung ist hingegen keine Rückbeziehung möglich.[9]

(Einstweilen frei) 1884–1890

a) Der Ansatz in der Bilanz

Bei der Einbringung zum Buchwert ist die Bilanzierung problematisch, weil das Kapital- 1891
konto des Einbringenden in der Gesamthandsbilanz aufgrund der Buchwertfortführung nicht den Betrag ausweist, den es – berechnet nach dem tatsächlichen Wert des eingebrachten Betriebsvermögens – eigentlich haben müsste, um den tatsächlichen Anteil des neu Eintretenden am Gesellschaftsvermögen widerzuspiegeln. Grundsätzlich würde bei einer Buchwertübertragung das Kapitalkonto des Einbringenden in der Eröff-

1 *Schulze zur Wiesche*, a. a. O., Rn. 1433.
2 *Korn*, NWB 2007, 1156.
3 BFH 26. 1. 1994 III R 39/91, BStBl 1994 II 458.
4 BFH 18. 10. 1999 XI R 96/96, BStBl 2000 II 123; OFD Frankfurt 9. 5. 2001, DStZ 2001, 870.
5 BFH 13. 9. 2001 IV R 13/01, BStBl 2002 II 287; *Hottmann* in Zimmermann/Hottmann/Kiebele/Schaeberle/Völkel, C Rn. 60.
6 OFD Frankfurt, DStZ 2001, 870.
7 *Widmann/Mayer*, § 24 UmwStG Rn. 118; *Schulze zur Wiesche*, a. a. O., Rn. 1450.
8 Umwandlungssteuererlass 2011, Tz. 24.06.
9 Umwandlungssteuererlass 2011, Tz. 24.06.

nungsbilanz der PersGes nur in Höhe des Buchwertes des eingebrachten Betriebsvermögens bestehen, während das Kapitalkonto eines Bareinlageleistenden den korrekten Wert aufwiese. Die Kapitalkonten in der Gesamthandsbilanz entsprechen folglich nicht dem vereinbarten Beteiligungsverhältnis.

BEISPIEL: A und B sollen zu 50 % an der PersGes beteiligt sein. A bringt sein Einzelunternehmen mit einem gemeinen Wert von 500 000 € ein, B eine Bareinlage in derselben Höhe. In der Bilanz des Einzelunternehmens war ein Grundstück zu 50 000 € bilanziert, dessen gemeiner Wert 250 000 € beträgt. Die sonstigen Aktiva i. H. v. 200 000 € enthielten keine stillen Reserven. Es besteht jedoch ein originärer Firmenwert von 50 000 €.

Die Eröffnungsbilanz sähe bei einem unkorrigierten Buchwertansatz wie folgt aus:

Aktiva			Passiva
Grund und Boden	50 000 €	Kapital A	250 000 €
Sonstige Aktiva	200 000 €	Kapital B	500 000 €
Bank	500 000 €		
	750 000 €		750 000 €

Obwohl in diesem Beispiel beide Gesellschafter gleichwertige Einlagen geleistet haben, weisen die Eigenkapitalkonten unterschiedliche Beträge auf.

1892 Ein weiteres Problem bei dieser Bilanzierung ist, dass beide Gesellschafter an der späteren Aufdeckung der stillen Reserven steuerlich beteiligt sind. Sinnvoller wäre es, dem einbringenden Gesellschafter die stillen Reserven allein zuzurechnen. Der gem. § 24 Abs. 2 UmwStG mögliche Buchwertansatz soll nur in seinem Interesse die geballte Aufdeckung der stillen Reserven verhindern. Der eine Bareinlage Leistende hat hingegen ein Interesse an einem Ansatz des gemeinen Wertes hinsichtlich des vom anderen eingebrachten Einzelunternehmens, da nur dann seine Anschaffungskosten richtig erfasst werden.

1893 Dieses Ziel ist durch die Erstellung von Ergänzungsbilanzen erreichbar, die dauerhaft fortzuführen sind.[1] Der steuerneutrale Buchwertansatz setzt nämlich nicht voraus, dass in der Gesamthandsbilanz die Buchwerte angesetzt sind. Vielmehr reicht es, wenn Gesamthandsbilanz und Ergänzungsbilanzen zusammengenommen die Buchwerte ergeben.[2] § 24 Abs. 2 UmwStG lässt die Erstellung negativer Ergänzungsbilanzen zu, um einen etwaigen Einbringungsgewinn zu neutralisieren.[3] Bei der Gründung einer Personengesellschaft mittels Einbringung eines Betriebs, Teilbetriebs oder Mitunternehmeranteils bietet es sich an, in der Gesamthandsbilanz die gemeinen Werte anzusetzen und diesen Ansatz durch eine negative Ergänzungsbilanz des Einbringenden zu korrigieren.[4] Der Ansatz des gemeinen Werts erfasst dabei auch den Ansatz des originären Geschäftswertes sowie die Auflösung der steuerfreien Rücklagen.[5]

1 BFH 28. 9. 1995 IV R 57/94, BStBl 1996 II 68.

2 Vgl. Umwandlungssteuererlass, v. 25. 3. 1998, BStBl 1998 I 268, Rn. 24.13; Umwandlungssteuererlass 2011, Tz. 24.13 f.

3 BFH 28. 9. 1995 IV R 57/94, BStBl 1996 II 68.

4 Eine weitere Methode ist der Buchwertansatz mit korrespondierenden negativen und positiven Ergänzungsbilanzen. Da sich diese beim Eintritt in einer PersGes empfiehlt, ist sie in Rn. 2012 ff. dargestellt.

5 Vgl. Umwandlungssteuererlass, v. 25. 3. 1998, BStBl 1998 I 268, Rn. 24.15, 24.04 i. V. m. 22.11; Umwandlungssteuererlass 2011 Tz. 23.17, 24.03.

Zurück zum **Beispiel:**

Die Eröffnungsbilanz sähe durch den Ansatz des gemeinen Wertes wie folgt aus:

Aktiva			Passiva
Firmenwert	50 000 €	Kapital A	500 000 €
Grund und Boden	250 000 €		
Sonstige Aktiva	200 000 €	Kapital B	500 000 €
Bank	500 000 €		
	1 000 000 €		1 000 000 €

Die negative Ergänzungsbilanz des A weist folgende Positionen auf:

Aktiva			Passiva
		Firmenwert	50 000 €
Minderkapital A	250 000 €	Grund und Boden	200 000 €
	250 000 €		250 000 €

Bei einer **Einbringung zum gemeinen Wert** ergeben sich hingegen keine Besonderheiten in der Bilanzierung. In diesem Fall entsprechen die Kapitalkonten ohnehin dem richtigen Verhältnis, so dass eine Korrektur durch Ergänzungsbilanzen entfällt. 1894

Bei einer **Einbringungsbilanzierung zum Zwischenwert** sind die stillen Reserven anteilig zu heben.[1] Es empfiehlt sich aber auch hier, in der Gesamthandsbilanz den gemeinen Wert anzusetzen. In der negativen Ergänzungsbilanz ist dann der Geschäftswert vollständig zu neutralisieren, da dieser erst dann angesetzt werden darf, wenn sämtliche stillen Reserven gehoben sind.[2] 1895

Zurück zum **Beispiel:**

Möchte A durch die Zwischenwerteinbringung einen Einbringungsgewinn von 125 000 € realisieren und in dieser Höhe die stillen Reserven aufdecken, so weist die negative Ergänzungsbilanz des A bei einem Ansatz des gemeinen Wertes in der Gesamthandsbilanz folgende Positionen auf:

Aktiva			Passiva
Minderkapital A	125 000 €	Grund und Boden	75 000 €
		Firmenwert	50 000 €
	125 000 €		125 000 €

In Gesamthandsbilanz und Ergänzungsbilanz zusammengenommen ist im Ergebnis der Grund und Boden mit 175 000 € bilanziert, so dass bei diesem stille Reserven von 125 000 € aufgedeckt wurden.

(Einstweilen frei) 1896–1900

1 Zur Hebung der stillen Reserven existiert die Vier-Stufen-Theorie, auf die genauer bei der Veräußerung in Rn. 2180 ff. eingegangen wird.

2 Vgl. Vier-Stufen-Theorie in Rn. 2180 ff.

b) Veräußerungsgewinne

1901 Gemäß § 24 Abs. 3 Satz 1 UmwStG gilt der Wertansatz der übernehmenden PersGes für den Einbringenden als Veräußerungspreis. Gemäß § 16 Abs. 2 EStG ist die Differenz zwischen dem Veräußerungspreis abzüglich der Veräußerungskosten und dem Wert des eingebrachten Betriebsvermögens der Veräußerungsgewinn. Bei einer **Einbringung zum Buchwertansatz** entsteht folglich kein Gewinn.

1902 Erfolgt die **Einbringung zum gemeinen Wert,**[1] so ist der **Übertragungsgewinn** gem. § 24 Abs. 3 Satz 2 UmwStG i. V. m. §§ 16, 34 EStG ein steuerbegünstigter Aufgabegewinn.[2] Dies gilt jedoch nur bei der Einbringung von Betrieben, Teilbetrieben oder ganzen Mitunternehmeranteilen, nicht jedoch bei der Einbringung von Teilen von Mitunternehmeranteilen. Eine Einbringung eines Mitunternehmeranteils zum gemeinen Wert liegt nur dann vor, wenn auch bei dem Sonderbetriebsvermögen die stillen Reserven aufgedeckt werden.[3]

1903 Der Übertragungsgewinn ist jedoch nicht in der ganzen Höhe steuerbegünstigt. Gemäß § 24 Abs. 3 Satz 3 UmwStG i. V. m. § 16 Abs. 2 Satz 3 EStG gilt der Gewinn als laufender Gewinn, soweit der Einbringende an der neuen Gesellschaft selbst beteiligt ist, da er in diesem Umfang sowohl Veräußerer als auch Erwerber ist. Nach der Finanzverwaltung ist dabei nicht auf den einzelnen Gesellschafter, sondern auf die insgesamt einbringenden Gesellschafter in ihrer gesamthänderischen Verbundenheit abzustellen.[4] In dem im Umwandlungssteuererlass 2011 gewählten Beispiel ist jedoch nicht erkennbar, in welchen Sachverhaltskonstellationen sich dieses auswirken kann.

1904 Für die Frage, inwieweit der Einbringende an der PersGes beteiligt ist, kommt es nicht auf die Gewinnverteilungsquote an, sondern auf die Beteiligung des Einbringenden an dem steuerlichen Betriebsvermögen der Gesellschaft.[5] Aus diesem Grunde ist bei einer Einbringung in das Sonderbetriebsvermögen ein bei Ansatz des gemeinen Wertes im Sonderbetriebsvermögen entstehender Gewinn des Einbringenden nicht tarifbegünstigt, da das Wirtschaftsgut diesem weiterhin vollständig zugerechnet wird und hierdurch geschaffene zusätzliche Abschreibungsvolumen in vollem Umfang dem Einbringenden zugute kommt.[6]

1905 Da bei einer **Einbringung zu Zwischenwerten** die stillen Reserven nicht vollständig realisiert werden, ist der dabei anfallende **Gewinn** nicht gem. §§ 16, 34 EStG steuerbegünstigt, sondern ein laufender Gewinn. Eine Einbringung zu Zwischenwerten liegt nach der Rechtsprechung auch dann vor, wenn zwar das Gesamthandsvermögen zum

1 Darunter ist nicht der Ansatz des Gemeinen Wertes in der Gesamthandsbilanz bei gleichzeitiger (teilweiser) Neutralisierung durch eine negative Ergänzungsbilanz zu verstehen. Ein solches Vorgehen führt nicht zu einer Steuerbegünstigung.

2 Vgl. zu den Einzelheiten dieser Vorschriften Rn. 2261 ff.

3 BFH 26. 1. 1994 III R 39/91, BStBl 1994 II 458.

4 Umwandlungssteuererlass 2011, Tz. 24.16.

5 BFH 21. 9. 2000 IV R 54/99, BStBl 2001 II 178.

6 BFH 21. 9. 2000 IV R 54/99, BStBl 2001 II 178.

gemeinen Wert eingebracht wird, in das Sonderbetriebsvermögen Wirtschaftsgüter jedoch mit dem Buchwert übernommen werden.[1]

(Einstweilen frei) 1906–1910

c) Veräußerungsgewinn bei Zahlung in das Privatvermögen

Eine Einbringung eines Einzelunternehmens liegt auch vor, wenn ein Einzelunternehmer eine weitere Person in sein Unternehmen aufnimmt. Geschieht dies nicht, um dem Betrieb Kapital zuzuführen, so möchte der Einzelunternehmer durch die Aufnahme selbst einen Gewinn erzielen. Daher wird in diesen Fällen der Eintretende keine Bareinlage in die neu entstehende Personengesellschaft, sondern oftmals eine Zahlung in das Privatvermögen des bisherigen Einzelunternehmers leisten. 1911

Früher war die Finanzverwaltung der Auffassung, dass § 24 UmwStG in diesem Fall nicht anwendbar sei, da der Einbringende als Gegenleistung nicht nur Gesellschaftsrechte erwirbt. Seit 2001 ist sie im Anschluss an die Rechtsprechung[2] aber der Ansicht, dass bei einer Einbringung zum gemeinen Wert die Tarifbegünstigung des § 24 Abs. 3 Satz 2 UmwStG i.V. m. §§ 16 Abs. 4, 34 EStG auch dann anzuwenden ist, wenn eine Zuzahlung in das Privatvermögen erfolgt.[3] 1912

Bei einem Zwischenwertansatz liegt hingegen ein laufender Gewinn vor, da nicht sämtliche stillen Reserven aufgedeckt werden. In Höhe der Differenz zwischen der Zuzahlung und den Buchwerten der anteilig übertragenen Wirtschaftsgüter des Betriebsvermögens entsteht der zu versteuernde Gewinn, sofern kein höherer Ansatz gewählt wird.[4] Dieser kann nicht durch eine negative Ergänzungsbilanz eliminiert werden.[5] 1913

Eine reine Buchwerteinbringung ist bei einer Zahlung in das Privatvermögen nicht möglich. Durch die Zuzahlung liegt zum Teil eine Veräußerung vor. Der Eintretende hat demnach Anschaffungskosten, so dass er in einer Ergänzungsbilanz in Höhe der Zuzahlung in das Privatvermögen die auf ihn entfallenden stillen Reserven aufdecken muss.[6] Der Gewinn kann nicht durch Erstellung einer negativen Ergänzungsbilanz vermieden werden.[7] Das Bewertungswahlrecht zum Ansatz von Buchwerten, Zwischenwerten oder gemeinen Werten besteht nur hinsichtlich des anderen Teils.[8] 1914

Als eine Zuzahlung gilt auch:[9] 1915

- Eine Bareinlage des neu eintretenden Gesellschafters, wenn zeitnah eine Entnahme der Altgesellschafter aus dem Betriebsvermögen erfolgt.

1 BFH 26. 1. 1994 III R 39/91, BStBl 1994 II 458.

2 BFH 21. 9. 2000 IV R 54/99, BStBl 2001 II 178.

3 OFD Frankfurt 25. 4. 2001, DStR 2001, 895; BMF 21. 8. 2001, DStR 2001, 1570, Umwandlungssteuererlass 2001, Rn. 24.12a; Umwandlungssteuererlass 2011 Tz. 24.12.

4 BFH 18. 10. 1999 XI R 96/96, BStBl 2000 II 123.

5 Umwandlungssteuererlass, v. 25. 3. 1998, BStBl 1998 I 268, Rn. 24.10; Umwandlungssteuererlass 2011 Tz. 24.09; *Geissler*, FR 2001, 1029; BFH 8. 12. 1994 IV R 82/92, BStBl 1995 II 599.

6 So auch *Hottmann* in Zimmermann/Hottmann/Kiebele/Schaeberle/Völkel, C Rn. 40.

7 Umwandlungssteuererlass 2011, Tz. 24.09.

8 *Schulze zur Wiesche*, DStZ 2006, 406; im Ergebnis auch *Korn*, NWB 2007, 1144.

9 *Hottmann* in Zimmermann/Hottmann/Kiebele/Schaeberle/Völkel, C Rn. 39; BFH 8. 12. 1994 IV R 82/92, BStBl 1995 II 599.

- Die Tilgung einer Privatschuld des Einzelunternehmers. Als eine solche gilt auch der Ausgleich des Kontokorrentkontos durch die Bareinlage, wenn das Kontokorrentkonto durch Privatentnahmen des Einzelunternehmers negativ geworden ist.

1916 Auch eine sog. „Mischeinbringung" gegen Gewährung von Gesellschaftsrechten und sonstige Gegenleistungen aus dem Vermögen der aufnehmenden PersGes (insbesondere die Einräumung von Darlehen), stellt insoweit eine sonstige Gegenleistung dar, die nach Ansicht der Finanzverwaltung[1] zu einer anteiligen Aufdeckung der stillen Reserven führt.

1917–1920 *(Einstweilen frei)*

d) Steuerliche Konsequenzen für die aufnehmende PersGes

1921 Bei der Buchwerteinbringung tritt die PersGes gem. §§ 24 Abs. 4, 23 Abs. 1 i. V. m. § 4 Abs. 2 Satz 3 und § 12 Abs. 3 UmwStG in die Rechtsstellung des Einbringenden. Dies bedeutet:

- Bezüglich der Bewertung und Absetzungen für Abnutzung ist sie an die zuvor gewählten Ansätze gebunden. So muss sie z. B. die gewählte, lineare Abschreibungsmethode beibehalten.
- Die Gesellschaft führt die den steuerlichen Gewinn mindernden Rücklagen fort.
- Außerplanmäßige Abschreibungen durch das Einzelunternehmen sind bei Wegfall der Wertminderung durch entsprechende Zuschreibungen zu korrigieren.
- Kommt es für die steuerliche Bewertung auf die Dauer der Zugehörigkeit eines Wirtschaftsguts zum Betriebsvermögen an, ist auf den Erwerbszeitpunkt des eingebrachten Einzelunternehmens abzustellen.

1922 Diese Folgen sind nicht allein in der Gesamthandsbilanz abzubilden, sondern müssen sich erst bei der Zusammenschau von Gesamthandsbilanz und Ergänzungsbilanz ergeben. Bei Bilanzierung der gemeinen Werte in der Gesamthandsbilanz ist daher die höhere Abschreibung durch einen entsprechenden Ansatz in der negativen Ergänzungsbilanz des Einbringenden zu kompensieren.

1923 Bei Buchwertfortführung in der Gesamthandsbilanz und Korrektur mittels negativer und positiver Ergänzungsbilanz[2] bedeutet dies, dass die Wertfortführung in der positiven Ergänzungsbilanz des bar leistenden Gesellschafters mit der Wertfortführung in der negativen Ergänzungsbilanz des einbringenden Gesellschafters übereinstimmen muss.[3] Die AfA-Volumen-Erhöhung des Barleistenden wird durch eine Minderung des AfA-Volumens des Einbringenden ausgeglichen.[4]

1924 In der Ergänzungsbilanz ist bei dieser Bilanzierung mit korrespondierenden Ergänzungsbilanzen die gleiche Abschreibungsmethode wie in der Gesamthandsbilanz anzu-

---

1 Vgl. Umwandlungssteuererlass, v. 25. 3. 1998, BStBl 1998 I 268, Tz. 24.08; Umwandlungssteuererlass 2011 Tz. 24.07.

2 Vgl. Rn. 2016 f.

3 BFH 28. 9. 1995 IV R 57/94, BStBl 1996 II 68.

4 Umwandlungssteuererlass, v. 25. 3. 1998, BStBl 1998 I 268, Rn. 24.14; Umwandlungssteuererlass 2011 Tz. 24.14.

wenden, jedoch ist umstritten, ob die sonstigen Abschreibungsparameter unverändert bleiben.[1] Nach anderer Auffassung sind hingegen die Nutzungsdauer der im Wert korrigierten Wirtschaftsgüter neu zu schätzen, da ansonsten die erworbenen stillen Reserven innerhalb sehr kurzer Zeit Aufwandswirksamkeit erlangen würden.[2] Da auch bei vollständig abgeschriebenen Wirtschaftsgütern die stillen Reserven anteilig gehoben werden, sind diese in die Ergänzungsbilanz aufzunehmen und deren Restnutzungsdauer neu zu schätzen.[3]

Auch bei einer **Zwischenwerteinbringung** tritt die Gesellschaft gem. §§ 24 Abs. 4, 23 Abs. 3 i. V. m. § 4 Abs. 2 Satz 3 und § 12 Abs. 3 UmwStG grundsätzlich in die Rechtsstellung des Einbringenden ein. Jedoch ist bei einem Zwischenwertansatz eine Besitzzeitanrechnung ausgeschlossen.[4] 1925

Wegen der Zuschreibung ist zudem die Bemessungsgrundlage anzupassen, indem gem. § 23 Abs. 3 Nr. 1 UmwStG zu den historischen Anschaffungskosten die aufgedeckten stillen Reserven addiert werden. Auf diesen neuen Wert ist sodann bei Fortführung der degressiven Abschreibung gem. § 22 Abs. 2 Nr. 2 UmwStG der bisherige Abschreibungssatz unverändert anzuwenden. 1926

Bei der **Einbringung zum gemeinen Wert** gelten gem. § 24 Abs. 4 i. V. m. § 23 Abs. 4 Halbsatz 1 UmwStG die Wirtschaftsgüter als von der PerGes zu diesem Wert angeschafft. Ein Eintritt in die Rechtsstellung des Einzelunternehmens erfolgt nicht. Die Gesellschaft ist daher steuerlich unabhängig in der Ausübung von Bewertungswahlrechten etc. 1927

Anders ist dies bei der Einbringung zum gemeinen Wert, wenn diese im Wege der Gesamtrechtsnachfolge, also z. B. durch Verschmelzung, erfolgt. Nach § 23 Abs. 4 Halbsatz 2 UmwStG gilt dann das Gleiche wie beim Zwischenwertansatz. 1928

(Einstweilen frei) 1929–1935

5. Gründungskosten

Die mit der Gründung einer PersGes im Zusammenhang stehenden Aufwendungen stellen für den einzelnen Gesellschafter abzugsfähige Sonderbetriebsausgaben dar. Dazu gehören z. B. die Kosten des Gesellschaftsvertrags und der Eintragung in das Handelsregister. Geldbeschaffungskosten sind ebenfalls sofort abzugsfähige Betriebsausgaben, wenn der Kredit für betriebliche Zwecke aufgenommen wurde.[5] Die Grunderwerbsteuer ist hingegen auch bei der Gründung einer PersGes als Anschaffungsnebenkosten des Grundstücks zu aktivieren.[6] 1936

Auch vorbereitende Betriebsausgaben, wie z. B. vor der Gründung entstandene Reisekosten, sind sofort abzugsfähige Betriebsausgaben. Nur wenn ein aktivierungsfähiges 1937

1 So BFH 25. 4. 2006 VIII R 52/04, BStBl 2006 II 847.
2 *Niehus/Wilke,* Die Besteuerung der Personengesellschaften, S. 199 ff.
3 *Schmidt,* EStG § 15 Rz. 465.
4 BFH 26. 2. 1992 I R 7/91, BStBl 1992 II 988.
5 *Knobbe-Keuk,* a. a. O., S. 165.
6 *Knobbe-Keuk,* a. a. O., S. 165.

Wirtschaftsgut aufgrund der vorbereitenden Betriebsausgaben entstanden ist, müssen diese stattdessen aktiviert werden.[1]

1938–1950 *(Einstweilen frei)*

II. Unentgeltlicher Eintritt in eine Personengesellschaft und unentgeltliche Übertragung von Betrieben/ Teilbetrieben/Mitunternehmeranteilen gemäß § 6 Abs. 3 EStG

1. Objektiver und subjektiver Anwendungsbereich der Vorschrift

1951 § 6 Abs. 3 EStG ordnet in bestimmten Fällen der unentgeltlichen Übertragung von Betriebsvermögen die Buchwertfortführung an. Im Einzelnen sind folgende Fälle erfasst:

- unentgeltliche Übertragung von Betrieben, Teilbetrieben oder Mitunternehmeranteilen;
- unentgeltliche Aufnahme einer natürlichen Person in ein bestehendes Einzelunternehmen;
- unentgeltliche Übertragung eines Teils eines Mitunternehmeranteils auf eine natürliche Person.

1952 Die Regelung des § 6 Abs. 3 EStG übernimmt im Wesentlichen die Vorschriften des § 7 Abs. 1 EStDV a. F.[2] Die unentgeltliche Übertragung eines Teils eines Mitunternehmeranteils ist allerdings erstmals durch ausdrückliche gesetzliche Regelung begünstigt. Materiell stellt dies dem Grunde nach jedoch keine Neuerung dar, denn bislang behandelte die Rechtsprechung sowie die h. M. in Verwaltung und Literatur die Übertragung eines Teils eines Mitunternehmeranteils wie die Übertragung eines gesamten Mitunternehmeranteils und erreichte auf diesem Wege eine Einbeziehung dieses Vorgangs in die bisherige Regelung des § 7 Abs. 1 EStDV a. F.[3] Die Rechtsprechung verlangte allerdings, dass bei der Übertragung eines Teils eines Mitunternehmeranteils auch das (anteilige) Sonderbetriebsvermögen mit übertragen werden muss.[4] Die Streichung dieser Voraussetzung für eine Buchwertfortführung in § 6 Abs. 3 EStG bedeutet daher eine echte Erleichterung für die hiervon betroffenen Steuerpflichtigen, wenn auch die neue Behaltefrist von 5 Jahren hier ein gewisses Hindernis darstellt.

1953 Nach der h. M. gilt § 6 Abs. 3 EStG in den aufgeführten Fällen auch dann, wenn keine rechtsgeschäftliche Übertragung, sondern ein Erbfall vorliegt.[5]

1954 Im Fall der **Aufnahme** einer natürlichen Person in ein bestehendes Einzelunternehmen ist ausschlaggebend, ob diese Aufnahme entgeltlich oder unentgeltlich erfolgt. Im Fall

1 BFH 28. 1. 1954 IV 255/53 U, BStBl 1954 III 109; 14. 6. 1955 I 154/54 U, BStBl 1955 III 221.

2 *Gratz* in Herrmann/Heuer/Raupach, § 6 EStG Rn. 1331.

3 *Gratz* in Herrmann/Heuer/Raupach, § 6 EStG Rn. 1365, m. w. N.

4 Vgl. zum Streitstand: *Gratz* in Herrmann/Heuer/Raupach, § 6 EStG Rn. 1366.

5 *Gratz* in Herrmann/Heuer/Raupach, § 6 EStG Rn. 1334.

der unentgeltlichen Aufnahme ist für den übertragenen Anteil § 6 Abs. 3 EStG als lex specialis vorrangig anwendbar, während bei der entgeltlichen Aufnahme die Voraussetzungen des § 24 UmwStG zu prüfen sind.

Von den Anwendungsfällen in der Praxis betrifft § 6 Abs. 3 EStG im Wesentlichen die Fälle der **vorweggenommenen Erbfolge,** denn unter fremden Dritten sind tatsächlich unentgeltliche Vorgänge praktisch ausgeschlossen. Erfasst wird also z. B. die unentgeltliche Aufnahme des Unternehmensnachfolgers in ein Einzelunternehmen, die unentgeltliche Übertragung auf eine bereits bestehende Personengesellschaft oder die (anteilige) Übertragung eines Mitunternehmeranteils. Zudem sind bei all diesen Vorgängen auch die erb- und schenkungsteuerlichen Konsequenzen zu prüfen. 1955

Auch die **Anwachsung** von Gesamthandsvermögen im Rahmen des Ausscheidens eines Mitunternehmers fällt unter § 6 Abs. 3 EStG, wenn dieser ein unentgeltliches schuldrechtliches Geschäft vorausgegangen ist, der ausscheidende Mitunternehmer also keine Abfindung erhält.[1] Dies gilt auch, wenn der vorletzte Gesellschafter aus einer Personengesellschaft ausscheidet und damit das Gesamthandsvermögen der dadurch erlöschenden Gesellschaft dem Verbleibenden anwächst. 1956

Grundsätzlich wäre § 6 Abs. 3 EStG auch auf Kapitalgesellschaften anwendbar.[2] Doch wird bei diesen meistens keine Unentgeltlichkeit vorliegen, sondern eine verdeckte Gewinnausschüttung (vGA) oder eine verdeckte Einlage, da oftmals gesellschaftsrechtliche Gründe vorliegen.[3] Überträgt der Gesellschafter einer GmbH auf diese einen Betrieb, so liegt eine Betriebsaufgabe und nachfolgende verdeckte Einlage vor, so dass § 6 Abs. 3 EStG nicht anwendbar ist.[4] 1957

§ 6 Abs. 3 EStG erfasst auch die Übertragung auf Personengesellschaften, an denen allein natürliche Personen beteiligt sind, sofern der Übertragungsgegenstand nicht ein Teil eines Mitunternehmeranteils ist.[5] Da § 6 Abs. 3 EStG mit Ausnahme der Übertragung eines Teils eines Mitunternehmeranteiles keine Einschränkungen in Bezug auf die übertragende und auf die aufnehmende Person vorsieht, dürfte auch die Übertragung von einer Mitunternehmerschaft auf eine andere gem. § 6 Abs. 3 EStG begünstigt sein. Auf diesem Wege könnte demnach auch eine KG-Beteiligung von einer KG auf eine andere KG zu Buchwerten übertragen werden. Entscheidende Bedeutung kommt hierbei der Gegenbuchung zu. Der Buchwertabgang und -zugang darf weder eine Buchung auf dem Kapitalkonto noch auf dem Darlehenskonto gegenüberstehen. Die Gegenbuchung auf dem gesamthänderisch gebundenen Rücklagenkonto gilt dagegen als unentgeltlich. Ebenso wäre auch der Buchwertabgang bzw. -zugang als Aufwand oder Ertrag als unentgeltlich zu qualifizieren.[6] Da die Finanzverwaltung bisher die Möglichkeit der 1958

1 *Gratz* in Herrmann/Heuer/Raupach, § 6 EStG Rn. 1377.

2 *Kulosa* in Schmidt, EStG § 6 Rz. 642.

3 Tz. 2 BMF 3. 3. 2005, BStBl 2005 I 458 i. d. F. v. 7. 12. 2006, BStBl 2006 I 766; BFH 19. 1. 1982 VIII R 21/77, BStBl 1982 II 456, zu § 7 Abs. 1 EStDV a. F.

4 BFH 11. 2. 2009 X R 56/06, BFH/NV 2009, 1411, NWB DokID: NAAAD-24467.

5 *Neumann*, EStB 2005, 142; *Korn*, KÖSDI 2005, 14634.

6 So auch *Hottmann* in Zimmermann/Hottmann/Kiebele/Schaeberle/Völkel, B 1.9.5 Rn. 393.

Übertragung gem. § 6 Abs. 3 EStG zwischen zwei Schwestergesellschaften nicht bestätigt hat, könnte die Einholung einer verbindlichen Auskunft ratsam sein.

1959–1965 *(Einstweilen frei)*

2. Begriff der Unentgeltlichkeit

1966 Unentgeltlich i. S. d. § 6 Abs. 3 EStG ist eine Übertragung nur, wenn damit der Übertragende den Erwerber bereichern will. Dies ist nicht der Fall, wenn der Gesellschafter dem anderen Gesellschafter seinen Anteil ohne Entgelt überlässt, um die – echte oder vermeintliche – Gefahr einer Inanspruchnahme seitens der Gesellschaftsgläubiger oder andere Nachteile aus der Fortführung der Beteiligung zu vermeiden.[1] Bei Vermögensübertragungen zwischen Angehörigen spricht eine widerlegbare Vermutung für eine Schenkung. Auch die Übernahme eines negativen Kapitalkontos stellt kein Entgelt i. S. d. § 6 Abs. 3 EStG dar, so dass dies der Annahme einer Schenkung nicht entgegensteht. Eine Schenkung kommt allerdings nicht in Betracht, wenn der Geschäftsanteil keinen Vermögenswert mehr verkörpert.[2]

1967–1970 *(Einstweilen frei)*

3. Abgrenzung der unentgeltlichen von teilentgeltlichen Vorgängen

1971 Wird von dem Übernehmer eine Gegenleistung für die Übertragung des Betriebs, Teilbetriebs oder Mitunternehmeranteils gezahlt und liegt der Wert dieser Gegenleistung zwar über dem Buchwert, aber unter dem Teilwert des übergehenden Betriebsvermögens, so ist ein teilentgeltlicher Vorgang gegeben. Gleichwohl wird dieser Vorgang als einheitliches Veräußerungsgeschäft behandelt und nicht in einen entgeltlichen und einen unentgeltlichen Teil aufgeteilt (sog. **Einheitstheorie** des BFH).[3] Eine Differenzierung, ob das Unterschreiten des Teilwertes auf betrieblichen oder privaten Gründen beruht, findet nicht statt.[4]

1972 Handelt es sich bei der Gegenleistung für die Betriebsvermögensübertragung hingegen um eine Einmalzahlung, die der Höhe nach unter dem Buchwert des zu übertragenden Betriebsvermögens liegt und sind hierfür private Gründe ausschlaggebend, ist der Vorgang als voll unentgeltlich anzusehen.[5] In diesem Fall sind entsprechende schenkungsteuerliche Konsequenzen zu beachten.[6]

1973 Erfolgt ein Übertragungsvorgang aus betrieblichen Gründen und liegt das Entgelt aufgrund gegenseitigen Einvernehmens der beteiligten Gesellschafter unter dem Buchwert des übergehenden Vermögens, so handelt es sich um einen teilentgeltlichen Vorgang.[7]

1 BFH 26. 6. 2002 IV R 3/01, BStBl 2003 II 112.

2 BFH 10. 3. 1998 VIII R 76/96, BStBl 1999 II 269.

3 BFH v. 7. 2. 1995 VIII R 36/93, BStBl 1995 II 770.

4 Zu den steuerlichen Konsequenzen s. Rn. 2176 ff.

5 Bezüglich der rechtlichen Würdigung im Fall wiederkehrender Zahlungen aus privatem Anlass vgl. Rn. 2317, 2374 ff.

6 Vgl. zur gemischten Schenkung *Götz,* Rn. 5400.

7 Zu den steuerlichen Konsequenzen s. Rn. 2154.

Bei einer unentgeltlichen Übertragung (voll unentgeltlich oder gegen Entgelt unter dem Buchwert des übergehenden Betriebsvermögens) aus privaten Gründen entsteht bei den Beteiligten kein steuerpflichtiger Gewinn.[1] Im Bereich der privaten Lebensführung liegende Vorgänge sind nämlich nicht steuerbar. Der Übernehmer hat keine Anschaffungskosten, sondern führt die Buchwerte des Rechtsvorgängers fort. Dabei übernimmt er auch die vom Übergebenden nach §§ 6b bzw. 6c EStG gebildeten Rücklagen.[2] 1974

(Einstweilen frei) 1975–1980

4. Übertragung von Betrieben/Teilbetrieben

Bei der Übertragung von Betrieben/Teilbetrieben ist für die Buchwertfortführung zudem grundsätzlich Voraussetzung, dass alle wesentlichen Betriebsgrundlagen mit übertragen werden. Das heißt beispielsweise, dass der aus dem Betrieb ausscheidende Schenker nicht Eigentümer des Betriebsgrundstücks bleiben und dieses dem Betrieb zur Nutzung überlassen kann. Bei Zurückbehaltung wesentlicher Betriebsgrundlagen im Privatvermögen liegt keine Betriebsübertragung im Ganzen, sondern eine Betriebsaufgabe vor.[3] Die Zurückbehaltung unwesentlicher Betriebsgrundlagen ist dagegen unschädlich. Ein dabei eventuell entstehender Gewinn ist als laufender Gewinn zu versteuern.[4] Ob ein Wirtschaftsgut wesentlich i. S. d. § 6 Abs. 3 EStG ist, bestimmt sich nach dessen Funktion innerhalb der betreffenden Sachgesamtheit (funktionelle Betrachtungsweise).[5] Eine quantitative Betrachtung wie bei § 16 EStG[6] nach dem Umfang der in dem Wirtschaftsgut gebundenen stillen Reserven erfolgt hingegen nicht. 1981

(Einstweilen frei) 1982–1985

5. Unentgeltliche Übertragung von (Teil-)Mitunternehmeranteilen

a) Übertragung eines gesamten Mitunternehmeranteils

Für eine steuerneutrale Übertragung von Mitunternehmeranteilen ist Voraussetzung, dass alle im Sonderbetriebsvermögen befindlichen wesentlichen Betriebsgrundlagen mit übertragen werden.[7] Eine Zurückbehaltung wesentlichen Sonderbetriebsvermögens bei gleichzeitiger Überführung dieser Wirtschaftsgüter in das Privatvermögen steht somit einer steuerneutralen Übertragung des Mitunternehmeranteils entgegen.[8] Es ist ungewiss, ob die FinVerw sich im Rahmen des § 6 Abs. 3 EStG der Auffassung in der Literatur, sog. Sonderbetriebsvermögen II könne nicht funktional wesentliche Betriebsgrundlage sein,[9] anschließen wird. Nach der Rechtsprechung des BFH zu § 20 UmwStG ist eine Beteiligung an einer Komplementär-GmbH, zwar Sonderbetriebsver- 1986

1 BFH 7. 2. 1995 VIII R 36/93, BStBl 1995 II 770.
2 BFH 22. 9. 1994 IV R 61/93, BStBl 1995 II 367.
3 BFH 31. 8. 1995 VII B 21/93, BStBl 1995 II 890.
4 Tz. 8 BMF 3. 3. 2005, BStBl 2005 I 458, i. d. F. 7. 12. 2006, BStBl 2006 I 766.
5 Tz. 3 BMF 3. 3. 2005, BStBl 2005 I 458, i. d. F. 7. 12. 2006, BStBl 2006 I 766; 16. 8. 2000, BStBl 2000 I 1253.
6 Dazu vgl. unten Rn. 2043.
7 Tz. 4 BMF 3. 3. 2005, BStBl 2005 I 458, i. d. F. 7. 12. 2006, BStBl 2006 I 766.
8 Tz. 5 BMF 3. 3. 2005, BStBl 2005 I 458, i. d. F. 7. 12. 2006, BStBl 2006 I 766.
9 *Emmerich/Kloster*, GmbHR 2005, 450; *Rogall/Stangl*, DStR 2005, 1074; zur Rechtsprechung vgl. Rn. 2046.

mögen II, wenn sich ihre Geschäftstätigkeit im wesentlichen auf die KG-Geschäftsführung beschränkt, doch indiziert dieses noch nicht die Eigenschaft als wesentliche Betriebsgrundlage.[1] Vielmehr ist entscheidend, dass die Beteiligung den Einfluss des Mitunternehmers auf die Geschäftsführung der KG nachhaltig stärkt. Daran fehlt es, wenn der Kommanditist in der Komplementär-GmbH nicht seinen geschäftlichen Betätigungswillen durchsetzen kann, da er allein nicht über die notwendige Stimmenmehrheit in der GmbH-Gesellschaftsversammlung verfügt.[2] Da die Wesentlichkeit bei § 6 Abs. 3 EStG genau wie bei § 20 UmwStG nur nach funktionalen Gesichtspunkten zu betrachten ist, dürfte diese Rechtsprechung auch bei § 6 Abs. 3 EStG heranzuziehen sein. Für den Fall, dass der Gesellschafter auch über die notwendige Stimmrechtsmehrheit bei der Komplementär-GmbH verfügt, fehlt es an einer höchstrichterlichen Entscheidung, so dass bei Übertragung von Anteilen an einer GmbH & Co. KG für eine Zurückbehaltung von Anteilen an der Komplementär-GmbH die Einholung eine verbindlichen Auskunft anzuraten ist.

1987 Die Finanzverwaltung versagt die Anwendung des § 6 Abs. 3 EStG auf die Übertragung des Mitunternehmeranteils, wenn anlässlich dessen, d. h. in einem zeitlichen und sachlichen Zusammenhang, funktional wesentliches Sonderbetriebsvermögen nach § 6 Abs. 5 EStG zum Buchwert in ein anderes Betriebsvermögen übertragen oder überführt wird.[3] Die Steuerbegünstigung der Betriebsaufgabe (§§ 16, 34 EStG) ist in diesen Fällen nicht einschlägig, da wegen der Buchwertübertragung des Sonderbetriebsvermögens nicht sämtliche stillen Reserven aufgedeckt wurden. Sofern kein sachlicher Zusammenhang anderweitig erkennbar ist, dürfte ein solcher bei einem zeitlichen Abstand von mehr als 3 Jahren wohl nicht aus dem zeitlichen Zusammenhang gefolgert werden können.[4] Diese Übertragung der Gesamtplanrechtsprechung zu §§ 16, 34 EStG auf § 6 Abs. 3 EStG ist in der Literatur nahezu einhellig auf Ablehnung gestoßen, da der Normzweck des § 6 Abs. 3 EStG von §§ 16, 34 EStG verschieden ist.[5] Eine höchstrichterliche Entscheidung liegt jedoch – soweit ersichtlich – noch nicht vor.

1988 Möchte der bisherige Gesellschafter jedoch z. B. das von ihm bisher der Mitunternehmerschaft zur Nutzung überlassene Grundstück trotz vollständiger Übertragung des Mitunternehmeranteils auf seinen Nachfolger zurückbehalten, weil die Grundstückserträge seine Altersversorgung mit absichern sollen, so kann als Gestaltungsvariante ein **Nießbrauchsmodell** in Erwägung gezogen werden.[6] Hierbei wird das Grundstück zwar zusammen mit dem Mitunternehmeranteil auf den Nachfolger übertragen, jedoch bei gleichzeitiger Begründung eines Vorbehaltsnießbrauchs. Dieser muss allerdings so ausgestattet sein, dass auch das wirtschaftliche Eigentum an dem Grundstück dem Nachfolger zuzuordnen ist. Der Übergeber kann dann in der Zukunft das Grundstück in Ausübung seines Nießbrauchsrechts weiterhin an die Personengesellschaft vermieten.

1 BFH 25. 11. 2009 I R 72/08, BStBl 2010 II 471.
2 BFH 25. 11. 2009 I R 72/08, BStBl 2010 II 471.
3 Tz. 6 BMF 3. 3. 2005, BStBl 2005 I 458, i. d. F. 7. 12. 2006, BStBl 2006 I 766.
4 *Korn*, KÖSDI 2005, 14638; *Neufang*, BB 2005, 1598.
5 *Emmerich/Kloster*, GmbHR 2005, 451; *Geck*, ZEV 2005, 197; *Korn*, KÖSDI 2005, 14637 f.
6 *Korn*, KÖSDI 2005, 14639; *Emmerich/Kloster*, GmbHR 2005, 453.

b) Übertragung eines Teil-Mitunternehmeranteils

Im Fall der Übertragung von Teil-Mitunternehmeranteilen wurde bisher von der Rechtsprechung[1] gefordert, dass wesentliche Betriebsgrundlagen des Sonderbetriebsvermögens quotal mit übertragen werden müssen. Diese Anforderung wurde mit der Neufassung des § 6 Abs. 3 Satz 2 EStG zum Beginn des VZ 2002 aufgegeben, denn der Gesetzeswortlaut bestimmt nunmehr, dass Satz 1 auch anzuwenden ist, wenn der bisherige Betriebsinhaber Wirtschaftsgüter, die wesentliche Betriebsgrundlage sind und weiterhin zum Betriebsvermögen derselben Mitunternehmerschaft gehören, nicht überträgt, sofern der Rechtsnachfolger den übernommenen Mitunternehmeranteil über einen Zeitraum von mindestens 5 Jahren nicht veräußert oder aufgibt. Nach Auffassung der FinVerw ist schon die Veräußerung nur eines geringen Anteils des erhaltenen Mitunternehmeranteiles, oder eines Wirtschaftsgutes aus dem übernommenen funktional wesentlichen Sonderbetriebsvermögen für die gesamte Übertragung schädlich.[2] 1989

Für die Berechnung der Behaltefrist ist auf den Übergang des wirtschaftlichen Eigentums abzustellen.[3] Wird quotal mehr Sonderbetriebsvermögen übertragen als es dem Anteil am Mitunternehmeranteil entsprechen würde, so ist § 6 Abs. 3 EStG nur auf den quotalen Anteil anzuwenden, die Übertragung des überquotalen Anteils am Sonderbetriebsvermögen richtet sich nach § 6 Abs. 5 EStG.[4] Die Übernahme von Verbindlichkeiten im Zusammenhang mit der überquotalen Übertragung führt zum Teil zum Vorliegen eines entgeltlichen Vorgangs und damit zur Gewinnrealisation, sofern die Verbindlichkeiten nicht Teil des übertragenden Sonderbetriebsvermögens sind. Ob Verbindlichkeiten nur quotal dem übersteigenden Betrag zugerechnet werden oder zuerst dem überquotalen Teil, ist noch nicht geklärt.[5] Werden allein nicht wesentliche Betriebsgrundlagen im Sonderbetriebsvermögen überquotal übertragen, ist auf den gesamten Vorgang nur § 6 Abs. 3 EStG anzuwenden.[6] 1990

Aufgrund der gesetzlichen Formulierung „zum Betriebsvermögen derselben Mitunternehmerschaft" folgt, dass für die Anwendung dieser Ausnahmevorschrift der bisherige Betriebsinhaber oder Mitunternehmer auch weiterhin Mitunternehmer bleiben muss.[7] Andernfalls liegt nur eine andere und nicht dieselbe (Mit-)unternehmerschaft vor. Die Ausnahme der Steuerneutralität gilt daher nur für die Aufnahme in ein Einzelunternehmen und bei der Übertragung von Teil-Mitunternehmeranteilen, nicht aber bei der Übertragung des gesamten Mitunternehmeranteils.[8] Wird neben des Teils eines Mitunternehmeranteils ein Teil eines Wirtschaftsgutes aus dem Sonderbetriebsvermögen übertragen, das eine wesentlichen Betriebsgrundlage darstellt (z. B. Grundstück), kann nach der Rechtsprechung automatisch eine Besitz-GbR und somit eine mitunternehmerische Betriebsaufspaltung entstehen. Dogmatisch folgt der Übertragung nach § 6 1991

1 So z. B. BFH 12. 4. 2000 XI R 35/99, BStBl 2001 II 26.
2 Tz. 11 BMF 3. 3. 2005, BStBl 2005 I 458, i. d. F. v. 7. 12. 2006, BStBl 2006 I 766.
3 Tz. 11 BMF 3. 3. 2005, BStBl 2005 I 458, i. d. F. v. 7. 12. 2006, BStBl 2006 I 766.
4 Tz. 16 BMF 3. 3. 2005, BStBl 2005 I 458, i. d. F. v. 7. 12. 2006, BStBl 2006 I 766.
5 *Emmerich/Kloster*, GmbHR 2005, 452; *Korn*, KÖSDI 2005, 14640; *Rogall/Stangl*, DStR 2005, 1080.
6 Tz. 19 BMF 3. 3. 2005, BStBl 2005 I 458, i. d. F. v. 7. 12. 2006, BStBl 2006 I 766.
7 *Hoffmann* in Littmann/Bitz/Pust, § 6 EStG Rn. 1018.
8 Tz. 5 BMF 3. 3. 2005, BStBl 2005 I 458, i. d. F. v. 7. 12. 2006, BStBl 2006 I 766.

Abs. 3 EStG sogleich eine Übertragung nach § 6 Abs. 5 EStG nach.[1] Sofern keine mit dem Grundstück zusammenhängende Schulden vorliegen, bleibt der Vorgang steuerneutral.[2]

1992 Wird die Behaltefrist des § 6 Abs. 3 Satz 2 EStG von dem Beschenkten jedoch nicht eingehalten, z. B. indem dieser den Mitunternehmeranteil innerhalb der Behaltefrist weiterveräußert, dann ist die Übertragung des gesamten Teil-Mitunternehmeranteils rückwirkend nach § 6 Abs. 1 Nr. 4 EStG als zum gemeinen Wert vorgenommen zu behandeln. Es wird dann unterstellt, der Mitunternehmer hätte eine entsprechende Entnahme getätigt und die entnommenen Werte anschließend dem Beschenkten zugewendet. Die zum Übertragungszeitpunkt vorhandenen stillen Reserven sind somit im Nachhinein aufzudecken. Es kommt hierdurch bei dem Schenker zu einem Übertragungsgewinn, der ungemildert der laufenden Besteuerung unterliegt (§ 16 Abs. 1 Satz 2 EStG).[3] Darüber hinaus kommt es rückwirkend zum Übertragungszeitpunkt bei dem Beschenkten zur Aufstellung einer positiven Ergänzungsbilanz, in der die aufgedeckten stillen Reserven zu bilanzieren und in den Folgejahren abzuschreiben sind. Diese erhöhten Buchwerte sind dann bei der Weiterveräußerung des Mitunternehmeranteils durch den Beschenkten auch bei der Ermittlung seines Veräußerungsgewinns zu berücksichtigen, wodurch dieser im Nachhinein wesentlich geringer ausfällt, als dies bei einer steuerlichen Buchwertfortführung anlässlich der Schenkung der Fall gewesen wäre.

1993 Das Steuerrisiko im Fall der vorzeitigen Veräußerung trifft somit den Schenker, während der Beschenkte durch die Nichteinhaltung der Behaltefrist des § 6 Abs. 3 EStG ausschließlich steuerliche Vorteile erhält. Hier zeigt sich ein mögliches Konfliktpotenzial zwischen Schenker und Beschenktem, dem bereits im Vorwege Rechnung getragen werden sollte. Der Schenker sollte sich vor diesem Risiko schützen, indem er mit dem Beschenkten von vornherein vertraglich vereinbart, dass dieser eine möglicherweise in der Zukunft durch Nichteinhaltung der Behaltefrist beim Schenker entstehende Ertragsteuerbelastung zu tragen hat.[4] Zudem kann im Gesellschaftsvertrag eine Anteilsübertragung an die Zustimmung des Schenkers gebunden werden.[5]

1994 Als Veräußerung im Rahmen des § 6 Abs. 3 EStG versteht die Finanzverwaltung jeden Rechtsträgerwechsel, selbst wenn dieser nach den steuerlichen Vorschriften zu Buchwerten erfolgt oder erfolgen muss, sofern er nicht unentgeltlich ist. Selbst ein Formwechsel gilt steuerlich als Veräußerung. Eine Ausnahme macht die Finanzverwaltung jedoch für Einbringungen zu Buchwerten gem. §§ 20, 24 UmwStG, wenn sowohl die eingebrachten Wirtschaftsgüter als auch der für die Einbringung erhaltene Anteil innerhalb der verbleibenden Behaltefrist nicht veräußert oder aufgegeben werden.[6] In dem Fall, dass ein Teil eines Mitunternehmeranteiles auf einen anderen Mitunternehmer übertragen wurde, gelten immer zuerst die nicht gem. § 6 Abs. 3 EStG erhaltenen

1 Tz. 22 BMF 3. 3. 2005, BStBl 2005 I 458, i. d. F. v. 7. 12. 2006, BStBl 2006 I 766.

2 *Korn*, KÖSDI 2005, 14644 f.

3 Tz. 11 BMF 3. 3. 2005, BStBl 2005 I 458, i. d. F. v. 7. 12. 2006, BStBl 2006 I 766.

4 Bezüglich konkreter Formulierungsbeispiele für eine derartige Vertragsklausel vgl. *Wachter*, ErbStB 2003, 67.

5 *Geck*, ZEV 2005, 198.

6 Tz. 13 BMF 3. 3. 2005, BStBl 2005 I 458, i. d. F. 7. 12. 2006, BStBl 2006 I 766.

Anteile als veräußert, so dass ein Verstoß gegen die Behaltefrist erst bei einem Absinken des Anteils des Mitunternehmers unter dem Anteil der übernommenen Beteiligung vorliegt.[1]

(Einstweilen frei) 1995–2000

6. Unentgeltliche Aufnahme eines Gesellschafters in ein bestehendes Einzelunternehmen

Die unentgeltliche Aufnahme eines Gesellschafters in ein bestehendes Einzelunternehmen und Begründung einer PersGes ist i. d. R. ein Vorgang der vorweggenommenen Erbfolge. Klassisch wird dieser Weg gewählt, wenn der Betriebsinhaber seine Nachkommen, die den Betrieb später fortführen sollen, schon zu Lebzeiten in das Unternehmen mit aufnimmt, um sie auf diesem Wege schrittweise an die späteren Aufgaben heranzuführen. 2001

§ 24 UmwStG ist weder für den bisherigen Einzelunternehmer noch für den Aufgenommenen anwendbar.[2] Es liegt lediglich ein Vorgang gem. § 6 Abs. 3 EStG vor. Soweit sich in dem Betriebsvermögen Wirtschaftsgüter befinden, die der bisherige Betriebsinhaber noch nicht anteilig mit übertragen möchte, sondern die er in seinem alleinigen Eigentum behalten will, kann er diese zurückbehalten, wodurch sie automatisch zu Sonderbetriebsvermögen werden, sofern die betriebliche Nutzung andauert.[3] 2002

Allerdings ist auch in diesem Fall die Behaltefrist des § 6 Abs. 3 Satz 2 EStG zu beachten. Veräußert also einer der neu aufgenommenen Gesellschafter seinen Mitunternehmeranteil innerhalb der 5-Jahres-Frist, so würde insoweit rückwirkend die Aufnahme in das Einzelunternehmen nicht mehr zu Buchwerten, sondern nach § 6 Abs. 1 Nr. 4 EStG zum gemeinen Wert vorzunehmen sein mit der Folge einer entsprechenden Aufdeckung der stillen Reserven bei dem bisherigen Betriebsinhaber. 2003

(Einstweilen frei) 2004–2005

7. Folgen für die Gewinnermittlung

§ 6 Abs. 3 EStG (vormals § 7 Abs. 1 EStDV) bestimmt für die Ermittlung des Gewinns des Übertragers, dass die Wirtschaftsgüter mit den Werten anzusetzen sind, die sich nach den Vorschriften über die Gewinnermittlung ergeben, also mit den Buchwerten. Für den Übernehmer ist die Buchwertfortführung zwingend. Ein Wahlrecht besteht insoweit nicht. 2006

(Einstweilen frei) 2007–2010

---

1 Tz. 12 BMF 3. 3. 2005, BStBl 2005 I 458, i. d. F. 7. 12. 2006, BStBl 2006 I 766.
2 Umwandlungssteuererlass 2011, Tz. 24.01.
3 Tz. 21 BMF 3. 3. 2005, BStBl 2005 I 458, i. d. F. 7. 12. 2006, BStBl 2006 I 766.

III. Entgeltlicher Eintritt eines Gesellschafters in eine Personengesellschaft

2011 Der Eintritt eines Gesellschafters in eine bestehende PersGes gegen eine Einlageleistung gilt als Einbringung der Mitunternehmeranteile der bisherigen Gesellschafter der PersGes in eine neue PersGes,[1] so dass dieser Fall nach § 24 UmwStG zu behandeln ist. Auf die obigen Ausführungen wird daher verwiesen[2] und an dieser Stelle nur noch auf die Besonderheiten eingegangen.

1. Bilanzierung

2012 Da handelsrechtlich die Identität der PersGes gleich bleibt, ist keine Eröffnungsbilanz zu erstellen.[3] Handelsrechtlich sind folglich die Buchwerte der Wirtschaftsgüter der bisherigen Gesellschaft fortzuführen.[4] Dies hat keine Auswirkungen auf die Steuerbilanz, da im Rahmen des § 24 UmwStG der Maßgeblichkeitsgrundsatz nicht anwendbar ist.

2013 In der Steuerbilanz können nach § 24 Abs. 2 UmwStG der Gemeine Wert, Zwischenwerte oder Buchwerte angesetzt werden, sofern das bundesdeutsche Besteuerungsrecht durch die Einbringung nicht beschränkt wird. Etwaige Buchwertaufstockungen werden i. d. R. in einer positiven Ergänzungsbilanz des einbringenden Mitunternehmers vorgenommen. Das Wahlrecht hinsichtlich des Ansatzes in der Steuerbilanz steht jedem Personengesellschafter einzeln zu, so dass die Gesellschafter der bisherigen PersGes diese Wahlrechte unterschiedlich ausüben können.[5]

2014 Bringt der Neueintretende einzelne Wirtschaftsgüter und keinen Teilbetrieb, Betrieb oder Mitunternehmeranteil ein, so liegt für ihn kein Fall des § 24 UmwStG vor. Bei einer Einbringung von einzelnen Wirtschaftsgütern aus dem Betriebsvermögen ist gem. § 6 Abs. 5 EStG der Buchwert anzusetzen,[6] bei einer Einbringung aus dem Privatvermögen der Teilwert (§ 6 Abs. 1 Nr. 5 EStG).

2015 Bei der Buchwertfortführung ist – wie oben ausgeführt[7] – die Bilanzierung problematisch. Grundsätzlich würden beim Buchwertansatz in der Gesamthandsbilanz die ursprünglichen Kapitalkonten der bisherigen Gesellschafter weiterbestehen, die den niedrigen Buchwerten der PersGes entsprechen. Das Kapitalkonto des Bareinlagenleistenden hingegen würde den korrekten Wert aufweisen. Die Kapitalkonten in der Gesamthandsbilanz entsprechen dann folglich nicht dem vereinbarten Beteiligungsverhältnis.

BEISPIEL: ▸ A und B sind zu 50 % an einer PersGes beteiligt. Diese hat einen Teilwert von 600 000 €. In der Gesamthandsbilanz war das mitübertragene Grundstück zu 100 000 € bilan-

---

1 Umwandlungssteuererlass, v. 25. 3. 1998, BStBl 1998 I 268, Rn. 24.01; Umkehrschluss Umwandlungssteuererlass 2011 Tz. 24.01.

2 Auf die Einbringungsvorgänge gem. § 24 UmwStG wird ausführlich in Rn. 1876 ff. eingegangen.

3 *Hottmann* in Zimmermann/Hottmann/Kiebele/Schaeberle/Völkel, D Rn. 4, BFH 9. 12. 1976 IV R 34/73, BStBl 1977 II 241.

4 *Hottmann* in Zimmermann/Hottmann/Kiebele/Schaeberle/Völkel, D Rn. 4.

5 Umwandlungssteuererlass, v. 25. 3. 1998, BStBl 1998 I 268, Rn. 20.14; Umwandlungssteuererlass 2011 Tz. 20.11.

6 Streitig, vgl. hierzu Rn. 1146 ff.

7 Vgl. Rn. 1891 ff.

ziert, dessen Teilwert 340 000 € beträgt. Die sonstigen Aktiva i. H. v. 200 000 € enthielten keine stillen Reserven. Es besteht jedoch ein originärer Firmenwert von 60 000 €. C tritt mit einer Bareinlage von 300 000 € ein.

Die Gesamthandsbilanz sähe bei einem unkorrigierten Buchwertansatz wie folgt aus:

Aktiva			Passiva
Grund und Boden	100 000 €	Kapital A	150 000 €
Sonstige Aktiva	200 000 €	Kapital B	150 000 €
Bank	300 000 €	Kapital C	300 000 €
	600 000 €		600 000 €

Obwohl in diesem Beispiel C ein Drittel des Teilwertes geleistet hat, weist sein Eigenkapitalkonto eine Beteiligung zur Hälfte aus.

Da der Buchwertansatz nicht in der Gesamthandsbilanz erfolgen, sondern nur im Ergebnis vorliegen muss,[1] bilanziert man auch beim Eintritt in eine Personengesellschaft mit Ergänzungsbilanzen. Diese sollen zudem sicherstellen, dass dem Eintretenden Abschreibungen von seinen Anschaffungskosten zugute kommen, sowie den bisherigen Gesellschaftern die stillen Reserven zugeordnet werden. Anders als bei der Neugründung wäre ein Teilwertansatz in der Gesamthandsbilanz[2] allerdings nicht sinnvoll, da bei einem Eintritt in eine Personengesellschaft der Grundsatz der Bewertungskontinuität in der Gesamthandsbilanz verwirklicht werden sollte. In der Gesamthandsbilanz werden folglich daher nur die Kapitalkonten den Beteiligungsverhältnissen angeglichen. 2016

In der Ergänzungsbilanz des Eintretenden werden für seinen Anteil anteilig die stillen Reserven aufgedeckt, so dass im Ergebnis bei ihm ein Teilwertansatz erfolgt. Dies wird durch entsprechende negative Ergänzungsbilanzen der bisherigen Gesellschafter neutralisiert. Vorteil des Ansatzes ist, dass die Ergänzungsbilanz des Eintretenden ausweist, welche stillen Reserven er vergütet hat. 2017

Zurück zum **Beispiel:**

Die Gesamthandsbilanz sähe demnach wie folgt aus:

Aktiva			Passiva
Grund und Boden	100 000 €	Kapital A	200 000 €
Sonstige Aktiva	200 000 €	Kapital B	200 000 €
Bank	300 000 €	Kapital C	200 000 €
	600 000 €		600 000 €

In der positiven Ergänzungsbilanz des C müssten die stillen Reserven in Höhe seiner Beteiligungsquote aufgedeckt werden, also 1/3 von 240 000 € beim Grundstück und von 60 000 € beim Firmenwert. Die Ergänzungsbilanz des C weist folgende Positionen auf:

Aktiva			Passiva
Firmenwert	20.000 €	Kapital C	100 000 €
Grund und Boden	80 000 €		
	100 000 €		100 000 €

1 Vgl. Umwandlungssteuererlass, v. 25. 3. 1998, BStBl 1998 I 268, Rn. 24.13; Umwandlungssteuerlass 2011 Tz. 20.13.

2 Vgl. dazu das Beispiel zur Gründung unter Einbringung eines Einzelunternehmens Rn. 1891 ff.

Die (zusammengefasste) negative Ergänzungsbilanz von A und B weist folgende Positionen auf:

Aktiva			Passiva
Kapital A	50 000 €	Firmenwert	20 000 €
Kapital B	50 000 €	Grund und Boden	80 000 €
	100 000 €		100 000 €

2018–2025 *(Einstweilen frei)*

2. Veräußerungsgewinn

2026 Bei einem **Ansatz des Gemeinen Wertes** ist für den bisherigen Gesellschafter der Einbringungsgewinn zum Teil gem. §§ 16, 34 EStG begünstigt.[1] Nach § 24 Abs. 3 Satz 3 UmwStG i.V.m. § 16 Abs. 2 Satz 3 EStG gilt der Veräußerungsgewinn in dem Umfang als laufender Gewinn, wie der betreffende Mitunternehmer an der Personengesellschaft auch nach der Aufnahme des neuen Gesellschafters weiterhin beteiligt bleibt. Die Beteiligungsquote des einzelnen Gesellschafters nach Eintritt ist folglich durch die vor dem Eintritt bestehende zu teilen. Zu dem sich daraus ergebenden Verhältnis ist der Veräußerungserlös laufender Gewinn.

BEISPIEL: War man zuvor zur Hälfte beteiligt und ist man danach nur noch zu einem Drittel beteiligt, so ist der Veräußerungsgewinn zu 2/3 (1/3 : 1/2 = 2/3) laufender Gewinn. War man zuvor zu einem Drittel beteiligt und ist man danach nur noch zu einem Viertel beteiligt, so sind 3/4 (1/4 : 1/3 = 3/4) laufender Gewinn.

Gemäß Umwandlungssteuererlass ist jedoch nicht auf den einzelnen Gesellschafter, sondern auf die einbringenden Gesellschafter in ihrer gesamthänderischen Verbundenheit abzustellen.[2] In dem dort genannten Beispiel ist aber nicht erkennbar, in welchen Fällen sich diese Differenzierung auswirken soll.

2027 Da die Veräußerung von Teilen eines Mitunternehmeranteils nicht gem. §§ 16, 34 EStG steuerbegünstigt ist, muss eine Abgrenzung dieser von dem Eintritt gegen Zuzahlung in das Privatvermögen erfolgen. Bei einem Ansatz des gemeinen Wertes ist nämlich der Veräußerungsgewinn auch bei Zuzahlung zum Teil steuerbegünstigt.[3] § 24 Abs. 3 Satz 4 UmwStG steht nicht entgegen. Da nicht ein Bruchteil, sondern der gesamte Mitunternehmeranteil in die umwandlungssteuerlich neue PersGes eingebracht wird, liegt keine Veräußerung von Teilen eines Mitunternehmeranteils und damit kein Ausschluss der Steuerbegünstigung vor.[4]

2028 Entscheidend ist dabei die tatsächliche Durchführung: Bei einem Verkauf eines Teils der Mitunternehmeranteile durch alle Gesellschafter werden die stillen Reserven nur

1 Ausführungen zur teilweisen Begünstigung in Rn. 1903, zur Begünstigung nach §§ 16, 34 EStG s. ausführlich Rn. 2261.

2 Umwandlungssteuererlass 2011, Tz. 24.16.

3 So zum Eintritt in ein Einzelunternehmen BFH 21.9.2000 IV R 54/99, BStBl 2001 II 178; vgl. oben Rn. 1911 ff.

4 So auch *Hottmann* in Zimmermann/Hottmann/Kiebele/Schaeberle/Völkel, D Rn. 2; anders scheinen dies *Patt* in Dötsch/Eversberg/Jost/Pung/Witt, § 24 Rn. 52 und *Groh*, DB 2001, 2162 zu § 24 Abs. 3 Satz 4 UmwStG a. F. zu sehen.

hinsichtlich des veräußerten Teils aufgedeckt. Bei einem Eintritt unter Teilwertansatz erfolgt die Aufdeckung vollständig, weil die Altgesellschafter ihre Unternehmensanteile vollständig in die „neue" Gesellschaft einbringen.[1]

BEISPIEL: Sind A und B zur Hälfte beteiligt und wollen sie C anteilig an ihrer Gesellschaft beteiligen, so können A und B jeder 1/3 ihres Anteils an C veräußern. Der Veräußerungsgewinn ist gem. § 16 Abs. 1 Satz 2 EStG laufender Gewinn. Sie können jedoch auch C gegen Barzahlung in ihr Privatvermögen eintreten lassen. Bei einem Teilwertansatz müssten sie dann nicht nur 1/3 der stillen Reserven aufdecken, sondern alle. Von dem dadurch verdreifachten Buchgewinn sind sodann zwar 1/3 steuerbegünstigter Veräußerungsgewinn, aber 2/3 laufender Gewinn. Ein Steuervorteil liegt darin nur, wenn die weiteren stillen Reserven ohnehin zeitnah realisiert würden.

(Einstweilen frei) 2029–2035

IV. Entgeltliche Veräußerungs- und Aufgabetatbestände

Nach § 16 Abs. 1 EStG gehören zu den Einkünften aus Gewerbebetrieb auch Gewinne, die bei der Veräußerung des ganzen Gewerbebetriebs oder eines Teilbetriebs oder gesamten Anteils eines Gesellschafters, der als (Mit-)Unternehmer des Betriebs anzusehen ist, erzielt werden. Gemäß § 16 Abs. 3 EStG ist die Aufgabe dem gleichgestellt. 2036

1. Veräußerung eines Betriebs/Teilbetriebs

Bei einer PersGes als Besteuerungssubjekt kann ein Fall des § 16 Abs. 1 EStG gegeben sein, wenn die PersGes ihren gesamten Betrieb oder einen Teilbetrieb veräußert oder wenn ein Gesellschafter der PersGes einen Mitunternehmeranteil veräußert. Soweit die übrigen Voraussetzungen des § 16 EStG erfüllt sind, unterliegt ein derartiger Veräußerungsgewinn den steuerlichen Vergünstigungen des § 16 Abs. 4 EStG (Freibetrag) sowie des § 34 EStG (Tarifermäßigung). Realisiert die PersGes einen derartigen steuerbegünstigten Veräußerungsgewinn, wird dieser gesondert vom laufenden Gewinn ermittelt und den Mitunternehmern im Rahmen der gesonderten und einheitlichen Gewinnfeststellung anteilig zugewiesen. Eine Ausnahme gilt allerdings dann, wenn die Veräußerung an eine Schwester-PersGes erfolgt, die ganz oder teilweise gesellschafteridentisch ist. In diesem Fall gilt der Veräußerungsgewinn insoweit als laufender Gewinn.[2] 2037

BEISPIEL: Die AB-KG, an der die Gesellschafter A und B zu je 50 % beteiligt sind, verkauft einen Teilbetrieb an die AC-KG, an der A wiederum zur Hälfte beteiligt ist. Der Veräußerungsgewinn ist in diesem Fall ein laufender Gewinn, soweit er auf A entfällt, also i. H. v. 50 %. Die andere – auf B entfallende – Hälfte ist dagegen bei diesem nach §§ 16, 34 EStG tarifbegünstigt.

Gehört zu dem Betriebsvermögen ein Mitunternehmeranteil, liegen zwei getrennt voneinander zu beurteilende Veräußerungsvorgänge vor.[3]

§ 16 EStG setzt die Veräußerung des „ganzen" (Teil-)Betriebs bzw. Mitunternehmeranteils voraus. Nach der Rechtsprechung müssen dazu alle wesentlichen Betriebsgrundlagen in einem einheitlichen Vorgang auf einen Erwerber entgeltlich übertragen 2038

---

1 Vgl. *Hottmann* in Zimmermann/Hottmann/Kiebele/Schaeberle/Völkel, D Rn. 2.

2 § 16 Abs. 2 Satz 3 EStG.

3 OFD Koblenz 28. 2. 2007, DStR 2007,992.

werden und außerdem muss die bisher in diesem Betrieb entfaltete gewerbliche Tätigkeit enden.[1] Die Aufnahme einer angestellten Tätigkeit beim Betriebserwerber, die zu Einkünften aus nichtselbständiger Arbeit führt, steht der Annahme einer Beendigung nicht entgegen.[2]

2039 Die Veräußerung aller wesentlichen Betriebsgrundlagen an mehrere Erwerber kann demgegenüber eine ebenfalls steuerbegünstigte **Betriebsaufgabe** sein. Gleiches gilt, wenn wesentliche Betriebsgrundlagen teilweise veräußert und teilweise in das Privatvermögen der Mitunternehmer überführt werden, denn auch in diesen Fällen werden alle stillen Reserven in einem einheitlichen Vorgang aufgedeckt.[3]

2040 Die Veräußerung einzelner, aber nicht aller wesentlicher Betriebsgrundlagen führt demgegenüber zu einem laufenden Gewinn. Dies gilt auch, wenn zeitgleich alle anderen wesentlichen Betriebsgrundlagen gem. § 6 Abs. 5 EStG zu Buchwerten in ein anderes Betriebsvermögen des Steuerpflichtigen überführt werden.[4]

2041 Der Begriff der wesentlichen Betriebsgrundlage wird für die Betriebsveräußerung und Betriebsaufgabe in Bezug auf den ganzen Betrieb wie auch in Bezug auf einen Teilbetrieb verwendet.

2042 Die Abgrenzung, ob ein Wirtschaftsgut wesentliche Betriebsgrundlage oder ein sog. Wirtschaftsgut von untergeordneter Bedeutung ist, kann nur im Einzelfall unter Berücksichtigung der besonderen Verhältnisse des Betriebs erfolgen. Bei der funktionalen Betrachtungsweise kommt es dabei auf die Funktion des einzelnen Wirtschaftsguts im Betrieb an. Wirtschaftsgüter sind demnach dann wesentliche Betriebsgrundlagen, wenn sie zur Erreichung des Betriebszwecks erforderlich sind und ein besonderes wirtschaftliches Gewicht für die Betriebsführung besitzen.[5] Sind diese Kriterien erfüllt, so kommt es nicht darauf an, ob dieses Wirtschaftsgut ohne weiteres von einem anderen ersetzt werden könnte, also z. B. der Betrieb auf einem anderen Grundstück betrieben werden könnte.[6]

2043 Nach der Rechtsprechung des BFH können aber auch funktional unbedeutende Wirtschaftsgüter wesentliche Betriebsgrundlagen i. S. d. §§ 16, 34 EStG sein, wenn in ihnen erhebliche stille Reserven ruhen (sog. quantitative Betrachtungsweise).[7] Dies folgt aus dem Sinn und Zweck der §§ 16, 34 EStG. Voraussetzung für eine Tarifbegünstigung ist nämlich immer, dass die stillen Reserven in einem einheitlichen wirtschaftlichen Vorgang aufgedeckt werden.[8] Das heißt jedoch nicht, dass Wirtschaftsgüter ohne erhebliche stille Reserven keine wesentlichen Betriebsgrundlagen sein können.[9]

---

1 *Hörger/Rapp* in Littmann/Bitz/Pust, a. a. O., § 16 EStG Rn. 25; BFH 16. 12. 1992 X R 52/90, BStBl 1994 II 838.
2 BFH 17. 7. 2008 X R 40/07, BStBl 2009 II 43.
3 BFH 6. 12. 2000 VIII R 21/00, BStBl 2003 II 194.
4 *Hörger/Rapp* in Littmann/Bitz/Pust, § 16 EStG Rn. 26.
5 BFH 13. 2. 1996 VIII R 39/92, BStBl 1996 II 409; 12. 6. 1996 XI R 56 57/95, BStBl 1996 II 527.
6 BFH 31. 8. 1995 VIII B 21/93, BStBl 1995 II 367; *Hörger/Rapp* in Littmann/Bitz/Pust, § 16 EStG Rn. 28.
7 BFH 2. 10. 1997 IV R 84/96, BStBl 1998 II 104.
8 R 34.1 Abs. 2 EStR.
9 BFH 19. 1. 1983 I R 57/79, BStBl 1983 II 312.

Wesentliche Betriebsgrundlagen sind hiernach:[1] 2044

- i. d. R. Wirtschaftsgüter des Anlagevermögens, z. B. bei einem Produktionsunternehmen die auf die Produktion abgestellten Betriebsgrundstücke und Betriebsvorrichtungen;
- im Einzelfall auch Wirtschaftsgüter des Umlaufvermögens, z. B. bei einem Einzelhandelsgeschäft das Warenlager. Grundsätzlich ist dies jedoch nicht der Fall;
- u. U. auch immaterielle Wirtschaftsgüter, wie Geschäftswert und Kundenstamm. Werden bei einer freiberuflichen Praxis nur Teile des Mandantenstammes übertragen, da einige Mandanten der Übertragung nicht zugestimmt haben und nach der BGH-Rechtsprechung[2] nur bei Zustimmung der Mandanten der Stamm übertragen werden darf, so liegt keine begünstige Veräußerung vor.[3] Sind mit dem zurückbehaltenen Mandantenstamm in den letzten 3 Jahren vor der Praxisaufgabe weniger als 10 % der gesamten Einnahmen erwirtschaftet worden, so wird dies von der Rechtsprechung bisher jedoch als unschädlich angesehen;[4]
- u. U. Wirtschaftsgüter des Sonderbetriebsvermögens I, wobei dieselben Abgrenzungskriterien wie für das Betriebsvermögen heranzuziehen sind;
- eine § 6b-Rücklage, die bei der Veräußerung einer wesentlichen Betriebsgrundlage gebildet wurde;[5]
- bei Zugrundelegung einer quantitativen Betrachtungsweise regelmäßig sämtliche Grundstücke.[6] Bei der funktionalen Betrachtungsweise ist stattdessen auf die Funktion abzustellen, die das Grundstück für den Betrieb erfüllt. So ist z. B. bei einem landwirtschaftlichen Betrieb der landwirtschaftlich genutzte Grund und Boden wesentliche Betriebsgrundlage.[7] Bei einem Möbelhändler gilt dasselbe für das Grundstück, auf dem sich Ausstellungs- und Lagerräume befinden.[8]

Nicht zu den wesentlichen Betriebsgrundlagen gehören jedoch 2045

- das gewillkürte Betriebsvermögen, da es nicht unmittelbar dem Betrieb dient. Nach der quantitativen Betrachtungsweise kann es sich allerdings gleichwohl um wesentliche Betriebsgrundlagen handeln, wenn es erhebliche stille Reserven enthält;
- Wirtschaftsgüter, die nicht im Eigentum der PersGes oder eines ihrer Mitunternehmer stehen;[9]
- zum Sonderbetriebsvermögen gehörende Darlehen der Gesellschafter an die PersGes, da das Darlehen durch ein Drittdarlehen ersetzt werden könnte und damit nicht von funktionaler Bedeutung ist.[10]

---

1 H 16 Abs. 8 EStH.
2 Vgl. BGH 13. 6. 2001 VIII ZR 176/00, DStR 2001, 1262.
3 BFH 17. 2. 2003 XI B 193/02, BFH/NV 2003, 773.
4 BFH 18. 5. 1994 I R 109/93, BStBl 1994 II 925; FG Saarland 25. 9. 2002 1 K 145/99, EFG 2002, 1601.
5 R 6b.2 Abs. 10 Satz 3 EStR.
6 *Zimmermann* in Zimmermann/Hottmann/Kiebele/Schaeberle/Völkel, P Rn. 6.
7 BFH 9. 7. 1981 IV R 101/77, BStBl 1982 II 20.
8 H 16 Abs. 8 EStH.
9 *Hörger* in Littmann/Bitz/Pust, § 16 EStG Rn. 26.
10 *Schulze zur Wiesche* in von Wallis/Brandmüller/Schulze zur Wiesche, a. a. O., Rn. 410.

2046 Umstritten ist die Zuordnung

- bei den zum Sonderbetriebsvermögen II gehörenden Anteilen der Kommanditisten einer GmbH & Co. KG an der Komplementär-GmbH.[1] Teilweise wird in der Literatur eine wesentliche Betriebsgrundlage angenommen.[2] Nach Ansicht des I. Senats des BFH gehören Wirtschaftsgüter des Sonderbetriebsvermögens II grundsätzlich nicht zu den wesentlichen Betriebsgrundlagen.[3] Der IV. Senat hingegen nimmt eine wesentliche Betriebsgrundlage bei den Anteilen an der Komplementär-GmbH dann – offensichtlich auch nur dann – an, wenn diese erhebliche stille Reserven enthalten.[4] Nach der Rechtsprechung des BFH zu § 20 UmwStG ist entscheidend, dass die Beteiligung den Einfluss des Mitunternehmers auf die Geschäftsführung der KG nachhaltig stärkt. Daran fehlt es, wenn der Kommanditist in der Komplementär-GmbH nicht seinen geschäftlichen Betätigungswillen durchsetzen kann, da er allein nicht über die notwendige Stimmenmehrheit in der GmbH-Gesellschaftsversammlung verfügt.[5] Inwieweit eine Wesentlichkeit vorliegt, wenn die notwendige Stimmenmehrheit vorliegt, hat der BFH hingegen offen gelassen.

2047 Die Rechtsprechung lehnte die Qualifizierung als Veräußerungsgewinn gem. §§ 16, 34 EStG in folgenden Fällen ab:

- In Veräußerungsfällen, wenn aufgrund einheitlicher Planung und in engem zeitlichem Zusammenhang mit der Veräußerung wesentliche Betriebsgrundlagen der PersGes ohne Aufdeckung sämtlicher stiller Reserven aus dem Betriebsvermögen der Gesellschaft ausgeschieden sind (sog. Gesamtplanrechtsprechung).[6]
- Bei Aufgabe einer Mitunternehmerschaft, bei der der Steuerpflichtige eine im Betriebsvermögen dieser Mitunternehmerschaft bilanzierte Beteiligung an einer anderen Gesellschaft zu Buchwerten in ein anderes Sonderbetriebsvermögen überführt hat, die aufgrund erheblicher stiller Reserven zu den wesentlichen Betriebsgrundlagen der aufgegebenen Mitunternehmerschaft gehörte.[7]
- Bezüglich des Gewinns aus der Veräußerung eines Kommanditanteils, wenn der Veräußernde zudem wesentliche Wirtschaftsgüter seines Sonderbetriebsvermögens unentgeltlich und unter Fortführung des bisherigen Buchwerts auf den Erwerber überträgt.[8]
- Bei der Veräußerung eines Praxisanteils, wenn der Veräußernde nicht auch seine freiberufliche Tätigkeit in dem bisher örtlich begrenzten Wirkungskreis für eine gewisse Zeit eingestellt hat.[9] Der entgeltliche Eintritt eines Sozius in eine Einzelpraxis ist ebenfalls keine steuerbegünstigte Veräußerung.[10]

---

1 *Schulze zur Wiesche* in von Wallis/Brandmüller/Schulze zur Wiesche, a. a. O., Rn. 409.
2 *Märkle*, DStR 2001, 685; *Kröller/Fischer/Dürr*, BB 2001, 1707.
3 BFH 16. 2. 1996 I R 183/94, BStBl 1996 II 342.
4 BFH 2. 10. 1997 IV R 84/96, BStBl 1998 II 104.
5 BFH 25. 11. 2009 I R 72/08, BStBl 2010 II 471
6 BFH 6. 9. 2000 IV R 18/99, BStBl 2001 II 229.
7 BFH 2. 10. 1997 IV R 84/96, BStBl 1998 II 104.
8 BFH 6. 12. 2000 VIII R 21/00, BStBl 2003 II 194.
9 BFH 23. 1. 1997 IV R 36/95, BStBl 1997 II 498.
10 BFH 18. 10. 1999 XI 96/96, BStBl 2000 II 123; FG des Saarlandes 5. 10. 2001 1 V 166/01, NWB DokID: IAAAB-12455.

- Eine Teilbetriebsveräußerung kann bei der Veräußerung eines Praxisteils nur dann angenommen werden, wenn mehrere selbständige, wesensmäßig verschiedene freiberufliche Tätigkeiten mit verschiedenen Kundenkreisen ausgeübt werden. Die Veräußerung des Bereichs Allgemeinmedizin bei Weiterführung des psychotherapeutischen Bereichs ist keine Teilbetriebsveräußerung, wenn zuvor die Patienten sowohl schulmedizinisch als auch psychotherapeutisch behandelt wurden.[1]

Demgegenüber sieht die Rechtsprechung die Qualifizierung als Veräußerungsgewinn gem. §§ 16, 34 EStG in folgenden Fällen als gegeben an:

- Die Veräußerung oder Aufgabe eines Teilbetriebes, wenn die KG in engem zeitlichem Zusammenhang mit der Veräußerung des Teilbetriebes die Wirtschaftsgüter eines weiteren Teilbetriebes zu Buchwerten in das Vermögen ihrer Gesellschafter überträgt.[2]
- Im Fall einer doppelstöckigen Personengesellschaft bei der Veräußerung eines Mitunternehmeranteils an der Oberpersonengesellschaft, wenn im zeitlichen Zusammenhang der Mitunternehmeranteil an der Unterpersonengesellschaft zu Buchwerten in des Gesamthandsvermögen einer weiteren Personengesellschaft ausgegliedert wird.[3]
- Nimmt der Veräußerer im Zusammenhang mit der Betriebsübertragung beim Erwerber eine nichtselbständige Beschäftigung auf, so steht dieses der Annahme einer Beendigung seiner gewerblichen Tätigkeit nicht entgegen.[4] Auch für die freiberufliche Tätigkeit als Berater für seinen früheren Betrieb dürfte dieses gelten.[5]

Zusätzliche Voraussetzung für die Gewährung der Tarifbegünstigung der §§ 16, 34 EStG ist, dass die Mitunternehmerschaft, deren Betrieb/Teilbetrieb veräußert wird bzw. an der der zu übertragende Mitunternehmeranteil besteht, ihren Gewinn durch Betriebsvermögensvergleich ermittelt. Sofern daher Mitunternehmerschaften eine Einnahmen-Überschuss-Rechnung fertigen, müssten diese vor der Veräußerung eines Betriebs oder Teilbetriebs fiktiv zur Gewinnermittlung durch Bestandsvergleich übergehen.[6] Hierbei kann sich durch die vorzunehmenden Hinzurechnungen und Kürzungen ein Übergangsgewinn ergeben, der im Jahr seiner Entstehung in voller Höhe als laufender Gewinn zu versteuern ist.[7] Eine Verteilung auf 3 Jahre kommt nicht in Betracht.[8] 2048

Aus gewerbesteuerlicher Sicht ist zu berücksichtigen, dass die Veräußerung von Betrieben oder Teilbetrieben durch Mitunternehmerschaften seit dem VZ 2002 der Gewerbesteuerpflicht unterliegt, soweit der Veräußerungsgewinn nicht auf natürliche Personen als unmittelbar beteiligte Mitunternehmer entfällt.[9] Darüber hinaus unterliegen der Gewerbesteuer auch die Veräußerungsgewinne, die gem. § 16 Abs. 2 Satz 3 EStG als 2049

1 FG Münster 29. 8. 2001 8 K 6534/98, EFG 2002, 327.
2 BFH 16. 10. 2008 IV R 74/06, BFH/NV 2009, 725.
3 BFH 25. 2. 2010 IV R 49/08, BStBl 2010 II 726.
4 BFH 17. 7. 2008 X R 40/07, BStBl 2009 II 43.
5 BFH 11. 12. 2007 X S 22/07, BFH/NV 2008, 375.
6 BFH 13. 12. 1979 IV R 69/74, BStBl 1980 II 239; 16. 3. 1989 IV R 153/86, BStBl 1989 II 557.
7 *Stahl*, KÖSDI 2006, 15133.
8 H 4.6 EStH.
9 § 7 Satz 2 Nr. 1 GewStG. Zu weiteren Ausführungen vgl. Rn. 4646 ff.

laufende Gewinne gelten, weil auf Erwerber- und Veräußererseite dieselben Personen (Mit-)Unternehmer sind.[1]

2050–2055 *(Einstweilen frei)*

2. Veräußerung eines Mitunternehmeranteils (Gesellschafterwechsel)

2056 Voraussetzung für die Tarifbegünstigung des Veräußerungsgewinns nach §§ 16, 34 EStG ist, dass der gesamte Mitunternehmeranteil zusammen mit den im Sonderbetriebsvermögen befindlichen wesentlichen Betriebsgrundlagen auf den Erwerber übergeht. Die Zurückbehaltung wesentlicher Betriebsgrundlagen des Sonderbetriebsvermögens (z. B. Grundstücke) bei gleichzeitiger Übertragung in das Privatvermögen des veräußernden Mitunternehmers ist eine tarifbegünstigte **Aufgabe eines Mitunternehmeranteils.**[2] Lediglich die gleichzeitige Überführung von wesentlichem Sonderbetriebsvermögen in ein anderes Betriebsvermögen zu Buchwerten ist für die Gewährung der Tarifbegünstigung schädlich.[3] Dies gilt auch dann, wenn der Anteil des zurückbehaltenen Sonderbetriebsvermögens am Veräußerungsgewinn als geringfügig einzustufen wäre.[4] Gehört zum Betriebsvermögen der Personengesellschaft wiederum ein Mitunternehmeranteil (sog. Doppelstöckige Personengesellschaft) liegt gleichwohl nur ein einheitlicher Veräußerungsvorgang vor.[5]

2057 Wird ein Mitunternehmeranteil von einem (bisherigen) Gesellschafter auf einen Dritten übertragen, so ändert sich das Betriebsvermögen der PersGes nicht. Daher liegt kein Fall des § 24 UmwStG vor.

2058 Steuerliche Auswirkungen ergeben sich folglich auch nicht bei der Gesellschaft bzw. den am Wechsel unbeteiligten Gesellschaftern, sondern nur beim eintretenden und beim ausscheidenden Gesellschafter.[6] Dennoch bedarf die Veräußerung eines Mitunternehmeranteils einer PersGes an einen Dritten der Zustimmung aller Gesellschafter, die jedoch im Gesellschaftsvertrag vorweggenommen werden kann.[7]

2059 Die Identität der PersGes bleibt trotz des Gesellschafterwechsels erhalten.[8] Daher ist nach überwiegender Auffassung keine Zwischenbilanz erforderlich.[9] Insbesondere entsteht kein Rumpfwirtschaftsjahr. Der ausscheidende Gesellschafter muss jedoch zur Ermittlung seines Veräußerungsgewinns den Stand seines Kapitalkontos zum Veräußerungszeitpunkt ermitteln. Zu diesem Zweck ist daher die Erstellung einer Zwischenbilanz in der Praxis ratsam.

2060 In einer zweiköpfigen Gesellschaft sollten die beiden Gesellschafter mit dem Eintretenden vereinbaren, dass dieser an die Stelle des ausscheidenden Gesellschafters treten

1 BFH 15. 6. 2004 VIII R 7/01, BStBl 2004 II 754.

2 Siehe auch Rn. 2111.

3 BFH 19. 3. 1991 VII R 76/87, BStBl 1991 II 635; 2. 10. 1997 IV R 84/96, BStBl 1998 II 104.

4 BFH 10. 11. 2005 IV R 7/05 BStBl 2006 II 176; *Kölpin*, StuB 2006, 192 f.

5 OFD Koblenz 28. 2. 2007 S-2243 A – St 31 3, DStR 2007, 992.

6 *Hottmann* in Zimmermann/Hottmann/Kiebele/Schaeberle/Völkel, J Rn. 169.

7 *Schulze zur Wiesche* in von Wallis/Brandmüller/Schulze zur Wiesche, Rn. 402.

8 BFH 29. 4. 1993 IV R 107/92, BStBl 1993 II 666.

9 *Förschle/Kropp/Siemers* in Budde/Förschle/Winkeljohann, Sonderbilanzen, C Rn. 176.

soll. Andernfalls könnte die Gesellschaft zwischenzeitlich erlöschen und die Firma auf den verbleibenden Gesellschafter übergehen, wenn der Austritt vor dem Eintritt liegt. Dann wäre eine Eröffnungsbilanz erforderlich, weil die mit dem neuen Gesellschafter bestehende PersGes nicht mit der alten identisch ist.[1]

Die Übertragung gilt gem. § 39 Abs. 2 Nr. 2 AO als Anschaffung der Anteile des ausgeschiedenen Gesellschafters an den einzelnen Wirtschaftsgütern des gesamthänderisch gebundenen Gesellschaftsvermögens.[2] Zahlt der neu eintretende Gesellschafter lediglich einen Betrag, der dem übernommenen Kapitalkonto entspricht, so treten keine Besonderheiten bei der Bilanzierung auf, da seine Anschaffungskosten mit dem Kapitalkonto identisch sind. Obwohl auch hier eine Neuanschaffung vorliegt und daher dogmatisch eigentlich für diesen Gesellschafter eine Neubemessung der Abschreibung erforderlich wäre, wird in der Praxis in diesem Fall die Abschreibung unverändert fortgeführt. Bei einer Abweichung besteht die Notwendigkeit zur Aufstellung einer Ergänzungsbilanz.[3] 2061

(Einstweilen frei) 2062–2065

3. Sonderfall: Wechsel aller Gesellschafter

Der Grundsatz, dass ein Gesellschafterwechsel die Identität der Personengesellschaft nicht verändert, gilt selbst dann, wenn zeitgleich alle Gesellschafter ihre Anteile auf Dritte übertragen. Auch in diesem Fall ist daher nicht zwingend eine Eröffnungs- bzw. Zwischenbilanz aufzustellen.[4] 2066

Beim Wechsel aller Gesellschafter ist die Anfertigung von Ergänzungsbilanzen nicht notwendig, wenn alle eintretenden Gesellschafter wegen der übertragenen stillen Reserven Abfindungen in gleicher Höhe gezahlt haben. Dann kann in der Gesamthandsbilanz eine Aufdeckung der stillen Reserven in Höhe der Anschaffungskosten aller Gesellschafter insgesamt erfolgen. Bei unterschiedlich hohen Anschaffungskosten ist eine vollständige gemeinsame Aufdeckung der stillen Reserven nicht möglich, so dass in diesem Fall Ergänzungsbilanzen u. U. zusätzlich zu einer gemeinsamen, teilweisen Aufdeckung der stillen Reserven in der Gesamthandsbilanz anzufertigen sind. 2067

(Einstweilen frei) 2068–2070

4. Veräußerung und Aufgabe eines Teils eines Mitunternehmeranteils

Gemäß dem mit Wirkung zum 1. 1. 2002 eingeführten § 16 Abs. 1 Satz 2 EStG entsteht bei der Teilveräußerung eines Mitunternehmeranteils laufender Gewinn, der gem. § 15 Abs. 1 Nr. 2 EStG zu versteuern ist. Es wird daher weder der Freibetrag gem. § 16 Abs. 4 EStG gewährt, noch kommt eine Tarifbegünstigung gem. § 34 EStG in Betracht.[5] Da 2071

1 BFH 11. 10. 1973 IV R 181/72, BStBl 1974 II 65.
2 *Schmidt*, FR 1980, 482.
3 BFH 18. 2. 1993 IV R 40/92, BStBl 1994 II 224.
4 *Förschle/Kropp/Siemers* in Budde/Förschle/Winkeljohann, a. a. O., C Rn. 177.
5 *Apitz* in Herrmann/Heuer/Raupach, § 16 Rn. J 01-10.

nach der Rechtsprechung des BFH[1] die Qualifizierung gem. § 16 EStG als laufender Gewinn auf die Gewerbesteuer durchschlägt, ist dieser Gewinn auch gewerbesteuerpflichtig.[2] In der Literatur ist dieses umstritten.[3] Es handelt sich um sog. Sonderbetriebseinnahmen des Gesellschafters.[4]

2072 Damit behandelt der Gesetzgeber diesen Fall wie den Eintritt einer natürlichen Person in ein bestehendes Einzelunternehmen gegen Leistung einer Zuzahlung in das Privatvermögen des bisherigen Einzelunternehmers, da dieses aus seiner Sicht wirtschaftlich vergleichbare Vorgänge sind.[5] Bis zum VZ 2001 wurde die entgeltliche Übertragung eines Teils eines Mitunternehmeranteils genauso wie die Veräußerung des gesamten Mitunternehmeranteils nach § 16 Abs. 1 Satz 1 Nr. 2 EStG behandelt. Auch die Minderung der Gesellschaftsrechte (Änderung der Gewinnbeteiligung oder der Stimmrechte) gegen Entgelt sollte dabei nach der Literaturauffassung Veräußerung eines Teils des Mitunternehmeranteils sein.[6]

2073–2075 *(Einstweilen frei)*

5. Ausscheiden aus einer Gesellschaft

2076 Scheidet ein Gesellschafter aus der PersGes aus, wächst sein Anteil am Gesellschaftsvermögen den übrigen Gesellschaftern an. Es kann aber zwischen den Gesellschaftern vereinbart werden, dass der Anteil nur bestimmten Gesellschaftern anwachsen soll.

2077 Bei einer zweigliedrigen Gesellschaft hat die Anwachsung zwingend den Übergang der Firma auf den verbleibenden Gesellschafter zur Folge. Eine Einigung der bisherigen Gesellschafter ist dafür nicht erforderlich. Da durch die damit verbundene Auflösung der PersGes keine Identität mehr vorliegt, ist eine Zwischen- bzw. Eröffnungsbilanz anzufertigen. Es entsteht ein Rumpfgeschäftsjahr.[7]

2078 § 738 Abs. 1 Satz 2 BGB sieht vor, dass der Ausscheidende das erhält, was er im Falle der Auseinandersetzung erhalten würde. In der Praxis werden jedoch meist andere Regelungen zur Abfindung getroffen. Das Ausscheiden wird steuerlich wie eine Veräußerung des Gesellschaftsanteils behandelt und fällt damit unter den Tatbestand des § 16 Abs. 1 Nr. 2 EStG.[8] Die Differenz zwischen der Abfindung und dem Buchwert des Kapitalkontos stellt dabei für den ausscheidenden Gesellschafter den Veräußerungserlös und für die durch die Anwachsung begünstigten Gesellschafter Anschaffungskosten dar.

2079–2080 *(Einstweilen frei)*

---

1 BFH 15. 6. 2004 VIII R 7/01, BStBl 2004 II 754.

2 So auch OFD Düsseldorf 10. 9. 2002, NWB DokID: VAAAC-43738.

3 Dazu *Neumayer/Bader*, EStB 2005, 388.

4 *Schulze zur Wiesche* in von Wallis/Brandmüller/Schulze zur Wiesche, Rn. 407.

5 Gesetzentwurf zum UntStFG, BT-Drucks. 14/6882, 34.

6 *Schulze zur Wiesche* in von Wallis/Brandmüller/Schulze zur Wiesche, Rn. 408; offen gelassen in BFH 6. 11. 1991 XI R 41/88, BStBl 1992 II 335.

7 BFH 10. 2. 1989 III R 11/86, BStBl 1989 II 519.

8 BFH 28. 7. 1994 IV R 53/91, BStBl 1995 II 112.

6. Betriebsveräußerung an einen Gesellschafter

Soll eine PersGes beendet werden und wird der Geschäftsbetrieb durch einen der Gesellschafter fortgeführt, so erfolgt dies meistens durch die Veräußerung von Mitunternehmeranteilen an den verbleibenden Gesellschafter. Dies ist z. B. der Fall bei einem Ausscheiden gegen Abfindung. Folge ist, dass die Ausscheidenden einen Veräußerungserlös gem. § 16 Abs. 1 Nr. 2 EStG in Höhe der Abfindungen erzielen, und bei dem übernehmenden Gesellschafter Anschaffungskosten für die einzelnen Geschäftsanteile in derselben Höhe entstehen.[1] 2081

Nach Auffassung des BFH kann eine PersGes ihren Geschäftsbetrieb aber auch insgesamt an einen ihrer Gesellschafter veräußern.[2] Hinsichtlich ihres Betriebsvermögens ist der PersGes eine eigene Rechtszuständigkeit zuzubilligen. Daher kann sie mit ihren Gesellschaftern Geschäfte wie mit Fremden abschließen.[3] Diese Geschäfte werden daher als entgeltliche Veräußerung beurteilt, und zwar auch dann, wenn es sich um die Veräußerung des ganzen Betriebes handelt.[4] Ob die Veräußerung eines Mitunternehmeranteils durch einen ausscheidenden Gesellschafter oder die Veräußerung des gesamten Betriebs vorliegt, hängt von den Vereinbarungen und deren Durchführung ab. 2082

Bei einer Betriebsveräußerung haben die Vertragsparteien für die PersGes eine Schlussbilanz beim Finanzamt einzureichen und den Veräußerungsgewinn allen Gesellschaftern – auch dem übernehmenden Gesellschafter – nach dem allgemeinen Gewinnverteilungsschlüssel zuzurechnen. Nur dann kann eine Betriebsveräußerung im Ganzen angenommen werden. Der übernehmende Gesellschafter hat allerdings gem. § 16 Abs. 2 Satz 3 EStG den auf ihn entfallenden Veräußerungsgewinn als laufenden Gewinn zu versteuern, kann dann aber auch die AfA hinsichtlich der gesamten Anschaffungskosten geltend machen. 2083

In den meisten Fällen wird sich für den übernehmenden Gesellschafter eine derartige Gestaltung steuerlich nicht lohnen, da der erhaltene Veräußerungsgewinn nicht nach §§ 16, 34 EStG privilegiert wird, sondern gem. § 16 Abs. 2 Nr. 3 EStG als laufender Gewinn sofort zu versteuern ist, während die Mehrabschreibungen erst nach und nach den Gewinn mindern. 2084

(Einstweilen frei) 2085–2090

7. Zeitpunkt des Ausscheidens/Wechsels

Für die Beteiligung des Ausgeschiedenen am laufenden Gewinn, für die Berechnung des Veräußerungsgewinns und für die Feststellung, ob ein nachträglich festgestellter steuerlicher Mehrgewinn noch dem ausgeschiedenen Gesellschafter zuzurechnen ist, ist die Klärung des Zeitpunkts des Ausscheidens notwendig. Dies gilt auch bei einer Veräußerung des Gesellschaftsanteils für den Neugesellschafter. 2091

---

1 Niedersächsisches FG 13. 3. 2001 15 K 56/98, EFG 2001 1443.

2 BFH 20. 2. 2003 III R 34/01, DStR 2003, 871.

3 BFH 11. 12. 2001 VIII R 58/98, BStBl 2002 II 420.

4 BFH 20. 2. 2003 III R 34/01, DStR 2003, 871.

2092 Maßgebend ist der Zeitpunkt, an dem die Veräußerung bzw. das Ausscheiden vollzogen ist, also an dem die Beteiligung auf den Erwerber übergegangen oder der Anteil des Ausscheidenden den verbleibenden Gesellschaftern angewachsen ist.[1]

2093 Handelsrechtlich kann das Ausscheiden mit rückwirkender Kraft vereinbart werden. Dies ist steuerrechtlich nur begrenzt möglich. Anerkannt wird lediglich eine Rückwirkung für eine kurze Zeitspanne, wenn kein steuerrechtlicher Vorteil erstrebt wird.[2] Umstritten ist, ob eine kurze Zeitspanne ein Monat oder bis zu 3 Monaten[3] beträgt.

2094 Aus diesem Grund erfolgt bei einem Vertrag über den Erwerb eines Anteils an einer PersGes durch einen Minderjährigen der Eintritt mit steuerlicher Wirkung erst mit der vormundschaftlichen Genehmigung, wenn die Genehmigung nicht unverzüglich nach Abschluss des Vertrags beantragt und in angemessener Frist erteilt wird.[4]

2095 Wird ein Übergang der Gesellschaftsanteile zum Jahreswechsel vereinbart, so ist auszulegen, welchem Veranlagungszeitraum der Veräußerungsvorgang zuzurechnen ist.[5] Um diese Auslegungsprobleme zu vermeiden, sollte eine eindeutige Regelung getroffen werden. Ein Ausscheiden im alten Wirtschaftsjahr ist durch die Formulierungen: „Ausscheiden am 31.12.", „mit Ablauf des 31.12." und „am Ende des Wirtschaftsjahres", ein Ausscheiden im neuen Jahr durch die Formulierung: „Ausscheiden am 1.1." und „mit Wirkung vom 2.1." zu erreichen. Die Formulierung „Ausscheiden zum 1.1." ist hingegen mehrdeutig.

2096 Unter Steuervermeidungsgesichtspunkten kann es für den Ausscheidenden ratsam sein, erst im Folgejahr auszuscheiden, damit der laufende Gewinn und der Aufgabegewinn nicht in denselben Veranlagungszeitraum fallen. Hierdurch wird erreicht, dass ein geringerer Anteil des Veräußerungsgewinns mit dem Höchststeuersatz zu versteuern ist, wenn die ordentlichen Einkünfte im Folgejahr geringer sind als im letzten Wirtschaftsjahr.

2097–2100 *(Einstweilen frei)*

8. Sonderbetriebsvermögen beim Ausscheiden/bei der Veräußerung

2101 Wirtschaftsgüter, die Eigentum des Gesellschafters sind und der PersGes zur Nutzung überlassen sind, gehören zum Sonderbetriebsvermögen des Gesellschafters.

2102 Das Ausscheiden aus der Gesellschaft kann in Bezug auf das Sonderbetriebsvermögen zu unterschiedlichen steuerlichen Folgen führen.

2103 Überträgt der Gesellschafter sein Sonderbetriebsvermögen bei seinem Ausscheiden auf die verbleibenden Gesellschafter, ist bei der Berechnung des steuerprivilegierten Veräußerungsgewinns auch der Buchwert des Sonderbetriebsvermögens zu berücksichti-

1 BFH 2. 5. 1974 IV R 47/73, BStBl 1974 II 707.
2 BFH 5. 3. 1981 IV R 150/76, BStBl 1981 II 435; 21. 12. 1972 IV R 194/68, BStBl 1973 II 389.
3 *Wacker* in Schmidt, EStG § 16 Rz. 443; BFH 5. 12. 1963 IV 432/62 U, HFR 1965, 258.
4 BFH 1. 2. 1973 IV R 49/68, BStBl 1973 II 307.
5 BFH 22. 9. 1992 VIII R 7/90, BStBl 1993 II 228; 10. 3. 1998 VIII R 76/96, BStBl 1999 II 269.

gen. Die gleiche Rechtsfolge tritt ein, wenn er im Zusammenhang mit dem Ausscheiden oder der Veräußerung das Wirtschaftsgut an einen Dritten veräußert.[1]

Behält er jedoch das Wirtschaftsgut trotz Ausscheidens, wird es grundsätzlich sein Pri- 2104
vatvermögen. Dies gilt unabhängig davon, ob er es weiterhin der PersGes zur Nutzung überlässt. In Höhe der dabei aufgedeckten stillen Reserven – also der Differenz zwischen Buchwert und gemeinem Wert (§ 16 Abs. 3 EStG) – erwirtschaftet der ausscheidende Mitunternehmer einen ebenfalls steuerprivilegierten Aufgabegewinn.

Überführt der Ausscheidende das Wirtschaftsgut in ein anderes Betriebsvermögen, so 2105
geschieht dies gem. § 6 Abs. 5 Satz 2 EStG zu Buchwerten, also ohne Aufdeckung der stillen Reserven. Ein Gewinn entsteht daher nicht. Dieses Vorgehen ist jedoch eine Steuerfalle. Gehört das zum Sonderbetriebsvermögen gehaltene Wirtschaftsgut zu den wesentlichen Betriebsgrundlagen, so schließt dieses Vorgehen die Steuervergünstigung des Aufgabegewinns nach §§ 16, 34 EStG aus, da nicht alle stillen Reserven aufgedeckt worden sind.[2]

(Einstweilen frei) 2106–2110

9. Betriebsaufgabe

Eine Betriebsaufgabe liegt dann vor, wenn aufgrund eines Entschlusses, den Betrieb 2111
aufzugeben, die bisher in diesem Betrieb entfaltete gewerbliche Tätigkeit endgültig eingestellt wird und alle wesentlichen Betriebsgrundlagen in einem einheitlichen Vorgang entweder in das Privatvermögen überführt, anderen betriebsfremden Zwecken zugeführt, an verschiedene Erwerber veräußert und teilweise in das Privatvermögen überführt werden, so dass der Betrieb als selbständiger Organismus des Wirtschaftslebens zu bestehen aufhört.[3] Auch wenn bei einer unentgeltlichen Übertragung des Anteils wesentliche Betriebsgrundlagen des Sonderbetriebsvermögens an einen Dritten veräußert oder in das Privatvermögen überführt werden, liegt eine Betriebsaufgabe vor.[4] Sämtliche stillen Reserven sind aufzudecken, unterliegen als Aufgabegewinn jedoch der Tarifbegünstigung nach §§ 16, 34 EStG. Die Überführung von wesentlichen Betriebsgrundlagen zum Buchwert in ein anderes Betriebsvermögen steht einer steuerbegünstigten Betriebsaufgabe jedoch entgegen.[5]

Eine tatsächliche Abwicklung innerhalb eines halben Jahres stellt einen ausreichenden 2112
zeitlichen Zusammenhang dar, um eine Qualifizierung als einheitlichen Vorgang zu ermöglichen.[6] Die Betriebsaufgabe beginnt erst mit den Handlungen, die objektiv auf eine Auflösung des Betriebs gerichtet sind.[7] Sie endet mit der Einstellung der Tätigkeiten.[8]

1 BFH 31. 3. 1977 IV R 54/72, BStBl 1977 II 415.
2 *Hottmann* in Zimmermann/Hottmann/Kiebele/Schaeberle/Völkel, J Rn. 69.
3 BFH 16. 12. 1992 X R 52/90, BStBl 1994 II 838; 19. 5. 2005 IV R 17/02 BStBl 2005 II 637.
4 *Hottmann* in Zimmermann/Hottmann/Kiebele/Schaeberle/Völkel, J Rn. 22.
5 BFH 6. 9. 2000 IV R 18/99, BStBl 2001 II 229.
6 BFH 25. 6. 1970 IV B 350/64, BStBl 1978 II 719.
7 BFH 5. 7. 1984 IV R 36/81, BStBl 1984 II 711.
8 *Schulze zur Wiesche* in von Wallis/Brandmüller/Schulze zur Wiesche, Rn. 481.

2113 Bei einer Abwicklung über zwei Veranlagungszeiträume sind die Aufgabegewinne grundsätzlich in dem Veranlagungszeitraum zu versteuern, in denen sie angefallen sind und nicht erst, wenn die Aufgabe insgesamt beendet ist.[1]

2114 Eine Aufgabe eines Mitunternehmeranteils ist ebenfalls möglich. Dazu kommt es, wenn bei der Veräußerung des Mitunternehmeranteils Sonderbetriebsvermögen, das eine wesentliche Betriebsgrundlage darstellt, nicht mitübertragen wird, sondern an einen Dritten veräußert oder in das Privatvermögen überführt wird.[2]

2115–2120 *(Einstweilen frei)*

10. Einstellung der gewerblichen Tätigkeit und Betriebsverpachtung

2121 Im Fall der Verpachtung eines Betriebs liegt grundsätzlich nur eine Betriebsunterbrechung vor mit der Folge,[3] dass der Betrieb durch den Verpächter als weitergeführt gilt und die Pachtentgelte bei diesem gewerbliche Einkünfte darstellen. Dies setzt jedoch voraus, dass alle wesentlichen Grundlagen des Betriebs verpachtet sind,[4] so dass der Verpächter nach Pachtende in der Lage ist, den Betrieb wieder aufzunehmen.

2122 Die Verpachtung/Vermietung an ein branchenfremdes Unternehmen ist dabei grundsätzlich unschädlich, da es allein auf die spätere Fortführungsmöglichkeit durch den Verpächter ankommt, nicht aber auf die tatsächliche Fortführung durch den Pächter.[5] Daher ist entscheidend, dass alle wesentlichen Betriebsgrundlagen mitverpachtet sind, bzw. diese oder das Surrogat im Falle eines Verkaufes bei Beendigung des Pachtverhältnisses vom Verpächter zurückerworben werden können.[6] Eine Betriebsaufgabe liegt bei einer branchenfremden Verpachtung jedoch dann vor, wenn der Pächter den Betrieb wesentlich umgestaltet, so dass er nicht mehr zu den bisherigen Zwecken genutzt werden kann.[7] Auch kann die branchenfremde Verpachtung im Zusammenhang mit anderen Indizien den Aufgabewillen nahe legen.[8]

2123 Der Verpächter kann allerdings die Betriebsaufgabe erklären. Die Aufgabe ist vom Finanzamt für den vom Steuerpflichtigen gewählten Zeitpunkt anzuerkennen, wenn die Aufgabeerklärung spätestens 3 Monate nach diesem Zeitpunkt beim Finanzamt abgegeben wird.[9] Der Betrieb gilt dann zu diesem Zeitpunkt als aufgegeben und in das Privatvermögen überführt. Der durch die damit verbundene Aufdeckung der stillen Reserven entstandene Aufgabegewinn ist zu diesem Zeitpunkt zu versteuern.[10] Eine Personengesellschaft, die einen Betrieb verpachtet hat, ist nach Erklärung der Betriebsaufgabe auf Vermögensverwaltung gerichtet.[11]

1 *Schulze zur Wiesche* in von Wallis/Brandmüller/Schulze zur Wiesche, Rn. 483.
2 *Hottmann* in Zimmermann/Hottmann/Kiebele/Schaeberle/Völkel, J Rn. 14.
3 BFH 16. 12. 1997 VIII R 11/95, BStBl 1998 II 379; 17. 4. 1997 VIII R 2/95, BStBl 1998 II 388.
4 BFH 28. 2. 2003 IV R 20/02, BStBl 2004 II 10.
5 BFH 28. 2. 2003 IV R 20/02, BStBl 2004 II 10; 20. 1. 2005 IV R 35/03, BFH/NV 2005, 1046.
6 *Stahl*, KÖSDI 2006, 15127.
7 BFH 19. 1. 1983 I R 84/79, BStBl 1983 II 412.
8 BFH 28. 2. 2003 IV R 20/02, BStBl 2004 II 10.
9 R 16 Abs. 5 Satz 6 EStR.
10 *Weber-Grellet*, FR 2002, 723.
11 *Schulze zur Wiesche* in von Wallis/Brandmüller/Schulze zur Wiesche, Rn. 487.

Eine Sonderstellung nimmt bei der Betriebsaufgabe der Geschäftswert ein. Dieser kann nicht in das Privatvermögen überführt werden, da er nur im Rahmen eines gewerblichen Betriebs existieren kann.[1] Er bleibt damit trotz der Betriebsaufgabeerklärung Restbetriebsvermögen.[2] Dies hat zur Folge, dass der Geschäftswert bei der Berechnung des Aufgabegewinnes im Aufgabejahr nicht zu berücksichtigen ist. Die auf den Geschäftswert entfallenden Pachtzinsen sind damit weiterhin Betriebseinnahmen.[3] In der Praxis kann die Aufteilung der Mietzinsen auf die Überlassung des – nunmehr im Privatvermögen des Verpächters befindlichen – Betriebs einerseits und des – weiterhin gewerbliches Betriebsvermögen des Verpächters darstellenden – Geschäftswerts andererseits wohl nur durch eine Unternehmensbewertung zum Zeitpunkt der Betriebsaufgabeerklärung durchgeführt werden. Der nach dem Ertragswertverfahren ermittelte Unternehmenswert stellt – erhöht um die zu dem Betriebsvermögen gehörigen Passiva – den Zeitwert sämtlicher Aktiva des bewerteten Unternehmens dar. Dieser Wert kann aufgeteilt werden auf die vorhandenen materiellen und immateriellen Einzelwirtschaftsgüter und den Geschäftswert. In diesem Verhältnis sind dann die künftigen Mietzahlungen aufzuteilen in Einkünfte aus Vermietung und Verpachtung und Einkünfte aus Gewerbebetrieb. 2124

Wird der Betrieb später veräußert, so entstehen nachträgliche Einkünfte aus Gewerbebetrieb gem. § 24 Nr. 2 i.V.m. § 15 Abs. 1 Nr. 1 EStG soweit der Veräußerungsgewinn auf den Geschäftswert entfällt. Diese Einkünfte stellen dann allerdings keinen steuerbegünstigten Veräußerungsgewinn mehr dar und sind auch nicht rückwirkend als Aufgabegewinn im Betriebsaufgabejahr zu erfassen.[4] Soweit der Veräußerungsgewinn auf die im Privatvermögen befindlichen verpachteten Gegenstände entfällt, ergibt sich eine Steuerpflicht nur noch nach Maßgabe des § 23 EStG. Erfolgt die Veräußerung nach dem 31. 12. 2008 und innerhalb von 10 Jahren nach der Betriebsaufgabeerklärung, fällt der gesamte Veräußerungsgewinn unter § 23 Abs. 1 Satz 1 Nr. 2 i.V. m. Satz 2 EStG, da die Verpachtung der Gegenstände als Verpachtung von Sachinbegriffen zuvor zu steuerpflichtigem Einkommen geführt hat. Bei einer Veräußerung vor dem 1. 1. 2009 beträgt die Frist hingegen nur ein Jahr. Ein nach Ablauf der Jahresfrist entstehender Veräußerungsgewinn ist hingegen nur steuerpflichtig, soweit er auf Grundstücke oder grundstücksgleiche Rechte entfällt und der Zeitraum zwischen der Betriebsaufgabeerklärung und der Veräußerung weniger als 10 Jahre beträgt (§ 23 Abs. 1 Satz 2 i.V. m. Satz 1 Nr. 1 EStG a. F.). Nach Ablauf von 10 Jahren ergibt sich keine Steuerpflicht mehr. 2125

(Einstweilen frei) 2126–2130

11. Veräußerungs- bzw. Aufgabegewinn eines stillen Gesellschafters

Bei der Besteuerung des Aufgabegewinns eines stillen Gesellschafters ist zu unterscheiden, ob es sich um eine typisch oder atypisch stille Gesellschaft handelt. Bei der typisch stillen Gesellschaft beschränken sich die Rechte und Pflichten der Gesellschafter gem. 2131

1 BFH 30. 1. 2002 X R 56/99, BStBl 2002 II 387.

2 *Weber-Grellet*, FR 2002, 723.

3 BFH 30. 1. 2002 X R 56/99, BStBl 2002 II 387.

4 BFH 30. 1. 2002 X R 56/99, BStBl 2002 II 387.

§§ 230 ff. HGB im Wesentlichen auf das Innenverhältnis zum Inhaber des Handelsgewerbes.

2132 Bei der atypischen stillen Gesellschaft ist mit dem stillen Gesellschafter rechtsgeschäftlich eine weitgehende Mitwirkungsbefugnis und/oder eine Beteiligung des stillen Gesellschafters am gemeinsamen „Gesellschaftsvermögen" in der Weise vereinbart, dass er an den Wertänderungen des Geschäftsvermögens, und damit an den stillen Reserven, partizipiert.[1]

2133 Der atypisch stille Gesellschafter ist steuerlich Mitunternehmer und damit wie ein Gesellschafter einer PersGes zu behandeln. Sein Veräußerungs- bzw. Aufgabegewinn stellt gewerbliche Einkünfte dar und ist gem. §§ 16, 34 EStG steuerbegünstigt.[2]

2134 Demgegenüber richtet sich bei einem typisch stillen Gesellschafter die Besteuerung danach, ob es sich um einen Veräußerungs- oder einen Aufgabegewinn handelt.

2135 Erhält der typisch stille Gesellschafter eine Abfindung für sein Ausscheiden, die den Betrag seiner Einlage übersteigt, so gehört der Mehrerlös – wie auch seine laufenden Gewinnanteile – zu den Einkünften aus Kapitalvermögen.[3] Die Steuerauswirkungen hängen davon ab, ob die Beteiligung nach dem 31. 12. 2008 eingegangen wurde und im Betriebs- oder Privatvermögen gehalten wird.[4]

2136–2140 *(Einstweilen frei)*

V. Steuerliche und bilanzielle Behandlung der Kaufpreis-/Abfindungszahlung

2141 Der Kaufpreis bzw. die Abfindung kann dem Buchwert des Kapitalkontos entsprechen, aber auch darunter oder darüber liegen. Am häufigsten wird der Betrag über dem Buchwert liegen, da der übergegangene Betrieb, Teilbetrieb bzw. Mitunternehmeranteil regelmäßig stille Reserven enthält, für die der Veräußerer oder Ausscheidende eine Bezahlung erwartet.

1. Abfindung/Kaufpreis entspricht dem Buchwert

2142 Eine Abfindung zum Buchwert des Kapitalkontos erfolgt, wenn keine stillen Reserven und kein Geschäftswert vorhanden sind, oder wenn im Gesellschaftsvertrag die Beteiligung an den stillen Reserven für den Fall des Ausscheidens ausgeschlossen ist.[5] In diesem Fall entsteht für beide Seiten kein Gewinn. Auch wenn den übernehmenden Gesellschaftern Vermögen in Form von stillen Reserven anwächst, unterbleibt eine Besteuerung zu diesem Zeitpunkt, da dieser Gewinn noch nicht realisiert ist. Erst bei Verkauf der einzelnen Wirtschaftsgüter durch den Betriebsübernehmer erfolgt die Realisierung und damit die Besteuerung.

1 *Neu* in Müller/Hoffmann, § 13 Rn. 6.

2 *Neu* in Müller/Hoffmann, § 13 Rn. 130.

3 BFH 14. 2. 1984 VIII R 126/82, BStBl 1984 II 580.

4 Ausführlich dazu: *Neu* in Müller/Hoffmann, § 13 Rn. 87 f.

5 BFH 11. 7. 1973 I R 126/71, BStBl 1974 II 50.

Die grundsätzlich zulässige Klausel, den Ausscheidenden zum Buchwert abzufinden, kann aber u. U. unwirksam sein. Besteht ein besonders krasses Missverhältnis zwischen dem Buchwert und dem wirklichen Wert, wirkt sie als Kündigungshemmnis für den ausscheidungswilligen Gesellschafter und ist daher unwirksam. Bei der Beurteilung der Wirksamkeit einer Buchwertklausel ist allerdings ausschließlich auf den Zeitpunkt des Vertragsschlusses abzustellen. Eine ursprünglich wirksame Klausel wird nicht nachträglich aufgrund einer Erhöhung der stillen Reserve und damit einer Vergrößerung des Unterschiedsbetrages zwischen dem Buchwert und dem Zeitwert des anteiligen Betriebsvermögens unwirksam. Sie ist aber durch ergänzende Vertragsauslegung unter angemessener Abwägung der Interessen der Gesellschaft und des ausscheidenden Gesellschafters entsprechend den veränderten Verhältnissen auszulegen.[1] Dies hat in der Praxis in derartigen Fällen zur Folge, dass sich im Rahmen eines Vergleichs eine Abfindung ergibt, die über dem Buchwert, aber unter dem Zeitwert des maßgeblichen Betriebsvermögens liegt. 2143

Bilanziell ist zu unterscheiden, ob die Abfindung zum Buchwert betriebliche oder private Gründe hat. Bei betrieblichen Gründen liegt ein entgeltliches Anschaffungsgeschäft vor, so dass die AfA neu zu berechnen ist. Bei privaten Gründen liegt hingegen ein unentgeltliches Geschäft vor, so dass die übernehmenden Gesellschafter gem. § 6 Abs. 3 EStG in die Rechtsstellung des Ausscheidenden eintreten und dessen AfA unverändert fortführen.[2] 2144

Die Abfindung zum Buchwert ist bei Existenz stiller Reserven aber unter Umständen nicht vollständig steuerfrei. In Höhe der Differenz zwischen Steuerwert und Buchwert kann eine Schenkung vorliegen, die zum Anfall von Erbschaft- und Schenkungsteuer führt. Eine Schenkung ist die willentliche Bereicherung anderer durch den Übertragenden. Dies setzt allerdings voraus, dass der Übertragende tatsächlich über die stillen Reserven verfügen kann. Dies ist z. B. nicht der Fall, wenn die Abfindung zum Buchwert schon im Vertrag vorgesehen ist. Auch ohne Vertragsbestimmung liegt keine freiwillige Zuwendung vor, wenn der Gesellschafter auf Verlangen der anderen Gesellschafter ohne Auszahlung der stillen Reserven ausscheidet. 2145

(Einstweilen frei) 2146–2150

2. Abfindung/Kaufpreis unter dem Buchwert des Kapitalkontos des Veräußerers bzw. des Ausscheidenden

Bei einem Erwerb unter dem Buchwert ist nicht in jedem Fall von einem unentgeltlichen Erwerb auszugehen. Vielmehr kann auch ein entgeltlicher Vorgang gegeben sein.[3] Diese Unterscheidung ist für die steuerliche Bewertung entscheidend. 2151

---

1 BGH 13. 6. 1994 II ZR 38/93, BGHZ 126, 226, 233.

2 *Hottmann* in Zimmermann/Hottmann/Kiebele/Schaeberle/Völkel, J Rn. 57 f.

3 BFH 30. 1. 1974 IV R 109/73 II BStBl 1973, 352; *Schulze zur Wiesche* in von Wallis/Brandmüller/Schulze zur Wiesche, Rn. 423.

a) Unentgeltlicher Erwerb aus privaten Gründen

2152 Ein unentgeltlicher Erwerb aus privaten Gründen führt nicht zu einem Verlust des Veräußerers. Der Erwerber erzielt ebenfalls keinen Gewinn.[1] Als unentgeltlich gilt jeder private Erwerb, der unter dem Buchwert erfolgt. Nach § 6 Abs. 3 EStG ist zwar Buchwertfortführung zwingend vorgeschrieben, so dass in Höhe der Differenz zwischen Abfindung und Buchwert ein steuerbarer Gewinn entstünde, doch darf eine Schenkung aus familiären und außerbetrieblichen Gründen den Gewinn nicht beeinflussen.[2] Der Unterschiedsbetrag ist als Einlage der übernehmenden Gesellschafter zu behandeln.[3] Die AfA des Ausscheidenden ist in diesem Fall fortzuführen.

2153 Die Übernahme eines negativen Kapitalkontos steht der Unentgeltlichkeit nicht entgegen.[4]

b) Teilentgeltlicher Erwerb aus betrieblichen Gründen

2154 Bei einem teilentgeltlichen Erwerb, bei dem die Beteiligten in gegenseitigem Einvernehmen aus betrieblichen Gründen ein Entgelt vereinbaren, das unter dem Buchwert liegt, ist ein Gewinn der übernehmenden Gesellschafter und ein steuerlicher Verlust des Veräußerers in Höhe der Differenz zum Buchwert des Kapitalkontos anzunehmen.[5] Bezüglich der AfA geht die Finanzverwaltung in diesen Fällen allerdings davon aus, dass der Erwerber den Vorgang zur Ermittlung der AfA-Bemessungsgrundlage aufzuteilen hat in einen entgeltlichen und einen unentgeltlichen Teil. Bezüglich des unentgeltlichen Teils wird die AfA des Rechtsvorgängers fortgeführt und bezüglich des entgeltlichen Teils ist die AfA grundsätzlich neu zu berechnen. Aus Vereinfachungsgründen können die Aufstockungsbeträge wie nachträgliche Anschaffungskosten behandelt werden.[6] Die Finanzverwaltung wendet die Einheitstheorie damit bei dem Erwerber nicht an.

2155–2160 *(Einstweilen frei)*

c) Entgeltlicher Erwerb

2161 Die entgeltliche Übertragung eines Betriebs/Teilbetriebs/Mitunternehmeranteils aus betrieblichen Gründen zu einem Entgelt, das unter dem Buchwert liegt, kann zum einen darin begründet sein, dass der Teilwert unter dem Buchwert liegt und die Gesellschafter ihrer Pflicht zur Teilwertabschreibung gem. § 6 Abs. 1 Nr. 1 u. 2 EStG bisher nicht nachgekommen sind. Zum anderen ist dieser Fall auch denkbar, wenn ein Gesellschafter vorzeitig aus der Gesellschaft ausscheiden will und für die Zustimmung der anderen Gesellschafter eine Abzinsung seines Auseinandersetzungsguthabens in Kauf

---

1 BFH 7. 2. 1995 VIII R 36/93, BStBl 1995 II 770.

2 BFH 11. 7. 1973 I R 126/71, BStBl 1974 II 50.

3 BFH 7. 2. 1995 VIII R 36/93, BStBl 1995 II 770.

4 BFH 11. 5. 1995 IV R 44/93, DB 1995, 1690.

5 BFH 11. 7. 1973 I R 126/71, BStBl 1974 II 50; *Schulze zur Wiesche* in von Wallis/Brandmüller/Schulze zur Wiesche, Rn. 426; *Hottmann* in Zimmermann/Hottmann/Kiebele/Schaeberle/Völkel, J Rn. 121.

6 BMF 13. 1. 1993, BStBl 1993 I 80, Tz. 37.

nimmt. In beiden Fällen liegt Entgeltlichkeit vor, da den verbleibenden Gesellschaftern nichts freiwillig zugewendet werden soll.

Die Konsequenz einer derartigen Sachverhaltskonstellation ist, dass der Veräußerer einen steuerlichen Verlust erleidet in Höhe der Differenz zwischen dem Buchwert des steuerlichen Reinvermögens und dem Entgelt. Der Erwerber darf seinerseits die Wirtschaftsgüter gem. § 6 Abs. 1 EStG insgesamt nur mit seinen Anschaffungskosten – also dem niedrigeren Entgelt – bilanzieren. 2162

Ein entgeltlicher Erwerb kann auch bei einem symbolischen Kaufpreis von 1 € vorliegen, wenn betriebliche Gründe gegeben sind und kein Schenkungswille erkennbar zum Ausdruck gebracht wird,[1] so dass auch in diesem Fall nur die Anschaffungskosten bilanzierungsfähig sind.[2] 2163

Durch die Bilanzierung mit den Anschaffungskosten entsteht bei dem Erwerber kein Gewinn. Sofern hierdurch stille Reserven geschaffen werden, unterliegen diese später anlässlich des Ausscheidens der einzelnen Wirtschaftsgüter der Besteuerung. 2164

Entsprechend hat bei der Veräußerung eines Mitunternehmeranteils zu einem Entgelt unter dem Buchwert des anteiligen Kapitalkontos der Erwerber eine negative Ergänzungsbilanz zu erstellen, in der die Buchwerte der einzelnen Wirtschaftsgüter des Gesamthandsvermögens – mit Ausnahme der Forderungen, des Bargelds und der Bankguthaben – anteilig entsprechend abzustocken sind.[3] Ein Ausweis des Minderwerts als negativer Geschäftswert kommt nicht in Betracht.[4] 2165

Sind die anteiligen Buchwerte geringer als die Differenz zwischen Buchwert des Mitunternehmeranteils und Veräußerungspreis (z. B. aufgrund weiterer negativer Kapitalkonten der übrigen Gesellschafter), so hat der Erwerber in seiner negativen Ergänzungsbilanz für den nicht durch Abstockung zu verteilenden Minderbetrag einen passiven Ausgleichsposten zu bilden, der gegen spätere Verlustanteile sowie bei gänzlicher oder teilweiser Beendigung gewinnerhöhend aufzulösen ist.[5] 2166

Die Notwendigkeit zur Erstellung einer negativen Ergänzungsbilanz besteht auch, wenn es sich bei den Erwerbern um verbleibende „Altgesellschafter" handelt. Erwerben allerdings alle verbleibenden Gesellschafter den Anteil entsprechend ihrer Beteiligungsquote, ist die Erstellung negativer Ergänzungsbilanzen für jeden Gesellschafter nicht erforderlich. Vielmehr kann auch eine entsprechende Abstockung der Buchwerte in der steuerlichen Gesamthandsbilanz vorgenommen werden, mit der Folge, dass diese künftig von der handelsrechtlichen Gesamthandsbilanz entsprechend abweicht. 2167

---

1 BFH 21. 4. 1994 IV R 70/92, BStBl 1994 II 745.

2 BFH 21. 4. 1994 IV R 70/92, BStBl 1994 II 745.

3 *Förschle/Kropp/Siemers* in Budde/Förschle/Winkeljohann, a. a. O., C Rn. 206; 12. 12. 1996 IV R 77/93, BStBl 1998 II 180.

4 BFH 19. 2. 1981 IV R 41/78, BStBl 1981 II 730.

5 BFH 21. 4. 1994 IV R 70/92, BStBl 1994 II 745.

2168 In der Ergänzungsbilanz sind zudem Mehraktivierungen für Rücklagen gem. § 6b EStG auszuweisen, sofern die Voraussetzungen für die Bildung dieser Rücklage vom Eintretenden nicht erfüllt werden.[1]

2169–2175 *(Einstweilen frei)*

3. Abfindung/Kaufpreis über dem Buchwert des Kapitalkontos

a) Behandlung beim übernehmenden Gesellschafter

2176 Eine Abfindung über dem Buchwert ist immer vollentgeltlich, auch wenn sie unter dem Teilwert liegt.[2] Es gilt in diesem Fall die widerlegbare Vermutung, dass

- die bilanzierten und immateriellen Wirtschaftsgüter des Gesellschaftsvermögens stille Reserven enthalten oder dass nicht bilanzierte immaterielle Einzelwirtschaftsgüter oder ein originärer Geschäftswert vorhanden sind, an dem der ausgeschiedene Gesellschafter teilhatte;
- der den Buchwert übersteigende Teil der Abfindung Entgelt für seinen Anteil an den stillen Reserven und/oder an einem Geschäftswert ist und dass
- den übernehmenden Gesellschaftern Anschaffungskosten für den angewachsenen Anteil in Höhe der Differenz entstanden sind, die entsprechend zu aktivieren sind.[3]

2177 Zu den Anschaffungskosten gehören zudem auch an Dritte für den Erwerb des Geschäftsanteils gezahlte Provisionen.[4]

2178 Anschaffungskosten liegen jedoch nicht vor, wenn aus privaten Gründen mehr als der Teilwert des Kapitalkontos gezahlt wird. Der den Teilwert übersteigende Teil darf nicht bei der Bilanzierung der Anschaffungskosten berücksichtigt werden, sondern stellt eine Schenkung dar.

2179 Scheidet ein Mitunternehmer aus einer Personengesellschaft aus und übersteigt die von der Gesellschaft selbst zu zahlende Abfindung den Teilwert des Mitunternehmeranteils, so ist der übersteigende Betrag als Privatentnahme der verbleibenden Gesellschafter anzusehen. Auch insoweit sind also keine Anschaffungskosten gegeben.

2180 Die höheren Anschaffungskosten des Erwerbers werden in einer Ergänzungsbilanz als Wertdifferenzen den einzelnen Wirtschaftsgütern der Gesamthandsbilanz zugeordnet.[5] Die Verteilung des Mehrwerts darf allerdings nicht willkürlich erfolgen. Vielmehr ist hier nach h. M. in vier Stufen vorzugehen:[6]

- Der Mehrwert ist zuerst proportional nach dem Verhältnis der enthaltenen Reserven auf die schon bisher bilanzierten Wirtschaftsgüter aufzuteilen. Das gilt auch für solche Wirtschaftsgüter, die in der Gesamthandsbilanz bereits voll abgeschrieben

---

1 *Hottmann* in Zimmermann/Hottmann/Kiebele/Schaeberle/Völkel, J Rn. 100.

2 BFH 7. 6. 1984 IV R 79/82, BStBl 1984 II 584.

3 *Schulze zur Wiesche* in von Wallis/Brandmüller/Schulze zur Wiesche, Rn. 388.

4 *Hottmann* in Zimmermann/Hottmann/Kiebele/Schaeberle/Völkel, J Rn. 99.

5 *Förschle/Kropp/Siemers* in Budde/Förschle/Winkeljohann, a. a. O., C Rn. 204; andere sehen die erste und zweite Stufe nur als eine Stufe; so *Hörger* in Littmann/Bitz/Pust, § 16 EStG Rn. 163.

6 *Förschle/Kropp/Siemers* in Budde/Förschle/Winkeljohann, a. a. O., C Rn. 207.

sind, jedoch noch genutzt werden und stille Reserven beinhalten. Dabei dürfen nicht sämtliche stillen Reserven des einzelnen Wirtschaftsguts aufgedeckt werden, sondern nur der Anteil, den der ausscheidende Gesellschafter an diesen hatte.

- Ein verbleibender Betrag wird dann durch Nachaktivierung auf bisher nicht bilanzierte Wirtschaftsgüter proportional aufgeteilt, z. B. auf selbst erstellte immaterielle Wirtschaftsgüter. Auch hier bildet der Anteil des Ausgeschiedenen an den stillen Reserven die Höchstgrenze.
- Bei einem Restbetrag ist sodann ein Geschäftswert zu aktivieren. Da es keine generelle Vermutung gibt, dass ein die stillen Reserven übersteigender Betrag für den Erwerb eines Anteils am Geschäftswert gezahlt wurde, ist der Geschäftswert anhand des Ertragswerts zu ermitteln.[1] Ein Geschäftswert ist selbst dann zu aktivieren, wenn im Gesellschaftsvertrag ursprünglich vereinbart war, dass dem ausscheidenden Gesellschafter kein Anteil am Geschäftswert zusteht.[2]
- Nur wenn auch der Geschäftswert nicht ausreicht, ist der betrieblich veranlasste Mehrbetrag als Betriebsausgabe abzuziehen.

Ein sofortiger Abzug gemäß der vierten Stufe kommt nur selten in Betracht, da dazu 2181
widerlegt werden muss, dass der Mehrbetrag für die stillen Reserven und den Firmenwert gezahlt wurde. In der Literatur wird die vierte Gruppe vor allem unter dem Stichwort „Abfindung eines lästigen Gesellschafters" diskutiert.[3] Für einen Sofortabzug muss nachgewiesen werden, dass der Mehrbetrag betrieblich und nicht privat veranlasst ist. Bei privater Veranlassung bildet der Mehrbetrag keinen Teil des Veräußerungspreises. Die betriebliche Veranlassung ist anzuerkennen, wenn der (lästige) Gesellschafter fortlaufend betriebliche Störungen verursacht und damit die Gesellschaft gefährdet hat.[4]

Die Abschreibungen in der Ergänzungsbilanz sind grundsätzlich jeweils nach der glei- 2182
chen Methode vorzunehmen wie in der Gesamthandsbilanz.[5] Allerdings ist der AfA-Berechnung des Erwerbers nicht die für die Gesamthandsbilanz maßgebliche Restnutzungsdauer des jeweiligen Wirtschaftsguts zugrunde zu legen, sondern es sind für die Abschreibungen des Erwerbers die Restnutzungsdauern jeweils neu zu bestimmen. Der neu bestimmte Abschreibungsprozentsatz ist dabei nicht nur auf den in der Ergänzungsbilanz zusätzlich erfassten Wert anzuwenden, sondern auf den Gesamtwert der Anschaffung, unabhängig davon, ob dieser in der Gesamthandsbilanz oder in der Ergänzungsbilanz erfasst ist.[6] Nach § 7 Abs. 1 Satz 3 EStG ist demnach der in der Ergänzungsbilanz ausgewiesene Firmenwert über 15 Jahre abzuschreiben.

In der Folgezeit ergibt sich für den Anteilserwerber aufgrund der allein für ihn erhöhten 2183
Abschreibung eine Gewinnminderung, die allein in der Ergänzungsbilanz zu erfassen

1 BFH 21. 5. 1970 IV R 131/68, BStBl 1970 II 740.
2 Z. B. *Hottmann* in Zimmermann/Hottmann/Kiebele/Schaeberle/Völkel, J Rn. 96.
3 *Schulze zur Wiesche* in von Wallis/Brandmüller/Schulze zur Wiesche, Rn. 459.
4 *Wacker in* Schmidt, EStG § 15 Rz. 465; a. A. *Niehus*, StuW 2002, 116, der für eine separierte Wertfortführung in Gesamthandsbilanz einerseits und Ergänzungsbilanz andererseits plädiert.
5 *Hottmann* in Zimmermann/Hottmann/Kiebele/Schaeberle/Völkel, J 102.
6 So auch Hottmann in Zimmermann/Hottmann/Kiebele/Schaeberle/Völkel, J Rn. 112 ff., Rn. 188.

ist. Sein steuerlicher Gewinnanteil ist damit niedriger als der in der Handelsbilanz ausgewiesene Gewinnanteil.

2184 Im Fall des Ausscheidens eines Mitunternehmers gegen Abfindung können die Buchwerte auch direkt in der steuerlichen Gesamthandsbilanz aufgestockt werden, wenn keine besonderen Bestimmungen getroffen wurden, also den verbleibenden Gesellschaftern die Beteiligung des Ausscheidenden zu gleichen Anteilen anwächst.[1] Die Aufstellung von Ergänzungsbilanzen für jeden der verbleibenden Gesellschafter ist dann entbehrlich. Besteht allerdings eine Vereinbarung, dass der Anteil nur einigen Gesellschaftern anwächst, sind die stillen Reserven in deren Ergänzungsbilanzen aufzudecken.

2185 An einen ausscheidenden Mitunternehmer zugleich gezahlte Schadensersatzleistungen können als Betriebsausgabe abgezogen werden. Voraussetzung dafür ist jedoch, dass der fragliche Anspruch zwischen den Gesellschaftern im Zeitpunkt des Ausscheidens als dem Grunde und der Höhe nach unstreitig angesehen werden kann. Denn nur dann kann die Vermutung, dass das Mehrentgelt Ausgleich für stille Reserven ist, als widerlegt gelten.

2186–2190 *(Einstweilen frei)*

b) Behandlung beim Ausscheiden – Ermittlung des Veräußerungsgewinns

2191 Für den ausscheidenden Gesellschafter entsteht in Höhe der Differenz zwischen dem Veräußerungspreis bzw. der Abfindung und dem Buchwert seines Anteils ein Veräußerungsgewinn, der nach §§ 16 Abs. 1 Nr. 2, 34 EStG steuerbegünstigt ist. Auf die einzelnen Möglichkeiten der Besteuerung wird unten genauer eingegangen.[2] Die dazu erforderliche Ermittlung des Veräußerungsgewinns unterliegt folgenden Besonderheiten:

aa) Abgrenzung Veräußerungsgewinn – laufender Gewinn

2192 In der Praxis wird dem ausscheidenden Gesellschafter eine einheitliche Abfindung gezahlt, die nicht nur ein Entgelt für die Veräußerung, sondern auch eine Abgeltung für den laufenden Gewinnanspruch enthält. Eine Abgrenzung ist vorzunehmen, da der Veräußerungsgewinn, aber nicht der laufende Gewinn nach §§ 16, 34 EStG steuerbegünstigt ist. Der laufende Betriebsgewinn ist für den letzten Besteuerungszeitraum (vom Schluss des der Veräußerung vorangegangenen Wirtschaftsjahrs bis zur Veräußerung) gem. § 15 EStG unter Anwendung des ungemilderten Tarifs zur Einkommensteuer heranzuziehen. Ist eine Aufteilung nicht möglich, so ist der Anteil des laufenden Gewinns zu schätzen.[3]

2193 Diese Abgrenzung ist auch erforderlich, wenn zugleich mit der Veräußerung Wirtschaftsgüter aus dem Gesamthandsvermögen oder dem Sonderbetriebsvermögen in das Privatvermögen überführt werden. Insoweit liegt eine Entnahme vor, die zum steuerbegünstigten Veräußerungsgewinn gehört. Dies gilt auch bei der Veräußerung des

1 BFH 12. 6. 1975 IV R 129/71, BStBl 1975 II 807.

2 Siehe unten Rn. 2261 ff.

3 BFH 24. 8. 1989 IV R 67/86, BStBl 1990 II 132.

Mitunternehmeranteils an einen Mitgesellschafter.[1] Grund für die Qualifizierung als Veräußerungsgewinn ist, dass der BFH die Entnahme als Vereinbarung eines höheren Veräußerungspreises und den Erwerb des entnommenen Wirtschaftsguts zum gemeinen Wert unter Anrechnung auf den Veräußerungspreis bewertet.[2]

Bei der Abgrenzung des laufenden Gewinns vom Veräußerungsgewinn kommt es also darauf an, ob der jeweils zu beurteilende einzelne Geschäftsvorfall zum laufenden Geschäftsbetrieb gehört, oder ob er in wirtschaftlichem Zusammenhang mit der Veräußerung oder Aufgabe steht. 2194

Zum laufenden Gewinn gehören: 2195

- Erlöse aus Räumungsverkäufen, also aus Veräußerungen des Umlaufvermögens an den bisherigen Kundenkreis, auch wenn sie zu herabgesetzten Preisen erfolgen;[3]
- Veräußerungen und Entnahmen von nicht wesentlichen Betriebsgrundlagen, wenn ein Betrieb unentgeltlich übertragen wird;[4]
- Der außerordentliche Ertrag aus der Auflösung einer Rückstellung einer Rentenverpflichtung, die durch den Tod des Verpflichteten, des Teilhabers einer freiberuflichen Praxis erloschen ist, auch wenn das Erlöschen mit der Veräußerung des Praxisanteils durch den Erben in unmittelbarem zeitlichem Zusammenhang steht.[5]

Zum Veräußerungsgewinn gehören: 2196

- Gewinn aus einer Auflösung einer § 6b-Rücklage bzw. Rücklage nach § 7g EStG;[6]
- Erlöse aus Rücklieferungen an Lieferanten, aus Veräußerungen an Abnehmer der gleichen Handelsstufe oder aus Veräußerungen des Warenbestandes an Handelsvertreter, die bisher den Verkauf nur vermittelten;[7]
- Versicherungsleistungen für die Anlagegüter, die bei einem Brand zerstört wurden, nicht aber eine Versicherungsleistung für einen Betriebsunterbrechungsschaden;[8]
- Entschädigungen für die vorzeitige Beendigung eines Mietverhältnisses;[9]
- Veräußerungsgewinne von Wirtschaftsgütern des Sonderbetriebsvermögens an die verbleibenden Gesellschafter oder an Dritte, auch wenn diese nicht zu den wesentlichen Betriebsgrundlagen gehören;[10]
- Die bei der Überführung von Sonderbetriebsvermögen ins Privatvermögen aufgedeckten stillen Reserven;
- Die Entnahme der letzten Eigentumswohnung durch Übertragung an die Kinder, wenn der gewerbliche Grundstückshandel damit aufgegeben wird.[11] Die Veräuße-

1 BFH 24.8.1989 IV R 67/86, BStBl 1990 II 132.
2 BFH 29.11.1988 VIII R 316/82, BStBl 1989 II 602.
3 BFH 19.2.1981 IV R 116/77, BStBl 1981 II 566.
4 *Hörger* in Littmann/Bitz/Pust, § 16 EStG Rn. 127.
5 BFH 2.7.1981 IV R 136/79, BStBl 1981 II 798.
6 H 16 (9) EStH; BMF 30.10.2007, DStR 2007, 2063.
7 BFH 11.3.1982 IV R 25/79, BStBl 1982 II 707.
8 FG Baden-Württemberg 7.3.1995 2 K 85/92, EFG 1995, 759; *Hörger* in Littmann/Bitz/Pust, § 16 Rn. 127.
9 *Hottmann* in Zimmermann/Hottmann/Kiebele/Schaeberle/Völkel, J Rn. 66 f.
10 FG Baden-Württemberg (Außensenat Freiburg) 27.2.2002 2 K 279/00, EFG 2002, 756.
11 BFH 23.1.2003 IV R 75/00, BStBl 2003 II 467.

rung der Grundstücke bei Aufgabe des Grundstückshandels ist dagegen laufender Gewinn.[1]

bb) Ermittlung des Veräußerungsgewinns

2197 Der Veräußerungsgewinn ergibt sich als Differenz zwischen dem Veräußerungspreis und dem (anteiligen) Buchwert des steuerlichen Reinvermögens abzüglich der Veräußerungskosten (§ 16 Abs. 2 Satz 1 EStG).

2198 Zum Veräußerungspreis gehören sämtliche Vorteile, die dem Ausscheidenden im Zusammenhang mit seiner Veräußerung zufließen. Neben den Barabfindungen, Sachabfindungen und Veräußerungsrenten sind weitere Positionen hinzuzurechnen:

- Die Verpflichtung des Erwerbers, den Veräußerer von einer privaten oder betrieblichen (jedoch nicht bilanzierten) Schuld, bzw. von einer dinglichen Last, die einer rein schuldrechtlichen Verpflichtung gleichwertig ist,[2] freizustellen;
- Beträge, die über den Zeitwert hinausgehen, um z. B. einen „lästigen Gesellschafter" loszuwerden;[3]
- Der Stand eines negativen Kapitalkontos, sofern der Ausscheidende den Fehlbetrag nicht ausgleichen muss;[4]
- Zum Veräußerungspreis gehört auch die Umsatzsteuer, was sich aber im Ergebnis nicht auswirkt, da sie zugleich zu den Veräußerungskosten gehört.

2199 Zur Frage, welche Positionen den Gewinn mindern, liegen folgende Entscheidungen vor:

- Gewährt der Ausscheidende ein bisher bestehendes Darlehen weiter und wird diese Forderung später wertlos, so mindert sich rückwirkend der Veräußerungsgewinn um diesen Betrag.[5] Die Änderung des dann unzutreffenden Steuerbescheides erfolgt gem. § 181 Abs. 1 Satz 1 und § 175 Abs. 1 Satz 1 Nr. 2 AO;
- Liegt die Ursache für die spätere Inanspruchnahme des Veräußerers aus einer Grundschuld, durch die vom Käufer übernommene Verbindlichkeiten gesichert wurden, schon im Zeitpunkt der Anteilsveräußerung vor, so ist der Veräußerungsgewinn entsprechend zu mindern;[6]
- Wird der ausgeschiedene Gesellschafter nachträglich von Gesellschaftsgläubigern in Anspruch genommen, so entsteht ihm nachträglich ein entsprechender laufender Verlust aus Gewerbebetrieb;[7]
- Hatte der Gesellschafter für den Erwerb seiner Beteiligung einen Kredit aufgenommen, so können die Zinsen, die er nach seinem Ausscheiden aufwenden muss, nach-

---

1 *Zimmermann* in Zimmermann/Hottmann/Kiebele/Schaeberle/Völkel, E Rn. 35.
2 BFH 12. 1. 1983 IV R 180/80, BStBl 1983 II 595.
3 *Hottmann* in Zimmermann/Hottmann/Kiebele/Schaeberle/Völkel, J Rn. 61.
4 Vgl. hierzu auch Rn. 2211 ff.
5 BFH 14. 12. 1994 X R 128/92, BStBl 1995 II 465; 28. 7. 1994 IV R 53/91, BStBl 1995 II 112.
6 BFH 11. 12. 1990 VIII R 37/88, BFH/NV 1991, 516.
7 BFH 30. 11. 1977 I R 27/75, BStBl 1978 II 149.

trägliche Betriebsausgaben sein. Dies ist der Fall, wenn der Veräußerungserlös nicht zur Schuldentilgung ausreicht.[1]

Der Veräußerungsgewinn ergibt sich auch dann als Differenz zwischen dem Buchwert des Kapitalkontos und dem Veräußerungspreis, wenn der Veräußerungspreis unter dem Zeitwert des übergehenden Betriebsvermögens liegt. Eine Aufteilung in einen entgeltlichen und unentgeltlichen Teil erfolgt in diesem Fall nicht.[2] 2200

Veräußerungskosten sind alle durch die Veräußerung veranlassten Kosten, wie z. B. Notariats- und Gerichtskosten, Maklerprovisionen, Kosten der Zeitungsanzeigen, Reisen, Prozesskosten wegen des Kaufpreises, für Wirtschaftsprüfer, Gutachter usw., sofern der Veräußerer sie trägt. Für die Veranlassung ist der wirtschaftliche, nicht der zeitliche Zusammenhang maßgebend.[3] Als Veräußerungskosten sind Aufwendungen zu berücksichtigen, die zwar in der Zeit der laufenden Tätigkeit vereinbart wurden, jedoch erst im Rahmen der Veräußerung anfallen.[4] Dies betrifft z. B. die Vorfälligkeitsentschädigung für abzulösende Kredite. 2201

(Einstweilen frei) 2202–2210

c) Sonderfall: Die Übernahme eines negativen Kapitalkontos

Hat ein GbR- oder OHG-Gesellschafter bzw. ein Komplementär beim Ausscheiden ein negatives Kapitalkonto, so ist er grundsätzlich zu dessen Ausgleich verpflichtet. Wird ihm beim Ausscheiden bzw. bei der Veräußerung des Anteils der Ausgleich erlassen und übernehmen die verbleibenden bzw. der neue Gesellschafter das Kapitalkonto, so beruht das meist auf dem Umstand, dass in dieser Höhe stille Reserven vorhanden sind. Der Kommanditist ist hingegen grundsätzlich nicht zum Ausgleich verpflichtet.[5] Sein Kapitalkonto wird vom Erwerber des Kommanditanteils bzw. von den verbleibenden Gesellschaftern beim Ausscheiden mit der Verpflichtung übernommen, es durch spätere Gewinne wieder aufzufüllen.[6] 2211

Bei Übernahme eines negativen Kapitalkontos gehört dieser Betrag zu den Anschaffungskosten mit der Folge, dass die stillen Reserven entsprechend aufzulösen sind und ggf. ein Firmenwert anzusetzen ist. Soweit dennoch ein Fehlbetrag verbleibt, so ist, abweichend von der üblichen Behandlung der Anschaffungskosten, kein sofortiger Abzug von Sonderbetriebsausgaben möglich, denn durch die Übernahme des negativen Kapitalkontos hat der Erwerber nichts aus seinem Vermögen aufgewendet.[7] 2212

Bei der Übernahme des Kapitalkontos eines Komplementärs oder GbR- bzw. OHG-Gesellschafters müssen die den Anteil übernehmenden verbleibenden Gesellschafter den Fehlbetrag von ihren Kapitalkonten in Abzug bringen. Nur wenn der Ausgleich aus pri- 2213

1 BFH 27.11.1984 VIII R 2/81, BStBl 1985 II 323.
2 *Schulze zur Wiesche* in von Wallis/Brandmüller/Schulze zur Wiesche, Rn. 437.
3 BFH 19.5.1971 I R 46/70, BStBl 1971 II 688.
4 BFH 16.12.2009 IV R 22/08, BFH/NV 2010, 731.
5 *Schulze zur Wiesche* in von Wallis/Brandmüller/Schulze zur Wiesche, Rn. 436.
6 BFH 21.4.1994 IV R 70/92, BStBl 1994 II 745; 14.6.1994 VIII R 37/93, BStBl 1995 II 246; 19.2.1998 IV R 59/96, BStBl 1999 II 266.
7 BFH 19.2.1998 IV R 59/96, BStBl 1999 II 266.

vaten Gründen erlassen wurde, entsteht bei den verbleibenden Gesellschaftern kein Verlust.[1]

2214 Bei Ausscheiden eines Kommanditisten haben die übernehmenden verbleibenden Gesellschafter in Höhe des Fehlbetrages einen aktiven Ausgleichsposten zu bilanzieren.[2] Der Ausgleichsposten ist bei Anfall späterer Gewinne erfolgswirksam aufzulösen. Nach der Rechtsprechung kann jedoch auch außerhalb der Bilanz ein entsprechender Merkposten geführt werden, um die Verrechnung mit zukünftigen Gewinnen sicherzustellen.[3]

2215–2220 *(Einstweilen frei)*

d) Zeitpunkt der Versteuerung bei nachträglicher Änderung des Veräußerungsgewinns

2221 Der Veräußerungsgewinn ist steuerlich im Zeitpunkt der Übertragung des Gesellschaftsanteils bzw. des Ausscheidens aus der Gesellschaft realisiert, so dass ein fester Kaufpreis bzw. eine feste Abfindung unabhängig vom Zufluss des Veräußerungserlöses zu diesem Zeitpunkt zu versteuern ist.[4] Der Zuflusszeitpunkt kann hingegen bei Rentenzahlungen maßgeblich sein.

2222 Auch eine nachträgliche Erhöhung des Veräußerungspreises ist im VZ des Ausscheidens zu versteuern, wenn bis dahin noch keine abschließende Einigung über den Veräußerungspreis erzielt worden ist.[5] Wird dagegen ein zunächst feststehender Veräußerungspreis nachträglich erhöht, so ist umstritten, ob dieser Gewinn in dem VZ zu versteuern ist, in dem er vereinbart wurde, oder im VZ des Ausscheidens.[6] Nach Auffassung des Großen Senats des BFH[7] wirken bei einer Betriebsveräußerung nachträgliche Änderungen des Veräußerungspreises grundsätzlich auf den Zeitpunkt der Veräußerung zurück, so dass auch in diesem Fall gem. § 175 Abs. 1 Satz 1 Nr. 2 AO eine Änderung des Steuerbescheides für den VZ des Ausscheidens notwendig sein dürfte.

2223–2225 *(Einstweilen frei)*

4. Sachwertabfindung

2226 Die Abfindung des ausscheidenden Gesellschafters kann nicht nur in bar, sondern auch in Sachwerten erfolgen, die bisher im Gesamthandseigentum der Gesellschaft standen. Sachwerte sind alle materiellen und immateriellen Wirtschaftsgüter einschließlich Forderungen gegen Dritte.

1 BFH 28. 1. 1971 IV 127/64, BStBl 1971 II 662.
2 BFH 19. 2. 1998 IV R 56/96, BStBl 1999 II 266.
3 BFH 14. 6. 1994 VIII R 37/93, BStBl 1995 II 246.
4 BFH 2. 5. 1974 IV R 47/73, BStBl 1974 II 707.
5 BFH 26. 7. 1984 IV R 10/83, BStBl 1984 II 786.
6 *Hörger* in Littmann/Bitz/Pust, § 16 EStG Rn. 111.
7 BFH 19. 7. 1993, GrS 1/92, BStBl 1993 II 894.

a) Überführung in das Privatvermögen des Ausscheidenden

Der einheitliche Vorgang der Sachwertabfindung ist nach der Rechtsprechung des BFH bei der Überführung ins Privatvermögen in zwei Vorgänge aufzuteilen. Es handelt sich dabei um die Veräußerung eines Mitunternehmeranteils gegen einen Abfindungsbetrag, der nur zur Steuerlast des ausscheidenden Gesellschafters führt und um die Übereignung der Sachwerte, die zu einer Steuerlast der verbleibenden Gesellschafter führt.[1] Für die steuerliche Behandlung der Sachwertabfindung ist es unerheblich, ob die Sachwertabfindung vor dem, bei dem oder nach dem Ausscheiden vereinbart worden ist.[2] 2227

aa) Behandlung bei dem ausscheidenden Gesellschafter

Es ergeben sich hier kaum Änderungen im Vergleich zu einer Barabfindung. Der Ausgeschiedene kann den Veräußerungsgewinn tarifbegünstigt versteuern. Veräußerungspreis ist hierbei der gemeine Wert des erhaltenen Sachwerts zuzüglich eventueller Barleistungen. Wurde der Sachwert jedoch nur an Erfüllung Statt geleistet, so gilt der Nennwert des auf Geld gerichteten Abfindungsanspruchs als Veräußerungspreis.[3] 2228

Der Ausgeschiedene realisiert entsprechend dem Wert der vorgesehenen Abfindung die auf ihn entfallenden Anteile an den stillen Reserven sämtlicher Wirtschaftsgüter der Gesellschaft, einschließlich der zur Abfindung bestimmten Sachwerte.[4] 2229

Eine Sachwertabfindung liegt jedoch nicht vor, wenn der Ausgeschiedene seinen Mitunternehmeranteil unentgeltlich übertragen hat und ihm lediglich im zeitlichen Zusammenhang hiermit ein Wirtschaftsgut aus dem Betriebsvermögen zugewendet wird. Es handelt sich dabei um eine Entnahme. Der Gewinn ist wie bei einer normalen Entnahme und nicht gem. §§ 16, 34 EStG begünstigt zu versteuern.[5] 2230

Erhält der Ausscheidende Sachwerte nicht aus dem Betriebsvermögen, sondern aus dem Privatvermögen oder einem anderen Betriebsvermögen eines verbleibenden Gesellschafters, so gelten die Grundsätze der Sachwertabfindung nicht.[6] Es handelt sich dann aus Sicht des verbleibenden Gesellschafters um einen Tausch und ggf. um eine Entnahme des Wirtschaftsguts aus dem anderen Betriebsvermögen. Der gemeine Wert des erhaltenen Wirtschaftsgutes ist allerdings auch in diesem Fall dem Veräußerungsgewinn des ausscheidenden Gesellschafters hinzuzurechnen. 2231

bb) Behandlung bei den verbleibenden Gesellschaftern

Anders als bei einer Barabfindung haben auch die verbleibenden Gesellschafter einen Gewinn zu versteuern.[7] Hätte der Ausgeschiedene eine Barabfindung erhalten und die 2232

---

1 *Hörger* in Littmann/Bitz/Pust, § 16 EStG Rn. 179.
2 *Wacker* in Schmidt, EStG § 16 Rz. 521.
3 *Wacker* in Schmidt, EStG § 16 Rz. 521.
4 BFH 23. 11. 1995 IV R 75/94, BStBl 1996 II 194.
5 *Wacker* in Schmidt, EStG § 16 Rz. 526.
6 *Hörger* in Littmann/Bitz/Pust, § 16 EStG Rn. 181.
7 Nur eine Mindermeinung in der Literatur ist anderer Ansicht; vgl. *Hörger* in Littmann/Bitz/Pust, § 16 EStG Rn. 183.

verbleibenden Gesellschafter die Mittel für die vereinbarte Geldabfindung durch Veräußerung von Betriebsvermögen gewonnen, so wäre die Differenz zwischen Buchwert und Veräußerungspreis des Betriebsvermögens durch die verbleibenden Gesellschafter als laufender Gewinn zu versteuern. Im Ergebnis ist – so die Rechtsprechung des BFH – die Sachwertabfindung identisch zu behandeln.[1] Bei Vorliegen der besonderen Voraussetzungen können die Gesellschafter diesen Gewinn durch Bildung einer § 6b-Rücklage neutralisieren.[2]

2233 Durch den Vollzug der Sachwertabfindung realisieren die verbleibenden Gesellschafter die stillen Reserven der zu übertragenden Sachwerte und erwirtschaften einen entsprechenden Veräußerungsgewinn.[3] Für die Ermittlung dieses Veräußerungsgewinns ist allerdings nicht der bisherige Buchwert der als Sachwertabfindung dienenden Wirtschaftsgüter zugrunde zu legen, sondern der aufgrund des Ausscheidens des die Sachwertabfindung empfangenden Gesellschafters bereits anteilig aufgestockte Buchwert.[4] Von der zeitlichen Reihenfolge her werden also zunächst die Buchwertaufstockungen aufgrund des Ausstiegs eines Gesellschafters buchhalterisch nachvollzogen und direkt im Anschluss erfolgt die Verwendung einzelner Wirtschaftsgüter des Betriebsvermögens als Sachwertabfindung durch die verbleibenden Gesellschafter.

BEISPIEL: A hat einen Kapitalanteil mit einem Buchwert von 60 und einem Verkehrswert von 100. Die Gesellschaft besitzt das Grundstück I mit einem Buchwert von 40 und einem Verkehrswert von 100 und das Grundstück II mit einem Buchwert von 20 und einem Verkehrswert von 40. Sonstige stille Reserven existieren nicht. A erhält das Grundstück I als Abfindung.

Die Ausgangsbilanz sah wie folgt aus:

Aktiva			Passiva
Grundstück I	40	Kapital A	60
Grundstück II	20	Kapital B	30
Bank	60	Kapital C	30
	120		120

LÖSUNG: Aufgrund der Abfindung i. H.v. 100 hat A 40 zu versteuern. Die stillen Reserven der Gesellschaft sind i. H.v. 40 aufzudecken. Bei allen Wirtschaftsgütern, inklusive des als Sachwertabfindung geleisteten, sind die stillen Reserven anteilig – also hier jeweils zur Hälfte – aufzudecken. Der Buchwert des Grundstücks I beträgt daher 70 statt 40, der des Grundstücks II 30 statt 20.

Aktiva			Passiva
Grundstück I	70	Kapital B	30
Grundstück II	30	Kapital C	30
Bank	60	Verbindlichkeit ggü. A	100
	160		160

Die verbleibenden Gesellschafter haben deshalb nur noch die Differenz zwischen dem Verkehrswert des Grundstücks (100) und dem aufgestockten Buchwert (70) zu versteuern, also

1 BFH 23. 11. 1995 IV R 75/94, BStBl 1996 II 194.

2 *Hörger* in Littmann/Bitz/Pust, § 16 EStG Rn. 181.

3 BFH 23. 11. 1995 IV R 75/94, BStBl 1996 II 194; 24. 5. 1973 IV R 64/70, BStBl 1995 II 655.

4 *Wacker* in Schmidt, EStG § 16 Rz. 521.

hier 30. Der von den verbleibenden Gesellschaftern zu versteuernde Gewinn führt zu einem Anstieg ihres Kapitalkontos.

Aktiva			Passiva
Grundstück II	30	Kapital B	45
Bank	60	Kapital C	45
	90		90

(Einstweilen frei) 2234–2240

b) Überführung in das Betriebsvermögen des Ausscheidenden

Die Behandlung der Sachwertabfindung bei Überführung des Wirtschaftsguts in das Betriebsvermögen des Ausscheidenden ist seit langem streitig. Während einige keinen Unterschied zur Überführung ins Privatvermögen sehen, will wohl die h. M. die Grundsätze der Realteilung oder des § 6 Abs. 5 EStG auf diesen Fall anwenden.[1] 2241

Nach einer Ansicht ist die Sachwertabfindung als Unterfall der Realteilung nach § 16 Abs. 3 Satz 2 – 4 EStG und nicht nach § 6 Abs. 5 Satz 3 EStG zu behandeln.[2] Für diese Auffassung spricht auch die Gesetzesbegründung zum Steuerentlastungsgesetz.[3] 2242

Eine andere Ansicht, die zurzeit in der Kommentarliteratur häufiger vertreten wird, sieht die Sachwertabfindung mit einzelnen Wirtschaftsgütern als gem. § 6 Abs. 5 Satz 3 – 5 EStG steuerbegünstigt an.[4] Zwar unterfalle diese Sachwertabfindung auch dem Wortlaut des § 16 Abs. 3 Satz 2 – 4 EStG, jedoch sei § 6 Abs. 5 Satz 3 Nr. 1 EStG in diesem Falle lex specialis.[5] Nach Auffassung der Finanzverwaltung liegt in diesem Fall keine Realteilung vor, da diese die Beendigung der Gesamthandsgemeinschaft voraussetzt.[6] 2243

Fraglich ist, welche unterschiedlichen Konsequenzen diese beiden Rechtsansichten mit sich bringen. Sowohl nach § 16 Abs. 3 Satz 2 EStG als auch nach § 6 Abs. 5 Satz 3 EStG ist die Buchwertfortführung zwingend vorgeschrieben. Wesentliche Unterschiede existieren jedoch bei der Veräußerung oder Entnahme einzelner nicht wesentlicher Wirtschaftsgüter innerhalb der Behaltefrist: 2244

- Nach § 16 Abs. 3 Satz 3 EStG führt nur die Veräußerung oder Entnahme von übertragenem Grund und Boden, einem übertragenen Gebäude oder anderer wesentlicher Betriebsgrundlagen innerhalb von 3 Jahren zum rückwirkenden Ansatz des gemeinen Wertes. Die Veräußerung oder Entnahme einzelner nicht wesentlicher Wirtschaftsgüter sowie ganzer Betriebe, Teilbetriebe oder Mitunternehmeranteile innerhalb der 3jährigen Behaltefrist ist dagegen unschädlich.
- Nach § 6 Abs. 5 Satz 4 EStG ist bei jeder Entnahme eines Wirtschaftsguts innerhalb von 3 Jahren rückwirkend der Teilwert anzusetzen. Die Veräußerung einer Sach-

1 *Hörger* in Littmann/Bitz/Pust, § 16 EStG Rn. 184.
2 *Stahl/Herff* in Korn, § 16 Rn. 174.
3 BT-Drucks. 14/23, 178; BT-Drucks. 14/265, 179.
4 So z. B. *Hottmann* in Zimmermann/Hottmann/Kiebele/Schaeberle/Völkel, J 148.
5 *Geissler* in Hermann/Heuer/Raupach, § 16 EStG Anm. 22.
6 BMF 28. 2. 2006, BStBl 2006 I 228; gl. A. *Rogall*, DStR 2005, 996.

gesamtheit wie Betrieb, Teilbetrieb oder Mitunternehmeranteil soll allerdings auch hier unschädlich sein.[1]

2245 In den wesentlichen Rechtsfolgen unterscheiden sich beide Ansichten jedoch nicht. Der Buchwert muss grundsätzlich zwingend fortgeführt und die Kapitalkonten gewinnneutral angepasst werden.[2] Dies führt dazu, dass bei einer reinen Sachwertabfindung weder für den abgefundenen Gesellschafter noch für die verbleibenden Gesellschafter ein steuerbarer Gewinn anfällt. Bei der Sachwertabfindung ins Betriebsvermögen werden oftmals stille Reserven zwischen den einzelnen Mitunternehmern übertragen,[3] so dass damit auch eine Verschiebung der späteren Steuerlast einhergeht. Inwieweit eine Barabfindung in das Betriebsvermögen gem. § 6 Abs. 5 EStG steuerneutral möglich ist, ist umstritten, jedoch wird eine solche kaum in Betracht kommen, da die Steuerlast für die spätere Aufdeckung der stillen Reserven damit auf die verbleibenden Gesellschafter übergeht.[4]

BEISPIEL: A hat einen Kapitalanteil mit einem Buchwert von 50 und einem Verkehrswert von 80. Die Gesellschaft besitzt das Grundstück I mit einem Buchwert von 40 und einem Verkehrswert von 80 und das Grundstück II mit einem Buchwert von 30 und einem Verkehrswert von 80. Sonstige stille Reserven existieren nicht. A erhält das Grundstück I als Abfindung und überträgt es in ein anderes Betriebsvermögen.

Die Ausgangsbilanz sah wie folgt aus:

Aktiva			Passiva
Grundstück I	40	Kapital A	50
Grundstück II	30	Kapital B	50
Bank	80	Kapital C	50
	150		150

In einem ersten Schritt wird das Kapitalkonto des A erfolgsneutral an den Buchwert des Grundstücks I angepasst:

Aktiva			Passiva
Grundstück I	40	Kapital A	40
Grundstück II	30	Kapital B	55
Bank	80	Kapital C	55
	150		150

Nach Austritt verbleibt sodann folgende Bilanz:

Aktiva			Passiva
Grundstück II	30	Kapital B	55
Bank	80	Kapital C	55
	110		110

In diesem Beispiel hat A bei einer späteren Veräußerung des erhaltenen Gegenstands bei gleichbleibendem Verkehrswert stille Reserven von 40 zu versteuern, obwohl in seinem Anteil

1 *Niehues/Wilke* in Herrmann/Heuer/Raupach, § 6 EStG Anm. 1469a.

2 *Hörger* in Littmann/Bitz/Pust, § 16 EStG Rz. 185b.

3 *Rogall*, DStR 2006, 731.

4 *Rogall*, DStR 2006, 735.

zuvor lediglich stille Reserven von 30 enthalten waren. Die später von B und C zu versteuernden stillen Reserven sind dementsprechend von 60 auf 50 gesunken.

(Einstweilen frei) 2246–2250

VI. Sonderfall: Entstehung eines Sanierungsgewinns

Eine abweichende steuerliche Beurteilung ist bezüglich des Aufgabegewinns geboten, wenn die Aufgabe im Rahmen einer Sanierung erfolgt. Eine Sanierung liegt vor, wenn Schulden aus betrieblichen Gründen, um z. B. einen Sozialplan zugunsten der Arbeitnehmer zu ermöglichen, erlassen werden. Ein Schuldenerlass, um dem Steuerpflichtigen einen schuldenfreien Übergang in sein Privatleben zu ermöglichen, stellt keine Sanierung dar.[1] 2251

Der Sanierungsgewinn entsteht dadurch, dass einem sanierungsbedürftigen und -fähigen Unternehmen Schulden zum Zweck der Sanierung ganz oder teilweise erlassen werden.[2] Die Erhebung der Steuer auf derartige Gewinne wäre unbillig. Das Bundesfinanzministerium sieht daher auf Antrag folgende Behandlung vor: 2252

- Verluste aus anderen Bereichen sollen vorrangig mit dem Sanierungsgewinn verrechnet werden;
- die Steuer auf den verbleibenden Sanierungsgewinn ist zu stunden und ggf. zu erlassen.[3]

Zur Behandlung von Sanierungsgewinnen sei auf die Ausführungen unter B IV.6 (Rn. 776 ff.) verwiesen.

(Einstweilen frei) 2253–2260

VII. Steuerliche Behandlung des Veräußerungs- bzw. Aufgabegewinns beim Ausscheidenden gemäß §§ 16, 34 EStG

1. Allgemeine Anforderungen an einen steuerbegünstigten Veräußerungsgewinn

Unterliegt ein Veräußerungs- oder Aufgabegewinn im VZ der Veräußerung/Aufgabe der Sofortversteuerung, kommen – unter bestimmten Voraussetzungen – als Steuervergünstigungen die Gewährung eines Freibetrags nach § 16 Abs. 4 EStG sowie zwei verschiedene Formen einer Tarifbegünstigung in Betracht. 2261

Gemeinsame Voraussetzung für die Gewährung des Freibetrags oder einer Tarifbegünstigung ist allerdings, dass alle wesentlichen Betriebsgrundlagen[4] an einen Erwerber veräußert und dadurch die in dem veräußerten Betrieb gebildeten stillen Reserven in einem einheitlichen Vorgang aufgelöst werden. Darüber hinaus finden die §§ 16 Abs. 4, 2262

1 BMF 27. 3. 2003, BStBl 2003 I 240, Rn. 2.
2 BMF 27. 3. 2003, BStBl 2003 I 240, Rn. 3 f.
3 BMF 27. 3. 2003, BStBl 2003 I 240, Rn. 8.
4 BFH 13. 2. 1996 VIII R 39/92, BStBl 1996 II 409.

34 EStG auch dann Anwendung, wenn wesentliche Betriebsgrundlagen nicht mitveräußert, sondern zum Teilwert in das Privatvermögen überführt werden, denn in diesem Fall liegt eine steuerbegünstigte Betriebsaufgabe vor.[1] Wird jedoch z. B. bei einer Teilbetriebsveräußerung auch nur eine einzige wesentliche Betriebsgrundlage des veräußerten Teilbetriebs im Restbetrieb zurückbehalten, ist dies steuerschädlich. Daher liegt keine Betriebsveräußerung in diesem Sinne vor, wenn das Grundstück, auf dem der Teilbetrieb tätig ist, nicht übertragen, sondern nur verpachtet wird. Dasselbe gilt, wenn in zeitlichem und wirtschaftlichem Zusammenhang mit einer Betriebsveräußerung wesentliche Betriebsgrundlagen zu Buchwerten gem. § 6 Abs. 5 EStG in ein anderes Betriebsvermögen überführt werden. Auch in diesem Fall erfolgt keine Aufdeckung sämtlicher stiller Reserven in einem einheitlichen Vorgang mit der Folge, dass für die Betriebsveräußerung die Vergünstigungen der §§ 16 Abs. 4, 34 EStG keine Anwendung finden.

2263–2265 *(Einstweilen frei)*

2. Tarifbegünstigung

2266 Die Tarifbegünstigungen gem. § 34 EStG sollen verhindern, dass durch die Zusammenballung von Einkünften, die ansonsten nach und nach anfallen würden, infolge des progressiven Einkommensteuertarifs eine übermäßige Belastung eintritt.[2] Dennoch ist es für ihre Anwendung nicht notwendig, dass es durch die Zusammenballung der Einkünfte tatsächlich zu einer Verschärfung der Steuerprogression gekommen ist.[3]

2267 Eine Tarifbegünstigung kommt nur in Betracht, wenn Veräußerungsgewinne sofort versteuert werden. Wird der Kaufpreis in Form einer Rente gezahlt, so kommt dem Veräußerer die Tarifbegünstigung nur zugute, wenn er die sofortige Besteuerung und nicht die Zuflussbesteuerung wählt.[4] Besteht der Veräußerungspreis sowohl aus einem Barkaufpreis als auch aus einer Veräußerungsrente, so ist § 34 EStG auf den Barkaufpreis selbst dann anzuwenden, wenn hinsichtlich der Rente die Zuflussbesteuerung gewählt wird.[5] Nach § 34 Abs. 1 Satz 4 EStG ist eine Tarifbegünstigung jedoch ausgeschlossen, wenn der Steuerpflichtige auf die außerordentlichen Einkünfte § 6b EStG oder § 6c EStG ganz oder teilweise anwendet.

2268 Es gibt zwei Arten der Tarifbegünstigung für den Aufgabegewinn. Während der ermäßigte Durchschnittssteuersatz nur unter bestimmten zusätzlichen Voraussetzungen und darüber hinaus für jeden Steuerpflichtigen nur einmal im Leben in Anspruch genommen werden kann, kann die sog. Fünftelregelung von jedem und auch mehrfach genutzt werden.

2269–2275 *(Einstweilen frei)*

1 BFH 9. 12. 1986 IV R 26/80, BStBl 1987 II 342.

2 BFH 4. 3. 1998 XI R 46/97, BStBl 1998 II 787; 1. 2. 1989 VIII R 33/85, BStBl 1989 II 458.

3 BFH 17. 12. 1982 III R 136/79, BStBl 1983 II 221.

4 Zum Wahlrecht vgl. Rn. 2341 ff.

5 BFH 28. 9. 1967 IV 288/62, BStBl 1968 II 76.

a) Fünftelregelung

Außerordentliche Einkünfte i. S. d. § 34 Abs. 1 EStG werden fiktiv so behandelt, als seien diese Einkünfte in einem Zeitraum von 5 Jahren entstanden. Ein Antrag ist dazu nicht erforderlich. Zu den außerordentlichen Einkünften gehören auch die Veräußerungsgewinne gem. § 16 EStG, mit Ausnahme der nach § 3 Nr. 40b EStG i.V. m. § 3c Abs. 2 EStG aufgrund des Teileinkünfteverfahrens teilweise steuerbefreiten Einkünfte. 2276

Die Einkommensteuerlast wird nach der Fünftelregelung wie folgt berechnet: 2277

Zuerst wird die Einkommensteuer für die ordentlichen Einkünfte, also ohne den Veräußerungserlös berechnet. Sodann wird die Einkommensteuer für die ordentlichen Einkünfte zusammen mit einem Fünftel des Veräußerungserlöses ermittelt.[1] Dies wäre die Besteuerung in diesem Jahr, wenn der Erlös sich gleichmäßig auf 5 Jahre verteilen würde. 2278

Den Unterschiedsbetrag zwischen den beiden errechneten Einkommensteuerbeträgen multipliziert man nun mit dem Faktor 5 und addiert diesen zur Steuerlast für die ordentlichen Einkünfte. 2279

Sind im Veräußerungsjahr ordentliche Einkünfte nicht vorhanden oder liegt bei ihnen sogar ein Verlust vor, so wird die Einkommensteuer auf ein Fünftel des zu versteuernden Einkommens (§ 34 Abs. 1 Satz 3 EStG) ermittelt und dieser Betrag mit 5 multipliziert. 2280

Die Fünftelregelung wurde erstmals eingeführt mit Wirkung zum VZ 1999. Vorteil dieser Fünftelregelung ist bei niedrigen ordentlichen Einkünften, dass die außerordentlichen Einkünfte nicht zu einem großen Teil mit dem Spitzensteuersatz zu versteuern sind, sondern der Tarifvorteil der unteren Progressionsstufen so genutzt werden kann, als habe man 5 Jahre lang nur ein Fünftel außerordentliche Einkünfte gehabt. Der Effekt ist somit eine Tarifglättung. Allerdings ist die Aufteilung auf 5 Jahre eine rein rechnerische. Die Steuer fällt auch bei der Anwendung der Fünftelregelung vollständig im Jahr der Veräußerung an. 2281

Je höher die ordentlichen Einkünfte sind, desto geringer ist der Steuerminderungseffekt der Fünftelregelung. Sind die ordentlichen Einkünfte für sich gesehen bereits so hoch, dass der Höchststeuersatz zur Anwendung kommt, dann läuft die Fünftelregelung im Ergebnis ins Leere. Eine Steuerminderung kann sich dann nicht mehr ergeben. 2282

Seit dem Veranlagungszeitraum 2007 profitieren wieder deutlich mehr Steuerpflichtige von der Fünftelregelung. Da die sog. Reichensteuer steuerdogmatisch nur eine weitere Progressionsstufe oberhalb des bisherigen Spitzensteuersatzes ist, wirkt sich die Fünftelregelung auch bei Steuerpflichtigen aus, die mit ihren laufenden Einkünften den klassischen Spitzensteuersatz von 42 % nicht aber den Reichensteuersatz von 45 % erreichen, und die bei voller Berücksichtigung des Veräußerungsgewinns dem Reichensteuersatz unterfallen würden. Hat ein Alleinstehender laufende steuerpflichtige Einkünfte von 150 000 € und einen Veräußerungsgewinn von 500 000 €, so würden ohne 2283

1 Zur Berücksichtigung von beschränkt abziehbaren Sonderausgaben: BFH 2. 9. 2008 X R 15/06, BFH/NV 2009, 138.

Fünftelregelung ungefähr 400 000 € des Veräußerungsgewinns der Reichensteuer unterfallen, während mit der Fünftelregelung der gesamte Veräußerungsgewinn nur dem klassischen Spitzensteuersatz unterfällt.

2284 Bei Ehegatten kann zur Optimierung der Tarifermäßigung nach der Fünftelregelung ggf. eine getrennte Veranlagung vorteilhaft sein, wenn der übertragende Ehegatte ansonsten über keine oder nur geringe ordentliche Einkünfte verfügt.

2285–2290 *(Einstweilen frei)*

b) Ermäßigter Durchschnittssteuersatz und Freibetrag nach § 16 Abs. 4 EStG

aa) Allgemeine Voraussetzungen: Berufsunfähigkeit oder Vollendung des 55. Lebensjahrs

2291 Eine Betriebsaufgabe aufgrund Berufsunfähigkeit oder Vollendung des 55. Lebensjahrs wird von § 34 Abs. 3 EStG durch die Anwendung des auf 56 % ermäßigten Durchschnittssteuersatzes und von § 16 Abs. 4 EStG durch die Gewährung bestimmter Freibeträge privilegiert. Der Gesetzgeber möchte damit der Tatsache Rechnung tragen, dass insbesondere bei mittelständischen Betrieben der Gewinn aus der Veräußerung des Betriebs oftmals auch der Altersversorgung dient.[1]

2292 Voraussetzungen für die Gewährung dieser Steuervergünstigungen sind:

- Stellung eines Antrags. Der Antrag ist widerruflich, so dass ohne weiteres von der Besteuerung mit dem ermäßigten Durchschnittssteuersatz auf die Besteuerung nach der Fünftelregelung gewechselt werden kann.[2] Der für den Freibetrag gem. § 16 Abs. 4 EStG erforderliche Antrag ist nicht in dem Antrag zur Besteuerung nach § 34 Abs. 3 EStG automatisch enthalten.[3] Er muss vielmehr gesondert gestellt werden.
- Der Steuerpflichtige muss im Zeitpunkt der Veräußerung das 55. Lebensjahr vollendet haben oder im sozialversicherungsrechtlichen Sinne dauernd berufsunfähig sein. Zum Nachweis der Berufsunfähigkeit reicht die Vorlage eines Bescheids des Rentenversicherungsträgers; der Nachweis kann jedoch auch durch amtsärztliche Bescheinigungen erbracht werden.[4] Nicht ausreichend ist, dass die Vollendung des 55. Lebensjahres zwar noch im Veranlagungszeitraum der Veräußerung/Aufgabe vorliegt, aber erst nach deren Beendigung.[5] Bei der Veräußerung ist umstritten, ob es dabei auf das Verpflichtungsgeschäft oder – wohl richtigerweise – auf das Erfüllungsgeschäft, dem Übergang des (wirtschaftlichen) Eigentums, ankommt.[6] Sofern eine Aufgabe sich über zwei Veranlagungszeiträume erstreckt, ist für beide Veranlagungszeiträume der Freibetrag und die Tarifbegünstigung zu gewähren, auch wenn die Vollendung des 55. Lebensjahres erst im zweiten Veranlagungszeitraum aber

1 Gesetzentwurf zum StSenkErgG, BT-Drucks. 14/4217, 8.
2 *Borggreve* in Littmann/Bitz/Pust, § 34 EStG Rn. 73.
3 *Wacker* in Schmidt, EStG § 16 Rz. 580.
4 Für § 16 Abs. 4 EStG: H 16 Abs. 14 EStH.
5 BMF 20. 12. 2005, BStBl 2006 I 7; BFH 28. 11. 2007 X R 12/07, NWB DokID: PAAAC-67039.
6 *Schoor*, DStZ 2004, 628.

vor Beendigung der Aufgabe eintritt.[1] Veräußern mehrere Gesellschafter eine PersGes, so kommen die Vergünstigungen nur für denjenigen zur Anwendung, bei dem diese Voraussetzungen vorliegen.

- Der Steuerpflichtige hat die jeweilige Vergünstigung noch nicht in Anspruch genommen. Es kann sich lohnen, für den ersten Verkauf die Steuervergünstigung nicht in Anspruch zu nehmen, wenn bei einem späteren Verkauf ein höherer Veräußerungsgewinn und damit ein höherer Steuervorteil zu erwarten ist. Hinsichtlich der Tarifbegünstigung stehen gem. § 52 Abs. 47 Satz 7 EStG in Veranlagungszeiträumen vor 2001 nach § 34 EStG gewährte Steuerermäßigungen deren Gewährung nicht entgegen. Für die Inanspruchnahme des Freibetrags sind Gewährungen vor dem 1. 1. 1996 unbeachtlich.[2]
- Die Steuervergünstigung darf nur für ein Veräußerungsobjekt in Anspruch genommen werden. Mehrere Verkäufe in einem Jahr werden nicht zusammengerechnet, auch wenn sie aufgrund desselben Vertrags erfolgen. In diesem Zusammenhang könnte es sich lohnen, zunächst mehrere Betriebe zu einem Betrieb zusammenzufassen und damit nur ein Veräußerungsobjekt zu haben. Besonders zu beachten ist folgende Sachverhaltskonstellation: Befindet sich im Betrieb des Einzelunternehmens ein Anteil an einer PersGes, so handelt es sich um zwei Veräußerungsobjekte.[3] Der Veräußerungsgewinn ist somit für beide Veräußerungsobjekte getrennt zu ermitteln und der ermäßigte Durchschnittssteuersatz kann nur für einen der beiden Veräußerungsgewinne Anwendung finden. Diese Auffassung ist fraglich, da hinsichtlich der PersGes kein eigenes Wirtschaftsgut vorliegt, sondern der Anteil an der PersGes nach der Spiegelbildmethode ausgewiesen wird. Aus diesem Grunde ist nach Auffassung der Finanzverwaltung bei Veräußerung eines Anteils an einer Ober-PersGes, die in ihrem Gesamthandsvermögen einen Anteil an einer Unter-PersGes hält, nur ein Veräußerungsobjekt anzunehmen und §§ 16 Abs. 4, 34 EStG auf den Gewinn anzuwenden.[4] Es ist keine dogmatische Begründung zu erkennen, warum Anteile an einer Unter-PersGes als Bestandteil eines veräußerten Betriebsvermögens zu einem weiteren Veräußerungsvorgang führen, aber im Fall der Mitunternehmeranteilsveräußerung Teil des einheitlichen Veräußerungsvorganges sein sollen.

bb) Berechnung der Einkommensteuer nach dem ermäßigten Durchschnittssteuersatz

Bei § 34 Abs. 3 EStG wird die Einkommensteuer zuerst ganz normal für alle Einkünfte 2293
des Jahres inklusive des Veräußerungsgewinns ermittelt. Sodann wird errechnet, welchem durchschnittlichen Steuersatz dieser Einkommensteuerbetrag entspricht. Mit 56 %[5] des so ermittelten Durchschnittssteuersatzes werden dann die Veräußerungsgewinne besteuert. Der Gesetzgeber hat jedoch auch einen Mindeststeuersatz vorgese-

1 BMF 20. 12. 2005, BStBl 2006 I 7.
2 H 16 Abs. 13 Satz 5 EStH.
3 R 34.5 Abs. 2 Sätze 3 und 4 EStR.
4 OFD Frankfurt a. M., DB 2008, 265; R 34.5 Abs. 2 Satz 5 EStR.
5 Bis einschließlich VZ 2003: 50 %.

hen. Die Veräußerungsgewinne werden mit mindestens 15 % versteuert, was dem jeweiligen Eingangssteuersatz entspricht. Der ermäßigte Steuersatz wird nur bis zu einem Veräußerungsgewinn von 5 Mio. € gewährt. Ein darüber hinausgehender Gewinn unterliegt dem vollen Steuersatz, sofern nicht andere Steuersatzermäßigungen oder Steuerbefreiungen eingreifen.[1] Für die übersteigenden Einkünfte könnte z. B. die Fünftelregelung Anwendung finden.[2] Zu beachten ist in diesem Zusammenhang, dass in den Fällen, in denen die Tarifermäßigungen des Abs. 1 und des Abs. 3 in demselben VZ auf verschiedene Einkunftsteile nebeneinander Anwendung finden, sich die Steuersätze wechselseitig beeinflussen. Hier ist eine Verhältnisrechnung vorzunehmen, für die in H 34.2 EStH Berechnungsbeispiele dargelegt sind. Fällt der Veräußerungsgewinn in zwei Veranlagungszeiträumen an, so ist in beiden die Tarifbegünstigung des § 34 Abs. 3 EStG zu gewähren, wobei der Höchstbetrag von insgesamt 5 Mio. € nur einmal gewährt werden darf.[3]

2294 Der ermäßigte Steuersatz gilt nicht für den Teil des Veräußerungsgewinns, der nach § 3 Nr. 40b i.V.m. § 3c Abs. 2 EStG teilweise steuerbefreit ist. Nach § 3 Nr. 40b EStG sind Einkünfte aus der Veräußerung von Anteilen an Kapitalgesellschaften nach dem Teileinkünfteverfahren zu versteuern. Damit unterliegt auch die Veräußerung von Anteilen an einer PersGes, die Anteile an Kapitalgesellschaften hält, dem Teileinkünfteverfahren hinsichtlich des darauf anfallenden Betrages. Die somit schon einmal begünstigten Beträge sollen nicht noch einer weiteren Vergünstigung unterliegen.[4]

2295 § 34 Abs. 3 EStG ist eine Neuregelung ab dem VZ 2001. Bis zum VZ 1998 existierte ebenfalls ein halber durchschnittlicher Steuersatz für bestimmte außerordentliche Einkünfte, wobei sich die damalige Regelung in den Einzelheiten stark von der heutigen unterschied. Für Veräußerungen in den Veranlagungszeiträumen 1999 und 2000 existierte allein die Fünftelregelung, die bei hohem Einkommen zu keiner Entlastung führt. Die höhere Besteuerung in diesen beiden Veranlagungszeiträumen stellt jedoch keinen Verstoß gegen Art. 3 GG dar.[5] Die („Wieder"-)Einführung im Jahr 2001 sollte die Vorteile der Kapitalgesellschaften im Zusammenhang mit der Einführung des Halbeinkünfteverfahrens kompensieren, so dass die fehlende Rückwirkung nicht willkürlich war.[6]

cc) Steuerbefreiung gemäß § 16 Abs. 4 EStG

2296 Unter denselben Voraussetzungen wie beim ermäßigten Durchschnittssteuersatz wird gem. § 16 Abs. 4 EStG dem Veräußerer ein Freibetrag von 45 000 € eingeräumt. Der Freibetrag ist schon bei der Ermittlung der Einkünfte zu berücksichtigen, so dass er sich auf die Höhe des Verlustvortrages auswirkt, wenn der Veräußerungsgewinn ohnehin

1 *Seeger* in Schmidt, EStG § 34 Rz. 60.

2 *Hottmann* in Zimmermann/Hottmann/Kiebele/Schaeberle/Völkel, J Rn. 84.

3 BMF 20. 12. 2005, BStBl 2006 I 7.

4 *Seeger* in Schmidt, EStG § 34 Rz. 25.

5 BFH 10. 7. 2002 XI B 68/02, BStBl 2003 II 341. Die Rückwirkung der damaligen Abschaffung des halben Steuersatzes auf 1998 vereinbarte und 1999 ausgezahlte Entschädigungen hält der BFH jedoch für verfassungswidrig, BFH 6. 11. 2002 XI R 42/01, BStBl 2003 II 257. Das Verfahren ist beim BVerfG unter dem Az. 2 BvL 1/03 anhängig.

6 BFH 10. 7. 2002 XI B 68/02, BStBl 2003 II 341.

wegen eines bestehenden Verlustvortrages oder negativer anderer Einkünfte im VZ nicht zu einer aktuellen Steuerbelastung führen würde.[1]

Den Freibetrag kann der Steuerpflichtige nur ein einziges Mal in Anspruch nehmen. Der Freibetrag ist auch dann verbraucht, wenn er für einen Veräußerungsgewinn in Anspruch genommen wird, der den Betrag unterschreitet.[2] Darüber hinaus reduziert sich der Freibetrag für hohe Veräußerungsgewinne. So wird der Betrag, um den der Veräußerungsgewinn 136 000 € übersteigt, vom Freibetrag abgezogen. Bei einem Veräußerungsgewinn von 181 000 € wird demnach kein Freibetrag mehr gewährt. Fällt der Gewinn aus einem Veräußerungsvorgang in zwei verschiedenen Veranlagungszeiträumen an, so ist er auf Basis des gesamten Veräußerungsgewinn zu berechnen und auf beide Veranlagungszeiträume im Verhältnis der Gewinnanteile zu verteilen.[3] 2297

Nach einer Auffassung in der Literatur ist bei der Berechnung des Freibetrages auch der laufende Gewinn zum Veräußerungsgewinn i. S. d. § 16 Abs. 4 EStG zu rechnen. Der danach errechnete Freibetrag ist jedoch dann nur auf den Veräußerungsgewinn ohne laufenden Gewinn zu gewähren.[4] Die Finanzverwaltung ist jedoch anderer Ansicht. Danach ist der laufende Gewinn weder bei der Berechnung noch bei der Gewährung des Freibetrages zu berücksichtigen.[5] Umfasst der Veräußerungsgewinn auch dem Teileinkünfteverfahren unterliegende Gewinne, ist der Freibetrag ohne den gemäß Teileinkünfteverfahren steuerfrei bleibenden Teil des Veräußerungsgewinns zu berechnen. Der so ermittelte Freibetrag ist anteilig auf einen gem. § 34 Abs. 3 EStG ermäßigt zu besteuernden Veräußerungsgewinn und den steuerpflichtigen Teil der dem Teileinkünfteverfahren unterfallenden Gewinne aufzuteilen.[6] 2298

Erfolgt die Veräußerung sowohl gegen ein festes Entgelt als auch gegen eine Veräußerungsrente[7] und wird für die Rente nicht die Sofortversteuerung, sondern die Zuflussbesteuerung gewählt, kann der Freibetrag nur von dem Teil des Veräußerungsgewinns abgezogen werden, der auf die Einmalzahlung entfällt, nicht jedoch für die der Zuflussbesteuerung unterliegende Veräußerungsrente. Unabhängig hiervon ist für die Zwecke der Berechnung der Höhe des zu gewährenden Freibetrags nicht nur der Barkaufpreis, sondern auch der Wert des kapitalisierten Rentenrechts anzusetzen.[8] Ist ursprünglich die Zuflussbesteuerung bei einer Veräußerung allein gegen Leibrente gewählt worden, wird dann diese aber später durch einen Einmalbetrag abgelöst, ist nach der Rechtsprechung der Freibetrag für den Einmalbetrag zu gewähren.[9] 2299

Bei der Ermittlung des Freibetrages bei mehreren ausscheidenden Gesellschaftern ist ausschließlich auf den anteiligen Gewinn des Steuerschuldners abzustellen.[10] Jedem 2300

1 *Schoor*, DStZ 2005, 627.
2 R 16 Abs. 13 Satz 4 EStR.
3 BMF 20. 12. 2005, BStBl 2006 I 7.
4 *Wacker* in Schmidt, EStG § 16 Rz. 578.
5 R 16 Abs. 13 Satz 9 EStR.
6 BMF 20. 12. 2005, BStBl 2006 I 7; H 16.13 EStH – Halbeinkünfteverfahren.
7 Vgl. Rn. 2342 ff.
8 BFH 17. 8. 1967 IV R 81/67, BStBl 1968 II 75.
9 BFH 14. 1. 2004 X R 37/02, BStBl 2004 II 493.
10 R 16.13 Satz 2 EStR.

einzelnen Gesellschafter ist dabei der volle Freibetrag nach Maßgabe seiner persönlichen Verhältnisse zu gewähren (keine Quotelung auf den „entsprechenden" Teil).[1]

2301 Befindet sich in einem zu veräußernden Betrieb ein Mitunternehmeranteil, ist gemäß Richtlinie zum EStG der Veräußerungsgewinn aufzuteilen auf die Betriebsveräußerung einerseits und die Veräußerung eines Mitunternehmeranteils andererseits. Der Freibetrag kann nur für einen der beiden Vorgänge in Anspruch genommen werden. Es besteht jedoch insoweit ein Wahlrecht.[2] Diese Auffassung ist jedoch zweifelhaft.[3] Demgegenüber ist bei einer Veräußerung eines Anteils an einer Mitunternehmerschaft, zu deren Betriebsvermögen die Beteiligung an einer anderen Mitunternehmerschaft gehört (doppelstöckige Mitunternehmerschaft), ein einheitlicher Veräußerungsvorgang anzunehmen, auf den der Freibetrag einheitlich Anwendung findet.[4]

2302 Der für den Freibetrag erforderliche Antrag ist nicht in dem Antrag zur Besteuerung nach § 34 Abs. 3 EStG automatisch enthalten.[5] Da beide Vergünstigungen – trotz gleicher Voraussetzungen – unabhängig voneinander gewährt werden, kann man bei zwei Verkäufen jeweils eine Vergünstigung in Anspruch nehmen. Zum Beispiel für den Veräußerungsgewinn von 110 000 € den Freibetrag und für den zweiten Veräußerungsgewinn von 4 Mio. € den ermäßigten Durchschnittssteuersatz.

2303–2310 *(Einstweilen frei)*

VIII. Versteuerung von wiederkehrenden Zahlungen

1. Abgrenzung der wiederkehrenden Zahlungen

2311 Veräußert eine PersGes einen Betrieb, Teilbetrieb oder Mitunternehmeranteil, handelt es sich bei wiederkehrenden Zahlungen um Kaufpreisraten. Scheidet jedoch ein Mitunternehmer gegen Abfindung, durch Veräußerung seines Mitunternehmeranteils oder durch unentgeltliche Übertragung seines Mitunternehmeranteils aus einer bestehenden PersGes aus, so hängt die steuerliche Einordnung wiederkehrender Zahlungen entscheidend von der Art der Zahlung und ihrem Rechtsgrund ab. Hierbei wird unterschieden zwischen

- wiederkehrenden Leistungen im Austausch mit einer Gegenleistung,
- Versorgungsleistungen und
- Unterhaltsleistungen.

2312 Zur ersten Gruppe gehören Kaufpreisraten, Veräußerungsleibrenten und Veräußerungszeitrenten. Kennzeichnend für diese Gruppe ist, dass sich zumindest der zur Zahlung Verpflichtete bei der Bemessung der Zahlungshöhe überwiegend von dem Gedanken eines angemessenen Entgelts für den Erwerb bestimmter Wirtschaftsgüter leiten

1 R 16.13 Satz 3 EStR.
2 R 16.13 Sätze 6 und 7 EStH.
3 Dazu Rn. 2292; zur doppelstöckigen PersGes: OFD Frankfurt a. M., DB 2008, 265.
4 R 16.13 Satz 8 EStR.
5 *Wacker* in Schmidt, EStG § 16 Rz. 580.

ließ.[1] Unter Fremden besteht eine nur in Ausnahmefällen widerlegbare Vermutung, dass bei der Übertragung von Vermögen Leistung und Gegenleistung kaufmännisch gegeneinander abgewogen sind, also eine wiederkehrende Leistung im Austausch mit einer Gegenleistung vorliegt.[2] Ist bei einer eigentlich der Versorgung dienenden Rente eine Mindestzeit oder eine Höchstzeit vorgesehen, handelt es sich nach Auffassung der Finanzverwaltung ebenfalls um ein entgeltliches Geschäft.[3]

Betriebliche oder private Versorgungsleistungen dienen der Versorgung des Ausgeschiedenen. Versorgungsrenten liegen vor, wenn ihre Begründung und Bemessung überwiegend durch das Bestreben bestimmt wird, den Rentenberechtigten angemessen zu versorgen, ihn insbesondere vor materieller Not zu schützen.[4] Sofern die Beteiligten tatsächlich die Ratenzahlung nach diesen Grundsätzen bemessen haben, liegt eine Versorgungsrente selbst dann vor, wenn Leistung und Gegenleistung objektiv gleichwertig sind.[5] Bei der Vermögensübergabe an Angehörige spricht eine widerlegbare Vermutung dafür, dass die wiederkehrenden Leistungen unabhängig vom Wert des übertragenen Vermögens nach dem Versorgungsbedürfnis des Berechtigten und nach der wirtschaftlichen Leistungsfähigkeit des Verpflichteten bemessen worden sind.[6] Diese Vermutung ist widerlegt, wenn die Beteiligten Leistung und Gegenleistung nach kaufmännischen Gesichtspunkten gegeneinander abgewogen haben. Zur Widerlegung reicht aus, dass sie subjektiv von einer Gleichwertigkeit der beiderseitigen Leistungen ausgingen und ausgehen durften, auch wenn Leistung und Gegenleistung objektiv ungleichwertig sind.[7] 2313

Die Abgrenzung zwischen (betrieblicher) Versorgungsrente und (betrieblicher) Veräußerungsrente ist nach der subjektiven Zwecksetzung der Parteien vorzunehmen.[8] Dafür hat das Finanzamt den Vertragszweck anhand des Vortrags der Vertragsparteien sowie den Gegebenheiten des Einzelfalls zu ermitteln. Bei der Abgrenzung zwischen Veräußerungsrente und Versorgungsrente ist zu beachten, dass Renten, die im Zusammenhang mit der Übertragung eines Mitunternehmeranteils vereinbart werden, sich nur ausnahmsweise als (betriebliche) Versorgungsrente qualifizieren lassen. Es müssen betriebliche Gründe für die Sicherstellung der Versorgung des Ausscheidenden vorliegen, z. B. aufgrund der für die Gesellschaft geleisteten Dienste. 2314

Bei Betriebsübertragungen zwischen nahen Angehörigen besteht hingegen eine Vermutung für eine private Versorgungsrente und gegen eine betriebliche Veräußerungsrente.[9] 2315

Von der Versorgungsrente zu unterscheiden sind Unterhaltsleistungen bzw. freiwillige Leistungen. Während die Versorgungsrente auf dem Umstand beruht, dass der Überge- 2316

1 BFH 12. 11. 1985 VIII R 286/81, BStBl 1986 II 55.
2 BMF 11. 3. 2010, BStBl 2010 I 399, Tz. 6.
3 BMF 11. 3. 2010, BStBl 2010 I 399, Tz. 56.
4 BFH 12. 11. 1985 VIII R 286/81, BStBl I 1986 II 55.
5 BFH 20. 12. 1988 VIII R 121/83, BStBl 1989 II 585.
6 BMF 11. 3. 2010, BStBl 2010 I 399, Tz. 5.
7 BFH 29. 1. 1992 X R 193/87, BStBl 1992 II 465.
8 BFH 20. 12. 1988 VIII R 121/83, BStBl 1989 II 585.
9 BFH 3. 6. 1992 X R 14/89, BStBl 1993 II 23.

bende sich in Gestalt der Versorgungsleistungen typischerweise Erträge seines Vermögens vorbehält, die nun allerdings vom Vermögensübernehmer erwirtschaftet werden müssen, besteht bei Unterhaltsleistungen kein engerer Zusammenhang mit der Vermögensübertragung.

2317 Unterhaltsleistungen als wiederkehrende Leistungen ohne Bezug zu einem dafür erhaltenen Vermögenswert sind als Zuwendungen aufgrund freiwillig begründeter Rechtspflicht i. S. d. § 12 Nr. 2 EStG vom Leistenden nicht abziehbar.[1] Eine Besteuerung beim Berechtigten findet nicht statt.

2318–2320 *(Einstweilen frei)*

2. Wiederkehrende Leistungen im Austausch mit einer Gegenleistung

a) Kaufpreisstundung und Ratenzahlung

aa) Behandlung beim Ausscheidenden

2321 Kaufpreisraten liegen vor, wenn als Gegenleistung für die Übertragung von Gesellschaftsanteilen, zur Zahlungserleichterung für den Erwerber, statt eines Einmalbetrags mehrere zeitlich gestaffelte Zahlungen vereinbart werden.

2322 Eine Kaufpreisstundung oder eine Ratenzahlung wird grundsätzlich wie eine sofortige Einmalzahlung behandelt. Der Veräußerungsgewinn ist nämlich verwirklicht, wenn der Anteil dinglich auf die verbleibenden Gesellschafter übergegangen oder auf einen Dritten oder einen Gesellschafter übertragen worden ist.[2] In diesem Zeitpunkt ist damit der Veräußerungsgewinn in voller Höhe zu versteuern.[3] Dabei kann der Veräußerer die Steuervergünstigungen gem. §§ 16, 34 EStG in Anspruch nehmen.

2323 Bei der Besteuerung bestehen lediglich folgende Besonderheiten:

- Da mit dem Ausscheiden der Kaufpreisanspruch zum Privatvermögen gehört, hat der Veräußerer bei einer Stundung zusätzlich Einkünfte aus Kapitalvermögen gem. § 20 Abs. 1 Nr. 7 EStG in Höhe der vereinbarten Stundungszinsen.[4]
- Bei mehr als einjähriger unverzinslicher Stundung ist der Kaufpreis abzuzinsen, so dass sich ein niedrigerer Veräußerungspreis ergibt. Nach § 12 Abs. 3 BewG ist von einem Zinssatz von 5,5 % auszugehen. Bei der späteren Zahlung des Kaufpreises fallen hinsichtlich des durch Abzinsung entstandenen Differenzbetrags nach § 20 Abs. 1 Nr. 7 EStG zu versteuernde Einkünfte aus Kapitalvermögen an.[5] Ist eine besonders niedrige Verzinsung vereinbart (unter 3 %), so hat auch eine Abzinsung zu erfolgen.[6]
- Auch bei Ratenzahlungen ist der in den einzelnen Raten enthaltene Zinsanteil nach § 20 Abs. 1 Nr. 7 EStG als Einkünfte aus Kapitalvermögen zu versteuern. Bei Raten-

1 BFH 26. 11. 1997 X R 114/94, BStBl 1998 II 190.
2 *Schulze zur Wiesche* in von Wallis/Brandmüller/Schulze zur Wiesche, Rn. 455.
3 *Biergans*, DStR 1981, 455.
4 *Hottmann* in Zimmermann/Hottmann/Kiebele/Schaeberle/Völkel, J 186.
5 *Hörger* in Littmann/Bitz/Pust, § 16 EStG Rn. 106.
6 BMF v. 15. 9. 1997, BStBl 1997 I 832, Tz. 1.2.2.

zahlungen über einen Zeitraum von mehr als einem Jahr, bei der keine Verzinsung vorgesehen ist, ist wie bei einer Stundung eine Abzinsung vorzunehmen und der in den einzelnen Ratenzahlungen hiernach enthaltene Zinsanteil als Einkünfte aus Kapitalvermögen zu versteuern.[1]

- Laufen die Ratenzahlungen über einen Zeitraum von mehr als 10 Jahren kann gem. H 16 Abs. 11 EStH ggf. ein Wahlrecht ausgeübt werden, die Besteuerung nach dem Zuflussprinzip vorzunehmen.
- Ist im Zeitpunkt der Veräußerung ernstlich zweifelhaft, ob der Käufer die gestundete Forderung erfüllt, rechtfertigt dies einen geschätzten Abschlag vom Nennwert.
- Werden die Ratenzahlungen ab einem bestimmten Zeitpunkt uneinbringlich, wirkt dies kaufpreismindernd auf den Veräußerungszeitpunkt zurück. Es handelt sich um ein rückwirkendes Ereignis nach § 175 Abs. 1 Nr. 2 AO.

bb) Behandlung beim Erwerber

Im Fall normalverzinslicher Kaufpreisraten entsprechen die Anschaffungskosten des Erwerbers dem Nominalwert der Kaufpreisforderung. Im Fall unverzinslicher oder niedrigverzinslicher Raten entsprechen die Anschaffungskosten dem Barwert der Kaufpreisraten. Diese Anschaffungskosten sind auf die einzelnen Wirtschaftsgüter der Personengesellschaft nach Maßgabe des erworbenen Anteils zu verteilen, wobei es i. d. R. zur Aufdeckung stiller Reserven in einer positiven Ergänzungsbilanz des Erwerbers kommt.[2] Bei Zahlung der Raten kann der Erwerber sodann den (rechnerischen) Zinsanteil als Betriebsausgabe absetzen, während der Tilgungsanteil erfolgsneutral zu behandeln ist.[3] 2324

(Einstweilen frei) 2325–2330

b) Gewinn- oder umsatzabhängiger Kaufpreis

Bei einem gewinn- oder umsatzabhängigen Kaufpreis ist eine Sofortbesteuerung ausgeschlossen.[4] Der Gewinn ist – im Unterschied zu normalen Kaufpreisraten – zwingend als laufende nachträgliche Betriebseinnahme im Jahr des Zuflusses[5] in der Höhe zu versteuern, in der die Summe der Kaufpreiszahlungen das – ggf. um Einmalleistungen gekürzte – Schlusskapitalkonto zuzüglich der Veräußerungskosten überschreitet.[6] Angesichts der eindeutigen neuen Rechtsprechung verstummen in der Literatur die Stimmen, die auch eine Sofortversteuerung als möglich ansehen.[7] Eine Steuerbegünstigung gem. §§ 16 Abs. 4, 34 Abs. 1, 3 EStG kann nicht in Anspruch genommen werden.[8] 2331

Beim Erwerber stellt sich die Problematik, was in seiner Bilanz anzusetzen ist. Gemäß § 5 Abs. 2a EStG sind Verpflichtungen, die nur zu erfüllen sind, soweit künftige Einnah- 2332

1 *Hörger* in Littmann/Bitz/Pust, § 16 EStG Rn. 106.
2 Zur Hebung der stillen Reserven vgl. oben Rn. 2180 ff.
3 *Biergans*, DStR 1981, 455.
4 *Wacker* in Schmidt, EStG § 16 Rz. 244.
5 Zur Zuflussbesteuerung vgl. unten Rn. 2347 f.
6 BFH 14. 5. 2002 VIII R 8/01, BStBl 2002 II 532; H 16 Abs. 11 EStH.
7 Aktuell vertreten noch diese Auffassung *Neu/Lühn*, DStR 2003, 61.
8 *Hottmann* in Zimmermann/Hottmann/Kiebele/Schaeberle/Völkel, J 221.

men oder Gewinne anfallen, erst anzusetzen, wenn die Einnahmen oder Gewinne angefallen sind. Damit dürften beim Erwerb keine Anschaffungsverbindlichkeiten angesetzt werden. Da nach § 6 Abs. 1 Nr. 7 EStG Wirtschaftsgüter bei einem entgeltlichen Erwerb höchstens mit den Anschaffungskosten anzusetzen sind, dürften die Wirtschaftsgüter folglich in der Bilanz zuerst nur mit einem Wert von Null ausgewiesen werden. Erst bei Zahlung wären dann die Anschaffungskosten sukzessive zu aktivieren, bis die Wirtschaftsgüter mit ihrem Teilwert bilanziert sind.[1]

2333 Die Rechtsprechung des BFH sieht jedoch eine andere Bilanzierung vor. Materielle Wirtschaftsgüter mit objektiv feststellbarem Verkehrswert sind danach zwingend mit diesem anzusetzen. Ihnen ist ein entsprechender Passivposten gegenüberzustellen.[2] Bei schwer bewertbaren immateriellen Wirtschaftsgütern ist neben diesem Ansatz auch die sukzessive Aktivierung nach Maßgabe der geleisteten Zahlungen bis zur Höhe des Teilwerts möglich. Abschreibungsfähige immaterielle Wirtschaftsgüter brauchen nicht aktiviert zu werden. Die Zahlungen könnten dann sofort als Betriebsausgabe erfasst werden.[3]

Ob diese Rechtsprechung angesichts des eindeutigen Gesetzeswortlauts des § 5 Abs. 2a EStG[4] aufrechterhalten werden kann, ist fraglich.

2334–2340 *(Einstweilen frei)*

c) Veräußerungsleibrenten und Veräußerungszeitrenten

aa) Behandlung beim Ausscheidenden

2341 Ein einmaliger Veräußerungsgewinn stellt oftmals einen im Vergleich zu den sonstigen Einkünften sehr hohen Betrag dar. Dies führt dazu, dass im Veräußerungsjahr oftmals der Höchststeuersatz für erhebliche Teile der Einkünfte anfällt. Vor dem Hintergrund der unterschiedlichen Besteuerungsfolgen von Einmalzahlungen einerseits und Rentenzahlungen andererseits kann es sich daher lohnen, anstelle einer Einmalzahlung eine Zahlung des Veräußerungspreises auf Rentenbasis zu vereinbaren. Im Fall der Ausübung des nachfolgend dargestellten Besteuerungswahlrechts i. S. d. Nach-und-Nach-Besteuerung kann es dann aufgrund der Zuflussbesteuerung in den jeweiligen Veranlagungszeiträumen zu einer Besteuerung mit einem niedrigeren Steuersatz als dem Spitzensteuersatz kommen.

2342 Bei der Veräußerung eines Mitunternehmeranteils[5] gegen wiederkehrende Bezüge hat der Veräußerer ein Wahlrecht zwischen der Sofortbesteuerung eines nach §§ 16, 34 EStG begünstigten Veräußerungsgewinns im Zeitpunkt der Veräußerung und einer Versteuerung nicht begünstigter nachträglicher Einkünfte im Zuflusszeitpunkt nach

1 Für diese Lösung *Reiß* in Kirchhof/Söhn, EStG § 16 Rn. B 183.

2 BFH 10. 10. 1985 IV B 30/85, BStBl 1986 II 68.

3 A. A. *Reiß* in Kirchhof/Söhn, EStG § 16 Rn. B 183.

4 Mit dem Steuerbereinigungsgesetz 1999 mit Geltung für die nach dem 31. 12. 1998 beginnenden Wirtschaftsjahre eingefügt.

5 Bei der Veräußerung einzelner Wirtschaftsgüter bei fortbestehendem Betrieb besteht hingegen kein Wahlrecht. Dort ist die Sofortbesteuerung zwingend. BFH 28. 3. 1984 I R 191/79, BStBl 1984 II 664; *Heinicke* in Schmidt, EStG § 4 Rz. 79.

§§ 15 Abs. 1, 24 Nr. 2 EStG.[1] Das Wahlrecht besteht nach der Rechtsprechung bei für den Veräußerer „wagnisbehafteten Bezügen".[2] Als solche gelten:

- lebenslänglich zu zahlende Renten (sog. Veräußerungsleibrenten),[3]
- Renten mit einer festen Laufzeit über 10 Jahre, die primär der Versorgung dienen (sog. Zeitrenten) oder
- Raten mit besonders langen, nicht mehr überschaubaren Laufzeiten, wenn sie mindestens auch mit dem Nebenzweck der Versorgung des Berechtigten vereinbart wurden (sog. Ratenzahlung).[4]

Das Wahlrecht besteht hinsichtlich des Rentenanteils auch dann, wenn sowohl gegen 2343
wiederkehrende Bezüge als auch gegen festes Entgelt veräußert wird.[5]

Wird bei einer Rente die Sofortbesteuerung gewählt, so ist als Veräußerungsgewinn 2344
der Unterschiedsbetrag zwischen dem nach den Vorschriften des Bewertungsgesetzes ermittelten Barwert der Rente, vermindert um etwaige Veräußerungskosten des Steuerpflichtigen und dem Buchwert des steuerlichen Kapitalkontos im Zeitpunkt der Veräußerung des Mitunternehmeranteils anzusetzen. Nach Auffassung der Finanzverwaltung darf der Barwert abweichend vom Bewertungsgesetz auch nach versicherungsmathematischen Grundsätzen berechnet werden.[6]

Der vorzeitige Tod des Veräußerers und die hierdurch begründete frühzeitige Beendi- 2345
gung der Rentenzahlungen führt bei der Sofortbesteuerung nicht zu einer rückwirkenden Minderung des Veräußerungsgewinns, da der Tod kein steuerlich rückwirkendes Ereignis gem. § 175 AO ist.[7] Die Steuerschuld wird jedoch nachträglich gem. § 175 AO geändert, wenn die Rente aus anderen Gründen, die als Leistungsstörung zu werten sind, ausfällt.[8]

Bei Zahlung der jeweiligen Rente ist im Fall der Sofortbesteuerung zusätzlich der Zins- 2346
bzw. Ertragsanteil der Rente einkommensteuerpflichtig. Ist die Rentenanwartschaft aus besonderen Gründen Betriebsvermögen des Steuerpflichtigen, so erfolgt die Besteuerung gem. § 24 Nr. 2 EStG als nachträgliche gewerbliche Einkünfte. Da aber mit der Sofortbesteuerung die Rente regelmäßig in das Privatvermögen des Steuerpflichtigen fällt, erfolgt die Besteuerung nach § 22 Nr. 1 Satz 3 Buchst. a Doppelbuchst. bb EStG nur in Höhe des Ertragsanteils.[9]

Wählt man hingegen die Zuflussbesteuerung, so sind die Vergünstigungen der §§ 16 2347
Abs. 4, 34 EStG ausgeschlossen. Wird sowohl gegen einen festen Kaufpreis als auch gegen eine Veräußerungsrente verkauft, gelten die Vergünstigungen bei Wahl der Zuflussbesteuerung nur für den festen Kaufpreis. Für die Ermittlung der Höhe des Frei-

1 *Wacker* in Schmidt, EStG § 16 Rz. 221.
2 *Wacker* in Schmidt, EStG § 16 Rz. 222.
3 R 16 Abs. 11 Satz 1 EStR.
4 H 16 Abs. 11 EStH.
5 BFH 7. 11. 1991 IV R 14/90, BStBl 1992 II 457; R 16 Abs. 11 EStR.
6 R 6.2 EStR.
7 BFH 19. 8. 1999 IV R 67/98, BStBl 2000 II 179.
8 BFH 19. 7. 1993 GrS 1/92, BStBl 1993 II 786.
9 *Wacker* in Schmidt, EStG § 16 Rz. 241.

betrags wird jedoch auch der Kapitalwert der Rente als Teil des Veräußerungspreises berücksichtigt.[1]

2348 Früher galt, dass bei der Zuflussbesteuerung die laufenden Zahlungen erst mit dem Buchwert des Kapitalkontos verrechnet werden. Dies geschah steuerneutral, da lediglich eine Vermögensumschichtung vorlag. Erst wenn die insgesamt erhaltenen Raten den Buchwert des Kapitalkontos überstiegen, begann die Besteuerung. Die Raten/Renten waren sodann im Jahr des Zuflusses in voller Höhe als laufende nachträgliche Einkünfte aus Gewerbebetrieb gem. § 24 Nr. 2 i.V.m. § 15 Abs. 1 Satz 2 EStG zu versteuern.[2] Eine getrennte Besteuerung des Ertragsanteils erfolgte demgegenüber nicht.[3] Für Veräußerungen nach dem 31. 12. 2003 sind nach Auffassung der Finanzverwaltung die Rentenzahlungen von Beginn an mit ihrem Zinsanteil zu versteuern, während der Tilgungsanteil erst bei Übersteigen des Kapitalkontos besteuert werden soll. In beiden Fällen ergeben sich nachträgliche Einkünfte aus Gewerbebetrieb (§§ 15 i.V.m. 24 Nr. 2 EStG).[4] Die Aufteilung in einen Zins- und Tilgungsanteil erfolgt nach §§ 13, 14 BewG bzw. nach versicherungsmathematischen Grundsätzen.[5] Sind in dem Betriebsvermögen Anteile an Kapitalgesellschaften enthalten, so ist der dem Teileinkünfteverfahren unterliegende Anteil des Tilgungsteils separat zu ermitteln.[6] Der Zinsanteil ist hingegen nicht aufzuteilen.

2349 Die nachträgliche Änderung der Rentenhöhe aufgrund einer Wertsicherungsklausel ist bei der Zuflussbesteuerung unproblematisch zu berücksichtigen, da der geänderte Zufluss automatisch zu einer geänderten Steuerlast führt. Hatte der Berechtigte die Sofortbesteuerung gewählt, so ändert sich der Veräußerungsgewinn nicht nachträglich. Der Mehrbetrag in Gestalt des Ertragsanteils ist lediglich gem. § 22 Nr. 1 Satz 3a EStG zu versteuern.[7]

2350–2355 *(Einstweilen frei)*

bb) Behandlung beim Erwerber

2356 In Höhe des kapitalisierten Barwerts der Rente hat der Käufer Anschaffungskosten, die er im Verhältnis der angeschafften Wirtschaftsgüter aufteilen muss.[8] Es kommt insoweit zur (anteiligen) Aufdeckung stiller Reserven. Zugleich ist der Barwert der Rentenverpflichtung zu passivieren.[9] Im Fall des Ausscheidens eines Mitunternehmers gegen Abfindung erfolgt diese Passivierung in der Gesamthandsbilanz der Personengesellschaft. Bei einer Veräußerung des Mitunternehmeranteils hat der Erwerber die Passivierung hingegen in seiner Sonderbilanz vorzunehmen. Da sich der Barwert der Renten-

1 H 16 Abs. 11 EStH.

2 FG München 17. 4. 1986 X 276/81 E, X 297/82 E, EFG 1986, 567.

3 Dies ist anders bei sog. Gegenleistungsrenten, die für die Veräußerung von Privatvermögen gewährt werden. Vgl. *Schwer*, StBp 2000, 103.

4 BMF 3. 8. 2004, DStR 2004, 1428.

5 Zur Auswirkung dieser Änderung: *Pickhardt-Poremba*, StuB 2005, 147 f.

6 BMF 3. 8. 2004, DStR 2004, 1428, mit einem ausführlichen Beispiel.

7 *Schwer*, StBp 2000, 103.

8 Zur Bilanzierung vgl. Rn. 2180 ff.

9 BFH 24. 10. 1990 X R 64/89, BStBl 1991 II 358.

verpflichtung sowohl durch das steigende Alter des Berechtigten als auch durch die laufenden Rentenzahlungen fortlaufend mindert, ist dieser an jedem Bilanzstichtag neu zu ermitteln und auszuweisen.[1] Als Betriebsausgaben/Sonderbetriebsausgaben abziehbare Zinszahlungen liegen nur insoweit vor, als die jährlichen Rentenzahlungen die jährliche Barwertminderung (Tilgungsanteil) übersteigen.[2]

Erhöhen sich nachträglich aufgrund einer Wertsicherungsklausel die Rentenzahlungen, 2357
ist der somit erhöhte Kapitalwert der Rentenverpflichtung neu zu berechnen und zu passivieren.[3] Die hieraus folgende Erhöhung der Verpflichtung wirkt sich in vollem Umfang gewinnmindernd aus.[4] Die Anschaffungskosten der erworbenen Wirtschaftsgüter bleiben dabei unberührt.

Die Auflösung des verbliebenen Passivpostens beim Erlöschen der Rentenverpflichtung, 2358
z. B. durch Tod des Berechtigten, ist ein steuerpflichtiger Ertrag. Dieser Ertrag ist gem. § 7 GewStG auch bei der Berechnung der Gewerbesteuer zu berücksichtigen.[5]

Eine Besonderheit ergibt sich, wenn der kapitalisierte Barwert der Rente die anteiligen 2359
Teilwerte der Wirtschaftsgüter sowie den anteiligen Firmenwert übersteigt, z. B. weil der ausscheidende Mitunternehmer als lästiger Gesellschafter abgefunden wurde. Zwar ist auch dann die Rentenverpflichtung in voller Höhe zu passivieren, jedoch stehen ihr nicht in voller Höhe aktivierungsfähige Anschaffungskosten gegenüber. Anschaffungskosten sind nur in der Höhe des Werts der Anteile an den Wirtschaftsgütern (einschließlich deren stillen Reserven) und des Firmenwerts gegeben.[6] Soweit die Passivierung die Aktivierung übersteigt, liegt ein im Übertragungsjahr abzugsfähiger betrieblicher Aufwand vor.

(Einstweilen frei) 2360–2365

3. Versorgungsrenten

Bei der Besteuerung der Versorgungsrenten ist zu differenzieren, ob eine betriebliche 2366
oder eine private Versorgungsrente vorliegt.

Eine betriebliche Versorgungsrente liegt vor, wenn die Leistungen eindeutig aus be- 2367
trieblichen Erwägungen heraus gewährt werden. Eine betriebliche Veranlassung für die Versorgungsrente kann in früher geleisteten Diensten (so z. B. beim Ausscheiden eines tätigen Gesellschafters aus einer PersGes) und auch ausnahmsweise in anderen Umständen (wie z. B. der Rücksichtnahme auf das geschäftliche Ansehen des Betriebsübernehmers usw.) zu finden sein.[7]

1 *Schwer*, StBp 2000, 103.
2 BFH 24. 10. 1990 X R 64/89, BStBl 1991 II 358.
3 *Schwer*, StBp 2000, 103.
4 BFH 24. 10. 1990 X R 64/89, BStBl 1991 II 358.
5 BFH 24. 10. 1990 X R 64/89, BStBl 1991 II 358.
6 *Schwer*, StBp 2000, 103.
7 BFH 12. 11. 1985 VIII R 286/81, BStBl 1986 II 55.

2368 Bei der Gewährung einer privaten Versorgungsrente überwiegen hingegen private, insbesondere familiäre oder erbrechtliche Gesichtspunkte.[1]

2369 Ob betriebliche oder außerbetriebliche Erwägungen maßgebend waren, ist stets vom Standpunkt des Verpflichteten aus zu beurteilen.[2] Zwischen nahen Angehörigen wird grundsätzlich eine private Versorgungsleistung vermutet. Eine betriebliche Versorgungsrente wird nur anerkannt, wenn feststeht, dass der Berechtigte für seinen Anteil an der PersGes eine angemessene Gegenleistung erhalten und dem Unternehmen Dienste geleistet hat, für die auch ein Fremder in ähnlicher Weise eine nachträgliche Vergütung erhalten würde.[3] Der betriebliche Charakter der zugrunde liegenden Vereinbarung muss eindeutig sein.

a) Versteuerung beim Übergang

2370 Werden Geschäftsanteile gegen Versorgungsleistungen übertragen, liegen nach der Rechtsprechung des BFH zwei unabhängige Rechtsvorgänge i. S. einer gegenseitigen Schenkung vor.[4] Der Steuerpflichtige, der das Vermögen unter der Zusage von Versorgungsleistungen übernimmt, führt wegen des unentgeltlichen Erwerbs entsprechend § 6 Abs. 3 EStG die Buchwerte des übernommenen Vermögens fort.[5] Die Übernehmenden haben keine Anschaffungskosten und somit – im Unterschied zur Veräußerungsrente – den Rentenbarwert nicht zu passivieren.[6] Die Umbuchung des Kapitalkontos des ausscheidenden Gesellschafters erfolgt somit erfolgsneutral.[7] Sollen neben von § 10 Abs. 1 Nr. 1a Satz 2 EStG erfasste Wirtschaftsgüter andere Wirtschaftsgüter übertragen werden, sollten zwei Verträge ohne zeitlichen Zusammenhang geschlossen werden und die Übertragung der anderen Wirtschaftsgüter nicht gegen Versorgungsleistung erfolgen, da ansonsten ein entgeltliches Veräußerungsgeschäft vorliegt.[8] Da die Finanzverwaltung die Zuordnung der Versorgungsleistungen selbst in einem einheitlichen Vertrag anerkennt,[9] dürfte die Gesamtplanrechtsprechung nur im Ausnahmefall problematisch sein.

2371 Umstritten ist, ob bei einer Übertragung gegen eine betriebliche Versorgungsrente bei den verbleibenden Gesellschaftern ein Gewinn und beim ausgeschiedenen Gesellschafter ein Verlust in Höhe des Buchwertes des Kapitalkontos entsteht.[10] Dies wäre der Fall, wenn der Übergang des Kapitalkontos auch auf betrieblichen Gründen beruht.[11] Dies

1 BFH 19. 1. 1992 X R 193/87, BStBl 1992 II 465.
2 *Biergans*, DStR 1981, 455.
3 BFH 6. 3. 1975 IV R 191/71, BStBl 1975 II 600; *Biergans*, DStR 1981, 455.
4 BFH 27. 4. 1977 I R 12/74, BStBl 1977 II 603.
5 BFH 5. 7. 1990 GrS 4-6/89, BStBl 1990 II 847.
6 BFH 7. 4. 1994 IV R 56/92, BStBl 1994 II 740.
7 *Hottmann* in Zimmermann/Hottmann/Kiebele/Schaeberle/Völkel, J 219; BFH 11. 7. 1973 I R 126/71, BStBl 1974 II 50.
8 So auch Kratzsch, NWB 2010, 1964, 1973.
9 BMF 11. 3. 2010, BStBl 2010 I 399, Tz. 47.
10 Dafür *Biergans*, DStR 1981, 455.
11 *Hottmann* in Zimmermann/Hottmann/Kiebele/Schaeberle/Völkel, P 53.

wird jedoch abgelehnt; da die betriebliche Versorgungsrente als Anerkennung der geleisteten Dienste und nicht wegen der Übertragung gewährt wird, so dass insoweit kein steuerbarer Vorgang vorläge.[1]

b) Laufende Besteuerung der betrieblichen Versorgungsleistung

Die laufenden Zahlungen sind beim Empfänger als nachträgliche Einkünfte aus Gewer- 2372
bebetrieb i. S. d. § 24 Nr. 2 EStG zu versteuern.[2] Dabei sind die Raten von Anfang an in voller Höhe steuerpflichtig, da – anders als bei der Veräußerungsrente – eine Verrechnung mit dem Kapitalkonto nicht erfolgt.

Bei den zahlenden Gesellschaftern liegen in Höhe der laufenden Rentenzahlungen ab- 2373
zugsfähige Betriebsausgaben/Sonderbetriebsausgaben vor, weil betriebliche Gründe für die Zahlung maßgebend sind.[3] Der Abzug erfolgt dabei von der ersten Rate an, da eine Verrechnung mit dem Kapitalkonto nicht erfolgt. Eine Minderung der Gewerbesteuer erfolgt jedoch im Ergebnis nicht, da die betriebliche Versorgungsrente nach § 15 Abs. 1 Satz 2 EStG als (nachträgliche) Sonderbetriebseinnahme gilt, die den gewerblichen Gewinn erhöht.

c) Laufende Besteuerung der privaten Versorgungsleistung

aa) Voraussetzung: Übertragung existenzsichernden Vermögens

Voraussetzung für die Anwendung der Grundsätze über die private Versorgungsrente 2374
ist, dass eine ausreichend ertragbringende, existenzsichernde Wirtschaftseinheit vom Übergeber zur Weiterführung durch den Übernehmer überlassen wird.[4] Andernfalls handelt es sich um eine Veräußerungsrente. Werden neben dem begünstigten Vermögen andere Wirtschaftsgüter übertragen, können die Versorgungsleistungen im Übertragungsvertrag in vollen Umfang dem ausreichend ertragreichen begünstigten Vermögen zugeordnet werden.[5]

Eine ausreichend ertragbringende Wirtschaftseinheit liegt vor, wenn die Versorgungs- 2375
leistungen nach überschlägigen Berechnungen nicht höher sind als der langfristig erzielbare Ertrag des übergebenen Vermögens.[6] Die Erträge sind grundsätzlich auf der Grundlage der steuerlichen Einkünfte zu ermitteln.[7] Diesen Erträgen sind Absetzungen für Abnutzung, erhöhte Absetzungen und Sonderabschreibungen sowie außerordentliche Aufwendungen hinzuzurechnen.[8] Ein Unternehmerlohn ist bei der Bewertung, ob

1 *Jansen/Myßen/Risthaus*, Renten Raten Dauernde Lasten, 13. Aufl., Rn. 988.
2 BFH 27. 6. 1989 VIII R 337/83, BStBl 1989 II 888.
3 *Hottmann* in Zimmermann/Hottmann/Kiebele/Schaeberle/Völkel, J 218.
4 BFH 10. 11. 1999 X R 10/99, BStBl 2002 II 653.
5 BMF 11. 3. 2010, BStBl 2010 I 399, Tz. 47.
6 BMF 11. 3. 2010, BStBl 2010 I 399, Tz. 27.
7 *Schoor*, INF 2003, 228; BMF 16. 9. 2004, BStBl 2004 I 922, (Rentenerlass III) Tz. 20.
8 BMF 11. 3. 2010, BStBl 2010 I 399, Tz. 32.

ausreichende Erträge vorliegen, nicht abzusetzen.[1] Unterschreitet die Ertragskraft die Höhe der Versorgungsleistung um bis zu 10 % kann dieses steuerlich unschädlich sein.[2]

2376 Für diese Ertragsprognose ist auf die Verhältnisse bei Vermögensübergabe abzustellen. Diese werden davon geprägt, ob in der Vergangenheit ausreichende Überschüsse erwirtschaftet wurden.[3] Dabei können die durchschnittlichen Nettoerträge des Jahres der Übergabe und der beiden vorangegangenen Jahre zugrunde gelegt werden.[4] Wird das Vermögen entgegen dieser Prognose später ertraglos, so hat dies auf die steuerliche Qualifizierung keinen Einfluss.[5] Es kommt demnach auch nicht zu einer nachträglichen Aufdeckung der stillen Reserven.

2377 Waren die Erträge beim Übergebenden nicht ausreichend, so kann nach der neuen Rechtsprechung des BFH dennoch die Ertragsprognose positiv sein, wenn beim Übernehmer ausreichend hohe Erträge zu erwarten sind. Dies hat der zu beweisen, der sich darauf beruft. Die tatsächliche spätere Entwicklung kann als Beweisanzeichen dienen.[6] Nach Auffassung der Finanzverwaltung sind dafür die Erträge aus dem Jahr der Vermögensübergabe und der beiden Folgejahre heranzuziehen.[7] In diesem Fall erfolgen die Veranlagungen vorläufig gem. § 165 AO. Nach der Rechtsprechung des BFH müssen die für die Verbesserung der Ertragskraft sprechenden Umstände schon im Zeitpunkt der Vermögensübergabe bestimmbar sein.[8]

2378 Wird ein gewerbliches, landwirtschaftliches oder selbständiges Unternehmen übertragen und tatsächlich fortgeführt, so gilt nach der neuen Rechtsprechung und der Auffassung der Finanzverwaltung eine nur in seltenen Ausnahmefällen widerlegbare Vermutung dafür, dass die Beteiligten im Zeitpunkt der Übertragung angenommen haben, der Betrieb werde auf die Dauer ausreichende Gewinne erwirtschaften, um die wiederkehrenden Leistungen abzudecken.[9] Die gleiche Vermutung gilt bei einer Beteiligung an einer GmbH, wenn sowohl Übergeber als auch Übernehmer Geschäftsführer waren bzw. werden, sowie für Mitunternehmeranteile und Teilbetriebe, nicht aber für verpachtete Betriebe. Wie lange der Übergeber Geschäftsführer war, ist irrelevant.[10] Wird neben dem Unternehmen weiteres Vermögen übertragen, ist die Beweisvermutung ebenfalls nicht anwendbar.[11]

2379 Ausreichende Erträge allein sind jedoch nach der Rechtsprechung nicht genug, wenn nichts übertragen wird, was als Vermögen bezeichnet werden könnte. Erforderlich ist nach der neuen Rechtsprechung des Großen Senats des BFH, dass das übergehende

1 BFH 12. 5. 2003 GrS 1/00, BStBl 2004 II 95; BMF 11. 3. 2010, BStBl 2010 I 399, Tz. 32.
2 BFH 17. 3. 2010 X R 38/06, BFH/NV 2010, 1700.
3 BFH 12. 5. 2003 GrS 1/00, BStBl 2004 II 95; BMF 11. 3. 2010, BStBl 2010 I 399, Tz. 34.
4 BFH 12. 5. 2003 GrS 1/00, BStBl 2004 II 95; BMF 11. 3. 2010, BStBl 2010 I 399, Tz. 34.
5 BFH 12. 5. 2003 GrS 1/00, BStBl 2004 II 95; *Kempermann*, DStR 2003, 1736.
6 BFH 12. 5. 2003 GrS 1/00, BStBl 2004 II 95.
7 BMF 11. 3. 2010, BStBl 2010 I 399, Tz. 35.
8 BFH 16. 6. 2004 X R 22/99, BStBl 2004 II 1053.
9 BMF 11. 3. 2010, BStBl 2010 I 399, Tz. 29.
10 *Geck*, DStR 2005, 87.
11 BMF 11. 3. 2010, BStBl 2010 I 399, Tz. 30.

Vermögen selbst einen positiven Substanz- bzw. Ertragswert aufweist.[1] In dem zugrunde liegenden Fall hatte der Sohn die in gepachteten Räumen betriebene Gaststätte der Eltern übernommen und ihnen dafür Kost und Logis, sowie die Übernahme deren privater Versicherungen zugesagt. Trotz ausreichender Nettoerträge war kein positiver Ertragswert vorhanden, da nach Abzug eines Unternehmerlohns vom Gewinn kein Unternehmenswert mehr vorhanden war. Aus diesem Grunde konnte der Betrieb nicht mehr als Vermögen bezeichnet werden, das übergehen konnte. Die Versorgungsleistungen stellten somit Unterhaltsleistungen i. S. d. § 12 Nr. 2 EStG dar. Vermögen liegt jedoch zumindest dann vor, wenn der nach Abzug des Unternehmenslohns verbleibende Unternehmenswert mindestens 50 % des Kapitalwerts der wiederkehrenden Leistungen ausmacht.[2] Die Finanzverwaltung stellt jedoch allein auf die ausreichenden Erträge ab. In diesem Fall sind die Versorgungsleistungen auch dann als Sonderausgaben anzuerkennen, wenn der übergebene Betrieb nicht über einen ausreichenden Unternehmenswert verfügt.[3]

Gemäß § 10 Abs. 1 Nr. 1a EStG können nur Versorgungsleistungen angenommen werden, wenn folgende Vermögensgegenstände übertragen werden: 2380

- Mitunternehmeranteile an land- und forstwirtschaftlich, gewerblich oder selbständig tätigen Personengesellschaften,
- Betriebe oder Teilbetriebe
- GmbH-Anteile i. H. v. mindestens 50 % unter der Voraussetzung, dass der Übergeber als Geschäftsführer tätig war und der Übernehmer diese Tätigkeit nach der Übertragung übernimmt.

Die Übertragung von Geldvermögen, Wertpapiervermögen, typisch stille Beteiligungen, Grundvermögen und Kapitalforderungen ist für **Übertragungen nach dem 31. 12. 2007** ausdrücklich aus dem Anwendungsbereich herausgenommen, da die Regelung vor allem dem Ziel dient, Arbeitsplätze zu sichern.[4] Die Übertragung von ertraglosem Vermögen mit der Maßgabe, z. B. einen Betrieb zu erwerben, reicht ebenfalls nicht mehr aus.[5]

Die Übertragung eines Mitunternehmeranteils setzt voraus, dass auch das Sonderbetriebsvermögen mitübertragen wird. Werden wesentliche Betriebsgrundlagen im Sonderbetriebsvermögen nicht mit übertragen, so ist die Leistung insgesamt steuerlich unbeachtliche Unterhaltsleistung.[6] Auch die Übertragung eines Teils eines Mitunternehmeranteils ist begünstigt, wenn die wesentlichen Betriebsgrundlagen des Sonderbetriebsvermögens quotal mitübertragen werden.[7] In der Literatur werden gute Argu- 2381

1 BFH 12. 5. 2003 GrS 1/00, BStBl 2004 II 95.
2 BFH 12. 5. 2003 GrS 1/00, BStBl 2004 II 95.
3 BMF 11. 3. 2010, BStBl 2010 I 399, Tz. 31. Diese Auffassung wurde erstmalig in BMF 16. 9. 2004, BStBl 2004 I 922, (Rentenerlass III) Tz. 8 vertreten.
4 Begründung zum Gesetzesentwurf BT-Drucks. 544/07, 66.
5 *Röder*, DB 2008, 149; *Wälzholz*, DStR 2008, 273; a. A. *Kratzsch*, StB 2008, 157.
6 BFH 6. 5. 2010 IV R 52/08, BFH/NV 2010, 1544.
7 BMF 11. 3. 2010, BStBl 2010 I 399, Tz. 9.

mente für die Unschädlichkeit der über- sowie der unterquotalen Übertragung vorgebracht.[1] Während die Finanzverwaltung die unterquotale Übertragung als schädlich ansehen dürfte, könnte eine verbindliche Auskunft bei einer überquotalen Übertragung durchaus erfolgreich sein, wenn die Erträge auch ohne den überquotalen Teil die Versorgungsleistungen übersteigen. Die Übertragung einer gewerblich geprägten Personengesellschaft i. S. d. § 16 Abs. 3 Nr. 2 EStG ist nicht ausreichend, wohl aber die Übertragung von gewerblich infizierten Personengesellschaften.[2] Die Übertragung von Anteilen an einer Personengesellschaft, die ihren Geschäftsbetrieb verpachtet hat, ist erfasst, wenn keine Betriebsaufgabe erklärt worden ist.[3] Bei einer Besitzgesellschaft ist entscheidend, dass dieser auch nach der Übertragung weiterhin die Tätigkeit der Betriebsgesellschaft zugerechnet wird.[4] Dafür wird i. d. R. auch eine Übertragung von Anteilen an der Betriebsgesellschaft erforderlich sein.[5]

2382 Die Übertragung von verpachteten (Teil-)Betrieben ist ebenfalls begünstigt, solange noch keine Betriebsaufgabe erklärt wurde.[6] Der Teilbetrieb[7] muss bereits vor der Vermögensübertragung als solcher bestanden haben und darf nicht erst anlässlich der Übertragung gebildet werden.[8] Die Teilbetriebsfiktion bei 100%-Anteilen an GmbHs gem. § 16 Abs. 1 Satz 1 Nr. 1 Satz 2 EStG gilt in diesem Zusammenhang nicht,[9] so dass bei GmbH-Anteil-Übertragungen immer die weitere Voraussetzung hinsichtlich der Geschäftsführertätigkeit vorliegen muss.

2383 Gehören GmbH-Anteile zum Betriebsvermögen eines (Teil-)Betriebs oder einer Mitunternehmerschaft, werden diese ohne weitere Voraussetzungen von der Begünstigung des (Teil-)Betriebs oder der Mitunternehmerschaft mitumfasst.[10] Daher dürfte die Übertragung der Anteile an der Komplementärin i. d. R. begünstigt sein, auch wenn weniger als 50 % der Anteile übertragen werden bzw. weder Übergeber noch Übernehmer dort Geschäftsführer sind, da diese Anteile i. d. R. Sonderbetriebsvermögen II darstellen. Bei einer Komplementärin, die hingegen auch wesentliche eigene Tätigkeiten entfaltet ist dies nicht der Fall.

2384 Die Finanzverwaltung nimmt einen Missbrauch von Gestaltungsmöglichkeiten an, wenn der (Teil-)Betrieb oder die Mitunternehmerschaft binnen eines Jahres vor der Vermögensübertragung durch Umwandlung entstanden ist.[11] Unklar ist, ob dabei – wie i. d. R. bei gesetzlichen Missbrauchsregelungen – auf den Umwandlungsstichtag oder den Beschluss abzustellen ist. Ersteres würde dazu führen, dass die Missbrauchsfrist auf geringfügig mehr als vier Monate ab dem Beschluss reduzierbar wäre. Dies ist zu

1 Vgl. *Oertzen/Stein*, DStR 2009,1117,112; *Geck*, ZEV 2010, 161, 164; *Fürwentsches/Schulz*, NWB 2010, 3563, 3573; *Kratzsch*, NWB 2010, 1964, 1969.
2 BMF 11. 3. 2010, BStBl 2010 I 399, Tz. 9 f.
3 BMF 11. 3. 2010, BStBl 2010 I 399, Tz. 11.
4 BMF 11. 3. 2010, BStBl 2010 I 399, Tz. 9.
5 So auch *Kratzsch*, NWB 1964, 1970.
6 BMF 11. 3. 2010, BStBl 2010 I 399, Tz. 12.
7 Begriffsbestimmung entspricht der bei § 16 EStG.
8 BMF 11. 3. 2010, BStBl 2010 I 399, Tz. 13.
9 BMF 11. 3. 2010, BStBl 2010 I 399, Tz. 14.
10 BMF 11. 3. 2010, BStBl 2010 I 399, Tz. 23.
11 BMF 11. 3. 2010, BStBl 2010 I 399, Tz. 23.

bezweifeln. Die Einlage von GmbH-Anteilen innerhalb der Frist stellt ebenfalls einen Missbrauch dar, es sei denn diese gehören zum notwendigen Betriebsvermögen. Des Weiteren ist zu vermuten, dass auch im Rahmen des § 10 Abs. 1 Nr. 1a EStG die Gesamtplanrechtsprechung Anwendung finden wird, wonach wesentliche Betriebsgrundlagen nicht in einem engem zeitlichen Zusammenhang auf einen anderen Rechtsträger übertragen werden dürfen.[1]

Bei **Übertragungen vor dem 1. 1. 2008** konnten verschiedene Vermögensgegenstände Gegenstand der Vermögensübergabe sein: Der Große Senat des BFH hat 2003 entgegen der zuvor von den Gerichten und der Finanzverwaltung[2] vertretenen Auffassung entschieden, dass auch Geldvermögen,[3] Wertpapiere und typisch stille Beteiligungen Gegenstand einer unentgeltlichen Vermögensübergabe gegen Versorgungsleistungen sein können, sofern die Versorgungsleistungen aus den Nettoerträgen dieser Gegenstände erbracht werden können. Auch die Finanzverwaltung hatte sich dem weiteren Verständnis des Begriffs existenzsichernde Einheit angeschlossen.[4] Keine ertragbringenden Vermögensgegenstände waren hingegen auch nach dieser Rechtsprechung Wertgegenstände, Kunst- oder Sammlerobjekte, Hausrat und nicht verpachtete unbebaute Grundstücke. Jedoch lag auch bei diesen Gegenständen nach der neuen Rechtsprechung eine unentgeltliche Vermögensübergabe gegen Versorgungsleistungen vor, wenn der Übernehmer sich im Übergabevertrag verpflichtet, das übertragene ertraglose Objekt zu veräußern und vom Erlös eine ihrer Art nach bestimmte Vermögensanlage zu erwerben, die einen zur Erbringung der zugesagten Versorgungsleistungen ausreichenden Nettoertrag abwirft.[5] Nach der Finanzverwaltung musste diese Umschichtung innerhalb von 3 Jahren erfolgen.[6] Bis zur Umschichtung waren die Leistungen steuerlich irrelevante Unterhaltsleistungen.[7] Diese Abweichung von der BFH-Rechtsprechung wurde in der Literatur kritisiert.[8]Als Ertrag hatte die Finanzverwaltung auch ein Nutzungsvorteil anerkannt, jedoch nur hinsichtlich zu eigenen Wohn- oder eigenbetriebliche Zwecke genutzten Grundstücke.[9] 2385

bb) Mögliche Beteiligte

Eine Vermögensübergabe gegen Versorgungsleistungen findet in aller Regel unter Angehörigen statt.[10] Da aber aufgrund der Testierfreiheit jeder zum Erben eingesetzt werden kann, ist eine Vermögensübergabe gegen Versorgungsleistung mit steuerrechtlicher Wirkung auch unter Fremden möglich.[11] 2386

1 So auch *Geck*, ZEV 2010, 161, 162.
2 So noch BMF 26. 8. 2002, BStBl 2002 II 893, (Rentenerlass II), Tz. 10.
3 Anders noch: BFH 26. 11. 1997 X R 114/94, BStBl 1998 II 190.
4 BMF 16. 9. 2004, BStBl 2004 I 922, (Rentenerlass III) Tz. 10.
5 BFH 12. 5. 2003 GrS 1/00, BStBl 2004 II 95.
6 BMF 16. 9. 2004, BStBl 2004 I 922, (Rentenerlass III) Tz. 16.
7 BMF 16. 9. 2004, BStBl 2004 I 922, (Rentenerlass III) Tz. 13.
8 *Geck*, DStR 2005, 86.
9 BMF 16. 9. 2004, BStBl 2004 I 922, (Rentenerlass III) Tz. 10.
10 *Schoor*, INF 2003, 271.
11 BFH 16. 5. 2001 X R 53/99, BFH/NV 2001, 1388; 16. 12. 1997 IX R 11/94, BStBl 1998 II 718; nach BMF 11. 3. 2010, BStBl 2010 I 399, Tz. 4 können familienfremde Dritte dieses nur ausnahmsweise sein.

2387 Als Empfänger der Versorgungsleistung kommen in erster Linie der Übergeber, dessen Ehegatte und die gesetzlich erbberechtigten Abkömmlinge des Übergebers in Betracht.[1] Bei einer Vermögensübergabe an ein Kind können folglich dessen erbberechtigte Geschwister Empfänger der Leistungen sein. Dies setzt jedoch voraus, dass es sich um Versorgungsleistungen und nicht um zeitlich gestreckte, erbrechtliche Leistungen handelt.[2] Die Finanzverwaltung nimmt jedoch eine widerlegliche Vermutung an, dass es sich in diesen Fällen um erbrechtliche Gleichstellungsleistungen handelt.[3]

2388 Empfänger von Versorgungsleistungen können auch die Eltern des Übergebers sein, wenn der Übergeber das übergebene Vermögen seinerseits von den Eltern im Wege der Vermögensübertragung im Zusammenhang mit Versorgungsleistungen erhalten hat.[4]

2389 Nicht zum Generationennachfolgeverbund gehörende Personen (z. B. langjährige Haushälterin, der Lebensgefährte/die Lebensgefährtin, Mitarbeiter im Betrieb) können hingegen nicht Empfänger von Versorgungsleistungen sein.[5] Sind sie begünstigt, handelt es sich um eine entgeltliche Anschaffung des Vermögens.[6]

cc) Form der Rente

2390 Für Vermögensübergaben nach dem 31. 12. 2007 sind gem. § 10 Abs. 1 Nr. 1a EStG „lebenslange" Versorgungsleistungen notwendig. Damit ist eine Vereinbarung einer Mindestzeit ebenso schädlich, wie die Vereinbarung einer Höchstzeit (abgekürzte Rente).[7]

2391 Für Übertragungen vor dem 1. 1. 2008 war dieses jedoch anders. Abgekürzte Leibrenten, bei denen eine Höchstzeit für die Rentengewährung vorgesehen ist, konnten ausnahmsweise Versorgungsleistungen sein.[8] Dies war dann der Fall, wenn die zeitliche Beschränkung dem etwaigen künftigen Wegfall der Versorgungsbedürftigkeit des Berechtigten Rechnung trägt, also z. B. auf den Beginn einer Sozialversicherungsrente abgestimmt ist.[9] Andernfalls handelte es sich um eine Veräußerungsrente.

2392 Ist für die Rentenzahlung eine Mindestlaufzeit vorgesehen, so dass die Rente u. U. auch den Erben zukommen kann, handelte es sich hingegen um eine Veräußerungsrente.[10] Diese Auffassung vertrat die Steuerverwaltung erst seit dem Jahr 2002. Zuvor konnten Mindestzeitrenten dann als Versorgungsrenten behandelt werden, wenn die Mindestlaufzeit die nach Anhang 4, Tabelle 6 VStR 1995 berechnete Lebenserwartung des Be-

1 BMF 11. 3. 2010, BStBl 2010 I 399, Tz. 50.
2 BFH 27. 3. 2001 X R 106/98, BFH/NV 2001, 1242; 20. 10. 1999 X R 86/96, BStBl 2000 II 602.
3 BMF 11. 3. 2010, BStBl 2010 I 399, Tz. 50.
4 BMF 11. 3. 2010, BStBl 2010 I 399, Tz. 50; *Schoor,* INF 2003, 271.
5 BMF 11. 3. 2010, BStBl 2010 I 399, Tz. 50.
6 *Schoor,* INF 2003, 271.
7 BMF 11. 3. 2010, BStBl 2010 I 399, Tz. 56; *Röder,* DB 2008, 149; *Kratzsch,* StB 2008, 158; a. A. *Wälzholz,* DStR 2008, 277.
8 BMF 26. 8. 2002, BStBl 2002 I 893, (Rentenerlass), Tz. 22.
9 BMF 16. 9. 2004, BStBl 2004 I 922, (Rentenerlass III) Tz. 58; BFH 26. 1. 1994 X R 54/92, BStBl 1994 II 633.
10 BFH 21. 10. 1999 X R 75/97, BStBl 2002 II 650; BMF 16. 9. 2004, BStBl 2004 I 922, (Rentenerlass III) Tz. 58; BMF 11. 3. 2010, BStBl 2010 I 399, Tz. 56.

rechtigten unterschritt.[1] Wurde die Versorgungsrente vor dem 1.11.2002 vereinbart, können die Beteiligten übereinstimmend an der alten rechtlichen Behandlung festhalten.[2]

dd) Steuerliche Behandlung

Bei einer privaten Versorgungsrente darf die Personengesellschaft keine Rückstellung für die Rentenverpflichtung bilden. Rentenzahlungen, die aus dem Betriebsvermögen geleistet werden, stellen Entnahmen der rentenverpflichteten Gesellschafter dar.[3] 2393

Im Zusammenhang mit einer Vermögensübertragung vereinbarte Versorgungsleistungen sind vom Berechtigten als Einkünfte nach § 22 Nr. 1b EStG in voller Höhe zu versteuern, wenn und soweit der Verpflichtete zum Abzug der Leistungen als Sonderausgaben nach § 10 Abs. 1 Nr. 1a EStG berechtigt ist, und zwar unabhängig davon, ob diese sich tatsächlich steuermindernd ausgewirkt haben.[4] In welcher Höhe der Verpflichtete zum Abzug berechtigt ist, hängt vom Zeitpunkt der Vermögensübergabe ab. 2394

Bei Vermögensübertragungen nach dem 31.12.2007 ist die anlässlich einer begünstigten Vermögensübertragung erfolgende Versorgungsleistung gem. § 10 Abs. 1 Nr. 1a EStG immer in voller Höhe beim Leistenden abzugsfähig, sofern er unbeschränkt einkommensteuerpflichtig ist.[5] Dies ist unabhängig davon, ob die Rentenhöhe aus besonderen Gründen abänderbar ist oder deren Abänderbarkeit ausgeschlossen ist. Versorgungsleistungen, die mit steuerbefreiten Einkünften des Übernehmers in wirtschaftlichen Zusammenhang stehen, können nicht als Sonderausgaben berücksichtigt werden. Die partielle Steuerbefreiung (Teileinkünfteverfahren) in Bezug auf Dividenden aus z. B. GmbH-Anteilen steht allerdings dem Abzug ebensowenig entgegen wie die Besteuerung im Rahmen der Abgeltungsteuer.[6] 2395

Bei einer Vermögensübergabe vor dem 1.1.2008 sind Versorgungsleistungen nur dann vom Verpflichteten in voller Höhe gem. § 10 Abs. 1 Nr. 1a EStG a. F. als steuermindernde Sonderausgabe ansetzbar, wenn diese der Höhe nach abänderbar sind.[7] Versorgungsleistungen, die im Rahmen der Übergabe einer ertragbringenden Vermögenseinheit vereinbart werden, sind regelmäßig abänderbar.[8] Eine Bezugnahme auf § 323 ZPO oder eine gleichwertige Änderungsklausel nach den Bedürfnissen des Übergebers und/oder der Leistungsfähigkeit des Übernehmers sind nicht erforderlich.[9] Sollte die Versorgungsrente im Einzelfall – z. B. aufgrund ausdrücklicher Vereinbarung – der Höhe nach nicht abänderbar sein, ist beim Verpflichteten nur der Ertragsanteil gem. § 10 Abs. 1 Nr. 1a Satz 2 EStG a. F. als Sonderausgabe abziehbar. Der Berechtigte hat demnach gem. 2396

---

1 BMF 23.12.1996, (Rentenerlass, alt), Tz. 51.

2 BMF 26.8.2002, BStBl 2002 I 893, (Rentenerlass), Tz. 59.

3 *Schulze zur Wiesche* in von Wallis/Brandmüller/Schulze zur Wiesche, a. a. O., Rn. 435.

4 BMF 11.3.2010, BStBl 2010 I 399, Tz. 51.

5 BMF 11.3.2010, BStBl 2010 I 399, Tz. 53 zeigt Ausnahmen aufgrund des EU-Rechts bzw. des Abkommens über den Europäischen Wirtschaftsraum auf.

6 BMF 11.3.2010, BStBl 2010 I 399, Tz. 49.

7 BMF 16.9.2004, BStBl 2004 I 922, (Rentenerlass III) Tz. 47.

8 BFH 11.3.1992, BStBl 1992 II 499.

9 BMF 26.8.2002, BStBl 2002 I 893, (Rentenerlass II), Tz. 36.

§ 22 Nr. 1b EStG auch nur den Ertragsanteil zu versteuern.[1] Sind sowohl abänderbare als auch unabänderbare Leistungen vereinbart, ist jeder Teil selbständig jeweils seiner Natur entsprechend voll oder mit seinem Ertragsanteil steuerbar.

ee) Übergangsfrist zur Anwendung der Beschlüsse des Großen Senats des BFH vom 12. 5. 2003 GrS 1/00 und GrS 2/00 bei vor dem 1. 11. 2004 abgeschlossenen Verträgen

2397 Nach der Auffassung der Finanzverwaltung (dargelegt im sog. Rentenerlass II[2]) gab es einen weiteren Typ der Versorgungsrente, den sog. Typus 2, bei dem das übergebene Vermögen keine ausreichend ertragbringende Wirtschaftseinheit darstellte, also die Versorgungsleistungen nicht aus den laufenden Nettoerträgen des übergebenen Vermögens gezahlt werden konnten. Bei diesem Typus 2 war nur erforderlich, dass der Wert des Vermögens im Zeitpunkt der Übergabe bei überschlägiger und großzügiger Berechnung mindestens die Hälfte des Kapital- oder Barwerts der wiederkehrenden Leistungen betrug.[3] Lag er darunter, war eine nicht steuerbare Unterhaltsrente anzunehmen. Bei Renten des Typus 2 wurde von ihrer Unabänderlichkeit ausgegangen,[4] so dass bei ihnen nur der Ertragsanteil steuerlich relevant war. Eine Abänderbarkeit und damit volle steuerliche Relevanz lag jedoch bei Einhaltung weiterer Bedingung vor.[5]

2398 Für Vermögensübertragungen aufgrund eines vor dem 1. 11. 2004 abgeschlossenen Verpflichtungsvertrages hat das BMF dem Steuerpflichtigen die Wahl gelassen, die neue BFH-Rechtsprechung oder den bisherigen Rentenerlass anzuwenden.[6] Das Wahlrecht war durch übereinstimmenden, unwiderruflichen Antrag von Übergeber und Übernehmer auszuüben.

ff) Anforderungen an den Übertragungsvertrag und die Durchführung

2399 Steuerrechtlich kann eine Versorgungsleistung nur anerkannt werden, wenn die Rechte und Pflichten klar und eindeutig im Voraus rechtswirksam vereinbart sind und die Leistungen wie vereinbart tatsächlich erbracht werden.[7] Mindestens müssen der Umfang des übertragenen Vermögens, die Höhe der Versorgungsleistungen und die Art und Weise der Zahlung vereinbart sein.[8]

2400 Änderungen der Versorgungsleistungen sind nur anzuerkennen, wenn diese dem ursprünglichen Vertrag entsprechen und durch ein langfristig verändertes Versorgungsbedürfnis des Berechtigten bzw. durch eine veränderte wirtschaftliche Leistungsfähigkeit des Verpflichteten veranlasst sind.[9] Ist eine Abänderbarkeit im Vertrag ausdrück-

1 BMF 11. 3. 2010, BStBl 2010 I 399, Tz. 89.
2 BMF 26. 8. 2002, BStBl 2002 I 893, (Rentenerlass II).
3 BMF 26. 8. 2002, BStBl 2002 I 893, (Rentenerlass II), Tz. 18.
4 BMF 26. 8. 2002, BStBl 2002 I 893, (Rentenerlass II), Tz. 38.
5 BMF 26. 8. 2002, BStBl 2002 I 893, (Rentenerlass II), Tz. 39.
6 BMF 16. 9. 2004, BStBl 2004 I 922, (Rentenerlass III) Tz. 74; 8. 1. 2004, BStBl 2004 I 191.
7 BMF 11. 3. 2010, BStBl 2010 I 399, Tz. 59.
8 BFH 15. 7. 1992 X R 165/90, BStBl 1992 II 1020.
9 BMF 11. 3. 2010, BStBl 2010 I 399, Tz. 60.

lich ausgeschlossen, führt eine gleichwohl erfolgende Abänderung zur Nichtanerkenntnis.[1] Die Leistungen sind dann für beide Seiten steuerlich irrelevanter Unterhalt. Werden bei einer erheblichen Ertragsminderung die Leistungen nicht angepasst, obwohl eine Abänderbarkeit nicht ausgeschlossen war, so sind lediglich die die dauerhaften Erträge übersteigenden Zahlungen steuerlich irrelevante Unterhaltsleistungen.[2] Da seit 2008 die Abänderbarkeit keinen Einfluss mehr auf die Höhe der steuerlichen Berücksichtigungsfähigkeit hat, sollten beim Abschluss des Übertragungsvertrages die Wahrscheinlichkeit einer Abänderung und die Rechtsfolgen abgewogen werden. In der Regel dürfte ein Ausschluss der Abänderbarkeit jedoch riskanter und daher die nicht zu wählende Alternative sein. Auch die Vereinbarung einer Wertsicherungsklausel sollte gut überlegt sein, da deren Nichtdurchführung zwar nicht zwingend steuerschädlich ist,[3] aber doch als Indiz für einen fehlenden Rechtsbindungswillen gewertet werden könnte. Beruht die verringerte Leistungsfähigkeit darauf, dass das Vermögen umgeschichtet wurde und das neu angeschaffte Vermögen weniger ertragreich ist, ist die Änderung steuerlich nicht anzuerkennen.[4] Änderungen der Leistung müssen immer schriftlich erfolgen, da nur so sichergestellt werden kann, dass diese durch eine Änderung der Verhältnisse begründet sind und nicht willkürlich erfolgen.[5]

Die nicht korrekte Durchführung eines Versorgungsvertrages führt zur steuerlichen Nichtanerkennung. Dies ist z. B, der Fall, wenn im Übertragungsvertrag sowohl eine Sach- als auch eine Barleistung vorgesehen ist, aber zwischenzeitlich die Barleistung über einen längeren Zeitraum nicht erbracht wird. Dann ist auch die Sachleistung steuerrechtlich nicht relevant, da sämtliche geschuldete Versorgungsleistungen steuerrechtlich eine Einheit bilden.[6] Nur vereinzelte Unregelmäßigkeiten bei der Zahlung können nach der Rechtsprechung ggf. unbeachtlich sein.[7] Wegen der Unbestimmtheit und den Rechtsfolgen ist es aber zu empfehlen, Unregelmäßigkeiten gänzlich zu vermeiden. 2401

Wurde ein Versorgungsvertrag über einen längeren Zeitraum hinweg nicht vertragsgemäß durchgeführt, kann dieses auch für die Zukunft nicht geheilt werden. Eine Rückkehr zum vertragsgemäßen Verhalten führt dann nicht mehr zu einer steuerlichen Berücksichtigungsfähigkeit der Leistungen.[8] Hintergrund ist, dass der Schluss auf den fehlenden Rechtsbindungswillen bei Vertragsschluss nicht durch eine (willkürliche) Wiederaufnahme der Leistungen beseitigt werden kann. 2402

1 BMF 11. 3. 2010, BStBl 2010 I 399, Tz. 61.
2 BMF 11. 3. 2010, BStBl 2010 I 399, Tz. 62.
3 BMF 11. 3. 2010, BStBl 2010 I 399, Tz. 64.
4 BFH 18. 8. 2010 X R 55/09, BFH/NV 2011, 470, NWB DokID: PAAAD-60640.
5 Vgl. BFH 15. 9. 2010 X R 13/09, BFH/NV 2011,127, NWB DokID: SAAAD-57529; BMF 11. 3. 2010, BStBl 2010 I 399, Tz. 63.
6 BFH 15. 9. 2010 X R 16/09, BFH/NV 2011,428, NWB DokID: ZAAAD-59498.
7 BFH 10. 11. 1999 X R 46/97, BStBl 2000 II 188; 15. 9. 2010 X R 10/09, BFH/NV 2011,581, NWB DokID: QAAAD-61000.
8 BFH 15. 9. 2010 X R 16/09, BFH/NV 2011,428; 15. 9. 2010 X R 13/09, BFH/NV 2011,127; BMF 11. 3. 2010, BStBl 2010 I 399, Tz. 63.

gg) Steuerfolgen einer Weiterübertragung

2403 Grundsätzlich endet der sachliche Zusammenhang der wiederkehrenden Leistungen mit der begünstigten Vermögensübertragung, wenn der Übernehmer den Betrieb aufgibt oder das übernommene Vermögen dem Übernehmer steuerrechtlich nicht mehr zuzurechnen ist.[1] Ab diesem Zeitpunkt liegt eine für Übergeber und Übernehmer steuerlich unbeachtliche Unterhaltsleistung vor. Die steuerliche Behandlung der Vermögensübergabe wird hingegen nicht geändert. Diese bleibt unentgeltlich.

2404 Werden Teile des übernommenen Vermögens weiter übertragen, bleibt die wiederkehrende Leistung dann noch Versorgungsrente, wenn auch nach der Übertragung noch begünstigtes Vermögen vorliegt, das ausreichend Erträge abwirft, um die Versorgungsleistungen zu finanzieren.[2] Unschädlich ist auch die Verpachtung des Betriebs an Dritte, solange keine Betriebsaufgabeerklärung vorliegt.[3]. Zudem führt die Einbringung des Vermögens in eine Kapital- oder Personengesellschaft gem. §§ 20, 21, 24 UmwStG, unabhängig vom gewählten Wertansatz nicht zu einer Beendigung des sachlichen Zusammenhangs der wiederkehrenden Leistungen mit der Vermögensübergabe, es sei denn die erhaltenen GmbH- oder Mitunternehmeranteile sind steuerrechtlich nicht mehr dem Vermögensübernehmer zuzurechnen.[4] Bei der Realteilung muss der Vermögensübernehmer einen Teilbetrieb oder Mitunternehmeranteil erhalten.[5] Ebenso unschädlich ist die Weiterübertragung im Rahmen der vorweggenommenen Erbfolge, wenn die Versorgungsverpflichtung dabei übergeht oder die Versorgungsleistung aus einer im Rahmen der vorweggenommenen Erbfolge wiederum eingeräumten Versorgungsleistung oder eines vorbehaltenen Nießbrauchsrechts finanziert werden kann.[6]

2405 Der Weiterverkauf des gesamten Vermögens ist nach der Auffassung der Finanzverwaltung ebenfalls unschädlich, wenn zeitnah ein anderes, wiederum begünstigtes Vermögen erworben wird.[7] Die Umschichtung muss dabei weder im Übergabevertrag zugelassen sein, noch muss der Leistungsempfänger dieser Umschichtung zustimmen.[8] Das neu angeschaffte Vermögen muss auch dann ausreichend ertragsreich sein, wenn nicht der gesamte Erlös darin investiert wird. Werden zusätzliche Mittel für die Neuanschaffung aufgewandt, ist nur der Teil der Erträge bei dieser Beurteilung zu berücksichtigen, der dem Veräußerungserlösanteil entspricht. Die Auffassung der Finanzverwaltung ist angesichts des Gesetzeswortlaut, der auf im Zeitpunkt der Übergabe vorhandene Wirtschaftseinheiten abstellt, nicht selbstverständlich, entspricht aber ihrer vor der Gesetzesänderung vertretenen Auffassung. Fehlt eine ausreichende Ertragskraft, ist nach der Rechtsprechung die Leistung steuerlich überhaupt nicht berücksichtigungsfähig, auch nicht in Höhe der Erträge.[9] Allerdings dürfte auch bei der Umschich-

1 BMF 11. 3. 2010, BStBl 2010 I 399, Tz. 37 f.

2 BFH 17. 3. 2010 X R 38/06, BFH/NV 2010, 1700; BMF 11. 3. 2010, BStBl 2010 I 399, Tz. 40.

3 In diesem Fall fehlt es an dem begünstigten Vermögen; vgl. BMF 11. 3. 2010, BStBl 2010 I 399, Tz. 11.

4 BMF 11. 3. 2010, BStBl 2010 I 399, Tz. 42.

5 BMF 11. 3. 2010, BStBl 2010 I 399, Tz. 43.

6 BMF 11. 3. 2010, BStBl 2010 I 399, Tz. 38.

7 BMF 11. 3. 2010, BStBl 2010 I 399, Tz. 41.

8 BFH 17. 3. 2010 X R 38/06, BFH/NV 2010, 1700, NWB DokID: OAAAD-47469.

9 BFH 18. 8. 2010 X R 55/09, BFH/NV 2011, 470, NWB DokID: PAAAD-60640; 17. 3. 2010 X R 38/06, BFH/NV 2010, 1700.

tung eine geringfügige Unterschreitung von bis zu 10 % steuerlich noch unbeachtlich sein.[1]

Für vor dem 1. 1. 2008 vereinbarte Vermögensübertragungen ist eine Umschichtung auch nach dem 31. 12. 2007 dann unschädlich, wenn diese den Vorgaben des BMF-Schreibens vom 16. 9. 2004 (Rentenerlass III) entspricht.[2] Die seit 2008 geltenden Beschränkungen in Bezug auf die privilegierten Einheiten, gelten folglich nicht. 2406

Nach der vor 2002 existierenden Verwaltungsauffassung waren Vermögensumschichtungen, die nach Ablauf von 5 Jahren nach der Übertragung erfolgten, für die Qualifizierung als Versorgungsrente unschädlich. Auch eine Vermögensumschichtung innerhalb dieser Frist schadete nicht, wenn der Veräußerungserlös zum Erwerb eines anderen existenzsichernden Vermögens aufgewendet wurde.[3] 2407

Für Objekte, die nach dem 31. 10. 2002 übertragen wurden, übernahm die Verwaltung jedoch die Auffassung der damaligen Rechtsprechung, die eine Versorgungsrente nur annahm, solange das übergebene, existenzsichernde Vermögen vom Übernehmenden und Verpflichteten nicht an einen Dritten übertragen wird.[4] Dabei kam es allein darauf an, ob steuerlich das Eigentum einem Dritten zugerechnet wurde. Die Übertragung war jedoch dann unschädlich, wenn sie ebenfalls im Wege der vorweggenommenen Erbfolge erfolgte.[5] Mit dem Rentenerlass III hat die FinVerw die Umschichtung ebenfalls als unschädlich angesehen, wenn mit dem Erlös zeitnah eine existenzsichernde und ausreichend ertragbringende Wirtschaftseinheit angeschafft wird.[6] 2408

Wird das Objekt hingegen übertragen, ohne dass ein existenzsicherndes Wirtschaftsgut erworben wird,[7] traten vor dem Rentenerlass III besondere steuerliche Folgen ein. Ab dem Zeitpunkt der steuerrechtlichen Zurechnung des Vermögens zu Dritten war die Vermögensübergabe vom Übergeber an den Übernehmer als entgeltlich zu beurteilen. Ab diesem Zeitpunkt stellten die wiederkehrenden Leistungen eine Veräußerungsrente dar.[8] Der Übergebende hatte damit das Wahlrecht der Sofortversteuerung oder Zuflussbesteuerung.[9] Für die Besteuerung war das steuerliche Kapitalkonto im Zeitpunkt der damaligen Vermögensübergabe maßgebend.[10] 2409

1 BFH 17. 3. 2010 X R 38/06, BFH/NV 2010, 1700.

2 BMF 11. 3. 2010, BStBl 2010 I 399, Tz. 88.

3 Für Weiterveräußerungen, die bis zum 1. 11. 2002 erfolgt sind, gilt diese Rechtslage weiter, wenn die Beteiligten übereinstimmend an der bisherigen steuerlichen Behandlung festhalten; BMF 26. 8. 2002, BStBl 2002 I 893, (Rentenerlass II) Tz. 59.

4 BFH 17. 6. 1998 X R 104/94, BStBl 2002 II 646; 24. 7. 1996 X R 167/95, BStBl 1997 II 315; BMF 26. 8. 2002, BStBl 2002 I 893, (Rentenerlass) Tz. 20.

5 BMF 16. 9. 2004, BStBl 2004 I 922, (Rentenerlass III) Tz. 29.

6 BMF 16. 9. 2004, BStBl 2004 I 922, (Rentenerlass III) Tz. 31.

7 Theoretisch dürfte als Konsequenz der neuen Rspr. die Anlage des erhaltenen Verkaufserlöses ausreichen, sofern aus den Erträgen die Versorgungsleistungen erbracht werden können. Dazu ist jedoch eine klärende Entscheidung noch abzuwarten.

8 BMF 26. 8. 2002, BStBl 2002 I 893, (Rentenerlass II), Tz. 21.

9 BMF 26. 8. 2002, BStBl 2002 I 893, (Rentenerlass II), Tz. 21.8 f.

10 Zur Besteuerung von Veräußerungsrenten vgl. Rn. 2342 ff.; ausführlich zur Rechtslage der Vergangenheit: s. 7. Aufl., Rn. 2368 ff.

2410 Übernimmt der Dritte die Verpflichtung zur Weiterzahlung der wiederkehrenden Leistungen, gehört der Kapital- oder Barwert der wiederkehrenden Leistungen zum Zeitpunkt der Umschichtung zum Veräußerungserlös des Vermögensübernehmers und geht nach § 16 Abs. 2 EStG in die Gewinnermittlung ein.

2411 Leistet der Übernehmer nach Weiterveräußerung des übernommenen Vermögens keine weiteren regelmäßigen Zahlungen an den Übergeber mehr, sondern wird diese Verpflichtung vertraglich abgelöst, führt die Ablösezahlung, weil privat veranlasst, weder zu Veräußerungskosten noch zu nachträglichen Anschaffungskosten.[1] Sie ist vielmehr sowohl beim Leistenden als auch beim Zahlungsempfänger steuerlich irrelevant.

2412–2420 *(Einstweilen frei)*

IX. Ausscheiden durch Tod und Erbauseinandersetzung

1. Rechtsfolgen des Todes eines Gesellschafters

2421 Die Rechtsfolgen des Todes eines Gesellschafters können bei Personengesellschaften unterschiedlich geregelt werden. Dies führt zu unterschiedlichen ertragsteuerlichen Folgen des Erbfalls.

a) Auflösung der Gesellschaft

2422 Der Tod eines Gesellschafters führt nach § 727 Abs. 1 BGB bei der GbR regelmäßig zu deren Auflösung. Die Rechte an der Abwicklungsgesellschaft stehen dann der Erbengemeinschaft zu.[2] Die Miterben haben in Bezug auf die Erträgnisse aus der Gesellschaft Einkünfte aus Gewerbebetrieb, auch wenn sie die Qualifikationsvoraussetzungen als Mitunternehmer nicht erfüllen sollten.[3] Sie sind mittelbare Mitunternehmer.[4] Es liegt insgesamt eine begünstigte Betriebsaufgabe vor.[5]

b) Fortsetzungsklausel

2423 Bei der OHG, KG und der Partnerschaft führt der Tod eines Gesellschafters gemäß der gesetzlichen Regelung (§ 131 Abs. 3 i.V.m. § 161 Abs. 2 HGB; § 9 Abs. 2 PartGG) nur zu dessen Ausscheiden aus der Gesellschaft. Dies kann bei der GbR ebenfalls durch Vereinbarung einer Fortsetzungsklausel erreicht werden. Der Abfindungsanspruch gegen die Gesellschaft steht der Erbengemeinschaft zu.[6] Nach § 738 Abs. 1 BGB ist der Abfindungsanspruch an dem Erlös einer Abwicklung zu diesem Zeitpunkt zu orientieren. Gesellschaftsvertraglich kann aber auch eine Abfindung zu Buchwerten vorgesehen sein.

2424 Steuerlich ist der Vorgang wie eine Veräußerung von Gesellschaftsanteilen zu behandeln: Der Erblasser hat einen – gem. §§ 16, 34 EStG steuerbegünstigten – Veräuße-

1 BFH 31. 3. 2004 X R 66/98, DB 2004, 1128.
2 *Groh*, DB 1990, 2135.
3 BFH 12. 1. 1978 IV R 5/75, BStBl 1978 II 333.
4 *Groh*, DB 1990, 2135.
5 BMF 14. 3. 2006, BStBl 2006 I 253, Tz. 69.
6 *Klümpen-Neusel*, ErbBstg 2005, 262.

rungsgewinn in Höhe des Unterschieds zwischen dem Abfindungsanspruch und dem Buchwert seines Kapitalkontos.[1] Das Sonderbetriebsvermögen geht ins Privatvermögen über, so dass der Gewinn in Höhe der aufgedeckten stillen Reserven ebenfalls vom Erblasser als Entnahme zu versteuern ist.

c) Eintrittsklausel

Mit einer Eintrittsklausel wird im Gesellschaftsvertrag bestimmt, dass (bestimmte) Erben in die Gesellschaft eintreten dürfen und die Gesellschaft diese aufnehmen muss. Übt der eintrittsberechtigte Erbe dieses Recht innerhalb von 6 Monaten nach dem Erbfall aus, so kommt es zu denselben ertragsteuerlichen Folgen wie bei der einfachen bzw. qualifizierten Nachfolgeklausel.[2] Ansonsten kommt es zu denselben ertragsteuerlichen Folgen wie bei der Fortsetzungsklausel. 2425

d) Einfache Nachfolgeklausel

Ist eine einfache Nachfolgeklausel im Gesellschaftsvertrag vorgesehen, wird die Gesellschaft mit allen Erben fortgesetzt. Stirbt ein Kommanditist oder ein stiller Gesellschafter, so ist dies auch die gesetzlich vorgesehene Rechtsfolge (§§ 177, 234 Abs. 2 HGB). Jeder einzelne Erbe und nicht die Erbengemeinschaft wird dann entsprechend seines Erbanteils Gesellschafter.[3] Ab dem Erbfall sind sämtliche Erben Mitunternehmer, wenn zum Nachlass ein gewerbliches Personenunternehmen gehört.[4] 2426

Einkommensteuerrechtlich liegt ein Fall der Buchwertfortführung gem. § 6 Abs. 3 EStG vor, so dass weder Veräußerungs- bzw. Entnahmegewinne noch Anschaffungskosten entstehen. Die Einkünfte der Erben als Mitunternehmer sind bis zur Auseinandersetzung solche aus Gewerbebetrieb.[5] 2427

Ein Miterbe, der Arbeitnehmer der PersGes ist oder Wirtschaftsgüter an diese vermietet hat, erzielt ab dem Erbfall Sonderbetriebseinnahmen. 2428

Erfolgt die Auseinandersetzung innerhalb von sechs Monaten seit dem Erbfall, werden die seit dem Erbfall angefallenen laufenden Einkünfte allein den Erben zugerechnet, die nach der Auseinandersetzung noch Gesellschafter bleiben.[6] Erfolgt die Erbauseinandersetzung gemäß einer Teilungsanordnung und sind die weichenden Erben auch bis zur Teilung nicht an den Gewinnen beteiligt, ist diese Rückwirkung auch noch nach den 6 Monaten möglich.[7] 2429

---

1 BMF 14. 3. 2006, BStBl 2006 I 253, Tz. 69.

2 BMF 14. 3. 2006, BStBl 2006 I 253, Tz. 70.

3 *Landsittel* in Müller/Hoffmann, § 8 Rn. 65; *Klümpen-Neusel*, ErbBstg 2005, 263.

4 *Hörger* in Littmann/Bitz/Pust, § 16 EStG Rn. 390.

5 BFH 5. 7. 1990 GrS 2/89, BStBl 1990 II 837.

6 BMF 14. 3. 2006, BStBl 2006 I 253; Tz. 72; 11. 1. 1993, BStBl 2003 I 62; neu gefasst durch BMF 5. 12. 2002, BStBl 2002 I 1392, Tz. 8.

7 BFH 4. 5. 2000 IV R 10/99, BStBl 2002 II 850; BMF 14. 3. 2006, BStBl 2006 I 253, Tz. 8.

e) Qualifizierte Nachfolgeklausel

2430 Bei einer sog. qualifizierten Nachfolgeklausel wird die PersGes nicht mit allen, sondern nur mit einigen (qualifizierten) Erben fortgesetzt.[1] Die gesellschaftsrechtliche Regelung macht den Anteil dabei lediglich vererblich, die Vererbung des Anteils selbst erfolgt durch das Testament. Im Falle einer Diskrepanz geht die Nachfolgeklausel ins Leere und die Erben erhalten einen Abfindungsanspruch.[2] Die Nachfolger-Gesellschafter erhalten den Anteil im Wege der Sondererbfolge, ohne dass der Gesellschaftsanteil in den gesamthänderischen Nachlass fällt. Ertragsteuerlich werden nur die Nachfolger-Gesellschafter Mitunternehmer i. S. d. § 15 Abs. 1 EStG.[3]

2431 Der Ausgleichsanspruch der ausgeschlossenen Erben besteht nicht gegen die Gesellschaft, sondern gegen die Nachfolger-Gesellschafter. Die Ausgleichszahlung ist weder Veräußerungsgewinn beim Ausgeschlossenen noch Anschaffungskosten beim Nachfolger-Gesellschafter.[4] Nimmt der Nachfolge-Gesellschafter ein Darlehen für die Ausgleichszahlung auf, kann er daher die Zinsen nicht als Betriebsausgaben absetzen.[5]

2432 Ohne besondere Gestaltung fällt jedoch das Sonderbetriebsvermögen in den Nachlass.[6] Das Sonderbetriebsvermögen behält seine Eigenschaft daher nur in Höhe der Erbquote der Nachfolge-Gesellschafter. Ansonsten wird es zwingend Privatvermögen und führt zu einem steuerpflichtigen laufenden Entnahmegewinn des Erblassers.[7]

2433 Diese Steuerlast wird vermieden, wenn zuvor die im Sonderbetriebsvermögen stehenden wesentlichen Betriebsgrundlagen in das Gesamthandseigentum (ggf. einer Schwester-Personengesellschaft) überführt werden, oder der Nachfolger-Gesellschafter zum Alleinerben eingesetzt und die anderen Erben mit Vermächtnissen ausreichend bedacht werden. Auch eine Schenkung des Sonderbetriebsvermögens an den Nachfolge-Gesellschafter kommt in Betracht.[8]

2434 Obwohl § 6 Abs. 3 EStG für die Buchwertübertragung des Gesellschaftsanteils grundsätzlich verlangt, dass sämtliche wesentlichen Betriebsgrundlagen mit übergehen müssen, ist eine Buchwertübertragung im Erbfall auch dann möglich, wenn das Sonderbetriebsvermögen eine wesentliche Betriebsgrundlage enthält.[9] Der BFH nimmt bei einer qualifizierten Nachfolge eine Buchwertübertragung nämlich auch in den Fällen an, in denen das Sonderbetriebsvermögen wesentliche Betriebsgrundlagen enthält.[10]

2435–2440 *(Einstweilen frei)*

---

1 *Landsittel* in Müller/Hoffmann, § 8 Rn. 73.

2 *Schäfer*, BB-Special 5/2004, 16.

3 BFH 29. 10. 1991 VIII R 51/84, BStBl 1992 II 512.

4 BFH 29. 10. 1991 VIII R 51/84, BStBl 1992 II 512; BMF 14. 3. 2006, BStBl 2006 I 253, Tz. 72; 11. 1. 1993, BStBl 1993 I 62, Tz. 83.

5 BMF 11. 8. 1994, BStBl 1994 I 603 i. V. m. 14. 3. 2006, BStBl 2006 I 253, Tz. 72.

6 BMF 14. 3. 2006, BStBl 2006 I 253, Tz. 73.

7 BFH 29. 10. 1991 VIII R 51/84, BStBl 1992 II 512; BMF 14. 3. 2006, BStBl 2006 I 253, Tz. 74; 11. 1. 1993, BStBl 1993 I 62, Tz. 84 f.; *Geck*, ZEV 2002, 41.

8 *Schulze zur Wiesche*, DB 1998, 695.

9 *Hörger* in Littmann/Bitz/Pust, § 16 EStG Rn. 1066.

10 BFH 15. 3. 2000 VIII R 51/98, BStBl 2000 II 316.

2. Auseinandersetzung

Ertragsteuerlich ist die Erbengemeinschaft und nicht der Erblasser Gewinnerzielungssubjekt der Auseinandersetzung, da der Erbfall und die Erbauseinandersetzung zwei zu trennende Vorgänge sind.[1] Bei der Erbauseinandersetzung werden die Gesellschaftsanteile, obwohl sie im Wege der Sondererbfolge übergegangen sind, wertmäßig als Teil des Nachlasses erfasst.[2] Auch das Sonderbetriebsvermögen kann in die Erbauseinandersetzung miteinbezogen werden. 2441

Die Auseinandersetzung der Erbengemeinschaft über das Betriebsvermögen wird nach dem Vorbild entsprechender Vorgänge in einer Personengesellschaft beurteilt. Die gem. § 2033 Abs. 1 BGB zulässige Übertragung des Erbanteils entspricht z. B. der Veräußerung eines Mitunternehmeranteils i. S. v. § 16 Abs. 1 Nr. 2 EStG.[3] Auch das Ausscheiden gegen Abfindung ist identisch zu beurteilen. Liegt eine Sachwertabfindung mit Übertragung ins Privatvermögen vor, kann sich also bei dem verbleibenden Miterben ein zu versteuernder Veräußerungsgewinn ergeben.[4] Eine Abfindung mit Sachwerten, die in Betriebsvermögen überführt werden, ist hingegen ohne Gewinnauswirkung.[5] 2442

Bei einem Mischnachlass sind Privatvermögen und Betriebsvermögen grundsätzlich getrennt zu betrachten. Bei einer Veräußerung des Erbanteils oder beim Ausscheiden gegen Abfindung ist folglich der auf das Betriebsvermögen entfallende Veräußerungspreis gem. §§ 16, 34 EStG steuerbar, während eine Besteuerung gem. §§ 17, 20 Abs. 2, 23 EStG und § 21 UmwStG a. F. in Betracht kommt, soweit das Entgelt auf Privatvermögen entfällt. Das Entgelt ist im Verhältnis der Verkehrswerte des Mitunternehmeranteils und der anteiligen Verkehrswerte der Wirtschaftsgüter des Privatvermögens zu verteilen.[6] 2443

Eine Erbauseinandersetzung kann bei einem Nachlass mit Betriebsvermögen als gem. §§ 16, 34 EStG begünstigte Betriebsaufgabe erfolgen, wenn kein Fall der Realteilung oder der Buchwertfortführung gem. § 6 Abs. 5 EStG vorliegt.[7] Hinsichtlich des gesamten Nachlasses ist eine gewinnneutrale Realteilung möglich, sofern die Besteuerung der stillen Reserven sichergestellt ist.[8] Durch die Realteilung[9] ohne Zahlung von Abfindungen können weder Anschaffungskosten noch Veräußerungserlöse entstehen.[10] Auch bei einem Mischnachlass ist unbeachtlich, dass einige Erben nur Privatvermögen, andere hingegen Betriebsvermögen erhalten.[11] 2444

1 *Hörger* in Littmann/Bitz/Pust, § 16 EStG Rn. 302; BFH 5. 7. 1990 GrS 2/89, BStBl 1990 II 837.
2 BFH 13. 12. 1990 IV R 107/89, BStBl 1992 II 510.
3 BFH 5. 7. 1990 GrS 2/89, BStBl 1990 II 837.
4 Dazu oben Rn. 2227 ff.
5 Dazu oben Rn. 2241 ff.
6 BFH 14. 3. 1996 IV R 9/95, BStBl 1996 II 310; BMF 14. 3. 2006, BStBl 2006 I 253, Tz. 46.
7 BMF 14. 3. 2006, BStBl 2006 I 253, Tz. 11.
8 BMF 14. 3. 2006, BStBl 2006 I 253, Tz. 32; *Röhrig/Doege*, DStR 2006, 970.
9 Zur Realteilung von Betriebsvermögen vgl. ausführlich Rn. 2461 ff.
10 BMF 14. 3. 2006, BStBl 2006 I 253, Tz. 32.
11 *Hörger* in Littmann/Bitz/Pust, § 16 EStG Rn. 895.

2445 Die Realteilung des Nachlasses mit Betriebsvermögen erfolgt gem. § 16 Abs. 3 Sätze 2 – 4 EStG. Dies gilt auch, wenn zum Nachlass sowohl Betriebs- wie auch Privatvermögen gehört, so dass auch diese steuerneutral möglich ist, soweit keine Überführung von Betriebsvermögen ins Privatvermögen stattfindet.[1] Dabei ist eine Gesamtbetrachtung bezüglich des gesamten Nachlasses, einschließlich der durch Sonderrechtsnachfolge übergegangenen Wirtschaftsgüter, anzustellen.[2]

2446 Auch bei einer Realteilung mit Abfindungszahlung ist der Erwerb unentgeltlich, soweit der Leistende am Gesamtnachlass beteiligt ist.[3] Ein Anschaffungs- und Veräußerungsgeschäft liegt lediglich bezüglich des Mehrerwerbs vor, für den eine Abfindung gezahlt wurde.[4] Die Ausgleichsleistung ist also ein steuerpflichtiger Ertrag für den Empfänger, der nach Abzug des entsprechenden Anteils am Kapitalkonto wie ein sonstiger Veräußerungsgewinn steuerlich zu behandeln ist. Werden bei der Aufteilung erworbene Wirtschaftsgüter in ein anderes Betriebsvermögen eines Miterben übertragen, ist die Anwendung von §§ 16, 34 EStG ausgeschlossen.[5] Die Abfindungszahlung ist dem Teil des Kapitalkontos gegenüberzustellen, der dem Verhältnis von Abfindungszahlung zum Wert des übernommenen Betriebsvermögens entspricht.[6] In Höhe der Ausgleichsleistung liegen Anschaffungskosten vor.[7] Die Übernahme von Verbindlichkeiten hingegen führt nicht zu Anschaffungskosten.[8]

2447 Nach Auffassung der Verwaltung liegen jedoch keine Anschaffungskosten vor, soweit die Abfindungsleistung dem Wert übernommener liquider Mittel des Nachlasses (z. B. Bargeld, Bankguthaben und Schecks) entspricht.[9] Erhält der verbleibende Gesellschafter neben einem Grundstück (1 Mio. €) auch das Kontoguthaben (1 Mio. €), so stellt die Abfindungszahlung von 1 Mio. € keine Anschaffungskosten dar.

2448 Da die Miterben bei Überführung der Wirtschaftsgüter ins Betriebsvermögen im Wesentlichen die Buchwerte fortzuführen haben und nur bezüglich des Abfindungsbetrages eine Aufstockung erfolgt, hat der die Abfindungszahlung erhaltende Miterbe keinen nach §§ 16, 34 EStG steuerbegünstigten Aufgabegewinn. Wurde die Abfindungszahlung nicht für den Erwerb von Betriebsvermögen, sondern allein für den Erwerb von Privatvermögen geleistet, so liegt ein nur u. U. gem. §§ 17, 20 Abs. 2, 23 EStG und § 21 UmwStG a. F. steuerbarer Erlös vor.[10]

2449 Nach der Trennungstheorie hat der Erwerber bei Erhalt der Abfindungszahlung beide Teile sowohl unentgeltlich als auch entgeltlich erworben, wobei sie steuerrechtlich ge-

1 *Hörger* in Littmann/Bitz/Pust, § 16 EStG Rn. 305.
2 BFH 13. 12. 1990 IV R 107/89, BStBl 1992 II 510.
3 BMF 11. 1. 1993, BStBl 1993 I 62, Tz. 15.
4 BMF 14. 3. 2006, BStBl 2006 I 253, Tz 16.
5 BMF 14. 3. 2006, BStBl 2006 I 253, Tz 14.
6 BMF 14. 3. 2006, BStBl 2006 I 253, Tz 17.
7 BMF 14. 3. 2006, BStBl 2006 I 253, Tz 14.
8 BMF 14. 3. 2006, BStBl 2006 I 253, Tz 18; 23; 11. 1. 1993, BStBl 1993 I 62, Tz. 17.
9 BMF 14. 3. 2006, BStBl 2006 I 253, Tz 30; 11. 1. 1993, BStBl 1993 I 62, Tz. 31.
10 BMF 14. 3. 2006, BStBl 2006 I 253, Tz 27; 11. 1. 1993, BStBl 1993 I 62, Tz. 28.

trennt voneinander zu behandeln sind. Für die Aufteilung ist das Verhältnis der Anschaffungskosten zu den übernommenen Werten maßgeblich.[1]

Die gewinnneutrale Realteilung setzt immer voraus, dass Wirtschaftsgüter des Betriebsvermögens auch beim Übernehmenden Betriebsvermögen bleiben. Die in das Privatvermögen überführten oder übertragenen Wirtschaftsgüter stellen Entnahmen der Realteilungsgemeinschaft dar.[2] Der Gewinn kann aber nach den von den Miterben schriftlich getroffenen Vereinbarungen über die Erbauseinandersetzung dem entnehmenden Miterben zugerechnet werden.[3] Handelt es sich bei den Wirtschaftsgütern nicht um wesentliche Betriebsgrundlagen, liegt ein Entnahmegewinn vor, der wie ein laufender Gewinn von der Erbengemeinschaft zu versteuern ist. Bei Übertragung der wesentlichen Betriebsgrundlagen ins Privatvermögen liegt hingegen ein Aufgabegewinn vor. Für dessen Ermittlung ist auch bei einer Realteilung ohne Spitzenausgleich nicht die Erbquote maßgeblich, sondern gem. § 16 Abs. 3 Satz 8 EStG der gemeine Wert der Wirtschaftsgüter, die der Einzelne erhalten hat.[4] Ob dann, wenn ein Miterbe (wesentliche) Wirtschaftsgüter ausschließlich ins Privatvermögen übernimmt, ein gem. §§ 16, 34 EStG begünstigter Aufgabegewinn vorliegt, wird in der Literatur diskutiert.[5] Die Finanzverwaltung scheint die Begünstigung jedoch nur vorzusehen, wenn sämtliche wesentlichen Wirtschaftsgüter bei allen Miterben ausschließlich ins Privatvermögen überführt werden.[6] 2450

Umstritten ist, ob die Übernahme von Verbindlichkeiten im Rahmen der Erbauseinandersetzung zu einer gewinnrealisierenden Ausgleichszahlung führen kann. Der IX. Senat des BFH hat bei der Erbauseinandersetzung allein auf das Aktivvermögen abgestellt und die überproportionale Übernahme von Verbindlichkeiten der Erbengemeinschaft als Ausgleichszahlung angesehen.[7] Da dieses Urteil dem bisherigen allgemeinem Verständnis des Beschlusses des Großen Senats des BFH vom 5. 7. 1990 widerspricht,[8] wendet das BMF dieses Urteil über den entschiedenen Einzelfall hinaus nicht an.[9] Damit gilt weiterhin, dass die Übernahme von Nachlassverbindlichkeiten über die Erbquote hinaus nicht zu Anschaffungskosten führt, gleichgültig, ob die Verbindlichkeiten bereits im Zeitpunkt des Erbfalls bestanden haben oder sich erst aus der Verwaltung des Nachlasses ergeben haben.[10] Sofern Verbindlichkeiten erst zum Zwecke der Auseinandersetzung begründet werden, ist deren Übernahme hingegen als Ausgleichszahlung zu qualifizieren. 2451

(Einstweilen frei) 2452–2460

1 BMF 11. 1. 1993, BStBl 1993 I 62, Tz. 19.
2 *Schulze zur Wiesche*, StBp 2006, 260.
3 BMF 14. 3. 2006, BStBl 2006 I 253, Tz 13; *Röhrig/Doege*, DStR 2006, 971.
4 Niedersächsisches FG 14. 2. 2001 4 K 508/95, EFG 2001, 745.
5 *Röhrig/Doege*, DStR 2006, 970.
6 BMF 14. 3. 2006, BStBl 2006 I 253, Tz. 14.
7 BFH 14. 12. 2004 I X R 23/02, BStBl 2006 II 296.
8 BFH 5. 7. 1990 GrS 2/89, BStBl 1990 II 837.
9 BMF 30. 3. 2006, BStBl 2006 I 306.
10 BMF 14. 3. 2006, BStBl 2006 I 253, Tz. 25.

X. Realteilung von Personengesellschaften

Literatur: *Brandenberg,* Personengesellschaftsbesteuerung nach dem Unternehmenssteuerfortentwicklungsgesetz, DStR 2002, 511, 551 und 594; *Carlé/Bauschatz,* Die „neue“ Realteilung nach § 16 Abs. 3 EStG, KÖSDI 2002, 13133; *Engl,* Realteilung auch mit Einzelwirtschaftsgütern rückwirkend ab 1. 1. 2001 nach UntStFG ohne Behaltefrist steuerneutral möglich, DStR 2002, 119; *Paus,* Der rückwirkende Ansatz des gemeinen Werts im Rahmen der Realteilung, FR 2002, 866; *Sauter/Heurung/Oblau,* Probleme bei der Realteilung nach der Neuregelung durch die Unternehmenssteuerreform, FR 2002, 1101; *Schoor,* Die Neuregelung der Realteilung von Mitunternehmerschaften ab 1. 1. 2001, INF 2002, 173; *Paus,* Realteilung: Gestaltungsmöglichkeiten und Gefahrenmomente, GStB 2003, 19; *Schulze zur Wiesche,* Die Übernahme von Verbindlichkeiten bei der Übertragung von Einzelwirtschaftsgütern zwischen dem Betriebs- und dem Gesamthandsvermögen, DB 2004, 1388; *Niehus/Wilke,* Maß und Ausmaß von Gewinnrealisierungen bei Übertragungen gegen Teil- oder Mischentgelt im Anwendungsbereich des § 6 Abs. 5 Satz 3, FR 2005, 1012; *Hörger/Rapp* in Littmann/Bitz/Putz, § 16 EStG; *Heß,* Die Realteilung einer Personengesellschaft, DStR 2006, 777; *Rasche,* Stellt eine das gesamte Nennkapital einer Kapitalgesellschaft umfassende Beteiligung einen (fiktiven) Teilbetrieb i. S. d. § 24 Abs. 1 UmwStG dar?, GmbHR 2007, 793; *Blumers u. a.,* Realteilung bei Personengesellschaften, BB 1999, 1786; *Dietel,* Die Sachwertabfindung von Mitunternehmern – Ungeklärte Rechtslage bei der Abfindung mit betrieblichen Sachgesamtheiten, DStR 2009, 1352; *Nagel/Thies,* Die Übertragung einbringungsgeborener Anteile im Rahmen von Realteilungen, GmbHR 2008, 479; *Hidien/Kirchner,* Umsatzsteuerrechtliche Folgen der ertragsteuerrechtlichen Realteilung eines Betriebs- und Unternehmensvermögens, StuB 2009, 96; *Körner,* Neutralitätserfordernis für sukzessive Umstrukturierungen, DB 2010, 1315; *Körner,* Auf- und Umbau von Holdingstrukturen, IStR 2009, 1; *Mitscke,* Ausscheiden eines Mitunternehmers als steuerbegünstigte Realteilung?, NWB 2009, 606; *Ostermeyer/Huber,* Freiberufler-Sozietäten: Steuerliche Fußangeln bei der Umstrukturierung, BB 2009, 1327.

1. Allgemeines

2461 Der Begriff der Realteilung ist nicht gesetzlich definiert, weder im Gesellschafts- noch im Steuerrecht. Zivilrechtlich handelt es sich um eine nach Auflösung der Gesellschaft anstelle der Liquidation vereinbarte Auseinandersetzung durch Verteilung des Gesamthandsvermögens auf die Gesellschafter im Wege der „Naturalteilung“.[1] Die Wirtschaftsgüter des Gesellschaftsvermögens werden den einzelnen Gesellschaftern entsprechend ihrem Anteil am Gesellschaftsvermögen zugewiesen.[2] Das Steuerrecht folgt grds. diesem handelsrechtlichen Verständnis,[3] stellt aber für die Anwendbarkeit der Begünstigungsvorschrift des § 16 Abs. 3 Satz 2 EStG, welche die Steuerneutralität dieses Vorgangs zum Gegenstand hat, weitere Anforderungen.

2462 Nach der seit dem 1. 1. 2001 anwendbaren Gesetzesfassung liegt eine gewinnneutrale Realteilung i. S. d. § 16 Abs. 3 Satz 2 EStG vor, wenn Teilbetriebe, Mitunternehmeranteile oder einzelne Wirtschaftsgüter in das jeweilige Betriebsvermögen der einzelnen Mitunternehmer übertragen werden. Mitunternehmeranteile in diesem Sinne sind auch Teile von Mitunternehmeranteilen.[4] Bei der Ermittlung des Gewinns der Mitunternehmerschaft sind dann die Wirtschaftsgüter bei der Schlussbesteuerung der untergehenden PersGes mit den Werten anzusetzen, die sich nach den Vorschriften über die Ge-

1 Vgl. *Hörger/Rapp* in Littmann/Bitz/Putz, § 16 EStG, Rn. 186, m. w. N.;

2 *Seeger* in Schmidt, EStG § 34 Rz. 4.

3 BFH 10. 12. 1991 VIII R 69/86, BStBl 1992 II 385.

4 BMF 28. 2. 2006, BStBl 2006 I 228; s. hierzu auch Rn. 2521 f.

winnermittlung ergeben – also den Buchwerten –, sofern die Besteuerung der stillen Reserven sichergestellt ist.

(Einstweilen frei) 2463–2465

2. Definition der Realteilung/Verhältnis zu anderen Rechtsvorschriften

a) Realteilung, Aufspaltung und Abspaltung

Eine Realteilung kann zivilrechtlich auf unterschiedliche Art und Weise erfolgen, entweder als partielle Gesamtrechtsnachfolge im Wege der Aufspaltung gem. § 123 Abs. 1 UmwG oder als Einzelrechtsnachfolge. 2466

Die Voraussetzungen einer umwandlungsrechtlichen Aufspaltung und einer steuerneutralen Realteilung sind allerdings nur in ganz bestimmten Fällen gleichzeitig gegeben. Dementsprechend gibt es einerseits verschiedene Fälle der handelsrechtlichen Aufspaltung von PersGes, die keine steuerbegünstigte Realteilung sind, sowie andererseits Fälle der Realteilung, die keine handelsrechtliche Aufspaltung sind. 2467

► **Auflösung der übertragenden Personengesellschaft**

Bei der handelsrechtlichen **Aufspaltung** wird die übertragende PersGes ohne Abwicklung aufgelöst. Es wird also sämtliches Vermögen übertragen. 2468

Ob die steuerliche Realteilung zwingend voraussetzt, dass der übertragende Rechtsträger untergeht, ist in der Literatur sehr streitig.[1] Die Finanzverwaltung bejaht allerdings diese Anforderung.[2] 2469

Folgt man dieser Auffassung, so ist eine handelsrechtliche **Abspaltung**, bei der der übertragende Rechtsträger bestehen bleibt und lediglich Teile des Vermögens auf einen oder mehrere Rechtsträger gegen Gewährung von Gesellschaftsrechten an die Gesellschafter der zu spaltenden Gesellschaft gewährt werden, keine Realteilung i. S. d. § 16 Abs. 3 Satz 2 EStG. Es handelt sich dann vielmehr um das steuerpflichtige Ausscheiden eines Mitunternehmers gegen Sachwertabfindung.[3] 2470

Nach Auffassung der Finanzverwaltung lässt sich auch nicht durch eine bestimmte Gestaltung der Aufspaltung ein identisches Ergebnis erzielen wie bei der Abspaltung. 2471

BEISPIEL: ► Die drei Mitunternehmer A, B und C betreiben eine Schreinerei in der Rechtsform einer OHG. Daneben hat die OHG einen kleinen Antiquitätenladen. Man einigt sich schließlich darauf, sich durch Realteilung zu trennen. A und B wollen die Schreinerei weiter betreiben und C soll den Antiquitätenladen erhalten.

---

1 Vgl. *Dietel*, DStR 2009, 1352, unter Hinweis auf die Gesetzesbegründung des StEntlG 1999/2000/2002, wo explizit klargestellt wird, dass Sachwertabfindungen von den Realteilungsgrundsätzen erfasst sein sollen – und zwar auch bei Fortbestehen der Mitunternehmerschaft (BT-Drucks. 14/23, 178); ablehnend *Wacker* in Schmidt, EStG § 16 Rz. 536; *Kulosa* in Herrmann/Heuer/Raupach, § 16 EStG, Rn. 441; *Schulze zur Wiesche*, Stbg 2006, 374; *Ostermayer/Huber*, BB 2009, 1327 (1329).

2 BMF 28. 2. 2006, BStBl 2006 I 228; *Heß*, DStR 2006, 777; *Mitschke*, NWB 2009, 606.

3 BMF 28. 2. 2006, BStBl 2006 I 228.

Eine ertragsteuerneutrale Abspaltung des Ladens auf C unter Fortführung der OHG durch A und B ist nach Auffassung der Finanzverwaltung nicht möglich. Zu prüfen wäre jedoch, ob nicht eine Aufspaltung dergestalt durchgeführt werden könnte, dass A und B eine neue Personengesellschaft gründen, auf die die Schreinerei übertragen wird, während C den Antiquitätenladen erhält.

2472 Kern der Frage ist, ob die Anforderung der Betriebsaufgabe der bisherigen Personengesellschaft gleichzeitig heißt, dass das Betriebsvermögen **von gemeinschaftlichem Eigentum in jeweiliges Alleineigentum** der Realteiler umgewandelt werden muss. Diese Anforderung ist bei wörtlicher Auslegung des Gesetzestextes („...in das *jeweilige* Betriebsvermögen der *einzelnen* Mitunternehmer.....") wohl gegeben und dies wird auch von der Finanzverwaltung so vertreten.[1] Demgegenüber vertreten andere Autoren die Auffassung, dass es auch möglich sein müsste, dass eine Mehrzahl von Mitunternehmern einen Teil des Betriebsvermögens übernimmt und dieses gemeinschaftlich weiterführt.[2]

2473 Möglich müsste allerdings auch unter Berücksichtigung der Auffassung der FinVerw eine Gestaltung sein, bei der A und B eine neue PersGes gründen und die auf sie übergehenden Wirtschaftsgüter dieser PersGes jeweils als Sonderbetriebsvermögen überlassen.

► **Übertragender Rechtsträger**

2474 Eine Aufspaltung ist gem. § 124 Abs. 1 i.V.m. § 3 Abs. 1 UmwG nur möglich, wenn es sich bei der zu spaltenden Gesellschaft um eine Personenhandelsgesellschaft (OHG, KG) handelt. Demgegenüber ist Voraussetzung einer steuerneutralen Realteilung, dass es sich bei der übertragenden PersGes um eine Mitunternehmerschaft, also um eine gewerblich tätige oder gewerblich geprägte Personengesellschaft handelt (§ 16 Abs. 3 Satz 2 EStG). Dies kann neben einer OHG oder KG auch eine GbR, eine Partnerschaftsgesellschaft oder eine atypisch stille Gesellschaft sein.

► **Übernehmender Rechtsträger**

2475 Soll eine Aufspaltung einer Personenhandelsgesellschaft nach den Regelungen des UmwG erfolgen, so kann die Übertragung des Vermögens entweder auf bereits existierende oder neu zu gründende Rechtsträger gegen Gewährung von Gesellschaftsrechten an die Gesellschafter der übertragenden PersGes erfolgen. Der steuerliche Begriff der Realteilung setzt nach Auffassung der FinVerw[3] hingegen voraus, dass das Betriebsvermögen der übertragenden Personenhandelsgesellschaft in das (Betriebs-)Vermögen der beteiligten Mitunternehmer übergeht. Eine steuerbegünstigte Realteilung liegt also nur vor im Spezialfall der sog. Aufspaltung **„up-stream" auf die beteiligten Gesellschafter**. Zu einer Gewährung von Gesellschaftsrechten an die Gesellschafter des übertragenden Rechtsträgers kommt es hierbei naturgemäß nicht. Vielmehr findet bei den Gesellschaftern der zu spaltenden PersGes ein Tausch statt, bei dem die Beteiligung an

1 BMF 28. 2. 2006, BStBl 2006 I 228; *Heß*, DStR 2006, 777.

2 Z. B. *Paus*, GStB 2003, 19; *Carlé/Bauschatz*, KÖSDI 2002, 13133.

3 Vgl. hierzu auch Rn. 2531.

der Überträgerin untergeht und das übergehende Betriebsvermögen an seine Stelle tritt. Wird daher nach den Regelungen des UmwG eine Spaltung einer Personenhandelsgesellschaft durchgeführt, bei der das Vermögen nicht auf die Gesellschafter, sondern auf andere übernehmende Rechtsträger übergeht, die im Gegenzug für diese Bereicherung Gesellschaftsrechte an die Gesellschafter der Überträgerin gewähren, liegt hiernach keine steuerliche Realteilung vor. Die Regelungen des § 16 Abs. 3 Satz 2 EStG sind daher nicht anwendbar.

Fraglich ist, welche **Rechtsfolge** sich jeweils ergibt, wenn die beiden Rechtsinstitute der handelsrechtlichen Spaltung und der steuerlichen Realteilung nicht gleichzeitig vorliegen. 2476

Eine Realteilung, die nicht die Voraussetzungen einer Spaltung nach dem UmwG erfüllt, kann im Wege der Einzelrechtsnachfolge durchgeführt werden. Dies ist im Einzelfall vielleicht etwas komplizierter umzusetzen, löst aber sonst keine weiteren steuerrechtlichen Konsequenzen aus. 2477

Umgekehrt ist die Frage, welche steuerlichen Konsequenzen sich für eine handelsrechtliche Aufspaltung einer Personenhandelsgesellschaft ergeben, wenn dies nicht gleichzeitig eine Realteilung ist, etwas komplizierter, denn das Steuerrecht kennt für diese Fälle keine gesonderten steuerlichen Regelungen. Insbesondere enthält das UmwStG keine gesonderten Regelungen zur Spaltung von PersGes. Soll in diesen Fällen eine Buchwertfortführung erreicht werden, müssen daher die Voraussetzungen von § 6 Abs. 3 EStG, § 6 Abs. 5 EStG oder § 24 UmwStG erfüllt werden. 2478

(Einstweilen frei) 2479–2485

b) Verhältnis von § 16 Abs. 3 Sätze 2 – 4 zu § 6 Abs. 5 EStG

Sind die Voraussetzungen beider Vorschriften erfüllt, so soll nach Ansicht der FinVerw **§ 16 Abs. 3 Sätze 2 – 4 EStG als speziellere Vorschrift** dem § 6 Abs. 5 EStG vorgehen.[1] Findet also beispielsweise die Auflösung einer Freiberuflerpraxis statt, bei der jeder der Mitunternehmer einen Teil des Kundenstamms sowie verschiedene Einzelwirtschaftsgüter übernimmt und als freiberufliche Praxis fortführt, so handelt es sich um eine Realteilung, bei der Einzelwirtschaftsgüter vom Gesamthandsvermögen in das Betriebsvermögen jedes der Mitunternehmer übertragen werden. Daneben sind aber auch die Voraussetzungen des § 6 Abs. 5 EStG erfüllt. Gleichwohl soll hier kein Wahlrecht bestehen, sondern § 16 Abs. 3 EStG anzuwenden sein. 2486

In diesem Zusammenhang ist ein wichtiger Unterschied zwischen § 16 Abs. 3 und § 6 Abs. 5 EStG zu beachten. Im Rahmen einer Realteilung können auch die vorhandenen **Verbindlichkeiten** auf die einzelnen Mitunternehmer **übergehen**, ohne dass dies die Steuerneutralität des Übertragungsvorgangs gefährdet. Demgegenüber können im Rahmen des § 6 Abs. 5 EStG **nur Aktiva** übertragen werden, während der Übergang von 2487

1 BMF 28. 2. 2006, BStBl 2006 I 228.

Verbindlichkeiten nach h. M. als sonstiges Entgelt angesehen wird, dass zur Aufdeckung stiller Reserven führt.[1]

2488–2490 *(Einstweilen frei)*

c) Verhältnis von § 16 Abs. 3 Sätze 2 – 4 EStG zu § 24 UmwStG

2491 Die Fälle der Auf- und Abspaltung von PersGes auf andere PersGes, die nach Auffassung der Finanzverwaltung keine steuerbegünstigte Realteilung darstellen, können nach § 24 UmwStG steuerneutral durchgeführt werden, wenn es sich bei dem übergehenden Vermögen um Teilbetriebe oder Mitunternehmeranteile handelt.[2] In der Vergangenheit war nach dem Gesetzeswortlaut nicht ganz eindeutig, ob eine Spaltung von PersGes unter § 24 UmwStG fiel. Diese Unsicherheit wurde durch das SEStEG ausgeräumt. Nunmehr ist in § 1 Abs. 3 Nr. 1 UmwStG eindeutig geregelt, dass der 6. – 8. Teil des UmwStG auf die Aufspaltung und Abspaltung von PersGes Anwendung findet. Es gibt hier keine Einschränkung dahin gehend, dass nur Auf- bzw. Abspaltungen von PersGes auf KapGes nach § 20 UmwStG gemeint sind. Vielmehr kann übernehmender Rechtsträger auch eine PersGes sein und in diesem Fall ist § 24 UmwStG anwendbar.[3] Gleichwohl sind nicht alle Möglichkeiten der Spaltung von PersGes auf PersGes unter § 24 UmwStG subsumierbar. Zu den Einschränkungen vgl. Rn. 2466 ff.

d) Verhältnis von § 16 Abs. 3 Sätze 2 – 4 EStG zur Betriebsaufgabe nach § 16 Abs. 3 Satz 1 EStG

2492 Nach Auffassung der Finanzverwaltung setzt das Vorliegen einer Realteilung voraus, dass mindestens eine wesentliche Betriebsgrundlage nach der Realteilung weiterhin Betriebsvermögen eines Realteilers darstellt.[4] Werden hingegen sämtliche wesentlichen Betriebsgrundlagen entweder in das Privatvermögen der verschiedenen Mitunternehmer überführt oder ggf. veräußert, so liegt keine Realteilung, sondern eine Betriebsaufgabe vor, die zur Aufdeckung sämtlicher stillen Reserven führt. Nicht erforderlich ist, dass jeder Mitunternehmer eine wesentliche Betriebsgrundlage in sein Betriebsvermögen überführt, es reicht, wenn dies bei einem Mitunternehmer gegeben ist.[5]

2493–2500 *(Einstweilen frei)*

---

1 BMF 7. 6. 2001, BStBl 2001 I 367; BFH 11. 12. 2001 VIII R 58/98, BStBl 2000 II 420; *Brandenberg*, DStZ 2002, 551, 557; *Niehus/Wilke*, FR 2005, 1012 (1014); a. A. *Schulze zur Wiesche*, DB 2004, 1388; *Böhme/Forster*, BB 2003, 1979.

2 Beachte: Nach Ansicht des BFH 17. 7. 2008 I R 77/06, BFH/NV 2008, 1941, stellt eine 100%ige Beteiligung an einer KapGes keinen Teilbetrieb i. S. d. § 24 UmwStG dar. Dieser Auffassung scheint sich die FinVerw mit Herausgabe des UmwStEE v. 2. 5. 2011 anzuschließen, denn in den Tz. zu § 24 ist eine gesonderte Nennung der 100%igen Beteiligung als fiktiver Teilbetrieb nicht mehr enthalten. Gl. A. *Rasche*, GmbHR 15/2007, 793.

3 Vgl. auch *Patt* in Dötsch/Patt/Pung/Möhlenbrock, § 24 UmwStG Rn. 12.

4 BMF 28. 2. 2006, BStBl 2006 I 228.

5 *Ostermayer/Huber*, BB 2009, 1327 (1328).

3. Die Voraussetzungen des § 16 Abs. 3 Satz 2 EStG im Einzelnen

a) Übertragender Rechtsträger

Übertragender Rechtsträger einer Realteilung nach § 16 Abs. 3 Satz 2 EStG kann nur eine gewerblich tätige oder gewerblich geprägte Mitunternehmerschaft (GbR, OHG, KG, atypisch stille Gesellschaft) sein. Auf vermögensverwaltende PersGes findet § 16 EStG keine Anwendung. 2501

Auch die Realteilung **freiberuflicher Sozietäten** und **Partnerschaftsgesellschaften** fällt – soweit die übrigen Voraussetzungen erfüllt sind – unter die Begünstigungsvorschrift des § 16 Abs. 3 Satz 2 EStG (§ 18 Abs. 3 Satz 2 EStG). 2502

Auch eine Erbengemeinschaft kann eine steuerbegünstigte Realteilung vornehmen, soweit zu dem von ihr zu verwaltenden Nachlass Betriebsvermögen gehört. Dies gilt nach Ansicht von *Hörger/Rapp*[1] auch in den Fällen sog. **Mischnachlässe**, in denen das Vermögen der Erbengemeinschaft sowohl aus Betriebsvermögen als auch aus Privatvermögen besteht. 2503

(Einstweilen frei) 2504–2505

b) Übertragung von Teilbetrieben

Ein Teilbetrieb i. S. d. § 16 EStG ist nach der ständigen Rechtsprechung des RFH[2] und BFH[3] ein organisch geschlossener Teil eines Gesamtbetriebes, der für sich allein lebensfähig und mit einer gewissen Selbstständigkeit ausgestattet ist. Für die Beurteilung der Selbständigkeit werden die Kriterien wie räumliche Trennung, unterschiedliche Tätigkeit, eigener Kundenstamm, gesonderte Buchführung, eigenes Personal und Anlagevermögen herangezogen. Allerdings sind diese Kriterien nicht immer lückenlos zu erfüllen. Je nach Branche des Teilbetriebes bekommen sie vielmehr unterschiedliches Gewicht. Es muss sich um eine selbständige Untereinheit eines Betriebes handeln, die als eigenes Unternehmen fortgeführt werden kann. 2506

Mit einem Teilbetrieb müssen alle seine wesentlichen Betriebsgrundlagen übertragen werden. Das gilt sowohl für wesentliche Betriebsgrundlagen des Gesamthands- als auch des Sonderbetriebsvermögens. Die begriffliche Bestimmung der wesentlichen Betriebsgrundlagen von (Teil-)Betrieben ist normspezifisch auszulegen.[4] Im Rahmen des § 16 EStG ist er sowohl funktional als auch quantitativ zu verstehen. Danach gehören zu den wesentlichen Betriebsgrundlagen einerseits Wirtschaftsgüter, die aufgrund ihrer Funktion für den betreffenden Betrieb wesentlich sind, als auch solche Wirtschaftsgüter, die zwar funktional gesehen nicht erforderlich sind, denen aber erhebliche stille Reserven innewohnen.[5] 2507

---

1 In Littmann/Bitz/Putz, § 16 EStG Rn. 187c.
2 RFH 24. 1. 1940 VI 16/40, RStBl 1940, 316.
3 BFH 13. 2. 1996 VIII R 39/92, BStBl 1996 II 409, 410.
4 BFH 2. 10. 1997 IV R 84/96, BStBl 1998 II 104.
5 *Wacker* in Schmidt, § 16 EStG Rz. 101, m. w. N.

2508 Bildet **ein Wirtschaftsgut eine wesentliche Betriebsgrundlage von zwei verschiedenen Teilbetrieben**, die im Rahmen der Realteilung auf verschiedene Mitunternehmer übergehen sollen, stellt dies kein Realteilungshindernis dar, denn das Vorliegen von zwei Teilbetrieben ist hier keine Voraussetzung. Es muss dann entschieden werden, mit welchem Teilbetrieb das Wirtschaftsgut mitgehen soll. Die andere Sachgesamtheit bildet dann allerdings keinen steuerlichen Teilbetrieb mehr, sondern eine Mehrzahl einzelner Wirtschaftsgüter. Diese Konstellation hat dann den Nachteil, dass bezüglich der übergehenden einzelnen Wirtschaftsgüter die Sperrfrist des § 16 Abs. 3 Satz 3 EStG ausgelöst wird. Will man dies verhindern, muss versucht werden, für beide Einheiten die Teilbetriebsvoraussetzung zu erfüllen. Handelt es sich bei den beiden Teilbetrieben dienenden Wirtschaftsgütern um **Grundstücke**, müssen diese vorbereitend ggf. **real geteilt** und den jeweiligen Teilbetrieben entsprechend zugewiesen werden. Ist allerdings eine reale Teilung des Grundstücks nicht zumutbar, erkennt die Finanzverwaltung[1] aus Billigkeitsgründen für den Fall der Spaltung von KapGes an, dass eine ideelle Teilung (Bruchteilseigentum) im Verhältnis der tatsächlichen Nutzung ausreicht. Es ist anzunehmen, dass diese Vereinfachungsregelung auch für Realteilungsfälle Anerkennung findet.[2]

2509 Nach Auffassung der FinVerw setzt eine Realteilung voraus, dass **mindestens eine wesentliche Betriebsgrundlage** nach der Realteilung **weiterhin Betriebsvermögen** eines Realteilers darstellt.[3] Diese Voraussetzung lässt sich so dem Gesetz nicht entnehmen, dürfte aber in der Praxis kaum zu Problemen führen. Geht ein Betrieb oder ein Teilbetrieb über, gehören zu diesem zwingend wesentliche Betriebsgrundlagen, die im Rahmen dieses Betriebs/Teilbetriebs auch Betriebsvermögen bleiben. Es müsste also eine Fallkonstellation gegeben sein, bei der nur einzelne Wirtschaftsgüter übertragen werden und die wesentlichen Betriebsgrundlagen gerade auf solche Realteiler entfallen, die diese nicht betrieblich nutzen wollen, sondern in das Privatvermögen überführen.

2510 Fraglich ist, ob die real zu teilende PersGes immer **über mindestens zwei Teilbetriebe** verfügen muss, um die Begünstigungsvorschrift des § 16 Abs. 3 Satz 2 EStG in Anspruch nehmen zu können. Einerseits spricht der Wortlaut des Gesetzes dafür, denn es wird nur die Übertragung von Teilbetrieben und einzelnen Wirtschaftsgütern, nicht jedoch von Betrieben erwähnt. Wenn ein Unternehmen aber nur einen gewerblichen Tätigkeitsbereich hat, dann ist dies ein Betrieb und kein Teilbetrieb. Andererseits begünstigt das Gesetz auch die Übertragung einzelner Wirtschaftsgüter. Hat also eine PersGes nur eine einzige gewerbliche Tätigkeit sowie sonstiges Betriebsvermögen, das keine wesentliche Betriebsgrundlage darstellt, so stellt sich die Frage, ob eine Realteilung dergestalt möglich ist, dass auf einen Mitunternehmer der Betrieb und auf den anderen die einzelnen Wirtschaftsgüter übergehen. M. E. muss dies möglich sein, denn es ist kein sachlicher Grund erkennbar, die Übertragung eines Betriebes gegenüber der Übertragung eines Teilbetriebes steuerlich zu benachteiligen.[4]

---

1 BMF 25. 3. 1998, BStBl 1998 I 268 (Umwandlungssteuererlass) Tz. 15.07; BMF, BStBl 1998 I 268.

2 So z. B. *Hörger/Patt* in Littmann/Bitz/Putz, § 16 EStG Rn. 187d; *Blumers u. a.*, BB 1999, 1786 (prüfen).

3 BMF 28. 2. 2006, BStBl 2006 II 228.

4 Ebenso *Hörger/Patt* in Littmann/Bitz/Putz, § 16 EStG Rn. 187d sowie *Heß*, DStR 2006, 777.

Eine **100%ige Beteiligung an einer KapGes** stellt im Bereich des § 16 EStG einen sog. fiktiven Teilbetrieb dar.[1] Diese Regelung ist steuersystematisch nicht zwingend.[2] Es wäre auch möglich gewesen, eine 100%ige Beteiligung im Rahmen der Realteilung als Einzelwirtschaftsgut zu qualifizieren. Das Gleichsetzen mit einem Teilbetrieb hat mehrere Auswirkungen: Zunächst ist vorteilhaft, dass bei der Übertragung 100%iger Beteiligungen an KapGes die 3-jährige Sperrfrist des § 16 Abs. 3 Satz 3 EStG nicht ausgelöst wird, so dass die Beteiligung **durch den Übernehmer veräußert werden kann**, ohne dass dies rückwirkend nachteilige steuerliche Folgen für die Realteilung mit sich bringt. Zum anderen findet § 16 Abs. 3 Satz 4 EStG keine Anwendung und die Beteiligung kann zu Buchwerten auch auf einen Mitunternehmer in der Rechtsform einer KapGes übergehen. Allerdings verhindert in diesem Fall die durch das SEStEG neu eingeführte 7-jährige Sperrfrist des § 16 Abs. 5 EStG[3] eine gewinnrealisierende Weiterübertragung in den Fällen, in denen die Beteiligung zuvor von einem nach § 8b KStG begünstigten Steuerpflichtigen zu Buchwerten auf einen nicht dermaßen begünstigten Steuerpflichtigen übergegangen ist. Hierbei kann es sich im Rahmen der Realteilung entweder um eine separate Übertragung einer 100%igen Beteiligung oder um die Übertragung einer geringeren quotalen Beteiligung als Bestandteil eines Teilbetriebs handeln.[4] Findet gleichwohl eine gewinnrealisierende Weiterübertragung statt, gilt die Siebtelregelung des § 22 Abs. 2 Satz 3 UmwStG, nach der sich der steuerpflichtige Betrag innerhalb der 7-jährigen Sperrfrist jährlich linear um ein Siebtel mindert. Die Aufdeckung der so ermittelten stillen Reserven erfolgt rückwirkend auf den Zeitpunkt der Realteilung.[5] 2511

Fraglich ist, ob die Behandlung einer 100%igen Beteiligung als Teilbetrieb auch dann gilt, wenn die Beteiligung eine wesentliche Betriebsgrundlage eines anderen Teilbetriebs ist. Dies hat die Finanzverwaltung in anderen Fällen bisher immer abgelehnt,[6] sich im BMF-Schreiben vom 28. 2. 2006[7] zu dieser Frage aber nicht geäußert. 2512

(Einstweilen frei) 2513–2520

c) Übertragung von Mitunternehmeranteilen/Teil-Mitunternehmeranteilen

Begünstigt ist nach dem Gesetzeswortlaut die Übertragung von Mitunternehmeranteilen. Daneben wird in dem BMF-Schreiben vom 28. 2. 2006[8] bestätigt, dass auch die **Übertragung von Teil-Mitunternehmeranteilen** erfasst wird, und dass diese unter die Kategorie „Mitunternehmeranteile“ und nicht unter die Kategorie „einzelne Wirtschaftsgüter“ fallen. Diese Unterscheidung ist wichtig für die Anwendung der Sperrfrist 2521

1 § 16 Abs. 1 Satz 2 EStG; BMF 28. 2. 2006, BStBl 2006 I 228.

2 Vgl. *Heß*, DStR 2006, 779.

3 Vgl. auch Rn. 2569.

4 *Nagel/Thies*, GmbHR 2008, 479 (480).

5 Zu der besonderen Problematik, wenn es sich bei den im Zuge der Realteilung auf einen durch § 8b Abs. 2 KStG begünstigten Mitunternehmer übergehenden Anteilen um sog. einbringungsgeborene Anteile i. S. d. § 21 UmwStG a. F. (vor SEStEG) handelt, vgl. *Nagel/Thies*, GmbHR 2008, 479 ff.

6 Vgl. u. a. BMF 25. 3. 1998, BStBl 1998 I 268 (Umwandlungssteuererlass) Tz. 15.05; BFH v. 2. 10. 1997 IV R 84/96, BStBl 1998 II 104; *Wacker* in Schmidt, § 16 EStG Rz. 553.

7 BStBl 2006 I 228.

8 BStBl 2006 I 228.

sowie für die Fälle, in denen KapGes als Mitunternehmer an der real zu teilenden Personengesellschaft beteiligt sind.[1]

2522 Mitunternehmeranteile bzw. Teil-Mitunternehmeranteile müssen nicht zwingend in ein Betriebsvermögen eines der Realteiler überführt werden. Sie können auch steuerneutral auf solche Mitunternehmer übergehen, die selbst über kein weiteres Betriebsvermögen verfügen. Der Grund hierfür liegt in der Tatsache, dass Anteile an einer gewerblichen PersGes ihrem Wesen nach immer Betriebsvermögen darstellen und nicht in ein Privatvermögen überführt werden können.[2]

2523–2525 *(Einstweilen frei)*

d) Übertragung einzelner Wirtschaftsgüter

2526 Im Zeitraum 1999 bis 2000 galt die Realteilung einer Mitunternehmerschaft als Aufgabe des Mitunternehmeranteils, wenn und soweit dabei den bisherigen Mitunternehmern Einzelwirtschaftsgüter zugewiesen wurden. Dies hatte zur Folge, dass eine Überführung ins Privatvermögen vorlag und die Aufdeckung von stillen Reserven eintrat. Nur für die Übertragung von Teilbetrieben und Mitunternehmeranteilen war eine Buchwertfortführung möglich. Mit dem UntStFG wurde die Rechtslage wiederhergestellt, dass auch einzelne Wirtschaftsgüter im Rahmen einer Realteilung steuerneutral übertragen werden können. Damit ist auch die Realteilung einer **gewerblich geprägten PersGes** wieder möglich, die selbst eigentlich nur **vermögensverwaltende** Tätigkeiten ausübt, denn eine solche Gesellschaft hat wohl weder einen Betrieb noch einen Teilbetrieb.

2527–2530 *(Einstweilen frei)*

e) Überführung in das Betriebsvermögen der einzelnen Mitunternehmer

2531 Das Betriebsvermögen der real zu teilenden PersGes muss nach der Realteilung Betriebsvermögen der einzelnen Mitunternehmer werden, wenn eine Versteuerung der stillen Reserven vermieden werden soll.

2532 Nicht notwendig ist – entgegen dem missverständlichen Wortlaut –, dass die Übertragung in ein schon bestehendes Betriebsvermögen erfolgen muss. Entsprechend dem Sinn der Regelung reicht es aus, wenn die übertragenen Wirtschaftsgüter bei dem Gesellschafter Betriebsvermögen bleiben, unabhängig davon, ob er einen neuen Betrieb eröffnet oder die Wirtschaftsgüter in einen vorhandenen Betrieb überführt.[3]

2533 Begünstigt ist auch, wenn ein Mitunternehmer das auf ihn übergehende Betriebsvermögen unmittelbar, d. h. ohne Umweg über das Privatvermögen, in das Sonderbetriebsvermögen bei einer anderen Mitunternehmerschaft überführt.[4]

---

1 Vgl. hierzu Rn. 2566 ff.

2 Vgl. BMF v. 28. 2. 2006, BStBl 2006 I 228.

3 *Paus*, GStB 2003, 19; *Carlé/Bauschatz*, KÖSDI 2002, 13133; *Schoor*, INF 2002, 173; *Sauter/Heurung/Oblau*, FR 2002, 1101; BMF v. 28. 2. 2006, BStBl 2006 I 228.

4 BMF 28. 2. 2006, BStBl 2006 I 228.

Eine Übertragung einzelner Wirtschaftsgüter des Gesamthandsvermögens in das Gesamthandsvermögen einer anderen Mitunternehmerschaft, an der der Realteiler ebenfalls beteiligt ist, ist jedoch nach Auffassung der Finanzverwaltung zu Buchwerten nicht möglich. Das soll auch dann gelten, wenn es sich um eine **personenidentische Schwesterpersonengesellschaft** handelt.[1] Zu beachten ist, dass die Finanzverwaltung hier nur die Übertragung von Einzelwirtschaftsgütern in ein anderes Gesamthandsvermögen sanktioniert. Denn im Fall der Übertragung eines Betriebs, Teilbetriebs oder Mitunternehmeranteils direkt in ein anderes Gesamthandsvermögen ist eine **Buchwertfortführung nach § 24 UmwStG** möglich. 2534

Geht ein Teilbetrieb auf einen Mitunternehmer über, der diesen nicht selbst fortführen möchte, kann er diesen – bei Vorliegen der Voraussetzungen der R 16.5 EStR 2005 – unter Ausübung des Verpächterwahlrechts **verpachten**. Auch in diesen Fällen ist eine Buchwertfortführung möglich, denn die Wirtschaftsgüter bleiben Betriebsvermögen.[2] 2535

Befinden sich in dem Betriebsvermögen der PersGes Anteile an KapGes, die nach § 22 UmwStG steuerverhaftet sind und ist die 7-Jahres-Frist noch nicht abgelaufen, stellt sich die Frage, ob die Übertragung der Beteiligung im Rahmen einer Realteilung einen schädlichen Tatbestand i. S. d. § 22 Abs. 1 UmwStG darstellt, der zu einer rückwirkenden Entstehung eines Einbringungsgewinns führt. In der Literatur wird dies überwiegend bejaht, allerdings ist streitig, ob die Realteilung einen entgeltlichen Vorgang darstellt und damit unter § 22 Abs. 1 Satz 6 Nr. 2 UmwStG fällt, oder ob es sich um einen unentgeltlichen Vorgang handelt, der unter § 22 Abs. 1 Satz 6 Nr. 1 UmwStG fällt. Die Beantwortung dieser Frage ist sehr wichtig, denn die beiden hier genannten Ersatzrealisationstatbestände unterscheiden sich dahin gehend, dass eine entgeltliche Übertragung immer in vollem Umfang schädlich ist, und zwar unabhängig davon, wer die Anteile erhält, während eine unentgeltliche Übertragung nur insoweit schädlich ist, wie die Anteile auf einen Mitunternehmer in der Rechtsform einer KapGes übergehen. Soweit die Anteile auf natürliche Personen übergehen, treten diese natürlichen Personen bei unentgeltlicher Übertragung gem. § 22 Abs. 6 UmwStG die Rechtsnachfolge des Einbringenden an und gelten fortan als „Einbringende", die in die Sperrfrist eintreten. Im Bericht des Finanzausschusses zu § 22 UmwStG[3] wird die Realteilung als Unterfall einer schädlichen unentgeltlichen Übertragung aufgeführt. Diese Einordnung teilen auch andere Autoren.[4] *Widmann*[5] bejaht die Schädlichkeit der Realteilung mit der Begründung, dass die Auskehrung von Anteilen bei der Liquidation einer PersGes zur Befriedigung des Auskehrungsanspruchs des Gesellschafters erfolgt. Daraus ist zu schließen, dass er die Realteilung als entgeltlichen Vorgang und damit als schädlich gem. § 22 Abs. 1 2536

1 BMF 28. 2. 2006, BStBl 2006 I 228; diese Rechtsauffassung entspricht allerdings nicht der herrschenden Literaturmeinung und selbst die Senate des BFH sind sich hier nicht einig. Zum Stand der Diskussion vgl. ausführlich Rn. 1205.

2 BMF 28. 2. 2006, BStBl 2006 I 228.

3 BT-Drucks. 16/3369 v. 9. 11. 2006 zu § 22 UmwStG.

4 Vgl. z. B. *Patt* in Dötsch/Jost/Pung/Witt, § 22 UmwStG Rn. 40 ebenso *Stangl* in Rödder/Herlinghaus/van Lishaut, 2007, § 22 UmwStG Rn. 46 sowie *Hörtnagl*, Stbg 2007, 257, 266, re Sp., der den Übergang eines Anteils auf eine KapGes im Wege einer Realteilung als verdeckte Einlage und damit ebenfalls als einen unentgeltlichen Übertragungsvorgang einordnet.

5 In Widmann/Mayer, § 22 Rn. 18.

Satz 6 Nr. 2 UmwStG einordnet. M. E. ist *Widmann* Recht zu geben. Eine Realteilung ist eine besondere Form der Liquidation einer PersGes. Die Auskehrung des Vermögens erfolgt daher zur Befriedigung der Ansprüche der Mitunternehmer bzw. als Gegenleistung für den Untergang der Mitunternehmeranteile.[1]

2537 Allerdings ist aus meiner Sicht im Fall einer schädlichen Realteilung innerhalb der Sperrfrist des § 22 UmwStG auch dem Umstand Rechnung zu tragen, dass unter Berücksichtigung der ertragsteuerlichen Transparenz der PersGes ein schädlicher Übertragungsvorgang nur insoweit bejaht werden kann, wie die KapGes, die im Rahmen der Realteilung die sperrfristbehafteten Anteile erhält, nicht selbst an der PersGes beteiligt war, denn im Umfang der eigenen Beteiligung gilt sie – zumindest nach Auffassung der FinVerw[2] – neben der einbringenden PersGes selbst als „Einbringende" i. S. d. § 22 UmwStG.

BEISPIEL: Die AB-OHG, deren Mitunternehmer die natürliche Person A sowie die B-GmbH sind, verfügt über drei Teilbetriebe. Im Verlauf des Jahres 2011 gliedert sie mit Wirkung zum 1. 1. 2011 einen dieser Teilbetrieb gem. § 20 UmwStG zu Buchwerten auf eine neu gegründete Tochter-KapGes aus. Im Jahr 2014 beschließen die Mitunternehmer A und B, die AB-OHG im Wege der Realteilung aufzulösen, wobei A und B-GmbH jeweils einen Teilbetrieb erhalten sollen. Außerdem sollen die sperrfristbehafteten Anteile an der Tochter-GmbH auf die B-GmbH übergehen.

Tatsache ist, dass die gesamte 100%ige Beteiligung an der Tochter-GmbH unentgeltlich auf die B-GmbH übergeht. Gleichwohl dürfte nur in Höhe der Beteiligungsquote, zu der vor der Realteilung der Mitunternehmer A an der PersGes beteiligt war, ein schädlicher Vorgang nach § 22 Abs. 1 Satz 6 Nr. 2 UmwStG gegeben sein. Soweit die B-GmbH bisher bereits selbst als Mitunternehmerin an den sperrfristbehafteten Anteilen beteiligt war, dürfte kein schädlicher Vorgang gegeben sein, denn in Bezug auf die eigene Beteiligung ist die B-GmbH auch selbst als „Einbringende" der ursprünglich durchgeführten Ausgliederung anzusehen. Dies entspricht zumindest der Auffassung der FinVerw für den Anwendungsbereich des § 22 UmwStG. Die Beteiligung verlässt insoweit somit gar nicht die steuerliche Sphäre „des Einbringenden". § 22 UmwStG sieht nämlich eine Übertragung „durch den Einbringenden" und nicht „auf den Einbringenden" als schädlichen Vorgang an, der zu einer rückwirkenden Besteuerung des ursprünglichen Einbringungsvorgangs führt.

2538 Darüber hinaus ist eine weitere einschränkende Auslegung des § 22 Abs. 1 Satz 6 Nr. 2 UmwStG dahin gehend angebracht, dass eine Realteilung nur insoweit als schädlicher Vorgang anzusehen ist, wie die Mitunternehmer, die die sperrfristbehafteten Anteile im Zuge der Realteilung nicht erhalten, auch bereits zum Zeitpunkt der vorherigen Einbringung an der PersGes beteiligt waren.

BEISPIEL: Sachverhalt wie oben, jedoch mit der Abwandlung, dass A seinen Mitunternehmeranteil an der AB-OHG im Jahr 2012 an C veräußert hat. C und B-GmbH beschließen nun im Jahr 2014 die Realteilung.

Da es nach der Einbringung mit der Veräußerung des Mitunternehmeranteils von A auf C bereits einen schädlichen Übertragungsakt gegeben hat, der zu einer rückwirkenden Entstehung eines Einbringungsgewinns I geführt hat, sind die von der OHG gehaltenen sperrfristbehafteten Anteile insoweit bereits entstrickt. Eine Weiterübertragung dieser bereits entstrickten Anteile im Rahmen der Realteilung auf die B-GmbH kann daher nicht mehr als schädlicher Vor-

1 So im Ergebnis auch *Körner*, DB 2010, 1315 (1317), allerdings mit anderer Begründung.

2 Vgl. Tz. 22.02 UmwStEE i. d. F. vom 2. 5. 2011.

gang anzusehen sein. Da nach der hier vertretenen Meinung auch der Übergang der Anteile – soweit sie bisher bereits auf die B-GmbH als Mitunternehmerin entfielen – ebenfalls keinen schädlichen Übertragungsvorgang i. S. d. § 22 UmwStG darstellt, stellt somit der Übergang der Anteile im Wege der Realteilung auf die B-GmbH insgesamt keinen schädlichen Vorgang dar. Ein Einbringungsgewinn I entsteht nicht.

2539 Soweit eine Realteilung einen schädlichen Übertragungsvorgang i. S. d. § 22 UmwStG darstellt, ist die Rechtsfolge, dass rückwirkend ein steuerpflichtiger Einbringungsgewinn I entsteht und sich dementsprechend ebenfalls rückwirkend die Anschaffungskosten der sperrfristbehafteten Anteile entsprechend erhöhen. Auf die steuerliche Würdigung der eigentlichen Realteilung hat § 22 UmwStG keine Auswirkungen. Die Realteilung ist gleichwohl nach § 16 Abs. 3 EStG steuerneutral möglich.

2540–2545 *(Einstweilen frei)*

f) Steuerverhaftungsbedingung

2546 Wesentliche Voraussetzung für die Buchwertfortführung im Rahmen der Realteilung ist, dass das übergehende Betriebsvermögen bei dem Übernehmer Betriebsvermögen bleibt, das weiterhin der inländischen Besteuerung unterliegt.

2547 Das Gesetz stellt aber für eine steuerneutrale Realteilung nicht die Anforderung, dass es sich bei den Mitunternehmern um **unbeschränkt steuerpflichtige Personen** handeln muss. Eine Realteilung ist damit auch dann möglich, wenn einer der Mitunternehmer eine **beschränkt steuerpflichtige** natürliche oder juristische Person ist, und zwar unabhängig davon, ob diese **innerhalb oder außerhalb der EU** ansässig ist. Notwendig ist lediglich, dass der betreffende Realteiler das Wirtschaftsgut in eine andere **inländische** Betriebsstätte überführt.

2548 Wird ein Wirtschaftsgut anlässlich einer Realteilung jedoch in eine ausländische Betriebsstätte überführt, deren Einkünfte durch ein DBA freigestellt sind, kommt es zu einer Aufdeckung der stillen Reserven, denn die Steuerverhaftungsbedingung ist nicht erfüllt.[1]

2549 In allen übrigen Fällen verweist das BMF-Schreiben vom 28. 2. 2006 unter Gliederungspunkt V. auf Tz. 2.6 des sog. Betriebsstättenerlasses.[2] Da allerdings die in dieser Tz. 2.6 niedergelegten Grundsätze zur Besteuerung der Überführung von Wirtschaftsgütern durch die Ergänzung des § 4 Abs. 1 Satz 3 EStG durch das SEStEG[3] zwischenzeitlich neu geregelt worden sind und Tz. 2.6 des Betriebsstättenerlasses insoweit **keine Anwendung mehr findet**, finden auf die Realteilungsfälle nunmehr die **Entstrickungsgrundsätze** des § 4 Abs. 1 Satz 3 EStG Anwendung.

2550 Nach § 4 Abs. 1 Satz 3 EStG steht der Ausschluss oder die Beschränkung des Besteuerungsrechts der Bundesrepublik Deutschland hinsichtlich des Gewinns aus der Veräußerung oder der Nutzung eines Wirtschaftsguts seiner Entnahme aus dem Betriebsvermögen gleich. Die Entnahme ist nach § 6 Abs. 1 Nr. 4 EStG mit dem **gemeinen Wert**

1 BMF 28. 2. 2006, BStBl 2006 I 228.

2 BMF 24. 12. 1999 (Betriebsstätten-Verwaltungsgrundsätze), BStBl 1999 I 1076.

3 Gesetz v. 12. 12. 2006, BGBl 2006 I 2782.

anzusetzen. Allerdings besteht in bestimmten Fällen die Möglichkeit, nach § 4g EStG in Höhe der aufzudeckenden stillen Reserven einen **Ausgleichsposten** zu bilden, wenn es sich um die Überführung eines Wirtschaftsgutes des Anlagevermögens in eine in einem Mitgliedstaat der EU belegene Betriebsstätte handelt. Der Ausgleichsposten ist im Wirtschaftsjahr der Bildung und in den 4 folgenden Wirtschaftsjahren zu jeweils einem Fünftel gewinnerhöhend aufzulösen (§ 4g Abs. 2 EStG). Bei Überführung in sog. Drittlandsbetriebsstätten erfolgt demgegenüber eine Sofortversteuerung.

2551 An dieser Stelle ist auf die in der Literatur in den letzten Jahren lebhaft geführte Diskussion zu verweisen, ob die Entstrickungsgrundsätze des § 4 Abs. 1 Satz 3 EStG tatsächlich im Zeitpunkt der Überführung eines Wirtschaftsguts eine Sofortbesteuerung auslösen können. Der BFH bezweifelt dies zumindest bei Überführung in einen Staat, mit dem Deutschland ein DBA abgeschlossen hat, unter Hinweis auf Art. 7 OECD-MA.[1] Darüber hinaus ist fraglich, ob eine Sofortbesteuerung bei Überführung von Wirtschaftsgütern innerhalb der EU/EWR nicht auch gegen die Niederlassungsfreiheit verstößt.[2] Vor diesem Hintergrund ist somit davon auszugehen, dass die Steuerverhaftungsbedingung die Bundesrepublik Deutschland zwar berechtigt, die während der Verweildauer der betreffenden Wirtschaftsgüter in Deutschland angesammelten stillen Reserven zu besteuern, in entsprechenden Fällen allerdings nicht zum Zeitpunkt der Realteilung mit gleichzeitiger Überführung in das ausländische Betriebsvermögen eines der Mitunternehmer, sondern erst zu einem späteren Zeitpunkt, wenn die Wirtschaftsgüter tatsächlich aus dem Betriebsvermögen des betreffenden Realteilers ausscheiden.

2552–2555 *(Einstweilen frei)*

4. Rechtsfolgen bei Vorliegen der Voraussetzungen des § 16 Abs. 3 Satz 2 – 4 EStG

2556 Liegt eine Realteilung vor, kann diese unter den dargestellten Voraussetzungen steuerneutral vorgenommen werden. Bei der Ermittlung des Gewinns der sich real teilenden Mitunternehmerschaft sind die Wirtschaftsgüter, die Betriebsvermögen der Realteiler bleiben, mit den Werten anzusetzen, die sich nach den Vorschriften über die Gewinnermittlung ergeben – also den Buchwerten –, sofern die Besteuerung der stillen Reserven sichergestellt ist (**zwingende Buchwertfortführung**).

2557 Die Buchwertfortführungspflicht gilt auch für das Sonderbetriebsvermögen.[3]

2558 Die Buchwertfortführung ist auch bei der Überführung von Wirtschaftsgütern in ein land- und forstwirtschaftliches oder der selbständigen, freiberuflichen Arbeit dienendes Betriebsvermögen des Realteilers anzuwenden.[4] Dass die stillen Reserven durch diese Übertragung der Gewerbesteuer entzogen werden, ist hierbei ohne Belang.[5]

---

1 Vgl. BFH 17. 7. 2008 I R 77/06, BFH/NV 2008, 1941.

2 Vgl. zu Fällen der Betriebsverlegung BFH 28. 10. 2009 I R 99/08, BFH/NV 2010, 346 sowie 28. 10. 2009 I R 28/08, NWB DokID: XAAAD-35173; vgl. auch *Körner*, IStR 2009, 1 (15).

3 *Hottmann* in Zimmermann/Hottmann/Hübner/Schaeberle/Völkel, a. a. O, J 1 Rn. 238; *Sauter/Heurung/Oblau*, FR 2002, 1101.

4 *Schoor*, INF 2002, 173.

5 BFH 14. 6. 1988 VIII R 387/83, BStBl 1989 II 187.

(Einstweilen frei) 2559–2560

a) Realteilung bei (teilweiser) Überführung in das Privatvermögen

Werden anlässlich einer Realteilung einzelne Wirtschaftsgüter in das Privatvermögen 2561
der Mitunternehmer überführt, liegt nach der Gesetzesbegründung[1] gleichwohl eine Realteilung vor, diese ist aber nicht steuerneutral.

Werden nur einige Wirtschaftsgüter in ein Betriebsvermögen und andere in ein Privat- 2562
vermögen überführt, so sind die in ein Betriebsvermögen überführten Wirtschaftsgüter mit dem Buchwert, die in ein Privatvermögen überführten Wirtschaftsgüter hingegen mit dem gemeinen Wert anzusetzen.[2]

Durch die Überführung in das Privatvermögen erwirtschaftet der jeweilige Gesellschaf- 2563
ter einen Entnahmegewinn. Dieser ist nur dann gem. §§ 16, 34 EStG steuerbegünstigt, wenn bei allen auf ihn übertragenen Wirtschaftsgütern die stillen Reserven aufgedeckt werden.[3] Demnach muss dafür auch das dazugehörige Sonderbetriebsvermögen ins Privatvermögen überführt werden. Unerheblich ist, ob andere die erhaltenen Wirtschaftsgüter in ihr Betriebsvermögen überführen, da die Realteilung subjektbezogen ist.[4]

(Einstweilen frei) 2564–2565

b) Beteiligung eines Körperschaftsteuersubjekts

Grundsätzlich können auch **Körperschaftsteuersubjekte als Mitunternehmer** einer 2566
PersGes an deren Realteilung teilnehmen. Insbesondere können auf diese zu Buchwerten Teilbetriebe, Mitunternehmeranteile und Teil-Mitunternehmeranteile[5] übertragen werden.

Nach § 16 Abs. 3 Satz 4 EStG ist allerdings nicht der Buchwert, sondern der **gemeine** 2567
Wert anzusetzen, wenn **einzelne Wirtschaftsgüter** unmittelbar oder mittelbar auf eine Körperschaft, Personenvereinigung oder Vermögensmasse übertragen werden. Durch diese Sondervorschrift soll die Verlagerung der stillen Reserven auf eine KapGes verhindert werden, da ansonsten die stillen Reserven bei einer Veräußerung nur der niedrigeren Körperschaftsteuer unterlägen.[6] Hinsichtlich der im Rahmen derselben Realteilung auf die anderen Gesellschafter übertragenen Wirtschaftsgüter bleibt es jedoch beim Buchwertansatz.[7]

Die Finanzverwaltung[8] legt § 16 Abs. 3 Satz 4 EStG über den Gesetzeswortlaut hinaus- 2568
gehend zugunsten der Steuerpflichtigen aus, indem sie insoweit eine Buchwertfortfüh-

---

1 BT-Drucks. 14/265, 179.

2 *Hörger* in Littmann/Bitz/Pust, a. a. O., § 16 Rn. 197t; *Wacker* in Schmidt, EStG § 16 Rz. 551; *Hottmann* in Zimmermann/Hottmann/Hübner/Schaeberle/Völkel, a. a. O., J 1 Rn. 246; so zur alten Rechtslage auch: BFH 1. 12. 1992 VIII R 57/90, BStBl 1994 II 607.

3 *Wacker* in Schmidt, EStG § 16 Rz. 551; *Hottmann* in Zimmermann/Hottmann/Hübner/Schaeberle/Völkel, a. a. O., J 1 Rn. 236, 261.

4 *Wacker* in Schmidt, EStG § 16 Rz. 551; *Hottmann* in Zimmermann/Hottmann/Hübner/Schaeberle/Völkel, a. a. O., J 1 Rn. 236, 261; so zur alten Rechtslage auch: BFH 1. 12. 1992 VIII R 57/90, BStBl 1994 II 607.

5 *Wacker* in Schmidt, EStG § 16 Rz. 553.

6 *Niehus/Wilke*, a. a. O., E 3.4, S. 227.

7 *Hottmann* in Zimmermann/Hottmann/Hübner/Schaeberle/Völkel, a. a. O., J 1 Rn. 249.

8 BMF 28. 2. 2006, BStBl 2006 I 228.

rung ermöglicht, wie die Körperschaft auch vorher schon an dem einzelnen Wirtschaftsgut beteiligt war. Die stillen Reserven sind daher nur in dem Umfang aufzudecken, in dem sie bisher auf andere Mitunternehmer entfielen.

2569 Befinden sich in dem Betriebsvermögen der real zu teilenden PersGes **Beteiligungen an anderen KapGes** und sind als Mitunternehmer sowohl von § 8b Abs. 2 KStG begünstigte Gesellschaften (der Körperschaftsteuer unterliegende Körperschaften, Personenvereinigungen und Vermögensmassen) als auch nicht unter § 8b Abs. 2 KStG fallende natürliche Personen (direkt oder mittelbar über PersGes) beteiligt, so ist die **Sondervorschrift des § 16 Abs. 5 EStG** zu beachten, die durch das SEStEG in das EStG eingefügt wurde. Diese Regelung soll verhindern, dass eine Beteiligung an einer KapGes steuerneutral auf eine andere KapGes übertragen werden kann, die diese dann unter Inanspruchnahme der Steuerfreiheit des § 8b Abs. 2 KStG weiter veräußert. § 16 Abs. 5 EStG ist eine **Missbrauchsregelung** und greift nur, wenn einzelne Mitunternehmer der PersGes im Fall einer direkten Veräußerung der Beteiligung durch die PersGes den auf sie anfallenden anteiligen Veräußerungsgewinn nicht nach § 8b Abs. 2 KStG steuerfrei hätten vereinnahmen können.

2570 Die Vorschrift setzt voraus, dass **Teilbetriebe**, in denen sich Anteile an KapGes befinden, zu Buchwerten auf einen Mitunternehmer in der Rechtsform einer KapGes übertragen werden. KapGes-Anteile, die nicht 100 % des Stamm- bzw. Grundkapitals repräsentieren, können als Einzelwirtschaftsgüter wegen § 16 Abs. 3 Satz 4 EStG nicht zu Buchwerten auf eine KapGes übertragen werden. In diesen Fällen ist ohnehin in dem Umfang, in dem die KapGes bisher selbst nicht beteiligt war, der gemeine Wert anzusetzen. Demgegenüber gilt eine **100%ige Kapitalgesellschaftsbeteiligung** als **fiktiver Teilbetrieb** i. S. d. § 16 Abs. 3 EStG.[1] Sie könnte also – ohne die Sondervorschrift des § 16 Abs. 5 EStG – zunächst zu Buchwerten auf eine KapGes übertragen und dann (fast) steuerfrei veräußert werden.

2571 Sind die Voraussetzungen des § 16 Abs. 5 EStG erfüllt, kann die Kapitalgesellschaftsbeteiligung im Rahmen der Realteilung gleichwohl zunächst zu Buchwerten auf einen Mitunternehmer in der Rechtsform einer KapGes übergehen. Allerdings beginnt gleichzeitig eine **7-jährige Sperrfrist**. Veräußert die übernehmende KapGes die Beteiligung innerhalb dieser 7-Jahres-Frist, so kommt es **rückwirkend** zu einer **Besteuerung des Realteilungsvorgangs**. Dasselbe gilt, wenn die übernehmende KapGes innerhalb dieser Frist einen der Ersatzrealisationstatbestände des § 22 Abs. 1 Satz 6 Nr. 1 – 5 UmwStG erfüllt.[2]

2572–2575 *(Einstweilen frei)*

5. Sperrfrist des § 16 Abs. 3 Satz 3 EStG

2576 Nach § 16 Abs. 3 Satz 3 EStG ist rückwirkend der gemeine Wert anzusetzen, soweit bei einer Realteilung, bei der auch einzelne Wirtschaftsgüter übertragen worden sind, zum Buchwert übertragener Grund und Boden, Gebäude oder andere übertragene wesentli-

1 Vgl. Rn. 2511.
2 Vgl. zu diesen Regelungen Rn. 3006 ff.

che Betriebsgrundlagen innerhalb einer **Sperrfrist** nach der Übertragung veräußert oder entnommen werden. Keine Sperrfrist gilt hingegen bei der Übertragung von Teil-Mitunternehmeranteilen.[1]

Die Sperrfrist beginnt im Zeitpunkt der Realteilung und endet 3 Jahre nach Abgabe der Steuererklärung der Mitunternehmerschaft für den Veranlagungszeitraum der Realteilung. Maßgeblicher Zeitpunkt der Veräußerung von Einzelwirtschaftsgütern ist der Übergang des wirtschaftlichen Eigentums.[2] Die Sperrfrist greift somit nur in den Realteilungsfällen, in denen es zur Übertragung einzelner Wirtschaftsgüter kommt und führt auch nur dann zu einer rückwirkenden Besteuerung, wenn es sich bei diesen Einzelwirtschaftsgütern um Grund und Boden, Gebäude oder wesentliche Betriebsgrundlagen handelt und diese innerhalb der 3-jährigen Sperrfrist veräußert oder entnommen werden. Ob es sich bei dem **Grund und Boden bzw. dem Gebäude** gleichzeitig um wesentliche Betriebsgrundlagen handelt, ist unbeachtlich, da deren Veräußerung oder Entnahme innerhalb der Sperrfrist **immer schädlich** ist. Kommt es anlässlich einer Realteilung zu einer Übertragung von Teilbetrieben als auch von einzelnen Wirtschaftsgütern, so ist die Veräußerung bzw. Entnahme **von Einzelwirtschaftsgütern eines der Teilbetriebe** direkt nach der Realteilung auch dann **unschädlich**, wenn es sich um wesentliche Betriebsgrundlagen, Grund und Boden oder Gebäude handelt.[3] 2577

Bezüglich der durch die Sperrfrist erfassten Einzelwirtschaftsgüter Grund und Boden, Gebäude oder wesentliche Betriebsgrundlagen stellt die Finanzverwaltung in ihrem Schreiben vom 28. 2. 2006[4] klar, dass deren Veräußerung innerhalb der Sperrfrist nur dann schädlich ist, wenn es sich um **Anlagevermögen** gehandelt hat. Die Veräußerung von Umlaufvermögen soll durch die Sperrfrist nicht behindert werden. 2578

Eine steuerschädliche Veräußerung i. S. d. § 16 Abs. 3 Satz 3 EStG wurde in der Literatur bisher dann nicht angenommen, wenn eine Buchwert-Einbringung nach §§ 20, 24 UmwStG oder eine begünstigte Überführung nach § 6 Abs. 5 Satz 3 EStG erfolgt.[5] Dies sieht die Finanzverwaltung jedoch anders.[6] Es soll nach ihrer Ansicht schädlich sein, wenn Einzelwirtschaftsgüter, die im Rahmen einer Realteilung übertragen worden sind, nunmehr zusammen mit einem anderen Teilbetrieb gegen Gewährung von Gesellschaftsrechten eingebracht werden, wobei irrelevant sein soll, ob diese Einbringung zu Buchwerten, Zwischenwerten oder gemeinen Werten erfolgt. Dasselbe gilt für einen Formwechsel nach § 25 UmwStG.[7] Als Gestaltungsvariante zur Vermeidung eines schädlichen Übertragungsakts wäre daher in Fällen der Weitereinbringung innerhalb der 3-jährigen Sperrfrist in eine PersGes nach § 24 UmwStG zu erwägen, die betreffen- 2579

1 *Brandenberg*, DStR 2002, 594; *Carlé/Bauschatz*, KÖSDI 2002, 13133.

2 BMF 28. 2. 2006, BStBl 2006 I 228.

3 Vgl. a. *Heß*, DStR 2006, 781.

4 BMF 28. 2. 2006, BStBl 2006 I 228.

5 *Hörger* in Littmann/Bitz/Pust, a. a. O., § 16 Rn. 197w; *Engl*, DStR 2002, 119; *Hottmann* in Zimmermann/Hottmann/Hübner/Schaeberle/Völkel, a. a. O., J 1 Rn. 255 f.; für § 6 V EStG: *Wacker* in Schmidt, EStG § 16 Rz. 554.

6 Vgl. BMF 28. 2. 2006, BStBl 2006 I 228.

7 Der Formwechsel einer Personengesellschaft in eine Kapitalgesellschaft nach § 25 i. V. m. §§ 20 ff. UmwStG wird auch von der Rechtsprechung aus steuerlicher Sicht als tauschähnlicher, entgeltlicher Vorgang angesehen, vgl. BFH 19. 10. 2005 I R 38/04, BStBl 2006 II 568.

den wesentlichen Betriebsgrundlagen nicht mit in das Gesamthandsvermögen zu übertragen, sondern der übernehmenden PersGes lediglich zur Nutzung zu überlassen.[1] Zwar sind Wirtschaftsgüter, die anlässlich einer Einbringung nach § 24 UmwStG lediglich in das Sonderbetriebsvermögen der Übernehmerin überführt werden, aus steuerlicher Sicht ebenfalls Bestandteil des gesamten Einbringungsvorgangs in das steuerliche Betriebsvermögen der übernehmenden PersGes, jedoch werden diese Wirtschaftsgüter nicht „gegen Gewährung von Gesellschaftsrechten" eingebracht. Eine reine Nutzungsüberlassung dürfte daher keinen schädlichen Akt darstellen.

2580 Die Finanzverwaltung sieht weiterhin auch dann eine schädliche Veräußerung als gegeben an, wenn solche Einzelwirtschaftsgüter nach § 6 Abs. 5 EStG gegen Gewährung von Gesellschaftsrechten auf einen Dritten übergehen. Erfolgt die Übertragung hingegen ohne Gegenleistung, müsste dies m. E. unschädlich sein.

2581 Unschädlich soll nach Ansicht von *Schnoor* jedoch das Ausscheiden des Wirtschaftsgutes aufgrund höherer Gewalt sein.[2]

2582 Werden nur einzelne wesentliche Wirtschaftsgüter innerhalb der Sperrfrist veräußert oder entnommen, so entsteht insoweit rückwirkend ein laufender – nicht steuerbegünstigter – Veräußerungsgewinn der real geteilten Mitunternehmerschaft.[3] Soweit der Gewinn nicht auf eine natürliche Person als unmittelbar beteiligten Mitunternehmer entfällt, unterliegt er rückwirkend auch der Gewerbesteuer (§ 7 Satz 2 GewStG). Es handelt sich um ein rückwirkendes Ereignis nach § 175 Abs. 1 Satz 1 Nr. 2 AO. Auf die Realteilung als solche und den Buchwertansatz der anderen Wirtschaftsgüter hat die Veräußerung bzw. Entnahme keinen Einfluss.[4] Nur wenn alle übertragenen wesentlichen Betriebsgrundlagen innerhalb der Frist veräußert oder entnommen werden, liegen die Voraussetzungen für eine Steuerbegünstigung nach §§ 16, 34 EStG vor.[5] In diesem Fall ist jedoch umstritten, ob auch ein originärer Firmenwert zu berücksichtigen ist.[6]

2583 Problematisch an der Sperrfrist ist, dass es für den Veräußerer steuerlich vorteilhaft ist, das Wirtschaftsgut innerhalb der Sperrfrist zu veräußern. Da es sich um einen Veräußerungsgewinn der ehemaligen Mitunternehmerschaft handelt, trägt er die Steuerlast nur anteilig. Bei einer späteren Veräußerung hätte er hingegen die volle Steuerlast zu tragen. Um dieses für die anderen Realteiler unbillige Ergebnis zu vermeiden, sollten ausreichend hohe Vertragsstrafen für den Fall des Verkaufs innerhalb der Sperrfrist vereinbart werden.[7] Besser noch sollte vereinbart werden, dass der Verkäufer sämtliche Steuerlasten zu tragen hat, die sich aus seiner schädlichen Verkaufshandlung ergeben. Möglich ist auch eine Gewinnverteilungsabrede im Gesellschaftsvertrag oder in Verein-

---

1 So auch *Ostermayer/Huber*, BB 2009, 1327 (1329).

2 *Schoor*, INF 2002, 173.

3 *Hörger* in Littmann/Bitz/Pust, a. a. O., § 16 Rn. 197w; *Niehus/Wilke*, a. a. O., E 3.3, S. 225; *Wacker* in Schmidt, EStG § 16 Rz. 555; *Hottmann* in Zimmermann/Hottmann/Hübner/Schaeberle/Völkel, a. a. O., J 1 Rn. 257; *Paus*, GStB 2003, 19.

4 *Hörger* in Littmann/Bitz/Pust, a. a. O., § 16 Rn. 197w.

5 *Hörger* in Littmann/Bitz/Pust, a. a. O., § 16 Rn. 197w; *Hottmann* in Zimmermann/Hottmann/Hübner/Schaeberle/Völkel, a. a. O., J 1 Rn. 257; *Paus*, FR 2002, 866.

6 Dafür: BFH 1. 12. 1992 VIII R 57/90, BStBl 1994 II 607; dagegen: *Carlé/Bauschatz*, KÖSDI 2002, 13133; *Hörger* in Littmann/Bitz/Pust, a. a. O., § 16 Rn. 197r.

7 *Paus*, GStB 2003, 19; *Niehus/Wilke*, a. a. O., E 3.3, S. 226.

barungen der Gesellschafter über die Realteilung, wonach der Gewinn aus der Veräußerung oder Entnahme innerhalb der Sperrfrist allein dem entnehmenden oder veräußernden Realteiler zuzurechnen ist.[1]

(Einstweilen frei) 2584–2590

6. Bilanzierung der Realteilung (ohne Spitzenausgleich)

Die mit einer steuerneutralen Realteilung verbundene Buchwertfortführungspflicht ist hinsichtlich ihrer Bilanzierung nur unproblematisch, wenn sowohl die tatsächlichen Werte als auch die Buchwerte von übernommenen Wirtschaftsgütern und Kapitalkonto übereinstimmen. Zu den zu übernehmenden Buchwerten gehören dabei auch die Mehr- oder Minderwerte in den Ergänzungsbilanzen der Gesellschafter,[2] die dann aufzulösen sind. 2591

Problematisch ist die Bilanzierung der Realteilung, wenn zwar die tatsächlichen Werte des von dem jeweiligen Mitunternehmer übernommenen Vermögens dem tatsächlichen Wert seines untergegangenen Gesellschaftsanteils an der PersGes entsprechen, nicht aber auch die Buchwerte des übernommenen Vermögens mit dem Buchwert der Beteiligung übereinstimmen. Diese Konstellation tritt häufig auf, da die übernommenen Wirtschaftsgüter mal mehr oder weniger stille Reserven enthalten. Damit es bei der von § 16 Abs. 3 Satz 2 EStG zwingend vorgesehenen Übernahme zu Buchwerten nicht zu Buchgewinnen oder -verlusten kommt, müssen diese Buchwerte bilanziell angeglichen werden. Dazu werden verschiedene Methoden diskutiert. 2592

Nach der **Buchwertanpassungsmethode** sind in der Bilanz des Übernehmers die Buchwerte des übernommenen Vermögens in der Summe an den Buchwert des Kapitalkontos anzupassen. In der Eröffnungsbilanz des Übernehmers stehen sie daher nicht mit dem ursprünglichen Wert. Vorteil dieser Methode ist, dass zwischen den Mitunternehmern keine stillen Reserven verlagert werden, sondern nur zwischen den einzelnen Wirtschaftsgütern. Da der Übernehmer nach dem Gesetzeswortlaut jedoch die Buchwerte der Überträgerin fortzuführen hat, ist diese Methode allerdings m. E. unzulässig.[3] Der BFH hat in dieser Methode zudem einen Verstoß gegen das Anschaffungskostenprinzip gesehen.[4] 2593

Als weitere Lösung wird die **Kapitalausgleichsmethode** diskutiert. Danach werden sowohl die Buchwerte der Wirtschaftsgüter als auch die Kapitalkonten fortgeführt. Die Differenz zwischen beiden wird jedoch durch einen aktiven oder passiven Rechnungsabgrenzungsposten erfolgsneutral ausgeglichen. Wird später ein Wirtschaftsgut mit hohen stillen Reserven veräußert, so hat dies nicht nur auf den Veräußerer steuerliche Auswirkungen, sondern auch auf die anderen Realteiler, denen der Gewinn nach dem früheren Gewinnverteilungsschlüssel steuerlich zugerechnet wird. Diese Methode ist nicht nur unpraktisch, sie widerspricht auch dem Zweck der Realteilung, da die Aus- 2594

---

1 *Heß*, DStR 2006, 781.
2 *Hottmann* in Zimmermann/Hottmann/Hübner/Schaeberle/Völkel, a. a. O., J 1 Rn. 241.
3 Vgl. *Schoor*, INF 2002, 173.
4 BFH 10. 12. 1991 VIII R 69/86, BStBl 1992 II 385.

einandersetzung durch die steuerliche Zurechnung erst nach der Veräußerung des letzten Wirtschaftsguts tatsächlich beendet wäre. Zudem verstößt diese Besteuerung gegen das Prinzip der Tatbestandsmäßigkeit und gegen das Realisationsprinzip, da eine Steuerpflicht an einen vom Steuerpflichtigen nicht selbst verwirklichten Tatbestand anknüpft. Aus diesen Gründen hat der BFH diese Methode abgelehnt.[1] Teilweise wird diese Möglichkeit in der Literatur jedoch präferiert, da es bei ihr zu keiner Verschiebung der stillen Reserven kommt.[2]

2595 Der BFH[3] erachtet allein die **Kapitalkontenanpassungsmethode** als zulässig und auch das BMF hält diese für die richtige Methode.[4] Der Übernehmende bilanziert dabei die Wirtschaftsgüter mit den Buchwerten aus der Bilanz der geteilten Mitunternehmerschaft. Gleichzeitig werden die Kapitalkonten in der Eröffnungsbilanz auf die Summe der Buchwerte der Wirtschaftsgüter auf- oder abgestockt. Folge dieser Methode ist, dass stille Reserven zwischen den Gesellschaftern verschoben werden. Dies hat der Gesetzgeber jedoch gebilligt.[5] Das Gesetz scheint stillschweigend von der Geltung der Kapitalkontenanpassungsmethode auszugehen.[6] Aus diesem Grunde ist dies wohl auch weiterhin die einzige Lösungsvariante.[7]

BEISPIEL: A und B sind jeweils zu 200 000 € an einer PersGes beteiligt. A übernimmt bei der Realteilung Wirtschaftsgüter mit einem Buchwert von 100 000 €, B solche mit einem Buchwert von 300 000 €. Die erhaltenen Wirtschaftsgüter haben aber jeweils in der Summe einen Teilwert von 400 000 €.

In seiner Eröffnungsbilanz muss A seinen Kapitalanteil mit 100 000 € ansetzen, B mit 300 000 €. A hat nun stille Reserven von 300 000 €, B von 100 000 €, obwohl sie zuvor an den stillen Reserven von 400 000 € jeweils hälftig beteiligt waren.

Veräußern beide später diese Wirtschaftsgüter, so hat A einen Gewinn von 300 000 €, B aber nur einen Gewinn von 100 000 € zu versteuern. Für die Inkaufnahme dieser höheren latenten Ertragsteuerbelastung wird oftmals eine Entschädigung vereinbart.[8] Umstritten ist, ob diese Entschädigung ertragsteuerlich zu berücksichtigen ist, da der Ausgleich einer Steuerbelastung privat veranlasst und damit ertragsteuerlich irrelevant sein könnte.[9]

2596–2600 *(Einstweilen frei)*

7. Versteuerung und Bilanzierung eines Spitzenausgleichs

2601 In der Praxis ist es oft schwierig, ein Unternehmen so zu teilen, dass jeder Gesellschafter Wirtschaftsgüter mit Verkehrswerten in Höhe des tatsächlichen Werts seines Anteils erhalten kann. Dies wird meistens nur gelingen, wenn im Gesamthandsvermögen erhebliche liquide Mittel oder Verbindlichkeiten vorhanden sind, die zum Ausgleich ver-

1 BFH 10. 12. 1991 VIII R 69/86, BStBl 1992 II 385.
2 So *Niehus/Wilke*, a. a. O., E 3.1, S. 221.
3 BFH 10. 12. 1991 VIII R 69/86, BStBl 1992 II 385.
4 BMF 28. 2. 2006, BStBl 2006 I 228.
5 Vgl. *Niehus/Wilke*, a. a. O., E 3.1, S. 221; *Sauter/Heuerung/Oblau*, FR 2002, 1101.
6 Vgl. *Paus*, GStB 2003, 19.
7 Vgl. *Schoor*, INF 2002, 173; *Wacker* in Schmidt, EStG § 16 Rz. 547.
8 *Niehus/Wilke*, a. a. O., E 3.1, 219.
9 Vgl. *Niehus/Wilke*, a. a. O., E 3.1, S. 219; BFH 10. 2. 1972 IV 317/65, BStBl 1972 II 419; a. A.: *Wacker* in Schmidt, EStG § 16 Rz. 548; *Hörger* in Littmann/Bitz/Pust, a. a. O., § 16 Rn. 195.

wendet werden können.[1] Oftmals ist hingegen eine private Ausgleichszahlung zwischen den Gesellschaftern notwendig, ein sog. **Spitzenausgleich.**

Der Spitzenausgleich steht der Steuerneutralität der Realteilung insgesamt nicht entgegen.[2] Jedoch führt er zu einem Veräußerungsgewinn und dementsprechend zu nachträglichen Anschaffungskosten. Der ausgleichsverpflichtete Realteiler hat demnach die Buchwerte der übernommenen Wirtschaftsgüter entsprechend aufzustocken.[3] Ansonsten ergeben sich keine Änderungen in der Bilanzierung.[4] Umstritten ist, wie der Gewinn und damit die Anschaffungskosten zu berechnen sind. 2602

Der BFH nimmt einen **Gewinn** in Höhe des Spitzenausgleichs an. Die Gesellschafter hätten bei einer Auseinandersetzung Ansprüche in Höhe ihrer Beteiligung. Der Spitzenausgleich sei Entgelt dafür, dass der Gesellschafter, der weniger an Wirtschaftsgütern erhält, dem, der mehr erhält, seinen Anspruch aus der Auseinandersetzung zum Teil abtrete. Das Entgelt für die Abtretung käme einem Veräußerungserlös gleich und sei in voller Höhe als Betriebseinnahmen und Anschaffungskosten zu berücksichtigen.[5] 2603

Die Finanzverwaltung hat mit einem **Nichtanwendungserlass** hingegen ihre abweichende Auffassung bekräftigt[6] und diese in ihrem letzten Schreiben vom 28. 2. 2006[7] auch noch einmal bestätigt. Danach ist der Spitzenausgleich **dem anteiligen Kapitalkonto** gegenüberzustellen und nur die Differenz bildet den Veräußerungsgewinn. Dazu wird das Verhältnis des Spitzenausgleichs zum übernommenen Vermögen des Ausgleichsempfängers ermittelt und das Kapitalkonto in diesem Verhältnis aufgeteilt. Dieser Ansicht scheint auch die Mehrheit in der Literatur zu folgen.[8] 2604

Umstritten war zur alten Rechtslage zwischen BFH und Finanzverwaltung zudem, ob der Spitzenausgleich ein gem. §§ 16, 34 EStG begünstigter Gewinn sein kann. Da bei der Realteilung zwingend die Buchwertfortführung vorgesehen ist, ein begünstigter Gewinn aber die Aufdeckung sämtlicher stiller Reserven vorsieht, wird der aufgrund eines Spitzenausgleichs entstehende Gewinn nur als laufender – nicht begünstigter – Gewinn einzustufen sein.[9] 2605

Eine begünstigte Versteuerung ist dennoch denkbar: Wenn innerhalb der Sperrfrist ausnahmslos alle zum Buchwert übertragenen wesentlichen Betriebsgrundlagen veräußert oder entnommen werden, kommt es rückwirkend zum Ansatz des gemeinen Werts der übertragenen Wirtschaftsgüter mit der Folge, dass die Voraussetzungen für 2606

1 *Carlé/Bauschatz*, KÖSDI 2002, 13133.

2 *Hörger* in Littmann/Bitz/Pust, a. a. O., § 16 Rn. 197y; BFH 1. 12. 1992 VIII R 57/90, BStBl 1994 II 607.

3 *Hottmann* in Zimmermann/Hottmann/Hübner/Schaeberle/Völkel, a. a. O., J 1 Rn. 278.

4 Vgl. daher Rn. 2595 ff.

5 BFH 1. 12 1992 VIII R 57/90, BStBl 1994 II 607.

6 BMF 11. 8. 1994, BStBl 1994 I 601, Nr. 1.

7 BMF 28. 2. 2006, BStBl 2006 I 228.

8 *Hörger* in Littmann/Bitz/Pust, a. a. O., § 16 Rn. 196; *Wacker* in Schmidt, EStG § 16 Rz. 549; *Paus*, GStB 2003, 19.

9 *Paus*, GStB 2003, 19; *Schoor*, INF 2002, 173; *Niehus/Wilke*, a. a. O., E 3.2, S. 224; *Schulze zur Wiesche* in von Wallis/Brandmüller/Schulze zur Wiesche, a. a. O., Rn. 493; *Hörger* in Littmann/Bitz/Pust, a. a. O., § 16 Rn. 197 i; *Wacker* in Schmidt, EStG § 16 Rz. 549; BMF 28. 2. 2006, BStBl 2006 I 228.

einen nach §§ 16, 34 EStG begünstigten Veräußerungsgewinn rückwirkend vorliegen.[1] Gleiches gilt, wenn derjenige, der den Spitzenausgleich erhält, ausnahmslos alle Wirtschaftsgüter in sein Privatvermögen überführt und damit für seinen Teil sämtliche stillen Reserven aufdeckt.[2] Die Realteilung ist nämlich **subjektbezogen**.

2607 Da ein Spitzenausgleich nur bei einer Zahlung aus dem Privatvermögen vorliegt, könnte man daran denken, den für den Spitzenausgleich vorgesehenen Betrag in den Betrieb einzulegen. Diese Barmittel könnten dann bei der Realteilung zu einem wertmäßigen Ausgleich führen. Es ist aber anzunehmen, dass die Finanzverwaltung darin einen Missbrauch rechtlicher Gestaltungsmöglichkeiten sieht und daher die Steuerlast auf diese Weise nicht vermieden werden kann.[3]

2608 Gewerbesteuerlich rechnet der sich aus dem Spitzenausgleich ergebende Veräußerungsgewinn grundsätzlich nicht zum Gewerbeertrag nach § 7 Satz 1 GewStG. Ab dem Erhebungszeitraum 2002 ist der Gewinn aus der Aufdeckung der stillen Reserven aber nach § 7 Satz 2 GewStG als Gewerbeertrag zu erfassen, soweit er nicht auf eine natürliche Person als unmittelbar beteiligter Mitunternehmer entfällt.[4]

2609–2615 *(Einstweilen frei)*

8. Umsatzsteuer

2616 Werden im Rahmen einer Realteilung Teilbetriebe übertragen, ist dies ein Fall des § 1 Abs. 1a UStG und damit ein nicht steuerbarer Vorgang. Werden Mitunternehmeranteile oder Teil-Mitunternehmeranteile übertragen, ist dies mangels Leistungsaustauschs ebenfalls kein umsatzsteuerbarer Vorgang.

2617 Kommt es zu einer Übertragung einzelner Wirtschaftsgüter in das Betriebsvermögen eines der Realteiler, so liegt nach heute wohl herrschender Auffassung[5] ein umsatzsteuerbarer Leistungsaustausch vor.

2618–2625 *(Einstweilen frei)*

XI. Umwandlung von Personengesellschaften

Literatur: *Fichtelmann*, Die Umwandlung eines Einzelunternehmens in eine GmbH, GestStB 2002, 108; *Neu*, Von der GmbH & Co. KG in die GmbH, GmbH-StB 2002, 356; *Watermeyer*, Umwandlung einer GmbH & Co. KG in eine GmbH durch Anwachsung, GmbH-StB 2003, 96; *Orth*, Organschaft und Anwachsung, DStR 2005, 1629; *Rautenstrauch/Adrian*, § 15a EStG bei Anwachsung auf eine Kapitalgesellschaft, DStR 2006, 359; *Heß/Schnitger* in PricewaterhouseCoopers AG, Reform des Umwandlungssteuerrechts; *Benz/Rosenberg*, Einbringungsvorgänge nach dem Regierungsentwurf des SEStEG, BB Special 8/2006, 51; *Dörfler/Rautenstrauch/Adrian*, Einbringungen in eine Kapitalgesellschaft nach dem SEStEG-Entwurf, BB 2006, 1711; *Förster/Wendland*, Einbringung von Unter-

1 So auch *Carlé/Bauschatz*, KÖSDI 2002, 13133; *Schoor*, INF 2002, 173; *Sauter/Heurung/Oblau*, FR 2002, 1101.

2 *Hottmann* in Zimmermann/Hottmann/Hübner/Schaeberle/Völkel, a. a. O., J 1 Rn. 284; *Wacker* in Schmidt, EStG § 16 Rz. 552.

3 So auch *Carlé/Bauschatz*, KÖSDI 2002, 13133; *Wacker* in Schmidt, EStG § 16 Rz. 550.

4 BMF 28. 2. 2006, BStBl 2006 I 228.

5 Vgl. *Hidien/Kirchner*, StuB 2009, 96 (99), m. w. N.

nehmensteilen in Kapitalgesellschaften, BB 2007, 631; *Schmid/Dietel*, Praxisfragen bei Anwachsung von Personengesellschaften mit faktischer Rückwirkung, DStR 2008, 529; *Ettinger/Schmitz*, Die erweiterte Anwachsung: Änderungen nach dem SEStEG?, GmbHR 2008, 1089; *Ropohl/Freck*, Die Anwachsung als rechtliches und steuerliches Gestaltungsinstrument, GmbHR 2009, 1076; *Stümper*, Das Schicksal steuerlicher Verlustvorträge in Anwachsungsfällen, GmbHR 2010, 129; *Korn*, Grunderwerbsteuer bei Verschmelzung von Personengesellschaften durch Anwachsung, KÖSDI 2010, 16841; *Stegemann*, Sofortiger Ausgleich von „15a-Verlusten" bei Umwandlung auf den Allein-Kommanditisten?, GStB 2004, 367; *Orth*, Einbringung nach dem sog. erweiterten Anwachsungsmodell, DStR 2009, 192; *Ege/Klett*, Aktuelle gesellschaftsrechtliche und steuerlich Aspekte von Anwachsungsmodellen, DStR 2010, 2463; *Hageböke*, Die Ausbringung eines Teilbetriebs aus einer Mitunternehmerschaft durch „Upstream"Abspaltung, Ubg 2009, 105 ff.; *Stegemann*, Ausgewählte Einzelfragen zur doppel- bzw. mehrstöckigen Personengesellschaft, INF 7/2003, 266; *Remmert/Horn*, Verschmelzung einer Tochter-GmbH & Co. KG auf die Mutter-GmbH & Co. KG, NWB Fach 18, 4597; *Blumers*, Teilbetriebe und wesentliche Betriebsgrundlagen, DB 2010, 1670; *Kowallik/Merklein/Scheipers*, Ertragsteuerliche Beurteilung der Anwachsung nach den Änderungen des UmwStG aufgrund des SEStEG, DStR 2008, 173; *Winkeljohann/Fuhrmann*, Handbuch Umwandlungssteuerrecht, 2007; *Schumacher/Neumann*, Ausgewählte Zweifelsfragen zur Auf- und Abspaltung von Kapitalgesellschaften und Einbringung von Unternehmensteilen in Kapitalgesellschaften, DStR 2008, 325; *Suchanek/Herbst*, Zweifelsfragen und jüngste Entwicklungen im Zusammenhang mit der Anwachsung, Ubg 2008, 669; *Levedag*, Münchener Handbuch des Gesellschaftsrechts, 3. Aufl. 2009, Band 2, § 58; *Binz/Sorg*, Die GmbH & Co KG, 11. Aufl. 2010, § 28; *Orth*, Umwandlung durch Anwachsung (Teil I), DStR 1999, 1011; *Kußmaul/Zabel*, Unternehmensumstrukturierungen im Zivil- und Steuerrecht, FB 2004, 485; *Brandenberg*, Personengesellschaftsbesteuerung nach dem Unternehmensteuerfortentwicklungsgesetz – Teil I -, DStZ 2002, 511; *Orth*, Umwandlung durch Anwachsung, DStR 1999, 1053; *Förster/Ernst*, Höhe der Anschaffungskosten bei Anwachsung, DB 1997, 241; *Knop/Küting*, Anschaffungskosten im Umwandlungsrecht, BB 1995, 1023; *Breiteneicher*, Die Anwachsung als steuerliches Umwandlungsinstrument, DStR 2004, 1405; *Kai*, Zweifelsfragen zu § 6 Abs. 3 EStG i. d. F. des UntStFG, DB 2005, 794, 795; *Geck*, Praktische Folgen des BMF-Schreibens vom 3. 3. 2005 zu Zweifelsfragen im Zusammenhang mit § 6 Abs. 3 EStG, ZEV 2005, 196; *Rödder/Schumacher*, Der Regierungsentwurf eines Gesetzes zur Fortentwicklung des Unternehmenssteuerrechts (Teil I), DStR 2001, 1634; *Lauermann/Protzen*, „Anwachsung": Ertragsteuerliche Neutralität bei entschädigungslosem Ausscheiden des nicht am Vermögen der Personengesellschaft beteiligten Komplementärs, DStR 2001, 647; *Gschwendtner*, Die atypisch stille Gesellschaft als beschränkt rechtsfähiges Steuerrechtssubjekt im Einkommensteuerrecht, DStZ 1998, 335, 342; *Wendt*, Veräußerung oder Aufgabe von Mitunternehmeranteilen, Stbg 1999, 1; *Märkle*, Die Unterbeteiligung an Einkunftsquellen – I. Teil, DStZ 1985, 533; *Langholz/Vahle*, Handels- und steuerrechtliche Behandlung des Abfindungsguthabens des ausscheidenden atypisch stillen Gesellschafters für einen Geschäfts- oder Firmenwert, DStR 2000, 763; *Brandenberg*, Aktuelle Entwicklungen zu § 15a EStG: Mindestbesteuerung, Wechsel im Gesellschafterstatus, vorgezogene Einlagen, DB 2004, 1633; *Schmidt-Fehrenbacher*, Zinsschranke und „Mantelkauf" aus der Sicht der Praxis, Ubg 2008, 469 ff.; *Dieterlen/Winkler*, Konzernsachverhalte im Rahmen der neuen „Mantelkauf"-Regelung des § 8c KStG, GmbHR 2007, 815; *Prinz/Hick*, Transfer gewerbesteuerlicher Verlustabzüge einer Personengesellschaft durch Anwachsung an eine Organgesellschaft, GmbHR 2006, 841 (842); *Fleischer*, Grunderwerbsteuer bei Konzernumstrukturierungen, Stbg 2010, 395.

1. Überblick

Das UmwG sieht für den Wechsel der Unternehmensform den Weg der Gesamtrechtsnachfolge bzw. der Sonderrechtsnachfolge vor. Die Regelungen des UmwG erstrecken sich auch auf Änderungen der Unternehmensform von PersGes des Handelsrechts. Sie beziehen sich nicht auf Gesellschaften, die nicht in das Handelsregister oder Partnerschaftsregister eingetragen sind, wie z. B. GbR. Folgende Einzelregelungen existieren: 2626

- Umwandlung einer Personenhandelsgesellschaft auf eine neu zu errichtende oder eine bereits bestehende Kapitalgesellschaft durch Verschmelzung nach §§ 2 – 78 UmwG;
- Umwandlung einer Personenhandelsgesellschaft auf eine andere Personenhandelsgesellschaft durch Verschmelzung nach §§ 2 – 45 UmwG;
- Übertragung von Betriebsvermögen einer Personenhandelsgesellschaft auf eine Kapitalgesellschaft durch Spaltung nach §§ 123 – 146 UmwG;
- Übertragung von Betriebsvermögen einer Personenhandelsgesellschaft auf eine andere Personenhandelsgesellschaft durch Spaltung nach §§ 123 – 137 UmwG.
- Umwandlung einer Personenhandelsgesellschaft in eine Kapitalgesellschaft durch Formwechsel nach §§ 190 – 225 UmwG;

Steuerrechtlich sind viele dieser Umwandlungsmaßnahmen im UmwStG geregelt. Dieses wurde zuletzt durch das sog. SEStEG[1] in wesentlichen Teilen neu gefasst. Der Anwendungsbereich der für die Umwandlung von bzw. in PersGes einschlägigen §§ 3 – 10 und §§ 20 – 24 UmwStG beschränkt sich – anders als das UmwG – nicht auf die Veränderung der Unternehmensform von PersGes des Handelsrechts. Diese Vorschriften sind gleichermaßen anwendbar, wenn z. B. das Vermögen einer GbR übertragen wird.

2627 Wenn eine Umwandlung einer PersGes in eine andere PersGes erfolgt – egal ob durch Abspaltung, Aufspaltung, Ausgliederung oder Verschmelzung – liegt steuerrechtlich jeweils eine Einbringung in eine PersGes gem. § 24 UmwStG vor, wenn es sich bei dem übergehenden Vermögen um einen Betrieb, Teilbetrieb oder Mitunternehmeranteil handelt.[2]

2628 Für den Fall des Ausscheidens des vorletzten Gesellschafters aus einer PersGes, der zum Übergang des Betriebs der PersGes auf den letztverbleibenden Gesellschafter führt (sog. Anwachsung), enthalten weder das UmwG noch das UmwStG besondere Regelungen.

2629 Die Vorschriften zum Formwechsel in §§ 190 – 304 UmwG beziehen sich nicht auf den Wechsel der Rechtsform einer PersGes in eine PersGes anderer Rechtsform, z. B. OHG in KG. Zu diesen Fällen wird auch im UmwStG nicht Stellung genommen.

2630–2635 *(Einstweilen frei)*

2. Anwachsung

a) Rechtliche Einordnung der Anwachsung

aa) Zivilrecht

2636 Nach dem Gesellschaftsrecht kann eine PersGes mit nur einem Gesellschafter nicht existieren. Scheidet der vorletzte Gesellschafter – entweder durch Austritt oder durch Übertragung seines Anteils auf den letzten Gesellschafter – aus einer PersGes aus, so wächst dem letzten verbleibenden Gesellschafter das Gesellschaftsvermögen an (§ 738

1 Gesetz über steuerliche Begleitmaßnahmen zur Einführung der Europäischen Gesellschaft und zur Änderung weiterer steuerrechtlicher Vorschriften (SEStEG) 7. 12. 2006, BGBl 2006 I 2782.

2 Zur Anwendung des § 24 UmwStG auf die Fälle der Spaltung von PersGes auf PersGes vgl. auch Rn. 2491.

Abs. 1 Satz 1 BGB) und die PersGes hört auf zu existieren.[1] Handelt es sich bei dem verbleibenden Gesellschafter um eine natürliche Person und führt diese den Betrieb fort, wird die PersGes damit in ein Einzelunternehmen umgewandelt. Handelt es sich um eine KapGes, kann durch die Anwachsung gleichzeitig eine Umwandlung von der Personen- in die Kapitalgesellschaft erreicht werden.[2]

Der Vermögensübergang erfolgt zivilrechtlich im Wege der Gesamtrechtsnachfolge.[3] 2637
Sämtliche Aktiva und Passiva gehen auf den verbleibenden Gesellschafter über. Die Eintragung der Auflösung der PersGes im Handelsregister ist lediglich deklaratorisch.[4] Es kommt zum Untergang der Mitgliedschaftsrechte, da das Gesellschaftsverhältnis durch Konfusion endet. Zivilrechtlich ist allerdings nicht abschließend geklärt, ob es noch für eine logische Sekunde zu einer Vereinigung der Anteile in der Hand des letzten verbleibenden Gesellschafters kommt,[5] bevor die Anwachsung stattfindet, oder ob dies selbst für eine juristische Sekunde nicht denkbar ist, weil es keine Einmann-PersGes gibt.[6],[7] Die Beantwortung dieser Frage wird im Rahmen der derzeitigen steuerlichen Diskussion um die sog. erweiterte Anwachsung als ausschlaggebend angesehen für die Frage, ob die Anwachsung unter der Geltung des UmwStG i. d. F. des SEStEG noch unter § 20 UmwStG fällt und daher steuerneutral durchgeführt werden kann oder ob dies nicht mehr möglich ist.[8]

Im Ergebnis ist eine Anwachsung daher eine Art „vereinfachte Verschmelzung", die auf 2638
einem wesentlich weniger formalen Weg durchgeführt werden kann, da die Regelungen des UmwG weitgehend nicht einschlägig sind.

bb) Steuerrecht

Obwohl die Einordnung der Anwachsung als Gesamtrechtsnachfolge zivilrechtlich ein- 2639
deutig ist, tut sich die Finanzverwaltung mit der steuerlichen Einordnung schwer.[9] Einerseits folgt die Finanzverwaltung dem Zivilrecht und der herrschenden Meinung[10] und beurteilt die Anwachsung ebenfalls als **Gesamtrechtsnachfolge** i. S. d. § 45 AO.[11]

1 BGH 12. 7. 1999 II ZR 4/98, HFR 2000, 530; 6. 12. 1999 VII ZR 53/97, BB 2000, 268.

2 Vgl. *Schmid/Dietel*, DStR 2008, 529.

3 BGH 13. 7. 1967 II ZR 268/64, BGHZ 48, 203 (206); 10. 5. 1978 VIII ZR 32/77, BGHZ 71, 296 (300).

4 *Ropohl/Freck*, GmbHR 2009, 1076 (1077); *Levedag*, Münchner Handbuch des Gesellschaftsrechts, § 58, Rz. 318.

5 So z. B. *Ege/Klett*, DStR 2010, 2463 (2466).

6 *Levedag*, Münchner Handbuch des Gesellschaftsrechts, § 58, Rz. 318; *Orth*, DStR 1999 1011 (1013); *K. Schmidt*, Gesellschaftsrecht, 4. Aufl, S. 209 f.; BFH 13. 9. 1995 II R 80/92, BStBl 1995 II 903, unter II.2.; 27. 1. 1994 VI R 137/91, BStBl 1994 II 477, unter 3.; *Orth*, DStR 2009, 192 (193), mit Verweis auf BFH 28. 5. 2008 I R 98/06, BStBl 2008 II 916.

7 Auch für die Frage der bilanziellen Abbildung einer Anwachsung ist diese Frage wichtig, denn auch hier gehen einige Autoren davon aus, dass es zumindest für eine logische Sekunde zu einer Anteilsvereinigung bei dem übernehmenden Rechtsträger kommt, während andere von einem unmittelbaren Übergang des Vermögens der KG auf den übernehmenden Rechtsträger ausgehen. Vgl. hierzu eingehend Rn. 2712 ff.

8 Vgl. hierzu Rn. 2640 ff.

9 Vgl. *Ettinger/Schmitz*, GmbHR 2008, 1089 (1090).

10 *Orth*, DStR 1999, 1011; *Widmann* in Widmann/Mayer, § 20 R 103; *Patt* in Dötsch/Patt/Pung/Möhlenbrock, § 20 UmwStG Rz. 6.

11 Vgl. OFD Frankfurt 17. 8. 2005, ZEV 2005, 525; AEAO Rn. 1 zu § 45; AEAO Rn. 2.7.4.zu § 122; BFH 28. 4. 1965, BStBl 1965 III 422; 18. 9. 1980, BStBl 1981 II 293.

Andererseits wird aber in bestimmten Bereichen, z. B. für den Bereich des Umwandlungssteuergesetzes, unterstellt, die **Anwachsung** stelle einen Vermögensübergang im Wege der **Einzelrechtsnachfolge** dar.[1] Ein Grund für diese unterschiedliche Betrachtung ist auf den ersten Blick nicht ersichtlich. In der Vergangenheit hatte dies für den Rechtsanwender auch kaum praktische Auswirkungen und ist daher nicht weiter diskutiert worden.

2640 Mit der Einführung des SEStEG haben aber einige Autoren[2] die Auffassung vertreten, eine durch ein sog. „erweitertes Anwachsungsmodell" nach § 20 UmwStG durchgeführte Anwachsung falle nicht mehr unter die begünstigenden Regelungen des UmwStG. Bei einer solchen „erweiterten Anwachsung" bringen die ausscheidenden Mitunternehmer ihre Mitunternehmeranteile gegen Gewährung von Gesellschaftsrechten nach § 20 UmwStG zu Buchwerten in eine verbleibende Mitunternehmer-GmbH ein, der das Vermögen hierdurch anwächst. Begründet wurde diese neue Einschätzung der erweiterten Anwachsung damit, dass § 1 Abs. 3 UmwStG, der die Anwendungsfälle des 6. – 8. Teils des UmwStG abschließend aufzählt, für seine Anwendbarkeit vorausgesetzt, dass der Vermögensübergang entweder nach den Regelungen des UmwG oder durch Einzelrechtsübertragung übergeht.[3] Die Anwachsung hingegen ist nicht im UmwG geregelt, stellt aber gleichwohl zivilrechtlich eine Gesamtrechtsnachfolge dar. In der Literatur gilt diese Auffassung jedoch als Mindermeinung[4] und auch die FinVerw hat sich in dem neuen Anwendungserlass zum UmwStG i. d. F. des SEStEG wiederum dahin gehend festgelegt,[5] dass die Anwachsung weiterhin als ein Fall des § 20 UmwStG zu betrachten ist.

2641 Von den Befürwortern der Anwendbarkeit des § 20 UmwStG auf die erweiterte Anwachsung wird i. d. R. angeführt, dass der Anwachsungsvorgang in zwei Schritte zu unterteilen ist,[6] von denen der erste – nämlich die Übertragung von Mitunternehmeranteilen auf den letzten verbleibenden Mitunternehmer – in bestimmten Fällen unter das UmwStG fällt. Der die Anwachsung auslösende Akt der Übertragung von Mitunternehmeranteilen kann nämlich entweder unter Aufdeckung stiller Reserven (durch Verkauf bzw. Ausscheiden gegen Abfindung) oder steuerneutral nach § 6 Abs. 3 EStG oder nach den Regelungen des UmwStG (Übertragung des Mitunternehmeranteils im Wege einer Verschmelzung oder Spaltung oder durch eine Sacheinlage mit Kapitalerhöhung) erfolgen. Gerade diese Sichtweise, die Anwachsung in zwei unterschiedliche Teilakte – nämlich einerseits den Akt der Anteilsvereinigung und andererseits den Akt der Anwachsung – zu unterteilen, ist jedoch zweifelhaft. Grund hierfür ist die zivilrechtlich

1 Vgl. BMF 25. 3. 1998, BStBl 1998 I 268 (Umwandlungssteuererlass a. F.), Tz. 20.02 Buchst. c bb und Tz. 24.01 Buchst. d.

2 *Patt* in Dötsch/Patt/Pung/Möhlenbrock, § 20 UmwStG, Rz. 160; *Winkeljohann/Fuhrmann*, 829 f.

3 Vgl. *Ettinger/Schmitz*, GmbHR 2008, 1089 (1090); *Herlinghaus* in Rödder/Herlinghaus/van Lishaut, UmwStG, § 20 Rz. 129; *Kowallik/Merklein/Scheipers*, DStR 2008, 173; *Patt* in Dötsch/Patt/Pung/Möhlenbrock, § 20 UmwStG Rz. 6; *Schumacher/Neumann*, DStR 2008, 325 (330 f.); *Winkeljohann/Fuhrmann*, Hdb. Umwandlungssteuerrecht, 2007, 829 f.

4 *Orth*, DStR 2009, 192 (193), mit diversen weiteren Nachweisen.

5 Vgl. Tz. 01.44 UmwStEE i. d. F. vom 2. 5. 2011.

6 Vgl. *Ettinger/Schmitz*, GmbHR 2008, 1089 (1091); *Herlinghaus* in Rödder/Herlinghaus/van Lishaut, UmwStG, § 20 Rz. 39; *Kowallik/Merklein/Scheipers*, DStR 2008, 173 (177).

vorherrschende Betrachtungsweise, dass es insbesondere im Fall der Einbringung des wohl vorletzten Mitunternehmeranteils in den letzten verbleibenden und damit übernehmenden Mitunternehmer bei diesem gar nicht mehr zu einer Anteilsvereinigung kommt, sondern unmittelbar das Vermögen der KG übergeht.[1] Nach dieser Auffassung kommt der Mitunternehmer bei dem übernehmenden Rechtsträger überhaupt nicht mehr an, weshalb zweifelhaft sein kann, ob es sich in Fällen der sog. erweiterten Anwachsung tatsächlich um eine nach § 20 UmwStG begünstigte Einzelrechtsübertragung eines Mitunternehmeranteils handelt oder ob nicht vielmehr Einbringungsgegenstand unmittelbar der Betrieb der KG ist, der im Wege der Gesamtrechtsnachfolge übergeht, woraus sich dann die Nichtanwendbarkeit des § 20 UmwStG auf diesen Vorgang ergäbe.

Vielleicht kann dieser Streit durch die Beantwortung der Frage gelöst werden, aus wes- 2642
sen Sicht denn eigentlich die Erfüllung des Begünstigungstatbestandes des § 20 UmwStG zu beurteilen ist, aus der Sicht des Einbringenden oder aus der Sicht des Übernehmers. Denn in den Fällen der erweiterten Anwachsung dürfte aus der Sicht des Einbringenden unstreitig sein, dass dieser einen Mitunternehmeranteil einbringt und dass dies auch im Wege der Einzelrechtsnachfolge passiert, wenn es sich um eine normale Sachkapitalerhöhung handelt. Für die zivilrechtliche Ausgestaltung dieses konkreten Einbringungsvorgangs ist es vollkommen irrelevant, ob es noch mehrere Mitunternehmer gibt und die PersGes fortbesteht oder ob der übernehmende Mitunternehmer der einzig verbleibende Mitunternehmer ist und deshalb eine Anwachsung erfolgt. Es gibt darüber hinaus auch keinen sachlichen Grund dafür, die Einbringung von Mitunternehmeranteilen in einen anderen Mitunternehmer unterschiedlich zu behandeln, je nachdem, ob dieser übernehmende Mitunternehmer der letzte ist oder ob es noch andere Mitunternehmer gibt. Gleichwohl sollte die derzeit bestehende Unsicherheit nicht negiert werden.

Die skizzierte Streitfrage, ob das erweiterte Anwachsungsmodell einen zweistufigen 2643
oder nur einen einstufigen Vorgang darstellt, hat nicht nur Auswirkungen auf die steuerliche Beurteilung. Vielmehr ist auch die bilanzielle Abbildung hiervon abhängig und daher insoweit streitig.[2]

Einig sind sich Literatur und Finanzverwaltung in der Beurteilung des eigentlichen An- 2644
wachsungsvorgangs. Die durch die Vereinigung aller Mitunternehmeranteile in der Hand des letzten Mitunternehmers in der gleichen logischen Sekunde erfolgende Anwachsung ist nur noch ein Reflex, der nach der allgemeinen Systematik der Besteuerung von PersGes aufgrund des sog. Transparenzprinzips zwingend steuerneutral vonstatten geht.[3] Auch nach Auffassung der FinVerw[4] stellt eine Anwachsung keinen Anschaffungsvorgang bezüglich des übergehenden Betriebsvermögens dar. Steuerlich ge-

1 Vgl. hierzu die Literaturhinweise zu Rn. 2637.

2 Vgl. hierzu Rn. 2712 ff.

3 So auch BFH 10. 3. 1998, BStBl 1999 II 269; *Ettinger/Schmitz*, GmbHR 2008, 1089 (1091); *Suchanek/Herbst*, Ubg 2008, 669 (670); *Herlinghaus* in Rödder/Herlinghaus/van Lishaut, UmwStG, § 20 Rz. 39; *Schumacher/Neumann*, DStR 2008, 325, 331; *Kowallik/Merklein/Scheipers*, DStR 2008, 173 (177); *Levedag*, Münchener Handbuch des Gesellschaftsrechts, § 58 Rz. 306; *Binz/Sorg*, GmbH & Co. KG, § 28 Rdnr. 55.

4 OFD Berlin 19. 7. 2002, DB 2002, 1966.

sehen sind dem verbleibenden Gesellschafter vielmehr die seiner Beteiligung entsprechenden Wirtschaftsgüter schon vor der Anwachsung zuzurechnen, so dass sie ihm durch die Anwachsung nicht mehr übertragen werden können. Der eigentliche Anschaffungsvorgang liegt somit nicht in dem Anwachsungsvorgang, sondern in der Frage, wie der vorletzte Mitunternehmer ausscheidet und seinen Anteil auf den verbleibenden Gesellschafter überträgt.

2645–2655 *(Einstweilen frei)*

b) Entgeltlicher Austritt des vorletzten Gesellschafters

2656 Eine entgeltliche Übertragung liegt in folgenden Fällen vor:

- der vorletzte Mitunternehmer veräußert seinen Mitunternehmeranteil an den letzten verbleibenden Gesellschafter und der Kaufpreis übersteigt den Buchwert des Mitunternehmeranteils.
- der vorletzte Mitunternehmer tritt gegen eine Abfindung aus der PersGes aus und die Abfindung übersteigt den Buchwert seines Mitunternehmeranteils.

aa) Handelsbilanzielle Darstellung

2657 Im Zeitpunkt der Anwachsung kommt es zu einer Auflösung der PersGes ohne Abwicklung. Ein Unternehmen hört auf zu existieren. Ob auf diesen Zeitpunkt eine handelsrechtliche Schlussbilanz zu erstellen ist, in der die Wirtschaftsgüter mit ihren fortgeführten AK/HK auszuweisen sind, ist streitig.[1] M. E. ist diese Pflicht zu bejahen, denn nur so kann noch eine Feststellung des Ergebnisses des Rumpfwirtschaftsjahres erfolgen, das anteilig noch dem übernehmenden sowie dem ausscheidenden Gesellschafter zusteht und den jeweiligen Kapitalanteilen zuzuschreiben ist. Die Wirtschaftsgüter sind dann – sofern die Buchwerte fortgeführt werden sollen - mit den Werten aus dieser Schlussbilanz bei dem übernehmenden Rechtsträger einzubuchen. Diese Schlussbilanz grenzt auch die Aufwendungen und Erträge ab, die bis zu diesem Zeitpunkt bei der PersGes entstanden sind und die nach diesem Zeitpunkt zu eigenen Aufwendungen und Erträgen der Übernehmerin werden. Es ist in Anwachsungsfällen nicht zulässig, vergleichbar der Regelungen zur Verschmelzung,[2] eine schuldrechtliche Rückwirkung auf den Beginn des Wirtschaftsjahres zu vereinbaren, um dann die Aufwendungen und Erträge des Interimszeitraums bereits originär bei der Übernehmerin auszuweisen. Außerdem beendet die Auflösung der PersGes im Zeitpunkt der Anwachsung ein (Rumpf-)Wirtschaftsjahr dieser Gesellschaft. Eine Pflicht zur Aufstellung einer Jahresbilanz zum Ende dieses Wirtschaftsjahres ergibt sich somit aus § 242 HGB. Diese Jahresbilanz ist gleichzeitig die Schlussbilanz.

2658 Scheidet der vorletzte Mitunternehmer aus der PersGes aus und hat er einen Abfindungsanspruch gegen die Gesellschaft selbst, so hat die PersGes diese Verbindlichkeit in ihrer handelsrechtlichen Schlussbilanz auszuweisen. Gleichzeitig kommt es auf der

---

1 Ablehnend *Ropohl/Freck*, GmbHR 2009, 1076 (1078), die die Erstellung einer handelsrechtlichen Schlussbilanz für die untergehende PersGes auf den Zeitpunkt der Anwachsung für nicht erforderlich halten.

2 Vgl. IDW ERS HFA 42, Rn. 29.

Aktivseite zu einer anteiligen Aufstockung der Wirtschaftsgüter der PersGes. Auch die anteilige Aufstockung originärer immaterieller Wirtschaftsgüter und eines anteiligen Geschäfts- oder Firmenwertes kommt in Betracht.[1] Unterschreitet die Abfindung den Buchwert des Eigenkapitals des ausscheidenden Gesellschafters, so kommt es zu einer Abstockung in Höhe des Differenzbetrages.[2]

Handelt es sich bei dem letzten übernehmenden Mitunternehmer um einen Einzelunternehmer oder eine gewerblich tätige KapGes oder PersGes, so führt der Übernehmer nach der Übertragung sein bisheriges Unternehmen in erweitertem Umfang fort. Die Anwachsung selbst stellt einen laufenden Geschäftsvorfall dar. Besondere Bilanzen hat der übernehmende Rechtsträger zum Anwachsungszeitpunkt nicht zu erstellen. Das übergegangene Vermögen wird daher bei ihm erstmals am Schluss des laufenden Geschäftsjahres bilanziert, in dem die Anwachsung stattgefunden hat. 2659

Übernimmt hingegen eine natürliche Person, die bisher noch kein Einzelunternehmen betrieben hat, als Mitunternehmer durch Anwachsung das Unternehmen der PersGes, entsteht hierdurch ein **neues Unternehmen**, für das eine gesonderte Gewinnermittlung erforderlich wird. Er hat eine Eröffnungsbilanz zu erstellen, in der er das übergegangene Vermögen der PersGes ausweist. Außerdem ist er berechtigt, bei Vorliegen der weiteren Voraussetzungen ein vom Kalenderjahr abweichendes Wirtschaftsjahr zu wählen, ohne dass es der Einwilligung des Finanzamtes gem. § 4a Abs. 1 Nr. 2 Satz 2 EStG bedürfte.[3] 2660

Die handelsbilanzielle Abbildung einer Anwachsung bei dem Übernehmer ist nicht verbindlich geregelt. Allerdings besteht Konsens dahin gehend, dass eine Anwachsung im wirtschaftlichen Ergebnis einer Verschmelzung i. S. d. UmwG gleicht und daher auch handelsbilanziell analog abgebildet werden sollte. § 24 UmwG findet somit für die Bilanzierung beim übernehmenden Rechtsträger analog Anwendung.[4] Dieser hat damit eine Wahlmöglichkeit zwischen einer Fortführung der Buchwerte und einer Bilanzierung der übergehenden Wirtschaftsgüter zu Anschaffungskosten. Dieses Wahlrecht bezieht sich auf die in der auf den Zeitpunkt der Anwachsung aufgestellten Schlussbilanz ausgewiesenen Wirtschaftsgüter und Buchwerte. Ein sich im Fall der Buchwertfortführung beim übernehmenden Rechtsträger ergebender positiver oder negativer Unterschiedsbetrag ist ebenfalls analog zum Ausweis eines derartigen Unterschiedsbetrages beim up-stream-merger zu behandeln und demgemäß erfolgswirksam über die GuV zu erfassen.[5] Wird hingegen ein Ausweis zu Anschaffungskosten gewählt, so ist der Anschaffungsvorgang analog zu Tauschvorgängen zu behandeln und der übernehmende 2661

1 IDW RS HFA 7, Tz. 48.

2 *Orth*, DStR 1999, 1011 (1015); BFH 24. 10. 1996 IV R 90/94, BStBl 1997 II 241; 12. 12. 1996 IV R 77/93, BStBl 1998 II 180, unter 2a.

3 BFH 10. 2. 1989 III R 11/86, BStBl 1989 II 519.

4 Vgl. IDW ERS HFA 42, Rn. 79; *Ropohl/Freck*, GmbHR 2009, 1076 (1077/1078); *Orth*, DStR 1999, 1053 (1056); *Kußmaul/Zabel*, FB 2004, 485 (489); *Knop/Küting* in Küting/Pfitzer/Weber, Hdb. der Rechnungslegung, 5. Aufl., Stand März 2010, § 255 HGB Rz 98; *Brandenberg*, DStZ 2002, 511 (515); *Orth*, DStR 1999, 1053 (1058), m. w. N.; *Förster/Ernst*, DB 1997, 241 (242); *Knop/Küting*, BB 1995, 1023 (1025); a. A. *Widmann* in Widmann/Mayer, EL 35. Jan. 1997, § 24 UmwG, Rz. 560, der § 24 UmwG für nicht anwendbar hält, weil die Anwachsung nicht im UmwG geregelt ist.

5 Vgl. IDW ERS HFA 42, Rn. 68.

Rechtsträger hat die Wahl, die Wirtschaftsgüter bis zum Buchwert oder bis zum Zeitwert bzw. bis zu einem erfolgsneutralen Zwischenwert der bisher von ihm gehaltenen Beteiligung aufzustocken.[1]

2662 Erhält der Ausscheidende hingegen keine Abfindung von der PersGes selbst, sondern veräußert er seine Beteiligung zum Marktwert an den letztverbleibenden Gesellschafter, so ergeben sich durch das Ausscheiden auf der Ebene der untergehenden PersGes keine bilanziellen Auswirkungen auf die Höhe der Buchwerte des übergehenden Betriebsvermögens.[2] In der handelsrechtlichen Schlussbilanz der PersGes werden vielmehr die fortgeführten AK/HK ausgewiesen. Mit diesen (im Vergleich zur Bilanzierung im Fall einer Abfindungsverpflichtung der PersGes niedrigeren) Buchwerten geht das Vermögen im Rahmen der Anwachsung auf den übernehmenden Rechtsträger über. Dieser hat wiederum das bereits beschriebene Wahlrecht nach § 24 UmwG, die übergehenden Wirtschaftsgüter mit den Buchwerten oder mit den Anschaffungskosten zu bilanzieren. Allerdings hat der verbleibende Gesellschafter bilanziell noch den Kaufpreis zu berücksichtigen, den er an den ausscheidenden Gesellschafter zu entrichten hat. Dieser Kaufpreis stellt nachträgliche Anschaffungskosten seiner Beteiligung dar bzw. zusätzliche Anschaffungskosten für den Übergang der Wirtschaftsgüter im Zuge der Anwachsung. Wird eine Buchwertfortführung gewählt, dann erhöht sich der negative Unterschiedsbetrag um diesen Kaufpreis. Der aktuell zu entrichtende Kaufpreis wird damit gleich in einen über die GuV zu erfassenden Aufwand umgewandelt. Wird hingegen die Anschaffungskostenbilanzierung zum Buchwert der Beteiligung des übernehmenden Rechtsträgers gewählt, so erhöhen sich die maßgeblichen Anschaffungskosten um den zu zahlenden Kaufpreis.

2663–2665 *(Einstweilen frei)*

bb) Steuerliche Konsquenzen

2666 In den genannten Fällen eines vollentgeltlichen Austritts des vorletzten Mitunternehmers kommt es zu einer Aufdeckung stiller Reserven bei dem ausscheidenden Gesellschafter gem. § 16 Abs. 1 Nr. 2 EStG.[3] Die Realteilungsgrundsätze sind nicht anwendbar.[4] Für den Ausscheidenden ergeben sich dieselben steuerlichen Konsequenzen, die sich auch ergeben würden, wenn noch mehrere Mitunternehmer in der PersGes verbleiben und die PersGes fortbestünde. Existierte bei dem ausscheidenden Mitunternehmer Sonderbetriebsvermögen, welches nicht mit auf die Übernehmerin übertragen worden ist, sondern im Vermögen des ausscheidenden Mitunternehmers verbleibt und somit durch ihn entnommen wird, kann es auch insoweit ggf. zu einer Aufdeckung stiller Reserven kommen, sofern nicht § 6 Abs. 5 EStG zur Anwendung kommt.

1 Vgl. analog IDW RS HFA 42, Rn. 45.

2 Vgl. RS HFA 7, Tz. 49.

3 OFD Berlin 19. 7. 2002, DB 2002, 1966; OFD Koblenz v. 21. 10. 2002 – S – 2241 A, Datev-Doku-Nr. 0577038.

4 *Hörger/Rapp* in Littmann/Bitz/Pust, § 16 EStG Rz. 144b; BFH 20. 2. 2003, BStBl 2003 II 700; 10. 3. 1998 VIII R 76/96, BStBl 1999 II 269; OFD Berlin 19. 7. 2002, DB 2002, 1966; *Wacker* in Schmidt, EStG § 16 Rz. 412.

Auch steuerlich hört mit der Anwachsung ein Unternehmen auf zu existieren. Findet die Anwachsung im Verlauf eines Wirtschaftsjahres statt, bildet sich insoweit ein Rumpfwirtschaftsjahr, für das noch eine Gewinnermittlung und -verteilung vorzunehmen ist. Außerdem unterliegt der laufende Gewinn des Rumpfwirtschaftsjahrs der Gewerbesteuer. Auf den Zeitpunkt der Anwachsung ist somit auch eine steuerliche Schlussbilanz der PersGes zu erstellen. 2667

Bei der Gewerbesteuer tritt in derartigen Fällen ein **Wechsel des Steuerschuldners** ein. Dies hat zur Folge, dass bei Ausscheiden des vorletzten Gesellschafters innerhalb eines Erhebungszeitraums für die beiden Steuerschuldner (zunächst PersGes, danach der verbleibende Mitunternehmer, auf den der Betrieb durch Anwachsung übergeht) jeweils getrennt der auf sie entfallende einheitliche Gewerbesteuer-Messbetrag festzusetzen ist.[1] 2668

Zwar hört im Zeitpunkt der Auflösung der PersGes auch steuerlich ein gewerbliches Unternehmen auf zu existieren, es handelt sich hierbei jedoch nicht um eine Betriebsaufgabe gem. § 16 EStG. Der Grund hierfür ist das für PersGes geltende sog. Transparenzprinzip. Die PersGes war bis dato zwar ein Subjekt der steuerlichen Gewinnermittlung, aber kein Steuerpflichtiger für Zwecke der ESt/KSt. Vielmehr waren die einzelnen Wirtschaftsgüter der PersGes den Mitunternehmern bisher bereits jeweils anteilig zuzurechnen. Dieser Tatsache wird auch durch die spiegelbildliche Bilanzierung von Mitunternehmeranteilen Rechnung getragen. Zwar ist die PersGes bis zum Zeitpunkt der Anwachsung gewerbesteuerpflichtig, so dass man schon sagen kann, dass insoweit auch ein Steuersubjekt aufhört zu existieren, allerdings gibt es im Gewerbesteuerrecht kein System der Verstrickung und eine Betriebsaufgabe ist grundsätzlich kein gewerbesteuerpflichtiger Vorgang. 2669

Erfolgte der Austritt bzw. die Übertragung des Mitunternehmeranteils entgeltlich unter Aufdeckung stiller Reserven, so wird für den Ausscheidenden der sich hierdurch ergebende Gewinn festgestellt und für den Übernehmer ergibt sich eine entsprechende Aufstockung der Buchwerte des Betriebsvermögens der PersGes. Diese Aufstockung erfolgt – entsprechend der handelsrechtlichen Bilanzierung – in der Gesamthandsbilanz, wenn der Ausscheidende einen Abfindungsanspruch gegen die PersGes hat bzw. in der Ergänzungsbilanz des verbleibenden Mitunternehmers, wenn der Austritt des Vorletzten durch eine Veräußerung des Mitunternehmeranteils an den verbleibenden Mitunternehmer ausgelöst wird. Es liegt insoweit also ein Anschaffungsvorgang vor.[2] Liegt im Fall des Ausscheidens gegen Abfindung diese unter den Buchwerten der anteiligen Wirtschaftsgüter, so sind die Buchwerte in Höhe des Differenzbetrages abzustocken.[3] 2670

Die steuerliche Beurteilung einer Anwachsung ist also insoweit geklärt, wie es um den Anteil des ausscheidenden Mitunternehmers an dem übergehenden Vermögen geht. Insoweit liegt ein Anschaffungsgeschäft vor. Nicht abschließend geklärt ist jedoch, aus 2671

1 R 5.1 Abs. 1 Satz 3 GewStR.

2 *Orth*, DStR 1999, 1011 (1015), mit Verweis auf BFH 24.10.1996 IV R 90/94 BStBl 1997 II 241; 12.12.1996 IV R 77/93, BStBl 1998 II 180, unter 2.a, m.w.N. aus der Rspr.

3 *Orth*, DStR 1999, 1011 (1015), mit Verweis auf BFH 21.4.1994 IV R 70/92, BStBl 1994 II 745; 24.10.1996 IV R 90/94, BStBl 1997 II 241; 12.12.1996 IV R 77/93, BStBl 1998 II 180.

welcher Rechtsgrundlage sich die sowohl von der Finanzverwaltung[1] als auch der herrschenden Literaturmeinung angenommene Steuerneutralität des eigentlichen Anwachsungsvorgangs ergibt. Der BFH hat 1998[2] entschieden, dass der verbleibende Mitunternehmer insoweit in die Rechtsstellung der Gesellschaft eintrete und deshalb nach § 7 Abs. 1 EStDV analog die Buchwerte fortzuführen habe. Durch das Steuerentlastungsgesetz 1999/2000/2002 ist § 7 Abs. 1 EStDV aber in § 6 Abs. 3 EStG aufgegangen, wobei diese Vorschrift lediglich für (begünstigte) Realteilungen (§ 16 Abs. 3 Satz 2 Halbsatz 2 EStG) und nicht für Anwachsungsfälle gilt.[3]

2672 Es gibt derzeit also keine ausdrückliche Rechtsgrundlage. Vielmehr ergibt sich die Steuerneutralität aus der steuerlichen Systematik der Gewinnermittlung bei PersGes. Ein Anschaffungsvorgang ist nicht gegeben, denn dem übernehmenden letzten Mitunternehmer sind zum Zeitpunkt der Anwachsung sämtliche Gesellschaftsanteile zuzurechnen. Durch das steuerliche Transparenzprinzip sind ihm daher mittelbar bereits sämtliche Vermögensgegenstände und Schulden zuzurechnen. Ein positiver oder negativer Unterschiedsbetrag i. S. eines Übernahmegewinns oder -verlusts kann sich aufgrund der steuerlichen Bilanzierung nach der Spiegelbildmethode nicht ergeben. Der Buchwert des Mitunternehmeranteils entspricht vielmehr stets dem steuerlichen Reinvermögen der PersGes, das sich aus der Gesamthandsbilanz zuzüglich der Sonder- und Ergänzungsbilanzen ergibt.

2673 Eine im Gesamthandsvermögen der PersGes gebildete §-6b-Rücklage kann von dem verbleibenden Gesellschafter in seinem Unternehmen insoweit fortgeführt werden, als sie (anteilig) auf ihn entfällt.[4]

2674 Nach der Anwachsung führt der Übernehmer die Buchwerte der PersGes fort. Es handelt sich um einen Fall der steuerlichen Rechtsnachfolge. Allerdings ergeben sich Besonderheiten, wenn der übernehmende Rechtsträger bei der untergehenden PersGes eine Ergänzungsbilanz geführt hat (diese Ergänzungsbilanz kann auch gerade erst durch den Austritt des vorletzten Gesellschafters neu entstanden sein), in denen Mehrwerte für die in der Gesamthandsbilanz ausgewiesenen Wirtschaftsgüter aktiviert sind. Der BFH hat zwar bereits mit Urteil vom 7. 8. 1986[5] klargestellt, dass die Wirtschaftsgüter des Betriebsvermögens einer PersGes einheitlich zu bilanzieren sind und steuerliche Bilanzierungs- und Bewertungswahlrechte in der Gesamthands- und der Ergänzungsbilanz einheitlich auszuüben sind. Gleichwohl ist nach wie vor streitig, ob anlässlich der entgeltlichen Übertragung von Mitunternehmeranteilen für die künftige Bemessung der AfA in der Ergänzungsbilanz des erwerbenden Mitunternehmers die betriebsgewöhnliche Nutzungsdauer neu zu schätzen ist[6] und auch die AfA-Methode unabhängig von der in der Gesamthandsbilanz angewendeten Methode gewählt werden kann, oder ob die für die AfA-Bemessung in der Gesamthandsbilanz angewendete AfA-Me-

1 OFD Berlin 19. 7. 2002 – St 122 – S – 2241 – 2/02, DB 2002, 1966.

2 BFH 10. 3. 1998 VIII R 76/96, BStBl 1999 II 269.

3 *Orth*, DStR 1999, 1011 (1016).

4 R 6b.2 Abs. 9 Satz 2 EStR.

5 IV R 137/83, BStBl 1986 II 910; EFG 2010, 558.

6 So z. B. *Zimmermann*, J Rn. 112 ff. sowie J Rn. 188; *Reiß* in Kirchhof/Söhn/Mellinghoff, EStG § 15 Rn. E 251; *Wacker* in Schmidt, EStG, § 15 Rz. 465; *Niehus/Wilke*, S. 347.

thode und betriebsgewöhnliche Nutzungsdauer nicht zwingend auch für die Ergänzungsbilanz des Mitunternehmers maßgebend sind.[1] Das Niedersächsische FG[2] teilt die letztgenannte Auffassung. Allerdings wird der BFH in Kürze in dem entsprechenden Revisionsverfahren[3] die Gelegenheit bekommen, diese Frage abschließend zu klären.

Kommt es nun aber anlässlich der Anwachsung bei der Übernehmerin zu einer Zusammenfassung der Buchwerte der Gesamthands- und einer etwaigen Ergänzungsbilanz, so wird die Bewertungsmethode (AfA-Methode und betriebsgewöhnliche Nutzungsdauer) der Gesamthandsbilanz bei der Übernehmerin fortgeführt. Selbst wenn in der Vergangenheit – entsprechend der dargestellten Mindermeinung – in der Ergänzungsbilanz abweichende Bewertungsmaßstäbe angesetzt worden sind, kommt es nicht etwa bei der Übernehmerin zur Fortführung von verschiedenen AfA-Reihen. 2675

Bei entgeltlichen Übertragungsvorgängen treten die hier beschriebenen Konsequenzen immer ein, unabhängig von der Rechtsform der beteiligten Mitunternehmer. 2676

(Einstweilen frei) 2677–2685

c) Unentgeltliche Übertragung zwischen natürlichen Personen

Eine unentgeltliche Übertragung ist gegeben, wenn der ausscheidende Mitunternehmer 2686

- keine Gegenleistung für die Hingabe seines Mitunternehmeranteils erhält;
- eine Gegenleistung (entweder von dem verbleibenden Gesellschafter in Form eines Kaufpreises oder von der PersGes selbst als Abfindung) erhält, die jedoch den Buchwert seines Mitunternehmeranteils unterschreitet.

aa) Handelsbilanzielle Darstellung

Wird eine Beteiligung an einer PersGes unentgeltlich bzw. zu einem unter dem Marktwert liegenden Wert übertragen, ist zu erforschen, ob der Grund für die zu niedrige Gegenleistung in der betrieblichen oder der privaten Sphäre zu suchen ist. 2687

Im ersten Fall sind die Anschaffungskosten der Beteiligung in Höhe der tatsächlich geschuldeten Gegenleistung – ggf. mit Null – anzunehmen. Im zweiten Fall ist eine vollständige bzw. anteilige Sacheinlage gegeben, wenn der übernehmende Mitunternehmer eine PersGes oder eine KapGes ist, an der der ausscheidende Mitunternehmer ebenfalls beteiligt ist. Die Bilanzierung erfolgt dann entsprechend den für Sacheinlagen geltenden Grundsätzen. 2688

Der eigentliche Anwachsungsvorgang ist anschließend nach den in Rn. 2657 ff. bereits dargestellten Grundsätzen nach § 24 UmwG zu bilanzieren. 2689

1 Niedersächsisches FG 28. 10. 2003, EFG 2004, 1670; *Stuhrmann* in Blümich, § 15 Rn. 556a.

2 Urteil 20. 10. 2009 8 K 323/05, NWB DokID: NAAAD-38020.

3 Die Revision wurde zugelassen. Das Beschwerdeverfahren wird unter dem Az. IV R 1/11 als Revisionsverfahren fortgeführt (BFH-Beschluss 11. 1. 2011 IV B 149/09).

bb) Steuerliche Konsequenzen

2690 Wird überhaupt keine Gegenleistung gewährt und handelt es sich bei dem ausscheidenden (vorletzten) Gesellschafter um eine natürliche Person, die ihren Mitunternehmeranteil nach § 6 Abs. 3 EStG unentgeltlich auf den letzten verbleibenden Gesellschafter (ebenfalls eine natürliche Person) überträgt, so erfolgt der Übergang zwingend zu Buchwerten.[1] Eine Aufdeckung stiller Reserven findet nicht statt, der Ausscheidende realisiert keinen Aufgabe- oder Veräußerungsgewinn. Das Betriebsvermögen der Personengesellschaft geht im Rahmen der Anwachsung zu den bisherigen fortgeführten Buchwerten auf den letzten noch verbleibenden Gesellschafter über. Allerdings dürfte in einem solchen Fall regelmäßig eine Schenkung gegeben sein.[2]

2691 Die Übernahme von (anteiligen) Verbindlichkeiten stellt für den Übernehmer kein Entgelt dar.

2692 Auch die Übernahme eines negativen Kapitalkontos des ausscheidenden Gesellschafters steht grds. einer Behandlung als unentgeltlichem Anwachsungserwerb nicht entgegen.[3]

2693 Wird eine Gegenleistung geschuldet, deren Wert den Buchwert des Mitunternehmeranteils unterschreitet, ist dieser Vorgang insgesamt als unentgeltlich zu behandeln.[4]

2694 Bei dem verbleibenden Gesellschafter entsteht in den hier beschriebenen Fällen zwangsläufig ein Übernahmegewinn entweder in Höhe des gesamten Buchwerts des anteilig auf den ausscheidenden Mitunternehmer entfallenden Eigenkapitals oder in Höhe der Differenz zwischen dem Buchwert des Eigenkapital und einer etwaig gezahlten Abfindung. Ein solcher Übernahmegewinn ist steuerpflichtig, wenn er betrieblich veranlasst ist und ist als nicht steuerbare Einlage zu behandeln, wenn er privat veranlasst ist.[5]

2695–2700 *(Einstweilen frei)*

d) Unentgeltliche Übertragung auf eine PersGes oder KapGes

aa) Handelsbilanzielle Darstellung

2701 Handelsrechtlich ergeben sich zu den bei unentgeltlicher Übertragung auf eine natürliche Person dargestellten Grundsätzen keine Unterschiede. Daher kann hier auf die Ausführungen in Rn. 2687 ff. verwiesen werden.

---

1 Vgl. OFD Berlin 19. 7. 2002, DB 2002, 1966 (1967); *Kulosa* in Schmidt, EStG § 6 Rz. 645; BFH 10. 3. 1998 VIII R 76/96 BStBl 1999 II 269; OFD Berlin, DB 2002, 1966; *Brandenberg*, DStZ 2002, 511/4.

2 *Hoffmann* in Littmann/Bitz/Pust, § 6 EStG Rz. 1042; BFH 10. 3.1998 VIII R 76/96, BStBl 1999 II 269. Vgl. hierzu auch Rn. 2806 ff.

3 Vgl. hierzu eingehend Rn. 2756.

4 Sog. Einheitstheorie, BFH 7. 2. 1995 VIII R 36/93, BStBl 1995 II 770.

5 *Orth*, DStR 1999, 1011 (1019).

bb) Steuerliche Konsequenzen

Eine unentgeltliche Übertragung kann entweder dadurch erfolgen, dass der ausscheidende Mitunternehmer seinen Mitunternehmeranteil ohne Gegenleistung an die verbleibende PersGes oder KapGes abtritt, oder indem er einfach ohne Abfindung aus der gemeinsamen PersGes ausscheidet. 2702

§ 6 Abs. 3 EStG ist grundsätzlich nicht rechtsformspezifisch ausgestaltet. Sein Anwendungsbereich erstreckt sich daher auch auf solche Fälle der Übertragung von Mitunternehmeranteilen, an denen KapGes oder PersGes als Überträger bzw. Übernehmer beteiligt sind.[1] 2703

Eine Ausnahme gilt jedoch dann, wenn die unentgeltliche Übertragung zwischen einem Mitunternehmer und einer KapGes erfolgt und zwischen diesen beiden Parteien wiederum ein Beteiligungsverhältnis besteht, denn die Regelungen zur verdeckten Einlage/verdeckten Gewinnausschüttung gehen dem § 6 Abs. 3 EStG als Lex Specialis vor.[2] Überträgt also ein ausscheidender Mitunternehmer seinen Mitunternehmeranteil unentgeltlich oder gegen eine zu geringe Abfindung/einen zu geringen Kaufpreis auf eine als letzter Mitunternehmer verbleibende KapGes, an der er wiederum selbst als Gesellschafter beteiligt ist, oder scheidet er ohne Abfindung aus der PersGes aus, dann liegt keine unentgeltliche Übertragung eines Mitunternehmeranteils zu Buchwerten, sondern eine verdeckte Einlage[3] eines Mitunternehmeranteils in eine KapGes vor. Aus der Sicht des ausscheidenden Mitunternehmers greifen bezüglich der Aufgabe des Mitunternehmeranteils die Regelungen zur Betriebsveräußerung bzw. Betriebsaufgabe nach § 16 Abs. 3 EStG.[4] Hielt der austretende Mitunternehmer bis dato seine Anteile an der übernehmenden KapGes in seinem Sonderbetriebsvermögen bei der untergehenden PersGes und überführt er diese Beteiligung anlässlich seines Austritts in sein Privatvermögen (und nicht zu Buchwerten in ein anderes Betriebsvermögen), so sind bei der Ermittlung des Aufgabegewinns auch die in diesen Anteilen ggf. ruhenden stillen Reserven zu berücksichtigen und der Teileinkünftebesteuerung, der Abgeltungssteuer bzw. der Freistellung nach § 8b Abs. 2 KStG zu unterwerfen.[5] Für den Aufgabegewinn des Mitunternehmeranteils sind die Vergünstigungen der §§ 16 Abs. 4, 34 EStG zu gewähren. Gleichzeitig liegt in entsprechender Höhe eine verdeckte Einlage in die verbleibende KapGes vor. 2704

Der Wert der verdeckten Einlage bemisst sich nach der Wertsteigerung, die die Beteiligung an der KapGes durch die Aufgabe der Kommanditbeteiligung erfährt, und zwar einschließlich eines auf die GmbH übergehenden Geschäftswertes (Ansatz mit dem ge- 2705

1 BMF 3. 3. 2005, BStBl 2005 I 458, Tz. 1; BFH 20. 7. 2005 X R 22/02, BStBl 2006 II 457.

2 BMF 3. 3. 2005, BStBl 2005 I 458, Tz. 2; BFH 27. 7. 1988 I R 147/83, BStBl 1989 II 271; 18. 12. 1990 VIII R 17/85, BStBl 1991, 512; 14. 1. 1993 IV R 121/91, BFH/NV 1993, 525; *Korn/Strahl*, EStG, § 6 EStG, Tz. 19.12.

3 FinSen Bremen 25. 10. 2002, GmbHR 2002, 1264; *Schmidt*, EStG § 16 Anm. 513, m. w. N.; *Ropohl/Freck*, GmbHR 2009, 1076 (1079), Fn. 23 und 24; OFD Düsseldorf 22. 6. 1988 – S 1978 A – St 13 H/S 2243 A-St 116, GmbHR 1988, 412; *Widmann* in Widmann/Mayer, § 20 UmwStG Rz. R 209; zum Austritt gegen eine zu geringe Abfindung *Levedag* in Münch. Hdb. GesR., 3. Aufl. 2009, Band 2, § 58 Rz 329.

4 Vgl. OFD Berlin 11. 11. 2002, GmbHR 2002, 1264; OFD Düsseldorf 22. 6. 1988, GmbHR 1988, 412; BMF 3. 3. 2005, BStBl 2005 I 458, Tz. 2; BFH v. 23. 3. 1987 I R 202/83, BStBl 1987 II 705; *Kai*, DB 2005, 794, 795; *Geck*, ZEV 2005, 196.

5 *Sagasser* in Sagasser/Bula/Brünger, Umwandlungen, S. 128 f., H 25.

meinen Wert).[1] Dieser Wert der verdeckten Einlage zzgl. des gemeinen Werts der aus dem Sonderbetriebsvermögen in das Privatvermögen überführten Anteile an der KapGes stellt den u.U. gem. §§ 16, 34 EStG begünstigten Aufgabegewinn dar.[2] Die Anschaffungskosten für die Anteile an der Komplementär-GmbH erhöhen sich korrespondierend um den Wert der verdeckten Einlage.[3]

2706 Ein Verzicht auf die Aufdeckung der stillen Reserven in entsprechender Anwendung der Grundsätze des § 20 UmwStG kommt nicht in Betracht, weil für die Einlage keine neuen Anteile gewährt werden.[4]

2707–2710 *(Einstweilen frei)*

e) Übertragung auf eine KapGes oder PersGes nach den Regelungen des Umwandlungssteuergesetzes

2711 Eine Übertragung einer Beteiligung an einer PersGes auf den letztverbleibenden Gesellschafter in der Rechtsform einer PersGes oder KapGes ist auch dann entgeltlich, wenn sie gegen Gewährung von Gesellschaftsrechten erfolgt. Allerdings können hier aus steuerlicher Sicht regelmäßig Begünstigungsvorschriften in Anspruch genommen werden, die es ermöglichen, die Übertragung ertragsteuerneutral zu Buchwerten vorzunehmen. Die in der Praxis am häufigsten vorkommenden Fallgestaltungen sind in diesem Zusammenhang die sog. erweiterten Anwachsungsmodelle, bei denen der vorletzte Mitunternehmeranteil im Wege der Einbringung nach §§ 20 und 24 UmwStG übergeht. Zivilrechtlich kann eine solche Einbringung entweder im Wege der Einzelrechtsnachfolge durch schlichte Sacheinlage erfolgen, oder im Wege der Gesamtrechtsnachfolge durch Ausgliederung nach § 123 Abs. 3 UmwG. Insbesondere bei einer KapGes als übernehmendem Rechtsträger ist dabei Voraussetzung für die Anwendbarkeit der steuerlichen Begünstigungsvorschrift des § 20 UmwStG, dass „neue" Anteile im Rahmen einer förmlichen Kapitalerhöhung gewährt werden.

aa) Handelsrechtliche Darstellung

2712 Die herrschende Meinung geht auch für einen solchen Fall einer sog. „erweiterten" Anwachsung davon aus, dass diese analog einer Verschmelzung unter Ausübung des Bilanzierungswahlrechts des § 24 UmwG zu bilanzieren ist. Damit ist allerdings noch nicht geklärt, ob für die Bilanzierung bei dem übernehmenden Rechtsträger die Grundsätze eines sog. up-stream-mergers (ohne Kapitalerhöhung) oder die eines sog. „Mischfalles" i.S.v. ERS HFA 42 (mit anteiliger Kapitalerhöhung) anzuwenden sind. *Ropohl/Freck*[5] unterscheiden diese beiden Varianten als sog. einstufige bzw. zweistufige Bilanzierungsweise. Hierbei wird davon ausgegangen, dass die sog. einstufige Bilanzierungs-

1 FinSen Bremen 25.10.2002, GmbHR 2002, 1264, mit Hinweis auf BFH 24.3.1987 I R 202/83, BStBl 1987 II 705.

2 FinSen Bremen 25.10.2002, GmbHR 2002, 1264; *Watermeyer*, GmbH-StB 2003, 96.

3 *Watermeyer*, GmbH-StB 2003, 96 (100).

4 BFH 24.3.1987 I R 202/83, BStBl 1987 II 705; 18.12.1990 VIII R 17/85, BStBl 91 II 512; 14.1.1993 IV R 121/91, BFH/NV 93, 525; BMF, BStBl1998 I 268, Tz. 20.04.

5 GmbHR 2009, 1076 ff.

weise dem „Mischfall" i. S. v. IDW ERS HFA 42, Tz. 4.2.2.3. entspricht, bei der es zeitgleich mit dem Ausscheiden des vorletzten Gesellschafters zu einer unmittelbaren Vermögensübertragung der PersGes auf den verbleibenden Gesellschafter kommt, während die sog. zweistufige Bilanzierungsweise unterstellt, das es zunächst – eine logische Sekunde vor der Anwachsung – zu einer Anteilsvereinigung bei dem übernehmenden Gesellschafter kommt und sich die Anwachsung dann anschließend wie ein 100%iger up-stream merger abbildet. Gegebenenfalls können sich bei diesen beiden Bilanzierungsvarianten unterschiedliche Ergebnisse, insbesondere abweichende Ertragsauswirkungen ergeben, da eine Bilanzierung analog zu einer Seitwärtsverschmelzung (mit Kapitalerhöhung) handelsbilanziell immer erfolgsneutral abgebildet wird, während ein up-stream-merger i. d. R. erfolgswirksam ist, sofern die Buchwertfortführung gewählt wird. Nach der hier vertretenen Auffassung stehen sich diese beiden Bilanzierungsvarianten jedoch nicht so unversöhnlich gegenüber, sondern sind beide zulässig und führen – bei entsprechender Ausübung der handelsrechtlichen Bilanzierungswahlrechte – auch zu denselben Ergebnissen.

Ropohl/Freck beschreiben das von ihnen diskutierte bilanzielle Problem anhand des folgenden **Beispiels**:[1] 2713

An einer GmbH & Co KG sind eine GmbH als Komplementär und eine AG als Kommanditistin beteiligt. Die AG tritt aus der GmbH & Co KG aus, indem sie ihre Beteiligung in die Komplementär-GmbH einbringt. Hierdurch wird die Anwachsung der GmbH & Co KG bei ihrer Komplementärin ausgelöst. In dem gebildeten Beispiel steht die Beteiligung an der PersGes bei der ausscheidenden AG mit 100 000 zu Buche, der auf diesen Anteil entfallende Buchwert des handelsrechtlichen Reinvermögens der PersGes beträgt hingegen 300 000.

Geht man von diesen Werten aus, so stellen *Ropohl/Freck* korrekt die unterschiedlichen handelsrechtlichen Wirkungen zweier verschiedener Bilanzierungsmöglichkeiten dar. Unterstellt, es kommt trotz Einbringung der Beteiligung bei der übernehmenden GmbH nicht zu einer Anteilsvereinigung,[2] dann wäre die Anwachsung als direkte Verschmelzung der PersGes auf die Komplementär-GmbH unter Vornahme einer Kapitalerhöhung und Ausgabe neuer Anteile durch die GmbH als übernehmender Rechtsträger an die AG als Gesellschafter der PersGes zu würdigen. Dieser Vorgang wäre gem. IDW ERS HFA 42, Tz. 4.2.2.1. erfolgsneutral abzubilden. Wird diese „Verschmelzung mit Kapitalerhöhung" gem. § 24 UmwG zu Buchwerten vorgenommen, ist der die Nominalkapitalerhöhung übersteigende Teil des anteiligen Reinvermögens der PersGes bei der Übernehmerin in die Kapitalrücklage einzustellen. Dem stellen *Ropohl/Freck* die zweite Bilanzierungsvariante gegenüber, bei der zunächst der Rechtsakt der Anteilseinbringung und anschließend der Realakt der Anwachsung bilanziell abgebildet wird, wobei beide Vorgänge „zu Buchwerten" durchgeführt werden sollen. Das bedeutet, dass zunächst die Einlage der Beteiligung bilanziert wird, wobei davon ausgegangen wird, dass die übernehmende GmbH diese Beteiligung mit dem Buchwert ansetzt, mit dem diese Beteiligung bisher in der Bilanz der einbringenden AG zu Buche stand. Anschließend erfolgt die Anwachsung, ebenfalls zu Buchwerten, wobei sich dann ein Anwach- 2714

1 Ebda, 1076 (1078 ff.).

2 Vgl. hierzu Rn. 2641.

sungsgewinn ergibt. *Ropohl/Freck* argumentieren dann, dass die einstufige Bilanzierungsweise vorzuziehen ist, weil nur diese erfolgsneutral abgebildet werden kann.

2715 Diese Darstellung führt m. E. jedoch zu einer zu ungünstigen Beurteilung der zweistufigen Bilanzierungsweise. Folgt man den Vorgaben des gebildeten Beispiels, so scheint auf den ersten Blick tatsächlich die einstufige Betrachtungsweise mit erfolgsneutraler Verbuchung die Richtigere zu sein. Allerdings liegt die eigentliche Ursache für die Entstehung des unerwünschten Erfolgsbeitrages im Rahmen der Anwachsung nicht in der zweistufigen Bilanzierungsweise, sondern in der Wahl des Bilanzansatzes für die Beteiligung im Rahmen der Sacheinlage. In dem von *Ropohl/Freck* gebildeten Beispielsfall hat der ausscheidende Gesellschafter seine Beteiligung in den verbleibenden Gesellschafter „zum Buchwert" eingebracht und dieser Buchwert entsprach nicht dem auf diesen Gesellschafter anteilig entfallenden handelsbilanziellen Eigenkapital der PersGes. Dementsprechend kommt es im Zuge der Anwachsung dann zu einer entsprechenden Erfolgsauswirkung, wenn die Anwachsung ebenfalls gem. § 24 UmwG zu Buchwerten erfolgt. Soll diese Erfolgsauswirkung jedoch vermieden werden – was bestimmt einem richtigeren Ausweis der Eigenkapitalbestandteile sowie der Vermögens-, Finanz- und Ertragslage dient – ist jedoch die Bewertung der Beteiligung im Zuge der Sacheinlage kritisch zu hinterfragen. Handelsrechtlich gibt es für Sacheinlagen nämlich keine „Einlage zum Buchwert". Natürlich hat der Einbringende die Möglichkeit, die Sacheinlage nach Tauschgrundsätzen[1] im Ergebnis erfolgsneutral abzubilden und die vom übernehmenden Rechtsträger ausgegebenen neuen Anteile mit dem Buchwert der hinzugebenden Beteiligung an der PersGes anzusetzen. Dies war vor Einführung des SEStEG auch üblich, weil derzeit noch die Maßgeblichkeit der Handels- für die Steuerbilanz in Umwandlungsfällen des § 20 UmwStG a. F. galt und dieser Ansatz demgemäß Voraussetzung für die steuerneutrale Einbringung des Mitunternehmeranteils war. Seit der Einführung des SEStEG im Jahr 2006 gibt es für einen solchen handelsbilanziellen Ansatz aber keinen Grund mehr. Die handelsbilanzielle Bewertung bei dem übernehmenden Rechtsträger richtet sich vielmehr nach gänzlich anderen Maßstäben. Es gibt handelsrechtlich keine Verbindung zwischen der Bilanzierung bei dem Einbringenden und der Bilanzierung bei der Übernehmerin. Vielmehr hat die Übernehmerin die Sacheinlage mit den Anschaffungskosten anzusetzen, welche sich aus dem Betrag der Nominalkapitalerhöhung und dem Agio ergeben. Ist kein konkret beziffertes Agio im Sachkapitalerhöhungsbeschluss festgelegt, kann dieses durch die für die Bilanzierung zuständige Geschäftsleitung des übernehmenden Rechtsträgers definiert werden, wobei allerdings bei der Bewertung im Ergebnis der Zeitwert des Sacheinlagegegenstandes nicht überschritten werden darf. Damit ist klar, dass auch die zweistufige Bilanzierungsweise jede Möglichkeit gibt, eine Erfolgswirksamkeit des Anwachsungsvorgangs zumindest insoweit, wie dieser auf die gerade erst eingebrachte Beteiligung entfällt, zu vermeiden. Es wäre ggf. sogar zu diskutieren, ob die Geschäftsleitung des übernehmenden Rechtsträgers in Fällen der erweiterten Anwachsung tatsächlich völlig frei ist in der Festsetzung des anlässlich der vorhergehenden Sacheinlage in die Kapitalrück-

1 *Ropohl/Freck*, GmbHR 2009, 1076 (1078), mit Hinweis auf *Ellrott/Brendt* in Beck'scher Bilanzkommentar, § 255 Rz. 131; ebenso *Förschle/Hoffmann* in Budde/Förschle/Winkeljohann, Sonderbilanzen, Kap. K Rz. 54.

lage einzustellenden Betrages. Angesichts des unmittelbar folgenden Anwachsungsvorgangs spricht eine korrekte Darstellung von Bilanz und GuV ggf. sogar dafür, den Bilanzierungsspielraum entsprechend einzuengen. Wenn sich die Geschäftsleitung der Übernehmerin dazu entschließt, die nachfolgende Anwachsung nach § 24 UmwG zu Buchwerten abzubilden, dann sollte die Bilanzierung der Sacheinlage der Personengesellschaftsbeteiligung durch entsprechende Festlegung des Agios so vorgenommen werden, dass die nachfolgende Anwachsung in Bezug auf den auf diese Beteiligung entfallenden Vermögensteil erfolgsneutral ist.

bb) Steuerliche Konsequenzen

Handelt es sich bei dem übernehmenden Mitunternehmer um eine KapGes, kann der ausscheidende Mitunternehmer seinen Mitunternehmeranteil nach § 20 UmwStG zu Buchwerten in die Übernehmerin einbringen. Hierbei ist es vollkommen irrelevant, wer vorher welche Mitunternehmerstellung innehatte und welchen Umfang der Mitunternehmeranteil hat. So kann beispielsweise eine nur mit einem geringen Kapitalanteil beteiligte Komplementärin ausscheiden, indem sie ihren Mitunternehmeranteil in die verbleibende Kommanditistin zu Buchwerten einbringt. Es ist aber auch möglich, dass eine zu 100 % beteiligte Kommanditistin ausscheidet, indem sie ihren Anteil zu Buchwerten in die bisher zu 0 % am Kapital beteiligte Komplementärin einbringt. Neben anderen in § 20 UmwStG genannten Voraussetzungen ist erforderlich, dass als Gegenleistung für die Einbringung von der Übernehmerin neue Gesellschaftsrechte gewährt werden. Eine Gewinnrealisierung findet bei Erfüllung aller Voraussetzungen des § 20 UmwStG nicht statt.[1] Bezüglich der nach Einführung des SEStEG begonnenen Diskussion, ob erweiterte Anwachsungsvorgänge noch steuerneutral möglich ist, vgl. Rn. 2640. 2716

Darüber hinaus muss der Einbringende innerhalb der folgenden sieben Jahre die Sperrfrist des § 22 Abs. 1 Satz 1 UmwStG einhalten. 2717

Erfolgt die Anwachsung auf die Komplementär-GmbH als verbleibenden Mitunternehmer und gehörten die Anteile an der Komplementär-GmbH nicht nur zum Sonderbetriebsvermögen der ausscheidenden Mitunternehmer, sondern stellten sogar eine wesentliche Betriebsgrundlage dar, so müssten diese Anteile grds. mit eingebracht werden, um den Vorgang nach § 20 UmwStG steuerneutral gestalten zu können. Aus Vereinfachungsgründen ist es in einem solchen Fall jedoch zulässig, die Anteile an der Übernehmerin zurückzubehalten. Allerdings sind diese Anteile dann ebenfalls einbringungsgeboren nach § 21 UmwStG a. F. bzw. sperrfristbehaftet i. S. d. § 22 UmwStG.[2] 2718

Hat der letzte verbleibende Mitunternehmer und damit der Übernehmer im Rahmen der Anwachsung die Rechtsform einer PersGes, kann das Ausscheiden des vorletzten Gesellschafters durch steuerneutrale Übertragung seines Mitunternehmeranteils in die verbleibende PersGes nach § 24 UmwStG erfolgen. 2719

---

1 BFH 28. 5. 2008 I R 98/06, BStBl 2008 II 916; dazu *Orth*, DStR 2009, 192.

2 UmwStEE, Tz. 20.08; BFH 24. 10. 2000 VIII R 25/98 BStBl 2001 II 321; *Wacker* in Schmidt, EStG § 16 Rz. 513; *Sagasser* in Sagasser/Bula/Brünger, Umwandlungen, S. 129, H 26; Zum anschließenden Ausscheiden der GmbH aus der KG (bei Vorhandensein weiterer Gester) s. BFH 19. 5. 1993 I R 124/91 BStBl 1993 II 889: kein Missbrauch.

2720 Neben diesen erweiterten Anwachsungsmodellen, die nach den §§ 20, 24 UmwStG vollzogen werden, sind aber noch andere Fälle denkbar, in denen ein Mitunternehmeranteil nach bestimmten Regelungen des UmwStG zu Buchwerten auf den letzten Mitunternehmer übertragen werden kann. So kann eine solche Anteilsvereinigung auch durch Verschmelzung des vorletzten auf den letzten Mitunternehmer vonstatten gehen. Es handelt sich dann um eine Verschmelzung zur Aufnahme nach § 2 Nr. 1 UmwG. Übertragender Rechtsträger kann hierbei eine PersGes oder eine KapGes sein und übernehmender Rechtsträger kann entweder eine PersGes, eine KapGes oder sogar eine natürliche Person sein. Die Voraussetzungen für eine steuerneutrale Übertragung ergeben sich dann entsprechend aus den für diesen Rechtsvorgang jeweils einschlägigen Regelungen des UmwStG. Außerdem kann die Übertragung auch im Rahmen einer Spaltung (Aufspaltung oder Abspaltung) erfolgen, wenn hierdurch der ausscheidende Mitunternehmer seinen Mitunternehmeranteil vollständig auf den verbleibenden Mitunternehmer überträgt.

2721–2725 *(Einstweilen frei)*

f) Ausscheiden eines Gesellschafters ohne vermögensmäßige Beteiligung

2726 Aus einer zweigliedrigen GmbH & Co. KG könnte auch die Komplementär-GmbH entschädigungslos austreten, so dass eine Anwachsung bei dem Kommanditisten erfolgt. Sofern die Komplementär-GmbH – wie üblich – nicht am Vermögen der Personengesellschaft beteiligt war, ergeben sich die im Folgenden genannten Besonderheiten, und zwar unabhängig von der Rechtsform des Kommanditisten.

2727 Handelsbilanziell ist diese Anwachsung zu bilanzieren wie ein normaler up-stream-merger, denn dem übernehmenden Kommanditisten wird mit dem entschädigungslosen Ausscheiden des Komplementärs kein Vermögen zugewendet, da er die Beteiligung an der untergehenden PersGes bereits vor der Anwachsung zu 100 % gehalten hat. Der übernehmende Rechtsträger kann das Wahlrecht des § 24 UmwG ausüben und das übergehende Vermögen entweder zu Buchwerten, oder zu Anschaffungskosten bilanzieren, wobei die Anschaffungskosten wiederum nach Tauschgrundsätzen entweder dem Buchwert oder dem Zeitwert der untergehenden Beteiligung entsprechen können. Wie bei einer normalen Verschmelzung führt eine solche Anwachsung somit zu einem erfolgswirksamen Anwachsungsgewinn/-verlust, wenn der Buchwert der Beteiligung in der Bilanz des übernehmenden Gesellschafters nicht dem Buchwert des Eigenkapitals in der Bilanz der PersGes entspricht.

2728 Steuerlich gesehen sind dem verbleibenden Kommanditisten die seiner Beteiligung entsprechenden Wirtschaftsgüter schon vor der Anwachsung zuzurechnen, so dass sie ihm durch die Anwachsung nicht mehr übertragen werden können.[1] Die Anwachsung führt lediglich dazu, dass die Wirtschaftsgüter dem Kommanditisten nicht mehr nur mittelbar, sondern unmittelbar zustehen.[2] Die Buchwerte sind deshalb fortzuführen.

1 Vgl. OFD Berlin 19. 7. 2002, DB 2002, 1966.

2 *Watermeyer*, GmbH-StB 2003, 96.

Zwar wird zur Begründung der Steuerneutralität in der Literatur vertreten, dass auch der Übergang eines 0-%-Anteils unter § 6 Abs. 3 EStG falle, während die Finanzverwaltung keinen Anwendungsbereich des § 6 Abs. 3 EStG sieht, die Steuerneutralität mangels eines Anschaffungsgeschäfts aber gleichwohl als gegeben ansieht. An der Steuerneutralität als solcher gibt es daher nach der h. M. keine ernsthaften Zweifel.[1]

(Einstweilen frei) 2729–2735

g) Sonderfall: Anwachsung an die Komplementär-GmbH einer Einheits-GmbH & Co. KG

Bei einer Einheits-GmbH & Co KG besteht die Besonderheit, dass sämtliche Anteile an der Komplementär-GmbH nicht von den Kommanditisten, sondern von der KG selbst gehalten werden. Treten nun die Kommanditisten aus der PersGes aus, so wären die PersGes und die Komplementär-GmbH für eine logische Sekunde zu jeweils 100 % wechselseitig beteiligt. Erfolgt dann die Anwachsung, würden sämtliche Anteile an der Komplementär-GmbH auf diese als eigene Anteile übergehen und diese Gesellschaft hätte anschließend keine Gesellschafter mehr. Eine solche Situation ist nicht denkbar. Daher ist in einem solchen Fall zur Vorbereitung der Anwachsung die Gesellschaftsstruktur so zu verändern, dass die Kommanditisten, die nach der Anwachsung Gesellschafter der Komplementär-GmbH sein sollen, bereits vor ihrem Austritt aus der KG eine entsprechende unmittelbare Beteiligung an der Übernehmerin erhalten. Dies kann entweder durch eine Entnahme der entsprechenden Anteile an der Komplementär-GmbH aus dem Gesamthandsvermögen der PersGes und Überführung in die entsprechenden Sonderbetriebsvermögen erfolgen, oder dadurch, dass die ausscheidenden Kommanditisten ihre Mitunternehmeranteile gegen Gewährung von Gesellschaftsrechten in die Komplementär-GmbH einlegen und so neue Anteile an dieser Gesellschaft erhalten. 2736

(Einstweilen frei) 2737–2740

h) Sonderfall: Ausscheiden des vorletzten Mitunternehmers aus einer PersGes ohne Gesamthandsvermögen

Bei einer PersGes ohne Gesamthandsvermögen (Stille Gesellschaft, Unterbeteiligung) kann es zivilrechtlich keinen Anwachsungsvorgang geben, wenn der stille Gesellschafter ausscheidet, da sich das Betriebsvermögen auch während des Bestehens der stillen Gesellschaft immer ausschließlich im Eigentum des Betriebsinhabers befunden hat (§ 230 HGB). Ein Ausscheiden des Betriebsinhabers aus einer stillen Gesellschaft mit der Folge einer Anwachsung des Betriebsvermögens bei dem Stillen ist ebenfalls zivilrechtlich nicht denkbar. Dies wäre vielmehr ein Fall der Einzelrechtsübertragung von Wirtschaftsgütern des Betriebsvermögens des Betriebsinhabers auf den Stillen. 2741

1 Vgl. OFD Berlin 19. 7. 2002, DB 2002, 1966; OFD Koblenz 21. 10. 2002 – S – 2241 A Datev-Doku-Nr. 0577038; *Kowallik/Merklein/Scheipers*, DStR 2008, 173 (175); *Breiteneicher*, DStR 2004, 1405 (1406); *Rödder/Schumacher*, DStR 2001, 1634 (1636) und *Lauermann/Protzen*, DStR 2001, 647 (649), die jeweils eine Anwendung des § 6 Abs. 3 EStG annehmen. An der Steuerneutralität zweifelnd *Ropohl/Freck*, GmbHR 2009, 1076 (1080).

2742 Steuerrechtlich ist die Sachlage hingegen anders zu würdigen. Handelt es sich bei der PersGes ohne Gesamthandsvermögen um eine Mitunternehmerschaft i. S. d. § 15 Abs. 1 Nr. 2 EStG (atypisch stille Gesellschaft oder atypische Unterbeteiligung), dann gelten im Fall des Ausscheidens des stillen Gesellschafters bzw. Unterbeteiligten ertragsteuerlich dieselben Grundsätze wie bei PersGes mit Gesamthandsvermögen.[1] Das gilt sowohl im Fall des Ausscheidens des Stillen bzw. Unterbeteiligten und anschließender steuerlicher Zurechnung des Betriebsvermögens ausschließlich zum Inhaber des Handelsgewerbes bzw. der Beteiligung[2] als auch vice versa im Fall des Übergangs des Betriebsvermögens/der Beteiligung auf den Stillen/den Unterbeteiligten.

2743–2745 *(Einstweilen frei)*

i) Zeitpunkt des Vermögensübergangs – steuerliche Rückwirkung

2746 Zivilrechtlich findet die Anwachsung in dem Moment statt, in dem die Übertragung des vorletzten Mitunternehmeranteils auf den letzten Mitunternehmer zivilrechtlich wirksam wird bzw. an dem der vorletzte Mitunternehmer aus der PersGes ausscheidet. In der Regel ergibt sich dieser Stichtag aus den vertraglichen Vereinbarungen (z. B. Kaufvertrag, Schenkungsvertrag) der beteiligten Parteien. Dieser Grundsatz gilt auch in den Fällen, in denen eine Anwachsung durch eine Umstrukturierung nach den Regelungen des Umwandlungsgesetzes vollzogen wird (z. B. Verschmelzung des vorletzten auf den letzten Gesellschafter). Zwar wird in diesen Fällen in den maßgeblichen Verträgen zumeist ein in der Vergangenheit liegender Umwandlungsstichtag vereinbart, zivilrechtlich findet die durch die Umstrukturierung ausgelöste Anwachsung gleichwohl erst mit Eintragung der die Anwachsung auslösenden Umstrukturierung statt. Eine zivilrechtliche Rückwirkung der Anwachsung auf den vereinbarten Umwandlungsstichtag ist nicht möglich. Fallen bei der der Anwachsung vorausgehenden Umstrukturierung bezüglich des Übergangs des Vermögens die Zeitpunkte des wirtschaftlichen und des zivilrechtlichen Eigentumsübergangs auseinander, so findet die Anwachsung erst mit dem Übergang des zivilrechtlichen Eigentums statt, denn erst zu diesem Zeitpunkt ist der vorletzte Gesellschafter tatsächlich ausgeschieden.

2747 Allerdings wäre zu überlegen, ob für die buchhalterische Abbildung einer so ausgelösten Anwachsung unter bestimmten Voraussetzungen auch die für Verschmelzungen eingeräumte Vereinfachungsregelung der Tz. 3.2 Rn. 29 des ERS HFA 42 ermöglicht wird. Dies würde aber voraussetzen, dass die Vertragsparteien explizit regeln, dass sie ebenfalls eine schuldrechtliche Rückwirkung der Anwachsung anstreben (dass sie sich also untereinander so stellen wollen, als seien die seit diesem Stichtag von der PersGes vorgenommenen Geschäftsvorfälle bereits für Rechnung des übernehmenden Rechtsträgers vorgenommen worden) und in dem so definierten Rückwirkungszeitraum bei der PersGes keine weiteren Gesellschafterwechsel stattgefunden haben. Zu beachten

1 BFH 2.10.1997 IV R 75/96, BStBl 1998 II 137; *Hörger/Rapp* in Littmann/Bitz/Pust, § 16 EStG, Rz. 145.

2 BFH 13.7.1993 VIII R 85/91, BStBl 1994 II 243; 15.10.1998 IV R 18/98, BStBl 1999 II 286; 2003 II 10; 3.6.1997 VIII B 73/96, BFH/NV 1997, 838; gl. A. *Wacker* in Schmidt, EStG § 16 Rz. 420, 496; *Gschwendtner*, DStZ 1998, 335, 342; *Wendt*, Stbg 1999, 1, 4; *Märkle*, DStZ 1985, 533, 536, zu Unterbeteiligung; ggf. a. A. *Wahl* in FS Beisse, 1997, 521 ff.; *Langholz/Vahle*, DStR 2000, 763; gl. A. BFH 26.11.1996 VIII R 42/94, BStBl 1998 II 328.

ist hier allerdings, dass es durch die Einräumung einer solchen Vereinfachungsregelung zu einem veränderten Ausweis der Aufwendungen und Erträge kommt, denn die im „Rückwirkungszeitraum" von der PersGes erzielten Aufwendungen und Erträge würden bei dem übernehmenden Rechtsträger nicht im Anwachsungsergebnis abgebildet, sondern als eigene Aufwendungen und Erträge ausgewiesen. Die analoge Anwendung der Vereinfachungsregelung der Tz. 3.2 Rn. 29 des ERS HFA 42 ist daher nur dann ernsthaft in Betracht zu ziehen, wenn dies nicht zu einem falschen Ausweis der Vermögens-, Finanz- und Ertragslage bei dem übernehmenden Rechtsträger kommt, und dies dürfte nur dann der Fall sein, wenn der Geschäftsumfang der PersGes im Verhältnis zum Geschäftsumfang des übernehmenden Rechtsträgers von untergeordneter Bedeutung ist.

Steuerlich hingegen ist zu unterscheiden, ob die Anwachsung durch einen im laufenden Veranlagungszeitraum stattfindenden Übertragungsakt oder durch eine Umstrukturierung i. S. d. Umwandlungssteuergesetzes ausgelöst wird, für den die Rückwirkung des § 2 bzw. § 20 Abs. 6 UmwStG Anwendung findet. In letzterem Fall gilt die Rückwirkung für Zwecke des Ertragsteuerrechts nach h. M.[1] ebenfalls für die Anwachsung, denn die umwandlungssteuerlichen Rückwirkungsregelungen bestimmen, dass das Einkommen und Vermögen der übertragenden und des übernehmenden Rechtsträgers so zu ermitteln sind, als ob das Vermögen der Körperschaft mit Ablauf des steuerlichen Übertragungsstichtags ganz oder teilweise auf den übernehmenden Rechtsträger übergegangen wäre. Da auch steuerlich eine Personengesellschaft mit nur einem Gesellschafter nicht denkbar ist, entspricht es der steuerlichen Systematik, die Anwachsung für Zwecke des Ertragsteuerrechts als am Umwandlungsstichtag erfolgt zu behandeln. Diese Lesart scheint auch weiterhin der Auffassung der FinVerw zu entsprechen.[2] Allerdings sind die Ausführungen zur Anwachsung im neu gefassten Umwandlungssteuererlass sehr spärlich und einschlägige höchstrichterliche Rechtsprechung gibt es zur faktischen steuerlichen Rückwirkung derartiger Anwachsungsvorgänge bisher ebenfalls nicht. Gegebenenfalls sollte daher gleichwohl die Einholung einer verbindlichen Auskunft erwogen werden.[3] Infolge dieser faktischen steuerlichen Rückwirkung ist das Einkommen und das Vermögen der untergehenden PersGes dem übernehmenden Mitunternehmer für ertragsteuerliche Zwecke bereits ab dem steuerlichen Übertragungsstichtag zuzurechnen. 2748

Allerdings ergeben sich mit dieser Rückwirkungsfiktion verschiedene nicht geklärte Rechtsfragen. So stellt sich insbesondere die Frage, wie weit diese Rückwirkungsfiktion gehen kann, wenn es im Rückwirkungszeitraum zu einem weiteren Gesellschafterwechsel durch Veräußerung des Mitunternehmeranteils gekommen ist. Diesen Fall diskutieren ausführlich *Schmid/Dietel*,[4] und kommen zu dem richtigen Ergebnis, dass in diesen Fällen noch eine Gewinnermittlung und -verteilung der PersGes im Rückwir- 2749

1 Vgl. BFH 3.2.2010 IV R 59/07, BFH/NV 2010, 1492; *van Lishaut* in Rödder/Herlinghaus/van Lishaut, UmwStG, § 2 Rn. 35; *Schmid/Dietel*, DStR 2008, 529 (530); *Ropohl/Freck*, GmbHR 2009, 1076 (1081); vgl. auch *Breiteneicher*, DStR 2004, 1405 (1406); FG Düsseldorf 28.10.2010 11 K 3637/09 F, Rev. nicht zugelassen, NWB DokID: XAAAD-59331; *Orth*, DStR 2005, 1929 (1632); *Watermeyer*, GmbH-StB 2003, 96 (98); *Patt* in Dötsch/Patt/Pung/Möhlenbrock, § 24 UmwStG, Rn. 76.

2 UmwStEE, Tz. 20.06.

3 So auch *Schmid/Dietel*, DStR 2008, 529 (530);

4 DStR 2008, 529 (531).

kungszeitraum zu machen ist und dass diese damit die Rückwirkungsfiktion verdrängt. Es sind somit folgende Fälle denkbar:

- Der vorletzte Gesellschafter tritt im laufenden Jahr aus der PersGes aus, indem er dem verbleibenden Gesellschafter seine Beteiligung verkauft oder schenkt. In diesem Fall gibt es keine Rückwirkung. Die Anwachsung findet exakt in dem Zeitpunkt statt, in dem die Anteilsübertragung zivilrechtlich wirksam wird. Auf den Schluss des Vortages ist eine Schlussbilanz zu erstellen und eine Schlussbesteuerung vorzunehmen. Der Gewinn der PersGes des so entstandenen Rumpf-Wirtschaftsjahrs ist den Gesellschaftern gemäß den Gewinnverteilungsregelungen zuzuweisen. Technisch erfolgt dies idR dadurch, dass bei der körperschaftsteuerlichen Einkommensermittlung der übernehmenden Gesellschaft der Gewinnanteil, den der ausgeschiedene Mitunternehmer persönlich zu versteuern hat, gekürzt wird.[1]
- Der vorletzte Gesellschafter tritt aus der PersGes aus, indem er seinen Mitunternehmeranteil zu Buchwerten gem. § 20 oder § 24 UmwStG in den verbleibenden Gesellschafter einbringt. Es wird ein Antrag nach § 20 Abs. 6 UmwStG gestellt, dass die Einbringung rückwirkend zum steuerlichen Übertragungsstichtag 1. 1. erfolgen soll. Weitere Gesellschafterwechsel hat es im Rückwirkungszeitraum nicht gegeben. In einem solchen Fall gilt die Rückwirkung uneingeschränkt, denn alle Gesellschafter – auch der Ausscheidende – nehmen an der Umwandlung teil. Der Mitunternehmeranteil gilt somit bereits als zum steuerlichen Übertragungsstichtag übergegangen. Damit gilt auch die Anwachsung als zu diesem Zeitpunkt erfolgt. Sämtliche Geschäftsvorfälle der PersGes sind dem übernehmenden Rechtsträger ab diesem steuerlichen Übertragungsstichtag zuzurechnen.
- Der vorletzte Gesellschafter hat seinen Anteil erst im März 01 vom Veräußerer V erworben und bringt diesen dann im April 01 rückwirkend zum 1. 1. 01 nach § 20 UmwStG in die Komplementär-GmbH gegen Gewährung von Gesellschaftsrechten ein. In einem solchen Fall gilt die Rückwirkung – in entsprechender Anwendung der Regelungen zur Verschmelzung einer PersGes auf eine KapGes[2] – nur für die Gesellschafter, die an der Umwandlung teilnehmen, also für den vorletzten Gesellschafter und die Komplementär-GmbH, nicht jedoch für den Veräußerer V als im Rückwirkungszeitraum ausgeschiedenen Mitunternehmer.[3] Auf den Zeitpunkt der Veräußerung dieses Mitunternehmeranteils ist vielmehr eine gesonderte Gewinnfeststellung durchzuführen und der auf ihn entfallende Gewinnanteil ist nicht der übernehmenden Komplementärin zuzurechnen, sondern von V selbst zu versteuern.[4]

2750 Bei erweiterten Anwachsungen auf eine PersGes als übernehmenden Rechtsträger ist zu beachten, dass eine steuerliche Rückwirkung nach § 24 Abs. 4 UmwStG nur gewährt wird, wenn eine Übertragung im Wege der Gesamtrechtsnachfolge erfolgt. Die Übertragung des Mitunternehmeranteils des vorletzten (ausscheidenden) Mitunternehmers

1 *Patt* in Dötsch/Patt/Pung/Möhlenbrock, § 20 UmwStG Rz. 327.

2 Vgl. *Schmid/Dietel*, DStR 2008, 529 (531).

3 UmwStEE, Tz. 20.15.

4 *Patt* in Dötsch/Patt/Pung/Möhlenbrock, § 20 UmwStG Rz. 328; *Menner* in H/M, § 20, Tz. 708.

auf den letztverbleibenden Mitunternehmer muss daher im Wege der Verschmelzung oder Spaltung erfolgen. Eine einfache Sacheinlage löst keine Rückwirkung aus, was dann ebenso für die darauffolgende Anwachsung gilt.[1]

(Einstweilen frei) 2751–2755

j) Schicksal bestehender Verlustvorträge nach § 15a EStG

Bezüglich des Schicksals von § 15a-EStG-Verlusten des übernehmenden Mitunterneh- 2756
mers aus der anwachsenden PersGes gilt Folgendes:

- Erfolgt die Anwachsung an einen Kommanditisten mit negativem Kapitalkonto, der über verrechenbare Verluste nach § 15a EStG verfügt, ist mit der herrschenden Meinung[2] davon auszugehen, dass der verrechenbare Verlust nicht untergeht. Vielmehr kann dieser verrechenbare Verlust nach § 15a Abs. 2 EStG auch nach der Anwachsung mit künftigen Gewinnen verrechnet werden. Eine Umqualifizierung der lediglich verrechenbaren in sofort ausgleichsfähige Verluste findet allerdings nicht statt.[3] Die verrechenbaren Verluste werden daher bei der Übernehmerin (unabhängig von deren Rechtsform) weiter gesondert festgestellt und mit künftigen Gewinnen aus dem durch Anwachsung übergegangenen Gewerbebetrieb verrechnet. Eine Anwendung des § 10d EStG auf diese Verluste findet nicht statt. Daher gibt es insoweit auch keine Mindestbesteuerung, sondern eine vollständige Verrechnung dieser Verluste mit künftigen Gewinnen.[4]
- Dasselbe gilt für einen §-15a-Verlust, der dem ausscheidenden Mitunternehmer zuzurechnen ist, wenn dieser seinen Mitunternehmeranteil unentgeltlich durch Erbfall oder im Wege der vorweggenommenen Erbfolge nach § 6 Abs. 3 EStG auf eine natürliche Person als verbleibenden Mitunternehmer überträgt. Das negative Kapitalkonto sowie der verrechenbare §-15a-Verlust gehen auf den unentgeltlichen Rechtsnachfolger über.[5] Er muss also künftige Gewinnanteile aus dieser Gesellschaft bis zur Höhe des verrechenbaren Verlustes nicht versteuern.[6] Dies gilt nach Ansicht von *Wacker* auch unter Würdigung der geänderten Rechtsprechung des Großen Senats des BFH zu § 10d EStG.[7] Zu beachten ist allerdings, dass eine unentgeltliche Übertragung nur dann anzunehmen ist, wenn stille Reserven vorhanden sind, die anteilig das negative Kapitalkonto übersteigen. Andernfalls liegt eine teilentgeltliche Übertragung vor.

In beiden Fällen ergibt sich die Frage, wie die Ermittlung des künftigen Gewinns zu er- 2757
folgen hat, mit dem die §-15a-Verluste bei dem übernehmenden Rechtsträger verrech-

1 *Sagasser* in Sagasser/Bula/Brünger, Umwandlungen, S. 129, H 26.

2 *Orth*, DStR 1999, 1011 (1018); BFH 10. 3. 1998 VIII R 76/96, BFH/NV 1998, 1412, unter 3.b; 14. 10. 2004 VIII R 38/02, BStBl 2004 II 115.

3 Vgl. BFH 14. 10. 2003 VIII R 38/02, BStBl 2004 II 115, m. w. N.; *Wacker* in Schmidt, EStG § 15a Rz. 107; *Rautenstrauch/Adrian*, DStR 2006, 359 (360).

4 Vgl. *Rautenstrauch/Adrian*, DStR 2006, 259 (361); *Brandenberg*, DB 2004, 1633.

5 Vgl. H 15a EStH; BFH 11. 5. 1995 IV R 44/93, BFHE 177, 466; *Wacker* in Schmidt, EStG § 15a Rz. 234; *Stümper*, GmbHR 2010, 129 (130 f.).

6 Z. B. BFH 10. 3. 1998 VIII R 76/96, BStBl 1999 II 269.

7 BFH 17. 12. 2007 GrS 2/04, BStBl 2008 II 608.

net werden können. Soweit erkennbar, hat der BFH bisher nur Fälle entschieden, bei denen eine Personengesellschaft auf einen Mitunternehmer angewachsen ist, der den Betrieb dann als Einzelunternehmen fortgeführt hat. Fraglich ist jedoch die Vorgehensweise, wenn der übernehmende Mitunternehmer seinen Mitunternehmeranteil vor der Anwachsung bereits in einem Betriebsvermögen gehalten hat und dann als Folge der Anwachsung zwei Teilbetriebe fortführt, nämlich einerseits seine bisherige eigene gewerbliche Tätigkeit und andererseits den von der PersGes übernommenen Betrieb. Die wohl herrschende Literaturmeinung[1] plädiert für den Fall, dass es sich bei dem übernehmenden Rechtsträger um eine KapGes handelt, für eine Einheit der gesamten gewerblichen Tätigkeit dieser Gesellschaft und damit für eine Verrechenbarkeit der §15a-Verluste mit sämtlichen künftigen Gewinnen dieser Gesellschaft. Dies wird argumentativ unterlegt mit der Tatsache, dass die Tätigkeit einer GmbH nach § 2 Abs. 2 Nr. 2 GewStG immer in vollem Umfang als gewerbliche Tätigkeit gilt und es daher bei ihr nur eine einheitliche Einkunftsquelle gibt, aus der künftige Gewinne resultieren können. Darüber hinaus fehle für eine erforderliche Aufteilung der Ergebnisse der GmbH eine gesetzliche Grundlage. M. E. ist es nicht sachgerecht, die hier gesuchte Rechtsfolge des § 15a EStG aus dem GewStG herzuleiten. Die künftige Verrechenbarkeit eines §-15a-Verlustes muss vielmehr aus der Systematik des § 15a EStG hergeleitet werden. Es hängt also alles an der Definition der „Einkunftsquelle" sowie an der bereits dargelegten Erkenntnis, dass ein verrechenbarer Verlust durch die Anwachsung nicht zu einem ausgleichsfähigen Verlust wird. § 15a EStG definiert als Einkunftsquelle „den Mitunternehmeranteil" des betreffenden Mitunternehmers. Dieser geht nun allerdings durch die Anwachsung unter und es stellt sich die Frage, was an seine Stelle tritt. Hinter dem Mitunternehmeranteil steht mittelbar die Tätigkeit der PersGes, die diese zum Zeitpunkt der Anwachsung ausgeübt hat. Das muss aber nicht notwendigerweise ausschließlich die Tätigkeit sein, aus der auch der maßgebliche §-15a-Verlust resultierte, denn es gibt keine starre Verbindung zwischen einem §-15a-Verlust und einer bestimmten verlustbringenden Tätigkeit der PersGes. Im Gegensatz zur GewSt[2] ist ein §-15a-Verlust weder tätigkeits- noch teilbetriebsbezogen. Vielmehr kann der wirtschaftliche Inhalt der Einkunftsquelle – also die Gesamttätigkeit der PersGes – beliebig verändert werden. So könnte z. B. ein Mitunternehmer, dem ein §-15a-Verlust zuzurechnen ist, seinerseits einen Teilbetrieb zu Buchwerten in die PersGes einbringen, um deren Ertragspotenzial zu steigern. Es bestünde kein Zweifel daran, dass der §-15a-Verlust dieser PersGes künftig mit dem insgesamt ermittelten Gewinn der PersGes verrechenbar wäre, also inklusive des Gewinns des neu eingebrachten Teilbetriebs. Hieraus ist erkennbar, dass die „Einkunftsquelle", aus der künftige Gewinne resultieren müssen, nicht unveränderlich ist. Dementsprechend ist auch eine Zusammenfassung mit einer anderen gewerblichen Tätigkeit des übernehmenden Mitunternehmers im Rahmen einer Anwachsung zu einer einheitlichen Einkunftsquelle systematisch nicht ausgeschlossen. Aus meiner Sicht könnte somit bereits aus der Systematik des § 15a EStG

1 Vgl. *Stegemann*, GStB 2004, 367 (375); *Rautenstrauch/Adrian*, DStR 2006, 359 (361); *Stümper*, GmbHR 2010, 129 (131).

2 BFH 7. 8. 2008 IV R 86/08, DStR 2008, 2014.

abgeleitet werden, dass ein im Rahmen einer Anwachsung übergehender §-15a-Verlust anschließend mit sämtlichen Erträgen der Übernehmerin verrechenbar wäre.

Gleichwohl ist zu berücksichtigen, dass eine derartige Auslegung im Ergebnis dazu führt, dass ein lediglich verrechenbarer Verlust durch die Anwachsung bei der Übernehmerin faktisch zu einem ausgleichsfähigen Verlust wird, was der in Fn. 6 zu Rn. 2756 zitierten Rechtsprechung zuwiderläuft und dementsprechend auch nicht der Auffassung der FinVerw entsprechen dürfte. 2758

Die so gefundene Lösung kann auch nicht rechtsformspezifisch diskutiert werden. Identische Rechtsfolgen müssten vielmehr eintreten, wenn es sich bei dem übernehmenden Kommanditisten im Rahmen der Anwachsung wiederum um eine PersGes handelt. Nach der Rspr. des BFH[1] ist § 15a EStG auch bei doppelstöckigen PersGes anwendbar. Die Frage, ob §-15a-Verluste nach einer Anwachsung der Unter-PersGes an die Ober-PersGes mit den übrigen gewerblichen Tätigkeiten dieser PersGes verrechenbar sind oder nicht, sollte daher in gleicher Weise zu beantworten sein wie bei einer KapGes. 2759

Aus Beratersicht ist daher zu empfehlen, den administrativen Aufwand auf sich zu nehmen und dafür zu sorgen, dass die künftigen Gewinne des übergegangenen Betriebs der PersGes weiterhin buchhalterisch getrennt ermittelbar sind, falls die FinVerw die Auffassung vertreten sollte, dass die übergegangenen §-15a-Verluste nur mit diesen Gewinnen und nicht mit dem Gesamtgewinn der Übernehmerin ausgleichsfähig sind. 2760

(Einstweilen frei) 2761–2765

k) Anwachsung als schädlicher Vorgang i. S. d. § 8c KStG?

Hält eine durch Anwachsung untergehende PersGes ihrerseits Anteile an einer KapGes, die über körperschaftsteuerliche und gewerbesteuerliche Verlustvorträge verfügt, stellt sich die Frage, ob und ggf. inwieweit dieser Anwachsungsvorgang nach Maßgabe des § 8c KStG schädliche Auswirkungen auf die Nutzbarkeit dieser Verlustvorträge hat. 2766

Schädlich i. S. d § 8c KStG ist jede rechtsgeschäftliche Übertragung des wirtschaftlichen Eigentums von mehr als 50 % der Anteile (mittelbar oder unmittelbar). Diese können durch Einzelveräußerung oder auch im Rahmen von Umstrukturierungsmaßnahmen erfolgen.[2] 2767

Da gemäß § 8c KStG nicht nur eine unmittelbare, sondern auch eine mittelbare Änderung der Beteiligungsverhältnisse an der verlustträchtigen Kapitalgesellschaft relevant ist, ist m. E. unstreitig, dass Anwachsungsvorgänge auf jeden Fall dann eine schädliche Beteiligungsübertragung i. S. d. § 8c KStG darstellen, wenn dem ausscheidenden vorletzten Mitunternehmer der PersGes durchgerechnet mehr als 25 % bzw. 50 % der Anteile an der verlustträchtigen KapGes zuzurechnen waren. Dies gilt zumindest dann, wenn das Ausscheiden gegen Abfindung oder im Rahmen eines erweiterten Anwachsungsmodells erfolgt. Auch eine Übertragung des vorletzten Mitunternehmeranteils an den letztverbleibenden Mitunternehmer wird von der Finanzverwaltung als schädlich 2768

1 Beschluss 18. 12. 2003 IV B 201/03, BStBl 2004 II 231.
2 Vgl. BMF 4. 7. 2008, BStBl 2008 I 736 ff., Tz. 7.

angesehen.[1] Lediglich ein Übergang im Wege des Erbfalls stellt hiernach einen unschädlichen Vorgang dar.

2769 Fraglich ist hingegen, ob eine Anwachsung auch dann schädlich ist, wenn sie an einen bisher bereits zu mehr als 75 % beteiligten Mitunternehmer erfolgt. Die Beantwortung dieser Frage hängt davon ab, ob man die PersGes in diesem Zusammenhang als vollständig transparent ansieht oder nicht. Die Befürworter einer vollständigen Transparenz der PersGes plädieren für die Unschädlichkeit eines solchen Vorgangs mit der Argumentation, dass die Beteiligung an der verlustträchtigen KapGes dem übernehmenden Mitunternehmer im Umfang seiner Beteiligungsquote bereits vor der Anwachsung zuzurechnen war.[2] Demgegenüber geht die gegenteilige Auffassung davon aus, dass eine PersGes in diesem Zusammenhang nicht transparent ist und dass eine Anwachsung dementsprechend sehr wohl zu einer schädlichen Verkürzung der Beteiligungskette i. S. d. § 8c KStG führt.[3]

2770 Erfolgt die Anwachsung an einen bisher bereits zu 100 % beteiligten Gesellschafter, so dürfte dieser Vorgang ab dem VZ 2010 durch die Konzernklausel des § 8c Abs. 1 Satz 5 KStG[4] begünstigt und daher als unschädlich anzusehen sein.[5]

2771–2775 *(Einstweilen frei)*

l) Anwachsung und Organschaft

2776 Wächst eine PersGes, die ihrerseits Organträger ist, einem letztverbleibenden Gesellschafter an, so stellt sich die Frage, ob das Organschaftsverhältnis zu diesem übernehmenden Rechtsträger ohne Unterbrechung fortgeführt werden kann.

2777 Wird die Anwachsung durch einen Vorgang ausgelöst, der steuerlich nach den Regelungen des UmwStG mit steuerlicher Rückwirkung durchgeführt wird, so befürwortet die h. M.[6] als auch die FinVerw[7] eine „rückwirkende Zurechnung der finanziellen Eingliederung" zu dem übernehmenden Gesellschafter. Da aufgrund der zivilrechtlichen Gesamtrechtsnachfolge der Anwachsung auch der EAV übergeht, ist die Organschaft zwischen dem übernehmenden Gesellschafter als neuem Organträger und der Organgesellschaft ab dem steuerlichen Übertragungsstichtag der Umstrukturierung anzuerkennen, durch die die Anwachsung ausgelöst wurde.[8]

2778 Wird die Anwachsung hingegen durch einen normalen Austritt des vorletzten Gesellschafters oder eine Veräußerung des Mitunternehmeranteils an den letztverbleibenden

1 Vgl. UmwStEE, Tz. 4.

2 So z. B. *Schmidt-Fehrenbacher*, Ubg 2008, 469 ff.; *Dieterlen/Winkler*, GmbHR 2007, 815 (817); *Stümper*, GmbHR 2010, 129 (132).

3 *Dötsch* in Dötsch/Jost/Pung/Witt, KStG, Bd.2, §8c, Rz. 16; *Suchanek* in Herrmann/Heuer/Raupach, Jahresband 2008, § 8c KStG, Anm. J07-16; *Suchanek/Herbst*, Ubg 2008, 669 (673).

4 § 8c Abs. 1 Satz 5 KStG wurde eingeführt durch das Gesetz zur Beschleunigung des Wirtschaftswachstums (Wachstumsbeschleunigungsgesetz) v. 22. 12. 2009, BGBl 2009 I 3950 ff.

5 *Stümper*, GmbHR 2010, 129 (133).

6 *Orth*, DStR 2005, 1629 ff. (1631); *Schmid/Dietel*, DStR 2008, 529 (532); *Menner* in H/M, § 20, Rz. 676.

7 UmwStEE, Tz. Org.18.

8 Vgl. *Orth*, DStR 2005, 1629; *Widmann/Mayer*, § 2 UmwStG, Rn. 35; *Dötsch* in Dötsch/Jost/Pung/Witt, UmwStG, Anh. SEStEG Rn. 19.

Gesellschafter innerhalb eines Veranlagungszeitraums ausgelöst, so kann das Organschaftsverhältnis nach Ansicht der FinVerw[1] nicht durch den übernehmenden Rechtsträger nahtlos fortgeführt werden. Dieser Ansicht ist nicht zuzustimmen. Die Anwachsung ist ein klassischer Fall der steuerlichen Rechtsnachfolge. Der übernehmende Rechtsträger tritt vollständig in die steuerliche Rechtsstellung des übertragenden Rechtsträgers ein. Die finanzielle Eingliederung der Organgesellschaft ist daher durchgängig zu bejahen. Es bedarf hier keiner steuerlichen Rückwirkung zum Zweck einer rückwirkenden Begründung der finanziellen Eingliederung, sondern lediglich einer steuerlichen Rechtsnachfolge, und eine solche ist in Anwachsungsfällen gegeben. Diese sich entgegen der Auffassung der Finanzverwaltung[2] für die Umwandlungsfälle nach dem UmwStG durchsetzende herrschende Meinung,[3] dass dies eine logische Folge der steuerlichen Rechtsnachfolge ist, muss auch für Anwachsungsfälle gelten. Die gegenteilige Auffassung der Finanzverwaltung ist aber natürlich in der Gestaltungsberatung zu beachten.

Obsolet ist diese Frage ohnehin in den Fällen, in denen die Anwachsung an einen Mitunternehmer erfolgt, der seinerseits bereits vor der Anwachsung durchgerechnet mittelbar zu mehr als 50 % an der Organgesellschaft beteiligt war, da in einem solchen Fall die finanzielle Eingliederung gem. § 14 Abs. 1 Nr. 1 KStG auch bereits ohne die Anwachsung gegeben war. Geht nun auch noch der EAV durch die Anwachsung über, steht einer Anerkennung des Organschaftsverhältnisses m. E. erst recht nichts entgegen. 2779

In diesem Zusammenhang ist auch darauf hinzuweisen, dass *Dötsch*[4] sogar die Auffassung vertritt, dass eine unterjährige einfache Anwachsung nicht nur eine lückenlose Fortsetzung der Organschaft zum übernehmenden Rechtsträger unmöglich macht, sondern innerhalb des 5-Jahres-Zeitraums sogar zu einer rückwirkenden Nichtanerkennung der Organschaft seit Beginn des EAV führt. Diese Auffassung ist m. E. unbegründet. Selbst die Finanzverwaltung erkennt an, dass der Wegfall der Organschaftsvoraussetzungen innerhalb des 5-Jahres-Zeitraums durch Veräußerungsvorgänge die bisherige Organschaft der zurückliegenden Veranlagungszeiträume nicht beschädigt.[5] Es ist kein Grund ersichtlich, warum dies anders sein soll, wenn es durch eine mittelbare Anteilsveräußerung und eine dadurch ausgelöste Anwachsung des Organträgers zu einem Wegfall der Organschaftsvoraussetzungen käme. Der durch das Ausscheiden des vorletzten Gesellschafters ausgelöste Untergang des bisherigen Organträgers durch Anwachsung stellt vielmehr aus meiner Sicht einen wichtigen Grund für eine Kündigung des EAV dar, der als unschädlich für das Bestehen der bisherigen Organschaft anzuerkennen ist. 2780

(Einstweilen frei) 2781–2785

1 UmwStEE, Tz. Org. 18; ebenso *Dötsch* in Dötsch/Jost/Pung/Witt, UmwStG, Anh. SEStEG Rn. 19.

2 Vgl. Vfg. OFD Frankfurt 21. 11. 2005 S 1978 A-19-St II 1.02, DStR 2006, 41.

3 Vgl. FG Baden-Württemberg 25. 11. 2009 3 K 157/06, Rev. eingelegt, Az des BFH: I R 111/09, NWB DokID: HAAAD-39516, m. w. N.; BFH 28. 7. 2010 I R 89/09, BFHE 230, 408, zur vorangegangenen Ausgliederung.

4 In Dötsch/Jost/Pung/Witt, UmwStG, Anh. SEStEG Rn. 19.

5 R 60 Abs. 6 KStR.

m) Gewerbesteuer

aa) Verfahrensrecht

2786 Gewerbesteuerlich erlischt die persönliche Steuerpflicht[1] der PersGes durch die Anwachsung, während die sachliche Steuerpflicht fortbesteht, weil zumindest ein Mitunternehmer erhalten bleibt.[2] Für die Zeit vor und nach der Anwachsung haben separate Gewerbesteuerfestsetzungen zu erfolgen, wobei jedem der Steuerschuldner nur der Teil des Steuermessbetrags zugerechnet werden darf, der auf die Dauer seiner persönlichen Steuerpflicht entfällt.[3] Der Freibetrag nach § 11 Abs. 1 Satz 1 Nr. 1 GewStG i. H. v. 24 500 € wird zeitanteilig aufgeteilt.[4] Aus Vereinfachungsgründen kann bei jedem der Steuerschuldner für jeden angefangenen Monat der Steuerpflicht ein Freibetrag von 2 042 € berücksichtigt werden.[5]

bb) Schicksal gewerbesteuerlicher Verlustvorträge

2787 Gewerbesteuerliche Verlustvorträge der untergehenden PersGes können in Anwachsungsfällen insoweit von dem übernehmenden Mitunternehmer fortgeführt und steuerlich genutzt werden, wie dieser vor der Anwachsung am Vermögen der PersGes. beteiligt war.[6] Voraussetzung ist nach § 10a GewStG Unternehmer- und Unternehmensidentität. Unternehmeridentität ist insoweit gegeben, denn nach Ansicht des BFH sind die Mitunternehmer die Träger des Verlustes einer PersGes.[7] Unternehmensidentität ist schwieriger herzuleiten, da die PersGes untergeht. Zunächst einmal ist in diesem Zusammenhang zu berücksichtigen, dass in Anwachsungsfällen das gesamte Unternehmen der untergehenden PersGes mit allen Aktiven und Passiven – vergleichbar einer Verschmelzung – auf den übernehmenden Mitunternehmer übergeht. Führt dieser das so erhaltene Unternehmen auch fort, so geht die h. M. nach dem Gesamtbild der wirtschaftlichen Verhältnisse regelmäßig von einer Unternehmensidentität aus.[8] Hierbei ist die Frage, ob eine Fortführung gegeben ist, nach bisher wohl in der Literatur vorherrschender Meinung nach Kriterien wie Art der Betätigung, Kundenstamm, Anzahl der Arbeitnehmer, Umfang und Zusammensetzung des Aktivvermögens etc. zu beurteilen, wobei allerdings betriebsbedingte – auch strukturelle – Anpassungen der gewerblichen Betätigung an veränderte wirtschaftliche Verhältnisse der Annahme einer identischen Tätigkeit nicht entgegenstehen.[9] Wird das bisherige Unternehmen von dem überneh-

1 Vgl. *Suchanek/Herbst*, Ubg 2008, 669 (671), mit Verweis auf BFH-Urteil 26. 8. 1993 IV R 133/90, BStBl 1995 II 791, unter 3., m. w. N.; hierzu gleichlautender Nichtanwendungserlass der Länder v. 25. 10. 1995, BStBl 1995 I 708.

2 UmwStEE, Tz. Org.18.

3 BFH 13. 10. 2005 IV R 55/04, BStBl 2006 II 404; FG Münster 23. 1. 2007 13 K 3543/04 G, EFG 2008, 318, nrkr., Az. des BFH: IV R 67/07.

4 R 11.1 Satz 3 ff. GewStR.

5 R 11.1 Satz 6 GewStR.

6 R 10a.3 (3) Nr. 4 GewStR sowie *Rautenstrauch/Adrian*, DStR 2006, 359; *Stümper*, GmbHR 2010, 129 (131 f.); *Watermeyer*, GmbH-StB 2003, 96.

7 BFH 3. 5. 1993 GrS 3/92, BStBl 1993 II 616 (617).

8 Ebenso *Ropohl/Freck*, GmbHR 2009, 1076 (1082); BFH 12. 1. 1983 und *Prinz/Hick*, GmbHR 2006, 841 (842); OFD Münster 28. 5. 2008 – Kurzinfo GewSt. Nr. 002/2008, GmbHR 2008, 728; *Watermeyer*, GmbH-StB 2003, 96 (98).

9 R 10a.2 GewStR.

menden Mitunternehmer nach diesen Kriterien nicht fortgeführt, sondern faktisch aufgelöst und in andere betriebliche Bereiche integriert und/oder ggf. anteilig veräußert, so könnte die Unternehmensidentität nach dieser Auffassung fraglich sein. Das FG Düsseldorf[1] sieht diese Frage allerdings in einem aktuellen Urteil weniger restriktiv. Das Gericht sieht es vielmehr als ausreichend an, wenn die Unternehmensidentität im Zeitpunkt der Anwachsung gegeben ist, was bei dem Übergang sämtlicher Aktiven und Passiven in Anwachsungsfällen üblicherweise zu bejahen ist. Nach Auffassung des Gerichts ist es nicht erforderlich, dass das übergehende Unternehmen nach dem Zeitpunkt der Anwachsung unverändert bestehen bleibt.

Erfolgt die Anwachsung jedoch auf einen bis dato nicht am Kapital der untergehenden 2788
PersGes beteiligten Mitunternehmer, so gehen sämtliche gewerbesteuerlichen Verlustvorträge mangels Unternehmeridentität unter.

Geht bei einer doppelstöckigen PersGes durch eine Anwachsung nicht die den gewer- 2789
besteuerlichen Verlustvortrag innehabende PersGes, sondern einer ihrer Mitunternehmer in der Rechtsform der PersGes unter, so stellt sich die Frage, ob dies (anteilig) zu einem Untergang der gewerbesteuerlichen Verlustvorträge aufgrund mangelnder Unternehmeridentität führt. Zu dieser Frage ist derzeit ein Revisionsverfahren beim BFH[2] anhängig. Die Vorinstanz[3] hatte zugunsten des Steuerpflichtigen entschieden und die Unternehmeridentität – trotz zwischenzeitlicher Anwachsung – durchgängig als gegeben angesehen.

cc) Anwendbarkeit des § 18 Abs. 3 UmwStG

Ist eine PersGes durch Umwandlung nach dem §§ 3 – 10, 18 UmwStG aus einer KapGes 2790
entstanden, so ist innerhalb einer Frist von 5 Jahren nach dem steuerlichen Umwandlungsstichtag die Regelung des § 18 Abs. 3 UmwStG zu beachten. Nach dieser Regelung unterliegt ein Aufgabe- oder Veräußerungsgewinn der Gewerbesteuer, wenn dieser innerhalb der 5-Jahres-Frist durch Aufgabe oder Veräußerung des Betriebs, eines Teilbetriebs oder eines Mitunternehmeranteils einer umgewandelten PersGes entsteht. Der eigentliche Anwachsungsvorgang kann diesbezüglich grds. keine Besteuerung nach § 18 Abs. 3 UmwStG auslösen, da hierbei kein Aufgabe- oder Veräußerunsgewinn entstehen kann. Etwas anderes gilt aber natürlich bezüglich des Ausscheidens des vorletzten Mitunternehmers. Hier kommt es zwangsläufig zu einer Übertragung oder Aufgabe eines Mitunternehmeranteils, denn ansonsten würde ja keine Anwachsung ausgelöst. Dieser Vorgang kann sehr wohl eine Gewerbesteuerpflicht nach § 18 Abs. 3 UmwStG auslösen.

(Einstweilen frei) 2791–2795

1 FG Düsseldorf 28. 10. 2010 11 K 3637/09 F, EFG 2011, 477.

2 Az. des BFH: IV R 59/07.

3 FG Sachsen 9. 8. 2007 3 K 209406, EFG 2008, 1403; vgl. ebenfalls hierzu *Stümper*, GmbHR 2010, 129 (132).

n) Grunderwerbsteuer

2796 Die Anwachsung ist ein grunderwerbsteuerpflichtiger Vorgang nach § 1 Abs. 1 Nr. 3 GrEStG.[1]

2797 Da die Anwachsung durch eine gesellschaftsrechtliche Veränderung der Beteiligungsverhältnisse ausgelöst wird, bemisst sich die Gegenleistung nach § 8 Abs. 2 Satz 1 Nr. 2 GrEStG i. V. m. § 138 Abs. 2 – 4 BewG nach dem Grundbesitzwert.[2] Ist der Anwachsung eine steuerbare Anteilsvereinigung nach § 1 Abs. 3 GrEStG vorausgegangen, wird die GrESt gem. § 1 Abs. 6 Satz 2 GrEStG nur insoweit erhoben, als die Bemessungsgrundlage für den späteren Erwerbsvorgang den Betrag übersteigt, von dem die Steuer bei dem vorausgegangenen Rechtsvorgang berechnet worden ist.[3] Darüber hinaus ist der Vorgang nach § 6 Abs. 2 GrEStG insoweit von der GrESt befreit, als der übernehmende Rechtsträger bisher bereits am Vermögen der Gesamthand beteiligt war, es sei denn, er hat seinen Anteil innerhalb der fünf vorausgegangenen Jahre durch Rechtsgeschäft unter Lebenden erworben (§ 6 Abs. 2 i. V. m. Abs. 4 GrEStG).[4] Dasselbe gilt, soweit eine vom Beteiligungsverhältnis abweichende Auseinandersetzungsquote innerhalb der letzten fünf Jahre vor der Auflösung der Gesamthand vereinbart worden ist.

2798 Die Steuerbefreiung nach § 6a GrEStG findet auf den eigentlichen Anwachsungsvorgang keine Anwendung, da es sich bei der Anwachsung nicht um eine Umwandlung i. S. d. § 1 Abs. 1 Nr. 1 – 3 UmwG handelt.

2799 Falls eine Erbschaft- oder Schenkungsteuerpflicht bestehen sollte, tritt nach § 3 Nr. 2 GrEStG insoweit Grunderwerbsteuerfreiheit ein.

2800 Sollen grundbesitzende beteiligungsidentische Schwester-Personengesellschaften miteinander verschmolzen werden und wird hierzu der Weg der Anwachsung gewählt (sämtliche Kommanditisten der übertragenden PersGes bringen ihre Mitunternehmeranteile in die übernehmende PersGes ein und anschließend tritt der Komplementär der übertragenden PersGes aus dieser aus und die übertragende PersGes wächst bei der übernehmenden PersGes an), so werden hierdurch zwei grunderwerbsteuerliche Tatbestände erfüllt. Zunächst kommt es zu einer Übertragung von mehr als 95 % der Anteile an der übertragenden PersGes, was eine Steuerbarkeit nach § 1 Abs. 2a GrEStG auslöst, allerdings greift die Steuerbefreiung nach § 6 Abs. 3 GrEStG. Anschließend kommt es mit der Anwachsung zu einem Übergang der Grundstücke der übertragenden auf die übernehmende PersGes. Dieser Vorgang ist steuerbar nach § 1 Abs. 1 Nr. 3 GrEStG, aber ebenfalls steuerbefreit nach § 6 Abs. 3 GrEStG. Die Tatsache, dass die beiden Vorgänge unmittelbar hintereinander stattfinden, steht einer Steuerbefreiung nicht entgegen.[5]

2801–2805 *(Einstweilen frei)*

---

1 BFH 16. 2. 1977 II R 89/74, BStBl 1977 II 671 (672); 29. 1. 1997 II R 15/96, BStBl 1997 II 296 (297); *Orth*, DStR 1999, 1053 (1057).

2 BT/Drucks. 13/4839, 74; *Viskorf* in Boruttau, GrEStG, § 8 Rz. 77; *Ropohl/Freck*, GmbHR 2009, 1076 (1082).

3 *Fleischer*, Stbg 2010, 395.

4 Vgl. auch *Orth*, DStR 1999, 1053 (1057) sowie DStR 1999, 1011 (1017).

5 Vgl. hierzu eingehend mit zahlreichen weiteren Nachweisen *Korn*, KÖSDI 2010, 16841.

o) Erbschaft-/Schenkungsteuer

Eine Anwachsung ist beim übernehmenden Rechtsträger nach § 7 Abs. 7 ErbStG als Schenkung oder nach § 7 Abs. 1 Nr. 1 ErbStG als freigebige Zuwendung unter Lebenden steuerpflichtig, wenn der Wert des Anteils des ausscheidenden Gesellschafters nach § 12 ErbStG den Abfindungsanspruch des ausscheidenden Gesellschafters übersteigt. 2806

Es ist nicht erforderlich, dass ein Zuwendungswille besteht. Ausreichend ist, dass der übernehmende Rechtsträger objektiv bereichert wurde. 2807

Bemessungsgrundlage ist der Unterschiedsbetrag zwischen dem Steuerwert des Anteils des Erblassers/Schenkers am Betriebsvermögen i. S. d. § 12 ErbStG und dem niedrigeren Wert des Abfindungsanspruchs. 2808

(Einstweilen frei) 2809–2820

3. Wechsel der Rechtsform einer Personengesellschaft

Ein Formwechsel einer PersGes in eine andere PersGes vollzieht sich außerhalb des UmwG nach den Vorschriften des HGB. Die in §§ 190 – 304 UmwG zum Formwechsel getroffenen Regelungen beziehen sich nicht auf diese Fälle. Durch § 214 Abs. 1 UmwG wird einer Personenhandelsgesellschaft lediglich der Formwechsel in eine Kapitalgesellschaft oder eine eingetragene Genossenschaft eröffnet. 2821

Ein Formwechsel vollzieht sich nach dem HGB oftmals auch, ohne dass die Gesellschafter dies konkret beabsichtigt haben. Die typischen Fälle sind: 2822

- Das Unternehmen einer gewerblichen GbR wächst so stark, dass es nach Art und Umfang einen in kaufmännischer Weise eingerichteten Geschäftsbetrieb erfordert. Die GbR wird dadurch automatisch zu einer OHG.
- Der Geschäftsbetrieb einer eingetragenen OHG schrumpft so stark, dass der Geschäftsbetrieb nicht mehr kaufmännisch eingerichtet sein muss. Die OHG wird durch Löschung aus dem Handelsregister zur GbR.
- Ein Gesellschafter einer OHG will seine Haftung beschränken. Im Erbfall besteht gem. § 139 Abs. 1 HGB ein Anspruch der Erben auf die Haftungsbeschränkung. Durch die Eintragung der Haftungsbeschränkung wird die OHG zur KG.
- Aus einer KG mit mehreren Komplementären tritt der einzige Kommanditist aus. Die KG wird zur OHG.

Es liegt bei einem Formwechsel einer PersGes in eine andere PersGes lediglich die Änderung der äußeren Rechtsform vor und keine Änderung der Identität.[1] Daher kann weder eine Veräußerung oder Aufgabe des Betriebs insgesamt noch einzelner Gesellschaftsanteile angenommen werden.[2] Aus diesem Grunde sind zwingend die Buchwerte fortzuführen, soweit das Betriebsvermögen anteilig auf Gesellschafter entfällt, die bereits vor dem Formwechsel an der PersGes beteiligt waren.[3] 2823

1 BFH 26. 6. 1974 II R 199/72, BStBl 1974 II 724.

2 *Wacker* in Schmidt, EStG § 16 Rz. 416; BFH 16. 3. 1983 IV R 36/79, BStBl 1983 II 459.

3 UmwStEE, Tz. 24.01.

2824 Steuerrechtlich ist diese **identitätswahrende Umwandlung** ohne Bedeutung. Es muss daher auch keine Zwischenbilanz aufgestellt werden.[1]

2825 Die Beibehaltung der zivilrechtlichen Identität ist für eine steuerrechtlich identitätswahrende Fortführung nicht erforderlich, vielmehr muss weiterhin eine **Mitunternehmerschaft** i. S. d. § 15 Abs. 1 Satz 1 Nr. 2 EStG vorliegen.[2] Aus diesem Grunde ist auch die Umwandlung einer atypisch stillen Gesellschaft in eine GbR oder KG eine – steuerlich in gleicher Weise zu qualifizierende – formwechselnde Umwandlung.[3]

2826 Ertragsteuerlich kann eine identitätswahrende Umwandlung auch dann vorliegen, wenn mit der Änderung der Rechtsform eine Veränderung im Gesellschafterbestand einhergeht, z. B. eine OHG in eine KG mit der Maßgabe umgewandelt wird, dass eine GmbH als alleinige Komplementärin eintritt, die bisherigen Gesellschafter ausnahmslos die Stellung von Kommanditisten erlangen.[4] Steuerliche Folgen hat dabei lediglich der Eintritt des neuen Gesellschafters. Es wird daher insoweit auf die Ausführungen in Rn. 2011 ff. verwiesen.

2827 Die Gesellschafter können aber anstelle der identitätswahrenden Fortführung der bisherigen Gesellschaft auch eine **identitätsaufhebende Umwandlung** auf eine neu gegründete PersGes wählen. Die alte PersGes erlischt dadurch. Dies ist selbst dann möglich, wenn die identitätsbegründenden Merkmale (vergleichbare Gesellschaftsstruktur, gleicher Zweck, gleicher Gesellschafterbestand, gleiches Betriebsvermögen) im Wesentlichen erhalten bleiben. Diese Form der Umwandlung ist eine Einbringung eines Betriebs in eine PersGes und damit ein Fall des § 24 UmwStG.[5] Den Gesellschaftern steht damit das Wahlrecht zu, das in die neu errichtete PersGes eingebrachte Betriebsvermögen gem. § 24 Abs. 2 UmwStG mit den bisherigen Buchwerten, den gemeinen Werten oder Zwischenwerten anzusetzen.

2828–2835 *(Einstweilen frei)*

4. Verschmelzung von Personengesellschaften

2836 Werden zwei oder mehrere PersGes zu einer PersGes verschmolzen, so liegt steuerrechtlich eine Einbringung i. S. d. § 24 UmwStG vor. Die Verschmelzung von Personenhandelsgesellschaften erfolgt gesellschaftsrechtlich nach §§ 2 – 45 UmwG. Steuerrechtlich vollzieht sich diese aber in der Weise, dass die Gesellschafter der untergehenden PersGes ihre Gesellschaftsanteile (Mitunternehmeranteile) in die aufnehmende Gesellschaft (Mitunternehmerschaft) gegen Gewährung von Mitunternehmeranteilen einbringen. Die aufnehmende Gesellschaft wird damit nach einer rein steuerlichen Fiktion für eine logische Sekunde Gesellschafterin der einzubringenden Gesellschaft. Die beiden Gesellschaften können dann zusammengelegt werden.[6] Dabei ist es unerheblich, ob die Übertragung auf eine bereits bestehende – Verschmelzung zur Aufnahme –

1 *Hottmann* in Zimmermann/Hottmann/Kiebele/Schaeberle/Völkel, K Rn. 3.
2 BFH 28. 11. 1989 VIII R 40/84, BStBl 1990 II 561.
3 *Wacker* in Schmidt, EStG § 16 Rz. 422.
4 BFH 21. 11. 1988 IV R 252/84, BStBl 1989 II 312, m. w. N.
5 BFH 21. 6. 1994 VIII R 5/92, BStBl 1994 II 856; vgl. zu § 24 UmwStG Rn. 1876 ff.
6 BFH 21. 6. 1994 VIII R 5/92, BStBl 1994 II 856.

oder infolge des Einbringungsvorganges erst entstehende PersGes – Verschmelzung zur Neugründung – erfolgt.

Notwendige Voraussetzung für die Anwendung von § 24 UmwStG ist somit die Gewährung von Gesellschaftsrechten.[1] Diese Voraussetzung ist jedoch nicht erfüllt bei einem sog. up-stream-merger einer Tochter-Personengesellschaft auf ihre Mutter-Personengesellschaft. Daher fällt dieser Vorgang nach der h. M.[2] insoweit nicht unter § 24 UmwStG, wie die übernehmende PersGes vor der Verschmelzung bereits an der übertragenden PersGes beteiligt war. Vielmehr hat die Übernehmerin insoweit zwingend die Buchwerte fortzuführen, und zwar unter sinngemäßer Anwendung des § 6 Abs. 3 EStG.[3] Damit entfällt auch die Möglichkeit, einen solchen Vorgang mit maximal achtmonatiger Rückwirkung vorzunehmen. 2837

Für die steuerliche Gewinnermittlung gelten die Grundsätze, die bei der Einbringung eines Einzelunternehmens in eine PersGes zu beachten sind.[4] Auf die obigen Ausführungen wird daher verwiesen.[5] Sind alle Gesellschafter der umgewandelten PersGes auch an der übernehmenden PersGes beteiligt und bleibt die Identität des Unternehmens im Rahmen der aufnehmenden Gesellschaft gewahrt, können die gewerbesteuerlichen Verluste der umgewandelten bei der übernehmenden PersGes berücksichtigt werden.[6] 2838

Im Rahmen einer Verschmelzung nach dem UmwG geht nur das Gesamthandsvermögen in das Vermögen der aufnehmenden Gesellschaft über, nicht jedoch die Wirtschaftsgüter des Sonderbetriebsvermögens. Für die Steuerneutralität der Verschmelzung ist dies jedoch nicht schädlich. Die Gesellschafter der übertragenden PersGes können sich vielmehr entscheiden, ob sie die betreffenden Wirtschaftsgüter zusätzlich in das Gesamthandsvermögen der übernehmenden PersGes übertragen wollen oder ob sie diese in ihrem Sonderbetriebsvermögen behalten wollen.[7] Soweit es sich bei der untergehenden Gesellschaft um Wirtschaftsgüter des notwendigen Sonderbetriebsvermögens handelt, wird diese Eigenschaft regelmäßig nach der Verschmelzung auch im Verhältnis zur aufnehmenden Gesellschaft erfüllt sein. Die Überführung von Wirtschaftsgütern aus einem Sonderbetriebsvermögen in ein anderes Sonderbetriebsvermögen führt gem. § 6 Abs. 5 EStG zu **keiner Aufdeckung der stillen Reserven**.[8] Damit stellt sich, anders als in den Fällen der Einbringung einer PersGes in eine KapGes nach § 20 UmwStG,[9] die Problematik der Zurückbehaltung wesentlicher Betriebsgrundlagen, die im Sonderbetriebsvermögen einzelner Mitunternehmer stehen, regelmäßig nicht. 2839

1 Vgl. § 24 Abs. 1 UmwStG bzw. BMF-Schreiben 25. 3. 1998, BStBl 1998 I 268, Tz. 24.02; UmwStEE, Tz. 24.07.

2 Vgl. *Stegemann*, INF 7/2003, 266 (269 f.); *Remmert/Horn*, NWB Fach 18, 4597 (4599); *Patt* in Dötsch/Patt/Pung/Möhlenbrock, § 24 UmwStG Rn. 79.

3 Vgl. OFD Berlin 19. 7. 2002, DB 2002, 1966.

4 BFH 14. 9. 1993 VIII R 84/90, BStBl 1994 II 764; 27. 1. 1994 IV R 137/91, BStBl 1994 II 477.

5 Vgl. Rn. 1876 ff.

6 BFH 14. 9. 1993 VIII R 84/90, BStBl 1994 II 764; 27. 1. 1994 IV R 137/91, BStBl 1994 II 477.

7 UmwStEE, Tz. 24.05.

8 § 6 Abs. 5 Satz 2 EStG.

9 Siehe Rn. 2861 ff.

2840 Soweit Wirtschaftsgüter des Sonderbetriebsvermögens der untergehenden PersGes, die **keine** wesentlichen Betriebsgrundlagen sind, nicht als Sonderbetriebsvermögen der aufnehmenden PersGes behandelt werden, steht dies der Anwendung des § 24 UmwStG nicht entgegen. Bei Überführung von Wirtschaftsgütern in das Privatvermögen liegt eine Entnahme vor,[1] die gem. § 6 Abs. 1 Nr. 4 EStG mit dem Teilwert zu bewerten ist. Werden aus Anlass des Verschmelzungsvorgangs die Buchwerte der untergehenden Gesellschaft von der übernehmenden Gesellschaft fortgeführt, kann für den Entnahmegewinn die Tarifermäßigung nach § 34 Abs. 1 EStG nicht beansprucht werden. Er unterliegt jedoch nicht der Gewerbesteuer.[2]

2841 Da steuerrechtlich eine Einbringung der Mitunternehmeranteile eines jeden Gesellschafters vorliegt, kann die PersGes für jeden dieser Einbringungsvorgänge ihr Bewertungswahlrecht unterschiedlich ausüben. Der dadurch gewählte Ansatz gilt dann auch für das entsprechende Sonderbetriebsvermögen des Gesellschafters.

2842–2845 *(Einstweilen frei)*

5. Spaltung von Personenhandelsgesellschaften

2846 Bei einer Spaltung gem. §§ 123 – 173 UmwG werden Vermögensanteile einer Gesellschaft in eine andere eingebracht. Man unterscheidet drei Arten:

- Bei der **Aufspaltung** löst sich die Personenhandelsgesellschaft auf, während gleichzeitig die Vermögensteile als Gesamtheit auf andere Personenhandelsgesellschaften übergehen. Die Gesellschafter der untergehenden Personenhandelsgesellschaft erwerben dabei Anteile an der aufnehmenden Personenhandelsgesellschaft.
- Eine **Abspaltung** liegt vor, wenn ein Vermögensteil auf eine andere Personenhandelsgesellschaft übertragen wird, die übertragende Gesellschaft jedoch bestehen bleibt. Die Gesellschafter der übertragenden Personenhandelsgesellschaft erwerben dabei Anteile an der aufnehmenden Personenhandelsgesellschaft. Möglich ist nach den zivilrechtlichen Regelungen des UmwG aber auch eine sog. up-stream-Abspaltung, bei der Vermögen unmittelbar auf einen Gesellschafter übertragen wird. Die Gegenleistung liegt dann in einer Minderung von Gesellschaftsrechten.
- Eine **Ausgliederung** liegt vor, wenn ein Vermögensteil auf eine andere Gesellschaft übertragen wird, die übertragende Gesellschaft jedoch bestehen bleibt. Im Unterschied zur Abspaltung erwirbt bei diesem Vorgang die übertragende Gesellschaft selbst die im Gegenzug von der aufnehmenden Gesellschaft gewährten Gesellschafterrechte.

2847 Bei jedem dieser Vorgänge kann die aufnehmende Gesellschaft entweder schon bestehen (zur Aufnahme) oder durch den Vermögensübergang neu gegründet werden (zur Neugründung).

2848 Gemäß § 1 Abs. 3 Nr. 1 UmwStG fällt die Spaltung von PersGes unter den 6. – 8. Teil des UmwStG. So fällt die Übertragung von Betrieben/Teilbetrieben/Mitunternehmerantei-

1 BFH 28. 4. 1988 IV R 52/97, BStBl 1988 II 829.
2 BFH 29. 10. 1987 IV R 93/85, BStBl 1988 II 374.

len im Wege der Aufspaltung, Abspaltung oder Ausgliederung auf eine andere PersGes unter § 24 UmwStG. Ist übernehmender Rechtsträger eine KapGes, so sind §§ 20 ff. UmwStG einschlägig. Fraglich ist hingegen, ob die sog. up-stream-Abspaltung eines Teilbetriebs von einer PersGes auf einen Mitunternehmer gegen Minderung von Gesellschaftsrechten[1] ebenfalls ein Vorgang ist, der nach dem 6. – 8. Teil des UmwStG steuerneutral durchgeführt werden kann. Das UmwStG schließt diesen Fall nicht ausdrücklich aus und in der Literatur wird z. T. argumentiert, ein solcher Vorgang müsste durch reziprok-analoge Anwendung des § 24 UmwStG steuerneutral möglich sein.[2] Rechtsprechung gibt es zu dieser Frage bisher nicht. Es ist jedoch davon auszugehen, dass die FinVerw den Fall der up-stream-Abspaltung eines Teilbetriebs von einer PersGes auf einen ihrer Mitunternehmer nicht unter § 24 UmwStG fassen will. Die Einholung einer verbindlichen Auskunft ist daher dringend anzuraten.

Unklar ist auch die Frage, wie die Aufspaltung einer PersGes zu behandeln ist. Nach dem Gesetzeswortlaut in § 1 Abs. 3 UmwStG findet der 6. – 8. Teil des UmwStG Anwendung. Allerdings können auch die Regelungen zur Realteilung einschlägig sein. Das Verhältnis dieser beiden Regelungsbereiche zueinander ist klärungsbedürftig. Die h. M. geht davon aus, dass immer dann unmittelbar die Regelungen der Realteilung nach § 16 Abs. 3 EStG Anwendung finden, wenn eine PersGes so aufgespalten wird, dass Teilbetriebe up-stream auf die jeweiligen Mitunternehmer übergehen. Gehen die Teilbetriebe demgegenüber side-stream auf Schwestergesellschaften über, so sind – je nach Rechtsform des übernehmenden Rechtsträgers – entweder § 20 oder § 24 UmwStG anwendbar.[3] Teilweise wird allerdings die Meinung vertreten, das gelte nicht für nicht verhältniswahrende Spaltungen.[4] 2849

In den unter die §§ 20, 24 UmwStG einzuordnenden Fällen der Spaltung von PersGes gelten insbesondere die Behaltensfrist des § 16 Abs. 3 Satz 3 EStG sowie die Körperschafts-Klausel des § 16 Abs. 5 EStG nicht.[5] 2850

Für die unter §§ 20, 24 UmwStG fallenden Spaltungsvorgänge von PerGes gelten ebenfalls nicht die Missbrauchstatbestände des § 15 UmwStG, und zwar auch nicht analog. Allerdings hatte die FinVerw in Rn. 24.18 UmwStE a. F. einige Fallbeispiele aufgeführt, in denen die Spaltung von PersGes gezielt genutzt wird, um einen Vorgang zu umgehen, der ansonsten unter § 15 UmwStG fiele. In derartigen Fällen soll ein Missbrauch steuerlicher Gestaltungsmöglichkeiten vorliegen mit der Folge, dass der Spaltungsvorgang nicht steuerneutral vollzogen werden können soll. Die hier aufgeführten Fälle sind aber – soweit ersichtlich – bisher von der Rechtsprechung nicht entschieden worden. Im neu gefassten UmwStEE[6] sind diese Beispiele zu § 24 UmwStG nicht mehr ent- 2851

1 Aus gesellschaftsrechtlicher Sicht ist das eine nicht verhältniswahrende „Abspaltung zu Null", bei der die übrigen Mitunternehmer der übertragenden PersGes auf die Gewährung von Anteilen am übernehmenden Rechtsträger verzichten.

2 Vgl. *Hageböke*, Ubg 2009, 105 ff.

3 Vgl. *Engl* in Widmann/Meyer, Anhang 10 (Realteilung), Rz. 375.

4 *Semler/Stengel/Moszka*, UmwG Anh. § 325 Rn. 568 ff

5 *Schmitt* in Schmitt/Hörtnagl/Stratz, § 24 Rn. 51; Patt in Dötsch/Patt/Pung/Möhlenbrock, § 24 Rn. 31.

6 Entwurf vom 2. 5. 2011

halten. Ob dies allerdings eine Aufgabe der diesbezüglichen Verwaltungsauffassung bedeuten soll, ist unklar.

2852 Fraglich ist bei einigen Formen der Umwandlung von PersGes, wer eigentlich der „Einbringende“ i. S. d. §§ 20, 24 UmwStG ist, die übertragende PersGes oder deren Mitunternehmer. Bei der Aufspaltung sowie der Abspaltung von Teilbetrieben/Mitunternehmeranteilen von einer PersGes herrscht hier jedoch Einigkeit, dass die Mitunternehmer der übertragenden PersGes die Einbringenden sind, denn sie erhalten in den Fällen der Auf- bzw. Abspaltung die von der aufnehmenden Gesellschaft zu gewährenden Gesellschaftsrechte.[1] Weitere Besonderheiten bezüglich der steuerlichen Ausübung der Bewertungswahlrechte ergeben sich jedoch nicht, so dass insoweit auf die Ausführungen zu § 20 UmwStG[2] und § 24 UmwStG[3] verwiesen werden kann.

2853 Verfügt eine zu spaltende PersGes über gewerbesteuerliche Verlustvorträge, so stellt sich die Frage, ob diese nach der Spaltung weiterhin nutzbar sind. Grundsätzlich gilt, dass eine PersGes, die verschiedene gewerbliche Tätigkeiten ausübt, gleichwohl nur einen einheitlichen Gewerbebetrieb unterhält.[4] Gleichwohl besteht bei PersGes nach der Rechtsprechung[5] das Erfordernis, gewerbesteuerliche Verlustvorträge einzelnen verlustverursachenden Teilbetrieben innerhalb des einheitlichen Unternehmens zuzuweisen. Es existiert insoweit eine Teil-Unternehmensidentität i. S. d. § 10a GewStG. Wird also eine PersGes gespalten, so ist auch der gewerbesteuerliche Verlustvortrag zu spalten, und zwar nicht im Verhältnis der gemeinen Werte der Teilbetriebe, sondern entsprechend der Verlustverursachung. Ob die jeweiligen gewerbesteuerlichen Verlustvorträge dann nach der Spaltung noch nutzbar sind, hängt davon ab, ob auch das Kriterium der Unternehmeridentität gegeben ist. Geht also z. B. ein Teilbetrieb auf eine andere PersGes über, so kann diese den zu diesem Teilbetrieb gehörenden gewerbesteuerlichen Verlustvortrag insoweit nutzen, wie die Mitunternehmer der spaltenden PersGes ebenfalls Mitunternehmer dieser übernehmenden PersGes sind.

2854–2860 (Einstweilen frei)

6. Einbringung einer Personengesellschaft, eines Mitunternehmeranteils in eine Kapitalgesellschaft

a) Überblick

2861 Die Einbringung von Unternehmensteilen (Betrieben, Teilbetrieben oder Mitunternehmeranteilen) in eine andere Gesellschaft gegen Gewährung von Gesellschaftsrechten entweder im Wege der Einzelrechtsübertragung oder als Ausgliederung im Wege der Gesamtrechtsnachfolge ist wohl mit Abstand die häufigste Form der Umstrukturierung im Konzern. Die Regelungen des Umwandlungssteuergesetzes ermöglichen es bei Vor-

---

1 Vgl. Tz. 20.02 UmwStEE i. d. F. vom 2. 5. 2011; *Sagasser/Fahrenberg* in Sagasser/Bula/Brünger, a. a. O., P 3.

2 Vgl. Rn. 2976 ff.

3 Vgl. Rn. 1891 ff.

4 Vgl. *Kümpel* in Körperschaftsteuer-/Gewerbesteuer-/Umsatzsteuer-Erklärung, Jahrbuch 2009, Teil 1, Tz. 1293; R 2.4 Abs. 3 GewStR 2009.

5 BFH 7. 8. 2008 IV R 86/05, DStR 2008, 2014 ff.

liegen bestimmter Voraussetzungen, betriebliche Einheiten steuerneutral z. B. auf eine Tochterkapitalgesellschaft zu übertragen und damit rechtlich zu separieren. Außerdem ist die Einbringung regelmäßig ein geeignetes Instrument zur Gründung von Joint Ventures.

Einkommensteuerrechtlich ist die Einbringung eines Betriebs, Teilbetriebs oder Mitunternehmeranteils in eine KapGes oder Genossenschaft i. S. d. § 1 Abs. 2 Nr. 1 UmwStG gegen Gewährung neuer Gesellschaftsrechte ein tauschähnlicher Vorgang, so dass grundsätzlich ein steuerpflichtiger Veräußerungsgewinn entstehen könnte.[1] § 20 UmwStG ermöglicht jedoch stattdessen unter gewissen Voraussetzungen die gewinnneutrale Einbringung durch Buchwertansatz. Ebenso wie bei der Einbringung in eine PersGes nach § 24 UmwStG besteht für den übernehmenden Rechtsträger ein Bewertungswahlrecht, die Wirtschaftsgüter entweder zum Buchwert, Zwischenwert oder gemeinen Wert anzusetzen. Der so gewählte Bilanzansatz gilt gem. § 20 Abs. 3 Satz 1 UmwStG für den Einbringenden als Veräußerungspreis. Bei nicht vollständiger Aufdeckung der stillen Reserven sind die erlangten Anteile an der KapGes jedoch nach den Regelungen des § 22 UmwStG sieben Jahre lang steuerverhaftet. 2862

(Einstweilen frei) 2863–2865

b) Zivilrechtliche Umwandlungsvorgänge

Eine Einbringung kann auf unterschiedlichen Wegen erfolgen: durch eine Verschmelzung einer PersGes auf eine KapGes i. S. v. §§ 2 – 122 UmwG oder eine Spaltung einer PersGes auf eine KapGes, (Auf-/Abspaltung, Ausgliederung) i. S. v. §§ 123 – 173 UmwG. In diesen Fällen liegt zivilrechtlich Gesamtrechtsnachfolge oder Sonderrechtsnachfolge vor. Auch für Zwecke der Besteuerung tritt der übernehmende Rechtsträger in die steuerliche Rechtsstellung des übertragenden Rechtsträgers ein. Welche Konsequenzen sich hieraus für die Bewertung des übergegangenen Vermögens ergibt, ist in § 23 UmwStG im Einzelnen geregelt. 2866

Der Übergang von Verlusten nach § 15a EStG,[2] gewerbesteuerlichen Verlustvorträgen[3] sowie nicht nach § 10d EStG abgezogenen Verlusten auf die übernehmende KapGes ist ausgeschlossen. 2867

Da das Umwandlungsgesetz Verschmelzungen nur für Personenhandelsgesellschaften, nicht aber für GbRs oder atypisch stille Gesellschaften vorsieht, sind bei der Einbringung derartiger PersGes zivilrechtlich § 27 AktG bzw. §§ 5 Abs. 4, 56 GmbHG, also die Regelungen zur Sachgründung bzw. Sachkapitalerhöhung, zu beachten. 2868

Die steuerliche Einbringung eines Betriebs, Teilbetriebs oder Mitunternehmeranteils in eine KapGes gegen Gewährung neuer Gesellschaftsrechte i. S. d. § 20 Abs. 1 Satz 1 UmwStG kann zivilrechtlich auch einen Formwechsel i. S. d. §§ 190 – 304 UmwG darstellen, bei dem der Rechtsträger fortbesteht. Durch § 25 UmwStG werden für den Fall 2869

---

1 BFH 16. 2. 1996 I R 183/94, BStBl 1996 II 342; UmwStEE i. d. F. vom 2. 5. 2011 Tz. 00.02.

2 Vgl. *Widmann* in Widmann/Mayer, § 23 UmwStG, Tz. 579.

3 § 23 Abs. 5 UmwStG.

des Formwechsels einer Personenhandelsgesellschaft in eine KapGes die Vorschriften der §§ 20 – 23 UmwStG für entsprechend anwendbar erklärt.

2870–2875 *(Einstweilen frei)*

c) Übertragender Rechtsträger

2876 Die Einbringung kann sowohl von natürlichen als auch von juristischen Personen vorgenommen werden.

2877 Voraussetzung bei einer natürlichen Person ist, dass diese ihren Wohnsitz oder gewöhnlichen Aufenthalt in der EU bzw. dem EWR hat und daher im Hoheitsgebiet der EU oder des EWR ansässig ist (§ 1 Abs. 2 Nr. 2 UmwStG).

2878 Handelt es sich bei dem Einbringenden um eine juristische Person, muss diese sowohl ihren Sitz als auch den Ort ihrer Geschäftsleitung innerhalb der EU haben (§ 1 Abs. 2 Nr. 1 UmwStG).

2879 Geht Betriebsvermögen von einer PersGes auf eine KapGes gegen Gewährung von Gesellschaftsrechten über, so ist für die Frage des persönlichen Anwendungsbereichs der §§ 20 – 23 UmwStG zunächst zu klären, wer eigentlich der Einbringende i. S. dieser Vorschriften ist. In der Vergangenheit hat die FinVerw[1] die Auffassung vertreten, dass dies immer die einzelnen hinter der PersGes stehenden Mitunternehmer sind. Die h. M.[2] ist demgegenüber davon ausgegangen, dass die Mitunternehmer nur dann die Einbringenden sind, wenn die übertragende PersGes im Zuge der Umwandlung untergeht und die von der Übernehmerin zu gewährenden neuen Gesellschaftsrechte direkt den Mitunternehmern zustehen. Dasselbe soll gelten, wenn die PersGes ihren gesamten Betrieb einbringt und dadurch – mangels gewerblicher Tätigkeit – ihre Eigenschaft als Mitunternehmerschaft verliert.[3] Handelt es sich hingegen um die Ausgliederung eines Teilbetriebs, bei der die übertragende PersGes bestehen bleibt und ihr auch die vom übernehmenden Rechtsträger neu zu schaffenden Anteile als Gegenleistung gewährt werden, ist die PersGes selbst als Einbringende anzusehen. Mit dem Erscheinen des UmwStEE i. d. F. vom 2. 5. 2011 hat sich die FinVerw nunmehr in Tz. 20.03 der Auffassung der h. M. angeschlossen. Soweit nach dieser Auffassung die übertragende PersGes als „Einbringender" anzusehen ist, muss diese gem. § 1 Abs. 4 Nr. 2 UmwStG eine Gesellschaft sein, die die Voraussetzungen des § 1 Abs. 2 UmwStG erfüllt und deren Gesellschafter entweder ebenfalls Gesellschaften nach § 1 Abs. 2 UmwStG oder natürliche Personen sind, die ihrerseits die Ansässigkeitsvoraussetzungen des § 1 Abs. 2 Nr. 2 UmwStG erfüllt.

2880 In diesem Zusammenhang ist ggf. auch die abkommensrechtliche Qualifikation der PersGes als Betriebsstätte zu beachten. Fraglich ist daher, wie folgender Fall zu beurteilen ist: Eine inländische PersGes, deren Gesellschafter im EU-Ausland ansässig sind und

1 BMF 25. 3. 1998, BStBl 1998 I 268 (Umwandlungssteuererlass), Tz. 20.05; gl. A. *Schulze zur Wiesche*, a. a. O., Rn. 1332; BFH 16. 2. 1996 I R 183/94, BStBl 1996 II 342.

2 Vgl. beispielhaft *Widmann* in Widmann/Mayer, § 20 UmwStG, Tz 427.

3 *Rödder* in Rödder/Herlinghaus/van Lishaut, § 20 UmwStG, Rn. 34; Widmann in Widmann/Mayer, § 20 UmwStG, Rn. 46 ff.; A. A, wonach die PersGes auch in diesem Fall selbst Einbringende ist vgl. *Schmitt* in Schmitt/Hörtnagl/Stratz, § 20, Rn. 184; *Patt* in Dötsch/Eversberg/Jost/Witt, § 20 UmwStG Rn. 22.

daher die Ansässigkeitsvoraussetzungen des § 1 Abs. 2 UmwStG erfüllen, gliedert einen Teilbetrieb nach § 20 UmwStG auf eine inländische GmbH aus. Als Gegenleistung erhält sie von der Übernehmerin Gesellschaftsrechte. Betrachtet man die so entstandene Struktur nach Durchführung der Ausgliederung aus abkommensrechtlicher Sicht, so kann man – insbesondere wenn kein funktionaler Zusammenhang zwischen der inländischen PersGes und der Übernehmerin besteht, zu dem Ergebnis kommen, dass die erhaltenen Anteile zur Bestimmung des Besteuerungsrechts nach den Regelungen der Tz. 2.2.4.1 des BMF-Schreibens zur Anwendung der DBA auf PersGes[1] nicht mehr der inländischen PersGes, sondern ggf. dem ausländischen Mitunternehmer zuzurechnen sind. Es läge dann hinsichtlich dieser erhaltenen Anteile eine fiktive Entnahme nach § 4 Abs. 1 Satz 3 EStG vor. Fraglich ist, ob sich diese Tatsache negativ auf die Steuerneutralität der Einbringung auswirkt. Diese Frage ist aber wohl zu verneinen. Zum einen wäre ein Einbringungsvorgang auch dann von § 20 UmwStG erfasst, wenn im EU-Ausland ansässige natürliche oder juristische Personen, die die Voraussetzungen des § 1 Abs. 2 UmwStG erfüllen, unmittelbar Einbringende sind und ihnen daher auch die im Gegenzug gewährten erhaltenen Anteile zuzuordnen sind. Die Voraussetzungen des § 20 UmwStG i. V. m. § 1 Abs. 4 UmwStG sind daher auch dann als erfüllt anzusehen, wenn zwar die inländische PersGes selbst als Einbringende gilt, die an sie gewährten Anteile dann anschließend aber abkommensrechtlich den im EU-Ausland ansässigen Mitunternehmern zuzurechnen sind. Dann stellt sich aber noch die weitere Frage, ob die fiktive Entnahme nicht ggf. einen schädlichen Tatbestand i. S. d. § 22 UmwStG darstellen könnte. Diese Frage ist aber ebenfalls zu verneinen. Gesellschaftsrechtlich gehören die erhaltenen Anteile weiterhin zum Gesamthandsvermögen der inländischen PersGes. Eine echte schädliche Veräußerung i. S. d. § 22 Abs. 1 Satz 1 UmwStG kann daher nicht vorliegen. Des Weiteren ist auch keiner der Ersatzrealisationstatbestände des § 22 Abs. 1 Satz 6 Nrn. 1 – 6 UmwStG durch eine rein fiktive Entnahme erfüllt.[2]

Mit der in Rn. 2879 dargestellten Anerkennung der PersGes als „Einbringende" i. S. d. § 20 UmwStG für die Fälle der Ausgliederung eines Betriebs/Teilbetriebs ergibt sich für die Finanzverwaltung allerdings ein Folgeproblem im Bereich des § 22 UmwStG. Nach dieser Vorschrift löst nämlich die Veräußerung der erhaltenen Anteile innerhalb der 7-jährigen Sperrfrist nur dann eine rückwirkende Versteuerung des Einbringungsgewinns I aus, wenn die Veräußerung „durch den Einbringenden" erfolgt. Wird nun bei bestimmten Einbringungsvorgängen die PersGes selbst als „Einbringende" anerkannt anstelle der hinter ihr stehenden Mitunternehmer, würde das grds. bedeuten, dass nur eine Veräußerung der erhaltenen Anteile durch die PersGes einen schädlichen Vorgang i. S. d. § 22 UmwStG darstellt, nicht jedoch die Veräußerung eines Mitunternehmeranteils durch einen dahinterstehenden Mitunternehmer. Damit wären aber missbräuchlichen Gestaltungen durch Zwischenschaltung von PersGes Tor und Tür geöffnet. Die FinVerw hat dieses Problem gesehen und in Tz. 22.02 UmwStE n. F. geregelt, dass die Voraussetzungen der §§ 1 Abs. 4 und 22 UmwStG stets gesellschafterbezogen zu prüfen seien. Damit wird also für Zwecke des § 22 UmwStG wieder zu der alten 2881

1 BMF 16. 4. 2010, BStBl 2010 I 354.

2 Gl. A. *Benecke* zur insoweit vergleichbaren Regelung des § 12 Abs. 1 KStG in Dötsch/Eversberg/Jost/Witt, § 12 KStG, Rn. 156.

Sichtweise zurückgekehrt, wonach die Mitunternehmer als die Einbringenden anzusehen sind. Damit definiert die FinVerw für ein- und denselben Einbringungsvorgang für den Anwendungsbereich des § 20 UmwStG die PersGes und für den Anwendungsbereich des § 22 die Mitunternehmer als „Einbringende". Das ist rechtssystematisch natürlich nicht sauber, führt aber wohl letztlich zu dem vom Gesetzgeber gewollten Ergebnis. Vielleicht wäre es da noch etwas systematischer oder für den Rechtsanwender zumindest verständlicher gewesen, wenn man sich dazu durchgerungen hätte, vor dem Hintergrund der ertragsteuerlichen Transparenz der PersGes für die §§ 20 und 22 UmwStG sämtliche Beteiligten, also sowohl die PersGes als auch deren Mitunternehmer als „Einbringende" zu qualifizieren.

2882 Sind die einzelnen Mitunternehmer einer PersGes als „Einbringende" i. S. d. § 20 UmwStG anzusehen, weil sie unmittelbar die erhaltenen Anteile zugeteilt bekommen und die PersGes nach dem Umwandlungsvorgang nicht mehr fortbesteht, dann kann das Bewertungswahlrecht des § 20 Abs. 2 UmwStG für den eingebrachten Mitunternehmeranteil unterschiedlich ausgeübt werden.

2883 Die Änderung der Verwaltungsmeinung in Bezug auf die Person des Einbringenden hat in den Fällen der Einbringung von Teilbetrieben durch PersGes entsprechende Auswirkungen auf das Bewertungswahlrecht. Da die FinVerw nach ihrer bisherigen Auffassung davon ausging, dass in einem solchen Fall die Mitunternehmer ihre anteiligen Mitunternehmeranteile einbrachten, konnte das Bewertungswahlrecht insoweit für jeden dieser Teil-Mitunternehmeranteile unterschiedlich ausgeübt werden.[1] Wird aber nunmehr die PersGes selbst als Einbringende angesehen, dann gibt es nur einen Einbringungsgegenstand, nämlich den übergehenden Teilbetrieb. Daher kann die Übernehmerin das Bewertungswahlrecht künftig wohl nur noch einheitlich in Bezug auf den gesamten Teilbetrieb ausüben.

2884–2890 *(Einstweilen frei)*

d) Übernehmender Rechtsträger

2891 Nach § 20 Abs. 1 Satz 1 UmwStG gelten die Regelungen der Abs. 2 – 9 für die Fälle, in denen ein Betrieb, Teilbetrieb oder ein Mitunternehmeranteil in eine KapGes oder Genossenschaft, die nach den Rechtsvorschriften eines Mitgliedstaats der Europäischen Union oder eines EWR-Staates gegründet worden ist und deren Sitz und Ort der Geschäftsleitung sich innerhalb des Hoheitsgebiets eines dieser Staaten befindet (§ 1 Abs. 4 Nr. 1 i. V. m. Abs. 2 Nr. 1 UmwStG), gegen Gewährung neuer Gesellschaftsrechte eingebracht wird. Bis zur Einführung des SEStEG[2] konnten nur unbeschränkt steuerpflichtige KapGes nach § 1 Abs. 1 Nr. 1 KStG übernehmende Rechtsträger einer Einbringung nach § 20 UmwStG sein. Der Gesetzgeber hat somit den Kreis der begünstigten übernehmenden Rechtsträger erheblich ausgedehnt und die Fälle des bisherigen § 23 UmwStG a. F., der die Einbringung von Betriebsvermögen in EU-Kapitalgesellschaften begünstigte, mit den rein inländischen Vorgängen zusammengefasst und einheitlich

1 BMF 25. 3. 1998, BStBl 1998 I 268 (Umwandlungssteuererlass a. F.), Tz. 20.14.

2 Gesetz über steuerliche Begleitmaßnahmen zur Einführung der Europäischen Gesellschaft und zur Änderung weiterer steuerrechtlicher Vorschriften (SEStEG) 7. 12. 2006, BGBl 2006 I 2791.

geregelt. Seitdem fallen somit auch grenzüberschreitende Einbringungsvorgänge unter § 20 UmwStG.

Die Frage, ob ein ausländischer übernehmender Rechtsträger eines anderen EU/EWR-Staates eine Kapitalgesellschaft ist oder nicht, wird nach den Ergebnissen eines sog. Rechtstypenvergleichs entschieden, bei dem die wesentlichen charakteristischen Merkmale der betreffenden ausländischen Gesellschaft mit den entsprechenden Merkmalen verglichen werden, die nach deutschem Gesellschaftsrecht das Wesen einer KapGes ausmachen (z. B. Grundsatz der Fremdorganschaft, auf das Gesellschaftsvermögen beschränkte Haftung etc.).[1] Ist dies zu bejahen, wird diese Gesellschaft als Kapitalgesellschaft i. S. d. § 1 Abs. 2 Nr. 1 UmwStG eingestuft. Gleicht die ausländische Rechtsform hingegen mehr einer deutschen PersGes, so würde sie für Zwecke der Besteuerung auch den für PersGes geltenden Regelungen unterliegen.[2] 2892

(Einstweilen frei) 2893–2895

e) Einbringungsgegenstand: Betrieb, Teilbetrieb, Mitunternehmeranteil

Nach § 20 Abs. 1 Satz 1 UmwStG muss eine Einbringung eines Betriebs, Teilbetriebs oder Mitunternehmeranteils vorliegen. Auch ein Bruchteil eines Mitunternehmeranteils gilt als einbringungsfähiger Mitunternehmeranteil. Dies folgt aus § 20 Abs. 4 Satz 1 UmwStG, der allerdings die Steuervergünstigungen der §§ 16, 34 EStG für diesen Fall ausdrücklich ausschließt. 2896

Bezüglich der Definition des „Teilbetriebs" wird seit vielen Jahren darüber diskutiert, wie dieser Begriff auszulegen ist. Vor der Einführung des SEStEG waren die grenzüberschreitend möglichen Einbringungsvorgänge in § 23 UmwStG a. F. gesondert geregelt und es war herrschende Auffassung der Literatur, dass für den Anwendungsbereich dieser Norm die Definition des Teilbetriebs der Fusionsrichtlinie einschlägig war, während im Bereich der rein nationalen Einbringungsvorgänge weiterhin der nationale Teilbetriebsbegriff als einschlägig angesehen wurde. Mit der Einführung des SEStEG wurden die nationalen und grenzüberschreitenden Einbringungsvorgänge zusammengefasst und einheitlich geregelt. Daher ist davon auszugehen, dass nunmehr für sämtliche Einbringungsvorgänge (rein nationale wie auch grenzüberschreitende), der europarechtliche Teilbetriebsbegriff einschlägig ist.[3] 2897

Vor diesem Hintergrund stellt sich natürlich die Frage, worin sich der nationale und der europarechtliche Teilbetriebsbegriff denn eigentlich unterscheiden. Bei der Beantwortung dieser Frage sind zwei Ebenen deutlich voneinander zu unterscheiden, die in der Literatur häufig sehr verkürzt dargestellt und daher nicht sauber voneinander getrennt werden. 2898

1 Die Kriterien, anhand derer die FinVerw einen Rechtstypenvergleich anstellt, lassen sich dem BMF-Schreiben v. 19. 3. 2004, BStBl 2004 I 411, zur steuerlichen Einordnung einer nach dem Recht der Bundesstaaten der USA gegründeten Limited Liability Company entnehmen. Darüber hinaus finden sich in den Tabellen 1 und 2 der Betriebsstättenverwaltungsgrundsätze (BMF-Schreiben 24. 12. 1999, BStBl 1999 I 1076) für einige ausländische Rechtsformen Rechtstypenvergleiche.

2 Siehe zu diesem Themenbereich auch UmwStEE i. d. F. vom 2. 5. 2011, Tz. 01.27.

3 Vgl. UmwStEE i. d. F. vom 2. 5. 2011, Tz. 20.05 i. V. m. Tz. 15.02.

- Zunächst einmal ist die Frage zu stellen, ob überhaupt ein Teilbetrieb vorliegt.
- Ist das Vorliegen eines Teilbetriebs zu bejahen, ist in einem zweiten Schritt zu klären, welche wesentlichen Betriebsgrundlagen zu diesem Teilbetrieb gehören.

2899 In der Vergangenheit wurde ein nennenswerter Unterschied zwischen dem nationalen und dem europäischen Teilbetriebsbegriff darin gesehen, dass der europäische Teilbetriebsbegriff an das Kriterium der „Selbständigkeit" geringere Anforderungen stelle, als der BFH dies in seiner Rechtsprechung entwickelt hat.[1] Allerdings lässt sich diese Unterscheidung nicht wirklich belegen, zumal es zu diesen Fragen für den europäischen Teilbetriebsbegriff gar keine Rechtsprechung gibt. Zwar ist zuzugeben, dass die Definition des Teilbetriebsbegriffs in Art. 2 Buchst. j FRL das Kriterium der „Selbstständigkeit" nur auf die „selbständige Organisation" und nicht auf eine funktionale Selbständigkeit bezieht. Ob das aber im Rahmen einer Gesamtbetrachtung dazu führt, dass einer betrieblichen Einheit nach nationalen Kriterien die Teilbetriebseigenschaft abgesprochen wird, während die europarechtlichen Voraussetzungen gleichwohl als erfüllt anzusehen sind, ist fraglich. Dies gilt insbesondere vor dem Hintergrund, dass der BFH aus nationaler Sicht auch nicht mehr zwingend fordert, dass sich die Tätigkeit eines Teilbetriebs funktional von der Tätigkeit der anderen Teilbetriebe unterscheiden muss. Vielmehr wird – bei Vorliegen bestimmter Kriterien – auch eine Zweigniederlassung als Teilbetrieb i. S. d. EStG angesehen. Als weiteres Unterscheidungskriterium wurde von vielen Autoren angeführt, der nationale Teilbetriebsbegriff erfordere, dass sämtliche wesentlichen Betriebsgrundlagen im Eigentum (zumindest im wirtschaftlichen Eigentum[2]) des Teilbetriebsinhabers stehen, während der europarechtliche Teilbetriebsbegriff bereits erfüllt sei, wenn ihm die wesentlichen Betriebsgrundlagen „zur Nutzung zur Verfügung stehen", wobei eine schuldrechtliche Überlassung als ausreichend anzusehen sei. Dieser Annahme hat der BFH jedoch im Urteil I R 96/08 im Rahmen eines obiter dictums eine Absage erteilt. Nach Auffassung des BFH verlangt vielmehr auch der europarechtliche Teilbetriebsbegriff, dass die wesentlichen Betriebsgrundlagen „übertragen" und nicht „überlassen" werden.

2900 Vor diesem Hintergrund ist fraglich, ob sich die beiden Teilbetriebsbegriffe inhaltlich überhaupt noch voneinander abgrenzen lassen. Es kann daher wohl davon ausgegangen werden, dass – trotz des Verweises in Tz. 15.02 UmwStEE auf die Teilbetriebsdefinition der Fusionsrichtlinie – auch künftig noch für die Klärung der Frage, ob ein Teilbetrieb vorliegt oder nicht, auf die Rechtsprechung des BFH zu dieser Frage zurückgegriffen werden.

2901 Auf der zweiten Stufe ist dann aber die Frage zu beantworten, welche Wirtschaftsgüter zu den wesentlichen Betriebsgrundlagen dieses Teilbetriebs gehören, und hier ergeben sich gravierende Unterschiede zwischen der Definition des EStG und der des UmwStG. In diesem Zusammenhang ist zunächst einmal zu betonen, dass die deutsche Finanzverwaltung es bisher für die Übertragung eines Teilbetriebs hat ausreichen lassen, wenn dessen wesentliche Betriebsgrundlagen mit übergehen, während unwesentliche

1 Vgl. *Patt* in Dötsch/Patt/Pung/Möhlenbrock, § 23 UmwStG a. F., Rn. 11; m. w. N.

2 Ob dies ausreichend ist, hat der BFH im Urteil I R 96/08 v. 7. 4. 2010, DStR 2010, 1517 ff. ausdrücklich offen gelassen.

Wirtschaftsgüter zurückbehalten werden können. An dieser Auffassung hält die Finanzverwaltung in dem neugefassten Umwandlungssteuererlass weiterhin fest.[1] Dies war allerdings nicht selbstverständlich, denn der europarechtliche Teilbetriebsbegriff kennt keine derartige Unterscheidung in „wesentliche Betriebsgrundlagen" und sonstige Wirtschaftsgüter, sondern verlangt vielmehr, dass „die aktiven und passiven Wirtschaftsgüter eines Teilbetriebs in ihrer Gesamtheit" übertragen werden.[2]

Da aber nun die Finanzverwaltung weiterhin die Übertragung der wesentlichen Be- 2902
triebsgrundlagen ausreichen lässt, sind diese eindeutig zu bestimmen und von den sonstigen Wirtschaftsgütern abzugrenzen. Während das EStG für die Definition der wesentlichen Betriebsgrundlage sowohl eine funktionale als auch eine quantitative Betrachtung nach der Höhe der vorhandenen stillen Reserven zulässt, kann eine wesentliche Betriebsgrundlage im Anwendungsbereich des UmwStG allein nach funktionalen Gesichtspunkten bestimmt werden.[3] Die Wirtschaftsgüter müssen daher aufgrund ihrer Funktion im Betriebsablauf zur Erreichung des Unternehmenszwecks erforderlich und auch von einem besonderen Gewicht für die Führung des Betriebs sein.[4] Anders als bei § 16 EStG ist unerheblich, ob ein einzelnes Wirtschaftsgut erhebliche stille Reserven enthält. Diese Auffassung teilt auch die FinVerw bereits seit dem Jahr 2000.[5]

Auf der Basis dieser geforderten funktionalen Sichtweise hat der BFH mit Urteil v. 2903
16.12.2009[6] die beiden folgenden – sehr praxisrelevanten – Fragen zum Vorliegen wesentlicher Betriebsgrundlagen im Anwendungsbereich des UmwStG entschieden:

- Auch nicht bilanzierte originäre immaterielle WG, wie z. B. Markenzeichen oder Namen, können wesentliche Betriebsgrundlage sein, und zwar auch dann, wenn sie noch nicht einmal durch Eintragung irgendwie geschützt sind. Wird ein solches Recht einer PersGes von ihrem Mitunternehmer entgeltlich oder unentgeltlich zur Nutzung überlassen, so ist dies eine wesentliche Betriebsgrundlage, die sich im Sonder-BV dieses Mitunternehmers befindet.
- Die Beteiligung an einer Komplementär-GmbH, die lediglich die unbeschränkte Haftung übernimmt und nicht mit einer Kapitaleinlage an der PersGes beteiligt ist, ist dann keine wesentliche Betriebsgrundlage der KG, wenn diese in eine KapGes umgewandelt wird, so dass die Komplementärin den ihr vom Gesetz bei der GmbH & Co KG zugeordneten Einfluss auf die Geschäftsführung der Gesellschaft verliert. Eine Notwendigkeit, eine solche Beteiligung im Rahmen der Umwandlung mit auf die Übernehmerin zu übertragen, macht nach Ansicht des BFH wirtschaftlich keinen Sinn.

Abgesehen von der Einordnung der vorhandenen Aktiva in wesentliche und nicht we- 2904
sentliche Betriebsgrundlagen gibt es aber noch einen weiteren wichtigen Unterschied der beiden Definitionen der wesentlichen Betriebsgrundlage, und der betrifft die Pas-

1 Vgl. Tz. 20.05 UmwStEE i. d. F. vom 2. 5. 2011.
2 Vgl. EuGH 15. 1. 2002 Rs. C-43/00, *Andersen og Jensen*, NWB DokID: UAAAB-72813.
3 *Neu*, GmbH-StB 2002, 356; R 139 Abs. 8 EStR, BMF 16. 8. 2000, BStBl 2000 I 1253.
4 *Patt* in Dötsch/Eversberg/Jost/Pung/Witt, § 20 UmwStG Rn. 24.
5 BMF 16. 8. 2000, BStBl 2000 I 1253.
6 I R 97/08 , BStBl 2010 I 808.

sivseite der Bilanz. Nach der Definition der Fusionsrichtlinie ist ein Teilbetrieb nämlich die Gesamtheit der in einem Unternehmensteil einer Gesellschaft vorhandenen aktiven **und passiven** Wirtschaftsgüter, die in organisatorischer Hinsicht einen selbständigen Betrieb, d. h. eine **aus eigenen Mitteln** funktionsfähige Einheit, darstellen.[1] So hat der EuGH in seinem bisher einzigen Urteil zum Teilbetriebsbegriff der Fusionsrichtlinie[2] betont, dass Verbindlichkeiten dem Teilbetrieb zuzuordnen sind, dem auch die mit der Eingehung dieser Verbindlichkeit aufgenommenen Finanzmittel zugeordnet werden. Hieraus kann man schließen, dass Verbindlichkeiten zur Anschaffung von Wirtschaftsgütern ebenfalls dem Teilbetrieb zugeordnet werden müssen, dem die betreffenden Wirtschaftsgüter zuzuordnen sind. Die Herstellung eines Wertausgleichs zwischen mehreren Teilbetrieben durch freie Zuordnung der vorhandenen Verbindlichkeiten ist daher nur insoweit zulässig, wie die betreffenden Verbindlichkeiten keinem noch vorhandenen Aktivvermögen zugeordnet werden können.

2905 Wie bereits erwähnt, ist es im Anwendungsbereich des § 20 UmwStG – im Unterschied zu § 24 UmwStG – nicht ausreichend, wenn wesentliche Betriebsgrundlagen zurückbehalten und anschließend an die aufnehmende Gesellschaft zur Nutzung überlassen werden.[3] Für die Anwendung des § 20 UmwStG muss vielmehr zumindest das wirtschaftliche Eigentum aller wesentlichen Betriebsgrundlagen auf die übernehmende KapGes übergehen. Der BFH fordert sogar die zivilrechtliche Übertragung.[4] Befinden sich bei der übertragenden PersGes wesentliche Betriebsgrundlagen im Sonderbetriebsvermögen, gehen diese mit der Übertragung des Gesamthandsvermögens nicht automatisch mit über. Es bedarf vielmehr einer gesonderten Übertragung im Wege der Einzelrechtsnachfolge auf die übernehmende KapGes, um die Steuerneutralität des gesamten Einbringungsvorgangs zu erreichen.[5]

2906 Dies führt zu einer besonderen Steuerfalle: Wird ein Grundstück eines Gesellschafters, das zuvor an die OHG vermietet wurde, nach der Einbringung an die GmbH vermietet, so schließt dies die Anwendung des § 20 UmwStG aus, wenn es sich um eine wesentliche Betriebsgrundlage handelt. In diesem Fall erfolgt die Einbringung des sonstigen Betriebs zum gemeinen Wert. Eine Tarifvergünstigung gem. §§ 16, 34 EStG kommt in diesem Fall nicht in Betracht, da aufgrund der Vermietung an die GmbH eine Betriebsaufspaltung entsteht. Das Grundstück wird nämlich gem. § 6 Abs. 5 Satz 2 EStG zwingend zum Buchwert zu anderem Betriebsvermögen des betreffenden Gesellschafters.[6] Die stillen Reserven werden daher nicht vollständig aufgedeckt. Diese Gestaltung ist daher nur dann zu wählen, wenn stille Reserven in erheblichem Umfang nur in dem Grundstück, nicht aber in dem Betrieb enthalten sind.[7] Vorteil der Zurückbehaltung ist dann, dass Grunderwerbsteuer vermieden wird.

---

1 Art. 2 Buchst. j RL 2009/133/EG, ABl. EG Nr. L 310, S. 34.
2 Vgl. EuGH 15. 1. 2002 Rs. C-43/00, *Andersen og Jensen*, NWB DokID: UAAAB-72813.
3 BMF 25. 3. 1998, BStBl 1998 I 268 (Umwandlungssteuererlass), Tz. 20.08.
4 BFH 16. 2. 1996 I R 183/94, BStBl 1996 II 342.
5 BFH 16. 2. 1996 I R 183/94, BStBl 1996 II 342.
6 BFH 16. 2. 1996 I R 183/94, BStBl 1996 II 342.
7 *Neu*, GmbH-StB 2002, 356.

Unschädlich ist lediglich die Zurückbehaltung unwesentlicher Betriebsgrundlagen; dabei ist es unerheblich, ob diese Wirtschaftsgüter zum Teilwert in das Privatvermögen oder zum Buchwert in ein anderes Betriebsvermögen überführt werden. 2907

Eine Besonderheit existiert, wenn die Übertragerin selbst an der Übernehmerin beteiligt ist und die Anteile an der Übernehmerin auch eine wesentliche Betriebsgrundlage darstellen. Bei einer Einbringung würde die GmbH-Anteile an sich selbst erwerben – was handelsrechtlich nur beschränkt möglich ist – und dafür den Gesellschaftern neue Anteile gewähren. Aus Vereinfachungsgründen ist es in diesem Fall zulässig, dass die Anteile an der GmbH nicht eingebracht werden. Diese alten Anteile gelten jedoch als durch die Einbringung erworben.[1] Werden die Anteile an der Übernehmerin gleichwohl mit eingebracht (z. B. weil ansonsten der Buchwert des übergehenden Reinvermögens negativ ist und daher eine Teilaufdeckung der stillen Reserven zu erfolgen hätte), und werden diese Anteile durch die Übernehmerin innerhalb der 7-Jahres-Frist wieder veräußert, so entsteht hierdurch ein rückwirkend zu besteuernder Einbringungsgewinn II. Die Einziehung dieser Anteile durch die Übernehmerin wäre aus meiner Sicht hingegen ein unschädlicher Vorgang, da hier keine Übertragung der Anteile stattfindet. 2908

Bei einer KGaA ist nur die Einbringung gegen Gewährung von Kommanditaktionärsanteilen erfasst. Die durch eine Vermögenseinlage erlangte Stellung eines persönlich haftenden Gesellschafters ist kein Anteil an einer KapGes i. S. d. § 20 UmwStG. Da dieser eine Quasi-Mitunternehmerstellung erlangt, liegt ein Fall des § 24 UmwStG vor.[2] 2909

Eine 100%ige Beteiligung an einer KapGes wird künftig nicht mehr als fiktiver Teilbetrieb i. S. d. §§ 20 – 24[3] UmwStG angesehen. Allerdings ist der Anteilstausch als Einbringung einer Beteiligung in eine KapGes in § 21 UmwStG gesondert geregelt worden, was diese Fiktion zumindest für den Fall einer Einbringung in eine KapGes entbehrlich macht. Für die Fälle der Einbringung solcher Beteiligungen in PersGes muss nun künftig allerdings auf § 6 Abs. 5 EStG zurückgegriffen werden, mit der Folge, dass eine Sperrfrist ausgelöst wird und eine steuerlichen Rückwirkung nicht erlangt werden kann. 2910

Sollen bestimmte wesentliche Betriebsgrundlagen nicht mit auf die Übernehmerin übertragen werden, so stellt sich in der Gestaltungspraxis häufig die Frage, wie dies steuerunschädlich erreicht werden kann. Eine mögliche Gestaltungsidee ist in diesem Zusammenhang, die betreffende wesentliche Betriebsgrundlage vorher zu „separieren" und nach § 6 Abs. 5 EStG zu Buchwerten in eine andere PersGes zu überführen. Die Finanzverwaltung beurteilt dies gern als Gestaltungsmissbrauch. Der BFH hat im Urteil vom 25. 11. 2009[4] jedoch deutlich gemacht, dass er in dieser Vorgehensweise keinen Gestaltungsmissbrauch sieht, wenn die Übertragung auf Dauer erfolgt und deshalb an- 2911

1 BMF 25. 3. 1998, BStBl 1998 I 268 (Umwandlungssteuererlass), Tz. 20.11; UmwStEE i. d. F. vom 2. 5. 2011, Tz. 20.08.

2 *Patt* in Dötsch/Eversberg/Jost/Pung/Witt, § 20 Rn. 147; *Widmann* in Widmann/Mayer, § 20 UmwStG Rn. 476.

3 Die Rechtsauffassung, dass eine 100%ige Beteiligung keinen fiktiven Teilbetrieb i. S. d. § 24 UmwStG bildet, hat der BFH in dem Urteil 17. 7. 2008 I R 77/06, BStBl 2009 II, 464, zum Ausdruck gebracht. Auf dieses Urteil hatte die Finanzverwaltung zunächst noch mit einem Nichtanwendungserlass (Rundverfügung 20. 5. 2009 – IV C 6 S 2134) BStBl 2009 II 464 reagiert, sich nun aber in Tz. 24.02 UmwStEE der Auffassung des BFH angeschlossen; gl. A. *Menner* in H/M, § 20 Rn. 107.

4 BFH 25. 11. 2009 I R 72/08, BStBl 2010 II 471, Tz. 23.

dere wirtschaftliche Folgen auslöst als die Einbeziehung des betreffenden Wirtschaftsguts in den Einbringungsvorgang. Es ist jedoch davon auszugehen, dass die FinVerw diese Rechtsprechung des BFH nicht anerkennt und weiterhin in derartigen Fällen die Gesamtplanrechtsprechung anwendet.[1]

2912–2920 *(Einstweilen frei)*

f) Einbringung gegen Gewährung neuer Gesellschaftsrechte

2921 Die Einbringung hat gegen Gewährung neuer Gesellschaftsrechte zu erfolgen. Dies ist der Fall, wenn die Sacheinlage aus Anlass der Errichtung einer KapGes oder einer Erhöhung des Nennkapitals einer KapGes in Erfüllung der dadurch jeweils begründeten Einzahlungspflicht erbracht wird. Es ist ebenfalls möglich, über den Nominalbetrag der Kapitalerhöhung hinausgehende Beträge in die Kapitalrücklage zu stellen.[2]

2922 Nicht begünstigt ist nach dem eindeutigen Gesetzeswortlaut die Einbringung **gegen Ausgabe eigener Anteile**, die zuvor durch die KapGes zurückerworben wurden.[3] Es liegt in diesem Fall vielmehr ein Tauschvorgang vor, der zur Aufdeckung sämtlicher stiller Reserven führt, die beim Einbringenden nach den Grundsätzen von §§ 16, 34 EStG zu besteuern sind. Bei der KapGes liegt eine verdeckte Einlage vor, die aus steuerlicher Sicht zu Eigenkapital i. S. d. § 27 Abs. 1 KStG (steuerliches Einlagekonto) führt.

2923 Da die Gewährung neuer Anteile unverzichtbarer Bestandteil einer steuerneutralen Einbringung nach § 20 UmwStG ist, dürfen die Gesellschafter des übertragenden Rechtsträgers im Fall einer Verschmelzung einer PersGes auf eine KapGes auch nicht nach § 68 Abs. 1 Satz 3 UmwG freiwillig auf eine Kapitalerhöhung verzichten. Geschieht dies gleichwohl, sind die Voraussetzungen für eine steuerneutrale Umstrukturierung zu Buchwerten nicht gegeben und es sind sämtliche stillen Reserven aufzudecken. Aufgrund der Notwendigkeit der Ausgabe neuer Anteile ist darüber hinaus ein down-stream-merger einer 100%igen Mutter-PersGes auf ihre Tochter-KapGes grds. nicht steuerneutral möglich, denn für diese Fälle gibt es im UmwG ein Kapitalerhöhungsverbot.[4] Allerdings wäre zu prüfen, ob in einem solchen Fall auch von der Billigkeitsregelung der Tz. 20.08 UmwStEE Gebrauch gemacht werden kann. Da die Gesellschafter der übertragenden PersGes im Fall eines down-stream-mergers der PersGes auf ihre Tochter-KapGes als Einbringende i. S. d. § 20 UmwStG gelten,[5] müssten sie den in Tz. 20.08 UmwStEE beschriebenen Antrag stellen, dass sie damit einverstanden sind, dass die zurückbehaltenen Anteile an der übernehmenden KapGes künftig in vollem Umfang als Anteile zu behandeln sind, die durch eine Sacheinlage erworben worden sind (erhaltene Anteile).

---

1 Vgl. Tz. 20.06 UmwStEE i. d. F. vom 2. 5. 2011; Vfg. SH FinMin v. 22. 12. 2010, VI 308-S 1978c-006.

2 BMF 25. 3. 1998, BStBl 1998 I 268 (Umwandlungssteuererlass), Tz. 20.03; UmwStEE, Tz. E 20.12.

3 *Patt* in Dötsch/Eversberg/Jost/Pung/Witt, § 20 UmwStG Rn. 170; *Widmann* in Widmann/Mayer, § 20 UmwStG Rn. 469 sowie § 20 SEStEG Rn. 150; *Menner* in H/M, § 20, Rn. 188.

4 § 68 Abs. 1 Nr. 1 UmwG.

5 Vgl. Rn. 2879.

Die Anschaffungskosten der im Zuge der Einbringung gewährten Anteile bemessen sich nach dem Wert, mit dem die aufnehmende KapGes das übergehende Betriebsvermögen in ihrer Bilanz ansetzt. 2924

Verschiedentlich wird die Gründung einer KapGes derart als Bargründung gestaltet, dass der (die) Gründungsgesellschafter seinen (ihren) Gewerbebetrieb i. d. R. zu Buchwerten an die neu gegründete KapGes veräußert (veräußern) und der Kaufpreisanspruch mit dem Anspruch auf die zu erbringende Einlage verrechnet wird. Bei einer derartigen **verschleierten Sachgründung** ist die Gegenleistung für die Übertragung des Vermögens nicht die Gewährung neuer Anteile, sondern die Aufrechnung mit der Bareinlageverpflichtung. Aus diesem Grunde liegt kein Fall des § 20 UmwStG vor.[1] Damit liegt eine Betriebsveräußerung vor, so dass zwingend die Teilwerte inklusive des originären Firmenwerts anzusetzen sind.[2] 2925

Außerdem ist es zulässig, dass zusätzlich zu den „neuen" Anteilen auch eine weitere Gegenleistung (z. B. durch Einräumung einer Kapitalforderung der Überträgerin gegenüber der Übernehmerin) gewährt wird (§ 20 Abs. 3 Satz 3 UmwStG).[3] Die Steuerneutralität des Übertragungsvorgangs wird hierdurch nicht berührt, soweit der Wert der weiteren Gegenleistung den Buchwert des übergehenden Vermögens nicht übersteigt. Die Anschaffungskosten der außerdem gewährten neuen Anteile werden dann aber um diese sonstige Gegenleistung gekürzt. 2926

(Einstweilen frei) 2927–2935

g) Stichtag der Einbringung/steuerliche Rückwirkung

Zivilrechtlich wird die Umwandlung regelmäßig erst mit der Eintragung in das Handelsregister **wirksam.** Aus Gründen der Praktikabilität wird in § 20 Abs. 6 UmwStG die Möglichkeit eröffnet, der Umwandlung steuerlich eine Rückwirkung um max. acht Monate beizulegen. Nach § 20 Abs. 5 Satz 1 UmwStG kann dann das Einkommen und das Vermögen des Einbringenden und der übernehmenden KapGes auf Antrag so ermittelt werden, als ob das eingebrachte Betriebsvermögen mit Ablauf des steuerlichen Übertragungsstichtags übergegangen wäre. 2936

Bei einer Verschmelzung i. S. d. § 2 UmwG oder einer Spaltung i. S. d. § 123 UmwG ist der Stichtag der Bilanz des übertragenden Rechtsträgers entscheidend, der höchstens acht Monate vor der Anmeldung zur Eintragung in das Handelsregister liegen darf. In den übrigen Fällen, z. B. der Einbringung des Anteils an einer GbR, einer atypisch stillen Gesellschaft, darf die Einbringung auf einen Tag zurückbezogen werden, der höchstens acht Monate vor dem Tag des Abschlusses des Einbringungsvertrags liegt und höchstens acht Monate vor dem Zeitpunkt liegt, an dem das eingebrachte Betriebsvermögen auf die KapGes übergeht. 2937

Grundsätzlich sind die Konsequenzen der **Rückwirkung** nach § 20 Abs. 5, 6 UmwStG analog zu denen des § 2 Abs. 1 UmwStG. Allerdings bezieht sich die Rückwirkung nach 2938

1 BFH 1. 7. 1992 I R 5/92, BStBl 1993 II 131.

2 *Patt* in Dötsch/Eversberg/Jost/Pung/Witt, § 20 UmwStG Rn. 144.

3 Vgl. hierzu auch Rn. 2968.

§ 20 Abs. 7 Satz 2 UmwStG für die Ermittlung des Einkommens und des Gewerbeertrags nicht auf die nach dem steuerlichen Übertragungsstichtag erfolgten Entnahmen und Einlagen. Die Sachverhalte, die bei der PersGes als Entnahmen oder Einlagen zu qualifizieren sind, dürfen den Gewinn der KapGes nicht beeinflussen. Es handelt sich weder um verdeckte Gewinnausschüttungen noch um verdeckte Einlagen. Dementsprechend sind die Anschaffungskosten der Anteile[1] an der übernehmenden KapGes insoweit zu korrigieren.[2]

2939 Nach Ansicht der Finanzverwaltung hat die Rückbeziehung nicht zur Folge, dass Verträge, die die KapGes mit einem Gesellschafter abschließt, insbesondere Dienst-, Miet-, Pacht- und Darlehensverträge, als bereits im Zeitpunkt der Einbringung abgeschlossen gelten.[3] Werden jedoch Anteile an einer PersGes eingebracht, sind die entsprechenden Zahlungen aufgrund mit der PersGes bestehender Verträge ab dem Umwandlungsstichtag nicht mehr dem Gewinn des Personengesellschafters als Sondervergütung hinzuzurechnen. Diese Zahlungen sind stattdessen schon ab dem Stichtag Betriebsausgaben der KapGes soweit das vereinbarte Entgelt angemessen ist.

2940 Die steuerliche Rückbeziehung gilt auch für die Gewerbesteuer.[4] Die Rückbeziehung gilt jedoch nicht für die Verkehrssteuern. Umsätze, die bis zum Vollzug der Einbringung erzielt werden, unterliegen damit noch beim Einbringenden der Umsatzsteuer, obwohl die Zahlungen in die Gewinnermittlung der Übernehmerin eingehen.[5] Der Einbringende hat daher auch noch die entsprechenden Voranmeldungen vorzunehmen. Vor diesem Hintergrund ist darauf zu achten, dass Rechnungsein- und -ausgänge bis zum Vermögensübergang auf das einbringende Unternehmen lauten.[6] Die Betriebsveräußerung selbst im Ganzen ist gem. § 1 Abs. 1a UStG jedoch nicht umsatzsteuerbar.

2941 Auch die Lohnsteuer, die bis zum Zeitpunkt des Vollzugs der Einbringung entsteht, ist noch vom Einbringenden einzubehalten und abzuführen.[7]

2942–2945 *(Einstweilen frei)*

h) Bewertung des eingebrachten Betriebsvermögens

aa) Bestehende Wahlrechte

2946 Die steuerliche Systematik zur Ermittlung der Wertansätze bei den beiden beteiligten Rechtsträgern ist in Einbringungsfällen von der Tatsache geprägt, dass die Übertragerin selbst die im Gegenzug zu gewährenden Gesellschaftsrechte erhält. Hier findet also ein echtes „Anschaffungsgeschäft" statt. Aus diesem Grund kann die Übertragerin in Einbringungsfällen nicht in ihrer steuerlichen Schlussbilanz das Bewertungswahlrecht ausüben, sondern dieses liegt bei der Übernehmerin. Die Werte, mit denen die Über-

1 Vgl. § 20 Abs. 4 UmwStG, Rn. 1205 ff.
2 Vgl. *Schmitt* in Schmitt/Hörtnagl/Stratz, § 20 UmwStG Rn. 228.
3 BMF 25. 3. 1998, BStBl 1998 I 268 (Umwandlungssteuererlass), Tz. 20.21; UmwStEE i. d. F. vom 2. 5. 2011, Tz. 20.15.
4 *Fichtelmann*, GestStB 2002, 108.
5 *Fichtelmann*, GestStB 2002, 108.
6 *Neu*, GmbH-StB 2002, 356.
7 *Fichtelmann*, GestStB 2002, 108.

nehmerin das Vermögen ansetzt, gelten für die Übertragerin als Veräußerungspreis des Vermögens und als Anschaffungskosten der neuen Anteile.

Von dem Grundsatz, dass das Wahlrecht in der Steuerbilanz der übernehmenden Körperschaft ausgeübt wird, gilt eine Ausnahme bei der Einbringung von Mitunternehmeranteilen. Wird ein Mitunternehmeranteil eingebracht, übernimmt die übernehmende KapGes zwar die Mitunternehmerstellung des Einbringenden. Da aus steuerlicher Sicht der Mitunternehmeranteil kein Wirtschaftsgut darstellt, ist dessen Bilanzierung in der Bilanz der KapGes hingegen steuerlich irrelevant. Die Bewertung des übergehenden anteiligen Vermögens obliegt allein der PersGes. In deren Steuerbilanz inklusive Ergänzungsbilanz wird das Wahlrecht ausgeübt.[1] 2947

Die Regelungen zur Bewertung des übergehenden Vermögens und damit zu der Frage, ob die Vermögensübertragung ertragsteuerneutral ist oder nicht, sind vorrangig von dem Ziel der Wahrung des deutschen Besteuerungsrechts geprägt. 2948

Das neue Umwandlungssteuergesetz stellt hier ein Regel-Ausnahme-Prinzip auf, bei dem die Aufdeckung der stillen Reserven die Regel und die Buchwertfortführung die Ausnahme darstellt. 2949

Grundsatz:

Gemäß § 20 Abs. 2 UmwStG hat der übernehmende Rechtsträger die übergehenden Wirtschaftsgüter mit dem gemeinen Wert anzusetzen. Dies hat zur Folge, dass bei dem übertragenden Rechtsträger ein steuerpflichtiger Übertragungsgewinn in Höhe sämtlicher stiller Reserven entsteht. 2950

Ausnahme:

Allerdings kann die übernehmende Kapitalgesellschaft auf Antrag das Vermögen mit den bisherigen Buchwerten oder mit Zwischenwerten übernehmen, wenn die folgenden Voraussetzungen erfüllt sind: 2951

- Das übernommene Vermögen muss später bei der übernehmenden Körperschaft der Besteuerung mit Körperschaftsteuer unterliegen. Bei der Übernehmerin darf es sich daher nicht um eine steuerbefreite Körperschaft handeln.
- Das übernommene Betriebsvermögen darf kein negatives Kapital ausweisen. Die Buchwerte der übergehenden Passiva dürfen daher die der Aktiva nicht übersteigen. Ist dies gleichwohl der Fall, sind die Buchwerte der Aktiva so weit aufzustocken, bis das Kapital ausgeglichen ist. Der Aufstockungsgewinn unterliegt bei der Übertragerin der laufenden Besteuerung.
- Das Besteuerungsrecht der Bundesrepublik Deutschland darf nicht ausgeschlossen oder beschränkt werden. Hatte Deutschland also vor der Einbringung an dem übergehenden Betriebsvermögen das Recht, die laufenden Erträge und auch künftige Veräußerungsgewinne zu besteuern und geht dieses Recht durch die Einbringung verloren bzw. kann nur noch unter der Voraussetzung der Anrechnung ausländischer Steuer ausgeübt werden, so ist der Vermögensübergang nicht steuerneutral,

1 BFH 30. 4. 2003 I R 102/01, DB 2003, 2208.

sondern die übergehenden stillen Reserven sind durch den Ansatz der gemeinen Werte aufzudecken und der Versteuerung zu unterwerfen.

2952 Nicht erforderlich ist, dass das übergehende Betriebsvermögen vor der Einbringung im Inland belegen ist. Es ist auch möglich, eine ausländische Betriebsstätte in eine EU-Kapitalgesellschaft einzubringen. In diesen Fällen ist aber besonders genau zu prüfen, ob das Besteuerungsrecht Deutschlands ausgeschlossen oder beschränkt wird. Regelmäßig hat Deutschland an einer ausländischen Betriebsstätte kein Besteuerungsrecht, so dass ein solches auch nicht ausgeschlossen oder beschränkt werden kann. Dementsprechend sind solche Einbringungsvorgänge aus rein nationaler Sicht grundsätzlich steuerneutral möglich. Zwar ordnet das Gesetz in § 20 Abs. 3 Satz 2 UmwStG für diese Fälle an, dass für den Einbringenden insoweit der gemeine Wert des Betriebsvermögens im Zeitpunkt der Einbringung als Anschaffungskosten der Anteile gilt. Diese Regelung führt aber nicht zu einer Versteuerung der in dem ausländischen Betriebsvermögen ruhenden stillen Reserven, denn Deutschland hat auch diesbezüglich kein Besteuerungsrecht. Es ergeben sich lediglich entsprechend höhere Anschaffungskosten der erhaltenen Anteile. Hierdurch wird sicher gestellt, dass diese ausländischen stillen Reserven auch nicht mittelbar anlässlich einer späteren Veräußerung der erhaltenen Anteile in Deutschland der Besteuerung unterworfen werden. Hat Deutschland jedoch für die Gewinne einer ausländischen Betriebsstätte ein Besteuerungsrecht mit Anrechnungsverpflichtung und wird eine solche Anrechnungs-Betriebsstätte in eine andere deutsche Kapitalgesellschaft eingebracht, ändert sich an dem deutschen Besteuerungsrecht nichts. Erfolgt die Einbringung aber in eine in einem anderen EU-Land ansässige Kapitalgesellschaft, so wird Deutschland sein Besteuerungsrecht an dieser Betriebsstätte verlieren und der Einbringungsvorgang kann nicht steuerneutral vollzogen werden.

2953 Nach dem bisher geltenden Umwandlungssteuerrecht war bei Einbringungsvorgängen grundsätzlich die Maßgeblichkeit der Handelsbilanz für die Steuerbilanz zu beachten. Demgegenüber gibt das SEStEG die Bindung der Steuerbilanz an die Handelsbilanz auf. Vielmehr besteht nach neuem Recht für die übernehmende Körperschaft grundsätzlich die Verpflichtung zum Ansatz des übergehenden Vermögens mit dem gemeinen Wert. Bei Vorliegen bestimmter Voraussetzungen können jedoch auf Antrag Buchwerte oder Zwischenwerte angesetzt werden. Diese steuerlichen Wertansätze sind völlig unabhängig davon, welche Werte in der handelsrechtlichen Schlussbilanz des übertragenden Rechtsträgers und in der handelsrechtlichen Übernahmebilanz des übernehmenden Rechtsträgers angesetzt werden. Es gibt künftig weder eine Maßgeblichkeit, noch eine umgekehrte Maßgeblichkeit.

2954 Für die Handelsbilanz verbleibt es bei den bisher geltenden Regelungen. In der handelsrechtlichen Schlussbilanz der Überträgerin sind die Wirtschaftsgüter nach § 17 Abs. 2 UmwG mit den fortgeführten Buchwerten anzusetzen. Die Übernehmerin hat gem. § 24 UmwG dagegen ein Bilanzierungswahlrecht, die übergehenden Wirtschaftsgüter entweder mit ihren Buchwerten zu übernehmen, oder sie mit den Anschaffungskosten anzusetzen. Ein weiteres Bilanzierungswahlrecht besteht bei dem Gesellschafter der Überträgerin, der im Gegenzug für die Vermögensübertragung neue Anteile an der Übernehmerin erhält. Er kann die neuen Anteile mit dem Buchwert oder mit dem Zeitwert der hingegebenen Anteile ansetzen (Tauschgrundsätze). Auf dieser Ebene besteht somit die Möglichkeit, handelsrechtlich stille Reserven aufzudecken, ohne dass dies entsprechende steuerliche Konsequenzen nach sich zieht. Im Bereich der handelsrechtlichen Bilanzierung besteht somit faktisch eine größere Freiheit zur Ausnutzung bestehender Wahlrechte, als dies vor dem Inkrafttreten des SEStEG der Fall war.

Bestehen bei der übertragenden PersGes Ergänzungsbilanzen, so können diese nach der Einbringung bei der übernehmenden KapGes naturgemäß nicht fortgeführt werden. Wird eine steuerliche Buchwertfortführung angestrebt, sind in der Steuerbilanz der aufnehmenden GmbH die Buchwerte daher einschließlich der Werte in den Ergänzungsbilanzen anzusetzen.[1] Bei positiven Ergänzungsbilanzen erhöhen sich demnach die steuerlichen Buchwerte entsprechend. Bei negativen Ergänzungsbilanzen kommt es nicht zur Gewinnrealisierung, vielmehr werden auch hier die steuerlichen (niedrigeren) Buchwerte fortgeführt.[2] 2955

Die Differenzen zwischen handelsrechtlichem und steuerlichem Wertansatz, die sich aus positiven oder negativen Ergänzungsbilanzen ergeben, stellen in der Steuerbilanz einen Bestandteil des steuerlichen Eigenkapitals dar, der dem steuerlichen Einlagekonto gem. § 27 KStG zu- bzw. abzurechnen ist. Die sich bei abnutzbaren Wirtschaftsgütern ergebenden Mehr- und Minderabschreibungen kommen der übernehmenden GmbH insgesamt zugute, obwohl sie zuvor einzelnen Gesellschaftern zugeordnet waren. Ein Ausgleich dafür kann durch Korrektur der Beteiligungsquote, inkongruente Gewinnausschüttung oder Ausgleichszahlungen zwischen den Gesellschaftern gewährt werden. 2956

Zudem ist zu beachten, dass die Anschaffungskosten des jeweiligen Gesellschafters für die neuen Anteile an der übernehmenden Körperschaft sich bei einer positiven Ergänzungsbilanz erhöhen und bei einer negativen vermindern.[3] 2957

Die so ermittelten Werte sind ggf. zu erhöhen um aktivierungspflichtige Anschaffungsnebenkosten. Dazu gehört z. B. die bei der Verschmelzung einer grundbesitzenden PersGes auf eine KapGes entstehende Grunderwerbsteuer.[4] 2958

(Einstweilen frei) 2959–2965

bb) Beschränkung des Wahlrechts aus sachlichen Gründen

Die Fortführung der Buchwerte wird im Übrigen in den nachfolgenden Fällen ausgeschlossen: 2966

Übersteigen die Passivposten des eingebrachten Betriebsvermögens **die Aktivposten,** übernimmt die KapGes formal keinen positiven Vermögenswert, obwohl unter Einbeziehung der stillen Reserven ein positives Betriebsvermögen vorhanden ist. Für diesen Fall sieht § 20 Abs. 2 Satz 4 UmwStG eine Bewertung vor, durch die sich Aktiv- und Passivposten ausgleichen, also zumindest einen Zwischenwertansatz. Dabei ist das Eigenkapital nicht zu berücksichtigen. Eine Aufdeckung sämtlicher stiller Reserven ist je- 2967

1 *Neu*, GmbH-StB 2002, 356; *Schmitt* in Schmitt/Hörtnagl/Stratz, UmwStG § 20 Rn. 255.
2 BMF 25. 3. 1998, BStBl 1998 I 268 (Umwandlungssteuererlass), Tz. 20.29.
3 *Neu*, GmbH-StB 2002, 356.
4 BFH 17. 9. 2003 I R 97/02, GmbHR 2004, 59.

doch nicht zwingend erforderlich. Auch eine weitergehende Aufstockung bis zur Höhe des Nennwerts der ausgegebenen neuen Anteile ist in der Steuerbilanz nicht notwendig. Insoweit ist – entsprechend der schon vor dem SEStEG geltenden Rechtslage – die Bildung eines entsprechenden aktiven Ausgleichspostens zulässig.[1] In Einzelfällen kann es sein, dass der Einbringende einzelne Wirtschaftsgüter in seiner Steuerbilanz mit einem über dem Teilwert/gemeinen Wert liegenden Buchwert angesetzt hat, weil trotz dauernder Wertminderung in der Steuerbilanz keine Abschreibung vorgenommen worden ist.[2] Dies kann z. B. erfolgt sein, um einen bereits vorhandenen Verlustvortrag nicht noch weiter zu erhöhen. Nach Ansicht der FinVerw kann die Übernehmerin nicht nur einen solchen über dem gemeinen Wert liegenden Buchwert übernehmen und fortführen, sondern sie muss dieses sogar, es sei denn, der gemeine Wert des gesamten eingebrachten Vermögens liegt unter der Summe der Buchwerte.[3]

2968 Grundsätzlich eröffnet § 20 UmwStG die Möglichkeit, dass neben Gesellschaftsrechten auch **andere Wirtschaftsgüter** als Gegenleistung für die Einbringung des Vermögens gewährt werden können. Als andere Wirtschaftsgüter kommen u. a. in Betracht die Leistung einer Barzahlung, die Einräumung eines Darlehens, die Hingabe anderer Wirtschaftsgüter, z. B auch eigener Anteile. Ein Darlehen wird vielfach dann gewährt, wenn bei Einbringung eines Betriebs in eine neu zu errichtende KapGes der Überschuss der Aktiva über die Passiva nicht insgesamt die Qualität von Nennkapital oder Kapitalrücklagen erhalten soll. Im Übrigen können durch die Gewährung anderer Wirtschaftsgüter Ungleichgewichte im Verhältnis zwischen den Gesellschaftern ausgeglichen werden. Durch die Gewährung von Wirtschaftsgütern ist somit anteilig ein steuerfreier Buchwertverkauf möglich. Zu beachten ist jedoch, dass es zu einer Buchwertaufstockung und damit der Entstehung eines Einbringungsgewinns kommt, wenn und soweit der gemeine Wert der zusätzlich zu den Gesellschaftsrechten gewährten anderen Wirtschaftsgüter den Buchwert des eingebrachten Betriebsvermögens übersteigt. Außerdem darf auch bei Gewährung anderer Wirtschaftsgüter der Teilwert des eingebrachten Vermögens nicht überschritten werden. Ist der gemeine Wert der Leistungen höher als der Teilwert des eingebrachten Betriebs, so liegt insoweit eine verdeckte Gewinnausschüttung vor.[4]

2969 **Pensionszusagen**, die eine PersGes ihren Gesellschaftern erteilt, dürfen nach § 15 Abs. 1 Satz 1 Nr. 2 EStG den Gesamtgewinn der PersGes nicht mindern. Wie dies bilanziell darzustellen ist, hat sich im Verlauf der letzten Jahre jedoch mehrfach geändert und für einzelne Ausweismöglichkeiten gibt es verschiedene Übergangsfristen. Diese sind im einzelnen dargestellt im BMF-Schreiben vom 29. 1. 2008.[5] Die Behandlung der Pensionszusagen in Einbringungsfällen ist abhängig von der Frage, wie die Zusage bisher bilanziert worden ist.

1 BMF 25. 3. 1998, BStBl 1998 I 268 (Umwandlungssteuererlass), Tz. 20.27; UmwStEE i. d. F. vom 2. 5. 2011, Tz. 20.19.

2 Wertbeibehaltungswahlrecht gem. § 6 Abs. 1 Nr. 1 Satz 2 EStG.

3 UmwStEE i. d. F. vom 2. 5. 2011, Tz. 20.17.

4 *Widmann* in Widmann/Mayer, § 20 UmwStG Rn. 1165, 1177.

5 BMF-Schreiben 29. 1. 2008, BStBl 2008 I 317.

- Wurde bisher entweder die Pensionszusage gar nicht bilanziell abgebildet (Behandlung als reine Gewinnverteilungsabrede) oder aber in der Gesamthandsbilanz passiviert und anteilig in den Sonderbilanzen aller Gesellschafter durch Aktivierung neutralisiert, und wurde diese Art des Ausweises nach Tz. 20 des o. g. BMF-Schreibens weiterhin beibehalten, so gilt der Ausweis des Passivposten bei der übernehmenden KapGes als sonstige Gegenleistung i. S. d. § 20 Abs. 2 Satz 4 UmwStG.[1]
- Wird bereits nach Maßgabe der neueren BFH-Rechtsprechung bilanziert und steht demgemäß dem Passivposten in der Gesamthandsbilanz nur noch ein gleich hoher Aktivposten in der Sonderbilanz des begünstigten Mitunternehmers gegenüber, so stellt die Übernahme des Passivpostens durch die übernehmende KapGes keine sonstige Gegenleistung dar. Die in der Sonderbilanz ausgewiesene Forderung kann von dem begünstigten Mitunternehmer entnommen werden, was einen entsprechenden Ertrag auslöst, wenn der Teilwert des Pensionsanspruchs den aktivierten Wert der Forderung übersteigt. Soll die Entstehung eines derartigen Ertrags vermieden werden, kann die Forderung auf Antrag sog. Restbetriebsvermögen des ehemaligen Mitunternehmers i. S. v. § 15 EStG bleiben.[2]

(Einstweilen frei) 2970–2975

cc) Ausübung des Wahlrechts

Der Antrag auf Ansatz von unter dem gemeinen Wert liegenden Werten ist spätestens bis zur erstmaligen Abgabe der steuerlichen Schlussbilanz bei dem für die Besteuerung der übernehmenden Gesellschaft zuständigen Finanzamt zu stellen (§ 20 Abs. 2 Satz 3 UmwStG). Eine anderweitige Ausübung der einmal getroffenen Wahl nach den Grundsätzen einer Bilanzänderung i. S. d. § 4 Abs. 2 Satz 2 EStG ist nicht zulässig.[3] 2976

Zumeist wird die Wahl der Buchwertfortführung sinnvoll sein. Ein Zwischenwertansatz ist aber dann zu erwägen, wenn der übertragende Rechtsträger über Verlustvorträge verfügt, so dass diesem trotz Entstehung eines Übertragungsgewinns keine Steuerlast entsteht, die übernehmende GmbH jedoch höhere Abschreibungen geltend machen kann.[4] Ist einer der Mitunternehmer der einbringenden PersGes eine natürliche Person, die älter als 55 Jahre oder berufsunfähig im sozialversicherungsrechtlichen Sinne ist, so kann u. U. wegen der möglichen Steuervergünstigungen gem. §§ 34 Abs. 3 und 16 Abs. 4 EStG auch der Ansatz des gemeinen Wertes sinnvoll sein. Es ist dabei im Einzelfall zu ermitteln, ob die u. U. ermäßigte Besteuerung des Einbringungsgewinns gegenüber der vollen Abzugsfähigkeit der Abschreibungen auf der Ebene der GmbH einen Vor- oder Nachteil darstellt.[5] 2977

Ergeben sich durch eine Außenprüfung bei dem eingebrachten Betriebsvermögen für die Zeit vor der Einbringung Abweichungen gegenüber den bisherigen Steuerbilanz- 2978

---

1 UmwStEE i. d. F. vom 2. 5. 2011, Tz. 20.31 i. V. m. BMF v. 25. 3. 1998 (Umwandlungssteuererlass), BStBl 1998 I 268, Tz. 20.41 ff.

2 UmwStEE i. d. F. vom 2. 5. 2011, Tz. 20.30

3 BMF 25. 3. 1998, BStBl 1998 I 268 (Umwandlungssteuererlass), Tz. 20.33; UmwStEE i. d. F. vom 2. 5. 2011, Tz. 20.20.

4 *Neu*, GmbH-StB 2002, 356.

5 *Neu*, GmbH-StB 2002, 356.

werten, sind diese auch bei der KapGes zu berichtigen, wenn sich bei einer Einbringung zu Buchwerten durch die Betriebsprüfungsfeststellungen Änderungen dieser Buchwerte ergeben haben. Erfolgte die Einbringung zu Zwischenwerten, verbleibt es bei diesen Werten, sofern der eingebuchte Wert danach noch als ein zulässiger Zwischenwert anzusehen ist.

2979 Sollen nicht sämtliche stillen Reserven aus Anlass der Einbringung aufgedeckt werden, ist es erforderlich, dass bei allen in Betracht kommenden Wirtschaftsgütern die stillen Reserven in gleichmäßigem Umfang nach der Stufentheorie aufgedeckt werden.[1] In diesem Zusammenhang gehören zum gemeinen Wert halb fertiger Arbeiten auch darin enthaltene anteilige Gewinne.[2] Ein etwaiger Geschäfts- oder Firmenwert darf jedoch erst nach vollständiger Aufdeckung der stillen Reserven der einzelnen Wirtschaftsgüter aufgedeckt werden.

2980 Zu den nicht versteuerten stillen Reserven gehören auch die sog. **steuerfreien Rücklagen**, z. B. nach § 6b EStG. Auf die Auflösung dieser Rücklagen kann so lange verzichtet werden, als nicht sämtliche stillen Reserven – inklusive des Firmenwerts – aufgedeckt werden. Maßgebend dafür ist, dass dann noch ein Sachverhalt vorliegt, bei dem der Gesetzgeber auch nach neuer Rechtslage die aufnehmende KapGes (noch) als Gesamtrechtsnachfolger des eingebrachten Betriebs ansieht, vgl. insoweit § 23 Abs. 1 i.V. m. § 12 Abs. 3 Satz 1 UmwStG.

2981–2985 *(Einstweilen frei)*

i) Steuerliche Konsequenzen bei der aufnehmenden Gesellschaft

2986 Bei dem Ansatz **gemeiner Werte** gelten gem. § 22 Abs. 3 Halbsatz 1 UmwStG die Wirtschaftsgüter als von der KapGes zu diesem Wert angeschafft. Ein Eintritt in die Rechtsstellung der PersGes erfolgt nicht. Die Gesellschaft ist daher steuerlich unabhängig in der Ausübung von Bewertungswahlrechten etc.

2987 Setzt die Übernehmerin das übergehende Betriebsvermögen mit unter den gemeinen Werten liegenden Werten an, tritt sie insoweit in die Rechtsstellung des Einbringenden ein (§ 23 Abs. 1 i.V. m. § 12 Abs. 3 Satz 1 UmwStG. Dies entspricht der auch schon vor der Einführung des SEStEG geltenden Rechtslage.

2988 Für den Fall der **Buchwerteinbringung** bedeutet dies:[3]

- Bezüglich der Bewertung, Absetzungen für Abnutzungen ist sie an die zuvor gewählten Ansätze gebunden. So muss sie z. B. die gewählte, lineare Abschreibungsmethode beibehalten.
- Die Gesellschaft führt die den steuerlichen Gewinn mindernden Rücklagen fort.
- Außerplanmäßige Abschreibungen durch das Einzelunternehmen sind bei Wegfall der Wertminderung zu korrigieren.

---

1 *Neu*, GmbH-StB 2002, 356.

2 BFH 10. 7. 2002 I R 79/01, BStBl 2002 II 784.

3 *Niehus/Wilke*, D IV 2.3.4.1, S. 157 ff.

- Kommt es für die steuerliche Bewertung auf die Dauer der Zugehörigkeit eines Wirtschaftsgutes zum Betriebsvermögen an, so ist gem. § 23 Abs. 1 i.V. m. 4 Abs. 2 Satz 3 UmwStG auf den Erwerbszeitpunkt durch den übertragenden Rechtsträger abzustellen.

Auch bei der **Zwischenwerteinbringung** tritt die Gesellschaft gem. § 23 Abs. 1 i.V. m. 2989
§ 12 Abs. 3 UmwStG grundsätzlich in die Rechtsstellung des Einzelunternehmens. Jedoch ist bei der Zwischenwerteinbringung eine Besitzzeitanrechnung ausgeschlossen.[1] Bezüglich der Berechnung der künftigen Abschreibungen regelt § 23 Abs. 3 UmwStG Folgendes:

- Die Absetzungen für Abnutzung oder Substanzverringerung nach § 7 Abs. 1, 4, 5 und 6 EStG sind vom Zeitpunkt der Einbringung an nach den AK/HK des Einbringenden, vermehrt um den Unterschiedsbetrag zwischen dem Buchwert der einzelnen Wirtschaftsgüter und dem Wert, mit dem die KapGes die Wirtschaftsgüter ansetzt, zu bemessen.
- Bei den Absetzungen für Abnutzung nach § 7 Abs. 2 EStG tritt im Zeitpunkt der Einbringung an die Stelle des Buchwerts der einzelnen Wirtschaftsgüter der Wert, mit dem die KapGes die Wirtschaftsgüter ansetzt. Diese Regelung ist allerdings nur noch auf Wirtschaftsgüter anwendbar, die von dem Einbringenden vor dem 1. 1. 2011 angeschafft worden sind.[2]

Gemäß § 23 Abs. 5 UmwStG kann die KapGes den Gewerbeverlust der PersGes gem. 2990
§ 10a GewStG auch bei steuerlicher Rechtsnachfolge nicht nutzen.

Erfolgt die Einbringung in eine bereits bestehende KapGes und bestanden vor der Ein- 2991
bringung Geschäftsbeziehungen mit dem nunmehr einzubringenden Betrieb, die zum Zeitpunkt der Einbringung zum Ausweis von gegenseitigen Forderungen und Verbindlichkeiten einschließlich Rückstellungen wegen ungewisser Verbindlichkeiten geführt haben, entfallen diese mit der Einbringung durch die Vereinigung von Gläubiger und Schuldner. Die dadurch entstehenden Konfusionsgewinne können nach § 23 Abs. 6 i.V. m. § 6 Abs. 1 und 3 UmwStG in eine den steuerlichen Gewinn mindernde Rücklage eingestellt werden, die in den auf die Bildung folgenden drei Wirtschaftsjahren zu mindestens je einem Drittel aufzulösen ist.

Verfügt die aufnehmende KapGes im Zeitpunkt der Einbringung über einen körper- 2992
schaftsteuerlichen und gewerbesteuerlichen Verlustvortrag, stellt sich die Frage, ob der Einbringungsvorgang die künftige Nutzung dieser Verlustvorträge hindern kann. Nach den Grundsätzen des § 8 Abs. 4 KStG a. F. verliert die KapGes die wirtschaftliche Identität und damit die Berechtigung zum Verlustabzug, wenn mehr als die Hälfte der Anteile gewechselt haben und die KapGes ihren Geschäftsbetrieb mit überwiegend neuem Betriebsvermögen fortführt. Als derartiges neues Betriebsvermögen gilt auch das gem.

1 BFH 26. 2. 1992 I R 7/91, BStBl 1992 II 988.

2 Durch das Unternehmensteuerreformgesetz 2008 ist die degressive Abschreibung abgeschafft worden (vgl. § 52 Abs. 21a Satz 2 EStG). Durch das Gesetz zur Umsetzung steuerrechtlicher Regelungen des Maßnahmenpakets „Beschäftigungssicherung durch Wachstumsstärkung“ wurde die Vorschrift dann aber für Wirtschaftsgüter, die nach dem 31. 12. 2008 und vor dem 1. 1. 2011 angeschafft oder hergestellt worden sind, wieder „reaktiviert“.

§ 20 UmwStG eingebrachte Vermögen. Nach der Übergangsregelung des § 34 Abs. 6 Satz 3 KStG kann eine solche schädliche Betriebsvermögenszuführung noch zum 1. 1. 2013 erfolgen. Durch das Unternehmensteuerreformgesetz 2008 wurde § 8 Abs. 4 KStG a. F. aufgehoben und stattdessen wurde § 8c KStG geschaffen. Nach dieser Regelung gehen Verlustvorträge bereits dann anteilig unter, wenn innerhalb von 5 Jahren mittelbar oder unmittelbar mehr als 25 % des gezeichneten Kapitals an einer Körperschaft an einen Erwerber übertragen werden. Ein Einbringender i. S. d. § 20 UmwStG ist als ein solcher Erwerber anzusehen. Kommt es anlässlich der Einbringung sogar zu einer Verschiebung der Beteiligungsquote zugunsten des Einbringenden von mehr als 50 %, dann sind sämtliche Verlustvorträge der Übernehmerin nicht mehr steuerlich nutzbar. Eine Ausnahme besteht jedoch seit dem 1. 1. 2010 immer dann, wenn die sog. Konzernklausel des § 8c Abs. 1 Satz 5 KStG in Anspruch genommen werden kann oder wenn die den Verlustvortrag innehabende KapGes über genügend stille Reserven verfügt (§ 8c Abs. 1 Satz 6 KStG).

2993–2995 *(Einstweilen frei)*

j) Rechtsfolgen beim Einbringenden

aa) Steuerliche Folgen im Zeitpunkt der Einbringung

2996 Die Einbringung gegen Gewährung neuer Gesellschaftsanteile ist ein Tausch, wie aus § 20 Abs. 3 UmwStG deutlich wird. Danach gilt der Wert, mit dem die KapGes das eingebrachte Betriebsvermögen ansetzt, beim Einbringenden als dessen **Veräußerungspreis** und zugleich als Anschaffungskosten der erlangten Gesellschaftsanteile. Bei Fortführung der Buchwerte des eingebrachten Betriebs durch die aufnehmende KapGes entsteht deswegen kein Gewinn. Durch die Aufdeckung stiller Reserven wird hingegen ein Gewinn realisiert. Dieser Gewinn unterliegt grundsätzlich der Besteuerung. Der Einbringende kann jedoch – bei Vorliegen der übrigen Voraussetzungen – den Gewinn gem. § 6b EStG reduzieren, indem er eine Rücklage für zukünftige Investitionen bildet.[1]

2997 Ist Einbringender eine natürliche Person und handelt es sich bei dem Einbringungsgegenstand weder um Anteile an Kapitalgesellschaften noch um Teil-Mitunternehmeranteile, sondern um einen Betrieb, einen Teilbetrieb oder einen Mitunternehmeranteil, unterliegt der Einbringungsgewinn gem. § 20 Abs. 4 UmwStG den Steuervergünstigungen für Veräußerungsgewinne gem. §§ 16, 34 EStG, wenn es durch den Ansatz der gemeinen Werte zu einer Aufdeckung sämtlicher stillen Reserven kommt.

2998 Der Einbringungsgewinn unterliegt als nicht laufender Gewinn jedoch grds. nicht der Gewerbesteuer.[2] Eine Ausnahme gilt jedoch, wenn es sich bei dem übergehenden Vermögen um den Betrieb oder einen Teilbetrieb einer PersGes oder um einen Mitunternehmeranteil handelt, soweit der Einbringungsgewinn nicht auf eine natürliche Person als unmittelbar beteiligter Mitunternehmer entfällt (§ 7 Satz 2 GewStG).

2999 Die Anschaffungskosten der erlangten Anteile entsprechen für den Regelfall dem Wert, mit dem das eingebrachte Betriebsvermögen bei der KapGes angesetzt wird. Werden

1 UmwStEE i. d. F. vom 2. 5. 2011, Tz. 20.27.

2 BFH 28. 2. 1990 I R 92/86, BStBl 1990 II 699.

allerdings neben den Anteilen andere Wirtschaftsgüter gewährt, mindert deren gemeiner Wert gem. § 20 Abs. 3 Satz 3 UmwStG die Anschaffungskosten der neuen Anteile.

Eine Sonderregelung gilt, wenn sich in dem übergehenden Betriebsvermögen auch ein- 3000
bringungsgeborene Anteile alten Rechts befinden, bei denen die 7-Jahres-Frist des § 8b Abs. 4 KStG a. F. noch nicht abgelaufen ist. Nach § 20 Abs. 3 Satz 4 UmwStG gelten auch die erhaltenen Anteile insoweit als einbringungsgeboren i. S. d. § 21 Abs. 1 UmwStG a. F. Grundsätzlich gilt das gesamte bisher geltende System der Besteuerung einbringungsgeborener Anteile, also § 21 UmwStG a. F. sowie § 8b Abs. 4 KStG a. F. für diese Anteile weiter (vgl. Anwendungsvorschriften des § 27 Abs. 3 Nr. 3 UmwStG sowie § 34 Abs. 7a KStG). Werden einbringungsgeborene Anteile also innerhalb der 7-Jahres-Frist des § 8b Abs. 4 KStG a. F. veräußert, so unterliegt dieser Veräußerungsgewinn der vollen Besteuerung im Veranlagungszeitraum der Veräußerung. Dasselbe gilt, wenn einer der in § 21 Abs. 2 UmwStG a. F. geregelten Ersatzrealisationstatbestände verwirklicht wird. Durch die Regelung des § 20 Abs. 3 Satz 4 UmwStG können also auch nach dem derzeit geltenden Recht noch einbringungsgeborene Anteile entstehenden, für die dann die alten Besteuerungsregeln weiter gelten.

(Einstweilen frei) 3001–3005

bb) Veräußerung der erhaltenen Anteile an der übernehmenden Kapitalgesellschaft

Nach der bis Ende 2006 geltenden Rechtslage waren diese „einbringungsgeborenen" 3006
Anteile sieben Jahre lang steuerverhaftet, mit der Folge, dass bei einer Veräußerung innerhalb dieser Frist der sich hieraus ergebende Gewinn in voller Höhe der Besteuerung zu unterwerfen war und die Begünstigungen des Halbeinkünfteverfahrens bzw. der Steuerfreistellung nicht in Anspruch genommen werden konnten. Der Sinn dieser 7-Jahres-Frist war eine Missbrauchsverhinderung, denn andernfalls wäre es möglich gewesen, Betriebe oder Teilbetriebe, deren unmittelbare Veräußerung voll steuerpflichtig gewesen wäre, kurz vor der Veräußerung zu Buchwerten in eine Kapitalgesellschaft einzubringen und anschließend die Anteile an dieser Gesellschaft steuerbegünstigt zu verkaufen. Sind derartige einbringungsgeborene Anteile nach altem Recht entstanden, bleibt für diese das bisherige Besteuerungsregime bestehen.[1] Darüber hinaus können auch nach neuer Rechtslage noch solche einbringungsgeborenen Anteile neu entstehen.[2]

Nach der durch das SEStEG eingeführten Rechtslage gibt es auch weiterhin eine 7-jäh- 3007
rige Missbrauchsfrist. Allerdings sind die steuerlichen Konsequenzen bei einem Anteilsverkauf innerhalb dieser Frist völlig andere, als dies bis 2006 der Fall war.

Kommt es bei erhaltenen Anteilen innerhalb der 7-Jahres-Frist zu einer schädlichen Ver- 3008
äußerung, so ist nicht der gesamte Veräußerungsgewinn in voller Höhe steuerpflichtig, sondern dieser Veräußerungsgewinn wird rechnerisch aufgeteilt auf die stillen Reserven, die schon zum Zeitpunkt der Einbringung vorhanden waren und daher von dem übertragenden auf den übernehmenden Rechtsträger übergegangen sind und auf die

1 § 27 Abs. 3 Nr. 3 UmwStG.

2 Vgl. hierzu auch Rn. 3000.

stillen Reserven, die von dem übernehmenden Rechtsträger seit dem Einbringungsvorgang neu erwirtschaftet wurden.

3009 Zu diesem Zweck ist zunächst der gemeine Wert des übergegangenen Vermögens zum Zeitpunkt der Einbringung zu ermitteln. Die Differenz zwischen dem gemeinen Wert des übergegangenen Vermögens und dem bei der Übernehmerin tatsächlich angesetzten Buchwert oder Zwischenwert ist der sog. Einbringungsgewinn I (§ 22 Abs. 1 Satz 3 UmwStG). Dies ist der Betrag an stillen Reserven, der anlässlich der Einbringung unversteuert auf den übernehmenden Rechtsträger übergegangen ist.

3010 Dieser Einbringungsgewinn I ist jedoch nicht in voller Höhe zu versteuern, sondern er mindert sich jedes Jahr um 1/7. Je größer also der Zeitraum zwischen der steuerbegünstigten Einbringung und der schädlichen Anteilsveräußerung ist, desto geringer ist der nachzuversteuernde Betrag.

3011 Die Veräußerung stellt ein rückwirkendes Ereignis i. S. d. § 175 Abs. 1 Satz 1 Nr. 2 AO dar. Der Einbringungsgewinn I wird daher auf den Zeitpunkt der ursprünglichen Einbringung korrigiert, die entsprechenden Steuerbescheide sind anzupassen. Es wird – mit allen Konsequenzen auch für die Anschaffungskosten des übergehenden Vermögens und der erhaltenen Anteile – unterstellt, die Einbringung sei derzeit zu Werten vorgenommen worden, die um den nunmehr nachzuversteuernden Betrag höher waren als dies tatsächlich ursprünglich der Fall war.

3012 Der Restbetrag des sich durch die Anteilsveräußerung ergebenden Veräußerungsgewinns unterliegt allgemeinen Besteuerungsgrundsätzen, also der Halbeinkünftebesteuerung oder der Steuerfreistellung nach § 8b Abs. 2 KStG.

BEISPIEL: Einbringung eines Teilbetriebs in eine inländische Kapitalgesellschaft

Die M-GmbH gliedert zum steuerlichen Übertragungsstichtag 31. 12. 01 einen Teilbetrieb (TB) zur Neugründung nach § 123 Abs. 3 UmwG auf die T-GmbH aus. Der Wert des übertragenen Betriebsvermögens beträgt:

Buchwert	3 Mio. €
gemeiner Wert	10 Mio. €.

Steuerlich liegt eine Einbringung nach § 20 Abs. 1 UmwStG vor, die auf Antrag zu Buchwerten erfolgt. Daher wird bei der T-GmbH als übernehmendem Rechtsträger das übernommene Vermögen im Saldo mit 3 Mio. € angesetzt. Die M-GmbH weist entsprechende Anschaffungskosten für den Geschäftsanteil an der T-GmbH i. H. v. 3 Mio. € aus. Der im Rahmen der Einbringung an die M-GmbH gewährte Anteil ist als erhaltener Anteil i. S. d. § 22 Abs. 1 UmwStG zu qualifizieren.

Variante a:

Die M-GmbH veräußert die erhaltenen Anteile im Jahr 07 für einen Kaufpreis von 15 Mio. €

LÖSUNG: Aufgrund der schädlichen Anteilsveräußerung innerhalb der 7-Jahres-Frist besteht zunächst die Notwendigkeit, die Höhe der im Zeitpunkt der Einbringung übergegangenen stillen Reserven (sog. Einbringungsgewinn I) zu ermitteln. Dieser Gewinn beträgt 7 Mio. € und ergibt sich aus der Differenz zwischen dem gemeinen Wert des übergegangenen Vermögens zum Zeitpunkt der Einbringung (hier 10 Mio. €) und dem Wert, mit dem die Wirtschaftsgüter bei der übernehmenden T-GmbH angesetzt worden sind, in dem hier vorliegenden Fall also dem Buchwert i. H. v. 3 Mio €.

Dieser Einbringungsgewinn I mindert sich nun um 1/7 für jedes seit der Einbringung abgelaufene volle Jahr, in dem hier vorliegenden Fall also um 5/7.

Einbringungsgewinn I	7 Mio. €
Verringerungsbetrag 5 x 1/7	- 5 Mio. €
steuerpflichtiger Einbringungsgewinn I	2 Mio. €

Der so ermittelte Einbringungsgewinn I unterliegt bei der M-GmbH der vollen Besteuerung mit Körperschaft- und Gewerbesteuer. Die schädliche Anteilsveräußerung (oder das gleichgestellte Ereignis) stellt nach § 22 Abs. 2 Satz 2 UmwStG in Bezug auf die Steuerfestsetzung beim Einbringenden im Einbringungsjahr ein rückwirkendes Ereignis i. S. d. § 175 Abs. 1 Satz 1 Nr. 2 AO dar.

In einem zweiten Schritt ist der verbleibende Veräußerungsgewinn zu ermitteln. Hierbei wird unterstellt, die Ausgliederung wäre derzeit nicht zum Buchwert erfolgt, sondern zu einem Zwischenwert unter Aufdeckung stiller Reserven in Höhe des nunmehr nachzuversteuernden Einbringungsgewinns I. Die Anschaffungskosten der aus dem Einbringungsvorgang hervorgegangenen Anteile sind somit um 2 Mio. € zu erhöhen.

Anschaffungskosten aus 01	3 Mio. €
steuerpflichtiger Einbringungsgewinn aus 07	+ 2 Mio. €
korrigierte Anschaffungskosten	5 Mio. €

Daraus ergibt sich wiederum für die Ermittlung des verbleibenden Veräußerungsgewinns folgende Berechnung:

Veräußerungspreis in 07	15 Mio. €
abzüglich der korrigierten Anschaffungskosten	- 5 Mio. €
Veräußerungsgewinn	10 Mio. €

Der Veräußerungsgewinn wird nach § 8b Abs. 2 KStG besteuert. Er ist also in dem hier vorliegenden Fall steuerfrei, nur i. H. v. 5 % wird nach § 8b Abs. 3 KStG eine fiktive nicht abziehbare Betriebsausgabe angesetzt. Handelte es sich bei dem Veräußerer um eine natürliche Person, unterläge der Veräußerungsgewinn der Halbeinkünftebesteuerung.

Die Fiktion, die Einbringung sei nachträglich zu Zwischenwerten erfolgt, hat auch Auswirkungen auf die Wertansätze der übergegangenen Wirtschaftsgüter, denn auch diese werden bei der Übernehmerin rückwirkend um den Betrag aufgestockt, der als Einbringungsgewinn I anlässlich der schädlichen Veräußerung innerhalb der 7-Jahres-Frist zu versteuern ist, in dem hier vorliegenden Beispiel also um 2 Mio. €. Allerdings ist diese Aufstockung nicht rückwirkend zum Einbringungszeitpunkt vorzunehmen, sondern erst zum Zeitpunkt der schädlichen Anteilsveräußerung. Die Aufstockung ist wirtschaftsgutbezogen. Voraussetzung für die Buchwertaufstockung ist daher, dass sich die betreffenden Wirtschaftsgüter im Zeitpunkt der Anteilsveräußerung noch im Betriebsvermögen der Übernehmerin befinden. Soweit das eingebrachte Betriebsvermögen in der Zwischenzeit zum gemeinen Wert veräußert wurde, stellt der darauf entfallende Aufstockungsbetrag im Zeitpunkt der Anteilsveräußerung sofort abziehbaren Aufwand dar.

Voraussetzung für die nachträgliche Aufstockung der Buch- oder Zwischenwerte ist, dass der Einbringende die auf den Einbringungsgewinn entfallende Steuer entrichtet hat. Dies ist durch eine Bescheinigung des zuständigen Finanzamts (vgl. § 22 Abs. 5 UmwStG) nachzuweisen.

Variante b:

Die A-GmbH veräußert den Anteil an der B-GmbH innerhalb des Jahres 07 für einen Kaufpreis von 1 Mio. €.

LÖSUNG: In diesem Fall ergibt sich insgesamt ein Veräußerungsverlust. Der eingebrachte Betrieb hat also offensichtlich seit dem Zeitpunkt seiner Einbringung erheblich an Wert verloren.

Trotzdem ist im Fall einer schädlichen Veräußerung innerhalb der 7-Jahres-Frist ebenso wie in der Variante a ein Anteil von 2/7 der derzeit übergegangenen stillen Reserven nachzuversteuern. Dieser nachzuversteuernde Betrag berechnet sich hier genauso wie in Variante a und beträgt daher 2 Mio. €.

Für die Berechnung des durch die Veräußerung entstehenden Veräußerungsverlustes ist wieder von einer derzeitigen Zwischenwerteinbringung und damit von um den nun nachzuversteuernden Einbringungsgewinn korrigierten Anschaffungskosten von 5 Mio. € auszugehen.

Veräußerungspreis in 07	1 Mio. €
abzüglich der korrigierten Anschaffungskosten	- 5 Mio. €
Veräußerungsverlust	- 4 Mio. €

Der Veräußerungsverlust kann nach § 8b Abs. 3 Satz 3 KStG nicht steuerlich geltend gemacht werden. Insbesondere ist eine Verrechnung mit dem zuvor errechneten Einbringungsgewinn I nicht möglich. Eine natürliche Person als Veräußerer hätte den so ermittelten Veräußerungsverlust zur Hälfte mit anderen Einkünften verrechnen können.

Trotz einer Veräußerung unter dem Buchwert kommt es somit zu einer Nachversteuerung eines anteiligen Einbringungsgewinns. Dies ist die „Kehrseite" der Neuregelung, die den Steuerpflichtigen schlechter stellt als nach der bisherigen Rechtslage.

3013 Werden die erhaltenen Anteile nicht vollständig, sondern nur anteilig innerhalb der 7-Jahres-Frist veräußert, kommt es auch nur zu einer anteiligen Besteuerung des Einbringungsgewinns I.[1]

Abwandlung der Variante a des obigen Beispiels:

Die M-GmbH veräußert in 07 nur die hälftige Beteiligung zu einem Verkaufspreis von	5 Mio. €
gemeiner Wert des Betriebsvermögens zum Zeitpunkt der Einbringung	10 Mio. €
Buchwert des Betriebsvermögens zum Zeitpunkt der Einbringung	3 Mio. €
Einbringungsgewinn I	7 Mio. €
davon entfallen auf die hälftige Beteiligung	3,5 Mio. €
davon nachzuversteuern ist ein Anteil von 2/7 EUR	1 Mio. €

Diese 1 Mio. € stellen nachträgliche Anschaffungskosten des schädlich veräußerten Teils der erhaltenen Anteile dar.

Der verbleibende normal zu versteuernde Veräußerungsgewinn berechnet sich wie folgt:

Verkaufspreis für die hälftige Beteiligung	7,5 Mio. €
Buchwert der Beteiligung im Zeitpunkt der Einbringung	1,5 Mio. €
Nachträgliche Anschaffungskosten	1 Mio. - 2,5 Mio. €
Unter § 8b Abs. 2 KStG fallender Veräußerungsgewinn	5 Mio. €.

3014 Zu beachten ist, dass nicht nur der Einbringende sog. „erhaltene Anteile" besitzen kann, die im Fall einer schädlichen Verwendung innerhalb der 7-Jahres-Frist zu einer rückwirkenden Besteuerung der Einbringung führen können. Vielmehr kann es gem. § 20 Abs. 7 UmwStG anlässlich des Einbringungsvorgangs auch zu einer Mitverstrickung von Anteilen anderer Gesellschafter kommen, die dann insoweit auch als erhaltene Anteile i. S. d. § 22 Abs. 1 UmwStG gelten.

3015 Unter den Begriff der Veräußerung nach § 22 Abs. 1 Satz 1 UmwStG fallen alle entgeltlichen Übertragungsvorgänge wie Übertragungen gegen einen in Geld bemessenen Kaufpreis, offene Sacheinlagen gegen Gewährung von Gesellschaftsrechten und auch

1 Vgl. Gesetzesbegründung zu § 22, Allgemeines, BT-Drucks. 1627/10, 47.

jede Möglichkeit der Übertragung der erhaltenen Anteile auf einen anderen Rechtsträger, unabhängig davon, ob es sich um Übertragungen zu Buchwerten oder zu gemeinen Werten handelt. Dementsprechend fallen auch Einbringungen in eine PersGes nach § 24 UmwStG oder nach § 6 Abs. 5 Satz 3 EStG sowie Verschmelzungen und Spaltungen des Einbringenden unter diese Vorschrift. Außerdem ist der Gesetzesbegründung zu entnehmen, dass auch Verschmelzungs- und Spaltungsvorgänge, bei denen der übernehmende Rechtsträger der Einbringung seinerseits zum übertragenden Rechtsträger wird, auf der Gesellschafterebene als schädlicher Anteilstausch anzusehen ist.[1] Lediglich weitere Einbringungsvorgänge, die nach § 20 Abs. 1, § 21 Abs. 1 UmwStG oder nach vergleichbaren ausländischen Vorschriften zu Buchwerten vorgenommen werden, sind in § 22 Abs. 1 Satz 6 Nr. 2 UmwStG gesondert geregelt und als unschädlich anzusehen, wenn der Steuerpflichtige nachweist, dass sie zu Buchwerten durchgeführt wurden.

Die Tatsache, dass die genannten Umstrukturierungsvorgänge im Fall der Buchwertfortführung als schädliche Übertragungsvorgänge i. S. d. § 22 Abs. 1 Satz 1 UmwStG anzusehen sind, entspricht dem Wortlaut des Gesetzes und wohl auch der überwiegenden Meinung der bisher erschienenen Literatur,[2] wird dort aber vielfach stark kritisiert. Stattdessen wird vielmehr von verschiedenen Autoren dafür plädiert, Buchwertübertragungen als unschädlich anzusehen, wie dies unter der Geltung des alten Rechts zur Besteuerung einbringungsgeborener Anteile zumindest für die Fälle der Verschmelzung oder Spaltung auf KapGes auch der Auffassung der Finanzverwaltung entsprach.[3] 3016

Die FinVerw hat den so von der Literatur vorgetragenen Bedenken versucht Rechnung zu tragen, indem sie in dem neuen Umwandlungssteuererlass[4] eine Billigkeitsregelung vorgesehen hat, bei der auf Antrag unter den folgenden Voraussetzungen eine Folgeumstrukturierung zu Buchwerten als unschädlich angesehen werden kann: 3017

- Hinsichtlich der sperrfristbehafteten Anteile tritt keine Statusverbesserung ein, d. h. die Besteuerung des Einbringungsgewinns I bzw. II wird nicht verhindert.
- Es verlagern sich keine stillen Reserven von den sperrfristbehafteten Anteilen auf Anteile eines Dritten.
- Das deutsche Besteuerungsrecht wird nicht ausgeschlossen oder beschränkt.
- Die Antragsteller erklären sich damit einverstanden, dass auf alle unmittelbaren oder mittelbaren Anteile an einer an der Umwandlung beteiligten Gesellschaft § 22 Abs. 1 Satz 6 und Abs. 2 Satz 6 UmwStG entsprechend anzuwenden ist.

Es ist nicht anzunehmen, dass die Vorgehensweise, derartig komplexe Vorgänge ausschließlich im Wege einer Billigkeitsregelung weitgehend in das Ermessen des einzelnen Finanzbeamten zu stellen, die Einheitlichkeit der Rechtsanwendung in Deutschland gerade fördern wird. Andererseits ist aber durchaus auszuerkennen, dass die FinVerw versucht, auf diesem Weg – im Interesse der Steuerpflichtigen – ein Thema in den Griff 3018

1 A. A. *Patt* in Dötsch/Patt/Pung/Möhlenbrock, § 22 UmwStG Rn. 45.

2 Vgl. bspw. *Heß/Schnitger* in PricewaterhouseCoopers AG, Reform des Umwandlungssteuerrechts, Rn. 1661; *Benz/Rosenberg* in BB-Special 8/2006, 51 (62 ff.); *Dörfler/Rautenstrauch/Adrian*, BB 1711 (1715).

3 Vgl. BMF 28. 4. 2003, BStBl 2003 I 292, Rn. 45.

4 UmwStEE i. d. F. vom 2. 5. 2011, Tz. 22.23.

zu bekommen, dass nach dem reinen Gesetzeswortlaut auch restriktiver hätte gehandhabt werden können.

3019 Sind die genannten Voraussetzungen nicht erfüllt, dann würde eine Folgeumstrukturierung, obwohl sie selbst zu Buchwerten durchgeführt werden kann, gleichwohl die Folge der rückwirkenden Besteuerung des Einbringungsgewinns des vorangegangenen Einbringungsvorgangs auslösen. Durch diese rückwirkende Besteuerung erhöhten sich auf Antrag gem. § 23 UmwStG die Buchwerte des übergegangenen Vermögens. Diese erhöhten Buchwerte sind dann die maßgeblichen für die geplante Folgeumstrukturierung.

3020–3030 *(Einstweilen frei)*

cc) Aufstockung stiller Reserven aus anderen Gründen

3031 Eine Besteuerung der stillen Reserven kommt nicht nur im Falle der Veräußerung in Betracht. Vielmehr definiert § 22 Abs. 1 Satz 6 Nr. 1 – 6 UmwStG sog. Ersatzrealisationstatbestände.

- **Unentgeltliche Übertragung der erhaltenen Anteile auf eine Kapitalgesellschaft oder eine Genossenschaft (§ 22 Abs. 1 Satz 6 Nr. 1 UmwStG)**

3032 Nach § 22 Abs. 1 Satz 6 Nr. 1 UmwStG wird eine rückwirkende Besteuerung ausgelöst, wenn der Einbringende die erhaltenen Anteile innerhalb der Sperrfrist unmittelbar oder mittelbar unentgeltlich auf eine Kapitalgesellschaft oder eine Genossenschaft überträgt.

3033 Eine unentgeltliche Übertragung von Anteilen findet statt in den Fällen der verdeckten Einlage oder der verdeckten Gewinnausschüttung. Darüber hinaus ist in der Begründung des Finanzausschusses zu § 22 UmwStG[1] ausdrücklich der Fall der Realteilung genannt. War also Einbringender eine PersGes und wird diese innerhalb der Sperrfrist real geteilt, kommt es zu einer rückwirkenden Besteuerung des Einbringungsgewinns I bzw. II. Die Realteilung selbst ist dann aber – bei Vorliegen der entsprechenden Voraussetzungen – gleichwohl steuerneutral möglich.

- **Entgeltliche Übertragung (§ 22 Abs. 1 Satz 6 Nr. 2UmwStG)**

3034 Nach § 22 Abs. 1 Satz 6 Nr. 2 UmwStG wird eine rückwirkende Besteuerung des Einbringungsgewinns I ausgelöst, wenn der Einbringende die erhaltenen Anteile entgeltlich überträgt, es sei denn er weist nach, dass die Übertragung durch einen Vorgang i. S. d. § 20 Abs. 1 oder § 21 Abs. 1 UmwStG oder aufgrund vergleichbarer ausländischer Vorgänge zu Buchwerten erfolgte.

3035 Der Regelungsinhalt dieser Vorschrift überschneidet sich mit dem Grundtatbestand der Veräußerung des § 22 Abs. 1 Satz 1 UmwStG, denn eine entgeltliche Übertragung ist eine Veräußerung.[2] So wird denn auch vertreten, dass der § 22 Abs. 1 Satz 6 Nr. 2 UmwStG gar keinen eigenen Anwendungsbereich habe.[3] Richtiger scheint aber eher

1 BT-Drucks. 16/3369 v. 9. 11. 2006 zu § 22 UmwStG.

2 Vgl. Rn. 3015.

3 *Patt* in Dötsch/Patt/Pung/Möhlenbrock, § 22 UmwStG Rn. 33.

eine Auslegung dahin gehend zu sein, dass § 22 Abs. 1 Satz 6 Nr. 2 zu der Grundregelung in § 22 Abs. 1 Satz 1 eine Spezialvorschrift ist, die insbesondere eine Ausnahme beinhaltet, nämlich die Unschädlichkeit der Übertragung der erhaltenen Anteile im Rahmen von Einbringungen, wenn diese nach § 20 Abs. 1, § 21 Abs. 1 oder nach vergleichbaren ausländischen Vorschriften zu Buchwerten vollzogen werden und der Steuerpflichtige dies nachweist.

► **Auflösung oder Kapitalherabsetzung bei der Übernehmerin (§ 22 Abs. 1 Satz 6 Nr. 3 UmwStG)**

Nach § 22 Abs. 1 Satz 6 Nr. 3 UmwStG kommt es zu einer rückwirkenden Besteuerung des Einbringungsgewinns I wenn die übernehmende KapGes, an der die erhaltenen Anteile bestehen aufgelöst und abgewickelt wird oder das Kapital dieser Gesellschaft herabgesetzt und an die Anteilseigner zurückgezahlt wird oder Beträge aus dem steuerlichen Einlagekonto i. S. d. § 27 KStG ausgeschüttet oder zurückgezahlt werden. 3036

Für die erste Alternative der **Auflösung** und **Abwicklung** ist erforderlich, dass ein entsprechender Auflösungsbeschluss vorliegt, die Abwicklung tatsächlich durchgeführt wird und die Auflösung auch im Handelsregister eingetragen wurde.[1] Bezüglich der exakten zeitlichen Bestimmung, wann der Tatbestand des § 22 Abs. 1 Satz 6 Nr. 3 UmwStG erfüllt ist, erscheint es sachgerecht, in Anlehnung an § 17 Abs. 4 EStG auf den Zeitpunkt abzustellen, zu dem nach den handelsrechtlichen Grundsätzen ordnungsmäßiger Buchführung bei dem Gesellschafter ein Rückzahlungsanspruch zu aktivieren wäre und dieser Zeitpunkt ist i. d. R. identisch mit der Beendigung der Liquidation und der Auskehrung des Vermögens.[2] 3037

Die zweite Alternative **Kapitalherabsetzung und Rückzahlung** ist erfüllt, wenn die Kapitalgesellschaft, an der die Anteile bestehen, ihr Kapital herabsetzt und an die Anteilseigner zurückzahlt. Dieser Vorgang ist aus Sicht der Anteilseigner wirtschaftlich gesehen eine Teilliquidation der Gesellschaft. Unter diese Regelung fallen sowohl die Herabsetzung des Nennkapitals als auch die Auflösung und Auszahlung der Kapitalrücklage. Beide Tatbestände stellen aber i. d. R. gleichzeitig auch eine Rückzahlung aus dem steuerlichen Einlagekonto dar, so dass sich diese zweite und die dritte Alternative des § 22 Abs. 1 Satz 6 Nr. 3 UmwStG insoweit decken. 3038

Die dritte Alternative der **Rückzahlung von Beträgen aus dem steuerlichen Einlagekonto** ergänzt die beiden vorhergehenden Tatbestände. Diese Vorschrift erfasst alle Leistungen einer KapGes an ihre Gesellschafter, die den zum Schluss des vorangegangenen Wirtschaftsjahres ermittelten ausschüttbaren Gewinn übersteigen, sofern ein positiver Bestand des steuerlichen Einlagekontos festgestellt ist (§ 27 Abs. 1 KStG). Nach dem reinen Gesetzeswortlaut könnte somit jede verdeckte Gewinnausschüttung ungewollt zu einer Verwendung des steuerlichen Einlagekontos führen. Damit würden Einbringungsvorgänge nahezu unkalkulierbare Risiken auslösen. Die Finanzverwaltung hat sich daher auch in dieser Frage zu einer für die Steuerpflichtigen günstigen Regelung durchringen können. In Tz. 22.24 UmwStEE ist geregelt, dass eine rückwirkende Besteuerung ei- 3039

1 *Heß/Schnitger* in PricewaterhouseCoopers AG, Reform des Umwandlungssteuerrechts, Rn. 1678.
2 OFD Frankfurt 3. 12. 2003; Tz. 22.24 UmwStEE i. d. F. vom 2. 5. 2011.

nes Einbringungsgewinns nur insoweit ausgelöst wird, wie die Kapitalherabsetzung oder Einlagenrückgewähr zu einer Auszahlung aus dem steuerlichen Einlagenkonto führt, die den Buchwert/die Anschaffungskosten der sperrfristbehafteten Anteile im Zeitpunkt der Einlagenrückgewähr übersteigt. Der Siebtelungsregelung unterliegt eine solche Auszahlung aus dem steuerlichen Einlagekonto aber nur insoweit, wie sie den tatsächlichen Einbringungsgewinn, also die Summe der zum Einbringungszeitpunkt übergegangenen stillen Reserven, nicht übersteigt. Ein etwaiger übersteigender Betrag unterliegt als Veräußerungsgewinn den ganz normalen Regelungen (Freistellung nach § 8b KStG oder Teileinkünfteverfahren nach § 3 Nr. 40 EStG).

► **Ketteneinbringungen (§ 22 Abs. 1 Satz 6 Nr. 4 und Nr. 5 UmwStG)**

3040 Die beiden Nrn. 4 und 5 des § 22 Abs. 1 Satz 6 UmwStG sind konzipiert für die Fälle, in denen der Einbringende die erhaltenen Anteile zulässigerweise nach § 22 Abs. 1 Satz 6 Nr. 3 UmwStG zu Buchwerten nach § 20 oder § 21 UmwStG in eine andere KapGes einbringt und haben zum Ziel, zu verhindern, dass eine solche unschädliche Einbringung als Zwischenschritt gewählt wird, um anschließend die erhaltenen Anteile unmittelbar oder mittelbar veräußern zu können, ohne dass dies eine rückwirkende Versteuerung auslöst. Voraussetzung für die Anwendung dieser beiden Nummern ist also, dass es nach der Einbringung von Betriebsvermögen nach § 20 zu einer Buchwertübertragung der erhaltenen Anteile durch den Einbringenden auf eine andere KapGes kommt (sog. Ketteneinbringung).

BEISPIEL: ► Im Jahr 2007 bringt A seinen Betrieb zu Buchwerten nach § 20 UmwStG in die A-GmbH ein. Im Jahr 2008 bringt A die erhaltenen Anteile an der A-GmbH zu Buchwerten nach § 21 UmwStG in die B-GmbH ein.

3041 Bis zum Ablauf der siebenjährigen Sperrfrist deklariert § 22 Abs. 1 Satz 6 Nr. 4 UmwStG nun jeden unentgeltlichen und entgeltlichen Übertragungsvorgang als schädlich, der durch den übernehmenden Rechtsträger der zweiten Einbringung (hier also der B-GmbH) unmittelbar oder mittelbar getätigt wird. Bezüglich der Aufzählung der schädlichen Vorgänge vgl. Rn. 3015.

3042 § 22 Abs. 1 Satz 6 Nr. 5 UmwStG unterstellt dieselbe Ausgangslage und erfasst nach Durchführung der Ketteneinbringung jede unentgeltliche oder entgeltliche mittelbare oder unmittelbare Übertragung durch den Einbringenden selbst (hier: A).

3043 Beide Vorschriften sollen sicherstellen, dass die Rechtsfolge der rückwirkenden Besteuerung des Einbringungsgewinns I nicht dadurch umgangen werden kann, dass die Beteiligungskette durch zwischengeschaltete (unschädliche) Einbringungsvorgänge verlängert wird.

3044 Die Nummern 4 und 5 machen aber beide ausdrücklich klar, dass alle Ketteneinbringungsvorgänge, die wiederum nach § 20 oder § 21 UmwStG oder vergleichbaren ausländischen Vorschriften zu Buchwerten durchgeführt werden, unschädlich sind. Die Verlängerung der Beteiligungskette als solche löst also noch keine Besteuerung aus. Vielmehr muss es dann innerhalb dieser verlängerten Beteiligungskette auf irgendeiner Ebene zu einem schädlichen Übertragungsvorgang kommen. Erst dann ergeben sich nachteilige steuerliche Konsequenzen durch rückwirkende Besteuerung.

Die in § 22 Abs. 1 Satz 4 UmwStG geregelte Rechtsfolge, dass der nachzuversteuernde Betrag des Einbringungsgewinns I zu nachträglichen Anschaffungskosten der Beteiligung führt, ist bei einer Ketteneinbringung natürlich für alle Einzelakte der Kettenumwandlung nachzuvollziehen. Eine schädliche Veräußerung innerhalb der Kette wirkt zurück auf die erste Einbringung. Durch die sich hierdurch ergebenden nachträglichen Anschaffungskosten der erhaltenen Anteile erhöhen sich daher auch die Wertansätze bei den zu Buchwerten durchgeführten Folge-Einbringungen. 3045

Zu beachten ist, dass auch hier wieder die mittelbare Veräußerung oder Einbringung einen schädlichen Übertragungsvorgang darstellt. Bei einer Anteilsveräußerung an einer Gesellschaft, die ihrerseits Anteile an anderen Gesellschaften hält, muss also künftig bis in die letzte Konzernebene geprüft werden, ob es in den letzten 7 Jahren Einbringungsvorgänge gegeben hat. 3046

► **Wegfall der Ansässigkeitsvoraussetzung**

Nach § 22 Abs. 1 Satz 6 Nr. 6 UmwStG ist ein Ersatzrealisationstatbestand gegeben, wenn entweder der Einbringende oder die übernehmende Gesellschaft die Voraussetzungen des § 1 Abs. 4 UmwStG nicht mehr erfüllt. 3047

Handelt es sich bei dem Einbringenden ebenso wie bei der Übernehmerin um eine Kapitalgesellschaft, sind die Voraussetzungen des § 1 Abs. 4 UmwStG nur dann erfüllt, wenn die Gesellschaft ihren Sitz oder den Ort ihrer Geschäftsleitung innerhalb der EG/EWR hat. Nur wenn dies nicht mehr erfüllt ist, führt dies zu einer rückwirkenden Besteuerung des Einbringungsgewinns I. Umgekehrt heißt dies aber auch, dass die Sitzverlegung oder die Verlegung des Ortes der Geschäftsleitung einer deutschen Kapitalgesellschaft in einen anderen EU/EWR-Staat unschädlich ist. 3048

Handelt es sich bei dem Einbringenden um eine natürliche Person, so ist nach § 1 Abs. 4 i.V. m. § 1 Abs. 2 Satz 2 Voraussetzung, dass sie ihren Wohnsitz oder gewöhnlichen Aufenthaltsort innerhalb des Hoheitsgebiets eines EU/EWR-Staats hat. 3049

Warum es zu einem Verlust der Ansässigkeitsvoraussetzung kommt (ob wegen Sitzverlegung, Wegzug einer natürlichen Person, Erbschaft oder aus anderen Gründen) ist für die steuerlichen Konsequenzen irrelevant.[1] So kann z. B. auch die Änderung eines Doppelbesteuerungsabkommens dazu führen, dass die Voraussetzungen des § 1 Abs. 4 UmwStG bei unveränderten Sachverhalt nicht mehr erfüllt sind und die Entstrickungsregelung des § 22 Abs. 1 Satz 6 Nr. 6 UmwStG eintritt. 3050

(Einstweilen frei) 3051–3070

XII. Umwandlung einer Körperschaft in eine Personengesellschaft

Literatur: *Förster/Lishaut,* Umwandlung einer KapGes in ein Personenunternehmen nach neuem Recht, FR 2000, 1189; *Ott,* Gestaltungsmöglichkeiten zur Vermeidung von Körperschaftsteuer-Guthabenüberhängen bei Umwandlung von Kapital- in Personengesellschaften nach den Änderungen des UmwStG durch das UntStFG, INF 2002, 107; *Brodersen/Littan,* Realisierung des Körperschaft-

1 *Patt* in Dötsch/Patt/Pung/Möhlenbrock, § 22 UmwStG Rn. 50.

steuer-Guthabens durch Umwandlung in eine Personengesellschaft, GmbHR 2003, 678; *Schnitger*, Vernichtung von Körperschaftsteuerguthaben durch die Ausschüttungsfiktion des § 10 UmwStG bei Umwandlung einer Kapital- in eine Personengesellschaft?, DStR 2003, 768; *Krüger*, Umwandlung einer Körperschaft in eine Personenunternehmung als Ausweg aus dem „Körperschaft-Moratorium"?, DB 2003, 2249; *Dötsch/Pung*, UmwStG, §§ 29, 40 Abs. 1 und 2 KStG: Das Einführungsschreiben des BMF vom 16. 12. 2003, DB 2004, 208.

1. Überblick

3071 Der Vermögensübergang von einer Körperschaft (KapGes, eingetragene Genossenschaft, eingetragener Verein, Versicherungsverein a. G.) auf eine PersGes kann durch eine Verschmelzung i. S.v. §§ 2 – 122 UmwG oder eine Spaltung i. S.v. §§ 123 – 146 UmwG erfolgen. Ferner kann eine derartige Umwandlung unter den Voraussetzungen von §§ 190 ff. UmwG als Formwechsel vollzogen werden. Während Verschmelzungen und Spaltungen nur auf Personenhandelsgesellschaften erfolgen können, ist ein Formwechsel auch in eine GbR möglich.

3072 In § 1 Abs. 1 UmwStG wird bestimmt, dass die Vorschriften über den Vermögensübergang von einer Körperschaft auf eine PersGes oder auf eine natürliche Person in §§ 3 – 8, 10 UmwStG sowie über den Formwechsel einer KapGes und einer Genossenschaft in eine PersGes in § 9 UmwStG nur für Umwandlungen i. S. d. Umwandlungsgesetzes oder vergleichbare ausländische Vorgänge anwendbar sind. Damit wird an die handelsrechtlichen Vorschriften über die Umwandlung von Körperschaften angeknüpft.

3073 Was ein vergleichbarer ausländischer Vorgang ist, ist derzeit nicht abschließend geklärt. Nach der Gesetzesbegründung[1] muss der ausländische Vorgang seinem Wesen nach einer der Umwandlungsarten des deutschen Umwandlungsgesetzes entsprechen, wobei z. B. die Gesamtrechtsnachfolge als eines dieser Wesensmerkmale angesehen wird. Allerdings gibt es europäische Länder, wie z. B. England, bei denen die Gesamtrechtsnachfolge weitgehend unbekannt ist. Inwieweit die Finanzverwaltung auf die Erfüllung gerade dieses Kriteriums in der Zukunft entscheidend abstellen wird, bleibt daher abzuwarten. Vor diesem Hintergrund fordert die Finanzverwaltung, die in Tz. 01.29 ff. UmwStEE i. d. F. vom 2. 5. 2011 eingehend zu den aus ihrer Sicht erforderlichen Vergleichbarkeitskriterien für jede einzelne Umwandlungsart Stellung nimmt, nicht mehr eine „Gesamtrechtsnachfolge", sondern einen „Vermögensübergang kraft Gesetzes".

3074 Nach §§ 3 – 10 UmwStG ist es möglich, in Fällen der Umwandlung von unbeschränkt steuerpflichtigen KapGes, Erwerbs- und Wirtschaftsgenossenschaften und Versicherungsvereinen a. G. in eine PersGes oder in ein Einzelunternehmen bei Vorliegen bestimmter Voraussetzungen auf die Aufdeckung der stillen Reserven ganz oder zumindest teilweise zu verzichten.

3075 Die Regelungen der §§ 3 – 10 UmwStG sind auch bei grenzüberschreitenden Sachverhalten anwendbar. § 1 Abs. 2 Nr. 1 UmwStG verlangt lediglich, dass beim Formwechsel der umwandelnde Rechtsträger und bei den anderen Umwandlungen die übertragenden und übernehmenden Rechtsträger nach den Rechtsvorschriften eines EU/EWR-

1 Gesetzesbegründung zum SEStEG v. 25. 9. 2006, zu § 1 Abs. 1 UmwStG, BT-Drucks. 16/2710, 25 ff.

Staates gegründete Gesellschaften i. S. d. Art. 48 EGV/Art. 34 EWR-Vertrag sind, deren Sitz und Ort der Geschäftsleitung sich innerhalb des Hoheitsgebietes eines dieser Staaten befinden (doppeltes Ansässigkeitserfordernis innerhalb der EU).

Allerdings existieren bisher keine gesellschaftsrechtlichen Regelungen zur grenzüberschreitenden Umstrukturierung unter Beteiligung von Personengesellschaften. Sowohl die Möglichkeiten zur grenzüberschreitenden Umstrukturierung mit dem Ziel der Errichtung einer SE[1] als auch die durch die Verschmelzungsrichtlinie[2] geschaffenen Möglichkeiten beziehen sich ausschließlich auf Kapitalgesellschaften. Dasselbe gilt für die bisherigen europarechtlichen Regelungen zur Sitzverlegung von Gesellschaften. Grundsätzlich überrascht dies, weil Personengesellschaften keine geringeren Rechte z. B. in Bezug auf die Niederlassungsfreiheit haben, als Kapitalgesellschaften. Außerdem hat der EuGH in seinem Urteil zur Rechtssache *Sevic*[3] die Möglichkeit einer grenzüberschreitenden Verschmelzung sämtlichen Gesellschaften i. S. d. Art. 49, 54 AEUV eingeräumt und hierzu gehören auch Personengesellschaften. Es ist somit davon auszugehen, dass es rein rechtlich möglich ist, eine deutsche Kapitalgesellschaft auf eine ausländische Personengesellschaft oder eine ausländische Kapital- auf eine inländische Personenhandelsgesellschaft zu verschmelzen. 3076

Über die zivilrechtlichen Möglichkeiten hinausgehend schließt die steuerliche EU-Fusionsrichtlinie in ihrer neuen Fassung[4] auch sog. hybride Gesellschaften in ihren Anwendungsbereich ein. Hierbei handelt es sich um Gesellschaften, die nach dem Recht ihres Gründungslandes als Kapitalgesellschaften anzusehen sind, aufgrund ihrer spezifischen gesellschaftsrechtlichen Ausgestaltung aus deutscher Sicht für Zwecke der Besteuerung jedoch als Personengesellschaften behandelt werden. Wird eine deutsche Kapitalgesellschaft auf eine solche ausländische hybride Gesellschaft verschmolzen, handelt es sich aus unserer Sicht rein steuerlich um eine grenzüberschreitende Verschmelzung einer inländischen Kapital- auf eine ausländische Personengesellschaft. 3077

Eine Umstrukturierung mit Auslandsberührung ist aber nicht nur dann gegeben, wenn die an der Umstrukturierung beteiligten Rechtsträger nach dem Recht verschiedener Mitgliedstaaten gegründet wurden. Auch bei Umwandlungen unter Beteiligung ausschließlich inländischer Rechtsträger kann sich Auslandsberührung dann ergeben, wenn der übertragende Rechtsträger über im Ausland belegenes Vermögen verfügt. 3078

(Einstweilen frei) 3079–3085

2. Steuerliche Rückwirkung des Umwandlungsvorgangs

Grundsätzlich knüpft das Steuerrecht bezüglich der Frage, wann ein Tatbestand steuerlich realisiert ist, an das Zivilrecht an. Für Umwandlungen nach dem UmwStG gibt es 3086

1 Verordnung (EG) Nr. 2157/2001 des Rates v. 8. 10. 2001 über das Statut der Europäischen Gesellschaft (SE), ABl. Nr. L 294 v. 10. 11. 2001, S. 1.

2 Richtlinie 2005/56/EG v. 26. 10. 2005 über die Verschmelzung von Kapitalgesellschaften aus verschiedenen Mitgliedstaaten, ABl. Nr. L 310 v. 25. 11. 2005, S. 1, umgesetzt in den §§ 122a ff. UmwG.

3 EuGH 13. 12. 2005 Rs. C-411/03, DStR 2006, 49.

4 Richtlinie 2005/19/EG des Rates v. 17. 2. 2005, zur Änderung der Richtlinie 90/434/EWG über das gemeinsame Steuersystem für Fusionen, Spaltungen, die Einbringung von Unternehmensteilen und den Austausch von Anteilen, die Gesellschaften verschiedener Mitgliedstaaten betreffen, ABl. Nr. L 58 2005, S. 19.

jedoch Sonderregelungen. Die Einkünfte und das Vermögen des übertragenden Rechtsträgers werden dem übernehmenden Rechtsträger nicht erst ab dem Zeitpunkt der Wirksamkeit der Verschmelzung zugerechnet, denn diese tritt zivilrechtlich erst mit der Eintragung der Umwandlung in das Handelsregister ein. § 2 UmwStG sieht stattdessen eine steuerliche Rückwirkung auf den Stichtag der Bilanz vor, die dem Vermögensübergang zugrunde liegt. Der steuerliche Übertragungsstichtag ist als mit dem Stichtag dieser Schlussbilanz identisch.[1] Auf diesen Stichtag sind sowohl die nach § 17 Abs. 2 UmwG zum Handelsregister einzureichende Schlussbilanz als auch die steuerliche Schlussbilanz des übertragenden Rechtsträgers (§§ 3, 11 UmwStG) aufzustellen. Gemäß § 17 Abs. 2 UmwG darf die Handelsbilanz frühestens auf einen Tag aufgestellt sein, der acht Monate vor dem Tag der Anmeldung zur Eintragung in das Handelsregister liegt. Diese Frist gilt damit auch für die steuerliche Schlussbilanz. Ist der übertragende Rechtsträger im EU/EWR-Ausland ansässig, so bestimmt sich der steuerliche Übertragungsstichtag nach dem Stichtag der Bilanz nach ausländischem Gesellschaftsrecht.[2] Allerdings besteht die FinVerw darauf, dass der Rückwirkungszeitraum im konkreten Umwandlungsfall – unabhängig von einer Zulässigkeit nach ausländischem Recht – nicht länger als 8 Monate beträgt. Andernfalls wird der Umwandlungsvorgang als „nicht vergleichbar“ angesehen,[3] was zur Folge hätte, dass die Begünstigungen des UmwStG keine Anwendung fänden.

3087 Üblicherweise wird einer Umwandlung die ohnehin zum Schluss eines Wirtschaftsjahres zu erstellende Bilanz zugrunde gelegt. Wird ein davon abweichender Zeitpunkt für die Aufstellung der Übertragungsbilanz bestimmt, ergibt sich damit zugleich ein Rumpfwirtschaftsjahr für den übertragenden Rechtsträger.

3088 Trotz der Tatsache, dass die der Umwandlung zugrunde liegende Schlussbilanz, in der das Bewertungswahlrecht nach § 3 UmwStG auszuüben ist, immer auf einen Stichtag zu erstellen ist, an dem auch ein (Rumpf-)Wirtschaftsjahr endet, ist sie mit der Gewinnermittlungsbilanz i. S. d. § 4 Abs. 1, § 5 Abs. 1 EStG nicht identisch.[4] Sie ist vielmehr formal eine eigenständige Bilanz, die dann für Zwecke der Besteuerung des maßgeblichen Veranlagungszeitraums, zusammen mit der „regulären Gewinnermittlungsbilanz“ die Grundlage der Besteuerung bildet. Es handelt sich bei dieser steuerlichen Schlussbilanz um eine besondere Steuerbilanz für Zwecke des Umwandlungssteuergesetzes, für die die Maßgeblichkeit nicht gilt. Darüber hinaus sollen nach Auffassung der FinVerw auch die steuerlichen Bewertungsvorbehalte des EStG nicht gelten.[5] Wichtigste Folge dieser Eigenständigkeit ist, dass bei Ansatz von über den Buchwerten liegenden Werten die Regelungen des § 5 EStG auf diese Bilanz keine Anwendung finden, was wiederum bedeutet, dass insbesondere das Passivierungsverbot für Drohverlustrückstellungen nicht gilt. Vielmehr sind stille Lasten grds. bei einem Ansatz von Zwischenwerten oder gemeinen Werten anzusetzen, so dass sich bei dem übertragenden Rechtsträger ein entsprechender Aufwand ergibt. Dies gilt allerdings nicht für die Pensionsrückstellungen,

1 Tz. 02.02 UmwStEE i. d. F. vom 2. 5. 2011.

2 *Rödder/Schumacher*, DStR 2006, 1525 (1529).

3 Tz. 02.07 UmwStEE i. d. F. vom 2. 5. 2011.

4 So auch Tz. 03.01 UmwStEE i. d. F. vom 2. 5. 2011.

5 Tz. 03.05 UmwStEE i. d. F. vom 2. 5. 2011.

für die im UmwStG jeweils ein eigenständiger steuerlicher Bewertungsvorbehalt geregelt ist und die hiernach weiterhin mit dem § 6a-Wert anzusetzen sind.[1] Nach Tz. 03.07. UmwStEE i. d. F. vom 2. 5. 2011 soll sich hierdurch aber der Ansatz eines potenziellen Geschäfts- oder Firmenwerts nicht vermindern, was naturgemäß zu einem in Höhe des Differenzbetrages zwischen dem handels- und dem steuerlichen Wertansatz der Pensionsrückstellung künstlich erhöhten Eigenkapitalausweis in der steuerlichen Schlussbilanz des übertragenden Rechtsträgers führt. In den Fällen der Buchwertfortführung sind diese Ausführungen aber naturgemäß obsolet, da es in diesem Fall weder zur Aufdeckung stiller Reserven noch zur Aufdeckung stiller Lasten des übertragenden Rechtsträgers kommt.

Die Rückwirkung des § 2 UmwStG hat Auswirkung auf die Besteuerung vom Einkommen und Vermögen, d. h. bei den Ertragsteuern nach dem EStG, KStG und GewStG. Im Übrigen, z. B. bezüglich der Umsatzsteuer oder der Grunderwerbsteuer, tritt keine Rückwirkung ein. 3089

Zivilrechtlich besteht die übertragende Körperschaft bis zur Eintragung der Umwandlung in das Handelsregister fort und bleibt auch weiterhin handelsrechtlich bilanzierungspflichtig. Auch die Steuerpflicht des übertragenden Rechtsträgers dauert grds. während dieses Zeitraums an. Allerdings werden dem übertragenden Rechtsträger ab dem steuerlichen Übertragungsstichtag kein Einkommen und kein Vermögen mehr zugerechnet.[2] Dies ist eine geänderte Sichtweise der Finanzverwaltung, die in dem alten Umwandlungssteuererlass[3] noch die Auffassung vertreten hat, dass die Steuerpflicht des übertragenden Rechtsträgers mit Ablauf des steuerlichen Übertragungsstichtags tatsächlich endet. Steuerlich sind die nach diesem Stichtag bezogenen Einkünfte aber nach wie vor ausnahmslos bereits der übernehmenden PersGes und damit anteilig deren Gesellschaftern zuzurechnen. Hinsichtlich anderer Steuern, z. B. der Umsatzsteuer, bleibt der übertragende Rechtsträger aber bis zuletzt zur Erklärung und Abführung verpflichtet. 3090

Die Rückwirkungsfiktion gilt bei Umwandlung einer KapGes in eine PersGes sowohl für den übertragenden und den übernehmenden Rechtsträger sowie die Gesellschafter des übernehmenden Rechtsträgers, soweit diese an der Umwandlung teilnehmen und nicht im Rückwirkungszeitraum aus dem übertragenden Rechtsträger ausscheiden.[4] 3091

Bei der Umwandlung einer KapGes in eine PersGes bedeutet die Rückwirkung auch, dass ab diesem Zeitpunkt die Rechtsbeziehungen zwischen der Gesellschaft und den Gesellschaftern nach § 15 Abs. 1 Satz 1 Nr. 2 EStG zu qualifizieren sind. Hieraus ergeben sich folgende Konsequenzen: 3092

- An Gesellschafter gezahlte Gehälter oder Zinsen bleiben zwar handelsrechtlich weiterhin Betriebsausgaben. Soweit sie aber nach dem Umwandlungsstichtag veranlasst sind, stellen sie steuerlich Sonderbetriebseinnahmen der betreffenden Mitunternehmer dar und werden damit im Ergebnis steuerlich kompensiert. Sie sind

1 § 3 Abs. 1 Satz 2, § 11 Abs. 1 Satz 2 UmwStG.
2 Tz. 02.10. UmwStEE i. d. F. vom 2. 5. 2011.
3 BMF 25. 3. 1998, BStBl 1998 I 268 (Umwandlungssteuererlass), Tz. 02.06.
4 § 2 Abs. 2 UmwStG; Tz. 02.18 UmwStEE i. d. F. vom 2. 5. 2011.

nicht mehr Einkommen des Gesellschafters nach § 19 EStG, sondern Gewinnanteil nach § 15 Abs. 1 Satz 1 Nr. 2 EStG. Diese Umqualifizierung führt dazu, dass die Zahlung bei der PersGes der Gewerbesteuer unterliegt.

- Zinseinnahmen aus einem vom Gesellschafter an die Gesellschaft gewährten Darlehen werden ebenfalls umqualifiziert.
- Eine Pensionszusage bleibt zwar bestehen,[1] doch gilt jede weitere Zuführung zur Pensionsrückstellung genau wie das Gehalt als Sonderbetriebseinnahme des Gesellschafters.[2] Sofern die Pensionszusage noch nicht erdient worden ist, ist die Rückstellung durch Aktivierung eines betragsgleichen Aktivpostens in der Sonderbilanz des Gesellschafters auszugleichen.[3] Zu beachten ist zudem, dass durch die Umwandlung der KapGes in eine PersGes die Arbeitnehmerstellung aus steuerlicher Sicht endet. Soweit unter Berücksichtigung dieses Umstands die im Umwandlungszeitpunkt vorhandene Pensionsrückstellung den Anwartschaftsbarwert für den auf die Arbeitnehmerzeit entfallenden ratierlichen Anspruch übersteigt, ist sie auf diesen Wert herabzusetzen. Hierdurch ergibt sich ein Übernahmefolgegewinn.
- Eine Betriebsaufspaltung endet mit dem steuerlichen Übertragungsstichtag. Die überlassenen Wirtschaftsgüter werden zu Sonderbetriebsvermögen des Gesellschafters. Dabei erfolgt eine Übernahme zum Buchwert des Verpachtungsbetriebs.[4]
- Hat ein nicht beherrschender Gesellschafter der KapGes ein Wirtschaftsgut zur Nutzung überlassen und wird das Nutzungsverhältnis mit der PersGes fortgesetzt, wird auch dieses Wirtschaftsgut zu Sonderbetriebsvermögen. Da es sich aber meist zuvor um Privatvermögen handelte, ist es gem. § 6 Abs. 1 Nr. 5 EStG mit dem Teilwert zum Umwandlungsstichtag zu bilanzieren. Erfolgte die Anschaffung hingegen in den letzten drei Jahren vor der Verschmelzung, sind die Anschaffungskosten anzusetzen. Zum Einlagezeitpunkt entsteht grundsätzlich keine Steuerlast, jedoch ist die spätere Veräußerung steuerbar.[5]
- Nach dem Übertragungsstichtag beschlossene Gewinnausschüttungen führen zu Entnahmen aus der übernehmenden PersGes,[6] wenn die betreffenden Gesellschafter an der Umwandlung teilnehmen und Mitunternehmer der übernehmenden PersGes werden. Ist dies jedoch nicht der Fall, ist in Höhe der Ausschüttung nach Auffassung der FinVerw in der steuerlichen Schlussbilanz ein passiver Korrekturposten zu bilden[7] und den betreffenden ausscheidenden Gesellschaftern im Zuflusszeitpunkt als Einkünfte aus Kapitalvermögen zuzurechnen.

---

1 BFH 22. 6. 1977 I R 8/75, BStBl 1977 II 798.

2 *Widmann* in Widmann/Mayer, § 6 UmwStG Rn. 90.

3 Wurde die Pensionszusage bereits vor dem 31. 12. 2007 erteilt (sog. Altzusage), kann ggf. für den durch die Aktivierung in der Sonderbilanz bei dem Begünstigten entstehende Ertrag noch die Billigkeitsregelung der Tz. 5 des BMF-Schreibens v. 29. 1. 2008, BStBl 2008 I 317, in Anspruch genommen werden.

4 *Schulze zur Wiesche*, a. a. O., Rn. 1173.

5 Gem. § 23 Abs. 1 Satz 5 EStG wird bei der Veräußerung eines Grundstücks innerhalb von zehn Jahren nach Anschaffung des Wirtschaftsguts die Einlage nachträglich besteuert. Der Wertzuwachs ab dem Einlagezeitpunkt unterliegt bei einer Veräußerung hingegen unabhängig von irgendwelchen Fristen der Besteuerung.

6 BMF 25. 3. 1998, BStBl 1998 I 268 (Umwandlungssteuererlass), Tz. 02.29; *Dötsch/Pung*, DB 2004, 208 (211).

7 Tz. 02.31 UmwStEE i. d. F. vom 2. 5. 2011.

- Am steuerlichen Übertragungsstichtag bereits beschlossene Gewinnausschüttungen sind hingegen auch dann noch als solche zu behandeln, wenn sie erst nach diesem Zeitpunkt abfließen. Sie gelten als am steuerlichen Übertragungsstichtag zugeflossen.[1]

Gemäß § 2 Abs. 3 UmwStG gelten die beschriebenen Regelungen der steuerlichen Rückwirkung nicht, soweit Einkünfte aufgrund abweichender Regelungen zur Rückbeziehung eines in § 1 Abs. 1 UmwStG bezeichneten Vorgangs in einem anderen Staat der Besteuerung entzogen werden. 3093

Diese Regelung hängt zusammen mit der Ausdehnung des Anwendungsbereichs des UmwStG auf grenzüberschreitende Umwandlungsvorgänge innerhalb der EU und soll dem Umstand Rechnung tragen, dass die anderen europäischen Länder ganz andere Regelungen einer steuerlichen Rückwirkung haben oder ggf. eine steuerliche Rückwirkung auch gar nicht kennen. Hierdurch kann es zu Doppel- und auch zu Nichtbesteuerungen von Einkünften kommen, die innerhalb des Rückwirkungszeitraums angefallen sind. Insbesondere in den Fällen, in denen ein inländischer auf einen ausländischen Rechtsträger verschmolzen wird oder einen Teilbetrieb abspaltet, werden grds. die nach dem steuerlichen Übertragungsstichtag erzielten Einkünfte in Deutschland nicht mehr besteuert. Kennt allerdings der ausländische Staat des übernehmenden Rechtsträgers keine steuerliche Rückwirkung, dann würden die Einkünfte des Rückwirkungszeitraums dort auch nicht der Besteuerung unterworfen. In diesen Fällen würde aufgrund der Regelung in § 2 Abs. 3 UmwStG in Deutschland auch keine Rückwirkung gelten, so dass die Einkünfte des Rückwirkungszeitraums hier noch besteuert werden könnten. Da jedoch von der FinVerw die Inanspruchnahme eines ausländischen Rückwirkungszeitraums, der unsere 8-Monats-Frist übersteigt, nicht akzeptiert werden sollen (vgl. hierzu Tz. 02.38 UmwStEE i. d. F. vom 2. 5. 2011), sind viele mögliche Anwendungsfälle dieser Regelung von vornherein ausgeschlossen. Allerdings stellt sich natürlich die Frage, ob die Auffassung der Finanzverwaltung, nach ausländischem Recht vorgenommene Umwandlungen mit einem längeren Rückwirkungszeitraum allein aufgrund dieser Tatsache als nicht mit einer Umwandlung nach deutschem Recht vergleichbar einzustufen, vor Gericht standhalten wird. 3094

Der Begriff der „Einkünfte" des § 2 Abs. 3 UmwStG kann sowohl Gewinne als auch Verluste eines bestimmten Zeitraumes umfassen. Kennt also der andere an einer grenzüberschreitenden Verschmelzung beteiligte Staat keine Rückwirkung und hat der deutsche übertragende Rechtsträger im Rückwirkungszeitraum Verluste erwirtschaftet, so gilt die steuerliche Rückwirkung insoweit ebenfalls nicht und die Verluste können in Deutschland noch steuerlich geltend gemacht werden. 3095

(Einstweilen frei) 3096–3105

1 Vgl. BMF 16. 12. 2003, DB 2004, 220, Rz. 13.; Tz. 02.29 UmwStEE i. d. F. vom 2. 5. 2011.

3. Steuerliche Rechtsfolgen bei der übertragenden Körperschaft

a) Allgemeine Grundsätze

3106 Die steuerlichen Regelungen einer Vermögensübertragung von einer KapGes auf eine PersGes im Wege der Verschmelzung, der Spaltung oder des Formwechsels sind geprägt von der Tatsache, dass PerGes und KapGes in Deutschland einem unterschiedlichen Steuerregime unterliegen. Während KapGes eigenständige Steuersubjekte sind und mit ihren Gewinnen der Körperschaftsteuer unterliegen, sind PersGes selbst nicht einkommen- oder körperschaftsteuerpflichtig. Ihre Gewinne werden vielmehr direkt den Gesellschaftern zur Versteuerung zugewiesen, und zwar unabhängig davon, ob diese Gewinne tatsächlich ausgeschüttet werden oder nicht. Dementsprechend kann der Gesellschafter einer PersGes thesaurierte Gewinne der PersGes in späteren Jahren einfach aus der Gesellschaft entnehmen, ohne dass dies weitere steuerliche Konsequenzen auslöst. Demgegenüber sind die Gewinne einer KapGes im Ausschüttungsfall von den Gesellschaftern noch einmal zu versteuern, und zwar nach den Regelungen des Teileinkünfteverfahrens bzw. der Abgeltungsteuer, soweit es sich bei den Gesellschaftern um natürliche Personen handelt. Aus diesem Grund muss es anlässlich einer Umwandlung einer KapGes in eine PersGes zu einer Besteuerung der offenen Reserven kommen, damit diese nicht der Besteuerung gänzlich entzogen werden. Deshalb können derartige Umstrukturierungen auch nach den Regelungen des UmwStG in vielen Fällen nicht vollständig ohne eine Steuerbelastung auf Ebene der Gesellschafter durchgeführt werden. Zwar kann eine solche Vermögensübertragung – sofern die entsprechenden Voraussetzungen erfüllt sind – in der Weise „steuerneutral" durchgeführt werden, dass die in dem übergehenden Vermögen ruhenden stillen Reserven nicht aufgedeckt und versteuert werden müssen. Dies wird durch die Möglichkeit der steuerlichen Buchwertfortführung gewährleistet. Bezüglich der bei der übertragenden Körperschaft vorhandenen offenen Reserven (Gewinnrücklagen) muss es aber grundsätzlich zu einer Versteuerung kommen, da diese Gewinne im Fall einer späteren Entnahme aus der übernehmenden PerGes keiner Besteuerung mehr unterliegen und damit die nach der Besteuerungssystematik eigentlich noch ausstehende Halbeinkünftebesteuerung bei den Gesellschaftern entfallen würde. Die Regelungen des UmwStG stellen dies durch eine sog. Vollausschüttungsfiktion sicher.

3107 An dieser grundsätzlichen Systematik hat sich auch durch die Einführung der Thesaurierungsbesteuerung für PersGes zum 1. 1. 2008 nichts geändert.

3108–3110 *(Einstweilen frei)*

b) Bewertung des Vermögens in der steuerlichen Schlussbilanz

3111 Der übertragende Rechtsträger hat zum steuerlichen Übertragungsstichtag eine Schlussbilanz zu erstellen. Der Wertansatz des übergehenden Vermögens in dieser Schlussbilanz ist entscheidend für die Frage, ob die in dem Vermögen ruhenden stillen Reserven aufzudecken und zu versteuern sind, oder ob dies durch den Ansatz der Buchwerte verhindert werden kann. Das durch das SEStEG geänderte UmwStG stellt hier ein Regel-Ausnahme-Prinzip auf, bei dem die Aufdeckung der stillen Reserven die Regel und die Buchwertfortführung die Ausnahme darstellt.

- **Grundsatz:**

Gemäß § 3 Abs. 1 UmwStG hat der übertragende Rechtsträger die übergehenden Wirtschaftsgüter in seiner steuerlichen Schlussbilanz mit dem gemeinen Wert anzusetzen und sämtliche stillen Reserven und stillen Lasten (mit Ausnahme der in den Pensionsrückstellungen ruhenden stillen Lasten) aufzudecken und zu versteuern. 3112

- **Ausnahme:**

§ 3 Abs. 2 UmwStG erlaubt auf Antrag, die übergehenden Wirtschaftsgüter einheitlich mit dem Buchwert oder einem höheren Wert, höchstens jedoch mit dem gemeinen Wert anzusetzen, soweit die folgenden Voraussetzungen kumulativ erfüllt sind: 3113

- Die übergehenden Wirtschaftsgüter müssen Betriebsvermögen der übernehmenden PersGes oder natürlichen Person werden und es muss sichergestellt sein, dass sie später der Besteuerung mit Einkommensteuer oder Körperschaftsteuer (bei Kapitalgesellschaften als Gesellschafter der Personengesellschaft) unterliegen.

  Bei einer rein inländischen Umstrukturierung ist diese Voraussetzung immer dann erfüllt, wenn die übernehmende PersGes gewerblich tätig oder gewerblich geprägt ist bzw. eine übernehmende natürliche Person die übergehenden Wirtschaftsgüter dem Betriebsvermögen ihres Einzelunternehmens zuordnet, wobei sich die Steuerverhaftung nach dem ausdrücklichen Wortlaut des Gesetzes nur auf die Körperschaftsteuer bzw. die Einkommensteuer, nicht jedoch die Gewerbesteuer bezieht. Handelt es sich um freiberufliches Betriebsvermögen, können daher die stillen Reserven auf diesem Wege der Gewerbesteuer entzogen werden.[1]

  Bleiben die Wirtschaftsgüter hingegen kein Betriebsvermögen, z. B. weil die übernehmende PersGes nur vermögensverwaltend tätig ist, sind diese mit dem gemeinen Wert anzusetzen.

  Im Fall einer Hinausverschmelzung einer inländischen KapGes auf eine ausländische transparente PersGes ist die Steuerverhaftungsbedingung dann und insoweit erfüllt, wenn das im Inland belegene Betriebsvermögen des übertragenden Rechtsträgers hier verbleibt und nach der Umwandlung eine inländische Betriebsstätte des übernehmenden Rechtsträgers bildet. Die deutschen Regelungen sind insoweit konform mit den Anforderungen der Fusionsrichtlinie.[2]

- Das Recht der Bundesrepublik Deutschland darf hinsichtlich der Besteuerung der übergehenden Wirtschaftsgüter bei der übernehmenden PersGes oder natürlichen Person nicht ausgeschlossen oder beschränkt werden.

  Bei einer rein innerdeutschen Umstrukturierung, bei der die beteiligten Rechtsträger im Inland ansässig sind und auch keine ausländische Betriebsstätte unterhalten oder begründen, ist diese Voraussetzung regelmäßig erfüllt.

---

1 *Widmann* in Widmann/Mayer, § 3 UmwStG Rn. 24 f.; *Schmitt* in Schmitt/Hörtnagl/Stratz, § 3 UmwStG Rn. 29.

2 Art. 4 Abs. 1b FR, Richtlinie 90/434/EWG des Rates v. 23. 7. 1990, zuletzt geändert durch Richtlinie 2005/19/EG des Rates v. 17. 2. 2005, ABl. Nr. L 58 2005, S. 19.

Ein Ausschluss oder eine Beschränkung des deutschen Besteuerungsrechts kann aber z. B. eintreten, wenn inländisches Betriebsvermögen anlässlich einer grenzüberschreitenden Umstrukturierung in das Ausland verbracht und dort in einem ausländischen Betriebsvermögen weiterhin zur Einkünfteerzielung genutzt wird. Diese Wirtschaftsgüter können dann nicht mehr mit den Buchwerten oder Zwischenwerten angesetzt werden, sondern sind mit ihrem gemeinen Wert zu bewerten.[1] Die übrigen, im Inland verbleibenden Wirtschaftsgüter können jedoch weiterhin mit dem Buchwert angesetzt werden. Das Wort „soweit" in § 3 Abs. 2 Satz 1 UmwStG macht deutlich, dass sich das Bewertungswahlrecht auch in einem solchen Fall auf die weiterhin im Inland verhafteten Wirtschaftsgüter erstreckt.

Beschränkt werden kann ein deutsches Besteuerungsrecht allerdings nur, wenn vor der Umwandlung ein solches Recht auch tatsächlich bestand. Dies ist z. B. in Bezug auf solche Wirtschaftsgüter, die zu einer in einem DBA-Land belegenen Betriebsstätte gehören, für die die Freistellungsmethode gilt, nicht der Fall. Hier hat ohnehin der ausländische Betriebsstättenstaat das alleinige Besteuerungsrecht. Nach der Gesetzesbegründung zu § 3 Abs. 2 UmwStG ist auch eine Beschränkung des Besteuerungsrechts gegeben, wenn im Ausland belegenes Vermögen vor der Umwandlung in Deutschland unter Anrechnung der ausländischen Steuer zu besteuern war und nach der Umwandlung die Freistellungsmethode Anwendung findet.

- Eine Gegenleistung für die Vermögensübertragung darf nicht gewährt werden oder nur in Gesellschaftsrechten bestehen.

  Diese Voraussetzung führt dazu, dass Umstrukturierungen, in denen z. B. ein Spitzenausgleich zu zahlen ist, insoweit nicht steuerneutral durchgeführt werden können.

3114 Sofern die genannten Voraussetzungen vorliegen, können in der Schlussbilanz des übertragenden Rechtsträgers die Buchwerte angesetzt werden. Es kommt dann bei ihm zu keiner Aufdeckung stiller Reserven. Die Fortführung der Buchwerte bedeutet zugleich die Fortführung zu Lasten des steuerlichen Gewinns gebildeter, in späteren Wirtschaftsjahren aufzulösender Rücklagen,[2] wie auch § 4 Abs. 2 Satz 1 UmwStG zu entnehmen ist.

3115 Entscheidet sich die übertragende Körperschaft zur Fortführung der Buchwerte, ist die steuerliche Schlussbilanz mit der Bilanz identisch, die bei Fortführung der Körperschaft aufgestellt worden wäre. Die Körperschaftsteuerveranlagung ist nach allgemeinen Grundsätzen durchzuführen, so dass sich gegenüber dem Fall der Fortführung grundsätzlich keine Abweichungen ergeben.[3]

1 Vor dem Hintergrund der aktuellen Rechtsprechung des BFH (Urteil v. 17. 7. 2008 I R 77/06, BFH/NV 2008, 1941) stellt sich allerdings in Fällen der Überführung einzelner Wirtschaftsgüter die Frage, ob es überhaupt zu einem Verlust des deutschen Besteuerungsrechts kommt. Weiterhin wäre bei einer Überführung innerhalb der EU/EWR zu prüfen, ob eine Besteuerung zum Überführungszeitpunkt nicht EU-rechtswidrig wäre und gegen die Niederlassungsfreiheit verstößt.

2 Z. B. Rücklagen nach § 6b EStG, R 6.6 EStR 2005 (vormals R 35 EStR) – Sonderposten mit Rücklagenanteil i. S. d. § 247 Abs. 3 HGB.

3 Wegen der bei Gewinnausschüttungen zu beachtenden Besonderheiten vgl. Rn. 3092.

Ein Ansatz höherer Werte könnte sich jedoch z. B. dann anbieten, wenn die Überträgerin noch über einen Verlustvortrag verfügt, mit dem sie den Ertrag aus der Aufstockung der Buchwerte ganz oder teilweise verrechnen kann. Dies gilt umso mehr, wenn sich als Ergebnis des Verfahrens vor dem FG Nürnberg[1] herausstellen sollte, dass die Mindestbesteuerung bei endgültigem Ausschluss der Verlustverrechnung verfassungswidrig ist. Ein solcher endgültiger Ausschluss der Verlustverrechnung wäre ja in Umwandlungsfällen immer gegeben, denn die verbleibenden Verlustvorträge des übertragenden Rechtsträgers können ja gem. § 4 Abs. 2 Satz 2 UmwStG nicht mit auf den übernehmenden Rechtsträger übergehen, sondern gehen ungenutzt unter. 3116

Die in § 3 Abs. 2 Satz 2 UmwStG genannten Voraussetzungen sind bei einer übernehmenden PersGes nicht nur für die PersGes selbst, sondern zusätzlich für jeden einzelnen Gesellschafter zu prüfen. Die Gesetzesbegründung zu § 3 Abs. 2 UmwStG nennt in diesem Zusammenhang den wohl wichtigsten Fall, in dem diese Prüfung für verschiedene Gesellschafter unterschiedlich ausgehen kann, nämlich den Übergang von im Ausland belegenem Vermögen. Ist dieses Vermögen in einem Nicht-DBA-Land belegen und sind an der PersGes sowohl inländische als auch ausländische Gesellschafter beteiligt, dann wären die Einkünfte der ausländischen Betriebsstätte nach der Umwandlung in Deutschland nur noch insoweit steuerpflichtig, wie sie auf die im Inland ansässigen Mitunternehmer entfallen. Daher kann für die zu der ausländischen Betriebsstätte gehörenden Wirtschaftsgüter auch nur insoweit ein unter dem gemeinen Wert liegender Wert angesetzt werden. Der quotal auf die im Ausland ansässigen Gesellschafter entfallende Teil ist hingegen mit dem gemeinen Wert anzusetzen. Die sich hieraus ergebende Steuerlast ist allerdings von der übertragenden KapGes und damit indirekt von allen Gesellschaftern zu tragen. Eine abweichende Regelung, die diesbezüglich einen Ausgleich unter den Gesellschaftern vorsieht, ist daher zu erwägen. Dasselbe gilt für solche ausländischen Betriebsstätten, die in einem anderen Staat belegen sind, mit dem Deutschland ein DBA abgeschlossen hat, wonach die Betriebsstättengewinne in Deutschland unter Anrechnung der ausländischen Steuer der Besteuerung unterliegen. Handelt es sich hierbei um einen EU/EWR-Staat, kommt dann allerdings eine Anrechnung fiktiver ausländischer Steuer auf den in Deutschland entstehenden Übertragungsgewinn nach § 3 Abs. 3 UmwStG in Betracht.[2] 3117

Ist eine der oben genannten Voraussetzungen nicht erfüllt, sind sämtliche Wirtschaftsgüter des übergehenden Betriebsvermögens mit dem gemeinen Wert anzusetzen. Dies gilt nicht nur für die regulär bilanzierungsfähigen Wirtschaftsgüter, sondern auch für die normalerweise nicht bilanzierungsfähigen originären immateriellen Wirtschaftsgüter, wie z. B. den Firmenwert. Gleichzeitig sind stille Lasten, wie z. B. steuerlich nicht ausgewiesene Drohverlustrückstellungen, aufwandswirksam zu bilden. Hierdurch kommt es zu einer Aufdeckung und Versteuerung sämtlicher in dem übergehenden Vermögen ruhenden stillen Reserven und stillen Lasten bei dem übertragenden Rechtsträger. Der hierdurch entstehende Gewinn unterliegt der regulären Besteuerung.[3] 3118

1 Mit BFH 26. 8. 2010 I B 49/10, BFH/NV 2010, 2356, NWB DokID: FAAAD-54321.
2 Vgl. Gesetzesbegründung zu § 3 Abs. 3 UmwStG.
3 Vgl. hierzu ausführlich Rn. 3127.

3119 Für den Fall des Ansatzes der Wirtschaftsgüter mit dem gemeinen Wert in der steuerlichen Schlussbilanz hat der Gesetzgeber in § 3 Abs. 1 Satz 2 UmwStG für die Bewertung der Pensionsrückstellungen allerdings eine Sonderregelung getroffen und festgeschrieben, dass diese nicht mit ihrem Zeitwert, sondern nur mit dem nach § 6a EStG maßgebenden Betrag anzusetzen sind. Dieser Wert liegt jedoch regelmäßig erheblich unter der tatsächlich bestehenden Pensionslast, denn seit Einführung des BilMoG werden nicht nur unterschiedliche Zinssätze verwendet, sondern handelsrechtlich sind auch die zukünftigen Gehaltssteigerungen in die Pensionsrückstellungen mit einzurechnen, was steuerlich nicht zulässig ist. Der Gesetzgeber wollte damit erreichen, dass die in den Pensionsrückstellungen ruhenden stillen Lasten den zu versteuernden Übertragungsgewinn nicht mindern. Gleichwohl soll sich der gemeine Wert des Geschäfts- oder Firmenwerts nicht mindern, was zwingend zu einem entsprechend erhöhten Ausweis des steuerlichen Eigenkapitals führen muss. Die Rechtmäßigkeit dieser von der Finanzverwaltung angenommenen Konsequenz ist aus meiner Sicht jedoch fraglich und sollte gerichtlich überprüft werden. In der Literatur wird eine Minderung des Geschäfts- oder Firmenwerts bejaht.[1] Es käme dann hierdurch zu einer indirekten Berücksichtigung dieser stillen Lasten. Übersteigen die in den Pensionsrückstellungen ruhenden stillen Lasten ausnahmsweise einen etwaigen Firmenwert, kann dieser jedoch nicht negativ werden. Eine Minderung der gemeinen Werte der übrigen Wirtschaftsgüter ist allerdings wohl auch nicht möglich. *Desens*[2] möchte in einem solchen Fall die Bildung eines passiven Ausgleichspostens zulassen.

3120 Vom übertragenden Rechtsträger in der steuerlichen Schlussbilanz angesetzte Drohverlustrückstellungen sind von dem übernehmenden Rechtsträger aufgrund der Buchwertverknüpfung des § 4 Abs. 1 UmwStG zu übernehmen und weiter fortzuführen. Das Passivierungsverbot des § 5 Abs. 4a EStG gilt insoweit nicht, und zwar auch nicht an darauffolgenden Bilanzstichtagen.[3]

3121 Ist die übertragende Körperschaft ihrerseits an einer Mitunternehmerschaft beteiligt, ergeben sich keine Besonderheiten, wenn das übernommene Betriebsvermögen insgesamt mit seinen Buchwerten angesetzt wird. Sollen hingegen stille Reserven aufgedeckt werden, findet dies steuerlich nicht auf Ebene des Mitunternehmers, sondern auf Ebene der Mitunternehmerschaft statt. Da es sich um einen Vorgang handelt, der ausschließlich die übertragende Körperschaft und anschließend die aufnehmende Personengesellschaft als Mitunternehmerin betrifft, hat die Aufdeckung der stillen Reserven in einer für diese zu führenden Ergänzungsbilanz zu erfolgen. Für deren Fortführung gelten die in Rn. 3141 ff. dargestellten Grundsätze entsprechend.

3122 Der Antrag zum Ansatz von unter dem gemeinen Wert liegenden Werten gilt nach der Gesetzesbegründung durch das Einreichen der in Umwandlungsfällen gesondert zu erstellenden steuerlichen Schlussbilanz als gestellt. Ein separater förmlicher Antrag ist somit nicht erforderlich. Sind die gesetzlichen Voraussetzungen erfüllt, hat das Finanzamt auch keinen Ermessensspielraum, den Antrag abzulehnen.

1 *Schaflitzl/Widmayer*, BB-Special 8/2006, 36 (39); *Lemaitre/Schönherr*, GmbHR 2007, 173 (174).
2 GmbHR 2007, 1202 (1206).
3 BFH v. 16. 12. 2009 I R 102/08, BFH/NV 2010, 517, NWB DokID: AAAAD-37369.

Der Antrag kann nicht auf einzelne Wirtschaftsgüter beschränkt werden. Er gilt immer umfänglich für den Ansatz des gesamten übergehenden Vermögens, soweit die betreffenden Wirtschaftsgüter die genannten Voraussetzungen erfüllen. 3123

Die Ausübung der beschriebenen Wahlrechte ist unabhängig von dem Bilanzausweis der betreffenden Wirtschaftsgüter in der handelsrechtlichen Schlussbilanz des übertragenden Rechtsträgers. Es gibt künftig in Umwandlungsfällen weder eine Maßgeblichkeit noch eine umgekehrte Maßgeblichkeit der Handels- für die Steuerbilanz. 3124

Für die Handelsbilanz verbleibt es vielmehr bei den bisher geltenden Regelungen. In der handelsrechtlichen Schlussbilanz der Überträgerin sind die Wirtschaftsgüter nach § 17 Abs. 2 UmwG mit den fortgeführten Buchwerten anzusetzen. Die Übernehmerin hat gem. § 24 UmwG dagegen ein Bilanzierungswahlrecht, die übergehenden Wirtschaftsgüter entweder mit ihren Buchwerten zu übernehmen, oder sie mit den Anschaffungskosten anzusetzen. Ein weiteres Bilanzierungswahlrecht besteht bei dem Gesellschafter der Überträgerin, die im Gegenzug für die Vermögensübertragung erhaltenen neuen Anteile an der Übernehmerin mit dem Buchwert oder mit dem Zeitwert der hingegebenen Anteile anzusetzen (Tauschgrundsätze). Es besteht somit auf zwei Ebenen die Möglichkeit, handelsrechtlich stille Reserven aufzudecken, ohne dass dies entsprechende steuerliche Konsequenzen nach sich zieht. 3125

Das Wahlrecht, die zu übertragenden Wirtschaftsgüter mit dem Buchwert oder einem höheren Wert, höchstens dem gemeinen Wert anzusetzen, steht allein der übertragenden Körperschaft zu, obwohl sich daraus nach § 4 UmwStG u. U. auch nicht zu vernachlässigende steuerliche Folgen für die übernehmende PersGes und deren Gesellschafter ergeben. 3126

► **Besteuerung eines etwaigen Übertragungsgewinns**

Entsteht bei der übertragenden KapGes ein Übertragungsgewinn, weil die Wirtschaftsgüter in der steuerlichen Schlussbilanz zu über den Buchwerten liegenden Werten angesetzt und damit stille Reserven aufgedeckt werden, so unterliegt dieser Gewinn der Körperschaftsteuer und der Gewerbesteuer. Nach § 18 Abs. 1 UmwStG gelten die Regelungen des § 3 UmwStG auch für die Ermittlung des Gewerbeertrags der übertragenden Körperschaft. § 18 Abs. 2 UmwStG sieht die gewerbesteuerliche Steuerfreiheit nur für den Übernahmegewinn beim übernehmenden Rechtsträger vor, nicht jedoch für den Übertragungsgewinn beim Übertragenden. 3127

Allerdings sind auch die sonst geltenden Steuerbefreiungsvorschriften anzuwenden, z. B. soweit der Aufstockungsgewinn auf Beteiligungen an Kapitalgesellschaften entfällt (Steuerbefreiung nach § 8b Abs. 2 KStG bzw. Halbeinkünftebesteuerung nach § 3 Nr. 40 EStG) oder soweit ein einschlägiges Doppelbesteuerungsabkommen eine Freistellung von im Ausland befindlichem Vermögen anordnet. Dasselbe gilt für etwaige gewerbesteuerliche Kürzungen. 3128

(Einstweilen frei) 3129–3140

c) Besteuerung der übernehmenden PersGes und ihrer Gesellschafter

► Übergang der Vermögenswerte und Schulden

3141 Zu unterscheiden ist zwischen den Fällen des Übergangs des Vermögens der Körperschaft in ein Betriebsvermögen mit den sich aus §§ 4 – 7 UmwStG ergebenden Folgen einerseits und dem Übergang in das Privatvermögen mit den sich aus § 8 UmwStG ergebenden Folgen andererseits. Die PersGes hat die in ihr Betriebsvermögen übergehenden Wirtschaftsgüter nach § 4 Abs. 1 UmwStG mit dem in der steuerlichen Schlussbilanz der übertragenden Körperschaft enthaltenen Wert zu übernehmen – strikte Buchwertverknüpfung. Dies gilt auch für die Forderungen und Verbindlichkeiten zwischen übertragender Körperschaft und übernehmender PersGes, die aus diesem Anlass untergehen. Insoweit sind jedoch die Sonderregelungen des § 6 UmwStG zu beachten, der für den Fall der Entstehung eines Konfusionsgewinns die Bildung einer steuerfreien Rücklage und deren ratierliche Auflösung über drei Jahre vorsieht. Der übernehmenden PersGes ist nach § 4 Abs. 1 UmwStG eine von der Schlussbilanz der übertragenden Körperschaft abweichende Bilanzierung nicht gestattet. Die von der übertragenden Körperschaft getroffene Wahl zur Fortführung der bisherigen Buchwerte oder aber der völligen oder teilweisen Aufdeckung der stillen Reserven ist für die übernehmende Personengesellschaft verbindlich.

3142 Bei dem Vermögensübergang handelt es sich um einen Fall der Gesamt- oder Sonderrechtsnachfolge nach dem UmwG.[1] Deswegen tritt die übernehmende PersGes vorbehaltlich abweichender Regelungen gem. § 4 Abs. 2 UmwStG in die Rechtsstellung der übertragenden Körperschaft ein. Dies gilt insbesondere für die

- Fortführung der AfA,
- Vornahme von Sonderabschreibungen und erhöhten Absetzungen,
- Inanspruchnahme von steuerlichen Bewertungsfreiheiten oder eines Bewertungsabschlags,
- Fortführung von den steuerlichen Gewinn mindernden Rücklagen,
- Fortführung eines niedrigeren Buchwerts nach einer Teilwertabschreibung i. S. d. § 6 Abs. 1 Nr. 2 Satz 2 EStG,
- Pflicht der Wertaufholung nach einer Teilwertabschreibung, nach Vornahme von Sonderabschreibungen oder erhöhten Absetzungen gem. § 6 Abs. 1 Nr. 2 Satz 3 EStG unter Beachtung des für den Rechtsvorgänger maßgebenden Höchstwerts (im Regelfall historische Anschaffungs- oder Herstellungskosten, ggf. vermindert um die AfA),
- Bemessung der Dauer der Zugehörigkeit eines Wirtschaftsguts zum Betriebsvermögen desselben Steuerpflichtigen.

3143 Dem übernehmenden Unternehmen ist es danach nicht möglich, bei den übernommenen Wirtschaftsgütern Bewertungswahlrechte abweichend von der übertragenden Körperschaft auszuüben. Wurde z. B. für bestimmte Wirtschaftsgüter des Anlage- oder

1 Vgl. Rn. 3071 ff.

Umlaufvermögens ein Festwert gebildet,[1] ist dieser grundsätzlich fortzuführen. Bei der Bewertung von Wirtschaftsgütern des Umlaufvermögens nach der Lifo-Methode gem. § 6 Abs. 1 Nr. 2a EStG durch die übertragende Körperschaft kann die übernehmende PersGes nach Satz 3 dieser Vorschrift von dieser Bewertungsmethode nur mit Zustimmung des Finanzamts abrücken. Die Fortführung von sog. steuerfreien Rücklagen beinhaltet zugleich die Übernahme der Verpflichtung zu deren Auflösung nach Maßgabe der in Betracht kommenden Einzelregelung.

Diese Grundsätze sind auch dann maßgebend, wenn die übertragende Körperschaft stille Reserven aufgedeckt hat. Bei abnutzbaren Wirtschaftsgütern ist der Aufstockungsbetrag für die Bemessung der AfA zu berücksichtigen. Für den Regelfall führt dies unter Beibehaltung der bisherigen AfA-Methode zur Verteilung des Aufstockungsbetrags auf die Restnutzungsdauer. In den Fällen der Gebäude-AfA nach § 7 Abs. 4 Satz 1 oder Abs. 5 EStG ist die AfA unverändert nach der um den Aufstockungsbetrag erhöhten Bemessungsgrundlage bei der übertragenden Körperschaft vorzunehmen (§ 4 Abs. 3 Satz 1 UmwStG). Dies führt angesichts des erhöhten AfA-Volumens im Ergebnis zu einer Verlängerung des Abschreibungszeitraums. 3144

► **Beteiligungskorrekturgewinn**

Bei Gesellschaftern der übertragenden Gesellschaft, die ihre Beteiligung in einem Betriebsvermögen halten, ist zunächst der Bilanzansatz der Anteile an der Überträgerin zu überprüfen. Hierbei ist es unerheblich, ob sich diese Anteile im Betriebsvermögen der übernehmenden Personengesellschaft oder in einem anderen Betriebsvermögen eines der Gesellschafter befinden. 3145

Stehen diese Anteile mit ihren ursprünglichen Anschaffungskosten zu Buche, so ergeben sich keine Besonderheiten. 3146

Sind die Anteile jedoch wertgemindert und sind die Abschreibungen in vergangenen Jahren steuerwirksam vorgenommen worden und ist zwischenzeitlich eine Werterholung eingetreten, so ist der Buchwert durch entsprechende Zuschreibungen wieder zu erhöhen. Der gemeine Wert der Anteile darf jedoch nicht überschritten werden (§ 4 Abs. 6 Satz 2 UmwStG). Durch die Festlegung einer Bewertungsobergrenze in Höhe des gemeinen Wertes wird sichergestellt, dass nur solche Wertminderungen der Vergangenheit nachversteuert werden, die durch eine zwischenzeitlich eingetretene Wertsteigerung wieder kompensiert worden sind. 3147

Dasselbe gilt für Anteile, deren Buchwert aufgrund von Abzügen nach § 6b EStG (Reinvestitionsrücklage) unter den ursprünglichen Anschaffungskosten liegt. Auch diese Buchwertminderung ist in der Bilanz zum steuerlichen Übertragungsstichtag durch entsprechende Zuschreibungen rückgängig zu machen. 3148

Kommt es zu einer Zuschreibung, so gelten für die Besteuerung des Zuschreibungsgewinns (sog. Beteiligungskorrekturgewinn) die Regelungen des § 8b Abs. 2 Sätze 4 und 5 KStG sowie § 3 Nr. 40 Buchst. a Sätze 2 und 3 EStG. Das bedeutet, dass diese Zuschreibungsgewinne dann in vollem Umfang steuerpflichtig sind, wenn sie auf steuerwirk- 3149

1 Vgl. § 240 Abs. 3, § 256 Satz 2 HGB; R 6.8 Abs. 4 EStR.

sam vorgenommenen Teilwertabschreibungen oder der Rückgängigmachung von §-6b-Abzügen beruhen. Eine Steuerfreistellung oder die Anwendung des Halbeinkünfteverfahrens ist in diesen Fällen nicht möglich. Lediglich insoweit, wie der Beteiligungskorrekturgewinn eine Rückgängigmachung einer in der Vergangenheit steuerunwirksam bzw. nur anteilig (Teileinkünfteverfahren) steuerwirksam vorgenommenen Teilwertabschreibung darstellt, ist der Zuschreibungsbetrag nicht oder nur anteilig nach Maßgabe des Teileinkünfteverfahrens zu versteuern.

3150 In Bezug auf die in der Vergangenheit vorgenommenen Teilwertabschreibungen ist der Anwendungsbereich dieser Vorschriften recht gering, denn aufgrund des steuerlichen Zuschreibungsgebotes ist ohnehin in jedem Wirtschaftsjahr, in dem eine entsprechende Werterhöhung eintritt, eine Zuschreibung vorzunehmen. Der größere Anwendungsbereich dürfte daher auf die durch §-6b-Rücklagen geminderten Beteiligungsansätze entfallen.

3151 Ist der Buchwert einer Beteiligung in der Vergangenheit aus verschiedenen Gründen gemindert worden, beispielsweise vor der Einführung des Halbeinkünfteverfahrens durch eine steuerwirksame Teilwertabschreibung und einige Jahre später durch eine zweite steuerlich unwirksame Teilwertabschreibung und hat sich der Wert nicht vollständig, sondern nur zum Teil wieder erholt, stellt sich die Frage, in welcher Reihenfolge diese Abschreibungen wieder rückgängig zu machen sind. Der BFH[1] hat diese Frage jedoch mittlerweile dahin gehend geklärt, dass Wertaufholungen zunächst mit den nicht steuerwirksamen und erst danach – mit der Folge der Steuerpflicht daraus resultierender Gewinne – mit den steuerwirksamen Teilwertabschreibungen zu verrechnen sind.

3152 Der Beteiligungskorrekturgewinn fällt eine logische Sekunde vor der Vermögensübertragung an.

► **Einlagefiktion**

3153 Der vom Gesetz zur Ermittlung des Übernahmeergebnisses bei der übernehmenden PersGes vorgesehene „Regelfall" einer Vermögensübertragung von einer KapGes auf eine PersGes ist die sog. „up-stream-Verschmelzung einer Tochter-Kapital- auf ihre Mutter-Personengesellschaft.

3154 Allerdings gibt es viele Fälle, in denen diese Beteiligungsstruktur so nicht gegeben ist, sondern der übertragende Rechtsträger (auch) andere Gesellschafter hat. Ziel des Gesetzes ist es jedoch, für all diejenigen Gesellschafter des übertragenden Rechtsträgers, deren Anteile steuerverhaftet sind, das Übernahmeergebnis auf dieselbe Weise zu ermitteln, und zwar auf der Ebene der übernehmenden PersGes. Aus diesem Grund hat das Gesetz für die Fälle, in denen die Anteile an der übertragenden Körperschaft zum Übertragungsstichtag nicht zum Betriebsvermögen des übernehmenden Unternehmens gehören, in § 5 Abs. 2, 3 UmwStG eine Einlagefiktion vorgesehen.

► Anteile, die in einem Betriebsvermögen gehalten werden, gelten als zum Buchwert in die Übernehmerin eingelegt (§ 5 Abs. 3 UmwStG). Maßgeblich ist hier der Buchwert, der sich nach einer ggf. vorzunehmenden Korrektur um einen Beteiligungskor-

1 Urteil 19. 8. 2009 I R 2/09, BStBl 2010 II 760.

rekturgewinn wegen Teilwertabschreibungen der Vergangenheit oder §-6b-Rücklagen ergibt.

- Im Privatvermögen gehaltene Anteile i. S. d. § 17 EStG gelten als mit ihren Anschaffungskosten in das Betriebsvermögen der Übernehmerin eingelegt. Zu dieser Kategorie von Anteilen gehören:
  - Beteiligungen, wenn der Inhaber innerhalb der letzten fünf Jahre mittelbar oder unmittelbar zu mindestens 1 % am Kapital der Gesellschaft beteiligt war.
  - Beteiligungen von weniger als 1 %, wenn diese durch einen Einbringungsvorgang zu einem unter dem gemeinen Wert liegenden Wert entstanden ist und der Gesellschafter zuvor am übertragenden Rechtsträger eine Beteiligung von mehr als 1 % innehatte (§ 17 Abs. 6 EStG)
  - Die Anteile beruhen auf einer Sacheinlage i. S. v. § 20 UmwStG vom 7. 12. 2006 in der jeweils geltenden Fassung (§ 17 Abs. 6, 2. Alt. EStG).

Die fiktive Einlage findet eine logische Sekunde vor der Verschmelzung statt. 3155

Durch die Einlagefiktion kommt es bei den Gesellschaftern zu einem fingierten steuerneutralen Anteilstausch. Sie geben die Beteiligung an der Überträgerin hin und erhalten im Gegenzug Mitunternehmeranteile an der übernehmenden PersGes. Durch die Einlagefiktion wird erreicht, dass die übernehmende PersGes – soweit die Anteile an der Einlagefiktion teilnehmen – als Gesellschafterin (Muttergesellschaft) der übertragenden KapGes gilt und sich daher bei ihr anlässlich der nun folgenden Vermögensübertragung ein steuerlich relevantes Übernahmeergebnis (Übernahmegewinn oder Übernahmeverlust) ermitteln lässt. 3156

Die Einlagefiktion gilt nicht für Anteile, die nicht die Voraussetzungen des § 17 EStG erfüllen, es sich also um Anteile von weniger als 1 % handelt, die in einem Privatvermögen gehalten werden und die nicht durch einen Einbringungsvorgang entstanden sind. Für diese Gesellschafter ist somit kein Übernahmeergebnis zu ermitteln. 3157

Bei der Anwendung der Einlagefiktion ist es unerheblich, ob es sich um einen unbeschränkt oder einen beschränkt steuerpflichtigen Anteilseigner handelt, der sowohl innerhalb als auch außerhalb der EU ansässig sein kann. 3158

Schafft die übernehmende PersGes Anteile an der übertragenden Körperschaft erst nach dem steuerlichen Übertragungsstichtag an, wirkt diese Anschaffung nach § 5 Abs. 1 UmwStG auf diesen Stichtag zurück. Entsprechendes gilt, wenn ein Anteilseigner abgefunden wird. Nicht selten werden erst durch diese Anteilserwerbe die Voraussetzungen für die Umwandlung geschaffen. Für den veräußernden Anteilseigner ist keine Rückwirkung vorgesehen. Bei ihm ergibt sich daher ganz normal ein Gewinn/Verlust aus der Veräußerung eines Anteils an einer KapGes, der – je nach Steuerstatus des Veräußerers – entweder gar nicht oder nach dem Halbeinkünfteverfahren der Besteuerung unterliegt. Derjenige Gesellschafter, der die Anteile im Rückwirkungszeitraum erwirbt, nimmt allerdings nach den oben dargestellten Grundsätzen an der Einlagefiktion teil. 3159

► **Ermittlung des Übernahmeergebnisses und Vollausschüttungsfiktion**

In einem zweiten Schritt ist nun bei der Übernehmerin ein Übernahmegewinn bzw. -verlust zu ermitteln, der sich buchhalterisch dadurch ergibt, dass die Anteile an der 3160

Übertragerin wegfallen und stattdessen deren Betriebsvermögen mit den in ihrer steuerlichen Schlussbilanz enthaltenen Werten übernommen wird.

3161 Diese Ermittlung eines Übernahmeergebnisses wird nur für die Anteile durchgeführt, die sich zum steuerlichen Übertragungszeitpunkt tatsächlich oder aufgrund der beschriebenen Einlagefiktion im Betriebsvermögen der Übernehmerin befinden. Gleichwohl wird das Übernahmeergebnis rechnerisch für jeden dieser Gesellschafter individuell ermittelt und ergibt sich – abgesehen von bestimmten Korrekturen – als Unterschiedsbetrag zwischen dem Buchwert des anteilig auf diesen Gesellschafter entfallenden Betriebsvermögens der Überträgerin und dem Buchwert bzw. Anschaffungskosten seiner untergehenden Beteiligung.

3162 Darüber hinaus wurde durch das SEStEG zur Sicherstellung der Besteuerung der offenen Rücklagen die sog. Vollausschüttungsfiktion eingeführt. Das Übernahmeergebnis teilt sich daher in zwei Bestandteile, die fiktive Dividende und das „verbleibende Übernahmeergebnis".

3163 Es wird somit eine Vollausschüttung der offenen Reserven/Gewinnrücklagen an die Gesellschafter der übertragenden Körperschaft fingiert. Das bedeutet aber nicht, dass diese fiktive Dividende auch in jedem Fall bei dem Gesellschafter der Besteuerung unterliegt. Vielmehr besteht bei den Gesellschaftern, für die auch ein Übernahmeergebnis ermitteln wird, die Möglichkeit, einen Übernahmeverlust mit der fiktiven Dividende zu verrechnen, was zu einer entsprechenden Minderung des steuerpflichtigen Ertrags auf der Ebene des Gesellschafters führt.

3164 Allerdings ist in diesem Zusammenhang zu beachten, dass eine solche Verrechnung der fiktiven Dividende mit einem Übernahmeverlust nicht möglich ist bei natürlichen Personen, die nicht an der Ermittlung des Übernahmeergebnisses teilnehmen. Bei diesen Gesellschaftern verbleibt es daher bei einer Versteuerung der fiktiven Dividende.

3165 Die Vollausschüttungsfiktion ist in § 7 UmwStG geregelt. Hiernach wird das gesamte ausschüttungsfähige Eigenkapital abzüglich des Bestands des steuerlichen Einlagekontos den Gesellschaftern der Überträgerin anteilig als Einkünfte aus Kapitalvermögen i. S. d. § 20 EStG zugerechnet.

3166 Die Besteuerung dieser fiktiven Dividende erfolgt dann in derselben Weise, wie bisher richtige Gewinnausschüttungen der Überträgerin zu besteuern waren, also bei natürlichen Personen entweder nach Maßgabe des Teileinkünfteverfahrens (§ 3 Nr. 40 EStG) oder unter Anwendung der Abgeltungsteuer.

3167 Sofern die fiktive Dividende unmittelbar oder mittelbar über eine PersGes einem unbeschränkt körperschaftsteuerpflichtigen Gesellschafter (Körperschaft, Personenvereinigung oder Vermögensmasse) zugerechnet wird, ist regelmäßig § 8b Abs. 1, 5 KStG anzuwenden und es gilt die Steuerfreistellung. Lediglich i. H. v. 5 % der fiktiven Dividende wird bei den Empfängern in diesem Fall eine fiktive nicht abzugsfähige Betriebsausgabe dem laufenden Gewinn außerbilanziell hinzugerechnet, wodurch sich das steuerpflichtige Einkommen entsprechend erhöht. Darüber hinaus ist zu beachten, dass die fiktive Dividende bei dem Gesellschafter der Überträgerin auch der Gewerbesteuer unterliegt, wenn die Beteiligung in einem Betriebsvermögen gehalten wird und weniger als 15 % beträgt (§ 8 Nr. 5 i. V. m. § 9 Nr. 2a GewStG).

Handelt es sich bei der Körperschaft, der die fiktive Dividende zugerechnet wird, jedoch um ein Kreditinstitut, ein Finanzdienstleistungsinstitut, ein Finanzunternehmen oder eine Lebens- bzw. Krankenversicherung, auf deren Beteiligungen nach § 8b Abs. 7 und Abs. 8 Satz 1 KStG die Steuerbefreiung des § 8b Abs. 1 KStG keine Anwendung findet, ist die fiktive Dividende bei diesen in voller Höhe steuerpflichtig. 3168

Für die fiktive Ausschüttung der offenen Rücklagen hat die Übertragerin 25 % Kapitalertragsteuer einzubehalten und an das Finanzamt abzuführen. Diese Kapitalertragsteuer kann aber natürlich von den inländischen Gesellschaftern, denen die fiktive Dividende zugerechnet wurde, auf ihre inländische Einkommen- bzw. Körperschaftsteuer angerechnet werden. 3169

Durch die Vollausschüttungsfiktion hat der Gesetzgeber eine Möglichkeit geschaffen, auf die offenen Reserven einer umzuwandelnden Kapitalgesellschaft Quellensteuer, nämlich Kapitalertragsteuer, zu erheben. Nach der Gesetzesbegründung[1] dient dies der Sicherung deutscher Besteuerungsrechte an den offenen Rücklagen. Damit soll die Vollausschüttungsfiktion also insbesondere Steuerausländer treffen, die die deutsche Kapitalertragsteuer hier im Inland nicht erstattet bekommen. Flankiert wird diese Maßnahme durch eine Regelung in § 43b Abs. 1 Satz 4 EStG, wonach die von der EU-Mutter-Tochter-Richtlinie angeordnete Kapitalertragsteuerbefreiung von Dividenden einer inländischen Tochtergesellschaft an ihre im EU-Ausland ansässige Muttergesellschaft bei diesen Umwandlungsfällen nicht anwendbar ist. Die Kapitalertragsteuer ist somit auf sämtliche offenen Reserven der Überträgerin mit Ausnahme des steuerlichen Kapitalkontos einzubehalten und abzuführen. Allerdings dürfte die fiktive Dividende auch abkommensrechtlich als Dividende anzusehen sein,[2] so dass in einzelnen DBA vereinbarte Reduzierungen des Kapitalertragsteuersatzes zu beachten sind.[3] 3170

Zu prüfen ist die Anrechnungsberechtigung der ausländischen Gesellschafter. Soweit die ausländischen beschränkt steuerpflichtigen Gesellschafter an der Einlagefiktion und damit auch an der Ermittlung des Übernahmeergebnisses teilnehmen, ist die ihnen aufgrund der Ausschüttungsfiktion zugerechnete fiktive Dividende Bestandteil des Übernahmeergebnisses. Durch die Einlagefiktion der Anteile an der übertragenden KapGes in die übernehmende PersGes ist vom Gesetz klargestellt, dass das Übernahmeergebnis auf der Ebene der übernehmenden PersGes entsteht. Damit ist auch der Ertrag aus der fiktiven Dividende bereits ein Ertrag der übernehmenden PersGes, der in die gesonderte und einheitliche Feststellung der Einkünfte der übernehmenden PersGes einbezogen[4] und den Gesellschaftern nach Maßgabe ihrer Beteiligungsquote zugerechnet wird. Die fiktive Dividende stellt daher zwar Einkünfte „im Sinne des" § 20 Abs. 1 Nr. 1 EStG dar, wird aber durch die Subsidiaritätsklausel des § 20 Abs. 3 EStG in 3171

1 Gesetzesbegründung zum SEStEG v. 25. 9. 2006, zu § 4 UmwStG, Allgemeines, BT-Drucks. 16/2710, 38.

2 Nach § 10 Abs. 3 OECD-MA fallen unter den abkommensrechtlichen Begriff der Dividende auch aus Gesellschaftsanteilen stammende Einkünfte, die nach dem Recht des Staates, in dem die ausschüttende Gesellschaft ansässig ist, den Einkünften aus Aktien steuerlich gleichgestellt sind. Vgl. hierzu auch *Benecke*, PricewaterhouseCoopers AG, Reform des Umwandlungssteuerrechts, Rn. 1209 ff.

3 *Schaftlitzl/Widmayer*, BB-Special 8/2006, 36 (43); *Lemaitre/Schönherr*, GmbHR 2007, 173 (177).

4 Tz. 07.07 UmwStEE i. d. F. vom 2. 5. 2011.

Einkünfte aus Gewerbebetrieb umqualifiziert.[1] Für die an der Ermittlung des Übernahmeergebnisses teilnehmenden beschränkt steuerpflichtigen Gesellschafter ist die fiktive Dividende somit Bestandteil ihrer inländischen Einkünfte nach § 49 Abs. 1 Nr. 2a EStG. Es kommt daher für sie zu einer Veranlagung und die einbehaltene KapESt ist nicht definitiv.[2] Demgegenüber gehen andere Autoren davon aus, dass es sich bei der fiktiven Dividende um Einkünfte aus Kapitalvermögen handelt, die unter § 49 Abs. 1 Nr. 5a EStG fallen und bei denen die KESt eine Definitivbelastung darstellt.[3]

3172 Die Frage, ob es sich bei der fiktiven Dividende bei den beschränkt steuerpflichtigen Gesellschaftern um Einkünfte aus Kapitalvermögen mit KESt als Abgeltungswirkung oder um einen Bestandteil des Gewinns der übernehmenden PersGes handelt, ist auch maßgeblich für die Frage, ob die fiktive Dividende mit einem ggf. entstehenden Übernahmeverlust verrechnet werden kann. Diese Möglichkeit ist nach der hier vertretenen Ansicht zu bejahen, soweit Deutschland bezüglich des Übernahmeergebnisses ein Besteuerungsrecht hat.[4]

3173 Für die fiktive Dividende gilt die Rückwirkungsfiktion des § 2 Abs. 1, 2 UmwStG. Das bedeutet, dass die fiktive Dividende als am steuerlichen Übertragungsstichtag bezogen gilt. Wird eine Umwandlung mit zivilrechtlicher Wirkung zum 1. 1. eines Jahres durchgeführt, so ist der steuerliche Übertragungsstichtag gem. § 2 Abs. 1 UmwStG der 31. 12. des Vorjahres. Die fiktive Dividende gilt also als im bereits abgelaufenen Veranlagungszeitraum bezogen. Allerdings entsteht die Kapitalertragsteuer erst im Zeitpunkt des Wirksamwerdens der Umwandlung, also mit Eintragung der Umwandlung in das Handelsregister.[5] Damit fallen die Versteuerung der fiktiven Dividende und die Entstehung der Kapitalertragsteuer in verschiedene Veranlagungszeiträume. Dies hätte zur Folge, dass die Steuerbelastung auf die fiktive Dividende in voller Höhe zu zahlen wäre, da noch kein Anrechnungsbetrag „verfügbar" ist. Es bleibt abzuwarten, wie die Finanzverwaltung dieses Problem zu lösen gedenkt. Gegebenenfalls wird sie im Erlasswege die Anrechnung der Kapitalertragsteuer im Jahr der Versteuerung der Dividende zulassen.

3174 Um alle diese mit der fiktiven Dividende verbundenen Auslegungsschwierigkeiten des geltenden Rechts zu vermeiden, schlagen *Lemaitre/Schönherr*[6] vor, die offenen Reserven vor der Umwandlung tatsächlich auszuschütten und nach der Umwandlung in die übernehmende PersGes wieder einzulegen. Nach der hier vertretenen Auffassung wäre dies jedoch bei ausländischen Anteilseignern für die Anrechenbarkeit der KESt nachteilig.

3175 In einem nächsten Schritt ist auf der Ebene der Übernehmerin das Übernahmeergebnis zu ermitteln. Das Gesetz (§ 4 Abs. 4 und 5 UmwStG) sieht hierfür folgendes Schema vor:

---

1 *Pung* in Dötsch/Patt/Pung/Möhlenbrock, § 7 UmwStG, Rn. 22.

2 *Pung* in Dötsch/Patt/Pung/Möhlenbrock, § 4 UmwStG, Rn. 5.

3 Vgl. *Rödder/Schumacher*, DStR 2006, 1531; *Prinz zu Hohenlohe/Rautenstrauch/Adrian*, GmbHR 623 (627); *Förster/Felchner*, DB 2006, 1072 (1079); *Bodden*, FR 2007, 66 (73).

4 Hierzu vgl. Rn. 3171.

5 Tz. 07.08 UmwStEE i. d. F. vom 2. 5. 2011.

6 GmbHR 2007, 173 (177).

Wert, mit dem die übergegangenen Wirtschaftsgüter zu übernehmen sind
./. (korrigierter) Wert der Anteile an der übertragenden Körperschaft
./. Umwandlungskosten
= Übernahmeergebnis (erster Stufe)
+ Sperrbetrag nach § 50c EStG[1]
./. Bezüge nach § 7 UmwStG n. F. (fiktive Dividende)
= Übernahmeergebnis (zweiter Stufe)

Bei dem „Wert, mit dem die übergegangenen Wirtschaftsgüter zu übernehmen sind" handelt es sich um die nach § 4 Abs. 1 UmwStG zwingend zu übernehmenden Buchwerte aus der Schlussbilanz des übertragenden Rechtsträgers. Allerdings sieht § 4 Abs. 4 Satz 2 UmwStG eine Sonderregelung für solche Wirtschaftsgüter vor, bezüglich derer Deutschland vor der Umwandlung kein Besteuerungsrecht hatte und ordnet an, dass diese Wirtschaftsgüter bei der Ermittlung des Übernahmeergebnisses mit ihren gemeinen Werten anzusetzen sind. Dies betrifft alle Wirtschaftsgüter der übertragenden KapGes, die einer ausländischen Betriebsstätte zuzuordnen sind, mit deren Belegenheitsstaat Deutschland ein DBA abgeschlossen hat, das für die Betriebsstättengewinne die Freistellungsmethode vorsieht. Der Grund für diese Sonderregelung ist, dass diese Wirtschaftsgüter zwar unmittelbar nicht in Deutschland besteuert werden durften, ihre stillen Reserven aber gleichwohl mittelbar in der Beteiligung an der übertragenden KapGes verhaftet waren und im Fall einer Veräußerung dieser Beteiligung Bestandteil des Veräußerungsgewinns geworden wären. Dieses mittelbare Besteuerungssubstrat verliert die Bundesrepublik mit der Umwandlung der KapGes in einer PersGes. Aus diesem Grund werden diese stillen Reserven bei der Ermittlung des Übernahmeergebnisses berücksichtigt. 3176

Das **Übernahmeergebnis** der ersten Stufe wird gemindert durch die dem Gesellschafter bereits zugerechnete fiktive Dividende (§ 4 Abs. 5 Satz 2 UmwStG). Hierdurch kann aus einem Übernahmegewinn auf der ersten Stufe ein Übernahmeverlust zweiter Stufe werden. 3177

Ein **Übernahmeverlust** bleibt außer Ansatz, soweit er auf eine körperschaftsteuerpflichtige Person (Körperschaft, Personenvereinigung oder Vermögensmasse) als Mitunternehmerin der PersGes entfällt, wenn ein Veräußerungsgewinn/-verlust im Fall einer Veräußerung der Beteiligung aufgrund der Anwendung des § 8b Abs. 2 KStG steuerfrei gewesen wäre (§ 4 Abs. 6 Satz 1 UmwStG). 3178

1 Im früheren körperschaftsteuerlichen Vollanrechnungsverfahren konnte grundsätzlich eine Anrechnung von Körperschaftsteuer bei einem nichtanrechnungsberechtigten Anteilseigner dadurch im Ergebnis erreicht werden, dass ein Erwerber von Kapitalgesellschaftsanteilen im Zuge einer Ausschüttung eine ausschüttungsbedingte Teilwertabschreibung vornahm und das dadurch genutzte Körperschaftsteuerguthaben zugunsten des nichtanrechnungsberechtigten Veräußerers bereits vorab im Kaufpreis über die Anteile berücksichtigt wurde. Mit der komplizierten und deshalb auch höchst umstrittenen Regelung des § 50c EStG wurde die ausschüttungsbedingte Teilwertabschreibung steuerlich nicht anerkannt, so dass ein vergütbares Anrechnungsguthaben nicht erzielt werden konnte. Mit Abschaffung des Vollanrechnungsverfahrens und der Herabsetzung der Wesentlichkeitsgrenze auf 1 % wurde die Vorschrift durch das Steuersenkungsgesetz vom 23. 10. 2000 ersatzlos aufgehoben. Sie gilt aber gemäß § 52 Abs. 59 EStG für Anteile weiter, für die vor dem Systemwechsel ein Sperrbetrag zu bilden war.

3179 Entfällt der **Übernahmeverlust** jedoch auf ein Kreditinstitut, ein Finanzdienstleistungsinstitut, ein Finanzunternehmen oder einen Lebens- bzw. Krankenversicherer, auf deren Anteile nach § 8b Abs. 7 und Abs. 8 Satz 1 KStG die Steuerbefreiungen des § 8b Abs. 1 und 2 KStG keine Anwendung finden, so ist der Übernahmeverlust bis zur Höhe der diesem Gesellschafter zugerechneten fiktiven Dividende (Bezüge nach § 7 UmwStG) steuerlich zu berücksichtigen. Ein die fiktive Dividende übersteigender Übernahmeverlust ist steuerlich unwirksam.[1]

3180 Eine natürliche Person kann einen auf sie entfallenden anteiligen **Übernahmeverlust** zur Hälfte, höchstens jedoch in Höhe der Hälfte der dieser Person zugerechneten fiktiven Dividende geltend machen, es sei denn

- bei Veräußerung der Anteile an der übertragenden Körperschaft wäre ein Veräußerungsverlust nach § 17 Abs. 2 Satz 5 EStG nicht zu berücksichtigen oder
- die Anteile wurden innerhalb der letzten fünf Jahre vor dem steuerlichen Übertragungsstichtag entgeltlich erworben.

3181 Ein die fiktive Dividende übersteigender anteiliger Übernahmeverlust ist steuerlich unwirksam.

3182 Die steuerliche Geltendmachung des Übernahmeverlustes in Höhe der zugerechneten fiktiven Dividende führt – sofern der Übernahmeverlust hierfür ausreicht – dazu, dass die zugerechnete fiktive Dividende bei dem Anteilseigner im Ergebnis nicht besteuert wird.

3183 Soweit ein **Übernahmegewinn** auf ein körperschaftsteuerpflichtiges Steuersubjekt (Körperschaft, Personenvereinigung oder Vermögensmasse) als Mitunternehmerin der Personengesellschaft entfällt, ist § 8b Abs. 2 KStG anzuwenden (§ 4 Abs. 7 Satz 1 UmwStG). Der Übernahmegewinn ist somit steuerfrei, es erfolgt jedoch der Ansatz einer fiktiven 5%igen nicht abzugsfähigen Betriebsausgabe nach § 8b Abs. 3 KStG, die der Besteuerung zu unterwerfen ist. Der Grund hierfür liegt in der Tatsache, dass diese Gesellschafter die Beteiligung an der übertragenden Körperschaft auch steuerfrei hätten verkaufen können und dann ebenfalls dieser Auswirkung unterlegen hätten.

3184 Entfällt ein **Übernahmegewinn** hingegen anteilig auf eine natürliche Person, ist er nach Maßgabe der Abgeltungssteuer bzw. des Teileinkünfteverfahrens zu versteuern.

3185 Entfällt das **Übernahmeergebnis** auf einen beschränkt Steuerpflichtigen, ist dieses nur dann steuerbar, wenn Deutschland nach dem einschlägigen DBA ein Besteuerungsrecht hat. Um die Zuordnung des Besteuerungsrechts vornehmen zu können, ist zu entscheiden, unter welchen Artikel des jeweiligen DBA das Übernahmeergebnis zu fassen ist. In Betracht kommen hier – bezogen auf das OECD-MA – Art. 13 Abs. 5 als Gewinn aus der Veräußerung einer Beteiligung oder Art. 7 als Ergebnis einer inländischen Betriebsstätte.

1 *Schaftlitzl/Widmayer*, BB-Special 8/2006, 36 (45).

Die h. M.[1] als auch die Finanzverwaltung[2] gehen davon aus, dass die Einlagefiktion keinen Einfluss auf die Qualifizierung der Ertragsart nach einem DBA hat. Sie führt also nicht dazu, das Übernahmeergebnis als Bestandteil des Gewinns einer inländischen Betriebsstätte anzusehen. Daher ist § 7 OECD-MA nur dann anwendbar, wenn bereits die Beteiligung an der übertragenden Körperschaft zum Betriebsvermögen einer inländischen Betriebsstätte gehörte. Ansonsten fällt das Übernahmeergebnis unter Art. 13 Abs. 5 OECD-MA, mit der Folge, dass Deutschland diesbezüglich kein Besteuerungsrecht hat. Lediglich in den Fällen, in denen kein DBA besteht oder das einschlägige DBA ein Besteuerungsrecht des Sitzstaates der KapGes vorsieht, kann Deutschland das Übernahmeergebnis nach § 49 Nr. 2a EStG erfassen. Soweit sich ein Übernahmeverlust ergibt, ist dieser dann auch mit einer etwaigen fiktiven Dividende verrechenbar.[3] 3186

Die dargestellte Steuerfreistellung des Übernahmegewinns bzw. die Besteuerung nach dem Halbeinkünfteverfahren gilt auch dann, wenn die Anteile an der übertragenden Körperschaft einbringungsgeboren waren und eine Veräußerung daher der vollen Steuerpflicht unterlegen hätte.[4] Handelt es sich bei den Anteilen an der übertragenden Körperschaft hingegen um erhaltene Anteile, die aus einer Umwandlung hervorgegangen sind, die nach dem 12. 12. 2006 zur Eintragung in das Handelsregister angemeldet worden sind und ist die 7-Jahres-Frist des § 22 Abs. 1 Satz 1 UmwStG noch nicht abgelaufen, führt die Umwandlung der Körperschaft wohl gem. § 22 Abs. 1 Satz 6 Nr. 2 UmwStG zu einer rückwirkenden Besteuerung des Einbringungsvorgangs,[5] es sei denn, die von der Finanzverwaltung neu geschaffene Billigkeitsregelung gem. Tz. 22.23 UmwStEE findet in dem konkreten Fall Anwendung und die hierfür erforderlichen Anträge werden einvernehmlich gestellt. 3187

Die bei dem übernehmenden Rechtsträger ggf. entstehenden Umwandlungskosten, wie z. B. Beratungskosten, Unternehmensbewertung, Erstellung der notwendigen Verträge und Beschlüsse etc, sind Bestandteil des Übernahmeergebnisses. Sie sind somit nicht als „normale" Betriebsausgaben Bestandteil des laufenden Gewinns. Soweit die Umwandlungskosten zu einem Übernahmeverlust führen oder einen solchen erhöhen, sind sie grundsätzlich steuerlich ohne Auswirkung, denn ein Übernahmeverlust kann steuerlich grds. nicht verwertet werden. Lediglich eine Verrechnung mit einer fiktiven Dividende ist zulässig in dem Umfang, in dem diese bei dem betreffenden Gesellschafter ansonsten der Besteuerung unterlegen hätte. Damit sind die Umwandlungskosten in vielen Fällen steuerlich unwirksam, obwohl das originäre Abzugsverbot des § 3c Abs. 1 EStG nicht eingreift. 3188

(Einstweilen frei) 3189–3200

---

1 Gl. A. *Hagemann/Jakob/Ropohl/Viebrock*, NWB Sonderheft 1/2007, 173, 181; *Benecke/Schnitger*, IStR 2006, 765, 773; *Pung* in Dötsch/Patt/Pung/Möhlenbrock, § 4 UmwStG Rn. 5.

2 Tz. 04.30 UmwStEE i. d. F. vom 2. 5. 2011, erstes Beispiel.

3 Vgl. Rn. 3163.

4 BMF 16. 12. 2003, DB 2004, 220, Rn. 3.

5 Vgl. hierzu auch Rn. 3034 ff.

4. Nutzung von Verlustvorträgen

3201 Sowohl nach der bisherigen als auch nach der künftigen Rechtslage können körperschaftsteuerliche Verlustvorträge einer übertragenden Kapitalgesellschaft im Rahmen einer Umstrukturierung nicht auf den übernehmenden Rechtsträger übertragen werden (§ 4 Abs. 2 Satz 2 UmwStG). Entsprechendes gilt nach § 18 Abs. 1 Satz 2 UmwStG für bisher bei der Ermittlung des Gewerbeertrages nicht nach § 10a GewStG abgezogene Fehlbeträge. Sie gehen vielmehr in Fällen der Verschmelzung und des Formwechsels vollständig unter, in den Fällen der Spaltung anteilig, soweit sie auf das übergehende Vermögen entfallen.

3202 Durch ein Urteil des BFH vom 31. 5. 2005[1] war zwischenzeitlich Verunsicherung darüber entstanden, ob es Möglichkeiten gibt, den Verlust des laufenden Jahres, in dem der Umwandlungsstichtag liegt, ggf. beim übernehmenden Rechtsträger nutzen zu können. Das Urteil ist ergangen zu einem Fall einer Verschmelzung von zwei Kapitalgesellschaften. Der BFH hatte hier ausgeführt, dass in Fällen, in denen ein Umwandlungsstichtag nicht mit dem Ende des Veranlagungszeitraums zusammenfällt, sondern mitten im Veranlagungszeitraum liegt (im Streitfall 30. 12.), der Verlust des laufenden Jahres kein Bestandteil des Verlustvortrags nach § 10d EStG ist, sondern als laufender Verlust von dem übertragenden Rechtsträger auf seinen Rechtsnachfolger übergeht und von diesem als eigener laufender Verlust in dem entsprechenden Jahr im Wege des horizontalen Verlustausgleichs mit eigenen Einkünften verrechnet werden kann. Diese Urteil hätte auch auf die Fälle der Umwandlung einer Kapital- in eine Personengesellschaft entsprechend angewendet werden können. Die Finanzverwaltung hat jedoch relativ schnell mit einem Nichtanwendungserlass[2] reagiert und anschließend im Gesetzeswortlaut klargestellt, dass auch die vom übertragenden Rechtsträger nicht ausgeglichenen negativen Einkünfte nicht auf den übernehmenden Rechtsträger übergehen können.

3203 Darüber hinaus stellt der Gesetzeswortlaut nun auch klar, dass nicht nur ein Verlustvortrag nach § 10d EStG, sondern auch alle möglichen verrechenbaren Verluste (z. B. nach § 15 Abs. 4, § 15a, § 15b EStG) der übertragenden KapGes anlässlich der Umwandlung untergehen und nicht mehr nutzbar sind.

3204 Dies gilt jedoch nicht für Verluste, die nach dem steuerlichen Übertragungsstichtag entstanden sind, denn diese sind aufgrund der steuerlichen Rückwirkung des § 2 UmwStG dem übernehmenden Rechtsträger bereits originär zuzurechnen und können daher von diesem auch steuerlich genutzt werden.[3]

3205 Natürlich stellt sich bei einer Umwandlung einer mit Verlustvorträgen behafteten KapGes die Frage nach Strategien, die vorhandenen Verlustvorträge des übertragenden Rechtsträgers zu erhalten oder diese vor ihrem Untergang noch zu nutzen.

- In Betracht kommt hier der Ansatz eines Zwischenwertes in der steuerlichen Schlussbilanz des übertragenden Rechtsträgers. Diese Gestaltung ist zwar nach

1 BFH 31. 5. 2005 I R 68/03, BStBl 2006 II 380.

2 BMF 7. 4. 2006, BStBl 2006 I 344.

3 Vgl. auch *Rödder/Schumacher*, DStR 2006, 1525 (1530).

dem Gesetzeswortlaut durch die Mindestbesteuerung faktisch begrenzt, denn die Buchwertaufstockung führt zu einem laufenden Gewinn, der – zusammen mit dem regulären Gewinn des abgelaufenen Geschäftsjahres nur bis zu einer Höhe von 1 Mio. € vollständig mit einem vorhandenen Verlustvortrag verrechnet werden kann. Allerdings ist derzeit ein Verfahren[1] anhängig, welches die Frage würdigen wird, ob die Anwendung der Mindestbesteuerung verfassungswidrig ist, wenn es anschließend zu einem Untergang des nicht genutzten Verlustvortrags kommt. Geht dieses Verfahren positiv für den Steuerpflichtigen aus, wäre die Mindestbesteuerung auch für übertragende Rechtsträger im Rahmen einer Umwandlung nicht mehr anwendbar.

Sollte die Mindestbesteuerung jedoch greifen, könnte der 1 Mio. € übersteigende Teil des Gewinns nur zu 60 % mit einem Verlustvortrag verrechnet werden, die verbleibenden 40 % sind der Besteuerung zu unterwerfen. Bei einer steuerlichen Vorteilhaftigkeitsanalyse ist also die durch eine Buchwertaufstockung durch die Mindestbesteuerung hervorgerufene Steuerbelastung zu vergleichen mit dem Barwert der sich aus den künftig erhöhten Abschreibungen ergebenden Steuerersparnis.

Darüber hinaus sind die Auswirkungen der Buchwertaufstockung auf das Übernahmeergebnis zu ermitteln. Soweit sich durch die Aufstockung ein – bei natürlichen Personen als Gesellschafter – steuerpflichtiger Übernahmegewinn ergibt oder sich erhöht, dürften die steuerlichen Nachteile insgesamt die steuerlichen Vorteile der Zukunft durch das erhöhte Abschreibungspotenzial überkompensieren.

► Auf dieselbe Weise wie der Ansatz von Zwischenwerten wirkt im Ergebnis ein Verkauf von Einzelwirtschaftsgütern an den übernehmenden Rechtsträger vor Durchführung der Umwandlung. Allerdings kann hier gezielt gesteuert werden, von welchen Wirtschaftsgütern die stillen Reserven aufgedeckt werden, so dass das Abschreibungspotenzial ggf. schneller genutzt werden kann, als wenn es zu einer anteiligen Aufstockung sämtlicher Wirtschaftsgüter des übertragenden Rechtsträgers kommt.

(Einstweilen frei) 3206–3210

5. Missbrauchsvorschrift gegen die Vermeidung von Gewerbesteuer

Kapitalgesellschaften müssen die Gewinne aus der Veräußerung von Betrieben oder Teilbetrieben immer als laufende Gewinne der Gewerbesteuer unterwerfen. Demgegenüber sind derartige Gewinne gewerbesteuerfrei, wenn sie von Personengesellschaften – soweit natürliche Personen unmittelbar Gesellschafter sind (§ 7 Satz 2 GewStG) – oder Einzelunternehmen erwirtschaftet werden. Daher möchte der Gesetzgeber vermeiden, dass eine Kapitalgesellschaft kurz vor Veräußerung ihres Betriebes in eine Personengesellschaft umgewandelt wird und anschließend eine gewerbesteuerfreie Veräußerung stattfindet. 3211

Aus diesem Grund gab es schon unter der bisherigen Rechtslage in § 18 UmwStG eine Missbrauchsverhinderungsvorschrift, nach der Gewinne aus der Veräußerung von Be- 3212

1 BFH-Beschluss 26. 8. 2010 I B 49/10, BFH/NV 2010, 2356, NWB DokID: FAAAD-54321.

trieben, Teilbetrieben oder Anteilen an der übernehmenden Personengesellschaft gewerbesteuerpflichtig sind, sofern die Veräußerung innerhalb von 5 Jahren nach dem steuerlichen Übertragungsstichtag stattfindet. Eine Anrechnung dieser Gewerbesteuer auf die Einkommensteuer nach § 35 EStG ist jedoch nicht möglich. Die Belastung soll nicht durch eine Einkommensteuer-Ermäßigung beseitigt werden.[1] Diese Regelung wurde auch in der Neufassung des UmwStG durch das SEStEG beibehalten (§ 18 Abs. 3 UmwStG)

3213 Es bestehen deshalb unverändert Steuernachteile für Steuerpflichtige, die die Anteile an der GmbH im Privatvermögen gehalten haben, da bei einer Veräußerung der Anteile an der KapGes keine Gewerbesteuer entstanden wäre. Diese Folge hat der BFH jedoch ausdrücklich gebilligt.[2]

3214 Zwar hat der BFH in seinem Urteil vom 16. 11. 2005[3] klar zum Ausdruck gebracht, dass von der Gewerbesteuerpflicht nach § 18 Abs. 4 UmwStG die stillen Reserven auszunehmen sind, die sich zum Zeitpunkt der Verschmelzung/Spaltung nachweislich bereits im Vermögen der übernehmenden PersGes bzw. des übernehmenden Einzelunternehmens befunden haben. Der Gesetzgeber hat jedoch mit der Neuregelung des § 18 Abs. 3 UmwStG durch das JStG 2008 darauf reagiert und dafür gesorgt, dass es zukünftig auch dann zu einer gewerbesteuerlichen Erfassung stiller Reserven kommen kann, wenn diese nicht in der übertragenden KapGes, sondern bereits vor bzw. erst nach der Umwandlung im Betriebsvermögen der übernehmenden PersGes entstanden sind. Der Gesetzgeber durchkreuzt mit dieser Neuregelung bewusst die bisherige Auslegung des BFH und es werden erste Stimmen laut, die die Verfassungsgemäßheit dieser gesetzlichen Neuregelung anzweifeln.[4]

3215 Im Fall der Veräußerung von Mitunternehmeranteilen an der übernehmenden PersGes innerhalb der Fünf-Jahres-Frist entsteht die Gewerbesteuer nicht bei dem veräußernden Mitunternehmer, sondern auf der Ebene der PersGes und belastet daher auch den Gewinn der übrigen Mitunternehmer. Bereits im Zeitpunkt der Umwandlung sollte daher eine Regelung getroffen werden, wie dieser finanzielle Nachteil durch den Veräußerer auszugleichen ist.

3216–3220 *(Einstweilen frei)*

6. Behandlung der Konfusionsgewinne

3221 Haben zwischen der übertragenden Körperschaft und der übernehmenden PersGes Rechtsbeziehungen bestanden, die zum Ausweis gegenseitiger Forderungen und Verbindlichkeiten geführt haben, erlöschen diese mit der Umwandlung durch die Vereinigung von Gläubiger und Schuldner (Konfusion). Entsprechendes gilt für Schuldverhältnisse, die nur beim Schuldner zum Ausweis eines Passivpostens (einer Rückstellung) geführt haben, während beim Gläubiger kein Ausweis zu erfolgen hatte. Soweit Gläubi-

1 *Dötsch/Pung*, DB 2004, 208.
2 BFH 11. 12. 2001 VIII R 23/01, BStBl 2004 II 474.
3 BFH 16. 11. 2005 X R 6/04, DStR 2006, 175.
4 *Wernsmann/Desens*, DStR 2008, 221.

ger und Schuldner nicht mit identischen Beträgen bilanziert haben, ergibt sich bei der übernehmenden PersGes durch die Vereinigung von Gläubiger und Schuldner mit Ablauf des steuerlichen Übertragungsstichtags[1] ein Gewinn – Konfusionsgewinn.

Dieser Gewinn kann nach § 6 Abs. 1 UmwStG in eine den steuerlichen Gewinn mindernde Rücklage eingestellt werden, die nach § 6 Abs. 2 UmwStG für den Regelfall in den auf ihre Bildung folgenden drei Wirtschaftsjahren mit mindestens je einem Drittel gewinnerhöhend aufzulösen ist. 3222

Handelt es sich um Forderungen und Verbindlichkeiten eines Gesellschafters der Personengesellschaft, liegt zivilrechtlich keine Konfusion vor, wenn ein Übergang von der Körperschaft auf die PersGes erfolgt. Der BFH geht aber in diesen Fällen von einer steuerrechtlichen Konfusion aus.[2] Dementsprechend bestimmt § 6 Abs. 2 UmwStG, dass der steuerliche Konfusionsgewinn/-verlust eines Gesellschafters wie der der PersGes zu behandeln ist. 3223

Bringt die PersGes den auf sie übergegangenen Betrieb innerhalb von fünf Jahren nach dem steuerlichen Übertragungsstichtag in eine KapGes ein, entfällt die Anwendbarkeit des § 6 Abs. 1, 2 UmwStG nach § 6 Abs. 3 UmwStG rückwirkend. Die Folge ist eine sofortige Besteuerung des Konfusionsgewinns. Bereits erteilte Steuerbescheide, Steuermessbescheide und Feststellungsbescheide sind dann insoweit zu ändern. Entsprechendes gilt, wenn der übertragene Betrieb innerhalb des vorbezeichneten Fünf-Jahreszeitraumes ohne triftigen Grund veräußert oder aufgegeben wird. 3224

Dasselbe gilt für den Fall, dass die übernehmende PersGes den auf sie übergegangenen Betrieb innerhalb dieser 5-Jahres-Frist ohne triftigen Grund veräußert oder aufgibt, wobei im Gesetz nicht definiert ist, was denn unter einem „triftigen Grund“ zu verstehen ist bzw. bei welchen Fallkonstellationen ein solcher nicht vorliegt. Bereits zu der inhaltsgleichen Vorgängervorschrift zu § 6 Abs. 3, dem § 26 Abs. 1 UmwStG a. F., wurde über den Tatbestand des „triftigen Grundes“ heftig und kontrovers diskutiert. Der BFH[3] hat sich erkennbar erst in einer Entscheidung mit dem Begriff des „triftigen Grundes“ auseinandergesetzt und geurteilt, ein triftiger Grund sei zu verneinen, wenn die Veräußerung des übertragenen Betriebes innerhalb der Fünfjahresfrist schon im Zeitpunkt der Beschlussfassung über die Unternehmensumformung vorhersehbar war. Lediglich dann, wenn sich die im Zeitpunkt des Umwandlungsbeschlusses bestehenden Verhältnisse in einer Weise verändern, dass sich der Übernehmer erst aufgrund der Veränderung zu einer Veräußerung des Betriebes innerhalb des Fünfjahreszeitraums veranlasst sieht, so sei zur Auslegung des Begriffes „triftiger Grund“ darauf abzustellen, ob die Veräußerung sich als die wirtschaftlich stichhaltige Folge der veränderten Verhältnisse darstellt. Die Finanzverwaltung verweist in Tz. 06.11 UmwStEE auf eine Entscheidung nach den Umständen des Einzelfalls. Hiernach muss nachgewiesen werden, dass die nachfolgende Veräußerung oder Aufgabe nicht durch Steuerumgehung, sondern durch vernünftige wirtschaftliche Gründe – insbesondere der Umstrukturierung oder der Ra- 3225

1 BMF 15. 4. 1986, BStBl 1986 I 184, Tz. 25, zur gleichl. Regelung des § 8 UmwStG 1977.
2 BFH 8. 12. 1982 I R 9/79, BStBl 1983 II 570.
3 BFH 19. 12. 1984 I R 275/81, BStBl 1985 II 342, zur Vorgängervorschrift des § 24 Abs. 2 UmwStG 1969.

tionalisierung der beteiligten Gesellschaften – als hauptsächlichen Beweggrund motiviert ist.

3226–3230 *(Einstweilen frei)*

7. Vermögensübergang auf eine Personengesellschaft ohne Betriebsvermögen

3231 Der Gesetzgeber geht für den Regelfall davon aus, dass das auf die PersGes übergehende Vermögen bei dieser der Erzielung von Einkünften aus Gewerbebetrieb dient und damit in ein Betriebsvermögen übergehen wird. War die übertragende KapGes hingegen vermögensverwaltend tätig, bezog sie der Art nach Einkünfte aus Kapitalvermögen[1] und/oder aus Vermietung und Verpachtung,[2] die lediglich rechtsformbedingt gem. § 8 Abs. 2 KStG insgesamt als Einkünfte aus Gewerbebetrieb zu besteuern waren. Führt die übernehmende PersGes lediglich die Aktivitäten der übertragenden KapGes fort, bezieht sie nur unter den Voraussetzungen des § 15 Abs. 3 Nr. 2 EStG Einkünfte aus Gewerbebetrieb, wenn es sich also um eine gewerblich geprägte PersGes handelt. Liegen diese Voraussetzungen hingegen nicht vor, bezieht die PersGes und damit ihre Gesellschafter (anteilig) Einkünfte aus Kapitalvermögen und/oder Vermietung und Verpachtung. Das Vermögen der übertragenden KapGes geht damit nicht in ein Betriebsvermögen, sondern in das Privatvermögen über.

3232 Der übertragenden KapGes steht deshalb das sich aus § 3 UmwStG ergebende Wahlrecht zur völligen oder teilweisen Aufdeckung der stillen Reserven in der Übertragungsbilanz nicht zu. Sie hat ihr Vermögen in der Übertragungsbilanz mit dem gemeinen Wert anzusetzen. Damit sind im Ergebnis sämtliche stillen Reserven und stillen Lasten (Ausnahme: Pensionsrückstellungen) aufzudecken. Zu den sich bei den Gesellschaftern ergebenden steuerlichen Folgen wird in § 8 UmwStG Stellung genommen. Die Anteile an der übertragenden KapGes werden regelmäßig im Privatvermögen gehalten werden. Bei wesentlich i. S. d. § 17 EStG an der übertragenden Körperschaft beteiligten Gesellschaftern ist gem. § 17 Abs. 4 EStG der gemeine Wert des auf den einzelnen Gesellschafter übertragenen Vermögens den Anschaffungskosten der Beteiligung gegenüberzustellen. Sofern sich positive Einkünfte ergeben, ist darauf weder der Freibetrag nach § 17 Abs. 3 EStG noch die Tarifermäßigung nach § 34 Abs. 1 bzw. Abs. 3 EStG zu gewähren.[3] Die Anwendung des § 22 Nr. 2 EStG wird ebenfalls durch § 8 Abs. 2 UmwStG ausgeschlossen.

3233 Eine entsprechende Anwendung der Regelungen des § 6 UmwStG zur Behandlung der Konfusionsgewinne[4] hat der Gesetzgeber in § 8 Abs. 1 UmwStG ebenfalls nicht vorgesehen.

3234 Die Einkünfte nicht wesentlich beteiligter Anteilseigner sind gem. § 8 Abs. 1 UmwStG unter entsprechender Anwendung der §§ 4, 5 und 7 UmwStG zu ermitteln.

1 Vgl. § 20 EStG; R 137 EStR.
2 Vgl. § 21 EStG; R 137 EStR.
3 Vgl. § 8 Abs. 2 UmwStG.
4 Vgl. Rn. 3221 ff.

Soweit die übertragenen abnutzbaren Wirtschaftsgüter der Einkunftserzielung dienen, ist bei der Bemessung der AfA nach § 4 Abs. 2 und 3 UmwStG[1] zu verfahren. 3235

Dieselben hier dargelegten Grundsätze gelten, wenn die übernehmende PersGes oder einer ihrer Gesellschafter subjektiv steuerbefreit sind.[2] 3236

(Einstweilen frei) 3237–3245

8. Formwechsel einer Kapitalgesellschaft, einer Genossenschaft in eine Personengesellschaft

Nach §§ 190 – 304 UmwG ist auch der Formwechsel von der KapGes in eine Gesellschaft bürgerlichen Rechts oder eine Personenhandelsgesellschaft möglich.[3] Es handelt sich dabei um eine identitätswahrende Umwandlung, sodass handelsrechtlich auf die Aufstellung einer Übertragungsbilanz durch die KapGes und eine Eröffnungsbilanz durch die PersGes verzichtet werden kann. Der Unterschied zur Verschmelzung besteht darin, dass die aufnehmende PersGes in jedem Fall erst durch den Formwechsel entsteht. 3246

Das Steuerrecht geht – anders als das Handelsrecht – nicht von einer Identitätswahrung aus. Bei natürlichen Personen als Anteilseigner findet steuerlich ein Wechsel vom Körperschaftsteuerrecht zum Einkommensteuerrecht statt. Dieser Wechsel der Besteuerungssysteme setzt eine eindeutige Abgrenzung der Besteuerungsgrundlagen voraus. Das Steuerrecht behandelt den Formwechsel also ebenso wie eine Verschmelzung, bei der tatsächlich eine Vermögensübertragung stattfindet. Aus diesem Grund sind nach § 9 UmwStG die Regelungen der §§ 3 – 8 und 10 UmwStG entsprechend anwendbar. Gemäß § 9 Satz 2 UmwStG wird für den Zeitpunkt, in dem der Formwechsel wirksam wird, die Aufstellung einer Übertragungsbilanz durch die KapGes sowie einer Eröffnungsbilanz durch die PersGes gefordert. Dies würde grds. die Erstellung von Bilanzen auf den Zeitpunkt der Eintragung des Formwechsels in das Handelsregister erfordern, denn nach § 202 UmwG wird der Formwechsel mit dieser Eintragung wirksam. Zur Vermeidung praktischer Schwierigkeiten wird deswegen in § 9 Satz 3 UmwStG zugelassen, dass die Bilanzen auch für einen Stichtag aufgestellt werden können, der höchstens acht Monate vor der Anmeldung des Formwechsels zur Eintragung in das Handelsregister liegt. Dieser Stichtag ist dann als Umwandlungsstichtag maßgebend, so dass damit eine entsprechende Rückwirkung eintritt.[4] Danach kann die Übertragungsbilanz der KapGes auch auf den Schluss eines Wirtschaftsjahrs aufgestellt werden. 3247

Hinsichtlich der Grunderwerbsteuer geht der BFH bei einem Formwechsel einer KapGes in eine PersGes von der Identität des Rechtsträgers aus, so dass der Formwechsel selbst 3248

1 Vgl. Rn. 3141 ff.
2 Vgl. Gesetzesbegründung zu § 3 Abs. 2 UmwStG, BT-Drucks. 16/2710, 37.
3 Wegen Einzelheiten vgl. §§ 226 – 237 UmwG.
4 Vgl. Rn. 3086 ff.

bei einer grundbesitzenden KapGes nicht zur Grunderwerbsteuer führt.[1] Dies ist gegenüber der Verschmelzung ein Vorteil.[2]

3249–3300 *(Einstweilen frei)*

1 BFH 4.12.1996 II B 116/96, BStBl 1997 II 661.

2 Ausführlich zu den grunderwerbsteuerlichen Folgen vgl. Kap. H (Grunderwerbsteuer), Rn. 5796 ff.

D. Sonderformen der Personengesellschaften

I. Familienpersonengesellschaften

Literatur: *Seer,* Der minderjährige Kommanditist als Mitunternehmer bei schenkweiser Übertragung der Beteiligung durch seine Eltern, DStR 1988, 600; *LS,* Zinsen für Darlehensforderungen minderjähriger Kinder als Werbungskosten, DStR 1989, 73; *L. Schmidt,* Wirtschaftliches Eigentum des Ehemannes am Kommanditanteil der Ehefrau bei einer pachtenden Familien-GmbH & Co. KG – Anm. zu BFH v. 26. 6. 1990 VIII R 81/85 –, FR 1990, 649; *Ulmer,* Testamentsvollstreckung am Kommanditanteil, Voraussetzungen und Rechtsfolgen (Anm. zu BGH v. 3. 7. 1989 – II ZB 1/89), NJW 1990, 73; *L. Schmidt,* Anm. – Betriebsausgabenabzug bei schenkweiser eingeräumter Darlehensforderungen minderjähriger Kinder gegen ihre Eltern, FR 1991, 168; *Autenrieth,* Über die stille Gesellschaft, die Unterbeteiligung oder das Darlehen mit nahen Angehörigen zum „Familiensplitting“, DStZ 1992, 86; *Janssen,* Strategien eines Familiensplittings durch die Übertragung von Einkunftsquellen, DStZ 1992, 22; *Petzoldt,* Nießbrauch an Personengesellschaftsanteilen, DStR 1992, 1172; *Schwendy,* Familiengesellschaften und Gestaltungsmissbrauch, FS für L. Schmidt, S. 787 f.; *Stuhrmann,* Einzelfragen zur Familienpersonengesellschaft, FS für Ludwig Schmidt, S. 404; *Gassner,* Steuergestaltung und ihre Grenzen bei Familiengesellschaften, FS L. Schmidt 1993, 771; *Märkle,* Angehörige als Darlehensgeber, stille Gesellschafter, Kommanditisten, BB 1993 Beilage 2, 1; *Schön,* Der Nießbrauch am Gesellschaftsanteil, ZHR 1994, 229; *Friedrich,* Die steuerrechtliche Behandlung von Rechtsverhältnissen unter Angehörigen, DB 1995, 1048; *Ritzrow,* Familien-Personengesellschaften i. S. d. § 15 Abs. 1 Nr. 2 EStG – Überblick über die Rechtsprechung des BFH, StBp 1995, 230; *R. Schmid,* Steuerliche Behandlung einer Familien-KG, DStR 1995, 1977; *Bachem,* Können Kleinkinder Mitunternehmer sein?, DStZ 1995, 610; *Bordewin,* Besonderheiten der Ertragsbesteuerung bei Familienpersonengesellschaften, BB 1996, 1359; *Schulze zur Wiesche,* Der Nießbrauch am Gesellschaftsanteil einer Personengesellschaft, DStR 1995, 318; *Sterner,* Neue Rechtsprechung zum Fremdvergleich in der Einkommensteuer zur Anerkennung von Angehörigen-Verträgen, KÖSDI 1995, 10380; *Kanzler,* Anerkennung eines Ehegattenarbeitsverhältnisses, DStZ 1996, 117; *Pezzer,* Zur Dogmatik der verdeckten Gewinnausschüttung – Anm. zu BFH v. 6. 12. 1995, FR 1996, 379; *Meyer-Koppitz,* Die steuerliche Anerkennung von Familienpersonengesellschaften in der Rechtsform der Kommanditgesellschaft, DStZ 1996, 265; *Ruppel,* Der Angehörigenvertrag im Zwielicht von zivilrechtlicher und steuerrechtlich-wirtschaftlicher Betrachtung, BB 1996, 458; *P. Fischer,* Fremdvergleich und Üblichkeit, DStZ 1997, 357; *Gosch,* Der BFH und der Fremdvergleich, DStZ 1997, 1; *Westerfelhaus,* Betriebswirtschaftliche Einflüsse auf das Steuerrecht der Familienpersonengesellschaften, DB 1997, 203; *Jülicher,* Vertragliche Rückforderungsrechte und Weiterleitungsklauseln in Schenkungsverträgen, DStR 1998, 1977; *Kottke,* Steuerrechtliche Anerkennungskriterien für wechselseitige Ehegatten-Arbeitsverhältnisse und für Unterarbeitsverhältnisse mit Familienangehörigen, DStR 1998, 1706; *Seeger,* Verträge zwischen nahe stehenden Personen – Grundsätzliche Überlegungen und Voraussetzungen ihrer steuerlichen Anerkennung, DStR 1998, 1339; *Spindler,* Anm. zu BFH v. 20. 10. 1997 IX R 38/97 – Steuerrechtliche Beurteilung von Mietverträgen unter Angehörigen, KFR F. 3 § 21 EStG, 3/98, S. 144; *Carlé,* GmbH & atypisch Still im Steuerrecht und Gesellschaftsrecht, KÖSDI 1999, 12189; *Langohr-Plato,* Voraussetzungen der steuerlichen Anerkennung von Ehegatten-Arbeitsverhältnissen, StuB 1999, 301; *Fortun,* Erfordernis vormundschaftsgerichtlicher Genehmigung bei Unternehmensakquisitionen, NJW 1999, 754; *Hübner-Weingarten,* Die Beteiligung von Kindern als Kommanditisten, stille Gesellschafter und Unterbeteiligte – grundsätzliche Erwägungen, ZEV 1999, 81; *Bilsdorfer,* Anm. zu BFH v. 30. 3. 1999 VIII R 19/98 – Zurechnung von Zinsen nach Geldschenkung an Kinder –, SteuerStud 2000, 25; *Carlé/Halm,* Entwicklungen des Sondersteuerrechts der Familienpersonengesellschaften, KÖSDI 2000, 12383; *Groh,* Darlehensgewähr aus Auflagenschenkung im Ertragsteuerrecht, DStR 2000, 753; *Paus,* Wohnungsvermietung an Angehörige, NWB F. 3, 11227; *Schoor,* Darlehensverträge zwischen Personengesellschaften und Angehörigen der Gesellschafter, INF 2000, 10; *ders.,* Neuere Tendenzen bei Mietverträgen zwischen nahen Angehörigen, INF 2000, 236; *Stuhrmann,* Arbeitsverhältnisse zwischen Ehegatten, NWB F. 3, 11285; *Knebel/Nekola,* Unternehmensnachfolgeplanung bei Personengesellschaften, DB 2000, 169; *Carlé/Bauschatz,* Nießbrauch bei Betriebsvermögen – zivil-

und steuerrechtliche Probleme und Lösungen, KÖSDI 2001, 12872; *Götz,* Besonderheiten bei der Zusammenrechnung mehrerer Schenkungen nach § 14 ErbStG, ZEV 2001, 9; *Kupfer,* Einkünfteverlagerung auf Angehörige, KÖSDI 2001, 12777; *Marx,* Ergänzungsbilanzen bei schenkweiser Beteiligung an Kommanditgesellschaften, zur Korrektur der Gewinnverteilung bei Familienpersonengesellschaften, FR 1991, 3; *Peemüller,* Grundsätze der Unternehmensbewertung – Anm. zum Standard IDW S 1 –, DStR 2001, 1401; *Schoor,* Vorteilhaftigkeit und Anerkennung von Ehegatten-Arbeitsverhältnissen, INF 2001, 47; *Daragan,* Angemessenheit der Gewinnverteilung bei geschenkter mitunternehmerschaftlicher Unterbeteiligung an einem Kommanditanteil – Anm. zu BFH v. 9.10.2001 VIII R 77/98 –, ZEV 2002, 39; *Fichtelmann,* Gewinnverteilung bei Familiengesellschaften. Fehlende steuerliche Anerkennung und zivilrechtlicher Ausgleich, EStB 2002, 398; *Götz,* Vermögensverwaltender Familienpool mit begünstigtem Vermögen i. S. d. § 13a Abs. 4 Nr. 3 ErbStG, NWB F. 10, 1353; *Pezzer,* Der Fremdvergleich als Prüfungsmaßstab für Verträge zwischen nahe stehenden Personen – Sachverhaltswürdigung oder rechtliche Subsumtion?, DStZ 2002, 850; *Fuhrmann,* Rückgängigmachung von Schenkungen, ErbStB 2003, 17; *Fuhrmann/Claas,* Inkongruente Gewinnermittlung als steuerpflichtige Schenkung? Voraussetzungen bei Personengesellschaften und GmbH, ErbStB 2003, 388; *Götz/Jorde,* Nießbrauch an Personengesellschaften – Praxisprobleme, FR 2003, 998; *Kamps,* Steuerneutrale Rückabwicklung von Schenkungen, ErbStB 2003, 69; *Carlé,* Unterbeteiligungen: Zivil- und steuerrechtliche Hinweise, KÖSDI 2005, 14475; *Wälzholz,* Vermögensnachfolge mit Familien-Pool-Gesellschaften, FamRB 2007, 85; *Tiedtke/Möllmann,* Zivilrechtliche Wirksamkeit als Voraussetzung der steuerlichen Anerkennung von Verträgen zwischen nahen Angehörigen, DStR 2007, 1940; *Heuermann,* Irritationen über einen alten Rechtsgrundsatz – Verträge zwischen nahe stehenden Personen ohne zivilrechtliche Wirksamkeit?, DB 2007, 1267; *Mutter,* Der reziproke Familienpool verdient endlich die volle ertragsteuerliche Anerkennung durch die Finanzverwaltung, ZEV 2007, 512; *Geck,* Familienpool zur Vermögenssicherung und -bindung, KÖSDI 2008, 16016; *Szczesny,* Der Familienpool nach der geplanten Erbschaftsteuerreform, BBEV 2008, 4; *Wälzholz,* Aktuelle steuerliche Gestaltungsprobleme des mitunternehmerischen Nießbrauchs am Anteil einer Personengesellschaft, DStR 2010, 1930; *Götz/Hülsmann,* Surrogation beim Vorbehaltsnießbrauch: Ertragsteuerliche Aspekte, DStR 2010, 2432.

1. Begriff der Familienpersonengesellschaft

3301 Der Begriff der „Familienpersonengesellschaft" findet sich in den Steuergesetzen nicht. Das „Rechtsinstitut" der Familienpersonengesellschaft ist eine Eigenkreation der höchstrichterlichen Rechtsprechung und der Finanzverwaltung mit dem erklärten Ziel, ein „Steuerschlupfloch" zu schließen.[1] Der BFH hat in einer Fülle von Einzelfallentscheidungen mehr oder weniger konsistent anmutende Kriterien herausgearbeitet, die in der Praxis zu beachten sind.

3302 Da eine Definition des Begriffs „Familienpersonengesellschaft" bis heute nicht existiert, dürfte es sachgerecht sein, sich als Richtschnur zur Bestimmung des Gesellschafter-Personenkreises an der Regelung des § 15 AO („Angehörige") zu orientieren.[2] In der Praxis sind an den Familiengesellschaften in der Rechtsform der Personengesellschaft regelmäßig neben den Eltern und Großeltern nur noch deren (minderjährige) Kinder beteiligt.

3303 Ebenfalls keine Einigkeit besteht darüber, wer zu den sog. „nahen" Angehörigen zu rechnen ist. Neben den eigenen Kindern, Eltern oder dem Ehegatten zählen auch Groß-

1 *Carlé/Halm,* KÖSDI 2000, 12383; *Langenfeld/Gail,* a. a. O., Einl. Rn. 2; R 15.9 EStR 2005 und H 15.9 EStH 2006.

2 So z. B. *Meyer-Koppitz,* DStZ 1996, 265; *Ruppel,* BB 1996, 458; *Stuhrmann,* FS Ludwig Schmidt, 403; dagegen hält *Bitz* in Littmann/Bitz/Pust, EStG § 15 Rn. 106c (Mai 2002), die Orientierung an § 15 AO als für die Praxis ungeeignet.

eltern und Enkelkinder zu den nahen Angehörigen. **Nicht** zu den nahen Angehörigen bei einer Familienpersonengesellschaft werden zuweilen Geschwister,[1] und nach Ansicht des BFH[2] auch Verlobte und Partner einer nichtehelichen Lebensgemeinschaft, gezählt.

(Einstweilen frei) 3304–3305

2. Der Begriff des Familienpools

Der Begriff des Familienpools wird synonym verwandt für eine typische Ausprägung der Familiengesellschaft, bei der ausschließlich Familienmitglieder Gesellschafter sind und werden können.[3] Kennzeichnend sind meist sog. reziproke Beteiligungsverhältnisse, bei denen sich die Verteilung der Stimmen in der Gesellschafterversammlung, die Gewinn- und Verlustbeteiligung sowie die vermögensmäßige Teilhabe am Gesamthandsvermögen nicht decken. 3306

Der „Familienpool" hat als „Sonderform" der Familienpersonengesellschaften den Zweck, Familienvermögen im Interesse einer Familie nicht nur zu verwalten, sondern langfristig, über Generationen hinweg, zu erhalten. Die insoweit zu gründende Familiengesellschaft war bisher von der rechtlichen Gestaltung her üblicherweise eine Gesellschaft bürgerlichen Rechts (GbR). Seit 1. 7. 1998 ist es nunmehr auch möglich, dass eine lediglich vermögensverwaltende Kommanditgesellschaft (KG) in das Handelsregister eingetragen werden kann,[4] so dass auch die KG als Rechtsform für einen Familienpool geeignet ist. 3307

Da sowohl die Rechtsform der GbR als auch KG eine weitestgehend flexible Vertragsgestaltung zulässt, kann der Gesellschaftsvertrag entsprechend den Vorstellungen der Eltern-/Großelterngeneration ausgestattet und diesen als Schenker die „entscheidende Position" innerhalb der Gesellschaft eingeräumt werden. Der Beitritt unliebsamer Gesellschafter kann durch Zustimmungsvorbehalte im Gesellschaftsvertrag und zusätzlich über Ausschlussklauseln verhindert werden. So kann der Kreis der Gesellschafter auf Familienangehörige, teilweise bewusst unter Ausschluss der Ehegatten, eng begrenzt werden. 3308

Mittels eines Familienpools wird werthaltiges Familienvermögen – in aller Regel Grundvermögen und Beteiligungen – von der älteren Generation auf die Kinder/Enkel übertragen, wobei sich die Eltern/Großeltern jedoch das „Sagen" hinsichtlich der Vermögenswerte vorbehalten. Teilweise werden auch Gewinn-/Verlustbezugsrechte reziprok zur vermögensmäßigen Beteiligung am Gesamthandsvermögen ausgestattet. Der Familienpool stellt dadurch eine sehr vorteilhafte Gestaltungsalternative zum „Standardmodell" einer Schenkung unter Nießbrauchsvorbehalt dar. 3309

1 *Friedrich*, DB 1995, 1048; differenzierend *Bordewin*, DB 1996, 1359.

2 BFH 14. 4. 1988 IV R 225/85, BStBl 1988 II 670.

3 *Wälzholz*, BBEV 2007, 171 f.; *ders.*, FamRB 2007, 85; *Halaczinsky/Obermeier/Obermeier/Teß*, a. a. O., S. 397 f.; *Langenfeld*, ZEV 1995, 157; *Szczesny*, BBEV 2008, 4.

4 Vgl. *Schmidt*, EStG § 15 Rz. 323.

3310 Eine weitere Ausprägung des Familienpools – meist in der Form der Innengesellschaft – ist seit 1. 1. 2009 festzustellen. Durch die im neuen Erbschaftsteuerrecht in § 13b Abs. 1 Nr. 3 Satz 3 ErbStG enthaltene Möglichkeit der Stimmenpoolung bei Kapitalgesellschaften, ist der Begriff „Poolung" und des „Pools" verstärkt ins Blickfeld gerückt. Allerdings handelt es sich hierbei regelmäßig um reine Innengesellschaften, die von den nachfolgend behandelten „Außenpools" zu unterscheiden sind.

3311–3315 *(Einstweilen frei)*

3. Motive für die Errichtung einer Familienpersonengesellschaft

3316 Die Motive, eine Familienpersonengesellschaft zu gründen, sind vielfältig.[1] Für die Errichtung einer derartigen Gesellschaft sprechen zwar häufig ertrag- und erbschaftsteuerliche Aspekte, jedoch sind andere Beweggründe (z. B. erbrechtlicher oder haftungsrechtlicher Natur) i. d. R. ausschlaggebend.

3317 Oftmals beabsichtigen die Eltern, ihr Unternehmen möglichst nur mit Familienmitgliedern zu führen. Hintergrund ist zum Einen, dass die Kinder an das Unternehmen gebunden werden sollen und ihnen die Möglichkeit der Existenzsicherung gegeben wird. Zum Anderen soll das personale Band der Familiengesellschafter nicht durch den Einfluss außenstehender Dritter (auch angeheirateter Ehegatten) belastet werden. Die Familie möchte als geschlossener Kreis bei ihren unternehmerischen Entscheidungen „entre nous" bleiben. Durch die frühzeitige Aufnahme von Angehörigen wird häufig auch versucht, diese rasch an das Unternehmen heranzuführen, damit sie in die unternehmerischen Aufgaben hineinwachsen können. Unternehmerisches Vermögen und die damit verbundenen Einkunftsquellen können so sukzessive auf die Nachkommen übertragen werden. Diese Vorgehensweise erlaubt zudem bei Aufnahme mehrerer Abkömmlinge (mit sog. Zwerganteilen) festzustellen, welches der Kinder als künftiger Unternehmensnachfolger geeignet ist.

3318 Besondere Bedeutung kommt bei der Gründung der Familienpersonengesellschaft einkommensteuerlichen Motiven zu. Die Einbeziehung von Familienangehörigen in den Gesellschafterverbund führt im Regelfall zu Steuerersparnissen für die Familie (sog. Familien-Splitting[2]). Der auf Ebene der Gesellschaft erzielte Gewinn kann so auf mehrere Steuerpflichtige verteilt werden, mit der Folge, dass vor allem der Grundfreibetrag mehrfach in Anspruch genommen werden kann. Zudem ergeben sich durch die Abflachung der Progression des Einkommensteuertarifes bei Aufsplittung des Einkommens auf mehrere „Schultern" steuerliche Vorteile.

3319 Häufiger Anlass für die Errichtung einer solchen Gesellschaft sind in den letzten Jahren vor allem erbschaft- und schenkungsteuerliche Erwägungen gewesen. Wenn die Eltern das Unternehmen bzw. Gesellschaftsanteile auf ihre Kinder erst via Erbfall übertragen und diese als Erben bedenken, verlieren sie viel von den grundsätzlich im ErbStG bestehenden Optimierungspotenzialen. So können die persönlichen Schenkungsfreibeträge

1 Vgl. hierzu *Hübner-Weingarten*, ZEV 1999, 81; *Löffler/Schiffer*, a. a. O., § 9 I.; *Nawroth*, a. a. O., S. 41 ff.

2 *Autenrieth*, DStZ 1992, 86; *Janssen*, DStZ 1992, 22.

(§ 16 ErbStG) alle zehn Jahre erneut ausgenutzt werden.[1] Diese betragen seit 1. 1. 2009 für Ehegatten 500 000 €, für Kinder 400 000 € sowie für Enkelkinder 200 000 €.[2] Der Abzugsbetrag von 150 000 € für die Übertragung von Betriebsvermögen gem. § 13a Abs. 2 ErbStG kann ebenfalls alle zehn Jahre erneut genutzt werden.

(Einstweilen frei) 3320–3325

4. Denkbare Rechtsformen für eine Familienpersonengesellschaft

Für eine Familienpersonengesellschaft[3] kommen alle Rechtsformen in Betracht, die auch für die „normalen" Personengesellschaften in Frage kommen. Dies sind neben der GbR, OHG, KG auch die stille Gesellschaft (typischer oder atypischer Art) und die Unterbeteiligung (ebenfalls typisch oder atypisch ausgestaltet). Überwiegend werden die Rechtsverhältnisse von Familienpersonengesellschaften jedoch aus Haftungsgründen im Rechtskleid der GmbH & Co. KG gestaltet.[4] Dies gilt insbesondere für die Ausgestaltung einer KG, an der neben Eltern auch ihre (minderjährigen) Kinder beteiligt sind. *Bordewin* bezeichnet nicht zu Unrecht die KG als „klassische Form der Familienpersonengesellschaft".[5] 3326

Der zivilrechtliche Vorzug der KG vor der GbR bei vermögensverwaltenden Gesellschaften leitet sich seit 1. 7. 1998 vor allem aus der besonderen Kündigungsvorschrift des § 723 BGB ab, welche § 1629a BGB ergänzt. Um bei Volljährigkeit eine Kündigung der Beteiligung durch das beschenkte Kind zu vermeiden, sprechen die besseren Argumente für die KG. Denn dort scheidet ein Kündigungsrecht des beschenkten (volljährig gewordenen) Kommanditisten aus. Zudem wollen viele Familiengerichte eine GbR mit Minderjährigen nicht mehr genehmigen, da eine Haftungsbegrenzung zugunsten der Gesellschafter seit der BGH-Rechtsprechung zur „GbR mbH" nur noch eingeschränkt möglich ist.[6] 3327

Die Ansicht der steuerlichen Rechtsprechung hat sich, was die grundsätzliche Anerkennung der Familienpersonengesellschaften anbelangt, in den letzten Jahrzehnten grundlegend gewandelt. Unter Abkehr von der Rechtsprechung des RFH hat sich der BFH frühzeitig entschlossen, die steuerliche Anerkennung nicht allein mit der Begründung zu verweigern, „dass außerbetriebliche Erwägungen den Vertragsschluss veranlasst hätten". Der BFH formuliert mittlerweile wörtlich: „Angehörigen steht es frei, ihre Rechtsverhältnisse untereinander so zu gestalten, dass sie steuerlich möglichst günstig sind."[7] 3328

Im Ausgangspunkt gilt damit festzuhalten: Grundsätzliche Bedenken gegen die steuerliche Anerkennung von Personengesellschaften, deren Gesellschafterkreis sich nur aus 3329

1 Zu § 14 ErbStG *Götz*, ZEV 2001, 9.

2 Leben die Eltern der Enkel nicht mehr, erhöht sich der Freibetrag auf 400 000 €.

3 Auch KapGes kommen als Familienunternehmen in Betracht, allerdings sind sie nicht Gegenstand dieses Werkes, vgl. *Langenfeld/Gail*, a. a. O., II. Rn. 13.

4 Vgl. *Mutter*, ZEV 2007, 512; *Schmid*, DStR 1995, 1977.

5 *Bordewin*, DB 1996, 1362.

6 Vgl. hierzu oben Rn. 401.

7 BFH 18. 12. 1990 VIII R 290/82, BStBl 1991 II 391; *Langenfeld/Gail*, a. a. O., II. Rn. 22.

Familienangehörigen zusammensetzt, bestehen nicht.[1] Die vertraglichen Beziehungen müssen jedoch zuvor einer besonderen Anerkennungsprüfung anhand der von der Rechtsprechung erarbeiteten Kriterien unterzogen werden. Denn andernfalls drohen steuerliche Nachteile wegen der Nichtanerkennung der Gesellschaft.

3330–3335 *(Einstweilen frei)*

5. Klarheit und Ernsthaftigkeit der Vereinbarung und tatsächlicher Vollzug

Literatur: *Zipfel/Pfeffer*, Verträge unter nahen Angehörigen, BB 2010, 343.

3336 Bei Verträgen zwischen nahen Angehörigen, insbesondere zwischen Eltern und ihren minderjährigen Kindern, müssen besondere Voraussetzungen erfüllt sein, um sie der Besteuerung zugrunde legen zu können.[2] Bei Familienangehörigen soll es nach überwiegender Ansicht an dem zwischen Fremden typischerweise bestehenden Interessengegensatz fehlen. Daher könne ein Vertrag trotz des auf geschäftliche oder gesellschaftsrechtliche Beziehungen deutenden äußeren Bildes privat veranlasste Zuwendungen (§ 12 Nr. 2 EStG) zwischen den Vertragsbeteiligten beinhalten.

3337 Verträge zwischen nahen Angehörigen sind deshalb nach ständiger Rechtsprechung des BFH grundsätzlich nur dann steuerrechtlich zu berücksichtigen, wenn sie **ernsthaft vereinbart**, insbesondere **zivilrechtlich wirksam** zustande gekommen sind. Die zivilrechtlich gewählte Gestaltung muss ferner klar und eindeutig sein und auch tatsächlich entsprechend den getroffenen Vereinbarungen vollzogen werden.[3]

3338 Diese Rechtsprechung ist nach h. M. mit der Verfassung vereinbar, obgleich sie gesetzlich nicht geregelte Voraussetzungen zu eigenständigen „Tatbestandsmerkmalen“ stilisiert.[4] Sie soll dem innerhalb des Familienverbundes typischerweise fehlenden Interessengegensatz und der hieraus resultierenden Gefahr des steuerlichen Missbrauchs zivilrechtlicher Gestaltungsmöglichkeiten Rechnung tragen.

3339 Die **Grundsätze** über die **steuerliche Anerkennung von Verträgen zwischen nahen Angehörigen** gelten auch für einen Vertrag mit einer Personengesellschaft, wenn ein naher Angehöriger oder ein Ehegatte nicht alleiniger, sondern „nur“ beherrschender Gesellschafter der Personengesellschaft ist.[5] Beherrscht nicht ein Angehöriger die Personengesellschaft allein, reicht eine gemeinsame Beherrschung durch mehrere Famili-

1 BFH 10. 11. 1987 VIII R 166/84, BStBl 1989 II 758.

2 BFH 7. 11. 2000 VIII R 16/97, BStBl 2001 II 186.

3 Vgl. für Gesellschaftsverhältnisse z. B. BFH 27. 1. 1994 IV R 114/91, BStBl 1994 II 635; 21. 2. 1991 IV R 35/89, BStBl 1995 II 449; 17. 1. 1991 IV R 132/85, BStBl 1991 II 607; 31. 5. 1989 III R 91/87, BStBl 1990 II 10; 10. 11. 1987 VIII R 166/84, BStBl 1989 II 758; 9. 7. 1987 IV R 95/85, BStBl 1988 II 245; 5. 6. 1986 IV R 53/82, BStBl 1986 II 798; 14. 8. 1986 IV R 341/84, BStBl 1987 II 23.

4 Beschluss BVerfG 7. 11. 1995 2 BvR 802/90, BStBl 1996 II 34.

5 Ständige Rspr., vgl. z. B. BFH 12. 4. 1979 IV R 14/76, BStBl 1979 II 622; 24. 3. 1983 IV R 240/80, BStBl 1983 II 663; 24. 3. 1983 IV R 76/80, BStBl 1983 II 770; 14. 4. 1983 IV R 198/80, BStBl 1983 II 555; 20. 10. 1983 IV R 116/83, BStBl 1984 II 298; 15. 12. 1988 IV R 29/86, BStBl 1989 II 500; 25. 7. 1995 VIII R 38/93, BStBl 1996 II 153.

enangehörige dann aus, wenn sie einen Gegenstand von gemeinsamem Interesse in gegenseitiger Abstimmung regeln.[1]

(Einstweilen frei) 3340–3345

6. Einhaltung von Formerfordernissen

a) Gesellschaftsvertrag

Die steuerliche Anerkennung einer Familiengesellschaft verlangt den Abschluss eines entsprechenden Gesellschaftsvertrags. Grundsätzlich bedarf der Vertrag zur Gründung einer Personengesellschaft zwar keiner bestimmten Form und könnte zivilrechtlich wirksam sogar mündlich geschlossen werden. Aus **Nachweisgründen** und im Hinblick auf seine steuerliche Anerkennung sollte die **Schriftform** unbedingt eingehalten werden. Weitergehende gesetzliche Formvorschriften (z. B. notarielle Beurkundung) sind stets zu beachten, weil die Einhaltung zivilrechtlicher Vorgaben auch steuerlich verlangt wird. Ferner muss sichergestellt sein, dass die Familienmitglieder in concreto die Rechte eines Gesellschafters auch so ausüben können, wie dies vertraglich geregelt wurde. Zu Besonderheiten bei der Beteiligung Minderjähriger als Gesellschafter vgl. Rn. 3349 f. und 3356. 3346

b) Schenkungsvertrag

Wird die Beteiligung an einer (GmbH & Co.) KG oder an einer OHG im Wege der Schenkung begründet, bedarf es keiner notariellen Beurkundung, da der bestehende Formmangel durch Vollzug der Schenkung gem. § 518 Abs. 2 BGB geheilt wird. Der Vollzug der Schenkung tritt ein, sobald das Kapitalkonto des Schenkers auf den eintretenden Gesellschafter umgeschrieben wird. Im Gegensatz dazu ist notarielle Beurkundung bei einer schenkweisen Begründung einer stillen Beteiligung oder einer Unterbeteiligung für die steuerliche Anerkennung zwingend erforderlich.[2] Zu einer Heilung des Formmangels durch Einbuchung kann es hier nicht kommen. 3347

(Einstweilen frei) 3348

c) Familiengerichtliche Genehmigung

Im Falle des **Abschlusses eines Gesellschaftsvertrages** (GbR, KG) zwischen Eltern und ihren minderjährigen Kindern bzw. einem Eltern- oder Großelternteil und dem minderjährigen Kind/Enkel **bedarf** der Vertrag gem. §§ 1643 Abs. 1, 1822 Nr. 3 BGB der **familiengerichtlichen Genehmigung.**[3] Die Genehmigung des Familiengerichtes wirkt in zivilrechtlicher Hinsicht auf den Zeitpunkt des Vertragsschlusses zurück (ex tunc), § 1829 Abs. 1 BGB. Steuerrechtlich gilt die Genehmigung ausnahmsweise dann nicht rückwir- 3349

---

1 Vgl. BFH 15. 12. 1988 IV R 29/86, BStBl 1989 II 500, m. w. N.

2 Vgl. BFH 24. 7. 1986 IV R 103/83, BStBl 1987 II 54; *Hübner-Weingarten*, ZEV 1999, 84; *Fichtelmann*, EStB 2002, 389.

3 *Fortun*, NJW 1999, 755.

kend, sondern erst ab der Erteilung (ex nunc), wenn die Genehmigung nicht unverzüglich nach Vertragsabschluss beantragt und in angemessener Zeit erteilt wird.[1] So soll eine Antragstellung erst zwei Jahre nach Vertragsschluss schädlich sein.

3350 Da es seit 1. 7. 1998 möglich ist, dass eine lediglich vermögensverwaltende Kommanditgesellschaft (KG) in das Handelsregister eingetragen werden kann, verlangen die seit 1. 9. 2009 zuständigen Familiengerichte (vormals: Vormundschaftsgerichte), dass im Hinblick auf etwaige Haftungsrisiken für die Minderjährigen die Rechtsform der KG gewählt wird. Seitdem werden GbRs nur noch ausnahmsweise genehmigt, vgl. auch Rn. 3338.

3351–3355 *(Einstweilen frei)*

d) Bestellung eines Ergänzungspflegers

3356 Sowohl zivil- als auch steuerrechtlich wird überwiegend gefordert, dass der Minderjährige bei Vertragsabschluss von einem Ergänzungspfleger vertreten wird,[2] da der Abschluss eines Gesellschaftsvertrages nicht nur rechtliche Vorteile mit sich bringt. Dies soll auch dann gelten, wenn an der zu gründenden Familienpersonengesellschaft zwar kein Elternteil, jedoch ein Großelternteil beteiligt ist. Wenn mehrere Kinder Gesellschafter werden sollen, muss für jedes der (minderjährigen) Kinder ein eigener Pfleger bestellt werden. Die Einsetzung eines **Dauerpflegers** ist hingegen nicht erforderlich.[3]

3357 Keinen Bedenken unterliegt es, wenn die Eltern als gesetzliche Vertreter später die Gesellschafterrechte ihrer Abkömmlinge in der Gesellschafterversammlung wahrnehmen. Dies gilt allerdings dann nicht, wenn es sich um Gesellschafterbeschlüsse handelt, die in den Kernbereich der Gesellschafterrechte (z. B. Änderung des Gesellschaftsvertrags) eingreifen. Hier dürfte eine Genehmigung bzw. Ergänzungspflegerbestellung unumgänglich sein.

3358–3360 *(Einstweilen frei)*

e) Nichtbeachtung der Formvorschriften

3361 Kontrovers diskutiert wurde bislang die Frage, welche Folgen steuerlicher Art sich aus einer zivilrechtlichen Unwirksamkeit des Gesellschaftsvertrages ergeben. Nach der bisherigen Ansicht des BFH war die zivilrechtliche Wirksamkeit unabdingbare Voraussetzung für die steuerliche Anerkennung.[4] Diese Auffassung des BFH wurde in der Literatur zu Recht stark kritisiert.

---

1 Vgl. BFH 1. 2. 1973 IV R 49/68, BStBl 1973 II 307; 23. 4. 1992 IV R 46/91, BStBl 1992 II 1024; *Schmidt*, EStG § 15 Rz. 747; *Bordewin*, DB 1996, 1365.

2 Vgl. §§ 1643 Abs. 1, 1822 Nr. 3, 1795, 1909 BGB; BFH 31. 5. 1989 III R 91/87, BStBl 1990 II 10; *Bordewin*, DB 1996, 1365.

3 Vgl. BFH 29. 1. 1976 IV R 102/73, BStBl 1976 II 328; 18. 10. 1989 I R 203/84, BStBl 1990 II 68; *Nawroth*, a. a. O., S. 124; hierzu kritisch *Bachem*, DStZ 1995, 610.

4 Vgl. BFH 14. 4. 1983 IV R 198/80, BStBl 1983 II 555; 9. 7. 1987 IV R 95/85, BStBl 1988 II 245; *Langenfeld/Gail*, a. a. O., II. Rn. 121.

Der BFH hat in einer Entscheidung in 1999[1] erstmals darauf hingewiesen, dass der Grundsatz, Verträge zwischen nahen Angehörigen könnten abweichend von der in § 41 Abs. 1 Satz 1 AO getroffenen Regelung steuerlich nur dann anerkannt werden, wenn sie formwirksam geschlossen seien, **nicht ausnahmslos** gelte. Vielmehr müsse sich die unterschiedliche Behandlung von Verträgen zwischen fremden Dritten einerseits und Angehörigen andererseits sachlich rechtfertigen lassen. Dabei könne nicht unberücksichtigt bleiben, dass der BFH die Entscheidungen des BVerfG zur steuerlichen Anerkennung von Arbeitsverträgen zwischen Ehegatten[2] zum Anlass genommen habe, seine Rechtsprechung zur steuerlichen Anerkennung von Verträgen zwischen nahen Angehörigen insgesamt fortzuentwickeln. Nicht mehr jede geringfügige Abweichung einzelner Sachverhaltsmerkmale vom Üblichen schließe ohne weiteres die steuerliche Anerkennung des Vertragsverhältnisses aus.[3] 3362

Der BFH hat mit Urteil vom 22. 2. 2007[4] seine Rechtsprechung weiter präzisiert und sieht in der Nichtbeachtung der zivilrechtlich gebotenen Form ein Indiz (Beweisanzeichen) gegen seine steuerliche Anerkennung. Mit Urteil vom 12. 5. 2009[5] führt der BFH aus: Halten nahe Angehörige zivilrechtliche Formerfordernisse nicht ein, spricht dies im Rahmen der steuerrechtlichen Beurteilung des Vertrages indiziell gegen den vertraglichen Bindungswillen. Im Ergebnis bleibt es aber bei dem Grundsatz, dass ein Formverstoß nicht automatisch (eo ipso) zur steuerrechtlichen Eliminierung des vertraglich vereinbarten führt.[6] 3363

(Einstweilen frei) 3364–3365

f) Wirksamkeit trotz Formverstoß

Die fortentwickelte Rechtsprechung des BFH bedeutet konkret, dass tatsächlich durchgeführte Verträge zwischen nahen Angehörigen, bei deren Abschluss Formvorschriften nicht beachtet worden sind, ausnahmsweise dann von vornherein steuerlich zu berücksichtigen sind, wenn aus den besonderen übrigen Umständen des konkreten Einzelfalles zweifelsfrei abgeleitet werden kann, dass die Vertragspartner einen ernsthaften Bindungswillen hatten. 3366

Erste und notwendige Voraussetzung dafür ist, dass den Vertragspartnern die Nichtbeachtung der Formvorschriften nicht angelastet werden kann. Dieses Erfordernis ist jedenfalls dann erfüllt, wenn sich für den konkreten Fall die Anwendbarkeit der Formvorschriften nicht aus dem Gesetzeswortlaut, sondern nur im Wege erweiternder Auslegung oder eines Analogieschlusses ergibt, diese Auslegung oder Analogie sich nicht ohne weiteres aufdrängt, keine veröffentlichte Rechtsprechung existiert, die eine derartige Auslegung oder Analogie bejaht, und die analoge Anwendung der Formvorschrif- 3367

1 BFH 13. 7. 1999 VIII R 29/97, BStBl 2000 II 386.
2 Vgl. Beschlüsse 7. 11. 1995 2 BvR 802/90, BStBl 1996 II 34; 15. 8. 1996 2 BvR 3027/95, DB 1996, 2470.
3 BFH 7. 5. 1996 IX R 69/94, BStBl 1997 II 196; 29. 10. 1997 I R 24/97, BStBl 1998 II 573.
4 IX R 45/06, DStR 2007, 986; bestätigend: BFH 23. 4. 2009 IV R 24/08, BFH/NV 2009, 1427.
5 IX R 46/08, BFH/NV 2009, 1326.
6 Vgl. zur neueren Rechtsprechung *Heuermann*, DB 2007, 1267 und *Tiedtke/Möllmann*, DStR 2007, 1940.

ten auf vergleichbare Fälle auch in der allgemein zugänglichen Literatur nicht erörtert wird.[1]

3368 **Zweitens** muss hinzukommen, dass die Angehörigen zeitnah nach dem Erkennen der Unwirksamkeit oder dem Auftauchen von Zweifeln an der Wirksamkeit des Vertrages die erforderlichen Maßnahmen eingeleitet haben, um die Wirksamkeit herbeizuführen oder klarzustellen.[2]

3369–3375 *(Einstweilen frei)*

7. Durchführung des Vertrages

3376 Schuldrechtliche, auf Leistungsaustausch gerichtete Verträge zwischen Personengesellschaften und ihren Gesellschaftern sind – ebenso wie Verträge zwischen den Angehörigen selbst – nur dann steuerlich anzuerkennen, wenn sie nach Inhalt und Durchführung (jedenfalls im Wesentlichen) dem entsprechen, was unter Fremden üblich ist (vgl. oben Rn. 1076).[3] Ein solcher **Fremdvergleich** ist erforderlich, da der natürliche Interessengegensatz fremder Dritter die Vermutung begründet, dass Ausgaben, die auf einem gegenseitigen Vertrag beruhen, auch i. S. d. § 4 Abs. 4 EStG durch den Betrieb veranlasst sind. Fehlt es dagegen – wie bei Verträgen zwischen nahen Angehörigen oder zwischen von diesen beherrschten und vertretenen Personengesellschaften – an einem solchen Interessengegensatz, so bedarf es einer Überprüfung, inwiefern vertragliche Vereinbarungen durch den Betrieb veranlasst sind oder ob sie aus sonstigen Gründen eingegangen wurden.[4]

3377 Für die abschließende Beurteilung ist stets eine Gesamtwürdigung erforderlich. Diese kann zu dem Schluss führen, dass eine nur **geringfügige** Abweichung einzelner Sachverhaltselemente von dem zwischen fremden Dritten Üblichen einer ertragsteuerlichen Anerkennung eines Vertragsverhältnisses **nicht** entgegensteht, wenn durch andere Beweisanzeichen nachgewiesen ist, dass es sich um ein ernsthaftes Vertragsverhältnis handelt.[5] Entsprechendes gilt, so der BFH, auch bei Verträgen zwischen Personengesellschaften, die von nahen Angehörigen beherrscht und durch nahe Angehörige vertreten werden.

3378 Im Hinblick auf einen tatsächlichen Vertragsvollzug ist es beispielsweise auch beachtlich, ob zustehende **Gewinnanteile ausbezahlt** worden sind. In einem Vertrag über eine atypisch stille Gesellschaft war vereinbart worden, dass der Gewinn des Stillen spätestens einen Monat nach Fertigstellung des Jahresabschlusses an ihn ausgezahlt werden sollte. Da dies aber nicht geschehen war, fehlt es nach Ansicht des BFH an einer tatsächlichen Durchführung der getroffenen gesellschaftsvertraglichen Vereinbarung.[6]

---

1 BFH 23. 4. 2009 IV R 24/08, BFH/NV 2009, 1427.

2 BFH 11. 5. 2010 IX R 19/09, BStBl 2010 II 823; 13. 7. 1999 VIII R 29/97, BStBl 2000 II 386.

3 BFH 31. 5. 2001 IV R 53/00, BFH/NV 2001, 1547; *Pezzer*, DStZ 2002, 850.

4 *Schmid*, DStR 1995, 1978; *Schmidt*, EStG § 15 Rz. 747; *Stuhrmann* in Blümich, EStG § 15 Rz. 372.

5 BFH 17. 1. 1991 IV R 132/85, BStBl 1991 II 607.

6 BFH 13. 6. 1989 VIII R 47/85, BStBl 1989 II 720.

In Streit ist unverändert die Frage, ob die **Verwendung** entnommener Gewinnanteile für den **Unterhalt** der Abkömmlinge dem Vertragsvollzug entgegensieht. Teilweise wird davon ausgegangen, dass bei einer Gewinnverwendung für den Kindesunterhalt der Vertrag als **nicht vollzogen** angesehen werden könne.[1] Nach anderer Auffassung soll eine derartige Verwendung nicht nur steuerlich unschädlich, sondern gar geboten sein. Zur Begründung wird von diesen Autoren auf § 1649 Abs. 1 BGB verwiesen.[2] Letzterer Auffassung gebührt der Vorzug. Eltern sind nach § 1649 BGB verpflichtet, die Einkünfte des Kindes, die zur ordnungsgemäßen Verwaltung des Vermögens nicht benötigt werden, für den Kindesunterhalt zu verwenden. Lediglich derjenige Betrag der Kindeseinkünfte, welcher für Unterhalt bzw. Ausbildung des Kindes nicht verwendet wird, also der restliche, nicht benötigte Betrag, ist i. S. d. § 1642 BGB mündelsicher anzulegen. Weshalb derartige Sachverhalte allein mit Blickrichtung auf § 12 Nr. 2 EStG in einem steuerlich ungünstigen Sinne umzuinterpretieren sein sollen, ist angesichts des dargestellten familienrechtlichen Befundes nicht nachvollziehbar.[3] 3379

Der BFH[4] hatte bereits Gelegenheit, die Frage der Zulässigkeit der Verwendung von Erträgnissen für den Unterhalt von Kindern zu beurteilen. Im Urteilsfall hatten die Eltern ihren minderjährigen Kindern Kapitalvermögen überlassen, gleichwohl wurden die Zinsen den Eltern wegen fehlender tatsächlicher Trennung zwischen den Vermögensbereichen der Kinder und der eigenen Vermögenssphäre steuerlich zugerechnet. Der BFH ließ zwar offen, ob die Eltern gem. § 1649 Abs. 1 BGB berechtigt waren, die Zinsen für den Kindesunterhalt zu verwenden. Er entschied aber, dass die Einkünfte aus dem Vermögen **eines** Kindes **nicht** für den Unterhalt der Eltern oder eines **anderen** Kindes verwendet werden dürfen. Die Entscheidung vermag nicht zu überzeugen, da der BFH sich aus nicht nachvollziehbaren Gründen zu Unrecht nicht mit § 1649 Abs. 1 BGB auseinandersetzt. Eine zivilrechtlich zulässig und gebotene Handlungsweise der Eltern kann nicht ohne nähere Begründung als steuerlich schädlich eingestuft werden. 3380

(Einstweilen frei) 3381–3385

8. Rechte als Gesellschafter im Rahmen des Regelstatuts

Zur Anerkennung einer Familienpersonengesellschaft als steuerliche Mitunternehmerschaft mit gewerblichen Einkünften gem. § 15 Abs. 1 Nr. 2 EStG müssen die Angehörigen – neben der zivilrechtlichen Wirksamkeit des Gesellschaftsvertrags – als Gesellschafter bestimmte Rechte innehaben (vgl. oben Rn. 286 ff.). Dabei ist auf diejenigen Rechte und Pflichten abzustellen, die nach den zivilrechtlichen Bestimmungen für die jeweilige Rechtsform charakteristisch sind (sog. **Regelstatut**).[5] 3386

Im Einzelnen ist allerdings nicht geklärt, welche Merkmale den Begriff der „spezifischen Rechte eines **Kommanditisten**" ausmachen. Streng genommen beschränkt sich das We- 3387

1 *Bordewin,* DB 1996, 1370; *Meyer-Koppitz,* DStZ 1996, 270; *Schmidt,* EStG § 15 Rz. 749.

2 *Bitz* in Littmann/Bitz/Pust, EStG § 15 Rn. 108; *Carlé/Lagemann,* DStR 1976, 370 f.; *Meincke,* DStJG 1978, 74 f.; *Seer,* DStR 1988, 604; *Stuhrmann* in Blümich, EStG § 15 Rz. 388.

3 Ebenso *Carlé/Halm,* KÖSDI 2000, 12383.

4 BFH 30. 3. 1999 VIII R 19/98, BFH/NV 1999, 1325.

5 FG Hamburg 18. 10. 2001 II 281/00, EFG 2002, 260; *Gassner,* FS Ludwig Schmidt, S. 771.

sen einer Kommanditbeteiligung darin, bei von vornherein überschaubarem Risiko lediglich kapitalmäßig an der Gesellschaft beteiligt zu sein und die gesetzlich vorgeschriebenen Einsichts- und Kontrollrechte, die weit hinter den Kontrollrechten eines GmbH-Gesellschafters nach § 51a GmbHG zurückbleiben, wahrnehmen zu können.[1]

3388 Wird im Gesellschaftsvertrag eine Einschränkung des **Entnahmerechts** der minderjährigen Kinder vereinbart, sieht der BFH darin keine wesentliche Einschränkung der Rechte der Kommanditisten gegenüber dem Regelstatut des HGB.[2] Dies jedenfalls dann, wenn die Kinder durch die Entnahmebeschränkung keine vermögensrechtlichen Nachteile erlitten haben, weil die stehen gebliebenen Gewinne mit 8 % angemessen verzinst wurden.

3389 Ein Gesellschafter einer Personengesellschaft, die ein gewerbliches Unternehmen betreibt, ist nach Ansicht des BFH **nicht** Mitunternehmer, wenn er „nach dem Inhalt und nach der tatsächlichen Durchführung des Gesellschaftsvertrags rechtlich oder tatsächlich nicht in der Lage ist, während seiner Zugehörigkeit zur Gesellschaft an einer Betriebsvermögensmehrung des gewerblichen Unternehmens teilzunehmen, sei es in Gestalt eines Anteils am entnahmefähigen laufenden Gewinn, sei es durch eine seine Einlage übersteigende Abfindung beim Ausscheiden aus der Gesellschaft oder durch einen Gewinn aus der Veräußerung seines Gesellschaftsanteils“ (vgl. oben Rn. 296 ff.).[3]

3390 Die vorstehend dargestellten Rechtsgrundsätze sollen nicht nur für die Beteiligung an einer KG, die über gesamthänderisch gebundenes Betriebsvermögen verfügt und selbst Unternehmensträgerin ist, gelten. Sie sollen in gleicher Weise heranzuziehen sein, wenn sich jemand mit einer Vermögenseinlage im Wege einer Innengesellschaft, z. B. einer stillen Gesellschaft i. S. d. § 335 HGB, an einem gewerblichen Unternehmen eines Dritten in der Weise beteiligt, dass der Dritte Träger des Unternehmens bleibt, dieses aber im Innenverhältnis für Rechnung der Innengesellschaft geführt wird (vgl. oben Rn. 471 ff.).[4] Auch in diesem Fall ist der Innengesellschafter (stille Gesellschafter) mangels Unternehmerrisiko nicht Mitunternehmer, wenn er zwar am Verlust des gewerblichen Unternehmens vertraglich teilhat, aber trotz vertraglicher Teilhabe am Gewinn nach dem Inhalt und der tatsächlichen Durchführung des Gesellschaftsvertrags keine echte und reale Chance hat, laufende Gewinnausschüttungen oder wenigstens eine seine Vermögenseinlage übersteigende Abfindung beim Ausscheiden aus der Gesellschaft zu erlangen.

3391–3395 *(Einstweilen frei)*

1 Vgl. BFH 29. 1. 1976 IV R 102/73, BStBl 1976 II 328.
2 BFH 10. 11. 1987 VIII R 166/84, BStBl 1989 II 758.
3 BFH 25. 6. 1984 GrS 4/82, BStBl 1984 II 751.
4 BFH 11. 12. 1990 VIII R 122/86, DB 1991 1054.

9. Schuldrechtliche Verträge zwischen einer Familienpersonengesellschaft und Angehörigen

a) Einleitung

Die traditionell restriktive Rechtsprechung des BFH zur Anerkennung von Angehörigenverträgen wird seit langer Zeit in der Literatur kritisiert. Im Kern geht es um die von der Rechtsprechung insbesondere unter Einsatz des Fremd- bzw. Üblichkeitsvergleichs durchgeführte Prüfung der Zuordnung der Vertragsverhältnisse zum steuerlich irrelevanten, da privat oder gesellschaftlich veranlassten Bereich oder zur steuerlich relevanten, da betrieblich veranlassten Sphäre (vgl. oben Rn. 1076).[1] Auch die Kritiker der Rechtsprechung räumen das Erfordernis einer angemessenen Missbrauchsbekämpfung ein. Sie weisen jedoch zu Recht darauf hin, dass der verfassungsrechtlich gebotene Schutz von Ehe und Familie (Art. 6 Abs. 1 GG) sowie das Gleichheitsgebot (Art. 3 Abs. 1 GG) nicht einem verwaltungspraktikablen Steuervollzug „geopfert" werden dürfen.[2] 3396

Einen entscheidenden „Wendepunkt" in der Rechtsprechung zur Beurteilung von Angehörigenverträgen stellte der sog. **„Oder-Konto"-Beschluss** des BVerfG[3] dar. Die dort niedergelegten Grundsätze haben zu einem grundlegenden **Wechsel** der nachfolgenden BFH-/FG-Rechtsprechung geführt. Das BVerfG billigte im Ausgangspunkt die ständige BFH-Rechtsprechung, wonach Dienstverhältnisse zwischen Ehegatten nur im Fall der eindeutigen und ernstlichen Vereinbarung sowie der entsprechenden tatsächlichen Durchführung anzuerkennen seien. Um die inneren Tatsachen des Charakters einer Vermögenszuwendung (Zugehörigkeit zum familiären oder betrieblichen Bereich) zu prüfen, dürfe auch auf äußerlich erkennbare Merkmale (Indiztatsachen) abgestellt werden. Ein derartiges einzelnes Indiz (im Streitfall die Form des Zuflusses des Arbeitsentgelts beim Arbeitnehmer-Ehegatten) dürfe jedoch dann nicht mehr mit ausschlaggebender Bedeutung herangezogen werden, wenn es insoweit keines Beweises bedürfe, da der Sachverhalt bereits aufgrund anderer Umstände hinreichend sicher feststehe. Die „Verselbständigung" der einzelnen Indiztatsache „Form des Entgeltzugangs" als alleiniges Entscheidungskriterium stelle eine objektiv willkürliche und gegen Art. 3 Abs. 1 GG verstoßende Auslegung der §§ 4 Abs. 4, 12 EStG dar. 3397

Erforderlich ist nach Ansicht des BVerfG nunmehr stets eine Gesamtwürdigung aller Umstände des jeweiligen Einzelfalles, wobei – wie *Gosch* zutreffend plastisch formuliert – das Einzelmerkmal „nur ein Instrument im Zusammenwirken des Gesamtorchesters" darstelle.[4] Festzuhalten bleibt, dass in der Folgerechtsprechung des BFH und der Finanzgerichte das Bestreben erkennbar ist, den Vorgaben des BVerfG gerecht zu werden. 3398

(Einstweilen frei) 3399–3400

1 *Gosch,* DStZ 1997, 2; *Kupfer,* KÖSDI 2001, 12777.

2 *P. Fischer,* DStZ 1997, 357, m. w. N.

3 7. 11. 1995 2 BvR 802/90, BStBl 1996 II 34.

4 DStZ 1997, 7; zu Folgen der Rspr. vgl. *P. Fischer,* DStZ 1997, 357; *Seeger,* DStR 1998, 1339; *Pezzer,* FR 1996, 379.

b) Arbeitsverträge

aa) Ehegatten-Arbeitsverhältnisse

3401 Ehegatten-Arbeitsverhältnisse kommen in der Praxis vor allem in Einzelhandels- und Handwerksbetrieben sowie bei Freiberufler-Praxen, daneben aber auch bei Familienpersonengesellschaften vor. Wie alle Angehörigenverträge stellen sie grundsätzlich ein anerkanntes und probates Gestaltungsinstrument dar, mit dem sich nicht unerhebliche Steuerminderungen – teilweise ergänzt durch staatliche Subventionen (z. B. Elterngeld) – erzielen lassen.[1]

3402 Im Ausgangspunkt ist auch hier erforderlich, dass der mit dem Ehegatten geschlossene Anstellungsvertrag ernsthaft gewollt sowie klar und eindeutig vereinbart ist, inhaltlich dem Fremdvergleich genügt sowie tatsächlich wie vereinbart durchgeführt wird.[2] Ist das Arbeitsverhältnis **nicht** anzuerkennen, stellen die gezahlten Vergütungen und abgeführten Sozialversicherungsbeiträge **keine** Betriebsausgaben, sondern Entnahmen dar.[3]

3403 Die vorgenannten Grundsätze gelten auch im Rahmen eines Arbeitsvertrags mit einer vom Ehegatten des Arbeitnehmers beherrschten Personengesellschaft.[4] Ferner hat der BFH dieselben Grundsätze herangezogen in dem Fall, in dem zwei zu je 50 % an einer GbR beteiligte Gesellschafter zum gleichen Zeitpunkt zwischen der GbR und ihren Ehefrauen inhaltlich übereinstimmende Arbeitsverträge abgeschlossen hatten.[5]

3404 Von vornherein **nicht** anzuwenden sind die Rechtsgrundsätze auf eheähnliche Gemeinschaften und Verlobte.[6] Anderes dürfte indes für Partner i. S. d. Lebenspartnerschaftsgesetzes gelten, da diese den Ehegatten weitgehend gleichgestellt sind (vgl. im Erbrecht § 10 LPartG; vgl. Rn. 1077).

3405 Unverändert strenge Anforderungen stellt auch die „Nach-Oder-Konto-Rechtsprechung" an die Form des Arbeitsvertrags. **Rückwirkend** abgeschlossene – schriftliche – Verträge werden grundsätzlich **nicht** anerkannt.[7] Ein Fall der Rückwirkung soll allerdings nicht vorliegen, wenn ein zunächst mündlich geschlossener Arbeitsvertrag später schriftlich bestätigt wird. Nicht nur aus Nachweisgründen, sondern auch im Hinblick auf das im Arbeitsrecht bedeutsame Nachweisgesetz,[8] sollten Ehegatten-Arbeitsverträge **stets schriftlich** abgeschlossen werden.[9] Zwar können nach neuerer Rechtsprechung

1 *Schoor*, INF 2001, 47.

2 BFH 21. 1. 1999 IV R 15/98, BFH/NV 1999, 919; 11. 4. 1997 III B 142/96, BFH/NV 1997, 667; FG München 8. 11. 2006 9 K 3137/02, EFG 2007, 338.

3 BFH 7. 2. 1990 I R 126/84, BFH/NV 1991, 582; 27. 11. 1989 GrS 1/88, BStBl 1990 II 160.

4 Ständige Rspr., zuletzt BFH 18. 12. 2001 VIII R 69/98, BStBl 2002 II 353; 20. 4. 1999 VIII R 81/94, BFH/NV 1999, 1457; 24. 3. 1983 IV R 76/80, BStBl 1983 II 770; 12. 4. 1979 IV R 14/76, BStBl 1979 II 622; R 4.8 Abs. 2 EStR.

5 BFH 20. 4. 1999 VIII R 81/94, BFH/NV 1999, 1457.

6 BFH 27. 10. 1989 III R 205/82, BStBl 1990 II 294; 14. 4. 1988 IV R 225/85, BStBl 1988 II 670; für Verlobte vgl. 17. 1. 1985 IV R 149/84, BFH/NV 1986, 148; a. A. (betreffend Verlobte) aber möglicherweise 22. 4. 1998 X R 163/94, BFH/NV 1999, 24.

7 BFH 29. 11. 1988 VIII R 83/82, BStBl 1989 II 281; 21. 8. 1985 I R 73/82, BStBl 1986 II 250.

8 20. 7. 1995, BGBl 1995 I 946.

9 *Stuhrmann*, NWB F. 3, 11286.

geringfügige, die Ernsthaftigkeit des Vertragsverhältnisses nicht in Frage stellende Abweichungen vom Üblichen unschädlich sein.[1] Erforderlich ist jedoch stets, dass die **wesentlichen Vertragspflichten** klar und eindeutig vereinbart sind. Bei Arbeitsverhältnissen sind die wesentlichen Vertragspflichten zum einen die Art und der Umfang der auszuübenden Tätigkeit und zum anderen die vom Arbeitgeber geschuldete Vergütung hinsichtlich aller einzelnen Bestandteile.[2]

Bei einer **geringfügigen Beschäftigung** gelten die strengen Anforderungen nicht in gleicher Schärfe. So sind nach Ansicht des BFH Unklarheiten bei der Wochenarbeitszeit unschädlich, wenn die Arbeitszeit von den aktuellen beruflichen oder betrieblichen Erfordernissen abhängt und deshalb letztlich unbestimmt ist. Zur Begründung verweist das Gericht auf die Besonderheiten, die diesen konkreten Arbeitsverhältnissen eigen sind.[3] 3406

Das vereinbarte **Arbeitsentgelt** muss grundsätzlich angemessen sein. Eine **unangemessen niedrige** Vergütung **allein** führt jedoch – sofern sie nicht ihrerseits den Rückschluss auf die fehlende Ernsthaftigkeit des Arbeitsvertrags zulässt – nicht zur steuerlichen Negierung des Arbeitsvertrages.[4] Aber auch ein unangemessen hoher Arbeitslohn gefährdet die steuerliche Anerkennung nicht grundsätzlich. In Höhe des unangemessenen Teils, der primär durch einen sog. betriebsinternen – ausnahmsweise auch durch einen betriebsexternen – Fremdvergleich festzustellen ist, liegen **keine** Betriebsausgaben vor. Der die Angemessenheit übersteigende Betrag wird als Zuwendung gem. § 12 Nr. 2 EStG beurteilt.[5] 3407

Betrieblich veranlasst ist eine Pensionszusage im Rahmen eines Ehegatten-Arbeitsverhältnisses nur dann, wenn und soweit mit hoher Wahrscheinlichkeit eine vergleichbare Zusage auch einem familienfremden Arbeitnehmer im Betrieb erteilt worden wäre, wobei die entsprechende Prüfung vorrangig nach dem Inhalt der Vereinbarungen vorzunehmen ist.[6] Unabhängig hiervon kann eine betriebliche Veranlassung ausnahmsweise auch dann bejaht werden, wenn durch die Versorgungszusage besondere Arbeitsleistungen berücksichtigt werden sollen oder die Altersversorgung anstelle einer Sozialversicherungsrente zugesagt wird.[7] Zu den Anforderungen an die Schriftform einer Pensionszusage hat sich der BFH jüngst geäußert.[8] Dem Schriftformgebot des § 6a Abs. 1 Nr. 3 EStG werde zwar durch jede schriftliche Fixierung genügt, in der der Pensionsanspruch nach Art und Höhe festgelegt wird. Zweifel daran, ob Schriftstücke eine bindende Zusage einer betragsmäßig fixierten Altersversorgung enthalten, würden jedoch zu Lasten desjenigen gehen, der den Ansatz der Pensionsrückstellung in der Steuerbilanz begehre. 3408

1 Vgl. oben Rn. 3366 und 3377.
2 *Heinicke* in Schmidt, EStG § 4 Rz. 25 „Angehörige/Angehörigenverträge", unter b cc, m. w. N.; *Langohr-Plato*, StuB 1999, 301.
3 BFH 25. 11. 1999 IV R 44/99, BFH/NV 2000, 699.
4 Ständige Rspr., vgl. etwa BFH 25. 7. 1995 VIII R 38/93, BStBl 1996 II 153.
5 *Stuhrmann*, NWB F. 3, 11288; *Langohr-Plato*, StuB 1999, 301.
6 Vgl. BFH 29. 5. 1984 VIII R 177/78, BStBl 1984 II 661.
7 BFH 25. 7. 1995 VIII R 38/93, BStBl 1996 II 153.
8 BFH 22. 10. 2003 I R 37/02, BStBl 2004 II 121.

3409 Die Frage nach der Art und Weise der Gehaltsauszahlung bzw. die der Art der Kontoführung hat zwar aufgrund des „Oder-Konto-Beschlusses“ des BVerfG an Bedeutung verloren. Unverändert wird jedoch verlangt, dass eine laufende monatliche Gehaltszahlung – auch bei vereinbarten Jahresgehältern – erfolgen muss.[1] Im Falle verspäteter Lohnzahlungen können jedoch andere Umstände, die etwa eine langjährige korrekte Durchführung, den Mangel unter Umständen heilen.[2]

3410 Ungeachtet der Rechtsprechungsänderung sollte die Zahlung des Lohnes – zur Vermeidung formeller Diskussionen mit der Finanzverwaltung – auf ein **eigenes Bankkonto** des Arbeitnehmer-Ehegatten erfolgen. Unschädlich ist es, wenn auch der Arbeitgeber-Ehegatte eine uneingeschränkte Verfügungsvollmacht hierüber hat.[3]

3411 **Wechselseitige** Ehegatten-Arbeitsverhältnisse wurden von der Rechtsprechung in den konkret entschiedenen Fällen bislang **nicht** anerkannt.[4] Das FG Rheinland-Pfalz erstreckt die Ablehnung solcher Fallkonstellationen auch auf Partner einer nichtehelichen Lebensgemeinschaft.[5] Insoweit ist bei diesen Gestaltungen Vorsicht geboten.

3412–3415 *(Einstweilen frei)*

bb) Arbeitsverhältnisse mit Kindern

3416 Auch hier gelten im Ausgangspunkt die vorstehend erörterten Grundsätze entsprechend. Besonderheiten ergeben sich aufgrund der den Eltern gem. §§ 1601, 1602 BGB obliegenden Unterhaltspflichten, denen auf der anderen Seite die dem – minderjährigen und volljährigen – Kind obliegende Dienstleistungspflicht gem. § 1619 BGB gegenübersteht. Ob das familienrechtliche Verhältnis im Einzelfall durch ein grundsätzlich mögliches gesondertes Schuldverhältnis (Arbeitsvertrag) überlagert wird, ist Tatfrage.[6] Im Zweifel sollte vorab qualifizierte Beratung eingeholt werden.

3417 Die Begründung eines Arbeitsverhältnisses mit einem minderjährigen (über 14 Jahre alten) Kind bedarf **nicht** der Bestellung eines **Ergänzungspflegers.**[7] Die Gewährung freier Wohnung und Verpflegung kann als Teil der Arbeitsvergütung zu behandeln sein, wenn die Leistungen auf arbeitsvertraglichen Vereinbarungen beruhen.[8]

3418 Ein Arbeitsverhältnis soll wegen „**Unüblichkeit**“ insbesondere dann in Zweifel gezogen werden können, wenn die zu erbringende Leistung wegen ihrer Geringfügigkeit oder Eigenart sonst regelmäßig nicht auf arbeitsvertraglicher Grundlage erbracht wird, wie z. B. die Übernahme von Telefon- und Botendiensten, Hilfe bei der Praxisabrechnug.[9] Auch hier gilt indes, dass zumindest bei Vorhandensein einer schriftlichen Verein-

---

1 BFH 19. 6. 1991 IX R 306/87, BStBl 1992 II 75; 25. 7. 1991 XI R 30, 31/89, BStBl 1991 II 842; vgl. auch FG Saarland 30. 5. 1996 2 K 271/95, EFG 1996, 863 (rkr.).

2 BFH 26. 6. 1996 X R 155/94, BFH/NV 1997, 182.

3 BFH 27. 11. 1989 GrS 1/88, BStBl 1990 II 160.

4 BFH 10. 10. 1997 X B 59/97, BFH/NV 1998, 448; 12. 10. 1988 X R 2/86, BStBl 1989 II 354; Niedersächsisches FG 7. 9. 1994 IX 269/92, EFG 1995, 62 (rkr.).

5 FG Rheinland-Pfalz 24. 1. 1996 1 K 1961/95, EFG 1996, 743 (rkr.); a. A. *Kottke,* DStR 1998, 1706.

6 *Kupfer,* KÖSDI 2001, 12777, 12786.

7 R 4.8 Abs. 3 Satz 1 EStR.

8 R 4.8 Abs. 3 Satz 3 EStR.

9 *Fichtelmann,* a. a. O., Rn. 1845, m. w. N.

barung, die den Umfang der Tätigkeit etc. klar definiert, anderes gelten muss. Dies ergibt sich vor allem aus der Existenz eines speziellen Gesetzes über die Vergütung von Tätigkeiten, deren Umfang als geringfügig anzusehen ist (sog. Mini-Jobs).[1] Diese gesetzlichen Sonderregelungen können steuerlich nicht negiert werden.

(Einstweilen frei) 3419–3420

c) Darlehensverträge

Darlehensverhältnisse, insbesondere schenkweise begründete, sind in der Praxis ein weit verbreitetes Gestaltungsmittel, insbesondere auch zwischen Personengesellschaften und Angehörigen der Gesellschafter. Erstrebt wird der Betriebsausgabenabzug der Zinsen, die allerdings bei der Gewerbeertragsteuer als Dauerschuldzinsen den Gewerbeertrag gem. § 8 Nr. 1 GewStG erhöhen (vgl. unten Rn. 4430). 3421

Steuervorteile ergeben sich bei den darlehensgebenden Angehörigen regelmäßig dann, wenn sie über keine oder nur geringe weitere Einkünfte verfügen. In Betracht kommen neben minderjährigen oder in Berufsausbildung befindlichen Kindern auch die geringe Einkünfte (z. B. nur eine Rente) beziehenden Eltern der Gesellschafter.[2] 3422

Zur Abgrenzung der betrieblichen von der – steuerirrelevanten – privaten Sphäre der Darlehensgewährung gelten grundsätzlich die bereits genannten allgemeinen Voraussetzungen. Der Darlehensvertrag muss **bürgerlich-rechtlich** wirksam zustande gekommen sein, in tatsächlicher Hinsicht **gemäß dem Vereinbarten durchgeführt** werden und nach Inhalt und Durchführung dem **zwischen fremden Dritten Üblichen** entsprechen. In der neueren Rechtsprechung zeichnet sich eine Tendenz dahin ab, dass die Bedeutung formeller Verstöße sowie partieller Fremdvergleichsabweichungen in ihrer Relevanz für die Anerkennung des Vertrags zurücktreten. Jedenfalls führen sie seitdem nicht mehr gleichsam automatisch zur Nichtanerkennung des Vertragsverhältnisses.[3] 3423

Obwohl Darlehensverträge zivilrechtlich formlos (mündlich) geschlossen werden können, empfiehlt sich aus Nachweisgründen stets Schriftform. Zwar wurde in dem Urteilsfall des FG Rheinland-Pfalz[4] nicht gegen die Form, sondern gegen das Gebot der Klarheit und Eindeutigkeit verstoßen, denn es fehlten Regelungen zur Höhe des erstmaligen Auszahlungsbetrags, des Kreditlimits, sowie der fortlaufenden Bedienung. Da weiterhin auch die prinzipielle Frage der Rückzahlung des Kapitals unklar war, hat das FG Rheinland-Pfalz konsequenterweise das Darlehen steuerlich nicht anerkannt. 3424

Bei Beteiligung von **Minderjährigen** bedarf es für den Vertragsabschluss regelmäßig[5] der Bestellung eines **Ergänzungspflegers** bzw. einer familiengerichtlichen Genehmi- 3425

---

1 Gesetz 23. 12. 2002, BGBl 2002 I 4621.

2 Vgl. OFD Magdeburg 26. 1. 2007, DB 2007, 603; BMF 23. 12. 2010 IV C 6 – S 2144/07/10004, BStBl 2011 I 37.

3 Siehe oben Rn. 3377; *Kupfer,* KÖSDI 2001, 12777.

4 FG Rheinland-Pfalz 25. 10. 2000 1 K 1608/98, DStRE 2001, 561.

5 Vgl. aber BFH 13. 7. 1999 VIII R 29/97, BStBl 2000 II 386: Der BFH entschied, dass der zunächst formunwirksame Vertrag ausnahmsweise rückwirkend anzuerkennen sei, da aus den besonderen übrigen Umständen ein rechtlicher Bindungswille der Angehörigen zweifelsfrei abgeleitet werden konnte. Die FinVerw akzeptiert diese Rspr. ausdrücklich und hat in einem anderen Verfahren die Rev. (Az. des BFH: IX R 18/98) gegen das Urteil des FG Rheinland-Pfalz 13. 11. 1997 6 K 2685/96, EFG 1998, 304, zurückgenommen; vgl. auch OFD Berlin 29. 6. 2000, DStR 2000, 1733.

gung.[1] Die elterliche Vertretung des Kindes ist in aller Regel ausgeschlossen, da ein Darlehen fast nie für das Kind lediglich rechtlich vorteilhaft ist.[2] Besonders gilt dies für die in diesem Zusammenhang häufig vereinbarten Auflagenschenkungen gem. § 525 BGB.[3]

3426 Im Grundsatz führen demnach **zivilrechtlich unwirksame** Vereinbarungen zur steuerlichen **Nichtanerkennung** der Darlehensvereinbarungen. § 41 AO findet nach ständiger Rechtsprechung und herrschender Auffassung in der Literatur hier keine Anwendung.[4] Ein unwirksamer Darlehensvertrag kann somit regelmäßig nicht durch vereinbarungsgemäße Zahlung der Zinsen über § 41 Abs. 1 AO „geheilt" werden.[5]

3427 Von einer **vertragsgemäßen** Durchführung des Darlehensvertrags kann nur gesprochen werden, wenn die vereinbarten **Zinsen** zum Fälligkeitszeitpunkt bezahlt werden. Insoweit verfuhr die bisherige Rechtsprechung äußerst rigoros. Wurden die Zinsen weder regelmäßig noch in voller Höhe gezahlt, waren sie nicht abzugsfähig. Daran konnte auch eine „ausnahmsweise pünktlich" geleistete Zahlung nichts ändern.[6] Gleiches galt bisher für den Fall zu hoher oder zu niedriger Zinszahlungen.[7] Auf der Grundlage der modifizierten Beurteilung als Folge der Oder-Konto-Rechtsprechung muss die bisherige Rechtsprechung allerdings deutlich relativiert werden. Steht die Ernsthaftigkeit der getroffenen Vereinbarungen und damit die grundsätzliche betriebliche Veranlassung außer Frage, können bloße Durchführungsmängel allein nicht mehr zur Nichtanerkennung führen. Dies zumindest so lange nicht, als sie nicht ein Gewicht im Rahmen der Gesamtwürdigung erlangen, das den Schluss auf die „Nicht-Ernsthaftigkeit" des Darlehensverhältnisses gebietet.[8]

3428 Im Rahmen des Fremdvergleichs[9] sind maßgebliche Beurteilungskriterien die – an der Praxis der Kreditinstitute orientierten – Vereinbarungen über die **Laufzeit, Rückzahlung,** pünktliche Zahlung angemessen hoher Zinsen[10] sowie die **Besicherung**[11] des Rückzahlungsanspruchs zumindest bei langfristiger Laufzeit. Diese Merkmale haben jedoch ein unterschiedliches Gewicht, weshalb zumindest geringfügige Abweichungen einzelner Indizien vom Üblichen nicht notwendig zur Nichtanerkennung der Gestaltung insgesamt führen.

3429 Grundsätzlich sind hinsichtlich der Laufzeit, Rückzahlung und Kündigung klare und **eindeutige** Regelungen notwendig. Fehlen diese, gilt die gesetzliche Kündigungsfrist gem.

1 Vgl. *Kaminski* in Korn, EStG § 2 Rz. 69, mit Schaubild.
2 Vgl. *Heinrichs* in Palandt, BGB § 181 Rn. 9.
3 *Kupfer,* KÖSDI 2001, 12777.
4 Zur Kritik vgl. *Kruse* in Tipke/Kruse, AO/FGO § 41 AO Tz. 31 ff.; *Seeger,* DStR 1998, 1339.
5 BFH 13. 3. 1985 I R 94/81, BFH/NV 1986, 91; BMF 23. 12. 2010, BStBl 2011 I 37, Rz. 9.
6 BFH 5. 2. 1988 III R 216/84, BFH/NV 1988, 553; 19. 6. 1991 IX R 306/87, BStBl 1992 II 75; *Schoor,* INF 2000, 12.
7 BFH 22. 1. 1991 VIII R 321/83, BFH/NV 1991, 667.
8 *Kupfer,* KÖSDI 2001, 12777.
9 Am Fremdvergleichstest scheiterte im Urteil des BFH 25. 1. 2000 VIII R 50/97, BStBl 2000 II 393 eine partiarische Darlehensgewährung; vgl. ebenso BFH 29. 3. 2001 IV R 71/99, BFH/NV 2001, 1251.
10 Vgl. hierzu FG Nürnberg 28. 1. 2010 4 K 612/2007, n.v., nrkr., Az. des BFH: IV R 15/11.
11 Vgl. BFH 12. 5. 2009 IX R 46/08, BFH/NV 2009, 1326; BMF-Schreiben 23. 12. 2010, BStBl 2011 I 37.

§ 489 BGB.[1] Rückzahlungsvereinbarungen sind bei Kündigungsdarlehen an nahe Angehörige regelmäßig unverzichtbar. Die ausdrückliche oder konkludente Bezugnahme auf § 488 BGB soll nicht genügen.[2]

Die vereinbarten Zinsen müssen der Höhe nach angemessen sein und vertragsgemäß gezahlt werden. Ein überhöhter Zinssatz führt nicht zu einem völligen Abzugsverbot vielmehr zur Anerkennung im angemessenen (reduzierten) Umfang.[3] Wird eine Verzinsung gänzlich ausgeschlossen, soll dies in hohem Maß eine private Veranlassung der Darlehenshingabe indizieren.[4] 3430

Bei Darlehensvereinbarungen mit **minderjährigen** Kindern ist erforderlich, dass die Zinsen weder für den Lebensunterhalt der Kinder noch den der Eltern eingesetzt werden (vgl. Rn. 3379, 3380).[5] Ebenso hat der BFH[6] für die Zurechnung von Zinsen nach Geldschenkungen an zwei Kinder entschieden. Die Vermögensbereiche der Eltern und Kinder müssten konsequent getrennt werden. Die Verwendung der Zinsen zum Lebensunterhalt des (anderen) Kindes sei nur nach Maßgabe des § 1649 Abs. 1 und 2 BGB möglich.[7] 3431

Bei **langfristigen,** d. h. nach BFH-Auffassung solchen Darlehen mit einer Gesamtlaufzeit von „jedenfalls" mehr als vier Jahren, ist eine ausreichende **Besicherung** notwendig.[8] Da der BFH ausdrücklich offen gelassen hat, ob und wie im Einzelnen bei kürzeren Darlehen eine Besicherung üblich ist, kann aus diesem Urteil wohl keineswegs geschlossen werden, eine Besicherung wäre hier grundsätzlich verzichtbar.[9] Umgekehrt wäre der Schluss falsch, eine Besicherung sei für die steuerliche Anerkennung stets erforderlich.[10] 3432

Weniger streng wurden schon bisher Darlehen beurteilt, die ihrem **Anlass** nach wie von einem Fremden gewährt werden, beispielsweise zum Zweck der Anschaffung und Errichtung eines Betriebsgebäudes. Werden derartige Darlehen zwischen volljährigen, wirtschaftlich unabhängigen Verwandten gegeben, konnten partiell andere als fremdübliche Bedingungen vereinbart werden, solange keine verschleierte Schenkung oder Gestaltungsmissbrauch vorlag.[11] Die Finanzverwaltung ist dieser Rechtsprechung gefolgt und verzichtet in diesen Fällen – bei korrekter tatsächlicher Durchführung insbesondere der vereinbarten Zinsleistungen – auf die Prüfung der Tilgungsregelungen sowie der Gestellung von Sicherheiten.[12] 3433

(Einstweilen frei) 3434–3435

1 Vgl. auch BFH 31. 10. 1989 VIII R 293/84, BFH/NV 1990, 759.
2 Zur Vorgängervorschrift von § 488 BGB n. F. = § 609 a. F. BFH 28. 1. 1993 IV R 109/91, BFH/NV 1993, 590.
3 Vgl. *Schoor,* INF 2000, 13.
4 BFH 9. 5. 1996 IV R 64/93, BStBl 1996 II 642.
5 BFH 10. 8. 1988 IX R 220/84, BStBl 1989 II 137; vgl. dazu auch *LS,* DStR 1989, 73.
6 30. 3. 1999 VIII R 19/98, BFH/NV 1999, 1325.
7 Vgl. oben Rn. 3380 f.; *Bilsdorfer,* SteuerStud 2000, 24.
8 BFH 29. 6. 1993 IX R 44/89, BFH/NV 1994, 460; kritisch FG Köln 22. 2. 2007 10 K 1875/03 EFG 2007, 918 (rkr. vgl. BFH 29. 8. 2007 IX R 17/07, BStBl 2008 II 502), *Sterner,* KÖSDI 1995, 10382 f., m. w. N.
9 Vgl. BFH 7. 11. 1990 X R 126/87, BStBl 1991 II 291; *L. Schmidt,* FR 1991, 168; BFH 9. 5. 1996 IV R 64/93, BStBl 1996 II 642; 28. 1. 1993 IV R 109/91, BFH/NV 1993, 590.
10 BFH 12. 5. 2009 IX R 46/08, BFH/NV 2009, 1326.
11 BFH 16. 12. 1998 X R 139/95, BFH/NV 1999, 780; 28. 1. 1993 IV R 109/91, BFH/NV 1993, 590.
12 BMF 1. 12. 1992, BStBl 1992 I 729, unter Tz. 7.

d) Kombinierte Schenkungs- und Darlehensverträge

3436 Besonders kritisch beurteilt die Rechtsprechung Fälle, in denen Eltern ihren meist minderjährigen Kindern Geldbeträge schenken, die sodann unmittelbar oder auch zeitnah als Darlehen zurückgewährt und z. B. im Einzelunternehmen oder im Betrieb einer Personengesellschaft eingesetzt werden (vgl. oben Rn. 1079). Bemerkenswert ist, dass hier erkennbare Meinungsdifferenzen unter den verschiedenen BFH-Senaten bestehen.

3437 Während der IX. Senat[1] im Fall der Schenkung eines zunächst als Festgeld angelegten Betrags der Ehefrau an ihre minderjährige Tochter, die das Geld nach etwa einem halben Jahr an den Ehemann/Vater zur Finanzierung des Restkaufpreises für eine Doppelhaushälfte als Darlehen hingab, besonders streng vorging und ohne weiteres Rechtsmissbrauch gem. § 42 AO annahm,[2] hat sich derselbe Senat in der Entscheidung vom 19. 2. 2002[3] ausdrücklich von dieser engen Sichtweise distanziert („abgegrenzt").

3438 Einen zwar weniger rigiden, aber im Ergebnis ebenfalls zur Nichtanerkennung des Darlehens führenden Begründungsansatz wählte der IV. Senat.[4] Die Schenkung von Geldern durch den beherrschenden Mitunternehmer einer Personengesellschaft an Kinder mit der Maßgabe, dass diese die geschenkten Beträge zugleich als Darlehen der Mitunternehmerschaft zur Verfügung stellen, ermögliche dieser nicht den Betriebsausgabenabzug der Zinsen. Hier liege eine **wirtschaftlich noch nicht vollzogene** Vermögensübertragung vor. Gegen diese Ansicht wendete sich mit guten Argumenten[5] der ehemalige BFH-Richter *Groh*. Er gelangt zu dem Ergebnis, dass im Streitfall zivil- und schenkungsteuerrechtlich wirksam eine verzinsliche Darlehensforderung geschenkt worden sei. Eine Absage erteilte er der Ansicht des IV. Senats, der nach seinem Dafürhalten rechtsirrig meine, Schenkungsgegenstand seien die künftigen Zinsen und die zukünftige Kapitalrückzahlung. Mit den besseren Argumenten von *Groh* ist demnach in derartigen Fällen die Darlehensgewährung nicht nur zivilrechtlich, sondern auch ertragsteuerlich anzuerkennen, da die Bedenken des IV. Senats nicht tragen.

3439 In einer Entscheidung aus dem Jahr 2001 bestätigte der IV. Senat des BFH[6] im Ergebnis die erstinstanzliche Entscheidung des FG Münster,[7] wonach die Gewährung von Darlehen an den elterlichen Betrieb durch volljährige, im Betrieb tätige und wirtschaftlich von den Eltern unabhängige Söhne auch nach einer zeitnah zuvor erfolgten Schenkung der Geldmittel durch die Eltern anzuerkennen sei. Ob diese Entscheidung als Abkehr von der bisherigen Rechtsprechung zu werten ist, bleibt abzuwarten.

3440–3445 *(Einstweilen frei)*

1 BFH 26. 3. 1996 IX R 51/92, BStBl 1996 II 443.

2 Zustimmend *Gosch*, DStZ 1997, 9; a. A. *Kupfer*, KÖSDI 2001, 12777.

3 BFH 19. 2. 2002 IX R 32/98, BStBl 2002 II 674 (Vorinstanz: FG Köln 10. 2. 1998 8 K 7340/96, DStRE 1998, 744).

4 15. 4. 1999 IV R 60/98, BStBl 1999 II 524.

5 *Groh*, DStR 2000, 753 (757, rechte Spalte ff.) weist darauf hin, dass man die „vom IV. Senat errichteten Hindernisse" in der Weise umgehen könne, dass der Vater an die Kinder eine bestehende oder durch Umbuchung oder Einzahlung neu geschaffene Darlehensforderung abtritt.

6 18. 1. 2001 IV R 58/99, BStBl 2001 II 393.

7 8. 6. 1999 6 K 4017/97 F, EFG 1999, 945.

e) Miet-/Pachtverträge

In der ersten Folgeentscheidung des BFH nach den „Oder-Konten"-Beschlüssen des BVerfG stellte der BFH[1] eine Selbstverständlichkeit in den Mittelpunkt der Entscheidung: Bei der Beurteilung eines Angehörigen-Mietvertrags sei die **Gesamtheit der objektiven** Gegebenheiten zu würdigen. Nicht jede Abweichung vom Üblichen könne die steuerliche Anerkennung ausschließen. Die Finanzverwaltung folgte der Entscheidung grundsätzlich.[2] Bemerkenswert ist, dass der IX. Senat seit diesem Urteil die Rechtsfrage, unter welchen Voraussetzungen ein Mietverhältnis mit nahen Angehörigen anzuerkennen sei, für nicht länger klärungsbedürftig hält[3] und damit potenziellen Revisionen die Grundlage entzogen hat. 3446

Unabdingbare Voraussetzung für die Anerkennung des Mietverhältnisses ist, dass die **Hauptpflichten** der Mietvertragsparteien, wie das Überlassen der konkreten Mietsache und die Miethöhe (§ 535 BGB), stets klar und eindeutig vereinbart werden und der Vertrag – auch bei nachträglich vereinbarten Vertragsänderungen – entsprechend durchgeführt wird.[4] Ferner muss die gezahlte Miete tatsächlich endgültig vom Mieter in das Vermögen des Vermieters gelangen.[5] Der BFH hat jüngst gar einen unklaren und unvollständigen schriftlichen Mietvertrag mit nahen Angehörigen als fremdvergleichbar steuerlich anerkannt, weil dessen ständige Praktizierung erkennen lasse, was gewollt war, und der Steuerpflichtige habe auch mit fremden Mietern vergleichbare (unvollständige) Verträge abgeschlossen und praktiziert.[6] Im Rahmen der Prüfung, ob ein Mietverhältnis dem steuerlich relevanten (§ 9 Abs. 1 EStG) oder dem privaten Bereich (§ 12 EStG) zugeordnet werden muss, ist entscheidend zu berücksichtigen, ob ein den Gleichklang wirtschaftlicher Interessen indizierendes Näheverhältnis angenommen werden kann.[7] 3447

Hinsichtlich der Vereinbarung von **Nebenkosten** sowie deren Abrechnung gelten diese strengen Maßstäbe allerdings nicht.[8] Insoweit muss nach der Rechtsprechung stets eine **einzelfallorientierte Gesamtwürdigung** vorgenommen werden, aufgrund deren der Tatrichter zu beurteilen hat, ob eine (noch) tolerable Abweichung vom Üblichen vorliegt. Folge dieser „weicheren" BFH-Kriterien ist eine nahezu unüberschaubare Fülle von FG-Urteilen.[9] 3448

Eine äußerst praxisrelevante Änderung der Rechtsprechung[10] erfolgte zu Mietverhältnissen zwischen Eltern und unterhaltsberechtigten Kindern. Hier liegt kein Gestal- 3449

1 BFH 7. 5. 1996 IX R 69/94, BStBl 1997 II 196.

2 Vgl. etwa OFD Frankfurt 29. 9. 2006, FR 2006, 1099; OFD Berlin 16. 4. 1997, DB 1997, 1644; OFD Frankfurt/Main 17. 9. 1997, DStR 1997, 2022; OFD München 10. 11. 1997, BB 1998, 305.

3 BFH 23. 5. 2000 IX B 30/00, BFH/NV 2000, 1459.

4 BFH 20. 10. 1997 IX R 38/97, BStBl 1998 II 106.

5 BFH 28. 1. 1997 IX R 23/94, BStBl 1997 II 655.

6 BFH 28. 6. 2002 IX R 68/99, BStBl 2002 II 699.

7 BFH 10. 2. 2010 IX B 163/09, BFH/NV 2010, 887.

8 *Spindler*, KFR F. 3 EStG § 21, 3/98, S. 144 zu BFH 20. 10. 1997 IX R 38/97, BStBl 1998 II 106; *Schoor*, INF 2000, 239.

9 Vgl. Nachweise bei *Drenseck* in Schmidt, EStG § 21 Rz. 65.

10 BFH 19. 10. 1999 IX R 30/98, BStBl 2000 II 223; 19. 10. 1999 IX R 39/99, BStBl 2000 II 224 (Änderung der Rspr. gegenüber BFH 23. 2. 1988 IX R 157/84, BStBl 1988 II 604).

tungsmissbrauch vor, wenn das Kind die Miete aus dem Barunterhalt zahlt oder die Miete mit diesem verrechnet wird.[1] Nicht anerkannt wird allerdings eine Vermietung von Räumen innerhalb des Elternhauses an Kinder.[2]

3450 Gestaltungsmissbrauch verneinte der BFH auch bei Abschluss eines Mietvertrages mit dem geschiedenen Ehegatten unter Verrechnung der Miete mit dem geschuldeten Barunterhalt.[3] Auch die **gleichzeitige** Vereinbarung eines Nießbrauchs und eines Mietvertrags zwischen Angehörigen ist jedenfalls dann kein Gestaltungsmissbrauch, wenn das dingliche Nutzungsrecht lediglich zur Sicherung des Pacht- oder Mietverhältnisses vereinbart und nicht tatsächlich ausgeübt wird.[4] Demgegenüber kann die Vermietung an Eltern nach Aufgabe von deren dinglichem Wohnrecht rechtsmissbräuchlich sein.[5]

3451 In seiner Entscheidung vom 14. 1. 2003[6] hat der BFH einen Missbrauch von Gestaltungsmöglichkeiten verneint, obwohl der Steuerpflichtige, der sein Haus zu fremdüblichen Bedingungen an seine Eltern vermietete, seinerseits das Haus der Eltern unentgeltlich zu Wohnzwecken nutzte.

Ein Mietverhältnis zwischen Ehegatten kann steuerrechtlich nicht anerkannt werden, wenn der Ehemann nach Eingang der Miete diese über einen Umweg alsbald wieder an die Ehefrau zurückzahlt, ohne dazu aus anderen Rechtsgründen verpflichtet zu sein.[7]

3452–3455 *(Einstweilen frei)*

10. Mitunternehmerschaft bei Familienpersonengesellschaften

a) Allgemeine Voraussetzungen für das Vorliegen einer Mitunternehmerstellung

3456 Die Stellung als (gewerblicher) Mitunternehmer setzt nach Ansicht des BFH und ihm folgend die Finanzverwaltung zwei Kriterien voraus (vgl. ausführlich oben Rn. 271 ff.). Neben der **Mitunternehmerinitiative** muss **Mitunternehmerrisiko** vorliegen.[8] Beide Voraussetzungen müssen gleichzeitig gegeben sein, wobei sie im Einzelfall „mehr oder weniger ausgeprägt sein" können.[9] Nach der Rechtsprechung soll es ausreichend sein, dass die rechtliche und wirtschaftliche Stellung nicht wesentlich hinter dem Regelstatut zurückbleibt, das nach dem Gesellschaftsrecht dem Gesellschafter einer OHG bzw. einer KG zusteht.[10] Ob dem BFH zu folgen ist, wenn er als Maßstab das „Regelstatut"

1 Zu denkbaren Gestaltungsmöglichkeiten *Paus,* NWB F. 3, 11227.

2 BFH 16. 1. 2003 IX B 172/02, FR 2003, 359; ebenso OFD Frankfurt 29. 9. 2006, FR 2006, 1099 (III. 4.).

3 BFH 19. 12. 1995 IX R 85/93, BStBl 1997 II 52; 16. 1. 1996 IX R 13/92, BStBl 1996 II 214; *Schoor,* INF 2000, 242.

4 BFH 3. 2. 1998 IX R 38/96, BStBl 1998 II 539; näher *Schoor,* INF 2000, 241.

5 BFH 25. 7. 1995 IX R 66/93, BFH/NV 1996, 123.

6 IX R 5/00, DStR 2003, 460.

7 FG Düsseldorf v. 21. 5. 2010 1 K 292/09 E, n.v., NWB DokID: BAAAD-45755.

8 Vgl. BFH 25. 6. 1984 GrS 4/82, BStBl 1984 II 751; 15. 10. 1998 IV R 18/98, BStBl 1999 II 286; 28. 10. 1999 VIII R 66-70/97, BStBl 2000 II 183.

9 Vgl. BFH 28. 10. 1999 VIII R 66-70/97, BStBl 2000 II 183.

10 Vgl. BFH 1. 8. 1996 VIII R 128/94, BStBl 1997 II 272 und 25. 6. 1984 GrS 4/82, BStBl 1984 II 751.

der §§ 105 ff. bzw. der §§ 161 ff. HGB heranzieht, muss angesichts der in der Praxis vorgefundenen vertraglichen Gestaltungen durchaus kritisch hinterfragt werden.

(Einstweilen frei) 3457–3460

b) Kriterien für das Vorliegen von „Mitunternehmerschaft" bei Familienpersonengesellschaften

Auch wenn die Kriterien „Mitunternehmerinitiative" (vgl. oben Rn. 286) und „Mitunternehmerrisiko" (vgl. oben Rn. 296) hinsichtlich ihrer Definition und Ausprägung nicht unbestritten sind, besteht gleichwohl Einigkeit darüber, dass folgende Merkmale als grobe **Richtschnur** für die Anerkennung von Familienmitgliedern als Mitunternehmer dienen: 3461

aa) Beteiligung an den stillen Reserven

Ist gesellschaftsvertraglich festgelegt, dass der am laufenden Gewinn und Verlust beteiligte Kommanditist bei Beendigung/Auflösung der Gesellschaft weder am Geschäftswert noch an den stillen Reserven partizipiert, verneint der BFH mangels Vorliegen eines Mitunternehmerrisikos eine Mitunternehmerstellung.[1] 3462

Der Umstand, dass ein Gesellschafter bei einem **vorzeitigen** Ausscheiden nicht an den stillen Reserven der KG beteiligt ist, steht der Annahme eines ausreichenden Mitunternehmerrisikos hingegen **nicht** entgegen.[2] Dies eröffnet Handlungsspielraum für den Berater, entsprechende „Strafklauseln" vorzusehen. Wenn schenkweise aufgenommene Kinder etwa gegen speziell geregelte vertragliche Vorstellungen der Eltern[3] verstoßen, sollen sie nicht in den Genuss einer hohen Abfindung kommen. Mit derartigen Klauseln werden die Abkömmlinge mittelbar gezwungen, sich vertragskonform zu verhalten, da sie über eine Kündigung nicht in den Genuss der vollen Abfindung kommen. 3463

bb) Zeitlich befristete Gesellschafterstellung

Ist die Gesellschafterstellung im Vorhinein zeitlich begrenzt und vertraglich geregelt, dass beim Ausscheiden zu einem von Anfang an festgelegten Zeitpunkt der Abfindungsanspruch auf den Buchwert beschränkt ist, so liegt nach Ansicht des BFH ebenfalls keine Mitunternehmerstellung vor.[4] 3464

cc) Jederzeitiges Kündigungsrecht oder Rückübertragungsrecht

Gegen eine Mitunternehmerstellung spricht ferner, wenn die Abkömmlinge z. B. nach einer **bestimmten Vertragsdauer** zum Buchwert aus der Gesellschaft hinausgekündigt werden können.[5] Durch ein so gestaltetes Ausschließungsrecht wird die rechtliche und 3465

---

1 BFH 5. 7. 1979 IV R 27/76, BStBl 1979 II 670; a. A. BFH 25. 4. 2006 VIII R 74/03, DB 2006, 1469, zur GbR.

2 BFH 10. 11. 1987 VIII R 166/84, BStBl 1989 II 758.

3 Z. B. Pflicht zum Abschluss eines Ehevertrages oder Pflicht zur testamentarischen Erbeinsetzung der Kinder und nicht des überlebenden Ehegatten.

4 BFH 29. 1. 1976 IV R 73/73, BStBl 1976 II 324.

5 Vgl. BFH 29. 4. 1981 IV R 131/78, BStBl 1981 II 663; 11. 7. 1989 VIII R 41/84, BFH/NV 1990, 92; *Langenfeld/Gail*, a. a. O., II. Rn. 113; *Löffler/Schiffer*, a. a. O., § 9 Rn. 22.

wirtschaftliche Stellung der Abkömmlinge außergewöhnlich eingeengt und einseitig von den Entscheidungen des Mehrheitsgesellschafters abhängig gemacht. Auch die Zivilrechtsprechung des BGH sieht in einer solchen vertraglichen Bestimmung, die eine Hinauskündigung ohne Vorliegen eines wichtigen Grundes erlaubt, einen Verstoß gegen die guten Sitten (§ 138 BGB) und hält sie für rechtlich unbeachtlich.[1]

3466 Werden Kommanditanteile schenkweise mit der Maßgabe übertragen, dass der Schenker ihre **Rückübertragung jederzeit** ohne Angabe von Gründen einseitig veranlassen kann, dann ist der Beschenkte steuerrechtlich nicht als Mitunternehmer anzusehen.[2] Eine Rückfallklausel, nach der ein Gesellschaftsanteil ersatzlos an den Schenker zurückfällt, wenn z. B. das beschenkte Kind vor dem Vater stirbt und keine leiblichen ehelichen Abkömmlinge hinterlässt, steht der steuerrechtlichen Anerkennung hingegen nicht entgegen.[3]

dd) Entzug des Widerspruchsrechts nach § 164 HGB

3467 Gegen die Entfaltung von Mitunternehmerinitiative und damit gegen eine Mitunternehmerstellung spricht bei einer KG, wenn dem Kommanditisten als „einziges Recht" sein Kontrollrecht gem. § 166 HGB verbleibt, während ihm sein Widerspruchsrecht nach § 164 HGB entzogen ist.[4] In der Kautelarpraxis wird das Widerspruchsrecht regelmäßig abbedungen und durch Mehrheitsbeschlüsse in der Gesellschafterversammlung ersetzt (vgl. unten Rn. 3482).

ee) Beschränkungen des Entnahmerechts

3468 Unbedenklich sind Beschränkungen des Gewinnentnahmerechts, da der Zweck solcher gesellschaftsvertraglicher Regelungen darin besteht, die Finanzkraft der Gesellschaft zu erhalten bzw. zu stärken.[5] Wenn demnach vereinbart ist, dass der Kommanditist außer dem zur Bezahlung der auf den Gewinnanteil entfallenden Einkommensteuer notwendigen Betrag nur bestimmte Teile des Gewinns entnehmen darf und weitergehende Entnahmen zuvor eines zustimmenden Gesellschafterbeschlusses bedürfen, stößt dies jedenfalls dann auf keinerlei Bedenken, wenn die in der Gesellschaft verbleibenden Gewinnanteile angemessen (im Streitfall 8 %) verzinst werden und diese Regelung für alle Gesellschafter gleichermaßen gilt.[6] Diese Rechtsprechung erlaubt es, nicht nur dem Eigenkapitalinteresse der Gesellschaft Rechnung zu tragen, sondern darüber hinaus Sor-

1 BGH 20. 1. 1977 II ZR 217/75, BGHZ 68, 212; 13. 7. 1981 II ZR 56/80, BGHZ 81, 263.

2 BFH 16. 5. 1989 VIII R 196/84, BStBl 1989 II 877; *Märkle*, BB 1993 Beilage 2, 9.

3 BFH 27. 1. 1994 IV R 114/91, BStBl 1994 II 635; *Jülicher*, DStR 1998, 1978; *Westerfelhaus*, DB 1997, 2037.

4 BFH 11. 7. 1989 VIII R 41/84, BFH/NV 1990, 92 und 10. 11. 1987 VIII R 166/84, BStBl 1989 II 762; a. A. FG Thüringen 8. 3. 2006 III 1209/02 (rkr.), EFG 2006, 815: Verzicht auf Kontrollrecht lässt Mitunternehmerinitiative entfallen.

5 Zur zivilrechtlichen Sicht: OLG Karlsruhe 28. 2. 2003 4 U 8/02 (rkr.), DB 2003, 935; a. A. in einem atypisch gelagerten Fall: BFH 5. 6. 1986 IV R 53/82, BStBl 1985 II 798: „Den Kommanditisten war die Verfügung über ihre Gewinnanteile dadurch weitgehend entzogen, dass sie zunächst eine Pflichteinlage von 40 000 DM erbringen und spätere Gewinne auf Anforderung des persönlich haftenden Gesellschafters als nur beschränkt kündbare Darlehen zur Verfügung stellen mussten. Damit stand es im Wesentlichen auch im Belieben des persönlich haftenden Gesellschafters, wann ein erzielter Gewinn den Kommanditisten zukam."

6 BFH 10. 11. 1987 VIII R 166/84, BStBl 1989 II 758.

ge zu tragen, dass erhebliche finanzielle Mittel auf der Ebene der Kinder nicht verschwendet oder unkontrolliert ausgegeben werden können. Die Eltern behalten sich so ein Mitspracherecht bei der Verwaltung zumindest eines Teils des Kindsvermögens über das 18. Lebensjahr hinaus vor.

(Einstweilen frei) 3469–3475

c) Mitunternehmerschaft bei minderjährigen Kindern

In den Fällen, in denen Eltern ihre Kinder oder Großeltern Kinder und/oder Enkel[1] schenkweise in eine KG als Kommanditisten aufnehmen, werden die Kinder/Enkel nach ständiger Rechtsprechung des BFH nur dann als Mitunternehmer anerkannt, wenn ihnen wenigstens annähernd diejenigen Rechte eingeräumt werden, die einem Kommanditisten nach dem Regelstatut des Handelsgesetzbuchs (HGB) über die KG zukommen. Nur dann liegen die Voraussetzungen der Mitunternehmerinitiative und des Mitunternehmerrisikos vor.[2] 3476

aa) Mitunternehmerrisiko des minderjährigen Gesellschafters

Bei minderjährigen Gesellschaftern kann **Mitunternehmerrisiko** dann bejaht werden, wenn sie am Gewinn und Verlust der KG beteiligt sind und im Fall der Liquidation der KG nach allgemeinen Grundsätzen auch am Geschäftswert und an den stillen Reserven teilhaben. Eine Begrenzung des Abfindungsguthabens für den Fall der Kündigung durch einen der Gesellschafter dergestalt, dass als Abfindung nur der Kapitalanteil, wie er sich aus der letzten festgestellten Jahresbilanz ergibt, zuzüglich gutgeschriebener Gewinne beansprucht werden kann, ist unschädlich.[3] Es genügt für die Annahme eines Mitunternehmerrisikos des minderjährigen Kommanditisten, wenn er im Fall der Auflösung der KG an den stillen Reserven und am Geschäftswert beteiligt wird.[4] 3477

Zulässig ist es vertraglich vorzusehen, dass ein aufgrund eigener Kündigung ausscheidender Gesellschafter von der Beteiligung an den stillen Reserven und am Geschäftswert des Unternehmens gänzlich ausgeschlossen wird. Nach Ansicht des BFH ist dies keine wesentliche Abweichung vom Regelstatut des HGB für die Kommanditgesellschaft, weil sie auch bei Gesellschaftsverträgen unter Fremden häufig vorkomme. Die Unschädlichkeit des Ausschlusses dürfte indes nur gelten, wenn die vertragliche Regelung gleichermaßen für **alle** Gesellschafter gilt und auch nur dann eingreift, wenn einer der Gesellschafter den Gesellschaftsvertrag von sich aus kündigt.[5] 3478

(Einstweilen frei) 3479–3480

1 Sog. Generationensprung.
2 BFH 7. 11. 2000 VIII R 16/97, BStBl 2001 II 186; *Langenfeld/Gail,* a. a. O., II. Rn. 111.
3 Vgl. oben Rn. 3463.
4 BFH 10. 11. 1987 VIII R 166/84, BStBl 1989 II 758.
5 BFH 31. 5. 1989 III R 91/87, BStBl 1990 II 10.

bb) Mitunternehmerinitiative des minderjährigen Gesellschafters

3481 Für die Beurteilung, ob der minderjährige Kommanditist **Mitunternehmerinitiative** entfalten kann, ist zu prüfen, ob ihm annähernd die Stimm-, Kontroll- und Widerspruchsrechte zustehen, die einem Kommanditisten nach dem Regelstatut des HGB eingeräumt sind. Von Bedeutung ist hierbei, ob er uneingeschränkt die Kontrollrechte i. S. d. § 166 HGB ausüben kann.

3482 Hinsichtlich der Stimm- und Widerspruchsrechte (§ 164 HGB) ist zu beachten, dass das Einstimmigkeitsprinzip nach § 119 Abs. 1 i.V. m. § 161 HGB nicht zwingend ist. Statt des einstimmigen Beschlusses aller Gesellschafter kann im Gesellschaftsvertrag ein Mehrheitsbeschluss vorgesehen sein, der im Ergebnis zur Folge hat, dass die minderjährigen Kommanditisten die Eltern in keinem Fall daran hindern können, einen Beschluss über die laufenden Geschäfte der Gesellschaft zu treffen, da die Eltern regelmäßig über die Mehrheit der Stimmen in der Gesellschafterversammlung verfügen dürften. Diese faktische Einschränkung der Gesellschafterrechte der Minderjährigen ergibt sich jedoch nicht aus einer wesentlichen Abweichung des Gesellschaftsvertrags vom Regelstatut des HGB, sondern regelmäßig aus der geringen Beteiligung der Kinder am Kapital der KG. Der BFH misst demnach den meist geringen Stimmrechten der Kinder keine Bedeutung bei, da sie „in jeder Personengesellschaft vorkommen" können.[1] Damit dürften auch disquotale Regelungen von Stimmen und vermögensmäßiger Beteiligung zulässig sein.

BEISPIEL:

	Vermögen	Stimmen
Vater	10	60
Mutter	10	20
Sohn	40	10
Tochter	40	10

3483 Selbst wenn der Gesellschaftsvertrag keine auf bestimmte Angelegenheiten bezogene Mehrheitsklausel enthält, ist dies nach Ansicht des BFH unschädlich. Die Klausel ist einschränkend dahin auszulegen, dass sie nur Beschlüsse über Angelegenheiten erfasst, die der laufende Betrieb des Handelsgewerbes der Gesellschaft mit sich bringt.[2] Die Rechtsprechung des BFH zur Notwendigkeit klarer und eindeutiger Verträge unter Familienangehörigen[3] schließt eine Auslegung der getroffenen Vereinbarungen nicht aus.[4] Eine nach ihrem Wortlaut unbestimmte Vertragsklausel sei auch dann klar, wenn ihr Inhalt im Wege der Auslegung gem. §§ 133, 157 BGB zweifelsfrei festgestellt werden könne. Die Auslegung führe in diesen Fällen regelmäßig dazu, dass Beschlüsse, die nicht die laufende Geschäftsführung der Gesellschaft betreffen, insbesondere solche über die Abänderung des Gesellschaftsvertrags oder die Auflösung der KG, wirksam nur mit Zustimmung der Kinder gefasst werden könnten. Ungewöhnlichen Handlun-

1 10. 11. 1987 VIII R 166/84, BStBl 1989 II 758; *Mutter*, ZEV 2007, 512; *Langenfeld/Gail*, a. a. O., II. Rn. 114.

2 OLG München 26. 4. 1991 23 U 5879/90, DStR 1992, 1102.

3 BFH 16. 5. 1989 VIII R 196/84, BStBl 1989 II 877 und 13. 11. 1986 IV R 322/84, BStBl 1987 II 121.

4 Vgl. BFH 4. 12. 1991 I R 63/90, BStBl 1992 II 362.

gen des Geschäftsführers, die ohne ihre Zustimmung vorgenommen wurden, können die Kinder nach § 164 HGB widersprechen.

(Einstweilen frei) 3484–3485

cc) Beschränkung des Entnahmerechts bei minderjährigen Gesellschaftern

Enthält der Gesellschaftsvertrag eine Regelung, nach welcher den minderjährigen Kommanditisten ohne zeitliche Begrenzung nur ein **eingeschränktes Entnahmerecht** zusteht, ist dies zwar unter Fremden nicht üblich (vgl. oben Rn. 3468). Der BFH hat jedoch wiederholt entschieden, dass bei Verträgen zwischen Angehörigen nicht jede geringfügige Abweichung einzelner Regelungen vom Fremdüblichen oder vom Regelstatut des HGB die steuerliche Anerkennung des Vertragsverhältnisses ausschließt.[1] 3486

Für die Praxis ist stets zu beachten, dass der KG-Vertrag weder ein absolutes Entnahmeverbot noch eine absolute Entnahmebeschränkung enthalten sollte. Können die minderjährigen Kinder z. B. die für ihren Unterhalt und ihre Ausbildung erforderlichen Beträge entnehmen, ohne hierfür auf die Zustimmung der Eltern angewiesen zu sein, ist dies unschädlich. 3487

Ebenfalls zulässig ist es, wenn im KG-Vertrag keine betragsmäßige Entnahmebeschränkung enthalten ist, die genau festlegt, in welcher Höhe die minderjährigen Kinder Gewinnanteile entnehmen dürfen,[2] denn die Höhe des Entnahmerechts der Kommanditisten kann nach Ansicht des BFH auch im Wege der Auslegung bestimmt werden.[3] 3488

Allgemein spricht gegen die Schädlichkeit einer Beschränkung des Entnahmerechts vor allem, wenn die minderjährigen Kommanditisten durch diese Regelung keine vermögensrechtlichen Nachteile erleiden.[4] 3489

Im Ergebnis räumt der BFH den Eltern weitgehende Dispositionsfreiheiten bei der Ausgestaltung der gesellschaftsvertraglichen Regelungen ein, ohne dass sie nachteilige Folgen für die Anerkennung der minderjährigen Kinder als Mitunternehmer befürchten müssten. 3490

(Einstweilen frei) 3491–3495

dd) Wirkung der familien(vormundschafts)gerichtlichen Genehmigung

Wird ein minderjähriges Kind in eine Familienpersonengesellschaft aufgenommen und bedarf der Vertrag der Zustimmung des Familiengerichtes,[5] so wirkt die Erteilung der Genehmigung zivilrechtlich zurück (ex tunc). Steuerlich tritt wegen des Rückwirkungsverbots die Wirksamkeit grundsätzlich erst mit Erteilung der Genehmigung, d. h. ex 3496

1 Vgl. z. B. BFH 7. 5. 1996 IX R 69/94, BStBl 1997 II 196; 29. 10. 1997 I R 24/97, BStBl 1998 II 573; 10. 11. 1998 VIII R 28/97, BFH/NV 1999, 616.

2 BFH 7. 11. 2000 VIII R 16/97, BStBl 2001 II 186.

3 BFH 5. 11. 1985 VIII R 275/81, BFH/NV 1986, 327.

4 Z. B. wenn die nicht entnommenen Gewinnanteile mit 3 % über dem jeweiligen Bundesbankdiskontsatz zu verzinsen sind, vgl. hierzu auch oben Rn. 3468.

5 Zuständig sind seit 1. 9. 2009 nicht mehr die Vormundschafts-, sondern die Familiengerichte vgl. § 1822 BGB, § 151 Nr. 4 FamFG.

nunc ein. Gleiches gilt, wenn das noch minderjährige Kind bei Eintritt der Volljährigkeit genehmigt.[1] Zwar ist anerkannt, dass eine Rückwirkung auch mit steuerlicher Wirkung dann in Betracht kommt, wenn die familien(vormundschafts)gerichtliche Genehmigung unverzüglich nach Vertragsschluss beantragt und in angemessener Frist erteilt wird. Ob dies auch für die Genehmigung des Minderjährigen gilt, ist fraglich. Jedenfalls hat der BFH eine Rückwirkung abgelehnt, die einen Zeitraum von mehr als sieben Jahren betraf.[2] Abgesehen von diesem Sonderfall sollte die Genehmigung im Eigeninteresse bereits innerhalb von ein bis zwei Wochen nach Vertragsschluss eingeholt werden.

3497–3500 *(Einstweilen frei)*

d) Besonderheiten bei Ehegatten-Gesellschaften

3501 Über die allgemeinen Grundsätze für die Anerkennung von Familiengesellschaften hinausgehende Anforderungen bestehen bei Ehegatten-Personengesellschaften nicht.[3] Wie der Große Senat in seiner Entscheidung vom 25. 6. 1984[4] ausgeführt hat, setzt ein steuerlich anzuerkennendes Mitunternehmerverhältnis, nach dem der Gewinn oder Verlust eines Betriebs mehreren Personen zugerechnet wird, die Begründung eines Gesellschaftsverhältnisses oder eines wirtschaftlich damit vergleichbaren Gemeinschaftsverhältnisses voraus (vgl. oben Rn. 274). Ferner muss als Ausfluss dieses Gemeinschaftsverhältnisses den beteiligten Personen Unternehmerrisiko und Unternehmerinitiative zukommen. Sollen demnach Ehegatten Mitunternehmer eines Betriebs sein, muss zwischen ihnen regelmäßig ein Gesellschaftsvertrag zustande gekommen sein. Da an die steuerliche Berücksichtigung eines derartigen Vertragsverhältnisses unter Ehegatten die gleichen Anforderungen wie an andere Verträge zwischen Angehörigen gestellt werden, können sie steuerlich nur berücksichtigt werden, wenn sie rechtswirksam zustande gekommen, inhaltlich wie unter Dritten gestaltet und tatsächlich vollzogen worden sind.[5]

3502 Gehört zum Vermögen eines Ehegatten bei vereinbarter **Gütergemeinschaft** ein Gewerbebetrieb mit einem ins Gewicht fallenden Betriebskapital, so werden die Ehegatten nach ständiger Rechtsprechung des BFH regelmäßig Mitunternehmer dieses Betriebs.[6] Die Gütergemeinschaft führt nicht unmittelbar und zwangsläufig zur einkommensteuerrechtlichen Zurechnung der von den jeweiligen Ehegatten erzielten Einkünfte. Wohl aber können sich aus dem Regelungstypus der Gütergemeinschaft Folgewirkungen auch für das Steuerrecht ergeben. Die die Gütergemeinschaft prägenden Merkmale erfüllen somit „nur" regelmäßig auch die für eine Mitunternehmerschaft konstituierenden Voraussetzungen des Mitunternehmerrisikos und der Mitunternehmerinitiative. Auch in den Fällen der Gütergemeinschaft bleibt daher eine Gesamtwürdigung erforderlich. So genügt es zur Annahme einer Mitunternehmerschaft regelmäßig nicht, wenn kein nennenswerter Kapitaleinsatz erforderlich ist, sondern der Gewinn im We-

1 *Langenfeld/Gail*, a. a. O., II. Rn. 131.3.
2 BFH 5. 3. 1981 IV R 150/76, BStBl 1981 II 435.
3 BFH 27. 4. 1998 VIII B 10/97, BFH/NV 1998, 1344.
4 BFH 25. 6. 1984 GrS 4/82, BStBl 1984 II 751.
5 Niedersächsisches FG 14. 2. 2001 12 K 835/96, EFG 2002, 171.
6 Vgl. BFH 4. 11. 1997 VIII R 19/95, BFH/NV 1998, 1094; 1. 10. 1992 IV R 130/90, BStBl 1993 II 574.

sentlichen von der persönlichen Leistung des handelsrechtlichen Inhabers des Gewerbebetriebes abhängt.[1] Umgekehrt wird bei Einzelhandelsunternehmen mit erheblichen Anlage- und Umlaufvermögen regelmäßig eine Mitunternehmerschaft zwischen den Ehegatten bejaht, weil dem Einsatz des Vermögens für den Betrieb eine entscheidende Bedeutung zukomme.[2]

In der Praxis bieten vor allem solche Gestaltungen Anlass für Streit, in denen ein Ehegatte unentgeltlich seinen Gesellschaftsanteil auf den anderen überträgt, sich indes umfassende **Widerrufsrechte** im Schenkungsvertrag vorbehält bzw. gesellschaftsrechtliche Mitwirkungsrechte zurückbehält. Hier wird von der Finanzverwaltung regelmäßig geprüft, ob der beschenkte Ehegatte wirtschaftlicher Eigentümer des Gesellschaftsanteils wurde. 3503

Kein Fall zurückbehaltenen wirtschaftlichen Eigentums erkannte der BFH bei der Anteilsübertragung an einer vermögensverwaltenden Personengesellschaft, obwohl der Ehemann **unwiderruflich** zur Wahrung der Gesellschafterrechte der beschenkten Ehefrau **bevollmächtigt** war.[3] Ob man die Ehefrau angesichts der Vollmachterteilung bei einer Personengesellschaft mit Einkünften i. S. d. § 15 EStG und im Übrigen unter den gleichen Voraussetzungen als Mitunternehmerin ansehen könnte, entschied der BFH nicht. Vor Gestaltungen mit derart weitreichenden „zurückbehaltenen" Kompetenzen seitens des Schenkers ist mithin bei Personengesellschaften i. S. d. § 15 Abs. 1 Nr. 2 EStG, bis zu einer Entscheidung des BFH, zu warnen.[4] 3504

Werden Kommanditanteile vom Ehemann schenkweise mit der Maßgabe übertragen, dass der Ehemann als Schenker ihre Rückübertragung jederzeit ohne Angabe von Gründen einseitig veranlassen kann, dann ist die beschenkte Ehefrau steuerrechtlich nicht als Mitunternehmerin anzusehen.[5] Die Ehefrau kann praktisch von den ihr formell übertragenen Gesellschafterrechten nur insoweit Gebrauch machen, wie die Interessen des Ehemanns nicht berührt werden, da sie anderenfalls die Annahme des Rückübertragungsangebots riskiert. Nach Ansicht des BFH stellt sich die Situation für die Ehefrau in einem solchen Fall im Ergebnis so dar, dass sie nur wie auf Weisung ihres Ehemannes handeln kann und damit steuerrechtlich nicht Mitunternehmerin wird.[6] 3505

Ist in einem Gesellschaftsvertrag vereinbart, dass die Ehefrau im Scheidungsfall aus der Gesellschaft ausgeschlossen werden kann und ihr Ehemann an ihre Stelle tritt, ist nach Ansicht des BFH der Kommanditanteil der Ehefrau dem Ehemann gem. § 39 Abs. 2 Nr. 1 Satz 1 AO zuzurechnen.[7] Für die Annahme des wirtschaftlichen Eigentums des Ehemannes an dem Gesellschaftsanteil seiner Ehefrau war nach Auffassung des Senats entscheidend, dass die Ehefrau für den Fall der Ehescheidung durch Beschluss der anderen Gesellschafter fristlos aus der Gesellschaft ausgeschlossen werden konnte und bei Ein- 3506

1 Für den Handelsvertreter BFH 20. 3. 1980 IV R 53/76, BStBl 1980 II 634.

2 BFH 2. 10. 1980 IV R 42/79, BStBl 1981 II 63.

3 BFH 18. 5. 1995 IV R 126/92, BFH/NV 1996, 35.

4 Vgl. etwa *Götz/Jorde*, FR 2003, 998 (1003 unter 4. d).

5 BFH 16. 5. 1989 VIII R 196/84, BStB 1989 II 877; *Götz*, BBEV 2005, 28.

6 Zur erbschaftsteuerlichen Sicht vgl. H 51 Abs. 1 ErbStH „Schenkung von Betriebsvermögen unter freiem Widerrufsvorbehalt".

7 BFH 26. 6. 1990 VIII R 81/85, BStBl 1994 II 645; vgl. Anm. von *Schmidt*, FR 1990, 649.

tritt dieses Ereignisses der Ehemann als Kommanditist in die Gesellschaft eintrat. Ob dem BFH darin zu folgen ist, dass die Ehefrau von den ihr formell zustehenden Rechten tatsächlich nur insoweit Gebrauch machen konnte, wie die Interessen ihres Ehemannes nicht berührt wurden, da sie andernfalls die Scheidung riskierte, bleibt fraglich.[1]

3507–3510 *(Einstweilen frei)*

e) Miterben als Mitunternehmer

3511 Fällt ein **Einzelunternehmen** in den Nachlass, hat der Erbe die Buchwerte gem. § 6 Abs. 3 EStG zwingend fortzuführen. Sind mehrere Erben berufen, liegt zivilrechtlich eine Erbengemeinschaft vor und steuerlich entsteht eine Mitunternehmerschaft, für die ebenfalls der Grundsatz der Buchwertverknüpfung gilt.

3512 Nach nunmehr ständiger Rechtsprechung des BFH[2] wird ein ererbtes gewerbliches Unternehmen grundsätzlich bis zur Erbauseinandersetzung oder anderweitigen Verfügung über den Gewerbebetrieb von den Erben als Mitunternehmer i. S. d. § 15 Abs. 1 Nr. 2 EStG betrieben. Solange das im Gesamthandseigentum stehende Unternehmen nach dem Erbfall für Rechnung und Gefahr der Erben geführt wird, diese Gewinn und Verlust tragen sowie für die Unternehmensschulden haften, tragen sie Unternehmerrisiko. Auch können sie – zumindest nach neuerem Familien- und Erbrecht – aufgrund ihres erbrechtlichen Mitwirkungsrechts, ggf. durch ihre gesetzlichen Vertreter, Mitunternehmerinitiative ausüben.[3]

3513 Gehört zu dem ererbten Betrieb geringes Vermögen des Erblassers und betreibt ein Miterbe, der allein zur Führung des Betriebes befähigt ist, unter einem hohen persönlichen Einsatz tatsächlich den Betrieb im eigenen Namen und auf eigene Rechnung weiter, so ist nicht ausgeschlossen, dass die Miterben im Rahmen einer konkludenten Erbauseinandersetzung den Betrieb diesem Miterben übertragen haben.[4] In diesem Sonderfall wären die Miterben nicht Mitunternehmer geworden.

3514 Die Fortführung eines freiberuflichen Ingenieurbüros durch eine teilweise aus Berufsfremden bestehende Erbengemeinschaft führt zur automatischen Umqualifikation in einen Gewerbebetrieb. Zu beachten ist hierbei, dass das Ableben eines Freiberuflers weder zu einer Betriebsaufgabe führt,[5] noch geht das der freiberuflichen Tätigkeit dienende Betriebsvermögen durch den Erbfall in das Privatvermögen der Erben über.[6] Die Erben beziehen, sofern nicht lediglich Entgelte für im Rahmen der ehemaligen freiberuflichen Tätigkeit erbrachte Leistungen bezogen werden,[7] keine Einkünfte aus einer

1 Wie hier: FG Schleswig-Holstein 6. 1. 2004 3 V 147/03 (rkr.), EFG 2005, 80.

2 Großer Senat 5. 7. 1990 GrS 2/89, BStBl 1990 II 837, m. w. N.; BFH 24. 9. 1991 VIII R 349/83, BStBl 1992 II 330; 14. 3. 1991 IV R 88/89, BFH/NV 1992, 92; 10. 2. 1987 VIII R 297/81, BFH/NV 1987, 637.

3 *Hörger* in Hörger/Stephan/Pohl, a. a. O., Rz. 790.

4 BFH 12. 4. 2000 XI R 36/99, BFH/NV 2000, 1196.

5 Vgl. BFH 12. 3. 1992 IV R 29/91, BStBl 1993 II 36; 29. 4. 1993 IV R 16/92, BStBl 1993 II 716; 19. 5. 1981 VIII R 143/78, BStBl 1981 II 665; 23. 8. 1991 IV B 69/90, BFH/NV 1992, 512.

6 BFH 12. 3. 1992 IV R 29/91, BStBl 1993 II 36.

7 BFH 29. 4. 1993 IV R 16/92, BStBl 1993 II 716.

ehemaligen Tätigkeit des Erblassers i. S. v. § 24 Nr. 2 EStG, sondern kraft vollständiger eigener Verwirklichung des Einkünftetatbestandes.[1]

Ist im Gesellschaftsvertrag einer OHG/KG geregelt, dass beim Tode des Erblassers diese nur mit einem oder mehreren bestimmten Erben fortgesetzt werden soll (sog. **qualifizierte Nachfolgeklausel**), fällt der Gesellschaftsanteil nicht in den gesamthänderischen Nachlass der Erbengemeinschaft, sondern geht im Wege der Sonderrechtsnachfolge unmittelbar und in vollem Umfang auf die qualifizierten Erben über.[2] Die Sonderrechtsnachfolge aufgrund einer qualifizierten Nachfolgeklausel kann als eine mit dem Erbfall vollzogene Teilungsanordnung mit unmittelbarer dinglicher Wirkung angesehen werden.[3] Dies hat steuerrechtlich zur Folge, dass die nicht begünstigten Erben **nicht** Mitunternehmer werden,[4] da die so „ausgeschlossenen" Miterben nicht Gesellschafter werden und damit auch keine Mitunternehmerinitiative ausüben können. 3515

Eine andere Beurteilung der qualifizierten Nachfolgeklausel ist auch dann nicht möglich, wenn man mit dem Gesellschaftsrechtssenat des BGH davon ausgeht, dass die aus dem Gesellschaftsanteil nach § 717 Satz 2 BGB übertragbaren Vermögensrechte in das Gesamthandsvermögen der Erbengemeinschaft gefallen sind.[5] Die Einbeziehung der aus dem Gesellschaftsanteil abgeleiteten Rechte in die Erbauseinandersetzung führt nicht dazu, dass die Erbengemeinschaft Gesellschafterin der Personengesellschaft wird.[6]. Ebenso wenig werden die von der Nachfolge in den Gesellschaftsanteil ausgeschlossenen Miterben dadurch Gesellschafter und Mitunternehmer der Personengesellschaft. Die Vermögensrechte aus § 717 BGB begründen kein Recht dieser Miterben, die mit dem Gesellschaftsanteil unlösbaren Verwaltungs- und Kontrollrechte gegen die Gesellschaft geltend zu machen. Als Gläubiger der Vermögensrechte haben sie nur Auskunftsrechte gegen den Gesellschafter-Erben persönlich.[7] Eine Mitunternehmerinitiative im Unternehmen steht ihnen somit nicht zu. Die völlig fehlende Mitunternehmerinitiative kann nicht durch ein etwa bestehendes Mitunternehmerrisiko ausgeglichen werden.[8] Gegen die Annahme eines Mitunternehmerrisikos spricht zudem, dass die von der Sondernachfolge ausgeschlossenen Erben regelmäßig nicht in der Lage sind, den Anspruch auf das künftige Auseinandersetzungsguthaben zu realisieren.[9] 3516

(Einstweilen frei) 3517–3520

1 BFH 5. 7. 1990 GrS 2/89, BStBl 1990 II 837.

2 Vgl. BGH 10. 2. 1977 II ZR 120/75, BGHZ 68, 225.

3 BFH 10. 11. 1982 II R 85-86/78, BStBl 1983 II 329; *K. Schmidt*, Gesellschaftsrecht, S. 992; *Ulmer*, ZGR 1972, 195 ff., 326 ff.

4 BFH 26. 3. 1981 IV R 130/77, BStBl 1981 II 614; *Crezelius*, JbFfSt 1989/90, S. 234, 235; *Märkle/Franz*, BB 1991 Beilage, 5, 14; *Ruban*, DStR 1991, 65; *Schmidt*, EStG § 16 Rz. 672; *Söffing*, DB 1991, 828; *ders.*, DStR 1991, 201.

5 Vgl. aber *Groh*, DB 1991, 724 und *Reiß* in Kirchhof/Söhn/Mellinghof, EStG § 16 Rn. B 122.

6 *Söffing*, DB 1991, 828; vgl. auch Anm. *L. Schmidt*, DStR 1991, 456.

7 *Ulmer* in Münchner Kommentar, § 717 Rz. 3, 37.

8 BFH 25. 6. 1984 GrS 4/82, BStBl 1984 II 751.

9 BFH 29. 10. 1991 VIII R 51/84, BStBl 1992 II 512.

11. Stille Gesellschaft zwischen Familienangehörigen

a) Zivilrechtliche Voraussetzungen

3521 Das Recht der stillen Gesellschaft (vgl. oben Rn. 76 ff.) ist geregelt in den §§ 230 – 237 HGB. Ergänzend sind die §§ 705 – 740 BGB betreffend die Gesellschaft bürgerlichen Rechts (GbR) anwendbar. Das Gesetz unterscheidet nicht zwischen der typisch und atypisch stillen Gesellschaft. Eine stille Gesellschaft setzt nach den gesetzlichen Bestimmungen zum einen die Beteiligung an einem Handelsgewerbe und zum anderen eine Beitragsleistung des Stillen, die in das Vermögen des Inhabers übergeht, voraus. Es entsteht kein gemeinschaftliches Vermögen. Das Vermögen steht vielmehr allein dem Inhaber des Handelsgeschäfts zu. Es handelt sich um eine reine **Innengesellschaft**, die nach außen hin nicht in Erscheinung tritt. Nach außen tritt allein der Inhaber des Handelsgewerbes auf; er wird durch die Verträge allein berechtigt und verpflichtet.

3522 Die Einlage des Stillen kann aus Geld und allen geldwerten materiellen und immateriellen Wirtschaftsgütern bestehen, auch in Dienstleistungen, sofern das Entgelt als Einlage verrechnet wird.[1] Stiller kann jede natürliche und juristische Person sein, aber auch eine Gesamthandsgemeinschaft, z. B. eine Erbengemeinschaft oder eine GbR kommt in Betracht.

3523 Die stille Gesellschaft setzt zwingend eine **Gewinnbeteiligung** des Stillen voraus, § 232 Abs. 2 Halbsatz 2 HGB. Eine Obergrenze wird allerdings regelmäßig durch das Steuerrecht gezogen, so dass eine über das übliche hinausgehende Gewinnbeteiligung zwar zivilrechtlich möglich und wirksam ist, steuerlich indes nicht anerkannt wird. Das Gesetz sieht eine **Verlustbeteiligung** bis zur Höhe der Einlage vor. Die Verlustbeteiligung kann vertraglich abbedungen, aber auch erweitert werden. Wird die Gewinnbeteiligung begrenzt,[2] liegt im Zweifel nur ein partiarisches Darlehen vor.

3524 Der Abschluss des Gesellschaftsvertrags bedarf einer bestimmten Form nicht. Die Formbedürftigkeit kann sich jedoch aus anderen Vorschriften ergeben, z. B. gem. § 311b BGB notarielle Beurkundung, wenn sich der Stille verpflichtet hat, ein Grundstück als Einlage zu erbringen. Ist der Stille geschäftsunfähig,[3] muss der gesetzliche Vertreter den Vertrag abschließen. Minderjährige über sieben Jahren bedürfen der Genehmigung ihres gesetzlichen Vertreters gem. §§ 106, 107, 108 Abs. 1 BGB. Ist ein gesetzlicher Vertreter wegen § 181 BGB gehindert, muss ein Ergänzungspfleger handeln.[4]

3525 Bei der GmbH & (atypisch) Still ist umstritten, ob für den Abschluss des Vertrags die Regelungen über Unternehmensverträge zu beachten sind, weil Vereinbarungen über die Abführung von Gewinnen besonderen Einschränkungen unterliegen (§§ 291 ff. AktG analog). *Blaurock*[5] kommt zu dem Ergebnis, dass sich auf die GmbH & Still die aktienrechtlichen Vorschriften über die Unternehmensverträge nicht übertragen las-

---

1 *Carlé*, KÖSDI 1999, 12189.

2 Z. B.: „Der Stille hat ... einen Anspruch auf eine Verzinsung seiner Einlage i. H. v. 4 %, höchstens von 10 %."

3 Z. B. bei einem Kind unter 7 Jahren die Eltern gem. §§ 104 Nr. 1, 105 Abs. 1, 1626 Abs. 1, 1629 Abs. 1 BGB.

4 Zu Einzelheiten vgl. *Blaurock*, a. a. O., Rn. 9.38.

5 *Blaurock*, a. a. O., Rn. 7.21 ff.

sen. Damit könnten typisch stille Beteiligungen von der Geschäftsführung – sofern sich aus dem Gesellschaftsvertrag nicht Abweichendes ergibt – abgeschlossen werden.[1]

(Einstweilen frei) 3526–3530

b) Abgrenzung zwischen typisch und atypisch stiller Gesellschaft

Ob eine typisch stille oder atypisch stille Gesellschaft gegeben ist, muss für jeden Einzelfall gesondert entschieden werden. In der Rechtsprechung und Literatur sind Abgrenzungsmerkmale zwischen typisch und atypisch stiller Gesellschaft entwickelt worden. 3531

Für eine **typisch** stille Gesellschaft soll im **Zivilrecht** sprechen, wenn keine vermögensmäßige Beteiligung, keine Beteiligung an den stillen Reserven, insbesondere keine Beteiligung am Geschäftswert, keinerlei Einfluss auf die Geschäftsführung, wenige Zustimmungsrechte, Begrenzung der Informations- und Kontrollrechte auf § 233 Abs. 3 HGB und ein Ausschluss der Verlustbeteiligung vorliegt. 3532

Für eine **atypisch** stille Gesellschaft soll im **Zivilrecht** sprechen, wenn eine schuldrechtliche Beteiligung am Vermögen, eine Beteiligung an den stillen Reserven, insbesondere auch am Geschäftswert der GmbH, eine geschäftsführende Tätigkeit oder zumindest erhebliche Mitwirkungsrechte, Informations- und Kontrollrechte nach § 118 HGB oder § 51a GmbHG analog, eine Beteiligung am Ergebnis wie ein Kommanditist, d. h. eine Verlustzurechnung auch über die Einlage hinaus und ein Wettbewerbsverbot für den Stillen gegeben sind. Die atypisch stille Gesellschaft unterscheidet sich von der typisch stillen Gesellschaft demnach vor allem dadurch, dass der atypisch Beteiligte schuldrechtlich so zu stellen ist, als wäre er am Gesamthandsvermögen beteiligt.[2] 3533

Die Frage, ob **steuerlich** betrachtet eine atypisch oder eine typisch stille Gesellschaft vorliegt, ist nach ständiger Rechtsprechung des BFH aufgrund einer Gesamtbetrachtung unter Berücksichtigung aller Umstände des Einzelfalles zu entscheiden.[3] Danach reicht es für die Annahme einer atypisch stillen Gesellschaft jedenfalls nicht aus, dass sie in der Vertragsurkunde als solche bezeichnet wird (vgl. oben Rn. 472 f.). Maßgebend ist vielmehr, welche Regelungen der Gesellschaftsvertrag im Einzelnen enthält und welche rechtlichen und wirtschaftlichen Wirkungen diese Regelungen im jeweiligen Einzelfall nach Maßgabe seiner Besonderheiten haben.[4] Insgesamt muss sich aus der gebotenen Gesamtwürdigung ergeben, dass der stille Gesellschafter auf der Grundlage des Gesellschaftsvertrags Mitunternehmerrisiko trägt und Mitunternehmerinitiative ausüben kann. 3534

Mitunternehmerinitiative bedeutet dabei Teilhabe an unternehmerischen Entscheidungen zumindest in dem Umfang der Stimm-, Kontroll- und Widerspruchsrechte eines Kommanditisten nach den Regelungen des HGB. **Mitunternehmerrisiko** bedeutet ge- 3535

1 Zu Einzelheiten vgl. *Carlé*, KÖSDI 1999, 12189.

2 BFH 4. 8. 1983 III R 33/82, n. v.

3 Vgl. zuletzt BFH 21. 1. 2010 IV B 128//08, BFH/NV 2010, 1425, m. w. N.

4 BFH 2. 9. 1985 IV B 51/85, BStBl 1986 II 10; 12. 11. 1985 VIII R 364/83, BStBl 1986 II 311; 5. 6. 1986 IV R 272/84, BStBl 1986 II 802; 22. 10. 1987 IV R 17/84, BStBl 1988 II 62.

sellschaftsrechtliche oder eine dieser wirtschaftlich vergleichbaren Teilnahme am Erfolg oder Misserfolg des Unternehmens. Dieses Risiko wird regelmäßig durch die Beteiligung am Gewinn und Verlust sowie an den stillen Reserven des Anlagevermögens einschließlich des Geschäftswerts vermittelt.[1] Der BFH hält es für geklärt, dass der Gesellschafter-Geschäftsführer einer GmbH, der als stiller Gesellschafter der GmbH nicht am Vermögen beteiligt ist, dennoch Mitunternehmer sein kann, wenn seine Mitunternehmerinitiative stark ausgeprägt ist, auch wenn sich diese Position aus dem Geschäftsführervertrag (nicht aus dem Vertrag über die Gesellschaft) ergibt.[2]

3536 Nach der Rechtsprechung des BFH ist die allseitige Beteiligung am laufenden Gewinn des Handelsgewerbes für die Annahme einer Mitunternehmerschaft obligatorisch. Eine Beschränkung der Verlustbeteiligung auf die Einlage ist dabei unschädlich, denn auch der Kommanditist nimmt nur bis zur Höhe seiner Einlage am Verlust der Gesellschaft teil. Grundsätzlich erforderlich ist außerdem eine Beteiligung an den stillen Reserven einschließlich des Firmenwerts.[3] Die Beteiligung nicht nur am laufenden Gewinn oder an einem laufenden Verlust, sondern auch an stillen Reserven und einem Geschäftswert ist für die Abgrenzung zwischen typisch und atypisch stiller Beteiligung deshalb von besonderer Bedeutung, weil auch bei der typischen Gesellschaft eine Verlustbeteiligung vorgesehen sein kann und eine Beteiligung am Gewinn sogar unentbehrliche Voraussetzung für die Annahme einer stillen Gesellschaft überhaupt ist (§ 231 Abs. 2 HGB).[4] Auf sie kann nur verzichtet werden, wenn nach den Umständen des Einzelfalls das insoweit eingeschränkte Mitunternehmerrisiko durch eine besonders ausgeprägte Mitunternehmerinitiative ausgeglichen wird.[5]

3537–3540 *(Einstweilen frei)*

c) Stille Gesellschaft mit Familienangehörigen

3541 Die Anerkennung einer **atypisch stillen Gesellschaft** unter Beteiligung von Familienangehörigen setzt voraus, dass eine Mitunternehmerschaft vorliegt, ein zivilrechtlich wirksamer Gesellschaftsvertrag geschlossen, der Vertrag tatsächlich auch umgesetzt und keine Bedingungen vereinbart wurden, die unter Fremden nicht üblich wären.

3542 Eine **typisch** stille Gesellschaft, an der Familienangehörige beteiligt sind, setzt nach ständiger Rechtsprechung des BFH voraus, dass die Vereinbarung in der gesetzlichen Form zustande gekommen ist und sowohl nach ihrer Gestaltung als auch nach ihrer Durchführung dem zwischen Fremden Üblichen entspricht.[6] Von der Rechtsprechung wird verlangt, dass den Kindern wenigstens annäherungsweise die Rechte eingeräumt werden, die einem stillen Gesellschafter nach den §§ 230 ff. HGB zukommen.[7]

---

1 BFH 22. 8. 2002 IV R 6/01, BFH/NV 2003, 36; *Kessler/Reitsam*, DStR 2003, 269.

2 BFH 14. 10. 2003 VIII B 281/02, BFH/NV 2004, 188.

3 BFH 22. 1. 1981 IV B 41/80, BStBl 1981 II 424; 18. 2. 1993 IV R 132/91, BFH/NV 1993, 647.

4 BFH 18. 2. 1993 IV R 132/91, BFH/NV 1993, 647.

5 BFH 22. 8. 2002 IV R 6/01, EStB 2003, 5; 11. 12. 1990 VIII R 122/86, BFHE 163, 346; 31. 8. 1999 VIII R 21/98, BFH/NV 2000, 555; 18. 6. 2001 IV B 88/00, BFH/NV 2001, 1550, m. w. N.

6 BFH 9. 7. 1987 IV R 95/85, BStBl 1988 II 245; 21. 10. 1992 X R 99/88, BStBl 1993 II 289.

7 Vgl. BFH 8. 8. 1974 IV R 101/73, BStBl 1975 II 34; 20. 2. 1975 IV R 62/74, BStBl 1975 II 569.

Bei **schenkweise** eingeräumten Kapitalbeteiligungen bemisst sich die Bedeutung abweichender Regelungen für die steuerliche Anerkennung des Gesellschaftsverhältnisses vor allem danach, inwieweit durch die vom Regelstatut des HGB abweichende Gestaltung die Übertragung des geschenkten Kapitals von den Eltern auf die Kinder in Frage gestellt wird.[1] Sieht der Vertrag z. B. vor, dass das Auseinandersetzungsguthaben in zwanzig gleichen Jahresraten ausgezahlt werden soll, hält dies einem Fremdvergleich nicht stand. Ein fremder Dritter hätte eine derartige Beschränkung in der Erfüllung seines Anspruchs gem. § 340 Abs. 1 HGB nicht hingenommen. Dies gilt insbesondere, wenn ihm für die langfristige Überlassung des Kapitals keinerlei Sicherheit bestellt werden.[2] 3543

Bei einer schenkweise begründeten (typisch) stillen Gesellschaft ohne Verlustbeteiligung wendet die Rechtsprechung dieselben strengen Grundsätze an, die bei Vereinbarung eines Darlehens aus zuvor geschenkten Beträgen gelten.[3] Zugunsten der Steuerpflichtigen wendet die Finanzverwaltung jedoch nicht mehr die bisherige Vermutungsregel an, wonach die Kürze zwischen Schenkung und Darlehensgewährung eine unwiderlegliche Vermutung für eine Abhängigkeit der Schenkung und Darlehensgewährung und damit ihre steuerliche Nichtanerkennung begründen soll.[4] Vielmehr sei entsprechend der BFH-Entscheidung vom 18. 1. 2001[5] zu prüfen, ob zwischen Schenkung und Darlehen eine auf einem Gesamtplan beruhende sachliche Verknüpfung besteht. Nur in letzterem Fall könne dies zur Negierung des stillen Gesellschaftsverhältnisses führen. Zur Problematik bei Minderjährigen vgl. oben Rn. 3349 f.; hinsichtlich der Angemessenheit der Gewinnbeteiligung vgl. unten Rn. 3606 ff. 3544

(Einstweilen frei) 3545–3550

12. Unterbeteiligung bei Familienpersonengesellschaften

a) Formen der Unterbeteiligung

Das Gesetz selbst kennt die „Unterbeteiligung“ nicht (vgl. oben Rn. 106 ff. und Rn. 481 ff.). Nach h. M. handelt es sich um die „stille Beteiligung“ eines Unterbeteiligten, an dem Anteil des Hauptbeteiligten, welchen dieser an einer Personen- oder Kapitalgesellschaft hält. Die Unterbeteiligung ist eine Personengesellschaft und mangels Gesamthandsvermögen eine reine (Innen-)Gesellschaft. Im bürgerlich-rechtlichen Sinne „gehören“ dem Unterbeteiligten somit die Gegenstände der Obergesellschaft nicht, da er nur an dem Gesellschaftsanteil des Personen-/Kapitalgesellschafters beteiligt ist.[6] 3551

Der Untergesellschafter kann durch besondere vertragliche Ausgestaltung im Verhältnis zum Hauptgesellschafter einer Personen- oder Kapitalgesellschaft schuldrechtlich so gestellt werden, als wäre er gleich einem Gesellschafter – mittelbar – auch an der 3552

1 BFH 31. 5. 1989 III R 91/87, BStBl 1990 II 10.
2 Vgl. BFH 19. 12. 1979 I R 176/77, BStBl 1980 II 242; 14. 4. 1983 IV R 198/80, BStBl 1983 II 555.
3 BFH 21. 10. 1992 X R 99/88, BStBl 1993 II 289.
4 BMF 30. 5. 2001, BStBl 2001 I 348.
5 BFH 18. 1. 2001 IV R 58/99, BStBl 2001 II 393.
6 BGH 11. 7. 1986 II ZR 179/66, BGHZ 50, 316.

Vermögenssubstanz des Unternehmens beteiligt (sog. atypische Unterbeteiligung).[1] Folge dieser rechtlichen Ausgestaltung ist, dass der Unterbeteiligte Einkünfte aus Gewerbebetrieb erzielt, denn als andere Gesellschaft i. S. v. § 15 Abs. 1 Nr. 2 EStG kommt auch die Unterbeteiligung in Betracht (vgl. Rn. 482). Dies auch dann, wenn Haupt- und Unterbeteiligter nahe Angehörige sind und der Hauptbeteiligte dem Unterbeteiligten die Unterbeteiligung geschenkt hat.[2]

3553 Anders als die Begründung einer Unterbeteiligung, die privatschriftlich erfolgen kann, bedarf die schenkweise Einräumung einer Unterbeteiligung der notariellen Beurkundung.[3] Hingegen bedarf die Übertragung einer bereits vorhandenen Unterbeteiligung oder von Teilen davon zu ihrer Wirksamkeit und damit auch ihrer steuerlichen Anerkennung nicht der notariellen Beurkundung.[4]

3554 Nach Ansicht des BFH ist die Unterbeteiligung eine bürgerlich-rechtliche Innengesellschaft, die der stillen Gesellschaft nahe steht.[5] Es ist deshalb folgerichtig, bei der Unterbeteiligung anzunehmen, dass sie zur Mitunternehmerschaft des Unterbeteiligten grundsätzlich nur führt, wenn der Unterbeteiligte entsprechend seinem Anteil am Gesellschaftsanteil des Hauptbeteiligten mittelbar auch an einem Geschäftswert und an den stillen Reserven im Betriebsvermögen der Hauptgesellschaft beteiligt ist, soweit diese Werte anteilig entsprechend seiner Beteiligung an der Hauptgesellschaft dem Hauptgesellschafter zustehen. Umgekehrt ist der Unterbeteiligte jedenfalls regelmäßig dann nicht Mitunternehmer im Rahmen der Unterbeteiligung, wenn der Hauptbeteiligte das Recht hat, den Unterbeteiligten jederzeit zum Buchwert aus der Unterbeteiligungs-Gesellschaft hinauszukündigen und dem Unterbeteiligten dann nur den Buchwert seines Kapitalkontos bezahlen muss.[6]

3555 Bei der typischen Unterbeteiligung werden Einkünfte aus Kapitalvermögen bezogen (vgl. Rn. 486). Der Hauptbeteiligte (Hauptgesellschafter) muss von den Gewinnen der Unterbeteiligung Kapitalertragsteuer einbehalten. Wie bei der typisch stillen Gesellschaft kann der Gewinnanteil des typisch Unterbeteiligten als Sonderbetriebsausgabe beim Hauptgesellschafter abgezogen werden.

3556 Wird die Unterbeteiligung als Mittel der vorweggenommenen Erbfolge eingesetzt, ist der atypischen Unterbeteiligung ebenfalls der Vorzug zu geben. Sie ermöglicht eine höhere Gewinnbeteiligung als die typische Unterbeteiligung, weil hinsichtlich der Frage der Angemessenheit auf den Wert der Beteiligung abzustellen ist.[7]

3557–3560 *(Einstweilen frei)*

---

1 Vgl. BFH 2. 10. 1997 IV R 75/96, BStBl 1998 II 137 und 27. 5. 1993 IV R 1/92, BStBl 1994 II 700.

2 Vgl. BFH 27. 1. 1994 IV R 114/91, BStBl 1994 II 635.

3 BFH 8. 8. 1979 I R 82/76, BStBl 1979 II 768, unter Hinweis auf BGH 24. 9. 1952 II ZR 136/51, BGHZ 7, 174 und 29. 10. 1952 II ZR 16/52, BGHZ 7, 378.

4 Niedersächsisches FG 2. 2. 1995 X 539/91, EFG 1995, 1102 (rkr.).

5 BFH 21. 2. 1991 IV R 35/89, BStBl 1995 II 449; vgl. auch BFH 27. 1. 1994 IV R 114/91, BStBl 1994 II 635.

6 BFH 6. 7. 1995 IV R 79/94, BStBl 1996 II 269.

7 *Carle*, KÖSDI 2005, 14475, 14484.

b) Besonderheiten der Unterbeteiligung bei Familienangehörigen

Es gelten die auch sonst bei Gesellschaftsverträgen zwischen nahen Angehörigen maßgebenden Rechtsgrundsätze, d. h. der Vertrag muss zivilrechtlich wirksam sein, inhaltlich dem zwischen Fremden Üblichen entsprechen und so auch durchgeführt werden.[1] Die schenkweise Einräumung einer Unterbeteiligung bedarf nach h. M. gem. § 518 Abs. 1 BGB der notariellen Beurkundung.[2] Der Formmangel wird nach der Rspr. des BGH auch nicht dadurch geheilt, dass der Gesellschaftsvertrag der Unterbeteiligungsgesellschaft abgeschlossen wird, noch dadurch, dass die Unterbeteiligung in die Abrechnung der Unterbeteiligungsgesellschaft „eingebucht" wird. 3561

Soll minderjährigen Abkömmlingen eine Unterbeteiligung an einer Beteiligung an einer Personengesellschaft eingeräumt werden, muss der minderjährige Abkömmling bei Abschluss des Unterbeteiligungsvertrages von einem Ergänzungspfleger (§ 1909 BGB) vertreten werden. Der Abschluss des Gesellschaftsvertrages bringt auch bei einer Unterbeteiligung nicht nur rechtliche Vorteile mit sich, so dass die Eltern den minderjährigen Abkömmling nicht vertreten können, vgl. §§ 1629 Abs. 2 Satz 1, 1795 Abs. 2, 181 BGB. Nach Ansicht des BGH führt § 1629 Abs. 2 Satz 1 BGB nicht nur zum Ausschluss des Elternteils, der konkret betroffen ist, sondern zum Ausschluss beider Eltern schlechthin.[3] Entsprechend der Rechtslage bei Begründung einer stillen Gesellschaft unter Beteiligung eines Minderjährigen als stillem Gesellschafter (oben Rn. 3524) bedarf der Abschluss eines Unterbeteiligungsvertrages durch einen Minderjährigen (ggf. vertreten durch einen Ergänzungspfleger) nicht der familiengerichtlichen Genehmigung, wenn der Minderjährige als Unterbeteiligter nicht am Verlust teilnimmt.[4] Die familiengerichtliche Genehmigung des Unterbeteiligungsvertrages ist hingegen erforderlich, wenn der Minderjährige an einem Verlust der Unterbeteiligungsgesellschaft teilnimmt, selbst wenn die Verlustübernahme auf den Betrag der – zuvor vom Hauptbeteiligten geschenkten – Einlage begrenzt ist.[5] 3562

Der BFH hat – insbesondere für den familiären Bereich bedeutsam – erneut klargestellt, dass es ohne Bedeutung für die steuerliche Anerkennung einer Unterbeteiligung sei, wenn diese auf einer Schenkung beruhe und diese Schenkung ihren Grund in den privaten Beziehungen (§ 12 EStG) habe.[6] Bestehe der jeweilige Gesellschafterbeitrag in der Überlassung des Haftkapitals zu den gleichen Bedingungen und mit dem gleichen Risiko, dann sei offensichtlich, dass eine quotale Gewinnzuweisung auf der Gesellschafterstellung beruhe, weil sie dem Gewicht des jeweiligen Beitrags entspreche. Der Wert der festen Kapitalanteile im Rahmen der mitunternehmerschaftlichen Unterbeteiligungsgesellschaft werde nicht davon beeinflusst, ob die Unterbeteiligung durch eine Schenkung oder einen Kaufvertrag begründet worden sei. Denn der Wert der Unterbeteiligung an dem Kommanditanteil werde durch ihre inhaltliche Ausgestaltung be- 3563

1 BFH 21. 2. 1991 IV R 35/89, BStBl 1995 II 449.

2 Anders aber: Die schenkweise Abtretung einer bestehenden Unterbeteiligung ist stets formfrei möglich *Carle*, KÖSDI 2005, 14475, 14479, m. w. N.

3 BGH 14. 6. 1972 IV ZR 53/71, NJW 1972, 1708.

4 Vgl. BFH 28. 11. 1973 I R 101/72, BStBl 1974 II 289.

5 BFH 4. 7. 1968 IV 136/63, BStBl 1968 II 671.

6 BFH 9. 10. 2001 VIII R 77/98, BStBl 2002 II 460.

stimmt. Entspreche aufgrund der getroffenen Vereinbarungen die Stellung des Unterbeteiligten inhaltlich mit allen Vor- und Nachteilen derjenigen des Hauptbeteiligten, dann sei kein Raum mehr für eine unterschiedliche Gewichtung von Anteilen in gleicher Höhe und damit für eine auf § 12 EStG gestützte Korrektur einer vereinbarten quotalen Gewinnverteilung.

3564–3570 *(Einstweilen frei)*

13. Gewinnverteilung bei Familienpersonengesellschaften

a) Allgemeines

3571 Besonders kontrovers diskutiert wird im Rahmen der Anerkennung der Familiengesellschaft die Frage nach der Angemessenheit der Gewinnverteilung. Regelmäßig entzündet sich allein an diesem Kriterium die Streitfrage der Anerkennung der Familiengesellschaft insgesamt. So kann es nicht überraschen, dass sich die Finanzverwaltung – differenzierend nach Gesellschaftsformen – ausführlich mit dieser Frage auseinandersetzt.[1]

3572 Ungeachtet der unter Rn. 3596 ff. dargestellten und wohl auch berechtigten Kritik an der Sichtweise des BFH wird im Folgenden die Problematik bei Familiengesellschaften basierend auf der wohl h. M. dargestellt, da sich nur so Planungssicherheit erreichen lässt.

3573–3575 *(Einstweilen frei)*

b) Allgemeine Grundsätze der Gewinnverteilung

aa) Schenkweise übertragene Beteiligung

3576 Der BFH vertritt in gefestigter Rechtsprechung die Auffassung, dass bei **schenkweiser** Übertragung von Beteiligungen an Familienpersonengesellschaften die vereinbarte Gewinnverteilung wegen des fehlenden Interessenwiderstreits zwischen nahen Angehörigen einem Fremdvergleich zu unterziehen und auf ihre Angemessenheit zu prüfen sei.[2] In einer Familienpersonengesellschaft könnten den ohne Gegenleistung (schenkweise) aufgenommenen nahen Angehörigen Gewinnanteile nur in angemessener Höhe zugerechnet werden, sofern diese Gesellschafter keine oder nur eine Tätigkeit von untergeordneter Bedeutung in der Gesellschaft ausübten.[3]

3577 Dagegen sei die Angemessenheit der Gewinnanteile irrelevant, soweit an der Familiengesellschaft **familienfremde** Gesellschafter beteiligt sind. Die Besonderheiten der Familiengesellschaft habe ihre Ursache in der gemeinsamen Gestaltung der wirtschaftlichen Interessen innerhalb des Familienverbundes. Soweit familienfremde Gesellschafter beteiligt seien, greife der natürliche Interessengegensatz ein, der einer Angemessenheitsprüfung entgegenstehe.[4]

---

1 Vgl. R 15.9 Abs. 3 ff. EStR und H 15.9 Abs. 3 ff. EStH.

2 Vgl. BFH 19. 2. 2009 IV R 83/06, BStBl 2009 II 798; 29. 5. 1972 GrS 4/71, BStBl 1973 II 5.

3 Vgl. BFH 29. 5. 1972 GrS 4/71, BStBl 1973 II 5; 29. 3. 1973 IV R 56/70, BStBl 1973 II 650 und 26. 6. 1974 I R 206/67, BStBl 1974 II 676; vgl. ferner *Schmidt*, EStG § 15 Rz. 781.

4 BFH 6. 11. 1991 XI R 35/88, BFH/NV 1992, 452.

Nach dem Beschluss des Großen Senats des BFH[1] sind nur die dem unentgeltlich eingeräumten Gesellschaftsanteil angemessenen Gewinnanteile als eigene Einkünfte des beschenkten Kindes anzusehen. Der darüber hinausgehende Gewinnanteil wird als private Zuwendung unter Familienangehörigen behandelt und steuerlich den Zuwendenden zugerechnet. Als „**angemessen**“ hat der Große Senat nur diejenigen Gewinnanteile anerkannt, die auf einer Gewinnverteilungsabrede beruhen, bei der sich nach den Verhältnissen im Zeitpunkt des Vertragsschlusses auf längere Sicht eine durchschnittliche Rendite von nicht mehr als **15 %** des tatsächlichen Werts[2] der Beteiligung ergibt. Diese Grundsätze sind nach der Rechtsprechung des BFH in gleicher Weise nicht nur auf atypisch stille Gesellschaften anzuwenden, sondern treffen auch auf Familiengesellschaften zu, die in der Form von Unterbeteiligungen gegründet werden. 3578

Durch die Anwendung der starren 15 %-Grenze auf alle Gewinnverteilungsabreden zwischen Angehörigen bei schenkweise erworbenen Beteiligungen werden im Ergebnis unterschiedliche Maßstäbe an Gewinnverteilungsabreden zwischen nahen Angehörigen einerseits und zwischen Fremden andererseits angelegt. Eine unterschiedliche Behandlung von Familienangehörigen im Vergleich zu fremden Dritten wegen des fehlenden Interessengegensatzes zwischen Familienangehörigen soll nicht von vornherein unzulässig sein. Das BVerfG verlangt, dass die Auslegung und Anwendung des § 12 EStG i.V. m. sonstigen Vorschriften des materiellen Steuerrechts nachvollziehbar sein müsse. Sie verstoße nur dann gegen Art. 3 Abs. 1 GG, wenn sie willkürlich sei, was für die 15 %-Grenze indes nicht gelte.[3] 3579

bb) Entgeltlich erworbene Beteiligung

Sind die Geschäftsanteile mit eigenen Mitteln von den aufgenommenen Familienangehörigen erworben worden, bildet **nicht** die 15 %-Grenze, sondern die unter Fremden übliche Gestaltung den Maßstab für die Prüfung, ob die Gewinnverteilung angemessen ist.[4] Bei Mitarbeit sollen Renditen von 25 % bis 35 % die Obergrenze des Zulässigen bilden.[5] Im Falle einer vom stillen Gesellschafter aufgrund eigener Beiträge und damit entgeltlich erworbenen Beteiligung ist eine Einlagerendite i. H.v. 35 % als (noch) angemessen anzusehen, wenn die Einlage betrieblich verwendet wird.[6] 3580

cc) Bereits bestehende Beteiligung

Wird ein bestehender Mitunternehmeranteil unentgeltlich übertragen, sollen die Grundsätze der Rechtsprechung und damit die Begrenzung auf 15 % ebenfalls gelten.[7] 3581

1 29. 5. 1972 GrS 4/71, BStBl 1973 II 5.

2 Hinweis: Von der Betriebsprüfung wird häufig behauptet, die 15 %-Grenze beziehe sich auf den nominellen Kommanditanteil. Dies ist eindeutig unzutreffend.

3 BVerfG 7. 11. 1995 2 BvR 802/90, BStBl 1996 II 34.

4 H 15.9 Abs. 3 EStH „Eigene Mittel“; BFH 4. 6. 1973 IV R 26/68, BStBl 1973 II 866; 13. 3. 1980 IV R 59/76, BStBl 1980 II 437.

5 *Zimmermann* in Zimmermann/Hottmann/Kiebele/Schaeberle/Völkel, a. a. O., F. Rz. 58.

6 BFH 19. 2. 2009 IV R 83/06, BStBl 2009 II 798.

7 BFH 13. 3. 1980 IV R 59/76, BStBl 1980 II 437; *Stengel* in Müller/Hoffmann, § 15 Rn. 64.

Hierbei soll es – insoweit konsequent – keine Rolle spielen, ob der Erwerb durch Schenkung oder von Todes wegen erfolgt.[1]

3582 In der Literatur wird überwiegend eine Begrenzung auf 15 % abgelehnt.[2] Dies dürfte vor allem bei zutreffender Anwendung der Grundsätze zur Einzel- bzw. Gesamtrechtsnachfolge zwingend sein, da hier der übernehmende Familienangehörige in die Rechtsstellung des Übertragers eintritt. Ein Anlass für eine Angemessenheitsprüfung nach unentgeltlichem Erwerb besteht damit richtigerweise nicht.

3583 Unproblematisch sind die Fälle, bei denen der Beschenkte an einer KG beteiligt wird, an der schon bisher Fremde beteiligt waren. Da diese KG von vornherein nicht unter die Kategorie der Familiengesellschaft fällt, unterbleibt hier jegliche Angemessenheitsprüfung/-kontrolle.[3]

dd) Relevanter Zeitraum für die Angemessenheitsprüfung

3584 Bei der Angemessenheitsprüfung ist auf die durchschnittliche Rendite eines Zeitraums von fünf Jahren abzustellen.[4] Nicht der tatsächliche Gewinn ist hierbei maßgebend, sondern ein fiktiv zu ermittelnder Gewinn. Dieser bemisst sich nach den zum Zeitpunkt der Gewinnverteilungsvereinbarung bekannten Umständen und der sich hieraus ableitbaren wahrscheinlichen Entwicklung des zu erwartenden Gewinns in der Zukunft.[5] Als Orientierungshilfe kann auf die Gewinnentwicklung der letzten fünf Jahre zurückgegriffen werden. Der Gewinn ist jedoch um Sondervergütungen etc. zu bereinigen.[6]

ee) Ermittlung des tatsächlichen Werts eines Anteils

3585 Um den Anteil eines Gesellschafters am Gesellschaftsvermögen bewerten zu können, ist zunächst der Unternehmenswert als solcher festzustellen, bevor es zu einer Aufteilung auf die einzelnen Gesellschafter kommen kann.[7]

3586 Anhaltspunkte dafür, wie Unternehmen zu bewerten sind, lassen sich dem IDW Standard „Grundsätze zur Durchführung von Unternehmensbewertungen (IDW S 1)" entnehmen.[8] Dabei handelt es sich um einen unter Berücksichtigung der in Theorie, Praxis und Rechtsprechung vertretenen Ansichten entwickelten Standard, an den sich Wirtschaftsprüfer bei der Bewertung von Unternehmen zu halten haben. Er steckt den Rahmen ab, in dem die eigenverantwortliche Einzelfall-Lösung eines Wirtschaftsprüfers laut Tz. 1 des Standards liegen muss. Der Standard hat zwar keine Rechtsnormqualität und ist deshalb insbesondere weder für das Gericht noch für das Finanzamt verbind-

1 *Langenfeld/Gail*, a. a. O., II. Rz. 157.

2 *Zimmermann* in Zimmermann/Hottmann/Kiebele/Schaeberle/Völkel, a. a. O., F. Rz. 58; *Langenfeld/Gail*, a. a. O., II. Rz. 157.

3 BFH 6. 11. 1991 XI R 35/88, BFH/NV 1992, 452; *Stengel* in Müller/Hoffmann, § 15 Rn. 65.

4 BFH 29. 5. 1972 GrS 4/71, BStBl 1973 II 5.

5 D. h. in den nächsten 5 Jahren.

6 Vgl. *Zimmermann* in Zimmermann/Hottmann/Kiebele/Schaeberle/Völkel, a. a. O., F Rz. 56.

7 *Langenfeld/Gail*, a. a. O., II. Rz. 142.

8 WPg 2005, 690.

lich.[1] Das ändert aber nichts daran, dass sich die Praxis grundsätzlich an dem IDW-Standard orientiert.[2]

Das ebenfalls in Betracht kommende Stuttgarter Verfahren entspricht in seinen Grundzügen der in der Betriebswirtschaftslehre entwickelten direkten Methode der Unternehmensbewertung.[3] Das Stuttgarter Verfahren ist somit eine übliche Methode zur Unternehmensbewertung, die allerdings auf die Besonderheiten des Bewertungsrechts abgestimmt ist. Bei dieser Bewertungsmethode wird auch der Geschäftswert erfasst. Er wird dabei in der Weise berechnet, dass der Differenzbetrag zwischen dem tatsächlichen Gewinn und einem unterstellten Normalgewinn, den sog. Übergewinn, kapitalisiert wird. Auch der BFH hält die Bewertung des Geschäftswertes bei Beendigung der Gesellschaft nach dem Stuttgarter Verfahren jedenfalls bei Unternehmen mit nur durchschnittlichen oder geringen Erträgen für möglich.[4] 3587

Ausgehend von dem gefundenen wahren Unternehmenswert ist dieser Gesamtwert nach den Vorgaben des Gesellschaftsvertrags und hilfsweise nach BGB bzw. HGB auf den einzelnen Gesellschafter aufzuteilen.[5] 3588

(Einstweilen frei) 3589–3595

c) Kritik an der 15 %-Rechtsprechung

Nach der Rechtsprechung des BFH[6] darf bei einem unentgeltlich aufgenommenen, nicht oder nicht erheblich in der Gesellschaft tätigen Familienangehörigen die Beteiligung nicht über einen festen Prozentsatz verzinst werden. Soweit der BFH lediglich eine Gewinnverteilungsabrede von nicht mehr als 15 % anerkennt, stützt er sich zur Begründung u. a. darauf, dass zur Gleichbehandlung einer Vielzahl von Fällen eine derartige Typisierung gerechtfertigt sei. Die Ansicht des BFH wird von der finanzgerichtlichen Rechtsprechung und von großen Teilen der Literatur abgelehnt.[7] Diese Ablehnung beruht u. a. auf der Erwägung, dass eine starre schematische Grenze, wie sie vom BFH gefordert wird, nicht nachvollziehbar sei.[8] 3596

Den Kritikern ist zuzugeben, dass der BFH eine stichhaltige Begründung vermissen lässt, auf welcher gesetzlichen Grundlage die Angemessenheitsprüfung der Gewinnverteilung fußt. Das Argument des BFH, zur einheitlichen Behandlung einer Vielzahl von Fällen sei die starre Grenze von 15 % typisierend festzulegen, überzeugt nicht. Mit der Argumentation könnte man ohne Schwierigkeiten auch eine feste Grenze bei 10 % 3597

1 Vgl. *Peemöller*, DStR 2001, 1401.

2 Hessisches FG 7. 1. 2002 4 V 5281/00, EFG 2002, 493.

3 Vgl. *Rössler/Troll*, a. a. O., § 113 BewG Rz. 56.

4 BFH 31. 8. 1999 VIII R 21/98, BFH/NV 2000, 555.

5 *Langenfeld/Gail*, a. a. O., II. Rz. 144 f., m. w. N.

6 BFH 24. 7. 1986 IV R 103/83, BStBl 1987 II 54; dem BFH folgend z. B. *Meyer-Koppitz*, DStR 1995, 275; *ders.*, DStZ 1996, 265; *Schmidt*, EStG § 15 Rz. 779.

7 FG Düsseldorf 14. 8. 1998 3 K 7096/93 F, EFG 1998, 1681; *Carlé/Halm*, KÖSDI 2000, 12390; *Bordewin*, DB 1996, 1359, 1360; *Flume*, StbJb 1976/77, 51; *Kanzler*, DStZ 1996, 117, 119; *Knobbe-Keuk*, a. a. O., § 12 II.; *Marx*, FR 1991, 3; *Schmid*, DStR 1995, 1981; *Schwendy*, a. a. O., FS Ludwig Schmidt, 798; *Westerfelhaus*, DB 1997, 2033, 2035; *Daragan*, ZEV 2002, 39.

8 Vgl. *Bitz* in Littmann/Bitz/Pust, EStG § 15 Rn. 109.

oder bei 20 % festmachen. Auch in diesem Fall wäre durch den starren Wert eine feste Bemessungsgröße gegeben und eine Vielzahl von Fällen würden gleich behandelt. Auch bei höheren oder niedrigeren Werten läge allein durch die Vereinheitlichung dieselbe, vom BFH als gewichtiges Argument ins Feld geführte „Rechtssicherheit" vor.[1]

3598 Losgelöst von der Frage, ob eine starre Größe tatsächlich vorzugswürdig ist, vermag die Auffassung des BFH auch unter anderen Gesichtspunkten nicht zu überzeugen. Es ist nicht ersichtlich, weshalb von dem ansonsten vom BFH herangezogenen Fremdvergleich abzuweichen ist. Der Gewinnverteilungsschlüssel wird auch mit familienfremden Dritten grundsätzlich frei vereinbart. Soweit argumentiert wird, der Familienangehörige müsse im Gesellschafterverbund in gleicher Weise wie ein fremder Dritter behandelt werden, ist dies einleuchtend. Nicht mehr einsichtig ist jedoch die Folge des Postulats einer starren Grenze, wenn ein Familienmitglied sogar schlechter behandelt werden muss als ein Außenstehender, da ersterem keine höhere Rendite als 15 % des Werts seiner Beteiligung zukommen darf. Eine derartige allein auf Richterrecht basierende Gewinnbegrenzung würde von einem fremden Dritten weder verstanden noch akzeptiert werden.

3599 Gegen die starre Grenzziehung spricht zudem, dass der BFH im Rahmen der Prüfung der angemessenen Gewinnverteilung im Falle des entgeltlichen Erwerbs eines Gesellschaftsanteils von einem Familienangehörigen nicht diese starre Obergrenze anwendet. Weshalb der entgeltliche Erwerb vom Familienangehörigen anders als der unentgeltliche zu behandeln sein soll, leuchtet jedenfalls nicht ein.[2]

3600 Wenig nachvollziehbar ist die Auffassung des BFH, wenn man folgenden Praxisfall betrachtet: Der Vater ist zusammen mit seiner Ehefrau zu je 50 % an einer KG vermögensmäßig beteiligt. Während der Vater seinem Sohn eine Beteiligung i. H.v. 20 % des Beteiligungswertes schenkt, erbt der Sohn von der vorverstorbenen Mutter eine Beteiligung i. H.v. ebenfalls 20 %. Bei Anwendung der vom BFH aufgestellten Grundsätze käme es bei dieser Fallgestaltung zu dem kuriosen Ergebnis, dass die Gewinnverteilung – bezogen auf die geschenkte Beteiligung des Vaters im Gegensatz zu der geerbten Beteiligung der Mutter – nicht anerkannt werden könnte, soweit sie 15 % des Beteiligungswertes übersteigt, obwohl sie beide gleich hoch sind. Ausschlaggebend für die unterschiedliche steuerliche Behandlung soll nach Ansicht des BFH der Erwerbsgrund sein, und zwar Schenkung einerseits und Eintritt in die Gesellschafterstellung aufgrund Erwerb von Todes wegen andererseits.[3]

3601 Die Rechtsprechung des BFH versagt ferner in folgendem Fall: Der Vater ist, neben einem fremden Dritten an der X-KG als nicht tätiger Kommanditist beteiligt. Die Beteiligung schenkt er der minderjährigen Tochter. Wem rechnet der BFH die Überrendite fortan zu, dem Vater, der nicht mehr Gesellschafter ist, oder dem fremden Mitgesellschafter?[4]

1 Vgl. *Carlé/Halm*, KÖSDI 2000, 12390.

2 Ebenso *Carlé/Halm*, KÖSDI 2000, 12390; *Bitz* in Littmann/Bitz/Pust, EStG § 15 Rn. 109.

3 BFH 13. 3. 1980 IV R 59/76, BStBl 1980 II 437.

4 Vgl. ausführlich *Carlé/Halm*, KÖSDI 2000, 12390.

Der BFH hat 2001 seine bis dato starre Rechtsprechung geändert und sich offensichtlich den Argumenten der Kritiker nicht länger verschlossen. Im entschiedenen Fall hatte der nicht geschäftsführende Kommanditist einer KG, an der auch ihm fremde Personen beteiligt waren, seinen Kindern schenkweise mitunternehmerische Unterbeteiligungen überlassen, die den Unterbeteiligten im Innenverhältnis dieselben Gesellschaftsrechte vermitteln, die ihm als Hauptbeteiligten zustanden. Der BFH kam zu dem Ergebnis, dass die Gewinnanteile der unterbeteiligten Kinder hier **nicht** auf 15 % des Werts der Unterbeteiligung **begrenzt** werden müssten.[1] Der BFH führt wörtlich aus: *„Der Senat weicht mit dieser Entscheidung von dem BFH-Urteil …,[2] und von seinem eigenen Urteil vom 24. 7. 1990,[3] ab.“* Es bleibt zu hoffen, dass diese Entscheidung nicht vereinzelt bleibt, sondern den Anfang einer Lockerung weg von den starren Grenzen bildet.[4] 3602

(Einstweilen frei) 3603–3605

d) Gewinnbeteiligung bei typisch stiller Gesellschaft und Unterbeteiligung

aa) Unentgeltlicher Erwerb

(1) Mit Verlustbeteiligung

Für die Kapitaleinlage eines typisch stillen Gesellschafters ist nach dem BFH-Urteil vom 29. 3. 1973[5] i. d. R. eine Gewinnverteilungsabrede angemessen, die im Zeitpunkt der Vereinbarung bei vernünftiger kaufmännischer Beurteilung eine durchschnittliche Rendite von bis zu **15 %** des tatsächlichen Wertes der stillen Beteiligung erwarten lässt. 3606

Der tatsächliche Wert der stillen Beteiligung wird von der Finanzverwaltung[6] unter Berufung auf ein Urteil des BFH[7] mit ihrem **Nennwert** gleichgesetzt, so dass sich eine Unternehmensbewertung hier erübrigt. 3607

Die Rechtsgrundsätze, die für die Prüfung der Angemessenheit des Gewinnanteils für typisch stille Gesellschafter entwickelt worden sind, gelten nach dem BFH-Urteil vom 26. 6. 1974[8] bei einer Familiengesellschaft in Form einer **Unterbeteiligung** entsprechend.[9] 3608

Bei typisch stillen (Unter-)Beteiligungen soll der höchstens zulässige Zinssatz nach der Rechtsprechung **15 %**[10] nicht übersteigen dürfen, sofern eine Verlustbeteiligung vorgesehen ist. 3609

1 9. 10. 2001 VIII R 77/98, BStBl 2002 II 460.
2 26. 6. 1974 I R 206/67, BStBl 1974 II 676.
3 VIII R 162/84, BFH/NV 1991, 35.
4 Vgl. etwa FG Bremen 1. 9. 2005 1 K 53/05, EFG 2006, 1734.
5 IV R 56/70, BStBl 1973 II 650.
6 H 15.9 Abs. 5 EStH „Einlage“.
7 29. 3. 1973 IV R 56/70, BStBl 1973 II 650.
8 I R 206/67, BStBl 1974 II 676.
9 *Langenfeld/Gail*, a. a. O., II. Rz. 181.
10 Vgl. BFH 14. 2. 1978 VIII R 11/75, BStBl 1978 II 427; *Langenfeld/Gail*, a. a. O., II. Rz. 174.

(2) Ohne Verlustbeteiligung

3610 Bei unentgeltlichem Erwerb **ohne** Verlustbeteiligung sollen sowohl bei typisch stiller Gesellschaft als auch Unterbeteiligung lediglich **12 %** angemessen sein.[1]

(3) Minderjährige Kinder

3611 Bei minderjährigen Kindern, die nicht am Verlust beteiligt sind, soll eine schenkweise zugewandte stille Beteiligung steuerlich **nicht** anerkannt werden können.[2] Im Urteilsfall des BFH[3] wendete ein Steuerpflichtiger seinen minderjährigen Kindern Geldbeträge zu mit der Auflage, diese ihm sogleich wieder als Einlage im Rahmen einer „typisch stillen Gesellschaft" zur Verfügung zu stellen. In diesem Fall seien die „Gewinnanteile" bei der Ermittlung der Einkünfte aus Gewerbebetrieb jedenfalls dann nicht abziehbare Zuwendungen i. S. d. § 12 Nr. 2 EStG, wenn eine Verlustbeteiligung ausgeschlossen sei.

bb) Entgeltlicher Erwerb

3612 Bei entgeltlichem Erwerb von stillen Beteiligungen, die gleichzeitig eine Verlustbeteiligung vorsehen, soll die Gewinnbeteiligung eine Rendite von **35 %** nicht übersteigen dürfen.[4]

3613 Soweit ein entgeltlicher Erwerb **ohne** Verlustbeteiligung vorliegt, sollen **25 %** die Obergrenze bilden.[5]

3614–3615 *(Einstweilen frei)*

e) Gewinnbeteiligung bei atypisch stiller Gesellschaft und atypisch stiller Unterbeteiligung

3616 Handelt es sich um eine mitunternehmerschaftliche Beteiligung (**atypisch** stille Gesellschaft und atyisch stille Unterbeteiligung), so sollen vorstehend (Rn. 3576 ff.) dargestellte Grundsätze mit der Maßgabe gelten, dass als Wert der atypisch stillen Gesellschaft/Unterbeteiligung der Gesamtwert der obligatorischen Rechte des Gesellschafters/Unterbeteiligten zugrunde zu legen ist, auch soweit sie sich auf den Anteil des Hauptgesellschafters an den stillen Reserven und am Geschäftswert der Hauptgesellschaft beziehen.[6] Die oben (Rn. 3576 ff.) aufgeführten Gewinnverteilungsgrundsätze sollen nicht nur für schenkweise, sondern auch entgeltlich erworbene atypisch stille Beteiligungen und Unterbeteiligungen gleichermaßen gelten.[7]

3617–3620 *(Einstweilen frei)*

---

1 BFH 14. 2. 1973 I R 131/70, BStBl 1973 II 395; *Langenfeld/Gail*, a. a. O., II. Rz. 177.

2 H 15.9 Abs. 4 EStH „Verlustbeteiligung"; BMF 21. 10. 1992, BStBl 1992 I 729, Rn. 12.

3 BFH 21. 10. 1992 X R 99/88, BStBl 1993 II 289; *Zimmermann* in Zimmermann/Hottmann/Kiebele/Schaeberle/Völkel, F. Rz. 63.

4 Vgl. BFH 16. 12. 1981 I R 167/78, BStBl 1982 II 387; H 15.9 Abs. 5 EStH „Eigene Mittel"; *Langenfeld/Gail*, a. a. O., II. Rz. 179.

5 Vgl. BFH 14. 2. 1973 I R 131/70, BStBl 1973 II 395; H 15.9 Abs. 5 EStH „Eigene Mittel".

6 BFH 9. 10. 2001 VIII R 77/98, BStBl 2002 II 460.

7 Vgl. *Schmidt*, EStG § 15 Rz. 782; *Zimmermann* in Zimmermann/Hottmann/Kiebele/Schaeberle/Völkel, F. Rz. 61.

f) Folgen der Nichtanerkennung der Gewinnverteilung

aa) Allgemeines

Wird eine Gewinnverteilung der Höhe nach nicht anerkannt, ist sie steuerlich nicht insgesamt zu negieren, sondern auf das angemessene Maß zu reduzieren. Erhält also z. B. der Sohn als Kommanditist einen Gewinnanteil von 50 000 €, obwohl nur 25 000 € angemessen sind, muss der Vater als weiterer Gesellschafter den Differenzbetrag von 25 000 € versteuern, obwohl er ihn – zivilrechtlich steht er nur dem Sohn zu – tatsächlich nicht ausgezahlt erhalten hat. Als mögliche Korrekturen kommen hier Ansprüche des Vaters in Betracht aus § 812 BGB, § 313 BGB oder § 242 BGB. 3621

(Einstweilen frei) 3622–3625

bb) Zivilrechtlicher Ausgleich der Mehrsteuer infolge Nichtanerkennung der Gewinnverteilung

(1) Anspruch nach § 812 BGB

Ist Gegenstand der Zuwendung eine Beteiligung an einer Personenhandelsgesellschaft oder eine stille Gesellschaft bzw. Unterbeteiligung, so löst der Nichteintritt der angestrebten steuerlichen Folgen – vollumfängliche Verlagerung der Einkünfte auf den Beschenkten – keinen Kondiktionsanspruch aus.[1] Gegenstand der Leistung war nämlich die Beteiligung und nicht die Reduzierung der eigenen Steuerlast. 3626

(2) Wegfall der Geschäftsgrundlage (§ 313 BGB)

Die Rechtsprechung geht davon aus, dass zur Geschäftsgrundlage eines einseitig verpflichtenden Vertrages auch die Vorstellungen der Zuwendungsbeteiligten über die steuerlichen Folgen des Vermögenstransfers gehören können.[2] Dies soll vor allem für Vereinbarungen gelten, die im Bereich der Schenkungsteuer eine Übernahme der Steuer durch den Schenker vorsehen. Zu Recht hat das FG[3] ausgeführt, dass die vom Schenker erwartete Steuerlast durchaus zur Geschäftsgrundlage des Vertrages gehören könne, zumal es sich dabei allein wegen der Steuerübernahme regelmäßig um einen für das Zustandekommen der Gesamtvereinbarung wesentlichen Umstand handeln wird. Verlangt wird vom Gericht, dass die steuerlichen Vorstellungen des Schenkers, auf den dabei in erster Linie abzustellen ist, hinreichend konkret und gesichert erscheinen. Wörtlich führt das Gericht weiter aus: *„Außerdem müssen, da nur gemeinsame Vorstellungen eine Geschäftsgrundlage bilden können, seine Erwartungen für den Bedachten zumindest erkennbar gewesen sein. Daraus folgt, dass von einer Geschäftsgrundlage in solchen Fällen nur gesprochen werden kann, wenn sich der Zuwendende entweder über die Steuerpflicht als solche – z. B. wegen eines auf unrichtigen Informationen beruhenden Irrtums über eine Steuerbefreiung – oder aber über die Höhe der Schenkungsteuer falsche* 3627

1 *Fichtelmann*, EStB 2002, 398.

2 BFH 27.10.1972 II B 7/72, BStBl 1973 II 14; 19.10.1977 II R 89-92/71, BStBl 1978 II 217; FG Rheinland-Pfalz 23.3.2001 4 K 2805/99, FR 2001, 653.

3 FG Rheinland-Pfalz 23.3.2001 4 K 2805/99, FR 2001, 653.

Vorstellungen gemacht hat, die er dem Bedachten mitgeteilt oder auf andere Weise zur Kenntnis gebracht hat, wobei für den Bedachten auch deutlich geworden sein muss, dass es sich um eine für den Schenker wesentliche Grundlage seines Schenkungsversprechens handelt. Bei falschen Erwartungen hinsichtlich der Höhe der Steuerlast dürfen die Einschätzungen des Zuwendenden überdies nicht lediglich auf vagen – nicht durch eigene Sachkunde oder fachliche Informationen abgesicherten – Vorstellungen beruhen. Auch kann die so entstandene Geschäftsgrundlage nur fehlen oder entfallen, wenn die steuerlichen Einschätzungen der Zuwendungsbeteiligten erheblich von der tatsächlich entstandenen und von der Steuerbehörde festgesetzten Steuer abweichen. Ist diesen Erfordernissen genügt, besteht andererseits kein Grund, falsche Erwartungen hinsichtlich der Steuerhöhe anders zu beurteilen als unzutreffende Annahmen über die Steuerbarkeit oder die Steuerpflicht. Auch wird eine wegen unzutreffender Vorstellungen über die Steuerlast fehlende Geschäftsgrundlage, wenn sie nicht schon die Unwirksamkeit des Schenkungsversprechens bewirkt, im Regelfall zumindest einen Auflösungsanspruch zur Folge haben. Wird dieser Anspruch durch Vertragsaufhebung verwirklicht, so führt dies zu einem nach den Regeln der §§ 346 ff. BGB zu vollziehenden Abwicklungsverhältnis, aus dem sich ein Rückforderungsrecht des Schenkers ergibt, wenn die Schenkung bereits ausgeführt ist. Eine Vertragsanpassung scheitert nämlich regelmäßig an der fehlenden Dispositionsmöglichkeit der Vertragsparteien über die Steuerfolgen, die mit der Ausführung der Zuwendung eingetreten sind."

3628 Mit den vorstehenden Erwägungen ist davon auszugehen, dass in Fällen der partiellen Nichtanerkennung einer Gewinnverteilung zumindest eine Anpassung nach § 313 BGB bzw. Rückabwicklung möglich ist.[1]

cc) Ausgleichspflicht aus § 242 BGB

3629 Der Rechtsgedanke des § 242 BGB ist für Fälle der vorliegenden Art nur eingeschränkt anwendbar, da die Vorschrift als Generalklausel keine deskriptiven Tatbestandsmerkmale enthält, sondern durch Rechtsprechung und Lehre Fallgruppen herausgearbeitet wurden. Die Fälle der partiellen Nichtanerkennung einer Gewinnverteilung lassen sich unter keine der zu § 242 BGB herausgearbeiteten Fallgruppen einordnen, so dass eine Ausgleichspflicht insoweit ausscheidet.[2]

dd) Präventive Risikovermeidung durch Vertragsgestaltung

3630 Die steuerlichen Risiken, die mit der partiellen Nichtanerkennung einer Gewinnverteilung einhergehen, lassen sich am besten durch vorausschauende Vertragsgestaltung vermeiden. Hier bieten sich Widerrufs- und Rücktrittsrechte an, die im Zuge der Schenkung bereits vereinbart werden müssen.[3]

---

1 *Heinrichs* in Palandt, § 313 BGB Rn. 20 und 28 f.; *Fuhrmann*, ErbStB 2003, 17; a. A. *Fichtelmann*, EStB 2002, 398.

2 *Heinrichs* in Palandt, § 242 BGB Rn. 2; a. A. *Fichtelmann*, EStB 2002, 398.

3 Zu Musterformulierungen vgl. *Kamps*, ErbStB 2003, 69, 71; *Wachter*, ZEV 2002, 180; *Fichtelmann*, EStB 2002, 398.

Hinzuweisen ist auf einen im Schenkungsteuerrecht bislang nicht geklärten Aspekt, der mit der ertragsteuerlichen Nichtanerkennung der Gewinnverteilung verbunden ist. Geklärt ist, dass bei einer Anteilsschenkung die Differenz zwischen dem zu erwartenden Gewinn und dem noch angemessenen Gewinn als „Übergewinn" eine weitere, neben die Schenkung des Anteils tretende steuerpflichtige Zuwendung darstellt.[1] Offen ist hingegen, ob die vom Schenker zusätzlich zu tragende Einkommensteuer, soweit sie auf den als unangemessen erachteten Gewinnanteil entfällt, ebenfalls eine Schenkung darstellt. Da die Steuerzahlung mangels Freigebigkeit keine Zuwendung darstellt, scheidet eine Besteuerung nach § 7 Abs. 1 Nr. 1 ErbStG aus. Dies lässt Spielraum für Überlegungen, ob hier den künftigen Erben nicht ertragsteuerfreie Einkünfte zugewendet werden können. 3631

(Einstweilen frei) 3632–3635

g) Nießbrauch am Gesellschaftsanteil einer Personengesellschaft

Der Nießbrauch als das Recht, an einem fremden Gegenstand die Nutzungen zu ziehen, ist ein weit verbreitetes Gestaltungsmittel im Rahmen der vorweggenommenen Erbfolge und in letztwilligen Verfügungen. Der Nießbrauch kann an Sachen, an Rechten und am Gesamtvermögen bestehen; am häufigsten ist er bei Grundstücken und bei Gesellschaftsanteilen anzutreffen. Nachfolgend werden die Besonderheiten dargestellt, die sich im Rahmen von Nießbrauchsgestaltungen im Zusammenhang mit Personengesellschaften ergeben (vgl. oben Rn. 461 ff.). Typisch für derartige Gestaltungen ist, dass auf diesem Wege Familienangehörige, insbesondere Kinder, an das Unternehmen herangeführt werden. 3636

aa) Allgemeines zum Nießbrauch

Eine Nießbrauchsbestellung ist nach allgemeinen Regelungen des BGB nur an einzelnen Sachen und Rechten möglich. Ferner muss der Gegenstand, an dem der Nießbrauch bestellt werden soll, übertragbar sein (§ 1069 Abs. 2 BGB). Zivilrechtlich ist zwischen dem dinglichen, d. h. dem eigentlichen Nießbrauch i. S. v. §§ 1030 – 1089 BGB, und dem schuldrechtlichen „Nießbrauch" zu unterscheiden. Mit Letzteren wird eine schuldrechtliche Abrede (§ 311 BGB) zur Begründung eines den §§ 1030 – 1089 BGB angenäherten, aber eben schuldrechtlichen Nutzungsrechts bezeichnet. Der dingliche Nießbrauch (Dienstbarkeit) ist als Nutzungsrecht den beschränkten dinglichen Rechten zuzuordnen.[2] Eine Nießbrauchsbestellung zugunsten von Gesamtgläubigern (Ehegatten) ist zulässig.[3] 3637

Der Nießbrauch ist umfassend und verdrängt den Eigentümer völlig aus der Nutzung seiner Sache sowie aus seinem Besitz an der Sache, der nachrangig wird. Hinsichtlich seiner Entstehung wird zwischen Vorbehalts-, Zuwendungs-, Vermächtnis- und Sicherungsnießbrauch unterschieden. 3638

---

1 Der als selbständige Schenkung zu beurteilende „Übergewinn" ist mit dem Kapitalwert zu bewerten (§ 7 Abs. 6 ErbStG).

2 *Carlé/Bauschatz*, KÖSDI 2001, 12872.

3 Vgl. BFH 24. 9. 1985 IX R 62/83, BStBl 1986 II 12; BGH 9. 7. 1980 V ZB 5/80, NJW 1981, 176, m. w. N.

3639 Im Bereich der Familiengesellschaften spielt der **Zuwendungsnießbrauch** eine untergeordnete Rolle. Anzutreffen ist er allenfalls in der Form, dass der präsumtive Erbe bereits ein Fruchtziehungsrecht, nicht jedoch den Anteil als solchen erhalten soll. Die Einräumung des Nutzungsrechtes stellt sich hier als Form der mittelbaren Unternehmensbeteiligung dar.[1]

3640 In den Fällen, in denen sich der Überträger bezogen auf sein Leben, im Falle seines Vorversterbens zugunsten seines überlebenden Ehegatten den Nießbrauch am Gesellschaftsanteil vorbehält, stellt sich der Nießbrauch nach dem Tod des Schenkers im Verhältnis zum überlebenden Ehegatten als Zuwendungsnießbrauch dar.[2] Erbschaftsteuerlich ist der unentgeltliche Zuwendungsnießbrauch als Schenkung i. S. d. § 7 ErbStG zu behandeln.[3]

3641 Von großer praktischer Bedeutung ist der sog. **Vorbehaltsnießbrauch**. Unter Vorbehaltsnießbrauch wird die Bestellung des Nießbrauchs zugunsten des bisherigen Eigentümers im Rahmen der Übereignung einer Sache oder eines Rechts durch den Eigentümer auf einen Dritten (i. d. R. Familienmitglied) verstanden. Im Fall der Schenkung von Betriebsvermögen unter Nießbrauchvorbehalt war bis 31. 12. 2008 § 25 ErbStG a. F. anwendbar. Der Beschenkte konnte vom steuerlichen Wert des zugewandten Betriebs oder Gesellschaftsanteils die Belastung in Form des (vorbehaltenen) Nießbrauchsrechts zwar abziehen, die darauf entfallende Steuer war indes nur gestundet.[4] Nach dem **seit 1. 1. 2009** geltenden neuen Erbschaftsteuerrecht (und Streichung des § 25 ErbStG a. F.) führt ein vorbehaltenes Nießbrauchsrecht im Grundsatz[5] zur **Abzugsfähigkeit** desselben als Schuld in voller Höhe.[6]

3642 Der Nießbrauch an einem Einzelunternehmen ist gesetzlich nicht geregelt. Er wird jedoch in § 22 Abs. 2 HGB als Nießbrauch an einem Handelsgeschäft und in § 151 Abs. 2 Satz 1, 1. Fall VVG als Nießbrauch an einem Unternehmen als selbstverständlich vorausgesetzt. Die zivilrechtlichen Fragen im Zusammenhang mit der Nießbrauchsbestellung sind weitgehend geklärt.[7]

3643–3645 *(Einstweilen frei)*

1 *Gebel*, a. a. O., Rn. 907.

2 *Gebel*, a. a. O., Rn. 497, insbesondere Fn. 39; *Lutterbach*, a. a. O., S. 253; *von Sothen* in Münchner Anwaltshandbuch Erbrecht, § 43 Rn. 196.

3 Die Begünstigungen für Betriebsvermögen gem. §§ 13a, 19a ErbStG gelten für den Zuwendungsnießbrauch an Betriebsvermögen nicht. Der Nießbraucher erhält keinen Betrieb oder Mitunternehmeranteil, sondern lediglich ein dingliches (Nutzungs-)Recht an diesen Vermögensgegenständen. Dies gilt auch dann, wenn der Nießbraucher infolge des Zuwendungsnießbrauchs Mitunternehmer einer Personengesellschaft wird; vgl. *Gebel*, a. a. O., Rn. 952; a. A. *Schulze zur Wiesche*, UVR 1998, 386.

4 *Götz*, ZEV 2009, 609.

5 Vgl. aber § 10 Abs. 6 Satz 4 ErbStG.

6 *Götz/Hülsmann*, DStR 2010, 2377, 2380.

7 *Carlé/Bauschatz*, KÖSDI 2001, 12872.

bb) Zivilrechtliche Grundlagen der Nießbrauchsbestellung am Personengesellschaftsanteil

Eine Nießbrauchsbestellung am Personengesellschaftsanteil als solchem (**echte Nießbrauchslösung**)[1] ist zivilrechtlich nur möglich, wenn entweder der Gesellschafter über seinen Anteil frei verfügen kann oder wenn die anderen Gesellschafter der Nießbrauchsbestellung zustimmen.[2] Die Bestellung des Nießbrauchs erfolgt nach den für die Übertragung des Gesellschaftsanteils geltenden Vorschriften (§ 1069 Abs. 1 BGB), also durch formlosen Vertrag, der zu seiner Wirksamkeit nicht der notariellen Beurkundung bedarf.[3] 3646

Im Unterschied zum **Vollrechtsnießbrauch mit Treuhandverhältnis**[4] bedarf es beim echten Nießbrauch keiner Regelung des Innenverhältnisses in Form eines Treuhandvertrages. Auch wird beim echten Nießbrauch der Besteller und nicht der Nießbraucher im Handelsregister eingetragen.[5] 3647

Hinsichtlich des Inhalts und der Ausgestaltung des Nießbrauchs an Gesellschaftsbeteiligungen besteht in beiden Alternativen[6] weitgehend Uneinigkeit.[7] Jedenfalls für den Nießbrauch an einer Kommanditbeteiligung wird man zu der Auffassung gelangen (müssen), dass das aus der Beteiligung folgende Stimmrecht im Rahmen der Ausgestaltung des Nießbrauchs grundsätzlich auf den Nießbraucher übertragen werden kann, während bei Beschlüssen, die den Kernbereich der Beteiligung betreffen, das Stimmrecht bei dem Besteller verbleibt. Dies dürfte auch der Auffassung des BGH[8] entsprechen, in dem das Gericht betont, dass der Nießbraucher an einer Gesellschaftsbeteiligung nicht Gesellschafter wird und jedenfalls bei Beschlüssen, die die Grundlagen der Gesellschaft betreffen, dem Nießbrauchsbesteller das Stimmrecht zusteht.[9] 3648

Da der Inhalt des Nießbrauchs weitestgehend gestaltbar ist (er kann sich auf Stimm-, Informations-, Kontroll- und Widerspruchsrechte erstrecken, kann die Gesamtnutzung, aber auch nur eine Teilnutzung vorsehen), sind im Bereich der Personengesellschaften Gestaltungen mit Nießbrauchsbestellung besonders beratungsintensiv. 3649

(Einstweilen frei) 3650–3655

1 Vgl. *Götz/Jorde*, FR 2003, 998; *T.-F. Müller* in Müller/Hoffmann, § 8 Rn. 214, m. w. N.; *Zimmermann* in Zimmermann/Hottmann/Kiebele/Schaeberle/Völkel, Q Rz. 7.

2 *Langenfeld/Gail*, a. a. O., II. Rz. 438; *Korn*, DStR 1999, 1461; grundlegend *Schön*, ZHR 1994, 229 ff.

3 *Fichtelmann*, a. a. O., Rn. 1281.

4 Vgl. *Weber*, DStZ 1991, 530; *T.-F. Müller* in Müller/Hoffmann, § 8 Rn. 212, m. w. N.; *Zimmermann* in Zimmermann/Hottmann/Kiebele/Schaeberle/Völkel, Q Rz. 6; FG Baden-Württemberg 17. 5. 2006 5 K 567/02, EFG 2006, 1672.

5 *T.-F. Müller* in Müller/Hoffmann, § 8 Rn. 214, m. w. N.

6 Vollrechtsnießbrauch mit Treuhandlösung oder echter Nießbrauch.

7 *Carlé/Bauschatz*, KÖSDI 2001, 12872, m. w. N.

8 9. 11. 1998 II ZR 213/97, DNotZ 1999, 607.

9 *Götz/Jorde*, FR 2003, 998; *Carlé/Bauschatz*, KÖSDI 2001, 12872, m. w. N.

cc) Ertragsnießbrauch und Nießbrauch am Gewinnstammrecht

(1) Ertragsnießbrauch

3656 Ein sog. Ertragsnießbraucher erlangt lediglich ein Recht, dessen Inhalt auf einen gegen den jeweiligen Gesellschafter gerichteten Anspruch auf Auszahlung bestimmter Bruchteile des Gewinnanteils beschränkt ist. Er ist nicht befugt, die mit dem Gesellschaftsanteil verbundenen Verwaltungsrechte, wie z. B. das Stimmrecht in der Gesellschafterversammlung, das Widerspruchsrecht nach § 164 HGB usw. auszuüben.[1] Nicht vom Nießbrauch umfasst sind „außerordentliche“ Gewinne, die durch die Auflösung stiller Reserven entstehen. Insoweit handelt es sich nicht um Nutzungen der Beteiligung, sondern um die Auskehrung der Substanz der Beteiligung selbst. Letztere steht aber dem Gesellschafter alleine zu.

3657 Nach h. M. ist zwar zivilrechtlich ein sog. Ertragsnießbrauch möglich. Der Nießbraucher bezieht steuerlich betrachtet dann jedoch **keine gewerblichen** Einkünfte i. S. v. § 15 Abs. 1 Satz 1 Nr. 2 EStG.[2] Die dem Nießbraucher zufließenden Erträge erfüllen die Voraussetzungen des § 22 Nr. 1 EStG.[3]

Ein Nießbrauchsberechtigter, dem lediglich eine Beteiligung am Ertrag eines Mitunternehmeranteils zusteht, und der selbst nicht an der Gesellschaft beteiligt ist, entfaltet weder Mitunternehmerinitiative noch Mitunternehmerrisiko. Der Berechtigte nimmt **nicht** an der gemeinschaftlichen Einkunftserzielung der Personengesellschaft teil. Die ihm zustehenden Gewinnanteile sind nicht Gegenstand der gesonderten und einheitlichen Feststellung von Besteuerungsgrundlagen für die Gesellschaft.[4]

(2) Nießbrauch am Gewinnstammrecht

3658 Auch der Nießbraucher am sog. Gewinnstammrecht ist, unabhängig davon, ob ein solcher Nießbrauch zivilrechtlich zulässig ist, steuerlich nicht als Mitunternehmer anzusehen. Der Nießbrauchsbesteller behält im Außenverhältnis alle Rechte und Pflichten aus dem Gesellschaftsverhältnis, der Nießbraucher verfügt über kein Stimmrecht.[5] Das Rechtsverhältnis ist einkommensteuerrechtlich wie eine Vorausabtretung künftiger Gewinnansprüche zu werten.[6] Beim Besteller liegt steuerlich unbeachtliche Einkommensverwendung vor.[7]

3659–3665 *(Einstweilen frei)*

---

1 BFH 28. 11. 1979 I R 29/79, BStBl 1980 II 266; *Jansen/Jansen*, a. a. O., Rz. 452.

2 BFH 21. 4. 1983 IV R 183/80, n. v.

3 *Wälzholz*, DStR 2010, 1930; *Jansen/Jansen*, a. a. O., Rz. 453.

4 FG Köln 15. 11. 2002, EFG 2003, 587, rkr.

5 *Langenfeld/Gail*, a. a. O., II. Rz. 442.

6 *Schmidt*, EStG § 15 Rz. 314; *Schulze zur Wiesche*, a. a. O., Rn. 259; FG Saarland 7. 10. 2004 1 V 266/04, FGReport 2004, 89.

7 *Langenfeld/Gail*, a. a. O., II. Rz. 442.

dd) Voraussetzungen für eine Anerkennung des Nießbrauchers als Mitunternehmer

Der Nießbraucher wird von der Rechtsprechung nur dann als steuerlicher Mitunternehmer anerkannt und erzielt gewerbliche Einkünfte i. S. v. § 15 Abs. 1 Satz 1 Nr. 2 EStG, wenn ihm Rechte eingeräumt werden, die mit denen eines Mitunternehmers vergleichbar sind, wozu insbesondere auch das Stimmrecht in der Gesellschafterversammlung zählt.[1] Es müssen ihm also die unternehmerischen Entscheidungsbefugnisse insoweit übertragen werden, als sie mit dem Gesellschaftsanteil verbunden sind (vgl. oben Rn. 462 ff.).[2] 3666

ee) Mitunternehmerstellung des Nießbrauchsbestellers

Der Nießbrauchsbesteller verliert seine Mitunternehmerstellung durch die Bestellung des Nießbrauchs nicht. Neben der Substanz der Beteiligung verbleiben ihm die gesellschaftsvertraglichen Mitwirkungsrechte. Der Besteller trägt mithin weiterhin Mitunternehmerrisiko und kann Mitunternehmerinitiative entfalten.[3] 3667

Mitunternehmerrisiko bedeutet gesellschaftsrechtlich oder wirtschaftlich vergleichbare Teilnahme am Erfolg oder Misserfolg eines Unternehmens. Dieses Risiko wird regelmäßig durch Beteiligung am Gewinn oder Verlust sowie an den stillen Reserven des Anlagevermögens und am Geschäftswert festgemacht.[4] Es besteht fort, wenn der Gesellschafter einen Nießbrauch an seinem Gesellschaftsanteil bestellt. Das den Nießbrauch kennzeichnende Fruchtziehungsrecht beschränkt sich auf den gesellschaftsrechtlich entnahmefähigen Ertrag; darüber hinausgehende Ansprüche auf Zahlung von Gewinn stehen dem Nießbraucher nicht zu.[5] Insbesondere die Ausschüttung stiller Reserven stellt eine Anteilsminderung dar und gebührt deshalb allein dem Anteilsinhaber. Damit und mit der fortbestehenden Beteiligung des Anteilsinhabers am Geschäftswert des Unternehmens und am Auseinandersetzungsguthaben,[6] am Verlust[7] und der Haftung für Gesellschaftsverbindlichkeiten im Außenverhältnis[8] trägt der Nießbrauchsbesteller ein hinreichendes Mitunternehmerrisiko. 3668

Der Nießbrauchsbesteller kann aber auch weiterhin **Mitunternehmerinitiative** ausüben. Hierfür genügt die Möglichkeit zur Ausübung von Rechten, die den Stimm-, Kontroll- und Widerspruchsrechten eines Kommanditisten nach den Vorschriften des Han- 3669

1 *Götz/Hülsmann*, DStR 2010, 2432, 2433; *Carlé/Bauschatz*, KÖSDI 2001, 12872; *Schmidt*, EStG § 15 Rz. 306; BFH 30. 5. 2006 IV B 168/04, BFH/NV 2006, 1828.

2 FG Baden-Württemberg 27. 9. 2005 4 K 469/99 (rkr.), EFG 2006, 793; BFH 1. 3. 1994 VIII R 35/92, BStBl 1995 II 241.

3 *Carlé/Bauschatz*, KÖSDI 2001, 12872; BFH 30. 5. 2006 IV B 168/04, BFH/NV 2006, 1828; 1. 3. 1994 VIII R 35/92, BStBl 1995 II 241.

4 Vgl. u. a. BFH 15. 7. 1986 VIII R 154/85, BStBl 1986 II 896 und 11. 12. 1990 VIII R 122/86, DB 1991, 1054, m. w. N.

5 Insoweit ganz h. M., vgl. BGH 20. 4. 1972 II ZR 143/69, BGHZ 58, 316; *Ulmer* in Großkommentar zum HGB, § 105 Rz. 121; *Petzoldt* in Münchener Kommentar zum BGB, § 1068 Rz. 16.

6 H. M., vgl. BFH 16. 5. 1995 VIII R 18/93, BStBl 1995 II 714; *Petzoldt*, a. a. O., § 1068 Rz. 16, 19, m. w. N.

7 H. M., vgl. RFH 22. 12. 1937 VI 87/37, RStBl 1938, 77; *Ulmer*, a. a. O., § 105 Rz. 121; *Petzoldt*, a. a. O., § 1068 Rz. 19.

8 H. M., vgl. zum Streitstand *Petzoldt*, DStR 1992, 1176.

delsgesetzbuches (HGB) wenigstens angenähert sind.[1] Diese Möglichkeit behält der Gesellschafter, wenn er einen Nießbrauch an seinem Gesellschaftsanteil bestellt.[2]

3670 Das Verbot der Stimmrechtsabspaltung (§ 717 Satz 1 BGB) steht dieser Annahme nicht entgegen.[3] Wie der BGH[4] u. a. auch für den Nießbrauch ausgeführt hat, bewirkt dieser keine Abspaltung einzelner Rechte; er führt nur zu einer vorübergehenden Verteilung der Kompetenzen zur Ausübung der Mitwirkungsrechte zwischen dem Gesellschafter und dem Nießbrauchsberechtigten für die Dauer des Nießbrauchs. Der BGH geht in dieser Entscheidung offenbar davon aus, dass die Mitwirkungsrechte grundsätzlich vom Nießbraucher ausgeübt werden. Der BFH[5] versteht das in dem Sinne, dass der Nießbraucher – soweit ihm der Gesellschaftsanteil nicht treuhänderisch übertragen ist – ein das Mitwirkungsrecht des Gesellschafters ausschließendes eigenes Stimmrecht bei Beschlüssen der Gesellschafter über die laufenden Angelegenheiten der Gesellschaft und die zur Sicherung seines Fruchtziehungsrechts notwendigen Kontroll- und Informationsrechte hat.[6] Der Ausschluss des Gesellschafters von diesem Mitwirkungsrecht lässt seine Stellung als Mitunternehmer unberührt. Auch der Kommanditist ist von der Geschäftsführung in laufenden Angelegenheiten der Gesellschaft ausgeschlossen (§ 164 Satz 1 HGB).

3671 Darüber hinaus gewährt § 1071 BGB dem Nießbraucher ein Zustimmungsrecht zu Maßnahmen des Gesellschafters, die sein Recht beeinträchtigen.[7] Dies gilt insbesondere für Änderungen des Gesellschaftsvertrags und für sonstige Grundlagen und außergewöhnliche Geschäfte, sofern sie sich nachteilig auf den Nießbrauch auswirken. Insoweit wird ein Mitwirkungsrecht des Gesellschafters berührt, das er auch als Kommanditist hätte.[8] Dieses Recht bleibt jedoch erhalten; der Nießbraucher erwirbt – soweit das Zustimmungsrecht nicht ohnehin auf das Innenverhältnis zum Gesellschafter beschränkt ist – allenfalls ein zusätzliches Mitwirkungsrecht hinzu.[9] Damit entfällt mit der Einräumung des Nießbrauchs die Möglichkeit zur Ausübung der Mitunternehmerinitiative für den Gesellschafter nicht.

3672 Hinzu kommt, dass der Nießbrauch dem Nießbrauchsbesteller – ungeachtet der insoweit in der Literatur bestehenden unterschiedlichen Vorstellungen[10] – auch einen Kernbereich seiner Mitwirkungsrechte als Gesellschafter wie etwa das Verbot der Änderung der Gewinnbeteiligung und das Verbot einer Beschneidung des Auseinandersetzungs-

1 Ständige Rspr.; vgl. etwa BFH 25. 6. 1984 GrS 4/82, BStBl 1984 II 751; 20. 11. 1990 VIII R 10/87, GmbHR 1991, 217, m. w. N.; 29. 4. 1992 XI R 58/89, BFH/NV 1992, 803.

2 BFH 1. 3. 1994 VIII R 35/92, BStBl 1995 II 241.

3 BFH 1. 3. 1994 VIII R 35/92, BStBl 1995 II 241.

4 3. 7. 1989 II ZB 1/89, ZIP 1989 1186.

5 1. 3. 1994 VIII R 35/92, BStBl 1995 II 241.

6 Zum Streitstand vgl. *Ulmer* in FS für Fleck, 1988, S. 383; *ders.* in Münchener Kommentar zum BGB, § 705 Rz. 85, m. w. N.; *Petzold,* DStR 1992, 1174.

7 BFH 1. 3. 1994 VIII R 35/92, BStBl 1995 II 241.

8 § 164 Satz 1 Halbsatz 2 HGB; zur Auslegung des Widerspruchsrechts des Kommanditisten als Mitwirkungsrecht vgl. *Schlegelberger/Martens,* HGB, § 164 Anm. 16, m. w. N. der h. M.

9 Vgl. *Ulmer* in FS für Fleck, a. a. O., S. 394.

10 Vgl. dazu A. *Schmidt,* a. a. O., 177 ff.; *Ulmer,* NJW 1990, 73 und *Petzoldt,* DStR 1992, 1173, jeweils m. w. N.

guthabens zur ausschließlich eigenen Ausübung belässt.[1] Ihm verbleibt deshalb auch die Möglichkeit zur – den Nießbraucher ausschließenden – Mitwirkung bei Beschlüssen, die diesen Bereich betreffen und zur Ausübung der hierfür erforderlichen gesellschaftsrechtlichen Kontroll- und Informationsrechte.[2]

Im Normalfall ist also nicht nur der Besteller, sondern **daneben** auch der Nießbraucher 3673
Mitunternehmer.[3]

Vorstehender, auf den ersten Blick unzweideutiger Befund der h. M. und des BFH ist für 3674
den Erhalt der erbschaft- und schenkungsteuerlichen Vorteile die entscheidende Weichenstellung. Nur wenn der Erwerber (= der Beschenkte) als Nießbrauchsbesteller tatsächlich Mitunternehmer wird, kann der Erwerb nach § 13a ErbStG begünstigt werden.[4] Da der Schenker aus seiner Sicht eher ein Interesse daran haben wird, seine eigenen Rechte zu stärken und sich umfassende Kompetenzen und Mitspracherechte zurückzuhalten, bereitet die Ausgestaltung der Mitunternehmerstellung des Nießbrauchers in der Praxis regelmäßig keine großen Probleme. Schwieriger, wenn dem Vorsichtsinteresse des Schenkers entsprochen wird, ist der Umfang der auf den Beschenkten als Nießbrauchsbesteller (Ausgestaltung und Sicherung) tatsächlich übergehenden bzw. bei ihm verbleibenden Rechte.

(Einstweilen frei) 3675–3680

ff) Praxisfragen bei der Ausgestaltung des Nießbrauchsrechts

Verkürzt ist häufig zu lesen, dass der Gewinnanteil des Nießbrauchers als Mitunterneh- 3681
mer sich auf den entnahmefähigen Gewinn erstreckt, der restliche Teil des Steuerbilanzgewinns sei dem Besteller zuzurechnen.[5] Die tatsächlichen praxisrelevanten Fragen, die sich im Zusammenhang mit der Ausgestaltung des Nießbrauchs und der Tatsache stellen, dass beide Mitunternehmer sind, lassen sich angesichts der Komplexität kaum darstellen. Nachfolgend werden ausgewählte Einzelfragen ohne Anspruch auf Vollständigkeit aufgezeigt.

Sowohl beim Vollrechtsnießbrauch mit Treuhandlösung als auch beim echten Nieß- 3682
brauch wird das variable und feste Kapitalkonto des Bestellers fortgeführt, denn nur er ist zivilrechtlich Gesellschafter.[6] Einigkeit besteht in der Literatur, dass sich der Nießbraucher Entnahmebeschränkungen, sei es im Gesellschafts- oder Nießbrauchsvertrag

1 BGH 3. 7. 1989 II ZB 1/89 ZIP 1989, 1186 und BGH 14. 5. 1956 II ZR 229/54, BGHZ 20, 363; zum Kernbereich vgl. *Ulmer*, NJW 1990, 80.

2 Vgl. dazu *Ulmer*, a. a. O., § 105 Rz. 127; *K. Schmidt*, Gesellschaftsrecht, S. 1531; *Petzoldt*, DStR 1992, 1174, m. w. N.

3 *Schmidt*, EStG § 15 Rz. 309; *Zimmermann* in Zimmermann/Hottmann/Kiebele/Schaeberle/Völkel, a. a. O., Q Rz. 10.

4 Vgl. H 51 Abs. 1 letzter Satz ErbStH „Schenkung von Betriebsvermögen unter freiem Widerrufsvorbehalt".

5 *Schmidt*, EStG § 15 Rz. 307; *Korn*, DStR 1999, 1461.

6 *Schulze zur Wiesche*, DStR 1995, 318; *Zimmermann* in Zimmermann/Hottmann/Kiebele/Schaeberle/Völkel, a. a. O., Q Rz. 12.

zurechnen lassen muss. Gleiches gilt für (handelsrechtliche) Gewinnanteile, die ein Verlustkonto aufzufüllen habe.[1]

(1) Zurechnung von Mehr- oder Weniger-Ergebnissen einer Betriebsprüfung

3683 Regelmäßig vertraglich ungeklärt ist die Frage, wie zu verfahren ist, wenn es infolge einer für die Vorjahre durchgeführten Betriebsprüfung zu Ergebniskorrekturen kommt. Partizipiert hier der Nießbraucher in vollem Umfang am Mehr- oder Weniger-Ergebnis oder betrifft ihn dies der Sache nach nicht?

3684 Nach allgemeinen Grundsätzen dürfte hier eine Zurechnung beim Nießbraucher insbesondere dann erfolgen, wenn sich sein handelsrechtlich entnahmefähiger Gewinnanteil erhöht. Soweit Sondervergütungen für eine „Tätigkeit im Dienste der Gesellschaft" oder „für die Überlassung von Wirtschaftsgütern" betroffen sind, sind diese aufzuteilen und werden dem jeweils Leistenden (Gesellschafter oder Nießbraucher) zugerechnet.

3685 Steuerliche Mehrergebnisse (Zuschreibungen) einer durchgeführten Betriebsprüfung, die zu einer Nachaktivierung etc. geführt haben, werden zumindest dann beim Nießbraucher berücksichtigt, wenn auch die Handelsbilanz angepasst wird. Insgesamt scheint es sinnvoll zu sein, eine vertragliche Regelung aufzunehmen, die im Falle von Anpassungen aufgrund einer durchgeführten Betriebsprüfung – soweit zulässig – eine Anpassung der Handelsbilanz an die Steuerbilanz vorsieht.

(2) Mitspracherechte bei der Wahl bilanzieller Ansätze

3686 Besonders regelungsbedürftig sind auch die weiteren Fragen im Zusammenhang mit der konkreten Bewertung einzelner Wirtschaftsgüter bzw. der Änderung/Ausübung von Wahlrechten bilanzieller Art. Hier bedarf es einer sorgfältigen Regelung der Mitspracherechte des Nießbrauchers,[2] da durch die Ausübung von Wahlrechten unmittelbar auf die Höhe seines Anspruchs eingewirkt werden kann.

3687 Um den Gleichlauf von Handelsbilanz und Anspruch des Nießbrauchers in diesen Fragen herzustellen, sollte im Gesellschaftsvertrag geregelt werden, dass Wahlrechte im Sinne der umgekehrten Maßgeblichkeit auszuüben sind.

(3) Mitsprache bei Umwandlung – Surrogation

3688 Bei Umwandlungsvorgängen oder der Substitution von Anteilen sind die Rechte des Nießbrauchers nicht in jedem Fall unmittelbar betroffen.[3] Hinsichtlich derjenigen Fälle, in denen ausnahmsweise eine dingliche Surrogation eintritt, ergeben sich für die ertragsteuerliche Behandlung dann Abgrenzungsprobleme, wenn sich hierbei die Einkunftsart für den Nießbraucher von § 20 EStG zu § 15 EStG oder von § 15 EStG zu § 20 EStG ändert. Denn nur der Status Vorbehalts- oder Zuwendungsnießbraucher bleibt

1 *Schulze zur Wiesche,* a. a. O., Rn. 257; *Zimmermann* in Zimmermann/Hottmann/Kiebele/Schaeberle/Völkel, a. a. O., Q Rz. 14.

2 *Schön,* ZHR 1994, 229.

3 *Götz/Hülsmann,* DStR 2010, 2432, 2433.

bei den gesetzlich angeordneten dinglichen Surrogationen infolge Umwandlungen bestehen und setzt sich damit auch bezüglich der aus dem Surrogat erzielten Einkünfte fort. Hingegen ist z. B. bei der Umwandlung einer Kapital- in eine Personengesellschaft offen, ob der Nießbraucher künftig Einkünfte als Mitunternehmer gem. § 15 EStG erzielt. Die Beantwortung wird primär von der damaligen Ausgestaltung des Nießbrauchs (am Geschäftsanteil) abhängen.

Keine Probleme bereitet hingegen die dingliche Surrogation bei der Umwandlung einer Kapitalgesellschaft in eine andere Kapitalgesellschaft. Denn hier ändert sich die Einkunftsart für den Nießbraucher (§ 20 EStG) nicht. Ebenfalls unproblematisch sind die Fälle der Umwandlung einer Personengesellschaft in eine andere Personengesellschaft. 3689

In der Mehrzahl aller Surrogationsfälle, insbesondere denen der schuldrechtlichen Surrogation, sind die ertragsteuerlichen Folgen in zweifacher Hinsicht unklar: 3690

- Zum einen ist nicht abschließend geklärt, ob die Neubestellung am Surrogat zu einer ertragsteuerlichen Bewertung des Vorgangs als Vorbehalts- oder Zuwendungsnießbrauch führt.
- Zum anderen bleibt zu diskutieren, an welchem Wirtschaftsgut die Neubestellung erfolgt, am Veräußerungserlös, einem Grundstück (Vermietungseinkünfte) oder einer sonstigen Forderung (Kapitalvermögen).

Man wird den Meinungsstand wie folgt zusammenfassen können: Nach Wird zeitnah nach Veräußerung des vormals belasteten Wirtschaftsguts erneut ein Wirtschaftsgut derselben Gattung angeschafft und war bereits bei der Bestellung des Vorbehaltsnießbrauchs die Surrogation vereinbart worden, ist ertragsteuerlich von einer Fortsetzung des Vorbehaltsnießbrauchs auszugehen. Wechselt die Einkunftsart beim Nießbraucher ist weiterhin erforderlich, dass der Nießbraucher die Voraussetzungen der jeweiligen Einkunftsart erfüllt, die an einen Vorbehaltsnießbraucher normspezifisch gestellt werden.[1]

(4) Nießbrauch an Gesellschaftsanteilen einer ausländischen Personengesellschaft

Vorsicht ist geboten, wenn eine Nießbrauchsbestellung an ausländischen Gesellschaftsanteilen erfolgen soll, da unter Umständen das ausländische Gesellschafts-/Zivilrecht ein solches Nutzungsrecht nicht kennt. In einem solchen Fall läuft der Nießbraucher Gefahr, keinen zivilrechtlich durchsetzbaren bzw. rechtlich geschützten Anspruch auf Auskehrung der Erträge zu erlangen. 3691

Aber auch die Anwendbarkeit der Regelungen eines DBA bereiten häufig Probleme. Beispielsweise fällt der Nießbrauchsberechtigte, der einen Ertragsnießbrauch an unbeweglichem Vermögen innehat, nicht unter Art. 6 OECD-MA.[2] Nur auf den Eigentümer findet Art. 6 OECD-MA Anwendung. 3692

Für einen Steuerinländer, der an einer ausländischen Personenvereinigung beteiligt ist, sind nach Ansicht des BFH die zu § 15 Abs. 1 Nr. 2 EStG aufgezeigten Gewinnermitt- 3693

1 *Götz/Hülsmann*, DStR 2010, 2432, 2434 ff.

2 *Wassermeyer* in Debatin/Wassermeyer, DBA, Art. 6 MA Rn. 19.

lungsgrundsätze anzuwenden.[1] Aus dem Abkommensrecht ergeben sich keine abweichenden Grundsätze, da sich die Art und Weise, in der die Einkünfte der im Inland ansässigen Steuerpflichtigen zu ermitteln sind, ausschließlich nach inländischem Recht bestimmt.[2] Das Abkommensrecht befasst sich „nur" mit der Vermeidung einer Doppelbesteuerung. Nicht zum Regelungsgegenstand der DBA gehören grundsätzlich die Zurechnung der Einkünfte,[3] die Einkunftsermittlung[4] und die inländische (subjektive oder objektive) Steuerpflicht.[5] DBA begründen, soweit sie nicht ausdrückliche gegenteilige Regelungen enthalten, kein nach inländischem Recht nicht bestehendes Besteuerungsrecht. Sie führen also nicht zur Erfassung von Einkünften, die nach inländischem Steuerrecht beim Steuerpflichtigen nicht zu erfassen sind.[6]

3694 Für die Beurteilung der Nießbrauchsbestellung ist damit allein die Mitunternehmerstellung des Steuerinländers zu prüfen bzw. positiv festzustellen. Liegen danach die Voraussetzungen, die das deutsche Besteuerungsrecht an das Vorliegen der Mitunternehmerstellung stellt, beim Nießbraucher vor, stellen die Einkünfte bei ihm solche nach Art. 7 OECD-MA dar und können nach dem Betriebstättenprinzip nur vom Ansässigkeitsstaat der Personengesellschaft besteuert werden.[7] Ist hingegen die ausländische Personengesellschaft aus Sicht des deutschen Steuerrechtes „Körperschaft" oder ein Rechtsträger, der wie eine Körperschaft besteuert wird, so wendet Deutschland die abkommenrechtlichen Vorschriften an, die für Körperschaften gelten.[8] Eine Ausnutzung von Qualifikationskonflikten zur vollständigen Steuerfreistellung ist allerdings zunehmend risikoreich.

3695 Besteht an einer ausländischen Zwischengesellschaft ein Nießbrauch, so stellt die Finanzverwaltung bei der Anwendung des AStG grundsätzlich auf die Position des Nießbrauchsverpflichteten ab. Dessen steuerliche Situation ist zugrunde zu legen bei der Prüfung der Frage, ob eine ausländische Gesellschaft von deutschen natürlichen Personen beherrscht ist oder nicht.[9] Ist demnach für einen Steuerinländer ein Nießbrauch an einem Gesellschaftsanteil eines Steuerausländers bestellt worden, rechtfertigt dies im Rahmen der Überwiegensprüfung nicht, den Anteil so zu behandeln, als befände er sich in den Händen des Steuerinländers.

3696 § 7 Abs. 4 AStG ist dann erfüllt, wenn einem Steuerinländer neben der Nießbrauchsbestellung auch das Stimmrecht übertragen wurde. Der Anteil des Steuerausländers ist dann dem inländischen Nießbraucher zuzurechnen. Selbst wenn die Deutschbeherrschung dadurch begründet sein sollte, kann die Hinzurechnungsbesteuerung bezüglich

---

1 Vgl. BFH 19. 5. 1993 I R 60/92, BStBl 1993 II 714; 27. 2. 1991 I R 15/89, BStBl 1991 II 444; 31. 5. 1995 I R 74/93, BStBl 1995 II 683, jeweils m. w. N.

2 BFH 24. 3. 1999 I R 114/97, BStBl 2000 II 399.

3 BFH 29. 10. 1997 I R 35/96, BStBl 1998 II 235.

4 Vgl. BFH 16. 2. 1996 I R 43/95, BStBl 1997 II 128; 22. 5. 1991 I R 32/90, BStBl 1992 II 94.

5 Vgl. BFH 21. 5. 1997 I R 79/96, BFH/NV 1997, 760.

6 BFH 19. 5. 1993 I R 60/92, BStBl 1993 II 714, zum DBA-Frankreich.

7 *Wassermeyer* in Debatin/Wassermeyer, DBA, Art. 7 MA Rn. 2.

8 *Wassermeyer* in Debatin/Wassermeyer, DBA, Art. 7 MA Rn. 76.

9 *Baranowski*, a. a. O., Rn. 891.

des Anteils an der ausländischen Gesellschaft nicht greifen, weil der Anteilsinhaber Ausländer ist.[1]

(5) Verfahrensrechtliche Fragen der Gewinnermittlung

3697 Neben der Regelung des Rechtsverhältnisses inter partes sind von nicht zu unterschätzender praktischer Relevanz die **verfahrenstechnischen** Fragen, die das Festsetzungsverfahren betreffen. Muss für die „Innengesellschaft" zwischen Nießbraucher und Gesellschafter eine eigene Steuernummer vergeben werden, um eine einheitlich und gesonderte Feststellung vornehmen zu können oder nimmt der Nießbraucher am Festsetzungsverfahren der Personengesellschaft als „Quasi-Gesellschafter" teil? Das FG Köln[2] geht davon aus, dass bei einer Mitunternehmerschaft der Nießbraucher im einheitlich und gesonderten Gewinnfeststellungsverfahren der Personengesellschaft zu beteiligen ist. Damit ist der Nießbraucher auch rechtsbehelfsbefugt bezogen auf den Gewinnfeststellungsbescheid der Personengesellschaft. Anderes soll bei den Fällen gelten, in denen der Nießbraucher ertragsteuerlich nicht Mitunternehmer wird.

3698 Das FG Köln bestätigt damit die schon bisherige Praxis, indem das Gericht den Nießbraucher in das Festsetzungsverfahren der Personengesellschaft als „Quasi-Gesellschafter" einbezieht. Eine besondere Relevanz können diese verfahrensrechtlichen Fragen der gesonderten Feststellung jedoch dann erlangen, wenn das Rechtsverhältnis „Nießbrauch" gerade nicht offen gelegt wurde, sondern die Einräumung des Nießbrauchs im Verhältnis zu den Gesellschaftern „still" erfolgte. Hier wird man zwingend zur „doppelten" gesonderten Feststellung einschließlich der Vergabe gesonderter Steuernummern kommen müssen.

3699–3710 *(Einstweilen frei)*

II. Vermögensverwaltende Personengesellschaft

Literatur: *Engel,* Vermögensverwaltende Personengesellschaft und ertragsteuerrechtliche Selbständigkeit, Herne 2003; *Götz,* Vermögensverwaltender Familienpool mit begünstigtem Vermögen i. S. d. § 13a Abs. 4 Nr. 3 ErbStG, NWB (2002), F. 10, 1353–1356; *Mutter,* Der reziproke Familienpool verdient endlich die volle ertragsteuerliche Anerkennung durch die Finanzverwaltung, ZEV 2007, 512; *Geck,* Die vermögensverwaltende Personengesellschaft im Ertrag- und Erbschaftsteuerrecht, KÖSDI 2010, 16842; *Früchtl/Prokscha,* Vermögensverwaltende Personengesellschaften im Gesellschafts-, Handels- und Steuerrecht, DStZ 2010, 595.

1. Begriff der vermögensverwaltenden Personengesellschaft

3711 Vermögensverwaltende Personengesellschaften sind aus der wirtschaftlichen Realität nicht wegzudenken. Zugleich sind sie „Exoten" im juristischen wie steuerlichen Schrifttum, weil sie nicht dem klassischen Bild einer unternehmerisch und damit gewerblich tätigen Personengesellschaft entsprechen.[3]

1 *Baranowski,* a. a. O., Rn. 891.
2 15. 11. 2002 5 K 4243/93, EFG 2003, 587.
3 *Früchtl/Proschka,* DStZ 2010, 595.

Steuerlich wird unter einer vermögensverwaltenden Personengesellschaft eine Personengesellschaft verstanden, die im Bereich der Überschusseinkünfte tätig ist. Haupterscheinungsform sind die sog. Immobilienfonds und in neuerer Zeit auch Private Equity Fonds.[1] Die steuerliche Abgrenzung, ob die Betätigung des Private Equity Fonds noch als Vermögensverwaltung oder bereits als Gewerbebetrieb anzusehen ist, bereitet große Probleme. Für Zwecke der Abgrenzung greift die Finanzverwaltung auf Kriterien zurück, die die Rechtsprechung aufgestellt hat.[2]

3712 Die bedeutsamste Ausprägung der vermögensverwaltenden Personengesellschaft ist der sog. Familienpool (oben Rn. 3301). Die Vorteile des Gesellschaftsrechts werden hier genutzt, um steuerliches Privatvermögen optimiert verwalten zu können. [3]

3713 Handelsrechtlich ist seit der Änderung des HGB mit Wirkung ab dem 1. 7. 1998 nicht mehr erforderlich, dass eine OHG oder KG ein Grundhandelsgewerbe betreibt. Die „bloße" Vermögensverwaltung genügt, sofern die im Rechtskleid der OHG oder KG ausgeübte Tätigkeit zum Handelsregister angemeldet und auch eingetragen wird.

3714 Rechtlich kommen als vermögensverwaltende Personengesellschaften neben der GbR auch die im HGB geregelten Handelsgesellschaften, also OHG und KG sowie Mischformen, wie die GmbH & Co. KG oder AG & Co. KG, in Betracht. Bei letzteren Mischformen ist allerdings wegen der Fiktion in § 15 Abs. 3 Nr. 2 Satz 1 EStG erforderlich, dass neben der Kapitalgesellschaft mindestens ein Kommanditist zur Geschäftsführung befugt ist. Andernfalls wird die Tätigkeit der Gesellschaft umqualifiziert und gilt insgesamt als gewerblich. Um diese bei einer Personengesellschaft unerwünschte Umqualifizierung der Einkünfte als solche aus Gewerbebetrieb zu vermeiden, sind im Gesellschaftsvertrag entsprechende Sonderregelungen hinsichtlich der Zuweisung der Geschäftsführungsbefugnis zu treffen.

3715–3720 *(Einstweilen frei)*

2. Vermögensverwaltende Personengesellschaften im Steuerrecht

a) Vorbemerkung

3721 Die steuersystematische Einordnung einer (vermögensverwaltenden) Personengesellschaft muss zwei Ebenen trennen: Zum einen muss die Frage der steuerlichen Behandlung der Personengesellschaft als solcher, also als Subjekt der Einkünfteermittlung und -qualifikation, berücksichtigt werden, zum anderen muss die Frage nach der Vermögensverwaltung geklärt werden.[4]

3722 Zu klären ist auch der Begriff der „Vermögensverwaltung". In § 14 Satz 3 AO wird Vermögensverwaltung definiert als Tätigkeit, bei der Vermögen genutzt, z. B. Kapitalvermögen verzinslich angelegt oder unbewegliches Vermögen vermietet wird. Im EStG selbst findet sich der Begriff der Vermögensverwaltung hingegen nicht (unten

1 *Engel*, a. a. O., 1.

2 BMF 16. 12. 2003, BStBl 2004 I 40, ber. BStBl 2006 I 632, Rz. 7.

3 *Götz*, NWB F. 10, 1353.

4 *Früchtl/Proschka*, DStZ 2010, 597.

Rn. 3741). Eine i. S. d. Ertragsteuerrechts vermögensverwaltende Personengesellschaft liegt demnach vor, wenn sich ihre auf Einkünfteerzielung gerichtete Tätigkeit weder als land- und forstwirtschaftliche oder gewerbliche noch als freiberufliche Tätigkeit darstellt.[1] Der Begriff der Vermögensverwaltung entfaltet jedoch erst in Abgrenzung zu den gewerblichen Einkünften seine volle Bedeutung. Gewerblichkeit i. S. d. § 15 EStG und Vermögensverwaltung sind gleichsam als sich gegenseitig ausschließendes Begriffspaar zu verstehen.[2]

Eine weitere für Fragen der Besteuerung der vermögensverwaltenden Personengesellschaft häufig herangezogene Norm ist § 39 Abs. 2 Nr. 2 AO, wonach „Wirtschaftsgüter, die mehreren zur gesamten Hand zustehen, den Beteiligten anteilig zugerechnet werden, soweit eine getrennte Zurechnung für die Besteuerung erforderlich ist". In der wissenschaftlichen Diskussion ist nicht abschließend geklärt, ob § 39 Abs. 2 Nr. 2 AO auf Personengesellschaftssachverhalte generell, oder nur für Zwecke der anteiligen Zurechnung von Wirtschaftsgütern anzuwenden ist.[3] Losgelöst von dieser wissenschaftlichen Einordnung wird man sagen können, dass jedenfalls für die Frage der anteiligen Zurechnung von gesamthänderisch gebundenen Wirtschaftsgütern auf diese Norm zurückgegriffen werden kann. 3723

Während für Personengesellschaften, die im Bereich der Gewinneinkünfte tätig sind, mit §§ 15, 15a EStG Spezialnormen vorhanden sind, fehlen diese für vermögensverwaltende Personengesellschaften fast vollständig. Lediglich in § 20 Abs. 1 Nr. 4 Satz 2, § 20 Abs. 7 EStG und § 21 Abs. 1 Satz 2 EStG gibt der Gesetzgeber zu erkennen, dass Überschusseinkünfte auch durch eine Personengesellschaft erzielt werden können. 3724

(Einstweilen frei) 3725–3730

b) Einkünftequalifikation

Ebenso wie bei der gewerblichen Personengesellschaft bestimmt bei vermögensverwaltenden Personengesellschaften die **Tätigkeit** der Gesellschaft die Art der Einkünfte. Der Große Senat des BFH sieht die vermögensverwaltende Personengesellschaft insoweit als Steuersubjekt an, als sie in der Einheit ihrer Gesellschafter Merkmale eines Besteuerungstatbestandes verwirklicht.[4] 3731

Demnach muss die Gesamthand als solche die Tatbestandsmerkmale der §§ 20, 21 und/oder § 22 EStG erfüllen, um im steuerlichen Sinne von einer Gesellschaft mit vermögensverwaltender Tätigkeit sprechen zu können. 3732

Die Tätigkeiten der Gesellschafter der vermögensverwaltenden Personengesellschaft haben hingegen keine Bedeutung für die Einkünftequalifikation. Auch dann, wenn einzelne Gesellschafter gewerblich tätig sind, wird dadurch die Tätigkeit der Personengesellschaft selbst nicht umqualifiziert.[5] Ist also z. B. eine GmbH oder eine GmbH & Co. 3733

1 *Engel*, a. a. O., 81.
2 *Früchtl/Proschka*, DStZ 2010, 597.
3 Vgl. *Engel*, a. a. O., 97.
4 BFH 25. 2. 1991 GrS 7/89, BStBl 1991 II 691.
5 Unmaßgeblichkeit der Rechtsform des Personengesellschafters, vgl. *Engel*, a. a. O., 99.

KG an einer GbR beteiligt, wird dadurch die vermögensverwaltende Tätigkeit der GbR als solche nicht als gewerblich qualifiziert oder infiziert.

3734 Eine Ausnahme vom Grundsatz der Unmaßgeblichkeit der Rechtsform des Personengesellschafters ergibt sich dann, wenn die Voraussetzungen des § 15 Abs. 3 Nr. 2 EStG vorliegen (oben Rn. 396 ff.). In diesem Fall werden die Einkünfte der Personengesellschaft, auch wenn sie keine Einkünfte i. S. d. § 15 Abs. 1 Satz 1 Nr. 1 EStG erzielt, als gewerblich fingiert (**gewerbliche Prägung**). Dies ist namentlich dann der Fall, wenn sich eine GmbH als einziger Vollhafter und alleinigem zur Geschäftsführung befugtem Gesellschafter an einer KG beteiligt.[1]

3735 Eine weitere Ausnahme vom Grundsatz der Unmaßgeblichkeit der Rechtsform des Personengesellschafters (oben Rn. 3734) gilt für Fälle der **Betriebsaufspaltung**. Auch hier wird abweichend von der Tätigkeit der Personengesellschaft deren Einkunftsart (gewerblich) bestimmt. Zu den Einzelheiten der Betriebsaufspaltung oben Rn. 3796 ff.

3736 Schließlich können sich durch die sog. **Abfärbewirkung**[2] (§ 15 Abs. 3 Nr. 1 EStG) Besonderheiten ergeben. Danach ist die Tätigkeit einer Personengesellschaft in vollem Umfang als Gewerbebetrieb anzusehen, wenn diese „auch eine" Tätigkeit i. S. d. § 15 Abs. 1 Satz 1 Nr. 1 EStG ausübt. Lediglich dann, wenn diese originär gewerbliche Tätigkeit von sehr geringem Umfang ist, findet eine Infektion der anderen Überschusseinkünfte nicht statt. Eine Geringfügigkeitsgrenze besteht indes nicht.[3]

3737 Nicht zu dieser sog. Abfärbewirkung führt hingegen eine gewerbliche Tätigkeit, die von einer zweiten Personengesellschaft ausgeübt wird, auch wenn an beiden Gesellschaften dieselben Personen beteiligt sind.[4] Dies entspricht ständiger Rechtsprechung des BFH und vermeidet eine gleichheitswidrige Behandlung von Mitunternehmerschaften gegenüber Einzelunternehmern. Die Abfärbewirkung des § 15 Abs. 3 Nr. 1 EStG kann deshalb dadurch vermieden werden, dass die gewerbliche Betätigung von einer zweiten Personengesellschaft ausgeübt wird.[5] Deshalb werden in der Praxis häufig vermögensverwaltende Tätigkeiten in einer Personengesellschaft und gewerbliche in einer anderen – beteiligungsidentischen – Personengesellschaft gebündelt und insoweit separiert ausgeübt.

3738 Ist eine vermögensverwaltende Personengesellschaft an einer gewerblichen Personengesellschaft beteiligt, ist fraglich, ob dies eine Tätigkeit i. S. d. § 15 Abs. 1 Satz 1 Nr. 1 EStG begründen kann. Die Finanzverwaltung bejaht dies uneingeschränkt.[6] Der BFH lässt Ausnahmen zu.[7] Beteiligt sich etwa eine vermögensverwaltende Personengesellschaft (Obergesellschaft) mit Einkünften aus Vermietung und Verpachtung an einer gewerblich tätigen anderen Personengesellschaft (Untergesellschaft), so hat das nach An-

1 Es genügt eine vermögensmäßige Beteiligung mit 0 €.
2 BFH 29. 11. 2001 IV R 91/99, BStBl 2002 II 221; 11. 8. 1999 XI R 12/98, BStBl 2000 II 229; 10. 8. 1994 I R 133/93, BStBl 1995 II 171.
3 BFH 8. 3. 2004 IV B 121/03, BFH/NV 2004, 954.
4 BFH 17. 1. 2007 XI R 19/05, BFH/NV 2007, 1315.
5 Vgl. z. B. BFH 19. 2. 1998 IV R 11/97, BStBl 1998 II 603; v. 12. 6. 2002 XI R 21/99, BFH/NV 2002, 1554.
6 BMF 18. 5. 2005, BStBl 2005 I 698; 13. 5. 1996, BStBl 1996 I 621.
7 BFH 6. 10. 2004 IX R 53/01, BStBl 2005 II 383.

sicht des BFH nicht zur Folge, dass die gesamten Einkünfte der Obergesellschaft als Einkünfte aus Gewerbebetrieb gelten. Jedenfalls bei einem Anteil von 1,25 % der originär gewerblichen Tätigkeit greift die umqualifizierende Wirkung des § 15 Abs. 3 Nr. 1 EStG nicht ein.[1]

(Einstweilen frei) 3739–3740

c) Einkünfteermittlung

Aus § 2 EStG kann zur Beantwortung der Frage, wie zu Verfahren ist, wenn mehrere Personen als Personengesellschaft Einkünfte aus vermögensverwaltender Tätigkeit erzielen, nichts abgeleitet werden. Der BFH vertritt die Ansicht, dass die Einkünfte in einem ersten Schritt auf Ebene der Gesellschaft zu ermitteln sind. Der so ermittelte Überschuss ist dann anteilig den Gesellschaftern zuzurechnen.[2] 3741

Für die Ergebnisermittlung einer vermögensverwaltenden Personengesellschaft bedeutsam ist, dass das strenge Zufluss-/Abflussprinzip des § 11 EStG anzuwenden ist. Dieses Prinzip gilt nicht nur für die Einnahmen (§§ 20, 21, 22 i.V.m. §§ 8, 11 Abs. 1 EStG), sondern auch für die Werbungskosten (§§ 20, 21, 22 i.V.m. §§ 9, 11 Abs. 2 EStG). 3742

Zu den Einnahmen zählen alle Güter in Geld oder Geldeswert, die der Gesellschaft im Rahmen einer der Überschusseinkunftsarten zufließen. Sie bilden gleichsam den Ausgangspunkt der Ermittlung der Überschusseinkünfte. Wann Einnahmen zugeflossen sind, bestimmt § 11 Abs. 1 EStG. Außerhalb der regelmäßig wiederkehrenden Einnahmen (z. B. Mieten) kommt es demnach allein auf den tatsächlichen Zufluss an. 3743

Werbungskosten sind nach § 9 EStG bei der Einkunftsart abzuziehen, bei der sie erwachsen. Dies bedeutet, dass bei einer Personengesellschaft mit mehreren Überschusseinkunftsarten, die Aufwendungen zunächst anhand ihres kausalen Zusammenhangs den Einnahmen der jeweiligen Einkunftsart zugeordnet werden müssen. Erst in einem weiteren Schritt werden sie einkunftsartbezogen dann von den Einnahmen abgezogen. 3744

Die Ausgaben der Gesellschaft sind in drei Kategorien zu unterteilen. Zum einen diejenigen Aufwendungen, die im Jahr der Verausgabung abgezogen werden können. Zum anderen Anschaffungs- und Herstellungskosten von zur Einkünfteerzielung eingesetzten abnutzbaren Wirtschaftsgütern, die lediglich im Rahmen der Absetzung für Abnutzung gem. § 9 Abs. 1 Nr. 7 Satz 1 i.V.m. § 7 EStG zeitanteilig über die Nutzungsdauer als Werbungskosten abziehbar sind. Schließlich die Anschaffungs- und Herstellungskosten von zur Einkünfteerzielung eingesetzten nicht abnutzbaren Wirtschaftsgütern, die grundsätzlich nicht als Werbungskosten abzugsfähig sind. 3745

(Einstweilen frei) 3746–3750

d) Leistungen der Gesellschafter an die Gesellschaft

Zivilrechtlich unbestritten ist, dass der Gesellschafter mit seiner Personengesellschaft in Leistungsbeziehungen treten kann, indem er ihr Wirtschaftsgüter entgeltlich über- 3751

1 BFH 11. 8. 1999 XI R 12/98, BStBl 2000 II 229.

2 BFH 18. 5. 2004 IX R 42/01, BFH/NV 2005, 168; *Engel*, a. a. O., 119, m. w. N.

lässt oder für sie tätig wird. Einigkeit besteht ferner, dass § 15 Abs. 1 Satz 1 Nr. 2 Halbsatz 2 EStG auf eine vermögensverwaltende Personengesellschaft nicht anwendbar ist.[1] Demnach bleiben die Vergütungen, die ein Gesellschafter von der Personengesellschaft erhält, von der gesetzlichen Umqualifizierung unberührt und sind unter die jeweils einschlägige Norm des EStG zu subsumieren.[2]

3752 Der vermögensverwaltenden Personengesellschaft steht es frei, ob sie ihren gesellschaftsinternen Organisations- und Arbeitsaufwand von einem fremden Dritten gegen Entgelt erbringen lässt, oder ob dies von einem oder mehreren Gesellschaftern übernommen wird. Erhält der Gesellschafter für eine Tätigkeit eine Vergütung, sind dies bei der Gesellschaft nach den allgemeinen Abgrenzungskriterien entweder Anschaffungs-/Herstellungskosten oder Werbungskosten.[3]

3753 Unklar ist, ob „**Sondereinnahmen**" bei einer vermögensverwaltenden Personengesellschaft denkbar sind. Dies dürfte zu verneinen sein, da § 15 Abs. 1 Satz 1 Nr. 2 Halbsatz 2 EStG auf eine vermögensverwaltende Personengesellschaft nicht (auch nicht analog) anwendbar ist.[4]

3754 Die Existenz von **Sonderwerbungskosten** wird hingegen einhellig bejaht.[5] Hauptanwendungsfall sind Zinsen, die ein Gesellschafter für ein Darlehen bezahlt, mit dem der Erwerb des Gesellschaftsanteils finanziert wurde. Daneben kommen Fahrtaufwendungen, Versicherungsprämien, Bürobedarf etc. in Betracht.

3755–3760 *(Einstweilen frei)*

e) Leistungen der Gesellschaft an die Gesellschafter

3761 Denkbar ist, dass die vermögensverwaltende Personengesellschaft ihrem Gesellschafter z. B. eine Immobilie zur Nutzung überlässt oder ihm ein Darlehen gewährt. Auch hier stellt sich die Frage, ob § 39 Abs. 2 Nr. 2 AO auf Leistungsbeziehungen zwischen Gesellschaft und Gesellschafter anwendbar ist. Bei der gewerblichen Personengesellschaft lehnt die h. M. dies bekanntlich ab.[6]

3762 Ein für die Immobilienüberlassung vom Gesellschafter an die vermögensverwaltende Personengesellschaft bezahltes Entgelt wird von der h. M. nur quotal berücksichtigt. Dies dürfte auch der Ansicht des BFH entsprechen. Zunächst hatte der BFH dies „nur" für Miteigentümer zu entscheiden.[7] In der Folgezeit hat er diese Grundsätze auf eine GbR übertragen.[8] Vermietet z. B. eine GbR eine Wohnung eines Wohnhauses, die ein Gesellschafter als Familienwohnung nutzt, an den Ehegatten dieses Gesellschafters und nutzt dieser Gesellschafter das gemeinschaftliche Wohnhaus insgesamt über sei-

---

1 Vgl. *Engel*, a. a. O., 150, m. w. N.

2 H. M. vgl. *Drenseck* in Schmidt, EStG § 21 Rz 23.

3 Vgl. *Engel*, a. a. O., 163.

4 Vgl. *Engel*, a. a. O., 153 – 157, m. w. N.; a. A. BFH 19. 8. 1986 IX S 5/83, BStBl 1987 II 212.

5 H. M. vgl. *Drenseck* in Schmidt, EStG § 21 Rz 21; *Mellinghoff* in Kirchhof, EStG § 21 Rz. 47.

6 Vgl. *Engel*, a. a. O., 178.

7 BFH 26. 1. 1999 IX R 17/95, BStBl1999 II 360, bestätigt durch 18. 5. 2004 IX R 49/02, BStBl 2004 II 929.

8 BFH 18. 5. 2004 IX R 42/01, BFH/NV 2005, 168; vgl. H 21.6 EStH 2006 „Mietverhältnis zwischen GbR und Gesellschafter".

nen Miteigentumsanteil hinaus, so erzielen die anderen Gesellschafter anteilig Einkünfte aus Vermietung und Verpachtung. Der die Wohnung nutzende Gesellschafter hingegen erzielt keine Einkünfte aus Vermietung und Verpachtung.

Für die Vergabe eines **Darlehens** an den Gesellschafter wird in der Literatur überwiegend vertreten, dass die von der vermögensverwaltenden Personengesellschaft vereinnahmten Zinsen in voller Höhe als Einnahmen aus Kapitalvermögen anzusehen sind.[1] 3763

(Einstweilen frei) 3764–3765

f) Einkünftezurechnung

Einkünfte sind gem. § 2 Abs. 1 EStG im Grundsatz demjenigen zuzurechnen, der sie erzielt. Da bei einer Personengesellschaft die Einkünfte von der Gesellschaft erwirtschaftet werden, wirft die **Zurechnung** systematische Fragen auf.[2] Der BFH löst diese Frage über § 39 AO und rechnet den Überschuss den Gesellschaftern anteilig zu.[3] 3766

In der Literatur werden zur Beantwortung dieser Frage verschiedene Begründungen diskutiert.[4] Einigkeit besteht aber insoweit, dass die Zurechnung von der **Gesellschafterstellung** abhängt. Im Zeitpunkt der Entstehung der Einkünfte bei der Gesellschaft werden sie dem jeweiligen Gesellschafter zugerechnet. Die Bedeutung der Gesellschafterstellung für die Einkünftezurechnung zeigt sich z. B. bei Vermietungseinkünften darin, dass der Gesellschafter Mitvermietungsrisiko und Mitvermietungsinitiative entwickeln kann. Insoweit besteht eine gewisse Parallele zu den bei gewerblichen Mitunternehmerschaften gebräuchlichen Kriterien des Mitunternehmerrisikos und der Mitunternehmerinitiative (oben Rn. 271 ff.). 3767

Die von der vermögensverwaltenden Personengesellschaft erzielten Einkünfte werden grundsätzlich nach § 722 BGB, §§ 121 und 168 HGB den Gesellschaftern zugerechnet. Da diese Normen dispositiv sind, können sie durch Vereinbarung unter den Gesellschaftern abbedungen werden. Dies ist häufig dann der Fall, wenn ein Gesellschafter höhere Arbeitsleistungen erbringt oder über seine Beteiligungsquote hinaus Kosten übernimmt. Nicht verwechselt werden darf dies jedoch mit den Fällen, in denen ein Gesellschafter aufgrund eines vorbehaltenen Nießbrauchsrechtes mehr Einkünfte zugerechnet erhält als ihm aufgrund seiner Beteiligung am Gesamthandsvermögen zustehen. Hier ist die Einkünftezurechnung Ausfluss des Nießbrauchs und nicht Folge einer abweichenden Gewinnverteilung. 3768

Abweichende Vereinbarungen der Ergebnisverteilung werden steuerlich berücksichtigt, wenn sie ihre Ursache im Gesellschaftsverhältnis haben.[5] Letzteres ist zu verneinen bei Einkommensverwendung, etwa durch Zuwendungen i. S. d. § 12 Nr. 2 EStG. Gewinnverteilungsabreden sind also nicht anzuerkennen, wenn sie auf Gesichtspunkten privater 3769

1 Vgl. *Engel*, a. a. O., 179, m. w. N., in Fn 864.
2 *Engel*, a. a. O., 191.
3 BFH 5. 5. 1981 VIII B 26/80, BStBl 1981 II 574.
4 *Engel*, a. a. O., 193 – 194, m. w. N.
5 BFH 7. 10. 1986 IX R 167/83, BStBl 1987 II 322; vgl. H 21.6 EStH 2007 „Abweichende Zurechnung".

Natur beruhen.[1] Als den Gewinnanteil bestimmende Faktoren hat die Rechtsprechung außer dem Kapital- und Arbeitseinsatz auch das übernommene Kapitalrisiko angesehen. Als weitere mögliche Gesichtspunkte hat der BFH herausgestellt: Die Einbringung eines angesehenen Namens oder eines eingeführten Unternehmens, Seriosität, Kreditwürdigkeit oder persönliche Eigenschaften wie die Kunst der Menschenbehandlung.[2]

3770 Fehlt eine Vereinbarung der Gesellschafter oder kann sie einkommensteuerrechtlich nicht anerkannt werden, so ist das z. B. aus einer der Nutzungsüberlassung erwirtschaftete Ergebnis im Verhältnis der nach bürgerlichem Recht anzusetzenden Anteile (§§ 743, 748 BGB) zuzurechnen.[3]

3771 Nach Ansicht des BFH können die Gewinnanteile der Gesellschafter einer Personengesellschaft nach Ablauf des Wirtschaftsjahres **nicht rückwirkend** durch eine Neuverteilung des Gewinns geändert werden.[4] Dies bedeutet im Umkehrschluss, dass derartige Vereinbarungen, so sie gewollt sind – aus Nachweisgründen schriftlich – zu Beginn eines Kalenderjahres zu treffen sind.

3772 Auch wenn ein Gesellschafter ausscheidet, bestimmt sich sein Gewinnanteil nach dem Gewinnverteilungsschlüssel und der Dauer seiner Gesellschaftszugehörigkeit (pro rata temporis). Umgekehrt heißt dies für einen beitretenden Gesellschafter, dass ihm erst ab diesem Zeitpunkt Einkünfte zugerechnet werden können.[5]

3773 Der BFH begründet die vorstehende Beurteilung unter Hinweis auf die steuerliche Behandlung des Gesellschafterwechsels bei einer gewerblich tätigen Personengesellschaft.[6] Dort ist es steuerrechtlich nicht möglich, beim Eintritt eines weiteren Gesellschafters in die Personengesellschaft während des Wirtschaftsjahrs den bis zum Eintrittszeitpunkt entstandenen (d. h. durch die Geschäftsvorfälle bis zu diesem Zeitpunkt verwirklichten) Gewinn oder Verlust durch eine schuldrechtliche Rückbeziehung der Eintrittsvereinbarung als laufenden Gewinn oder Verlust einkommensteuerrechtlich von den bisherigen Gesellschaftern ganz oder teilweise auf den neu eintretenden Gesellschafter zu verlagern. Die Anwendung dieses Rechtsgrundsatzes im Bereich der Einkünfte aus Vermietung und Verpachtung einer vermögensverwaltenden Personengesellschaft ergebe, dass ein Überschuss der Werbungskosten über die Einnahmen jeweils nur den Personen zugerechnet werden könne, die im Zeitpunkt des Zuflusses der Einnahmen bzw. des Abflusses von Ausgaben nach einkommensteuerrechtlichen Grundsätzen Gesellschafter waren. Im Bereich der Überschusseinkünfte werde der Tatbestand der Einkünfteerzielung durch den Zufluss der Einnahmen und den Abfluss der Werbungskosten verwirklicht (§ 2 Abs. 2 Nr. 2, §§ 8, 9 und 11 EStG). Der Überschuss von Einnahmen oder Werbungskosten könne daher grundsätzlich nur den Personen zugerechnet werden, bei denen die Einnahmen zu- und die Ausgaben abgeflossen seien. Bei Verwirklichung des Tatbestandes dieser Einkunftsarten durch Gesellschafter in Form ei-

1 *Mutter*, ZEV 2007, 512, 513; BFH 29. 5. 1982 GrS 4/71, BStBl 1973 II 5.

2 BFH 29. 5. 1982 GrS 4/71, BStBl 1973 II 5.

3 FG Münster 14. 6. 2007 6 K 4386/03 F, EFG 2007, 1338, nrkr., Az. des BFH: IX R 18/07.

4 BFH 12. 6. 1980 IV R 40/77, BStBl 1980 II 723; *Mutter*, ZEV 2007, 512, 513 (FN 21).

5 Zur Verteilung der degressiven AfA: OFD Münster 16. 11. 2007, DB 2007, 2743.

6 BFH 7. 7. 1983 IV R 209/80 BStBl 1984 II 53.

ner Gesamthand seien das die Personen, die Gesellschafter in dem Zeitpunkt sind, in dem die Einnahmen und Ausgaben bei der Personengesellschaft zufließen oder abfließen.

(Einstweilen frei) 3774–3780

3. Verlustausgleichsbeschränkung

In § 21 Abs. 1 Satz 2 EStG wird bestimmt, dass § 15a EStG auf die Gesellschafter einer vermögensverwaltenden Personengesellschaft sinngemäß anzuwenden ist. Problematisch ist, dass diese Vorschrift auf Gewinneinkünfte zugeschnitten ist (oben Rn. 1671). Da der BGH entschieden hat, dass Gesellschafter einer GbR stets persönlich haften, also eine GmbH & Co. GbR zu keiner Haftungsbeschränkung führen kann,[1] ist die sinngemäße Anwendung allein auf vermögensverwaltende Kommanditgesellschaften beschränkt. Denn sowohl bei der OHG als auch GbR haften die Gesellschafter persönlich und unbeschränkt. 3781

Mit der Verweisung in § 21 Abs. 1 Satz 2 EStG soll der Kommanditist einer vermögensverwaltenden Kommanditgesellschaft hinsichtlich der Möglichkeit des Ausgleichs von Verlusten einer gewerblichen Kommanditgesellschaft gleichgestellt werden. Es wird also eine Gleichstellung in den Rechtsfolgen angeordnet. Für die sinngemäße Anwendung muss also gefragt werden, inwieweit der Gesellschafter durch den zugerechneten Verlust belastet ist. Fraglich ist, ob hierfür ein fiktives steuerliches Kapitalkonto notwendig ist. Letzteres dürfte zwar zu verneinen sein,[2] allerdings muss das Ausgleichsvolumen unter Berücksichtigung des Zu- und Abflussprinzips modifiziert werden. 3782

Ausgangsgröße ist die geleistete Einlage des Kommanditisten. Diese stellt aus Sicht der Gläubiger risikobehaftetes Vermögen dar, da sie dessen Zugriff unterliegen. Darüber hinaus sind Beträge zu berücksichtigen, die beim Gesellschafter in einer Ergänzungsrechnung erfasst werden. Dies kommt insbesondere dann in Betracht, wenn ein entgeltlicher Gesellschafterwechsel erfolgt ist. Denn hat der Erwerber für den Kapitalanteil mehr bezahlt, als ihm in der Gesellschaftsbilanz gutgeschrieben wird, erhöhen diese Beträge sein Verlustausgleichspotenzial.[3] 3783

Einnahmeüberschüsse, die dem Kommanditisten zugerechnet werden, nachdem seine Einlage durch Verluste gemindert wurde, erhöhen sein Verlustausgleichspotenzial. Entnahmen oder zurückbezahlte Einlagen mindern demgegenüber sein Verlustausgleichspotenzial. 3784

Die nicht ausgleichs- oder abzugsfähigen Verluste werden jährlich gesondert festgestellt. Zuständig ist das für die Personengesellschaft zuständige Finanzamt (§ 180 Abs. 1 Nr. 2a AO). 3785

(Einstweilen frei) 3786–3795

1 BGH 27. 9. 1999 II ZR 371/98, DStR 1999, 1704.
2 Ebenso *Stuhrmann* in Blümich, EStG § 15a Rz. 248.
3 BFH 30. 3. 1993 VIII R 63/91, BStBl 1993 II 706.

III. Betriebsaufspaltung

Literatur (Schrifttum und Aufsätze siehe auch Vorauflage): *Heyel,* Die Betriebsaufspaltung, 1990; *Donath,* Die Betriebsaufspaltung, 1991; *Frost,* Betriebsaufspaltung, 1993; *Knobbe-Keuk,* Bilanz- und Unternehmenssteuerrecht, 9. Aufl., 1993; *Eikmeier,* Die Rechtsprechung zur Betriebsaufspaltung unter dem Blickwinkel des § 42 AO 1977, 1995; *Miessl,* Die Betriebsaufspaltung aus dem Blickwinkel der Steuergerechtigkeit, DB 1995, 111; *Buchheister,* Betriebsaufspaltung – Illusion und Wirklichkeit, BB 1996, 1867; *Hitz,* Die Betriebsaufspaltung – Ein Überblick, FR 1996, 850; *Brandmüller,* Die Betriebsaufspaltung nach Handels- und Steuerrecht, 7. Aufl., 1997; *Schoor,* Betriebsaufspaltung, StBp 1997, 60 ff. und 94 ff.; *van Randenborgh,* Ist die Betriebsaufspaltung noch zeitgemäß? – 10 Argumente gegen die Betriebsaufspaltung, DStR 1998, 20; *Fichtelmann,* Betriebsaufspaltung im Steuerrecht, 10. Aufl., 1999; *Märkle,* Die Betriebsaufspaltung an der Schwelle zu einem neuen Jahrtausend, BB Beilage Nr. 7 zu 31, 2000; *Limberg,* Grundzüge der Betriebsaufspaltung, SteuerStud 2001, 300; *Wehrheim,* Die Betriebsaufspaltung im Spannungsfeld zwischen wirtschaftlicher Einheit und rechtlicher Selbständigkeit, BB 2001, 913; *Wien,* Betriebsaufspaltung, Quo vadis? Chancen, Gestaltung und Tendenzen, DStZ 2001, 196; *Kempermann,* Aktuelle Entwicklung bei der Betriebsaufspaltung, NWB 2003, 2241; F. 3 12501; *Kaligin,* Die Betriebsaufspaltung, 6. Aufl., 2008; *Kautenburger-Behr* in Langenfeld/Gail, Handbuch der Familienunternehmen, 2009, Rz. 600 ff.; *Söffing/Micker,* Die Betriebsaufspaltung, 4. Aufl., 2010.

1. Allgemeines

a) Begriff der Betriebsaufspaltung

3796 Bei einer Betriebsaufspaltung[1] (= Betriebsspaltung, Betriebsaufteilung, Betriebsabspaltung, Betriebsteilung) handelt es sich um eine „Doppelgesellschaft" (bzw. ein „Doppelunternehmen"[2]), in der die betrieblichen Funktionen eines wirtschaftlich einheitlichen Unternehmens auf zwei rechtlich selbständige Unternehmen aufgeteilt werden, die personell und sachlich miteinander verflochten sind.

3797 Eine allgemeingültige Definition[3] des Begriffs der Betriebsaufspaltung ist danach:

Eine **Betriebsaufspaltung** liegt vor, wenn ein Unternehmen (Besitzunternehmen) mindestens eine wesentliche Betriebsgrundlage an eine gewerblich tätige Personen- oder Kapitalgesellschaft (Betriebsunternehmen) zur Nutzung überlässt (sachliche Verflechtung) und eine Einzelperson oder mehrere Personen zusammen (Personengruppe) sowohl das Besitz- als auch das Betriebsunternehmen in dem Sinne beherrschen, dass sie in der Lage sind, in beiden Unternehmen einen einheitlichen geschäftlichen Betätigungswillen durchzusetzen (personelle Verflechtung).

3798 Die Doppelkonstruktion der Betriebsaufspaltung dient einem über den Rahmen einer bloßen Vermietung und Vermögensverwaltung hinausgehenden **wirtschaftlichen Zweck**, da der Verpächter über die Betriebsgesellschaft, die er beherrscht, am allgemeinen Verkehr nachhaltig und in Gewinnerzielungsabsicht teilnimmt.[4]

---

1 *Schmidt,* EStG § 15 Rz. 800; grundlegend zur Betriebsaufspaltung: BFH 8. 11. 1971 GrS 2/71, BStBl 1972 II 63 ff.; zur Abgrenzung zur Betriebsverpachtung vgl. GmbH-Handbuch Teil III, Rz. 3602 ff.

2 Kritisch zur Terminologie *Brandmüller,* a. a. O., Rz. 6.

3 BFH 12. 11. 1985 VIII R 240/81, BStBl 1986 II 296; H 15.7 (4) EStH Allgemeines EStR 2008.

4 BFH 29. 8. 2001 VIII R 34/00, BFH/NV 2002, 185.

Die Betriebsaufspaltung hat zur Folge, dass die ihrer Art nach nicht gewerbliche Tätigkeit der Verpachtung bzw. der Vermietung von Wirtschaftsgütern im Fall der Betriebsaufspaltung in eine **gewerbliche Tätigkeit umqualifiziert** wird und das verpachtende Besitzunternehmen durch die bestehende sachliche und personelle Verflechtung einen Gewerbebetrieb i. S. d. § 15 Abs. 1 und 2 EStG bildet.[1] Über die Vorschrift des § 15 Abs. 3 Nr. 1 EStG (Abfärbe- oder Infektionstheorie) erlangt die gesamte Tätigkeit einer Besitzpersonengesellschaft in vollem Umfang gewerblichen Charakter, so dass bei dieser sämtliche Einkünfte als solche aus Gewerbebetrieb zu behandeln sind.[2] Im Rahmen der Umqualifizierung der Einkünfte und der Berücksichtigung desselben Sachverhaltes bei verschiedenen Steuersubjekten sind die verfahrensrechtlichen Regelungen, insbesondere die widerstreitende Steuerfestsetzung i. S. d. § 174 AO, zu beachten.[3] 3799

Besitzunternehmen und Betriebsunternehmen bilden indessen kein einheitliches, sondern zwei selbständige Unternehmen.[4] 3800

(Einstweilen frei) 3801–3805

b) Rechtsgrundlage und geschichtliche Entwicklung der Betriebsaufspaltung

Literatur: *Barth*, Ein bemerkenswertes Jubiläum – fünfzig Jahre Sonderbehandlung der Betriebsaufspaltung ohne gesetzliche Grundlage, BB 1985, 1861; *Woerner*, Die Betriebsaufspaltung auf dem Prüfstand, BB 1985, 1609; *Groh*, Die Betriebsaufspaltung in der Selbstauflösung, DB 1989, 748; *Weilbach*, Die Betriebsaufspaltung – ein realökonomisches Erfordernis, BB 1990, 829; *Kiesel*, Die richtige Betriebsaufspaltung ist sehr zeitgemäß, DStR 1998, 962; *Petersen*, Unternehmenssteuerrecht und bewegliches System, 1999.

Die den Tatbestand erfüllenden Merkmale der Betriebsaufspaltung und ihre Rechtsfolgen sind zivilrechtlich, handelsrechtlich und steuerrechtlich **nicht kodifiziert**,[5] sondern wurden durch die Rechtsprechung im Wege richterlicher Rechtsfortbildung entwickelt. 3806

Die Rechtsgrundlage für das Rechtsinstitut der Betriebsaufspaltung wurde von der Rechtsprechung zum einen in § 21 Abs. 3 EStG,[6] teilweise in einer „wertenden Betrachtung" des Begriffs „Gewerbebetrieb"[7] sowie vorübergehend in dem Restbetriebsgedanken[8] gesehen.[9] 3807

Vereinzelt wird im Schrifttum das Rechtsinstitut der Betriebsaufspaltung aufgrund der Unsicherheit über die künftige Entwicklung der Rechtsprechung als „juristisches Ärgernis" angesehen.[10] Teilweise wird die Einordnung der Betriebsaufspaltung als ein Rechtsinstitut aufgrund ihrer Unbestimmtheit hinsichtlich der Voraussetzungen und Rechts- 3808

1 *Schmidt*, EStG § 15 Rz. 800.
2 BFH 12. 11. 1985 VIII R 240/81, BStBl 1986 II 296; 13. 11. 1997 IV R 67/96, BStBl 1998 II 254.
3 BFH 5. 11. 2009 IV R 99/06, BStBl 2010 II 593.
4 BFH 8. 11. 1971 GrS 2/71, BStBl 1972 II 63.
5 Die Planung einer Kodifizierung im EStG unterblieb in der Annahme, dass die Rechtsprechung die Grundsätze der steuerlichen Behandlung des Rechtsinstituts der Betriebsaufspaltung nicht ändern werde (vgl. dazu BR-Drucks. 165/85; BT-Drucks. 10/4513).
6 BFH 8. 11. 1971, s. Rn. 3796; zur Kritik s. *Söffing/Micker*, a. a. O., 57.
7 BFH 17. 7. 1991 I R 98/88, BStBl 1992 II 246.
8 Abgelehnt mit BFH 18. 6. 1980 I R 77/77, BStBl 1981 II 39.
9 Zum Ganzen s. *Söffing/Micker*, a. a. O., 54 ff.
10 Vertiefend *Groh*, DB 1989, 748.

folgen, die sich „im Wesentlichen aus einer Reihe von Bänden des Bundessteuerblatts, vornehmlich Band II (...)“ entnehmen lassen,[1] abgelehnt. Allerdings wird dieser Ansicht durch die neuere „Lehre vom beweglichen System“ der Boden entzogen. Danach kann die Rechtsfolge auch ohne einen bestehenden und abschließenden Tatbestand eintreten, wenn sog. „bewegende Kräfte“ in ausreichender Zahl und Stärke vorhanden sind.[2]

3809 Über den Ursprung der Gestaltung ist nur wenig bekannt.[3] Einen dokumentierten Ausgangspunkt der Lehre von der Betriebsaufspaltung bildet die Rechtsprechung des RFH aus dem Jahre 1924. In dieser älteren Rechtsprechung vertrat der RFH zunächst die Auffassung, dass ein Gesellschafter einer GmbH, der Wirtschaftsgüter dieser GmbH vermietete, aus dieser Vermietungstätigkeit lediglich Einnahmen aus Vermietung und Verpachtung erzielte. Das Besitzunternehmen wurde somit nicht als Gewerbebetrieb angesehen.[4] Diese Auffassung wurde nach Veröffentlichung eines Artikels des damaligen Staatssekretärs im Reichsfinanzministerium *Reinhard* aufgegeben.[5] *Reinhard* führte darin aus, dass die Schmälerung der Gewerbesteuer durch Abzug der Pachtzinsen und der Gehälter für den geschäftsführenden Gesellschafter im Rahmen einer Betriebsaufspaltung gegen den Grundsatz der Gleichmäßigkeit der Besteuerung verstoße.[6] Der RFH zog daran anschließend – letztlich unter dem Druck der Staatsdiktatur – die Möglichkeit in Betracht, dass auch das Besitzunternehmen ein einheitliches gewerbliches Unternehmen darstellen könnte[7] und bestätigte diese Tendenz endgültig durch Urteil vom 1. 7. 1942.[8] Die Rechtsprechung zur Betriebsaufspaltung des RFH wurde vom BFH übernommen, im Zuge der Fortentwicklung des Rechtsgedankens auf den Fall der unechten Betriebsaufspaltung ausgeweitet[9] und schließlich vom Großen Senat des BFH im Grunde bekräftigt und konkretisiert.[10] In dem Beschluss des Großen Senats des BFH wurde die „Einheitstheorie“ des RFH dadurch ersetzt, dass nun ein „enger wirtschaftlicher Zusammenhang“ anzunehmen ist, wenn aufgrund besonderer sachlicher und personeller Gegebenheiten eine wirtschaftliche Verflechtung besteht.[11]

1 *Knobbe-Keuk*, a. a. O., § 22 X.

2 Vgl. *Petersen*, a. a. O., 27.

3 Vgl. *Brandmüller*, Rz. 2.

4 RFH 12. 12. 1924, RStBl 1924, 152; vgl. zur Rechtsentwicklung der Betriebsaufspaltung auch *Gluth* in Herrmann/Heuer/Raupach, § 15 EStG Anm. 771.

5 Siehe dazu „Beurteilung von Tatbeständen nach nationalsozialistischer Weltanschauung“, RStBl 1936, 1041, 1051, vgl. hierzu auch *Barth*, BB 1985, 1861.

6 Siehe dazu *Barth*, DB 1968, 814 („Betriebsaufspaltung als Kind nationalsozialistischer Rechtsanwendung“).

7 RFH 26. 10. 1938, RStBl 1939, 282: „... dürfte unter Umständen ein einheitlicher Gewerbebetrieb in Frage kommen ...“.

8 RStBl 1942, 1081: „Ein Fabrikgrundstück, in dem der Eigentümer einen Gewerbebetrieb unterhalten hatte und das er zur Fortsetzung des Betriebes an eine von ihm gegründete und beherrschte AG verpachtete, stellt **einen** gewerblichen Betrieb des Eigentümers dar.“

9 BFH 3. 11. 1959 I 217/58, BStBl 1960 III 50: „Eine Betriebsaufspaltung ist auch dann anzunehmen, wenn Besitz- und Betriebsunternehmen von vornherein als einzelne juristisch selbständige Wirtschaftseinheiten gegründet werden und die Verpachtung wesentlicher Betriebsgrundlagen erst anschließend erfolgt.“

10 BFH 8. 11. 1971, s. Rn. 3796; vgl. zur Vorgeschichte und Inhaltsdeutung dieses Beschlusses, *Woerner*, BB 1985, 1609, 1611.

11 In der weiteren Entwicklung s. BFH 16. 6. 1982 I R 118/80, BStBl 1982 II 662; 17. 3. 1987 VIII R 36/84, BStBl 1987 II 858.

Die Rechtsgrundsätze des BFH zum Rechtsinstitut der Betriebsaufspaltung sind vom BVerfG als verfassungsgemäß anerkannt worden,[1] wobei das BVerfG keine sachliche Prüfung der Gewerbesteuerpflicht des Besitzunternehmens vorgenommen hat, sondern seine Prüfung lediglich auf die Anschauung der Bedeutung der Grundrechte beschränkte.[2] 3810

Das Rechtsinstitut der Betriebsaufspaltung ist heute als Gestaltungsinstrument allgemein anerkannt,[3] was sich anhand der Anzahl der veröffentlichten Abhandlungen in der steuerrechtlichen Fachliteratur belegen lässt.[4] Schon im Hinblick auf die noch bestehenden Betriebsaufspaltungen und die notwendigen Gestaltungsmodalitäten zur Vermeidung von Steuerrisiken bei deren gewollter oder ungewollter Beendigung wird die Betriebsaufspaltung auch in Zukunft nicht an Bedeutung verlieren, sondern ist als wesentliches steuerliches Vehikel in der Praxis verankert. 3811

(Einstweilen frei) 3812–3815

c) Erscheinungsformen der Betriebsaufspaltung

Literatur: *Lederle*, Die Begründung der echten Betriebsaufspaltung durch Übertragung von Einzelwirtschaftsgütern, GmbHR 2004, 985; *Engelsing/Lange*, Teilwertbemessung im Rahmen der Betriebsaufspaltung; StuB 2004, 963; *Fichtelmann*, Ausgewählte Fragen zur Betriebsaufspaltung, GmbHR 2006, 345.

Nach der Art der Entstehung der Betriebsaufspaltung wird im Allgemeinen zwischen „echter“ und „unechter“ Betriebsaufspaltung unterschieden. 3816

aa) Echte Betriebsaufspaltung

Eine **„echte Betriebsaufspaltung“** liegt vor, wenn ein bereits bestehendes einheitliches, nicht notwendigerweise gewerbliches Unternehmen[5] (meist ein Einzelunternehmen oder eine Personengesellschaft in der Rechtsform einer OHG, KG, GmbH & Co. KG oder Gesellschaft bürgerlichen Rechts) in der Weise aufgeteilt wird, dass ein Teil des Betriebsvermögens (meist das Umlaufvermögen und das bewegliche Anlagevermögen) auf eine neu gegründete Betriebsgesellschaft – i. d. R. eine Kapitalgesellschaft in der Rechtsform einer GmbH – entgeltlich oder unentgeltlich[6] übertragen wird und mindestens eine wesentliche Betriebsgrundlage (meist das unbewegliche Anlagevermögen) beim bisherigen Unternehmen (Besitzunternehmen) verbleibt, aber dem Betriebsunter- 3817

1 Erstmals BVerfG 14. 1. 1969 BvR 163/62, BStBl 1969 II 389; bestätigt durch Beschl. des BVerfG 12. 3. 1985 1 BvR 571/81, BStBl 1985 II 475 sowie Beschl. 13. 1. 1995 1 BvR 1946/94, GmbHR 1995, 308 und 25. 3. 2004 2 BvR 944/00, HFR 2004, 691; zur Kritik an der Rspr. des BVerfG s. *Weilbach*, BB 1990, 830; zur finanzgerichtlichen Rspr. s. BFH 23. 1. 2001 VIII R 71/98, BFH/NV 2001, 894 bzw. FG München 20. 3. 2007 6 K 2112/05, NWB DokID: SAAAC-48956.

2 Darauf hinweisend *Söffing/Micker*, a. a. O., 52, 53.

3 Vgl. *Kiesel*, DStR 1998, 962; *Weilbach*, BB 1990, 829.

4 Siehe die Zusammenstellung der Literatur bei *Söffing/Micker*, a. a. O., 31 ff.

5 Auch freiberufliche Tätigkeit, BFH 18. 6. 1980 I R 77/77, BStBl 1981 II 39; kritisch dazu *Söffing/Micker*, a. a. O., 60.

6 Auch die leihweise Überlassung des Anlagevermögens kann eine Betriebsaufspaltung begründen, BFH 24. 4. 1991 X R 84/88, BStBl 1991 II 713; im Übrigen BFH 15. 1. 1998 IV R 8/97, BStBl 1998 II 478; 28. 3. 2000 VIII R 68/96, BFH/NV 2002, 1281; dazu kritisch *Fichtelmann*, Gewinnerzielungsabsicht bei Betriebsaufspaltung – Unentgeltliche Nutzungsüberlassung an die Betriebsgesellschaft, EStB 6/2003, 223 ff.

nehmen zur Nutzung überlassen wird. Erforderlich ist zum einen, dass zwischen beiden Unternehmen eine personelle Verflechtung (einheitlicher geschäftlicher Betätigungswille in beiden selbständigen Unternehmen) besteht[1] und zum anderen, dass dem Betriebsunternehmen mindestens eine wesentliche Betriebsgrundlage durch das Besitzunternehmen überlassen wird (sachliche Verflechtung), da ansonsten eine Betriebsaufgabe vorliegt.[2]

Die echte Betriebsaufspaltung beginnt zu dem Zeitpunkt, in dem die Existenz des ursprünglichen Einheitsunternehmens aus steuerrechtlicher Sicht endet. An dessen Stelle treten Betriebsunternehmen und Besitzunternehmen.[3]

BEISPIEL: Der Einzelunternehmer A betreibt seit vielen Jahren einen Produktionsbetrieb für Metallteile in einem ihm gehörenden Fabrikationsgebäude. Nach einigen Jahren überträgt A aus seinem Betriebsvermögen sämtliche technischen Anlagen und Maschinen sowie das Umlaufvermögen auf eine von ihm gegründete GmbH, der A zudem das Produktionsgebäude vermietet (wesentliche Betriebsgrundlage). Die Vermietung des bei A verbleibenden Produktionsgebäudes wird als gewerbliche Tätigkeit des A (= Besitzunternehmen) qualifiziert. Eine Betriebsaufgabe liegt nicht vor, da eine bisherige wesentliche Betriebsgrundlage bei A verbleibt. Die stillen Reserven der übertragenen Wirtschaftsgüter sind aufzudecken und von A als laufende Einkünfte zu versteuern. Die Anschaffungskosten der GmbH-Beteiligung erhöhen sich um den Teilwert der im Wege der verdeckten Einlage übertragenen Einzelwirtschaftsgüter (§ 6 Abs. 6 EStG).[4]

bb) Unechte Betriebsaufspaltung

3818 Eine **„unechte normale Betriebsaufspaltung“**[5] ist gegeben, wenn das Besitzunternehmen und die Betriebsgesellschaft von vornherein als zwei rechtlich selbständige und voneinander unabhängige Unternehmen errichtet wurden und somit nicht aus einem gewollten Aufspaltungsvorgang eines einheitlichen Unternehmens entstanden sind. Eine Verbindung dieser Unternehmen erfolgt durch Überlassen der Anlage- und Umlaufvermögen zur Nutzung. Neben dieser sachlichen Verflechtung muss auch hier die personelle Verflechtung vorliegen.

BEISPIEL: Der Alleingesellschafter A der seit längerer Zeit bestehenden A-GmbH erwirbt aus Gründen einer geplanten Expansion ein Grundstück, das er an die A-GmbH zur Nutzung vermietet und das für diese eine wesentliche Betriebsgrundlage darstellt. Die in der Vermietung des Grundstücks liegende Tätigkeit ist als eine gewerbliche Tätigkeit des Alleingesellschafters (= Besitzunternehmen) anzusehen. Die Entstehung der Betriebsaufspaltung stellt eine Betriebseröffnung für den A dar, der die Wirtschaftsgüter seines Besitzunternehmens mit dem Teilwert anzusetzen hat (§ 6 Abs. 1 Nr. 5a EStG).[6]

1 Siehe Rn. 3906 ff. (Voraussetzung der Betriebsaufspaltung).

2 BFH 24. 8. 1989 IV R 135/86, BStBl 1989 II 1014.

3 Vgl. *Söffing/Micker*, a. a. O., 365.

4 Siehe Rn. 3949 (Begründung der Betriebsaufspaltung).

5 Erstmals bejaht in BFH 3. 11. 1959 I 127/58, BStBl 1960 III 50; vgl. BFH 8. 11. 1971, Rn. 3796.

6 Siehe Rn. 3949 (Begründung der Betriebsaufspaltung).

Aus Gründen der Gleichmäßigkeit der Besteuerung stimmen die Rechtsfolgen der „echten" und „unechten" Betriebsaufspaltung überein;[1] die Gründungsunterschiede sind steuerlich ohne Relevanz.[2] 3819

Bei der unechten Betriebsaufspaltung beginnt der gewerbliche Betrieb des Besitzunternehmens in dem Zeitpunkt, in dem der spätere Besitzunternehmer mit Tätigkeiten beginnt, die eindeutig und objektiv erkennbar auf die Vorbereitung der endgültig beabsichtigten Überlassung von wesentlichen Betriebsgrundlagen an die von ihm beherrschte Betriebsgesellschaft gerichtet sind. Dies ist beispielsweise gegeben, sofern ein Grundstück mit dem Vorhaben erworben wird, es mit Gebäuden zu bebauen, die nach Fertigstellung den Betrieb des Betriebsunternehmens aufnehmen sollen. Selbiger Fall ist gegeben, wenn ein Architekt mit der Planung eines seit längerer Zeit vorhandenen Grundstücks beauftragt wird.[3] Vermietet hingegen das Besitzunternehmen ein unbebautes Grundstück an das Betriebsunternehmen, das erst durch Nutzungsänderung zu einer wesentlichen Betriebsgrundlage für das Betriebsunternehmen geworden ist, so beginnt die Betriebsaufspaltung mit der Nutzungsänderung.[4] 3820

Eine **„unechte qualifizierte Betriebsaufspaltung"** ist gegeben, wenn das Besitzunternehmen die Voraussetzungen für einen fortgesetzten Gewerbebetrieb erfüllt. Der Betriebsgesellschaft muss ein Betrieb i. S. d. Betriebsverpachtungsrechtsprechung überlassen werden. Es ist erforderlich, dass das Besitzunternehmen der Betriebsgesellschaft sämtliche für den Betrieb funktional wesentliche Betriebsgrundlagen überlässt.[5]

BEISPIEL: A ist alleiniger Gesellschafter der A-GmbH. Auf einem ihm gehörenden Grundstück errichtet er eine Autowerkstatt (Grundstück samt Gebäude, Betriebsvorrichtungen und Geschäftsausstattung), die er an die A-GmbH verpachtet.

(Einstweilen frei) 3821–3825

cc) Rechtsformen des Betriebs- und des Besitzunternehmens

Literatur: *Fichtelmann*, Zur Zulässigkeit einer Betriebsaufspaltung mit mehreren Besitzunternehmen, FR 1983, 78; *Flore*, Ausgliederung oder kapitalistische Betriebsaufspaltung als Umwandlungsalternativen, GmbHR 1997, 250; *Kuhsel*, Problembereiche der kapitalistischen Betriebsaufspaltung, DB 1998, 2194; *Gebhardt*, Aktuelle Entwicklung bei der mitunternehmerischen Betriebsaufspaltung, GmbHR 1998, 1022; *Kessler/Teufel*, Die umgekehrte Betriebsaufspaltung zwischen Schwestergesellschaften – eine attraktive Rechtsformkombination nach der Unternehmenssteuerreform 2001, DStR 2001, 869; *Kiesel*, Die mitunternehmerische Betriebsaufspaltung in der Beratungspraxis – Eine Replik zu *Söffing*, DStR 2001, 520; *Söffing*, Mitunternehmerische Betriebsaufspaltung – Anmerkungen zum BFH-Urteil vom 24. 11. 1998 VIII R 61/97, DStR 2001, 158.

Nach der Konstellation der Rechtsformen der beteiligten Unternehmen kann die Betriebsaufspaltung wie folgt unterschieden werden: 3826

---

1 BFH 16. 7. 1970 IV 87/65, BStBl 1971 II 182; 6. 3. 1997 XI R 2/96, BStBl 1997 II 460, m. w. N.

2 *Kaligin*, a. a. O., 23; beachte die Besonderheiten bei einer Betriebsverpachtung und der Einstimmigkeitsabrede.

3 BFH 12. 4. 1991 III R 39/86, BStBl 1991 II 773; zur Kritik s. *Bitz* in Littmann/Bitz/Pust, Das Einkommensteuerrecht, Band 3, § 15 Rz. 304.

4 BFH 19. 3. 2002 VIII R 57/99, BStBl 2002 II 662.

5 BFH 17. 4. 2002 X R 8/00, BStBl 2002 II 527.

Form der Betriebsaufspaltung	Gestaltungsbeschreibung
kapitalistische[1]	sowohl Besitz- als auch Betriebsunternehmen bestehen in der Rechtsform einer Kapitalgesellschaft
umgekehrte[2]	eine Betriebspersonengesellschaft oder deren Gesellschafter beherrschen eine Besitzgesellschaft in der Rechtsform einer Kapitalgesellschaft[3]
mitunternehmerische[4]	sowohl Betriebs- als auch die Besitzgesellschaft treten in der Rechtsform einer Personengesellschaft auf[5]
dreistufige[6]	das Besitzunternehmen ist nicht (selbst) Eigentümer der wesentlichen Betriebsgrundlagen, die es an die Betriebsgesellschaft verpachtet

[1] *Kuhsel*, DB 1998, 2194; *Wienands*, DStZ 1994, 623.

[2] *Schulze zur Wiesche*, BB 1989, 815; vgl. GmbH-Handbuch Teil III, Rz. 3615 zum Bedeutungsverlust der umgekehrten Betriebsaufspaltung im Zusammenhang mit der Einhaltung der Publizitätsverpflichtungen nach Einführung des § 264a HGB durch das KapCoRiLiG.

[3] Nach *Söffing/Micker*, a. a. O., 198 liegt in diesem Fall keine Betriebsaufspaltung vor.

[4] Vgl. dazu *Söffing*, DStR 2001, 158 und die Replik von *Kiesel*, DStR 2001, 520; *Gebhardt*, GmbHR 1998, 1022.

[5] Zur Entwicklung der steuerlichen Behandlung von Besitz- und Betriebsunternehmen bei Vermietung und Verpachtung i. R. einer mitunternehmerischen Betriebsaufspaltung s. Rn. 4020.

[6] BFH 15. 5. 1975 IV R 89/73, BStBl 1975 II 781; 26. 5. 1993 X R 78/91, BStBl 1993 II 718; zu den Besonderheiten einer mehrfachen Betriebsaufspaltung *Gluth* in Herrmann/Heuer/Raupach, § 15 Anm. 784.

3827 Die Besitz- und Betriebsunternehmen können somit in unterschiedlichen Rechtsformen[1] zur Begründung einer Betriebsaufspaltung in Erscheinung treten:

Besitzunternehmen
▶ Bruchteilsgemeinschaft[1]
▶ Wohnungseigentümergemeinschaften i. S. d. § 10 WEG[2]
▶ Eheliche Gütergemeinschaft[3]
▶ Einzelunternehmen[4]
▶ Personengesellschaft[5]
▶ Kapitalgesellschaft[6]
▶ Erbengemeinschaft[7]
▶ eingetragener Verein[8]
▶ Betrieb gewerblicher Art[9]
▶ wirtschaftlicher Geschäftsbetrieb; Körperschaft öffentlichen Rechts[10]

1 Zu den unterschiedlichen Gesellschaftsformen im Allgemeinen vgl. Rn. 21 ff.

[1] BFH 28.1.1982 IV R 100/78, BStBl 1982 II 478; 23.10.1986 IV R 214/84, BStBl 1987 II 120; 19.12.2007 I R 111/05, BStBl 2008 II 536.

[2] BFH 23.4.1996 VIII R 13/95, BStBl 1998 II 325.

[3] *Zenthöfer/Schulze zur Wiesche*, a.a.O., 684; *Söffing/Micker*, a.a.O., 191.

[4] BFH 27.2.1991 XI R 25/88, BFH/NV 1991, 454.

[5] 1.8.1979 I R 111/78, BStBl 1980 II 77; 22.10.1986 I R 180/82, BStBl 1980 II 117; so auch *Fichtelmann*, FR 1983, 78; a.A. *Söffing/Micker*, a.a.O., 212 ff.

[6] BFH 12.11.1985 VIII R 240/81, BStBl 1986 II 296; 26.11.1992 IV R 15/91, BStBl 1992 II 876; 1.10.1996 VIII R 44/95, BStBl 1997 II 530.

[7] BFH 26.11.1992 IV R 15/91, BStBl 1993 II 876.

[8] BFH 21.5.1997 I R 164/94, BFH/NV 1997, 825.

[9] BFH 2.9.1997 I R 20/09, BFH/NV 2010, 391.

[10] *Schmidt*, EStG § 15 Rz. 861.

Betriebsunternehmen
Kapitalgesellschaft[11]
Personengesellschaft[12]
Nach herrschender Ansicht ist die Führung eines Betriebsunternehmens durch einen Einzelunternehmer nicht möglich[13]

[11] BFH 29.7.1976 IV R 145/72, BStBl 1976 II 750.

[12] BFH 23.10.1986 IV R 214/84, BStBl 1987 II 120.

[13] BFH 10.4.1997 IV R 73/94, BStBl 1997 II 569.

Eine Betriebsaufspaltung kann nach der Rechtsprechung auch zwischen einem Besitzunternehmen und **mehreren** Betriebsgesellschaften[1] und umgekehrt begründet werden. 3828

Die Anwendung der vorstehenden Grundsätze ist bei Beteiligung juristischer Personen als Besitzgesellschaft nicht auf Kapitalgesellschaften beschränkt. Vielmehr finden sie über den Grundgedanken der §§ 14, 64 und 65 AO auch auf gemeinnützige Einrichtungen (Vereine) Anwendung.[2] 3829

(Einstweilen frei) 3830–3835

d) Überblick über die Vor- und Nachteile der Betriebsaufspaltung

Literatur: *Klein*, Referentenentwurf um Kapitalgesellschaften & Co.-Richtlinien-Gesetz, DB 1999, 1409; *Hoffmann*, Betriebsaufspaltung nach der Unternehmenssteuerreform, GmbH-StB 2000, 347; *Kulemann/Harle*, Fallstudie: Auswirkungen des Steuersenkungsgesetzes in einem Betriebsaufspaltungsfall, GmbHR 2000, 972; *Kessler/Teufel*, Die umgekehrte Betriebsaufspaltung zwischen Schwestergesellschaften – eine attraktive Rechtsformkombination nach der Unternehmenssteuerreform 2001, DStR 2001, 870; *dies.*, Die klassische Betriebsaufspaltung nach der Unternehmenssteuerreform, BB 2001, 17; *Schulze zur Wiesche*, Die Betriebsaufspaltung unter Berücksichtigung des StSenkG und des UntStFG sowie der neueren Rechtsprechung, WPg 2003, 90.

---

1 BFH 14.1.1982 IV R 77/97, BStBl 1982 II 476; 11.11.1983 IV R 117/80, BStBl 1983 II 299.

2 BFH 12.5.1997 I R 164/94, GmbHR 1997, 1007.

3836 Ob eine Betriebsaufspaltung ein effizientes Gestaltungsmodell darstellt, ist im jeweiligen Einzelfall unter Berücksichtigung von verschiedenen Faktoren wie Größe und Art des Betriebes, Umfang der stillen Reserven, Nachfolgeregelungen etc. zu beurteilen. Im Folgenden werden – ohne Anspruch auf Vollständigkeit – etwaige Vor- und Nachteile dargestellt, die als Beweggründe für die Durchführung oder eine Vermeidung einer Betriebsaufspaltung eine Rolle spielen können.

aa) Vorteile einer Betriebsaufspaltung

Literatur: *Förster*, Rechtsformwahl, Umwandlung und Unternehmenskauf nach der Unternehmenssteuerreform, WPg 2001, 1234 ff.; *Herzig*, Aspekte der Rechtsformwahl für mittelständische Unternehmen nach der Steuerreform, WPg 2001, 253 ff.; *Wesselbaum-Neugebauer*, Die Vereinbarung von Leistungsvergütungen zwecks Steueroptimierung nach Einführung des Halbeinkünfteverfahrens, GmbHR 2002, 47 ff.; *Tillich*, Die Steuerbelastung von Personenunternehmen und Kapitalgesellschaften unter Berücksichtigung der neuen Teilsteuersätze, BB 2002, 1515 ff.

3837 Die Betriebsaufspaltung wird als typisches **Instrument des Mittelstandes** angesehen, das es ermöglicht, die jeweiligen steuerlichen Vorteile einer Personengesellschaft (insbes. unmittelbare Verlustzurechnung) mit denen einer Kapitalgesellschaft (u. a. gewerbesteuerliche Abzugsfähigkeit der Geschäftsführervergütung, Rückstellungsbildung für Pensionszusagen, keine Kirchensteuerpflicht) miteinander zu kombinieren und zugleich betriebswirtschaftlich **überschaubare und kontrollierbare Einheiten** zu begründen.[1]

3838 Die **steuerlichen Vorteile** eines Personenunternehmens bestehen vornehmlich in der unmittelbaren Verlustzurechnung sowie dem Gewerbesteuerfreibetrag und bis zum Inkrafttreten der Unternehmensteuerreform 2008[2] dem Staffeltarif (§ 11 GewStG). Der Nachteil, dass die laufenden Erträge der Besitzpersonengesellschaft aus der Nutzungsüberlassung der Gewerbesteuer unterliegen, wird i. d. R. durch die pauschalierte Anrechnung der Gewerbesteuer auf die persönliche Einkommensteuer der Gesellschafter ausgeglichen (§ 35 EStG).[3] Zu den steuerlichen Vorteilen einer Kapitalgesellschaft zählen die Möglichkeit der gewerbesteuerrechtlichen Abzugsfähigkeit der Gesellschafter-Geschäftsführervergütungen, der Rückstellung für Pensionszusagen an Gesellschaftsführer sowie die Tatsache, dass thesaurierte Gewinne nicht der Kirchensteuer unterliegen. Für die Ermittlung der Vorteilhaftigkeit der kombinierten Rechtsformen empfiehlt es sich, die optimale Aufteilung anhand eines sog. Steuerbelastungsvergleiches zu bestimmen.[4]

1 Vgl. *Brandmüller*, Rz. 3.

2 Zur Besteuerung nach Umsetzung der Unternehmensteuerreform 2008 s. Rn. 4761 ff. Bis zur Erbschaftsteuerreform 2008 zählte zu den Vorteilen auch stets die Bemessung der Erbschaft- und Schenkungsteuer bei Personengesellschaften nach dem Substanzwertverfahren.

3 *Schmidt*, EStG § 15 Rz. 804.

4 Siehe dazu das konstruktive Fallbeispiel bei *Kulemann/Harle*, GmbHR 2000, 972 ff.; zur Diskussion um die optimale Rechtsformwahl nach den Unternehmensteuerreformen vgl. für die Zeit bis 31. 12. 2007 *Höflacher/Wendlandt*, Rechtsformwahl nach der Unternehmensteuerreform 2001, GmbHR 2001, 793 ff.; für die Zeit seit 1. 1. 2008 *Wesselbaum-Neugebauer*, Die GmbH & Co. KG versus Betriebsaufspaltung, GmbHR 2007, 1300.

Als Beweggründe für die Wahl dieser Gestaltung können insbesondere die Nutzung von **Haftungsbeschränkungen** (Kredithaftung, Produzentenhaftung) durch die unterschiedlichen Rechtsformen,[1] die mögliche Abkopplung der Sachwerte vom operativen Geschäft und die Sicherung der **Unternehmenskontinuität** durch Beteiligung Dritter oder der nachfolgenden Generation an unterschiedlichen Unternehmen angeführt werden. 3839

Ferner kommen als Motive Strategien zur **Vermeidung oder Reduzierung etwaiger Rechnungslegungs- und Publizitätspflichten**[2] in Betracht. Personenhandelsgesellschaften, bei denen nicht wenigstens ein persönlich haftender Gesellschafter eine natürliche Person oder eine Personengesellschaft mit einer natürlichen Person als persönlich haftendem Gesellschafter ist oder sich die Verbindung von Gesellschaften in dieser Art fortsetzt (§ 264a Abs. 1 HGB), werden den ergänzenden Vorschriften für Kapitalgesellschaften unterworfen (§§ 264 – 330 HGB). Im Ergebnis werden somit Personenhandelsgesellschaften i. S. d. § 264a HGB (insbesondere also GmbH & Co. KG) für Zwecke der Rechnungslegung den Kapitalgesellschaften gleichgestellt. Nach den handelsrechtlichen Publizitätsvorschriften sind die Unternehmen zudem grundsätzlich gesetzlich verpflichtet, jährlich ihre Jahresabschlussunterlagen im elektronischen Bundesanzeiger (eBANZ) bekannt zu geben. Der Umfang ergibt sich aufgrund der Größenkriterien (Umsatzerlöse, Bilanzsumme sowie Anzahl der Mitarbeiter) gem. § 267 HGB i.V. m. §§ 325 ff. HGB. Durch Aufteilung der Sachwerte und des operativen Geschäfts auf zwei rechtlich selbständige Unternehmen können danach die Merkmale für Publizitäts- und Prüfungspflichten[3] des Gesamtunternehmens u.U. vermieden[4] bzw. die Offenlegungspflichten[5] durch Inanspruchnahme der Erleichterungen für kleine Kapitalgesellschaften reduziert werden. 3840

1 Zur Frage der Haftung des Besitzunternehmens als haftende Konzernspitze im qualifiziert haftenden Konzern, BGH 8. 9. 1998 3 AZR 185/97, DB 1999, 1068; 29. 3. 1993 II ZR 265/91, DB 1993, 825; BAG 1. 8. 1995 9 AZR 378/94, DStR 1996, 433; BSG 27. 9. 1994 10 RAr 1/92, GmbHR 1995, 46; FG Baden-Württemberg 25. 4. 2001 III K 4/98, EFG 2001, 1013, nrkr., Rev., Az. des BFH: I R 57/01.

2 Nach Inkrafttreten des im Wege von EU-Recht Richtlinie 90/605 EWG des Rates v. 8. 11. 1990 – Kapitalgesellschaften & Co.-Richtlinie – IDW-Textausgabe KapCoRiLiG, Anhang, S. 154 in nationales Recht transformierten Kapitalgesellschaften-und-Co-Richtlinie-Gesetzes v. 24. 2. 2000 KapCoRiLiG – BGBl 2000 I 154 am 9. 3. 2000 in Kraft getreten galten die Regelungen erstmals für Geschäftsjahre, die nach dem 31. 12. 1999 begannen.

3 Die Schwellenwerte der Größenkriterien in §§ 267, 293 HGB wurden im Gesetz zur Modernisierung des Bilanzrechts (Bilanzrechtsmodernisierungsgesetz, BilMoG) um ca. 20 % erhöht, so dass der Kreis der von der Vorschrift Betroffenen nun geringer ist bzw. das Gestaltungspotenzial Betroffene erreicht, die bislang die Grenzen deutlich überschritten. Die Rechtsfolgen der Merkmale nach § 267 Abs. 1 bis 2 HGB treten weiterhin nur ein, wenn sie an den Abschlussstichtagen von zwei aufeinander folgenden Geschäftsjahren über- oder unterschritten werden.

4 *Klein*, DB 1999, 1509.

5 Für Zwecke der Offenlegung sind bei kleinen Kapitalgesellschaften (Bilanzsumme: bis 4 840 000 €, Umsatzerlöse: bis 9 680 000 €, durchschnittlich weniger als 50 Arbeitnehmer) nur Bilanz unter Ausnutzung der Aufstellungserleichterungen (§§ 266 Abs. 1 Satz 3, 274a HGB) und Anhang einzureichen (§ 326 Satz 1 HGB). Ein Lagebericht braucht nicht aufgestellt zu werden § 264 (1), Satz 4 HGB. Hieraus ergibt sich, dass auch der Anhang – unter Inanspruchnahme der Aufstellungserleichterungen nach § 288 HGB – ohne alle die GuV betreffenden Angaben ausreichend ist (§ 326 Satz 2 HGB).

3841 Daneben kann sich die Möglichkeit einer **erleichterten Kapitalbeschaffung** am Kapitalmarkt für Betriebskapitalgesellschaften – zumindest in der Rechtsform einer AG – als vorteilhaft erweisen, um etwaige Liquidationsengpässe zu vermeiden.[1]

3842 Im Rahmen einer ordnungsgemäßen **Kreditgewährung** ist die Offenlegung der wirtschaftlichen Verhältnisse der Kreditnehmer ab einer Kredithöhe von 250 000 € durch § 18 KWG zwingend vorgeschrieben. Dabei müssen bestimmte qualitative Anforderungen erfüllt sein, damit die künftige Kapitaldienstfähigkeit mit hinreichender Sicherheit bewertet werden kann. Die Kreditinstitute betrachten daher die Erstellung eines Jahresabschlusses mit sog. Plausibilitätsprüfung durch Steuerberater bzw. Wirtschaftsprüfer als obligatorisch, um die Zuverlässigkeit der Angaben des Kreditnehmers zu erhöhen. Allerdings kann in sehr einfach gelagerten Fällen auf diese zusätzlichen Angaben verzichtet werden. Dies ist z. B. bei einer Vermietungsgesellschaft der Fall, bei der das Kreditinstitut den Grundbesitz belastet hat.[2] Insoweit kann die Besitzgesellschaft in den Genuss geringerer Anforderungen an die Offenlegung der wirtschaftlichen Verhältnisse kommen, die regelmäßig auch mit einer niedrigeren Kostenbelastung einhergehen.

3843 Im Hinblick auf die Ausnutzung von **Standortvorteilen** im Bereich Vertrieb und Marketing bietet die Betriebsaufspaltung dem Unternehmer ein erhöhtes Maß an Flexibilität. Gerade Unternehmen, die ein am internationalen Markt ausgerichtetes operatives Geschäft betreiben, können durch die sog. „grenzüberschreitende Betriebsaufspaltung" Standortvorteile wie niedrige Lohnkosten, erleichterte Rohstoffversorgung, Steuervorteile oder verbesserte Absatzmöglichkeiten nutzen.[3]

3844 Die Betriebsaufspaltung hat zur Folge, dass die den **Arbeitnehmern** eines Betriebes zustehenden **Kompetenzen eingeschränkt** oder ausgeschaltet werden können. Durch eine entsprechende Aufgliederung der Betriebe und Betriebsteile kann vermieden werden, dass ein Betriebsrat i. S. d. § 1 BetrVG[4] gewählt werden kann und ein mit umfassenden Befugnissen ausgestatteter Wirtschaftsausschuss i. S. d. § 106 BetrVG gebildet werden muss.

3845–3850 *(Einstweilen frei)*

bb) Nachteile einer Betriebsaufspaltung

Literatur: *Carlé*, Die Betriebsaufspaltung im Erbfall, ErbStB 2006, 155; *Fichtelmann*, Insolvenz in der Betriebsaufspaltung, EStB 2004, 75; *Hörger/Forster*, Rechtslage und Gestaltungsüberlegungen zur Übertragung einzelner Wirtschaftsgüter, DStR 2000, 406; *dies.*, Betriebsaufspaltung durch Übertragung von Einzelwirtschaftsgütern, GmbHR 2001, 1139; *Schäfers*, Gestaltung der Unternehmensnachfolge bei Betriebsaufspaltung – Hinweise zur Vermeidung von Steuerrisiken im Erbfall, GmbH-StB 2003, 226.

1 *Kaligin*, a. a. O., 53.
2 *Walter*, DStR 2003, 606.
3 *Kaligin.*, a. a. O., 54.
4 I. d. F. der Bekanntmachung v. 25. 9. 2001, BGBl 2001 I 2518.

Dem steht gegenüber, dass mit der Schaffung weiterer Gesellschaften ein **erhöhter Organisations-, Verwaltungs- und Kostenaufwand** einhergeht. Nicht übersehen werden darf ferner das oft unkalkulierbare **steuerliche Risiko** der Aufdeckung von stillen Reserven, die bei Wegfall der Voraussetzungen der Betriebsaufspaltung durch tatsächliche Ereignisse oder Veränderung der personellen Strukturen droht.[1] Auch kann sich die erhöhte **Rechtsunsicherheit** in den Fortbestand der von der Rechtsprechung entwickelten Grundsätze einer Betriebsaufspaltung sowie die anhaltende Spezifizierung einzelner Voraussetzungen, die u.U. zu einem nachträglichen Wegfall der Betriebsaufspaltung führen kann, als nachteilig erweisen, da es langfristige Planungen nur eingeschränkt erlaubt. 3851

Durch die Abschaffung der Vermögenssteuer mit Wirkung ab 1997 und durch Wegfall der Gewerbekapitalsteuer zum 1. 1. 1998 stellen diese – früher sehr gewichtigen Gründe – heute keine Beweggründe für die Wahl einer Betriebsaufspaltung mehr dar. Im Hinblick auf die **ertragsteuerlichen Motive** hat überdies das Einkommensteuergesetz i. d. F. vom 20. 12. 2001 des Unternehmenssteuerfortentwicklungsgesetzes[2] eine Verschlechterung gebracht, da bei einer Neugründung im Rahmen einer echten Betriebsaufspaltung eine steuerneutrale Übertragung von Einzelwirtschaftsgütern des Anlagevermögens auf die Betriebsgesellschaft aufgrund § 6 Abs. 5 und 6 EStG grundsätzlich nicht mehr möglich ist.[3] Zudem verschärften sich mit Inkrafttreten der Unternehmensteuerreform 2008 die Hinzurechnungsregelungen des § 8 GewStG bzgl. der Nutzungsvergütungen bei der Betriebsgesellschaft unter Aufhebung der korrespondierenden Kürzungsvorschrift des § 9 Nr. 4 GewStG[4] bei der Besitzgesellschaft. 3852

Ferner können angesichts des frühen Stadiums der Gesetzesnovellierung die möglichen Folgen der **Erbschaftsteuerreform** 2008 auf die Betriebsaufspaltung noch nicht abschließend eingeschätzt werden. Es ist daher noch unklar, ob und in welchem Umfang die Übertragung der Besitzgesellschaft im Rahmen der Erbfolge negativ betroffen ist. Die Besitzgesellschaft kann nach dem Regierungsentwurf vom 11. 12. 2007[5] insoweit weiterhin begünstigt übertragen werden, als inländisches Betriebsvermögen beim Erwerb eines Gewerbebetriebs bzw. eines Mitunternehmeranteils gem. § 13b Abs. 1 Nr. 2 ErbStG n. F. zum begünstigten Vermögen gehört. Gewerbebetriebe, deren Betriebsvermögen zu mehr als 50 % aus Verwaltungsvermögen besteht, sind jedoch gem. § 13b Abs. 2 ErbStG n. F. von der Begünstigung ausgenommen. Zum Verwaltungsvermögen zählt gem. § 13b Abs. 2 Nr. 1 Satz 1 ErbStG n. F. auch Dritten zur Nutzung überlassener Grundbesitz. Ein solcher ist jedoch gem. § 13b Abs. 2 Nr. 1 Satz 2 ErbStG n. F. dann nicht anzunehmen, wenn der Erblasser oder Schenker sowohl im überlassenen Betrieb als auch im nutzenden Betrieb einen einheitlichen geschäftlichen Betätigungswillen durchsetzen konnte und diese Rechtstellung auf den Erwerber übergegangen ist, soweit keine Nutzungsüberlassung an einen weiteren Dritten erfolgt. 3853

1 BFH 15. 12. 1988 IV R 1988, BStBl 1989 II 363.

2 BGBl 2001 I 3858 ff.

3 Vgl. *Hörger/Forster*, DStR 2000, 406 ff. sowie GmbHR 2001, 1139.

4 Zur Besteuerung nach Umsetzung der Unternehmensteuerreform 2008 s. Rn. 4426 ff.

5 *Eisele*, Entwurf eines Erbschaftsteuerreformgesetzes, NWB 2007, 4581 ff., 4701 f.; *ders.*, Erbschaftsteuerliches Bewertungsrecht, NWB 2008, 1207 ff., 1287 f.

3854 Die begünstigende Regelung erfasst zwar somit grundsätzlich den Fall der Betriebsaufspaltung, nimmt aber nach dem Wortlaut Schenkungen von Gesellschaftern, die aufgrund **Minderheitsbeteiligung** keine beherrschende Stellung innehaben und damit keinen einheitlichen geschäftlichen Betätigungswillen in dem Besitz- sowie dem Betriebsunternehmen durchsetzen können, von der Begünstigung aus. U. E. ist § 13b Abs. 2 Nr. 1 Satz 2 ErbStG n. F. jedoch auch auf die nicht beherrschend Beteiligten als Schenker oder Erblasser anzuwenden. Zum einen verweist die Gesetzesbegründung[1] ausdrücklich auf die Fälle der Betriebsaufspaltung als begünstigtes Vermögen. Zum anderen wird als Sinn und Zweck der Ausnahme der überwiegend vermögensverwaltenden Betriebe von der begünstigten Besteuerung angegeben, dass das darin gebundene Vermögen in erster Linie der weitgehend risikolosen Renditeerzielung dient und i. d. R. weder die Schaffung von Arbeitsplätzen noch zusätzliche volkswirtschaftliche Leistungen bewirkt. Aus dieser Zielsetzung lässt sich aber nicht entnehmen, aus welchem Grund der der Betriebsgesellschaft überlassene Grundbesitz nur für den beherrschenden Gesellschafter als Schenker oder Erblasser begünstigtes Vermögen darstellen soll und nicht auch für Minderheitsgesellschafter, die ebenfalls sowohl an Besitz- als auch an der Betriebsgesellschaft beteiligt sind.

3855–3860 *(Einstweilen frei)*

2. Voraussetzungen der Betriebsaufspaltung

Literatur: *Paus,* Die Betriebsaufspaltung, Voraussetzungen und Rechtsfolgen, StWa 1989, 57; *Schneeloch,* Betriebsaufspaltung – Voraussetzungen und Steuerfolgen, DStR 1991, 761 und 804; *Söffing,* Sachliche Verflechtung bei der Betriebsaufspaltung – Grundsätze und Auswirkungen der neueren BFH-Rechtsprechung, NWB 2004, 2721; *Schulze zur Wiesche,* Einstimmigkeitsprinzip und Regelung der Geschäftsführung als Kriterien für die personelle Verflechtung, WPg 2004, 751; *Kempermann,* Beherrschung der Geschäfte des täglichen Lebens als Voraussetzung der personellen Verflechtung, GmbHR 2005, 317; *Husmann/Strauch,* Zur steuerlich optimalen Gestaltung einer Doppelgesellschaft – Ein erweitertes Wiesbadener – Modell, StuW 2006, 221; *o.V.,* Entscheidungen mit Anmerkung, DB 2009, 1326; *Behrens/Wagner,* BFH-Sachliche Verflechtung bei Betriebsaufspaltung, BB 2009, 1567; *Fehling,* Kleines Ladenlokal kann wesentliche Betriebsgrundlage sein, NWB 2009, 2404; *Crezelius,* Betriebsaufspaltung mit börsennotierter AG, FR 2010, 297; *Siebenhüter,* Kundenstamm: Geschäftswert, WG oder persönliche Eigenschaft der Unternehmers, EStB 2010, 84; *Perlitt,* Münchner Kommentar zum Aktiengesetz, Band 5, 3. Aufl. 2010; *Schulze zur Wiesche,* StBp 2010, 258.

3861 Der für die Betriebsaufspaltung notwendige enge wirtschaftliche Zusammenhang setzt voraus, dass zwischen dem Besitzunternehmen und dem Betriebsunternehmen sowohl eine **sachliche** als auch eine **personelle Verflechtung** vorliegt.[2] Das ist der Fall, wenn die von einer Einzelperson, einer Personengesellschaft oder einer Gemeinschaft betriebene Vermietung oder Verpachtung die Nutzungsüberlassung einer **wesentlichen Betriebsgrundlage** an eine Personengesellschaft oder Kapitalgesellschaft zum Gegenstand hat (sachliche Verflechtung), und eine Person oder Personengruppe sowohl das Besitzunternehmen als auch das Betriebsunternehmen in dem Sinne beherrscht, dass sie in der

1 BT-Drucks. 16/7918 v. 28. 1. 2008.

2 BMF 7. 10. 2002, BStBl 2002 I 1028; eine umfangreiche Zusammenstellung der Rspr. des BFH zu diesem Erfordernis s. *Söffing/Micker,* a. a. O., 64, Fn. 2.

Lage ist, in beiden Unternehmen einen **einheitlichen geschäftlichen Betätigungswillen** durchzusetzen (personelle Verflechtung).[1]

a) Sachliche Verflechtung

Das Merkmal der **sachlichen Verflechtung** ist erfüllt, wenn auf schuldrechtlicher oder dinglicher Grundlage (z. B. Miete, Pacht, Nießbrauchsbestellung oder Erbbaurecht) dem Betriebsunternehmen ein oder mehrere materielle oder immaterielle Wirtschaftsgüter unmittelbar zur Nutzung überlassen werden,[2] die für das Betriebsunternehmen eine wesentliche Betriebsgrundlage darstellen.[3] Unerheblich ist, ob das der Betriebsgesellschaft zur Nutzung überlassene Wirtschaftsgut auch für die Besitzgesellschaft eine wesentliche Betriebsgrundlage ist.[4] 3862

aa) Wesentliche Betriebsgrundlage

Ob es sich bei dem überlassenen Wirtschaftsgut um eine wesentliche Betriebsgrundlage handelt, entscheidet sich grundsätzlich nach den Gegebenheiten des Einzelfalls.[5] 3863

Das zur Überlassung vorgesehene Wirtschaftsgut muss für die Betriebsgesellschaft eine **hinreichende wirtschaftliche Bedeutung** haben. Davon ist auszugehen, wenn der Betrieb aus der Sicht des Betriebsunternehmens auf das Wirtschaftsgut **angewiesen** ist.[6] Dazu muss nach dem Gesamtbild der Verhältnisse das überlassene Gut zur Erreichung des **Betriebszwecks** erforderlich sein und für die Betriebsführung besonderes Gewicht, also nicht lediglich eine nebensächliche Funktion, besitzen.[7] 3864

Für die Beurteilung ist demnach allein auf die **funktionalen Erfordernisse** des Betriebsunternehmens abzustellen („funktionale Betrachtungsweise"); auf den dem Wirtschaftsgut beizulegenden Vermögenswert oder den Umfang der auf das Wirtschaftsgut entfallenden stillen Reserven sowie dessen bisherige Zughörigkeit kommt es hingegen nicht an.[8] 3865

In der Regel erfüllen die Wirtschaftsgüter des Anlagevermögens das Merkmal, „von besonderem Gewicht für die Erreichung des Betriebszwecks" zu sein, da sie regelmäßig benötigt werden, um den Betrieb als intakte Wirtschafts- und Organisationseinheit zu 3866

---

1 BFH 26. 7. 1984 IV R 11/81, BStBl 1984 II 714; 12. 11. 1985 VIII R 240/81, BStBl 1986 II 296; 24. 8. 1989 IV R 135/86, BStBl 1989 II 1014.

2 *Schmidt*, EStG § 15 Rz. 808.

3 BFH 24. 8. 1989 IV R 135/86, BStBl 1989 II 1014; 6. 11. 1991 XI R 12/87, BStBl 1992 II 415.

4 BFH 14. 9. 1989 IV R 142/88, BFH/NV 1990, 522; a. A. *Kaligin*, a. a. O., 128 f.

5 BFH 18. 6. 1980 I R 77/77, BStBl 1981 II 39; 18. 8. 2009 X R 20/06, BStBl 2010 II 222.

6 BFH 20. 9. 1973 IV R 41/69, BStBl 1973 II 869.

7 BFH 30. 10. 1974 I R 40/72, BStBl 1975 II 232; 12. 11. 1985 VIII R 240/81, BStBl 1986 II 296; 26. 1. 1989 IV R 151/86, BStBl 1989 II 455; 24. 8. 1989 IV R 135/86, BStBl 1989 II 1014; 23. 1. 1991 X R 47/87, BStBl 1991 II 405; 6. 11. 1991 XI R 12/87, BStBl 1992 II 415; 12. 2. 1992 XI R 18/90, BStBl 1992 II 723; 26. 3. 1992 IV R 50/91, BStBl 1992 II 830; 4. 11. 1992 XI R 1/92, BStBl 1993 II 245; 26. 11. 1992 IV R 15/91, BStBl 1993 II 876; 28. 1. 1993 IV R 39/92, BFH/NV 1993, 528; 18. 3. 1993 IV R 96/92, BFH/NV 1994, 15; 27. 8. 1998 III R 96/96, BFH/NV 1999, 758; 15. 10. 1998 IV R 20/98, BStBl 1999 II 445.

8 BFH 24. 8. 1989 IV R 135/86, BStBl 1990 II 1014.

erhalten und nicht selten dem Betrieb das individuelle „Gepräge" geben.[1] Es ist ausreichend, dass das überlassene Wirtschaftsgut für das Betriebsunternehmen **eine,** nicht hingegen **die** wesentliche Betriebsgrundlage darstellt.[2] Die Erbringung einer persönlichen **Dienstleistung** kann dagegen keine sachliche Verflechtung begründen.[3]

3867–3870 *(Einstweilen frei)*

bb) Grundstücke und Gebäude

3871 Im Bereich der Überlassung von bebauten und unbebauten Grundstücken hat sich eine recht umfangreiche und aufgrund unterschiedlicher Auffassungen der einzelnen Senate des BFH uneinheitliche Kasuistik herausgebildet.[4] Bei der Beurteilung eines Grundstücks als wesentliche Betriebsgrundlage ist grundsätzlich auf das **Grundstück als Einheit**, nicht auf die einzelnen Grundstücksteile abzustellen.[5] Entscheidend ist das **Gesamtbild der tatsächlichen und beabsichtigten Nutzung**[6] im Sinne einer **wirtschaftlichen Bedeutung** des Grundstücks für das Betriebsunternehmen.[7] Zu unterscheiden ist zunächst zwischen bebauten und unbebauten Grundstücken.

(1) Bebaute Grundstücke

3872 Grundsätzlich kommt bebauten Grundstücken eine nicht lediglich untergeordnete wirtschaftliche Bedeutung zu und sie sind somit als wesentliche Betriebsgrundlage der Betriebsgesellschaft anzusehen,[8] sofern das Betriebsunternehmen auf das zur Nutzung überlassene Grundstück angewiesen ist, weil

- das Grundstück nach Gliederung und Bauart dauernd für den Betrieb der Betriebsgesellschaft **eingerichtet** worden ist,[9] oder
- das Grundstück nach Lage, Größe und Grundriss auf die Betriebsgesellschaft zugeschnitten und somit für die Betriebsführung besonders **geeignet** bzw. **bestimmt** ist,[10] oder

---

1 BFH 14. 12. 1978 IV R 106/75, BStBl 1979 II 300; 24. 8. 1989 IV R 135/86, BStBl 1989 II 1014.

2 BFH 20. 9. 1973 IV R 41/69, BStBl 1973 II 869; 21. 5. 1974 VIII R 57/70, BStBl 1974 II 613; 24. 11. 1978 III R 121/76, BStBl 1979 II 366; 12. 11. 1985 VIII R 342/82 BStBl 1986 II 299; 23. 1. 1991 X R 47/87, BStBl 1991 II 405.

3 BFH 26. 1. 1989 IV R 151/86, BStBl 1989 II 39.

4 Zusammenfassende Darstellung des BFH zur Rspr. zur wesentlichen Betriebsgrundlage im Fall einer Grundstücksvermietung/-verpachtung: BFH 23. 1. 1991 X R 47/87, BStBl 1991 II 405; 26. 5. 1993 X R 78/91, BStBl 1993 II 718; 2. 4. 1997 X R 21/93, BStBl 1997 II 565.

5 BFH 29. 10. 1991 VIII R 77/87, BStBl 1992 II 334; zur Besonderheit von „gemischt genutzten Grundstücken" BFH 2. 3. 2000 IV B 34/99, BFH/NV 2000, 1084, m. w. N.

6 BFH 17. 11. 1992 VIII R 36/91, BStBl 1993 II 233.

7 BFH 18. 9. 2002 X R 4/01, BFH/NV 2003, 41.

8 Eine umfassende Darstellung von Einzelfallentscheidungen findet sich bei *Schmidt*, EStG § 15 Rz. 808 – 816.

9 Nach BFH 25. 10. 1988 VIII R 339/82, BFHE 154, 539 kommt es auf die „individuelle Gestaltung"; nach BFH 7. 8. 1990 VIII R 110/87, BFH/NV 1991, 93 kommt es auf die „branchenübliche Gestaltung" an.

10 BFH 12. 11. 1985 VIII R 342/82, BStBl 1986 II 299; 7. 8. 1990 VIII R 110/87, BStBl 1991 II 336; 12. 4. 1991 III R 39/86, BStBl 1991 II 773; 12. 2. 1992 XI R 18/90, BStBl 1992 II 723.

- es **aus anderen innerbetrieblichen Gründen** auf ein Gebäude dieser Art **angewiesen** ist und ohne das entsprechende Grundstück den Betrieb nicht fortführen kann.[1]

Im letzten Fall ist eine besondere Gestaltung für den jeweiligen Unternehmenszweck der Betriebsgesellschaft (branchenspezifische Herrichtung und Ausgestaltung) nicht erforderlich. Notwendig ist allein, dass das Grundstück die räumliche und funktionale Grundlage für die Geschäftstätigkeit der Betriebsgesellschaft bildet und es ihr ermöglicht, ihren Geschäftsbetrieb aufzunehmen und auszuüben.[2]

Nach Auffassung des BFH kann ein Grundstück mit dem aufstehenden Betriebsgebäude in funktionaler Hinsicht die einzige wesentliche Betriebsgrundlage darstellen. Maßgeblich für die Beurteilung sind die Verhältnisse der jeweiligen Branche.[3]

Eine ausschließliche Nutzbarkeit des Grundstücks durch die Betriebsgesellschaft ist 3873
nicht erforderlich,[4] begründet aber ein Indiz für das besondere Gewicht als Betriebsgrundlage.[5] Die Behandlung als wesentliche Betriebsgrundlage ist auch dann nicht ausgeschlossen, wenn das Betriebsunternehmen jederzeit am Markt ein für seine Belange gleichartiges Grundstück mieten oder kaufen kann.[6]

Ein Gebäude bildet nur dann keine wesentliche Betriebsgrundlage, wenn es für den Be- 3874
trieb nach dessen innerer Struktur qualitativ oder quantitativ nur von geringer wirtschaftlicher Bedeutung und insofern entbehrlich ist.[7]

Bei gemischt genutzten Gebäuden (Lager-, Betriebs-, Verwaltungsräume) ist nach der 3875
Rechtsprechung i. d. R. von einer wesentlichen Betriebsgrundlage auszugehen.[8]

Die Behandlung von **Büro- und Verwaltungsgebäuden** als wesentliche Betriebsgrund- 3876
lage war lange umstritten. Der Streit entzündet sich dabei an dem Umstand, dass eine büromäßige Nutzung keine besondere Einrichtung erfordert und deshalb ein Bürogebäude auch nicht für die Zwecke der Büronutzung besonders hergerichtet werden oder eine besondere Lage, Größe oder einen bestimmten Grundriss aufweisen muss. Nach der jüngeren Rechtsprechung stellen Büro- und Verwaltungsgebäude wesentliche Betriebsgrundlagen dar, wenn sie (1) von der Besitzgesellschaft für die Bedürfnisse der Betriebsgesellschaft **hergerichtet oder gestaltet** worden sind[9] und (2) unabhängig davon, wenn ein von der Betriebsgesellschaft benötigtes und angemietetes Büro- und Verwaltungsgebäude für diese Zwecke **geeignet erscheint** und deshalb für die Betriebs-

1 BFH 26. 5. 1993 X R 78/91, BStBl 1993 II 718 („... ohne ein Grundstück dieser Art den Betrieb nicht fortführen könnte...“); 2. 4. 1997 X R 21/93, BStBl 1997 II 565; 23. 5. 2000 VIII R 11/99, BStBl 2000 II 621.

2 BFH 19. 3. 2002 VIII R 57/99, BStBl 2002 II 662; 18. 9. 2002 X R 4/01, BFH/NV 2003, 41; 11. 2. 2003 IX R 43/01, BFH/NV 2003, 910; 13. 7. 2006 IV R 25/05, BStBl 2006 II 804.

3 *Korn/Strahl*, KÖSDI StF 28, 150; vgl. Rn. 4110.

4 BFH 7. 8. 1990 VIII R 110/87, BStBl 1991 II 336.

5 BFH 17. 11. 1992 VIII R 36/91, BStBl 1993 II 233.

6 BFH 26. 5. 1993 X R 78/91, BStBl 1993 II 718, unter 2 b., m. w. N.; 18. 3. 1993 IV R 96/92, BFH/NV 1994, 15; 23. 5. 2000 VIII R 11/99, BStBl 2000 II 621; anders aber noch BFH 12. 11. 1985 VIII R 342/82, BStBl 1986 II 299; 25. 10. 1988 VIII R 339/82, BFHE 154, 539.

7 BFH 2. 4. 1997 X R 21/93, BStBl 1997 II 565; 18. 9. 2002 X R 4/01, BFH/NV 2003, 41.

8 BFH 2. 3. 2000 IV B 34/99, BFH/NV 2000, 1084.

9 BFH 2. 4. 1997 X R 21/93, BStBl 1997 II 565: Agentur für Werbe- und Verkaufsförderung; BFH 16. 10. 2000 IV B 110/00, BFH/NV 2001, 438; 23. 1. 2001 VIII R 71/98, BFH/NV 2001, 894; 3. 4. 2001 IV B 110/00, BFH/NV 2001, 1252.

führung der Gesellschaft **nicht von untergeordneter Bedeutung** ist bzw. bei funktionaler Betrachtung nach dem Gesamtbild der Verhältnisse auf das Gebäude angewiesen ist.[1] Die Finanzverwaltung hat sich bereits 2001 dieser (von der bisherigen Verwaltungspraxis abweichenden) Rechtsprechung angeschlossen[2] und die Grundsätze aus dem Urteil des BFH vom 23. 5. 2000 über den entschiedenen Fall hinaus im Rahmen einer Übergangsregelung[3] für anwendbar erklärt:

3877 Ob es sich bei dem reinen Büro- und Verwaltungsgebäude um ein sog. „Allerweltsgebäude" oder ein einfaches Einfamilienhaus handelt, spielt nach der neueren Rechtsprechung keine Rolle mehr.[4]

3878 Ohne Bedeutung ist es auch, ob ein ganzes Gebäude oder nur einzelne Gebäudeteile vermietet werden und ob die nicht vermieteten Gebäudeteile durch die Vermieter selbst bewohnt werden. Der entscheidende Grund dafür, dass Büroräume in diesen Fällen für die Betriebsgesellschaft von nicht nur geringer wirtschaftlicher Bedeutung sind, liegt darin, dass sich in ihnen der Mittelpunkt der Geschäftsleitung des Unternehmens befindet. Fraglich könnte nach Ansicht des BFH[5] allenfalls sein, ob ein Gebäudeteil deswegen nicht zu den wesentlichen Betriebsgrundlagen gehört, weil es ein Einzelgewerbetreibender nach § 8 EStDV[6] wegen Unterschreitens der dort genannten Grenzen nicht als Betriebsvermögen behandeln müsste.[7]

Nach neuer BFH-Rechtsprechung[8] soll darüber hinaus auch dann eine wesentliche Betriebsgrundlage vorliegen, wenn der Flächenanteil des der Betriebs-GmbH von der Besitzgesellschaft überlassenen Grundstücks weniger als 10 % des von der Betriebsgesellschaft insgesamt und in gleicher Weise genutzten Grundbesitzes beträgt und auch das Umsatz- und Gewinnverhältnis derart gering ausfällt. In der vorliegenden Entscheidung spricht sich der BFH gegen die quantitative Beurteilung der Wesentlichkeit von Betriebsgrundlagen aus. Der BFH lehnt es ab, ausschließlich feste Grenzwerte zur Beurteilung heranzuziehen.[9] Es sind weder die Größe des Grundstücks, noch die Verlustsituation bzw. der Umsatzrückgang entscheidend, sondern vielmehr die Bedeutung, die dem

1 BFH 23. 5. 2000 VIII R 11/99, BStBl 2000 II 621; nach BFH 23. 1. 2001 VIII R 71/98, BFH/NV 2001, 894 ist auf den „räumlichen und funktionalen Mittelpunkt" der Geschäftstätigkeit des Betriebsunternehmens abzustellen; bestätigt durch BFH 1. 7. 2003 VIII R 24/01, BFH/NV 2003, 1266.

2 Siehe im Einzelnen BMF 18. 9. 2001, BStBl 2001 I 634; 20. 12. 2001, BStBl 2002 I 88; 11. 6. 2002, BStBl 2002 I 647.

3 Zum Ganzen *Kempermann*, a. a. O., 2246 ff.

4 BFH 1. 7. 2003 VIII R 24/01, BStBl 2003 II 757; 13. 7. 2006 IV R 25/05, BStBl 2006 II 804; anders noch BFH 23. 5. 2000 VIII R 11/99, BStBl 2000 II 621.

5 BFH 13. 7. 2006 IV R 25/05, BStBl 2006 II 804.

6 Danach brauchen eigenbetrieblich genutzte Grundstücksteile nicht als Betriebsvermögen behandelt zu werden, wenn ihr Wert nicht mehr als 20 % des gemeinen Werts des gesamten Grundstücks und nicht mehr als 20 500 € beträgt.

7 Dies hat der BFH in seiner Entscheidung zu einem in einem Einfamilienhaus überlassenen Büroraum ausdrücklich offen gelassen. Auf Grundlage der Trennungstheorie dürfte allerdings der Besitzgesellschaft auch das Recht eingeräumt werden, einen Grundstücksteil von untergeordnetem Wert nicht als Betriebsvermögen zu behandeln. 8. 2. 2007 IV R 65/01, BFH/NV 2007, 1004.

8 BFH 19. 3. 2009 IV R 78/06 BStBl II 2009, 803.

9 Das FG Köln hatte in seinem erstinstanzlichen Urteil festgestellt, dass bei gleichartig genutzten Grundstücken eine untergeordnete Bedeutung gegeben sei, wenn das überlassene Grundstück im Verhältnis zum Gesamtbetrieb hinsichtlich des Ertrags, des Umsatzes und der Größe nicht mehr als 10 % ausmacht (FG Köln 9. 3. 2006 15 K 801/03, EFG 2006, 832).

einzelnen Geschäftslokal im Rahmen des gesamten Filialnetzes nach dem allgemeinen Geschäftskonzept zukommt. Ferner ist für die Einschätzung der Wesentlichkeit jedes einzelnen Geschäftslokals auch die unternehmerische (zukunftsbezogene) Prognose entscheidend.[1]

BEISPIEL: An der AB-GmbH sind der A zu 75 % und seine Ehefrau B zu 25 % beteiligt. Die Ehegatten vermieten ein ihnen je zur Hälfte gehörendes in der Stadt X gelegenes Grundstück an die AB-GmbH. Bei dem Grundstück handelt es sich um ein Ladenlokal mit einer Fläche von 175 qm. Ferner mietet die AB-GmbH an neun weiteren Standorten Ladenlokale von Dritten an, so dass sie insgesamt eine Fläche von 1 931 qm (einschl. Verwaltung und Lager) nutzt. Die Umsätze und betriebswirtschaftlichen Erträge der Filiale in X-Stadt liegen im Vergleich zum Gesamtumsatz der AB-GmbH unter 10 %.

Das im Beispiel dargelegte Geschäftsmodell eines **Filialeinzelhandelsbetriebs** ist darauf ausgerichtet, aus der Summe der in den einzelnen Filialen erzielten Erträge einen möglichst hohen Gesamtgewinn zu erzielen. Dadurch kann der Verlust einer Filiale durch die Gewinne anderer Filialen ausgeglichen werden, was die Verringerung des unternehmerischen Risikos mit sich bringt. Demnach hat die einzelne Filiale eine nicht nur untergeordnete funktionale Bedeutung.[2]

Des Weiteren indiziert bereits die unternehmerische Entscheidung der Betriebsgesellschaft, eine Filiale an einem bestimmten Standort zu eröffnen und zu betreiben, eine größere wirtschaftliche Bedeutung des betreffenden Grundstücks für das Betriebsunternehmen einnimmt.[3]

(2) Unbebaute Grundstücke

Grundsätzlich gelten die für bebaute Grundstücke aufgestellten Grundsätze auch für unbebaute Grundstücke.[4] Allerdings kann ein unbebautes Grundstück seine Eigenschaft als wesentliche Betriebsgrundlage erst durch eine mit Zustimmung des Besitzunternehmens durchgeführte Bebauung erhalten, die dann anhand der zu bebaute Grundstücke genannten Kriterien zu prüfen ist. 3879

Danach stellt ein unbebautes Grundstück eine wesentliche Betriebsgrundlage dar, wenn es von dem Betriebsunternehmen **seinen Bedürfnissen entsprechend** bebaut oder gestaltet worden ist.[5] Für eine Beurteilung des Grundstücks als wesentliche Betriebsgrundlage ist nicht auf einzelne Teile des Grundstücks abzustellen, sondern eine einheitliche Beurteilung des Grundstücks vorzunehmen. 3880

(Einstweilen frei) 3881–3885

cc) Bewegliche Wirtschaftsgüter

Bewegliche Wirtschaftsgüter des Anlagevermögens können eine wesentliche Betriebsgrundlage sein, sofern es sich nicht um einzelne kurzfristig wiederbeschaffbare Ma- 3886

1 *Behrens/Wagner*, BB 2009, 1571; *Schulze zur Wiesche*, StBp 2010, 256 ff.
2 *Fehling*, NWB 2009, 2406 ff.
3 *o.V.*, DB 2009, 1330.
4 BFH 24. 2. 2000 IV R 62/98, BStBl 2000 II 417.
5 BFH 24. 8. 1989 IV R 135/86, BStBl 1989 II 1014.

schinen,[1] sondern vielmehr um den **Gesamtbestand** von **maschinellen Einrichtungen** oder das **gesamte Anlagevermögen** handelt.[2]

dd) Immaterielle Wirtschaftsgüter

3887 Immaterielle Wirtschaftsgüter (dazu zählen: gewerbliche Schutzrechte wie Patente,[3] Warenzeichen, Rezepte, Know-how,[4] Konzessionen, gewerbliche Erfahrungen, Firmennamen,[5] Geschäftsbeziehungen, Kundenstamm, und auch der Firmenwert[6]) können dann eine wesentliche Betriebsgrundlage sein,[7] wenn die **Umsätze** des Betriebsunternehmens in erheblichem Umfang **auf diesen Wirtschaftsgütern beruhen.**[8] Den Maßstab hierfür bildet die Höhe des durch die überlassenen Rechte und Beziehungen erzielten Umsatzes im Verhältnis zum Gesamtumsatz. Von einer wesentlichen Betriebsgrundlage wird danach ausgegangen, wenn der Umsatzanteil **25 % des Gesamtumsatzes** erreicht.[9] Es ist unerheblich, ob das Betriebsunternehmen auf der Grundlage der immateriellen Güter (vornehmlich Erfindungen) selbst produziert oder ob die Betriebsgesellschaft sich auf die weitere Verwertung beschränkt.[10]

BEISPIEL: Die A-GmbH beabsichtigt, im Zuge der Umstrukturierung die bisher von ihr geführten Bereiche Produktion und Vertrieb auf zwei neu gegründete, selbständige Tochterkapitalgesellschaften auszugliedern. Ziel ist es, die A-GmbH von der Führung des operativen Geschäftes zu entlasten und eine Konzentration auf die Verwaltung der vorhandenen immateriellen Wirtschaftsgüter zu erreichen. Die Tochtergesellschaften sind zur Aufnahme und Durchführung ihrer Tätigkeiten auf die Überlassung der immateriellen Wirtschaftsgüter angewiesen und erzielen auf der Grundlage der immateriellen Wirtschaftsgüter 60 % bzw. 90 % ihres Umsatzes.

Die Einbringungen der Unternehmensbereiche Vertrieb und Produktion in die Tochtergesellschaften erfolgen als verdeckte Sacheinlage. Die für die Bereiche Produktion und Vertrieb bedeutsamen immateriellen Wirtschaftsgüter (Patente, Rechte aus Lizenzverträgen, gewerbliche Schutzrechte und Know-how) werden hingegen entgeltlich zur Nutzung und Verwertung überlassen und begründen die sachliche Verflechtung im Rahmen einer Betriebsaufspaltung, da die Umsätze der Tochtergesellschaften zu mehr als 25 % auf dieser wesentlichen Betriebsgrundlage beruhen.

3888 Der **Geschäfts- oder Firmenwert**[11] beruht auf den wesentlichen Betriebsgrundlagen eines Unternehmens. Er ist grundsätzlich mit dem Betrieb verankert und kann weder separat veräußert noch entnommen werden. Wird im Rahmen der Betriebsaufspaltung der ganze Betrieb verpachtet, bleibt dieser gewöhnlich beim Besitzunternehmen. Er

1 BFH 2. 2. 2000 XI R 8/99, BFH/NV 2000, 1135.

2 Beispiele aus der Rspr.: Druckereieinrichtung an eine Druckerei, BFH 24. 1. 1964 I 76/64, BStBl 1968 II 354; Maschinenbestand an eine Fabrik, BFH 19. 1. 1983 I R 57/79, BStBl 1983 II 312.

3 Verneinend: BFH 25. 10. 1988 VIII R 339/82, BFHE 154, 539; bejahend: BFH 6. 11. 1991 XI R 12/87, BStBl 1992 II 415; 23. 9. 1998 XI R 72/97, BStBl 1999 II 281.

4 BFH 20. 9. 1973 IV R 41/69, BStBl 1973 II 869.

5 BFH 16. 12. 2009 I R 97/08, BStBl 2010 II 808.

6 BFH 13. 12. 2005 XI R 45/04, BFH/NV 2006, 1453; 8. 2. 2007 IV R 65/01, BFH/NV 2007, 1004; *Schmidt*, EStG § 15 Rz. 808; *Söffing/Micker*, a. a. O., 95, 96.

7 BFH 2. 2. 2000 XI R 8/99, BFH/NV 2000, 135.

8 BFH 26. 1. 1989 IV R 151/86, BStBl 1989 II 455; *Söffing/Micker*, a. a. O., 98 ff.

9 BFH 20. 9. 1973 IV R 41/69, BStBl 1973 II 869; 23. 9. 1998 XI R 72/97, BStBl 1999 II 281.

10 BFH 6. 11. 1991 XI R 12/87, BStBl 1992 II 415; 26. 11. 2009 III R 40/07, EStB 2010, 84.

11 Definition vgl. Rn. 3981.

folgt jedoch den Wirtschaftsgütern, sofern alle geschäftswertbildenden Faktoren auf die Betriebsgesellschaft übertragen werden.[1]

Ein **Kundenstamm** ist Teil eines Geschäftswerts, solange er Ausdruck der Gewinnchancen ist, die vom Betrieb des „lebenden Unternehmens" herrühren. Er kann jedoch auch für sich allein an ein Betriebsunternehmen verpachtet werden. Hier darf es sich beim Kundenstamm jedoch nicht um den Geschäftswert, sondern um ein selbst übertragbares Wirtschaftsgut handeln. Dies ist beispielsweise der Fall, wenn die Beziehung zum Kunden nicht untrennbar mit der Person des Unternehmers verknüpft ist.[2] 3889

(Einstweilen frei) 3890–3895

ee) Das „Überlassen" von Wirtschaftsgütern

Das Merkmal der sachlichen Verflechtung ist nur dann erfüllt, wenn die Wirtschaftsgüter **zur Nutzung** überlassen werden, nicht jedoch im Fall der Veräußerung von Wirtschaftsgütern. Die Abgrenzung zwischen der Nutzungsüberlassung und einer Veräußerung richtet sich allein nach der **vertraglichen Vereinbarung**,[3] anhand derer zu bewerten ist, ob die übertragenen Güter wirtschaftlich gesehen endgültig übertragen oder zeitlich begrenzt überlassen werden. 3896

Ferner kann es durch das Überlassen des Nutzungsrechts an einer wesentlichen Betriebsgrundlage im Wege der Unterverpachtung zu einer sachlichen Verflechtung kommen. Nach Rechtsprechung des BFH[4] muss das verpachtende Besitzunternehmen nicht Eigentümer der wesentlichen Betriebsgrundlage sein. Es genügt, dass dieses nutzungsberechtigt ist und das Nutzungsrecht an der wesentlichen Betriebsgrundlage der Betriebs-GmbH überlässt.

BEISPIEL: Die Brüder A und B sind zu je 50 % Inhaber eines Grundstücks, welches die Bruchteilsgemeinschaft an A vermietet. Des Weiteren ist A i. H.v. 70 % an einer GmbH beteiligt, sein Sohn S hält die übrigen Anteile i. H.v. 30 %. A überlässt der GmbH das von ihm gepachtete Grundstück gegen Kostenübernahme im Wege der Unterverpachtung.

Durch die Überlassung des Nutzungsrechts am Grundstück entsteht eine Betriebsaufspaltung, da A sowohl das Besitzunternehmen als auch die GmbH beherrscht. Die Annahme einer Betriebsaufspaltung hätte jedoch vermieden werden können, indem die Bruchteilsgemeinschaft das Grundstück an die GmbH verpachtet hätte.

Die Nutzungsüberlassung des Wirtschaftsguts kann entgeltlich, unentgeltlich (Leihe) oder teilentgeltlich erfolgen.[5] 3897

Da die Eigentumsverhältnisse des zur Nutzung überlassenen Wirtschaftsguts nicht relevant sind, ist eine sachliche Verflechtung auch dann zu bejahen, wenn die verpachtete Betriebsgrundlage nicht im Eigentum des Besitzunternehmens steht oder dem Be- 3898

1 BFH 26. 11. 2009 III R 40/07.

2 BFH 26. 11. 2009 III R 40/07; *Siebenhüter*, EStB 2010, 84.

3 BFH 7. 12. 1977 I R 75/77, BStBl 1978 II 269.

4 BFH 18. 8. 2009 X R 22/07, BFH/NV 2010, 208.

5 *Schmidt*, EStG § 15 Rz. 809. Zur Anwendung des Teileinkünfteverfahrens bei Nutzungsüberlassung und Darlehensgewährung vgl. Rn. 4009.

sitzunternehmen selbst von Dritten entgeltlich oder unentgeltlich zur Nutzung überlassen worden ist.[1] Danach führt die (Weiter-)Verpachtung einer für das Betriebsunternehmen wesentlichen Betriebsgrundlage auf allen Stufen zur Gewerblichkeit der Einkünfte (sog. **„Dreistufige Betriebsaufspaltung"**).

3899 Es liegt dann keine Überlassung im Sinne einer Betriebsaufspaltung vor, wenn das Wirtschaftsgut zunächst an einen Dritten zur Nutzung überlassen worden ist, und der Dritte seinerseits das Wirtschaftsgut einem Betriebsunternehmen überlässt.[2] Wird die Zwischenvermietung ausschließlich zu dem Zweck vollzogen, eine Betriebsaufspaltung zu vermeiden, so ist von einem Gestaltungsmissbrauch i. S. d. § 42 AO auszugehen (**sog. Zwischenschaltung**). Dies ist stets dann der Fall, wenn der Zwischenvermieter zur Weitervermietung an das Betriebsunternehmen verpflichtet war[3] bzw. der Zwischenvermieter mit der das Betriebsunternehmen beherrschenden Person oder Personengruppe identisch ist.[4] In diesen Fällen ist die Zwischenvermietung in eine Direktvermietung des Besitzunternehmens an das Betriebsunternehmen umzudeuten. Wenn für die gewählte Gestaltung im Einzelfall nachvollziehbare vernünftige wirtschaftliche Gründe erkennbar sind, ist hingegen die Zwischenvermietung anzuerkennen.[5]

BEISPIELE: A (natürliche Person) verpachtet ein seinem Privatvermögen zuzurechnendes Fabrikationsgebäude der B-GmbH, das diese wiederum der C-GmbH zur Nutzung überlässt und das bei dieser eine wesentliche Betriebsgrundlage darstellt.

Alt. a: D ist alleiniger Gesellschafter der B-GmbH und ist aufgrund des geschlossenen Mietvertrages nach Art eines Treuhänders gebunden und vom Willen des A abhängig. B-GmbH überlässt das Grundstück an die C-GmbH, an der A beherrschend beteiligt ist. Mittels der schädlichen Zwischenschaltung der B-GmbH wird eine Betriebsaufspaltung zwischen A und der C-GmbH begründet.

Alt. b: A ist Gesellschafter der B-GmbH. Diese überlässt an die C-GmbH, an der A beherrschend beteiligt ist, das Grundstück. Auch in diesem Falle liegt wegen schädlicher Zwischenschaltung der B-GmbH eine Betriebsaufspaltung zwischen A und der C-GmbH vor.

3900–3905 *(Einstweilen frei)*

b) Personelle Verflechtung

3906 Eine personelle Verflechtung liegt vor, wenn die hinter dem Besitz- und Betriebsunternehmen stehende Person oder Personengruppe in Bezug auf die beiden selbständigen Unternehmen einen **„einheitlichen geschäftlichen Betätigungswillen"** hat.[6] Dabei genügt es, dass die Personen, die das Besitzunternehmen tatsächlich beherrschen, **in der**

1 BFH 26. 5. 1993 X R 78/91, BStBl 1993 II 718.

2 *Söffing/Micker*, a. a. O., 102.

3 Der Dritte also auf Veranlassung des Besitzunternehmens eine Weitervermietung des Wirtschaftsguts an Fremde vorgenommen hat, FG Nürnberg 30. 1. 2002, EFG 2002, 632.

4 BFH 28. 11. 2001 X R 50/97, BStBl 2002 II 363.

5 *Söffing/Micker*, a. a. O., 106; *Märkle*, BB 2000, Beilage 7, S. 12; vgl. auch BFH 28. 11. 2001 X R 49/97, BFH/NV 2002, 613.

6 BFH 1. 12. 1989 III R 94/87, BStBl 1990 II 500; 27. 2. 1991 XI R 25/88, BFH/NV 1991, 454; 10. 12. 1991 VIII R 71/87, BFH/NV 1992, 551; 27. 8. 1992 IV R 13/91, BStBl 1993 II 134; 26. 11. 1992 IV R 15/91, BStBl 1993 II 876; 28. 1. 1993 IV R 39/92, BFH/NV 1993, 528; 18. 3. 1993 IV R 96/92, BFH/NV 1994, 15; 21. 8. 1996 X R 25/93, BStBl 1997 II 44; 29. 1. 1997 XI R 23/96, BStBl 1997 II 437; 15. 10. 1998 IV R 20/98, BStBl 1999 II 445; 7. 12. 1999 VIII R 51/96, BFH/NV 2000, 601; 24. 2. 2000 IV R 62/98, BStBl 2000 II 417.

Lage sind, auch in der Betriebsgesellschaft ihren Geschäfts- und Betätigungswillen **durchzusetzen.**[1] Dies ist bei einer sog. Einpersonen-Betriebsaufspaltung, bei der der alleinige Besitzunternehmer zugleich auch der einzige Gesellschafter der Betriebs-GmbH, stets der Fall. Kennzeichnend für den geschäftlichen Betätigungswillen ist außerdem, dass er auf die Ausübung einer gewerblichen Betätigung gerichtet ist.[2] An die Voraussetzungen dieses Merkmals sind nach der Rechtsprechung strenge Anforderungen zu stellen.[3]

aa) Beteiligungsidentität

Ein einheitlicher geschäftlicher Betätigungswille wird aufgrund der gleichen Interessenlage immer dann angenommen, wenn an beiden Unternehmen dieselben Personen im gleichen Verhältnis beteiligt sind (sog. **Beteiligungsidentität**).[4] Nur wenn sich eine ständige Interessenkollision zwischen den einzelnen Gesellschaftern in Form von Rechtsstreitigkeiten nachweisen lässt, kann diese Vermutung widerlegt werden.[5] 3907

BEISPIEL: Die natürlichen Personen A und B sind zu je $^1/_2$ Miteigentümer eines Grundstücks, das an eine Kapitalgesellschaft vermietet wird, an der A und B zu je $^1/_2$ als Gesellschafter beteiligt sind.

bb) Beherrschungsidentität

Der für die personelle Verflechtung erforderliche einheitliche geschäftliche Betätigungswille setzt jedoch nicht zwingend eine Beteiligungsidentität voraus. Es reicht vielmehr auch aus, dass eine Person oder Personengruppe beide Unternehmen in der Weise beherrscht, dass sie in der Lage ist, in beiden Unternehmen einen **einheitlichen Geschäfts- und Betätigungswillen** durchzusetzen (sog. **Beherrschungsidentität**).[6] Die persönliche Verflechtung scheitert also insbesondere nicht daran, dass die Gesellschafter in unterschiedlichem Verhältnis an Besitz- und Betriebsunternehmen beteiligt sind. Vielmehr liegt ein einheitlicher geschäftlicher Betätigungswille ebenfalls vor, wenn an Besitz- und Betriebsunternehmen mehrere Personen in voneinander abweichender Höhe beteiligt sind, die in beiden Unternehmen zusammen über die Mehrheit der Stimmen verfügen (sog. **Personengruppentheorie**).[7] Maßgebend für die Beurteilung der Beherrschungsidentität in diesem Fall sind das **Stimmrechtsverhältnis** sowie die zivilrechtlich maßgeblichen **Mehrheitsverhältnisse**. Danach kann für die Beschlussfassung eine einfache Stimmenmehrheit, eine qualifizierte Stimmenmehrheit oder Einstimmig- 3908

1 BFH 24.2.1981 VIII R 159/79, BStBl 1981 II 379, 380; 23.10.1986 IV R 214/84, BStBl 1987 II 120; 27.8.1992 IV R 13/91, BStBl 1993 II 134; 18.3.1993 IV R 46/92, BFH/NV 1994, 15; 24.2.1994 IV R 8-9/93, BStBl 1994 II 466.

2 BFH 24.2.2000 IV R 62/98, BStBl 2000 II 417.

3 BFH 8.11.1971, s. Rn. 3796; 21.8.1996 X R 25/93, BStBl 1997 II 44; 28.11.2001 X R 50/97, BStBl 2002 II 363.

4 BFH 14.10.2009 X R 37/07, BFH/NV 2010, 406.

5 BFH 5.9.1991 IV R 113/90, BStBl 1992 II 349; 15.5.1975 IVR 89/73, BStBl 1975 II 781; 24.2.2000 V R 62/98, BStBl 2000 II 417.

6 BFH 28.11.2001 X R 50/97, BStBl 2002 II 363; 1.7.2003 VIII R 24/01, BStBl 2003 II 757; BMF 7.10.2002, BStBl 2002 I 1028; *Schmidt*, EStG § 15 Rz. 820.

7 BFH 8.11.1971, s. Rn. 3796; 24.2.2000 IV R 62/98, BStBl 2000 II 417; 2.3.2000 IV B 34/99, BFH/NV 2000, 1084.

keit erforderlich sein. Der Umfang des Stimmrechts eines Gesellschafters ergibt sich aus dem Gesellschaftsvertrag bzw. aus einer gesonderten Vereinbarung oder aus dem Gesetz. Weichen das Stimmrechtsverhältnis und das Verhältnis der Vermögensbeteiligung voneinander ab, so kommt es entscheidend auf den Umfang des Stimmrechts an.[1]

BEISPIEL:

1. A und B sind jeweils an der AB-OHG und an der AB-GmbH beteiligt. Der A ist an der Besitzpersonengesellschaft mehrheitlich, der B hingegen an der Betriebsgesellschaft mehrheitlich beteiligt.
2. An eine Kapitalgesellschaft, an der A zu 70 % und B zu 30 % als Gesellschafter beteiligt sind, wird das zu 30 % im Miteigentum des A und zu 70 % im Miteigentum des B stehende Grundstück vermietet.[2]

In beiden Fällen verfügen die Personengruppen A/B in beiden Unternehmen zusammen über die Mehrheit der Stimmrechte, so dass ein einheitlicher geschäftlicher Betätigungswille gegeben ist.

3909 *(Einstweilen frei)*

3910 Nach der Rechtsprechung ist grundsätzlich davon auszugehen, dass die Personen, die an beiden Unternehmen beteiligt sind, eine durch „gleichgerichtete Interessen geschlossene Personengruppe" darstellen, die eine enge wirtschaftliche Verflechtung bei beiden Unternehmen begründet haben und durch ihre Einheit und ihre Doppelstellung in der Lage sind, beide Unternehmen jederzeit zu beherrschen, sofern ihnen in beiden Unternehmen die Mehrheit der Anteile gehört („**Theorie der bewussten und gewollten Doppelgesellschaft**").[3]

BEISPIEL: A und B sind zu je $^1/_2$ an der AB-OHG beteiligt, die der AB-GmbH eine wesentliche Betriebsgrundlage überlässt. Der A ist an der Betriebskapitalgesellschaft mit 98 % und B mit 2 % der Stimmrechte beteiligt.[4]

3911 Laut BFH[5] ist das Handeln eines **Testamentsvollstreckers** im Rahmen der Beurteilung der personellen Verflechtung von Besitz- und Betriebsunternehmen den Erben zuzurechnen. Unterliegen die Anteile einer Personengruppe an der Betriebsgesellschaft der Testamentsvollstreckung durch einen Fremdgeschäftsführer, ist demnach eine personelle Verflechtung zu bejahen. Der Testamentsvollstrecker hat für die Erben die Stellung eines Treuhänders inne. Er kann demnach keine eigenen Interessen verfolgen und keinen von den Erben unabhängigen geschäftlichen Betätigungswillen bilden.[6]

BEISPIEL: Eine GbR überlässt eine wesentliche Betriebsgrundlage an eine GmbH. Die GmbH und die GbR werden von dergleichen Personengruppe beherrscht. Die Anteile an der GmbH unterliegen jedoch der Testamentsvollstreckung durch einen Fremd-Geschäftsführer. Es sind

1 *Söffing/Micker*, a. a. O., 121.
2 Siehe dazu auch BFH 24. 2. 2000 IV R 62/98, BStBl 2000 II 417.
3 BFH 2. 8. 1972 IV 87/65, BStBl 1972 II 796.
4 BFH 24. 2. 1994 IV R 9/93, BStBl 1994 II 466.
5 BFH 5. 6. 2008 IV R 76/05, BStBl 2008 II 858.
6 Vgl. *Schulze zur Wiesche*, StBp 2010, 258.

sowohl die Voraussetzungen der sachlichen als auch die der personellen Verflechtung erfüllt, somit liegt eine Betriebsaufspaltung vor.

Ausnahmsweise besteht bei extrem entgegen gesetzten Beteiligungsverhältnissen in den Besitz- und Betriebsunternehmen keine Beherrschungsidentität, da die Interessenlage in diesem Fall wirtschaftlich einer Fremdverpachtung entspricht.[1] 3912

BEISPIEL: A und B sind an der AB-OHG beteiligt, die der AB-GmbH eine wesentliche Betriebsgrundlage überlässt. Der A ist mit 5 % an der Besitzpersonengesellschaft beteiligt und hält 95 % der Anteile und Stimmrechte an der Betriebskapitalgesellschaft, der B ist mit 95 % an der Besitzpersonengesellschaft und mit 5 % an der Betriebskapitalgesellschaft beteiligt.

Die Vermutung einer gleichgerichteten Interessenlage von sowohl an Besitz- als auch an Betriebsgesellschaft beteiligten Personen kann durch konkret nachgewiesene **Interessengegensätze** widerlegt werden.[2] Der Nachweis einer konkreten Interessenkollision ist möglich durch Rechtsstreitigkeiten zwischen den zu der Personengruppe gehörenden Gesellschaftern oder durch bei Beschlussfassungen aufgetretene ernstliche Meinungsverschiedenheiten, die auf unterschiedliche geschäftliche Interessen der betreffenden Gesellschafter und die Aufgabe des Willens, die geschäftliche Betätigung durch eine Doppelkonstruktion zu verwirklichen lassen, schließen lassen.[3] 3913

Für das Vorliegen des einheitlichen geschäftlichen Betätigungswillens kommt es nicht darauf an, dass jede einzelne Maßnahme der Geschäftsführung bestimmt werden kann. Die Rechtsprechung sieht vielmehr vor, dass sich durch die Befugnis, die Mitglieder der geschäftsführenden Organe bestimmen und abberufen zu können, auf Dauer ein einheitlicher geschäftlicher Betätigungswille entfaltet, der vom Vertrauen der anderen Personen getragen ist und lediglich grundsätzlich übereinstimmt.[4] 3914

Diese Grundsätze der sog. „Beherrschungsidentität“[5] gelten unabhängig davon, ob die Betriebsgesellschaft in der Rechtsform einer Personengesellschaft oder in Form einer Kapitalgesellschaft betrieben wird. 3915

(1) Beherrschungsidentität bei Kapitalgesellschaften

Literatur: *Crezelius*, Betriebsaufspaltung mit börsennotierter AG?, FR 2010, 297.

Das Merkmal der personellen Verflechtung im Rahmen der Beherrschung einer Kapitalgesellschaft wird bei einer mittelbaren oder unmittelbaren Beteiligung von mehr als 50 % erfüllt.[6] 3916

Im Hinblick auf satzungsmäßige bzw. aktienrechtliche Einschränkungen des Stimmrechts von Anteilen wird letztlich auf die **Mehrheit der Stimmrechte** bei der Frage der Beherrschung einer Kapitalgesellschaft abgestellt.[7] Eine Beherrschung ist dort aus- 3917

1 BFH 12.10.1988 X R 5/86, BStBl 1989 II 152; 28.1.1993 IV R 39/92, BFH/NV 1993, 528; 24.2.1994 IV R 4/93, BStBl 1994 II 466; offen gelassen BFH 24.2.2000 IV R 62/98, BStBl 2000 II 417.

2 BFH 16.6.1982 I R 118/90, BStBl 1982 II 662; 5.9.1991 IV R 113/90, BStBl 1992 II 349.

3 BFH 16.6.1982 I R 118/80, BStBl 1982 II 662; 5.9.1991 IV R 113/90, BStBl 1992 II 349; 28.1.1993 IV R 39/92, BFH/NV 1993, 528; 14.8.2001 IV B 120/00, BFH/NV 2001, 1561.

4 BFH 28.1.1982 IV R 100/78, BStBl 1982 II 479.

5 BFH 8.11.1971 GrS 2/71, BStBl 1972 II, 63 ff.; 24.2.2000 IV R 62/98, BStBl 2000 II 417.

6 BFH 13.12.1984 VIII R 19/81, BStBl 1985 II 601; 27.11.1985 I R 115/85, BStBl 1986 II 362; 18.2.1986 VIII R 125/85, BStBl 1986 II 611; zuletzt BFH 9.8.2002 III B 34/02, BFH/NV 2002, 1616.

7 *Zenthöfer/Schulze zur Wiesche*, a. a. O., 687.

geschlossen, wo besondere Bestimmungen des Gesellschaftsvertrages, Vereinbarungen über das Stimmrecht oder die Geschäftsführung oder tatsächliche wirtschaftliche Zwänge die Durchsetzbarkeit des Willens verhindern. Dafür kommt es entscheidend auf eine faktische Einwirkung auf die zur Beherrschung führenden Stimmrechte an.[1]

3918 Handelt es sich bei der Betriebsgesellschaft um eine **GmbH**, wird das Vorliegen der personellen Verflechtung bei Beteiligungsmehrheit stets bejaht. Ein Mehrheitsgesellschafter hat die Möglichkeit entweder unmittelbar sofern er Geschäftsführer ist oder mittelbar durch Bestellung eines ihm gleichgesinnten Geschäftsführers in die Geschäftsführung der GmbH einzugreifen und somit als Voraussetzung der personellen Verflechtung bei diesem Rechtsträger seinen Geschäftswillen durchzusetzen.[2] Die Vorschriften des GmbH Rechts bezüglich Gesellschafterrechten, -versammlung und Abstimmung haben dispositiven Charakter. Gemäß § 45 Abs. 1 GmbHG ergeben sich die Rechte der Gesellschafter insbesondere in Bezug auf die Führung der Geschäfte, aus dem Gesellschaftsvertrag, vorausgesetzt, sie stehen nicht gesetzlichen Vorschriften entgegen.

3919 Bei einer **KGaA** als Betriebsgesellschaft hat der geschäftsführende Gesellschafter das Recht Geschäfte, die der gewöhnliche Betrieb eines Handelsgewerbes mit sich bringt, ohne Mitwirkung von Aufsichtsrat und Aktionärsversammlung durchführen.[3] Somit kann er hier seinen Geschäftswillen durchsetzen. Kommanditisten sind gem. § 278 AktG i. V. m. § 164 HGB von der Führung der Geschäfte ausgeschlossen. Der Aufsichtsrat der KGaA ist ohne entsprechende Satzungsermächtigung nicht berechtigt, die Ausführung bestimmter Arten von Geschäften von seiner Zustimmung abhängig zu machen. Ferner fehlt ihm neben der Personalkompetenz auch das Recht, eine Geschäftsordnung für die Komplementäre zu erlassen.[4]

Es gilt jedoch in erster Linie Satzungsautonomie.[5] Die Kompetenzen der geschäftsführenden Gesellschafter können durch die Satzung weiter ausgedehnt oder eingeschränkt und die Mitwirkungs- oder Kontrollkompetenzen verstärkt oder vermindert werden.[6]

3920 Nach Urteilen des BFH[7] ist die für die Annahme einer Betriebsaufspaltung erforderliche personelle Verflechtung auch im Verhältnis zwischen einer Aktiengesellschaft und ihrem Mehrheitsaktionär regelmäßig zu bejahen. Es wird davon ausgegangen, dass die AG und ihr Mehrheitsaktionär einen einheitlichen geschäftlichen Betätigungswillen haben. Über seine einfache Stimmenmehrheit in der Hauptversammlung ist der Mehrheitsaktionär in der Lage, die Mehrheit im Aufsichtsrat zu stellen. Im Hinblick auf die Befugnis des Aufsichtsrats, Vorstandsmitglieder zu bestellen und ihre Bestellung zu widerrufen, entscheidet der Mehrheitsaktionär damit mittelbar über die personelle Zusammensetzung des Vorstands und damit auch über die Grundlinie der Geschäftspolitik der AG. Diese vom BFH 1982 aufgestellten Grundsätze sind nach neuester Recht-

1 BFH 15. 3. 2000 VIII R 82/98, BFHE 191, 390, 392, jeweils m. w. N.; *Schmidt*, EStG § 15 Rz. 836 ff.

2 M.w.N. *Crezelius*, FR 2010, 303.

3 *Perlitt*, AG § 278 Rz. 211.

4 *Perlitt*, AG § 278 Rz. 211 ff.

5 *Perlitt*, AG § 278 Rz. 129.

6 *Perlitt*, AG § 278 Rz. 220.

7 BFH 23. 3. 2011 X R 45/09 im Anschluss an BFH 28. 1. 1982 IV R 100/78, BStBl 1982 II 479.

sprechung auch auf börsennotierte AGs anwendbar und durch Neuerungen im Aktienrecht nicht überholt. Es reicht danach grundsätzlich aus, wenn der Mehrheitsaktionär mittelbar über die personelle Zusammensetzung des Vorstands und damit über die Geschäftspolitik der AG entscheiden kann, wobei eine Fremdbestimmung jeder einzelnen Maßnahme der laufenden Geschäftsführung nicht erforderlich ist.[1] Dies gilt folglich auch für AGs mit mehr als 2 000 Arbeitnehmern, die den Vorschriften des Mitbestimmungsgesetzes unterliegen.[2] Obwohl der Aufsichtsrat zur Hälfte aus Arbeitnehmern besetzt ist und der Mehrheitsaktionär folglich nur eingeschränkt die Möglichkeit hat, Vorstandsmitglieder zu bestellen, liegt eine personelle Verflechtung vor.[3]

(2) Beherrschungsidentität bei Personengesellschaften

Grundsätzlich gilt bei Mehrheitsentscheidungen von Gesellschafterbeschlüssen der 3921
Grundsatz der Einstimmigkeit. Sofern abweichend von den bestehenden gesetzlichen Bestimmungen dieses Einstimmigkeitserfordernisses (§ 709 Abs. 1 BGB, § 119 Abs. 1, § 161 Abs. 2 HGB) gesellschaftsvertraglich das Mehrheitsprinzip festgelegt ist, entscheidet sich die Frage der Beherrschung einer Personengesellschaft im Zweifel nach „Köpfen“.[4] In der Regel kommt eine personelle Verflechtung nur dann in Betracht, wenn die **Mehrheit der Anteile an beiden Unternehmen** gehalten wird **und** gesetzlich oder vertraglich das **Mehrheitsprinzip für Alltagsgeschäfte** erforderlich ist. Mangels personeller Verflechtung wird eine Betriebsaufspaltung von der Rechtsprechung abgelehnt, wenn an der Betriebskapitalgesellschaft nicht alle Gesellschafter der Besitzpersonengesellschaft beteiligt sind und die Beschlüsse der Besitzpersonengesellschaft einstimmig bzw. mit qualifizierter Mehrheit gefasst werden müssen.[5] Diese Grundsätze finden in allen Fällen Anwendung, in denen die Besitzunternehmen in der Rechtsform einer GbR, einer OHG oder einer KG betrieben werden. Die Grundsätze sind auch auf Betriebsgesellschaften anzuwenden, wenn dort für Gesellschafterbeschlüsse Einstimmigkeit oder qualifizierte Mehrheit erforderlich ist.[6] Dies gilt allerdings nicht, wenn einem Mehrheitsgesellschafter die alleinige Geschäftsführung und Vertretung übertragen ist und ihm die Geschäftsführungsbefugnis nur durch einen Mehrheitsbeschluss entzogen werden kann, also nur durch den Mehrheitsgesellschafter.[7]

BEISPIEL: Die Ehegatten A und B sowie ihre drei Söhne sind an der AB & Söhne-GbR beteiligt, die von A als Geschäftsführer vertreten wird. Zugleich ist A alleiniger, nicht vom Selbstkontrahierungsverbot befreiter Geschäftsführer der A & Söhne-GmbH, an der A und zwei Söhne zu jeweils 1/3 die Anteile und Stimmrechte halten. Die GbR überlässt der GmbH eine wesentliche Betriebsgrundlage. Die Verpachtung der wesentlichen Betriebsgrundlage zählt bei der Besitzpersonengesellschaft nicht zu den Geschäften des täglichen Lebens. Für die Geschäfte des täglichen Lebens und für den Abschluss des Miet-/Pachtvertrages sieht der Gesellschaftsvertrag

1 BFH 23. 3. 2011 X R 45/09, NWB DokID: EAAAD-87142.

2 *Crezelius*, FR 2010, 302.

3 FG Hamburg 11. 9. 2009 3 K 124/08, NWB DokID: VAAAD-31818.

4 BFH 14. 1. 1982 IV R 77/79, BStBl 1982 II 476.

5 Erstmals BFH 9. 11. 1983 I R 174/79, BStBl 1984 II 212; seitdem st. Rspr. BFH 29. 10. 1987 VIII R 5/87, BStBl 1989 II 96; 21. 8. 1996 X R 25/93, BStBl 1997 II 44; 12. 2. 1998 VIII B 22/97, BFH/NV 1998, 852; 21. 1. 1999 IV R 96/96, BFH/NV 1999, 1033; 11. 5. 1999 VIII R 72/96, BFH/NV 1999, 1422; 13. 12. 1999 VIII B 36/98, BFH/NV 2000, 706; 15. 3. 2000 VIII R 82/98, BFH/NV 2000, 1304.

6 BFH 7. 12. 1999 VIII R 50/96, BFH/NV 2000, 601.

7 BFH 24. 8. 2006 IX R 52/04, BStBl 2007 II 165; *Schmidt*, EStG § 15 Rz. 825.

bzw. das Gesetz das (qualifizierte) Mehrheitsprinzip vor. Diese Mehrheit haben die Gesellschafter der GbR, die zugleich an der GmbH beteiligt sind, zu keinem Zeitpunkt erreicht.

Im vorliegenden Fall wird die Beherrschungsidentität aber durch die entsprechenden Geschäftsführungsbefugnisse erreicht. Die Geschäftsführungsbefugnis konnte A nur durch eine 2/3-Mehrheit und deshalb nicht durch Gesellschafter entzogen werden, die nur an der GbR beteiligt sind. Allerdings ist A nicht vom Verbot des Selbstkontrahierens befreit, d. h. er ist nicht berechtigt, namens der GbR mit sich als Vertreter der GmbH rechtsgeschäftlich zu handeln. Das muss er aber auch nicht, um in beiden Gesellschaften seinen Willen durchzusetzen. Denn A kann aufgrund seiner beherrschenden Stellung in der GmbH bewirken, dass nicht er selbst als deren Vertreter auftritt. Das ist möglich, wenn die GmbH einen Prokuristen oder Handlungsbevollmächtigten einsetzt oder selbst durch Beschluss ein Rechtsgeschäft mit der GbR vornimmt. Da es nicht auf die Stimmrechtsausübung sondern darauf ankommt, ob die Person, die die Betriebsgesellschaft als Geschäftsführer vertritt, auch auf Seiten des Besitzunternehmens die diesbezügliche Vertretung inne hat, führt auch das in diesem Fall gewollte Nichtvertreten zu einer personellen Verflechtung.

3922 Zur Vermeidung der Betriebsaufspaltung genügt es demnach nicht, dem Gesellschafter-Geschäftsführer Insichgeschäfte nach § 181 BGB zu verbieten. Da der BFH[1] vielmehr auf die tatsächliche Beherrschung beider Gesellschaften, gleich auf welchem Wege sie erreicht wird, abstellt, sollte so gestaltet werden, dass der in seiner Vertretungsbefugnis eingeschränkte Gesellschafter-Geschäftsführer nicht auf Seiten der Betriebsgesellschaft auftreten darf.[2]

3923 Zur Bedeutung der Einstimmigkeitsabrede in Bezug auf das BFH-Urteil vom 9. 11. 1983[3] hatte die Finanzverwaltung zunächst in zwei BMF-Schreiben Stellung genommen[4] und in dessen Nichtanwendungserlassen die Auffassung vertreten, dass die Voraussetzung des Einstimmigkeitserfordernisses nicht zwangsläufig zur Folge hätte, dass eine Betriebsaufspaltung zu verneinen wäre. Durch die sich in der Folgezeit festigende Rechtsprechung[5] und infolge der Kritik an dieser Ansicht in der Literatur[6] akzeptierte die Finanzverwaltung mit Erlass vom 7. 10. 2002[7] die Rechtsprechung in vollem Umfang und hob die o. g. Nichtanwendungserlasse auf. Die dargestellten Grundsätze der Rechtsprechung sind somit auf alle offenen Fälle anzuwenden.

(3) Beherrschung kraft faktischer Machtstellung

3924 In besonderen Ausnahmefällen kommt es auch **ohne ausreichenden Anteilsbesitz** der Gesellschafter der Besitzgesellschaft an der Betriebsgesellschaft zu einer Betriebsauf-

1 BFH 24. 8. 2006 IX R 52/04, BStBl 2007 II 165.

2 Allerdings ist es zivilrechtlich nicht eindeutig, ob und in welcher Weise dies geschehen kann. Die Gesellschafter der GmbH können durch Gesellschafterbeschluss für dem Geschäftsführer vorbehaltene Aufgaben Weisungen erteilen. Fraglich ist, ob dieser bei einem Beschluss mitstimmen kann (§ 47 Abs. 4 Satz 2 GmbHG). In steuerlicher Hinsicht kommt es jedenfalls nicht darauf an (BFH 26. 1. 1989 IV R 151/86, BStBl 1989 II 455).

3 BFH 9. 11. 1983 I R 174/79, BStBl 1984 II 212.

4 BMF 29. 3. 1985, BStBl 1985 I 121 und 23. 1. 1989, BStBl 1989 I 39.

5 BFH 21. 1. 1999 IV R 96/96, BStBl 2002 II 771; 11. 5. 1999 VIII R 72/96, BStBl 2002 II 722; 15. 3. 2000 VIII R 82/98, BStBl 2002 II 774; vgl. aber auch BFH 21. 8. 1996 X R 25/93, BStBl 1997 II 44.

6 *Söffing/Micker*, a. a. O., 136 ff., „Das BMF versucht, das Urteil vom 9. 11. 1983 mit Hilfe der faktischen Beherrschung aus den Angeln zu heben…"

7 BMF 7. 10. 2002, BStBl 2002 I 1028; zu den Einzelheiten der im BMF-Schreiben dargestellten Übergangsregelung und zur Kritik an der verfahrensrechtlichen Vorgehensweise (Bescheidkorrektur, § 174 AO); äußert auch der BFH Bedenken 18. 8. 2005 IV B 167/04, BStBl 2006 II 158.

spaltung, wenn nämlich die Beherrschung der Betriebsgesellschaft durch die Besitzunternehmensgesellschafter infolge einer durch die Besonderheiten des Einzelfalls bedingten **tatsächlichen Machtstellung** gegeben und somit eine Willensdurchsetzung der Besitzgesellschafter möglich ist.[1] Ein solcher Fall kann nach der Rechtsprechung u. a. durch eine Großgläubigerstellung der das Besitzunternehmen beherrschenden Personen im Betriebsunternehmen[2] oder das Angewiesensein des Betriebsunternehmens auf die Fachkenntnis von nicht beteiligten Personen gegeben sein.[3] Demgegenüber genügt die maßgebliche Einflussnahme auf die kaufmännische oder technische Betriebsführung nicht.[4] Eine faktische Beherrschung liegt ausnahmsweise nur dann vor, wenn auf die Gesellschafter aus wirtschaftlichen oder anderen Gründen dahin gehend Druck ausgeübt werden kann, das sie sich dem Willen der beherrschenden Person oder Personengruppe unterordnen müssen.[5] Eine solche Konstellation kann grundsätzlich nur in wenigen Ausnahmefällen und bei Vorliegen konkreter Umstände angenommen werden.[6]

BEISPIEL: Der Alleininhaber des Besitzunternehmens und alleinige Geschäftsführer der Betriebs-GmbH ist in der Lage, seinen Geschäftsanteil jederzeit von 49 % auf bis zu 98 % zu erhöhen.[7]

(Einstweilen frei) 3925–3930

cc) Behandlung von Ehegatten, Kindern und Angehörigen

(1) Behandlung von Ehegatten

Bei der Frage der stimmrechtmäßigen Beteiligung von Ehegatten an Besitz- und Betriebsunternehmen nahm die Rechtsprechung bis zum Jahre 1985 eine Zusammenrechnung der Beteiligungen von Ehegattenanteilen vor. Sie vertrat dabei die Ansicht, dass nach der Lebenserfahrung die widerlegbare Vermutung bestehe, dass ein Ehegatte die Rechte des anderen Ehegatten in Übereinstimmung mit den eigenen Interessen wahrnimmt – sog. „Vermutungs-Rechtsprechung".[8] 3931

Das BVerfG hat mit Beschluss vom 12. 3. 1985 die in der Vergangenheit von der Finanzverwaltung angewendete Vermutungs-Rechtsprechung für verfassungswidrig erklärt, da es mit Art. 3 Abs. 1 i.V. m. Art. 6 Abs. 1 GG unvereinbar sei, wenn bei der Frage der Voraussetzungen der Betriebsaufspaltung von einer Vermutung gleichgerichteter Interessen ausgegangen werde. Diese Vermutung führe im Ergebnis zu einer Schlechterstellung von Ehegatten gegenüber Ledigen.[9] 3932

1 BFH 29. 7. 1976 IV R 145/72, BStBl 1976 II 750; 16. 6. 1982 I R 118/80, BStBl 1982 II 662; 1. 12. 1989 III R 94/87, BStBl 1990 II 500; 27. 2. 1991 XI R 25/88, BFH/NV 1991, 454; 27. 8. 1992 IV R 13/91, BStBl 1993 II 134; 29. 1. 1997 XI R 23/96, BStBl 1997 II 437.

2 BFH 27. 8. 1992 IV R 13/91, BStBl 1993 II 134.

3 BFH 30. 7. 1985 VIII R 263/81, BStBl 1986 II 359.

4 BFH 29. 8. 2001 VIII B 15/01, BFH/NV 2002, 185; vgl. aber BMF 7. 10. 2002, BStBl 2002 I 1028, wonach ein Fall faktischer Beherrschung auch dann gegeben ist, wenn ein Gesellschafter der Gesellschaft unverzichtbare Betriebsgrundlagen zur Verfügung stellt, die er der Gesellschaft ohne weiteres wieder entziehen kann.

5 BFH 7. 12. 1999 VIII R 50/96, BFH/NV 2000, 601.

6 Zur Entwicklung der Rspr. zur „Faktischen Beherrschung" sehr lesenswert die detaillierte Darstellung bei *Söffing/Micker*, a. a. O., 159 ff.

7 BFH 29. 1. 1997 XI R 23/96, BStBl 1997 II 437.

8 BFH 1. 4. 1981 I R 160/80, BStBl 1981 II 738.

9 BVerfG 12. 3. 1985 1 BvR 571/81, BStBl 1985 II 475.

3933 Danach ist eine **Zusammenrechnung von Ehegattenanteilen** heute nur noch möglich, wenn Ehegatten eine **geschlossene Personengruppe** darstellen oder wenn besondere Beweisanzeichen für eine zusätzlich zur Ehe bestehende **Wirtschaftsgemeinschaft** zwischen den Ehegatten gegeben ist.[1]

3934 Nicht als besondere Beweisanzeichen können u. a. jahrelanges konfliktfreies Zusammenwirken der Eheleute oder das durch den Ehemann der Betriebsgesellschaft maßgeblich verliehene „Gepräge" herangezogen werden.[2]

3935 Hingegen sind Ausnahmefälle, die eine Zusammenrechnung der Ehegattenanteile rechtfertigen gegeben,

- wenn zwischen den Ehegatten im Wege eines **Stimmbindungsvertrages** eine Vereinbarung über das genaue Stimmverhalten getroffen worden ist, oder
- wenn der nur am Besitzunternehmen beteiligte Gesellschafter seinem an beiden Unternehmen beteiligten Ehegatten eine **unwiderrufliche Stimmrechtsvollmacht** erteilt.[3]

3936 In jedem Fall wird die Zusammenrechnung der Ehegattenanteile als unzulässig betrachtet, wenn ein Ehegatte nur am Besitzunternehmen und der andere Ehegatte nur an der Betriebsgesellschaft beteiligt ist (**sog. Wiesbadener Modell**).[4] Eine Zusammenrechnung der Anteile erfolgt schon aus dem Grunde nicht, weil diese – unabhängig von der Frage des Vorliegens weiterer Beweisanzeichen – voraussetzt, dass gemeinsame Anteile eines Unternehmens gehalten werden. Allerdings ist stets darauf zu achten, dass auch die testamentarischen Regelungen darauf abgestimmt sind, keine Betriebsaufspaltung im Erbfall zu begründen. So kann in Erbfällen in Folge der Vereinbarung der Ehegatten in einem gemeinsamen Testament, sich gegenseitig zu Alleinerben einzusetzen (**sog. Berliner Testament**), ungewollt bei Ableben des zuerst versterbenden Ehegatten für den verbleibenden Ehegatten eine Betriebsaufspaltung entstehen.

BEISPIEL: Die Ehefrau A überlässt ein in ihrem Alleineigentum stehendes Grundstück, das die Voraussetzungen einer wesentlichen Betriebsgrundlage erfüllt, der B-GmbH, deren alleiniger Gesellschafter der Ehemann B ist, entgeltlich zur Nutzung.

Eine rechnerische Zusammenfassung der Ehegattenanteile kann nicht erfolgen, da die A an der Betriebskapitalgesellschaft nicht beteiligt ist. Eine Zurechnung zu einer Null-Beteiligung ist somit ausgeschlossen und eine Betriebsaufspaltung zu verneinen.

3937 Überlassen jedoch in **Gütergemeinschaft** lebende Ehegatten zum Gesamtgut gehörende wesentliche Betriebsgrundlagen an eine GmbH, deren alleiniger Gesellschafter einer der Ehegatten ist, liegen die Voraussetzungen der Betriebsaufspaltung vor, wenn die Gesellschaftsbeteiligung ebenfalls zum Gesamtgut gehört.[5] Zum Gesamtgut gehört gem. § 1416 Abs. 1 Satz 2 BGB auch das Vermögen, das der Mann oder die Frau während der Gütergemeinschaft erwirbt. Ausgeschlossen sind davon nur Gegenstände, die

1 BFH 27.2.1991 XI R 25/88, BFH/NV 1991, 454; 15.10.1998 IV R 20/98, BStBl 1999 II 445; 24.2.2000 IV R 62/98, BStBl 2000 II 417.

2 BFH 27.11.1985 I R 115/85, BStBl 1986 II 362; einschränkend BFH 17.3.1987 VIII R 36/84, BStBl 1987 II 858.

3 BFH 11.7.1989 VIII R 151/85, BFH/NV 1990, 99.

4 BFH 30.7.1985 VIII R 263/81, BStBl 1986 II 359; 9.9.1986 VIII R 198/84, BStBl 1987 II 28; *Schmidt*, EStG § 15 Rz. 847.

5 BFH 19.10.2006 IV R 22/02, BFH/NV 2007, 149.

zum Vorbehaltsgut oder Sondergut gehören. Sondergut sind nach der abschließenden Regelung in § 1417 Abs. 2 BGB die Gegenstände, die nicht durch Rechtsgeschäft übertragen werden können. Die Beteiligung an einer GmbH ist dabei nicht dem Sondergut zuzurechnen, wenn nach dem Gesellschaftsvertrag eine Übertragung von Gesellschaftsanteilen zwar nur mit Genehmigung der Gesellschafter möglich ist, die Übertragung an einen Ehegatten aber keiner Beschränkung unterliegt.

(2) Behandlung von Kindern und Angehörigen

Ob eine personelle Verflechtung vorliegt, wenn Eltern und ihre **minderjährigen** Kinder beteiligt sind, hängt vom jeweiligen Einzelfall ab. Nach R 15.7 Abs. 8 EStR 2008 sind in folgenden Fällen die Voraussetzungen für eine personelle Verflechtung gegeben:[1] 3938

Fall	Unternehmen 1 (U 1)	Beispiel (U 1)	Unternehmen 2 (U 2)	Beispiel (U 2)	Zusätzliche Voraussetzungen
1	Mehrheit beider Eltern/eines Elternteils zusammen mit Kind	E1+E2+K > 50% oder E1+K > 50% oder E2+K > 50%	Mehrheit beider Eltern/eines Elternteils zusammen mit Kind	E1+E2+K > 50% oder E1+K > 50% oder E2+K > 50%	
2	Mehrheit der Eltern	E1+E2 > 50%	Eltern halten zusammen mit dem Kind die Mehrheit	E1+E2+K > 50%	Eltern muss das Vermögenssorgerecht zustehen
3	Mehrheit eines Elternteils	E1 > 50% oder E2> 50%	Elternteil hält zusammen mit Kind die Mehrheit	E1+K > 50% oder E2+K > 50%	Beteiligtem Elternteil muss Vermögenssorgerecht zustehen
4	Mehrheit eines Elternteils	E1 > 50% oder E2 > 50%	Eltern halten zusammen mit Kind die Mehrheit	E1+E2+K > 50%	Anteile der Eltern können zusammengerechnet werden, zusätzlich steht beiden das Vermögenssorgerecht zu
5	Mehrheit eines Elternteils	E1 > 50% oder E2 > 50%	Elternteil hält zusammen mit Kind die Mehrheit	E1+K > 50% oder E2+K > 50%	Vermögenssorgerecht bei beiden Eltern; zusätzlich gleichgerichtete wirtschaftliche Interessen der Ehegatten

1 R 15.7 Abs. 8 EStR 2008; es kann sich bei Unternehmen 1 und Unternehmen 2 jeweils um das Besitz- oder Betriebsunternehmen handeln.

Ferner sprechen sich BFH und die Literaturmeinung gegen jegliche Zusammenrechnung der Anteile von Eltern und **volljährigen Kindern** aus.[1] Ebenso ist eine Zusammenrechnung mit Beteiligungen sonstiger **Angehöriger** ausgeschlossen.[2]

3939–3945 *(Einstweilen frei)*

3. Begründung einer Betriebsaufspaltung

Literatur: *Schneeloch,* Betriebsaufspaltung-Voraussetzung und Steuerfolgen, DStR 1991, 804; *Hörger/Pauli,* Betriebsaufspaltung durch Übertragung von Wirtschaftsgütern, GmbHR 2001, 1139; *Brandenberg,* Übertragung von Mitunternehmeranteilen und Wirtschaftsgütern bei Personengesellschaften, NWB 2002, 2113, F. 3, 12037; *Hoffmann,* Der Transfer von Einzelwirtschaftsgütern gemäß § 6 Abs. 5 EStG nach Verabschiedung des UntStFG, GmbHR 2002, 125; *Roser,* Unveränderte Missverständnisse zu § 6 Abs. 5 EStG bei der Übertragung von Sonderbetriebsvermögen, FR 2002, 309; *Seer/Söffing,* Merkmalsübertragung bei der Betriebsaufspaltung, DB 2003, 2457; *Schießl,* Übergang des Geschäftswerts auf die Betriebs-GmbH im Rahmen einer Betriebsaufspaltung, GmbHR 2006, 459; *Dötsch/Patt/Pung/Möhlenbrock,* Umwandlungssteuerrecht, 6. Aufl., 2007; *Lips/Randel/Werwigk,* Das neue GmbH-Recht – Ein Überblick, DStR 2008, 2220; *Hörger/Mentel/Schulz,* Ausgewählte Fragen zum Steuerentlastungsgesetz 1999/2000/2002: Unternehmensumstrukturierungen, DStR 2009, 565; *Siebenhüter,* Kundenstamm: Geschäftswert, WG oder persönliche Eigenschaft des Unternehmers, EStB 2010, 84; *Gosch,* „Zoff im BFH“: Die vorläufig vorweggenommene Divergenzanrufung, DStR 2010, 1173.

a) Steuerliche Folgen in der Gründungssituation

aa) Echte Betriebsaufspaltung

3946 Bei der echten Betriebsaufspaltung stellt sich die Frage, ob und inwieweit die Wirtschaftsgüter des Ausgangsunternehmens zum Buchwert fortgeführt bzw. auf das neu gegründete Betriebsunternehmen übertragen werden können. Andernfalls führt die Begründung der Betriebsaufspaltung zur Aufdeckung der stillen Reserven und damit zu einem steuerpflichtigen Veräußerungsgewinn.[3]

3947 Hinsichtlich der Wirtschaftsgüter des Ausgangsunternehmens, die bei der Begründung einer Betriebsaufspaltung nicht auf das Betriebsunternehmen übertragen werden, sondern in dem als Besitzunternehmen fortgeführten Restbetrieb des Ausgangsunternehmens verbleiben und von diesem an das Betriebsunternehmen vermietet werden, gilt der Zwang zur Buchwertfortführung, weil insoweit weder eine Veräußerung, noch eine Entnahme oder eine Betriebsaufgabe vorliegt.

(1) Betriebskapitalgesellschaft

3948 Soweit bei Begründung der Betriebsaufspaltung einzelne Wirtschaftsgüter des Ausgangsunternehmens auf die Betriebskapitalgesellschaft überführt werden, fällt dieser Vorgang nicht unter § 20 UmwStG. Da für die Begründung einer echten Betriebsaufspaltung zugleich notwendigerweise mindestens eine wesentliche Betriebsgrundlage zurückbehalten werden muss, wird zwangsläufig kein Betrieb, Teilbetrieb oder Mit-

1 BFH 18. 10. 1972 I R 184/70, BStBl 1973 II 27, m. w. N.; *Schmidt,* EStG § 15 Rz. 849 - 850.

2 BFH 18. 10. 1972 I R 184/70, BStBl 1973 II 27; *Schmidt,* EStG § 15 Rz. 850.

3 *Kaligin,* a. a. O., 151 ff.

unternehmeranteil i. S. v. § 20 UmwStG von dem Ausgangsunternehmen in die Betriebskapitalgesellschaft eingebracht. Eine Nutzungsüberlassung ist nach bisheriger Auffassung der FinVerw nicht ausreichend.[1]

Werden also bei der Begründung einer echten Betriebsaufspaltung einzelne Wirtschaftsgüter von dem Ausgangsunternehmen auf die Betriebskapitalgesellschaft übertragen, liegt entweder eine Sacheinlage oder eine verdeckte Einlage vor. Bei einer Sacheinlage erhält der Steuerpflichtige im Wege eines tauschähnlichen Vorganges für die übertragenen Wirtschaftsgüter Gesellschaftsrechte, deren Anschaffungskosten gem. § 6 Abs. 6 Satz 1 EStG nach dem gemeinen Wert des eingelegten Wirtschaftsgutes zu bemessen sind. Es kommt also zu einer Aufdeckung der stillen Reserven. Erfolgt die Übertragung einzelner Wirtschaftsgüter aus dem Ausgangsunternehmen in die Betriebskapitalgesellschaft im Wege der **verdeckten Einlage**, so werden gem. § 6 Abs. 6 Satz 2 EStG in einem solchen Fall grundsätzlich[2] die Anschaffungskosten der Beteiligung an der Kapitalgesellschaft um den Teilwert des eingelegten Wirtschaftsguts erhöht. Auch in diesem Fall erfolgt demnach eine Aufdeckung der stillen Reserven der übertragenen Wirtschaftsgüter. 3949

Eine **Buchwertübertragung** einzelner Wirtschaftsgüter im Rahmen einer echten Betriebsaufspaltung mit einer Kapitalgesellschaft als Betriebsgesellschaft ist folglich seit dem Inkrafttreten des Steuerentlastungsgesetzes 1999/2000/2002 zum 1. 1. 1999 und der damit einhergehenden Neuregelung grundsätzlich nicht mehr möglich. 3950

(2) Betriebspersonenunternehmen

Für die Übertragung von Wirtschaftsgütern von einem Ausgangsunternehmen auf eine Betriebspersonengesellschaft ist zu unterscheiden, ob das Ausgangsunternehmen ein Einzelunternehmen oder eine Personengesellschaft ist. 3951

Einzelunternehmen als Ausgangsunternehmen

Ist das Ausgangsunternehmen ein Einzelunternehmen, erfolgt die **Übertragung der Einzelwirtschaftsgüter** gem. § 6 Abs. 5 Satz 3 Nr. 1 EStG zwingend zum Buchwert, da in diesem Fall ein Mitunternehmer der Betriebspersonengesellschaft ein Wirtschaftsgut aus seinem Ausgangseinzelunternehmen in das Gesamthandsvermögen der Betriebspersonengesellschaft überträgt. 3952

Personengesellschaft als Ausgangsunternehmen

Im **Grundfall** einer **Übertragung von Wirtschaftsgütern** des Gesamthandsvermögens des Ausgangsunternehmens in das Gesamthandsvermögen der Betriebspersonengesellschaft findet § 6 Abs. 4 EStG Anwendung. Danach ist das übertragene Wirtschaftsgut im aufnehmenden Gesamthandsvermögen mit dem gemeinen Wert als Anschaf- 3953

---

1 BMF 25. 3. 1998, BStBl 1998 I 268, Rz. 20.08.

2 Ausnahme gem. § 6 Abs. 6 Satz 3 i. V. m. § 6 Abs. 1 Nr. 5 Satz 1 Buchst. a EStG zum Buchwert.

fungskosten anzusetzen. Eine Buchwertübertragung ist daher in diesem Fall grundsätzlich nicht möglich.[1]

In Frage käme allenfalls im Rahmen des sog. **Zweistufenmodells** zunächst eine Übertragung der Einzelwirtschaftsgüter in eine Personengesellschaft (Stufe 1) und nachfolgend die Einbringung der Mitunternehmeranteile in eine Kapitalgesellschaft (Stufe 2).

BEISPIEL: A ist an der A-KG beteiligt und hält Wirtschaftsgüter im Sonderbetriebsvermögen. Er überträgt diese auf die B-KG, an der er ebenfalls Anteile hält. Im Anschluss werden die Mitunternehmeranteile des A an der B-KG gem. § 20 UmwStG in eine Kapitalgesellschaft eingebracht.

3954 Es ist somit zunächst eine Übertragung von dem Gesamthandsvermögen des bisherigen Einheitsunternehmens in ein Betriebsvermögen des Steuerpflichtigen vorzunehmen, um dann das Wirtschaftsgut von diesem Betriebsvermögen in die Betriebskapitalgesellschaft zu übertragen. Diese Übertragungen würden gem. § 6 Abs. 5 Satz 3 Nr. 2 EStG zu Buchwerten erfolgen. In dieser Vorgehensweise könnte jedoch ein Gestaltungsmissbrauch i. S. d. § 42 AO liegen, da hier ein geplantes Ziel nicht auf dem unmittelbaren, wirtschaftlich sinnvollen Weg erreicht wird, sondern über mehrere Schritte, um die Steuervorteile der Buchwertfortführung zu erhalten. Ferner ist zu beachten, dass eine anschließende Umwandlung der übernehmenden Personengesellschaft in eine Kapitalgesellschaft nach § 6 Abs. 5 Satz 6 EStG dazu führt, dass rückwirkend die Teilwerte der übertragenen Wirtschaftsgüter anzusetzen sind, sofern die Umwandlung innerhalb einer Frist von 7 Jahren nach der Übertragung durchgeführt wird. Das Zweistufenmodell ist daher erfolgsneutral nicht ohne Weiteres möglich.

3955 Ob Übertragungen von Wirtschaftsgütern zwischen beteiligungsidentischen **Schwestergesellschaften** zum Buchwert vorzunehmen sind, wird derzeit kontrovers diskutiert.[2] Nach Auffassung des I. Senats des BFH[3] ist bei Übertragungsvorgängen dieser Art eine Buchwertfortführung ausgeschlossen, da der Sachverhalt nicht von der abschließenden Regelung des § 6 Abs. 5 Satz 3 EStG erfasst wird. Der IV. Senat hingegen neigt nun mit neuerem Beschluss[4] dazu, die Übertragung von Wirtschaftsgütern zwischen Gesamthandsvermögen beteiligungsidentischer Personengesellschaften zwingend zum Buchwert zu zulassen. Der Anwendungsbereich des § 6 Abs. 5 Satz 1 EStG wird demnach entsprechend ausgedehnt, da bei transparenter Betrachtung auch hier Wirtschaftsgüter von einem Betriebsvermögen in ein anderes Betriebsvermögen desselben Gesellschafters überführt werden. Da der Meinungsstreit zwischen den beiden Senaten noch nicht entschieden ist, wird auf Antrag Aussetzung der Vollziehung gewährt gemäß BMF-Schreiben vom 29. 10. 2010.[5]

BEISPIEL: An der A-GmbH & Co. KG sind X und Y je zur Hälfte Kommanditisten. Die GmbH als Komplementär ist nicht am Betriebsvermögen der KG beteiligt. Zugleich sind X und Y je zur Hälfte an der B-GmbH & Co. KG beteiligt. Deren Komplementär-GmbH ist ebenfalls nicht am

1 BT-Drucks. 14/7343, 4; a. A. falls Schwesterpersonengesellschaften gesellschafter- und anteilsidentisch sind vgl. *Schmidt*, EStG § 15 Rz. 683; § 6 Rz. 702.

2 *Gosch*, DStR 2010, 1173.

3 BFH 25. 11. 2009 I R 72/08, BFH/NV 2010, 535.

4 BFH 15. 4. 2010 IV B 105/09, BStBl 2010 II 971.

5 BMF 29. 10. 2010, BStBl 2010 I 1206.

Vermögen der KG beteiligt. Zum Gesamthandsvermögen der A-GmbH & Co. KG gehört seit 20 Jahren ein Grundstück, das einen Buchwert von 100 000 € und einen Teilwert von 180 000 € hat. Die A-GmbH & Co. KG will das Grundstück 2010 erfolgsneutral in das Gesamthandsvermögen der Schwesterpersonengesellschaft übertragen.

Wegen der daraus resultierenden Rechtsunsicherheit wird man wohl gegenwärtig von diesen Gestaltungen absehen müssen.[1] Es ist davon auszugehen, dass diese Kontroverse durch Divergenzanrufung des großen Senats entschieden werden wird. Die Entscheidung des großen Senats ist abzuwarten.[2]

Werden **Mitunternehmeranteile** unentgeltlich übertragen, hat dies nach § 6 Abs. 3 Satz 1 EStG wiederum zwingend zum Buchwert zu erfolgen. 3956

Zur unentgeltlichen Übertragung **von Mitunternehmeranteilen mit Sonderbetriebsvermögen hat sich das BMF mit Schreiben** vom 7. 12. 2006[3] geäußert. Das Schreiben ergänzt das BMF-Schreiben vom 3. 3. 2005[4] in der Tz. 22 um das Urteil des BFH vom 18. 8. 2005.[5] In diesem Urteil hat der BFH bestätigt, dass auch Bruchteilsgemeinschaften ohne Gesamthandsvermögen Besitzgesellschaften im Rahmen einer mitunternehmerischen Betriebsaufspaltung sein können. 3957

BEISPIEL: A ist zu 60 % an der AB-OHG beteiligt, der er auch ein im Sonderbetriebsvermögen befindliches Grundstück zur Nutzung überlässt. In 2002 überträgt A die Hälfte seines Mitunternehmeranteils, d. h. 50 % seines Gesamthandanteils und 50 % des Sonderbetriebsvermögens, unentgeltlich auf C. Die neue AC-GbR überlässt das Grundstück der neuen ABC-OHG entgeltlich zur Nutzung.[6]

Lösungshinweis:

In einem ersten Schritt liegt eine unentgeltliche Teil-Mitunternehmeranteilsübertragung nach § 6 Abs. 3 Satz 1 EStG vor, die zwingend zu Buchwert zu erfolgen hat.

Für die Übertragung des Anteils am Sonderbetriebsvermögen sind in einem zweiten Schritt je nach gesellschaftsrechtlicher Ausgestaltung gemäß BMF folgende zwei Fallgruppen zu unterscheiden: 3958

a) Übertragung von Sonderbetriebsvermögen, das nach der Übertragung im **Gesamthandseigentum** des Übertragenden und des Übernehmenden steht

Das Grundstück als Sonderbetriebsvermögen des A wird durch unentgeltliche Teilübertragung Gesamthandsvermögen von A und C, d. h. der AC-GbR. Eine Übertragung vom Sonderbetriebsvermögen eines Mitunternehmers in das Gesamthandsvermögen einer Mitunternehmerschaft, an der er weiterhin beteiligt ist, erfolgt zum Buchwert nach § 6 Abs. 5 Satz 3 Nr. 2 EStG.

b) Übertragung von Sonderbetriebsvermögen, das nach der Übertragung im **Bruchteilseigentum** des Übertragenden und des Übernehmenden steht

1 Vgl. *o.V.*, EStB 2011, 38 f.
2 Vgl. weiterführend auch *Altendorf*, GmbH-StB 2010, 233.
3 BMF 7. 12. 2006, BStBl 2006 I 766.
4 BMF 3. 3. 2005, BStBl 2005 I 458.
5 BFH 18. 8. 2005 IV R 59/04, BStBl 2005 II 830.
6 Vgl. BMF 7. 12. 2006, BStBl 2006 I 766.

Das Grundstück als Sonderbetriebsvermögen des A wird durch unentgeltliche Teilübertragung Sonderbetriebsvermögen der Gesellschafter der „gesamthandsvermögenslosen" Bruchteilsgemeinschaft von A und C, der AC-GbR. Eine Übertragung vom Sonderbetriebsvermögen eines Mitunternehmers in das Sonderbetriebsvermögen bei der AC-GbR erfolgt – wegen des fehlenden Rechtsträgerwechsels bei Bruchteilseigentum – nach § 6 Abs. 5 Satz 2 EStG zum Buchwert.

Zu beachten ist, dass dies lediglich für unentgeltliche Übertragungen gilt. Gehen auch Verbindlichkeiten auf den neuen Gesellschafter über, handelt es sich um eine (teil-)entgeltliche Übertragung mit der Folge, dass eine Buchwertfortführung nicht mehr möglich ist und die stillen Reserven der übergehenden Wirtschaftsgüter aufzudecken sind.[1]

3959 Steuerlich als Einbringung gem. § 24 UmwStG zu Buchwerten möglich ist **Abspaltung eines Betriebes** aus einer gewerblich tätigen Besitzpersonengesellschaft in die Betriebspersonengesellschaft.[2] Dazu wird der aufnehmenden Personengesellschaft der Betrieb übertragen und zugleich die wesentliche Betriebsgrundlage von der bereits gewerblich tätigen Besitzpersonengesellschaft verpachtet.

BEISPIEL: Die ABC-KG, an der A, B und C beteiligt sind, bringt ihren Betrieb zum Buchwert in die AB-KG ein, deren Gesellschafter A und B sind. Ferner überlässt die ABC-KG ihr Grundstück im Wege der Verpachtung an die AB-KG. Die ABC-KG erhält für die Einbringung ihres Betriebs Anteile an der AB-KG.

3960 Im Rahmen des § 24 UmwStG braucht die wesentliche Betriebsgrundlage nicht auf die aufnehmende Betriebspersonengesellschaft übertragen zu werden, es reicht aus, wenn diese überlassen wird.[3] Im Gegenzug für die Abspaltung erhält die einbringende Gesellschaft Anteile an der übernehmenden Gesellschaft. Es liegt ein tauschähnlicher Veräußerungsvorgang vor.[4]

(3) Gestaltungsvarianten zur Vermeidung der Aufdeckung der stillen Reserven

Betriebsverpachtungsmodell

3961 Zur Vermeidung der Aufdeckung der stillen Reserven bei der echten Betriebsaufspaltung bietet sich darüber hinaus das sog. Betriebsverpachtungsmodell an. Danach werden alle wesentlichen Betriebsgrundlagen im Ausgangsunternehmen belassen und an die Betriebsgesellschaft verpachtet (sog. **Betriebsverpachtung im Ganzen**). In diesem Fall erfolgt keine Aufdeckung der stillen Reserven, da das Anlagevermögen des Ausgangsunternehmens dort verbleibt und zum Betriebsvermögen des Besitzunternehmens wird. Ein zusätzlicher Vorteil dieses Modells liegt darin, dass dem Ausgangsunternehmen bei Verpachtung des ganzen Betriebes grundsätzlich das **Verpächterwahlrecht**[5] gem. R 16 Abs. 5 EStR zusteht. Dieses wird zwar durch die Grundsätze der Be-

1 Vgl. H 6.15 EStH.

2 UmwStE 24.19 (Abspaltung von und auf Personenhandelsgesellschaft). Die Rechtslage nach dem SEStEG ist hier unverändert.

3 UmwStE 24.06.

4 *Dötsch/Patt/Pung/Möhlenbrock*, UmwStG § 24 Rz. 5.

5 Zu dem Rechtsinstitut des Verpächterwahlrechts s. a. Rn. 2121.

triebsaufspaltung überlagert, lebt aber bei Wegfall der Voraussetzungen der Betriebsaufspaltung wieder auf, so dass dem Steuerpflichtigen ein Wahlrecht zusteht, ob er

- die Betriebsaufgabe erklärt und damit die stillen Reserven des Besitzunternehmens aufdeckt und anschließend Einkünfte aus Vermietung und Verpachtung bezieht oder
- die Aufdeckung der stillen Reserven vermeidet, indem er weiterhin gewerbliche Einkünfte gem. § 15 EStG bezieht. Diese sind jedoch dann nicht mehr gewerbesteuerpflichtig.

Wird der Betriebsgesellschaft ein gesamter Betrieb mit allen wesentlichen Betriebsgrundlagen verpachtet, stellt sich auch die Frage des Übergangs des Geschäftswerts[1] i. d. R. nicht. Dennoch sollte vorsorglich ausdrücklich der Geschäftswert mitverpachtet werden.[2] 3962

Dabei ist zu beachten, dass die Wirtschaftsgüter, die zum Geschäftswert führen, beim Besitzunternehmen verbleiben. Andernfalls würde der Geschäftswert den übertragenen Wirtschaftsgütern folgen. Es würde ein Aufgabegewinn entstehen, bei Fortführung des Besitzunternehmens ein laufender Gewinn. In möglichen Mietzahlungen der Betriebsgesellschaft an die Besitzgesellschaft für diese Wirtschaftsgüter wäre mangels Mietobjekte eine verdeckte Gewinnausschüttung zu vermuten.[3] 3963

Schrumpfungsmodell

Als weitere Gestaltungsvariante bietet sich bei der echten Betriebsaufspaltung das sog. Schrumpfungsmodell an. Danach wird ebenfalls neben dem betriebsnotwendigen Grundbesitz das gesamte, mit nennenswerten stillen Reserven belastete Anlagevermögen vom Besitzunternehmen an die Betriebsgesellschaft verpachtet und fortlaufend durch Ersatzinvestitionen in der Betriebsgesellschaft ersetzt, mit der weiteren Folge, dass sich beim Besitzunternehmen das Anlagevermögen verringert und zu einem reinen Grundbesitz und Firmenwert verpachtenden Betrieb „zusammenschrumpft".[4] Dabei ist sicherzustellen, dass der Geschäftswert bei dem Besitzunternehmen verbleibt und das Anlagevermögen lediglich pachtweise zur Verfügung gestellt wird.[5] Soweit eine Neuinvestition durch die Betriebsgesellschaft erfolgt, ist eine künftige Pachtanpassung (Reduzierung) jährlich notwendig.[6] 3964

(Einstweilen frei) 3965–3970

1 Vgl. a. Rn. 3981.

2 BFH 15. 3. 2005 X R 2/02 BFH/NV 2005, 1292; BMF 17. 10. 1994, BStBl 1994 I 771.

3 *Siebenhüter*, EStB 2010, 84 ff.

4 *Hörger/Mentel/Schulz*, DStR 1999, 565; *Hörger/Pauli*, GmbHR 2001, 1139.

5 Zur Problematik des „Überspringens" des Geschäftswertes siehe ausführlich *Hörger/Pauli*, a. a. O., 1143 ff.

6 *Kaligin*, a. a. O., 157 f.

bb) Unechte Betriebsaufspaltung

(1) Allgemeine steuerliche Folgen

3971 Entsteht durch das Überlassen einer oder mehrerer wesentlicher Betriebsgrundlagen eine unechte Betriebsaufspaltung, so hat das Besitzunternehmen dadurch einen Gewerbebetrieb eröffnet und muss eine Eröffnungsbilanz erstellen. Darin sind die Wirtschaftsgüter mit dem Teilwert, höchstens jedoch mit den fortgeführten Anschaffungskosten, anzusetzen, wenn das Wirtschaftsgut innerhalb der letzten 3 Jahre vor dem Zeitpunkt der Zuführung angeschafft oder hergestellt worden ist.[1] Die Anteile an der Betriebskapitalgesellschaft (GmbH, AG etc.) werden notwendiges (Sonder-)Betriebsvermögen im Besitzunternehmen. Sie sind, soweit es sich um wesentliche Beteiligungen i. S. v. § 17 EStG handelt, grundsätzlich mit ihren Anschaffungskosten anzusetzen.[2]

(2) Rechtliche Ausgestaltung der vertraglichen Beziehungen

Pacht- bzw. Betriebs- und Überlassungsvertrag

3972 Im Hinblick auf die steuerliche Anerkennung einer Betriebsaufspaltung empfiehlt es sich, das Vertragswerk in schriftlicher Form (bei Grundstücken ist die Schriftform in jedem Fall erforderlich) zu verfassen und mit „**Pachtvertrag**“ oder mit „**Betriebs- und Überlassungsvertrag**“ zu bezeichnen, da damit zum Ausdruck kommt, dass nicht lediglich einzelne Wirtschaftsgüter übertragen werden, sondern der frühere einheitliche Betrieb von der Betriebsgesellschaft fortgeführt wird.

3973 Um spätere Auslegungsschwierigkeiten zu vermeiden, empfiehlt es sich, im Vertrag die einzelnen Wirtschaftsgüter **genau** und **vollständig in einem Anlagenteil**, der Vertragsbestandteil ist, aufzunehmen. Das Erfordernis einer genauen Bezeichnung bezieht sich auch auf die übertragenen immateriellen Wirtschaftsgüter.

3974 Den wesentlichen Vertragsbestandteil bildet die genaue Festlegung, wer die notwendigen Ersatzbeschaffungen und Neuinvestitionen sowie **die Kosten für notwendige Reparaturen, Instandhaltungen und Erneuerungen** der überlassenen Wirtschaftsgüter zu tragen hat. Insbesondere bei der Verpachtung eines Grundstücks mit Inventar sind die gesetzlichen Vorschriften des BGB zu beachten. Ferner empfiehlt sich auch eine konkrete Ausgestaltung der Verkehrssicherungspflichten an den Pachtobjekten. Dabei ist darauf hinzuwirken, dass der Verpächter im Fall der Inanspruchnahme durch Dritte von dem Pächter freigestellt wird.[3]

Übernahme der laufenden Geschäfte

3975 Ferner ist dafür Sorge zu tragen, dass die Betriebsgesellschaft reibungslos in alle laufenden Geschäfte eintreten kann. Dazu wird zunächst festgestellt, ob die einzelnen

1 § 6 Abs. 1 Nr. 6 EStG.
2 § 6 Abs. 1 Nr. 5 Satz 1 Halbsatz 2 Buchst. b EStG.
3 Siehe zum Ganzen *Kaligin*, a. a. O., 62 ff.

Verträge überhaupt übertragbar sind, und ob eine Übertragung mit Zustimmung des Vertragspartners möglich ist.

Vermeidung verdeckter Gewinnausschüttungen[1]

Durch eine frühzeitige Gestaltungspraxis können die in folgenden Fällen angenommenen verdeckten Gewinnausschüttungen vermieden werden: 3976

- Unangemessen **hohes Gehalt für Gesellschafter-Geschäftsführer** der Betriebskapitalgesellschaft.
- Gewährung eines **zinslosen oder unüblich gering verzinsten Darlehens** der Gesellschaft an die Gesellschafter.
- Gewährung eines **unüblich hoch verzinsten Darlehens** eines Gesellschafters an die Gesellschaft.
- Zahlung einer unüblich hohen Zinsgebühr durch die Betriebsgesellschaft **für die Überlassung von Patenten oder Erfindungen**.
- **Entschädigungsloser Rückfall** eines Geschäftswertes bei Beendigung der Betriebsaufspaltung an das Besitzunternehmen, der bei Beendigung noch nicht vorhanden war und erst später bei dem Betriebsunternehmen originär entstanden ist und nun ohne Entgelt dem Besitzunternehmen zufällt.

Im Rahmen der Festsetzung eines angemessenen **Pachtzinses** bei der Verpachtung einzelner Wirtschaftsgüter hat das FG München[2] Leitsätze festgelegt. Es ist grundsätzlich erforderlich, dass die Pachtzinsvereinbarungen von vornherein klar und eindeutig festgelegt werden und eine rückwirkende Festlegung unterbleibt.[3] 3977

(Einstweilen frei) 3978–3980

b) Behandlung des Firmenwertes bei Begründung einer echten Betriebsaufspaltung

Nach bisher h. M. in der Literatur[4] verbleibt bei einer Betriebsaufspaltung der Firmenwert bei dem Besitzunternehmen. Bei dem Firmen- oder Geschäftswert handelt es sich um den Wert, der einem gewerblichen Unternehmen über den Substanzwert (Verkehrswert) der einzelnen materiellen und immateriellen Wirtschaftsgüter hinaus innewohnt.[5] Er ist Ausdruck der Gewinnchancen eines Unternehmens, soweit diese nicht in einzelnen Wirtschaftsgütern verkörpert sind, sondern durch den Betrieb eines „lebenden Unternehmens“ gewährleistet erscheinen.[6] 3981

Es stellt sich die Frage unter welchen Voraussetzungen ein Übergang des Firmenwertes auf das Betriebsunternehmen dennoch möglich ist. Entschieden ist, dass die Betriebsaufspaltung **nicht notwendig und zwangsläufig** den **Übergang** des Geschäftswertes 3982

1 Vgl. zur Problematik der Verdeckten Gewinnausschüttung im Rahmen der Betriebsaufspaltung: *Lange*, Verdeckte Gewinnausschüttungen, 7. Aufl., Rz 601, m. w. N.

2 15. 7. 1992 15 V 614/92, EFG 1993, 172.

3 Zur Frage der Festlegung des Pachtzins s. *Bitz* in Littmann/Bitz/Pust, Das Einkommensteuerrecht, Band 3, zu § 15 Rz. 390.

4 Vgl. statt vieler *Schmidt*, EStG § 15 Rz. 878.

5 BFH 27. 3. 1996 I R 60/95, BStBl 1996 II 576.

6 BFH 14. 1. 1998 X R 57/93, BFHE 185, 230; 26. 11. 2009 III R 40/07, BStBl 2010 II 609.

auf das Betriebsunternehmen nach sich zieht.[1] Nach einer in der Literatur vertretenen Ansicht,[2] der sich auch die neuere Rechtsprechung anzuschließen scheint,[3] kann daraus aber nicht gefolgert werden, dass der Geschäftswert auf Dauer und uneingeschränkt beim Besitzunternehmen verbleibt. Vielmehr komme es, wie auch die Rechtsprechung einräumt, bei der **Beurteilung auf die Umstände des Einzelfalls** an.[4] Eine getrennte Veräußerung des Firmenwertes ist zwar nicht möglich, da dieser unmittelbar mit dem Betrieb zusammenhängt.[5] Im Fall der Betriebsaufspaltung erscheint es denkbar, dass auch die den Geschäftswert bildenden Faktoren der neu gegründeten Betriebsgesellschaft zur Verfügung stehen sollen, da eine entsprechende Nutzung allein durch sie sinnvoll erscheint. Der Firmenwert kann dann auf die Betriebsgesellschaft **übergehen**, wenn diese ihrer **Struktur und Organisation nach eigenständig** am Wirtschaftsleben teilnehmen kann, ihre **Nutzungsmöglichkeit auf Dauer** angelegt ist und ihr nicht einseitig entzogen werden kann.[6] Sofern diese Voraussetzungen vorliegen, erscheint eine entgeltliche Überlassung der den Firmenwert bildenden Faktoren und somit ein Übergang auf die Betriebsgesellschaft denkbar. Allerdings sind die allgemeinen Grundsätze zu der Angemessenheit des Entgelts zu beachten, um verdeckte Einlagen bzw. verdeckte Gewinnausschüttungen zu vermeiden.

3983 Nach jüngster Rechtsprechung des BFH[7] geht der Geschäftswert auf die Betriebsgesellschaft über, sofern auch alle geschäftswertbildenden Faktoren auf die Betriebsgesellschaft übertragen werden. In diesem Fall gilt der Geschäftswert als dem Besitzunternehmen entnommen und in die Betriebsgesellschaft eingelegt.

BEISPIEL: An der AB-GmbH sind die Gesellschafter A zu 60 % und B zu 40 % beteiligt. Die AB-GmbH erwarb sämtliche beweglichen materiellen Wirtschaftsgüter eines von A bis dato als Einzelunternehmer geführten Handwerksbetriebs. Dabei wurden auch die Geschäftsbeziehungen, der Kundenstamm und das Personal des Einzelunternehmens übernommen und das Betriebsgrundstück einschließlich Lagerhallen und Bürogebäude für eine Dauer von 10 Jahren – mit zwei Verlängerungsoption à 5 Jahren – gemietet. Gleichzeitig wurde die Übertragung des „Geschäftswertes“ zu einem angemessenen Entgelt vereinbart.

Da A Alleineigentümer des Besitzunternehmens ist und zugleich kraft seiner Mehrheitsbeteiligung die AB-GmbH beherrscht, liegt eine Betriebsaufspaltung vor. Im vorliegenden Fall ist die AB-GmbH in der Lage, mit den übernommenen Wirtschaftsgütern den Handwerksbetrieb fortzuführen und die gesamte Organisation des früheren Einzelunternehmers für einen Zeitraum, der die gesetzlich festgelegte Nutzungsdauer von Geschäftswerten nach § 7 Abs. 1 Satz 3 EStG übersteigt, zu nutzen. Da die Vereinbarung einer entgeltlichen Übertragung des Geschäftswertes einem Fremdvergleich standhält, kann vorliegend von einem Übergang des Geschäftswertes auf die Betriebsgesellschaft und nicht lediglich von einer Nutzungsüberlassung ausgegangen werden.

3984–3985 *(Einstweilen frei)*

---

1 BFH 28. 6. 1989 I R 34/88, BStBl 1989 II, 982; 12. 5. 1993 XI R 58, 59/92, BFHE 171, 282.
2 *Schneeloch*, DStR 1991, 804.
3 BFH 27. 3. 2001 I R 42/00, BStBl 2001 II 771.
4 *Schneeloch*, a. a. O.; BFH 27. 3. 2001 I R 42/00, BStBl 2001 II 771.
5 BFH 24. 11. 1982 I R 123/78, BStBl 1983 II 113; 26. 11. 2009 III R 40/07, BStBl 2005 II 609.
6 *Schulze zur Wiesche* in Bordewin/Brandt, EStG-Kommentar, zu § 15, Rz. 615b.
7 BFH 26. 11. 2009 III R 40/07, a. a. O.; vgl. auch Rn. 3888.

c) Nutzungsüberlassung und eigenkapitalersetzende Gesellschaftsleistung

Durch die Einführung des MoMiG ist die Behandlung von Gesellschafterdarlehen nun ausschließlich im Insolvenz- und Anfechtungsrecht geregelt. Die bislang im Rahmen der Rechtsprechung entwickelte Fallgruppe der eigenkapitalersetzenden Nutzungsüberlassung, nach der die mietweise Überlassung eines Grundstücks als eigenkapitalersetzende Gesellschafterleistung qualifiziert werden konnte, ist nun gesetzlich kodifiziert. Im Fall der Insolvenz fällt das überlassene Wirtschaftsgut nun nicht mehr in die Insolvenzmasse. Überlässt ein Gesellschafter der Gesellschaft ein Wirtschaftsgut zur Nutzung, kann er seinen Anspruch auf Aussonderung dieses Gegenstandes während der Dauer des Insolvenzverfahrens, höchstens aber für einen Zeitraum von einem Jahr ab dessen Eröffnung, nicht geltend machen, wenn die Nutzung des Wirtschaftsguts für die Fortführung des Unternehmens bedeutend ist. Ferner ist dem Gesellschafter hierfür ein Ausgleich in Höhe der im Jahr vor Eröffnung des Insolvenzverfahrens tatsächlich gezahlten Vergütung zu leisten.[1] 3986

(Einstweilen frei) 3987–3995

4. Laufende Besteuerung der Betriebsaufspaltung

Literatur: *Ortmann-Babel/Zipfel*, Unternehmensteuerreform 2008 Teil I: Gewerbesteuerliche Änderungen und Besteuerung von Kapitalgesellschaften u. deren Anteilseignern, BB 2007, 1869; *Ortmann-Babel/Zipfel*, Unternehmensteuerreform 2008 Teil II: Besteuerung von Personengesellschaften insbesondere nach der Einführung der Thesaurierungsbegünstigung, BB 2007, 2205; *Watrin/Wittowski/Strohm*, Auswirkungen der Unternehmensteuerreform 2008 auf die Besteuerung von Kapitalgesellschaften, GmbHR 2007, 785; *Levedag*, Die Betriebsaufspaltung im Fadenkreuz der Unternehmensteuerreform 2008 und deren Konsequenzen für die Betriebsaufspaltung, GmbHR 2008, 281; *Janssen*, Jahresabschluss 2007: Letzte Chance für steuerwirksame Teilwertabschreibung auf Gesellschafterdarlehen, GmbHR 2008, 699; *Forst*, Vermeidung der Beschränkung gemäß § 3c Abs. 2 Satz 1 EStG und § 15a EStG bei Personengesellschaften, Ubg 2010, 194; *Gosch*, Auch unverzinsliche Darlehen sind abzuzinsen – Praxishinweis, BFH/PR 2010, 46.

a) Kein einheitlicher Gewerbebetrieb

Besitz- und Betriebsunternehmen stellen trotz der dargestellten engen sachlichen und personellen Verflechtung zwei rechtlich eigenständige Unternehmen dar,[2] die ihren Gewinn selbständig und grundsätzlich unabhängig voneinander ermitteln[3] und bilanzieren. Dies gilt auch bei Personenidentität und gleichen Beteiligungsverhältnissen in beiden Unternehmen[4]. Als Folge der steuerlichen und zivilrechtlichen Selbständigkeit kön- 3996

1 Vgl. *Söffing/Micker*, a. a. O., 386, 387; *Lips/Randel/Werwigk*, DStR 2008, 2225 ff.; zu Rechtslage vor Einführung des MoMiG s. Vorauflage Rn. 3436.

2 BFH 8.11.1971 GrS 2/71, BStBl 1972 II 63; 23.1.1980 I R 33/77, BStBl 1980 II 356; 5.2.1981 IV R 166/77, BStBl 1981 II 376; 16.6.1982 I R 118/80, BStBl 1982 II 662; 17.7.1991 I R 98/88, BStBl 1992 II 246; 14.1.1998 X R 57/93, BFHE 185, 230.

3 Da das Besitzunternehmen kein Handelsgewerbe betreibt, findet nur die Vorschrift des § 141 AO Anwendung, nicht jedoch § 140 AO.

4 Die frühere Rechtsprechung des RFH (RFH 26.10.1938 VI 501/38, RStBl 1939, 282 und 16.11.1944 III 22/44, RStBl 1945, 34), wonach im Fall der Betriebsaufspaltung zunächst ein „einheitlicher Gewerbebetrieb" angenommen wurde, hatte der BFH durch Beschluss v. 8.11.1971 (GrS 2/71, BStBl II 1972, 63) aufgegeben.

nen somit das Besitz- und Betriebsunternehmen auch voneinander abweichende Wirtschaftsjahre bestimmen.[1] Die laufende Besteuerung des Besitz- und des Betriebsunternehmens richtet sich daher im Wesentlichen nach den für die jeweilige Rechtsform geltenden Grundsätzen. Besonderheiten aufgrund der Betriebsaufspaltung ergeben sich insbesondere auf Ebene der Besitzgesellschaft aufgrund der Umqualifizierung in einem Gewerbebetrieb.

3997–4000 *(Einstweilen frei)*

b) Besteuerung des Besitzunternehmens

aa) Umqualifizierung des Besitzunternehmens in einen Gewerbebetrieb

4001 Durch die Begründung der Betriebsaufspaltung wird das Besitzunternehmen in einen Gewerbebetrieb umqualifiziert.[2]

4002 Die Umqualifizierung wird bei Besitzunternehmen in der Rechtsform eines Einzelunternehmens oder einer Personengesellschaft mit ihrer wirtschaftlichen Betätigung i. S. v. § 15 Abs. 2, 3 EStG, § 2 Abs. 1 GewStG begründet. Die wirtschaftliche Betätigung liegt zum einen in der (zu einer gewerblichen Tätigkeit umqualifizierten) Verpachtung bzw. Vermietung der gemeinschaftlichen Wirtschaftsgüter an ein Betriebsunternehmen und zum anderen in der gemeinschaftlichen Beherrschung des Betriebsunternehmens. Der Besitzgesellschaft wird die gewerbliche Tätigkeit des Betriebsunternehmens als eigene Tätigkeit und somit als Ausprägung des eigenen geschäftlichen Betätigungswillens zugerechnet.

4003 Diese Umqualifizierung des Besitzunternehmens in einen Gewerbebetrieb erfolgt auch dann, wenn die Betriebsgesellschaft aus einem freiberuflich tätigen Gesamtunternehmen hervorgegangen ist.

BEISPIEL: A betreibt als Heilpädagogin ein Kinderkurheim. Dabei erzielt sie Einkünfte aus selbständiger Tätigkeit. Zusammen mit ihrem Ehemann B gründet sie zum Weiterbetrieb der freiberuflichen Tätigkeit eine GmbH und verpachtet dieser das unbewegliche Vermögen des Einzelunternehmens. Nach der Rechtsprechung bestimmt auch in diesem Fall der gewerbliche Charakter der Betriebsgesellschaft die entsprechende Umqualifizierung der Vermietertätigkeit in einen Gewerbebetrieb.[3]

4004 Die Umqualifizierung des Besitzunternehmens zum Gewerbebetrieb erstreckt sich auch auf die Gesellschafter, die nur an der Besitzpersonengesellschaft, nicht aber an dem Betriebsunternehmen beteiligt sind (sog. „**Nur-Besitz-Gesellschafter**“).

---

1 Vgl. zur Frage des Rechtsmissbrauchs nach § 42 AO bei unterschiedlichen Wirtschaftsjahren im Rahmen einer mitunternehmerischen Betriebsaufspaltung Rn. 658.

2 BFH 10. 4. 1997 IV R 73/94, BStBl 1997 II 569; 14. 1. 1998 X R 57/93, BFHE 185, 230; 15. 10. 1998 IV R 20/98, BStBl 1999 II 445; 14. 9. 1999 III R 47/98, BStBl 2000 II 255.

3 BFH 18. 6. 1980 I R 77/77, BStBl 1981 II 39.

bb) Folgen der Umqualifizierung

Bei den sich aus der Umqualifizierung des Besitzunternehmens in einen Gewerbebetrieb ergebenden Konsequenzen ist danach zu unterscheiden, in welcher Rechtsform das Besitzunternehmen geführt wird. 4005

(1) Einzelunternehmen als Besitzunternehmen

Durch die Umqualifizierung der Tätigkeit des Besitzunternehmens in die gewerbliche Sphäre gehören **alle** Wirtschaftsgüter, die der Betriebskapitalgesellschaft dienen, zum notwendigen Betriebsvermögen des Einzelunternehmers,[1] unabhängig von ihrer Einordnung als wesentliche Betriebsgrundlage im Rahmen der Betriebsaufspaltung. Damit gehören die der Betriebsgesellschaft zur Nutzung überlassenen Wirtschaftsgüter[2] ebenso zum Betriebsvermögen des Einzelunternehmers wie die **Anteile der Gesellschafter** des Besitzunternehmens an der Betriebskapitalgesellschaft[3] und die nicht ausschließlich privaten **Darlehensforderungen** gegen das Betriebsunternehmen.[4] Die Zurechnung der Darlehensforderungen zum Betriebsvermögen des Einzelunternehmers setzt allerdings voraus, dass das Darlehen im Zusammenhang mit der Betriebsaufspaltung gewährt wurde und auf einem einheitlichen geschäftlichen Betätigungswillen beruht[5] oder das Darlehen die Vermögens- und Ertragslage der Betriebsgesellschaft verbessert.[6] 4006

Nach der Rechtsprechung gehören zum Betriebsvermögen des Besitzunternehmens auch die Wirtschaftsgüter, die für sich betrachtet keine wesentlichen Betriebsgrundlagen nach den oben dargelegten Grundsätzen darstellen, aber in einem **unmittelbaren wirtschaftlichen Zusammenhang** mit der weiteren Überlassung wesentlicher Betriebsgrundlagen stehen. Dabei wird der wirtschaftliche Zusammenhang schon dadurch begründet, dass die überlassenen Wirtschaftsgüter derselben Betätigung des Betriebsunternehmens am wirtschaftlichen Verkehr dienen und dadurch die Marktchancen des Betriebsunternehmens gesteigert werden.[7] 4007

BEISPIEL: Der das Betriebsunternehmen beherrschende Einzelunternehmer A ist Eigentümer von zwei Produktionshallen. Halle 1 vermietet er dem Betriebsunternehmen, das für dieses eine wesentliche Grundlage darstellt. Die andere Halle ist an einen fremden Gewerbetreibenden verpachtet. Überdies überlässt der A dem Betriebsunternehmen die vom ihm patentierte Erfindung mit dem entsprechenden Know-how, die für sich betrachtet keine wesentliche Betriebsgrundlage darstellt.

Da Überlassung des Patents und der Halle 1 derselben gewerblichen Tätigkeit des A am allgemeinen wirtschaftlichen Verkehr dienen, die Wirtschaftsgüter sich gegenseitig ergänzen und die Marktchancen erhöhen, ist ein unmittelbarer Zusammenhang zu bejahen. Patentierte Erfindung und Know-how werden somit im Betriebsvermögen des Einzelunternehmers bilanziert. Aus der Vermietung der anderen Halle erzielt A Einkünfte aus Vermietung und Verpach-

1 *Schmidt*, EStG § 15 Rz. 869, 873.
2 BFH 21. 9. 1977 I R 40/74, BStBl 1978 II 67; 6. 11. 1991 XI R 12/87, BStBl 1992 II 415.
3 BFH 21. 5. 1974 VIII R 57/70, BStBl 1974 II 613.
4 BFH 7. 3. 1978 VIII R 38/74, BStBl 1978 II 378; 10. 11. 1994 IV R 15/93, BStBl 1995 II 452.
5 BFH 21. 5. 1974 VIII R 57/70, BStBl 1974 II 613.
6 BFH 10. 11. 1994 IV R 15/93, BStBl 1995 II 452.
7 BFH 23. 9. 1998 XI R 72/97, BStBl 1999 II 281.

tung. Etwas anderes gilt, wenn A das Grundstück als gewillkürtes Betriebsvermögen ausweisen würde.

4008 Die erzielten **Pacht- bzw. Mieteinnahmen** des Besitzunternehmens für die zum Betriebsvermögen gehörenden Wirtschaftsgüter und die **Zinseinnahmen** für nicht ausschließlich private Forderungen gegen die Betriebsgesellschaft stellen Betriebseinnahmen bei den Einkünften aus Gewerbebetrieb dar. Dies gilt auch für alle anderen Betriebseinnahmen, die das Besitzunternehmen von der Betriebsgesellschaft erhält,[1] insbesondere für erhaltene Kapitalerträge, also **offene und verdeckte Gewinnausschüttungen**, aus der Beteiligung an dem Betriebsunternehmen in der Rechtsform einer Kapitalgesellschaft.[2]

4009 Für die Frage, ob **Aufwendungen**, die im Zusammenhang mit der **Überlassung von Wirtschaftsgütern** und im Rahmen einer Betriebsaufspaltung entstehen, ganz oder anteilig im Rahmen des Teileinkünfteverfahren als Betriebsausgabe abzuziehen sind, ist nach Auffassung des BMF[3] die Abgrenzung nach dem Veranlassungszusammenhang maßgeblich. Das BMF unterscheidet dabei zwei Fälle:

1) Die Überlassung der Wirtschaftsgüter vom Besitzunternehmen an die Betriebskapitalgesellschaft erfolgt vollentgeltlich, d. h. zu fremdüblichen Konditionen.

In diesem Fall sind die Aufwendungen voll als Betriebsausgaben bei der Besitzgesellschaft abzugsfähig, da die Aufwendungen mit den voll steuerpflichtigen Miet- bzw. Pachtzinsen und nicht mit den erwarteten Beteiligungserträgen in Zusammenhang stehen. § 3c EStG findet keine Anwendung.

2) Die Überlassung der Wirtschaftsgüter erfolgt nicht zu fremdüblichen Konditionen, sondern unentgeltlich oder teilentgeltlich.

In diesem Fall sind die Aufwendungen lediglich zu 60 % abzugsfähig gem. § 3c Abs. 2 Satz 1 EStG, da die Aufwendungen ganz oder teilweise mit den aus der Betriebsgesellschaft erwarteten Einkünften des Gesellschafters, z. B. in Form von gem. § 3 Nr. 40 EStG steuerbegünstigten Beteiligungserträgen, zusammenhängen.

Werden Wirtschaftsgüter teilentgeltlich überlassen, ist eine Aufteilung in eine voll entgeltliche und eine unentgeltliche Überlassung vorzunehmen.

BEISPIEL: A betreibt ein Einzelunternehmen. Zum Betriebsvermögen des Unternehmens zählt die 100%ige Beteiligung an der A-GmbH. Zusätzlich hat die A-GmbH ihr Betriebsgrundstück von A gepachtet. Zwischen A und der A-GmbH besteht mithin eine Betriebsaufspaltung. A erhält eine monatliche Pacht für das Grundstück i. H. v. 30 GE. Fremdüblich wäre eine Pacht von 100 GE. Die Aufwendungen für das Grundstück belaufen sich auf 500 GE jährlich.

LÖSUNGSHINWEIS: Die Verpachtung des Grundstücks erfolgt zu 30 % fremdüblich bzw. entgeltlich (30 GE zu 100 GE), zu 70 % unentgeltlich. Die auf den entgeltlichen Teil (30 %) entfallenden Aufwendungen i. H. v. 150 GE sind voll abzugsfähig. Die übrigen Aufwendungen für den unent-

1 BFH 11. 8. 1966 IV R 219/64, BStBl 1966 III 601.
2 BFH 24. 1. 1968 I 76/64, BStBl 1968 II 354.
3 BMF 8. 11. 2010, BStBl 2010 I 1292.

geltlichen Teil i. H. v. 350 GE sind gem. § 3c Abs. 2 EStG lediglich zu 60 %, d. h. i. H. v. 210 GE, abzugsfähig.

HINWEIS:

Es wird angezweifelt, ob das BMF-Schreiben vom 8.11.2010 einer gerichtlichen Überprüfung Stand halten würde.[1] Ferner ist ein Verfahren zur Behandlung von Teilwertabschreibungen auf eigenkapitalersetzende Darlehen beim BFH[2] anhängig, dessen Ausgang es zu beobachten gilt. Das BMF-Schreiben vom 8.11.2010 sollte dennoch zum Anlass genommen werden, die Entgelte für die Überlassung von Wirtschaftsgütern an die Betriebsgesellschaft auf ihre Fremdüblichkeit hin zu prüfen und ggf. an marktübliche Konditionen anzupassen.

Umstritten war, ob **Teilwertabschreibung auf eine (Darlehens-)Forderung des Gesellschafters** der Abzugsbeschränkung gem. § 3c Abs. 2 Satz 1 EStG unterliegen. 4010

BEISPIEL: A betreibt ein Einzelunternehmen. Zum Betriebsvermögen der Gesellschaft gehört die 100%-ige Beteiligung an der A-GmbH. Die Finanzierung der A-GmbH erfolgt u. a. über ein Gesellschafterdarlehen. Die A GmbH gerät in eine Krise. Einzelunternehmer A erklärt zur Vermeidung der Überschuldung der A-GmbH einen Rangrücktritt. A nimmt aufgrund der Krisensituation der A-GmbH eine Teilwertabschreibung auf das Gesellschafterdarlehen vor.[3]

Ausgangspunkt der Diskussion ist eine Entscheidung des BFH vom 14.1.2009[4] zu § 8b Abs. 3 KStG a. F., wonach Teilwertabschreibungen auf eigenkapitalersetzende Darlehen keine Gewinnminderungen im Zusammenhang mit dem Anteil darstellen. Es handelt sich bei den Darlehen vielmehr um eigenständige Schuldverhältnisse. Einige Stimmen in der Literatur bejahten dies auch im Hinblick auf den Anwendungsbereich des § 3c Abs. 2 Satz 1 EStG,[5] wonach die wesentlichen Urteilsgründe ebenso für den Einkommensteuerbereich anwendbar sind. Dazu gehört insbesondere die Feststellung, dass eigenkapitalersetzende Darlehen von der Beteiligung zu unterscheidende eigenständige Wirtschaftsgüter sind. Damit besteht ein Zusammenhang zwischen Wertminderungen der Darlehen mit voll steuerpflichtigen Zinserträgen, aber nicht mit (anteilig) steuerfreien Beteiligungserträgen oder Wertsteigerungen der Beteiligung.[6] Bestätigt wird dies durch ein Urteil des FG Brandenburg,[7] wonach § 3c Abs. 2 Satz 2 EStG ausdrücklich nicht auf Teilwertabschreibungen auf eigenkapitalersetzende Darlehen anzuwenden ist. Die Aufwendungen mindern demnach in voller Höhe den steuerlichen Gewinn. 4011

Mit Urteil vom 14.10.2009[8] äußert sich der BFH nun explizit zur Wertberichtigung von Forderungen bei Betriebsaufspaltungen. Demnach ist für die Teilwertabschreibung einer Forderung des Besitzunternehmens gegen die Betriebsgesellschaft die Gesamtbetrachtung der Ertragsaussichten von Besitz- und Betriebsunternehmen maßgebend. Würde ein fiktiver Erwerber des Besitzunternehmens für die Anteile am Betriebsunternehmen lediglich einen Preis zahlen, der unter ihrem Buchwert liegt, so ist eine Teil- 4012

1 Vgl. *Krämer*, EStB 2011, 22 f.
2 BFH, X R 7/10.
3 *Forst*, Ubg 2010, 194.
4 BFH 14.1.2009 I R 52/08, BFH/NV 2009, 856.
5 Exemplarisch *Janssen*, GmbHR 2008, 699, bereits vor dem BFH-Urteil v. 14.1.2009; weiter zum „wirtschaftlichen Zusammenhang" *Schwedhelm/Olbing/Binnewies*, GmbHR 2010, 1247.
6 Kritisch dazu *Forst*, Ubg 2010, 196.
7 FG Brandenburg, 20.1.2010 2 K 1424/06, NWB DokID: VAAAD-42001.
8 BFH 14.10.2009 X R 45/06, BStBl 2010 II 274.

wertabschreibung der Darlehens- oder Pachtforderung gerechtfertigt. Hintergrund dieser Überlegung ist, dass Besitz- und Betriebsunternehmen zwar formal getrennt sind, aber in funktionaler Hinsicht eine Einheit bilden. Dies gilt ebenfalls für eigenkapitalersetzende Darlehen.[1]

4013 Die Teilwertabschreibung ist zu dem Zeitpunkt vorzunehmen, an dem auch der fiktive Erwerb stattfinden würde. Die Problematik der Bestimmung des fiktiven Veräußerungszeitpunktes kann umgangen werden, indem die Forderung tatsächlich an einen anderen Rechtsträger veräußert wird. In diesem Fall wird ein Verlust realisiert.

4014 Das BMF hat mit Schreiben vom 8. 11. 2010 die Anwendbarkeit des Urteils des BFH vom 14. 1. 2009 im Zusammenhang mit § 3c Abs. 2 EStG ausdrücklich verneint. Es knüpft vielmehr ebenfalls an die Frage der Fremdüblichkeit an. Nach Auffassung der Finanzverwaltung ist die Gewährung von Darlehen letztendlich ebenfalls wie eine Überlassung von anderen (physischen) Wirtschaftsgütern zu behandeln.[2] Erfolgt die Darlehensgewährung zu fremdüblichen Konditionen, steht das Darlehen vollumfänglich mit den steuerpflichtigen Zinserträgen im Zusammenhang, mit der Konsequenz, dass § 3c Abs. 2 EStG für mit dem Darlehen im Zusammenhang stehenden Aufwendungen nicht anzuwenden ist. Erfolgt die Darlehensgewährung hingegen teil- oder unentgeltlich, ist das Darlehen nach § 3 Nr. 40 EStG teilweise steuerfreien Beteiligungserträgen zuzuordnen, so dass Aufwendungen wie Teilwertabschreibungen der Darlehensforderungen lediglich zu 60 % nach § 3c Abs. 2 EStG abzugsfähig sind.

4015 Die Fremdüblichkeit verneint die Finanzverwaltung im BMF-Schreiben vom 8. 11. 2010 insbesondere für den Fall, dass das Darlehen bei Eintritt der Krise der Gesellschaft nicht zurückgefordert wird. Das Stehenlassen führt vielmehr in vollem Umfang zu einer unüblichen Darlehensüberlassung und der Anwendung von § 3c Abs. 2 EStG.

BEISPIEL: A betreibt ein Einzelunternehmen. Zum Betriebsvermögen des Unternehmens zählt die 100%ige Beteiligung an der A-GmbH. Zusätzlich hat die A-GmbH ihr Betriebsgrundstück von A gepachtet. Zwischen A und der A-GmbH besteht mithin eine Betriebsaufspaltung. A verzichtet aufgrund einer Krise der A-GmbH auf deren Pachtzahlungen bis zur Besserung der wirtschaftlichen Lage. A entstehen weiterhin für das verpachtete Grundstück Aufwendungen in Form von Abschreibungen und Finanzierungsaufwendungen.[3]

LÖSUNGSHINWEIS: Nach Auffassung der Finanzverwaltung[4] und der Finanzgerichte Bremen und Baden-Württemberg[5] findet § 3c Abs. 2 Satz 1 EStG Anwendung mit dem Ergebnis, dass lediglich 60 % der Aufwendungen abzuziehen sind. Ein im Gesellschaftsverhältnis veranlasster Verzicht auf Pachtzahlungen begründet ihrer Ansicht nach einen wirtschaftlichen Zusammenhang mit den unter das Teileinkünfteverfahren fallenden Betriebsvermögensmehrungen.[6]

---

1 Vgl. *Schulze zur Wiesche*, StBp 2010, 260; *Weber-Grellet*, NWB 2010, S. 742; *Förster*, BFH/PR 2010, 122.

2 Vgl. BMF 8. 11. 2010, BStBl 2010 I 1292.

3 *Forst*, Ubg 2010, 196.

4 BMF 8. 11. 2010, BStBl 2010 I 1292.

5 FG Bremen 27. 4. 2006, EFG 2006, 1234; FG Baden-Württemberg 12. 10. 2006, EFG 2007, 568.

6 M.w.N. *Forst*, Ubg 2010, 197; a. A. FG Düsseldorf 19. 4. 2006 15 V 346/06 A (F), NWB DokID: AAAAC-85804; Rn. 4051.

Nicht zum Gewinn des Gewerbebetriebs des Besitzunternehmens zählen Einkünfte, die **nicht spezifisch** auf der Betriebsaufspaltung beruhen.[1] Darunter fallen u. a. der nach den allgemeinen Grundsätzen ermittelte angemessene Teil des Gehalts des Inhabers des Besitzunternehmens für die Geschäftsführung der Betriebskapitalgesellschaft oder der angemessene (marktübliche) Teil der Zinsen für Darlehen des Gesellschafters der Besitz- und der Betriebsgesellschaft. Diese Einnahmen gehören beim Besitzunternehmer zu den Einkünften aus nichtselbständiger Arbeit[2] bzw. aus Kapitalvermögen nach § 20 Abs. 1 Nr. 7 EStG. Ein etwaig vorhandener unangemessener Teil wird als verdeckte Gewinnausschüttung i. S. d. § 8 Abs. 3 KStG von der Betriebs- an die Besitzgesellschaft qualifiziert.[3] Als weitere Folge obliegt es dem Besitzunternehmen nach der gesetzlichen, aber vertraglich abdingbaren Regelung, die miet- oder pachtweise überlassenen Wirtschaftsgüter in einem ordnungsgemäßen Zustand zu erhalten und notwendige Ersatzbeschaffungen vorzunehmen. Im Rahmen der Bilanzierung ist zu beachten, dass die Ansprüche und Verpflichtungen der Besitz- und Betriebskapitalgesellschaft in ihrer Höhe nach „korrespondieren" müssen.[4] 4016

(2) Personengesellschaften als Besitzunternehmen

Das Betriebsvermögen der Besitzpersonengesellschaft umfasst nicht nur die zum Gebrauch überlassenen Wirtschaftsgüter, sondern auch **sämtliche anderen** Wirtschaftsgüter der Besitzgesellschaft und die zu dem Sonderbetriebsvermögen der Gesellschaft zählenden Wirtschaftsgüter[5] sowie die zu dem Sonderbetriebsvermögen II des betreffenden Gesellschafters **zählenden Anteile eines Besitzgesellschafters an der Betriebsgesellschaft**. Damit erlangen auch die an fremde Dritte vermieteten Wirtschaftsgüter gewerblichen Charakter.[6] Diese Behandlung folgt aus § 15 Abs. 3 Nr. 1 EStG, wonach die Einkünfte einer **teils gewerblich, teils nicht gewerblich** tätigen Personengesellschaft **insgesamt** als Einkünfte aus Gewerbebetrieb anzusehen sind (sog. „**Abfärbetheorie**").[7] Nach der neueren Rechtsprechung gelten diese Grundsätze nicht nur für Personenhandelsgesellschaften, sondern auch für BGB-Gesellschaften sowie in den Fällen, in denen die gewerbliche im Verhältnis zu der übrigen Tätigkeit lediglich geringfügig ist.[8] 4017

1 BFH 21. 5. 1974 VIII R 57/70, BStBl 1974 II 613.

2 BFH 9. 7. 1970 IV R 16/69, BStBl 1970 II 722.

3 Zur Problematik der Angemessenheit von Gesellschafter-Geschäftsführergehältern vgl. auch BFH 28. 6. 1989 I R 89/85, BStBl 1989 II 854; 5. 10. 1994 I R 50/94, BStBl 1995 II 549; OFD Karlsruhe 17. 4. 2001, DStR 2001, 792; OFD Frankfurt 23. 8. 1999, S-2742A–19–St II 10; OFD Münster 13. 7. 2000 S-2742-186-St 13-31; *Tänzer*, Die aktuelle Vergütung der GmbH-Gesellschafter-Geschäftsführer, GmbHR 1996, 40; *Schmidt*, Angemessenheit des Geschäftsführergehalts, GmbH-StB 2000, 205; *Schwetlik*, Angemessenheit des Geschäftsführergehalts, GmbH-StB 2001, 218; *Nagel* in Gosch/Schwedhelm/Spiegelberger, GmbH-Beratung, G 59.

4 BFH 26. 6. 1975 IV R 59/73, BStBl 1975 II 700; bestätigt durch BFH 8. 3. 1989 X R 9/86, BStBl 1989 II 714; zur Problematik der „Korrespondierenden Bilanzierung" s. u. Tz. 144.

5 BFH 13. 11. 1997 IV R 67/96, BStBl 1998 II 254.

6 Vgl. grundlegend Rn. 385.

7 BFH 13. 11. 1997 IV R 67/96, BStBl 1998 II 254; 24. 11. 1999 VIII R 61/97, BStBl 1999 II 483; zur Entwicklung und Anwendung der „Abfärberegelung" vgl. Rn. 371.

8 BFH 10. 8. 1994 I R 133/94, BStBl 1995 II 171; 13. 11. 1997 IV R 67/96, BStBl 1998 II 254.

BEISPIEL: Die an der X-GmbH beteiligten Gesellschafter A und B betreiben in der Rechtsform einer KG die Vermietung von acht Bürogebäuden. Davon vermieten sie eines an die X-GmbH, das für diese eine wesentliche Betriebsgrundlage darstellt.

Nach § 15 Abs. 3 Nr. 1 EStG zählen auch die sieben weiteren Bürogebäude zum Betriebsvermögen der Besitzpersonengesellschaft. Dieses Ergebnis lässt sich dadurch vermeiden, dass eine zweite Personengesellschaft gegründet wird, zu deren Gesellschaftsvermögen die fremdvermieteten Wirtschaftsgüter gehören.

(3) Gemeinschaften als Besitzunternehmen

4018 Besitzunternehmen kann nach der Rechtsprechung des BFH[1] auch eine Gemeinschaft (Bruchteilsgemeinschaft, Erbengemeinschaft, eheliche Gütergemeinschaft) sein.[2] Der BFH[3] hat allerdings angemerkt, dass die Überlassung eines Wirtschaftsgutes in Bruchteilsgemeinschaft (z. B. ein Grundstück) zumindest dann konkludent zur Begründung einer GbR führen kann, wenn (wie z. B. bei Ehegatten) über die Vermietung hinausgehend **gemeinsame wirtschaftliche Interessen** (z. B. Einflussnahme auf die Betriebsgesellschaft) verfolgt werden.

4019 Für sie gelten im Wesentlichen die gleichen Grundsätze, die für eine Besitzgesellschaft in der Rechtsform einer Personengesellschaft gelten. Allerdings besteht die Besonderheit, dass die Regelung des § 15 Abs. 3 Nr. 1 EStG (sog. **Abfärbevorschrift**) auf gewerbliche Tätigkeiten einzelner Gesellschafter im Sonderbetriebsbereich nicht zur Anwendung kommt.[4] Ihre Tätigkeiten führen nicht zur Abfärbung auf die Einkünfte der Gesellschaft, denn die Norm verlangt nach ihrem Wortlaut, dass eine Gesellschaft auch eine eigene gewerbliche Tätigkeit ausübt.[5]

(4) Mitunternehmerische Betriebsaufspaltung

Literatur: *Gebhardt*, Mitunternehmerische Betriebsaufspaltung – Eine Frage der Zuordnung von Wirtschaftsgütern, EStB 2007, 65.

4020 Eine „mitunternehmerische Betriebsaufspaltung" liegt vor, wenn eine nach § 15 Abs. 2 EStG **originär gewerblich** tätige, nach § 15 Abs. 3 Nr. 2 EStG **gewerblich geprägte** oder für sich betrachtet vermögensverwaltende[6] Personengesellschaft wesentliche Betriebsgrundlagen an eine andere Personengesellschaft verpachtet oder vermietet, in der die gleichen Personen oder Personengruppen – und **nicht** die Besitzpersonengesellschaft

1 Beschluss des Großen Senats BFH 25. 6. 1984 GrS 4/82, BStBl 1984 II 751.

2 Zu Bruchteilsgemeinschaft BFH 18. 8. 2005 R 59/04 BStBl 2005 II 830; zu ehel. Gütergemeinschaften BFH 19. 10. 2006 IV R 22/02, BFH/NV 2007, 149.

3 BFH 29. 8. 2001 VIII R 34/00, BFH/NV 2002, 185.

4 Somit kommt es bei einer freiberuflich tätigen Personengesellschaft (GbR) darüber hinaus auch nicht zur Abfärbewirkung gewerblicher Einkünfte im Sonderbereich eines Gesellschafters auf die freiberuflichen Einkünfte der Gesellschaft, BFH 28. 6. 2006 XI R 31/05, DB 2006, 2319.

5 So auch vorher bereits *Seer/Drüen*, BB 2000, 2176 (2182); die abweichende Auffassung aufgebend *Wendt*, FR 2007, 79 (84).

6 D. h., die Gesellschaft wurde erst aufgrund der personellen und sachlichen Verflechtung mit der Betriebsgesellschaft zu einem Gewerbebetrieb. Erforderlich ist in allen drei Konstellationen allerdings, dass die Besitzpersonengesellschaft mit Gewinnabsicht tätig wird. Vgl. a. *Schmidt*, EStG § 15 Rz. 858; BFH 18. 8. 2005 IV R 59/04, BStBl 2005 II 830; 10. 11. 2005 IV R 29/04, BStBl 2006 II 173.

selbst – in beiden Gesellschaften (sog. **Schwestergesellschaften**) die Mehrheit der Stimmrechte haben, um ihren Willen durchsetzen zu können.

Problematisch ist in diesem Fall die Frage, ob die zur Nutzung überlassenen Wirtschaftsgüter vorrangig als Sonderbetriebsvermögen bei der Betriebsgesellschaft oder als eigenständiges Betriebsvermögen bei der Besitzgesellschaft zu bilanzieren ist. Zunächst hatte die Rechtsprechung angenommen, dass das Institut Betriebsaufspaltung gegenüber der Vorschrift des § 15 Abs. 1 Satz 1 Nr. 2 Satz 1 EStG nur subsidiäre Bedeutung besitzt, mit der Konsequenz, dass die zur Nutzung überlassenen Wirtschaftsgüter dem Sonderbetriebsvermögen der Betriebsgesellschaft zuzuordnen war und die Mieteinnahmen Sonderbetriebseinnahmen der Betriebsgesellschaft bildeten.[1] 4021

Seit dem Urteil vom 23. 4. 1996 vertritt der BFH unter Aufgabe der bisherigen Rechtsprechungspraxis die Auffassung,[2] dass bei einer Betriebsaufspaltung die Qualifikation der überlassenen Wirtschaftsgüter als Betriebsvermögen der Besitzpersonengesellschaft sowie die Qualifikation der Einkünfte aus der Verpachtung dieses Vermögens als gewerbliche Einkünfte der Gesellschafter der Besitzpersonengesellschaft **Vorrang** vor der Qualifikation des Vermögens als Betriebsvermögen und der Einkünfte aus der Verpachtung als Sonderbetriebseinkünfte der Gesellschafter bei der Betriebspersonengesellschaft haben (sog. **Vorrang der mitunternehmerischen Betriebsaufspaltung**). Danach hat der BFH diese Ansicht in mehreren Entscheidungen, zuletzt am 5. 11. 2010[3] gefestigt[4] und bestätigt, die Vorschrift des § 15 Abs. 1 Satz 1 Nr. 2 Satz 1 EStG sei subsidiär gegenüber dem Institut der Betriebsaufspaltung (**Subsidiaritätsthese**). Dieser Rechtsansicht hat sich kurze Zeit später auch die Finanzverwaltung angeschlossen.[5] 4022

Wird die Besitzpersonengesellschaft, die die wesentliche Betriebsgrundlage der nutzenden Personengesellschaft überlässt, hingegen selbst an der Betriebspersonengesellschaft (beherrschend) beteiligt (**doppel- oder mehrstöckige Personengesellschaften**), so verdrängen die Rechtsfolgen des § 15 Abs. 1 Satz 1 Nr. 2 Halbsatz 2 EStG wiederum das Rechtsinstitut der mitunternehmerischen Betriebsaufspaltung (sog. **Vorrang des Sonderbetriebsvermögens**[6]). Dies hat zur Folge, dass die zur Nutzung überlassenen Wirtschaftsgüter Sonderbetriebsvermögen des Überlassenden bei der nutzenden Personengesellschaft darstellen und keine Betriebsaufspaltung vorliegt. Dies gilt auch für den Fall, dass eine natürliche Person **atypisch still** an einer GmbH beteiligt ist, deren alleiniger Gesellschafter sie ist, und diese ein Grundstück zur Nutzung überlässt.[7] 4023

1 BFH 29. 7. 1976 IV R 145/72, BStBl 1976 II 750; 25. 4. 1985 IV R 36/82, BStBl 1985 II 622; 3. 2. 1994 III R 23/89, BStBl 1994 II 709.

2 BFH 23. 4. 1996 VIII R 13/95, BStBl 1998 II 325. Siehe auch bereits vorher BFH 16. 6. 1994 IV R 48/93, BStBl 1996 II 93; 22. 11. 1994 VIII R 63/93, BStBl 1996 II 93.

3 BFH 5. 11. 2010 IV R 99/06, BStBl 2010 II 593.

4 BFH 26. 11. 1996 VIII R 42/94, BStBl 1998 II 328; 3. 7. 1997 IV R 31/96, BStBl 1997 II 690; 13. 11. 1997 IV R 67/98, BStBl 1998 II 254; 16. 12. 1997 VIII R 11/95, BStBl 1998 II 379; 24. 11. 1998 VIII R 61/97, BStBl 1999 II 483; 18. 8. 2005 IV R 59/04, BStBl 2005 II 830.

5 BMF 28. 4. 1998, BStBl 1998 I 583, Nr. 2 – 4; zum Stand der Diskussion in der Lit. vgl. *Stuhrmann* in Blümich, EStG § 15 Rz. 640.

6 BFH 20. 3. 2003 III R 50/96, BStBl 2003 II 613; 7. 12. 2000 III R 35/98, BStBl 2001 II 316; 24. 3. 1999 I R 114/97, BStBl 2000 II 399; BMF 28. 4. 1998, BStBl 1998 I 583, Nr. 1; zum Stand der Diskussion in der Lit. vgl. *Wacker* in Schmidt, EStG § 15 Rz. 858.

7 BFH 3. 2. 1994 III R 23/89, BStBl 1994 II 709. Vgl. auch *Gebhardt*, EStB 2007, 66.

4024 Die von einer Besitzpersonengesellschaft an eine (Schwester-)Betriebspersonengesellschaft überlassenen Wirtschaftsgüter werden somit für die Dauer der Betriebsaufspaltung als Betriebsvermögen der Besitzgesellschaft behandelt und sind folglich in ihrer Gesamthandsbilanz zu bilanzieren. Sofern nicht bereits (originär oder geprägte) gewerbliche Einkünfte vorliegen, werden diese umqualifiziert. Für den Fall, dass gleichzeitig die Voraussetzungen für Sonderbetriebsvermögen bei der Betriebspersonengesellschaft erfüllt sind, tritt diese Eigenschaft mit Ende der Betriebsaufspaltung durch Wegfall der personellen Verflechtung wieder zu Tage.[1]

4025–4030 *(Einstweilen frei)*

cc) Laufende Besteuerung des Besitzunternehmens

Literatur: *Woerner*, Die Betriebsaufspaltung auf dem Prüfstand, BB 1985, 1609.

(1) Gewinnermittlung

4031 Aufgrund der Selbständigkeit des Besitz- und des Betriebsunternehmens wird das Besitzunternehmen grundsätzlich seiner Rechtsform entsprechend besteuert.[2] Der Gewinn wird nach Maßgabe der Vorschriften der §§ 140, 141 AO durch einen Vermögensvergleich festgestellt (§§ 4 Abs. 1, 5 EStG). Nach § 141 AO wird die Besitzgesellschaft erst ab dem Wirtschaftsjahr buchführungspflichtig, das nach dem Zeitpunkt beginnt, in dem auf die Pflicht zur Führung von Büchern hingewiesen wird.[3] Im Fall des Unterschreitens der maßgeblichen Grenzen[4] kann die Ermittlung des Gewinns durch Gegenüberstellung der Einnahmen und Ausgaben nach § 4 Abs. 3 EStG erfolgen. Es ist jedoch zu beachten, dass die Möglichkeit der Inanspruchnahme der **Thesaurierungsbegünstigung** gem. § 34a EStG[5] lediglich bilanzierenden Personenunternehmen offen steht.

(2) Korrespondierende Bilanzansätze

4032 Nach der Rechtsprechung bestand zunächst die Notwendigkeit, korrespondierende Bilanzansätze beim Betriebs- und Besitzunternehmen auszuweisen. Der BFH entwickelte in seiner früheren Rechtsprechung hierzu eine „Korrespondenzthese",[6] nach der es im Hinblick auf das (überkommene) Verständnis einer wirtschaftlichen Einheit von Besitz-

1 BFH 30. 8. 2007 IV R 50/05, BFH/NV 2008, 141.

2 Infolgedessen gelten für Besitz- bzw. ein Betriebsunternehmen in Form einer Personengesellschaft die Rn. 231 dieses Buches dargestellten und für Kapitalgesellschaften die allgemeinen Grundsätze der Besteuerung, soweit nicht anders beschrieben.

3 Siehe zur Buchführungspflicht, insbesondere zur Mitteilung der Finanzbehörde über den Beginn der Buchführungspflicht als konstitutiver Verwaltungsakt mit Dauerwirkung *Kruse/Drüen* in Tipke/Kruse § 141 AO Rz. 40 ff. Zur Anwendbarkeit der Verpflichtung zur Übermittlung elektronischer Steuerbilanzen vgl. *Koch/Nagel*, NWB 17/2010, 1340, Die elektronische Bilanz.

4 Aus Gründen der Deregulierung und zur Kostensenkung wurde durch das Bilanzrechtsmodernisierungsgesetz (BilMoG) die handelsrechtliche Buchführungs- und Bilanzierungspflicht für Einzelkaufleute mit einem Umsatz von weniger als 500 000 € und einem Jahresüberschuss von weniger als 50 000 € aufgehoben (§§ 241a, 242 Satz 4, 120 HGB, Art. 66 Abs. 2 EGHGB, § 141 AO).

5 Siehe zur Thesaurierungsbegünstigung Rn. 1746 ff.

6 BFH 21. 12. 1965 IV 228/64, BStBl 1966 III 147; 23. 6. 1966 IV 75/64, BStBl 1966 III 589; 26. 6. 1975 IV R 59/73, BStBl 1975 II 700 (Anspruch des Besitzunternehmens auf Warenrückvergütung gegen das Betriebsunternehmen).

und Betriebsvermögen geboten sei, durchgängig korrespondierend zu bilanzieren. Nach Kritik in der Literatur[1] wandelte sich die Ansicht der Rechtsprechung dahin gehend, dass es **keinen allgemeinen Grundsatz** gebe, wonach bei einer Betriebsaufspaltung durchgängig **korrespondierend bilanziert** werden müsse.[2] Dieser Grundsatz entspricht auch der h. M. der Literatur.[3]

Sofern die Rechtsprechung – gestützt auf den einheitlichen geschäftlichen Betätigungswillen – dennoch eine korrespondierende Bilanzierung fordert,[4] handelt es sich um die einheitliche Bilanzierung eines Lebenssachverhaltes i. S. einer „korrespondierenden Beurteilung eines Sachverhalts". So ist es beispielsweise – unter Beachtung der handelsrechtlichen und steuerbilanzrechtlichen Regeln – erforderlich, die Zurechnung von Wirtschaftsgütern oder die Schätzung der Nutzungsdauer von Wirtschaftsgütern im Rahmen der bilanziellen Beurteilung einheitlich vorzunehmen. 4033

Noch offen ist aber, ob hinsichtlich der Forderungen und Verbindlichkeiten aus dem die Betriebsaufspaltung begründenden Pachtvertrag[5] sowie bei Pachterneuerungsrückstellungen[6] eine „korrespondierende Bilanzierung" zu erfolgen hat.[7] 4034

(3) Besteuerung der Gewinnausschüttung

Dividenden, die eine Betriebsgesellschaft in der Rechtsform einer Kapitalgesellschaft offen oder verdeckt an die Gesellschafter ausschüttet, werden, soweit sie **natürlichen Personen** zuzurechnen sind, gem. § 3 Nr. 40 Buchst. b EStG in das Halbeinkünfteverfahren einbezogen. Ab 2009 wird das Halbeinkünfteverfahren für Anteile, die im Betriebsvermögen einer Personengesellschaft gehalten werden (im Falle eines Einzelbesitzunternehmens oder einer Besitzpersonengesellschaft) durch das **Teileinkünfteverfahren**[8] ersetzt. 4035

Seit dem Veranlagungszeitraum 2008 beträgt die auf die Einkommensteuer anrechenbare Gewerbesteuer gem. § 35 EStG[9] als Ausgleich für den Wegfall des Abzugs der Gewerbesteuer als Betriebsausgabe das 3,8fache der auf 3,5 % festgelegten Gewerbesteuermesszahl. Bei der Ermittlung des Gewerbeertrages gehen im Falle von Besitzpersonengesellschaften auch etwaig vorhandene Aufwendungen und Erträge in die Sonder- und Ergänzungsbilanzen ein. 4036

Wird die Dividende dagegen einer **Kapitalgesellschaft** zugerechnet, bleibt diese gem. § 8b Abs. 1 und 5 KStG im Ergebnis zu 95 % steuerfrei. Die Dividende unterliegt nach 4037

1 *Woerner*, BB 1985, 1609; dazu *Söffing/Micker*, a. a. O., 290 ff.

2 BFH 8. 3. 1989 X R 9/86, BStBl 1989 II 714; 17. 7. 1991 I R 98/88, BStBl 1992 II 246.

3 Vgl. statt vieler *Tiedchen* in Herrmann/Heuer/Raupach, EStG § 5 Anm. 306, m. w. N.

4 BFH 8. 3. 1989 X R 9/86, BStBl 1989 II 714; 17. 11. 1992 VIII R 36/91, BStBl 1993 II 233.

5 BFH 26. 11. 1998 IV R 52/96, BStBl 1999 II 547.

6 BFH 17. 2. 1998 VIII R 28/95, BStBl 1998 II 505.

7 Siehe auch *Lüdenbach*, StuB 8/2011, 308, NWB DokID: LAAAD-80547, m. w. N.

8 Siehe zum Teileinkünfteverfahren *Weber*, Rechtsformwahl – Auswirkungen der Unternehmensteuerreform 2008, NWB F. 18, 4509 ff.; *Schmidt/Wänger*, Änderung bei der Abgeltungsteuer durch das Jahressteuergesetz 2008, NWB F. 3, 14939.

9 Siehe zur Anwendung des § 35 EStG die Kommentierung von *Glanegger* in Schmidt, EStG § 35 Rz. 12 ff., m. w. N. und Beispielen; s. a. Rn. 1776 ff.

§ 9 Nr. 2a GewStG als Betriebseinnahme der Besitzgesellschaft nicht der Gewerbesteuer, sofern das Schachtelprivileg (mind. 15 % Beteiligung an der Betriebskapitalgesellschaft) in Anspruch genommen werden kann.[1]

(4) Phasengleiche Aktivierung von Dividendenansprüchen

4038 Der Anspruch eines Anteilseigners auf Auszahlung des von der Kapitalgesellschaft erwirtschafteten Gewinns entsteht **steuerlich** grundsätzlich erst mit dem Gewinnverteilungsbeschluss der Gesellschaft als selbständiges Gläubigerrecht.

4039 Mit Beschluss vom 7. 8. 2000 hat der große Senat des BFH entschieden, dass eine Kapitalgesellschaft, die mehrheitlich an einer anderen Kapitalgesellschaft beteiligt ist, Dividendenansprüche aus einer am Bilanzstichtag **noch nicht beschlossenen Gewinnverwendung** der nachgeordneten Gesellschaft grundsätzlich **nicht phasengleich** aktivieren kann.[2] Ein Besitzunternehmen kann Dividendenansprüche, die ihm gegenüber einer Betriebskapitalgesellschaft zustehen, **erst** dann aktivieren, wenn bei der Betriebskapitalgesellschaft ein entsprechender **Gewinnverwendungsbeschluss** gefasst worden ist. Der Dividendenertrag wird somit in der Bilanz des Jahres, in dem der Gewinn ausgeschüttet wird, und nicht in der Bilanz des Jahres, in der er entstanden ist, ausgewiesen. Dies gilt nach Abschaffung des körperschaftsteuerlichen Anrechnungsverfahrens für steuerliche Bilanzzwecke uneingeschränkt.[3] Ausnahmsweise ist handelsrechtlich eine phasengleiche Aktivierung eines Dividendenanspruchs[4] allerdings zulässig, wenn zum Bilanzstichtag der Kapitalgesellschaft ein Bilanzgewinn auszuweisen ist, der mindestens ausschüttungsfähige Bilanzgewinn den Gesellschaftern bekannt ist und für diesen Zeitpunkt anhand objektiver Anhaltspunkte nachweisbar ist, dass die Gesellschafter endgültig entschlossen sind, eine bestimmte Gewinnverwendung künftig zu beschließen.[5]

4040 Erträge aus Beteiligungen an Kapitalgesellschaften können daher bei mehrheitlich beteiligten Kapital- oder Personenhandelsgesellschaften unter Forderungen an verbundenen Unternehmen ausgewiesen werden, wenn der Jahresabschluss der Tochtergesellschaft noch vor der Feststellung des Jahresabschlusses bei der Muttergesellschaft festgestellt worden ist und mindestens ein Gewinnverwendungsvorschlag vorliegt. Diese Grundsätze gelten auch dann, wenn sich die Beteiligung an einer Kapitalgesellschaft

1 Für die Ermittlung des Ermäßigungsbetrages für Mitunternehmer vgl. *Schulze zur Wiesche*, WPg 2003, 96 IV. 6.

2 BFH 7. 8. 2000 GrS 2/99, DB 2000, 1993; s. a. die Folgeurteile BFH 31. 10. 2000 VIII R 85/94, BStBl 2001 II 185; 28. 2. 2001 I R 48/94, BStBl 2001 II 401; bestätigend BFH 7. 2. 2007 I R 15/06, BFH/NV 2007, 171.

3 BMF 1. 11. 2000, BStBl 2000 I 1510.

4 Allerdings fällt diese Abweichung seit der Umstellung auf das Halbeinkünfteverfahren nicht mehr so ins Gewicht, da die Dividenden weitgehend steuerfrei gestellt sind.

5 Nach der älteren Rechtsprechung des BGH (3. 11. 1975, BGHZ 65, 230) war die Aktivierung der Gewinnausschüttung der Tochtergesellschaft bereits dann in der Bilanz der mit Mehrheit beteiligten Muttergesellschaft möglich, wenn vor Beendigung der Jahresabschlussprüfung bei der Muttergesellschaft der Jahresabschluss der Tochtergesellschaft festgestellt wurde und ein Gewinnverwendungsvorschlag vorlag (vgl. BGH 12. 1. 1998 II ZR 82/93, DB 1998, 567, sog. Tomberger-Fall). Voraussetzung war dabei aber, dass beide Gesellschaften ein übereinstimmendes Wirtschaftsjahr hatten (s. a. BMF 3. 12. 1976, DStR 1977, 20). Eine Zusammenstellung der rechtsgeschichtlichen Entwicklung findet sich bei *Märkle*, BB 2000, Beilage 7.

infolge einer **Betriebsaufspaltung** im Sonderbetriebsvermögen II der Gesellschafter einer Personengesellschaft befindet.[1]

(5) Gewinnausschüttungen während der Betriebsaufspaltung für Zeiten vor der Betriebsaufspaltung

Bei Vorliegen der Voraussetzungen einer Betriebsaufspaltung wird das Besitzunternehmen als Gewerbebetrieb qualifiziert, das gewerbliche Einkünfte erzielt und Betriebsvermögen aufweist. Zu diesem Betriebsvermögen gehören auch die Anteile an dem Betriebsunternehmen.[2] **Gewinnausschüttungen der Betriebsgesellschaft** sind demgemäß als **gewerbliche Einkünfte des Besitzunternehmens** zu werten.[3] Dies gilt grundsätzlich auch für Ausschüttungen von Gewinnen, die in der Zeit vor der Betriebsaufspaltung erzielt wurden, dem Besitzunternehmen aber während des Bestehens der Betriebsaufspaltung zugeflossen sind.[4] 4041

BEISPIEL: Die Ehefrau des A hatte der A-GmbH, deren alleiniger Gesellschafter der A war, im Jahre 01 ein Fabrikgrundstück verpachtet. Im Jahre 06 erwarb der A das Grundstück in einem Zwangsversteigerungsverfahren und trat in den Pachtvertrag ein. Im gleichem Jahr beschloss die GmbH eine Gewinnausschüttung für das Jahr 05, in dem die Voraussetzungen einer Betriebsaufspaltung noch nicht vorlagen.

Die Gewinnausschüttungen für das Jahr 05 sind als gewerbliche Einkünfte des Jahres 06 zu erfassen, da das selbständige Gläubigerrecht erst im Zeitpunkt der Beschlussfassung über die Gewinnverwendung entsteht. Erst für dieses Jahr, also das Jahr 06, ist der Auszahlungsanspruch auch zuzurechnen.

(6) AfA-Berechtigung

Zur Inanspruchnahme der Absetzung für Abnutzung ist derjenige berechtigt, der den wirtschaftlichen Verzehr trägt. Dies ist der wirtschaftliche Eigentümer, der i. d. R. mit dem zivilrechtlichen Eigentümer zusammenfällt. Demnach ist der **Verpächter als zivilrechtlicher und wirtschaftlicher Eigentümer** der verpachteten wesentlichen Betriebsgrundlagen **AfA-berechtigt**, sofern er die notwendigen Erhaltungsaufwendungen und Erneuerungen durchführt und somit den wirtschaftlichen Verzehr trägt. Der Verpächter ist nach Ansicht des BFH **auch dann** AfA-berechtigt, wenn sich die Betriebsgesellschaft verpflichtet hat, die Erhaltungs- und Erneuerungsaufwendungen zu tragen, um das Betriebsvermögen in einem bestimmten Wertzustand zu halten, sofern eine Rückgabepflicht nach Ablauf der Pachtzeit besteht.[5] 4042

Bei Investitionen ermöglicht die **Sonderabschreibung** nach § 7g EStG es kleinen und mittleren Unternehmen, für neue bewegliche Anlagegüter – über die normalen Abschreibungen hinaus – Sonderabschreibungen in Anspruch zu nehmen. Nach Meinung des BFH[6] verlangen die von § 7g EStG verwendeten Merkmale „Betrieb“ und „Betriebs- 4043

1 BFH 31. 10. 2000 VIII R 19/94, BFH/NV 2001, 447; BMF 1. 11. 2000, BStBl 2000 I 1510; s. zum Ganzen *Schulze zur Wiesche*, WPg 2003, 90, vgl. ferner ausführlich Rn. 385.

2 BFH 24. 4. 1991 X R 84/88, BStBl 1991 II 713.

3 BFH 8. 3. 1989 X R 9/86, BStBl 1989 II 714.

4 BFH 14. 9. 1999 III R 47/98, BStBl 2000 II 255.

5 BFH 2. 11. 1965 I 51/61 S, BStBl 1966 III 61; 24. 8. 1989 IV R 135/86, BStBl 1989 II 1014.

6 BFH 27. 9. 2001 X R 4/99 BStBl 2002 II 136.

stätte“ für ihre Anwendung eine aktive Teilnahme des Anspruchstellers am wirtschaftlichen Verkehr und eine in diesem Sinne werbende Tätigkeit. Bei einer Betriebsaufspaltung geht die FinVerw[1] davon aus, dass aktive Betriebe auch das Besitz- und Betriebsunternehmen sind, so dass beide die Berechtigung für die Inanspruchnahme besitzen. Mit Einführung des **Investitionsabzugsbetrages** nach § 7g EStG, der im Zuge der Unternehmensteuerreform 2008 die Ansparabschreibung nach § 7g EStG a. F. abgelöst hat, wurden die Grenzen für die Inanspruchnahme des Investitionsabzugsbetrages angehoben (Gewinnermittlung nach § 4 Abs. 1 oder § 5 EStG: Betriebsvermögen bis zu 235 000 €; Gewinnermittlung nach § 4 Abs. 3 EStG: Gewinn bis zu 100 000 €). Dies kann für die gezielte Steuerung der Eigenkapitalgröße für Bilanzierende zur Unterschreitung der Betriebsvermögensgrenze von Interesse sein. Ermöglicht dies doch die Nutzung des Investitionsabzugsbetrages ggf. in der Besitzgesellschaft, dadurch dass die Grenzen in der Betriebsgesellschaft aufgrund der Verlagerung des Aktivvermögens in die Besitzgesellschaft unterschritten werden (auch vice versa).

4044 Des Weiteren kann sich bei Neuinvestitionen die Neuregelung der Behandlung von **geringwertigen Wirtschaftsgütern** durch die Unternehmensteuerreform 2008 nach § 6 Abs. 2 EStG vorteilhaft erweisen,[2] um z. B. bei (Betriebs-)Unternehmen mit einem hohen Bedarf und Einsatz geringwertiger Wirtschaftsgüter handels- und steuerrechtliche Aufwandspositionen durch periodengleiche Nutzungsüberlassung wieder anzugleichen.

(7) Behandlung von Steuervergünstigungen durch „Merkmalsübertragung“

4045 Im Rahmen einer Betriebsaufspaltung stellt sich die Frage, ob bestimmte Steuervergünstigungen und Steuerbefreiungen auch dann von dem Besitzunternehmen in Anspruch genommen werden können, wenn die Voraussetzungen nur im Betriebsunternehmen – also einem anderen selbständigen Unternehmen – vorliegen. Die FinVerw vertritt die Auffassung, dass dem Besitzunternehmen die in dem Betriebsunternehmen liegenden Tatbestandsvoraussetzungen für Steuervergünstigungen und Steuerbefreiungen zuzurechnen sind.[3] Diese Ansicht beruht auf der durch die enge sachliche und personelle Verbindung begründete **Ausstrahlungswirkung** des gewerblichen Charakters des Betriebsunternehmens. Das Besitzunternehmen kann somit – ebenso wie das Betriebsunternehmen – die folgenden Vergünstigungen und Befreiungen in Anspruch nehmen: §§ 1 InvZulG, 3 Abs. 2 ZRFG, 7d, 7e, 7g EStG.[4] Die Rechtsprechung hat sich hinsichtlich der Investitionszulage der Verwaltungsmeinung angeschlossen.[5] Die Einheits-

1 So BMF 25. 2. 2004, BStBl 2004 I 337, Rz. 1. Die Finanzverwaltung versagt jedoch unter Hinweis auf o. g. Urteil 27. 9. 2001, a. a. O., Betriebsverpächtern, die den Betrieb ohne Betriebsaufgabeerklärung fortsetzen (sog. ruhender Gewerbebetrieb; Betriebsverpachtung im Ganzen) die Sonderabschreibung bzw. Ansparrücklagen. Vgl. a. Niedersächsisches FG 9. 11. 2005 1 K 201/03, EFG 2006, 726. Die Grundsätze dürften auch nach der Einführung des Investitionsabzugsbetrages gelten.

2 Vgl. dazu *Koch/Thies/Gondert*, NWB Nr. 47/2007, 4177.

3 InvZulErl, BMF 10. 12. 1985, BStBl 1985 I 683.

4 Zu der Inanspruchnahme im Falle des § 7g EStG s. Rn. 4043.

5 BFH 20. 5. 1988 III R 86/93, BStBl 1988 II 739; 23. 3. 1993 III S 42/92, BStBl 1993 II 723; 16. 9. 1994 III R 45/92, BStBl 1995 II 75; 10. 12. 1998 III R 50/95, BStBl 1999 II 607; 28. 1. 1999 III R 77/96, BStBl 1999 II 610; 29. 3. 2006 X R 59/00, BFH/NV 2006, 1407; 29. 11. 2007 I V R 82/05, BFH/NV 2008, 1025.

betrachtung für die Investitionszulage nach § 10 Abs. 4a InvZulG auch bei einer kapitalistischen Betriebsaufspaltung – bisher noch nicht entschieden – wurde vom BFH jüngst bejaht.[1]

Eine Merkmalsübertragung im Rahmen der Gewerbesteuerbefreiung – nach § 11 GewStDV 1968 und § 3 Nr. 20 GewStG – wurde aber demgegenüber trotz der bestehenden sachlichen und personellen Verflechtung von der Rechtsprechung lange Zeit abgelehnt.[2] Von seiner bisherigen Rechtsprechung ist der BFH jedoch im Jahre 2006 in zwei Urteilen zur Gewerbesteuerbefreiung nach § 3 Nr. 20[3] und Nr. 6[4] GewStG abgewichen und hat entschieden, dass sich die jeweilige **Gewerbesteuerbefreiung** der Betriebsgesellschaft auf das Besitzunternehmen erstreckt. Die von der Abweichung betroffenen Senate haben dieser zugestimmt.[5] Vorteile aus der Merkmalsübertragung dürften sich noch in den Fällen ergeben, in denen infolge überdurchschnittlich hoher Hebesätze die Gewerbesteuer nicht in vollem Umfang durch die pauschalierte Anrechnung gem. § 35 EStG ausgeglichen werden kann.[6] 4046

BEISPIEL: Arzt A verpachtet den ihm gehörenden Grundbesitz einschließlich aufstehender Gebäude und technischer Einrichtungen an die A-GmbH, deren alleiniger Gesellschafter der A ist. Die A-GmbH betreibt auf den ihr überlassenen Grundstücken ein Pflegeheim.

Die zwischen dem A und der A-GmbH begründete Betriebsaufspaltung führt zur Umqualifizierung der Einkünfte aus Vermietungstätigkeit des A (Besitzunternehmen), die im Grundsatz der Gewerbesteuer unterlägen. Allerdings sind auf Seiten der A-GmbH die Einkünfte gem. § 3 Nr. 20 Buchst. c GewStG von der Gewerbesteuer befreit. Die Gewerbesteuerbefreiung der GmbH erstreckt sich zugleich auf das Besitzunternehmen (sog. Merkmalsübertragung), so dass im Ergebnis sämtliche Gewerbeerträge von der Gewerbesteuer befreit werden.

(8) Zinsschranke

Die im Rahmen der Unternehmensteuerreform 2008 neu eingeführte sog. Zinsschranke[7] gilt grundsätzlich nicht für Betriebe, die nicht oder nur anteilsmäßig zu einem Konzern gehören (§ 4h Abs. 2 Satz 1 Buchst. b EStG). Für die Anwendung der Zinsschranke gilt allerdings ein **erweiterter Konzernbegriff**.[8] Die für das Vorliegen eines Konzerns i. S. d. § 4h EStG erforderliche Beherrschung eines Betriebs kann dabei regelmäßig auch 4047

1 BFH v. 20. 5. 2010 III R 28/08, BFH/NV 2010, 1946.

2 BFH 13. 8. 1983 I R 187/79, BStBl 1984 II 115; 12. 11. 1985 VIII R 282/82, BFH/NV 1986, 362; 17. 7. 1991 I R 98/88, BStBl 1992 II 246; 30. 9. 1991 IV B 21/91, BFH/NV 1992, 333; 18. 12. 1997 X B 133/97, BFH/NV 1998, 743; 19. 3. 2002 VIII R 57/99, BStBl 2002 II 662; zur Widersprüchlichkeit der unterschiedlichen Rechtsprechung im Rahmen der „Merkmalsübertragung" und zu verfassungsrechtlichen Bedenken sehr kritisch *Seer/Söffing*, Merkmalsübertragung bei der Betriebsaufspaltung, DB 2003, 2457 („...Akt verfassungsrechtlicher Rechtsfortbildung durch Richterrecht"); vgl. Nichtannahmebeschluss des BVerfG 15. 10. 2002 1 BvR 1058/02; BFH 14. 1. 1998 X R 57/93, BFHE 185, 230; zur Kritik an dieser Rechtsprechung und a. A. siehe *Söffing/Micker*, a. a. O., 321.

3 BFH 29. 3. 2006 X R 59/00, BStBl 2006 II 661.

4 BFH 19. 10. 2006 IV R 22/02, BFH/NV 2007, 149.

5 BFH 29. 3. 2006 X R 59/00, BStBl 2006 II 661; vgl. a. BFH 12. 5. 2004 X R 59/00, BStBl 2004 II 607, Anrufung des GrS durch X. Senat des BFH, da der VIII. Senat – anders als der I. und IV. Senat zunächst an seiner bisherigen Rechtsprechung festhielt.

6 Vgl. *Fischer*, NWB F. 5, 1603 (1607).

7 § 4h EStG i. d. F. Unternehmensteuerreformgesetz 2008 v. 14. 8. 2007, BGBl 2007 I 1912; s. a. Rn. 1101.

8 Nach § 4h Abs. 3 Satz 6 EStG gehört ein Betrieb auch dann zu einem Konzern, wenn seine Finanz- oder Geschäftspolitik mit einem oder mehreren anderen Betrieben einheitlich bestimmt werden kann.

durch einen einzelnen mittelbar oder unmittelbar beteiligten Anteilseigner gegeben sein. Demnach ist ein „steuerlicher" Konzern beispielsweise auch dann gegeben, wenn eine natürliche Person an zwei Kapitalgesellschaften, die sie beherrschen kann, beteiligt ist oder ein Einzelunternehmer zudem Mehrheitsgesellschafter einer Kapitalgesellschaft ist.

4048 Die Anwendung der Regelungen der Zinsschranke auf das Besitz- und Betriebsunternehmen einer klassischen Betriebsaufspaltung möchte der Gesetzgeber jedoch vermeiden, indem er in der Gesetzesbegründung den Konzernbegriff des § 4h Abs. 3 EStG entgegen dem Gesetzeswortlaut einschränkend auslegt. Danach soll im Fall einer Betriebsaufspaltung **kein Konzern** i. S. d. § 4h Abs. 3 EStG vorliegen, wenn sich die Gewerblichkeit des Besitzunternehmens nur aufgrund der personellen und sachlichen Verflechtung ergibt.

4049 Die Zinsschranke findet daher bei solchen Betriebsaufspaltungen Anwendung, bei denen das Besitzunternehmen schon vor Entstehung der Betriebsaufspaltung gewerblich tätig war. In diesen Fällen sollte das oben beschriebene **Schrumpfungsmodell**[1] angewandt werden, um den Zinsaufwand des Besitzunternehmens möglichst gering zu halten.[2]

(9) Unentgeltliche Überlassung eines Grundstücks

4050 Auch bei unentgeltlicher Überlassung eines Grundstücks im Rahmen einer Betriebsaufspaltung wird für das Besitzunternehmen widerlegbar vermutet, dass es eine **Gewinnabsicht** in Bezug auf die Tätigkeit hat. Bei unentgeltlicher Überlassung wesentlicher Betriebsgrundlagen steht dahinter das Bestreben, Beteiligungserträge bzw. Wertsteigerungen der Anteile an der Betriebs-GmbH zu erzielen.[3] Aufgrund des in der Unentgeltlichkeit gewährten Mietverzichts des Besitzunternehmens erhöht sich der Gewinn der Betriebs-GmbH, so dass sie entsprechend höhere Beteiligungserträge an das Besitzunternehmen ausschütten kann.[4]

4051 Umstritten ist allerdings, ob das Besitzunternehmen bei unentgeltlicher Überlassung die **Grundstücksaufwendungen** in vollem Umfange[5] oder nur zur Hälfte[6] abziehen darf. Nach einer neueren finanzgerichtlichen Entscheidung[7] sollen die mit der Nutzungsüberlassung zusammenhängenden Grundstücksaufwendungen wegen der Zuordnung der Gewinnausschüttungen zu § 3 Nr. 40 EStG **nur noch zur Hälfte** berücksichtigt wer-

1 Siehe Rn. 3964.

2 Im Rahmen des Wachstumsbeschleunigungsgesetzes (WaBeG) v. 22. 12. 2009 wurde der EBITDA Vortrag eingeführt. Zinsaufwendungen, die nach Berücksichtigung des Zinsertrags über die Zinsschranke von 30 % des EBITDA hinausgehen, sind in den folgenden 5 Wirtschaftsjahren noch zusätzlich bis zur Höhe des EBITDA Vortrags aus den Vorjahren abziehbar (§ 4h Abs. 1 EStG).

3 Siehe Rn. 3897; BFH 24. 4. 1991 X R 84/88, BStBl 1991 II 713.

4 Dies gilt allerdings nicht, sofern Beteiligungserträge ausnahmsweise nicht zu erzielen sind.

5 So z. B. *Crezelius*, DB 2002, 1124.

6 So z. B. *Märkle*, DStR 2002, 1153, 1156.

7 FG Bremen 27. 4. 2006 1 K 204/05, EFG 2006, 1234, rkr., Rev. nicht zugelassen. Wegen der Besonderheiten des Sachverhaltes der Entscheidung dürfte sich weiterhin begründen lassen, dass die Aufwendungen zur Erzielung von Pachtzinsen getätigt und damit voll abzugsfähig sind; OFD Frankfurt 18. 10. 2007, NWB DokID: QAAAC-64370.

den können. Allerdings bildete im Urteilsfall die Ertragsstärkung der Betriebs-GmbH zum Insolvenzschutz das entscheidende Motiv für die Unentgeltlichkeit. Andererseits führt das FG Rheinland-Pfalz mit Urteil vom 23.9.2009 aus, dass ein vorübergehender Mietverzicht dem Erhalt des Mietverhältnisses und somit dem Fortbestand der Einkunftsquelle dienen kann.[1] Auch in der Literatur[2] finden sich kritische Stimmen zur nicht vollen Berücksichtigung der Grundstücksaufwendungen beim Besitzunternehmen in Folge eines Mietverzichts im Rahmen einer Betriebsaufspaltung. Eine Klärung seitens des BFH ist wünschenswert.

(Einstweilen frei) 4052–4055

c) Besteuerung des Betriebsunternehmens

aa) Betriebskapitalgesellschaft

(1) Laufende Besteuerung

Das Betriebsunternehmen in der Rechtsform einer Kapitalgesellschaft (**Betriebskapitalgesellschaft**) ist steuerrechtlich ein eigenes Rechtssubjekt, das mit seinem zu versteuernden Einkommen nach § 1 Abs. 1 KStG der Körperschaftsteuer unterliegt. Der Körperschaftsteuersatz betrug für die Veranlagungszeiträume 2002 – 2007 (bis auf den VZ 2003[3]) 25 % und wurde im Zuge der Unternehmenssteuerreform 2008 auf 15 % gesenkt. 4056

(2) Miet-, Pacht- und Darlehenszinsen

Bei der Ermittlung der Einkünfte einer Kapitalgesellschaft werden die an die Besitzgesellschaft zu entrichtenden Pachtzahlungen für die „wesentlichen Betriebsgrundlagen" als Betriebsausgaben abgezogen. Dies setzt jedoch voraus, dass die Höhe des Pachtzinses, der nach außen klar und deutlich erkennbar vereinbart sein muss, einer **Angemessenheitsprüfung** standhält.[4] Angemessen ist ein Zins, der bei Anwendung der Sorgfalt eines ordentlichen und gewissenhaften Geschäftsleiters auch zwischen fremden Dritten vereinbart würde. Dabei kommt es nach der Rechtsprechung entscheidend darauf an, ob der Betriebskapitalgesellschaft eine angemessene Verzinsung des Nennkapitals und des sonstigen Eigenkapitals verbleibt.[5] Wird das vereinbarte Entgelt als zu hoch angesehen, mindern bei der Betriebskapitalgesellschaft lediglich die angemessenen Teile des Entgelts als Betriebsausgaben das körperschaftsteuerliche Einkommen. Der übersteigende Betrag wird als verdeckte Gewinnausschüttung an das Besitzunternehmen qualifiziert (§ 8 Abs. 3 Satz 2 KStG).[6] Dies gilt auch für nachträglich vereinbarte Miet- 4057

1 Rev. eingelegt, Az. des BFH: IV R 4/11; s. a. Rn. 4015.

2 *Schoor*, Steuerseminar 7/2011, 180 ff.; *Binnewies*, Vertragsgestaltung im Zivil- und Steuerrecht, 2009, 15 ff.

3 Hinweis: Erhöhung um 1,5 %-Punkte im VZ 2003 auf 26,5 % infolge des „Gesetzes zur Änderung steuerrechtlicher Vorschriften und zur Errichtung eines Fonds „Aufbauhilfe" (Flutopfersolidaritätsgesetz)" v. 19.9.2002, BGBl 2002 I Nr. 67, 3651.

4 Vgl. *Lange* „Verdeckte Gewinnausschüttungen", 7. Aufl., Rz. 604 ff.

5 BFH 4.5.1977 I R 11/75, BStBl 1977 II 679.

6 Zu den Grundlagen und Folgen der verdeckten Gewinnausschüttung vgl. *Nagel* in Gosch/Schwedhelm/Spiegelberger, GmbH-Beratung, S. V 25 ff.; zu den Folgen im Halbeinkünfteverfahren vgl. *Schulze zur Wiesche*, WPg 2003, 93, III. 2., 93.

und Pachterhöhungen, wenn der entsprechende Vertrag keine Möglichkeit einer Erhöhung des Entgelts für die Gebrauchsüberlassung vorsieht.[1] Demgegenüber ist ein im Miet- oder Pachtvertrag vereinbarter **zu geringer Zins** unschädlich und wird steuerlich anerkannt.[2] Dieser Behandlung liegt die Überlegung zugrunde, dass grundsätzlich niemand verpflichtet ist, aus seinem Vermögen bestimmten Nutzen zu ziehen. Allerdings wird der Betriebsausgabenabzug der Besitzgesellschaft ggf. eingeschränkt.[3]

4058 Eine **private Nutzung** von Räumlichkeiten der Besitzgesellschaft durch den Gesellschafter der Betriebsgesellschaft erfüllt ebenfalls die Voraussetzungen einer verdeckten Gewinnausschüttung.[4] Die unentgeltliche Überlassung betrieblich angemieteter Räume an einen Gesellschafter zur privaten Nutzung ist gesellschaftlich veranlasst; einem Nichtgesellschafter wäre ein solcher Vorteil nicht eingeräumt worden.

BEISPIEL: Der Gesellschafter in einer Ein-Personen-Betriebsaufspaltung vermietet ein Gebäude an die GmbH, was die sachliche Verflechtung der Betriebsaufspaltung begründet. Einzelne Räume des verpachteten Gebäudes nutzt der Gesellschafter selbst.

Die verdeckte Gewinnausschüttung in Höhe der auf die privaten Räume entfallenden Miete ist als Betriebseinnahme bei dem Besitzunternehmen zu erfassen.

4059 Ferner stellt sich die Frage, ob unverzinsliche Darlehen mit eigenkapitalersetzendem Charakter dem Abzinsungsgebot nach § 6 Abs. 1 Nr. 3 EStG unterliegen.

BEISPIEL: A ist Einzelunternehmer und mehrheitlich an der AB-GmbH beteiligt. Durch die Verpachtung einer wesentlichen Betriebsgrundlage an die AB-GmbH entsteht eine Betriebsaufspaltung. Im Rahmen der Finanzierung seiner zu erwerbenden Beteiligung gewährt A der GmbH ein Darlehen i. H.v. 250 000 €.

4060 Mit seinem aktuellen Beschluss[5] bestätigt der BFH die Auffassung der FinVerw,[6] nach der unverzinsliche Darlehen eines Gesellschafters an seine GmbH abzuzinsen sind. Eine solche Abzinsung ist bei Befristung der Rückzahlung ebenso vorzunehmen, wie bei fehlender Befristung. Nach Ansicht des BFH ist das Gebot der Abzinsung vorrangig an der tatsächlichen wirtschaftlichen Belastung auszurichten. Die zu erwartende faktische Restlaufzeit ist demnach im Einzelfall zu schätzen. Zu den relevanten Maßstäben, die dabei zu beachten sind, äußerte sich der BFH jedoch nicht. Des Weiteren betrifft die Entscheidung des BFH nur Gesellschafterdarlehen bei Kapitalgesellschaften.

4061 Die Abzinsung erweist sich jedoch insbesondere bei Darlehensverhältnissen im Rahmen der Betriebsaufspaltung als nachteilig. Der abgezinsten Verbindlichkeit in der Bilanz der Betriebsgesellschaft und dem dort auszuweisenden scheinbaren Zinsertrag steht im Besitzunternehmen eine Forderung gegenüber, die nicht abgewertet werden darf. Eine Abzinsung könnte vermieden werden, in dem ein Zins, der unterhalb des Marktzinses liegt, vereinbart werden würde. Verzinsliche Darlehen werden generell nicht vom Abzinsungsgebot des § 6 Abs. 1 Nr. 3 EStG erfasst. Ein solcher Fall liegt vor,

1 FG Baden Württemberg 4. 9. 1998, DStRE 1998, 920.

2 BFH 8. 11. 1960 I 131/59, BStBl 1960 III 513; 14. 1. 1998 X R 57/93, BFHE 185, 230.

3 *Schmidt*, EStG § 15 Rz. 819; s. a. Rn. 4015.

4 BFH 9. 12. 2009 X R 52/06, BFH/NV 2010, 1246.

5 BFH 6. 10. 2009 I R 4/08, BFH/NV 2010, 302.

6 BMF 26. 5. 2005, BStBl 2005 I 699.

wenn ein Zinssatz von mehr als 0 % vereinbart wurde. Es sollte jedoch beachtet werden, dass eine Verzinsung nahe Null als Gestaltungsmissbrauch gewertet wird. Zu einer vertretbaren Untergrenze hat sich der BFH bislang noch nicht geäußert.[1]

(3) Gesellschafter-Geschäftsführervergütung

Darüber hinaus besteht im Rahmen einer Betriebsaufspaltung die Möglichkeit, den an- 4062
gemessenen Teil der Vergütungen an den Gesellschafter-Geschäftsführer[2] der Betriebskapitalgesellschaft als Betriebsausgaben abzuziehen,[3] die bei diesem als Einkünfte aus nichtselbständiger Tätigkeit zu erfassen sind. Ebenfalls als Betriebsausgaben abzugsfähig sind Pensionsrückstellungen aufgrund einer Pensionszusage an den Gesellschafter-Geschäftsführer.[4]

(4) Kapitalerhöhung

Die Zulassung eines Dritten zur Erhöhung des Stammkapitals (z. B. Kapitalerhöhung 4063
gem. § 55 GmbHG) der Betriebskapitalgesellschaft bewirkt nach Rechtsprechung des BFH[5] **bei dem Besitzunternehmen eine Entnahme** in Höhe der Differenz zwischen dem Wert des übernommenen Anteils abzüglich der geleisteten Einlage (§§ 4 Abs. 1 Satz 2, 6 Abs. 1 Nr. 4 EStG).

BEISPIEL: An der AB-GmbH, die ein Stammkapital von 200 000 € ausweist, sind A mit 75 % (nominal 150 000 €) und seine Ehefrau B mit 25 % (nominal 50 000 €) beteiligt. Die Eheleute sind ferner je zur Hälfte Eigentümer eines Betriebsgrundstücks und technischer Anlagen, die sie der AB-GmbH verpachtet haben und die für diese wesentliche Betriebsgrundlagen darstellen. Im Jahr 01 wird das voll eingezahlte Stammkapital der AB-GmbH um 50 000 € auf 250 000 € erhöht. Zur Übernahme des neuen Gesellschaftsanteils zum Nennwert wird der Sohn S zugelassen. Die Stammeinlage leistet S aus eigenen Mitteln. Vorhandene stille Reserven werden nicht abgegolten. Im Zeitpunkt der Eintragung der Kapitalerhöhung im Handelsregister beträgt der Gesamtwert der Anteile an der AB-GmbH 1 000 000 € (Stammkapital 250 000 € zzgl. Stille Reserven 750 000 €).

Zwischen A und B (Besitzgesellschaft) und der AB-GmbH (Betriebsgesellschaft) besteht wegen der personellen und sachlichen Verflechtung eine Betriebsaufspaltung. Die von A und B gehaltenen Anteile an der AB-GmbH stellen Sonderbetriebsvermögen bei der Besitzgesellschaft dar. Die Pachteinnahmen werden als gewerbliche Einkünfte qualifiziert. Die anteilig von den Stammeinlagen der bisherigen Gesellschafter A und B abgespaltenen stillen Reserven der AB-GmbH sind auf den GmbH-Anteil des S i. H.v. 150 000 € (20 % von 1 000 000 € = 200 000 € abzgl. von S geleisteter Einlage 50 000 €) übergegangen. In dem partiellen Verzicht auf das A und B zustehende Bezugs- und Anwartschaftsrecht liegt zugleich eine Entnahme aus dem Sonderbetriebsvermögen von A i. H.v. 107 143 € (5/7 von 150 000 €) und B i. H.v. 42 857 € (2/7 von 150 000 €) bei dem Besitzunternehmen. Der daraus resultierende Entnahmegewinn unterliegt auf Ebene des Besitzunternehmens der Gewerbesteuer und bei A und B der Einkommensteuer (bis VZ 2008 nach dem Halbeinkünfteverfahren; ab VZ 2009 nach dem Teileinkünfteverfahren).

---

1 BMF 23. 8. 1999, BStBl 1999 I 818; 26. 5. 2005, BStBl 2005 I 699; *Gosch*, BFH/PR 2010, 47.

2 Zur Angemessenheit der Bezüge bei Gesellschafter-Geschäftsführern vgl. *Nagel* in Gosch/Schwedhelm/Spiegelberger, GmbH-Beratung, S. G 103 ff.

3 Siehe oben Rn. 3918.

4 Siehe zur Besonderheit der Tätigkeitsvergütung für den Geschäftsführer der Komplementär-GmbH einer GmbH & Co. KG ausführlich *Schmidt*, EStG § 15 Rz. 717 ff.

5 BFH 17. 11. 2005 III R 8/03, BFH/NV 2006, 650.

4064 Eine **disquotale Kapitalerhöhung**, mit der ein bisher schon an der Betriebskapitalgesellschaft, nicht aber an der Besitzgesellschaft beteiligter Angehöriger seine Beteiligungsquote erhöhen kann, stellt sich ebenfalls als **Entnahme aus dem Besitzunternehmen** dar.[1] Die in den GmbH-Anteilen ruhenden stillen Reserven gehören zum Betriebsvermögen des Besitzunternehmens im Umfang der Beteiligung der Gesellschafter der Besitzgesellschaft. Durch die disquotale Kapitalerhöhung gehen diese teilweise auf den Nur-Betriebsgesellschafter über und werden somit dem Funktionszusammenhang zum Betriebsunternehmen endgültig entzogen, d. h. für betriebsfremde Zwecke entnommen (§ 4 Abs. 1 Satz 2 EStG).

BEISPIEL: An der A-GmbH, die ein Stammkapital von 200 000 € ausweist, ist A mit 80 % (nominal 160 000 €) und sein Sohn S mit 20 % (nominal 40 000 €) beteiligt. A ist ferner Alleineigentümer eines Betriebsgrundstücks und technischer Anlagen, die er der A-GmbH verpachtet hat und die für diese wesentliche Betriebsgrundlagen darstellen. S hält seine Anteile an der A-GmbH im Privatvermögen. Im Jahr 01 wird das voll eingezahlte Stammkapital der A-GmbH um 100 000 € auf 300 000 € erhöht. Von den zum Nennwert ausgegebenen neuen Gesellschaftsanteilen übernimmt A 40 000 € und der Sohn S 60 000 €. Die Stammeinlage leistet S aus eigenen Mitteln. Vorhandene stille Reserven werden nicht abgegolten. Im Zeitpunkt der Eintragung der Kapitalerhöhung im Handelsregister beträgt der Gesamtwert der Anteile an der A-GmbH 1 000 000 € (Stammkapital 300 000 € zzgl. Stille Reserven 700 000 €).

Zwischen A (Besitzgesellschaft) und der A-GmbH (Betriebsgesellschaft) besteht wegen der personellen und sachlichen Verflechtung eine Betriebsaufspaltung. Die von A gehaltenen Anteile an der A-GmbH gehören zum Betriebsvermögen bei der Besitzgesellschaft. Die Pachteinnahmen werden als gewerbliche Einkünfte qualifiziert. A hat, indem er nicht einen Anteil übernommen hat der seiner bisherigen Beteiligungsquote entsprochen hätte (80 000 €), auf das ihm zustehende Bezugs- und Anwartschaftsrecht teilweise verzichtet. Mangels Aufgeld wurden daher anteilig von den Stammeinlagen des bisherigen Gesellschafters A stille Reserven der A-GmbH abgespalten und sind auf den GmbH-Anteil des S i. H. v. 140 000 € (20 % von 1 000 000 € = 200 000 € abzgl. von S geleisteter Einlage 60 000 €) übergegangen. Darin liegt zugleich eine Entnahme aus dem Betriebsvermögen von A in gleicher Höhe bei dem Besitzunternehmen. Der daraus resultierende Entnahmegewinn unterliegt der Gewerbesteuer und der Einkommensteuer (bis VZ 2008 nach dem Halbeinkünfteverfahren; ab VZ 2009 nach dem Teileinkünfteverfahren).

bb) Betriebspersonengesellschaft

(1) Laufende Besteuerung

4065 Die Betriebspersonengesellschaft wird entsprechend ihrer Rechtsform besteuert.[2]

(2) Gesellschafter-Geschäftsführervergütung

4066 Handelt es sich bei der Betriebsgesellschaft um eine Personengesellschaft (**Betriebspersonengesellschaft**), stellen sowohl die Tätigkeitsvergütung an den Gesellschafter-Geschäftsführer als auch die Pensionsrückstellungen nach § 15 Abs. 1 Satz 1 Nr. 2 Satz 1 Halbsatz 2 EStG Einkünfte aus Gewerbebetrieb dar.

4067–4075 *(Einstweilen frei)*

---

1 BFH 15. 12. 2005 III R 35/04, BFH/NV 2006, 1262.

2 Infolgedessen gelten für Besitz- bzw. ein Betriebsunternehmen in Form einer Personengesellschaft die in Rn. 231 ff. dieses Buches dargestellten und für Kapitalgesellschaften die allgemeinen Grundsätze der Besteuerung, soweit nicht anders beschrieben.

cc) Miet- und Pachtzinsen im Rahmen der Gewerbesteuer[1]

(1) Rechtslage mit Wirkung seit dem Veranlagungszeitraum 2008[2]

Literatur: *Wesselbaum-Neugebauer*, Die GmbH & Co. KG versus Betriebsaufspaltung – Vermeidung einer gewerbesteuerlichen Doppelbesteuerung, GmbHR 2007, 1300; *Bergmann/Markl/Althof*, Die Gewerbesteuer im Lichte des Regierungsentwurfs zur Unternehmensteuerreform 2008. Die Auswirkungen der geplanten Änderungen für die Praxis, DStR 2007, 693; *Wehrheim/Rupp*, Die Neuerungen bei der Gewerbesteuer im Zuge der Unternehmensteuerreform 2008 und deren Konsequenzen für die Betriebsaufspaltung, BB 2008, 920.

Nach Einführung der Unternehmensteuerreform wird die Hinzurechnung von Miet- 4076
und Pachtzinsen für die Benutzung von beweglichen Wirtschaftsgütern in § 8 Nr. 1d GewStG geregelt. Durch § 8 Nr. 1e GewStG werden erstmals auch Miet-, Pacht- und Leasingzahlungen für die **Nutzung von unbeweglichen Wirtschaftsgütern** einer Hinzurechnung unterworfen. Die Beschränkung der Hinzurechnung auf Wirtschaftsgüter, die beim Mieter oder Pächter – wenn er Eigentümer wäre – zum Anlagevermögen gehören würden, bleibt erhalten.

Hinzugerechnet wird allerdings nur der in den Miet- und Pachtzinsen enthaltene **Finan-** 4077
zierungsanteil. Diesen hat der Gesetzgeber in Abhängigkeit des unterschiedlichen Wertverzehrs bei beweglichen und unbeweglichen Wirtschaftsgüter pauschaliert mit 20 % bezüglich beweglicher Wirtschaftsgüter und 50 % bezüglich unbeweglicher Wirtschaftsgüter[3] angesetzt. Von der so ermittelten Summe der Finanzierungsanteile wird ein Freibetrag i. H. v. 100 000 € abgezogen. Nur der über diesen Freibetrag hinausgehende Betrag wird zu 25 % hinzugerechnet.

Im Unterschied zu den Altregelungen wird die Hinzurechnung unabhängig von der 4078
steuerlichen Behandlung beim Vermieter oder Verpächter vorgenommen. Entsprechend ist auch die Kürzungsvorschrift nach § 9 Nr. 4 GewStG gestrichen worden. Dadurch entsteht gerade im Rahmen der Betriebsaufspaltung eine gewerbesteuerliche **Doppelbelastung** der Mieten und Pachten. Dem ist allerdings die Reduzierung des Hinzurechnungsfaktors für Dauerschuldzinsen von pauschal 50 % auf 25 % und die Erhöhung des Anrechnungsfaktors für die Einkommensteuer entgegenzuhalten Ferner wurde durch das Wachstumsbeschleunigungsgesetz der Hinzurechnungssatz bei Miet- und Pachtzinsen für die Benutzung unbeweglicher Wirtschaftsgüter von 65 % auf 50 % gesenkt. Insbesondere bei kleinen und mittelständischen Betrieben kann zudem der Freibetrag von 100 000 € zu einer deutlichen Entlastung bei der Ermittlung des Gewerbeertrags führen. Ob die Ausdehnung der Hinzurechnungstatbestände eine Erhöhung des Gewerbeertrags für Gewerbesteuerzwecke bewirkt, ist im Einzelfall zu überprüfen.

BEISPIEL: Der A ist Alleingesellschafter der A-GmbH, der er sowohl das bewegliche Anlagevermögen als auch das Betriebsgrundstück (wesentliche Betriebsgrundlagen) vermietet hat. Die vermieteten Wirtschaftsgüter hat A zum Teil fremdfinanziert. Die im Veranlagungszeitraum dafür aufgewendeten Zinsen belaufen sich auf 250 000 €. Die jährliche Miete für das beweg-

1 Zur Rechtslage bis zur Einführung der Unternehmenssteuerreform 2008 siehe Vorauflage Rn. 3504 ff.

2 Vgl. Rn. 4765 ff.

3 Geändert durch das Wachstumsbeschleunigungsgesetz (WaBeG) v: 22. 12. 2009, anzuwenden ab VZ 1. 1. 2010.

liche Anlagevermögen beträgt 300 000 €. Für das Betriebsgrundstück muss die GmbH, die Einnahmen i. H.v. 1 000 000 € generiert, 500 000 € bezahlen.

Aufgrund der vorliegenden personellen und sachliche Verflechtung liegt eine Betriebsaufspaltung vor. Bei A, dem Betriebseinzelunternehmer, gehören die erhaltenen Mieten zum gewerbesteuerpflichtigen Gewerbeertrag. Außerdem erhöhen die im Rahmen der Refinanzierung der vermieteten Wirtschaftsgüter aufgewendeten Zinsen den gewerbesteuerpflichtigen Gewerbeertrag. Bei der Betriebskapitalgesellschaft, der A-GmbH, erfolgt ebenfalls eine Erhöhung des steuerpflichtigen Gewerbeertrages aufgrund des Mietzinses. Daraus ergeben sich folgende Berechnungen:

A-GmbH:			
Einnahmen		1 000 000 €	
abzüglich Pachtaufwand		800 000 €	
Gewinn nach § 7 GewStG			200 000 €
Hinzurechnungen:			
Finanzierungsanteil Miete bewegliche Wirtschaftsgüter			
20 % von 300 000 €	60 000 €		
Finanzierungsanteil Miete Betriebsgrundstück			
50 % von 500 000 €	250 000 €		
Summe der Finanzierungsanteile	310 000 €		
abzüglich Freibetrag	100 000 €		
verbleiben	210 000 €		
Hinzurechnungsbetrag 25 %		52 500 €	
= Gewerbeertrag gerundet			252 500 €
Gewerbesteuer (Hebesatz 400 %)		35 350 €	
Einzelunternehmer A:			
Pachteinnahmen		800 000 €	
abzüglich Zinsaufwand		250 000 €	
Gewinn nach § 7 GewStG			550 000 €
Hinzurechnungen:			
Finanzierungsanteil Zinsen			
100 %	250 000 €		
abzüglich Freibetrag	100 000 €		
verbleiben	150 000 €		
Hinzurechnungsbetrag 25 %		37 500 €	
Kürzungen:			
Einheitswert Grundstück	500 000 €		
davon 1,2 % x 140 %		8 400 €	
= vorläufiger Gewerbeertrag		579 100 €	
abzüglich Freibetrag		24 500 €	
= Gewerbeertrag			554 600 €
Gewerbesteuermessbetrag 3,5 %		19 411 €	
Gewerbesteuer (Hebesatz 400 %)		77 644 €	
Anrechnung der Gewerbesteuer auf die Einkommensteuer:			
3,8fache des Gewerbesteuermessbetrages		73 761 €	

(2) Kritik

Das System des Gewerbesteuerrechts schließt eine doppelte Erfassung von Ertragsbestandteilen grundsätzlich nicht aus.[1] So ist es beispielsweise auch vor Einführung der Unternehmensteuerreform für die Hinzurechnung von Dauerschuldentgelten unerheblich, ob und dass diese beim Empfänger der Gewerbesteuerpflicht unterliegen.[2] Grund und zugleich Rechtfertigung der Hinzurechnungen ist der Objektsteuercharakter der Gewerbesteuer. Charakteristisch für den Typus der Objektsteuer ist, dass Gegenstände und nicht Personen besteuert werden und dass die Besteuerungsgrundlagen an Merkmale des Besteuerungsgegenstandes anknüpfen und nicht daran, welche Auswirkungen der Besteuerungsgegenstand für die an ihm rechtlich und wirtschaftlich beteiligten Personen hat. Die Gewerbesteuer besteuert den Gewerbebetrieb als solchen und nicht dessen Inhaber.[3] 4079

Zwar handelt es sich bei dem Besitz- und dem Betriebsunternehmen grundsätzlich um zwei getrennte rechtlich eigenständige Unternehmen, die ihren Gewinn selbständig und grundsätzlich unabhängig voneinander ermitteln und bilanzieren.[4] Andererseits beruht aber die Umqualifizierung des Besitzunternehmens als Gewerbebetrieb gerade auf der personellen und sachlichen Verflechtung mit dem Betriebsunternehmen, also der Betrachtung der beiden Unternehmen als einheitliches Objekt. Wenn aber Besitz- und Betriebsunternehmen zur Begründung der Gewerbesteuerpflicht als Einheit betrachtet werden, muss dies auch bei der Ausgestaltung derselben berücksichtigt werden, indem gerade nicht ein Ertrag der wirtschaftlichen Einheit, hier die Miet- und Pachtzinsen, doppelt besteuert wird. Andernfalls würde dem Rechtsinstitut der Betriebsaufspaltung durch die Benachteiligung[5] insgesamt der Boden entzogen. Diese Sichtweise wird auch durch die Änderung der Rechtsprechung bzgl. der Merkmalsübertragung der Gewerbesteuerbefreiung gestützt.[6] Insofern müssten die Neuregelungen des § 8 Nr. 1d und e GewStG dahin gehend einschränkend ausgelegt werden, dass eine Hinzurechnung im Rahmen einer Betriebsaufspaltung für das Objekt „Gesamtunternehmen" ermittelten, d. h. auf den sich unter außer Acht lassen der Beziehungen zwischen Besitz- und Betriebsgesellschaft ergebenden, Finanzierungsanteil begrenzt wird. 4080

(Einstweilen frei) 4081–4085

1 BFH 23. 10. 1985 I R 235/81, BStBl 1986 II 72; *Glanegger/Güroff*, GewStG § 9.

2 *Glanegger/Güroff*, GewStG § 8, Rz. 1; Tz. 5 BMF-Schreiben (Entwurf) 20. 2. 2008, a. a. O., Rn. 4091.

3 *Blümich*, GewStG § 8, Rz. 21.

4 BFH 8. 11. 1971 GrS 2/71, BStBl 1972 II 63; 23. 1. 1980 I R 33/77, BStBl 1980 II 356; 5. 2. 1981 IV R 166/77, BStBl 1981 II 376; 16. 6. 1982 I R 118/80, BStBl 1982 II 662; 17. 7. 1991 I R 98/88, BStBl 1992 II 246; 14. 1. 1998 X R 57/93, BFHE 185, 230.

5 Diese tritt regelmäßig bei einer klassischen Betriebsaufspaltung auf Ebene des Gesellschafters der Besitzpersonengesellschaft ein, wenn die Kompensationswirkung der Gewerbesteueranrechnung auf die Einkommensteuer aufgrund des bei Festlegung der Messzahl unterstellten typisierten Hebesatzes von 400 % nicht mehr zum Tragen kommt.

6 Siehe a. Rn. 4045; unter den Begriff „gewerbliches Unternehmen" fallen nämlich nicht nur die sachlichen Grundlagen des Betriebs und die mit ihnen ausgeübte Tätigkeit, sondern auch deren Beziehung zu dem Unternehmer des Betriebes, vgl. a. BFH 3. 4. 2008 IV R 54/04, NWB DokID: MAAAC-80794 u. 13. 2. 2008 I R 63/06, NWB DokID: BAAAC-79299.

dd) Organschaft

4086 Eine **umsatzsteuerliche Organschaft** liegt nach § 2 Abs. 2 Nr. 2 UStG vor, wenn eine juristische Person nach dem Gesamtbild der tatsächlichen Verhältnisse finanziell, wirtschaftlich und organisatorisch in das Unternehmen des Organträgers eingegliedert ist.[1]

4087 Bei einer Betriebsaufspaltung ist regelmäßig dann eine umsatzsteuerliche Organschaft anzunehmen, wenn der Organträger als Besitzunternehmer einer Betriebskapitalgesellschaft (Organgesellschaft) die für deren Tätigkeit verwendeten Grundstücke verpachtet, sofern die dadurch vorhandene wirtschaftliche Eingliederung auch durch die finanzielle und organisatorische Eingliederung der Organgesellschaft in das Unternehmen des Organträgers ergänzt wird (§ 2 Abs. 2 Nr. 2 UStG).[2]

4088 Eine finanzielle Eingliederung bedeutet nach bisheriger ständiger Rechtsprechung, dass der Organträger seinen Willen durch einfache oder - sofern erforderlich - qualifizierte Mehrheitsbeschlüsse nicht nur im Einzelfall in der Organgesellschaft durchsetzen kann.[3] Der BFH hatte mit der ertragsteuerlichen Überlegung, dass es sich bei der Beteiligung an der Kapitalgesellschaft für die Gesellschafter der Organträger-Personengesellschaft um Sonderbetriebsvermögen handelt, eine finanzielle Eingliederung zwischen der GmbH als Organgesellschaft und der Personengesellschaft als Organträgerin auch dann bejaht, wenn die Mehrheit der Anteile an der GmbH von den Gesellschaftern der Personengesellschaft gehalten wurde.[4]

4089 Der BFH rückt nun mit Urteil vom 22. 4. 2010[5] von seiner bisherigen Rechtsprechung ab. Verfügen mehrere Gesellschafter nur gemeinsam über die Anteilsmehrheit an einer GmbH und einer Personengesellschaft, ist die GmbH nicht finanziell in die Personengesellschaft eingegliedert.[6]

BEISPIEL: Die Gesellschafter A, B und C, sind zu je ein Drittel an einer KG und ihrer Komplementär-GmbH beteiligt. Die GmbH ist kapitalmäßig nicht an der KG beteiligt. Geschäftsführer der GmbH ist der A. Die KG vermietet ein Grundstück an die GmbH.

Für diesen Fall ist mangels finanzieller Eingliederung somit nicht von einer umsatzsteuerlichen Organschaft auszugehen - entgegen Abschn. 2.8 Abs. 5 Satz 7 UStAE. Gemäß BFH-Urteil ist in diesen Fällen nicht sichergestellt, dass der Organträger ausreichend Einwirkungs- und Durchsetzungsmöglichkeiten gegenüber der Organgesellschaft wie bei einem Über-Unterordnungsverhältnis besitzt.[7] Nicht entschieden hat der BFH über

---

1 Abschn. 2.8 Abs. 1 Satz 1 UStAE.

2 Vgl. Abschn. 21 Abs. 5 Satz 7f UStR; vgl. die st. Rspr. des BFH zur Organschaft bei Betriebsaufspaltung: BFH 9. 9. 1993 V R 124/89, BStBl 1994 II 129; 12. 11. 1998 V B 119/98, BFH/NV 1999, 684; 22. 11. 2001 V B 141/01, BFH/NV 2002, 550.

3 Vgl. BFH 19. 5. 2005 V R 31/03, BStBl 2005 II 671; vgl. *Jacobs*, NWB 2010, 2524.

4 BFH 28. 1. 2002 V B 39/01, BFH/NV 2002, 823; Vgl. Abschn. 2.8 Abs. 5 Satz 7 UStAE; vgl. auch *Martin*, BFH/PR 2010, 337.

5 BFH v. 22. 4. 2010 V R 9/09, BFH/NV 2010, 1581, NWB DokID: AAAAD-45067.

6 Vgl. weiterführend auch *Dehmer*, DStR 2010, 1701.

7 Vgl. BFH v. 22. 4. 2010 - V R 9/09, BFH/NV 2010, 1581, Tz. 19 - 21, *Höink/Schütze*, DB 2010, 1789.

die Gestaltungen mittels Beherrschungsvertrag, Stimmrechtsbindung oder Stimmrechtsverzicht.[1]

HINWEIS:

Die Veröffentlichung des Urteils im Bundessteuerblatt bleibt abzuwarten. Dennoch sollten alle noch nicht bestandskräftigen Organschaftsfälle auf das Vorliegen der finanziellen Eingliederung vor dem Hintergrund des BFH-Urteils vom 22.4.2010 überprüft werden.

Aufgrund der fehlenden wirtschaftlichen Eingliederung war ein **körperschaft- oder gewerbesteuerliches Organschaftsverhältnis** zwischen Besitz- und Betriebsgesellschaft bis zum Jahre 2001 bereits nicht möglich.[2] Da das Vorliegen einer körperschaft- und einer gewerbesteuerlichen Organschaft nunmehr den Abschluss eines Ergebnisabführungsvertrages voraussetzt, wird regelmäßig keine Organschaft begründet (§ 14 Nr. 1 KStG, § 2 Abs. 2 GewStG).[3] 4090

Die Doppelbelastung aufgrund der mehrfachen Erfassung von Miet- und Pachterträgen nach Wegfall des vormals in § 9 Nr. 4 GewStG geregelten Korrespondenzprinzips kann durch Bildung einer ertragsteuerlichen **Organschaft** zwischen der Besitzpersonengesellschaft (Organträger) und der Betriebskapitalgesellschaft (Organgesellschaft) vermieden werden. Dabei wird unterstellt, dass R 41 Abs. 1 Satz 5 GewStR weiterhin zur Anwendung kommt.[4] Wegen der Zusammenrechnung entfällt im Rahmen der Organschaft eine Belastung anlässlich der Hinzurechnung nach § 8 GewStG. Allerdings werden aufgrund des erforderlichen Abschlusses eines Ergebnisabführungs- und Beherrschungsvertrages haftungsrechtliche Aspekte für die Gesellschafter (u. a. wegen der Verlustübernahmeverpflichtung nach § 302 AktG) bei der Entscheidung einzubeziehen sein. In der Praxis dürfte diese Folge wegen der ohnehin vielfach bestehenden Kreditsicherung in Bezug auf das Vermögen der Betriebsgesellschaft im Einzelfall nur eingeschränkt von Nachteil sein. 4091

(Einstweilen frei) 4092–4095

d) Verlustnutzung im Rahmen der Betriebsaufspaltung

Sofern bei einer bestehenden Betriebsaufspaltung die Betriebskapitalgesellschaft einen Liquiditätsengpass verzeichnet, bietet sich die folgende Gestaltung an. Verfügt das Besitzunternehmen über eine mit ausreichenden stillen Reserven ausgestattete wesentliche Betriebsgrundlage (z. B. ein Grundstück) so kann das Besitzunternehmen im Wege einer **Sachkapitalerhöhung** als Sacheinlage gegen Gewährung neuer Anteile (z. B. gem. § 56 GmbHG) erfolgsneutral gem. § 20 UmwStG in die Betriebskapitalgesellschaft ein- 4096

1 Vgl. BFH v. 22.4.2010 - V R 9/09, BFH/NV 2010, 1581, Tz. 27. Zu Gestaltungsüberlegungen zur Sicherstellung der finanziellen Eingliederung s. *Jacobs*, NWB 2010, 2528 ff.; *Höink/Schütze*, DB 2010, 1790.

2 Vgl. BFH 26.4.1989 I R 152/84, BStBl 1989 II 668.

3 *Schmidt*, EStG § 15 Rz. 871.

4 Vgl. bestätigende Auffassung Tz. 4 im BMF-Schreiben 20.2.2008 (Entwurf) IV B 7 – G 1422/07/0006, Anwendungsfragen zur Hinzurechnung von Finanzierungsanteilen nach § 8 Nr. 1 GewStG i. d. F. UntStRefG 2008 v. 14.8.2007.

gebracht werden.[1] Auf der Ebene der Betriebskapitalgesellschaft können nunmehr die wesentliche Betriebsgrundlage veräußert und die stillen Reserven mobilisiert werden. Der dadurch erzielte laufende Gewinn unterliegt aufgrund des Verlustvortrages keiner Ertragsbesteuerung, abgesehen von der Mindestbesteuerung. Dies würde auch, soweit mehr als 25 % übertragen werden, nicht zum Untergang des Verlustabzugs i. S. d. § 8c Abs. 1 KStG führen, da ein Beteiligungserwerb zum Zweck der Sanierung des Geschäftsbetriebs der Körperschaft gem. § 8c Abs. 1a Satz 1 KStG unter bestimmten Voraussetzungen von der Anwendung des Abs. 1 ausgeschlossen ist.[2] Im Fall der Übertragung von Grundstücken fällt allerdings Grunderwerbsteuer an.

BEISPIEL: Zwischen dem Einzelunternehmen des A und der A-GmbH, an der A mehrheitlich beteiligt ist, besteht eine Betriebsaufspaltung. Das Besitzunternehmen überträgt i. S. d. § 20 UmwStG ein mit stillen Reserven behaftetes Grundstück gegen Gewährung von Gesellschaftsrechten auf die A-GmbH. Die Betriebsgesellschaft veräußert das eingebrachte Grundstück.

4097 Zur Verwertung etwaiger steuerlicher Verlustvorträge der Betriebskapitalgesellschaft kann die Besitzgesellschaft einen **Pachtzins** für die Überlassung wesentlicher Betriebsgrundlagen festlegen, der den angemessenen Wert unterschreitet. Auch für den Fall, dass sich auf Ebene des Besitzunternehmens aufgrund zu niedriger Pachteinnahmen dauerhaft Verluste einstellen, dürfte sich daraus keine verdeckte Einlage ableiten lassen, da die teilentgeltliche Nutzungsüberlassung kein einlagefähiges Wirtschaftsgut darstellt.[3] Da die zu niedrigen Pachtzahlungen bei der Betriebskapitalgesellschaft zu einem Vorteil führen, der dieser eine höhere Gewinnausschüttung erlaubt, kommt es wegen der Zuordnung der Anteile an der Betriebskapitalgesellschaft zum Betriebsvermögen der Besitzgesellschaft im Rahmen der Totalgewinnprognose nicht zur Annahme von Liebhaberei. Allerdings ist bei der **Beteiligung von unterhaltsberechtigten Personen an der Betriebskapitalgesellschaft** der Rechtsgedanke der höchstrichterlichen Rechtsprechung zu beachten, wonach der Verzicht auf einen angemessenen Pachtzins für den Unterhaltsberechtigten, der an der Betriebskapitalgesellschaft beteiligt ist, für diesen eine Vorteilsgewährung darstellt und die Betriebsausgaben in entsprechender Höhe unter das Abzugsverbot des § 12 Nr. 2 EStG fallen.[4]

BEISPIEL: A verpachtet der A-GmbH, an der A zu 70 % und sein Sohn B zu 30 % beteiligt ist, ein in seinem Alleineigentum stehendes Grundstück, das eine wesentliche Betriebsgrundlage darstellt, zu einem Pachtzins von 45 000 €. Ein Pachtzins i. H. v. 100 000 € wäre angemessen. Durch anfallende Betriebsausgaben i. H. v. 80 000 € entstehen bei A entsprechende Verluste.

Die Gewinnausschüttungen der GmbH stellen bei B Einkünfte aus Kapitalvermögen gem. § 20 Abs. 1 Nr. 1, 3 EStG dar; bei A dagegen sind die offenen oder verdeckten Gewinnausschüttungen als Beteiligungserträge seines gewerblichen und gewerbesteuerpflichtigen Besitzunternehmens anzusehen. Der Verzicht auf ein angemessenes, unter fremden Dritten übliches Pachtentgelt verschafft dem Unterhaltsberechtigten insoweit einen Vorteil, als dass der Sohn B als Nur-Betriebsgesellschafter mit erhöhten Gewinnausschüttungen und einer Wertsteige-

1 Nach der Rechtsprechung stellt das Grundstück als Besitzunternehmen im Rahmen einer Betriebsaufspaltung ertragsteuerlich einen Betrieb i. S. d. § 20 UmwStG dar: vgl. BFH 12. 11. 1997 XI R 24/97, BFH/NV 1998, 690.

2 *Dötsch/Jost/Pung/Witt*, KStG § 8c Rz, 106 ff.; allerdings kann abschließend derzeit keine rechtssichere Beurteilung getroffen werden, da die Vorschrift im Fokus einer rechtssystematischen Überprüfung steht.

3 BFH 26. 10. 1987 GrS 2/86, BStBl 1988 II 348.

4 BFH 14. 1. 1998 X R 57/93, BFHE 185, 230.

rung seiner GmbH-Anteile rechnen kann. Nach dem Rechtsgedanken der höchstrichterlichen Rechtsprechung hat eine Beschränkung der abzugsfähigen Betriebsausgaben auf den teilentgeltlichen Anteil, soweit B begünstigt ist, zu erfolgen. Insoweit handelt es sich um nicht abzugsfähige Ausgaben i. S. d. § 12 Nr. 2 EStG. Von den Betriebsausgaben entfallen vorliegend auf den entgeltlichen Teil 45 % (45 000 €/100 000 €); mithin 55 % auf den unentgeltlichen Teil (55% von 80 000 € = 44 000 €). Entsprechend der kapitalmäßigen Beteiligung des B an der GmbH von 30 % ergibt sich, dass ein Betrag von 13 200 € (30 % von 44 000 €) nicht als Betriebsausgaben abzugsfähig sind.

(Einstweilen frei) 4098–4100

5. Beendigung der Betriebsaufspaltung

Literatur: Siehe die umfangreiche Zusammenstellung bei *Söffing/Micker*, a. a. O., 383; *Hagen/Schynol*, Die Besteuerung außerordentlicher Einkünfte nach dem Steuersenkungsgesetz und dem Steuersenkungsergänzungsgesetz, DB 2001, 397; *Hoffmann*, Steuerfallen bei der Beendigung der Betriebsaufspaltung, GmbH-StB 2005, 282; *Jütten*, Grundzüge der Betriebsverpachtung im Ganzen und der Betriebsaufspaltung, STFA, 10; *Stamm/Lichtinghagen*, Steuerneutrale Beendigung der Betriebsaufspaltung, StuB 2007, 205; *Waza/Uhländer/Schmittmann*, Insolvenzen und Steuern, 8. Aufl., 2010.

a) Gründe der Beendigung der Betriebsaufspaltung

Die Betriebsaufspaltung endet, wenn ihre Voraussetzungen entfallen. Dazu kommt es, wenn 4101

- die sachliche und/oder personelle Verflechtung wegfällt,
- das Besitzunternehmen veräußert oder
- das Betriebsunternehmen veräußert oder aufgegeben wird.

Demnach kann die Beendigung **willentlich** durch bestimmte Handlungen oder ungewollt durch bestimmte Ereignisse erfolgen.[1] Bei Wegfall der Voraussetzungen einer Betriebsaufspaltung spricht man von personeller oder sachlicher „Entflechtung“.[2] 4102

Die **personelle Entflechtung** wird durch gewollte Handlungen wie Veräußerung der Anteile an der Betriebskapitalgesellschaft oder Besitzgesellschaft,[3] Schenkung und Übertragung dieser Anteilen im Wege der vorweggenommenen Erbfolge oder durch ungewollte Ereignisse wie Tod eines Gesellschafters und Übergang der Anteile an den Unternehmen auf verschiedene Erben, Übergang der Anteile an der Betriebsgesellschaft auf einen Dritten durch Pfändung sowie die Eröffnung des Insolvenzverfahrens[4] begründet. 4103

Demgegenüber ist eine sachliche Entflechtung anzunehmen, wenn das zwischen der Besitz- und der Betriebsgesellschaft bestehende Pachtverhältnis durch Zeitablauf, Kündigung oder Aufhebung beendet wird,[5] die wesentlichen Betriebsgrundlagen veräußert oder zurückgegeben werden oder ihre Bedeutung für die Betriebsgesellschaft verlieren.[6] 4104

1 Zur sog. „unterbrochenen Betriebsaufspaltung“ s. BFH 14. 10. 2009 X R 37/07, BFH/NV 2010, 406.
2 *Schmidt*, EStG § 15 Rz. 865.
3 BFH 25. 8. 1993 XI R 6/93, BStBl 1994 II 23.
4 Siehe dazu BFH 6. 3. 1997 XI R 2/96, BStBl 1997 II 460.
5 BFH 5. 12. 1996 IV R 83/95, BStBl 1997 II 287.
6 Zum Sonderfall der Beendigung einer Betriebsaufspaltung durch Realteilung s. *Schulze zur Wiesche*, WPg 2003, 99, VI. 3.

b) Steuerliche Folgen der Beendigung

4105 Nach der Rechtsprechung des BFH ist der Wegfall der tatbestandlichen Voraussetzungen einer Betriebsaufspaltung i. d. R. als **Betriebsaufgabe** des Besitzunternehmers i. S. d. § 16 Abs. 3 EStG zu werten.[1] Dies hat zur Folge, dass die Qualifizierung des Besitzunternehmens als Gewerbebetrieb entfällt, die Tätigkeit des ehemaligen Besitzunternehmens steuerlich der Vermögensverwaltung zuzurechnen ist,[2] und die im Betriebsvermögen des Besitzunternehmers enthaltenen stillen Reserven aufzudecken und zu versteuern sind.[3] Die aufgelösten stillen Reserven stellen den Betriebsaufgabegewinn dar, der bis zu einem Betrag von 5 Mio. € bei Vorliegen der persönlichen Voraussetzungen tarifbegünstigt versteuert werden kann (§§ 16, 34 EStG). Davon sind auch die stillen Reserven betroffen, die in der zum notwendigen Betriebsvermögen der Besitzgesellschaft gehörenden Beteiligung an der Betriebskapitalgesellschaft enthaltenen sind. Die Gewinne aus der Veräußerung i. S. d. § 16 EStG einer 100%-igen Beteiligung an einer Kapitalgesellschaft im Betriebsvermögen unterliegen allerdings im Grundsatz seit 2009 dem Teileinkünfteverfahren.

BEISPIEL: Der 65-jährige A ist Alleingesellschafter der A-GmbH, die im Alleineigentum des A befindliche technische Anlagen und Maschinen (wesentliche Betriebsgrundlagen) gepachtet hat. A veräußert am Ende des Wirtschaftsjahres seine Beteiligung an der Betriebskapitalgesellschaft und die übrigen Vermögensgegenstände an den Erwerber B. Der Gewinn aus dem Verkauf der Wirtschaftsgüter des Einzelunternehmens beläuft sich auf 70 000 €. Für die Veräußerung der Beteiligung erzielt A einen Kaufpreis von 148 800 €, dem Veräußerungskosten i. H. v. 3 400 € und Anschaffungskosten von 70 400 € gegenüberstehen.

Aufgrund der personellen und sachlichen Verflechtung liegt eine Betriebsaufspaltung vor. Die Anteile des A an der A-GmbH gehören zum notwendigen Betriebsvermögen der Besitzgesellschaft. Die Veräußerung der Beteiligung kann daher gewerbesteuerfrei erfolgen.[4] Der Gewinn aus der Veräußerung der GmbH-Anteile ermittelt sich nach dem Teileinkünfteverfahren wie folgt:

		2009
Veräußerungspreis		148 800 €
Steuerfrei nach § 3 Nr. 40 EStG		- 59 520 €
Restbetrag		89 280 €
Veräußerungskosten	3 400 €	
Anschaffungskosten	70 400 €	
Nicht abzugsfähig gem. § 3c Abs. 2 EStG	29 520 €	
Abzugsfähig		-44 280 €
Veräußerungsgewinn I (TEV)		45 000 €

Da der Teil eines Aufgabe- bzw. Veräußerungsgewinns, der dem Teileinkünfteverfahren unterliegt, nicht begünstigt ist (§ 3 Nr. 40 EStG; § 34 Abs. 2 Nr. 1 EStG), wird in der Literatur die Ansicht vertreten, dem Steuerpflichtigen komme ein Wahlrecht zu, auf welchen Teil des begüns-

1 BFH 13. 12. 1983 VIII R 90/81, BStBl 1984 II 474; 15. 12. 1988 IV R 36/84, BStBl 1989 II 363; 22. 3. 1990 IV R 15/87, BFH/NV 1991, 439; 25. 8. 1993 XI R 6/93, BStBl 1994 II 23, 6. 3. 1997 XI R 2/96, BStBl 1997 II 460; weitere Nachweise vgl. *Schmidt*, EStG § 15 Rz. 865.

2 Vgl. BFH 25. 8. 1993 XI R 6/93, BStBl 1994 II 23.

3 H 16 (2) EStH.

4 BFH 1. 7. 1992 I R 5/92, BStBl 1993 II 131.

tigten Gewinns der Freibetrag i. S. d. § 16 Abs. 4 EStG anzuwenden ist.[1] Dadurch ist gewährleistet, dass sich rechnerisch in größtmöglichem Umfange der nach § 34 Abs. 3 EStG begünstigt besteuerte Veräußerungsgewinn ergibt. Werden von der Besitzgesellschaft weiterhin Einkünfte aus bestehenden entgeltlichen Überlassungsverträgen an Dritte erzielt, sind diese als Einkünfte aus Vermietung und Verpachtung anzusehen.

Fortsetzung des obigen Beispiels

Veräußerungsgewinn I (TEV) Aus der Veräußerung der Beteiligung	45 000 €
Veräußerungsgewinn II Aus der Veräußerung des Einzelunternehmens	70 000 €
Veräußerungsgewinn gesamt	115 000 €

Da der Gewinn aus der Veräußerung der GmbH-Anteile zu 40 % steuerfrei bleibt, ist er nur anteilig in die Ermittlung der Freibetragsgrenze i. H. v. 136 000 € einzurechnen. Für die Inanspruchnahme der Tarifbegünstigung nach § 34 Abs. 3 EStG kann der A wählen, ob der Freibetrag nach § 16 Abs. 4 EStG i. H. v. 45 000 € den Veräußerungsgewinn I nach Teileinkünfteverfahren oder den Veräußerungsgewinn II mindert. Der Abzug vom Veräußerungsgewinn I stellt den Gewinn aus der Veräußerung der Beteiligung an der GmbH insgesamt steuerfrei und erlaubt die Anwendung der Tarifbegünstigung für den überwiegend steuerpflichtigen Gewinn, d. h. Versteuerung mit dem begünstigten Steuersatz (56 % des durchschnittlichen Steuersatzes), mindestens aber mit dem Eingangssteuersatz (15 %).

Ferner kann eine Betriebsaufgabe durch eine Unternehmerinsolvenz verursacht werden. In diesem Fall wird die Voraussetzung der personellen Verflechtung nicht mehr erfüllt. Gem. § 80 Abs. 1 InsO verliert der Schuldner mit Eröffnung des Insolvenzverfahrens das Recht, über das zur Insolvenzmasse gehörende Vermögen zu verfügen.[2] 4106

Die Restschuldbefreiung kann im Rahmen des Insolvenzverfahrens beim Schuldner zu Gewinnen führen. Die steuerliche Behandlung eines solchen Sanierungsgewinns war lange umstritten.[3] Durch das BMF-Schreiben vom 22. 12. 2009 wurde nun Klarheit geschaffen. Demnach ist auf Gewinne aus einer Restschuldbefreiung ausdrücklich das BMF-Schreiben vom 27. 3. 2003 (sog. Sanierungserlass) zur ertragsteuerlichen Behandlung von Sanierungsgewinnen anzuwenden.[4] Nach alter Regelung war ein bei der Betriebsaufgabe entstandener Gewinn zu korrigieren und die Steuerfestsetzung gem. § 175 Abs. 1 Satz 1 Nr. 2 AO zu ändern. Des Weiteren führte die Restschuldbefreiung nicht zu einem begünstigten Sanierungsgewinn.[5]

Infolge der neuen Regelung wird der Gewinn nunmehr erst im Zeitpunkt der Erteilung der Restschuldbefreiung realisiert. Die Restschuldbefreiung stellt somit kein rückwirkendes Ereignis i. S. d. § 175 AO mehr dar. Vielmehr ist eine entstehende Steuer auf Antrag des Steuerpflichtigen nach § 163 AO abweichend festzusetzen und gem. § 222 AO mit dem Ziel des späteren Erlasses (§ 227 AO) zunächst unter Widerrufsvorbehalt ab 4107

1 *Hagen/Schymol*, DB 2001, 397. Auf diese Rechtsansicht dürfte sich wohl auch im Teileinkünfteverfahren berufen werden können, da die einschlägigen Normen keiner Änderung unterlagen.

2 OFD Münster v. 28. 9. 2009, NWB DokID: YAAAD-29663.

3 *Waza/Uhländer/Schmittmann*, a. a. O., 239 ff.; BMF 27. 3. 2003, BStBl 2003 I 240, Rn. 2.

4 BMF 22. 12. 2009, BStBl 2010 I 18. Zur Anwendbarkeit des Sanierungserlasses s. a. FG München 12. 12. 2007 I K 4487/06, Rev. eingelegt, Az. des BFH: VIII R 2/08; FG Köln 24. 4. 2008 6 K 2488/06; BFH 14. 7. 2010 X R 34/08, BStBl 2010 II 916; *Boochs*, BB 14/2011, 857.

5 OFD Münster 21. 10. 2005, NWB DokID: OAAAB-68010.

Fälligkeit zu stunden (AEAO zu § 240 Nr. 6a)). Zu diesem Zweck sind die Besteuerungsgrundlagen so zu ermitteln, dass Verluste unbeschadet von Ausgleichs- und Verrechnungsbeschränkungen für die Anwendung des BMF-Schreibens im Steuerfestsetzungsverfahren bis zur Höhe des Sanierungsgewinns vorrangig mit dem Sanierungsgewinn verrechnet werden.

BEISPIEL:[1]

Einzelunternehmen; Gewinn aus Gewerbebetrieb		1 500 000 €
darin enthalten: Verlust aus laufendem Geschäft	-500 000 €	
Sanierungsgewinn	2 000 000 €	
verrechenbare Verluste/negative Einkünfte:		
Negative Einkünfte aus Vermietung und Verpachtung (V+V)		-250 000 €
Verlustvortrag aus dem Vorjahr:		
aus V+V		-350 000 €
aus Gewerbebetrieb		-700 000 €

Der Unternehmer beantragt den Erlass der auf den Sanierungsgewinn entfallenen Steuern. Es ergibt sich folgende Berechnung:

Sanierungsgewinn	2 000 000 €
./. Verlust aus laufendem Geschäft	-500 000 €
./. Negative Einkünfte aus V+V	-250 000 €
./. Verlustvortrag aus dem Vorjahr (insgesamt)	-1 050 000 €
= Nach Verrechnung mit den Verlusten/negativen Einkünften **verbleibender zu versteuernder Sanierungsgewinn**	**200 000 €**

Für den verbleibenden Sanierungsgewinn ist zu beantragen, diesen unter Widerrufsvorbehalt ab Fälligkeit zu stunden.

4108 Die Rechtsfolgen gelten sowohl für den Fall des willentlichen als auch des ungewollten **Wegfalls der Voraussetzungen** einer Betriebsaufspaltung.[2] Der Grund für die steuerliche Gleichbehandlung wird darin gesehen, dass die verpachteten Wirtschaftsgüter ihre Eigenschaft als Betriebsvermögen nicht durch Widmung des Gewerbetreibenden, sondern allein aufgrund der im Rahmen der Betriebsaufspaltung bestehenden sachlichen und personellen Verflechtung erlangt haben, die auch automatisch mit dem Wegfall dieser Voraussetzungen entfallen. Dazu zählt u. a. auch die Eröffnung des Insolvenzverfahrens über das Vermögen der Betriebskapitalgesellschaft (vgl. § 34 Abs. 3 EStG wegen Wegfalls der personellen Verflechtung).

4109 In der Literatur werden im Hinblick darauf, dass der Wegfall der Voraussetzungen der Betriebsaufspaltung nur vorübergehender Natur sein könne, vereinzelt Lösungsvorschläge dargestellt, um eine Gewinnrealisierung zu vermeiden. So wird teilweise in Analogie zu den Grundsätzen der Betriebsverpachtung das Fortbestehen der Betriebsvermögenseigenschaft beim Besitzunternehmen angenommen[3] oder das „Einfrieren“

1 BMF 27. 3. 2003, BStBl 2003 I 240, Rn. 8.

2 BFH 15. 12. 1988 IV R 36/84, BStBl 1989 II 363.

3 *Kanzler*, Anmerkung zu BFH XI R 6/93, FR 1994, 21; *Märkle*, Neue Rechtsprechung zur Betriebsaufspaltung, BB 1994, 831.

der stillen Reserven bis zum Zeitpunkt der tatsächlichen Veräußerung oder der erklärten Betriebsaufgabe befürwortet.[1] Auch in der neueren Rechtsprechung findet sich eine Tendenz durch Ausweitung des Verständnisses der **Betriebsunterbrechung** die Folgen einer Zwangsrealisierung stiller Reserven zu vermeiden.[2]

Die Beendigung der Betriebsaufspaltung durch Entfallen der tatbestandlichen Voraus- 4110
setzungen führt allerdings dann nicht zu einer Betriebsaufgabe mit den oben genannten Folgen, wenn gleichzeitig die Voraussetzungen einer **Betriebsverpachtung** vorlagen und keine Aufgabe erklärt wird.[3] In diesem Fall hat der Verpächter ein Wahlrecht, ob er die Aufgabe seines Betriebes erklären will oder ob der Betrieb als fortbestehend angesehen werden soll.[4] Für den Zeitraum bis zum Wegfall der Voraussetzungen einer Betriebsaufspaltung wird das Wahlrecht zwar verdrängt, lebt aber bei Beendigung der Betriebsaufspaltung wieder auf.[5] In diesem Fall wird dann aus dem Besitzunternehmen ein nicht gewerbesteuerpflichtiger „verpachteter Gewerbebetrieb“. Dabei müssen aus Sicht des Verpächters die wesentlichen Betriebsgrundlagen als „einheitliches Ganzes“, also nicht nur einzelne Wirtschaftsgüter verpachtet worden sein. Ferner wird in personeller Hinsicht die Absicht vorausgesetzt, den Betrieb durch den Verpächter fortzuführen.[6] Wird nur das Betriebsgrundstück verpachtet, liegt ein ruhender Betrieb nur vor, wenn das Grundstück die alleinige wesentliche Betriebsgrundlage darstellt. Nach neuerer Rechtsprechung des BFH[7] ist dies bei Unternehmen der Fall, deren Geschäftszweck in erster Linie Groß- und Einzelhandel ist. Das Betriebsgrundstück bildet in diesem Fall stets die alleinige wesentliche Betriebsgrundlage, sofern die anderen Wirtschaftsgüter, die zur Erreichung des Unternehmenszwecks erforderlich sind (z. B. Inventar) kurzfristig beschafft werden können.

BEISPIEL: X betrieb bis zum Jahr 2005 ein Einzelunternehmen, welches er zum 1. 1. 2006 an die von ihm gegründete Y-GmbH verpachtete. Es liegt somit eine Betriebsaufspaltung vor. Zu diesem Zeitpunkt hielt X 55 % der GmbH-Anteile, sein Bruder Z die restlichen Anteile i. H.v. 45 %. Zum 1. 11. 2009 übertrug X seine gesamten GmbH-Anteile im Wege der Schenkung auf Z. X verpachtete zwar weiterhin seinen Betrieb an die GmbH, aufgrund des Wegfalls der personellen Verflechtung jedoch nicht mehr im Rahmen einer Betriebsaufspaltung. Ferner erklärte X gegenüber dem Finanzamt keine Betriebsaufgabe.

Ab dem 1. 11. 2009 erzielt X durch die Betriebsverpachtung Einkünfte aus Gewerbebetrieb, die jedoch nicht der Gewerbesteuer unterliegen.

Die Rechtsfolgen einer Betriebsaufgabe sollen nach der Rechtsprechung auch dann 4111
nicht eintreten, wenn zwar die Voraussetzungen einer Betriebsverpachtung fehlen, aber ein sog. „Ruhen des Gewerbebetriebes“ angenommen werden kann[8] (**ruhender Gewerbebetrieb**).

---

1 *Knobbe-Keuk*, a. a. O., § 22 VI.

2 So andeutungsweise BFH 6. 3. 1997 XI R 2/96, BStBl 1997 II 460 und 11. 5. 1999 VIII R 72/96, BFH/NV 1999, 1422.

3 BFH 23. 4. 1996 VIII R 13/95, BStBl 1998 II 325; H 139 Abs. 2 EStH; BMF 17. 10. 1994, BStBl 1994 I 771.

4 BFH 13. 11. 1963 GrS 1/63, BStBl 1964 III 124.

5 BFH 15. 3. 2005 X R 2/02, BFH/NV 2005, 1292.

6 BFH 20. 2. 2008 X R 13/05, BFH/NV 2008, 1306.

7 BFH 20. 2. 2008 X R 13/05, BFH/NV 2008, 1306.

8 BFH 11. 5. 1999 VIII R 72/96, BStBl 2002 II 722.

4112 Eine solche **Betriebsunterbrechung** kann auch dann angenommen werden, wenn das Betriebsunternehmen seine betriebliche Tätigkeit einstellt. Voraussetzung dafür ist, die objektive Möglichkeit den Betrieb fortführen zu können und dass keine eindeutige Aufgabeerklärung des Steuerpflichtigen vorliegt. Die Fortsetzung des Betriebes ist objektiv möglich, solange das vormalige Besitzunternehmen sämtliche für den Betrieb wesentliche Betriebsgrundlagen unverändert zurückbehält.[1]

4113–4115 *(Einstweilen frei)*

c) Möglichkeiten zur steuerneutralen Beendigung

Literatur: *Kaligin*, Fiskalische Konsequenzen des Umkippens einer Betriebsaufspaltung in eine Betriebsverpachtung, BB 1996, 2017; *Honert*, Willentliche Beendigung einer Betriebsaufspaltung – Möglichkeiten über steuerneutrale Einbringungsvorgänge, EStB 8/2003, 310.

4116 Wird die Betriebsaufspaltung bei gewolltem oder ungewolltem Wegfall der tatbestandlichen Voraussetzungen beendet, sind bei dem Besitzunternehmen die stillen Reserven aufzudecken und zu versteuern. Es empfiehlt sich deshalb, im Rahmen einer Neugestaltung einer Betriebsaufspaltung bereits im Vorhinein die Verhältnisse so zu regeln, dass durch Verpachtung des gesamten Anlagevermögens die Voraussetzungen einer **Betriebsverpachtung** vorliegen[2], da dann das dem Steuerpflichtigen im Rahmen der Betriebsverpachtung zustehende Wahlrecht auflebt.[3] Eine Betriebsverpachtung setzt indessen voraus, dass der Betrieb im Ganzen verpachtet worden ist und der Pächter im Wesentlichen den vom Verpächter betriebenen Gewerbebetrieb fortführen kann.[4]

4117 Dies kann zum einen dadurch erreicht werden, dass das Besitzunternehmen gegen Gewährung von Gesellschaftsrechten **gem. § 20 UmwStG** in eine GmbH zum Buchwert eingebracht wird. Dabei kann eine Einbringung sowohl in die Betriebs-GmbH als auch in eine andere GmbH erfolgen. Denkbar sind jedoch auch die Fälle der steuerneutralen Einbringung des Betriebsunternehmens in die Besitzpersonengesellschaft **gem. § 24 UmwStG** sowie der Einbringung eines oder beider Unternehmen in ein drittes Unternehmen bzw. durch Verschmelzung auf dieses Unternehmen.[5]

4118 Ferner besteht die Möglichkeit, das Besitzunternehmen in eine **gewerblich geprägte Personengesellschaft** i. S. v. § 15 Abs. 3 Nr. 2 EStG – also eine KG – umzuwandeln, an welcher die Betriebs-GmbH oder eine andere GmbH als persönlich haftender Gesellschafter beteiligt ist. Dies kann durch die Gründung einer GmbH & Co. KG erfolgen, bei der alle Gesellschafter, bis auf die GmbH, wie Kommanditisten lediglich beschränkt haften und von der Geschäftsführung ausgeschlossen sind.

1 BFH 14. 3. 2006 VIII R 80/03, BStBl 2006 II 591.
2 *Bitz* in Littmann/Bitz/Pust, Das Einkommensteuerrecht, Band 3, zu § 15 Rz. 424.
3 Siehe zum Ganzen *Kaligin*, BB 1996, 2017.
4 BFH 4. 11. 1965 IV 411/61 U, BStBl 1964 III 49; 16. 11. 1967 IV R 8/67, BStBl 1968 II 78.
5 Vgl. *Honert*, EStB 8/2003, 310.

Die Aufdeckung der stillen Reserven im Fall der Beendigung der Betriebsaufspaltung kann auch dadurch vermieden werden, dass das Besitzunternehmen, sofern es sich um eine Personengesellschaft handelt, **eine eigene geringfügige gewerbliche Tätigkeit** aufnimmt. Unter Beachtung der Rechtsprechung zur Abfärberegelung ist eine Behandlung nach § 15 Abs. 3 Nr. 1 EStG als Gewerbebetrieb im Ganzen möglich. Die gewerbliche Tätigkeit darf daher nicht von untergeordneter Bedeutung sein, um die Gestaltungsziele nicht zu gefährden.[1] 4119

(Einstweilen frei) 4120–4125

d) Gestaltungen zur Vermeidung der Betriebsaufgabe

Ein Instrument zur Vermeidung einer mit der Beendigung der Betriebsaufspaltung verbundenen Betriebsaufgabe durch Wegfall der personellen Verflechtung liegt darin, durch frühzeitige **Änderung der Stimmrechtsverhältnisse** den beherrschenden Betätigungswillen auch für die Zukunft bei Veränderung der Personalstruktur innerhalb eines Unternehmens zu wahren.[2] Dies ist u. a. der Fall, wenn an einer Besitzpersonengesellschaft Gesellschafter beteiligt werden, die nicht zugleich Gesellschafter der Betriebsgesellschaft sind („Nur-Besitzgesellschafter") und kraft Gesetzes oder Gesellschaftsvertrag die Geschäfte des täglichen Lebens (und damit auch die laufende Verwaltung der vermieteten Wirtschaftsgüter) auch der Zustimmung des Nur-Besitzgesellschafters bedürfen, weil sämtliche Beschlüsse einstimmig gefasst werden müssen: 4126

- bei GbR gilt dies kraft Gesetzes gem. § 709 Abs. 1 BGB, wenn nicht im Gesellschaftsvertrag das Mehrheitsprinzip bzgl. Geschäfte des täglichen Lebens vereinbart ist.
- bei OHG und KG gilt nach dispositiver Gesetzeslage Einzelgeschäftsführungsbefugnis für die laufenden Geschäfte des täglichen Lebens (§ 115 Abs. 1 HGB), für darüber hinausgehende Geschäfte ist grundsätzlich ein Beschluss sämtlicher Gesellschafter erforderlich (§ 116 Abs. 2 HGB); d. h. das Stimmrecht müsste also vertraglich abweichend geregelt werden.

BEISPIEL: A, B und C sind zu je 1/3 an einer Besitzpersonengesellschaft und A und B zu je $^1/_2$ an der Betriebskapitalgesellschaft beteiligt. Die nachstehende Übersicht veranschaulicht, in welchen Fällen eine personelle Verflechtung angenommen werden und durch entsprechende frühzeitige Änderungen der Stimmrechtsverhältnisse auf das Schicksal der Betriebsaufspaltung Einfluss genommen werden kann.

1 BFH 11. 8. 1999 XI R 12/98, BStBl 2000 II 229; 29. 11. 2001 IV R 91/99, BStBl 2002 II 221; *Schmidt*, EStG § 15 Rz. 188.

2 *Söffing/Micker*, a. a. O., 381.

Besitzpersonengesellschaft **Betriebsgesellschaft**

Rechtsform	Laufende Geschäfte nach Gesetz	Regelung im Gesellschaftsvertrag	Vorliegen der personellen Verflechtung
GbR[1]	Einstimmigkeitsprinzip	keine abweichende Vereinbarung	nein[2]
		Mehrheitsprinzip	ja[3]
OHG/KG[4]	Mehrheitsprinzip	keine abweichende Vereinbarung	ja
		Einstimmigkeitsprinzip	strittig[5]

4127–4130 *(Einstweilen frei)*

6. Gestaltungserwägungen für die Rechts- und Steuerpraxis

a) Betriebsaufspaltung als Gestaltungsmittel im Rahmen eines Zentralunternehmer-Konzeptes

4131 Das sog. Zentralunternehmer-Konzept gewinnt als betriebswirtschaftliches Gestaltungsinstrument für mittelständische Unternehmen zunehmend an Bedeutung. Im Rahmen dieses Modells lassen sich durch eine Kombination **zentralistischer Funktionen** (Verringerung des administrativen Aufwands, Konzentration auf Kernkompetenzen auf Ebene der Vertriebs- und Produktionsgesellschaften, Systemvereinfachungen), der Erhöhung von Konzerntransparenz (zentrale Controlling-, IT-Abteilung) sowie der Nutzung von Synergieeffekten gezielt Kosteneinsparungen und Steueroptimierungen erreichen. Unternehmerisches Ziel ist es, die strategische Verlagerung der Werte bildenden Faktoren eines Unternehmens auf die Besitzgesellschaft zu erreichen. Dies kann durch Verlagerung operativer Risiken auf die Besitzgesellschaft und gleichzeitiger Übertragung der dazugehörigen Funktionsbereiche auf die Betriebskapitalgesellschaften in folgenden Bereichen geschehen:

- Übernahme von Forderungsausfallrisiken durch Kauf von Forderungen aus Lieferungen und Leistungen zur Erzielung eines Liquiditätsvorteils
- Übernahme von Verkauf und Vertrieb zur Verlagerung der Risiken von Absatz- und Rohstoffpreisen
- Übernahme von Forschungs- und Entwicklungsrisiken durch Aufbau einer F&E-Abteilung mit anschließender Verwertung der lizenzierten Forschungsergebnisse
- Übernahme von Lagerhaltungsrisiken zur Einsparung von damit verbundenen Kosten.

1 *Söffing/Micker,* a. a. O., 135 ff.

2 *Jütten,* STFA 2007, 14; *Langenfeld/Gail,* a. a. O., Rz. 634, *Zimmermann,* a. a. O, 814.

3 *Langenfeld/Gail,* a. a. O., Rz. 634, *Zimmermann,* a. a. O., 814.

4 *Jütten,* STFA 2007, 15.

5 BFH 15. 3. 2000 VIII R 82/98, BStBl 2002 II 774; BMF 7. 10. 2002, BStBl 2002 I 1028; *Söffing/Micker,* a. a. O., 130 .

Im Gegenzug erhält die Besitzgesellschaft eine der Risikoübernahme angemessene Prämie. 4132

Bei der Überlassung von materiellen und immateriellen Wirtschaftsgütern, die zur Aufnahme und zur Durchführung der Tätigkeiten im Rahmen dieses Konzeptes notwendig sind, lässt sich die ursprünglich steuerlich motivierte Betriebsaufspaltung mit betriebswirtschaftlichen Konzepten kombinieren. 4133

BEISPIEL: An der AB GmbH & Co. KG halten A und B je 50 % der Kommanditanteile. Die AB GmbH & Co. KG fungiert als Zentralunternehmen und trägt die maßgeblichen unternehmerischen Risiken der Geschäftstätigkeit, die ihr durch eine angemessene Risikoprämie vergütet werden. Sie hält zugleich sämtliche Anteile an verschiedenen in- und ausländischen Tochtergesellschaften, denen die Funktionen Produktion, F&E bzw. Vertrieb zugeordnet sind. Darüber hinaus verfügt sie über Fabrikationshallen, technische Anlagen und Maschinen sowie Betriebsvorrichtungen, die sie an die inländischen Gesellschaften der Gruppe verpachtet hat.

In steuerlicher Hinsicht begründet die AB GmbH & Co. KG mit der Überlassung der o. g. Wirtschaftsgüter an die inländischen Betriebsunternehmen eine Betriebsaufspaltung und erzielt die wesentlichen Ergebnisbeiträge in der zur Gewerbesteueranrechnung berechtigten Rechtsform der Personenhandelsgesellschaft. Aus betriebswirtschaftlicher Sicht können durch die Zuordnung abgrenzbarer Funktionen den Gesellschaften geringe aber stabile Gewinne zugewiesen werden.

Darüber kann auch die Gründung des „headquarters" in einem Niedrigsteuerland zur Nutzung des internationalen Steuergefälles und der Nutzung der weiteren Standortvorteile die Durchführung einer Betriebsaufspaltung vorteilhaft sein.[1] Allerdings sind die verschärften Regeln zur Besteuerung von grenzüberschreitenden Funktionsverlagerungen[2] von betrieblichen Aufgaben, einschließlich der Chancen und Risiken der Verlagerung ins Ausland,[3] zu beachten. Sofern – wegen etwaig entstehender stiller Reserven – frühzeitig bzw. in günstigem steuerlichen Umfeld (z. B. bei verrechenbaren Verlusten) eine Übertragung der Funktionen und Wirtschaftsgüter auch steuerlich sinnvoll erscheint, kann sich ein solches Auslandsengagement als vorteilhaft erweisen. In der Praxis haben sich dabei häufig Auslandsaktivitäten eigentümergeführter Unternehmen bewährt, die eine vollständige Freistellung ausländischer Betriebsstätten von der inländischen Besteuerung ausnutzen. 4134

BEISPIEL: A und B sind zu je ½ als Kommanditisten an der AB GmbH & Co. KG beteiligt. Die AB GmbH & Co. KG fungiert als Zentralunternehmen und trägt die maßgeblichen unternehmerischen Risiken der Geschäftstätigkeit, die ihr durch eine angemessene Risikoprämie vergütet

1 Zur Betriebsaufspaltung über die Grenze, *Ruf*, IStR 2006, 232; ablehnend *Söffing*, Die Betriebsaufspaltung, 3. Aufl., 2001, wohl auch *Söffing/Micker*, Die Betriebsaufspaltung, 4. Aufl., 245 f.; *Schmidt*, EStG § 15 Rz. 862, s. zur Zusammenstellung des Streitstandes sowie der Sonderfälle *Bitz* in Littmann/Bitz/Pust, Das Einkommensteuerrecht, Band III zu § 15 Rz. 316; allgemein zu den Steuerrechtsfolgen bei ausländischen Besitz- bzw. Betriebsgesellschaften, GmbH-Handbuch Teil III, Stand Februar 2009, Rz. 3625 f.

2 Die Neuregelungen, die die Besteuerung von grenzüberschreitenden Funktionsverlagerungen betreffen, enthält § 1 AStG. Darin sind nunmehr auch eine gesetzliche Definition von Verrechnungspreisen und der Vorrang der Preisvergleichsmethode geregelt. Die Norm regelt, dass im Grundsatz das fiktive Entgelt für die Übertragung nicht der Wert der einzelnen übergehenden Wirtschaftsgüter ist, sondern das Entgelt für die Übertragung als Ganzes (Transferpaket) ermittelt werden soll. Bewertungsgrundlage bilden die Gewinnerwartungen der Funktionsverlagerung für das verlagernde und das übernehmende Unternehmen. Kritisch *Frotscher*, Grundfragen der Funktionsverlagerung, FR 2008, 49.

3 Zur Vermeidung von Abgrenzungsproblemen, sind diese Regelungen erstmals für den VZ 2008 anzuwenden (§ 21 Abs. 15 AStG). Für Vorzeiträume vgl. a. BMF 12. 4. 2005, BStBl 2005 I 570.

werden. Sie hält zugleich sämtliche Auslandsanteile an verschiedenen in- und ausländischen Tochtergesellschaften, denen die Funktionen Produktion, F&E bzw. Vertrieb zugeordnet sind. Durch die Zuordnung abgrenzbarer Funktionen können den Gesellschaften geringe aber stabile Gewinne zugewiesen werden. Für die lohnintensive Fertigung eines neuen Produktes begründet die Betriebskapitalgesellschaft C-GmbH ein weiteres Werk im Ausland in Form einer Betriebsstätte. Zugleich wird ein Ergebnisabführungsvertrag zwischen der C-GmbH und der AB GmbH & Co. KG geschlossen.

Diese Gestaltung ermöglicht zum einen die Besteuerung der Betriebsstättengewinne im Ausland zu i. d. R. niedrigeren Körperschaftsteuersätzen und zum anderen im Wege der bestehenden Organschaft die entstandenen Betriebsstättengewinne steuerfrei auf die Ebene der Gesellschafter zu verlagern. Alternativ besteht wegen der weitgehenden steuerlichen Gleichstellung der Einkünfte einer ausländischen Personengesellschaft und einer ausländischen Betriebsstätte auch die Möglichkeit, die Aktivitäten im Ausland in Form einer Personengesellschaft abzubilden, um ggf. auch Dritte zur Beteiligung an einem Engagement in einem Gemeinschaftsunternehmen zu bewegen.[1]

b) Betriebsaufspaltung als Gestaltungsmittel in der Umsetzung gemeinnütziger Tätigkeiten

Literatur: *Schick*, Die Betriebsaufspaltung unter Beteiligung steuerbegünstigter Körperschaften und ihrer Auswirkungen auf die zeitnahe Mittelverwendung, DB 2008, 893.

4135 Die grenzüberschreitende Betätigung ist aber nicht auf die gewerblichen Unternehmen aus Industrie, Handel und Dienstleistung beschränkt. Im Zuge der Globalisierung bzw. mit zunehmender Europäisierung der Sozialmärkte hat das **Auslandsengagement (gemeinnütziger) inländischer Körperschaften** (z. B. Stiftungen, Vereine und Wohlfahrtsverbände) erheblich an Bedeutung gewonnen. Klassische Betätigungen wie beispielsweise Spendensammlungen zur Linderung von Folgen der Naturkatastrophen, Wiederaufbaumaßnahmen von Kirchen oder die Unterstützung bestimmter Personenkreise (z. B. Studenten, Geistliche) im Ausland haben dabei schon immer zahlreiche formelle Probleme bereitet. In der aktuellen **Beratungspraxis** wird die Erschließung neuer Spendenmärkte und die Implementierung neuer Leistungsangebote im Sozialbereich sehr intensiv diskutiert. Dabei ist eine immer stärker werdende Professionalisierung von Verantwortlichen zu beobachten. Im Bereich der Spendensammlung haben moderne Instrumente wie Fundraising oder Franchising Einzug genommen und insbesondere auch bei den Handelnden zu einer zunehmenden internationalen Vernetzung von Kompetenzen und Funktionen geführt. Die Träger des deutschen Wohlfahrtswesens richten daher ihre (Wachstums-)Aktivitäten kontinuierlich auch auf Europa aus, selbst wenn dies auch innerhalb der Wohlfahrtspflege durchaus umstritten ist.

4136 Die Zweckverwirklichung im Ausland ist folglich in vielen Bereichen gemeinnütziger Betätigung von Relevanz. Neben klassischen grenzüberschreitenden Tätigkeitsfeldern wie humanitären Zwecken oder Forschungszwecken rückt dabei beispielsweise auch die Errichtung von Pflegeangeboten im Ausland verstärkt in den Mittelpunkt.

1 Vgl. zu weiteren Gestaltungsmodellen durch Errichtung von Betriebsstätten im Ausland, *Forst/Frings*, Auslandsinvestitionen des Mittelstandes, EStB 2003, 108 ff., 152 ff., 199 ff.

BEISPIEL: Eine deutsche Stiftung, die eine Tochterkapitalgesellschaft im Ausland zur gemeinnützigen Betätigung (Betrieb eines Pflegeheims) errichtet hat, überlässt der Auslandstochter entgeltlich ein Grundstück samt Gebäude (Pflegeheim) zur Nutzung.

Die in der hiesigen Sozialwirtschaft häufig anzutreffende Gestaltung mit zwei Körperschaften in denen eine Nutzungsüberlassung von Bedeutung ist, birgt im Falle der grenzüberschreitenden Betätigung allerdings zahlreiche steuer- und gemeinnützigkeitsrechtliche Probleme, so dass in derartigen Konstellationen äußerste Vorsicht geboten ist.[1]

(Einstweilen frei) 4137–4150

IV. Besonderheiten der GmbH & Co. KG

1. Einführung

Literatur: *Söffling/Hallerbach/Streit*, Die GmbH & Co. KG, NWB-Verlag 2009; *Watermeyer*, GmbH & Co. KG mit ausländischem Gesellschafter, GmbH-StB 2000, 277; *Bahnsen*, Der Stimmrechtsausschluss der Komplementärin in einer GmbH & Co. KG, GmbHR 2001, 317; *Kessler/Schmidt/Teufel*, GmbH & Co. KG als attraktive Rechtsformalternative für eine deutsche Euro-Holding, IStR 2001, 265; *Weimar/Grote*, Grundfragen des Rechts der GmbH & Co. KG, NWB F. 18, 4023; *Binz/Sorg*, Hat die GmbH & Co. KG bei Familienunternehmen immer noch die Nase vorn?, GmbHR 2011, 281.

Eine Kommanditgesellschaft i. S. d. § 161 Abs. 1 HGB ist dadurch gekennzeichnet, dass 4151
bei einem oder bei einigen der Gesellschafter die Haftung gegenüber den Gesellschaftsgläubigern auf den Betrag einer bestimmten Vermögenseinlage beschränkt ist (Kommanditisten) und bei mindestens einem Gesellschafter eine Beschränkung der Haftung nicht stattfindet. Eine KG besteht also mindestens aus einem Kommanditisten und einem persönlich haftenden Gesellschafter (Komplementär). Bei einer GmbH & Co. KG ist der Komplementär keine natürliche Person, sondern eine Gesellschaft mit beschränkter Haftung. Diese Komplementär-GmbH haftet den Gesellschaftsgläubigern unbeschränkt, allerdings gem. § 13 Abs. 2 GmbHG nur mit dem Gesellschaftsvermögen. Da auch die Kommanditisten gem. § 171 Abs. 1 HGB nur beschränkt bis zur Höhe ihrer Einlage unmittelbar haften, ist tatsächlich eine vollständige Haftungsbeschränkung gegeben. Gleichwohl ist eine GmbH & Co. KG keine Kapitalgesellschaft i. S. d. § 1 Abs. 1 Nr. 1 KStG und damit nicht körperschaftsteuerpflichtig, sondern eine Personengesellschaft,[2] deren Gesellschafter üblicherweise Mitunternehmer sind und Einkünfte aus Gewerbebetrieb erzielen. Selbstverständlich versteuert die Komplementär-GmbH den ihr zugerechneten Gewinn nach den Regeln des Körperschaftsteuergesetzes. Gleiches gilt für Kommanditisten in der Rechtsform der Kapitalgesellschaft. Die gleichen Regeln gelten auch für die nachfolgend näher beschriebenen Sonderformen der GmbH & Co. KG.[3]

---

1 Ggf. ermöglicht die in der Urteilsbegründung des BFH (20. 12. 2006 I R 94/02, FR 2007, 387) erkennbare Änderung der Rechtsprechung (vgl. sog. *Stauffer*-Entscheidung des EuGH v. 14. 9. 2006 Rs. C-386/04, EuZW 2006, 625) dem gemeinnützigen Träger unter Erhalt der Gesellschaftsstruktur die Grundstücksüberlassung und Inkaufnahme ertragsteuerlicher Schwierigkeiten unter gemeinnützigkeitsrechtlichem Siegel fortzusetzen.

2 BFH 25. 6. 1984 GrS 4/82, BStBl 1984 II 751.

3 Einen Überblick über diese Sonderformen liefern z. B. *Söffing*, GmbH & Co. KG, 6 ff., 108 f.

4152 Die Gründe für die Wahl der GmbH & Co. KG als Rechtsform sind üblicherweise nicht steuerliche, sondern es werden betriebswirtschaftliche und gesellschaftsrechtliche Erwägungen Vorrang haben, da hinsichtlich des Gesellschaftsvertrages ein erheblicher Gestaltungsspielraum besteht.[1] Im Hinblick auf die Steuerbelastung hängt die Vorteilhaftigkeit der Verwendung einer Kapitalgesellschaft gegenüber einer Personengesellschaft stark vom Einzelfall, insbesondere von der Ertragslage und dem Ausschüttungsverhalten des Unternehmens ab. Wenn die Entscheidung für eine Personengesellschaft getroffen wurde, bietet sich insbesondere zur Haftungsbeschränkung die GmbH & Co. KG an.

4153–4155 *(Einstweilen frei)*

2. Formen der GmbH & Co. KG

Literatur: *Bahnsen*, Gestaltung einer GmbH & Co. KG als „Einheitsgesellschaft", GmbHR 2001, 186; *Grüter/Mitsch,* Beitritt einer natürlichen Person als persönlich haftender Gesellschafter einer GmbH & Co. KG, INF 2001, 142, 174; *Pröpper*, Die GmbH & Co. KG als Einheitsgesellschaft, GmbH-StB 2010, 49.

4156 Eine GmbH & Co. KG im eigentlichen Sinne ist eine KG, deren alleiniger persönlich haftender Gesellschafter eine GmbH ist. Üblicherweise führt diese GmbH ausschließlich die Geschäfte der KG und entfaltet keine weiteren unternehmerischen Aktivitäten. Daher hat sie i. d. R. auch nur das geforderte Mindeststammkapital von 25 000 € und wird nicht am Vermögen der KG beteiligt. Ist neben der GmbH eine natürliche Person als Komplementär beteiligt, so spricht man von einer unechten GmbH & Co. KG. Vorteil dieser Konstruktion ist die Vermeidung der Publizitätspflicht nach § 264a HGB.[2]

4157 In Abhängigkeit von den jeweiligen Gesellschaftern unterscheidet man zusätzlich weitere Erscheinungsformen der GmbH & Co. KG.[3] Sind ausschließlich die Gesellschafter der geschäftsführenden Komplementär-GmbH zugleich im gleichen Beteiligungsverhältnis die Kommanditisten der KG, so liegt eine beteiligungsidentische oder typische GmbH & Co. KG vor. Befinden sich die GmbH-Anteile im Gesamthandsvermögen der KG, so spricht man von einer einheitlichen GmbH & Co. KG oder Einheitsgesellschaft. Diese Konstruktion ist insgesamt schwieriger zu gestalten und daher nur im Einzelfall zu empfehlen.[4] Eine GmbH & Co. KG mit nur einem Kommanditisten, der auch alleiniger Gesellschafter-Geschäftsführer der Komplementär-GmbH ist, wird als Einmann-GmbH & Co. KG bezeichnet. Ist die persönlich haftende Gesellschafterin der GmbH & Co. KG wiederum eine GmbH & Co. KG, so handelt es sich um eine doppelstöckige GmbH & Co. KG. Sind die Kommanditisten Familienangehörige, so spricht man von einer Familien-GmbH & Co. KG. Weitere Formen der Ausgestaltung sind möglich und steuerlich akzeptiert.[5]

---

1 Zum Stimmrechtsausschluss der Komplementär-GmbH vgl. *Bahnsen*, GmbHR 2001, 317.

2 *Grüter/Mitsch*, INF 2001, 142, 174.

3 Vgl. z. B. *K. Schmidt*, Gesellschaftsrecht, 1634 ff.

4 Zu den gesellschaftsrechtlichen Vor- und Nachteilen vgl. z. B. *Bahnsen*, GmbHR 2001, 186; zu beachten ist z. B. die Notwendigkeit der Bildung eines Ausgleichspostens für eigene Anteile nach § 264c HGB.

5 Zu ausländischen Körperschaften als Komplementär gewerblich geprägter Personengesellschaften vgl. OFD Münster v. 24. 7. 2008, NWB DokID: XAAAC-87451.

Bei der GmbH-beherrschten GmbH & Co. KG sind die Kommanditisten üblicherweise nicht auch Gesellschafter der GmbH. Vielmehr werden die Kommanditisten als Kapitalanleger geworben, denen erheblich reduzierte Kontrollrechte zugebilligt werden. Trotz dieser an eine Kapitalgesellschaft angenäherten Struktur handelt es sich bei dieser sog. Publikums-GmbH & Co. KG grundsätzlich um eine Mitunternehmerschaft im einkommensteuerrechtlichen Sinne.[1] 4158

(Einstweilen frei) 4159–4160

3. Mitunternehmerschaft bei der GmbH & Co. KG

Literatur: *Rodewald*, Vom Einzelunternehmen in die GmbH & Co. KG, GmbHR 1997, 582; *Schulze zur Wiesche*, Die GmbH & Co. KG und ungewollte Mitunternehmerschaft, StBp 1997, 221.

a) Allgemeines

Soweit die GmbH & Co. KG gewerblich tätig oder gewerblich geprägt ist, handelt es sich um eine Mitunternehmerschaft i. S. v. § 15 Abs. 1 Satz 1 Nr. 2 EStG. Voraussetzung für die Zurechnung der Ergebnisse einer GmbH & Co. KG an die beteiligten Gesellschafter ist, dass diese als Mitunternehmer des Betriebes anzusehen sind. Hinsichtlich der Anforderungen an Mitunternehmerinitiative und Mitunternehmerrisiko gelten die gleichen Anforderungen wie bei anderen Personengesellschaften.[2] 4161

Grundsätzlich kann nur derjenige Mitunternehmer der GmbH & Co. KG sein, der auch zivilrechtlich Gesellschafter der Personengesellschaft ist. Bei nicht als Gesellschafter Beteiligten soll nur in besonders gelagerten Ausnahmefällen über Dienst-, Darlehens- oder Pachtverhältnisse eine dem Mitunternehmer vergleichbare wirtschaftliche Stellung begründet werden können.[3] Auch ein nicht als Kommanditist an der KG beteiligter Gesellschafter-Geschäftsführer der Komplementär-GmbH kann als Mitunternehmer anzusehen sein.[4] Diese Konstruktion ist vorwiegend in Familiengesellschaften anzutreffen, wenn der Unternehmer seine Aktivitäten z. B. unter Beteiligung der Kinder wie bisher quasi als Einzelunternehmer, aber in einer GmbH & Co. KG fortführt, und über Festgehalt und Tantiemeregelungen einen wesentlichen Teil der Gewinne dieser Gesellschaft vereinnahmt. Vorteil des Auseinanderfallens von GmbH-Gesellschafter und Kommanditisten ist beispielsweise die Abzugsfähigkeit der (angemessenen) Vergütung des Gesellschafter-Geschäftsführers als Betriebsausgabe. Wird aber eine verdeckte Mitunternehmerschaft angenommen, so stellen Gehaltszahlungen, Zinsen, Miete und Pacht sowie die Ausschüttungen der Komplementär-GmbH jeweils Sonderbetriebseinnahmen dar. Dieses kann dadurch vermieden werden, dass Gehaltszahlungen durch die GmbH erfolgen und im Übrigen feste Vergütungen vereinbart werden.[5] 4162

---

1 *Schmidt*, EStG § 15 Rz. 705 ff.

2 Siehe Rn. 286. Zur Frage der Mitunternehmerinitiative bei Nießbrauchbestellung FG Baden-Württemberg 17. 5. 2006 5 K 567/02, rkr., NWB DokID: DAAAB-90468.

3 BFH 25. 6. 1984 GrS 4/82, BStBl 1984 II 751.

4 BFH 21. 9. 1995 IV R 65/94, BStBl 1996 II 66; 1. 8. 1996 VIII R 12/94, BB 1997, 452. Zum Komplementär ohne Beteiligung am Gewinn und Verlust vgl. BFH 25. 4. 2006 VIII R 74/03, BStBl 2006 II 595.

5 *Schulze zur Wiesche*, StBp 1997 221; vgl. auch *Rodewald*, GmbHR 1997, 582.

4163 Der BFH hat außerdem entschieden, dass ein typisch stiller Gesellschafter der GmbH & Co. KG, der gleichzeitig Gesellschafter-Geschäftsführer der Komplementär-GmbH ist und die Geschäfte der KG führt, als Mitunternehmer anzusehen ist, obwohl er nicht an den stillen Reserven der KG beteiligt ist.[1] Ein atypisch still an der KG beteiligter Gesellschafter-Geschäftsführer, der über die Komplementär-GmbH die Geschäfte der KG führt, ist auch ohne Beteiligung an Verlust oder stillen Reserven und Geschäftswert als Mitunternehmer anzusehen.[2] Ein Kommanditist ist nur dann kein Mitunternehmer der GmbH & Co. KG, wenn seine Beteiligung rechtlich oder tatsächlich befristet ist und keine Teilhabe an einer von der Gesellschaft erstrebten Betriebsvermögensmehrung im Wege der Entnahme, eines Abfindungsguthabens oder eines Veräußerungsgewinns zu erwarten ist.[3]

4164–4165 *(Einstweilen frei)*

b) Mitunternehmerschaft der Komplementär-GmbH

4166 Besonderheit der GmbH & Co. KG ist die Komplementärstellung der GmbH und damit die Frage, ob diese als Mitunternehmer anerkannt werden kann, auch wenn sie nicht am Vermögen der Gesellschaft beteiligt ist. Voraussetzung sind wiederum die Entfaltung von Mitunternehmerinitiative und die Übernahme von Mitunternehmerrisiko. Mitunternehmerinitiative wird grundsätzlich gegeben sein, da die GmbH in jedem Fall die KG nach außen vertritt (eine Beschränkung der Geschäftsführung ist möglich, nicht aber der Vertretung). Die Komplementär-GmbH trägt auch Mitunternehmerrisiko, da sie unbeschränkt und persönlich haftet. Der BFH hat zu dieser Frage entschieden, dass eine Mitunternehmerschaft auch dann gegeben ist, wenn die GmbH nicht am Gewinn und Verlust beteiligt ist und lediglich eine Haftungsprämie erhält.[4] Die GmbH ist also aufgrund der Außenhaftung und ihrer Geschäftsführungs- und Vertretungsbefugnis auch dann Mitunternehmer, wenn sie aufgrund fehlender Einlage nicht am Vermögen und auch nicht am Verlust beteiligt ist.[5] Auch hat der BFH entschieden, dass ein Komplementär ohne Kapitaleinlage, der im Innenverhältnis als Angestellter behandelt und von der Haftung freigestellt wurde, gleichwohl Mitunternehmer ist.[6] Dieses muss auch für die GmbH gelten. Wird die GmbH ausnahmsweise nicht als Mitunternehmer der GmbH & Co. KG anerkannt, erzielt sie dennoch Einkünfte aus Gewerbebetrieb, da die GmbH als Kapitalgesellschaft kraft Rechtsform nur gewerbliche Einkünfte hat. Auswirkungen auf die Gewinnfeststellung ergeben sich damit vor allem insoweit, wie Sonderbetriebsvermögen nicht mehr einzubeziehen ist.

4167–4170 *(Einstweilen frei)*

---

1 BFH 20. 11. 1990 VIII R 10/87, BFHE 163, 336.

2 BFH 11. 12. 1990 VIII R 122/86, BFHE 163, 346.

3 BFH 25. 6. 1984 GrS 4/82, BStBl 1984 II 751; zur Mitunternehmerstellung bei Erzielung eines Gewinnes nur im Rahmen der Veräußerung vgl. BFH 26. 6. 2008 IV R 89/05, BFH/NV 2008, 1984.

4 BFH 17. 1. 1980 IV R 115/76, BStBl 1980 II 336.

5 Vgl. u. a. BFH 3. 2. 1977 IV R 122/73, BStBl 1977 II 346; 11. 12. 1986 IV R 222/84, BStBl 1987 II 553; 25. 8. 2005 VIII B 17/04, BFH/NV 2006, 2237; H 15.8(1) EStH; BFH 4. 4. 2007 IV B 143/05, BFH/NV 2007, 1848; 10. 5. 2007 IV R 2/05, BStBl 2007 II 927.

6 BFH 11. 6. 1985 VIII R 252/80, BStBl 1987 II 33.

4. Gewerblich geprägte GmbH & Co. KG

a) Allgemeines

4171 Die GmbH & Co. KG kann als der Normalfall einer gewerblich geprägten Personengesellschaft i. S. d. § 15 Abs. 3 Nr. 2 EStG angesehen werden.[1] Eine gewerbliche Prägung liegt vor, wenn eine Personengesellschaft mit Einkünfteerzielungsabsicht eine Tätigkeit ausübt, die keine gewerbliche Tätigkeit i. S. d. § 15 Abs. 1 Satz 1 Nr. 1 EStG darstellt, nur Kapitalgesellschaften die persönlich haftende Gesellschafter sind und nur diese oder Nichtgesellschafter zur Geschäftsführung befugt sind. In diesem Fall werden Überschusseinkünfte zu Einkünften aus Gewerbebetrieb gem. § 15 EStG umqualifiziert. Hinsichtlich der Rechtsentwicklung bis zum Beschluss des Großen Senats vom 25. 6. 1984[2] und der nachfolgenden gesetzlichen Festschreibung der ursprünglichen Gepräge-Rechtsprechung kann auf die ältere Literatur verwiesen werden.[3]

4172 Hinzuweisen ist auf ein Urteil des BFH,[4] wonach eine ausländische Kapitalgesellschaft, die nach ihrem rechtlichen Aufbau und ihrer wirtschaftlichen Gestaltung einer inländischen Kapitalgesellschaft entspricht, eine Personengesellschaft gewerblich prägen kann. Der Urteilsfall betraf eine ausländische vermögensverwaltende Personengesellschaft mit inländischem Grundbesitz. In der Begründung wird allerdings darauf hingewiesen, dass in einem solchen Fall die Kapitalgesellschaft ohne weitere Einschränkungen geeignet ist, die (ausländische oder inländische) Personengesellschaft gewerblich zu prägen.

4173 Die gewerblich geprägte GmbH & Co. KG hatte früher erbschaft- und schenkungsteuerliche Vorteile gegenüber einer reinen Vermögensverwaltung betreibenden KG. Da es sich um Betriebsvermögen handelte, konnte bei der Übertragung nach der bis 2007 gültigen Rechtslage der Freibetrag von insgesamt 225 000 € und der Bewertungsabschlag von 35 % in Anspruch genommen werden. Der steuerliche Vorteil der Schenkung von KG-Anteilen wurde dann üblicherweise mit einem Nießbrauch an den Erträgen zugunsten des Schenkers kombiniert. Mit der Qualifizierung als Betriebsvermögen sind allerdings die Wirtschaftsgüter steuerverhaftet, eine steuerfreie Veräußerung, wie ggf. bei Privatvermögen möglich, kam dann nicht mehr in Betracht. Da in vielen Fällen die Einbringung in eine GmbH & Co. KG aber durchgeführt wird, um das Vermögen zusammenzuhalten und gerade nicht zu veräußern, ist die Frage der Steuerverhaftung teilweise von untergeordneter Bedeutung.

4174 Da Wirtschaftsgüter von vermögensverwaltenden gewerblich geprägten GmbH & Co. KGs nach neuer Rechtslage ganz überwiegend als Verwaltungsvermögen gem. § 13b Abs. 2 ErbStG zu qualifizieren sein dürften, kommt die Inanspruchnahme der Begüns-

1 Vgl. zu Details oben Rn. 396 ff.

2 BFH 25. 6. 1984 GrS 4/82, BStBl 1984 II 751. Zur Frage, ob eine nur aus Kapitalgesellschaften bestehende GmbH & Co. KG gewerblich geprägt ist, vgl. *Spilker/Früchtl*, DStR 2010, 1007.

3 Vgl. z. B. 5. Aufl., Rn. 1441 ff. und *Binz*, Die GmbH & Co., 9. Aufl., 344 ff.

4 BFH 14. 3. 2007 XI R 15/05, BFH/NV 2007, 1232, zur Frage der Betriebsaufgabe.

tigungen für Betriebsvermögen kaum mehr in Betracht, soweit der Hauptzweck nicht in der Vermietung von Wohnungen besteht.[1]

4175–4180 *(Einstweilen frei)*

b) Tatbestandsvoraussetzungen

4181 Grundvoraussetzung ist eine mit Gewinnerzielungsabsicht unternommene Tätigkeit, da ansonsten ein Fall der Liebhaberei vorliegen würde. Diese Gewinnerzielungsabsicht wird nach dem BFH-Urteil vom 25.6.1984[2] dann nicht angenommen, wenn die GmbH & Co. KG keine Betriebsvermögensmehrung beabsichtigt und keinen betrieblichen Totalgewinn erstrebt. Vor dieser Entscheidung lag fehlende Gewinnerzielungsabsicht dann vor, wenn mit den Einnahmen lediglich die Selbstkosten einschließlich derjenigen zur Erhaltung des eingesetzten Vermögens gedeckt werden sollten.[3] Erforderlich ist das Streben, einen Überschuss der Betriebseinnahmen über die Betriebsausgaben zu erzielen. Eine Diskussion über die Frage der Gewinnerzielungsabsicht hat in der Vergangenheit bei Verlustzuweisungsgesellschaften stattgefunden. Wegen der vielfältigen Verrechnungsbeschränkungen scheint dieses Problem nur noch von sekundärer Bedeutung.

4182 Bei einer gewerblich geprägten GmbH & Co. KG dürfen nur Kapitalgesellschaften die unbegrenzte Haftung als Komplementäre übernehmen. Dies können auch mehrere Kapitalgesellschaften zugleich sein, natürliche Personen und andere Körperschaften scheiden aber aus. In § 15 Abs. 3 Nr. 2 Satz 2 EStG ist ausdrücklich geregelt, dass bei einer doppelstöckigen GmbH & Co. KG mit einer gewerblich geprägten GmbH & Co. KG als Komplementär die Obergesellschaft einer Kapitalgesellschaft gleichstellt. Die Untergesellschaft ist damit auch eine gewerblich geprägte Personengesellschaft. Durch den Gesetzeswortlaut nicht gedeckt ist der Fall, dass die Obergesellschaft nicht gewerblich geprägt, sondern selbst gewerblich tätig ist. In dieser Situation die gewerbliche Prägung der Untergesellschaft zu verneinen wäre aber sinnwidrig, und kann vom Gesetzgeber nicht beabsichtigt gewesen sein.[4] Auch in diesem Fall ist die Untergesellschaft also als gewerblich geprägt anzusehen.

4183 Weiterhin darf die Geschäftsführung der GmbH & Co. KG nur bei der Komplementär-GmbH oder bei Nichtgesellschaftern liegen. Dies ist zunächst unproblematisch, da die Geschäftsführung nach § 114 HGB der GmbH als persönlich haftender Gesellschafterin obliegt. Allerdings kann die Geschäftsführung vertraglich anders geregelt sein. Obwohl der Kommanditist gem. § 164 HGB von der Geschäftsführung ausgeschlossen ist, kann ihm vertraglich diese Befugnis übertragen werden. In einem solchen Fall läge dann keine gewerblich geprägte GmbH & Co. KG vor. Die Tatsache, dass ein Kommanditist der Geschäftsführer der Komplementär-GmbH ist und damit faktisch auch die Geschäfte

1 Zu Einzelheiten bei der Erbschaft- und Schenkungsteuer vgl. unten Rn. 5296 ff.

2 BFH 25.6.1984 GrS 4/82, BStBl 1984 II 751.

3 BFH 15.12.1976 I R 58/75, BStBl 1977 II 250.

4 BFH 8.6.2000 IV R 37/99, BStBl 2001 II 162, wobei es sich bei der Untergesellschaft um eine nur eigenes Vermögen verwaltende GbR handelte. Zur Steuerermäßigung nach §35 EStG bei mehrstöckigen Personengesellschaften vgl. BMF 25.11.2010, BStBl 2010 I 1312.

der KG führt, ändert nichts an der gewerblichen Prägung der GmbH & Co. KG, da die Geschäftsführung nicht auf der Gesellschafterstellung bei der KG, sondern auf der Organstellung bei der GmbH beruht.[1] Der Standardfall einer GmbH & Co. KG, deren alleiniger persönlich haftender und geschäftsführender Gesellschafter eine GmbH ist, stellt damit auch immer eine gewerblich geprägte Personengesellschaft i. S. d. § 15 Abs. 3 Nr. 2 EStG dar. Eine solche Gesellschaft erzielt immer gewerbliche Einkünfte, die Qualifizierung als Vermögensverwaltung ist nicht möglich.

(Einstweilen frei) 4184–4185

c) Abgrenzung zur vermögensverwaltenden GmbH & Co. KG

Eine vermögensverwaltende Personengesellschaft kann nur vorliegen, wenn die 4186
GmbH & Co. KG keine originäre gewerbliche Tätigkeit i. S. d. § 15 Abs. 1 Satz 1 Nr. 1 EStG ausübt und nicht gewerblich geprägt ist. Ein Standardfall ist z. B. die Vermietung und Verpachtung, also die Verwaltung eigenen (Grund-)Vermögens. In diesem Fall dürfen aber keine gewerblichen Einkünfte erzielt werden, um die Infizierung der KG insgesamt zu verhindern, vgl. die Änderung des § 15 Abs. 3 Nr. 1 EStG durch das Jahressteuergesetz 2007.[2] Liegt auch keine gewerbliche Prägung vor, so erzielt diese Gesellschaft Einkünfte i. S. d. § 21 EStG. Es handelt sich nicht um eine Mitunternehmerschaft und die Gesellschaft hat auch kein Betriebsvermögen.

Problematisch kann der Fall einer gewerblich geprägten GmbH & Co. KG werden, in die 4187
eine natürliche Person als Komplementär aufgenommen wird oder bei der ein Gesellschafter zum Geschäftsführer bestellt wird. In dieser Konstellation sind dann die Voraussetzungen der gewerblichen Prägung nicht mehr gegeben und die Finanzverwaltung unterstellt die Betriebsaufgabe der Mitunternehmerschaft,[3] so dass die stillen Reserven im Vermögen der Gesellschaft aufgedeckt und versteuert werden müssen. Zur Vermeidung dieser Rechtsfolgen empfiehlt es sich, die GmbH & Co. KG vorher eine eigene gewerbliche Tätigkeit von einem gewissen Umfang aufnehmen zu lassen.[4]

Aber auch der umgekehrte Fall des Wechsels von der vermögensverwaltenden zur ge- 4188
werblich geprägten GmbH & Co. KG ist nicht ohne Tücken. Scheidet beispielsweise eine natürliche Person als Komplementär aus und begründet so die gewerbliche Prägung, stellt dies steuerlich eine Betriebseröffnung dar, anlässlich derer die Wirtschaftsgüter aus dem Privat- in das Betriebsvermögen eingelegt werden. Diese Einlage erfolgt grundsätzlich zum Verkehrswert, es ist aber z. B. bei der Bemessung der AfA die Beschränkung des § 7 Abs. 1 Satz 4 EStG zu beachten (d. h. Abschreibung nur von den um bereits geltend gemachte AfA-Beträge reduzierten Anschaffungs- oder Herstellungskosten und Verteilung auf die Restnutzungsdauer).

---

1 OFD Hannover 31. 8. 1989 S 2241.

2 Veranlasst durch BFH 6. 10. 2004 IX R 53/01, BStBl 2005 II 383; auch die vom BFH als unverhältnismäßig beurteilte Umqualifizierung bei einer gewerblichen Tätigkeit, die nur 1,25 % des Gesamtumsatzes ausmachte, dürfte insoweit gegenstandslos sein, BFH 11. 8. 1999 XI R 12/98, BStBl 2000 II 229.

3 Vgl. R 16(2) Satz 6 EStR.

4 *Grüter/Mitsch*, INF 2001, 174.

4189 Eine vermögensverwaltende GmbH & Co. KG kann also nur vorliegen, wenn die Gesellschaft keine an sich schon gewerbliche Tätigkeit ausübt und auch nicht gewerblich geprägt ist. Dann erzielt die KG keine Einkünfte aus Gewerbebetrieb. Ist an einer solchen Gesellschaft ein Gewerbetreibender beteiligt und hält dieser die Beteiligung im Betriebsvermögen, so sind die auf diesen Gesellschafter entfallenden Einkünfte in gewerbliche umzuqualifizieren, da er nur solche Einkünfte erzielen kann. Man spricht in diesem Fall von einer Zebra-Gesellschaft, die aber keine Mitunternehmerschaft darstellt und somit auch dem betrieblich beteiligten Gesellschafter keinen Mitunternehmeranteil vermittelt. Dieses hat u. a. Auswirkungen auf die AfA, die Möglichkeit der Bildung einer Rücklage nach § 6b EStG und die Buchwertfortführung bei Übertragung von Wirtschaftsgütern.[1]

4190 Verfahrensrechtlich ist zu beachten, dass die verbindliche Entscheidung über die Art und Höhe der Einkünfte eines betrieblich an einer vermögensverwaltenden Personengesellschaft beteiligten Gesellschafters durch das für die Besteuerung des Gesellschafters zuständige Finanzamt zu treffen ist.[2]

4191–4195 *(Einstweilen frei)*

5. Betriebsvermögen der GmbH & Co. KG

4196 Im Hinblick auf den Umfang des steuerlichen Gesamthandsvermögens der GmbH & Co. KG ergeben sich keine Besonderheiten gegenüber anderen Personengesellschaften, so dass auf die entsprechenden Ausführungen an anderer Stelle verwiesen werden kann.[3] Eine Unterscheidung zwischen notwendigem und gewillkürtem Betriebsvermögen findet nicht statt, da die GmbH & Co. KG im Gesamthandsvermögen kein gewillkürtes Betriebsvermögen haben kann.[4] Weiterhin stehen nach höchstrichterlicher Rechtsprechung die steuerrechtlichen Gewinnermittlungsgrundsätze über dem Grundsatz der Maßgeblichkeit der Handelsbilanz für die Steuerbilanz, so dass eine Zurechnung von handelsrechtlichem Gesamthandsvermögen zum Privatvermögen der Gesellschafter möglich ist, wenn für den Erwerb eines Wirtschaftsgutes jegliche betriebliche Veranlassung fehlt.[5] Außerdem hat die steuerliche Zurechnung von Wirtschaftsgütern zur GmbH & Co. KG, in Abweichung zum handelsrechtlichen Ausweis, Vorrang vor der Zurechnung zur Komplementär-GmbH, so dass der Kapitalgesellschaft gehörende, aber der KG zur Nutzung überlassene Wirtschaftsgüter abweichend von der Handelsbilanz bei der KG als Sonderbetriebsvermögen zu bilanzieren sind. Eine vermögensverwaltende GmbH & Co. KG kann definitionsgemäß kein Betriebsvermögen haben, so dass die Wirtschaftsgüter den Gesellschaftern anteilig gem. § 39 Abs. 2 Nr. 2 AO zugerechnet werden.

4197 Eine Besonderheit bei der GmbH & Co. KG ist, dass die Kommanditisten Anteile an der Komplementär-GmbH halten können. Diese Anteile gehören grundsätzlich zum not-

1 *Schmidt*, EStG § 15 Rz. 200 ff.

2 BFH 11. 4. 2005 GrS-2/02, BStBl 2005 II 679.

3 Siehe Rn. 706 ff.

4 BFH 27. 4. 1990 X B 11/89, BFH/NV 1990 769; 20. 5. 1994 VIII B 115/93, BFH/NV 1995, 101.

5 BFH 11. 5. 1989 IV R 56/87, BStBl 1989 II 657; *Schmidt*, EStG § 4 Rz. 174 ff., m. w. N.

wendigen Sonderbetriebsvermögen II der Gesellschafter, weil die GmbH-Anteile einen Einfluss auf die Geschäftsführung vermitteln.[1] Dieses gilt nach Auffassung des BFH jedenfalls dann, wenn die GmbH nur die Geschäftsführung für die KG übernimmt und ein evtl. daneben bestehender Geschäftsbetrieb von ganz untergeordneter Bedeutung ist.[2] Im umgekehrten Fall einer eigenen Tätigkeit von nicht ganz untergeordneter Bedeutung wurde entschieden, dass eine Qualifizierung als notwendiges Sonderbetriebsvermögen II der Gesellschafter bei der KG nicht anzunehmen ist. Dies soll nach Auffassung der Finanzverwaltung aber wieder nicht gelten, wenn die GmbH aus anderen Gründen mit der KG erheblich wirtschaftlich verflochten ist.[3] Unabhängig davon besteht immer die Möglichkeit der Zuordnung als gewillkürtes Sonderbetriebsvermögen II, da das Wirtschaftsgut „GmbH-Anteile" objektiv geeignet und subjektiv dazu bestimmt ist, der Beteiligung des Kommanditisten an der KG zu dienen oder diese zu fördern.[4]

Analog zur Zuordnung der Anteile an der Komplementär-GmbH zum Sonderbetriebsvermögen II stellen auch Anteile, die Mitunternehmer der GmbH & Co. KG als Organträgerin an einer Organgesellschaft halten, dann notwendiges Sonderbetriebsvermögen II bei der Organträgerin dar, wenn die Organgesellschaft nahezu ausschließlich für die GmbH & Co. KG als Organträger tätig ist. Dieses gilt nach höchstrichterlicher Rechtsprechung unabhängig von der Höhe der Beteiligung. Abweichendes kann nur gelten, wenn die Organgesellschaft in nicht unerheblichem Umfang eigene Geschäftstätigkeit entfaltet.[5] 4198

Folge der Qualifizierung der GmbH-Anteile als Sonderbetriebsvermögen II ist, dass die Gewinnausschüttungen der Komplementär-GmbH als Teil der gewerblichen Einkünfte aus der Mitunternehmerschaft bei dieser zu berücksichtigen sind und dem Kommanditisten über die einheitliche und gesonderte Gewinnfeststellung als Einkünfte aus Gewerbebetrieb zugerechnet werden. Erfolgt keine Qualifizierung als Sonderbetriebsvermögen II, handelt es sich bei den Anteilen um Privatvermögen und es liegen Einkünfte aus Kapitalvermögen vor. Praktische Relevanz hat diese Unterscheidung im Falle von Gewinnausschüttungen, denn auf die Ausschüttungen ist entweder das Teileinkünfteverfahren anzuwenden (bei Betriebsvermögen) oder sie unterliegen der Abgeltungsteuer (Privatvermögen). 4199

Sind die Anteile an einer reinen Komplementär-GmbH als Sonderbetriebsvermögen II zu qualifizieren, stellt sich die Frage, ob es bei der Einbringung des Betriebes der GmbH & Co. KG in eine Kapitalgesellschaft für die Steuerneutralität nach § 20 Abs. 1, Abs. 2 Satz 2 UmwStG (Buchwertfortführung) notwendig ist, dass die Mitunternehmer ihre Anteile an der Komplementär-GmbH mit in die aufnehmende Kapitalgesellschaft einbringen. 4200

1 Vgl. z. B. BFH 31. 10. 1989 VIII R 374/83, BStBl 1990 II 677; 7. 3. 1996 IV R 12/95, BFH/NV 1996, 736., vgl. auch H 4.2(2) EStH.

2 BFH 12. 11. 1985 VIII R 286/81, BStBl 1986 II 55, m. w. N.

3 Zur ertragsteuerlichen Behandlung der Mitunternehmern gehörenden Anteile an Kapitalgesellschaften insgesamt, vgl. OFD Frankfurt am Main v. 22. 11. 2000, GmbHR 2001, 163.

4 BFH 7. 7. 1982 VIII R 2/87, BStBl 1993 II 328, m. w. N.

5 Zu Einzelheiten vgl. BFH 28. 8. 2003 IV R 46/02, BStBl 2004 II 216.

4201 Voraussetzung für die Buchwertfortführung ist die vollständige Einbringung aller wesentlichen Betriebsgrundlagen des jeweiligen Betriebs, wozu auch Wirtschaftsgüter des Sonderbetriebsvermögens I gehören.[1] Diese Forderung muss auch für Sonderbetriebsvermögen II gelten, da diese Wirtschaftsgüter der Stärkung der Gesellschafterstellung dienen und damit für die Mitunternehmerinitiative wesentlich sind.[2] Die Finanzverwaltung[3] geht davon aus, dass die Behandlung als Sonderbetriebsvermögen II nicht zwangsläufig auch das Vorliegen einer wesentlichen Betriebsgrundlage begründet, allerdings sei die in der Stärkung der Gesellschafterstellung des Kommanditisten liegende funktionale Bedeutung nicht zu verkennen. Ob eine wesentliche Betriebsgrundlage vorliegt richtet sich dann danach, ob die Komplementär-GmbH am Vermögen der KG beteiligt ist oder nicht, der Höhe des Kommanditanteils und dem Umfang eines eigenen wirtschaftlichen Geschäftsbetriebes der GmbH. So sind die Anteile an der Komplementär-GmbH wesentliche Betriebsgrundlage, wenn der Kommanditist nur durch die Mehrheit der Stimmrechte an der Komplementär-GmbH seinen geschäftlichen Betätigungswillen in der GmbH & Co. KG durchsetzen kann, eine im Rahmen der vorweggenommenen Erbfolge (Schenkung nur von Kommanditanteilen) häufig anzutreffende Gestaltung. Bei der Einbringung des Mitunternehmeranteils an der GmbH & Co. KG müsste allerdings auch die Beteiligung an der Komplementär-GmbH mit eingebracht werden.

4202 Im Fall der mittelbaren Beteiligung an der GmbH & Co. KG über eine andere Personengesellschaft ist zu berücksichtigen, dass der mittelbare Mitunternehmer nicht direkt kapitalmäßig an der GmbH & Co. KG beteiligt ist. Etwaige Forderungen auf schuldrechtlicher Ebene stellen gleichwohl Sonderbetriebsvermögen bei der Untergesellschaft dar.[4]

4203 Die Möglichkeiten der Übertragung stiller Reserven nach § 6b EStG sind nach der Rückkehr zur gesellschafterbezogenen Betrachtungsweise durch das Unternehmenssteuerfortentwicklungsgesetz wieder erheblich verbessert worden. Dieses bringt auch der GmbH & Co. KG einen großen Gestaltungsspielraum zur Übertragung von Gesamthands- und Sonderbetriebsvermögen.[5]

4204–4210 *(Einstweilen frei)*

6. Gewinnermittlung

a) Allgemeines

4211 Behandelt werden nachfolgend nur die Besonderheiten der laufenden Gewinnermittlung bei einer GmbH & Co. KG. Diese ergeben sich insbesondere aus der Beteiligung ei-

1 Vgl. Tz. 20.08 BMF 25. 3. 1998, BStBl 1998 I 268.

2 *Menner* in Haritz/Menner, UmwStG, 3. Aufl, § 20 Rz. 168, m. w. N.

3 OFD Rheinland 6. 11. 2008, S-2242-25-St. 111, OFD Münster S-2242-21-St.12-33; vgl. zur Stärkung der Kommanditistenstellung auch BFH 25. 11. 2009 I R 72/08, BStBl 2010 II 471; vgl. auch *Schwedhelm/Talaska*, DStR 2010, 1505.

4 Nähere Erläuterungen finden sich bei *Ley*, Gesellschafterkonten bei Doppelstock- und Schwestermitunternehmerschaften im Ertragsteuerrecht, KÖSDI 2003, 13573.

5 Vgl. z. B. *Schiffers*, Übertragung stiller Reserven nach § 6b EStG, GmbH-StB 2002, 133 und Rn. 996 ff.

ner Kapitalgesellschaft an der KG, wenn z. B. Tätigkeitsvergütungen an Geschäftsführer der GmbH gezahlt werden, die als Kommanditisten beteiligt sein können.

Auch können an die Komplementär-GmbH verschiedene Arten von Vergütungen gezahlt werden. Neben der Tätigkeitsvergütung für den Geschäftsführer zählt hierzu insbesondere die Vergütung für die Übernahme der unbeschränkten Haftung, die allerdings Teil der Gewinnverteilungsabrede ist. Höchstrichterlich geklärt ist inzwischen, in welchen Fällen Vergütungen an die Komplementär-GmbH als Sondervergütungen bzw. Gewinnvorab zu qualifizieren sind.[1] Ist im Gesellschaftsvertrag vereinbart, dass die Komplementärvergütung als Aufwand behandelt und auch dann gezahlt werden soll, wenn die KG einen Verlust erleidet, so handelt es sich um eine Sondervergütung i. S. v. § 15 Abs. 1 Satz 1 Nr. 2 Halbsatz 2 EStG. Wurde vertraglich nur vereinbart, dass dem Gesellschafter die Leistungsvergütung vorweg aus dem Gewinn gewährt und nicht als Aufwand gebucht wird, so handelt es sich um Gewinnvorab.[2] 4212

Auswirkungen aus der Qualifizierung als Sondervergütung ergeben sich auch wegen des Saldierungsverbotes z. B. bei der Verlustverrechnung nach § 15a EStG. Denn nach Ansicht des BFH und der Finanzverwaltung sind die Sondervergütungen (und Sonderbilanzgewinne) keine Vergütungen i. S. d. § 15a Abs. 2 EStG, erhöhen also nicht das Kapitalkonto des Kommanditisten.[3] In diesem Zusammenhang wurde auch höchstrichterlich entschieden, dass § 15a EStG auf eine doppelstöckige GmbH & Co. KG anzuwenden ist und die bloße Abgabe einer Verlustübernahmeerklärung noch nicht das Kapitalkonto des Kommanditisten i. S. d. § 15a EStG erhöht,[4] so dass auch in diesem Fall ein nur verrechenbarer Verlust entsteht. 4213

Zu beachten ist außerdem, dass die Vorschrift des § 15 Abs. 1 Satz 1 Nr. 2 EStG nur auf Vergütungen der GmbH & Co. KG an ihre Gesellschafter und nicht auf den umgekehrten Fall anzuwenden ist, da das Gesetz keine negativen Sondervergütungen kennt. Erhält der Gesellschafter einer GmbH & Co. KG ein betrieblich veranlasstes Darlehen, stellen die gezahlten Zinsen bei ihm Sonderbetriebsausgaben dar und sind auf Ebene der GmbH & Co. KG Betriebseinnahmen.[5] 4214

Der Betriebsausgabenabzug bei der GmbH unterliegt keinen Besonderheiten. Als Sonderbetriebsausgaben im Rahmen der Gewinnermittlung bei der KG sind solche Aufwendungen nicht zu berücksichtigen, die zum laufenden Aufwand der GmbH gehören und nicht im unmittelbaren Zusammenhang mit der Beteiligung an der KG stehen.[6] Allerdings können Zahlungen der KG an eine nicht an ihr beteiligte GmbH für Arbeitsleistungen von als Kommanditisten beteiligten Arbeitnehmer der GmbH als Sondervergütungen der Kommanditisten zu beurteilen sein.[7] 4215

1 BFH 23. 1. 2001 VIII R 30/99, BStBl 2001 II 621; 13. 10. 1998 VIII R 4/98, DStR 1999, 104, mit Anm. *HG*.
2 BFH 23. 1. 2001 VIII R 30/99, BStBl 2001 II 621.
3 *Schmidt*, EStG § 15a Rz. 100, m. w. N.
4 BFH 18. 12. 2003 IV B 201/03, GmbHR 2004, 310; 7. 10. 2004 IV R 50/02, BFH/NV 2005, 533.
5 Zu Einzelheiten vgl. *Schmidt*, EStG § 15 Rz. 625, m. w. N.
6 BFH 18. 5. 1995 IV R 46/94, BStBl 1996 II 295.
7 BFH 7. 12. 2004 VIII R 58/02, BStBl 2005 II 390.

4216 Wechselt ein Kommanditist in die Rechtsstellung eines Komplementärs der GmbH & Co. KG, so unterliegt sein Verlustanteil bereits im Wirtschaftsjahr der Fassung des Gesellschafterbeschlusses nicht mehr den Abzugsbeschränkungen des § 15a EStG, auch wenn die Eintragung im Handelsregister erst im nächsten Wirtschaftsjahr erfolgt. Im umgekehrten Fall greift die Beschränkung bei einem Wechsel in die Stellung eines Kommanditisten nach den gleichen Grundsätzen.[1]

4217–4220 *(Einstweilen frei)*

b) Tätigkeitsvergütung für die Geschäftsführung

4221 Die Geschäftsführung in der GmbH & Co. KG obliegt dem Komplementär, der aber keine natürliche, sondern eine juristische Person ist. Die Geschäftsführer der GmbH, die deren Gesellschafter oder fremde Dritte sein können, führen daher auch die Geschäfte der KG. Die steuerliche Behandlung der Vergütung richtet sich danach, ob ein Geschäftsführer gleichzeitig auch Mitunternehmer der GmbH & Co. KG ist.

4222 Unterhält die GmbH einen eigenen wirtschaftlichen Geschäftsbetrieb, so entfällt nicht das gesamte Gehalt auf die Geschäftsführung bei der KG, sondern teilweise auf die originäre Geschäftsführung bei der GmbH. Der auf letztere Tätigkeit entfallende Anteil an seiner Vergütung stellt für den Geschäftsführer Einkünfte aus nichtselbständiger Arbeit dar, die bei einem GmbH-Gesellschafter der üblichen Angemessenheitsprüfung unterliegen. Nur wenn die Eigengeschäfte der Komplementär-GmbH von untergeordneter Bedeutung sind, ist eine Aufteilung nicht vorzunehmen.[2]

4223 Hinsichtlich der Frage, ob die Tätigkeits- und Haftungsvergütung an die Komplementär-GmbH der Umsatzsteuer unterliegen, da ein Leistungsaustausch gegeben ist, wird auf die entsprechenden Ausführungen verwiesen.[3]

aa) Geschäftsführer ist kein Mitunternehmer

4224 Ist der Geschäftsführer der GmbH nicht als Mitunternehmer an der KG beteiligt, so stellt die für diese Tätigkeit bezogene (angemessene) Vergütung bei ihm Einkünfte aus nichtselbständiger Arbeit nach § 19 EStG dar, die bei der GmbH Betriebsausgaben sind. Die GmbH macht den Personalaufwand, soweit er auf die Geschäftsführung bei der KG entfällt, als Sonderbetriebsausgabe im Rahmen der einheitlichen und gesonderten Gewinnfeststellung der KG geltend. Da die GmbH aber auch einen Aufwendungsersatzanspruch gegenüber der KG für den durch die Geschäftsführung verursachten Aufwand hat, erhält sie in gleicher Höhe eine Erstattung durch die GmbH & Co. KG. Die KG berücksichtigt die Erstattung als Aufwand und die GmbH als Sonderbetriebseinnahme im Rahmen der Mitunternehmerschaft. Erhält der Geschäftsführer sein Gehalt direkt von der KG, ist dieses unmittelbar als Aufwand zu berücksichtigen, die GmbH wird nicht tangiert.[4] Die Gehaltsaufwendungen mindern den Gewinn der KG und werden somit

1 BFH 12. 2. 2004 IV R 70/02, BStBl 2004 II 423 sowie 14. 10. 2003 VIII R 81/02, BStBl 2004 II 118.

2 BFH 21. 3. 1968 IV R 166/67, BStBl 1968 II 579.

3 Vgl. Rn. 5021 ff.

4 Zur Vorteilhaftigkeit des direkten Vertragsschlusses mit der KG vgl. die Anm. von *Hoffmann* zum BFH-Urteil IV R 62/00, GmbHR 2002, 659.

über den Gewinnverteilungsschlüssel von allen Gesellschaften entsprechend ihrer Quote getragen.

bb) Geschäftsführer ist Mitunternehmer

In einer typischen GmbH & Co. KG ist der Gesellschafter-Geschäftsführer der Komplementär-GmbH zugleich auch Kommanditist der KG und damit Mitunternehmer. Dies führt auf der Ebene der GmbH zu keiner Änderung, die Gehaltszahlungen sind unverändert Betriebsausgaben, die als Sonderbetriebsausgaben geltend gemacht werden. Der Geschäftsführer selbst erzielt aber kein Arbeitseinkommen, sondern er erhält eine Vergütung i. S. d. § 15 Abs. 1 Satz 1 Nr. 2 EStG für seine (mittelbare) Tätigkeit im Dienst der Personengesellschaft, die damit den Gesamtgewinn und Gewerbeertrag nicht mindern darf. Diese Regelung muss für alle Gehaltsbestandteile gelten, auch für Arbeitgeberanteile zur Sozialversicherung.[1] Nach der Rechtsprechung ist es auch hier unerheblich, ob der Anstellungsvertrag mit der GmbH oder direkt mit der KG abgeschlossen wurde.[2] Außerdem kommt es nicht darauf an, ob der Geschäftsführer eine feste oder variable Vergütung erhält oder ob die Aufwendungen gesondert ersetzt werden oder aufgehen im allgemeinen Gewinnanteil der GmbH.[3] 4225

Soll eine Abzugsfähigkeit der Geschäftsführervergütung bei Gewinn und Gewerbeertrag erreicht werden, darf der Gesellschafter-Geschäftsführer der GmbH nicht als Mitunternehmer an der KG beteiligt sein. Bei Ehegatten kann beispielsweise einer die Kommanditistenstellung einnehmen und der andere Gesellschafter-Geschäftsführer der GmbH sein. Gleiches gilt in Familienunternehmen, in welchen allein die Kinder als Mitunternehmer auftreten und der Patriarch lediglich Geschäftsführer der Komplementär-GmbH nicht entsprechender Vergütung ist.[4] Neben der Abzugsfähigkeit der Gehaltszahlungen hat diese Konstruktion den Vorteil, dass die Aufwendungen für die Pensionszusage durch die GmbH steuerlich abzugsfähig bleiben und die GmbH-Anteile nicht als notwendiges Sonderbetriebsvermögen zu qualifizieren sind. 4226

Nach Auffassung des FG Rheinland-Pfalz[5] ist der Abzug von Geschäftsführergehältern bei der GmbH & Co. KG auch nicht dadurch möglich, dass diese durch eine von der GmbH & Co. KG beherrschte Kapitalgesellschaft an die Kommanditisten der Personengesellschaft gezahlt werden. Diese Vergütungen stellen keine Betriebsausgaben der GmbH & Co. KG dar, sondern sind dem Gewinn der Personengesellschaft hinzuzurechnen. 4227

(Einstweilen frei) 4228–4235

1 BFH 30. 8. 2007 IV R 14/06, BStBl 2007 II 942, welches auf Mitunternehmer einer GmbH & Co. KG anwendbar ist.

2 BFH 6. 7. 1999 3 VIII R 6/94, BStBl 1999 II 720.

3 BFH 13. 7. 1993 VIII R 50/92, BStBl 1994 II 282; *Schmidt*, EStG § 15 Rz. 717.

4 *Rodewald*, GmbHR 1997, 582 ff.

5 FG Rheinland-Pfalz 22. 4. 2002 5 K 1329/99, zurückverwiesen durch BFH-Beschl. VIII B 192/02.

c) Pensionszusagen

Literatur: *Reuter*, Direktversicherungen für den Geschäftsführer der GmbH und der GmbH & Co. KG, GmbHR 1997, 1081; *Altendorf*, Pensionszusagen in der GmbH & Co. KG, GmbH-StB 2008, 145.

4236 Die steuerliche Anerkennung einer Pensionszusage für den Gesellschafter-Geschäftsführer der Komplementär-GmbH, der nicht gleichzeitig Kommanditist der GmbH & Co. KG ist, unterliegt den gleichen Anforderungen wie bei anderen Kapitalgesellschaften. Neben den Voraussetzungen des § 6a EStG ist bei beherrschenden Gesellschafter-Geschäftsführern die dezidierte Auffassung der Finanzverwaltung z. B. zur Erdienbarkeit und Finanzierbarkeit zu beachten.[1] Da der GmbH üblicherweise ein Aufwendungsersatzanspruch gegen die KG zusteht, wird sie in Höhe der Aufwendungen für die Pensionszusage einen Erstattungsanspruch gegenüber der KG bilanzieren. Die KG wiederum bildet in ihrer Steuerbilanz eine Rückstellung, deren Höhe sich nach § 6a EStG bestimmt.[2] Dies ist unabhängig davon, ob der Anstellungsvertrag und damit die Zusage direkt mit der KG oder mit der Komplementär-GmbH abgeschlossen wurde.

4237 Ist der Gesellschafter-Geschäftsführer der Komplementär-GmbH zugleich Kommanditist der KG und führt die GmbH nur deren Geschäfte, so entsteht durch die Bildung der Pensionsrückstellung handelsrechtlich auf Ebene der GmbH ein Aufwand, der steuerlich jedoch im Rahmen der Gewinnermittlung der KG zu berücksichtigen ist. Wie üblich wird also in der einheitlichen und gesonderten Gewinnfeststellung über die Zulässigkeit entschieden. Der Aufwand führt aber insgesamt nicht zu einer Gewinnminderung bei der KG, weil ein korrespondierender Anspruch[3] entweder in der Sonderbilanz des geschäftsführenden Kommanditisten oder anteilig in den Sonderbilanzen aller Kommanditisten auszuweisen ist. Werden später die Pensionszahlungen geleistet, so wird der Anspruch in der Sonderbilanz im Zeitablauf aufgelöst und mit den Zahlungen verrechnet.

4238 Bei wem der Anspruch auszuweisen ist, ist höchstrichterlich geklärt worden. Der Passivposten in der Steuerbilanz der GmbH & Co. KG ist nicht anteilig durch einen in Summe entsprechend hohen Aktivposten in den Sonderbilanzen aller Kommanditisten auszugleichen, sondern nur in der Sonderbilanz des begünstigten Gesellschafters.[4] Wegen der ganz erheblichen Auswirkungen für den betroffenen Kommanditisten empfiehlt sich daher ggf. eine abweichende gesellschaftsvertragliche Regelung.[5] Durch die Verteilung des korrespondierenden Anspruchs auf alle Beteiligten wird genau dieselbe Gewinnverteilung wie ohne Pensionsrückstellung erreicht. Würde hingegen der Anspruch nur in der Sonderbilanz des Kommanditisten ausgewiesen, der die Pensionszusage erhalten hat, so müsste er diesen Gewinn aus der Sonderbilanz sofort versteuern, da sich sein anteiliger Gewinnanteil aus der GmbH & Co. KG nicht entsprechend vermindert

1 Vgl. R 38 KStR und BMF 14. 5. 1999, BStBl 1999 I 512; 14. 10. 2002, BStBl 2002 I 972; 28. 1. 2005, BStBl 2005 I 387 sowie 6. 9. 2005, BStBl 2005 I 875.

2 BFH 7. 2. 2002 IV R 62/00, BFH/NV 2002, 976.

3 Prinzip der korrespondierenden Bilanzierung, vgl. BFH 16. 12. 1992 I R 105/91, BStBl 1993 II 792.

4 BFH 14. 2. 2006 VIII R 40/03, BFH/NV 2006, 1198; vgl. auch BMF 29. 1. 2008, BStBl 2008 I 317; zur Frage des Bilanzzusammenhangs bei unterbliebener Bildung des Aktivpostens vgl. BFH 30. 3. 2006 IV R 25/04, BFH/NV 2006 1293.

5 Zu den Voraussetzungen vgl. *Schmidt*, EStG § 15 Rz. 443.

hatte. Dadurch kann eine erhebliche Steuerbelastung ohne entsprechenden Liquiditätszufluss entstehen.[1]

Unterhält die Komplementär-GmbH zusätzlich einen eigenen Geschäftsbetrieb, stehen die Aufwendungen für die Pensionszusage nicht in voller Höhe mit der Geschäftsführung der GmbH & Co. KG in Zusammenhang. Damit ist die auf die GmbH unmittelbar entfallende Zusage in jedem Fall, auch wenn der Gesellschafter-Geschäftsführer ein Kommanditist der KG ist, unter den üblichen steuerlichen Bedingungen anzuerkennen. Die Höhe der originär auf die GmbH entfallenden Zusage wird man im Wege einer sachgerechten Schätzung ermitteln müssen, etwa durch Vergleich des nicht an der KG weiterbelasteten laufenden Gehalts zum insgesamt anfallenden laufenden Gehalt. 4239

Die gleichen Regelungen wie für die Pensionszusage gelten im Übrigen auch für eine betriebliche Altersvorsorge durch eine Direktversicherung.[2] Wird für die Pensionszusage an den Gesellschafter-Geschäftsführer, der zugleich Kommanditist ist, eine Rückdeckungsversicherung abgeschlossen, so stellen die entsprechenden Prämien bei der Personengesellschaft nicht Betriebsausgaben, sondern Entnahmen dar, die ohne gesellschaftsvertragliche Regelung allen Gesellschaftern nach Maßgabe ihrer Beteiligung zuzurechnen sind.[3] 4240

(Einstweilen frei) 4241–4245

d) Betriebsaufspaltung

Die Frage, welche Folgen das Vorliegen einer Betriebsaufspaltung zwischen der GmbH & Co. KG und einer anderen Personengesellschaft für die Bilanzierung und Gewinnermittlung der GmbH & Co. KG hat, ist höchstrichterlich dahingehend entschieden worden, dass die Vorschrift des § 15 Abs. 1 Satz 1 Nr. 2 Halbsatz 2 EStG Vorrang vor dem Rechtsinstitut der mitunternehmerischen Betriebsaufspaltung hat.[4] Die Betriebsaufspaltung tritt also hinter der Berücksichtigung als Leistungsvergütung bei der GmbH & Co. KG zurück. Zahlt diese an ihre Gesellschafter z. B. Darlehenszinsen, so sind diese nur bei der GmbH & Co. KG zu erfassen. Die zur Nutzung überlassenen Wirtschaftsgüter sind Sonderbetriebsvermögen des entsprechenden Gesellschafters in der KG. Abweichendes kann im Falle einer doppelten Betriebsaufspaltung gelten, wenn die Besitzpersonengesellschaft eigene gewerbliche Einkünfte erzielt und die Beteiligung an der die Wirtschaftsgüter nutzenden Gesellschaft zu ihrem Sonderbetriebsvermögen gehört, also nicht der GmbH & Co. KG zuzuordnen ist.[5] 4246

(Einstweilen frei) 4247–4250

1 Zur Frage latenter Steuern vgl. *Lüdenbach*, StuB 2011, 145.

2 *Reuter*, GmbHR 1997, 1081.

3 BFH 28. 6. 2001 IV R 41/00, GmbHR 2001, 1181.

4 BFH 25. 4. 1985 IV R 36/82, BStBl 1985 II 622; 27. 8. 1992 IV R 13/91, BStBl 1993 II 134.

5 FG Düsseldorf 2. 4. 2004 11 K 3126/01, EFG 2004 0981, rkr. durch Rücknahme der Revision, BFH: VIII R 33/04.

e) Verkauf von Gesellschaftsanteilen

Literatur: *Binz/Mayer*, Beurkundungspflichten bei der GmbH & Co. KG, NJW 2002, 3054 ff.; *Füger/Rieger*, Gewerbesteuer bei Teilanteilsveräußerungen und das Verbot der pauschalierten Gewerbesteueranrechnung, DStR 2002, 1021; *Söffing*, Überlegungen zum Sonderbetriebsvermögen II, BB 2003, 616.

4251 Die Besonderheit bei der GmbH & Co. KG besteht insbesondere darin, dass der an der KG beteiligte Mitunternehmer zugleich Gesellschafter der Komplementär-GmbH sein kann und diesen Anteil zusammen mit der KG-Beteiligung oder nur den GmbH-Anteil oder nur die KG-Beteiligung veräußert.[1] Ist der Mitunternehmer lediglich an der KG beteiligt, so unterliegt die Veräußerung oder Aufgabe des (gesamten) Mitunternehmeranteils den üblichen Regelungen für Personengesellschaften.[2] Besteht lediglich eine Beteiligung an der Komplementär-GmbH, so ist diese bei natürlichen Personen dem Privatvermögen zuzurechnen und ein Verkauf in Abhängigkeit von der Höhe der Beteiligung und dem Zeitpunkt des Erwerbs nach §§ 17 oder 23 EStG zu besteuern.

4252 Ist ein Kommanditist auch an der Komplementär-GmbH beteiligt und verkauft er beide Beteiligungen gemeinsam, so liegt die Veräußerung eines gesamten Mitunternehmeranteils i. S. d. § 16 Abs. 1 Nr. 2 EStG vor. Diese ist nach §§ 16 Abs. 4 und 34 EStG begünstigt, wohingegen die Veräußerung eines Teils eines Mitunternehmeranteils als nicht begünstigter laufender Gewinn gem. § 16 Abs. 1 Satz 2 EStG gilt, der auch gewerbesteuerpflichtig ist.[3]

4253 Wird nur der KG-Anteil veräußert und die GmbH-Beteiligung zurückbehalten, kommt es zwingend zur Überführung des bisher als Sonderbetriebsvermögen qualifizierten GmbH-Anteils in das Privatvermögen. Es entsteht ein Entnahmegewinn in Höhe des Unterschiedsbetrags zwischen gemeinem Wert und Buchwert des Anteils. Auch in diesem Fall liegt eine Veräußerung bzw. Aufgabe des gesamten Mitunternehmeranteils vor, die ebenfalls nach §§ 16 Abs. 4 und 34 EStG begünstigt ist.[4] Nach der Rechtsprechung des BFH führt eine Übertragung des wesentliche stille Reserven enthaltenen GmbH-Anteils in ein anderes Betriebsvermögen des Kommanditisten zu einer Versagung der Tarifbegünstigung nach § 34 EStG.[5]

4254 Wird nur der GmbH-Anteil veräußert und der KG-Anteil zurückbehalten, ist der Gewinn grundsätzlich als Sonderbetriebseinnahme und als laufender Gewinn der GmbH & Co. KG zu erfassen, da die GmbH-Beteiligung als Sonderbetriebsvermögen gilt.[6] Auf den Veräußerungsgewinn ist das Teileinkünfteverfahren anwendbar. Eine Tarifermäßigung nach § 34 EStG kommt nicht in Betracht. Allerdings kann § 16 Abs. 4 EStG zur Anwendung kommen, wenn die Beteiligung das gesamte Nennkapital umfasst, da diese gem. § 16 Abs. 1 Nr. 1 Satz 2 EStG einem Teilbetrieb gleichgestellt wird. Nach der Gesetzes-

---

1 Zu Fragen der Beurkundungspflicht des Gesellschaftsvertrages einer GmbH & Co. KG vgl. *Binz/Mayer*, NJW 2002, 3054 ff.

2 Vgl. Rn. 2036 ff.

3 *Füger/Rieger*, DStR 2002, 1021.

4 Vgl. z. B. BFH 31. 8. 1995 VIII B 21/93, BStBl 1995 II 890, m. w. N.

5 BFH 19. 3. 1991 VIII R 76/87, BStBl 1991 II 635.

6 Zur Diskussion um die Zuordnung zum Sonderbetriebsvermögen II bei Mitunternehmerschaften vgl. *Söffing*, BB 2003, 616.

begründung zum Steuersenkungsgesetz sollen nur solche Gewinne ermäßigt besteuert werden, die voll der Besteuerung unterliegen. Denkbar ist dies beispielsweise bei der Veräußerung aller einbringungsgeborenen Anteile nach altem Recht innerhalb der Frist von 7 Jahren, da hier gem. § 3 Nr. 40 Satz 3 und 4 EStG das Halbeinkünfteverfahren nicht zur Anwendung kommt. Nach neuem Recht ist die Anwendung der §§ 16 Abs. 4, 34 EStG gesetzlich ausgeschlossen, vgl. § 22 Abs. 1 Satz 1 UmwStG. Entsprechende Fälle dürften aber ohnehin bei der Veräußerung der Anteile an einer Komplementär-GmbH nur selten vorkommen.

Durch den Verkauf des Mitunternehmeranteils wird die Handelsbilanz der KG nicht berührt. 4255 Allerdings entsteht eine etwaige Gewerbesteuer aus dem Veräußerungsvorgang in der KG, so dass im Gesellschaftsvertrag entsprechende Regelungen zur Verteilung des Steueraufwandes notwendig sind.[1] Steuerlich sind die üblichen Regelungen für Personengesellschaften anwendbar.

(Einstweilen frei) 4256–4260

f) Einzelfragestellungen

Bei Kapitalgesellschaften sind Aufsichtsratsvergütungen gem. § 10 Nr. 4 KStG zur Hälfte 4261 als nicht abzugsfähige Betriebsausgaben zu qualifizieren. Dieses lässt sich bei den häufig anzutreffenden, in der GmbH & Co. KG selbst eingerichteten Beiräten[2] vermeiden, wenn deren Aufgaben so definiert werden, dass Beratungs- und keine Überwachungsfunktionen wahrgenommen werden. Die hälftige Abzugsfähigkeit greift aber beispielsweise dann, wenn die Befugnisse in einer Gesamtschau darauf gerichtet sind, die Geschäftsführer der Komplementär-GmbH zu überwachen. Hier besteht erheblicher Gestaltungsspielraum zur Sicherstellung der vollen Abzugsfähigkeit.[3]

Wer sich als typisch stiller Gesellschafter an einer GmbH & Co. KG beteiligt, kann ein 4262 über die Einlage in die stille Gesellschaft hinausgehendes Aufgeld nicht als Werbungskosten bei den Einkünften aus Kapitalvermögen abziehen. Vielmehr wurde entschieden, dass die Aufwendungen für das Agio ebenfalls zu den Anschaffungskosten der Beteiligung gehören.[4]

Anschaffungskosten für die Anteile an einem Fonds sind ebenfalls die Eigenkapitalver- 4263 mittlungsprovisionen bei einer gewerblich geprägten GmbH & Co. KG. Die Provisionen sind in voller Höhe als Anschaffungs- oder Herstellungskosten zu behandeln und in einer Ergänzungsbilanz auszuweisen, jedenfalls dann, wenn sich die Kommanditisten aufgrund eines vorformulierten Vertrages an dem Fonds beteiligen.[5]

Werden kommunale Versorgungsunternehmen in der Rechtsform einer GmbH & Co. 4264 KG betrieben, so stellen Konzessionszahlungen an die als Mitunternehmer der KG beteiligten Kommunen keine Sonderbetriebseinnahmen dar. Vielmehr beruht die Nut-

1 Vgl. Rn. 4671 ff.
2 *Kusterer*, Beratende Gremien bei der GmbH & Co. KG, EStB 2002, 247.
3 Zu Einzelheiten des Problems und seiner Lösung vgl. *Kusterer*, EStB 2002, 247.
4 FG Düsseldorf 1. 9. 1998 8 K 306/96 EFG 1998, 1573, zur Golfplatz verpachtenden GmbH & Co. KG.
5 BFH 28. 6. 2001 IV R 40/97, BStBl 2001 II 717.

zungsüberlassung auf dem öffentlichen Eigentum an den Verkehrswegen, so dass die Konzessionsabgaben in den hoheitlichen Bereich der Kommune fließen und nicht im Rahmen der Gewinnermittlung der KG zu erfassen sind.[1]

4265–4270 *(Einstweilen frei)*

7. Gewinnverteilung

a) Grundsätze der Gewinnverteilung

Literatur: *Schiffers*, Optimale Gewinnverteilung bei der personenbezogenen GmbH & Co. KG, GmbH-StB 2002, 287; *ders.*, Gewinnverwendungspolitik als Mittel der steuerlichen Rechtsformoptimierung – Personengesellschaft, Kapitalgesellschaft und GmbH & Co. KG, DStR 2003, 302.

4271 Die Einkünfte einer GmbH & Co. KG werden gem. §§ 179, 180 AO gesondert und einheitlich festgestellt und den Gesellschaftern zugewiesen. Die mittel- oder unmittelbar beteiligten natürlichen Personen unterliegen mit ihren Gewinnanteilen der Einkommensteuer, die Kapitalgesellschaften und damit auch die Komplementär-GmbH unterliegen der Körperschaftsteuer. Der Gewinnfeststellungsbescheid entfaltet hinsichtlich der unter § 15 Abs. 1 Satz 1 Nr. 2 EStG fallenden Einnahmen auch dann Bindungswirkung, wenn diese falsch sind.[2] Die Verteilung des Gewinns der GmbH & Co. KG kann grundsätzlich frei vereinbart werden, sie muss aber einer Prüfung auf ihre Angemessenheit aus steuerlicher Sicht standhalten. Besonderheiten im Vergleich zu anderen Personengesellschaften ergeben sich lediglich aus der Beteiligung einer Kapitalgesellschaft als Komplementär.

4272 Sind die Gesellschafter der Komplementär-GmbH als Mitunternehmer der KG anzusehen, so stellen die von der GmbH gezahlten Dividenden Sonderbetriebseinnahmen dar, die im Zuge der Gewinnfeststellung der KG zu berücksichtigen sind. Die Erfassung im Sonderbetriebsvermögen erfolgt allerdings erst nach Vorlage eines entsprechenden Gewinnverwendungsbeschlusses. Eine phasengleiche Aktivierung ist grundsätzlich wohl nicht möglich,[3] allerdings kann dies z. B. im Falle der Betriebsaufspaltung nicht gelten. Für die Besteuerung der GmbH als solches ergeben sich mit Ausnahme der im Rahmen der Gewinnermittlung angesprochenen Vergütungen keine Besonderheiten.

4273 Auch wenn üblicherweise der Gewinnanteil der Komplementär-GmbH gering gehalten werden soll, ist es unter Berücksichtigung des Teileinkünfteeinkünfteverfahrens ein Rechenexempel, ob nicht Gewinne in der GmbH geparkt und bei Bedarf zu einem späteren Zeitpunkt ausgeschüttet werden sollten.[4] Dies wird insbesondere dann gelten, wenn die KG Erträge erzielt, die auf Ebene der Komplementär-GmbH steuerfrei sind und erst bei Weiterausschüttung an natürliche Personen der Besteuerung unterworfen werden. Bei entsprechenden Überlegungen ist auch die Thesaurierungsbegünstigung bei Personengesellschaften zu berücksichtigen.

1 Vgl. OFD Karlsruhe 7. 5. 2002 S 2241/S 2706A; OFD Koblenz 18. 10. 2002 S 2241A.
2 BFH 24. 4. 1991 X R 29/88, BFH/NV 1991, 602.
3 In analoger Anwendung zu BFH 7. 8. 2000 GrS 2/99, BStBl 2000 II 632.
4 Vgl. zu den Vorteilhaftigkeitsüberlegungen z. B. *Schiffers*, GmbH-StB 2002, 287; *ders.*, DStR 2003, 302.

Zum angemessenen Gewinnanteil der Komplementär-GmbH hat der BFH entschieden, dass sie auf Dauer einen Ersatz ihrer Auslagen und eine den etwaigen Kapitaleinsatz und das Haftungsrisiko gebührend berücksichtigende Beteiligung am Gewinn erhalten muss, mit dem sich auch eine aus gesellschaftsfremden Personen bestehende GmbH zufrieden gegeben hätte. Für die Frage der Gewinnverteilung ist darüber hinaus zu beachten, ob die GmbH kapitalmäßig am Vermögen der KG beteiligt ist oder nicht.[1] 4274

(Einstweilen frei) 4275–4280

b) Kapitalmäßige Beteiligung der Komplementär-GmbH

Ist die Komplementär-GmbH kapitalmäßig an der KG beteiligt, so erhält sie über die Verzinsung der festen Einlage oder die Gewinnverteilung bereits eine Vergütung für das hingegebene Kapital. Der Preis, den die GmbH & Co. KG für die Kapitalüberlassung zu zahlen bereit ist, wird von ihrer wirtschaftlichen Situation im Allgemeinen und dem Kapitalbedarf im Besonderen abhängen. Nach Auffassung der Rechtsprechung wird man üblicherweise eine Rendite von bis zu 20 % auf das eingesetzte Kapital als angemessen ansehen können,[2] allerdings sind auch deutlich höhere Verzinsungen als nicht unangemessen beurteilt worden.[3] Im Regelfall wird man davon ausgehen können, dass eine mitunternehmerische Gestaltung der gesellschaftsrechtlichen Beziehungen nur anerkannt werden kann, wenn das eingesetzte Kapital auf Dauer mindestens so hoch verzinst wird wie bei einer anderen, risikosicheren Kapitalanlage.[4] Als Vergleichsmaßstab sei beispielsweise die mit einer stillen Beteiligung zu erzielende Rendite von 12 – 15 % zu berücksichtigen. In Anbetracht des momentanen Zinsniveaus kann heutzutage aber wohl nicht von einer üblicherweise zu erzielenden Rendite in dieser Höhe ausgegangen werden. 4281

Eine zusätzliche Haftungsvergütung ist nur insoweit erforderlich, als die Komplementär-GmbH mit weiterem Vermögen über ihre Einlage hinaus haftet. Nur mit diesem zusätzlichen Vermögen, welches sich außerhalb der GmbH & Co. KG befindet, haftet die GmbH neben ihrer Einlage. Damit steht ihr nach Auffassung des BFH nur insoweit eine Risikoprämie zu. Sie übernimmt kein zusätzliches Risiko wenn ihr gesamtes Vermögen bereits als Einlage in der GmbH & Co. KG gebunden ist. In letzterem Fall kommt also eine Prämie für die Übernahme des Haftungsrisikos nicht in Betracht. Ist die Zahlung einer zusätzlichen Prämie angemessen, muss für diese derselbe Berechnungsmaßstab gelten wie in dem Fall, dass die GmbH nicht kapitalmäßig beteiligt ist. 4282

(Einstweilen frei) 4283–4285

---

1 Die dargestellten Fragestellungen werden behandelt u. a. in BFH 15. 11. 1967 IV R 139/67, BStBl 1968 II 152.

2 BFH 15. 11. 1967 IV R 244/66, BStBl 1968 II 175.

3 So 41,8 %, 49 % der Einlage, 31 % der Einlage und 39 % des stehen gelassenen Gewinns; vgl. BFH 24. 7. 1990 VIII R 290/84, BFH/NV 1991 191, m. w. N.

4 So wohl noch OFD München 27. 5. 1969, GmbHR 1970, 23.

c) Komplementär-GmbH ohne kapitalmäßige Beteiligung

4286 Wenn die GmbH nicht am Kapital der KG beteiligt ist, erhält sie über die Gewinnverteilung auch keinen Anteil am laufenden Gewinn der Gesellschaft. Die GmbH kann vielmehr ihr Eigenkapital anderweitig ertragbringend anlegen und so für eine angemessene Verzinsung des eingesetzten Kapitals sorgen. Ihr Gesellschafterbeitrag in der GmbH & Co. KG beschränkt sich damit im Wesentlichen auf die Übernahme des Haftungsrisikos. Da sie keine Vermögenseinlage erbracht hat, ist bereits dann von einer angemessenen Gewinnbeteiligung auszugehen, wenn die GmbH eine dem übernommenen Risiko entsprechende Vergütung erhält. Diese wird sich nur im Einzelfall festlegen lassen und sollte sich an den Erwartungen fremder Dritter als Gesellschafter der Komplementär-GmbH orientieren, unter Berücksichtigung z. B. des tatsächlichen Risikos einer Inanspruchnahme und des Gesamtvermögens der Gesellschaft. Einen Anhaltspunkt bietet eine bankübliche Avalprovision von 1 – 5 % für das haftende Vermögen. Der BFH hat allerdings auch schon eine Vergütung von 6 % des Stammkapitals als angemessen beurteilt.[1]

4287–4295 *(Einstweilen frei)*

8. Verdeckte Gewinnausschüttung

a) Allgemeines

Literatur: *Wassermeyer*, Verdeckte Gewinnausschüttungen bei der GmbH & Co. KG, GmbHR 1999, 18; *Schulze zur Wiesche*, Die GmbH & Co. KG und verdeckte Gewinnausschüttung, BB 2005, 1137.

4296 Nach der früheren Rechtsprechung des BFH[2] war eine verdeckte Gewinnausschüttung eine Vermögensminderung oder verhinderte Vermögensmehrung, die durch das Gesellschaftsverhältnis veranlasst sind, sich auf die Höhe des Einkommens auswirkt und in keinem Zusammenhang mit einer offenen Ausschüttung steht. Diese Definition wurde mit Urteil vom 7. 8. 2002[3] dahingehend erweitert, dass eine Auswirkung auf den Unterschiedsbetrag gem. § 4 Abs. 1 Satz 1 EStG i. V. m. § 8 Abs. 1 KStG (d. h. die Differenz zwischen Betriebsvermögen am Schluss des Wirtschaftsjahres und Betriebsvermögen am Schluss des vorangegangenen Wirtschaftsjahres) gegeben sein und die Unterschiedsbetragsminderung bei der Körperschaft die Eignung haben muss, beim Gesellschafter einen sonstigen Bezug i. S. d. § 20 Abs. 1 Nr. 1 Satz 2 EStG auszulösen (Korrespondenzprinzip). Bei der GmbH & Co. KG stellt sich das Problem der verdeckten Gewinnausschüttung u. a. immer dann, wenn ein Gesellschafter der Komplementär-GmbH (oder eine ihm nahe stehende Person) gleichzeitig Kommanditist der KG ist.[4] Eine verdeckte Gewinnausschüttung kann sich auch dann ergeben, wenn die GmbH kapitalmäßig an der GmbH & Co. KG beteiligt ist. In diesem Fall kann der Gewinnanteil der GmbH zu niedrig vereinbart oder durch Änderung der Beteiligungsverhältnisse beeinträchtigt sein. Veräußert z. B. die Personengesellschaft ein Wirtschaftsgut zu einem unangemes-

1 BFH 3. 2. 1977 IV R 122/73, BStBl 1977 II 346.

2 BFH 23. 5. 1984 I R 294/81, BStBl 1984 II 673; 22. 2. 1989 I R 9/85, BStBl 1989 II 631; 14. 3. 1989 I R 8/85, BStBl 1989 II 633.

3 BFH 7. 8. 2002 I R 2/02, DB 2002, 2686.

4 Vgl. zu den verschiedenen Möglichkeiten die Ausführungen von *Wassermeyer*, GmbHR 1999, 18.

sen niedrigen Preis an einen Kommanditisten und GmbH-Gesellschafter, so liegt wegen der verhinderten Vermögensmehrung bei der GmbH in Höhe ihrer Beteiligungsquote an der KG eine verdeckte Gewinnausschüttung vor. Ein weiterer Ansatzpunkt für eine verdeckte Gewinnausschüttung ist die unangemessene Vergütung des Geschäftsführers der Komplementär-GmbH, der zugleich Kommanditist der GmbH & Co. KG sein kann oder auch nicht. Hier ergibt sich die verdeckte Gewinnausschüttung also aus der GmbH heraus.

Allerdings entfaltet die verdeckte Gewinnausschüttung nach Abschaffung des Anrechnungsverfahrens nicht mehr die gleiche negative Wirkung wie in der Vergangenheit. 4297
Bisher ergab sich aufgrund der Herstellung der Ausschüttungsbelastung meistens eine Körperschaftsteuererhöhung bei der Komplementär-GmbH, da diese regelmäßig nicht über hinreichend versteuertes Eigenkapital verfügte. Dieses Problem entfällt im nunmehr gültigen Besteuerungssystem.

Nicht behandelt werden hier verdeckte Gewinnausschüttungen, welche die GmbH ihren Gesellschaftern zuwendet, ohne dass ein Zusammenhang mit der Beteiligung an der KG besteht. 4298
Hier ergeben sich aus der Beteiligung der GmbH als Komplementärin der GmbH & Co. KG keine Besonderheiten. Nach ständiger Rechtsprechung des BFH[1] kann eine verdeckte Gewinnausschüttung im Zusammenhang mit der KG nur dann bei der Einkommensermittlung berücksichtigt werden, wenn sie in der einheitlichen und gesonderten Gewinnfeststellung der KG festgestellt wurde. Diese ist aber nur dann erforderlich, wenn die Frage nach dem Vorliegen einer verdeckten Gewinnausschüttung untrennbar mit der Höhe des Gewinnanteils der GmbH verbunden ist. Veräußert die GmbH ihren Kommanditanteil zu einem unangemessen niedrigen Preis an ihren Gesellschafter, der zugleich Kommanditist der KG ist, so ist die verdeckte Gewinnausschüttung im Körperschaftsteuerbescheid der GmbH zu erfassen und nicht im Rahmen der Gewinnfeststellung der KG.[2]

(Einstweilen frei) 4299–4300

b) Vergütungen an Gesellschafter der Komplementär-GmbH

Hauptanwendungsfall der verdeckten Gewinnausschüttung in diesem Bereich dürfte 4301
die unangemessen hohe Tätigkeitsvergütung an den Gesellschafter-Geschäftsführer der GmbH sein. Ist der Geschäftsführer nicht zugleich Kommanditist der KG, beschränkt sich die Auswirkung auf Ebene der Personengesellschaft darauf, dass die GmbH als Sonderbetriebsausgabe nur den angemessenen Teil der von ihr gezahlten Vergütung geltend machen kann. Der übersteigende Betrag darf den Gewinn der GmbH nicht mindern und führt beim Gesellschafter zu Einnahmen aus Kapitalvermögen i. S. d. § 20 Abs. 1 Nr. 1 Satz 2 EStG, die der Abgeltungsteuer und nicht dem Teileinkünfteverfahren unterliegen. Zahlt die KG die Vergütung unmittelbar an den Geschäftsführer, so ist die verdeckte Gewinnausschüttung beim Geschäftsführer wiede-

---

1 Z. B. BFH 29. 10. 1991 VIII R 2/86, BStBl 1992 II 832.

2 BFH 29. 11. 2006 I R 78/05, I R 79/05, I R 80/05, BFH/NV 2007 1091; 15. 9. 2004 I R 7/02, BStBl 2005 II 867.

rum Beteiligungsertrag und bei der GmbH als Gewinnanteil zuzurechnen.[1] Gleiches muss gelten, wenn die Tätigkeitsvergütung durch die GmbH gezahlt und der Erstattungsanspruch gegenüber der KG nicht auf den angemessenen Teil beschränkt wird.

4302 Ist der Geschäftsführer auch Kommanditist der KG und erhält sein Gehalt von der GmbH, die ihrerseits Anspruch auf Ersatz der Auslagen hat, so gehört die verdeckte Gewinnausschüttung zu den gewerblichen Einkünften des Kommanditisten, die ihm im Rahmen der Gewinnfeststellung der GmbH & Co. KG zugerechnet werden.[2] An der Höhe des ihm zuzurechnenden Gewinnanteils ändert dies nichts, er setzt sich nunmehr allerdings aus der (angemessenen) Tätigkeitsvergütung und der verdeckten Gewinnausschüttung zusammen. Eine Auswirkung auf den der einheitlichen und gesonderten Gewinnfeststellung zugrunde zu legenden Betrag hat die verdeckte Gewinnausschüttung nicht, da die (mittelbaren) Leistungen an den Kommanditisten den Gewinn nicht reduzieren dürfen.[3] Wird das Gehalt unmittelbar von der KG gezahlt, ergibt sich eine verdeckte Gewinnausschüttung nur dann, wenn die Komplementär-GmbH kapitalmäßig an der GmbH & Co. KG beteiligt ist. Nur in der Höhe, in welcher der Gewinnanteil der GmbH durch die unangemessene Vergütung gemindert wurde, liegt eine verdeckte Gewinnausschüttung vor, der übersteigende Betrag ist eine Entnahme des Kommanditisten.[4]

4303 Verdeckte Gewinnausschüttungen können sich auch dadurch ergeben, dass die GmbH ihren Gesellschaftern mittelbar (nämlich als Kommanditisten der KG) einen Vorteil zuwendet. Dies ist z. B. dann der Fall, wenn sie der KG Wirtschaftsgüter zu einem unangemessen niedrigen Preis zur Nutzung überlässt (verhinderte Vermögensmehrung). Bei einer Beteiligung der GmbH am Kapital der KG ergeben sich verdeckte Gewinnausschüttungen auch wieder durch zu hohe Vergütungen an die Kommanditisten, da sich hierdurch der Gewinnanteil der GmbH reduziert.[5] Auch ohne kapitalmäßige Beteiligung der GmbH sind verdeckte Gewinnausschüttungen denkbar, etwa durch die Vereinbarung unangemessener Entgelte für Leistungen zwischen der GmbH und der KG. Berechnet die KG der GmbH eine zu hohe Vergütung, so erhöhen sich die Gewinnanteile der Kommanditisten zu Lasten der GmbH. Sind die Kommanditisten zugleich Gesellschafter der GmbH, dürfte diese Vermögensminderung regelmäßig im Gesellschaftsverhältnis begründet sein und eine verdeckte Gewinnausschüttung auslösen. Ansonsten bleiben die Aufwendungen Betriebsausgaben bei der GmbH, da es an einem Bezug zum Gesellschaftsverhältnis fehlt.

4304–4305 *(Einstweilen frei)*

1 Nach *Wassermeyer*, a. a. O., S. 21, liegt eine erfolgsneutrale Einlage der übrigen Kommanditisten in das Vermögen der Komplementär-GmbH vor, soweit diese an der GmbH beteiligt sind.

2 BFH 24. 3. 1998 I R 79/97, BStBl 1998 II 578.

3 BFH 14. 2. 2006 VIII R 40/03, BFH/NV 2006, 1198.

4 Zu Einzelheiten vgl. *Lange*, a. a. O., Rz. 565 ff.

5 BFH 14. 8. 1975 IV R 30/71, BStBl 1976 II 88.

c) Unangemessene Gewinnverteilung

Eine verdeckte Gewinnausschüttung auf Ebene der Komplementär-GmbH an ihre Gesellschafter und Kommanditisten der KG erfolgt immer dann, wenn die GmbH zugunsten der Kommanditisten auf eine angemessene Gewinnbeteiligung, Tätigkeitsvergütung oder Ersatz ihrer Auslagen verzichtet. Ist die GmbH mit einer Kapitaleinlage an der GmbH & Co. KG beteiligt und erhält nur den Ersatz der Auslagen einschließlich Geschäftsführungsvergütung, so liegt eine verdeckte Gewinnausschüttung vor, da der Auslagenersatz noch keine Beteiligung am Gewinn der KG darstellt.[1] Ohne Kapitalbeteiligung ist eine angemessene Prämie für die Übernahme des Haftungsrisikos ausreichend, eine variable Vergütung ist nicht notwendig. 4306

Bei Verzicht auf eine angemessene Vergütung der GmbH liegt eine verdeckte Gewinnausschüttung vor, die aber im Falle einer kapitalmäßigen Beteiligung der GmbH teilweise bereits dadurch kompensiert wird, dass der GmbH ein höherer Gewinnanteil zugerechnet wurde. Nur der diesen anteiligen Mehrgewinn übersteigende Betrag ist als verdeckte Gewinnausschüttung anzusehen. 4307

Durch die Vorteilsgewährung an ihre Gesellschafter ist der Gewinnanteil der Komplementär-GmbH zu niedrig und derjenige der Kommanditisten zu hoch. Diese Schieflage ist im Rahmen der Gewinnverteilung zu berichtigen, so dass der Gewinnanteil der GmbH erhöht und derjenige der Kommanditisten reduziert wird. Insgesamt bleibt der Gewinnanteil der Kommanditisten unverändert, er setzt sich nunmehr aber aus dem reduzierten anteiligen Gewinnanteil aus der KG (da der GmbH ein höherer Anteil zugerechnet wurde) und der verdeckten Gewinnausschüttung als Sonderbetriebseinnahme zusammen.[2] Diese Aufteilung ist von Bedeutung, da die verdeckte Gewinnausschüttung bei natürlichen Personen als Kommanditisten zukünftig dem Teileinkünfteverfahren bzw. der Abgeltungsteuer unterliegt und bei Kapitalgesellschaften mit Ausnahme der Hinzurechnung von 5 % steuerfrei ist.[3] Allerdings greifen auch die Abzugsbeschränkungen hinsichtlich korrespondierender Aufwendungen der Kommanditisten. 4308

Erhält die Komplementär-GmbH einen unangemessen hohen Gewinnanteil und die Kommanditisten entsprechend weniger, so liegt bei einer typischen GmbH & Co. KG eine verdeckte Einlage der Kommanditisten in die GmbH vor. Nach Auffassung des BFH[4] ist dies eine Werterhöhung der Einlage der Kommanditisten bei der GmbH, die in Sonderbilanzen der Kommanditisten als Anteil der Anschaffungskosten der GmbH und Sonderkapital zu erfassen ist. Liegen die GmbH-Anteile wegen eines wesentlichen eigenen Geschäftsbetriebs der Gesellschaft nicht im Sonderbetriebsvermögen bei der KG bedeutet die Einlage immer noch eine Erhöhung der Anschaffungskosten, allerdings ohne Berührung der KG. 4309

(Einstweilen frei) 4310–4315

1 *Lange*, a. a. O., Rz. 544 ff.

2 Vgl. das Grundsatzurteil BFH 15. 11. 1967 IV R 139/67, BStBl 1968 II 152.

3 Dies muss zutreffenderweise so sein, weil die vGA bereits auf Ebene der Komplementär-GmbH der Besteuerung unterlegen hat.

4 BFH 23. 8. 1990 IV R 71/89, BStBl 1991 II 172.

d) Änderung der Gewinnverteilung

4316 War die Gewinnverteilungsabrede nicht von vornherein unangemessen und führte damit zu verdeckten Gewinnausschüttungen, so kann sich dieses Problem nachträglich stellen, wenn sich aus Gründen, die in der Kommanditistenstellung der GmbH-Gesellschafter liegen, die Beteiligungsverhältnisse ändern. Denkbar wäre hier z. B. eine Kapitalerhöhung, die unter Ausschluss der GmbH stattfindet.[1] Nach dem Urteil des BFH vom 27. 2. 1992[2] kann auch eine Änderung der Gewinnverteilungsabrede als verdeckte Gewinnausschüttung der GmbH an ihre Gesellschafter zu beurteilen sein. Dies gilt dann, wenn sich durch die Änderung der vermögensrechtliche Status der GmbH, insbesondere ihr Anteil am Jahresgewinn und an zukünftigen Abfindungs- und Auseinandersetzungsguthaben verringert und sich zugleich die entsprechenden vermögensrechtlichen Ansprüche der Kommanditisten erhöhen und ein ordentlicher und gewissenhafter Geschäftsleiter dieser Änderung nicht zugestimmt hätte.

4317 Zur Bemessung der Höhe der verdeckten Gewinnausschüttung ist darauf abzustellen, ob nur der Anteil am Jahresgewinn reduziert wurde oder die Änderung des Gesellschaftsvertrages auch Einfluss auf Abfindungs- oder Auseinandersetzungsguthaben hat. Ist nur der Jahresgewinn betroffen, so liegt eine verdeckte Gewinnausschüttung immer in Höhe der Differenz zum eigentlichen Gewinnanteil vor, da die neue Gewinnverteilungsabrede steuerlich nicht anerkannt wird. Dies gilt nicht nur, wenn die GmbH am Vermögen der KG beteiligt ist, sondern auch, wenn ihr eine gewinnabhängige Vergütung zusteht.

4318 Hat die Änderung des Gesellschaftsvertrages zur Folge, dass sich auch der Anteil der GmbH an einem Auseinandersetzungs- oder Abfindungsguthaben verringert, so betrifft die verdeckte Gewinnausschüttung den Bruchteil des Gesellschaftsanteils an der KG selbst. Steuerlich wird damit eine Veräußerung des anteiligen Gesellschaftsanteils durch die Komplementär-GmbH angenommen, die in Höhe der Differenz zwischen angemessenem Preis und anteiligem Buchwert der Beteiligung steuerpflichtig sein kann.[3] Wird also die Änderung des Gesellschaftsvertrages und Übertragung des Gesellschaftsanteils angenommen, so muss auch die Änderung der Gewinnverteilungsabrede steuerliche Wirksamkeit entfalten.

4319–4330 *(Einstweilen frei)*

9. Organschaft bei der GmbH & Co. KG

a) Allgemeines

4331 Grundsätzlich gilt, dass die GmbH & Co. KG wie jede andere Personengesellschaft Organträger i. S. d. §§ 14 KStG sein kann.[4] Sie muss nach § 15 Abs. 1 Nr. 2 KStG als Organ-

1 BFH 25. 11. 1976 IV R 90/72, BStBl 1977 II 467; zum Bezugsrechtsverzicht vgl. BFH 15. 12. 2004 I R 6/04, BFH/NV 2005, 796.

2 BFH 27. 2. 1992 IV R 69/91, BFH/NV 1993, 386; zur Verneinung einer vGA bei Änderung der Gewinnverteilungsabrede im Zuge einer Kapitalerhöhung vgl. BFH 3. 2. 1977 IV R 153/74, BStBl 1977 II 504.

3 BFH 25. 11. 1976 IV R 38/73, BStBl 1977 II 477.

4 Zu umsatzsteuerlichen Besonderheiten vgl. Rn. 5061 ff.

träger selbst eine gewerbliche Tätigkeit i. S. d. § 15 Abs. 1 Nr. 1 EStG ausüben. Die nur gewerblich geprägte oder vermögensverwaltende GmbH & Co. KG kann damit die Organträgereigenschaften nicht erfüllen. Die eigene gewerbliche Tätigkeit ist erforderlich, da ansonsten die steuerlichen Folgen der „abgeschafften" Mehrmütterorganschaft mit Hilfe einer gewerblich geprägten GmbH & Co. KG erreicht werden könnten. Allerdings dürfen an die notwendige eigene gewerbliche Tätigkeit keine zu hohen Anforderungen gestellt werden. Auch nach Auffassung der Finanzverwaltung[1] genügt die Erbringung von Dienstleistungen gegenüber einer oder mehreren Konzerngesellschaften, wenn diese nach Fremdvergleichsmaßstäben abgerechnet werden. Der Gesetzestext fordert „eine" gewerbliche Tätigkeit, auch der Gesetzesbegründung lassen sich keine weitergehenden Voraussetzungen entnehmen.

Hinzuweisen ist auf ein BFH-Urteil zum Verlustabzug im Falle des „Umhängens" einer GmbH & Co. KG, welches die Unternehmeridentität sehr restriktiv auslegt. Wird die Gesellschaft von einem Organträger auf eine Organgesellschaft übertragen, ist der gewerbesteuerliche Verlustabzug insoweit ausgeschlossen, als der Fehlbetrag auf den ausgeschiedenen Gesellschafter entfällt, obwohl der Mitunternehmer mittelbar unverändert bleibt.[2] 4332

Selbstverständlich gilt weiterhin, dass die GmbH & Co. KG als Personengesellschaft nicht selbst Organgesellschaft sein kann. Bei der rückwirkenden Umwandlung einer GmbH & Co. KG in eine GmbH auf den Beginn des Wirtschaftsjahres soll ein Organschaftsverhältnis wirksam begründet werden können. Der Umstand, dass eine GmbH & Co. KG selbst nicht Organgesellschaft sein konnte, wird durch die Rückwirkungsfiktion des UmwStG behoben.[3] Als Besonderheit verbleibt weiterhin das Problem, unter welchen Voraussetzungen und zu wem die Komplementär-GmbH als Organgesellschaft angesehen werden kann. 4333

(Einstweilen frei) 4334–4335

b) Organschaft der Komplementär-GmbH zur GmbH & Co. KG

Die Komplementär-GmbH kann als Kapitalgesellschaft grundsätzlich die Voraussetzungen einer Organgesellschaft erfüllen, und zwar durch Abschluss eines Ergebnisabführungsvertrages für mindestens 5 Jahre und die finanzielle Eingliederung in den Organträger. Dieses muss gegenüber der GmbH & Co. KG selbst gelten. Unter Berücksichtigung der Rechtslage nach dem Steuersenkungs- und dem Unternehmensteuerfortentwicklungsgesetz sind die Kritikpunkte, die in der Vergangenheit gegen eine wirtschaftliche Eingliederung und damit gegen die Anerkennung der Organschaft sprachen, hinfällig geworden. Allerdings ist zu beachten, dass die finanzielle Eingliederung der GmbH in das Unternehmen der KG voraussetzt, dass die Anteile, welche die Mehrheit der Stimmrechte vermitteln, im Gesamthandsvermögen der GmbH & Co. KG gehalten 4336

1 BMF 10. 11. 2005, BStBl 2005 I 1038, Rz. 19.
2 BFH 29. 8. 2000 VIII R 1/00, GmbHR 2001, 209.
3 BFH 17. 9. 2003 I R 55/02, BStBl 2004 II 534, vgl. aber BMF 24. 5. 2004, BStBl 2004 I 549.

werden müssen. Befinden sich die Anteile im Sonderbetriebsvermögen einer natürlichen Person, so können sie zu Buchwerten gem. § 6 Abs. 5 Satz 5 EStG übertragen werden.[1]

4337 Zumindest im Falle der Einheitsgesellschaft, d. h. die KG ist Gesellschafterin der GmbH, lassen sich also die Voraussetzungen für ein Organschaftsverhältnis unproblematisch schaffen. Hieraus ergeben sich aber keine gravierenden Vorteile, denn auch das Ergebnis einer Gewinnabführung geht doch wieder in die Gewinnfeststellung der GmbH & Co. KG ein und unterliegt damit z. B. den üblichen Abzugsbeschränkungen im Verlustfall. Zur Vermeidung einer höheren Ertragsbesteuerung bei der Komplementär-GmbH im Falle verdeckter Gewinnausschüttungen kann sich die Organschaft aber beispielsweise anbieten.

4338–4340 *(Einstweilen frei)*

c) Organschaft der Komplementär-GmbH zu anderen Unternehmen

4341 Wenn die Voraussetzungen der §§ 14 ff. KStG erfüllt sind, ist auch ein Organschaftsverhältnis zu einem anderen Unternehmen als der GmbH & Co. KG selbst möglich.[2] Allerdings gilt dies unproblematisch nur, wenn die Gesellschafter der Komplementär-GmbH nicht zugleich Kommanditisten der Personengesellschaft sind. In diesem Fall erfolgt die Zurechnung des Gewinns konfliktfrei im Rahmen des Organschaftsverhältnisses zum außenstehenden Organträger, der diese Gewinnabführung mit seinem eigenen Ergebnis sowohl bei der Körperschaft- als auch der Gewerbesteuer verrechnen kann.

4342 Sind die GmbH-Gesellschafter aber an der KG beteiligt, so stellen die GmbH-Anteile notwendiges Sonderbetriebsvermögen II der Kommanditisten bei der KG dar und der Gewinnanteil der GmbH wird als Sonderbetriebseinnahme im Rahmen der Gewinnermittlung der KG berücksichtigt. Selbst bei Vorliegen der Voraussetzungen der Organschaft ändert sich diese Zurechnungsfiktion der gewerbesteuerlichen Gewinne und Verluste der GmbH nicht. Auch durch die Organschaft kann also die gewerbesteuerliche Ergebniskonsolidierung durch Hochschleusen der Ergebnisse auf die Ebene des Kommanditisten grundsätzlich nicht erreicht werden.[3] Dieses gilt nur dann nicht, wenn die Zuordnung der GmbH-Anteile zum notwendigen Sonderbetriebsvermögen II nicht erfolgen muss, weil die Komplementär-GmbH eine eigene Geschäftstätigkeit von nicht ganz untergeordneter Bedeutung ausübt und die Geschäftsbetriebe von KG und der GmbH nicht wirtschaftlich miteinander verflochten sind.[4] Bei eigener Geschäftstätigkeit ist also die Vermeidung der Zuordnung zum Sonderbetriebsvermögen denkbar, und gerade in diesem Fall ist die Organschaft interessant, denn eine Komplementär-

1 So BMF 10. 11. 2005, BStBl 2005 I 1038, Rz. 13, 14, zur finanziellen Eingliederung; dies muss auch für die Komplementär-GmbH gelten.

2 BFH 2. 3. 1983 I R 85/79, BStBl 1983 II 427.

3 *Wehrheim/Marquardt*, Zur Zuordnung von Gewinnen einer Komplementär-GmbH zum Gesamtgewinn der KG und der Eigenschaft der GmbH als Organgesellschaft zum Zweck der Ergebniskonsolidierung, DB 2002, 1676.

4 BFH 11. 12. 1990 VIII R 14/87, BStBl 1991 II 510; OFD München 2. 4. 2001, Tz. 1, m. w. N., DStR 2001, 1032.

GmbH mit eigenem Geschäftsbetrieb wird regelmäßig höhere Ergebnisse erzielen als nur die (begrenzte) Haftungsvergütung.

(Einstweilen frei) 4343–4345

10. Grunderwerbsteuer

Hinsichtlich der Regelungen zur Grunderwerbsteuer bei Personengesellschaften kann auf die allgemeinen Ausführungen verwiesen werden.[1] Nachfolgend ist daher nur auf eine für die GmbH & Co. KG wichtige Regelung einzugehen. So wird bei Übergang eines Grundstücks auf die GmbH & Co. KG die Grunderwerbsteuer insoweit nicht erhoben, wie der Einbringende unmittelbar dinglich am Gesamthandsvermögen beteiligt ist. Aus dieser Regelung kann sich aber selbst bei einer beteiligungsidentischen GmbH & Co. KG[2] mit nur einem Kommanditisten eine Grunderwerbsteuerbelastung ergeben, wenn die Komplementär-GmbH am Vermögen der KG beteiligt ist. Da dem einbringenden Gesellschafter nur seine Beteiligung als Kommanditist (oder Komplementär) zugerechnet wird und nicht die an der GmbH, fällt in Höhe der kapitalmäßigen Beteiligung der GmbH bei der Einbringung Grunderwerbsteuer an.[3] 4346

(Einstweilen frei) 4347–4360

1 Vgl. Rn. 5501 ff.
2 Siehe Rn. 4157.
3 OFD Hannover 9. 3. 1999 S 4514.

E. Gewerbesteuer

Literatur: *Weber-Grellet*, Zum Nebeneinander verschiedener Einkunftsarten bei Mitunternehmerschaften, DStZ 1982, 228; *Knobbe-Keuk*, Die gesellschaftsvertragliche Gewinnverteilung und die Gewerbesteuerbelastung bei Personengesellschaften, StuW 1985, 382; *Wollny*, Auswirkungen des Beschlusses des Großen Senats vom 25.6.1984 auf den Immobilienbereich, DStZ 1985, 107; *Döllerer*, Die atypisch stille Gesellschaft – gelöste und ungelöste Probleme, DStR 1985, 295; *Bordewin*, Gepräge-Gesetzgebung, NWB F. 3b, 3281; *Herzig/Kessler*, Tatbestandsmerkmale und Anwendungsbereich des Gepräge-Gesetzes, DStR 1986, 451; *Schulze zur Wiesche*, Gemischte Tätigkeiten einer Personengesellschaft und die vermögensverwaltende GmbH & Co. KG nach § 15 Abs. 3 Nr. 1 und 2 EStG, FR 1986, 198; *Hildesheim*, Beginn und Ende der Gewerbesteuerpflicht, NWB F. 5, 1133; *Meyer-Scharenberg*, Gewerbeverlust bei Ein- und Austritt von Personengesellschaftern, NWB F. 5, 1159; *Woring*, Verlustabzug nach § 10a GewStG bei Personengesellschaften trotz Gesellschafterwechsels – Kontroverse Ansichten, DB 1992, 2005; *List*, Abzug des Gewerbeverlustes bei einer Personengesellschaft nach Gesellschafterwechsel – BFH-Beschluss v. 3.5.1993 – GrS 3/92 – NWB F. 5, 1201; *Winkeljohann/Halfar*, Gewerbesteuerliche Vorzüge der GmbH & atypisch Still?, DB 1994, 2471; *Olbrich*, Einlagevorgänge im Rahmen der Qualifizierung des gewerblichen Grundstückshandels, DB 1996, 2049; *Herzig/Lochmann*, Das Grundmodell der Besteuerung von Personenunternehmen nach der Unternehmenssteuerreform, DB 2000, 540; *Ritzer/Stangl*, Anwendungsprobleme der Steuerermäßigung für gewerbliche Einkünfte von Einzelunternehmen und Personengesellschaften nach § 35 EStG, INF 2000, 641; *Wendt*, StSenkG: Pauschale Gewerbesteueranrechnung bei Einzelunternehmen, Mitunternehmerschaft und Organschaft, FR 2000, 1173; *Ottersbach*, Unternehmenssteuerreform 2001: Gewerbesteueranrechnung nach § 35 GewStG, StB 2001, 242; *Wesselbaum-Neugebauer*, Unternehmenssteuerreform 2001: Auswirkungen der pauschalierten Gewerbesteueranrechnung auf Einzel- und Mitunternehmer in Abhängigkeit von Einkunftsart und anzuwendenden Gewerbesteuer-Hebesatz, DStR 2001, 180; *Hollatz*, Gewerbesteuer aus Anteilshandel bei Gesellschaftern von „Zebra-Gesellschaften", NWB F. 5, 1481; *Bechler/Schröder*, Gewerbesteuer bei der Veräußerung von Mitunternehmeranteilen – § 7 Satz 2 GewStG i. d. F. des UntStFG, DB 2002, 2238; *Behrends/Schmitt*, § 7 Satz 2 GewStG n. F. – Neue Gewerbesteuer-Tatbestände für Mitunternehmerschaften und KGaA, BB 2002, 860; *Beußer*, Veräußerung von Mitunternehmeranteilen als künftiger Gegenstand der Gewerbesteuer, FR 2002, 880; *Füger/Rieger*, Veräußerung von Mitunternehmeranteilen und Gewerbesteuer, DStR 2002, 933; *dies.*, Gewerbesteuer bei Teilanteilsveräußerung und das Verbot der pauschalierten Gewerbesteueranrechnung in § 18 Abs. 4 Satz 3 UmwStG, DStR 2002, 1021; *Haas*, Die Gewerbesteuerpflicht von Dividenden aus Streubesitz nach § 8 Nr. 5 GewStG und ihre Auswirkungen auf 100 %-Beteiligungen, DB 2002, 549; *Korezkij*, Steuerermäßigung bei Einkünften aus Gewerbebetrieb: Die Brennpunkte des Anwendungsschreibens zu § 35 EStG, BB 2002, 2099; *Ritzer/Stangl*, Gesetzliche Neuerungen im Bereich der Gewerbesteuer, INF 2002, 131; *Rödder*, Pauschalierte Gewerbesteueranrechnung – eine komprimierte Bestandsaufnahme, DStR 2002, 939; *Ritzer/Stangl*, Das Anwendungsschreiben zu § 35 EStG – Besonderheiten bei Mitunternehmerschaften und Organschaften, DStR 2002, 1785; *Strunk/Kamphaus*, Aktuelle Rechtsänderungen und ihre Auswirkungen auf die Personengesellschaft, BB 2002, 2153; *Suchanek/Herbst*, § 7 Satz 2 GewStG als Anlass zur (steuerlichen) Umstrukturierung durch rückwirkende Einbringung?, NWB F. 5, 1507; *Töben*, Keine Gewerbesteuer auf Dividenden und auf Gewinne aus der Veräußerung von Anteilen an Kapitalgesellschaften bei Zwischenschaltung einer Personengesellschaft, FR 2002, 361; *Blumers/Goerg*, Gewerblichkeit von Organträger-Personengesellschaften, BB 2003, 2203; *Brinkmann/Schmidtmann*, Gewerbesteuerliche Belastung bei der Veräußerung von Mitunternehmeranteilen durch Kapitalgesellschaften, DStR 2003, 93; *Dötsch/Pung*, § 8b Abs. 1–6 KStG: Das Einführungsschreiben des BMF, DB 2003, 1016; *Frotscher*, Anwendung des § 8b KStG – Anmerkungen zum BMF-Schreiben vom 28.4.2003, IV A 2 – S 2750 a – 7/03 –, INF 2003, 457; *Gröning/Siegmund*, Aushöhlung des Objektprinzips der Gewerbesteuer: Dauerschuldzinsaufwendungen für Streubesitzbeteiligungen, DStR 2003, 617; *Reinhardt*, Das BMF-Schreiben zur Anwendung des § 8b KStG und Auswirkungen auf die Gewerbesteuer, BB 2003, 1148; *Schmidt/Hageböke*, Gewerbesteuer bei der Veräußerung eines Mitunternehmeranteils an einer Obergesellschaft einer doppelstöckigen Personengesellschaft nach § 7 Satz 2 Nr. 2 GewStG, DB 2003, 790; *Bröder*, Beginn der sachlichen Steuerpflicht gemäß § 2 GewStG, NWB F. 5, 1543; *Körner*, Gewerbeertragsbesteuerung von Mitunternehmerschaften – Zweifelsfragen bei der Anwendung des Halbeinkünfteverfahrens bzw. des § 8b KStG –, INF 2004, 265; *Rogall*, Ungereimtheiten bei der Gewerbesteuer im Zusammenhang mit Beteiligungen an Kapitalgesellschaften, DB 2004, 2176; *Seitz*, Die Berücksichtigung der Steuerbefreiung nach § 8b Abs. 2 und 6 KStG bzw. § 3 Nr. 40 EStG bei der Ermittlung des Gewerbeertrages einer Mitunternehmerschaft, GmbHR 2004, 476; *Welke*, Gewerbesteuerliche Aspekte beim Bezug von Dividenden über Personengesellschaften, GmbHR 2004, 1146; *Plambeck*, Die neue Berechnung der Gewerbesteuerrückstellung für Kapital- und Personengesellschaften nach Einführung der Mindestbesteuerung, DB 2005, 61; *Rödder*, Gewerbesteuerlich Behandlung einer Personengesellschaft im Rahmen des sog. Treuhandmodells, DStR 2005, 955; *Stegemeier*, Halbeinkünfteverfahren und Gewerbesteuer bei Personengesellschaften – Welche Folgen ergeben sich daraus für Zinsaufwendungen?, EStB 2005, 430; *Wild/Reinfeld*, Das Treuhandmodell – Ein Modell ohne Zukunft?, DB 2005, 69; *Zerhusen*, Der Verlustvortrag nach § 10a GewStG beim Ausscheiden eines Gesellschafters aus einer Personengesellschaft unter Berücksichtigung von Sonderbetriebsvermögen, INF 2005, 698; *Behrens*, BB-Kommentar zum BFH-Urteil vom 25. 1. 2006, BB 2006, 813; *Hey*, Unternehmensteuerreform 2008 – Die Vorschläge der Kommission Steuergesetzgebung der Stiftung Marktwirtschaft für eine wettbewerbsfähige Unternehmensstruktur –, StuB 2006, 267; *Schiller*, Erfassung von Schachteldividenden im Gewerbeertrag von Mitunternehmerschaften, DB 2006, 1127; *Fehling*, Die Gewerbesteuer nach der Unternehmensteuerreform 2008, NWB F. 5. 1617; *Herzig*, Die Gewerbesteuer als dominierende Unternehmensteuer, DB 2007, 1541; *Herzig/Lochmann*, Unternehmensteuerreform 2008 – Wirkungen des neuen Systems zur Entlastung gewerblicher Personenunternehmen von der Gewerbesteuer –, DB 2007, 1037; *Kleineidamm/ Liebchen*, Die Mär von der Steuerentlastung durch die Unternehmensteuerreform 2008 – Die Gesamtsteuerbelastung von Personenunternehmen nach dem Entwurf eines Unternehmensteuerreformgesetzes vom 5. 2. 2007, DB 2007, 409; *Merker*, Überblick über den Regierungsentwurf des Unternehmensteuerreformgesetzes 2008, StuB 2007, 247; *Merker*, Bundestag verabschiedet Unternehmensteuerreformgesetz 2008, StuB 2007, 407; *Ortmann-Babel/Zipfel*, Unternehmensteuerreform 2008 Teil I: Gewerbesteuerliche Änderungen und Besteuerung von Kapitalgesellschaften und deren Anteilseignern, BB 2007, 1869; *Ott*, Unternehmensteuerreform 2008: Die Änderungen bei der Gewerbesteuer, StuB 2007, 563; *Trossen*, Umfang der Gewerbesteuerpflicht nach § 18 Abs. 3 GewStG bei Veräußerung und Aufgabe von Betrieben und Mitunternehmeranteilen, DB 2007, 1373; *Behrendt/Arjes/Jeziorski*, Gewerbesteuer auf Gewerbesteuer bei Veräußerung von Mitunternehmeranteilen nach der Unternehmensteuerreform, BB 2008, 1993; *Boveleth*, Fachbeitrag Gewerbesteuer nach der Unternehmensteuerreform, Steuer-Telex 2008, F 1; *Clemens/Laurent*, Die gewerbesteuerliche Hinzurechnung von Lizenzzahlungen, DStR 2008, 440; *Derlien/Wittkowski*, Neuerungen bei der Gewerbesteuer – Auswirkungen auf die Praxis, DB 2008, 835; *Hidien*, Gewerbesteuerliche Hinzurechnung von Know-how-Entgelten nach der Unternehmensteuerreform 2008?, DB 2008, 257; *Oenings*, Gewerbesteuerliche Verlustrechnung – Unternehmeridentität i. S. des § 10a GewStG bei atypisch stiller Gesellschaft, DStR 2008, 279; *Schiffers*, Anmerkungen zu den gleichlautenden Erlassen der obersten Finanzbehörden der Länder vom 4. 7. 2008 zu den Anwendungsfragen zur Hinzurechnung von Finanzierunganteilen nach § 8 Nr. 1 GewStG i. d. F. des UntStRefG 2008, Ubg 2008, 706; *Wernsmann/Desens*, Gleichheitswidrige Gewerbesteuerbelastung durch ein Nichtanwendungsgesetz – Zur Verfassungswidrigkeit des § 18 Abs. 3 UmwStG i. d. F. JStG 2008, DStR 2008, 221; *Brockmann/Hörster*, JStG 2009/Steuerbürokratieabbaugesetz – Änderungen bei der Körperschaft- und Gewerbesteuer, NWB 2009, 448; *Hoffmann*, Weitere Verlustvernichtung im JStG 2009, DStR 2009, 257; *Kohlhaas*, Erhöhen alle Miet- und Pachtzinsen den Gewerbeertrag? – Zur Bedeutung der Kurzfristigkeit bei Miet- und Pachtverträgen, FR 2009. 381; *Kutt/ Möllemann*, Verlustnutzung bei unterjährigem Beteiligungserwerb – Zweifelsfragen zu § 8c KStG, § 10a GewStG sowie zu dem zu § 8c KStG ergangenen Anwendungsschreiben –, DB 2009, 2564; *Mensching/Tyarks*, Der Ausschluss der erweiterten Kürzung nach § 9 Nr. 1 Satz 5 Nr. 1a GewStG, DStR 2009, 2037; *Fahrenschon*, Kommunale Steuerfinanzierung, FR 2010, 975; *Hierstetter*, (Mit-)Unternehmeridentität bei Verschmelzung bzw. Spaltung einer KapGes. – Zur Reichweite des § 4 Abs. 2 Satz 1 und § 12 Abs. 3 1 HS UmwStG –, DB 2010, 1089; *Kirchhof*, Die Erneuerung der Gemeindesteuer, FR 2010, 962; *Kutt/Möllemann*, Gewerbesteuerliche Auswirkungen des Verkaufs von Mitunternehmeranteilen durch Kapital- oder Personengesellschaften – Gestaltungshinweise bei Besteuerung von Veräußerungsgewinnen gem. § 7 Satz 2 GewStG, DB 2010, 1662; *Oestreicher*, Die Reform der kommunalen Steuerfinanzierung, FR 2010, 965; *Schöneborn*, Die erweiterte gewerbesteuerliche Kürzung, NWB 2010, 112; *Stümper*, Das Schicksal steuerlicher Verlustvorträge in Anwachsungsfällen, GmbHR 2010, 129; *Geberth*, Die Hinzurechnungen bei der Gewerbesteuer – steuerunsystematisch und verzichtbar, DStR 2011, 151; *Schöneborn*, Gewerbeverluste gem. § 10a GewStG bei Personengesellschaften, NWB 2011, 366; *Schmid/Mertgen*, Erweiterte Kürzung trotz Beteiligung an vermögensverwaltender Personengesellschaft, FR 2011, 468; *Schmidt/Renger*, Die Folgewirkungen der BVerfG-Beschlüsse vom 7. 7. 2010 für die Besteuerung von Wertzuwächsen, DStR 2011, 693; *Zillmer*, Keine erweiterte Kürzung bei Beteiligung an Zebragesellschaften, DStR 2011, 851; *Beckmann/Schanz*, Gewerbesteuerliche Hinzurechnungen und Kürzungen im Zusammenhang mit Beteiligungserträgen, DB 2011, 954; *Kraft/Sönnichsen*, Steuerliche Aspekte der Begründung und Beendigung des Treuhandmodells, DB 2011, 1936; *Schöneborn*, Betriebsaufgabe und -veräußerung bei Personenunternehmen aus gewerbesteuerlicher Sicht, NWB 2011, 2865.

I. Allgemeines

1. Charakter der Gewerbesteuer

Die Gewerbesteuer ist wohl eine der am meisten diskutierten Steuern.[1,2] Insbesondere 4361 die Auswirkungen der Finanz- und Wirtschaftskrise haben die Diskussion über die Gewerbesteuer erneut entfacht.[3] Die Verbreiterung der Bemessungsgrundlage durch die Ausweitung der Hinzurechnungstatbestände hat in der Krise nicht zu einer Verstetigung der Einnahmen geführt. Die Hinzurechnungstatbestände hemmen eher die Investitionsbereitschaft; dieser Effekt verstärkt sich noch dadurch, dass die Gewerbesteuer durch die umfangreichen Hinzurechnungen verbunden mit dem Betriebsausgabenabzugsverbot bei niedrigen oder negativen Erträgen zu einer Substanzbesteuerung führen kann. Die schwere Vermittelbarkeit der Gewerbesteuer im internationalen Kontext, ihr Definitivcharakter[4] und ihre zunehmende Komplexität sind nur einige der Argumente gegen die Gewerbesteuer in ihrer heutigen Gestalt. Im Übrigen wurde (wieder einmal) ihre Vereinbarkeit mit europäischem Recht angezweifelt.[5] In dem Verfahren ging es um die Hinzurechnung von Zinsen gem. § 8 Nr. 1 GewStG a. F. Der EuGH sieht diese Vorschrift aber als europarechtskonform an.[6]

Es gab und gibt zahlreiche Reformvorschläge[7] bis hin zur Abschaffung der Gewer- 4362 besteuer. Die Stiftung Marktwirtschaft hatte vorgeschlagen, die Gewerbesteuer durch

1 Das BVerfG hat mehrfach entschieden, dass die Gewerbesteuer verfassungsrechtlich gerechtfertigt ist, zuletzt BVerfG 15. 1. 2008 1 BvL 2/04, DStRE 2008, 1003.

2 *Geberth*, Die Hinzurechnung bei der Gewerbesteuer – steuerunsystematisch und verzichtbar; Anmerkungen zum Kommunalmodell zur „Reform der Gewerbesteuer, DStR 2011, 151.

3 Vgl. z. B. DB 2010, 49 ff., Standpunkte.

4 Seit der Unternehmensteuerreform 2008 ist die Gewerbesteuer keine Betriebsausgabe mehr (§ 4 Abs. 5b EStG) bzw. nicht mehr als Betriebsausgabe abziehbar.

5 BFH 27. 5. 2009 I R 30/08, NWB DokID: RAAAD-30587, DB 2009, 2468.

6 EuGH 21. 7. 2011 Rs. C-397/09, NWB DokID: DAAAD-88765.

7 Vgl. Liste in *Glanegger/Güroff*, GewStG § 1 Rn. 51.

eine kommunale Unternehmensteuer zu ersetzen;[1] dieser Vorschlag wurde nun aktualisiert.[2] In der Diskussion um einen Ersatz der Gewerbesteuer und die gleichzeitige Verstetigung der kommunalen Einnahmen werden drei Säulen als zielführende Lösung erachtet: Hierbei handelt es sich erstens um eine Beteiligung der Gemeinden am Lohnsteueraufkommen, zweitens um eine kommunale Unternehmensteuer und drittens um eine Bürgersteuer, die den Anteil der Kommunen an der Einkommensteuer erkennbar ausweist.[3] Die Gemeindefinanzreform, eines der Projekte dieser Legislaturperiode, mit dem Ziel der Neuordnung der Einnahmebasis von Städten und Gemeinden, ist im Juni 2011 gescheitert.

4363 Durch die Unternehmensteuerreform 2008[4] wurde die Gewerbesteuer in ihrer charakteristischen Eigenschaft allerdings noch gestärkt.[5] Durch eine Erweiterung der Hinzurechnungstatbestände wurde der Objektsteuercharakter der Gewerbesteuer weiter in den Vordergrund gerückt. Die Bemessungsgrundlage für die Gewerbesteuer hängt seit dem Erhebungszeitraum 2008 (noch) weniger von der aktuellen Ertragssituation des Betriebes ab;[6] der Anteil substanzbesteuernder Elemente hat zugenommen.[7]

4364–4365 *(Einstweilen frei)*

2. Steuergegenstand

4366 Gemäß § 2 Abs. 1 Satz 1 GewStG unterliegt der Gewerbesteuer jeder stehende Gewerbebetrieb,[8] soweit er im Inland betrieben wird. Unter Gewerbebetrieb ist ein gewerbliches Unternehmen i. S. d. Einkommensteuergesetzes zu verstehen (§ 2 Abs. 1 Satz 2 GewStG). § 15 Abs. 2 EStG definiert, dass ein Gewerbebetrieb eine selbständige, nachhaltige Betätigung ist, die mit der Absicht, Gewinn zu erzielen,[9] unternommen wird und sich als Beteiligung am allgemeinen wirtschaftlichen Verkehr darstellt, wenn die Betätigung weder als Ausübung von Land- und Forstwirtschaft noch als Ausübung eines freien Berufes noch als eine andere selbständige Arbeit anzusehen ist.[10] Ferner darf die Betätigung (nach den Umständen des Einzelfalls) auch keine vermögensverwaltende Tätigkeit sein.[11] Die bloße Verwaltung eigenen Vermögens (z. B. Verwaltung von Ka-

1 Vgl. *Hey*, StuB 2006, 267.

2 Konzeptpapier „Verstetigung der Kommunalfinanzen" der „Kommission Steuergesetzbuch" der Stiftung Marktwirtschaft vom Oktober 2010.

3 Konzeptpapier „Verstetigung der Kommunalfinanzen" der „Kommission Steuergesetzbuch" der Stiftung Marktwirtschaft vom Oktober 2010.

4 BGBl 2007 I 1912; die Regelungen des Unternehmensteuerreformgesetzes 2008 sind ab dem Erhebungszeitraum 2008 anzuwenden.

5 Vgl. *Fehling*, NWB F. 5, 1617. Gem. *Herzig* führt die Unternehmensteuerreform 2008 zu einer Zementierung bzw. sogar zu einer Revitalisierung der Gewerbesteuer; vgl. *Herzig*, DB 2007, 1541.

6 Vgl. *Fehling*, NWB F. 5, 1617 (1619).

7 Mit diesen Maßnahmen soll das Steueraufkommen der Gemeinden weiter stabilisiert werden (vgl. BT-Drucks. 16/4841, 32 f.).

8 Stehender Gewerbebetrieb ist jeder Gewerbebetrieb, der kein Reisegewerbebetrieb i. S. d. § 35a Abs. 2 GewStG ist (§ 1 GewStDV).

9 Die Gewinnerzielungsabsicht kann nur ein Nebenzweck sein, § 15 Abs. 2 Satz 3 EStG.

10 Gem. Beschluss des BVerfG v. 15. 1. 2008 (1 BvL 2/04, NWB DokID: CAAAC-80313, DB 2008, 1243) ist es mit dem Gleichheitssatz vereinbar, dass die Einkünfte der freien Berufe, anderen Selbständigen und der Land- und Forstwirte nicht der Gewerbesteuer unterliegen.

11 BFH 25. 6. 1984 GrS 4/82, BStBl 1984 II 751.

pitalvermögen, Vermietung von unbeweglichem Vermögen) ist i. d. R. keine gewerbliche Tätigkeit.

Personengesellschaften (OHG, KG und andere Gesellschaften wie z. B. BGB-Gesellschaft, atypisch stille Gesellschaft) können kraft (tatsächlicher) gewerblicher Tätigkeit und/oder kraft Fiktion Gewerbebetrieb i. S. d. § 2 Abs. 1 Satz 2 GewStG sein.[1] Personengesellschaften sind kraft Tätigkeit gewerbesteuerpflichtig, sofern sie ein gewerbliches Unternehmen i. S. d. EStG betreiben (vgl. § 15 Abs. 1 Satz 1 Nr. 2 und Abs. 2 EStG).[2] Wenn sich die Tätigkeit einer PersGes darauf beschränkt, lediglich Vermögen (Grundvermögen, Kapitalvermögen) zu verwalten, so ist diese Tätigkeit keine gewerbliche Tätigkeit. Die beteiligten Gesellschafter beziehen keine Einkünfte aus Gewerbebetrieb, sondern Einkünfte aus Vermietung und Verpachtung (§ 21 EStG), Einkünfte aus Kapitalvermögen (§ 20 EStG) oder sonstige Einkünfte (§ 22 EStG). 4367

Als Gewerbebetrieb gilt in vollem Umfang die mit Einkünfteerzielungsabsicht unternommene Tätigkeit einer PersGes, wenn die Gesellschaft – neben anderen Tätigkeiten – auch eine Tätigkeit i. S. d. § 15 Abs. 1 Satz 1 Nr. 1 EStG ausübt oder gewerbliche Einkünfte i. S. d. § 15 Abs. 1 Satz 1 Nr. 2 EStG bezieht (vgl. § 15 Abs. 3 Nr. 1 EStG). Die Tätigkeit einer PersGes kann nur einheitlich als gewerblich oder nicht gewerblich eingeordnet werden. Eine Aufteilung nach der Natur der einzelnen Tätigkeiten kommt nicht in Frage;[3] der Einzelunternehmer kann demgegenüber gleichzeitig unterschiedliche Einkunftsarten verwirklichen, die bei ihm gesondert und unabhängig voneinander besteuert werden. Rechtsprechung und h. M. gehen davon aus, dass Personenhandelsgesellschaften (OHG und KG) – und auch BGB-Gesellschaften – einheitlich gewerbliche Einkünfte haben, wenn sie auch eine gewerbliche Tätigkeit ausüben.[4] Die Einkünfte aus Gewerbebetrieb „färben" alle anderen Einkünfte gewerblich ein (sog. Abfärbetheorie[5]). Ferner gilt gem. § 15 Abs. 3 Nr. 2 EStG in vollem Umfang als Gewerbebetrieb auch die mit Einkünfteerzielungsabsicht unternommene Tätigkeit einer PersGes, die keine Tätigkeit i. S. d. § 15 Abs. 1 Satz 1 Nr. 1 EStG ausübt und bei der ausschließlich eine oder mehrere Kapitalgesellschaften persönlich haftende Gesellschafter sind und nur diese oder Personen, die nicht Gesellschafter sind, zur Geschäftsführung befugt sind (gewerblich geprägte PersGes).[6] Der Gegenstand ihrer Tätigkeit ist ohne Bedeutung; es kommt nicht darauf an, dass diese Gesellschaft Tatbestandsmerkmale des § 15 Abs. 2 EStG erfüllt. 4368

Für die Prüfung der Voraussetzungen des § 15 Abs. 3 Nr. 2 EStG ist nicht nur die gewerbliche Prägung der PersGes zu untersuchen, sondern auch, ob die Tätigkeit mit Einkünfteerzielungsabsicht unternommen wird. Der BFH hat in einem Urteil[7] entschieden, dass bei einer GbR, an der zunächst lediglich KapGes beteiligt waren und die in diesem 4369

1 PersGes sind keine Gewerbebetriebe kraft Rechtsform wie KapGes, vgl. § 2 Abs. 2 Satz 1 GewStG.

2 Dass der Gesellschafter zugleich Mitunternehmer ist, hat insoweit nur für den sachlichen Umfang der Steuerpflicht Bedeutung, BFH 25. 6. 1984 GrS 4/82, BStBl 1984 II 751.

3 Vgl. BVerfG 15. 1. 2008 1 BvL 2/04, BVerfGE 120, 1; BFH 13. 10. 1977 VI R 174/74, BStBl 1978 II 73.

4 *Güroff* in Glanegger/Güroff, GewStG § 2 Anm. 173.

5 Zur Verfassungsmäßigkeit der Abfärbetheorie vgl. BVerfG 15. 1. 2008, BVerfGE 120, 1.

6 Vgl. hierzu auch BFH 20. 11. 2003 IV R 5/02, BStBl 2004 II 464.

7 BFH 25. 9. 2008 IV R 80/05, FR 2009, 530.

Zeitraum lediglich Anlaufverluste erzielten, die Rechtsfolgen der gewerblichen Prägung nicht anzuwenden waren. Die GbR war entsprechend der Darstellung des Sachverhaltes konzeptionsgemäß darauf ausgelegt, bis zum Beitritt der ersten natürlichen Person (Privatanleger) Anlaufverlust zu erwirtschaften und sie war deshalb auch nicht i. S.v. § 15 Abs. 3 EStG in der Absicht der Einkünfteerzielung tätig geworden. Da es sich in diesem Fall um eine GbR handelt, wäre mit Beitritt der ersten natürlichen Person als Gesellschafterin die gewerbliche Prägung entfallen.

4370 Gehört zum Vermögen einer PersGes (Obergesellschaft), die nicht gewerblich tätig ist, eine Beteiligung an einer gewerblich tätigen PersGes (Untergesellschaft), so werden aus dieser Beteiligung Einkünfte aus Gewerbebetrieb bezogen, die sich aus der Mitunternehmerstellung in der gewerblich tätigen PersGes ergeben. Hierdurch sind die gesamten Einkünfte der Pers(-ober-)Ges als gewerbliche Einkünfte zu qualifizieren (§ 15 Abs. 3 Nr. 1 2. Halbsatz EStG). Auch eine nur geringfügige gewerbliche Tätigkeit führt zu einer Umqualifizierung der nicht gewerblichen Einkünfte in gewerbliche Einkünfte (sog. Abfärbetheorie),[1] so dass die gesamte Betätigung als Gewerbebetrieb anzusehen ist;[2] ausgenommen ist wohl nur ein äußerst geringfügiger Teil;[3] hiervon ist vermutlich auszugehen, wenn die gewerbliche Tätigkeit einen Umfang hat, der nicht mehr als 1,25 % des Umsatzes der PersGes ausmacht.[4]

4371 Schließen sich Angehörige eines freien Berufes zu einer PersGes zusammen, haben die Gesellschafter nur dann freiberufliche Einkünfte, wenn alle Gesellschafter die Merkmale eines freien Berufes erfüllen.[5] Der BFH hat mit Urteil vom 23. 11. 2000[6] entschieden, dass eine PersGes, die sich aus Angehörigen verschiedener freier Berufe zusammensetzt, nicht bereits vom Grundsatz her als gewerbliche Mitunternehmerschaft einzustufen ist. Eine PersGes ist in diesen Fällen aber dann gewerbesteuerpflichtig, wenn nicht alle Gesellschafter die Merkmale (irgend-)eines freien Berufes erfüllen.[7] [8] Beteiligt

1 Die Abfärberegelung verstößt gem. einem Beschluss des BVerfG 15. 1. 2008 (1 BvL 2/04, DB 2008, 1243) nicht gegen den Gleichheitssatz.

2 *Schmidt*, EStG § 15 Rz. 188; *Güroff* in Glanegger/Güroff, GewStG § 2 Rn. 173; *Knobbe-Keuk*, Bilanz- und Unternehmenssteuerrecht, S. 729.

3 *Schmidt*, EStG § 15 Rz. 188, m. w. N.; BFH 11. 8. 1999 XI R 12/98, BStBl 2000 II 229.

4 Beim BFH ist ein Verfahren anhängig (VIII R 16/11), bei dem der Anteil der gewerblichen Tätigkeit 2,25 % des Umsatzes beträgt. Allerdings liegen in dem hier vorliegenden Fall die originär gewerblichen Einkünfte unter dem Freibetrag des § 11 Abs. 1 Satz 3 Nr. 1 GewStG i. H. v. 24 500 €.

5 Gem. BFH 28. 10. 2008 (VIII R 69/06, BFHE 223 206; VIII R 73/06, BFHE 223 218) und 4. 5. 2009 (VIII B 220/08, BFH/NV 2009 1429) kann eine PersGes die auf natürliche Personen zugeschnittenen Merkmale des § 18 Abs. 1 Nr. 1 EStG nicht selbst erfüllen, so dass zur Bestimmung der freiberuflichen Tätigkeit einer PersGes auf die Gesamtheit der Verhältnisse ihrer Gesellschafter abzustellen ist.

6 BFH 23. 11. 2000 IV R 48/99, BStBl 2001 II 241. In dem Urteil geht es um eine aus einem wissenschaftlichen Dokumentar und einem Arzt bestehende GbR. Eine gewerbliche Tätigkeit wird dann nicht ausgeübt, wenn jeder der beiden Gesellschafter nur auf dem Gebiet (leitend) tätig ist, für das er seine fachliche Qualifikation nachgewiesen hat und für das er eine entsprechende Zulassung besitzt.

7 BFH 23. 11. 2000 IV R 48/99, BStBl 2001 II 241.

8 Zur Gewerbesteuerpflicht einer Freiberufler GmbH & Co. KG vgl. FG Düsseldorf 12. 8. 2010 (12 K 2384/08 G, NWB DokID: HAAAD-59332): Erfülle nur einer der Gesellschafter die Voraussetzungen (irgend-)eines freien Berufes nicht, so erzielen alle Gesellschafter Einkünfte aus Gewerbebetrieb gem. § 15 Abs. 1 Satz 1 Nr. 2 und Abs. 3 Nr. 1 EStG. Die mitunternehmerische Beteiligung einer KapGes sei der einer berufsfremden natürlichen Person gleich gestellt und hieran ändere sich auch nichts, wenn die Komplementärin - wie im vorliegenden Fall - nicht am Gewinn der Gesellschaft beteiligt ist, Rev. beim BFH wurde eingelegt (VIII R 42/10).

sich eine Freiberufler-KapGes mitunternehmerisch an einer Freiberufler-PerGes, die für sich genommen nur freiberufliche Einkünfte erzielen würde, so erzielt die PersGes insgesamt gewerbliche Einkünfte;[1] Voraussetzung der Abfärbewirkung (§ 15 Abs. 1 Satz 1 Nr. 2, Abs. 3 Nr. 1 EStG) ist jedoch, dass der Berufsfremde die Stellung eines Mitunternehmers inne hat.[2] Ist eine PersGes (Obergesellschaft) an einer anderen PersGes (Untergesellschaft) beteiligt, dann entfaltet die Untergesellschaft nur dann eine freiberufliche Tätigkeit i. S. d. § 18 EStG, wenn neben den unmittelbar beteiligten Gesellschaftern auch sämtliche mittelbar beteiligten Gesellschafter der Obergesellschaft die Merkmale eines freien Berufes erfüllen.[3] Die mittelbare Beteiligung eines Berufsfremden ist daher schädlich. Die Abfärberegelung infiziert im Falle einer doppelstöckigen PersGes nicht nur die Obergesellschaft, sondern über ihre Beteiligung auch die Untergesellschaft.[4]

Ist eine natürliche Person Komplementärin mehrerer KGs, die nicht gewerblich tätig sind, sondern beispielsweise Einkünfte aus Vermietung und Verpachtung erzielen, so kann die Tätigkeit als Komplementär nicht als selbständiger Gewerbebetrieb beurteilt werden. Voraussetzung ist, dass der Komplementär ausschließlich als Organ der KG tätig ist, die Tätigkeit des Komplementärs damit in der persönlichen Haftung und in der Geschäftsführung der KG besteht.[5] 4372

Übernimmt hingegen eine PersGes als Holdinggesellschaft geschäftsleitende Funktionen innerhalb einer Gruppe von Unternehmen, die an verschiedenen Standorten Ingenieurbüros unterhalten, so entfaltet die PersGes gem. einem neueren Urteil des BFH[6] keine Tätigkeit, die die Ausübung eines freien Berufes darstellt.[7] 4373

Die Tätigkeit einer Arbeitsgemeinschaft (ARGE),[8] deren alleiniger Zweck sich auf die Erfüllung eines einzigen Werkvertrages oder Werklieferungsvertrages beschränkt, gilt nicht als Gewerbebetrieb gem. § 2a Satz 1 GewStG. Die Betriebsstätten der Arbeitsgemeinschaften gelten insoweit anteilig als Betriebsstätten der Beteiligten (§ 2a Satz 2 GewStG). Zivilrechtlich liegt i. d. R. eine GbR vor.[9] Da sich § 2a GewStG in seinen Voraus- 4374

1 BFH 8. 4. 2008 VIII R 73/05, BStBl 2008 II 681.

2 BFH 12. 12. 2001 XI R 56/00, BStBl 2002 II 202.

3 BFH 28. 10. 2008 VIII R 69/06, FR 2009 667.

4 Bis zu dem Urteil des BFH v. 28. 10. 2008 (VIII R 69/06, FR 2009, 667) war nur entschieden, dass die Abfärberegelung einer (auch) gewerblich tätigen Untergesellschaft sich auf die Einkünfte der Obergesellschaft auswirkt. Nunmehr hat der BFH dieses auch für den umgekehrten Fall der Infizierung der Untergesellschaft durch einen gewerblich tätigen Gesellschafter der Obergesellschaft entschieden.

5 BFH 10. 6. 1987 I R 301/83, BStBl 1987 II 816.

6 BFH 28. 10. 2008 VIII R 73/06, FR 2009, 663.

7 In Abgrenzung zu dem vorgenannten Fall hielt die PersGes nicht lediglich die Beteiligungen an den Standortgesellschaften und machte von den „normalen" Gesellschafterrechten Gebrauch; auf der Grundlage des Dienstleistungsvertrages und der daraus resultierenden Aktivitäten ging die Einflussnahme auf die operativ tätigen Gesellschaften weit darüber hinaus.

8 Zu den einzelnen Arbeitsgemeinschaften im Bauwesen vgl. *Güroff* in Glanegger/Güroff, GewStG § 2a Rn. 2.

9 Zur Abgrenzung einer Gelegenheitsgesellschaft von einer ARGE vgl. BFH 13. 5. 1998 VIII R 81/96, NWB DokID: YAAAA-62694.

setzungen auf einen einzigen Werk- bzw. Werklieferungsvertrag beschränkt, ist eine Arbeitsgemeinschaft, deren Zweck für mehrere Verträge gilt, ein Gewerbebetrieb.[1]

4375 Während bei Einzelunternehmen zu prüfen ist, ob ihre verschiedenen gewerblichen Tätigkeiten als Teile eines einzigen Gewerbebetriebes gelten, können gewerblich tätige PersGes jeweils nur einen einzigen Gewerbebetrieb unterhalten. Jede PersGes ist für sich selbständig zu beurteilen; das gilt auch dann, wenn an mehreren PersGes dieselben Gesellschafter in demselben Verhältnis beteiligt sind.[2] Unterhält jede der PersGes einen Gewerbebetrieb, so ist jeder selbständig gewerbesteuerpflichtig.[3]

4376 Ist hingegen eine Person oder Personengruppe als atypisch stiller Gesellschafter nur am Gewinn eines bestimmten Geschäftsbereiches des Handelsgewerbes einer Kapitalgesellschaft beteiligt, sind die unter der Firma der Kapitalgesellschaft ausgeübten gewerblichen Tätigkeiten nicht als ein einziger, sondern als mehrere Gewerbebetriebe zu beurteilen.[4]

4377–4380 *(Einstweilen frei)*

3. Steuerschuldner

4381 Steuersubjekt kann nicht der Gewerbebetrieb als solcher sein. Es ist daher der Steuerschuldner zu definieren. Steuerschuldner ist der Unternehmer, für dessen Rechnung das Gewerbe betrieben wird. Ist die Tätigkeit einer PersGes Gewerbebetrieb, so ist Steuerschuldner gem. § 5 Abs. 1 Satz 3 GewStG die Gesellschaft;[5] § 5 Abs. 1 Satz 3 GewStG kann daher als spezialgesetzliche Regelung angesehen werden, da nicht der Unternehmer, sondern die Gesellschaft – in Durchbrechung der allgemeinen Regelungen des § 5 Abs. 1 Satz 1 und 2 GewStG – Steuerschuldner der GewSt ist.[6] Allerdings setzt § 5 Abs. 1 Satz 3 GewStG voraus, dass die Gesellschafter der PersGes Mitunternehmer eines gewerblichen Unternehmens i. S. d. EStG sind.[7] Die Mitunternehmer können noch für die Gewerbesteuerschuld der Gesellschaft als Haftungsschuldner gem. § 191 AO in Anspruch genommen werden.[8]

4382 Etwas anderes kann für die Steuerschuldnerschaft einer als Innengesellschaft (ohne Gesamthandsvermögen) geführten PersGes gelten. Im Falle einer atypisch stillen Gesell-

1 Gem. FG München (29. 3. 2006 10 K 2847/03, EFG 2006, 1189, rkr.) sind die Voraussetzungen einer ARGE nicht erfüllt, wenn nach dem Gesellschaftsvertrag die Sanierung von Altbauprojekten bezweckt wird und zugleich die Vermarktung der hieraus entstandenen Eigentumswohnungen vereinbart wird. Der Geltungsbereich der Ausnahmevorschrift des § 2a GewStG werde überschritten, wenn der Zweck der Gesellschaft nicht nur auf die Erfüllung eines Werkvertrages oder Werkliefervertrages gerichtet ist, sondern auch auf die Vermarktung und Übertragung von Wohneigentum (vgl. BFH 13. 5. 1998 VIII R 81/96, DStR 1999, 388).

2 *Knobbe-Keuk*, Bilanz- und Unternehmenssteuerrecht, S. 728; BFH 21. 2. 1980 I R 95/76, BStBl 1980 II 465.

3 BFH 21. 2. 1980 I R 95/76, BStBl 1980 II 465.

4 BFH 6. 12. 1995 I R 109/94, BFHE 179, 427.

5 Nach früherer Rspr. waren die Mitunternehmer des Gewerbebetriebs Steuerschuldner. Aufgabe der Rechtsprechung durch BFH 21. 2. 1980 (I R 95/76, BStBl 1980 II 465). Mit der Neufassung des EGAO 1977 (EGAO 1977 14. 12. 1976, BGBl 1976 I 3341, BStBl 1976 I 694) ist die bis dahin bestehende persönliche Steuerschuldnerschaft der einzelnen Mitunternehmer entfallen, § 5 Abs. 1 Satz 3 GewStG.

6 Vgl. auch Anmerkung Bode zum BFH 3. 2. 2010 (IV R 26/07, BStBl 2010 II 751), DB 2010 822.

7 Die einkommensteuerliche Wertung des § 15 Abs. 1 Satz 1 Nr. 2 und Abs. 2 und 3 EStG wirkt über § 2 Abs. 1 Satz 2 GewStG auch für die GewSt.

8 BFH 17. 2. 1989 III R 36/85, BStBl 1989 II 664.

schaft (stille Gesellschaft, bei der der Gesellschafter als Mitunternehmer anzusehen ist[1]) hat der BFH mit Urteil vom 12. 11. 1985[2] entschieden, dass Schuldner der Gewerbesteuer nach § 5 Abs. 1 GewStG nur der nach außen tätige Unternehmer – also der Inhaber des Handelsgeschäftes – ist.[3] Steuerschuldner ist danach weder die atypisch stille Gesellschaft selbst noch die an ihr beteiligten stillen Gesellschafter in ihrer gesellschaftsrechtlichen Verbundenheit, noch der einzelne atypisch stille Gesellschafter.[4] Unberührt hiervon bleibt jedoch die sachliche Gewerbesteuerpflicht der Innengesellschaft. Abhängig davon, ob die Tätigkeiten des Inhabers des Handelsgewerbes und des atypisch stillen Gesellschafters als ein Gewerbebetrieb oder als zwei getrennte Gewerbebetriebe zu beurteilen sind,[5] sind entweder nur ein Gewerbesteuermessbescheid/Gewerbesteuerbescheid oder zwei getrennte Gewerbesteuermessbescheide/Gewerbesteuerbescheide an den Inhaber des Handelsgewerbes zu richten.[6]

In dem soeben genannten Urteil[7] des BFH wird ausdrücklich darauf hingewiesen, dass 4383
§ 5 Abs. 1 Satz 3 GewStG – trotz der für Innengesellschaften zu beachtenden einschränkenden Gesetzesauslegung – das Vorhandensein einer Mitunternehmerschaft voraussetze. Eine KG, aber keine Mitunternehmerschaft, sondern steuerlich ein Einzelunternehmen besteht, wenn der einzige Kommanditist Treuhänder des persönlich haftenden Gesellschafters ist.[8,9] Bei diesem sog. Treuhandmodell vermittelt der Treuhandanteil (Kommanditanteil) dem Treuhänder keine Mitunternehmerstellung und die aus dem Anteil erzielten Einkünfte sind steuerlich gem. § 39 Abs. 2 AO der Komplementärin zuzurechnen. Die Komplementärin (Treugeberin) erzielt – ungeachtet dessen, dass das Unternehmen zivilrechtlich in der Rechtsform einer PersGes geführt wird – gewerbliche Einkünfte kraft einzelunternehmerischer Tätigkeit (§ 15 Abs. 1 Satz 1 Nr. 1 EStG). Eine Mitunternehmerschaft liegt nicht mehr vor, wenn nur einer der Gesellschafter mitunternehmerisch beteiligt ist und ertragsteuerlich wie ein Einzelunternehmer zu be-

1 Zur Abgrenzung der atypischen von der typisch stillen Gesellschaft bei weitreichenden Mitwirkungsrechten vgl. BFH v. 1. 7. 2010 IV R 100/06, BFH/NV 2010, 2056, NWB DokID: BAAAD-52040.

2 BFH 12. 11. 1985 VIII R 364/83, BStBl 1986 II 311; *Döllerer*, DStR 1985, 295, 300; *Knobbe-Keuk*, Bilanz- und Unternehmenssteuerrecht, S. 726; *Sarrazin* in Lenski/Steinberg, GewStG § 5 Anm. 90.

3 Vgl. auch R 5.1 Abs. 2 GewStR 2009.

4 Dieses hat der BFH in einem neueren Urteil v. 29. 3. 2007 (IV R 55/05, BStBl 2007 II 655), in dem es eigentlich inhaltlich darum ging, dass eine Avalgebühr in dem zu entscheidenden Fall nicht als Dauerschuld hinzuzurechnen ist, da die Avalprovision hier nicht für die Zurverfügungstellung des Gewerbedarlehens gezahlt wurde, noch mal bestätigt: Unter Bezug auf eine atypisch stille Gesellschaft wurde entschieden, „dass – obgleich sämtliche Mitunternehmer sachlich der Gewerbesteuer unterworfen sind – nur der Inhaber des Handelsgewerbes subjektiv steuerpflichtig ist". Zwar sei nach § 5 Abs. 1 Satz 3 GewStG die Gesellschaft selbst Schuldnerin der Gewerbesteuer; da die Vorschrift jedoch auch bezwecke, den vollstreckungsrechtlichen Zugriff auf das Gesellschaftsvermögen zu sichern, sei sie bei reinen Innengesellschaften, die kein Gesamthandsvermögen bilden, nicht anwendbar.

5 Vgl. auch BFH 23. 4. 2009 IV R 73/06, BStBl 2010 II 40; FR 2009, 1135, mit Kommentar des Vors. RiBFH *Prof. Dr. H.-J. Kanzler*.

6 Vgl. R 5.1 Abs. 2 Satz 3 und 4 GewStR.

7 BFH 12. 11. 1985 VIII R 364/83, BStBl 1986 II 311.

8 BFH 1. 10. 1992 IV R 130/90, BStBl 1993 II 574.

9 Wenn jedoch bei einer KG die Rechte aus dem Komplementäranteil treuhänderisch für den Kommanditisten wahrgenommen werden, ist eine Mitunternehmerschaft weiterhin zu bejahen. Eine solche Treuhandabrede lässt die Mitunternehmerstellung des Komplementärs i. d. R. unberührt, da er aufgrund der Regelungen in § 170 HGB von der Vertretung der Gesellschaft nicht ausgeschlossen werden kann und das Risiko für die Haftungsinanspruchnahme für Verluste der KG zu tragen hat; vgl. BFH 3. 2. 2010 IV R 26/07, BStBl 2010 II 751.

handeln ist.[1] Die PersGes, an der nur ein Gesellschafter mitunternehmerisch beteiligt ist, unterliegt nicht der Gewerbesteuer (sog. Treuhandmodell).[2] Die Wirtschaftsgüter des Gesamthandsvermögens sind gem. § 39 Abs. 2 Nr. 2 AO dem allein unternehmerisch beteiligten Gesellschafter zuzurechnen.

4384–4385 *(Einstweilen frei)*

4. Beginn und Ende der Steuerpflicht

4386 Im Gewerbesteuergesetz sind Beginn und Ende der sachlichen Gewerbesteuerpflicht nicht ausdrücklich geregelt. Über § 2 Abs. 1 Sätze 1 und 2 GewStG ist daher zu bestimmen, wann die Voraussetzungen für einen Gewerbebetrieb vorliegen bzw. nicht mehr vorliegen und damit die sachliche Gewerbesteuerpflicht zu bejahen bzw. zu verneinen ist. Die Gewerbesteuer entspricht an dieser Stelle ihrem Charakter als Objektsteuer; sie kennt an sich nur den laufenden Betrieb, ohne Aufbau- und Liquidationsphasen.[3,4]

a) Beginn der Steuerpflicht

4387 Bei PersGes beginnt die Gewerbesteuerpflicht in dem Zeitpunkt, in dem erstmals alle Voraussetzungen erfüllt sind, die zur Annahme eines Gewerbebetriebes (Selbständigkeit, Nachhaltigkeit, Gewinnerzielungsabsicht, Beteiligung am allgemeinen wirtschaftlichen Verkehr, keine Ausübung der Land- und Forstwirtschaft, keine Ausübung eines freien Berufes oder einer anderen selbständigen Tätigkeit und keine Verwaltung privaten Vermögens) führen.[5,6] Das Unternehmen muss sich mit eigenen gewerblichen Leistungen aktiv am allgemeinen wirtschaftlichen Verkehr beteiligen können.[7,8] Der Gewerbebetrieb muss in Gang gesetzt sein, d. h. dass der Betrieb eröffnet sein muss. Betriebseröffnung bedeutet dabei nicht eine formale Eröffnung, sondern der Beginn der gewerblichen Tätigkeit.[9]

---

1 Vgl. auch Anmerkung *Bode* zum BFH 3. 2. 2010 (IV R 26/07, BStBl 2010 II 751), DB 2010 822.

2 BFH 3. 2. 2010 IV R 26/07, BStBl 2010 II 751; der Vollständigkeit halber sei noch darauf hingewiesen, dass das dem Verfahren beigetretene BMF eine gegenteilige Auffassung vertreten hat.

3 BFH 17. 4. 1986 IV R 100/84, BStBl 1986 II 527.

4 Durch die Einfügung von § 7 Satz 2 GewStG durch das Unternehmenssteuerfortentwicklungsgesetz (UntStFG v. 20. 12. 2001, BGBl 2001 I 3858) werden ab Erhebungszeitraum 2002 bestimmte Veräußerungs- und Aufgabetatbestände der Gewerbesteuer unterworfen (vgl. hierzu Rn. 4646 ff.). Hiermit wird der Objektsteuercharakter der Gewerbesteuer durchbrochen.

5 Vgl. hierzu R 2.5 Abs. 1 Satz 1 GewStR 2009.

6 Zum Beginn der sachlichen Gewerbesteuerpflicht vgl. auch *Bröder*, NWB F. 5, 1543.

7 Da die Gewerbesteuer eine auf den Betrieb bezogene (rechtsformunabhängige) Objektsteuer ist, die die Gemeinden für die durch den laufenden Betrieb verursachten Lasten entschädigen soll (Äquivalenzprinzip), ist der Zeitpunkt maßgebend, zu dem die Voraussetzungen für die Beteiligung am allgemeinen wirtschaftlichen Verkehr gegeben sind; BFH 22. 11. 1994 VIII R 44/92, BStBl 1995 II 900; 19. 8. 1977 IV R 107/74, BStBl 1978 II 23.

8 Das ergibt sich mittelbar – sozusagen im Umkehrschluss – auch aus § 2 Abs. 4 GewStG; danach besteht nämlich während der Unterbrechung des Gewerbebetriebes keine Gewerbesteuerpflicht, es sei denn, es handelt sich um vorübergehende Unterbrechungen im Betrieb des Gewerbes, die durch die Art des Betriebes veranlasst sind (vgl. BFH 17. 4. 1986 IV R 100/84, BStBl 1986 II 527).

9 *Lenski/Steinberg*, GewStG § 2 Rn. 1506.

Bloße Vorbereitungshandlungen lassen den Gewerbebetrieb – anders als im Einkommen- oder Körperschaftsteuerrecht – noch nicht entstehen.[1] 4388

BEISPIELE: Aufwendungen für vorbereitende Maßnahmen (Maklerprovision, Beratungskosten, Anzeigen, Erwerb von Fachbüchern, Büromaterial, Gebühren) zur Eröffnung einer Apotheke sind nicht als Gewerbeverlust i. S. d. § 10a GewStG zu berücksichtigen.[2] Ebenso werden die Anmietung eines Geschäftslokales, die Errichtung eines Fabrikgebäudes oder eines Hotels, dessen Betrieb erst nach der Fertigstellung begonnen wird, als bloße – gewerbesteuerlich noch unbeachtliche – Vorbereitungshandlungen angesehen.

Zu den bereits werbenden Tätigkeiten zählen die Aufgabe von Anzeigen in den Medien, das Versenden von Prospekten und Angeboten sowie die Teilnahme an Messen; die Leistung muss aber zu diesen Zeitpunkten auch tatsächlich schon erbracht werden können.[3]

Der BFH hat mit Urteil vom 22.11.1994[4] entschieden, dass auch die sachliche Gewerbesteuerpflicht eines von einer OHG, deren Gesellschafter ausschließlich Kapitalgesellschaften sind (gewerblich geprägte PersGes), zu betreibenden Unternehmens erst beginnt, wenn sämtliche tatbestandlichen Merkmale eines Gewerbebetriebes erfüllt sind und der Gewerbebetrieb in Gang gesetzt worden ist. Entscheidend ist nach diesem Urteil, wann die Voraussetzungen für die Beteiligung am allgemeinen wirtschaftlichen Verkehr tatsächlich erfüllt sind, so dass sich das Unternehmen mit eigenen gewerblichen Leistungen beteiligen kann. Der Beginn der Gewerbesteuerpflicht einer originär gewerblich tätigen PersGes wird nicht etwa deshalb vorverlegt, weil alle Gesellschafter der PersGes Kapitalgesellschaften sind; eine Gewerbesteuerpflicht kraft Rechtsform entsteht hierdurch nicht.[5] Gemäß BMF[6] war die genannte Entscheidung über den entschiedenen Einzelfall hinaus bei gewerblich geprägten PersGes zunächst nicht anzuwenden. Nach dem Erlass hätte die Entscheidung des BFH zur Folge gehabt, dass Vorbereitungshandlungen für die werbende Tätigkeit die sachliche Gewerbesteuerpflicht einer gewerblich geprägten PersGes nicht begründen.[7] 4389

Auch § 15 Abs. 3 Nr. 2 EStG wäre nach Auffassung der Finanzverwaltung ins Leere gelaufen, da eine vermögensverwaltende Tätigkeit die sachliche Gewerbesteuerpflicht einer gewerblich geprägten PersGes nicht begründen würde. Die Auffassung der Finanzverwaltung hat verkannt, dass auch der Gewerbebetrieb einer gewerblich geprägten PersGes kein Gewerbebetrieb kraft Rechtsform, sondern kraft Tätigkeit ist.[8] Diese nach der Rechtsprechung des BFH überholte Auffassung hat die FinVerw mittlerweile aufgegeben. Gemäß R 2.5 Abs. 1 Satz 4 GewStR 2009 beginnt auch bei einer gewerblich ge- 4390

---

1 Hier ist – wenn möglich – darauf hinzuwirken, dass in einem frühen Stadium bereits Einkünfte aus gewerblicher Tätigkeit entstehen, damit ein möglichst großer Teil der Aufwendungen für die Vorbereitungshandlungen auch gewerbesteuerlich Berücksichtigung finden kann.

2 BFH 19. 8. 1977 IV R 107/74, BStBl 1978 II 23.

3 BFH 17. 4. 1986 IV R 100/84, BStBl 1986 II 527.

4 BFH 22. 11. 1994 VIII R 44/92, BStBl 1995 II 900.

5 Anders ausgedrückt: „Eine GmbH & Co. KG, deren Gegenstand die Ausübung einer originär gewerblichen Tätigkeit ist, wird nicht für die Zeit, in der sie ihre werbende Tätigkeit lediglich vorbereitet, als gewerblich geprägte Personengesellschaft angesehen.“; BFH 20. 11. 2003 IV R 5/02, BStBl 2004 II 464.

6 BMF 20. 11. 1995, BStBl 1995 I 819 (gleichl. Erl. der obersten Finanzbehörden der Länder).

7 Das FG Berlin-Brandenburg hingegen lässt entgegen der bisherigen Rechtsprechung den Betriebsausgabenabzug für Vorbereitungshandlungen einer PersGes, an der ausschließlich KapGes beteiligt sind, zu (FG Berlin-Brandenburg 17. 1. 2010 7 K 1993/06, Rev. eingelegt, Az. des BFH: IV R 54/10).

8 *Lenski/Steinberg*, GewStG § 2 Rn. 1508.1.

prägten PersGes i. S. d. § 15 Abs. 3 Nr. 2 EStG die Steuerpflicht erst, wenn der Gewerbebetrieb in Gang gesetzt ist.[1] Genauer müsste es hier allerdings heißen, dass der Zeitpunkt für den Betriebsbeginn die Aufnahme der auf Einkünfteerzielung gerichteten vermögensverwaltenden Tätigkeit ist.[2]

4391 Bei Unternehmen, die im Handelsregister einzutragen sind, ist der Zeitpunkt der Eintragung im Handelsregister ohne Bedeutung für den Beginn der Gewerbesteuerpflicht. Gleiches gilt für den Zeitpunkt der Gewerbeanmeldung oder der steuerlichen Registrierung.

4392 Die Aufnahme der gewerblichen Tätigkeit lässt die PersGes in vollem Umfang gewerbesteuerpflichtig werden.[3] Bei OHGs, KGs und anderen PersGes, die eine Tätigkeit i. S. d. § 15 Abs. 1 Satz 1 Nr. 1 EStG ausüben und deren Gesellschafter als Mitunternehmer anzusehen sind, gilt dies selbst dann, wenn sie nur teilweise eine Tätigkeit i. S. d. § 15 Abs. 1 Satz 1 Nr. 1 EStG ausüben (§ 15 Abs. 3 Nr. 1 EStG, H 138 Abs. 5 EStH).[4]

b) Ende der Steuerpflicht

4393 Die Gewerbesteuerpflicht erlischt bei PersGes mit der tatsächlichen Einstellung des Betriebes, d. h. mit der Beendigung jeder mit Einkünfteerzielungsabsicht unternommenen Tätigkeit. Der Betrieb endet, wenn jede werbende Tätigkeit aufgegeben wird. Die Abwicklung ist für die Gewerbesteuer nicht relevant. Ebenso wie der Beginn der Gewerbesteuerpflicht voraussetzt, dass alle Voraussetzungen eines Gewerbebetriebes vorliegen, so endet die Gewerbesteuerpflicht, wenn nur eine dieser Voraussetzungen erlischt. Die tatsächliche Einstellung des Betriebes ist entscheidend für das Ende der sachlichen Steuerpflicht. Die Einstellung des Betriebes ist aber nicht im formalen Sinn zu verstehen. Vielmehr ist die Beendigung der gewerblichen Arbeitsleistung gemeint.[5] Für die sachliche Steuerpflicht genügt nicht, dass Handlungen getätigt werden, die die organisatorische Leistungs- und Wirtschaftseinheit nach Beendigung der geschäftlichen Tätigkeit abwickeln und auflösen.[6] Die Versilberung der vorhandenen Betriebsgegenstände und die Einziehung der Forderungen können nicht als gewerbliche Tätigkeit angesehen werden, selbst wenn hierfür noch (ehemalige) Arbeitskräfte gebraucht werden.

BEISPIEL: Die Gewerbesteuerpflicht einer PersGes endet zum 31. 12. eines Kalenderjahres, wenn die Gesellschafter an diesem Tage beschließen, die PersGes zum 2. 1. des Folgejahres aufzulösen und das gesamte bewegliche Betriebsvermögen zu veräußern und die Betriebsgrundstücke zu entnehmen. Diese Tätigkeit stellt keinen aktiven Betrieb mehr da.

1 Vgl. hierzu auch das Beispiel in H 2.5 Abs. 1 GewStH 2009.

2 Vgl. BFH 20. 11. 2003 IV R 5/02, BStBl 2004 II 464.

3 Vgl. hierzu Rn. 4386.

4 Eine PersGes ist nicht umfassend gewerblich tätig, wenn der Anteil der originär gewerblichen Tätigkeit äußerst gering ist, BFH 11. 8. 1999 XI R 12/98, BStBl 2000 II 229.

5 Vgl. *Sarrazin* in Lenski/Steinberg, GewStG § 2 Rn. 1516 (ältere vollständige Kommentierung).

6 Vgl. *Sarrazin* in Lenski/Steinberg, GewStG § 2 Rn. 1516 (ältere vollständige Kommentierung).

Ebenso endet die Gewerbesteuerpflicht einer GmbH & Co. KG,[1] wenn sie aufgelöst und liquidiert wird, sobald sie die werbende Tätigkeit eingestellt hat.[2] Scheidet die Komplementär-GmbH aus einer vermögensverwaltenden GmbH & Co. KG aus, so endet die Gewerbesteuerpflicht mit dem Ausscheiden aus der KG. 4394

Eine PersGes kann nur aufgelöst werden, indem der Gewerbebetrieb im Ganzen veräußert wird oder indem der Betrieb aufgegeben und das Betriebsvermögen in das Privatvermögen der Gesellschafter überführt wird oder indem der Betrieb durch allmähliche Veräußerung der Wirtschaftsgüter liquidiert wird. Der Zeitpunkt der Beendigung der Gewerbesteuerpflicht hängt somit davon ab, auf welche Art und Weise die PersGes aufgelöst wird. 4395

Gemäß § 4 GewStDV bleibt ein Gewerbebetrieb, der aufgegeben oder aufgelöst wird, Steuergegenstand bis zur Beendigung der Aufgabe oder Abwicklung. Das Erlöschen der Gewerbesteuerpflicht beurteilt sich jedoch auch in diesen Fällen ausschließlich nach den o. g. Grundsätzen. *Sarrazin*[3] spricht insofern von einer gegenüber § 4 GewStDV einschränkenden Auslegung des Betriebsbegriffes, der sich ebenfalls auf dem Objektsteuerbegriff der Gewerbesteuer gründet. Gleichzeitig wird klargestellt, dass die Gewerbesteuerpflicht als solche auch nicht durch die Eröffnung des Insolvenzverfahrens berührt wird.[4] Die Einstellung des Gewerbebetriebes darf aber nicht von vornherein nur vorübergehend sein, wie das bei Saisonbetrieben der Fall ist. Ausreichend ist aber, wenn der Betrieb für eine „gewisse"[5] Dauer aufgegeben wird.[6] Die Gewerbesteuerpflicht erlischt nicht nur mit der Aufgabe/Auflösung des Gewerbebetriebes, sondern auch mit dem Eintritt eines Befreiungsgrundes gem. § 3 GewStG. 4396

Geht der Gewerbebetrieb im Ganzen auf einen anderen Unternehmer über, so gilt er als durch den bisherigen Unternehmer eingestellt (vgl. § 2 Abs. 5 Satz 1 GewStG). Dies hat insbesondere Auswirkungen auf den verbleibenden Gewerbeverlust i. S. d. § 10a GewStG.[7] Mit der Verpachtung des Gewerbebetriebes im Ganzen erlischt regelmäßig die Gewerbesteuerpflicht des Verpächters.[8] 4397

(Einstweilen frei) 4398–4410

1 Zur GmbH & Co. KG vgl. Rn. 4781 ff.

2 BFH 24. 4. 1980 IV R 68/77, BStBl 1980 II 658.

3 Vgl. *Sarrazin* in Lenski/Steinberg, GewStG § 2 Rn. 25 (aktualisierte, noch nicht vollständige Kommentierung).

4 Vielfach wird jedoch der Gewerbebetrieb im Zeitpunkt der Eröffnung des Insolvenzverfahrens tatsächlich bereits eingestellt sein, *Güroff* in Glanegger/Güroff, GewStG § 2 Rn. 217.

5 R 19 Abs. 1 Satz 2 GewStR.

6 Zur Abgrenzung von Betriebsaufgabe und Betriebsunterbrechung vgl. BFH 7. 4. 2009 III B 54/07, BFH/NV 2009 1620.

7 Vgl. Rn. 4556 ff.

8 Zur Verpachtung des Gewerbebetriebes vgl. Rn. 4721 ff.

II. Laufende Besteuerung

1. Gewerbeertrag als Besteuerungsgrundlage

4411 Gemäß § 6 GewStG ist Besteuerungsgrundlage für die Gewerbesteuer der Gewerbeertrag.[1]

Gewerbeertrag ist gem. § 7 Satz 1 GewStG der nach den Vorschriften des Einkommensteuergesetzes (oder des Körperschaftsteuergesetzes) zu ermittelnde Gewinn aus Gewerbebetrieb[2] vermehrt um die Hinzurechnungen nach § 8 GewStG und vermindert um die Kürzungen nach § 9 GewStG.

4412 Es besteht keine verfahrensrechtliche Bindung; ein Bescheid über die gesonderte und einheitliche Gewinnfeststellung ist für die Festsetzung des Gewerbesteuermessbetrages und der Gewerbesteuer kein Grundlagenbescheid.[3] Der Gewinn aus Gewerbebetrieb ist im Rahmen der Gewerbesteuermessbetragsfestsetzung selbständig zu ermitteln, wenn auch nach den materiell-rechtlichen Vorschriften des EStG. Die Vorschriften des EStG sind nur insoweit nicht anzuwenden, als sie ausdrücklich auf die Einkommensteuer beschränkt sind. Bilanzsteuerrechtliche Bewertungswahlrechte dürfen für die einkommen- und gewerbesteuerliche Gewinnermittlung nur einheitlich ausgeübt werden.[4] Das Finanzamt ist rechtlich nicht an den Betrag gebunden, den es im Rahmen der Einkommensteuerveranlagung oder einer gesonderten Gewinnfeststellung als Gewinn aus Gewerbebetrieb angesetzt hat.[5] Die rechtliche Selbständigkeit erlaubt es, Fehler, die bei der Gewinnermittlung im Rahmen der Einkommensteuerveranlagung aus verfahrensrechtlichen Gründen nicht mehr berichtigt werden können, bei der Gewerbesteuerveranlagung zu korrigieren (wenn es dort verfahrensrechtlich noch möglich ist).[6] Im Gewerbesteuermessbetragsverfahren können Einwendungen gegen die Ermittlung des Gewinnes aus Gewerbebetrieb unabhängig von der Veranlagung zur Einkommensteuer (oder Körperschaftsteuer) vorgebracht werden (vgl. R. 7.1 Abs. 2 GewStR 2009).

4413 Für die Ermittlung des Gewerbeertrages einer PersGes wird zunächst der Handelsbilanzgewinn zugrunde gelegt. In einem zweiten Schritt ist der Handelsbilanzgewinn an die steuerlich maßgebenden Wertansätze anzupassen bzw. es ist eine Steuerbilanz

---

1 Der Vollständigkeit halber sei darauf hingewiesen, dass ab dem Erhebungszeitraum 2011 eine Pflicht zur elektronischen Übermittlung der Steuererklärung besteht (§§ 14a, 36 Abs. 9b GewStG - Änderung durch das Steuerbürokratieabbaugesetz v. 20. 12. 2008, BGBl 2008 I 2850). Es handelt sich dabei um die Erklärung zur Festsetzung des Steuermessbetrages und in Zerlegungsfällen auch um die Zerlegungserklärung.

2 Gewinn aus Gewerbebetrieb ist derjenige, der bei der Ermittlung des Einkommens für den dem Erhebungszeitraum (§ 14 GewStG) entsprechenden Veranlagungszeitraum zu berücksichtigen ist.

3 BFH 19. 1. 1990 III R 31/87, BStBl 1990 II 383; 17. 12. 2003 XI R 83/00, BStBl 2004 II, 699 und 17. 12. 2008 III R 22/06, BFH/NV 2009, 1087.

4 BFH 21. 1. 1992 VIII R 72/87, BStBl 1992 II 958; 9. 8. 1989 X R 110/87, BStBl 1990 II 195; 28. 6. 1989 I R 124/88, BStBl 1990 II 76 (betrifft Körperschaftsteuer und Gewerbesteuer); 25. 4. 1985 IV R 83/83, BStBl 1986 II 350.

5 BFH 25. 10. 1984 IV R 165/82, BStBl 1985 II 212.

6 Von *Twickel* in Blümich, GewStG § 7 Rz. 44.

aufzustellen (vgl. § 60 Abs. 2 EStDV). Für die steuerliche Gewinnermittlung ist dann die Frage bedeutsam, ob aus Sicht der Einkommensteuer eine Mitunternehmerschaft vorliegt. Die Beantwortung der Frage erfolgt analog der Einkommensteuer nach § 15 Abs. 1 Satz 1 Nr. 2 EStG.[1]

Bedeutsam ist die Frage nach der Mitunternehmerschaft vor allem deshalb, weil die Vergütungen, die der Mitunternehmer für seine Tätigkeit im Dienst der Gesellschaft, für die Hingabe von Darlehen oder für die Überlassung von Wirtschaftsgütern bezogen hat, in den Gewerbeertrag einbezogen werden, sofern eine Mitunternehmerschaft vorliegt. Diese Vergütungen sind in der Handelsbilanz und auch in der Steuerbilanz zunächst noch als Betriebsausgaben abzuziehen. Zur Ermittlung des steuerlichen Gesamtgewinns werden diese Sondervergütungen dem Gewinn wieder hinzugerechnet.[2] Das gilt auch für die Gehälter der Geschäftsführer einer GmbH, die die Geschäfte einer GmbH & Co. KG führen,[3] wenn die Empfänger zugleich Gesellschafter (Kommanditisten) der GmbH & Co. KG sind.[4] Die Tätigkeitsvergütungen gehören jedoch ausnahmsweise nicht zum Gewinn bzw. zum Gewerbeertrag, wenn der Empfänger zwar formal, aber wirtschaftlich kein echter Mitunternehmer ist.[5] 4414

Auch die Gewinne, die ein Gesellschafter aus der Veräußerung von Sonderbetriebsvermögen erzielt, das der Betätigung der Gesellschaft dient, sind in den Gewerbeertrag der PersGes einzubeziehen.[6] Die Einbeziehung der Wirtschaftsgüter des Sonderbetriebsvermögens sowie der Sonderbetriebseinnahmen und -ausgaben in die Ermittlung des Gewerbeertrages ergibt sich – gem. ständiger Rechtsprechung[7] – aus der Verweisung in § 7 GewStG auf die Gewinnermittlungsvorschriften des EStG und entspricht damit der einkommensteuerlichen Handhabung. In der Entscheidung des BFH aus 1980[8] ging es bereits um die Einbeziehung des Veräußerungsgewinnes von Sonderbetriebsvermögen I. Nunmehr hat der BFH[9] klargestellt, dass auch der Gewinn aus der Veräußerung von Sonderbetriebsvermögen II zum Gewerbeertrag der PersGes gehört. 4415

In dem Gesamtgewinn werden auch Ergebnisse aus etwaigen Ergänzungsbilanzen erfasst. Ergebnisse aus Ergänzungsbilanzen, die für einen Mitunternehmer geführt werden, z. B. weil er den Anteil eines früheren Mitgesellschafters zu einem über dem Buchwert liegenden Wert erworben hat, sind bei der Ermittlung des Gewerbeertrages stets 4416

1 Vgl. dazu Rn. 246 ff. sowie BFH 10. 6. 1987 I R 301/83, BStBl 1987 II 816; 25. 10. 1984 IV R 165/82, BStBl 1985 II 212; 9. 4. 1981 IV R 178/80, BStBl 1981 II 621; 6. 11. 1980, BStBl 1981 II 220; 6. 7. 1978 IV R 164/74, BStBl 1978 II 647.

2 Vgl. hierzu Rn. 666 ff., 1331 ff.

3 Vgl. hierzu Rn. 4221 ff.

4 BFH 14. 12. 1978, BStBl 1979 II 284; 26. 1. 1968 VI R 129/66, BStBl 1968 II 369.

5 BFH 26. 6. 1964 VI 302/62 U, BStBl 1964 III 501 f.

6 BFH 3. 5. 1993 GrS 3/92, BStBl 1993 II 616; 6. 11. 1980 IV R 182/77, BStBl 1981 II 220.

7 BFH 3. 5. 1993 GrS 3/92, BStBl 1993 II 616; 24. 3. 1999 I R 114/97, BStBl 2000 II 399; 31. 7. 1985 VIII R 261/81, BStBl 1986 II 304.

8 BFH 6. 11. 1980 IV R 182/77, BStBl 1981 II 220.

9 BFH 3. 4. 2008 IV R 54/04, BStBl 2008 II 742.

zu berücksichtigen.[1] Das gilt auch dann, wenn der von dem früheren Mitunternehmer erzielte Veräußerungsgewinn nicht zur Gewerbesteuer herangezogen wurde.[2]

4417 Grundlage der Gewinnermittlung der PersGes ist daher entsprechend den einkommensteuerlichen Regelungen für Zwecke der Gewerbesteuer die Gesamtbilanz der Mitunternehmerschaft einschließlich der Sonder- und Ergänzungsbilanzen.[3] Allerdings ist für die Besteuerung des Gewerbebetriebes mit Gewerbesteuer nur der laufende Ertrag zu berücksichtigen, so dass Vorgänge vor Beginn und nach Beendigung der werbenden Tätigkeit den Gewerbeertrag nicht beeinflussen können.[4] Auch muss der nach den Vorschriften des EStG ermittelte Gewinn aus Gewerbebetrieb um solche Bestandteile bereinigt werden, die nicht mit dem Wesen der Gewerbesteuer als einer auf den tätigen Betrieb bezogenen Sachsteuer übereinstimmen.[5] Bis inklusive Erhebungszeitraum 2001 zählte zum Gewerbeertrag bspw. nicht der Gewinn aus der Veräußerung oder Aufgabe eines Betriebes/Teilbetriebes; nunmehr gehören dazu gem. § 7 Satz 2 GewStG auch Gewinne aus der Veräußerung bzw. Aufgabe von Betrieben oder Teilbetrieben bzw. von Anteilen, soweit sie nicht auf eine natürliche Person als unmittelbar beteiligten Mitunternehmer entfallen.[6]

4418 Ein Sonderfall und damit ein laufender und kein Veräußerungsgewinn ist gegeben, wenn ein gewerblicher Grundstückshändler seinen gesamten Grundstücksbestand (Umlaufvermögen) an einen oder zwei Erwerber veräußert.[7] Nicht zum Gewerbeertrag gehört jedoch der Gewinn aus der Veräußerung eines Grundstückes, das zwar im Gesamthandsvermögen der PersGes bilanziert ist, das aber von den Gesellschaftern der PersGes von Anfang an zu eigenen Wohnzwecken privat genutzt wurde.[8]

4419 Ein bei Einbringung eines Betriebes zu Buchwerten in eine PersGes nach § 24 UmwStG entstehender Gewinn aus der Überführung eines nicht zu den wesentlichen Betriebsgrundlagen gehörenden Wirtschaftsguts in das Privatvermögen unterliegt auch dann nicht der Gewerbeertragsteuer, wenn dieser Gewinn bei der Einkommensbesteuerung nach dem Tarif zu versteuern ist.[9]

1 Auch die Ergebnisse aus einer negativen Ergänzungsbilanz eines Mitunternehmers sind bei der Ermittlung des Gewerbeertrages zu erfassen. In dem Fall einer einseitigen entgeltlichen Kapitalerhöhung, die zu einer Änderung der Beteiligungsverhältnisse führt, kann der nicht an der Kapitalerhöhung teilnehmende Gesellschafter seinen anteiligen Veräußerungsgewinn durch eine negative Ergänzungsbilanz neutralisieren. Obwohl die zu neutralisierenden Gewinne eigentlich aus einer – anteiligen Veräußerung – stammen, jedoch im Rahmen der Kapitalerhöhung das Ansatz- und Bewertungswahlrecht i. S. d. Buchwertfortführung ausgeübt worden ist, liegt einkommensteuerlich kein tarifbegünstigter Veräußerungsgewinn vor und die jährlich vorzunehmende Auflösung der negativen Ergänzungsbilanz ist als laufender Gewinn bei der Ermittlung des Gewerbeertrages zu erfassen; vgl. BFH 25. 4. 2006 VIII R 52/04, BStBl 2006 II 847.

2 BFH 29. 11. 1960 I 73/59 U, BStBl 1961 III 51.

3 Gem. der Rechtsprechung erfordert es auch der Objektsteuercharakter nicht, den gewerbesteuerlichen Ertrag abweichend von dem einkommensteuerlichen Gewinn festzusetzen. Dem Objektsteuercharakter tragen bei der Ermittlung des Gewerbeertrages die Hinzurechnungen nach § 8 GewStG und die Kürzungen nach § 9 GewStG Rechnung (vgl. auch BVerfG 13. 5. 1969 1 BvR 25/65, BStBl 1969 II 424).

4 Vgl. Rn. 4386 ff.

5 BFH 17. 2. 1994 VIII R 13/94, BStBl 1994 II 809 f.

6 Einfügung des § 7 Satz 2 GewStG durch das UntStFG v. 21. 12. 2001 m. W. z. Erhebungszeitraum 2002, vgl. Rn. 4646 ff.

7 BFH 25. 1. 1995 X R 76-77/92, BStBl 1995 II 388.

8 BFH 3. 10. 1989 VIII R 184/85, BStBl 1990 II 319.

9 BFH 29. 10. 1987 IV R 93/85, BStBl 1988 II 374.

Wird eine Kapitalgesellschaft in eine Personengesellschaft umgewandelt und innerhalb von 5 Jahren nach der Umwandlung der Betrieb der PersGes aufgegeben oder veräußert, so unterliegt der Aufgabe- oder Veräußerungsgewinn nach § 18 Abs. 3 UmwStG[1] der Gewerbesteuer.[2,3] Nach einer Ergänzung des § 18 Abs. 3 UmwStG durch das JStG 2008 gilt dies auch, soweit der Aufgabe- oder Veräußerungsgewinn auf Betriebsvermögen entfällt, das bereits vor der Umwandlung in dem Betrieb der übernehmenden PersGes oder der natürlichen Person vorhanden war.[4] Entsprechendes gilt, wenn ein Teilbetrieb oder ein Anteil an der PersGes aufgegeben oder veräußert wird.[5] § 18 Abs. 3 UmwStG begründet damit – als Missbrauchs- oder Umgehungsverhinderungsvorschrift – eine eigene Gewerbesteuerpflicht außerhalb des Gewerbesteuergesetzes; die Vorschrift stellte eine Ausnahme von dem Grundsatz dar, wonach nur laufende Gewinne einer PersGes der Gewerbesteuer unterliegen (s. jedoch § 7 Satz 2 GewStG bzw. unter IV.). 4420

Gemäß § 7 Satz 3 GewStG gilt der nach § 5a EStG (Betrieb von Handelsschiffen im internationalen Verkehr, sog. „Tonnagebesteuerung") ermittelte Gewinn (und das nach § 8 Abs. 1 Satz 3 KStG ermittelte Einkommen) als Gewerbeertrag nach § 7 Satz 3 GewStG. Der BFH hat mit einem Urteil[6] dargestellt, dass der gem. § 7 Satz 3 GewStG als Gewerbeertrag fingierte Tonnagegewinn – nach dem Gesetzeswortlaut und entsprechend der systematischen Stellung der Vorschrift – von den Hinzurechnungen und Kürzungen der §§ 8 und 9 GewStG ausgeschlossen ist. 4421

Mit § 7 Satz 4 GewStG wird nunmehr klargestellt, dass § 3 Nr. 40 und § 3c Abs. 2 EStG bei der Ermittlung des Gewerbeertrages einer Mitunternehmerschaft anzuwenden sind, soweit an der Mitunternehmerschaft natürliche Personen unmittelbar oder mittelbar über eine oder mehrere Personengesellschaften beteiligt sind; im Übrigen ist § 8b KStG anzuwenden.[7,8] 4422

(Einstweilen frei) 4423–4425

2. Hinzurechnungen nach § 8 GewStG

Der Gewerbesteuer unterliegt – nach dem Willen des Gesetzgebers – der sog. „objektivierte"[9] Gewerbeertrag. Der Tatbestand der Hinzurechnungen wurde durch das Unter- 4426

---

1 Bisher § 18 Abs. 4 UmwStG a. F.

2 Vgl. hierzu FG München 25. 10. 2005 10 K 5637/02, DStRE 2007, 230 und s. hierzu auch Vfg. der OFD Münster 18. 3. 2008, DB 2008, 897 sowie BFH 18. 9. 2008 IV B 51/08, BFH/NV 2008 2057 und BVerfG 6. 11. 2008 1 BvR 2360/07, HFR 2009 302.

3 Bei einer KapGes unterliegt der Gewinn aus der Veräußerung oder Liquidation der Gewerbesteuer, bei einer PersGes jedoch grundsätzlich nicht. Dies kann dazu führen, dass eine KapGes nur deshalb in eine PersGes umgewandelt oder auf diese zur Aufnahme verschmolzen wird, um sie anschließend gewerbesteuerfrei zu veräußern oder aufzugeben. Dies soll § 18 Abs. 3 UmwStG verhindern.

4 JStG 2008 v. 20. 12. 2007, BGBl 2007 I 3150. Diese Neufassung des § 18 Abs. 3 UmwStG ist erstmals auf Umwandlungen anzuwenden, bei denen die Anmeldung zur Eintragung in das für die Wirksamkeit der Umwandlung maßgebende öffentliche Register nach dem 31. 12. 2007 erfolgt ist (§ 27 Abs. 7 UmwStG).

5 So auch § 18 Abs. 3 UmwStG 2006 i. d. F. des SEStEG v. 7. 12. 2006, BGBl 2006 I 2782.

6 BFH 6. 7. 2005 VIII R 72/02, BStBl 2010 II 828.

7 § 7 Satz 4 GewStG angefügt durch das EURLUmsG v. 9. 12. 2004, BGBl 2004 I 3310.

8 Zu Einzelheiten vgl. Rn. 4497.

9 Vgl. Begründung zum UntStRefG zu Art. 3 Nr. 1a.

nehmensteuerreformgesetz 2008[1] durch die Einbeziehung (weiterer) ertragsunabhängiger Elemente deutlich geändert.[2,3] Der Gewerbeertrag soll unabhängig von der Art und Weise des für die Kapitalausstattung des Betriebes zu entrichtenden Entgeltes ermittelt werden.[4]

4427 Eine Hinzurechnung wird jedoch nur dann vorgenommen, wenn die Aufwendungen zuvor bei der steuerlichen Gewinnermittlung abgezogen wurden; daher unterliegen Sondervergütungen eines Mitunternehmers i. S. d. § 15 Abs. 1 Satz 1 Nr. 2 EStG genauso wie die Gewinnanteile eines atypisch stillen Gesellschafters nicht der Hinzurechnung. Auf die Behandlung der unterschiedlichen Zahlungen beim Empfänger kommt es – anders als vor dem Unternehmensteuerreformgesetz 2008[5] – nicht an.[6] Die bis dahin mögliche Vermeidung der gewerbesteuerlichen Doppelerfassung des gleichen wirtschaftlichen Sachverhaltes beim Leistenden und beim Empfänger wurde aufgehoben (Aufgabe des Korrespondenzprinzips). Es kann damit zu wirtschaftlichen Doppelbesteuerungen (insbesondere auch bei Betriebsaufspaltungen) kommen und bei mehrstufigen Überlassungen zu Kaskadeneffekten.[7]

4428 Allerdings sind zur Vermeidung einer doppelten Besteuerung Beträge aus der Auflösung von Rückstellungen oder erstattete Beträge bei der Ermittlung des Gewerbeertrages zu kürzen, wenn sie bei der Bildung der Rückstellung oder der Zahlung des Betrages gem. § 8 GewStG dem Gewinn aus Gewerbebetrieb hinzugerechnet worden sind. Die ursprünglich tatsächliche Hinzurechnung bestimmt den Umfang der Minderung.[8]

4429 Die im Folgenden dargestellten Regelungen sind ab dem Erhebungszeitraum 2008 anzuwenden (§ 36 Abs. 5a GewStG).[9,10]

a) Hinzurechnungen gem. § 8 Nr. 1 GewStG

4430 Eine Hinzurechnung der in § 8 Nr. 1a – f GewStG aufgeführten Finanzierungsentgelte erfolgt nur, soweit die Summe den Freibetrag von 100 000 €[11] übersteigt. Der Freibetrag gilt für sämtliche hinzuzurechnenden Aufwendungen und Finanzierungsanteile nur einmal. Der den Freibetrag übersteigende Betrag wird zu 25 % (einheitlich) dem Gewinn aus Gewerbebetrieb hinzugerechnet. Bei der Umstellung eines Wirtschaftsjahres

1 BGBl 2007 I 1912.

2 Zum Rechtsstand vor der Unternehmensteuerreform 2008 vgl. 7. Auflage bzw. weiter zurückliegende Auflagen.

3 Zur Bedeutung der Ausweitung der Hinzurechnungsvorschriften vgl. *Schiffers*, Ubg 2008 706.

4 Vgl. Begründung zum UntStRefG zu Art. 3 Nr. 1a.

5 BGBl 2007 I 1912.

6 Vgl. Rz. 5 gleich lautende Ländererlasse v. 4. 7. 2008, BStBl 2008 I 730.

7 Vgl. *Fehling*, NWB F. 5, 1617 (1624).

8 Vgl. hierzu im Einzelnen R 7.1 Abs. 1 GewStR 2009 und das Beispiel in H 7.1 Abs. 1 GewStH 2009 zur Korrektur nach erfolgter Hinzurechnung.

9 Zum Rechtsstand vor der Unternehmensteuerreform 2008 vgl. 7. Auflage bzw. weiter zurückliegende Auflagen.

10 Zu den neuen Regelungen nehmen aus Sicht der Finanzverwaltung insbesondere die gleich lautende Ländererlasse v. 4. 7. 2008 (BStBl 2008 I 730) Stellung.

11 Dieser Freibetrag soll ausweislich der Regierungsbegründung insbesondere der Entlastung kleinerer und mittlerer Unternehmen dienen, vgl. Begründung zum UntStRefG zu Art. 3 Nr. 1a.

ist für den Fall, dass in einem Wirtschaftsjahr zwei Erhebungszeiträume enden, der Freibetrag für jeden der Erhebungszeiträume zu gewähren; denn für die Festsetzung des Steuermessbetrages ist bei vom Kalenderjahr abweichenden Wirtschaftsjahren der Gewerbeertrag maßgebend, der auf das im Erhebungszeitraum endende Wirtschaftsjahr entfällt (§ 10 Abs. 2 GewStG).[1]

Der Freibetrag ist betriebsbezogen zu gewähren; wechselt lediglich die Steuerschuldnerschaft zwischen Einzelunternehmen und PersGes oder umgekehrt, ist der Freibetrag jedem der Steuerschuldner entsprechend der Dauer seiner persönlichen Steuerpflicht zeitanteilig zu gewähren (vgl. R 8.1 Abs. 6 GewStR 2009). 4431

aa) Entgelte für Schulden (§ 8 Nr. 1a GewStG)

Die vor der Unternehmensteuerreform 2008 auf Dauerschuldzinsen beschränkte Hinzurechnung ist seit dem Erhebungszeitraum 2008 mit § 8 Nr. 1a GewStG auf sämtliche Schuldzinsen ausgedehnt.[2] Die Berücksichtigung von Zinsen aus Geld- und Sachkapitalüberlassungen[3] erfolgt unabhängig von der Dauer der Überlassung. Ebenso ist unerheblich, wie die jeweiligen Entgelte beim Gläubiger gewerbesteuerlich zu behandeln sind. Ferner spielt es keine Rolle, ob die Verpflichtung im Rahmen der Betriebs- oder Teilbetriebsgründung bzw. des Erwerbs eines Anteils am Betrieb oder seiner Erweiterung entstanden ist. Darlehenszinsen und Entgelte für andere Schulden (auch Kontokorrentzinsen) stellen in voller Höhe Finanzierungsentgelte dar. 4432

Skonti und Boni bleiben ausdrücklich unberücksichtigt, sofern sie geschäftsüblich[4] sind. 4433
Das Verhältnis der Geschäftspartner steht im Vordergrund und nicht der Finanzierungseffekt. Im Rahmen einer gesetzlichen Fiktion fallen auch Abschläge,[5] die für die vorzeitige Erfüllung von Forderungen aus Lieferungen und Leistungen gewährt werden, sowie die Diskontbeträge bei der Veräußerung von Wechsel- und anderen Geldforde-

1 Vgl. Rz. 46 und 47 gleich lautende Ländererlasse v. 4. 7. 2008, BStBl 2008 I 730.

2 Das BFH hatte mit Beschluss v. 27. 5. 2009 (I R 30/08, NWB DokID: RAAAD-30587) dem EuGH die Frage vorgelegt, ob die gewerbesteuerliche Hinzurechnung von Dauerschuldzinsen gem. § 8 Nr. 1 GewStG 2002 mit der EU-Zinsrichtlinie vereinbar ist. Auch wenn diese Vorlagefrage sich auf das Recht vor der Unternehmensteuerreform 2008 bezieht, so hat sie nach hier vertretener Auffassung genauso Relevanz für die derzeit geltende Hinzurechnungsnorm. Der EuGH hat mit Urteil v. 21. 7. 2011 (C-397/09, NWB DokID: DAAAD-88765) entschieden, dass Darlehenszinsen, die ein Unternehmen mit Sitz in einem Mitgliedstaat an ein in einem anderen Mitgliedstaat belegenes verbundenes Unternehmen zahlt, der Bemessungsgrundlage für die Gewerbesteuer hinzugerechnet werden dürfen, der das erstgenannte Unternehmen unterliegt.

3 Auch bisher schon wurden die Zinsanteile aus Leasingraten als Dauerschuldzinsen behandelt, wenn die Laufzeit der Schuld – wie regelmäßig – mehr als 12 Monate betrug und der Leasinggegenstand wirtschaftlich dem Leasingnehmer zuzurechnen war. Auch nach neuer Gesetzeslage sind diese Zinsanteile zu berücksichtigen, wenn die wirtschaftliche Zuordnung des Leasinggegenstandes zum Leasingnehmer erfolgt. Eine Zuordnung zu den Mieten und Pachten kommt in diesen Fällen nicht in Betracht, da das Wirtschaftsgut nicht im wirtschaftlichen Eigentum eines anderen steht. Allerdings kommt es jetzt unabhängig von der Laufzeit zu einer Hinzurechnung.

4 Unüblich sind Skonti z. B. dann, wenn sie auch bei sehr langen Zahlungszielen vereinbart sind (vgl. BT-Drucks. 16/5491, 23). Wegen des damit verbundenen Finanzierungseffektes wären derartige Erlösschmälerungen in die Hinzurechnung mit einzubeziehen. Vgl. Rz. 16 gleich lautende Ländererlasse v. 4. 7. 2008, BStBl 2008 I 730.

5 Diese Abschläge sind nach der Gesetzesbegründung (BT-Drucks. 16/4841, 79) wirtschaftlich den Entgelten für Schulden vergleichbar. Allerdings weisen nicht alle Erlösschmälerungen diesen Entgeltcharakter aus. Mengen- und Treuerabatte sind z. B. deshalb nicht der Hinzurechnung zu unterwerfen.

rung (Forfaitierung von Forderungen) unter die Hinzurechnung. Dies gilt auch, wenn Gegenstand der Veräußerung eine Forderung aus einem schwebenden Vertragsverhältnis ist. § 8 Nr. 1a GewStG lässt die bisherige Rechtslage unberührt, nach der sich aus der Abzinsung und der nachfolgenden Aufzinsung von unverzinslichen Verbindlichkeiten und Rückstellungen i. S. d. § 6 Abs. 1 Nr. 3 und Nr. 3a EStG keine Entgelte nach § 8 GewStG ergeben.[1] Dementsprechend unterliegen auch Aufzinsungsbeträge nach § 6a Abs. 3 EStG nicht der Hinzurechnung.

4434 Die Zahlungen müssen den Gewinn gemindert haben. Aufwendungen, die unter die ebenfalls durch das Unternehmensteuerreformgesetz 2008[2] eingeführte Zinsschranke (§ 4h EStG) fallen und nur zu einem Zinsvortrag führen, haben den Gewinn aus Gewerbebetrieb nicht gemindert und sind daher nicht hinzuzurechnen. Sofern jedoch dieser Zinsvortrag in einem späteren Jahr zu einem (einkommensteuerlichen/körperschaftsteuerlichen) Abzug dieser Aufwendungen führt, ist auch wieder die Hinzurechnungsvorschrift des § 8 Nr. 1a GewStG zu prüfen.

4435 Zinsen, die ein Mitunternehmer für die Überlassung von Darlehen erhält, gehören zu den Vergütungen des § 15 Abs. 1 Satz 1 Nr. 2 EStG und haben insoweit den Gewinn aus Gewerbebetrieb nicht gemindert.[3] Eine Hinzurechnung zum Gewerbeertrag kommt daher nicht in Betracht.[4] Zinsen, die ein Mitunternehmer für ein Darlehen aufwendet, das er zum Erwerb eines Mitunternehmeranteils aufgenommen hat, mindern als Sonderbetriebsausgaben nach § 7 GewStG zwar den Gewinn der PersGes; sie sind jedoch als Entgelte für Schulden gem. § 8 Nr. 1a GewStG dem Gewerbeertrag – unabhängig von der Laufzeit der Schuld – wieder hinzuzurechnen.[5,6]

4436 Auch gewinnabhängige Vergütungen für die Überlassung von Kapital (partiarische Darlehen) dürften zu den Entgelten für Schulden i. S. d. § 8 Nr. 1a GewStG gerechnet werden, es werden sämtliche Zinsen im wirtschaftlichen Sinne erfasst und somit auch gewinn- und umsatzabhängige Vergütungen für die Überlassung von Fremdkapital wie auch solche Entgelte für eine Kapitalüberlassung, die wirtschaftlich betrachtet Zinscharakter haben.[7]

4437 Ist eine PersGes an einer Grundstücksgemeinschaft (GbR) beteiligt und sind im Zusammenhang mit der Finanzierung eines Grundstückes Zinsen durch die Grundstücksgemeinschaft zu zahlen, dann können die auf die PersGes entfallenden Zinsen bei ihr Dauerschuldzinsen sein.[8] Die Erträge der GbR sind bei der PersGes, soweit sie auf sie entfallen, Teil ihres Gewinns. Eine Hinzurechnung kommt nur dann nicht in Betracht,

1 Vgl. BMF 26. 5. 2005, BStBl 2005 I 699, Rz. 39 und Rz. 12 gleich lautende Ländererlasse v. 4. 7. 2008, BStBl 2008 I 730.

2 BGBl 2007 I 1912.

3 Vgl. Rn. 4414.

4 Vgl. Rz. 2 gleich lautender Ländererlasse vom 4. 7. 2008, BStBl 2008 I 730.

5 BFH 9. 4. 1981 IV R 178/80, BStBl 1981 II 621.

6 Zur Allokation von Refinanzierungsaufwendungen des Obergesellschafters doppel- oder mehrstöckiger Personengesellschaften vgl. *Mückl*, DB 2009, 1088.

7 Vgl. *Köster* in Lenski/Steinberg, GewStG § 8 Nr. 1a Rn. 17.

8 BFH 28. 1. 1975 I R 106/73, BStBl 1975 II 516.

wenn die Zinsen bereits auf Ebene der GbR dem Gewerbeertrag hinzugerechnet werden. Die GbR ist jedoch i. d. R. kein Gewerbesteuersubjekt; dies gilt zumindest für die nicht gewerbliche Grundstücksgemeinschaft.

(Einstweilen frei) 4438–4440

bb) Renten und dauernde Lasten (§ 8 Nr. 1b GewStG)

Durch das Unternehmensteuerreformgesetz 2008[1] wurde die Hinzurechnung von Renten und dauernden Lasten neu geregelt. Renten und dauernde Lasten werden dem Gewinn aus Gewerbebetrieb hinzugerechnet, wenn sie wirtschaftlich mit dem Betrieb zusammenhängen. Es kommt nicht darauf an, ob die Aufwendungen mit der Gründung oder dem Erwerb eines Betriebes (Teilbetriebes) oder eines Anteils am Betrieb zusammenhängen. Ferner kommt es nicht darauf an, ob die Renten und dauernden Lasten beim Empfänger der Gewerbesteuer unterliegen. Hinzugerechnet werden bei passivierten Renten und dauernden Lasten der Unterschiedsbetrag aus den laufenden Zahlungen und der Verminderung des für die Verpflichtung gebildeten Passivpostens. Es ist in der Praxis darauf zu achten, dass nur der Zinsanteil und nicht auch der Tilgungsanteil hinzugerechnet wird. 4441

Nicht hinzugerechnet werden allerdings Pensionszahlungen aufgrund einer unmittelbar vom Arbeitgeber erteilten Versorgungszusage (Direktzusage, § 8 Nr. 1b Satz 2 GewStG). Begründet wird diese Ausnahme damit, dass ansonsten ein bedeutender Durchführungsweg der betrieblichen Altersvorsorge gefährdet wäre.[2] Gleiches gilt auch für die anderen Formen der betrieblichen Altersversorgung (Direktversicherung, Pensionskasse, Pensionsfonds, Unterstützungskasse) durch den Arbeitgeber.[3] Auch diese dienen dem gleichen förderungswürdigen Zweck einer Absicherung im Ruhestand. 4442

Bei PersGes wird es i. d. R. schon deshalb nicht zu einer Hinzurechnung kommen, da die Pensionszahlungen als Sondervergütungen des Mitunternehmers wieder hinzugerechnet (§ 15 Abs. 1 Satz 1 Nr. 2 EStG) werden, sofern ein Zusammenhang zwischen der Leistung des Gesellschafters und der Betätigung der Gesellschaft besteht.[4] Nach § 15 Abs. 1 Satz 2 EStG gilt § 15 Abs. 1 Satz 1 Nr. 2 Satz 1 Halbsatz 1 EStG auch für Vergütungen (z. B. Versorgungsbezüge), die als nachträgliche Einkünfte i. S. v. § 24 Nr. 2 EStG bezogen werden. Diese sind Teil des Gesamtgewinnes der PersGes und damit auch Teil des Gewinnes aus Gewerbebetrieb bzw. des Gewerbeertrages;[5] eine weitere Hinzurechnung nach § 8 Nr. 1b GewStG scheidet daher in diesen Fällen aus. Etwas anderes würde allerdings in Bezug auf die Arbeitnehmer der PersGes gelten, die keine Mitunternehmer sind und die Versorgungsbezüge beziehen, sofern es sich nicht um eine unmittelbar vom Arbeitgeber erteilte Versorgungszusage handelt. 4443

Erhöht sich eine vereinbarte Rente infolge einer Wertsicherungsklausel, so sind dem Gewinn aus Gewerbebetrieb nach § 8 Nr. 1b GewStG auch die durch Wirksamwerden 4444

1 BGBl 2007 I 1912.
2 Vgl. BT-Drucks. 16/4841, 79 (80).
3 Vgl. Rz. 27 gleich lautende Ländererlasse v. 4. 7. 2008, BStBl 2008 I 730.
4 Vgl. *Wacker* in Schmidt, EStG § 15 Rz. 562.
5 Vgl. auch *Wacker* in Schmidt, EStG § 15 Rz. 572.

der Wertsicherungsklausel erhöhten Rentenbeträge hinzuzurechnen, soweit diese den Gewinn aus Gewerbebetrieb gemindert haben. Nicht hinzuzurechnen ist jedoch der Aufwand, der dem Unternehmen selbst durch die Erhöhung der Rentenverpflichtung entstanden ist (Aufwand für die zutreffende Bewertung der Verpflichtung aus der Anpassung an den neuen Rentenbarwert).[1]

4445 Versorgungsleistungen, die eine PersGes der Witwe eines verstorbenen Gesellschafters aufgrund des Gesellschaftsvertrages gewährt, sind dem Gewinn hinzuzurechnen und sind damit auch Bestandteil des Gewerbeertrages; das gilt unabhängig davon, ob die Witwe zu dem Zeitpunkt, zu dem sie die Versorgungsleistungen bezieht, selbst Gesellschafterin (Mitunternehmerin)[2] ist oder nicht.[3]

4446–4450 *(Einstweilen frei)*

cc) Gewinnanteile des stillen Gesellschafters (§ 8 Nr. 1c GewStG)

4451 Gewinnanteile eines stillen Gesellschafters sind nach § 8 Nr. 1c GewStG dem Gewerbeertrag hinzuzurechnen. Das gilt unabhängig davon, ob die Gewinnanteile beim stillen Gesellschafter der Gewerbesteuer unterliegen und damit auch unabhängig davon, ob die Beteiligung des stillen Gesellschafters zu seinem Betriebsvermögen gehört. Es kann daher zu einer doppelten Belastung dieser Gewinnanteile mit Gewerbesteuer kommen.

4452 Die Hinzurechnung setzt das Bestehen einer stillen Gesellschaft i. S. d. §§ 230 ff. HGB voraus.[4] Das gilt ebenso bei stiller Beteiligung an einer PersGes.[5] Allerdings gilt auch ab 2008 diese Hinzurechnung nur für die typisch stille Beteiligung. Eine atypisch stille Beteiligung ist steuerlich als Mitunternehmerschaft anzusehen und die Gewinnanteile haben wegen ihrer Qualifikation als Einkünfte i. S. d. § 15 Abs. 1 Satz 1 Nr. 2 EStG den Gewinn aus Gewerbebetrieb nicht gemindert. Eine Hinzurechnung kommt daher schon aus dieser Systematik nicht in Betracht.

4453 Gewinnanteile sind alle gewinnabhängigen Leistungen, die der stille Gesellschafter erhält und die nach den Vorstellungen des Geschäftsinhabers und des stillen Gesellschafters den Charakter einer Gegenleistung für die vom stillen Gesellschafter in Erfüllung des Gesellschaftsverhältnisses erbrachten Leistungen haben.[6] Tätigkeitsvergütungen, die die Gesellschaft an den (typisch) stillen Gesellschafter zahlt, sind hingegen nicht nach § 8 Nr. 1c GewStG dem Gewerbeertrag hinzuzurechnen.[7] Gleiches gilt für Darlehenszinsen. Diese sind jedoch ggf. nach § 8 Nr. 1a GewStG wieder hinzuzurechnen. Als Gewinnanteile des stillen Gesellschafters sind auch solche Beträge anzusehen, die der Inhaber

1 BFH 12. 11. 1975 I R 135/73, BStBl 1976 II 297.

2 Es kann ein Teil des Gesamtgewinnes der PersGes Personen zuzurechnen sein, die nicht selbst Mitunternehmer sind; vgl. *Wacker* in Schmidt, EStG § 15 Rz. 572.

3 Die BFH-Urteile 25. 10. 1984 IV R 165/82, BStBl 1985 II 212 und 24. 11. 1983 IV R 14/83, BStBl 1984 II 431, sind insoweit überholt.

4 BFH 16. 8. 1978 I R 28/76, BStBl 1979 II 51.

5 *Güroff* in Glanegger/Güroff, GewStG § 8 Nr. 3 Rn. 3.

6 BFH 17. 2. 1972 IV R 40/68, BStBl 1972 II 586; *Blümich*, GewStG § 8 Anm. 125.

7 *Güroff* in Glanegger/Güroff, GewStG § 8 Nr. 3 Anm. 14; *Blümich*, GewStG § 8 Anm. 125; *Knobbe-Keuk*, Bilanz- und Unternehmenssteuerrecht, S. 742.

des Gewerbebetriebes für einen nach Beendigung des stillen Gesellschaftsverhältnisses zu leistenden Geldwertausgleich bei der Ermittlung des Gewinns abgesetzt hat.[1]

Zu klären ist die Frage nach der Behandlung eines Verlustanteils des (typisch) stillen Gesellschafters. Da der objektive Ertrag eines Gewerbebetriebes besteuert wird, der sich unabhängig davon ergibt, ob der Betrieb mit eigenem oder fremdem Kapital wirtschaftet, ist ein Verlustanteil als negative Hinzurechnung zu berücksichtigen. Dies wurde so nun auch durch die GewStR 2009 bestätigt (R. 8.1 Abs. 3 Satz 2 GewStR 2009). Soweit die Summe der nach § 8 Nr. 1 GewStG hinzuzurechnenden Finanzierungsanteile hierdurch negativ wird, kommt eine „negative Hinzurechnung" jedoch nicht in Betracht (vgl. R. 8.1 Abs. 3 Satz 3 GewStR 2009). 4454

Fraglich ist, ob auch Gewinnanteile eines stillen Gesellschafters, der am Anteil eines Mitunternehmers beteiligt ist (Unterbeteiligung), dem Gewerbeertrag zuzurechnen sind. Hat der Gewinnanteil des stillen Gesellschafters den Gewinnanteil des Mitunternehmers gemindert, dann ist der Gewinnanteil des stillen Gesellschafters für Zwecke der Gewerbesteuer dem Gewerbeertrag wieder hinzuzurechnen. 4455

(Einstweilen frei) 4456–4460

dd) Miet- und Pachtzinsen für bewegliche Wirtschaftsgüter (§ 8 Nr. 1d GewStG)

Gemäß § 8 Nr. 1d GewStG sind dem Gewinn aus Gewerbebetrieb ein Fünftel der Miet- und Pachtzinsen – einschließlich Leasingraten – für die Benutzung von beweglichen Wirtschaftsgütern[2] des Anlagevermögens, die im Eigentum eines anderen stehen, wieder hinzuzurechnen. 4461

Die Hinzurechnung ist nicht auf bestimmte Arten von Wirtschaftsgütern beschränkt. Sie gilt aber nur für solche, die beim Mieter oder Pächter, unterstellt er wäre Eigentümer der Wirtschaftsgüter, zu seinem Anlagevermögen gehören würden. Leasingraten werden den Mieten und Pachten nur in den Fällen gleichgestellt, in denen der Leasinggegenstand dem Leasinggeber zuzurechnen ist, denn nur insoweit kann das erforderliche Eigentum eines anderen daran bestehen. Die Miet- und Pachtzinsen umfassen auch die Aufwendungen des Mieters oder Pächters für die Instandsetzung, Instandhaltung und Versicherung des Miet- oder Pachtgegenstandes, die er über die gesetzlich bürgerlich-rechtliche Verpflichtung hinaus aufgrund vertraglicher Vereinbarungen übernommen hat.[3] Nicht hinzuzurechnen sind die reinen Betriebskosten wie Wasser, Strom und Heizung.[4] Die Hinzurechnung ist unabhängig davon, ob die Miet- oder Pachtzinsen beim Vermieter oder Verpächter zur Gewerbesteuer heranzuziehen sind.[5,6] 4462

1 BFH 1. 6. 1978 IV R 139/73, BStBl 1978 II 570.

2 Schiffe und Flugzeuge gelten als bewegliche Wirtschaftsgüter i. S. d. § 8 Nr. 1d GewStG; vgl. Rz. 31 gleich lautender Ländererlass v. 4. 7. 2008, BStBl 2008 I 730.

3 Vgl. Rz. 29 gleich lautende Ländererlasse v. 4. 7. 2008, BStBl 2008 I 730.

4 Vgl. Rz. 29 gleich lautende Ländererlasse v. 4. 7. 2008, BStBl 2008 I 730.

5 Vgl. Rz. 29 gleich lautende Ländererlasse v. 4. 7. 2008, BStBl 2008 I 730.

6 Da die Hinzurechnung von Mieten und Pachten nach der Unternehmensteuerreform 2008 unabhängig von der Behandlung beim Vermieter oder Verpächter ist, wurde die (ehemals korrespondierende) Kürzungsvorschrift in § 9 Nr. 4 GewStG durch das Unternehmensteuerreformgesetz 2008 (BGBl 2007 I 1912) aufgehoben.

4463 Hinzugerechnet wird der in den Mieten und Pachten (und Leasingraten) enthaltene Finanzierungsanteil des Wirtschaftsgutes. Dieser ist nach der Regierungsbegründung[1] im Wesentlichen abhängig vom Umfang des berücksichtigten Werteverzehrs für das überlassene Wirtschaftsgut. Da der Werteverzehr bei beweglichen Wirtschaftsgütern angabegemäß[2] deutlich höher sei, als bei unbeweglichen Wirtschaftsgütern, wird hier der Finanzierungsanteil deutlich niedriger angenommen. Der Finanzierungsanteil für bewegliche Wirtschaftsgüter wird – zur Vermeidung von Abgrenzungs- und Berechnungsschwierigkeiten – mit 20 % pauschaliert.

4464 Die Zahlungen müssen den Gewinn gemindert haben. Miet- und Pachtzahlungen, die ein Mitunternehmer für die Überlassung von Gegenständen erhält, gehören zu den Vergütungen des § 15 Abs. 1 Satz 1 Nr. 2 EStG und haben insoweit den Gewinn aus Gewerbebetrieb nicht gemindert.[3] Eine Zurechnung zum Gewerbeertrag gem. § 8 Nr. 1 GewStG kommt daher nicht in Betracht. Überlässt der Gesellschafter einer PersGes dieser ein Wirtschaftsgut, welches er wiederum von einem Dritten gemietet oder gepachtet hat, so stellt die Zahlung einkommensteuerrechtlich von der PersGes an den Gesellschafter Sonderbetriebseinnahme und die Zahlung an den Dritten beim Gesellschafter der PersGes Sonderbetriebsausgabe dar. Ein Fünftel des Entgeltes ist daher dem Gewerbeertrag der PersGes gem. § 8 Nr. 1d GewStG hinzuzurechnen.

4465–4470 *(Einstweilen frei)*

ee) Miet- und Pachtzinsen für unbewegliche Wirtschaftsgüter (§ 8 Nr. 1e GewStG)

4471 Gemäß § 8 Nr. 1e GewStG sind dem Gewinn aus Gewerbebetrieb ab dem Erhebungszeitraum 2010 die Hälfte (= 50 %)[4] der Miet- und Pachtzinsen – einschließlich Leasingraten – für die Benutzung der unbeweglichen Wirtschaftsgütern des Anlagevermögens (z. B. Grund und Boden und Gebäude), die im Eigentum eines anderen stehen, wieder hinzuzurechnen. Bis inklusive Erhebungszeitraum 2009 waren dreizehn Zwanzigstel (= 65 %) der Miet- und Pachtzinsen hinzuzurechnen.[5]

4472 Die Hinzurechnung ist nicht auf bestimmte Arten von Wirtschaftsgütern beschränkt. Sie gilt aber nur für solche, die beim Mieter oder Pächter, unterstellt er wäre Eigentümer der Wirtschaftsgüter, zu seinem Anlagevermögen gehören würden.[6] Leasingraten werden den Mieten und Pachten nur in den Fällen gleichgestellt, in denen der Leasinggegenstand dem Leasinggeber zuzurechnen ist, denn nur insoweit kann das erforderliche Eigentum eines anderen daran bestehen. Die Miet- und Pachtzinsen umfassen auch die Aufwendungen des Mieters oder Pächters für die Instandsetzung, Instandhal-

1 Vgl. BT-Drucks. 16/4841, 79 (80).

2 Vgl. BT-Drucks. 16/4841, 79 (80).

3 Vgl. Rn. 4414.

4 Änderung durch das Wachstumsbeschleunigungsgesetz v. 22. 12. 2009, BGBl 2009 I 3950.

5 Im Unternehmensteuerreformgesetz 2008 v. 14. 8. 2007 (BGBl 2007 I 1912) wurde dieser Finanzierungsanteil noch mit drei Vierteln (= 75 %) der Miet- und Pachtzahlungen angenommen. Noch bevor das Unternehmensteuerreformgesetz 2008 überhaupt zur Anwendung kommen konnte, wurde durch das Jahressteuergesetz 2008 v. 20. 12. 2007 (BGBl 2007 I 3150) der Finanzierungsanteil der Miet- und Pachtzahlungen für unbewegliche Wirtschaftsgüter des Anlagevermögens auf dreizehn Zwanzigstel (= 65 %) vermindert.

6 Vgl. hierzu auch *Kohlhaas*, FR 2009, 381.

tung und Versicherung des Miet- oder Pachtgegenstandes, die er über die gesetzlich bürgerlich-rechtliche Verpflichtung hinaus aufgrund vertraglicher Vereinbarungen übernommen hat.[1] Nicht hinzuzurechnen sind die reinen Betriebskosten wie Wasser, Strom und Heizung.[2] Die Hinzurechnung ist auch unabhängig davon, ob die Miet- oder Pachtzinsen beim Vermieter oder Verpächter zur Gewerbesteuer heranzuziehen sind. Die Hinzurechnungsvorschrift des § 8 Nr. 1e GewStG umfasst auch die Miet- und Pachtzahlungen aus der Anmietung fremder Immobilien, die unmittelbar weitervermietet werden.[3]

Bei gemischten Verträgen, d. h. bei Miet- und Pachtverträgen, die sowohl über beweg- 4473
liche wie auch unbewegliche Wirtschaftsgüter abgeschlossen wurden (z. B. Ladenlokale), ist der Aufwand, der auf bewegliche Wirtschaftgüter entfällt, nach § 8 Nr. 1d GewStG zu beurteilen. Untermietverträge sind als Miet- und Pachtverträge i. S. v. § 8 Nr. 1d und e GewStG zu beurteilen; sie gelten nicht als Überlassung von Rechten i. S. v. § 8 Nr. 1b GewStG.[4] Gleiches gilt für Erbbauzinsverträge; sie sind nach § 8 Nr. 1e GewStG zu behandeln, da es sich hier um ein Entgelt für die Überlassung eines Grundstückes zur Nutzung handelt.[5]

Hinzugerechnet wird der in den Mieten und Pachten (und Leasingraten) enthaltene Fi- 4474
nanzierungsanteil des Wirtschaftsgutes. Dieser ist nach der Regierungsbegründung[6] im Wesentlichen abhängig vom Umfang des berücksichtigten Werteverzehrs für das überlassene Wirtschaftsgut. Da der Werteverzehr bei unbeweglichen Wirtschaftsgütern angabegemäß[7] deutlich niedriger sei, als bei beweglichen Wirtschaftsgütern, ist hier der angenommene Finanzierungsanteil deutlich höher als bei beweglichen Wirtschaftsgütern. Der Finanzierungsanteil für unbewegliche Wirtschaftsgüter wird – zur Vermeidung von Abgrenzungs- und Berechnungsschwierigkeiten – mit 50 % pauschaliert.

Nebenkosten, die zusätzlich zu den Mieten und Pachten zu zahlen sind, unterliegen 4475
nicht der Hinzurechnung.[8] Dies ist auch sachgerecht, da von der Vorschrift des § 8 Nr. 1 GewStG jeweils – gem. Regierungsbegründung – die Finanzierungsanteile zu erfassen sind und bei den Nebenkosten handelt es sich nicht um Finanzierungsanteile.

Die Zahlungen müssen den Gewinn gemindert haben. Miet- und Pachtzahlungen, die 4476
ein Mitunternehmer für die Überlassung von unbeweglichen Wirtschaftsgütern erhält, gehören zu den Vergütungen des § 15 Abs. 1 Satz 1 Nr. 2 EStG und haben insoweit den Gewinn aus Gewerbebetrieb nicht gemindert.[9] Eine Zurechnung zum Gewerbeertrag kommt daher nicht in Betracht. Überlässt der Gesellschafter einer PersGes dieser ein unbewegliches Wirtschaftsgut, welches er wiederum von einem Dritten gemietet oder gepachtet hat, stellt die Zahlung an den Dritten beim Gesellschafter der PersGes ein-

1 Vgl. Rz. 29 gleich lautende Ländererlasse v. 4. 7. 2008, BStBl 2008 I 730.
2 Vgl. Rz. 29 gleich lautende Ländererlasse v. 4. 7. 2008, BStBl 2008 I 730.
3 FG Köln 27. 10. 2010 9 K 1022/10, Rev. eingelegt, Az. des BFH: IV R 55/10.
4 Vgl. Rz. 32 gleich lautende Ländererlasse v. 4. 7. 2008, BStBl 2008 I 730.
5 Vgl. Rz. 32 gleich lautende Ländererlasse v. 4. 7. 2008, BStBl 2008 I 730.
6 Vgl. BT-Drucks. 16/4841, 79 (80).
7 Vgl. BT-Drucks. 16/4841, 79 (80).
8 Vgl. Rz. 29 gleich lautende Ländererlasse v. 4. 7. 2008, BStBl 2008 I 730.
9 Vgl. Rn. 4414 f.

kommensteuerrechtlich sowohl Sonderbetriebseinnahme als auch Sonderbetriebsausgabe dar. Das Entgelt ist daher zu 50 % dem Gewerbeertrag der PersGes gem. § 8 Nr. 1e GewStG hinzuzurechnen.

4477–4480 *(Einstweilen frei)*

ff) Aufwendungen für die Überlassung von Rechten (§ 8 Nr. 1f GewStG)

4481 Nach der Regierungsbegründung zum Unternehmensteuerreformgesetz 2008[1] ist eine Sachkapitalüberlassung nicht nur die Vermietung und Verpachtung von Wirtschaftsgütern, sondern auch eine zeitlich befristete Überlassung von Rechten, die aber regelmäßig nicht unter die Miet- und Pachtverträge fallen.[2] Deshalb sind seit dem Erhebungszeitraum 2008 nach § 8 Nr. 1f GewStG Aufwendungen für die zeitlich befristete Überlassung von Rechten (insbesondere Konzessionen und Lizenzen) hinzuzurechnen. Gemäß den gleich lautenden Ländererlassen[3] gehören hierzu insbesondere Konzessionen, gewerbliche Schutzrechte, Urheberrechte, Lizenzrechte und Namensrechte. Der Hinzurechnung unterfallen nur hinreichend verselbständigte Rechtspositionen. Nicht hierunter fallen Ideen, ungeschützte Erfindungen, Know-how,[4] Software und Kundenstamm bzw. Firmenwert, da es sich hierbei um immaterielle Wirtschaftsgüter, nicht aber um Rechte, handelt.[5]

4482 Gemäß § 8 Nr. 1f GewStG muss die Überlassung zeitlich befristet sein. Eine zeitliche Befristung soll gem. gleich lautenden Ländererlassen[6] auch vorliegen, wenn bei Abschluss des Vertrages noch ungewiss ist, ob und wann die Überlassung endet; sie liege allerdings dann nicht mehr vor, wenn bei wirtschaftlicher Betrachtung ein Übergang des wirtschaftlichen Eigentums anzunehmen ist.

4483 Von der Hinzurechnung ausdrücklich ausgenommen sind Lizenzen, die ausschließlich dazu berechtigen, daraus abgeleitete Rechte Dritten zu überlassen (sog. Durchleitungsrechte). Bei diesen Durchleitungsrechten liegt bei wirtschaftlicher Betrachtung ein Vertriebsvertrag vor. Dadurch wird der Lizenzvertrieb, z. B. EDV-Software, entlastet.[7] Diese Ausnahmeregelung ist über ihren Wortlaut hinaus nicht nur bei überlassenen Lizenzen, sondern auch bei jedem anderen Recht i. S. d. § 8 Nr. 1f GewStG zu prüfen.[8] Im Ergebnis soll damit die Hinzurechnung des § 8 Nr. 1f GewStG erst auf der letzten Stufe der Überlassungskette Anwendung finden.

Der Finanzierungsanteil dieser Aufwendungen wird – trotz der regelmäßig sehr unterschiedlichen Laufzeiten der einzelnen Rechteüberlassungen – einheitlich mit 25 % pauschaliert.

---

1 Unternehmensteuerreformgesetz 2008 v. 14. 8. 2007, BGBl 2007 I 3950.

2 Vgl. BT-Drucks. 16/4841, 79 (80).

3 Vgl. Rz. 33 gleich lautende Ländererlasse v. 4. 7. 2008, BStBl 2008 I 730.

4 Zu Know-how-Entgelten vgl. *Hidien*, DB 2008 257.

5 Vgl. auch *Boveleth*, Steuer-Telex 29/2008, F1 (F9); zu Know-how vgl. auch *Keß* in Lenski/Steinberg, GewStG § 8 Nr. 1f, Rn. 13.

6 Vgl. Rz. 37 gleich lautende Ländererlasse v. 4. 7. 2008, BStBl 2008 I 730.

7 Vgl. hierzu auch Rz. 39 – 41 gleich lautende Ländererlasse v. 4. 7. 2008, BStBl 2008 I 730.

8 Vgl. Rz. 41 gleich lautende Ländererlasse v. 4. 7. 2008, BStBl 2008 I 730.

Gemäß § 8 Nr. 1f Satz 2 GewStG ist eine Hinzurechnung nicht vorzunehmen auf Aufwendungen, die nach § 25 des Künstlersozialversicherungsgesetzes Bemessungsgrundlage für die Künstlersozialabgabe sind. Hiermit sollen Honorare an Künstler, die mit Lohnzahlungen an Arbeitnehmer vergleichbar sind, von der Hinzurechnung befreit werden. 4484

(Einstweilen frei) 4485–4490

gg) Gemischte Verträge

Gemischte Verträge sind Verträge, die Vereinbarungen mit unterschiedlichen Leistungskomponenten enthalten und damit unter verschiedene der o. g. Hinzurechnungstatbestände fallen könnten. Sofern diese Leistungskomponenten trennbar sind, ist jede Komponente für sich nach Maßgabe des § 8 Nr. 1 a – f GewStG zu beurteilen; erforderlichenfalls ist das Entgelt durch Schätzung aufzuteilen.[1] Scheidet eine Aufteilung des Vertrages aus, da dieser ein einheitlich, unteilbares Ganzes darstellt, so ist zu prüfen, welche Leistung dem Vertrag das Gepräge gibt. Steht eine Leistung im Vordergrund, die unter keine der Hinzurechnungsvorschriften des § 8 Nr. 1 GewStG fällt, dann unterliegt der ganze Vertrag nicht der Hinzurechnung (z. B. kurzfristige Hotelnutzungen oder kurzfristige Kfz-Mietverträge).[2] Gibt jedoch eine Leistungskomponente, die unter eine der Vorschriften des § 8 Nr. 1 GewStG fällt, dem Vertrag das Gepräge, so sind einheitlich sämtliche Leistungskomponenten dieser Hinzurechnung zu unterziehen.[3] In der Praxis dürfte die Beurteilung, ob ein einheitlicher, unteilbarer oder ein trennbarer Vertrag vorliegt, sehr streitanfällig sein.[4] 4491

(Einstweilen frei) 4492–4495

b) Schachteldividenden (§ 8 Nr. 5 GewStG)

§ 8 Nr. 5 GewStG wurde durch das Unternehmenssteuerfortentwicklungsgesetz v. 20. 12. 2001 (UntStFG)[5] in das Gewerbesteuergesetz eingefügt.[6] Nach § 8 Nr. 5 GewStG sind bei natürlichen Personen – für im betrieblichen Bereich gehaltene Anteile – nach 4496

1 Vgl. Rz. 6 gleich lautende Ländererlasse v. 4. 7. 2008, BStBl 2008 I 730.

2 Vgl. Rz. 7 gleich lautende Ländererlasse v. 4. 7. 2008, BStBl 2008 I 730.

3 Vgl. Rz. 7 gleich lautende Ländererlasse v. 4. 7. 2008, BStBl 2008 I 730.

4 Vgl. *Boveleth*, Steuertelex 29/08, F2.

5 BGBl 2001 I 3858.

6 Beim BFH ist ein Verfahren anhängig, ob die rückwirkende Einführung des § 8 Nr. 5 GewStG auf den 1. 1. 2001 durch das UntStFG verfassungsmäßig ist (BFH, anhängiges Verfahren v. 21. 5. 2007 I R 14/07; Vorinstanz: FG Köln 1. 6. 2006 15 K 5537/03). Dieses Verfahren ist allerdings durch Beschluss v. 20. 11. 2007 bis zur Entscheidung des BVerfG (1 BvL 6/07) ausgesetzt. Das Verfahren beim BVerfG ist aufgrund eines Beschlusses des FG Münster v. 2. 3. 2007 (9 K 5772/03) anhängig.

§ 3 Nr. 40 EStG die zu 40 % (sog. Teileinkünfteverfahren[1]) steuerfreien Gewinnanteile (Dividenden)[2] bei der Gewinnermittlung für die Gewerbesteuer unter bestimmten Voraussetzungen wieder hinzuzurechnen. Gleiches gilt für die nach § 8b Abs. 1 KStG auf Ebene von Körperschaften (und Personenvereinigungen) in voller Höhe steuerfreien Dividenden.[3] Die Hinzurechnung erfolgt, wenn die Kriterien in den korrespondierenden Kürzungsvorschriften des § 9 Nr. 2a und 7 GewStG gerade nicht eingehalten sind (Negativabgrenzung). Diese Voraussetzungen sind für die Gewinnanteile aus inländischen Gesellschaften in § 9 Nr. 2a GewStG (inländisches Schachtelprivileg) und aus ausländischen Gesellschaften in § 9 Nr. 7 GewStG (ausländisches Schachtelprivileg) definiert.[4] Im Ergebnis geht es um diejenigen Beteiligungen, bei denen die Beteiligung des Steuerpflichtigen weniger als ein Fünfzehntel[5] des Grund- oder Stammkapitals beträgt (Streubesitzdividenden) oder bei denen die Beteiligung nicht schon zu Beginn des Erhebungszeitraumes bestanden hat.[6] Die Hinzurechnung wird jedoch um diejenigen Betriebsausgaben/Beteiligungsaufwendungen wieder gemindert, die mit diesen Bezügen in wirtschaftlichem Zusammenhang stehen und soweit sie nach § 3c Abs. 2 EStG und § 8b

1 Das Halbeinkünfteverfahren wurde durch das Unternehmensteuerreformgesetz 2008 (BGBl 2007 I 1912) für Einkünfte des Privatvermögens abgeschafft und im betrieblichen Bereich zu einem Teileinkünfteverfahren modifiziert. Gem. § 3 Nr. 40 EStG sind zukünftig nur noch 40 % der Einkünfte freigestellt. Gem. der Gesetzesbegründung war es angezeigt, infolge der Absenkung der Belastung der Körperschaft mit Körperschaftsteuer und Gewerbesteuer das Halbeinkünfteverfahren zu einem Teileinkünfteverfahren fortzuentwickeln und die Steuerfreistellung auf 40 % zurückzuführen (BT-Drucks. 16/4841, 47). Diese Regelung ist erstmals ab dem VZ 2009 anzuwenden (§ 52a Abs. 3 Satz 1 EStG).

2 Von dieser Vorschrift werden neben den Gewinnanteilen auch diesen gleichgestellte Bezüge und erhaltene Leistungen aus Anteilen an einer Körperschaft, Personenvereinigung oder Vermögensmasse i. S. d. KStG erfasst.

3 Vgl. *Hils*, DB 2009, 1151, zu „Fragen zu § 8b KStG bei betrieblichen Fondsanlegern" (insbesondere auch zu § 8 Nr. 5 GewStG, Beteiligungserträgen aus PersGes und zur GewSt auf Investmenterträge über eine Mitunternehmerschaft).

4 § 9 Nr. 8 GewStG wird in § 8 Nr. 5 GewStG nicht erwähnt. § 9 Nr. 8 GewStG regelt die Fälle, in denen die Gewinnanteile aufgrund einer DBA-Befreiung unter der Voraussetzung einer Mindestbeteiligung von der Gewerbesteuer befreit sind; sie bleiben nicht „nach § 3 Nr. 40 EStG oder § 8b Abs. 1 KStG außer Ansatz". Im Ergebnis ist daher eine Hinzurechnung dieser Dividenden nach § 8 Nr. 5 GewStG grundsätzlich auszuschließen; das ergibt sich schon aus § 2 AO; vgl. auch *Haas*, DB 2002, 549.

5 Änderung durch das Unternehmensteuerreformgesetz 2008 (BGBl 2007 I 1912); bis inklusive Erhebungszeitraum 2007 galt eine Beteiligungsgrenze von 10 %.

6 Als weitere Voraussetzung wird in § 9 Nr. 2a und Nr. 7 GewStG genannt, dass die Gewinnanteile bei der Ermittlung des Gewinns (§ 7 GewStG) angesetzt wurden. Danach dürften die Kürzungen nach § 9 Nr. 2a bzw. Nr. 7 GewStG überhaupt nur dann erfolgen, wenn die relevanten Einnahmen den Gewinn (hälftig) erhöht haben. Da § 3 Nr. 40 EStG und § 8b KStG über § 7 GewStG auch für die GewSt gelten, ist § 8 Nr. 5 GewStG deshalb teleologisch derart einschränkend auszulegen, dass sich die Verweisung auf das Vorliegen der Voraussetzungen der § 9 Nr. 2a und 7 GewStG nicht auf das Tatbestandsmerkmal bezieht, wonach die zu kürzenden Anteile im Gewinn nach § 7 GewStG enthalten sein müssen.

Abs. 5 und 10[1] KStG unberücksichtigt geblieben sind.[2], [3] Bei KapGes werden diese Betriebsausgaben seit dem 1.1.2004 pauschal mit 5 % berechnet.[4] Dieser Nettobetrag kann allerdings nicht negativ werden; aus der Hinzurechnung wird keine Kürzung.[5]

Lange war umstritten, ob § 8 Nr. 5 GewStG bei gewerblichen Personengesellschaften zur Anwendung kommt. Dies hing davon ab, ob § 3 Nr. 40 EStG (betreffend natürliche Personen) bzw. § 8b KStG (betreffend Körperschaften) bei der Ermittlung des Gewerbeertrages Anwendung finden.[6] Nach hier vertretener Ansicht waren im Rahmen der Ermittlung der gewerblichen Einkünfte einer PersGes gem. § 15 EStG auch die Vorschriften der §§ 3 Nr. 40 EStG und 3c Abs. 2 EStG (natürliche Personen als Gesellschafter der PersGes.) bzw. die Vorschriften der § 8b Abs. 1 KStG und § 8b Abs. 5 KStG (Kapitalgesellschaften als Gesellschafter der PersGes) anzuwenden.[7] Dies wurde durch Art. 4 des Gesetzes zur Umsetzung von EU-Richtlinien in nationales Steuerrecht und zur Änderung weiterer Vorschriften (EURLUmsG) v. 9.12.2004[8] mit Einfügung des Satzes 4 in § 7 GewStG dann auch gesetzlich klargestellt. § 7 Satz 4 GewStG wurde mit Wirkung vom Erhebungszeitraum 2004 in das Gewerbesteuergesetz eingefügt. § 7 Satz 4 GewStG ist allerdings – mangels anderer Anwendungsvorschriften in § 36 GewStG – in allen noch offenen Fällen anzuwenden. Gem. BFH-Urteil v. 9.8.2006[9] ist § 7 Satz 4 GewStG zwar erst mit Wirkung vom Erhebungszeitraum 2004 in Kraft getreten, doch kommt dieser Vorschrift keine rechtsbegründende, sondern nur deklaratorische Wirkung zu, so dass die Grundsätze des (ehemaligen) Halbeinkünfteverfahrens auch vor dem Erhebungszeitraum 2004 im Gewerbesteuergesetz anzuwenden sind. 4497

1 Änderung durch das Unternehmensteuerreformgesetz 2008 v. 14.8.2007, BGBl 2007 I 1912.

2 Zu solchen Beteiligungsaufwendungen gehören bspw. auch Zinsaufwendungen, die in wirtschaftlichem Zusammenhang mit Streubesitzanteilen stehen. Fraglich ist, ob Beteiligungsaufwendungen gem. § 8 Nr. 1a GewStG dem Gewerbeertrag wieder hinzugerechnet werden müssen, da diese Beteiligungsaufwendungen im Falle der Gewerbesteuerpflicht von Streubesitzdividenden nach § 8 Nr. 5 GewStG bei der Ermittlung des Gewerbeertrages abgezogen wurden. Vgl. zu dieser Frage *Gröning/Siegmund*, DStR 2003, 617 ff., die im Ergebnis nicht von einer Anwendung des § 8 Nr. 1a GewStG auf Betriebsausgaben für Streubesitzanteile ausgehen.

3 Gemäß BFH v. 21.8.2007 (I R 76/06) ist der Hinzurechnungsbetrag nach § 8 Nr. 5 GewStG nicht um die nach § 8b Abs. 3 KStG unberücksichtigt gebliebene Teilwertabschreibung zu kürzen (Vorinstanz: FG Hamburg 8.6.2006 3 K 9/05, EFG 2007, 140). Bei der Abschreibung auf den niedrigeren Teilwert gem. § 6 Abs. 1 Nr. 2 EStG handele es sich um eine substanzbezogene Gewinnminderung, die nicht nach § 3c Abs. 2 EStG oder § 8b Abs. 5 KStG unberücksichtigt bliebe, sondern die vom Abzugsverbot des § 8b Abs. 3 KStG erfasst würde. Das Urteil ist zu einem Fall ergangen, in dem die Anteile an der ausschüttenden Kapitalgesellschaft von einer Kapitalgesellschaft gehalten werden. Würde eine PersGes die Anteile an der ausschüttenden Kapitalgesellschaft halten, würde bei ihr die ausschüttungsbedingte Teilwertabschreibung – abhängig davon wer wiederum die Anteile an der PersGes hält – unter § 3c Abs. 2 EStG (natürliche Personen) oder § 8b Abs. 3 KStG (Kapitalgesellschaften) fallen. Für die anteilig von einer natürlichen Person gehaltenen Anteile müsste sich nach hier vertretener Auffassung vermutlich eine andere Rechtsfolge ergeben, da die Teilwertabschreibung insofern unter den in § 8 Nr. 5 KStG genannten § 3c Abs. 2 EStG fallen würde.

4 Änderung durch das Gesetz zur Umsetzung der Protokollerklärung der Bundesregierung zur Vermittlungsempfehlung zum StVergAbG v. 22.12.2003, BGBl 2003 I 2840. Bis dahin galt die pauschale Ermittlung der nichtabzugsfähigen Betriebsausgaben mit 5 % nur in Bezug auf Bezüge aus einer ausländischen Gesellschaft.

5 *Gröning/Siegmund*, DStR 2003, 617.

6 *Linklaters/Oppenhoff/Rädler*, DB 2002, Beilage 1, 11.

7 *Linklaters/Oppenhoff/Rädler*, DB 2002, Beilage 1, 11.

8 BGBl 2004 I 3310; BStBl 2004 I 1158.

9 BFH 9.8.2006 I R 95/05, BStBl 2007 II 279.

BEISPIEL: Eine natürliche Person ist über eine PersGes an einer KapGes zu 50 % beteiligt. Die KapGes schüttet eine Dividende an die PersGes aus. Für Zwecke der Einkommensteuer ist die Dividende auf Ebene der natürlichen Person nur zu 60 % steuerpflichtig (§ 3 Nr. 40d EStG). Über § 7 Satz 4 Halbsatz 1 GewStG kann die Dividende auch nur zu 60 % bei der Ermittlung des Gewerbeertrages der PersGes berücksichtigt werden. Sofern die Voraussetzungen vorliegen, ist dann noch zusätzlich die Kürzungsvorschrift des § 9 Nr. 2a bzw. Nr. 7 GewStG zu berücksichtigen. Insofern wäre die Dividende dann gewerbesteuerfrei. Ist eine KapGes A über eine PersGes an einer KapGes B beteiligt und schüttet die KapGes B Dividenden an die PersGes aus, so ist diese Dividende nach § 8b Abs. 1 und 5 KStG auf Ebene der KapGes A nur zu 5 % (pauschaliertes Betriebsausgabenabzugsverbot gem. § 8b Abs. 5 KStG) körperschaftsteuerpflichtig. Diese Steuerfreiheit schlägt auch auf die Ermittlung des Gewerbeertrages der PersGes durch (§ 7 Satz 4 Halbsatz 2 GewStG). Zusätzlich ist auch hier die Anwendung des § 9 Nr. 2a bzw. Nr. 7 GewStG zu prüfen.

4498 In dem ergangenen Erlass zu § 8b KStG[1] vertrat die Finanzverwaltung zunächst eine andere Auffassung.[2,3] Inzwischen hat sich die FinVerw mit Erlass v. 21. 3. 2007[4] dem BFH-Urteil v. 9. 8. 2006 angeschlossen und wendet bei der Ermittlung des Gewerbeertrages einer Mitunternehmerschaft auch für Erhebungszeiträume vor 2004 die Regelung des § 3 Nr. 40 EStG und § 8b Abs. 1 – 5 KStG in allen noch offenen Fällen an.

4499–4505 *(Einstweilen frei)*

c) Anteile am Verlust einer anderen Personengesellschaft (§ 8 Nr. 8 GewStG)

4506 Da der von einer PersGes erwirtschaftete Verlust sich schon auf Ebene dieser PersGes bei der Gewerbesteuer (über den Verlustvortrag) auswirkt, wird durch die Hinzurechnung vermieden, dass sich der Verlust durch eine Berücksichtigung beim Gesellschafter doppelt auswirkt. Als Verlustanteil ist dabei der Verlust gem. § 15 Abs. 1 Satz 1 Nr. 2 EStG zu verstehen; R 8.4 Satz 1 GewStR 2009. Die Kürzung ist auch dann vorzunehmen,

---

1 BMF 28. 4. 2003, BStBl 2003 I 292 (298), Rn. 57.

2 Betreffend die Auswirkungen auf die Gewerbesteuer wurde hinsichtlich der Anwendung des § 8b Abs. 1 – 5 KStG bei Beteiligungen über eine PersGes (vgl. § 8b Abs. 6 KStG) die Auffassung vertreten, dass § 8b Abs. 1 – 5 KStG sowie § 3 Nr. 40 EStG bei der Ermittlung des Gewerbeertrages (§ 7 GewStG) einer Mitunternehmerschaft nicht anzuwenden sind. Begründet wurde diese Auffassung damit, dass § 8b Abs. 6 KStG nur den Mitunternehmer, nicht jedoch die Mitunternehmerschaft betrifft. Bezüglich der Dividendenerträge, die eine PersGes erzielte, war dies insofern im Ergebnis unproblematisch, da auf Ebene der PersGes die Kürzungsvorschriften des § 9 Nr. 2a und Nr. 7 GewStG – sofern die Voraussetzungen vorliegen – anzuwenden sind. Veräußerungsgewinne aus der Veräußerung eines Anteils an einer Körperschaft (bzw. Personenvereinigung) unterlagen jedoch – nach Auffassung der Finanzverwaltung – auf Ebene der PersGes der Gewerbesteuer. Dies galt auch in den Fällen, in denen eine Körperschaft als Mitunternehmer der PersGes ihren Anteil an dieser PersGes veräußerte, da der Gewinn auf Ebene der PersGes und nicht auf Ebene der Körperschaft als Mitunternehmer entsteht. Diese Rechtsfolge ergibt sich jedoch auch aus § 7 Satz 2 GewStG. Nach Auffassung von *Dötsch/Pung* (DB 2003, 1016 (1026)) war die Regelung des § 8b Abs. 6 KStG, nach der die Rechtsfolgen des § 8b Abs. 1 – 5 KStG – zumindest für die Körperschaftsteuer – auch bei zwischengeschalteten PersGes gelten, unter Zugrundelegung der Verwaltungsauffassung auch in Organschaftsfällen, in denen der Organträger eine PersGes mit Körperschaften als Mitunternehmer ist, bei der Gewerbesteuer nicht anwendbar. Diese Auffassung fand sich dann auch in Rz. 34 des BMF-Schreibens v. 26. 8. 2003 (BStBl 2003 I 437) wieder. Hieran ist aber nach dem BMF-Schreiben v. 21. 3. 2007 (BStBl 2007 I 302; koordinierter Ländererlass) entsprechend den Grundsätzen des BFH-Urteils v. 9. 8. 2006 (BStBl 2007 II 279) auch für Erhebungszeiträume vor 2004 in allen noch offenen Fällen nicht mehr festzuhalten. Bei der Gewerbeertragsermittlung einer Personengesellschaft als Organträgerin finden in diesem Fall die Grundsätze des § 7 Satz 4 GewStG Anwendung.

3 Zur Auswirkung des BMF-Schreibens zur Anwendung des § 8b KStG auf die Gewerbesteuer vgl. *Reinhardt*, BB 2003, 1148 (1153 f.).

4 BMF 21. 3. 2007, BStBl 2007 I 302.

wenn die Personengesellschaft, an der die Beteiligung besteht, noch nicht oder nicht mehr gewerbesteuerpflichtig ist, wie etwa in der Vorbereitungs- oder Abwicklungsphase (vgl. R. 8.4 Satz 2 GewStR 2009). Die Vorschrift findet neben Beteiligungen an inländischen Gesellschaften auch auf Beteiligungen an ausländischen Personengesellschaften Anwendung.

(Einstweilen frei) 4507–4520

3. Kürzungen nach § 9 GewStG

a) Kürzungen nach § 9 Nr. 1 GewStG

Die Kürzung des Gewinns um 1,2 % des Einheitswertes des zum Betriebsvermögen des Unternehmens gehörenden Grundbesitzes gilt für gewerblich tätige PersGes, wenn der Grundbesitz entweder zum Gesamthandsvermögen der PersGes gehört oder wenn er zum Sonderbetriebsvermögen eines Gesellschafters gehört (§ 9 Nr. 1 Satz 1 GewStG). Die Zugehörigkeit eines Grundstücks zum Betriebsvermögen ist nach den Vorschriften des EStG zu beurteilen.[1] Demnach wird auch für Grundstücksteile, die aufgrund einer untergeordneten Bedeutung nicht bilanziert werden, jedoch zum Betriebsvermögen zählen, die Kürzung nach § 9 Nr. 1 GewStG gewährt (vgl. auch § 8 EStDV). Es sind jeweils die Verhältnisse zu Beginn eines Jahres entscheidend; beginnt die Gewerbesteuerpflicht erst im Laufe eines Kalenderjahres, so kommt für diesen Erhebungszeitraum eine Kürzung nach § 9 Nr. 1 Satz 1 GewStG nicht in Betracht (§ 20 Abs. 1 Satz 2 GewStDV). 4521

Durch das Unternehmensteuerreformgesetz 2008[2] wurde § 9 Nr. 1 Satz 1 Halbsatz 1 GewStG um die Regelung erweitert, dass der maßgebliche Grundbesitz nicht von der Grundsteuer befreit sein darf.[3] Die ursprüngliche Begründung für die Kürzungsvorschrift war die Vermeidung einer doppelten Belastung von Grundbesitz mit Realsteuern (Grundsteuer und Gewerbesteuer). Die Kürzung konnte jedoch auch in Anspruch genommen werden, wenn tatsächlich keine Grundsteuer gezahlt wurde, weil der Grundbesitz von der Grundsteuer befreit war. Die bisherige doppelte Begünstigung von steuerbefreitem Grundbesitz wurde nunmehr aufgehoben. Eine Entlastung im GewStG ist – wohl sachgerecht – nicht notwendig, wenn auf den Grundbesitz wegen dessen Grundsteuerbefreiung keine Grundsteuer anfällt. 4522

Die sog. **erweiterte Kürzung bei Grundstücksunternehmen** gem. § 9 Nr. 1 Satz 2 GewStG gilt auf Antrag[4] bei den PersGes, die ausschließlich eigenen Grundbesitz oder 4523

1 R 9.1 Abs. 1 Satz 6 GewStR 2009.

2 BGBl 2007 I 1912.

3 Der Tatbestand der Befreiung von der Grundsteuer beschränkt sich auf Befreiungstatbestände des Grundsteuergesetzes und nicht auf andere Gründe, aus denen die Grundsteuer tatsächlich nicht erhoben wird (z. B. Billigkeitsmaßnahmen, Erlass oder Verjährung); vgl. R 9.1 Abs. 1 Sätze 2 und 3 GewStR 2009.

4 Sofern die erweiterte Kürzung tatbestandlich nicht einschlägig ist oder nicht beantragt wird, greift die allgemeine Kürzung von 1,2 % des Einheitswertes des Grundbesitzes gem. § 9 Nr. 1 Satz 1 GewStG automatisch.

neben eigenem Grundbesitz eigenes Kapitalvermögen verwalten und nutzen oder daneben Wohnungsbauten etc. betreuen, errichten und veräußern.[1] Die Kürzung erfolgt um den Teil des Gewerbeertrags, der auf die Verwaltung und Nutzung des eigenen Grundbesitzes (einschließlich der in R 9.2 Abs. 2 Satz 3 GewStR 2009 ausnahmsweise zugelassenen Nebentätigkeiten) entfällt.[2] Eigener Grundbesitz ist nur der zum Betriebsvermögen[3] des Unternehmens gehörende Grundbesitz.[4] Eine Tätigkeit außerhalb des ausdrücklich angeführten „erlaubten" Bereiches führt zum Ausschluss der Begünstigung.[5] Die Kürzung wird nicht gewährt, wenn die Tätigkeit über den Rahmen einer Grundstücksverwaltung hinausgeht und gewerblichen Charakter annimmt.[6] Auch eine geringfügige Mitvermietung von Betriebsvorrichtungen steht einer ausschließlichen Grundstücksverwaltung i. S. v. § 9 Nr. 1 Satz 2 GewStG entgegen.[7] Etwas anderes gilt aber wohl in den Fällen, in denen die Mitvermietung von Betriebsvorrichtungen für die Nutzung des Grundstückes (wirtschaftlich) zwingend notwendig, d. h. unentbehrlich ist.[8] Unschädlich sind jedoch Nebentätigkeiten, die der Grundstücksverwaltung dienen. Zur Verwaltung kann allerdings auch die Veräußerung von Grundbesitz gehören. Dann ist der bei der Veräußerung erzielte Gewinn[9] ebenfalls nach § 9 Nr. 1 Satz 2 GewStG – jedoch unter dem Vorbehalt des § 9 Nr. 1 Satz 6 der auf § 7 Satz 2 Nr. 2 und 3 GewStG verweist – zu kürzen.[10]

4524 Hintergrund dieser Vorschrift ist die Gleichstellung von Gesellschaftsformen, die zwar aufgrund ihrer Rechtsform der Gewerbesteuer unterliegen, aber ihre Erträge nahezu ausschließlich aus einer grundbesitzverwaltenden Tätigkeit beziehen, mit denjenigen Unternehmen, die derselben Tätigkeit nachgehen, aber nicht schon per Rechtsform der

1 Die Gewerbesteuerkürzung nach § 9 Nr. 1 Satz 2 GewStG wird nur dann gewährt, wenn das Unternehmen während des gesamten Erhebungszeitraums ausschließlich vermögensverwaltend tätig ist. Davon ist nach der Rechtsprechung des BFH auch auszugehen, wenn die Gesellschaft ihr einziges Grundstück am 31. 12. eines Jahres um 23:59 Uhr veräußert; BFH 11. 8. 2004 I R 89/03, BStBl 2004 II 1080, Abgrenzung vom Senatsbeschluss v. 17. 10. 2002 I R 24/01, BStBl 2003 II 355.

2 Der BFH hatte noch mit Urteil v. 20. 9. 2007 (IV R 19/05, BStBl 2010 II 985) entschieden, dass Zinseinkünfte, die ein Grundstücksunternehmen aus der Anlage von Mieterträgen erzielt, Erträge aus der Nutzung von Kapitalvermögen sind, die nicht von der erweiterten Kürzung des Gewerbeertrags nach § 9 Nr. 1 Satz 2 GewStG erfasst werden. Nach der ausdrücklichen Aufnahme in die GewStR 2009 (R 9.2 Abs. 3 GewStR 2009), das auch die ausnahmsweise zugelassenen Nebentätigkeiten von der Kürzung umfasst sind, ist dieses BFH-Urteil nach hier vertretener Auffassung insoweit überholt.

3 Wenn der Grundbesitz ausschließlich und unmittelbar dem Betrieb der PersGes dient, so ist in die erweiterte Kürzung auch derjenige Grundbesitz einzubeziehen, der nicht zum Gesamthandsvermögen der PersGes gehört; vgl. *Güroff* in Glanegger/Güroff, GewStG § 9 Nr. 1 Rn. 11; *Lenski/Steinberg*, GewStG § 9 Nr. 1 Rn. 41.

4 Der BFH hatte sich in einem Revisionsverfahren mit der Frage zu beschäftigen, ob die erweiterte Kürzung nach § 9 Nr. 1 Satz 2 GewStG auch bei Beteiligung an einer vermögensverwaltenden PersGes, die ihrerseits ausschließlich Grundvermögen verwaltet, in Anspruch genommen werden kann. Der BFH hat dies mit Urteil vom 19. 10. 2010 (I R 67/09, FR 2011, 434) verneint, da es sich nicht um die Verwaltung und Nutzung **eigenen** Grundbesitzes handelt und da das Halten einer Beteiligung nicht zu den prinzipiell unschädlichen Tätigkeiten in § 9 Nr. 1 Satz 2 GewStG gehört.

5 BFH 5. 3. 2008 I R 56/07, BFH/NV 2008 1359.

6 BFH 22. 6. 1977 I R 50/75, BStBl 1977 II 778; 29. 3. 1973 I R 174/72, BStBl 1973 II 686.

7 BFH 17. 5. 2006 VIII R 39/05, BStBl 2006 II 659.

8 BFH 7. 4. 2011 IV B 157/09, BFH/NV 2011, 1392, NWB DokID: ZAAAD-85755.

9 Eine gesonderte Ermittlung des Gewinnes aus der Verwaltung und Nutzung eigenen Grundbesitzes wird jedoch gefordert bei Unternehmen, die auch Wohnungsbauten betreuen oder Einfamilienhäuser, Zweifamilienhäuser oder Eigentumswohnungen veräußern, vgl. § 9 Nr. 1 Satz 4 GewStG.

10 BFH 29. 4. 1987 I R 10/86, BStBl 1987 II 603.

Gewerbesteuer unterfallen (rein vermögensverwaltende und nicht gewerblich geprägte PersGes und natürliche Personen mit Vermietungstätigkeiten).

Bei einem unterjährigen Wechsel von der gewerblichen zur vermögensverwaltenden Tätigkeit kommt die erweiterte Kürzung für den gesamten betroffenen Erhebungszeitraum nicht in Betracht. Die Voraussetzungen für die erweiterte Kürzung müssen den während des ganzen oder während eines abgekürzten (§ 14 Satz 3 GewStG) Erhebungszeitraums vorliegen (vgl. R 9.2 Abs. 1 Satz 3 GewStR 2009). Der Verkauf des letzten Grundstücks einer bis zu diesem Zeitpunkt als Grundstücksverwaltungsgesellschaft tätigen gewerblich geprägten PersGes schließt die erweiterte Kürzung nach § 9 Nr. 1 Satz 2 GewStG aus. Dies gilt auch, wenn sich die Tätigkeit der Gesellschaft anschließend auf die Verwaltung von Kapitalvermögen beschränkt.[1] 4525

Die erweiterte Kürzung des Gewerbeertrages gilt gem. § 9 Nr. 1 Satz 5 Nr. 1 GewStG nicht, wenn der Grundbesitz ganz oder zum Teil dem Gewerbebetrieb eines Gesellschafters (oder Genossen) dient. Hintergrund dieser Regelung ist, dass Grundbesitz nicht aus dem gewerblichen Bereich auf eine rein vermögensverwaltende Gesellschaft ausgelagert wird und anschließend durch Rückvermietung dem gewerblich wirtschaftenden Grundstückseigentümer dient. Dies gilt nach einem BFH-Urteil[2] auch für den Fall, der Verpachtung von Grundbesitz an einen gewerblich tätigen persönlich haftenden Gesellschafter, auch wenn dieser weder am Vermögen noch am Gewinn und Verlust der PersGes beteiligt ist. Eine zwischengeschaltete Kapitalgesellschaft entfaltet jedoch eine Abschirmwirkung so dass Fälle der mittelbaren Beteiligung über eine Kapitalgesellschaft nicht vom Kürzungsverbot umfasst sind.[3] 4526

Gemäß BFH-Urteil v. 26. 6. 2007[4] ist die erweiterte Kürzung des Gewerbeertrages nach § 9 Nr. 1 Satz 2 GewStG auch dann zu gewähren, wenn das überlassene Grundstück zwar dem Gewerbebetrieb eines Gesellschafters oder Genossen dient, dieses den Grundbesitz nutzende Unternehmen mit seinen Einkünften von der Gewerbesteuer befreit ist. Diese Ausnahme lässt der BFH allerdings ausdrücklich nur für den Fall zu, dass der das Grundstück nutzende Unternehmer mit allen Einkünften von der Gewerbesteuer befreit ist. In Abweichung zu den zum damaligen Zeitpunkt gültigen GewStR 1998 (R 60 Abs. 4 Satz 9 GewStR 1998) hat der BFH mit gleichem Urteil[5] entschieden, dass die erweiterte Kürzung nicht zu gewähren ist, wenn der dem Gesellschafter überlassene Grundbesitz nur geringfügig ist. Die Auffassung des BFH wurde nun auch in die GewStR 2009 übernommen (H 9.2 Abs. 4 GewStH 2009). 4527

Sofern ein Unternehmen an einer **gewerblich geprägten** grundstücksverwaltenden PersGes eine Beteiligung hält und es sich im Übrigen auf die in § 9 Nr. 1 Sätze 2 und 3 GewStG aufgezählten Tätigkeiten beschränkt, steht dieses der erweiterten Kürzung 4528

1 BFH 19. 10. 2010 I R 1/10, BFH/NV 2011, 841, NWB DoKID: RAAAD-79992; das Urteil ist zwar zu einer GmbH ergangen, dürfte aber genauso Geltung für eine gewerblich geprägte PersGes haben.

2 BFH 7. 8. 2008 IV R 36/07, BFH/NV 2009 85, FR 2009 437 und vgl. auch BFH 22. 1. 2009 IV R 80/06, BFH/NV 2009, 1279.

3 BFH 15. 4. 1999 IV R 11/98, BStBl 1999 II 532.

4 BFH 26. 6. 2007 IV R 9/05, BStBl 2007 II 893.

5 BFH 26. 6. 2007 IV R 9/05, BStBl 2007 II 893.

entgegen, da keine Ausschließlichkeit vorliegt.[1,2] Gleiches gilt für die Beteiligung einer vermögensverwaltenden PersGes an einer **gewerblich tätigen** Unter-PersGes.[3] In dem Moment in dem eine Obergesellschaft in ihrer Eigenschaft als Mitunternehmerin der Untergesellschaft gewerbliche Einkünfte erzielt, steht dies einer ausschließlich vermögensverwaltenden Tätigkeit entgegen.[4] Mit Urteil vom 19.10.2010[5] hat der BFH nun auch entschieden, dass einer grundstücksverwaltenden GmbH, die als Komplementärin an einer ihrerseits vermögensverwaltenden KG beteiligt ist, nicht die erweiterte Kürzung nach § 9 Nr. 1 Satz 2 GewStG zu gewähren ist. Begründet wird dies damit, dass zum einen kein eigener Grundbesitz genutzt oder verwaltet wird, da dieser zivilrechtlich zum Vermögen der KG gehört und dass zum anderen das Halten einer Beteiligung eine Tätigkeit ist, die nicht zum Katalog der prinzipiell unschädlichen Tätigkeiten im § 9 Nr. 1 Satz 2 GewStG gehört.

4529 § 9 Nr. 1 Satz 5 Nr. 1a GewStG wurde durch das JStG 2009[6] in das GewStG eingefügt.[7] Die erweiterte Kürzung kann nicht in Anspruch genommen werden, soweit der Gewerbeertrag Vergütungen i. S. d. § 15 Abs. 1 Satz 1 Nr. 2 Satz 1 EStG enthält, die der Gesellschafter von der Gesellschaft für seine Tätigkeit im Dienst der Gesellschaft oder für die Hingabe von Darlehen oder für die Überlassung von Wirtschaftsgütern, mit Ausnahme der Überlassung von Grundbesitz, bezogen hat. Der ursprüngliche Hintergrund dieser Vorschrift ist wohl in dem sog. „Bankenbeteiligungsmodell" zu sehen. Eine Bank erwirbt einen Zwerganteil an einer Immobilien-PersGes und finanzierte diese durch die Gewährung von Gesellschafterdarlehen. Hierdurch konnte sie im Ergebnis gewerbesteuerfreie Zinseinkünfte erzielen. Auf Ebene der Immobilien-PersGes handelte es sich bei den Zinsen um Sondervergütungen gem. § 15 Abs. 1 Satz 1 Nr. 2 EStG, die dem Gewinn der PersGes zwar zunächst wieder hinzuzurechnen waren, dann aber betreffend die Gewerbesteuer der erweiterten Kürzung nach § 9 Nr. 1 Satz 2 GewStG unterlagen. Auf Ebene der Bank war der Gewinnanteil aus der Mitunternehmerschaft gem. § 9 Nr. 2 GewStG bei der Ermittlung des Gewerbeertrages wieder zu kürzen.[8] Das FG Düsseldorf hatte sich im Urteil v. 18. 6. 2007[9] mit einem solchen Fall zu befassen und beurteilte ihn im Ergebnis als rechtmäßig; beteiligt sich die finanzierende Bank (Hauptdarlehensgeber) an einer ausschließlich eigenen Grundbesitz verwaltenden GmbH & Co.

1 BFH 22. 1. 1992 I R 61/90, BStBl 1992 II 628; 17. 10. 2002 I R 24/01, BStBl 2003 II 355; 30. 11. 2005 I R 54/04, BFH/NV 2006, 1148.

2 Gem. BFH 22. 1. 2009 IV R 80/06, NWB DokID: LAAAD-23756 ist die erweiterte Kürzung der Summe des Gewinns und der Hinzurechnungen nach § 9 Nr. 1 Satz 2 GewStG durch § 9 Nr. 1 Satz 5 GewStG auch dann ausgeschlossen, wenn eine GmbH zwar Komplementärin sowohl der ausschließlich grundbesitzverwaltenden als auch der das Grundstück nutzenden PersGes ist, die GmbH aber an diesen Gesellschaften nicht beteiligt ist und ihre Mitunternehmerstellung daher nur formal besteht.

3 BFH 16. 1. 2008 IV B 14/07, BFH/NV 2008, 821.

4 BFH 30. 11. 2005 I R 54/04, BFH/NV 2006 1148; 6. 10. 2004 IX R 53/01, BStBl 2005 II 383.

5 BFH 19. 10. 2010 I R 67/09, FR 2011, 434, NWB DokID: AAAAD-61763.

6 JStG 2009 v. 19. 12. 2008, BGBl 2008 I 2794.

7 Nach § 36 Abs. 6a Satz 2 GewStG findet § 9 Nr. 1 Satz 5 Nr. 1a GewStG erstmals auf Vergütungen Anwendung, die nach dem 18. 6. 2008 (Tag des Kabinettsbeschlusses) erstmals vereinbart worden sind; eine wesentliche Änderung einer vor diesem Zeitpunkt getroffenen Vereinbarung über die Vergütungen gilt als neue Vereinbarung.

8 Ausführlich hierzu vgl. *Mensching/Tyarks*, DStR 2009 2037.

9 FG Düsseldorf 18. 6. 2007 17 K 923/05 F, EFG 2007 1696, NWB DokID: LAAAC-51179.

KG in geringem Umfang als Kommanditist, sind die von ihr erzielten Kapitalerträge als Sonderbetriebseinnahmen zu erfassen und, soweit sie auf die Verwaltung und Nutzung des eigenen Grundbesitzes entfallen, nach § 9 Nr. 1 Satz 2 GewStG von der Gewerbesteuer freizustellen. Rechtsprechungsüberholend wurde sodann der Gesetzgeber mit der entsprechenden Einfügung des § 9 Nr. 1 Satz 5 Nr. 1a GewStG tätig.

Gemäß § 9 Nr. 1 Satz 5 Nr. 2 GewStG entfällt die erweiterte Kürzung auch, soweit der Gewerbeertrag Gewinne aus der Aufdeckung stiller Reserven aus dem Grundbesitz enthält, der innerhalb von drei Jahren vor der Aufdeckung der stillen Reserven zu einem unter dem Teilwert liegenden Wert in das Betriebsvermögen des aufdeckenden Gewerbebetriebs überführt oder übertragen worden ist, und soweit diese Gewinne auf bis zur Überführung oder Übertragung entstandenen stillen Reserven entfallen. Durch diese Vorschrift sollen im Ergebnis Gestaltungen vermieden werden, bei denen die an sich steuerpflichtigen Veräußerungsgewinne aus Grundstücksgeschäften durch Übertragung des entsprechenden Grundbesitzes auf Gesellschaften, die von der erweiterten Kürzung des § 9 Nr. 1 Satz 2 GewStG Gebrauch machen können, steuerfrei realisiert werden können. 4530

Die erweiterte Kürzung kann nicht gewährt werden, wenn eine grundstücksverwaltende PersGes ein Grundstück an eine gewerblich tätige PersGes verpachtet, an der ein zu 5 % an der Verpachtungsgesellschaft beteiligter Gesellschafter als Mitunternehmer beteiligt ist.[1] 4531

Fraglich ist, ob die Veräußerung/Aufgabe eines Anteils an einer (weiteren) grundstücksverwaltenden Gesellschaft gewerbesteuerpflichtig ist. Durch das EURLUmsG[2] wurde mit Wirkung vom Erhebungszeitraum 2004 § 9 Nr. 1 GewStG durch einen Satz 6 ergänzt. Danach ist eine erweiterte Kürzung des Gewerbeertrages für den Teil ausgeschlossen, der auf Veräußerungs- oder Aufgabegewinne i. S. d. § 7 Satz 2 Nr. 2 und 3 GewStG entfällt. 4532

(Einstweilen frei) 4533–4535

b) Anteile am Gewinn einer anderen Personengesellschaft (§ 9 Nr. 2 GewStG)

Da der Gewinn, der bei einer PersGes erwirtschaftet wird, schon auf dieser Ebene der Gewerbebesteuerung unterliegt, soll durch diese Kürzungsvorschrift vermieden werden, dass die Gewinnanteile bei den Gesellschaftern erneut der Gewerbesteuer unterliegen. Seit dem BFH-Urteil vom 27. 2. 1991[3] ist geklärt, dass der Begriff „Anteil am Gewinn" nicht nur die Gewinnanteile i. S. d. § 15 Abs. 1 Satz 1 Nr. 2 Halbsatz 1 EStG erfasst, sondern auch die im zweiten Satzteil bezeichneten Sondervergütungen für die Leistung von Diensten, für die Hingabe von Darlehen oder für die Überlassung von Wirtschaftsgütern.[4] Unabdingbare Voraussetzung ist jedoch, dass die Gesellschafter als Mitunternehmer des Gewerbebetriebes anzusehen sind. 4536

1 BFH 7. 4. 2005 IV R 34/03, BStBl 2005 II 576.
2 EURLUmsG v. 9. 12. 2004, BGBl 2004 I 3310.
3 BFH 27. 2. 1991 I R 15/89, BStBl 1991 II 444.
4 A. A. *Güroff* in Glanegger/Güroff, GewStG § 9 Nr. 2 Rn. 5.

4537 Korrespondierend zu der Hinzurechnung nach § 8 Nr. 8 GewStG findet diese Kürzungsvorschrift nicht nur für Beteiligungen an inländischen, sondern auch für Beteiligungen an ausländischen Personengesellschaften Anwendung.

4538–4540 *(Einstweilen frei)*

c) Gewinne aus Anteilen an einer anderen Kapitalgesellschaft (§ 9 Nr. 2a GewStG)

aa) Allgemeines

4541 Durch die Vorschrift des § 9 Nr. 2a GewStG soll eine Doppelbelastung ausgeschütteter Gewinne zum einen beim Anteilseigner und zum anderen bei der ausschüttenden Kapitalgesellschaft vermieden werden. Sofern eine PersGes Dividenden von einer Kapitalgesellschaft erhält, soll unabhängig von der Gesellschafterstruktur für Zwecke der Gewerbesteuer diese Dividende auf Ebene der PersGes betrachtet werden. Eine erhaltene Dividende ist – wie bisher – vom Gewerbeertrag zu kürzen, wenn es sich um eine sog. Schachteldividende handelt.[1]

bb) Schachteldividende

4542 Eine Schachteldividende liegt vor, wenn die die Dividende empfangende Gesellschaft mit einer bestimmten Beteiligungshöhe an der ausschüttenden Gesellschaft beteiligt ist. Seit dem Erhebungszeitraum 2008 (Änderung durch das UntStRefG 2008[2])[3] liegt eine Schachteldividende vor, wenn die empfangende Gesellschaft mindestens **15 %** der Anteile **zu Beginn** des Erhebungszeitraumes[4] an der ausschüttenden Gesellschaft hält.[5] Bis inklusive Erhebungszeitraum 2007 lag eine Schachteldividende bereits bei einer Beteiligungshöhe von 10 % vor. Die Anteile müssen sich im Betriebsvermögen der PersGes befinden.[6] Es spielt keine Rolle, ob sich die Anteile im Gesamthandseigentum der PersGes oder im Sonderbetriebsvermögen des Mitunternehmers befinden; für die Ermittlung der erforderlichen Beteiligungshöhe einer PersGes sind die im Gesamthands- und Sonderbetriebsvermögen gehaltenen Anteile zusammenzurechnen (R 9.3 Satz 4 GewStR 2009). Im Übrigen reicht nach Auffassung des BFH[7] und nun auch entsprechend der R. 9.3 Satz 1 GewStR 2009 eine mittelbare Beteiligung an einer nicht steuer-

1 Vgl. hierzu auch die Ausführungen zu § 8 Nr. 5 GewStG ab Rn. 4496.

2 BGBl 2007 I 1912.

3 Begründet wird diese Änderung rein fiskalisch; das kommunale Gewerbesteueraufkommen muss angesichts der nominellen Steuerentlastung durch die Unternehmensteuerreform 2008 gesichert werden (BT-Drucks. 16/5491, 23).

4 Sofern die Steuerpflicht des beteiligten Unternehmens erst im Laufe eines Kalenderjahres beginnt, kommt es für die Beteiligungshöhe auf den Stand zu Beginn der Steuerpflicht (abgekürzter Erhebungszeitraum) an (vgl. R 9.3 Satz 5 GewStR 2009).

5 Diese Änderung gilt grundsätzlich ab Erhebungszeitraum 2008 auch für Beteiligungen an ausländischen Gesellschaften; vgl. § 9 Nr. 7 und 8 GewStG. Allerdings gilt diese Änderung nicht, sofern ein Abkommen zur Vermeidung der Doppelbesteuerung vorliegt und in diesem Abkommen eine niedrigere Mindestbeteiligungsgrenze vereinbart ist. In diesem Fall ist die niedrigere Mindestbeteiligungsgrenze für die Inanspruchnahme des Schachtelprivilegs maßgebend.

6 *Lenski/Steinberg*, GewStG § 9 Nr. 2a, Rn. 14.

7 BFH 17. 5. 2000 I R 31/99, GmbHR 2001, 87.

befreiten Kapitalgesellschaft für die Annahme des gewerbesteuerlichen Schachtelprivilegs aus.

cc) Definition Gewinne aus Anteilen

Gemäß dem Gesetzestext in § 9 Nr. 2a GewStG sind die **Gewinne** aus Anteilen zu kürzen. Fraglich war hier lange Zeit, was unter dem Begriff Gewinne zu verstehen ist. Es wurde diskutiert, ob hier eine Brutto- oder Nettobetrachtung anzustellen ist. Die Finanzverwaltung vertrat die Auffassung, dass in unmittelbarem Zusammenhang mit den Gewinnanteilen stehende Aufwendungen den Kürzungsbetrag mindern (Nettobetrachtung). Der BFH vertritt in seinem Urteil v. 25. 1. 2006[1] hingegen die Meinung, dass die Gewinne aus Anteilen, um die der Gewinn aus Gewerbebetrieb zu kürzen ist, nicht um Beteiligungsaufwendungen zu mindern sind, die mit dem Erwerb der Beteiligung in unmittelbaren Zusammenhang stehen.[2] Er begründet dies damit, dass die Kürzung gem. dem Regelungswortlaut in § 9 Nr. 2a GewStG danach – nur und uneingeschränkt – die Gewinne aus den Anteilen erfasse; für eine Kürzung des Kürzungsbetrages gebe der Wortlaut nichts her. 4543

Durch das Jahressteuergesetz 2007[3] wurden in § 9 Nr. 2a GewStG nach Satz 2 die folgenden Sätze 3 und 4 eingefügt: „In unmittelbaren Zusammenhang mit Gewinnanteilen stehende Aufwendungen mindern den Kürzungsbetrag, soweit entsprechende Beteiligungserträge zu berücksichtigen sind; insoweit findet § 8 Nr. 1 GewStG keine Anwendung [Satz 3]. Nach § 8b Abs. 5 KStG nichtabziehbare Betriebsausgaben sind keine Gewinne aus Anteilen i. S. d. Satzes 1 [Satz 4]." Damit wurde durch rechtsprechungsüberholende Steuergesetzgebung die Auffassung der Finanzverwaltung im Gesetz manifestiert; ab dem Erhebungszeitraum 2006[4] ist daher die Nettobetrachtung anzuwenden. 4544

Diejenigen Aufwendungen, die den Kürzungsbetrag nach § 9 Nr. 2a GewStG mindern, sind nicht zu einem Viertel als Entgelte für Schulden i. S. d. § 8 Nr. 1a GewStG zu berücksichtigen (Rechtslage ab Erhebungszeitraum 2008) bzw. waren nicht als Dauerschuldzinsen i. S. d. § 8 Nr. 1 GewStG a. F. hälftig hinzuzurechnen (Rechtslage bis inklusive Erhebungszeitraum 2007). 4545

dd) Zwischengeschaltete Personengesellschaft

Sofern eine Kapitalgesellschaft Dividenden erhält, sind diese gem. § 8b Abs. 1 KStG steuerfrei und haben den nach den Vorschriften des Einkommensteuergesetzes/Körperschaftsteuergesetzes ermittelten Gewinn aus Gewerbebetrieb gemindert. Eine Hinzurechnung der Dividende für die Ermittlung der Gewerbesteuer erfolgt unter den Voraussetzungen des § 8 Nr. 5 GewStG, so dass auch in diesem Fall nur Schachteldividenden gewerbesteuerfrei sind.[5] Ist zwischen die ausschüttende und die empfangende Ka- 4546

1 BFH 25. 1. 2006 I R 104/04, BStBl 2006 II 844.

2 Folgte man dieser Auffassung des BFH war allerdings zu berücksichtigen, dass die Zinsaufwendungen nach der bis zum Erhebungszeitraum geltenden Rechtslage, soweit es sich um Dauerschuldzinsen handelte, nach Maßgabe von § 8 Nr. 1 GewStG zur Hälfte dem Gewinn aus Gewerbebetrieb hinzuzurechnen waren.

3 JStG 2007 v. 13. 12. 2006, BGBl 2006 I 2878.

4 Die Änderung in Satz 4 des § 9 Nr. 2a GewStG betreffend § 8b Abs. 5 KStG ist auch für Erhebungszeiträume vor 2006 anzuwenden.

5 Vgl. Rn. 4496.

pitalgesellschaft eine PersGes zwischengeschaltet, so ist die Dividende auch in diesen Fällen über § 7 GewStG nach § 8b Abs. 1 KStG steuerfrei, da § 8b Abs. 1 – 5 KStG auch für die Gewerbesteuer gilt.[1] Entsprechendes gilt, wenn eine PersGes zwischen eine natürliche Person und eine Kapitalgesellschaft geschaltet ist. Die Finanzverwaltung hatte ursprünglich eine andere Auffassung vertreten.[2] Durch die Einfügung von Satz 4 in § 7 GewStG durch das EURLUmsG v. 9. 12. 2004[3] wurde allerdings gesetzlich klargestellt, dass § 3 Nr. 40 und § 3c Abs. 2 EStG sowie auch § 8b KStG bei der Ermittlung des Gewerbeertrages einer Mitunternehmerschaft anzuwenden sind.[4]

4547 Hält eine natürliche Person Anteile an einer PersGes, die ihrerseits Anteile an einer Kapitalgesellschaft hält, so ist eine durch die Kapitalgesellschaft ausgeschüttete Dividende im Gewerbeertrag der Personengesellschaft gem. den Vorschriften § 3 Nr. 40d EStG und § 7 Satz 4 GewStG noch zu 60 % (Teileinkünfteverfahren[5]) enthalten (bis inkl. Veranlagungszeitraum 2008 galt das sog. Halbeinkünfteverfahren, nach dem 50 % einer Dividende zu versteuern waren). Sofern die Voraussetzungen des Schachtelprivilegs[6] erfüllt sind, können diese 60 % der Dividende vom Gewerbeertrag der PersGes nach § 9 Nr. 2a GewStG gekürzt werden.[7] Etwaige mit diesen Beteiligungserträgen in Zusammenhang stehende Aufwendungen sind im Gewerbeertrag der PersGes auch nur noch zu 60 % enthalten (§ 3c Abs. 2 EStG i. V. m. § 7 Satz 4 GewStG). Diese müssen dann aber den Kürzungsbetrag der Dividende wiederum mindern (Nettobetrachtung).[8]

4548–4555 *(Einstweilen frei)*

4. Gewerbeverlust (§ 10a GewStG)

a) Allgemeines

4556 Der gewerbesteuerliche Verlustabzug ist in § 10a GewStG geregelt. Sofern sich bei der Ermittlung des Gewerbeertrages nach Korrekturen um die Hinzurechnungen gem. § 8 GewStG und um die Kürzungen gem. § 9 GewStG ein negativer Betrag ergibt, kann dieser Fehlbetrag in den **folgenden** Erhebungszeiträumen – ggf. anteilig – von den maßgebenden Gewerbeerträgen gekürzt werden. Der Verlustabzug setzt damit voraus, dass auf Ebene der Mitunternehmerschaft im Entstehungsjahr ein negativer und im Abzugsjahr ein positiver Gewerbeertrag vorliegt. Hierbei sind die Ergebnisse von Sonder- und Ergänzungsbilanzen zu berücksichtigen. Der Gewerbeverlust mindert in den künftigen Erhebungszeiträumen den Gewerbeertrag, der bereits um die Hinzurechnun-

1 Vgl. Rn. 4497.
2 BMF 28. 4. 2003, BStBl 2003 I 292 (298).
3 BGBl 2004 I 3310; BStBl 2004 I 1158.
4 Die Formulare zur einheitlichen und gesonderten Gewinnfeststellung einer Personengesellschaft sehen allerdings seit dem VZ 2004 die Bruttomethode vor. Beteiligungserträge und -aufwendungen werden nur noch nachrichtlich deklariert. Für Zwecke der Gewerbesteuer ist damit der Gewinn aus Gewerbebetrieb gem. § 7 GewStG, wie er sich aus den Vorschriften des Einkommen- und des Körperschaftsteuergesetzes ergibt, zunächst einmal zu ermitteln.
5 Änderung durch das UntStRefG 2008 v. 14. 8. 2007 (BGBl 2007 I 1912).
6 Vgl. Rn. 4542.
7 Hierzu vgl. auch *Schiller*, DB 2006, 1127.
8 Vgl. Rn. 4543 ff.

gen und Kürzungen korrigiert wurde. Ein Verlustrücktrag in vergangene Zeiträume wird im Rahmen der Gewerbesteuer als nicht möglich angesehen.[1] Die finanzielle Schutzbedürftigkeit insbesondere der kleinen Gemeinden mit wenigen Steuerzahlern verbot die Übernahme der für einen Verlustrücktrag maßgebenden Kriterien.[2]

Die Höhe des vortragsfähigen Gewerbeverlustes ist gem. § 10a Satz 6 GewStG gesondert festzustellen. Hierbei ist insbesondere auch der Wegfall eines anteiligen laufenden Gewerbeverlustes und der Wegfall des anteiligen vortragsfähigen Gewerbeverlustes durch das Ausscheiden von Gesellschaftern aus der PersGes zu berücksichtigen (vgl. R 10a.1 Abs. 2 Sätze 2 und 3 GewStR 2009).[3] 4557

Hinsichtlich der Verlustfeststellung hat das Gewerbesteuerrecht Änderungen durch das Jahressteuergesetz 2010 erfahren.[4] § 35b Abs. 2 Satz 2 und 3 GewStG wurde korrespondierend zur Neuregelung des § 10d Abs. 4 Satz 4 und 5 EStG geändert. Nach § 35b Abs. 2 Satz 2 und 3 GewStG n. F. ist die erstmalige oder korrigierende Verlustfeststellung nach Bestandskraft eines Gewerbesteuer-Messbescheides für nachträglich erklärte Verluste nur dann möglich, wenn der Gewerbesteuer-Messbescheid geändert werden könnte.[5,6] 4558

(Einstweilen frei) 4559–4560

1 Gem. BFH 31. 7. 1990 (BStBl 1990 II 1083) verstößt die Nichtgewährung des Verlustrücktrags in § 10a GewStG nicht gegen die Verfassung.

2 Vgl. auch *Kleinheisterkamp* in Lenski/Steinberg, GewStG § 10a, Anm. 15.

3 Zur Bindungswirkung eines Bescheides über die gesonderte Feststellung des vortragsfähigen Gewerbeverlustes i. S. v. § 10a GewStG bei PersGes vgl. BFH v. 16. 6. 2011 IV R 11/08, NWB DokID: YAAAD-90416: „Ist in einem an eine PersGes gerichteten bestandskräftigen Verlustfeststellungsbescheid i. S. v. § 10a GewStG der Fehlbetrag nicht um den Anteil eines ausgeschiedenen Mitunternehmers gekürzt worden, steht der anteilige Fehlbetrag den zum Feststellungszeitpunkt tatsächlich beteiligten Mitunternehmern entsprechend ihrer Beteiligungsquote zur Verrechnung mit deren zukünftigen Erträgen zur Verfügung."

4 JStG 2010 v. 8. 12. 2010, BGBl 2010 I 1768.

5 Die gesetzliche Neuregelung gilt gem. § 36 Abs. 10 Satz 1 GewStG n. F. erstmals für Verluste, für die nach dem Tag der Verkündung des JStG 2010 am 13. 12. 2010 eine Erklärung zur Feststellung des vortragsfähigen Gewerbeverlustes abgegeben wird.

6 Die Änderung der §§ 10d Satz 4 und 5 EStG und 35b Abs. 2 Satz 2 und 3 GewStG ist die gesetzgeberische Antwort auf eine geänderte Rechtsprechung des BFH aus 2008 und 2009. Die bisherige Rechtsprechung des BFH ging davon aus, dass die erstmalige gesonderte Feststellung des vortragsfähigen Verlustes nach § 10d Abs. 4 Satz 4 EStG nur erfolgen konnte, wenn der zugrunde liegende Steuerbescheid im Zeitpunkt der Antragstellung noch geändert werden konnte; dies galt auch für einen Steuerbescheid, der bisher keine Verluste auswies. Mit Urteilen v. 17. 9. 2008 (IX R 70/06, DB 2009 35) und 14. 7. 2009 (IX R 52/08, DB 2009, 2128) gab der BFH diese Rechtsauffassung auf und ließ zu, dass ein verbleibender Verlustvortrag auch dann erstmals gem. § 10d Abs. 4 Satz 1 EStG gesondert festzustellen ist, wenn der entsprechende Einkommensteuerbescheid für das Verlustfeststellungsjahr bestandskräftig ist und darin keine nicht ausgeglichenen negativen Einkünfte berücksichtigt worden sind. Nach dieser Rechtsprechung kann auch dann eine gesonderte Verlustfeststellung beantragt werden, wenn die Einspruchsfrist gegen den Steuerbescheid bereits abgelaufen ist. Mit der Neufassung des § 10d Abs. 4 Satz 4 EStG und des § 35b Abs. 2 Satz 2 GewStG durch das JStG 2010 soll eine inhaltliche Bindung des Verlustfeststellungsbescheides an den Einkommensteuerbescheid bzw. Gewerbesteuerbescheid erreicht werden, Es wird nunmehr geregelt, dass bei der Feststellung des verbleibenden Verlustvortrags die Besteuerungsgrundlagen so zu berücksichtigen sind, wie sie bei den jeweiligen Steuerfestsetzungen zugrunde gelegt wurden. Dem Einkommensteuer- bzw. Gewerbesteuerbescheid kommt durch entsprechenden Verweis auf die einschlägigen Regelungen in der AO die Wirkung eines Grundlagenbescheides für den Verlustfeststellungsbescheid zu. Eine Ausnahme - entsprechend dem alten Recht - gibt es nur in den Fällen, in denen eine Aufhebung, Änderung oder Berichtigung des Steuerbescheides ausschließlich mangels Auswirkung auf die Höhe der Steuer unterbleibt, vgl. §§ 10d Abs. 4 Satz 5 EStG und 35b Abs. 2 Satz 3 GewStG.

b) Höhe des Verlustabzugs

4561 Der Gewerbeverlust ist im Entstehungsjahr ausgehend von dem Gewinn aus Gewerbebetrieb – wie er nach den Vorschriften des Einkommensteuergesetzes (und des Körperschaftsteuergesetzes) berechnet wurde – zu ermitteln. Die Ergebnisse etwaiger Sonder- und/oder Ergänzungsbilanzen sind im Gewinn aus Gewerbebetrieb enthalten. Steuerfreie Einnahmen vermindern den Verlust nicht. Ebenso sind nicht steuerbare Veräußerungsgewinne (vgl. unten Rn. 4646 ff.) nicht in die Berechnung einzubeziehen. Der Gewinn aus Gewerbebetrieb ist sodann um die Hinzurechnungen und Kürzungen der §§ 8 und 9 GewStG zu erhöhen bzw. zu vermindern.

aa) Mindestbesteuerung

4562 Der gewerbesteuerliche Verlust kann zeitlich unbegrenzt vorgetragen werden. Jedoch wurde die Höhe des nutzbaren Verlustes mit Wirkung vom Erhebungszeitraum 2004 deutlich eingeschränkt. Durch das „Gesetz zur Änderung des Gewerbesteuergesetzes und anderer Gesetze" wurde eine sog. Mindestbesteuerung eingeführt.[1,2] Der maßgebende Gewerbeertrag eines Erhebungszeitraumes ist um Fehlbeträge der vorangegangenen Veranlagungszeiträume nur bis zur Höhe von 1 Mio. € unbeschränkt zu kürzen (§ 10a Satz 1 GewStG). Darüber hinaus ist der 1 Mio. € übersteigende Fehlbetrag der vorangegangenen Veranlagungszeiträume nur noch bis zu 60 % des 1 Mio. € übersteigenden Gewerbeertrages des entsprechenden Erhebungszeitraumes zu kürzen (§ 10a Satz 2 GewStG).[3]

BEISPIEL:

Gewerbesteuerlicher Verlustvortrag zum 31. 12. 2009	5 000 000 €
Gewerbeertrag vor Verlustabzug in 2010	4 000 000 €
Kürzung Gewerbeertrag (vorab abzugsfähig), § 10a Satz 1 GewStG	1 000 000 €
Verbleibender Gewerbeertrag	3 000 000 €
Kürzung um 60 % des verbleibenden Gewerbeertrages, § 10a Satz 2 GewStG	1 800 000 €
Gewerbeertrag nach Verlustabzug	1 200 000 €

Insgesamt können daher in 2010 2,8 Mio. € des Verlustvortrages zum 31. 12. 2009 genutzt werden. Obwohl der Verlustvortrag aus 2009 höher ist als der Gewerbeertrag 2010, verbleibt es für 2010 bei einem steuerpflichtigen Gewerbeertrag von 1,2 Mio. € (sog. Mindestbesteuerung). Der verbleibende gewerbesteuerliche Verlustvortrag zum 31. 12. 2010 beträgt daher 2,2 Mio. €.

bb) Zurechnung der gewerbesteuerlichen Verluste und Verlustvorträge

4563 Durch das JStG 2007[4,5] wurde der gewerbesteuerliche Verlustabzug für PersGes einschneidend geändert. Gemäß § 10a Satz 4 GewStG ist der sich bei einer Mitunterneh-

1 Gesetz zur Änderung des Gewerbesteuergesetzes und anderer Gesetze v. 23. 12. 2003, BGBl 2003 I 2922.

2 Vgl. auch *Plambeck*, DB 2005, 61, zur Berechnung der Gewerbesteuerrückstellung für Kapital- und Personengesellschaften nach Einführung der Mindestbesteuerung.

3 *Dötsch/Pung*, DB 2004, 151.

4 JStG 2007 v. 13. 12. 2006, BGBl 2007 I 2878.

5 Der Gesetzesentwurf der Bundesregierung zum JStG 2007 v. 25. 9. 2006 (BT-Drucks. 16/2712) sah noch keine Änderung des § 10a GewStG vor. Erst der Bundesrat hat die Einfügung der neuen Sätze 4 und 5 in § 10a GewStG beschlossen (BR-Drucks. 622/06).

merschaft für die Mitunternehmerschaft insgesamt ergebende Fehlbetrag den Mitunternehmern entsprechend dem sich aus dem Gesellschaftsvertrag ergebenden allgemeinen **Gewinnverteilungsschlüssel** zuzurechnen; Vorabgewinnanteile sind nicht zu berücksichtigen (Verlustentstehungsjahr). Nach § 10a Satz 5 GewStG ist für den Abzug der den Mitunternehmern zugerechneten Fehlbeträge der sich für die Mitunternehmerschaft insgesamt ergebende maßgebende Gewerbeertrag sowie der Höchstbetrag nach Satz 1 den Mitunternehmern entsprechend dem sich aus dem Gesellschaftsvertrag für das Abzugsjahr ergebenden allgemeinen **Gewinnverteilungsschlüssel** zuzurechnen; Vorabgewinnanteile sind nicht zu berücksichtigen (Verlustabzugsjahr).

Voraussetzung für den Verlustabzug ist, dass sich auf Ebene der Mitunternehmerschaft 4564 im Entstehungsjahr ein Gewerbeverlust und im Abzugsjahr ein positiver Gewerbeertrag ergeben hat. Die Verlustverrechnung findet rechnerisch zunächst auf Ebene der einzelnen Mitunternehmer statt und die Ergebnisse von Sonder- und Ergänzungsbilanzen beeinflussen die Höhe des Gewerbeertrages der Mitunternehmerschaft; im Anschluss hieran wird der sich für die Mitunternehmerschaft insgesamt ergebende Gewerbeertrag durch eine Addition der für die jeweiligen Mitunternehmer gewonnenen Einzelergebnisse berechnet, denn Steuerschuldner bleibt die Gesellschaft (§ 5 Abs. 1 Satz 3 GewStG).

Obwohl die Ergebnisse der Sonder- und Ergänzungsbilanzen der einzelnen Mitunter- 4565 nehmer (für die Sonderbetriebseinnahmen und -ausgaben wurde das auch durch die R. 10a.3 Abs. 3 Satz 2 Halbsatz 2 GewStR 2009 klargestellt) bei der Ermittlung des sich insgesamt ergebenden Gewerbeverlustes einzubeziehen sind, ist ein sich für die Mitunternehmerschaft insgesamt ergebender Fehlbetrag den Mitunternehmern nach dem allgemeinen Gewinnverteilungsschlüssel zuzurechnen.[1] Hierbei ist insbesondere festzuhalten, dass für den Verlustabzug, also die Nutzung gewerbesteuerlicher Fehlbeträge aus Vorjahren, im Abzugsjahr der sich insgesamt ergebende positive Gewerbeertrag den Mitunternehmern auch entsprechend dem allgemeinen Gewinnverteilungsschlüssel zuzurechnen ist. Negative Ergebnisse aus Sonder- und Ergänzungsbilanzen eines Mitunternehmers wirken sich daher im Falle eines sich insgesamt ergebenden gewerbesteuerlichen Fehlbetrages bei dem einzelnen Mitunternehmer nur in Höhe seiner Beteiligungsquote aus;[2] wobei eine praktische Relevanz sich nur im Falle des Ausscheidens eines Mitunternehmers ergibt, wenn dadurch Verlustvorträge endgültig verloren gehen.

1 Vgl. auch H 10a.3 (3) GewStH (Beispiel 2: Ausscheiden unter Berücksichtigung von Sonderbetriebsvermögen).

2 Ob diese Gesetzesänderung für den einzelnen Steuerpflichtigen positiv oder negativ ist, hängt vom einzelnen Sachverhalt ab. In den Fällen, in denen bspw. für die Tätigkeit im Dienst der Gesellschaft Tätigkeitsvergütungen oder für die Überlassung von Grundbesitz oder Darlehen Pachten bzw. Zinsen gezahlt werden, hat diese Regelung für den Steuerpflichtigen, der diese Vergütungen nicht bekommt, negative Konsequenzen. Sein anteiliger Gewerbeverlust wird ceteris paribus niedriger. Genau anders herum verhält es sich im Falle von zusätzlichen Abschreibungen in Ergänzungsbilanzen. Betreffend die Folgen die bei einem Gesellschafterwechsel entstehen können, zeigt dies anschaulich ein Fall der dem BFH-Beschluss v. 19. 4. 2007 (IV R 4/06, BFH/NV 2007, 1780) zugrunde liegt. Dies führt dazu, dass ein Mitunternehmer an Verlusten, die er allein getragen hat, wegen Ausscheidens eines Mitgesellschafters nicht mal mehr anteilig über die Minderung der Gewerbesteuer bei der Gesellschaft partizipieren kann.

4566 Der BFH hatte bereits 1989[1] und 1994[2] und noch mit Urteil v. 17. 1. 2006[3] – sozusagen in ständiger Rechtsprechung – entschieden, dass der vortragsfähige Gewerbeverlust i. S. v. § 10a GewStG bei einem Gesellschafterwechsel mitunternehmerbezogen zu ermitteln ist. Hierfür seien die Gewerbeerträge des Anrechnungsjahres und die Fehlbeträge des Verlustentstehungsjahres nach dem Gewinnverteilungsschlüssel und unter Berücksichtigung von Sonderbetriebseinnahmen und -ausgaben den Mitunternehmern zuzuordnen. Diese Rechtsprechung war dann jedoch relativ kurzfristig durch die Reaktion des Gesetzgebers in Gestalt der oben angesprochenen (rechtsprechungsüberholenden) Änderung des § 10a GewStG durch das JStG 2007[4] konterkariert worden.

4567 Steuersystematisch kann die Vorschrift des § 10a Sätze 4 und 5 GewStG nach hier vertretener Ansicht nicht richtig sein.[5] Die Ergebnisse der dem einzelnen Mitunternehmer zuzurechnenden Wirtschaftsgüter seiner Sonder- und Ergänzungsbilanzen haben sich betreffend die Gewerbesteuer auch anteilsmäßig bei dem verursachenden Mitunternehmer auszuwirken.[6] Dies gilt auch, wenn gem. § 5 Abs. 1 Satz 3 GewStG Steuerschuldner die Gesellschaft ist, denn der einzelne Mitunternehmer ist Träger des Gewerbeverlustes i. S. v. § 10a GewStG.[7]

4568 Die Regelung des § 10a Satz 4 und 5 GewStG soll an nachfolgendem Beispiel erörtert werden.[8] Zurückgegriffen wird hierfür auf ein Beispiel der OFD Köln vom 12. 2. 1997.[9] Auch wenn dies eine ältere Verfügung ist, so hat sie durch die BFH-Rechtsprechung vom 17. 1. 2006 und durch die Reaktion des Gesetzgebers mit der Einführung des § 10a Satz 4 und 5 GewStG wieder an Aktualität gewonnen.

BEISPIEL: A und B sind als einzige Kommanditisten der AB-OHG gem. Gesellschaftsvertrag jeweils hälftig am Gewinn der Gesellschaft beteiligt. A erzielt aus einer Grundstücksverpachtung an die KG jährlich Sonderbetriebseinnahmen von 60 000 €, denen stehen Sonderbetriebsausgaben von 40 000 € gegenüber. Das Gesamthandsergebnis der AB-KG beträgt im Erhebungszeitraum 01 ./. 100 000 € und im Erhebungszeitraum 02 40 000 €. Zum Ende des Erhebungszeitraumes 02 scheidet B aus der AB-KG aus, die danach von A fortgeführt wird.

1 BFH 14. 12. 1989 IV R 117/88, BStBl 1990 II 436.

2 BFH 16. 2. 1994 XI R 50/88, BStBl 1994 II 364; allerdings hatte die Finanzverwaltung auf dieses Urteil mit einem koordinierten Ländererlass (FinMin 16. 12. 1996, BStBl 1996 I 1392) reagiert und entschieden, dass dieses Urteil über den entschiedenen Einzelfall hinaus nicht anzuwenden und weiterhin nach den Grundsätzen des (damaligen) Abschn. 68 Abs. 5 ff. GewStR zu verfahren sei.

3 BFH 17. 1. 2006 VIII R 96/04, BFH/NV 2006, 885.

4 JStG 2007 v. 13. 12. 2006, BGBl 2007 I 2878.

5 Siehe jedoch *Güroff* in Glanegger/Güroff, GewStG § 10a Rn. 120.

6 Der Bundesrat begründet seine Änderung wie folgt: „...Die Methode [strikt mitunternehmerbezogene Ermittlung des auf den ausscheidenden Gesellschafter entfallenden vortragsfähigen Gewerbeverlustes unter Berücksichtigung der Ergebnisse aus den Sonder- und Ergänzungsbilanzen; d. Verf.] ist aber insbesondere bei Mitunternehmerschaften mit einer Vielzahl von Gesellschaftern oder häufigem Gesellschafterwechsel für die Praxis nicht handhabbar. Eine Ermittlung des anteiligen Verlustbetrages würde umfangreichste Nebenrechnungen, die sich regelmäßig über mehrere Erhebungszeiträume erstrecken würden, zur Folge haben. Die Streitanfälligkeit derartiger Feststellungen liegt auf der Hand. ..." (BR-Drucks. 622/06).

7 BFH 26. 6. 1996 VIII R 41/95, BStBl 1997 II 179.

8 Vgl. hierzu ausführlich auch *Kleinheisterkamp* in Lenski/Steinberg, GewStG § 10a Anm. 358 - 369.

9 OFD Köln 12. 2. 1997, DStR 1997, 1046.

	AB-KG	A (50 %)	B (50 %)
Gesamthandsergebnis 01	./. 100 000	./. 50 000	./. 50 000
Sonderbetriebseinnahmen A	60 000	60 000	
Sonderbetriebsausgaben A	./. 40 000	./. 40 000	
Gewerbeertrag 01	./. 80.000	./. 30.000	./. 50 000
Verlustvortrag gem. **BFH-Rechtsprechung**	./. 80 000	./. 30 000	./. 50 000
Verlustvortrag gem. **§ 10a Satz 4 GewStG**	./. 80 000	./. 40 000	./. 40 000
Gesamthandsergebnis 02	40 000	20 000	20 000
Sonderbetriebseinnahmen A	60 000	60 000	
Sonderbetriebsausgaben A	./.40 000	./. 40 000	
Gewerbeertrag 02	60 000	40 000	20 000
Gewerbeertrag gem. **BFH-Rechtsprechung**	60 000	40 000	20 000
./. Fehlbeträge 01	./. 50 000	./. 30 000	./. 20 000
verbleibender Gewerbeertrag 02	10 000	10 000	0
verbleibender Verlustabzug	./. 30 000	0	./. 30 000
nach Ausscheiden des B	0	0	0
Verlustfeststellung 31. 12. 02	0	0	0
Gewerbeertrag gem. **§ 10a Satz 5 GewStG**	60 000	30 000	30 000
./. Fehlbeträge 01	./. 60 000	./. 30 000	./. 30 000
verbleibender Gewerbeertrag 02	0	0	0
verbleibender Verlustabzug	./. 20 000	./. 10 000	./. 10 000
nach Ausscheiden des B	./. 10 000	./. 10 000	0
Verlustfeststellung 31. 12. 02	./. 10 000	./. 10 000	

Nach der Rechtsprechung des BFH hätten in 02 von dem Verlust aus 01 insgesamt 50 000 € genutzt werden können. Nach der heutigen Gesetzesfassung können in diesem Beispiel 60 000 € an Verlustvorträgen genutzt werden. Durch das Ausscheiden von B würden nach der Rechtsprechung des BFH Verluste von 30 000 € verloren gehen und nach der heutigen Gesetzesfassung gehen Verluste 10 000 € verloren. Nach der Rechtsprechung des BFH verbliebe zum 31. 12. 02 kein gesondert festzustellender Verlustabzug mehr. Gemäß der heutigen Gesetzeslage ist zum 31. 12. 02 noch ein vortragsfähiger Fehlbetrag von 10 000 € gesondert festzustellen. Das Beispiel der OFD Köln fällt also hier zugunsten der Steuerpflichtigen aus. Allerdings sind auch umgekehrte Beispiele denkbar, etwa in den Fällen wo die Sonderbetriebsausgaben des verbleibenden Gesellschafters (hier A) höher sind als seine Sonderbetriebseinnahmen und diese Sonderbetriebsausgaben gem. § 10a Satz 4 GewStG anteilig auf den für den ausscheidenden Gesellschafter (hier B) festzustellenden Verlustvortrag entfallen. Damit hätte A Sonderbetriebsausgaben wirtschaftlich getragen, die er aber für gewerbesteuerliche Zwecke nicht mehr geltend machen kann.

Die Anwendungsregelung zu § 10a Sätze 4 und 5 GewStG in § 36 Abs. 9 GewStG sieht vor, dass § 10a Satz 4 und 5 GewStG auch für Erhebungszeiträume vor 2007 anzuwen- 4569 den ist. Mit anderen Worten ist bzw. war die Regelung in allen noch offenen Fällen zu berücksichtigen.[1]

4570–4575 *(Einstweilen frei)*

c) Voraussetzungen für den Verlustabzug

4576 Gemäß Rechtsprechung[2] und Finanzverwaltung (R 10a.1 Abs. 3 Satz 3 GewStR 2009) ist bei PersGes seit langem Voraussetzung für den Verlustabzug nach § 10a GewStG , dass es sich zum einen um denselben Gewerbebetrieb handelt, bei dem die Fehlbeträge entstanden sind (Unternehmensidentität) und dass andererseits nur derjenige Unternehmer die Fehlbeträge abziehen kann, der den Verlust in seiner Person erlitten hat (Unternehmeridentität). Gemäß *Glanegger/Güroff* nimmt die Vorschrift des § 10a GewStG im System der Gewerbesteuer eine gewisse Sonderstellung ein; sie bringt gewisse personale Elemente in die als Objektsteuer gedachte Gewerbesteuer.[3] Das unterschiedliche Wesen der Einkommen- und Gewerbesteuer sowie der Objektsteuercharakter der Gewerbesteuer rechtfertige es nicht, von der Unternehmeridentität[4] als Voraussetzung für den Verlustabzug abzusehen.[5] Nach Ansicht des BFH[6] soll durch die Voraussetzung der „Unternehmeridentität" eine Gleichbehandlung bei der Besteuerung von gewerblichen PersGes und Einzelgewerbetreibenden erreicht werden. Bei Letzteren gehen sämtliche gewerbesteuerlichen Fehlbeträge im Falle der Geschäftsübertragung gem. § 2 Abs. 5 i. V. m. § 10a Satz 8 GewStG unter.

4577 Gewerbesteuerliche Fehlbeträge sollen trotz des Objektsteuercharakters der Gewerbesteuer nicht der PersGes, sondern den jeweiligen Mitunternehmern unmittelbar zugerechnet werden.[7] Gesetzlich ergibt sich das nun auch aus § 10a Satz 4 GewStG, wonach bei einer Mitunternehmerschaft der sich für die Mitunternehmerschaft insgesamt ergebende Fehlbetrag den Mitunternehmern entsprechend dem sich aus dem Gesellschaftsvertrag ergebenden allgemeinen Gewinnverteilungsschlüssel zuzurechnen ist; Vorabgewinnanteile sind nicht zu berücksichtigen.

---

1 Der BFH hält mit seinem Beschluss v. 19. 4. 2007 die rückwirkenden Anwendung der Neuregelung für verfassungswidrig, soweit danach der für den letzten Stichtag vor dem Ausscheiden des Mitunternehmers festgestellte vortragsfähige Gewerbeverlust der PersGes bei Ausscheiden eines Gesellschafters in größerem Umfang gekürzt wird, als es das Gesetz im Zeitpunkt des Ausscheidens des Gesellschafters vorsah. Sofern die maßgeblichen wirtschaftlichen Dispositionen vor Verkündung des JStG 2007 getroffen wurden, handelt es sich nach Auffassung des BFH um eine verfassungsrechtlich grundsätzlich unzulässige sog. echte Rückwirkung. Es gebe keine zwingenden Gründe, die ausnahmsweise eine Durchbrechung des rechtsstaatlichen Rückwirkungsverbotes rechtfertigen und es liege auch keine gängige Rechtspraxis vor, die jetzt nur noch gesetzlich manifestiert würde. Im Übrigen komme nach der verfassungsrechtlichen Ordnung des GG (Art. 95 Abs. 1 GG) der höchstrichterlichen Rechtsprechung und nicht der Verwaltung die Aufgabe letztverbindlicher Rechtserkenntnis über Bundesrecht zu. Der BFH hatte daher das Verfahren mit Beschluss v. 19. 4. 2007 zunächst ausgesetzt und dem BVerfG zur Entscheidung vorgelegt. Mit zwei Beschlüssen vom 30. 10. 2008 hat der BFH seine Vorlagen an das BVerfG zurückgezogen. Hintergrund ist, dass in beiden Fällen die Finanzämter den Klagen zwischenzeitlich stattgegeben haben und somit in der Sache den Bedenken des BFH hinsichtlich einer unzulässigen Rückwirkung Rechnung getragen haben.

2 BFH 3. 5. 1993 GrS 3/92, BStBl 1993 II 616, 627.

3 *Güroff* in Glanegger/Güroff, GewStG § 10a Rn. 2.

4 Vgl. Rn. 4586.

5 BFH 3. 5. 1993 GrS 3/92, BStBl 1993 II 616, 627.

6 BFH 3. 5. 1993 GrS 3/92, BStBl 1993 II 616, 627.

7 BFH 17. 1. 2006 VIII R 96/04, NWB DokID: DAAAB-79018, DB 2006 650.

aa) Unternehmensidentität

Unternehmensidentität bedeutet, dass der im Anrechnungsjahr bestehende Gewerbebetrieb identisch ist mit dem Gewerbebetrieb, der im Jahr der Entstehung des Verlustes bestanden hat.[1] Das Erfordernis der Unternehmensidentität ergibt sich aus dem in § 2 Abs. 1 GewStG verankerten Objektsteuercharakter der Gewerbesteuer.[2] Die Berücksichtigung von Verlusten setzt daher voraus, dass der Verlust zu einem Zeitpunkt entstanden ist, zu dem die sachliche Gewerbesteuerpflicht bestanden hatte,[3] der Gewerbebetrieb durch die Teilnahme am allgemeinen wirtschaftlichen Verkehr also in Gang gesetzt worden ist.[4] 4578

Werden von einem Einzelunternehmer gleichzeitig mehrere Gewerbebetriebe unterhalten, kann der Verlust des einen Betriebes nicht vom Ertrag des anderen Gewerbebetriebes abgezogen werden; bei PersGes jedoch werden sachlich an sich selbständige Tätigkeiten als ein einziger Gewerbebetrieb und damit als ein einziges Unternehmen angesehen. 4579

Unternehmensidentität liegt vor, wenn der Gewerbebetrieb im Verlustentstehungsjahr und im Verlustnutzungsjahr identisch ist, d. h. wenn jeweils die gleiche gewerbliche Betätigung ausgeübt wird; es muss ein wirtschaftlicher, organisatorischer und finanzieller Zusammenhang zwischen den Betätigungen bestehen.[5] Die Unternehmensidentität hat im Verlustjahr und im Abzugsjahr vorzuliegen.[6] Der Gewerbeverlust muss demnach in demselben Unternehmen entstanden sein wie der spätere Gewerbeertrag. 4580

Wenn die PersGes nacheinander verschiedene Tätigkeiten ausübt, ist zu prüfen, ob die bisherige Steuerpflicht endet und die neue Steuerpflicht beginnt. Beurteilungsmaßstab dafür ist der sachliche Zusammenhang zwischen den verschiedenen Betätigungen nach Maßgabe des Gesamtbildes der Verhältnisse im Einzelfall und unter Berücksichtigung der Verkehrsanschauung.[7] Stellen die verschiedenen gewerblichen Betätigungen einen einheitlichen Gewerbebetrieb dar, liegt eine Unternehmenseinheit vor und der gewerbesteuerliche Verlustabzug bleibt erhalten. Wenn die PersGes nacheinander mehrere sachlich selbständige Gewerbebetriebe führt, endet die bisherige Steuerpflicht und die neue Steuerpflicht beginnt. Die Unternehmensgleichheit bedeutet nicht nur Gleichheit der gewerblichen Betätigung, sondern wohl auch Gleichheit der hierfür eingesetzten sachlichen Mittel. Ein Verlustvortrag ist deshalb ausgeschlossen, wenn der bisherige Organismus nicht mehr besteht. 4581

1 BFH 16. 4. 2002 VIII R 16/01, BFH/NV 2003, 81 und R 10a.2 Unternehmensidentität GewStR 2009.

2 BFH 12. 1. 1983 IV R 177/80, BStBl 1983 II 425.

3 BFH 15. 1. 1998 IV R 8/97, BStBl 1998 II 478.

4 Vgl. Rn. 4387.

5 Vgl. R 10a.2 Satz 4 GewStR 2009.

6 BFH 27. 1. 1994 IV R 137/91, BStBl 1994 II 477, 478.

7 Vgl. BFH 15. 3. 1994 XI R 60/89, BFH/NV 1994, 899: In dem entschiedenen Fall war die Voraussetzung der Unternehmensgleichheit für den Verlustabzug gewahrt. Die PersGes ging mit der Herstellung und dem Vertrieb von Konfektionsware zunächst unterschiedlichen gewerblichen Betätigungen nach und gab dann die Herstellung auf, während sie den Vertrieb fortsetzte.

BEISPIEL:

- Kein Verlustabzug wird mangels Unternehmensidentität einer KG gewährt, die ein Verlust erwirtschaftendes Kaufhaus verkauft und dann eine Immobilienvermittlung erwirbt, mit der sie Gewinne erwirtschaftet.[1]
- Ein Franchisenehmer schließt sein bisheriges Einzelhandelsgeschäft und eröffnet an einem anderen Ort ein neues Einzelhandelsgeschäft. Die Unternehmensidentität ist nicht allein durch den Umstand gegeben, dass das neue Geschäft zur gleichen Unternehmensgruppe gehört und der neue Franchisevertrag weitgehend dem bisherigen entspricht.[2]
- Eine Unternehmensgleichheit wurde bei einer KG bejaht, die zunächst ein Großrestaurant in gemieteten Räumen und danach ebenfalls in gemieteten Räumen eine Imbissstube mit Lebensmitteleinzelhandel betrieb.[3]
- Die GmbH A betrieb ebenso wie die OHG, an der sie zu 99 % und eine weitere GmbH B zu 1 % beteiligt waren, ein Einzelhandelsgeschäft. Durch verschmelzende Umwandlung der GmbH B auf die GmbH A erwarb die GmbH A das restliche Prozent der Anteile an der OHG, die damit auf die GmbH A anwuchs. Da in diesem Fall der wirtschaftliche Zusammenhang zwischen der Betätigung der früheren OHG und der jetzigen GmbH A vom BFH als gegeben angesehen wurde, wurde hier der Verlustabzug zu 99 % zugelassen.[4]
- Die für den gewerbesteuerlichen Verlustabzug notwendige Unternehmensidentität besteht zwischen der veräußernden PersGes und der Schwesterpersonengesellschaft in dem Fall, in dem ein Unternehmen sein Betriebsgrundstück an einen fremden Dritten und das gesamte bewegliche Anlagevermögen an seine Schwesterpersonengesellschaft veräußert, die fortan die Produktion des veräußernden Unternehmens mit einem Teil von deren Arbeitnehmern betreibt, während das veräußernde Unternehmen abgewickelt wird.[5] Die Unternehmeridentität wurde hier als gegeben angesehen, da dieselbe natürliche Person jeweils einziger Gesellschafter der Komplementär-GmbH und einziger Kommanditist war.

4582 Die Unternehmensidentität bleibt dann erhalten, wenn der Betrieb oder der verlustverursachende Teilbetrieb in eine andere Gesellschaft eingebracht oder auf eine andere Gesellschaft verschmolzen wird, wenn die Identität des eingebrachten Betriebes innerhalb der Gesamttätigkeit des aufnehmenden Betriebes gewahrt bleibt. Bei einer Teilbetriebsveräußerung stehen die Verluste, soweit sie auf den veräußerten Teilbetrieb entfallen, mangels (Teil-)Unternehmensidentität nicht für eine Kürzung von zukünftigen Erträgen des verbliebenen Betriebes/Teilbetriebes in späteren Erhebungszeiträumen zur Verfügung.[6] Mit der Aufgabe bzw. Veräußerung eines Teilbetriebes verliere der bisherige Betrieb seine (Teil-)Unternehmensidentität, da dadurch der wirtschaftliche Zusammenhang der fortgeführten mit der bisherigen umfassenderen Tätigkeit der gewerblichen Tätigkeit teilweise aufgegeben würde. Insoweit unterscheide sich die Teilbetriebsaufgabe/Teilbetriebsveräußerung von einer lediglich strukturellen Anpassung der bisherigen gewerblichen Betätigung an die veränderten wirtschaftlichen Verhältnisse, die der Annahme einer identischen Tätigkeit nicht entgegenstehe.[7] Allerdings ist zu berücksichtigen, dass ein Verlustausgleich zwischen verschiedenen Teilbetrieben innerhalb eines Unternehmens uneingeschränkt möglich ist, solange sie demselben Un-

1 BFH 28. 4. 1977 IV R 165/76, BStBl 1977 II 666.
2 BFH 7. 11. 2006 VIII R 30/05, BStBl 2007 II 723.
3 BFH 12. 1. 1983 IV R 177/80, BStBl 1983 II 425, 426.
4 BFH 19. 12. 1984 I R 177/80, BStBl 1985 II 403, 405.
5 BFH 16. 4. 2002 VIII R 16/01, BFH/NV 2003, 81.
6 BHF 7. 8. 2008 IV R 86/05, BFH/NV 2008 1960.
7 BFH 12. 1. 1983 IV R 177/80, BStBl 1983 II 425.

ternehmer zuzurechnen sind. Dies gelte auch ungeachtet der Verselbständigung von Teilbetrieben im Hinblick auf den Verlustabzug.[1]

Der Gewerbeertrag einer PersGes, die den Betrieb einer anderen PersGes im Wege der Verschmelzung aufnimmt, kann um den Gewerbeverlust gekürzt werden, den diese PersGes im selben Erhebungszeitraum bis zur Verschmelzung erlitten hat, wenn alle Gesellschafter der umgewandelten in demselben Verhältnis auch an der aufnehmenden Gesellschaft beteiligt sind und die Identität des Unternehmens der umgewandelten PersGes im Rahmen der aufnehmenden Gesellschaft gewahrt bleibt.[2] Nach hier vertretener Auffassung muss dies auch für den gewerbesteuerlichen Verlustvortrag der verschmolzenen PersGes gelten. 4583

Bei einer Realteilung einer PersGes[3] besteht zwischen dem ursprünglichen Gewerbebetrieb der PersGes und dem aus der Realteilung hervorgegangenen Betrieb nur dann Unternehmensidentität, wenn das auf einen Gesellschafter übergegangene Vermögen bei der PersGes einen Teilbetrieb gebildet hat und der diesem Teilbetrieb der PersGes zuzuordnende Verlust aus dem Rechenwerk der PersGes eindeutig ermittelt werden kann.[4,5] 4584

Bringen Gesellschafter einer GbR, die Verpachtungsgesellschaft im Rahmen einer Betriebsaufspaltung ist, ihre Anteile an der GbR in eine KG ein, die in den Pachtvertrag eintritt, so kann die für den gewerbesteuerlichen Verlustabzug gebotene Unternehmensidentität auch gegeben sein, wenn die KG auch Besitzgesellschaft im Rahmen einer weiteren Betriebsaufspaltung ist.[6] Die für den gewerbesteuerlichen Verlustabzug geforderte Unternehmeridentität[7] besteht, soweit die Gesellschafter der GbR auch Gesellschafter der KG sind. 4585

bb) Unternehmeridentität

Bei einer PersGes sind die Mitunternehmer im einkommensteuerlichen Sinn auch Unternehmer aus gewerbesteuerlicher Sicht. Zur Vornahme des gewerbesteuerlichen Verlustabzugs ist der partielle Unternehmerwechsel dem völligen Unternehmerwechsel vom Grundsatz her gleich zu stellen.[8] Für Zwecke des § 10a GewStG ist auf die Zuordnung des Gewerbeertrages der Gesellschaft auf den einzelnen Mitunternehmer abzustellen.[9] Der Mitunternehmer ist Träger des Verlustes i. S. v. § 10a GewStG.[10] Selbst wenn die Unternehmensidentität gewahrt wird, führt ein Unternehmerwechsel dazu, 4586

1 BFH 7. 8. 2008 IV R 86/05, BFH/NV 2008 1960.

2 BFH 14. 9. 1993 VIII R 84/90, BStBl 1994 II 764.

3 Vgl. Rn. 2461 ff.

4 BFH 5. 9. 1990 X R 20/89, BStBl 1991 II 25.

5 Auch wenn für die einkommensteuerneutrale Realteilung nicht mehr zwingend in allen Fällen Teilbetriebe gegeben sein müssen, so ist doch davon auszugehen, dass zur Darstellung der gewerbesteuerlichen Unternehmensidentität ein organisatorisch mit einer gewissen Selbständigkeit ausgestatteter Teil eines Betriebes vorliegen muss.

6 BFH 27. 1. 1994 IV R 137/91, BStBl 1994 II 477.

7 Vgl. Rn. 4586.

8 Vgl. BFH 17. 1. 2006 VIII R 96/04, BFH/NV 2006 885.

9 Vgl. BFH 17. 1. 2006 VIII R 96/04, BFH/NV 2006 885.

10 Vgl. BFH 26. 6. 1996 VIII R 41/95, BStBl 1997 II 179.

dass der entstandene Gewerbeverlust nicht in künftigen Erhebungszeiträumen abgezogen werden kann, da insoweit die Unternehmeridentität (Unternehmergleichheit) nicht vorhanden ist.[1] Das Erfordernis der (seit jeher geltenden) Unternehmergleichheit ergibt sich direkt aus dem Gesetz. Gemäß § 10a Satz 8 GewStG kann im Fall des § 2 Abs. 5 GewStG (Übergang eines Gewerbebetriebes im Ganzen auf einen anderen) der neue Unternehmer den maßgebenden Gewerbeertrag nicht um die Fehlbeträge kürzen, die sich bei der Ermittlung des maßgebenden Gewerbeertrages des übergegangenen Unternehmens ergeben haben.[2] Unternehmeridentität bedeutet, dass der Steuerpflichtige, der den Verlustabzug in Anspruch nimmt, ihn auch zuvor in eigener Person erlitten haben muss;[3] d. h., dass der Steuerpflichtige sowohl zurzeit der Verlustentstehung als auch im Jahr der Entstehung des positiven Gewerbeertrages Unternehmensinhaber gewesen sein muss. Die Behandlung gewerbesteuerlicher Fehlbeträge kann gem. BFH[4] im Falle des partiellen oder vollständigen Mitunternehmerwechsels nicht anders zu beurteilen sein als beim Einzelunternehmer.

4587 Der vortragsfähige Gewerbeverlust i. S.v. § 10a GewStG ist bei Gesellschafterwechsel in einer Personengesellschaft mitunternehmerbezogen zu ermitteln. Hierfür ist der vortragsfähige Gewerbeverlust nach § 10a GewStG um die Anteile zu kürzen, mit denen der ausgeschiedene Gesellschafter in den Erhebungszeiträumen der Verlustentstehung an den Gewerbeverlusten der Gesellschaft nach dem Gewinnverteilungsschlüssel beteiligt war. Bei einer PersGes muss deshalb überprüft werden, ob sich die Zusammensetzung der Mitunternehmer im Verlustentstehungsjahr und im Verlustabzugsjahr verändert hat. Das Merkmal der Unternehmeridentität erfordert nicht auch Beteiligungsidentität.[5] Die Veränderung von Beteiligungsquoten führt lediglich dazu, dass zukünftige Gewerbeerträge den Mitunternehmern in einem anderen Verhältnis zuzuordnen sind als die Fehlbeträge der Verlustentstehungsjahre.[6] [7] Die gewerbesteuerlichen Verlustvorträge, die vor der Aufnahme des neuen Mitunternehmers in der Gesellschaft entstanden sind, „springen" nicht auf den neuen Mitunternehmer über. Insofern bleiben die alten Verlustvorträge erhalten, aber sie können nur (zeitlich gestreckt) von den

---

1 R 10a.3 GewStR 2009.

2 Der VIII. Senat des BFH (12.11.1991 VIII R 4/88, BStBl 1992 II 563) hatte an den Großen Senat die Frage gestellt, ob einer PersGes der Verlustabzug gem. § 10a GewStG über die Fälle des § 2 Abs. 5 GewStG hinaus, beim Wechsel oder Ausscheiden von Gesellschaftern wegen Fehlens der Unternehmeridentität, eingeschränkt werden könnte. Der Große Senat des BFH (3. 5. 1993 GrS 3/92, BStBl 1993 II 616) ist der Auffassung, dass die Unternehmeridentität entsprechend dem Sinn und Wortlaut des Gesetzes Voraussetzung für den Verlustabzug ist und dass dies auch für Fälle des Gesellschafterwechsels bei einer PersGes gilt. Träger des Rechtes auf den Verlustabzug sei nach dem Gesetz, nämlich nach § 10a Satz 7 GewStG i. V. m. § 2 Abs. 5 GewStG, ungeachtet des Objektsteuercharakters der Gewerbesteuer nicht der Gewerbebetrieb als solcher, sondern der Unternehmer des Betriebs. Sind die Gesellschafter die (Mit-)Unternehmer des Betriebs, so habe ein Wechsel im Gesellschafterbestand auch die Bedeutung, dass es zu einem Unternehmerwechsel kommt, und zwar unbeschadet der bürgerlich-rechtlichen Identität der fortbestehenden PersGes.

3 BFH 17. 1. 2006 VIII R 96/04, BFH/NV 2006, 885.

4 BFH 3. 5. 1993, GrS 3/92, BStBl 1993 II 616.

5 BFH 17. 1. 2006 VIII R 96/04, BFH/NV 2006, 885.

6 BFH 17. 1. 2006 VIII R 96/04, BFH/NV 2006, 885.

7 Gem. R 10a.3 Abs. 3 Satz 8 GewStH 2009 ist bei einer Änderung der Beteiligungsquote der den Mitunternehmern im Verlustentstehungsjahr anteilig nach § 10a Satz 4 GewStG zugerechnete Verlustanteil zwar insgesamt, aber gem. § 10a Satz 5 GewStG nur noch von dem Anteil abzuziehen, der entsprechend des allgemeinen Gewinnverteilungsschlüssels des Abzugsjahres auf den einzelnen Mitunternehmer entfällt.

ursprünglichen Mitunternehmern genutzt werden. Sofern ein Mitunternehmer, der den Verlust mit erwirtschaftet hat, im Zeitpunkt der Verlustnutzung nicht mehr Mitunternehmer ist, entfällt insoweit anteilig der Verlustabzug.[1]

Bei einem Ausscheiden von Gesellschaftern aus einer PersGes geht der Verlustabzug nicht insgesamt unter, sondern nur entsprechend der Quote, mit der der ausgeschiedene Gesellschafter im Verlustentstehungsjahr an dem Verlust beteiligt war.[2] Dies gilt auch in den Fällen, in denen aus einer PersGes der vorletzte Gesellschafter ausscheidet und der verbleibende Gesellschafter das Unternehmen als Einzelunternehmen fortführt.[3] Der verbleibende Gesellschafter kann einen Gewerbeverlust insoweit geltend machen, als dieser unter Zugrundelegung der Gewinnverteilung auf ihn entfällt.[4] Tritt in ein Einzelunternehmen oder in eine PersGes ein weiterer (Mit-)Unternehmer ein, so bleibt der bisherige Verlustvortrag gem. § 10a GewStG erhalten; er kann jedoch zukünftig nur von dem Gewerbeertrag abgezogen werden, der anteilig entsprechend dem allgemeinen Gewinnverteilungsschlüssel auf den oder die ursprünglichen Gesellschafter entfällt;[5] der Verlustvortrag geht somit nicht auf den neuen Mitunternehmer über. Entsprechend ist auch bei einer Einbringung eines Betriebes in eine PersGes zu verfahren.[6] Der Gewerbeverlust des Einzelunternehmens ist daher von dem Anteil des Einzelunternehmers am Gewerbeertrag der PersGes abzuziehen; dies allerdings nur bis zu dem Betrag, der vom Gewerbeertrag der PersGes nach dem Verhältnis des Gewinnverteilungsschlüssels anteilig auf den früheren Einzelunternehmer als Mitunternehmer im Anrechnungsjahr entfällt.[7] 4588

Wegen des Erfordernisses der Unternehmeridentität entfällt der Verlustabzug **ganz** in den folgenden Fällen:[8] 4589

- Ein Einzelunternehmen, in dem ein Verlust entstanden ist, wird auf einen anderen Einzelunternehmer, eine KapGes oder auf eine PersGes, an der der Einzelunternehmer nicht beteiligt ist, übertragen.

---

1 Siehe jedoch FG München 31. 7. 2008 8 V 1588/08, EFG 2008 1736, rkr. Entsprechend diesem Beschluss (Verfahren im Zusammenhang mit einem Antrag auf Aussetzung der Vollziehung) ist „es ernstlich zweifelhaft, ob § 10a GewStG in der für das Streitjahr 2005 geltenden Fassung den verfassungsrechtlichen Geboten, die Ertragssteuerbelastung an der finanziellen Leistungsfähigkeit des Steuerpflichtigen auszurichten (sog. objektives Nettoprinzip) und eine verfassungswidrige Übermaßbesteuerung zu vermeiden, entspricht, soweit auch im Falle eines Gesellschafterwechsels der Verlustausgleich betragsmäßig begrenzt wird, obwohl zu diesem Zeitpunkt feststeht, dass ein späterer Verlustausgleich, soweit er dem ausgeschiedenen Gesellschafter zuzurechnen war (§ 10a Satz 4 GewStG), nicht mehr möglich sein wird". Es wird weiter ausgeführt: „Den Gesetzesmaterialien kann nicht entnommen werden, dass der Gesetzgeber überhaupt gesehen hat, dass im Falle eines Gesellschafterwechsels die angepeilte Verluststreckung ins „Leere" geht und sich die beabsichtigte temporäre Begünstigung der Kommunen zur definitiven Belastung für die Gesellschaft verfestigt. Die Beschwerde zum BFH wurde wegen grundsätzlicher Bedeutung zugelassen; allerdings wurde die Beschwerde nicht eingelegt und das Urteil ist rechtskräftig geworden. Ein zu diesem Beschluss ergangenes BMF-Schreiben v. 5. 1. 2009 (IV - C 7 - G 1427/0, NWB DokID: NAAAD-18966) besagt jedoch, dass in diesen Fällen keine Aussetzung der Vollziehung zu gewähren ist.

2 BFH 14. 12. 1989 IV R 117/88, BStBl 1990 II 436, 438 f.

3 BFH 14. 12. 1989 IV R 117/88, BStBl 1990 II 436.

4 BFH 14. 12. 1989 IV R 117/88, BStBl 1990 II 436.

5 BFH 14. 12. 1989 IV R 117/88, BStBl 1990 II 436.

6 BFH 14. 12. 1989 IV R 117/88, BStBl 1990 II 436.

7 BFH 12. 1. 1978 IV R 26/73, BStBl 1978 II 348.

8 Gem. GrS des BFH 3. 5. 1993 GrS 3/92, BStBl 1993 II 616.

- Der Betrieb einer PersGes, in dem ein Verlust entstanden ist, wird auf einen Einzelunternehmer, der an der PersGes nicht beteiligt ist oder auf eine KapGes[1] oder auf eine andere PersGes, an der kein Gesellschafter der bisherigen PersGes beteiligt ist, übertragen.
- Der Betrieb eines Einzelunternehmens, einer PersGes oder einer KapGes wird in eine PersGes eingebracht, an der die Übertragenden nicht beteiligt sind.
- Die bisherigen Kommanditisten einer GmbH & Co. KG, deren Komplementär-GmbH am Vermögen der KG (KG I) nicht beteiligt ist, übertragen ihre Anteile an eine weitere KG II (doppelstöckige KG), an der sie im gleichen Verhältnis beteiligt sind, wie bisher an der KG I.[2] Aus den unmittelbaren Gesellschaftern werden durch die Zwischenschaltung einer Holding-KG mittelbare Gesellschafter.[3]
- Ein Einzelunternehmen wird nach dem Tod des Unternehmers von den Erben fortgeführt wird.[4]

4590 Der Verlustabzug entfällt **teilweise** – sprich quotal – in den folgenden Fällen:

- Aus einer fortbestehenden PersGes scheiden ein oder mehrere Gesellschafter aus.[5] Der Verlustvortrag geht auch dann quotal verloren, wenn sich der ausscheidende Gesellschafter über eine andere PersGes (Obergesellschaft) mittelbar weiterhin an der Gesellschaft (Untergesellschaft) beteiligt ist.[6]
- Aus einer zweigliedrigen PersGes scheidet ein Gesellschafter aus und das Unternehmen wird von dem anderen Gesellschafter als Einzelunternehmen fortgeführt.
- Ein Gesellschafter veräußert seinen Mitunternehmeranteil an einen Dritten.

---

1 Dies gilt auch dann, wenn der ausgeschiedene Gesellschafter über eine Organgesellschaft (GmbH) mittelbar an der PersGes beteiligt bleibt. Der BFH hat dies in einem Urteilsfall entschieden (BFH 29. 8. 2000 VIII R 1/00, BStBl 2001 II 114), in dem eine GmbH & Co. KG ein Einzelhandelsunternehmen betrieb. Als persönlich haftende Gesellschafterin fungierte eine GmbH ohne Kapitaleinlage. Kommanditistin war eine AG mit einem Anteil von 95 %. Die Kommanditistin war gleichzeitig zu 100 % an der Komplementärin beteiligt sowie zu ebenfalls 100 % an einer weiteren GmbH. Mit dieser weiteren GmbH war die AG organschaftlich verbunden. Die AG veräußerte nun zum 1. 1. eines Jahres ihren Kommanditanteil sowie ihren Anteil an der Komplementär-GmbH an die Organtochter-GmbH. Der KG wurde der Verlustabzug der im Jahr der Veräußerung entstandenen Verluste als auch der in den Vorjahren aufgelaufenen Verluste versagt, soweit diese Verluste anteilig auf die ausgeschiedene Klägerin entfielen.

2 Mit Urteil v. 26. 6. 1996 hat der BFH entschieden, dass bei einer KG (KG I), bei der anstelle des vorherigen Kommanditisten eine KG II als Kommanditistin in die KG I eintritt (doppelstöckige KG), der bis zu diesem Zeitpunkt entstandene positive Gewerbeertrag nicht nach § 10a GewStG um die Fehlbeträge der KG I aus früheren Jahren gekürzt werden kann, wenn diese mit der persönlich haftenden GmbH fortgeführt wird. Der positive Gewerbeertrag der KG I sei vielmehr nur mit dem nach Eintritt der KG II entstandenen negativen Gewerbeertrag zur verrechnen (BFH 26. 6. 1996 VIII R 41/95, BStBl 1997 II 179). Hier ist anzumerken, dass die Komplementär-GmbH nicht am Vermögen bzw. am Gewinn und Verlust der KG beteiligt war; die bisherigen Kommanditisten der KG I wurden Kommanditisten der KG II.

3 Dies ist sozusagen der umgekehrte Fall zu dem Beispiel, in dem der Verlustabzug nicht entfällt (vgl. nachfolgend). Ein Wechsel der unmittelbaren Gesellschafter ist schädlich, nicht jedoch der Wechsel im mittelbaren Gesellschafterbestand.

4 BFH 14. 1. 1965 IV 173/64 S, BStBl 1965 II 115.

5 Der BFH hat mit Urteil v. 6. 9. 2000 (IV R 69/99, BStBl 2001 II 731) entschieden, dass, wenn ein ausgeschiedener Gesellschafter an der Gesellschaft mittelbar über eine Obergesellschaft beteiligt bleibt, sich der gewerbesteuerliche Verlustvortrag auf diejenigen Verluste der vorangegangenen Erhebungszeiträume beschränkt, die im Sonderbetriebsvermögen des ausgeschiedenen Gesellschafters entstanden sind.

6 Vgl. BFH 24. 6. 1981 I S 3/81, BStBl II 1981 748 und 26. 6. 1996 VIII R 41/95, BStBl II 1997 179 sowie für die stille Gesellschaft wurde dies durch das BFH-Urteil 22. 1. 2009 (IV R 90/05, BFH/NV 2009 843) entschieden.

- Beim Tod eines Gesellschafters einer PersGes entfällt der Verlustabzug, soweit der der Fehlbetrag anteilig auf den ausgeschiedenen Gesellschafter entfällt.[1]

Fraglich ist der **teilweise/quotale** Wegfall des Verlustabzugs in folgenden Fällen: 4591

- Eine KapGes, die Mitunternehmerin einer PersGes ist, wird auf eine andere KapGes verschmolzen. Der Verlustabzug gem. § 10a GewStG bei der PersGes mindert sich um den auf die KapGes gem. § 10a Satz 4 und 5 GewStG entfallenden Betrag.[2]
- Eine KapGes bringt ihren Mitunternehmeranteil vollständig in eine Tochter-KapGes gegen Gewährung von Gesellschaftsrechten ein.[3]

Der Verlustabzug entfällt **nicht** in folgenden Fällen: 4592

- Ein neuer Gesellschafter wird in die gewerblich tätige PersGes aufgenommen. Die Unternehmeridentität ist in diesem Fall gewahrt; sie setzt keine Beteiligungsidentität voraus.[4]
- Überträgt ein zu 100 % beteiligter Kommanditist einen Teil seines Anteils, dann bleibt der gewerbesteuerliche Verlustvortrag erhalten; er kann aber nur mit den entsprechenden anteiligen Gewerbeerträgen dieses (alten) Kommanditisten verrechnet werden. Somit kommt nur eine eingeschränkte (zeitlich gestreckte) Verlustverrechnung in Betracht.
- Die Umwandlung einer PersGes in eine andere Rechtsform der PersGes (formwechselnde Umwandlung) hat keine gewerbesteuerlichen Auswirkungen auf den verbleibenden Verlustabzug, wenn die Unternehmeridentität erhalten bleibt.[5]
- Ist eine PersGes (Obergesellschaft) an einer anderen PersGes (Untergesellschaft) beteiligt, sind nicht die Gesellschafter der Obergesellschaft, sondern die Obergesellschaft als solche Gesellschafterin der Untergesellschaft.[6] Ungeachtet des § 15 Abs. 1 Satz 1 Nr. 2 Satz 2 EStG hat ein Gesellschafterwechsel bei der Obergesellschaft keinen Einfluss auf einen vortragsfähigen Gewerbeverlust bei der Untergesellschaft. Die Unternehmeridentität der Untergesellschaft bleibt in diesen Fällen erhalten.

Im Falle der Anwachsung der TochterPersGes auf die MutterPersGes kann diese einen gewerbesteuerlichen Fehlbetrag der TochterPersGes insoweit in Anspruch nehmen, als dieser gem. § 10a Satz 4 und 5 GewStG auf sie entfällt.[7,8] 4593

1 BFH 7. 12. 1993 VIII R 160/86, BStBl 1994 II 331.

2 Dieser quotale Untergang von Verlustvorträge wird so in R 10a. Abs. 3 Satz 9 Nr. 6 GewStR vertreten. Eine andere Auffassung vertritt jedoch *Hierstetter* (DB 2010, 1089ff), der die für den gewerbesteuerlichen Verlustabzug notwendige Mitunternehmeridentität aufgrund des umwandlungssteuerrechtlich angeordneten Eintritts der übernehmenden KapGes/PersGes in die Rechtsstellung der übertragenden KapGes gewahrt sieht. Auch die Anwendung von § 10a Satz 10 GewStG i. V. m. § 8c KStG wird von *Hierstetter* abgelehnt, da Voraussetzung für die Anwendung von § 8c KStG die Übertragung von Anteilen an einer KapGes ist und dazu kommt es im genannten Fall gerade nicht. Dieser Auffassung ist m. E. zuzustimmen. Eine andere Auffassung vertritt *Schießl* in StuB 2010, 17.

3 Vgl. vorhergehende Fußnote.

4 BFH 17. 1. 2006 VIII R 96/04, BFH/NV 2006 885.

5 Zu weiteren Beispielen vgl. R 10a.3 Abs. 3 Satz 9 GewStR 2009.

6 Vgl. auch BFH 31. 8. 1999 VIII B 74/99, BStBl 1999 II 794 sowie 3. 5. 1993 GrS 3/92, BStBl 1993 II 616.

7 Vgl. R 10a.3 Abs. 3 Satz 9 Nr. 8 Satz 6 GewStR 2009.

8 Zum Schicksal steuerliche Verlustvorträge in Anwachsungsfällen vgl. *Stümper*, GmbHR 2010, 129.

4594 Bei einem unterjährigen Gesellschafterwechsel ist der Gewerbeertrag zunächst für den ganzen Erhebungszeitraum einheitlich zu ermitteln. Die erforderliche Aufteilung des positiven oder negativen Gewerbeertrages hat zeitanteilig zu erfolgen, sofern dieser Maßstab nicht zu offensichtlich unzutreffenden Ergebnissen führt.[1] Die bis zum Ausscheiden eines Gesellschafters im Erhebungszeitraum angefallenen positiven Gewerbeerträge können noch mit den Verlustvorträgen früherer Jahre verrechnet werden.[2]

4595–4600 *(Einstweilen frei)*

d) Gewerbesteuerliche Fehlbeträge bei Beteiligung einer Körperschaft

4601 Durch das Unternehmensteuerreformgesetz 2008[3] wurde § 10a (bisher Satz 8; jetzt:) Satz 10 GewStG konsequenterweise an die geänderte Rechtslage im Körperschaftsteuergesetz angepasst. § 10a Satz 10 GewStG verweist nun nicht mehr auf den § 8 Abs. 4 KStG a. F., sondern auf den neuen § 8c KStG i. d. F. des UntStRG 2008. Diese Regelung galt – entsprechend konform mit den anderen Änderungen – erstmals ab Erhebungszeitraum 2008.

4602 Zusätzlich wurde durch das Jahressteuergesetz 2009[4] § 10a Satz 10 Halbsatz 2 in das GewStG neu eingefügt. § 10a Satz 10 Halbsatz 2 GewStG besagt, dass dies [die entsprechende Anwendung des § 8c KStG; der Verf.] auch gilt für den Fehlbetrag einer Mitunternehmerschaft, soweit dieser entweder einer Körperschaft unmittelbar oder einer Mitunternehmerschaft, soweit an dieser eine Körperschaft unmittelbar oder mittelbar über eine oder mehrere Personengesellschaften beteiligt ist, zuzurechnen ist. Hintergrund dieser Gesetzesergänzung sind gem. der Beschlussempfehlung des Bundesrates[5] Gestaltungen, die im Vorwege von geplanten Anteilsveräußerungen von KapGes durchgeführt werden. Durch Einbringung eines (verlustbringenden) Betriebes oder Teilbetriebes durch eine KapGes, deren Anteile veräußert werden sollen, in eine 100 %-Tochter-PersGes bleiben die gewerbesteuerlichen Verlustvorträge erhalten, da insoweit Unternehmeridentität – und Unternehmensidentität sowieso – gegeben ist. Die spätere Veräußerung der Anteile an der KapGes hat nach bisheriger Lesart die gewerbesteuerlichen Verlustvorträge nicht berührt. Nunmehr gehen die gewerbesteuerlichen Verlustvorträge der PersGes entsprechend den Regelungen des § 8c KStG quotal unter, sofern mehr als 25 % der Anteile veräußert werden bzw. sie gehen voll unter, sofern mehr als 50 % der Anteile veräußert werden.[6] Diese neue Regelung gilt für schädliche Beteiligungserwerbe nach dem 28. 11. 2008[7] (vgl. § 36 Abs. 9 Satz 10 GewStG).

4603 Seit dem 1. 1. 2010 ist jedoch eine weitere – zu begrüßende – Änderung zu berücksichtigen. § 8c KStG wurde durch das Wachstumsbeschleunigungsgesetz[8] deutlich ent-

1 Vgl. auch R 10a.3 Abs. 3 Satz 9 Nr. 9 GewStR 2009.
2 Vgl. hierzu auch BFH 22. 1. 2009 IV R 90/05, BFH/NV 2009 843.
3 UntStRefG 2008 v. 14. 7. 2008, BStBl 2007 I 1912.
4 JStG 2009 v. 19. 12. 2008, BGBl 2008 I 2794.
5 Vgl. BT-Drucks. 16/10494, 20.
6 Etwas vereinfachend dargestellt; auf den genauen Gesetzestext des § 8c KStG wird verwiesen.
7 Datum des Kabinettsbeschlusses.
8 Wachstumsbeschleunigungsgesetz v. 22. 12. 2009, BGBl 2009 I 3950.

schärft. Ein i. S. d. § 8c KStG schädlicher Beteiligungserwerb liegt dann nicht mehr vor, wenn an dem übertragenden Rechtsträger (Veräußerer) und an dem übernehmenden Rechtsträger (Erwerber) dieselbe Person zu jeweils 100 % unmittelbar oder mittelbar beteiligt ist. § 8c KStG ist bei rein konzerninternen Umstrukturierungen nicht mehr anzuwenden; ein in der Praxis beachtliches Umstrukturierungshindernis ist damit entfallen. Über den Verweis auf § 8c KStG in § 10a Satz 10 KStG gilt dies damit auch für die gewerbesteuerlichen Verlustvorträge von Personengesellschaften, deren Anteile unmittelbar oder mittelbar von Körperschaften gehalten werden, deren Anteile wiederum veräußert werden. Die verschärften Regelungen des § 10a Satz 10 Halbsatz 2 sind daher nur noch dann anzuwenden, wenn Anteile an Körperschaften an Dritte veräußert werden. Allerdings gehen in diesen Fällen die gewerbesteuerlichen Verlustvorträge immer quotal oder voll – entsprechend den Regelungen des § 8c KStG – unter, wenn bei einer ansonsten konzerninternen Umstrukturierung auch nur ein Bruchteil eines Anteils an einen Dritten veräußert wird.

(Einstweilen frei) 4604–4610

5. Ermittlung der Gewerbesteuer

Das Verfahren zur Festsetzung der Gewerbesteuer ist zweistufig. Der Steuerschuldner (§ 5 GewStG)[1] hat für steuerpflichtige Gewerbebetriebe eine Erklärung zur Festsetzung des Steuermessbetrages sowie in Zerlegungsfällen eine Zerlegungserklärung abzugeben (§ 14a GewStG).[2] Der Steuermessbetrag wird ausgehend vom Gewerbeertrag durch die Vervielfältigung mit der im Gewerbesteuergesetz festgelegten Steuermesszahl ermittelt (§ 14 GewStG).[3] Er wird vom Finanzamt durch Bescheid festgesetzt, dieser ist ein die Gemeinde bindender Grundlagenbescheid (§ 171 Abs. 10 Satz 1 AO). Der Steuermessbetrag wird im zweiten Schritt mit einem Hebesatz multipliziert, der von der hebeberechtigten Gemeinde[4] zu bestimmen ist.[5] Das Ergebnis ist die Gewerbesteuer (§ 16 GewStG). 4611

a) Freibetrag

Der Gewerbeertrag ist gem. § 11 Abs. 1 Satz 3 Nr. 1 GewStG auf volle 100 € nach unten abzurunden und bei PersGes um einen Freibetrag i. H. v. 24 500 € zu kürzen. Die Kür- 4612

1 Vgl. Rn. 4381 ff.

2 Ab dem Erhebungszeitraum 2011 besteht eine Pflicht zur elektronischen Übermittlung der Steuererklärung (§§ 14a, 36 Abs. 9b GewStG; Änderung durch das Steuerbürokratieabbaugesetz vom 20. 12. 2008, BGBl 2008 I 2850). Es handelt sich dabei um die Erklärung zur Festsetzung des Steuermessbetrages und in Zerlegungsfällen auch um die Zerlegungserklärung. Zur Vermeidung unbilliger Härten kann die Finanzbehörde auf Antrag auf eine elektronische Übermittlung verzichten (§ 14a Satz 2 GewStG).

3 Vgl. Rn. 4621.

4 Vgl. § 4 GewStG.

5 Gem. § 16 Abs. 4 Satz 2 GewStG beträgt der Hebesatz ab Erhebungszeitraum 2004 200 %, wenn die Gemeinde nicht einen höheren Hebesatz bestimmt hat (Gesetz zur Änderung des Gewerbesteuergesetzes und anderer Gesetze v. 23. 12. 2003, BGBl 2003 I 2922). Das BVerfG hat mit Beschluss v. 27. 1. 2010 (2 BvR 2189/04 und 2 BvR 2185/04, BFH/NV 2010, 793, NWB DokID: NAAAD-39031) den gesetzlich vorgeschriebenen Mindesthebesatz von 200 % für verfassungsgemäß erklärt.

zung kann jedoch höchstens in Höhe des abgerundeten Gewerbeertrags erfolgen. Der Freibetrag ist nach dem Wortlaut und nach der systematischen Stellung des § 11 Abs. 1 Satz 3 Nr. 1 GewStG betriebsbezogen zu gewähren.[1] So ist bspw. bei selbständig tätigen gewerblichen PersGes, die personell miteinander verflochten sind (Schwester-PersGes), für jeden der Betriebe ein Freibetrag zu gewähren.[2]

4613 Allerdings ist bei einer KG mit mehreren Innengesellschaftern für das von ihr betriebene Unternehmen der Gewerbeertrag nur einmal um den Freibetrag des § 11 Abs. 1 Satz 3 Nr. 1 GewStG zu kürzen. Da gilt auch dann, wenn der Beteiligung der stillen Gesellschafter am Betrieb der KG mehrere zweigliedrige Gesellschaftsverträge zugrunde liegen. Etwas anderes gilt nur dann, wenn die Innen-Gesellschaftsverträge auf die Teilhabe an den Ergebnissen einzelner Unternehmensteile (Geschäftsbereiche) beschränkt sind (sog. Tracking-Stock-Strukturen). Hierfür muss der jeweilige Geschäftsbereich eine in sich geschlossene, von anderen Unternehmensteilen unabhängige und auf ein bestimmtes Projekt bezogene Einheit bilden.[3] Bei einer solchen Segmentierung ist der Freibetrag für jede Mitunternehmerschaft und für jeden Geschäftsbereich anzusetzen.[4]

4614 Begünstigt sind auch atypisch stille Gesellschaften. Nach dem BFH-Urteil vom 10. 11. 1993[5] steht der Freibetrag auch einer KapGes zu, an deren gewerblichem Unternehmen natürliche Personen[6] als atypisch stille Gesellschafter beteiligt sind. Gleiches gilt nach dem BFH-Urteil vom 30. 8. 2007[7] auch für eine Kapitalgesellschaft, an deren gewerblichem Unternehmen nur eine andere Kapitalgesellschaft als atypisch stiller Gesellschafter beteiligt ist. Eine atypisch stille Gesellschaft ist nicht nur eine PersGes,[8] sondern auch eine Mitunternehmerschaft. Die atypisch stille Gesellschaft ist selbst nicht Schuldnerin der Gewerbesteuer, sondern die Inhaberin des Handelsgeschäfts, an dem die atypisch stille Gesellschaft besteht.[9] Die atypisch stille Gesellschaft ist trotz des Fehlens der subjektiven Gewerbesteuerpflicht objektiv gewerbesteuerpflichtig.[10] Der Freibetrag des § 11 Abs. 1 GewStG und der Abrundungsbetrag sind betriebsbezogen. Dies bedingt, dass die Beträge nur einmal gewährt werden können, auch wenn an dem Unternehmen mehrere natürliche Personen aufgrund mehrerer Gesellschaftsverträge als atypisch stille Gesellschafter beteiligt sind.[11]

---

1 BFH 8. 2. 1995 I R 127/93, BStBl 1995 II 764.

2 BFH 21. 2. 1980 I R 95/76, BStBl 1980 II 465; 26. 1. 1995 IV R 73/93, BStBl 1995 II 589.

3 BFH 23. 4. 2009 IV R 73/06, BStBl 2010 II 40 und 26. 5. 1993 X R 108/91, BStBl 1994 II 96.

4 Vgl. *Blümich*, GewStG § 11 Rz. 9 und *Sarrazin* in Lenski/Steinberg, GewStG § 11 Rz. 13.

5 BFH 10. 11. 1993 I R 20/93, BStBl 1994 II 327.

6 Da es sich bei der atypisch stillen Gesellschaft um eine Mitunternehmerschaft handelt und einer Mitunternehmerschaft der für PersGes vorgesehene Freibetrag zusteht, müsste der Freibetrag auch gewährt werden, wenn sich eine KapGes als atypisch stille Gesellschafterin an einer anderen KapGes beteiligt; zum Freibetrag bei atypisch stillen Gesellschaften vgl. BFH 10. 11. 1993 I R 20/93, BStBl 1994 II 327; *Binger*, DB 1988, 414.

7 BFH 30. 8. 2007 IV R 47/05, BStBl 2008 II 200.

8 *Schmidt*, EStG § 15 Rz. 160.

9 *Lenski/Steinberg*, GewStG § 11 Rn. 4.

10 *Güroff* in Glanegger/Güroff, GewStG § 11 Rn. 3a, m. w. N.

11 BFH 8. 2. 1995 I R 127/93, BStBl 1995 II 764.

Wird ein Einzelunternehmen während des Erhebungszeitraums in eine den Gewerbebetrieb fortführende PersGes eingebracht, so stehen der PersGes bei der Ermittlung des Steuermessbetrags sowohl Abrundungsbetrag als auch Freibetrag nur anteilig zu.[1] Der für den gesamten Erhebungszeitraum zu ermittelnde Steuermessbetrag nach dem Gewerbeertrag ist auf die jeweiligen Steuerschuldner aufzuteilen und ihnen gegenüber getrennt festzusetzen.[2] 4615

(Einstweilen frei) 4616–4620

b) Steuermesszahl

Die Steuermesszahl ist nach Abrundung und Kürzung um den Freibetrag auf den Gewerbeertrag anzuwenden. Die anzuwendende Steuermesszahl auf den Gewerbeertrag beträgt einheitlich 3,5 % (§ 11 Abs. 2 GewStG). Eine Unterscheidung nach Personengesellschaften (natürlichen Personen) und anderen Gewerbetreibenden wird seit Inkrafttreten des Unternehmensteuerreformgesetzes 2008[3] nicht mehr vorgenommen. Der früher geltende Staffeltarif für Personengesellschaften wurde aufgehoben.[4,5] 4621

c) Objektsteuercharakter der Gewerbesteuer

Die Gewerbesteuer ist auch nach der Unternehmensteuerreform 2008 eine Objektsteuer. Sie lastet auf dem Gewerbebetrieb und müsste daher folgerichtig dessen Ertrag mindern. § 4 Abs. 5b EStG, der über § 7 Satz 1 GewStG auch für die Gewerbesteuer gilt, bestimmt jedoch, dass die Gewerbesteuer und die darauf anfallenden Nebenleistungen (§ 3 Abs. 4 AO) keine Betriebsausgaben sind.[6] Gemeint ist damit wohl, dass die Gewerbesteuer und die darauf anfallenden Nebenleistungen keine **abziehbaren** Betriebsausgaben sind.[7] § 4 Abs. 5b EStG stellt eine Sonderregelung zu § 4 Abs. 4 EStG dar. Die Gewerbesteuer vermindert nicht (mehr) ihre eigene Bemessungsgrundlage und auch nicht die Bemessungsgrundlage für die Ermittlung der Einkommen- oder Körperschaftsteuer (über § 8 Abs. 1 KStG) des Gesellschafters der PersGes. 4622

Auch wenn sicherlich der Regierungsbegründung[8] zur Einfügung des § 4 Abs. 5b EStG und damit zur Abschaffung der Gewerbesteuer als abzugsfähige Betriebsausgabe inso- 4623

1 BFH 26. 8. 1993 IV R 133/90, BStBl 1995 II 791.

2 BFH 26. 8. 1993 IV R 133/90, BStBl 1995 II 791.

3 BGBl 2007 I 1912.

4 Für PersGes mit niedrigen Erträgen bedeutet diese Neuregelung eine deutliche Steuerverschärfung. Es profitieren diejenigen PersGes, die bisher mit einem Großteil ihrer Erträge im obersten Bereich des Staffeltarifes lagen.

5 Zu der alten Rechtslage vgl. die 7. Auflage bzw. weiter zurückliegende Auflagen.

6 In dem Entwurf eines Gesetzes zur Reform der Gewerbesteuer (BR-Drucks. 736/03) war schon vorgesehen, der Gewerbesteuer (sie sollte in eine sog. Gemeindewirtschaftsteuer weiterentwickelt werden) den Abzug als Betriebsausgabe zu versagen. Sie hätte dann weder die Bemessungsgrundlage für die Einkommen- bzw. Körperschaftsteuer noch ihre eigene Bemessungsgrundlage gemindert. Dies ist durch das Unternehmensteuerreformgesetz 2008 Wirklichkeit geworden.

7 Vgl. hierzu auch *Behrendt/Arjes/Jeziorski*, BB 2008, 1993, 1994.

8 Vgl. Begründung zum Unternehmensteuerreformgesetz 2008, Besonderer Teil, zu Art. 1 (EStG), zu Nr. 5 (§ 4 Abs. 5b – neu –).

weit gefolgt wird, als dies der Verbesserung der Steuerbelastungstransparenz dient, so ist dies ein weiterer Schritt, die (verbliebene) Systematik des Steuerrechtes weiter auszuhebeln. Nach hier vertretener Ansicht diente diese Änderung allein der Sicherung der Staatsfinanzen bzw. als Gegenfinanzierungsmaßnahme nicht nur für die Senkung der Steuermesszahl, sondern auch für die Senkung des Körperschaftsteuersatzes von 25 % auf 15 %. Anders lässt sich auch die Darstellung der finanziellen Auswirkungen der einzelnen Maßnahmen des Unternehmensteuerreformgesetzes 2008 nicht interpretieren.

4624 Das Betriebsausgabenabzugsverbot[1] gilt erstmals für die Gewerbesteuer, die für Erhebungszeiträume festgesetzt wird, die nach dem 31. 12. 2007 enden (§ 52 Abs. 12 Satz 7 EStG). Damit sind Gewerbesteuererstattungen, die auf diese Zeiträume entfallen, nicht mehr als Betriebseinnahmen zu erfassen. Eine Gewerbesteuererstattung, die noch als Betriebsausgabe abgezogen worden war, ist hingegen nach der Gesetzesbegründung[2] als Betriebseinnahme zu erfassen.

4625–4630 *(Einstweilen frei)*

III. Gewerbesteueranrechnung nach § 35 EStG

1. Einführung

4631 Die Gewerbesteueranrechnung nach § 35 EStG wurde mit der seit 1. 1. 2001 in Kraft getretenen Unternehmensteuerreform, deren Kern im Steuersenkungsgesetz vom 23. 10. 2000[3] enthalten ist, eingeführt. Damit wurde § 32c EStG a. F., welcher eine Tarifbegrenzung bei gewerblichen Einkünften vorsah, ersetzt. Stattdessen gewährt der neu eingeführte § 35 EStG eine Steuerermäßigung bei Einkünften aus Gewerbebetrieb. Hintergrund dieser Änderung waren verfassungsmäßige Bedenken gegen § 32c EStG a. F. im Hinblick auf Art. 3 Abs. 1 GG.[4] Sinn und Zweck des § 35 EStG ist es, durch die Gewerbesteueranrechnung auf die Einkommensteuer eine annähernde steuerrechtliche Angleichung von Personen- und Kapitalgesellschaften zu erreichen. KapGes werden ab Veranlagungszeitraum 2008 mit einem Körperschaftsteuersatz von 15 % (bisher 25 %) besteuert, während bei Gesellschaftern einer PersGes – sofern es sich um natürliche Personen handelt – ein Einkommensteuersatz von 42 % bzw. von 45 % (ab einem Einkommen bei Einzelveranlagung von rd. 250 000 €; sog. „Reichensteuer“)[5] in der Spitze zur Anwendung kommt.

---

1 In der Steuerbilanz ist ungeachtet des Abzugsverbotes des § 4 Abs. 5b EStG weiterhin eine Gewerbesteuerrückstellung zu bilden. Die Gewinnauswirkungen sind jedoch außerbilanziell wieder zu neutralisieren (vgl. OFD Rheinland 5. 5. 2009 – S 2137 – 2009/0006 – St 141, NWB DokID: SAAAD-21120).

2 Vgl. BT-Drucks. 16/4841, 47.

3 BGBl 2000 I 1433.

4 *Ritzer/Stangl* in Frotscher, EStG § 35 Rn. 6. Verfassungsrechtliche Bedenken bestehen in drei wesentlichen Punkten: 1. Dem Gebot der Gleichbehandlung der Einkunftsarten wird ohne sachliche Rechtfertigung widersprochen, da die gewerblichen Einkünfte durch die Tarifkappung gegenüber anderen Einkunftsarten begünstigt waren; 2. Obwohl Kapitaleinkünfte aus einer Beteiligung an einer KapGes auch gewerbesteuerlich vorbelastet sind, werden diese nicht begünstigt; 3. Durch § 32c EStG werden nur diejenigen gewerblichen Einkünfte entlastet, die einen bestimmten Betrag überschreiten; BFH 24. 2. 1999 X R 171/96, BStBl 1999 II 450.

5 Vgl. § 32a EStG.

Nach § 35 EStG ermäßigt sich die tarifliche Einkommensteuer, vermindert um die sonstigen Steuerermäßigungen mit Ausnahme der §§ 34f, 34g und 35a EStG, soweit sie anteilig auf im zu versteuernden Einkommen enthaltene gewerbliche Einkünfte entfällt. Bei Einkünften aus gewerblichen Unternehmen i. S. d. § 15 Abs. 1 Satz 1 Nr. 1 EStG geschieht dies durch eine Ermäßigung der Einkommensteuer. Das Unternehmensteuerreformgesetz 2008[1] hat die Ermäßigung vom bisher 1,8fachen auf das 3,8fache des jeweils für das Unternehmen festgesetzten Gewerbesteuer-Messbetrages erhöht. Bei Einkünften aus Gewerbebetrieb als Mitunternehmer i. S. d. § 15 Abs. 1 Satz 1 Nr. 2 und 3 EStG wurde das 1,8fache ebenfalls auf das 3,8fache des festgesetzten anteiligen Gewerbesteuer-Messbetrages erhöht (vgl. § 35 Abs. 1 Nr. 1 und 2 EStG).[2] 4632

Durch die Anhebung des Anrechnungsfaktors vom 1,8fachen auf das 3,8fache des (anteiligen) Gewerbesteuer-Messbetrages wird dem Umstand Rechnung getragen, dass die Gewerbesteuer ab dem Erhebungszeitraum 2008 keine abzugsfähige Betriebsausgabe mehr darstellt (§ 4 Abs. 5b EStG). Durch das Unternehmensteuerreformgesetz 2008[3] wurde der Abzug des Steuerermäßigungsbetrages allerdings auf die tatsächlich zu zahlende Gewerbesteuer beschränkt (§ 35 Abs. 1 Satz 5 EStG). 4633

(Einstweilen frei) 4634–4635

2. Anwendungsbereich

§ 35 EStG ist erstmals für den Veranlagungszeitraum 2001 anzuwenden, sofern das Wirtschaftsjahr dem Kalenderjahr entspricht. Dies gilt auch für Einkünfte aus einem Gewerbebetrieb mit einem vom Kalenderjahr abweichenden Wirtschaftsjahr, wenn das Wirtschaftsjahr nach dem 31. 12. 2000 endet.[4] 4636

Der persönliche Anwendungsbereich des § 35 EStG ist beschränkt auf natürliche einkommensteuerpflichtige Personen. Begünstigt sind sowohl Einzelunternehmer i. S. v. § 15 Abs. 1 Satz 1 Nr. 1 EStG als auch unmittelbar bzw. mittelbar beteiligte Mitunternehmer nach § 15 Abs. 1 Satz 1 Nr. 2 EStG. Des Weiteren fallen auch persönlich haftende Gesellschafter einer KGaA i. S. v. § 15 Abs. 1 Satz 1 Nr. 3 EStG mit ihren Gewinnanteilen unter diese Vorschrift. Die Steuerermäßigung steht sowohl unbeschränkt als auch beschränkt steuerpflichtigen Personen zu. 4637

Die Gewerbesteueranrechnung bezieht sich auf die im zu versteuernden Einkommen enthaltenen gewerblichen Einkünfte (§ 35 Abs. 1 Satz 1 EStG). Durch die Steuerermäßigung wird die Bemessungsgrundlage des Solidaritätszuschlags gem. § 3 Abs. 2 SolZG vermindert. Auswirkungen auf die Bemessung der Kirchensteuer ergeben sich aus § 35 EStG jedoch nicht. 4638

1 Vgl. BGBl 2007 I 1912.

2 Zu den Wirkungen des neuen Systems zur Entlastung gewerblicher Personenunternehmen von der Gewerbesteuer vgl. *Herzig*, DB 2007, 1037 ff.

3 Vgl. BGBl 2007 I 1912.

4 Anwendungsschreiben zu der Steuerermäßigung bei Einkünften aus Gewerbebetrieb nach § 35 EStG für VZ nach dem 31. 12. 2003: BMF 12. 1. 2007, BStBl 2007 I 108 und für VZ bis zum 31. 12. 2003: BMF 15. 5. 2002, BStBl 2002 I 533 ff.

4639 Für weiterführende Erläuterungen zur Entlastung der Einkommensteuer mit Gewerbesteuer sei auf Teil B XIII (Rn. 1786 ff.) verwiesen.

4640–4645 *(Einstweilen frei)*

IV. Veräußerungs- und Aufgabetatbestände

1. Allgemeines

4646 Die gewerbesteuerliche Erfassung des Gewinnes oder Verlustes aus der Veräußerung von (Teil-)Mitunternehmeranteilen wurde durch das Unternehmenssteuerfortentwicklungsgesetz (UntStFG)[1] auf eine gesetzliche Grundlage gestellt.[2],[3] Gemäß § 7 Satz 2 GewStG gehört zum Gewerbeertrag auch der Gewinn aus der Veräußerung oder Aufgabe

- des Betriebes oder eines Teilbetriebes[4] einer Mitunternehmerschaft,
- des Anteils eines Gesellschafters, der als Unternehmer (Mitunternehmer) des Betriebes einer Mitunternehmerschaft anzusehen ist,
- des Anteils eines persönlich haftenden Gesellschafters einer Kommanditgesellschaft auf Aktien,

soweit der Gewinn nicht auf eine natürliche Person als unmittelbar beteiligter Mitunternehmer entfällt.

4647 Nur klarstellend sei ergänzend erwähnt, dass hierbei auch das Sonderbetriebsvermögen bzw. Vermögen in Ergänzungsbilanzen zu berücksichtigen ist bzw. dass entsprechende Vorgänge im Sonderbetriebsvermögen bzw. in den Ergänzungsbilanzen mit zu beurteilen sind.[5]

---

1 UntStFG v. 20. 12. 2001, BGBl 2001 I 3858 ff.

2 Eine Bestandsaufnahme zur bisherigen Rechtslage und zu dem zum damaligen Zeitpunkt geplanten UntStFG enthält der Diskussionsbeitrag von *Beußer*, FR 2001, 880.

3 Bis einschließlich Erhebungszeitraum 2001 zählten Gewinne und Verluste aus der Veräußerung von Mitunternehmeranteilen bzw. von Teilmitunternehmeranteilen nicht zum Gewerbeertrag (BFH 15. 3. 2000 VIII R 51/98, BStBl 2000 II 316; R 38 Abs. 3 Satz 3 und 40 Abs. 2 Satz 3 GewStR 1998) von PersGes (bei Kapitalgesellschaften entspricht es jedoch der gefestigten höchstrichterlichen Rechtsprechung, dass auch der Gewinn aus der Veräußerung oder Aufgabe eines Betriebes, eines Teilbetriebes oder einer betrieblichen Beteiligung zum Gewerbeertrag gem. § 7 GewStG gehört; BFH 5. 9. 2001 I R 27/01, BStBl 2002 II 155, m. w. N. R 7.1 Abs. 4 Satz 1 GewStR). Begründet wurde die Ausnahme dieser Gewinne von der Gewerbesteuer mit dem Objektsteuercharakter der Gewerbesteuer, die an das Ergebnis des lebenden Gewerbebetriebes anknüpft (BFH 15. 3. 2000 VIII R 51/98, BStBl 2000 II 316, 317). Etwas anderes galt nur in den Fällen, in denen auf Seiten des Veräußerers und auf Seiten des Erwerbers dieselben Personen als Mitunternehmer standen. Der Veräußerungsgewinn galt in diesen Fällen als laufender Gewinn (vgl. hierzu auch § 16 Abs. 2 Satz 3 bzw. Abs. 3 Satz 5 EStG). Der Gewerbesteuer als laufender Gewinn unterlag auch das Entgelt für die Veräußerung von Anteilen an einer PersGes, die den gewerblichen Grundstückshandel betreibt. Das Entgelt ist auf die Wirtschaftsgüter der Gesellschaft aufzuteilen mit der Folge, dass der auf die Grundstücke im Umlaufvermögen entfallende Gewinn als laufender Gewinn der Gewerbesteuer unterliegt; Entsprechendes galt bei der Aufgabe eines Mitunternehmeranteils (vgl. BFH 10. 5. 2007 IV R 69/04, DB 2007, 2071 und BFH 14. 12. 2006 IV R 3/05, BFH/NV 2007, 601).

4 Zur Teilbetriebsveräußerung siehe auch BFH 25. 11. 2009 X R 23/09, BFH/NV 2010, 633.

5 Vgl. auch BFH 13. 2. 2008 I R 63/06, BStBl 2009 II 414.

Mit § 7 Abs. 2 GewStG soll verhindert werden, dass Kapitalgesellschaften Einzelwirtschaftsgüter oder (Teil-)Betriebe, die bei einer direkten Veräußerung durch die Kapitalgesellschaft der Gewerbesteuer unterliegen würden, gem. § 6 Abs. 5 Satz 3 EStG bzw. gem. § 24 UmwStG steuerneutral auf eine PersGes übertragen und die Anteile an der PersGes danach steuerfrei veräußern.[1] 4648

Ein Auflösungs- oder Veräußerungsgewinn unterlag auch vor Einfügung des § 7 Satz 2 GewStG schon der Gewerbesteuer, wenn der Betrieb der PersGes innerhalb der letzten fünf Jahre durch eine Umwandlung von einer KapGes in eine PersGes (Verschmelzung, Spaltung, Formwechsel[2]) entstanden ist (§ 18 Abs. 4 UmwStG a. F. bzw. § 18 Abs. 3 UmwStG i. d. F. des SEStEG v. 7. 12. 2006).[3,4,5] Entsprechendes gilt, soweit ein Teilbetrieb oder ein Anteil an der PersGes veräußert wird. Wird eine Betriebskapitalgesellschaft auf eine Besitz-PersGes (KG) verschmolzen und ein Mitunternehmeranteil an der KG innerhalb von fünf Jahren nach dem Vermögensübergang veräußert, so unterliegt der Veräußerungsgewinn insoweit nicht der Gewerbesteuer, als er auf das Vermögen der KG entfällt, das der KG bereits vor der Umwandlung gehörte.[6] 4649

(Einstweilen frei) 4650–4655

---

1 BT-Drucks. 14/6882, 41 zu Nr. 2 (§ 7); *Brandenberg*, DStZ 2002, 551, 552.

2 Auch der Formwechsel einer Kapitalgesellschaft in eine PersGes erfüllte den Begriff des Vermögensübergangs i. S. v. § 18 Abs. 4 Satz 1 UmwStG 1995 (i. d. F. vor Inkrafttreten des StEntlG 1999/2000/2002); vgl. BFH 11. 12. 2001 VIII R 23/01, BStBl 2004 II 474; 26. 6. 2007 IV R 58/06, BStBl 2008 II 73.

3 BGBl 2006 I 2782.

4 Vgl. auch BFH 26. 6. 2007 IV R 58/06, BStBl 2008 II 73.

5 Dies gilt unabhängig davon, ob die Anteile an der umgewandelten Kapitalgesellschaft zum Privatvermögen oder zum Betriebsvermögen des Anteilseigners gehört haben (vgl. BFH 11. 12. 2001 VIII R 23/01, BStBl 2004 II 474; 16. 11. 2005 X R 6/04, BStBl 2008 II 62).

6 BFH 20. 11. 2006 VIII R 47/05, BStBl 2008 II 69 (Bestätigung der Rechtsprechung).

2. Zeitliche Anwendung der Vorschrift

4656 Die Regelung des § 7 Satz 2 GewStG ist erstmals für den Erhebungszeitraum 2002 anzuwenden.[1] Bei abweichenden Wirtschaftsjahren ist die Vorschrift erstmals für diejenigen Wirtschaftsjahre anzuwenden, die in dem Erhebungszeitraum 2002 enden.

4657 Fraglich ist aber, wie Gewinne aus der Veräußerung/Aufgabe von Betrieben und Mitunternehmeranteilen etc. erfasst werden, deren zugrunde liegender obligatorischer Vertrag vor dem am 20.12.2001 erfolgten Gesetzesbeschluss zum UntStFG[2] geschlossen wurde, die aber erst in 2002 entstehen. Hierzu hat das FG Bremen mit Urteil v. 7.2.2007[3] geäußert, dass einer Anwendung des § 7 Satz 2 GewStG nichts entgegenstünde. Es liege weder ein Verstoß gegen das verfassungsrechtliche Verbot unzulässiger Rückwirkung von Gesetzen noch ein Verstoß gegen den verfassungsrechtlichen Gleichheitssatz vor. Auch der BFH hat mit Urteil v. 22.7.2010[4] entschieden, dass § 7 Satz 2 GewStG mit dem allgemeinen Gleichheitssatz vereinbar sei; die Anwendung des § 7 Satz 2 GewStG auf den Streitfall begründe keine unzulässige Rückwirkung. Es lege hier ein Fall der tatbestandlichen Rückanknüpfung (sog. „unechte Rückwirkung") vor, denn die Rechtsfolgen des Verkaufes der Anteile treten erst nach Verkündung der Norm ein, deren Tatbestand erfasst allerdings Sachverhalte (hier: obligatorischer Vertrag über die Veräußerung der Anteile), die bereits vor der Verkündung des Gesetzes beschlossen wurden. Die sog. „unechte Rückwirkung" von Gesetzen ist nach ständiger

1 Der Gesetzgeber hat am 20.12.2001 § 7 Satz 2 GewStG zweimal verabschiedet, und zwar mit unterschiedlichem Inhalt. Die Bestimmung des zeitlichen Anwendungsbereichs ist daher nicht eindeutig. Zunächst wurde durch das UntStFG vom 20.12.2001 der § 7 Satz 2 GewStG, wonach Gewinne aus der Veräußerung oder Aufgabe von Betrieben, Anteilen an einer Mitunternehmerschaft und weiteren Tatbeständen der Gewerbesteuerpflicht unterliegen, in das Gewerbesteuergesetz eingefügt (Art. 4 Nr. 2 UntStFG). Gem. Art. 4 Nr. 5 UntStFG wird im § 36 Abs. 1 GewStG geregelt, dass diese Vorschrift erstmals für den Erhebungszeitraum 2002 anzuwenden ist. Eine gesonderte Vorschrift zur zeitlichen Anwendung findet sich im § 36 GewStG i. d. F. des UntStFG nicht. Am gleichen Tag wurde das Solidarpaktfortführungsgesetz (SFG) verabschiedet (20.12.2001, BGBl 2001 I 3955). Durch Art. 11 Nr. 2 SFG wurde der durch das UntStFG eingefügte § 7 Satz 2 GewStG versehentlich „überschrieben" (*Christoffel*, DB 2002, 660). Demzufolge sind in § 7 Satz 2 GewStG i. d. F. des SFG Sondervorschriften für die Ermittlung des Gewerbeertrages geregelt. Diese Vorschrift des § 7 Satz 2 GewStG verweist lediglich auf § 5a EStG (Tonnagebesteuerung) und auf § 8 Abs. 1 Satz 2 KStG (Einkommensermittlung der öffentlich-rechtlichen Rundfunkanstalten). Insofern ist nur § 7 Satz 2 GewStG i. d. F. SFG ab 2001 anzuwenden (Art. 11 Nr. 4 SFG). Die gesetzliche Regelung zur Gewerbesteuerpflicht bei der Veräußerung oder Aufgabe von Betrieben und Anteilen an Mitunternehmerschaften und weiteren Tatbeständen ist im SFG i. d. F. v. 20.12.2001 nicht mehr enthalten. Dieses redaktionelle Versehen wurde durch das Fünfte Gesetz zur Änderung des Steuerbeamten-Ausbildungsgesetzes und zur Änderung von Steuergesetzen (StBAÄG) korrigiert (23.7.2002, BGBl 2002 I 2715), wonach in Art. 5 Nr. 1 des Gesetzes der § 7 GewStG komplett neu gefasst wurde. Nunmehr ist in § 7 Satz 2 GewStG die Gewerbesteuerpflicht aus der Veräußerung oder Aufgabe von Betrieben und Anteilen an Mitunternehmerschaften und weiteren Tatbeständen geregelt und in § 7 Satz 3 GewStG der Verweis auf die Einkommensermittlung gem. § 5a EStG und § 8 Abs. 1 Satz 2 KStG enthalten. In Art. 5 Nr. 2 des Gesetzes wird der zeitliche Anwendungsbereich gem. § 36 GewStG geregelt, wonach die Vorschriften erstmals für den Erhebungszeitraum 2002 anzuwenden sind. Von dieser allgemeinen zeitlichen Anwendungsvorschrift ist auch § 7 Satz 2 GewStG, der die Gewerbesteuerpflicht bei der Veräußerung/Aufgabe von Betrieben und Mitunternehmeranteilen und Ähnlichem regelt, erfasst. Für § 7 Satz 3 GewStG wurde in § 36 Abs. 5 GewStG eine abweichende zeitliche Anwendungsregel eingefügt. Dieser Satz ist, wie auch schon durch das SFG deutlich wurde, ab 2001 anzuwenden. Die Gewerbesteuerpflicht wurde für Gewinne aus der Veräußerung/Aufgabe eines Betriebes, eines Mitunternehmeranteils und ähnlichen Tatbeständen sowohl durch das UntStFG als auch durch das StBAÄG jeweils ab 2002 eingeführt.

2 UntStFG v. 20.12.2001, BGBl 2001 I 3858.

3 FG Bremen 7.2.2007 3 K 73/05 5, NWB DokID: RAAAC-50487.

4 BFH 22.7.2010 IV R 29/07, BStBl 2011 II 511.

Rechtsprechung des BVerfG[1] zulässig, wenn sie mit den Grundsätzen des Vertrauensschutzes vereinbar sind.[2,3]

(Einstweilen frei) 4658–4660

3. Inhalt der Vorschrift

Die Besteuerung von Gewinnen aus der Veräußerung/Aufgabe von (Teil-)Betrieben durch Mitunternehmerschaften bzw. von Mitunternehmeranteilen mit Gewerbesteuer erfolgt nur dann, wenn der Veräußerungs- oder Aufgabegewinn nicht auf eine natürliche Person als unmittelbar beteiligtem Mitunternehmer entfällt.[4] Dies bedeutet im Umkehrschluss, dass an der Gewerbesteuerfreiheit der entsprechenden Veräußerungs- oder Aufgabegewinne natürlicher Personen festgehalten wird.[5] Nach dem BFH-Urteil vom 7. 7. 2010[6] ist es mit dem Gleichheitssatz des Art. 3 GG vereinbar, dass Kapitalgesellschaften einerseits und natürliche Personen andererseits durch § 7 Satz 2 GewStG unterschiedlich behandelt werden. Gleiches gelte auch im Verhältnis zwischen natürlicher Person und Personengesellschaft. Im Übrigen durfte der Gesetzgeber gem. dem genannten Urteil im Rahmen seines „weiten Gestaltungsspielraumes bei der Ausgestaltung der Missbrauchsvorschrift" [gemeint ist wohl: Missbrauchsverhinderungsvorschrift] auch zwischen unmittelbar und mittelbar beteiligten natürlichen Personen unterscheiden. 4661

1 BVerfG-Beschluss 7. 7. 2010, 2 BvL 14/02 - 2 BvL 2/04 - 2 BvL 13/05, BStBl 2011 II 76.

2 Mit den Grundsätzen des Vertrauensschutzes vereinbar sind gesetzliche Regelungen, die „zur Förderung des Gesetzeszweckes geeignet und erforderlich sind und wenn zwischen dem Gewicht des enttäuschten Vertrauens und dem Gewicht der Dringlichkeit der die Rechtsänderung rechtfertigenden Gründe die Grenze der Zumutbarkeit gewahrt bleibt. Die Interessen der Allgemeinheit und das Vertrauen des Einzelnen auf die Fortgeltung der Rechtslage sind hierbei abzuwägen und der Grundsatz der Verhältnismäßigkeit muss gewahrt sein" (BVerfG-Beschluss 7. 7. 2010 2 BvL 14/02 - 2 BvL 2/04 - 2 BvL 13/05, BStBl 2011 II 76).

3 Zu bemerken ist jedoch noch, dass das BFH-Urteil 22. 7. 2010 (IV R 29/07, a. a. O.) zu einem Zeitpunkt ergangen ist, in dem die Beschlüsse des BVerfG v. 7. 7. 2010 noch nicht veröffentlicht waren und der BFH damit die Ausführungen des BVerfG zum verfassungsrechtlich gebotenen Vertrauensschutz noch nicht kennen und berücksichtigen konnte. Allerdings stellt das BVerfG für die Zulässigkeit der unechten Rückwirkung auf die - mögliche - Kenntnis des Steuerpflichtigen über die Gesetzesänderung und damit auf die Einbringung des Gesetzesentwurfes in den Bundestag ab. Der Gesetzesentwurf über das UntStFG wurde am 10. 9. 2001 in den Bundestag eingebracht und damit nach dem Abschluss des obligatorischen Vertrages über die Anteilsveräußerung, so dass nach hier vertretener Auffassung eine mögliche Verfassungsbeschwerde ggf. sogar Aussicht auf Erfolg hätte.

4 Allerdings unterliegt der Gewinn aus der Veräußerung des Anteils einer PersGes der GewSt, soweit auf der Seite des Veräußerers und auf der Seite des Erwerbers dieselben Personen Mitunternehmer sind, vgl. BFH 15. 6. 2004 VIII R 7/01, BStBl 2004 II 754. Offen ist, ob Entsprechendes auch nach Einfügung von § 7 Satz 2 GewStG für PersGes gilt, die gewerblichen Grundstückshandel betreiben (vgl. hierzu auch *Roser* in Lenski/Steinberg, GewStG § 7 Rn. 324). Die Grundsätze der BFH-Urteile zum früheren Recht (vgl. BFH 10. 5. 2007 IV R 69/04, DB 2007, 2071 und 14. 12. 2006 IV R 3/05, BFH/NV 2007, 601) dürften insoweit auch nach der Einfügung von § 7 Satz 2 GewStG gelten, da die Begründung nicht darauf abstellt, wer Gesellschafter der PersGes ist. Es wird vielmehr argumentiert, dass der Gewinn zumindest insoweit als laufender Gewinn anzusehen ist und damit der Gewerbesteuer unterfällt, als er auf Grundstücke entfällt, die dem Umlaufvermögen des von der Gesellschaft betriebenen Unternehmens zuzurechnen sind (dies gelte jedenfalls dann, wenn das Betriebsvermögen der Gesellschaft ausschließlich oder nahezu ausschließlich aus solchen Grundstücken besteht). U. A. wird dies damit begründet, dass der Veräußerungsgewinn mit der Beendigung der mitunternehmerischen Tätigkeit nicht in einem unmittelbar sachlichen, sondern lediglich in einem zeitlichen Zusammenhang stehe.

5 *Behrens/Schmitt*, BB 2002, 860.

6 BFH 22. 7. 2010 IV R 29/07, BFH/NV 2010, 2193.

BEISPIEL: An der A-KG sind B als natürliche Person, die C-GmbH und die E-PersGes beteiligt. Sowohl B als auch die C-GmbH und die E-PersGes veräußern ihre Mitunternehmeranteile.

Soweit B seinen Anteil an der A-KG veräußert, gehört der Veräußerungsgewinn nicht zum Gewerbeertrag. Der Veräußerungsgewinn der C-GmbH gehört zum Gewerbeertrag, da er nicht auf eine natürliche Person als unmittelbar beteiligter Mitunternehmer entfällt. B kann die durch die C-GmbH ausgelöste Gewerbesteuer gem. § 35 EStG auf seine persönliche Einkommensteuer anrechnen. Die C-GmbH kann die durch sie ausgelöste Gewerbesteuer nicht auf ihre eigene Steuerschuld anrechnen, da die Steuerermäßigung des § 35 EStG nur für natürliche Personen gilt. Der Veräußerungsgewinn der E-PersGes gehört zum Gewerbeertrag, da selbst dann, wenn an der E-PersGes nur natürliche Personen beteiligt sind, der Veräußerungsgewinn nicht auf eine natürliche Person als unmittelbar beteiligtem Gesellschafter entfällt. Allerdings können auch die Gesellschafter der E-PersGes, soweit es sich bei Ihnen um natürliche Personen handelt, die auf Ebene der A-KG ausgelöste Gewerbesteuer gem. § 35 Abs. 2 Satz 5 EStG auf ihre Einkommensteuer anrechnen.

4662 § 7 Satz 2 GewStG lässt offen, ob auch die Veräußerung eines Teilmitunternehmeranteils durch eine natürliche Person der Gewerbesteuer unterliegt.[1] Während in § 16 Abs. 1 Satz 2 EStG der Teil eines Anteils direkt in den Gesetzeswortlaut aufgenommen worden ist, ist dies in § 7 Satz 2 GewStG unterblieben. Auf der anderen Seite gilt der Veräußerungsgewinn aus der Teilanteilsveräußerung einkommensteuerlich gem. § 16 Abs. 1 Satz 2 EStG seit dem 1. 1. 2002[2] als laufender Gewinn.[3] Die Einordnung des Veräußerungsgewinns aus einem Teilanteil als laufender Gewinn spricht dafür, dass dieser Gewinn der Gewerbesteuer zu unterwerfen ist.[4] Dennoch wird es in der Literatur als kritisch angesehen, eine einkommensteuerliche Fiktion auf die Gewerbesteuer als Objektsteuer zu übertragen.[5] § 7 Satz 2 Nr. 2 GewStG differenziert nicht nach ganzen oder (Teil-)Mitunternehmeranteilen. Gem. Stimmen in der Literatur[6] hätte es einer ausdrücklichen Regelung im Gewerbesteuergesetz bedurft, wonach Gewinne aus der Veräußerung von Teilmitunternehmeranteilen durch natürliche Personen (auch bei anteiliger Mit-Veräußerung des wesentlichen Sonderbetriebsvermögens[7]) der Gewerbesteuer unterliegen. Gemäß den GewStR 2009 sind Gewinne (Verluste) aus der Veräußerung eines Teils eines Mitunternehmeranteils nach § 16 Abs. 1 Satz 2 EStG laufende Gewinne und somit gewerbesteuerpflichtig (R 7.1 Abs. 3 Satz 6 GewStR 2009).

4663 Folgt man dem Gesetzeswortlaut des § 7 Satz 2 GewStG, gehört lediglich der Gewinn aus Veräußerungs- bzw. Aufgabetatbeständen zum Gewerbeertrag. Inwieweit ein Veräußerungs-/Aufgabeverlust den Gewerbeertrag mindert, ist auf den ersten Blick nicht ersichtlich. Nach der hier vertretenen Auffassung mindert ein Verlust den Gewerbeertrag jedoch immer dann, wenn der entsprechende Gewinn den Gewerbeertrag erhöht. Einkommen- und körperschaftsteuerlich umfasst der Begriff des „Gewinns" sowohl positive als auch den negative Einkünfte.[8] Diese Auffassung geben nun auch die GewStR

1 Zur Rechtslage vor Einführung des § 7 Satz 2 GewStG vgl. u. A. OFD Kiel (koord. Ländererl.) 1. 8. 2001, FR 2001, 1124.

2 § 52 Abs. 34 Satz 1 EStG.

3 *Stahl,* Veräußerung von Mitunternehmeranteilen, KÖSDI 2002, 13535; *Ritzer/Stangl,* INF 2002, 131.

4 So auch *Füger/Rieger,* DStR 2002, 1021.

5 *Stahl,* Veräußerung von Mitunternehmeranteilen, KÖSDI 2002, 13535, m. w. N.

6 *Behrens/Schmitt,* BB 2002, 860.

7 Vgl. Rn. 2056 ff.

8 *Schmidt,* EStG § 4 Rz. 2; s. auch Kommentierung zu § 2 Abs. 2 Nr. 1 EStG; *Behrens/Schmitt,* BB 2002, 860.

2009 bspw. in R 7.1 Abs. 3 Satz 3 und 6 GewStR 2009 wieder. Letztlich wird ein entsprechender Veräußerungs- bzw. Aufgabeverlust in vielen Fällen nicht genutzt werden können, da die Erfordernisse der Unternehmensidentität und Unternehmeridentität des § 10a GewStG dazu führen, dass der Veräußerungs- bzw. Aufgabeverlust entsprechend entfällt.

(Einstweilen frei) 4664–4670

4. Besteuerungsebene für die Gewerbesteuer auf den Veräußerungs- bzw. Aufgabegewinn

Nicht oft genug betont werden kann der schon immer geltende Grundsatz, dass Gewinne aus der Veräußerung/Aufgabe des Mitunternehmeranteils nicht auf Ebene des veräußernden Mitunternehmers, sondern auf Ebene der PersGes der Gewerbesteuer unterliegen. Auch wenn die Veräußerung bzw. Aufgabe eines Mitunternehmeranteils ein Vorgang auf der **Gesellschafterebene** ist, hat dies Auswirkungen auf der **Gesellschaftsebene**. 4671

Gemäß § 5 Abs. 1 Satz 3 GewStG ist Steuerschuldner der Gewerbesteuer die PersGes. Nach der Gesetzesbegründung[1] zum UntStFG sollen bei Mitunternehmerschaften Veräußerungsgewinne der Gewerbesteuer unterliegen, soweit sie nicht auf eine natürliche Person als unmittelbar beteiligten Anteilseigner entfallen. Die Gesetzesbegründung spricht daher dafür, dass die Gewerbebesteuerung auf Ebene der Mitunternehmerschaft und nicht auf Ebene des veräußernden Gesellschafters erfolgt.[2] Dies ist insoweit auch konsequent, da es sich bei der Veräußerung eines Mitunternehmeranteils um die Veräußerung der anteilig in den Wirtschaftsgütern der Mitunternehmerschaft innewohnenden stillen Reserven handelt. Auch entspricht es der ständigen Rechtsprechung des BFH, wonach nicht nur der Gewinn aus der Veräußerung/Aufgabe des (Teil-)Betriebes der Mitunternehmerschaft, sondern auch der Veräußerungs- oder Aufgabegewinn aus dem (Teil-)Anteil an der Mitunternehmerschaft auf Ebene der PersGes entsteht.[3] Durch das BFH-Urteil vom 22. 7. 2010[4] wurde dies jüngst noch mal bestätigt; hier wurde ausgeführt, dass es nicht gegen den Grundsatz der Besteuerung nach der Leistungsfähigkeit verstößt, wenn die Gesellschaft, deren Anteile veräußert werden, mit der Gewerbesteuer belastet wird, während der die Einkommen- bzw. Körperschaftsteuerpflicht auslösende Ertrag auf Ebene des Gesellschafters erzielt wird. Gleicher Auffassung ist auch die Finanzverwaltung.[5]

(Einstweilen frei) 4672–4675

---

1 BT-Drucks. 14/6882, 41; BR-Drucks. 638/01 v. 17. 8. 2001, 67.

2 *Rödder/Schumacher,* DStR 2001, 1685; *Bechler/Schröder,* DB 2002, 2238.

3 BFH 26. 4. 2001 IV R 75/99, BFH/NV 2001, 1195; 27. 3. 1996 I R 89/95, BStBl 1997 II 224.

4 BFH 22. 7. 2010 IV R 29/07, BFH/NV 2010, 2193.

5 OFD Düsseldorf 18. 1. 2001, FR 2001, 215, zur Veräußerung eines Bruchteils eines Mitunternehmeranteils. Diese Verfügung wurde allerdings mit Verfügung v. 3. 9. 2001, FR 2001, 1124, aus Gründen des Vertrauensschutzes wieder aufgehoben.

5. Aufteilung der Gewerbesteuer unter den Mitunternehmern

4676 Die Rechtsverhältnisse der Gesellschafter untereinander richten sich zunächst nach dem Gesellschaftsvertrag.[1] Dies gilt auch für die handelsrechtliche und steuerrechtliche Gewinnverteilung. In der Regel sehen die Gesellschaftsverträge für die Verteilung des Gewinns einen bestimmten Schlüssel vor. Nur wenn keine vertraglichen Regelungen vorliegen, greifen die gesetzlichen Bestimmungen (z. B. §§ 120 ff. bzw. 167 ff. HGB) ein.

4677 Vertragliche Regelungen bieten sich spätestens dann an, wenn sich die Ergebnisse von Sonder- und/oder Ergänzungsbilanzen einzelner Gesellschafter neben den Ergebnissen der Gesamthandsbilanz auf die Gewerbesteuer auswirken. Ohne entsprechende vertragliche Regelungen ergeben sich auch keine Modifikationen der Gewinnverteilung hinsichtlich des § 7 Satz 2 GewStG. Veräußert bspw. nur einer von mehreren Mitunternehmern seinen Anteil an der Mitunternehmerschaft, belastet die durch die Veräußerung entstehende Gewerbesteuer auch alle anderen Mitunternehmer.[2] Die gewerbesteuerliche Mehrbelastung würde grundsätzlich von allen Gesellschaftern gleichmäßig nach den Bedingungen ihres Anteils am Gewinn getragen.[3,4] Hinsichtlich der durch einen Gesellschafter ausgelösten und auf Ebene der Gesellschaft entstehenden Mehrbelastung durch Gewerbesteuer besteht insoweit hinsichtlich der Vorgänge des § 7 Satz 2 GewStG Bedarf, diese entsprechenden Mehrbelastungen durch Ausgleichsmechanismen zu regeln. Um zu einem angemessenen Ausgleich zwischen den Beteiligten (Veräußerer, Erwerber und verbliebene Gesellschafter) zu kommen, bieten sich im Wesentlichen die folgenden drei Möglichkeiten an:

- Aufnahme entsprechender Klauseln in die Gesellschaftsverträge;
- Verpflichtung des ausscheidenden Gesellschafters zu einer Einlage in das Gesellschaftsvermögen in Höhe der durch seine Veräußerung/Aufgabe verursachten Mehrbelastung an Gewerbesteuer;
- Vereinbarung zwischen Veräußerer und Erwerber, den für den Anteil vereinbarten Kaufpreis um die entsprechende GewSt-Mehrbelastung zu mindern.[5]

Der nach § 7 Satz 2 GewStG der Gewerbesteuer unterfallende Veräußerungs- oder Aufgabegewinn ist nach herrschender Meinung in der Literatur demjenigen Gewerbeertrag hinzuzurechnen, der vor dem Gesellschafterwechsel entsteht.[6] Damit könnte dieser auch um etwaige gewerbesteuerliche Verlustvorträge aus vorangegangenen Erhebungszeiträumen gekürzt werden. Allerdings kann nach Ansicht des BFH[7] ein solcher Verlustabzug nur erfolgen, soweit die im Zeitraum bis zum Gesellschafterwechsel entstandenen positiven Gewerbeerträge nicht mit laufenden Verlusten desselben Erhe-

1 Vgl. § 109 Halbsatz 1 HGB bzw. § 161 Abs. 2 HGB.

2 Zu beachten ist allerdings, dass die entstehende Gewerbesteuer von den Mitunternehmern typisiert nach § 35 EStG angerechnet werden kann, vgl. Rn. 1786 ff.

3 *Bechler/Schröder*, DB 2002, 2238.

4 Beispiele zu den gewerbesteuerlichen Belastungen bei der Veräußerung von Mitunternehmeranteilen durch KapGes vgl. *Brinkmann/Schmidtmann*, DStR 2003, 93.

5 Vgl. hierzu *Kutt/Möllmann*, DB 2010, 1662.

6 Vgl. z. B. *Kleinheisterkamp* in Lenski/Steinberg, GewStG § 10a Rz. 368 und auch BFH 22. 1. 2009 IV R 90/05, BFH/NV 2009, 843.

7 BFH 22. 1. 2009 IV R 90/05, BFH/NV 2009, 843.

bungszeitraumes ausgeglichen werden können; die intraperiodische Verlustverrechnung habe insoweit Vorrang vor der interperiodischen Verlustverrechnung.

(Einstweilen frei) 4678–4680

6. Ermittlung des Veräußerungsgewinns

Der zu ermittelnde Veräußerungsgewinn gem. § 7 Satz 2 GewStG i.V.m. § 16 Abs. 2 EStG ist die Differenz aus dem Veräußerungspreis (abzgl. Veräußerungskosten) und dem steuerlichen Kapitalkonto des Veräußerers. Gemäß dem jahrelang zu berücksichtigenden BFH-Urteil vom 27.10.1977 minderte die Gewerbesteuer auf den Veräußerungsgewinn nicht die Veräußerungskosten.[1] Diese Rechtsprechung wurde nun durch das BFH-Urteil v. 16.12.2009 aufgegeben;[2] in dem zugrundeliegenden Fall ging es um eine KapGes, die in eine PersGes umgewandelt wurde und anschließend der übergegangene Betrieb von der PersGes veräußert wurde. Die in diesen Fällen nach § 18 Abs. 4 a. F./Abs. 3 n. F. UmwStG anfallende Gewerbesteuer mindert als Veräußerungskosten den Veräußerungsgewinn.[3] Zu berücksichtigen ist, dass die Zuordnung der Gewerbesteuer zu den Veräußerungskosten nicht nur für den Sonderfall des § 18 Abs. 4 a. F./ Abs. 3 n. F. UmwStG gelten soll. Die Grundsätze der alten Entscheidung aus 1977[4] sind zugunsten neuer Zuordnungskriterien aufgegeben worden. Maßgeblich für die Zuordnung von Aufwendungen zu den nach § 16 Abs. 2 Satz 1 EStG anzusetzenden Veräußerungskosten sei nicht mehr die Frage, ob der Aufwand in einem unmittelbaren oder nur mittelbaren Zusammenhang mit dem Veräußerungsvorgang stehe, sondern der Grundsatz der sachlichen Zuordnung des Aufwands zum Veräußerungsvorgang. Damit gehören nach der neueren Rechtsprechung des BFH diejenigen Aufwendungen zu den Veräußerungskosten des § 16 Abs. 2 Satz 1 EStG, die nach ihrem auslösenden Moment und damit nach dem Veranlassungsprinzip dem Veräußerungsvorgang zuzurechnen sind.[5] 4681

Zu berücksichtigen ist jedoch, dass die Gewerbesteuer auf den Veräußerungsgewinn ihrerseits wieder den Veräußerungsgewinn beeinflusst.[6] Die Gewerbesteuer auf den Veräußerungsgewinn belastet – genauso wie die Gewerbesteuer auf den laufenden Gewinn – das Ergebnis der Mitunternehmerschaft und damit auch den Ergebnisanteil des einzelnen Mitunternehmers. Der Ergebnisanteil wiederum wird dem Kapitalkonto des Mitunternehmers gutgeschrieben. Ceteris paribus ist das Kapitalkonto des Mitunternehmers um die anteilig auf ihn entfallende Gewerbesteuer auf den Veräuße- 4682

1 BFH 27.10.1977 IV R 60/74, BStBl 1978 II 100; krit. dazu schon *Wacker* in Schmidt, EStG § 16 Rz. 302.
2 Vgl. BFH 16.12.2009 IV R 22/08, BStBl 2010 II 736.
3 Vgl. BFH 16.12.2009 IV R 22/08, BStBl 2010 II 736.
4 BFH 27.10.1977 IV R 60/74, BStBl 1978 II 100.
5 Vgl. BFH 16.12.2009 IV R 22/08, BStBl 2010 II 736.
6 *Bechler/Schröder*, DB 2002, 2238, 2239.

rungsgewinn geringer.[1] Das niedrigere Kapitalkonto führt entsprechend zu einem höheren Veräußerungsgewinn. In der Literatur wird vertreten, dass hierdurch die Gewerbesteuer auf den Veräußerungsgewinn ihrerseits der Gewerbesteuer unterworfen wird.[2] An diesem Ergebnis ändert weder der Umstand etwas, dass die Gewerbesteuer seit der Unternehmenssteuerreform 2008 eine nichtabzugsfähige Betriebsausgabe ist (vgl. oben Rn. 4622 ff.) noch, dass die Gewerbesteuer entsprechend dem im vorhergehenden Absatz besprochenen Urteil in Veräußerungsvorgängen zu den Veräußerungskosten zu zählen ist.

4683–4685 *(Einstweilen frei)*

7. Mehrstöckige Personengesellschaft

4686 Gemäß § 7 Satz 2 letzter Halbsatz GewStG unterliegt der Veräußerungs- bzw. Aufgabegewinn nicht der Gewerbesteuer, soweit er auf eine natürliche Person als unmittelbar beteiligtem Mitunternehmer entfällt.

BEISPIEL: A und B sind an der X-OHG beteiligt. Die X-OHG hält 100 % des Festkapitals der Y-KG. Die X-OHG veräußert ihren ganzen Mitunternehmeranteil an der Y-KG. Der Veräußerungsgewinn gehört zum Gewerbeertrag der Y-KG, da weder A noch B unmittelbar an der Y-KG beteiligt sind und § 7 Satz 2 letzter Halbsatz GewStG insoweit nicht greift.

4687 Die einkommensteuerliche Regelung des § 15 Abs. 1 Satz 1 Nr. 2 Satz 2 EStG, dass der mittelbar über eine oder mehrere Personengesellschaften beteiligte Mitunternehmer dem unmittelbar beteiligten Mitunternehmer gleichsteht, schlägt insoweit nicht auf die Gewerbesteuer durch.[3] Aus der Gesetzesbegründung zum UntStFG[4] ergibt sich vielmehr, dass mit der Regelung des § 7 Satz 2 letzter Halbsatz GewStG dem Umstand eines unverhältnismäßig hohen Verwaltungsaufwands Rechnung getragen werden soll, wenn die Finanzverwaltung bei zwei- und mehrstöckigen PersGes jeweils herauszufinden hätte, wer letztlich Beteiligter in der Kette der PersGes ist. Im Feststellungsverfahren des Finanzamts wird einheitlich und gesondert jeweils nur der Gewinn aus der PersGes für die in der nächsten Stufe beteiligten Gesellschafter festgestellt. Eine darüber hinausgehende Feststellung erfolgt auch dann nicht, wenn an einer PersGes eine weitere PersGes beteiligt ist. Im Ergebnis beruht die Ausnahme des § 7 Satz 2 letzter Halbsatz GewStG daher auf verfahrensrechtlichen Erwägungen.[5] M. E. kann es jedoch nicht gerechtfertigt sein, die Gewerbesteuerfreiheit/-pflichtigkeit eines Veräußerungs-/Aufgabegewinns von verfahrensrechtlichen Erwägungen abhängig zu machen.

---

1 Zumindest für die Veräußerung des Betriebes einer PersGes ist für das sich bis zur Veräußerung ergebende Rumpfwirtschaftsjahr eine Schlussbilanz zu erstellen (vgl. § 242 HGB i. V. m. § 5 Abs. 1, § 4a EStG und § 8b Nr. 1 EStDV). Auch wenn es wohl keiner formellen Erstellung einer Schlussbilanz bei der Veräußerung von Teilbetrieben, 100 %igen Beteiligungen und Mitunternehmeranteilen bedarf, so ist auch in diesen Fällen materiell das veräußerte Betriebsvermögen mit dem sich auf diesem Zeitpunkt ergebenden Buchwert anzusetzen; dies hat notfalls im Rahmen einer Schätzung zu erfolgen; vgl. *Kirchhoff/Söhn*, EStG § 16 Rn. E 44; BFH 30. 4. 1991 VIII R 50/86, BFH/NV 1991, 676; 12. 6. 1975 IV R 10/72, BStBl 1975 II 853.

2 *Behrendt/Arjes/Jeziorski*, BB 2008, 1993; *Bechler/Schröder*, DB 2002, 2238.

3 Vgl. auch Rn. 4592 a. E.

4 BT-Drucks. 14/7344, 12.

5 *Flüger/Rieger*, DStR 2002, 933.

Zu überlegen ist ferner, inwieweit der Veräußerungs-/Aufgabegewinn in den Fällen gewerbesteuerfrei ist, in denen der Gesellschafter einer Personenobergesellschaft, die wiederum an einer Personenuntergesellschaft beteiligt ist, seinen Anteil an der Personenobergesellschaft veräußert. Man könnte die Auffassung vertreten, dass der Veräußerungs-/Aufgabegewinn insoweit nicht gewerbesteuerfrei ist, als dass er anteilig auf die Personenuntergesellschaft entfällt. 4688

BEISPIEL: In dem obigen Beispiel veräußert nicht die X-OHG ihren Anteil an der Y-KG, sondern A veräußert seinen Anteil an der X-OHG.[1]

Da jedoch in diesem Fall nur der unmittelbare Anteil des Gesellschafters an der Personenobergesellschaft veräußert wird, muss der Veräußerungsgewinn auch insoweit steuerfrei sein, als er anteilig auf die stillen Reserven in den Wirtschaftsgütern der Untergesellschaft entfällt.[2] Eine entsprechende Regelung wurde auch in R 7.1 Abs. 3 Satz 5 GewStR 2009 aufgenommen, die besagt, dass die Veräußerung eines Mitunternehmeranteils einer Mitunternehmerschaft, zu deren Betriebsvermögen die Beteiligung an einer Mitunternehmerschaft gehört (sog. doppelstöckige PersGes), als einheitlicher Veräußerungsvorgang zu behandeln ist.

Etwas anderes kann auch nicht gelten, wenn Sonderbetriebsvermögen des Gesellschafters der Obergesellschaft an der Untergesellschaft besteht. 4689

BEISPIEL: In dem obigen Beispiel überlässt A der Y-KG ein Wirtschaftsgut zur Nutzung. A ist damit „(Sonder-)Mitunternehmer" bei der Y-KG. A veräußert nun seinen Anteil an der X-OHG.

Kommt es bei einer Veräußerung eines Anteils an einer Obergesellschaft zur Aufdeckung von stillen Reserven des Sonderbetriebsvermögens an der Untergesellschaft, so fällt hierauf keine Gewerbesteuer nach § 7 Satz 2 GewStG an, da es sich um die Veräußerung des unmittelbar beteiligten „(Sonder-)Mitunternehmers" an der Untergesellschaft handelt. Gemäß *Behrens/Schmitt*[3] ist es irrelevant, dass der Obergesellschafter nicht gesellschaftsrechtlich unmittelbar an der Untergesellschaft beteiligt ist, da er betreffend des Sonderbetriebsvermögens unmittelbar in die gesonderte und einheitliche Gewinnfeststellung der Untergesellschaft einbezogen wird.

Ein Fall einer mehrstöckigen PersGes liegt auch vor, wenn sich jemand atypisch an einem Personengesellschaftsanteil unterbeteiligt. Die atypische Unterbeteiligung wird steuerrechtlich wie eine Mitunternehmerschaft behandelt. Veräußert nun der Hauptbeteiligte seinen Mitunternehmeranteil unter Auflösung der Unterbeteiligung, liegt wohl für den Unterbeteiligten eine mittelbare Veräußerung eines Mitunternehmeranteils vor, die zu Gewerbesteuer nach § 7 Satz 2 Nr. 2 GewStG führt.[4] 4690

(Einstweilen frei) 4691–4695

---

1 Die Veräußerung des Anteils an der X-OHG durch A führt zur Festsetzung von Gewerbesteuer gegenüber der Y-KG, soweit die Gewerbesteuer auf stille Reserven im Betriebsvermögen der Y-KG entfällt; *Behrens/Schmitt*, BB 2002, 860.

2 *Schmidt/Hageböke*, DB 2003, 790.

3 *Behrens/Schmitt*, BB 2002, 860.

4 Vgl. *Stollenwerk/Scherff*, GmbH-StB 2006, 45, 48.

8. Anteile an Kapitalgesellschaften im Vermögen der Mitunternehmerschaft, deren Anteil aufgegeben/veräußert wird

4696 Es war lange Zeit ungewiss, ob der Gewinn aus der Veräußerung/Aufgabe eines von der Mitunternehmerschaft unterhaltenen Betriebes/Teilbetriebes bzw. eines Mitunternehmeranteils gem. § 7 Satz 2 GewStG insoweit der Gewerbesteuer unterliegt, als sich in dem Betrieb/Teilbetrieb bzw. Mitunternehmeranteil eine Beteiligung an einer KapGes befindet. Es geht hierbei um die Frage, ob die Vorschriften des § 3 Nr. 40a – c EStG sowie des § 8b Abs. 6 Satz 1 i.V.m. Abs. 2 und 3 KStG, also die Anwendung von bestimmten Einkunftsermittlungsvorschriften im Bereich der Einkommen- bzw. Körperschaftsteuer, auch auf die Gewerbesteuer durchschlagen.

4697 Direkte Veräußerungen von Beteiligungen an KapGes durch gewerblich tätige natürliche Personen bzw. durch KapGes führen zur 40 %igen (§ 3 Nr. 40a – c EStG) bzw. zur vollständigen (§ 8b Abs. 2 KStG)[1] Freistellung des Gewinns aus der Veräußerung der Beteiligung an der KapGes von der Gewerbesteuer.

4698 Bei § 3 Nr. 40 EStG und § 8b KStG handelt es sich um Gewinnermittlungsvorschriften, die schon steuersystematisch nach § 7 Satz 1 GewStG bei der Ermittlung des Gewerbeertrags zu berücksichtigen wären.[2] Durch die Einfügung von Satz 4 in § 7 GewStG wurde dies durch das EURL-Umsetzungsgesetz v. 9. 12. 2004[3] nunmehr auch gesetzlich normiert. § 7 Satz 4 GewStG wurde zwar mit Wirkung vom Erhebungszeitraum 2004 in das GewStG eingefügt, ist jedoch – mangels anderer Anwendungsvorschriften in § 36 GewStG – in allen noch offenen Fällen anzuwenden. Nach ursprünglicher Auffassung der FinVerw waren § 30 Nr. 40 EStG und § 8b Abs. 6 KStG nicht auf die Gewerbesteuer anwendbar.[4,5]

1 Genau genommen müsste man hier von einer Steuerfreistellung zu 95 % sprechen, da nach § 8b Abs. 3 KStG von den jeweiligen Gewinnen nach § 8b Abs. 2 KStG 5 % als nichtabzugsfähige Betriebsausgabe gelten.

2 Soweit die Veräußerungsgewinne nicht Teil des Einkommens sind, können sie auch nicht im Gewinn aus Gewerbebetrieb gem. § 7 Satz 1 GewStG enthalten sein. Auch eine dem § 8 Nr. 5 GewStG (Hinzurechnung von nach § 3 Nr. 40 EStG bzw. § 8b Abs. 1 KStG (teilweise) steuerfreien Dividendenerträgen unter bestimmten Voraussetzungen) vergleichbare Hinzurechnungsvorschrift für Veräußerungstatbestände findet sich im GewStG nicht. Außerdem hat die Regelung des § 8b KStG den Sinn, Doppelbelastungen im Bereich der körperschaftsteuerpflichtigen Subjekte durch ein generelles Außeransatzlassen nach § 8b KStG zu vermeiden. Wenn bei einer zwischengeschalteten PersGes dieses Ziel für gewerbesteuerliche Zwecke z. T. wieder aufgehoben würde, würde die Idee des Gesetzgebers konterkariert (vgl. *Crezelius*, DB 2001, 221, 225).

3 BGBl 2004 I 3310.

4 BMF 28. 4. 2003, BStBl 2003 I 292 (298).

5 Begründet wurde diese Auffassung zum einen mit dem Wortlaut des § 8b Abs. 6 KStG. Es handelte sich um Formulierungen der anteiligen Zurechnung, die sich eigentlich nur auf die Körperschaftsteuer beziehen und nicht auf die Gewerbesteuer, da insofern die Mitunternehmerschaft ein eigenes Gewerbesteuersubjekt ist (vgl. *Rosenbach*, WPg-Sonderheft 2003, 3 (8) (Diskussion *Müller-Gatermann*)). Darüber hinaus wurden auch praktische Gründe angeführt. Es war nach Ansicht der FinVerw bei mehrstufigen Konzernen mit PersGes nicht immer ersichtlich, wer Mitunternehmer ist und daher in den Genuss der vollen Steuerbefreiung (Kapitalgesellschaften) oder der 40 %igen Steuerbefreiung (natürliche Personen) kommen würde. Ein praktisches Problem könne auch bei einem Mitunternehmerwechsel im laufenden Jahr auftreten. Praktische Erwägungen können nach hier vertretener Ansicht nicht dazu führen, dass die Systematik des Steuerrechtes durchbrochen wird.

BEISPIELE: A (natürliche Person) ist an der B-KG beteiligt. Die B-KG hält 100 % der Anteile an der C-GmbH. A veräußert seine Beteiligung an der B-KG.

Alternativ: Die A-GmbH ist an der B-KG beteiligt. Die B-KG hält 100 % der Anteile an der C-GmbH. Die A-GmbH veräußert ihre Beteiligung an der B-KG.

Zum Beispiel:

Da der Veräußerungsgewinn auf die natürliche Person A als unmittelbar beteiligter Mitunternehmer entfällt, ist der Veräußerungsgewinn nach § 7 Satz 2 Nr. 2 GewStG nicht gewerbesteuerpflichtig. Soweit der Veräußerungsgewinn anteilig auf die Beteiligung an der C-GmbH entfällt, gilt das Teileinkünfteverfahren gem. § 3 Nr. 40 und § 3c EStG (bzw. bis Veranlagungszeitraum 2008 das Teileinkünfteverfahren).

In der Alternative ist der Veräußerungsgewinn nach § 7 Satz 2 Nr. 2 GewStG gewerbesteuerpflichtig, da er nicht auf eine natürliche Person als unmittelbar beteiligter Mitunternehmer entfällt. Soweit allerdings der Veräußerungsgewinn (anteilig) auf die Beteiligung an der C-GmbH entfällt, ist dieser über § 7 Satz 4 GewStG i. V. m. § 8b Abs. 6 Satz 1 und Abs. 2 und 3 KStG zu 95 % steuerfrei.

§ 7 Satz 2 GewStG schafft nur den bisher geltenden Grundsatz ab, dass Gewinne aus der Veräußerung eines Anteils an einer PersGes grundsätzlich nicht zum Gewerbeertrag gehören. Dies muss aber nicht zwingend bedeuten, dass sämtliche Bestandteile des Veräußerungs-/Aufgabegewinns der Gewerbesteuer unterliegen. 4699

Der BFH hat mit Urteil vom 9. 8. 2006[1] klargestellt, dass die Grundsätze der §§ 3 Nr. 40 EStG und 8b Abs. 6 KStG auch vor dem Erhebungszeitraum 2004 anzuwenden sind. § 7 Satz 4 GewStG ist zwar erst mit Wirkung vom Erhebungszeitraum 2004 in Kraft getreten, doch komme dieser Vorschrift keine rechtsbegründende, sondern nur deklaratorische Wirkung zu. Inzwischen hat sich auch die FinVerw[2] dem BFH-Urteil v. 9. 8. 2006 angeschlossen und wendet bei der Ermittlung des Gewerbeertrages einer Mitunternehmerschaft auch für Erhebungszeiträume vor 2004 die Regelung des § 3 Nr. 40 EStG und § 8b Abs. 1 – 5 KStG in allen noch offenen Fällen an. Gemäß dem Erlass vom 21. 3. 2007[3] kann jedoch auf Antrag und aus Gründen des Vertrauensschutzes bei Verlusten die bisherige Verwaltungsauffassung der Rz. 57 des Erlasses v. 28. 4. 2003[4] für Erhebungszeiträume vor 2004 weiter angewendet werden. Für Erhebungszeiträume vor 2004 können daher bei einer Mitunternehmerschaft Verluste aus der Veräußerung einer Beteiligung an einer Kapitalgesellschaft oder Teilwertabschreibungen auf eine derartige Beteiligung im Rahmen der Gewinnermittlung anerkannt werden, die sich nach den Grundsätzen der Rz. 57 des BMF-Schreibens v. 28. 4. 2003[5] mindernd auf den Gewerbeertrag der Mitunternehmerschaft ausgewirkt hätten.[6] 4700

(Einstweilen frei) 4701–4705

1 BFH 9. 8. 2006 I R 95/05, BFH/NV 2006, 2379.

2 BMF 21. 3. 2007, BStBl 2007 I 302.

3 BMF 21. 3. 2007, BStBl 2007 I 302.

4 BMF 28. 4. 2003, BStBl 2003 I 292 (298), Rn. 57.

5 BMF 28. 4. 2003, BStBl 2003 I 292 (298), Rn. 57.

6 Das gilt entsprechend, wenn es sich bei der Mitunternehmerschaft um einen Venture Capital und Privat Equity Fonds handelt; Tz. 20 des BMF Schreibens 16. 12. 2003 (BStBl 2004 I 40) wird aufgehoben.

9. Veräußerung einer im Betriebsvermögen einer Personengesellschaft gehaltenen Beteiligung an einer Kapitalgesellschaft

4706 Hier geht es um die Fragestellung, ob die Veräußerung eines Kapitalgesellschaftsanteils durch eine Mitunternehmerschaft auf Ebene dieser Mitunternehmerschaft der Gewerbesteuer unterliegt.

Soweit der Gewinn aus der Veräußerung des Kapitalgesellschaftsanteils auf eine natürliche Person entfällt, unterliegt dieser auf Ebene der natürlichen Person für die Einkommensbesteuerung dem Teileinkünfteverfahren gem. § 3 Nr. 40a EStG (40 %ige Freistellung des Gewinnes). Dies muss nach hier vertretener Auffassung über § 7 Satz 1 GewStG auch für die Gewerbesteuer auf Ebene der Mitunternehmerschaft gelten. Soweit eine KapGes an einer Mitunternehmerschaft unmittelbar beteiligt ist, kann es nach hier vertretener Auffassung ebenfalls nicht zu einer Gewerbesteuerpflicht aus der Veräußerung der Anteile an der KapGes kommen. Wegen der Personenbezogenheit der Gewinnermittlung[1] bei einer Mitunternehmerschaft bleibt der Veräußerungsgewinn aus den Kapitalgesellschaftsanteilen nach § 8b Abs. 2 und Abs. 3 i. V. m. § 8b Abs. 6 KStG und i. V. m. § 7 Satz 1 GewStG zu 95 % gewerbesteuerfrei, soweit er auf eine KapGes als Mitunternehmerin entfällt.[2]

4707 Die obige Fragestellung ist auch noch einmal durch die Einfügung von § 7 Satz 4 GewStG durch das EURL-Umsetzungsgesetz v. 9. 12. 2004[3] mit Wirkung vom Erhebungszeitraum 2004[4] beantwortet. Betreffend natürliche Personen als unmittelbar oder mittelbar über eine oder mehrere PersGes beteiligte Gesellschafter einer Mitunternehmerschaft sind § 3 Nr. 40 EStG und § 3c Abs. 2 EStG bei der Ermittlung des Gewerbeertrages der Mitunternehmerschaft anzuwenden; im Übrigen ist § 8b KStG anzuwenden. Insofern unterliegt der Gewinn aus der Veräußerung einer im Betriebsvermögen einer PersGes gehaltenen Beteiligung zu 60 % der Gewerbesteuer insoweit als natürliche Personen an der PersGes beteiligt sind und er unterliegt nicht (bzw. nur zu 5 %) der Gewerbesteuer insoweit als Körperschaften beteiligt sind. Soweit allerdings der Gewinn aus einer derartigen Veräußerung auf eine natürliche Person als unmittelbar beteiligter Anteilseigner entfällt, besteht keine Gewerbesteuerpflicht nach § 7 Satz 2 GewStG,[5,6] da die 100 %ige Beteiligung an einer Kapitalgesellschaft als Teilbetrieb zu qualifizieren ist.[7]

---

1 Gemäß *Reinhardt*, BB 2003, 1148 (1153), kann auch für die Gewerbesteuer Steuersubjekt letztlich nur der jeweilige Gesellschafter sein, so dass für die Anwendung des § 8b Abs. 2 i. V. m. § 8b Abs. 6 KStG auf den jeweiligen Mitunternehmer abgestellt werden muss.

2 *Behrens/Schmitt*, BB 2002, 860 (864).

3 BGBl 2004 I 3310; BStBl 2004 I 1158.

4 § 7 Satz 4 GewStG ist auch in allen noch offenen Fällen für Erhebungszeiträume vor 2004 anzuwenden. Nach der BFH-Rechtsprechung (BFH 9. 8. 2006 I R 95/05, BStBl 2007 II 279) hat § 7 Satz 4 GewStG nur deklaratorische und nicht konstitutive Wirkung. Vgl. hierzu auch den Erlass der FinVerw 21. 3. 2007 (BStBl 2007 I 302). Vgl. ferner die Ausführungen in Rn. 4497 und 4698.

5 Bis zur Einfügung von § 7 Satz 2 GewStG mit Wirkung vom Erhebungszeitraum 2002 gehörten Gewinne aus der Veräußerung von 100 %igen Beteiligungen an Kapitalgesellschaften im Betriebsvermögen einer PersGes dann zum Gewerbeertrag, wenn sie nicht im Zusammenhang mit der Aufgabe des Gewerbebetriebes veräußert wurden (Abschn. 39 Abs. 1 Nr. 1 Satz 13 GewStR 1998).

6 Vgl. hierzu auch Rn. 4646.

7 *Bechler/Schröder*, DB 2002, 2238 (2241).

BEISPIEL: A und die B-GmbH sind an der C-OHG beteiligt. Die C-OHG hält ihrerseits Anteile an der D-GmbH. Die OHG veräußert nunmehr ihre Kapitalgesellschaftsanteile an der D-GmbH.

Variante:

A und die B-GmbH sind an der AB-OHG beteiligt. Die AB-OHG ist wiederum an der C-OHG beteiligt. Die C-OHG hält ihrerseits Anteile an der D-GmbH. Die C-OHG veräußert nunmehr ihre Kapitalgesellschaftsanteile an der D-GmbH.

Zu den Beispielen:

Soweit der Veräußerungsgewinn auf A als unmittelbar an der C-OHG beteiligten Gesellschafter entfällt, entsteht nach § 7 Satz 2 GewStG keine Gewerbesteuer, sofern 100 % der Anteile an der D-GmbH veräußert werden, da die 100 %ige Beteiligung an einer Kapitalgesellschaft als Teilbetrieb i. S. d. § 7 Satz 2 Nr. 1 GewStG zu qualifizieren ist.[1] Sofern weniger als 100 % der Anteile an der D-GmbH veräußert werden, findet das Teileinkünfteverfahren Anwendung (§ 7 Satz 4 GewStG i. V. m. § 3 Nr. 40 EStG).

Soweit der Veräußerungsgewinn auf die B-GmbH entfällt, ist der Veräußerungsgewinn nach § 7 Satz 4 GewStG i. V. m. §§ 8b Abs. 6, Abs. 2 und Abs. 3 KStG zu 95 % steuerfrei.

Da in der Variante der Veräußerungsgewinn nicht auf A als unmittelbar an der C-OHG beteiligten Gesellschafter entfällt, findet das Teileinkünfteverfahren unabhängig davon Anwendung, wie hoch der Anteil an der D-GmbH ist, der veräußert wird (§ 7 Satz 4 GewStG i. V. m. § 3 Nr. 40 EStG).

Soweit der Veräußerungsgewinn auf die B-GmbH als mittelbar beteiligte Gesellschafterin entfällt, ist der Veräußerungsgewinn nach § 7 Satz 4 GewStG i. V. m. §§ 8b Abs. 6, Abs. 2 und Abs. 3 KStG zu 95 % steuerfrei.

(Einstweilen frei) 4708–4720

V. Verpachtung des Gewerbebetriebs

Eine Betriebsverpachtung (Betriebsüberlassung) erfordert die Überlassung der wesentlichen Betriebsgrundlagen, so dass bei wirtschaftlicher Betrachtung das bisherige Unternehmen in seinen wesentlichen Grundlagen zur Fortsetzung des Betriebs übergeben wird und deshalb der Verpächter oder sein Rechtsnachfolger bei Beendigung des Vertrags den Betrieb wieder aufnehmen und fortsetzen könnte.[2] In solchen Fällen hat der Verpächter ein sog. Verpächterwahlrecht.[3] Der Verpächter kann ohne Realisierung der stillen Reserven weiter Unternehmer bleiben. Er erzielt dann Einkünfte aus Gewerbebetrieb gem. § 15 Abs. 1 Satz 1 Nr. 1 EStG, die allerdings nicht der Gewerbesteuer unterliegen,[4] wenn er keine zusätzlichen, eine gewerbliche Aktivität begründenden, Tätigkeiten entfaltet.[5] Der Verpächter kann jedoch auch die stillen Reserven realisieren und verpachtet die Wirtschaftsgüter zukünftig aus seinem Privatvermögen (§ 21 EStG).[6] Auch 4721

1 Das gilt auch vor dem Hintergrund, als dass die Veräußerung einkommensteuerlich nach § 17 EStG zu den Einkünften aus Gewerbebetrieb gehört.

2 BFH 17. 4. 1997 VIII R 2/95, BStBl 1998 II 388; 14. 12. 1993 VIII R 13/93, BStBl 1994 II 922 (924); 13. 11. 1963 GrS 1/63 S, BStBl 1964 III 124.

3 R 16 Abs. 5 EStR; BMF 17. 10. 1994, BStBl 1994 I 771 (772).

4 R 2.2 Satz 1 GewStR 2009.

5 Für das Wirtschaftsjahr, in dem die Verpachtung beginnt, ist daher der auf die Zeit bis zum Beginn der Pacht entfallende Gewinn für die Gewerbesteuer besonders zu ermitteln, vgl. R 2.2 Satz 4 GewStR 2009.

6 Gem. dem BFH-Urteil v. 1. 4. 2010 (IV B 84/09, BFH/NV 2010, 1450) ist jedoch in diesen Fällen eine eindeutige und unmissverständliche Betriebsaufgabeerklärung erforderlich, anderenfalls würden weiterhin aus der Verpachtung eines (gewerblichen) Betriebes gewerbliche Einkünfte i. S. d. § 15 EStG erzielt.

hier würde die Realisierung der stillen Reserven nicht zu einer Besteuerung mit Gewerbesteuer führen. Die Entnahme in das Privatvermögen würde jedoch mit Einkommensteuer belastet (§ 16 Abs. 3 EStG).

4722 Das Wahlrecht besteht jedoch nur dann, wenn eine Betriebsverpachtung und nicht eine Verpachtung einzelner Wirtschaftsgüter vorliegt. Es gilt ebenfalls für die Verpachtung eines Teilbetriebs.[1] Das Wahlrecht kann auch noch während der Verpachtung ausgeübt werden. Die sog. Betriebsüberlassungsverträge[2] werden hinsichtlich der Wahlrechtsausübung den Pachtverträgen gleichgestellt.[3] In den Fällen der Betriebsaufspaltung unterliegt die Verpachtung durch das Besitzunternehmen allerdings der Gewerbesteuer.[4]

4723–4725 *(Einstweilen frei)*

VI. Realteilung

4726 Bei einer Realteilung kommt es zu einer Betriebsaufgabe der PersGes dergestalt, dass bei Auflösung der PersGes das Gesellschaftsvermögen natural unter den Gesellschaftern geteilt wird. Entsprechend den Vorschriften des EStG[5] kann die Realteilung i. d. R. steuerneutral durchgeführt werden.[6]

4727 Insbesondere betreffend die Realteilung wurde § 16 EStG mehrfach geändert. Durch das StSenkG[7] wurde § 6 Abs. 5 Satz 3 EStG mit Wirkung ab Veranlagungszeitraum 2001 dahin gehend geändert, dass die Übertragung von Einzelwirtschaftsgütern zwischen Betriebs- und Sonderbetriebsvermögen unter bestimmten Voraussetzungen unter Buchwertverknüpfung wieder möglich ist. Seit dem UntStFG[8] gilt die geänderte Rechtslage folgerichtig auch für § 16 Abs. 3 Satz 2 EStG (ebenfalls mit Wirkung vom Veranlagungszeitraum 2001).[9]

4728 Hinsichtlich der Frage, ob es bei einer Realteilung zu einer Entstehung von Gewerbesteuer kommt, sind über § 7 Satz 1 GewStG zunächst die einkommensteuerlichen Grundsätze maßgebend. Sofern insoweit die Buchwerte anzusetzen sind, fällt auch keine Gewerbesteuer an. Auch die Zahlung eines Spitzenausgleichs bei der Realteilung des Betriebsvermögens einer PersGes gehört nicht zum Gewerbeertrag,[10] als sie auf eine natürliche Person als unmittelbar beteiligter Gesellschafter entfällt. Bei Beteiligung einer Kapitalgesellschaft an einer Mitunternehmerschaft ist die Ausgleichszahlung jedoch gem. § 7 Satz 2 Nr. 2 GewStG gewerbesteuerlich zu erfassen.

---

1 BFH 5. 10. 1976 VIII R 87/72, BStBl 1977 II 45, 46.

2 Bei Betriebsüberlassungsverträgen werden die wesentlichen Betriebsgrundlagen unentgeltlich zur Nutzung überlassen (*Wätzig*, INF 1982, 437).

3 *Kanzler*, FR 1992, 239 (244).

4 Vgl. Rn. 4761 ff.

5 Vgl. § 16 Abs. 3 Sätze 2 – 4 EStG.

6 Vgl. Rn. 2461 ff.

7 StSenkG 23. 10. 2000, BGBl 2000 I 1433.

8 UntStFG 20. 12. 2001, BGBl 2001 I 3858.

9 Zu den Einzelheiten vgl. unter Rn. 2526 ff.

10 BFH 17. 2. 1994 VIII R 13/94, BStBl 1994 II 809.

Durch das SEStEG[1] wurde § 16 EStG betreffend die Realteilung um einen Abs. 5 ergänzt. Hiernach kann die Realteilung nicht (mehr) steuerfrei durchgeführt werden bzw. rückwirkend auf den Zeitpunkt der Realteilung ist der gemeine Wert anzusetzen, wenn der übernehmende Mitunternehmer die Anteile innerhalb eines Zeitraumes von 7 Jahren nach der Realteilung veräußert bzw. einen gleich gestellten Sachverhalt realisiert. Dies gilt in den Fällen, in denen Anteile an einer Körperschaft, Personenvereinigung oder Vermögensmasse unmittelbar oder mittelbar von einem nicht nach § 8b Abs. 2 KStG begünstigten Steuerpflichtigen auf einen von § 8b Abs. 2 KStG begünstigten Mitunternehmer übertragen werden. Dabei geht es um die Fälle, in denen Anteile, anstatt dem Teileinkünfteverfahren nach § 3 Nr. 40 EStG zu unterliegen, nunmehr nach § 8b Abs. 2 i.V.m. Abs. 3 KStG zu 95 % von der Steuer freigestellt sind. § 16 Abs. 5 EStG ordnet hier rückwirkend auf den Zeitpunkt der Realteilung[2] den Ansatz des gemeinen Werts der veräußerten Kapitalgesellschaftsanteile an. Es dürfte allerdings nur der Teil der stillen Reserven angesetzt werden, der der Beteiligungsquote von natürlichen Personen als unmittelbare oder mittelbare Mitunternehmer der real geteilten PersGes entspricht.[3] Der Ansatz des gemeinen Werts unterliegt dann der Einkommen- bzw. Körperschaftsteuer und über § 7 Satz 1 GewStG, da insofern keine spezialgesetzliche Regelung bei der Gewerbesteuer ersichtlich ist, auch der Gewerbesteuer. 4729

(Einstweilen frei) 4730–4735

VII. Gewerbesteuerliche Organschaft

1. Zweck und Wirkung der gewerbesteuerlichen Organschaft

Die gewerbesteuerliche Organschaft ist in § 2 Abs. 2 Satz 2 GewStG geregelt.[4] Die Organschaft führt dazu, dass positive und negative Gewerbeerträge innerhalb des Organkreises ausgeglichen werden können. Durch die gewerbesteuerliche Organschaft sollen die am Aufkommen der Gewerbesteuer beteiligten Gemeinden vor willkürlichen Verlagerungen der Gewinne geschützt werden. Der Zweck der gewerbesteuerlichen Organschaft wird daher darin gesehen, die Unternehmen eines Organkreises daran zu hindern, das Hebesatzgefälle zwischen den hebeberechtigten Gemeinden durch eine entsprechende Verlagerung der Gewinne auszunutzen.[5] Es soll aber auch die zweimalige Erfassung des gleichen Ertrages durch eine Steuerart vermieden werden.[6] 4736

Die Voraussetzungen der Organschaft im Gewerbesteuerrecht stimmen seit dem Erhebungszeitraum 2002 aufgrund der Änderungen durch das UntStFG[7] mit den Voraussetzungen der körperschaftsteuerlichen Organschaft überein. Eine gewerbesteuerliche Or- 4737

1 Gesetz über steuerliche Begleitmaßnahmen zur Einführung der Europäischen Aktiengesellschaft und zur Änderung weiterer steuerlicher Vorschriften (SEStEG) v. 7. 12. 2006, BGBl 2006 I 2782.

2 § 175 Abs. 1 Satz 1 Nr. 2 AO.

3 Vgl. *Wacker* in Schmidt, EStG § 16 Rz. 556.

4 Der ursprüngliche Gesetzesentwurf der Bundesregierung vom 20. 11. 2002 zum StVergAbG enthielt die völlige Abschaffung der gewerbesteuerlichen Organschaft. Davon hat man dann jedoch abgesehen.

5 BFH 27. 6. 1990 I R 183/85, BStBl 1990 II 916.

6 BFH 25. 7. 1995 VIII R 54/93, BStBl 1995 II 794.

7 UntStFG 20. 12. 2001, BGBl 2001 I 3858.

ganschaft liegt daher dann vor, wenn die finanzielle Eingliederung gem. § 14 Abs. 1 Nr. 1 KStG gegeben ist (der Organträger muss an der Organgesellschaft vom Beginn ihres Wirtschaftsjahres an ununterbrochen in einem solchen Maße beteiligt sein, dass ihm die Mehrheit der Stimmrechte aus den Anteilen an der Organgesellschaft zusteht) und ein Gewinnabführungsvertrag gem. § 14 Abs. 1 Nr. 3 KStG abgeschlossen worden ist.

4738 Organgesellschaft und Organträger sind nicht nur bürgerlich-rechtlich, sondern auch steuerrechtlich selbständige Gesellschaften.[1] Die jeweiligen Unternehmen bilanzieren getrennt voneinander.[2] Nach § 2 Abs. 2 Satz 2 GewStG gilt eine KapGes als Betriebsstätte des anderen Unternehmens, wenn eine KapGes Organgesellschaft i. S. d. §§ 14, 17 oder 18 des KStG ist. Die Betriebsstättenfunktion bedeutet aber nicht, dass Organträger und Organgesellschaft als einheitliches Unternehmen anzusehen sind. Für jedes Unternehmen des Organkreises ist eigenständig der Gewerbeertrag zu ermitteln, sprich die Hinzurechnungen und Kürzungen nach §§ 8 und 9 GewStG sind bei den jeweiligen Gewinnen aus Gewerbebetrieb gesondert anzusetzen.[3] Dies bedeutet beispielsweise auch, dass der Freibetrag von 100 000 € gem. § 8 Nr. 1 GewStG für jedes der Unternehmen im Organkreis zu gewähren ist.[4] Erst auf einer zweiten Stufe sind dann die Gewerbeerträge der Organgesellschaften und des Organträgers zusammenzurechnen und bei dem Organträger der Gewerbesteuer zu unterwerfen. Auch nach der Neufassung der §§ 8 und 9 GewStG durch das Unternehmensteuerreformgesetz 2008[5] bleibt es bei der bisherigen Regelung, dass innerhalb eines Organkreises keine Hinzurechnungen zu erfolgen haben, sofern diese Beträge bereits in einem der hinzuzurechnenden Gewerbeerträge enthalten sind und somit zu einer doppelten steuerlichen Belastung führen würden. Die nunmehr ansonsten geltende Regelung, dass Aufwendungen unabhängig von ihrer Behandlung beim Empfänger der Vergütung zu behandeln sind, gilt nicht für Organschaftsfälle.[6] Umgekehrt dürfen Aufwendungen und Erträge im Organkreis auch nicht zu einer doppelten Entlastung führen[7].

BEISPIEL: Die Muttergesellschaft (M-oHG) hat zwei Tochter-KapGes an denen sie jeweils zu 100 % beteiligt ist. Mit beiden Tochterunternehmen bestehen körperschaftsteuerliche und gewerbesteuerliche Organschaften. Eine der Tochtergesellschaften ist rein vermögensverwaltend tätig und vermietet ihren Grundbesitz an die andere, produktiv tätige Tochtergesellschaft. Die vermögensverwaltende Tochtergesellschaft nimmt für ihre Vermietungserträge die erweiterte Kürzung nach § 9 Nr. 1 Satz 2 GewStG in Anspruch. Aufgrund der Organschaft wirkt sich durch die erweiterte Kürzung für die die Mieterträge erzielende Gesellschaft nur der Mietaufwand aus der produktiven Tochtergesellschaft auf den Gewerbeertrag der M-OHG aus. In der Praxis zu lösen ist dieser Fall, indem zunächst der vermögensverwaltenden Organgesellschaft bei der Ermittlung ihres Gewerbeertrages die erweiterte Kürzung zu gewähren ist, denn die Organgesellschaften bleiben weiterhin objektiv steuerpflichtig. Die Korrektur erfolgt dann auf Ebene der Muttergesellschaft, die die erweiterte Kürzung bei der vermögensverwaltenden Organge-

1 BFH 25. 7. 1995 VIII R 54/93, BStBl 1995 II 794.
2 BFH 25. 7. 1995 VIII R 54/93, BStBl 1995 II 794.
3 BFH 25. 7. 1995 VIII R 54/93, BStBl 1995 II 794, m. w. N.
4 Vgl. Rz. 45 gleich lautende Ländererlasse v. 4. 7. 2008, BStBl 2008 I 730.
5 Unternehmensteuerreformgesetz 2008 v. 14. 8. 2007, BGBl 2007 I 1912.
6 Vgl. Rz. 4 gleich lautende Ländererlasse v. 4. 7. 2008, BStBl 2008 I 730.
7 R 7.1 Abs. 5 GewStR 2009.

sellschaft durch die Hinzurechnung desselben Betrages wieder rückgängig macht.[1] Gestalterisch wäre hier zu beraten, die vermögensverwaltende Tochtergesellschaft nicht mit in den Organkreis einzubeziehen.

Die Begründung eines Organschaftsverhältnisses bewirkt nicht die Beendigung der objektiven Steuerpflicht der Organgesellschaft; es erlischt jedoch ihre persönliche, subjektive Steuerpflicht.[2]

(Einstweilen frei) 4739–4745

2. Personengesellschaft als Organträger

Organträger im Rahmen einer gewerbesteuerlichen Organschaft kann jeder Gewerbebetrieb als gewerbliches Unternehmen sein, gleich welcher Rechtsform.[3] Organträger kann daher eine natürliche Person, eine PersGes, eine juristische Person oder auch ein anderes rechtliches Gebilde sein, dass die Voraussetzungen des § 14 Abs. 1 Satz 1 Nr. 2 KStG erfüllt. 4746

Nach dem StVergAbG[4] können Personengesellschaften nur noch unter engen Voraussetzungen Organträger sein. Gemäß § 14 Abs. 1 Satz 1 Nr. 2 Satz 2 KStG muss die Organträger-PersGes eine Tätigkeit i. S. d. § 15 Abs. 1 Satz 1 Nr. 1 EStG ausüben. Eine gewerblich geprägte PersGes i. S. d. § 15 Abs. 3 Nr. 2 EStG kann danach nicht mehr Organträger sein. Diese Änderung ist im Zusammenhang mit der Abschaffung der Mehrmütterorganschaft[5] zu sehen. Es sollen diejenigen Gestaltungen verhindert werden, „durch die über eine andere nicht gewerblich tätige PersGes das Ergebnis einer Mehrmütterorganschaft erreicht werden könnte".[6] Dadurch, dass im Gesetzestext „wenn" geschrieben steht, dürfte allerdings eine geringfügige gewerbliche Tätigkeit ausreichen.[7,8] Daneben müssen gem. § 14 Abs. 1 Nr. 2 Satz 3 KStG die Voraussetzungen für die finanzielle Eingliederung gem. § 14 Abs. 1 Satz 1 Nr. 1 KStG zur PersGes selbst erfüllt sein. Die Anteile an der Organgesellschaft, die die finanzielle Eingliederung begründen, müssen daher im Gesamthandsvermögen der PersGes gehalten werden. Anteile im Sonderbetriebsvermögen des Personengesellschafters können für die Begründung der finanziellen Eingliederung nicht herangezogen werden. Diese Neuregelungen gelten erstmals für den Veranlagungszeitraum 2003. 4747

Organgesellschaften können gem. § 2 Abs. 2 Satz 2 GewStG i.V. m. § 14 Abs. 1 KStG und § 17 KStG nur AGs, KGaAs und GmbHs sein. Natürliche Personen und PersGes können daher nicht Organgesellschaften sein.[9] Eine GmbH & Co. KG kann nicht Organgesellschaft i. S. d. Gewerbesteuerrechts sein, auch wenn sie wegen der Beteiligung der 4748

1 Vgl. FG München 14. 11. 2005 7 K 2699/03, EFG 2006 578, rkr.
2 *Schiffers*, GmbHR 1997, 883.
3 BFH 10. 11. 1998 I R 91, 102/97, BStBl 1999 II 306.
4 StVergAbG 16. 5. 2003, BGBl 2003 I 660.
5 Vgl. Rn. 4756.
6 BT-Drucks. 15/119, 43.
7 *Förster*, DB 2003, 899.
8 Anders jedoch die Tz. 17 Satz 2 des BMF-Schreibens 10. 11. 2005, BStBl 2005 I 1038, nach der eine geringfügige Tätigkeit der PersGes das Merkmal des eigenen gewerblichen Tätigkeit nicht erfüllt.
9 Vgl. hierzu jedoch *Roser*, FR 2001, 628; *Hönle*, DB 1986, 1246.

GmbH (gewerblich geprägte PersGes) gewerbesteuerpflichtig ist.[1] Sie ist auch dann nicht Organgesellschaft, wenn ihre Komplementär-GmbH Organ eines anderen Unternehmens ist.[2] Gleiches gilt für eine GmbH und atypisch stille Gesellschaft.[3] Bei einer GmbH, die Organgesellschaft ist, an deren Handelsgewerbe jedoch ein atypisch stiller Gesellschafter beteiligt ist, ist der Gewerbeertrag bei der atypisch stillen Gesellschaft zu erfassen.[4] Der Gewerbeertrag kann daher nicht dem Organträger zugerechnet werden. In dem Moment, wo die Voraussetzungen für eine steuerrechtliche Mitunternehmerschaft vorliegen, hat die Besteuerung der Mitunternehmerschaft Vorrang vor den Rechtsfolgen der Organschaft.[5] Dagegen kann eine Besitz-GmbH, die nur kraft Gesetzes gewerbliche Einkünfte erzielt, Organgesellschaft sein.[6]

4749 Jahrelang war streitig, ob die Vorschriften des § 3 Nr. 40 EStG und des § 8b KStG bei der Gewerbeertragsermittlung einer Personengesellschaft (Mitunternehmerschaft) als Organträgerin Anwendung finden, wenn ihr Einkommen zuzurechnen ist, in dem die in § 15 Satz 1 Nr. 2 Satz 2 KStG genannten Einkommensteile enthalten sind. Die FinVerw hat dies in Rz. 34 ihres BMF-Schreibens v. 26. 8. 2003[7] verneint. Der BFH hat mit Urteil v. 9. 8. 2006[8] entschieden, dass § 7 Satz 4 GewStG, in dem die Anwendbarkeit der Vorschriften des § 3 Nr. 40 EStG und § 8b KStG durch das EURLUmsG[9] mit Wirkung ab Erhebungszeitraum 2004 normiert wurde, auch für Fälle vor dem Erhebungszeitraum 2004 gegeben ist. Daraufhin hat die FinVerw mit Erlass v. 21. 3. 2007[10] festgelegt, dass an der ursprünglichen Verwaltungsauffassung nicht mehr festgehalten wird und auch für Erhebungszeiträume vor 2004 in allen noch offenen Fällen bei der Gewerbeertragsermittlung einer Personengesellschaft als Organträgerin die Grundsätze des § 7 Satz 4 GewStG Anwendung finden. Auf Antrag und aus Gründen des Vertrauensschutzes können jedoch die alten Grundsätze aus Rz. 34 des BMF-Schreibens v. 26. 8. 2003[11] in allen noch offenen Fällen auch für Erhebungszeiträume vor 2004 angewendet werden, sofern in dem der Personengesellschaft als Organträgerin von der Organgesellschaft zuzurechnenden Einkommen in § 15 Satz 1 Nr. 2 Satz 2 KStG genannte Einkommensteile enthalten sind, die negativ sind.

4750–4755 *(Einstweilen frei)*

3. Mehrmütterorganschaft

4756 Jahrelang bestanden die Regelungen zur Mehrmütterorganschaft lediglich aus Richterrecht. Wollten mehrere Unternehmen als Organträger ein steuerlich wirksames Ver-

1 BFH 17. 1. 1973 I R 253/71, BStBl 1973 II 269.
2 *Güroff* in Glanegger/Güroff, GewStG § 2 Rn. 194.
3 Vgl. Rn. 4382.
4 BFH 25. 7. 1995 VIII R 54/93, BStBl 1995 II 794.
5 BFH 25. 7. 1995 VIII R 54/93, BStBl 1995 II 794.
6 BFH 12. 1. 1977 I R 204/75, BStBl 1977 II 357.
7 BMF 26. 8. 2003, BStBl 2006 I 437.
8 BFH 9. 8. 2006 I R 95/05, BStBl 2007 I 279.
9 EURLUmsG v. 9. 12. 2004, BGBl 2004 I 3310.
10 BMF 21. 3. 2007, BStBl 2007 I 302.
11 BMF 26. 8. 2003, BStBl 2003 I 437.

hältnis zu einer KapGes begründen, so konnte das bisher in der Weise geschehen, dass sie sich zum Zwecke der einheitlichen Willensbildung zu einer Gesellschaft (meist in der Rechtsform einer GbR) zusammenschlossen.[1] Durch das UntStFG[2] wurde das Rechtsinstitut der sog. Mehrmütterorganschaft in § 14 Abs. 2 KStG mit Wirkung ab Veranlagungszeitraum 2001 in das Gesetz aufgenommen.[3,4] Durch das StVergAbG wurde die gesetzliche Regelung zur Mehrmütterorganschaft jedoch ab 2003 bereits wieder ersatzlos gestrichen.[5,6] Eine Willensbildungs-GbR scheidet künftig als Organträger aus, da – wie oben dargestellt – eine PersGes nur noch dann Organträger sein kann, wenn sie eine Tätigkeit i. S. d. § 15 Abs. 1 Satz 1 Nr. 1 EStG ausübt und die Anteile an der Organgesellschaft in ihrem Gesamthandsvermögen hält.[7] Damit wird die Mehrmütterorganschaft auch faktisch beseitigt.[8]

(Einstweilen frei) 4757–4760

VIII. Gewerbesteuer bei Sonderformen von Personengesellschaften

Literatur: *Lange*, Die Betriebsaufspaltung im Steuerrecht, StWa 1972, 129; *Herzig*, Anteilsrotation vor Liquidation einer Kapitalgesellschaft, DB 1980, 1605; *Söffing*, Neue Grundsatzentscheidungen zur Betriebsaufspaltung, NWB F. 18, 2793; *Meyer-Arndt*, Keine Betriebsaufspaltung bei einfacher Vermögensverwaltung, BB 1987, 942; *Veigel*, Betriebs- und Teilbetriebsverpachtungen im Gewerbesteuerrecht, DB 1987, 2222; *Ranft*, Grenzfälle der Betriebsaufspaltung, DStZ 1988, 79; *Schumacher*, Gewerbesteuerlicher Verlustvortrag einer KG & atypisch Still, DStR 1998, 840; *Märkle*, Die Betriebsaufspaltung an der Schwelle zu einem neuen Jahrtausend, BB 2000, Beilage 7; *Kessler/Teufel*, Die klassische Betriebsaufspaltung nach der Unternehmenssteuerreform, BB 2001, 17; *Görden*, Verlustabzug bei Ausscheiden aus GmbH & Co. KG, GmbH-StB 2001, 73; *Watermeyer*, GmbH oder GmbH & Co. KG? – Steuergestaltung zur Nutzung von Rechtsformvorteilen, GmbH-StB 2001, 347; *Schmidt*, Fortentwicklung der Unternehmenssteuerreform – Überblick über die wichtigsten Änderungen für GmbH und GmbH & Co. KG, GmbH-StB 2002, 42; *Gosch*, Zur Gewerbesteuerpflicht des Veräußerungs- und Aufgabegewinns aus Mitunternehmeranteilen nach Formwechsel einer GmbH in eine KG, StBp 2002, 184; *Rund*, Verlust der Steuervorteile für Betriebsaufspaltungen? – Trendwende im Belastungsvergleich ab 2001, GmbH-StB 2002, 234; *Förster/Brinkmann*, Die Vorteilhaf-

1 Zum gewerbesteuerrechtlichen Verlustabzug bei Mehrmütterorganschaft vgl. BFH 27. 11. 2008 IV R 72/06, BFH/NV 2009, 791.

2 UntStFG v. 20. 12. 2002, BGBl 2001 I 3858; vgl. hierzu auch BMF 26. 8. 2003, BStBl 2003 I 437, Tz. 15 – 20.

3 Vgl. bspw. *Linklaters/Oppenhoff/Rädler*, DB 2002, Beilage Nr. 1; BFH 9. 6. 1999 I R 37/98, BFH/NV 2000, 347; *Kirchhoff/Raupach*, DB 2001 Beilage Nr. 3.

4 In gleich zwei Entscheidungen (22. 2. 2006 I B 145/05, BStBl 2006 II 546; 14. 3. 2006 I R 1/04, BStBl 2006 II 549) hat der BFH entschieden, dass die durch das UntStFG (Unternehmenssteuerfortentwicklungsgesetz v. 20. 12. 2002, BGBl 2001 I 3858) geschaffenen Regelungen zur sog. Mehrmütterorganschaft verfassungsgemäß sind. Sie verstoßen nicht gegen das aus dem Rechtsstaatsprinzip abgeleitete Rückwirkungsverbot. In dem zweiten Urteil wurde ferner entschieden, dass auch im Falle der Beendigung einer sog. Mehrmütterorganschaft gilt, dass Verluste der Organgesellschaft, die während der Dauer der Organschaft entstanden sind, nur von dem maßgebenden Gewerbeertrag der Organträger-GbR abgesetzt werden können. Eine anteilige Berücksichtigung bei einem an der GbR – vormals – beteiligten Unternehmen kommt mangels Unternehmensidentität selbst dann nicht in Betracht, wenn dieses Unternehmen den Betrieb der Organgesellschaft fortführt (Bestätigung des BMF 26. 8. 2003, BStBl 2003 I 437, Tz. 20).

5 Zur Abschaffung der Mehrmütterorganschaft vgl. *Schroer/Starke*, GmbHR 2003, 153.

6 Zum Wegfall der Mehrmütterorganschaft vgl. auch BMF 10. 11. 2005, BStBl 2005 I 1038, Tz. 6 – 12.

7 *Förster*, DB 2003, 899.

8 *Förster*, DB 2003, 899; zu Gestaltungsüberlegungen nach Abschaffung der Mehrmütterorganschaft vgl. *Raupach/Buswitz*, DStR 2003, 1901.

tigkeit „zusammengesetzter Rechtsformen“ nach der Unternehmensteuerreform, BB 2002, 1289; *Seer*, Gewerbesteuerliche Merkmalübertragung als Sachgesetzlichkeit der Betriebsaufspaltung, BB 2002, 1833; *Wendt*, Gewerbesteuer: Keine erweiterte Kürzung nach § 9 Nr. 1 Satz 2 GewStG für grundstücksverwaltende GmbH, die zugleich Komplementär einer grundstücksverwaltenden KG ist, FR 2003, 159; *Spiegelberger*, Die Familien-GmbH & Co. KG, ZEV 2003, 391; *Kollruss*, Die hybride Rechtsform der GmbH & Co. KGaA – Möglichkeit zur Steuergestaltung im Rahmen der pauschalierten Gewerbesteueranrechnung, GmbHR 2003, 709; *Schiffers*, Änderung der steuerlichen Verlustnutzung ab 2004 – Folgen und Handlungsbedarf insbes. für GmbH und GmbH & Co. KG, GmbH-StB 2004, 50; *Schiffers*, Änderungen der ertragsteuerlichen Rahmenbedingungen für die GmbH und die GmbH & Co. KG zum 1. 1. 2004 – Eine erste Bestandsaufnahme, GmbHR 2004, 69; *Stollenwerk/Scherff*, Gewerbesteuer-Risiko bei Veräußerung von GmbH & Co. KG-Anteilen – Beratungsbedarf bei Doppelstöckigkeit und atypischer Unterbeteiligung, GmbH-StB 2005, 45; *Binnewies*, Rechtsprechungsänderung: Erstreckung der Gewerbesteuerbefreiung für den Betrieb eines Wohn- und Pflegeheims auf das Besitzunternehmen, GmbHR 2006, 48; *Hagen/Lucke*, Gewerbe- und Grundsteuerbefreiung bei Betriebsaufspaltung – Anmerkung zum BFH-Urteil vom 29. 3. 2006 – X R 59/00, StuB 2006, 837; *Kirnberger*, Durchgriff der GewSt-Befreiung auf das Besitzunternehmen – Folgen der Kehrtwendung des BFH, EStB 2006, 339; *Söffing*, Aktuelles zur Betriebsaufspaltung, BB 2006, 1529; *Butz-Seidl*, Chancen und Risiken einer Betriebsaufspaltung im Lichte der Unternehmensteuerreform, GStB 2007, 240; *Kratzsch*, Aktuelle Entwicklungen bei der Betriebsaufspaltung, StB 2007, 89; *Schoor*, Echte und unechte Betriebsaufspaltung: Ausgewählte Problemfälle und Gestaltungsmerkmale, StuB 2007, 24; *Wehrheim/Rupp*, Die Neuerungen bei der Gewerbesteuer im Zuge der Unternehmensteuerreform 2008 und deren Konsequenzen für die Betriebsaufspaltung, BB 2008, 920.

1. Gewerbesteuer bei Betriebsaufspaltung

a) Allgemeines

4761 Bei einer Betriebsaufspaltung[1] sind sowohl die Betriebs- als auch die Besitzgesellschaft gewerbesteuerpflichtig.[2] Für die typischerweise als Kapitalgesellschaft organisierte Betriebsgesellschaft ergibt sich dies schon direkt aus § 2 Abs. 2 GewStG.[3] Die Rechtsfigur der Betriebsaufspaltung führt dazu, dass die typischerweise als PersGes organisierte Besitzgesellschaft ebenfalls der Gewerbesteuer unterliegt, obwohl sie einzeln betrachtet Einkünfte aus Vermietung und Verpachtung (§ 21 EStG) und nicht aus gewerblicher Tätigkeit (§ 15 EStG) erzielt.[4] Im Rahmen einer Betriebsaufspaltung ist das Besitzunternehmen als Gewerbebetrieb i. S. d. § 2 Abs. 1 GewStG von dem Zeitpunkt an zu behandeln, in dem die Voraussetzungen für eine Betriebsaufspaltung erstmals erfüllt sind.[5]

---

1 Ausführlich zu den Voraussetzungen der Rechtsfigur der Betriebsaufspaltung, vgl. Rn. 3796 ff.

2 Dies gilt unabhängig davon, ob es sich um eine sog. echte oder unechte Betriebsaufspaltung handelt; *Güroff* in Glanegger/Güroff, GewStG § 2 Rn. 110. Die Gewerbesteuerpflicht beginnt im Falle der unechten Betriebsaufspaltung mit der tatsächlichen Nutzungsüberlassung, d. h. in dem Moment, in dem die Voraussetzungen für eine Betriebsaufspaltung erstmals vorliegen, und nicht zeitlich vor der Gewerbesteuerpflicht der Betriebsgesellschaft; *Güroff* in Glanegger/Güroff, GewStG § 2 Rn. 109 und 156; vgl. Rn. 3820.

3 Ist die Betriebsgesellschaft eine PersGes, ist diese kraft Tätigkeit gewerbesteuerpflichtig. Zur Gewerbesteuerpflicht vgl. Rn. 4366 ff.

4 Auch Pachteinnahmen, die der Steuerpflichtige aus der Verpachtung des Mandantenstammes seiner freiberuflichen Einzelpraxis an die von ihm beherrschte Steuerberatungs-GmbH erzielt, unterliegen der Gewerbesteuer, da insoweit eine freiberufliche Betriebsaufspaltung anzunehmen ist (vgl. BFH-Beschluss 8. 4. 2011 VIII B 116/10, NWB DokID: JAAAD-83679).

5 BFH 15. 1. 1998 IV R 8/97, BStBl. 1998 II 478.

Die Gewerbesteuerpflicht eines Besitzunternehmens im Rahmen einer Betriebsaufspaltung beginnt, wenn die Voraussetzungen für eine Betriebsaufspaltung erstmals erfüllt sind.[1] 4762

Bei einer Betriebsaufspaltung handelt es sich um zwei unabhängige gewerbliche Unternehmen,[2] also zwei eigenständige Gewerbesteuersubjekte, da regelmäßig keine Organschaft vorliegt.[3] Ein Verlustabzug gem. § 10a GewStG ist somit grundsätzlich auf das einzelne Unternehmen beschränkt.[4] Nach langjähriger Rechtspraxis blieb die Besitzgesellschaft auch dann gewerbesteuerpflichtig, wenn die Betriebsgesellschaft gem. § 3 GewStG von der Gewerbesteuer befreit ist.[5] Diese Rechtsprechung hat der BFH mit Urteil v. 29. 3. 2006[6] aufgegeben.[7] Die Befreiung der Betriebskapitalgesellschaft von der Gewerbesteuer (in dem Urteilsfall nach § 3 Nr. 20c GewStG) erstreckt sich bei einer Betriebsaufspaltung auch auf die Vermietungs- und Verpachtungstätigkeit des Besitzpersonenunternehmens.[8,9] 4763

Die Figur der Betriebsaufspaltung als Missbrauchsabwehr soll sicherstellen, dass sämtliche Einkünfte der Gewerbesteuer unterliegen.[10] Dies führt zu den nachfolgenden Abgrenzungen. 4764

b) Hinzurechnungen und Kürzungen

aa) Pachtzahlungen (§ 8 Nr. 1d und f GewStG)

Die gesetzlichen Regelungen durch die Unternehmensteuerreform 2008 führen zu einer deutlichen Verschlechterung der steuerlichen Situation bei einer Betriebsaufspaltung. Die Pachtzahlungen der Betriebsgesellschaft an die Besitzgesellschaft sind zum einen – wie bisher – bei der Berechnung der Gewerbesteuer der Besitzgesellschaft zu berücksichtigen. Ferner sind die Pachtzahlungen bei der Ermittlung des Gewerbeertrages der Betriebsgesellschaft nach § 8 Nr. 1d bzw. f GewStG wieder hinzuzurechnen.[11] 4765

---

1 BFH 15. 1. 1998 IV R 8/97, BStBl 1998 II 478.

2 *Güroff* in Glanegger/Güroff, GewStG § 2 Rn. 107; H 2.4 Abs. 3 GewStH 2009; *Märkle*, BB 2000, Beilage 7, 1.

3 *Güroff* in Glanegger/Güroff, GewStG § 2 Rn. 197. Zur gewerbesteuerlichen Organschaft vgl. Rn. 4736 ff. Das Besitzunternehmen kann dann Organträger sein, wenn es sich um eine PersGes i. S. d. § 15 Abs. 1 Nr. 2 EStG handelt und über die gewerbliche Verpachtung hinaus eine nach außen in Erscheinung tretende gewerbliche Tätigkeit i. S. v. § 15 Abs. 1 Satz 1 EStG ausübt (§ 14 Abs. 1 Nr. 2 Satz 2 KStG), die durch die Tätigkeit der Betriebsgesellschaft gefördert wird und im Rahmen des Gesamtunternehmens von nicht untergeordneter Bedeutung ist; vgl. auch R 2.3 Abs. 3 Satz 4 und 5 GewStR 2009.

4 Der Verlustvortrag bleibt bei der echten Betriebsaufspaltung bei der Besitzgesellschaft; vgl. *Güroff* in Glanegger/Güroff, GewStG § 2 Rn. 157. Wird die Betriebskapitalgesellschaft wieder auf die Besitzpersonengesellschaft (rück-)umgewandelt, kann der Verlustvortrag der Besitzgesellschaft wegen Unternehmensidentität weiter genutzt werden; vgl. BFH 28. 5. 1968 IV 340/64, BStBl 1968 II 688. Der Verlustvortrag der Betriebsgesellschaft geht hingegen unter; *Güroff* in Glanegger/Güroff, GewStG § 10a Rn. 8.

5 BFH 19. 3. 2002 VIII R 57/99, INF 2002, 446.

6 Vgl. BFH 29. 3. 2006 X R 59/00, BStBl 2006 II 661.

7 Vgl. auch BFH 19. 10. 2006 IV R 22/02, GmbHR 2006, 47.

8 Gem. der Begründung (BFH 29. 3. 2006 X R 59/00, BStBl 2006 II 661) würden die mit § 3 Nr. 20 GewStG verfolgten Zwecke in den Fällen der Betriebsaufspaltung nur unvollkommen erreicht, sofern man eine Erstreckung der entsprechenden Befreiungstatbestände auf das Besitzunternehmen verneint.

9 Vgl. auch FinMin Nordrhein-Westfalen, Erlass 6. 10. 2010 G 1410 – 7 – V B 4.

10 *Güroff* in Glanegger/Güroff, GewStG § 2 Rn. 142.

11 Zu weiteren Einzelheiten vgl. auch Rn. 4461 ff. und 4471 ff.

Ein Korrespondenzprinzip, nach dem eine Hinzurechnung auf der einen Seite unterbleibt, sofern die Mieten und Pachten auf der anderen Seite der Gewerbesteuer unterliegen, gibt es nicht mehr.[1] Es kommt zu einer (teilweisen) Doppelbelastung mit Gewerbesteuer.

4766 Für die Benutzung von beweglichen Wirtschaftsgütern des Anlagevermögens, die im Eigentum der Besitzgesellschaft stehen, wird der zu berücksichtigende Finanzierungsanteil mit einem Fünftel (20 %) der Miet- und Pachtzinsen fingiert (§ 8 Nr. 1d GewStG). Betreffend die Benutzung von unbeweglichen Wirtschaftsgütern des Anlagevermögens, die im Eigentum der Besitzgesellschaft stehen, wird der zu berücksichtigende Finanzierungsanteil seit dem Erhebungszeitraum 2010 mit der Hälfte (50 %)[2] pauschaliert. Bis inklusive Erhebungszeitraum 2009 waren dreizehn Zwanzigstel (= 65 %) der Miet- und Pachtzinsen hinzuzurechnen.[3]

4767 Die jeweiligen Finanzierungsanteile sind nach Berücksichtigung eines Freibetrages von 100 000 € dem Gewinn aus Gewerbebetrieb zu einem Viertel hinzuzurechnen. Der Freibetrag gilt für die gesamte Summe der jeweiligen Finanzierungsanteile aus allen Hinzurechnungen nach § 8 Nr. 1 a – f GewStG.[4]

bb) Entgelte für Schulden (§ 8 Nr. 1a GewStG)

4768 Die Betriebsaufspaltung kann zu Schulden der Betriebsgesellschaft gegenüber der Besitzgesellschaft i. S. d. § 8 Nr. 1a GewStG führen. Es sind alle Schulden zu berücksichtigen.[5] Es kommt nicht darauf an, ob hier Dauerschulden vorliegen oder ob sie mit dem Erwerb des Betriebs (Teilbetriebs) oder eines Anteils am Betrieb oder mit einer Erweiterung oder Verbesserung des Betriebs zusammenhängen. Der Finanzierungsanteil beträgt hier (naturgemäß) 100 %. Die Betriebsgesellschaft hat die Entgelte für Schulden – nach Abzug des für alle in § 8 Nr. 1 GewStG genannten Finanzierungsanteile geltenden Freibetrags von 100 000 € – sodann mit 25 % bei der Ermittlung des Gewerbeertrages hinzuzurechnen. Gleichzeitig hat die Besitzgesellschaft die mit der Betriebsaufspaltung zusammenhängenden Zinserträge als Gewerbeertrag zu versteuern.[6] Auch hier kommt es – wie bisher allerdings auch – zu einer (teilweisen) Doppelbelastung mit Gewerbesteuer.[7]

cc) Erweiterte Kürzung bei Grundstücksunternehmen (§ 9 Nr. 1 Satz 2 GewStG)

4769 Nach § 9 Nr. 1 Satz 2 GewStG können rein vermögensverwaltende Gesellschaften ihren Gewerbeertrag um den Teil kürzen, der auf die Verwaltung und Nutzung des eigenen

---

1 Vgl. Rz. 5 gleich lautende Ländererlasse v. 4. 7. 2008, BStBl 2008 I 730.

2 Änderung durch das Wachstumsbeschleunigungsgesetz v. 22. 12. 2009, BGBl 2009 I 3950.

3 Im Unternehmensteuerreformgesetz 2008 v. 14. 8. 2007 (BGBl 2007 I 1912) wurde dieser Finanzierungsanteil noch mit drei Vierteln (= 75 %) der Miet- und Pachtzahlungen angenommen. Noch bevor das Unternehmensteuerreformgesetz 2008 überhaupt zur Anwendung kommen konnte, wurde durch das Jahressteuergesetz 2008 v. 20. 12. 2007 (BGBl 2007 I 3150) der Finanzierungsanteil der Miet- und Pachtzahlungen für unbewegliche Wirtschaftsgüter des Anlagevermögens auf dreizehn Zwanzigstel (= 65 %) vermindert.

4 Vgl. auch Rn. 4430.

5 Zu § 8 Nr. 1 GewStG vgl. Rn. 4430 ff.

6 Vgl. Rz. 5 gleich lautende Ländererlasse v. 4. 7. 2008, BStBl 2008 I 730.

7 Zu weiteren Einzelheiten vgl. Rn. 4427 ff.

Grundbesitzes entfällt.[1] Damit soll eine Doppelbelastung mit Grundsteuer und Gewerbesteuer vermieden werden.[2] Da die gewerbliche Tätigkeit der Betriebsgesellschaft auch die Tätigkeit der Besitzgesellschaft gewerblich prägt, scheidet diese Kürzung für die Besitzgesellschaft aus.[3] Nach wohl gefestigter Rechtsprechung ist die erweiterte Kürzung grundsätzlich ausgeschlossen, wenn die Verwaltung oder Nutzung des eigenen Grundbesitzes die Grenzen der Gewerblichkeit überschreitet.[4] Dies sei insbesondere dann der Fall, wenn das Grundstücksunternehmen infolge einer Betriebsaufspaltung als Besitzunternehmen gewerbliche Einkünfte erzielt. Das Besitzunternehmen sei daher auch mit dem Teil des Gewerbeertrages steuerpflichtig, der auf die Erträge aus der Verpachtung von Grundstücken an andere als das Unternehmen der Betriebsgesellschaft entfällt. Ist die Besitzgesellschaft eine Kapitalgesellschaft oder kann der beherrschende Gesellschafter der Betriebsgesellschaft nur über eine Kapitalgesellschaft auf die Besitzpersonengesellschaft Einfluss nehmen, ist hingegen der Gewerbebetrieb der Betriebsgesellschaft unschädlich und die Kürzung möglich.[5]

dd) Schachtelprivileg (§ 9 Nr. 2a GewStG)

Nach § 9 Nr. 2a GewStG kann die Besitzgesellschaft ihren Gewinn um die von der Betriebskapitalgesellschaft erhaltenen Gewinnanteile kürzen, sofern sie zu mindestens 15 % (bis inkl. Erhebungszeitraum 2007 galt eine Grenze von 10 %[6]) seit Beginn des Erhebungszeitraumes an der nicht steuerbefreiten Kapitalgesellschaft beteiligt ist.[7] Diese Vorschrift dient der Vermeidung einer Doppelbelastung der ausgeschütteten Gewinnanteile mit Gewerbesteuer und findet auch Anwendung bei Betriebsaufspaltungen.[8] Sind die Gesellschafter einer PersGes an einer KapGes beteiligt und gehören die Anteile zum notwendigen Betriebsvermögen der PersGes, sind bei der Ermittlung der erforderlichen Beteiligungshöhe die Anteile der Gesellschafter zusammenzurechnen.[9] 4770

Der Begriff Gewinnanteile wird wie in § 20 Abs. 1 Nr. 1 EStG interpretiert.[10] Dazu gehören die aufgrund der gesellschaftsrechtlichen Beziehung zufließenden Bardividenden, Liquidationsgewinne sowie verdeckte Gewinnausschüttungen durch zu hohe Pachtentgelte der Betriebskapitalgesellschaft an die Besitzpersonengesellschaft, nicht aber aus sonstigen Gründen geleistete Vorteile.[11] Nicht erfasst sind Übernahmegewinne nach § 18 Abs. 2 UmwStG sowie Gewinne aus der Veräußerung der Beteiligung.[12] 4771

(Einstweilen frei) 4772–4780

---

1 Zu § 9 Nr. 1 GewStG vgl. Rn. 4521 ff.

2 *Güroff* in Glanegger/Güroff, GewStG, § 9 Nr. 1 Rn. 1.

3 *Güroff* in Glanegger/Güroff, GewStG § 9 Nr. 1 Rn. 26; BFH 29. 3. 1973 I R 174/72, BStBl 1973 II 686; 22. 2. 2005 VIII R 53/02, BFH/NV 2005, 1624 und jüngst 22. 1. 2009 IV R 80/06, BFH/NV 2009, 1279.

4 BFH 29. 3. 1973 I R 174/72, BStBl 1973 II 686; 22. 2. 2005 VIII R 53/02, BFH/NV 2005, 1624 und jüngst 22. 1. 2009 IV R 80/06, BFH/NV 2009, 1279.

5 Sog. Durchgriffsverbot; BFH 27. 8. 1992 IV R 13/91, BStBl 1993 II 134; 1. 8. 1979 I R 111/78, BStBl 1980 II 77 (79); *Güroff* in Glanegger/Güroff, GewStG § 9 Rn. 26 und § 2 Rn. 151.

6 Änderung durch das Unternehmensteuerreformgesetz 2008 v. 14. 8. 2007, BGBl 2007 I 1912.

7 Zu weiteren Einzelheiten vgl. Rn. 4541 ff.

8 *Güroff* in Glanegger/Güroff, GewStG § 9 Nr. 2a, Rn. 1 und 2.

9 R 9.3 Satz 4 GewStR 2009.

10 *Güroff* in Glanegger/Güroff, GewStG § 9 Nr. 2a Rn. 5.

11 *Güroff* in Glanegger/Güroff, GewStG § 9 Nr. 2a Rn. 5 f.

12 BFH 2. 2. 1972 I R 217/69, BStBl 1972 II 470 (471); 7. 12. 1971 VIII R 3/70, BStBl 1972 II 468.

2. Gewerbesteuer bei GmbH & Co. KG

a) Allgemeines

4781 Obwohl die GmbH & Co. KG eine PersGes ist,[1] besteht bei ihr in der Praxis fast immer eine Gewerbesteuerpflicht. Eine GmbH & Co. KG hat dann gewerbliche Einkünfte, wenn die KG einen Gewerbebetrieb i. S. d. § 15 Abs. 2 EStG betreibt (oder mindestens auch gewerbliche Einkünfte gem. § 15 Abs. 3 Nr. 1 EStG erzielt) oder eine sog. gewerblich geprägte PersGes i. S. d. § 15 Abs. 3 Nr. 2 EStG vorliegt. Liegen die Voraussetzungen gem. § 15 Abs. 3 Nr. 2 EStG vor, ist die GmbH & Co. KG eine gewerblich geprägte PersGes und gilt damit in vollem Umfang als Gewerbebetrieb i. S. d. § 2 Abs. 1 Satz 2 GewStG.[2] Dies ist gem. § 15 Abs. 3 Nr. 2 Satz 2 EStG auch bei einer sog. doppelstöckigen GmbH & Co. KG der Fall, bei der eine GmbH & Co. KG Komplementärin ist.

4782 Liegen die genannten Voraussetzungen nicht vor, ist die KG eine nicht gewerbliche PersGes und die Gesellschafter erzielen Einkünfte z. B. aus selbständiger Arbeit, aus Kapitalvermögen oder aus Vermietung und Verpachtung. Ein Gesellschafter hat jedoch wiederum Einkünfte aus Gewerbebetrieb zu versteuern, wenn er selbst aufgrund von Umständen die **außerhalb** der KG liegen Einkünfte aus Gewerbebetrieb erzielt (sog. Zebragesellschaft).[3]

4783 Bei einer typischen GmbH & Co. KG ist die Komplementär-GmbH aufgrund ihrer Außenhaftung und aufgrund ihrer Geschäftsführungs- und Vertretungsbefugnis i. d. R. Mitunternehmerin, mit der Folge, dass die Tätigkeit der KG bzw. ihrer Gesellschafter – auch ohne originär gewerbliche Tätigkeit – als Gewerbebetrieb gilt[4] (Abfärberegelung gem. § 15 Abs. 3 Nr. 1 EStG i.V. m. § 2 Abs. 1 Satz 2 GewStG). Unerheblich ist hierbei, ob die KapGes am Vermögen oder am Gewinn und Verlust der KG beteiligt ist. Hinreichend für die Annahme eines (fingierten) Gewerbebetriebes ist die mitunternehmerische Beteiligung der KapGes als Komplementärin der KG.[5]

4784 Die Gewerbesteuerpflicht der GmbH & Co. KG beginnt mit Aufnahme einer von Einkünfteerzielungsabsicht getragenen Tätigkeit unter Beteiligung am allgemeinen Wirtschaftsverkehr[6] und endet erst mit Einstellung jeglicher solcher Tätigkeiten.[7] Auch eine Betriebsverpachtung führt weiterhin zur Gewerbesteuerpflicht,[8] nicht aber die Veräußerung im Rahmen der Betriebsaufgabe[9] (vgl. jedoch § 7 Satz 2 GewStG).[10]

---

1 BFH 25. 6. 1984 GrS 4/82, BStBl 1984 II 751; die GmbH & Co. KG kann daher nicht Organgesellschaft sein; H 2.3 Abs. 1 GewStH.

2 Voraussetzung ist, dass Komplementäre ausschließlich KapGes sind und kein anderer Gesellschafter zur Geschäftsführung befugt ist (§ 15 Abs. 3 Nr. 2 EStG).

3 Vgl. *Wacker* in Schmidt, EStG § 15 Rz. 709, 201.

4 BFH 8. 4. 2008 VIII R 73/05, BStBl 2008 II 681; 3. 12. 2003 IV B 192/03, BStBl 2004 II 303.

5 BFH 9. 4. 1987 VIII B 94/86, BFH/NV 1987 509.

6 BFH 26. 3. 1985 VIII R 260/81, BStBl 1985 II 433; H 2.5 Abs. 1 GewStH.

7 *Güroff* in Glanegger/Güroff, GewStG § 2 Rn. 180.

8 BFH 25. 10. 1995 IV B 9/95, BFH/NV 1996, 213; FG Hamburg 20. 8. 1981 VI 196/77 EFG 1981, 305.

9 *Selder* in Glanegger/Güroff, GewStG § 7 Rn. 125; BFH 11. 3. 1982 IV R 25/79, BStBl 1982 II 707.

10 Vgl. Rn. 4646 ff.

b) Ermittlung der Gewerbesteuer

Die Vorschriften über die Ermittlung des Gewerbeertrages gem. § 7 GewStG sowie der Hinzurechnungen und Kürzungen gem. §§ 8 und 9 GewStG sind auf die GmbH & Co. KG uneingeschränkt anwendbar.[1] 4785

Wie bei jeder PersGes gehören auch bei der GmbH & Co. KG Vergütungen an ihre Gesellschafter i. S. d. § 15 Abs. 1 Satz 1 Nr. 2 EStG zum Gewerbeertrag. Bei einer GmbH & Co. KG gilt dieses jedoch auch für von der Komplementär-GmbH gezahlte Vergütungen an die als Geschäftsführer tätigen Kommanditisten.[2] Die Zahlungen sind jedoch dem Gewerbeertrag nicht hinzuzurechnen, wenn der Kommanditist nur formal Gesellschafter und kein wirtschaftlich echter Mitunternehmer ist.[3] 4786

Soweit die Anteile der Kommanditisten der GmbH & Co. KG an nicht steuerbefreiten KapGes[4] (notwendiges) Sonderbetriebsvermögen der GmbH & Co. KG sind, sind Gewinnausschüttungen der GmbH Teil des gewerblichen Gewinnes der KG. Bei der Ermittlung des Gewerbeertrages sind die Beträge nach § 9 Nr. 2a GewStG zu kürzen. 4787

Eine Berücksichtigung des Mindererlöses beim Gewerbeertrag sowohl der GmbH & Co. KG als auch der GmbH kann bei einem Verkauf von Wirtschaftsgütern der GmbH & Co. KG unter dem erzielbaren Marktpreis an einen Kommanditisten und zugleich GmbH-Gesellschafter erforderlich sein. Wenn bei einem Verkauf von Wirtschaftsgütern die GmbH die GmbH & Co. KG vertreten hat, so hat ihr Tun in Höhe ihrer Beteiligung an der GmbH & Co. KG ihr Betriebsergebnis mit einer Minderung belastet, so dass wegen der verdeckten Gewinnausschüttung gem. § 7 Satz 1 GewStG i. V. m. § 8 Abs. 3 Satz 2 KStG eine Einkommensminderung ausgeschlossen ist. Soweit keine verdeckte Gewinnausschüttung der GmbH vorliegt, ist der Verkauf als verdeckte Entnahme des Kommanditisten zu werten. Als solche ist sie gem. § 7 Satz 1 GewStG i. V. m. § 6 Abs. 1 Nr. 4 Satz 1 EStG mit dem Teilwert anzusetzen.[5] 4788

Bei der Komplementär-GmbH ist der Gewerbeertrag um den bei der GmbH & Co. KG bereits festgestellten und zur Gewerbeertragsteuer herangezogenen Gewinnanteil gem. § 9 Nr. 2 GewStG zu kürzen. Entsprechend sind etwaige Verlustanteile der Komplementär-GmbH aus ihrer Beteiligung an der GmbH & Co. KG bei der Ermittlung des Gewerbeertrages gem. § 8 Nr. 8 GewStG wieder hinzuzurechnen, da sie bereits bei der GmbH & Co. KG gewerbeertragsmindernd berücksichtigt worden sind. 4789

(Einstweilen frei) 4790–4810

---

1 So steht der GmbH & Co. KG die erweiterte Kürzung gem. § 9 Nr. 1 Satz 2 GewStG zu, sofern sie nicht tatsächlich gewerblich tätig ist; *Güroff* in Glanegger/Güroff, GewStG § 2 Rn. 180; BFH 3. 8. 1972 IV R 235/67, BStBl 1972 II 799.

2 BFH 6. 7. 1999 VIII R 46/94, BStBl 1999 II 720; H 7.1 Abs. 3 GewStH; *Selder* in Glanegger/Güroff, GewStG § 7 Rn. 125.

3 H 7.1 Abs. 3 GewStH.

4 Z. B. wenn die Kommanditisten gleichzeitig an der Komplementär-GmbH beteiligt sind.

5 Ein solcher Sachverhalt ist vorrangig unter dem Gesichtspunkt der verdeckten Gewinnausschüttung zu würdigen und erst danach als verdeckte Entnahme; BFH 6. 8. 1985 VIII R 280/81, BStBl 1986 II 17 (20).

F. Umsatzsteuer

Literatur: *Stadie*, Der Mitunternehmer im Umsatzsteuerrecht, UR 1986, 137; *Reiß*, Beteiligung der stillen Gesellschafter – die neue Befreiungsvorschrift des § 4 Nr. 8j UStG, UR 1987, 153; *Seer*, Die umsatzsteuerliche Behandlung der Umwandlung von Einzelunternehmen, Personen- und Kapitalgesellschaften, DStR 1988, 367; *Reiß*, Gesellschafter und Gesellschafterbeitrag im Umsatzsteuerrecht, UR 1988, 298; *Schön*, Personengesellschaften und Bruchteilsgesellschaften im Umsatzsteuerrecht, DStJG 13 (1990), 81; *Blanke*, Umsatzsteuerliche Behandlung von Gesellschafterbeiträgen bei Personengesellschaften, Diss. Köln 1991; *Behrens*, Umsatzsteuerbarkeit von Zuwendungen zwischen Gesellschaft und Gesellschafter, München 1992; *Birkenfeld*, Beginn, Abwicklung und Ende des Unternehmens, UR 1992, 29; *Reiß*, Gesellschaftereinlagen und Unternehmensumstrukturierungen im Umsatzsteuerrecht, StuW 1992, 25; *Wagner*, Umsatzsteuer und Gemeinschaften – Vorsteuerabzug bei Gesellschaftsgründung, UStKongrBer. 1991/92, 63; *Schmidt*, Vorsteuerabzug eines Personengesellschafters bei betrieblicher Nutzung des eigenen PKW, UR 1994, 221; *Steppert*, Die umsatzsteuerliche Organschaft – ein nicht mehr zeitgemäßes Relikt?, UR 1994, 343; *Wagner*, Steuerbarkeit von Geschäftsführungsleistungen für Personengesellschaften, UR 1994, 422; *Ruppe*, Umsatzsteuer bei Gesellschaftsverhältnissen, FS Heidinger, Wien 1995; *Menner/Benkert*, Die Geschäftsveräußerung im Ganzen ab 1. 1. 1994, UR 1995, 81; *Horn*, Umsatzbesteuerung von Umwandlungen nach dem neuen Umwandlungsrecht, UR 1995, 472; *Bonertz*, Leistungsaustausch zwischen Personengesellschaften und ihren Gesellschaftern bei Gegenleistung in Form von Erhöhungen und Minderungen von Gesellschaftsrechten, UR 1996, 9; *Gosch*, Die Einbringung von Wirtschaftsgütern in eine neu gegründete Personengesellschaft als umsatzsteuerbare entgeltliche Leistung, DStZ 1996, 228; *Hutter*, Leistungsaustausch durch Einbringung von Wirtschaftsgütern eines bisherigen Einzelunternehmens in eine neu gegründete GbR, UVR 1996, 111; *Pflug*, Sacheinlagen bei Gründung einer Personengesellschaft als umsatzsteuerbarer und umsatzsteuerpflichtiger Leistungsaustausch, INF 1996, 203; *Reiß*, Sacheinlagen, Geschäftseinbringungen, Umwandlungen von Unternehmensträgern und steuerfreie Umsätze von Gesellschaftsanteilen, UR 1996, 357; *Korn*, Änderungen der Unternehmensform bei der Umsatz-, Grunderwerb- und Schenkungsteuer, Stbg 1997, 11; *Götz*, Verkehrsteuern bei Umwandlungsvorgängen, GmbHR 1998, 349; *Lang/Schmidt*, Vertrieb von Gesellschaftsbeteiligungen durch freie Vermittlungsgesellschaften, UR 1998, 325; *Walkenhorst*, Tauschähnlicher Umsatz, KFR F. 7 § 10 UStG, 1/98, S. 105; *Huschens*, Sicherung des Vorsteuerabzugs aus Sonderbetriebsvermögen, INF 2000, 204; *Menner/Broer*, Die umsatzsteuerliche Mehrmütter-Organschaft, UStB 2000, 241; *Philipowski*, Gestaltungsmissbrauch durch Dritte? Die „Vorschaltung" von nahe stehenden Personen im Umsatzsteuerrecht, BB 2000, 278; *Söffing/Thomas*, Kauf und Verkauf von Unternehmen aus steuerlicher Sicht, StB 2000, 1; *Walter/Groschupp*, Umsatzsteuerliche Mehrmütterorganschaft als Gestaltungsinstrument für Körperschaften des öffentlichen Rechts, UR 2000, 449; *Eggers/Korf*, Umsatzsteuer und Holding – Neue Entwicklungen, DB 2001, 298; *Reiß*, Vorsteuerabzug aus Emissionsaufwendungen beim Börsengang, UR 2001, 41; *Grawe*, PKW-Überlassung an Gesellschafter, UStB 2001, 149; *Schmidt*, Die BGB-Außengesellschaft: rechts- und parteifähig, NJW 2001, 993; *Berg*, Gesondert vergütete Managementleistungen eines Gesellschafters (GmbH) umsatzsteuerpflichtig, DStR 2002, 1658; *Carlé*, Geschäftsführertätigkeit als Gesellschafter umsatzsteuerpflichtig?, KÖSDI 2002, 33; *Eggers/Korf*, Umfang des Vorsteuerabzugs von Holdinggesellschaften, DB 2002, 1238; *Fabry/Jarsch*, Umsatzsteuerliche Behandlung von Geschäftsführerleistungen bei Fondsgesellschaften, GmbHR 2002, 1016; *Forster/Vogel*, Die Organschaft, Problembereiche & neue Entwicklungen, UStB 2002, 228; *Fröschl*, Vorsteuerabzug bei steuerfreier Gesamtvermögensübertragung von einer Personen- auf eine Kapitalgesellschaft, UVR 2002, 259; *Heidner*, Änderung der Rechtsprechung zur umsatzsteuerlichen Behandlung von Geschäftsführungsleistungen durch Gesellschafter-Geschäftsführer an die Gesellschaft, DStR 2002, 1890; *Hoffmann*, Vorsteuerabzug bei Kapitalerhöhungen, GmbH-StB 2002, 60; *Klenk*, Umsatzsteuerliche Behandlung der Aufnahme eines Gesellschafters in eine Gesellschaft gegen Bareinlage, KFR F. 7 § 15 UStG, 1/02, S. 59; *Lange*, Anmerkung zum Urteil des BFH vom 6. 6. 2002 V R 43/01, HFR 2002, 925; *Lehr*, Aktuelle Umsatzsteuer-Brennpunkte bei der Unternehmensgründung, DStR 2002, 1935; *Peltner*, Umsatzsteuerbarkeit von Geschäftsführungs- und Vertretungsleistungen einer Gesellschafter-GmbH für eine Personengesellschaft, KFR F. 7 § 1 UStG, 4/02, S. 379; *Rasche*, Mitunternehmerische Übertragungsvorgänge, UStB 2002, 14; *Robisch*, Geänderte Rechtsprechung des BFH zu Geschäftsführerleistungen bei Personengesellschaften – dargestellt am Beispiel einer GmbH & Co. KG, UVR 2002, 361; *Schuhmann*, Zur Haftung des Komplementärs einer KG aufgrund Gesellschaftsverhältnis für die Umsatzsteuer, UVR 2002, 142; *Vellen*, Vorsteuerabzug bei Vorgründungsgesellschaft, GmbH-StB 2002, 161; *Wäger*, Geschäftsführung bei Personengesellschaften – Vergütungsmodelle und deren Besteuerung, UStB 2002, 359; *Ammann*, Umsatzsteuerbefreiung für Leistungen selbständiger Banken-Dienstleistungszentren im Zahlungs- und Überweisungsverkehr, UR 2003, 168; *Behrens/Schmitt*, Umsatzsteuer auf die Geschäftsführung und Übernahme der unbeschränkten Haftung durch die Komplementär-GmbH, GmbHR 2003, 269; *dies.*, Umsatzsteuer bei Geschäftsführung einer Personengesellschaft gegen garantiertes Ergebnisvorab, BB 2003, 177; *Forster*, Komplementär-GmbH als Organgesellschaft einer Kommanditgesellschaft?, UStB 2003, 115; *Grünwald/Pogodda*, Anmerkung zum Urteil des EuGH vom 16. 1. 2003 Rs. C-315/00 (*Maierhofer*), UR 2003, 189; *Heinrichshofen*, Steine statt Brot?, UStB 2003, 316; *Hundt-Eßwein*, Geschäftsführer- und Vertretungsleistungen an eine Personengesellschaft, UVR 2003, 250; *Kieker/Schiller*, Umsatzsteuerliche Behandlung der Geschäftsführungs- und Vertretungsleistungen eines Gesellschafters an seine Personengesellschaft, NWB F. 7, 6059; *Korf*, Folgen des KapHag-Urteils des EuGH zur Umsatzsteuer bei Aufnahme von Gesellschaftern gegen Bareinlage, DB 2003, 1705; *Korn/Strahl*, Praxisrelevante Rechtsprechungsentwicklungen im Umsatzsteuerrecht, NWB F. 7, 6021; *Lohse*, Aufnahme eines Gesellschafters im Umsatzsteuerrecht, BB 2003, 1713; *Robisch*, Geschäftsführerleistungen bei Personengesellschaften, UStB 2003, 246; *Reiß*, Kein Renditefonds, UR 2003, 428; *Serafini*, Umsatzbesteuerung der Geschäftsführervergütung bei Personengesellschaften, GStB 2003, 140; *von Streit*, Vorsteuerabzug bei Holdinggesellschaften – Ende der „Sphärentheorie", UR 2003, 1; *von Oellerich*, Neuer Vorsteuerabzug und neue Umsatzsteuerpflicht des Gesellschafter-Geschäftsführers einer Personengesellschaft, DStR 2003, 1333; *Wagner*, Anmerkungen zum Urteil des EuGH vom 26. 6. 2003 Rs. C-442/01 (*KapHag Renditefonds*), UVR 2003, 381; *Weimann*, Führung der Geschäfte einer Personengesellschaft als Umsatz des Geschäftsführers an die Gesellschaft, DB 2003, 238; *Weßling/Romswinkel*, Umsatzsteuer auf Geschäftsführungsleistungen, UStB 2003, 344; *Wilke*, Gesellschafterbeiträge im Umsatzsteuerrecht, DStZ 2003, 107; *Clemm*, Gestaltungsmöglichkeiten zur Vermeidung der Umsatzsteuerpflicht von Geschäftsführervergütungen bei Private-Equity-Fonds, UR 2004, 333; *Fittkau*, Die Gesellschaft des bürgerlichen Rechts als Schuldner der Umsatzsteuer, UStB 2004, 27; *Jorde/Grünwald*, Risiko Umsatzsteuer bei Umstrukturierungen, BB 2004, 743; *Korn*, Zur umsatzsteuerrechtlichen Behandlung von Geschäftsführungsleistungen an eine Personengesellschaft, NWB 2004, 393; *Müller-Lee*, Geschäftsführungs- und Vertretungsleistungen, UStB 2004, 161; *Serafini*, Vorsteuerabzug der Vorgründungsgesellschaft, GStB 2004, 51; *Sikorski*, Leistungen zwischen Personengesellschaften und ihren Gesellschaftern, NWB 2007, 2655; *Stützel*, Offene Fragen zur Umsatzsteuer bei Leistungsbeziehungen zwischen Gesellschaft und Gesellschaftern, DStR 2004, 1642; *Zugmaier*, Geschäftsführungs- und Vertretungsleistungen der Gesellschafter an die Gesellschaft und Umsatzsteuer, DStR 2004, 124; *Binnewies*, Vorsteuerabzug in der Gründungsphase, AG 2005, 32; *Buttenhauser*, Umsatzsteuerrechtliche Behandlung von Leistungen der Gesellschafter an die Gesellschaft von der Entgeltlichkeit abhängig, BB 2005, 1376; *Feldmann*, Umsatzsteuerliche Bemessungsgrundlage bei Geschäftsführungstätigkeiten, INF 2005, 391; *Graf*, Aufnahme eines Gesellschafters in Personengesellschaft nicht steuerbar, BB 2005, 761; *Grünwald*, Umfang der Unternehmereigenschaft einer Holding, DStR 2005, 1377; *Heidner*, Umsatzsteuerrechtliche Behandlung von Leistungen der Gesellschafter an die Gesellschaft von der Entgeltlichkeit abhängig, UR 2005, 495; *Hoffmann*, Tauschähnliche Einlagen in Gesellschaften, GmbH-Stb 2005, 119; *Kammerloher-Lis*, Selbständigkeit des Geschäftsführers einer Personengesellschaft nach § 2 Abs. 2 Nr. 1 UStG, UR 2005, 409; *Plikat*, Der selbständige Geschäftsführer in der Umsatzsteuer?, UStB 2005, 283; *Robisch*, Geschäftsführungsleistungen an eine GmbH, UVR 2005, 353; *Serafini*, Neues zur Unternehmereigenschaft des GmbH-Geschäftsführers, GStB 2005, 236; *Siebert*, Recht auf Vorsteuerabzug als Einlage in Gesellschaften, DB 2005, 2208; *Stadie*, Umsatzsteuerrecht, Köln, 2005; *Strunk*, Gesellschafter-Geschäftsführervergütungen und ihre umsatzsteuerliche Behandlung, Stbg 2005, 227; *Ulrich/Teiche*, Die Aufnahme von Gesellschaftern in eine (Publikums-)Personengesellschaft und ihre umsatzsteuerlichen Konsequenzen, DStR 2005, 92; *Widmann*, Wann sind Geschäftsführer von Gesellschaften Unternehmer ?, DB 2005, 2373; *Zugmaier*,

Aufnahme eines Gesellschafters in Personengesellschaft nicht steuerbar, DStR 2005, 968; *von Streit*, Geschäftsführung und Vertretung von Gesellschaften in der Umsatzsteuer, Teil 1 UStB 2006, 195, Teil 2 UStB 2006, 224; *ders.*, Organschaft bei Beteiligung nicht unternehmerisch tätiger Gesellschaften, UStB 2006, 255; *Eggers*, Umsatzsteuerliche Behandlung von gesellschaftsrechtlichen Beteiligungen und Holdinggesellschaften, WPg 2007, 616; *Eggers/Korf*, Umsatzsteuerrechtliche Fragen im Zusammenhang mit dem Halten von Beteiligungen, DB 2007, 361; *Englisch*, Umsatzsteuerrechtliche Behandlung gesellschaftsrechtlicher Beteiligungen, UR 2007, 290; *Fromm*, Umsatzsteuerpflicht des Geschäftsführers, GmbHR 2007, 865; *Irmer*, Geschäftsführungs- und Vertretungsleistungen von Gesellschaftern im Umsatzsteuerrecht, StB 2007, 371; *Küffner/Zugmaier*, Gesellschaften und Gesellschafter im Umsatzsteuerrecht, DStR 2007, 472; *dies.*, Geschäftsführerleistungen in der Umsatzsteuer – die Odyssee geht weiter, DStR 2007, 1241; *Pump/Fittkau*, Wann liegt ein Gesellschafterbeitrag bzw. ein gesonderter Umsatz des Gesellschafters an die Gesellschaft vor? – Teil 1 UStB 2007, 262; Teil 2 UStB 2007, 293; *Tigemeyer*, Selbständigkeit und Leistungsbeziehungen bei Geschäftsführungsleistungen der Gesellschafter an die Gesellschaft, BB 2007, 189; *Birkenfeld*, Umsatzsteuerrechtliche Organschaft und Gemeinschaftsrecht – GmbH & Co KG als Organträger und als Organgesellschaft, UR 2008, 2; *Korf*, Gestaltungsüberlegungen beim unternehmerischen Anteilskauf, UVR 2008, 26; *Wäger*, Steuerbare Leistungen im Rahmen von Gesellschaftsverhältnissen, UR 2008, 69; *Tiedke*, Holding, Organschaft und nichtunternehmerische Bereiche; Ein Einblick in höhere Sphären; UR 2008, 373; *Eggers*, Nur nicht für das Unternehmen verwandte Eingangsleistungen unterliegen nicht dem Vorsteuerabzug; UR 2008, 348; *Korf*, Organschaft – quo vadis?, UVR 2008, 172; *Scholz/Nattkämper*, Organisatorische Eingliederung im Rahmen der umsatzsteuerlichen Organschaft; Zugleich Anmerkungen zu den BFH-Urteilen vom 5. 12. 2007 und 3. 4. 2008, UR 2008, 716; *Gosch*, Aktienrechtliche Vermutungen für umsatzsteuerrechtliche Organschaft ohne Bedeutung/Anforderungen für organisatorische Eingliederung, BFH/PR 2008, 394; *Hidien/Lohmann* Organisatorische Eingliederung als Tatbestandsmerkmal der umsatzsteuerlichen Organschaft bei fehlender Personalunion der Geschäftsleitung in GmbH-Organgesellschaften, GmbHR 2008, 917; *Stadie*, Künftig keine Zwangsorganschaft mehr Anmerkung zu EuGH Urteil C-162/07 v. 22. 5. 2008, UR 2008, 540; *Nieskens*, Der Beginn der Organschaft bestimmt sich in Deutschland allein nach § 2 Abs. 2 Nr. 2 UStG; Anm. zu EuGH-Urteil C-162/07 v. 22. 5. 2008, UR 2008, 538; *Birkenfeld*, Aufteilung von Vorsteuerbeträgen bei nichtunternehmerischer und unternehmerischer Tätigkeit – Die Securenta-Entscheidung und die Folgen, NWB 2008, 1665; *Hahne*, EuGH lässt Steuerpflichtigen bei umsatzsteuerlicher Abgrenzung der unternehmerischen Bereiche alleine, BB 2008, 762, 766; *Eggers/Korf*, Vorsteuerabzug bei Kapitalbeschaffung und Beteiligungen – Was bringt die Securenta-Entscheidung des EuGH?, DB 2008, 719; *Langer/Zugmaier*, Unternehmen dürfen Vorsteueraufteilungsmethode zwischen ihren Spähren frei wählen; Anmerkung zu EuGH-Urteil C-437/07 v. 13. 3. 2008; DStR 2008, 615, 617; *Eggers*, Nur nicht für das Unternehmen verwandte Eingangsleistungen unterliegen nicht dem Vorsteuerabzug; Anmerkung zu EuGH Urteil C-437/07 v. 13. 3. 2008, UR 2008, 344, 348; *Langer/Zugmaier*, Unternehmen dürfen Vorsteueraufteilungsmethode zwischen ihren Spähren frei wählen Anmerkung zu EuGH-Urteil C-437/07 v. 13. 3. 2008, DStR 2008 615, 617; *Becker/Englisch*, Zur Umsatzsteuerbarkeit der Geschäftsführung für Personengesellschaften UR 2009, 701; *Schütze/Winter*, Organisatorische Eingliederung in der umsatzsteuerlichen Organschaft, UR 2009, 397; *Straub*, Organschaft ist nicht zwingend vorgeschrieben, sondern dient nur der Vereinfachung, Anmerkung zu BFH-Urteil XI R 74/07 v. 29. 10. 2008, UR 2009, 344; *Stadie*, Umsatzsteuergesetz, Kommentar, Köln 2009; *Sikorski*, Umsatzsteuer im Binnenmarkt, Herne 2009; 2010; *Korf/Kurtz*, Handeln als Steuerpflichtiger UR 2010, 86; *Eberhard/Mai*, Änderung der Rechtsprechung zur finanziellen Eingliederung bei der umsatzsteuerlichen Organschaft – Urteile des BFH vom 22. 4. 2010 V R 9/09 und vom 10. 6. 2010 V R 62/09, UR 2010 881; *Jacobs*, Umsatzsteuerrechtliche Organschaft, NWB 2010, 2524; *Walkenhorst*, Anmerkung zur Entscheidung des BFH vom 22. 4. 2010 V R 9/09, Keine Organschaft bei fehlender Möglichkeit zum Mehrheitsbeschluss, UStB 2010, 231; *Leonard*, Taugt die Organschaft noch als Gestaltungsinstrument bei steuerfreien Umsätzen?, DStR 2010, 721; *Birkenfeld*, Gedanken zur grenzüberschreitenden Organschaft, UR 2010, 198; *Nieskoven*, Umsatzsteuerliche Organschaft: Vorteile, Nachteile und Risiken GStB 2009 355; *Wassermeyer/Richter/Schnittker*, Personengesellschaften im internationalen Steuerrecht, Köln 2010; *Wäger*, Umfang und Grenzen des Vorsteuerabzugs, DStR 2011, 433.

I. Aktuelle Entwicklung

4811 Die Umsatzbesteuerung der Personengesellschaft nimmt in zweierlei Hinsicht eine Sonderstellung im deutschen Steuerrecht ein. Zum einen ist die harmonisierte europäische Umsatzsteuer, die in Deutschland in Gestalt des UStG – soweit es gemeinschaftsrechtlichen Regelungen nicht widerspricht – angewendet wird, nicht mehr in erster Linie Teil der einheitlichen inländischen (Steuer-)Rechtsordnung, sondern Bestandteil eines originär umsatzsteuerlichen Prinzipien und Normen folgenden grenzüberschreitenden harmonisierten europäischen Mehrwertsteuersystems. Zum anderen spielt die Rechtsform „Personengesellschaft", anders als im Ertragsteuerrecht, im Umsatzsteuerrecht keine (Sonder-)Rolle. Dieses Spannungsfeld zwischen dem europäischen Mehrwertsteuerrecht einerseits und der unter dem Postulat der Einheitlichkeit stehende deutsche Rechtsordnung rechtfertigt es, die Umsatzbesteuerung der Personengesellschaft gesondert zu besprechen.

4812 Das Umsatzsteuerrecht befindet sich im Umbruch. Die Harmonisierung der Umsatzsteuer in der Europäischen Union durch die 1. Mehrwertsteuerrichtlinie und vor allem die 6. Mehrwertsteuerrichtlinie, die nahezu inhaltsgleich aber in neuer Ordnung, in kürzeren und praxistauglicheren Artikeln, als Mehrwertsteuersystemrichtlinie (MwStSystRl) zum 1. 1. 2007 neu gefasst und durch das so genannten Mehrwertsteuerpaket mit Wirkung zum 1. 1. 2010 insbesondere für den Bereich der Dienstleistungen in wesentlichen Teilen geändert wurde, gewinnt zusehends an Bedeutung für die Beurteilung umsatzsteuerlicher Rechtsfragen. Die Mehrwertsteuersystemrichtlinie enthält detaillierte Angaben zu den einzelnen Tatbestandsmerkmalen des Umsatzsteuergesetzes und setzt damit den Rahmen für die die Richtlinienvorschriften in nationales Recht transformierenden Vorschriften.

4813 Der Harmonisierungsprozess schreitet fort. Die EU-Kommission hat am 1. 12. 2010 ein so genanntes Grünbuch über die Zukunft der Mehrwertsteuer mit dem Titel „Wege zu einem einfacheren, robusteren und effizienteren MwSt-System" vorgelegt. Mit diesem Grünbuch leitet die EU-Kommission eine umfassende öffentliche Konsultation ein. Sie will wissen, wie das MwSt-System der EU zum Nutzen der Bürgerinnen und Bürger, Unternehmen und Mitgliedstaaten gestärkt und verbessert werden kann. Die EU-Kommission forderte alle Interessierten auf, sich bis zum 31. 5. 2011 an der öffentlichen Konsultation zu beteiligen. Die öffentliche Konsultation diente der Vorlage einer neuen MwSt-Strategie, mit der die Bürokratiekosten reduziert, der MwSt-Betrug bekämpft und das bestehende MwSt-System modernisiert und vereinfacht werden kann.

4814 Die MwstSystRL wendet sich nicht, wie das deutsche Umsatzsteuergesetz, unmittelbar an den Bürger des Mitgliedstaates. Normadressat einer EU-Richtlinie ist der jeweilige Mitgliedstaat, der aufgrund primären Gemeinschaftsrechts dazu verpflichtet ist, die für ihn bindenden Vorgaben des Gemeinschaftsrechts in nationales Recht zu transformieren. Unterlässt der Mitgliedstaat jedoch zu Lasten des Steuerpflichtigen diese Umsetzung, so kann sich dieser auf das für ihn im konkreten Einzelfall günstigere Gemeinschaftsrecht berufen. Zahlreiche Entscheidungen des EuGH sind zu deutschem Umsatzsteuerrecht ergangen. Nach dem Urteil des BVerfG, das eine Entscheidung des BFH als evident rechtswidrig aufhob, weil dieser eine Rechtssache nicht dem EuGH zur Entscheidung vorlegte,[1] ist das Bewusstsein hinsichtlich der Relevanz des Gemeinschaftsrechts für das nationale Recht sichtbar gewachsen. Die Zahl der Vorlagen an den EuGH steigt stetig. Der Wortlaut des deutschen Umsatzsteuergesetzes erweist sich zuweilen als Quelle von Rechtsstreitigkeiten, da der deutsche Gesetzgeber das europäische Recht unter Verwendung eigener Formulierungen in nationales Recht umsetzt. Die Diskrepanz zwischen dem Wortlaut des UStG und der MwStSystRL kann daher Anlass für Zweifel an der Übereinstimmung der nationalen Regelung mit dem Gemeinschaftsrecht geben. Ohne Heranziehung der maßgebenden Bestimmungen der MwStSystRL und der dazu ergangenen Rechtsprechung des EuGH und der deutschen Finanzgerichte ist eine zuverlässige Beantwortung von Umsatzsteuerfragen, nicht möglich.

Soweit dies für die hier darzustellende Umsatzbesteuerung von Personengesellschaften 4815
von Bedeutung ist, werden daher auch die maßgeblichen Regelungen der Mehrwertsteuersystemrichtlinie, die hierzu ergangenen Entscheidungen und insbesondere die unter diesem Aspekt klärungsbedürftigen Fragen dargestellt.

(Einstweilen frei) 4816–4820

II. System der Umsatzsteuer

1. Vorbemerkung

Es gibt kein spezielles Umsatzsteuerrecht der Personengesellschaften. Allerdings treten 4821
bei Gesellschaften und speziell bei Personengesellschaften typische Konstellationen auf, die von besonderer umsatzsteuerlicher Relevanz sind. Auf diesen Sachverhalten liegt der Schwerpunkt dieser Darstellung.

Im Folgenden wird in aller Kürze die Struktur und die Systematik des Umsatzsteuer- 4822
rechts, wie es im Umsatzsteuergesetz für das Inland seinen Niederschlag gefunden hat, dargestellt. Die Ausführungen bleiben bewusst skizzenhaft und sollen lediglich einen Überblick schaffen, damit die nachfolgenden Besonderheiten der Umsatzbesteuerung der Personengesellschaft auch von dem Leser, der nicht täglich mit diesem Rechtsgebiet befasst ist, in das System des Umsatzsteuerrechts eingeordnet werden können. Zur Vertiefung sei auf die Gesamtdarstellungen des Umsatzsteuerrechts verwiesen.[2]

(Einstweilen frei) 4823–4825

2. Steuerbarkeit (§§ 1 – 3 UStG)

Nach Art. 1 Abs. 2 MwStSystRL beruht das gemeinsame Mehrwertsteuersystem auf 4826
dem Grundsatz, dass auf Gegenstände und Dienstleistungen, ungeachtet der Zahl der Umsätze, die auf den vor der Besteuerungsstufe liegenden Produktions- und Vertriebsstufen bewirkt wurden, eine allgemeine, zum Preis der Gegenstände und Dienstleistungen genau proportionale Verbrauchsteuer anzuwenden ist. Bei allen Umsätzen wird

1 BVerfG 8. 4. 1987 2 BVR 687/85, BVerfGE 223, 75.

2 *Völkel/Karg*, a. a. O.; *Lippros*, a. a. O.; *Hahn/Kortschak*, a. a. O.; *Rose*, a. a. O.; *Reiß*, a. a. O.; Stadie a. a. O.

die Mehrwertsteuer, die nach dem auf den Gegenstand oder die Dienstleistung anwendbaren Steuersatz auf den Preis des Gegenstand oder der Dienstleistung errechnet wird, abzüglich des Mehrwertsteuerbetrags geschuldet, der die verschiedenen Kostenelemente unmittelbar belastet hat. Da die Umsatzsteuer auf jeder Produktions- bzw. Handelsstufe erhoben wird, gleichzeitig die auf der Eingangsseite in Rechnung gestellte Umsatzsteuer als Vorsteuer abgezogen werden kann, nennt man dieses System Allphasen-Netto-Umsatzsteuer mit Vorsteuerabzug.

4827 Die Umsatzsteuer knüpft unabhängig von der Rechtsform des Handelnden an dessen Tätigkeit an, die, wenn sie nachhaltig und mit dem Zweck, Einnahmen zu erzielen, ausgeübt wird, der Umsatzsteuer unterliegt. Der Umsatzsteuer unterliegen **Lieferungen** und **sonstige Leistungen**, die ein **Unternehmer** im Rahmen seines **Unternehmens** im **Inland** gegen **Entgelt** bewirkt. Daneben besteuert das UStG die Einfuhr, den innergemeinschaftlichen Erwerb sowie unentgeltliche Wertabgaben.

4828 Eine Leistung, sei es in Form einer Lieferung oder einer sonstigen Leistung, liegt vor, wenn ein Leistender einem **konkreten Leistungsempfänger** willentlich einen **wirtschaftlichen Vorteil** zuwendet, um **für diesen Vorteil eine Gegenleistung** zu erhalten. Dies setzt einen unmittelbaren Zusammenhang zwischen Leistung und Gegenleistung zum Zeitpunkt der Leistungserbringung voraus.

4829 Bei einer (Personen)Gesellschaft kommen sowohl die **Gesellschaft** selbst als auch die einzelnen **Gesellschafter** als leistende Unternehmer und als Leistungsempfänger in Betracht. Hieraus resultiert ein vielfältiges Beziehungsgeflecht mit ebenso vielfältigen umsatzsteuerlichen Rechtsfolgen. Aus diesem Grunde bedarf der jeweilige Einzelsachverhalt anhand der einzelnen gesetzlichen Tatbestandsmerkmale einer sorgfältigen Prüfung dahin gehend, ob ein nicht steuerbarer Gesellschafterbeitrag oder ein steuerbarer Leistungsaustausch vorliegt.

4830 Die Bestimmung des **Ortes der Leistung** nach den Vorschriften der § 3 Abs. 5a – 8 UStG ist erforderlich, um festzustellen, welches nationale Umsatzsteuerrecht zur Beurteilung der Rechtsfolgen heranzuziehen ist bzw. wo der Umsatz **steuerbar** ist.

4831 Als hilfreich erweist sich bei der Prüfung eines umsatzsteuerlichen Sachverhalts das konsequente Abarbeiten der schlichten Frage: **Wer tut was, wo, für wen, wofür**? Die Antwort hierauf ist die Lösung für nahezu jeden umsatzsteuerlichen Sachverhalt.

4832–4835 *(Einstweilen frei)*

3. Steuerpflicht (§§ 4 – 9 UStG)

4836 Jeder steuerbare Umsatz ist grundsätzlich steuerpflichtig, wenn nicht eine Norm des Umsatzsteuergesetzes ihn ausdrücklich von der Umsatzsteuer befreit. Es gilt ein strenges **Regel-Ausnahmeverhältnis**. Die Steuerbefreiungsvorschriften sind als Ausnahmetatbestände **eng auszulegen**[1] und sind grundsätzlich nicht analogiefähig.[2] Die Darle-

1 EuGH 18. 1. 2001 Rs. C-150/99, *Lindöpark*; 7. 3. 2002 Rs. C-169/00, *Kommission gegen Finnland*; 16. 1. 2003 Rs. C-315/00, *Maierhofer*; 8. 5. 2003 Rs. C-269/00, *Seeling*.

2 *Tipke/Lang*, § 4 Rn. 184 ff., str.

gungs- und Beweislast für das Vorliegen der tatsächlichen Voraussetzungen einer Steuerbefreiungsnorm obliegt dem Steuerpflichtigen, da er sich auf eine ihn begünstigende Norm beruft. Ausdrücklich ist dies beispielsweise in § 6a Abs. 3 UStG für die Steuerfreiheit innergemeinschaftlicher Lieferungen geregelt. Diese Norm hat allerdings nur deklaratorische Funktion, da sie lediglich einen allgemeinen Rechtsgedanken wiedergibt, wonach derjenige, der sich auf eine ihn begünstigende Norm beruft, deren tatbestandliche Voraussetzungen darzutun und im Zweifelsfall zu beweisen hat.

Man unterscheidet zwischen Steuerbefreiungen, bei denen trotz der Befreiung des ei- 4837
genen Umsatzes von der Steuer der Vorsteuerabzug erhalten bleibt (sog. echte Steuerbefreiungen),[1] und Steuerbefreiungen, die den Vorsteuerabzug für Eingangsumsätze, die zur Bewirkung dieser steuerfreien Umsätze verwendet werden, ausschließen (sog. unechte[2] Steuerbefreiungen).[3]

International wird, der englischen gesetzlichen Regelung folgend, bei echten Steuerbe- 4838
freiungen neben dem Begriff „tax exemption“, häufig der Begriff „zero rated“ verwendet. Dies zu wissen ist deswegen bedeutsam, weil nach englischem Verständnis eine Steuerbefreiung (tax exemption) zwangsläufig das Vorsteuerabzugsverbot nach sich zieht, so dass beispielsweise die Verwendung des Begriffs „tax exempted supply“ bei innergemeinschaftlichen Lieferungen oder Exporten ins Drittland regelmäßig zu Missverständnissen führt.

Bestimmte steuerfreie Umsätze können als steuerpflichtig behandelt werden (Option 4839
zur Steuerpflicht), was dazu führt, dass die für diese Umsätze verwendeten Eingangsumsätze zum Vorsteuerabzug berechtigen.[4] Dem Unternehmer steht insoweit ein Wahlrecht zu.

(Einstweilen frei) 4840–4845

4. Bemessungsgrundlage (§ 10 UStG)

Die Steuer für einen Umsatz wird nach dem **Entgelt**, das der leistende Unternehmer als 4846
Gegenleistung für seinen Umsatz erhält, bemessen. Entgelt ist alles, was der Leistungsempfänger aufwendet, um die Leistung zu erhalten, jedoch abzüglich der Umsatzsteuer. Haben die Parteien hinsichtlich der Umsatzsteuer nicht ausdrücklich eine Regelung getroffen **(Nettovereinbarung)**, so beinhaltet das zivilrechtlich vereinbarte Entgelt auch die Umsatzsteuer **(Bruttovereinbarung).** Dies gilt auch unter Kaufleuten. Nach Ansicht des BGH hat sich auch unter Kaufleuten kein dahin gehender Handelsbrauch entwickelt, wonach diese im Zweifel über Nettopreise sprechen.[5]

Ist die Gegenleistung in Geld bemessen, so ist ihre Bestimmung bzw. der sich unter 4847
Anwendung des Steuersatzes zu errechnende Steuerbetrag i. d. R. unproblematisch.

1 Z. B. Ausfuhrlieferungen gem. § 4 Nr. 1a UStG.

2 *Stadie* in Rau/Dürrwächter, UStG Kommentar, Vor §§ 4 - 9 Rz. 9.

3 Z. B. ärztliche Leistungen gem. § 4 Nr. 14 UStG.

4 Z. B. Vermietung und Verpachtung von Grundstücken gem. § 4 Nr. 12a UStG.

5 *Heinrichs* in Palandt, BGB § 157 Rn. 13; BGH 4. 4. 1993 VIII ZR 191/72; ausdrücklich weist der BGH darauf hin, dass sich auch unter Kaufleuten kein dahin gehender Handelsbrauch gebildet habe, wonach die Preisvereinbarung netto, d. h. zzgl. Umsatzsteuer gelten solle.

4848 Besteht die Gegenleistung für einen Umsatz nicht in Geld, sondern in einer Lieferung oder einer sonstigen Leistung, so spricht man vom **Tausch** oder einem **tauschähnlichen Umsatz** (§ 3 Abs. 12 UStG). In diesen Fällen gilt der Wert des erhaltenen Umsatzes als Entgelt für den selbst ausgeführten Umsatz. Der Wert des anderen Umsatzes wird durch den subjektiven Wert für die tatsächlich erhaltene und in Geld ausdrückbare Gegenleistung bestimmt. Subjektiver Wert ist derjenige, den der Leistungsempfänger der Leistung beimisst, die er sich verschaffen will und deren Wert dem Betrag entspricht, den er zu diesem Zweck aufzuwenden bereit ist. Dieser Wert umfasst alle Ausgaben einschließlich der Nebenleistungen, die der Empfänger der jeweiligen Leistung aufwendet, um diese Leistung zu erhalten.[1]

4849–4850 *(Einstweilen frei)*

5. Steuersatz (§ 12 UStG)

4851 Steuerpflichtige Umsätze unterliegen grundsätzlich dem Regelsteuersatz i. H. v. zurzeit 19 %. Auch hier gilt das **Regel-Ausnahme-Prinzip**, wonach grundsätzlich der Regelsteuersatz anwendbar ist, es sei denn, ein bestimmter Umsatz wird ausdrücklich dem ermäßigten Steuersatz i. H. v. zurzeit 7 % oder einem Durchschnittssteuersatz, wie beispielsweise für land- und forstwirtschaftliche Betriebe, unterworfen.

4852–4855 *(Einstweilen frei)*

6. Vorsteuerabzug (§§ 15, 15a UStG)

4856 Der Vorsteuerabzug ist das Kernstück der Allphasen-Netto-Umsatzsteuer mit Vorsteuerabzug, weil er sicherstellt, dass sich die Umsatzsteuer bei Umsätzen zwischen Unternehmern grundsätzlich neutral verhält, d. h., dass sie Lieferungen und sonstige Leistungen zwischen Unternehmern grundsätzlich nicht belastet. Dieses Prinzip funktioniert allerdings nur uneingeschränkt bei Umsätzen zwischen Unternehmern, die in vollem Umfang zum Vorsteuerabzug berechtigt sind. Unternehmer, die nicht in vollem Umfang zum Vorsteuerabzug berechtigt sind, bleiben effektiv mit der nicht abziehbaren Vorsteuer belastet.

4857 Der Unternehmer ist berechtigt, Umsatzsteuerbeträge auf Eingangsumsätze, die ihm von einem Unternehmer in Rechnung gestellt wurden, als Vorsteuer abzuziehen, wenn er diese Eingangsumsätze zur Bewirkung von Umsätzen verwendet, die ihrerseits den Vorsteuerabzug nicht ausschließen. Verwendet der Unternehmer einen Eingangsumsatz teilweise zur Bewirkung von Umsätzen, die den Vorsteuerabzug nicht ausschließen (vorsteuerunschädliche Umsätze) und teilweise zur Bewirkung von Umsätzen, die den Vorsteuerabzug ausschließen (vorsteuerschädliche Umsätze), so ist der Vorsteuerbetrag nach Maßgabe wirtschaftlicher Zurechnung **aufzuteilen**.

4858 Ändern sich bei einem Wirtschaftsgut die für den Vorsteuerabzug maßgeblichen Verhältnisse innerhalb von 5 Jahren bzw. innerhalb von 10 Jahren bei Grundstücken und

1 Abschn. 10.5 Abs. 1 Sätze 2 - 4 UStAE.

Gebäuden, so ist der Vorsteuerabzug nach Maßgabe der Vorschriften des § 15a UStG zu berichtigen.

(Einstweilen frei) 4859–4865

7. Besteuerungsverfahren

Die Umsatzsteuer wird grundsätzlich nach vereinbarten Entgelten berechnet. In den in 4866
§ 20 UStG geregelten Fällen, kann das Finanzamt auf Antrag die Berechnung der Steuer nach vereinnahmten Entgelten gestatten.

Der Unternehmer hat bis zum 10.Tag nach Ablauf jedes Voranmeldungszeitraums eine 4867
Voranmeldung nach amtlich vorgeschriebenem Datensatz durch Datenfernübertragung nach Maßgabe der Steuerdaten-Übermittlungsverordnung zu übermitteln, in der er die Steuer für den Voranmeldungszeitraum (Vorauszahlung) selbst zu berechnen hat. Die Vorauszahlung ist am 10.Tag nach Ablauf des Voranmeldungszeitraums fällig.

Voranmeldungszeitraum ist das Kalendervierteljahr. Beträgt die Steuer für das voran- 4868
gegangenen Kalenderjahr mehr als 7 500 €, ist der Kalendermonat Voranmeldungszeitraum. Beträgt die Steuer für das vorangegangene Kalenderjahr nicht mehr als 1 000 €, kann das Finanzamt den Unternehmer von der Verpflichtung zur Abgabe der Voranmeldungen und Entrichtung der Vorauszahlungen befreien.

Der Unternehmer kann an Stelle des Kalendervierteljahres den Kalendermonat als Vor- 4869
anmeldungszeitraum wählen, wenn sich für das vorangegangene Kalenderjahr ein Überschuss zu seinen Gunsten von mehr als 7 500 € ergibt.

Die Umsatzsteuervoranmeldung steht einer Steuerfestsetzung unter dem Vorbehalt 4870
der Nachprüfung gleich. Ergibt sich ein Erstattungsbetrag zugunsten des Unternehmers, gilt dies jedoch erst, wenn die Finanzbehörde zugestimmt hat.

Daneben hat der Unternehmer für das Kalenderjahr eine Steuererklärung abzugeben. 4871
Das Kalenderjahr ist auch dann maßgeblich, wenn der Unternehmer seinen Gewinn für ertragsteuerliche Zwecke für ein vom Kalenderjahr **abweichendes Wirtschaftsjahr** ermittelt. Dies ergibt sich aus dem Fehlen einer § 4a EStG entsprechenden Vorschrift im Umsatzsteuerrecht.

Für bestimmte Sachverhaltskonstellationen gelten – wiederum als Ausnahmen von der 4872
Regel – besondere Besteuerungsverfahren. Insbesondere sind das Reverse Charge Verfahren (Übertragung der Steuerschuldnerschaft gem. § 13b UStG), bei dem unter den in der genannten Vorschrift geregelten gesetzlichen Voraussetzungen nicht der leistende Unternehmer, sondern der Leistungsempfänger die Steuer schuldet, und das Vorsteuervergütungsverfahren, nach dem im Ausland ansässige Unternehmer ihnen in Rechnung gestellte Umsatzsteuer als Vorsteuer geltend machen können, zu beachten.

(Einstweilen frei) 4873–4880

III. Laufende Besteuerung der Personengesellschaft

1. Unternehmereigenschaft der Personengesellschaft

4881 Nach § 2 Abs. 1 Satz 1 UStG ist Unternehmer, wer eine gewerbliche oder berufliche Tätigkeit mit Einnahmeerzielungsabsicht selbständig ausübt. Die Mehrwertsteuersystemrichtlinie bezeichnet als Steuerpflichtigen denjenigen, der eine wirtschaftliche Tätigkeit i. S. d. Art. 9 Abs. 1 der Mehrwertsteuersystemrichtlinie selbständig und unabhängig von ihrem Ort ausübt, gleichgültig zu welchem Zweck und mit welchem Ergebnis. Der Wortlaut dieser Vorschriften zeigt, dass die Umsatzsteuer auf die Tätigkeit des Handelnden und nicht auf seine Rechtsform abstellt. Eine Personengesellschaft ist daher, unabhängig von dem entschiedenen Meinungsstreit über die Rechtsfähigkeit einer Gesellschaft bürgerlichen Rechts[1] unter denselben Voraussetzungen Unternehmer, unter denen auch eine natürliche oder juristische Person den gesetzlichen Tatbestand erfüllt. Dies gilt grundsätzlich für jede Form der Personengesellschaft, sei sie als Gesellschaft bürgerlichen Rechts, als Partnerschaftsgesellschaft, als OHG oder als KG rechtlich ausgestaltet. Besonderheiten gelten bei der stillen Gesellschaft. Vergleiche hierzu die Ausführungen in Rn. 4916.

a) Grundsätzliches

4882 Zur Prüfung der Unternehmereigenschaft der Personengesellschaft ist ihre Tätigkeit unabhängig von derjenigen ihrer Gesellschafter zu beurteilen. Eine Personengesellschaft kann Unternehmerin sein, ohne dass ihre Gesellschafter Unternehmer sind. Umgekehrt können sich mehrere Unternehmer zu einer Personengesellschaft zusammenschließen, ohne dass diese Gesellschaft Unternehmer i. S. d. Umsatzsteuergesetzes ist. Die Tatsache, dass ein oder mehrere Gesellschafter als solche Unternehmer i. S. d. Umsatzsteuergesetzes sind, ist für die Unternehmereigenschaft der Personengesellschaft irrelevant. Auch die **Mitunternehmerschaft** i. S. d. § 15 EStG vermag über die Unternehmereigenschaft im umsatzsteuerrechtlichen Sinne keine Aussage zu treffen.

4883 Generell sei darauf hingewiesen, dass im Bereich der Umsatzsteuer eine **eigene Terminologie** gilt, die von derjenigen anderer Steuerarten, insbesondere der Ertragsteuern, strikt unterschieden werden muss.[2] Die Harmonisierung der Umsatzsteuergesetze der Mitgliedstaaten nach Maßgabe des Gemeinschaftsrechts macht es notwendig, dass umsatzsteuerliche Termini autonom und unabhängig von anderen nicht harmonisierten innerstaatlichen Regelungen ausgelegt werden, damit sie im gesamten Geltungsbereich der Mehrwertsteuersystemrichtlinie denselben Gehalt haben. Dies ist nicht gewährleistet, wenn sie in den einzelnen Mitgliedstaaten unter Rückgriff auf dort geltende ertragsteuerliche, zivilrechtliche oder öffentlich-rechtliche Termini abgegrenzt werden.

---

1 BGH 29. 1. 2001 II ZR 331/00; ausführlich hierzu *Schmidt K.*, NJW 2001, 993.

2 Ausdrücklich hat dies der EuGH für Normen des deutschen Zivilrechts im Urt. 16. 1. 2003 Rs. C-315/00, *Maierhofer*, Rn. 25 f. ausgeführt. Diese Aussage kann für alle Normen des nationalen Rechts verallgemeinert werden.

Das Prinzip der Einheitlichkeit der nationalen Rechtsordnung muss daher hinter dem Prinzip der Einheitlichkeit der europäischen Umsatzsteuerrechtsordnung zurücktreten. 4884

Diesen Anforderungen genügt das deutsche Umsatzsteuergesetz in zahlreichen Vorschriften nicht. Exemplarisch seien die Verweisung auf den Betrieb gewerblicher Art in § 2 Abs. 3 UStG[1] und die Verweisung auf Körperschaften i. S. d. Körperschaftsteuerrechts in § 10 Abs. 5 Nr. 1 UStG genannt. Soweit diese Verweisungen den durch die Mehrwertsteuersystemrichtlinie vorgegebenen Regelungsbereich zu Lasten des Steuerpflichtigen eingrenzen, sind sie mit höherrangigem Gemeinschaftsrecht nicht vereinbar und dürfen insoweit nicht angewandt werden. 4885

Die Verwaltung trägt dieser Erkenntnis schrittweise, beispielsweise bei der umsatzsteuerlichen Behandlung von Leasinggeschäften, Rechnung. Während noch in den UStR 2005 die einkommensteuerliche Beurteilung beim Leasing nach Maßgabe der verwaltungsinternen Erlasse zur Differenzierung von Leasingleistungen (sog. Leasingerlasse)[2] als maßgeblich für die umsatzsteuerliche Beurteilung angesehen wurde, wird in Abschn. 3.5 Abs. 5 Satz 2 UStAE vorsichtiger formuliert und der ertragsteuerlichen Beurteilung lediglich indizielle Wirkung zugestanden. 4886

Die Personengesellschaft ist Unternehmerin, wenn sie im eigenen Namen und auf eigene Rechnung selbständig mit Einnahmeerzielungsabsicht nachhaltig Umsätze tätigt. Der BFH hat im Hinblick auf eine Bruchteilsgemeinschaft entschieden: „Unternehmer i. S. d. § 2 Abs. 1 des Umsatzsteuergesetzes (UStG) kann auch eine Bruchteilsgemeinschaft sein. Rechtsfähigkeit i. S. d. Bürgerlichen Gesetzbuchs (BGB) ist für die Eigenschaft als Steuerpflichtiger i. S. d. UStG nicht erforderlich. Die Verwaltung gemeinschaftlichen Eigentums (des Gegenstandes der Gemeinschaft) kann als unternehmerische Tätigkeit nach den Regeln der Gemeinschaft ausgeführt werden. Der Bildung einer gesonderten GbR bedarf es nicht (...). Vermieten die Miteigentümer eines Grundstücks dieses an eine dritte Person, können sie dies als GbR oder Gemeinschaft tun. Umsatzsteuerrechtlich werden die Vermietungsleistungen von der GbR bzw. der Gemeinschaft ausgeführt. Der Gesellschafter bzw. der Teilhaber wird nicht allein durch seine zivilrechtliche Stellung als Mitvermieter Unternehmer. Nur die GbR bzw. die Gemeinschaft ist (wegen dieser Vermietungsumsätze) Unternehmer i. S. d. § 2 Abs. 1 UStG. Die Tätigkeit der Personenvereinigung wird im Umsatzsteuerrecht nicht ihrem Mitglied zugerechnet. Eine Mitunternehmerschaft kennt das UStG nicht."[3] 4887

(Einstweilen frei) 4888–4890

b) Beginn der Unternehmereigenschaft

Unternehmerisches Handeln beginnt mit der ersten auf eine unternehmerische Tätigkeit gerichteten **Vorbereitungshandlung**. Auf die ggf. erforderliche Eintragung ins Handelsregister kommt es nicht an. Die früher von der Finanzverwaltung vertretene Rechtsauffassung, dass Unternehmer nur derjenige ist, der mindestens einen Umsatz mit 4891

1 Vgl. BFH 17. 3. 2010 XI R 17/08, BFH/NV 2010, 2359, NWB DokID: YAAAD-54319.

2 BMF 19. 4. 1971, BStBl 1971 I 264; 21. 3. 1972, BStBl 1972 I 188; 22. 12. 1975, NWB DokID: BAAAA-76904; 23. 12. 1991, BStBl 1992 I 13.

3 BFH 1. 9. 2010 XI S 6/10, BFH/NV 2010, 2140, NWB DokID: YAAAD-52751.

Wiederholungsabsicht bewirkt hat, ist überholt. Der EuGH hat entschieden, dass bereits derjenige, der ein Gutachten in Auftrag gibt, das die Prüfung der wirtschaftlichen Rentabilität einer beabsichtigten unternehmerischen Aktivität zum Gegenstand hat, unternehmerisch handelt.[1] Dieser Entscheidung lag folgender Sachverhalt zugrunde: INZO war eine belgische Gesellschaft mit dem gesellschaftsvertraglichen Zweck, ein Verfahren zur Behandlung von See- und Brackwasser zum Zwecke der Gewinnung von Trinkwasser zu entwickeln. Zu diesem Zweck gab INZO eine Rentabilitätsstudie in Auftrag. Nachdem diese Studie Rentabilitätsprobleme aufgezeigt hatte, wurde die Gesellschaft aufgelöst, ohne jemals tätig geworden zu sein. Daraufhin forderte die zuständige Steuerbehörde zuvor erstattete Umsatzsteuerbeträge zurück. Der EuGH hat die Unternehmereigenschaft der INZO und damit die Berechtigung zum Vorsteuerabzug bejaht.

4892 Demnach ist bereits derjenige, der belegbar **beabsichtigt**, unternehmerisch tätig zu werden, Unternehmer i. S. d. Umsatzsteuergesetzes, und zwar auch dann, wenn es entgegen dieser Absicht nicht zur Bewirkung von Umsätzen kommt. Man spricht insoweit vom **erfolglosen**, zutreffender vom **umsatzlosen Unternehmer**.

4893 Dieser Rechtsauffassung hat sich der BFH in ständiger Rechtsprechung angeschlossenen.[2]

4894 Von besonderem Interesse ist in diesem Zusammenhang die umsatzsteuerliche Behandlung der **Vorgründungsgesellschaft**. Als Vorgründungsgesellschaft bezeichnet man eine (Personen)Gesellschaft – i. d. R. in der Rechtsform der Gesellschaft bürgerlichen Rechts – zu der sich die zukünftigen Gesellschafter einer Kapitalgesellschaft zusammengeschlossen haben, um deren Gründung zu betreiben. Hiervon zu unterscheiden ist die **Vorgesellschaft**. Bei dieser handelt es sich um die Kapitalgesellschaft in Gründung, im Stadium zwischen Abschluss des notariellen Gesellschaftsvertrags (Satzung) bis zur Eintragung der Gesellschaft ins Handelsregister. Während man sowohl gesellschaftsrechtlich[3] als auch ertragsteuerlich[4] und dieser Wertung folgend auch umsatzsteuerlich[5] von der Identität der Vorgesellschaft mit der gegründeten Kapitalgesellschaft ausgeht, handelt es sich bei der Vorgründungsgesellschaft um eine von der gegründeten Gesellschaft zu unterscheidende Rechtspersönlichkeit.

4895 Die Gesellschafter einer GmbH wählen die Rechtsform der GmbH regelmäßig unter anderem deswegen, um die eigene Haftung auszuschließen. Aus diesem Grunde ist es zur Vermeidung der Rechtsfolge des § 11 Abs. 2 GmbHG die erklärte Absicht der Gesellschafter, im Stadium der Vorgründungsgesellschaft gerade nicht unternehmerisch i. S. d. Umsatzsteuergesetzes tätig zu werden. Erwirbt die Vorgründungsgesellschaft Wirtschaftsgüter oder bezieht sie Dienstleistungen, die die gegründete und eingetragene GmbH zur Bewirkung von Umsätzen verwendet oder zu verwenden beabsichtigt, so

1 EuGH 29. 2. 1996 Rs. C-110/94, *INZO*, BStBl 1996 II 655.

2 BFH 22. 3. 2001 V R 46/00, BStBl 2003 II 433; 8. 3. 2001 V R 24/98, BStBl 2003 II 430; 17. 5. 2001 V R 38/00, BStBl 2003 II 434.

3 BGH 7. 5. 1984 II ZR 276/83.

4 BFH 14. 10. 1992 I R 17/92, BStBl 1993 II 352.

5 *Klenk* in Sölch/Ringleb, UStG § 2 Rn. 201, m. w. N.

stellt sich im Rahmen der Prüfung der Berechtigung zum Vorsteuerabzug die Frage nach der Unternehmereigenschaft der Vorgründungsgesellschaft.

Umsatzsteuerlich besteht das Problem, dass einerseits die Unternehmereigenschaft der späteren Kapitalgesellschaft der Vorgründungsgesellschaft nicht zugerechnet werden kann und andererseits die **Unternehmereigenschaft** der Vorgründungsgesellschaft zweifelhaft ist. 4896

Der EuGH, dem der BFH die Rechtsfrage zur Entscheidung vorgelegt hat,[1] bejaht die Unternehmereigenschaft der Vorgründungsgesellschaft und damit das Recht zum Vorsteuerabzug.[2] 4897

Das gefundene Ergebnis erscheint sachgerecht, auch wenn es der Begründung an Überzeugungskraft mangelt. Eine Person, die Gegenstände für Zwecke einer wirtschaftlichen Tätigkeit i. S. d. Mehrwertsteuerrichtlinie erwirbt, tue dies – so der EuGH – in ihrer Eigenschaft als Steuerpflichtige. Die Geltung dieser Feststellung hänge nicht von der Identität des Unternehmers ab, der die fragliche Tätigkeit ausübt.[3] Auch wenn der Erwerber eines Gegenstandes selbst nicht die Absicht hat, steuerbare Umsätze auszuführen, so betrifft dennoch die in Rechnung gestellte Mehrwertsteuer Eingangsleistungen, die er zur Durchführung von steuerbaren Umsätzen in Anspruch genommen hat, auch wenn es sich dabei nur um beabsichtigte Umsätze der späteren Kapitalgesellschaft handelt.[4] 4898

Der BFH schließt sich dieser Rechtsauffassung an. „Eine zur Gründung einer Kapitalgesellschaft errichtete Personengesellschaft ..., die nach Gründung der Kapitalgesellschaft die bezogenen Leistungen in einem Akt gegen Entgelt an diese veräußert und andere Ausgangsumsätze von vornherein nicht beabsichtigt hatte, ist zum Abzug der Vorsteuer für den Bezug von Dienstleistungen und Gegenständen ... berechtigt .... Maßgebend sind insoweit die beabsichtigten Umsätze der Kapitalgesellschaft.“[5] 4899

Der Erwerber eines Gegenstandes ist demnach auch dann zum Vorsteuerabzug berechtigt, wenn nicht er selbst, sondern ein anderer, diesen zur Ausübung einer wirtschaftlichen Tätigkeit bezieht. 4900

Vor dem Hintergrund dieser Rechtsprechung ergeben sich neue Fragestellungen nach dem Vorsteuerabzug des Gründers einer Ein-Mann-GmbH sowie bei Gründungshandlungen oder vorbereitenden Maßnahmen von Gesellschaftern von Personengesellschaften, die selbst nicht Unternehmer sind. 4901

(Einstweilen frei) 4902–4905

c) Ende der Unternehmereigenschaft

Die Unternehmereigenschaft endet, wenn der Unternehmer die Tatbestandsmerkmale des § 2 UStG bzw. des Art. 9 der Mehrwertsteuersystemrichtlinie nicht mehr erfüllt. 4906

1 BFH 23. 1. 2002 V R 84/99, BStBl 2005 II 155.
2 EuGH 29. 4. 2004 Rs. C-137/02, *Faxworld*, DB 2004, 1080; NWB DokID: IAAAB-72574.
3 EuGH 29. 4. 2004 Rs. C-137/02, *Faxworld*, Rz. 28, DB 2004, 1080, NWB DokID: IAAAB-72574.
4 EuGH 29. 4. 2004 Rs. C-137/02, *Faxworld*, Rz. 41, DB 2004, 1080, NWB DokID: IAAAB-72574.
5 BFH 15. 7. 2004 V R 84/99, BStBl 2005 II 155.

Dies ist dann der Fall, wenn er nicht mehr nachhaltig mit Einnahmeerzielungsabsicht wirtschaftlich tätig ist.

4907 Ebenso wie der eigentlichen unternehmerischen Tätigkeit eine Vorbereitungsphase vorangeht, die entsprechend den Ausführungen in Rn. 4121 als unternehmerisch zu qualifizieren ist, werden durch die beendete wirtschaftliche Tätigkeit häufig nachfolgende Arbeiten verursacht, die noch der unternehmerischen Tätigkeit zuzuordnen sind. Die Unternehmereigenschaft endet mit Abschluss der letzten auf das Unternehmen bezogenen Handlungen, auch wenn diese Tätigkeiten nicht mehr auf eine wirtschaftliche Tätigkeit nach außen gerichtet sind. So wird beispielsweise eine Beratungsleistung eines Rechtsanwalts, die sich auf die Beendigung der letzten Arbeitsverhältnisse der Arbeitnehmer einer vormals unternehmerisch tätigen KG i. L. bezieht, für das Unternehmen der Gesellschaft bezogen, mit der Folge, dass die in Rechnung gestellte Umsatzsteuer beim Vorliegen der sonstigen Voraussetzungen des § 15 UStG als Vorsteuer abgezogen werden kann. Auch Nachsorgeleistungen eines Deponieunternehmens, die die Inanspruchnahme von Lieferungen oder sonstigen Leistungen lange nach der Bewirkung des letzten eigenen Umsatzes erforderlich machen, sind unternehmerisch und berechtigen den vormals aktiven (Noch-)Unternehmer beim Vorliegen der sonstigen Voraussetzungen zum Vorsteuerabzug. Der EuGH hat in diesem Sinne eine Person, die ihre wirtschaftliche Tätigkeit zwar eingestellt hatte, aber für die Räume, die sie für Zwecke des Unternehmens gemietet hatte, weiterhin Miete zzgl. USt zahlen musste, weil sie sich zivilrechtlich aus dem Mietvertrag nicht lösen konnte, als vorsteuerabzugsberechtigten Unternehmer behandelt.[1]

4908 Existiert die Gesellschaft nach der Aufgabe der unternehmerischen Tätigkeit fort, ohne eine unternehmerische Tätigkeit auszuüben, so ist sie nicht mehr Unternehmerin i. S. d. Umsatzsteuergesetzes. Verwaltet die Gesellschaft den Erlös aus der Veräußerung des Unternehmens weiterhin als Gesamthandvermögen, so handelt es sich hierbei nicht um eine wirtschaftliche Tätigkeit i. S. d. Art. 9 der Mehrwertsteuersystemrichtlinie. Ein Vorsteuerabzug auf Eingangsleistungen, die für Zwecke der Verwaltung des Gesamthandvermögens verwendet werden, ist nicht möglich.

4909 Demgegenüber fehlt der Bezug zum Unternehmen nach Ansicht des BFH dann nicht, wenn die Erben eines unternehmerisch tätigen Erblassers zu dessen Unternehmensvermögen gehörende Gegenstände veräußern. Auch wenn die Erben, das Unternehmen des Erblassers nicht fortführen wollen oder können – im Streitfall besaß keiner der Erben die hierfür erforderliche Qualifikation – liegt insoweit eine Lieferung mit Bezug zum Unternehmen des Erblassers vor. Die Veräußerung eines zum Unternehmensvermögen des Erblassers gehörenden Gegenstandes durch den Gesamtrechtsnachfolger sei daher eine steuerbare und steuerpflichtige Lieferung.[2]

4910–4915 *(Einstweilen frei)*

1 EuGH 3. 3. 2005 Rs. C-32/03, *Fini*, DB 2005, 594; NWB DokID: LAAAB-72722.
2 BFH 13. 1. 2010 V R 24/07, BStBl 2011 II 241.

d) Innengesellschaft

Gesellschaften, die keine rechtlichen oder tatsächlichen Aktivitäten nach außen entwickeln, bezeichnet man als Innengesellschaften. Hierzu zählen in erster Linie die (**typisch** und **atypisch**) **stille Gesellschaft** und die nicht unternehmenstragende Gesellschaft bürgerlichen Rechts. Bei der stillen Gesellschaft wird nur der Inhaber des Gewerbebetriebes nach außen tätig. Der stille Gesellschafter beteiligt sich nach § 230 Abs. 1 HGB an einem Handelsgewerbe, das ein anderer betreibt. Lediglich dieser Betreiber des Handelsgewerbes kann Lieferungen oder Dienstleistungen erbringen und damit Unternehmer sein. 4916

Bei einer nicht unternehmenstragenden GbR werden etwaige nach außen gerichtete Rechtsbeziehungen ausschließlich von deren Gesellschaftern in deren Namen begründet. Eine Innengesellschaft ist keine umsatzsteuerrechtliche Unternehmerin, weil sie keine nach außen gerichtete wirtschaftliche Tätigkeit ausübt. Dies gilt ungeachtet ihrer ertragsteuerlichen Qualifikation als **Mitunternehmerschaft** auch für die **atypisch stille Gesellschaft.** Unternehmer i. S. d. Umsatzsteuergesetzes ist bei einer stillen Gesellschaft der Inhaber des Handelsgewerbes, an dem sich der stille Gesellschafter beteiligt.[1] 4917

(Einstweilen frei) 4918–4920

e) Außengesellschaft ohne eigene Umsätze – Holding

Auch bei einer **Außengesellschaft** setzt die Unternehmereigenschaft unternehmerisches Handeln voraus. Das Umsatzsteuerrecht kennt keine Unternehmereigenschaft kraft Rechtsform. Eine den Vorschriften der § 8 Abs 2 KStG, § 2 Abs. 2 Satz 1 GewStG oder § 15 Abs. 1 Nr. 2 Satz 1 EStG ähnliche Norm kennt das Umsatzsteuerrecht nicht. Eine (Personen)Gesellschaft, die selbst keine unternehmerischen Aktivitäten entfaltet bzw. Umsätze zu tätigen beabsichtigt, ist nicht Unternehmerin. Daher fehlt es einer **Finanzholding**, die sich darauf beschränkt, Beteiligungen an Gesellschaften zu halten und zu verwalten, ohne selbst gegen Entgelt entweder in die Verwaltung der Gesellschaften einzugreifen oder in sonstiger Weise unternehmerisch tätig zu werden, an der Unternehmereigenschaft.[2] Der EuGH urteilt in ständiger Rechtsprechung, dass „der bloße Erwerb, das bloße Halten und der bloße Verkauf von Aktien an sich keine wirtschaftlichen Tätigkeiten i. S. d. Mehrwertsteuersystemrichtline darstellen. Denn diese Vorgänge beinhalten nicht die Nutzung eines Gegenstands zur nachhaltigen Erzielung von Einnahmen, da das einzige Entgelt dieser Vorgänge in einem etwaigen Gewinn beim Verkauf dieser Aktien liegt.[3] 4921

Demgegenüber ist eine **geschäftsleitende Holding,** die aktiv in die geschäftlichen Aktivitäten der Beteiligungsgesellschaften eingreift, dann Unternehmerin i. S. d. Umsatzsteuerrechts ist, wenn sie entgeltlich tätig ist. Dies ist dann nicht der Fall, wenn sie aus- 4922

---

1 *Klenk* in Sölch/Ringleb, UStG § 2 Rn. 29.

2 EuGH 29. 6. 1991 Rs. C-60/90, *Polysar*, Seg. 1991, I-3111; 22. 6. 1993 Rs. C-333/91, *Sofitam*, Seg. 1993, I-3513.

3 EuGH 29. 10. 2009 Rs. C-29/08, *SKF*, DStR 2009, 2311.

schließlich Dividenden und Zinsen vereinnahmt, da dies keine wirtschaftliche Tätigkeit i. S.v. Art. 9 der Mehrwertsteuersystemrichtlinie darstellt.[1] Damit steht fest, dass auch für eine Holdinggesellschaft keine Ausnahme von dem Grundsatz existiert, wonach nur derjenige Unternehmer ist, der selbst Umsätze gegen Entgelt bewirkt. Es bestehen Zweifel. Ob diese Rechtsauffassung dem wirtschaftlichen Gehalt der Tätigkeit einer Holding gerecht wird.[2] Ob eine Holding Leistungen gegenüber fremden Dritten oder nur gegenüber Gesellschaften erbringt, an denen sie Beteiligungen hält, erscheint bei wirtschaftlicher Betrachtung für die Bejahung der Unternehmereigenschaft von untergeordneter Bedeutung zu sein.[3] Es erscheint nicht sachgerecht, wenn bei einer unternehmensleitenden Holding die umsatzsteuerliche Unternehmereigenschaft vom Vorhandensein bzw. Umfang der eigenen Umsätze an die Tochtergesellschaften abhängig sein soll.[4]

4923–4925 *(Einstweilen frei)*

f) Sphärentheorie

4926 Der BFH vertritt in ständiger Rechtsprechung die Rechtsansicht, dass eine Gesellschaft, ähnlich wie eine natürliche Person auch eine nicht unternehmerische Sphäre haben kann (sog. **Sphärentheorie**).[5] Der unternehmerische Bereich werde gegenständlich durch die der Umsatzsteuer unterliegenden Umsätze bestimmt. Soweit die Gesellschaft Tätigkeiten ausübt, die als nicht unternehmerisch zu beurteilen sind, sei diese Tätigkeit dem **nichtunternehmerischen Bereich** zuzuordnen. Der BFH hat seine Grundsätze zur Sphärentheorie in seiner Entscheidung vom 6. 5. 2010[6] zusammengefasst und präzisiert. Der Entscheidung lag der Sachverhalt einer Gesellschaft zugrunde, die steuerpflichtige Leistungen an andere erbrachte, und als Anleiheschuldnerin Inhaberschulverschreibungen ausgab. Streitig war die Vorsteuerabzugsberechtigung hinsichtlich umsatzsteuerbelasteter Eingangsleistungen im Zusammenhang mit der Ausgabe der Inhaberschuldverschreibungen.

4927 Für den Vorsteuerabzug komme es zunächst darauf an, ob der erforderliche Zusammenhang zu einzelnen Ausgangsumsätzen des Unternehmers vorliegt und ob diese Umsätze zum Vorsteuerabzug berechtigen. Bestehe kein direkter und unmittelbarer Zusammenhang zwischen einem bestimmten Eingangsumsatz und einem oder mehreren Ausgangsumsätzen, sei der Unternehmer gleichwohl zum Vorsteuerabzug berechtigt, wenn die Kosten für die fraglichen Dienstleistungen zu seinen allgemeinen Aufwendungen gehören und – als solche – Bestandteile des Preises der von ihm gelieferten Gegenstände oder erbrachten Dienstleistungen sind. Derartige Kosten hängen dann direkt und unmittelbar mit der wirtschaftlichen Gesamttätigkeit des Steuerpflichtigen

1 EuGH 14. 11. 2000 Rs. C-142/99, *Floridienne*, n.v., NWB DokID: WAAAB-72578; 27. 9. 2001 Rs. C-16/00, *Cibo Participations*, HFR 2001, 1213.

2 Vgl. *Stadie* in Rau/Dürrwächter, UStG § 2 Rz. 45 ff.

3 Ausführlich zum Thema Holding und Umsatzsteuer *Eggers/Korf*, DB 2001, 298; *Eggers/Korf*, DB 2002, 1238.

4 Ausführlich hierzu *Stadie* in Rau/Dürrwächter, UStG § 2 Rz. 47 ff.

5 BFH 20. 12. 1984 V R 25/76, BStBl 1985 II 176; 15. 1. 1987 V R 3/77, BStBl 1987 II 512; 28. 9. 1988 X R 6/82, BStBl 1989 II 122; 20. 1. 1988 X R 48/81, BStBl 1988 II 557.

6 BFH 6. 5. 2010 V R 29/09 BStBl 2010 II 885.

zusammen. Voraussetzung sei hierfür allerdings, dass diese Gesamttätigkeit zu zum Vorsteuerabzug berechtigenden Umsätzen führt.

Gehe der Unternehmer schließlich zugleich steuerpflichtigen oder steuerfreien wirtschaftlichen Tätigkeiten und nichtwirtschaftlichen, nicht in den Anwendungsbereich der Mehrwertsteuersystemrichtlinie fallenden Tätigkeiten nach, sei der Abzug der Vorsteuer auf Aufwendungen für bezogene Leistungen nur insoweit zulässig, als diese Aufwendungen der wirtschaftlichen Tätigkeit des Steuerpflichtigen zuzurechnen sind. 4928

Dass die Klägerin im vom BFH zu entscheidenden Fall die von ihr für die Begebung der Schuldverschreibungen bezogenen Leistungen nicht unmittelbar für eine steuerbare Ausgangsleistung verwendet hat, stehe dem Vorsteuerabzug der Klägerin nicht entgegen, da sie das durch die Schuldverschreibungen erhaltene Kapital für ihre umsatzsteuerpflichtige Umsatztätigkeit zu verwenden beabsichtigte. 4929

Gebe der Unternehmer aber nichtsteuerbare Aktien – oder wie im Streitfall Schuldverschreibungen – aus, um sein Kapital zugunsten seiner wirtschaftlichen Tätigkeit im Allgemeinen zu stärken, seien die Kosten der Dienstleistungen, die er hierfür bezieht, Teil seiner allgemeinen Kosten und gehörten damit zu den Preiselementen seiner Produkte. Die bezogenen Dienstleistungen hängen dann direkt und unmittelbar mit der wirtschaftlichen Gesamttätigkeit des Steuerpflichtigen zusammen. 4930

Das Recht zum Vorsteuerabzug ergebe sich in diesem Falle daraus, dass trotz des Fehlens eines direkten und unmittelbaren Zusammenhangs zu einem bestimmten zum Vorsteuerabzug berechtigenden Ausgangsumsatz gleichwohl ein direkter und unmittelbarer Zusammenhang zu ihrer wirtschaftlichen und zum Vorsteuerabzug berechtigenden Gesamttätigkeit bestehe, da die Steuerpflichtige mit der Begebung der Inhaberschuldverschreibungen beabsichtigte, ihre steuerpflichtige Tätigkeit zu finanzieren. 4931

Bezogen auf die **Holdinggesellschaft** stellt sich die Frage des Umfangs des Unternehmens hinsichtlich dieser Sphärentheorie insbesondere auch unter dem Aspekt, ob eine Beteiligung im unternehmerischen oder in nichtunternehmerischen Bereich gehalten wird. 4932

Nach Auffassung der Finanzverwaltung können Unternehmer, die neben ihrer unternehmerischen Betätigung auch Beteiligungen an anderen Gesellschaften halten, diese Beteiligungen grundsätzlich nicht dem Unternehmen zuordnen. Bei diesen Unternehmen sei deshalb eine Trennung des unternehmerischen Bereichs vom nichtunternehmerischen Bereich geboten 4933

Das Erwerben, Halten und Veräußern einer gesellschaftsrechtlichen Beteiligung stelle nur dann eine unternehmerische Tätigkeit dar, 4934

- soweit die Beteiligung im Sinne eines gewerblichen Wertpapierhandels gewerbsmäßig erworben und veräußert werden oder
- wenn die Beteiligung nicht um ihrer selbst willen gehalten wird, sondern der Förderung einer bestehenden oder beabsichtigten unternehmerischen Tätigkeit dient, oder
- soweit die Beteiligung, abgesehen von der Ausübung der rechte als Gesellschafter oder Aktionär, zum Zweck des unmittelbaren Eingreifens in die Verwaltung der Ge-

sellschaften, an denen die Beteiligung besteht, erfolgt. Die Leistungen müssen dabei zwingend durch unternehmerische Leistungen im Sinne des Umsatzsteuerrechts erfolgen, z. B. durch das entgeltliche Erbringen von administrativen, finanziellen, kaufmännischen und technischen Dienstleistungen an die jeweilige Beteiligungsgesellschaft.[1]

4935 Die Sphärentheorie ist umstritten.[2] Es bestehen Zweifel, ob sie vollumfänglich im Einklang mit den Grundsätzen der Rechtsprechung des EuGH steht, der Leistungen im Zusammenhang mit dem Erwerb von Beteiligungen als allgemeine Kosten des Steuerpflichtigen ansieht, die, unter der Voraussetzung, dass dieser nach den erörterten Kriterien als Unternehmer anzusehen ist, zum Vorsteuerabzug berechtigen. Der EuGH hielt es für nicht entscheidungserheblich, sich mit der Frage eines nicht unternehmerischen Bereichs auseinander zu setzen, obgleich der Generalanwalt sich hierzu differenziert geäußert hatte.[3] In einer späteren Entscheidung hat der EuGH entschieden, dass der Abzug der Vorsteuer auf Aufwendungen im Zusammenhang mit der Ausgabe von Aktien und atypisch stillen Beteiligungen nur insoweit zulässig ist, als diese Aufwendungen der wirtschaftlichen Tätigkeit des Steuerpflichtigen zuzurechnen sind.[4] *Korf/Kurtz* fassen den Stand der Diskussion mit dem Fazit zusammen, dass dem EuGH die Sphärentheorie fremd sei. Der unterscheide vielmehr auf der Ausgangseite nach Tätigkeiten und auf der Eingangsseite nach den Zwecken des Leistungsbezugs. Die in Deutschland vorherrschende Sichtweise, die lediglich die wirtschaftlichen Tätigkeiten als das Unternehmen ansieht, stehe nicht im Einklang mit dem Gemeinschaftsrecht.[5]

4936–4940 *(Einstweilen frei)*

g) Organschaft

4941 Das Gemeinschaftsrecht gestattet den Mitgliedstaaten die Einführung einer umsatzsteuerlichen Organschaft. Gemäß Art. 11 MwStSystRL kann jeder Mitgliedstaat in seinem Gebiet ansässige Personen, die zwar rechtlich unabhängig, aber durch gegenseitige finanzielle, wirtschaftliche und organisatorische Beziehungen eng miteinander verbunden sind, zusammen als einen Steuerpflichtigen behandeln. Von diesem Wahlrecht haben bislang neben Deutschland siebzehn Mitgliedstaaten[6] Gebrauch gemacht.

4942 Der Gesetzgeber des UStG regelt in § 2 Abs. 2 Nr. 2 UStG, dass eine umsatzsteuerliche Organschaft dann vorliegt, wenn eine juristische Person nach dem Gesamtbild der tatsächlichen Verhältnisse finanziell, wirtschaftlich und organisatorisch in das Unternehmen des Organträgers eingegliedert ist. **Eine Personengesellschaft kann damit zwar Organträgerin, nicht jedoch Organgesellschaft sein**, da sie keine juristische Person ist. Die-

1 Abschn. 2.3 Abs. 2 u. 3 UStAE.

2 Zum Streitstand: *Korf/Kurtz*, Handeln als Steuerpflichtiger, UR 2010 0086; *Englisch*, Umsatzsteuerrechtliche Behandlung gesellschaftsrechtlicher Beteiligungen, UR 2007, 290.

3 EuGH, Schlussantrag des Generalanwalts Fennelly v. 4. 4. 2000 Rs. C-142/99, *Floridienne*, NWB DokID: WAAAB-72578; vgl. hierzu auch die umfangreichen Ausführungen von *v. Streit*, UR 2003, 1 ff.

4 EuGH 13. 3. 2008 Rs. C-437/06, *Securenta*, NWB DokID: KAAAC-75868.

5 *Korf/Kurtz*, Handeln als Steuerpflichtiger, UR 2010, 86 [102].

6 Österreich, Belgien Zypern, Tschechien, Dänemark, Estland, Finnland, Ungarn, Irland, Italien, Litauen, Die Niederlande, Rumänien, Slowakei, Spanien, Schweden, Großbritannien.

se Einschränkung ergibt sich nicht zwingend aus der zitierten Vorschrift der Mehrwertsteuersystemrichtlinie. Es bestehen daher Zweifel, ob diese Einschränkung mit den Vorgaben der Mehrwertsteuersystemrichtlinie in Einklang steht. Nach Ansicht von Birkenfeld spricht viel dafür, dass die Regelung zur Organschaft in der Mehrwertsteuersystemrichtlinie auch Personengesellschaften einschließt. Eine Begrenzung auf juristischen Personen sei mit dem Neutralitätsgrundsatz unvereinbar.[1]

Grundvoraussetzung für die Annahme einer Organschaft ist, dass **sowohl** die potenzielle **Organträgerin als auch** die potenzielle **Organgesellschaft** unter Außerachtlassung der Rechtsfolgen der Organschaft **Unternehmer** ist. Kurz gesagt können sich nur Unternehmer zu einer Organschaft zusammenschließen. Nichtunternehmer werden auch durch die Rechtsfigur der Organschaft nicht zu Unternehmern. Die Theorie vom mittelbaren Unternehmer,[2] die die unternehmerische Tätigkeit der Tochtergesellschaft der Muttergesellschaft zugerechnet hat und diese deswegen als Unternehmer und damit als geeigneten Organträger ansah, kann angesichts der Rechtsprechung des EuGH[3] keinen Bestand mehr haben.[4] Die Organschaft umfasst nur den unternehmerischen Bereich der Organgesellschaft. Ist daher ein Bereich der Organträgergesellschaft nach den oben unter den Rn. 4926 ff. dargestellten Kriterien als nicht zum Unternehmen gehörig zu beurteilen, so wird dieser Teil auch nicht unter dem Aspekt der Organschaft Teil des Unternehmens. Leistungen der Organschaft in diesen Bereich sind entweder als steuerbare Leistungen bzw. als unentgeltliche Wertabgaben der Umsatzsteuer zu unterwerfen. Eingangsleistungen, die in diesem Bereich verwendet werden, berechtigen nicht zum Vorsteuerabzug. 4943

Die Rechtsfolgen der Organschaft treten beim Vorliegen der gesetzlichen Voraussetzungen zwingend ein. Weder das UStG noch das Gemeinschaftsrecht sehen ein **Wahlrecht** für den Eintritt der Rechtsfolgen einer umsatzsteuerlichen Organschaft vor.[5] Zwar sind die Mitgliedstaaten berechtigt, die umsatzsteuerliche Organschaft als Wahlrecht auszugestalten,[6] sie sind hierzu jedoch nicht gezwungen.[7] Neben Deutschland hat nur Österreich die Rechtsfolgen der Organschaft als zwingende Rechtsfolge ausgestaltet. 4944

Finanzielle Eingliederung liegt vor, wenn der Organträger an der Organgesellschaft in einer Weise beteiligt ist, dass er in dieser seinen Willen durchzusetzen in der Lage ist. Dies ist dann der Fall, wenn die Muttergesellschaft mittelbar oder unmittelbar die Mehrheit der Geschäftsanteile und über 50 % der Stimmrechte an der Tochtergesellschaft innehat, sofern keine höhere qualifizierte Mehrheit für die allgemeine Beschlussfassung in der Organgesellschaft erforderlich ist.[8] Eine nichtunternehmerische Zwi- 4945

1 Vgl. *Birkenfeld*, UR 2008, 2.
2 *Stadie* in Rau/Dürrwächter, UStG § 2 Rn. 28.
3 EuGH 14. 11. 2000 Rs. C-142/99, *Floridienne*, n.v., NWB DokID: WAAAB-72578; 27. 9. 2001 Rs. C-16/00, *Cibo Participations*, HFR 2001, 1213.
4 FG München 8. 6. 2000 14 K 3287/97, NWB DokID: VAAAB-09773.
5 BFH 29. 10. 2008 XI R 74/07, BStBl 2009 II 256.
6 EuGH 22. 5. 2008 Rs. C-162/07, *Ampliscientifica/Amplifin*, HFR 2008, 878.
7 BFH 29. 10. 2008 XI R 74/07, BStBl 2009 II 256.
8 BFH 22. 4.2010 V R 9/09, BFH/NV 2010, 1581.

schenholding schließt die Existenz einer Organschaft nicht aus. Für die finanzielle Eingliederung einer Organgesellschaft in das Unternehmen des Organträgers ist es ausreichend, wenn die finanzielle Eingliederung mittelbar über eine nichtunternehmerisch tätige Tochtergesellschaft des Organträgers oder einer Organgesellschaft erfolgt. Diese Zwischenholding wird hierdurch jedoch nicht Bestandteil des Organkreises, sondern bildet eine nichtunternehmerische „Blase" innerhalb des Unternehmens der Organschaft (sog. **Blasentheorie**).[1]

4946 Der BFH hat seine früher vertretene und vom ertragsteuerlichen **Transparenzprinzip** geprägte Rechtsauffassung, wonach eine Schwester-Kapitalgesellschaft und eine Schwester-Personengesellschaft Organgesellschaften einer gemeinsamen Organträgergesellschaft sein können, aufgegeben. „Verfügen mehrere Gesellschafter nur gemeinsam über die Anteilsmehrheit an einer GmbH und einer Personengesellschaft, ist die GmbH nicht finanziell in die Personengesellschaft eingegliedert".[2]

4947 Im Rahmen der umsatzsteuerrechtlichen Organschaft kann von der finanziellen Eingliederung weder auf die organisatorische noch auf die wirtschaftliche Eingliederung geschlossen werden.[3]

4948 **Wirtschaftliche Eingliederung** ist gegeben, wenn das Unternehmen der Organgesellschaft das Unternehmen der Organträgergesellschaft wirtschaftlich fördert und ergänzt.[4] Sie kann bei entsprechend deutlicher Ausprägung der finanziellen und organisatorischen Eingliederung bereits dann vorliegen, wenn zwischen dem Organträger und der Organgesellschaft erhebliche wirtschaftliche Beziehungen bestehen, insbesondere braucht dann die Organgesellschaft nicht vom Organträger abhängig zu sein. Demnach genügt es für die wirtschaftliche Eingliederung, wenn zwischen dem Organträger und dem Unternehmen des Organträgers ein vernünftiger wirtschaftlicher Zusammenhang i. S. einer wirtschaftlichen Einheit, Kooperation oder Verflechtung vorhanden ist. Die Tätigkeit von Organträger und Organgesellschaften müssen aufeinander abgestimmt sein. Sie müssen sich fördern und ergänzen.[5] Noch deutlicher formuliert das hessische Finanzgericht, wonach es für die wirtschaftliche Eingliederung ausreicht, dass gegenseitige wirtschaftliche Beziehungen bestehen, durch die die beteiligten Personen eng miteinander verbunden sind.[6] Nach richtlinienkonformer Auslegung ist es daher nicht mehr erforderlich, dass das beherrschte Unternehmen den gewerblichen Zwecken des herrschenden Unternehmers dient. Bei deutlicher Ausprägung der finanziellen und organisatorischen Eingliederung kann eine wirtschaftliche Eingliederung und damit eine Organschaft schon bei mehr als nur unerheblichen Geschäftsbeziehungen vorliegen.[7] Für die wirtschaftliche Eingliederung genügt es, dass zwischen der Organgesellschaft und dem Unternehmen des Organträgers ein vernünftiger wirt-

1 Abschn. 2.8 Abs. 4 UStAE.

2 BFH 22. 4. 2010 V R 9/09, BFH/NV 2010, 1581; 6. 5. 2010 V R 24/09, BFH/NV 2011,76; 10. 6. 2010 V R 62/09, BFH/NV 2011, 79.

3 BFH 14. 2. 2008 V R 12/06, V R 13/06, BFH/NV 2008, 1365; 3. 4. 2008 V R 76/05, BStBl 2008 II 905.

4 BFH 25. 6. 1998 V R 76/97, NWB DokID: UAAAA-62532.

5 BFH 3. 4. 2003 V R 63/01, BStBl 2004 II 434.

6 Hessisches FG 17. 6. 2003 6 K 493/99, EFG 2003, 1046, rkr.

7 BFH 29. 10. 2008 XI R 74/07, BStBl 2009 II 256.

schaftlicher Zusammenhang im Sinne einer wirtschaftlichen Einheit, Kooperation oder Verflechtung vorhanden ist. Die Tätigkeiten von Organträger und Organgesellschaft müssen lediglich aufeinander abgestimmt sein und sich dabei fördern und ergänzen Hierfür reicht das Bestehen von mehr als nur unerheblichen Beziehungen zwischen Organträger und Organgesellschaft aus; insbesondere braucht die Organgesellschaft nicht wirtschaftlich vom Organträger abhängig zu sein.[1] Keine wirtschaftliche Eingliederung liegt vor, wenn den entgeltlichen Leistungen des Gesellschafters für die Unternehmertätigkeit der Untergesellschaft nur unwesentliche Bedeutung zukommt. Dies ist der Fall, wenn der Gesellschafter für die Gesellschaft lediglich Verwaltungsaufgaben in den Bereichen Buchführung und laufende Personalverwaltung übernimmt.[2] Wirtschaftliche Eingliederung liegt demnach vor, wenn Organträger und Organgesellschaft **arbeitsteilig einen gemeinsamen wirtschaftlichen Zweck verfolgen**.

Nach Ansicht des BFH genügt die Vermietung eines Betriebsgrundstücks durch die Organträgerin an die Organgesellschaft, wenn dieses für die Organgesellschaft von nicht nur geringer Bedeutung ist, weil es die räumliche und funktionale Grundlage der Geschäftstätigkeit der Organgesellschaft bildet.[3] 4949

Eine wirtschaftliche Eingliederung kann sich auch aus einer Verflechtung zwischen den Unternehmensbereichen verschiedener Organgesellschaften ergeben.[4] Beruht die wirtschaftliche Eingliederung auf Leistungen des Organträgers an die Organgesellschaft, müssen entgeltliche Leistungen vorliegen, denen für das Unternehmen der Organgesellschaft mehr als nur unwesentliche Bedeutung zukommt.[5] 4950

Die **organisatorische Eingliederung** setzt voraus, dass durch organisatorische **Maßnahmen** über die Einflussmöglichkeit als Mehrheitsgesellschafter hinaus sichergestellt ist, dass die Organgesellschaft bei der laufenden Geschäftsleitung die Weisungen der Organträgergesellschaft auch tatsächlich ausführt. Die organisatorische Eingliederung setzt voraus, dass die mit der finanziellen Eingliederung verbundene Möglichkeit der Beherrschung der Tochtergesellschaft durch die Muttergesellschaft in der laufenden Geschäftsführung wirklich wahrgenommen wird. Es kommt deshalb darauf an, dass der Organträger die Organgesellschaft durch die Art und Weise der Geschäftsführung beherrscht oder aber zumindest durch die Gestaltung der Beziehungen zwischen dem Organträger und der Organgesellschaft sichergestellt ist, dass eine vom Willen des Organträgers abweichende Willensbildung bei der Organtochter nicht stattfindet. Die organisatorische Eingliederung geschieht **in aller Regel durch die personelle Verflechtung der Geschäftsführungen**. Der aktienrechtlichen Eingliederungsvermutung des § 17 Abs. 2 AktG kommt keine Bedeutung im Hinblick auf die organisatorischen Eingliederung zu.[6] 4951

1 BFH 22. 10. 2009 V R 14/08, BFH/NV 2010, 773.
2 BFH 20. 8. 2009 V R 30/06, BStBl 2010 II 863.
3 BFH 29. 1. 2009 V R 67/07, BStBl 2009 II 1029.
4 BFH 20. 2. 2009 V R 30/06, BStBl 2010 II 863.
5 BFH 18. 6. 2009 V R 4/08, BStBl 2010 II 0310.
6 BFH 3. 4. 2008 V R 76/05, BStBl 2008 II 0905.

4952 Besteht **Personalunion** nur mit einem von mehreren Geschäftsführern der Tochtergesellschaft, die alle zur Einzelvertretung befugt sind, so ist es der Muttergesellschaft nicht möglich, eine vom eigenen Willen abweichende Willensbildung in der Tochtergesellschaft zu verhindern. Es fehlt daher in einem solchen Fall an der organisatorischen Eingliederung.[1]

4953 Sind die Geschäftsführungsorgane von Mutter- und Tochtergesellschaft nur teilweise personenidentisch besetzt, kommt es für die organisatorische Eingliederung daher darauf an, dass sichergestellt ist, dass die Vertreter der Muttergesellschaft im Falle von Meinungsverschiedenheiten in der Lage sind, ihren Willen bzw. den der Muttergesellschaft, durchzusetzen. Dies kann beispielsweise durch eine **Geschäftsordnung** geregelt werden, nach der intern Einvernehmen zwischen mehreren Geschäftsführern herzustellen ist und für den Fall, dass dies nicht gelingt, dem Geschäftsführer hinsichtlich dessen Person **Personalunion** mit der Muttergesellschaft besteht, ein **Letztentscheidungsrecht** zusteht.

4954 Eine personelle Verflechtung i. S. d. organisatorischen Eingliederung kann sich auch aus der **dienstvertraglichen Weisungsbefugnis** ergeben. Ist der Geschäftsführer der Tochtergesellschaft bei der Muttergesellschaft angestellt, so ist deren Geschäftsführungsorgan diesem Angestellten gegenüber weisungsbefugt. Dieser hat die Weisungen der Muttergesellschaft innerhalb des gesellschaftsrechtlichen Rahmens im Rahmen seiner Geschäftsführungstätigkeit für die Tochtergesellschaft umzusetzen. Der BFH hat entschieden, „dass sich die organisatorische Eingliederung i. S. v. § 2 Abs. 2 Nr. 2 UStG daraus ergeben kann, dass die Geschäftsführer der Organgesellschaft **leitende Mitarbeiter** des Organträgers sind."[2] Der Bezugnahme auf leitende Mitarbeiter, um die es sich im Streitfall handelte, kommt dabei keine einschränkende Bedeutung zu, da die Weisungsbefugnis Angestellten gegenüber, die keine leitenden Angestellten sind, nicht geringer ist.

4955 Neben diesen Maßnahmen der persönlichen Verflechtung der Geschäftsführungsorgane der Organträgergesellschaft mit der Organgesellschaft kann die organisatorische Eingliederung schließlich auch durch einen **Beherrschungsvertrag** i. S. d. § 291 Abs. 1 Satz 1 AktG sichergestellt werden. Unterstellt eine Gesellschaft ihre Leitung einem anderen Unternehmen, so stellt auch dies eine Maßnahme i. S. d. Rechtsprechung des BFH zur organisatorischen Eingliederung dar, mit der sichergestellt wird, dass die Muttergesellschaft ihren Willen in der Tochtergesellschaft durchsetzen und eine abweichende Willensbildung verhindern kann. Ein Gewinnabführungsvertrag i. S. d. zitierten Vorschrift genügt demgegenüber diesen Anforderungen nicht.

4956 Durch Gesellschafterbeschluss erteilte Weisungen, vertraglich vereinbarte Verpflichtungen zur regelmäßigen Berichterstattung, das Bestellungs- und Abberufungsrecht des Geschäftsführer sowie eine „faktische" Beherrschung der Tochtergesellschaft durch die Muttergesellschaft genügen nicht zur Bejahung des Tatbestandsmerkmals der or-

1 BFH 5. 12. 2007 V R 26/06, NWB DokID: YAAAC-71465.

2 BFH 20. 8. 2009 V R 30/06, BStBl 2010 II 863.

ganisatorischen Eingliederung, wenn nicht eine der oben beschriebenen Maßnahmen hinzukommt.

Die ertragsteuerlich vom BFH anerkannte[1] und vom Gesetzgeber mittlerweile abgeschaffte[2] Mehrmütterorganschaft, bei der sich mehrere Unternehmer, die jeder für sich nicht über eine Mehrheit an einer Kapitalgesellschaft verfügen, zur Beherrschung dieser Gesellschaft zu einer Stimmrechts-GbR zusammenschließen, ist, wenn diese Stimmrechts-GbR nicht ihrerseits unternehmerisch tätig ist, dem Umsatzsteuerrecht fremd, da ein Unternehmen nicht gleichzeitig in die Unternehmen mehrerer Muttergesellschaften eingegliedert sein kann.[3] 4957

Liegt eine Organschaft vor, so umfasst das Unternehmen des Organträgers auch die unternehmerische Tätigkeit der Organgesellschaften. Leistungen zwischen Organgesellschaften oder zwischen diesen und dem Organträger sind als unternehmensinterne Vorgänge umsatzsteuerlich irrelevant. Sie sind weder steuerbar noch berechtigen sie zum Vorsteuerabzug. Ausdrücklich hat der BFH zur Vorgängervorschrift des § 14c UStG (§ 14 Abs. 2 und Abs. 3 a. F.) klargestellt, dass eine von der Organgesellschaft an den Organträger erteilte Rechnung mit gesondertem Steuerausweis keine Steuerschuld begründet.[4] Diese Aussage gilt auch für das in § 14c UStG geregelte geltende Recht. 4958

Eine umsatzsteuerliche Organschaft kann vorliegen, ohne dass die Voraussetzungen einer körperschaftsteuerlichen und gewerbesteuerlichen Organschaft erfüllt sind. Umgekehrt kann auch beim Vorliegen einer körperschaftsteuerlichen und einer gewerbesteuerlichen Organschaft die umsatzsteuerliche Organschaft zu verneinen sein. Dies liegt daran, dass die jeweiligen gesetzlichen Tatbestandsmerkmale nicht deckungsgleich sind.[5] 4959

Die Rechtsfolgen der umsatzsteuerlichen Organschaft sind auf das Inland begrenzt. Die gelegentlich anzutreffende Formulierung, es gebe keine grenzüberschreitende umsatzsteuerliche Organschaft ist irreführend. Anknüpfungspunkt für eine inländische umsatzsteuerliche Organschaft kann sehr wohl eine internationale Unternehmensgruppe sein, deren Gesellschaften finanziell, wirtschaftlich und organisatorisch in die jeweils übergeordnete Gesellschaft eingegliedert sind. Allerdings bildet dann nicht die gesamte grenzüberschreitende Unternehmensgruppe eine Organschaft, sondern nur deren im Inland gelegenen Unternehmensteile. Dies ergibt sich aus § 2 Abs. 2 Nr. 2 Satz 2 UStG, wonach sich „die Wirkungen der Organschaft (...) auf Innenleistungen zwischen den im Inland gelegenen Unternehmensteilen beschränkt" sind. Daher ist es bei grenzüberschreitenden Unternehmensgruppen erforderlich, die gesamte Gruppe im Hinblick auf die genannten Eingliederungsmerkmale hin zu überprüfen. So können beispielsweise zwei im Inland ansässige Tochtergesellschaften einer im Ausland ansässigen Muttergesellschaft gem. § 2 Abs. 2 Nr. 2 Satz 3 UStG eine Organschaft bilden, mit der Folge, 4960

1 BFH 9. 6. 1999 I R 43/97, BFH/NV 2000, 275.

2 § 14 Abs. 2 KStG.

3 BFH 30. 4. 2009 V R 3/08, BFH/NV 2009, 1734; ebenso bereits *Birkenfeld*, a. a. O., § 37 Rn. 59 ff.; *Scharpenberg* in Hartmann/Metzenmacher, UStG § 2 Rz. 350, m. w. N.

4 BFH 28. 10. 2010 V R 7/10, BFH/NV 2011, 543.

5 Vgl. hierzu die Ausführungen unter Rn. 4883.

dass Umsätze zwischen beiden Gesellschaften nicht steuerbar sind und die eine Gesellschaft gem. § 73 AO für Steuerverbindlichkeiten der anderen Gesellschaft haftet. Hat der Organträger seine Geschäftsleitung im Ausland, gilt gem. § 2 Abs. 2 Nr. 2 Satz 4 UStG der wirtschaftlich bedeutendste Unternehmensteil im Inland als der Unternehmer.

4961–4965 *(Einstweilen frei)*

h) Betriebsaufspaltung

4966 Der Begriff ist der Terminologie des Ertragsteuerrechts entnommen und hat in der Umsatzsteuer kein Äquivalent. Bei einer Betriebsaufspaltung handelt es sich um eine Doppelgesellschaft, in der die betrieblichen Funktionen eines wirtschaftlich einheitlichen Unternehmens auf zwei rechtlich selbständige Unternehmen aufgeteilt werden, die **personell** und **sachlich** miteinander **verflochten** sind.[1]

4967 Regelmäßig liegen bei einer Betriebsaufspaltung im ertragsteuerlichen Sinne die Voraussetzungen der finanziellen und organisatorischen Eingliederung der Betriebsgesellschaft in die Besitzgesellschaft vor. Auch die Voraussetzungen der wirtschaftlichen Eingliederung sind i. d. R. zu bejahen, da Besitz- und Betriebsgesellschaft typischerweise arbeitsteilig einen gemeinsamen wirtschaftlichen Zweck verfolgen.[2] Gleichwohl darf von einer bestehenden Betriebsaufspaltung nicht ohne gesonderte Prüfung auf das Vorliegen einer umsatzsteuerlichen Organschaft geschlossen werden.

4968–4970 *(Einstweilen frei)*

2. Vorsteuerabzug

4971 Die Personengesellschaft ist bei Vorliegen der in § 15 UStG genannten gesetzlichen Voraussetzungen berechtigt, Umsatzsteuerbeträge für Lieferungen oder sonstige Leistungen, die von einem anderen Unternehmer **an die Personengesellschaft** erbracht werden, als Vorsteuer abzuziehen. Voraussetzung hierfür ist, dass die Personengesellschaft selbst Empfänger der Eingangsleistung ist. Ob dies der Fall ist, richtet sich danach, ob sie selbst Partei des der Leistung zugrunde liegenden zivilrechtlichen Vertrages ist. Hiervon sind Leistungen an die Gesellschafter der Personengesellschaft zu unterscheiden.[3] Ist der Gesellschafter zivilrechtlicher Leistungsempfänger, so ist der Vorsteuerabzug durch die Gesellschaft ausgeschlossen, auch wenn der Gesellschafter den Gegenstand der Gesellschaft unentgeltlich zur Verfügung stellt. Demzufolge hat eine Grundstücksgemeinschaft kein Recht zum Abzug vor Vorsteuer auf Eingangsleistungen, wenn **nur einer ihrer Gemeinschafter Leistungsempfänger** und die **Rechnung nur an ihn adressiert** ist.[4] Dies gilt ausdrücklich auch für Gegenstände des ertragsteuerlichen **Sonderbetriebsvermögens**, da dieses umsatzsteuerlich nicht zum Unternehmen der Gesellschaft gehört. Es fehlt in diesen Fällen an einer Leistung für das Unternehmen

1 Ausführlich hierzu *Götz* unter Rn. 3796 ff.

2 Vgl. Ausführungen unter Rn. 4948.

3 FG Hamburg 20. 3. 2002 I 156/98, NWB DokID: DAAAB-08207.

4 BFH 23. 9. 2009 XI R 14/08, BStBl 2010 II 243.

der Personengesellschaft. Leistungsempfänger ist im Allgemeinen derjenige, der aus dem der Leistung zugrunde liegenden Schuldverhältnis als Auftraggeber berechtigt und verpflichtet ist.[1]

Gemeinschaftliches Handeln im Namen und auf Rechnung einer Gesellschaft ist nicht gegeben, wenn mehrere Personen gemeinsam zur Durchsetzung jeweils eigener Interessen tätig werden oder die Mitglieder einer Personengemeinschaft lediglich gemeinschaftlich die Kosten für den Erwerb und den Unterhalt eines Wirtschaftsguts tragen, das sie gemeinsam nutzen wollen.[2] Deren Handeln ist nicht der Mehrheit der Personen als Gesellschaft zuzurechnen, sondern es liegt lediglich gleichgerichtetes Handeln mehrerer Personen vor. Nach außen treten in diesem Fall jeweils einzelne Personen im eigenen Namen und auf eigene Rechnung auf, auch wenn sie, um beispielsweise ihre Kräfte wirtschaftlich zu bündeln, gemeinsam tätig werden. 4972

BEISPIEL: Drei Landwirte, die jeweils auf eigenen Namen und eigene Rechnung ihren landwirtschaftlichen Betrieb bewirtschaften, erwerben gemeinsam einen Mähdrescher, den sie jeweils entsprechend ihrem Anteil am Kaufpreis für Zwecke ihres jeweiligen Unternehmens nutzen. Die Anteile waren nach den jeweils zu mähenden Ackerflächen bemessen worden. Die Rechnung über den Kauf des Mähdreschers ist an die Bruchteilsgemeinschaft (Maschinengemeinschaft) gerichtet. Das Finanzamt versagte den Vorsteuerabzug, weil der Rechnungsadressat – die Gemeinschaft – nicht Unternehmer ist und die Unternehmer – die einzelnen Landwirte – nicht Rechnungsempfänger sind.[3]

Der BFH folgt dem Finanzamt hinsichtlich der fehlenden Unternehmereigenschaft der Gemeinschaft. Nicht die Gemeinschaft als solche tritt nach außen nachhaltig mit Einnahmeerzielungsabsicht auf, sondern die einzelnen Gemeinschafter. Damit war der Gemeinschaft im Ergebnis zu Recht der Vorsteuerabzug zu versagen. Allerdings stand dieser – entgegen der Auffassung des Finanzamts – den einzelnen Gemeinschaftern anteilig zu. Die Höhe des jeweiligen Vorsteuerabzugsbetrages war in dem vom BFH zu entscheidenden Fall nach § 1 Abs. 2 der Verordnung zu § 180 Abs. 2 AO[4] und § 180 AO gesondert und einheitlich festzustellen. Nach dieser verhältnismäßig unbekannten Vorschrift sind der gesamte Vorsteuerbetrag und die den einzelnen Unternehmern zuzurechnenden Teilbeträge gesondert und einheitlich festzustellen. Dieser Feststellungsbescheid ist im Verhältnis zum Umsatzsteuerbescheid ein Grundlagenbescheid. Im Falle seiner inhaltlichen Unrichtigkeit ist daher dieser Bescheid und nicht der auf seiner Grundlage ergehende Umsatzsteuerbescheid mit dem Rechtsbehelf des Einspruchs anzugreifen.[5] 4973

Das Recht zum Vorsteuerabzug dem Grunde nach bestimmt sich nach § 15 Abs. 1 UStG und damit in erster Linie danach, ob – um bei dem Beispiel zu bleiben – der einzelne Landwirt Unternehmer ist und ob er den gemeinsam mit dem anderen Landwirten erworbenen Mähdrescher für sein Unternehmen verwendet. 4974

1 BFH 16. 5. 2002 V B 165/01, BFH/NV 2002, 1061.
2 BFH 6. 9. 2007 V R 16/06, BFH/NV 2008, 1710.
3 BFH 1. 10. 1998 V R 31/98 (Mähdrescherfall), BFH/NV 1999, 575.
4 Verordnung über die gesonderte Feststellung von Besteuerungsgrundlagen nach § 180 Abs. 2 AO.
5 Vgl. § 351 Abs. 2 AO.

4975 Lediglich die Höhe des Vorsteuerabzugs richtet sich nach der gesonderten und einheitlichen Feststellung.

ABWANDLUNG: Die aus den im Beispielsfall genannten drei Landwirten bestehende Eigentümergemeinschaft erwirbt den besagten Mähdrescher, um ihn anschließend den einzelnen Mitgliedern der Gemeinschaft gegen Entgelt zur Nutzung zu überlassen. In diesem Fall tritt die Gemeinschaft selbst zunächst durch den Erwerb im eigenen Namen und auf eigene Rechnung und später durch die entgeltliche Nutzungsüberlassung an die Gemeinschafter nach außen auf und ist daher Unternehmerin im umsatzsteuerlichen Sinne.[1] Bei dieser Beurteilung bleibt es auch dann, wenn die Gemeinschaft für die Nutzungsüberlassung nur ihre Selbstkosten in Rechnung stellt und sie die Erzielung eines Gewinns nicht anstrebt.

4976 Der Vorsteuerabzug setzt voraus, dass die Leistung **für das Unternehmen** des Steuerpflichtigen bezogen wird. Dies ist dann nicht der Fall, wenn die bezogene Leistung den Interessen des Gesellschafters dient. Demzufolge kann eine Personengesellschaft, die ihr in Rechnung gestellte Umsatzsteuer für von ihr bezogene Dienstleistungen, die der Erfüllung einkommensteuerrechtlicher Verpflichtungen ihrer Gesellschafter dienen, nicht als Vorsteuer abziehen.[2]

4977 In drei gleichzeitig veröffentlichten Urteilen hat der BFH unter teilweiser Abänderung seiner bisherigen Rechtsprechung zu Umfang und Grenzen des Vorsteuerabzugs grundsätzlich Stellung genommen. Als Anlass hierzu dienten ihm Sachverhalte, in denen über den Vorsteuerabzug für Eingangsleistungen im Zusammenhang mit einem Beteiligungsverkauf, einem Betriebsausflug und mit Erschließungsmaßnahmen zu entscheiden war.

4978 Vorsteuerabzug beim **Beteiligungsverkauf**

Nach ständiger Rechtsprechung des BFH und des EuGH sind der bloße Erwerb, das bloße Halten und der bloße Verkauf von Aktien für sich genommen keinen wirtschaftlichen bzw. unternehmerischen Tätigkeiten, die zu steuerbaren Umsätzen führen. Eine wirtschaftliche Tätigkeit liegt jedoch dann vor, wenn die finanzielle Beteiligung an einem anderen Unternehmen unbeschadet der Rechte, die dem Anteilseigner in seiner Eigenschaft als Aktionär oder Gesellschafter zustehen, mit unmittelbaren oder mittelbaren Eingriffen in die Verwaltung der Gesellschaft einhergeht, soweit ein solcher Eingriff die Vornahme von Umsätzen einschließt, die der Mehrwertsteuer unterliegen, wie z. B. die Erbringung von Verwaltungs-, Buchhaltungs- und EDV-Dienstleistungen. Letzteres war im zu entscheidenden Fall gegeben. So dass sich die Veräußerung auf einen Unternehmensgegenstand bezog und diese somit grundsätzlich als steuerbar zu beurteilen war.

Der BFH übernimmt in seiner Entscheidung die Rechtsauffassung des EuGH in der Rechtssache SKF[3], wonach die Veräußerung einer hundertprozentigen Beteiligung als eine nach § 1 Abs. 1a UStG nicht steuerbare Geschäftsveräußerung im Ganzen anzusehen sei. Gleiches gelte, wenn eine geringere Beteiligung an einer Organgesellschaft, unter der Voraussetzung, dass der Erwerber mit dieser Gesellschaft seinerseits eine um-

1 Vgl. BFH 16. 5. 2002 V R 4/01, NWB DokID: XAAAA-68506.
2 BFH 8. 9. 2010 XI R 31/08, BStBl 2011 II 197.
3 EuGH 29. 10. 2009 Rs. C-29/08, *SKF*, NWB DokID: DAAAD-36785.

satzsteuerliche Organschaft begründet, veräußert werde. Da im zu entscheidenden Fall, lediglich eine 99 %ige Beteiligung veräußert wurde, kam diese Norm nicht zur Anwendung.

Die steuerbare Veräußerung der Beteiligung ist nach dem EuGH Urteil in der Rechtssache SKF als Übertragung von Aktien und damit als Übertragung von Wertpapieren nach § 4 Nr. 8 Buchst. f UStG steuerfrei. Aufgrund der Steuerfreiheit dieses Umsatzes ist der Vorsteuerabzug für Beratungsleistungen im Zusammenhang mit dieser Beteiligungsveräußerung ausgeschlossen.[1]

Vorsteuerabzug beim **Betriebsausflug** 4979

Unter Änderung seiner bisherigen Rechtsprechung hat der BFH entschieden, dass ein Unternehmer, der bereits bei Leistungsbezug beabsichtigt, die bezogene Leistung nicht für seine wirtschaftliche Tätigkeit, sondern ausschließlich und unmittelbar für eine unentgeltliche Entnahme zu verwenden, nicht zum Vorsteuerabzug berechtigt ist. Dies gilt auch dann, wenn mit dieser Entnahme mittelbar Ziele verfolgt werden, die ihn zum Vorsteuerabzug berechtigen.

Im zu beurteilenden Sachverhalt ging es um einen von einem Unternehmer für seine Mitarbeiter veranstalteten Betriebsausflug, bei dem die Aufwendungen pro Mitarbeiter die Grenze für bloße Aufmerksamkeiten i. H. v. 110 € überstiegen haben. Der Unternehmer ging davon aus, dass er die umsatzsteuerbelasteten Eingangsleistungen letztlich für steuerpflichtige Ausgangsleistungen verwendet, da sie aus seiner Sicht der Pflege des Betriebsklimas galten. Dieser Rechtsauffassung erteilte das Gericht eine Absage, da für den Vorsteuerabzug der unmittelbaren Zweck der Aufwendung und nicht das damit mittelbar verfolgte Ziel maßgeblich sei.

Dient eine Betriebsveranstaltung oder ein Betriebsausflug lediglich dazu, das Betriebsklima zu verbessern, liegt ein ausschließlicher Zusammenhang der hierzu bezogenen Leistungen zum privaten Bedarf des Personals vor, welcher den Vorsteuerabzug ausschließt. Hieran ändert auch die Tatsache nichts, dass der Unternehmer durch diese Maßnahme das Betriebsklima verbessern will und damit zweifellos einen unternehmerischen Zweck verfolgt, da dieser mittelbar verfolgte Zweck hinter den unmittelbar verfolgten Zweck zurücktritt.

Beabsichtigt der Unternehmer bereits bei Leistungsbezug, die bezogene Leistung nicht für seine wirtschaftliche Tätigkeit, sondern ausschließlich und unmittelbar für eine unentgeltliche Entnahme zu verwenden, ist er nicht zum Vorsteuerabzug berechtigt.[2]

Vorsteuerabzug bei **Erschließungskosten** 4980

Auch bei Erschließungsaufwendungen stellt sich regelmäßig die Frage nach dem Vorsteuerabzug, da die baurechtliche Erschließung eine hoheitliche Maßnahme darstellt. Hieran ändert sich nichts, wenn ein Investor die Erschließung im eigenen unternehmerischen Interesse durchführt und die Erschließungsanlagen der öffentlichen Hand unentgeltlich überlässt oder die Widmung für den Gemeingebrauch duldet. Beabsichtigt

1 BFH 27. 1. 2011 V R 38/09, NWB DokID: HAAAD-62805.
2 BFH 9. 12. 2010 V R 17/10, NWB DokID: XAAAD-62804.

der Unternehmer bereits bei Leistungsbezug, die bezogene Leistung nicht für seine wirtschaftliche Tätigkeit, sondern ausschließlich und unmittelbar für eine unentgeltliche Entnahme zu verwenden, ist er nach Auffassung des BFH nicht zum Vorsteuerabzug berechtigt. Dies gilt auch dann, wenn er mit dieser Entnahme mittelbar Ziele verfolgt, die ihn nach seiner wirtschaftlichen Gesamttätigkeit zum Vorsteuerabzug berechtigen würden. Er ist nicht zum Vorsteuerabzug berechtigt, wenn er bei Errichtung von Erschließungsanlagen beabsichtigt, diese einer Gemeinde durch Zustimmung zur öffentlich-rechtlichen Widmung der Anlagen unentgeltlich zuzuwenden. Auch die bei der Herstellung und Zustimmung zur Widmung der Erschließungsanlagen – mittelbar – verfolgte Absicht, Grundstücke im Erschließungsgebiet steuerpflichtig zu liefern, führt zu keiner anderen umsatzsteuerlichen Beurteilung. Der Bezug von Eingangsleistungen zur Herstellung von Erschließungsanlagen erfolgt nicht für das Unternehmen, wenn die Absicht, diese unentgeltlich der öffentlichen Hand zu übertragen, bereits bei Leistungsbezug besteht. Zwar sei die Absicht, erschlossene Grundstücke an Bauwillige zu veräußern, zweifellos unternehmerisch. Dieses mittelbar verfolgte Ziel trete jedoch hinter das unmittelbar verfolgte – unentgeltliche Übertragung der Erschließungsanlagen – zurück. Für Zwecke des Vorsteuerabzugs komme es nur auf den unmittelbar verfolgten Zweck an.[1]

Der BFH fasst die **Grundsätze des Vorsteuerabzugs**, die er aus den genannten drei Entscheidungen gewonnen hat, wie folgt zusammen: (1) Besteht der direkte und unmittelbare Zusammenhang zu einzelnen Ausgangsumsätzen seiner wirtschaftlichen Tätigkeit, die steuerpflichtig sind, kann der Unternehmer den Vorsteuerabzug in Anspruch nehmen. (2) Bei einem direkten und unmittelbaren Zusammenhang zu einem Ausgangsumsatz, der mangels wirtschaftlicher Tätigkeit nicht dem Anwendungsbereich der Steuer unterliegt oder steuerfrei ist, besteht keine Berechtigung zum Vorsteuerabzug. Dies gilt auch, wenn der Unternehmer eine Leistung für einen z. B. steuerfreien Ausgangsumsatz bezieht, um mittelbar seine zum Vorsteuerabzug berechtigende wirtschaftliche Gesamttätigkeit zu stärken. (3) Fehlt ein direkter und unmittelbarer Zusammenhang zwischen einem bestimmten Eingangsumsatz und einem oder mehreren Ausgangsumsätzen, kann der Unternehmer zum Vorsteuerabzug berechtigt sein, wenn die Kosten für die Eingangsleistung zu seinen allgemeinen Aufwendungen gehören und – als solche – Bestandteile des Preises der von ihm erbrachten Leistungen sind.

4981–4990 *(Einstweilen frei)*

IV. Leistungen zwischen Gesellschaft und Gesellschafter

1. Leistungen der Gesellschaft an einen Gesellschafter

a) Leistungsaustausch

4991 Die Rechtsbeziehungen zwischen Gesellschaftern und Gesellschaft richten sich nach den gesellschaftsrechtlichen und den zwischen den Gesellschaftern untereinander bzw. zwischen diesen und der Gesellschaft vereinbarten vertraglichen Regelungen. Die-

1 BFH 13. 1. 2011 V R 12/08, NWB DokID: SAAAD-62810.

se sind in erster Linie auf die gemeinschaftliche Verwirklichung des Gesellschaftszwecks gerichtet und nicht auf einen Leistungsaustausch im schuldrechtlichen Gegenseitigkeitsverhältnis.

Das Rechtsverhältnis zwischen Gesellschaft und Gesellschafter schließt einen umsatzsteuerlichen Leistungsaustausch nicht aus. Für die Annahme eines Leistungsaustausches gelten die allgemeinen Kriterien. 4992

Leistet die Gesellschaft an einen ihrer Gesellschafter einen wirtschaftlichen Vorteil, der nicht in der Teilhabe am Gewinn der Gesellschaft besteht, und leistet dieser dafür eine Gegenleistung, die nicht als Gesellschafterbeitrag zu qualifizieren ist, so liegt insoweit ein steuerbarerer Umsatz vor, der, sofern nicht eine Steuerbefreiungsvorschrift eingreift, steuerpflichtig ist und sofern nicht ein Tatbestand des ermäßigten Steuersatzes erfüllt ist, auf der Grundlage der vereinbarten Bemessungsgrundlage mit dem Regelsteuersatz besteuert wird. 4993

(Einstweilen frei) 4994–4995

b) Unentgeltliche Wertabgabe

Wendet die Gesellschaft dem Gesellschafter unentgeltlich einen wirtschaftlichen Vorteil zu, indem sie ihm entweder die Verfügungsmacht an einem Gegenstand des Unternehmens verschafft oder an ihn eine Dienstleistung erbringt, so findet auch hier – wie unter fremden Dritten – eine Besteuerung nach den Regelungen über die Besteuerung unentgeltlicher Wertabgaben statt. Die lieferungsähnlichen Vorgänge sind in § 3 Abs. 1b Nr. 1 – 3 UStG geregelt. Die Vorschriften für dienstleistungsähnliche Vorgänge finden sich in § 3 Abs. 9a Nr. 1 – 3 UStG. Beide Vorschriften unterwerfen die unentgeltliche Wertabgabe aus dem Unternehmen der Umsatzsteuer. Besonderheiten für Personengesellschaften gelten insoweit nicht. 4996

Zu beachten ist die unsystematische Unterscheidung, nach der jegliche Art der Gegenstandsentnahme – sei sie für Zwecke des Unternehmens oder für Zwecke außerhalb des Unternehmens erfolgt – besteuert wird, während bei Dienstleistungen nur Leistungen für Zwecke außerhalb des Unternehmens besteuert werden. 4997

BEISPIEL: Eine Autohaus-OHG veranstaltet für Zwecke der Werbung für die von ihr vertriebene Marke ein Gewinnspiel und lobt folgende Preise aus:

Der erste Gewinner erhält einen Pkw mit einem regulären Verkaufspreis von 20 000 €.

Der zweite Gewinner erhält das Recht, ein Fahrzeug des Unternehmens kostenlos für eine Woche zu nutzen.

Beide Fahrzeuge sind deutlich sichtbar mit Werbeaufklebern des Autohauses versehen. Hätte der zweite Gewinner das selbe Fahrzeug bei dem Autohaus für eine Woche gemietet, so hätte er hierfür ein Nutzungsentgelt i. H. v. 100 € täglich entrichten müssen.

LÖSUNG: Die Übereignung des Pkw an den ersten Gewinner stellt eine unentgeltliche Wertabgabe i. S. d. § 3 Abs. 1b Nr. 3 UStG dar. Die Voraussetzungen des § 3 Abs. 1b Satz 2 UStG sind erfüllt, da die Autohaus-OHG beim Erwerb des Fahrzeugs beim Vorliegen der sonstigen Voraussetzungen zum Vorsteuerabzug berechtigt war. Der Vorgang ist steuerpflichtig und unterliegt dem Regelsteuersatz. Bemessungsgrundlage sind gem. § 10 Abs. 4 Nr. 1 UStG der Einkaufspreis zuzüglich der Nebenkosten für den Pkw zum Zeitpunkt des Umsatzes.

Der zweite Preis dagegen ist nicht steuerbar, weil die Voraussetzungen des gesetzlichen Tatbestands des § 3 Abs. 9a UStG nicht erfüllt sind. Sowohl die gesamte Werbeaktion als auch die Nutzungsüberlassung des Pkw an den zweiten Gewinner erfolgt für Zwecke des Unternehmens. Die Besteuerungsvorschrift besteuert jedoch nur Dienstleistungen für Zwecke **außerhalb** des Unternehmens.

4998 Ein steuerbarer Vorgang läge hingegen vor, wenn der Unternehmer seinem Sohn einen Pkw des Unternehmens für private Zwecke zur Nutzung überließe.

4999 Die Steuerbefreiungsvorschriften und die Vorschriften über den ermäßigten **Steuersatz** gelten auch für unentgeltliche Wertabgaben.

5000–5005 *(Einstweilen frei)*

c) Mindestbemessungsgrundlage

5006 Gesellschafter und Gesellschaft stehen sich i. d. R. näher als fremde Dritte. Aus diesem Grunde ist es denkbar und kommt es vor, dass das Entgelt für Leistungen zwischen Gesellschaft und Gesellschafter geringer bemessen wird, als dies gegenüber einem fremden Dritten der Fall sein würde.

5007 Für diese Fälle schreibt § 10 Abs. 5 UStG unter Verweis auf § 10 Abs. 4 UStG vor, dass für Lieferungen und Leistungen, die Körperschaften und Personenvereinigungen i. S. d. Körperschaftsteuergesetzes, nicht rechtsfähige Personenvereinigungen sowie Gemeinschaften im Rahmen ihres Unternehmens an ihre Anteilseigner, Gesellschafter, Mitglieder, Teilhaber oder diesen nahe stehende Personen ausführen, als Bemessungsgrundlage mindestens der Einkaufspreis zzgl. der Nebenkosten bzw. die Selbstkosten bzw. die bei der Ausführung entstandenen Kosten für die Ermittlung der Umsatzsteuer zugrunde zu legen sind.

5008 Der Begriff der nahe stehenden Person wird vom Gesetz nicht definiert. Er ist vom Sinn und Zweck der Vorschrift ausgehend dahin gehend auszulegen, dass eine Person dann nahe stehend ist, wenn die verbilligte Abgabe einer Lieferung oder Leistung ihren Grund in der gesellschaftsrechtlichen Verbundenheit hat.

5009 Die Vorschrift stützt sich auf Art. 395 der Mehrwertsteuersystemrichtlinie, nach der jeder Mitgliedstaat ermächtigt werden kann, von der Richtlinie abweichende Sondermaßnahmen einzuführen, um die Steuererhebung zu vereinfachen oder Steuerhinterziehungen oder -umgehungen zu verhüten. Die Vorschriften über die Mindestbemessungsgrundlage überschreiten teilweise den von dieser Ermächtigungsnorm gesetzten Rahmen und verstoßen insoweit gegen die Mehrwertsteuersystemrichtlinie. Der EuGH hat entschieden, dass § 10 Abs. 5 UStG insoweit nicht durch die Ermächtigung des damaligen Art. 27 der Sechsten Mehrwertsteuerrichtlinie gedeckt ist, als bei Leistungen zwischen einander nahe stehenden Personen eine das marktübliche Entgelt übersteigende Bemessungsgrundlage anzusetzen ist.[1] Wird beispielsweise Handelsware zu einem Preis unterhalb des Einkaufspreises verkauft, so ist auch im Falle der Lieferung an

1 EuGH 29. 5. 1997 Rs. C-63/96, *Skripalle*, BStBl 1997 II 841.

einen Gesellschafter, abweichend von den insoweit rechtswidrigen Normen der § 10 Abs. 5 UStG i.V.m. § 10 Abs. 4 UStG, das tatsächlich vereinbarte Entgelt und nicht die Mindestbemessungsgrundlage für die Bemessung der Umsatzsteuer maßgeblich. Der BFH teilt diese Rechtsauffassung, wonach die Anwendung der Mindestbemessungsgrundlage gem. § 10 Abs. 5 UStG voraussetzt, dass die Gefahr von Steuerhinterziehungen oder -umgehungen besteht. Hieran fehlt es, wenn der Unternehmer von einer nahestehenden Person zwar ein niedrigeres als das marktübliche Entgelt verlangt, seine Leistung aber in Höhe des marktüblichen Entgelts versteuert.[1]

Der Wortlaut dieser Vorschrift ist darüber hinaus auch insoweit problematisch, als er 5010
zur Definition umsatzsteuerlicher Sachverhalte auf ertragsteuerliche bzw. zivilrechtliche Begriffe und Definitionen verweist.[2] Nach dem gesetzlichen Wortlaut findet § 10 Abs. 5 Nr. 1 UStG auf die unternehmenstragende Gesellschaft bürgerlichen Rechts, auf die offene Handelsgesellschaft und auf die Kommanditgesellschaft keine Anwendung. Diese Gesellschaften sind unstreitig keine Körperschaften oder Personenvereinigungen i. S. d. § 1 Abs. 1 – 5 KStG. Sie sind jedoch auch keine **nicht rechtsfähigen** Personenvereinigungen. Der BGH hat in seinem viel beachteten Urteil vom 29. 1. 2001[3] klargestellt, dass eine (Außen-)GbR Rechtsfähigkeit besitzt, soweit sie durch Teilnahme am Rechtsverkehr eigene Rechte und Pflichten begründet. Es stellt sich daher die Frage, ob die Norm gleichwohl auf Leistungen einer GbR (oder anderer Personengesellschaften) an ihre Gesellschafter angewendet werden kann, für die sie nach dem Willen des Gesetzgebers zweifelsfrei geschaffen wurde. Dies kann nur im Wege der Analogie geschehen. Fraglich ist jedoch, ob die Voraussetzungen hierfür vorliegen. Die analoge Anwendung einer gesetzlichen Norm auf einen im Gesetz nicht geregelten Sachverhalt setzt u. a. eine planwidrige Lücke im Gesetz voraus.[4] Durch die rechtliche Entwicklung ist im Regelungsbereich dieser Norm eine Lücke entstanden, die vom Gesetzgeber nicht geplant war. Es ist daher zweifelhaft, ob die Norm gleichwohl auf die Fälle angewendet werden kann, die zu regeln sie geschaffen wurde. Die einfachste Methode, in diesem Punkt Rechtsklarheit zu schaffen, liegt nicht in einer methodologischen Diskussion über die Zulässigkeit der Analogie, sondern in einem korrigierenden gesetzgeberischen Akt, mit dem der gesetzgeberische Wille und die gesetzliche Formulierung in Einklang gebracht werden.

(Einstweilen frei) 5011–5015

2. Leistungen des Gesellschafters an die Gesellschaft

a) Der umsatzsteuerliche Status des Gesellschafters

Ein Gesellschafter einer Personengesellschaft ist Unternehmer, wenn er gem. § 2 Abs. 1 5016
UStG eine gewerbliche oder berufliche Tätigkeit mit Einnahmeerzielungsabsicht selbständig ausübt. Seine Unternehmereigenschaft **beurteilt sich nach den allgemeinen**

1 BFH 7. 10. 2010 V R 4/10, BFH/NV 2011, 930; So auch die Verwaltung gem. Abschn. 10.7 Abs. 1 Satz 4 UStAE.

2 Vgl. zu diesem Problem die Ausführungen in Rn. 4883.

3 II ZR 331/00, NJW 2001, 1056.

4 Zur Frage der Zulässigkeit der Analogie im Steuerrecht vgl. *Tipke/Lang*, § 4 Rn. 184 ff.

Kriterien, ohne dass es auf die Tatsache ankommt, dass er Gesellschafter einer Gesellschaft ist. Der Gesellschafterstatus hat auf die Unternehmereigenschaft keine Auswirkung, d. h., ein Gesellschafter kann gegenüber der Gesellschaft sowohl selbständig als auch unselbständig tätig werden. Der Begriff des **Mitunternehmers** i. S. d. § 15 Abs. 1 Satz 1 EStG ist für die Beurteilung der umsatzsteuerlichen Unternehmereigenschaft ohne Bedeutung. So kann einem Mitunternehmer i. S. d. Einkommensteuerrechts die umsatzsteuerliche Unternehmereigenschaft ebenso fehlen, wie umgekehrt bei einem Unternehmer i. S. d. Umsatzsteuergesetzes die Mitunternehmereigenschaft i. S. d. Einkommensteuerrechts zu verneinen sein kann.

5017 Neben seiner Gesellschafterstellung kann ein Gesellschafter in einem Arbeitsverhältnis zu der Gesellschaft stehen. Im Rahmen dieses Arbeitsverhältnisses ist er unselbständig und daher nicht unternehmerisch tätig. Die Frage nach der Selbständigkeit einer natürlichen Person ist grundsätzlich für die Umsatzsteuer nach denselben Kriterien wie im Ertragsteuerrecht zu beurteilen. Allerdings folgt die Umsatzsteuer den Ertragsteuern nicht bei der Umqualifizierung gem. § 15 Abs. 1 Satz 1 Nr. 2 EStG von Einkünften aus nichtselbständiger Tätigkeit in gewerbliche Einkünfte.[1] Eine natürliche Person wird aus umsatzsteuerlicher Sicht nicht dadurch selbständig, dass die Einkünfte, die sie für ihre Tätigkeit erhält, nach der zitierten Norm Einkünfte aus Gewerbebetrieb darstellen.

5018–5020 *(Einstweilen frei)*

b) Leistungsaustausch

5021 Leistungen der Gesellschaft und der Gesellschafter, **die durch die Beteiligung an Gewinn und Verlust** der Gesellschaft abgegolten sind, unterliegen nicht der Umsatzsteuer. Dies schließt aber nicht aus, dass neben diesen Rechtsbeziehungen, die durch das Gesellschaftsverhältnis veranlasst sind, wechselseitige Leistungsbeziehungen zwischen der Gesellschaft und den Gesellschaftern begründet werden. Derartige Leistungsbeziehungen können sowohl gesellschaftsrechtlich als auch schuldrechtlich begründet werden. Sie unterliegen der Umsatzsteuer, wenn sie **gegen ein Sonderentgelt** erbracht werden. Gesellschafter und Gesellschaft sind in Ihrer Wahl frei, Rechtsbeziehungen in Form von Gesellschafterbeiträgen oder in Gestalt von Leistungsaustauschverhältnissen zu regeln.

5022 Dieses Entgelt muss dabei die erwartete und erwartbare Gegenleistung für die erbrachte Leistung sein. Diese muss gerade zu dem Zweck erbracht werden, um die Gegenleistung zu erhalten. Dies ist dann nicht der Fall, wenn Leistungen des Gesellschafters mit dessen Teilhabe am Gewinn der Gesellschaft abgegolten sind. Das Gewinnbezugsrecht ergibt sich aus der gesellschaftsrechtlichen Position und ist keine Gegenleistung für eine konkrete erbrachte Leistung. Die umsatzsteuerrechtliche Beurteilung von Leistungen der Gesellschafter an die Gesellschaft richtet sich allein danach, ob es sich um Leistungen handelt, die als **Gesellschafterbeitrag** durch die Beteiligung am Gewinn und Verlust der Gesellschaft abgegolten werden, oder um Leistungen, die gegen (Son-

1 Vgl. Abschn. 2.2 Abs. 2 UStAE.

der-)Entgelt ausgeführt werden und damit auf einen Leistungsaustausch gerichtet sind.[1]

Auf die Bezeichnung des Zahlungsbetrages kommt es nicht an. Gebräuchlich sind u. a. die Begriffe Vorabgewinn, Vorwegvergütung, Aufwendungsersatz, Kostenerstattung etc. In Abgrenzung von der Gewinnbeteiligung liegt ein Sonderentgelt unabhängig von dem verwendeten Begriff immer dann vor, wenn der Leistende nach den zugrunde liegenden rechtlichen Regelungen den Zahlungsbetrag auch im Verlustfalle behalten darf. 5023

Auch **gewinnabhängige Vergütungen** stellen unter den vorgenannten Bedingungen Sonderentgelte dar. Dies ist dann der Fall, wenn sie sich nicht nach den vermuteten, sondern nach den tatsächlich erbrachten Gesellschafterleistungen bemessen.[2] Wird für Leistungen des Gesellschafters an die Gesellschaft neben einem Sonderentgelt auch eine gewinnabhängige Vergütung gezahlt (**Mischentgelt**), so sind das Sonderentgelt und die gewinnabhängige Vergütung nach Auffassung der FinVerw umsatzsteuerlich getrennt zu beurteilen. Das Sonderentgelt sei als Entgelt einzuordnen, da es einer bestimmten Leitung zugeordnet werden kann. Die gewinnabhängige Vergütung sei dagegen kein Entgelt.[3] Diese Rechtsauffassung ist inkonsequent. Wird eine gewinnabhängige Vergütung als erwartete und erwartbare Gegenleistung für eine empfangene Leistung bezahlt, so macht es keinen Unterschied, ob daneben noch ein gewinnunabhängiges Entgelt bezahlt wird oder nicht. Maßgeblich ist alleine, ob mit dieser Vergütung oder dem Vergütungsbestandteil eine Leistung im vorgenannten Sinne abgegolten wird. Wenn, wie im UStAE an der angegebenen Stelle formuliert wird, die gewinnabhängige Vergütung (neben einem Sonderentgelt) „für Leistungen des Gesellschafters" gezahlt wird, dann handelt es sich auch insoweit um ein am Leistungsaustausch teilhabendes Entgelt i. S. d. UStG. 5024

Erbringt der Gesellschafter der Gesellschaft gegenüber eine Leistung, um den Gesellschaftszweck zu fördern, so stellt dies einen nicht steuerbaren **Gesellschafterbeitrag** dar, wenn er hierfür nicht ein auf die konkrete Leistung bezogenes (Sonder-)Entgelt erhält. Dies gilt unabhängig davon, ob der Gesellschafter hierzu gesellschaftsvertraglich verpflichtet ist oder nicht. Diese Gesellschafterbeiträge sind von den auf einen Leistungsaustausch gerichteten Leistungen zu unterscheiden. Hierbei handelt es sich um das zur Verfügung stellen von Gegenständen oder das Erbringen von Dienstleistungen zur Förderung des Gesellschaftszwecks, ohne dass der Gesellschafter hierfür eine Gegenleistung erhält. Gesellschafterbeiträge sind durch die Teilhabe am Gewinn (oder Verlust) der Gesellschaft abgegolten. **Gesellschafterbeiträge sind nicht umsatzsteuerbar**, weil es insoweit an der unmittelbaren Verknüpfung zwischen Leistung und Gegenleistung fehlt. Sie werden nicht erbracht, um eine konkrete Gegenleistung zu erhalten, sondern um in gesellschaftsrechtlicher Verbundenheit mit den anderen Gesellschaftern gemeinsam den Gesellschaftszweck zu fördern. Auf die Zahlungsmodalitäten kommt 5025

1 BFH 6. 6. 2002 V R 43/01, BStBl 2003 II 36 sowie 10. 6. 2002 V B 135/01, BFH/NV 2002, 1504; NWB DokID: ZAAAA-68407, m. w. N.

2 Abschn. 1.6 Abs. 4 Satz 8 UStAE.

3 Abschn. 1.6 Abs. 5 UStAE.

es dabei ebenso wenig wie auf die Bezeichnung der Zahlung an. Erhält ein Gesellschafter Abschlagzahlungen auf seinen erwarteten Gewinn, so handelt es sich dann nicht um ein (Sonder-)Entgelt für Leistungen des Gesellschafters, wenn sich diese Zahlung im Ergebnis an der Höhe des dem Gesellschafter zustehenden Gewinns und nicht am Umfang der von ihm erbrachten Leistungen orientiert. Dies ist dann der Fall, wenn der Gesellschafter zur (teilweisen) Rückzahlung des vorab bezahlten Gewinnanteils verpflichtet ist, falls dieser wider Erwarten geringer ausfällt, als bei den Abschlagzahlungen vorausgesetzt.

5026 Stellt ein Gesellschafter der Gesellschaft lediglich Geldmittel zur Verfügung **[Einlage]** um sie finanziell in die Lage zu versetzen, ihren Gesellschaftszweck zu erfüllen, so liegt kein Leistungsaustausch vor, da die Zahlung nicht für eine konkrete erwartete oder erwartbare Leistung erfolgt.[1] Gleiches gilt, wenn ein Gesellschafter die Verluste seiner Gesellschaft übernimmt **[Verlustausgleich]** um ihr die Fortsetzung ihrer Tätigkeit zu ermöglichen.[2]

5027 Werden hingegen in Anlehnung an die ertragsteuerliche Terminologie Zahlungen für Leistungen des Gesellschafters als Vorabgewinn bezeichnet, dann handelt es sich unabhängig von der Bezeichnung um ein umsatzsteuerliches Sonderentgelt, wenn der Gesellschafter diesen Betrag nach den zugrunde liegenden rechtlichen Regelungen auch dann behalten darf, wenn tatsächlich kein Gewinn oder nicht in dieser Höhe erwirtschaftet wird. Auf die Bezeichnung kommt es jedoch nicht an. Gebräuchlich sind u. a. die Begriffe Vorabgewinn, Vorwegvergütung, Aufwendungsersatz, Kostenerstattung etc.

BEISPIEL: A, der Inhaber eines Patents über ein pharmazeutisches Produkt, und die pharmazeutische Fabrik B vereinbaren im Rahmen eines joint venture, ein marktgängiges Medikament zu entwickeln und zu vermarkten und sich den Gewinn hieraus zu gleichen Teilen zu teilen. Hierfür stellt A sein Patent und B Fabrikations-Know-How und Produktionskapazitäten zur Verfügung. Ein gesondertes Entgelt für die jeweiligen Leistungen wird nicht vereinbart.

Obgleich sowohl die Überlassung eines geschützten Rechts zur Nutzung als auch die übernommenen Verpflichtungen des B sonstige Leistungen i. S. d. Umsatzsteuerrechts darstellen können, fehlt es mangels Entgelt an einem steuerbaren Umsatz. Der durch die gemeinsame Tätigkeit erwirtschaftete Gewinn stellt kein Entgelt in diesem Sinne dar, da dieser nicht die konkrete Gegenleistung für eine bestimmte Leistung ist. A und B erbringen jeweils einen nicht steuerbaren Gesellschafterbeitrag.

ABWANDLUNG: A und B vereinbaren, dass A für die Überlassung des Patents 10 % des mit dem Produkt erzielten Umsatzes erhält und B seine Leistungen mit den anfallenden Personal- und Sachkosten in Rechnung stellt und der verbleibende Gewinn zu gleichen Teilen geteilt wird.

Die Leistungen von A und B sind jeweils als steuerbare sonstige Leistungen i. S. d. Umsatzsteuerrechts zu beurteilen, da sie mit dem jeweils vereinbarten Entgelt als Gegenleistung in einem wechselseitigen Abhängigkeitsverhältnis stehen. Sie unterliegen daher nach Maßgabe der weiteren gesetzlichen Voraussetzungen der Umsatzsteuer. Hinsichtlich der Gewinnbeteiligung gilt das zum Ausgangsfall Gesagte. Dieser Gewinn ist nicht Teil des Entgelts. Es entsteht keine Umsatzsteuer auf diesen Gewinnanteil.

1 BFH 20. 4. 1988 X R 3/82, BStBl 1988 II 792.

2 BFH 11. 4. 2002 V R 65/00, BStBl 2002 II 782.

BEISPIEL ARGE: Ein typisches Beispiel für Gesellschafterbeiträge sind Leistungen, die Gesellschafter einer Arbeitsgemeinschaft des Baugewerbes (Arge) gegenüber dieser erbringen. Mehrere Bauunternehmer, die jeweils alleine nicht über die notwendigen sachlichen, personellen oder finanziellen Mittel verfügen, schließen sich zur Realisierung eines Bauprojekts zusammen. Vereinbarungsgemäß stellt einer der Unternehmer Personal, ein anderer seinen Maschinenpark und ein Dritter sein Know-how zur Verfügung. Nach dem zwischen den Unternehmern geschlossenen Arbeitsgemeinschaftsvertrag soll der Gewinn aus der Realisierung des Projekts zu gleichen Teilen geteilt werden.

Die von den Gesellschaftern erbrachten Leistungen, die als solche auch Gegenstand eines Leistungsaustausches sein könnten, stellen nicht steuerbare Gesellschafterbeiträge dar. Anders wäre der Sachverhalt zu beurteilen, wenn jeder Gesellschafter als Gegenleistung die ihm im Zusammenhang mit seiner Leistung entstandenen Sachkosten unabhängig von einem entstehenden Gewinn erstattet bekäme und das verbleibende Ergebnis der Zusammenarbeit nach einem vertraglich bestimmten Verhältnis geteilt werden würde.

5028 **Für die umsatzsteuerliche Unterscheidung,** ob ein nicht steuerbarer Gesellschafterbeitrag oder ein steuerbarer Leistungsaustausch vorliegt, kommt es **nicht** darauf an, ob die fragliche Leistung auf **gesellschaftsrechtlicher** oder auf **schuldrechtlicher Grundlage** erbracht wird. Ausschlaggebend ist lediglich, ob eine Leistung um einer konkreten Gegenleistung willen erbracht wird. Ist dies der Fall, so ist es unerheblich, dass der Gesellschafter gleichzeitig seine Mitgliedschaftsrechte ausübt.[1] Werden Leistungen durch die Beteiligung an Gewinn und Verlust der Gesellschaft abgegolten, fehlt es an einer konkreten Gegenleistung für die erbrachte Leistung und damit an einer wechselseitigen Bedingung hinsichtlich der einzelnen Leistung.

(Einstweilen frei) 5029–5030

c) Geschäftsführungsleistungen

5031 Diese Grundsätze gelten auch für Geschäftsführungsleistungen. Unter Aufgabe seiner früheren Rechtsprechung zu dieser Rechtsfrage vertritt der BFH die Ansicht, dass auch Geschäftsführungsleistungen nach diesen Kriterien zu beurteilen sind und daher unter der Voraussetzung, dass sie gegen Sonderentgelt erbracht werden, **grundsätzlich** als **umsatzsteuerbare Leistungen** zu beurteilen sind.[2] Führt ein Gesellschafter die Geschäfte der Gesellschaft und erhält er für diese Tätigkeit eine gesonderte Vergütung, so liegt insoweit ein Leistungsaustausch vor, der beim Vorliegen der weiteren gesetzlichen Voraussetzungen grundsätzlich steuerbar und steuerpflichtig ist.[3] Das Gericht gibt damit eine unter umsatzsteuerlichen Kriterien systematisch nur schwer begründbare Rechtsauffassung auf und stützt sich insoweit ausdrücklich auf die Rechtsprechung des EuGH. Die Finanzverwaltung hat sich dieser Auffassung ausdrücklich angeschlossen.[4]

5032 Besondere umsatzsteuerliche Probleme tauchen auf, wenn bei einer GmbH & Co.KG der Geschäftsführer der GmbH bei der KG angestellt ist oder wenn ein Kommanditist

1 Abschn. 1.6 Abs. 3 UStAE.

2 BFH 6. 6. 2002 V R 43/01, BStBl 2003 II 36, m. w. N.

3 In derartigen Fällen ist immer die Prüfung einer umsatzsteuerlichen Organschaft geboten, die i. d. R. vorliegt, wenn die KG Mehrheitsgesellschafterin mit entsprechender Stimmenmehrheit bei der Komplementärgesellschaft ist.

4 Abschn. 1.6 Abs. 3 Satz 6 UStAE.

gleichzeitig die Funktion des Geschäftsführers wahrnimmt und hierfür von der KG eine Vergütung erhält. Weitestgehend unproblematisch ist die umsatzsteuerliche Beurteilung, wenn die KG der GmbH für die „Zur-Verfügung-Stellung" dieser Person ein Entgelt berechnet. In diesem Fall liegt eine entgeltliche Personalgestellung vor, die steuerbar und steuerpflichtig ist. Die GmbH ist berechtigt, die ihr in diesem Zusammenhang in Rechnung gestellte Umsatzsteuer als Vorsteuer abzuziehen. Die GmbH erbringt ihrerseits durch die Geschäftsführung eine steuerbare sonstige Leistung an die KG, wenn sie hierfür ein Sonderentgelt erhält. Das Recht zum Vorsteuerabzug bei der KG richtet sich nach deren Ausgangsumsätzen. Ist die KG nicht in vollem Umfang zum Vorsteuerabzug berechtigt, führt die geänderte Rechtsauffassung des BFH zu einer effektiven Umsatzsteuerbelastung bei der KG, weil sie die von der GmbH für die Geschäftsführungsleistungen in Rechnung gestellte Umsatzsteuer nicht in vollem Umfang als Vorsteuer abziehen kann. Wirtschaftlich werden dadurch die Personalkosten für die Geschäftsführung mit Umsatzsteuer belastet.

5033 Um dies zu vermeiden, sind unterschiedliche Konstellationen denkbar. In Betracht kommt zunächst die Herstellung der Voraussetzungen einer umsatzsteuerlichen **Organschaft**. Dies ist nach derzeit h. M. jedoch nur beim Vorliegen einer sog. Einheitsgesellschaft möglich. Vergleiche hierzu die Ausführungen in Rn. 5063 ff.

5034 Denkbar ist außerdem die „Zur-Verfügung-Stellung" des Geschäftsführers im Wege der unentgeltlichen **Personalbeistellung**. Die KG beauftragt die GmbH mit der Führung der Geschäfte und stellt dieser das hierfür erforderliche Personal in Form der Person des Geschäftsführers bei. Diese Beistellung nimmt nicht am Leistungsaustausch teil, so dass insoweit weder eine sonstige Leistung der KG an die GmbH noch von dieser an die KG erbracht wird.[1] Soweit dieser Geschäftsführer gleichzeitig die Geschäfte der GmbH führt, liegt zwar prinzipiell eine unentgeltliche Wertabgabe i. S. d. § 3 Abs. 9a Nr. 2 UStG von der KG an die GmbH vor. Diese ist jedoch nicht steuerbar, da die Leistung nicht für Zwecke außerhalb des Unternehmens der KG erbracht wird. Hinsichtlich der sonstigen Kosten, die die GmbH der KG für ihre Geschäftsführungsleistungen als Sonderentgelt in Rechnung stellt, ist der anteilige Ausschluss vom Vorsteuerabzug nach Maßgabe der Verwendungsumsätze der KG nicht zu vermeiden.

5035–5040 *(Einstweilen frei)*

d) Haftungsvergütung

5041 Die Haftungsvergütung ist Teil des Entgelts für die einheitliche aus Vertretung, Geschäftsführung und Haftung bestehende Leistung, für die eine Steuerbefreiung nicht in Betracht kommt.[2]

5042 Ein persönlich haftender Gesellschafter, der nach ... dem Regelstatut des HGB zur Geschäftsführung und Vertretung der KG berechtigt ist, muss für die Verbindlichkeiten der KG zwingend haften. Schon wegen dieser rechtlichen Abhängigkeit liegt nach der –allein maßgeblichen– objektiven Ausgestaltung des Gesellschaftsverhältnisses ein

1 Abschn. 1.1 Abs. 6 und 7 UStAE.

2 BFH 3. 3. 2011 V R 24/10, NWB DokID: MAAAD-82158.

einziger untrennbarer wirtschaftlicher Vorgang vor, dessen Aufspaltung im Sinne der ... EuGH-Rechtsprechung[1] wirklichkeitsfremd wäre. Die Haftung ist insoweit rechtlich zwingend mit der Geschäftsführung und Vertretung verbunden, als bei Übernahme der Geschäftsführung die Haftung nicht abbedungen werden kann. Der Komplementär haftet dann zwingend für die sich aus der Geschäftsführung der Gesellschaft ergebenden Folgen."[2]

Die Leistung des Geschäftsführers ist auch insoweit, als sie durch die Haftungsvergütung abgegolten wird, nach Ansicht des BFH nicht steuerfrei. 5043

„Steuerfrei ist nach § 4 Nr. 8 Buchst. g UStG "die Übernahme von Verbindlichkeiten, von Bürgschaften und anderen Sicherheiten sowie die Vermittlung dieser Umsätze". Die Vorschrift beruht auf Art. 13 Teil B Buchst. d Nr. 2 der Richtlinie 77/388/EWG (Art. 135 Abs. 1 Buchst. c MwStSystRL, der Verf.). Danach befreien die Mitgliedstaaten von der Steuer "die Vermittlung und die Übernahme von Verbindlichkeiten, Bürgschaften und anderen Sicherheiten und Garantien sowie die Verwaltung von Kreditsicherheiten durch die Kreditgeber". Hierzu hat der EuGH mit Urteil vom 19. 4. 2007[3] entschieden, dass die Formulierung „Übernahme von Verbindlichkeiten" andere als Geldverbindlichkeiten, wie die Verpflichtung, eine Immobilie zu renovieren, nicht umfasst. Der EuGH stützt diese Rechtsauffassung maßgeblich auf den Charakter der Verbindlichkeitsübernahme als Finanzgeschäft, auf die fehlende Schwierigkeit bei der Bestimmung der Bemessungsgrundlage und auf andere Sprachfassungen der Richtlinie, die sich „klar auf Geldverbindlichkeiten beziehen".[4]

Diese Rechtsprechung ist nicht nur bei der Übernahme von Verbindlichkeiten, sondern auch bei der Übernahme von Bürgschaften und anderen Sicherheiten wie z. B. Garantien zu beachten, wie der BFH bereits ausdrücklich entschieden hat.[5] In allen drei Fällen muss der Leistung Finanzcharakter zukommen; dies trifft auf die Übernahme von Sachleistungsverpflichtungen nicht zu. 5044

Danach sind die Leistungen, die in der Vertretung, Geschäftsführung und Haftungsübernahme bestehen, nicht steuerfrei. Keines der einzelnen Elemente dieser gegenüber einer KG erbrachten einheitlichen Leistung hat den Charakter eines Finanzgeschäfts. Dies gilt nicht nur für die Geschäftsführung und die Vertretung, sondern auch für die Haftung nach §§ 161, 128 HGB."[6] 5045

Gegen eine Annahme einer im Rahmen eines Leistungsaustauschs erbrachten Leistung spricht im Hinblick auf die persönliche Haftung jedoch die Tatsache, dass der Komplementär durch die Übernahme der persönlichen unbegrenzten Haftung der Gesellschaft keinen wirtschaftlichen Vorteil zuwendet, wofür die Haftungsvergütung eine Gegenleistung darstellt. Die Rechtsfolgen der eingegangenen Rechtstellung als Komplemen- 5046

1 EuGH 27. 10. 2005 Rs. C-41/04, *Levob*; 29. 3. 2007 Rs. C-111/05, *Aktiebolaget*; 19. 11. 2009 Rs. C-461/08, *Don Bosco*.
2 BFH 3. 3. 2011 V R 24/10, Tz. 25, NWB DokID: MAAAD-82158.
3 Rs. C-455/05, *Velvet & Steel Immobilien*, Slg. 2007, I-3225, Rdnr. 26.
4 EuGH 19. 4. 2007, *Velvet & Steel Immobilien*, Slg. 2007, I-3225, Rdnrn. 23 f.
5 BFH 10. 2. 2010 XI R 49/07, BStBl 2010 II 1109, unter II.2.a.
6 BFH 3. 3. 2011 V R 24/10 Tz. 28 – 31, NWB DokID: MAAAD-82158.

tär, insbesondere die Folge der unbeschränkten Haftung gegenüber Gläubigern der Gesellschaft, wendet der Komplementär weder der Gesellschaft noch den Gesellschaftern willentlich zu. Sie tritt unmittelbar aufgrund der gesetzlichen Normen ein.[1] Ebenso wenig wie die Gesellschaft den Gründungsgesellschaftern ihre gesellschaftsrechtliche Stellung im Wege einer Leistung zuwendet,[2] wenden diese die aus dieser Gesellschafterstellung resultierenden rechtlichen Konsequenzen der Gesellschaft zu. Fehlt es aber an einer Leistung i. S. d. Zuwendung eines wirtschaftlichen Vorteils durch einen Unternehmer an einen anderen, ist ein Leistungsaustausch ausgeschlossen.

5047 Die Übernahme der persönlichen Haftung als Komplementär für die Verbindlichkeiten der Gesellschaft unterscheidet sich auch von den in § 4 Nr. 8g UStG bzw. § 4 Nr. 10 UStG geregelten Umsätzen, bei denen es der handelnde Unternehmer jeweils übernimmt, gegenüber dem Leistungsempfänger für eine Verbindlichkeit eines anderen einzutreten, Sicherheit hierfür zu gewähren oder für ein bestimmtes Risiko einstehen zu wollen.[3]

5048 Die Entstehung einer vertraglichen oder gesetzlichen Verpflichtung, die durch eine der genannten Leistungen abgesichert wird, stellt keine Leistung gegenüber dem Berechtigten dar. Den Halter eines Kraftfahrzeugs trifft mit der Zulassung des Kfz zum Straßenverkehr die gesetzliche Haftpflicht, aufgrund derer ihn ein durch den Betrieb des Kraftfahrzeugs Geschädigter in Anspruch nehmen kann. Diesen objektiven wirtschaftlichen Vorteil eines Schadensersatzanspruchs wendet der Pkw-Halter dem Geschädigten jedoch nicht willentlich zu, weshalb ein Leistungsaustausch insoweit nicht in Betracht kommt. Anders ist die Zusage des Haftpflichtversicherers an den Kfz-Halter, für dessen Verbindlichkeit im Falle der Realisierung des Risikos einstehen zu wollen, zu beurteilen. Der Versicherer wendet dem Versicherten den wirtschaftlichen Vorteil zu, der darin besteht, im Falle der Inanspruchnahme des Versicherungsnehmers aufgrund der gesetzlichen Haftung, für diesen den geschuldeten Geldbetrag ggf. nach Abzug einer vereinbarten Selbstbeteiligung zu leisten. Als Gegenleistung bezahlt der Versicherungsnehmer an das Versicherungsunternehmen die vereinbarte Versicherungsprämie. Die Leistung der Versicherung, die in der Übernahme des Risikos liegt, ist aus umsatzsteuerlicher Sicht als sonstige Leistung zu beurteilen.

5049 Der Komplementär wendet seine unbeschränkte persönliche Haftung nicht den anderen Gesellschaftern oder gar der Gesellschaft zu. Seine Haftung wird unmittelbar gegenüber den Gläubigern der Gesellschaft begründet. Durch die Übernahme der unbeschränkten persönlichen Haftung befreit der Komplementär nicht die Kommanditisten von eigenen Verbindlichkeiten oder tritt als Schuldner an deren Seite. Die Rechtstellung der Kommanditisten wird durch die Übernahme der persönlichen unbeschränkten Haftung des Komplementärs nicht berührt.

5050 Ein Leistungsaustausch setzt voraus, dass ein Leistender und ein Leistungsempfänger vorhanden sind und der Leistung eine Gegenleistung gegenübersteht, also ein unmittelbarer Zusammenhang zwischen Leistung und Gegenleistung besteht. Bei der Einge-

1 *Serafini*, GStB 2003, 140.

2 Abschn. 1.6 Abs. 2 Satz 1 UStAE.

3 Vgl. *Klenk* in Sölch/Ringleb, UStG § 4 Nr. 8 Rn. 98.

hung und Innehabung der Stellung des Komplementärs fehlt es an einem Leistungsempfänger in diesem Sinne.[1]

Diese Rechtsauffassung steht nicht im Widerspruch zur Besteuerung der Geschäftsführungsleistung, wenn diese gegen Entgelt erbracht wird. Nicht die Begründung der Geschäftsführerstellung unterliegt der Umsatzsteuer, sondern die in Ausübung dieser Funktion erbrachten Leistungen. Ebenso wenig stellt die Eingehung der Komplementärstellung eine Leistung dar. Die aufgrund dieser eingegangenen Verpflichtung erbrachten Leistungen stellen, soweit sie in einer Geldzahlung bestehen, als reine Zahlungsvorgänge keine Leistung dar. 5051

Die Übernahme der persönlichen Haftung durch den Komplementär einer KG ist daher mangels Leistung **nicht umsatzsteuerbar**. 5052

Die Verwaltung ist hinsichtlich der Beurteilung der Übernahme der persönlichen Haftung und der Zahlung einer Haftungsvergütung unentschlossen[2] und vertritt einen in sich widersprüchlichen[3] Lösungsansatz. Zwar werde die Haftungsvergütung nicht im Rahmen eines Leistungsaustauschverhältnisses gewährt. Für den Fall, dass der Gesellschafter jedoch steuerbare Geschäftsführungs- und Vertretungsleistungen erbringe, stelle die Haftungsvergütung ein zusätzliches Entgelt für diese Leistung dar. Diese Rechtsauffassung vermag nicht zu überzeugen. Ungeachtet der Tatsache, dass ein Gesellschafter steuerbare und steuerpflichtige (Geschäftsführungs-)Leistungen an die Gesellschaft erbringt, fehlt es hinsichtlich der Haftungsvergütung an einer Leistung, wofür diese eine Gegenleistung darstellt. Möglicherweise nimmt die Finanzverwaltung das zitierte Urteil vom 3. 3. 2011 zum Anlass für eine Klarstellung. 5053

(Einstweilen frei) 5054–5060

e) Organschaft bei der GmbH & Co. KG

Die GmbH & Co. KG kann, wenn sie selbst Unternehmerin ist und eine juristische Person finanziell, organisatorisch und wirtschaftlich in sie eingegliedert ist, **Organträgerin** sein. 5061

Da sie selbst keine juristische Person ist, kann sie nach geltendem deutschen Umsatzsteuerrecht jedoch **nicht Organgesellschaft** sein. Dieser Einschränkung fehlt neben einem sachlichen Grund die Rechtsgrundlage in der Mehrwertsteuersystemrichtlinie.[4] 5062

Die Frage, ob **zwischen der KG und der Komplementär-GmbH Organschaft** bestehen kann war lange umstritten. Abgesehen von den Fällen der **Einheitsgesellschaft,** bei der die KG selbst die Anteile an der Komplementärgesellschaft hält, wäre dies nur bei Gesellschafteridentität, d. h. die Gesellschafter der Personengesellschaft halten auch die 5063

1 Im Ergebnis ebenso BMF 23.12.2003, BStBl 2004 I 240; für die Annahme einer Leistung im Rahmen der Haftungsübernahme durch den Komplementär *Robisch*, UVR 2002, 361; ebenso *Behrens/Schmitt*, GmbHR 2003, 269; ebenso *Kieker/Schiller*, NWB F. 7, 6059.

2 Abschn. 1.6 Abs. 6 Satz 3 UStAE.

3 *Lippros*, Umsatzsteuer, 22. Aufl., S. 135.

4 Vgl. Ausführungen unter Rn. 4942.

Anteile an der Komplementär-GmbH, die ihrerseits nicht am Kapital der KG beteiligt ist, denkbar.

5064 Der BFH hat seine diesbezüglich anderslautende frühere Rechtsprechung aufgegeben und vertritt nun in ständiger Rechtsprechung den Standpunkt, dass bei derartigen Konstellationen eine umsatzsteuerliche Organschaft mangels finanzieller Eingliederung ausgeschlossen ist.

5065 „Verfügen mehrere Gesellschafter nur gemeinsam über die Anteilsmehrheit an einer GmbH und einer Personengesellschaft, ist die GmbH nicht finanziell in die Personengesellschaft eingegliedert."[1]

5066 Eine finanzielle Eingliederung ergebe sich nach Ansicht des BFH nicht daraus, dass drei Gesellschafter über die Anteilsmehrheit in der GmbH verfügten. Denn die finanzielle Eingliederung könne grundsätzlich nicht mittelbar über mehrere Gesellschafter des Organträgers erfolgen.

5067 Nach dem BFH-Urteil vom 17.4.1969[2] konnte eine GmbH als juristische Person in das Unternehmen eines Organträgers finanziell eingegliedert sein, wenn sich sämtliche Anteile an der GmbH und dem Organträger in einer Hand befanden. Der BFH hat diese Rechtsprechung später für die finanzielle Eingliederung zwischen zwei GmbHs über einen gemeinsamen Gesellschafter aufgegeben und dies insbesondere mit dem bei einer nur mittelbaren Beteiligung fehlenden Über- und Unterordnungsverhältnis begründet. Keine der beiden Gesellschaften sei in das Gefüge des anderen Unternehmens eingeordnet.[3] Der BFH hielt aber an der Annahme einer finanziellen Eingliederung der GmbH als Organgesellschaft in die Personengesellschaft als Organträger fest, wenn die Mehrheit der Anteile an der GmbH von den Gesellschaftern der Personengesellschaft gehalten wurde, so dass in beiden Gesellschaften dieselben Gesellschafter zusammen über die Mehrheit der Anteile oder Stimmrechte verfügten.[4] Dabei bejahte der BFH die finanzielle Eingliederung über einen gemeinsamen Gesellschafter, der in GmbH und Personengesellschaft über eine Anteilsmehrheit von jeweils mindestens 95 v. H. verfügte und auch Geschäftsführer der GmbH war[5] ebenso wie über zwei Gesellschafter, denen gemeinsam eine Anteilsmehrheit in beiden Gesellschaften zustand.[6] Diese Rechtsprechung beruhte u. a. auf der ertragsteuerrechtlichen Überlegung, dass es sich bei der Beteiligung an der Kapitalgesellschaft für die Gesellschafter der Organträger-Personengesellschaft um Sonderbetriebsvermögen handele.[7] Eine finanzielle Eingliederung einer GmbH in eine Personengesellschaft lehnte die Rechtsprechung aber dann ab, wenn den Gesellschaftern zwar an der GmbH eine Mehrheitsbeteiligung zustand, sie aber in

1 BFH 22.4.2010 V R 9/09, BFH/NV 2010, 1581; 10.6.2010 V R 62/09, BFH/NV 2011, 79; 6.5.2010 V R 24/09, BFH/NV 2011, 76.

2 V R 123/68, BStBl 1969 II 505, unter 2.a.

3 BFH 18.12.1996 XI R 25/94, BStBl 1997II 441, unter II.1., und die Abweichungsanfrage durch den BFH-Beschluss 28.2.1996 XI R 25/94, GmbHR 1996, 950, unter II.

4 BFH 20.1.1999 XI R 69/97, BFH/NV 1999, 1136, unter II.2.; 16.8.2001 V R 34/01, BFH/NV 2002, 223, unter II.2.; in BFHE 197, 319 , BStBl 2002 II 167, unter II.1.a; in BFHE 210, 167, BStBl 2005 II 671, unter II.1.a, und 14.2.2008 V R 12, 13/06, BFH/NV 2008, 1365.

5 BFH, BFH/NV 1999, 1136.

6 BFH, BFH/NV 2002, 223 und in BFH/NV 2008, 1365.

7 BFH, GmbHR 1996, 950, unter III.

der Personengesellschaft Minderheitsgesellschafter waren. Dies galt selbst dann, wenn die GmbH über eine Anteilsmehrheit an der Personengesellschaft verfügte.[1]

Für den Fall, dass nur mehreren Gesellschaftern gemeinsam eine Mehrheitsbeteiligung an GmbH und Personengesellschaft zusteht, hält der Senat an seiner bisherigen Rechtsprechung zur finanziellen Eingliederung nicht fest. 5068

Eine finanzielle Eingliederung einer GmbH in eine Personengesellschaft liegt im Hinblick auf das für die Organschaft erforderliche Über- und Unterordnungsverhältnis aufgrund einer Beteiligung mehrerer Gesellschafter, die nur gemeinsam über eine Anteilsmehrheit an beiden Gesellschaften verfügen, nicht vor. 5069

Die nach § 2 Abs. 2 Nr. 2 UStG erforderliche Eingliederung in ein anderes Unternehmen setzt ein Verhältnis der Über- und Unterordnung der beteiligten Gesellschaften voraus.[2] Auch nach der Rechtsprechung des EuGH führt die Gruppenbesteuerung gem. Art. 4 Abs. 4 Unterabs. 2 der Richtlinie 77/388/EWG zu einer Zusammenfassung zu einem Steuerpflichtigen mit den diesem Steuerpflichtigen „untergeordneten Personen".[3] 5070

Kommt es danach auf ein Über- und Unterordnungsverhältnis an, gilt dies nicht nur im Verhältnis zwischen mehreren GmbHs als juristischen Personen, sondern gleichermaßen im Verhältnis zwischen GmbH und Personengesellschaft, selbst wenn an diesen Gesellschaften dieselben Gesellschafter beteiligt sind. Denn eine Personengesellschaft, deren Gesellschafter eine Mehrheitsbeteiligung an der GmbH halten, verfügt gegenüber dieser GmbH über keine größeren Einwirkungsmöglichkeiten, als sie zwischen zwei Schwester-GmbHs bestehen. Einwirkungsmöglichkeiten stehen in beiden Fällen gleichermaßen nur den unmittelbar beteiligten Gesellschaftern zu. Die bisherige Bejahung einer finanziellen Eingliederung aufgrund einer Beteiligung mehrerer Gesellschafter trägt auch nicht dem rechtlichen Charakter der finanziellen Eingliederung (s. oben Rn. 4945) Rechnung. Kommt es für die finanzielle Eingliederung auf rechtliche Durchsetzungsmöglichkeiten an, müssen diese dem Organträger selbst zustehen. Hiermit ist eine Zurechnung der Durchsetzungsmöglichkeiten aus fremdem Beteiligungsbesitz nicht vereinbar."[4] 5071

Hält die KG selbst und nicht deren Kommanditisten oder Dritte die Geschäftsanteile an der Komplementär-GmbH (sog. **Einheitsgesellschaft**), liegen die Voraussetzungen der finanziellen Eingliederung vor. Sofern auch die wirtschaftliche und organisatorische Eingliederung zu bejahen ist, besteht insoweit eine umsatzsteuerliche Organschaft zwischen der KG und ihrer Komplementär-GmbH. Die Finanzverwaltung, die dies lange Zeit abgelehnt hat,[5] ist mittlerweile von ihrem Rechtsstandpunkt abgerückt und vertritt nunmehr die zutreffende Auffassung, dass bei der Einheits-GmbH & Co. KG regelmäßig Organschaft vorliegt.[6] 5072

(Einstweilen frei) 5073–5080

1 BFH in BFHE 210, 167, BStBl 2005 II 671, unter II.2.b, aa.

2 BFH in BFHE 182, 392, BStBl 1997 II 441; in BFHE 210, 167, BStBl 2005 II 671, unter II.2.a, aa, und 3. 4. 2008 V R 76/05, BStBl 2008 II 905 , unter II.1.

3 Vgl. EuGH-Urteil, *Ampliscientifica und Amplifin*, in Slg. 2008, I-4019, BFH/NV Beilage 2008, 217.

4 BFH 22. 4. 2010 V R 9/09 Tz. 15 ff., BFH/NV 2010, 1581.

5 BMF 23. 12. 2003, BStBl 2004 I 240.

6 Abschn. 2.8 Abs. 2 Satz 5 UStAE.

V. Zusammenfassendes Beispiel

5081 Zur Illustration mag folgendes **Beispiel** dienen, das neben Leistungen zwischen der Gesellschaft und ihren Gesellschaftern zur Darstellung von Unterschieden und Gemeinsamkeiten auch Leistungen von Dritten an die Gesellschaft und von der Gesellschaft an Dritte enthält:

5082 Die aus den Gesellschaftern A, B und C bestehende Gesellschaft bürgerlichen Rechts (ABC GbR) erwirbt unmittelbar nach ihrer Gründung ein Grundstück, bebaut dies mit einem dreigeschossigen Bürohaus, um es anschließend zu vermieten. Hierzu nimmt sie Planungsleistungen des in München ansässigen Architekten Joseph Bayer sowie Bauleistungen des in Italien ansässigen Giovanni Manufattura in Anspruch, der es übernommen hat, das Gebäude schlüsselfertig auf einem in Leipzig gelegenen Grundstück der Gesellschaft zu errichten. Die Gesellschaft beabsichtigt, das Gebäude in vollem Umfang an Unternehmer zu vermieten, die ausschließlich Umsätze ausführen, die den Vorsteuerabzug nicht ausschließen. Der zu diesem Zweck bereits vorgefertigte und bei den späteren Vermietungen auch tatsächlich verwendete Muster-Mietvertrag enthält die Klausel, dass der Vermieter auf die Steuerbefreiung verzichtet, soweit hierfür die gesetzlichen Voraussetzungen vorliegen. Der vereinbarte Mietzins versteht sich daher als Nettobetrag zuzüglich der ggf. anfallenden Umsatzsteuer.

5083 Bereits während der Bauphase zieht die Gesellschaft die ihr für Eingangsleistungen des Architekten und des Bauunternehmers in Rechnung gestellten Umsatzsteuerbeträge im Rahmen ihrer Umsatzsteuervoranmeldungen als Vorsteuer ab. Die sich hieraus ergebenden Vorsteuerüberschüsse werden der Gesellschaft vom zuständigen Finanzamt erstattet. Da auf dem Vermietungsmarkt am Ort des Gebäudes ein Überangebot herrscht, gelingt es der GbR zunächst nur, eine der drei flächenmäßig gleichgroßen Etagen, nämlich das Erdgeschoss, an einen Einzelhändler, der dort ein Ladenlokal betreibt, für eine monatliche Miete von 10 000 € zu vermieten. Um einen drohenden Leerstand zu vermeiden, wird die erste Etage an eine Versicherungsgesellschaft für eine monatliche Miete von 6 000 € vermietet, die von dort aus an ihre Kunden Versicherungsumsätze erbringt. Nachdem ein anderer Mieter für die noch freie Fläche nicht gefunden werden konnte, wird die dritte Etage an den Gesellschafter A für eine monatliche Miete von 5 000 € vermietet, der dort eine Steuerberatungskanzlei betreibt. Die anteiligen Selbstkosten der GbR betragen 8 000 € pro Etage. Da die Gesellschaft mit den Leistungen des Steuerberaters, der sie in der Bauphase betreut hat, nicht zufrieden war, hat sie A beauftragt, sie in allen steuerlichen Belangen zu beraten. Das nach der Steuerberatergebührenverordnung bemessene Honorar wird zur Vermeidung überflüssiger Zahlungsvorgänge direkt mit der geschuldeten Miete verrechnet.

Lösung:

5084 Die systematische Lösung – vgl. hierzu die Ausführungen unter Ziffer II – würde nun zunächst die Umsätze der GbR prüfen, um festzustellen, ob diese steuerbar und steuerpflichtig sind, um darauf aufbauend zur Frage des Vorsteuerabzugs und ggf. zu verfahrensrechtlichen Problemen Stellung zu nehmen. Diese Herangehensweise ist jedoch wenig praktikabel bei Sachverhalten, die sich tatsächlich über mehrere Umsatzsteuer-Voranmeldungszeiträume hinziehen und zu deren Einzelsachverhalten vom Unternehmer, seinem Steuerberater oder der zuständigen Finanzbehörde bereits zu einem früheren Zeitpunkt umsatzsteuerlich abschließend Stellung genommen werden muss. Dieses Problem tritt vorliegend hinsichtlich der Frage nach der Vorsteuerabzugsberechtigung während der Bauphase auf.

Vorsteuerabzug vor Beginn der Vermietung

Die Gesellschaft ist in vollem Umfang zum Abzug der auf den von *Bayer* und *Manufattura* bezogenen Leistungen lastenden Umsatzsteuerbeträge als Vorsteuer berechtigt. Zwar hat die Gesellschaft zum Zeitpunkt des Bezugs der Eingangsleistungen noch keine eigenen umsatzsteuerbaren Leistungen erbracht. Sie gilt jedoch als Unternehmer, weil sie ernsthaft beabsichtigt, durch Vermietungsleistungen unternehmerisch tätig zu werden.[1] Der Vorsteuerabzug ist auch nicht nach § 15 Abs. 2 UStG ausgeschlossen. Zwar sind die von der Gesellschaft beabsichtigten Umsätze grundsätzlich nach § 4 Nr. 12a UStG steuerfrei. Es besteht jedoch nach § 9 Abs. 1 und 2 UStG die Möglichkeit für diese (beabsichtigten) Umsätze auf die Steuerfreiheit zu verzichten (Option), da die Unternehmerin zum Zeitpunkt des Leistungsbezugs beabsichtigt, die Mietflächen an Unternehmer zu vermieten, die ihrerseits ausschließlich Umsätze erbringen, die den Vorsteuerabzug nicht ausschließen. Von diesem Recht zur Option hat die GbR konkludent Gebrauch gemacht, indem sie im Rahmen ihrer Umsatzsteuer-Voranmeldungen den Vorsteuerabzug vorgenommen hat. 5085

Die Tatsache, dass die GbR entgegen ihrer ursprünglichen Absicht (später) teilweise Umsätze erbringt, die das Recht zur Option ausschließen, ändert hieran nichts, da zum Zeitpunkt des Leistungsbezugs materiell abschließend über den Vorsteuerabzug zu entscheiden war.[2] Zur späteren Berichtigung des in Anspruch genommenen Vorsteuerabzugs vergleiche die Ausführungen in Rn. 5095. 5086

Hinsichtlich der von *Manufattura* bezogenen Leistungen ist zu beachten, dass dessen **Steuerschuld** gem. § 13b Abs. 5 Satz 1 i. V. m. Abs. 2 Nr. 1 UStG auf die GbR **übergeht,** da *Manufattura* ein **im Ausland ansässiger Unternehmer** i. S. v. § 13b Abs. 7 UStG ist. Dieser wird daher über die von ihm erbrachte Leistung eine Rechnung gem. § 14a Abs. 5 UStG über das vereinbarte Nettoentgelt erteilen und in dieser Rechnung auf die Steuerschuldnerschaft des Leistungsempfängers hinweisen. Gleichwohl ist die GbR auch ohne Rechnung mit gesondertem Steuerausweis zum Vorsteuerabzug berechtigt, da § 15 Abs. 1 Nr. 4 UStG für Umsatzsteuerbeträge, die für Leistungen, die dem Regelungsbereich des § 13b UStG unterfallen, lediglich das Entstehen dieser Steuer voraussetzt. Dies gilt gem. § 13b Abs. 4 UStG auch für die im Baugewerbe üblichen Abschlagzahlungen nach Baufortschritt.[3] 5087

Die Steuer nach § 13b UStG und die abziehbaren Vorsteuerbeträge erklärt die GbR in ihrer Umsatzsteuer-Voranmeldung. Diese hat sie im ersten und zweiten Kalenderjahr ihrer unternehmerischen Tätigkeit gem. § 18 Abs. 2 Satz 4 UStG monatlich abzugeben. Das Finanzamt kann die Erstattung der Vorsteuer gem. § 18f UStG von einer Sicher- 5088

1 EuGH 29. 2. 1996 Rs. C-110/94, *INZO*, BStBl 1996 II 655.

2 EuGH 29. 2. 1996 Rs. C-110/94, *INZO*, BStBl 1996 II 655; 8. 6. 2000 Rs. C-396/98, *Schlosstraße*, BStBl 2003 II 446; 8. 6. 2000 Rs. C-400/98, *Breitsohl*, BStBl 2003 II 452.

3 Auf die mögliche Verpflichtungen zur Bauabzugsbesteuerung gem. § 48 EStG sei hingewiesen.

heitsleistung abhängig machen und im Rahmen einer Umsatzsteuer-Nachschau gem. § 27b UStG die Baustelle und die Büroräume der GbR betreten, um Sachverhalte festzustellen, die für die Besteuerung erheblich sein können.

Leistungen der ABC GbR

5089 Die Vermietung an den Einzelhändler stellt eine steuerbare sonstige Leistung dar, die grundsätzlich nach § 4 Nr. 12a UStG steuerfrei ist, für die die ABC GbR jedoch wirksam zur Steuerpflicht optiert hat. Die Vermietung unterliegt daher auf der Grundlage des vereinbarten Entgelts i. H. v. 10 000 € (netto) der Umsatzsteuer i. H. v. zurzeit 19 %. Die für diesen Umsatz verwendeten umsatzsteuerbelasteten Eingangsleistungen berechtigen die Gesellschaft zum Vorsteuerabzug.

5090 Anders verhält es sich bei der Vermietung an die Versicherungsgesellschaft. Hier scheidet die Option aus, da die Versicherungsgesellschaft gem. § 4 Nr. 10a und b UStG steuerfreie Umsätze erbringt, die den Vorsteuerabzug ausschließen. Die Möglichkeit zur Option nach § 9 UStG besteht bei diesen Umsätzen nicht.[1] Der Vermietungsumsatz der ABC-GbR ist daher steuerfrei.

5091 Die Vermietung an den Gesellschafter A stellt eine sonstige Leistung dar. Die Leistung wird von der Gesellschaft erbracht, um die vertraglich vereinbarte Gegenleistung zu erhalten. Damit liegt ein Leistungsaustausch vor. Die Leistung ist als Vermietungsleistung grundsätzlich steuerfrei. Die Gesellschaft hat jedoch im Wege der Option wirksam auf die Steuerfreiheit verzichtet. Der Umsatz unterliegt dem Regelsteuersatz i. H. v. zurzeit 19 %. Bemessungsgrundlage ist nicht das zwischen den Parteien vereinbarte Entgelt, sondern die Mindestbemessungsgrundlage, die jedoch durch den auch mit einem fremden Dritten tatsächlich auf dem Markt erzielten Mietzins nach oben begrenzt wird.[2] Ob dies in Fällen wie dem vorliegenden zu einer Begrenzung der Gegenleistung (= Bruttobetrag) oder zu einer Begrenzung der Bemessungsgrundlage (= Nettobetrag) auf 6 000 € führt, wurde bisher noch nicht entschieden. Da jedoch auf dem Markt sich als zivilrechtliches Entgelt die jeweiligen Bruttobeträge gegenüberstehen, dürfte dieser die maßgebliche Größe sein, so dass der insoweit maßgebliche Umsatzsteuerbetrag i. H. v. $^{19}/_{119}$ aus 6 000 € heraus zurechnen wäre.

5092 Die Beratungsleistungen des Gesellschafters A sind sonstige Leistungen, die dieser im Wege des Leistungsaustauschs an die ABC GbR erbringt. Es liegt kein nichtsteuerbarer Gesellschafterbeitrag vor, weil die Dienste des A nicht durch seine Teilhabe an Gewinn und Verlust der Gesellschaft abgegolten sind. A erbringt seine Beratungsleistungen um der vereinbarten Gegenleistung willen. Es liegt ein entgeltlicher Leistungsaustausch vor. Die Leistungen sind steuerbar und steuerpflichtig.

5093 Ein tauschähnlicher Umsatz gem. § 3 Abs. 12 Satz 2 UStG liegt hinsichtlich der von dem Gesellschafter A erbrachten Leistungen nicht vor. Die Vermietungsleistung der Gesellschaft und die Beratungsleistung des Gesellschafters A sind nicht in der Weise miteinander verknüpft, dass A seine Leistung erbringt, um die Vermietungsleistung zu erhalten und umgekehrt. Vielmehr ist für beide Leistungen ein in Geld ausgedrücktes Ent-

1 Für Altgebäude gilt § 9 UStG nach Maßgabe des § 27 Abs. 2 UStG.

2 Vgl. die Ausführungen in Rn. 5009.

gelt vereinbart, das unabhängig von der jeweils empfangenen Leistung geschuldet wird. Die Verrechnung erfolgt lediglich zur Vermeidung wechselseitiger Zahlungen.

Anders wäre der Fall zu beurteilen, wenn Gesellschaft und Gesellschafter vereinbaren würden, dass A die Etage „kostenlos" nutzen darf, wenn und solange er die Gesellschaft „unentgeltlich" steuerlich berät. In diesem Fall lägen zwei **entgeltliche** Vorgänge vor, die als tauschähnlicher Umsatz miteinander verknüpft wären, da die jeweils eigene Leistung erbracht wird, um die jeweils andere Leistung als Gegenleistung für die eigene Leistung zu erlangen. 5094

Berichtigung des Vorsteuerabzugs

Die ABC-GbR hat im Jahr des Vermietungsbeginns an die Versicherungsgesellschaft den in Anspruch genommenen Vorsteuerabzug gem. § 15a UStG zu berichtigen, da sich insoweit die für den ursprünglichen Vorsteuerabzug maßgebenden Verhältnisse geändert haben. Nach dieser Vorschrift ist während eines Beobachtungszeitraums von 5, bei Grundstücken 10, Jahren der in Anspruch genommene Vorsteuerabzug zu berichtigen, wenn sich bei einem Wirtschaftsgut innerhalb dieses Beobachtungszeitraums ab dem Zeitpunkt der erstmaligen Verwendung die für den ursprünglichen Vorsteuerabzug maßgebenden Verhältnisse geändert haben. Maßgeblich für den ursprünglichen Vorsteuerabzug war die Absicht der ABC GbR, die Gesamtfläche und damit auch die nunmehr von der Versicherungsgesellschaft genutzte Fläche in einer zum Vorsteuerabzug berechtigenden Weise zu vermieten. Dies hat sich durch die den Vorsteuerabzug ausschließende Vermietung geändert, so dass die Voraussetzungen des § 15a UStG vorliegen. 5095

Umfang der Berichtigung

Um den Umfang der Berichtigung zu errechnen, muss die Gesellschaft den Anteil der Vorsteuerbeträge ermitteln, der auf den an die Versicherung vermieteten Gebäudeteil entfällt. Dies hat gemäß § 15 Abs. 4 Satz 2 UStG im Wege einer sachgerechten Schätzung zu erfolgen. § 15 Abs. 4 Satz Satz 2 UStG lässt das Verhältnis der Umsätze, die den Vorsteuerabzug ausschließen zu den Umsätzen, die den Vorsteuerabzug nicht ausschließen nur ausnahmsweise zu. Bei Gebäuden ist nach Ansicht der Verwaltung regelmäßig auf das Verhältnis der Nutzflächen zueinander abzustellen.[1] 5096

Demgegenüber wird nach Art. 173 Abs. 1 der Mehrwertsteuersystemrichtlinie der Pro-rata-Satz des Vorsteuerabzugs nach Art. 174 der Mehrwertsteuersystemrichtlinie ermittelt, der eine mathematische Ermittlung dieser Vorsteuerabzugsquote nach dem Verhältnis der zum Vorsteuerabzug berechtigenden Umsätze zu den nicht zum Vorsteuerabzug berechtigenden Umsätzen vorschreibt. Eine Überprüfung und ggf. eine Änderung erfolgt während des Beobachtungszeitraums von 5 bzw. 10 Jahren jährlich für das jeweilige Kalenderjahr. 5097

1 Abschn. 15.17 Abs. 7 Satz 4 UStAE.

5098 Es bestehen daher Zweifel, ob die einschränkende Regelung in § 15 Abs. 4 UStG im Einklang mit den zitierten gemeinschaftsrechtlichen Normen steht. Der BFH teilt diese Zweifel und hat daher diese Rechtsfrage dem EuGH zur Entscheidung vorgelegt.[1]

5099–5105 *(Einstweilen frei)*

VI. Gründung der Gesellschaft und Eintritt von Gesellschaftern

1. Bargründung

5106 Im Rahmen der Bargründung einer Personengesellschaft leistet der Gesellschafter eine Einlage und tritt nach Maßgabe der für die jeweilige Gesellschaftsform einschlägigen gesetzlichen und vertraglichen Normen in die Rechte und Pflichten eines Gesellschafters ein. Hierdurch ändert sich sein unternehmerischer Status nicht. War er vorher kein Unternehmer i. S. d. Umsatzsteuerrechts, so wird er es auch nicht aufgrund der Tatsache, dass er Gesellschafter einer Personengesellschaft wird. War er bereits vorher Unternehmer, so ändert sich durch die Gründung einer Personengesellschaft hieran ebenso wenig.

5107 Umsatzsteuerliche **Implikationen für den Gesellschafter** aufgrund des Gründungsvorgangs können sich nur für den Unternehmer ergeben. Das Leisten der Einlage in Geld ist als reiner Zahlungsvorgang umsatzsteuerlich unbeachtlich. Von größerem Interesse ist dagegen die Frage, ob die Gesellschaft an ihren Gesellschafter im Rahmen der Gründung Leistungen erbringt.

5108 Geht der Unternehmer die Gesellschafterstellung aus unternehmerischen Gründen ein, beispielsweise um Produkte, die er in seinem Unternehmen herstellt, über die Personengesellschaft, deren Gesellschafter er wird, zu vertreiben, so ist der Unternehmer, beim Vorliegen der sonstigen Voraussetzungen des § 15 UStG, berechtigt, Umsatzsteuerbeträge, die auf empfangene Leistungen im Zusammenhang mit der Gründung der Gesellschaft stehen, als Vorsteuer abzuziehen.

5109 Die **Beurteilung des Gründungsvorgangs auf Seiten der Gesellschaft** war lange Zeit umstritten. Die früher h. M. ging davon aus, dass die Gesellschaft dem Gesellschafter Gesellschaftsrechte zuwendet, für die dieser die Einlage leistet. Hierbei handele es sich um einen Leistungsaustausch, bei dem die Leistung der Gesellschaft steuerbar und steuerfrei nach § 4 Nr. 8f UStG sei. Ausgehend von dieser Beurteilung wurde der Gesellschaft der Vorsteuerabzug für Eingangsleistungen (z. B. Rechtsberatung) versagt, da diese Eingangsleistungen zur Bewirkung steuerfreier, den Vorsteuerabzug ausschließender, Leistungen verwendet würden.

5110 Mit Urteil vom 26. 6. 2003 hat der EuGH entschieden, „dass eine Personengesellschaft bei der Aufnahme eines Gesellschafters gegen Zahlung einer Bareinlage an diesen kei-

1 BFH 22. 7. 2010 V R 19/09, BStBl 2010 II 1090; das Verfahren ist unter dem Az. C-511/10 beim EuGH anhängig.

ne Dienstleistung gegen Entgelt i. S. d. Art. 2 Nr. 1 der 6. Richtlinie erbringt" (Art. 2 Abs. 1 Buchst. c MwStSystRL).[1] Das Gleiche gilt bei der Gründung einer Kapitalgesellschaft.[2]

Die gesellschaftsrechtliche Position wächst dem Gesellschafter somit originär zu, ohne dass es hierzu einer Leistung der Gesellschaft bedürfte.[3] Die Rechtsauffassung, die davon ausgeht, dass dem Gesellschafter im Rahmen der Gründung der Gesellschaft bzw. anlässlich seines Beitritts zur Gesellschaft die Gesellschaftsrechte durch eine Leistung übertragen werden, ist obsolet. 5111

Überträgt hingegen ein Gesellschafter einer Personengesellschaft als Unternehmer im Rahmen seines Unternehmens seine rechtliche Stellung als Gesellschafter auf eine andere Person, so wendet er dieser Person einen wirtschaftlichen Vorteil zu und erbringt hierdurch eine sonstige Leistung, die nach den Vorschriften des Umsatzsteuergesetzes grundsätzlich steuerbar und nach Maßgabe der Vorschrift des § 4 Nr. 8f UStG steuerfrei ist. Die Entstehung gesellschaftsrechtlicher Rechtspositionen in der Person des Gesellschafters bedarf keiner Leistung. Die Übertragung dieser Rechtsposition hingegen ist grundsätzlich geeignet, den Gegenstand einer Leistung im umsatzsteuerrechtlichen Sinne darzustellen. 5112

Diese Differenzierung ist auch nicht inkonsequent, wie folgendes vergleichendes Beispiel zeigt: 5113

BEISPIEL: Das durch einen geistigen Schöpfungsakt in der Person des Urhebers entstandene und nach den Vorschriften des Urheberrechtsgesetzes geschützte Urheberrecht wird diesem zuteil, ohne dass hierzu eine Zuwendung in Form einer Leistung eines Dritten erforderlich wäre. Es entsteht originär in seiner Person. Die Übertragung auf einen Dritten hingegen erfüllt als Zuwendung eines wirtschaftlichen Vorteils durch einen Leistenden an einen Leistungsempfänger die tatbestandlichen Voraussetzungen einer sonstigen Leistung.

(Einstweilen frei) 5114–5115

2. Sachgründung

Wird eine Gesellschaft im Wege der Sacheinlage gegründet, so treten neben den in den Rn. 4276 – 4283 erörterten Rechtsproblemen weitere Fragen auf. 5116

Leistet der Gesellschafter bei seinem Eintritt keine Einlage in Geld, sondern legt er in Erfüllung der gesellschaftsrechtlich übernommenen Verpflichtung zur Leistung einer **Sacheinlage** ein Wirtschaftsgut ein, so stellt dies eine Lieferung dar, wenn der Gesellschafter Unternehmer ist und im Rahmen seines Unternehmens handelt. Die Lieferung in Gestalt der Sacheinlage ist daher steuerbar und grundsätzlich steuerpflichtig, wenn nicht ein Steuerbefreiungstatbestand, wie zum Beispiel bei der Einlage eines Grundstücks gem. § 4 Nr. 9a UStG erfüllt ist. 5117

Auch wenn es sich bei der Ausgabe von Gesellschaftsanteilen auf der Grundlage der zitierten Rechtsprechung nicht um einen steuerbaren Vorgang handelt, so erhält der Gesellschafter doch etwas für seine Sacheinlage. Folglich ist dieser Vorgang auch nicht 5118

1 Rs. C-442/01, *KapHag Renditefonds*, BB 2003, 1713 ; NWB DokID : TAAAB-72822.
2 EuGH 26. 5. 2005 Rs. C-465/03, *Kretztechnik*, HFR 2005, 912; NWB DokID: MAAAB-72833.
3 Ebenso *Reiß*, UR 1996, 357; *ders.*, UR 2001, 41.

als unentgeltliche Wertabgabe zu beurteilen.[1] Vielmehr vollzieht sich die Sacheinlage eines Gesellschafters in die Gesellschaft gegen Gewährung von Gesellschaftsanteilen im Rahmen eines steuerbaren Leistungsaustausches.[2]

5119 Legt der Gesellschafter als Einlage nicht ein einzelnes Wirtschaftsgut ein, sondern bringt er das bisher von ihm allein geführte Unternehmen oder einen selbständigen Teil hiervon in die Gesellschaft ein, so liegt eine nicht steuerbare Geschäftsveräußerung im Ganzen i. S. d. § 1 Abs. 1a UStG vor, wenn die empfangende Personengesellschaft beabsichtigt, den übertragenen Geschäftsbetrieb oder Vermögensteil unternehmerisch fortzuführen.[3]

5120 Ist für umsatzsteuerbelastete Investitionen der Beobachtungszeitraum des § 15a UStG von 5 bzw. 10 Jahren noch nicht abgelaufen, so beginnt der Beobachtungszeitraum nicht von neuem und es ist hinsichtlich einer möglichen Berichtigung des Vorsteuerabzugs auf die Umsätze der Gesellschaft abzustellen, in die das (Teil-)Unternehmen eingebracht wurde.

5121–5125 *(Einstweilen frei)*

3. Vorsteuerabzug für Eingangsumsätze der Personengesellschaft bei ihrer Gründung

5126 Nimmt die Personengesellschaft in sachlichem und zeitlichem Zusammenhang mit der Gründung Eingangsleistungen in Anspruch, so kann sie die hierauf anfallende Umsatzsteuer als Vorsteuer abziehen, wenn sie diese für ihr Unternehmen bezieht und die sonstigen Voraussetzungen des § 15 UStG – insbesondere die Verwendung für Umsätze, die den Vorsteuerabzug nicht ausschließen – vorliegen.

5127 Der früher von der Verwaltung eingenommene Rechtsstandpunkt, wonach es sich bei der Ausgabe von Gesellschaftsanteilen um einen steuerbaren, aber nach § 4 Nr. 8f UStG steuerfreien, den Vorsteuerabzug ausschließenden Vorgang handele, ist durch die Rechtsprechung des EuGH in den Rechtssachen *KapHag Renditefonds*[4] und *Kretztechnik*[5] überholt. Der Gründungsvorgang als solcher ist für die Beurteilung des Vorsteuerabzugs ohne Belang. Maßgeblich sind die im Rahmen der unternehmerischen Tätigkeit der Gesellschaft erbrachten oder beabsichtigten Leistungen. Handelt es sich hierbei um Umsätze, die den Vorsteuerabzug nicht ausschließen, so besteht auch hinsichtlich der Gründungskosten grundsätzlich das Recht zum Vorsteuerabzug. Bewirkt die Gesellschaft (auch) Umsätze, die den Vorsteuerabzug ausschließen, so ist der Vorsteuerabzug (insoweit) ausgeschlossen.

5128 Allerdings geht die h. M. auf der Grundlage der sog. Sphärentheorie[6] davon aus, dass jede Gesellschaft auch einen nichtunternehmerischen Bereich haben kann. Eingangs-

1 *Reiß*, UR 2003, 428; Abschn. 1.6 Abs. 2 UStAE.
2 BFH 6. 10. 2005 V R 7/04, BFH/NV 2006, 834.
3 EuGH 27. 11. 2003 Rs. C-479/01, *Zita Modes*, NWB DokID: UAAAB-79462.
4 EuGH 26. 6. 2003 Rs. C-442/01, *KapHag Renditefonds*, BB 2003, 1713 ; NWB DokID : TAAAB-72822.
5 EuGH 26. 5. 2005 Rs. C-465/03, *Kretztechnik*, HFR 2005, 912; NWB DokID: MAAAB-72833.
6 Die Sphärentheorie ist umstritten. Vgl. *von Streit*, UR 2003, 1; *Grünwald*, DStR 2005, 1377; *Eggers*, WPg 2007, 616; zum Streitstand *Englisch*, UR 2007, 290.

leistungen für diesen nichtunternehmerischen Bereich sind, da sie nicht für das Unternehmen des Unternehmers bezogen werden, vom Vorsteuerabzug ausgeschlossen.

Nach Auffassung der Verwaltung sei das Recht auf Vorsteuerabzug aus bezogenen Eingangsleistungen nur gegeben, wenn die hierfür getätigten Aufwendungen zu den Kostenelementen eigener Ausgangsumsätze gehören. Bei der Aufnahme eines Gesellschafters gegen Bareinlage sei diese Voraussetzung ungeachtet der Nichtsteuerbarkeit dieser Vorgänge dann erfüllt, wenn 5129

- die Aufnahme des Gesellschafters erfolgte, um das Kapital des Unternehmers zugunsten seiner wirtschaftlichen Tätigkeit im Allgemeinen zu stärken, und
- die Kosten der Leistungen, die der Unternehmer in diesem Zusammenhang bezogen hat, Teil seiner allgemeinen Kosten sind und somit zu den Preiselementen seiner Produkte gehören.

Diene die Ausgabe der Beteiligung der allgemeinen wirtschaftlichen Stärkung des Unternehmens und sind die dabei entstandenen Kosten zu Preisbestandteilen der Ausgangsumsätze geworden, gehören die Aufwendungen zu den allgemeinen Kosten, für die sich der Vorsteuerabzug nach den Verhältnissen des Besteuerungszeitraums des Leistungsbezugs bestimmt. 5130

Dienen die aus der Ausgabe der Beteiligungen zugeflossenen Mittel hingegen der Erweiterung oder Stärkung eines bestimmten Geschäftsbetriebs und sind die dabei entstandenen Kosten zu Preisbestandteilen nur bestimmter Ausgangsumsätze geworden, sei auf die insoweit beabsichtigte Verwendung abzustellen. 5131

Soweit das durch die Ausgabe von Beteiligungen beschaffte Kapital dem nichtunternehmerischen Bereich zufließt, sei ein Vorsteuerabzug aus den damit verbundenen Aufwendungen nicht zulässig. In den Fällen, in denen eine Gesellschaft neben dem unternehmerischen auch einen nichtunternehmerischen Bereich unterhält, und in denen die Mittel aus der Ausgabe der Beteiligung nicht ausschließlich dem unternehmerischen Bereich zufließen, seien die aus den mit der Ausgabe der Beteiligung zusammenhängenden Aufwendungen ausgefallenen Vorsteuerbeträge aufzuteilen.[1] 5132

(Einstweilen frei) 5133–5135

4. Beteiligung an einer anderen Gesellschaft

Die Beteiligung einer Personengesellschaft an einer anderen (Personen- oder Kapital-)Gesellschaft birgt keine umsatzsteuerlichen Besonderheiten. Für die umsatzsteuerliche Beurteilung der hierdurch entstehenden Rechtsbeziehungen gelten obige Ausführungen entsprechend. 5136

(Einstweilen frei) 5137–5140

1 Abschn. 15.21 Abs. 4 – 7 UStAE.

VII. Gesellschafterwechsel

1. Eintritt eines weiteren Gesellschafters

5141 Der Eintritt eines weiteren Gesellschafters in eine bestehende Personengesellschaft **ändert deren Identität nicht.** Die Personengesellschaft vor Eintritt des neuen Gesellschafters ist mit der Gesellschaft nach Eintritt des neuen Gesellschafters identisch. Dies gilt auch dann, wenn sie sich anlässlich der Änderung des Gesellschafterbestands einen geänderten Namen gibt.

5142 Die ABC-GbR nimmt den Gesellschafter D auf und ändert ihren Namen in ABCD-GbR. Die Gesellschaft bleibt Inhaber aller materiell rechtlichen und verfahrensrechtlichen umsatzsteuerlichen Rechte und Pflichten. Insbesondere ist die ABCD-GbR zum Abzug der Vorsteuerbeträge berechtigt, die für Leistungen in Rechnung gestellt werden, die die ABC GbR bestellt und bezogen hat, oder die die ABC-GbR zwar bestellt, die aber erst nach Änderung des Gesellschafterbestands und Gesellschaftsnamens erbracht wurden. Dies gilt ausdrücklich auch dann, wenn die Rechnung noch den Namen ABC-GbR ausweist, da hinsichtlich der Bezeichnung des Leistungsempfängers in einer Rechnung jede Bezeichnung des Leistungsempfängers ausreichend ist, die eine eindeutige und leicht nachprüfbare Feststellung seines Namens und seiner Anschrift ermöglicht.[1]

5143 Die Leistungsbeziehungen zwischen der Gesellschaft und dem eintretenden Gesellschafter sind umsatzsteuerlich ebenso zu beurteilen wie die Leistungen bei der Gründung der Gesellschaft. Dies gilt sowohl für eine vom eintretenden Gesellschafter zu leistende Bareinlage als auch für eine zu leistende Sacheinlage.

5144–5145 *(Einstweilen frei)*

2. Gesellschafterwechsel

5146 Überträgt ein Gesellschafter seine Gesellschafterstellung dergestalt auf eine andere Person, dass diese nunmehr an seiner Stelle Gesellschafter wird, liegt regelmäßig ein nichtsteuerbarer Vorgang vor.[2] Handelt der Unternehmer im Hinblick auf diesen Vorgang ausnahmsweise als Unternehmer im Rahmen seines Unternehmens, so erbringt er eine sonstige Leistung an den neuen Gesellschafter, die jedoch nach § 4 Nr. 8f UStG steuerfrei ist. Für die umsatzsteuerliche Beurteilung ist es dabei gleichgültig, ob der Leistungsempfänger bereits Gesellschafter war oder ob er dies aufgrund der Leistung erstmals wird. Auf die Möglichkeit zum Verzicht auf die Steuerbefreiung gem. § 9 Abs. 1 UStG, sofern es sich bei dem Leistungsempfänger um einen Unternehmer handelt, wird hingewiesen.

5147–5150 *(Einstweilen frei)*

---

1 BFH 2. 4. 1997 V B 26/96, BStBl 1997 II 443.

2 EuGH 26. 6. 2003 Rs. C-442/01, *KapHag Renditefonds*, BB 2003, 1713; NWB DokID: TAAAB-72822.

3. Ausscheiden eines Gesellschafters

Scheidet ein Gesellschafter aus einer Personengesellschaft aus, so verliert er seine Rechte als Gesellschafter. Der Anteil des ausscheidenden Gesellschafters wächst den verbleibenden Gesellschaftern entsprechend der Größe ihrer Anteile am Gesellschaftsvermögen an. Umsatzsteuerlich ist dieser Vorgang wie der Eintritt des Gesellschafters mit umgekehrten Vorzeichen zu beurteilen. 5151

Die Anwachsung seines Anteils am Gesamthandseigentum stellt keinen steuerbaren Vorgang dar, da diese Rechtsfolge kraft Gesetzes eintritt. 5152

(Einstweilen frei) 5153–5155

4. Vollständiger Gesellschafterwechsel

Wechselt der Gesellschafterbestand einer Personengesellschaft vollständig, so tritt auf der Ebene der Gesellschaft kein Wechsel in der Identität des Unternehmers ein. Weder das Unternehmen als Ganzes noch die einzelnen Vermögensgegenstände werden von einem Rechtsträger auf einen anderen Rechtsträger übertragen. Der Vorgang führt daher bei der Gesellschaft zu keinen umsatzsteuerlichen Konsequenzen. Dies gilt auch, wenn sich der Name der Gesellschaft im Zuge des Gesellschafterwechsels ändert. 5156

Auf der Ebene der Gesellschafter ist dagegen wiederum zu unterscheiden, ob diese Unternehmer sind oder nicht. Im Falle des Vorliegens der Unternehmereigenschaft stellt die Übertragung der Gesellschafterposition vom übertragenden auf den übernehmenden Gesellschafter eine steuerbare und steuerfreie aber optionsfähige sonstige Leistung dar. 5157

(Einstweilen frei) 5158–5165

VIII. Auflösung und Beendigung der Gesellschaft

1. Geschäftsveräußerung im Ganzen

Beendet eine Personengesellschaft, die ausschließlich zum Vorsteuerabzug berechtigende Umsätze bewirkt hat, ihre unternehmerische Tätigkeit dadurch, dass sie ihr Unternehmen im Ganzen an einen anderen veräußert, so ist dieser Vorgang als Geschäftsveräußerung im Ganzen nach § 1 Abs. 1a UStG nicht steuerbar, wenn der Erwerber die unternehmerische Tätigkeit fortsetzt. Erfolgt der Erwerb zum Zwecke der sofortigen Abwicklung des Unternehmens, liegen die Voraussetzungen der genannten Norm nicht vor.[1] 5166

Nimmt die Gesellschaft für den Veräußerungsakt umsatzsteuerbelastete Eingangsleistungen in Anspruch, so stellt sich die Frage, ob sie diese Umsatzsteuerbeträge als Vorsteuer abziehen kann. Die Verwendung der Eingangsumsätze für einen nicht steuerbaren „Umsatz" schließt den Vorsteuerabzug nicht grundsätzlich aus. Da jedoch dieser nicht steuerbare Veräußerungsvorgang der letzte unternehmerische Akt der Gesellschaft ist, ist die Frage zu beantworten, auf welchen Verwendungsumsatz hinsichtlich 5167

1 EuGH 27.11.2003 Rs. C-479/01, *Zita Modes*, NWB DokID: UAAAB-79462.

der Beurteilung des Rechts zum Vorsteuerabzug abzustellen ist. Der EuGH hat entschieden, dass insoweit die allgemeinen Umsätze der Gesellschaft vor der Veräußerung des Unternehmens heranzuziehen sind.[1] Hat die Gesellschaft vorher steuerpflichtige Umsätze bewirkt, so ist sie hinsichtlich der Veräußerungskosten zum Vorsteuerabzug berechtigt; hat sie Umsätze bewirkt, die den Vorsteuerabzug ausschließen, so gilt dieser Ausschluss auch für die Veräußerungskosten. Hat sie sowohl den Vorsteuerabzug ausschließende Umsätze als auch Umsätze, die den Vorsteuerabzug nicht ausschließen erbracht, so besteht das Recht zum Vorsteuerabzug nach Maßgabe des Verhältnisses dieser Umsätze.

5168–5170 *(Einstweilen frei)*

2. Allmähliche Liquidation

5171 Veräußert die Gesellschaft ihr Unternehmen nicht in einem Akt, sondern allmählich, so erbringt sie mit der Übertragung der einzelnen Vermögensgegenstände Lieferungen und sonstige Leistungen, die jeweils einzeln nach den Vorschriften des Umsatzsteuergesetzes hinsichtlich Steuerbarkeit, Steuerpflicht, Bemessungsgrundlage, Steuersatz etc. zu beurteilen sind. Unentgeltliche Vorgänge unterliegen der Besteuerung nach Maßgabe der Vorschriften des § 3 Abs. 1b UStG bzw. des § 3 Abs. 9a UStG. Die Unternehmereigenschaft verbunden mit dem grundsätzlichen Recht zum Vorsteuerabzug sowie mit den gesetzlichen verfahrensrechtlichen Verpflichtungen bleibt bis zur vollständigen Liquidation bestehen.

5172 Hinsichtlich des Vorsteuerabzugs in der Liquidationsphase kann typischerweise folgendes Problem auftauchen:

Eine Personengesellschaft, die ausschließlich Umsätze, die in vollem Umfang zum Vorsteuerabzug berechtigen, bewirkt hat, wird allmählich liquidiert, indem im Jahr 01 sämtliche Wirtschaftsgüter veräußert werden. Lediglich die Veräußerung des Betriebsgrundstücks gestaltet sich schwieriger als erwartet und gelingt erst im Januar 02. Es handelt sich hierbei um die einzige nach außen gerichtete wirtschaftliche Aktivität der Gesellschaft im Januar 02. Im Zusammenhang mit dem Verkauf nimmt die Gesellschaft die Dienste eines Immobilienmaklers in Anspruch, der hierüber unter offenem Umsatzsteuerausweis abrechnet. Daneben stellt die Steuerberatungsgesellschaft ihre im Jahr erbrachten Beratungsleistungen in Rechnung.

Alternative:

5173 Da sich ein Käufer trotz intensiver Suche nicht findet, wird das Grundstück im Jahr 03 einem der Gesellschafter unentgeltlich übereignet, der es im Rahmen seines Unternehmens unternehmerisch nutzt.

Es stellt sich die Frage, ob die Gesellschaft zum Vorsteuerabzug aus den Rechnungen des Maklers und der Steuerberatungsgesellschaft berechtigt ist.

---

1 EuGH 22. 2. 2001 Rs. C-408/98, *Abbey National*, NWB DokID: QAAAB-72794.

Lösung:

Die Gesellschaft ist grundsätzlich zum Vorsteuerabzug berechtigt, da sie auch in der Liquidationsphase Unternehmer i. S. d. Umsatzsteuergesetzes ist. Die sonstigen Voraussetzungen für den Vorsteuerabzug nach § 15 Abs. 1 UStG liegen vor. Der Vorsteuerabzug ist jedoch ausgeschlossen, sofern die bezogene Leistung zur Bewirkung steuerfreier Umsätze verwendet wird. Die Lieferung des Grundstücks ist nach § 4 Nr. 9a UStG steuerfrei. Wird das Grundstück an einen Unternehmer für dessen Unternehmen geliefert, besteht nach § 9 Abs. 1 UStG die Möglichkeit, auf die Steuerfreiheit zu verzichten (Option), so dass dem Vorsteuerabzug nichts im Wege steht. Liegen die Voraussetzungen für die Option nicht vor, so ist der Vorsteuerabzug aus der Rechnung des Maklers ausgeschlossen. 5174

Der Ausschluss vom Vorsteuerabzug gilt für die Leistung des Maklers, weil diese direkt und unmittelbar mit der Grundstücksveräußerung in Zusammenhang steht. Die Leistung des Steuerberaters steht dagegen in sachlichem Zusammenhang mit der Gesamttätigkeit des Unternehmers, so dass zur Beurteilung des Vorsteuerabzugs, ähnlich wie bei der Geschäftsveräußerung im Ganzen, auf die Gesamtheit der steuerpflichtigen Umsätze der Gesellschaft in der Vergangenheit abzustellen ist. 5175

Alternative:

In dieser Alternative hat die in Liquidation befindliche Gesellschaft im Jahr 02 nur Eingangsumsätze, denen keinerlei Ausgangsumsätze gegenüberstehen. Sie bleibt im Rahmen ihrer, der eigentlichen Tätigkeit nachgelagerten, Aktivitäten Unternehmer i. S. d. Umsatzsteuergesetzes und daher grundsätzlich zum Vorsteuerabzug berechtigt. Da sie die bezogenen Eingangsleistungen nicht für Umsätze verwendet, die den Vorsteuerabzug ausschließen, ist sie in vollem Umfang, insbesondere auch im Hinblick auf die Rechnung der Steuerberatungsgesellschaft, zum Vorsteuerabzug berechtigt. 5176

Im Jahr 03 realisiert die Gesellschaft durch die unentgeltliche Übereignung des Grundstücks an einen ihrer Gesellschafter eine unentgeltliche Wertabgabe i. S. d. § 3 Abs. 1b UStG, die steuerbar und gem. § 4 Nr. 9a UStG steuerfrei ist. Damit ist der Vorsteuerabzug für Eingangsleistungen, die zur Bewirkung dieses Umsatzes verwendet werden, vom Vorsteuerabzug ausgeschlossen. 5177

(Einstweilen frei) 5178–5180

3. Realteilung

Die Realteilung ist ein Begriff aus dem Einkommensteuerrecht.[1] Eine Realteilung liegt vor, wenn eine Mitunternehmerschaft i. S. d. Einkommensteuerrechts in der Form „real geteilt" wird, dass 5181

- jeder Gesellschafter einer zwei- oder mehrgliederigen Personengesellschaft bei Auflösung oder Beendigung der Personengesellschaft und ihres Betriebs einen Teil des Gesamtvermögens übernimmt oder

1 § 16 Abs. 3 Satz 2 EStG.

- eine Personengesellschaft in der Weise aufgelöst und beendet wird, dass das Betriebsvermögen zerschlagen oder in Teilbetriebe auf zwei oder mehrere Folgegesellschaften verteilt wird oder
- die Gesellschafter einer fortbestehenden Personengesellschaft eine zweite beteiligungs- und gesellschafteridentische Personengesellschaft gründen und auf diese Teile des Gesellschaftsvermögens übertragen.[1]

5182 Das Vorliegen der Voraussetzungen der Realteilung im einkommensteuerrechtlichen Sinne hat für die umsatzsteuerliche Beurteilung des jeweiligen Sachverhalts keinerlei Relevanz. Jeder der im Rahmen der Realteilung vorgenommenen Einzelakte ist nach den allgemeinen Kriterien des Umsatzsteuerrechts daraufhin zu untersuchen, ob ein steuerbarer Umsatz vorliegt oder nicht.

5183 Erbringt die Gesellschaft an ihre Gesellschafter im Wege der Realteilung Lieferungen oder sonstige Leistungen, indem sie einzelne Gegenstände oder Rechte, ohne dass der jeweilige Gesellschafter hierfür eine Gegenleistung aufzuwenden hat, auf diese überträgt, so liegt eine unentgeltliche Wertabgabe an den jeweiligen Gesellschafter vor, die nach Maßgabe der Vorschriften des § 3 Abs. 1b bzw. 9a UStG der Umsatzsteuer unterliegt.

5184 Lediglich das Vorliegen eines Teilbetriebs im ertragsteuerrechtlichen Sinne hat eine gewisse Indizwirkung für das Umsatzsteuerrecht, da bei der Übertragung eines Teilbetriebs regelmäßig auch eine Geschäftsveräußerung im Ganzen vorliegt.[2] Beide Begriffe stehen zwar unabhängig nebeneinander. Der umsatzsteuerliche Begriff der Geschäftsveräußerung geht in seinem Anwendungsbereich über den Teilbetriebsbegriff hinaus, so dass bei der Bejahung eines Teilbetriebs im Rahmen der Realteilung regelmäßig von einer nicht steuerbaren Geschäftsveräußerung im Ganzen ausgegangen werden kann.

5185–5190 *(Einstweilen frei)*

4. Ausscheiden des vorletzten Gesellschafters

5191 Scheidet der vorletzte Gesellschafter aus einer Personengesellschaft aus, so wächst dem verbleibenden Gesellschafter der Anteil des Ausscheidenden am Gesellschaftsvermögen nach § 738 BGB an. Anders als beim sonstigen Wechsel im Gesellschafterbestand (Gesellschaftereintritt, Gesellschafterwechsel, Gesellschafteraustritt) ist der verbleibende Gesellschafter als Unternehmer nicht mit dem Unternehmer der untergehenden Gesellschaft identisch. Es findet ein Unternehmerwechsel statt. Das Gesellschaftsvermögen wird dem verbleibenden Gesellschafter jedoch nicht durch Lieferungen und Leistungen übertragen. Die Personengesellschaft überträgt nicht in einem letzten unternehmerischen Akt die dem Unternehmen zugeordneten Vermögensgegenstände auf den verbleibenden Gesellschafter. Die Rechtsnachfolge tritt als unmittelbare Rechtsfolge ohne Leistung des ausscheidenden Gesellschafters ein. Für die Anwendung der Vorschrift des § 1 Abs. 1a UStG – Geschäftsveräußerung im Ganzen – bleibt

1 *Wacker* in Schmidt, EStG § 16 Rz. 535.

2 Abschn. 1.5 Abs. 6 Satz 4 UStAE.

daher kein Raum,[1] da auch diese Vorschrift Umsätze im Rahmen einer Geschäftsveräußerung voraussetzt, die hier jedoch gerade nicht getätigt werden. Die Diskussion ist jedoch müßig, da nach übereinstimmender Meinung die Rechtsfolgen des § 15a UStG auch im Falle der Rechtsnachfolge ohne Leistung anwendbar sind.

(Einstweilen frei) 5192–5195

IX. Umstrukturierung/Umwandlung

1. Vorbemerkung

Die **zivilrechtlichen** Voraussetzungen und Rechtsfolgen einer Umwandlung ergeben 5196
sich aus den Regelungen des Umwandlungsgesetzes sowie den maßgeblichen gesellschaftsrechtlichen Normen der für die jeweiligen Gesellschaften einschlägigen Gesetze, wie dem BGB, dem HGB, dem GmbHG, dem AktG etc.

Die **ertragsteuerlichen** Konsequenzen einer Umwandlung regeln das Umwandlungs- 5197
steuergesetz sowie die jeweiligen Ertragsteuergesetze.

Das Umwandlungssteuergesetz enthält keine **umsatzsteuerlichen** Sonderregelungen, 5198
so dass sich die umsatzsteuerlichen Konsequenzen ausschließlich aus dem Umsatzsteuergesetz unter Berücksichtigung der Mehrwertsteuersystemrichtlinie ergeben. Aus umsatzsteuerlicher Sicht ist in erster Linie der Umwandlungsakt selbst von Interesse. Daneben müssen die Fragen beantwortet werden, wen die umsatzsteuerlichen Rechte und Pflichten aus dem Umwandlungsakt sowie aus vorangegangenen und nachfolgenden Umsätzen treffen und zu welchem Zeitpunkt diese Rechtsfolgen eintreten. Für alle Arten der Umwandlung gilt, dass die im Bereich des Ertragsteuerrechts vorgesehene **Rückwirkung**[2] auf einen bis zu 8 Monate zurückliegenden steuerlichen Übertragungsstichtag in der Umsatzsteuer keine Grundlage hat. Die Vorschriften der §§ 2 – 19 UmwStG regeln ausschließlich die steuerlichen Folgen der Umwandlung für die Körperschaft-, die Einkommen- und die Gewerbesteuer. Steuerliche Folgen für andere Steuerarten (z. B. die Umsatz-, die Grunderwerb- und die Erbschaftsteuer) regelt das Umwandlungssteuergesetz nicht. So bleibt die übertragende Körperschaft bis zur Eintragung der Umwandlung im Handelsregister Unternehmer i. S. d. Umsatzsteuergesetzes.[3]

Das bedeutet, dass für eine Gesellschaft, die nach den Vorschriften des Umwandlungs- 5199
gesetzes und des Umwandlungssteuergesetzes ertragsteuerlich rückwirkend auf eine andere Gesellschaft verschmolzen wurde, bis zum Zeitpunkt der zivilrechtlichen Wirksamkeit – dies wird i. d. R. der Zeitpunkt der Eintragung im Handelsregister sein – Umsatzsteuer-Voranmeldungen und eine Umsatzsteuer-Erklärung abzugeben sind. Dieselben Geschäftsvorfälle, die ertragsteuerlich bereits in der Gewinn- und Verlustrechnung der aufnehmenden Gesellschaft zu erfassen sind, werden zur Ermittlung umsatzsteuerlicher Rechte und Pflichten als Eingangsumsatz im Rahmen des Vorsteuerabzugs bzw. als Ausgangsumsatz der übertragenden Gesellschaft erklärt.

(Einstweilen frei) 5200–5205

---

1 Ebenso *Zeuner* in Bunjes/Geist, UStG § 1 Rn. 52; *Klenk* in Sölch/Ringleb, UStG § 1 Rn. 242.

2 Vgl. die Regelungen der §§ 2 UmwStG bzw. 17 Abs. 2 Satz 4 UmwG.

3 BMF 25. 3. 1998, BStBl 1998 I 268 (Umwandlungsteuererlass), Tz. 01.01.

2. Formwechsel

5206 Im Rahmen einer formwechselnden Umwandlung ändert sich nicht die Identität des Unternehmers, sondern lediglich seine Rechtsform. Dies gilt gleichermaßen beim Formwechsel von einer Personengesellschaft in eine Personengesellschaft anderer Rechtsform (z. B. GbR in KG), wie auch bei der Umwandlung von einer Personengesellschaft in eine Kapitalgesellschaft oder umgekehrt. Hinsichtlich der Rechte und der Vermögensgegenstände des Unternehmens findet daher kein Rechtsträgerwechsel i. S. einer Lieferung oder einer sonstigen Leistung statt. Der umsatzsteuerliche Unternehmer existiert ohne Übertragungsakt in anderer Rechtsform fort. Leistungen, zu denen sich der Unternehmer vor dem Formwechsel verpflichtet hat, werden nach dem Formwechsel von demselben Unternehmer in anderer Rechtsform erbracht. Eingangsleistungen, die vor dem Formwechsel bestellt, aber erst nach dem Formwechsel erbracht werden, berechtigen beim Vorliegen der sonstigen Voraussetzungen zum Vorsteuerabzug, gleichgültig ob in der Rechnung als Leistungsempfänger die Firma vor dem Formwechsel oder die Firma nach dem Formwechsel genannt ist. Eine Rechnungsberichtigung ist nicht erforderlich, weil in beiden Fällen der Leistungsempfänger i. S. d. § 14 Abs. 4 Nr. 1 UStG zutreffend bezeichnet ist.

5207–5210 *(Einstweilen frei)*

3. Verschmelzung

5211 Im Rahmen der Verschmelzung einer Personengesellschaft auf eine andere Personengesellschaft oder eine Kapitalgesellschaft geht das Vermögen der Gesellschaft als Ganzes auf die aufnehmende Gesellschaft über. Die Gesellschafter der verschmolzenen Gesellschaft erhalten Gesellschaftsrechte an der aufnehmenden Gesellschaft. Aus umsatzsteuerlicher Sicht stellt die Verschmelzung eine nicht steuerbare Geschäftsveräußerung im Ganzen gem. § 1 Abs. 1a UStG dar.

5212 Hinsichtlich des Vorsteuerabzugs aus Leistungen, die in Zusammenhang mit dieser Geschäftsveräußerung stehen, gilt Folgendes: Nimmt das verschmolzene Unternehmen Eingangsleistungen im Rahmen dieser Umwandlung in Anspruch, so sind die Umsätze vor der Verschmelzung für den Vorsteuerabzug maßgeblich, werden umwandlungsbezogene Eingangsleistungen an das aufnehmende Unternehmen erbracht, so bestimmen die dortigen Verwendungsumsätze über den Umfang des Vorsteuerabzugs.

5213–5215 *(Einstweilen frei)*

4. Spaltung

5216 Nach dem Umwandlungsgesetz hat ein Rechtsträger die Möglichkeit, sein Vermögen oder Teile davon im Wege der Spaltung auf einen anderen Rechtsträger zu übertragen. Das Gesetz unterscheidet in § 123 UmwG zwischen der Aufspaltung, der Abspaltung und der Ausgliederung. Die ertragsteuerlichen Konsequenzen regeln die §§ 15 ff. UmwStG. Die Spaltung i. S. d. Umwandlungssteuergesetzes stellt in der Person des übertragenden Rechtsträgers regelmäßig eine nicht umsatzsteuerbare Geschäftsveräußerung im Ganzen i. S. d. § 1 Abs. 1a UStG dar. Das Umwandlungssteuergesetz setzt für die Anwendung der dortigen Regelungen voraus, dass ein Teilbetrieb übertragen wird. Das Umsatzsteuerrecht kennt den Begriff des Teilbetriebs nicht. Dieser Begriff ist daher für das Umsatzsteuerrecht nicht maßgebend. Unter Anwendung umsatzsteuerrechtlicher Kriterien kann jedoch davon ausgegangen werden, dass immer dann, wenn ertragsteuerlich ein Teilbetrieb übertragen wird, umsatzsteuerlich eine Geschäftsveräußerung im Ganzen vorliegt.[1] Der übernehmende Rechtsträger tritt umsatzsteuerlich in die Fußstapfen des übertragenden Rechtsträgers.[2]

Der Vorsteuerabzug für Eingangsleistungen, die der übertragende Rechtsträger im Zu- 5217
sammenhang mit der Spaltung bezogen hat, richtet sich nach seinen sonstigen Umsätzen. Diese sind die insoweit relevanten Verwendungsumsätze i. S. d. Art. 168 der Mehrwertsteuersystemrichtlinie bzw. des § 15 UStG.[3] Der Übertragungsakt als solcher ist für die Beurteilung des Vorsteuerabzugs irrelevant. Er berechtigt weder zum Vorsteuerabzug noch schließt er diesen aus.

(Einstweilen frei) 5218–5220

5. Berichtigung der Vorsteuer bei Umstrukturierungsmaßnahmen

Nach § 15a UStG hat der Unternehmer den in Anspruch genommenen Vorsteuerabzug 5221
zu berichtigen, wenn sich bei einem Wirtschaftsgut während des Beobachtungszeitraums die für den Vorsteuerabzug zum Zeitpunkt des Leistungsbezugs maßgeblichen Verhältnisse geändert haben. Eine derartige Änderung kann auch dann vorliegen, wenn der Unternehmer, der den Vorsteuerabzug in Anspruch genommen hat, Teil einer Organschaft wird oder durch einen Umwandlungsakt in einem anderen Unternehmen aufgeht. Zur Prüfung der Frage, ob insoweit eine Änderung der Verhältnisse i. S. d. § 15a UStG vorliegt, ist in diesen Fällen auf die Umsätze der Organschaft bzw. des aufnehmenden Gesellschafters abzustellen. Nach der Rechtsprechung des BFH findet die Vorsteuerberichtigung auch statt, wenn eine Gesellschaft mit steuerpflichtigen Umsätzen für ein Wirtschaftsgut den vollen Vorsteuerabzug erhalten hat und später Teil einer Organschaft wird, die ihrerseits sowohl steuerfreie als auch steuerpflichtige Umsätze erbringt.[4]

(Einstweilen frei) 5222–5225

X. Haftung des Gesellschafters für die Umsatzsteuer der Gesellschaft

Die Gesellschafter einer Personengesellschaft haften mit Ausnahme der Kommanditis- 5226
ten u. a. für die Umsatzsteuer der Personengesellschaft persönlich und unbeschränkt. Diese Rechtsfolge ergibt sich für den Gesellschafter einer OHG aus § 128 HGB, für den Komplementär einer KG aus § 161 Abs. 2 HGB i. V. m. § 128 HGB und für die Gesellschafter einer unternehmerisch tätigen Gesellschaft bürgerlichen Rechts sowie den Gesell-

1 Vgl. Abschn. 1.5 Abs. 6 Satz 3 UStAE.
2 § 1 Abs. 1a Satz 3 UStG.
3 EuGH 22. 2. 2001 Rs. C-408/98, *Abbey National*, NWB DokID: QAAAB-72794.
4 BFH 12. 5. 2003 V B 211/02, BStBl 2003 II 784.

schafter einer Partnerschaftsgesellschaft aus § 128 HGB analog[1] bzw. aus § 8 Abs. 1 PartGG i.V. m. § 128 HGB.[2]

5227–5240 *(Einstweilen frei)*

1 *Schmidt*, EStG § 60 III 2.

2 *Schmidt*, EStG § 64 IV 3.

G. Erbschaftsteuer und Schenkungsteuer

Literatur: *Schmidt, K.*, Die Schenkung von Personengesellschaftsanteilen durch Einbuchung, BB 1990, 1992; *Gebel*, Übergabe von Betriebsvermögen gegen Schuldübernahme, voll unentgeltlich Zuwendung oder gemischte Schenkung?, DB 1994, 2417; *Bodden*, Die einkommensteuerliche Subjektfähigkeit der Personengesellschaft, DStZ 1996, 83; *Söffing*, Durchgriff durch die Personengesellschaft, Stbg 1996, 289; *Wohlschlegel*, Gesellschafterwechsel bei Personengesellschaften und Schenkungsteuer, ZEV 1996, 254; *Kohlhaas*, Gewerblicher Grundstückshandel und Gewinnfeststellungsbescheide bei Zebragesellschaften, DStR 1997, 93; *Caré/Bauschatz*, Nießbrauch bei Betriebsvermögen – zivil- und steuerrechtliche Probleme und Lösungen, KÖSDI 2001, 12881; *Götz*, Vermögensverwaltender Familienpool mit begünstigtem Vermögen i. S. d. § 13a Abs. 4 Nr. 3 ErbStG, NWB F. 10, 1353; *ders.*, Keine Steuererstattung bei Zusammenrechnung im Zehnjahreszeitraum, NWB 2002, 3921; *Bütter/Tonner*, Wirksamkeit von Rückkaufrechten und auflösenden Bedingungen in Schenkungsverträgen über Gesellschaftsanteile, NZG 2003, 193; *Götz*, Schenkungssteuerliche Folgen von Übertragungen gem. § 6 Abs. 3 EStG, NWB F. 10, 1459; *ders.*, Ertragsteuerliche Risiken bei Leistungen an Erfüllungs statt zur Abgeltung eines Zugewinnausgleichsanspruchs, NWB 2003, 4037; *ders.*, Erbrechtliche und erbschaftsteuerliche Folgen von Zuwendungen unter Nießbrauchsvorbehalt, INF 2003, 697; *ders.*, Übertragung von Sonderbetriebsvermögen im Lichte von § 13a ErbStG, ZEV 2003, 346; *Götz/Jorde*, Nießbrauch an Personengesellschaftsanteilen – Praxisprobleme, FR 2003, 998; *Götz*, Schenkung unter Widerrufsvorbehalt, BBV 2004, 29; *Ostermayer/Riedel*, Hinauskündigungsklauseln: Gesellschaftsrechtliche Zulässigkeit führt zu steuerpflichtigen Schenkungen, BB 2006, 1662; *Götz*, Erbschaft- und Schenkungsteuergesetz verfassungswidrig, BBEV 2007, 69; *Kussmann/Pfirmann/Hell/Meyering*, Die Bewertung von Unternehmensvermögen nach dem ErbStRG und Unternehmensbewertung, BB 2008, 472; *Rave/Kühnhold*, Bewertung des Grundvermögens und der Betriebsgrundstücke nach der Erbschaftsteuer-Reform 2008, DStZ 2008, 240; *Röder*, Verkehrswertnahe Bewertung von Betriebsvermögen: Vermeidung einer systemwidrigen Doppelbelastung mit Einkommensteuer und Erbschaftsteuer, ZEV 2008, 169; *Schulte*, Die Reform der Erbschaftsteuer, FR 2008, 341; *Schulz/Althoff*, Der Regierungsentwurf zur Erbschaftsteuerreform: Ausgewählte Zweifelsfragen bei Verwaltungsvermögen, Lohnsumme und der Begünstigung von Kapitalgesellschaften, BB 2008, 528; *Schulze zur Wiesche*, Steuerliche Behandlung des Betriesvermögens nach dem Entwurf des Erbschaftsteuerreformgesetzes, UVR 2008, 79; *Siegmund/Ungemach*, Schenkungen unter Unsicherheit – eine ökonomische Analyse der geplanten Wohlverhaltensfristen nach dem ErbStRG, DStZ 2008, 251, *Lang*, Das verfassungsrechtliche Scheitern der Erbschaft- und Schenkungsteuer, StuW 2008, 189; *Welling/Wünnemann*, Das Erbschaftsteuerreformgesetz 2009: Bewertung von Anteilen an Kapitalgesellschaften und Bewertung des Betriebsvermögens, Beil. zu FR 11/2009; *Pach-Hanssenheimb*, Der Verschonungsabschlag bei gemischten Schenkungen, DStR 2009, 466; *Götz*, Schenkungsteuerliche Folgen eines Verzichts auf ein vorbehaltenes Nießbrauchsrecht, ZEV 2009, 609.

I. Grundzüge des ErbStG und BewG

1. Die Entscheidung des Bundesverfassungsgerichts

Die Neufassung des Bewertungs- und Erbschaftsteuergesetzes mit Wirkung ab dem 5241
1. 1. 2009 wurde erforderlich, weil das BVerfG mit seinem am 31. 1. 2007 veröffentlichten Beschluss vom 7. 11. 2006 das seit 1. 1. 1996 geltende Erbschaft- und Schenkungsteuergesetz in seiner derzeitigen Ausgestaltung als verfassungswidrig verworfen hat.[1]

Die früher für erbschaft- und schenkungsteuerliche Zwecke anzuwendenden Bewer- 5242
tungsverfahren waren nach Ansicht des BVerfG weitgehend verfassungswidrig. Ledig-

1 *Götz*, BBEV 2007, 69.

lich Erwerbe, die schon bisher mit dem gemeinen Wert bewertet wurden, waren insoweit ausgenommen. Letzteres war weitgehend „nur" der Fall bei der Bewertung von börsennotierten Anteilen an Kapitalgesellschaften bzw. Anteilen, deren Verkauf weniger als ein Jahr zurückliegt, bei Barvermögen, Wertpapiervermögen, unbebauten Grundstücken und ausländischem Vermögen.

5243 Für die Vermögensgegenstände, die früher nicht mit dem gemeinen Wert angesetzt wurden, dies galt insbesondere bei der Bewertung von Betriebsvermögen, nicht notierten Anteilen an Kapitalgesellschaften, bebautem Grundbesitz sowie bei land- und forstwirtschaftlichen Vermögens, war der Gesetzgeber vom Gericht aufgefordert worden, neue Bewertungsverfahren zu finden. Infolge der – je nach Vermögensgegenständen differierenden – Verweise in § 12 ErbStG jeweils auf das Bewertungsgesetz (BewG) bedeutete dies, dass weitgehend auch das BewG mit Wirkung ab dem 31. 12. 2008 für erbschaft- und schenkungsteuerliche Zwecke nicht mehr anwendbar war. Sämtliche die Bewertung von Betriebsvermögen, nicht notierten Anteilen an Kapitalgesellschaften, bebautem Grundbesitz sowie von land- und forstwirtschaftlichem Vermögen betreffenden Vorschriften mussten neu gefasst werden.

2. Inkrafttreten der Neuregelung

5244 Das neue Erbschaftsteuerrecht ist für alle Erbfälle und Schenkungen ab dem 1. 1. 2009, 0:00 Uhr, anwendbar. Für Erbfälle nach dem 31. 12. 2006 und vor dem 1. 1. 2009, die an sich nach dem „alten" Recht zu besteuern wären, hatte der Gesetzgeber ein Wahlrecht vorgesehen. Auf Antrag konnten diese Fälle bereits nach neuem Recht besteuert werden. Allerdings war dieses Wahlrecht nicht in der allgemeinen Anwendungsregel des § 37 ErbStRG enthalten. Es wurde vielmehr in einem eigenen Artikel des Gesetzes (Art. 3) gesondert geregelt. Da die Option nicht für die persönlichen Freibeträge nach § 16 ErbStG galt und zudem ein Antrag bis spätestens 30. 6. 2009 zu stellen war, wurde in der Praxis nur in wenigen Fällen von diesem an sich großzügigen Wahlrecht des Gesetzgebers Gebrauch gemacht.

5245 Der Gesetzgeber hat das Erbschaftsteuergesetz i. d. F. des Gesetz zur Reform des Erbschaftsteuer- und Bewertungsrechts (Erbschaftsteuerreformgesetz – ErbStRG) durch das Wachstumsbeschleunigungsgesetz (v. 22. 12. 2009, BGBl 2009 I 3950) hinsichtlich der Regelungen in § 13a und § 19a ErbStG rückwirkend (d. h. ab 1. 1. 2009) geändert. So wurde die Behaltensfrist von sieben auf fünf Jahre bzw. von zehn auf sieben Jahre reduziert. Ferner wurde die zu beachtende Lohnsumme von 650 % auf 400 % bzw. von 1 000 % auf 700 % abgesenkt. Schließlich wurde die für die Anwendung der Lohnsumme relevante Beschäftigtenzahl von 10 auf 20 erhöht. Soweit Erbfälle und Schenkungen in 2009 von der Gesetzesänderung betroffen sind, ist diese Rückwirkung unproblematisch, da sie den Steuerpflichtigen begünstigt. Nicht rückwirkend eingeführt wurde die Absenkung der Steuersätze in Steuerklasse II, die erst für Erwerbe ab dem 1. 1. 2010, 0:00 Uhr, gilt. Demnach ergeben sich für Schenkungen und Erbfälle zwischen dem 1. 1. 2009 0:00 Uhr und 31. 12. 2009, 24 Uhr, besondere Härten für Angehörige der Steuerklasse II, da für sie ein „Sondertarif" anzuwenden ist, der nur ein Jahr gültig war. Ob ein derartiger – auf ein Jahr beschränkter –„Sonder"-steuersatz verfassungsmäßig ist, darf bezweifelt werden.

Die **Betriebsvermögensvergünstigungen** des geltenden Rechts sind nicht anzuwenden, wenn das begünstigte Vermögen 5246

- vor dem 1. 1. 2011 von Todes wegen oder durch Schenkung unter Lebenden erworben wird,
- bereits Gegenstand einer vor dem 1. 1. 2007 ausgeführten Schenkung desselben Schenkers an dieselbe Person war und
- wegen eines vertraglichen Rückforderungsrechts nach dem 11. 11. 2005 herausgegeben werden musste.[1]

Diese in § 37 Abs. 3 ErbStG enthaltene Regelung soll verhindern, dass Zuwendungen, die vor dem 1. 1. 2007 ausgeführt und nach §§ 13a, 19a ErbStG a. F. entlastet worden waren, aufgrund vertraglicher Widerrufs- und Rücktrittsklauseln zurück abgewickelt werden. Auf diese Weise könnten dann die günstigeren (seit 1. 1. 2009 geltenden) Bestimmungen genutzt werden, um die bereits entrichteten (höheren) Schenkungsteuern gem. § 29 Abs. 1 Nr. 1 ErbStG erstattet zu bekommen. Soweit demnach Schenkungen unter Widerrufsvorbehalt ausgeführt wurden, sollte die Ausübung des Widerrufsrechtes sorgsam bedacht werden. Denn es drohen erhebliche steuerliche Nachteile: Sollte das zurückverlangte Vermögen vor dem 1. 1. 2011 von Todes wegen oder durch Schenkung unter Lebenden erneut auf den damaligen Beschenkten übergehen, könnte dieser dafür keinerlei Begünstigung nach § 13a ErbStG n. F. in Anspruch nehmen. Insbesondere in Erbfällen wäre dies ein erheblicher Nachteil.

(Einstweilen frei) 5247–5250

3. Bewertung von Immobilienvermögen

a) Einleitung

Das BVerfG hat dem Gesetzgeber vorgeschrieben, dass Immobilien ebenso wie Be- 5251
triebsvermögen, land- und forstwirtschaftliches Vermögen oder sonstiges Privatvermögen (Bankguthaben, Wertpapiere, Kunstgegenstände, Sammlungen etc.) mit dem Verkehrswert bewertet werden müssen. Dies verlangt für Immobilien weitgehend eine Abkehr von den seit 1. 1. 1996 geltenden Bewertungsverfahren. Die gesonderte Bewertung für steuerliche Zwecke erfolgt nur dann, wenn das Grundstück nicht Teil eines Betriebsvermögens ist. Gehört das Grundstück zum Betriebsvermögen einer Personen- oder Kapitalgesellschaft, ist der anteilige Wert des Grundstücks im Unternehmenswert enthalten und bedarf keiner besonderen Bewertung mehr. Gleichwohl sollen nachfolgend die Grundzüge der Immobilienbewertung vorgestellt werden, da sie für **vermögensverwaltende Personengesellschaften** (unten Rn. 5396 ff.), die kein ertragsteuerliches Betriebsvermögen haben, also z. B. für eine Grundstücks-GbR oder -KG, Anwendung finden. Ferner ist für Grundstücke des **Sonderbetriebsvermögens** eine gesonderte Bewertung weiterhin vorzunehmen. Denn nach § 202 Abs. 1 Halbsatz 2 BewG sind im vereinfachten Ertragswertverfahren Ergebnisse aus Sonderbilanzen nicht zu berücksichtigen. Gleichzeitig bestimmt § 97 Abs. 1a Nr. 2 BewG, auf den § 109 Abs. 2 BewG Be-

1 Gleich lautende Erlasse der obersten Finanzbehörden v. 25. 6. 2009, Anwendung der geänderten Vorschriften des Erbschaftsteuer- und Schenkungsteuergesetzes, BStBl 2009 I 713, Abschn. 5 Abs. 2 AEErbSt.

zug nimmt, dass für die Wirtschaftsgüter des Sonderbetriebsvermögens der gemeine Wert zu ermitteln ist. Auf Betriebsgrundstücke i. S. d. § 99 Abs. 1 Nr. 1 BewG finden die §§ 176 – 198 BewG über § 157 Abs. 3 Satz 1 BewG Anwendung.

5252 Das Konzept der Bewertung des Grundvermögens basiert auf den anerkannten Verfahren zur Verkehrswertermittlung auf der Grundlage der Verordnung über die Grundsätze für die Ermittlung der Verkehrswerte von Grundstücken (Wertermittlungsverordnung – WertV v. 27. 5. 2010, BGBl 2010 I 639, die seit 1. 7. 2010 anzuwenden ist). Zur Ermittlung des Verkehrswerts sind danach bei Beachtung der Lage auf dem Grundstücksmarkt heranzuziehen:

- das Vergleichsverfahren (§§ 13 und 14 WertV),
- das Ertragswertverfahren (§§ 15 – 20 WertV),
- das Sachwertverfahren (§§ 21 – 25 WertV) oder
- mehrere dieser Verfahren.

5253 Für Zwecke der steuerlichen Bewertung werden diese Verfahren im „neuen" Bewertungsgesetz – unter Berücksichtigung der im gewöhnlichen Geschäftsverkehr bestehenden Gepflogenheiten – den steuerlichen Grundstücksarten (§ 181 BewG) zugeordnet und in Anlehnung an die Wertermittlungsverordnung typisierend geregelt. Die Finanzverwaltung hat bereits im Erlasswege zu Einzelheiten der Wertermittlungsverfahren Stellung bezogen (Gleich lautende Erlasse der obersten Finanzbehörden der Länder zur Umsetzung des Gesetzes zur Reform des Erbschaftsteuer- und Bewertungsrechts v. 5. 5. 2009, BStBl 2009 II 590).

b) Bewertung von Ein- und Zweifamilienhäusern sowie Eigentumswohnungen

5254 Bei Ein- und Zweifamilienhäusern sowie Eigentumswohnungen soll primär das **Vergleichswertverfahren** angewandt werden.[1] Hierbei wird der Marktwert aus tatsächlich realisierten Kaufpreisen von anderen Objekten, die hinreichend vergleichbar sind, abgeleitet. Das Vergleichswertverfahren kommt bei der Ermittlung des gemeinen Werts von bebauten Grundstücken nur bei denjenigen Grundstücken in Betracht, die mit weitgehend gleichartigen Gebäuden bebaut sind und bei denen sich der Grundstücksmarkt an Vergleichswerten orientiert.

c) Bewertung von Mietwohn- und Geschäftsgrundstücken

5255 Bei Mietwohn- und Geschäftsgrundstücken sowie gemischt genutzten Grundstücken wird das Ertragswertverfahren vorgeschrieben.[2] Der Wert dieser Immobilien wird also auf der Grundlage des für dieses Grundstück nachhaltig erzielbaren Ertrags ermittelt. Bei der Ermittlung des Grundstückswerts werden demnach nicht die **tatsächlich** erzielten Mieten herangezogen. Vielmehr kommen die **typischerweise** erzielbaren Mieten (unter Berücksichtigung des ortsüblichen Preisniveaus) zum Tragen. Das Ertragswert-

---

1 Gleich lautende Erlasse der obersten Finanzbehörden der Länder v. 5. 5. 2009, Bewertung des Grundvermögens nach dem Sechsten Abschnitt des Zweiten Teils des Bewertungsgesetzes, BStBl 2009 I 590, Abschn. 11 f. AEBewGrV.

2 Abschn. 13 ff. AEBewGrV.

verfahren kommt insbesondere bei bebauten Grundstücken in Betracht, bei denen der nachhaltig erzielbare Ertrag für die Werteinschätzung am Grundstücksmarkt im Vordergrund steht (typische Renditeobjekte). Das Ertragswertverfahren setzt voraus, dass sich auf dem örtlichen Grundstücksmarkt eine übliche Miete ermitteln lässt.

Nach der Begründung des Gesetzesentwurfs soll die Wertermittlung für den Regelfall durch Vereinfachungsregelungen anwenderfreundlicher ausgestaltet werden. Ziel soll sein, dass i. d. R. eine Bewertung ohne Ortsbesichtigung und ohne Sachverständigengutachten erfolgen kann. Es bleibt also abzuwarten, welche Vereinfachungsregeln hier einmal konkret angeboten werden. 5256

d) Bewertung in Sonderfällen

Das Sachwertverfahren kommt für diejenigen bebauten Grundstücke in Betracht, bei denen es für die Werteinschätzung am Grundstücksmarkt nicht in erster Linie auf den Ertrag ankommt, sondern bei denen die Herstellungskosten wertbestimmend sind.[1] Die Regelung soll vorrangig zur Bewertung solcher bebauter Grundstücke angewendet werden, die üblicherweise zum Zwecke der Eigennutzung erworben bzw. genutzt werden. Dies sind primär also selbstgenutzte Ein- und Zweifamilienhäuser. Das Sachwertverfahren ist ferner anzuwenden für Geschäftsgrundstücke und gemischt genutzte Grundstücke, für die sich auf dem örtlichen Grundstücksmarkt keine übliche Miete ermitteln lässt. Zudem ist diese Methode für sonstige bebaute Grundstücke vorgesehen. 5257

e) Entlastung für vermietete Objekte

Für bebaute Grundstücke (z. B. Ein- und Zweifamilienhäuser, Mietwohngrundstücke sowie Wohnungseigentum) und Teile von gemischt genutzten Grundstücken, die zu Wohnzwecken vermietet werden, wird ein **Abschlag i. H.v 10 %** auf den Verkehrswert vorgenommen (§ 13c ErbStG).[2] Dies gilt nur, sofern diese Objekte nicht zum begünstigten Betriebsvermögen oder zum begünstigten Vermögen eines Betriebs der Land- und Forstwirtschaft gehören. Die Verschonung gilt erstmals auch für entsprechende Grundstücke, die in den anderen EU-Mitgliedstaaten und Staaten des Europäischen Wirtschaftsraums gelegen sind. 5258

Voraussetzung für die Inanspruchnahme des verminderten Wertansatzes ist zweierlei: 5259

- Das Objekt muss zu Wohnzwecken vermietet sein.
- Das Objekt muss im Inland / in der EU bzw. in einem EWR-Staat belegen sein.
- Das Objekt darf nicht zum begünstigten Betriebsvermögen oder begünstigtem Vermögen eines LuF Betriebs i. S. d. § 13a ErbStG gehören.
- Der Begünstigte darf nicht aufgrund letztwilliger Verfügung des Erblassers oder rechtsgeschäftlicher Verfügung des Erblassers oder Schenkers verpflichtet sein, das erworbene Grundstück auf einen Dritten zu übertragen.

1 Abschn. 25 ff. AEBewGrV.

2 Abschn. 36 AEErbSt.

Dem durch die Weitergabeverpflichtung belasteten Erwerber entsteht dadurch aber kein Nachteil. Er kann die daraus resultierende Last bereicherungsmindernd berücksichtigen. Der nachfolgende Erwerber kann seinerseits die Verschonung in Anspruch nehmen.

f) Bewertung von unbebauten Grundstücken

5260 Unbebaute Grundstücke (§ 178 BewG) werden – wie bisher – auf Basis der jährlich ermittelten **Bodenrichtwerte** bewertet, § 179 BewG. Im Unterschied zur bisherigen Rechtslage entfällt allerdings der Abschlag von 20 %, so dass sich entsprechend höhere Werte ergeben. Sofern ein Bodenrichtwert nicht vorhanden ist, wird der Bodenwert aus den Werten vergleichbarer unbebauter Grundstücke abgeleitet.[1]

5261–5265 *(Einstweilen frei)*

4. Die Bewertung von Unternehmen und Beteiligungen

a) Einheitliche Bewertung ohne Differenzierung nach der Rechtsform

5266 Der Gesetzgeber hat die Bewertung von betrieblichem Vermögen und Anteilen daran (ebenso wie die Bewertung von land- und forstwirtschaftlichen Betrieben) gänzlich neu geregelt. Durch Aufhebung des § 98a BewG a. F. und Änderung der §§ 109, 95 und 97 BewG, wobei § 109 BewG nunmehr auf § 11 Abs. 2 BewG verweist, wird die **Bewertung** von Einzelunternehmen, gewerblichen Personengesellschaften und freiberuflichem Vermögen der Bewertung von Anteilen an nicht notierten Kapitalgesellschaften **gleichgestellt**. § 11 BewG normiert die Grundsätze für die Bewertung für Zwecke der Erbschaft- und Schenkungsteuer.

5267 Anteile an **börsennotierten Kapitalgesellschaften** sind weiterhin gem. § 11 Abs. 1 BewG mit ihrem **Kurswert am Bewertungsstichtag** anzusetzen.

5268 Die Bewertung von Anteilen an **nicht börsennotierten Kapitalgesellschaften** wurde in § 11 Abs. 2 BewG neu geregelt. Das dort bisher geregelte Stuttgarter Verfahren ist ersatzlos entfallen. Über den Verweis in § 109 BewG gilt diese Grundsatznorm auch für Einzelunternehmen, gewerbliche Personengesellschaften und Freiberufler. Nach § 11 Abs. 2 Satz 1 BewG sind diese mit dem **gemeinen Wert** anzusetzen.

5269–5270 *(Einstweilen frei)*

b) Bewertungsverfahren

5271 Zur Ermittlung des gemeinen Wertes sieht § 11 Abs. 2 Satz 2 ff. BewG nunmehr folgendes **Verfahren** vor:

- Lässt sich der gemeine Wert aus **Verkäufen unter fremden Dritten**, die **weniger als ein Jahr** zurückliegen, ableiten, so ist dieser Wert vorrangig anzusetzen.[2]

---

1 Abschn. 5 Abs. 2 AEBewGrV.

2 Umkehrschluss aus § 11 Abs. 2 Satz 2 Halbsatz 2 BewG.

- Ist dies nicht der Fall, so ist der gemeine Wert unter **Berücksichtigung der Ertragsaussichten oder** einer **anderen**, auch im gewöhnlichen Geschäftsverkehr für nicht steuerliche Zwecke **üblichen Methode** zu ermitteln, § 11 Abs. 2 Satz 2 BewG.
- Es ist die Bewertungsmethode anzuwenden, die ein **Erwerber** der Bemessung des Kaufpreises zugrunde legen würde, § 11 Abs. 2 Satz 2 letzter Halbsatz BewG.
- Als **Mindestwert** ist – unter Anwendung der §§ 99 und 103 BewG – der **Substanzwert** anzusetzen, d. h. der Saldo aus der Summe der zum Betriebsvermögen gehörenden Wirtschaftsgüter und sonstigen Ansätze und den Schulden und sonstigen Abzügen, § 11 Abs. 2 Satz 3 BewG.

Das in den §§ 199 – 203 BewG vom Gesetzgeber geregelte **vereinfachte Ertragswertverfahren** ist zu berücksichtigen, § 11 Abs. 2 Satz 4 BewG. Unklar ist, ob diese Formulierung ein Wahlrecht eröffnet oder nicht.[1] 5272

Erste Erfahrungen aus der Praxis machen deutlich, dass durch die Änderung des Bewertungsrechts auf die Unternehmen, insbesondere bei mehrstöckigen Unternehmensstrukturen und/oder einer größeren Anzahl von Gesellschaftern, ein erheblicher Zeit- und Kostenaufwand zukommen wird.[2] 5273

Die Wertermittlung erfolgt verfahrenstechnisch im Rahmen einer **gesonderten Feststellung** gem. § 12 Abs. 2 und 5 ErbStG i. V. m. §§ 151 Abs. 1 Nr. 2 und 3 BewG, für die die Betriebsfinanzämter zuständig sind, § 152 Nr. 2 BewG. 5274

Bewertungsstichtag ist gem. § 11 ErbStG der Zeitpunkt der Entstehung der Steuer; bei innerhalb Jahresfrist folgender Wertfeststellung kann der zuvor festgestellte Wert unverändert zugrunde gelegt werden, wenn sich die für die erste Bewertung geltenden Verhältnisse nicht wesentlich verändert haben, vgl. § 151 Abs. 3 Satz 1 BewG. 5275

Bei mehrstufigen Unternehmensgruppen ist bei Anwendung eines betrieblich anerkannten Bewertungsverfahrens grundsätzlich eine **Gesamtbewertung auf konsolidierter Basis** durchzuführen. Demgegenüber sieht das vereinfachte Ertragswertverfahren im Grundsatz eine Einzelbewertung vor, vgl. § 200 Abs. 3 BewG. 5276

Um den Substanzwert als **Mindestwert** festzustellen zu können bzw. um die Verwaltungsvermögensquote zu ermitteln, kann es erforderlich werden, jede Tochter-/Enkelgesellschaft einzeln zu bewerten. 5277

Die **Aufteilung des gemeinen Wertes von Personengesellschaften** auf die Gesellschafter ist in § 97 Abs. 1a BewG geregelt. Danach wird der nach **Bedienung der Kapitalkonten** der Gesellschafter verbleibende gemeine Wert entsprechend dem vereinbarten **Gewinnverteilungsschlüssel** aufgeteilt; der gemeine Wert des Sonderbetriebsvermögens eines Gesellschafters, der gem. § 97 Abs. 1a Nr. 2 Satz 1 BewG gesondert zu ermitteln ist,[3] ist nur dem betroffenen Gesellschafter zuzurechnen. 5278

(Einstweilen frei) 5279–5280

---

1 Praxis der Unternehmensnachfolge, 4. Aufl. 2009, Rz. 765 ff.

2 *Schulte*, FR 2008, 341 (346); *Lang*, StuW 2008, 189 (195); *Welling/Wünnemann*, Beil. zu FR 11/2009, 2 (12).

3 Zur Nichtberücksichtigung der Ergebnisse aus Sonder- und Ergänzungsbilanzen im vereinfachten Ertragswertverfahren vgl. § 202 Abs. 1 Satz 1 Halbsatz 2 BewG.

5. Nach § 13a ErbStG begünstigte Vermögensarten

5281 Die von der Entlastung nach § 13a ErbStG profitierenden Vermögensarten (§ 13b Abs. 1 ErbStG) entsprechen weitgehend den bereits bisher in § 13a Abs. 4 ErbStG a. F. geregelten. Die Prüfung, inwieweit begünstigungsfähiges Vermögen vorliegt, stellt bei inländischem Betriebsvermögen wie bisher darauf ab, ob es ertragsteuerlich zum Betriebsvermögen gehört. Neben inländischem Betriebsvermögen ist auch erstmals das einem Betrieb in einem EU- bzw. EWR-Staat dienende Betriebsvermögen begünstigt. Diese Änderung war überfällig, da der EuGH dies bereits seit Jahren forderte.

5282 Ferner sind Anteile an Kapitalgesellschaften mit Sitz in der EU oder im EWR wie inländische Beteiligungen begünstigungsfähig.[1] Die Vergünstigung wird jedoch nur gewährt, wenn eine Mindestbeteiligung an einer Kapitalgesellschaft vorliegt. Nach wie vor ist hierfür eine Beteiligungsquote von mehr als 25 % am Nennkapital der Gesellschaft seitens des Erblassers oder Schenkers zum Zeitpunkt der Übertragung nötig. Zur Bestimmung der Beteiligungsquote sind die dem Erblasser oder Schenker unmittelbar zuzurechnenden Anteile sowie die Anteile weiterer Gesellschafter zu berücksichtigen. Letzteres unter der Voraussetzung, dass der Erblasser oder Schenker und die weiteren Gesellschafter unwiderruflich untereinander verpflichtet sind, über die Anteile nur einheitlich zu verfügen oder ausschließlich auf andere derselben Verpflichtung unterliegende Anteilseigner zu übertragen und das Stimmrecht gegenüber nichtgebundenen Gesellschaftern einheitlich auszuüben.[2] Dies soll Familiengesellschaftern helfen, wenn einzelne Gesellschafter alleine die relevante Quote von mehr als 25 % nicht erreichen.[3]

5283–5285 *(Einstweilen frei)*

6. Entlastung nach § 13a ErbStG durch Verschonungsabschlag und Abzugsbetrag

5286 Die Neuregelungen zur Entlastung für Unternehmensübertragungen in § 13a Absätze 1, 2 und 8 ErbStG erweisen sich als äußerst kompliziert. Für 85 % des Unternehmens-/Anteilswertes kommt eine gänzliche Steuerentlastung (sog. Verschonungsabschlag) in Betracht, während die restlichen 15 % (nach Berücksichtigung eines gleitenden Abzugsbetrags von 150 000 €) stets der Besteuerung unterliegen (sog. **Regelverschonung** nach § 13a Abs. 1 ErbStG).[4] Voraussetzung der Begünstigung ist die Fortführung des Unternehmens bzw. das Halten der Beteiligung durch den Beschenkten oder Erben mindestens 5 Jahre lang (sog. **Behaltefrist**). Ferner darf die **Lohnsumme** in den ersten fünf Jahren nach der Übertragung nicht geringer sein als 400 % der Ausgangslohnsumme.[5]

5287 Lediglich bei Unternehmen mit maximal 20 Arbeitnehmern kommt es auf die Einhaltung einer bestimmten Lohnsumme während der Behaltensfrist nicht an. Das Gesetz

1 Abschn. 21 AEErbSt.
2 Abschn. 30 AEErbSt.
3 *Götz*, BBEV 2006, 362.
4 Abschn. 5 Abs. 1 AEErbSt.
5 Abschn. 8 AEErbSt.

sieht in § 13a Abs. 6 ErbStG vor, dass eine Unterschreitung der Mindestlohnsumme vom Erwerber am Ende der Behaltensfrist anzuzeigen ist. Sie führt zum rückwirkenden Wegfall der Verschonung, § 13a Abs. 1 Satz 5 ErbStG. Die Erbschaft-/Schenkungsteuer wird bei Nichteinhaltung der vorgeschriebenen Lohnsumme nach der sich dann ergebenden höheren Bemessungsgrundlage rückwirkend neu festgesetzt.

Neben der sog. Regelverschonung, die ohne Antrag gewährt wird, kann der Erwerber 5288 nach § 13a Abs. 8 ErbStG die sog. **Verschonungsoption** wählen.[1] Auf seinen Antrag hin wird, wenn das Verwaltungsvermögen nicht mehr als 10 % beträgt, eine völlige Steuerfreiheit gewährt. Die Behaltensfrist verlängert sich dann auf sieben Jahre; die zu beachtende Mindestlohnsumme beträgt 700 %.

Zusätzlich wird gem. § 13a Abs. 2 ErbStG in Fällen der Regelverschonung ein sog. glei- 5289 tender **Abzugsbetrag** von 150 000 € für das nichtbegünstigte Betriebsvermögen gewährt.[2] Er soll eine Wertermittlung und aufwändige Überwachung von Klein- und Kleinstfällen (z. B. Kleinhandel, kleinere Handwerker oder auch Betriebe der Land- und Forstwirtschaft) unterhalb des Grenzwerts ersparen. Beträgt der schenkung-/erbschaftsteuerlich relevante Wert des Unternehmens z. B. 1,0 Mio. €, dann ist der Sockelbetrag (15 % x 1,0 Mio. € =) 150 000 € und eine Besteuerung unterbleibt gänzlich. Wird die Wertgrenze von 150 000 € überschritten, dann vermindert sich der Abzugsbetrag um 50 % des die Grenze von 150 000 € übersteigenden Betrags. Beträgt der Sockelbetrag des Betriebsvermögens also 450 000 € oder ist er höher, dann entfällt der Abzugsbetrag. Dies bedeutet in der Praxis, dass bis zu einem Betriebsvermögen von 1,0 Mio. € der volle Abzugsbetrag von 150 000 € anzuwenden ist und erst bei einem Unternehmenswert ab 3,0 Mio. € gänzlich entfällt.

Für mehrere Erwerbe von derselben Person kann innerhalb von zehn Jahren nur **ein** Ab- 5290 zugsbetrag beansprucht werden.

Anders als der Freibetrag nach § 13a Abs. 1 ErbStG a. F. ist der Abzugsbetrag nach § 13a 5291 ErbStG nicht auf die (mehreren) Erwerber aufzuteilen ist, sondern kann von jedem einzelnen Erwerber in Anspruch genommen werden. Aus diesem Grund kann sich ggf. unter erbschaftsteuerlichen Gesichtspunkten ein Hinauszögern der Erbauseinandersetzung hinsichtlich eines vererbten Personengesellschaftsanteils anbieten. Allerdings ist in diesem Zusammenhang auf die fünf bzw. siebenjährige Behaltefrist hinzuweisen. Entsprechendes gilt bei der Zuwendung unter Lebenden; es bietet sich daher die Übertragung eines Gesellschaftsanteils auf mehrere Nachfolger (so vorhanden) statt auf einen einzelnen an, um diese schenkungsteuerliche Begünstigung optimal auszunutzen.

Die einzelnen Voraussetzungen für den Wegfall der Begünstigung (§ 13a Abs. 5 ErbStG) 5292 entsprechen weitgehend den bisherigen Regelungen in § 13a Abs. 5 ErbStG a. F. (zu Einzelheiten unten Rn. 5306 ff.).

Die veränderte Definition des begünstigten Vermögens und die weiteren Vorausset- 5293 zungen für die Gewährung und das Beibehalten der Begünstigung hatten zur Folge,

1 Abschn. 17 AEErbSt.

2 Abschn. 6 AEErbSt.

dass auch § 19a ErbStG (**Tarifbegrenzung**) korrespondierend an die neuen Regelungen in § 13a ErbStG angepasst werden musste (zu Einzelheiten unten Rn. 5371 ff.).

5294–5295 *(Einstweilen frei)*

7. Begriff und Bedeutung von „Verwaltungsvermögen"

5296 Ausweislich der Gesetzesbegründung war es auch ein Ziel des Gesetzgebers, **vermögensverwaltende Gesellschaften** (GmbH & Co. KGs) von den vorstehenden Begünstigungen auszuschließen. Da der Gesetzgeber aber unverändert an das Merkmal des ertragsteuerlichen Betriebsvermögens angeknüpft hat, also grundsätzlich auch eine gewerblich geprägte GmbH & Co. KG gem. § 13b Abs. 1 Nr. 2 ErbStG begünstigt ist, musste die zu weitgehende Begünstigung aller Gesellschaften mit ertragsteuerlichem Betriebsvermögen über die Zusammensetzung des Betriebsvermögens korrigiert werden. Zu diesem Zweck wurde in § 13b Abs. 2 Satz 2 ErbStG das Kriterium des „Verwaltungsvermögens" geschaffen,[1] wobei der Gesetzgeber abschließend aufzählt, welches Wirtschaftsgut eines Betriebs als **Verwaltungsvermögen** anzusehen ist.

5297 Beträgt der Anteil des Verwaltungsvermögens am gesamten Unternehmensvermögen 50 % oder mehr, werden Anteilsschenkungen insgesamt zum Verkehrswert und ohne jede Begünstigung nach § 13a ErbStG besteuert (§ 13b Abs. 2 ErbStG). Als Verwaltungsvermögen gelten z. B. an Dritte zur Nutzung überlasse Grundstücke,[2] Wertpapiere, Kunstgegenstände und Gold.

5298 Eine schädliche Nutzungsüberlassung von Grundstücken an Dritte ist indes nicht anzunehmen, wenn eine Überlassung im Konzern erfolgt. Auch die Nutzungsüberlassung im Rahmen einer **Betriebsaufspaltung** ist unschädlich.

5299 Nach dem Gesetzeswortlaut des § 13b Abs. 2 Nr. 1 Buchst. d ErbStG ebenfalls begünstigt ist die Übertragung von ertragsteuerlichem Betriebsvermögen, das überwiegend aus Wohnimmobilien besteht, wenn dies der Hauptzweck des Betriebes darstellt, „dessen Erfüllung einen wirtschaftlichen Geschäftsbetrieb nach § 14 AO erfordert" (**sog. Wohnungsunternehmen**).[3] Die Bezugnahme auf § 14 AO dürfte verfehlt sein, denn § 14 AO dient der Abgrenzung der Vermögensverwaltung von einem wirtschaftlichen Geschäftsbetrieb i. S. des Gemeinnützigkeitsrechtes. Zutreffender dürfte sein, dass ein i. S. des § 1 Abs. 2 HGB eingerichteter Geschäftsbetrieb erforderlich ist.[4]

5300 Kundenforderungen, Bar- und Giralgeld sind nicht dem Verwaltungsvermögen zuzurechnen. Beteiligungen an Kapitalgesellschaften von 25 % oder weniger werden indes als Verwaltungsvermögen eingestuft.

5301 Zur Ermittlung des Anteils des Verwaltungsvermögens (Verwaltungsvermögenstest 50 % bzw. 10 %) wird die Summe der gemeinen Werte der Einzelwirtschaftsgüter des Verwaltungsvermögens zum gemeinen Wert des Betriebs (Ertragswert) ins Verhältnis

1 Abschn. 23 AEErbSt.

2 Nicht aber Sonderbetriebsvermögen, vgl. Abschn. 25 Abs. 2 AEErbSt.

3 Ländererlasse ErbStG v. 25. 6. 2009, BStBl 2009 I 713, Abschn. 28 AEErbSt.

4 So wohl auch *Fechner/Bäuml*, Beil. zu FR 11/2009, 22 (25); vgl. FinMin Bayern v. 12. 7. 2010, 34 - S 3812 b -001 - 27 2010/10, DB 2010, 1969.

gesetzt, § 13b Abs. 2 Satz 4 ErbStG. Verbindlichkeiten, die mit dem Verwaltungsvermögen in Zusammenhang stehen, bleiben dabei unberücksichtigt.

Besteht das Betriebsvermögen zu 50 % oder weniger (bzw. zu 10 % oder weniger bei 5302
der Verschonungsoption nach § 13a Abs. 8 ErbStG) aus Verwaltungsvermögen, gilt das gesamte übertragene Betriebsvermögen als begünstigt i. S. d. § 13b Abs. 1 ErbStG (**Alles-oder-Nichts-Prinzip**).

Von diesem Alles-oder-Nichts-Prinzip enthält § 13b Abs. 2 Satz 3 ErbStG eine wichtige 5303
Ausnahme. Verwaltungsvermögen, auch wenn die 50 %/10 %-Grenze nicht überschritten ist, wird nicht begünstigt, wenn es im Zeitpunkt der unentgeltlichen Übertragung noch nicht mindestens zwei Jahre zum Betriebsvermögen gehört hat (sog. **junges Verwaltungsvermögen**). Mit dieser Regelung soll verhindert werden, dass vor dem erbschaft- oder schenkungsteuerrechtlichen Stichtag das Betriebsvermögen bis zur Schädlichkeitsgrenze des § 13b Abs. 2 Satz 1 ErbStG mit Verwaltungsvermögen aufgefüllt wird. Die Finanzverwaltung will nach umstrittener Ansicht hierbei nicht nur Sacheinlagen, sondern auch Umschichtungen und Investitionen erfassen.

(Einstweilen frei) 5304–5305

8. Wegfall der Vergünstigungen nach § 13a Abs. 5 ErbStG

a) Nachversteuerungstatbestände

Die fünfjährige Behaltenszeit beginnt um 0 Uhr des Tags, welcher auf den Tag folgt, an 5306
dem die Steuer für den begünstigungsfähigen Erwerb entstanden ist (§ 9 ErbStG). Sie endet fünf Jahre später um 24 Uhr des Tags, der nach seiner Benennung oder seiner Zahl dem Tag der Steuerentstehung entspricht.[1]

Die Begünstigung entfällt gem. § 13a Abs. 5 Nr. 1 Satz 2 ErbStG nicht nur bei einer Ver- 5307
äußerung des gesamten Gewerbebetriebs, Teilbetriebs oder Personengesellschaftsanteils, sondern auch dann, wenn der Erwerber innerhalb der Behaltensfrist Betriebsvermögen entweder als funktionelle Einheit oder aber wesentliche Betriebsgrundlagen hieraus veräußert oder in sein Privatvermögen überführt.

§ 13a Abs. 5 Satz 3 ErbStG sieht bei der Veräußerung nach § 13b ErbStG begünstigtem 5308
Vermögen eine Ausnahmeregelung von der Nachversteuerung vor, wenn die Übertragung nicht auf eine Einschränkung des Betriebs abzielt und der Veräußerungserlös im betrieblichen Interesse verwendet wird (Reinvestitionsklausel).[2] Die Reinvestitionsklausel gilt nur für die Nachversteuerungstatbestände nach § 13a Abs. 5 Nr. 1, 2 und 4 ErbStG, also nicht für die sog. Überentnahmen.

Im Fall der Veräußerung von z. B. wesentlichen Betriebsgrundlagen, die begünstigtes 5309
Betriebsvermögen darstellen, ist demnach von einer Nachversteuerung abzusehen, sofern der Veräußerungserlös innerhalb der nach § 13b Abs. 1 ErbStG begünstigten Ver-

1 § 108 Abs. 1 AO, §§ 186, 187 BGB

2 Ländererlasse ErbStG v. 25. 6. 2009, BStBl 2009 I 713, Abschn. 15 AEErbSt.

mögensarten verbleibt (§ 13a Abs. 5 Satz 3, 4 ErbStG). Die Finanzverwaltung fasst diesen Begriff relativ weit. Es darf kein Verwaltungsvermögen vorliegen.[1] Bankguthaben zählen zum begünstigten Vermögen, sofern kein Fall des § 42 AO vorliegt. Die bei der Inanspruchnahme der Reinvestitionsklausel bereits laufenden Behaltefristen beginnen nicht neu, sondern laufen weiter.

5310 Die Inanspruchnahme der Reinvestitionsklausel setzt nach § 13a Abs. 5 Satz 3 und 4 ErbStG lediglich voraus, dass der Veräußerungserlös binnen sechs Monaten für eine der in § 13b Abs 1 ErbStG genannten begünstigen Vermögensarten verwendet wird. Nach dem Gesetzeswortlaut muss in „entsprechendes" Vermögen investiert werden. Damit ist im Umkehrschluss nur eine Anlage in nicht begünstigtes Vermögen schädlich.[2] Folglich kann also bspw. der Erlös aus der Veräußerung eines begünstigt erworbenen Anteils an einer Kapitalgesellschaft zum Erwerb eines Personengesellschaftsanteils verwendet werden und umgekehrt.

5311 Zur Begriffsbestimmung, was eine wesentliche Betriebsgrundlage ist, kann auf ertragsteuerliche Kategorien (§ 16 EStG) zurückgegriffen werden (R 63 Abs. 2 Satz 2 ErbStR 2003). Durch den Wortlaut „wesentliche Betriebsgrundlagen" führt die Veräußerung bereits einer wesentlichen Betriebsgrundlage zur Nachsteuer, aber nur im Verhältnis des gemeinen Wertes der wesentlichen Betriebsgrundlage zum gemeinen Wert des begünstigten Vermögens insgesamt.[3]

5312 Ungeklärt ist, ob auch die Übertragung einer wesentlichen Betriebsgrundlage, die zum Vermögen einer Tochter- oder Enkelgesellschaft gehört, schädlich i. S. d. Nachversteuerungsvorschrift des § 13a Abs. 5 ErbStG ist. Hält z. B. eine Personengesellschaft eine 100 %ige Beteiligung an einer Tochterkapitalgesellschaft (T) und veräußert nun T ihrerseits z. B. eine 100 %ige Beteiligung an einer zum Vermögen der T gehörenden Kapitalgesellschaft (E), wird man für Zwecke des § 13a Abs. 5 ErbStG allein auf Veränderungen im Gesamthandsvermögen der Personengesellschaft abstellen müssen. Da Vorgänge, die sich im Vermögen einer Tochter- oder Enkelgesellschaft abspielen, ohne Auswirkung auf die Zusammensetzung des Gesamthands- und Sonderbetriebsvermögens sind, müssen diese vergünstigungsunschädlich sein, selbst wenn es sich der Sache nach um wesentliche Betriebsgrundlagen handelt.[4]

5313 Den Veräußerungstatbeständen ist die **Betriebsaufgabe** bzw. Aufgabe eines Mitunternehmeranteils gleichgestellt. Bei der Betriebsaufgabe eines Einzelunternehmens oder einer Personengesellschaft beginnt im Ertragsteuerrecht die Aufgabe mit Handlungen, die objektiv auf die Auflösung des Betriebs gerichtet sind. Das sind z. B. die Einstellung der werbenden Tätigkeit, die Schließung der Produktion, die Veräußerung des beweglichen Anlagevermögens oder des Betriebsgrundstücks bzw. die Überführung dieses Vermögens in das Privatvermögen. Die Aufgabe i. S. d. § 16 EStG endet mit der Veräußerung des letzten zur Veräußerung bestimmten bzw. geeigneten Wirtschaftsguts, das

1 Ländererlasse ErbStG v. 25. 6. 2009, BStBl 2009 I 713, Abschn. 15 AEErbSt. Die Befürchtung einer engen Auslegung von *Schulte/Birnbaum/Hinkers*, DB 2009, 300 (305), haben sich damit nicht konkretisiert.

2 So auch Ländererlasse ErbStG v. 25 .6. 2009, BStB 2009 I 713, Abschn. 15 AEErbSt.

3 Ländererlasse ErbStG v. 25. 6. 2009, BStBl 2009 I 713, Abschn. 10 Abs. 2 Satz 4 AEErbSt.

4 Ländererlasse ErbStG v. 25. 6. 2009, BStBl 2009 I 713, Abschn. 12 Abs. 1 Satz 8 AEErbSt.

zu den wesentlichen Betriebsgrundlagen gehört. Bei der Erbschaftsteuer als Stichtagsteuer treten in diesem Zusammenhang Probleme auf. Liegt das Ende des Aufgabezeitraumes nach Ablauf der Behaltensfrist, kommt eine Nachversteuerung wegen Betriebsaufgabe nicht in Betracht. Man wird wohl in den Fällen des § 13a Abs. 5 Nr. 1 und Nr. 2 ErbStG auf den Zeitpunkt der Beendigung der Betriebsaufgabe abstellen müssen. Dies ist aber höchstrichterlich noch nicht geklärt.[1]

Die Eröffnung des Insolvenzverfahrens stellt nach Ansicht des BFH (noch zum alten Recht), dem sich die Finanzverwaltung angeschlossen hat, eine Betriebsaufgabe dar.[2] Dies kann für die Betroffenen sehr nachteilig sein, weil dann rückwirkend Erbschaft-/Schenkungsteuer gezahlt werden muss. Häufig wird der Beschenkte diese nicht mehr tragen können, so dass infolge der Gesamtschuldnerschaft hier auch der Schenker als Steuerschuldner in Betracht kommt. 5314

b) Umwandlungsfälle

Die Einbringung eines Betriebs-, Teilbetriebs- oder Mitunternehmeranteils in eine Kapital- oder Personengesellschaft gegen Gewährung von Gesellschaftsrechten (§§ 20, 24 UmwStG) löst ebenso wie eine formwechselnde Umwandlung, Verschmelzung oder Realteilung einer Personengesellschaft allein keinen Nachsteuertatbestand aus. § 13a Abs. 5 Nr. 1 Satz 2 ErbStG ist insoweit als „Verlängerungstatbestand" geformt, der erst die Veräußerung des aus der Umwandlung hervorgegangenen Surrogats der Besteuerung unterwirft. Die bloße Umwandlung, die als Tausch ebenfalls tatbestandsmäßig wäre, ist zu Recht von der Nachversteuerung ausgeklammert worden.[3] 5315

Auch die Umwandlungsvorgänge aus einer Kapitalgesellschaft heraus (§§ 3 – 16 UmwStG) lösen keinen Nachsteuertatbestand aus. Erst die Veräußerung des bei der Umwandlung erlangten Surrogats (Gesellschaftsanteil am übernehmenden Rechtsträger) bewirkt die Nachversteuerung.[4] 5316

c) § 13a Abs. 5 Nr. 3 ErbStG – Entnahmebegrenzung

Der bereits in der Vorgängervorschrift enthaltene Nachversteuerungstatbestand in § 13a Abs. 5 Nr. 3 ErbStG „Überentnahme" soll ein schleichendes Auszehren des begünstigt erworbenen Betriebsvermögens durch Entnahmen verhindern. Der Nachversteuerung unterliegen die binnen einer Frist von fünf bzw. sieben Jahren getätigten Entnahmen, die die Summe der Einlagen des Erwerbers und der ihm zuzurechnenden Gewinnanteile seit dem Erwerb um mehr als 150 000 € übersteigen. Verluste bleiben unberücksichtigt (R 65 Abs. 1 Satz 3 ErbStR 2003). Die Begriffe Entnahme, Einlage, Gewinn und Verlust sind nach den Grundsätzen des Ertragsteuerrechts zu beurteilen.[5] 5317

1 *Jülicher* in Troll/Gebel/Jülicher, ErbStG, § 13a, Rz 188 f., a. A. *Weinmann* in Mönch/Weinmann, ErbStG, § 13a, Tz. 110, 111.

2 A. A. Ländererlasse ErbStG v. 25. 6. 2009, BStBl 2009 I 713, Abschn. 10 Abs. 1 Satz 2 AEErbSt.

3 Abschn. 10 Abs. 3 AEErbSt.

4 Abschn. 13 Abs. 3 AEErbSt.

5 Abschn. 12 Abs. 1 Satz 4 AEErbSt; R 65 Abs. 1 Satz 4 ErbStR.

5318 Ist ein Anteil an einer Personengesellschaft auf mehrere Erwerber übergegangen, kann jeder für sich den Rahmen unschädlicher Entnahmen ausschöpfen.

5319 Ohne Bedeutung ist es, warum der Erwerber die Entnahmen tätigte und wofür er die entnommenen Mittel verwendete. Das soll selbst dann gelten, wenn er damit seine Erbschaftsteuerschuld bezahlt. Der Gesetzgeber sollte – um Wertungswidersprüche zu vermeiden – die Begünstigung der Entnahme zur Zahlung der Erbschaftsteuer gem. § 34a Abs. 4 Satz 3 EStG (Thesaurierungsrücklage) auch ins Erbschaftsteuerrecht übernehmen. Durch eine extensive Auslegung des Gesetzeswortlauts lässt sich nämlich dieses wünschenswerte Ergebnis nicht erreichen. Ein Erwerber kann daher bei Beachtung der Entnahmegrenze leicht in Liquiditätsschwierigkeiten geraten.

5320 Die Unschädlichkeitsgrenze von 150 000 € dürfte sich vor allem dort als zu niedrig erweisen, wo ein erworbener Betrieb während der fünfjährigen Behaltensfrist keine oder nur sehr geringe Gewinne abwirft und der Erwerber – losgelöst von der Steuerlast – zum „Überleben" auf Entnahmen ausgewiesen ist. Eine etwaige Nachsteuer würde diese existenzbedrohende Situation noch zusätzlich verschärfen. Die auf individuelle Verhältnisse eines Erben keine Rücksicht nehmende Auslegung der Finanzverwaltung macht es erforderlich, dass potenzielle Erblasser bereits zu Lebzeiten hinreichende Barmittel entnehmen, damit die durch den Erbfall ausgelöste Erbschaftsteuer vom Nachfolger bezahlt werden kann.

5321 Die **Tätigkeitsvergütung** eines Gesellschafters oder andere Sondervergütungen für die Hingabe von Darlehen oder die Überlassung von Wirtschaftsgütern sind nach § 15 Abs. 1 Satz 1 Nr. 2 Satz 1 EStG im Verhältnis Gesellschafter zur Gesellschaft keine Betriebsausgaben, sondern **Vorabgewinn** des Gesellschafters. Dabei ist unerheblich, ob diese Vergütungen im Gesellschaftsvertrag oder einem gesonderten schuldrechtlichen Vertrag ausbedungen sind.[1] Da es sich bei den Sondervergütungen aber ertragsteuerlich um Gewinn handelt, soll ein darauf beruhender Abfluss an den Gesellschafter nach bisheriger Verwaltungsmeinung eine „schenkungsteuerliche" Entnahme darstellen.[2] Diese Ansicht überzeugt nicht, da von den Vertretern dieser Ansicht übersehen wird, dass insoweit ein zivilrechtlicher Anspruch des Gesellschafters besteht. Dieser kann im Rahmen der Auslegung von § 13a Abs. 5 Nr. 3 ErbStG nicht negiert bzw. mit ertragsteuerlichen Erwägungen in eine Entnahme umqualifiziert werden.

5322 Wer eine Beteiligung an einer Personengesellschaft begünstigt erworben hat und anschließend innerhalb der fünfjährigen Behaltenszeit an einer formwechselnden Umwandlung der Personengesellschaft in eine Kapitalgesellschaft teilnimmt oder aber die Beteiligung in eine Kapitalgesellschaft gegen Gewährung von Gesellschaftsrechten einbringt (§ 20 UmwStG), muss wissen, dass hierbei **zurückbehaltene** Wirtschaftsgüter – auch solche des Sonderbetriebsvermögens – ertragsteuerlich als entnommen gelten. Die so in das Privatvermögen überführten Wirtschaftsgüter erhöhen die maßgeblichen Entnahmen.

1 BFH 6. 7. 1999 VIII R 46/94, BStBl 1999 II 720; *Schmidt*, EStG § 15 Rn. 560
2 Gl. A. *Christoffel*, INF 1999, 618; a. A. *Krüger/Siegemund/Köhler*, DStR 1997, 640.

Wird eine **§ 6b Rücklage** von einer Personengesellschaft auf eine beteiligungsidentische übertragen (deren Anteile begünstigt übertragen wurden), wird diese Übertragung zwar buchungstechnisch auf dem Kapitalkonto des übertragenden Gesellschafters abgebildet. Dieser Vorgang stellt keine „endgültige" Entnahme i. S. einer Überführung eines Wirtschaftsgutes aus dem Betriebsvermögen in die Privatvermögenssphäre dar.[1] Allein die buchungstechnische Behandlung der Übertragung einer Rücklage nach § 6b EStG kann demnach nicht dazu führen, dass dies als schädliche Entnahme bei dem die Rücklage übertragenden Gesellschafter angesehen wird. 5323

Droht eine Überentnahme, kann der Erwerber u. U. versuchen, durch eine **Einlage** vor Ablauf der maßgebenden Behaltensfrist den Saldo von Gewinnen und Entnahmen unter die Grenze von 150 000 € zu drücken. Die Finanzverwaltung sieht in solchen Einlagen grundsätzlich **keinen** Gestaltungsmissbrauch.[2] Ob eine Einlage wenige Tage vor Fristablauf und die alsbald nachfolgende Entnahme nach Fristablauf ertragsteuerlich die Voraussetzungen einer wirksamen Einlage erfüllt, ist unklar. Jedenfalls verlangt die Finanzverwaltung, dass die Einlage aus eigenen, privaten Mitteln erfolgt, um diese vorteilhafte Wirkung zu erlangen. Nimmt der Erwerber hingegen einen Kredit auf, um sich so die Mittel für die vorgesehene Einlage zu verschaffen, sei zu prüfen, ob der Kredit bei dem Gesellschafter nicht etwa als negatives Sonderbetriebsvermögen zu behandeln sei. In diesem Fall soll es an einer „befreienden" Einlage fehlen, so dass der Entnahmesaldo nicht gemindert wäre.[3] Auch hier werden von der Finanzverwaltung ertragsteuerliche Erwägungen unzulässig zur Auslegung erbschaftsteuerlicher Vorschriften herangezogen. Der Wortlaut von § 13a Abs. 5 Nr. 3 ErbStG deckt jedenfalls die vertretene Auffassung nicht, da dort die Aufnahme von Krediten nicht als vergünstigungsschädlicher Verstoß erwähnt ist. 5324

d) Unschädliche Weitergabe des begünstigten Vermögens

Auch in der Behaltensfrist können Verfügungen über das begünstige Vermögen erfolgen, die nach der Finanzverwaltung[4] steuerunschädlich sind. Unschädlich sind u. a. nachfolgende Verfügungen und Gestaltungen: 5325

- Unentgeltliche Übertragung des erworbenen Vermögens durch Schenkung unter Lebenden.
- Übertragung des erworbenen Vermögens von Todes wegen.
- Übertragungen durch gemischte Schenkung oder Schenkung unter einer Leistungsauflage sind nur hinsichtlich des freigebigen Teils unschädlich: der Schenkung beigefügte Nutzungs- oder Duldungsauflagen führen hingegen nicht zu einer Teilentgeltlichkeit.

1 *Viskorf u. a.*, 3. Aufl. 2009, § 13a ErbStG Rn. 101, 110 ff.
2 Ländererlasse ErbStG v. 25. 6. 2009, BStBl 2009 I 713, Abschn. 12 Abs. 4 Satz 1 AEErbSt.
3 Abschn. 12 Abs. 4 Satz 2 AEErbSt.
4 Abschn. 9 Abs. 2 AEErbSt.

e) Verstoß gegen die Behaltefrist rechtfertigt keinen Billigkeitserlass

5326 Der BFH hat – zwar noch zum alten Recht, jedoch aufgrund der weitgehend unverändert gebliebenen Missbrauchstatbestände in § 13a Abs. 5 ErbStG auch künftig zu beachten – entschieden, dass ein Erlass der Erbschaftsteuer nach § 227 AO ausscheidet, wenn eine insolvenzbedingte Veräußerung vorliegt.[1] Damit bestätigt er seine Rechtsprechung zu den (unverändert gebliebenen) Missbrauchstatbeständen in § 13a Abs. 5 ErbStG, wonach es unerheblich ist, warum der Steuerpflichtige gehindert ist, die Behaltefrist von fünf bzw. sieben Jahren einzuhalten.[2]

5327–5335 *(Einstweilen frei)*

9. Lohnsummenverstoß

5336 Die Lohnsummenkontrolle findet gem. § 13a Abs. 1 Satz 3 ErbStG nicht statt, wenn die Ausgangslohnsumme 0 € beträgt oder die betroffene Kapitalgesellschaft nicht mehr als 20 Beschäftigte hat.

5337 Der Verschonungsabschlag wird bei der Regelverschonung endgültig nur gewährt, wenn die **Lohnsumme** nach Ablauf der Behaltensfrist von sieben Jahren insgesamt 400 % der durchschnittlichen Lohnsumme der letzten fünf Jahre vor der Übertragung erreicht hat, § 13a Abs. 1 Satz 2 ErbStG.

5338 Zu berücksichtigen sind **alle Lohnbestandteile** einschließlich der Sozialbeiträge (ohne Arbeitgeberanteile). Ferner sind auch alle Sondervergütungen, Prämien, Gratifikationen, Provisionen als relevante Lohnbestandteile anzusehen; nach Auffassung der Finanzverwaltung kann im Wege der Vereinfachung auf die in der Gewinn- und Verlustrechnung nach § 275 Abs. 2 Nr. 6 HGB ausgewiesenen Aufwendungen zurückgegriffen werden.[3] Bei Unternehmensgruppen sind aber auch Löhne, die in Tochtergesellschaften innerhalb der EU/EWR bezahlt werden, anteilig zu berücksichtigen. Dies aber nur, wenn die Beteiligung an der Tochtergesellschaft mehr als 25 % beträgt.

5339 Nach Ansicht der Finanzverwaltung sind nicht nur Löhne und Gehälter einzubeziehen, die an Beschäftigte im Inland bzw. EU/EWR-Ausland bezahlt werden, sondern ausnahmsweise auch in Drittstaaten aufgewandte Löhne und Gehälter. Hält z. B. eine Personengesellschaft eine Beteiligung an einer Kapitalgesellschaft (> 25 %) und gehört zum Vermögen der Kapitalgesellschaft eine Produktionsstätte in Indien, dann sind die an die dort Beschäftigten bezahlten Gehälter und Löhne in die Ausgangslohnsumme einzubeziehen.[4]

5340 Im Fall der Verschonungsoption muss die **Lohnsumme** nach Ablauf der Behaltensfrist von sieben Jahren insgesamt 700 % erreichen, § 13a Abs. 8 Nr. 1 ErbStG.

5341 Die Einhaltung der maßgeblichen Lohnsumme wird nach dem Gesetz kumuliert und nicht in jährlicher Betrachtung geprüft. Eine vorübergehende Unterschreitung der

1 BFH 4. 2. 2010 II R 25/08, BStBl 2010 II 668.

2 BFH 21. 3. 2007 II R 19/06, BFH/NV 2007, 1321.

3 Ländererlasse ErbStG v. 25. 6. 2009, BStBl 2009 I 713, Abschn. 8 Abs. 4 AEErbSt.

4 FinMin Bayern 12. 7. 2010 34-S3812a-018-28364/10, DStR 2010, 1626.

Lohnsumme innerhalb des Fünf-Jahres-Zeitraums ist daher grundsätzlich unschädlich und kann durch höhere Lohnsummen in den folgenden Jahren ausgeglichen werden. Unterschreitet im Ergebnis aber die Lohnsumme die 400 %-Grenze, fällt die Begünstigung nach Ablauf des letzten Jahres mit dem Anteil rückwirkend weg, mit dem die Lohnsumme unterschritten wird. Unklarheiten ergeben sich allerdings bei der Frage der Nachversteuerung insoweit, als das Abschmelzungsmodell bei der Behaltensfrist die Erbschaftsteuer mit Ablauf eines Jahres anteilig entfallen lässt, während bei der Prüfung der Lohnsummenbindung erst nach Ablauf der gesamten Frist eine ex-post-Betrachtung stattfindet.

Bei einem **kumulativen Verstoß** gegen die Lohnsummenklausel und die Behaltensfrist 5342
sind die Auswirkungen beider Verstöße zunächst gesondert zu berechnen; der höhere der sich hierbei ergebende Beträge wird bei der Kürzung des Verschonungsabschlages berücksichtigt.[1] Bei der Veräußerung nur eines Teils des begünstigten Vermögens soll entsprechendes gelten.[2] Besteht das erworbene Vermögen aus mehr als einer wirtschaftlichen Einheit (z. B. GmbH- und KG-Anteil), ist u. E. die Mindestlohnsumme um die auf die veräußerte wirtschaftliche Einheit entfallende Mindestlohnsumme zu kürzen.[3]

(Einstweilen frei) 5343–5345

10. Nachweis- und Anzeigepflichten

Der Erwerber von sog. **Verschonungsvermögen** – also Vermögen, das nach § 13a ErbStG 5346
begünstigt wird – ist verpflichtet, nach Ablauf der Lohnsummenfrist (fünf oder sieben Jahre) im Falle der Unterschreitung der Lohnsummengrenze dies dem FA anzuzeigen.[4] Auch in den Fällen des § 13a Abs. 5 ErbStG – z. B. einer Veräußerung des Verschonungsvermögens oder Teilen davon – ist der Erwerber verpflichtet, dem FA den entsprechenden Tatbestand anzuzeigen, § 13a Abs. 6 ErbStG. Diese Erklärungspflichten wurden mit einer eigenen Verjährungsvorschrift verbunden: Die **Verjährung** der Steuer endet nicht vor dem Ablauf des vierten Jahres, nachdem die Finanzbehörde vom Wegfall der Befreiungsvoraussetzungen Kenntnis erlangt.

Soweit kein inländisches Vermögen zum begünstigten Vermögen i. S. d. § 13b ErbStG 5347
gehört, hat der Steuerpflichtige nachzuweisen, dass die Voraussetzungen für die Begünstigung im Zeitpunkt der Entstehung der Steuer und während der gesamten in Abs. 2 und 5 genannten Zeiträume bestehen. Diese Vorschrift entspricht dem allgemeinen Grundsatz, dass bei **Auslandssachverhalten** die Beteiligten eine **erhöhte Mitwirkungspflicht** trifft. Die Verlagerung der Feststellungslast auf den Steuerpflichtigen soll diesem Umstand Rechnung tragen. Der Gesetzgeber sieht darin auch keine Diskrimi-

1 Abschn. 16 Abs. 3 Satz 2 AEErbSt; gl. A. *Schulte/Birnbaum/Hinkers*, BB 2009, 300 (304); a. A. *Fechner/Bäuml*, Beil. zu FR 11/2009, 22 (32).

2 Abschn. 16, Hinweis 16 Beisp. 4 AEErbSt, zum Verkauf einer wesentlichen Betriebsgrundlage.

3 Widersprüchlich Ländererlasse ErbStG v. 25. 6. 2009, BStBl 2009 I 713, Abschn. 16 Abs. 3 Satz 3 und Abschn. 5 Abs. 3 Satz 2 Nr. 2 einerseits und in Abschn. 5 Abs. 3 Satz 5 AEErbSt andererseits.

4 Abschn. 8 Abs. 1 Satz 4 AEErbSt; zur Durchführung der Nachversteuerung vgl. Abschn. 16 AEErbSt.

nierung für in anderen EU-Mitgliedstaaten und Staaten des Europäischen Wirtschaftsraums belegene Unternehmen.

5348–5350 *(Einstweilen frei)*

11. Tarifbegrenzung gem. § 19a ErbStG

5351 Liegt ein begünstigter Erwerb i. S. d. § 13a Abs. 4 ErbStG vor (§ 19a Abs. 2 ErbStG) und gehört die natürliche Person als Erwerber des Vermögens zur Steuerklasse II oder III, ist für diesen Erwerb die Steuerklasse I anzuwenden. Die Vorschrift will die verminderte Leistungsfähigkeit von Erwerbern betrieblich gebundenen Vermögens ohne Rücksicht auf die verwandtschaftliche Nähe berücksichtigen.

5352 Der Entlastungsbetrag wird in der Weise ermittelt, dass die Steuer zunächst nach der tatsächlichen Steuerklasse des Erwerbers (also II oder III) ermittelt wird. Anschließend ist eine fiktive Erbschaftsteuer unter Berücksichtigung des § 13a ErbStG und der Steuerklasse I zu ermitteln. Der sich rechnerisch ergebende Differenzbetrag ist von der Erbschaftsteuer nach den persönlichen Verhältnissen des Erwerbers abzuziehen (§ 19a Abs. 4 ErbStG).

5353 Im Ergebnis kommen damit die durch die Verschlechterung des Tarifs benachteiligten Erwerber der Steuerklasse II und III zumindest für Vermögen, das nach § 13a ErbStG begünstigt wird, ebenfalls in den Genuss der niedrigeren Steuersätze in Steuerklasse I.

5354 Ebenso wie in § 13a Abs. 5 ErbStG wird auch nach § 19a Abs. 5 ErbStG die Entlastung rückwirkend versagt, wenn die dort genannten, § 13a Abs. 5 ErbStG entsprechenden steuerschädlichen Verwendungen, vorliegen.

5355–5370 *(Einstweilen frei)*

II. Folgen der Neuregelungen für Übertragungen von Personengesellschaftsanteilen

1. Zuwendung eines Anteils an einer (gewerblichen) Personengesellschaft

5371 Überträgt der Gesellschafter einer Personengesellschaft den „ganzen" Gesellschaftsanteil oder einen Teil seines Gesellschaftsanteils im Wege der Schenkung i. S. d. §§ 516 ff. BGB oder geht der Anteil von Todes wegen über, bemisst sich die Schenkung-/Erbschaftsteuer gem. § 12 Abs. 5 ErbStG i.V. m. § 11 Abs. 2, § 95 f., § 109 Abs. 1, § 151 Abs. 1 Satz 1 Nr. 2 BewG nach dem gemeinen Wert des Betriebsvermögens (oben Rn. 5271).

5372 In den Gewerbebetrieb bzw. das freiberufliche Vermögen sind entsprechend der ertragsteuerlichen Regelung die Wirtschaftsgüter des Gesamthandvermögens und die Wirtschaftsgüter aus dem Sonderbetriebsvermögen I und II des Erblassers einzubeziehen (§ 97 Abs. 1 Satz 1 Nr. 5 BewG). **Gesamthandsvermögen** einer Personengesellschaft stellt bewertungsrechtlich nach § 97 Abs. 1 Nr. 5 Satz 1 BewG stets und ausschließlich Betriebsvermögen dar; das gilt unabhängig davon, ob es bilanzierungsfähig, betriebsnotwendig oder überhaupt betrieblich genutzt ist. Dementsprechend handelt es sich bei im Eigentum einer Personengesellschaft stehendem Grundbesitz gem. § 99 Abs. 2 Satz 4 BewG unabhängig von seiner Nutzung zu betrieblichen Zwecken stets um Betriebsgrundstücke.

Der gemeine Wert des Gesamthandsvermögens ist isoliert, also ohne die Ergebnisse aus den Sonder- und Ergänzungsbilanzen zu ermitteln. Deshalb sind die anlässlich eines Erwerbs individuell aufgewendeten Mehrbeträge eines einzelnen Gesellschafters ohne Einfluss auf den Ertragswert des Gesamthandsvermögens. Das Betriebsergebnis wird auch nicht um die Erträge und Aufwendungen der Gesellschaft, die dieser im Zusammenhang mit der Nutzung von Sonderbetriebsvermögen eines Gesellschafters entstehen, korrigiert.[1] Der gemeine Wert des Sonderbetriebsvermögens wird im Rahmen einer Einzelermittlung bestimmt (§ 97 Abs. 1a Nr. 2 BewG). 5373

Der gemeine Wert eines Anteils an einer Personengesellschaft i. S. d. § 97 Abs. 1 Nr. 5 BewG, der das Gesamthands- und Sonderbetriebsvermögen umfasst, ermittelt sich somit gem. § 97 Abs. 1a Nr. 3 BewG als **Summe** aus 5374

- dem Anteil des Gesellschafters am gemeinen Wert des Gesamthandsvermögens und
- dem gemeinen Wert seines Sonderbetriebsvermögens.

Der Anteil am Wert des Gesamthandsvermögens wiederum ergibt sich aus der folgenden Aufteilung: 5375

- die Kapitalkonten aus der Gesamthandsbilanz sind dem jeweiligen Gesellschafter vorweg zuzurechnen (§ 97 Abs. 1a Nr. 1 Buchst. a BewG),
- der verbleibende Wert ist nach dem für die Gesellschaft maßgebenden Gewinnverteilungsschlüssel auf die Gesellschafter aufzuteilen, wobei Vorabgewinnanteile nicht berücksichtigt werden (§ 97 Abs. 1a Nr. 1 Buchst. b BewG).[2]

(Einstweilen frei) 5376–5380

2. Risiko für den Übernehmer

Die Neuregelung der Bewertung von Personengesellschaften führt dazu, dass in den allermeisten Fällen die Übertragung von Gesellschaftsanteilen im Wege der **vorweggenommenen Erbfolge** oder via Erbfall erheblich teurer wird. Denn die Entlastung in Form des Verschonungsbetrages von 85 % (bei der Regelverschonung bzw. 0 % bei der Verschonungsoption, § 13a Abs. 8 ErbStG) ist nur auf den ersten Blick verlockend und wird die angestrebte endgültige Freistellung bewirken können. Denn die Behalte- und Wohlverhaltensvorschriften, von denen die Begünstigung abhängt, sind sehr restriktiv ausgestaltet. Es lässt sich in den wenigsten Fällen nämlich vorhersagen, ob ein Übernehmer das Lohnsummenkriterium über einen Zeitraum von fünf bzw. sieben Jahren einhalten kann. Durch die unverändert einzuhaltende Veräußerungssperre von fünf bzw. sieben Jahren werden zudem künftige betriebswirtschaftliche Anpassungsprozesse behindert. Kommt es zu einer Veräußerung innerhalb der fünf bzw. sieben Jahre, 5381

1 Ländererlasse ErbStG v. 25. 6. 2009, BStBl 2009 I 698, Abschn. 11 AEErbSt.

2 Ländererlasse Betriebsvermögen v. 25. 6. 2009, BStBl 2009 I 698, Abschn. 12 Abs. 2 Nr. 2 AEBewAntBV.

muss der Übernehmer nicht nur den Veräußerungsgewinn nach § 16 EStG versteuern, sondern rückwirkend für den unentgeltlichen Erwerb Erbschaft- oder Schenkungsteuer nachbezahlen. Beide Steuern kumuliert können zu einer Gesamtsteuerbelastung von über 80 %[1] des Verkehrswertes des Unternehmens führen.

5382–5385 *(Einstweilen frei)*

3. Folgen für gewerblich geprägte Gesellschaften (GmbH & Co. KG)

5386 Die Neuregelungen sollten nach der Gesetzesbegründung verhindern, dass über die Umwandlung von steuerlichem Privatvermögen in ein Betriebsvermögen mittels einer gewerblich geprägten Personengesellschaft die Vergünstigungen des § 13a ErbStG erschlossen werden können. Schon bisher waren **vermögensverwaltende Personengesellschaften**, die steuerliches Privatvermögen hielten, nicht nach § 13a ErbStG begünstigt. Wird ein Anteil an einer Personengesellschaft mit steuerlichem Privatvermögen übertragen, gilt dies (wie bisher) erbschaft- und schenkungsteuerlich als Übertragung von einzelnen Gegenständen des Privatvermögens (zu Einzelheiten vgl. unten Rn. 5398).

5387 Bei inländischem Betriebsvermögen geht die Prüfung, inwieweit begünstigtes Vermögen vorliegt, wie bisher von dem Vermögen aus, das ertragsteuerlich zum Betriebsvermögen gehört. Demnach sind auch GmbH & Co. KGs, die nur infolge der gewerblichen Prägung ertragsteuerliches Betriebsvermögen haben, grundsätzlich nach § 13a ErbStG begünstigungsfähig. In einem nachfolgenden Schritt ist dann jedoch zu prüfen, ob die 50 %-Verwaltungsvermögensgrenze des § 13b Abs. 2 ErbStG überschritten wird. Beträgt das Verwaltungsvermögen mehr als 50 %, ist die Personengesellschaft insgesamt und damit auch eine Gesellschaftsanteilsübertragung daran nicht nach § 13a ErbStG begünstigt. Der übertragene Gesellschaftsanteil ist – wie anderes Privatvermögen auch – nicht privilegiert und mit dem gemeinen Wert anzusetzen.

5388 Unklar ist, ob eine Errichtung einer GmbH & Co KG mit Bargeld (= kein Verwaltungsvermögen) und anschließender Übertragung der Kommanditanteile unter Anwendung der Verschonungsregeln des § 13a Abs. 1 oder 8 ErbStG zulässig ist; der Gesetzeswortlaut jedenfalls ließe dies zu.

5389 Insoweit könnte sich für vermögensverwaltende Gesellschaften in der Rechtsform der GmbH & Co. KG die Frage ergeben, ob die gewerbliche Prägung nicht freiwillig aufgegeben wird. Denn bei der vermögensverwaltenden Personengesellschaft (ohne gewerbliche Prägung) wird für Zwecke der Bewertung auf die anteilig übergehenden Wirtschaftsgüter abgestellt (oben Rn. 5398); eine Unternehmensbewertung – wie bei gewerblich geprägten GmbH & Co. KGs – unterbleibt. Bei hohen Erträgen, die eine vermögensverwaltende Gesellschaft erzielt, könnte das Innehaben von ertragsteuerlichem Betriebsvermögen aus erbschaftsteuerlicher Sicht mithin nachteilig sein, da sich eine höhere Bemessungsgrundlage als bei steuerlichem Privatvermögen ergibt. Zudem könnte der Bewertungsaufwand höher sein als bei einer Gesellschaft ohne gewerbliche Prägung.

5390–5395 *(Einstweilen frei)*

---

1 Ertragsteuerliche Belastung rund 50 % zzgl. (maximal) 30 % Erbschaftsteuer.

4. Besonderheiten bei der Zuwendung von Anteilen an Personengesellschaften mit steuerlichem Privatvermögen

a) Einheitsbetrachtung versus Bruchteilsbetrachtung

Der BFH vertritt in ständiger Rspr., dass Personengesellschaften „nur“ **Subjekt** der Einkünfteerzielung und Einkünfteermittlung sind.[1] Diese ertragsteuerlich beschränkte Steuersubjektfähigkeit wird grundsätzlich auch einer rein vermögensverwaltenden Personengesellschaft zugesprochen.[2] Die vermögensverwaltende Personengesellschaft ist demnach insoweit Steuerrechtssubjekt, als sie selbst Überschüsse oder Verluste aus einer Überschusseinkunftsart erzielt. Die steuerrechtliche Beurteilung folgt hier der **Einheitsbetrachtung**, indem sie die Verhältnisse der Gesellschafter als Vielheit zugunsten des Handelns der Gesellschaft als Einheit zurückstellt.[3] 5396

Der Einheitsbetrachtung steht die **Bruchteilsbetrachtung** gegenüber, wonach dem Gesellschafter nach Maßgabe seiner Beteiligungsquote an der vermögensverwaltenden Personengesellschaft die zu ihrem Gesamthandsvermögen zählenden Wirtschaftsgüter gem. § 39 Abs. 2 Nr. 2 AO **anteilig** zuzurechnen sind.[4] Die Bruchteilsbetrachtung vermittelt also einen Durchgriff durch die Einheit der Personengesellschaft. 5397

b) Konkrete Folgen der Bruchteilsbetrachtung im ErbStG

Nach § 10 Abs. 1 Satz 4 ErbStG gilt der unmittelbare oder mittelbare Erwerb der Beteiligung an einer Personengesellschaft, die **nicht** unter § 97 Abs. 1 Satz 1 Nr. 5 BewG fällt, als Erwerb der anteiligen Wirtschaftsgüter. Dem Erwerber der Beteiligung sind demnach die einzelnen Wirtschaftsgüter und sonstigen Besitzposten des Gesamthandsvermögens und die Gesellschaftsschulden **anteilig** als Bruchteilseigentum zuzurechnen (§ 10 Abs. 1 Satz 4 ErbStG, § 39 Abs. 2 Nr. 2 AO).[5] Die dabei übernommenen anteiligen Gesellschaftsschulden stellen eine Gegenleistung für die anteilig erworbenen Wirtschaftsgüter dar, so dass die Grundsätze der **gemischten Schenkung** gelten.[6] Bei Zuwendungen eines Gesellschaftsanteils an einer vermögensverwaltenden Personengesellschaft können demnach die Besitzposten und die Gesellschaftsschulden **nicht** zu einer wirtschaftlichen Einheit zusammengefasst und saldiert werden.[7] Eine Null- oder Negativschenkung scheidet aus. 5398

1 Vgl. BFH 25. 6. 1984 GrS 4/82, BStBl 1984 II 751: „Eine Personengesellschaft ist ... insoweit Steuerrechtssubjekt, als sie in der Einheit ihrer Gesellschafter Merkmale eines Besteuerungstatbestandes verwirklicht, welche den Gesellschaftern für deren Besteuerung zuzurechnen sind. Solche Merkmale sind insbesondere die Verwirklichung oder Nichtverwirklichung des Tatbestands einer bestimmten Einkunftsart und das Erzielen von Gewinn oder Überschuss im Rahmen dieser Einkunftsart“, vgl. auch BFH 3. 7. 1995 GrS 1/93 BStBl 1995 II 617.

2 Vgl. BFH 25. 6. 1984 GrS 4/82, BStBl 1984 II 751; 9. 5. 2000 VIII R 40/99, BFH/NV 2001, 17.

3 Vgl. BFH 25. 2. 1991 GrS 7/89, BStBl 1991 II 691; *Bodden*, DStZ 1996, 83.

4 Vgl. *Söffing*, Stbg 1996, 289.

5 Zu den erbschaftsteuerlichen Folgen, wenn eine Beteiligung an einer GmbH zum Gesamthandsvermögen gehört: *Götz*, NWB F. 10, 1353.

6 R 17 Abs. 2 ErbStR.

7 *Pach-Hanssenheimb*, DStR 2009, 466.

5399 Bei Erwerben von Todes wegen verbleibt es indes bei der Saldierung von „Aktiva“ und „Passiva“, da die Grundsätze der gemischten Schenkung hier nicht gelten. Insoweit können unverändert Verbindlichkeiten voll vom steuerlichen Wert des Aktivvermögens abgesetzt werden.

5400 Bei Anwendung der Grundsätze zur **gemischten Schenkung** wird die Gegenleistung des Beschenkten (in Form der anteilig übernommenen Schulden) in dem Ausmaß gekürzt, in dem der Steuerwert des Zuwendungsobjekts unter dem Verkehrswert liegt.

5401 Der Steuerwert der gemischt freigebigen Zuwendung wird wie folgt ermittelt:

$$\frac{\text{Steuerwert der Leistung des Schenkers x Verkehrswert der Bereicherung des Beschenkten}}{\text{Verkehrswert der Leistung des Schenkers}}$$

5402 Zur Bestimmung der schenkungsteuerlichen Bemessungsgrundlage wird somit die gemischte Schenkung aufgespalten. In einen entgeltlichen Teil und einen nur unentgeltlichen Teil, wobei nur Letzterer besteuert wird. Diese Art der Berechnung wird als **Trennungslösung** bezeichnet.[1]

5403 Die bisherige steuerliche Behandlung der gemischten Schenkung hat aufgrund der Tatsache, dass die Bewertungsmethodik immer den gemeinen Wert zugrunde legt, ihre Bedeutung verloren. Ein Auseinanderfallen von Steuer- und Verkehrswert – wie bis 31. 12. 2008 – ist nur noch ausnahmsweise denkbar. Der Verkauf unter Preis führt in Höhe der Differenz zwischen Verkehrswert und Kaufpreis zu einem schenkungsteuerbaren Erwerb.

5404–5405 *(Einstweilen frei)*

5. Mittelbare Schenkung von Betriebsvermögen i. S. d. § 13b Abs. 1 ErbStG

5406 Der Schenkungsteuer unterliegt als Schenkung unter Lebenden (§ 1 Abs. 1 Nr. 2 ErbStG) jede freigebige Zuwendung unter Lebenden, soweit der Bedachte durch sie auf Kosten des Zuwendenden bereichert wird (§ 7 Abs. 1 Nr. 1 ErbStG; vgl. auch § 516 Abs. 1 BGB). Der Gegenstand der Schenkung richtet sich hierbei nach bürgerlichem Recht. Auszugehen ist zunächst vom Parteiwillen, im Falle der freigebigen Zuwendung vom Willen des Zuwendenden, d. h. davon, was dem Bedachten nach dem Willen des Schenkers geschenkt sein soll.[2] Für die Bestimmung des Schenkungsgegenstandes ist demnach entscheidend, wie sich die Vermögensmehrung im Zeitpunkt der Ausführung der Schenkung beim Bedachten darstellt, d. h. worüber der Bedachte im Verhältnis zum Schenker endgültig und rechtlich frei verfügen kann. Das Erfordernis der Bereicherung aus dem Vermögen des Schenkers setzt nicht voraus, dass der Gegenstand, um den der Beschenkte bereichert wird, sich vorher in derselben Gestalt in dem Vermögen des Schenkers befunden hat und wesensgleich übergeht. Nach den Grundsätzen zur „mittelbaren Schenkung“ ist ausschlaggebend, was der Bedachte nach dem Willen des Zuwenden-

1 *Röder*, ZEV 2007, 505, 507.
2 BFH 6. 3. 2002 II R 85/99, BFH/NV 2002, 1030.

den erhalten sollte und tatsächlich erhalten hat, und nicht, auf welche Weise es ihm verschafft wurde.

Wird die Beteiligung an einer Personengesellschaft nicht unmittelbar vom Beschenkten übertragen, sondern in der Weise, dass der Bedachte einen Geldbetrag unter der Auflage erhält, sich am Betriebsvermögen des Schenkers zu beteiligen oder vom Schenker unmittelbar gehaltene Anteile an einer Personen- oder Kapitalgesellschaft zu erwerben, war dies nach h. M. gem. § 13a ErbStG a. F. begünstigt.[1] Ob dies auch für die Neufassung des Gesetzes seit 1. 1. 2009 gilt, ist unklar. Eine die Entlastungen gem. § 13a ErbStG rechtfertigende Zuwendung wird wohl – wie bisher – nur vorliegen, wenn bereits beim Schenker begünstigtes Vermögen vorhanden war. Jedenfalls konnte nach bisheriger Verwaltungsmeinung eine mittelbare Schenkung nicht gem. § 13a ErbStG a. F. begünstigt werden, wenn mit den geschenkten Mitteln eine Beteiligung am Gesellschaftsvermögen eines Dritten erfolgt, weil insoweit kein begünstigtes Vermögen vom Schenker auf den Erwerber übergeht.[2] 5407

(Einstweilen frei) 5408–5410

6. Atypisch stille Beteiligung und atypische Unterbeteiligung

Wird an einem Gesellschaftsanteil eine atypische Unterbeteiligung oder an einem Betrieb einer Personen- oder Kapitalgesellschaft eine atypisch stille Beteiligung begründet, ist die Bemessungsgrundlage für eine schenkweise übertragene atypische Beteiligung – ebenso wie bei einer Beteiligung an einer gewerblich oder gewerblich geprägten Personengesellschaft – zu ermitteln. Ob hierfür die Vergünstigungen nach § 13a, § 13b ErbStG zum Tragen kommen hängt allerdings von der Ausgestaltung der atypisch stillen Gesellschaft (Begründung einer **Mitunternehmerstellung**) im Einzelfall ab. Die von der Finanzverwaltung zum alten Recht für einen Übergangszeitraum vertretene Ansicht, eine atypisch stille Beteiligung sei als Sachleistungsanspruch zu bewerten, wurde in 2009 zu Recht aufgegeben.[3] 5411

Die Finanzverwaltung hat durch Erlass die Frage geklärt, wie eine atypisch stille Beteiligung zu behandeln ist, deren Vermögen einem Drittstatt dient.[4] Bemerkenswert ist, dass für die Bejahung der Verschonung danach differenziert wird, wer Inhabers der atypisch stillen Beteiligung ist. Hält eine Kapitalgesellschaft die atypisch stille Beteiligung, dann soll es keine Rolle spielen, ob das Vermögen einer Betriebsstätte in einem Drittstaat dient. Bei der Personengesellschaft als Inhaber würde das Drittlandsvermögen als nicht begünstigtes ausgeschieden werden.

Die Beteiligungen als **typisch** stiller Gesellschafter[5] oder als typisch Unterbeteiligter[6] 5412
stellen bewertungsrechtlich eine Kapitalforderung dar, die für erbschaft-/schenkung-

1 R 76 Abs. 1 Satz 3 und 4 ErbStR.
2 R 76 Abs. 1 Satz 4 ErbStR.
3 FinMin Bayern, 9. 4. 2009 S 3811.1.1 - 2 St 35, ZEV 2009, 264.
4 FinMin Bayern Erl. 9. 7. 2010 34-S3812a-018-28363/10, DStR 2010, 1575.
5 Vgl. R 112 ErbStR.
6 BFH 16. 1. 2008 II R 10/06, ZEV 2008, 252; *Götz*, KSR direkt 2008, 9.

steuerliche Zwecke mit dem Nominalbetrag anzusetzen ist. Die Begünstigung nach § 13a ErbStG ist also in diesen Fällen nicht zu gewähren.

5413–5415 *(Einstweilen frei)*

7. Besonderheiten bei der Steuerbefreiung gem. § 13a ErbStG

a) Einzelwirtschaftsgüter

5416 Begünstigt ist nach § 13b Abs. 1 Nr. 2 ErbStG der Mitunternehmeranteil also solches. **Einzelne Wirtschaftsgüter** können bereits seit 1. 1. 1996 nur dann begünstigt zugewendet werden, wenn sie „zusammen" mit einer wirtschaftlichen Einheit (Betrieb, Teilbetrieb, Mitunternehmeranteil) übergehen. Das soll insbesondere für die Wirtschaftsgüter des Sonderbetriebsvermögens eines Mitunternehmers einer Personengesellschaft gelten.[1] Überträgt ein Mitunternehmer seine ganze Beteiligung, muss er zugleich alle Wirtschaftsgüter seines Sonderbetriebsvermögens mit übertragen, um die Entlastung nach §§ 13a, 13b ErbStG zu erlangen.[2] Begünstigt ist allerdings auch die Übertragung eines **Teil-Mitunternehmeranteils**, selbst wenn hier Sonderbetriebsvermögen entweder zurückbehalten, oder aber quotal, unter- oder überquotal übergeht.[3] Diese Möglichkeiten können mangels entgegenstehender gesetzlicher Regelung losgelöst von der prozentualen Größe[4] des Teil-Mitunternehmeranteils bejaht werden.

b) Gewährung der Vergünstigungen bei Erwerben von Todes wegen

aa) Grundsätzliche Besteuerung von Miterben nach der Erbquote

5417 Geht Vermögen des Erblassers auf den (die) Erben i. S. v. § 1922 BGB über, ist dieser Erwerb bei einer Mehrheit von Erben beim jeweiligen Miterben entsprechend seiner Erbquote (vgl. § 2047 Abs. 1 BGB) erbschaftsteuerrechtlich zu erfassen. Dies hat zur Folge, dass es für die Besteuerung auch bei einer Teilung in Natur durch **Erbauseinandersetzungsvertrag** unerheblich ist, welche Gegenstände oder Vermögensmassen dem einzelnen Miterben im Zuge der Auseinandersetzung konkret übertragen werden. Auch die Teilung in Befolgung einer bloßen **Teilungsanordnung** des Erblassers (§ 2048 BGB) ist erbschaftsteuerrechtlich **unbeachtlich**.[5] Es bleibt beim Grundsatz der Zurechnung entsprechend der Erbquote.

5418 Anders war dies schon bisher bei einem (Voraus-)Vermächtnis. Hier erfolgt weiterhin eine Zurechnung des vermachten Gegenstandes direkt beim begünstigten Miterben.[6]

1 Kritisch *Götz*, ZEV 2003, 346.

2 H 51 Abs. 3 ErbStH „Gleichzeitige Übertragung von Gesellschaftsbeteiligungen und Sonderbetriebsvermögen".

3 Zu den ertragsteuerlich in § 6 Abs. 3 EStG geregelten Fällen: *Götz*, NWB F. 10, 1459; Gleich lautende Erlasse der obersten Finanzbehörden der Länder v. 25. 6. 2009, BStBl 2009 I 713, 715 – Abschn. 20 Abs. 3 Satz 6 AEErbSt.

4 A. A. *Moench*, a. a. O., § 13a Rn. 27; „ein Zwerganteil von z. B. 1 % oder weniger kann ein Missbrauch von Gestaltungsmöglichkeiten (§ 42 AO) sein."

5 BFH 1. 4. 1992 II R 21/89, BStBl 1992 II 669.

6 BFH 1. 8. 2001 II R 47/00, BFH/NV 2002, 788.

bb) Letzterwerbsbetrachtung bei der Entlastung, § 13a Abs. 3 ErbStG

Sind mehrere Erben vorhanden und gehörte begünstigtes Vermögen i. S. d. § 13a ErbStG zum Nachlass, erfolgte nach bisherigem Recht eine Aufteilung (auch des Freibetrags) entsprechend der Erbteile. Maßgebend war derjenige Erbanteil der einzelnen Miterben, der auf gesetzlicher oder testamentarischer Erbfolge beruhte. Verstieß der den Betrieb/ Mitunternehmeranteil übernehmende Miterbe gegen die Behaltensfrist des § 13a Abs. 5 ErbStG a. F., trug auch der andere Miterbe das Nachversteuerungsrisiko. 5419

Seit 1. 1. 2009 ist die Entlastung/Verschonung systematisch neu geregelt worden. Nach der sog. Letzterwerbsbetrachtung erhält nur derjenige Erwerber (Erbe, Vermächtnisnehmer) die Verschonung nach § 13a ErbStG, der schlussendlich begünstigtes Vermögen erhält, § 13a Abs. 3 ErbStG. Sogar das Ergebnis einer frei unter den Miterben vereinbarten Auseinandersetzung oder die Teilung aufgrund einer testamentarischen Teilungsanordnung hat demnach auf die Besteuerung und damit auch auf die Inanspruchnahme des Abzugsbetrags und Verschonungsabschlags Einfluss.[1] Letztlich **entscheidet** allein die **endgültige Zuweisung** des begünstigten Vermögens darüber, welchem Erwerber die Vergünstigung nach § 13a ErbStG gewährt wird. Unerheblich ist also seit 1. 1. 2009, ob der Erwerber des Vermögens i. S. d. § 13b Abs. 1 ErbStG dieses durch testamentarische Anordnung oder aufgrund schuldrechtlicher Vereinbarung mit dem Erben erlangt hat.[2] Das nachversteuerungsrisiko trägt seitdem „nur" noch der begünstigte Erbe. 5420

BEISPIEL: Erben des V sind A und B. Zum Nachlass gehört ein Mitunternehmeranteil mit einem Wert von 10 Mio. €. A übernimmt den Anteil und zahlt an B einen Ausgleich von 5 Mio. €.

A versteuert:

Mitunternehmeranteil	5 000 000 €
§ 13a ErbStG	- 8 500 000 €
Erwerb	0 €

B versteuert:

Mitunternehmeranteil	5 000 000 €
§ 13a ErbStG	- 0 €
Erwerb	5 000 0000 €

c) Versagung der Vergünstigungen nach § 13a ErbStG bei sog. jederzeitigem Schenkungswiderruf

Sollte sich die gewünschte Nachfolge unter Lebenden nicht so gestalten, wie erwartet, ist die Möglichkeit der Rückgängigmachung der Schenkung im Schenkungsvertrag mittels einer Widerrufsklausel vorzusehen. Denkbar ist, dass sich der Senior eine Widerrufsmöglichkeit „nur" für den Fall vorbehält, dass der Nachfolger, ohne eigene Abkömmlinge zu haben, vor dem Vater verstirbt oder seine Mitarbeit in der Gesellschaft gegen den Willen des Vaters einstellt. Die Zulässigkeit einer Schenkung mit Widerrufsvorbehalt wird von der h. M. unter der Voraussetzung einer ernst gemeinten, nicht sit- 5421

1 Vgl. *Pach-Hanssenheimb*, DStR 2008, 957.

2 Ausführlich hierzu *Pach-Hanssenheimb*, DStR 2008, 957.

tenwidrigen Vereinbarung bejaht.[1] Bei erfolgtem Widerruf ist dann (lediglich) die gezogene Nutzung gem. § 29 Abs. 1 Nr. 1 ErbStG zu versteuern.[2] Zu diesem Zweck ist der Erwerber nach § 29 Abs. 2 ErbStG, für den Zeitraum, für den ihm die Nutzungen des zugewendeten Vermögens zugestanden haben, wie ein Nießbraucher zu behandeln.

5422 Wurde ein Gesellschaftsanteil verschenkt, geht die h. M. davon aus, dass die Rückübertragung des Anteils im Falle groben Undanks gem. § 531 Abs. 2 BGB der Zustimmung aller Gesellschafter bedarf, da – sowohl bei einer Personengesellschaft als auch bei einer GmbH[3] – eine gesellschaftsvertragliche „Hinauskündigung" ohne sachlich gerechtfertigten Grund nicht zulässig ist.[4] Die Rückforderung wegen groben Undanks nach §§ 530, 531 BGB ist ohne gesellschaftsrechtliche Abfindung möglich.

5423 Ein Widerrufsrecht kann unterschiedlich ausgestattet sein. Denkbar sind sog. benannte Widerrufsgründe, oder aber das Recht, jederzeit (frei) die Schenkung zu widerrufen.[5] Bei einer Schenkung unter Widerrufsvorbehalt – gleich welcher Form – handelt es sich zivilrechtlich stets um eine voll wirksame Schenkung. Dies bedeutet, dass auch das zivilrechtliche Eigentum endgültig auf den Beschenkten übergeht; die Widerrufsmöglichkeit wirkt sich insoweit nicht aus. Die Vorteile einer solchen Gestaltung liegen darin, dass die Zuwendung bereits erbschaftsteuerlich als voll wirksame Schenkung i. S. d. § 9 Abs. 1 Satz 2 ErbStG gilt. Diese Rechtslage ergibt sich eindeutig aus dem grundlegenden Urteil des BFH.[6]

5424 Im Bereich der Ertragsteuern stellt sich die Situation gänzlich anders dar. **Einkommensteuerlich** bleibt das wirtschaftliche Eigentum im Falle des jederzeitigen freien Widerrufsrechts beim Schenker. Eine Einkunftsquelle wird von ihm **nicht** übertragen. Der Schenker erzielt also weiterhin steuerpflichtige Einkünfte, obwohl das zivilrechtliche Eigentum an der Einkunftsquelle übergegangen ist.[7]

5425 **Erbschaftsteuerlich** hat ein freier Widerrufsvorbehalt im Rahmen einer Anteilsschenkung zur Folge, dass die Vergünstigungen nach § 13a ErbStG zu versagen sind.[8] Der Erwerb einer solchen Beteiligung wird demnach als Erwerb der einzelnen Wirtschaftsgüter i. S. d. § 10 Abs. 1 Satz 3 ErbStG eingestuft und nicht als Erwerb des anteiligen Betriebsvermögens gem. § 12 Abs. 5 ErbStG angesehen.[9] Nach der Verfügung der OFD München[10] ist die zugewandte Beteiligung als „Überlassung einer Kapitalforderung" zu beurteilen und nach § 12 BewG zu bewerten. Die Ansicht der h. M. ist abzulehnen, da

1 BFH 13. 9. 1989 II R 67/86, BStBl 1989 II 1034.

2 Vgl. *Götz*, NWB 2003, 4037.

3 BGH 2. 7. 1990 II ZR 243/89, BGHZ 112, 40 (= NJW 1990, 2616) und 9. 7. 1990 II ZR 194/89, BGHZ 112, 103 (= NJW 1990, 2622).

4 *Bütter/Tonner*, NZG 2003, 193; BGH 20. 1. 1977 II ZR 217/75, BGHZ 86, 212 (= NJW 1997, 1292).

5 Zum Schenkungswiderruf bei Kommanditbeteiligung: BGH 2. 7. 1990 II ZR 243/89, BGHZ 112, 40 (= BB 1990, 1507); *K. Schmidt*, BB 1990, 1992.

6 BFH 13. 9. 1989 II R 67/86, BStBl 1989 II 1034.

7 *Götz*, BBV 2004, 29; BFH 16. 5. 1989 VIII R 196/84, BStBl 1989 II 877.

8 H 51 Abs. 1 ErbStH; *Crezelius*, DB 1997, 1585; *Troll/Gebel/Jülicher*, § 13a Tz. 134.

9 Vgl. *Michel* in Wilms, ErbStG § 13a Rz. 18; *Ebeling*, NJW 1999, 1088.

10 21. 2. 1995 (StEK ErbStG 1974 § 7 Nr. 29).

sie mit der Begünstigungsregelung des § 13a ErbStG unvereinbar ist.[1] Richtigerweise ist allein auf die zivilrechtliche Beurteilung der Schenkung abzustellen. Da diese vollwirksam ist, kann eine Negierung derselben im Rahmen des § 13a ErbStG nicht überzeugen.

Auch bei der schenkungsvertraglichen Vereinbarung von „nur" benannten Widerrufsgründen ist aus erbschaftsteuerlicher Sicht jedenfalls dann Vorsicht geboten, wenn sehr umfassende (zehn und mehr) Widerrufsklauseln in den Schenkungsvertrag aufgenommen werden, da sie von der Finanzverwaltung in ihrer Gesamtheit als mit einem jederzeitigen Widerrufsrecht vergleichbar angesehen werden könnten. 5426

Aus erbschaftsteuerlicher Sicht ist bei der Schenkung eines Mitunternehmeranteils im Zuge der Abfassung des Schenkungsvertrags stets sicherzustellen, dass der **Erwerber** – bei vorbehaltenem Nießbrauch neben dem Schenker – **Mitunternehmer** wird.[2] Nur so sind die Vergünstigungen des § 13a ErbStG zu erlangen. Grundsätzlich hindert eine Rückfallklausel, die lediglich bei Vorliegen bestimmter Voraussetzungen eine Rückübertragung ermöglicht, den Übergang (auch) des wirtschaftlichen Eigentums nicht, da der Übertragende auf den Eintritt der Bedingungen keinen Einfluss nehmen kann.[3] Diese Rechtsprechung darf indes nicht zu dem Schluss verleiten, es bedürfe nur der Vereinbarung eines enumerativen Katalogs, um das gewünschte Ziel erreichen zu können. Hat sich der Schenker zu weitreichende Sicherheiten bestellt und zusätzlich zahlreiche Widerrufsmöglichkeiten vorbehalten, droht gleichwohl der Verlust der Begünstigung nach § 13a ErbStG. 5427

(Einstweilen frei) 5428–5435

III. Sonderfälle der Besteuerung

1. Gewinnübermaßschenkung gem. § 7 Abs. 6 ErbStG

Anlässlich der schenkweisen Übertragung einer Beteiligung an einer Personengesellschaft wird die Bereicherung, die der Bedachte durch eine angemessene Beteiligung am Gewinn der Gesellschaft erfährt, im Zuge der Bewertung und anteiligen Aufteilung des Betriebsvermögens miterfasst. Wird die Beteiligung hingegen mit einer unangemessen hohen Gewinnbeteiligung ausgestattet, ist die Bereicherung des Bedachten zwangsläufig größer, so dass sich die Frage aufdrängt, ob und ggf. wie diese zusätzliche Bereicherung schenkungsteuerlich erfasst werden kann.[4] 5436

In diesen Fällen erfasst § 7 Abs. 6 ErbStG das Übermaß an Gewinnbeteiligung als zusätzliche Schenkung, die zusammen mit der Beteiligungsschenkung eine einheitliche Zuwendung bildet. Die einheitliche Schenkung wird zum Zweck, die Bereicherung zutreffend zu ermitteln, in zwei Geschäftsanteile zerlegt.[5] Diese Differenzierung ist indes 5437

1 Ebenso *Michel* in Wilms, ErbStG § 13a Rz. 18; *Ebeling*, NJW 1999, 1088; *ders.*, DB 1999, 611; *Köhler*, DStR 1997, 1553; *Herff*, KÖSDI 2001, 12885.

2 Grundlegend zu Nießbrauchsfällen *Götz/Jorde*, FR 2003, 998 f.

3 Vgl. BFH 17. 6. 1998 XI R 55/97, BFH/NV 1999, 9.

4 *Moench*, a. a. O., § 7 Rn 238.

5 Dazu *Meincke*, a. a. O., § 7 Anm. 138.

nur bei einer schenkweisen Übertragung und nicht im Erbfall vorzunehmen. Ferner gilt diese Regelung nur für gewerblich tätige oder für gewerblich geprägte, nicht aber für vermögensverwaltende Personengesellschaften (mit steuerlichem Privatvermögen).[1]

5438 Ein Übermaß an Gewinnbeteiligung liegt nach dem Gesetzestext dann vor, wenn die Beteiligung am Gewinn nicht der Kapitaleinlage, der Arbeitsleistung oder sonstigen gesellschaftsvertraglich geschuldeten Leistungen des Gesellschafters entspricht und sie einem fremden Dritten üblicherweise nicht eingeräumt worden wären. Da die gesetzliche Definition ihrerseits auslegungsbedürftig ist und der Praxis wenig Hilfe bietet, werden aus Vereinfachungsgründen auch für Zwecke der Schenkungsteuer die **ertragsteuerlichen** Folgerungen übernommen.[2]

5439 Wurde im Bereich der Ertragsteuern (noch) keine Entscheidung über die Angemessenheit der Gewinnverteilung getroffen, muss der Jahreswert des überhöhten Gewinnanteils selbständig für Zwecke der Schenkungsteuer ermittelt werden. Hierbei werden die Ertragsaussichten nach dem durchschnittlichen Gewinn der Gesellschaft in den letzten drei Wirtschaftsjahren vor der Schenkung bestimmt, soweit keine Änderung der Ertragsaussichten zu erwarten ist.[3] Der dabei ermittelten Gewinnbeteiligung ist der nach ertragsteuerlichen Prinzipien festgestellte angemessene Gewinn gegenüberzustellen. Dabei ist von der Obergrenze der Angemessenheit auszugehen, die sich nach einer Rendite von 15 % des tatsächlichen Werts der Beteiligung berechnet (vgl. oben Rn. 3578).[4] Die Differenz zwischen dem zu erwartenden Gewinn und dem noch angemessenen Gewinn wird als „Übergewinn" bezeichnet und stellt eine weitere, neben die Schenkung des Anteils tretende steuerpflichtige Zuwendung dar. Der als selbständige Schenkung zu beurteilende „Übergewinn" ist mit dem Kapitalwert zu bewerten (§ 7 Abs. 6 ErbStG). Die Finanzverwaltung geht von einem Kapitalisierungsfaktor von 9,3 aus.

BEISPIEL: Der Übergewinn eines geschenkten Kommanditanteils beträgt 50 000 €. Da der Schenker des KG-Anteils den Anteil mit einer überhöhten Gewinnbeteiligung versehen hat, liegt eine weitere, neben der Schenkung des Anteils wie folgt zu erfassende Schenkung vor:

Kapitalwert für das Gewinnübermaß: 50 000 € × 9,3 = 465 000 €

Der Beschenkte hätte also den nach § 11 BewG ermittelten Wert für den KG-Anteil zuzüglich das Gewinnübermaß zu versteuern. Bedenken ergeben sich seit 1. 1. 2009 deshalb, da der Verkehrswert einer Beteiligung die Obergrenze für die Bemessungsgrundlage und damit die Besteuerung darstellt.

Sonderfälle

5440 Der Wortlaut von § 7 Abs. 6 ErbStG erfasst nur den Fall, dass die Beteiligung bei der schenkweisen Übertragung mit der überhöhten Gewinnbeteiligung „ausgestattet wird". Nicht erfasst sind damit (überhöhte) Leistungen im Rahmen der Überlassung

1 Bei Letztgenannten wird nicht ein Gesellschaftsanteil als solcher erworben (§ 10 Abs. 1 Satz 4 ErbStG), sondern Gegenstand des Erwerbs sind die anteiligen Wirtschaftsgüter.

2 R 21 Abs. 1 Satz 1 ErbStR; zustimmend: *Meincke*, a. a. O., § 7 Anm. 135; *Kapp/Ebeling*, a. a. O., § 7 Rz. 190.1.

3 R 21 Abs. 1 Satz 3 ErbStR.

4 Bei nicht tätigen Gesellschaftern vgl. H 15.9 Abs. 3 EStH „Allgemeines"; *Moench*, a. a. O., § 7 Rn. 241.

von **Sonderbetriebsvermögen.**[1] Die Finanzverwaltung vertritt den Standpunkt, dass daneben auch die nachträgliche Gewährung einer überhöhten Gewinnbeteiligung oder die weitere Erhöhung einer schon zuvor überhöhten Gewinnbeteiligung unter § 7 Abs. 6 ErbStG fallen.[2] Gegen diese Verwaltungsmeinung werden in der Literatur zu Recht Bedenken geäußert.[3] Eine abschließende Stellungnahme der Rechtsprechung steht diesbezüglich noch aus. Die praktische Bedeutung der Norm ist als gering anzusehen, da die meisten Schenker im Hinblick auf ertragsteuerliche Probleme (oben Rn. 3578) von der Wahl einer entsprechenden Gestaltung Abstand nehmen.[4]

(Einstweilen frei) 5441–5445

2. Buchwertklausel im Gesellschaftsvertrag der Personengesellschaft

Sieht der Gesellschaftsvertrag der Personengesellschaft im Abfindungsfalle eine sog. 5446
Buchwertklausel[5] vor, bestimmt § 7 Abs. 5 ErbStG, dass dieselbe bei der Feststellung der Bereicherung **nicht wertmindernd** berücksichtigt wird.[6] Die Vorschrift betrifft an sich die Frage der Bewertung von Personengesellschaftsanteilen (vgl. § 12 ErbStG) und ist insoweit in § 7 ErbStG falsch angesiedelt. Zudem dürfte bei der konkreten Bewertung des Anteils nicht nur § 11 BewG, sondern auch § 9 Abs. 3 BewG einer Berücksichtigung der Buchwertklausel bereits entgegenstehen.

Die Vorschrift gilt **nur** bei Schenkungen unter Lebenden und **nur** für den Fall, dass ein 5447
Anteil an einer Personengesellschaft übertragen wird. Als Personengesellschaftsformen kommen neben der OHG, der KG und der BGB-Gesellschaft auch die atypische stille Gesellschaft in Betracht.[7]

Die Bereicherung, die den Buchwert des geschenkten Kapitalanteils übersteigt, wird 5448
vom Gesetz so behandelt, als sei sie auflösend bedingt erworben. Die Vorschrift **fingiert** mithin den Übergang des Anteils auf den neuen Gesellschafter ohne Beschränkungen, d. h. mit allen stillen Reserven. Es unterliegt damit etwas der Besteuerung, was vom Beschenkten allenfalls über spätere Gewinne oder über eine Veräußerung des Anteils erworben wird. Dieses „Mehr" der Besteuerung wird dadurch korrigiert, dass die Be-

1 Ebenso *Schuck* in Viskorf *u. a.*, 3. Aufl. 2009, § 7 Rn. 224.

2 R 21 Abs. 2 ErbStR.

3 *Meincke*, a. a. O., § 7 Anm. 137 f., *Gebel* in Troll/Gebel/Jülicher, § 7 Tz. 384 ff.; a. A. *Kapp/Ebeling*, a. a. O., § 7 Rz. 190.9; *Moench*, a. a. O., § 7 Rn. 239.

4 *Moench*, a. a. O., § 7 Rn. 243.

5 Mit Urt. v. 23. 10. 1972 II ZR 31/70, NJW 1973, 651 (bestätigt durch das Urt. v. 7. 5. 1973 II ZR 140/71, NJW 1973, 1606) hat der BGH entschieden, dass eine Buchwertabfindung, die nur $^1/_5$ des tatsächlichen Werts der Beteiligung ausmacht, für den Ausscheidenden mit einem derartig hohen wirtschaftlichen Verlust verbunden ist, dass seine Entschließungsfreiheit, vom Kündigungsrecht Gebrauch zu machen, so beeinträchtigt ist, dass die Abfindungsvereinbarung nach Treu und Glauben zu korrigieren ist, wenn nicht sogar Sittenwidrigkeit nach den §§ 138, 139 BGB vorliegt. In der Entscheidung v. 20. 9. 1993 II ZR 104/92, NJW 1993, 3193, hat der BGH seine in der Literatur kritisierte Rspr. dahin gehend geändert, dass eine Buchwertklausel, die im Zeitpunkt ihrer Vereinbarung rechtswirksam war, nicht nichtig wird, so dass sie im Wege der ergänzenden Vertragsauslegung angepasst werden kann. Die Rspr. gilt indes *nicht* für Regelungen hinsichtlich des Ausscheidens durch Tod, weil die Gesellschafter durch Vertrag unter Lebenden auf den Todesfall zugunsten ihrer Mitgesellschafter verfügen können; *Ulmer*, NJW 1979, 84; vgl. auch *Carlé*, KÖSDI 2002, 11231.

6 H 20 ErbStH.

7 *Gebel* in Troll/Gebel/Jülicher, § 7 Tz. 388.

steuerung insoweit nur auflösend bedingt erfolgt. Stellt sich also später bei einer Abfindung des Gesellschafters anlässlich des Ausscheidens/Ausschlusses bzw. der Auflösung der Gesellschaft heraus, dass der Kapitalanteil auf den Buchwert beschränkt war, muss der ursprüngliche Steuerbescheid auf **Antrag** gem. § 7 Abs. 5 Satz 2 ErbStG i. V. m. § 5 Abs. 2 BewG berichtigt werden. Festsetzungs-/Verjährungsfristen der AO gelten hier also nicht.

5449 Für den Berater gilt es, diese Antragsmöglichkeit im Auge zu haben. Zur Berechnung des zu erstattenden Betrags ist von der ursprünglich veranlagten Steuer die Steuer abzuziehen, die sich ergeben würde, wenn die Buchwertklausel wertmindernd berücksichtigt worden wäre. Maßgebend sind die Verhältnisse im Zeitpunkt der Schenkung. Das dies für den Steuerpflichtigen bei langen Zeiträumen zu Nachweisschwierigkeiten führen wird, liegt auf der Hand.

5450 Wird die Beteiligung **veräußert**, stellt dies kein Ereignis dar, welches eine Korrektur der früheren Besteuerung erlauben würde. Ebenfalls nicht in den Anwendungsbereich fallen Abfindungsklauseln, die einen Wert **über** dem Buchwert, aber **unter** dem tatsächlichen Wert vorsehen.[1] Allein unter erbschaftsteuerlichen Gesichtspunkten ist jedenfalls nicht zu erkennen, dass eine Buchwertklausel anzuraten ist.

5451–5455 **(Einstweilen frei)**

3. Ausscheiden eines Gesellschafters gegen nicht vollwertige Abfindung

a) Allgemeines

5456 Mit den unter Rn. 5473 f. und 5477 f. dargestellten Regelungen hinsichtlich der steuerlichen Folgen einer Übermaßschenkung (§ 7 Abs. 6 ErbStG) und der „Abfindung nach dem Buchwert" (§ 7 Abs. 5 ErbStG) wollte der Gesetzgeber die Bereicherung eines Neugesellschafters zutreffend erfassen. Demgegenüber soll die **Bereicherung der verbleibenden** Gesellschafter über § 7 Abs. 7 ErbStG beim Ausscheiden eines Gesellschafters unter Lebenden bzw. durch § 3 Abs. 1 Nr. 2 Satz 2 ErbStG im Falle des Ausscheidens von Todes wegen besteuert werden, soweit die von ihnen bezahlte Abfindung hinter dem steuerlichen Anteilswert zurück bleibt. War der Anwendungsbereich der Norm bisher äußert gering, hat die Bedeutung seit 1. 1. 2009 erheblich zugenommen. Denn die Bewertung nach § 11 BewG führt dazu, dass in sehr vielen Fällen die Abfindung, sei es unter Lebenden oder von Todes wegen, niedriger ist als der schenkung-/erbschaftsteuerlich anzusetzende Wert des Anteils. Damit ergeben sich in diesen Fällen neuerdings steuerbare Zuwendungen an Altgesellschafter, mit denen bis dato niemand gerechnet hatte.

b) Anwendungsfälle von § 7 Abs. 7 ErbStG

5457 Unter die Vorschrift fallen die „**Alt**gesellschafter" sowohl einer **Personen**- als auch **Kapitalgesellschaft**. Als Schenkung gilt (Fiktion) der auf einem Gesellschaftsvertrag beru-

1 Ebenso *Schuck* in Viskorf *u. a.*, 3. Aufl. 2009, § 7 Rn. 210.

hende Übergang des Anteils eines Gesellschafters bei dessen Ausscheiden auf die anderen Gesellschafter, soweit der Wert, der sich für seinen Anteil zurzeit des Ausscheidens ergibt, den Abfindungsanspruch übersteigt. Der Übergang des Gesellschaftsanteils auf die anderen Gesellschafter in Form der Anwachsung beruht stets i. S. d. § 7 Abs. 7 ErbStG auf dem Gesellschaftsvertrag, denn er tritt nur dann ein, wenn im Gesellschaftsvertrag eine Fortsetzungsklausel (ggf. eine Übernahmeklausel) vereinbart ist. Das soll auch gelten, wenn bei einer aus zwei Personen bestehenden Personengesellschaft die Übernahme des Gesellschaftsvermögens durch einen Gesellschafter vereinbart ist.[1]

Von den Fällen der Anwachsung zu unterscheiden ist die Verfügung über den Gesellschaftsanteil in der Form der Anteilsübertragung, nämlich die Rechtsnachfolge in die Mitgliedschaft durch derivativen Erwerb, insbesondere durch rechtsgeschäftlichen Erwerb unter Lebenden. Im Fall der Anteilsübertragung tritt ein Mitgliederwechsel in der Weise ein, dass ein Gesellschafter seinen Gesellschaftsanteil an einen Dritten abtritt (§ 413 BGB), mit der Folge, dass dieser (derivativer) Sonderrechtsnachfolger des Veräußerers wird. Diese Anteilsübertragung beruht **nicht** i. S. d. § 7 Abs. 7 ErbStG auf dem jeweiligen Gesellschaftsvertrag, sondern Rechtsgeschäft.[2] 5458

Wie durch die Verwendung des Wortes „gilt" in § 7 Abs. 7 ErbStG verdeutlicht wird, handelt es sich um eine **gesetzliche Fiktion**, denn es wird für die Zwecke der Besteuerung der unter den gesetzlichen Tatbestand des § 7 Abs. 7 ErbStG zu subsumierende Sachverhalt der Erfüllung eines davon abweichenden Sachverhalts, nämlich der Schenkung, gleichgesetzt. Unerheblich ist es nach Ansicht des BFH, ob der Ausscheidende subjektiv den oder die verbleibenden Gesellschafter hinsichtlich der ihnen überlassenen stillen Reserven habe bereichern wollen. 5459

Nach Ansicht der Finanzverwaltung ist § 7 Abs. 7 ErbStG nicht nur beim „zwangsweisen" Verlassen der Gesellschaft, sondern auch beim freiwilligen Ausscheiden des Gesellschafters anwendbar.[3] Dem ist das FG Düsseldorf zu Recht entgegengetreten,[4] wonach ein nicht auf Gesellschaftsvertrag beruhender Übergang eines Gesellschaftsanteils gerade nicht von § 7 Abs. 7 ErbStG erfasst werde. 5460

c) Anwendungsfälle von § 3 Abs. 1 Nr. 2 ErbStG

Beruht der Übergang des Anteils an einer **Personengesellschaft** oder einer **Kapitalgesellschaft** auf dem **Tod** des Gesellschafters, findet die speziellere Vorschrift von § 3 Abs. 1 Nr. 2 Satz 2 ErbStG Anwendung, soweit der Wert, der sich für seinen Anteil zz. seines Todes nach § 12 ErbStG ergibt, Abfindungsansprüche Dritter übersteigt. Ebenso wie bei § 7 Abs. 7 ErbStG ist auch hier ein subjektives Merkmal nicht Bestandteil des gesetzlichen Tatbestands. Erfasst wird mithin der auf einem Gesellschaftsvertrag oder 5461

1 BFH 1. 7. 1992 II R 12/90, BStBl 1992 II 925; hiergegen erhobene Verfassungsbeschwerde abgelehnt durch BVerfG 2 BvR 1527/92, StRK ErbStG 1974 § 7 R. 29a.

2 *Ostermayer/Riedel*, BB 2006, 1662, 1664; *Schuck* in Viskorf *u. a.*, § 7 Rn. 257.

3 H 22 Satz 3 ErbStH; ebenso *Meincke*, a. a. O., § 7 Anm. 145; *Moench*, a. a. O., § 7 Rn. 249; a. A. *Schuck* in Viskorf *u. a.*, § 7 Rn. 259.

4 FG Düsseldorf 17. 7. 1989 4 V 294/88 A (Erb), EFG 1989, 642; im Ergebnis auch BFH 24. 1. 1990 II B 132/89, BFH/NV 1990, 675.

Gesetz beruhende Übergang des Anteils oder des Teils eines Anteils eines Gesellschafters bei dessen Tod auf die anderen Gesellschafter.[1] Dies ist der Fall, wenn der Gesellschaftsanteil des verstorbenen Gesellschafters aufgrund der im Gesellschaftsvertrag einer GbR für den Fall des Ausscheidens eines Gesellschafters durch Tod gem. § 736 BGB vereinbarten Fortsetzung der Gesellschaft unter den übrigen Gesellschaftern durch Anwachsung (§ 738 Abs. 1 Satz 1 BGB) unter Entschädigung der Erben des verstorbenen Gesellschafters auf die übrigen Gesellschafter übergeht. Gleiches gilt für die OHG gem. § 131 Abs. 3 Nr. 1 HGB und den Komplementär einer KG über die Verweisung in § 161 HGB.

d) Rechtsfolgen von § 7 Abs. 7 bzw. § 3 Abs. 1 Nr. 2 ErbStG

5462 Die Bereicherung der verbleibenden Gesellschafter besteht in Höhe der Differenz des Steuerwerts des Gesellschaftsanteils zum Abfindungsanspruch des ausscheidenden Gesellschafters bzw. seiner Erben. Der Steuerwert ist zu diesem Zweck ohne Berücksichtigung der getroffenen Abfindungsregelung zu ermitteln.

BEISPIEL: A, B und C sind zu gleichen Teilen an der A, B, C-OHG beteiligt. Im Gesellschaftsvertrag ist geregelt, dass im Falle des Todes eines Gesellschafters die Erben in Höhe des Buchwerts der Beteiligung eine Abfindung erhalten. Beim Tod des C in 2011 beträgt sein Kapitalkonto 200 000 €, der Steuerwert (= Verkehrswert) 1,4 Mio. €. A und B führen die Gesellschaft nach dem Tod des C fort.

Der Erwerb von A und B beträgt jeweils 600 000 €, nämlich jeweils $^1/_2$ aus der Differenz des Steuerwerts der Beteiligung (1,4 Mio. €) und der Abfindung (200 000 €). Bei dem oder den Erben unterliegt (nur) die Abfindung mit dem Steuerwert von 200 000 € als Erwerb von Todes wegen der Besteuerung.

5463 Durch die neuen, seit 1. 1. 2009 geltenden Bewertungsvorschriften ergeben sich für die verbleibenden Gesellschafter ungeahnte steuerliche Folgen, die zu einer **Überprüfung aller gesellschaftsvertraglichen Abfindungsregeln** Anlass bieten. Zwar bejaht die Finanzverwaltung – wie zum alten Recht[2] – die Vergünstigungen der §§ 13a, 19a ErbStG für die verbleibenden Gesellschafter einer Personengesellschaft.[3] Gleichwohl sind die erbschaftsteuerlichen Konsequenzen derartiger Satzungsklauseln mit den Gesellschaftern eingehend zu beleuchten.

5464–5470 *(Einstweilen frei)*

4. Nießbrauchsvorbehalt bei Gesellschaftsanteilsschenkung

a) Einleitung

5471 Bei dem Nießbrauch an der Beteiligung an einer Personengesellschaft handelt es sich um den Nießbrauch an einem Recht (§ 1068 BGB).[4] Eine Nießbrauchsbestellung ist daher im Hinblick auf § 1069 Abs. 2 BGB ausgeschlossen, wenn die Beteiligung – wie es

1 R 7 Abs. 2 ErbStR.

2 R 7 ErbStR 2003.

3 Gleich lautende Erlasse der obersten Finanzbehörden der Länder v. 25. 6. 2009, BStBl 2009 I 713, 715 – Abschn. 2 Abs. 3 Satz 4 AEErbSt; vgl. auch *Wälzholz* in Viskorf u. a., § 3 ErbStG Rn. 162.

4 OLG Düsseldorf 14. 9. 1983, DNotZ 1999, 440.

gem. §§ 717, 719 BGB, §§ 105 Abs. 3, 161 Abs. 3 HGB für GbR, OHG und KG dem gesetzlichen Leitbild entspricht – nicht abgetreten werden kann. Die Bestellung eines Nießbrauchs ist somit nur möglich, wenn entweder der Gesellschafter über seinen Anteil frei verfügen kann, da der Gesellschaftsvertrag dies explizit regelt, oder wenn die anderen Gesellschafter der Nießbrauchsbestellung zustimmen. Die Bestellung des Nießbrauchs erfolgt nach den für die Übertragung des Gesellschaftsanteils geltenden Vorschriften (§ 1069 Abs. 1 BGB), also durch formlosen Vertrag, der zu seiner Wirksamkeit **nicht** der notariellen Beurkundung bedarf.

Nach h. M. ist zwar zivilrechtlich ein sog. Ertragsnießbrauch möglich (vgl. oben Rn. 3656). Der Nießbraucher bezieht steuerlich betrachtet jedoch **keine** gewerblichen Einkünfte i. S. v. § 15 Abs. 1 Satz 1 Nr. 2 EStG. Auch der Nießbrauch am sog. Gewinnstammrecht ist, unabhängig davon, ob ein solcher Nießbrauch zivilrechtlich zulässig ist, steuerlich nicht als Mitunternehmer anzusehen. Das Rechtsverhältnis ist einkommensteuerrechtlich wie eine Vorausabtretung künftiger Gewinnansprüche zu werten. Für den Beschenkten folgt hieraus, dass (nur) er Mitunternehmer wird und die Vergünstigungen nach § 13a ErbStG beanspruchen kann. Der Nießbraucher erzielt keine gewerblichen Einkünfte mehr. 5472

b) Begünstigung nach § 13a ErbStG bei Vorbehaltsnießbrauch

Die Entscheidung darüber, ob trotz eines Vorbehaltsnießbrauchs der Beschenkte in den Genuss der Vergünstigungen nach § 13a ErbStG kommt, wenn ihm ein mit einem Nießbrauch belasteter Gesellschaftsanteil an einer Personengesellschaft unentgeltlich übertragen wird, hängt allein von der einkommensteuerrechtlichen Beurteilung ab.[1] Hierzu muss der Beschenkte – ggf. neben dem Schenker – Mitunternehmer werden (vgl. oben Rn. 3666 ff.).[2] Nur wenn der Beschenkte Mitunternehmer wird, ist die Übertragung des Gesellschaftsanteils an einer Personengesellschaft nach § 13a ErbStG begünstigt.[3] 5473

Nach Ansicht des BFH[4] darf sich der **Schenker** hinsichtlich des Kernbereichs der Kommanditistenstellung ein **Weisungsrecht** nicht vorbehalten.[5] Ein Kommanditist, der weder am laufenden Gewinn noch am Gesamtgewinn der KG beteiligt ist, wird auch dann nicht Mitunternehmer, wenn seine gesellschaftsrechtlichen Mitwirkungsrechte denjenigen eines Kommanditisten entsprechen. Er ist einkommensteuerlich wie ein Darlehnsgeber oder stiller Gesellschafter zu behandeln.[6] Weder das Mitunternehmerrisiko noch die Mitunternehmerinitiative dürfen demnach beim Erwerber des belasteten Gesellschaftsanteils vollständig entfallen. 5474

Nach zutreffender Ansicht verliert der Nießbrauchsverpflichtete (Beschenkte) selbst dann nicht die Stellung als Mitunternehmer, wenn der Nießbraucher aufgrund seines 5475

1 *Götz/Jorde*, FR 2003, 998.

2 *Carlé/Bauschatz*, KÖSDI 2001, 12881 (Tz. 79 ff.); *Korn*, DStR 1999, 1470 f.

3 *Ebeling*, DB 1999, 611; *Korn*, DStR 1999, 1471; H 51 Abs. 1 ErbStH.

4 BFH 23. 2. 2010 II R 42/08, BStBl 2010 I 555.

5 FG Brandenburg 8. 7. 1999 5 K 1549/98 F, G, EFG 2000, 16 (rkr.) NZB 12. 10. 2000 IV B 145/99, n. v. zurückgewiesen.

6 Vgl. BFH 28. 10. 1999 VIII R 66-70/97, BStBl 2000 II 183.

Vorbehaltsnießbrauchs (weiterhin) als Mitunternehmer anzusehen ist.[1] Dem Beschenkten als Besteller verbleibt im Regelfall neben der Substanz auch das Stimmrecht bei Beschlüssen, die den Kernbereich der Beteiligung betreffen.[2]

5476 Der Jahreswert des vorbehaltenen Nießbrauchs richtet sich nach § 15 Abs. 3 BewG. Bei der Ermittlung des zukünftigen durchschnittlichen Ertrags eines Kommanditanteils ist auf den Durchschnitt der Erträge in den letzten drei Jahren abzustellen. Da der Kapitalwert eines Nutzungsrechts (hier Nießbrauch) höchstens den Wert erreichen darf, den das Wirtschaftsgut (OHG-/KG-Anteil) selbst hat, sieht § 16 BewG eine Begrenzung vor. Diese Norm bestimmt, dass bei der Ermittlung des Kapitalwerts der Nutzungen eines Wirtschaftsguts der Jahreswert dieser Nutzungen höchstens den Wert betragen darf, der sich ergibt, wenn der für das genutzte Wirtschaftsgut nach den Vorschriften des Bewertungsgesetzes anzusetzende Steuerwert durch 18,6 geteilt wird.

c) Verzicht auf Nießbrauch

5477 In seiner Entscheidung vom 17. 3. 2004[3] hat der II. Senat des BFH die in der Literatur[4] kritisierte Auffassung der Finanzverwaltung bestätigt, dass der vorzeitige unentgeltliche Verzicht auf ein vorbehaltenes Nießbrauchsrecht den Tatbestand des § 7 Abs. 1 Nr. 1 ErbStG erfüllt. Die steuerrechtliche Bereicherung des Nießbrauchsbestellers i. S. von § 10 ErbStG ist mit dem nach den Allgemeinen Bewertungsvorschriften (§ 12 Abs. 1 ErbStG) zu ermittelnden (Steuer-)Wert des Rechtsverzichts anzusetzen. Nach Ansicht des BFH darf jedoch bei der Besteuerung des späteren Nießbrauchsverzichts ein Abzug des bei der Besteuerung des nießbrauchsbelasteten Gegenstandes tatsächlich unberücksichtigt gebliebenen (Steuer-)Werts des Nutzungsrechts von der Bemessungsgrundlage (Steuerwert) erfolgen.[5]

5478 Diese Rechtsprechung gilt indes nur für die vor dem 1. 1. 2009 erfolgten Übertragungen, die in den Anwendungsbereich des § 25 ErbStG fielen. Für alle Verzichte auf ein Nießbrauchsrecht, das nach dem 31. 12. 2008 bestellt wurde, gilt die Differenzbetrachtung nicht.[6]

5479–5485 *(Einstweilen frei)*

d) Exkurs: Zuwendungsnießbrauch

5486 Erbschaftsteuerlich ist die unentgeltliche Zuwendung eines Nießbrauchsrechts (sog. Zuwendungsnießbrauch) als Schenkung i. S. d. § 7 ErbStG zu behandeln. Die Bewertung der Schenkung richtet sich nach dem Kapitalwert des Nießbrauchs (§ 12 Abs. 1 ErbStG, §§ 12 – 16 BewG). Die Vorschrift des § 23 ErbStG gewährt dem Erwerber für die Versteuerung von Renten und wiederkehrenden Nutzungen und Leistungen ein Wahlrecht. Der Steuerpflichtige kann frei entscheiden, ob er die Erbschaft-/Schenkungsteuer – er-

1 BFH 1. 3. 1994 VIII R 35/92, BStBl 1995 II 241; *Carlé* in Korn, EStG § 15 Rz. 20.
2 BGH 9. 11. 1998 II ZR 213/97, DNotZ 1999, 607.
3 II R 3/01 BStBl 2004 II 429.
4 *Meincke*, § 25 Rn. 15.
5 Ausführlich zu den Folgen *Götz*, NWB Blickpunkt Steuern 9/2004, 2927.
6 *Götz*, ZEV 2009, 609.

mittelt auf Basis des Kapitalwerts der zugewandten Rente, Nutzung oder Leistung – durch Einmalzahlung sofort entrichtet, oder ob er die Steuer jährlich – ausgehend vom Jahreswert dieser Rechte – bezahlt.[1] Trifft er in seiner Erbschaft-/Schenkungsteuererklärung keine Wahl hinsichtlich der Besteuerung, geht das Finanzamt von der Regelbesteuerung aus.[2] Es wird dann die Erbschaft-/Schenkungsteuer ausgehend vom Kapitalwert der zugewandten Rente, Nutzung oder Leistung bemessen und der Steuerpflichtige hat die Steuer in voller Höhe zu bezahlen.

Die Begünstigungen für Betriebsvermögen gem. §§ 13a, 19a ErbStG gelten für den Zu- 5487
wendungsnießbrauch an Betriebsvermögen nicht. Der Nießbraucher erhält keinen Betrieb oder Mitunternehmeranteil, sondern lediglich ein dingliches (Nutzungs-)Recht an diesen Vermögensgegenständen. Dies gilt nach wohl überwiegender Ansicht auch dann, wenn der Nießbraucher infolge des Zuwendungsnießbrauchs Mitunternehmer einer Personengesellschaft wird.[3]

(Einstweilen frei) 5488–5500

1 Ziel der Vorschrift ist, dass dem Erwerber eine Möglichkeit der Steuerentrichtung zur Verfügung steht, die ihn nicht zu einem Eingriff in die Vermögenssubstanz zwingt, vgl. *Moench*, ErbStG, § 23 Rz 1.

2 Der Steuerpflichtige hat bis zur Rechtskraft des Steuerbescheides, der von dem Kapitalwert ausgeht, die Möglichkeit, sich für die Versteuerung nach dem Jahreswert zu entscheiden, vgl. Moench, ErbStG, § 23 Rz 4.

3 *Carlé/Bauschatz*, KÖSDI 2001, 12884; *Moench*, a. a. O., § 13a Rn. 20; *Troll/Gebel/Jülicher*, § 13a Tz. 149; FinMin Saarland 30. 12. 1999, UVR 2000, 235; a. A. *Schulze zur Wiesche*, UVR 1998, 386; *Piltz*, ZEV 1997, 61 (63).

H. Grunderwerbsteuer

Literatur: *Reinhardt,* „Die Einlage quoad sortem und ihre Darstellung in der Handelsbilanz", DStR 1991, 588; *IDW,* HFA-Stellungnahme 2/1993, Wpg 1994, 22; *Fabry/Pitzer,* Neuerungen des Grunderwerbsteuergesetzes und Auswirkungen auf GmbH & GmbH Co. KG, GmbHR 1999, 766; *Hörger/ Mentel/Schulz,* Ausgewählte Fragen zum Steuerentlastungsgesetz 1999/2000/2002: Unternehmensumstrukturierungen, DStR 1999, 565; *Heine,* Grunderwerbsteuer bei Übertragung von Anteilen an Personengesellschaften nach § 1 Abs. 2a GrEStG, INF 2000, 389; *Hoffmann,* Grunderwerbsteuervergünstigung bei Übergang eines Grundstücks vom Gesamthänder auf Gesamthand, BB 2000, 2605; *Stoschek/Peter,* Die grunderwerbsteuerliche Bemessungsgrundlage bei vorherigem Grundstückserwerb und nachfolgender wesentlicher Änderung im Gesellschafterbestand einer Personengesellschaft, DStR 2000, 1460; *Weilbach,* § 1 Abs. 2a GrEStG geändert: Folgen für die Praxis, UVR 2000, 256; *Heine,* Die Gemeinschaft zur gesamten Hand im Grunderwerbsteuerrecht, INF 2001, 449; *Mitsch,* Die grunderwerbsteuerliche Organschaft, DB 2001, 2165; *Viskorf,* Der nachträgliche Verlust der Steuervergünstigung nach § 5 GrEStG: Die Voraussetzungen des neuen § 5 Abs. 3 GrEStG, DStR 2001, 1101; *Gosch,* Anmerkungen zu BFH 20. 3. 2002 I R 63/99, DStR 2002, 1351; *Grube/Wischott,* Grunderwerbsteuer durch mittelbaren Gesellschafterwechsel bei einer grundbesitzenden Personengesellschaft?, DStR 2002, 206; *Stoschek/Haftenberger/Peter,* Grunderwerbsteuerbarkeit von Optionsverträgen über Anteile an grundbesitzenden Gesellschaften, DStR 2002, 2108; *Behrens/Hofmann,* Grunderwerbsteuer auf Umstrukturierungen bei doppelstöckigen Personengesellschaften, DStR 2003, 2093; *Clausen,* Struktur und Rechtsfolgen des § 42 AO, DB 2003, 1589; *Fleischer,* Anmerkung zum gleichl. Ländererlass zur Anwendung des § 1 Abs. 2a GrEStG i. d. F. der Bekanntmachung des StEntlG 1999/2000/2002 und des StÄndG 2001, DStR 2003, 983; *Kroschewski,* Differenzierung der Grunderwerbsteuer zwischen Kapital- und Personengesellschaften bei der Umstrukturierung von Unternehmensgruppen, GmbHR 2003, 707; *Schiessl/Tschesche,* Grunderwerbsteuerliche Privilegierungen bei Konzernumstrukturierungen, insbesondere nach § 1 Abs. 6 GrEStG, BB 2003, 1867; *Gottwald,* Nachträgliche Grunderwerbsteuerbelastung bei einem Formwechsel von einer Personen- in eine Kapitalgesellschaft, DStR 2004, 341; *Behrens,* Mittelbare Anteilsvereinigung in Folge einer Verschmelzung bei bestehendem Organschaftsverhältnis, BB 2005, 2621; *Behrens/Schmitt,* Zweiter Anlauf zur Einführung einer Grunderwerbsteuer-Befreiung bei konzerninternen Umstrukturierungen, DB 2005, 525; *Brinkmann/Tschesche,* Grunderwerbsteuer bei Anteilsvereinigung in der Hand der grunderwerbsteuerlichen Organschaft – BFH widerspricht OFD Münster, BB 2005, 2783; *Willibald/Widmayer,* Grunderwerbsteuerliche Organschaft: BFH entscheidet gegen OFD Münster, DB 2005, 2543; *Forst/Ruppel,* Grunderwerbsteuer und Organschaft – Die konträre Sichtweise von BFH und Finanzverwaltung, EStB 2006, 223; *Pflüger,* Grunderwerbsteuer bei der Verschmelzung von Organträgern vermeiden, GStB 2006, 81; *Stoschek/ Mies,* Anteilsübertragung gemäß § 1 Abs. 2a GrEStG und Befreiungsvorschriften bei sukzessivem Rückerwerb, DStR 2006, 221; *Wischott/Schönweiß,* Grunderwerbsteuerpflicht bei Wechsel des Organträgers, DStR 2006, 172; *Centrale für GmbH Dr. Otto Schmidt,* Stellungnahme vom 13. 8. 2007 zum Regierungsentwurf eine Jahressteuergesetzes 2008 (JStG 2008), GmbHR 2007, 924; *Fischer,* § 42 AO i. d. F. des Entwurfs eines JStG 2008 – ein rechtskultureller Standortnachteil, FR 2007, 857; *Franz,* Übergang eines Grundstücks ins Alleineigentum eines Gesellschafters, NWB 2007 Nr. 36, S. 3151 (3154), NWB F. 8, 1557 (1578); *Lenz/Gerhard,* Das „Grundrecht auf steueroptimierte Gestaltung" Ist der Regierungsentwurf zu § 42 AO mit der Gestaltungsfreiheit des Steuerpflichtigen vereinbar?, BB 2007, 2429; *Ruhwinkel,* Grunderwerbsteuer bei Schenkung von Gesellschaftsanteilen, DStR 2007, 1755; *v. Wedelstädt,* Die Änderungen der Abgabenordnung durch das Jahressteuergesetz 2008, DB 2007, 2559; *Mack/Wollweber,* § 42 AO – Viel Lärm um nichts?, DStR 2008, 182; *Behrens,* Ertragsteuerliche Behandlung nach § 1 Abs. 2a oder Abs. 3 GrEStG angefallener Grunderwerbsteuer; *Teiche,* Fiktive Grundstückserwerbe und ihre Begünstigung nach § 3 GrEStG, BB 2008, 196; *Heine,* Neue Rechtsprechung des BFH zur Grunderwerbsteuerfreiheit bei Schenkung von Geschäftsanteilen hat weitere Konsequenzen – Nachtrag zu UVR Nr. 3/2008, 88, UVR 2008, 186; *Meyer,* Rückabwicklung von Kaufverträgen – Grunderwerbsteuerfalle beim Share Deal, DB 2009, 1495; *Behrens,* Zur Rückgängigmachung von Erwerbsvorgängen i. S. von § 1 Abs. 2a GrEStG gemäß § 16 GrEStG, DStR 2009, 1611; *Behrens,* Anmerkungen zum koordinierten Länder-Erlass zu § 1

Abs. 2a GrEStG vom 25. 2. 2010, DStR 2010, 777; *Fleischer*, Grunderwerbsteuer bei Konzernumstrukturierungen, Stbg 2010, 395; *Rödder/Schönfeld*, Zweifelsfragen im Zusammenhang mit der Vor- und Nachbehaltensfrist der grunderwerbsteuerlichen Konzernklausel des § 6a Satz 4 GrEStG n. F., DStR 2010, 415; *Wälzholz*, Grunderwerbsteuerneutrale Umwandlungen nach § 6a GrEStG i. d. F. des WBeschG, GmbH-StB 2010, 108; *Schmitt-Homann*, Grunderwerbsteuer: Die 95-%-Grenze – „Durchrechnung" oder „Alles-oder-Nichtsbetrachtung" zur Ermittlung der Beteiligungshöhe, BB 2010, 2276; *Schanko*, Zur Anwendung des § 6a GrEStG, Ubg 2011, 73; *Schlafitzl/Götz*, Erlass zur Anwendung der Konzernklausel i. S. von § 6a GrEStG – geklärte und offene Fragen, DB 2011, 374; *Wagner/Köhler*, Steuervergünstigung bei Umstrukturierungen im Konzern nach § 6a GrEStG – Planungssicherheit durch koordinierten Ländererlass vom 1. 12. 2010?, BB 2011, 286; *Wischott/Adrian/Schönweiß*, Anmerkungen zum Anwendungserlass zu § 6a GrEStG vom 1. 12. 2010, DStR 2011, 497; *Viskorf/Haag*, 4. Münchner Unternehmenssteuerforum, Grunderwerbsteuer als Umstrukturierungshindernis für Unternehmen – Erleichterung durch den neuen § 6a GrEStG?, Beihefter zu DStR Heft 12/2011, 1; *Lehmann*, Die Gesellschaft bürgerlichen Rechts im Grundstücksverkehr: Ende des Chaos in Sicht, DStR 2011, 1036.

I. Allgemeines

5501 Dem Zivilrecht folgend unterliegen der Grunderwerbsteuer Rechtsvorgänge, die zu einem zivilrechtlichen Eigentumserwerb durch einen neuen Rechtsträger führen. Darüber hinaus unterliegen der Grunderwerbsteuer auch bestimmte Erwerbstatbestände, die zwar nicht zu einem Wechsel des zivilrechtlichen Eigentümers führen, die jedoch bei einer wirtschaftlichen Betrachtungsweise einem Eigentümerwechsel gleichzustellen sind.[1] Im Zusammenhang mit Personengesellschaften sind hier besonders die Regelungen hinsichtlich der Anteilsübertragung gem. § 1 Abs. 2a und der Anteilsvereinigung gem. § 1 Abs. 3 GrEStG von Bedeutung.[2]

5502 Die Personengesellschaft, die grunderwerbsteuerlich von ihrem Gesellschaftern zu trennen ist[3], ist dabei im Unterschied zum Ertragsteuerrecht und in Übereinstimmung mit der Zivilrechtsprechung[4] Steuersubjekt, wenn sie als Veräußerin oder Erwerberin nach § 13 Nr. 1 – 4 GrEStG Beteiligte eines Erwerbstatbestandes ist. Nach § 13 Nr. 6 GrEStG ist sie ebenfalls **Steuerschuldnerin** im Fall eines Gesellschafterwechsels (§ 1 Abs. 2a GrEStG), da in diesen Fällen der Erwerb durch eine neue Personengesellschaft fingiert wird.[5] Lediglich im Fall der Anteilsvereinigung (§ 1 Abs. 3 GrEStG) erfolgt die Besteuerung auf der Ebene des Gesellschafters, nicht auf der Ebene der Gesellschaft (§ 13 Nr. 5 GrEStG).

5503–5505 *(Einstweilen frei)*

1 *Pahlke* in Pahlke/Franz, GrEStG, Einleitung Rn. 28, 31.

2 Vgl. Rn. 5701 ff. und Rn. 5746 ff.

3 BFH 28. 5. 1998 II B 3/98, BFH/NV 1998, 1366; ebenso zum GrEStG-DDR: BFH 17. 5. 1995 II R 96/93, BFH/NV 1996, 69.

4 Zur Rechtsfähigkeit der GbR: BGH 29. 1. 2001 II ZR 331/00, NJW 2001, 1056; 28. 4. 2011 V ZB 194/10, DStR 2011, 1041; zur Eintragungsfähigkeit der GbRs s. auch *Lehmann*, DStR 2011, 1036.

5 Siehe Rn. 5701.

II. Übertragung des Grundstücks

1. Übertragung des Eigentums

a) Rechtliches Eigentum oder Anspruch darauf

Der Übergang des zivilrechtlichen Eigentums an einem Grundstück (§ 2 GrEStG) auf eine Personengesellschaft oder von einer Personengesellschaft auf einen Dritten oder die Begründung eines Anspruchs auf Eigentumsübertragung unterliegt der Grunderwerbsteuer (§ 1 Abs. 1 GrEStG). 5506

Dieser zivilrechtlichen Orientierung folgend stellt die Übertragung eines Grundstücks in das oder aus dem Sonderbetriebsvermögen eines Gesellschafters bei einer Personengesellschaft keinen grunderwerbsteuerbaren Tatbestand dar, während es ertragsteuerlich durch eine Einlage bzw. Entnahme zur Realisierung stiller Reserven kommen kann.[1] 5507

(Einstweilen frei) 5508–5510

b) Verwertungsbefugnis und wirtschaftliches Eigentum

aa) Verwertungsbefugnis

Über diese Anknüpfung an den zivilrechtlichen Eigentumsübergang hinaus unterliegen der Grunderwerbsteuer nach § 1 Abs. 2 GrEStG solche Rechtsvorgänge, die es einem anderen rechtlich oder wirtschaftlich ermöglichen, ein Grundstück zu verwerten.[2] Eine Verwertungsbefugnis setzt voraus, dass der Berechtigte an der Substanz des Grundstücks in der Weise beteiligt ist, dass er an der ganzen Substanz ihrem Wert nach teilhaben soll.[3] Sie setzt weiter eine kraft Zivilrechts oder öffentlichen Rechts begründete Rechtsmacht voraus, die diese Verwertungsbefugnis eröffnet.[4] Für die Verwertungsbefugnis ist kennzeichnend, dass der Berechtigte wie ein Eigentümer zwei Möglichkeiten der Verwertung hat: die Nutzung (etwa durch Besitz, Verwaltung, Belastung) oder die Veräußerung. Entscheidend ist, dass die mit dem Eigentümer getroffenen Vereinbarungen eine Verwertungsmöglichkeit im dargelegten Sinne begründen.[5] Dies ist z. B. bei einer Ermächtigung zur Veräußerung eines Grundstücks auf eigene Rechnung des Ermächtigten der Fall. 5511

Die reine Stellung als einziger Kommanditist einer **GmbH & Co. KG** und einziger Gesellschafter der Komplementärin vermittelt noch keine solche Verwertungsbefugnis.[6] Das Grundstück ist allein der Gesellschaft zugeordnet. Auch hat eine beherrschende Gesell- 5512

1 Siehe o. zur Einlage in das Betriebsvermögen Rn. 834; zur Entnahme aus dem Sonderbetriebsvermögen Rn. 907.

2 *Gottwald*, GrESt, 32.

3 *Hofmann*, GrEStG, § 1 Rn. 80; *Fischer* in Boruttau, GrEStG, § 1 Rn. 666, m. w. N; BFH 15. 3. 2006 II R 28/04, BStBl 2006 II 630.

4 BFH 29. 7. 1998 II R 71/96, BFH/NV 1999, 517; *Pahlke*, in Pahlke/Franz, GrEStG, § 1 Rn. 240.

5 BFH 17. 10. 1990 II R 55/88, BFH/NV 1991, 556, 557; *Fischer* in Boruttau, GrEStG, § 1 Rn. 665.

6 So für den alleinigen GmbH-Gesellschafter: BFH 1. 3. 2000 II R 53/98, BStBl 2000 II 357 und *Gottwald*, GrESt, 33; für die Gesellschafter einer GbR: BFH 27. 3. 1991 II R 82/87, BStBl 1991 II 731.

schaft keine Verfügungsbefugnis i. S. d. § 1 Abs. 2 GrEStG aufgrund des **Beherrschungsvertrages**, da sie weder Geschäftsführungs- noch Vertretungsbefugnis hat.[1]

bb) Einbringung quoad sortem

5513 Ein Fall des Erwerbs der Verwertungsbefugnis nach § 1 Abs. 2 GrEStG liegt auch bei einer Einbringung quoad sortem vor. Hierbei wird ein Grundstück in der Weise dem Werte nach in eine Gesellschaft eingebracht, dass dem Gesellschaftsvermögen die Nutzungen und Wertsteigerungen aus dem Grundstück zufließen, während im Außenverhältnis die dingliche Stellung des Eigentümers unberührt bleibt.[2] Die Rechtsprechung erkennt die Einbringung quoad sortem grundsätzlich an und sieht darin im Bereich der Verkehrsteuern einen steuerbaren Tatbestand.[3] Demgegenüber bezweifeln einzelne Stimmen in der Literatur den Übergang wirtschaftlichen Eigentums bei einer Einbringung quoad sortem im Zusammenhang mit ertragsteuerlichen Gestaltungsüberlegungen.[4]

5514 Nach einer Verfügung der OFD Hannover[5] stellt eine Einbringung quoad sortem dann eine Übertragung der Verwertungsbefugnis nach § 1 Abs. 2 GrEStG dar, wenn

- die Gesellschaft die Nutzungen des Grundstücks zieht und die Lasten trägt,
- bei einer Grundstücksveräußerung der Erlös in das Vermögen der Gesellschaft fällt,
- beim Ausscheiden eines Gesellschafters und bei Auflösung der Gesellschaft das Grundstück wie Gesellschaftsvermögen behandelt wird.

5515–5520 *(Einstweilen frei)*

2. Übertragung vom Gesellschafter auf die Gesellschaft

a) Steuervergünstigung bei Übertragung

5521 Nach § 5 Abs. 1 und 2 GrEStG wird die Steuer bei einem Übergang eines Grundstücks von mehreren Bruchteilseigentümern bzw. einem Alleineigentümer auf eine Gesamthandsgemeinschaft insoweit nicht erhoben, als der Übertragende nach der Übertragung in gleichem Verhältnis am Grundstück beteiligt ist wie vorher.[6] Ein Antrag ist nicht erforderlich.[7] Maßgeblicher Zeitpunkt ist der Tag, an dem der grunderwerbsteuerbare Tatbestand nach § 1 Abs. 1 GrEStG verwirklicht ist. Gesamthand i. S. dieser Regelung sind die **OHG** (§ 105 HGB), die **KG** (§ 161 HGB), die **GbR** (§ 705 BGB), die **Erben-**

---

1 BFH 1. 3. 2000 II R 53/98, BStBl 2000 II 357, 358; *Gottwald*, GrEStG, 33; *Pahlke* in Pahlke/Franz, GrEStG, § 1 Rn. 247.

2 *Gottwald*, GrESt, 36; *Fischer* in Boruttau, GrEStG, § 1 Rn. 741, 740 ff.; *Pahlke* in Pahlke/Franz, GrEStG, § 1 Rn. 256 f.; *Hofmann*, GrEStG, § 1 Rn. 81; zur handelsbilanziellen Behandlung der Einlage quoad sortem: *Reinhardt*, DStR 1991, 588; *IDW*, HFA-Stellungnahme 2/1993, Wpg 1994, 22.

3 So zur Gesellschaftsteuer: BFH 20. 1. 1998 I R 395/83, BStBl 1998 II 453; 9. 8. 1989 I R 147/85, BStBl 1989 II 983.

4 *Hörger/Mentel/Schulz*, DStR 1999, 565, 573.

5 OFD Hannover 11. 5. 1999, DStR 1999, 1071.

6 *Gottwald*, GrESt, 106.

7 *Sack* in Boruttau, GrEStG, § 3 Rn. 12.

gemeinschaft (§ 2032 BGB) und die **PartG** (§ 1 PartGG).[1] Die **stille Gesellschaft,** auch in ihrer atypischen Ausgestaltung, ist hingegen keine Gesamthandsgemeinschaft i. S. d. § 5 GrEStG, denn sie vermittelt als reine Innengesellschaft keine dingliche Mitberechtigung am Vermögen, sondern lediglich einen schuldrechtlichen Anspruch.[2] **Vermögensanteil** ist die rechnerische, verhältnismäßige, dingliche Mitberechtigung des Gesamthänders am Reinvermögen der Gesamthand zum Grunderwerbsteuerstichtag.[3] Auf die Beteiligung am Gewinn oder Verlust oder auf eine von der dinglichen Mitberechtigung abweichende Auseinandersetzungsquote kommt es grundsätzlich nicht an.[4]

BEISPIEL: M ist Alleineigentümer eines Grundstücks, das er auf die MAX-KG überträgt, an der er, A und X zu jeweils 1/3 beteiligt sind. Längere Zeit vor Übertragung des Grundstücks hatte M seinen Anspruch auf ein Auseinandersetzungsguthaben an der MAX-KG zur Hälfte auf Y übertragen. Bei Übertragung des Grundstücks auf die MAX-KG bleibt die Grunderwerbsteuer nach § 5 Abs. 2 GrEStG zu 1/3 unerhoben. Dass M einen Teil seines Anspruchs auf ein Auseinandersetzungsguthaben auf Y übertragen hatte, ist für § 5 Abs. 1 und 2 GrEStG unerheblich.

(Einstweilen frei) 5522–5525

b) Wegfall der Steuervergünstigung

Nach § 5 Abs. 3 GrEStG sind die Begünstigungen des § 5 Abs. 1 und Abs. 2 GrEStG insoweit nicht anzuwenden, als sich der Anteil des Veräußerers am Vermögen der Gesamthand innerhalb von 5 Jahren nach dem Übergang des Grundstücks auf die Gesamthand vermindert. Hieraus kann sich insbesondere bei späteren Umstrukturierungen[5] eine Steuerfalle ergeben. 5526

Eine **Verminderung** des Anteils am Vermögen der Gesamthand ist anzunehmen, wenn 5527

- der Gesellschafter seine Gesamthänderstellung durch Übertragung auf einen Dritten oder durch Ausscheiden aufgibt oder kraft Gesetzes verliert[6] oder
- der Gesellschafter seine Gesamthänderstellung und damit seine dingliche Mitberechtigung zwar behält, sich seine vermögensmäßige Beteiligung aber aufgrund vertraglicher Abrede oder aufgrund Eintritts weiterer Gesellschafter reduziert[7] oder
- der Gesellschafter seine Gesamthänderstellung und seine dingliche Mitberechtigung hinsichtlich des übrigen Vermögens zwar behält, sich aber seine Teilhabe am Wert des auf die Gesellschaft übertragenen Grundstücks in der Weise reduziert, dass diese den anderen Gesellschaftern zusteht.[8]

---

1 *Viskorf* in Boruttau, GrEStG, § 5 Rn. 5.

2 *Hofmann*, GrEStG, § 5 Rn. 2; BFH 30. 11. 1983 II R 131/81, BStBl 1984 II 160.

3 An einer solchen dinglichen Mitberechtigung fehlt es, wenn eine Personengesellschaft ein Grundstück von einer Kapitalgesellschaft erwirbt, bei der sie zwar Alleingesellschafterin ist, die Kapitalgesellschaft aber ihrerseits an der Personengesellschaft nicht beteiligt ist. BFH 18. 3. 2005 II R 21/03, BFH/NV 2005, 1876.

4 *Franz* in Pahlke/Franz, GrEStGt, § 5 Rn. 14.

5 Vgl. Rn. 5791 ff.

6 *Viskorf* in Boruttau, GrEStG, § 5 Rn. 76; *Franz* in Pahlke/Franz, GrEStG, § 5 Rn. 30.

7 *Viskorf* in Boruttau, GrEStG, § 5 Rn. 77; *Franz*, a. a. O.

8 *Viskorf* in Boruttau, GrEStG, § 5 Rn. 78.

BEISPIEL:[1] A ist als alleiniger Kommanditist zu 100 % am Vermögen der A-GmbH & Co KG beteiligt. Er übertragt im Jahr 01 ein Grundstück auf die A-GmbH & Co. KG. Als im Jahr 03 X der Gesellschaft als weiterer Kommanditist beitritt, vereinbaren die Gesellschafter, dass X hinsichtlich des Wertes des von A auf die Gesellschaft übertragenen Grundstücks allein berechtigt, im Übrigen aber zu 50 % am Vermögen der Gesellschaft beteiligt sein soll. Die Steuerbefreiung entfällt nach § 5 Abs. 3 GrEStG vollständig. Zwar ist A noch zu 50 % am Vermögen der Gesellschaft beteiligt, er hat aber seine vermögensmäßige Beteiligung am Wert des Grundstücks vollständig aufgegeben.

5628 Demgegenüber liegt eine Verminderung des Anteils am Vermögen der Gesamthand, die zu einem Wegfall der Steuervergünstigung führt, nicht vor, wenn sich die Gesamthänderstellung und die dingliche Mitberechtigung des Gesellschafters hinsichtlich des übrigen Vermögens zwar reduziert, aber die **Teilhabe am Wert des auf die Gesellschaft übertragenen Grundstücks** unverändert erhalten bleibt.[2]

BEISPIEL: Wie im Beispiel zuvor. Wird zwischen den Gesellschaftern stattdessen vereinbart, dass A weiterhin hinsichtlich des Wertes des von ihm auf die Gesellschaft übertragenen Grundstücks allein berechtigt sein soll, liegt kein Fall des § 5 Abs. 3 GrEStG vor.

5629 Bei der Anteilsverminderung handelt es sich um ein **rückwirkendes Ereignis** i. S. d. § 175 Abs. 2 Satz 1 AO.[3] Der Steuerbescheid für die Grundstücksübertragung ist demnach gem. § 175 Abs. 1 Satz 1 Nr. 2 AO aufzuheben, zu ändern oder erstmalig zu erlassen.

5630 Ist die gesamthänderische Bindung einmal durch Ausscheiden eines Miteigentümers aus der Gesamthand entfallen, so kann dies nicht mehr durch eine Änderung der entsprechenden gesellschaftsrechtlichen Vereinbarungen rückgängig gemacht werden. § 16 GrEStG betrifft nur das Entstehen der Steuer nach § 1 GrEStG und ist auf die Steuerbefreiungsvorschriften nicht analog anwendbar.[4]

5631 **Personenbezogene Steuerbefreiungen**[5] sind auch im Rahmen des § 5 Abs. 3 GrEStG zu berücksichtigen.[6] Soweit innerhalb der 5-Jahres-Frist Anteile auf Ehepartner oder Kinder übertragen werden, führt dies nicht zu einem Wegfall der Begünstigungen nach § 5 Abs. 1 und 2 GrEStG, da die Übertragung eines Grundstücks auf diese Personen steuerbefreit wäre.

BEISPIEL: M ist Alleineigentümer eines Grundstücks, das er im Jahr 01 auf die MAX-KG überträgt, an der er, A und X zu jeweils 1/3 beteiligt sind. Im Jahr 04 überträgt M seinen KG-Anteil auf seine Ehefrau I. Die im Jahr 01 gem. § 5 Abs. 2 GrEStG zu 1/3 unerhobene Grunderwerbsteuer bleibt unerhoben, da die Übertragung des Grundstücks nach § 3 Nr. 4 GrEStG steuerfrei wäre und damit die Anteilsübertragung innerhalb der 5-Jahres-Frist unschädlich ist.

5632–5635 *(Einstweilen frei)*

1 Nach *Viskorf,* a. a. O., Rn. 79 (Beispiel 2).

2 *Viskorf,* a. a. O., Rn. 78.

3 *Franz* in Pahlke/Franz, GrEStG, § 5 Rn. 35.

4 BFH 29. 9. 2005 II R 36/04, BStBl 2006 II 43.

5 Vgl. Rn. 4901 ff.

6 *Franz* in Pahlke/Franz, GrEStG, § 5 Rn. 49; *Gottwald,* GrESt, 113; FinMin Baden-Württemberg 14. 2. 2002, DStR 2002, 360.

c) Einschränkung des Anwendungsbereichs des § 5 Abs. 3 GrEStG

Durch die Regelung des § 5 Abs. 3 GrEStG soll verhindert werden, dass Steuerausfälle dadurch entstehen, dass Grundbesitz steuerbegünstigt auf eine Gesamthand übertragen wird und unter bestimmten Voraussetzungen steuerbefreit weitergegeben wird.[1] Daher wurde in der Literatur schon seit längerem darauf hingewiesen, dass § 5 Abs. 3 GrEStG in den Fällen, in denen die vom Gesetz vorausgesetzte Steuerumgehung ausscheide, der einschränkenden Auslegung bedürfe.[2] Dem haben sich jetzt Rechtsprechung[3] und Finanzverwaltung[4] jeweils zumindest für einige Fallgruppen angeschlossen. Danach ist eine einschränkende Auslegung des § 5 Abs. 3 und auch des § 6 Abs. 3 Satz 2 GrEStG in folgenden Fällen geboten: 5636

- **Veräußerung des Grundstücks**, weil diese ihrerseits ein grunderwerbsteuerbarer Tatbestand ist;[5]
- **Schenkung**, weil es in den Fällen des § 3 Nr. 2 GrEStG an einer Steuerumgehungsmöglichkeit fehlt;[6]
- aus dem gleichen Grund (vgl. § 3 Nr. 4, 6 GrEStG) auch eine **Übertragung an Angehörige**;[7]
- auch im Fall der **Anwachsung** auf einen Gesellschafter ist nach Auffassung der Verwaltung und der Literatur[8] die einschränkende Auslegung des § 5 Abs. 3, § 6 Abs. 3 Satz 2 GrEStG geboten, wobei die Verwaltung dies ausdrücklich nur auf den Fall der Anwachsung in einem Rechtsakt beschränkt.[9]

BEISPIEL: M verkauft im Jahr 01 ein Grundstück an die MAX-KG, an der er zusammen mit A und X zu je 1/3 beteiligt ist. Im Jahr 03 scheiden M und A aus der KG aus, deren Vermögen dadurch nach § 738 Abs. 1 BGB X anwächst.

LÖSUNG: Im Jahr 01 bleibt die Grunderwerbsteuer nach § 5 Abs. 2 GrEStG i. H. der Beteiligung des M, also zu 1/3, unerhoben.

Die Anwachsung des Vermögens bei X ist nach § 1 Abs. 1 Nr. 3 GrEStG steuerbar.[10] Soweit X vor der Anwachsung an dem Grundstück beteiligt war, d. h. zu 1/3, wird die GrESt nicht erhoben (§ 6 Abs. 2 GrEStG).

Für die Frage, ob mit der Anwachsung die Nichterhebung der Grunderwerbsteuer im Jahr 01 nachträglich entfällt, kommt es nach Auffassung der Verwaltung darauf an, wann genau M und A aus der MAX-KG ausscheiden. Scheiden sie gleichzeitig aus, so findet § 5 Abs. 3 GrEStG keine Anwendung, scheiden sie nacheinander aus, so soll es nach Auffassung der Finanzverwaltung zu einer Nacherhebung der Steuer für den Verkauf im Jahr 01 kommen, weil der einzelne Gesellschafterwechsel für sich gesehen keinen steuerbaren Rechtsvorgang darstelle.[11] Diese Aussage ist jedoch zu weit. Sie trifft nur zu in dem Fall, in dem der Gesellschafter, der

1 *Viskorf*, DStR 2001, 1101.
2 *Viskorf*, DStR 2001, 1101; *Viskorf* in Boruttau, GrEStG, § 5 Rn. 88 f.; *Gottwald*, GrESt, 114.
3 BFH 7. 10. 2010 II R 58/08, BStBl 2010 II 302.
4 OFD Rheinland 6. 7. 2010, S 4514-1000 – St 235.
5 OFD Rheinland, a. a. O., Tz. 2.3.
6 Finanzbehörde Hamburg 21. 1. 2010, DB 2010, 816; BFH 7. 10. 2010 II R 58/08, BStBl 2010 II 302.
7 OFD Rheinland, a. a. O., Tz. 2.2; BFH 23. 9. 2009 II R 61/08, BFH/NV 2010, 680.
8 *Viskorf*, DStR 2001, 1101; *Viskorf* in Boruttau, GrEStG, § 5 Rn. 88 ff.; *Gottwald*, GrESt, 114.
9 OFD Rheinland, a. a. O., Tz. 2.4.2 und Tz. 2.4.3.
10 Da die Gesellschaftsanteile untergehen, liegt keine Anteilsvereinigung gem. § 1 Abs. 3 GrEStG vor.
11 OFD Rheinland 6. 7. 2010 S 4514 - 1000 - St 235, Tz. 2.4.3.

das Grundstück übertragen hat (hier also M), zuerst ausscheidet,[1] denn dieses Ausscheiden führt nicht zu einem grunderwerbsteuerbaren Erwerb. Scheidet dagegen A zuerst aus und dann M, so führt die Anwachsung auf X zu einem steuerbaren Tatbestand. Warum dieser Fall schlechter gestellt werden soll als der Fall, dass M und A gleichzeitig ausscheiden, ist nicht ersichtlich.

Eine Anrechnung der gem. § 5 Abs. 3 GrEStG nachzuerhebenden Steuer auf die gem. § 1 Abs. 1 Nr. 3 GrEStG anfallende Grunderwerbsteuer gem. § 1 Abs. 6 GrEStG erfolgt nicht, da die dazu notwendige Erwerberidentität[2] nicht vorliegt. Im ersten Fall erwarb die MAX-KG, im zweiten Fall X.

5637 Auch in folgenden Fällen ist eine einschränkende Anwendung des § 5 Abs. 3 GrEStG erforderlich:

- In Fällen steuerbarer **Umwandlungen;**[3]
- bei Anteilsübertragungen nach § 1 Abs. 2a oder Abs. 3 GrEStG.[4]

Dabei kommt es jeweils nicht darauf an, ob die Steuer in dem folgenden Vorgang erhoben wird, sondern ob dieser Vorgang steuerbar ist.

5638–5645 *(Einstweilen frei)*

d) Anzeigepflicht bei Änderung im Gesellschafterbestand

5646 Zur Durchsetzung des Steueranspruchs ist die Änderung im Gesellschafterbestand nach § 19 Abs. 2 Nr. 4 GrEStG dem zuständigen Finanzamt anzuzeigen, wenn eine Steuervergünstigung nach § 5 Abs. 1 und 2 GrEStG gewährt wurde. Eine zeitliche Begrenzung auf 5 Jahre nach Erwerb oder Gewährung der Steuervergünstigung besteht nach dem zu weiten Wortlaut der Vorschrift nicht.[5] Anzeigepflichtig sind Veräußerer und erwerbende Gesamthand als Steuerschuldner.[6] Erfasst werden Erwerbe durch eine Gesamthand, die nach dem 31. 12. 1999 verwirklicht wurden[7] und für die eine Steuervergünstigung nach § 5 Abs. 1 oder 2 GrEStG gewährt wurde.

5647 Nicht anzeigepflichtig sind Änderungen in der vermögensmäßigen Beteiligung an der Gesamthand, ohne dass eine Änderung im Gesellschafterbestand der Gesamthand erfolgt.[8]

5648 Wird die **Anzeige unterlassen**, kann dies zu Nachteilen in den Fällen führen, in denen die Änderung des Gesellschafterbestandes wieder rückgängig gemacht wird. In diesen Fällen wird die Steuer unter den Voraussetzungen des § 16 GrEStG nicht festgesetzt oder aufgehoben.[9] Diese Steuervergünstigungen kommen allerdings nach § 16 Abs. 5 GrEStG dann nicht zur Anwendung, wenn die Anzeige nach § 19 GrEStG nicht vor-

1 So auch das Beispiel OFD Rheinland, a. a. O.
2 *Pahlke* in Pahlke/Franz, GrEStG, § 1 Rn. 399.
3 Vgl. Rn. 5791 ff.
4 OFD Rheinland, a. a. O., Tz. 2.5.
5 *Hofmann*, GrEStG, § 19 Rn. 8.
6 *Hofmann*, GrEStG, § 5 Rn. 36.
7 § 23 Abs. 6 Satz 2 GrEStG.
8 *Hofmann*, GrEStG, § 19 Rn. 8.
9 Vgl. Rn. 5906.

genommen wurde. Zudem kann zu Lasten des Steuerpflichtigen eine Anlaufhemmung nach § 170 Abs. 2 Satz 1 Nr. 1 AO eintreten.[1]

(Einstweilen frei) 5649–5655

3. Übertragung von der Gesellschaft auf den Gesellschafter oder auf eine andere Personengesellschaft

a) Steuervergünstigung bei Übertragung auf einen Gesellschafter

Auch im Falle der Übertragung eines Grundstücks von der Gesellschaft auf den Gesellschafter wird berücksichtigt, dass bei einer Gesamthandsgemeinschaft der Gesellschafter i. H. seiner Beteiligung wirtschaftlich gesehen schon Mitinhaber des Grundstücks war. § 6 GrEStG sieht daher entsprechende Nichterhebungsregelungen vor, wie sie § 5 GrEStG für die Übertragung vom Gesellschafter auf die Gesellschaft vorsieht. 5656

Außer in Verkaufs- und Übertragungsfällen nach § 6 Abs. 5 EStG kommt § 6 GrEStG insbesondere im Fall der Realteilung und der Anwachsung[2] zur Anwendung. 5657

Gemäß § 6 Abs. 1 und 2 GrEStG wird bei einem Übergang eines Grundstücks auf mehrere Bruchteilseigentümer bzw. einen Alleineigentümer keine Grunderwerbsteuer erhoben, soweit die Beteiligung an der Gesamthand und die spätere Eigentumsquote der einzelnen Gesellschafter am jeweiligen Grundstück sich decken.[3] Dabei ist nicht auf den gesamten Grundbesitz der Gesamthand abzustellen, sondern jeweils auf das einzelne Grundstück.[4] 5658

Entgegen dem Wortlaut des § 6 Abs. 1 GrEStG ist es nicht erforderlich, dass mehrere der späteren Miteigentümer Gesellschafter sind. § 6 Abs. 1 GrEStG ist auch anwendbar, wenn nur einer der späteren Miteigentümer auch Gesellschafter ist.[5] Ist der Mit- bzw. Alleineigentümer ebenfalls eine Personengesellschaft, ist ausschließlich § 6 Abs. 3 GrEStG anwendbar.[6] 5659

Erfolgt die Übertragung ab der **Auflösung** der Gesellschaft, also im Stadium ihrer Abwicklung, so kommt es gem. § 6 Abs. 1 Satz 2 bzw. Abs. 2 Satz 2 GrEStG bei einer von dem Beteiligungsverhältnis **abweichenden Auseinandersetzungsquote** allein auf die Deckungsgleichheit mit Letzterer an.[7] 5660

BEISPIEL: Die ISY-GbR (Gesellschafter zu je 1/3 : I, S, Y) überträgt ein Grundstück auf I zu 1/6, S zu 1/2 und D zu 1/3 Miteigentumsanteilen.

LÖSUNG: Die Gesellschaftsbeteiligung des I ist größer als sein späterer Eigentumsanteil am Grundstück. Nach § 6 Abs. 1 GrEStG bleibt deshalb für dessen Erwerb zu 1/6 die Grunderwerb-

1 Zu den Auswirkungen des Bestehens mehrerer Anzeigepflichten und Erfüllung nur einer Anzeigepflicht: BFH 6. 7. 2005 II R 9/04, BStBl 2005 II 780.
2 Zur Anwachsung: *Gottwald*, GrESt, 119.
3 *Hofmann*, GrEStG, § 6 Rn. 9.
4 *Viskorf* in Boruttau, GrEStG, § 6 Rn. 4.
5 *Franz* in Pahlke/Franz, GrEStG, § 6 Rn. 7; BFH 21. 11. 1979 II R 96/76, BStBl 1980 II 217.
6 Dazu ausführlich: Rn. 5666.
7 *Franz* in Pahlke/Franz, GrEStG, § 6 Rn. 24.

steuer unerhoben. Da S nur zu 1/3 an der ISY-GbR beteiligt ist, bleibt die Grunderwerbsteuer für dessen Erwerb nur in diesem Umfang unerhoben. Dass I und S zusammen sowohl eine Gesellschaftsbeteiligung von 2/3 als auch einen Miteigentumsanteil am Grundstück von 2/3 erhalten, ist unerheblich. Es erfolgt eine Einzelbetrachtung der jeweiligen Gesellschafter und keine Gesamtbetrachtung.[1] Eine Ausnahme für den Erwerb durch den Nichtgesellschafter D kommt nicht in Betracht. Es fällt somit Grunderwerbsteuer zu 1/6 für den Erwerb des S und zu 1/3 für den Erwerb des D an.

5661–5665 *(Einstweilen frei)*

b) Steuervergünstigung bei Übertragung auf eine andere Personengesellschaft

5666 Wegen der grunderwerbsteuerlich selbständigen Rechtsträgerschaft der Gesamthandsgemeinschaften ist ein Übergang eines Grundstücks von einer Personengesellschaft auf eine andere auch dann ein nach § 1 GrEStG steuerbarer Vorgang, wenn an beiden Gesellschaften dieselben Personen beteiligt sind.[2] Die Steuer wird aber nach § 6 Abs. 3 i. V. m. Abs. 1 GrEStG nicht erhoben, soweit an beiden Gesellschaften Beteiligungsidentität besteht. Dabei kommt es auf die Identität der Anteilsquoten eines jeden Gesamthänders an.[3] Somit ist zwischen **Schwesterpersonengesellschaften** wegen der vollständigen Beteiligungsidentität die grunderwerbsteuerfreie Grundstücksübertragung möglich. Löst sich die übertragende Gesellschaft dabei auf, so kommt es gem. § 6 Abs. 3 i. V. m. Abs. 1 Satz 2 GrEStG auf die Auseinandersetzungsquote an.

BEISPIEL: An der AB-OHG ist A zu 2/3 und B zu 1/3 beteiligt, an der BA-OHG A hingegen nur zu 1/3 aber B zu 2/3 beteiligt. Gemäß § 6 Abs. 3 GrEStG bleibt die Grunderwerbsteuer bei einer Grundstücksübertragung zwischen beiden Gesellschaften nur zu 2/3 unerhoben.

5667 Nach § 6 Abs. 3 Satz 2 GrEStG entfällt die Steuerbefreiung rückwirkend, wenn sich die Beteiligung eines Gesellschafters an der erwerbenden Gesellschaft innerhalb von 5 Jahren nach dem Übergang vermindert. Es gelten insoweit die gleichen Grundsätze wie bei § 5 Abs. 3 GrEStG.[4] Gemäß § 19 Abs. 2 Nr. 4 GrEStG ist die Änderung im Gesellschafterbestand dem Finanzamt anzuzeigen.[5]

5668–5670 *(Einstweilen frei)*

c) Sonderfall: Doppelstöckige Gesellschaft

5671 Bei allen Erwerbsvorgängen, an denen **auf beiden Seiten Gesamthandsgemeinschaften** i. S. d. §§ 5, 6 GrEStG beteiligt sind, ist § 6 Abs. 3 GrEStG ausschließlich anwendbar.[6]

1 *Gottwald*, GrESt, 118.

2 *Franz* in Pahlke/Franz, GrEStG, § 6 Rn. 14.

3 *Franz* in Pahlke/Franz, GrEStG, § 6 Rn. 15.

4 *Viskorf* in Boruttau, GrEStG, § 6 Rn. 27g; zu den Einzelheiten dieser Steuerbefreiungsvorschrift vgl. Rn. 5521 ff.

5 Zu den Einzelheiten der Anzeigepflicht vgl. Rn. 5646 ff.

6 *Viskorf* in Boruttau, GrEStG, § 6 Rn. 27; *Franz* in Pahlke/Franz, GrEStG, § 5 Rn. 9; FinMin Baden-Württemberg 28. 1. 1999, BB 1999, 302.

Dies gilt auch bei mittelbaren Beteiligungen.[1] Bei Grundstücksübergängen innerhalb einer doppelstöckigen Gesamthandsgemeinschaft zwischen der Ober- und Untergesellschaft kommt es demnach nicht gem. § 5 Abs. 1, 2 bzw. § 6 Abs. 1, 2 GrEStG auf die Beteiligungsquote der Obergesellschaft an der Untergesellschaft, sondern gem. § 6 Abs. 3 GrEStG auf die **Deckungsgleichheit der unmittelbaren bzw. mittelbaren Beteiligungen** der natürlichen und juristischen Personen an den beiden Personengesellschaften an.[2] Beteiligungsveränderungen können dabei sowohl 5 Jahre vor dem Übergang (§ 6 Abs. 4 GrEStG)[3] als auch 5 Jahre nach dem Übergang (§ 6 Abs. 3 Satz 2 GrEStG) die Steuerbefreiung einschränken.

BEISPIEL: Die LOT-GbR überträgt ein Grundstück auf die LOTTO-OHG, an der zu jeweils 1/3 die LOT-GbR, T und O beteiligt sind. Nach § 5 Abs. 2 GrEStG würde die Grunderwerbsteuer zu 1/3 nicht erhoben. Jedoch ist § 6 Abs. 3 GrEStG maßgeblich, wonach die Deckungsgleichheit der Beteiligten entscheidet. L ist an der LOTTO-OHG – wie T und O auch – mittelbar zu 1/9 beteiligt, da er 1/3 an der LOT-GbR hält, die ihrerseits 1/3 an der LOTTO-OHG hält. T und O sind zusätzlich unmittelbar zu 1/3 an der LOTTO-OHG beteiligt, also insgesamt jeweils zu 4/9. Die Beteiligung des L ist i. H. v. 1/9 von T und O jeweils i. H. v. 1/3 deckungsgleich. Die Grunderwerbsteuer wird daher zu 7/9 nicht erhoben.

Entsprechend dem Grundsatz der Deckungsgleichheit der unmittelbaren und der mittelbaren Beteiligung sind auch Wechsel von einer mittelbaren zu einer unmittelbaren Beteiligung oder umgekehrt unschädlich, solange sich dabei der Anteil nicht vermindert. Allerdings gilt dies nur in den Fällen, in denen die Beteiligung ausschließlich durch Personengesellschaften vermittelt wird.[4]

(Einstweilen frei) 5672–5675

d) Vorangegangene Änderungen der Beteiligungsquote

Im Rahmen des § 6 GrEStG ist für die Ermittlung des Vermögensanteils des in Betracht 5676
kommenden Gesellschafters der Tag maßgeblich, an dem der der Steuer unterliegende Erwerbsvorgang verwirklicht wird.[5] Um missbräuchliche Nutzungen der Steuervergünstigungen gem. § 6 Abs. 1 – 3 GrEStG zu vermeiden, sieht jedoch § 6 Abs. 4 GrEStG eine **5-Jahres-Sperrfrist** vor. Für **rechtsgeschäftliche Erwerbe** von Beteiligungen, **Vereinbarungen** von Auseinandersetzungsquoten und **rechtsgeschäftliche Veränderungen** der Beteiligungsquote, die innerhalb von 5 Jahren vor dem Grundstücksübergang erfolgt sind, gilt die Steuerbefreiung nicht. Maßgebend für die Anwendbarkeit der Steuerbefreiung ist damit auch das Beteiligungsverhältnis bzw. die Auseinandersetzungsquote aus dem Zeitraum vor dem Erwerb.[6] Auch bei einer Übertragung von einer Personengesellschaft auf eine andere kommt es allein auf die vorherigen Veränderungen bei der **übertragenden Gesamthand** an.[7] Haben sich in den 5 Jahren vor der Übertra-

1 *Franz* in Pahlke/Franz, GrEStG, § 6 Rn. 16; BFH 27. 4. 2005 II R 61/03, BStBl 2005 II 649; 24. 9. 1985 II R 65/83, BStBl 1985 II 714.

2 *Behrens/Hofmann*, DStR 2003, 2093; BFH 27. 4. 2005 II R 61/03, BStBl 2005 II 649.

3 Vgl. Rn. 5676 ff.

4 Siehe im Einzelnen die Beispiele OFD Rheinland 6. 7. 2010, S 4514-1000 – St 235, Tz. 2.4.4.

5 *Viskorf* in Boruttau, GrEStG, § 6 Rn. 15.

6 *Franz* in Pahlke/Franz, GrEStG, § 6 Rn. 29.

7 *Hofmann*, GrEStG, § 6 Rn. 22.

gung bei der erwerbenden Gesamthand die Beteiligungen geändert, so ist das irrelevant.

5677 Wäre die Grundstücksübertragung an den Anteilserwerber durch den vorherigen Anteilsinhaber ohnehin steuerbefreit, kann der Anteilserwerb ebenfalls nicht zur Versagung der Steuerfreiheit gem. § 6 Abs. 4 GrEStG führen. **Personenbezogene Steuerbefreiungen**[1] sind daher im Rahmen des § 6 Abs. 4 GrEStG zu berücksichtigen.[2]

5678 Für **innerhalb der 5-Jahres-Frist gegründete Gesellschaften** ist die Steuervergünstigung nicht gem. § 6 Abs. 4 GrEStG ausgeschlossen, wenn die Beteiligungsverhältnisse an der Gesellschaft seit ihrer Gründung oder seit Erwerb des abgegebenen Grundstückes unverändert geblieben sind, weil in diesem Fall eine Steuerumgehung ausscheidet.[3]

5679 Eine Steuerumgehung durch vorherigen Anteilserwerb scheidet ebenfalls dann aus, wenn der Anteilserwerb gem. § 1 Abs. 2a GrEStG [4] oder § 1 Abs. 3 GrEStG [5] selbst Grunderwerbsteuer ausgelöst hat. Aus diesem Grunde ist eine Steuervergünstigung – entgegen dem Wortlaut – nicht gem. § 6 Abs. 4 GrEStG ausgeschlossen, wenn der innerhalb der 5-Jahres-Frist erfolgte **Gesellschafterwechsel steuerpflichtig** war.[6]

5680–5685 *(Einstweilen frei)*

4. Grundstücksteilung

5686 Nach § 7 GrEStG bleibt die Grunderwerbsteuer bei einer **flächenweisen Teilung** eines bisher in Mit- oder Gesamthandseigentum stehenden Grundstücks unerhoben, soweit der Wert des Teilgrundstückes dem vorherigen Bruchteil oder Gesamthandsanteil entspricht. Erfolgt die Teilung im Rahmen der Abwicklung der Gesellschaft, ist nach § 7 Abs. 2 Satz 2 GrEStG die Auseinandersetzungsquote maßgeblich.

5687 Gegenstand der begünstigten Aufteilung kann jeweils nur das einzelne Grundstück sein, nicht aber der gesamte Grundbesitz der Gesellschaft.[7] Bilden mehrere Grundstücke eine wirtschaftliche Einheit i. S. d. § 2 Abs. 3 Satz 1 GrEStG, so ist bei ihrer Aufteilung ebenfalls § 7 GrEStG anwendbar. Eine **wirtschaftliche Einheit** liegt vor, wenn mehrere Grundstücke im rechtlichen Sinne – insbesondere durch den räumlichen Zusammenhang – ein einheitliches Grundstück im funktionalen Sinne bilden.[8]

5688 Ebenso wie § 6 Abs. 4 GrEStG schließt § 7 Abs. 3 GrEStG die Steuerbefreiung aus, wenn der Anteil an der Gesellschaft innerhalb von 5 Jahren vor der Aufteilung erworben wurde.[9]

---

1 Zu diesen besonderen Steuerbefreiungen vgl. Rn. 5881 ff.

2 *Viskorf* in Boruttau, GrEStG, § 6 Rn. 47.

3 *Viskorf* in Boruttau, GrEStG, § 6 Rn. 40 f.

4 Zur Grunderwerbsteuerpflicht bei Änderungen des Gesellschafterbestandes gem. § 1 Abs. 2a GrEStG ausführlich Rn. 5701 ff.

5 Zur Grunderwerbsteuerpflicht bei Anteilsvereinigungen nach § 1 Abs. 3 GrEStG vgl. Rn. 5746 ff.

6 *Franz* in Pahlke/Franz, GrEStG, § 6 Rn. 33; *Viskorf* in Boruttau, GrEStG, § 6 Rn. 41; zu § 1 Abs. 3 GrEStG: FG Köln 12. 12. 1996 5 K 5640/95, EFG 1997, 555, 556.

7 *Franz* in Pahlke/Franz, GrEStG, § 7 Rn. 13.

8 *Pahlke* in Pahlke/Franz, GrEStG, § 2 Rn. 138.

9 Vgl. die Ausführungen zu § 6 Abs. 4 GrEStG, Rn. 5676 ff.

BEISPIEL 1: Die TOM-GbR überträgt drei gleichwertige Grundstücke auf ihre Gesellschafter T, O und M, die zu jeweils 1/3 an ihr beteiligt sind. Bilden die drei Grundstücke eine wirtschaftliche Einheit i. S. d. § 2 Abs. 3 Satz 1 GrEStG so wird gem. § 7 Abs. 2 GrEStG keine Grunderwerbsteuer erhoben. Regelmäßig liegen aber drei rechtlich selbständige Grundstücke und somit drei unabhängige Erwerbsvorgänge vor. Nach § 6 Abs. 2 GrEStG ist der Erwerb der einzelnen Grundstücke durch die Gesellschafter folglich gem. ihrem Gesellschafteranteil nur zu jeweils 1/3 steuerbefreit.[1]

BEISPIEL 2: A, B und C sind an der ABC-GbR beteiligt, die ein 900 qm großes Grundstück besitzt. Als C ausscheidet, erhält er als Ausgleich eine 600 qm große Grundstücksteilfläche, also 2/3 der Größe und des Wertes des bisherigen Grundstücks. Gemäß § 7 Abs. 2 GrEStG konnte C 1/3 des Grundstückes steuerfrei erhalten, da er aber 2/3 erhalten hat, ist der Grundstückserwerb zur Hälfte (2/3 × 50 % = 1/3) steuerpflichtig.

(Einstweilen frei) 5689–5695

III. Übertragung der Anteile

1. Allgemeines

Grundsätzlich erfüllt die Übertragung eines Anteils an einer grundbesitzenden Gesamthandsgemeinschaft als solche keinen Grunderwerbsteuertatbestand i. S. d. § 1 GrEStG. Eine Ausnahme gilt für den Erwerb eines Anteils an einem Nachlass, zu dem ein Grundstück gehört. Dieser unterliegt der Grunderwerbsteuer nach § 1 Abs. 1 Nr. 3 GrEStG.[2] Grund für die abweichende Behandlung dieses Falles ist, dass die Gesamthandsbindung bei der **Erbengemeinschaft** im Gegensatz zu anderen Gesamthandsgemeinschaften gelockert ist, weil sie auf Auseinandersetzung gerichtet ist und der Miterbe über den Anteil am Nachlass verfügen kann, während bei anderen Gesamthandsgemeinschaften grundsätzlich die Zustimmung aller Gesamthänder zur Anteilsübertragung erforderlich ist.[3] 5696

Bei anderen Gesamthandseigenschaften ist dieser Grundsatz nur in zwei Fällen eingeschränkt. Hierbei handelt es sich einmal um den Fall des Übergangs von mindestens 95 % der Anteile auf neue Gesellschafter (§ 1 Abs. 2a GrEStG)[4] und um den Fall, dass mindestens 95 % der Anteile sich in der Hand eines Gesellschafters vereinigen, bzw. bereits vereinigte Anteile übergehen (§ 1 Abs. 3 GrEStG).[5] Systematisch vorrangig ist dabei die Regelung des § 1 Abs. 2a GrEStG.[6] Während § 1 Abs. 2a GrEStG eine **zeitliche Grenze** von 5 Jahren vorsieht, besteht diese Grenze in § 1 Abs. 3 GrEStG nicht. Außerdem werden abweichend von § 1 Abs. 2a GrEStG in § 1 Abs. 3 GrEStG auch **Anteilsübertragungen unter Altgesellschaftern** einbezogen.[7] 5697

(Einstweilen frei) 5698–5700

---

1 Zu § 6 GrEStG vgl. Rn. 5656 ff.
2 BFH 27. 3. 1991 II R 82/87, BStBl 1991 II 731; 4. 2. 2004 II B 147/02, BFH/NV 2004, 813.
3 BFH 4. 2. 2004, a. a. O.
4 Vgl. Rn. 5701 ff.
5 Vgl. Rn. 5746 ff.
6 § 1 Abs. 3 Satz 1 GrEStG.
7 *Fabry/Pitzer*, GmbHR 1999, 766, 767.

2. Änderung des Gesellschafterbestandes nach § 1 Abs. 2a GrEStG

a) Grundfall des § 1 Abs. 2a GrEStG

5701 Nach § 1 Abs. 2a Satz 1 GrEStG entsteht Grunderwerbsteuer – durch eine Fiktion des Übergangs des Grundstücks auf eine neue Personengesellschaft – auch dann, wenn sich innerhalb von 5 Jahren der Gesellschafterbestand einer grundbesitzenden Personengesellschaft unmittelbar oder mittelbar dergestalt ändert, dass mindestens 95 % der Anteile am Gesellschaftsvermögen auf **neue Gesellschafter** übergehen. Maßgeblich ist dabei der zivilrechtlich wirksame Übergang der Beteiligung auf den neuen Gesellschafter,[1] d. h., es kommt auf den dinglichen Anteilsübergang an.[2] Die zumindest irreführende Formulierung in dem koordinierten Ländererlass vom 26. 2. 2003,[3] nach der es nach Tz. 4 für die Tatbestandsverwirklichung auf die Wirkung der schuldrechtlichen Vereinbarung ankomme, findet sich in dem neuen koordinierten Ländererlass vom 25. 2.2010 nicht mehr.[4] § 1 Abs. 2a GrEStG gilt für alle Personengesellschaften, auch solche, deren Zweck sich nicht im Halten und Verwalten von inländischen Grundstücken erschöpft[5] und für ausländische Personengesellschaften, die nach dem Typenvergleich mit inländischen Personengesellschaften vergleichbar sind.[6]

5702 Unter **„Anteil am Gesellschaftsvermögen“** ist der Anteil des einzelnen Gesellschafters am Reinvermögen der Gesellschaft zu verstehen.[7]

5703 Nur der Erwerb der Anteile durch neue Gesellschafter, nicht der durch Altgesellschafter kann den Tatbestand verwirklichen. **Altgesellschafter** sind die Gründungsgesellschafter und alle Gesellschafter, die vor dem Erwerb des Grundstücks durch die Personengesellschaft an dieser beteiligt gewesen sind, sowie Gesellschafter, die zwar nachträglich eine Beteiligung erworben haben, diese aber schon mehr als 5 Jahre halten.[8] Die Altgesellschaftereigenschaft muss nach dem Wortlaut des Gesetzes auch für mittelbar Beteiligte gelten.[9] Demgegenüber sollen nach dem koordinierten Ländererlass vom 25. 2. 2010[10] nur Gesellschafter von Personengesellschaften Altgesellschafter sein können und auch nur dann, wenn sie selbst natürliche oder juristische Personen sind. Diese

1 Dabei sind auch die Grundsätze über den fehlerhaften Gesellschafterbeitritt zu beachten, BFH 20. 10. 2004 II R 54/02, BStBl 2005 II 299; *Fischer* in Boruttau, GrEStG, § 1 Rn. 847.

2 *Hofmann*, § 1, Rn. 103; *Behrens*, DStR 2010, 777 (782).

3 BStBl 2003 I 271.

4 FinMin Baden-Württemberg (Koordinierter Ländererlass) 25. 2. 2010 3 – S-4501/6, DStR 2010, 697. Die im neuen Erlass in Tz. 4 verwendeten Formulierungen „übertragen“ und „vollzogen“ deuten darauf hin, dass es auf die Maßgeblichkeit des dinglichen Vollzugs ankommt.

5 BFH 11. 9. 2002 II B 113/02, BStBl 2002 II 777.

6 FinMin Baden-Württemberg (Koordinierter Ländererlass) 25. 2. 2010 3 – S-4501/6, DStR 2010, 697, Tz. 1.1.

7 *Fischer* in Boruttau, GrEStG, § 1 Rn. 845 f.; FinMin Baden-Württemberg (Koordinierter Ländererlass) 25. 2. 2010 3 – S-4501/6, DStR 2010, 697, Tz. 1.3.

8 *Pahlke* in Pahlke/Franz, GrEStG, § 1 Rn. 288; zustimmend *Gottwald*, GrESt, 56; zur Abgrenzung „Altgesellschafter“ – Neugesellschafter nach BFH 27. 4. 2005 II R 61/03, BStBl 2005 II 649 s. *Stoschek/Mies*, DStR 2006, 221.

9 Ebenso: *Behrens*, DStR 2010, 777 (780).

10 FinMin Baden-Württemberg (Koordinierter Ländererlass 25. 2. 2010) 3 – S-4501/6, DStR 2010, 697, Tz. 2.1.

Auffassung steht im Gegensatz zur Rechtsprechung, wonach eine Personengesellschaft für Zwecke des § 1 Abs. 2a GrEStG Gesellschafter der Personengesellschaft ist.[1] Ist die vermittelnde Gesellschaft eine Kapitalgesellschaft, so soll nach Auffassung der Finanzverwaltung nur diese Altgesellschafterin sein. Welches Konzept die Finanzverwaltung damit verfolgt, ist unklar.[2] Offenbar kann nach dieser Auffassung eine Personengesellschaft nicht Altgesellschafter sein und der über eine Kapitalgesellschaft beteiligte Gesellschafter ebenfalls nicht. Ebenso soll nach Auffassung der Finanzverwaltung eine Kapitalgesellschaft ihre Eigenschaft als Altgesellschafterin verlieren können, wenn ihre Anteilseigner wechseln.[3]

Neuer Gesellschafter ist ein Gesellschafter, auf den ab der Zugehörigkeit eines Grundstücks zur Gesellschaft innerhalb des 5-Jahres-Zeitraums unmittelbar oder mittelbar Anteile rechtlich übergegangen sind.[4] Nach Auffassung der Finanzverwaltung soll eine Kapitalgesellschaft, die ursprünglich Altgesellschafter war, dann zum neuen Gesellschafter werden, wenn sich ihre Beteiligungsverhältnisse mittelbar oder unmittelbar zu mindestens 95 % geändert haben, und zwar unabhängig davon, ob der Gesellschafterwechsel den Tatbestand des § 1 Abs. 3 GrEStG erfüllt.[5] 5704

Dementsprechend ist auch – wie in den Fällen des § 1 Abs. 3 GrEStG[6] - die **Verkürzung der Beteiligungskette**, d. h. die Verstärkung von der mittelbaren zur unmittelbaren Beteiligung, unschädlich.[7] Allerdings hält die Finanzverwaltung eine Verkürzung der Beteiligungskette in den Fällen, in denen die vermittelnde Gesellschaft eine Kapitalgesellschaft war, nur für dann gegeben, wenn die Beteiligung an dieser Gesellschaft mindestens 95% betrug. Nach Tz. 3.7 des koordinierten Ländererlasses vom 25. 2. 2010[8] soll in folgender Situation ein schädlicher Gesellschafterwechsel nach § 1 Abs. 2a GrEStG vorliegen: 5705

BEISPIEL: Die Z-GmbH überträgt ihre sämtlichen Anteile an der M-GmbH, die ihrerseits alleinige mittelbare und unmittelbare Gesellschafterin der grundbesitzenden T-KG ist, auf die H-GmbH, die 60 % der Anteile an der Z-GmbH hält.

---

1 BFH 27. 4. 2005 II R 61/03, BStBl 2005 II 649. Im entschiedenen Fall ging es allerdings um die Qualifikation einer Personengesellschaft als „neuer Gesellschafter“.

2 *Behrens*, DStR 2010, 777.

3 Siehe dazu Rn. 5704.

4 *Heine*, INF 2000, 389, 391. Nach einem Urteil des FG Düsseldorf 27. 10. 2010 7 X 3319/08 GE, DStRE 2011, 827, Az. des BFH: II R 3/11, gilt ein Gesellschafter, der innerhalb des Fünf-Jahres-Zeitraums ausscheidet und wieder eintritt, nicht als neuer Gesellschafter i. S. d. § 1 Abs. 2a GrEStG.

5 FinMin Baden-Württemberg (Koordinierter Ländererlass) 25. 2. 2010 3 – S-4501/6, DStR 2010, 697, Tz. 2.2.

6 Siehe Rn. 5771.

7 *Pahlke* in Pahlke/Franz, GrEStG, § 1 Rn. 310; *Fischer* in Boruttau, GrEStG, § 1 Rn. 848 d.

8 FinMin Baden-Württemberg, a. a. O.

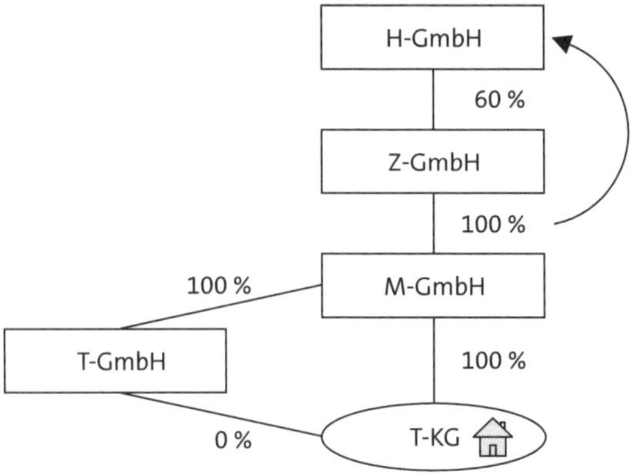

Die Annahme eines schädlichen Gesellschafterwechsels ist von der Position der Finanzverwaltung, die mittelbare Beteiligungen über Kapitalgesellschaften anscheinend nicht anerkennt, konsequent. Einleuchtender wäre es allerdings, die H-GmbH insoweit als Altgesellschafter zu behandeln, als sie vorher über die Z-GmbH an der M-GmbH beteiligt war[1] und den Fall über § 1 Abs. 3 GrEStG zu lösen.

5706 Eine steuerschädliche Anteilsübertragung kann sowohl durch derivativen als auch durch originären Erwerb erfolgen.[2] Dabei können beide Erwerbsformen gleichzeitig oder nacheinander innerhalb eines 5-Jahres-Zeitraums verwirklicht werden.[3] Ein **derivativer Erwerb** liegt vor, wenn Anteile unmittelbar oder mittelbar auf neue Gesellschafter übergehen.[4] **Originärer Erwerb** ist der Beitritt neuer Gesellschafter unter Erhöhung des Eigenkapitals der Gesellschaft.[5]

5707 Darüber hinaus sieht die Finanzverwaltung einen Übergang von mehr als 95 % der Anteile auch dann als gegeben, wenn neue Gesellschafter einer grundbesitzenden Personengesellschaft beitreten und die hinzugekommenen Gesellschafter aufgrund späterer **Kapitalerhöhungen** innerhalb eines 5-Jahres-Zeitraums über mindestens 95 % der Anteile verfügen, ohne dass die Kapitalerhöhungen im Zusammenhang mit dem Beitritt stehen müssten.[6] Hiergegen wird eingewandt, dass die Änderung des Gesellschafterbestandes mit dem Beitritt der neuen Gesellschafter abgeschlossen sei und die Kapitalerhöhung als solche keine Transportfunktion habe.[7] Ob diese isolierte Betrachtung des Gesellschafterbeitritts einerseits und der Anteilsveränderung andererseits durchgreift, erscheint angesichts dessen, dass der Gesetzgeber einen 5-Jahres-Zeitraum für

1 *Behrens*, DStR 2010, 777 (781).

2 *Pahlke* in Pahlke/Franz, GrEStG, § 1 Rn. 291.

3 *Heine*, INF 2000, 389.

4 Bayerisches Landesamt für Steuern, Verfügung (Koordinierter Ländererlass) 19. 10. 2007 – S-4430 – 1 St 35 N, Tz. 4.1.

5 Bayerisches Landesamt für Steuern, Verfügung (Koordinierter Ländererlass) 19. 10. 2007 – S-4430 – 1 St 35 N, Tz. 4.3.

6 So Gleichl. Ländererl. 26. 2. 2003, BStBl 2003 I 271, Beispiel 4.2.1, etwas weniger deutlich der Nachfolgeerlass FinMin Baden-Württemberg (Koordinierter Ländererlass) 25. 2. 2010 3 – S-4501/6, DStR 2010, 697, Tz. 3.1.

7 *Fischer* in Boruttau, GrEStG, § 1 Rn. 846.

die Verwirklichung beider Tatbestandsmerkmale vorgesehen hat, zweifelhaft. Auch lässt sich nicht abstreiten, dass bei einer Kapitalerhöhung anteilig stille Reserven auf den Gesellschafter übergehen, der an der Kapitalerhöhung teilnimmt. Dementsprechend dürfte die Transportfunktion einer Kapitalerhöhung nicht zu verneinen sein.

Ein **Grundstück**, das zum Vermögen der Personengesellschaft „gehört", ist ein Grundstück, das der Personengesellschaft nach einem Erwerbstatbestand des § 1 Abs. 1 oder Abs. 3 GrEStG zuzurechnen ist. Damit ist weder eine sachenrechtliche Zuordnung noch eine Zuordnung nach dem BewG maßgeblich.[1] Ein Grundstück ist der Personengesellschaft auch dann zuzurechnen, wenn ihr nach § 1 Abs. 2 GrEStG die **Verwertungsbefugnis** an einem Grundstück eingeräumt wird.[2] Hat umgekehrt die Personengesellschaft einem Dritten die Verwertungsbefugnis eingeräumt, so soll es nach Auffassung der Finanzverwaltung[3] der Personengesellschaft dennoch für Zwecke des § 1 Abs. 2a GrEStG zuzurechnen sein. Dies ist kritisch, denn dadurch wird ein Grundstück, das grunderwerbsteuerlich einem anderen zugeordnet wird, im Fall des Gesellschafterwechsels dennoch erfasst.[4] Vorzugswürdiger ist hier, das Grundstück ausschließlich dem Verwertungsbefugten zuzuordnen.[5] Zieht sich der Anteilserwerb über einen längeren Zeitraum, d. h. maximal über bis zu 5 Jahre hin, so sind die Grundstücke Gegenstand des Erwerbsvorgangs, die der Gesellschaft „durchgängig" zuzurechnen sind.[6] 5708

Für die Frage, ob aufgrund einer Änderung des Gesellschafterbestandes von mindestens 95 % der Anteile eine Grundstücksübertragung anzunehmen ist, sind alle Anteilsübertragungen innerhalb von 5 Jahren zu berücksichtigen. Diese **5-Jahres-Frist** gilt für die Zusammenrechnung sukzessiver Anteilsübertragungen.[7] Dabei wird jeder übertragene Anteil jedoch nur einmal gezählt. Eine **mehrfache Übertragung desselben Anteils** führt nicht zum Erreichen der 95-%-Grenze.[8] 5709

Der **Erwerb** von Anteilen **von Todes wegen** bleibt nach § 1 Abs. 2a Satz 2 GrEStG bei der Ermittlung des Prozentsatzes außer Betracht.[9] 5710

(Einstweilen frei) 5711–5715

b) Grundstücksprojektgesellschaften/Immobilienfonds

In der Praxis betrifft die Regelung des § 1 Abs. 2a GrEStG insbesondere als Personengesellschaften ausgestaltete **Immobilienfonds oder Grundstücksprojektgesellschaften**, die in der Gründungsphase ein Grundstück erwerben und sich das notwendige Kapital zur Grundstücksbebauung durch Aufnahme weiterer Gesellschafter beschaffen.[10] Diese 5716

1 *Fischer* in Boruttau, GrEStG, § 1 Rn. 843.
2 FinMin Baden-Württemberg (Koordinierter Ländererlass) 25. 2. 2010 3 – S-4501/6, DStR 2010, 697, Tz. 1.2.
3 FinMin Baden-Württemberg (Koordinierter Ländererlass) 25. 2. 2010 3 – S-4501/6, DStR 2010, 697, Tz. 1.2.
4 Vgl. dazu zum GrEStG Bay: BFH 17. 7. 1985 II S 5/85, BFH/NV 1986, 115.
5 *Behrens*, DStR 2010, 777 (784).
6 *Heine*, INF 2000, 389, 390.
7 FinMin Baden-Württemberg (Koordinierter Ländererlass) 25. 2. 2010, 3 – S-4501/6, DStR 2010, 697, Tz. 4.
8 *Fabry/Pitzer*, GmbHR 1999, 766, 768; *Heine*, INF 2001, 449, 453; FinMin Baden-Württemberg, a. a. O., Beispiel Tz. 3.4.
9 FinMin Baden-Württemberg (Koordinierter Ländererlass) 25. 2. 2010, 3 – S-4501/6, DStR 2010, 697, Tz. 3.
10 *Pahlke* in Pahlke/Franz, GrEStG, § 1 Rn. 291.

Fallkonstellationen werden, soweit der Beitritt der neuen Gesellschafter nach einem vorgefassten Plan erfolgt, wohl einhellig als Fall des § 1 Abs. 2a GrEStG betrachtet. Dabei ist der Tatbestand des § 1 Abs. 2a GrEStG erst dann erfüllt, wenn mindestens 95 % der Anteile am für die Finanzierung vorgesehenen erhöhten Kapital durch neue Gesellschafter erworben sind. Fällt die Kapitalerhöhung geringer aus als ursprünglich geplant, ist auf das verringerte Kapital abzustellen.[1] Im Gegensatz zum Vorgängererlass[2] bezeichnet die Finanzverwaltung auch bei Immobilienprojektgesellschaften nur die Gesellschafterwechsel als maßgeblich, die sich nach dem Erwerb der Immobilie vollziehen.[3]

5717–5720 *(Einstweilen frei)*

c) Mittelbarer Gesellschafterwechsel

5721 Für die Steuerpflicht ist unerheblich, ob der Übergang von mindestens 95 % der Anteile insgesamt unmittelbar oder ganz oder teilweise mittelbar erfolgt.[4] Dabei werden auch mittelbare Beteiligungen über Kapitalgesellschaften erfasst, so dass insofern ein gedanklicher Durchgriff durch die Kapitalgesellschaft erfolgt.[5] Im Ergebnis sind daher, im Gegensatz zu der von der Finanzverwaltung vertretenen Auffassung,[6] **vermittelnde Personen- und Kapitalgesellschaften** im Anwendungsbereich des § 1 Abs. 2a GrEStG gleich zu behandeln, denn beide sind gleichermaßen selbständige Grunderwerbsteuersubjekte im Rahmen des § 1 GrEStG.[7]

5722 Es reicht für einen mittelbaren Gesellschafterwechsel im Rahmen des § 1 Abs. 2a GrEStG aus, wenn zwei Gesellschafter, die lediglich bei **Zusammenrechnung ihrer Beteiligungen** zu insgesamt 95 % an einer Gesellschaft beteiligt sind, diese Anteile an Dritte übertragen. Dabei ist im Anwendungsbereich des § 1 Abs. 2a GrEStG im Falle eines mittelbaren Gesellschafterwechsels an einer grundbesitzenden Personengesellschaft die Anteilsänderung nicht nur anteilig, sondern voll zu berücksichtigen, wenn die unmittelbare Beteiligung sich zu mindestens 95 % ändert. Dies gilt unabhängig davon, ob die vermittelnde Gesellschaft eine Personen- oder Kapitalgesellschaft ist.[8]

BEISPIEL: An der grundbesitzenden TAG-OHG sind im Jahr 01 zu 75 % T, zu 5 % A und zu 20 % die G-GmbH beteiligt. Gesellschafter der G-GmbH sind zu 98 % G und zu 2 % X. Im Jahr 02 verkauft T seine OHG-Beteiligung an D. Im Jahr 05 verkauft G seinen Anteil an der G-GmbH an X.

---

1 *Pahlke* in Pahlke/Franz, GrEStG, § 1 Rn. 292; *Hofmann*, GrEStG, § 1 Rn. 121; *Fischer* in Boruttau, § 1 Rn. 846; FinMin Baden-Württemberg, a. a. O, Tz. 3.

2 Gleichl. Ländererl. 26. 2. 2003, BStBl 2003 I 271, Tz. 4.3.

3 FinMin Baden-Württemberg (Koordinierter Ländererlass) 25. 2. 2010 3 – S-4501/6, DStR 2010, 697, Tz. 3.

4 *Pahlke* in Pahlke/Franz, GrEStG, § 1 Rn. 310.

5 *Hörger/Mentel/Schulz*, DStR 1999, 572, 574; *Behrens*, DStR 2010, 777 (780).

6 Siehe Rn. 5723.

7 *Behrens*, DStR 2010, 777 (782).

8 Im Ergebnis wohl ebenso: *Behrens*, DStR 2010, 777 (782).

LÖSUNG: Im Jahr 02 gehen 75 % der Anteile an der OHG unmittelbar auf einen neuen Gesellschafter über. Für Zwecke der Feststellung eines Anteilsübergangs im Jahr 05 ist die mittelbare Beteiligung an der OHG voll (d. h. nicht nur mit 19,6 %) mit zu berechnen, da die unmittelbare Beteiligung des G an der G-GmbH mindestens 95 % beträgt. Damit gehen weitere 20 % der Anteile an der OHG mittelbar auf einen neuen Gesellschafter über, so dass innerhalb von 5 Jahren ein Anteilsübergang von mindestens 95 % stattgefunden hat.

Demgegenüber verfolgt die Finanzverwaltung in ihrem Erlass vom 25. 2. 2010[1] ein **grundlegend anderes Konzept**. Da Personengesellschaften für Zwecke des § 1 Abs. 2a GrEStG selbst nicht mehr als Gesellschafter anerkannt werden und andererseits Gesellschafter von Kapitalgesellschaften nur insofern eine Rolle spielen sollen, als sie die Altgesellschaftereigenschaft der Kapitalgesellschaft verändern können, selbst aber nicht Altgesellschafter sein können sollen,[2] sollen vermittelnde Personen- und Kapitalgesellschaften auch bei der Ermittlung der mittelbaren Beteiligungsquote fundamental unterschiedlich behandelt werden: Ist die vermittelnde Gesellschaft eine Personengesellschaft, so soll zur Ermittlung der Beteiligungsverhältnisse durchgerechnet werden, ist die vermittelnde Gesellschaft dagegen eine Kapitalgesellschaft, so soll die von der Kapitalgesellschaft gehaltene Beteiligung in Übereinstimmung mit der oben dargestellten Auffassung dann voll zugerechnet werden, wenn die übergehende Beteiligung an der vermittelnden Kapitalgesellschaft mindestens 95 % beträgt.[3] 5723

(Einstweilen frei) 5724–5725

d) Treuhandverhältnisse

Im Hinblick auf die Frage, ob ein für § 1 Abs. 2a GrEStG maßgeblicher Gesellschafterwechsel vorliegt, sind bei Treuhandverhältnissen drei **Sachverhaltskonstellationen** zu unterscheiden: 5726

1. Der Treugeber hält zunächst den Gesellschaftsanteil und überträgt ihn unter Begründung des Treuhandverhältnisses auf den Treuhänder;
2. der Treuhänder ist Gesellschafter und vereinbart mit dem künftigen Treugeber die Begründung eines Treuhandverhältnisses;
3. das Treuhandverhältnis besteht bereits und entweder Treuhänder oder Treugeber wechseln.

Wird im Rahmen der **Begründung eines Treuhandverhältnisses** ein Anteil an einer grundbesitzenden Personengesellschaft übertragen (Übertragungstreuhand), so liegt darin ein Gesellschafterwechsel im Sinne des § 1 Abs. 2a GrEStG.[4] Wird der Anteil bei Aufhebung des Treuhandverhältnisses auf den vormaligen Treugeber zurückübertragen, so liegt darin wiederum ein für Zwecke des § 1 Abs. 2a GrEStG maßgeblicher An- 5727

1 FinMin Baden-Württemberg (Koordinierter Ländererlass) 25. 2. 2010 3 – S-4501/6, DStR 2010, 697, Tz. 3.

2 Siehe o. Rn. 5703.

3 FinMin Baden-Württemberg (Koordinierter Ländererlass) 25. 2. 2010 3 – S-4501/6, DStR 2010, 697, Tz. 3.

4 BFH 17. 3. 2006 II B 157/05, BFH/NV 2006, 1341. Die in der Vorauflage im Hinblick auf das Schreiben des FinMin BW v. 14. 5. 2003, DStR 2003, 984, vertretene Auffassung, es komme nach Auffassung der Verwaltung ausschließlich auf den Treuhänder an, wird nicht mehr aufrecht erhalten.

teilsübergang, der aber nach § 3 Nr. 8 GrEStG direkt[1] oder analog[2] oder nach § 16 Nr. 1 GrEStG[3] steuerbefreit sein kann.

5728 Im Fall der **Vereinbarungstreuhand** liegt nach Auffassung der überwiegenden Ansicht der Literatur[4] ein für § 1 Abs. 2a GrEStG maßgeblicher mittelbarer Gesellschafterwechsel vor. Zum gleichen Ergebnis kommt die Finanzverwaltung,[5] die sich allerdings nicht ausdrücklich dazu äußert, ob sie einen Fall des mittelbaren Gesellschafterwechsels annimmt. Nach Auffassung der Rechtsprechung kommt es demgegenüber nur darauf an, wer gesellschaftsrechtlich Gesellschafter der Personengesellschaft ist.[6] Allerdings ist der zitierte Beschluss zur Gesetzeslage des Jahres 1999 ergangen. Ob die Rechtsprechung zur aktuellen Gesetzeslage in gleicher Weise entscheiden würde, ist offen. Im Fall der Aufhebung des Treuhandverhältnisses und der Übertragung der Beteiligung auf den früheren Treugeber sieht die Finanzverwaltung den Tatbestand des § 1 Abs. 2a GrEStG wiederum als erfüllt an. Sie wendet aber § 3 Nr. 8 GrEStG analog an.[7] Demgegenüber ist nach Auffassung der überwiegenden Meinung in der Literatur[8] eine nicht tatbestandsmäßige Verkürzung der Beteiligungskette gegeben. Die Rechtsprechung müsste in diesem Fall von einem tatbestandsmäßigen Anteilsübergang ausgehen.

5729 Sowohl die überwiegende Meinung in der Literatur[9] als auch die Verwaltung[10] sehen im Fall des **Treuhänderwechsels** als auch im Fall des **Treugeberwechsels** bei bestehendem Treuhandverhältnis einen für § 1 Abs. 2a GrEStG zu berücksichtigenden Gesellschafterwechsel, wobei die Literatur im ersten Fall einen Wechsel des unmittelbaren Gesellschafters und im zweiten Fall einen Wechsel des mittelbaren Gesellschafters annimmt. Der Fall des Treuhänderwechsels müsste auch nach Auffassung der Rechtsprechung für Zwecke des § 1 Abs. 2a GrEStG beachtlich sein. Offen ist, wie die Rechtsprechung den Fall des Treugeberwechsels in der gegenwärtigen Gesetzesfassung sehen würde.

5730–5735 *(Einstweilen frei)*

e) Anwendbarkeit der Steuervergünstigungen gem. §§ 5, 6 GrEStG

5736 Die Steuervergünstigung des § 5 GrEStG für Erwerbe eines Grundstücks durch eine Personengesellschaft von ihren Gesellschaftern ist nicht anwendbar, da bei einer Anteilsübertragung die Übertragung des Grundstücks von einer Personengesellschaft auf eine

---

1 BFH v. 17. 3. 2006 II B 157/05, BFH/NV 2006, 1341.

2 FinMin Baden-Württemberg (Koordinierter Ländererlass) 25. 2. 2010 3 – S-4501/6, DStR 2010, 697, Tz. 2; *Behrens*, DStR 2009, 1611 (1613). Im Vorgängererlass 26. 2. 2003 war die Finanzverwaltung noch davon ausgegangen, dass die Rückübertragung nicht unter § 1 Abs. 2a GrEStG fiele, vgl. *Behrens*, DStR 2010, 777 (782).

3 BFH 17. 3. 2006 II B 157/05, BFH/NV 2006, 1341.

4 *Hofmann*, § 1 Rn. 113; *Pahlke* in Pahlke/Franz, GrEStG, § 1 Rn. 309; a. A. *Behrens*, DStR 2010, 777 (782).

5 FinMin Baden-Württemberg (Koordinierter Ländererlass) 25. 2. 2010 3 – S-4501/6, DStR 2010, 697, Tz. 2 und Beispiel 3.2.

6 BFH 12. 11. 2004 II B 5/04, BFH/NV 2005, 381.

7 FinMin Baden-Württenberg (Koordinierter Ländererlass) 25. 2. 2010 3 – S-4501/6, DStR 2010, 697, Tz. 2.

8 *Hofmann*, § 1 Rn. 113; *Pahlke* in Pahlke/Franz, GrEStG, § 1 Rn. 309.

9 *Hofmann*, § 1 Rn. 114; *Pahlke* in Pahlke/Franz, GrEStG, § 1 Rn. 309.

10 FinMin Baden-Württemberg (Koordinierter Ländererlass) 25. 2. 2010 3 – S-4501/6, DStR 2010, 697, Tz. 2.

neue Personengesellschaft fingiert wird.[1] Für Erwerbe zwischen Personengesellschaften ist § 6 Abs. 3 GrEStG[2] ausschließlich anwendbar, so dass eine gem. § 1 Abs. 2a GrEStG wesentliche Änderung im Gesellschafterbestand zum Teil gem. § 6 Abs. 3 GrEStG steuerprivilegiert sein kann.[3]

BEISPIEL: Die Gesellschaftsanteile der AB-OHG werden zu 96 % von A und zu 4 % von B gehalten. A überträgt seinen Anteil auf C. Nach § 1 Abs. 2a GrEStG liegt eine wesentliche Änderung im Gesellschafterbestand vor, die grunderwerbsteuerpflichtig ist. Die Grunderwerbsteuer wird wegen der Beteiligung des B zu 4 % gem. § 6 Abs. 3 GrEStG in dieser Höhe nicht erhoben, da insoweit Beteiligungsidentität besteht.

Unklar ist, inwieweit § 6 Abs. 3 GrEStG Anwendung findet, wenn die Beteiligung an einer grundbesitzenden Personengesellschaft über eine Kapitalgesellschaft vermittelt wird. 5737

BEISPIEL: X ist alleiniger Gesellschafter der X-AG, die ihrerseits als Kommanditistin zu 100 % am Vermögen der der X-Grundbesitz GmbH & Co. KG beteiligt ist. Die X-AG hält alle Anteile an der X-Verwaltungs GmbH, die nicht am Vermögen der X-Grundbesitz GmbH & Co. KG beteiligt ist. X möchte nun seine Anteile an der X-AG in die X-Holding GmbH & Co. KG einbringen, deren alleiniger Kommanditist er ist. Sämtliche Anteile an der persönlich haftenden Gesellschafterin der X-Holding GmbH & Co. KG werden ebenfalls von X gehalten.

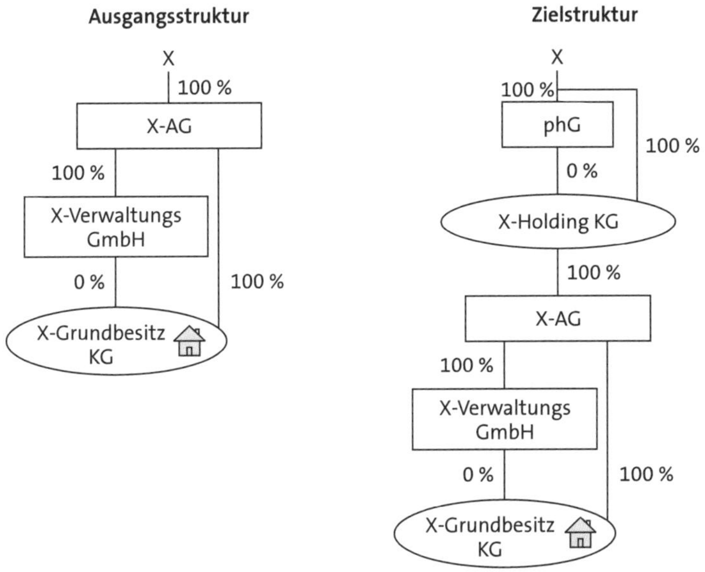

Nach der hier vertretenen Auffassung ist § 6 Abs. 3 GrEStG anwendbar, weil X vor und nach der Übertragung alleiniger mittelbarer Gesellschafter der X-Grundbesitz GmbH & Co. KG ist. Zu dem gleichen Ergebnis kommt auch das FG München in einem

1 *Franz* in Pahlke/Franz, GrEStG, § 5 Rn. 58; *Viskorf* in Boruttau, GrEStG, § 5 Rn. 41.

2 Dazu ausführlich Rn. 5666 ff.

3 *Viskorf* in Boruttau, GrEStG, § 6 Rn. 27; BFH 27. 4. 2005 II R 61/03, BStBl 2005 II 649; FinMin Baden-Württemberg (Koordinierter Ländererlass) 25. 2. 2010 3 – S-4501/6, DStR 2010, 697, Tz. 8.

Urteil vom 18. 3. 2009.[1] Die Auffassung der Verwaltung ist in dieser Fallkonstellation unklar. Während einige Länderfinanzverwaltungen unter dem 26. 2. 2009[2] die Anwendbarkeit des § 6 Abs. 3 Satz 1 GrEStG bejahen, schweigt der koordinierte Ländererlass vom 25. 2. 2010 zu dieser Sachverhaltskonstellation.[3] *Behrens*[4] schließt hieraus, dass möglicherweise nicht alle Finanzverwaltungen die in den Erlassen und Verfügungen vom 26. 2. 2009 vertretene Auffassung teilen. Jedenfalls sollten Umstrukturierungen bei den genannten Sachverhaltskonstellationen nicht ohne verbindliche Auskunft durchgeführt werden.

f) Anrechnung der Bemessungsgrundlage nach § 1 Abs. 2a Satz 3 GrEStG

5738 Hat die Gesellschaft vor dem nach § 1 Abs. 2a Satz 1 GrEStG steuerbaren Gesellschafterwechsel das Grundstück von einem Gesellschafter oder einer anderen Gesamthand erworben, so kann durch den Gesellschafterwechsel eine Steuervergünstigung nach § 5 Abs. 3 oder § 6 Abs. 3 Satz 2 GrEStG entfallen.[5] Nach § 1 Abs. 2a Satz 3 GrEStG ist diese nachträglich anfallende Grunderwerbsteuer auf die für die Anteilsübertragung entstehende Grunderwerbsteuer anzurechnen.[6]

5739–5745 *(Einstweilen frei)*

3. Anteilsvereinigung (§ 1 Abs. 3 GrEStG)

5746 Nach § 1 Abs. 3 GrEStG unterliegt auch die mittelbare oder unmittelbare Vereinigung von mindestens 95 % der Anteile an einer grundbesitzenden Gesellschaft bzw. der Übergang bereits derart vereinigter Anteile der Grunderwerbsteuer. Dabei entsteht die Grunderwerbsteuer im Hinblick auf jedes Grundstück der Gesellschaft zum Zeitpunkt der Anteilsvereinigung.[7] Grundbesitzende Gesellschaft i. S. d. § 1 Abs. 3 GrEStG kann auch eine Personengesellschaft sein.[8]

5747 § 1 Abs. 3 unterscheidet vier verschiedene Tatbestände:

1. der Abschluss eines Rechtsgeschäfts, das den Anspruch auf Übertragung eines oder mehrerer Anteile der Gesellschaft begründet, wenn durch die Übertragung unmittelbar oder mittelbar mindestens 95 % der Anteile der Gesellschaft in der Hand des Erwerbers oder in der Hand von herrschenden und abhängigen Unternehmen oder abhängigen Personen oder in der Hand von abhängigen Unternehmen oder abhängigen Personen allein vereinigt würden;

1 FG München 18. 3. 2009 4 K 1978/07, EFG 2009, 1141, Revision anhängig unter II R 57/09.

2 Z. B. Sen.Fin Berlin v. 26. 2. 2009 III C – S 4505 – 2/2007, DStR 2009, 1203.

3 FinMin Baden-Württemberg (Koordinierter Ländererlass) 25. 2. 2010 3 – S-4501/6, DStR 2010, 697. Das in Tz. 8.2 genannte Beispiel betrifft lediglich eine Beteiligung über eine zwischengeschaltete Personengesellschaft, vergleichbar dem Sachverhalt in BFH 27. 4. 2005 II R 61/03, BStBl 2005 II 649.

4 *Behrens* in DStR 2010, 777 (785).

5 Vgl. Rn. 5526 bzw. Rn. 5666 ff.

6 Zur genauen Berechnung: *Stoschek/Haftenberger/Peter,* DStR 2000, 1460, 1464 und FinMin Baden-Württemberg (Koordinierter Ländererlass) 25. 2. 2010 3 – S-4501/6, DStR 2010, 697, Tz. 10.

7 *Fischer* in Boruttau, GrEStG, § 1 Rn. 856.

8 *Fischer* in Boruttau, GrEStG, § 1 Rn. 866; *Pahlke* in Pahlke/Franz, GrEStG, § 1 Rn. 321; *Gottwald,* GrESt, 63.

2. die Vereinigung unmittelbar oder mittelbar von mindestens 95 % der Anteile der Gesellschaft, wenn kein schuldrechtliches Rechtsgeschäft i. S. v. Nr. 1 vorausgegangen ist;
3. ein Rechtsgeschäft, das den Anspruch auf Übertragung unmittelbar oder mittelbar von mindestens 95 % der Anteile der Gesellschaft begründet und
4. den Übergang von unmittelbar oder mittelbar 95 % der Anteile der Gesellschaft, wenn kein schuldrechtliches Rechtsgeschäft nach Nr. 3 vorausgegangen ist.

Als Rechtsfolge dieser Tatbestände wird angenommen, dass der Übergang des Grundstücks auf den Erwerber fingiert wird. Dabei soll bei den Nrn. 1 und 2 eine Grundstücksübertragung von der grundbesitzenden Gesellschaft und bei den Nrn. 3 und 4 eine Grundstücksübertragung vom Veräußerer auf den Anteilserwerber fingiert werden.[1]

In letzter Zeit hatten sich die Gerichte vermehrt mit der Frage der Vereinbarkeit dieser Vorschrift mit EU-Recht zu befassen. Allerdings fällt nach Auffassung des BFH § 1 Abs. 3 GrEStG weder in den Anwendungsbereich der Richtlinie 69/335/EWG (Gesellschaftsteuerrichtlinie)[2] noch in den Anwendungsbereich der Richtlinie 77/388/EWG (Sechste MwStRL).[3] 5748

a) Unmittelbare Anteilsvereinigung

„Anteil an der Gesellschaft“ ist bei einer Personengesellschaft die gesamthänderische Mitberechtigung am Gesamthandsvermögen.[4] Während § 1 Abs. 2a GrEStG auf den „Anteil am Gesellschaftsvermögen“ abstellt, bezieht sich § 1 Abs. 3 auf die „Anteile der Gesellschaft“. Einen Anteil an einer Personengesellschaft hält auch eine am Vermögen nicht beteiligte persönlich haftende Gesellschafterin. Daher kann zwar ein grunderwerbsteuerbarer Anteilsübergang nach § 1 Abs. 2a GrEStG vorliegen, wenn sämtliche Kommanditanteile übertragen werden, die Anteile an einer nicht am Vermögen der Gesellschaft beteiligten persönlich haftenden Gesellschafterin jedoch zurückbehalten werden, den Tatbestand des § 1 Abs. 3 GrEStG erfüllt dies jedoch nicht. 5749

Eine unmittelbare Vereinigung sämtlicher Anteile an einer Personengesellschaft in der Weise, dass ein Gesellschafter unmittelbar alle Anteile an der Personengesellschaft erwirbt, ist nicht denkbar. Denn mit dem Erwerb des letzten Anteils erlischt die Gesamthand und das Grundstücksvermögen geht auf den letzten Gesellschafter über. Diese Anwachsung ist nicht gem. § 1 Abs. 3 GrEStG, sondern gem. § 1 Abs. 1 Nr. 3 GrEStG steuerbar.[5] Aufgrund der gesamthänderischen Bindung ist auch eine ausschließlich un- 5750

1 BFH 2. 4. 2008 II R 53/06, DStR 2008, 1091; vgl. *Hofmann*, § 1 Rn. 136.

2 BFH 18. 11. 2005 II B 23/05, BFH/NV 2006, 612; 19. 12. 2007 II R 65/06, DStR 2008, 520.

3 BFH 2. 4. 2008 II R 53/06, DStR 2008, 1091.

4 FinMin Baden-Württemberg (Koordinierter Ländererlass) 25. 2. 2010 3 – S-4501/6, DStR 2010, 697, Beispiel Tz. 5.2; FinMin Baden-Württemberg (Koordinierter Ländererlass) 12. 10. 2007 3 – S-4501/25, BStBl 2007 I 761, Tz. 4.1.

5 BFH 13. 9. 1995 II R 80/92, BStBl 1995 II 903.

mittelbare Vereinigung von mindestens 95 % der Anteile an einer Personengesellschaft in einer Hand nicht denkbar.[1]

BEISPIEL: An der grundbesitzenden NEU-GmbH & Co. KG sind bisher die N-GmbH als Komplementärin ohne Kapitalanteil und die Kommanditisten E mit einem Kapitalanteil von 10 % und U mit einem Kapitalanteil von 90 % beteiligt. U übernimmt sämtliche Anteile des E.

LÖSUNG: Da an der gesamthänderischen Bindung auch der Gesellschafter partizipiert, der nicht am Vermögen der Personengesellschaft beteiligt ist, scheidet eine unmittelbare Anteilsvereinigung auf Ebene des U aus.[2]

5751–5755 *(Einstweilen frei)*

b) Mittelbare Anteilsvereinigungen

5756 Bei mittelbaren Anteilsvereinigungen im Zusammenhang mit Personengesellschaften ist zu unterscheiden zwischen der mittelbaren Vereinigung der Anteile an einer grundbesitzenden Gesellschaft **über** eine Personengesellschaft und der mittelbaren Vereinigung der Anteile **an** einer Personengesellschaft.

5757 Eine mittelbare Vereinigung der Anteile an einer grundbesitzenden Gesellschaft **über** eine Personengesellschaft ist nicht möglich, da eine Zurechnung der Beteiligung an der grundbesitzenden Gesellschaft wegen der gesamthänderischen Bindung nicht in Betracht kommt, es sei denn, darin liegt gleichzeitig eine mittelbare Vereinigung der Anteile **an** der Personengesellschaft.

BEISPIEL: Alleinige Gesellschafterin der grundbesitzenden G-GmbH ist die AB-GmbH & Co. KG. Komplementärin ohne Kapitalanteil der AB-GmbH & Co. KG ist die X-GmbH, an der A und B zu gleichen Teilen beteiligt sind. A und B sind zugleich als einzige Kommanditisten mit jeweils 50 % am Kapital der AB-GmbH & Co. KG beteiligt.

Wenn B seinen Kommanditanteil auf A überträgt, seinen Anteil an der X-GmbH aber behält, so liegt hierin keine mittelbare Anteilsvereinigung, da A zwar 100 % der Kommanditanteile an der A-GmbH & Co. KG hält, die gesamthänderische Bindung des Vermögens der Gesellschaft über die X-GmbH jedoch erhalten bleibt.

5758 Eine mittelbare Vereinigung der Anteile **an** einer Personengesellschaft ist demgegenüber möglich. Dies ist bei einer GmbH & Co. KG dann der Fall, wenn sich mindestens 95 % der Anteile an der GmbH in der Hand des einzigen Kommanditisten vereinigen.[3]

BEISPIEL: Wie Beispiel in Rn. 5757, jedoch überträgt B jetzt auch seine Beteiligung an der X-GmbH auf A. In diesem Fall hält A nun neben seiner unmittelbaren 100 %igen Kommanditbeteiligung mittelbar auch die Beteiligung der X-GmbH an der A-GmbH & Co. KG. Es ist zu einer mittelbaren Anteilsvereinigung der Anteile an der A-GmbH & Co. KG gekommen. Damit ist gleichzeitig eine mittelbare Anteilsvereinigung bezüglich der Anteile an der grundbesitzenden G-GmbH auf Ebene des A eingetreten.

Gleiches gilt, wenn auch die A-GmbH & Co. KG (vormals AB-GmbH & Co. KG) Grundbesitz hält. Auch in diesem Fall kommt es zu einer mittelbaren Anteilsvereinigung an einer grundbesitzen-

1 *Pahlke* in Pahlke/Franz, GrESt, § 1 Rn. 323 *Fischer* in Boruttau, GrEStG, § 1 Rn. 893; *Hofmann*, GrEStG, § 1 Rn. 143; FinMin Baden-Württemberg (Koordinierter Ländererlass) 25. 2. 2010 3 – S-4501/6, DStR 2010, 697, Beispiel Tz. 5.2; zur bisherigen Rechtslage: BFH 8. 8. 2001 II R 66/98, BStBl 2002 II 156.

2 Zu einer Anteilsvereinigung kann es allenfalls über die mittelbare Anteilsvereinigung kommen, vgl. Rn. 5758.

3 *Fischer* in Boruttau, GrEStG, § 1 Rn. 898.

den Gesellschaft, da A nun mittelbar (über die X-GmbH) und unmittelbar als Kommanditist sämtliche Anteile an einer grundbesitzenden Personengesellschaft hält.

Zur Feststellung einer mittelbaren Anteilsvereinigung nach § 1 Abs. 3 werden nur mittelbare Beteiligungen berücksichtigt, die zu mindestens 95 % gehalten werden. Ist die Stufe von 95 % allerdings erreicht, so werden die vermittelten Anteile voll und nicht nur quotal zugerechnet.[1] 5759

BEISPIEL: Die A-GmbH und die B-GmbH sind jeweils zu 50 % an der grundbesitzenden AB-OHG beteiligt. A ist zu 100 % an der A-GmbH beteiligt und erwirbt nun 94 % der Anteile an der B-GmbH. Es liegt keine mittelbare Anteilsvereinigung vor. Erwirbt A dagegen 95 % der Anteile an der B-GmbH, so sind ihm die von der B-GmbH zugerechneten Anteile voll zuzurechnen und nicht nur zu 47,5 % (50 % x 95 %).

(Einstweilen frei) 5760–5765

c) Organschaft

Einen Sonderfall der mittelbaren Anteilsvereinigung sieht § 1 Abs. 3 Nr. 1, Abs. 4 Nr. 2b GrEStG für Organschaften vor. Eine Organschaft liegt vor, wenn eine **juristische Person** finanziell, wirtschaftlich und organisatorisch in ein Unternehmen (Organträger) eingegliedert ist. Der Organträger muss demnach seinen Willen in der Organgesellschaft aufgrund organisatorischer Verflechtungen sicherstellen.[2] Eine **Personengesellschaft** hingegen kann auch grunderwerbsteuerlich selbst dann nicht abhängige Gesellschaft (Organgesellschaft) sein, wenn an ihr ausschließlich juristische Personen beteiligt sind.[3] 5766

Folge einer solchen Organschaft ist, dass für die Frage der Anteilsvereinigung sämtliche Anteile in der Hand von herrschenden und abhängigen Unternehmen zu berücksichtigen sind, ohne dass eine Beteiligung von 95 % des herrschenden an dem abhängigen Unternehmen erforderlich wäre.[4] 5767

Das Abhängigkeitsverhältnis ersetzt dabei den andernfalls erforderlichen Erwerb des ansonsten grunderwerbsteuerlich notwendigen Quantums der Anteile. Die Bildung eines Organkreises führt für sich genommen nicht zum Anfall von Grunderwerbsteuer.[5] 5768

BEISPIEL: Die AB-KG ist zu 60 % an der C-GmbH beteiligt, wobei die C-GmbH Organgesellschaft ist. Die AB-KG hält 50 % der Anteile an der grundbesitzenden D-GmbH. Nun erwirbt die C-GmbH ihrerseits zusätzlich 45 % der Anteile an der D-GmbH. Aufgrund der Organschaft werden die Anteile der AB-KG und der C-GmbH an der D-GmbH zusammengerechnet, so dass eine Vereinigung von 95 % der Anteile an der D-GmbH vorliegt. Hätte die C-GmbH die Anteile an der D-GmbH jedoch zuerst erworben und wäre dann erst die Organschaft begründet worden, so läge keine Anteilsvereinigung vor.

---

1 Gleichl. Ländererl. v. 2.12.1999, BStBl I 1999 I 991; FinMin Baden-Württemberg 14.2.2000 3 S 4500-43, DStR 2000, 430.

2 BFH 25.8.2010 II R 65/08, BStBl 2011 II 225; *Pahlke* in Pahlke/Franz, GrEStG, § 1 Rn. 335; *Schmitt-Homann*, BB 2010, 2276 (2280).

3 BFH 8.8.2001 II R 66/98, BStBl 2002 II 156.

4 *Fischer* in Boruttau, GrEStG, § 1 Rn. 958; zur alten Rechtslage (10 % der Anteile): BFH v. 20.7.2005 II R 30/04, BStBl 2005 II 839, 840.

5 *Mitsch*, DB 2001, 2165, 2167.

5769 Anteilsverschiebungen innerhalb eines Organkreises sind nur steuerbar, wenn durch diese eine erstmalige Anteilszurechnung zu einer Gesellschaft erfolgt.[1]

BEISPIEL: Die AB-KG ist als Organträger zu 90 % an den Organgesellschaften C-GmbH, D-GmbH und E-GmbH beteiligt, die ihrerseits zu je 1/3 an der grundbesitzenden X-GmbH beteiligt sind. Zugleich sind die C-GmbH und die D-GmbH zu je 1/2 an der grundbesitzenden Y-GmbH beteiligt. Die C-GmbH überträgt nun ihre sämtlichen Beteiligungen auf die D-GmbH.

LÖSUNG: Hinsichtlich der Anteile an der X-GmbH liegt eine nicht steuerbare Anteilsverschiebung vor. Dem Organkreis wurden vorher wie nachher 100 % der Anteile zugerechnet. Hinsichtlich der einzelnen Gesellschaften erfolgt hingegen keine Zurechnung der Anteile, da deren Beteiligung unter 95 % bleiben.

Zwar hat sich die Beteiligung des Organkreises an der Y-GmbH ebenfalls nicht geändert, dennoch ist der Vorgang steuerbar. Bei der D-GmbH liegt nämlich eine Vereinigung von 100 % der Anteile an der Y-GmbH vor. Damit wird dieser erstmalig die Beteiligung an der Y-GmbH vollständig zugerechnet.

5770 Mit Urteil vom 20. 7. 2005 hat der BFH entschieden, dass die Verschmelzung einer Organträgerin, die 87,5 % der Anteile an einer Organgesellschaft hält, die wiederum zu 100 % Anteilseignerin an grundbesitzenden Gesellschaften ist, auf eine bislang außerhalb des Organkreises stehende neue Organträgerin unter Fortsetzung des Organschaftsverhältnisses weder zu einer Vereinigung (§ 1 Abs. 3 Nr. 2 GrEStG) noch zur Übertragung (§ 1 Abs. 3 Nr. 4 GrEStG) aller Anteile an den grundstücksbesitzenden Gesellschaften führt.[2] Damit stellte der BFH klar, dass eine organschaftliche Zurechnung nicht ersetzt, dass das erforderliche Quorum der Anteile, d. h. nach damaliger Rechtslage alle Anteile, nach heutiger Rechtslage mindestens 95 % der Anteile, an der grundbesitzenden Gesellschaft übergeht. Das Urteil hat in der Literatur ein breites Echo gefunden[3] und auch die Finanzverwaltung hat sich in einem Erlass zur Anwendung des § 1 Abs. 3 i. V. m. Abs. 4 GrEStG auf Organschaftsfälle[4] ausführlich mit dem Urteil auseinandergesetzt. Jedoch sind weiterhin eine Reihe von Fragen offen geblieben, deren Klärung jedoch den hier vorgegebenen Rahmen sprengen würde. Wenn man die Organschaft als Unterfall der mittelbaren Anteilsvereinigung sieht, so fragt sich insbesondere, ob die in Tz. 2.3.1 des Erlasses vertretene Lösung mit dieser Prämisse vereinbar ist.

d) Übergang von mittelbarer zu unmittelbarer Anteilsvereinigung

5771 Der Übergang von einer mittelbaren zu einer unmittelbaren Anteilsvereinigung ist nach einhelliger Auffassung kein grunderwerbsteuerbarer Tatbestand,[5] wobei dieser Fall allerdings nur bei grundbesitzenden Kapitalgesellschaften auftreten kann.

5772–5775 *(Einstweilen frei)*

1 *Fischer* in Boruttau, GrEStG, § 1 Rn. 973. Zu den Besonderheiten in Fällen grunderwerbsteuerlicher Organschaft: *Mitsch*, DB 2001, 2165; *Fischer* in Boruttau, GrEStG, § 1 Rn. 958 ff.

2 BFH 20. 7. 2005 II R 30/04, BStBl 2005 II 839; Vorinstanz: FG Düsseldorf 10. 3. 2004 7 K 6316/02.

3 *Behrens*, BB 2005, 2621; *Brinkmann/Tschesche*, BB 2005, 2783; *Willibald/Widmayer*, DB 2005, 2543; *Forst/Ruppel*, EStB 2006, 223; *Pflüger*, GStB 2006, 81; *Wischott/Schönweiß*, DStR 2006, 172.

4 Gleichl. Ländererlass 21. 3. 2007, BStBl 2007 I 422.

5 Vgl. etwa *Pahlke* in Pahlke/Franz, GrEStG, § 1 Rn. 339; *Hofmann*, GrEStG, § 1 Rn. 162; *Kroschewski*, GmbHR 2001, 710; FG Münster v. 8. 5. 2003 8 K 3587/00, EFG 2003, 187; BFH 12. 1. 1994 II R 130/91, BStBl 1994 II 408, s. auch Rn. 5705.

4. Anwendbarkeit der Steuervergünstigungen gem. §§ 5, 6 GrEStG

Nach in der Literatur und der Rechtsprechung ganz herrschend vertretener Auffassung ist die Steuervergünstigung des § 5 GrEStG für Erwerbe einer Personengesellschaft von ihren Gesellschaftern auf Fälle der Anteilsvereinigung des § 1 Abs. 3 Nr. 1 und 2 GrEStG nicht anwendbar, wohl aber auf die Fälle der Anteilsübertragung des § 1 Abs. 3 Nr. 3 und 4 GrEStG, wenn Gesellschaftsanteile auf eine Personengesellschaft übergehen.[1] Das FG Hamburg hatte mit Urteil vom 4. 7. 2006[2] § 5 Abs. 1 GrEStG in einer Sachverhaltskonstellation für entsprechend anwendbar erklärt, in der sowohl die grundbesitzenden Gesellschaften als auch die vermittelnde Gesellschaft Kapitalgesellschaften waren, und die Anteile an der vermittelnden Gesellschaft auf eine Personengesellschaft übertragen wurden, an der die Übertragenden zu jeweils 50 % beteiligt waren. Das FG Hamburg zweifelte an, ob es überhaupt erforderlich sei, bei den Erwerbstatbeständen des § 1 Abs. 3 GrEStG eine fiktive Grundstücksübertragung anzunehmen. Wenn das überhaupt notwendig sei, so handele es sich doch auch in den Fällen des § 1 Abs. 3 Nrn. 1 und 2 GrEStG um eine Übertragung zwischen dem übertragenden und dem erwerbenden Anteilseigner.[3] Der BFH ist diesen Überlegungen in seinem Urteil vom 2. 4. 2008[4] nicht gefolgt, sondern ist bei seiner bisherigen Rechtsprechung geblieben. 5776

Auf alle Erwerbsvorgänge gem. § 1 Abs. 3 GrEStG ist bei einer Personengesellschaft § 6 GrEStG anwendbar, der für Übertragung durch eine Personengesellschaft auf Gesellschafter oder andere Personengesellschaften eine Steuerprivilegierung vorsieht.[5] Handelt es sich bei demjenigen, bei dem sich die Anteile vereinigen, um eine natürliche oder juristische Person, so ergibt sich die Begünstigung aus § 6 Abs. 2 GrEStG. Handelt es sich um eine Personengesellschaft, so ergibt sich die Begünstigung aus § 6 Abs. 3 GrEStG.[6] 5777

(Einstweilen frei) 5778–5780

5. Anwendbarkeit des § 42 AO

Auch nach der Neufassung des § 42 AO durch das JStG 2008[7] ist noch nicht abschließend geklärt, ob neben den Regelungen des § 1 Abs. 2a und Abs. 3 GrEStG noch Raum für eine Anwendung des § 42 AO bleibt. Erstmals ist in § 42 Abs. 2 Satz 1 AO nun eine Definition des Missbrauchs enthalten. Dieser liegt danach dann vor, wenn eine unangemessene rechtliche Gestaltung gewählt wird, die beim Steuerpflichtigen oder einem Dritten im Vergleich zu einer angemessenen Gestaltung zu einem gesetzlich nicht vorgesehenen Steuervorteil führt. 5781

---

1 *Franz* in Pahlke/Franz, GrEStG, § 5 Rn. 62, 63; *Viskorf* in Boruttau, GrEStG, § 5 Rn. 41; BFH 2. 4. 2008 II R 53/06, DStR 2008, 1091.

2 FG Hamburg 3 K 23/05, EFG 2007, 142 (144).

3 FG Hamburg, a. a. O.

4 II R 53/06, DStR 2008, 1091.

5 *Franz* in Pahlke/Franz, GrEStG, § 6 Rn. 51.

6 *Franz* in Pahlke/Franz, GrEStG, § 6 Rn. 51.

7 BGBl 2007 I 3150.

5782 Zudem wurde in § 42 Abs. 1 AO der Versuch unternommen, die Anwendung der allgemeinen Missbrauchsregelung neben spezialgesetzlichen Regelungen sicherzustellen. Nach § 42 Abs. 1 Satz 2 AO bestimmen sich die Rechtsfolgen dann, wenn der Tatbestand einer Regelung in einem Einzelsteuergesetz erfüllt ist, die der Verhinderung von Steuerumgehungen dient, nach dieser Regelung. Andernfalls, so § 42 Abs. 1 Satz 3 AO, „entsteht der Steueranspruch beim Vorliegen eines Missbrauchs i. S. d. Abs. 2 so, wie er bei einer den wirtschaftlichen Vorgängen angemessenen rechtlichen Gestaltung entsteht." Inwieweit dieser Versuch erfolgreich war, ist unklar. Wenn sich das Vorliegen eines Missbrauchs danach bestimmt, ob eine Gestaltung „zu einem gesetzlich vorgesehenen Steuervorteil führt", so ist im Wege der Auslegung zu klären, welche Steuervorteile gesetzlich vorgesehen sind und welche nicht.[1] Diese Auslegung kann sich im Bereich des § 1 GrEStG nur daraus ergeben, welche Grenzen der Gesetzgeber in den Absätzen 2, 2a und 3 gezogen hat. Wenn aber in einem Gesetz die Fälle, in denen ein Steuervorteil nicht gewährt werden soll, so detailliert geregelt sind wie in § 1 Abs. 2a und 3 GrEStG, so folgt daraus, dass in anderen Fällen ein Steuervorteil gewährt werden soll – oder genauer gesagt, dass es in anderen Fällen nicht zu einer Besteuerung kommen soll. Inwieweit daneben noch Raum für eine Auslegung sein soll, worin sonst noch ein gesetzlich nicht vorgesehener Steuervorteil bestehen könnte, ist nur schwer vorstellbar. Insofern dürfte im Bereich des § 1 Abs. 2a und 3 GrEStG für eine Anwendung des § 42 Abs. 1 Satz 3 AO kaum noch Raum sein, so dass zweifelhaft ist, ob sich durch die Neufassung des § 42 AO an der Abschirmwirkung spezieller Missbrauchsvorschriften[2] viel geändert hat.[3] Allerdings sind im Bereich des § 1 Abs. 1 GrEStG Fallkonstellationen denkbar, unter denen § 42 AO Anwendung finden kann, etwa der von Hofmann[4] dargestellte Fall, dass ein Gesellschafter mit dem Erwerb des Gesellschaftsanteils einen Anspruch auf Übereignung eines bestimmten Grundstücks statt eines Abfindungs- oder Auseinandersetzungsanspruchs für den Fall seines Ausscheidens aus der Gesellschaft erwirbt und er diese Bedingung durch Kündigung selbst herbeiführen kann.[5]

6. Anzeigepflicht bei Änderungen im Gesellschafterbestand

5783 Änderungen im Gesellschafterbestand, die dazu führen, dass ein Tatbestand des § 1 Abs. 2a (Anteilsübertragung) oder Abs. 3 (Anteilsvereinigung) GrEStG erfüllt ist, sind nach § 19 Abs. 1 Satz 1 Nr. 3a – 7 GrEStG anzeigepflichtig.[6] Die Anzeigepflicht besteht

1 *Mack/Wollweber*, DStR 2008, 182 (186).

2 Vgl. etwa die Rechtsprechung zu § 42 AO a. F.: BFH 20. 3. 2000 I R 63/99, BStBl 2003 II 50; FG Köln 9. 3. 2000 5 K 2476/97, NWB DokID: AAAAB-09125, bestätigt durch BFH 25. 6. 2003 II R 55/00, BFH/NV 2003, 1345; FG Niedersachsen 3. 4. 2001 7 K III 139/96, EFG 2003, 180, teilweise abgelehnt durch BFH 22. 10. 2003 II R 59/01, BFH/NV 2004, 367.

3 Ebenso: *Mack/Wollweber*, DStR 2008, 182 (186); *Centrale für GmbH Dr. Otto Schmidt*, GmbHR 2007, 924 (927); a. A.: *v. Wedelstädt*, DB 2007, 2558 (2559); *Lenz/Gerhard*, BB 2007, 2429 (2434); zu den Schwierigkeiten der Definition des Missbrauchs: *Fischer*, FR 2007, 857, 859, zur Anwendung des § 16 GrEStG.

4 *Hofmann*, GrEStG, § 1 Rn. 26 f.

5 Auch der BFH (29. 5. 2011 II B 133/10, n. v., NWB DokID: MAAAD-87148) und die Vorinstanz FG Berlin-Brandenburg (22. 9. 2010 11 K 1394/06 B) haben in dieser besonderen Fallkonstellation die Anwendbarkeit von § 42 AO bejaht.

6 Zur Ordnungsmäßigkeit der Anzeige: BFH v. 20. 1. 2005 II B 52/04, BStBl 2005 II 492.

auch bei mittelbarer Anteilsvereinigung.[1] Demgegenüber umfasst die Anzeigepflicht des § 19 Abs. 1 Satz 2 GrEStG nicht Änderungen im Gesellschafterbestand, die zum Wegfall einer Steuervergünstigung nach § 5 oder § 6 Abs. 3 GrEStG führen. Hierfür gilt § 19 Abs. 2 Nr. 4 GrEStG.[2] Hierzu und zu möglichen Nachteilen bei Unterlassen der Anzeige durch die Beteiligten siehe Rn. 5648.

(Einstweilen frei) 5784–5790

IV. Umstrukturierung von Personengesellschaften

1. Allgemeines

Durch die Umwandlung kann das Eigentum an einem Grundstück übergehen, sich die Gesellschafterstruktur grundbesitzender Gesellschaften verändern oder es können Vergünstigungen im Zusammenhang mit bisherigen Transaktionen nachträglich entfallen. Bei der Konzeptionierung einer Umstrukturierung sind daher nicht nur deren unmittelbaren Auswirkungen auf die beteiligten Gesellschaften im Jahr der Umstrukturierung, sondern auch mittelbare Auswirkungen auf Konzerngesellschaften oder frühere Transaktionen zu berücksichtigen. Zu den Möglichkeiten der Steuerbefreiung bei konzerninternen Umstrukturierungen s. u. Rn. 5831 ff. 5791

Während bei Umwandlungen, die zivilrechtlich zu ihrer Wirksamkeit der Eintragung ins Handelsregister bedürfen, wirtschaftlich,[3] ertragsteuerlich[4] und handelsbilanziell[5] eine Rückbeziehung möglich ist, ist für den Erwerbstatbestand des § 1 Abs. 1 GrEStG allein der Zeitpunkt der Eintragung maßgeblich.[6] 5792

(Einstweilen frei) 5793–5795

2. Formwechsel

Grundsätzlich führt weder ein Formwechsel einer grundbesitzenden Personengesellschaft in eine Kapitalgesellschaft noch der Formwechsel einer grundbesitzenden Kapitalgesellschaft in eine Personengesellschaft zu Grunderwerbsteuer.[7] 5796

Jedoch führt die formwechselnde Umwandlung einer **übertragenden Personengesellschaft in** eine **Kapitalgesellschaft** innerhalb von 5 Jahren nach einer Übertragung eines Grundstücks von einem oder mehreren Mitgesellschaftern auf die Personengesellschaft zum Wegfall der Steuervergünstigung nach § 5 Abs. 1, 2 GrEStG.[8] 5797

1 BFH 21. 9. 2005 II R 33/04, BFH NV 2006, 609.
2 BFH 26. 2. 2007 II R 50/06, BFH NV 2007, 1535.
3 § 5 Abs. 1 Nr. 6, § 17 Abs. 2, § 125, § 126 Abs. 1 Nr. 6 UmwG.
4 § 2 Abs. 1, § 20 Abs. 6, § 24 Abs. 4 UmwStG.
5 IDW-Stellungnahmen HFA 2/1997, WPG 1997, 235, und 1/1998, WPG 1998, 508.
6 BFH 29. 9. 2005 II R 23/04, BStBl 2006 II 137.
7 BFH 4. 12. 1996 II B 116/96, BStBl 1997 II 661.
8 *Viskorf*, DStR 2001, 1101, 1103; *Gottwald*, DStR 2004, 341; OFD Rheinland 6. 7. 2010 S 4514-1000 St 235, Tz. 1.1; zur alten Rechtslage: BFH v. 18. 12. 2002 II R 13/01, BStBl 2003 II 358.

BEISPIEL: Der Gesellschafter M bringt im Jahr 01 ein Grundstück gegen Gewährung von Gesellschaftsrechten in die MAX-KG ein, an der er zu 1/3 beteiligt ist. Im Jahr 03 wird die MAX-KG in eine GmbH formgewechselt.

LÖSUNG: Die Grunderwerbsteuer für die Einbringung im Jahr 01 wird nach § 5 Abs. 2 GrEStG i. H. v. 1/3 nicht erhoben.[1] Aufgrund des Formwechsels entfällt die gesamthänderische Beteiligung des M an dem Grundstück, so dass die Steuerbegünstigung des § 5 Abs. 2 GrEStG nach § 5 Abs. 3 GrEStG entfällt.

5798 Der Formwechsel einer **grundbesitzenden Kapitalgesellschaft in** eine **Personengesellschaft** führt zur späteren Anwendbarkeit des § 6 GrEStG.[2] Aufgrund der Regelung des § 6 Abs. 4 GrEStG sind erstmals 5 Jahre nach Eintragung der Umwandlung in das Handelsregister nach § 6 Abs. 1 – 3 GrEStG steuerprivilegierte Grundstücksübergänge von der Gesellschaft auf die Gesellschafter möglich.[3]

5799 Demgegenüber soll nach Auffassung der Finanzverwaltung der Formwechsel einer **übertragenden Kapitalgesellschaft** in eine **Personengesellschaft** dazu führen, dass die Haltefrist des § 5 Abs. 3 / § 6 Abs. 3 Satz 2 GrEStG auf die Personengesellschaft Anwendung findet und anschließende Anteilsübertragungen an der Personengesellschaft schädlich für die Steuerbegünstigung der Einbringung sein sollen.[4] Hierzu wird folgendes Beispiel genannt:

BEISPIEL: Im Januar 02 veräußert die X-GmbH ihre Immobilie an die KG, an der sie zu 90 % beteiligt ist. Die übrigen 10 % an der KG werden von A gehalten, der wiederum zu 20 % an der X-GmbH beteiligt ist. Weitere Gesellschafter der X-GmbH sind zu diesem Zeitpunkt B (30 %) und C (50 %). Im Mai 02 wird die X-GmbH in eine OHG formgewechselt. Im Oktober 02 überträgt C seine Anteile an der X-GmbH schließlich auf D.

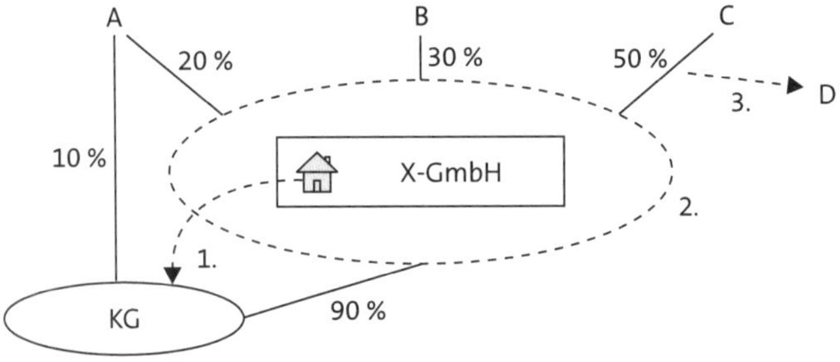

1. Januar 02: Veräußerung der Immobilie
2. Mai 02: Formwechsel GmbH in OHG
3. Oktober 02: Anteilsübertragung

LÖSUNG: Die nach § 1 Abs. 1 GrEStG steuerbare Grundstücksübertragung auf die KG ist nach § 5 Abs. 2 GrEStG i. H. v. 90 % steuerfrei. Daran ändert auch der anschließende Formwechsel nichts, da die Identität der X erhalten bleibt.[5] Warum die Finanzverwaltung allerdings die an-

1 Zur Steuervergünstigung des § 5 Abs. 1, 2 GrEStG; vgl. Rn. 5521.

2 Zu § 6 GrEStG vgl. Rn. 5656 ff.

3 *Franz* in Pahlke/Franz, GrEStG, § 6 Rn. 38; BFH 19. 3. 2003 II B 96/02, BFH/NV 2003, 1090; 4. 4. 2001 II R 57/98, BStBl 2001 II 587.

4 OFD Rheinland 6. 7. 2010 S 4514-1000 St 235, Tz. 1.2.

5 Vgl. *Viskorf* in Boruttau, GrEStG, § 5 Rn. 85c.

schließende Übertragung für einen schädlichen Vorgang hält, der zur nachträglichen Erhebung von 45 % (50 % von 90 %) der Grunderwerbsteuer führt, bleibt unklar. Das Grundstück ist der OHG grunderwerbsteuerlich nicht zuzurechnen und C hätte die Anteile an X in der Rechtsform der GmbH unschädlich veräußern können.

(Einstweilen frei) 5800–5805

3. Spaltung

Bei Spaltungsvorgängen liegt ein Rechtsträgerwechsel gem. § 1 Nr. 3 GrEStG vor. Bei einer Abspaltung und Ausgliederung besteht eine Steuerbarkeit jedoch nur hinsichtlich der übergegangenen Grundstücke, nicht hinsichtlich der verbleibenden Grundstücke.[1] 5806

Geht bei einer **Aufspaltung, Abspaltung** von oder **Ausgliederung** aus einer Personengesellschaft ein Grundstück **auf eine andere Personengesellschaft** über, so fällt gem. § 6 Abs. 3 GrEStG keine Grunderwerbsteuer an, soweit Personen- und Beteiligungsidentität besteht.[2] Da eine Aufspaltung zur Auflösung führt, ist in diesem Fall für die Bewertung der Identität die Auseinandersetzungsquote gem. § 6 Abs. 3 i.V.m. Abs. 1 Satz 2 GrEStG maßgeblich.[3] 5807

Gehen im Rahmen einer Spaltung auch Anteile an grundbesitzenden Gesellschaften über, so kann es dadurch zu einer steuerbaren Anteilsvereinigung nach § 1 Abs. 3 GrEStG kommen.[4] 5808

(Einstweilen frei) 5809–5815

4. Verschmelzung

Die Verschmelzung einer grundbesitzenden Personengesellschaft auf einen anderen Rechtsträger ist ein nach § 1 Abs. 1 Nr. 3 GrEStG oder § 1 Abs. 2a oder Abs. 3 GrEStG steuerbarer Vorgang. 5816

Erfolgt die **Verschmelzung einer grundbesitzenden Personengesellschaft** auf eine Personengesellschaft, so bleibt die Grunderwerbsteuer unter den Voraussetzungen des § 6 GrEStG unerhoben.[5] Dafür ist gem. § 6 Abs. 3 i.V.m. Abs. 1 GrEStG Personen- und Beteiligungsidentität bei den Gesellschaften erforderlich. Weichen Personen- und Beteiligungsverhältnisse voneinander ab, so fällt die Steuer hinsichtlich der Identitätsabweichung an.[6] Ist der aufnehmende Rechtsträger hingegen eine Kapitalgesellschaft, so ist eine Nichterhebung der Steuer nach § 6 GrEStG nur insoweit möglich, soweit die übernehmende Kapitalgesellschaft an der übertragenden Kapitalgesellschaft beteiligt ist.[7] 5817

1 *Pahlke* in Pahlke/Franz, GrEStG, § 1 Rn. 168.
2 *Gottwald,* GrESt, 124; zu § 6 Abs. 3 GrEStG; vgl. Rn. 5666 ff.
3 *Franz* in Pahlke/Franz, GrEStG, § 6 Rn. 42.
4 *Fischer* in Boruttau, GrEStG, § 1 Rn. 895a.
5 *Franz* in Pahlke/Franz, GrEStG, § 6 Rn. 41; ausführlich zu § 6 GrEStG; vgl. Rn. 5656 ff.
6 *Gottwald,* GrESt, 124.
7 *Franz* in Pahlke/Franz, GrEStG, § 6 Rn. 41.

5818 Sofern die Voraussetzungen für eine Nichterhebung der Grunderwerbsteuer nach § 6a GrEStG[1] nicht erfüllt sind, kann nach wie vor auch bei **Verschmelzungen im Konzern** die Richtung der Verschmelzung von Bedeutung sein. Bei einem **Downstream Merger,** also der Verschmelzung der Mutter- auf die Tochtergesellschaft, kommt es zu einer erstmaligen Zurechnung der Grundstücke bei der aufnehmenden Gesellschaft und zwar hinsichtlich der Grundstücke der übertragenden Gesellschaft und der Anteile an Grundstücksgesellschaften, die die übertragende Gesellschaft hält. Wird hingegen eine mittelbare Zurechnung zu einer unmittelbaren, so liegt keine neue Steuerbarkeit vor.[2] Folgt einer Anteilsvereinigung der direkte Erwerb des Grundstückes, so findet eine Anrechnung analog § 1 Abs. 6 GrEStG statt.[3] Aus diesem Grunde kann bei Umstrukturierungen im Konzern die Grunderwerbsteuerlast für einen **Upstream Merger** sprechen, wenn beide Gesellschaften Grundstücke oder Beteiligungen an Grundstücksgesellschaften besitzen.

BEISPIEL: ▶ Gesellschafterin der A-GmbH ist die AB-OHG, die ihre Anteile an der A-GmbH vor 2 Jahren von 50 % auf 100 % aufgestockt hatte. Sowohl die A-GmbH als auch die AB-OHG halten jeweils ein Grundstück und zugleich jeweils eine 100-%-Beteiligung an einer grundbesitzenden GmbH. Es ist nun eine Verschmelzung der A-GmbH und der AB-OHG geplant.

LÖSUNG: ▶ Mangels Erfüllung der Vorbehaltensfrist scheidet eine Nichterhebung der Grunderwerbsteuer nach § 6a GrESG aus. Bei einem Downstream Merger, also einer Verschmelzung der AB-OHG auf die A-GmbH, würde der A-GmbH das Grundstück der AB-OHG sowie deren Beteiligung an einer grundbesitzenden GmbH erstmalig zugerechnet. Der Vorgang ist demnach gem. § 1 Abs. 1 Nr. 3, § 1 Abs. 3 Nr. 3 bzw. 4 GrEStG steuerbar.

Bei einem Upstream Merger, also einer Verschmelzung der A-GmbH auf die AB-OHG, würde die AB-OHG erstmalig das Grundstück der A-GmbH erwerben, so dass der Vorgang gem. § 1 Abs. 1 Nr. 3 i.V. m. Abs. 6 Satz 1 GrEStG steuerbar ist. Jedoch wird die bei der vorherigen Anteilsvereinigung entstandene Steuer gem. § 1 Abs. 6 Satz 2 GrEStG auf die nun entstehende Steuer angerechnet. Hinsichtlich des Anteilsüberganges an der grundbesitzenden GmbH wird aus der mittelbaren Anteilsvereinigung eine unmittelbare, die nicht steuerbar ist.

5819 Die bei der Verschmelzung einer Personengesellschaft auf eine Kapitalgesellschaft nach § 1 Abs. 1 Nr. 3 GrEStG entstehende Grunderwerbsteuer gehört bei der übernehmenden Gesellschaft zu den aktivierungspflichtigen **Anschaffungsnebenkosten.**[4] Demgegenüber ist die bei der Verschmelzung einer Kapitalgesellschaft auf eine Personengesellschaft entstehende Grunderwerbsteuer nach Auffassung der Finanzverwaltung als sofort abzugsfähige **Betriebsausgabe** zu behandeln.[5] Ob diese Auffassung zutrifft, hat der BFH ausdrücklich offen gelassen.[6]

5820 Die **Verschmelzung einer Personengesellschaft** auf eine Kapitalgesellschaft innerhalb von 5 Jahren nach einer Übertragung eines Grundstücks von einem oder mehreren Mitgesellschaftern auf die Personengesellschaft führt nach Auffassung der Verwaltung

---

1 Siehe dazu im Einzelnen Rn. 5831 ff.

2 BFH 20. 10. 1993 II R 116/90, BStBl 1994 II 121; *Pahlke* in Pahlke/Franz, GrEStG, § 1 Rn. 339.

3 Anrechnung aus Billigkeitsgründen: Koord. Ländererl., Bayerisches Staatsministerium der Finanzen 5. 10. 1992, S – 4521 – 22/3 – 63816.

4 BFH 5. 9. 2002 I R 97/02, BStBl 2004 II 686; zur Behandlung der Grunderwerbsteuer in den Fällen des § 1 Abs. 2a oder Abs. 3 GrEStG s. Rn. 5871 f.

5 BMF 25. 3. 1998, BStBl 1998 I 268, geändert durch BMF v. 21. 8. 2001, BStBl 2001 I 543, Tz. 04.43.

6 BFH 5. 9. 2002 I R 97/02, BStBl 2004 II 686; OFD Rheinland 6. 7. 2010 S 4514-1000 – St 235, Tz. 1.

zum Wegfall der Steuervergünstigung nach § 5 Abs. 1, 2 GrEStG.[1] In der Literatur wird ein Wegfall der Steuervergünstigung jedoch abgelehnt, da wegen der Grunderwerbsteuerpflicht der Verschmelzung ein Missbrauch, der durch den Wegfall verhindert werden soll, nicht vorliegt.[2]

Die Verwaltung bezieht sich ausdrücklich nur auf die Umwandlung der Personengesellschaft als übertragender Rechtsträger. Doch dürfte die Verwaltung auch dann einen Wegfall der Steuervergünstigung annehmen, wenn die Beteiligung des Gesellschafters aufgrund einer **Verschmelzung auf die Gesellschaft,** an der er beteiligt ist, sinkt. Nach dem Gesetzeswortlaut sind auch diese Fallgestaltungen von § 5 Abs. 3 GrEStG erfasst: 5821

BEISPIEL: Der Gesellschafter M bringt im Jahr 01 ein Grundstück gegen Gewährung von Gesellschaftsrechten in die MAX-OHG ein, an der er zu 1/3 beteiligt ist. Im Jahr 03 wird die I-KG auf die MAX-OHG verschmolzen. Nach der Verschmelzung ist M an der MAX-OHG nur noch zu 1/6 beteiligt.

Vorsorglich sollten derartige Gestaltungen vorab mit dem zuständigen Finanzamt im Wege einer verbindlichen Auskunft abgeklärt werden.

Auch die **Verschmelzung des übertragenden Rechtsträgers** innerhalb der 5-Jahres-Frist des § 5 Abs. 3 GrEStG führt zum Entfall der Steuervergünstigungen. 5822

BEISPIEL:[3] Die A-GmbH ist an der AB-KG zu 94 % beteiligt und verkauft im Jahre 01 dieser ein Grundstück. Die Grunderwerbsteuer blieb dabei zu 94 % gem. § 5 Abs. 2 GrEStG unerhoben. A ist Alleingesellschafter der A-GmbH sowie der C-GmbH und verschmilzt im Jahre 03 beide auf die neuzugründende AC-AG. Damit hat ein Rechtsübergang des Gesellschaftsanteils an der AB-KG von der A-GmbH auf die AC-AG i. S. d. § 5 Abs. 3 GrEStG stattgefunden, der zum Entfall der Steuervergünstigung nach § 5 Abs. 2 GrEStG führt.

Allerdings ist die Vergünstigung des § 5 Abs. 2 GrEStG von vornherein nicht zu gewähren, wenn der übertragende Rechtsträger bereits im Zeitpunkt der Grundstücksübertragung die Absicht hat, die gesamthänderische Mitberechtigung kurzfristig aufzugeben.[4] 5823

(Einstweilen frei) 5824–5830

V. Übertragungen im Konzern

1. Darstellung der Neuregelung des § 6a GrEStG

Nach § 6a GrEStG wird auf den Übergang des Eigentums an Grundstücken nach § 1 Abs. 1 Nr. 3 GrEStG, den Übergang von Anteilen an grundbesitzenden Gesellschaften nach § 1 Abs. 2a oder Abs. 3 GrEStG und den Erwerb der Verwertungsbefugnis nach § 1 Abs. 2 GrEStG die Grunderwerbsteuer nicht erhoben, wenn es aufgrund einer Umwandlung nach § 1 Abs. 1 Nr. 1 – 3 UmwG oder eines vergleichbaren europäischen Rechtsvorgangs[5] zu einem solchen Erwerb kommt und weitere Voraussetzungen hinsichtlich der beteiligten Gesellschaften und der Beteiligungsdauer erfüllt sind. In der Umwandlungs- 5831

1 FinMin Baden-Würtenberg v. 14. 2. 2002, DStR 2002, 360.
2 *Viskorf* in Boruttau, GrEStG, § 5 Rn. 91; *Viskorf*, DStR 2001, 1101, 1104; vgl. Rn. 5636 ff.
3 Nach BFH 25. 6. 2003 II R 20/02, BStBl 2004 II 193.
4 BFH 15. 12. 2004 II R 37/01, BStBl 2005 II 303.
5 Siehe dazu im Einzelnen unter Rn. 5847.

praxis hat sich bisher das Fehlen einer grunderwerbsteuerlichen Begünstigung konzerninterner Umstrukturierungen als Transaktionshindernis erwiesen. Mit der Neuregelung wird nun erstmals eine teilweise Begünstigung konzerninterner Umstrukturierungen ermöglicht, die nach dem 31. 12. 2009 verwirklicht werden. Jedoch sind aufgrund der einschränkenden Voraussetzungen der gesetzlichen Regelung und der teilweise einschränkenden Auslegung der Finanzverwaltung in ihrem koordinierten Ländererlass vom 1. 12. 2010[1] immer noch eine Reihe in der Praxis wichtiger Fälle nicht begünstigt.

2. Herrschendes Unternehmen

5832 Die Steuerbegünstigung tritt nur ein, wenn an dem Umwandlungsvorgang „ausschließlich ein herrschendes Unternehmen und ein oder mehrere von diesem herrschenden Unternehmen abhängige Gesellschaften beteiligt sind."[2] Die Finanzverwaltung schließt aus der Formulierung „ausschließlich ein", dass es im Konzernverbund nur ein Unternehmen geben kann, das für Zwecke des § 6a GrEStG herrschendes Unternehmen sein kann. Dies sei nur die Konzernobergesellschaft.[3] Danach gilt in einem mehrstufigen Konzern eine zwischengeschaltete Gesellschaft nicht als herrschendes Unternehmen gegenüber ihrer Tochtergesellschaft für Zwecke des § 6a GrEStG. Dieser Auffassung wird in der Literatur[4] zu Recht widersprochen. Aus dem Wort „ausschließlich" lässt sich nicht zwingend schließen, dass es nur ein herrschendes Unternehmen geben kann, vielmehr kann sich dieser Terminus auch auf die Beteiligung an der Umwandlung beziehen. Der Terminus „*das* herrschende Unternehmen" bedeutet lediglich, dass für die Vor- und Nachbehaltensfrist auf das Unternehmen abzustellen ist, das als herrschendes Unternehmen, bzw. dessen Tochtergesellschaften an der Umwandlung beteiligt waren.[5] Für die von der Finanzverwaltung vorgenommene einschränkende Auslegung besteht keine Notwendigkeit, vielmehr steht sie im Gegensatz zu dem mit dem Gesetz verfolgten Entlastungszweck.[6]

5833 Nach Tz. 2.2 des koordinierten Ländererlasses[7] muss das herrschende Unternehmen Unternehmer im umsatzsteuerlichen Sinn sein. Unklar ist, ob die Unternehmereigenschaft während der gesamten Beteiligungsdauer oder lediglich zum Zeitpunkt der Transaktion gegeben sein muss. Der Wortlaut des Satzes 4 der Vorschrift spricht eher für Letzteres. Mit dieser Einschränkung sind reine Holdinggesellschaften ebenso von dem Anwendungsbereich des § 6a GrEStG ausgenommen wie natürliche Personen, die die Beteiligung im Privatvermögen[8] halten.

1 Gleich lautende Ländererl. 1. 12. 2010, BStBl 2010 I 1321.

2 § 6a Satz 3 GrEStG.

3 Gleich lautende Ländererl., a. a. O., Tz. 1, 2.1; ebenso: *Pahlke* in Pahlke/Franz, GrEStG, § 6a, Rn. 18.

4 *Wagner/Köhler*, BB 2011, 286 (288); *Behrens* in Viskorf/Haag, Beihefter zu DStR Heft 12/2011, 1 (5); *Wischott/Adrian/Schönweiß*, DStR 2011, 497 (498).

5 *Wagner/Köhler*, a. a. O.

6 Ebenso: *Wagner/Köhler*, a. a. O.; *Wälzholz*, GmbH-StB 2010, 108 (111).

7 Gleich lautende Ländererl. 1. 12. 2010, BStBl 2010 I 1321.

8 *Wälzholz*, GmbH-StB 2010, 108 (111). Diesem Verständnis scheint sich die FinVerw inzwischen zumindest insoweit angenähert zu haben, als durch Ergänzung der Tz. 2.2 der gleichlautenden Ländererl. v. 1. 12.2010 durch gleichlt. Ländererl. v. 22. 6. 2011 (BStBl 2011 I 673), die Erfüllung der Haltefrist nach § 6a Satz 4 GrEStG in die Definition des herrschenden Unternehmens mit aufgenommen wurde.

3. Abhängige Gesellschaften

a) Rechtsformen

Die Umwandlung ist nur dann steuerbegünstigt, wenn 5834

- neben dem herrschenden Unternehmen ein oder mehrere von diesem Unternehmen abhängige Gesellschaften oder
- mehrere von einem herrschenden Unternehmen abhängige Gesellschaften beteiligt sind.

Abhängige Gesellschaften können sowohl Personen- als auch Kapitalgesellschaften sein.[1]

b) Beteiligungshöhe

Nach § 6a Satz 4 GrEStG ist eine Gesellschaft abhängig, an deren Kapital oder Vermögen[2] das herrschende Unternehmen unmittelbar oder mittelbar oder teils unmittelbar, teils mittelbar zu mindestens 95% beteiligt ist. Die Finanzverwaltung schließt aus dieser Formulierung, dass bei mittelbaren Beteiligungen auf jeder Stufe eine kapitalmäßige Beteiligung von mindestens 95 % vorliegen muss.[3] Damit ist eine durchgerechnet über 95%ige Beteiligung nicht erforderlich, jedoch werden mittelbare Beteiligungen unter 95 % nicht zugerechnet. Unklar ist jedoch, ob eine einzelne mittelbare Beteiligung mindestens 95 % erreichen muss[4] oder ob die Grenze von 95 % auch dann überschritten ist, wenn mehrere Beteiligungen auf einer Stufe bestehen, die aber in Summe die Grenze von 95 % überschreiten. Der Unterschied zeigt sich in folgender Fallkonstellation:[5] 5835

BEISPIEL: Die M-GmbH ist zu jeweils 100 % an der T1-GmbH, der T2-GmbH und der T3-GmbH beteiligt. Die T-GmbH und die T2-GmbH sind zu jeweils 50 % an der E-OHG beteiligt. Die T3-GmbH gliedert einen Teilbetrieb einschließlich der dazugehörigen Grundstücke gegen Gewährung von Gesellschaftsrechten auf die E-GmbH aus. Nach Abschluss der Transaktion sind sämtliche Tochtergesellschaften der M-GmbH zu jeweils 1/3 an der E-GmbH beteiligt.

1 Gleich lautende Ländererl., a. a. O., Tz. 2.3.

2 Eingefügt durch Gesetz zur Umsetzung der Richtlinie 2009/65/EG zur Koordinierung der Rechts- und Verwaltungsvorschriften betreffend bestimmte Organismen für gemeinsame Anlagen in Wertpapieren (OGAW-IV-UmsG-Art. 12) mit Wirkung für Erwerbsvorgänge, die nach dem 31. 12. 2009 verwirklicht werden (Art. 23 Abs. 10).

3 Gleich lautende Ländererl., a. a. O, Tz. 2.4.

4 So offenbar *Wagner/Köhler*, a. a. O., S. 289, Beispiel 5.

5 *Wagner/Köhler*, a. a. O.

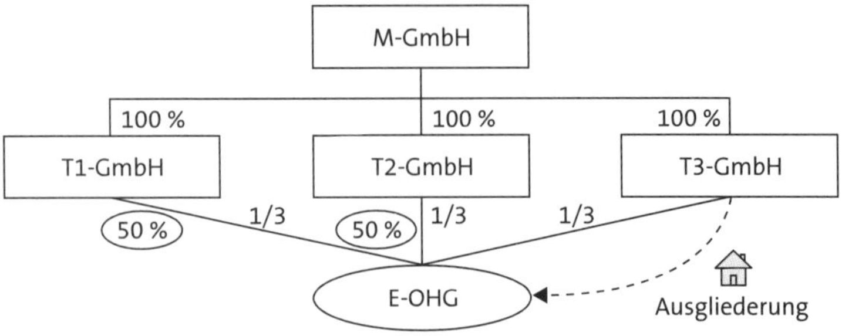

LÖSUNG: Da die T3-GmbH nach der Übertragung des Grundstücks nur zu 1/3 an der E-OHG beteiligt ist und die Grunderwerbsteuer nach § 5 Abs. 1 GrEStG nur zu 1/3 nicht erhoben wird, kann sich hinsichtlich der verbleibenden 2/3 eine Steuerbegünstigung nur aus § 6a GrEStG ergeben. Stellt man auf die Beteiligungen der einzelnen Tochtergesellschaften ab, so liegt keine begünstigte Transaktion vor, da keine der Tochtergesellschaften vor oder nach der Ausgliederung 95 % der Anteile an der E-OHG hält.[1] Da die Finanzverwaltung jedoch von „Stufen" und nicht von einzelnen Beteiligungen spricht, spricht mehr dafür, die mittelbaren Beteiligungen, die durch jeweils 100 % Beteiligung an der T1-GmbH, der T2-GmbH und später auch der T3-GmbH vermittelt werden, sämtlich der M-GmbH zuzurechnen, so dass zunächst 50% + 50% und später 1/3 + 1/3 + 1/3 = 100% mittelbare Beteiligungen vorliegen.

Vorsorglich sollte diese Frage über eine verbindliche Auskunft abgeklärt werden.

c) Beteiligungsdauer

5836 Die Beteiligungshöhe muss dabei sowohl fünf Jahre vor als auch fünf Jahre nach der Transaktion bestanden haben bzw. bestehen. Maßgeblicher Zeitpunkt für das Ende der Vorbehaltensfrist und den Beginn der Nachbehaltensfrist ist der rechtliche Eigentumsübergang mit Eintragung in das Handelsregister. Nach Auffassung der Finanzverwaltung[2] soll das nicht nur bei nationalen Umwandlungen gelten, sondern „regelmäßig" auch bei Umwandlungen nach dem Recht anderer europäischer Länder.[3] Die Formulierung lässt offen, ob auch dann auf die Registereintragung abzustellen ist, wenn diese nach dem anwendbaren Recht lediglich deklaratorische Bedeutung hat.

5837 Nach Tz. 4 des koordinierten Ländererlasses[4] muss die Mindestbeteiligung am Kapital einer Gesellschaft, deren Bestehen eine Registereintragung voraussetzt, seit mindestens 5 Jahren bestehen. Daraus schlussfolgert die Finanzverwaltung, dass Kapitalgesellschaften, die vor weniger als 5 Jahren vor der Umwandlung entstanden sind, nicht abhängige Gesellschaften sein können. In diesem Zusammenhang stellt sich die Frage, ob die von der Finanzverwaltung gezogene Schlussfolgerung auch gilt, wenn im Gesellschaftsvertrag einer Kommanditgesellschaft bestimmt ist, dass diese erst mit ihrer Eintragung in das Handelsregister beginnt.

1 *Wagner/Köhler*, a. a. O.

2 Gleich lautende Ländererl. v. 1. 12. 2010, BStBl 2010 I 1321, Tz. 2.3.

3 Siehe dazu im Einzelnen unten Rn. 4891.

4 Gleich lautende Ländererl., a. a. O.

Nach der Gesetzesbegründung zum Kabinettsentwurf[1] orientiert sich die Vorschrift des § 6a GrEStG hinsichtlich der Vor- und Nachbehaltensfrist an den §§ 5 und 6 GrEStG. Zu § 6 Abs. 4 GrEStG ist aber einhellige Auffassung, dass in den Fällen, in denen die Gesellschaft weniger als 5 Jahre besteht, die Vorbehaltensfrist auch dann erfüllt ist, wenn die Beteiligung seit Gründung der Gesellschaft besteht.[2] Angesichts der Gesetzesbegründung hätte es nahegelegen, diese Ausnahme auch für alle Gesellschaften – unabhängig von ihrer Rechtsform und Art der Gründung – zu machen. Demgegenüber gehen Vertreter der Finanzverwaltung von unterschiedlichen Zwecksetzungen der Vorbehaltensfristen in den §§ 5 und 6 GrEStG einerseits und § 6a GrEStG andererseits aus.[3] Dementsprechend soll nach Auffassung der Finanzverwaltung die fünfjährige Vorbehaltensfrist nur für Gesellschaften nicht gelten, die durch Umwandlungen im Konzern entstanden sind.[4] 5838

(Einstweilen frei) 5839–5845

4. Erfasste Transaktionen

Von der Steuerbegünstigung des § 6a GrEStG umfasst sind zunächst **Verschmelzungen**, **Spaltungen** und **Vermögensübertragungen** nach § 1 Abs. 1 Nr. 1 – 3 UmwG. Bei Verschmelzungen hat die Finanzverwaltung klargestellt, dass die Nachbehaltensfrist in den Fällen, in denen der übertragende Rechtsträger bei der Umwandlung erlischt, für den aufnehmenden Rechtsträger gilt.[5] 5846

Nach § 6a Satz 2 GrEStG gilt die Steuerbegünstigung auch für den genannten Umwandlungen entsprechende **Umwandlungen** aufgrund des Rechtes eines **Mitgliedstaates der Europäischen Union** oder eines Staates, auf den das Abkommen über den Europäischen Wirtschaftsraum Anwendung findet. Die in Tz. 4 des koordinierten Ländererlasses[6] genannten Indizien für eine Vergleichbarkeit sind eine (partielle) Gesamtrechtsnachfolge und die Durchführung einer Kapitalerhöhung. Diese Kriterien sind insoweit hilfreich, als bei ihrem Vorliegen jedenfalls von einer Vergleichbarkeit der Umwandlung ausgegangen werden kann. Sie sind allerdings insofern problematisch, als es Rechtsordnungen gibt, denen das Konzept der Gesamtrechtsnachfolge fremd ist bzw. nicht in jedem Fall (wie auch nach deutschem Umwandlungsrecht) eine Kapitalerhöhung durchgeführt werden darf oder muss. Insofern können die von der Finanzverwaltung aufgestellten Kriterien nicht als abschließend verstanden werden.[7] Andernfalls könnten sich hier Probleme im Hinblick auf die Niederlassungsfreiheit ergeben. Die gleiche Problematik stellt sich auch im Hinblick auf die ertragsteuerlichen Konsequenzen einer Umwandlung.[8] 5847

---

1 BT-Drucks. 17/15, 21.

2 Siehe o. Rn. 5847.

3 Vgl. *Hofman* u. *van Lishaut* in Viskorf/Haag, Beihefter zu DStR Heft 12/2011, 1 (5).

4 Gleich lautende Ländererl., a. a. O., Tz. 4.

5 Gleich lautende Ländererl., a. a. O., Tz. 5.

6 Gleich lautende Ländererl., a. a. O., Tz. 4.

7 Hinsichtlich der Kapitalerhöhung ebenso: *Schlafitzl/Götz*, DB 2011, 374 (377).

8 Siehe dazu Rn. 3073.

5848 Da ein **Formwechsel** kein nach § 1 Abs. 1, 2a oder 3 GrEStG steuerbarer Rechtsvorgang ist, fällt er auch nicht unter die von § 6a GrEStG begünstigten Rechtsvorgänge.

5849 Da eine **Anwachsung** kein in § 1 Abs. 1 Nr. 1 – 3 UmwG genannter Rechtsvorgang ist, fällt sie auch nicht unter die Steuerbegünstigung des § 6a GrEStG. Jedoch ist eine Anwachsung, die aufgrund eines solchen Rechtsvorganges erfolgt, nach § 6a GrEStG steuerfrei, da der Grundstücksübergang auch in diesem Fall „aufgrund" einer begünstigten Umwandlung eintritt.[1]

BEISPIEL Die M-GmbH ist zu jeweils 100 % an der T1-GmbH, der T2-GmbH und der T3-GmbH beteiligt. Die T1-GmbH und die T2-GmbH sind zu jeweils 50 % an der E-OHG beteiligt. Sämtliche Beteiligungen bestehen seit mindestens 5 Jahren.

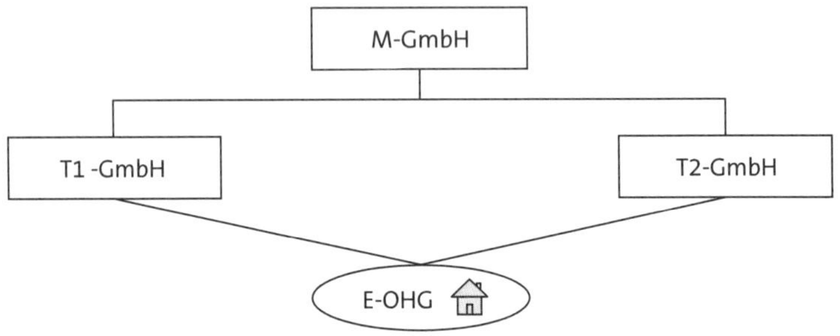

VARIANTE 1: Tritt T2-GmbH aus der E-OHG aus, so wird auf den Übergang des Grundstücks auf die T1-GmbH aufgrund der Anwachsung in Höhe von 50% Grunderwerbsteuer erhoben (§ 1 Abs. 1 Nr. 3 GrEStG i. V. m. § 6 Abs. 2 GrEStG).

VARIANTE 2: Wird T2-GmbH auf die T1-GmbH verschmolzen, so wird auf den Übergang des Grundstücks aufgrund der Anwachsung keine Grunderwerbsteuer erhoben (§ 1 Abs. 1 Nr. 3 GrEStG i. V. m. § 6 Abs. 2, § 6a GrEStG).

5850 Die in der steuerlichen Praxis wichtige Einbringung gegen Gewährung von Gesellschaftsrechten im Wege der Einzelrechtsnachfolge nach den §§ 20 oder 24 UmwStG ist von § 6a GrEStG ebenfalls nicht erfasst, wobei sich im Fall der Einbringung in eine Personengesellschaft aufgrund der Begünstigung durch § 5 GrEStG hieraus kein Nachteil ergibt.

5851–5855 *(Einstweilen frei)*

5. Verhältnis zu § 5 Abs. 3, § 6 Abs. 3 GrEStG

5856 Bei Übertragungen von Grundstücken oder Anteilen an grundbesitzenden Gesellschaften auf Personengesellschaften kann gleichzeitig eine Begünstigung nach § 6a und nach § 5 oder § 6 GrEStG in Betracht kommen. Sofern die Voraussetzungen des § 6a GrEStG vorliegen, geht diese Regelung als lex specialis vor.[2] Dies kann sich aber nur auf den jeweiligen Umwandlungsvorgang beziehen.[3] Ist beispielsweise eine erste Um-

1 Ebenso: *Fleischer*, Stbg 2010, 395; *Wagner/Köhler*, a. a. O., S. 290; *Viskorf* in Viskorf/Haag, Beihefter zu DStR Heft 12/2011, 1 (4).
2 *Schlafitzl/Götz*, DB 2011, 374 (376); a. A. *Schanko*, Ubg 2011, 73 (74).
3 Wohl im Ergebnis ebenso: *Schlafitzl/Götz*, a. a. O.

wandlung nach § 5 GrEStG begünstigt, so wird die Anwendbarkeit des § 5 Abs. 3 GrEStG bei einer nachfolgenden Umwandlung nicht dadurch ausgeschlossen, dass diese unter § 6a GrEStG fällt.[1]

(Einstweilen frei) 5857–5860

VI. Bemessungsgrundlage

1. Gegenleistung als Bemessungsgrundlage

Gemäß § 8 Abs. 1 GrEStG bemisst sich die Steuer nach dem Wert der Gegenleistung. 5861
Gegenleistung ist jede Leistung des Erwerbers, die er als Entgelt für den Erwerb des Grundstückes gewährt oder die der Veräußerer als Entgelt für die Veräußerung des Grundstücks empfängt.[2] Dies gilt auch dann, wenn die vereinbarte Gegenleistung weit unter dem Verkehrswert des Grundstücks liegt.[3] Im Hinblick auf Personengesellschaften ergeben sich hier keine Besonderheiten, so dass insofern auf die allgemeinen Kommentierungen verwiesen werden kann.[4]

Problematisch ist die Ermittlung einer Gegenleistung für das Grundstück, wenn dieses 5862
mit anderen Gegenständen zu einem Gesamtpreis verkauft wird. Von den Parteien trotz Gesamtpreis angegebene, ernstlich gewollte und wirtschaftlich angemessene Einzelpreise sind bindend.[5] Ansonsten ergibt sich die Gegenleistung für das Grundstück aus dem Gesamtpreis multipliziert mit dem prozentualen Anteil des gemeinen Grundstückswertes am Gesamtwert.[6]

(Einstweilen frei) 5863–5865

2. Grundstückswert als Bemessungsgrundlage

Nach § 8 Abs. 2 GrEStG gilt hingegen der Grundbesitzwert gem. § 138 Abs. 2 bzw. 3 5866
BewG, wenn eine Gegenleistung nicht zu ermitteln ist, wie dies z. B. bei Umwandlungen, Erwerbsvorgängen auf gesellschaftsrechtlicher Grundlage sowie in den Fällen der Anteilsübertragung bzw. -vereinigung gem. § 1 Abs. 2a und 3 GrEStG der Fall ist.[7]

Ein auf gesellschaftsrechtlicher Grundlage beruhender Erwerbsvorgang i. S. d. § 8 Abs. 2 5867
Satz 1 Nr. 2 GrEStG liegt nur vor, wenn im Zusammenhang mit dem Grundstücksgeschäft die Gesellschafterstellung des beteiligten Gesellschafters in rechtlicher Hinsicht geändert wird.[8] Dies ist nicht nur bei der Einbringung eines Grundstücks gegen

1 Gleich lautende Ländererl. 1. 12. 2010, BStBl 2010 I 1321, Tz. 3; kritisch: *Wischott/Adrian/Schönweiß*, DStR 2011, 497 (500).

2 *Gottwald*, GrESt, 138; *Pahlke* in Pahlke/Franz, GrEStG, § 8 Rn. 5.

3 BFH 26. 2. 2003 II B 54/02, HFR 2003, 580; 6. 12. 1989 II R 95/86, BStBl 1990 II 186.

4 Siehe etwa *Gottwald*, GrESt, 139.

5 *Gottwald*, GrESt, 147.

6 Sog. Boruttau'sche Formel: (Gesamtpreis x gemeiner Wert des Grundstücks)/(Gemeiner Wert der sonstigen Grundstücke + gemeiner Wert des Grundstücks), *Gottwald*, GrESt, 147; *Sack* in Boruttau, GrEStG, § 9 Rn. 547; *Pahlke* in Pahlke/Franz, § 8 Rn. 37.

7 *Viskorf* in Boruttau, GrEStG, § 8 Rn. 97; *Gottwald*, GrESt, 188.

8 BFH v. 26. 2. 2003 II B 54/02, HFR 2003, 580; *Sack* in Boruttau, GrEStG, § 9 Rn. 526.

Gewährung von Gesellschaftsrechten, sondern auch beim Grundstücksübergang im Rahmen der Gesellschaftsauflösung oder im Falle der Anwachsung der Fall.[1]

5868 Erstreckt sich der Erwerbsvorgang auf ein noch zu errichtendes Gebäude oder beruht die Änderung des Gesellschafterbestandes i. S. d. § 1 Abs. 2a GrEStG auf einem vorgefassten Plan zur Bebauung des Grundstückes, ist hingegen gem. § 8 Abs. 2 Satz 2 GrEStG der Grundstückswert zum Zeitpunkt der Fertigstellung des Gebäudes maßgeblich.[2]

5869 Mit Beschluss vom 2. 3. 2011[3] hat der BFH dem BVerfG die Frage vorgelegt, ob die Bemessung der Grunderwerbsteuer nach den Grundbesitzwerten gegen den Gleichgrundsatz nach Art. 3 Abs. 1 GG verstößt. Daher erfolgen auf der Grundlage der gleichlautenden Erlasse vom 17. 6. 2011[4] entsprechende Festsetzungen der Grunderwerbsteuer sowie Feststellungen der Grundbesitzwerte und der Besteuerungsgrundlagen nur vorläufig.

5870 *(Einstweilen frei)*

3. Ertragsteuerliche Behandlung von Grunderwerbsteuer

5871 Streitig ist die ertragsteuerliche Behandlung von Grunderwerbsteuer in den Fällen des § 1 Abs. 2a oder Abs. 3 GrEStG. Nach Auffassung der Verwaltung[5] soll die Grunderwerbsteuer in beiden Fällen nicht als Betriebsausgaben oder Werbungskosten abzugsfähig sein, sondern als Anschaffungsnebenkosten nach § 255 Abs. 1 HGB zu aktivieren sein. Während ein Teil der Literatur diese Auffassung teilt,[6] geht ein anderer Teil der Literatur[7] von der sofortigen Abzugsfähigkeit der Grunderwerbsteuer in beiden Fällen aus. Für die Beantwortung der Frage, wie die Grunderwerbsteuer ertragsteuerlich zu behandeln ist, kann es nicht auf grunderwerbsteuerliche Erwerbsfiktionen ankommen, sondern auf den **ertragsteuerlichen Anschaffungskostenbegriff**, [8] d. h., auf die Gesetzesdefinition des § 255 Abs. 1 HGB, die in Ermangelung einer abweichenden Definition im EStG auch der steuerbilanziellen Beurteilung zugrunde zu legen ist.[9] Danach sind Anschaffungskosten die Aufwendungen, die geleistet werden, um einen Vermögensgegenstand zu erwerben und ihn in einen betriebsbereiten Zustand zu versetzen, soweit sie dem Vermögensgegenstand einzeln zugeordnet werden können. Dazu gehören nach der ständigen Rechtsprechung des BFH alle sonstigen Aufwendungen des Erwerbers, die in einem unmittelbaren wirtschaftlichen Zusammenhang mit der Anschaf-

1 Vgl. *Viskorf* in Boruttau, GrEStG, § 8 Rn. 76 f.

2 FinMin BW (Koordinierter Ländererlass) 25. 2. 2010 3 – S-4501/6, DStR 2010, 697, Tz. 10.

3 II R 23/10, NWB DokID: OAAAD-81061, Az. beim BVerfG: 1 BvL 13/11.

4 NWB DokID: XAAAD-85770, Ubg 2011, 546.

5 Bayer. Landsamt f. Steuern 20. 8. 2007 S 2171 4 St 3203, DStR 2007, 1679, unter Hinweis darauf, dass die Finanzbehörde der FHH ihre in einer nicht veröffentlichten Verfügung v. 7. 4. 1998 vertretene anders lautende Auffassung nicht mehr aufrecht erhalte.

6 Z.B. *Patt* in Dötsch/Patt/Pung/Möhlenbrock, UmwStG, § 21 Rn. 70; *Emcke* in Blümich, EStG, § 6 Rn. 375.

7 *Behrens*, DStR 2008, 338 (341), m. w. N. für beide Auffassungen.

8 Ebenso: FG München 21. 6. 2005 2 K 3182/02, EFG 2007, 252; FG Düsseldorf 8. 12. 2009 6 K 4720/07 K F, EFG 2010, 666; *Behrens*, a. a. O.

9 BFH 3. 8. 2005 I R 36/04, BStBl 2006 II 369, unter Hinweis auf die ständige Rechtsprechung.

fung stehen.[1] Folglich ist darauf abzustellen, ob derjenige, der die Grunderwerbsteuer trägt, ein Anschaffungsgeschäft tätigt. Nach dem Urteil des BFH vom 20. 4. 2011[2] muss das Anschaffungsgeschäft spezifisch und final im Hinblick auf das ertragsteuerlich angeschaffte Wirtschaftsgut getätigt worden sein. Da im Fall der Anteilsvereinigung nach § 1 Abs. 3 Nr. 1 GrEStG ertragsteuerlich kein Grundstück, sondern eine Beteiligung an einer Kapitalgesellschaft angeschafft wurde, ist in diesem Fall die Grunderwerbsteuer sofort abzugsfähig.[3] Im Hinblick auf die Frage, inwieweit diese zu der Übertragung von Anteilen an Kapitalgesellschaften ergangenen Urteile auf Anteile an Personengesellschaften zu übertragen sind, ist zu unterscheiden.

In den Fällen des **Gesellschafterwechsels** nach § 1 Abs. 2a GrEStG ist nach § 13 Nr. 6 5872
GrEStG die Personengesellschaft Steuerschuldner. Da sie zivilrechtlich jedoch vor und nach dem Gesellschafterwechsel Eigentümerin des Grundstücks ist, tätigt sie kein Anschaffungsgeschäft. Die von ihr zu tragende Grunderwerbsteuer muss daher sofort abzugsfähig sein.[4]

Offen ist die Behandlung in den Fällen der **Anteilsvereinigung** nach § 1 Abs. 3 Nr. 1 und 5873
2 GrEStG in der Hand eines Erwerbers. Dieser ist nach § 13 Nr. 5 Buchst. a GrEStG Steuerschuldner. Da in diesen Fällen der Erwerber bei Personengesellschaften ertragsteuerlich einen anteiligen Erwerb der dieser gehörenden Wirtschaftsgüter tätigt, spricht etwas dafür, in diesem Fall die entstehende Grunderwerbsteuer als Anschaffungsnebenkosten zu den anteiligen Wirtschaftsgütern zu behandeln. Stellt man dagegen eher auf den Willen des Erwerbers ab, so ist dieser auch beim Erwerb von einer Beteiligung an einer Personengesellschaft auf den Anteilserwerb und nicht auf den Erwerb von Wirtschaftsgütern gerichtet, so dass auch hier gute Argumente dafür sprechen, dass die Grunderwerbsteuer sofort abzugsfähig ist.

Kommt es zu einer **Anteilsvereinigung im Organkreis** nach § 1 Abs. 3 Nr. 1 und 2, Abs. 4 5874
GrEStG, sind Schuldner der Grunderwerbsteuer die zum Organkreis gehörenden Gesellschaften (§ 13 Nr. 5 Buchst. b). Soweit die Gesellschaft für die Grunderwerbsteuer in Anspruch genommen wird, die durch den Erwerb der Anteile die Anteilsvereinigung herbeigeführt hat, gelten die gleichen Überlegungen wie unter Rn. 5873.[5] Soweit eine andere zum Organkreis gehörende Gesellschaft, die eine Beteiligung an der grundbesitzenden Gesellschaft hält, Grunderwerbsteuer trägt, dürfte es hier regelmäßig schon an der Unmittelbarkeit fehlen, da die Steuer durch den letzten Erwerb ausgelöst wurde. In diesem Fall ist die Grunderwerbsteuer kein Bestandteil der Anschaffungskosten, sondern Betriebsausgabe.[6]

---

1 BFH, a. a .O., m. w. N.

2 I R 2/10, NWB DokID: TAAAD-85770.

3 Ebenso im Fall der Einlage von Anteilen an einer Kapitalgesellschaft in eine Kapitalgesellschaft BFH 14. 3. 2911 I R 40/10, BFH/NV 2011, 1556.

4 Ebenso *Behrns*, a. a. O., der zu Recht darauf hinweist, dass die gegenteilige Auffassung insbesondere in Fällen des mittelbaren Gesellschafterwechsels zu seltsamen Ergebnissen führt; s. dazu sein Beispiel unter Tz. 1.5.3, S. 340.

5 Das FG Düsseldorf 8. 12. 2009 6 K 4720/07 K F, EFG 2010, 666, ging von Anschaffungsnebenkosten aus.

6 Im Fall des FG Düsseldorf, a. a. O., wurde lediglich die letzte Anteilserwerberin in Anspruch genommen, so dass diese Frage dort nicht zu entscheiden war.

5875 Beim **Übergang** bereits **vereinigter Anteile** an einer grundbesitzenden Gesellschaft nach § 1 Abs. 3 Nr. 3 und 4 GrEStG sind Steuerschuldner die an der Anteilsübertragung beteiligten Gesellschaften (§ 13 Nr. 1 GrEStG). Es gelten ebenfalls die unter Rn. 5873 dargestellten Überlegungen, soweit der Erwerber die Grunderwerbsteuer zahlt. Sollte entgegen der Praxis der Veräußerer einen Teil der Grunderwerbsteuer zahlen, so wäre sie für ihn Teil der Veräußerungskosten.

5876–5880 *(Einstweilen frei)*

VII. Personenbezogene Steuerbefreiungen

1. Allgemeines

5881 Neben den bereits oben dargestellten Steuerbefreiungen bei Übergang eines Grundstücks auf eine Gesamthand (§ 5 GrEStG),[1] bei Übergang eines Grundstücks von einer Gesamthand (§ 6 GrEStG)[2] und bei Grundstücksteilung (§ 7 GrEStG)[3] sind bei Personengesellschaften eine Freigrenze und eine Reihe personenbezogener Steuerbefreiungen gem. § 3 GrEStG von Relevanz. Diese, insbesondere die Befreiung beim Grundstückserwerb unter Ehegatten und Verwandten sowie der durch Schenkung oder Erbschaft, finden bei Personengesellschaften,[4] auch im Bereich des steuerbaren Anteilsübergangs nach § 1 Abs. 2a GrEStG,[5] Anwendung.[6]

5882–5885 *(Einstweilen frei)*

2. Freigrenze

5886 Grundstückserwerbe bis zu einem Bemessungswert von einschließlich 2 500 € sind gem. § 3 Nr. 1 GrEStG von der Besteuerung ausgenommen. Es gilt der Bemessungswert des vom Einzelnen erworbenen Grundstücks.[7] Dabei kommt es auf die nach Anwendung anderer Befreiungsvorschriften[8] verbleibende Bemessungsgrundlage an.[9]

5887 Erwerben mehrere Miteigentümer das Grundstück, ist die Freigrenze nicht auf das Grundstück, sondern auf jeden Miteigentumsanteil zu beziehen.[10]

BEISPIEL: Die ABC-OHG veräußert ein Grundstück zu einem Kaufpreis von 50 000 € an A und B als hälftige Miteigentümer. A und B sind jeweils zu 45 % an der ABC-OHG beteiligt. Der Übergang auf A ist gem. § 6 Abs. 1 GrEStG zu 90 % (45/50) von der Steuer befreit, da er an dem Grundstück zu 50 % und an der Gesellschaft zu 45 % beteiligt ist.[11] Es verbleibt für ihn ein Rest-

1 Vgl. Rn. 5521 ff.

2 Vgl. Rn. 5656 ff.

3 Vgl. Rn. 5686 ff.

4 *Franz* in Pahlke/Franz, GrEStG, § 3 Rn. 11 ff.

5 FinMin Baden-Württemberg (Koordinierter Ländererlass) 25. 2. 2010 3 – S-4501/6, DStR 2010, 697, Tz. 7. So zur Anwendung des § 3 Nr. 4 GrEStG FG Hamburg 7.1.2011 3 K 60/10, NWM DokID: DAAAD-86247.

6 Zur Anwendung in den Fällen des § 1 Abs. 3 GrEStG s. u. Rn. 5886 und 5897.

7 *Franz* in Pahlke/Franz, GrEStG, § 3 Rn. 20.

8 Vgl. Rn. 5881.

9 *Sack* in Boruttau, GrEStG, § 3 Rn. 77.

10 *Hofmann*, GrEStG, § 3 Rn. 5; *Franz* in Pahlke/Franz, GrEStG, § 3 Rn. 24, ; *Sack* in Boruttau, GrEStG, § 3 Rn. 81.

11 Ausführlich zu dieser Befreiungsvorschrift Rn. 5656 ff.

betrag von 2 500 €. Gemäß § 3 Nr. 1 GrEStG ist der Erwerbsvorgang des A insgesamt steuerfrei. Gleiches gilt für B. Bei einem Restbetrag von 2 501 € wäre hingegen der vollständige Restbetrag grunderwerbsteuerpflichtig.

(Einstweilen frei) 5888–5890

3. Grundstückserwerb unter Ehegatten und Verwandten

Sämtliche Grundstückserwerbe zwischen Ehegatten oder Lebenspartnern sind nach § 3 5891
Nr. 4 GrEStG von der Grunderwerbsteuer befreit. Auf nichteheliche Lebensgemeinschaften ist die Vorschrift nicht anwendbar.[1] Auch Grundstücksübertragungen, die im Rahmen einer Vermögensauseinandersetzung aus Anlass einer Ehescheidung oder der Auseinandersetzung einer Lebenspartnerschaft erfolgen, sind nach § 3 Nr. 5 bzw. Nr. 5a GrEStG steuerbefreit.

Die Grundstücksübertragung an Verwandte in gerader Linie (z. B. Großeltern, Eltern, 5892
Kinder und Enkel), Adoptivkinder sowie jeweils an deren Ehegatten ist ebenfalls gem. § 3 Nr. 6 GrEStG von der Grunderwerbsteuer befreit. Diese Vorschrift ist grundsätzlich auf alle Erwerbsvorgänge i. S. d. § 1 GrEStG anwendbar.[2] Daher ist die **Übertragung von Anteilen an einer grundbesitzenden Personengesellschaft** auf diese Personen, die gem. § 1 Abs. 2a[3] oder Abs. 3[4] GrEStG zur Grunderwerbsteuerpflicht führen würde, gem. § 3 Nr. 6 GrEStG grunderwerbsteuerbefreit.

Die persönlichen Eigenschaften eines Gesellschafters sind zudem der Personengesell- 5893
schaft quotal zuzurechnen.[5] Daher ist in gleicher Weise die Übertragung eines Grundstücks auf eine Personengesellschaft steuerbegünstigt, soweit an dieser Personengesellschaft ein mit dem Übertragenden in gerader Linie Verwandter oder Ehegatte beteiligt ist.[6]

BEISPIEL: Die Ehefrau des A, E, überträgt ihr Grundstück auf die AB-GbR, an der A zu 1/2 beteiligt ist. Wegen der hälftigen Beteiligung des A an der GbR ist der Übergang nur zu 1/2 steuerbar. Die Übertragung des Grundstückes von E auf A wäre gem. § 3 Nr. 4 GrEStG steuerfrei. A könnte sodann das Grundstück gem. § 5 Abs. 2 GrEStG zu 1/2 steuerbefreit auf die Gesellschaft übertragen. Dieselbe Steuerbefreiung muss daher bei einer direkten Übertragung von E auf die AB-GbR eintreten.

(Einstweilen frei) 5894–5895

---

1 *Gottwald*, GrESt, 97; *Sack* in Boruttau, GrEStG, § 3 Rn. 357 f.; *Franz* in Pahlke/Franz, GrEStG, § 3 Rn. 215.

2 *Franz* in Pahlke/Franz, § 3 Rn. 234.

3 *Franz* in Pahlke/Franz, § 3 Rn. 11.

4 *Franz* in Pahlke/Franz, § 3 Rn. 13, 14; MfF Sachsen 11. 3. 2010 S 4501 – 6, UVR 2010, 169 und FM Baden-Württemberg (koordinierter Ländererlass) 18. 12. 2009 3 S-4505/18, DStR 2010, 112 , jeweils ausdrücklich nur zu den Fällen des § 1 Abs. 3 Nr. 1 und 2 GrEStG. Die Anwendbarkeit in den Fällen des § 1 Abs. 3 Nr. 3 und 4. GrEStG wird wohl, ebenso wie bei Kapitalgesellschaften vorausgesetzt. Demgegenüber lehnt *Hofmann*, § 3 Rn. 186, die Anwendbarkeit personenbezogener Befreiungsvorschriften in den Fällen des § 1 Abs. 3 Nr. 1 und 2 GrEStG ab.

5 *Sack* in Boruttau, § 3 Rn. 435.

6 BFH 26. 2. 2003 II B 202/01, HFR 2003, 579, unter Hinweis auf die langjährige Rechtsprechung. Zu der Frage, wie der Umfang der Steuerbefreiung im umgekehrten Fall (Miterwerb durch den bisher nicht an der grundbesitzenden Gesellschaft beteiligten Ehegatten) zu ermitteln ist: BFH 11. 6. 2008 II R 58/06, BStBl 2008 II 879; Vorinstanz FG Düsseldorf 12. 9. 2006 3 K 5051/04 GE, EFG 2007, 621.

4. Grundstückserwerb durch Schenkung oder Erbschaft

5896 Nach § 3 Nr. 2 GrEStG ist der Grundstückserwerb von Todes wegen oder durch Grundstücksschenkungen unter Lebenden i. S. d. Erbschaft- und Schenkungsteuergesetzes von der Besteuerung ausgenommen. Dies gilt auch, wenn tatsächlich keine Erbschaft- bzw. Schenkungsteuer anfällt, weil z. B. die Freibeträge gem. § 16 ErbStG nicht überschritten werden oder eine Steuerbefreiung nach § 13 ErbStG vorliegt.[1] Von der Schenkungsteuer abziehbare Auflagen sind jedoch gem. § 3 Nr. 2 Satz 2 GrEStG grunderwerbsteuerpflichtig.

5897 Der BFH hat in zwei Entscheidungen zur Anwachsung (§ 1 Abs. 1 Nr. 3 GrEStG)[2] und zum Übergang von mindestens 95 % der Anteile an einer Personengesellschaft (§ 1 Abs. 2a GrEStG)[3] entschieden, dass § 3 Nr. 2 GrEStG bei den genannten Erwerbsvorgängen anwendbar ist. Entscheidend sei, dass nach dem Grundgedanken des § 3 Nr. 2 Satz 1 GrEStG die doppelte Belastung eines Lebenssachverhaltes mit Grunderwerbsteuer einerseits und Erbschaftsteuer oder Schenkungsteuer andererseits vermieden werden soll. Dass er in § 1 Abs. 2a GrEStG die Fiktion eines Grundstücksübergangs von der Gesellschaft auf eine neue Personengesellschaft annimmt, während der Schenkungsteuer die freigiebige Zuwendung der Gesellschaftsanteile auf den Erwerber unterliegt, ist vor diesem Hintergrund nach Auffassung des BFH unerheblich.[4] Mit dieser Begründung muss § 3 Nr. 2 GrEStG auch in Fällen des § 1 Abs. 3 GrEStG anwendbar sein.[5] Diese Schlussfolgerung wird jedoch nicht einheitlich gezogen. Während in den Fällen § 1 Abs. 3 Nr. 3 und 4 GrEStG die Anwendbarkeit des § 3 Nr. 2 GrEStG bejaht wird,[6] soll in den Fällen des § 1 Abs. 3 Nr. 1 und 2 GrEStG die Grunderwerbsteuerbefreiung des § 3 Nr. 2 GrEStG nach Auffassung der Finanzverwaltung[7] und eines Teils der Literatur[8] nicht anwendbar sein, weil es in diesen Fällen um die Fiktion eines Erwerbs der Grundstücke von der Gesellschaft gehe, während § 3 Nr. 2 GrEStG eine Grundstücksschenkung betreffe. Eine andere in der Literatur vertretene Auffassung wendet § 3 Nr. 2 GrEStG auch in den Fällen des § 1 Abs. 3 Nr. 1 und 2 GrEStG an.[9] Mit der von der Finanzverwaltung und Teilen der Literatur vorgebrachten Begründung wird ein einheitlicher Lebenssachverhalt künstlich aufgespalten zugunsten der dogmatischen Betrachtung der Erwerbsfiktionen des § 1 Abs. 3 Nr. 1 und 2 GrEStG. Dies zeigt einmal mehr, zu wie wenig sachgerechten Ergebnissen die von der herrschenden Meinung vertretenen Erwerbsfiktionen des § 1 Abs. 3 GrEStG führen. Zu sachgerechteren Ergebnissen führt die Anwendung des § 3 Nr. 2 GrEStG in sämtlichen Fällen des § 1 Abs. 3 GrEStG, bei denen Personengesellschaften beteiligt sind.[10]

---

1 *Gottwald*, GrESt, 82; *Sack* in Boruttau, GrEStG § 3 Rn. 91.

2 BFH 13. 9. 2006 II R 37/05, BStBl 2007 II 59.

3 BFH 12. 10. 2006 II R 79/05, BStBl 2007 II 409.

4 BFH 12. 10. 2006, a. a. O.

5 Ebenso: *Franz*, NWB 2007 Nr. 36, 3151 (3154), NWB F. 8, 1557 (1578); *Ruhwinkel*, DStR 2007, 1755.

6 *Franz* in Pahlke/Franz, § 3 Rn. 14; *Hofmann*, § 1 Rn. 186; zur Position der Finanzverwaltung s. o. Fn. 303.

7 MfF Sachsen 11. 3. 2010 S 4501 – 6, UVR 2010, 169 und FM Baden-Württemberg (koordinierter Ländererlass) 18. 12. 2009 3 S-4505/18, DStR 2010, 114.

8 *Hofmann*, GrEStG, § 1 Rn. 186.

9 *Franz* in Pahlke/Franz, GrEStG, § 3 Rn. 13; *Heine*, UVR 2008, 186.

10 Noch weitergehend *Teiche*, BB 2008, 196, der dies auch für Kapitalgesellschaften so sieht.

Nach § 3 Nr. 3 GrEStG ist auch der Erwerb eines Nachlassgrundstücks bei **Teilung des Nachlasses** grunderwerbsteuerbefreit.[1] Nach in der Literatur vertretener Auffassung ist diese Norm auf den Erwerb von Anteilen an einer grundbesitzenden Gesellschaft nicht anwendbar,[2] so dass die Anteilsübertragung bei Teilung eines Nachlasses gem. § 1 Abs. 2a bzw. Abs. 3 GrEStG zur Grunderwerbsteuer führen kann.[3] 5898

(Einstweilen frei) 5899–5905

VIII. Rückübertragungen

Wird ein Erwerbsvorgang rückgängig gemacht, so entfällt gem. § 16 GrEStG auf Antrag die Grunderwerbsteuer für die Erstübertragung und fällt für die Rückübertragung keine Grunderwerbsteuer an, wenn der Rückerwerb innerhalb von 2 Jahren seit Entstehen der Steuer für die Erstübertragung erfolgt, das zugrunde liegende Rechtsgeschäft (ggf. aufgrund Anfechtung) nichtig ist oder die Übertragung aufgrund eines Rechtsanspruches rückgängig gemacht wird.[4] In den Fällen der Rückgängigmachung eines Erwerbes aufgrund Anteilsübertragung oder -vereinigung gem. § 1 Abs. 2, 2a und 3 GrEStG gilt dieses gem. § 16 Abs. 5 GrEStG jedoch nicht, wenn die Erstübertragung nicht ordnungsgemäß gem. § 19 GrEStG angezeigt war.[5] In diesen Fällen sind beide Übertragungsvorgänge steuerpflichtig. 5906

Tritt ein ausgeschiedener Gesellschafter innerhalb der Zweijahresfrist wieder in die Gesamthand ein, so findet nach einer Entscheidung des BFH § 16 Abs. 2 GrEStG keine analoge Anwendung, anders noch die Vorinstanz FG Düsseldorf.[6] 5907

(Einstweilen frei) 5908–5915

IX. Steuersatz

Während bisher der Grunderwerbsteuersatz einheitlich 3,5 % betrug, haben in der Vergangenheit zahlreiche Bundesländer eine Erhöhung des Grunderwerbsteuersatzes beschlossen, so z. B. Sachsen-Anhalt, eine Erhöhung auf 4,5 % für Erwerbe seit dem 1. 3. 2010[7] oder Nordrhein-Westfalen eine Erhöhung auf 5 % für Erwerbe seit dem 1. 10. 2011.[8] Die Länder, bei denen der Grunderwerbsteuersatz nach wie vor 3,5 % beträgt, dürften sich angesichts knapper Haushaltskassen in absehbarer Zeit in der Minderheit befinden. 5916

(Einstweilen frei) 5917–5920

---

1 § 6 Abs. 2 bzw. § 7 Abs. 1 GrEStG würden nur eine Befreiung in Höhe des Anteils an der Erbengemeinschaft ermöglichen; zu § 6 Abs. 2 GrEStG vgl. Rn. 5658 ff.

2 *Sack* in Boruttau, GrEStG, § 3 Rn. 277a.

3 Grund dafür ist, dass der Anteil an einer Personengesellschaft nicht Teil des zu teilenden Nachlassvermögens ist, sondern im Wege der Sondererbfolge schon auf einzelne Erben übergegangen ist; vgl. *Sack* in Boruttau, GrEStG, § 3 Rn. 277a.

4 Zu den genauen Voraussetzungen: *Sack* in Boruttau, GrEStG, § 16 Rn. 25 ff.

5 *Mayer*, DB 2009, 1495 (1496); zur Anzeigepflicht Rn. 5783.

6 BFH 29. 9. 2005 II R 36/04, BStBl 2006 II 43; s. auch Rn. 5630; FG Düsseldorf 5. 5. 2004 7 K 6255/03, EFG 2004, 1387.

7 Gesetz über die Festsetzung des Steuersatzes für die Grunderwerbsteuer des Landes Sachsen-Anhalt (Art. 1 des HBeglG 2010/2011 v. 17. 2. 2010, GVBl LSA Nr. 4/2010, 69).

8 Gesetz über die Festsetzung des Steuersatzes für die Grunderwerbsteuer v. 25. 7. 2011, GV NRW 2011 Nr. 18 v. 29. 7. 2011, 389.

I. Verfahrensrechtliche Fragen/Aspekte bei der Besteuerung von Personengesellschaften

Literatur: *Klasmeyer/Kühler*, Buchführungs-, Bilanzierungs- und Steuererklärungspflichten des Konkursverwalters sowie Sanktionen im Falle ihrer Verletzung, BB 1978, 369; *von Beckerath*, Die einheitliche Feststellung von Einkünften im Veranlagungs- und Einspruchsverfahren, DStR 1983, 475; *Stahl*, Aktuelles und Beratungserfahrungen zur steuerlichen Betriebsprüfung, KÖSDI 1992, 8969; *von Wedelstädt*, Übersehen eines Grundlagenbescheids keine offenbare Unrichtigkeit?, DB 1992, 606; *Strobel/Schäfer*, Berücksichtigung von Auslandsverlusten bei atypisch stiller Gesellschaft, IStR 1993, 206; *Grützner*, Ausländische Einkünfte im gesonderten und einheitlichen Feststellungsverfahren, IStR 1994, 65; *Klein-Blenkers*, Wirtschaftliche Bedeutung und rechtliche Fragen zur Europäischen Wirtschaftlichen Interessenvereinigung, DB 1994, 2224; *Kunz*, Das Gesetz zur Bekämpfung des Mißbrauchs und zur Bereinigung des Steuerrechts, BuW 1994, 42; *Szymczak*, Das außergerichtliche Rechtsbehelfsverfahren ab 1996, DB 1994, 2254; *von Wedelstädt*, Mißbrauchsbekämpfungs- und Steuerbereinigungsgesetz: Änderungen der Abgabenordnung, DB 1994, 9; *Ruban*, Die atypisch stille Gesellschaft im Ertragsteuerrecht – Tendenzen in der neueren Rechtsprechung des Bundesfinanzhofs, DStZ 1995, 637; *Söffing*, Zurechnung von Gesellschaftsanteilen und Einkünfteermittlung bei sog. Zebragesellschaft (§ 18 Abs. 4, § 21 EStG), FR 1995, 664; *Ring*, Interessenvereinigung (EWIV) als supranationale Gesellschaftsform, BuW 1996, 21; *von Wedelstädt*, Teilanfechtung und ihrer Folgen, DB 1997, 696; *Kohlhaas*, Die Einkünftezuordnung bei Zebragesellschaften durch das Wohnsitzfinanzamt, DStR 1999, 1722; *Söhn*, Einheitliche und gesonderte Feststellungen bei „doppelstöckigen Personengesellschaften", StuW 1999, 328; *Lindwurm*, Gewinnverteilung und Gewinnfeststellung bei der Kumulation von stillen Gesellschaften, DStR 2000, 53; *von Wedelstädt*, Gesonderte und einheitliche Feststellung von Besteuerungsgrundlagen, BuW 2000, 575; *Benne*, Einkommensteuerliche und steuerverfahrensrechtliche Probleme bei Insolvenzen im Zusammenhang mit Personengesellschaften, BB 2001, 1977; *Söhn*, Festsetzungsverjährung nach § 171 Abs. 10 Satz 1 AO bei Anfechtung des Feststellungsbescheids, DStZ 2002, 811; *von Wedelstädt*, Die Änderungen im Anwendungserlass zur Abgabenordnung durch das BMF-Schreiben vom 1. 7. 2002, DB 2002, 1684; *Ortmann-Babel/Renn*, Die ertragsteuerliche Behandlung von Medienfonds und ihren Anteilseignern, NWB F. 3, 12681; *von Wedelstädt*, Feststellungsbescheide im Rechtsbehelfsverfahren, AO-StB 2004, 211; *Fischer*, Feststellung der Einkünfte bei einer Zebragesellschaft, NWB F. 2, 8813; *von Wedelstädt*, Einspruchs- und Klagebefugnis bei einheitlichen und gesonderten Feststellungsbescheiden, AO-StB 2006, 230, 261; *Fichtelmann*, Steuerliche Gewinnfeststellung im Insolvenzverfahren, AO-StB 2006, 288; *Mannek*, Feststellung von Grundbesitzwerten beim Erwerb von Gesellschaftsanteilen, NWB F. 9, 2835; *Mannek*, Bedarfsbewertung von Grundstücken, NWB F. 9, 2881; *Hagen*, Bekanntgabe von Feststellungsbescheiden im Insolvenzverfahren, NWB F. 2, 9063; *Fink*, Feststellung des verrechenbaren Verlusts als Grundlagenbescheid für die Gewinnfeststellung, NWB F. 2, 9325; *Schlagheck*, Zebragesellschaften im Verfahrensrecht, StuB 2007, 730; *von Wedelstädt*, Hinzuziehung und Beiladung, AO-StB 2007, 15, 46; *von Wedelstädt*, Bindungswirkung von Grundlagenbescheiden, AO-StB 2009, 203; *von Wedelstädt*, Gesonderte Feststellung von Besteuerungsgrundlagen nach Ablauf der Feststellungsfrist, AO-StB 2009, 238; *Steinhauff*, Systemwidrige Erstreckung der Ewigkeitstheorie auf Rechtsbehelfsverfahren wegen einheitlicher und gesonderter Feststellungsbescheide, AO-StB 2010, 182.

I. Allgemeines

Die verfahrensrechtlichen Aspekte bei der Besteuerung von Personengesellschaften wie den Personenhandelsgesellschaften (OHG, KG) und den nichtrechtsfähigen Personenvereinigungen wie z. B. den Gesellschaften bürgerlichen Rechts (GbR), Gemeinschaften, Partnerschaften oder der Europäischen Wirtschaftlichen Interessenvereinigung (EWIV)[1] 5921

1 Siehe dazu allgemein *Klein-Blenkers*, DB 1994, 2224; *Ring*, BuW 1996, 21.

werden wesentlich bestimmt von der Vorfrage, ob und inwieweit sie steuerrechtsfähig sind. Zu den unterschiedlichen Gesellschaftsformen s. Ausführungen unter A II., Rn. 21 ff.

5922–5925 *(Einstweilen frei)*

II. Steuerrechtsfähigkeit

5926 Die Steuerrechtsfähigkeit wird (meist konkludent) von den Einzelsteuergesetzen für ihren Regelungsbereich bestimmt.[1] Steuerrechtsfähig zu sein bedeutet Träger von Rechten und Pflichten im Steuerrechtsverhältnis (Steuerschuldverhältnis), **Steuerschuldner** und **Steuerpflichtiger** zu sein.[2] Die Steuergesetze bestimmen, wer Steuerschuldner ist (§ 43 AO). Wer eine Steuer schuldet, ist Steuerpflichtiger (§ 33 AO).

5927 Die Feststellung der **Steuerschuldnerschaft** ist maßgeblich für die Frage,

- wer für die Steuer in Anspruch genommen wird, d. h. gegen wen sich der Anspruch aus dem Steuerschuldverhältnis richtet – Inhaltsadressat (§ 43 AO);[3] die Angabe des Steuerschuldners gehört zum wesentlichen Inhalt des Steuerbescheids und ihr Fehlen führt zur Nichtigkeit wegen fehlender inhaltlicher Bestimmtheit (s. Rn. 6256),
- wen die Steuererklärungspflicht trifft (allgemein § 149 AO),
- wem Steuerverwaltungsakte bekannt zu geben sind – Bekanntgabeadressat – (§ 122 AO), wenn Adressat und Steuerschuldner identisch sind,[4]
- wer den Steueranspruch zu erfüllen hat.

5928 Die Steuerrechtsfähigkeit ist von der Rechtsfähigkeit i. S. d. BGB zu unterscheiden. Sie ist von ihr unabhängig, d. h. auch eine zivilrechtlich nicht rechtsfähige (GbR) oder fehlerhafte aber faktisch tätig gewordene Personengesellschaft (z. B. OHG) ist steuerrechtsfähig. Soweit in Steuergesetzen die Begriffe „rechtsfähig" oder „nichtrechtsfähig" verwendet werden, ist damit die Rechtsfähigkeit i. S. d. bürgerlichen Rechts gemeint.[5] Die Steuerrechtsfähigkeit endet regelmäßig nicht mit der Beendigung der zivilrechtlichen Rechtsfähigkeit, sondern erst mit Abwicklung aller steuerrechtlichen Rechte und Pflichten und der Beendigung deswegen anhängiger Verfahren.[6] Dies trifft sowohl auf die Betriebssteuern der Gesellschaft als auch – soweit relevant wie z. B. bei der Rechtsbehelfsbefugnis (Rn. 6471) – auf die gesonderte und einheitliche Gewinnfeststellung zu. Durch Austritt oder Eintritt von Gesellschaftern wird der Fortbestand (Identität) der Gesellschaft nicht berührt, und zwar auch dann nicht, wenn ein vollständiger Gesellschafterwechsel erfolgt.[7] Die Steuerrechtsfähigkeit der Personengesellschaft endet erst mit ihrer steuerrechtlichen Vollbeendigung (s. Rn. 6070 f.).

1 *Lang* in Tipke/Lang, § 6 Rz. 13; *Rüsken* in Klein, § 33 AO Rz. 3.

2 *Lang* in Tipke/Lang, § 6 Rz. 11.

3 AEAO zu § 122, Nr. 1.1.1 i.V. m. 1.3.

4 AEAO zu § 122, Tz. 1.4.1.

5 *Lang* in Tipke/Lang, § 6 Rz. 14.

6 BFH 1. 10. 1992 IV R 60/91, BStBl 1993 II 82; 12. 4. 2007 IV B 69/05, BFH/NV 2007, 1923; 17. 12. 2008 IV R 74/06, BStBl 2009 II 795; AEAO zu § 122, Nr. 2.7.1 Satz 3; *Steinhauff*, AO-StB 2010, 182, 184.

7 BFH 12. 12. 1996 II R 61/93, BStBl 1997 II 299; *Buciek* in Beermann/Gosch, § 33 AO Rz. 26.

Die Personengesellschaft ist nur teilweise selbst Steuerschuldner und insoweit steuerrechtsfähig („partielle Steuerrechtsfähigkeit"). Ist sie nicht selbst Steuerschuldner, wird der Steuertatbestand aber gleichwohl bei der Personengesellschaft verwirklicht, jedoch steuerlich nicht in einem Steuerbescheid gegen die Gesellschaft, sondern in Steuerbescheiden gegen die Gesellschafter umgesetzt, ist sie „Ermittlungsgemeinschaft" für die steuerlich bei den Gesellschaftern zu erfassenden Sachverhalte. Von Bedeutung ist daher, in welchen Fällen sie Steuerschuldner ist und in welchen nicht. 5929

Steuerrechtfähig ist die Personengesellschaft 5930

- als Unternehmer bei den Betriebssteuern wie der **Umsatzsteuer** (§ 13a Abs. 1 Nr. 1 i. V. m. § 2 UStG) und der **Gewerbesteuer** (§ 5 Abs. 1 Satz 3 GewStG); nicht steuerrechtsfähig ist aber die atypisch stille Gesellschaft, da bei ihr der Inhaber des Handelsgeschäfts gewerbesteuerrechtlich Steuerschuldner ist,[1]
- ferner bei der **Grundsteuer**, wenn der Personengesellschaft bei Gesamthandseigentum der Steuergegenstand zugerechnet wird (§ 10 Abs. 1 GrStG), bei der **Grunderwerbsteuer**, soweit Gesamthandseigentum der Personengesellschaft besteht (§ 13 GrEStG),[2] bei der **Kraftfahrzeugsteuer**, wenn das Fahrzeug auf die Gesellschaft zugelassen ist (§ 7 KraftStG), bei pauschaler **Lohnsteuer** als Arbeitgeber (§§ 40, 40a, 40b EStG).

Die Personengesellschaft ist **ertragsteuerlich nicht steuerrechtsfähig**. Sie ist aber „insoweit Steuerrechtssubjekt, als sie in der Einheit der Gesellschaft Merkmale eines Besteuerungstatbestandes verwirklicht, welche den Gesellschaftern für deren Besteuerung zuzurechnen sind. Solche Merkmale sind insbesondere die Verwirklichung oder Nichtverwirklichung des Tatbestands einer bestimmten Einkunftsart und das Erzielen von Gewinn oder Überschuss im Rahmen dieser Einkunftsart."[3] Das Ergebnis dieser Tätigkeit wird den Gesellschaftern als Anteil am Gewinn oder Überschuss zugerechnet. Dazu bedarf es keiner Zurechnung der einzelnen Geschäftsvorfälle der Gesellschaft an die Gesellschafter. Die Gesellschaft wird deshalb, soweit sie ein gewerbliches Unternehmen betreibt, als „Subjekt der Gewinnerzielung" bezeichnet. Die Personengesellschaft ist Steuerrechtssubjekt bei der Feststellung der Einkunftsart und der Einkünfteermittlung.[4] **Steuerschuldner** ist der Gesellschafter, als natürliche Person für die Einkommensteuer, als juristische Person für die Körperschaftsteuer. Zur Steuerrechtsfähigkeit der Personengesellschaft im Zusammenhang mit ihrer Fähigkeit, Beteiligter i. S. d. § 57 FGO im Klageverfahren über die Gewinnfeststellung zu sein, siehe Rn. 6471. 5931

(Einstweilen frei) 5932–5940

III. Gesonderte und einheitliche Gewinnfeststellungen

Literatur: *Wilke*, Gesonderte Feststellung von Besteuerungsgrundlagen, NWB F. 2, 5721; *von Wedelstädt*, Gesonderte und einheitliche Feststellung von Besteuerungsgrundlagen, Teil I, BuW 2000, 575; Teil II, BuW 2000, 627; *Mannek*, Feststellung von Grundbesitzwerten beim Erwerb von Gesell-

1 BFH 12. 11. 1985 VIII R 364/83, BStBl 1986 II 311; 31. 8. 1999 VIII R 22/98, BFH/NV 2000, 420, m.w.N.

2 Siehe auch BFH 26. 9. 1990 II B 24/90, BStBl 1990 II 1035.

3 BFH 3. 7. 1995 GrS 1/93, BStBl 1995 II 617, m. w. N.

4 BFH 3. 7. 1995 GrS 1/93, BStBl 1995 II 617, m. w. N.; 25. 2. 2010 IV R 2/07, BStBl 2010 II 670.

schaftsanteilen, NWB F. 9, 2835; *von Wedelstädt*, Gesonderte Feststellung von Besteuerungsgrundlagen nach Ablauf der Feststellungsfrist, AO-StB 2009, 238.

1. Allgemeines

5941 Steuern werden nach § 155 Abs. 1 Satz 1 AO vom FA durch Steuerbescheid festgesetzt. Die Besteuerungsgrundlagen sind Teil der Begründung und als solche unselbständige Teile der Steuerfestsetzung (§ 157 Abs. 2 AO). Besteuerungsgrundlagen sind alle tatsächlichen und rechtlichen Verhältnisse, die im Einzelfall für die Steuerpflicht oder für die Bemessung der Steuer maßgeblich sind (vgl. § 199 Abs. 1 AO), insbesondere der Gewinn aus den Gewinneinkunftsarten des § 2 Abs. 1 Nr. 1 – 3 EStG bzw. der Überschuss der Einnahmen über die Werbungskosten bei den Überschusseinkunftsarten des § 2 Abs. 1 Nr. 4 – 7 EStG.

5942 Abweichend davon werden nach § 179 Abs. 1 AO die Besteuerungsgrundlagen im Wege der **gesonderten Feststellung** ermittelt und verbindlich geregelt, soweit dies gesetzlich geregelt ist. Fehlt es an einer entsprechenden gesetzlichen Bestimmung, tritt die Bindungswirkung nicht ein.[1] Die Feststellung ist bei Vorliegen der Voraussetzungen **zwingend durchzuführen**. Die Bestandskraft des Folgebescheids steht dem ebenso wenig entgegen wie etwaige Kenntnisse des Folgebescheids-FA von den betreffenden Besteuerungsgrundlagen, es sei denn, es handelt sich um einen Fall des § 180 Abs. 3 AO.[2] Ein Feststellungsverfahren ist auch durchzuführen, wenn **streitig** ist, ob Besteuerungsgrundlagen gesondert festgestellt werden müssen oder nicht.[3]

5943 Die **Besteuerungsgrundlagen** im Bescheid über die gesonderte Feststellung sind selbständig feststellungsfähige Steuerfestsetzungsvoraussetzungen.[4] Das schließt eine selbständige rechtliche Würdigung und ein unabhängiges rechtliches Schicksal mit ein (§ 157 Abs. 2 AO). Die gesonderte Feststellung von Besteuerungsgrundlagen ist daher ein verselbständigter, selbständig anfechtbarer und bestandskraftfähiger Ausspruch über das Bestehen oder Nichtbestehen einer bestimmten Besteuerungsgrundlage[5] außerhalb des Steuerfestsetzungsverfahrens. Nicht die einzelne Feststellung ist Verwaltungsakt, **Verwaltungsakt** ist der Feststellungsbescheid als Zusammenfassung einzelner Feststellungen von Besteuerungsgrundlagen (s. dazu Rn. 6176 und Rn. 6471).[6] Dagegen hält der BFH die Feststellungen zu Wert, Art und Zurechnung im Rahmen einer Einheitsbewertung für im Einheitswertbescheid zusammengefasste jeweils selbständige Verwaltungsakte (s. dagegen Rn. 6472). Dabei stehen nach Ansicht des BFH[7] der Bescheid über die Feststellung des Einheitswerts einerseits und der Bescheid über die Zurechnung dieses Einheitswerts andererseits zueinander im Verhältnis von Grundlagen-

1 BFH 6. 7. 1999 IX B 21/99, BFH/NV 2000, 4.

2 BFH 1. 7. 2003 VIII R 61/02, BFH/NV 2004, 27, m. w. N.

3 BFH 24. 5. 2006 I R 93/05, BStBl 2007 II 76, m. w. N.

4 *Söhn* in Hepp/Hübschmann/Spitaler, § 179 AO Rz. 12; *Brandis* in Tipke/Kruse, § 179 AO Rz. 1; *von Wedelstädt* in Kühn/von Wedelstädt, § 179 AO Rz. 7.

5 BFH 10. 7. 1979 VIII B 84/78, BStBl 1979 II 567, 569.

6 BFH 28. 6. 2006 XI R 31/05, BStBl 2007 II 378, m. w. N., *Kunz* in Beermann/Gosch, § 180 AO Rz. 61; *Brandis* in Tipke/Kruse, § 180 AO Rz. 11; *von Wedelstädt* in Kühn/von Wedelstädt, § 179 AO Rz. 7.

7 BFH 19. 2. 2009 II R 8/06, BFH/NV 2009, 1092, m. w. N.

bescheid (§ 171 Abs. 10 Satz 1 AO) zu Folgebescheid (§ 182 Abs. 1 Satz 1 AO). Wegen der Bedenken dagegen wird auf Rn. 6472 verwiesen. Steuerfestsetzungs- und Feststellungsverfahren sind voneinander unabhängige Verfahren. Einwendungen gegen die gesonderte Feststellung von Besteuerungsgrundlagen müssen im Wege der Anfechtung des Feststellungsbescheids vorgebracht werden (§ 351 Abs. 2 AO). Für das Feststellungsverfahren gelten die Vorschriften über das Festsetzungsverfahren entsprechend (§ 181 Abs. 1 AO; s. Rn. 6176).

Die gesonderte Feststellung richtet sich gegen den Steuerpflichtigen, dem der Gegenstand der Feststellung bei seiner Besteuerung zuzurechnen ist (§ 179 Abs. 2 Satz 1 AO). 5944
Die gesonderte Feststellung wird gegenüber mehreren Beteiligten **einheitlich** vorgenommen, wenn dies gesetzlich bestimmt oder der Gegenstand der Feststellung mehreren Personen zuzurechnen ist (§ 179 Abs. 2 Satz 2 AO). Ersteres ist z. B. der Fall bei gesonderten und einheitlichen Feststellungen nach § 180 Abs. 1 und Abs. 2 AO und der VO zu § 180 Abs. 2 AO, Letzteres, wenn Besteuerungsgrundlagen mehrere Steuerpflichtige gemeinschaftlich betreffen und eine einheitliche Entscheidung in der Sache erforderlich ist, wenn an Einkünften mehrere beteiligt sind oder wenn die Einkünfte aus gemeinsamer Einkunftsquelle stammen,[1] wie dies bei den hier zu behandelnden Personengesellschaften der Fall ist.

Das bedeutet, dass die Besteuerungsgrundlagen in einem einzigen Verfahren für alle Beteiligten gemeinschaftlich und für ihre persönliche Besteuerung verbindlich festgestellt werden, um unterschiedliche Entscheidungen zu vermeiden. 5945

(Einstweilen frei) 5946–5950

2. Feststellungen bei Personengesellschaften

Bei **Personengesellschaften** finden folgende gesonderte und einheitliche Feststellungen statt: 5951

a) Feststellung des Einheitswerts (§ 180 Abs. 1 Nr. 1 AO i. V. m. § 19 BewG)

Nach § 180 Abs. 1 Nr. 1 AO i. V. m. § 19 Abs. 1 BewG werden **Einheitswerte** festgestellt für inländischen Grundbesitz, und zwar für Betriebe der Land- und Forstwirtschaft (§§ 33, 48a und 51a BewG), für Grundstücke (§§ 68 und 70 BewG) und für Betriebsgrundstücke (§ 99 BewG). Notwendiger Inhalt ist die Höhe des Einheitswerts. Fehlt sie, ist der Einheitswertbescheid nichtig.[2] § 19 Abs. 3 BewG fordert ferner in der Feststellung des Einheitswerts eine Aussage über die **Art der wirtschaftlichen Einheit**, die **Zurechnung der wirtschaftlichen Einheit bzw. Untereinheit und bei mehreren Beteiligten Feststellungen über die Höhe ihrer Anteile**; Letzteres ist u. a. bei Personenhandelsgesellschaften erforderlich. 5952

Für die neuen Bundesländer gelten z. T. Sonderregelungen (s. §§ 125 ff. BewG). Aufgrund des Wegfalls der Vermögensteuer zum 31. 12. 1996 und der Gewerbekapitalsteuer ab 1. 1. 1998 und nach Aufhebung von Vorschriften, die an den Einheitswert anknüpften, 5953

1 *Brandis* in Tipke/Kruse, § 180 AO Tz. 15; *von Wedelstädt* in Kühn/von Wedelstädt, § 180 AO Rz. 7 ff.
2 U. a. *Kunz* in Beermann/Gosch, § 180 AO Rz. 10; *Brandis* in Tipke/Kruse, § 180 AO Tz. 5 f.

hat die Vorschrift an Bedeutung verloren; Einheitswerte für Gewerbebetriebe werden ab dem 1. 1. 1998 nicht mehr festgestellt.[1] Einheitswertfeststellungen sind nunmehr nur noch für die Grundsteuer (§ 13 Abs. 1 Satz 2, Abs. 3 GrStG) und die Gewerbesteuer (§ 9 Nr. 1 GewStG) von Bedeutung. Außerdem hat § 180 Abs. 1 Nr. 1 AO Bedeutung für die Bewertung von Grundbesitz nach § 138 i.V. m. § 151 BewG. Für die Erbschaftsteuer (§ 12 ErbStG; ab 1. 1. 1996) und die Grunderwerbsteuer (§ 8 Abs. 2 GrEStG; ab 1. 1. 1997) hat die sog. Bedarfsbewertung die Einheitswertermittlung abgelöst.

5954 Ist der Einheitswert eines Grundstücks in Gesamthandeigentum nur noch für die Grundsteuer von Bedeutung, ist er nicht nach § 39 Abs. 2 Nr. 2 AO auf die Gesamthänder aufzuteilen. Die GbR ist Grundsteuerschuldner und beim Einheitswert Zurechnungssubjekt.[2]

5955 Die **einheitliche und gesonderte Feststellung des Werts des Anteils am Betriebsvermögen** von Gesellschaften i. S. d. § 15 Abs. 1 Nr. 2 und Abs. 3 oder § 18 Abs. 4 Satz 2 EStG (s. § 97 Abs. 1a BewG i.V. m. § 97 Abs. 1 Nr. 5 BewG) erfolgt nach § 151 Abs. 1 Nr. 2 BewG.

b) Feststellung der einkommensteuerpflichtigen und körperschaftsteuerpflichtigen Einkünfte (§ 180 Abs. 1 Nr. 2a AO)

5956 Die Feststellung der einkommensteuerpflichtigen und körperschaftsteuerpflichtigen Einkünfte und mit ihnen in Zusammenhang stehender anderer Besteuerungsgrundlagen, wenn an den Einkünften mehrere beteiligt sind und die Einkünfte diesen steuerlich zuzurechnen sind (bei Personengesellschaften), regelt **§ 180 Abs. 1 Nr. 2a AO**. Siehe dazu Rn. 6021 ff. Wegen der Einschränkung nach § 180 Abs. 4 AO bei Arbeitsgemeinschaften wird auf Rn. 6046 und 6098 verwiesen.

c) Feststellung des Werts der vermögensteuerpflichtigen Wirtschaftsgüter (§ 180 Abs. 1 Nr. 3 AO)

5957 Die Feststellung des Werts der vermögensteuerpflichtigen Wirtschaftsgüter (§§ 114 – 117a BewG) **und der Schulden und sonstigen Abzüge** (§ 118 BewG) nach **§ 180 Abs. 1 Nr. 3 AO** sowie deren Zurechnung ist für Veranlagungszeiträume ab 1. 1. 1997 gegenstandslos, da die Vorschriften des BewG wegen Wegfalls der Vermögensteuer aufgehoben wurden (JStG 1997).

5958 § 151 Abs. 1 Nr. 4 BewG sieht die gesonderte Feststellung von anderen als den in den Nr. 1 – 3 genannten Vermögensgegenständen, also von Grundbesitzwerten (Nr. 1), dem Wert des Betriebsvermögens und des Anteils am Betriebsvermögen (Nr. 2) und dem Wert von Anteilen an Kapitalgesellschaften i. S. d. § 11 Abs. 2 BewG (Nr. 3), und von Schulden vor, wenn sie mehreren Personen zustehen.

---

1 Siehe Gesetz zur Fortsetzung der Unternehmenssteuerreform v. 29. 10. 1997, BGBl 1997 I 2590.

2 OFD Düsseldorf und Münster 7. 4. 2004, DB 2005, 1029.

d) Feststellung nach der VO zu § 180 Abs. 2 AO

Im Zusammenhang mit der Besteuerung von Personengesellschaften ist die **Feststellung der VO zu § 180 Abs. 2 AO** insoweit von Bedeutung, als die festzustellenden Besteuerungsgrundlagen nicht gemeinschaftliche **Einkünfte** sind (s. dazu Rn. 5960). Im Übrigen soll die Feststellung nach der VO zu § 180 Abs. 2 AO zur Regelung sachlich gleich gelagerter Fälle durchgeführt werden; in diesen Fällen muss der Gegenstand der Feststellung den Beteiligten nicht gemeinsam, sondern kann ihnen auch einzeln zugerechnet werden. 5959

Eine Feststellung nach den VO zu § 180 Abs. 2 AO für **ertragsteuerliche Zwecke** ist durchzuführen bei Personengesellschaften, die **keine Einkünfte** erzielen, sondern bei denen andere Besteuerungsgrundlagen wie Betriebsausgaben, Werbungskosten u. Ä. gesondert und einheitlich festzustellen sind, wie z. B. bei Bauherrengemeinschaften, Labor-, Büro- und Apparategemeinschaften, EWIV u. Ä. 5960

Nach § 1 Abs. 2 i. V. m. Abs. 1 der VO zu § 180 Abs. 2 AO kann auch die **Umsatzsteuer** gesondert und einheitlich festgestellt werden, wenn mehrere Unternehmer im Rahmen eines Gesamtobjekts Umsätze ausführen oder empfangen; die Feststellung kann sich auch lediglich auf die Feststellung der aufteilbaren Vorsteuer beschränken. 5961

BEISPIEL: Die Bürogemeinschaft erhält Lieferungen oder sonstige Leistungen, die Rechnungen darüber weisen sie als Empfänger aus. Ist sie nicht selbst Unternehmer, ist ihr der Vorsteuerabzug versagt (§ 15 Abs. 1 Nr. 1 UStG).

Da die Gemeinschaft selbst nicht Unternehmer ist, ist hier die von dem einzelnen Gemeinschafter als Unternehmer abziehbare Vorsteuer gesondert und einheitlich festzustellen.[1] Nach § 1 Abs. 2 der VO zu § 180 Abs. 2 AO können für Umsatzsteuerzwecke Besteuerungsgrundlagen gesondert und für mehrere Unternehmer einheitlich festgestellt werden, wenn mehrere Unternehmer im Rahmen eines Gesamtobjekts Umsätze ausführen oder empfangen. Unter den Begriff des Gesamtobjekts fallen der Einkunftserzielung dienende Wirtschaftsgüter, Anlagen oder Einrichtungen, die mehreren Unternehmern getrennt zuzurechnen sind, die bei deren Planung, Herstellung, Erhaltung oder dem Erwerb gleichartige Rechtsbeziehungen zu Dritten hergestellt oder unterhalten haben. Einer Feststellung bedarf es allerdings dann nicht, wenn Empfänger eines Gesamtobjekts eine Bruchteilsgemeinschaft ist.[2] Ist von mehreren Gemeinschaftern nur einer Unternehmer, ist eine Feststellung mangels Voraussetzung gem. § 1 Abs. 2 der VO zu § 180 Abs. 2 AO nicht zulässig.[3] 5962

Über die Frage, ob die festgestellten Vorsteuerbeträge beim Feststellungsbeteiligten vom Vorsteuerabzug ausgeschlossen sind (z. B. nach § 24 Abs. 1 Satz 4 UStG), wird im Rahmen der Umsatzsteuerfestsetzung entschieden.[4] Auch die für eine Berichtigung des 5963

1 BFH 1. 10. 1998 V R 31/98, UR 1999, 36 = BStBl 2008 II 497 – Mähdrescher III; *von Wedelstädt* in Kühn/von Wedelstädt, § 180 AO Rz. 41.

2 BFH 1. 10. 1998 V R 31/98, UR 1999, 36 = BStBl 2008 II 497 – Mähdrescher III.

3 BFH 16. 5. 2002 V R 15/00, BFH/NV 2002, 1346.

4 BFH 3. 11. 2005 V R 53/03, BFH/NV 2006, 841.

Vorsteuerabzugs nach Maßgabe des § 15a UStG bedeutsamen Vorsteuern auf Anschaffungs- oder Herstellungskosten können gesondert festgestellt werden.

5964–5970 *(Einstweilen frei)*

e) Feststellung bestimmter ausländischer Einkünfte und bei Anrechnungen (§ 180 Abs. 5 AO)

5971 **Nach § 180 Abs. 5 Nr. 1 und 2 AO** sind bestimmte ausländische Einkünfte und **Steuerabzugsbeträge und Körperschaftsteuer** gesondert festzustellen.[1] Die Vorschrift enthält zwei Sondertatbestände, bei denen § 180 Abs. 1 Nr. 2, Abs. 2 und Abs. 3 AO entsprechende Anwendung finden.

aa) Feststellung ausländischer Einkünfte (§ 180 Abs. 5 Nr. 1 AO)

5972 Nach **§ 180 Abs. 5 Nr. 1 AO** ist ein Feststellungsverfahren entsprechend § 180 Abs. 1 Nr. 2a AO auch dann durchzuführen, wenn die nach einem Abkommen zur Vermeidung der Doppelbesteuerung (DBA) von der Bemessungsgrundlage ausgenommenen Einkünfte bei der Festsetzung der Steuern der beteiligten Personen von Bedeutung sind. Die Feststellung der Einkünfte der ausländischen Gesellschaft beschränkt sich auf den für die inländische Besteuerung relevanten Teil. Die Feststellung der Einkünfte ist für die Festsetzung der Steuern der Beteiligten z. B. von Bedeutung, wenn auf sie die Freistellungsmethode nach dem Methodenartikel des jeweiligen DBA anzuwenden ist oder wenn sie im Wege des Progressionsvorbehaltes zu berücksichtigen sind,[2] oder wenn auf Antrag der Verlust aus einer ausländischen Betriebsstätte sowie aus einer Beteiligung an einer ausländischen Personengesellschaft und einer ausländischen atypischen Gesellschaft auch bei der Ermittlung des inländischen zu versteuernden Einkommens abgezogen werden kann (§ 2a Abs. 3 EStG, zur zeitlichen Anwendung s. § 52 Abs. 3 Satz 2 und 3 EStG). Sie sind daher gesondert festzustellen. Im Feststellungsverfahren nach § 180 Abs. 5 Nr. 1 AO sind sämtliche tatsächlichen und rechtlichen Voraussetzungen, unter denen ein Verlust nach § 2a Abs. 3 EStG bei der Veranlagung zu berücksichtigen ist, festzustellen. Dagegen ist bei der Einkommensteuerveranlagung zu entscheiden, ob und in welcher Weise sich Verluste i. S. d. § 2a EStG auswirken.[3] Ist nur eine Person an den Einkünften im Inland unbeschränkt oder beschränkt steuerpflichtig, hat die Feststellung zu unterbleiben (§ 180 Abs. 3 Nr. 1 AO).

5973 Zur örtlichen Zuständigkeit vgl. BMF v. 11. 12. 1989,[4] geändert durch BMF v. 2. 1. 2001.[5]

1 Siehe *Kunz*, BuW 1994, 42, 44; *von Wedelstädt*, DB 1994, 9, 12.

2 BMF-Schreiben „Anwendung der Doppelbesteuerungsabkommen (DBA) auf Personengesellschaften" 16. 4. 2010,BStBl 2010 I 354, Tz. 6.1.

3 BFH 21. 8. 1990 VIII R 271/84, BStBl 1991 II 126; *Grützner*, IStR 1994, 65, 69.

4 BStBl 1989 I 470.

5 BStBl 2001 I 40.

bb) Feststellung von Steuerabzugsbeträgen und Körperschaftsteuer (§ 180 Abs. 5 Nr. 2 AO)

Die Vorschrift erfasst als festzustellende Besteuerungsgrundlagen Steuerabzugsbeträge wie Kapitalertragsteuer, anzurechnende Körperschaftsteuer, Solidaritätszuschlag, Bauabzugsteuer i. S. d. § 48 EStG,[1] die den Feststellungsbeteiligten anteilig zuzurechnen sind. Die Bindungswirkung der Feststellungen nach § 180 Abs. 5 Nr. 2 AO erstreckt sich auch auf solche Verwaltungsakte, die die Verwirklichung der Ansprüche aus dem Steuerschuldverhältnis betreffen, also auf die Anrechnungsverfügung oder den Abrechnungsbescheid (§ 182 Abs. 1 Satz 2 AO).[2] 5974

(Einstweilen frei) 5975–5980

f) Besondere gesonderte Feststellung (§ 179 Abs. 2 Satz 3 AO)

Literatur: *Blaurock*, Unterbeteiligung und Treuhand an Gesellschaftsanteilen, Habil. Freiburg, 1981; *Schulze zur Wiesche*, Die Unterbeteiligung als Mitunternehmerschaft, DB 1974, 2225; DB 1987, 551; *Schwichtenberg*, Wann ist das Unterbeteiligungsverhältnis eine Unternehmerschaft, DB 1987, 1963; *Helmschrott*, Das Verfahren bei stillen Gesellschaften und Unterbeteiligungen, SteuerStud 1990, 129.

Die Regelung beruht darauf, dass im Wirtschaftsleben Gesellschafter z. B. zum Erhalt zusätzlicher Liquidität weitere natürliche oder juristische Personen an ihrem Gesellschaftsanteil unterbeteiligen. Hier besteht oft ein Interesse, die Unterbeteiligung geheim zu halten. Dieses Interesse ist bei der Ermessungserwägung, ob ein besonderes gesondertes Feststellungsverfahren durchzuführen ist, zu beachten.[3] Die Vorschrift betrifft die Fälle der mittelbaren Beteiligung einer oder mehrerer Personen an einer Hauptbeteiligung, die Fälle der **Haupt- und Unterbeteiligung**. Der oder die Unterbeteiligten haben hier regelmäßig keine Rechtsbeziehungen zur Hauptgesellschaft, sondern nur zu einem Gesellschafter/Beteiligten der Hauptgesellschaft, an dessen Anteil sie unmittelbar beteiligt sind. Für die Unterbeteiligten *kann* eine besondere gesonderte Feststellung vorgenommen werden, dies liegt im Ermessen der Finanzbehörde. 5981

Fälle des § 179 Abs. 2 Satz 3 AO sind u. a.:

aa) Atypische stille Unterbeteiligung

Über die Frage, ob eine atypisch stille Unterbeteiligung (Innengesellschaft) an dem Anteil eines Gesellschafters einer Personengesellschaft (Hauptgesellschaft) besteht und wie hoch der Anteil des Unterbeteiligten ist, ist grundsätzlich in einem besonderen Feststellungsverfahren für die Unterbeteiligung zu entscheiden;[4] denn es fehlt mangels Rechtsbeziehungen zwischen der Hauptgesellschaft und der Untergesellschaft an einer Beteiligung des Unterbeteiligten an den Einkünften der Hauptgesellschaft (s. auch Rn. 481 ff. und 6047, m. w. N.). Es liegt aber im Ermessen des Finanzamts, ob es für beide Rechtsverhältnisse **ein** Feststellungsverfahren oder **zwei** getrennte Feststellungsver- 5982

1 BMF 27. 12. 2002, BStBl 2002 I 1399, Rz. 90.

2 Siehe dazu *Kunz* in Beermann/Gosch, § 182 AO Rz. 11.1.

3 Siehe dazu ausführlich *Kunz* in Beermann/Gosch, § 179 AO Rz. 33 ff.; *von Wedelstädt*, BuW 2000, 575, 577.

4 BFH 5. 11. 1973 GrS 3/72, BStBl 1974 II 414.

fahren durchführt. Wegen des Geheimhaltungsbedürfnisses der Betroffenen ist regelmäßig von der Möglichkeit der Vornahme einer besonderen gesonderten und einheitlichen Feststellung Gebrauch zu machen;[1] lediglich **ein** Feststellungsverfahren ist durchzuführen, wenn alle Beteiligten – die Hauptgesellschaft und deren Gesellschafter sowie die Unterbeteiligten – einverstanden sind.[2]

5983 Bei der Kumulation von stillen Gesellschaften – jeder der still Beteiligten steht für sich in einem Gesellschaftsverhältnis gem. §§ 230 ff. HGB zum Inhaber – ist eine einzige Feststellung zulässig, wenn sich alle atypisch stillen Gesellschafter am gesamten Betrieb des Prinzipals beteiligen.[3] Beteiligen sich die atypisch stillen Gesellschafter dagegen an verschiedenen partiellen Geschäftsbereichen, ist für jede der atypisch stillen Gesellschaften eine isolierte gesonderte Feststellung erforderlich.[4] Siehe im Übrigen Rn. 6047 ff.

5984 **Ausnahmsweise** ist der **Unterbeteiligte steuerrechtlich Mitunternehmer** der Hauptgesellschaft,[5] wenn er zweifelsfrei Mitunternehmerinitiative bei der Hauptgesellschaft entfaltet und deren unternehmerisches Risiko mitträgt. Dies ist z. B. bei § 15 Abs. 1 Satz 1 Nr. 2 Satz 2 EStG der Fall. Da die Abgrenzung in diesen Fällen nicht immer leicht ist, sollte auch in diesen Fällen nur dann von einer besonderen gesonderten Feststellung abgesehen werden, wenn alle Beteiligten einverstanden sind.[6]

5985 **Kein Fall des § 179 Abs. 2 Satz 3 AO** ist dagegen die **typisch stille Unterbeteiligung am Anteil an einer Personengesellschaft:** es fehlt an einer Beteiligung des Haupt- und des Unterbeteiligten an denselben Einkünften, denn der Hauptbeteiligte erzielt i. d. R. Einkünfte nach § 15 EStG, der typisch Unterbeteiligte Einkünfte aus Kapitalvermögen (§ 20 Abs. 1 Nr. 4 EStG), wiederkehrende Bezüge (§ 22 Nr. 1 Satz 1 EStG) oder nicht steuerpflichtige private Vermögensmehrung (§ 22 Nr. 1 Satz 2 EStG). Mangels gemeinschaftlicher Einkünfte findet keine Feststellung zwischen Haupt- und Unterbeteiligten statt.[7] Die Gewinnanteile des Unterbeteiligten sind jedoch als Sonderbetriebsausgaben des Hauptbeteiligten in die Feststellung der Personengesellschaft einzubeziehen (s. Rn. 6127).[8] Eine Nachholung des Sonderbetriebsausgabenabzugs im Veranlagungsverfahren[9] oder durch Ergänzungsbescheid[10] ist nicht zulässig (zur typisch stillen Gesellschaft s. auch Rn. 76 f.).

1 AEAO zu § 179, Nr. 4 Abs. 1 Satz 2; BFH 5. 11. 1973 GrS 3/72, BStBl 1974 II 414; 12. 11. 1985 VIII R 364/83, BStBl 1986 II 311, 316; ausführlich *Kunz* in Beermann/Gosch, § 179 AO Rz. 46 ff.; *von Wedelstädt* in Kühn/von Wedelstädt, § 179 AO Rz. 15.

2 BFH 2. 3. 1995 IV R 135/92, BStBl 1995 II 531; AEAO zu § 179, Nr. 4 Abs. 2.

3 BFH 9. 3. 1994 VIII S 9/93, BFH/NV 1995, 28; 15. 10. 1998 IV R 18/98, BStBl 1999 II 296; *Lindwurm*, DStR 2000, 53, 59.

4 U. a. BFH 28. 10. 1981 I R 23/79, BStBl 1982 II 186; 4. 8. 1988 IV R 60/86, BFH/NV 1990, 19; *Ruban*, DStZ 1995, 639; *Lindwurm*, DStR 2000, 53, 59.

5 Siehe *Kunz* in Beermann/Gosch, § 179 AO Rz. 50; *von Wedelstädt* in Kühn/von Wedelstädt, § 179 AO Rz. 17.

6 *Kunz* in Beermann/Gosch, § 179 AO Rz. 50, m. w. N.; *Brandis* in Tipke/Kruse, § 179 AO Tz. 17.

7 U. a. BFH 9. 11. 1988 I R 191/84, BStBl 1989 II 343; *Kunz* in Beermann/Gosch, § 179 AO Rz. 40 ff., m. w. N.; *von Wedelstädt* in Kühn/von Wedelstädt, § 179 AO Rz. 18.

8 BFH 9. 11. 1988 I R 191/84, BStBl 1989 II 343; AEAO zu § 179, Nr. 5; s. dazu ausführlich *Kunz* in Beermann/Gosch, § 179 AO Rz. 40 ff., m. w. N.

9 AEAO zu § 179, Nr. 5 Satz 2.

10 AEAO zu § 179, Nr. 2 Abs. 3.

bb) Beteiligung einer treuhänderisch für andere Personen tätigen Person oder Gesellschaft an einer Personengesellschaft

5986 Die Regelung des § 179 Abs. 2 Satz 3 AO gilt für Treuhandverhältnisse, in denen der Treuhänder Hauptgesellschafter der Personengesellschaft ist, entsprechend.[1] Es gilt das zur atypisch stillen Unterbeteiligung Ausgeführte:

Zivilrechtlich ist der Treuhänder Gesellschafter der Personengesellschaft, nicht der Treugeber (s. auch Rn. 446).[2] Beteiligen sich mehrere Personen über einen Treuhänder am Vermögen einer Personengesellschaft, werden grundsätzlich zwei Gewinnfeststellungen durchgeführt (§ 179 Abs. 2 Satz 3 AO).[3] In der ersten Feststellungsstufe wird gem. §§ 180 Abs. 1 Nr. 2a, 179 Abs. 1 und Abs. 2 Satz 1 und 2 AO festgestellt, welchen Gewinn die Personengesellschaft erzielt hat und wie sich dieser Gewinn auf ihre Gesellschafter einschließlich des Treuhänder-Kommanditisten verteilt; in der zweiten Feststellungsstufe wird nach § 179 Abs. 2 Satz 3 AO der für den Treuhänder festgestellte Gewinnanteil auf die Treugeber aufgeteilt;[4] im Feststellungsbescheid erster Stufe muss nicht auf das Treuhandverhältnis hingewiesen werden.[5] Der Feststellungsbescheid der ersten Stufe ist nur für den Feststellungsbescheid der zweiten Stufe, nicht für die Einkommensteuerfestsetzung des Treuhänders bindend.[6] Bei offenem Treuhandverhältnis, bei dem das Treuhandverhältnis allen Beteiligten bekannt ist, können beide Feststellungen miteinander verbunden und dürfen äußerlich in einem Bescheid zusammengefasst werden;[7] durch die Verbindung der beiden Verfahren darf der Treuhänder nicht ausgeschlossen werden.[8] Eine solche äußere Zusammenfassung ändert indessen nichts an der inhaltlichen Selbständigkeit der verschiedenen Einzelfallregelungen.[9] Dies gilt auch für den Anwendungsbereich der §§ 175 Abs. 1 Nr. 1 und 171 Abs. 10 AO, d. h. der Gesetzesvorschriften, an denen die Rechtmäßigkeit der angefochtenen Steuerbescheide vor allem zu messen ist.

5987 Besteht die Gesellschaft aus zwei Gesellschaftern und ist der eine von ihnen Treuhänder für den anderen, ist keine Feststellung durchzuführen.[10]

cc) „Doppelstöckige Personengesellschaft"

Literatur: *Söhn*, Einheitliche und gesonderte Feststellungen bei „doppelstöckigen Personengesellschaften", StuW 1999, 328.

---

1 AEAO zu § 179, Nr. 4 Abs. 3.

2 BFH 24. 5. 1977 IV R 47/76, BStBl 1977 II 737, 739; 13. 7. 1999 VIII R 76/97, BStBl 1999 II 747, m. w. N.

3 BFH 13. 7. 1999 VIII R 76/97, BStBl 1999 II 747; 14. 9. 2010 IV B 15/10, BFH/NV 2011, 5.

4 BFH 13. 7. 1999 VIII R 76/97, BStBl 1999 II 747; 13. 12. 2000 X R 42/96, BStBl 2001 II 471, m. w. N.; 28. 11. 2001 X R 23/97, BFH/NV 2002, 614, m. w. N.; 15. 4. 2003 IV B 188/01, BFH/NV 2003, 1283, m. w. N.; 14. 9. 2010 IV B 15/10, BFH/NV 2011, 5.

5 FG München 30. 5. 2001 10 V 1037/01, EFG 2001, 1258.

6 BFH 10. 4. 2002 XI B 125/01, BFH/NV 2002, 1278.

7 H. M. u. a. BFH 13. 7. 1999 VIII R 76/97, BStBl 1999 II 747, m. w. N.; 14. 9. 2010 IV B 15/10, BFH/NV 2011, 5; *Kunz* in Beermann/Gosch, § 179 AO Rz. 51 ff.; *Brandis* in Tipke/Kruse, § 179 AO Rz. 19; AEAO zu § 179, Nr. 4 Abs. 3.

8 *Von Wedelstädt* in Kühn/von Wedelstädt, § 179 AO Rz. 19.

9 BFH 13. 12. 2001 X R 42/96, BStBl 2001 II 471.

10 BFH 1. 10. 1992 IV R 130/90, BStBl 1993 II 574.

5988 Eine Personengesellschaft (Obergesellschaft) kann handelsrechtlich Gesellschafterin einer anderen Personengesellschaft (Untergesellschaft) sein (doppelstöckige Personengesellschaft; s. Rn. 110 und 416 ff.). Die doppelstöckige Personengesellschaft ist mehrgliedrig, wenn sich eine Personengesellschaft (Obergesellschaft) an mehreren anderen Personengesellschaften (Untergesellschaften) beteiligt. Die Gesellschafter der Obergesellschaft sind nicht Gesellschafter der Untergesellschaft. Steuerrechtlich ist die Obergesellschaft Mitunternehmerin einer anderen Personengesellschaft,[1] es handelt sich nicht um einen Fall des § 179 Abs. 2 Satz 3 AO. In diesen Fällen sind gesonderte und einheitliche Feststellungen **in zwei Stufen** durchzuführen: auf der Ebene der Untergesellschaft sind u. a. die Beteiligten, zu denen auch die Obergesellschaft als Mitunternehmerin gehört, sowie die den Beteiligten zuzurechnenden Einkünfte festzustellen. Die gesonderte und einheitliche Feststellung der Untergesellschaft ist Grundlagenbescheid für das Feststellungsverfahren der Obergesellschaft, in dem die anteiligen Einkünfte ihrer Gesellschafter festgestellt werden.[2] Der Anteil am Gewinn oder Verlust der Untergesellschaft wird anteilig unmittelbar der Obergesellschaft – nicht aber unmittelbar deren Gesellschaftern – zugerechnet und geht in deren Gesamtergebnis aus dem eigenen Betrieb und der Beteiligung an der Untergesellschaft ein (erste Stufe). In der einheitlichen und gesonderten Feststellung der Obergesellschaft werden die anteiligen Einkünfte ihrer Gesellschafter festgestellt (zweite Stufe).[3] Soweit § 15 Abs. 1 Satz 1 Nr. 2 Satz 2 EStG den mittelbar über eine oder mehrere Personengesellschaften beteiligten Gesellschafter dem unmittelbar beteiligten Gesellschafter gleichstellt, wird eine Mitunternehmerschaft des Gesellschafters der Obergesellschaft an der Untergesellschaft nur insoweit fingiert, als dieser von der Untergesellschaft Vergütungen i. S. d. § 15 Abs. 1 Satz 1 Nr. 2 Satz 1 EStG bezieht, die ihm unmittelbar zuzurechnen sind (s. auch Rn. 422 und 1332).[4] Er kann aber mangels Erfüllung der Voraussetzungen des § 180 Abs. 1 Nr. 2a AO (s. Rn. 6022) nicht in die gesonderte und einheitliche Feststellung der Untergesellschaft mit einbezogen werden. Auch ein von der Obergesellschaft erzielter Gewinn oder Verlust aus der Veräußerung der Beteiligung an der Untergesellschaft ist in das Ergebnis der Obergesellschaft einzubeziehen. Eines mehrstufigen Feststellungsverfahrens bedarf es nicht, wenn an den Einkünften einer ausländischen Personengesellschaft neben einer Personengesellschaft mit im Inland steuerpflichtigen Gesellschaftern lediglich Personen beteiligt sind, die nicht im Inland steuerpflichtig sind; die Einkünfte können unmittelbar der inländischen Gesellschaft gegenüber festgestellt werden.[5]

5989–5995 *(Einstweilen frei)*

1 BFH 3. 5. 1993 GrS 3/92, BStBl 1992 II 616; 26. 1. 1995 IV R 23/93, BStBl 1995 II 467.

2 Siehe dazu ausführlich BFH 9. 8. 2006 II R 24/05, BStBl 2007 II 87, m. w. N.; 4. 3. 2009 I R 58/07, BFH/NV 2009, 1953; *Söhn*, StuW 1999, 328; *von Wedelstädt*, BuW 2000, 575, 577.

3 BFH 9. 8. 2006 II R 24/05, BStBl 2007 II 87, m. w. N.; 25. 6. 2008 X B 210/05, BFH/NV 2008, 1649, m. w. N.; *Kunz* in Beermann/Gosch, § 180 AO Rz. 25.1; *von Wedelstädt* in Kühn/von Wedelstädt, § 180 AO Rz. 9a.

4 *Söhn*, StuW 1999, 328, 332 f.

5 BFH 9. 12. 2010 I R 49/09, BStBl 2011 II 482.

g) Besonderes

aa) Gewinnfeststellungsverfahren und Gewerbesteuermessverfahren

Die im Feststellungsverfahren nach § 180 Abs. 1 Nr. 2a AO getroffenen Feststellungen sind für das Verfahren der Festsetzung des Gewerbesteuermessbetrages nach dem Gewerbeertrag nicht bindend.[1] Der Gewinn, der als Gewerbeertrag zugrunde gelegt wird, ist im Gewerbesteuermessbetragsverfahren selbständig zu ermitteln, der Feststellungsbescheid ist insoweit kein Grundlagenbescheid. 5996

bb) Feststellung für Vorauszahlungszwecke

Eine Feststellung für Vorauszahlungszwecke ist, obwohl wünschenswert, nicht zulässig.[2] 5997

cc) Feststellung von negativen Einkünften aus Verlustzuweisungsgesellschaften

Zur gesonderten Feststellung von negativen Einkünften aus Verlustzuweisungsgesellschaften und zur einkommen- und körperschaftsteuerlichen Berücksichtigung von negativen Einkünften aus einer Beteiligung an einer solchen Gesellschaft s. BMF v. 13. 7. 1992,[3] geändert durch BMF v. 28. 6. 1994.[4] 5998

(Einstweilen frei) 5999–6005

3. Ergänzungsbescheid (§ 179 Abs. 3 AO)

Ist im Feststellungsbescheid eine notwendige Feststellung unterblieben, kann sie im Ergänzungsbescheid gem. § 179 Abs. 3 AO nachgeholt werden. 6006

Ergänzung ist die Vervollständigung eines unvollständigen oder lückenhaften Feststellungsbescheides, in dem eine notwendige Feststellung – aus welchen Gründen auch immer – unterblieben ist, obwohl sie hätte getroffen werden müssen.[5] Notwendige Feststellungen sind solche, die im Einzelfall in einem Feststellungsverfahren getroffen werden müssen und nicht erst im Steuerfestsetzungsverfahren getroffen werden dürfen.[6] Die Vorschrift durchbricht nicht die Bestandskraft wirksam ergangener Feststellungsbescheide.[7] Die Ergänzung darf den materiellen Gehalt des zu ergänzenden Feststellungsbescheids nicht ändern.[8] In tatsächlicher oder rechtlicher Hinsicht fehlerhafte 6007

---

1 BFH 21. 9. 2000 IV R 50/99, BStBl 2001 II 299, m. w. N.; 17. 12. 2003 XI R 83/00, BStBl 2004 II 699; *Brandis* in Tipke/Kruse, § 180 AO Tz. 1, 13 und § 182 AO Tz. 4.

2 BFH 26. 2. 1975 I B 96/74, BStBl 1975 II 449; 26. 10. 1978 I B 3/78, BStBl 1979 II 46; *Söhn* in Hübschmann/Hepp/Spitaler, § 180 Rz. 195 f.; *Kunz* in Beermann/Gosch, § 180 AO Rz. 57; a. A. *Brandis* in Tipke/Kruse, § 180 AO Tz. 14.

3 BStBl 1992 I 404 ff.

4 BStBl 1994 I 420 f.

5 BFH 15. 6. 1994 II R 120/91, BStBl 1994 II 819; 11. 5. 1999 IX R 72/96, BFH/NV 1999, 1446; AEAO zu § 179, Nr. 2 Abs. 1 Satz 2 und 3.

6 BFH 11. 7. 2006 VIII R 10/05, BStBl 2007 II 96, m. w. N.

7 AEAO zu § 179, Nr. 2 Abs. 1 Satz 4.

8 BFH 14. 10. 1987 I R 381/83, BFH/NV 1989, 141; *Kunz* in Beermann/Gosch, § 179 AO Rz. 58; *von Wedelstädt* in Kühn/von Wedelstädt, § 179 AO Rz. 22.

Feststellungen in einem Feststellungsbescheid können daher durch Ergänzungsbescheid nicht berichtigt werden.[1] Ist in einer einheitlichen und gesonderten Gewinnfeststellung die gesonderte Feststellung über den verrechenbaren Verlust nach § 15a Abs. 1 Satz 1 EStG nicht vorgenommen worden, ist seine nachträgliche Feststellung kein Fall der Ergänzung i. S. d. § 179 Abs. 3 AO, vielmehr folgt die Notwendigkeit der Feststellung daraus, dass es sich dabei um eine verfahrensrechtlich unabhängige gesonderte Feststellung handelt.[2]

6008 Die Ergänzung setzt voraus, dass der vorangegangene Feststellungsbescheid wirksam ist.[3] Ein Feststellungsbescheid ist nicht ergänzungsfähig, wenn er nichtig und unwirksam ist, auch wenn sich die Nichtigkeit aus seiner Unvollständigkeit begründet.[4]

6009 Unerheblich ist, weshalb der erste Feststellungsbescheid lückenhaft ist; er kann also auch dann ergänzt werden, wenn bewusst auf die Aufnahme der Feststellung verzichtet wurde in der Annahme, sie sei nicht Gegenstand des Feststellungsbescheids.[5] Ist allerdings eine Feststellung ausdrücklich abgelehnt worden, kann sie durch Ergänzungsbescheid nicht nachgeholt werden.[6]

6010 Fälle zulässiger Ergänzung sind u. a.:[7]

- Feststellung über die Ordnungsmäßigkeit der Buchführung,[8]
- Feststellung über die Gewährung vermögenswirksamer Leistungen an Arbeitnehmer,[9]
- Feststellung über die Berlinvergünstigung des festgestellten Gewinns nach § 21 Abs. 1 BerlinFG,[10]
- Feststellung über die Verteilung des Gewinns,[11]
- Aufteilung des Einheitswerts auf die Beteiligten,[12]
- Feststellung des Freibetrags nach § 16 Abs. 4 EStG und seiner Höhe,[13]

1 BFH 11. 5. 1999 IX R 72/96, BFH/NV 1999, 1446; 6. 12. 2005 VIII R 99/02, BFH/NV 2006, 1041; AEAO zu § 179, Nr. 2 Abs. 1 Satz 5, m. w. N.

2 BFH 11. 7. 2006 VIII R 10/05, BStBl 2007 II 96.

3 AEAO zu § 179, Nr. 2 Abs. 1 Satz 1.

4 H. M. u. a. BFH 14. 10. 1987 I R 381/83, BFH/NV 1989, 141, 142; 4. 8. 1988 III R 78/86, BFH/NV 1989, 281; *Kunz* in Beermann/Gosch, § 179 AO Rz. 58, m. w. N.; *von Wedelstädt* in Kühn/von Wedelstädt, § 179 AO Rz. 23; *von Wedelstädt*, BuW 2000, 575, 628, m. w. N.

5 BFH 11. 7. 2006 VIII R 10/05, BStBl 2007 II 96, m. w. N.; *Kunz* in Beermann/Gosch, § 179 AO Rz. 60; *Söhn* in Hübschmann/Hepp/Spitaler, § 179 AO Rz. 312; *von Wedelstädt* in Kühn/von Wedelstädt, § 179 AO Rz. 21; a. A. *Brandis* in Tipke/Kruse, § 179 AO Tz. 23; *Ratschow* in Klein, § 179 AO Rz. 39.

6 AEAO zu § 179, Nr. 2 Abs. 3.

7 Siehe dazu Übersicht bei *Kunz* in Beermann/Gosch, § 179 AO Rz. 61; *von Wedelstädt* in Kühn/von Wedelstädt, § 179 AO Rz. 24; vgl. ferner BFH 4. 8. 1988 III R 78/86, BFH/NV 1989, 281, 283; AEAO zu § 179, Nr. 2 Abs. 2.

8 BFH 12. 12. 1978 VIII R 10/76, BStBl 1979 II 440; 28. 10. 1981 I R 115/78, BStBl 1982 II 485.

9 BFH 13. 4. 1978 IV R 91/74, BStBl 1978 II 479.

10 BFH 14. 1. 1982 IV R 32/81, BStBl 1982 II 531; 14. 11. 1995 VIII R 8/94, BStBl 1996 II 297.

11 BFH 13. 12. 1983 VIII R 90/81, BStBl 1984 II 474; AEAO zu § 179, Nr. 2 Abs. 2.

12 *Söhn* in Hübschmann/Hepp/Spitaler, § 180 AO Rz. 81.

13 BFH 28. 3. 1974 IV B 58/73, BStBl 1974 II 459; AEAO zu § 179, Nr. 2 Abs. 2.

- Feststellungen über Art und Zurechnung der wirtschaftlichen Einheit im Einheitswertbescheid i. S. d. § 19 Abs. 3 BewG,[1]
- Feststellung, ob ein steuerfreier Sanierungsgewinn vorliegt,[2]
- Feststellung, dass die festgestellten Einkünfte nicht – wie bisher geschehen – dem Treugeber, sondern dem Treuhänder zugerechnet werden müssen, jedenfalls dann, wenn die Treuhandkonstruktion allen Beteiligten bekannt ist,[3]
- Hinweis über die Reichweite der Bekanntgabe gem. § 183 Abs. 1 Satz 5,[4]
- Feststellung und Verteilung des Betrags der einbehaltenen Kapitalertragsteuer und der anrechenbaren Körperschaftsteuer (§ 180 Abs. 5 Nr. 2 AO),[5]
- Feststellung von mit den Einkünften in Zusammenhang stehenden anderen Besteuerungsgrundlagen,[6]
- Feststellung, dass eine Person nicht an der Personengesellschaft beteiligt ist (negativer Feststellungsbescheid), wenn ein Regelungsanlass besteht (die Person sich als Beteiligte geriert),[7]
- Feststellung über das Ausscheiden eines Gesellschafters während eines abweichenden Wirtschaftsjahres,[8]
- Angabe des Treuhänders anstelle des aufgeführten Treugebers,[9]
- Aufteilung des Treuhandergebnisses auf die Treugeber,[10]
- Feststellung zu § 32c EStG,[11]
- Entscheidung, dass der Feststellungsbescheid nach § 175 Abs. 1 Satz 1 Nr. 2 AO geändert worden ist im Hinblick auf den Zinslauf nach § 233a Abs. 2a AO.[12]

Nicht nachholbar sind u. a.[13] 6011

- die Feststellung der Höhe des Gewinns,[14]
- die Feststellung von Sonderbetriebseinnahmen, -ausgaben und -werbungskosten,[15]
- die Entscheidung über das Vorliegen steuerbegünstigter Einkünfte i. S. d. § 34 EStG,[16]

---

1 BFH 13. 11. 1981 III R 116/78, BStBl 1983 II 88.
2 FG München 17. 11. 1970 II 133/69, EFG 1971, 288.
3 BFH 13. 3. 1986 IV R 204/84, BStBl 1986 II 584; 13. 7. 1999 VIII R 76/97, BStBl 1999 II 747.
4 BFH 13. 7. 1994 XI R 21/93, BStBl 1994 II 885; AEAO zu § 179, Nr. 2 Abs. 2.
5 AEAO zu § 179, Nr. 2 Abs. 2.
6 AEAO zu § 180, Nr. 1 Abs. 2 Satz 3.
7 FG Hamburg 20. 3. 2001 V 299/97, EFG 2001, 1010.
8 BFH 22. 9. 1997 IV B 113/96, BFH/NV 1998, 454; AEAO zu § 179, Nr. 2 Abs. 2.
9 BFH 10. 11. 1994 IV B 64/93, BFH/NV 1995, 565; 19. 2. 2004 IX B 3/03, BFH/NV 2004, 918.
10 BFH 26. 6. 2002 IV R 3/01, BStBl 2003 II 112.
11 BFH 6. 12. 2005 VIII R 99/02, BFH/NV 2006, 1041.
12 BFH 19. 3. 2009 IV R 20/08, BStBl 2010 II 528.
13 Siehe dazu Übersicht bei *Kunz* in Beermann/Gosch, § 179 AO Rz. 62, m. w. N.; AEAO zu § 179, Nr. 2 Abs. 3, m. w. N.
14 BFH 30. 7. 1954 III 142/52 U, BStBl 1954 III 258.
15 Thüringer FG 1. 4. 1998 I 82/98, EFG 1998, 1232; AEAO zu § 179, Nr. 2 Abs. 3.
16 AEAO zu § 179, Nr. 2 Abs. 3, m. w. N.

- die Feststellung des Veräußerungsgewinns, wenn ein Feststellungsbescheid im Rahmen einer Mitunternehmerschaft nur einen laufenden Gewinn feststellt und damit zugleich inzidenter die negative Feststellung trifft, dass zusätzlich kein Veräußerungsgewinn entstanden ist.[1]
- der Hinweis nach § 181 Abs. 5 Satz 2 AO, weil es sich bei ihm nicht um eine – notwendige – Feststellung handelt,[2]
- Feststellungen zu einzelnen Einkommensteilen.[3]

6012 Das Ergänzungsverfahren ein selbständiges Verwaltungsverfahren. Der Ergänzungsbescheid ist ein Feststellungsbescheid.[4] Sein Erlass steht nicht im Ermessen der Finanzbehörde.[5] Er ist von Amts wegen zu erlassen, wenn eine entsprechende Lücke festgestellt wird.[6] Ein Antrag ist nicht erforderlich. Er kann nur innerhalb der Feststellungsfrist ergehen.[7] Er kann wie der Feststellungsbescheid selbständig angefochten werden.[8] Er entfaltet Bindungswirkung i. S. d. § 182 Abs. 1 AO. Er ist gegenüber dem ergänzten Feststellungsbescheid akzessorisch und wird gegenstandslos, wenn dieser aufgehoben wird.[9]

6013–6020 *(Einstweilen frei)*

IV. Gesonderte und einheitliche Feststellung nach § 180 Abs. 1 Nr. 2a AO

1. Beteiligung mehrerer Personen

6021 Gesondert und einheitlich festgestellt werden die **einkommensteuer- und körperschaftsteuerpflichtigen Einkünfte** und mit diesen in Zusammenhang stehende andere Besteuerungsgrundlagen, wenn an den Einkünften **mehrere Personen** beteiligt sind, denen die Einkünfte steuerlich **zuzurechnen** sind. Durch den Zusammenschluss der Personen darf kein neues steuerrechtsfähiges Subjekt entstanden sein, dem die Einkünfte zuzurechnen sind. Daher fällt die Beteiligung an einer juristischen Person wie der GmbH nicht unter die Vorschrift, weil diese selbst Steuersubjekt und keine Personenmehrheit i. S. d. § 180 Abs. 1 Nr. 2a AO darstellt.[10] Zur Kommanditgesellschaft auf Aktien s. Rn. 6064.

6022 Die Voraussetzungen des § 180 Abs. 1 Nr. 2a AO („wenn an den Einkünften mehrere Personen beteiligt sind und die Einkünfte diesen Personen steuerlich zuzurechnen sind") bedeuten, dass es nicht ausreicht, dass mehrere Personen den Tatbestand der

---

1 BFH 3. 3. 2011 IV R 8/08, BFH/NV 2011, 1649.
2 *Von Wedelstädt*, BuW 2000, 575, 629, m. w. N.; AEAO zu § 179, Nr. 2 Abs. 3, m. w. N.
3 BFH 22. 10. 1998 I R 122/97, BStBl 1999 II 101.
4 BFH 14. 10. 1987 I R 381/83, BFH/NV 1989, 141, 142; 13. 7. 1999 VIII R 76/97, BStBl 1999 II 747, m. w. N.
5 AEAO zu § 179, Nr. 2 Abs. 4.
6 *Kunz* in Beermann/Gosch, § 179 AO Rz. 63, m. w. N.
7 BFH 10. 12. 1998 III R 61/97, BStBl 1999 II 390; 13. 7. 1999 VIII R 76/97, BStBl 1999 II 747, m. w. N.
8 BFH 13. 7. 1999 VIII R 76/97, BStBl 1999 II 747, m. w. N.
9 BFH 14. 9. 1989 IV R 129–130/88, BFH/NV 1990, 750.
10 U. a. BFH 28. 3. 1979 I B 78/78, BStBl 1979 II 607; *Kunz* in Beermann/Gosch, § 180 AO Rz. 17; *von Wedelstädt* in Kühn/von Wedelstädt, § 180 AO Rz. 7.

Einkünfteerzielung erfüllen, vielmehr müssen sie dies in Form einer **Gesellschaft** oder **Gemeinschaft** erfüllen.[1] Damit kommt eine gesonderte und einheitliche Feststellung insbesondere in Betracht, wenn die Beteiligten **Mitunternehmer** i. S. d. § 15 Abs. 1 Nr. 2 EStG sind (s. auch Rn. 271 ff.).[2] Erzielt eine Gesellschaft o. Ä. gemeinschaftlich keine **Einkünfte**, sondern andere Besteuerungsgrundlagen wie Betriebsausgaben, kommt ggf. eine einheitliche Feststellung nach der VO zu § 180 Abs. 2 AO in Betracht (s. dazu Rn. 5959 ff.).

Die Beteiligung muss, wie sich aus § 179 Abs. 2 Satz 3 AO ergibt, **unmittelbar** sein.[3] Unmittelbar beteiligt an einer gemeinsamen Einkunftsquelle sind Personenmehrheiten wie die Personenhandelsgesellschaften, also OHG, KG einschließlich der GmbH & Co. KG, ferner die GbR, die Gemeinschaft und ähnliche Gesellschaften. Die mittelbare Beteiligung wie z. B. die typische oder atypische Unterbeteiligung fällt nicht unter die Vorschrift des § 180 Abs. 1 Nr. 2a AO. 6023

Beteiligte können natürliche und juristische Personen sein.[4] 6024

(Einstweilen frei) 6025–6030

2. Zweifel über die Beteiligung mehrerer Personen

Ein Feststellungsverfahren gem. § 180 Abs. 1 Nr. 2a AO ist auch dann durchzuführen, wenn **Zweifel** bestehen, ob einkommensteuerpflichtige oder körperschaftsteuerpflichtige Einkünfte vorliegen, an denen mehrere Personen beteiligt bzw. die mehreren Personen zuzurechnen sind, oder ob für die Beteiligten eine Einkommensteuer- oder Körperschaftsteuerveranlagung durchgeführt werden darf,[5] z. B. weil Festsetzungsverjährung behauptet wird.[6] Sind die Voraussetzungen für eine gesonderte und einheitliche Feststellung nicht gegeben, ist ein negativer Feststellungsbescheid zu erlassen. 6031

(Einstweilen frei) 6032–6035

3. Beteiligung mehrerer Personen an mehreren Einkunftsquellen und/oder Einkunftsarten

Sind mehrere Personen an mehreren Einkunftsquellen **im Rahmen von unterschiedlichen Personengesellschaften** beteiligt, sind für die einzelnen Personengesellschaften getrennte Feststellungen durchzuführen.[7] 6036

1 BFH 25. 6. 1984 GrS 4/82, BStBl 1984 II 751; *von Wedelstädt* in Kühn/von Wedelstädt, § 180 AO Rz. 8, m. w. N.

2 *Brandis* in Tipke/Kruse, § 180 AO Tz. 20; *Kunz* in Beermann/Gosch, § 180 AO Rz. 18, m. w. N.

3 U. a. BFH 28. 3. 1979 I B 78/78, BStBl 1979 II 607; *Kunz* in Beermann/Gosch, § 180 AO Rz. 16; *von Wedelstädt* in Kühn/von Wedelstädt, § 180 AO Rz. 8.

4 BFH 25. 6. 1984 GrS 4/82, BStBl 1984 II 751, 759, 761.

5 BFH 12. 11. 1985 IX R 85/82, BStBl 1986 II 239; 28. 3. 1990 X R 166/87, BFH/NV 1991, 11; *Brandis* in Tipke/Kruse, § 180 AO Tz. 13; *Kunz* in Beermann/Gosch, § 180 AO Rz. 19; *von Wedelstädt* in Kühn/von Wedelstädt, § 179 AO Rz. 9.

6 BFH 12. 11. 1985 IX R 85/82, BStBl 1986 II 239; 17. 5. 1995 X R 64/92, BStBl 1995 II 640, 643; *Kunz* in Beermann/Gosch, § 180 AO Rz. 19, m. w. N.; *Brandis* in Tipke/Kruse, § 180 AO Tz. 13.

7 BFH 10. 1. 1964 VI 29/63 U, BStBl 1964 III 144; 19. 4. 2005 VIII R 6/04, BFH/NV 2005, 1737; *Kunz* in Beermann/Gosch, § 180 AO Rz. 20; *von Wedelstädt* in Kühn/von Wedelstädt, § 180 AO Rz. 10.

BEISPIEL: Dieselben Personen sind an einer OHG mit gewerblichen Einkünften und an einer Grundstücksgemeinschaft mit Einkünften aus Vermietung und Verpachtung beteiligt.

6037 Sind mehrere Personen **an einer Personengesellschaft** beteiligt und beziehen in diesem Rahmen gemeinschaftlich Einkünfte aus mehreren Quellen und/oder Einkunftsarten, können die verschiedenen Quellen und/oder Einkunftsarten in einer Feststellung erfasst werden, wenn der Zweck des § 180 Abs. 1 Nr. 2a AO dadurch nicht leidet.[1] Gleiche Beteiligungsverhältnisse sind nicht erforderlich.[2] Sind dagegen für die einzelnen Feststellungen mehrere Finanzämter zuständig, ist die Zusammenfassung in einem Feststellungsbescheid ausgeschlossen.[3]

6038 Liegen bei mehreren Grundstücken einer Personengesellschaft alle Grundstücke im Bezirk desselben Finanzamts, dann ist es zweckmäßig, aber nicht notwendig, die Einkünfte aus Vermietung und Verpachtung aller Grundstücke in einem Feststellungsbescheid zusammenzufassen.[4]

6039 Nicht erforderlich ist, dass die Einkünfte für die Beteiligten in dieselbe Einkunftsart fallen (s. Zebra-Gesellschaft), nach denselben Grundsätzen ermittelt werden oder aus denselben Rechtsgründen (z. B. Eigentum, Nießbrauch) zufließen.[5]

6040–6045 *(Einstweilen frei)*

4. Einzelfälle der gesonderten und einheitlichen Feststellungen[6]

a) Arbeitsgemeinschaften

6046 Bei Arbeitsgemeinschaften (ARGE) handelt es sich vor allem im Bereich der Bauwirtschaft um den Zusammenschluss mehrerer Unternehmer zur gemeinschaftlichen Auftragserfüllung in Form der GbR. Sie sind Personengesellschaften i. S. d. § 15 Abs. 1 Nr. 2 EStG. Grundsätzlich ist die Durchführung eines Feststellungsverfahrens erforderlich. Nach § 180 Abs. 4 AO ist eine Feststellung nur durchzuführen, wenn mehrere Werkverträge (§ 631 BGB) oder Werklieferungsverträge (§ 651 BGB) Gegenstand der Arbeitsgemeinschaft sind (s. auch Rn. 496 ff. und 6098).

b) Atypische stille Gesellschaft/Unterbeteiligung

6047 Der Inhaber des Handelsgewerbes und der (oder die) atypisch stille(n) Gesellschafter verbinden sich „zum gemeinsamen Zweck des Betriebs des Handelsgewerbes durch den Geschäftsinhaber im Interesse der Gesellschaft“[7] bei Beteiligung des Stillen an den stillen Reserven (s. auch Rn. 481 ff.). Er entfaltet Unternehmerinitiative und trägt Unter-

1 *Brandis* in Tipke/Kruse, § 180 AO Tz. 18; *Kunz* in Beermann/Gosch, § 180 AO Rz. 20; *von Wedelstädt* in Kühn/von Wedelstädt, § 180 AO Rz. 10.

2 *Brandis* in Tipke/Kruse, § 180 AO Tz. 18; *Söhn* in Hübschmann/Hepp/Spitaler, § 180 AO Rz. 180; *von Wedelstädt* in Kühn/von Wedelstädt, § 180 AO Rz. 10; a. A. *Kunz* in Beermann/Gosch, § 180 AO Rz. 20.

3 U. a. BFH 17. 10. 1991 IV R 97/89, BStBl 1992 II 392; *Brandis* in Tipke/Kruse, § 180 AO Tz. 18; *Kunz* in Beermann/Gosch, § 180 AO Rz. 20.

4 U. a. BFH 17. 10. 1991 IV R 97/89, BStBl 1992 II 392; *Kunz* in Beermann/Gosch, § 180 AO Rz. 20.

5 *Söhn* in Hübschmann/Hepp/Spitaler, § 180 AO Rz. 184 ff.

6 Siehe ausführlich *Kunz* in Beermann/Gosch, § 180 AO Rz. 21 ff.

7 *Söhn* in Hübschmann/Hepp/Spitaler, § 180 AO Rz. 309.

nehmerrisiko, anders als der typisch stille Gesellschafter. Der atypisch stille Gesellschafter ist Mitunternehmer im steuerlichen Sinn. Eine gesonderte und einheitliche Feststellung ist daher grundsätzlich erforderlich.[1] Das gilt auch, wenn sich an einem Unternehmen verschiedene Personen „jeweils einzeln" als stille Gesellschafter beteiligen, sofern sich die stillen Gesellschafter am gesamten Betrieb des Inhabers des Handelsgeschäfts und nicht nur an einzelnen Betriebszweigen oder Geschäftsbereichen beteiligen, weil hier nicht nur gemeinschaftliche Einkünfte der am jeweiligen stillen Gesellschaftsverhältnis beteiligten Personen, sondern gemeinschaftliche Einkünfte aller Gesellschafter vorliegen (s. auch Rn. 5982 ff.).[2]

Besteht die atypisch stille Beteiligung an der Beteiligung eines Gesellschafters einer Personengesellschaft (Hauptbeteiligter), gilt das unter Rn. 5982 ff. Ausgeführte. 6048

(Einstweilen frei) 6049–6055

c) Bauherrengemeinschaften

Eine Feststellung ist erforderlich, sie erfolgt aber regelmäßig nach der VO zu § 180 Abs. 2 AO,[3] und zwar auch für die Vorsteuern. 6056

d) Bürogemeinschaft (ebenso Labor-, Apparate- und Praxisgemeinschaft)

Die Büro- Labor-, Apparate und Praxisgemeinschaften sind Zusammenschlüsse mehrerer Personen mit dem Ziel, die Kosten gemeinschaftlich zu tragen, während die Einnahmen jedem einzelnen zugerechnet werden sollen. Sie sind keine Mitunternehmerschaft (s. auch Rn. 340).[4] Anders als bei Sozietäten fehlt es an gemeinschaftlich erzielten Einkünften, so dass keine Feststellung gem. § 180 Abs. 1 Nr. 2a AO durchzuführen ist.[5] Die Betriebsausgaben können nach der VO zu § 180 Abs. 2 AO einheitlich festgestellt werden;[6] dasselbe gilt für die Vorsteuern. Die gesonderte und einheitliche Feststellung von Betriebsausgaben einer Praxisgemeinschaft o. Ä. ist bei einem Beteiligten, der daneben aus einer Einzelpraxis Einkünfte erzielt, die gesondert festzustellen sind (z. B. gem. § 180 Abs. 1 Nr. 2b AO), Grundlagenbescheid allein für die gesonderte Feststellung, nicht aber für den Einkommensteuerbescheid;[7] dasselbe gilt, wenn eine Personengesellschaft (Sozietät) an einer Bürogemeinschaft o. Ä. beteiligt ist. 6057

e) Erbengemeinschaft

Bei der Erbengemeinschaft (§§ 2032 ff. BGB) handelt es sich um eine Gesamthandsgemeinschaft (s. auch Rn. 131 ff.). Eine gesonderte und einheitliche Feststellung ist erforderlich, wenn die Erbengemeinschaft bis zur Auseinandersetzung einkommensteu- 6058

---

1 BFH 12. 11. 1985 VIII R 364/83, BStBl 1986 II 311, 316; 10. 11. 1987 VIII R 53/84, BStBl 1988 II 186.

2 BFH 5. 7. 2002 IV B 42/02, BFH/NV 2002, 1447, 1450, m. w. N.

3 *Kunz* in Beermann/Gosch, § 180 AO Rz. 24.

4 BFH 14. 4. 2005 XI R 82/02, BStBl 2005 II 752.

5 *Brandis* in Tipke/Kruse, § 180 AO Tz. 25; *Kunz* in Beermann/Gosch, § 180 AO Rz. 25.

6 Siehe dazu BMF v. 5. 12. 1990, BStBl 1990 I 764, Nr. 1b.

7 BFH 10. 6. 1999 IV R 25/98, BStBl 1999 II 545.

erliche Einkünfte erzielt, die den Erben steuerrechtlich zuzurechnen sind.[1] Erzielt die Erbengemeinschaft Einkünfte aus mehreren Quellen, können diese in einer Feststellung zusammengefasst werden, wenn unterschiedliche Beteiligungsverhältnisse (hier regelmäßig kein Problem) und unterschiedliche Zuständigkeit dem nicht entgegenstehen, s. Rn. 6036 ff.[2]

f) Europäische Wirtschaftliche Interessengemeinschaft (EWIV)

6059 Die EWIV ist die erste EU-weite einheitliche Vereinigungsform (s. auch Rn. 141 ff.). Übt die EWIV ausschließlich Hilfstätigkeiten aus und stellt sie lediglich ein „Cost-Centre" dar, kommt eine Feststellung nach der VO zu § 180 Abs. 2 AO in Betracht, und zwar sowohl für ertragsteuerliche Zwecke wie zur Verteilung der Vorsteuern. Übt sie daneben eine gewerbliche oder selbständige Tätigkeit aus, ist eine gesonderte und einheitliche Feststellung erforderlich.[3]

g) Gewinnpool

6060 Beim Gewinnpool handelt es sich um den vertraglichen Zusammenschluss mehrerer selbständiger Unternehmen, der lediglich schuldrechtliche Ansprüche auf Ertragsausgleich entstehen lässt (s. auch Rn. 516 ff.). Eine gesonderte und einheitliche Feststellung entfällt daher.[4]

h) Gütergemeinschaft

6061 Bei einer Gütergemeinschaft (§§ 1415 ff. BGB; s. dazu auch Rn. 151 ff.) ist ein Feststellungsverfahren durchzuführen, wenn die Einkünfte wesentlich durch den Einsatz des Gesamtguts erzielt werden.[5]

i) Interessengemeinschaft

6062 Es handelt sich um einen vertraglichen Zusammenschluss zum Zwecke der Gewinn- bzw. Verlustvergemeinschaftung. Eine Feststellung findet nicht statt.

j) Investmentclub

6063 Es handelt sich um einen Zusammenschluss zu einer Gesellschaft mit dem Ziel, monatlich gleich bleibende Zahlungen oder Einmalbeträge der Mitglieder in Wertpapieren anzulegen. Eine gesonderte und einheitliche Feststellung nach § 180 Abs. 1 Nr. 2a AO ist erforderlich.

---

1 U. a. BFH 17. 10. 1991 IV R 97/89, BStBl 1992 II 392; *Kunz* in Beermann/Gosch, § 180 AO Rz. 26.

2 *Kunz* in Beermann/Gosch, § 180 AO Rz. 20 und 26; *Brandis* in Tipke/Kruse, § 180 AO Tz. 26.

3 *Klein-Blenkers*, DB 1994, 2224; *Kunz* in Beermann/Gosch, § 180 AO Rz. 26.1; *Brandis* in Tipke/Kruse, § 180 AO Tz. 27.

4 *Kunz* in Beermann/Gosch, § 180 AO Rz. 27.

5 *Brandis* in Tipke/Kruse, § 180 AO Tz. 30, m. w. N.

k) Kommanditgesellschaft auf Aktien

Bei der Kommanditgesellschaft auf Aktien handelt es sich zwar um eine Kapitalgesellschaft und nicht um eine Personengesellschaft. Für KGaA und Komplementäre (persönlich haftende Gesellschafter) findet keine gesonderte und einheitliche Feststellung statt, die Gewinnanteile der persönlich haftenden Gesellschafter sind Betriebsausgaben bei der KGaA.[1] Bei mehreren Komplementären sind die Einkünfte gesondert und einheitlich festzustellen, denn ihre Gewinnanteile sind ihnen unmittelbar zuzurechnen (§ 15 Abs. 1 Nr. 3 EStG). Dasselbe gilt für die Kommanditaktionäre, da für ihre Gewinn- und Verlustbeteiligung die Vorschriften über die Kommanditgesellschaft gelten (§ 278 Abs. 2 AktG).[2] 6064

l) Personengesellschaft in Konkurs oder Insolvenz

Die Eröffnung des Konkurs- bzw. Insolvenzverfahrens lediglich über das Vermögen der Gesellschaft und nicht auch über das der Gesellschafter berührt die Rechtsstellung der Gesellschafter nicht. Durch die Konkurs- oder Insolvenzeröffnung wird die Gesellschaft nicht vollbeendigt. Die Folgen der gesonderten und einheitlichen Feststellung berühren nicht den (nach Konkurs- oder Insolvenzrecht) abzuwickelnden Vermögensbereich der Personengesellschaft, sondern die Gesellschafter persönlich.[3] Die Durchführung der gesonderten und einheitlichen Gewinnfeststellung gehört zu den konkurs- bzw. insolvenzfreien Angelegenheiten einer Personengesellschaft. Daher ist grds. auch nach Eröffnung des Konkurses oder der Insolvenz über das Vermögen der Gesellschaft ein Feststellungsverfahren durchzuführen und der Erlass gesonderter und einheitlicher Feststellungsbescheide zulässig.[4] Das gilt auch für den Einheitswertbescheid.[5] 6065

Unzulässig ist der Erlass von **Steuerbescheiden**, in denen ausschließlich Besteuerungsgrundlagen ermittelt und festgestellt werden, die ihrerseits die Höhe von Steuerforderungen beeinflussen, die zur Konkurstabelle anzumelden sind.[6] Das betrifft die gegen die Personengesellschaft gerichteten Steuerbescheide wie z. B. Umsatzsteuer-Bescheide und Steuermessbescheide (vgl. Rn. 5930) oder Bescheide nach § 10d Abs. 4 EStG. Dennoch erlassene Bescheide sind unwirksam.[7] Wird die zur Tabelle angemeldete Steuer bestritten, ist allerdings auch nach Ansicht des BFH[8] eine Feststellung zulässig. **Aber**: Negative Umsatzsteuerfestsetzungen für einen Besteuerungszeitraum vor der Eröff- 6066

1 BFH 21. 6. 1989 X R 14/88, BStBl 1989 II 881.

2 *Kunz* in Beermann/Gosch, § 180 AO Rz. 32; *Brandis* in Tipke/Kruse, § 180 AO Tz. 17; *Söhn* in Hübschmann/Hepp/Spitaler, § 180 AO Rz. 176; a. A. *Frotscher* in Schwarz, § 180 AO Rz. 32.

3 St. Rspr.: u. a. BFH 12. 11. 1992 IV B 83/91, BStBl 1993 II 265; 23. 8. 1994 VII R 143/92, BStBl 1995 II 194; 4. 10. 2006 VIII R 7/03, BStBl 2009 II 772, m. w. N.; *Brandis* in Tipke/Kruse, § 180 AO Tz. 3; *Kunz* in Beermann/Gosch, § 180 AO Rz. 31; BGH 2. 4. 1998 IX ZR 187/97, DStR 1998, 947, hat die Rspr. des BFH übernommen.

4 St. Rspr., u. a. BFH 12. 11. 1992 IV B 83/91, BStBl 1993 II 265; AEAO zu § 122, Nr. 2.9.5; *Söhn* in Hübschmann/Hepp/Spitaler, § 179 AO Rz. 181 und § 183 AO Rz. 129; *Brandis* in Tipke/Kruse, Vor § 179 AO Tz. 9 und § 180 AO Tz. 30a; *Loose* in Tipke/Kruse, § 251 AO Tz. 47; *Kunz* in Beermann/Gosch, § 180 AO Rz. 31; *von Wedelstädt* in Kühn/von Wedelstädt, § 179 AO Rz. 5.

5 BFH 24. 7. 2002 II B 52/02, BFH/NV 2003, 8.

6 BFH 2. 7. 1997 I R 11/97, BStBl 1998 II 428; 1. 4. 2003 I R 51/02, BStBl 2003 II 779.

7 *Lemaire* in Kühn/von Wedelstädt, § 251 AO Rz. 7.

8 BFH 2. 7. 1997 I R 11/97, BStBl 1998 II 428.

nung des Insolvenzverfahrens, bei denen sich keine Zahllast ergibt, können erlassen werden.[1]

6067 Bei der **gesonderten und einheitlichen Gewinnfeststellung** werden die Besteuerungsgrundlagen nicht ausschließlich zu dem Zweck ermittelt und festgestellt, um Steuerforderungen zur Tabelle anmelden zu können. Daher sind die im Abwicklungsstadium erzielten Einkünfte gesondert und einheitlich festzustellen und den Beteiligten zuzurechnen. Ist dagegen auch über das Vermögen eines der Gesellschafter das Konkurs- oder Insolvenzverfahren eröffnet worden, darf ihm gegenüber kein Feststellungsbescheid erlassen werden, da die ihn betreffenden gesondert festgestellten Besteuerungsgrundlagen sich über ihre Bindungswirkung unmittelbar auf seine Steuerfestsetzung auswirken. Das Feststellungsverfahren ist zu unterbrechen; die Unterbrechung ist auf die Feststellung des Gewinns beschränkt, der auf den in Konkurs oder Insolvenz gefallenen Gesellschafter entfällt; der Fortgang des Feststellungsverfahrens gegen die übrigen Gesellschafter ist nicht gehindert.[2] Daher ist die gesonderte und einheitliche Gewinnfeststellung durchzuführen; sie übt Bindungswirkung gegenüber den übrigen Gesellschaftern aus. Der Feststellungsbescheid ist hinsichtlich der Besteuerungsgrundlagen, die den in Insolvenz gefallenen Gesellschafter betreffen, nur ein „informatorischer Bescheid" und als solcher zu kennzeichnen.[3] Fehlt die Kennzeichnung, ist der Feststellungsbescheid insoweit nichtig, gegenüber den übrigen Gesellschaftern aber wirksam; es handelt sich um eine Teilnichtigkeit.[4]

6068 Wegen der Erklärungspflicht wird auf die Ausführungen in Rn. 6213, wegen der Frage des Inhaltsadressaten auf Rn. 6269, wegen der Bekanntgabe auf Rn. 6306 f. und wegen der Rechtsbehelfsbefugnis auf Rn. 6500 verwiesen.

m) Konsortium

6069 Es handelt sich um den Zusammenschluss von mehreren Unternehmen zum Zwecke der gemeinsamen Durchführung eines Vorhabens (s. auch Rn. 516 ff.). Wegen der Vielzahl der Gestaltungsmöglichkeiten kommt es auf den Einzelfall an, ob die Voraussetzungen für eine gesonderte und einheitliche Feststellung i. S. d. § 180 Abs. 1 Nr. 2a AO vorliegen.[5]

n) Liquidationsgesellschaften

6070 Personengesellschaften enden steuerrechtlich nicht mit der zivilrechtlichen Auflösung (§§ 131, 161 HGB; §§ 723 ff. BGB), sondern erst mit steuerrechtlicher Vollbeendigung, d. h. mit dem Ende der Abwicklungstätigkeit; sie sind noch nicht voll beendet, solange gegen sie oder von ihnen noch Steueransprüche geltend gemacht werden können und

1 BFH 13. 5. 2009 XI R 63/07, BStBl 2010 II 11.

2 BFH 22. 3. 2006 XI R 24/05, BStBl 2006 II 576, m. w. N.

3 BFH 24. 8. 2004 VIII R 14/02, BStBl 2005 II 246; *von Wedelstädt* in Kühn/von Wedelstädt, § 179 AO Rz. 5a; *Hagen*, NWB F. 2, 9063; a. A. *Fichtelmann*, AO-StB 2006, 288.

4 BFH 24. 8. 2004 VIII R 14/02, BStBl 2005 II 246; *von Wedelstädt* in Kühn/von Wedelstädt, § 179 AO Rz. 5a; *Hagen*, NWB F. 2, 9063; a. A. *Fichtelmann*, AO-StB 2006, 288.

5 *Kunz* in Beermann/Gosch, § 180 AO Rz. 33.

das Rechtsverhältnis zu den Finanzbehörden nicht endgültig abgewickelt ist.[1] Dazu gehört auch die Pflicht der Gesellschaft zur Duldung einer Außenprüfung.[2] Während der Liquidationsphase hat eine gesonderte und einheitliche Feststellung des Liquidationsgewinns zu erfolgen.[3]

Vollbeendigung der Personengesellschaft ohne Liquidation tritt dagegen ein 6071

- durch Ausscheiden des vorletzten Gesellschafters aus einer Personengesellschaft und Anwachsung des Anteils am Gesamthandsvermögen bei dem übernehmenden Gesellschafter,[4]
- durch Realteilung des Betriebsvermögens,[5]
- durch Tod des vorletzten Gesellschafters ohne Hinterlassung von Erben bei Anwachsung der Gesellschaftsanteile bei dem verbleibenden Gesellschafter,[6]
- durch Umwandlung der Personengesellschaft,[7]
- mit Abschluss der Liquidation und Auseinandersetzung des Gesellschaftsvermögens mit der Folge der Vermögenslosigkeit der Gesellschaft,[8]
- bei Löschung im Handelsregister als wesentlichem Indiz für die Vermögenslosigkeit einer aufgelösten Personengesellschaft.[9]

Für die Zeit bis zur Vollbeendigung sind Feststellungen erforderlich. 6072

Unabhängig von der handelsrechtlichen Vollbeendigung liegt steuerrechtlich nach Ansicht des BFH[10] eine Vollbeendigung vor, wenn die Personengesellschaft ihr Aktivvermögen verloren hat und die Gesellschafter weder zu Nachschüssen verpflichtet noch solche zu erwarten sind. 6073

o) Medienfonds

Medienfonds dienen der Finanzierung eines oder mehrerer Filmprojekte. Sie treten in Form einer GmbH & Co. KG, einer AG & Co. KG oder einer GbR auf und sind daher Personengesellschaften, so dass gesonderte und einheitliche Feststellungen durchzuführen sind.[11] 6074

---

1 BFH 24.3.1987 X R 28/80, BStBl 1988 II 316; 18.11.1999 V R 22/99, BStBl 2000 II 241; 18.11.2008 VIII R 40/07, BFH/NV 2009, 705, m.w.N.; *Steinhauff*, AO-StB 2010, 182, 184, m.w.N.

2 BFH 18.11.2008 VIII R 40/07, BFH/NV 2009, 705, m.w.N.

3 BFH 24.3.1987 X R 28/80, BStBl 1988 II 316, m.w.N.; s. dazu *Söhn* in Hübschmann/Hepp/Spitaler, § 180 Rz. 293; *Kunz* in Beermann/Gosch, § 180 AO Rz. 35; *Brandis* in Tipke/Kruse, § 180 AO Tz. 37; *von Wedelstädt* in Kühn/von Wedelstädt, § 180 Rz. 11.

4 BFH 26.10.1989 IV R 23/90, BStBl 1990 II 333; 13.10.2005 IV R 55/04, BStBl 2006 II 404; 15.4.2010 IV R 67/07, BFH/NV 2010, 1606; *Söhn* in Hübschmann/Hepp/Spitaler, § 180 Rz. 222, 294 ff.

5 BFH 1.12.1992 VIII R 57/90, BStBl 1994 II 607; 27.9.2007 XI B 194/06, BFH/NV 2008, 87.

6 FG Brandenburg 20.8.1996 1 V 779/96 U, EFG 1997, 43.

7 BFH 31.5.1995 I R 74/93, BStBl 1995 II 683; 23.4.2009 IV R 87/05, BFH/NV 2009, 1650; *Söhn* in Hübschmann/Hepp/Spitaler, § 180 AO Rz. 225, m.w.N.

8 BFH 27.4.1993 VIII R 27/92, BStBl 1994 II 3, m.w.N.; 12.12.1995 VIII R 59/92, BStBl 1996 II 219, m.w.N.; 28.3.2000 VIII R 6/99, BFH/NV 2000, 1074.

9 BFH 26.9.1996 IV R 105/94, BStBl 1997 II 277; 27.1.2006 VIII B 90/05, BFH/NV 2006, 966.

10 BFH 12.10.2005 VIII R 66/03, BStBl 2006 II 307; 5.6.2008 IV R 79/05, BStBl 2009 II 15; *Steinhauff*, AO-StB 2010, 182, 184.

11 *Ortmann-Babel/Renn*, NWB F. 3, 12681.

p) Metagesellschaft

6075 Bei Metageschäften treten die Partner der schuldrechtlichen Vereinbarung nach außen im eigenen Namen und für eigene Rechnung auf, intern sollen die Geschäfte auf gemeinsame Rechnung (z. B. à conto Meta = hälftig) erfolgen (s. auch Rn. 116). Es hängt von der einzelnen Gestaltung ab, ob eine Mitunternehmerschaft angenommen und daher eine gesonderte und einheitliche Feststellung durchgeführt werden muss.[1]

q) Mietpool

6076 Beim Mietpool handelt es sich um einen Zusammenschluss von Eigentümern einer Wohnanlage zur gemeinsamen Vermietung und Verwaltung, und zwar meist als GbR. Eine gesonderte und einheitliche Feststellung ist also erforderlich.[2] Nach AO-Kartei NRW, § 180 Abs. 3 Nr. 1 Karte 801 ist im Einzelfall zu prüfen, ob auf die Feststellung verzichtet werden kann, weil es sich um einen Fall von geringer Bedeutung handelt (s. Rn. 6093 ff.).

r) Nießbrauch

6077 Der Nießbraucher kann unter Ausschluss des Eigentümers zusammen mit einem Eigentümer (z. B. bei Bruchteilsgemeinschaft) gemeinschaftliche Einkünfte i. S. d. § 180 Abs. 1 Nr. 2a AO erzielen (s. auch Rn. 461 ff.). Ist er Mitunternehmer, ist ein Feststellungsverfahren durchzuführen.[3]

s) Partenreederei (§ 489 HGB)

6078 Die Partenreederei ist eine Personengesellschaft eigener Art, eine „andere Gesellschaft" i. S. d. § 15 Abs. 1 Satz 1 Nr. 2 EStG (s. auch Rn. 86 f.).[4] Eine Feststellung ist erforderlich. Zum Inhalt des Feststellungsbescheids gehört auch, ob und in welcher Höhe Einkünfte aus § 34c Abs. 4 EStG vorliegen.[5]

t) Partnerschaft

6079 Die Partnerschaft (so die Bezeichnung im Gesetz, auch der Begriff „Partnerschaftsgesellschaft" ist gebräuchlich; s. auch Rn. 96 ff.) ist eine Gesellschaft, in der sich Angehörige Freier Berufe zur Ausübung ihrer Berufe zusammenschließen (§ 1 Abs. 1 Satz 1 PartGG), und daher der GbR verwandt (s. § 1 Abs. 4 PartGG); eine gesonderte und einheitliche Feststellung ist erforderlich.[6]

1 BFH 18. 12. 2002 I R 92/01, BFH/NV 2003, 964; Mitunternehmerschaft verneinend: FG Hamburg 3. 9. 1975 I 73/73, EFG 1976, 136; FG Baden-Württemberg 20. 5. 1992 12 K 247/88, EFG 1993, 225; a. A. FG München 25. 8. 1976 I 8/72 F 1 und 2, EFG 1976, 610.

2 *Kunz* in Beermann/Gosch, § 180 AO Rz. 37.

3 *Brandis* in Tipke/Kruse, § 180 AO Tz. 40; FG Köln 15. 11. 2002 5 K 4243/93, EFG 2003, 587, mit Anm. Braun.

4 *Dißars/Dißars*, NWB F. 18, 4285.

5 BFH 30. 8. 1995 I B 168/94, BFH/NV 1996, 222, m. w. N.; *Kunz* in Beermann/Gosch, § 180 AO Rz. 38.

6 *Kunz* in Beermann/Gosch, § 180 AO Rz. 38.1.

u) Sozietät

Die Sozietät ist eine GbR, daher ist eine Feststellung erforderlich, anders als bei der Büro- oder Praxisgemeinschaft (s. Rn. 6057).[1] Sozietätseinkünfte sind auch solche, die ein Mitglied der Sozietät zwar im eigenen Namen, aber mit Unterstützung des Personals der Sozietät erzielt.[2] 6080

v) Vermietungsgemeinschaften

Regelmäßig handelt es sich hierbei um eine Mehrheit von Personen, die die Steuerquelle gemeinsam nutzen und aus ihr gemeinsam Miet- oder Pachteinkünfte beziehen. In diesen Fällen ist die Feststellung der Einkünfte aus Vermietung und Verpachtung erforderlich.[3] Die Zurechnung erfolgt i. d. R. nach dem Beteiligungsverhältnis, abweichende Vereinbarungen sind aber grundsätzlich zulässig.[4] 6081

w) Vorgründungsgesellschaft und Vorgesellschaft

Sie sind Vorläufer von Kapitalgesellschaften, deren Gründung sich über folgende Stufen vollzieht:[5] 6082

Vorgründungsgesellschaft (mit dem Zweck und bis zum Abschluss des Gesellschaftsvertrags bzw. Satzung): es handelt sich um eine GbR, weshalb eine Feststellung erforderlich ist.[6] Sie ist weder mit der nachfolgenden Vorgesellschaft noch mit der Kapitalgesellschaft identisch. 6083

Vorgesellschaft (vom Abschluss des Gesellschaftsvertrags bis Erlangung der Rechtsfähigkeit = Eintragung im Handelsregister): sie wird rückwirkend vom Zeitpunkt ihrer Gründung als identisch mit dem späteren rechtsfähigen Gebilde und daher als körperschaftsteuerpflichtig angesehen.[7] Kommt es nicht zur Rechtsfähigkeit der beabsichtigten Gesellschaft, ist die Vorgesellschaft als GbR zu qualifizieren.[8] 6084

(Einstweilen frei) 6085–6090

5. Verzicht auf Feststellung (§ 180 Abs. 3 und Abs. 4 AO)

Grundsätzlich ist in allen Fällen gemeinschaftlicher Einkünfte mehrerer Steuerpflichtiger aus einer gemeinsamen Einkunftsquelle ein Feststellungsverfahren durchzuführen und ein Feststellungsbescheid zu erlassen, wenn die Feststellungen einkommensteuerlich oder körperschaftsteuerlich erheblich sind. In den Fällen des § 180 Abs. 3 und 4 AO kann auf die Durchführung eines Feststellungsverfahrens verzichtet werden. 6091

1 *Kunz* in Beermann/Gosch, § 180 AO Rz. 39.
2 BFH 11. 7. 1985 IV R 61/83, BStBl 1985 II 577.
3 *Kunz* in Beermann/Gosch, § 180 AO Rz. 41; *Brandis* in Tipke/Kruse, § 180 AO Tz. 45.
4 Siehe dazu ausführlich *Kunz* in Beermann/Gosch, § 180 AO Rz. 41; *Brandis* in Tipke/Kruse, § 180 AO Tz. 45.
5 Siehe dazu *Kunz* in Beermann/Gosch, § 180 AO Rz. 42.
6 BFH 8. 11. 1989 I R 174/86, BStBl 1990 II 91.
7 BFH 11. 4. 1973 I R 172/72, BStBl 1973 II 568; 8. 11. 1989 I R 174/86, BStBl 1990 II 91; s. auch *Wassermeyer*, DStR 1991, 734.
8 BFH 16. 12. 1986 VII R 154/84, BFH/NV 1987, 687.

a) Steuerliche Relevanz nur bei einem Beteiligten (§ 180 Abs. 3 Nr. 1 AO)

6092 **§ 180 Abs. 3 Nr. 1 AO** ist ein Ausfluss des Grundsatzes des Übermaßverbotes, wonach eine Feststellung nur dann zulässig ist, wenn die festgestellten Besteuerungsgrundlagen steuerlich von Bedeutung sind. Ein Feststellungsverfahren ist daher dann nicht durchzuführen, wenn die Besteuerungsgrundlagen nur bei einer an einer Personengesellschaft beteiligten Person im Inland für die Besteuerung von Bedeutung sind und sie daher im Rahmen der Veranlagung dieser Person ermittelt werden können.

b) Fall von geringer Bedeutung (§ 180 Abs. 3 Nr. 2 AO)

6093 Nach **§ 180 Abs. 3 Nr. 2 AO** kann das Feststellungsfinanzamt von einer Feststellung absehen, wenn es sich um einen **Fall von geringer Bedeutung** handelt, insbesondere weil die Höhe des festgestellten Betrages und die Aufteilung feststehen. Ein Fall von geringer Bedeutung ist anzunehmen, wenn die Einkünfte leicht zu ermitteln und nach einfachem Schlüssel auf die Beteiligten zu verteilen sind und die Gefahr widersprüchlicher Entscheidungen bei den Beteiligten gering oder nahezu ausgeschlossen ist.[1] Das setzt voraus, dass sowohl die Ermittlung der Einkünfte als auch ihre rechtliche Beurteilung unstreitig sind. Die Höhe der fraglichen Einkünfte ist dagegen grundsätzlich ohne Bedeutung.[2]

6094 Fälle von geringer Bedeutung liegen danach z. B. vor bei

- Streit darüber, ob Finanzierungskosten für ein Grundstück, das im Miteigentum zusammen veranlagter Eheleute steht, als vorab entstandene Werbungskosten bei den Einkünften aus Vermietung und Verpachtung zu berücksichtigen sind,[3]
- gemeinschaftlich erzieltem Gewinn aus Land- und Forstwirtschaft von Landwirts-Eheleuten, wenn sie im Güterstand der Gütergemeinschaft leben und der Hof gemeinschaftliches Vermögen der Eheleute (§ 1416 Abs. 1 BGB) ist,[4]
- Einkünften aus Mietpools, da der Verwalter nach dem WEG verpflichtet ist, die Werbungskosten nach dem Verhältnis der Miteigentumsanteile zu verteilen,[5]
- Kapitalclubs (Sparclubs) mit Einnahmen aus Kapitalvermögen unter 3 000 DM (ca. 1 500 €),[6]
- der Frage, ob Finanzierungskosten für ein Grundstück, das je zur Hälfte im Miteigentum zusammen veranlagter Eheleute steht, als vorab entstandene Werbungskosten bei den Einkünften aus Vermietung und Verpachtung zu berücksichtigen sind,[7]
- der Ermittlung der Einkünfte aus Vermietung und Verpachtung eines ausschließlich zu Wohnzwecken genutzten Hauses oder einer Eigentumswohnung, das zusammen

1 U. a. BFH 4. 7. 1985 IV R 136/83, BStBl 1985 II 576; 17. 5. 1995 X R 64/92, BStBl 1995 II 640, 643.

2 BFH 16. 3. 2004 IX R 58/02, BFH/NV 2004, 1211; *Kunz* in Beermann/Gosch, § 180 AO Rz. 109; *von Wedelstädt* in Kühn/von Wedelstädt, § 180 AO Rz. 74.

3 AEAO zu § 180, Nr. 4 Abs. 1.

4 BFH 4. 7. 1985 IV R 136/83, BStBl 1985 II 576; 18. 8. 2005 IV R 37/04, BStBl 2006 II 165; AEAO zu § 180, Nr. 4 Abs. 1, m. w. N.

5 AO-Kartei NRW § 180 Abs. 3 Nr. 2, Karte 1; EStG-Kartei NRW, §§ 43 – 45d EStG Nr. 1; s. *Kunz* in Beermann/Gosch, § 180 AO Rz. 106.

6 OFD Kiel v. 31. 5. 1999, DB 1999, 1533.

7 BFH 16. 3. 2004 IX R 58/02, BFH/NV 2004, 1211, m. w. N.

veranlagten Eheleuten je zur Hälfte gehört, und die Ermittlung der Einkünfte von dem FA vorgenommen wird, das auch für eine gesonderte und einheitliche Feststellung zuständig wäre.[1]

Kein Fall von geringer Bedeutung liegt z. B. vor, wenn 6095

- die Höhe der Einkünfte nicht feststeht, sondern von einer zwischen den Verfahrensbeteiligten streitigen Rechtsfrage wie z. B. dem Vorliegen eines Entnahmegewinns abhängt;[2]
- zweifelhaft ist, ob überhaupt einkommensteuerpflichtige Einkünfte vorliegen, an denen mehrere Personen beteiligt sind bzw. die mehreren Personen zuzurechnen sind, oder zweifelhaft ist, ob für diese Personen überhaupt eine Einkommensteuerveranlagung durchgeführt werden darf;[3]
- bei den gemeinschaftlichen Einkünften von Ehegatten über die Abgrenzung verschiedener Einkunftsarten – z. B. über das Bestehen eines gewerblichen Grundstückshandels oder das Vorliegen von Überschusseinkünften – zu entscheiden ist;[4]
- es um die Ermittlung von Besteuerungsgrundlagen und deren Abgrenzung zwischen mehreren Veranlagungszeiträumen aufgrund eines nicht ohne Schwierigkeiten zu überblickenden Sachverhalts – z. B. Behandlung einer sich auf Jahre erstreckenden Leibrentenverpflichtung – geht;[5]
- zwischen den Beteiligten streitig ist, ob die Einkünfte teilweise einem Nießbraucher zuzurechnen sind;[6]
- für die an den Einkünften beteiligten Personen verschiedene Finanzämter örtlich zuständig sind;[7]
- es um die Frage der Erfassung von Veräußerungsgewinnen, der Berechtigung zur Übertragung stiller Reserven sowie der Anwendung des Grundsatzes von Treu und Glauben vor dem Hintergrund einer Änderung der Rspr. geht;[8]
- bei einer Feststellung die Berücksichtigung von Sonderbetriebseinnahmen oder -ausgaben als mit den Einkünften in Zusammenhang stehenden anderen Besteuerungsgrundlagen unterblieben ist;[9]
- Eheleute gemeinsam eine Arztpraxis mit erheblichen Betriebseinnahmen betreiben, von denen sie rd. 50 % als Betriebsausgaben abziehen.[10]

Wird auf die Feststellung verzichtet, ist darauf im Steuerbescheid hinzuweisen, es sei denn, dass dies dem Adressaten des Verwaltungsakts bereits bekannt oder auch ohne 6096

1 BFH 9. 2. 2005 X R 52/03, BFH/NV 2005, 1235.
2 BFH 14. 2. 2009 IV R 44/07, BFH/NV 2008, 1156.
3 BFH 12. 11. 1985 IX R 85/82, BStBl 1986 II 239.
4 BFH 1. 2. 1989 VIII R 49/84, BFH/NV 1990, 6.
5 BFH 31. 7. 1990 I R 3/90, BFH/NV 1991, 285.
6 BFH 22. 2. 1994 IX R 141/90, BFH/NV 1994, 866.
7 BFH 10. 8. 1994 X R 45/91, BFH/NV 1995, 387.
8 BFH 7. 11. 1996 IV R 72/95, BFH/NV 1997, 574; *von Wedelstädt* in Kühn/von Wedelstädt, § 180 AO Rz. 76.
9 AEAO zu § 179, Nr. 2 Abs. 3.
10 FG Mecklenburg-Vorpommern 29. 10. 1996 1 K 52/96, EFG 1997, 138.

schriftliche Begründung ohne weiteres erkennbar ist (§ 121 Abs. 2 Nr. 2 AO).[1] Ist eine Feststellungserklärung eingereicht worden, muss das FA durch einen (negativen) Bescheid nach § 180 Abs. 3 Satz 2 AO gegenüber den „Feststellungsbeteiligten“ feststellen, dass es keine Feststellung durchführt. Dies dient dem Rechtsschutz der Steuerpflichtigen. Ist der negative Feststellungsbescheid unterblieben und haben die Steuerpflichtigen im Vertrauen auf die noch erfolgende Feststellung es unterlassen, Einspruch gegen den Einkommensteuerbescheid wegen der Höhe der gemeinschaftlichen Einkünfte einzulegen, dürfte dies ein Grund für die Wiedereinsetzung in den vorigen Stand sein. Allerdings ist dies im Hinblick auf die Jahresfrist des § 110 Abs. 3 AO nur beschränkt erfolgreich.

6097 Die Entscheidung, von der Durchführung eines Feststellungsverfahrens abzusehen, trifft das für die Feststellung zuständige FA. Bei Streit darüber, ob ein Feststellungsverfahren durchzuführen ist, muss entweder eine gesonderte und einheitliche Feststellung durchgeführt werden oder nach § 180 Abs. 3 Satz 2 AO festgestellt werden, dass eine gesonderte Feststellung nicht durchzuführen ist (negativer Feststellungsbescheid). Das FG muss in einem solchen Fall das Klageverfahren aussetzen, bis das Feststellungs-FA das eine oder andere entschieden hat.[2]

c) Arbeitsgemeinschaften (§ 180 Abs. 4 AO)

6098 Nach **§ 180 Abs. 4 AO** findet für **Arbeitsgemeinschaften** keine Feststellung statt, wenn deren alleiniger Zweck in der Erfüllung eines einzigen Werkvertrags oder Werklieferungsvertrags besteht (s. auch Rn. 6046).

6099–6105 *(Einstweilen frei)*

6. Gegenstand der gesonderten und einheitlichen Feststellung nach § 180 Abs. 1 Nr. 2a AO

a) Allgemeines

6106 **Was durch Grundlagenbescheid zu regeln ist, darf nicht durch Folgebescheid geregelt werden und umgekehrt.**[3] Es ist also von großer Bedeutung, zu überprüfen, ob ein Feststellungsbescheid alle Besteuerungsgrundlagen, die durch Grundlagenbescheid geregelt werden müssen, enthält oder nicht. Durch die Bindungswirkung des Feststellungsbescheids wirkt sich ein Fehler im Feststellungsbescheid (zu viel oder zu wenig geregelt) unmittelbar auf die Steuerfestsetzung aus.

6107 Gemäß **§ 179 Abs. 2, § 180 Abs. 1 Nr. 2a AO** sind die einkommensteuerpflichtigen und körperschaftsteuerpflichtigen Einkünfte und mit ihnen in Zusammenhang stehende andere Besteuerungsgrundlagen gesondert und einheitlich festzustellen, wenn an ihnen mehrere Personen beteiligt sind und die Einkünfte diesen Personen steuerlich zuzurechnen sind. Ziel ist es, alle im Zusammenhang mit der Beteiligung stehenden Besteuerungsgrundlagen einheitlich und mit bindender Wirkung zu ermitteln, um Wider-

1 BFH 4. 7. 1985 IV R 136/83, BStBl 1985 II 576.

2 BFH 16. 12. 2009 IV R 18/07, BFH/NV 2010, 1419.

3 BFH 12. 7. 1989 X R 32/86, BFH/NV 1990, 366.

sprüche bei den einzelnen Veranlagungen zu vermeiden. Die gesonderte und einheitliche Feststellung von Einkünften dient der Richtigkeit, der Rechtssicherheit und der Gleichbehandlung, indem durch ein FA für alle Beteiligten die in tatsächlicher und rechtlicher Hinsicht erforderlichen Beurteilungen getroffen werden. Inhalt des Feststellungsbescheides sind also alle Besteuerungsgrundlagen, die im Bereich der Personengesellschaft verwirklicht wurden und daher dort abschließend beurteilt werden müssen, damit sie im Folgebescheid auf der Ebene der Gesellschafter steuerlich berücksichtigt werden können (und müssen).[1]

Die Feststellungen können positiver wie negativer Art sein (s. auch negativer oder kombiniert negativer/positiver Feststellungsbescheid). 6108

(Einstweilen frei) 6109–6110

b) Feststellung der Beteiligten und der Höhe ihrer Anteile sowie der Mitunternehmerschaft

Der Feststellungsbescheid muss eindeutig angeben, für wen er seinem Inhalt nach bestimmt ist, muss also bindend entscheiden, für welche Personen die Feststellungen getroffen werden, wer Feststellungsbeteiligter ist. Dazu gehört auch die Feststellung des Bestehens einer Mitunternehmerschaft.[2] Der Feststellungsbescheid muss auch Angaben über die Höhe der Anteile der Feststellungsbeteiligten am Gewinn oder Verlust enthalten; dies kann in einem Ergänzungsbescheid nachgeholt werden.[3] Der Anteil des einzelnen Gesellschafters richtet sich grundsätzlich nach dem Gewinn- und Verlustverteilungsschlüssel des Gesellschaftsvertrages oder nach den Vorschriften des HGB oder BGB. Liegen Zweifel über die Beteiligung einzelner Personen vor, ist auch darüber im Feststellungsverfahren zu entscheiden.[4] Zu den Folgen von Fehlern bei der Benennung der Beteiligten s. Rn. 6256 ff. 6111

(Einstweilen frei) 6112–6115

c) Feststellung der Einkünfte

Gegenstand der Feststellung sind für die inländische Besteuerung relevanten steuerpflichtigen Einkünfte. Daher sind bei Beteiligung einer beschränkt steuerpflichtigen Person (§ 1 Abs. 4 EStG) nur Einkünfte i. S. d. § 49 EStG im Feststellungsbescheid (auch in der Summe der festzustellenden Einkünfte der Personengesellschaft) auszuweisen.[5] Dies kann auch Einkünfte einer ausländischen Gesellschaft betreffen, wenn an ihr mehrere im Inland unbeschränkt steuerpflichtige Personen beteiligt sind, aber nur soweit sie ihnen zuzurechnen sind. Das betrifft die Einkünfte, auf die nach dem Methodenarti- 6116

1 *Von Wedelstädt*, BuW 2000, 575, 581.

2 BFH 6. 12. 2000 VIII R 21/00, BStBl 2003 II 194; 28. 6. 2006 XI R 31/05, BStBl 2007 II 2007 378; *von Wedelstädt* in Kühn/von Wedelstädt, § 180 AO Rz. 13.

3 BFH 13. 12. 1983 VIII R 90/81, BStBl 1984 II 474.

4 BFH 18. 7. 1990 I R 39/89, BFH/NV 1991, 498; *von Wedelstädt* in Kühn/von Wedelstädt, § 180 AO Rz. 13.

5 BFH 24. 2. 1988 I R 95/84, BStBl 1988 II 663; OFD Berlin 10. 8. 2001, DStZ 2001, 904.

kel des jeweils anzuwendenden DBA die Anrechnungsmethode gilt.[1] Der Feststellungsbescheid ist an die Personengesellschaft selbst zu richten.[2]

aa) Feststellung der Einkunftsart

Literatur: *Kohlhaas*, Gewerblicher Grundstückshandel und Gewinnfeststellungsbescheide bei Zebragesellschaften, DStR 1997, 93; *ders.*, Verfahrensrechtliche Fragen der Einkunftsermittlung einer sog. Zebragesellschaft, DStR 1998, 1458; *ders.*, Zebragesellschaften, Stbg 1998, 557; *Söffing*, Die Zebragesellschaft, DB 1998, 896; *von Wedelstädt*, Gesonderte und einheitliche Feststellung von Besteuerungsgrundlagen, BuW 2000, 575, 583; *Kunz*, Aktuelle steuerrechtliche Entwicklungen zur Zebragesellschaft – Anmerkung zum Vorlagebeschluss des BFH v. 30. 10. 2002, Stbg 2003, 149; *dies.*, Zebragesellschaft und gewerblicher Grundstückshandel – Der Vorlagebeschluss des BFH vom 30. 10. 2002 – IX B 80/98, BuW 2003, 273; *Fischer*, Feststellung der Einkünfte bei einer Zebragesellschaft, NWB F. 2, 8813; *Schlagheck*, Zebragesellschaften im Verfahrensrecht, StuB 2007, 730.

6117 Im Feststellungsbescheid muss über die **Einkunftsart** bindend entschieden werden.

6118 Auch wenn die Einkünfte aus einer gemeinsamen Quelle bei den einzelnen Beteiligten unterschiedlichen Einkunftsarten zuzuordnen sind, ist eine Feststellung durchzuführen. Die Einkünfte der Beteiligten müssen nicht derselben Einkunftsart zuzuordnen und nach derselben Methode zu ermitteln sein.[3] Unterschiedliche Einkunftsarten bei den Beteiligten einer Personengesellschaft liegen vor, wenn Anteile an einer vermögensverwaltenden, nicht gewerblich geprägten Personengesellschaft von einzelnen Gesellschaftern im Betriebsvermögen gehalten werden (sog. **Zebragesellschaften**). Dies betrifft auch Beteiligte, die kraft Rechtsform gewerblich tätig sind, ferner z. B. auch Immobilienfonds und die Fälle, in denen ein Steuerpflichtiger an einer auch Grundstücke veräußernden Grundstücksgesellschaft beteiligt ist, die selbst die Grenzen des gewerblichen Grundstückshandels nicht überschreitet, der Beteiligte in seiner Person aber gewerblichen Grundstückshandel betreibt.[4]

6119 Da die **BFH-Rechtsprechung** uneinheitlich war,[5] hat auf Vorlage des IX. Senats der **Große Senat**[6] entschieden, dass die verbindliche Entscheidung über die Einkünfte eines betrieblich an einer vermögensverwaltenden Gesellschaft beteiligten Gesellschafters sowohl ihrer Art als auch ihrer Höhe nach durch das für die persönliche Besteuerung dieses Gesellschafters zuständige (Wohnsitz-)Finanzamt zu treffen ist. Denn die Art der Einkünfte der Gesellschafter einer Personengesellschaft werde in erster Linie durch die Tätigkeit der Gesellschaft bestimmt. Die Tatsache, dass einzelne Gesellschafter den Gesellschaftsanteil im Betriebsvermögen halten, führe nicht dazu, dass die Tätigkeit der Gesellschaft insgesamt als gewerblich anzusehen ist.[7] Bei den Einkünften der Gesellschafter müsse es sich nicht um die Einkünfte der „von der Personengesellschaft ver-

1 BMF 16. 4. 2010, BStBl 2010 I 354, Tz. 6.1.

2 BFH 24. 4. 2007 I R 33/06, BFH/NV 2007, 2236, m. w. N.; *Söhn* in Hübschmann/Hepp/Spitaler, § 180 AO Rz. 178.

3 U. a. *von Wedelstädt* in Kühn/von Wedelstädt, § 180 AO Rz. 16; *Brandis* in Tipke/Kruse, § 180 AO Tz. 57; *Kunz* in Beermann/Gosch, § 180 AO Rz. 46.

4 *Kunz* in Beermann/Gosch, § 180 AO Rz. 47; *Kunz*, BuW 2003, 273.

5 Übersicht und Darstellung der Ansichten s. BFH 11. 4. 2005 GrS 2/02, BStBl 2005 II 679.

6 BFH 11. 4. 2005 GrS 2/02, BStBl 2005 II 679.

7 BFH 25. 6. 1984 GrS 4/82, BStBl 1984 II 751.

wirklichten Einkunftsart“ handeln. § 180 Abs. 1 Nr. 2a AO setzt lediglich voraus, dass mehrere Personen gemeinschaftlich steuerpflichtige Einkünfte erzielen. Die Feststellungswirkung gem. § 180 Abs. 1 Nr. 2a AO habe lediglich eine begrenzte verfahrensrechtliche Reichweite und bezieht sich stets nur auf die gemeinschaftlich verwirklichten Tatbestandsmerkmale, nicht aber auf solche außerhalb der Beteiligung im Bereich der persönlichen Einkünfteerzielung. Diese Tatbestandsmerkmale treten vielmehr zu den verbindlich festgestellten Besteuerungsgrundlagen im Bereich der persönlichen Tatbestandsverwirklichung des Gesellschafters hinzu und gehören nicht in den Regelungsbereich des Grundlagenbescheids, sondern in jenen des Folgebescheids. Die Entscheidung über Art und Höhe der betreffenden Einkünfte, die von außerhalb der Gesellschaft verwirklichten Tatbestandsmerkmalen abhängig sind, müsse deswegen auf der Ebene des Gesellschafters erfolgen.

Das bedeutet: Bei einer vermögensverwaltenden, nicht gewerblich geprägten Personengesellschaft sind also die gemeinschaftlichen Einkünfte (z. B. aus Vermietung und Verpachtung oder aus Kapitalvermögen) auf der Ebene der Gesellschaft als Überschuss der Einnahmen über die Werbungskosten zu ermitteln und als Einkünfte aus Vermietung und Verpachtung oder aus Kapitalvermögen festzustellen. Die anteiligen Einkünfte des Beteiligten, der seine Anteile an der Personengesellschaft im Betriebsvermögen hält, werden vom Wohnsitz-FA im Festsetzungsverfahren umqualifiziert. Das gilt auch, wenn sämtliche Gesellschaftsanteile im Betriebsvermögen gehalten werden, es sei denn, dass die vermögensverwaltende Personengesellschaft von sich aus betriebliche Einkünfte erklärt und durch Betriebsvermögensvergleich ermittelt hat. Auf der Ebene der Gesellschafter sind die Einkünfte anteilig in betriebliche Einkünfte umzurechnen und umzuqualifizieren. Dabei hat der betrieblich beteiligte Gesellschafter grundsätzlich alle Wirtschaftsgüter der Personengesellschaft anteilig im Rahmen seines eigenen Buchführungswerkes zu erfassen und den Gewinnanteil, der sich für ihn aus den einzelnen Geschäftsvorfällen ergibt, nach den Grundsätzen der Gewinnermittlung gem. §§ 4 Abs. 1, 5 EStG zu berechnen und anzusetzen. Es gelten insoweit die Grundsätze des BMF-Schreibens v. 29. 4. 1994[1] weiter. Das gilt auch für die Einkünfte einer vermögensverwaltenden Gesellschaft aus der Vermietung von Räumen an eine freiberuflich tätige Anwaltsgemeinschaft, wenn ein Gesellschafter zugleich an der Anwaltsgemeinschaft beteiligt ist und sein Grundstücksanteil als Sonderbetriebsvermögen im Rahmen der selbständigen Tätigkeit zu erfassen ist.[2] 6120

(Einstweilen frei) 6121–6125

bb) Feststellung der Höhe der Einkünfte

Festgestellt werden muss die **Höhe der Einkünfte**. Dazu gehört auch die Feststellung, ob es sich um **laufende Gewinne** oder um **Veräußerungsgewinne** i. S. d. § 14, § 14a Abs. 1, § 16, § 18 Abs. 3 EStG handelt.[3] 6126

1 BMF 29. 4. 1994, BStBl 1994 I 282.

2 BFH 9. 10. 2008 IX R 72/07, BStBl 2009 II 231.

3 BFH 11. 7. 1985 IV R 61/83, BStBl 1985 II 577, 579; 29. 4. 1993 IV R 107/92, BStBl 1993 II 666; 1. 7. 2010 IV R 34/07, BFH/NV 2010, 2246; *Brandis* in Tipke/Kruse, § 180 AO Tz. 58.

6127 In die Feststellung sind ferner einzubeziehen:

- der Gewinn, den ein Gesellschafter aus der Veräußerung seines Mitunternehmeranteils am ersten Tag des Wirtschaftsjahres erzielt,[1]
- Einkünfte, die ein Beteiligter zwar im eigenen Namen, aber mit Unterstützung des von der Personengesellschaft angestellten Personals erzielt hat,[2]
- **verdeckte Gewinnausschüttungen** im Rahmen des einheitlichen Gewinnfeststellungsverfahrens der GmbH & Co. KG,[3]
- Einkünfte aus Spekulationsgeschäften einer Personengesellschaft u. Ä.,[4]
- **Sonderbetriebseinnahmen oder -ausgaben oder Sonderwerbungskosten**, die von dem einzelnen Mitunternehmer oder Beteiligten persönlich getragen wurden.[5] Als Sonderbetriebseinnahmen kommen u. a. im Einzelnen in Betracht: Sondervergütungen für die Überlassung von Wirtschaftsgütern, Veräußerungsgewinne und Entnahmegewinne aus der Veräußerung oder Entnahme von Wirtschaftsgütern des Sonderbetriebsvermögens, Sondervergütungen für die Verwaltungs- oder sonstigen Tätigkeiten für das Unternehmen. Zu den festzustellenden Sonderbetriebsausgaben gehören z. B. Sonderaufwendungen einschließlich der AfA für ein Kfz oder auf das Gebäude, die der Gesellschafter der Gesellschaft vermietet hat, Kosten eines Prozesses zwischen mehreren Gesellschaftern wegen Streitigkeiten aus dem Gesellschaftsverhältnis, Darlehenszinsen zur Finanzierung der Beteiligung, und zwar auch dann, wenn der Beteiligte ein Interesse an der Geheimhaltung dieser Besteuerungsgrundlagen hat.[6]

  Die unterbliebene Feststellung von Sonderbetriebseinnahmen und -ausgaben kann nicht durch Ergänzungsbescheid nachgeholt werden.[7] Eine Nachholung des Sonderbetriebsausgabenabzugs im Veranlagungsverfahren des Beteiligten ist nicht zulässig.[8] In den Ausnahmefällen, in denen Sonderbetriebsausgaben oder -einnahmen bzw. Sonderwerbungskosten im Feststellungsbescheid (fälschlicherweise) vom FA erkennbar in der Annahme nicht berücksichtigt wurden, sie seien im Veranlagungsverfahren des Beteiligten zu berücksichtigen, kann der Feststellungsbescheid nach § 174 Abs. 3 AO geändert werden.
- **Vergütungen an einen ehemaligen Gesellschafter** oder dessen Rechtsnachfolger i. S. d. § 15 Abs. 1 Satz 1 Nr. 2 i. V. m. § 15 Abs. 1 Satz 2 EStG, die als nachträgliche Ein-

1 BFH 29. 4. 1993 IV R 107/92, BStBl 1993 II 666.
2 BFH 11. 7. 1985 IV R 61/83, BStBl 1985 II 577.
3 BFH 6. 8. 1985 V R 20/94, BStBl 1986 II 17; 24. 3. 1998 I R 79/97, BStBl 1998 II 578.
4 BFH 11. 5. 1999 IX R 72/96, BFH/NV 1999, 1446; *Crezelius* in Kirchhof/Söhn, § 23 Rdnr. A 51; *Warnke* in Lademann, § 23 Anm. 85.
5 H. M., u. a. BFH 11. 9. 1991 XI R 35/90, BStBl 1992 II 4; 3. 7. 1997 IV R 31/96, BStBl 1997 II 690, m. w. N.; *Kunz* in Beermann/Gosch, § 180 AO Rz. 49, m. w. N.; *von Wedelstädt* in Kühn/von Wedelstädt, § 180 AO Rz. 23; *ders.*, BuW 2000, 575, 583, m. w. N.; AEAO zu § 180, Nr. 1 Abs. 1 Satz 2.
6 BFH 11. 9. 1991 XI R 35/90, BStBl 1992 II 4; *Frotscher* in Schwarz, § 180 AO Rz. 56; a. A. bei berechtigtem Interesse an Geheimhaltung *Söhn* in Hübschmann/Hepp/Spitaler, § 180 AO Rz. 244 ff.; *Kunz* in Beermann/Gosch, § 180 AO Rz. 49; *Brandis* in Tipke/Kruse, § 180 AO Tz. 61 – 63; *Knobbe-Keuk*, a. a. O., S. 520.
7 AEAO zu § 179, Nr. 2 Abs. 3.
8 Siehe AEAO zu § 179, Nr. 5 Satz 2.

künfte (Versorgungsbezüge) nach § 24 Nr. 2 EStG bezogen werden.[1] Wegen des Steuergeheimnisses ist dem ehemaligen Gesellschafter nur der Teil des Feststellungsbescheides bekannt zu geben, der ihn betrifft (s. auch § 183 Abs. 2 AO). Die Einbeziehung der Witwe eines Gesellschafters, die selbst nicht Gesellschafterin ist, sondern lediglich aufgrund Gesellschaftsvertrag eine Witwenpension bezieht, in die Feststellung erscheint bedenklich (s. auch Rn. 6128).[2]

Anders verhält es sich bei **nachträglichen Betriebseinnahmen**, die dem ausgeschiedenen Gesellschafter als **Entgelt des gewinn- oder umsatzabhängigen Kaufpreises** gezahlt werden. Über die Erfassung der Entgelte als nachträgliche Betriebseinnahmen ist nicht im Rahmen der gesonderten und einheitlichen Gewinnfeststellung der Mitunternehmerschaft, sondern bei der Einkommensteuerveranlagung des Veräußerers zu entscheiden, weil der Gesellschafter seine gesellschaftsrechtliche Stellung mit seinem Ausscheiden verliert und ihm aufgrund des Verlusts seiner Mitunternehmerstellung die Einkünfte der Mitunternehmerschaft steuerlich nicht mehr zuzurechnen sind.[3] 6128

Nachträgliche Betriebsausgaben sind in die einheitliche und gesonderte Gewinnfeststellung einzubeziehen, wenn die Leistungen aufgrund des fortwirkenden Gemeinschaftsverhältnisses entsprechend dem bisherigen Gewinnverteilungsschlüssel gemeinsam erbracht werden (z. B. Tilgung von Bankverbindlichkeiten einer vollbeendeten Gesellschaft durch deren frühere Gesellschafter).[4] 6129

(Einstweilen frei) 6130–6135

cc) Feststellung von Steuerpflicht, Steuerbefreiung, Steuervergünstigungen

In die Feststellung sind auch Angaben aufzunehmen, die zum Zweck der einheitlichen Sachbehandlung bei Beteiligung mehrerer Personen an den Einkünften geboten sind, wie Steuerpflicht oder Steuerbefreiung der Einkünfte sowie Steuervergünstigungen, die ihren Grund in dem Betrieb der Mitunternehmerschaft haben; über die Höhe der Vergünstigung ist im Feststellungsverfahren nur zu entscheiden, wenn sie sich ausschließlich aus Faktoren ergibt, die auf der Ebene der Gesellschaft verwirklicht wurden. Nicht steuerbare Einkünfte (z. B. bei fehlender Gewinn- bzw. Überschusserzielungsabsicht) oder steuerbefreite Einkünfte (Ausnahme nach DBA steuerfreie Einkünfte, s. Rn. 5972) sind nicht Gegenstand der Feststellung,[5] es sei denn, die Nichtsteuerbarkeit einer gemeinschaftlichen Betätigung wird verneint. 6136

1 BFH 25. 1. 1994 VIII B 111/93, BStBl 1994 II 455; *Kunz* in Beermann/Gosch, § 180 AO Rz. 49; *von Wedelstädt* in Kühn/von Wedelstädt, § 180 AO Rz. 22.

2 *Söhn* in Hübschmann/Hepp/Spitaler, § 180 AO Rz. 169; *von Wedelstädt* in Kühn/von Wedelstädt, § 180 AO Rz. 22.

3 BFH 14. 5. 2002 VIII R 8/01, BStBl 2002 II 532; *von Wedelstädt* in Kühn/von Wedelstädt, § 180 AO Rz. 22.

4 BFH 13. 2. 1996 VIII R 18/92, BStBl 1996 II 291.

5 BFH 26. 4. 2005 II B 159/04, BFH/NV 2005, 1560, m. w. N.; *von Wedelstädt* in Kühn/von Wedelstädt, § 180 AO Rz. 25, m. w. N.

6137 Feststellungen[1] sind zu treffen z. B. über

- **Vorliegen steuerlich irrelevanter Einkünfte** wie nicht steuerbare Liebhaberei (s. auch negativer Feststellungsbescheid);
- **begünstigte Gewinne nach § 34 EStG,**[2] während über die Höhe des Freibetrags nach § 16 Abs. 4 EStG selbst im Festsetzungsverfahren zu entscheiden ist;
- **eine Steuerermäßigung**; im Grundlagenbescheid, in dem über die Anwendung einer Vergünstigungsvorschrift entschieden wird, wird verbindlich nicht nur darüber entschieden, dass und in welchem Umfang eine Steuerermäßigung zu gewähren sei, sondern auch darüber, in welcher Art und Weise dies zu geschehen habe;[3]
- **Einkünfte aus Forstwirtschaft i. S. d. § 34b EStG**;
- **ausländische Einkünfte aus dem Betrieb von Seehandelsschiffen i. S. d. § 34c Abs. 4 EStG i. d. F. bis 1998, i. S. d. § 5a EStG („Tonnagesteuer") ab VZ 1999;**[4]
- Vorliegen **pauschalversteuerter,** begünstigter ausländischer Einkünfte nach **§ 34c Abs. 5 EStG;**[5]
- **Entschädigungen nach § 24 EStG;**[6]
- **Zulässigkeit einer Rücklage nach § 6b EStG** im Zusammenhang mit dem Ausscheiden eines Beteiligten;[7]
- die Frage, ob eine als Kommanditistin beteiligte gemeinnützige Körperschaft insoweit einen **wirtschaftlichen Geschäftsbetrieb** unterhält, indem sie gewerbliche Einkünfte bezieht; ob der wirtschaftliche Geschäftsbetrieb steuerpflichtig ist, ist bei der Körperschaftsteuerveranlagung der steuerbegünstigten Körperschaft zu entscheiden;[8]
- ausländische Einkünfte, die nach einem DBA steuerfrei sind, hinsichtlich der **Anwendung des § 2a Abs. 3 EStG**[9] und im Falle der Anrechnungsmethode; ist nach dem Methodenartikel die Freistellungsmethode anzuwenden, sind die Einkünfte aller inländischen Beteiligten gem. § 180 Abs. 5 AO gesondert und einheitlich festzustellen;[10]

---

1 So auch *von Wedelstädt* in Kühn/von Wedelstädt, § 180 AO Rz. 26; *Kunz* in Beermann/Gosch, § 179 AO Rz. 56 und § 180 AO Rz. 53.

2 BFH 26. 11. 1975 I R 44/74, BStBl 1976 II 304; *Frotscher* in Schwarz, § 180 AO Rz. 65; *Kunz* in Beermann/Gosch, § 180 AO Rz. 53.

3 BFH 4. 9. 1996 XI R 50/96, BStBl 1997 II 261; 23. 8. 2000 X R 63/96, BFH/NV 2001, 729.

4 BFH 18. 5. 1994 I B 209/93, BStBl 1994 II 794; 8. 2. 1995 I R 17/94, BStBl 1995 II 892; *Frotscher* in Schwarz, § 180 AO Rz. 68; *Kunz* in Beermann/Gosch, § 180 AO Rz. 53.

5 *Söhn* in Hübschmann/Hepp/Spitaler, § 180 AO Rz. 233.

6 BFH 21. 10. 1959 VII 31/59 U, BStBl 1960 III 23; *Kunz* in Beermann/Gosch, § 180 AO Rz. 53.

7 BFH 25. 7. 1979 I R 175/76, BStBl 1980 II 43.

8 BFH 27. 7. 1988 I R 113/84, BStBl 1989 II 134; *Kunz* in Beermann/Gosch, § 180 AO Rz. 53; AEAO zu § 64, Nr. 3.

9 BFH 18. 12. 1989 IV B 37/89, BFH/NV 1990, 570; *Kunz* in Beermann/Gosch, § 180 AO Rz. 53; zur letztmaligen Anwendung bzw. zur weiteren Anwendung bis VZ 2008 s. § 52 Abs. 3 Sätze 2–4.

10 BMF-Schreiben „Anwendung der Doppelbesteuerungsabkommen (DBA) auf Personengesellschaften" 16. 4. 2010, BStBl 2010 I 354,Tz. 6.1.

- die Feststellung, dass **gewerbliche Tierhaltung gem. § 15 Abs. 4 EStG** vorliegt;[1] die daraus sich ergebenden Rechtsfolgen (Verlustabzug?) sind im Veranlagungsverfahren zu ziehen;
- die Anwendung des **§ 2b EStG** a. F. auf die festgestellten Einkünfte (Verluste aus der Beteiligung an Verlustzuweisungsgesellschaften und ähnlichen Modellen);[2]
- den **Gewinn gem. § 23 Abs. 1 Nr. 1 EStG** aus der Veräußerung eines gemeinsamen Grundstücks;[3]
- die **Anrechnung ausländischer Steuern** auf die deutsche Einkommensteuer nach § 34c Abs. 1 EStG, nach § 34c Abs. 2 und 3 EStG als mit den Einkünften in Zusammenhang stehenden Besteuerungsgrundlagen;[4] Gewerbesteuer-Messbetrag und seine Aufteilung für die Anwendung des § 35 EStG;
- die unter **§ 8a Abs. 5 KStG** a. F. fallenden Vergütungen für Fremdkapital als verdeckte Gewinnausschüttungen;[5]
- verdeckte Gewinnausschüttungen der Komplementär-GmbH im Rahmen des einheitlichen Gewinnfeststellungsverfahrens der KG.[6]

Nicht in der Feststellung zu entscheiden ist u. a. über 6138

- die Frage des Vorliegens eines Spekulationsgewinnes im Zusammenhang mit der Anschaffung und Veräußerung eines im Privatvermögen gehaltenen Anteils, weil der Steuertatbestand nicht von mehreren Personen, sondern allein von dem betreffenden Beteiligten verwirklicht wurde;[7]
- Veräußerungsgewinne nach § 17 EStG in der einheitlichen und gesonderten Feststellung einer vermögensverwaltenden Personengesellschaft, da insoweit keine gemeinsame Erzielung von Einkünften vorliegt.[8]

(Einstweilen frei) 6139–6140

d) Feststellung von mit den Einkünften in Zusammenhang stehende andere Besteuerungsgrundlagen

Gesondert und einheitlich festzustellen sind auch mit den Einkünften in Zusammenhang stehende andere Besteuerungsgrundlagen. Das sind solche Besteuerungsgrundlagen, die in rechtlichem, wirtschaftlichem oder tatsächlichem Zusammenhang mit den Einkünften stehen, aber bei der Ermittlung der gemeinschaftlich erzielten Einkünfte nicht zu berücksichtigen sind, d. h. Aufwendungen, die aus Mitteln der Gesellschaft 6141

1 BFH 14. 8. 1985 I R 130/82, BStBl 1986 II 146; *Frotscher* in Schwarz, § 180 AO Rz. 62.

2 Zur Weitergeltung der Vorschrift s. § 52 Abs. 4 EStG.

3 OFD Koblenz 28. 8. 2001, DB 2001, 2374.

4 *Söhn* in Hübschmann/Hepp/Spitaler, § 180 AO Rz. 233; *Ratschow* in Klein, § 180 AO Rz. 22.

5 BMF 15. 7. 2004, BStBl 2004 I 593, Tz. 51; *von Wedelstädt* in Kühn/von Wedelstädt, § 180 AO Rz. 26; s. auch *Dötsch/Pung*, DB 2004, 1692, 1698.

6 BFH 24. 3. 1998 I R 79/97, BStBl 1998 II 578.

7 BFH 13. 10. 1993 X R 49/92, BStBl 1994 II 86; OFD Koblenz 28. 8. 2001, DB 2001, 2374.

8 BFH 9. 5. 2000 VIII R 41/99, BStBl 2000 II 686; 9. 5. 2000 VIII R 40/99, BFH/NV 2001, 17; 25. 1. 2001 VIII B 46/00, BFH/NV 2001, 179.

geleistet wurden und für die Beteiligungen steuerlich von Bedeutung sind,[1] z. B. Sonderausgaben wie Spenden oder aus Mitteln der Gesellschaft geleistete dauernde Lasten[2] oder die Feststellung des Zeitpunktes, bis zu dem der ausgeschiedene Mitunternehmer beteiligt war.[3]

6142 Derartige Besteuerungsgrundlagen sind nicht in der Veranlagung der Beteiligten zu erfassen, wenn sie nicht in der Feststellung enthalten sind. Die gesonderte Feststellung dieser Besteuerungsgrundlagen soll im Wege eines Ergänzungsbescheides gem. § 179 Abs. 3 AO nachgeholt werden können, wenn sie bei Erlass des Feststellungsbescheides nicht berücksichtigt wurden.[4] Dies ist m. E. unzutreffend, weil damit in den materiellen Bestand des Feststellungsbescheides eingegriffen wird.[5]

e) Entscheidung im Hinblick auf Zinsanspruch

6143 Der BFH hat in st. Rspr. entschieden, dass – in Entsprechung zu den Besteuerungsgrundlagen gem. §§ 179 Abs. 1 Satz 1, 180 Abs. 1 Nr. 2a AO – über die Frage, ob und in welchem Umfang Steuernachforderungen auf Hinterziehungshandlungen beruhen und somit tatbestandlich den Zinsanspruch des § 235 AO auslösen, im Verfahren der gesonderten und einheitlichen Feststellung zu entscheiden ist.[6] Ebenso ist wegen des Zinslaufs gem. § 233a Abs. 2a AO die Entscheidung darüber, ob die Änderung eines Gewinnfeststellungsbescheids auf einem rückwirkenden Ereignis i. S. d. § 175 Abs. 1 Satz 1 Nr. 2 AO und damit zugleich auch auf einem rückwirkenden Ereignis i. S.v. § 233a AO beruht, gegenüber allen Feststellungsbeteiligten mit bindender Wirkung einheitlich zu treffen.[7] Zur Zulässigkeit eines Ergänzungsbescheids s. Rn. 6010.

6144–6150 *(Einstweilen frei)*

f) Negativer Feststellungsbescheid

6151 Negative Feststellungsbescheide sind ebenfalls Grundlagenbescheide mit Bindungswirkung. In ihnen wird bindend festgestellt, dass ein Feststellungsverfahren nicht zulässig ist, weil die Voraussetzungen für eine Feststellung i. S. d. § 180 Abs. 1 Nr. 2a AO mangels gemeinschaftlich erzielter Einkünfte nicht vorliegen.[8] Der Feststellungsbescheid enthält die bindende Ablehnung, den Gewinn oder Verlust gesondert und einheitlich festzustellen; hierbei handelt es sich um eine besondere Form des Ablehnungsbescheids i. S. d. § 155 Abs. 1 Satz 3 AO. Für den Umfang der Bindungswirkung ist der Ausspruch

1 *Kunz* in Beermann/Gosch, § 180 AO Rz. 58; AEAO zu § 180, Nr. 1 Abs. 2.

2 *Brandis* in Tipke/Kruse, § 180 AO Tz. 64; Spendenabzugsberechtigung: BFH 8. 8. 1990 X R 149/88, BStBl 1991 II 70, m. w. N.; FG Münster 19. 10. 1989 VI 5843/86 F, EFG 1990, 209; als Sonderausgaben zu beurteilende dauernde Lasten: BFH 23. 9. 1992 X R 32/86, BStBl 1993 II 11; AEAO zu § 180, Nr. 1 Abs. 2.

3 BFH 18. 8. 2010 X R 8/07, BStBl 2010 II 1043.

4 AEAO zu § 180, Nr. 1 Abs. 2 Satz 3.

5 *Von Wedelstädt* in Kühn/von Wedelstädt, § 180 AO Rz. 27; *ders.*, BuW 2000, 575, 584.

6 BFH 19. 4. 1989 X R 3/86, BStBl 1989 II 596; 19. 3. 2009 IV R 20/08, BStBl 2010 II 528, m. w. N.

7 BFH 19. 3. 2009 IV R 20/08, BStBl 2010 II 528, m. w. N.; AEAO zu § 233a, Nr. 74.

8 H. M., u. a. BFH 11. 5. 1993 IX R 27/90, BStBl 1993 II 820; 24. 3. 1998 I R 83/97, BStBl 1998 II 601, m. w. N.; *Kunz* in Beermann/Gosch, § 179 AO Rz. 56; *Brandis* in Tipke/Kruse, § 182 AO Tz. 5; *von Wedelstädt* in Kühn/von Wedelstädt, § 182 AO Rz. 4.

des negativen Feststellungsbescheids – ggf. anhand der gegebenen Begründung – auszulegen.[1]

Zu **unterscheiden** ist zwischen 6152

- dem Feststellungsbescheid, mit dem aus formellen Gründen (es wird z. B. eine Mitunternehmerschaft/ein Beteiligungsverhältnis verneint[2]) der Erlass eines Grundlagenbescheids abgelehnt oder ein Grundlagenbescheid aufgehoben wird, und
- dem Feststellungsbescheid, der aus materiell-rechtlichen Gründen eine positive Feststellung über Höhe usw. von Einkünften ablehnt (es wird die steuerliche Relevanz der Betätigung mangels Gewinnerzielungsabsicht verneint – z. B. bei Liebhaberei).[3]

Im ersten Fall wird bindend festgestellt, dass ein Feststellungsverfahren nicht zulässig 6153
ist, weil die Voraussetzungen für eine Feststellung i. S. d. § 180 Abs. 1 Nr. 2a AO deshalb nicht vorliegen, weil es sich in Ermangelung einer Personengesellschaft und einer Mitunternehmerschaft nicht um gemeinschaftliche Einkünfte mehrerer Personen handelt.[4] Die Beteiligungseinkünfte werden mit bindender Wirkung aus dem Regelungsbereich des Feststellungsverfahrens entlassen. In diesen Fällen fällt die Ermittlungsbefugnis hinsichtlich dieses Sachverhalts, die bisher beim Feststellungs-FA lag, an das Festsetzungs-FA, das in eigener Zuständigkeit zu ermitteln und steuerrechtlich zu beurteilen hat; dessen Ermittlungsergebnisse müssen ggf. nach § 175 Abs. 1 Satz 1 AO ausgewertet werden.[5] Dabei können aber die Gründe für die Ablehnung der Feststellung für das Festsetzungs-FA bindend sein, weshalb die Formulierung des negativen Feststellungsbescheids und der Mitteilung an das Festsetzungs-FA von großer Bedeutung ist (z. B. Nichtanerkennung einer aus Vater und Sohn bestehenden Personengesellschaft).

Im zweiten Fall wird bindend festgestellt, dass ein Feststellungsverfahren nicht zulässig 6154
ist, weil es mangels Gewinnerzielungsabsicht an einkommen- oder körperschaftsteuerpflichtigen Einkünften fehlt, so dass aus der gemeinschaftlichen Betätigung (z. B. Pferdezucht) Einkünfte nicht erfasst werden dürfen. Das Folgebescheids-FA darf keine Einkünfte aus dem fraglichen Rechtsverhältnis in der Veranlagung der Beteiligten berücksichtigen. Es ist mithin auch gehindert, weitere Ermittlungen oder eigenständige Wertungen vorzunehmen; es hat lediglich etwa schon angesetzte Einkünfte aus dieser Quelle nach § 175 Abs. 1 Satz 1 Nr. 1 AO aus dem Folgebescheid auszuscheiden.[6]

---

1 BFH 11. 5. 1993 IX R 27/90, BStBl 1993 II 820, 821; 24. 3. 1998 I R 83/97, BStBl 1998 II 601, m. w. N.

2 BFH 24. 3. 1998 I R 83/97, BStBl 1998 II 601, m. w. N.

3 *Von Wedelstädt*, BuW 2000, 575, 634.

4 U. a. BFH 11. 5. 1993 IX R 27/90, BStBl 1993 II 820; 9. 6. 1993 I R 90/92, BStBl 1993 II 822; 30. 10. 2000 V B 89/00, BFH/NV 2001, 733.

5 BFH 11. 5. 1993 IX R 27/90, BStBl 1993 II 820; 28. 11. 1995 IX R 16/93, BStBl 1996 II 142, m. w. N.; 24. 5. 2006 I R 93/05, BStBl 2007 II 76; *von Wedelstädt*, AO-StB 2009, 203, 208, m. w. N.

6 H. M., u. a. BFH 17. 1. 1985 IX R 106/81, BStBl 1985 II 299; 14. 4. 1987 GrS 2/85, BStBl 1987 II 637, 641; 9. 3. 1995 X B 242/94, BFH/NV 1995, 858; *von Wedelstädt* in Beermann/Gosch, § 175 AO Rz. 34, m. w. N.; *ders.*, BuW 2000, 575, 634.

6155 Sog. **kombiniert positiv-negative Feststellungsbescheide**, die erlassen werden, wenn die Beteiligung einer oder mehrerer Personen an einer im Übrigen bestehenden Personengesellschaft verneint wird,[1] haben hinsichtlich des positiven und des negativen Teils die dargestellten unterschiedlichen Wirkungen ihrer Bindung.

6156 **Kein negativer Feststellungsbescheid** liegt vor, wenn ein Feststellungsbescheid aus sonstigen Gründen wie z. B. mangels zutreffender Adressierung oder wegen Ablaufs der Feststellungsfrist (bei Beachtung des § 181 Abs. 5 AO) aufgehoben oder wegen Ablaufs der Feststellungsfrist sein Erlass abgelehnt wird. Die Beteiligungseinkünfte müssen dem Grunde nach gesondert festgestellt werden und sind deshalb der Beurteilung im Einkommensteuerverfahren entzogen. War der Folgebescheid aufgrund des aufgehobenen Feststellungsbescheids geändert worden, muss dies nach § 175 Abs. 1 Satz 1 Nr. 1 AO rückgängig gemacht werden. Waren jedoch Beteiligungseinkünfte zunächst im Wege des § 155 Abs. 2 AO angesetzt worden, verbleibt es bei deren Ansatz (s. Rn. 6179). Die Beteiligungseinkünfte können nicht nach § 177 AO berücksichtigt werden, weil dies ihre Feststellung voraussetzen würde (s. Rn. 6396).[2] Es liegt auch kein Fall des § 155 Abs. 2 AO vor (s. Rn. 6179).

g) Inhaltliche Bestimmtheit von Bescheiden über gesonderte und einheitliche Feststellungen

6157 Schriftliche Steuerbescheide müssen die festgesetzte Steuer nach Art und Betrag bezeichnen. In Feststellungsbescheiden werden keine Steuern, sondern Besteuerungsgrundlagen festgestellt (§ 179 Abs. 1 AO). Der Inhalt von Bescheiden über **gesonderte und einheitliche Feststellungen** richtet sich nach § 180 AO. Bescheide über die gesonderte und einheitliche Feststellung von Einkünften i. S. d. § 180 Abs. 1 Nr. 2a AO müssen alle Umstände enthalten, die die Besteuerung der gemeinschaftlichen Einkünfte beeinflussen und nach Sinn und Zweck des Feststellungsverfahrens vorab mit Bindungswirkung für die Veranlagung der Beteiligten festgestellt werden sollen, also die Angabe der Feststellungsbeteiligten (dazu Rn. 6256), der festgestellten Besteuerungsgrundlagen wie z. B. die Art, die Höhe und Verteilung der laufenden oder außerordentlichen Einkünfte sowie den maßgeblichen Zeitraum enthalten.[3] Sie sind nichtig (§ 125 AO), wenn sie inhaltlich nicht so bestimmt sind (vgl. § 119 Abs. 1 AO), dass ihnen auch durch Auslegung nicht hinreichend sicher entnommen werden kann, was von wem verlangt wird, wenn sie also keine Besteuerungsgrundlagen oder nur Angaben enthalten, die für sich keinen Sinn geben und daher nicht verwertbar sind. Ein nichtiger Feststellungsbescheid übt keine Bindungswirkung aus.[4]

6158–6165 *(Einstweilen frei)*

1 St. Rspr., u. a. BFH 7. 4. 1987 VIII R 259/84, BStBl 1987 II 766; 21. 5. 1992 IV R 47/90, BStBl 1992 II 865; *Kunz* in Beermann/Gosch, § 179 AO Rz. 57.

2 BFH 24. 5. 2006 I R 93/05, BStBl 2007 II 76; 19. 8. 2009 I R 23/08, BFH/NV 2009, 1961; *von Wedelstädt*, AO-StB 2009, 203, 208, m. w. N.

3 BFH 8. 2. 2007 IV R 65/01, BStBl 2009 II 699, m. w. N.; 19. 11. 2009 IV R 89/06, BFH/NV 2010, 818, m. w. N.; *von Wedelstädt* in Kühn/von Wedelstädt, § 179 AO Rz. 10; *Brandis* in Tipke/Kruse, § 180 AO Rz. 55.

4 *Von Wedelstädt* in Kühn/von Wedelstädt, § 179 AO Rz. 8.

7. Feststellungszeitraum, insbesondere Gesellschafterwechsel während des Feststellungszeitraums

Die **zeitliche Zuweisung der Einkünfte** gehört zum Inhalt des Feststellungsbescheids. 6166
Grundsätzlich entspricht der Feststellungszeitraum dem Veranlagungszeitraum (Kalenderjahr, § 25 Abs. 1 EStG).[1] Das gilt auch für Einkünfte aus Land- und Forstwirtschaft, so dass für ein Kalenderjahr der aus Teilen des Gewinns zweier Wirtschaftsjahre zusammengesetzte Gewinn festzustellen ist.

Bei **abweichendem Wirtschaftsjahr** gilt § 4 Abs. 2 Nr. 2 EStG, nach dem der Gewinn aus 6167
Gewerbebetrieb in dem Kalenderjahr als bezogen gilt, in dem das Wirtschaftsjahr endet. Ist ein Gesellschafter während eines abweichenden Wirtschaftsjahres bereits aus der Gesellschaft ausgeschieden, muss der Feststellungsbescheid die Dauer seiner Zugehörigkeit zur Gesellschaft enthalten, damit das Veranlagungsfinanzamt erkennen kann, welchem Veranlagungszeitraum der festgestellte Gewinn zuzurechnen ist.[2] Für Land- und Forstwirte dagegen ist der Gewinn zeitanteilig aufzuteilen (§ 4a Abs. 2 Nr. 1 EStG) und für jeweils ein Kalenderjahr festzustellen.[3]

Scheidet ein Mitunternehmer aus einer Mitunternehmerschaft mit abweichendem Wirtschaftsjahr **aus**, ist der Gewinn in dem Kalenderjahr des Ausscheidens gezogen; § 4a Abs. 2 Nr. 2 EStG ist auf den ausscheidenden Mitunternehmer nicht anwendbar.[4]

Bei **Gesellschafterwechsel** während des Feststellungszeitraums ist grundsätzlich nur 6168
eine Feststellung für den gesamten Veranlagungszeitraum durchzuführen;[5] das gilt auch dann, wenn ein Gesellschafter am ersten Tag des Wirtschaftsjahres ausscheidet.[6] Durch Austritt oder Eintritt von Gesellschaftern wird der Fortbestand (Identität) der Gesellschaft nicht berührt,[7] und zwar auch dann nicht, wenn ein vollständiger Gesellschafterwechsel erfolgt.[8] Das gilt auch dann, wenn ein Gesellschafter aus einer mehrgliederigen GbR ausscheidet und das gewerbliche Unternehmen von den verbliebenen Gesellschaftern in der Rechtsform einer atypischen stillen Gesellschaft fortgeführt wird.[9] Auch bei Umwandlung einer Personengesellschaft in eine andere Mitunternehmerschaft **(„formwechselnde Umwandlung")** bleibt die Identität der Personengesellschaft erhalten.[10] Das Ausscheiden eines Gesellschafters aus einer nach seinem Ausscheiden weiterbestehenden Personengesellschaft zwingt nicht zu Bildung eines Rumpfwirtschaftsjahres gem. § 8b EStDV. Es handelt sich weder um die Aufgabe oder Veräußerung des bisherigen noch um die Gründung eines neuen Betriebes.[11]

---

1 *Von Wedelstädt* in Kühn/von Wedelstädt, § 180 AO Rz. 28.

2 BFH 22. 9. 1997 IV B 113/96, BFH/NV 1998, 454.

3 BFH 19. 7. 1984 IV R 87/82, BStBl 1985 II 148; *Söhn* in Hübschmann/Hepp/Spitaler, § 180 AO Rz. 212.

4 BFH 18. 8. 2010 X R 8/07, BStBl 2010 II 1043.

5 H. M.; z. B. BFH 28. 11. 1989 VIII R 40/84, BStBl 1990 II 561; 14. 3. 1996 IV R 86/94, BStBl 1996 II 469; *Brandis* in Tipke/Kruse, § 180 AO Tz. 66 f., m. w. N.; *Kunz* in Beermann/Gosch, § 180 AO Rz. 51, m. w. N.

6 BFH 29. 4. 1993 IV R 107/92, BStBl 1993 II 666.

7 *Brandis* in Tipke/Kruse, § 180 AO Tz. 66; *Kunz* in Beermann/Gosch, § 180 AO Rz. 51.

8 BFH 12. 12. 1996 II R 61/93, BStBl 1997 II 299, für GrESt.

9 BFH 28. 11. 1989 VIII R 40/84, BStBl 1990 II 561.

10 BFH 28. 11. 1989 VIII R 40/84, BStBl 1990 II 561; *Brandis* in Tipke/Kruse, § 180 AO Tz. 68.

11 BFH 19. 4. 1994 VIII R 48/93, BFH/NV 1995, 84.

6169 Zur **Wahrung des Steuergeheimnisses** ist eine Ausnahme von diesem Grundsatz zulässig, wenn Anhaltspunkte dafür vorliegen, dass durch eine das ganze Jahr umfassende Feststellung das Steuergeheimnis verletzt werden könnte,[1] z. B. weil für den jeweiligen Zeitraum der Beteiligung des ausgeschiedenen und des eingetretenen Gesellschafters getrennte Feststellungserklärungen nebst Gewinnermittlung usw. eingereicht worden sind oder weil sonst Geheimhaltungsinteressen vorliegen. Diese Situation dürfte eher bei kleineren Personengesellschaften als bei Massengesellschaften der Fall sein. Dies ist von Amts wegen zu berücksichtigen.[2] Nach § 183 Abs. 2 Satz 2 AO kann in einem solchen Fall bei der erforderlichen Einzelbekanntgabe ein Feststellungsbescheid mit eingeschränktem Inhalt erlassen werden.[3]

6170 Bei **Eintritt eines Gesellschafters** in eine bestehende Gesellschaft oder bei **Ausscheiden** gilt dasselbe wie beim Gesellschafterwechsel.[4]

Bei **Ausscheiden des vorletzten Gesellschafters aus einer Personengesellschaft** und Weiterführung des Unternehmens durch den übernehmenden Gesellschafter ist die Gesellschaft im Zeitpunkt des Ausscheidens vollbeendet. Dasselbe gilt bei **Umwandlung der Personengesellschaft in eine Kapitalgesellschaft.**[5] Siehe im Übrigen Rn. 6070.

6171–6175 *(Einstweilen frei)*

8. Verfahren der Feststellung

a) Allgemein

6176 Die Feststellung erfolgt durch **Feststellungsbescheid**. Gegenstand des Feststellungsbescheids sind die i. d. R. mehreren Feststellungen von Besteuerungsgrundlagen (s. Rn. 6106 ff.), die jede für sich einen selbständigen Ausspruch („Tenor“) bilden. Die einzelne Feststellung ist jedoch kein gesonderter Verwaltungsakt, Verwaltungsakt ist der Feststellungsbescheid als Zusammenfassung einzelner Feststellungen von Besteuerungsgrundlagen(s. auch Rn. 5943).[6] Die einzelne Feststellung enthält aber eine rechtliche selbständige Würdigung, ist eines rechtlich selbständigen Schicksals fähig und kann selbständig angefochten werden.[7] Für Feststellungsbescheide gelten die Vorschriften über die Steuerfestsetzung sinngemäß (§ 181 Abs. 1 Satz 1 AO). Damit finden u. a. die Regelungen über das Ermittlungsverfahren (§§ 85 ff. AO), über Form und Inhalt des Feststellungsbescheides (§§ 155 ff. AO), über die eingeschränkte materielle Bestandskraft (§§ 164, 165 AO) und über die Durchbrechung der materiellen Bestandskraft (§§ 172 ff. AO) entsprechende Anwendung. Für die Feststellungsfrist modifiziert

1 H. M., u. a.: BFH 29. 4. 1993 IV R 107/92, BStBl 1993 II 666; 19. 4. 1994 VIII R 48/93, BFH/NV 1995, 84, m. w. N.; *Kunz* in Beermann/Gosch, § 180 AO Rz. 52, m. w. N.

2 *Kunz* in Beermann/Gosch, § 180 AO Rz. 52; *Brandis* in Tipke/Kruse, § 180 AO Tz. 67.

3 *Kunz* in Beermann/Gosch, § 180 AO Rz. 52; *Brandis* in Tipke/Kruse, § 180 AO Tz. 67.

4 *Söhn* in Hübschmann/Hepp/Spitaler, § 180 AO Rz. 221.

5 BFH 10. 11. 1988 IV R 15/86, BFH/NV 1989, 499; *Brandis* in Tipke/Kruse, § 180 AO Tz. 68; *Söhn* in Hübschmann/Hepp/Spitaler, § 180 AO Rz. 225.

6 BFH 27. 4. 1993 VIII R 27/92, BStBl 1994 II 3, m. w. N.; *von Wedelstädt* in Kühn/von Wedelstädt, § 179 AO Rz. 7; *von Wedelstädt*, DB 1997, 696, m. w. N.

7 H. M. BFH 28. 6. 2006 XI R 31/05, BStBl 2007 II 378, m. w. N; *von Wedelstädt* in Kühn/von Wedelstädt, § 179 AO Rz. 7, m. w. N.

§ 181 Abs. 5 AO die allgemeinen Vorschriften der §§ 169 ff. AO (s. Rn. 6196 ff.). §§ 351 Abs. 2, 352 und 353 AO enthalten Besonderheiten für das nach § 347 Abs. 1 Satz 1 Nr. 1 AO gegen Feststellungsbescheide statthafte Einspruchsverfahren, für das im Übrigen die Vorschriften der §§ 347 ff. AO gelten (s. Rn. 6466 ff.).

b) Steuerbescheid vor Grundlagenbescheid (§ 155 Abs. 2 AO)

Der Grundlagenbescheid muss zeitlich nicht vor dem Folgebescheid ergehen, er kann auch ergehen, wenn bereits bestandskräftige Steuerbescheide für das Folgeverfahren vorliegen.[1] Nach § 155 Abs. 2 AO kann die FinBeh einen Steuerbescheid (Folgebescheid) erteilen und dabei gesondert festzustellende Besteuerungsgrundlagen ggf. im Schätzungswege (§ 162 Abs. 5 AO) berücksichtigen, auch wenn ein Grundlagenbescheid noch nicht erlassen wurde. § 155 Abs. 2 AO erlaubt aber nur, im Folgebescheid eine erkennbar einstweilige Regelung zu treffen, die einem noch zu erlassenden Grundlagenbescheid vorgreift.[2] Erforderlich ist, dass der Erlass des Grundlagenbescheids sich verzögert, aber beabsichtigt ist. Deshalb muss der entsprechende Grundlagenbescheid erlassen werden, und zwar auch dann, wenn der Folgebescheid bestandskräftig geworden ist. Eine Steuerfestsetzung auf der Grundlage des § 155 Abs. 2 AO ist **rechtswidrig**, wenn das FA den Grundlagenbescheid ohne Weiteres erlassen könnte, wenn der Erlass des Grundlagenbescheids nicht mehr beabsichtigt oder möglich ist,[3] wenn bereits ein Grundlagenbescheid ergangen ist, wenn in ihr über Gewinnanteile an einer Personengesellschaft endgültig entschieden wird,[4] oder wenn für den Adressaten des nach § 155 Abs. 2 AO ergehenden Folgebescheides nicht eindeutig erkennbar ist, dass eine bestimmte Besteuerungsgrundlage nur vorläufig angesetzt wird und von der Regelung in einem Grundlagenbescheid abhängig ist.[5] Ist ein Grundlagenbescheid ergangen, kann der Folgebescheid nicht im Vorgriff auf die beabsichtigte Änderung des Grundlagenbescheids unter Heranziehung des § 155 Abs. 2 AO geändert werden; denn der bestehende noch zu ändernde Grundlagenbescheid ist so lange bindend, als er noch nicht ersetzt wurde.[6] 6177

Ergeht der erforderliche Grundlagenbescheid und entsprechen die festgestellten Besteuerungsgrundlagen den schon erfassten, bedarf es keiner Änderung, weichen sie davon ab, muss der Folgebescheid gem. § 175 Abs. 1 Satz 1 Nr. 1 AO geändert werden. War zuvor gegen den Folgebescheid wegen dieser Besteuerungsgrundlagen ein Rechtsbehelfsverfahren anhängig geworden, verliert dies seine Grundlage. Es wird unzulässig,[7] es sei denn, es werden Einwendungen gegen die Bindungswirkung (z. B. die Berechtigung der Feststellung oder die Wirksamkeit des Feststellungsbescheids) erhoben; in diesem Fall ist das Rechtsbehelfsverfahren gem. § 363 Abs. 1 AO auszusetzen. 6178

---

1 BFH 11. 10. 1984 IV R 153/82, BStBl 1985 II 189; 10. 11. 1992 VIII R 100/90, BFH/NV 1993, 538, m. w. N.

2 BFH 24. 5. 2006 I R 93/05, BStBl 2007 II 76, m. w. N.

3 Zu beidem: BFH 8. 11. 2006 II R 13/05, BFH/NV 2007, 641, 643, m. w. N.; *von Wedelstädt* in Kühn/von Wedelstädt, § 155 AO Rz. 17, m. w. N.

4 BFH 12. 11. 2003 X B 57/03, BFH/NV 2004, 602, m. w. N.

5 BFH 8. 11. 2006 II R 13/05, BFH/NV 2007, 641, m. w. N.

6 BFH 6. 12. 1995 II R 24/93, BFH/NV 1996, 450.

7 *Seer* in Tipke/Kruse, § 351 AO Tz. 51.

6179 Hat das FA gesondert festzustellende Besteuerungsgrundlagen im Wege des § 155 Abs. 2 AO berücksichtigt, **ergeht aber kein Grundlagenbescheid** oder negativer Feststellungsbescheid, der Bindungswirkung für den Folgebescheid hat, verbleibt es mangels einer Änderungsvorschrift bei der Erfassung dieser Besteuerungsgrundlagen.[1] Dies kann auch nicht im Rahmen einer Fehlersaldierung nach § 177 AO bei einer späteren Änderung der Steuerfestsetzung rückgängig gemacht werden, da derjenige Ansatz als richtig angesehen werden muss, der nach § 155 Abs. 2 AO im Folgebescheid berücksichtigt wurde.[2]

6180–6185 *(Einstweilen frei)*

c) Zuständigkeit

6186 Für die Betriebssteuern und die Grundsteuer ergibt sich die Zuständigkeit aus den §§ 21 f. AO, für die Grunderwerbsteuer aus § 17 GrEStG.

6187 Die **örtliche Zuständigkeit für gesonderte Feststellungen** i. S. d. § 180 AO – hier relevant für Einheitswertfeststellungen und gesonderte und einheitliche Feststellungen – regelt § 18 AO je nach Art des Betriebs oder der Tätigkeit.[3]

6188 Die örtliche Zuständigkeit für die Einheitswertfeststellungen des Betriebsvermögens und für die gesonderten und einheitlichen Feststellungen nach § 180 Abs. 1 Nr. 2a AO richtet sich

- bei **Betrieben der Land- und Forstwirtschaft** gem. § 18 Abs. 1 Nr. 1 AO nach deren Lage bzw., wenn sich diese auf die Bezirke mehrerer FA erstreckt, nach der Lage des wertvollsten Teils,
- bei **gewerblichen Betrieben** gem. § 18 Abs. 1 Nr. 2 AO nach dem Ort der Geschäftsleitung (§ 10 AO) bzw. dem Ort der Betriebstätte (§ 12 AO). Der Ort der Betriebstätte ist maßgeblich bei gewerblichen Betrieben ohne Geschäftsleitung im Geltungsbereich der AO. Bei mehreren Betriebstätten richtet sich die Zuständigkeit nach der wirtschaftlich bedeutendsten Betriebstätte. Im Falle der Insolvenz verbleibt es bei der bisherigen Zuständigkeit,
- bei **freiberuflich Tätigen** gem. § 18 Abs. 1 Nr. 3 AO nach dem Finanzamtsbezirk, von dem aus der Steuerpflichtige die Berufstätigkeit überwiegend ausübt; die Vorschrift gilt nur für freiberuflich Tätige, nicht für selbständig Tätige,[4]
- bei **selbständig Tätigen, Einkünften aus Vermietung und Verpachtung oder aus Kapitalvermögen** gem. § 18 Abs. 1 Nr. 4 AO nach dem Bezirk der Verwaltung oder, wenn dieser im Geltungsbereich der AO nicht feststellbar ist nach dem Bezirk, in dem sich der wertvollste Teil des Vermögens befindet, aus dem die gemeinsamen Einkünfte fließen.

---

1 BFH 24. 5. 2006 I R 9/05, BFH/NV 2006, 2019; 8. 11. 2006 II R 13/05, BFH/NV 2007, 641; *von Wedelstädt*, AO-StB 2008, 103, 105.

2 BFH 24. 5. 2006 I R 93/05, BStBl 2007 II 76; *von Wedelstädt* in Kühn/von Wedelstädt, § 155 AO Rz. 22, m. w. N.

3 Siehe AEAO zu § 18.

4 *Werth* in Kühn/von Wedelstädt, § 18 AO Rz. 9.

Im Fall der besonderen gesonderten Feststellung nach § 179 Abs. 2 Satz 3 AO richtet sich die örtliche Zuständigkeit i. d. R. nach der Zuständigkeit für die Hauptgesellschaft.[1] Für Feststellungen gem. § 180 Abs. 5 AO gilt § 18 Abs. 1 AO bzw. bei fehlendem Anknüpfungsmerkmal § 18 Abs. 2 AO i. V. m. § 19 oder § 20 AO oder § 25 Satz 1 AO, ausnahmsweise kann es auch zu einer Benennung durch das BZSt kommen.[2] Für Feststellungen nach der VO zu § 180 Abs. 2 AO gilt § 2 der VO. 6189

Fehler in der örtlichen Zuständigkeit führen nicht zur Nichtigkeit des Feststellungsbescheids (§ 125 Abs. 3 Nr. 1 AO). Sie bewirken zwar eine **Fehlerhaftigkeit des Verwaltungsakts**, jedoch kann gemäß **§ 127 AO** nicht allein aus diesem Grund die Aufhebung des Verwaltungsakts beansprucht werden, wenn keine andere Entscheidung in der Sache hätte getroffen werden können.[3] 6190

(Einstweilen frei) 6191–6195

d) Feststellungsfrist

aa) Allgemein

Grundsätzlich gelten für die Feststellungen nach § 180 Abs. 1 Nr. 1 und Nr. 2 AO wie für den Ergänzungsbescheid nach § 179 Abs. 3 AO die Vorschriften der §§ 169 ff. AO entsprechend. Die **Dauer** der Feststellungsfrist bestimmt sich nach § 169 Abs. 2 AO. Die verlängerte Feststellungsfrist nach § 169 Abs. 2 Satz 2 AO setzt voraus, dass sich die Steuerverkürzung unmittelbar aus den gesondert festgestellten Besteuerungsgrundlagen ergibt,[4] nicht aus den abhängigen Folgesteuern. Der **Beginn** der Feststellungsfrist richtet sich grundsätzlich nach § 170 Abs. 1, Abs. 2 Nr. 1 AO, wobei die Erklärung zur gesonderten Feststellung nach § 180 Abs. 1 Satz 2 AO als Steuererklärung zu werten ist. Wird in den Fällen des § 180 Abs. 2 AO eine Erklärung zur gesonderten Feststellung ohne Aufforderung durch die FinBeh (vgl. auch § 3 VO zu § 180 Abs. 2 AO) abgegeben, so gilt nach § 181 Abs. 1 Satz 3 AO § 170 Abs. 3 AO sinngemäß. Das hat zur Folge, dass die Feststellungsfrist nicht vor Ablauf des Kalenderjahres beginnt, in dem die Erklärung abgegeben wird. Für die Feststellung von Einheitswerten enthält § 181 Abs. 3 AO Sonderregelungen für den Beginn der Feststellungsfrist. 6196

(Einstweilen frei) 6197

bb) Feststellung nach Ablauf der Feststellungsfrist

Nach **§ 181 Abs. 5 AO** muss eine Feststellung auch nach Ablauf der Feststellungsfrist erfolgen, wenn die Feststellung für eine Steuerfestsetzung oder eine Feststellung von Bedeutung ist, für die die Festsetzungs- oder Feststellungsfrist im Zeitpunkt der gesonderten Feststellung noch nicht abgelaufen ist; das Betriebs-FA ist nicht gehalten, sich 6198

---

1 AEAO zu § 179, Nr. 4 Abs. 4.

2 BMF 11. 12. 1989, BStBl 1989 I 470, geändert durch BMF 2. 1. 2001, BStBl 2001 I 40.

3 BFH 21. 6. 2007 IX B 5/07, BFH/NV 2007, 1628; *Werth* in Kühn/von Wedelstädt, § 17 AO Rz. 4; *Schmieszek* in Beermann/Gosch, § 18 AO Rz. 34; die Gegenmeinung beruft sich auf zu Feststellungen nach § 180 Abs. 1 Nr. 2b AO ergangene BFH-Entscheidungen.

4 *Söhn* in Hübschmann/Hepp/Spitaler, § 181 AO Rz. 83.

vor Erlass des Feststellungsbescheids bei den Folgebescheids-FA über Ablauf oder Nichtablauf der Festsetzungsfrist bei den Folgebescheiden zu erkundigen. Zur Einhaltung der zeitlichen Voraussetzung genügt es, dass der Feststellungsbescheid vor Ablauf der Festsetzungsfrist des Folgebescheids den Bereich der für die Steuerfeststellung zuständigen FinBeh verlassen hat oder bei öffentlicher Zustellung der Feststellungsbescheid oder eine Benachrichtigung nach § 10 Abs. 2 Satz 1 VwZG ausgehängt ist (§ 181 Abs. 5 Satz 3 i. V. m. § 169 Abs. 1 Satz 3 AO). Dem Betriebs-FA steht entgegen dem Wortlaut („kann") kein Ermessen zum Erlass des Feststellungsbescheids zu. Die Verselbständigung der Besteuerungsgrundlagen durch die gesonderte und ggf. einheitliche Feststellung löst ihre Verbindung zum Steueranspruch, der allein durch Ablauf der Festsetzungsfrist erlischt bzw. erlöschen kann, nicht auf. § 181 Abs. 5 AO ist vielmehr das Gebot zu entnehmen, dass der Ablauf der Feststellungsfrist der Verwirklichung des noch nicht erloschenen Steueranspruchs nicht entgegenstehen darf.[1]

6199 § 181 Abs. 5 AO gilt auch bei einem zweistufigen Feststellungsverfahren (§ 179 Abs. 2 Satz 3 AO) für die Feststellung auf der zweiten Stufe sowie für den Erlass eines Ergänzungsbescheids.[2] § 181 Abs. 5 Satz 1 AO ist über seinen Wortlaut hinaus nicht nur bei der erstmaligen Feststellung, sondern seinem Sinn und Zweck nach auch bei der Aufhebung und Änderung von Feststellungsbescheiden anwendbar, sofern die Voraussetzungen für eine Aufhebung oder Änderung erfüllt sind.[3]

6200 Die Feststellung nach § 181 Abs. 5 AO ist auch zulässig, wenn die Festsetzungsfrist nicht mehr bei allen Beteiligten offen ist.[4] Aus dem Wortlaut der Vorschrift, insbesondere aus dem Erfordernis des Hinweises (s. Rn. 6201), ist eine Einschränkung nicht zu entnehmen. Eine solche stünde auch der Absicht des Gesetzes entgegen, durch die gesonderte Feststellung als Vorstufe der Verwirklichung des Steueranspruchs durch Steuerfestsetzung dem Besteuerungsauftrag zu dienen und ihn nicht einzuschränken. Für die gesonderte und einheitliche Gewinnfeststellung gilt das nach Ansicht des BFH nur, wenn den Beteiligten, bei denen die Festsetzungsfrist abgelaufen ist, aus der Gewinnfeststellung kein Nachteil erwachsen kann oder Fragen des Bilanzzusammenhangs oder der Gewinnverteilung nicht betroffen sind.[5]

1 *Söhn* in Hübschmann/Hepp/Spitaler, § 181 AO Rz. 110 f., m. w. N.

2 BFH 11. 11. 2009 II R 14/08, BStBl 2010 II 723, m. w. N.

3 BFH 31. 10. 2000 VIII R 14/00, BStBl 2001 II 156, m. w. N.

4 Umstritten, zum Meinungsstand s. *Kunz* in Beermann/Gosch, § 181 Rz. 28 Fn. 1; wie hier AEAO zu § 181, Nr. 1 Satz 1; *Baum* in Koch/Scholtz, § 181 AO Rz. 11; *von Wedelstädt* in Kühn/von Wedelstädt, § 181 AO Rz. 18; *Frotscher* in Schwarz, § 181 AO Rz. 24; *Kunz* in Beermann/Gosch, § 181 AO Rz. 28; *Ratschow* in Klein, § 181 AO Rz. 27, m. w. N.; *Ling*, DStZ 1981, 402; BFH 8. 6. 1995 V R 20/94, BStBl 1995 II 822, für die gesonderte Feststellung von Besteuerungsgrundlagen für die Umsatzsteuer; BFH 27. 8. 1997 XI R 72/96, BStBl 1997 II 750, zur Feststellung von Grundlagen für die Festsetzung von Hinterziehungszinsen; BFH 23. 9. 1999 IV R 56/98, BFH/NV 2000, 254, wenn Gesellschaftern, bei denen die Festsetzungsfrist bereits abgelaufen ist, aus dem Feststellungsbescheid kein Nachteil erwächst; ebenso BFH 7 12. 1999 IX B 56/99, BFH/NV 2000, 552; 29. 8. 2000 VIII R 33/98, BFH/NV 2001, 414; 20. 12. 2005 III S 24/05, BFH/NV 2006, 486, m. w. N.; mit Einschränkung *Brandis* in Tipke/Kruse, § 181 AO Tz. 20; mit Einschränkung *Brandis* in Tipke/Kruse, § 181 AO Tz. 20; a. A. BFH 10. 12. 1992 IV R 118/90, BStBl 1994 II 381, das bilanzielle Probleme seinen Überlegungen zugrunde legt und nicht allgemein angewandt werden soll, Nichtanwendungserlass v. 24. 5. 1994, BStBl 1994 I 302; *Söhn* in Hübschmann/Hepp/Spitaler, § 181 AO Rz. 123.

5 BFH 7. 12. 1999 IX B 56/99, BFH/NV 2000, 552; 29. 8. 2000 VIII R 33/98, BFH/NV 2001, 414.

Der Feststellungsbescheid muss den **Hinweis** enthalten, dass er unter den Voraussetzungen des § 181 Abs. 5 AO ergangen ist.[1] Der Hinweis muss den Bestimmtheitsanforderungen des § 119 Abs. 1 AO genügen und deshalb unmissverständlich zum Ausdruck bringen, dass die Feststellungen nach Ablauf der Feststellungsfrist getroffen worden und nur noch für solche Folgesteuern von Bedeutung sind, für die die Festsetzungsfrist im Zeitpunkt der gesonderten Feststellung noch nicht abgelaufen war.[2] Der Hinweis muss nicht erkennen lassen, für welche Steuerabschnitte (Veranlagungszeiträume) und für welche Steuerarten den getroffenen Feststellungen Rechtswirkung zukommen soll.[3] 6201

Fehlt der Hinweis nach § 181 Abs. 5 Satz 2 AO, ist die Feststellung nach § 181 Abs. 5 AO rechtswidrig, aber nicht nichtig, und auf Anfechtung hin aufzuheben.[4] Der Hinweis hat keine Begründungsfunktion i. S. d. § 126 AO, sondern Regelungscharakter und kann daher nicht nach § 126 Abs. 1 Nr. 2 AO im Wege der Heilung nachgeholt werden.[5] Er kann nicht durch Ergänzungsbescheid nachgeholt werden, weil es sich bei ihm nicht um eine – notwendige – Feststellung handelt.[6] Er kann aber durch Änderung des Bescheids nach §§ 164 oder 172 ff. AO[7] oder in einer Einspruchsentscheidung nachgeholt werden, wenn die Festsetzungsfrist für die abhängige Steuer bei Ergehen der Einspruchsentscheidung noch nicht abgelaufen war.[8] 6202

Die Feststellung nach § 181 Abs. 5 AO eröffnet die Aufhebung oder Änderung derjenigen Folgebescheide, bei denen die Festsetzungsfrist im Zeitpunkt der Feststellung noch nicht abgelaufen ist. Bei der Prüfung, ob die Festsetzungsfrist im Zeitpunkt der Feststellung noch offen ist, ist die Ablaufhemmung des § 171 Abs. 10 AO nicht mit zu berücksichtigen. Für die Aufhebung und Änderung des Folgebescheids gilt jedoch die Ablaufhemmung des § 171 Abs. 10 AO. Eine aufgrund eines rechtswidrigen Feststellungsbescheids nach § 181 Abs. 5 AO begründete Aufhebung oder Änderung eines Folgebescheids ist rechtswidrig und auf Anfechtung hin aufzuheben. 6203

cc) Wahrung der Feststellungsfrist

Eine gesonderte Feststellung sowie ihre Aufhebung oder Änderung ist rechtswidrig, wenn die Feststellungsfrist abgelaufen ist, es sei denn, es handele sich um einen Fall des § 181 Abs. 5 AO. Die Frist wird hinsichtlich aller Feststellungsbeteiligten bereits durch die Bekanntgabe des Feststellungsbescheides gegenüber nur einem Beteiligten noch vor dem Ablauf der Frist gewahrt; die Bekanntgabe ist gegenüber den anderen 6204

1 Siehe AEAO zu § 181, Nr. 1 Satz 2 und 3; *von Wedelstädt* in Kühn/von Wedelstädt, § 181 AO Rz. 19.

2 BFH 18. 3. 1998 II R 48/96, BFH/NV 1998, 1190.

3 BFH 18. 3. 1998 II R 7/96, BStBl 1998 II 555.

4 BFH 17. 8. 1989 IX R 76/88, BStBl 1990 II 411, m. w. N.; 11. 1. 1995 II R 125/91, BStBl 1995 II 302; *Kunz* in Beermann/Gosch, § 181 AO Rz. 32; *von Wedelstädt* in Kühn/von Wedelstädt, § 181 AO Rz. 20.

5 BFH 12. 7. 2005 II R 10/04, BFH/NV 2006, 228, m. w. N.

6 BFH 18. 3. 1998 II R 45/96, BStBl 1998 II 426; AEAO zu § 179, Nr. 2 Abs. 3; *Söhn* in Hübschmann/Hepp/Spitaler, § 181 AO Rz. 133, will die Nachholung nur aufgrund einer Änderungsvorschrift – z. B. § 172 Abs. 1 Satz 1 Nr. 2a AO zulassen

7 BFH 14. 6. 2007 XI R 37/05, BFH/NV 2007, 2227; *von Wedelstädt* in Kühn/von Wedelstädt, § 181 AO Rz. 20, m. w. N.

8 BFH 12. 7. 2005 II R 10/04, BFH/NV 2006, 228.

Beteiligten mit unverändertem Inhalt nachzuholen, selbst wenn er inhaltlich unrichtig sein sollte.[1] Die Feststellungsfrist ist auch dann gewahrt, wenn der Feststellungsbescheid vor Ablauf der Frist den Bereich der für die gesonderte Feststellung zuständigen FinBeh verlassen hat (§ 169 Abs. 1 AO), sofern er durch Bekanntgabe wirksam wird, d. h. dem Empfänger zugeht;[2] ein fristwahrendes Verlassen des Bescheids kann aber nicht erwartet werden, wenn dem FA eine Feststellungserklärung erst einen Tag vor Eintritt der Feststellungsverjährung zugeht.[3]

6205–6210 *(Einstweilen frei)*

e) Erklärungspflicht – auch bei Steuererklärungen, die die Gesellschaft als Steuerschuldner betreffen

6211 Die Erklärungspflicht liegt regelmäßig beim **Steuerschuldner**. Soweit es sich um Steuererklärungen für Steuerarten handelt, bei denen die Gesellschaft Steuerschuldner ist, trifft die Erklärungspflicht grundsätzlich den gesetzlichen Vertreter (§ 79 Abs. 1 Nr. 3 AO).

6212 Bei **Gewinnfeststellungen nach § 180 Abs. 1 Nr. 2a AO** ist nach § 181 Abs. 2 Satz 2 Nr. 1 AO jeder Feststellungsbeteiligte, dem ein Anteil an den einkommen- oder körperschaftsteuerpflichtigen Einkünften zuzurechnen ist, erklärungspflichtig, ferner der Vertreter gem. § 34 AO. Die Abgabe der Erklärung durch einen Beteiligten oder den Vertreter befreit auch die übrigen Beteiligten.[4] Schwierigkeiten, die dadurch entstehen können, dass einzelne Beteiligte (z. B. Kommanditisten oder die Beteiligten bei Einsatz eines Geschäftsführers) faktisch nicht in der Lage sind, die Feststellungserklärung abzugeben, hat das FA bei seinem Ermessenserwägungen, wen es zur Abgabe auffordert, zu berücksichtigen.[5] Verpflichtet das Gesetz eine Person zur Abgabe einer Feststellungserklärung, kann das FA von dieser Person die Abgabe verlangen, und zwar unabhängig davon, ob auch andere Personen zur Abgabe der Erklärung verpflichtet sind oder sein könnten.[6] So kann sich das FA an eins von mehreren Mitgliedern wenden, z. B. an das, das in der Vergangenheit in Erledigung der Steuerangelegenheiten oder als Empfangsbevollmächtigter i. S. d. § 183 AO hervorgetreten ist.[7] **Bei der GmbH & Co. KG** sind wahlweise die Komplementär-GmbH oder deren Geschäftsführer erklärungspflichtig; wendet das FA sich an einen der beiden, handelt er grundsätzlich nicht ermessenswidrig.[8] Bei der **Personengesellschaft in Konkurs oder Insolvenz** obliegt die Steuererklärungspflicht nicht dem Konkurs- bzw. Insolvenzverwalter, sondern als konkurs- bzw. insolvenzfreie Angelegenheit den Gesellschaftern als Liquidatoren der aufgelösten Gesell-

1 BFH 27. 4. 1993 VIII R 27/92, BStBl 1994 II 3; 12. 2. 1998 III B 82/97, BFH/NV 1998, 937; *Kunz* in Beermann/Gosch, § 181 AO Rz. 26; ablehnend *Frotscher* in Schwarz, § 181 AO Rz. 2.

2 BFH 25. 11. 2002 GrS 2/01, BStBl 2003 II 548.

3 BFH 25. 5. 2011 IX R 36/10, BFH/NV 2011, 552.

4 BFH 21. 5. 1987 IV R 134/83, BStBl 1987 II 764.

5 *Kunz* in Beermann/Gosch, § 181 AO Rz. 13, m. w. N.

6 St. Rspr., u. a. BFH 7. 8. 1990 IX R 114/89, BStBl 1991 II 119; 5. 9. 1990 IX B 267/89, BFH/NV 1991, 287.

7 BFH 21. 5. 1987 IV R 124/83 BFH/NV 1988, 760.

8 U. a. BFH 27. 6. 1989 VIII R 73/84, BStBl 1989 II 955; 18. 4. 1991 IV R 127/89, BStBl 1991 II 675.

schaft (s. dazu Rn. 6065 f.).[1] Sie haben keinen Rechtsanspruch darauf, dass das FA den Konkurs- bzw. Insolvenzverwalter mit Zwangsmitteln dazu anhält, eine Feststellungserklärung abzugeben; eine Erklärungspflicht des Konkurs- bzw. Insolvenzverwalters kann auch nicht aus § 34 Abs. 3 AO hergeleitet werden, weil er hinsichtlich der zu den konkurs- bzw. insolvenzfreien Angelegenheiten der Gesellschaft gehörenden Gewinnfeststellung keine Verwaltungs- und Verfügungsbefugnis besitzt. Allerdings hat der Konkurs- bzw. Insolvenzverwalter gemäß § 34 Abs. 3 AO, soweit sein Verwaltungsrecht reicht, alle steuerlichen Pflichten des Gemeinschuldners zu erfüllen. Zu diesen Pflichten gehören auch die Buchführung, die Abgabe der Gewerbesteuererklärung und demzufolge auch die Gewinnermittlung.[2] Das FA bedarf dann hinsichtlich der Erklärung zur gesonderten und einheitlichen Gewinnfeststellung nur ergänzender Angaben (insbesondere Name, Anschrift und Wohnsitz-Finanzamt der Gesellschafter und deren Beteiligungsverhältnisse), zu denen die insoweit erklärungspflichtigen Feststellungsbeteiligten bzw. die Liquidation i. d. R. auch ohne Einblick in die Buchführungsunterlagen in der Lage sind.[3]

Die Erklärungspflicht bei gesonderten und einheitlichen Feststellungen nach der VO zu § 180 Abs. 2 AO regelt § 3 der VO. 6213

(Einstweilen frei) 6214–6215

f) Zwangsmittel – auch bei Steuererklärungen, die die Gesellschaft als Steuerschuldner betreffen

Soweit die Personengesellschaft Steuerschuldner ist, sind Zwangsmittel i. S. d. §§ 328 ff. AO gegen diese oder die nach § 34 AO verpflichteten Personen zu richten. 6216

Bei gesonderten und einheitlichen Feststellungen nach § 180 Abs. 1 Nr. 2a AO bzw. der VO zu § 180 Abs. 2 AO sind sie gegen einen Feststellungsbeteiligten oder den Vertreter gem. § 34 AO zu richten. Für die Bekanntgabe gilt § 183 AO nicht. 6217

(Einstweilen frei) 6218–6220

g) Verspätungszuschlag – auch bei Steuererklärungen, die die Gesellschaft als Steuerschuldner betreffen

Verspätungszuschläge sind gegen den Erklärungspflichtigen festzusetzen, gegen gesetzliche Vertreter oder sonstige Personen i. S. d. §§ 34, 35 AO nur in Ausnahmefällen.[4] Soweit die Personengesellschaft erklärungspflichtig ist (§ 18 Abs. 1, 3 UStG; § 14a GewStG), sind sie gegen die Personengesellschaft festzusetzen. 6221

---

1 BFH 23. 8. 1994 VII R 143/92, BStBl 1995 II 194; *Loose* in Tipke/Kruse, § 34 AO Tz. 25 und *Brandis* in Tipke/Kruse, § 180 AO Tz. 30a, m. w. N.; *Schwarz* in Schwarz, § 34 AO Rz. 18; *Kuhn/Uhlenbruck*, KO, § 6 Rn. 46 K; *Kilger*, KO, § 6 Anm. 11 und § 82 Anm. 3 a; a. A. *Frotscher*, Steuern im Konkurs, 52; *Maus*, Steuerliche Probleme des Insolvenzverfahrens, S. 34; *Klasmeyer/Kübler*, BB 1978, 369, 372; auf die praktischen Probleme hinweisend: *Kunz* in Beermann/Gosch, § 180 AO Rz. 31 und § 181 AO Rz. 13; *Rüsken* in Klein, § 34 AO Rz. 22.

2 BFH 12. 11. 1992 IV B 83/91, BStBl 1993 II 265; 23. 8. 1994 VII R 143/92, BStBl 1995 II 194.

3 BFH 23. 8. 1994 VII R 143/92, BStBl 1995 II 194; s. ausführlich *Kunz* in Beermann/Gosch, § 181 AO Rz. 13.

4 Siehe AEAO zu § 152, Nr. 1.

6222 Der Verspätungszuschlag ist bei Erklärungen zu gesonderten und einheitlichen Feststellungen gegen denjenigen festzusetzen, der nach § 181 Abs. 2 AO bzw. § 3 Abs. 1 der VO zu § 180 Abs. 2 AO die Erklärung abzugeben hat. Bei mehreren Feststellungsbeteiligten ist die Festsetzung nur eines Verspätungszuschlages zulässig. Dabei ist es nicht ermessensfehlerhaft, den Verspätungszuschlag gegen denjenigen festzusetzen, der gegenüber dem FA bei der Erledigung der steuerlichen Angelegenheiten für die Gemeinschaft bzw. die Beteiligten auftritt.[1] Es ist auch zulässig, die Feststellungsbeteiligten als Gesamtschuldner in Anspruch zu nehmen und den Verspätungszuschlag in einem zusammengefassten Bescheid (§ 155 Abs. 3 AO) festzusetzen.[2] Bei GmbH & Co. KG kann der VZ wahlweise gegen Komplementär-GmbH oder deren Geschäftsführer festgesetzt werden.[3]

6223–6225 *(Einstweilen frei)*

h) Außenprüfung

aa) Außenprüfung der Personengesellschaft

6226 Die Zulässigkeit einer Außenprüfung bei einer Personengesellschaft ergibt sich

- aus § 193 Abs. 1 AO, soweit sie einen gewerblichen oder land- und forstwirtschaftlichen Betrieb unterhält oder freiberuflich tätig ist,
- oder aus § 193 Abs. 2 Nr. 2 AO in den übrigen Fällen, insbesondere in Fällen vermögensverwaltender Personengesellschaften.

6227 Ist die Personengesellschaft selbst Steuerschuldnerin wie bei der Umsatzsteuer und der Gewerbesteuer, unterliegt sie der Außenprüfung und ist Prüfungssubjekt. Insoweit ist die Prüfungsanordnung an sie zu richten.[4]

6228 Hinsichtlich der gesonderten und einheitlichen Feststellung für **Personengesellschaften mit Gewinneinkünften** ist Prüfungssubjekt die Gesellschaft, so dass die Prüfungsanordnung grundsätzlich sowohl hinsichtlich der Betriebssteuern als auch der Feststellung der Einkünfte an die Gesellschaft zu richten[5] und auf § 193 Abs. 1 AO zu stützen ist.

6229 Hinsichtlich der gesonderten und einheitlichen Feststellung für **Personengesellschaften mit Überschusseinkünften** dagegen ist die Gesellschaft nicht Steuerrechtssubjekt, weil es sich nicht um die Besteuerung der Gesellschaft, sondern um die der Gesellschafter handelt:[6] die Prüfungsanordnung ist hinsichtlich der Feststellung an jeden Gesellschaf-

1 Siehe AEAO zu § 152, Nr. 4; BFH 21. 5. 1987 IV R 134/83, BStBl 1987 II 764.

2 FG Baden-Württemberg 14. 9. 1989 II K 197/85, EFG 1990, 87; *Schmieszek* in Beermann/Gosch, § 152 AO Rz. 15.

3 BFH 12. 12. 1990 I R 92/88, BStBl 1991 II 384; 18. 4. 1991 IV R 127/89, BStBl 1991 II 675.

4 BFH 18. 10. 1994 IX R 128/92, BStBl 1995 II 291; AEAO zu § 197, Nr. 5.2.2 Abs. 2.

5 BFH 16. 11. 1989 IV R 29/89, BStBl 1990 II 272; AEAO zu § 197, Nr. 5.2.1, m. w. N.; *von Wedelstädt* in Kühn/von Wedelstädt, § 196 AO Rz. 5.

6 BFH 25. 9. 1990 IX R 84/88, BStBl 1991 II 120; 18. 10. 1994 IX R 128/92, BStBl 1995 II 291; AEAO zu § 197, Nr. 5.2.2 Abs. 1, m. w. N.

ter zu richten und diesem auch bekannt zu geben und auf § 193 Abs. 2 Nr. 2 AO zu stützen.[1] In diesen Fällen sind zwei Prüfungsanordnungen zu erlassen:

- hinsichtlich der Betriebssteuern an die Gesellschaft,
- hinsichtlich der Feststellung der Einkünfte an die Gesellschafter.[2]

Eine Außenprüfung ist auch bei einer privatrechtlich vollbeendeten Personengesellschaft zulässig;[3] das gilt auch dann, wenn das Gesellschaftsvermögen im Wege der Realteilung verteilt worden ist.[4] 6230

Wenn die angeordnete Prüfung dem Ziel dient festzustellen, welche Art von Einkünften die Gesellschafter erzielt haben, kann die Prüfungsanordnung nach Maßgabe aller in Betracht kommenden Einkünfte erlassen werden; wenn die Außenprüfung das Ziel hat festzustellen, ob gewerbliche Einkünfte vorliegen, ob z. B. eine Grundstücksgemeinschaft gewerblichen Grundstückshandel betreibt, ist sie daher auf § 193 Abs. 1 AO zu stützen.[5] 6231

Ist das Ziel der Prüfung festzustellen, ob eine Personengesellschaft existiert, muss die Prüfungsanordnung sich gegen die mutmaßlichen Gesellschafter richten.[6] Wegen der Begründung der Außenprüfung in diesem Fall wird auf AEAO zu § 197, Nr. 5.3 Abs. 3 verwiesen. 6232

bb) Außenprüfung der Gesellschafter

Die Außenprüfung bei einer Personengesellschaft umfasst auch die steuerlichen Verhältnisse der Gesellschafter, soweit diese Verhältnisse für die zu überprüfenden einheitlichen Feststellungen von Bedeutung sind (§ 194 Abs. 1 Satz 3 AO). Sind also steuerlich relevante Verhältnisse der Gesellschafter für die zu überprüfenden gesonderten und einheitlichen Feststellungen, also die bei der Personengesellschaft verwirklichten Besteuerungsgrundlagen selbst, von Bedeutung, so gehören sie zum Umfang der Prüfung bei der Gesellschaft. Insoweit ist die Prüfung durch die auf § 193 Abs. 1 AO gestützte Anordnung der Prüfung bei der Gesellschaft gedeckt, einer besonderen Prüfungsanordnung bedarf es nicht.[7] Die Prüfung erstreckt sich nicht auf andere Einkünfte, die der Gesellschafter außerhalb der Gesellschaft erzielt, oder auf andere Besteuerungsgrundlagen wie auf „persönliche" Sonderausgaben – anders solche wie Spenden usw., die mit den Einkünften der einheitlichen Feststellung in Zusammenhang stehen (§ 180 Abs. 1 Nr. 2a AO) –, auf außergewöhnliche Belastungen u. Ä. 6233

Außerdem können die steuerlichen Verhältnisse der Gesellschafter in die Prüfung einbezogen werden, wenn dies zweckmäßig ist (§ 194 Abs. 2 AO). § 194 Abs. 2 AO bestimmt lediglich den Umfang bei zulässiger Prüfung, nicht die Zulässigkeit selbst. Die 6234

---

1 BFH 10.11.1987 VIII R 94/87, BFH/NV 1988, 214; AEAO zu § 197, Nr. 5.2.2 Abs. 2; *von Wedelstädt* in Kühn/von Wedelstädt, § 196 AO Rz. 5.

2 AEAO zu § 197, Nr. 5.2.2 Abs. 2.

3 BFH 1. 10. 1992 IV R 60/91, BStBl 1993 II 82; 6. 5. 1998 IV B 108/97, BFH/NV 1999, 146.

4 BFH 17. 2. 1994 VIII R 13/94, BStBl 1994 II 809; 6. 5. 1998 IV B 108/97, BFH/NV 1999, 146.

5 AEAO zu § 197, Nr. 5.3 Abs. 1.

6 AEAO zu § 197, Nr. 5.3 Abs. 2.

7 *Rüsken* in Klein, § 194 AO Rz. 8; *von Wedelstädt* in Kühn/von Wedelstädt, § 194 AO Rz. 5.

Verhältnisse der Gesellschafter dürfen nur geprüft werden, wenn die Voraussetzungen des § 193 Abs. 2 Nr. 2 AO vorliegen,[1] es sei denn, der Gesellschafter unterhalte neben dem gemeinschaftlich betriebenen Unternehmen einen eigenen gewerblichen oder land- und forstwirtschaftlichen Betrieb oder sei selbst freiberuflich tätig; dann ist die Prüfung bei ihm nach § 193 Abs. 1 AO zulässig.

6235–6240 *(Einstweilen frei)*

i) Bekanntgabe von Steuerbescheiden an die Gesellschaft und von gesonderten und einheitlichen Feststellungsbescheiden

aa) Allgemeines

6241 Bekanntgabe ist Wirksamkeitsvoraussetzung – § 124 AO i. V. m. § 122 AO.

Grundsätzlich ist zu unterscheiden:[2]

- An wen richtet sich der Bescheid = Steuerschuldner (Verwaltungsakts-, Inhaltsadressat)
- Wem ist er bekannt zu geben = Adressat (Bekanntgabeadressat)
- Welcher Person ist er zu übermitteln = Empfänger.

6242 Soweit diese Personen oder Subjekte nicht identisch sind, gehört zum einen zur hinreichenden Bestimmtheit des Bescheides die richtige Bezeichnung des Steuerschuldners und zum anderen zur wirksamen Bekanntgabe die Angabe des Bekanntgabeadressaten und ggf. auch des Empfängers.

6243 Zu **unterscheiden** ist zwischen Bescheiden, die sich an die Gesellschaft richten, und Bescheiden, die sich an die Gesellschafter richten.

bb) Inhaltsadressat

6244 Inhaltsadressat eines Verwaltungsaktes ist derjenige, für den der Verwaltungsakt seinem Inhalt nach bestimmt ist, i. d. R. der Steuerschuldner.

(1) Bescheide an die Gesellschaft

6245 Steuerbescheide und Steuermessbescheide sind an die Gesellschaft zu richten, wenn die Gesellschaft selbst Steuerschuldner ist (z. B. bei Betriebssteuern, s. auch Rn. 5930 und Aufzählung in AEAO zu § 122, Nr. 2.4.1).[3] Ist der Grundbesitzwert eines Grundstücks in Gesamthandeigentum nur noch für die Grundsteuer von Bedeutung, ist er nicht nach § 39 Abs. 2 Nr. 2 AO auf die Gesamthänder aufzuteilen. Die GbR ist Grundsteuerschuldner und beim Einheitswert Zurechnungssubjekt.[4]

---

1 *Seer* in Tipke/Kruse, § 194 AO Tz. 11, m. w. N.; *von Wedelstädt* in Kühn/von Wedelstädt, § 194 AO Rz. 6 ff.; *Gosch* in Beermann/Gosch, § 194 AO Rz. 76, 79.

2 AEAO zu § 122, Nr. 1.1.1.

3 AEAO zu § 122, Nr. 2.4.1.

4 OFD Düsseldorf und Münster 7. 4. 2004, DB 2005, 1029.

Bei **Personenhandelsgesellschaften** (OHG, KG, EWIV) sind die Steuerbescheide an die Gesellschaft unter ihrer Firma zu richten und bekannt zu geben.[1] Bei Personengesellschaften, die **nicht Personenhandelsgesellschaften** sind (nichtrechtsfähigen Personenvereinigungen[2] wie GbR, Partnerschaftsgesellschaften, Arbeitsgemeinschaften, Erbengemeinschaften, Bruchteilsgemeinschaften), genügt der geschäftsübliche Name, unter dem sie am Rechtsverkehr teilnehmen (z. B. Josef Müller Erben GbR).[3] Ist kein geschäftsüblicher Name vorhanden, ist der Bescheid an alle Mitglieder zu richten.[4] 6246

Da die **atypisch stille Gesellschaft** nicht selbst Steuerschuldnerin ist, sind Steuerbescheide und Steuermessbescheide an den Inhaber des Handelsgeschäfts zu richten.[5] Entsprechendes gilt bei verdeckter Mitunternehmerschaft.[6] 6247

Bei Konkurs oder **Insolvenz der Personengesellschaft** bleibt diese Steuerschuldnerin (Rn. 6065 ff.). Allerdings dürfen während des Konkurs- bzw. Insolvenzverfahrens hinsichtlich der Konkurs- bzw. Insolvenzforderungen Verwaltungsakte über die Festsetzung von Ansprüchen aus dem Steuerverhältnis nicht mehr ergehen (§ 251 AO).[7] Gleichwohl erlassene Steuerbescheide sind unwirksam.[8] 6248

Ein Steuerbescheid oder Steuermessbescheid ist unwirksam, wenn er sich an (eine Person oder) eine Personenvereinigung richtet, die offensichtlich nicht oder nicht mehr als Steuerschuldnerin in Betracht kommt, weil sie erloschen ist.[9] 6249

(Einstweilen frei) 6250–6255

(2) Bescheide über gesonderte und einheitliche Feststellungen

Gesonderte und einheitliche Feststellungsbescheide[10] sind nicht an die Gesellschaft zu richten, da sie nicht Steuerschuldnerin ist, sondern an die Gesellschafter als Steuerschuldner,[11] wenn die einzelnen Beteiligten unmittelbar aus dem Steuerschuldverhältnis in Anspruch genommen werden sollen oder ihnen der Gegenstand der Feststellung zugerechnet wird[12] (s. dazu auch § 179 Abs. 2 Satz 1 AO). Aus dem Feststellungsbescheid muss sich klar und eindeutig ergeben, gegen wen er sich richtet, gegen oder für wen er seine Wirkungen entfaltet. Die Angabe des Inhaltsadressaten ist konstituierender Bestandteil jedes Verwaltungsakts, denn es muss angegeben werden, wem gegenüber der Einzelfall geregelt werden soll.[13] Ein **Inhaltsmangel** liegt vor, wenn die 6256

1 BFH 7. 4. 1987 VIII R 260/84, BStBl 1987 II 768; AEAO zu § 122, Nr. 2.4.1.1.
2 AEAO zu § 122, Nr. 2.4.
3 AEAO zu § 122, Nr. 2.4.1.2.
4 AEAO zu § 122, Nr. 2.4.1.3.
5 BFH 12. 11. 1985 VIII R 364/83, BStBl 1986 II 311; AEAO zu § 122, Nr. 2.4.1 Abs. 2.
6 BFH 16. 12. 1997 VIII R 32/90, BStBl 1998 II 480; AEAO zu § 122, Nr. 2.4.1 Abs. 2.
7 AEAO zu § 122, Nr. 2.9.1 Abs. 2.
8 *Lemaire* in Kühn/von Wedelstädt, § 251 AO Rz. 7.
9 BFH 16. 12. 1998 VIII R 32/90, BStBl 1998 II 480, m. w. N.; 15. 4. 2010 IV R 67/07, BFH/NV 2010, 1606; *von Wedelstädt* in Beermann/Gosch, § 125 AO Rz. 12, m. w. N.
10 AEAO zu § 122, Nr. 2.4.2 und 2.5 ff.
11 BFH 7. 4. 1987 VIII R 259/84, BStBl 1987 II 766; AEAO zu § 122, Nr. 2.5.1.
12 AEAO zu § 122, Nr. 2.4.2.
13 BFH 25. 9. 1990 IX R 84/88, BStBl 1991 II 120; 19. 8. 1999 IV R 34/98, BFH/NV 2001, 409.

Feststellungsbeteiligten nicht benannt oder die Benannten nicht so eindeutig und zweifelsfrei bezeichnet sind, dass Verwechslungen möglich sind.[1] Der Feststellungsbescheid ist nichtig (§ 125 Abs. 1 AO), selbst wenn er ihnen gegenüber bekannt gegeben worden ist.[2] Es reicht für die inhaltliche Bestimmtheit aus, wenn der Inhaltsadressat durch Auslegung anhand der dem Betroffenen bekannten Umstände hinreichend sicher bestimmt werden kann.[3] Sind dagegen die benannten Personen eindeutig und zweifelsfrei bezeichnet, aber nicht Steuerschuldner, weil sie zu Unrecht als Beteiligte erfasst sind oder ihnen zu Unrecht der Gegenstand der Feststellung zugerechnet wird, so ist der Bescheid nicht nichtig, sondern nur rechtswidrig.[4]

6257 Der Bescheid über die gesonderte und einheitliche Feststellung ist grundsätzlich an alle Gesellschafter zu richten.[5] Dabei ist es ohne Bedeutung, ob die Personengesellschaft im Zeitpunkt des Erlasses des Gewinnfeststellungsbescheids noch besteht oder bereits erloschen ist.[6] Fehlt (irrtümlich) die Angabe eines von mehreren Beteiligten, ist der Bescheid nicht nichtig; gegenüber denjenigen, an die der Bescheid gerichtet ist, entfaltet er Wirksamkeit.[7] Ein Feststellungsbescheid, in dem einzelne – nicht alle – Beteiligte nicht aufgeführt sind, leidet nicht insgesamt an einem besonders schweren Fehler i. S. d. § 125 Abs. 1 AO; ist er im Übrigen inhaltlich hinreichend bestimmt, ist er teilnichtig (§ 125 Abs. 4 AO).[8] Gegen die Nichtigkeit des Feststellungsbescheids spricht auch die Möglichkeit des Richtigstellungsbescheids (§ 182 Abs. 3 AO), weil ein nichtiger Bescheid nicht berichtigt werden könnte.[9]

6258 Die sämtlichen Beteiligten müssen sich nicht aus dem Adressfeld des Feststellungsbescheides ergeben.[10] Für eine zutreffende Adressierung genügt es, wenn dort die Personengesellschaft als solche bezeichnet wird (Sammelbezeichnung) und sich alle Gesellschafter klar und eindeutig als Adressaten aus dem für die Verteilung des Gewinns vorgesehenen Teil des Bescheids ergeben.[11] Es genügt nicht, wenn dazu im Feststellungsbescheid auf den Inhalt eines Betriebsprüfungsberichts verwiesen wird.[12] Die Verwendung einer falschen weil überholten Firmenbezeichnung ist unschädlich.[13]

---

1 AEAO zu § 122, Nr. 4.1.1 Abs. 1; *von Wedelstädt* in Beermann/Gosch, § 125 AO Rz. 12; *von Wedelstädt* in Kühn/von Wedelstädt, § 179 AO Rz. 10.

2 BFH. 7. 4. 1987 VIII R 259/84; BStBl 1987 II 766; 27. 8. 2003 II R 35/01, BFH/NV 2004, 467.

3 BFH 25. 9. 1990 IX R 84/88, BStBl 1991 II 120, m. w. N.

4 BFH 16. 12. 1998 VIII R 32/90, BStBl 1998 II 480, m. w. N.; *von Wedelstädt* in Beermann/Gosch, § 125 AO Rz. 12, m. w. N.; *von Wedelstädt* in Kühn/von Wedelstädt, § 179 AO Rz. 10; AEAO zu § 122, Nr. 4.1.1 Abs. 2.

5 U. a. BFH 18. 12. 1991 XI R 42-43/88, BStBl 1992 II 585; *Kunz* in Beermann/Gosch, § 179 AO Rz. 23; *Brandis* in Tipke/Kruse, § 179 AO Tz. 8; AEAO zu § 122, Nr. 2.5.1.

6 BFH 9. 9. 1986 VIII R 267/80, BFH/NV 1987, 15; 6. 3. 1990 VIII R 55/85, BFH/NV 1991, 71.

7 BFH 24. 10. 1996 IV R 50/95, BFH/NV 1997, 331, m. w. N.; 19. 11. 2009 IV R 89, BFH/NV 2010, 818, m. w. N.

8 BFH 7. 4. 1987 VIII R 259/84, BStBl 1987 II 766; 21. 5. 1992 IV R 47/90, BStBl 1992 II 865, m. w. N.; 27. 8. 2003 II R 35/01, BFH/NV 2004, 467; *von Wedelstädt* in Beermann/Gosch, § 125 AO Rz. 12; *von Wedelstädt* in Kühn/von Wedelstädt, § 179 AO Rz. 10.

9 BFH 27. 8. 2003 II R 35/01, BFH/NV 2004, 467, m. w. N.

10 BFH 31. 8. 1999 VIII R 21/98, BFH/NV 2000, 554; *Kunz* in Beermann/Gosch, § 179 AO Rz. 23.

11 U. a. BFH 16. 12. 1997 VIII R 32/90, BStBl 1998 II 480, m. w. N.; 31. 8. 1999 VIII R 21/98, BFH/NV 2000, 554, m. w. N.; *Kunz* in Beermann/Gosch, § 179 AO Rz. 23; AEAO zu § 122, Nr. 2.5.1.

12 BFH 28. 3. 1979 I R 219/78, BStBl 1979 II 718; 26. 3. 1991 VIII R 210/85, BFH/NV 1992, 73.

13 FG München 22. 6. 2002 8 K 3899/99, EFG 2002, 1421.

Ein an eine zum Zeitpunkt des Erlasses des Feststellungsbescheids nicht mehr bestehende Gesellschaft unter ihrer Sammelbezeichnung gerichteter Feststellungsbescheid ist nicht unrichtig adressiert, wenn aus dem Gesamtinhalt des Bescheids erkennbar ist, für welche Personen Besteuerungsgrundlagen festgestellt sind.[1] 6259

Ein **negativer Feststellungsbescheid** ist an die Person oder die Personen zu richten, die ihn beantragt haben, die sich also als „Beteiligte gerieren".[2] Hier dürfte es regelmäßig an einer Sammelbezeichnung fehlen, so dass der Bescheid auch im Adressfeld alle „Beteiligten" enthalten muss. Beim sog. **kombinierten positiv-negativen Feststellungsbescheid** müssen im Anschriftenfeld des Feststellungsbescheids entweder alle Beteiligten einzeln aufgeführt werden oder es muss – bei Verwendung von Sammelbezeichnungen im Anschriftenfeld – aus dem Teil des Bescheids, der die Gewinnverteilung enthält, bzw. dem Teil des Bescheids, der die Ablehnung der Gewinnfeststellung enthält, erkennbar sein, welcher Sammelbezeichnung die einzelnen Beteiligten zuzuordnen sind.[3] 6260

(Einstweilen frei) 6261–6265

(3) Richtigstellungsbescheid bei Rechtsnachfolge (§ 182 Abs. 3 AO)

War der Feststellungsbeteiligte im Feststellungszeitpunkt schon verstorben oder als juristische Person durch Gesamtrechtsnachfolge (z. B. Umwandlung, Verschmelzung, Spaltung) weggefallen, ist der Feststellungsbescheid an seinen Rechtsnachfolger in seiner Eigenschaft als Rechtsnachfolger zu richten (Inhaltsadressat) und diesem bekannt zu geben. Ist in diesem Falle der Feststellungsbescheid fälschlicherweise an den Rechtsvorgänger gerichtet, ist er nur hinsichtlich der nicht mehr existierenden Person teilweise unwirksam.[4] Die falsche Bezeichnung kann nach § 182 Abs. 3 AO durch besonderen Bescheid gegenüber dem Rechtsnachfolger („Richtigstellungsbescheid") berichtigt werden,[5] selbst wenn der FinBeh die Rechtsnachfolge bekannt war.[6] Der Richtigstellungsbescheid benennt keinen neuen (weiteren) Feststellungsbeteiligten, sondern stellt lediglich die Bezeichnung eines vom Ausgangsbescheid bereits Betroffenen richtig.[7] Der Erlass eines „Richtigstellungsbescheides" gem. § 182 Abs. 3 AO kommt nur innerhalb 6266

1 U. a. BFH 27. 4. 1978 IV R 187/74, BStBl 1979 II 89; 6. 3. 1990 VIII R 141/85, BFH/NV 1991, 71, m. w. N.; *Kunz* in Beermann/Gosch, § 179 AO Rz. 30.

2 BFH 24. 5. 1977 IV R 47/76, BStBl 1977 II 737; *Brandis* in Tipke/Kruse, § 179 AO Tz. 10; *Söhn* in Hübschmann/Hepp/Spitaler, § 179 AO Rz. 155; *von Wedelstädt* in Kühn/von Wedelstädt, § 179 AO Rz. 12.

3 U. a. BFH 7. 4. 1987 VIII R 259/84, BStBl 1987 II 766; 26. 3. 1991 VIII R 20/91, BFH/NV 1991, 973, m. w. N.; *Kunz* in Beermann/Gosch, § 179 AO Rz. 57, m. w. N.; *von Wedelstädt* in Kühn/von Wedelstädt, § 179 AO Rz. 12.

4 U. a. BFH 12. 5. 1993 XI R 66/92, BStBl 1994 II 5; 23. 9. 1999 IV R 59/98, BStBl 2000 II 170; *Kunz* in Beermann/Gosch, § 179 AO Rz. 29 und § 182 AO Rz. 19.

5 BFH 21. 5. 1992 IV R 47/90, BStBl 1992 II 865.

6 BFH 21. 5. 1992 IV R 47/90, BStBl 1992 II 865; 23. 9. 1999 IV R 59/98, BStBl 2000 II 170, m. w. N.; *Kunz* in Beermann/Gosch, § 179 AO Rz. 26 – 29 und § 182 AO Rz. 21; *Söhn* in Hübschmann/Hepp/Spitaler, § 182 AO Rz. 146; *von Wedelstädt* in Kühn/von Wedelstädt, § 182 AO Rz. 18; a. A. *Brandis* in Tipke/Kruse, § 182 AO Tz. 10.

7 BFH 20. 10. 2009 IV B 63/09, BFH/NV 2010, 178.

der Feststellungsfrist in Betracht.[1] Er lässt den Regelungsgehalt des Feststellungsbescheides unberührt.[2] Er ist dem Rechtsnachfolger und soweit vorhanden dem Rechtsvorgänger bekannt zu geben.

6267 Tritt die Rechtsnachfolge nach dem Feststellungszeitpunkt, aber vor Erlass des Feststellungsbescheids ein, ist der bisherige Feststellungsbeteiligte richtiger Inhaltsadressat, der Bescheid muss aber dem Rechtsnachfolger unter der Bezeichnung des Gesamtrechtsnachfolgeverhältnisses bekannt gegeben werden, um wirksam zu werden; denn die angeordnete Rechtsfolge trifft lediglich den Rechtsnachfolger (§ 45 AO).[3] Auch in diesem Fall ist ein Richtigstellungsbescheid nach § 182 Abs. 3 AO zulässig.[4]

6268 Verstirbt ein Beteiligter nach Bekanntgabe des Feststellungsbescheides, ist der Bescheid an ihn richtig adressiert und wirksam (§ 182 Abs. 3 AO nicht anwendbar).

6269 Konkurs oder Insolvenz der Personengesellschaft berühren die gesonderte und einheitliche Feststellung als konkurs- bzw. insolvenzfreie Angelegenheit nicht (s. dazu Rn. 6065 f.).[5] Der Gewinnfeststellungsbescheid ist daher an die Beteiligten zu richten. Ist über das Vermögen eines der Beteiligten das Konkurs- bzw. Insolvenzverfahren eröffnet worden, ist der insoweit informatorisch wirkende Feststellungsbescheid (s. Rn. 6067) an den Konkurs- bzw. Insolvenzverwalter zu richten.[6]

6270–6275 *(Einstweilen frei)*

cc) Bekanntgabe

(1) Allgemein

6276 Wirksamkeitsvoraussetzung für Steuer- und Feststellungsbescheide ist ferner, dass sie demjenigen, für den sie bestimmt sind, d. h. regelmäßig allen Beteiligten bekannt gegeben werden (§ 124 Abs. 1. Satz 1 i. V. m. § 122 Abs. 1 AO).[7] Dabei ist zu unterscheiden zwischen Steuerbescheiden, die die Gesellschaft als Steuerschuldner betreffen (Rn. 6244), und Bescheiden über die gesonderte und einheitliche Feststellung von Besteuerungsgrundlagen, die die Gesellschafter betreffen (Rn. 6245).

(2) Bekanntgabe von Steuerbescheiden an die Personengesellschaft

6277 **Steuerbescheide an die Personengesellschaft** werden durch Bekanntgabe an ein vertretungsberechtigtes Mitglied, also an den Geschäftsführer (§ 34 Abs. 1 AO), die als Verfügungsberechtigter auftretende Person (§ 35 AO) oder bei Fehlen eines Geschäftsfüh-

---

1 BFH 23. 9. 1999 IV R 59/98, BStBl 2000 II 170; u. a. *Brandis* in Tipke/Kruse, § 182 AO Tz. 10; *von Wedelstädt* in Kühn/von Wedelstädt, § 182 AO Rz. 19; *Kunz* in Beermann/Gosch, § 182 AO Rz. 23.

2 AEAO zu § 182, Nr. 4 Satz 2.

3 BFH 25. 11. 1987 II R 227/84, BStBl 1988 II 410; *Kunz* in Beermann/Gosch, § 179 AO Rz. 27; *Söhn* in Hübschmann/Hepp/Spitaler, § 179 AO Rz. 172.

4 BFH 21. 5. 1992 IV R 47/90, BStBl 1992 II 865; *Brandis* in Tipke/Kruse, § 182 AO Tz. 10; *Kunz* in Beermann/Gosch, § 182 AO Rz. 21; BT-Drucks. 10/1636, 1646 f.

5 *Kunz* in Beermann/Gosch, § 179 AO Rz. 32; *von Wedelstädt* in Kühn/von Wedelstädt, § 179 AO Rz. 5.

6 *Kunz* in Beermann/Gosch, § 179 AO Rz. 32; *Söhn* in Hübschmann/Hepp/Spitaler, § 179 AO Rz. 181.

7 BFH 7. 4. 1987 VIII R 259/84, BStBl 1987 II 766, m. w. N.; 18. 12. 1991 XI R 42-43/88, BStBl 1992 II 585; AEAO zu § 122, Nr. 2.5.1.

rers an einen Beteiligten nach Wahl des FA (§ 34 Abs. 2 AO) wirksam. Siehe im Einzelnen dazu AEAO zu § 122, Nr. 2.4.1 ff.

(3) Bekanntgabe von gesonderten und einheitlichen Feststellungsbescheiden allgemein

Bekanntgabeadressaten von **Bescheiden über die gesonderte und einheitliche Feststellung** sind i. d. R. alle Beteiligten unbeschadet § 183 AO. Volle Wirksamkeit des Feststellungsbescheids tritt erst ein, wenn er allen Feststellungsbeteiligten bekannt gegeben ist. Nach st. Rspr.[1] ist jedoch ein Feststellungsbescheid, der nur einer Person oder einem Teil der von ihm betroffenen Feststellungsbeteiligten bekannt gegeben wird, nicht unwirksam, sondern wird bereits mit der Bekanntgabe an nur einen oder einzelne der Beteiligten existent und ihm bzw. ihnen gegenüber wirksam; gegenüber den anderen Feststellungsbeteiligten entfaltet er (noch) keine materiell-rechtliche Bindungswirkung i. S. d. § 182 AO.[2] Um den Feststellungsbescheid auch ihnen gegenüber wirksam zu erlassen, ist die Bekanntgabe diesen Beteiligten gegenüber nachzuholen,[3] und zwar ggf. auch noch im Klageverfahren.[4] Dies darf aber nicht mit einem veränderten Inhalt geschehen, selbst wenn der bisher bekannt gegebene Inhalt falsch ist.[5] Die Bekanntgabe wahrt allen Feststellungsbeteiligten gegenüber die Feststellungsfrist, auch wenn das FA ihn nur einem von ihnen bekannt gegeben hat.[6] 6278

Bekanntgabemängel können nicht dadurch korrigiert werden, dass, sofern deswegen ein Einspruch eingelegt worden war, der Bescheid aufgehoben und nach § 174 Abs. 4 AO ein neuer Bescheid ohne die Mängel erlassen wird.[7] 6279

Bekanntgabemängel können anders als Inhaltsmängel durch ordnungsgemäße Bekanntgabe der Einspruchsentscheidung geheilt werden,[8] sofern der Einspruch dadurch nicht als unzulässig verworfen wird.[9]

(Einstweilen frei) 6280–6285

(4) Bekanntgabe von gesonderten und einheitlichen Feststellungsbescheiden nach § 183 AO

Die **Bekanntgabe von gesonderten und einheitlichen Feststellungsbescheiden** richtet sich nach **§ 183 AO**, der grundsätzlich die Bekanntgabe an einen gemeinsamen Empfangsbevollmächtigten vorsieht. Es handelt sich um eine Ermessensvorschrift, das FA 6286

1 BFH 7. 8. 1990 VIII R 257/84, BFH/NV 1991, 507, mit umfangreichen Nachweisen; 27. 4. 1993 VIII R 27/92, BStBl 1994 II 3, 4; ebenso AEAO zu § 122, Nr. 4.7.1.

2 BFH 7. 8. 1990 VIII R 257/84, BFH/NV 1991, 507, m. w. N.; AEAO zu § 122, Nr. 2.5.1, m. w. N.

3 BFH 7. 8. 1990 VIII R 257/84, BFH/NV 1991, 507, 508; 27. 4. 1993 VIII R 27/92, BStBl 1994 II 3, 4, m. w. N.; AEAO zu § 122, Nr. 2.5.1.

4 BFH 19. 5. 1983 IV R 125/82, BStBl 1984 II 15; AEAO zu § 122, Nr. 2.5.1.

5 BFH 25. 11. 1987 II R 227/84, BStBl 1988 II 410; 27. 4. 1993 VIII R 27/92, BStBl 1994 II 3, 4, m. w. N.; AEAO zu § 122, Nr. 2.5.1 i. V. m. 4.7.1.

6 BFH 27. 4. 1993 VIII R 27/92, BStBl 1994 II 3, 4; 13. 9. 1994 IX R 89/90, BStBl 1995 II 39.

7 BFH 26. 10. 1994 II R 148/87, BFH/NV 1995, 476; *von Wedelstädt* in Beermann/Gosch, § 174 AO Rz. 95 a. E.

8 BFH 16. 5. 1990 X R 147/87, BStBl 1990 II 942; 18. 12. 1991 XI R 42-43/88, BStBl 1992 II 585; AEAO zu § 122, Nr. 4.4.4.

9 BFH 25. 1. 1994 VIII R 45/92, BStBl 1994 II 603; 31. 8. 1999 VIII R 21/98, BFH/NV 2000, 554.

braucht davon keinen Gebrauch zu machen. § 183 Abs. 1 AO sieht zur Bestimmung des gemeinsamen Empfangsbevollmächtigten folgende drei Stufen vor:[1]

- Grundsätzlich sollen die Feststellungsbeteiligten einen **gemeinsamen Empfangsbevollmächtigten bestellen**, der ermächtigt ist, für die Gesellschafter alle Verwaltungsakte und Mitteilungen in Empfang zu nehmen, die mit dem Feststellungsverfahren und einem sich anschließenden Einspruchsverfahren zusammenhängen (§ 183 Abs. 1 Satz 1 AO). Die Bekanntgabe an ihn wirkt für und gegen alle Beteiligten. Die Bestellung eines gemeinsamen Empfangsbevollmächtigten i. S. d. § 183 Abs. 1 Satz 1 AO durch die Feststellungsbeteiligten wirkt regelmäßig auch für künftige Bescheide in Feststellungsverfahren, und zwar auch soweit diese zurückliegende Feststellungszeiträume betreffen.[2] Die Vollmacht gilt auch bei Ausscheiden des Beteiligten aus der Gesellschaft oder bei ernstlichen Meinungsverschiedenheiten fort, bis sie widerrufen wird (§ 183 Abs. 3 AO).[3] Da es zulässig ist, dass ein gemeinsamer Empfangsbevollmächtigter nur von einem Teil der Beteiligten bestellt wird,[4] kann der Feststellungsbescheid einem solchen Empfangsbevollmächtigten nur für diese Personen wirksam bekannt gegeben werden, den Übrigen ist er einzeln bekannt zu geben.[5]
- Fehlt ein von den Beteiligten bestellter gemeinsamer Empfangsbevollmächtigter, gilt ein zur Vertretung der Gesellschaft oder der Feststellungsbeteiligten oder ein zur Verwaltung des Gegenstandes der Feststellung Berechtigter als Empfangsbevollmächtigter, **fingierter Empfangsbevollmächtigter** (§ 183 Abs. 1 Satz 2 AO); die Berechtigung ergibt sich aus den entsprechenden gesetzlichen Vorschriften wie BGB oder HGB, z. B. der Komplementär einer KG oder der Geschäftsführer.[6] Auch bei gesetzlicher oder vertraglicher Gesamtvertretung ist die Bekanntgabe an einen mit Wirkung gegen alle zulässig.[7] Die Fortgeltungsfiktion des § 183 Abs. 3 AO ist nicht anwendbar.[8]
- Ist weder § 183 Abs. 1 Satz 1 noch Satz 2 AO gegeben, kann die FinVerw die Gesellschafter auffordern, einen Empfangsbevollmächtigten zu bestimmen, **bestimmter Empfangsbevollmächtigter**; gleichzeitig ist vom FA ein Beteiligter als Empfangsbevollmächtigter vorzuschlagen (§ 183 Abs. 1 Satz 3 und 4 AO).[9] Auch hier ist die Fortgeltungsfiktion des § 183 Abs. 3 AO nicht anwendbar.[10]

6287 Bei Bekanntgabe an den Empfangsbevollmächtigten ist der **Hinweis** erforderlich, dass die Bekanntgabe mit Wirkung für und gegen alle Feststellungsbeteiligten erfolgt (§ 183 Abs. 1 Satz 5 AO),[11] es sei denn, der Bescheid wird einer von allen Feststellungsbeteilig-

---

1 Vgl. dazu *von Wedelstädt* in Kühn/von Wedelstädt, § 183 AO Rz. 3 ff.

2 BFH 18. 1. 2007 IV R 53/05, BStBl 2007 II 369.

3 AEAO zu § 122, Nr. 2.5.2 Abs. 3.

4 AEAO zu § 122, Nr. 2.5.2 Abs. 1 Satz 2.

5 AEAO zu § 122, Nr. 2.5.2 Abs. 1 Satz 2 und 3; *von Wedelstädt* in Kühn/von Wedelstädt, § 183 AO Rz. 3.

6 BFH 18. 12. 1991 XI R 42-43/88, BStBl 1992 II 585.

7 BFH 23. 6. 1988 IV R 33/86, BStBl 1988 II 979, für RA-Sozietät: AEAO zu § 122, Nr. 2.5.2 Abs. 3 Satz 2.

8 AEAO zu § 122, Nr. 2.5.2 Abs. 3 Satz 3.

9 AEAO zu § 122, Nr. 2.5.3.

10 AEAO zu § 122, Nr. 2.5.2 Abs. 3 Satz 3.

11 AEAO zu § 122, Nr. 2.5.2 Abs. 5.

ten umfassend bevollmächtigten Person[1] oder einer dritten nicht feststellungsbeteiligten Person[2] als Empfangsbevollmächtigter bekannt gegeben. Fehlt dieser Hinweis, tritt die beabsichtigte Bekanntgabewirkung nicht ein. In diesem Fall wird der Feststellungsbescheid gegenüber den Feststellungsbeteiligten erst wirksam durch Bekanntgabe an jeden einzelnen der Beteiligten. Der Hinweis soll durch Ergänzungsbescheid nach § 179 Abs. 3 AO nachgeholt werden können, obwohl es sich bei dem Hinweis – ebenso wie bei dem Hinweis nach § 181 Abs. 5 AO – nicht um eine Feststellung i. S. d. § 179 Abs. 3 AO handelt.[3]

Ausnahmen von der Bekanntgabe an gemeinsame Empfangsbevollmächtigte regelt § 183 Abs. 2 AO:[4] 6288

- die Gesellschaft besteht im Zeitpunkt der Bekanntgabe nicht mehr und dem FA ist dies bekannt – jedem Beteiligten ist der Feststellungsbescheid bekannt zu geben;
- ein Gesellschafter ist im Zeitpunkt der Bekanntgabe des Feststellungsbescheids ausgeschieden und dem FA ist dies bekannt oder bei Handelsgesellschaften ist das Ausscheiden im Handelsregister eingetragen – dem ausgeschiedenen Beteiligten bzw. dem Erben ist der Feststellungsbescheid bekannt zu geben, für die übrigen Feststellungsbeteiligten gilt § 183 Abs. 1 AO fort;
- zwischen den Gesellschaftern bestehen ernstliche Meinungsverschiedenheiten und dem FA ist dies bekannt – jedem Beteiligten ist der Feststellungsbescheid bekannt zu geben.

Aber: Haben in den drei vorgenannten Fällen die Gesellschafter trotz Kenntnis der Gründe nach § 183 Abs. 2 AO einen gemeinsamen Empfangsbevollmächtigten bestellt, kann der Feststellungsbescheid diesem gleichwohl wirksam bekannt gegeben werden, wenn weder die Beteiligten noch der Empfangsbevollmächtigte widersprochen haben (§ 183 Abs. 1 Satz 1, Abs. 2 Satz 1, Abs. 3 Satz 1 AO);[5] in diesen Fällen wirkt eine nach § 183 Abs. 1 Satz 1 AO erteilte Vollmacht bis zum Widerruf fort. Widerspruch oder Widerruf der Vollmacht können formlos ergehen, aus Beweisgründen ist jedoch Schriftform zu empfehlen. Sie sind nur wirksam, wenn sie der FinBeh zugehen. 6289

§ 183 Abs. 1 AO greift ferner nicht in folgenden Fällen: 6290

- über das Vermögen der Gesellschaft, aber nicht über das der Gesellschafter ist das Insolvenzverfahren eröffnet worden (s. Rn. 6316);[6]
- bei Bekanntgabe des Feststellungsbescheids an einen Erben, der nicht in die Gesellschafterstellung des Rechtsvorgängers eintritt;[7]
- bei Erlass eines negativen Feststellungsbescheids wegen Fehlens gesellschaftsrechtlicher Bindung (s. dazu Rn. 6151 ff.).

---

1 BFH 16. 3. 1993 XI R 42/90, BFH/NV 1994, 75, m. w. N.; *von Wedelstädt* in Kühn/von Wedelstädt, § 183 AO Rz. 10.

2 BFH 1. 3. 1994 VIII R 35/92, BStBl 1995 II 241, m. w. N.

3 BFH 13. 7. 1994 XI R 21/93, BStBl 1994 II 885; AEAO zu § 179, Nr. 2 Abs. 2.

4 AEAO zu § 122, Nr. 2.5.5 Abs. 1 Buchst. a, c und e.

5 BFH 31. 8. 1999 VIII R 21/98, BFH/NV 2000, 554, m. w. N.; AEAO zu § 122, Nr. 2.5.5 Abs. 3; *Brandis* in Tipke/Kruse, § 183 AO Rz. 26; *von Wedelstädt* in Kühn/von Wedelstädt, § 183 AO Rz. 16.

6 AEAO zu § 122, Nr. 2.5.5 Abs. 1 Buchst. d, m. w. N.

7 AEAO zu § 122, Nr. 2.5.5 Abs. 1 Buchst. b, m. w. N.

6291 Ist abweichend von der in § 183 Abs. 1 AO vorgesehenen Bekanntgabe eines gesonderten und einheitlichen und alle Besteuerungsgrundlagen umfassenden Feststellungsbescheids an den gemeinsamen Empfangsbevollmächtigten wegen der Gründe des § 183 Abs. 2 Satz 1 AO eine Einzelbekanntgabe vorgesehen, sind dem jeweiligen Beteiligten grundsätzlich nur der Gegenstand der Feststellung, die alle Beteiligten betreffenden Besteuerungsgrundlagen, sein Anteil, die Zahl der Beteiligten und die ihn persönlich betreffenden Besteuerungsgrundlagen im Wege eines verkürzten Feststellungsbescheids bekannt zu geben (§ 183 Abs. 2 Satz 2 AO). Bei berechtigtem Interesse ist dem Feststellungsbeteiligten aber nach § 183 Abs. 2 Satz 3 AO der gesamte Inhalt des Feststellungsbescheids bekannt zu geben.[1]

6292 Hieraus ergibt sich, dass im Übrigen dem gemeinsamen Empfangsbevollmächtigten auch dann der alle Besteuerungsgrundlagen umfassende Feststellungsbescheid bekannt zu geben ist, wenn er nicht alle Feststellungsbeteiligten vertritt. Ein Verstoß gegen § 30 AO liegt dabei nicht vor. Offenbarungen von Besteuerungsgrundlagen, die nur einen Gesellschafter einer Personengesellschaft betreffen, an andere Gesellschafter sind grundsätzlich zulässig, soweit sie Gegenstand der Feststellung sind.[2]

6293–6295 *(Einstweilen frei)*

dd) Besonderheiten

(1) Bekanntgabe beim negativen Feststellungsbescheid

6296 Eine Bekanntgabe grundsätzlich an alle „Beteiligten" ist zum Wirksamwerden des Bescheids erforderlich; § 183 AO gilt nicht, weil § 183 Abs. 1 Satz 1 AO voraussetzt, dass die mehreren Personen, gegen die sich der Feststellungsbescheid richtet, „an dem Gegenstand der Feststellung als Gesellschafter oder Gemeinschafter beteiligt sind".[3] Dies gilt m. E. nicht, wenn der negative Feststellungsbescheid die steuerliche Relevanz einer gemeinschaftlichen Betätigung z. B. wegen Fehlens der Gewinnerzielungsabsicht verneint; denn in diesem Fall sind die mehreren Personen an dem Gegenstand der Feststellung als Gesellschafter o. Ä. beteiligt (s. Rn. 6154).

6297 Beim **sog. kombinierten positiv-negativen Feststellungsbescheid** gilt für die Personen, an die der negative Teil gerichtet ist, das zuvor zum negativen Feststellungsbescheid Ausgeführte: der Bescheid ist ihnen bekannt zu geben, allerdings wegen des Steuergeheimnisses lediglich der sie betreffende Teil des Bescheids, nicht auch der Teil mit den positiven Feststellungen. Für die Übrigen gilt § 183 AO. Da es sich beim kombiniert positiv-negativen Feststellungsbescheid um einen einheitlichen Feststellungsbescheid handelt, wird er erst voll wirksam, wenn er wirksam an alle Beteiligten bekannt gegeben worden ist.[4]

6298–6300 *(Einstweilen frei)*

---

1 AEAO zu § 122, Nr. 2.5.6.

2 BFH 27. 8. 1997 XI R 72/96, BStBl 1997 II 750; *von Wedelstädt* in Kühn/von Wedelstädt, § 183 AO Rz. 19.

3 BFH 7. 4. 1987 VIII R 259/84, BStBl 1987 II 766, 768; *Söhn* in Hübschmann/Hepp/Spitaler, § 179 AO Rz. 155.

4 BFH 7. 4. 1987 VIII R 259/84, BStBl 1987 II 766; 2. 2. 1989 IV R 69/88, BFH/NV 1990, 343; 26. 3. 1991 VIII R 20/91, BFH/NV 1991, 793.

(2) Bekanntgabe bei Personengesellschaften in Liquidation

Steuerrechtlich ist die Gesellschaft solange nicht vollbeendet, wie gegen sie Steueransprüche geltend gemacht werden können; sie ist grundsätzlich erst dann vollbeendet, wenn das Rechtsverhältnis zwischen ihr und dem FA abgewickelt ist (s. dazu Rn. 6070 f.).[1] Die privatrechtliche Vollbeendigung ist nicht entscheidend. Daher können bis zur steuerrechtlichen Liquidation Verwaltungsakte (Betriebsprüfungsanordnung, Steuerbescheide über Betriebssteuern) an die Personengesellschaft gerichtet werden.[2] 6301

Bei **Personenhandelsgesellschaften** in Liquidation ist der Feststellungsbescheid dem nach § 146 HGB bestellten Liquidator oder, wurde von den Gesellschaftern kein Liquidator bestellt, allen Gesellschaftern als Liquidatoren unter Angabe des Vertretungsverhältnisses bekannt zu geben.[3] 6302

Bei **Gesellschaften bürgerlichen Rechts** und **Gemeinschaften** ist der Feststellungsbescheid allen Gesellschaftern als Liquidatoren bekannt zu geben, denen nach § 730 Abs. 2 BGB die Geschäftsführungsbefugnis nur gemeinschaftlich zusteht.[4] In diesen Fällen gilt § 183 Abs. 1 Satz 2 AO, d. h. dass den ehemaligen Gesellschaftern durch Bekanntgabe an den Empfangsbevollmächtigten wirksam bekannt gegeben werden kann.[5] 6303

(Einstweilen frei) 6304–6305

(3) Bekanntgabe nach Vollbeendigung der Personengesellschaft

Zur Vollbeendigung s. Rn. 6070 f. Nach Beendigung der gesellschaftsrechtlichen Liquidation (vollständige Abwicklung) sind Ansprüche, die die Gesellschaft betreffen (Betriebssteuern), zweckmäßigerweise durch Haftungsbescheid gegenüber jedem Gesellschafter geltend zu machen.[6] 6306

Gesonderte und einheitliche Feststellungsbescheide, bei denen die Feststellungen die Zeit der Zugehörigkeit der Gesellschafter zur Gesellschaft betreffen, sind allen früheren Gesellschaftern einzeln bekannt zu geben,[7] bei einem gemeinsamen Empfangsbevollmächtigten diesem (§ 183 Abs. 1 Satz 1, Abs. 2 Satz 1, Abs. 3 Satz 1 AO).[8] 6307

Wird die Personengesellschaft durch Ausscheiden des vorletzten Gesellschafters und Anwachsung des Anteils am Gesamthandsvermögen bei dem übernehmenden Gesellschafter oder durch Umwandlung auf eine Kapitalgesellschaft vollbeendet, sind Bescheide, die die Gesellschaft betreffen (Betriebssteuerbescheide), an den Rechtsnachfol- 6308

1 BFH 24. 3. 1987 X R 28/80, BStBl 1988 II 316; 1. 10. 1992 IV R 60/91, BStBl 1993 II 82; AEAO zu § 122, Nr. 2.7.1 Satz 3.

2 AEAO zu § 122, Nr. 2.7.1.

3 Siehe dazu AEAO zu § 122, Nr. 2.7.2 Abs. 1; *von Wedelstädt* in Kühn/von Wedelstädt, § 183 AO Rz. 13.

4 BFH 6. 5. 1998 IV B 108/97, BFH/NV 1999, 146; AEAO zu § 122, Nr. 2.7.2 Abs. 2.

5 BFH 26. 10. 1989 IV R 23/89, BStBl 1990 II 333; *Söhn* in Hübschmann/Hepp/Spitaler, § 183 AO Rz. 130; *von Wedelstädt* in Kühn/von Wedelstädt, § 183 AO Rz. 13; *Steinhauff*, AO-StB 2010, 182, 183.

6 AEAO zu § 122, Nr. 2.7.3, m. w. N.

7 BFH 8. 10. 1991 VIII R 85/88, BFH/NV 1992, 324; 12. 1. 1995, VIII B 43/94, BFH/NV 1995, 759; 31. 8. 1999, VIII R 21/98, BFH/NV 2000, 554, m. w. N.; *Kunz* in Beermann/Gosch, § 179 AO Rz. 30.

8 BFH 7. 2. 1995 IX R 3/93, BStBl 1995 II 357; 31. 8. 1999 VIII R 21/98, BFH/NV 2000, 554, m. w. N.

ger unter seiner Bezeichnung als Rechtsnachfolger der Gesellschaft zu richten und bekannt zu geben.[1] Erfolgt der Formwechsel im laufenden Jahr, sind zwei Steuerbescheide jeweils für die Zeit vor und nach dem Wechsel zu erlassen.[2] Feststellungsbescheide sind an die ehemaligen Gesellschafter zu richten und bekannt zu geben, die Benennung der erloschenen Personengesellschaft im Kopf des Bescheids ist unschädlich.[3] Zum Gewerbesteuermessbescheid und der Prüfungsanordnung dazu in diesen Fällen s. BFH v. 13. 10. 2005.[4]

6309 Nach Vollbeendigung an die Gesellschaft adressierte Bescheide über Betriebssteuern sind nichtig, da das Steuersubjekt nicht mehr besteht.[5]

6310–6315 *(Einstweilen frei)*

(4) Bekanntgabe bei Personengesellschaften in Konkurs bzw. Insolvenz der Gesellschaft

6316 Die Eröffnung des Konkurs- bzw. Insolvenzverfahrens über das Vermögen der Gesellschaft berührt die Rechtsstellung der Gesellschafter nicht (s. Rn. 6065 f.). § 183 Abs. 1 AO ist nicht anwendbar. Feststellungsbescheide sind daher an die Gesellschafter als den materiell Betroffenen bekannt zu geben, nicht an den Konkurs- bzw. Insolvenzverwalter.[6] Dagegen können Steuerbescheide, die die Gesellschaft betreffen, sowie Steuerbescheide – wie z. B. Gewerbesteuermessbescheide –, in denen ausschließlich Besteuerungsgrundlagen ermittelt und festgestellt werden, die ihrerseits die Höhe von Steuerforderungen beeinflussen, die zur Tabelle anzumelden sind,[7] dieser nicht mehr bekannt gegeben werden;[8] das gilt auch für solche Einkommensteuern des Gesellschafters, die zu den Insolvenzforderungen gehören.[9] Gleichwohl erlassene Bescheide sind unwirksam.

6317 Anders sieht es aus, wenn gegenüber einem Gesellschafter selbst das Konkurs- oder Insolvenzverfahren eröffnet worden ist. Wegen der Frage der Zulässigkeit eines Gewinnfeststellungsbescheids und der Besonderheiten in einem solchen Fall wird auf die Ausführungen in Rn. 6067 f. verwiesen. Der Feststellungsbescheid ist nicht nur an die Gesellschafter, sondern auch an den Konkurs- bzw. Insolvenzverwalter bekannt zu geben.[10] Ist Letzteres nicht geschehen, wird der Feststellungsbescheid zunächst nur ge-

1 BFH 20. 6. 1989 VIII R 366/83, BFH/NV 1990, 208; 6. 3. 1990 VIII R 141/85, BFH/NV 1991, 71; 13. 10. 2005 IV R 55/04, BStBl 2006 II 404; AEAO zu § 122, Nr. 2.7.4.

2 Abschn. 35 Abs. 1 Satz 3 und 4 GewStR; BFH 13. 10. 2005 IV R 55/04, BStBl 2006 II 404, m. w. N.

3 BFH 30. 3. 1978 IV R 72/74, BStBl 1978 II 503.

4 BFH 13. 10. 2005 IV R 55/04, 2006 II 404.

5 BFH 16. 12. 1997 VIII R 32/90, BStBl 1998 II 480; 13. 7. 1999 VIII R 76/97, BStBl 1999 II 747.

6 BFH 24. 8. 2004 VIII R 14/92, BStBl 2005 II 246; AEAO zu § 122, Nr. 2.9.5 und 2.9.5; *Güroff* in Beermann/Gosch, § 122 AO Rz. 18; *Kunz* in Beermann/Gosch, § 179 AO Rz. 32; *Brockmeyer* in Klein, § 251 Rz. 29; *Söhn* in Hübschmann/Hepp/Spitaler, § 179 AO Rz. 181 f.; grds. dazu *Neumann* in Beermann/Gosch, § 251 AO Rz. 37, 37.4.

7 BFH 2. 7. 1997 I R 11/97, BStBl 1998 II 428; FG Düsseldorf 11. 10. 2000 9 K 1617/99 F, EFG 2001, 61, für Bescheide über die Feststellung des vortragsfähigen Gewerbeverlustes.

8 Siehe dazu AEAO zu § 122, Nr. 2.9.1 und 2.9.2.

9 *Benne*, BB 2001, 1977, 1986.

10 BFH 17. 7. 2003 X B 28/03, BFH/NV 2003, 1539; AEAO zu § 122, Nr. 2.9.5; *Kunz* in Beermann/Gosch, § 179 AO Rz. 32; *Söhn* in Hübschmann/Hepp/Spitaler, § 179 AO Rz. 183.

genüber den Gesellschaftern wirksam, er ist nicht insgesamt nichtig und damit unwirksam.[1]

(Einstweilen frei) 6318–6320

(5) Bekanntgabe bei atypisch stillen Gesellschaften

Steuerbescheide über Betriebssteuern sind dem Inhaber des Handelsgeschäfts,[2] Feststellungsbescheide für die atypisch stille Gesellschaft nicht an die stille Gesellschaft, sondern an alle Gesellschafter bekannt zu geben, da die atypisch stille Gesellschaft keine Firma hat.[3] 6321

(6) Bekanntgabe im Rahmen von Außenprüfungen

Prüfungsanordnungen die Betriebssteuern betreffend sind an die Gesellschaft zu richten, zur Bekanntgabe s. Rn. 6277. Zur Adressierung bei Formwechsel s. Rn. 6330. 6322

Hinsichtlich der **gesonderten und einheitlichen Feststellung** i. S. d. § 180 Abs. 1 Nr. 2a AO bzw. der VO zu § 180 Abs. 2 AO ist **bei Personengesellschaften mit Gewinneinkünften** (§ 193 Abs. 1 AO) die Prüfungsanordnung an die Gesellschaft, nicht an die Gesellschafter, zu richten[4] und gegenüber dem gesetzlichen Vertreter (§ 79 Abs. 1 Nr. 3 AO), also dem vertretungsberechtigten Geschäftsführer (§ 34 AO) bekannt zu geben.[5] § 183 Abs. 1 AO ist nicht anwendbar, weil sich die Prüfungsanordnung anders als ein Bescheid über die gesonderte und einheitliche Gewinnfeststellung nicht gegen die Gesellschafter, sondern gegen die Gesellschaft als eine rechtlich verselbständigte Organisation richtet.[6] Die Benennung des gesetzlichen Vertreters in der Prüfungsanordnung ist bei Personenhandelsgesellschaften nicht erforderlich.[7] 6323

Sollen die Verhältnisse der Gesellschafter nach § 194 Abs. 2 AO mitgeprüft werden, ist für jeden zu prüfenden Beteiligten eine Prüfungsanordnung zu erteilen und ihm bekannt zu geben.[8] Das gilt nicht, wenn die Gesellschafter nach § 194 Abs. 1 Satz 3 und 4 AO in die Prüfung einbezogen werden.[9] 6324

---

1 BFH 17. 7. 2003 X B 28/03, BFH/NV 2003, 1539, m. w. N.

2 AEAO zu § 122, Nr. 2.4.1 Abs. 2.

3 *Frotscher* in Schwarz, § 122 AO Rz. 62.

4 BFH 16. 11. 1989 IV R 29/89, BStBl 1990 II 272, m. w. N.; 16. 3. 1993 XI R 42/90, BFH/NV 1994, 75, 77; *Gosch* in Beermann/Gosch, § 196 AO Rz. 43; *von Wedelstädt* in Kühn/von Wedelstädt, § 196 AO Rz. 5; AEAO zu § 197, Nr. 5.2.1.

5 BFH 16. 11. 1989 IV R 29/89, BStBl 1990 II 272, m. w. N.

6 BFH 16. 11. 1989 IV R 29/89, BStBl 1990 II 272; anders lässt AEAO zu § 197, Nr. 5.2.1 Abs. 3 eine Bekanntgabe an den gemeinsamen Empfangsbevollmächtigten auch zu.

7 BFH 16. 3. 1993 XI R 42/90, BFH/NV 1994, 75, 77, m. w. N.

8 *Rüsken* in Klein, § 197 AO Rz. 6; *Gosch* in Beermann/Gosch, § 196 AO Rz. 44; *von Wedelstädt* in Kühn/von Wedelstädt, § 196 AO Rz. 7; AEAO zu § 194, Nr. 2 Satz 2.

9 *Gosch* in Beermann/Gosch, § 196 AO Rz. 45; *Frotscher* in Schwarz, § 196 AO Rz. 15; AEAO zu § 194, Nr. 2 Satz 1.

6325 Bei **Personengesellschaften mit Überschusseinkünften** ist die Prüfungsanordnung hinsichtlich der gesonderten und einheitlichen Feststellung an die Gesellschafter zu richten.[1] Für die Bekanntgabe gilt § 183 Abs. 1 AO, so dass sie dem Empfangsbevollmächtigten bekannt zu geben ist, es sei denn, einer der Ausnahmetatbestände des § 183 Abs. 2 AO sei gegeben. Sollen zugleich die Betriebssteuern geprüft werden, sind zwei Prüfungsanordnungen erforderlich.[2]

6326 Das zur Adressierung Ausgeführte gilt auch bei **aufgelösten, noch nicht voll beendeten Personengesellschaften** (s. Rn. 6070). Die Prüfungsanordnung sollte jedoch allen ehemaligen Gesellschaftern als Liquidatoren unter Hinweis auf ihre rechtliche Stellung bekannt gegeben werden.[3]

6327 Inhalts- und Bekanntgabeadressat der Prüfungsanordnung bei einer **atypischen stillen Gesellschaft** ist für die Betriebssteuern der Inhaber des Handelsgeschäfts, für die gesonderte und einheitliche Feststellung grundsätzlich jeder Gesellschafter, es reicht aber aus, wenn die Prüfungsanordnung bezüglich der gesonderten und einheitlichen Feststellung an die Gesellschaft, d. h. an den Geschäftsinhaber gerichtet wird.[4] Sind die stillen Gesellschafter z. B. als Auskunftspersonen von der Außenprüfung betroffen, ist die Prüfungsanordnung auch an sie zu adressieren.[5]

6328 Bei einer **vermuteten Personengesellschaft** richtet sich die Prüfungsanordnung an die mutmaßlichen Gesellschafter und ist ihnen bekannt zu geben.[6] Soll bei einer bestehenden Personengesellschaft die Art der Einkünfte geprüft werden, kann die Prüfungsanordnung nach Maßgabe sämtlicher in Betracht kommender Einkunftsarten ausgerichtet werden.[7]

6329 Stellt sich im Laufe einer Außenprüfung bei einem Einzelunternehmer fest, dass es sich tatsächlich um eine Personengesellschaft handelt, muss die Prüfungsanordnung erweitert und gegen die Gesellschaft gerichtet werden. Die bisherigen Prüfungserkenntnisse können verwertet werden.[8]

6330 Bei **Vollbeendigung** der Personengesellschaft (s. Rn. 6070 f.) durch Ausscheiden aller Gesellschafter bis auf einen und gleichzeitiger Anwachsung des Anteils/der Anteile bei dem übernehmenden Gesellschafter ist die Prüfungsanordnung die **Betriebssteuern betreffend** an den Rechtsnachfolger unter seiner Bezeichnung als Rechtsnachfolger der Gesellschaft zu richten und bekannt zu geben;[9] erfolgt der Formwechsel im laufenden

1 BFH 25. 9. 1990 IX R 84/88, BStBl 1991 II 120; 18. 10. 1994 IX R 128/92, BStBl 1995 II 291; *von Wedelstädt* in Kühn/von Wedelstädt, § 196 AO Rz. 5; AEAO zu § 197, Nr. 5.2.2 Abs. 1.

2 AEAO zu § 197, Nr. 5.2.2 Abs. 2.

3 BFH 1. 3. 1994 VIII R 35/92, BStBl 1995 II 241, m. w. N.; AEAO zu § 197, Nr. 5.6 Abs. 2; *von Wedelstädt* in Kühn/von Wedelstädt, § 196 AO Rz. 6a.

4 AEAO zu § 197, Nr. 5.5 Abs. 1 und 2; BFH 3. 2. 2003 VIII B 39/02, BFH/NV 2003, 1028, m. w. N.: Geschäftsinhaber, wenn die Außenprüfung bei ihm angeordnet wird; *Seer* in Tipke/Kruse, § 196 AO Rz. 24.

5 BFH 4. 10. 1991 VIII B 93/90, BStBl 1992 II 59; *Gosch* in Beermann/Gosch, § 196 AO Rz. 53.

6 AEAO zu § 197, Nr. 5.3 Abs. 2 Satz 2.

7 AEAO zu § 197, Nr. 5.3 Abs. 1.

8 *Seer* in Tipke/Kruse, § 196 AO Rz. 25.

9 BFH 20. 6. 1989 VIII R 366/83, BFH/NV 1990, 208; 6. 3. 1990 VIII R 141/85, BFH/NV 1991, 71; 13. 10. 2005 IV R 55/04, BStBl 2006 II 404; AEAO zu § 122, Nr. 2.7.4; *von Wedelstädt* in Kühn/von Wedelstädt, § 196 AO Rz. 6b.

Jahr, sind zwei Prüfungsanordnungen jeweils für die Zeit vor und nach dem Wechsel zu erlassen, die allerdings in einem Bescheid zusammengefasst werden können.[1] Prüfungsanordnungen die **gesonderte und einheitliche Feststellung betreffend** sind an die ehemaligen Gesellschafter zu richten und bekannt zu geben.[2] Wegen der Folgen durch Eintritt, Ausscheiden und Wechsel von Gesellschaftern im Übrigen wird auf AEAO zu § 197, Nr. 5.7 verwiesen.

(Einstweilen frei) 6331–6335

j) Anwendung des § 173 AO – Aufhebung oder Änderung wegen neuer Tatsachen oder Beweismittel

§ 173 AO gilt für gesonderte und einheitliche Feststellungen sinngemäß (§ 181 Abs. 1 Satz 2 AO). Die nachträglich bekannt gewordene Tatsache oder das nachträglich bekannt gewordene Beweismittel muss zu Änderungen der festgestellten Besteuerungsgrundlagen führen, auf die Auswirkungen in den Folgebescheiden kommt es nicht an.[3] Zu unterscheiden ist dabei, ob die zu ändernde Feststellung auf einen Betrag oder auf eine Eigenschaft oder Qualifikation lautet. 6336

- Lautet die gesonderte und einheitliche Feststellung auf einen in **Euro bemessenen Betrag**, ist die Änderung dieser Feststellung bei der Anwendung des § 173 Abs. 1 AO maßgebend. Dabei ist nicht auf die Verhältnisse der Gesellschaft/Gemeinschaft abzustellen, sondern auf die jedes einzelnen Beteiligten. Wird eine steuerrechtlich beachtliche Gewinnverteilungsabrede nachträglich bekannt, ist § 173 Abs. 1 Nr. 1 AO anzuwenden, wenn sich die Gewinnanteile erhöhen, § 173 Abs. 1 Nr. 2 AO, wenn sie sich verringern. Da die nachträglich bekanntgewordene Gewinnabrede zugleich bei einem anderen Feststellungsbeteiligten zu einem höheren Gewinnanteil führt, ist ein grobes Verschulden unbeachtlich.[4]
- Betrifft die nachträglich bekannt gewordene Tatsache keine betragsmäßig bezeichneten Besteuerungsgrundlagen, sondern eine **Eigenschaft oder eine rechtliche Bewertung**, findet § 173 Abs. 1 Nr. 2 AO Anwendung, wenn der Steuerpflichtige die Änderung begehrt – ihn darf also kein grobes Verschulden am nachträglichen Bekanntwerden der Tatsache oder Beweismittel treffen. § 173 Abs. 1 Nr. 1 AO ist anwendbar, wenn das FA von Amts wegen tätig wird.[5]

k) Anwendung des § 174 Abs. 3 AO – Erkennbarkeit der Annahme

Bei einer Änderung eines gesonderten und einheitlichen Feststellungsbescheides nach § 174 Abs. 3 AO ist für die Erkennbarkeit der unrichtigen Annahme bei der fehlerhaften Nichtberücksichtigung eines Sachverhalts auf die Person des Feststellungsbeteiligten und nicht auf die Gesellschaft abzustellen.[6] 6337

1 BFH 13. 10. 2005 IV R 55/04, BStBl 2006 II 404, m. w. N.
2 AEAO zu § 197, Nr. 5.7.3.; *von Wedelstädt* in Kühn/von Wedelstädt, § 196 AO Rz. 6b.
3 BFH 24. 6. 2009 IV R 55/06, BStBl 2009 II 950; AEAO zu § 173, Nr. 10.1.
4 BFH 24. 6. 2009 IV R 55/06, BStBl 2009 II 950; AEAO zu § 173, Nr. 10.2.1.
5 BFH 16. 9. 1987 II R 178/85, BStBl 1988 II 174; AEAO zu § 173, Nr. 10.2.2.
6 BFH 5. 11. 2009 IV R 99/06, BStBl 2010 II 593.

l) Anwendung des § 174 Abs. 4 AO – Dritter i. S. d. § 174 Abs. 5 AO

6338 Bei einer Änderung des gesonderten und einheitlichen Feststellungsbescheids nach § 174 Abs. 4 AO ist der Feststellungsbeteiligte nicht Dritter i. S. d. § 174 Abs. 5 AO.[1] Einer Beteiligung des Beteiligten am Ausgangsverfahren nach § 174 Abs. 5 AO bedarf es danach nicht, er ist aber nach § 360 Abs. 3 AO bzw. § 60 Abs. 3 FGO notwendig hinzuziehen bzw. beizuladen, soweit er selbst einspruchs- oder klagebefugt ist (§ 352 Abs. 1 AO bzw. § 48 Abs. 1 FGO).[2]

Dagegen ist die Personengesellschaft im Einkommensteuer- oder Körperschaftsteuerverfahren ihrer Gesellschafter Dritte.[3]

6339–6350 *(Einstweilen frei)*

V. Bindungswirkung

1. Bindungswirkung des Bescheids über die gesonderte und einheitliche Feststellung

6351 Der Bescheid über die gesonderte und einheitliche Feststellung ist **Grundlagenbescheid** (§ 171 Abs. 10 AO) und hat für den Folgebescheid Bindungswirkung, auch wenn er noch nicht unanfechtbar ist (§ 182 Abs. 1 AO). Dasselbe gilt für Bescheide, die Feststellungsbescheide ändern. Voraussetzung ist allein die Wirksamkeit des Feststellungsbescheides.[4] Die Feststellung ist auch dann bindend, wenn sie unrichtig und damit rechtswidrig ist.[5]

6352 **Bindungswirkung** eines Feststellungsbescheids besagt, dass das für den Erlass des Folgebescheids zuständige FA die im Bescheid festgestellten Besteuerungsgrundlagen unverändert in den Folgebescheid übernehmen muss. Das schließt auch aus, dass über einen Sachverhalt, über den im Feststellungsverfahren entschieden ist, im Folgeverfahren in einem damit unvereinbaren Sinn anders entschieden wird. Maßgeblich ist die Abgrenzung der dem Grundlagenbescheid einerseits und dem Folgebescheid andererseits zugewiesenen Regelungsbereiche.[6] Die Bindungswirkung eines Grundlagenbescheids reicht nur so weit wie sein notwendiger oder möglicher nach den einzelnen Gesetzesbestimmungen zulässiger Inhalt. Bindend sind dabei sowohl die positiven wie die negativen Feststellungen.[7]

6353 Bindungswirkung erzeugt der **Feststellungsbescheid**, nicht die verwaltungsinterne Mitteilung der gesondert festgestellten Besteuerungsgrundlagen an die Wohnsitz-Finanz-

---

1 BFH 5. 11. 2009 IV R 99/06, BStBl 2010 II 593, m. w. N.; *von Wedelstädt* in Beermann/Gosch, § 174 AO Rz. 122.1.

2 *Von Wedelstädt* in Beermann/Gosch, § 174 AO Rz. 122.1, m. w. N.

3 *Von Wedelstädt* in Beermann/Gosch, § 174 AO Rz. 122, m. w. N.

4 BFH 25. 3. 1986 III B 6/85, BStBl 1986 II 477; 15. 4. 1988 III R 26/85, BStBl 1988 II 660; 26. 2. 1997 X R 111/95, BFH/NV 1997, 734; *von Wedelstädt* in Kühn/von Wedelstädt, § 182 AO Rz. 3.

5 BFH 19. 11. 1991 IX R 41/88, BStBl 1992 II 719; 24. 3. 1998 I R 83/97, BStBl 1998 II 601, m. w. N.

6 BFH 11. 12. 1997 III R 14/96, BStBl 1999 II 401; 23. 8. 2000 X R 63/96, BFH/NV 2001, 729, m. w. N.; *von Wedelstädt* in Kühn/von Wedelstädt, § 182 AO Rz. 3.

7 BFH 18. 9. 1975 III R 96/74, BStBl 1975 II 874; 7. 4. 1993 II R 107/89, BFH/NV 1994, 453; 9. 3. 1995 X B 242/94, BFH/NV 1995, 858, m. w. N.

ämter der Beteiligten. Weicht ihr Inhalt von dem des bekannt gegebenen Feststellungsbescheids ab, ist allein dessen Inhalt bindend.[1]

Da die **Aufhebung des Vorbehalts der Nachprüfung bei einem Feststellungsbescheid** einer Feststellung ohne Vorbehalt der Nachprüfung gleichsteht (§ 164 Abs. 3 Satz 2 i. V. m. § 181 Abs. 1 Satz 1 AO), rechtfertigt sie die Anpassung des Folgebescheids an den Grundlagenbescheid, wenn er diesem noch nicht entspricht; dabei kommt es nicht darauf an, dass bei der Aufhebung des Vorbehalts der Nachprüfung der Grundlagenbescheid sachlich geändert wird.[2] Dies hat wegen der grundsätzlichen Zulässigkeit und der Verpflichtung der Behörde zur zutreffenden Auswertung von Grundlagenbescheiden bei zunächst fehlerhafter Auswertung vor allem Bedeutung für die Ablaufhemmung nach § 171 Abs. 10 AO, die bei Aufhebung des Vorbehalts der Nachprüfung neu zu laufen beginnt. 6354

Dasselbe gilt für eine den Feststellungsbescheid ändernde Entscheidung im Einspruchs- oder Klageverfahren; führt die Einspruchsentscheidung nicht zu einer sachlichen Änderung des Grundlagenbescheids, rechtfertigt dies eine Änderung nach § 175 Abs. 1 Satz 1 Nr. 1 AO nicht.[3] 6355

Die Feststellungswirkung eines Grundlagenbescheids bezieht sich gemäß § 180 Abs. 1 Nr. 2a AO stets nur auf die gemeinschaftlich verwirklichten Tatbestandsmerkmale, nicht aber auf Tatbestandsmerkmale außerhalb der Beteiligung im Bereich der persönlichen Einkünfteerzielung. Diese treten vielmehr zu den verbindlich festgestellten Besteuerungsgrundlagen im Bereich der persönlichen Tatbestandsverwirklichung der Gesellschafter hinzu. Sie gehören nicht in den Regelungsbereich des Grundlagenbescheids, sondern in jenen des Folgebescheids.[4] Daher ist es zulässig, bei Gesellschaftern einer sog. **Zebragesellschaft**, die ihren Anteil im Betriebsvermögen halten, Art und Höhe im Rahmen der Steuerfestsetzung dieser Gesellschafter zu bestimmen (s. Rn. 6118 ff.). 6356

Der Bescheid über die gesonderte und einheitliche Feststellung der Einkünfte nach § 180 Abs. 1 Nr. 2a AO ist Grundlagenbescheid i. S. d. §§ 171 Abs. 10 Satz 1, 175 Abs. 1 Satz 1 Nr. 1 AO für die Feststellung i. S. d. § 15a Abs. 4 Satz 1 EStG und umgekehrt.[5] 6357

Die Bindungswirkung betrifft sowohl die positiven wie auch die negativen Feststellungen.[6] Stehen die einzelnen Feststellungen in einem Gewinnfeststellungsbescheid in einem **rechtlichen Stufenverhältnis** zueinander, d. h. sind sie als Vor- und Folgefrage zu qualifizieren, dann kann die als Vorfrage getroffene Regelung Bindungswirkung für Folgeregelungen des Feststellungsbescheids haben. Dies ist z. B. der Fall bei der Entscheidung im Feststellungsbescheid über das Vorliegen einer Mitunternehmerschaft für die 6358

1 BFH 31. 10. 1991 X R 126/90, BFH/NV 1992, 363.

2 BFH 8. 9. 1998 IX B 71/98, BFH/NV 1999, 167; *von Wedelstädt* in Beermann/Gosch, § 175 AO Rz. 13, m. w. N.; *Balmes* in Kühn/von Wedelstädt, § 175 AO Rz. 9; *Loose* in Tipke/Kruse, § 175 AO Rz. 4, die dies auch bei der Endgültigkeitserklärung nach § 165 Abs. 2 AO annehmen.

3 BFH 30. 11. 1999 IX R 41/97, BStBl 2000 II 173; *von Wedelstädt* in Beermann/Gosch, § 175 AO Rz. 11.

4 BFH 11. 4. 2005 GrS 2/02, BStBl 2005 II 679.

5 BFH 22. 6. 2006 IV R 31, 32/05, BStBl 2007 II 378, m. w. N.

6 *Von Wedelstädt*, BuW 2000, 575, 633.

nachrangigen Feststellungen wie die Erzielung eines Veräußerungsgewinns nach §§ 16, 34 EStG (zur Rechtsfolge im Klageverfahren s. auch Rn. 6456).[1]

6359 Der Grundlagenbescheid hat **absolute Bindungswirkung**, d. h. das für den Erlass eines Folgebescheids zuständige FA ist verpflichtet, ohne neue sachliche Prüfung die Folgerungen aus dem Grundlagenbescheid zu ziehen,[2] soweit es die Bindungswirkung des Grundlagenbescheids verlangt.[3]

6360–6365 *(Einstweilen frei)*

2. Bindungswirkung des negativen Feststellungsbescheids

6366 Zur Bindungswirkung von negativen Feststellungsbescheiden s. o. Rn. 6151 ff.

6367–6370 *(Einstweilen frei)*

3. Folgen der Bindungswirkung

a) Allgemein

6371 Die Bindungswirkung des Feststellungsbescheids hat zur Folge, dass

- **Einwendungen gegen Entscheidungen im Feststellungsbescheid** nur mit dem Einspruch gegen den Feststellungsbescheid, nicht jedoch mit dem Einspruch gegen den Folgebescheid erhoben werden können (§ 351 Abs. 2 AO),
- der Erlass des Feststellungsbescheids beim Folgebescheid zu einer **Ablaufhemmung der Festsetzungsfrist** führt (§ 171 Abs. 10 AO),
- der Folgebescheid entsprechend den Feststellungen **erlassen, aufgehoben oder geändert** werden muss (§ 175 Abs. 1 Satz 1 Nr. 1 AO),[4]
- der von ihm erfasste Sachverhalt nicht bei der Einkommensteuerveranlagung überprüft werden darf. Fehlt es an einem Feststellungsbescheid, so darf das für die Festsetzung der Einkommensteuer zuständige FA dennoch nicht in eine eigenständige Ermittlung der Besteuerungsgrundlagen eintreten, wenn es richtigerweise deren gesonderter Feststellung bedarf.[5]

6372–6375 *(Einstweilen frei)*

b) Folgeänderung (§ 175 Abs. 1 Satz 1 Nr. 1 AO)

6376 Die Umsetzung des Grundlagenbescheids erfordert neben seinem wirksamen Vorliegen die Erfüllung der verfahrensrechtlichen Voraussetzungen, vor allem die Zulässigkeit der entsprechenden Änderung des Folgebescheids. Nach § 175 Abs. 1 Satz 1 Nr. 1 AO ist ein Steuerbescheid zu erlassen, aufzuheben oder zu ändern, soweit ein Grundlagen-

1 BFH 6. 12. 2000 VIII R 21/00, BFH/NV 2001, 548; 14. 1. 2003 VIII B 108/01, BStBl 2003 II 335; *von Wedelstädt* in Kühn/von Wedelstädt, § 182 AO Rz. 8.

2 BFH 14. 4. 1988 IV R 219/85, BStBl 1988 II 711; 10. 8. 1989 III R 5/87, BStBl 1990 II 38; 17. 2. 1993 II R 15/91, BFH/NV 1994, 1.

3 BFH 8. 9. 1998 IX B 71/98, BFH/NV 1999, 157, m. w. N.; *von Wedelstädt*, BuW 2000, 575, 633.

4 *Von Wedelstädt* in Kühn/von Wedelstädt, § 182 AO Rz. 11.

5 BFH 24. 5. 2006 I R 93/05, BStBl 2007 II 76, m. w. N.

bescheid, dem Bindungswirkung für diesen Steuerbescheid (Folgebescheid) zukommt, erlassen, aufgehoben oder geändert wird.

Ist der **Folgebescheid noch nicht ergangen**, ergeben sich keine Besonderheiten, weil es sich in diesem Falle um eine erstmalige Steuerfestsetzung handelt. Die Erwähnung des Erlasses des Folgebescheids in § 175 Abs. 1 Satz 1 Nr. 1 AO hat lediglich wegen der Ablaufhemmung nach § 171 Abs. 10 AO Bedeutung.[1] 6377

Liegt ein Folgebescheid schon vor, ist dieser nach § 175 Abs. 1 Satz 1 Nr. 1 AO zu ändern, soweit in ihm im Feststellungsbescheid gesondert festgestellte Besteuerungsgrundlagen bisher nicht oder abweichend von der Feststellung erfasst worden ist. Die Anpassung beschränkt sich nicht auf die Änderung von Zahlen, sondern kann eine neue selbständige Würdigung eines für das Folgeverfahren relevanten Sachverhalts in tatsächlicher und rechtlicher Hinsicht einschließen. Sofern dies von der Bindungswirkung des Grundlagenbescheids gedeckt ist, können die Folgerungen sich auch auf andere Besteuerungsgrundlagen oder Einkunftsarten beziehen. Es können also auch zusätzlich solcher Sachverhalte berücksichtigt werden, die nicht Gegenstand des Grundlagenbescheids waren, die aber ihre steuerliche Bedeutung nur aufgrund des Grundlagenbescheids erhalten.[2] 6378

Die Anpassung des Folgebescheids an den Grundlagenbescheid steht nicht im Ermessen des Finanzamts, sondern ist zwingend;[3] die Änderung hat auch zu erfolgen, wenn der Grundlagenbescheid schon bei einem früheren Steuerbescheid hätte berücksichtigt werden können;[4] zeitliche Grenze ist die Festsetzungsfrist. 6379

Wird die Nichtigkeit eines Feststellungsbescheids nach § 125 Abs. 5 AO festgestellt, ist § 175 Abs. 1 Satz 1 Nr. 1 AO entsprechend anzuwenden.[5] 6380

Die Bindungswirkung des Grundlagenbescheids verlangt, dass er **richtig und vollständig ausgewertet** wird. Bei unterlassener, nicht richtiger oder unvollständiger Auswertung eines Feststellungsbescheides ist das FA verpflichtet, im Rahmen einer weiteren Änderung nach § 175 Abs. 1 Satz 1 Nr. 1 AO die weitere oder berichtigende Auswertung vorzunehmen. Die Anpassungspflicht bleibt so lange bestehen, wie der Grundlagenbescheid noch nicht zutreffend ausgewertet ist, die Festsetzungs- oder Feststellungsfrist beim Folgebescheid noch nicht abgelaufen und der Steueranspruch noch nicht verwirkt ist.[6] 6381

---

1 *Von Wedelstädt* in Beermann/Gosch, § 175 AO Rz. 15.

2 BFH 11.4.1990 I R 82/86, BFH/NV 1991, 143; 8.9.1998 IX B 71/98, BFH/NV 1999, 157; *von Wedelstädt* in Beermann/Gosch, § 175 AO Rz. 27; *von Wedelstädt* in Kühn/von Wedelstädt, § 182 AO Rz. 13; *Bartone* in Bartone/von Wedelstädt, Rz. 1224.

3 St. Rspr., u. a. BFH 9.10.1985 I R 193/84, BStBl 1986 II 93; 14.4.1988 IV R 219/85, BStBl 1988 II 711; *von Wedelstädt* in Beermann/Gosch, § 175 AO Rz. 21, m. w. N.; AEAO zu § 175, Nr. 1.2.

4 BFH 25.9.1990 IX R 188/87, BFH/NV 1991, 218, m. w. N.; 14.6.1991 III R 64/89, BStBl 1992 II 52; *Bartone* in Bartone/von Wedelstädt, Rz. 1227.

5 FG Hamburg 22.6.1993 V 281/90, EFG 1994, 73; *Loose* in Tipke/Kruse, § 175 AO Rz. 9; *von Wedelstädt* in Beermann/Gosch, § 175 AO Rz. 14.

6 BFH 17.10.2006 VII R 13/06, BStBl 2007 II 134, m. w. N.; 29.8.2007 XI R 5/07, BFH/NV 2008, 12, m. w. N.; AEAO zu § 175, Nr. 1.2; *von Wedelstädt* in Beermann/Gosch, § 175 AO Rz. 25; *von Wedelstädt* in Kühn/von Wedelstädt, § 182 AO Rz. 11, m. w. N.; *von Groll* in Hübschmann/Hepp/Spitaler, § 175 AO Rz. 170; *von Wedelstädt*, AO-StB 2009,203, 208, m. w. N.; AEAO zu § 175, Nr. 1.2.

BEISPIEL: Im Bescheid über die gesonderte und einheitliche Feststellung der Einkünfte der Müller-OHG wurden neben laufenden Einkünften auch Spenden festgestellt; Letztere wurden bei Auswertung des Feststellungsbescheids im ESt-Bescheid des Beteiligten nicht berücksichtigt. Die Auswertung muss durch (erneute) Änderung des ESt-Bescheids nach § 175 Abs. 1 Satz 1 Nr. 1 AO nachgeholt werden.

6382 Auch bei Erlass eines geänderten Feststellungsbescheids müssen bisher nicht ausgewertete Feststellungen aus dem ursprünglichen Feststellungsbescheid nunmehr im Folgebescheid erfasst werden.

6383 Wird ein **Feststellungsbescheid vom Folgebescheids-Finanzamt übersehen** und daher in einem früheren Steuerbescheid nicht ausgewertet, ist seine Auswertung nachzuholen. Dies kann nach § 129 AO oder § 175 Abs. 1 Satz 1 Nr. 1 AO erfolgen, es besteht insoweit Normenkonkurrenz.[1] Die Antwort auf die Frage, ob in diesen Fällen § 175 Abs. 1 Satz 1 Nr. 1 AO oder § 129 AO Anwendung findet, hat Bedeutung für die Frage der Festsetzungsverjährung und die Ablaufhemmung (§ 171 Abs. 2 AO oder § 171 Abs. 10 AO). Während bei im Übrigen abgelaufener Festsetzungsfrist bei Anwendung des § 175 Abs. 1 Satz 1 Nr. 1 AO die Ablaufhemmung nach § 171 Abs. 10 AO mit Bekanntgabe des Grundlagenbescheides beginnt, beginnt sie im Falle des § 129 AO nach § 171 Abs. 2 AO mit Bekanntgabe des unrichtigen Folgebescheides, d. h. mit Bekanntgabe des Folgebescheides, in dem der Grundlagenbescheid nicht mit ausgewertet worden ist.[2]

BEISPIEL: Bei der Aufhebung des Vorbehalts der Nachprüfung am 21. 5. 06 bei dem ESt-Bescheid 01 werden durch Feststellungsbescheid vom 20. 11. 04 gesondert und einheitlich festgestellte Einkünfte aus Gewerbebetrieb nicht angesetzt, weil das FA die vorliegende Mitteilung über die einheitlich und gesondert festgestellten Besteuerungsgrundlagen übersieht. Dies wird am 15. 3. 07 festgestellt. Die Festsetzungsfrist endete am 31. 12. 06.

Eine Änderung nach § 175 Abs. 1 Satz 1 Nr. 1 AO scheidet wegen Ablaufs der Festsetzungsfrist aus, weil insoweit auch die Ablaufhemmung des § 171 Abs. 10 AO nicht greift. Dagegen ist eine Berichtigung nach § 129 AO noch bis zum 21. 5. 07 möglich, weil insoweit die Ablaufhemmung des § 171 Abs. 2 AO greift.

6384 Die unterlassene oder nicht rechtzeitige Auswertung eines Grundlagenbescheids führt zu einem materiellen Fehler i. S. d. § 177 Abs. 3 AO.[3] Wurde ein Grundlagenbescheid erlassen oder geändert, wurde dies aber nicht rechtzeitig, d. h. vor Ablauf der Festsetzungsfrist unter Berücksichtigung der Ablaufhemmung des § 171 Abs. 10 AO, im Folgebescheid umgesetzt, muss das FA bei einer Änderung der Steuerfestsetzung aus anderen Gründen (unter Berücksichtigung einer entsprechenden Ablaufhemmung) die gesondert festgestellten Besteuerungsgrundlagen im Wege der Fehlerberichtigung nach § 177 AO berücksichtigen.

---

1 BFH 16. 7. 2003 X R 37/99, BStBl 2003 II 867; *von Wedelstädt* in Beermann/Gosch, § 129 AO Rz. 47 und § 175 AO Rz. 19; *Seer* in Tipke/Kruse, § 129 AO Rz. 23; *Werth* in Kühn/von Wedelstädt, § 129 AO Rz. 11; *Balmes* in Kühn/von Wedelstädt, § 175 AO Rz. 19; *Gosch*, StBp 1992, 74; *von Wedelstädt*, DB 1992, 606; AEAO zu § 175, Nr. 1.2; a. A. nur § 175 Abs. 1 Satz 1 Nr. 1 AO als zutreffend annehmend BFH 14. 6. 1991 III R 64/89, BStBl 1992 II 52; *von Groll* in Hübschmann/Hepp/Spitaler, § 175 AO Rz. 183; *Brockmeyer* in Klein, § 129 AO Rz. 11.

2 *Von Wedelstädt* in Beermann/Gosch, § 175 AO Rz. 19.

3 St. Rspr., u. a. BFH 10. 8. 2006 II R 24/05, BStBl 2007 II 87; 11. 9. 2007 I B 84-86/07, BFH/NV 2008, 185; *von Wedelstädt* in Beermann/Gosch, § 177 AO Rz. 12.5; *Balmes* in Kühn/von Wedelstädt, § 177 AO Rz. 14.

BEISPIEL:[1] Ein Bescheid über die gesonderte und einheitliche Feststellung von anteiligen gewerblichen Einkünften ist in der Steuerfestsetzung des Beteiligten nicht ausgewertet worden. Die Festsetzungsfrist der Steuerfestsetzung ist auch unter Berücksichtigung der Ablaufhemmung nach § 171 Abs. 10 AO abgelaufen. Die Steuerfestsetzung wird aus anderen Gründen bei Vorliegen einer Ablaufhemmung zugunsten des Steuerpflichtigen geändert. Anlässlich dieser Änderung müssen nach § 177 Abs. 2 AO die steuermindernden Besteuerungsgrundlagen aus der Änderung des Steuerbescheids um die steuererhöhenden Besteuerungsgrundlagen aus dem Feststellungsbescheid berichtigt werden.

Das gilt auch, wenn der Grundlagenbescheid aufgehoben, aber nicht ausgewertet wurde. Bei Anwendung des § 177 AO sind aber der Grund der Aufhebung und damit die davon ausgehende Bindungswirkung zu berücksichtigen, 6385

BEISPIEL: Ein gesonderter und einheitlicher Feststellungsbescheid mit positiven Beteiligungseinkünften wird aufgehoben, weil a) die Mitunternehmerschaft verneint wird, b) die Einkünfteerzielungsabsicht verneint wird, c) er nicht zutreffend adressiert war. Dies hat beim Folgebescheid innerhalb der Festsetzungsfrist unter Berücksichtigung der Ablaufhemmung des § 171 Abs. 10 AO nicht zu einer Änderung geführt. Die Steuerfestsetzung wird aus anderen Gründen bei Vorliegen einer Ablaufhemmung zuungunsten des Steuerpflichtigen geändert. Dabei sind nach § 177 Abs. 1 AO im Wege der Saldierung zu berücksichtigen im Fall a) Einkünfte in der vom Folgebescheidsfinanzamt nunmehr selbst zu ermittelnden Höhe (s. Rn. 6153), im Fall b) keine Einkünfte (s. Rn. 6154), im Fall c) keine bzw. ggf. die zuvor nach § 155 Abs. 2 AO berücksichtigten Einkünfte (s. Rn. 6156, 6396).

Da die Auswertung eines Grundlagenbescheides nach § 175 Abs. 1 Satz 1 Nr. 1 AO nur insoweit zulässig ist, als die Bindungswirkung des Grundlagenbescheids reicht, darf der Folgebescheid nicht im Bereich von Besteuerungsgrundlagen geändert werden, die nicht durch den Grundlagenbescheid gesondert festgestellt worden sind, weil sie entweder nicht gesondert festzustellen sind oder weil sie fälschlicherweise nicht festgestellt wurden, obwohl sie in den Regelungsbereich des Grundlagenbescheids gehört hätten. Andere nicht unter die Bindungswirkung fallende Fehler können daher nicht über § 175 Abs. 1 Satz 1 Nr. 1 AO berichtigt werden,[2] es sei denn, sie könnten im Rahmen der Rechtsfehlerkorrektur nach § 177 AO berücksichtigt werden. 6386

BEISPIEL: Das FA hat eine einheitliche und gesonderte Gewinnfeststellung, die für den 45-jährigen Beteiligten einen Veräußerungsgewinn i. S. d. § 16 Abs. 1 Nr. 2 EStG mit 200 000 € ausweist, fälschlich dahin gehend ausgewertet, dass es den Freibetrag gem. § 16 Abs. 4 EStG gewährte. Der Änderungsbescheid ist bestandskräftig. Der Fehler kann nicht gem. § 175 Abs. 1 Satz 1 Nr. 1 AO durch Änderung des Folgebescheids berichtigt werden, denn die Bindungswirkung des Grundlagenbescheids erstreckt sich nicht auch auf die Entscheidung über den Freibetrag nach § 16 Abs. 4 EStG. Dieser Fehler beruht auf einer eigenständigen nicht von der Bindungswirkung des Feststellungsbescheids erfassten Entscheidung des Folgebescheids-Finanzamts. Der Fehler kann ggf. bei einer späteren anderweitigen Änderung zugunsten des Steuerpflichtigen im Rahmen einer Fehlersaldierung nach § 177 AO korrigiert werden.

Das gilt auch für solche Fehler, die anlässlich einer Anpassung an einen Grundlagenbescheid unterlaufen, aber nicht in den Regelungsinhalt des Grundlagenbescheids fallen.[3] 6387

1 Aus: *von Wedelstädt* in Beermann/Gosch, § 177 AO Rz. 12.5.

2 BFH 22. 8. 2007 X R 39/02, BStBl 2008 II 4; *Frotscher* in Schwarz, § 175 AO Rz. 28; *Rüsken* in Klein, § 175 AO Rz. 27.

3 BFH 27. 5. 1998 IV B 151/97, BFH/NV 1998, 1452.

6388 Wird ein Feststellungsbescheid ersatzlos aufgehoben oder ein Feststellungsverfahren damit beendet, dass der Erlass eines Feststellungsbescheides abgelehnt wird, ist der Folgebescheid erforderlichenfalls nach § 175 Abs. 1 Satz 1 Nr. 1 AO zu ändern (s. dazu auch unter **Negativer Feststellungsbescheid**, Rn. 6151).[1] Dabei sind alle Folgerungen aus der Aufhebung des Feststellungsbescheids zu ziehen und ggf. durch das Folgebescheids-Finanzamt die Besteuerungsgrundlagen zu ermitteln. Dasselbe gilt, wenn einzelne Besteuerungsgrundlagen als nicht zum Feststellungsbereich gehörend aus dem Feststellungsbescheid herausgenommen werden.[2] Wird ein als Grundlagenbescheid wirkender Feststellungsbescheid aufgehoben, ohne dass damit der Erlass eines negativen Feststellungsbescheids verbunden ist, z. B. weil er nach Ablauf der Feststellungsfrist ergangen ist, so muss eine von dem Feststellungsbescheid ausgelöste Änderung des Folgebescheids rückgängig gemacht werden.[3]

6389 Die Folgeänderung kann nach Treu und Glauben versagt sein, wenn das FA durch sein Verhalten im Folgebescheidsverfahren den Steuerpflichtigen von der Anfechtung des Feststellungsbescheids abgehalten hat.[4] Eine Verwirkung kommt dagegen selbst dann nicht in Betracht, wenn ein Grundlagenbescheid über 7 Jahre nicht ausgewertet wurde.[5]

6390–6395 *(Einstweilen frei)*

c) Keine Rechtsfehlersaldierung nach § 177 AO mit nicht festgestellten Besteuerungsgrundlagen

6396 Was durch Grundlagenbescheid zu regeln ist, darf nicht durch Folgebescheid geregelt werden und umgekehrt.[6] Das bedeutet auch: Können wegen Ablaufs der Feststellungsfrist auch unter Berücksichtigung des § 181 Abs. 5 AO (weil auch beim Folgebescheid Festsetzungsverjährung eingetreten ist, s. Rn. 6198) die an sich gesondert und einheitlich festzustellenden Besteuerungsgrundlagen nicht mehr festgestellt werden, können sie im Rahmen einer anderweitigen Änderung des Folgebescheids (unter Berücksichtigung einer für diese Änderung geltenden Ablaufhemmung) – auch unter Berufung auf § 155 Abs. 2 AO – nicht nach § 177 AO saldiert werden. Denn dazu fehlt es an der erforderlichen Feststellung, durch die allein die fraglichen Besteuerungsgrundlagen ermittelt und für den Folgebescheid bindend festgestellt werden dürfen. § 155 Abs. 2 AO ist zwar auch im Rahmen von Fehlersaldierungen nach § 177 AO anwendbar, als einstweilige Regelung verlangt die Vorschrift aber die Möglichkeit des Erlasses des Grundlagenbescheids, was hier wegen des Ablaufs der Feststellungsfrist nicht mehr möglich ist.[7]

6397–6400 *(Einstweilen frei)*

1 BFH 25. 6. 1991 IX R 57/88, BStBl 1991 II 821; 9. 3. 1995 X B 242/94, BFH/NV 1995, 858; *von Wedelstädt*, AO-StB 2009, 203, 208; AEAO zu § 175, Nr. 1.3.

2 BFH 24. 5. 2006 I R 93/05, BStBl 2007 II 76, m. w. N.

3 BFH 24. 5. 2006 I R 93/05, BStBl 2007 II 76.

4 BFH 19. 1. 1989 IV R 2/87, BStBl 1989 II 393; *Brandis* in Tipke/Kruse, § 182 AO Tz. 5; *von Wedelstädt* in Beermann/Gosch, § 175 AO Rz. 21.

5 BFH 24. 6. 1988 III R 177/85, BFH/NV 1989, 351.

6 BFH 12. 7. 1989 X R 32/86, BFH/NV 1990, 366.

7 BFH 24. 5. 2006 I R 93/05, BStBl 2007 II 76; 24. 5. 2006 I R 9/05, BFH/NV 2006, 2019; *von Wedelstädt* in Beermann/Gosch, § 177 AO Rz. 12.6; *von Wedelstädt*, AO-StB 2008, 103, 105.

d) Festsetzungsfrist

aa) Allgemein

Erlass, Aufhebung oder Änderung des Folgebescheids sind grundsätzlich nur innerhalb der Festsetzungsfrist des § 169 Abs. 1 Satz 1 AO zulässig. Sie endet jedoch nach § 171 Abs. 10 AO nicht vor Ablauf von 2 Jahren nach Bekanntgabe (§ 122 AO) des Grundlagenbescheids; auf die Kenntnis des Folgebescheids-Finanzamts über das Ergehen des Grundlagenbescheids kommt es nicht an.[1] Der Ablauf der Festsetzungsfrist für den Folgebescheid ist im Ausmaß der Bindungswirkung des Grundlagenbescheids gehemmt, soweit und solange ein Grundlagenbescheid in offener Feststellungsfrist noch zulässig ergehen oder geändert werden kann. § 171 Abs. 10 AO bewirkt nicht, dass eine zunächst abgelaufene Festsetzungsfrist durch den Erlass eines Grundlagenbescheids wieder erneut in Lauf gesetzt wird.[2] Die Ablaufhemmung knüpft vielmehr an die bloße rechtliche Möglichkeit an, dass ein Grundlagenbescheid ergeht, aufgehoben oder geändert wird; sie setzt kein reales Ereignis voraus.[3] Die Ablaufhemmung besteht also, solange die Feststellungsfrist für den Grundlagenbescheid noch nicht abgelaufen ist.[4] 6401

Soweit bei dem Beteiligten die Festsetzungsfrist wegen einer Außenprüfung nach § 171 Abs. 4 AO gehemmt ist, endet die Festsetzungsfrist für den Teil der Steuer, für den der Grundlagenbescheid bindend ist, nicht vor Ablauf der nach Abs. 4 gehemmten Frist (§ 171 Abs. 10 AO);[5] diese Regelung gilt für alle Fristen, die am 27. 6. 1998 noch nicht abgelaufen waren.[6] Die Auswertung der Grundlagenbescheide kann also bis zur Auswertung der Betriebsprüfungsfeststellungen aufgeschoben werden. 6402

Die Ablaufhemmung nach § 171 Abs. 10 AO gilt auch in den Fällen des § 181 Abs. 5 AO. Zwar ist für die Frage, ob ein Feststellungsbescheid nach § 181 Abs. 5 AO noch ergehen kann, die Ablaufhemmung des § 171 Abs. 10 AO nicht zu berücksichtigen, nach Bekanntgabe des Feststellungsbescheids bzw. dessen Absendung (§ 169 Abs. 1 Satz 3 AO) stehen aber für dessen Auswertung noch 2 Jahre zur Verfügung.[7] Ein Feststellungsbescheid entwickelt diese Folge auch dann, wenn er nach Ablauf der Feststellungsfrist ergeht; denn die Hemmung knüpft an die bloße rechtliche Möglichkeit an, dass ein Grundlagenbescheid ergeht, aufgehoben oder geändert wird, sie setzt kein reales Ereignis voraus.[8] 6403

(Einstweilen frei) 6404–6405

---

1 AEAO zu § 171, Nr. 6 Abs. 1 Satz 4; *von Wedelstädt*, DB 2002, 1684, 1685.

2 BFH 12. 8. 1987 II R 202/84, BStBl 1988 II 318; 17. 2. 1993 II R 15/91, BFH/NV 1994, 1; 30. 11. 1999 IX R 41/97, BStBl 2000 II 173, m. w. N.

3 BFH 17. 2. 1993 II R 15/91, BFH/NV 1994, 1; 12. 2. 1998 III B 82/97, BFH/NV 1998, 937.

4 AEAO zu § 171, Nr. 6 Abs. 1 Satz 2.

5 Siehe auch AEAO zu § 171 Nr. 4

6 Art. 97 § 10 Abs. 8 EGAO.

7 Unbestritten, u. a.: BFH 12. 8. 1987 II R 202/84, BStBl 1988 II 318; *Brandis* in Tipke/Kruse, § 181 AO Tz. 21, m. w. N.; *Kunz* in Beermann/Gosch, § 181 AO Rz. 29 f.; *von Wedelstädt* in Kühn/von Wedelstädt, § 181 AO Rz. 21.

8 BFH 12. 8. 1987 II R 202/84, BStBl 1988 II 318; 12. 2. 1998 IX R 41/97, BFH/NV 1998, 937; *Kruse* in Tipke/Kruse, § 171 AO Tz. 86a; *Hartmann* in Beermann/Gosch, § 171 AO Rz. 83 Abs. 2; s. auch AEAO zu § 171, Nr. 6 Abs. 1.

bb) Festsetzungsfrist und Umfang der Anpassung

6406 Die Ablaufhemmung greift auch bei der Änderung eines Feststellungsbescheids. Dabei können unterlassene oder fehlerhafte Auswertungen des ursprünglichen Feststellungsbescheids nachgeholt werden, die vor Ergehen des Änderungs-Feststellungsbescheids wegen inzwischen eingetretener Festsetzungsverjährung nicht mehr ausgewertet werden konnten.

BEISPIEL: Der Gewinnfeststellungsbescheid 02 vom 20. 11. 04 über u. a. anteilige Einkünfte aus Gewerbebetrieb des A i. H.v. 100 000 € ist vom für A zuständigen FA nicht ausgewertet worden; die Festsetzungsfrist für den Folgebescheid ist am 31. 12. 07 abgelaufen. Am 21. 5. 08 wird der Feststellungsbescheid in offener Feststellungsfrist geändert und für A ein Anteil an den Einkünften aus Gewerbebetrieb i. H.v. 150 000 € festgestellt. Eine Anpassung ist i. H.v. 150 000 € zulässig.

6407 Ist ein Grundlagenbescheid innerhalb der Frist des § 171 Abs. 10 AO nicht oder nicht vollständig ausgewertet worden, so hindert dies seine spätere (nachträgliche oder korrigierende) Auswertung nicht, wenn der Grundlagenbescheid geändert und die Auswertung des späteren ändernden Grundlagenbescheids innerhalb der durch ihn begründeten Ablaufhemmung nach § 171 Abs. 10 AO vorgenommen wird.[1] Die Auswertung ist nicht auf den Bereich der materiellen Änderung im Grundlagenbescheid (hier: 50 000 €) beschränkt. Denn zum einen nimmt der Änderungsbescheid den ursprünglichen Bescheid in sich auf, suspendiert ihn und übt allein Bindungswirkung aus.[2] Zum anderen tritt beim Folgebescheid nach Ablauf der Zweijahresfrist des § 171 Abs. 10 AO nach Bekanntgabe des ursprünglichen Grundlagenbescheids keine (Teil-)Bestandskraft im Umfang des nicht oder nicht richtig ausgewerteten Grundlagenbescheids ein, vielmehr ist der Ablauf der Festsetzungsfrist für die Folgesteuer im Umfang der Bindungswirkung des Grundlagenbescheids solange gehemmt, als die Feststellungsfrist für den Grundlagenbescheid noch nicht abgelaufen ist. Der Feststellungsbescheid vom 21. 5. 08 kann bei A in vollem Umfang ausgewertet werden, weil er den ursprünglichen Feststellungsbescheid in seinen Gehalt aufgenommen und ihn suspendiert hat, so dass die Bindungswirkung des Feststellungsbescheids vom 21. 5. 08 über 150 000 € geht; die Frist für die Auswertung beträgt 2 Jahre (§ 171 Abs. 10 AO).

6408 Wird bei einem Feststellungsbescheid ohne seine Änderung im Übrigen der Vorbehalt der Nachprüfung aufgehoben, löst dies ebenfalls eine Anpassungspflicht aus, wenn der Folgebescheid inhaltlich nicht dem Grundlagenbescheid entspricht, und wirkt auf den Lauf der Festsetzungsfrist gem. § 171 Abs. 10 AO ein; denn bei der Aufhebung des Vorbehalts der Nachprüfung handelt es sich um eine Steuerfestsetzung bzw. im Falle des Feststellungsbescheids um eine Feststellung ohne Vorbehalt der Nachprüfung (§ 164 Abs. 3 Satz 2 AO).[3]

---

1 Siehe *von Wedelstädt* in Beermann/Gosch, § 175 AO Rz. 26, 40.

2 BFH 25. 10. 1972 GrS 1/72, BStBl 1973 II 231, 233.

3 BFH 11. 4. 1995 III B 74/92, BFH/NV 1995, 943; AEAO zu § 171, Nr. 6 Abs. 2.

Beinhaltet ein – erneuter – Feststellungsbescheid keine Änderung, sondern wiederholt er lediglich den ursprünglichen Feststellungsbescheid in seinem verbindlichen Regelungsgehalt, bewirkt dies keine erneute Ablaufhemmung nach § 171 Abs. 10 AO.[1] 6409

Die Änderung des Grundlagenbescheids im Rechtsbehelfsverfahren löst ebenfalls die Ablaufhemmung aus. 6410

(Einstweilen frei) 6411–6415

cc) Ablaufhemmung nach § 171 Abs. 3a und 4 AO

Nach h. M. hat die Anfechtung des Grundlagenbescheids lediglich eine Hemmung der Feststellungsfrist für diesen Grundlagenbescheid zur Folge. Lediglich wenn der Grundlagenbescheid im Rechtsbehelfsverfahren geändert wird, setzt dies die 2-Jahres-Frist in Kraft, nicht dagegen, wenn die Rechtsbehelfsentscheidung den bisherigen Grundlagenbescheid bestätigt.[2] 6416

Die Ablaufhemmung wird nach dem Gesetzeswortlaut des § 171 Abs. 10 AO allein von der Bekanntgabe eines Grundlagenbescheides ausgelöst.[3] Die Festsetzungsfrist des § 171 Abs. 10 AO wird nicht dadurch nach § 171 Abs. 3a AO gehemmt, dass der Grundlagenbescheid mit dem Einspruch oder der Klage angefochten wird.[4] Die durch die Anfechtung des Grundlagenbescheids in Gang gesetzte Ablaufhemmung des § 171 Abs. 3a AO schlägt aber dann auf die Festsetzungsfrist des Folgebescheids durch, wenn die Anfechtung des Grundlagenbescheids zu seiner Änderung führt. Der Abhilfebescheid oder das den Grundlagenbescheid ändernde Urteil löst – ggf. erneut – die Ablaufhemmung des § 171 Abs. 10 AO aus.[5] 6417

Eine Außenprüfung bei der Gesellschaft führt für die Steuerfestsetzung im Folgebescheid nicht zur Ablaufhemmung nach § 171 Abs. 4 AO,[6] wohl aber etwaige Änderungs-Feststellungsbescheide aufgrund der Außenprüfung. 6418

(Einstweilen frei) 6419–6425

VI. Rechtsbehelfe und vorläufiger Rechtsschutz

Literatur: *Dißars/Dißars*, Einspruchsbefugnis bei einheitlicher Feststellung, BB 1996, 773; *Heinke*, Der Einspruchsbevollmächtigte, DStZ 1997, 558; *von Wedelstädt*, Teilanfechtung und ihre Folgen, DB 1997, 696; *von Wedelstädt*, Feststellungsbescheide im Rechtsbehelfsverfahren, AO-StB 2004, 211; *von Wedelstädt*, Einspruchs- und Klagebefugnis bei einheitlichen und gesonderten Feststellungsbescheiden, AO-StB 2006, 230, 261; *von Wedelstädt*, Hinzuziehung und Beiladung, AO-StB 2007, 15, 46; *Steinhauff*, Systemwidrige Erstreckung der Ewigkeitstheorie auf Rechtsbehelfsverfahren wegen einheitlicher und gesonderter Feststellungsbescheide, AO-StB 2010,182; *U.C. Dißars*, Einspruchs- und Klagebefugnis bei einheitlicher und gesonderter Feststellung, NWB 2011, 1715.

1 BFH 13. 12. 2000 X R 42/96, BStBl 2001 II 471; AEAO zu § 171, Nr. 6 Abs. 2 Satz 4.
2 BFH 30. 11. 1999 IX R 41/97, BStBl 2000 II 173; AEAO zu § 171, Nr. 6 Abs. 3.
3 BFH 19. 1. 2005 X R 14/04, BStBl 2005 II 242; ebenso *Söhn*, DStZ 2002, 811, 813.
4 BFH 19. 1. 2005 X R 14/04, BStBl 2005 II 242, m. w. N.; *Balmes* in Kühn/von Wedelstädt, § 171 AO Rz. 100 und § 175 AO Rz. 25; *Bartone* in Bartone/von Wedelstädt, Rz. 1239.
5 *Balmes* in Kühn/von Wedelstädt, § 171 AO Rz. 100.
6 BFH 4. 4. 1989 VIII R 265/84, BStBl 1989 II 593 und AO-Kartei NRW § 171 Abs. 4 Karte 1.

1. Rechtsbehelfe gegen Steuerbescheide an die Gesellschaft

6426 In den Fällen, in denen die Personengesellschaft selbst steuerrechtsfähig ist (s. Rn. 5930), ist sie unabhängig von ihrer zivilrechtlichen Rechtsfähigkeit als Steuerrechtssubjekt einspruchsbefugt und wird vertreten durch die vertretungsbefugten Gesellschafter oder die sonst durch Gesellschaftsvertrag bestimmte Person, und zwar auch nach Kündigung des Gesellschaftsverhältnisses, soweit dies zivilrechtlich geregelt ist (z. B. § 730 Abs. 2 Satz 2 BGB für die GbR).[1] Die (wirklichen oder vermeintlichen) Gesellschafter sind nicht einspruchsbefugt, weil eine Vollstreckung aus diesen Bescheiden nur in das Gesellschaftsvermögen erfolgen kann und sie daher nicht beschwert sind.[2] Richtet sich also z. B. ein Umsatzsteuerbescheid oder Gewerbesteuermessbescheid gegen eine GbR oder eine Bruchteilsgemeinschaft als Steuerschuldnerin, so ist grundsätzlich nur diese – und nicht ein Gemeinschafter – einspruchsbefugt. Diesem Grundsatz entsprechend muss ein Rechtsbehelf im Namen der Gemeinschaft, und zwar gem. § 744 Abs. 1 BGB durch alle Gemeinschafter, eingelegt werden.[3] Bei atypisch stiller Gesellschaft ist der Inhaber des Handelsgeschäfts einspruchsbefugt.[4] Im Übrigen erfordert das Rechtsbehelfsverfahren gegen Steuerbescheide, die gegen die Gesellschaft gerichtet sind, keine Besonderheiten. Die – zutreffend vertretene – Personengesellschaft ist einspruchsbefugt, wenn sie geltend macht, dass sie durch den Steuerbescheid beschwert ist (§ 350 AO).

6427–6430 *(Einstweilen frei)*

2. Rechtsbehelfe gegen gesonderte und einheitliche Feststellungsbescheide

a) Feststellungsbescheid als einheitlicher Verwaltungsakt

6431 Der Feststellungsbescheid ist grundsätzlich hinsichtlich aller zu treffenden Feststellungen ein einheitlicher Bescheid (= Verwaltungsakt), auch wenn in ihm gegenüber mehreren Personen ggf. unterschiedliche Regelungen getroffen werden. Die gesondert festgestellten Besteuerungsgrundlagen sind jedoch, soweit sie eine rechtlich selbständige Würdigung enthalten und eines rechtlich selbständigen Schicksals fähig sind, mit Rechtsbehelfen selbständig anfechtbar (§ 157 Abs. 2 AO).[5]

6432 Die einzelnen Besteuerungsgrundlagen eines **Einheitswertbescheides** stellen ebenfalls rechtlich selbständige Regelungsgegenstände dar,[6] die getrennt angefochten und be-

1 Siehe dazu BFH 19.10.2001 V B 54/01, BFH/NV 2002, 370, m.w.N.; 26.6.2007 IV R 75/05, DStRE 2008, 341, m.w.N.

2 BFH 5.3.2010 V B 56/09, BFH/NV 2010, 1111.

3 BFH 19.10.2001 V B 54/01, BFH/NV 2002, 370; 1.9.2010 XI S 6/10, BFH/NV 2010, 2140.

4 BFH 24.11.1988 VIII B 90/87, BStBl 1989 II 145; 11.1.2001 VIII B 83/00, BFH/NV 2001, 578, m.w.N.

5 BFH 11.11.1998 IV B 134/97, BFH/NV 1999, 590, m.w.N.; 21.1.1999 IV R 40/98, BStBl 1999 II 563, m.w.N.; *Kunz* in Beermann/Gosch, § 180 AO Rz. 61; *Brandis* in Tipke/Kruse, § 179 AO Rz. 5 und § 180 AO Rz. 11; *von Wedelstädt*, DB 1997, 696, 697.

6 BFH 13.11.1981 III R 116/78, BStBl 1983 II 88; 10.12.1986 II R 88/85, BStBl 1987 II 292, für die Feststellungen in einem Einheitswertbescheid über den Wert, die Art und die Zurechnung.

standskräftig werden können. Sie sind selbst keine Verwaltungsakte, Verwaltungsakt ist vielmehr der Feststellungsbescheid i. S. d. § 180 Abs. 1 Nr. 1 AO (zur gegenteiligen Ansicht des BFH s. auch Rn. 5943).[1] Gegen die Verwaltungsaktqualität der einzelnen Feststellungen spricht, dass die AO den Feststellungsbescheid als Steuerbescheid behandelt (§ 181 Abs. 1 AO) und die einzelnen Feststellungen Einheitswert, Art oder Zurechnung für sich allein keine als Grundlagenbescheid verwertbare Aussage enthält. Feststellungen im Einheitswertbescheid, die nicht angefochten wurden, erwachsen in Bestandskraft, der Einheitswertbescheid wird also insoweit teilbestandskräftig.

Dasselbe gilt für **Bescheide über die gesonderte und einheitliche Feststellung nach § 180 Abs. 1 Nr. 2a AO und nach der VO zu § 180 Abs. 2 AO** hinsichtlich gesondert festgestellter Besteuerungsgrundlagen, soweit sie eine rechtliche selbständige Würdigung enthalten und eines rechtlich selbständigen Schicksals fähig sind; Verwaltungsakt ist der Feststellungsbescheid, nicht die einzelne Feststellung.[2] Jede einzelne festgestellte Besteuerungsgrundlage ist eigenständiger Regelungsgegenstand des Verwaltungsakts.[3] Zu den Feststellungen gehören alle gesondert festgestellten Besteuerungsgrundlagen wie z. B. die Feststellung der Feststellungsbeteiligten, Aussagen zur Art der Einkünfte, zum Bestehen einer Mitunternehmerschaft, zur Höhe des nach Maßgabe des allgemeinen Gewinnverteilungsschlüssels allen Gesellschaftern anteilig zuzurechnenden laufenden Gewinns (Bilanzgewinn), die Höhe eines etwaigen Veräußerungsgewinns, aber auch die Verteilung des Bilanzgewinns oder eines Veräußerungsgewinns,[4] die Feststellung von Einkünften, die nur einzelne Beteiligte betreffen wie Sonderbetriebseinnahmen oder -ausgaben sowie die Feststellung der mit den körperschaftsteuerpflichtigen oder einkommensteuerpflichtigen Einkünften in Zusammenhang stehenden anderen Besteuerungsgrundlagen wie Spenden, dauernde Lasten u. Ä.[5] 6433

Die einzelne Regelung eines Feststellungsbescheids kann Bindungswirkung für andere Regelungen des Feststellungsbescheids entfalten (s. Rn. 6358 und 6456). 6434

(Einstweilen frei) 6435–6440

1 *Brandis* in Tipke/Kruse, § 180 AO Rz. 8; *Kunz* in Beermann/Gosch, § 180 AO Rz. 11; *Söhn* in Hübschmann/Hepp/Spitaler, § 180 AO Rz. 95; *Seer* in Tipke/Lang, § 21 Rz. 122; *von Wedelstädt* in Kühn/von Wedelstädt, § 180 AO Rz. 4; *von Wedelstädt*, DB 1997, 696, 697; *von Wedelstädt*, AO-StB 2004, 211, m. w. N.; a. A. BFH 6. 3. 1991 II R 152/88, BFH/NV 1991, 726; 10. 9. 1997 VIII B 55/96, BFH/NV 1998, 282; 19. 2. 2009 II R 8/06, BFH/NV 2009, 1092, m. w. N.; *Birkenfeld* in Hübschmann/Hepp/Spitaler, § 367 AO Rz. 147.

2 Siehe vor allem BFH 27. 4. 1993 VIII R 27/92, BStBl 1994 II 3; 10. 9. 1997 VIII B 55/96, BFH/NV 1998, 282, 283; *Kunz* in Beermann/Gosch, § 180 AO Rz. 61; *Frotscher* in Schwarz, § 179 AO Rz. 47 ff., insbes. 50; *Brandis* in Tipke/Kruse, § 180 AO Rz. 11; *von Groll* in Gräber, Vor § 40 FGO Rz. 64; *von Groll*, StuW 1979, 172, 176; *von Wedelstädt*, DB 1997, 696; *von Wedelstädt*, AO-StB 2004, 211, 212; a. A. *von Beckerath*, DStR 1983, 475; OFD Nürnberg 18. 4. 2001, BB 2001, 1234; OFD Koblenz 28. 8. 2001, DB 2001, 2374; FinMin Saarland 22. 1. 2002, DStR 2002, 590.

3 BFH 30. 9. 2003 IV B 23/02, BFH/NV 2004, 457, m. w. N.

4 Z. B. BFH 23. 10. 1989 GrS 2/87, BStBl 1990 II 327, 330; 21. 1. 1999 IV R 40/98, BStBl 1999 II 563, jeweils m. w. N.

5 *Kunz* in Beermann/Gosch, § 180 AO Rz. 43 ff.; *von Groll* in Gräber, § 40 FGO Rz. 92 ff.

b) Teilbestandskraft

6441 Wird der Feststellungsbescheid hinsichtlich einer Einzelfeststellung oder mehrerer, aber nicht aller Einzelfeststellungen angefochten, so erwächst er im Übrigen, d. h. bezüglich der anderen nicht angefochtenen Einzelfeststellungen in Teilbestandskraft.[1]

BEISPIELE: Der einspruchsbefugte Gesellschafter der A-GbR ficht die Höhe des festgestellten Gewinns an; da die Existenz der Mitunternehmerschaft nicht in Frage gestellt wurde, tritt insoweit Bestandskraft ein.[2]

Der einspruchsbefugte Geschäftsführer der A-OHG ficht den gesonderten und einheitlichen Feststellungsbescheid, in dem die Beteiligten und ihre Anteile, ein laufender Gewinn aus Gewerbebetrieb i. H.v. 100 000 €, Spenden ist i. H.v. 10 000 € und ein Veräußerungsgewinn i. S. d. § 16 Abs. 1 EStG i. H.v. 150 000 € festgestellt worden sind, lediglich wegen der Höhe der Spenden an. Der Feststellungsbescheid wird hinsichtlich der übrigen Feststellungen teilbestandskräftig.

6442 Allerdings kann im Einzelfall die Änderung einer gesondert festgestellten Besteuerungsgrundlage zwangsläufig Auswirkungen auf andere gesondert festgestellte Besteuerungsgrundlagen haben. Das ist z. B. dann der Fall, wenn die beantragte Herabsetzung des laufenden Gewinns zwangsläufig die Erhöhung des festgestellten Veräußerungsgewinns oder umgekehrt oder die beantragte Änderung des Gewinns im Sonderbetriebsvermögen des einen Gesellschafters zwangsläufig die Änderung des Gewinns oder Verlusts der Gesellschaft oder des Gewinns oder Verlusts im Sonderbetriebsvermögen eines anderen Gesellschafters zur Folge hat.[3] In diesem Fall erstreckt sich die Anfechtung des Feststellungsbescheids auch auf diese Besteuerungsgrundlagen, wird der Feststellungsbescheid also auch insoweit nicht teilbestandskräftig.

BEISPIEL: Der einspruchsbefugte Geschäftsführer der A-OHG ficht den o. g. gesonderten und einheitlichen Feststellungsbescheid mit der Begründung an, bestimmte Aufwendungen seien zu Unrecht nicht bei der Ermittlung des laufenden Gewinns, sondern bei der Ermittlung des Veräußerungsgewinns berücksichtigt worden. Die Teilanfechtung umfasst die Feststellung des laufenden Gewinns sowie die des Veräußerungsgewinns, Teilbestandskraft tritt hinsichtlich der Feststellung der Mitunternehmerschaft, der Beteiligten und ihrer Anteile und der Spenden ein.

6443 Entfaltet eine einzelne Regelung im Feststellungsbescheid Bindungswirkung für andere Regelungen dieses Bescheids, indem die Aussagen in einem rechtlichen Stufenverhältnis zueinander stehen, kann die nachrangige Feststellung nicht mehr mit einer Begründung angefochten werden, die als Vorfrage bestandskräftig festgestellt worden ist.[4] So kann ein gewerblicher Gewinn (Folgefrage) nicht mit der Begründung angefochten werden, es liege keine Mitunternehmerschaft (Vorfrage) vor, wenn die Feststellung der

---

1 BFH 23. 10. 1989 GrS 2/87, BStBl 1990 II 327, 330; 27. 4. 1993 VIII R 27/92, BStBl 1994 II 3; s. u. a. *von Groll* in Gräber, FGO § 40 Anm. 92 ff.; *Kunz* in Beermann/Gosch, § 180 AO Rz. 61; *von Wedelstädt* in Kühn/von Wedelstädt, § 179 AO Rz. 7; *von Groll* in Hübschmann/Hepp/Spitaler, § 172 Rz. 39; *von Wedelstädt*, AO-StB 2004, 211, 212.

2 Fall des BFH 11. 11. 1998 IV B 134/97, BFH/NV 1999, 590; 20. 1. 2003 VIII B 76/02, BFH/NV 2003, 1281, m. w. N.

3 U. a. BFH 8. 6. 2000 IV R 65/99, BStBl 2001 II 89, m. w. N.; 6. 12. 2000 VIII R 21/00, BStBl 2003 II 194, m. w. N.; *von Wedelstädt* in Kühn/von Wedelstädt, § 179 AO Rz. 7; *von Wedelstädt*, DB 1997, 696, 698, m. w. N.; *von Wedelstädt* AO-StB 2004, 211, 212.

4 BFH 6. 12. 2000 VIII R 21/00, BStBl 2003 II 194; 14. 1. 2003 VIII B 108/01, BStBl 2003 II 335.

Mitunternehmerschaft bestandskräftig ist. Dasselbe gilt für das Verhältnis vom Betriebsaufgabetatbestand (Vorfrage) zur Höhe des Veräußerungsgewinns.[1]

(Einstweilen frei) 6444–6445

c) Folgen der Teilbestandskraft

Die Folgen der Teilbestandskraft von Feststellungsbescheiden sind noch nicht abschließend geklärt.[2] 6446

Bei einer Teilanfechtung im Wege des **Einspruchs** kann der Einspruchsführer nach Ablauf der Einspruchsfrist seinen Einspruch nicht erweitern.[3] Hat er sich mit dem Einspruch lediglich gegen die Höhe der festgestellten Spenden gewendet, kann er z. B. mit Eintritt der Teilbestandskraft des Feststellungsbescheids im Übrigen die Höhe des festgestellten laufenden Gewinns oder die Feststellung eines Veräußerungsgewinns nicht mehr anfechten. 6447

Andererseits ist das FA, das über den Einspruch entscheidet, verpflichtet, die Sache in vollem Umfang erneut zu überprüfen (§ 367 Abs. 2 Satz 1 AO) und ggf. auch zu verbösern,[4] sofern nicht Teilfeststellungs-Verjährung eingetreten ist.[5] Es ist an die von dem Einspruchsführer gestellten Anträge nicht gebunden. Das kann auch dazu führen, dass eine im Einspruchsverfahren getroffene Entscheidung zu Lasten eines zum Verfahren Hinzugezogenen ergeht.[6] Eine Verjährung steht dem nicht entgegen (§ 171 Abs. 3a AO). 6448

Ändert das FA während des Einspruchsverfahrens den Feststellungsbescheid, so wird dieser nach § 365 Abs. 3 AO nur hinsichtlich der bereits zulässig mit dem Einspruch angefochtenen Besteuerungsgrundlagen Gegenstand des anhängigen Verfahrens. Gegen die übrigen im Änderungsbescheid korrigierten Besteuerungsgrundlagen ist Rechtsschutz nur durch weiteren Einspruch gegeben.[7] 6449

Im **Klageverfahren** bestimmt sich nach dem Klagebegehren (§ 65 Abs. 1 Satz 1 FGO), also dem Umfang der Anfechtung, der Streitgegenstand.[8] Klagebegehren und Streitgegenstand sind nach h. M. identisch.[9] 6450

---

1 BFH 12. 10. 2005 VIII R 66/03, BStBl 2006 II 307.

2 Siehe *von Wedelstädt*, DB 1997, 696.

3 *Von Wedelstädt*, DB 1997, 696, 700; *von Wedelstädt*, AO-StB 2004, 211, 213.

4 BFH 28. 11. 1989 VIII R 40/84, BStBl 1990 II 561; 10. 9. 1997 VIII B 55/96, BFH/NV 1998, 282, 283, m. w. N.; 4. 11. 2003 VIII R 38/01, BFH/NV 2004, 1372; *Seer* in Tipke/Kruse, § 367 AO Rz. 10, m. w. N.; *Steinhauff* in Hübschmann/Hepp/Spitaler, § 47 FGO Rz. 127; *Brockmeyer* in Klein, § 367 AO Rz. 3; *von Wedelstädt*, DB 1997, 696, 699, m. w. N.; *von Wedelstädt*, AO-StB 2004, 211, 213; a. A. *von Groll* in Hübschmann/Hepp/Spitaler, § 172 AO Rz. 39 f.; *Birkenfeld* in Hübschmann/Hepp/Spitaler, § 367 AO Rz. 147, unter unzutreffendem Hinweis auf BFH 28. 11. 1989 VIII R 40/84, BStBl 1990 II 561.

5 BFH 20. 4. 2004 IX R 36/03, BFH/NV 2004, 1361, für die Zeit vor Einfügung des § 171 Abs. 3a AO durch das StBereinG 1999 in die AO.

6 BFH 28. 11. 1989 VIII R 40/84, BStBl 1990 II 561.

7 BFH 9. 2. 2011 IV R 15/08, BStBl 2011 II 764, für die parallele Vorschrift des § 68 FGO.

8 BFH 10. 9. 1997 VIII B 55/96, BFH/NV 1998, 282, 283.

9 U. a. *Bartone* in Kühn/von Wedelstädt, § 65 FGO Rz. 4; *von Groll* in Gräber, § 65 FGO Rz. 32; *Dumke* in Schwarz, § 65 FGO Rz. 18; *Brandis* in Tipke/Kruse, § 65 FGO Tz. 13.

6451 Bei Einheitswertbescheiden und gesonderten Feststellungsbescheiden reicht die Bezeichnung des Bescheides zur Bezeichnung des Klagebegehrens nicht aus, weil die einzelnen Besteuerungsgrundlagen gesondert anfechtbar sind. Vielmehr muss angegeben werden, hinsichtlich welcher Besteuerungsgrundlagen (Einzelfeststellungen) der Bescheid angegriffen wird,[1] bei der Klage gegen einen Einheitswertbescheid also, ob der Kläger den Wert, die Art oder die Zurechnung oder mehrere festgestellte Besteuerungsgrundlagen anfechten will, bei der Klage gegen einen gesonderten und einheitlichen Feststellungsbescheid, gegen die Feststellung welcher Besteuerungsgrundlage er sich wendet.[2] Welche Besteuerungsgrundlagen der Kläger mit seiner Klage angreift und damit zum Streitgegenstand des finanzgerichtlichen Verfahrens gemacht hat, ist ggf. durch Auslegung der Klageschrift oder der darin ausdrücklich in Bezug genommenen Schriftstücke zu ermitteln.[3] Die Angabe der angefochtenen Besteuerungsgrundlage ist außerdem auch deshalb erforderlich, weil davon abhängt, ob und wer notwendig beizuladen ist, um sicherzustellen, dass die Entscheidung auch ihm gegenüber bindend wird.[4]

6452 Hat das Klagebegehren im Einzelfall zwangsläufig Auswirkungen auf andere Besteuerungsgrundlagen (s. Beispiel Rn. 6442), erstreckt sich der Streitgegenstand im Umfang der Auswirkung auch auf sie. Erstrecken sich solche Auswirkungen auf andere an der Feststellung Beteiligte, sind sie notwendig beizuladen, damit die Entscheidung auch für sie bindend ist (§ 60 Abs. 3 FGO).[5]

6453 Der Streitgegenstand bestimmt, in welchem Umfang das Finanzgericht den angefochtenen Steuerverwaltungsakt auf seine Rechtmäßigkeit hin zu überprüfen hat. Im Übrigen wird der angefochtene Steuerverwaltungsakt teilbestandskräftig. Die Bezeichnung des Klagebegehrens und damit die Bestimmung des Streitgegenstandes führt also in gleicher Weise zur Teilbestandskraft wie die Teilanfechtung im Einspruchsverfahren und hat dieselben prozessualen Folgen.[6] Im welchem Umfang der Feststellungsbescheid angefochten und damit Streitgegenstand ist, ist dem Klageantrag, ggf. im Wege der Auslegung, zu entnehmen.[7]

6454 Zum einen kann der Kläger die Klage nur unter den Voraussetzungen einer Klageänderung i. S. d. § 67 FGO erweitern, also auf andere Feststellungen im Feststellungsbescheid erstrecken.[8] Dies ist nur statthaft, wenn nicht nur für das ursprüngliche, sondern auch für das geänderte Klagebegehren die allgemeinen Sachurteilsvoraussetzun-

1 *Von Groll* in Gräber, § 65 FGO Rz. 50; *Bartone* in Kühn/von Wedelstädt, § 65 FGO Rz. 4 ff.; *von Wedelstädt*, AO-StB 2004, 211, 214, m. w. N.

2 BFH 20. 1. 1977 IV R 3/75, BStBl 1977 II 509; *Schallmoser* in Hübschmann/Hepp/Spitaler, § 65 FGO Rz. 73; *von Groll* in Gräber, § 65 FGO Rz. 50.

3 BFH 20. 1. 1977 IV R 3/75, BStBl II 1977 II 509; 9. 2. 2011 IV R 15/08, BStBl 2011 II 764.

4 Vgl. BFH 14. 1. 2003 VIII B 108/01, BStBl 2003 II 335.

5 *Von Wedelstädt*, AO-StB 2004, 211, 214.

6 BFH 10. 2. 1988 VIII R 352/82, BStBl 1988 II 544; 10. 2. 1988 VIII R 334/82, BFH/NV 1988, 791; 9. 2. 2011 IV R 15/08, BStBl 2011 II 764.

7 BFH 21. 1. 1999 IV R 40/98, BStBl 1999 II 563, m. w. N.; 9. 2. 2011 IV R 15/08, BStBl 2011 II 764.

8 U. a. BFH 23. 10. 1989 GrS 2/87, BStBl 1990 II 327, m. w. N.; *von Beckerath* in Beermann/Gosch, § 47 FGO Rz. 128, m. w. N.; *von Groll* in Gräber, § 47 FGO Rz. 3; *von Wedelstädt*, AO-StB 2004, 211, 214.

gen gegeben sind. Bei der Anfechtungsklage ist daher eine Klageänderung nur innerhalb der Klagefrist zulässig.[1]

Ändert das FA während des finanzgerichtlichen Verfahrens den Feststellungsbescheid, so wird dieser nach § 68 FGO nur hinsichtlich der bereits zulässig mit der Klage angefochtenen Besteuerungsgrundlagen Gegenstand des anhängigen Verfahrens. Gegen die übrigen im Änderungsbescheid korrigierten Besteuerungsgrundlagen ist Rechtsschutz nur durch Einspruch und ggf. Klage gegeben.[2] 6455

Zum anderen darf das Gericht über das Klagebegehren nicht hinausgehen,[3] es ist bei der Überprüfung an die von den Beteiligten genannten Gründe aber nicht gebunden (§ 96 Abs. 1 Satz 2 FGO).[4] Ist also das Vorliegen einer Mitunternehmerschaft nicht bis zum Ablauf der Klagefrist angefochten worden, entfaltet die Feststellung der Mitunternehmerschaft im finanzgerichtlichen Verfahren Bindungswirkung für die rechtlich-logisch nachrangigen (Folge-)Feststellungen.[5] Ist der Gewinnfeststellungsbescheid nur hinsichtlich des Bestehens einer Mitunternehmerschaft angefochten worden, so liegt ein Verfahrensfehler des FG vor, wenn es über die Höhe der Gewinne und die Gewinnverteilung entscheidet.[6] Es darf innerhalb des Streitgegenstandes auch prüfen, ob der angefochtene Verwaltungsakt weitere Fehler zugunsten des Klägers enthält, und diese ggf. innerhalb der durch das Klagebegehren gezogenen Grenzen, also im Rahmen des Streitgegenstandes, saldieren. Es darf aber nicht mit den Folgen von Fehlern in anderen nicht angefochtenen Feststellungen kompensieren.[7] Es darf nicht verbösern (Verbot der reformatio in peius);[8] auch die Verböserung würde die Grenzen des Streitgegenstandes überschreiten. 6456

In Fällen, in denen das Gericht wegen der Teilbestandskraft die Konsequenz aus seiner Entscheidung (= „richtige steuerliche Folgerung" i. S. d. § 174 Abs. 4 AO) nicht ziehen kann, kann dies das FA durch nochmalige Änderung des Feststellungsbescheids nach § 174 Abs. 4 AO nachholen.[9] 6457

BEISPIEL:[10] In einem Klageverfahren gegen einen Gewinnfeststellungsbescheid ging es darum, ob ein Sanierungsgewinn – wie vom FA entschieden – den ausgeschiedenen Altgesellschaftern oder den eingetretenen Neugesellschaftern zuzurechnen ist. Nachdem der BFH entschieden hatte, dass der Sanierungsgewinn den Neugesellschaftern zuzurechnen sei, war damit zu rechnen, dass die negativen Kapitalkonten der Altgesellschafter auf die Neugesellschafter übergegangen sind mit der Folge, dass es zu Veräußerungsgewinnen gekommen sein kann. Darüber konnte der BFH aber in dem Verfahren gegen den Feststellungsbescheid nicht entscheiden,

1 BFH 19. 5. 2004 III R 18/02, BStBl 2004 II 980; 9. 2. 2011 IV R 15/08, BStBl 2011 II 764.

2 BFH 9. 2. 2011 IV R 15/08, BStBl 2011 II 764, m. w. N.

3 *Bartone* in Kühn/von Wedelstädt, Vorbemerkungen FGO Rz. 51; *Lange* in Hübschmann/Hepp/Spitaler, § 96 FGO Rz. 183.

4 BFH 26. 11. 1979 GrS 1/78, BStBl 1980 II 99.

5 BFH 20. 1. 2003 VIII B 76/02, BFH/NV 2003, 1281, m. w. N.; *von Wedelstädt*, AO-StB 2004, 211, 214.

6 BFH 21. 1. 1999 IV R 40/98, BStBl 1999 II 563, m. w. N.

7 BFH 8. 6. 2000 IV R 65/99, BStBl 2001 II 89; 26. 2. 2002 IX R 20/98, BStBl 2002 II 796; *von Wedelstädt*, AO-StB 2004, 211, 214.

8 BFH 18. 12. 1970 VI R 313/68, BStBl 1971 II 591, 593, u. v. m.; *von Groll* in Gräber, § 96 FGO Rz. 6; *Bartone* in Kühn/von Wedelstädt, Vorbemerkungen FGO Rz. 51; *von Wedelstädt*, AO-StB 2004, 211, 214.

9 BFH 8. 6. 2000 IV R 65/99, BStBl 2001 II 89; 2. 4. 2002 IX B 66/01, BFH/NV 2002, 898; *von Wedelstädt* in Beermann/Gosch, § 174 AO Rz. 105.3; *von Wedelstädt*, AO-StB 2004, 211, 215.

10 Fall des BFH 23. 9. 1993 IV R 103/90, BFH/NV 1994, 468 (470).

weil insoweit Bestandskraft eingetreten war. Das FA kann die Erfassung eventueller Veräußerungsgewinne durch Änderung desselben Feststellungsbescheids nach § 174 Abs. 4 AO nachholen.

BEISPIEL:[1] Das FG hat in einem Verfahren gegen den Feststellungsbescheid entschieden, dass ein Aufgabegewinn mangels Aufgabe eines Teilbetriebs nicht entstanden war; dieser Aufgabegewinn umfasste auch eine Versicherungsentschädigung für ein Betriebsgebäude und Einrichtungsgegenstände, die nach Ansicht des FG richtigerweise abzüglich des Buchwerts als laufender Gewinn hätten versteuert werden müssen. An einer entsprechenden Behandlung sah sich das FG im vorausgegangenen Klageverfahren – fälschlicherweise – wegen der Teilbestandskraft gehindert, da nur die Feststellung des Veräußerungsgewinns angegriffen worden sei. Das FA hat durch Änderungsbescheid gem. § 174 Abs. 4 AO die zutreffenden Besteuerungsgrundlagen festgestellt.

d) Besonderheiten

6458 Sind die Feststellung für die Gesellschaft und die Feststellung für eine Unterbeteiligung wie z. B. für atypisch stille Gesellschafter oder eine Treuhandschaft entgegen § 179 Abs. 2 Satz 3 AO zusammengefasst worden, ist eine Überprüfung der Besteuerungsgrundlagen in der Feststellung für die Unterbeteiligung und damit ihre Änderung unzulässig, wenn festgestellte Besteuerungsgrundlagen der (Haupt-)Gesellschaft angefochten wurden.[2]

6459 Sind mehrere Treugeber an einer Personengesellschaft über einen Treuhänder beteiligt und legt ein Treugeber-Gesellschafter (s. Rn. 5986) einen Rechtsbehelf ein, kann er nur geltend machen, durch die Verteilung des auf der ersten Stufe festgestellten Gewinns in seinen Rechten verletzt zu sein. Zu einem solchen Rechtsstreit des Treugebers ist der Treuhänder hinzuziehen bzw. beizuladen.[3]

6460 Sind die gesonderte und einheitliche Feststellung der Einkünfte einer KG und die Feststellung eines verrechenbaren Verlustes nach § 15a Abs. 4 EStG nach § 15a Abs. 4 Satz 5 EStG miteinander verbunden, handelt es sich um zwei selbständige Verwaltungsakte mit allen entsprechenden Folgen auch im Rechtsbehelfsverfahren.[4] Der Bescheid über die Feststellung des verrechenbaren Verlusts i. S. d. § 15a Abs. 4 EStG ist Grundlagenbescheid für die Feststellung des Gewinns bzw. des ausgleichs- und abzugsfähigen Verlusts eines Kommanditisten gem. §§ 179 Abs. 1 und 2, 180 Abs. 1 Nr. 2a AO.[5]

6461 Das FA darf einen zulässigen Einspruch nicht zum Anlass nehmen, in dem Einspruchsverfahren eine Entscheidung über Sachverhalte zu fällen, bezüglich derer der Einspruchsführer nicht rechtsbehelfsbefugt gewesen wäre, wie dies der Fall ist bei einem ausgeschiedenen Gesellschafter für den Feststellungszeitraum nach seinem Ausscheiden.[6]

6462 Wegen des Umfangs eines eingelegten Einspruchs und seiner Folgen wird auf die Ausführungen zur Teilbestandskraft, insbesondere Rn. 6446 ff., verwiesen.

6463–6465 *(Einstweilen frei)*

1 Fall des BFH 8. 6. 2000 IV R 65/99, BStBl 2001 II 89.

2 BFH 28. 11. 1989 VIII R 40/84, BStBl 1990 II 561.

3 BFH 15. 4. 2003 IV B 188/01, BFH/NV 2003, 1283; 14. 9. 2010 IV B 15/10, BFH/NV 2011, 5.

4 BFH 23. 2. 1999 VIII R 29/98, BStBl 1999 II 592.

5 BFH 22. 6. 2006 IV R 31, 32/05, BStBl 2007 II 687.

6 BFH 28. 11. 1989 VIII R 40/84, BStBl 1990 II 561.

3. Einspruch gegen gesonderte und einheitliche Feststellungsbescheide

a) Einwendungen gegen Entscheidungen im Feststellungsbescheid (§ 351 Abs. 2 AO)

6466 Bei gesonderter und einheitlicher Feststellung können Einwendungen gegen den Grundlagenbescheid nur mit einem Einspruch gegen diesen geltend gemacht werden (§ 351 Abs. 2 AO). Ein Einspruch gegen den Folgebescheid mit Einwendungen gegen den Grundlagenbescheid ist nicht unzulässig, sondern unbegründet, weil bei einem Einspruch der Bescheid in vollem Umfang und damit auch die Frage der Bindungswirkung, nämlich die Wirksamkeit des Grundlagenbescheids, zu prüfen ist;[1] bei Anfechtung des Grundlagenbescheids im Klagewege ist das Verfahren über den Folgebescheid gem. § 74 FGO auszusetzen.[2] In der Praxis wird das Einspruchsverfahren nicht ausgesetzt, der Einspruch gegen den Folgebescheid vielmehr als unbegründet zurückgewiesen; daraus entsteht für den Einspruchsführer kein Nachteil, weil die Feststellung der Unwirksamkeit des Feststellungsbescheids ebenfalls die Änderung nach § 175 Abs. 1 Satz 1 Nr. 1 AO in entsprechender Anwendung eröffnet.[3]

6467–6470 *(Einstweilen frei)*

b) Einspruchsbefugnis (§ 352 AO)

aa) Allgemeines

6471 Ein gesonderter und einheitlicher Feststellungsbescheid richtet sich nach seinem Inhalt und seinen Wirkungen nicht gegen die Personengesellschaft, sondern gegen die Gesellschafter. Gleichwohl ergibt sich aus § 352 Abs. 1 Nr. 1 AO bzw. § 48 Abs. 1 Nr. 1 FGO, dass das Einspruchs- und Klagerecht von der Personengesellschaft in Prozessstandschaft für ihre Gesellschafter und ihrerseits vertreten durch ihre(n) Geschäftsführer wahrgenommen wird.[4] Die Personengesellschaft ist Beteiligte i. S. d. § 359 AO und § 57 FGO, weil sie insoweit Steuerrechtssubjekt ist, als sie in der Einheit ihrer Gesellschafter Merkmale eines Besteuerungstatbestands verwirklicht, welche den Gesellschaftern für deren Besteuerung zuzurechnen sind (partielle Steuerrechtsfähigkeit). Solche Merkmale sind insbesondere die Verwirklichung oder Nichtverwirklichung des Tatbestands einer bestimmten Einkunftsart oder das Erzielen von Gewinn oder Überschuss im Rahmen dieser Einkunftsart. Dies gilt gleichermaßen für alle in § 2 Abs. 1 Satz 1 Nr. 1 – 7 EStG aufgeführten und nach §§ 13 – 24 EStG zu bestimmenden Einkunftsarten mit Gewinn- und Überschusseinkünften, soweit sie bei der Tätigkeit oder der Vermögensnutzung einer Personengesellschaft anfallen können.[5] Dies gilt auch für wirtschaftlich ver-

1 BFH 2. 9. 1987 I R 162/84, BStBl 1988 II 142, m. w. N.; AEAO zu § 351, Nr. 4; nicht unbestritten, s. dazu *von Groll* in Gräber, § 42 FGO Rz. 35-39; OFD Düsseldorf, DB 1994, 1956.

2 BFH 2. 12. 1988 IX B 18/88, BFH/NV 1989, 525.

3 *Loose* in Tipke/Kruse, § 175 AO Rz. 9; *von Wedelstädt* in Beermann/Gosch, § 175 AO Rz. 14.

4 BFH 27. 5. 2004 IV R 48/02 BStBl 2004 II 964; 17. 12. 2008 IV R 85/06, BStBl 2009 II 795; *Steinhauff*, AO-StB 2010, 182, 183.

5 BFH 18. 5. 2004 IX R 83/00, BStBl 2004 II 898, m. w. N.; 18. 5. 2004 IX R 49/02, BStBl 2004 II 929; 25. 6. 2009 IX R 56/08, BStBl 2010 II 202; *von Wedelstädt*, AO-StB 2006, 230, 231.

gleichbare Gemeinschaftsverhältnisse wie die Bruchteilsgemeinschaft.[1] Nach § 352 Abs. 1 Nr. 1 AO und § 48 Abs. 1 Nr. 1 FGO sind im Regelfall nur die zur Vertretung befugten Geschäftsführer befugt, gegen Bescheide über die einheitliche und gesonderte Feststellung von Besteuerungsgrundlagen Einspruch einzulegen oder Klage zu erheben. Den Gesellschaftern selbst steht ein eigenes Einspruchs- oder Klagerecht gegen Feststellungsbescheide nur in den Fällen zu, in denen die Voraussetzungen der § 352 Abs. 1 Nr. 2 – 5 AO und § 48 Abs. 1 Nr. 2 – 5 FGO vorliegen.[2] Wird ein Feststellungsbescheid nach § 183 Abs. 2 AO allen Feststellungsbeteiligten bekannt gegeben, ist jeder Bekanntgabeempfänger einspruchsbefugt. Die Einspruchsbefugnis der Gesellschaft nach § 352 Abs. 1 AO wird dadurch nicht berührt.[3] Der einzelne Gesellschafter ist in einem Rechtsstreit, ob Aufwendungen als Betriebsausgaben anzuerkennen sind, auch dann nicht einspruchs- und klagebefugt, wenn die Aufwendungen nach Ansicht des FA allein diesem Gesellschafter zugutegekommen sind.[4]

HINWEIS:

Da § 352 AO für die Einspruchsbefugnis und § 48 FGO für die Klagebefugnis gleichlautende Regelungen enthalten, gelten die folgenden Ausführungen auch für die Klagebefugnis.

6472 Mit der Einspruchsbefugnis wird auch der Kreis derjenigen bestimmt und eingeschränkt, die nach § 360 Abs. 3 AO **notwendig hinzuziehen** sind: **Wer einspruchsbefugt ist, ist regelmäßig notwendig hinzuziehen** (§ 360 Abs. 3 Satz 2 AO).

6473 Erheben sämtliche Gesellschafter einer GbR Einspruch oder Klage gegen einen Gewinnfeststellungsbescheid und sind sie ohne Ausnahme persönlich einspruchs- oder klagebefugt, ist i. d. R. davon auszugehen, dass sie sowohl im Namen der Gesellschaft als auch im eigenen Namen Rechtsbehelf einlegen.[5]

6474 Auch wenn der Bescheid noch nicht allen bekannt gegeben worden ist, kann er auch von den Beteiligten, die den Bescheid nicht erhalten haben, vor Bekanntgabe und grundsätzlich ohne zeitliche Begrenzung angefochten werden.[6]

bb) Einspruchsbefugnis des vertretungsberechtigten Geschäftsführers (§ 352 Abs. 1 Nr. 1 1. Alt. AO)

6475 Ist die Personengesellschaft in gesetzlicher Prozessstandschaft für ihre Gesellschafter tätig, so wird sie hierbei nach § 352 Abs. 1 Nr. 1 AO bzw. § 48 Abs. 1 Nr. 1 FGO durch ihren **zur Vertretung berufenen Geschäftsführer** vertreten. Dieser handelt nach h. M. nicht im eigenen Namen, sondern wie ein Prozessstandschafter im Namen der Gesellschaft und damit aller Gesellschafter.[7] Wer zur Vertretung berufen ist, das ergibt sich aus dem Gesellschaftsvertrag oder als Rechtsfolge des Gesellschaftsvertrages aus den

1 BFH 18. 5. 2004 IX R 49/02, BStBl 2004 II 929.
2 BFH 30. 12. 2003 IV B 21/01, BStBl 2004 II 239, m. w. N.
3 BFH 27. 5. 2004 IV R 48/02, BStBl 2004 II 964.
4 BFH 30. 12. 2003 IV B 21/01, BStBl 2004 II 239.
5 BFH 19. 8. 1999 IV R 13/99, BStBl 2000 II 85.
6 U. a. BFH 27. 4. 1993 VIII R 27/92, BStBl 1994 II 3, 4; *Brandis* in Tipke/Kruse, § 179 AO Tz. 13.
7 BFH 26. 10. 1989 IV R 23/89, BStBl 1990 II 333; 31. 1. 1992 VIII B 33/90, BStBl 1992 II 559; *Brockmeyer* in Klein, § 352 AO Rz. 5; *von Groll* in Gräber, § 48 FGO Rz. 12; *Heinke*, DStZ 1997, 558.

Regelungen des BGB oder HGB (z. B. § 714 BGB; §§ 125 und 170 HGB). Besteht nach der gesetzlichen oder vertraglichen Regelung lediglich eine Gesamtvertretungsbefugnis aller Gesellschafter, so können diese nur gemeinsam Einspruch einlegen;[1] die Einspruchsschrift muss dementsprechend alle Gesellschafter als für die Gesellschaft handelnde Personen ausweisen.[2]

Der zur Vertretung berufene Geschäftsführer ist allein einspruchsbefugt, sofern kein Sonderfall des § 352 Abs. 1 Nr. 3–5 AO vorliegt. 6476

Das FA kann den Nachweis für die Vertretungsbefugnis verlangen; ist er erbracht, bedarf es keiner gesonderten Vollmacht der Gesellschafter zur Einspruchseinlegung. 6477

Ist der zur Vertretung berufene Geschäftsführer gleichzeitig Feststellungbeteiligter, weil er Gesellschafter ist, ist er auch selbst einspruchsbefugt (§ 352 Abs. 4 und 5 AO); in diesem Fall ist wegen möglicher Auswirkungen auf die (Teil-)Bestandskraft klar zu stellen, ob er nur persönlich, nur in seiner Eigenschaft als Geschäftsführer oder sowohl für die Gesellschaft als auch persönlich Einspruch eingelegt.[3] 6478

cc) Einspruchsbefugnis des bestellten gemeinsamen Empfangsbevollmächtigten (§ 352 Abs. 2 Satz 1 AO i. V. m. § 352 Abs. 1 Nr. 1 2. Alt. AO)

Hat die Personengruppe keinen zur Vertretung berufenen Geschäftsführer wie z. B. bei Erbengemeinschaften oder bei sog. einfachen Rechtsgemeinschaften wie Miteigentümergemeinschaften mit Einkünften aus Vermietung und Verpachtung eines Grundstückes, so gilt der von ihnen bestellte gemeinsame Empfangsbevollmächtigte i. S. d. § 183 Abs. 1 Satz 1 AO bzw. § 6 Abs. 1 Satz 1 VO zu § 180 Abs. 2 AO als einspruchsbefugt (§ 352 Abs. 2 Satz 1 AO). 6479

Der Empfangsbevollmächtigte i. S. d. § 183 AO ist zu unterscheiden von den in §§ 80 und 122 Abs. 1 Satz 3 AO genannten Bevollmächtigten. 6480

Haben nicht alle Feststellungsbeteiligten, sondern nur ein Teil von ihnen einen Empfangsbevollmächtigten bestellt,[4] ist die Einspruchsbefugnis des bestellten Empfangsbevollmächtigten in derartigen Fällen auf die Beteiligten beschränkt, die ihn bestellt haben; hinsichtlich der Übrigen gilt § 352 Abs. 1 Nr. 2 AO.[5] Letztere sind zum Einspruchsverfahren, das der Einspruchsbevollmächtigte begonnen hat, notwendig hinzuziehen, wenn sie nicht auch Einspruch eingelegt haben. 6481

1 Zu § 352 AO: *Birkenfeld* in Hübschmann/Hepp/Spitaler, § 352 AO Rz. 69; *Brockmeyer* in Klein, § 352 AO Rz. 8; *Dißars/Dißars*, BB 1996, 773, 774; *von Wedelstädt*, AO-StB 2006, 230, 231, m. w. N.; zur entsprechenden Regelung in § 48 FGO: *von Beckerath* in Beermann/Gosch, § 48 FGO Rz. 78; *Steinhauff* in Hübschmann/Hepp/Spitaler, § 48 Rz. 70.

2 BFH 6. 10. 2004 IX R 68/01, BStBl 2005 II 324, m. w. N.; *Hardtke* in Kühn/von Wedelstädt, § 352 AO Rz. 5; *von Beckerath* in Beermann/Gosch, § 48 FGO Rz. 78.

3 BFH 26. 3. 1980 I R 87/79 BStBl 1980 II 586; 11. 11. 1998 IV B 134/97, BFH/NV 1999, 590; *von Wedelstädt*, AO-StB 2006, 230, 231.

4 Siehe AEAO zu § 122, Nr. 2.5.2 Abs. 1 Satz 2.

5 Umstritten, so *Brockmeyer* in Klein, § 352 AO Rz. 9; *Hardtke* in Kühn/von Wedelstädt, § 352 AO Rz. 11; OFD Hannover, AO-Kartei § 352 Karte 3 Nr. 3; a. A. *Heinke*, DStZ 1997, 558, 560, der in diesem Fall alle Beteiligten nach § 352 Abs. 1 Nr. 2 AO für einspruchsbefugt hält; ebenso *Szymczak*, DB 1994, 2254, 2256; zum Meinungsstand s. *Steinhauff* in Hübschmann/Hepp/Spitaler, § 48 FGO Rz. 155 f., m. w. N.

6482 Fraglich ist, ob die Einspruchsbefugnis des bestellten Empfangsbevollmächtigten auch bei Ausscheiden des Beteiligten aus der Gesellschaft oder bei ernstlichen Meinungsverschiedenheiten (§ 183 Abs. 2 AO) fort gilt, bis sie widerrufen wird (§ 183 Abs. 3 AO). Auch wenn § 352 Abs. 2 AO nicht auf § 183 Abs. 2 AO verweist, ist es nahe liegend, in diesen Fällen die Einspruchsbefugnis des Empfangsbevollmächtigten als beendet anzusehen (s. auch Rn. 6496).[1]

6483 Weitere Voraussetzung für die Einspruchs- bzw. Klagebefugnis des Empfangsbevollmächtigten ist, dass die Beteiligten in der Feststellungserklärung oder in der Aufforderung zur Benennung des Empfangsbevollmächtigten über die damit verbundene Befugnis belehrt worden sind (s. nachfolgend Rn. 6486).

dd) Einspruchsbefugnis des fingierten Empfangsbevollmächtigten

6484 Ist kein gemeinsamer Empfangsbevollmächtigter bestellt, steht die Einspruchsbefugnis dem nach § 183 Abs. 1 Satz 2 AO fingierten Empfangsbevollmächtigten zu (§ 352 Abs. 2 Satz 2 Halbsatz 1 1. Alt. AO). Das ist nach § 183 Abs. 1 Satz 2 AO derjenige, der zur rechtlichen Vertretung der Gesellschaft oder der Feststellungsbeteiligten oder zur Verwaltung des Feststellungsgegenstandes berechtigt (§ 34 Abs. 3 AO) ist. Es ist zweifelhaft, ob die erste Alternative („der zur Vertretung der Gesellschaft Berechtigte") einen Anwendungsbereich hat, weil Personengesellschaften regelmäßig Gesellschafter haben, die geschäftsführungs- und vertretungsberechtigt sind.[2] In Frage kommen hier der Liquidator einer Personengesellschaft oder der Treuhänder eines Gesamtobjekts einer Bauherrengemeinschaft.[3]

ee) Einspruchsbefugnis des vom FA bestimmten Empfangsbevollmächtigten

6485 Fehlt auch ein fingierter Empfangsbevollmächtigter, so steht die Einspruchsbefugnis dem vom FA nach § 183 Abs. 1 Satz 3 – 5 AO bzw. nach § 6 Abs. 1 Satz 3 – 5 der VO zu § 180 Abs. 2 AO bestimmten Empfangsbevollmächtigten zu (§ 352 Abs. 2 Satz 2 Halbsatz 1 2. Alt. AO). Eine Belehrung ist ebenfalls erforderlich (Rn. 6486).

ff) Voraussetzungen für die Einspruchsbefugnis der Empfangsbevollmächtigten

6486 Voraussetzung für die Einspruchsbefugnis des Empfangsbevollmächtigten nach § 352 Abs. 2 AO ist, dass das FA die Feststellungsbeteiligten über die Folgen des § 352 Abs. 2 AO **belehrt** hat (§ 352 Abs. 2 Satz 3 AO). Dies soll in der Feststellungserklärung erfolgen oder bei Aufforderung zur Benennung eines Empfangsbevollmächtigten in dieser. Die Belehrung muss jedem Feststellungsbeteiligten gegenüber wirksam sein, was bedeutet, dass sie jedem gegenüber bekannt werden muss. Dies dürfte durch die Übersendung der Feststellungserklärung an die meist schon bisher als Empfangsbevollmächtigter aufgetretene Person nicht erfüllt sein. Fehlt die Belehrung oder ist sie nicht wirksam bekannt gegeben, so ist jeder Beteiligte einspruchsbefugt (§ 352 Abs. 1 Nr. 2 i. V. m.

1 *Brockmeyer* in Klein, § 352 AO Rz. 11, m. w. N.; *Birkenfeld* in Hübschmann/Hepp/Spitaler, § 352 AO Rz. 136; *Dißars/Dißars*, BB 1996 773, 776; *von Wedelstädt*, AO-StB 2006, 231, 233.

2 Siehe *Birkenfeld* in Hübschmann/Hepp/Spitaler, § 352 AO Rz. 154.

3 *Birkenfeld* in Hübschmann/Hepp/Spitaler, § 352 AO Rz. 156.

Abs. 2 Satz 3 AO), ein Einspruch des Empfangsbevollmächtigten ist unzulässig. An der Empfangsbevollmächtigung selbst ändert dies nichts, sie bleibt bestehen.

In den Fällen des § 352 Abs. 2 Satz 2 AO (des fingierten oder des vom FA bestimmten Empfangsbevollmächtigten) kann der Feststellungsbeteiligte der Einspruchsbefugnis des Empfangsbevollmächtigten **widersprechen.**[1] Der Widerspruch ist gegenüber der das Feststellungsverfahren durchführenden FinBeh zu erklären. Eine bestimmte Form ist nicht vorgeschrieben, aus Nachweisgründen ist aber schriftlicher Widerspruch zu empfehlen. Ein nicht schriftlich erklärter Widerspruch ist vom FA unter Datumsangabe aktenkundig zu machen. Der Widerspruch ist spätestens bis Ablauf der Einspruchsfrist, die auch für den Widersprechenden mit der Bekanntgabe des Feststellungsbescheides an den Empfangsbevollmächtigen zu laufen beginnt, zu erheben.[2] Im Falle des Widerspruchs ist der Widersprechende selbst einspruchsbefugt (§ 352 Abs. 1 Nr. 2 AO). Der Widerspruch macht den eigenen Einspruch des Widersprechenden nicht entbehrlich; auch er ist innerhalb der Einspruchsfrist einzulegen. Durch den Widerspruch wird die Fiktion bzw. Bestimmung als Empfangsbevollmächtigter nicht berührt, der Widerspruch ändert hinsichtlich der übrigen Feststellungsbeteiligten nichts an der Einspruchsbefugnis des Empfangsbevollmächtigten. Hat der Widersprechende nicht selbst Einspruch eingelegt, ist er zum Einspruchsverfahren des Empfangsbevollmächtigten notwendig hinzuziehen. 6487

(Einstweilen frei) 6488–6495

gg) Besonderheiten bei der Einspruchsbefugnis nach § 352 Abs. 1 Nr. 1 AO

(1) Ausscheiden eines Gesellschafters

Im Falle des Ausscheidens eines Gesellschafters entfällt die Beschränkung des § 352 Abs. 1 Satz 1 Nr. 1 AO, der ausgeschiedene Gesellschafter ist selbst einspruchsbefugt und nicht die Gesellschaft (§ 352 Abs. 1 Satz 1 Nr. 3 AO).[3] Das gilt auch für die Fortführung eines bereits begonnenen Rechtsbehelfsverfahrens. Die Fiktion des § 183 Abs. 3 AO, nach der dem Empfangsbevollmächtigten u. a. auch für einen ausgeschiedenen Feststellungsbeteiligten wirksam bekannt gegeben werden kann, soweit und solange der Beteiligte oder der Empfangsbevollmächtigte nicht widersprochen hat, gilt für die Einspruchsbefugnis nicht, wie sich aus § 352 Abs. 1 Nr. 3 AO („auch wenn Personen nach Nr. 1 vorhanden sind, ...") ergibt. Das Eintreten und Ausscheiden von Gesellschaftern hat im Übrigen keinen Einfluss auf den Fortbestand der Personengesellschaft als Verfahrensbeteiligte.[4] Da Feststellungsbescheide bereits mit ihrer Bekanntgabe an den geschäftsführenden Gesellschafter gegenüber den Gesellschaftern wirksam werden, ist ein vom ausgeschiedenen Gesellschafter eingelegter Einspruch oder erhobene Klage auch dann von Anfang an zulässig, wenn ihm erst während des Einspruchs- oder Klage- 6496

1 AEAO zu § 352, Nr. 3 f.

2 AEAO zu § 352, Nr. 3 f.

3 BFH 19. 6. 1990 VIII B 3/89, BStBl 1990 II 1068; 30. 3. 1993 VIII R 8/91, BStBl 1993 II 864, 865; *von Groll* in Gräber, § 48 FGO Rz. 33; *von Wedelstädt*, AO-StB 2006, 230, 233 und 261.

4 BFH 18. 12. 1990 VII R 134/86, BStBl 1991 II 882.

verfahrens der Feststellungsbescheid oder die Einspruchsentscheidung bekannt gegeben wird.[1]

6497 Die Personengesellschaft ist stets notwendig hinzuziehen oder beizuladen, auch wenn sie vom Ausgang des Verfahrens unter keinem denkbaren Gesichtspunkt betroffen sein kann. Die Notwendigkeit der Beiladung entfällt auch nicht deshalb, weil nicht nur ein Gesellschafter ausgeschieden ist, sondern alle Gesellschafter ihre Anteile veräußert haben.[2]

(2) Liquidation der Gesellschaft

6498 Die **Personengesellschaft in Liquidation** ist steuerrechtlich noch nicht vollbeendet (Rn. 6070). Sie bleibt nach § 352 Abs. 1 Nr. 1 AO bzw. § 48 Abs. 1 Nr. 1 FGO als Prozessstandschafterin einspruchs- bzw. klagebefugt. Sie wird vertreten durch ihre Liquidatoren anstelle des vertretungsberechtigten Geschäftsführers.[3] Sie müssen als gemeinsam Handelnde (§ 730 Abs. 2 Satz 2 BGB, § 150 Abs. 1 HGB) auch gemeinsam Einspruch einlegen, soweit durch Gesellschafterbeschluss nicht etwas anderes vereinbart wurde.[4]

(3) Vollbeendigung der Gesellschaft

6499 Mit Vollbeendigung der Personengesellschaft (s. dazu Rn. 6070 f.) endet deren Fähigkeit, Verfahrensbeteiligte zu sein.[5] Die Einspruchsbefugnis hinsichtlich der Feststellungsbescheide geht auf die durch den angefochtenen Feststellungsbescheid beschwerten Gesellschafter über, die im Streitzeitraum an der Personengesellschaft beteiligt waren[6] – anders als bei Steuerbescheiden über Betriebssteuern. Sie müssen aber durch den angefochtenen Bescheid beschwert sein (§ 350 AO). Eine Hinzuziehung oder Beiladung der vollbeendeten Gesellschaft zu Rechtsbehelfen der Gesellschafter kommt nicht mehr in Betracht.[7] Im Falle der **Anwachsung** ist der verbleibende Gesellschafter und im Fall der **Umwandlung** der Rechtsnachfolger der Personengesellschaft hinsichtlich der Einspruchsbefugnis nicht Rechtsnachfolger, diese geht vielmehr auf die betroffenen Gesellschafter über. Jeder von der Feststellung betroffene Gesellschafter ist unter den Voraussetzungen des § 350 AO einspruchsbefugt.[8] Hat die Personengesellschaft noch den Einspruch eingelegt, darf der Einspruch nach ihrer Vollbeendigung nicht als unzulässig verworfen werden. Das Verfahren ist mit den Gesellschaftern als den Rechtsnachfolgern fortzusetzen. Sind diese nicht durch einen Verfahrensbevollmächtig-

1 BFH 30. 3. 1993 VIII R 8/91, BStBl 1993 II 864, m. w. N.

2 BFH 30. 3. 1999 VIII R 15/97, BFH/NV 1999, 1468, m. w. N.

3 BFH 12. 4. 2007 IV B 69/05, BFH/NV 2007, 1923, m. w. N.; 17. 12. 2008 IV R 85/06, BStBl 2009 II 795; *von Wedelstädt*, AO-StB 2006, 230, 232; *Steinhauff*, AO-StB 2010, 182, 184.

4 U. a. *Brockmeyer* in Klein, § 352 AO Rz. 15; *von Groll* in Gräber, § 48 FGO Rz. 25; *Brandis* in Tipke/Kruse, § 48 FGO Tz. 14; von Wedelstädt, AO-StB 2006, 230, 232.

5 BFH 27. 4. 1993 VIII R 27/92, BStBl 1994 II 3, m. w. N.; 25. 4. 2006 VIII R 52/04, BStBl 2006 II 847, m. w. N.; *von Wedelstädt*, AO-StB 2006, 230, 232.

6 BFH 27. 4. 1993 VIII R 27/92, BStBl 1994 II 3, m. w. N.; 12. 12. 1995 VIII R 59/92, BStBl 1996 II 219, m. w. N.; 25. 4. 2006 VIII R 52/04, BStBl 2006 II 847, m. w. N.; *von Wedelstädt*, AO-StB 2006, 230, 232; *Steinhauff*, AO-StB 2010, 182, 184.

7 St. Rspr., u. a. BFH 26. 10. 1989 IV R 23/90, BStBl 1990 II 333; 27. 4. 1993 VIII R 27/92, BStBl 1994 II 3, m. w. N.; 28. 3. 2000 VIII R 6/99 BFH/NV 2000, 1074; s. ferner *von Groll* in Gräber, § 48 FGO Rz. 24.

8 BFH 19. 5. 1983 IV R 125/82, BStBl 1984 II 15.

ten vertreten oder haben sie auch nicht selbst zulässige Einsprüche eingelegt, ist das Verfahren bis zur Aufnahme durch einen Feststellungsbeteiligten unterbrochen.[1] Der ehemalige Gesellschafter ist zur Anfechtung des Feststellungsbescheides befugt, der einen Zeitraum seiner Gesellschaftszugehörigkeit betrifft.[2]

(4) Konkurs oder Insolvenz der Gesellschaft

Im Konkurs oder in der Insolvenz der Gesellschaft geht die Einspruchsbefugnis nicht auf den Konkurs- bzw. Insolvenzverwalter über, da die gesonderte und einheitliche Feststellung von Einkünften zu den konkurs- bzw. insolvenzfreien Angelegenheiten i. S. d. § 6 KO bzw. § 80 InsO zählt (Rn. 6065 ff.). Sie steht den Gesellschafter-Liquidatoren (§ 352 Abs. 1 Nr. 1 1. Alt. AO) zu.[3] 6500

(5) Atypisch stille Gesellschaft

§ 352 Abs. 1 Nr. 1 1. Alt. AO ist auf Geschäftsführer von atypisch stillen Gesellschaften auch nicht sinngemäß anwendbar. Denn bei der Innengesellschaft kommt eine Vertretung, d. h. ein rechtsgeschäftliches Handeln für die Gesellschaft im Außenverhältnis, nicht in Betracht; die stille Gesellschaft hat keine Organe und keine Bevollmächtigten.[4] § 352 Abs. 1 Nr. 1 2. Alt. regelt ausdrücklich die Fälle, in denen – wie bei der atypisch stillen Gesellschaft – ein zur Vertretung befugter Gesellschafter nicht vorhanden ist. Sofern eine Belehrung nach § 352 Abs. 2 Satz 3 AO erfolgt ist, ist der Inhaber des Handelsgeschäfts nach § 352 Abs. 2 i.V.m. § 183 Abs. 1 AO als Empfangsbevollmächtigter einspruchsbefugt, anderenfalls er und die atypischen stillen Gesellschafter nach § 352 Abs. 1 Nr. 2 und Nr. 4 AO.[5] 6501

Ist die Personengesellschaft zugleich tätiger Gesellschafter einer atypisch stillen Gesellschaft, sind nach Vollbeendigung der Personengesellschaft alle atypisch stillen Gesellschafter einspruchs- und klagebefugt.[6] 6502

Da zwischen dem Inhaber des Handelsgeschäfts und dem stillen Gesellschafter nur schuldrechtliche Beziehungen bestehen, geht die stille Gesellschaft mit ihrer Auflösung sofort unter. Bei der atypisch stillen Gesellschaft findet daher keine Liquidation statt, sondern Vollbeendigung.[7] 6503

(6) Treuhandschaft

Bei Beteiligung von Treugebern an einer Personengesellschaft über Treuhänder ist auch bei einer zulässigen Zusammenfassung der Feststellungen der Personengesellschaft 6504

---

1 BFH 19. 5. 2000 VIII B 98/99, BFH/NV 2000, 1444, m. w. N.

2 BFH 20. 6. 1989 VIII R 366/83, BFH/NV 1990, 208.

3 BFH 23. 8. 1994 VII R 143/92, BStBl 1995 II 194; *Birkenfeld* in Hübschmann/Hepp/Spitaler, § 352 AO Rz. 112; *Brockmeyer* in Klein, § 352 AO Rz. 15; *von Groll* in Gräber, § 48 FGO Rz. 25; *von Beckerath* in Beermann/Gosch, § 48 FGO Rz. 163; *Brandis* in Tipke/Kruse, § 48 FGO Tz. 16; *von Wedelstädt*, AO-StB 2006, 230, 232.

4 BFH 3. 3. 1998 VIII B 62/97, BStBl 1998 II 401; *von Wedelstädt*, AO-StB 2006, 230, 231, m. w. N.

5 BFH 3. 3. 1998 VIII B 62/97, BStBl 1998 II 401; 30. 9. 2005 VIII B 150/04, BFH/NV 2006, 299.

6 BFH 24. 11. 1988 VIII B 90/87, BStBl 1989 II 145.

7 BFH 24. 11. 1988 VIII B 90/87, BStBl 1989 II 145, m. w. N.; 12. 12. 1995 VIII R 59/92, BStBl 1996 II 219, m. w. N.

und der Beteiligten am Treuhandverhältnis nur der Treuhänder als Gesellschafter, nicht der Treugeber einspruchsbefugt.[1] Dieser ist daher auch nicht hinzuziehen oder beizuladen. Im zweistufigen Feststellungsverfahren kann ein Treugeber-Gesellschafter (s. Rn. 5986) im Rechtsbehelfsverfahren nur geltend machen, durch die Verteilung des auf der ersten Stufe festgestellten Gewinns in seinen Rechten verletzt zu sein. Zu einem solchen Rechtsstreit des Treugebers ist der Treuhänder hinzuziehen bzw. beizuladen.[2]

(7) Negativer Feststellungsbescheid

6505 Bei einem **negativen Feststellungsbescheid, mit dem die Mitunternehmerschaft verneint** wird, sind alle Feststellungsbeteiligten einspruchs- und klagebefugt;[3] daneben ist in analoger Anwendung des § 352 Abs. 1 Nr. 1 AO bzw. § 48 Abs. 1 Nr. 1 FGO die Personengesellschaft einspruchs- und klagebefugt.[4] Beim **kombiniert positiv-negativen Feststellungsbescheid** sind die positiven Feststellungen nach § 352 Abs. 1 Nr. 4 AO, die negativen Feststellungen von allen, die davon betroffen sind, nach § 352 Abs. 1 Nr. 4 AO anzufechten.[5] Sofern im Feststellungsbescheid festgestellt wird, dass ein Steuerpflichtiger nicht Beteiligter des Gewinnfeststellungsverfahrens ist, ist er auch einspruchsbefugt, wenn er nicht formell Adressat des Gewinnfeststellungsbescheids ist; dies gilt nicht, wenn lediglich unterlassen wurde, den Steuerpflichtigen als Beteiligten aufzuführen.[6]

6506 Wird ein Feststellungsbescheid aufgehoben, sind alle in dem aufgehobenen Bescheid als Beteiligte genannten Personen einspruchsbefugt.[7]

6507 Für einen **negativen Feststellungsbescheid, mit dem die Steuerbarkeit der gemeinschaftlichen Betätigung verneint** wird, gelten die Regeln des § 352 AO, da die Feststellungsgemeinschaft besteht.

6508–6515 *(Einstweilen frei)*

hh) Einspruchsbefugnis der Beteiligten

(1) § 352 Abs. 1 Nr. 2 AO

6516 Fehlt ein zur Vertretung berufener Geschäftsführer sowie ein gemeinsam bestellter, fingierter und von der FinBeh bestimmter gemeinsamer Empfangsbevollmächtigter, ist jeder Beteiligte einspruchsbefugt. Der – zulässige – Einspruch eines Feststellungsbeteiligten gegen einen Bescheid über die gesonderte und einheitliche Feststellung hemmt den Ablauf der Feststellungsfrist auch dann, wenn das FA den Bescheid bisher nur einem der anderen Feststellungsbeteiligten bekannt gegeben hat.[8]

1 BFH 12. 1. 1995 VIII B 43/94, BFH/NV 1995, 759, 761; 13. 7. 1999 VIII R 76/97, BStBl 1999 II 747.
2 BFH 15. 4. 2003 IV B 188/01, BFH/NV 2003, 1283; 14. 9. 2010 IV B 15/10, BFH/NV 2011, 5.
3 BFH 21. 5. 1992 IV R 47/90, BStBl 1992 II 865, m. w. N.; 5. 7. 2002 IV B 42/01, BFH/NV 2002, 1447, 1450; 7. 11. 2006 VIII R 5/04, BFH/NV 2007, 906.
4 BFH 6. 12. 1994 IX R 56/92 BFH/NV 1995, 982, m. w. N.
5 BFH 21. 5. 1992 IV R 47/90, BStBl 1992 II 865; *Birkenfeld* in Hübschmann/Hepp/Spitaler, § 352 AO Rz. 262.
6 BFH 10. 11. 1987 VIII R 397/83, BFH/NV 1989, 560.
7 BFH 4. 4. 1989 IX R 139/85, BFH/NV 1989, 765.
8 BFH 13. 9. 1994 IX R 89/90, BStBl 1995 II 39.

(2) § 352 Abs. 1 Nr. 3 AO

Ausgeschiedene Gesellschafter, Gemeinschafter oder Mitberechtigte, gegen die der Feststellungsbescheid ergangen ist oder zu ergehen hätte, haben eine eigene Einspruchsbefugnis, und zwar auch dann, wenn ihnen der Bescheid nicht bekamt gegeben wurde;[1] dies gilt unabhängig davon, ob ein Geschäftsführer vorhanden ist.[2] 6517

(3) § 352 Abs. 1 Nr. 4 AO

Soweit es um die Zurechnung des festgestellten Betrags geht, ist jeder Gesellschafter oder Gemeinschafter einspruchsbefugt, der durch die Feststellungen betroffen wird (§ 352 Abs. 1 Nr. 4 AO); hier handelt es sich nicht um eine Neuerung.[3] 6518

(4) § 352 Abs. 1 Nr. 5 AO

Soweit die persönlichen Belange eines Beteiligten wie z. B. bei Sonderbetriebsausgaben betroffen sind, ist der betroffene Gesellschafter oder Gemeinschafter einspruchsbefugt.[4] Bei einer GmbH & Co. KG sind im Falle einer verdeckten Gewinnausschüttung alle Kommanditisten einspruchsbefugt, die einen Vorteil erhalten.[5] Bei Streit eines Gesellschafters über einen Veräußerungsgewinn im Zusammenhang mit seinem Ausscheiden aus der OHG ist der Gesellschafter einspruchsbefugt.[6] Der einzelne Gesellschafter ist in einem Rechtsstreit, ob Aufwendungen als Betriebsausgaben anzuerkennen sind, auch dann nicht einspruchs- und klagebefugt, wenn die Aufwendungen nach Ansicht des FA allein diesem Gesellschafter zugutegekommen sind.[7] 6519

Legen alle Gesellschafter einer GbR Einspruch gegen den Gewinnfeststellungsbescheid ein, die ohne Ausnahme persönlich einspruchsbefugt sind, ist i. d. R. davon auszugehen, dass sie sowohl im Namen der Gesellschaft als auch im eigenen Namen Einspruch einlegen.[8] 6520

(5) Einspruchsbefugnis bei Prüfungsanordnungen hinsichtlich der gesonderten und einheitlichen Feststellung

Bei Personengesellschaften mit gewerblichen Einkünften ist die Prüfungsanordnung an die Gesellschaft, bei Personengesellschaften mit Überschusseinkünften an die Gesellschafter zu richten (s. Rn. 6323 und 6325). Da einspruchs- und klagebefugt nur derjenige ist, der – soweit gesetzlich nichts anderes bestimmt ist – geltend macht, durch den Verwaltungsakt in seinen Rechten verletzt zu sein, ist dies im Falle einer Prüfungsanordnung derjenige, an den sich die Prüfungsanordnung inhaltlich richtet, d. h. wer als Prüfungssubjekt die Prüfung dulden muss. Dies ist in Zweifelsfällen durch Aus- 6521

1 BFH 26. 4. 1988 VIII R 292/82, BStBl 1988 II 855.
2 Vgl. dazu ausführlich *von Wedelstädt*, AO-StB 2006, 261, 262.
3 Vgl. dazu ausführlich *von Wedelstädt*, AO-StB 2006, 261, 262.
4 Vgl. dazu ausführlich *von Wedelstädt*, AO-StB 2006, 261, 263.
5 BFH 7. 5. 1987 IV R 122/84, BFH/NV 1988, 761.
6 BFH 4. 8. 1988 IV R 78/86, BFH/NV 1989, 281.
7 BFH 30. 12. 2003 IV B 21/01, BStBl 2004 II 239.
8 BFH 19. 8. 1999 IV R 13/99, BStBl 2000 II 85.

legung zu ermitteln.[1] Richtet sich die Prüfungsanordnung hinsichtlich der Feststellung an die Gesellschaft, ist diese, richtet sie sich an die Gesellschafter, sind diese ohne die Einschränkung nach § 352 Abs. 1 Nr. 1 AO einspruchsbefugt.[2]

6522–6530 *(Einstweilen frei)*

c) Notwendige Hinzuziehung zum Einspruchsverfahren (§ 360 Abs. 3 AO)

aa) Allgemeines

6531 Sind an einem streitigen Rechtsverhältnis Dritte derart beteiligt, dass die Entscheidung auch ihnen gegenüber nur einheitlich ergehen kann, sind sie notwendig hinzuziehen, damit die Entscheidung auch für sie bindend ist (§ 360 Abs. 3 AO). Das ist dann der Fall, wenn die Entscheidung notwendigerweise und unmittelbar Rechte Dritter gestaltet, bestätigt, verändert oder zum Erlöschen bringt, insbesondere also in Fällen, in denen das, was einen Verfahrensbeteiligten begünstigt oder benachteiligt, notwendigerweise umgekehrt den Dritten benachteiligen oder begünstigen muss.[3] Dabei ist eine Verböserung gegenüber dem Hinzugezogenen möglich, wenn nur einheitlich entschieden werden kann.[4]

6532 Bei der gesonderten und einheitlichen Feststellung handelt es sich um eine notwendig einheitliche Feststellung gegenüber allen Feststellungsbeteiligten. Über die Rechtmäßigkeit des Bescheides kann deshalb nur einheitlich und gleichzeitig entschieden werden, weshalb einspruchsbefugte, jedoch nicht selbst das Rechtsbehelfsverfahren führende Feststellungsbeteiligte zu einem Einspruchsverfahren notwendig hinzuziehen sind (§ 360 Abs. 3 AO).[5] Wer nicht einspruchsbefugt ist, ist nicht notwendig hinzuziehen (§ 360 Abs. 3 Satz 2 AO). Einspruchsbefugnis und notwendige Hinzuziehung hängen in dem Sinne miteinander zusammen, dass diejenigen Einspruchsbefugten, die nicht Einspruch eingelegt haben, notwendig hinzuziehen sind.[6]

BEISPIELE:

- bei GmbH & Co. KG im Falle einer vGA sind alle Kommanditisten hinzuziehen bzw. beizuladen, die einen Vorteil erhalten haben;[7]
- begehrt die Personengesellschaft die Feststellung eines niedrigeren Gewinns, dann sind die von der niedrigeren Gewinnfeststellung betroffenen Gesellschafter notwendig hinzuzuziehen;[8]
- bei Streit wegen Sondervergütungen oder Sonderbetriebsvermögen ist der Gesellschafter notwendig beizuladen.[9]

---

1 BFH 27. 11. 1991 V B 161/91, BFH/NV 1992, 437.

2 Vgl. dazu ausführlich *von Wedelstädt*, AO-StB 2006, 261, 263.

3 BFH 19. 4. 1988 VII R 56/87, BStBl 1988 II 789, m. w. N.; 12. 1. 2001 VI R 49/98, BStBl 2001 II 246, m. w. N.

4 BFH 28. 11. 1989 VIII R 40/84, BStBl 1990 II 561; 12. 11. 1991 IX R 31/90, BFH/NV 1992, 436; *Birkenfeld* in Hübschmann/Hepp/Spitaler, § 367 AO Rz. 189; *von Wedelstädt*, AO-StB 2007, 46, 47, m. w. N.

5 BFH 30. 3. 1978 IV R 72/74, BStBl 1978 II 503; 27. 4. 1993 VIII R 27/92, BStBl 1994 II 3, 4, m. w. N.

6 BFH 9. 4. 1991 IX R 78/88, BStBl 1991 II 809, m. w. N.; 20. 12. 1994 IX R 136/90, BFH/NV 1996, 42, m. w. N.; Einzelfälle dazu s. *Brandt* in Beermann/Gosch, § 60 FGO Rz. 110.

7 BFH 7. 5. 1987 IV R 122/84, BFH/NV 1988, 761.

8 BFH 11. 10. 1989 I R 99/88, BFH/NV 1990, 516.

9 BFH 22. 9. 1999 II R 42/98, BFH/NV 2000, 446; 28. 1. 2003 VIII B 192/02, BFH/NV 2003, 926, m. w. N.

Die notwendige Hinzuziehung steht **nicht im Ermessen** der Finanzbehörde. Eine notwendige Hinzuziehung/Beiladung kann nur dann unterbleiben, wenn der Einspruch/die Klage offensichtlich unzulässig ist.[1] Denn kann der Einspruchsführer die Entscheidung des Finanzamts materiell nicht überprüfen lassen, so gilt Gleiches für den zum Einspruchsverfahren Hinzugezogenen (Grundsatz der Akzessorietät).[2] 6533

bb) Hinzuziehung der Gesellschaft

Zum Einspruchsverfahren eines Gesellschafters ist die **Gesellschaft** – vertreten durch ihren zur Vertretung berufenen Geschäftsführer, im Falle der Liquidation vertreten durch den Liquidator[3] – stets notwendig hinzuziehen, selbst wenn sie vom Ausgang des Verfahrens unter keinem denkbaren Gesichtspunkt betroffen sein kann.[4] Die Personengesellschaft ist auch notwendig hinzuziehen, wenn einzelne Gesellschafter wegen der sie persönlich betreffenden Fragen gem. § 352 Abs. 1 Nr. 4 und 5 AO führen, weil die Verhältnisse der Gesellschaft als solche betroffen sind.[5] Die Hinzuziehung hat auch in diesem Fall selbst dann zu erfolgen, wenn die Gesellschaft vom Ausgang des Verfahrens unter keinem denkbaren Gesichtspunkt betroffen sein kann, wie dies z. B. bei einem Rechtsstreit über die Höhe eines Sonderbetriebsgewinns oder -verlustes der Fall ist[6] oder bei einem Einspruch eines ausgeschiedenen Gesellschafters wegen der Höhe seines Veräußerungsgewinnes.[7] Die Hinzuziehung ist auch erforderlich, wenn über das Vermögen der Personengesellschaft das Konkurs- oder Insolvenzverfahren eröffnet worden ist und die Gesellschaft wegen der Abwicklung noch nicht vollbeendigt ist.[8] Erben eines verstorbenen Mitunternehmers sind notwendig hinzuziehen; sind sie unbekannt, ist für den Prozess ein Pfleger zu bestellen.[9] Die Hinzuziehung entfällt mit Vollbeendigung der Gesellschaft (s. Rn. 6070 f.), weil sie damit ihre Beteiligtenfähigkeit verliert. Zur Hinzuziehung der Gesellschaft im Falle des Ausscheidens von Gesellschaftern s. Rn. 6497. 6534

Die Hinzuziehung der Gesellschaft darf nur unterbleiben, wenn der Einspruch offensichtlich unzulässig ist.[10] Ist der zur Vertretung berufene Geschäftsführer gleichzeitig Feststellungsbeteiligter, weil er Gesellschafter ist, ist er auch selbst einspruchsbefugt (§ 352 Abs. 4 und 5 AO); in diesem Fall ist zu klären, ob er den Einspruch nur persönlich, nur in seiner Eigenschaft als Geschäftsführer oder sowohl für die Gesellschaft als auch 6535

1 BFH 19. 10. 2001 V B 54/01, BFH/NV 2002, 370, m. w. N.
2 BFH 29. 5. 2001 VIII R 10/00, BStBl 2001 II 747, m. w. N.
3 BFH 26. 10. 1989 IV R 23/89, BStBl 1990 II 333, m. w. N.; 11. 2. 2002 IX B 146/01, BFH/NV 2002, 796.
4 U. a. BFH 31. 1. 1992 VIII B 33/90, BStBl 1992 II 559; 11. 2. 2002 IX B 146/01, BFH/NV 2002, 796, m. w. N.; *von Wedel* in Beermann/Gosch, § 360 AO Rz. 11.
5 BFH 31. 1. 1992 VIII B 33/90, BStBl 1992 II 559, m. w. N.; *Birkenfeld* in Hübschmann/Hepp/Spitaler, § 360 AO Rz. 40.
6 BFH 31. 1. 1992 VIII B 33/90, BStBl 1992 II 559, m. w. N.
7 BFH 30. 3. 1999 VIII R 15/97, BFH/NV 1999, 1468.
8 BFH 3. 9. 2009 IV R 17/07, BStBl 2010 II 631.
9 BFH 24. 3. 1999 I R 114/97, BFH/NV 1999, 1270, m. w. N.
10 BFH 22. 5. 1995 VIII B 146/94, BFH/NV 1995, 1077, m. w. N.

persönlich eingelegt hat.[1] Hat er nur persönlich Einspruch eingelegt, ist die Gesellschaft notwendig hinzuziehen.[2]

6536 Beteiligte eines Steuerrechtsstreits, der die gesonderte und einheitliche Gewinnfeststellung für die **atypisch stille Gesellschaft** betrifft (vgl. Rn. 6047), kann nicht die atypisch stille Gesellschaft selbst sein, weil sie eine reine Innengesellschaft ohne Gesellschaftsvermögen ist. An die Stelle der Einspruchsbefugnis der Gesellschaft nach § 352 Abs. 1 Nr. 1 AO tritt die des Inhabers des Handelsgeschäfts. Einspruch einlegen können nur der Inhaber des Handelsgeschäfts und der atypisch stille Gesellschafter.[3]

cc) Hinzuziehung der übrigen Feststellungsbeteiligten

6537 Die übrigen Feststellungsbeteiligten sind hinzuziehen, soweit sie selbst einspruchsbefugt sind (s. § 352 Abs. 4 und 5 AO). Bei einem Streit darum, ob mehrere Beteiligte den Tatbestand der Einkunftserzielung gemeinsam verwirklichen, ist die Hinzuziehung aller angeblich Beteiligten erforderlich. Das gilt auch bei einem Streit über das Bestehen einer Mitunternehmerschaft im Rahmen einer atypisch stillen Gesellschaft.[4]

6538 **Weitere Beispiele notwendiger Hinzuziehung** von Feststellungsbeteiligten (s. auch Beispiele in Rn. 6532):[5]

- Erben eines verstorbenen Mitunternehmers; sind sie unbekannt, ist für den Prozess ein Pfleger zu bestellen;[6]
- der den Anteil übernehmende Gesellschafter bei Streit über die Höhe des Veräußerungsgewinns eines ausgeschiedenen Gesellschafters, wenn deshalb auch die in einer Ergänzungsbilanz für den Erwerber zu erfassenden zusätzlichen Anschaffungskosten noch nicht feststehen;[7]
- alle nach Auffassung des FA nicht als Mitunternehmer zu behandelnden Personen bei Streit über einen negativen Feststellungsbescheid sowie zusätzlich beim kombiniert positiv-negativen Feststellungsbescheid die tatsächlichen Mitunternehmer sowie die Gesellschaft;[8]
- alle ehemaligen Gesellschafter, die nicht selbst Rechtsbehelf eingelegt haben, wenn durch das Ausscheiden sämtlicher Mitglieder der Personengesellschaft diese vollbeendet worden ist; das gilt auch, wenn aus einer zweigliedrigen Personengesellschaft einer der beiden Gesellschafter ausscheidet und die Personengesellschaft ohne Liquidation vollbeendet worden ist;[9]

---

1 BFH 26. 3. 1980 I R 87/79, BStBl 1980 II 586; 11. 11. 1998 IV B 134/97, BFH/NV 1999, 590.
2 BFH 11. 11. 1998 IV B 134/97, BFH/NV 1999, 590.
3 BFH 12. 11. 1985 VIII R 364/83, BStBl 1986 II 311; 24. 11. 1988 VIII B 90/87, BStBl 1989 II 145.
4 BFH 29. 9. 2006 IV R 2/05, BFH/NV 2007, 91.
5 *Von Wedelstädt*, AO-StB 2007, 15, 18, m. w. N.
6 BFH 24. 3. 1999 I R 114/97, BFH/NV 1999, 1270, m. w. N.
7 BFH 3. 3. 1998 VIII R 66/96, BStBl 1998 II 383, m. w. N.
8 BFH 21. 5. 1992 IV R 47/90, BStBl 1992 II 865, m. w. N.
9 BFH 5. 1. 2010 IV R 43/07, BFH/NV 2010, 1104, m. w. N.

- der Treuhänder, wenn der Treugeber-Gesellschafter gegen die Verteilung des auf der ersten Stufe festgestellten Gewinns Rechtsbehelf einlegt.[1]

Die Hinzuziehung einer Komplementär-GmbH kann unterbleiben, wenn sie aufgelöst und im Handelsregister gelöscht ist und die Entscheidung über die Gewinn- und Verlustzurechnung für die GmbH unter keinem denkbaren rechtlichen Gesichtspunkt auch nicht dem eines Verlustabzugs in Folgejahren, steuerliche Folgen haben könnte.[2] 6539

Ausgeschiedene Gesellschafter sind hinzuzuziehen, weil sie einspruchsbefugt sind (§ 352 Abs. 1 Nr. 3 AO), und zwar auch dann, wenn sie erst nach Einlegung des Einspruchs oder der Klageerhebung ausgeschieden sind.[3] Nach Vollbeendigung einer Personengesellschaft sind alle früheren nicht klagenden Gesellschafter hinzuzuziehen.[4] 6540

Zur Hinzuziehung der Gesellschaft im Falle des Ausscheidens von Gesellschaftern s. Rn. 6497. 6541

dd) Unterlassung der Hinzuziehung

Wird die notwendige Hinzuziehung unterlassen, stellt das einen Verstoß gegen die Grundordnung des Verfahrens dar. Die Einspruchsentscheidung ist nicht nichtig, das FG darf sie auch nicht isoliert aufheben, sondern muss den Dritten beiladen, das Klageverfahren nach § 74 FGO aussetzen, um der FinBeh die Gelegenheit zu geben, die Hinzuziehung nachzuholen und die Einspruchsentscheidung dem Hinzuziehenden nachträglich bekannt zu geben. Wenn er dagegen Klage erhebt, geht das Verfahren weiter, im Übrigen aber ist der Mangel der Hinzuziehung durch die Beiladung geheilt.[5] Eine isolierte Aufhebung der Einspruchsentscheidung wegen unterlassener Hinzuziehung ist nicht zulässig.[6] Ein zum Einspruchsverfahren der Gesellschaft fehlerhaft nicht hinzugezogener Gesellschafter kann sich hinsichtlich des Vorverfahrens i. S. d. § 44 Abs. 1 FGO auf das Einspruchsverfahren der Gesellschaft, die fehlerhaft zum Einspruchsverfahren des Gesellschafters nicht hinzugezogene Gesellschaft auf das Einspruchsverfahren des nach § 352 AO einspruchsbefugten Gesellschafters berufen.[7] 6542

ee) Verfahren der Hinzuziehung

Die Hinzuziehung erfolgt durch Verwaltungsakt. Sie ist auch noch nach Bekanntgabe der Einspruchsentscheidung bis zu deren Unanfechtbarkeit oder bis zur Klageerhebung möglich, um dem Hinzugezogenen dadurch die Rechtsstellung des Beteiligten und die 6543

1 BFH 14. 9. 2010 IV B 15/02, BFH/NV 2011, 5.

2 BFH 23. 9. 1999 IV R 56/98, BFH/NV 2000, 254, m. w. N.

3 BFH 19. 6. 1990 VIII B 3/89, BStBl 1990 II 1068; 1. 10. 2010 IV R 32/07, BFH/NV 2011, 271; *Brandt* in Beermann/Gosch, § 60 FGO Rz. 110; *Brandis* in Tipke/Kruse, § 60 FGO Rz. 30.

4 BFH 7. 7. 1998 VIII R 16/96 und VIII R 17/96, BFH/NV 1999, 471 und 473, m. w. N.; 11. 2. 2002 IX B 146/01, BFH/NV 2002, 796, m. w. N.; *Brandt* in Beermann/Gosch, § 60 FGO Rz. 110; *Brandis* in Tipke/Kruse, § 60 FGO Rz. 49.

5 BFH 14. 10. 2003 VIII R 32/01, BStBl 2004 II 359, m. w. N.; *Brandt* in Beermann/Gosch, § 60 FGO Rz. 203; *Brandis* in Tipke/Kruse, § 60 FGO Tz. 112; *Birkenfeld* in Hübschmann/Hepp/Spitaler, § 360 AO Rz. 79; *Hardtke* in Kühn/von Wedelstädt, § 360 AO Rz. 28; *von Wedelstädt*, AO-StB 2007, 46, 48.

6 *Brandis* in Tipke/Kruse, § 60 FGO Tz. 112.

7 BFH 27. 5. 2004 IV R 48/02, BStBl 2004 II 964.

Möglichkeit zu eröffnen, als Beteiligter zu klagen.[1] In entsprechender Anwendung des § 360 Abs. 3 AO ist der Einspruchsführer vor der Hinzuziehung zu hören, um ihm die Möglichkeit zu geben, durch Rücknahme des Einspruchs die Hinzuziehung zu vermeiden.[2]

6544 Die Hinzuziehung kann sowohl vom Hinzugezogenen wie vom Einspruchsführer unter der Voraussetzung der Beschwer mit dem **Einspruch** angefochten werden.

ff) Wirkung der Hinzuziehung

6545 Der Hinzugezogene kann dieselben Rechte geltend machen wie derjenige, der Einspruch eingelegt hat (§ 360 Abs. 4 AO). Ihm ist rechtliches Gehör zu gewähren, Schriftsätze und alle Entscheidungen sind ihm bekannt zu geben. Er kann aber den Einspruch nicht zurücknehmen, selbst wenn ihm gegenüber die Verböserung droht. Verböserung gegenüber dem Hinzugezogenen ist möglich, wobei m. E. ein entsprechender Hinweis nicht erforderlich ist, weil der Hinzugezogene zur Vermeidung der Verböserung das Verfahren nicht verlassen kann. Allerdings ist ihm rechtliches Gehör zu gewähren (§ 91 AO).

6546 Der Einspruchsführer kann den Einspruch ohne Einwilligung des Hinzugezogenen zurücknehmen, das FA den angefochtenen Feststellungsbescheid ohne seine Zustimmung aufheben. Eine Abhilfe des Einspruchs durch Abhilfebescheid jedoch ist nur zulässig, wenn der Hinzugezogene zustimmt oder seinem Antrag der Sache nach entsprochen wird.[3] Die Einspruchsentscheidung wirkt auch gegenüber dem Hinzugezogenen. Er kann gegen sie klagen, wenn er beschwert ist.

6547 Bei Publikumsgesellschaften ist § 360 Abs. 5 AO zu beachten. Werden Feststellungsbeteiligte nicht hinzugezogen, weil sie keinen Antrag stellen, liegt lediglich ein Verfahrensfehler vor. Die Einspruchsentscheidung entfaltet in diesem Fall gegenüber den nicht hinzugezogenen Feststellungsbeteiligten keine materielle Wirkung, weil im Einspruchsverfahren eine dem § 110 Abs. 1 Nr. 3 FGO entsprechende Vorschrift fehlt, wonach ein rechtskräftiges Urteil auch Personen bindet, die keinen oder keinen sachgerechten Antrag auf Hinzuziehung gestellt haben.[4] Als Folge kann es dazu kommen, dass gegenüber den Feststellungsbeteiligten unterschiedliche und ggf. divergierende Feststellungsbescheide bestandskräftig werden.[5] Im Übrigen wird die unterlassene Hinzuziehung durch eine Beiladung i. S. d. § 60a FGO geheilt.

6548–6555 *(Einstweilen frei)*

1 *Birkenfeld* in Hübschmann/Hepp/Spitaler, § 360 AO Rz. 54.

2 AEAO zu § 360, Nr. 2.

3 *Birkenfeld* in Hübschmann/Hepp/Spitaler, § 360 AO Rz. 60; *Brockmeyer* in Klein, § 360 AO Rz. 18; einschränkend nach AEAO zu § 360, Nr. 4 nur dann, wenn dem Antrag des Einspruchsführers nicht der Sache nach entsprochen wird.

4 *Brockmeyer* in Klein, § 360 AO Rz. 25; *von Wedel* in Beermann/Gosch, § 360 AO Rz. 6.

5 *Von Wedel* in Beermann/Gosch, § 360 AO Rz. 6; *Hardtke* in Kühn/von Wedelstädt, § 360 AO Rz. 21, m. w. N.; *von Wedelstädt*, AO-StB 2007, 46, 47, m. w. N.

4. Klageverfahren bei Bescheiden über die gesonderte und einheitliche Feststellung

a) Vorbemerkung

Wegen der Auswirkungen der Teilbestandskraft auf das Klageverfahren wird auf die Ausführungen unter Rn. 6449 ff. verwiesen. 6556

b) Klagebefugnis

§ 48 FGO regelt die Klagebefugnis bei Bescheiden über die gesonderte und einheitliche Feststellung von Besteuerungsgrundlagen in gleicher Weise wie § 352 AO die Einspruchsbefugnis in diesen Fällen. Daher wird auf die Ausführungen zur Einspruchsbefugnis verwiesen. 6557

Wie für das Einspruchsverfahren führt die Vollbeendigung dazu, dass nur noch die Gesellschafter klagebefugt sind, es sei denn, die Personengesellschaft begehre die ersatzlose Aufhebung der Einspruchsentscheidung.[1] 6558

Über die **Klagebefugnis des gemeinsamen bestellten Empfangsbevollmächtigten wie des fingierten oder bestimmten Empfangsbevollmächtigten** nach § 48 Abs. 2 Sätze 1 und 2 FGO sind die Feststellungsbeteiligten gesondert spätestens bei Erlass der Einspruchsentscheidung zu **belehren.** Auch diese Regelung begegnet denselben Bedenken, die oben (Rn. 6486) zur Belehrung über die Einspruchsbefugnis geäußert worden sind. Die Belehrung dient dazu, den Feststellungsbeteiligten bewusst zu machen, welche Tragweite die Benennung eines gemeinsamen Empfangsbevollmächtigten über die Empfangsbevollmächtigung hinaus für das Klageverfahren hat. Die Belehrung muss daher m. E. ebenfalls gegenüber allen Feststellungsbeteiligten erfolgen. Hat aber ein bestellter, fingierter oder bestimmter Empfangsbevollmächtigter das Einspruchsverfahren betrieben, wird durch Bekanntgabe der Einspruchsentscheidung ihm gegenüber diese auch wirksam bekannt gegeben. Eine mit ihr verbundene Belehrung über die Klagebefugnis wird den anderen Beteiligten nicht bekannt und damit m. E. nicht wirksam.[2] Der Feststellungsbeteiligte hat gegen die Klagebefugnis des fingierten wie des bestimmten Empfangsbevollmächtigten ein Widerspruchsrecht (§ 48 Abs. 2 Satz 2 Halbsatz 2 FGO); auch im Falle des bestellten Empfangsbevollmächtigten haben die Feststellungsbeteiligten die Möglichkeit, durch Widerruf der Empfangsbevollmächtigung das Klagerecht des Empfangsbevollmächtigten zu beseitigen.[3] Wegen dieser Möglichkeiten ist es m. E. geradezu zwingend, die Belehrung den Feststellungsbeteiligten selbst bekannt zu geben, da anderenfalls der Empfangsbevollmächtigte, dem die Einspruchsentscheidung zusammen mit der Belehrung bekannt gegeben worden ist, das Widerspruchsrecht des Feststellungsbeteiligten aushebeln kann. Da die Belehrung nicht Teil 6559

1 BFH 28. 3. 2000 VIII R 6/99, BFH/NV 2000, 1074.

2 A. A. *Steinhauff* in Hübschmann/Hepp/Spitaler, § 48 FGO Rz. 172, wenn die Einspruchsentscheidung dem Empfangsbevollmächtigten bekannt gegeben werden kann; ebenso *Dumke* in Schwarz, § 48 FGO Rz. 19.

3 *Von Beckerath* in Beermann/Gosch, § 48 FGO Rz. 97.

der Rechtsbehelfsbelehrung ist, löst eine fehlende oder unzureichende Belehrung über die Klagebefugnis keine Verlängerung der Klagefrist aus.[1]

6560–6565 *(Einstweilen frei)*

c) Notwendige Beiladung zum Klageverfahren (§ 60 Abs. 3 FGO)

6566 Das zur notwendigen Hinzuziehung Gesagte gilt entsprechend. Auch im finanzgerichtlichen Verfahren ist es erforderlich, eine einheitliche Entscheidung für alle vom Klageverfahren betroffenen Feststellungsbeteiligten zu erreichen, d. h. die Rechtskraftwirkung auch auf sie zu erstrecken, auch wenn sie im Einzelnen nicht Klage erhoben haben.[2] Dementsprechend genießt der notwendig Beigeladene auch nicht den Schutz des Verböserungsverbots,[3] so dass als Folge einer Herabsetzung des Gewinnanteils des Klägers der Gewinnanteil des Beigeladenen erhöht werden kann.

6567 Die Beiladung, die nicht im Ermessen des Gerichts liegt, erfolgt durch Beiladungsbeschluss, der allen Beteiligten zuzustellen ist (§ 48 Abs. 4 FGO). Die Beiladung ist auch noch nach Erlass des Urteils bis zur formellen Rechtskraft möglich; sie hat dann aber keine Wirkung für das Verfahren vor dem Finanzgericht, sondern nur für die Revision.[4] Der Kläger ist vorher zu hören. Der Beschluss ist ebenso wie eine Ablehnung einer Beiladung mit der Beschwerde anfechtbar (§§ 128 ff. FGO). Beschwerdebefugt sind alle am Verfahren Beteiligten sowie derjenige, dessen Beiladung abgelehnt worden ist.

6568 Wird die notwendige **Beiladung unterlassen,** stellt das einen Verstoß gegen die Grundordnung des Verfahrens dar.[5] Die Verletzung der Grundordnung des Verfahrens ist ein Verfahrensmangel i. S. d. § 115 Abs. 2 Nr. 3 FGO.[6] Die notwendige Beiladung kann im Revisionsverfahren nachgeholt werden (§ 123 Abs. 1 Satz 2 FGO); dies steht im Ermessen des BFH. Er wird dies tun, wenn nicht damit zu rechnen ist, dass aufgrund der Beiladung weitere tatsächliche Feststellungen durch das FG getroffen werden müssen.[7] Anderenfalls wird er die Vorentscheidung ohne Sachprüfung aufheben und die Sache zur Nachholung der Beiladung zurückverweisen. Die notwendige Beiladung kann ausnahmsweise unterbleiben, wenn entweder die Klage offensichtlich unzulässig ist[8] oder die an sich klagebefugten Gesellschafter, die keine Klage erhoben haben, unter keinem denkbaren Gesichtspunkt rechtlich betroffen sein können.[9] Eine notwendige Beiladung

1 *Von Groll* in Gräber, § 48 Rz. 30.

2 Siehe *Spindler* in Hübschmann/Hepp/Spitaler, § 60 FGO Rz. 50.

3 BFH 18. 12. 1970 III R 5/69, BStBl 1971 II 404; 11. 5. 1993 IX R 124/89, BFH/NV 1994, 25; *Spindler* in Hübschmann/Hepp/Spitaler, § 60 FGO Rz. 117; *Koch* in Gräber, § 60 FGO Rz. 142.

4 *Spindler* in Hübschmann/Hepp/Spitaler, § 60 FGO Rz. 27.

5 BFH 7. 7. 1998 VIII R 16/96 und VIII R 17/96, BFH/NV 1999, 471 und 473; 11. 3. 2005 VI R 38/02, BStBl 2005 II 776, m. w. N.; *Brandt* in Beermann/Gosch, § 60 FGO Rz. 200.

6 BFH 19. 6. 1990 VIII B 3/89, BStBl 1990 II 1068, 1070; 29. 7. 1992 IV B 7/91, BFH/NV 1993, 43; 28. 1. 2003 VIII B 192/02, BFH/NV 2003, 926; *Bartone* in Kühn/von Wedelstädt, § 60 FGO Rz. 6, m. w. N.; *Brandis* in Tipke/Kruse, § 60 FGO Tz. 110.

7 BFH 18. 12. 2002 I R 12/02, BFH/NV 2003, 636; *Ruban* in Gräber, § 123 FGO Rz. 5.

8 BFH 22. 5. 1995 VIII B 146/94, BFH/NV 1995, 1077, m w. N.; 7. 7. 1998 VIII R 16/96 und VIII R 17/96, BFH/NV 1999, 471 und 473, m. w. N.

9 St. Rspr. u. a. BFH 9. 4. 1991 IX R 78/88, BStBl 1991 II 809, m. w. N.; 13. 7. 1999 VIII R 76/97, BStBl 1999 II 747, m. w. N.; *Koch* in Gräber, § 60 FGO Rz. 65.

ist ferner dann entbehrlich, wenn ein zulässiges Klageverfahren eines andernfalls notwendig Beizuladenden mit dem konkret betroffenen Klageverfahren verbunden wird.[1]

Der Beigeladene erlangt die Stellung eines Verfahrensbeteiligten nach § 57 Nr. 3 FGO, und zwar auch im Revisionsverfahren. Er kann selbständig Angriffs- und Verteidigungsmittel ergreifen und alle Verfahrenshandlungen wirksam vornehmen (§ 60 Abs. 6 FGO). Er kann sich aber aus dem Verfahren nicht zurückziehen. 6569

Das rechtskräftige Urteil bindet auch den Beigeladenen und seinen Rechtsnachfolger (§ 110 Abs. 1 Satz 1 Nr. 1 FGO). Er kann gegen die Entscheidung Rechtsmittel einlegen. Er ist im Übrigen im Revisionsverfahren auch dann beteiligt, wenn nur der Hauptbeteiligte Revision eingelegt hat. 6570

Für **Publikumsgesellschaften** gilt § 60a FGO. Anders als im Einspruchsverfahren bindet das Urteil auch diejenigen Personen, die ihre Beiladung nicht beantragt haben (§ 110 Abs. 1 Satz 1 Nr. 3 FGO).[2] 6571

(Einstweilen frei) 6572–6580

5. Aussetzung des Klageverfahrens

Das Klageverfahren ist analog § 74 FGO auszusetzen, wenn während der Anhängigkeit des finanzgerichtlichen Rechtsstreits über die gesonderte und einheitliche Gewinnfeststellung ein geänderter Feststellungsbescheid ergeht und der Adressat dieses Bescheides Einspruch einlegt; dies gilt selbst dann, wenn der Änderungsbescheid (hier: Ergänzungsbescheid) zwar einen anderen Regelungsgegenstand (Streitgegenstand) betrifft, dessen außergerichtliche oder gerichtliche Überprüfung jedoch Auswirkungen auf das anhängige Klageverfahren haben kann.[3] 6581

(Einstweilen frei) 6582–6585

6. Aussetzung der Vollziehung des Feststellungs- und des Folgebescheids

Unter den Voraussetzungen des § 361 AO kann der Grundlagenbescheid mit zwingender Auswirkung auf den Folgebescheid gem. § 361 Abs. 3 AO in der Vollziehung ausgesetzt werden; das gilt auch bei Rechtsstreit um Anerkennung eines höheren Verlusts sowie bei Einspruch gegen negativen Feststellungsbescheid.[4] 6586

Bei **Streit, ob ein Grundlagenbescheid erforderlich** ist, ist das Verfahren über den Folgebescheid auszusetzen.[5] 6587

1 BFH 7. 7. 1998 VIII R 16/96 und VIII R 17/96, BFH/NV 1999, 471 und 473, m. w. N.
2 *Bartone* in Kühn/von Wedelstädt, § 60a FGO Rz. 8, m. w. N.; *von Wedelstädt*, AO-StB 2007, 46, 47.
3 BFH 20. 5. 2010 IV R 74/07, BStBl 2010 II 1104.
4 BFH 14. 4. 1987 GrS 2/85, BStBl 1987 II 637.
5 BFH 26. 7. 1983 VIII R 28/79, BStBl 1984 II 290.

STICHWORTVERZEICHNIS

Die angegebenen Ziffern verweisen auf die Randnummern.